金台铁路工程总结

（上册）

周 霖　叶翰松　邱琼海　主 编

西南交通大学出版社
·成 都·

图书在版编目（CIP）数据

金台铁路工程总结. 上 / 周霖，叶翰松，邱琼海主编. —成都：西南交通大学出版社，2022.9
ISBN 978-7-5643-8786-0

Ⅰ. ①金… Ⅱ. ①周… ②叶… ③邱… Ⅲ. ①铁路工程－总结－浙江 Ⅳ. ①U21

中国版本图书馆 CIP 数据核字（2022）第 132658 号

Jin-Tai Tielu Gongcheng Zongjie (Shang、Xia Ce)
金台铁路工程总结（上、下册）

周 霖　叶翰松　邱琼海 / 主　编

责任编辑 / 王同晓
封面设计 / 曹天擎

西南交通大学出版社出版发行
（四川省成都市金牛区二环路北一段 111 号西南交通大学创新大厦 21 楼　610031）
发行部电话：028-87600564　028-87600533
网址：http://www.xnjdcbs.com
印刷：成都蜀通印务有限责任公司

成品尺寸　210 mm × 285 mm
总印张　66　　总字数　1997 千
版次　2022 年 9 月第 1 版　　印次　2022 年 9 月第 1 次

书号　ISBN 978-7-5643-8786-0
套价（上、下册）　325.00 元

编委会

前言

金台铁路是浙江省第一条以省为主自主建设的电气化铁路，被列入浙江省铁路“八八计划”，也是浙江省铁路网中“两纵、五横、两放射”格局中的五横之一。金台铁路位于浙江省中东部的金华、丽水、台州三市。建设标准为：国铁Ⅰ级；客货共线；单线，预留双线条件；电气化铁路。金台铁路正线设计速度为 160 km/h，线路全长 234.923 km，其中：路基 61.34 km，占线路总长的 27.08%；桥梁 70 座，占线路总长的 26.4%；隧道 59 座，占线路总长的 45.9%。项目于 2016 年 6 月全面开工建设，2021 年 6 月 25 日正式开通运营。全线多次与高速公路、既有铁路交叉，现场处理复杂，组织协调困难，安全风险极大。

金台铁路从工程筹备之初即得到有关各方的高度重视，并在勘察设计、土建施工、轨道铺设、四电集成，直至综合调试和试运行等各个环节，都进行了充分的技术论证。工程实施过程中，得到了地方、铁路各单位的大力支持，金台铁路有限责任公司及全体建设者充分发扬“两路”精神，敢于打攻坚战、不畏艰难、不分昼夜，奔走在 9 个县、市、区的 12 个标段的 200 多个工点，先后攻克建设机制空白、邻近既有线施工难、施工管理复杂等多个难点问题，为浙江省首条自主建设、自主运营的地方电气化铁路建设开创先例填补空白，把金台铁路打造成了一项精品工程、安全工程。

本书全面、详实、客观地记载和反映了整个项目的勘察、设计、施工、监理、科研、建设、管理等工作的情况和创新的成果，客观地总结了建设过程中取得的成功经验，并实事求是地反映了建设过程中存在的问题和教训。本书记载内容全面翔实，数据准确完整，是全体建设者智慧与力量的集中体现。

希望通过对金台铁路的勘察、设计、施工、监理、科研、建设、管理的全面总结和分析，能为完善及规范我国地方控股铁路建设技术标准和管理标准贡献一臂之力，进一步提高铁路建设水平。

编　者

2022 年 8 月

总目录

第一篇　综　述

第二篇　建设管理

第三篇　勘察设计

第四篇　工程施工

第五篇　科研与技术创新

第六篇　金台铁路管理经验体会与问题探讨

本册目录

第一篇　综　述

第二篇　建设管理

第三篇　勘察设计

第一篇
综　述

第一章　综　述

第一节　建设目的和意义

新建金华至台州铁路（以下简称“金台铁路”或“金台线”）是第一条以省为主建设的电气化铁路，被列入浙江省铁路“八八计划”，也是浙江省铁路网中“两纵、五横、两放射”格局中的五横之一，将沪昆通道与沿海通道连接起来，形成浙江东中部地区的快速、便捷运输通道。同时，金台铁路的建成将扩充和完善浙江省铁路网骨架，加密浙江中东部和西南部的路网结构，完善浙东南地区的路网布局，提升铁路的市场竞争力。

金台铁路线路正线自金丽温铁路永康南站引出，向东经丽水市缙云县所辖的壶镇、金华市所辖的磐安县、台州市所辖的仙居县、临海县和台州城区，接入甬台温铁路台州站；包含金温货线，金台线（永康南金温场至台州南杭深场），永康南联络线（永康南金温场至永康南普速场），头门港线（临海东至头门港），线路全长 231.97 km；共设武义东、永康南（既有）、永康东、申亭、壶镇、磐安南、仁川、横溪、白塔、田市、仙居南、下各、括苍、临海南、临海东、台州、台州南（既有）、杜桥、头门港等 19 个车站。其中客运车站为永康南（既有）、壶镇、磐安南、仙居南、临海南、台州、杜桥、头门港等 8 个；货运站为永康东、壶镇、磐安南、下各、临海东、头门港、台州南（既有）等 7 个。项目建设标准为国铁Ⅰ级、客货共线、单线、预留双线条件的电气化铁路，建设工期五年，总投资 199.8 亿元。

一、线路在国民经济中的意义和作用

1. 在国民经济中的意义和作用

金台铁路的建设填补了浙江中东部地区铁路网空白，将沪昆（浙江省境内称浙赣铁路）铁路与沿海通道连接起来，成为台州与浙中南、赣东北、皖南、闽北地区最便捷的运输通道，可以让这些地区的货物从台州出海，运送到世界各地，对促进区域经济发展具有重要意义。

2. 在路网中的意义和作用

金台铁路将位于浙江沿海的台州与浙中地区连接起来，在完善地区路网，增强路网机动灵活性的同时，将成为沿线地区大宗货物及长途旅客运输的重要通道。金台铁路的建成将扩充和完善浙江省铁

路网骨架，加密浙江中东部和西南部的路网结构，完善浙东南地区的路网布局，提升铁路的市场竞争力。金台铁路的建设对优化路网布局、提高路网的机动灵活性具有重要的意义和作用。

二、项目建设目的

1. 适应全面建成小康社会，促进沿海经济持续发展

金台铁路的建设将沪昆通道与沿海通道连接起来，同时填补了仙居、磐安两县的铁路空白，加强了沿线各地区间的联系，满足沿线客货运量增长的需求，加速沿线港口、产业园区、旅游资源的开发利用，对浙江东部经济的发展具有重要作用。

金台铁路的建设可以充分发挥台州港头门港区和大麦屿港区资源优势，加快推进铁路与港口衔接，完善台州临港产业体系，促进山海联动发展。

2. 实现铁路跨越式发展，形成浙江东西重要通道

金台铁路是浙江省铁路网中“两纵、五横、两放射”格局中的五横之一，连接沪昆铁路、沿海通道两大铁路干线，同时，它的建设将与九景衢铁路形成一条顺直的东西向通江达海的重要铁路通道，为浙西南、赣湘鄂乃至云贵地区的进出口物资提供便捷的出海口，同时实现温台沿海城市群、浙中城市群对中西部泛长三角区的辐射与带动，对发展壮大温台沿海城市群、浙中城市群的经济辐射功能，实现泛长三角区域的经济互动、区域经济的快速增长和区域经济的一体化发展均具有重要作用。

3. 解决区域铁路运输能力不足

金台铁路的建设大大缩短了台州与金华等浙中地区及中西部地区间客、货车的开行时间，为仙居、磐安两县人民出行提供了便利的通道，并作为台州沿海及金台沿线地区与浙中地区、皖赣及中西部地区的货运主通道，提高客货列车运行速度和运输质量，增强铁路在运输市场中的竞争力，为山海协作、国内经济持续发展提供保障，实现沿线地区与周边地区的互联互通。

三、项目建设的意义

1. 是适应温台沿海产业带、浙中城市群经济快速发展，增强泛长三角地区间互动与融合发展的需要

“长三角”地区是目前我国经济最具活力的经济区，是引导中国经济发展的两大引擎之一，浙江省作为“长三角”地区的南翼，已形成以杭州湾城市群、温台城市群和浙中城市群为主体的现代城市群，成为对接上海、融入长三角，参与全球竞争的重要平台。金台铁路位于连接温台沿海产业带和浙中城市群的台州、金华两市，实现两大城市群相互对接，为融入长三角、接受上海及国际产业的转移提供了重要的交通运输保障，对带动浙中城市群乃至浙江中西部欠发达地区的发展具有重要的意义和作用。

2. 是发展壮大台州临港产业的重要基础设施，是促进温台沿海产业带发展，推动浙江经济发展的需要

温台地区是“温台模式”的发源地，是浙江经济成长最快的区域，位于我国沿海中部经济发达地区的南缘，陆海交通便利。温台地区地处浙南与闽北交接地带，与我国台湾地区文脉相通、地缘相融，是浙江省吸引台资的重点区域。随着《温台沿海产业带和经济社会发展规划研究》《温台沿海城市群空间布局发展战略规划》等规划的制定和启动，温台沿海地区作为长三角的南翼和浙江经济的活跃地带，将在新的发展阶段担当起新的发展重任，温台产业带将成为浙江经济发展的新引擎。

台州沿海产业带是温台沿海产业带的重要组成部分，是浙江省实施海洋战略的重要平台，台州将着力于沿海临港产业的发展，发展园区经济。其中台州大石化项目的实施将有力促进沿海海洋战略的

发展。金台铁路的建成将有效改善台州的区位条件和社会发展环境，为大石化及其他临港产业提供有效的运输保障，促进沿海产业的发展，成为台州经济对外发展的纽带和依托，有力地促进温台沿海产业带的建设和形成，使温台沿海产业带成为浙江经济发展的重要增长极，促进浙江经济的发展。

3. 是完善台州港集疏运系统，加快台州沿海港口开发的需要

台州港是浙江省五大沿海港口之一，是我国对外开放一类口岸。2012 年，台州港累计完成货物吞吐量达到 5 358 万吨。随着港口岸线资源的不断开发与拓展，台州港直接腹地为台州、金华、衢州及闽北沿海地区，间接腹地扩展至赣东和皖南等部分地区。随着港口腹地的扩展，长、大、笨重及中长途货物在港口集疏运货物中的比重将不断提高。铁路运输在综合运输体系中具有强大的骨干和辐射功能，通过铁路来实现港口与其经济腹地的大宗及长、远途货物的交流，尤其是煤炭、化工品、金属制品等大宗货物，可以形成台州港对外运输的大能力、快速货运通道，实现港口对其较远腹地的辐射，提升港口的竞争能力。铁路在路网中强大的骨干和辐射作用，理应作为台州港集疏运的重要组成部分，但甬台温铁路为客运专线、沿海货运通道建设时机也尚未明朗，台州港缺乏一条、快捷的铁路运输通道。因此，金台铁路的建设将完善台州港集疏运体系，扩大港口对其经济腹地的经济辐射能力，为浙中和浙西南地区发展提供港口条件和便捷的出海通道。

4. 是促进沿线地方社会经济协调发展的需要

金台铁路沿线经济总量、发展速度与全省平均水平存在较大差距。沿线土地面积和总人口分别约占浙江省的 11.4%和 12.8%，2012 年沿线地区生产总值仅占浙江省的 16%左右。金台铁路项目沿线所经的磐安、仙居目前均尚无铁路通达，其中，磐安县地处山区，交通不便，是浙江省的五个贫困县之一。但沿线地区均具有丰富的资源，目前，沿线地区均着力于发展生态工业、推动园区经济及旅游业的发展，力争将资源优势转化为经济发展的优势。因此沿线地区亟待铁路建成后发挥其运输量大、运输成本低的特点，促进沿线地区社会经济的发展。

金台铁路沿线城镇、人口分布密集，旅游资源丰富多彩。台州自古以“海上名山”著称，共有自然人文景观 62 处，其中著名的景点有天台山国家风景区、仙居景区、大陈岛、大鹿岛，以及素有“画中镇”之称的千年阳光镇——石塘等。金华是国家级历史文化名城，有双龙洞、方岩、仙华山、兰溪诸葛八卦村等诸多景观。

金台铁路的建设将大幅提升旅游资源的通达性与整体竞争力，对旅游客源市场的拓展和旅游业的发展壮大意义重大。同时，作为基础交通设施，对促进沿线地区资源合理化开发利用，优化沿线地区生产力布局，推动经济结构调整及产业转型升级，推动地方经济发展有着重要的意义。

第二节 建设项目总体目标

金台铁路有限责任公司将以“高效、务实、严谨、创新”的企业精神，按“安全、可靠、适用、经济、先进”的思路组织施工，以“新形势、新环境、新要求、高标准、高质量、高效益”为总体目标，精心组织和规划，精益求精，铸造“精品工程”。

一、质量目标

（1）确保工程全部达到国家、中国铁路总公司①现行设计规范、施工质量验收标准、经批准的设计文件的要求；单位工程一次验收合格率 100%，开工必优，一次成优，全面创优。

① 编者注：2019 年 6 月 18 日，经国务院批准同意，中国铁路总公司改制成立中国国家铁路集团有限公司，简称“国铁集团”。

（2）线路开通速度达到设计及有关文件要求。

（3）确保项目全寿命期完全满足运营需求。

（4）杜绝一切工程质量事故。

二、安全管理目标

围绕“五杜绝、三控制、一实现”的目标开展安全工作，即：

五杜绝：杜绝主要责任事故；杜绝较大及以上责任事故；杜绝同责及以上的道路交通死亡事故；杜绝重大环境污染事件和重大职业卫生健康事件；杜绝一次直接经济损失200万元及以上的生产安全责任事故。

三控制：有效控制施工全过程安全；有效控制经营过程安全；有效控制“三违”和违反“四不伤害”行为。

一实现：实现全线安全通车。

三、工期控制目标

将工期控制在中国铁路总公司、浙江省批复的48个月总工期范围内，并满足中国铁路总公司、上海铁路局的总体部署。

四、投资控制目标

总投资控制在中国铁路总公司、浙江省批准的概算内。

五、环境保护目标

严格执行浙江省环境保护厅《关于新建金华至台州铁路环境影响报告书的审查意见》的要求，做到环境保护、水土保持设施与主体工程“同时设计、同时施工、同时投入使用”，确保无集体投诉事件，确保环境监控达标，确保环保、水保验收合格。

六、职业健康目标

坚持文明施工，保障职业健康；注重劳动保护，杜绝职业病发生；加强卫生监控，确保无大的疫情，无传染病流行。

七、科技创新目标

以管理、技术创新为重点，针对性地开展技术攻关工作。重点围绕精益建造管理、复杂地质条件隧道建造技术、岩溶地基处理等课题组织攻关，整合各方资源，调动各参建单位的技术力量，深入开展铁路建设技术攻关。力争在技术创新，管理创新方面有所突破。

第三节　建设程序与决策

一、立项决策

新建金华至台州铁路项目，前期策划工作从20世纪90年代初开始，1996年规划义椒铁路（义乌—椒江）；1998年为满足台州港需求，规划设计了金台铁路。

2004 年 1 月列入国家中长期铁路网建设项目。期间分别委托中铁第一勘察设计院集团有限公司（以下简称铁一院）、中铁第四勘察设计院集团有限公司（以下简称铁四院）、中铁第五勘察设计院集团有限公司（以下简称铁五院）等多次开展预可研报告编制工作。

2012 年 7 月列入浙江省发改委和省住建厅联合公布的《浙江省铁路网规划（2011—2030 年）》中的“十二五”重点建设规划项目（新开工项目）。

2014 年 10 月 24 日，中国铁路总公司、浙江省人民政府联合批复了《关于新建金华至台州铁路项目建议书的批复》（铁总计统函〔2014〕1517 号）。

2015 年 7 月 20 日，浙江省水利厅批复了《关于新建金华至台州铁路水土保持方案批复》（浙水许〔2015〕23 号）。

2015 年 8 月 14 日，浙江省环境保护厅批复了《关于新建金华至台州线铁路环境影响报告书的审查意见》（浙环建〔2015〕22 号）。

2015 年 9 月 11 日，中国铁路总公司、浙江省人民政府联合批复了《关于新建金华至台州铁路可行性研究报告的批复》（铁总计统函〔2015〕1005 号）。

2016 年 3 月 11 日，中国铁路总公司和浙江省人民政府联合批复了《关于新建铁路台州至金华线初步设计的批复》（铁总鉴函〔2016〕183 号）。

二、工程设计及批复

铁五院为金台铁路勘察设计单位，铁四院为金台铁路咨询单位。

（一）初步设计

1. 初步设计审核

金台铁路有限责任公司负责组织初步设计的初审，咨询单位负责对初步设计进行初审并提交书面意见，对初审意见的质量和有效性负责。勘察设计单位应按要求提交完整的初步设计文件及初审所需的必要图纸和资料，认真对待初审工作和初审意见，并书面答复对初步意见的落实情况。

2. 初步设计批复

2016 年 3 月 11 日，中国铁路总公司会同浙江省人民政府以《关于新建台州至金华初步设计的批复》（铁总鉴函〔2016〕183 号）批复金台铁路初步设计。

（二）施工图设计

初步设计审查批复后，设计单位（铁五院）按照批复意见开展施工图设计，咨询单位（铁四院）负责审核施工图。

为提高施工图设计质量，金台铁路有限责任公司按照原铁道部《关于印发〈铁路建设项目施工图考核办法〉的通知》（铁建设〔2007〕119 号）、勘察设计合同，定期对铁五院进行考核。

三、建设实施

金台铁路建设实行项目法人制，金台铁路有限责任公司作为项目法人，负责金台铁路全线的建设管理工作。

（一）招投标

金台铁路有限责任公司严格按照国家和浙江省招标投标法律法规和办法，规范开展勘察、设计、咨询、施工、监理、甲供物资设备、水保监测、环保监理等各项招标工作。招标评标严格按照评标办法，遵循公平、公正、客观、准确的原则进行。

（1）金台铁路勘察设计单位为铁五院，负责全线站前、站后的勘察设计工作。

（2）咨询工作由铁四院承担。

（3）金台铁路全线分三个监理标，经过公开招标，中标单位如下：

① 监理 1 标：北京铁城建设监理有限责任公司，负责枫山联络线、永康南联络线、永康南站至好溪 3 号大桥桥尾段范围的站前工程、铺轨、房建和四电集成。

② 监理 2 标：上海天佑工程咨询有限公司，负责好溪 3 号大桥桥尾至 DK111+500 处路基段范围的站前工程、铺轨、房建和四电集成。

③ 监理 3 标：四川铁科建设监理有限公司，负责 DK111+500 处路基至台州站、台州南货运线、头门港支线段范围的站前工程、铺轨、房建和四电集成。

（4）金台铁路全线分为十二个施工标，经过公开招标，中标施工单位如下：

① 站前工程：浙江省铁投建设工程有限公司（代建标）、中铁二十四局集团有限公司（JTSG-1 标）、中铁十二局集团有限公司（JTSG-2 标）、中铁隧道局集团有限公司（JTSG-3 标）、中铁二局集团有限公司（JTSG-4 标）、中铁二十二局集团有限公司（JTSG-5 标）、中铁十局集团有限公司（JTSG-6 标）、中铁十一局集团有限公司（JTSG-7 标）、中铁一局集团有限公司（JTSG-8 标，铺架标）。

② 站后及四电工程：中铁电气化局集团有限公司与中国铁路通信信号股份有限公司联合体（JTSG-9 标，四电集成）、中铁北京工程局集团有限公司（JTSG-10 标，站房标）、中铁十二局集团有限公司（JTSG-11 标，站房标）、通号通信信息集团有限公司（JTSG-12 标，信息标）。

（5）建设单位管理的甲供物资设备、水保监测、环保监理等招标工作在浙江省公共资源交易中心进行，均严格按照相关交易规则规范采购。

（二）开工审批

金台铁路有限责任公司认真贯彻国家和中国铁路总公司基本建设方针、政策、规章制度和技术标准，根据工程开工准备情况严格规范管理开工报告备案制度，保证金台铁路建设顺利实施。

（三）合同管理

金台铁路有限责任公司制定了严格的合同管理制度，明确了合同管理中各部门的职责权限，管理流程、合同签订等流程。从招标文件编制开始，对合同条款制订，合同审查与签订、合同履约与变更等全过程进行严格控制，重大合同组织各有关部门及领导专题会议进行专题审核。在合同履约过程中，对照履约管理办法，确保合同依法履行，发现问题后及时组织整改，并后续跟进直至闭环。

（四）财务管理

根据《基本建设财务管理规定》《铁路基本建设资金管理办法》《铁路单位账户管理暂行办法》及《铁路工程验工计价管理办法》，金台铁路有限责任公司制定了《建设资金管理办法》《验工计价管理办法》《征地拆迁资金管理办法》，从制度上为资金使用和管理的规范化提供了保证，明确大额资金实行联签制度。对预付款、工程结算款等大额资金的拨付，以浙江省交通投资集团有限公司下达的年度投资计划及公司编制的分月投资计划、相关施工合同及补充协议为依据，实行董事长、总经理、分管财务副总经理、分管业务副总经理、财务部门及经办务部门负责人联签制度。资金使用过程中，各部门严格把关，层层制约，确保资金使用的真实性和合法性，并定期对参建施工单位资金流向进行检查，保证资金用于工程建设，杜绝截留、挪用、串换、调剂等违规现象。主要是通过银企合作，签署三方资金监管协议。在施工单位进场后，金台铁路有限责任公司组织施工单位开户行及施工单位签署了《三方资金监管协议》，在协议中明确规定建设项目资金实行专户管理和实时管控，确保建设资金专款专用，有效防止建设资金挪用，发挥资金使用效益。同时要求施工单位按规定开设农民工工资专户，确保农民工工资的发放。

（五）安全质量管理

金台铁路有限责任公司坚持“质量捍卫安全”工作主基调不动摇，始终把安全质量摆在第一位，不断强化顶层管理制度设计，采取双重预防机制、清单化管理等措施举措，定期召开安委会、监理工作会议及各类专题会议强化总结部署，定期开展季度检查、专项检查狠抓施工过程质量安全监督管理，不断强化责任担当、补齐管理短板，全面提升质量安全监管水平，全力实现安全质量可持续发展目标。

（六）征地拆迁

金台铁路是第一条以省为主建设的电气化铁路，被列入浙江省铁路“八八计划”，线路合计全长231.97 km，沿线经过武义、永康、缙云、磐安、仙居、临海、椒江、黄岩、路桥 9 个县（市、区）。项目注册资本金 80.725 亿元人民币，由浙江省人民政府、中国铁路总公司、台州市、金华市、丽水市人民政府分别出资 43.69%、15%、29.37%、10.55%、1.39%共同组建成立。金台铁路征迁工作以《省发改委关于印发〈金台铁路征地拆迁工作实施意见〉的通知》（浙发改基综〔2015〕810 号）为指导性政策文件，沿线各县（市、区）政府及相关部门、金台铁路有限责任公司、施工单位等根据各自的工作职责范围开展工作。征迁费用采用据实结算的方式，对超出初步设计批复概算部分的费用采用调概的方式予以解决。项目新征已批复建设用地 9082.74 亩（1 亩≈666.67 m^2，下同），其中丽水段征地 455.88 亩，台州段征地 5 945.73 亩，金华段征地 2681.13 亩，项目“四电”及补征用地 264 亩。项目合计拆除房屋 748 367 m^2。

（七）技术方案管理

按照《危险性较大的分部分项工程安全管理规定》（建办质〔2018〕31 号），金台铁路有限责任公司下发了《关于严格执行安全专项方案编制、审批及实施的通知》，明确了方案的分类，严格落实施工方案编制、评审、审批程序，同时施工中加强管理，落实专项方案中的各项安全技术措施，确保施工安全可控。

（八）施工组织管理

为优质、高效、安全地建设金台铁路工程，规范管理施工组织，金台铁路有限责任公司根据国家及中国铁路总公司现行设计规范、施工指南、验收标准，编制指导性施工组织设计，全线以铺轨架梁、联调联试为主线，控制站前、站后工期，站前、站后工期服从总工期要求，并充分考虑站前路基、桥涵、隧道等构筑物的沉降变形稳定时间。建设组织管理遵循路基、隧道、桥梁下部及现浇连续梁服从铺轨架梁，大临工程服从主体工程施工顺序、节点要求的原则，全线统筹规划、均衡生产。根据总工期控制各节点工期，充分考虑路基地基处理、路基沉降控制、重点控制工期隧道、特殊桥梁结构、轨道、四电站后专业接口等重难点环节，编制工期控制预案，确保全线建设工期有序可控。积极采用新技术、新材料、新工艺、新设备，保证施工质量和安全，配足资源，加快施工进度，降低工程成本。

（九）变更设计管理

根据原铁道部《关于印发〈铁路建设项目变更设计管理办法〉的通知》（铁建设〔2012〕253 号）和浙江省交通投资集团有限公司《轨道交通建设项目变更设计实施细则》（浙交投〔2017〕166 号），金台铁路有限责任公司制定了《金台铁路建设项目变更设计管理办法》，明确了变更设计分类原则、程序等管理规定，严格坚持“先批准、后实施，先设计、后施工”原则，加强金台铁路建设项目造价控制，规范变更设计管理工作，保证工程质量、施工安全，更好履行合资铁路省方产权代表职责。

（十）环境保护

根据《建设项目环境保护管理条例》《建设项目竣工环境保护验收管理办法》以及浙江省环境保护厅《关于新建金华至台州线铁路环境影响报告书的审查意见》（浙环建〔2015〕22 号）等有关法律、法规的要求，金台铁路有限责任公司落实保护生态环境和防治环境污染等环保工程与铁路建设项目主体工程同时设计、同时施工、同时投入使用的“三同时”制度，建立环境保护体系，认真落实环保措施，强化过程控制，自觉接受各级政府环保主管部门的监督，努力减轻和降低工程建设对生态环境的影响，建设资源节约型和环境友好型的品质铁路。

（十一）验工计价管理

金台铁路有限责任公司制定了《验工计价管理办法》，明确验工计价管理流程及各有关部门职责管线。严格按照实际完成工程数量进行验工计价，由专人负责审核，杜绝出现超计或虚假计价情况。

四、工程施工与验交投产

2013 年，金台铁路预可研报告通过评审；2014 年 6 月 9 日，金台铁路申请立项；7 月 15 日，金台铁路可行性研究报告上报；9 月 11 日，金台铁路可行性研究报告获批；10 月 24 日，金台铁路获批立项；2015 年 9 月 21 日，金台铁路初步设计通过鉴修审查；2016 年 1 月 4 日，金台铁路开工建设；5 月 31 日，金台铁路全线开工。

金台铁路征地拆迁工作，于 2016 年完成 71.4%，2017 年完成 90.4%，截至 2018 年基本完成征地任务；电力迁改工作于 2019 年年底完成；路基工程 2016 年 7 月全面开工，2020 年 7 月完工；桥涵工程于 2016 年 6 月全面开工，桥梁下部结构、连续梁施工进度满足铺架要求，2020 年 8 月完工； 隧道工程先行标将军岭隧道于 2015 年 12 月开工，2016 年 6 月完工；轨道工程长轨铺设于 2020 年 4 月开始，2020 年 9 月完成钢轨铺设；通信信号工程于 2018 年 6 月开工，2020 年 11 月完工；电力工程于 2018 年 6 月开工，2020 年 11 月完工；站房工程于 2019 年 11 月开工，2020 年 12 月完工。

2020 年 5 月—2021 年 3 月，中国铁路上海局集团有限公司（以下简称“上海铁路局”和浙江金温铁道开发有限公司（以下简称“金温铁道公司”）共同完成了金台铁路静态、动态验收工作。2021 年 4 月，金温铁道公司组织完成了初步验收工作，2021 年 5 月，上海铁路局组织完成了金台铁路安全评估工作。2021 年 6 月 6 日，金台铁路驶入首列印有“浙江交通集团 · 金台铁路”标志的 CR200J 型动车组列车；6 月 25 日，金台铁路正式开通运营。

第二章 工程概况

第一节 主要自然特征和地质概况

一、地形地貌

金台铁路位于浙江省中东部，东西连接金华、台州两市，横穿浙东南大盘山山脉和括苍山山脉。由北西至南东行径，地势中部高，东西两侧低，线路区的山系受华夏系构造控制，山脉大多呈东北—西南走向，同时受东北—西南和东西向断裂带的切割，延伸出来的众多支脉纵横交织，山形破碎、峰岭交错。经过的地貌单元主要有河谷平原区、垅岗状低丘区、低山丘陵区、中山区和滨海平原区。

金台铁路线路区经过的永康、壶镇境内（DK0+000～DK25+000）主要为永康江、南溪河冲积河谷平原、阶地及部分剥蚀垅岗状低丘区，地势起伏不大，地面标高为 70～350 m，相对高差约为 50～200 m，山坡自然坡度为 10°～25°，局部山坡陡峻，基岩裸露。

磐安、仙居境内（DK25+000～DK126+600）整体地貌呈马鞍形，除永安溪两侧冲积河谷平原外，其余地段均为中、低山区和局部丘陵区；区内山高谷深，河流发育，火山、盆地、峡谷等地貌均有出现。地面标高为 150～1 200 m，相对高差约为 200～1 000 m，山坡自然坡度为 25°～45°，基岩裸露区可达 50°～60°。沿线河流与山脉的延伸方向受构造线的控制，并与构造线的走向基本一致；河谷形态多为 V 形，阶地不发育。

临海、台州境内（DK126+600～DK150+452）灵江河口平原和台州滨海平原区地形平坦、地势开阔，局部山坡陡峻，基岩裸露，地面标高一般都在 10 m 以下，大部分辟为农田、房屋和厂房。

二、地质特征

金台铁路沿线地层较复杂，新生界、中生界地层均有出露。尤以上侏罗统火山岩最为发育，次为白垩系陆相碎屑沉积岩和第四系松散沉积层。

永康—壶镇段主要出露白垩系的紫红色砂岩、砂砾岩夹棕红色薄层砂质泥岩。其中法莲—白沙川、岭脚一带则以白垩系、侏罗系上统凝灰岩、含砾凝灰岩为主。磐安—台州附近低中山、丘陵主要为侏罗系晶屑玻屑熔结凝灰岩、凝灰质砂岩，其中在仙居盆地出露白垩系砂砾岩、泥岩，局部出露有燕山晚期侵入岩。近台州之丘陵则出露白垩系的砂岩、砂砾岩夹火山岩，有流纹岩、霏细岩及花岗斑岩脉状产出。第四系地层主要分布于永康江、南溪、好溪、永安溪、灵江各河流沿岸及台州滨海平原区。在山间谷地及平缓山坡有面积不大、厚度较薄的松散堆积物分布。台州滨海平原则主要沉积深厚层海积相淤泥、淤泥质粉质黏土等。

三、水文特征

金台铁路线路区地形、地质条件复杂，岩性变化大，山高坡陡谷深，气候的平面分区和垂直分带明显，各处水文地质条件差异较大。区内构造规模大，岩浆作用普遍，岩体节理、裂隙发育，为地下水的运移提供了有利条件。线路区的地下水类型主要有以下三种：松散岩类孔隙潜水及孔隙承压水、红色碎屑岩类孔隙裂隙水和基岩裂隙水，均受大气降水补给。

金台铁路沿线河流属于钱塘江水系和椒江水系。线路在金华境内跨越南溪，南溪与华溪在永康市区交汇后称永康江。永康江位于浙江省金华市，属钱塘江水系，系武义江上游的一段，发源于武义县项店乡千丈岩，西北流至永康市右纳华溪后称永康江，折向西蜿蜒流至武义县城壶山镇东北，左纳熟溪后称武义江，是金华江最大支流。永康江干流长 11 km，河床宽度为 120 ~ 300 m，流域面积为 871.01 km^2，平均流量为 30.15 m^3/s。

椒江是台州市最大的河流，浙江省第三大水系，主流发源于仙居县与缙云县交界的天堂尖，经仙居县、临海市至三江口与永宁江汇流后称椒江，主流全长 209.0 km。自临海市西郊三江村至黄岩三江口为灵江主流段，长 46.0 km，区间面积 1 054.4 km^2。永安溪为灵江上游，长 141.30 km。源头称石长坑，自仙居县西南端安岭乡迂回东北，流经缙云县境，在大园附近折回称曹溪，在曹店附近与发源于陈岭水壶岗的曹店港汇合后称永安溪，至临海市城西三江村与始丰溪汇合为灵江。

四、气象特征

线路通过地区属亚热带季风气候区，具有温暖潮湿，雨量充沛，四季分明的气候特征。沿线按照铁路工程气候分区均为温暖地区。

金华地区永康、磐安属亚热带季风气候，四季分明，雨量充沛，降水主要集中在 2—9 月间。初春 3—4 月，由于南下的西北风减退和东南季风的增强，冷暖空气交汇，形成“绵绵春雨”。5—7 月上旬，副热带高压逐渐加强与北方冷空气交汇，峰面在此徘徊，降雨强度和总量均较大，极易造成本流域的洪峰。7 月中旬—9 月，受太平洋副热带高压控制，盛行雷降雨，受台风影响，形成大面积降水，且强度大，历时短，易造成大洪峰。10—11 月，天气晴朗少雨。冬季 12 月—次年 2 月，受冷空气影响，天气以晴为主，时有雨雪出现。据当地台站实测，多年平均气温为 16.9 °C，极端最高气温 41.9 °C，极端最低气温 – 13.1 °C，多年平均降雨量 1 400 mm，年内分配为：春季 38.7%；夏季 24%；秋季 21.3%；冬季 16%。4—9 月为汛期，10 月—次年 3 月为枯水期。

丽水境内缙云河谷平原是浙江省高温酷热地区之一，极端最高气温 41.7 °C，极端最低气温 – 13.1 °C，1 月份平均气温 5.3 °C，7、8 月份平均气温 28.7 °C。

台州地区仙居、临海、台州地处浙江省东南沿海，属亚热带季风气候区，气候温和，雨量充沛，四季分明。据台州气象台资料统计，年平均气温为 17.0 °C，最高月份为 7 月，平均气温 28 °C，最低月份为 1 月，平均气温 7.7 °C，极端最高气温 41.2 °C，极端最低气温 – 9.9 °C，年平均水面蒸发量 671.5 mm。该区降水量丰富，多年平均降水量为 1 630.0 mm，历史最大为 2 304 mm（1990 年），历史最小为 1 248 mm（1992 年），降水量年内分配不均匀，4—10 月降水量占全年降水量的 78.5%，5—9 月降水量占全年的 64.7%。降水按其特性可分为梅汛期、台汛期和非汛期。

沿线季风作用明显。7—9 月为台风活动期，尤以 8、9 月为甚。沿线河流 5—9 月为主汛期，一般由梅雨及台风雨形成。

金台铁路沿线气象台（站）主要气象资料见表 2-1。

表 2-1　金台铁路沿线气象台（站）主要气象资料

气象要素 气象台（站）	永康市	缙云县	仙居县	磐安县	临海市	台州市
历年年平均气温/°C	17.9	17.2	18.2	16.4	18.1	18.3
历年极端最高气温/°C	41.7	41.7	42	41.8	41.3	40.1
历年极端最低气温/°C	– 11.5	– 13.1	– 7.9	– 8.2	– 6.9	– 4.5
历年最冷月平均气温/°C	5.7	5.3	6	3.5	6.3	6.8
历年年平均降水量/mm	1 450.9	1 482.2	1 486.4	1 546.6	1 804.1	1 689.6
历年年平均蒸发量/mm	1 437.3	1 504.9	1 478.4	1 296.5	842.7	1 121.2

续表

气象要素 气象台（站）	永康市	缙云县	仙居县	磐安县	临海市	台州市
历年年平均风速/（m/s）	1.3	1.3	1.4	1.4	1.3	1.6
历年最大风速/（m/s）	30	16.5	11	11	20	18.5
主导风向	NE	NNE	E	E	ENE	NW
历年平均相对湿度/%	74	78	70	70	73	74
最大积雪深度/cm	52	20	10	10	27	10
平均雾天日数/d	32.5	35.4	11.6	14.4	14.5	12.4
平均雷天日数/d	43.4	49.1	43.5	36.7	40.2	35.5

五、地震动参数

根据国家标准《中国地震动参数区划图》（GB 18306—2015）（1/4 000 000），结合沿线地质条件分析，全线地震动峰值加速度 $< 0.05g$，地震动反应谱特征周期分区为 1 区。

第二节 主要技术标准

金台铁路主要技术标准如下所示：

1. 线路等级：Ⅰ级。
2. 正线数目：单线、金台正线预留复线条件。
3. 设计行车速度：金台线（永康南普速场至台州金台场）160 km/h；金台线（台州金台场至台州南金台场）、头门港线、金温货线 120 km/h；永康南联络线 80 km/h。
4. 最小曲线半径：金台线、头门港线一般地段 2 000 m，困难地段 1 600 m，金温货线（改建段）、永康南联络线一般地段 1 200 m，困难地段 800 m。
5. 限制坡度：8‰（除金温货线限制坡度为 9‰之外）。
6. 牵引种类：电力牵引，其中金温货线永康东站（不含）至金温货线 K72+709 段牵引种类为内燃（预留电化条件）。
7. 牵引定数：4 000 t，其中永康东站（不含）至金温货线 K72+709 段为 2 800 t。
8. 到发线有效长度：850 m。
9. 闭塞类型：半自动闭塞。

第三节 主要工程特点和工程数量

一、主要工程特点

（一）路基工程

正线 DK122 之前，线路主要通过中低山区、低山丘陵区、丘陵地段，地形地质条件复杂，危岩落石、破碎软岩的顺层等不良地质较普遍，路基多为高填、深挖、陡坡路基，支挡及山间软土路基等特殊工点比例大。正线 DK122 之后，台州至台州南货运线以及头门港支线线路主要通过滨海相沉积的平原区，软土分布广泛且深度变化大。

受地形、地质条件等因素的影响，金台铁路线路基工程特点主要体现在以下方面：

（1）金台铁路路基类型主要有边坡防护路基、高路堤、浸水路堤、陡坡路堤、软土路基、深路堑及顺层路堑等。全线软土路基主要分布在山间河谷地区、河流阶地区、海积平原、水塘及沿河等浸水路基零星分布。

（2）深路堑数量多、地质条件差。两侧边坡为全风化、强风化砂岩，易产生溜塌、风化剥落掉块等危害，施工组织与协调难度大。

（3）与站后工程接口多。路基工程与综合接地、站场排水沟、电缆沟槽、管线过轨、接触网支柱基础、声屏障基础等站后工程的接口复杂。

（4）土方调配量大，土石方调配尽量做到移挖作填。土（石）质须达到路基填料要求并有条件地段，尽量利用挖方或隧道弃碴移挖作填，以减少施工成本，节约用地，少占良田。

（5）邻近既有线路基。枫山货运线起点及新碧联络线终点均接轨于既有金温货线；金台铁路正线起自金温铁路永康南站；金台铁路终点及台州南货运线并行接轨于杭深铁路甬台温段台州站至台州南站区段。以上线路中邻近既有线的路基工点普遍存在。

（二）桥梁工程

金台铁路桥梁工程特点如下：

（1）金台铁路线自金温线永康站引出后，经过地区主要为丘陵山地区、河谷平原区和滨海平原区，沿线河流属于瓯江水系和椒江水系，线路跨越的主要河流为永康江、南溪、好溪、永安溪、灵江、永宁江等；上跨新金温铁路、老金温铁路，下穿甬台温铁路；线路多次跨越台金高速、东永高速、甬台温高速、G330、G104 等重要公路。沿线所经区域是我国经济发达地区之一，地方水陆交通比较发达，同时地形、地质条件复杂，尤其是滨海平原区软土分布较广，软弱土层较厚，环境水多具侵蚀性，对桥梁墩台工后沉降的控制要求较高。

（2）桥梁特殊孔跨多，与既有线交叉多，施工组织协调难度大。跨既有公路、铁路、河流大多采用大跨连续梁通过，施工技术较复杂。

（三）隧道工程

金台铁路所在地区地形复杂，隧道洞口多在陡峭山坡上，隧道的特点及难点为浅埋段多、地表水系发育、地下水发育、岩爆区段多、部分隧道洞口危岩落石发育、断层破碎带以及邻近既有隧道等。全线隧道通过地区构造复杂，以断裂为主，辅以平缓的褶曲及盆地型构造。各隧道Ⅳ、Ⅴ级围岩段所占比例相对较大，多数隧道内节理较发育，山体蓄水量较大，对超前地质预报、监控量测及施工过程控制要求高。

（四）轨道工程

金台铁路全线均采用重型轨道标准，一次铺设跨区间无缝线路。特点如下：

（1）桥隧、路桥、路隧交替频繁，铺架施工难度大；铺轨、架梁、铺砟工程量大。铺轨过程间插 T 梁架设（含隧道口架梁）、长轨更换、长轨焊接及应力放散，使用设备多，施工工艺及方法不同，增大了施工组织难度。

（2）无砟轨道施工精度要求高，施工工艺严格，在隧道基础的沉降满足要求后实施无砟道床施工。

（3）道砟供应是制约有砟轨道施工进度的关键因素。道砟的组织、运输是确保铺轨施工顺利进行的难点和重点。

（五）房屋建筑工程

金台铁路房屋建筑形象具有共性识别特点，并应与所处城市的建筑风格相协调。车站站房为包含客运用房、站台、雨棚、地道以及与运营相关的设备用房的综合建筑体，除自身具有施工难度大、质量要求高和工期紧的特点外，与地方市政基础设施衔接内容多、难度大，还具有专业接口多、不同专业工序穿插配合多、建筑节能环保的新技术、新材料、新工艺、新装备使用多和不可预见因素多的特点。

（六）通信信号

金台铁路线专用通信网为铁路运输服务提供话音、数据、图像等多种媒体的通信手段。其特点表现为服务对象多元化、高安全可靠性、专用性。

信息系统覆盖运输组织、客运营销、经营管理三大领域，主要设运调系统、票务系统、旅客服务信息系统、办公自动化系统、公安管理信息系统，并设置综合布线系统、电源系统、房屋及电源环境监控系统、门禁系统等基础设施。

（七）电气化

牵引供电综合调度自动化系统采用分层分布式网络型系统结构。接触网专业采用高强度铜合金接触线，接触网专业要利用专用的轨行车辆进行线索架设及调整，紧随轨道专业流水作业，施工全过程受铺轨进度制约，故接触网专业为重点工程。

综合调度及电气化系统的重点是运输计划、列车运行调度、电力调度、旅客服务等与行车密切相关的子系统，从实施程序上来说重点是系统调试试验。

（八）声屏障工程

为解决铁路噪声污染，金台铁路声屏障按照《铁路工程环境保护设计规范》（TB 10501—2016）要求设置，有金属和混凝土声屏障两种，含有吸隔音屏体、H 形钢立柱、基础、三元乙丙橡胶条等。

二、主要工程数量

（一）轨道工程

全线铺轨 234.043 km（无砟轨道 27.543 km，有砟轨道 206.5 km），全线道岔 206 组。

（二）路基工程

金台铁路全线路基长 61.34 km，占线路长度的 26.52%，路基土石方（含站场）1 791 万 m^3，其中区间土石方 588 万 m^3，站场土石方 1 203 万 m^3。过渡段路基主要分布于路基与桥隧之间、路基与横向结构物之间。主要路基工程数量见表 2-2。

表 2-2 路基工程数量

设计范围	线路长度/km	区间路基		路基防护（含站场路基）	
		长度/km	比例	长度/km	比例
永康南至台州	148.48	22.73	15.31%	40.03	26.96%
枫山货运线	10.31	0.62	6.00%	2.94	26.44%
永康南疏解线	6.05	0.89	14.63%	1.86	30.81%
新碧联络线	5.85	0.84	14.36%	1.99	34.02%
台州南货运线	15.94	2.23	14.00%	3.67	23.01%
头门港支线	42.49	6.43	15.13%	11.88	27.96%

（三）桥涵工程

金台铁路全线共设特大、大、中桥 79 座，桥梁总长 64.173 km，占线路长度的 27.23%。框架中小桥共计 56 座，顶面积总计 24 440.8 m^2；新建及改建接长涵洞 245 座，涵长总计 6 598.07 m；旅客地道 8 座，顶面积总计 3 760.79 m^2；公跨铁立交桥共计 4 座，顶面积总计 19655 m^2。

正线桥涵工程分布概况见表 2-3。

表 2-3　正线桥涵工程分布概况

<table>
<tr><th>序号</th><th colspan="3">项目</th><th>总长/m</th><th>座数</th></tr>
<tr><td>1</td><td rowspan="9">新建</td><td rowspan="3">单线</td><td>特大桥</td><td>18 257</td><td>15</td></tr>
<tr><td>2</td><td>大桥</td><td>6 854</td><td>22</td></tr>
<tr><td>3</td><td>中桥</td><td>631</td><td>7</td></tr>
<tr><td>4</td><td rowspan="2">双线</td><td>大桥</td><td>987</td><td>3</td></tr>
<tr><td>5</td><td>中桥</td><td>75</td><td>1</td></tr>
<tr><td>6</td><td rowspan="2">三线</td><td>特大桥</td><td>633</td><td>1</td></tr>
<tr><td>7</td><td>大桥</td><td>1 149</td><td>5</td></tr>
<tr><td>8</td><td>六线</td><td>中桥</td><td>80</td><td>1</td></tr>
<tr><td>9</td><td colspan="2">公路桥</td><td>18 685</td><td>9</td></tr>
<tr><td>10</td><td colspan="2">框架桥</td><td>新建</td><td>14 349</td><td>31</td></tr>
<tr><td>11</td><td colspan="2" rowspan="2">旅客地道</td><td>新建</td><td>781</td><td>2</td></tr>
<tr><td>12</td><td>接长</td><td>806.5</td><td>1</td></tr>
<tr><td>13</td><td colspan="2" rowspan="3">涵洞①</td><td>新建</td><td>4 667</td><td>135</td></tr>
<tr><td>14</td><td>接长</td><td>9.6</td><td>1</td></tr>
<tr><td>15</td><td>合计</td><td>4 676.6</td><td>136</td></tr>
</table>

注：① 涵洞长度单位为横延米，下同。

枫山至永康南联络线桥涵分布概况见表 2-4。

表 2-4　枫山至永康南联络线桥涵分布概况

<table>
<tr><th>序号</th><th colspan="3">项目</th><th>总长/m</th><th>座数</th></tr>
<tr><td>1</td><td>新建</td><td>单线</td><td>特大桥</td><td>8235</td><td>1</td></tr>
<tr><td>2</td><td colspan="2">涵洞</td><td>接长</td><td>189</td><td>8</td></tr>
</table>

永康上行疏解线桥涵分布概况见表 2-5。

表 2-5　永康上行疏解线桥涵分布概况

<table>
<tr><th>序号</th><th colspan="3">项目</th><th>总长/m</th><th>座数</th></tr>
<tr><td>1</td><td>新建</td><td>单线</td><td>特大桥</td><td>2059</td><td>1</td></tr>
<tr><td>2</td><td colspan="2">涵洞</td><td>接长</td><td>9.6</td><td>1</td></tr>
</table>

台州至台州南货运线桥涵分布概况见表 2-6。

表 2-6 台州西至台州南货运线桥涵分布概况

序号	项目			单位	总长/m	座数
1	新建	单线	特大桥	m/座	6430	3
2			大桥	m/座	370	1
3	框架桥		新建	m^2/座	618	3
5			合计	m^2/座	695	4
6	涵洞		新建	横延米/座	106	6
7			接长	横延米/座	65	4
8			合计	横延米/座	171	10

头门港支线桥涵分布概况见表 2-7。

表 2-7 头门港支线桥涵分布概况

序号	项目			总长/m	座数
1	新建	单线	特大桥	12 819	6
2			大桥	1 265	4
3			中桥	110	1
4	公路桥		新建	24 720	1
5	框架桥		新建	2 690	6
6	涵洞		新建	1 031	33

新碧联络线桥涵分布概况见表 2-8。

表 2-8 新碧联络线桥涵分布概况

序号	项目			总长/m	座数
1	新建	单线	特大桥	2 037	1
2			大桥	455	1

（四）隧道工程

全线共有隧道 105.253 km/60 座，占线路长度的 44.8%。其中，长大隧道共有 11 座，最长隧道为将军岭隧道，全长 12.808 km。全线单线隧道建筑界限按“隧限-2A”设计，双线隧道按“隧限-2B”设计。

永康至台州正线长 148.49 km，新建隧道共 78.99 km/47 座，占线路总长的 53.22%；头门港支线线路长 41.46 km，新建隧道 16.78 km/7 座，占线路长度的 39.83%；枫山联络线长 13.51km，新建隧道 0.488 km/2 座，占线路长度的 3.58%；台州南货运线长 15.94 km，新建隧道 5.465 km/2 座，占线路长度的 34.28%；永康南疏解线线路长 6.05 km，新建隧道 2.076 km/1 座，占线路长度的 34.8%。新碧联络线长 5.85 km，新建隧道 1 453 km/1 座，占线路长度的 24.84%。

隧道分布概况见表 2-9。

表 2-9 隧道分布表

项目	按长度分类	速度目标值	长度/m	线别		座数	备注
正线	$L \le 1$ km	160 km/h	12 565	12 068	单线	26 座	预留二线工程 456 m
				497	双线	1 座	头门港支线引出
	1 km<$L \le 2$ km		7 871	单线		5 座	
			1 330	双线		1 座	预留二线工程
	2 km<$L \le 3$ km		17 418	单线		7 座	150 m 预留二线工程
	3 km<$L \le 4$ km		68	48	单线	2 座	
	4 km<$L \le 6$ km		13 975	13 738	单线	3 座	预留二线工程 160 m
				237	双线		预留二线工程
	6 km<$L \le 10$ km		6 268	6 268	单线	1 座	预留二线工程 37 m
	10 km		12 820	11 880	单线	1 座	
				940	双线		出口车站进隧道
总计			79 095			47 座	建筑长度：79 898 m
新碧联络线	1 km<$L \le 2$ km	120 km/h	1 350	单线		1 座	
总计			1 350			1 座	
台州至台州南货运线	$L \le 1$ km	120 km/h	518	单线		1 座	
	4 km<$L \le 6$ km		4 933	单线		1 座	
总计			5 451			2 座	
永康南疏解线	2 km<$L \le 3$ km	120 km/h	2 076	单线		1 座	
总计			2 076			1 座	
头门港支线	$L \le 1$ km	120 km/h，工程预留 160 km/h	879	单线		2 座	
	1 km<$L \le 2$ km		1 920	单线		1 座	
	2 km<$L \le 3$ km		2 994	单线		1 座	
	3 km<$L \le 4$ km		6 765	单线		2 座	
	4 km<$L \le 6$ km		4 210	单线		1 座	
总计			16 771			7 座	

（五）车站工程

全线共设武义东、永康南（既有）、永康东、申亭、壶镇、磐安南、仁川、横溪、白塔镇、田市、仙居南、下各、括苍、临海南、临海东、台州、台州南（既有）、杜桥、头门港等 19 个车站。其中客运车站为永康南（既有）、壶镇、磐安南、仙居南、临海南、台州、杜桥、头门港等 8 个；货运站为永康东、壶镇、磐安南、下各、临海东、头门港、台州南（既有）等 7 个。

（六）房建工程

新建金华至台州铁路工程全线新建房屋 252 栋，总建筑面积 172 681.07 m^2（不含市域铁路部分 14 018.75 m^2）。其中旅客站房建筑面积 38 448.72 m^2（不含市域铁路部分 14 018.75 m^2），生产生活房屋建筑面积 134 232.35 m^2。站场建筑及房建附属主要内容含旅客站台 13 座，长 7 150 m（含永康南接建站台），站台面积 61 050.64 m^2；接车站台 11 座，长 470 m，站台面积 2 800 m^2；货运站台 11 座，长 1 823 m，站台面积 24 679 m^2；天桥 1 座，面积为 1 226.02 m^2；站台雨棚 13 座（含永康南接建雨棚），共 59 980.83 m^2；道路及硬化面积 81.32 万 m^2、围墙 4.61 万 m 等工程。

（七）接触网工程

接触悬挂架设 350.822 条/km，回流线架设 227.56 条/km，架空地线架设 225.78 条/km，供电线架设 6.678 条/km，软横跨安装 231 组，硬横梁架设 185 组，分段绝缘器安装 23 台，避雷器安装 149 台，隔离开关安装 48 台。

（八）牵引变电工程

金台铁路设计新建牵引变电所 4 座，分别为：磐安南牵引变电所、仙居南牵引变电所、临海南牵引变电所、杜桥牵引变电所；新建 27.5 kV 台州开闭所 1 座；还建既有永康南 AT 所 1 座。供电方式为直供加回流，所内进线为 110 kV 三相进线，主变采用三相平衡变压器，110 kV 配电装置均安装于混凝土支柱上，27.5 kV 高压室采用户内网栅布置，27.5 kV 馈线采用户外布置，远动通过数据网通道传输。

（九）电力工程

金台铁路设计共有永康东、磐安南、仙居南、临海南、头门港 5 座 10 kV 配电所，10 kV 电源架空线路为 19.18 km，电源线路电缆为 54.65 km。10/0.4 kV 远动房 19 座、10/0.4 kV 综合所 8 座（站房综合所 7 座、调度楼综合所 1 座）、10/0.4 kV 箱式变电站 116 座、箱式电力开闭所 1 座，10 kV 箱式补偿电抗器 1 座、对接箱 3 座、区间 10 kV 贯通（266.18 条/km）、站区高压电缆 25.5 km，站场及区间低压电缆 262.81 km，投光灯塔 79 座。

（十）通信工程

传输设备 154 套（含 48 套传输接入一体化设备）；接入网 LT 设备 2 套，NU 设备 57 套；数据网路由器 44 套（含 2 套核心路由器，4 套汇聚路由器）；GSM-R 基站设备 35 套，直放站设备 148 套（其中远端机 109 套，近端机 39 套）；数字调度设备 26 套（其中调度所调度交换机 2 套，车站调度交换机 24 套）；视频监控设备 Ⅰ 类节点 1 个，Ⅱ 类节点 19 个，视频存储及交换设备 34 套，视频前端设备 124 个；开关电源设备 77 套，UPS 设备 46 套；电源及环境监控设备 115 套（含监控中心设备 1 套）；会议电视设备 3 套（含中心设备 1 套）；通信铁塔 38 座，直放站杆塔 18 座；干线光缆 235 条/km。

（十一）信号工程

计算机联锁系统、TDCS 行车调度指挥系统、信号集中监测系统、智能电源屏系统、半自动闭塞系统各 19 套；CTC/TDCS 调度中心 1 个；室内机柜 464 架，信号电缆 604.8 条/km；电缆引入及成端 356 根；信号机 389 架；道岔 197 组；25 Hz 轨道电路 330 区段；高压脉冲轨道电路 98 区段；各类箱盒安装及配线 2 509 个。

（十二）客服工程

主要工程内容：金台铁路 8 个办客车站即永康南（既有）、壹镇、磐安南、仙居南、临海南、台州（既有）、杜桥、头门港站客服设施及接入集团公司端、金温铁道公司端相关实施工程。主要情况如下：

（1）票务系统包括人工售票、自动售票、到站补票、票务安全系统。

（2）旅服系统包括系统集成平台、综合显示系统、客运广播系统、视频监控系统、时钟系统、安检系统。该工程涉及上述各子系统管、槽、桥架、光（电）缆、室内外配线及设备安装调试的实施。

（3）车站静态标识包括站台、站房、地道等位置的导向标识、位置标识、综合信息标识、禁止提示标识。

（十三）信息工程

金台铁路沿线各客运站站房客票系统、旅客服务信息系统、行包信息系统、门禁系统、综合布线系统、办公信息系统、公安管理信息系统、电源及设备房屋环境监控系统及电源防雷接地系统；各公安派出所、公安值班室的公安管理信息系统；各车站信号综合楼、维修车间、维修工区、综合保养点等办公场所的办公信息系统；永康东、磐安南、壶镇、下各、临海东、头门港货场的货运管理信息系统，货场视频监控系统，智能大门系统；台州调度大楼相关信息系统（运输调度管理系统、旅服中心系统、办公信息系统）；金温铁道公司客票、办公、货运等信息系统改造工程（车站客票系统接入金温铁道公司区域级客票中心系统；车站办公信息系统、货运管理信息系统、集装箱管理信息系统接入金温铁道公司相关既有相关系统网络等）。

（十四）声屏障工程

沿线安装声屏障的敏感点共计 53 处，共设置 3.0 m 高路基声屏障 6 880.8 m，计 20 642.4 m^2；2.11 m 高桥梁声屏障 16 275.2 m，计 29 295.4 m^2。

第三章 建设概况

第一节 工程概况

金台铁路位于浙江省中东部的金华、丽水、台州地区。线路自金华地区在建金温扩能改造工程永康南站引出，向东经丽水市缙云县，金华市所辖的武义、永康、磐安南，台州市所辖的仙居南、临海和台州市区，最后分别接入甬台温铁路台州站和台州南站。

金台线正线起自永康南站至台州站，长 148.49 km；枫山货运线起自金温货线 K40+975 至永康南站，长 13.51 km；金台线台州金台场（不含）至台州南金台场起自台州站至台州南站，长 15.94 km；永康南疏解线起自永康南站至永康东站，长 6.05 km；新碧联络线起自永康东站至金温货线 K72+709，长 5.85 km。其中枫山货运线、永康南疏解线、新碧联络线为金温货线新建改线段，命名为“金温货线”，其中枫山货运线、永康南疏解线以下简称“金温货线武义（不含）至永康东”，范围为 K41+600 ~ K61+922；新碧联络线以下简称“金温货线永康东（不含）至新碧（不含）”，范围为 K61+922 ~ K65+600；金台线正线、台州南货运线命名为“金台线”，金台线正线以下简称“金台线永康南金温场至台州金台场”，台州南货运线以下简称“金台线台州金台场（不含）至台州南金台场”。头门港线起自临海东站中心（接轨于金台线临海东站）至头门新区头门港站，长 42.13 km。

金台铁路工程设车站 20 座（含预留章安站），分别为武义东、永康南（既有）、永康东、申亭、壶镇、磐安南、仁川、横溪、白塔镇、田市、仙居南、下各、括苍、临海南、临海东、台州（既有）、台州南（既有）、杜桥、头门港等车站；永康南、壶镇、磐安南、仙居南、临海南、台州、杜桥、头门港站等 8 站办理客运业务，永康东、壶镇、磐安南、下各、临海东、头门港、台州南（既有）等 7 站办理货运业务。

金台线为国铁Ⅰ级单线铁路（预留双线条件）；正线设计速度目标值为 160 km/h，头门港线、金温货线武义（不含）至永康东、金台线台州金台场（不含）至台州南金台场设计速度目标值为 120 km/h；最小曲线半径一般地段为 2 000 m，困难地段为 1 600 m；最大坡度为 8‰；到发线有效长度为 850 m。牵引种类为电力牵引；牵引供电系统采用带回流线的直接供电方式，正线接触网采用全补偿简单直链形悬挂。通信系统采用 GSM-R 无线通信系统，采用单网覆盖方案；信号采用 CTCS-0 级列车运行控制系统，行车指挥方式为调度指挥（TDCS）。

金温货线永康东（不含）至新碧（不含）为国铁Ⅰ级单线铁路；设计速度目标值为 120 km/h；最大坡度为 8‰；牵引种类为内燃（预留电气化条件）；信号采用 CTCS-0 列车运行控制系统，行车指挥方式为调度指挥（TDCS）。

永康南联络线起自永康南金温场 24#岔位，终点为永康南普速场 102#岔位，线路全长 0.88 km，线路允许速度 80 km/h。

第二节 参建单位及标段划分情况

一、建设单位

项目建设单位为金台铁路有限责任公司。

金台铁路有限责任公司是浙江省交通投资集团有限公司控股子公司，于 2015 年 12 月 3 日在台州正式注册成立，注册资本金 80.725 亿元。公司主要承担金台铁路项目的投资建设任务。

二、设计单位

金台铁路由铁五院设计。设计单位在临海设立现场项目经理部，负责现场设计配合工作，按标准化要求配置现场配合组，及时解决工程施工中有关设计包括设计变更方面的问题。

三、施工图审核单位

金台铁路施工图由铁四院审核，设施工图审核项目部，进行施工图审核工作，按标准化管理配置现场配合组。

四、施工单位

（1）站前工程标段划分及施工单位见表 3-1。

表 3-1　工程施工标段划分及施工单位

标段编号	施工单位	工程范围
代建标	浙江省铁投建设工程有限公司	枫山货运线 SDK0+900（=FDK11+119.476）~ FD2K1+743.8
JTSG-1 标	中铁二十四局集团有限公司	1. DK0+000 ~ DK12+137.33（罗桥跨台金高速公路特大桥尾） 2. 枫山货运线起点 FD2K1+743.8 ~ 永康南 FDK11+119.476（=永康南疏解线 SDK0+900） 3. 枫山货运线设计终点 SDK0+900（=FDK11+119.476）~ 正线永康东站中心 SDK6+949.18（= DK6+850）
JTSG-2 标	中铁十二局集团有限公司	DK12+146 ~ DK45+100
JTSG-3 标	中铁隧道局集团有限公司	DK45+100 ~ DK58+095
JTSG-4 标	中铁二局集团有限公司	DK58+095 ~ DK102+951.045
JTSG-5 标	中铁二十二局集团有限公司	DK102+958 ~ DK137+868.2
JTSG-6 标	中铁十局集团有限公司	1. DK137+863 ~ DK150+452.57 2. 台州南货运线起点台州站中心 LDK0+000（= DK150+452.57）~ 台州南站中心 LDGK15+934.67（=甬台温铁路 K482+270.12） 3. 临海东站（不含）TDK0+364.855（=金台正线 DK142+215）~ TDK004+174.12
JTSG-7 标	中铁十一局集团有限公司	TDK004+174.12（头门港支线灵江特大桥桥头）~ 头门新区 TDK44+315.89
JTSG-8 标	中铁十局集团有限公司	1. 永康南站中心 DK0+000（=金温扩能施 DK48+300）~ 甬台温铁路台州站中心 DK150+452.57（=甬台温铁路 K466+373.52） 2. 枫山货运线起点 FD1K0+000（=既有金温铁路 K41+150）~ 永康南 FDgK11+119.476（=永康南疏解线 SDK0+900） 3. 枫山货运线设计终点 SDK0+900（=FDgK11+119.476）~ 正线永康东站中心 SDK6+949.18（= DK6+850） 4. 台州南货运线起点台州站中心 LDK0+000（= DK150+452.57）~ 台州南站中心 LDGK15+934.67（=甬台温铁路 K482+270.12） 5. 临海东站中心 TDK0+364.855（=DK142+215）~ 头门新区 TDK44+315.89）

（2）四电集成工程标段划分及施工单位见表 3-2。

表 3-2 四电集成工程标段划分及施工单位

标段编号	施工单位	工程范围
JTSG-9 标	中铁电气化局集团有限公司 中国铁路通信信号股份有限公司	1. 永康南站中心 DK0+000（=金温扩能施 DK48+300）~甬台温铁路台州站中心 DK150+452.57（=甬台温铁路 K466+373.52） 2. 枫山货运线 FD1K0+000（=既有金温铁路 K41+150）~永康南 FDgK11+119.476（=永康南疏解线 SDK0+900） 3. 枫山货运线 SDK0+900（=FDgK11+119.476）~正线永康东站中心 SDK6+949.18（=DK6+850） 4. 台州南货运线起点台州站中心 LDK0+000（=DK150+452.57）~台州南站中心 LDGK15+934.67（=甬台温铁路 K482+270.12） 5. 临海东站中心 TDK0+364.855(=DK142+215)~头门新区 TDK44+315.89

（3）站房工程标段划分及施工单位见表 3-3。

表 3-3 站房工程标段划分及施工单位

标段编号	施工单位	工程范围
JTSG-10 标	中铁北京工程局集团有限公司	壶镇站、杜桥站、仙居南站、临海南站
JTSG-11 标	中铁十二局集团有限公司	磐安南站、台州站、头门港站

（4）信息工程标段划分及施工单位见表 3-4。

表 3-4 信息工程标段划分及施工单位

标段编号	施工单位	工程范围
JTSG-12 标	通号通信信息集团有限公司	全线车站、站场

五、监理单位

监理标段划分及监理单位见表 3-5。

表 3-5 监理标段划分及施工单位

监理标段	监理单位	监理工作范围
JTJL-1 标	北京铁城建设工程监理有限责任公司	1. 永康南站中心 DK0+000（=金温扩能施 DK48+300）~甬台温铁路台州站中心 DK150+452.57（=甬台温铁路 K466+373.52） 2. 枫山货运线起点 FD1K0+000（=既有金温铁路 K41+150）~永康南 FDgK11+119.476（=永康南疏解线 SDK0+900） 3. 枫山货运线设计终点 SDK0+900（=FDgK11+119.476）~正线永康东站中心 SDK6+949.18（=DK6+850） 4. DK0+000 至 DK45+100
JTJL-2 标	上海天佑工程咨询有限公司	DK45+100~DK111+500
JTJL-3 标	四川铁科建设监理有限公司	1. DK111+500~DK150+452.57 2. 台州南货运线起点台州站中心 LDK0+000（=DK150+452.57）~台州南站中心 LDGK15+934.67（=甬台温铁路 K482+270.12） 3. 临海东站中心 TDK0+364.855（=DK142+215）~头门新区 TDK44+315.89

六、其他主要参建单位

浙江省交通工程管理中心监督全线工程质量安全。

七、建设过程

2014 年 10 月 24 日，中国铁路总公司和浙江省人民政府联合批复了《关于新建金华至台州铁路项目建议书的批复》（铁总计统函〔2014〕1517 号）。

2014 年 11 月，项目筹备组向浙江省人民政府和中国铁路总公司报送了可行性研究报告，项目筹建组先后组织编制了全线环境影响报告书、水土保持方案报告书；委托有关部门和机构完成了土地预审报告、沿线地震安全性评价报告、地质灾害评估报告、节能评估报告、社会稳定风险评估报告、防洪评价报告等。2015 年 9 月 11 日，中国铁路总公司和浙江省人民政府联合批复可行性研究报告。

中国铁路总公司会同浙江省人民政府以《关于新建金华至台州初步设计的批复》（铁总鉴函〔2016〕183 号）批复了初步设计。

1. 征地拆迁

2016 年完成征地 71.4%，2017 年完成征地 90.4%，2018 年基本完成征地任务。

2. 电力迁改

2019 年年底完成所有电力迁改任务。

3. 路基工程

2016 年 7 月全面开工，2020 年 7 月完工。

4. 桥涵工程

2016 年 6 月全面开工，桥梁下部结构、连续梁施工进度满足铺架要求，2020 年 8 月完工。

5. 隧道工程

先行标将军岭隧道于 2015 年 12 月开工，2016 年 6 月完工。

6. 轨道工程

长轨铺设于 2020 年 4 月开始铺设，2020 年 9 月完成钢轨铺设。

7. 通信信号工程

2018 年 6 月开工，2020 年 11 月完工。

8. 电力工程

2018 年 6 月开工，2020 年 11 月完工。

9. 站房工程

2019 年 11 月开工，2020 年 12 月完工。

10. 验收过程

2020 年 5 月—2021 年 3 月，上海铁路局和金温铁道公司共同完成了金台铁路静态、动态验收工作。2021 年 4 月，金温铁道公司组织完成了初步验收工作，2021 年 5 月，上海铁路局组织完成了金台铁路安全评估工作。

2021 年 6 月 25 日，金台铁路正式开通运营。

第四章 综合评价

金台铁路工程建设严格执行国家和中国铁路总公司有关政策、规程、规范和强制性标准，按批准的设计标准建成，劳动、卫生、安全、消防等设施符合设计和验收标准；环境保护、水土保持工程按环评报告书和水保方案及批复意见同步建成；地质灾害整治措施及建筑抗震设防得到落实；竣工文件基本齐全；建立应急预案和办法，能够支撑信息系统开通。另外，静态验收、动态验收问题整改已基本得到落实；中国铁道科学研究院（以下简称铁科院）动态检测报告认为全线检测结果符合动态检测大纲要求，静态、动态验收报告通过工务、电务等专业专家组评审。全线施工安全状况良好，总体质量符合设计及验标要求，工程总体质量合格，满足 160 km/h 正常运行速度要求。金台铁路的建设过程是不断进行技术创新的过程。在广泛借鉴国内外新技术、新工艺、新材料等的基础上，按照“引进、消化、吸收和再创新”的理念，大胆创新，形成了具有我国特色的建设技术体系，积累了丰富的铁路建设经验，提高了我国铁路建设技术水平，为我国铁路建设又好又快发展起到了很大的推动作用。

一、质量安全管理

金台铁路质量安全管理工作倍受省级层面的重视和行业的关注。为强化质量安全监管、提升铁路建设项目管理水平，全力打造以省为主建设铁路的示范线、精品线和样板线，实现“三打造、一融合”的发展理念，推动金台铁路快速发展，向着“引领全省、示范全国”的目标稳步迈进。金台铁路有限责任公司结合工程建设实际情况，通过不懈努力，在省委省政府的关心下，省编办于 2017 年 4 月出台《关于进一步明确交通运输领域省级部门相关职责的通知》（浙编办函〔2017〕57 号），明确由浙江省交通运输厅负责地方铁路和城际轨道交通建设质量安全监管。2018 年 1 月，省交通运输厅印发《关于明确我省轨道交通管理职责分工的通知》（浙交〔2018〕2 号）进一步明确由省交通工程管理中心具体承担地方铁路建设中质量和安全监督管理工作。对于地方铁路建设行业来说，正式迈入建设过程中的质量和安全监管由省级政府部门承担的全新时代。金台铁路有限责任公司在项目质量安全管理上，通过采取建立一套与行政监管相融合的制度体系、融合一套与行政监管相匹配的管理手段等积极措施，贯彻落实了中国铁路总公司安全质量管理要求，响应了“保卫安全，捍卫质量”的号召，以严格的质量要求确保建设过程中的安全持续稳定。

二、施工组织管理

金台铁路有限责任公司将以“高效、务实、严谨、创新”的企业精神，精心组织和规划，按“安全、可靠、适用、经济、先进”的思路组织施工，以“新形势、新环境、新要求、高标准、高质量、高效益”为总体目标，精益求精，铸造“精品工程”。

三、施工协调管理

建设协调工作实行分层次管理：金台铁路有限责任公司负责与省直机关相关部门、省铁路办、省重点办及沿线地市区县各级政府、有关部门的日常协调工作。施工单位负责协助公司与沿线各级政府、有关部门的日常协调工作，解决施工现场的具体问题。设计、监理单位依据公司的要求，做好路地协调配合工作。

建立工程建设月例会和每周推进会制度，定期召开各方参加的建设月度例会，通报建设过程中的安全、质量、工期、投资控制等情况，及时协调推进解决建设过程中存在的问题。金台铁路有限责任公司与地方各级政府建立定期沟通制度，协调解决涉地相关工作。

四、计划物资管理

根据原铁道部《关于印发〈铁路建设项目物资设备管理办法〉的通知》(铁建设〔2012〕216号)等文件精神及金台铁路有限责任公司物资设备管理办法的规定，金台铁路建设物资设备实行“统一领导、分类管理、分级负责”的管理体制原则。通过建立完善物资设备质量控制体系，加强项目物资设备质量控制，确保物资设备供应及时、质量合格、降低成本。

第二篇

建设管理

第五章　建设管理模式

第一节　建设管理模式

金台铁路有限责任公司作为项目法人，对本项目设计、筹资、建设管理负全责。工程施工采用施工总承包方式，工程咨询采取建设及调试全过程咨询；以合同管理为基础，加强组织协调，充分发挥各参建单位的职能作用；在中国铁路总公司、浙江省及上海铁路局的统一部署下，建立标准化管理体系。公司办公地点设在台州。

第二节　建设组织

金台铁路有限责任公司负责项目的建设管理。公司按照结构清晰、职责分明、体现“六位一体”管理要求的原则设置，实施有规范、操作有程序、过程有控制、结果有考核。公司下设 8 个部门，分别为综合管理部（党委办公室）、工程管理部、安全质量部、物资设备部、计划合同部、财务管理部、经营开发部、纪检监察室。机构职责分工详见表 5-1。

表 5-1　建设管理机构职责分工表

部门	职责
综合管理部（党委办公室）	包括行政、工会、人力资源、宣传、法务风控（综治维稳）、文书、档案管理和后勤保障等多项内容；包括本单位党员队伍教育管理、党员考评、党内信息统计、党费收缴管理等党务工作内容
工程管理部	包括路基、桥梁、隧道、电力、线路、接触网、通信、信号、行车、房建、征拆等专业技术工作内容
安全质量部	负责工程安全、质量监督管理和工程监理管理等工作
物资设备部	包括物资设备招标采购及合同执行、甲供物资设备管理、建设项目施工单位自购物资设备监管、现场物资管理等工作内容
计划合同部	包括编制年度及滚动建设任务计划、组织推进工程进度有关会议、分析工程进度情况以及采取相关措施加快工程进度等工作内容
财务管理部	包括银行开户管理、会计凭证、日记账审核以及工程竣工决算、组织及固定资产移交等工作内容
经营开发部	包括铁路运营管理、铁路沿线资源综合开发等工作内容
纪检监察室	包括单位党风廉政建设、党员干部监督等监察工作内容

第三节 设计、咨询、监理及施工等参建单位

设计、咨询、监理及各参建单位按照 GB/T 19001—2000、GB/T 24001—2004、GB/T 28001—2001 标准的要求建立健全质量、环境、职业健康安全管理体系，履行相应的管理职责，承担相应责任。

一、设计单位组织机构

设计单位成立金台铁路工程指挥部，在指挥长和总体的领导下，分段设立现场设计组，配备线路、桥梁、隧道、站场等专业人员，及时处理施工中地质勘察、设计变更等工作，按照“先批准后变更”的原则，做到变更设计合理，程序到位，出图及时。

二、咨询单位组织机构

工程咨询内容包括施工图优化及审核，各项技术咨询。咨询单位设立咨询总体组，负责设计咨询工作。

三、监理现场机构

监理单位按照相关要求，设立现场监理项目部（监理项目部），总监理工程师负责，下设监理分站（组）、实验室、综合办公室，配备各类检测及试验、办公、交通和通信设备，对工程施工阶段的工程质量、建设工期、施工安全、建设投资和环境保护等按照监理合同代表建设单位实施监督管理。

四、施工现场机构

施工单位采取扁平化管理模式设立施工项目经理部，设置工程管理部、安全质量环保部、物资设备部、计划财务和综合管理部、中心试验室，下设工区及作业队。作业队实行架子队管理模式。

五、第三方检测机构

设立隧道衬砌无损检测、桥梁桩基检测、路基检测等第三方检测机构，加强工程质量控制。

第六章　建设管理机构

第一节　建设管理机构的设置

金台铁路有限责任公司设立董事会，由 9 名董事组成，设董事长 1 名、副董事长 1 名、董事 7 名。金台铁路有限责任公司设置总经理 1 名，专职党委副书记、纪委书记、工会主席 1 名，副总经理 4 名，下设 8 个部门，分别为综合管理部（党委办公室）、工程管理部、安全质量部、物资设备部、计划合同部、财务管理部、经营开发部、纪检监察室。建设管理机构的设置见图 6-1。

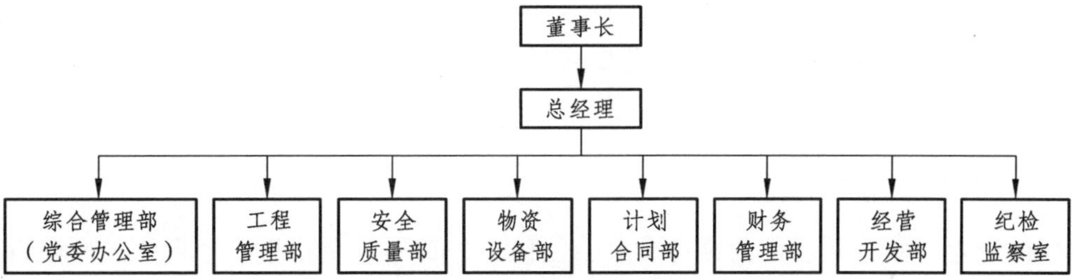

图 6-1　工程管理组织机构

金台铁路有限责任公司内部各部门、各专业按照职责分工做好工程计划、招投标、合同、安全质量、技术、物资、资金、验工计价等各个环节的管理、协调和服务工作，努力营造良好的施工环境。按照中国铁路总公司和上海铁路局的有关要求进行建设管理，积极构建以建设单位为龙头，地方政府、设计单位、施工单位、监理单位、咨询单位、物资供应商等积极配合，全面推进工程建设的各项工作，确保金台铁路安全、优质、按期完成。

第二节　部门职能

一、纪检监察室工作职责

（1）负责党委、党支部和党员领导人员贯彻执行党的路线、方针、政策和决议的监督检查。

（2）研究制定党风廉政建设和反腐败工作的规章制度并监督实施。

（3）负责党风廉政建设和反腐败的宣传、教育工作。

（4）执行金台铁路有限责任公司领导班子成员廉洁自律各项规定，检查党风廉政建设责任制落实情况。

（5）协助纪委领导抓好纪检监察干部的教育、考核和管理工作。

（6）加强对金台铁路有限责任公司重大事项决策、干部任免、大额资金使用，以及工程项目、大宗物资采购招投标、验工计价等运作情况的廉政监督工作。经常了解和掌握工程项目参建方、供应商及其人员的党风廉政建设情况，发现问题及时予以纠正。

（7）对金台铁路建设过程及金台铁路有限责任公司经营管理中存在的突出问题和薄弱环节进行监督检查，依法合规建设，规范经营行为、改善企业管理、提高企业管理效能。

（8）接待和受理群众对党员领导人员、党委、党支部违反党纪、政纪问题的检举、控告和来信来访，办理信访登记、催办，对重要信访及时报请领导阅批。负责信访举报资料的整理和归档。

（9）严禁金台铁路有限责任公司领导及其工作人员接受与其主管业务有关的单位和个人的礼金和各类礼品，负责因各种原因未能拒收并上交的礼金、礼品的登记、收交、保管和处理等具体事项。

（10）查处企业领导人员、党员违纪违法案件。

（11）负责接收、传达上级指示；起草、审核、印发、报送纪检有关文件、计划、总结、决定、决议、工作报告、规章制度、信息和其他上报下发的综合性文字材料；负责纪检监察业务报表的统计、上报。

（12）负责纪检的文书、印章的管理、使用，文件、资料的收发、登记、传阅、催办、清退、保管和归档工作。

（13）负责纪检的决议、决定实施情况并进行督促检查；了解金台铁路有限责任公司所属部门纪检监察工作动态，收报编发纪检监察信息等。

（14）负责纪检监察有关会议的准备工作、会议记录、整理会议纪要和对议定事项的催办落实以及管理等内部日常事务工作。

（15）负责纪检监察有关书报杂志、宣传资料等的征订、分发和管理工作。

（16）完成上级党委、纪委交办的其他工作。

二、综合管理部工作职责

（1）贯彻执行党和国家及省部的方针政策及上级工作部署，负责组织金台铁路有限责任公司员工的思想教育和理论学习。

（2）负责企业管理工作，组织编制金台铁路有限责任公司发展规划，贯彻落实公司发展战略和建设目标。

（3）负责日常行政、党群工作，做好信息的上传下达，及时掌握金台铁路有限责任公司各类工作动态，统筹协调各部门、各指挥部工作，催办和督查重要事项的执行情况。

（4）负责金台铁路有限责任公司“三会”（股东会、董事会、监事会）的组织召开，负责章程修订、各类决议拟定、日常工作联系和材料保管等工作。

（5）负责单位党员队伍教育管理、信息管理、党员考评工作、党员组织关系的转接工作。

（6）负责做好党内信息统计报表的信息采集，党费的收缴、管理工作，按规定如期上缴党费。

（7）负责金台铁路有限责任公司法治体系建设和法律风险防范工作，审核各类重大决策事项、合同和法律文书等。

（8）负责选聘、联系、协调外聘法律顾问，对其工作进行监督和评价。

（9）负责金台铁路有限责任公司诉讼、仲裁、行政复议、听证等诉讼和非诉纠纷法律管理工作。

（10）负责推动建设金台铁路有限责任公司风控工作体系及组织架构，完善风险管理制度体系，制订年度风控工作计划，落实责任部门，督促实施。

（11）负责组织或参与金台铁路有限责任公司有关文件的起草工作；负责收文的登记、呈批、传阅、催办和公司发文的审核、印制工作；负责文件的分类、立卷、归档工作；负责机要、保密、介绍信的使用管理和印鉴管理工作。

（12）负责金台铁路有限责任公司重大活动、重要会议和公务接待的组织协调和管理工作。

（13）负责金台铁路有限责任公司工商登记、营业执照变更、年检工作。

（14）负责后勤接待工作，负责金台铁路有限责任公司值班、治安、食堂运营监管、保卫、公共卫生、用电安全等管理工作。

（15）负责金台铁路有限责任公司行政费用及行政类固定资产投资的预算管理工作。

（16）负责金台铁路有限责任公司办公用品和公务车辆、通信工具等行政类固定资产的报批、购置和使用管理。

（17）负责金台铁路有限责任公司人事管理，包括制定、修订、执行人员招聘、录用、培训、考核、辞退等相关制度，以及对各部门、各指挥部的考核管理。

（18）负责选人用人、干部队伍建设等工作，建立和完善统一规范的选拔任（聘）用制度。

（19）负责对员工社保、公积金、年金、福利、劳动保护用品定额和计划管理工作。

（20）负责金台铁路有限责任公司各类荣誉的设立、评选、审核、统计、归档等工作。

（21）负责乘车证审批、管理和日常使用等工作。

（22）负责出国（境）人员审查管理工作，规范出国（境）报批程序、外事纪律和费用管理。

（23）负责金台铁路有限责任公司宣传报道工作，及时收集公司重要活动、领导重要讲话、工程建设节点等重要新闻相关材料，撰写讯息通告进行宣传报道。

（24）负责金台铁路有限责任公司企业文化的策划和推进工作，做好公司网络信息平台宣传栏中版面更新工作，为公司、上级单位的各类活动提供文创类支持。

（25）及时完成上级交办的其他工作。

三、计划合同部工作职责

（1）贯彻执行国家、浙江省、中国铁路总公司、浙江省交通投资集团有限公司、上海铁路局有关法律、法规与制度，认真做好金台铁路有限责任公司计划合同管理各项工作。

（2）负责金台铁路有限责任公司计划、统计管理。组织编制建设项目年度建议计划，下达年、季度、月计划，检查、考核计划执行情况；提出年度调整计划建议；负责建设项目统计工作，建立统计台账，编制统计分析，报送工程统计报表。

（3）负责合同归口管理工作。负责组织各类合同的审核、签订、登记、立卷归档及合同备案工作。组织有关合同的洽谈，负责组织检查、督促合同履行。组织对参建的施工、监理单位投标承诺兑现及合同履行情况进行评议。负责或参与处理合同纠纷。

（4）负责总概算的管理。参加初步设计概（预）算审查、概（预）算清理和变更设计预算的审核，负责组织施工图投资检算编制；负责组织概（预）算政策性问题处理，审核设计变更费用；审核工程量变更的计价工作；审核征地拆迁的计价工作；负责建设项目概算执行动态分析；及时组织编制鉴修概算，并上报。

（5）负责金台铁路有限责任公司招投标归口管理。根据年度建设计划和各部提报的年度招标计划，编制公司年度招标工作计划，并下达；及时审查项目招标计划、招标文件；组织开展工程设计、咨询、施工、监理、检测招标和甲供、甲控物资设备的招标采购工作。

（6）负责组织工程验工计价工作，负责工程验工计价的计价部分工作。

（7）负责组织工程结算，协助办理竣工决算、组固及固定资产移交工作。

（8）按照《金台铁路有限责任公司合同管理办法》参与物资设备采购、保险、地方涉铁、更新改造等资产管理过程中涉及的各类合同的起草、会审、签订和管理。

（9）负责涉铁工程相关费用的审核。

（10）牵头办理运输管理单位、设备维护单位等关联单位的费用结算工作。

（11）参与金台铁路有限责任公司开源节流相关工作。

（12）及时完成上级交办的其他工作。

四、财务管理部工作职责

（1）贯彻执行国家、浙江省和铁路有关财经政策及会计法、税法的规定，认真做好金台铁路有限责任公司财务管理各项工作。

（2）参与制定金台铁路有限责任公司财务制度及相应的实施细则。

（3）负责董事会及总经理所需的财务数据资料的整理编报。

（4）负责与财务工作有关的外部及政府部门，如税务局、财政局、银行、会计师事务所等联络、沟通工作。

（5）负责金台铁路有限责任公司资金管理、调度；编制月、季、年度财务情况说明分析，向金台铁路有限责任公司领导报告公司经营情况。

（6）负责编制凭证、报表；负责各项税费及报表的申报工作。

（7）负责工程款等各种款项的结算工作。

（8）负责金台铁路有限责任公司年度预算上报工作及预算执行的监督工作。

（9）负责资金筹集工作，组织做好各股东方资本金的催缴和融资工作。

（10）负责金台铁路有限责任公司全年的会计报表、账簿装订及会计资料保管工作。

（11）负责银行财务管理，负责支票等有关结算凭证的购买、领用及保管，办理银行收付业务。

（12）负责组织工程项目竣工财务决算工作。

（13）负责编制银行收付凭证、现金收付凭证，登记银行存款及现金日记账，月末与银行对账单和对银行存款余额，并编制余额调节表。

（14）负责金台铁路有限责任公司员工工资的发放工作，现金收付工作。

（15）负责管理金台铁路有限责任公司的运输收入结算工作。

（16）负责配合上级部门对金台铁路有限责任公司的监察、稽查、审计工作。

（17）组织金台铁路有限责任公司的资产管理和清查、盘点工作。

（18）完成领导交办的其他工作。

五、工程管理部工作职责

（1）认真贯彻执行国家和省部有关铁路建设管理的方针、政策、法律法规、技术标准及相关规定，加强工程建设管理各项工作。

（2）负责工程勘察设计管理工作。组织设计初审、负责施工图设计审查；检查和落实勘察设计进度，监督设计单位执行鉴定意见情况，督促设计单位做好优化设计工作；对勘察设计和技术咨询工作进行日常管理和考核；制定有关技术管理办法、技术管理程序和相关考核制度。

（3）负责组织建设项目环保、水保、林业、地质灾害、交通评估、压覆矿评估、防洪影响评估等资料的汇总、报批工作；负责组织施工期间的环境保护和水土保持、文物保护措施的落实工作。

（4）负责对外协调工作。负责项目征地拆迁和建设协调管理工作，办理建设项目用地预审、红线许可证等相关的报批手续，督促征地拆迁的实施及相关竣工资料的组卷交验工作，负责征地拆迁数量的审核工作；负责工作量核实及有关协议签订（包括三电迁改、沿线立交、征地补偿、拆迁、取弃土场地、地下管线、通航等协议）。

（5）负责合同有关专业技术条款的起草工作；及时提报年度招标工作计划和项目具体招标计划，配合金台铁路有限责任公司招标办编制招标文件。

（6）负责组织编制指导性施工组织设计，审批施工单位申报的实施性施工组织设计；组织设计交桩、技术交底工作；负责组织重大涉及既有线运行安全的施工方案、施工过渡和开通方案的审查；根据技术标准和规范，组织制定或审查施工细则、相关施工工艺和工序。

（7）负责办理建设项目开工和各标段施工单位的开工报告的审批手续。

（8）负责组织项目施工和现场管理工作，审查、落实施工计划；负责工程进度，及时协调处理工程建设中的有关问题。

（9）参与勘察设计合同、工程咨询合同、施工、监理、甲供物资、设备合同的签订；监督勘察设计、施工、监理和工程咨询合同（技术咨询）的执行。

（10）负责工程咨询管理工作。负责技术方案、技术问题、主要设备及系统选型的研究与审查；负责新技术、新工艺、新材料、新设备的推广和应用；负责组织相关的科研攻关项目的立项审查、实施配合、结题评审和成果推广工作。

（11）负责变更设计管理。负责组织Ⅰ类变更设计方案初审、报批工作；负责组织Ⅱ类变更设计审批。

（12）负责工程项目总体协调。做好进度、投资、质量、安全控制；组织召开现场例会，掌握施工进度情况，定期对施工进度和质量、安全生产情况进行分析总结；及时协调解决施工过程中的相关问题，对存在的质量安全、进度方面的问题提出整改措施并组织落实；负责营业线施工运输协调工作；负责工程调度管理工作，及时收集工程信息，编制工程快报，定期对建设情况分析总结。

（13）负责工程调度管理工作，负责营业线施工运输协调工作。

（14）参与施工、监理单位质量信誉评价检查和创精品工程活动。

（15）负责技术文件、技术资料管理；建立收、发文登记制度，做好设计文件、图纸和技术资料签收、拆封、分类、编号登记、分发、保管和移交金台铁路有限责任公司归档工作。

（16）建立突发事件应急处理机制，组织突发事件处理。

（17）协助工程验工计价工作，负责验工计价的工程量审核；负责工程量变更的验工工作；负责签核月度进度表和季度、末次验工。

（18）负责审核运营线路工程质量问题的整治方案、计划。

（19）负责运营金台铁路有限责任公司的更新改造工程、设备大修、工程质量专项整治项目（不含纯设备类）的管理。

（20）负责外委、代建、涉铁工程的项目方案、施工图审查和实施管理，配合做好协议签订工作。

（21）负责组织建设项目竣工验收交接具体工作。组织编制工程竣工文件和工程总结。

（22）及时完成上级交办的其他工作。

六、安全质量部工作职责

（1）负责监督、检查各参建单位落实国家、浙江省、中国国家铁路集团有限公司、浙江省交通投资集团有限公司、上海铁路局集团有限公司、浙江省交通工程管理中心、上海铁路监督管理局安全生产及质量管理的有关规定，制定有关管理制度，建立健全质量和安全保障体系，检查督促各参建单位建立健全质量和安全保证体系，落实各项质量安全管理制度。

（2）负责办理工程质量、安全监督手续；配合质量、安全监督机构的质量、安全监督检查。

（3）负责金台铁路有限责任公司安委会办公室的日常工作，定期组织召开安委会、安全例会等会议，研究安全生产形势，提出相应对策和措施，及时解决安全生产工作中的问题。

（4）负责安全、质量日常监督管理工作；负责施工现场安全、质量监督检查，及时通报和处理工程质量和安全工作中存在的问题；负责材料及构件和设备质量的监控；督促和协调施工安全协议的签订；负责建设项目试验检测管理，督导施工、监理单位和第三方检测单位做好日常报检、见证、平检、抽检等试验检测工作。

（5）组织制定工程质量创优规划并监督实施；负责组织样板示范工程，精品工程推进与管理工作。

（6）负责工程监理的管理工作。负责监理单位履约的督促、检查和考核；负责监理规划和监理实施细则、监理月报等资料收集；组织建设项目检查和评比工作，及时通报和处理工程质量和安全工作中存在的问题。

（7）参与指导性施工组织设计编制，参与审批施工单位申报的实施性施工组织设计；参与施工前的技术交底工作；参与重大施工方案、既有线运行安全施工方案审查；负责落实Ⅰ、Ⅱ级营业线施工的安全把关措施。

（8）负责工程监理、第三方检测的招标工作，及时提报年度招标工作计划和项目具体招标计划、参与编制招标文件；参与工程监理、第三方检测合同的签订；参与工程咨询、施工招标和甲供物资设备的招标采购工作。

（9）负责组织开展或参与金台铁路有限责任公司安全教育培训工作，监督指导各参建单位按规定开展安全教育培训工作；负责安全生产费用使用情况的审核、监督和检查，督促各参建单位及时足额投入安全生产费用；协助管理公司治安、保卫工作。

（10）负责监督和检查各参建单位重大安全风险管控和重大事故隐患的整改工作。

（11）负责组织施工、监理企业质量信誉评价和季度考核工作；制定金台铁路有限责任公司安全生产应急预案，并组织开展演练；负责组织或参与上级部门对工程质量和安全事故的调查、处理工作。

（12）受理、组织调查涉及铁路建设工程施工安全的投诉举报，参与调查涉及铁路建设工程质量的投诉举报，对查实问题提出处理建议。

（13）及时完成上级交办的其他工作。

七、物资设备部工作职责

（1）认真贯彻执行浙江省、中国铁路总公司、上海铁路局有关物资管理的方针、政策、法律法规、技术标准及相关规定，加强工程建设物资管理各项工作。

（2）负责建设项目物资设备管理工作，建立物资设备采购供应管理体系和质量控制管理体系，降低采购供应成本，确保物资设备质量。

（3）负责编制物资设备管理的有关制度和办法；负责指导、检查有关参建单位的物资设备管理工作。

（4）负责物资设备招标采购及合同执行。监控物资设备质量，协调资源分配和采购各方关系；对甲供材料和设备款的支付进行签认。

（5）负责甲供物资设备管理工作。及时上报物资采购计划，按时完成物资采购相关工作；组织物资设备的供货、调剂。

（6）负责甲供物资设备的招标采购工作；及时提报年度招标工作计划和批量物资、设备具体招标计划，编制招标文件。参与工程施工、监理招标工作。

（7）负责建设项目施工单位自购物资设备的管理工作。监督、检查自购物资、设备程序规范，质量达标。

（8）负责外资采购材料、设备归口管理工作。负责外资采购物资、设备计划的申报和物资、设备的接运、验收、组织保管工作；负责对外资采购物资设备的计价、结算进行签认。

（9）参加审核涉及材料、设备的Ⅰ、Ⅱ类变更设计。负责办理甲供材料、设备计价。

（10）及时完成上级交办的其他工作。

八、经营开发部工作职责

（1）负责制订部门经营发展规划，建立健全相关制度并执行。

（2）负责统筹沿线闲置土地、房屋综合开发；指导各车站水电节能减排工作；开拓代建项目；审批地方涉铁工程用地；协助客、货运营销和运行图优化工作。

（3）负责部门年度资产经营目标计划的编制和实施。

（4）负责协助运营单位做好金台铁路沿线货运量调研及货运营销工作。

（5）负责分析运营单位客货运数据，提出优化建议。

（6）负责可利用土地综合开发方案研究、市场调查、评估论证和管理工作。

（7）负责房屋租赁和土地出借管理工作。牵头组织对重点房屋租赁项目招租方案、土地出借方案进行论证、审批。

（8）负责对接地方发展规划，开展金台铁路沿线涉铁工程项目的前期管理。

（9）负责协助运营单位做好金台铁路有限责任公司各车站用水、用电能耗管理，制定考核制度，完善考核机制。

（10）负责经营开发相关风险管控工作。

（11）完成领导交办的其他工作。

第七章　标准化管理体系

第一节　管理制度

为了推进标准化管理工作，提高建设管理水平，根据中国铁路公司、上海铁路局的有关规定和要求，结合金台铁路有限责任公司实际情况，制定了完善的管理制度。其中，综合管理制度 40 项，工程管理制度 42 项，物资设备管理制度 4 项，质量安全管理制度 70 项，计划合同管理制度 12 项，财务管理制度 6 项，经营开发管理制度 1 项，经检监察制度 10 项。

一、综合管理制度

（1）《金台铁路有限责任公司岗位工作职责》；
（2）《金台铁路有限责任公司工作规则》；
（3）《金台铁路有限责任公司会议制度》；
（4）《金台铁路有限责任公司印章管理办法》；
（5）《金台铁路有限责任公司档案管理办法（试行）》；
（6）《金台铁路有限责任公司公文处理实施细则》；
（7）《金台铁路有限责任公司考勤管理暂行办法》；
（8）《金台铁路有限责任公司“三公经费”管理办法》；
（9）《金台铁路有限责任公司法律顾问工作制度（试行）》；
（10）《金台铁路有限责任公司机动车道路交通安全管理办法（试行）》；
（11）《金台铁路有限责任公司总经理办公会议议事规则》；
（12）《金台铁路有限责任公司全面风险管理办法（试行）》；
（13）《金台铁路有限责任公司食堂管理制度》；
（14）《金台铁路有限责任公司工会职工慰问及困难补助实施办法》；
（15）《金台铁路有限责任公司员工行为规范》；
（16）《金台铁路有限责任公司人力资源管理办法》；
（17）《金台铁路有限责任公司员工薪酬管理办法》；
（18）《金台铁路有限责任公司专业技术职称聘用管理办法》；
（19）《金台铁路有限责任公司干部选拔任用管理办法（试行）》；
（20）《金台铁路有限责任公司劳动用工管理办法》；
（21）《金台铁路有限责任公司员工月度考评工作实施办法》；
（22）《金台铁路有限责任公司年终绩效激励特别奖励管理（暂行）办法》；
（23）《金台铁路有限责任公司管理与专业技术双轨发展管理办法（试行）》；
（24）《金台铁路有限责任公司乘车证管理实施细则（暂行）》；
（25）《金台铁路有限责任公司出国（境）管理暂行办法》；
（26）《金台铁路有限责任公司传染病疫情、群体性不明原因疾病事件专项应急预案（试行）》；
（27）《金台铁路有限责任公司领导班子决策“三重一大”事项实施细则》；

（28）《金台铁路有限责任公司司务公开制度》；
（29）《领导人员联系人才工作制度》；
（30）《金台铁路有限责任公司荣誉管理和奖励办法（暂行）》；
（31）《金台铁路有限责任公司意识形态工作责任制实施细则》；
（32）《中共金台铁路有限责任公司委员会议事规则》；
（33）《金台铁路有限责任公司党委理论学习中心组学习实施办法》；
（34）《中共金台铁路有限责任公司委员会议事规则（2018 年修订版）》；
（35）《金台铁路有限责任公司党建工作责任制实施办法》；
（36）《金台铁路有限责任公司员工廉洁自律“十不准”》；
（37）《金台铁路有限责任公司惩治和预防腐败体系实施细则》；
（38）《金台铁路有限责任公司落实党风廉政建设履行主体责任和监督责任的实施细则》；
（39）《金台铁路有限责任公司“清廉金台”建设实施方案》；
（40）《金台铁路有限责任公司中层干部廉洁从业若干规定实施细则》。

二、工程管理制度

（1）《金台铁路有限责任公司开工条件安全评估管理办法》；
（2）《金台铁路有限责任公司开工报告管理办法》；
（3）《金台铁路有限责任公司铁路工程“三电”迁改管理实施办法》；
（4）《金台铁路有限责任公司测量工作管理办法》；
（5）《金台铁路有限责任公司施工组织设计编制管理办法》；
（6）《金台铁路建设工程初步设计初审管理办法》；
（7）《金台铁路建设工程工艺试验管理办法》；
（8）《金台铁路工程建设样板示范工程管理办法》；
（9）《金台铁路工程建设文物保护管理办法》；
（10）《金台铁路工程劳务分包及“架子队”管理办法》；
（11）《金台铁路建设工程技术管理办法》；
（12）《金台铁路有限责任公司施工现场设计配合管理办法》；
（13）《金台铁路隧道工程超前地质预报管理实施细则》；
（14）《金台铁路隧道工程施工监控量测管理细则》；
（15）《金台铁路建设工程施工图审核管理办法》；
（16）《金台铁路有限责任公司工程调度管理办法》；
（17）《金台铁路工程建设环境保护管理办法》；
（18）《金台铁路工程建设水土保持管理办法》；
（19）《金台铁路有限责任公司征地拆迁管理办法》；
（20）《金台铁路建设项目变更设计管理办法》；
（21）《金台铁路工程勘察设计管理及考核办法》；
（22）《金台铁路工程接口管理办法》；
（23）《金台铁路有限责任公司施工计划管理办法》；
（24）《金台铁路有限责任公司工程竣工验收管理办法》；
（25）《金台铁路路基工程沉降变形观测及评估管理规定》；
（26）《金台铁路有限责任公司工程人工挖孔混凝土灌注桩施工管理办法（试行）》；
（27）《金台铁路工程通航水域水上水下施工安全管理办法》；

（28）《金台铁路建设项目电子施工日志管理办法》;
（29）《金台铁路工程钢构件驻厂监造管理办法》;
（30）《关于实施金台铁路有限责任公司营业线（邻近营业线）施工许可制度的通知》;
（31）《关于实施金台铁路有限责任公司营业线（邻近营业线）施工安全风险分析例会制度的通知》;
（32）《关于实施金台铁路有限责任公司营业线（邻近营业线）关键施工安全把关制度的通知》;
（33）《金台铁路有限责任公司变更设计管理办法》;
（34）《金台铁路建设工程施工组织设计编制管理办法》;
（35）《金台铁路建设工程施工图审核管理办法（修订版）》;
（36）《电子施工日志系统实施细则及考核办法》;
（37）《金台铁路铺架与线下工程工序交接管理办法》;
（38）《金台铁路运施工管理暂行规定》;
（39）《金台铁路运、架梁施工管理暂行规定》;
（40）《金台铁路有限责任公司重大节日及敏感期间网路安全应急管理办法》;
（41）《新建金华至台州铁路工程（含头门港支线）项目档案管理办法》;
（42）《金台铁路单位工程验收管理细则》。

三、物资设备管理制度

（1）《金台铁路有限责任公司建设项目甲供物资采购供应实施细则》（金台铁物发〔2016〕241 号）;
（2）《金台铁路建设物资设备管理办法》（金台铁物发〔2018〕123 号）;
（3）《金台铁路设备采购管理办法》（金台铁物发〔2018〕137 号）;
（4）《金台铁路建设应急物资设备管理办法》（金台铁物发〔2017〕117 号）。

四、质量安全管理制度

（1）《金台铁路建设工程爆炸物品安全管理办法》;
（2）《金台铁路工程建设质量管理实施细则》;
（3）《金台铁路隧道工程开挖施工和二次衬砌施工许可政制度》;
（4）《金台铁路建设工程安全风险管理实施细则（暂行）》;
（5）《金台铁路建设工程大型施工机械安全管理办法》;
（6）《金台铁路工程质量检测试验管理办法》;
（7）《金台铁路建设工程施工安全红线管理办法（暂行）》;
（8）《金台铁路工程混凝土拌和站信息化管理办法》;
（9）《金台铁路工程安全质量检查工作标准化管理办法》;
（10）《金台铁路工程隧道风险评估与管理实施办法》;
（11）《金台铁路工程建设安全生产管理办法》;
（12）《金台铁路工程基坑施工安全管理办法》;
（13）《金台铁路有限责任公司营业线施工安全应急预案》;
（14）《金台铁路工程建设消防安全管理办法》;
（15）《金台铁路工程监理企业信用评价实施细则》;
（16）《金台铁路工程路基施工质量管理办法》;
（17）《金台铁路有限责任公司建设工程脚手架管理实施细则》;
（18）《金台铁路工程第三方检测管理实施办法（暂行）》;
（19）《金台铁路有限责任公司建设项目施工质量安全“三全”检查建设项目施工质量安全“三全”

检查实施要点》；

（20）《金台铁路工程建设项目质量安全风险管理“一图四表”法实施办法》；

（21）《金台铁路有限责任公司营业线施工安全管理实施办法》；

（22）《金台铁路工程建设隧道施工安全管理办法》；

（23）《金台铁路建设工程制架梁施工作业安全卡控措施》；

（24）《金台铁路工程路基填筑指导性实施细则》；

（25）《关于金台铁路现场安全视频监控的技术指导意见》；

（26）《金台铁路工程质量分级管理制度》；

（27）《金台铁路有限责任公司〈隧道施工安全九条规定〉实施细则》；

（28）《金台铁路建设工程安全生产宣传教育工作要点》；

（29）《金台铁路试验室及拌和站信息化报警管理办法》；

（30）《金台铁路有限责任公司岗位安全工作标准》；

（31）《关于做好金台铁路工程爆破安全监理工作的指导意见》；

（32）《金台铁路工程建设原材料质量抽样检测管理办法》；

（33）《金台铁路工程爆炸物品管理和爆破作业安全卡控措施》；

（34）《金台铁路有限责任公司铁路建设项目通道安全标准化实施细则（暂行）》；

（35）《金台铁路有限责任公司安全生产“一票否决”实施细则》；

（36）《金台铁路有限责任公司营业线（邻近）施工安全卡控要点》；

（37）《金台铁路工程施工现场储油罐（油桶）安全管理规定》；

（38）《关于进一步规范安全生产费使用管理的通知》；

（39）《金台铁路工程隧道二次衬砌台车拆除（转移）许可证制度》；

（40）《金台铁路有限责任公司工程运输车辆安全管理办法》；

（41）《金台铁路有限责任公司铁路工程建设项目施工企业信用评价实施细则》；

（42）《金台铁路有限责任公司建设项目参建单位考勤管理办法》；

（43）《金台铁路工程试验检测管理办法》；

（44）《铁路建设项目质量安全红线管理实施细则》；

（45）《参建单位责任追究管理办法（试行）》；

（46）《进一步落实全员安全生产责任制实施方案》；

（47）《金台铁路有限责任公司安全视频监控系统管理办法》；

（48）《金台铁路有限责任公司违约考核费用分级撤销实施细则（试行）》；

（49）《金台铁路有限责任公司安全生产提示告知、警示通报和约谈实施办法》；

（50）《金台铁路建设工程监理管理办法》；

（51）《金台铁路有限责任公司事故隐患排查治理管理办法》；

（52）《金台铁路有限责任公司安全质量风险分级管控实施办法（试行）》；

（53）《金台铁路有限责任公司桥梁首架安全评估管理办法》；

（54）《金台铁路有限责任公司安全质量整改通知（指令）管理办法》；

（55）《金台铁路工程监理单位激励约束考核奖励管理办法》；

（56）《金台铁路工程施工单位激励约束考核奖励管理办法》；

（57）《金台铁路有限责任公司建设项目参建单位考勤管理办法》；

（58）《金台铁路第三方检测单位考核管理办法》；

（59）《金台铁路有限责任公司铁路建设项目质量安全红黑榜实施细则（试行）》；

（60）《金台铁路工程线运输和施工安全管理办法》；

（61）《金台铁路建设工程安全质量违约责任追究管理办法》；

（62）《金台铁路动态检测期间试验列车开行安全条件确认实施细则》；
（63）《金台铁路有限责任公司“三防”应急预案》；
（64）《金台铁路有限责任公司安全生产责任制》；
（65）《金台铁路工程线动态验收前的道岔使用、维护及管理办法》；
（66）《金台铁路作业（通道）门安全管理办法》；
（67）《金台铁路有限责任公司生产安全事故应急救援综合预案》；
（68）《金台铁路有限责任公司协作单位安全生产监督管理实施细则》；
（69）《金台铁路有限责任公司现场安全检查量化制度》；
（70）《金台铁路有限责任公司协作单位班组安全管理指导意见》。

五、计划合同管理制度

（1）《金台铁路有限责任公司工程价款结算办法》；
（2）《金台铁路有限责任公司合同管理办法》；
（3）《金台铁路有限责任公司计划管理办法》；
（4）《金台铁路有限责任公司统计管理办法》；
（5）《金台铁路有限责任公司投资控制管理办法》；
（6）《金台铁路有限责任公司验工计价管理补充办法》；
（7）《金台铁路有限责任公司安全生产费用管理制度》；
（8）《金台铁路有限责任公司合同履约管理办法》；
（9）《金台铁路有限责任公司地方涉铁工程委托代建管理办法》；
（10）《金台铁路有限责任公司招标投标管理办法》；
（11）《金台铁路有限责任公司弃渣管理办法》；
（12）《金台铁路有限责任公司验工计价管理办法（修订稿）》。

六、财务管理制度

（1）《金台铁路有限责任公司施工单位建设资金监管办法》；
（2）《金台铁路有限责任公司财务管理制度》；
（3）《金台铁路有限责任公司征地拆迁资金管理办法》；
（4）《金台铁路有限责任公司差旅费管理实施细则》；
（5）《金台铁路有限责任公司农民工工资管理办法（试行）》；
（6）《金台铁路有限责任公司公务卡使用管理规定》。

七、经营开发制度

《金台铁路有限责任公司铁路用地资产处置、开发利用、借用和出租管理办法（试行）》。

八、纪检监察制度

（1）《金台铁路有限责任公司纪委工作职责》；
（2）《金台铁路有限责任公司领导人员廉洁从业承诺制度》；
（3）《金台铁路有限责任公司信访管理办法》；
（4）《金台铁路有限责任公司效能监察暂行办法》；
（5）《对收受礼品实行登记制度的实施办法》；

（6）《金台铁路有限责任公司纪检监察审计函询实施办法》；
（7）《金台铁路有限责任公司招投标监督管理办法》；
（8）《关于建立公司中层干部廉政档案的实施办法》；
（9）《金台铁路有限责任公司纪检监察信访处理及恶意举报倒查办法》；
（10）《关于金台铁路管理人员亲属经商办企业禁止与公司发生业务往来的规定》。

第二节　人员配备

一、人员配置基本情况

金台铁路有限责任公司正式员工由浙江省交通投资集团有限公司、中国铁路上海局集团有限公司、台州市铁路建设投资有限公司等股东方调入和社会招聘引进。金台铁路有限责任公司设董事长 1 名，总经理 1 名，专职党委副书记 1 名，副总经理 4 名。公司内部机构设有党委办公室、综合管理部、工程管理部、安全质量部、物资设备部、计划合同部、财务管理部、经营开发部和纪检监察室等 9 个部室，其中党委办公室和综合管理部合署办公。金台铁路有限责任公司人员定编 90 人，其中工程技术人员不少于管理人员总数的 65%，具有高、中级以上专业技术职称人员占工程技术人员总数的 70%以上。

根据需要，配备部分编外人员，编外人员来源一般包括返聘的铁路单位退休工程技术人员、劳务公司派遣的司机等非管理岗位劳务人员。

二、人员素质情况

金台铁路有限责任公司根据各部门工作职责设置了工作岗位，配备了具有一定专业技术水平的专业工程师，实现了岗位设置—人员配备—岗位工作标准—人员素质达标，使金台铁路有限责任公司成为了一支高素质的建设管理团队，实现了人员配备标准化。

第三节　现场管理

为加强和规范铁路建设工程施工现场管理，保障工程建设顺利进行，促进安全、文明施工，保证施工人员的安全和健康，根据《建设工程项目管理规范》（GB/T 50326—2006）、《建设工程施工现场管理规定》（建设部令第 15 号）、《铁路建设项目现场安全文明标志》（建技〔2009〕44 号）等有关规定，金台铁路有限责任公司制订了现场管理办法，工程管理部和安全质量部具体负责铁路建设项目施工现场管理。

施工单位是施工现场管理的直接责任人，应结合施工环境、条件，按照批准的施工组织设计，认真进行施工现场场容文明形象管理的总体策划、设计、布置、使用和管理，做到布局合理，文明施工、安全有序、整洁卫生、不扰民、不损害公众利益。工程施工应当遵守法律、法规和有关工程建设强制性标准的规定，不得损害社会公共利益和他人的合法权益；在城镇施工的，还应符合地方有关规定要求。

（1）施工现场临时设施和大型临时设施的建设应当根据工程特点、进度要求和施工环境条件，统筹规划，合理布局，永临结合，节约用地，注重实用，符合标准。施工现场中心试验室（包括施工单位现场中心试验室和监理单位现场中心试验室）及大型临时设施（如混凝土拌和站、预制梁场等）具备生产条件并试运营后，经金台铁路有限责任公司组织初验合格，报公司批准后，方可投入正式使用。

预制梁场试生产数量达到要求后，按规定程序向主管部门提出报告，申请产品验收和办理生产许可证，取得生产许可证后，方可正式批量生产和出场架设。

（2）加强施工现场材料管理。进入施工现场的材料必须验收合格，并建立台账；现场材料存储应符合防火、防雨、防盗、防风、防潮、防变质的要求；各种材料应按照施工平面图指定的位置就位布置，并根据不同的特点和性质，规范布置方式与要求，按品种、规格、型号分类储存码放整齐，材料编号、数量、检验状态标识要清晰准确；易燃、易爆和有毒有害危险物品应按规定分类存放，专人负责，并有防火、防爆、防污染措施；存放油料必须有防止泄漏和防止污染措施。防洪、救援抢险物资材料应专门存放、专用。

（3）加强对进入施工现场各种施工机械设备的管理。施工单位建立采购、使用、检查、维修、保养的责任制。进入施工现场的施工机械设备、运输车辆必须检验合格，符合安全使用性能要求，有专人统一管理指挥；施工机械设备应当停放有序；特种施工机具、设备需经劳动或安全检验部门检验合格后方可使用，手续完整，档案齐备；必须保证用电机械设备安全防护装置齐全、灵敏、可靠，严禁施工机械设备超载和带病运行。

（4）加强对施工现场劳务人员的管理。施工现场使用的劳务人员必须手续齐全、档案完备。

第四节　过程控制

项目建设中，金台铁路有限责任公司坚持科学发展、安全发展理念，以标准化管理为抓手，强化现场管理，严格过程控制，坚持以解决问题为导向，动态优化施工组织设计，加大考核力度，强力推进工程建设。

一、落实工作制度标准化，严格考核追究制度

一是梳理制定《金台铁路安全质量检查清单》《金台铁路疫情防控工作检查清单》等清单，将清单化管理从监理履职监管延展到质安监督检查工作中，并同时依托各类检查清单开展常态化专项检查；二是在每次大检查活动开展时，检查发现问题均采取清单化管理，当日检查问题当日即纳入《问题整改责任展开表》，明确整改措施、整改完成时间、整改负责人、盯控责任人，确保问题整改及时、达标；三是根据安全生产形势和需求变化，及时组织对《金台铁路有限责任公司现场安全检查量化制度》《金台铁路有限责任公司安全生产责任制》等文件进行修订，并对照制定《岗位安全权力与职责清单》，对安全生产职责落实不到位的人员进行严肃考核追责，督促人员履职。

二、落实人员配备和现场管理标准化

金台铁路有限责任公司明确参建各方部门、岗位职责分工，制定具体的岗位任职标准，选配素质和能力达标的人员，确保岗位设置满足管理需求，人员素质满足岗位要求。定期检查各施工、监理人员到岗情况，要求各参建单位兑现投标承诺，保持骨干队伍的稳定。将施工单位组建和管理架子队的有关情况，纳入标准化管理考核和施工单位信用评价考核。安全质量的提升和保障要靠架子队规范管理和标准化作业来体现。金台铁路有限责任公司在全线开展创建“三好”架子队活动，鼓励创建“规范管理好、安全质量好、文明施工好”的架子队，通过强化架子队管理提升工程质量管理水平。

将现场布局和临时设施建设、施工组织安排和资源配置、现场检查、技术管理、内外协调等现场管理工作的内容和方法具体化、定量化，制定统一标准，实现规范管理、文明施工。加强预制梁场、铺轨基地、混凝土搅拌站、钢筋加工厂建设，建立各项管理标准和要求。在预制梁场、搅拌站、钢筋加工场等大临设施弃用时，做好与地方政府及相关部门的沟通，同步考虑恢复原生态；路基工程统一

设计绿化方案，统一规划栅栏埋设地点，预留埋设条件，做到融入生态、绿色环保。

三、落实过程控制标准化

将质量目标、安全目标等过程控制措施细化到每项工作、工序和整体施工过程；加强原材料进场抽检和成品、半成品保护，严控工程质量源头。金台铁路有限责任公司应根据建设项目月度施工计划，结合《金台铁路工程安全质量检查工作标准化管理办法》制定切实可行的月度标准化工地检查、专项检查、季节性检查、“四不两直”检查、夜间施工检查等计划，拟定的检查计划分专业、分标段，明确检查内容、检查人员等。金台铁路有限责任公司在检查中发现问题，要及时通知现场监理人员和施工单位安质部，根据检查发现问题的严重程度，现场人员采用手机软件（安全质量检查应用程序）下发《问题整改通知单》或及时下发《质量安全问题通报》，责令施工单位进行整改；施工单位针对整改通知书中的问题与要求，立即落实整改；监理单位负责监督施工单位的整改情况，整改符合要求后，签认书面《问题整改回复单》，报金台铁路有限责任公司检查人员进一步核查，把存在的问题进行闭环管理。同时，全面实行施工许可证制度，制定施工工序与环节的质量安全责任界定，明确责任人，实现管理和作业过程的闭环有效控制，保证每一个环节工作质量和成果达到规定标准要求。

如隧道施工中，实行隧道开挖和二次衬砌施工许可证制度，明确各类围岩等级的洞门、洞身开挖（每循环）和二次衬砌混凝土浇筑前必须经监理单位签发施工许可证。金台铁路有限责任公司印发了《金台铁路隧道工程实行开挖施工和二次衬砌施工许可证制度》，确保施工过程存在的问题能够及时发现、及时纠正，把质量隐患消灭在萌芽状态。对相关各专业的分部分项工程落实作业标准、工艺流程、操作规范，采取各层次自检、各工序互检、监理单位过程检查、旁站检查、平行抽检、公司抽检的方式，盯紧施工过程的每一个环节、每一道工序、每一项工艺，实现对施工质量的有效管控。

严格第三方检测管理。金台铁路有限责任公司对桥梁桩基础、隧道衬砌、路基填筑、原材料等委托第三方检测单位检测，要求紧跟工程进展情况，及时进行检测，建立检测台账，对发现的问题落实责任人员，限期整改，确保过程受控，不留隐患。

四、强化安全风险管理

金台铁路有限责任公司成立之初，建立“四大体系”，即质量安全目标体系（每项工作、每个单位工程都有确定的目标）、责任体系（每一个工程、项目都把责任分解到人）、分级控制体系（过程中实施Ⅰ、Ⅱ、Ⅲ级分级管理，Ⅰ级公司领导或项目经理，Ⅱ级中层干部，Ⅲ级工程师，全方位全过程控制）、评价评估体系（每完成一项工程，分级负责人检查验收，干完一项，验收一项，签认一项），不断夯实质量安全管理基础。

将作业条件危险性分析法（LEC）引入到风险管控中，对施工全过程安全风险进行半定量评价，形成高、中、低风险管控清单，按照不同级别所需的管控资源、管控能力、管控措施难易程度等因素进行分级管控，其中Ⅰ级为公司风险管控领导小组牵头，负责高度风险的管控工作；Ⅱ级为监理单位风险管控小组牵头，负责高、中度风险管控工作；Ⅲ级为施工单位风险管控小组牵头，负责高、中、低度风险管控工作。同时充分结合风险管理“一图四表”法，通过风险公示图、风险应对、风险动态监控、风险处置结果评定等方式对风险源进行动态管控，遵照“风险越大，管控级别越高；上级负责管控的风险，下级必须负责管控，并逐级落实具体措施”的原则，从落实上下功夫、从动态更新上下功夫，全员全过程识别分析各类风险，实现风险管控的 PDCA 循环管理。

立足风险管控和隐患排查治理“双重预防机制”，在风险管控的基础上不断强化隐患排查治理工作，独创“三书一卡一办法”（岗位作业指导书、安全管理指导书、应急处置指导书和安全风险提示卡）管理手段，明确了各岗位权责，突出了特定风险，加强了风险预防管理，有效推进管理基础、过程控制、应急处置、责任落实，使事故隐患排查工作规范化、常规化、制度化，将安全生产事故扼杀在萌芽状态，有效防范和减少各类事故发生。

五、盯控施工安全关键，确保安全持续稳定

结合项目施工实际，每月更新发布高风险工点、安全重点工作及检查计划，重点加强营业线、隧道、路基、连续梁、移动模架、运架梁、深基坑、四点接口施工和爆炸物品管理等风险控制，并建立危大工程台账，动态更新危大工程清单，进一步细化风险防范控制措施，明确包保责任人，落实安全关键盯控，确保关键环节安全受控。

同时，严格遵照“关口前移、风险预控”理念，细化中国铁路总公司“十严禁”规定，引入黄线预控理念，将质量安全红线问题分解前置，把管控触角伸向红线问题的前置工序和关键要点，采取有针对性的措施、方法，扼杀苗头，消除隐患，切实做到预控黄线、杜绝红线、守住底线，以“三线强安”确保过程受控达标，有效整治了现场质量安全红线问题。

第五节 “四化”支撑

按照中国铁路总公司对实施机械化、工厂化、信息化、专业化的总体要求和指导意见，结合实际，切实发挥“四个支撑手段”在标准化管理中作用，提高工作效率，提升管理水平。

1. 优先实行机械化施工，合理选择机械化实施方式，系统配置机械设备，以机械化实现标准化作业

施工机械化是铁路施工技术的发展方向。为适应施工项目建设要求，加快施工进度，缩短工期，保证施工安全，减轻劳动强度，提升装备实力，分专业按工作面配备成套机械设备，以高标准机械化程度提高工效。路基工程按施工单元配备成套设备；无砟轨道按作业面配备成套设备；桥梁工程按施工工序配备成套设备；长度 3 km 以上的隧道工程则根据工程地质条件，其主要工作面配备成套设备。

2. 围绕技术、人员、设备等要素，在工程项目全过程实施专业化管理和专业化施工

铁路建设专业化是标准化管理的一个重要支撑手段，是参建各方围绕技术、人员、设备、协作四大要素对工程项目全过程进行的专业化施工和专业化管理。

专业化施工。施工单位根据铁路行业的技术特点，按照工程项目不同专业、工种和工序，组织相应的专业设备和专业人员，在施工现场进行的专业化生产活动。

专业化管理。包含施工企业以工程施工主业为标志的专业化管理，也包括建设、设计、监理、施工单位现场组织机构以工程建设为主的专业化管理，还包括各项目管理机构有关部门的专业分工管理。

3. 施工现场制作的产品或构件，按照工厂化生产要求集中生产

利用既有的社会工厂，或现场设置的临时工厂，实行集中封闭式生产，减少临时设施和临时用地，避免对外界产生干扰，保护周边环境，促进文明施工。实施工厂化生产，通过完善的规章制度、明确的职责分工、专业的技术培训、统一的组织管理，先进的生产工艺、严格的检测手段，保证作业安全、规范、有序，保证产品质量和工程质量。同时，采用统一的工作标准和工作流程，充分利用机械设备的优势，减少技术管理人员、作业人员及辅助人员，提高劳动效率，降低生产成本。根据需要，全线设置了 T 梁预制场、铺架基地、级配碎石及混凝土拌和站、钢材加工厂、材料场等，按标准化、工厂化要求集中生产。

4. 以现代网络、通信、电子设备等信息技术手段为载体，有效监控和管理项目建设过程

信息化是当今社会发展的大趋势，是企业生存发展的深层次推动力，也是实施铁路建设标准化管理的重要手段之一。工程建设中应用信息化手段进行工程建设管理；努力推进数字化技术研究和应用，为铁路建设、管理、运营、维护等提供信息共享平台。不断提升质量安全管理信息化水平。推行科技兴安工作，结合项目建设实际，统一规划、集中研发，完善并补充既有信息化平台（系统），建成了适用于金台铁路工程建设的信息化平台（系统），全面推进信息化建设。

（1）施工现场视频监控系统。

视频监控系统是指利用图像采集、传输、显示等手段对安全风险较大的施工现场进行监视、跟踪和信息记录的安全管理监控系统。根据项目需要，为有效盯控施工现场安全质量，在各施工场所建立视频监控点位，并在金台铁路有限责任公司本部建立监控平台，远程实时监控现场施工情况，并编制《金台铁路有限责任公司安全视频监控系统管理办法》，将视频管理责任落实到具体人员，并根据周期检查，将视频中出现的违规、违章情况及时通报。

（2）车载云台系统。

为加强对于施工现场安全质量情况的监控，拓展信息化管理手段，引进了 3 套集图像采集、无线传输、录像存储、语音对讲、远程平台等功能为一体的车载移动监控设备，并在金台铁路有限责任公司建立管理平台，在需要对施工现场进行巡查时，可在公司平台通过安装在行车车顶的监控摄像头发挥远程监控管理的优势，实时盯控现场施工情况，有效防范了现场“三违”现象发生。

（3）安全质量检查应用程序。

安全质量检查应用程序的功能是通过手机客户端的形式，对各类专项检查或日常巡检时所发现的问题进行网络下发、层级流转、环环把控、逐项整改闭合，安全质量检查应用程序使用方为金台铁路有限责任公司和各施工、监理单位。

（4）网络信息安全。

为了保护计算机网络与信息安全，保障工程建设顺利进行，加强金台铁路有限责任公司网络与信息安全突发事件的防范和应急处理能力，形成科学、高效的应急响应机制，金台铁路有限责任公司成立了以副总经理为组长、各部门负责人为副组长、信息化专业工程师为组员的计算机网络与信息安全工作领导小组，制定了《金台铁路有限责任公司网络安全应急预案》，明确了计算机网络与信息安全管理的安全措施及日常管理规定等内容。

安全措施：操作人员严禁私自利用工作便利及非法手段调阅非共享信息；网络信息设备使用者对网络信息设备有管理和维护的责任，来访人员或非本部门人员未经许可，不得操作公司设备，下班后应按照正确程序关闭办公电脑设备及电源；定期主动更换密码，以防他人非法进入系统；涉密文件以纸质方式发送，不得以电子公文形式在网上传递；对网上处理信息应执行“上网不涉密、涉密不上网”制度，坚决杜绝发生泄密、盗取信息等现象；所有计算机应安装防病毒软件，并定期对病毒库升级，定期查杀，有效地清除间谍软件，防范 U 盘病毒；严禁“一机两网”，实现专网专用；任何个人不得未经允许进入信息系统或使用公司信息系统资源，不得从事制作、传播计算机病毒等危害网络信息系统安全的活动。

日常管理：金台铁路有限责任公司计算机网络与信息安全的日常管理工作由工程部负责，工程部每季度对各部门进行一次全面检查，若出现违反网络安全管理的情况及时向领导小组报告并提出处理意见。

第八章 设计管理

为规范金台铁路有限责任公司设计管理工作，依据原铁道部《关于建设单位提前介入并做好建设项目前期相关工作的通知》(铁建设函〔2007〕560号)及国家、浙江省中国铁路总公司发布的法律法规和工程建设强制标准，金台铁路有限责任公司制定了建设前期工作管理办法，按照铁路建设程序要求开展工作。

第一节 预可研与可研阶段

金台铁路有限责任公司筹备组与有关协作单位逐项落实预可研批复内容，取得意向书，作为可行性研究的具体依据。

落实中国铁路总公司、铁路局与有关方面签订的协议，及时组织办理环保、水保、用地预审和审批的报批手续。做好征地拆迁和地质灾害评估、压矿评估、防洪影响评估、通航论证等相关工作。

参加可研文件的审查，配合编制可行性研究报告。对线路方案、接轨点方案、特大桥桥址(桥式)方案、长大隧道方案、地质复杂的路基工程设计、重大施工过渡方案、施工组织方案等提出可行性建议；对各设计年度的客货运量，主要工程数量、主要设备概数、用地及拆迁概数、建设工期、投资估算、资金筹措方案、外资使用方案、建设及经营管理体制等提出建议。

公司筹备组负责环保、水保工作的组织、协调，设专人负责办理环保、水保的报批手续。在工程项目通过环境敏感区时，专人负责组织《环境敏感区专项论证报告》的报批工作。公司筹备组负责组织协调用地预审、报批工作，督促设计单位尽快提供满足用地要求的有关资料和图件，完成用地预审的准备工作。

第二节 初步设计阶段

为提高和完善初步设计质量，加强初步设计管理，依据原铁道部《铁路建设工程勘察设计管理办法》(铁道部令第26号)、《关于做好铁路建设项目初步设计文件初审工作的通知》(铁建设函〔2004〕380号)，金台铁路有限责任公司制定了初步设计初审管理办法。明确初步设计文件初审工作，要贯彻“以人为本、服务运输、强本简末、系统优化、着眼发展”的建设理念，体现“提高质量、节省投资、保护环境”的总体要求。

金台铁路有限责任公司工程管理部负责、安质部参与组织工程勘测工作，审查勘测大纲，按合同约定解决勘测工作的外部环境问题，为勘测工作提供条件并进行监督检查，委托具有相应资质的工程勘测单位进行监理或咨询。工程管理部负责按照环境保护设计规范及其他有关技术规范的要求，组织设计单位编制环境保护篇章，依据批准的建设项目《环境影响报告书》和《水土保持方案报告书》，落实防治环境污染和生态破坏的措施及投资概算。

金台铁路有限责任公司技术负责人牵头各部门进行初步设计初审工作，认真提出初审意见。具体组织工作由指挥部工程管理部负责。勘察设计单位需按要求提交完整的初步设计文件及初审所需的必要图纸和资料，认真对待初审工作和初审意见。

勘察设计单位对初步设计的设计质量负责。金台铁路有限责任公司对初步设计初审，不免除勘察设计单位对初步设计的质量责任。

初审程序如下：

（1）金台铁路有限责任公司在验收设计单位完成的初步设计文件后，10个工作日内组织对初步设计文件初审并形成初审意见（包括修改意见和建议），连同初步设计文件一起上报初步设计文件审批单位。

（2）金台铁路有限责任公司委托中国铁路总公司经规院对初步设计文件进行咨询，公司组织勘察设计单位根据咨询意见对初步设计文件进行修改，并依据修改后的初步设计文件组织设计单位编制鉴修概算，并报上级主管部门核备。

（3）初步设计文件审查批复后，金台铁路有限责任公司组织设计单位按批复意见开展施工图设计。

第三节　施工图设计阶段

工程管理部负责组织勘测设计单位按照初步设计批复意见开展施工图设计，并组织做好施工图优化和审核工作。开工前组织有关技术人员（咨询公司）对施工图设计文件进行审核，对审核发现的问题由工程管理部汇总报设计单位进行补充勘测、修改。

金台铁路有限责任公司委托中国铁路总公司工管中心对施工图进行咨询，并组织勘察设计单位根据咨询意见对施工图进行修改。工程管理部、计划合同部共同对施工图投资检算进行审核。

一、加强施工图咨询管理

为保证施工图设计质量，实行施工图咨询制度。为保证咨询质量，规范工程咨询行为，促进工程咨询工作有效开展，根据《关于发布〈铁路建设项目勘察设计咨询办法〉的通知》（铁建设〔2001〕21号），金台铁路有限责任公司建立工作例会制度，及时对咨询过程中存在的问题进行沟通、协调，对工程咨询工作进行考核评价，并组织相关人员对工程咨询成果进行消化和吸收。

施工图重点咨询内容包括：工程系统设计、技术标准、使用功能；设计采用的标准图、通用图及参考图；总体设计原则、专业设计细则及专业接口设计原则；重点难点工程；重大施工方案、施工措施及施工工艺等。

为了保证工程咨询文件的一致性和完整性，工程咨询大纲和阶段实施细则需报金台铁路有限责任公司批准后实施。要求工程咨询方在工程咨询的全过程中，与设计方应经常保持联系，就工程咨询工作中发现的技术问题主动及时沟通。为了加强工作的时效性，联系方式可以是电函、传真、电子邮件等，但事后应完善手续，上述文件应有主要技术负责人签署并加盖单位公章。

要求设计单位根据《勘察设计合同》，积极主动地配合工程咨询工作，在认真研究、相互沟通、正确理解、确认工程咨询报告的基础上进行回复，并应对工程咨询文件提出建议。设计单位在接到工程咨询报告后，一般情况下7~10日，如有特殊情况，应在14日内将回复意见按工程咨询报告文号报金台铁路有限责任公司，并抄送工程咨询单位。工程咨询单位如对回复意见有异议，应于14日内回复设计单位，同时报金台铁路有限责任公司。如双方还不能达成共识时，工程咨询单位应在3日内召开沟通会，并通知金台铁路有限责任公司、设计和有关单位参加。达成共识并具备条件启用施工图的，应于2日内完成发图，如需修改施工设计图，具备条件时设计方应于7日内完成修改设计，工程咨询方应于14日内完成修改设计图工程咨询审核并发图。

二、指导施工单位对设计文件进行审核

金台铁路有限责任公司指导施工单位结合现场实际组织设计文件审核，了解设计意图、设计标准，

熟悉设计内容，对设计文件提出修改意见和优化建议，使其更加完善合理。组织参加对重点难点工程的会审，对现场核对发现问题的项目，汇总书面资料，联系设计院与业主解决。

施工单位设计文件审核由总工程师、主管工程师或指定的技术负责人组织实施。检查设计文件是否齐全，复核有无差错；与现场核对，设计是否符合实际情况。

对设计单位分批提供的施工文件，施工单位要及时清理建档、登记造册，并由专人管理。设计文件审核均要留有审核记录。

设计文件审核的主要内容包括：各项建筑物、设备和有关附属建筑物的位置、结构尺寸、施工图表、工程数量、采用标准图、通用图和设计说明；工程水文、地质资料是否符合实际，能否满足需要；设计是否合理，技术难度大的项目施工方案是否可行；重点工程项目、工点的设计方案、施工组织方案和主要施工技术措施是否合理；工程概（预）算是否合理；设计中有关协议是否齐全合理。

第四节　项目实施阶段

一、现场配合

为进一步规范施工管理，深入推进设计配合过程标准化控制，根据上海铁路局标准化指挥部的要求，结合工程实际情况，金台铁路有限责任公司制定了《设计配合管理办法》，并严格按办法进行设计配合。

（一）设置现场设计配合小组

初步设计批复后，要求勘察设计单位成立现场设计配合小组，处理施工现场设计配合过程中的重大事项。

现场设计配合领导小组由主管领导任组长，相关处室及专业负责人任组员。并建立项目定期巡查制度，定期深入现场了解情况，及时解决设计图纸供应和设计配合中存在的问题，处理施工现场设计配合过程中的重大事项。

现场设计配合人员施工图设计的主要人员及具有现场配合经验的勘察设计人员组成。配合金台铁路有限责任公司处理涉及勘察设计的有关事宜，说明施工图设计意图并指导实施，解答和解决实施过程中的问题，参与重大施工方案和指导性施工组织方案研究，参与安全质量问题调查处理、工程验收等工作。

（二）合理配置现场设计配合人员，并严格管理

根据项目进展情况和设计配合工作量，对现场设计配合人员的专业及数量进行合理配置。站前工程施工时地质、路基、站场、桥梁、隧道、轨道等专业人员应常驻现场；站后工程施工时站场、房建及四电等站后相关专业应常驻现场，其他专业人员应根据现场需要及时到达现场。现场设计配合人员应具有良好的职业道德和专业技术水平，具备一定的组织协调能力，能独立解决现场出现的一般性专业技术问题。

现场设计配合人员应在开工前报金台铁路有限责任公司核备，现场设计配合负责人应在项目开工前到达并常驻现场，专职负责现场设计配合工作；临时离开现场应事先征得公司同意，并指定临时负责人。现场设计配合人员应保持相对稳定。现场设计配合负责人一般不得调换，确因工作需要或其他特殊原因更换的，应提前征得公司同意，并按照先派后撤原则进行更换，确保设计配合工作的连续性；其他人员更换也应经公司同意，且更换后人员工作能力及水平不得低于更换前人员。金台铁路有限责任公司在认为必要时，可要求勘察设计单位增派或调换设计配合人员。

（三）明确勘察设计单位设计配合责任

设计配合中，勘察设计单位应承担以下责任：

（1）建设项目开工前，按金台铁路有限责任公司要求做好施工图技术交底工作，说明设计意图，提出建设、监理和施工注意事项，解答建设、施工、监理单位提出的相关问题。对重难点、高风险和采用新技术的工程项目应进行技术交底。

（2）参加指挥部指导性施工组织设计的编制和调整，参与重大施工技术方案研究，协调解决有关问题，提出优化建议，并根据确定的施工方案优化施工图，测算投资变化。

（3）积极协助金台铁路有限责任公司落实外部协议签订，做好征地拆迁、管线迁改、交叉跨越外部协调工作，根据现场变化及时完善勘察设计工作。

（4）涉及营业线施工的项目，应对设计文件涉及的运输设备组织现场核对，确认设计满足运输安全要求；参与金台铁路有限责任公司组织的营业线重大施工方案审查、营业线施工现场监控把关和验收工作；营业线二级以上封锁施工，现场配合人员必须到现场参与解决相关问题。

（5）在金台铁路有限责任公司组织下提供设计变更方案（如需要），按照变更设计规定程序及时完成变更设计。同时应完善变更设计登记制度，对变更设计进行分类登记。

（6）做好工程测量控制网 CP0、CPⅠ、CPⅡ及相应高程控制网建设期间的管理维护工作，在指挥部组织下进行复测，为测设 CPⅢ及变形观测网建立提供基础资料，根据金台铁路有限责任公司委托做好技术指导。

（7）按规定参与项目竣工验收工作，确认项目达到设计要求和条件，满足使用功能要求。

（8）建立突发事件应急机制，出现安全质量事故或其他突发事件时，应及时到达现场并全力参与抢险，提出工程处理意见，完成相关勘察和变更设计工作，按规定参与事故调查分析。

（9）及时完成其他施工现场设计配合工作，满足现场施工的需要。

（四）设计配合的监督检查

现场设计配合过程中，金台铁路有限责任公司注重以下几方面的管理，以保证设计质量和设计进度。

（1）在勘察设计合同中细化设计配合条款，明确对施工现场设计配合的考核内容，并与勘察设计费挂钩。

（2）对现场设计配合人员组成方案和专业结构是否适应建设项目需要提出建议，对勘察设计单位施工现场设计配合工作细则、人员组成等进行审查，对不能满足建设需要的应要求勘察设计单位进行调整。

（3）加强对施工现场设计配合工作的监督、检查，对施工现场设计配合中存在的问题，责成勘察设计单位整改，并将配合工作纳入设计单位施工图考核范围。

（4）组织施工、监理单位协助做好施工现场设计配合工作，及时组织设计文件现场核对，将现场核对和实施过程中发现的问题及时通知勘察设计单位。

（5）为勘察设计单位实施施工现场设计配合提供便利，及时向勘察设计单位通报有关信息，为现场设计配合人员开展工作提供必要的条件。

二、设计变更管理

项目建设中，强化变更设计管理，严格遵循变更设计程序和流程，严格控制变更设计费用。

金台铁路有限责任公司制定了《变更设计管理办法》，明确规定设计文件一经上级鉴定批准成立，任何单位或个人均不得随意改变。自交出经批准的设计施工图至工程竣工验收交接为止，期间需变更设计时，必须按规定程序严格办理。

为及时、正确地处理变更设计，要求设计单位设立相应机构，并设立工地配合组，各类专业人员配备齐全，认真做好现场施工的设计服务工作。建设、设计、施工、监理单位紧密协作，及时处理变更设计的有关问题。

第九章　质量与安全

项目自开工建设以来，严格执行国家颁布的法律法规，落实中国铁路总公司安全质量管理要求，响应“保卫安全、捍卫质量”的号召，积极落实安全质量管理工作。为了保证工程质量，确保施工安全，金台铁路有限责任公司制定了各种行之有效的安全质量管理制度，采取了切实可行的安全质量管理措施。

（1）抓安全质量保障体系建设。金台铁路有限责任公司按照标准化管理的要求，组织建立了以施工单位自检互检，监理单位随工旁站和平行抽检，建设单位随机抽检的基本安全质量管控模式，并不断建立健全完善制度体系建设，初步形成了一套以建设单位监控为主导，设计、施工单位自控为根本，监理单位他控为约束的全面、高效质量安全保证体系。

（2）抓安全质量管理行为思想。金台铁路有限责任公司大力抓行为管理，提高建设思想认识。将安全质量管理“十条红线”作为抓安全质量管理的根本大法，在项目建设中，始终把安全质量管理作为建设管理工作的核心，将铁路建设安全质量摆在重中之重的位置，深入贯彻“三点共识”和“三个重中之重”。

（3）抓安全质量生产责任制的贯彻落实。金台铁路有限责任公司成立了工程建设安全质量管理领导小组，严格执行安全质量责任追究办法，明确了设计、施工、监理、建设单位的安全质量职责，制定了各项施工方案和逐级责任制的落实措施。

（4）以严格的质量控制确保安全持续稳定。制定了质量管理办法及各项控制要点，明确质量程序管理。响应“保卫安全、捍卫质量”的号召，牢固树立“百年大计”和“质量是工程的生命”的质量安全观念，严格履行建设程序和建设标准，切实从源头上把好开工关、材料关、工艺关、检测关和验收关，充分发挥了监理和第三方检测作用，以优质工程确保生产安全。

第一节　质量体系的建立与运行

根据金台铁路有限责任公司制定的《铁路建设项目质量安全红线管理实施细则》，将“十一条红线问题”作为质量管理的有力抓手，在项目建设中，始终把质量管理作为建设管理工作的重要核心，不断优化完善质量管理体系，及时修正质量管理制度，形成了一整套较为全面、高效的管理体系。质量管理体系的有序运行，对保证整个工程质量发挥了良好的作用。

一、质量体系的建立

（一）认识质量管理体系的重大意义

质量管理体系是建设项目质量管理的基础。金台铁路有限责任公司领导意识到要抓好工程质量管理工作，必须有一个完善的、切实可行的质量管理体系。对质量管理体系的作用和意义认识到位，是做好建设项目质量管理工作的基础。

（二）确立质量管理目标和方针

1. 质量管理目标

金台铁路工程建设工程质量目标：确保工程符合国家、中国铁路总公司及浙江省有关标准、规范要求，满足设计文件要求：

（1）检验批、分项、分部工程施工质量检验合格率100%，单位工程一次验收合格率100%。杜绝工程质量一般事故及以上等级事故，遏制施工现场质量突出问题。

（2）主体工程质量零缺陷，其中桥梁、隧道混凝土结构使用寿命不低于100年，无砟轨道使用寿命不低于60年。隧道工程达到不渗、不漏、不裂。路基工程及其过渡段所使用的填料及压实标准，铺轨后的残余均匀及不均匀的沉降满足规范、设计要求。线路动态性能检测满足稳定性和高平顺性的要求，确保列车高速行驶安全和旅客乘坐舒适性的要求。

（3）超长无缝线路一次开通成功，实车最高检测时速达到设计速度的110%，开通速度达到设计速度的目标值。

（4）设计、施工资料和竣工文件做到真实、可靠、规范、完整、整洁、统一，一次交接合格。

2. 质量方针

坚持一流目标，严格质量标准；优化设计集成，规范施工管理；借鉴先进经验，发挥样板作用；加强过程控制，强化监理职能；硬化合同管理，建设精品工程，争创优质工程、绿色工程。

（三）注重质量管理体系的全面性

项目建设实行全方位管理、各方质量责任制以及“业主负责、企业自控、社会监理、政府监督、用户评价”的工程质量管理体系。质量管理体系首先以金台铁路有限责任公司、各参建单位为实施主体，以确保安全质量为核心，以管理制度标准化、人员配备标准化、现场管理标准化、过程控制标准化为基本内涵，以技术标准、管理标准、作业标准和工作标准为主要依据，以机械化、专业化、工厂化、信息化为支撑手段，建立标准化建设运行机制、全面实现质量、安全、工期、投资、环保和稳定的建设目标。金台铁路有限责任公司凡是涉及工程质量的部门，都必须把其质量工作内容、职责明确纳入这个体系；然后自上而下，明确其他参建单位的质量管理责任与管理工作要求，并确保延伸到形成工程质量的各个方面；横向从原材料、拌和站、预制梁场、构件加工、施工过程等与形成实体质量有关的各个作业场所；纵向从第一现场到逐级质量管理者，从起始工序到自检验收、报检、检验批验收、分项分部工程验收、单位工程质量验收；形成一个工作内容明晰、责任落实到位的质量管理体系架构。

（四）提升质量管理体系的可行性和有效性

金台铁路有限责任公司严格执行国家、中国铁路总公司、浙江省有关法规和工程建设强制性标准，依据批准的设计文件组织工程建设，对全线工程质量负总责，设计、咨询、施工、监理、第三方检测、物资设备供应等单位按照有关法律、法规要求及合同约定依法承担相应的质量责任。

各施工、监理单位的质量管理切实实施全方位、全过程的主动控制措施，全面进行施工工序活动条件和活动效果的控制，分清主次，抓住关键，设置施工工序活动质量控制点；施工单位要强化工序质量的自检，监理单位要强化工序的交接验收。要落实各管理岗位责任人及施工现场作业层的岗位责任，落实工程质量责任追溯制度和终身负责制，依靠完善质量管理大纲体系和工序质量签认制度来实现预定的质量目标。参建各方依法对建设工程质量各负其责，实行质量终身负责制。

金台铁路有限责任公司结合《中国铁路总公司质量信用评价办法》，制定了《金台铁路有限责任公司的施工单位和监理单位信用评价管理办法》，提出施工单位、监理单位质量信用评价结果；每半年进行一次全面质量检查和考评；定期或不定期进行季度质量检查、专项质量检查、季节性质量检查、“三全”检查等，根据检查情况结果及问题的严重程度，采取下发整改通知单、检查通报、激励约束考核及约谈施工单位后方公司主要领导等；年终进行综合评比，对考评结果进行公示和通报。

各施工、监理单位要针对各专业施工工序质量监控的重难点，按照“全面、实时、有效”的控制目标，坚持做到事前、事中、事后全过程有效监控。要加强施工工序质量管理，按照每个岗位对重点工序、重要施工现场检查和确认的要求，加强施工工序活动的控制，尤其对重要的首次施工，主要领导要亲自到场检查和确认。各参建单位各岗位、各专业人员日常质量确认管理时，对发现的问题要按照“首查负责制”的要求落实整改，经复查合格后方可进行确认签字。

（五）质量管理工作的闭环管理

金台铁路有限责任公司注重质量管理工作的闭环管理，在工程建设中建立问题库，实现“闭环销号”管理，较好地控制了工程质量，体现了质量管理工作闭环的重要性。金台铁路有限责任公司要求各部门做好有关质量工作，必须体现建设管理的责任，对相关参建单位的落实效果进行检查指导。对现场检查发现的质量问题，都有执行、落实责任人和时限要求。

1. 施工单位检查

（1）施工单位检查小组成员在对工地完成检查后，应形成书面的检查记录，并经工地负责人签认后，存档。

（2）工地负责人要针对检查中存在的问题，召开专题会议，研究问题存在的原因，制定相应的整改措施，明确整改责任人和整改期限，并限期整改完成。

（3）工地问题整改完成，施工单位检查小组成员要及时对整改情况进行监督和检查，签认书面的检查意见，形成闭环。

（4）施工人员要认真学习项目管理文件，领会建设管理要求，努力完善工地各项管理。

2. 监理单位检查

（1）监理单位是金台铁路有限责任公司职能的延伸，在工地建设阶段代表金台铁路有限责任公司实施监督。

（2）监理单位要根据监理规范和检查标准的要求，加强对现场的巡视和检查，注重对标准化工地、建设规模、施工质量、安全风险的检查和督导。

（3）监理单位对工地检查中发现的问题，要及时通知施工单位安质部，形成书面的检查意见，经施工单位安质部相关人员签认后，交其具体整改，并负责监督落实。

（4）施工单位安质部负责人员要根据监理单位的检查记录，认真分析问题原因，制定切实可行的整改措施，按责任轻重，对相关责任人进行批评或处理，并研究制定相应的预防措施，上报监理单位。

（5）监理单位审查问题原因、责任人处理、整改措施及预防措施，认为可行时，签认整改报告，交工地负责人具体实施。

（6）问题整改完成，施工单位书面上报整改结果，监理单位应及时安排专业监理人员对问题整改情况进行检查，形成闭环。

3. 金台铁路有限责任公司检查

（1）金台铁路有限责任公司在对工地检查时，应对照检查标准和集团公司、浙江省工管中心关于工地管理的有关要求进行。

（2）金台铁路有限责任公司工程师在检查中发现问题，要及时通知现场监理人员和施工单位安质部，并填写整改通知书，责令施工单位进行整改。

（3）施工单位安质部要针对整改通知书中的问题与要求，及时向分管负责人进行汇报，立即组织召开工作会议，进行讨论和布置。

（4）监理单位负责监督施工单位的整改情况，对会议形成的整改措施进行跟踪检查，在施工单位完成整改后，检查各个问题的最终落实效果。符合要求后，签认书面材料，报金台铁路有限责任公司检查人员进一步核查。

（5）监理单位和施工单位要根据题整改通知书的内容，建立问题库，对问题进行归纳、统计，定期进行分析，制定可行的应对措施和标准，并严格组织实施，防止通病、类似问题的多次发生。

（6）工程检查问题整改完成，监理单位、金台铁路有限责任公司审核同意后，各单位要将检查形成的资料分别按各自规定进行存档备查。

（7）金台铁路有限责任公司对检查中发现的问题应根据《施工企业信用评价办法》及《监理企业信用评价办法》中日常检查要求，进行处理。

（六）质量管理制度

金台铁路有限责任公司在建设管理过程中，结合项目建设实际，建立健全了质量管理制度，并严格执行。主要质量管理制度详见表 9-1。

表 9-1　主要质量管理制度一览表

序号	制度名称	描　述
1	工程质量监督制度	金台铁路有限责任公司负责办理质量监督手续，接受政府质量监督部门的监督
2	地质勘察监理制度	工程初测和定测阶段实行工程地质勘察监理，对地质勘察工作进行全过程现场监督，对地质勘察报告进行验收，提出评价意见；为确保质量终身制得以落实，工程地质勘察监理在相应的设计图中签字确认
3	初步设计咨询、初审制度	金台铁路有限责任公司组织咨询、勘察设计单位对初步设计进行咨询、初审及优化，以消除设计缺陷、提高设计质量
4	施工图审核制度	金台铁路有限责任公司负责组织对施工图进行审核。施工图审核必须贯彻“以人为本、服务运输、强本简末、系统优化、着眼发展”的建设理念，达到提高设计文件质量，消灭差、错、碰、漏等质量问题的目的；未经审核或审核不合格的施工图，不得交付施工
5	技术交底制度	金台铁路有限责任公司组织设计、施工、监理各方召开技术（设计）交底会议，以明确工程的设计目的，介绍设计内容和技术要求、施工顺序、施工工艺、施工注意事项、交接设计资料，针对有异议的问题，与设计单位共同研究、协商解决，提高工程质量。未经过施工技术交底的项目不得开工
6	施工图现场核对制度	监理单位、施工单位接到施工图后，必须进行施工图现场核对，未经核对的设计文件不得使用
7	工艺试验制度	新开工的铁路建设工程首次施工，金台铁路有限责任公司负责组织勘察、设计、监理、施工等相关单位研究确定试验段，根据试验数据优化、修正设计参数和设计方案，工艺试验成果经评审通过、验收合格后方可全线施工或按工艺要求全面指导施工
8	施工组织设计编制管理制度	金台铁路有限责任公司根据初步设计批复意见和勘察设计单位编制的施工组织设计组织编制金台铁路工程指导性施工组织设计，并报中国铁路总公司工程管理中心审核；对施工单位编制上报的实施性（专项实施性）施工组织设计进行审批
9	工程地质核实制度	施工、监理、勘察设计单位对已揭示的工程地质情况，与原设计文件进行核实；不符时，由勘察设计单位负责处理
10	工程质量试验检测制度	施工单位、监理单位、第三方检测单位按合同约定设立具备资质的试验室，按有关规定开展试验检测工作。同时，加大施工、监理单位实体检测项目频率和原材料检测频率，规范试验检测管理和过程控制，严格试验考核管理，确保试验数据真实
11	测量工作管理制度	金台铁路有限责任公司对设计测量方案、精度标准组织审查和批复，组织全线和控制测量工点的控制桩基交接和复测，协调各参建单位的测量工作。同时，金台铁路有限责任公司必要时委托有资质单位对本线进行测量验收、抽检、复核和误差（粗差）争议的核查，对重要工点和重要工程进行监测和观测，主持竣工测量和竣工交接工作

续表

序号	制度名称	描　　述
12	工程质量检查制度	金台铁路有限责任公司根据工程进展情况，采用全面检查、“三全”检查、重点检查、专项检查、不定期检查等多种检查方式对现场进行工程质量检查，加强过程质量控制，消除各类质量隐患和问题。同时，督促各施工、监理单位要认真开展工程质量检查工作，做好检查记录，对不符合标准要求的，责令现场整改，并要求整改有回复、有验证，做到闭环管理，确保现场质量可控
13	培训持证上岗制度	金台铁路有限责任公司按有关规定及合同约定对参建单位上岗人员进行监督检查，未经教育培训及考核不合格的人员，不得上岗
14	变更设计审批制度	金台铁路有限责任公司严格执行变更设计报批程序，做好Ⅰ类变更设计初审、上报和Ⅱ类变更设计的审批工作，确保工程质量
15	施工质量验收制度	各参建单位按照普速铁路施工质量验收标准，严格执行隐蔽工程检查签认制度，检验批、分项、分部和单位工程质量验收制度，竣工验收制度
16	工程质量事故报告和调查处理制度	严格执行国家和中国铁路总公司有关事故报告制度（没有人员伤亡的质量事故由事故发生单位12小时内报金台铁路有限责任公司安质部，发生人员伤亡质量事故即时上报），组织或参加质量事故调查、分析、处理和上报，督促、检查施工单位按批准的事故处理方案进行整改，确保工程质量
17	质量责任追究制度	参建各方建立质量责任追究制度，谁负责施工谁承担质量责任，谁监理谁承担监理应承担的质量责任。出现质量问题，追究相关人员的质量责任，并承担相应的处罚
18	质量责任登记制度	明确勘察设计、施工单位、监理单位、试验检测单位主体责任，提高对质量责任登记制度重要性的认识，对所承担的项目在设计使用年限内承担质量责任，有效预防和遏制质量事故的发生
19	工程技术资料和隐蔽工程影像资料管理制度	金台铁路有限责任公司及各参建单位建立工程技术资料的收集、整理、建档的管理制度，做好质量技术资料的收集、整理和归档，保证质量技术资料的真实、完整，严禁编制虚假技术质量资料。施工单位、监理单位要建立隐蔽工程影像资料归档管理制度，及时对施工现场的隐蔽工程工序检查形成影像资料，并认真收集、整理、归档
20	工程质量检查评比制度	根据工程进展情况，金台铁路有限责任公司将进行定期、不定期的质量检查、抽查，结合施工企业信用评价和激励约束考核管理办法，每半年、每季度进行考核
21	开工报告管理制度	① 项目开工报告：由金台铁路有限责任公司工程管理部负责开工前各项准备工作，就绪后提出开工申请交金台铁路有限责任公司总工程师审核，审核后报请总经理办公会研究，由总经理签发统一工程开工审批单，方可组织施工。金台铁路有限责任公司组织正式开工建设，并报国铁集团、上海局、浙江交投备案。 ② 合同标段和重点工程开工报告：由施工单位报监理单位审查、签发，并报金台铁路有限责任公司批复。 ③ 单位工程开工报告：由施工单位报监理审查、审批，并报金台铁路有限责任公司工程部备案
22	开工条件安全评估制度	工程项目开工前，各施工单位要按规定填写《开工报告》及《建设工程项目开工安全条件自查表》报金台铁路有限责任公司审核，由金台铁路有限责任公司安质部进行初步审核，审核通过后报金台铁路有限责任公司评估小组进行开工条件的安全评估，并填写《建设工程项目开工安全条件评估表》，评估通过后下发《建设工程项目准许开工通知书》，未通过的由评估小组告知原因，待整改后再次进行评估
23	质量分级管理制度	金台铁路有限责任公司各级质量管理小组成员对所管工程进行定期、不定期检查，建立检查记录，按照“四不放过”原则，督促各参建单位整改到位，实现对施工质量全方位、全过程的有效控制
24	试验室及拌和站信息化报警制度	金台铁路有限责任公司督促各施工、监理单位联系铁科院将试验室、拌和站试验仪器和拌和机接入铁路信息化管理平台，并按照文件要求，做好信息化系统报警问题的处理

二、质量管理体系的运行

金台铁路项目建设期间，质量管理体系持续有效运行，质量管理工作顺利推进，整体工程质量始终处于受控状态，建设期间出现的质量问题能够及时发现并加以整改闭环，未发生等级质量事故，质量管理体系运行正常，发挥了良好的作用。

（一）加强质量重点控制，落实管理制度

1. 人员管理

设计单位按照勘察设计合同要求，组建精干、高效、专业齐全的设计队伍以保证设计质量，并设立现场设计代表机构。设计代表机构负责人由项目设计负责人担任，人员配备充足稳定、专业配套。咨询单位按照工程咨询委托合同要求，投入相应的专业咨询人员、质量控制人员和综合管理人员。

监理单位按照工程建设委托监理合同的要求，建立健全组织机构及质量保证体系，配备相应的监理工程师和监理人员。

施工单位项目部建立健全质量管理机构，部门职责分明，责任到人，按照投标书的承诺和施工合同的要求，投入相应的管理人员、专业技术人员和施工人员。

建设单位不定期核查各单位人员动态、人员素质及履约情况，作为考评各单位的重要条件。各参建单位主要人员资料报金台铁路有限责任公司工程部（施工单位、设计单位、咨询单位）及安质部（监理单位和检测单位）备案。

2. 施工设备管理

施工单位严格按照招标文件和合同规定投入足够的施工机械设备。施工设备的规格、数量和性能必须满足施工生产需要。金台铁路有限责任公司或监理单位定期或不定期核查施工设备的进出场情况以及施工设备对工程施工和质量的保证能力。

3. 工程材料管理

严格按招标文件对材料供应单位进行资质审查，选择有质量保证能力的材料供应单位。由施工单位采购的材料、设备，采购前必须向监理单位报送产品有关资料，经监理单位考察确认。所有进场材料必须具有出厂合格证、质量检验报告，经检验合格后方可使用，不合格的必须立即清退出场，严禁不检验就使用或先使用后检验或使用不合格的材料和设备。对工程中采用的新材料、新设备，均要求提供技术鉴定资料，经建设、设计、监理审查批准后方可使用。监理单位必须严格执行工程材料的检查和检验制度，严把质量关。

4. 施工方法管理

施工单位的实施性施工组织设计，必须合理安排施工流程，优先采用先进的施工工艺和方案，并制定相应的质量保证技术措施。关键工程要坚持“试验为先，样板引路”。施工单位应严格按照审批的施工组织设计组织施工，严格过程控制，严禁施工中擅自改变工法，严禁偷工减料，确保施工工序质量和工程质量。监理单位对批准的施工方案必须按规定检查和旁站监督，全方位监督和控制施工质量。

5. 施工环境管理

施工的内部环境由施工单位和监理单位协调解决，施工的外部环境必须满足施工标准、规范及有关环境保护的要求。参建各单位要积极创造一个良好的施工环境，相互协调，确保工程质量。

6. 试验检测管理

（1）各施工、监理和检测单位须严格按照投标书、合同及相关标准要求，建立健全试验检测机构，

配齐试验检测仪器设备，为更严格、高效、专业的管理试验工作。

（2）要求各试验间安装视频监控管理系统，视频监控保存不少于 3 个月，每个标段设置专人做好系统日常维护管理，每天登记试验视频记录，站前标段每天上报试验日报，站后标段每周上报试验日报，通过试验日报、视频监控及信息化平台追溯每个试验操作流程的规范性，确保数据的准确性、真实性。

（3）组织所有参建单位试验室主任以客观、公正、细致、严谨的态度，对试验室、拌和站进行交流检查，并对发现的问题及时进行分析研究，举一反三、取长补短、相互学习、共同进步。组织试验检测业内专家进行指导检查，从根本上为各单位查找、纠正存在的问题，更高质量地做好试验检测工作的管理。

（4）编制试验室、拌和站检查清单共 132 项，并装订成册；3 次修订以完善试验室、拌和站、第三方检测、商品混凝土等管理制度。

（5）组织第三方检测单位对工程实体质量进行交叉抽样检测，相互验证各检测单位的检测工作，为金台铁路有限责任公司掌握工程的实体质量状况提供更为准确有效的数据。

（6）要求检测单位配备视频记录仪，所有检测工作全程留置视频资料，记录仪配备数量要满足检测需求。

（7）邀请专家对机制砂和河砂的优缺点做了对比分析，大力的推广机制砂的使用，规范机制砂的管理和质量控制，同时解决了各参建单位河砂资源紧缺及成本增大的困难。

（8）金台铁路项目临近海边，海沙资源丰富，价格便宜，为了防止海沙流入，以海砂独特的物理特点及生物特性作为防范杜绝的重要手段，针对各码头中砂内发现的残留完整浅色贝类样品，联系宁波大学海洋学院王一农教授进行生物标本种类鉴定，是否属海洋生物等信息。经过鉴定，浅色贝类样品均属暖水种海洋生物，明确砂内出现有浅色贝壳不得予以进场验收。金台铁路项目自开工以来，各级监督抽检和委外检测现场未发现海砂混入情况。

（9）每个拌和站数据上传铁路工程管理平台，全天 24 小时高清视频监控每个骨料仓，方便追溯材料进场及使用，每次检查结合材料进场及消耗等台账进行核对，杜绝漏检等违规现象，有效地提升了材料质量管理。

（10）每个混凝土拌和站安装粉料吹灰监管系统，使用电子门禁，实现刷卡开锁，防止出现吹灰错罐的情况，实时监测粉料储罐进料和使用情况，做到提前预警，最大限度避免未检先用。

7. 质量控制资料管理

工程质量控制资料必须与施工同步形成，在工程竣工验收时，作为竣工文件移交保存或归档，参建各方必须做好资料收集、整理和归档工作。工程质量控制资料要求规范、清晰、真实、完整，并符合国家和中国铁路总公司有关科技文献整理和浙江省第三方档案管理公司的归档要求。

（二）推行工艺试验段，坚持样板引路，实施首件负责制

金台铁路项目建设中推行“试验先行，样板引路”的思想，并推行“首件负责制”。为了确保分项工程、分部工程的工程质量，确定分项工程（分部工程）的一段或一部分工程作为首件，以验证操作工艺和施工质量控制方法的可靠性。通过试验段建设，集结全线参建者的智慧和力量，分析总结经验，完善施工方法、施工工艺、设备配置、内控标准、施工要点及实施细则，经组织评审后形成金台铁路有限责任公司标准化施工指导性意见，推广实施，指导其他工点合理施工。

金台铁路有限责任公司适时组织各种观摩会、现场技术交流会，不断总结经验、努力发挥样板引领作用。使得后续施工有章可循，有标可依，有经验借鉴，有效地推动了工程的全面展开，保证了标准，保证了质量。

（三）全方面开展技术培训，提高参建人员质量意识

根据工程建设的需要，金台铁路有限责任公司、监理单位和施工单位不断完善人员配置，并通过不同形式的培训不断提高参建人员业务能力。金台铁路有限责任公司组织了营业线施工质量安全管理、无砟轨道施工技术、新验标学习、桥梁（节段梁）工程、路基工程、隧道光面爆破、混凝土拌和站吹灰系统、工地试验室等施工技术等内容的培训。经过培训，岗位技术管理人员质量管理水平得到了显著提高，增强了全体参建者的质量意识和质量控制能力。

（四）加强质量过程控制，消除质量缺陷

1. 线下主体工程

金台铁路有限责任公司针对路、桥、隧、房建、轨道、“四电集成”、试验室拌和站等工程编制了相关专业质量检查清单，制定了质量控制要点，明确了各项工序流程。经梳理确定了节点质量控制性工程，并形成节点质量责任“一点一策”，按节点要求督促完成。对特殊地质路基、长大隧道、大跨特殊孔径连续梁、系杆拱桥梁钢结构桥梁等，制订了专项的控制方案，实施监控量测，金台铁路有限责任公司派对口专业人员进行过程管理。开展“三不问题质量行为”“四项质量专项整治”专项行动，强化交接、验收管理，全面整治不执行验收标准、偷工减料、不按要求验收、弄虚作假、以次充好等突出问题，把问题排查、纠正整改、强化管理、完善制度等工作结合起来，集中整治质量问题。

金台铁路有限责任公司始终将精密测量工作放在首要位置，执行铁路测量相关规范规定，遵照测量管理办法，严格按规定的三网合一的控制测量网络实施。要求勘察设计、施工单位做好CPⅠ、CPⅡ、CPⅢ基点的测设布置工作，确保建网的精确，统一建立精密测量数据库，规范测量方法、规范采集数据、规范设置测点。要求施工单位对交桩资料、桩位进行核对和复测，在设计单位指导下做好CPⅢ隧道无砟轨道的测设和轨道施工控制网的加密维护工作。

2. 无砟轨道

无砟轨道是铁路施工中控制性关键工程。无砟轨道技术标准高，质量控制要求高，是金台铁路有限责任公司质量控制的重点。金台铁路有限责任公司通过日常检查、专项检查、公司领导带队检查和质量安全有效性评价不断强化对无砟轨道质量的督查，及时解决存在的质量隐患。深入落实标准化管理的要求，发现质量出现波动时，及时分析其技术特点和质量控制要点，确保后续施工质量达标。

3. 站房施工

对于站房工程，金台铁路有限责任公司重点强化了标准化管理，加强对房建质量的控制。完善安全质量管理机构，明确站房主体的安全质量责任。完善安全质量管理制度，金台铁路有限责任公司下发了《关于加强站房工程质量管控工作的通知》，加强对站房工程的安全生产、质量管理、质量缺陷、质量通病、绩效考核等方面管理。网架钢结构工程从进场验收、现场拼装及吊装、过程动态管理等方面强化控制。严于考核，对各站房进行监督检查，及时完善质量管理体系，并委托第三方检测单位进行抽查，消除质量隐患。

4. 四电工程

金台铁路有限责任公司不断完善规章制度，下发了《关于印发金台铁路接触网热滑停电后至动态检测送电前施工管理办法的通知》等管理办法。积极协调解决四电与站前工程，四电与站房接口存在的预埋接触网支柱螺栓、接触网支柱限界、接地端子及电阻测试、隧道预埋钢管等方面存在的问题。深入实施样板引路、首件许可。组织开展了接触网、通信、信号、电力变电和电缆接头等首件负责制。组织四电上道设备第三方检测工作，建立台账管理，把好质量源头关。建立四电工程质量安全问题库、四点接口管理问题库，实行专题管理，及时解决存在的质量安全隐患。

5. 质量纠缺工作

按照中国铁路总公司工程开通“六不准”的要求，工程质量必须通过评定后，才能进行静态验收。按时完成工程质量纠缺工作至关重要，成为质量管理工作的重点。金台铁路有限责任公司建立了周例会制度，实行业主代表制度，周例会由金台铁路有限责任公司组织，施工、监理、设计单位、检测等单位人员参加，每周对质量纠缺情况进行通报，各标段业主代表全面推动纠缺工作。金台铁路有限责任公司及各参建单位领导亲自挂帅主抓，加大考核，开展专项检查，进行专题整治。质量纠缺工作以静态验收时间为节点，倒排工程质量整治计划，细化整治措施，落实整改责任人。每周开展附属工程专项检查和质量整治，及时处理存在的质量缺陷，确保了质量和工期。同时，充分运用质量缺陷整治“四步法”工作机制，督促各施工单位各司其职、形成合力，动态整治各项缺陷，为全线验收工作保驾护航。

（五）抓好质量专项整治活动，加大整改落实力度

根据建设进展情况，结合中国铁路总公司、上海铁路局、浙江省工管中心的相关专项质量整治活动，金台铁路有限责任公司组织开展了铁路隧道衬砌、路基沉降、预制梁和现浇连续梁注浆饱满度、混凝土结构钢筋保护层、站房工程、拌和站计量及原材料质量、违法分包转包及预防施工起重机械脚手架坍塌事故等多项专项整治活动。针对现场存在的突出安全质量问题，适时、定期组织安全质量“大检查”“大反思”活动。组织施工、监理单位排查现场存在的安全质量问题，明确责任人，建立问题库。建立逐一销号制度，整改一项，销号一项；若不能短时间整改销号，确定整改责任人，跟踪落实，直到整改销号为止，不留安全质量隐患。对发生安全质量问题的责任单位，坚决采取措施严格处理，达到警示和教育的目的，建立安全质量管理长效机制。

（六）推行标准化管理，质量管理有效运行

金台铁路有限责任公司意识到强力推行标准化管理的重要性和必要性，细化标准化管理工作要求，是有效提高工程建设质量管理效能的直接表现。标准化管理是完全符合科学发展观的管理理念，通过将铁路建设管理标准化，使铁路建设全过程科学化和规范化，优化了资源配置，规范了管理制度和作业流程，统筹兼顾到工程建设的各个领域、各个层面和各个环节。推行标准化管理，对质量管理体系的运行起到了关键性的作用。注重对管理制度、人员配置、现场管理和过程控制四个标准化的有效运转，确保了质量管理的有效运行。

金台铁路有限责任公司通过推进标准化建设，进一步夯实安全生产“三基”工作（即基层、基础、基本功），进一步强化依法合规和对标管理，进一步强化标准化建设常态化工作措施，做到“事事有标准、事事有流程、事事有责任人”，努力把金台铁路打造成以省为主建设铁路的“示范线、精品线、样板线”。推进标准化工作实现了参建各方各负其责、协同推进金台铁路建设工程标准化管理体系，使各项工作都能够做到闭环管理、有序可控、持续改进，达到“四个标准化”的基本要求，有效防治施工粗制滥造、现场混乱、设计标准和工程措施不科学、管理违规违章违法等突出问题，其中核心就是确保质量安全。形成一种深入人心的标准化建设文化，有效引导参建人员自觉坚持“让标准成为习惯，习惯符合标准，结果达到标准”。

第二节　质量事故的处理与闭合

一、质量事故处理规定

金台铁路有限责任公司根据《铁路建设工程质量管理规定》界定了各相关单位的质量责任，施工

单位的内控体系得到建立健全，制定了《金台铁路工程建设质量管理实施细则》《金台铁路工程质量检测试验管理办法》《金台铁路工程安全质量检查工作标准化管理办法》《参建单位责任追究管理办法（试行）》《铁路建设项目质量安全红线管理实施细则》《金台铁路建设工程安全质量违约责任追究管理办法》等质量管理办法制度，对工程建设质量实施控制，严格按规定办法要求对质量问题进行处理与闭合。在明确金台铁路有限责任公司及各单位应负的工程质量责任的同时，将质量责任层层分解到岗位、到人，并建立完整的质量责任职责和全面系统的质量信息反馈体系，实现质量责任的可追溯性。要求各参建单位配齐配足技术、试验、测量、质检人员，按照“横向到边，纵向到底”的原则，细化质量责任，重点加强作业层的质量控制措施，强化技能培训，明确操作层质量责任和追究措施。

（一）施工质量缺陷处理

施工过程中或完工后，如发现工程存在着质量缺陷，根据其性质和严重程度，按如下方式处理：当因施工引起的质量缺陷处在萌芽状态时，及时制止，并根据质量缺陷产生原因采取根除措施；当因施工引起的质量缺陷已出现时，立即停工，施工单位立即采取足以保证质量的有效措施，并对质量缺陷进行处理，经监理工程师认可后，方可复工；当质量缺陷发生在某道工序或单项工程完工后，而且质量缺陷的存在将对下道工序或分项工程产生严重影响时，对质量缺陷产生的原因及责任做出了判定并确定了补救方案后，再进行质量缺陷的处理和下道工序或分项工程的施工。

（二）施工质量通病及预防措施

1. 路基工程

（1）路基基床表层碾压不到位，表面不平整，填料级配不良，不符合《铁路路基工程施工质量验收标准》（TB 10414—2018）中第 9.2 节相关规定。

预防措施：路基表层填筑严格按“三阶段、四区段、六流程”施工工艺组织施工作业，过程中加强对路基填料、平整度等的检查与验收，按要求开展检测。同时，加强管理人员和作业人员的教育培训，增强其质量意识和责任意识。

（2）路基干砌护坡局部存在集料窝，片石外露面没有修饰平整，不符合《铁路路基工程施工质量验收标准》（TB 10414—2018）中第 11.3.3 条规定。

预防措施：加强施工工序过程控制，对干砌片石施工工艺流程进行管控，从石料尺寸选择，砌筑咬合错缝、缝隙填塞、大面平整等工序严格控制，确保干砌片石护坡施工质量满足规范及设计要求。

（3）骨架护坡浆砌片石厚度不足，浆砌砂浆不饱满，局部存在空洞现象，不符合设计和《铁路路基工程施工质量验收标准》（TB 10414—2018）中第 11.2.1 条规定。

预防措施：骨架护坡严格按测量放样尺寸挖槽和砌筑，浆砌片石应满足砂浆饱满、砌筑密实、相互交错咬合、丁顺相间、上下错缝等施工工艺要求，加强施工过程质量管控。

（4）护坡脚墙埋置深度不足，基底土层松散、不密实，不符合设计要求。

预防措施：施工前测量放样应对原地面标高、基底持力层与设计要求认真核对，当与现场实际不符时，应及时提出变更申请，脚墙埋置深度应满足设计要求，基底松散的土层清理干净。

（5）路基排水沟浆砌片石砂浆不饱满，且排水沟压顶破损严重，不符合《客货共线铁路路基工程施工技术规程》（Q/CR 9651—2017）中第 13.2.3 条规定和设计要求。

预防措施：砂浆应严格按照施工配合比，计量准确，砌筑砂浆饱满密实，压顶厚度、宽度及伸缩缝留置应满足设计要求，砌体完成后应及时进行勾缝，认真做好成品保护措施。强化作业人员技术交底和培训教育和施工过程质量管控。

（6）挡土墙片石混凝土浇筑施工缝存在纵向裂纹，裂纹处有冒白现象，不符合《铁路混凝土工程施工质量验收标准》（TB 10424—2018）中第 6.4.14 条规定。

预防措施：片石混凝土施工缝应按设计和规范要求处理到位，加强施工过程中混凝土浇筑质量控制，并规范现场施工作业行为，及时对混凝土养护。

（7）锚索框架梁锚索外露长度不足，锚索平面位置偏位，不符合设计要求。

预防措施：锚索孔的布置形式、间距、孔深、孔径及倾角等应符合设计要求，路堑坡面开挖、钻孔定位应严格按测量放样位置控制；施工过程及时复核钻孔位置和钻孔深度，及时纠偏施工过程存在的问题，确保孔位、孔深等技术指标满足设计及规范要求。

（8）锚杆框架梁未刻槽嵌入岩层（土层），锚杆平面位置偏位严重，未设置在框架梁节点位置，不符合设计要求。

预防措施：锚杆框架梁应先开挖沟槽，位置、间距、尺寸、孔深、孔径及倾角等应符合设计要求，钻孔定位应严格按测量放样尺寸控制，施工过程及时复核测量放样尺寸，及时纠偏存在的问题，确保孔位、孔深等技术指标满足设计及规范要求。

2. 桥涵工程

（1）桥梁墩身钢筋保护层厚度不足，不符合《铁路混凝土工程施工质量验收标准》（TB 10424—2018）中第 5.5.4 条规定。

预防措施：墩身钢筋骨架断面尺寸和保护层厚度严格控制，保护层垫块固定牢固、每平方米设置数量不少于 4 个，强化工序检查与验收，混凝土浇筑过程严格监督管理；同时，提升现场工程技术人员专业技能水平和责任心，对现场作业人员进行交底培训，进一步明确质量控制要求和验收标准。

（2）桥梁墩身混凝土浇筑不密实，存在麻面蜂窝现象，不符合《铁路混凝土工程施工质量验收标准》（TB 10424—2018）中第 6.4.19 条规定。

预防措施：混凝土原材料、拌制、运输和浇筑过程应符合《铁路混凝土工程施工技术规程》（TB 10424—2018）相关规定，试验检测人员应对混凝土性能严格按照检测频率进行检测。同时，加强试验检测人员和作业人员责任心和质量意识。

（3）现浇箱梁底板钢筋保护层厚度不足，不符合《铁路混凝土工程施工质量验收标准》（TB 10424—2018）中第 5.5.4 条规定。

预防措施：墩身钢筋骨架断面尺寸和保护层厚度严格控制，保护层垫块固定牢固、每平方米设置数量不少于 4 个，强化工序检查与验收，混凝土浇筑过程严格监督管理；同时，提升现场工程技术人员专业技能水平和责任心，对现场作业人员进行交底培训，进一步明确质量控制要求和验收标准。

（4）涵洞长度与斜交路基宽度不一致，不能有效衔接，不符合设计要求。

预防措施：施工前应认真核对涵洞中线、长度、台帽标高与路基设计坡度、中线、标高是否有误，如存在尺寸等技术指标相互矛盾，应及时向建设单位反馈并与设计进行沟通，确保涵洞高度、长度与路基施工坡度衔接一致，满足设计要求。

（5）涵洞口斜做时端墙及帽石与线路中线不一致。

预防措施：施工前测量放样交角的角度认真复核，与设计角度进行核对，严格落实施工中“三检”制度，加强现场技术人员责任心和工序检查验收。

（6）现浇连续梁预埋 T 钢位置不准确，现场割除部分 T 钢后，螺栓孔与钢横梁孔位不对应无法安装，现场采用乙炔烧孔，不符合设计要求。

预防措施：现浇连续梁 T 钢的加工尺寸、防腐处理、与桥梁的连接应符合设计要求，埋设时应定位准确，加固牢固；严格落实“三检”制度，强化 T 钢施工过程检查与工后验收。

（7）桥面系挡砟平板与挡砟墙立板未作联焊安装，不符合设计要求。

预防措施：施工前，应对作业人员安装交底到位，施工安装桥梁伸缩缝挡砟钢板应与挡砟墙处伸缩缝钢板及时进行有效联结，并焊接牢固，施工后按“三检”制度及时进行施工质量检查验收。

（8）桥梁曲线段 T 梁一侧伸缩缝宽度大于正常缝隙设计宽度，挡砟钢板未采取加宽、加厚设计。

预防措施：在施工时，对施工图纸进行会审，发现此类问题，为了消除运营期间存在的潜在安全隐患，及时向设计单位进行反馈，把挡砟钢板进行加宽加厚。

（9）桥面系U形槽安装破损严重，不符合《铁路混凝土工程施工质量验收标准》（TB 10424—2018）中第17.3.1条规定。

预防措施：U形槽安装前应加强钢横梁安装质量验收，同时应对混凝土外观质量检查，存在质量缺陷的严禁使用，运输、安装时混凝土强度需达到设计强度值，并采取有效的成品保护措施，确保安装质量。

（10）桥面系声屏障基础表面平整度较差，立柱连接钢板与基础表面空隙较大，空隙采用石子或垫片进行支垫，表面砂浆找平层未与基层有效结合，不符合《铁路桥涵工程施工质量验收标准》（TB 10415—2018）中第17.3.9条规定。

预防措施：声屏障基础混凝土浇筑时，应严格控制基础顶面标高、平整度和预埋螺栓间距，预埋螺纹应完整，无锈蚀和水泥浆等污物，立柱连接钢板与基础表面应密贴。

（11）桥梁墩台预埋检查踏步连接钢筋位置错位，吊围栏安装螺母未采用双螺母，不符合设计要求。

预防措施：桥梁墩台混凝土浇筑前，预埋件应根据设计的尺寸、位置与设计图纸认真核对，并固定牢固；安装时吊围栏等检查设施的结构、尺寸、位置、防腐处理、安装螺母数量等均应符合设计要求。

3. 隧道工程

（1）隧道洞门轴线偏位，不符合设计要求。

预防措施：施工前应认真计算测量放样数据，并与设计坐标进行核对，换手测量（复核）应单独计算复测数据，严禁使用原测量人员的计算数据。

（2）衬砌钢筋保护层厚度不足，不符合《铁路混凝土工程施工质量验收标准》（TB 10424—2018）中第5.5.4条规定。

预防措施：衬砌施工钢筋规格、数量、间距、保护层和混凝土厚度应严格控制，宜采用专用的钢筋安装台车进行安装，且钢筋骨架安装定位尺寸应准确，钢筋保护层垫块每m^2设置数量不少于4个，并固定牢固。同时，加强施工过程质量管控和工序检查验收。

（3）隧道衬砌拱部（施工缝周围）混凝土产生月牙形或纵向裂纹。

预防措施：二衬混凝土浇筑前应做好围岩监测，在围岩稳定后再进行二衬施工；做好混凝土性能检查，浇筑混凝土过程中，严格落实振捣工序；拆除模板前验证混凝土强度，未达到要求不得拆除模板；拆模前后均应加强养护。

（4）衬砌施工缝环向止水带外露，不符合设计要求。

预防措施：施工前应对作业人员进行技术交底和培训教育，施工作业实行工艺试验首件制，衬砌施工缝环向橡胶止水带固定位置居中，止水带应严格按设计要求采用固定卡具进行固定牢固，增强作业人员质量意识，强化工序检查验收程序。

（5）隧道衬砌施工缝拱部位置混凝土多为砂浆（基本无粗骨料），施工缝处混凝土边缘出现裂缝，不符合《铁路混凝土工程施工质量验收标准》（TB 10424—2018）中第6.4.14条规定。

预防措施：衬砌施工前做好监控量测，围岩应趋于稳定，混凝土性能应符合施工配合比要求，浇筑时模板台车合理设置分料仓，避免施工缝处全靠混凝土自流性或震动器驱赶分布；同时，衬砌混凝土拆模应达到规定强度值，并及时进行养护。

（6）隧道衬砌矮边墙处施工缝错台比较严重。

预防措施：仰拱矮边墙施工作业严格控制模板安装尺寸，模板应加固牢固、定位准确，按施工程序做好测量复测工作，加强工序检查验收和落实“三检”制度，使混凝土错台消除在施工过程中。

（7）隧道衬砌厚度小于设计值，不符合设计要求。

预防措施：衬砌施工前对衬砌断面尺寸检查，防水板安装应采用专用工装安装，与围岩基面密贴，固定点密度不得大于设计要求，衬砌模板台车安装后再次检查衬砌厚度，混凝土浇筑应饱满，施工过程加强管控，认真落实各道工序检查验收。

（8）隧道排水管用土工布堵塞封口未及时清理、水泥浆进入排水管造成堵塞，不符合《铁路隧道工程施工质量验收标准》（TB 10417—2018）中第 10.7.4 条规定。

预防措施：隧道排水盲管之间的连接、盲管与排水沟的连接以及坡度等应符合设计要求，且排水盲管排水通畅，无堵塞现象出现。施工过程加强工序检查验收，处理衬砌缺陷尤其是注浆时要防止打穿防水板，并充分考虑是否影响排水盲管畅通。

（9）水沟电缆槽部位二衬侵限，盖板无法盖上，不符合设计要求。

预防措施：定期校核台车尺寸，台车就位后加强测量；加强台车模板尺寸、刚度设计与检查；控制混凝土振捣速度，加强浇筑过程中模板观测。

4. 房建工程

（1）独立框架柱基础偏位，轴线位置不符合设计要求。

预防措施：框架柱施工作业，应对轴线位置、标高、截面尺寸、垂直度等认真检查复核，模板安装应定位准确加固牢固，混凝土浇筑过程应加强轴线位置、截面尺寸等工序检查。

（2）框架柱混凝土表观质量较差，振捣不密实表面存在麻面、蜂窝等质量缺陷。

预防措施：模板安装缝隙严密，加固牢固，混凝土性能应符合施工配合比要求，混凝土浇筑应保证混凝土均匀性和密实性；浇筑过程应分层浇筑分层振捣，浇筑厚度不大于要求厚度，浇筑后及时养护到位。同时，加强施工过程检查验收。

（3）框架梁钢筋保护层厚度不足，混凝土内夹杂锯末等杂物，不符合《混凝土结构工程施工质量验收规范》（GB 50204—2015）中第 5.5.3 条规定。

预防措施：钢筋骨架安装应在梁两侧、梁底设置到位钢筋保护层垫块，垫块应固定牢固，且厚度应满足设计要求，模板内的杂物清理干净，经检查验收合格后方可进行混凝土浇筑。同时，加强施工过程管理和工序检查验收。

（4）屋面板混凝土表面出现较多表面裂纹，不符合《混凝土结构工程施工质量验收规范》（GB 50204—2015）中第 8.2.2 条规定。

预防措施：应加强混凝土性能检测试验，浇筑时混凝土振捣密实，表面收面到位，及时覆盖养护，严格按施工工艺流程进行施工作业。

（5）站房屋面网架檩条焊接、檩条与网架节点处焊接不到位、焊缝不饱满，且均未进行防腐处理，不符合设计要求。

预防措施：钢结构焊接节点应满焊，焊缝应饱满，不允许电弧烧伤、咬边、夹渣现象出现，涂装前应清理干净焊渣、焊疤等污垢，并严格按照设计要求对焊缝表面进行防腐处理，且涂层厚度应符合要求。

（6）房建工程二次结构混凝土与填充墙之间竖缝、预埋线管处墙面抹灰层表面开裂，不符合《建筑装饰装修工程质量验收标准》（GB 50210—2018）中第 4.2.4 条规定。

预防措施：填充墙墙体抹灰前，墙体不同基层的材料（混凝土、砖、砌块之间）竖缝及顶部横缝相接处，以及墙体开槽预埋线管、配电箱、消防箱等位置，应铺设钢丝网防止墙面开裂的加强措施。

（7）地板砖铺贴不平整，缝隙大小不均匀，不符合《建筑地面工程施工质量验收规范》（GB 50209—2010）中第 6.2.13 条规定。

预防措施：地板砖施工前应对铺贴范围制定排砖布置图，优化铺贴方案，地砖规格尺寸应进行挑选，是否存在色差、翘曲、裂缝等质量缺陷，严格按标高、平整度、缝格平直度、缝隙大小等进行控制。同时，做好成品保护与检查验收。

5. 轨道工程

（1）无砟轨道道床板厚度大于设计厚度，易造成道床板上部钢筋保护层厚度超标，不符合《铁路轨道工程施工质量验收标准》（TB 10413—2018）中第 6.2.14 条规定。

预防措施：隧道仰拱填充混凝土或底板混凝土顶标高严格控制，在道床板施工前应对测量放样、底板标高、混凝土凿毛程度及表面清理情况进行检查，钢筋骨架安装应对钢筋间距、层距、保护层厚度、顶面标高等进行验收。

（2）道床板间伸缩缝不居中、偏斜，虚假伸缩缝造成道床板沿支承块边缘横向拉裂，不符合设计要求。

预防措施：施工前应对作业人员进行交底，实行首件制并进行工艺试验总结，道床板伸缩缝留设位置应在两支承块中间，缝隙填充材料应采用聚乙烯硬质泡沫塑料板，与基底伸缩缝应上下对应、宽度一致，不得歪斜，垂直于线路中心，伸缩缝密封后，密封面与道床顶面平齐。

（3）道床板施工支承块嵌入道床板过深，造成支承块台帽边缘受力开裂破损掉块，不符合《铁路轨道工程施工质量验收标准》（TB 10413—2018）中第 6.2.18 条规定。

预防措施：道床板混凝土浇筑应严格控制标高及表面的收面找平工作，道床板表面不应超过橡胶套靴帽上沿，应低于橡胶套靴帽檐底部 2 mm，施工过程应严格管控。

（4）无砟轨道道床板与隧道底板存在缝隙，不符合设计要求。

预防措施：道床板混凝土浇筑前，底板表面混凝土凿毛到位，清理干净表面的泥土、浮渣等杂物，洒水湿润并不得积水，新旧混凝土应采取涂刷水泥浆等措施使混凝土有效结合。

（三）竣工验收后质量缺陷处理

工程在质量保修期内发现质量缺陷时，按保修书规定，金台铁路有限责任公司及时发出保修通知，由施工单位进行整改。

（四）质量缺陷责任的判定

由金台铁路有限责任公司主管领导指导工程部、安质部对质量缺陷责任予以判定。判定时全面审查有关的施工资料、设计资料及水文地质资料，必要时还应进行现场检测、钻孔等。在分清责任的同时，按规定明确质量缺陷处理。

（五）质量缺陷的修补及加固

质量缺陷的修补和加固不降低质量验收标准，并达到设计要求，质量缺陷由责任者无条件修复。

（六）质量事故的处理

发生质量事故，应立即停止施工并采取有效的安全措施；金台铁路有限责任公司安质部牵头组织设计、监理、施工等相关单位进行调查分析，分析责任，提出初步处理意见，报金台铁路有限责任公司质量领导小组；安质部根据金台铁路有限责任公司质量领导小组提出的处理意见，牵头召开专题会议，落实对质量事故的处理意见；工程质量事故的责任划分和处理，按中国铁路总公司或上海铁路局现行规定办理；凡对质量事故隐瞒不报、拖延处理或处理不当及未经监理工程师同意擅自处理的，对责任单位追究责任，加重处罚。

（七）事故定性与责任追究

严格按照上级及金台铁路有限责任公司对事故进行分析和判定，根据事故范畴等级，对相关人员进行责任追究，坚决做到“四不放过”的原则。

二、强化过程质量控制，落实各参建单位质量内控体系

金台铁路有限责任公司指导施工、监理等单位建立了完善的质量内控体系；同时结合监理管理工作，要求监理单位制定监理工程师责任制度，使两者既平行独立运行，又互为交叉补充制约，不仅促进了施工单位的质量行为合规、实体质量达标，又为监理工作提供了有力的抓手。

金台铁路有限责任公司要求各施工单位按照内控体系，细化工作岗位职责，明确任务，具体落实到人。要求质检人员必须是项目部直属的技术质量管理人员，派驻工点后履行质量自检岗位职责，具有一定的施工经验，能独立开展工作。严格执行报验程序，自检合格后在报监理检验。未自检、报验的工序进行返工；对直接责任人进行批评教育，向全线进行通报；对质量问题严重的，严肃考核，作为不良行为进行记录。

强化监理人员的责任，对施工单位的质量内控体系各个环节的质量情况进行监督，克服监理人员只管结果，不管过程的状况。一方面，把监理机构的质量责任横向分解到每个监理人员，明确每个单位工程或分部工程的监理责任人及责任内容，纵向分解到从原材料进场、工序质量检查验收到最终质量验收全过程监理工作的各个环节，要求严格按照验标、设计及批准的施工组织、施工工艺进行检查监督，把过程质量控制及工程实体质量效果与监理人员的责任挂钩，结合配套的奖罚措施，促使监理人员提高责任心，强化监理人员个体的责任；另一方面，把对施工单位质量内控体系的运转落实情况纳入监理岗位责任内容，对质量内控体系各个环节的运行效果进行监督、检查。

在金台铁路有限责任公司及各方的共同质量监控及督促下，参建全体人员的质量认识得到了提高，对质量内控体系的自检能够重视，能遵照工程建设程序实施质量控制。全线质量自检、报检行为及质量管理程序执行情况较好，质量问题的管理把关工作持续稳定。

三、质量问题的闭合管理

质量管理体系运行过程中，对通过金台铁路有限责任公司质量自控体系及检查发现的质量问题，均进行记录，并配相应的影像资料。在分析原因的基础上，制定有针对性的纠正和预防措施，并跟踪验证所实施措施的效果，保证质量偏差得以纠正，并防止同类问题再次发生。金台铁路有限责任公司各责任职能部门或永康指挥部认真抓现场质量问题的整改，对静态验收、金温铁道公司提前介入检查、监理检查中发现的施工质量问题建立问题库，限期闭合销号。

对质量问题的闭合管理执行“发现问题—提出整改要求—进行整改—复查—整改结果回复—整理备案”的程序，确保问题处理情况实现闭合。施工单位自检人员发现的问题，整改完成后由原检查人员进行复查，并在质量问题台账中做好记录。监理单位检查发现的问题，按整改要求进行整改，整改完成并经自检合格后报现场监理人员复查，合格后监理人员签认，并在质量问题台账中对应原问题做好处理、复查结果记录。建设单位检查发现的问题，施工单位按整改要求进行整改，完成后经自检、报检合格后，由监理单位报金台铁路有限责任公司，公司组织进行复查，合格后通知监理单位恢复施工。施工、监理单位做好台账记录，金台铁路有限责任公司做好问题闭合记录。浙江省工管中心、浙江省交通投资集团有限公司检查发现的问题，及时通知并组织施工、监理单位进行整改。除履行上述程序外，由金台铁路有限责任公司派专业工程师对整改情况进行现场复查，合格后向问题发现部门进行专题回复，达到整改要求后方可恢复施工。

静态验收、动态验收之前，消除了所有工程结构质量问题和结构缺陷，确保了动态验收的安全，动态验收顺利通过。鉴于质量管理体系和闭环管理程序的有效运行，项目建设过程中未发生质量事故。

第三节 安全体系的建立与运行

金台铁路有限责任公司成立之初，建立“四大体系”，即质量安全目标体系（每项工作、每个单位工程都有确定的目标）、责任体系（每一个工程、项目都把责任分解到人）、分级控制体系（过程中实施Ⅰ、Ⅱ、Ⅲ级分级管理，Ⅰ级公司领导或项目经理，Ⅱ级中层干部，Ⅲ级工程师，全方位全过程控制）、评价评估体系（每完成一项工程，分级负责人检查验收，干完一项，验收一项，签认一项），不断夯实质量安全管理基础。

通过构建各级安全生产管理机构，落实安全生产责任制，形成完善的安全监控体系，建立长效的安全管理机制。采取提前识别、评估安全风险；采取施工风险防控措施和应急预案，抓住安全薄弱要害环节、关键工点予以重点盯控，重点整治，确保在安全生产的前提下，实现全线安全、质量、工期、投资、环保及科技创新等管理目标。

一、建立安全管理体系，落实安全生产责任制

为认真贯彻落实“安全第一、预防为主、综合治理”的方针，牢固树立“以人为本、安全发展”理念，坚持“党政同责、一岗双责、齐抓共管”和“管生产必须管安全，管业务必须管安全”的原则，切实履行企业安全生产主体责任，根据《中华人民共和国安全生产法》《建筑工程安全生产管理条例》《浙江省安全生产条例》《浙江省交通建设工程质量和安全生产管理条例》等法律、法规的规定，结合金台铁路有限责任公司实际，特制定了《金台铁路有限责任公司安全生产责任制》，完善安全管理体系，逐级逐层落实安全生产责任。

（一）安全管理目标

（1）杜绝主要责任事故；杜绝较大及以上责任事故；杜绝同责及以上的道路交通死亡事故；杜绝重大环境污染事件和重大职业卫生健康事件；杜绝一次直接经济损失 200 万元及以上的生产安全责任事故。

（2）有效控制施工全过程安全；有效控制经营过程安全；有效控制“三违”和违反“四不伤害”行为。

（二）安全生产管理机构及职责

金台铁路有限责任公司积极组建相关的安全生产管理组织机构，明确各个机构职责，充分发挥管理组织机构的安全生产职能，全面做好安全生产工作。金台铁路有限责任公司成立了安全生产管理委员会（简称安委会），安委会由金台铁路有限责任公司领导和各部门负责人、各参建单位项目负责人组成；办公室设在金台铁路有限责任公司安全质量部。

1. 安委会职责

（1）贯彻执行国家有关安全生产的方针政策、法律法规、标准规范和规章制度；研究落实上级和浙江省交通投资集团有限公司安全生产决策部署。

（2）研究审定金台铁路有限责任公司安全生产体质机制建设。

（3）研究审定金台铁路有限责任公司年度安全生产工作计划、工作目标和实施措施。

（4）研究审定金台铁路有限责任公司安全生产责任制和安全生产管理制度，监督检查各参建单位安全生产工作。

（5）组织召开金台铁路有限责任公司年度、半年度、季度和专题安全生产工作会议，分析研究安全生产形势，部署安全生产工作，统筹规划、协调解决安全生产工作中的重大问题。

（6）建立健全金台铁路有限责任公司安全生产监督管理机构和网络，督促各参建单位足额配备安全管理人员。

（7）建立健全金台铁路有限责任公司安全风险管控和隐患排查治理体系，监督检查和指导各参建单位安全隐患排查治理工作。

（8）建立健全金台铁路有限责任公司应急管理体系，监督落实应急救援资源的配备，负责生产安全事故和突发事件的应急处置工作。

（9）建立健全金台铁路有限责任公司职业健康危害防治工作体系和劳动保护计划，监督检查和指导各参建单位职业健康危害防治工作。

（10）听取各参建单位生产经营中的各类生产安全事故、突发事件和险情汇报，审定生产安全事故的处理意见。

（11）研究审定各参建单位年度安全生产管理目标考核结果。

（12）完成法律、法规规定及上级部门要求的其他安全生产工作。

2. 安委会办公室职责

（1）宣传、贯彻和执行国家有关安全生产的方针政策、法律法规、标准规范和规章制度。

（2）负责承办金台铁路有限责任公司安委会日常事务管理，传达部署上级部门和金台铁路有限责任公司安委会对安全生产工作的要求。

（3）牵头负责拟定金台铁路有限责任公司年度安全生产工作计划、工作目标和实施办法。

（4）牵头负责拟定金台铁路有限责任公司安全生产管理制度。

（5）牵头组织召开金台铁路有限责任公司安委会、安全例会等安全生产工作会议，负责会议材料起草和会议记录，并做好会议精神的传达。

（6）牵头组织金台铁路有限责任公司安全生产检查和隐患排查工作，负责检查记录和整改督办工作。

（7）牵头负责金台铁路有限责任公司应急预案的拟定、修改和备案，统筹协调金台铁路有限责任公司安全生产突发事件的应急处置工作。

（8）牵头负责金台铁路有限责任公司生产安全事故和险情的报告、跟踪、督办、协调、处理，并拟定意见和建议，向金台铁路有限责任公司安委会报告。

（9）审核金台铁路有限责任公司年度安全生产费用预算，并实施监督检查和指导。

（10）拟定金台铁路有限责任公司年度安全教育培训计划，并实施监督检查和指导。

（11）负责各参建单位年度安全生产管理目标的考核，拟定考核结果，并向金台铁路有限责任公司安委会报告。

（12）牵头负责金台铁路有限责任公司安全生产标准化和科技兴安工作；负责总结、推广安全生产先进典型示范经验和“四新”技术。

（13）监督检查并督促各参建单位落实“三同时”制度。

（14）监督检查并督促各参建单位落实职业健康危害防治工作。

（15）定期向金台铁路有限责任公司党委会和安委会报告安全生产工作情况。

（16）完成法律、法规规定及上级部门要求的其他安全生产工作。

（三）安全生产管理制度与执行

1. 安全生产管理制度

为全面落实安全生产管理，金台铁路有限责任公司建立健全了一系列的安全生产管理制度，具体包括安全生产监督制度、安全生产许可证制度、安全生产责任制度、安全例会制度、安全生产教育培训制度、专项施工方案及专家论证和审查制度、安全技术交底制度、特种作业人员持证上岗制度、特种设备和安全防护工程安全验收制度、安全检查制度、施工现场安全评价制度、安全隐患排查治理制度、危险源的辨识监控危险岗位的操作规程和书面告知制度、安全施工措施费用制度、安全事故应急救援预案制度、“三同时”制度等。

2. 安全生产管理制度的执行

为保证安全质量体系的运转有效，金台铁路安全生产工作要求得到落实，金台铁路有限责任公司推行季度安委会、监理工作会议、月度安全生产例会制度，定期分析总结阶段性安全生产工作开展情况，布置下阶段工作重点，并对施工单位（项目部或指挥部、分部、架子队）、监理单位（总站、分站）安全质量管理体系的有效性进行考核，促进了施工、监理单位对组织体系建设、投入人员素质进行全面控制，加深了对安全质量管理重大意义的认识，规范了管理行为，使“安全红线管理”得到有效落实。

金台铁路有限责任公司完善安全体系的同时，还督促参建单位建立健全各级安全生产责任制。成立由党政领导、有关部门负责人组成的安全领导小组，并设立专职的安全管理部门。明确各单位行政正职是安全生产管理第一责任人，对本单位安全生产负全面责任。施工、监理单位具有自控安全体系，开展定期与日常安全检查工作。

（四）全面推进标准化建设

为深化浙江省交通投资集团有限公司关于安全生产标准化提升工作要求，结合铁路工程标准化建设和“质安文化进工地”创建需要，全面推进标准化建设，按照“规范企业管理行为，促进企业各项管理工作和业务系统标准化、制度化、科学化、规范化”铁路建设“六位一体”的管理要求，我们始终围绕中心任务，认真组织学习、领会标准化管理各项文件精神，明确各部门各负其责，完善和推行统一的管理标准，进一步树立标准化管理新理念，深化、细化标准化管理工作。现将相关情况汇报总结如下：

1. 坚持思想指导，确保标准化推进的制度化

始终以确保安全质量为核心，以管理制度标准化、人员配备标准化、现场管理标准化、过程控制标准化为基本内涵，以技术标准、管理标准、作业标准和工作标准为主要依据，以机械化、专业化、工厂化、信息化为支撑手段，建立标准化建设运行机制。

制定先进性、系统性、统一性、文化性的标准化管理制度，依据国家、中国铁路总公司、浙江省交通投资集团有限公司、上海铁路局等部门发布的与铁路工程工地建设有关的文件、标准、规范、规程、指南和铁路行业内采取的成熟和先进的施工工艺和管理办法，以及参照《浙江省高速公路施工标准化管理实施细则》等由交通运输部或浙江省交通厅等部门发布的与工地建设有关的文件、标准、规范、规程、指南和集团公司高速公路行业内采取的成熟和先进的施工工艺和管理办法，相继制定了《金台铁路工程标准化工地建设实施细则》《关于进一步推进做好金台铁路工程标准化建设提升工作的通知》《金台铁路有限责任公司铁路建设项目通道安全标准化实施细则》《金台铁路有限责任公司“安全生产标准化提升”活动实施方案》，力求全面实现质量、安全、工期、投资、环保和稳定的建设目标。

2. 深刻领会质安文化精髓，融会贯通铁路标准化建设

紧密围绕“建设美丽浙江，创建美好生活”的“两美”浙江精神和交通建设的“工匠精神”，在原有铁路工程建设管理制度标准化、人员配备标准化、现场管理标准化、过程控制标准化四大基础上，融入质安文化元素，明确了以“厚植质安文化、建设大美金台”为主线，“三牌、一台、一墙”（质安标语宣传牌、质安知识宣教牌、质安管理告示牌、班前质安交底讲台、质安文化墙）为主要活动载体的初步建设思路，指导以省为主建设铁路工程的标准化创建工作。

在创建思路的指引下，金台铁路有限责任公司周密筹划、细化举措，逐步推进质安文化建设，在

全线各标段中择优选取四个标段的“一桥、一隧、一站、两场”作为先行样板工点，严格落实《关于进一步深化全省在建公路水运工程“质安文化进工地”活动的通知》文件精神，充分结合金台铁路有限责任公司质量安全风险管理“一图四表”(《风险识别分析登记表》《风险应对计划责任展开表》《风险动态过程监控表》《风险处置结果评定表》)、巡回警示教育、民工夜校、企业文化长廊等特有模块，详细制订了“质安文化进工地”活动实施方案，进一步明确了目标要求和内容。

3. 明确目标，精心组织，强力推进标准化建设

为更好地推进金台铁路有限责任公司标准化管理，实现管理质量持续提升，金台铁路有限责任公司于年初制订了“学习培训、平推检查、对标自评、创优评比四个阶段”的推进计划。计划详细明确了每个阶段的目标任务，措施方案，组织保障。

(1)增强意识，培训学习。针对标准化管理工作要求，根据金台铁路有限责任公司年度培训计划，举办了一期“金台铁路工程标准化建设管理培训讲座”。由金台铁路有限责任公司分管副总经理楼少俊亲自授课，培训学习了《铁路工程标准化建设管理》，并针对项目管理中人员配备标准化、现场管理标准化、过程控制标准化，讨论学习了《标准化项目部》及《标准化工地》。通过培训，不仅让全体学员对什么是标准化管理，如何实现标准化管理有了较为全面的了解及更深层次的交流学习，更是在标准化管理意识及知识上有了极大提高，最大限度地保证了培训质量，顺利完成了阶段学习目标。

同时，利用安全生产例会、培训座谈等对全线管理人员进行培训，加强对标达标指标体系的学习，吃透标准化体系的要领和精髓。各参建单位按照遵循专业对口、按需施教、学用一致、讲求实效的原则，坚持全员培训，重点加强一线作业人员培训教育，提高标准化意识，每月利用安全生产例会组织全体参建单位观摩各标准化示范点建设情况，通过标准化示范点的创建，以点带面，全面扎实推进标准化工作。

(2)完善流程，开展平推检查。根据《金台铁路工程标准化工地建设实施细则》《金台铁路工程标准化验收评定实施办法》文件精神，进一步规范标准化项目部和标准化工地建设管理，制定下发示范点创建包保领办制度，按照金台铁路有限责任公司领导班子包保分工安排，主动领办，每年对金台铁路全线的标准化建设进行平推检查，通过此次检查达到抓典型带一般，提升各参建单位标准化管理水平的目的。

(3)对标查改，追求标准化实效。根据制定的标准化管理推进计划，督促各施工、监理单位开展标准化自评活动，上报《标准化自评表》根据自查结果，不断改进。

(4)创优评比，全面打造以省为主建设铁路“示范线、精品线、样板线”。金台铁路有限责任公司成立由董事长、总经理任组长，各副总经理、副总工程师为副组长，金台铁路有限责任公司各部门负责人及相关专业工程师为组员的标杆项目部、标杆监理项目部评比活动领导小组。领导小组下设办公室，设在金台铁路有限责任公司安质部，具体负责活动的组织实施和协调解释工作。各单位根据评比活动要求，成立相应的评比活动领导小组和办公室，全面负责本标段评比活动的组织落实。

截至目前，全线共计创建标准化“质安文化进工地”示范点14个、标准化“质安文化长廊”8个、省级“平安工地”示范合同段3个；尤其是在2018年全省地方铁路和城际轨道在建工程“质安文化进工地”示范点验收评比中，全线两处工点脱颖而出，双双被评为省级“质安文化进工地”示范点。

4. 推行标准化管理工作的收获及启示

通过近几年的标准化管理工作的开展，深知标准化体系是基础性管理工作。

(1)领导重视，各职能部门联动配合是推进标准化管理的基本前提。实践证明，要贯彻、落实、达到集团公司标准化管理要求。只有党政主要领导亲自抓，标准化管理工作才能得到推行保证；只有牵头部门和各职能部门在各项具体工作中密切配合、协调联动、形成工作合力，对出现的新情况、新问题，及时主动调查研究，不断总结经验，提出对策措施，才能把标准化管理工作落到实处。

（2）加强学习，完善制度与规范工作流程齐头并进是提升标准化管理水平的基础。在推行标准化管理以来，金台铁路有限责任公司通过多次组织对《标准化管理》系列文件及相应文件精神的系统培训学习，让全体职工深刻认识到推进标准化管理的重要意义，明确了标准化管理工作的目标任务，增强了标准化管理意识，为推进标准化管理打下了坚实的基础。

（3）更新观念，提高项目管理水平是金台铁路有限责任公司推进标准化管理的根本。要全面提高标准化管理水平，首要的是转变思想观念。以推进标准化管理为手段；以提高项目管理水平为目的。做到“有标准对照、照标准学习，按标准作业”。不能停留在理论和口号上，减少随意，务求实效，必须贯穿整个工作，使各项工作措施一件一件的付诸实践。

二、加强安全措施管理，确保安全体系的运行

（一）夯实制度基础，强化顶层设计

（1）金台铁路有限责任公司始终把质量安全管理摆在工程管理各项工作的首位，成立了以董事长、总经理为负责人的安委会和质量管理领导小组。同时，通过强化顶层设计和制度建设，严格落实“风险有预控、事件有预警、装备有标准、人员有保障、演练有实效、处置有规范”的“六个有”要求，不断完善质量安全管理体系，今年修订和制定《安全质量问题指令实施办法》《工程线运输和施工安全管理办法》等10余项管理制度，进一步完善安全生产监管配套制度。目前，金台铁路有限责任公司已制定质量安全相关的管理制度90余个，形成了相对完善的制度体系。

（2）推行清单化管理，结合铁路项目特点和规范要求，一是制定《监理工作“三张清单”》，进一步明确监理工作流程，规范监理行为，提高监管效率，有效改善监理监管“软、宽、松”和工作质量不高问题；二是制定《金台铁路安全质量检查清单》，进一步明确检查项目和关键环节，提高检查人员工作效率和履职能力，逐步提升金台铁路质量安全管理水平；三是每月更新公布高风险工点和管控要求清单，通过动态风险管理的方式进一步加强施工安全风险管理，将事故扼杀在萌芽状态，有效防范和减少各类事故的发生，确保各施工标段风险工点安全稳定。

（3）加强质量安全问题分级管理。印发《金台铁路安全质量风险分级管控实施办法》，引入作业条件危险性分析法（LEC 法）和失效模式效果分析法（FMEA 法），根据质量安全问题的性质及严重程度、问题可能或已经产生的影响危害程度和问题重复发生情况划分风险级别，采取有针对性、区别化的管理手段进行分级管控，同时结合金台铁路有限责任公司《金台铁路工程建设项目施工企业信用评价实施细则》对相关责任单位进行考核，督促各参建单位认真履行法定的质量安全管理责任，弥补质量安全管理短板。

（二）落实首要责任，严抓关键环节

（1）站改工程的安全管理。加强永康南站、台州南站营业线施工的安全管理，一是严格按照上海铁路局评审通过的方案和批准计划组织施工，严禁超计划、超范围施工；二是对涉及站改施工的各施工单位和监理单位，针对批准后的营业线施工方案编制营业线安全专项施工方案和营业线站改监理实施细则，加强施工登销记、接触网停电验电、开通条件确认等关键环节管控，确保营业线施工安全可控。

（2）交叉施工安全管理。站前、站后施工单位同时作业，人员、机械集中，互相影响大。重点以站房施工、天桥雨棚施工、接触网安装敷设、结构吊装等立体交叉施工为安全控制重点，督促各单位提前签订安全协议，明确各方施工安全责任和义务，施工过程中加强沟通协调，定期组织协商会议，及时协调、消除现场安全隐患，确保交叉作业安全可控。

（3）零星收尾工程安全管理。针对零星工程施工作业面分散、人员更换频繁的特性，督促各参建单位有针对性加强人员安全教育培训、设备检修和技术交底，不断提高参建人员的安全作业技能和自我防范意识。

（4）加强特种设备的监督管理。结合目前国内特种设备塔吊倒塌事故的情况，进一步加强特种设备的管理，联合塔吊专业维管单位进行专项大排查，重点检查塔式起重机等起重设备基础是否沉降变形，起升高度限位、力矩限制器、幅度限制器等安全装置是否有效，是否存在违章作业、超载使用，日常的维修保养是否持续等。

（三）突出工作重点，开展专项活动

（1）深入开展安全生产活动。依托“安全生产月”和“安康杯”竞赛活动，结合“平安工地”建设活动和“基层基础强化年”活动以及目前安全管控重点积极动员，在组织开展好三防和工程线安全应急演练、安全生产咨询等一系列活动的基础上，持续深化活动的开展，全面营造安全生产活动氛围，确保活动效果长效性。2020 年 6 月 9 日，成功举办金台铁路 2020 年“三防和工程线安全”应急救援演练。

（2）深入开展金台铁路“平安工地”创建的工作。目前已完成半年度金台铁路有限责任公司“平安工地”建设自我评价和申报创建省级“平安工地”示范工程、示范施工合同段、示范监理合同段等工作，下步按照金台铁路有限责任公司《金台铁路工程“平安工地”建设活动实施方案》的时间节点和创建要求完成各项“平安工地”建设的工作。

（四）加强质量管理，紧盯工程验收

（1）盯控质量管控重点，守牢质量保障线，以工程验收为目标，全力促进缺陷整治，统筹推进各专业间分部分项工程验收工作，全力做好工序交接质量控制，同时继续开展“三不问题质量行为”专项行动，强化交接、验收管理，全面整治质量问题，为全线验收工作打好基础。

（2）加强铁路外部环境排查，以项目安全评估为目标，展开金台铁路安全评估准备工作，推进责任展开表，加大对金台铁路沿线上跨构造物、下穿油气管线、易燃易爆及危险品处所等项目的排查，按照《关于认真贯彻落实习近平总书记重要批示精神全面加强普速铁路安全隐患综合治理工作的通知》《浙江省人民政府办公厅关于开展全省普速铁路沿线外部环境安全隐患综合治理行动的通知》等文件的要求，切实排查危害铁路安全运输的各类安全隐患，确保铁路营运安全。

（五）强化应急管理，提升应急能力

根据上级单位对防汛工作的要求和项目人员、驻点实际情况变化对“三防”应急预案进行梳理，制订和公布金台铁路工程“三防”重点地段预防、应急处置措施和流程，同时制定思维导图，进一步明确金台铁路工程“三防”重点地段和出现险情时的应急处理措施和流程。做好应急值守工作，落实 24 小时值班制度，切实做好“三防”期间的安全生产工作。

三、工作亮点

（1）善谋划强部署，专题会议抓落实。通过每月召开安全生产工作会议、工程线月度例会，每季度召开安委会扩大会议、监理工作会议，阶段性总结近期安全生产工作存在的问题和取得的成效，针对性研究部署下阶段重点工作安排，更有效地强化参建单位履约意识、责任意识，形成齐抓共管的好氛围。

（2）夯实双重机制，基层基础真强化。一是严格落实金台铁路有限责任公司“基层基础强化年”活动要求，积极对照“风险有预控、事件有预警、装备有标准、人员有保障、演练有实效、处置有规范”的“六个有”要求，以“七查四防”为主线，以铺轨架梁、工程线运输及施工安全、营业线（邻近营业线）、房建施工、交叉作业等 16 项关键环节为重点，充分借助第三方专业力量、高科技手段和交叉互检等创新形式，切实做到真查真改全覆盖；二是充分利用作业条件危险性分析法（LEC）和失

效模式效果分析法（FMEA 法），集中识别分析施工全过程质量安全风险，年初即牵头组织各参建单位做好风险识别分析、制订控制措施，梳理形成风险管控清单，并以每月下发高风险工点管控清单、质量安全重点工作的方式逐一分解落地，确保阶段性实施过程中工程质量达标、安全可控。

（3）强指导建体系，分工明确防疫情。一是编制《金台铁路建设项目复工疫情防控操作手册》《金台铁路复工防疫思维导图》，系统指导参建单位复工防疫工作开展，内容全面、条理清晰；二是积极推行复工防疫三级网格化管理，绘制《金台铁路工程三级网格化管理层级图》，从项目部到工区（作业队）再到施工班组依次延伸，设立 22 个一级网格和若干个二级、三级网格，通过全覆盖网格员把各项举措落到实处。

（4）清单化全覆盖，强化履职保安全。在监理工作“三张清单”——日常检查工作清单、工序验收流程清单、旁站工作流程清单基础上，制订《金台铁路安全质量检查清单》《金台铁路疫情防控工作检查清单》等检查清单，将清单化管理从监理履职管理延展到质安监督检查工作中，落实检查责任、提升检查质量；二是制订下发《金台铁路工程各标段剩余工程和缺陷整治施工安全保障措施责任清单》，督促参建单位结合实际进一步细化和落实安全风险防控措施，每周一梳理、每周一核对、每周一分析，确保项目建成冲刺阶段安全受控。

（5）早部署严防御，未雨绸缪战“三防”。结合工程线行车和施工安全要求在全线梳理出 78 处重点管控工点，归纳出四大风险类别，针对性制定预防和应急响应措施，编制成《三防重点地段预防和应急处置表》《三防重点地段预防和应急处置思维导图》，为“三防”工作提供准确指导。

（6）丰富制度武器，增强监理话语权。通过制定《质量安全红黑榜实施细则》给了监理单位更多话语权，扩宽了监理单位对施工单位各项安全质量行为管控手段，切实提升金台铁路质量安全管理水平。

（7）勤总结精提炼，标化成果再推广。配合浙江省交通工程管理中心制定四电工程标准化施工图册，提炼四电工程施工亮点。

（8）信息化再深化，监管手段再扩展。一是对接省交管中心，完成金台铁路 8 个视频监控点接入省交通作战指挥平台；二是完成临海南站站房等重点工点施工视频监控接入金台铁路有限责任公司视频监控系统；三是利用无人机对隧道天沟、高路堤、深路堑等人力检查难点进行防汛检查，提高检查效率；四是坚持使用手机检查应用程序，让检查留痕，有据可查。

第四节　安全事故的调查与处理

项目建设中，金台铁路有限责任公司及各参建单位在质量安全管理工作方面给予了高度的关注和重视。金台铁路有限责任公司制定了《金台铁路有限责任公司生产安全事故应急救援综合预案》，对安全事故的调查与处理流程进行了明确，实践中也投入了大量的管理资源及精力，取得了较好的安全管理成绩，全线安全状况持续稳定，安全处于受控状态，未发生一般及以上有责生产安全事故。

一、信息报告

（一）信息上报程序和方式

1. 信息上报的程序

发生事故→报告现场负责人（项目经理、应急值守电话）→启动应急预案→组织先期处置→上报金台铁路有限责任公司应急办公室→信息经允许后发布。

2. 事故报告的方式

以电话、手机、对讲机为主要方式，当上述方式均不能及时传递信息时，采用两人驱车报警求救的方式。

3. 事故报告的方法

在事故发生及应急救援期间以口头报告为主；应急响应结束后的报告必须为书面形式。

（二）信息报告要求

（1）确定启动Ⅰ、Ⅱ、Ⅲ级响应时，应在1小时内上报金台铁路有限责任公司、监理项目部、集团公司，同时上报当地县级（以上）人民政府安全生产监督管理部门；

（2）发生人员伤亡安全事故时，在事故发生后1小时内用电话或电传上报到金台铁路有限责任公司应急办公室，24小时内提交书面报告。

（三）信息报告内容

事故时间、地点、信息来源、事件性质、影响范围、简要经过、已造成的伤亡情况、初步估计的经济损失、现场处置情况、事件发展趋势和已采取的措施及其他应当报告的情况，并根据事态进展，及时续报事故处置情况。

二、后期处理

（一）场地清理确保环保要求

安全生产事故发生后，现场产生的废弃物、垃圾，由施工单位负责清理，以不影响恢复施工生产、污染周围环境、损害施工人员和周围群众身心健康、达到当地环境标准为原则。

（二）及时消除事故影响

由于事故造成的工程延期、经济损失后果，金台铁路有限责任公司和施工单位项目部通过优化施工方案，加强成本管理，采取缩短工期的有效施工措施，本着节支、高效的原则，挽回损失，消除不利影响。

（三）生产秩序的恢复

事发现场应急救援行动结束后，施工生产秩序的恢复由金台铁路有限责任公司指导监督，施工单位项目部具体负责恢复。

（四）善后赔偿

伤亡人员的善后赔偿，具体由金台铁路有限责任公司善后处理组和施工单位负责善后处理和赔偿。

第十章 施工组织

第一节 施工组织设计管理

为优质、高效、安全地建设金台铁路工程，规范施工组织设计的编制与管理，根据《铁路工程施工组织调查与设计办法》(铁建设〔2000〕95号)，金台铁路有限责任公司制定了《施工组织设计编制管理办法》。办法明确要求施工组织设计必须在工程项目开工前进行编制，严禁边施工边编制或施工完毕后补编；施工组织设计一经批准，就应作为指导施工准备和组织施工的纲领性技术经济文件。办法对施工组织设计的编制工作体系、编制和审批程序、编制原则、内容及表述规定、施工组织设计调整等内容进行了规范与说明。

一、施工组织设计编制和审批工作体系

金台铁路有限责任公司根据初步设计批复意见督促勘察设计单位编制指导性施工组织设计。施工组织设计的编制与审查，由金台铁路有限责任公司副总经理组织，工程管理部负责具体工作。

指导性施工组织设计的编制由金台铁路有限责任公司副总经理负责，工程管理部部长组织该部门各专业工程师依据初步设计批复意见和勘测设计单位提供的施工组织设计，完成相关专业的指导性施工组织设计文件编制，并报中国铁路总公司工程管理中心咨询。

实施性施工组织设计的编制由施工单位总工程师负责，工程部部长组织该部门各主管工程师根据指导性施工组织设计、勘测设计单位提供的设计文件，结合该标段的实际情况完成相关专业的实施性施工组织设计文件编制；经施工单位后方公司审查后报监理单位审核通过后报金台铁路有限责任公司审批。金台铁路有限责任公司拟定的控制工程、重难点工程，由施工单位编制专项实施性施工组织设计，经监理单位审核通过后报金台铁路有限责任公司审批。

二、施工组织设计编制原则

(1)必须满足建设工期和工程质量目标，符合施工安全、环境保护、水土保持和地质灾害防治等要求；

(2)体现科学性、合理性，管理目标明确，指标量化、措施具体、针对性强；

(3)积极采用新技术、新材料、新工艺、新设备，保证施工质量和安全，加快施工进度，降低工程成本；

(4)充分考虑节约资源和可持续发展要求，少占土地，保护农田；

(5)注意站前、站后工程以及各相关专业的衔接；

(6)内容要重点突出、简繁得当、表述清楚、语言简练，保证措施部分，不写空话、套话。

三、施工组织设计内容表述规定

(1)施工组织设计文字用词应规范、语言表述应标准、概念逻辑要清晰；

(2)依据的法律、法规、文件和标准应写出全称、文件号和发布日期；

(3)图表设计应合理、清晰、格式全文统一；

（4）引用文件或标准的有关内容替代施工组织设计的相关内容时，应注明该内容在文件或标准中的具体位置（页码）。

四、施工组织设计调整的管理

出现以下情况时，应根据实际情况及时对施工组织设计进行调整，并及时更换、补充到原施工组织设计中：

（1）国家和中国铁路总公司建设计划有较大调整时；

（2）不可抗力造成的自然及地质灾害发生变化时；

（3）中国铁路总公司颁布新的技术标准或虽未颁布新标准但已明确在项目中采用新的有关标准、规定时；

（4）其他引起施工组织设计需做调整的情况。

各类施工组织设计的调整由原编制单位负责，未经审批不得实施。

五、施工组织设计管理责任与考核

各单位各级管理人员要认真贯彻国家和中国铁路总公司基本建设方针、政策、规章制度和技术标准。认真执行路局相关文件规定和金台铁路有限责任公司制定的制度、标准和工作细则，履行自己的职责。

各单位要按时完成施工组织设计的编制工作，做到全面、合理、准确。发生管理不到位、责任不落实，造成施工组织设计不完整、针对性不强、内容空洞等问题或发生问题不积极组织研讨、纠正，造成施工影响或反复更改设计的，追究各单位责任者和部门领导的责任，进行相应经济处罚，严重失职者按路局相关规定处理。

对工作不尽责、不认真，影响正常工作秩序或造成不良影响者进行批评、警告，严重者追究相关责任。对工作认真负责，发挥良好功效，防止质量隐患等有突出贡献的相关人员给予表扬和鼓励。

第二节　指导性施工组织设计的特点与重大调整

一、指导性施工组织设计特点

（1）遵循安全质量为核心的原则，工期服从安全质量，通过加大资源投入和加强技术管理确保施工安全与质量。

（2）遵循满足建设工期需要的原则，以力争 2020 年底基本达到试运行条件为前提，调整梁场和铺轨基地安排，结合调整后的架梁、铺轨工期，加强征迁协调力度，加大工期措施投入，优化施工组织。

（3）全面推行标准化管理，坚持管理制度、人员配备、现场管理和过程控制四个标准化，以工厂化、专业化、机械化和信息化作为支撑手段，落实闭环管理，全面推进标准化管理。

（4）坚持全面创优的原则，从源头把关，抓过程控制，精细管理，用心做事，充分发挥样板引领的示范作用，确保项目安全、优质、高效建设，一次成优。

（5）坚持和谐共建的原则，将工程的建设与区域经济有机地联系在一起，提高资源利用效率、降低污染排放，实现资源集约和环境友好兼顾，积极争取地方政府、人民群众对铁路建设工程的支持，共同建设和谐人文环境、自然环境和文明施工环境。

二、工期重大调整

2014 年 10 月 24 日，中国铁路总公司、浙江省人民政府《关于新建金华至台州铁路工程项目建议书的批复》(铁总计统函〔2014〕1517号),施工总工期42个月;2015年11月,中国铁路总公司工管中心《指导性施工组织设计咨询意见》(工管工技函〔2015〕303号),总工期按48个月施工组织安排,符合可研批复要求,计划为2015年12月开工,2019年竣工;2016年3月11日,中国铁路总公司、浙江省人民政府《关于新建金华至台州铁路初步设计的批复》(铁总鉴函〔2016〕183 号),批复工期总工期为48个月;2018年9月,中国铁路总公司工管中心《指导性施工组织设计咨询意见》(工管工技函〔2018〕196号),工期调整到2020年9月建成开通;2019年1月,浙江省交通投资集团有限公司《关于同意调整金台铁路指导性施工组织设计的批复》(浙交投〔2019〕4号),总工期按四年控制,调整到2016年6月底开工,2020年6月建成;因2019年7月台风"利奇马"及2020年1月新冠肺炎疫情影响,2020年4月,国铁集团工管中心对剩余工程指导性施工组织设计咨询意见(工管工技函〔2020〕32号),工期调整到2020年12月建成;因受新冠肺炎疫情影响及委托金温铁道公司验收等原因,工期调整到2021年6月通车。

(一)2018年、2019年初调整

至2018年底,受邻近既有线(营业线)、征地拆迁、渠土场、火工品、站房审批等影响,原开工时间为2015年12月,实际开工时间为2016年6月底,根据浙江省交通投资集团有限公司《关于同意调整金台铁路指导性施工组织设计的批复》(浙交投〔2019〕4号),总体工期按四年控制,确保2020年6月底建成;根据中国铁路总公司工管中心《指导性施工组织设计咨询意见》(工管工技函〔2018〕196号),同意工期调整到2020年9月开通。

(1)邻近既有线(营业线)施工影响。按照邻近既有线(营业线)相关文件要求,相关设备管理单位需对施工方案进行预审。金台铁路有限责任公司分别于2016年8月3日、8月26日、9月21日、10月19日致函上海铁路局请求对金台铁路邻近既有线(营业线)施工方案进行审查,未取得实质性进展。

2017年4月10日,浙江交通投资集团有限公司与上海铁路局进行专题对接,于2017年5月17日下发《浙江省铁路建设有关问题会谈纪要的通知》(上铁办函〔2017〕685 号),邻近既有线(营业线)段由东华地铁公司代建。2017年9月8日签订代建协议;2017年9月21日桥梁工程开始进场实施;2017年12月1日邻近营业线隧道开始试爆施工。至此,金台铁路邻近营业线施工全面开展。

为确保高铁运营安全,且既有铁路隧道病害严重,上海铁路局要求天窗外邻近营业线隧道爆破施工振速按小于1 cm/s控制,夜间天窗内按小于3 cm/s控制,施工进展缓慢,工期滞后达18.9个月。

(2)拆迁影响。截至2018年11月30日,位于架梁通道上的壶镇站(塘下村)、临海东站(马头山村),上百岩隧道出口(净土岙村)、杜桥站(洋平村)等约20.5万 m^2 红线内的房屋拆迁尚未完成。预计2018年12月完成征迁清零工作任务,工期滞后达17.9个月。

(3)取土场影响。取土场因地方原因无法正常使用,新选址取土场办理手续烦琐、周期长,全线最后一处取土场——杜桥车站直至2018年6月底才得到落实。

(4)电力迁改问题。一是与电力设备管理单位谈判过程艰难、周期长;二是迁改工程地方政策处理难度大,推进困难;三是涉及跨越既有铁路,施工手续烦琐,周期长。

(5)站房审批程序影响。市域铁路S2线引入台州站,S3线引入临海南站,站房规模由8 000 m^2 扩大至23 000 m^2,于2018年12月批复,预计2019年5月完成招标。

(6)火工品影响。因地方政府(台州市境内)要求办理采矿许可证、缴纳矿产资源出让金等问题,制约工程进展。金台铁路有限责任公司先后6次请求浙江省发改委、浙江省交通投资集团有限公司、台州市政府进行协调,地方行政审批部门同意火工品只采取短期临供方式,导致全线火工品供应前期一直处于非正常状态,隧道、路堑爆破等工程施工进展缓慢。直至2017年8月15日,通过浙江省人大党委会法工委司法解释途径,明确铁路项目红线范围内火工品使用无需办理采矿许可证及缴纳矿产资源出让金,火工品供应问题才得以彻底解决。

经分析，控制性工程滞后总工期滞后批复施组工期 17 个月。为加快施工进度，对铺架方案及施工组织进行了全面调整，通过增加施工作业面、增加资源配置、加强工序衔接等措施，确保 2020 年 6 月 30 日全线建成。

（1）石锦隧道工期滞后，无法满足武义东制存梁场架梁通道的要求，将原武义东制存梁场调整至壶镇站。

（2）受征地拆迁及取土场影响，下各车站站场工程无法满足制存梁场设置要求，取消下各制存梁场。下各制存梁场制存梁的功能调整至壶镇和临海东制存梁场。

（3）公路架桥机调整为铁路架桥机，同时增加壶镇及临海东 2 处轨排基地。

具体调整如下：

1. 阶段工期调整

架梁计划于 2019 年 3 月 1 日开始，2020 年 5 月 13 日前结束；铺轨计划在 2020 年 1 月 1 日开始，2020 年 5 月 15 日前结束。

2. 专业工期调整

路基工程 2019 年 6 月 30 日（不含沉降观测期）前完成。

桥梁工程下部结构及连续梁于 2019 年 8 月 23 日（含系杆拱）前完成。

隧道工程于 2020 年 3 月 29 日前完成（含无砟轨道）。

铺架工期于 2019 年 3 月 1 日至 2020 年 5 月 15 日完成；轨道精调于 2020 年 3 月 1 日至 2020 年 6 月 15 日完成。

站房工程于 2019 年 6 月 1 日至 2020 年 6 月 30 日完成。

四电工程于 2018 年 4 月 1 日至 2020 年 6 月 30 日完成。

3. 控制性工程调整

（1）隧道工程。

① 石锦隧道：全长 2 076 m，邻近既有金温线，进口段与既有铁路隧道最小间距为 17 m。隧道爆破施工需在天窗点进行，受邻近营业线爆破振速影响，施工工效大大降低，导致工期滞后。截至 2018 年 12 月 31 日，剩余 638 m；计划于 2019 年 7 月 6 日贯通（节假日炸药停供滞后 40 天），二衬、水沟、电缆槽计划于 2019 年 8 月 5 日完成，无砟道床计划于 2019 年 10 月 4 日前完成。该隧道施工概况见表 10-1。

表 10-1　石锦隧道工程施工概况

<table>
<tr><th colspan="3" rowspan="2">隧道名称</th><th rowspan="2">剩余开挖长度/m</th><th colspan="4">围岩等级</th><th colspan="4">常规指标</th><th colspan="4">节点工期</th><th rowspan="2">无砟道床完成时间</th><th rowspan="2">铺架通过时间</th></tr>
<tr><th>Ⅴ级围岩</th><th>Ⅳ级围岩</th><th>Ⅲ级围岩</th><th>Ⅱ级围岩</th><th>Ⅴ级围岩工效</th><th>Ⅳ级围岩工效</th><th>Ⅲ级围岩工效</th><th>Ⅱ级围岩工效</th><th>合计天数</th><th>开始日期</th><th>开挖贯通节点</th><th>二衬施工完毕节点</th></tr>
<tr><td rowspan="4">石锦隧道</td><td rowspan="2">进口</td><td>50 m 内</td><td>228</td><td>110</td><td>118</td><td>0</td><td>0</td><td>35</td><td>50</td><td>90</td><td>120</td><td>138</td><td rowspan="2">2019/1/1</td><td rowspan="2">2019/7/6</td><td rowspan="4">2019/8/5</td><td rowspan="4">2019/10/4</td><td rowspan="4">2019/10/5</td></tr>
<tr><td>50～100 m</td><td>22</td><td>0</td><td>22</td><td>0</td><td>0</td><td>35</td><td>60</td><td>90</td><td>120</td><td>9</td></tr>
<tr><td rowspan="2">出口</td><td>50～100 m</td><td>270</td><td>0</td><td>170</td><td>100</td><td>0</td><td>35</td><td>60</td><td>90</td><td>120</td><td>99</td><td rowspan="2">2019/1/1</td><td rowspan="2">2019/6/29</td></tr>
<tr><td>100～150 m</td><td>118</td><td>0</td><td>118</td><td>0</td><td>0</td><td>43</td><td>70</td><td>105</td><td>148</td><td>42</td></tr>
</table>

② 牛和岭隧道：全长 6 272 m，开挖于 2018 年 11 月 22 日已贯通；二衬、水沟、电缆槽计划于

2019 年 1 月 15 日完成；无砟道床计划于 2019 年 2 月 28 日前完成；铺架于 2019 年 3 月 2 日通过。

③ 上百岩隧道：全长 2 395 m，邻近甬台温铁路，进口段与既有铁路隧道最小线间距 50 m。受邻近营业线和征拆影响，造成工期滞后，截至 2018 年 12 月 31 日，剩余 1 108 m；计划于 2019 年 7 月 21 日贯通（节假日炸药停供考虑 40 天），二衬、水沟、电缆槽于 2019 年 8 月 20 日完成。该隧道施工概况见表 10-2。

表 10-2 上百岩隧道工程施工概况

隧道名称			剩余开挖长度/m	围岩类别				进度指标				节点工期				铺架通过时间
				V级围岩	Ⅳ级围岩	Ⅲ级围岩	Ⅱ级围岩	V级围岩工效	Ⅳ级围岩工效	Ⅲ级围岩工效	Ⅱ级围岩工效	合计天数	开始日期	开挖贯通节点	二衬施工完毕节点	
上百岩隧道	进口	50～100 m	535	0	60	295	180	35	60	80	120	155	2019/1/1	2019/7/14	2019/8/20	2020/3/1
	出口	50～100 m	573	0	50	303	220	35	60	80	120	161	2019/1/1	2019/7/21		

④ 林家岙隧道：全长 4 933 m，邻近甬台温铁路，进出口段与既有铁路隧道最小线间距小于 34 m。受邻近营业线爆破振速控制，造成工期滞后，截至 2018 年 12 月 31 日，剩余 3 588 m；计划于 2019 年 12 月 7 日贯通（节假日炸药停供考虑 40 天），二衬、水沟、电缆槽于 2019 年 12 月 31 日完成；无砟道床计划于 2020 年 2 月 29 日完成。该隧道施工概况见表 10-3。

表 10-3 林家岙隧道工程施工概况

隧道名称			剩余开挖长度/m	围岩类别				进度指标				节点工期				无砟道床完成时间	铺架通过时间
				V级围岩	Ⅳ级围岩	Ⅲ级围岩	Ⅱ级围岩	V级围岩工效	Ⅳ级围岩工效	Ⅲ级围岩工效	Ⅱ级围岩工效	合计天数	开始日期	开挖贯通节点	二衬施工完毕节点		
林家岙隧道	进口	50 m 内	0	0	0	0	0	35	50	90	120	0	2019/1/1	2019/7/18	2020/1/29	2020/3/29	2020/3/30
		50～100 m	385	0	40	94	251	35	60	90	120	95					
		100～150 m	219	0	125	35	59	43	70	105	148	63					
	浅埋段	100～150 m	1 640	0	90	345	1205	43	70	105	148	319	2019/1/1	2018/12/25			
	出口	50～100 m	114	0	0	9	105	35	60	90	120	24	2019/1/1	2019/12/30			
		100～150 m	1 230	100	50	575	505	43	70	105	148	299					

（2）桥梁工程。

灵江特大桥全长 4 300.345 m，最大桩长 79 m，并跨越灵江及 4 条既有公路，前期水中墩钻孔桩施工因水下地质条件复杂，导致工期滞后，计划于 2019 年 5 月 25 日前完成连续梁合龙，2019 年 8 月 23 日完成系杆拱拼装。该桥施工概况见表 10-4。

表 10-4 灵江特大桥施工概况

施工标段	工程名称		开始时间	墩身			连续梁							后续工作		节点工期		架梁通过时间
							数量			指标			完成天数	桥面铺装	系杆拱			
				单位	数量	完成天数	0号块	节段	合龙段	0号块	节段	合龙段		完成天数	完成天数	合计天数	完成时间	
Ⅶ标	灵江特大桥	1～92+3×152+92 系杆拱连续梁	2019/1/1	—	—	—	—	8	1	60	10	45	125	—	90	235	2019/8/23	2019/10/26
		1～44+2×72+44 m 连续梁	2019/5/25	—	—	—	—	—	1	—	—	30	30	30	—	60	2019/7/24	

（3）站场工程。

永康南、台州、台州南站为既有线扩建站，因既有线方案问题，工期严重滞后。

永康东、壶镇、磐安、田市、仙居、下各、临海南站，因站房规模扩大、征迁、火工品、取弃土场等问题导致施工进度缓慢。

① 壶镇（铺架基地）。因塘下村房屋征拆问题，使站内框架桥、路基填筑及小里程段路堑土石方工程无法施工，导致工期滞后；截至 2018 年 12 月 31 日，塘下村还有一祠堂房屋未拆除，剩余填方（塘下村）4 万 m^3，1 孔 10.0 m 框架桥 1 座（35 延米）基础已基本完成，小里程段路堑剩余挖石方约 10 万余 m^3；计划于 2019 年 2 月 15 日前全部完成。

② 临海东站（制梁基地）。因马头山村房屋拆迁问题导致路基施工滞后，截至 2018 年 12 月 31 日，小里程段剩余管桩 4 万延米，土方填筑 15 万 m^3，新增 2×18.0 m 框架桥底板已完成；大里程段（高祥化工）剩余钻孔桩 1920 延米/161 根，承载板 6 725 m^2，路基填筑 13 万 m^3。马上线公路改移协议未谈妥，部分路基无法施工。剩余工程计划于 2019 年 3 月 31 日前完成（大里程段 2019 年 2 月 15 日前完成，确保铺架）。

（4）铺架工程。

铺架指标：单线架设 T 梁 3～4 孔/天；单线轨排铺设 0.8 km/天；单线长轨换铺 2.0 km/天。

① 壶镇短轨基地。负责武义东至田市车站段和新碧联络线铺设短轨架梁任务；短轨需铺约 82 km（武义东至里林跨诸永高速公路特大桥），采用换铺法进行。

② 临海东短轨基地。负责田市车站至头门港和台州南段铺设短轨架梁任务；南庄岭隧道出口至临海东短轨需铺 70 km（临海东至灵江特大桥 55 号墩至施家岙隧道进口及临海东至田市车站）。

③ 壶镇制存梁基地。负责壶镇至武义东、田市站、新碧联络线、牵出线段范围内 T 梁的预制及架设共计 824 孔。于 2019 年 3 月 1 日开架，至 2020 年 3 月 26 日架梁完成，工期 391 天。

架设顺序：壶镇至里林跨诸永高速公路特大桥→掉头（7 天）壶镇至永康东至永康南（正线）→退回永康东至武义东→掉头（7 天）里林跨诸永高速特公路大桥至田市车站→退回永康东至新碧联络线。

④ 临海东制存梁基地。负责临海东至田市车站、头门港、台州南段范围内 T 梁的预制及架设共计 899 孔，于 2019 年 3 月 1 日开架，至 2020 年 5 月 13 日架梁完成，工期 440 天。

架设顺序：临海东至灵江特大桥 55 号墩→退回临海东至施家岙隧道进口→掉头（7 天）临海东至田市站→掉头（7 天）临海东到灵江特大桥 55 号墩至头门港→退回到临海东到施家岙隧道进口至台州南站。

⑤ 枫山（武义东）铺轨基地。负责全线长钢轨换铺施工，共计铺轨 238 km（含新碧联络线），其

中有砟轨道 209.5 km，无砟轨道 25.5 km，于 2020 年 1 月 1 日开始铺轨，至 2020 年 5 月 15 日全线完成，工期共 135 天。

换铺顺序：武义东至壶镇→退回永康东至永康南（正线）→壶镇（等候 11 天）至临海东至头门港→退回到永康东至新碧联络线→临海东至台州南。

（二）2020 年调整

截至 2020 年 5 月底，路基累计完成 97.5%；桥梁完成 96.8%（制梁完成 76%、架梁完成 88%），隧道完成 98.4%，站后四电工程完成 56.81%，正线铺轨完成 70%，站房完成 36%。受台风“利奇马”、新冠肺炎疫情、征地拆迁及电力迁改等外部因素影响，工期节点滞后。根据 2020 年上半年国铁集团工管中心《指导性施工组织设计咨询意见》（工管工技函〔2018〕196 号）工期建议：永康东站路基 2020 年 8 月底前完成；新碧联络线前仓跨金温铁路特大桥 100 m 连续梁 2020 年 8 月底前完成；联络线溪坦隧道于 2020 年 8 月底前贯通；正线 T 梁架设于 2020 年 8 月 15 日前完成；全线长轨铺设（除新碧联络线外）2020 年 9 月底前完成；新碧联络线 2020 年 11 月 20 日前完成；全线四电用房 2020 年 10 月底前完成；台州、头门新区两站站房力争 2020 年 12 月底前完成；台州站调度大楼 2020 年 11 月底前完成。

由于建设过程中工期卡控问题较多，不确定因素影响较大，工期存在较大风险，为保证实现批复工期，根据现有资源配置对施工组织进行了全面调整。

1. 阶段工期调整

线下工程计划 2020 年 8 月 31 日完成（新碧联络线计划 2020 年 10 月 20 日）；铺架工程计划 2020 年 8 月 15 日完成（新碧联络线 2020 年 10 月 30 日）；长轨铺轨计划 2020 年 10 月 15 日完成（新碧联络线 2020 年 11 月 20 日）；客运站房计划 2020 年 12 月 31 日完成；四电工程计划 2020 年 11 月 30 日完成；竣工验收计划 2020 年 12 月 31 日完成。

2. 专业工期调整

（1）路基工程：金台线 2020 年 7 月 31 日完成；新碧联络线 2020 年 8 月 31 日。

（2）桥梁工程：金台线 2019 年 12 月 31 日完成；新碧联络线前仓跨金温铁路特大桥 100 m 连续梁 2020 年 8 月 31 日前完成。

（3）隧道工程：金台线林家岙隧道 2020 年 6 月 23 日前完成（含无砟道床）；新碧联络线溪坦隧道 2020 年 10 月 31 日前完成（8 月 31 日前贯通、10 月 20 日前完成无砟道床）。

（4）轨道工程：金台线 2020 年 9 月 30 日完成长轨换铺任务；新碧联络线 2020 年 11 月 20 日完成长轨换铺任务。

（5）四电工程：2020 年 10 月 31 日完成。

（6）站房工程：

① 台州站房：加强质量管控，在确保安全质量的前提下争取 2020 年 12 月 31 日完成，其中四电用房 2020 年 10 月底具备设备安装条件；

② 头门新区站房：加强软土路基沉降观测，在确保安全质量的前提下争取 2020 年 12 月 31 日完成；

③ 台州站调度大楼：2020 年 11 月 30 日完成，其中四电用房 2020 年 9 月底具备设备安装条件。

（7）配套工程：计划 2020 年 11 月 30 日完成。

（8）竣工验收：专项验收（环水保、公跨铁移交等）计划 2020 年 10 月 31 日完成。

① 静态验收：2020 年 11 月 1 日—2019 年 11 月 30 日；

② 动态验收：2020 年 12 月 1 日—2020 年 12 月 15 日；

③ 初步验收：2020 年 12 月 16 日—2020 年 12 月 20 日；

④ 安全评估：2020 年 12 月 21 日—2020 年 12 月 25 日；

⑤ 开通运营：2020 年 12 月 26 日具备开通运营条件。因受新冠肺炎疫情影响及委托金温铁道司验收等原因，调整到 2021 年 6 月通车。

第三节　工期控制与节点工期

一、施工总工期

按照初步设计批复，按整体设计、系统建设、优质高效、一次建成的建设方针，全线按同期开工、同期建设、一次建成安排施工，施工总工期为 4 年；根据中国铁路总公司工管中心对指导性施工组织设计咨询审查意见，自 2016 年 6 月底开工，2020 年 12 月底建成。

（1）施工准备：先前开工段将军岭隧道（站前Ⅲ标）自施工准备于 2015 年 10 月初至 2015 年 12 月底，工期 3 个月；其他标段施工准备于 2016 年 5 月 1 日至 2016 年 6 月底，工期为 2 个月。

（2）路基工程：路基施工以满足铺架要求为原则，尤其制存梁场要考虑利用既有站场场坪设置。在靠近铺架起点的路基区段应提前开工，金台线 2020 年 7 月 31 日完成；新碧联络线 2020 年 8 月 31 日完成。

（3）桥梁工程：桥梁工程自 2016 年 7 月初开工，在满足铺架工期要求的前提下，采用分段流水施工，金台线于 2019 年 12 月 31 日前完成；灵江特大桥主跨水中墩尽早开工，其他分部工程同步实施，完工时间必须满足铺架要求；新碧联络线前仓跨金温铁路特大桥 100 米连续梁 2020 年 8 月 31 日前完成。

（4）隧道工程：隧道工程于 2016 年 7 月初开工（将军岭隧道 2015 年 12 月底开工），石锦、秀山、南庄岭、林家岙隧道为金台线控制工程，主要原因为征拆、邻近既有铁路问题开工时间严重滞后；金台线林家岙隧道 2020 年 6 月 23 日前完成；新碧联络线溪坦隧道 2020 年 10 月 31 日前完成。

（5）铺架工程：全线铺架工期从 2018 年 6 月初开始，金台线 2020 年 9 月 30 日完成长轨换铺任务；新碧联络线 2020 年 11 月 20 日完成长轨换铺任务。

（6）四电工程：四电、站改及站后工程在铺架工程完成后 1 个月内完成。

（7）站房工程：房建工程于 2018 年 4 月初开工。台州站房于 2020 年 12 月 31 日完成；头门新区站房于 2020 年 12 月 31 日完成；台州站调度大楼 2020 年 11 月 30 日完成。

（8）竣工验收：专项验收（环水保、公跨铁移交等）计划 2020 年 10 月 31 日完成。

① 静态验收：2020 年 11 月 1 日—2019 年 11 月 30 日；

② 动态验收：2020 年 12 月 1 日—2020 年 12 月 15 日；

③ 初步验收：2020 年 12 月 16 日—2020 年 12 月 20 日；

④ 安全评估：2020 年 12 月 21 日—2020 年 12 月 25 日；

⑤ 开通运营：2020 年 12 月 26 日具备开通运营条件。

二、分年度完成主要工程量及总投资

金台铁路线路全长 234.923 km；总投资 160.65 亿元（调概 196.97 亿元，永康外迁 16.19 亿元，征迁调概 20.13 亿元）；工期 56 个月。

（一）2016 年度

2016 年计划投资 19 亿元，完成年度投资 23.7 亿元，完成年度计划的 124.74%，开累完成投资 25.1

亿元，完成总投资的 12.56%；开累完成路基工程 4.0%、桥梁工程 3.2%、隧道工程 2.1%，征地开累完成 42%，房屋拆迁开累完成 4.0%。

（二）2017 年度

2017 年计划投资 50 亿元，完成年度投资 57 亿元，完成年度计划的 114%，开累完成投资 82.1 亿元，完成总投资的 41.09%；开累完成路基工程 54.0%、桥梁工程 43.7%、隧道工程 47.7%，征地开累完成 92.8%，房屋拆迁开累完成 39.4%。

（三）2018 年度

2018 年计划投资 30 亿元，完成年度投资 32.55 亿元，完成年度计划的 108.5%，开累完成投资 114.69 亿元，完成总投资的 71.39%；开累完成路基工程 76.8%、桥梁工程 65.3%（制梁完成 7.0%、架梁完成 0%）、隧道工程 89.6%、四电工程 5.0%，征地开累完成 100%，房屋拆迁开累完成 100%，三电迁改开累完成 100%。

（四）2019 年度

2019 年计划投资 28 亿元，完成年度投资 28.17 亿元，完成年度计划的 100.61%，开累完成投资 142.87 亿元，完成总投资的 71.51%；开累完成路基工程 96.7%、桥梁工程 91.1%、隧道工程 96.8%、轨道工程 58.9%、四电工程 44.6%。

（五）2020 年度

2020 年计划投资 30 亿元，完成年度投资 34.31 亿元，完成年度计划的 114.37%，开累完成投资 177.18 亿元，完成总投资的 88.68%；全线路基、桥梁、隧道、线路、四电等工程已全面完成，顺利通过静态验收，已具备动态验收条件。

（六）2021 年度

2021 年计划投资 5 亿元，完成年度投资 6.63 亿元，完成年度计划的 132.6%，开累完成投资 183.81 亿元，完成总投资的 92%；2021 年 6 月 26 日，金台铁路正式开通运营。

三、施工区段划分

考虑金台线的特点，施工区段应结合铺轨基地、制梁场的设置及工期要求划分。

线下工程以桥梁、隧道工程为主体，附带路基为原则；地段划分以划在直线上的填挖交界处为宜，避免划在桥隧建筑物中间、曲线或车站内；区段划分应考虑施工单位任务的平衡饱满，适当兼顾当建设项目内流水或往前延伸时，不发生频繁的队伍转移；桥梁梁体集中地段采用集中预制、架桥机架设，梁体分散地段采用就地现浇的施工方法施工，单向架设的施工区段长原则上控制在 40 km 左右，各施工区内制、架桥梁的数量依各梁场供应范围确定。

全线共设一处铺轨基地和三处制（存）梁场。

（1）武义东铺轨基地：武义东铺轨基地负责全线工具轨铺设、长钢轨换铺任务；

（2）壶镇制（存）梁场：采用公路架桥机架设 T 梁，轮胎式运梁车运梁，负责枫山联络线至将军岭出口段桥梁架设任务；

（3）下各制（存）梁场：采用公路架桥机架设 T 梁，轮胎式运梁车运梁，负责将军岭出口至临海东段桥梁架设任务；

（4）临海东制（存）梁场：采用公路架桥机架设 T 梁，轮胎式运梁车运梁，负责临海东至台州南至头门港段桥梁架设任务。

四、工期保证措施

1. 关键控制工程

石锦、将军岭、南庄岭、林家岙隧道，永康江、灵江特大桥，壶镇、临海东制存梁场，是金台铁路项目关键控制工期工程。为确保总工期目标的实现，线下工程的工期要服从铺架进度要求。

2. 加强外部协调，争取地方政府的大力支持，早日完成征地拆迁

取得地方政府的大力支持，对于加快征拆工作、前期准备的顺利推进至关重要。金台线位于浙江沿海地区，经济比较发达，各类建筑、市政管线路及小厂众多，征地拆迁难度大。因此，积极与地方政府有关部门沟通、根据国家有关法规补偿必要的经济损失，并在地方政府的理解支持下为工程的顺利按时开工提供保障。为保证整个工程的工期，大型厂房搬迁等前期准备工作应尽快完成，以保证后期工程的施工。

3. 土石方工程

新建车站土石方工程施工难度大、数量大，采取增加工作面、多投入施工机械的措施保证工期。为满足路堤稳定及工后沉降控制要求，根据地层成因、性质、厚度等，同时考虑工程造价、工期和施工可行性，分别采取挖除换填土、堆载预压、水泥搅拌桩、旋喷桩、预应力管桩、钻孔灌注桩等措施进行地基加固；路基施工前，应核实地质情况，并选取有代表性的地段作为试验段，对用于基底处理、路基填筑的每种类型的材料、施工机具，进行现场工艺试验，确定基底处理、路基填筑的设备组合、施工工艺、工艺参数，用于指导施工。

4. 桥梁工程

基础施工每 50～90 天一座基础和承台，桥墩（台）施工每 0.4～0.5 个月一座墩（台）；连续梁综合施工进度指标分析见表 10-5。

表 10-5　连续梁综合施工进度指标分析

项目			进度指标
0 号段	主跨<100	d/次	40～60
	主跨>100		50～85
合龙段		d/块	30～45
其他梁段			8～12

桥梁下部工程根据其各自情况，合理划分施工段落，组织流水作业，下部工程施工工期按 6～18 个月考虑；特殊孔跨梁部工程工期按 5～15 个月考虑；大跨连续梁的桥墩台应尽早开工和完工，为大跨连续梁的施工创造条件，以满足铺架进度和工期要求，全部桥梁工程于 2018 年 6 月底前完工（灵江特大桥除外，要求进场后早开工，完工时间满足铺架要求）。

5. 隧道工程

Ⅴ级围岩洞内采用超前注浆堵水、大管棚支护等措施的地段，进度指标按 30 m/月考虑；反坡施工的隧道正洞，水量不大时，施工进度按上述指标，不必折减；地下水较发育时，按上述指标的 90% 计；一般隧道洞口施工准备按 2 个月计，斜井洞口施工准备按 2 月计，斜井洞口施工场地条件较差的施工准备按 3 个月计。斜井双方向施工时主攻方向和副攻方向的时间差；总工期 26 个月（不含施工准备），起止日期为 2016 年 7 月 1 日—2018 年 9 月 30 日。其中，控制性工程将军岭隧道（先期开工段）31 个月（不含施工准备和无砟轨道），起止日期为 2015 年 12 月底—2018 年 7 月 31 日。

6. 铺架工程

壶镇铺架基地于 2019 年 3 月 1 日开架，2020 年 3 月 26 日架梁完成；临海东铺轨基地于 2019 年 3 月 1 日开架，2020 年 5 月 13 日架梁完成；枫山（武义东）铺轨基地于 2020 年 1 月 1 日开始铺轨，至 2020 年 5 月 15 日全线铺轨完成；轨道精调于 2020 年 3 月 1 日—2020 年 6 月 15 日完成。进度安排见表 10-6，10-7。

表 10-6　制、架梁工程施工进度安排

序号	项目及类别			单位	进度指标
1	T 梁	预制		片/（月制梁台座）	6～10
2		架设	32 m	单线孔/天	3～4
3			24 m 及以下		4～5

表 10-7　铺轨工程施工进度指标安排

序号	项目及类别			单位	进度指标
1	铺轨	无缝	有砟换铺法	km/天	2.4～2.6
3		铺轨后续工程		月/全部工程	1～3

7. 四电工程

电缆槽、综合接地、接触网支柱基础等，与线下工程统筹安排；四电工程工期以一个综合队施工 50～80 区间公里为一个区段组织流水施工，四电工程的施工进度：主要站后工程工期为 12 个月，各专业工程应按总工期要求统筹安排专业施工时间，于铺轨完成后 3 个月内完成。综合楼中通信、信号、牵引供电、电力供电等设备安装工期为 3 个月；接触网架线，在钢轨成段或贯通后，接触网架线工期为 4 个月，接触网调整 2～6 个月；信号设备、轨旁设备（电容、钢轨连接线、转辙机等）安装，在钢轨、道岔精调锁定后 2～5 个月完成。

8. 各专业工程接口管理原则

接口管理贯穿整个设计、施工、联调联试、试运行各个阶段。根据中国铁路总公司相关规定制定接口管理办法，细化接口管理工作流程和责任。设计单位研究提出接口设计措施，注重各专业间接口界面的协调，保证站前、站后工程的系统集成优化，提出保证接口施工质量管理工作的指导意见，做好设计交底。施工单位应认真领会设计文件，细化接口工程施工界面和施工技术措施，研究采用保证接口质量的施工组织方案和施工技术措施，并认真组织施工。

9. 管理方面

以建设单位为主，设立建设、设计、监理、施工等“四位一体”的管理模式，确保“科学组织、协调一致、稳步推进”局面的实现。

五、关键工程节点工期

（一）开工报告批复情况

2015 年 10 月 10 日，中国铁路总公司和浙江省人民政府《新建金华至台州铁路将军岭隧道段站前工程初步设计的批复》（铁总鉴函〔2015〕1127 号），并按规定办理正式用地手续，先行段于 2015 年 12 月 21 日开工，报备中国铁路总公司计统部、建设部、工管中心、上海铁路局《关于金台铁路将军岭隧道先行开工资料备案的函》（金台铁工函〔2015〕1 号）；2016 年 3 月 11 日，中国铁路总公司和浙江省人民政府《关于新建铁路金华至台州线初步设计的批复》(铁总鉴函〔2016〕183号),全线于2016年6月30日开工建设,报备中国铁路总公司计统部、建设部、工管中心、上海铁路局《关于金台铁路站前广场开工资料备案的函》(金台铁工函〔2016〕192号)。

(二)全线阶段工期节点

全线指导性施工组织设计批复开工日期为2016年6月30日,2020年12月20日开始组织静态验收。主要开竣工日期如下:

1. 路基工程:2016年7月5日—2020年7月31日。
2. 隧道工程:2016年6月30日—2020年6月30日。
3. 桥梁墩台:2016年8月31日—2019年11月30日。
4. 制梁工程:2018年1月17日—2020年7月2日。
5. 架梁工程:2019年3月17日—2020年9月1日。
6. 无砟轨道工程:2019年3月25日—2020年7月28日。
7. 铺轨工程:2020年5月2日—2020年9月10日。
8. 长轨锁定和焊接:2020年5月24日—2020年12月15日。
9. 轨道精调:2020年6月1日—2020年12月17日。

(三)重点工程工期节点

1. 罗桥跨台金高速公路特大桥:2016年12月1日—2019年5月30日完成。
2. 田市跨台金高速特大桥:2016年12月1日—2019年10月10完成。
3. 灵江特大桥:2016年12月5日—2019年9月23日完成。
4. 石锦隧道:2017年2月—2019年9月20日贯通。
5. 新蝙蝠岭隧道:2017年2月—2020年5月20日贯通。
6. 牛和岭隧道:2016年6月30日—2018年10月26日贯通。
7. 将军岭隧道:2015年12月25日—2018年12月4日贯通。
8. 南庄岭隧道:2016年7月8日—2020年1月18日贯通。
9. 林家岙隧道:2017年3月—2020年1月18日贯通。
10. 溪坦隧道:2017年10月25日—2020年10月20日贯通。
11. 缙云梁场制、架梁:2018年1月17日开始预制,2020年7月2日预制完成,2020年10月26日架设完成。
12. 临海东梁场制、架梁:2018年10月30日开始预制,2020年7月22日预制完成,2020年9月1日架设完成。
13. 武义东铺轨基地:2019年4月10日建设完成,2019年4月30日具备长轨存放条件。

第四节 重点控制工程工期控制

全线重点控制工程主要为桥隧工程。桥梁控制工程主要包括枫山(武义东)联络线永康江特大桥,前仓跨台金高速公路、金温铁路特大桥,罗桥跨台金高速公路特大桥、里林跨诸永高速公路特大桥、田市跨永安溪、台金高速公路特大桥、头门港支线灵江特大桥;隧道控制工程主要包括石锦隧道、将军岭隧道、林家岙隧道、上百岩隧道。

一、重点桥梁

（一）枫山（武义东）联络线永康江特大桥（单线）

1. 工程概况

枫山（武义东）联络线永康江特大桥（FDK01+155.533 ~ FDK09+394.833 东）位于浙江省金华市武义县与永康市交界处，桥的中心里程为 FDK5+275.008。主要跨越规划县道永武四线公路、永康江、省道 S312、金丽温高速公路匝道等。

桥梁于 FDK01+208 ~ FDK02+238 跨越规划县道，路面宽 30 m，采用（32+48+32 东）m 连续梁跨越。

桥梁于 FDK03+345 ~ FDK03+628 跨越永康江。线路与河流右前角为 148°，左侧新金温铁路桥采用（48+4 × 80+48 东）m 连续梁跨越，受线位影响，为避让既有堤坝，该桥采用（48+5 × 80+48 东）m 连续梁跨越永康江及堤坝，与既有铁路桥沿水流方向对孔设置。

桥梁于 FDK03+904 ~ FDK04+015 处跨越省道 S312（永武二线公路东）。该路沥青路面，双向四车道，中间设有隔离带，隔离带宽 6.9 m，路宽 38 m。线路与公路右前角 158°，左侧金丽温铁路采用（48+2 × 80+48 东）m 连续梁跨越，道路中间 6.9 m 宽隔离带设置桥墩，该桥对孔设置，采用（54+2 × 90+54 东）m 连续梁跨越。

桥梁于 FDK8+612 ~ 640 处跨越金丽温高速永康收费站匝道。匝道路面宽约 30 m，为三条匝道交汇处。线路与匝道右前角 113°。左侧金丽温铁路采用主跨 48 m 连续梁跨越此路，因高速公路有拓宽规划，根据公路部门要求该桥采用（40+64+40）m 连续梁跨越。

线路左侧约 30 m 并行金丽温铁路（250 km/h 双线），除控制点外，孔跨基本对应设置。全桥孔跨布置:（24+32）m 简支 T 梁+56 m 简支钢桁梁+（32+48+32）m 连续梁+（22 × 32+5 × 24+1 × 32+1 × 24+22 × 32+1 × 24+8 × 32+1 × 24+1 × 32+1 × 24+1 × 32）m 简支 T 梁+（48+5 × 80+48）m 连续梁+3 × 32 m 简支 T 梁+（54+2 × 90+54）m 连续梁+（32+24+80 × 32+3 × 24+52 × 32）m 简支 T 梁+（40+64+40）m 连续梁+6-32 m 简支 T 梁+（32+48+32）m 连续梁+（2 × 32+1 × 24+9 × 32）m 简支 T 梁，全桥长 8 365.8 m。

2. 施工方法

桥台采用单线 T 形桥台；桥墩均采用单线圆端型实体桥墩和圆形桥墩；墩台基础采用钻孔灌注桩基础或明挖基础。

简支 T 梁采用预制架设法施工，预应力混凝土连续梁采用悬臂灌注法施工，跨省道 S312、金丽温高速、永缙线道路时设置施工防护棚架。

永康江水中墩采用栈桥、水上施工平台、钢板桩围堰等施工辅助措施，跨省道 S312 边坡及中间分隔带处采用钢板桩围堰防护。

（二）前仓跨台金高速公路、金温铁路特大桥（单线）

1. 工程概况

桥梁 DK08+516 ~ DK08+517 跨越台金高速公路，中心里程为 DK09+381，线路与道路右前角为 126°。台金高速公路现状为双向四车道，路面宽 28 m；规划为双向 8 车道，路面宽 42 m，采用 80 m 简支钢桁梁跨越。

桥梁 DK08+909 ~ DK08+935 跨越 G330 国道，线路与道路右前角为 60°。G330 国道为双向四车道，路面宽 18 m，采用（32+48+32）m 连续梁跨越。

桥梁于 DK09+498 ~ DK09+532 跨越规划新国道 G330，线路与规划道路右前角为 100°。

桥梁于 DK09+546 ~ DK09+572 处跨越金温铁路，线路与铁路右前角为 100°。金温铁路为单线铁路，内燃牵引。设计采用（60+100+60）m 连续梁跨越规划新国道 G330 与金温铁路。

全桥孔跨布置：3-32 m 简支 T 梁+1-88m 简支钢桁梁+10-32m 简支 T 梁+（32+48+32）m 连续梁+13-32 m 简支 T 梁+(60+100+60)m 连续梁+(13-32+1-24+11-32+1-24)m 简支 T 梁，全长 2123.655 m。

2. 施工方法

桥台采用单线 T 形桥台；桥墩均采用单线圆端型桥墩；7 号、9 号、12 号、43 ~ 49 号、51 ~ 52 号桥墩采用挖井基础、22 ~ 22 号、33 ~ 36 号采用明挖基础、其余墩台采用钻孔灌注桩基础。

简支 T 梁采用预制架设法施工；预应力混凝土连续梁采用悬臂灌注法施工；80 m 简支钢桁梁采用支架拼装并落梁方法施工，跨台金高速公路、国道 G330 时设置施工防护棚，承台靠近道路边坡处施工采用钢板桩防护。

（三）罗桥跨台金高速公路特大桥（单线）

1. 工程概况

该桥位于浙江省金华永康市前仓镇罗桥村境内，桥的中心里程为 DK11+757.7，于 DK11+736.9 ~ DK11+795.9 跨越金台高速公路，线路与道路右前角为 28°。跨越处高速公路为路基段落，填土高 6 m，现状路宽 25 m，远期规划双向 8 车道，路面宽 42 m。线路左侧距跨越处 7.5 m 位置公路设有 1 ~ 6 m 框架涵。采用 156 m 系杆拱跨越台金高速公路，两侧墩身位于拓宽后道路平边坡上。

孔跨布置：10 × 32 m 简支 T 梁+156 m 简支系杆拱+9 × 32 m 简支 T 梁。

2. 施工方法

桥台采用单线 T 形桥台；桥墩均采用单线圆端型桥墩；该桥除 20 号墩、台州台采用明挖基础外，其余墩台采用钻孔灌注桩基础。

简支 T 梁采用预制架设法施工；钢桁梁采用支架原位拼装法施工；跨台金高速公路施工时设置施工防护棚架，公路边坡承台开挖采用钢板桩围堰防护。

（四）里林跨诸永高速公路特大桥（单线）

1. 工程概况

该桥位于浙江省台州市仙居县田市镇境内，桥址位于两山间，地势平坦，两侧桥台均位于山坡上。

桥址于 DK65+867 ~ DK65+881、DK65+909 ~ DK65+925 两处分别跨越诸永高速公路，诸永高速公路以分幅式公路桥形式通过，桥面宽 12 m，两幅路间距离为 22 m，线路与高速公路右前角 57°，高速公路路面高度 158.53 m，净空 20.9 m。采用主跨 100 m 连续梁跨越诸永高速公路。

孔跨布置：（24+20 × 32）m 简支 T 梁+（60+100+60）m 连续梁+（6 × 32+24）m 简支 T 梁，全桥长 1 130.905 m。

2. 施工方法

桥台采用单线 T 形桥台；标准跨桥墩 $H \leqslant 30$ m 时采用圆端形实体墩；$H > 30$ m 时采用圆端形空心墩；除台州台采用挖井基础外，其余墩台均采用钻孔灌注桩基础。

简支 T 梁采用预制架设法施工；预应力混凝土连续梁采用悬臂灌注法施工；诸永高速公路桥上设置防护棚。

（五）田市跨永安溪、台金高速公路特大桥（单线）

1. 工程概况

该桥位于浙江省台州市仙居县田市镇境内，DK76+020 ~ 038.1 处跨越省道 S322，右前角 133°，沥青路面，道路总宽 13.6 m，采用 56 m 简支箱梁跨越。DK76+319.5～331.3 处跨越省道 S322 立交桥，右前角 88°，沥青路面，桥面宽 12 m，采用 56 m 简支箱梁跨越。DK76+740～867 处跨越永安溪河道，河面宽 60 m，右前角 154°，采用 56 m 简支箱梁跨越。DK77+405～474 处跨越台金高速公路，右前角 133°，台金高速公路为沥青路面，双向四车道，路面现状宽 24.5 m，规划拓宽至双向 8 车道，路面宽规划 42 m，采用（60+100+60）m 连续梁跨越。孔跨布置：（7×56+2×48+15×56）m 简支箱梁+（60+100+60）m 连续梁+（30×32+3×24）m 简支 T 梁，全桥长 2 675.015 m。

2. 施工方法

桥台采用单线 T 形桥台，标准跨桥墩 $H \leqslant 30$ m 时采用圆端形实体墩；$H > 30$ m 时采用圆端形空心墩；墩台基础采用钻孔灌注桩基础或明挖基础。

简支 T 梁采用预制架设法施工；56、48 m 简支箱梁采用预制节段干拼（胶接）施工；预应力混凝土连续梁采用悬臂灌注法施工。金华台侧设置箱梁预制梁场，梁场宽 32 m，长 146.5 m。永安溪内墩身采用钢板桩围堰施工防护。

（六）头门港支线灵江特大桥（单线）

1. 工程概况

该桥位于浙江省台州市临海市境内，为单线桥，为跨越马上线、台金高速互通匝道、灵江及 S327 省道而设。

TDK04+487.3～TDK0512.4 处跨越马上线，跨越点为一处丁字路口，公路为混凝土路面，净宽 11 m，跨越路宽约 24m，线路与公路主路右前角 53°，采用（32+48+32）m 连续梁跨越。

TDK05+213.2～TDK05+360.2 处跨越台金高速沿江收费站互通匝道，其中第 31、32 号墩位于匝道内，第 30～31 号墩间跨越匝道高架桥段落，桥面宽 14 m，线路与公路右前角 122°。第 32～33 号墩间跨越匝道分叉口，一条通往金华方向，一条通往台州方向，跨越点为路基段，路宽 23 m。采用（40+3×64+40）m 连续梁跨越。

TDK06+622.750～TDK07+321.450 跨越灵江，桥址处江面宽约 700 m，最大水深 10.8 m，线路与水流方向右前角约为 82°，目前通航 1 000 t 级海轮，Ⅳ级航道。远期规划为Ⅲ级航道，通航净空高度 22.5 m。通单向航净宽 118 m。

经与有关部门沟通后，该桥采用 3×152m 连续梁-拱跨越灵江通航河道，与下游 48 m 处台金高速公路灵江特大桥（3×152 m）矮塔斜拉桥对孔布置。

桥址处灵江设计流量 $Q_1/100=17\ 373\ m^3/s$，设计水位 $H_1/100=6.67$ m，设计流速 $V_1/100=2.89$ m/s。检算流量 $Q_1/300=20\ 180\ m^3/s$，检算水位 $H_1/300=7.37$ m，检算流速 $V_1/300=3.26$ m/s。最高通航水位 5.75 m，最低通航水位 −1.14 m。

孔跨布置：8-32 m 简支 T 梁+（32+48+32）m 连续梁+18×32 m 简支 T 梁+（40+3×64+40）m 连续梁+21×32 m 简支 T 梁+（44+72+44）m 连续梁+（44+2×72+44）m 连续梁+（92+3×152+92）m 连续梁-拱+（5×32+1×24+10×32+1×24+24×32）m 简支 T 梁，全桥长 4 298.815 m。

桥台采用单线 T 台，除 55、57、59、61 号墩采用空心矩形墩，其余采用圆端型实体墩或圆端型空心墩。73、74 号墩采用挖井基础，其余墩台均采用钻孔灌注桩基础。

简支 T 梁采用预制架设法施工；预应力混凝土 T 构和连续梁采用悬灌法施工，0 号块及边跨现浇段采用临时钢托架施工；连续梁-拱采用先梁后拱顺序施工，主梁悬灌施工，拱肋于主梁合龙后在桥上支架施工。

2～45、49～61、79～81、86～100 号墩处地表淤泥层较厚，采用钢板桩围堰防护施工。61、67 号墩位于灵江主河槽边，采用钢板桩围堰防护施工。62 至 66 号墩位于灵江主河槽中，采用高桩承台，钢吊箱围堰施工。灵江主河槽中基础施工时搭设施工平台和栈桥。

2. 施工方法

桥台采用单线 T 台，除 55、57、59、61 号墩采用空心矩形墩，其余采用圆端型实体墩或圆端型空心墩。73、74 号墩采用挖井基础，其余墩台均采用钻孔灌注桩基础。

简支 T 梁采用预制架设法施工；预应力混凝土 T 构和连续梁采用悬灌法施工，0 号块及边跨现浇段采用临时钢托架施工；连续梁-拱采用先梁后拱顺序施工，主梁悬灌施工，拱肋于主梁合龙后在桥上支架施工。

2～45、49～61、79～81、86～100 号墩处地表淤泥层较厚，采用钢板桩围堰防护施工。61、67 号墩位于灵江主河槽边，采用钢板桩围堰防护施工。62～66 号墩位于灵江主河槽中，采用高桩承台，钢吊箱围堰施工。灵江主河槽中基础施工时搭设施工平台和栈桥，栈桥从河岸两侧搭设，只保留 65～66 号墩之间通航孔，待墩身及上部结构施工完毕后拆除栈桥及施工平台，设置导航标志，引导船舶通行。

二、重点隧道

(一) 将军岭隧道

1. 工程概况

将军岭隧道位于丽水市壶镇镇至仙居县皤滩乡西北，隧道通过地区为低山丘陵区和中低山区，隧道起讫里程为 DK45+195～DK58+003，全长 12 808 m，设计时速为 160 km/h。隧道 DK57+050～DK58+003 段车站范围为双线隧道，其余为单线电气化铁路隧道，隧道最大埋深约 860 m。

隧道高程设置：隧道进口轨面设计标高 302.991 m，出口轨面设计标高 238.347 m。隧道纵坡设置：隧道内设置单面坡，隧道进口～DK45+280 段 85 m 为平坡，DK45+280～DK55+870 段 10 590 m 为 7.5‰的下坡，DK55+870～DK58+003 段 2 133 m 为 3.0‰的下坡。隧道平面线型设置：隧道 DK46+017.28～DK47+138.58 位于 R=2 000 的曲线上，DK56+081.11～DK56+669.5 位于 R=3 500 的曲线上，其他段落均位于直线上。

辅助坑道设置：将军岭隧道共有 3 处辅助坑道辅助施工，详见图 10-1、表 10-8。

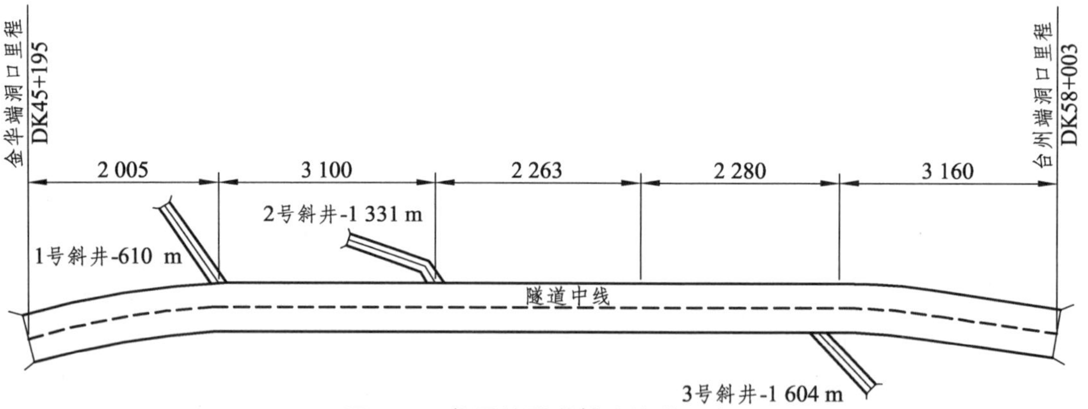

图 10-1 将军岭隧道辅助坑道示意

表 10-8 将军岭隧道辅助坑道

斜井名	线路关系	交点里程	平面交角	最大坡度	运输方式	断面类型	长度/m
1 号斜井	线路左侧	D1K47+200	41°34'35"	10.5%	无轨运输	单车道	610
2 号斜井	线路左侧	D1K50+300	47°2'39"	11.7%	无轨运输	单车道	1331
3 号斜井	线路右侧	D1K54+700	43°8'46"	12%	无轨运输	单车道	1604

隧址区地层岩性主要为：第四系全新统残坡积粉质黏土、碎石土，侏罗系上统茶湾组凝灰质粉砂岩、硅质页岩、砂岩夹泥岩，西山头组第一段含角砾玻屑凝灰岩，第二段晶屑凝灰岩，第三段晶屑凝灰岩、含角砾晶屑熔结凝灰岩、含角砾玻屑凝灰岩，侏罗系上统霏细斑岩、英安玢岩侵入岩脉等。主要以Ⅱ、Ⅲ级围岩为主，占约 75.2%，进出口和断层破碎带段为Ⅳ、Ⅴ级围岩，围岩条件整体较好。Ⅱ级围岩 7 655 m/59.8%、Ⅲ级围岩 1 975 m/15.4%，Ⅳ级围岩 2 085 m/16.3%、Ⅴ级围岩 1 088 m/8.5%。各掌子面围岩划分见表 10-9。

表 10-9 将军岭隧道各工作面围岩划分

	工作面	起讫里程			围岩级别/m			
		开始里程	终止里程	长度	Ⅴ	Ⅳ	Ⅲ	Ⅱ
隧道	将军岭隧道	DK45+195	DK58+003	12 808	1 128	2 050	1 975	7 655
	隧道进口	DK45+195	DK47+200	2 005	505	385	420	700
	1 号斜井	DK47+200	DK50+300	3 100	60	320	445	2 275
	2 号斜井	DK50+300	DK52.563	2 263	0	345	435	1 480
	3 号斜井	DK52+563	DK54+843	2 280	110	440	300	1 433
	隧道出口	DK54+843	DK58+003	3 160	453	560	375	1 768

2. 工程地质和水文地质特征

隧道围岩主要为凝灰岩、霏细斑岩、英安玢岩侵入岩脉，主要以Ⅱ、Ⅲ级围岩为主，占约 75.2%，进出口和断层破碎带段为Ⅳ、Ⅴ级围岩，围岩条件整体较好。

区域共有 18 条断层带与线路相交，断层走向大致为北西向；工点范围内地下水主要为基岩裂隙水，赋存于砂岩、凝灰岩等地层的节理、风化裂隙及构造破碎带中内，预测隧道涌水量为 20 265 m^3/d。

3. 不良地质情况及处理措施

断层：隧址区内分布 18 条断层，断层带内岩体较破碎，富水程度为强富水，隧道开挖中易发生垮塌及涌水。设计对隧道强富水断层采取超前帷幕注浆堵水，对中等富水断层及向斜核部采取径向注浆堵水；超前支护及衬砌结构考虑不良地质影响，适当加强；施工过程中按照设计要求采取有针对性的综合施工超前地质预报措施，并作好防突水、突泥应急预案。

岩爆：预测隧道 DK48+218 ~ DK48+588、DK48+888 ~ DK49+620、DK50+023 ~ DK52+400、DK53+339 ~ DK54+900、DK52+400 ~ DK53+339 段为高应力区，可能发生岩爆。施工中发生岩爆主要采取“以防为主、防治结合”的原则，并根据岩爆等级采取相应辅助措施，达到软化围岩、释放应力、保护人员及设备、保证结构安全等目的，并结合调整隧道施工工艺，尽量减小岩爆的危害。

4. 工期进度

将军岭隧道按正洞进口、出口、3 座斜井组织施工，共 5 个工区 5 个工作面，施工进度安排总工期 31 个月（不含施工准备）。

（1）进口工区：准备工期 3 个月，施工正洞 DK45+195 ~ DK47+200 段，长 2 005 m，施工工期 32 个月；

（2）1 号斜井：斜井长 610 m，准备工期 2 个月，斜井工期 4.82 个月；施工正洞 DK47+200 ~ DK50+300 段，长 3 100 m，施工工期 31 个月。

（3）2 号斜井：斜井长 1 331 m，准备工期 2 个月，斜井工期 8.1 个月；施工正洞 DK50+300 ~ DK52+563 段，长 2 263 m，施工工期 30.6 个月。

（4）3号斜井：斜井长1 604 m，准备工期2个月，斜井工期8个月；施工正洞小里程方向DK52+563～DK54+700段，长2 137 m，工期30.6个月；施工正洞大里程方向DK52+700～DK52+843段，长143 m，工期1个月；3号斜井工区总工期为31个月。

（5）出口工区：准备工期2个月，施工正洞DK54+843～DK58+003段，长2 356 m，施工工期31个月。

5. 重点施工方案

（1）双线隧道Ⅴ级围岩段采用三台阶临时仰拱法或环形开挖预留核心土法；Ⅳ级围岩采用台阶法开挖；Ⅲ级围岩采用台阶法；Ⅱ级围岩采用全断面法，连拱段采用中洞法。单线隧道Ⅴ级围岩一般采用短台阶法施工，土质地层采用环形开挖预留核心土法开挖；Ⅳ级围岩采用台阶法开挖；Ⅱ、Ⅲ级围岩采用全断面法开挖。

（2）除明洞及洞口斜切洞门段施工采用明挖法，设置明洞衬砌外，其余采用暗挖法施工，设置复合式衬砌。暗挖采用锚喷构筑法施工，光面爆破及湿喷技术，二衬台车拱墙衬砌一次灌注，仰拱先期施做整体灌注。

（3）施工选用以多功能作业台架、挖掘机、装载机、喷浆设备、注浆设备、全断面液压模板台车、大型出碴运输机械为主要特征的大型机械设备配套，组成钻爆、装运、超前支护、喷锚支护、衬砌等机械化作业线的有机配合，严格执行机械设备“管、用、养、修”制度，科学管理，达到快速施工的目的。

（4）隧道穿越地表已建构筑物地段、水利设施及环境敏感地带、隧道埋深较浅地段等，采用控制爆破或非爆破开挖。对于部分隧道埋深浅地段，采用明挖法施工，须要参照基坑围护设计图进行施工，确保施工安全。

（5）隧道防排水按照“防、堵、截、排结合，因地制宜，综合治理”的原则，对地表水和地下水进行妥善处理。对生态环境和工程环境可能产生不利影响的环境敏感地段，采取“以堵为主，限量排放”的原则，并加强超前地质预报，必要时采取全断面帷幕注浆、局部注浆等措施堵水。

（6）隧道进出口段明洞施工采用分段放坡开挖，控制爆破，降低扰动，及时施做临时边坡防护，避免边坡长时间暴露。在边坡较高地段，设置锚固桩，避免过大变形，引起堆积体滑动，对明暗交界段采用管棚等超前支护。

（7）出渣方案。隧道出渣采用无轨运输组织出渣，采用装载机装渣，自卸车运至指定弃渣场，结合隧道实际情况配置一台挖装机，组成“挖装运”一体的作业线。

（8）通风方案。隧道通风根据施工进度采用压入式通风。

6. 工程重难点及主要技术措施

将军岭隧道（DK45+195～DK58+003）全长12 808 m，是全线的控制性工程之一。根据工期安排，土建施工时间31个月（不含前期准备），施工工期较紧。该隧道穿越多处断层破碎带，地表及裂隙水丰富，施工地质条件复杂，施工难度大，风险较高；3处斜井反坡施工距离长，排水和通风难度大，施工功效低，对施工组织要求较高。

为保证施工工期，隧道设斜井3处，正洞施工分进口、出口、斜井等5个作业工区5个作业面，合理安排施工作业时间，做好工序衔接，避免交叉作业相互干扰。做到机械化配套，施工时选用以多功能作业台架、挖掘机、装载机、喷浆设备、注浆设备、全断面液压模板台车、大型出渣运输机械为主要特征的大型机械设备配套，组成钻爆、装运、超前支护、喷锚支护、衬砌等机械化作业的有机配合，严格执行机械设备“管、用、养、修”制度，科学管理，达到快速施工目的。

加强监控量测及超前地质预报工作，根据水文地质情况制定地质预测和监控量测计划，纳入施工工序，在施工中根据地质预测、预报及监控量测信息实施动态管理。隧道不良地质施工前，开展综合超前地质预测预报工作，利用地质雷达、TSP、红外探测和超前地质钻探等手段对地质状况进行预测，并有针对性的采取有效处理措施及安全防护措施。

隧道穿越埋深较浅、围岩软弱破碎地段，采用三台阶临时仰拱法和超前预支护施工，洞身采取光面爆破方式开挖，以“短进尺、弱爆破、强支护、快封闭、勤量测”的原则组织施工。

隧道穿越高地温或高地应力地段，加强隧道通风、洒水等降温措施，及时采取临时防护措施，确保施工人员安全。

对与地表存在良好的水力联系、具有较强富水性的断层破碎带，通过超前注浆或全断面径向（帷幕）注浆加固围岩，降低围岩的渗透系数，以控制地下水流失，达到堵水有效、防水可靠、经济合理的目的。

（二）牛和岭隧道

1. 工程概况

牛和岭隧道位于浙江省丽水市缙云县壶镇境内，进出口及洞身均有乡间道路和土路通过，交通条件一般。隧道位穿行于丘陵区，地形起伏较大，“V”字形冲沟发育。海拔高程 235 ~ 522.4 m，相对高差 10 ~ 287.4 m，自然坡度 25° ~ 60°，山体局部有第四系土层覆盖，植被较茂盛。

隧道起讫里程为 DK25+163 ~ DK31+431，全长 6 268 m，为单线电气化铁路隧道，隧道最大埋深约 276 m。隧道进口 DK25+163 ~ DK25+425.57 位于 R=2 000 的左转曲线上，其余段落均位于直线上，采用 3‰、6.8‰的单面上坡。由于进口 DK25+163 ~ DK25+200 段正线与预留二线线间距为 15.562 ~ 18.88 m，为小净距隧道，为保证后期二线施工过程中正线的运营安全，工程在此段同时修建二线，为双洞单线隧道。

辅助坑道设置：牛和岭隧道设置 1 处辅助坑道辅助施工，斜井与正洞交于 DK29+300 处，斜井长 330 m。

2. 地质特征

隧址区地层岩性主要为：第四系全新统冲洪积粉质黏土、碎石土，基岩为白垩系上统塘上组粉砂岩、凝灰岩，侏罗系上统西山头组凝灰岩、凝灰质砂岩、石英霏细岩、流纹岩。隧道区地质构造主要为岩体的节理裂隙和断层。

隧道洞身地下水主要为基岩裂隙水，赋存于粉砂岩、凝灰岩、凝灰质砂岩和石英霏细岩的节理裂隙及构造破碎带中内。根据《铁路混凝土结构耐久性设计规范》（TB 10005—2010）中环境水、土对混凝土的侵蚀性判定标准，判定工点内地下水对混凝土结构具 CO_2 侵蚀，环境作用等级为 H1，对混凝土结构具酸性侵蚀。

该隧道主要风险事件有岩爆、塌方、突水等。

根据国家质量技术监督局颁布的《中国地震动参数区划图》（GB 18306—2001）（114 000 000），工点地震动峰值加速度值为 < 0.05g，相当于地震基本烈度为小于 6 度，地震动反应谱特征周期分区为 1 区。

3. 工期进度

牛和岭隧道按正洞进口、出口、斜井组织施工，共 3 个工区 3 个工作面，施工进度安排总工期 22 个月（含施工准备），具体安排如下：

（1）进口工区：准备工期 2 个月，施工正洞 DK25+163 ~ DK27+020 段，长 1 875 m，施工工期 22 个月。

（2）斜井：斜井长 330 m，准备工期 2 个月，斜井工期 2.24 个月；施工正洞 DK27+020 ~ DK29+300 段，长 2 280 m，施工工期 22 个月。

（3）出口工区：准备工期 2 个月，施工正洞 DK29+300 ~ DK31+431 段，长 2 131 m，施工工期 19 个月。

4. 施工方法

隧道采用进出口+辅助坑道同时施工。Ⅱ、Ⅲ级围岩地段采用全断面法施工；Ⅳ级围岩地段采用台阶法施工；Ⅴ级围岩加强衬砌段采用环形开挖预留核心土法或短台阶法施工。明洞段采用明挖法施工。

5. 施工注意事项

（1）隧道 DK25+265 ~ DK25+390 段埋深较浅，且下穿水库库尾，施工时应避开雨季，并与相关部门沟通，施工期间排干水库，保证施工安全。

（2）隧道洞身段（DK29+710 ~ DK29+860）为Ⅳ级围岩浅埋段，洞顶距地面约 8 ~ 16 m，岩体破碎，DK29+740 处地表为水沟，常年流水，雨季水量较大，且洞顶为一条水泥路。该段尽量避开雨季施工，做好注浆堵水措施，施工过程中加强超前地质预报工作，保证施工安全。

（3）隧道最大埋深达 266 m，隧道 DK63+953 ~ DK64+156 段埋深为 230 ~ 266 m，R_c/σ_{max} 在 4 ~ 7，为高应力区，隧身地层岩性主要为凝灰岩，开挖过程中可能出现岩爆，产生岩块弹射、洞壁岩体剥离和掉块等现象，在施工时期应加强超前地质预报及支护、局部设置预应力锚杆。

（三）林家岙隧道

1. 工程概况

邻家岙隧道位于浙江省台州市境内，进口位于黄岩区江口街道附近，出口位于路桥区小稠村，隧道穿行于丘陵区，地形起伏大。隧道进出口附近均与既有村道交叉，交通较为便利。

林家岙隧道讫起里程为 LDGK3+721 ~ LDGK8+654，隧道中心里程 LDGK6+188，全长 4.933 km，为单线电气化铁路隧道。进口轨面标高 16.246 m，出口轨面标高 10.791 m，隧道最大埋深 462 m。

辅助坑道设置：林家岙隧道增设 1 处辅助坑道辅助施工，横洞与正洞交于 LDGK4+750 处，横洞长 256 m。

2. 地质特征

隧址区地层岩性主要为：第四系全新统残坡积粉质黏土、粗角砾土、碎石土；下伏基岩为侏罗系上统凝灰岩、凝灰质砂岩、流纹岩。

隧道测区区域构造以断裂变形为主，褶皱构造不发育，断裂以北北东及北西为主。北北东断裂多为张扭性断裂，潜火山岩及岩脉常沿破碎带侵入；北西断裂多为张性、张扭性断裂。受断裂及岩脉侵入作用影响，测区地质结构较复杂，岩体节理裂隙发育，且多为闭合性质，岩石较破碎。

地下水主要为基岩裂隙水，赋存于基岩的节理、风化裂隙及构造破碎带中内，由于赋水空间连通性差，分布不均匀，且该区位于地下水补给区而大气降水多以地表径流排向区外，地下水补给来源相对贫乏，基岩裂隙水总体水量较小，在断层带、节理密集带，侵入接触带等段落水量较大。

该隧道主要风险事件有岩爆、塌方、突水等。

3. 工期进度

林家岙隧道按正洞进进口、出口、横洞组织施工，共 3 个工区 4 个工作面，施工进度安排总工期 23 个月（含施工准备），其中施工准备 2 个月，开挖 16 个月，其余工程 5 个月。具体安排如下：

（1）进口工区：准备工期 2 个月，施工正洞 LDGK3+721 ~ LDGK4+005 段，长 284 m，贯通工期 9.4 个月。

（2）横洞：横洞长 256 m，准备工期 2 个月，横洞工期 2 个月；施工正洞 LDGK4+005 ~ LDGK7+430

段，长 3 425 m，贯通工期 15.6 个月。

（3）出口工区：准备工期 2 个月，施工正洞 LDGK7+430 ~ LDGK8+654 段，长 1 224 m，贯通工期 15.9 个月。

4. 施工方法

隧道采用进出口+辅助坑道同时施工。Ⅱ、Ⅲ级围岩地段采用全断面法施工；Ⅳ级围岩段采用台阶法施工；Ⅴ级围岩加强衬砌段采用短台阶法施工。明洞段采用明挖法施工。

5. 施工注意事项

（1）林家岙为营业线新建隧道，线路与营业线并行，线间距为 35 ~ 271 m，隧道进出口线间距为 35 m，隧道中心线间距为 271 m，隧道爆破施工对营业线造成影响，使营业线运营安全压力较大，同时营业线运营也影响新建线路工程施工进度。

（2）LDGK4+615 ~ LDGK4+700 右侧约 195 m 处为白龙凹水库；LDGK7+270 ~ LDGK7+410 右侧约 65 m 处为天打岩水库，最小埋深为 59.8 m；施工过程中可能使水库内地表水和隧道洞身穿越段落的地下水联通，发生隧道渗水、涌水的可能性较大。

（3）LDGK5+350 ~ LDGK5+790 段埋深在 390 ~ 462 m，为高应力区，隧身地层岩性主要为凝灰岩，开挖过程中可能出现岩爆，产生岩块弹射、洞壁岩体有剥离和掉块等现象，在施工时期应加强超前地质预报及支护、局部设置预应力锚杆。

第十一章 投资控制

投资控制贯穿于项目建设全过程。金台铁路有限责任公司是项目全过程投资控制的责任主体。总经理作为建设项目负责人，领导建设项目的投资控制管理工作，对建设项目的投资控制管理全面负责。计财部是投资控制管理的牵头部门，负责投资的计划、概算、核算和日常管理工作。金台铁路有限责任公司各职能部门在职责范围内对投资控制工作负责。项目设计单位是全过程投资控制的基础，施工单位依据设计图纸组织施工、按照合同价款控制投资，项目监理单位对工程投资实施监管。

第一节 项目资金筹措

一、资金筹措方案

金台铁路建设资金主要来源于以下三方面：

（1）权益性资金：股东方拨付的资本金。主要来源于中国铁路总公司的铁路专项资金，以及地方自筹资金、地方使用国家开发银行或中国农业发展银行专项资金。资本金主要用于建设单位管理费、工程及征地拆迁款项支付。

（2）债务性资金：国内银行提供的长期贷款。金台铁路有限责任公司与国家开发银行浙江省分行、中国工商银行金华分行磐安支行、中国农业银行台州分行开发区支行、中国建设银行台州分行签订了长期贷款协议，贷款金额 80 亿元，年限为 30 年。长期贷款属于固定资产投资贷款，不得用于建设单位管理费、运营成本支出，仅限于批复概算内项目支出（不含管理费用支出）。

（3）其他资金：主要包括交通部港口集疏运车购税补助、地方政府防疫补助、地方政府新增涵洞及站房扩面资金、留抵税返还等。

二、拓宽资金来源渠道，节约投资成本。

1. 加强各方协调，确保资本金到位率 100%

金台铁路项目涉及五方股东，其中包括路方、省方和地方。金台铁路有限责任公司积极争取各股东方的大力支持，特别是资本金筹集方面，做了大量的沟通协调工作，确保满足项目现场建设和投资成本控制需求。其中，第一，对于路方，在资本金筹集工作中，金台铁路有限责任公司财务部加强与上海铁路局财务处沟通联系，确保铁路方资本金在每年一季度拨付金台铁路有限责任公司。第二，对于省方，金台铁路有限责任公司在项目前期通过加强与省发改委相关处室沟通，在编制全省铁路投资和资金计划时，按照“先资本性资金、后债务性资金”的筹资原则，按省、市出资金额分季度下达出资计划，这样改变了可研中资本金与债务性资金同比例到位的原则，既减少了地方政府财政资金受经济大环境影响，同时延迟支付贷款利息支出。第三，对于地方，由于金华、丽水、台州等地方政府出资涉及 9 个县市区财政，往往不能按期足额落实资本金。为此，金台铁路有限责任公司采取积极措施，依据出资计划及时给各股东方发函，明确出资日期、金额及联系方式，同时加强与地方铁办的联系，通过地方铁办督促当地政府积极落实资金。结合实际情况，金台铁路有限责任公司允许地方小股东方采用灵活的出资方式，如台州市涉及市本级、临海、仙居及椒黄路三区，全部收齐确需时间，故允许台州市分批分期支付。由于资本金筹集工作部署周到，主要领导亲自抓，截至 2018 年底资本金实现 100%到位，存量资金增加的利息收入冲减贷款利息支出。

2. 做好融资管理，最大限度降低资金成本

针对资本金以外的银行贷款，金台铁路有限责任公司主要做了以下两个方面的工作。一方面，做好融资协议签订，以较低的利率签订长期贷款合同。为做好长期贷款合同签订，金台铁路有限责任公司充分依托集团公司资金优势，通过财务公司参与对银团贷款协议的谈判，落实银行长期贷款利率在基准利率的基础上下浮 10%，降低公司建设期贷款利息支出和运营期财务费用。另一方面，做好存量资金管理。为提高存量存款利息收入，金台铁路有限责任公司与各银行均签订了协议存款利率，将活期存款年利率由 0.35%提高到 1.41%，增加了利息收入。

3. 拓宽资金渠道，实现铁路与地方“双赢”

基于地方企业的社会责任和沿线各地的经济社会发展需要，在中国铁路总公司、上海铁路局和浙江省发改委的大力支持下，金台铁路有限责任公司负责承建了部分地方涉铁代建项目，积极拓展资金渠道，努力实现铁路和地方“双赢”局面。一是做好地方委托代建工程的设计变更。在中国铁路总公司、上海铁路局和浙江省发改委的大力支持下，金台铁路有限责任公司工程管理部牵头开展技术论证和变更设计审批等相关工作，共完成地金温铁路永康东迁建工程、临海南站站房规模扩面工程、台州市轨道交通 S2 线引入台州站等出资项目 9 项变更设计批复，确保委托代建工程技术可行和程序合规。二是做好地方委托代建项目的合同管理。对地方出资扩建、新增涉铁工程，在项目报批前，要求地方出资单位落实资金来源、出资时间及担保措施，同时将首笔资金汇入金台铁路有限责任公司账户。在变更设计批复后，金台铁路有限责任公司计划合同部牵头与地方政府或相关单位开展委托代建项目的合同谈判，与永康市、临海市、台州市轨道交通集团等地方政府或单位签订出资协议或合作建设协议 13 份，协议金额 189 621 万元，并督促资金及时到位，通过加强合同管理从而降低资金风险。三是做好地方委托代建项目资金的合理使用和调配。为达到增收节支的目的，金台铁路有限责任公司在与地方政府或单位均商定了地方出资项目建设单位管理费用，在已签订的协议中落实建设单位管理费用，有效降低金台铁路建设成本。在签订出资协议后，金台铁路有限责任公司严格按照协议约定，督促出资单位按约定的时间和金额将资金汇入金台铁路有限责任公司账户。

4. 积极争取铁路项目车购税补助

按照“十三五”港口集疏运铁路项目资金补助文件规定，交通运输部首次将铁路建设项目入车购税补助范围。为做好此项工作，金台铁路有限责任公司主动收集和整理出头门港铁路支线相关资料，并积极联系浙江省交通运输厅规划处、台州市港航局、头门新区管委会等单位，寻求支持和帮助。通过多次完善修改，金台铁路有限责任公司组织编写的《头门港铁路支线申请港口集疏运铁路项目资金报告》在浙江省交通运输厅组织的项目预审和国家铁路局组织的铁路项目审查工作中顺利通过评审。在交通运输部组织的评审过程中，由于编制工作细致、相关附件资料齐全，金台铁路有限责任公司编写的申报材料得到国家铁路局领导和参评专家好评，并被其他公司作为样板参照使用。2018 年到位交通运输部港口集疏运铁路项目资金补助 2.1 亿元。

第二节　技术标准与规模的确定

一、项目建议书批复

2014 年 10 月 24 日，中国铁路总公司、浙江省人民政府《关于新建金华至台州铁路项目建议书的

批复》(铁总计统函〔2014〕1517 号)批复的建设规模、主要技术标准如下：

(一)建设规模

金华至台州铁路自永康南站引出，向东经金华、丽水、台州，引入甬台温铁路台州站，同时修建台州至台州南货车联络线，正线长度 160.5 km，另修建永康南疏解线 7.6 km。头门港铁路支线自水洋站经台州市椒江区、临海市至港区站，线路长度 58 km。项目投资预估算总额 133.3 亿元。

(二)主要技术标准

永康南至台州：Ⅰ级，单线、预留双线条件，最小曲线半径一般地段 2 000 m、困难地段 1 600 m，限制坡 6‰，电力牵引，牵引质量 4 000 t，到发线有效长度 850 m，门动站间闭塞。台州至台州南货车联络线：Ⅰ级，单线，最小曲线半径一般地段 1 200 m、困难地段 800 m，限制坡度 6‰，电力牵引，牵引质量 4 000 t，到发线有效长度 850 m，自动站间闭塞。头门港铁路支线：Ⅲ级，单线。最小曲线半径一般地段 1 200 m、困难地段 800 m，限制坡度 6‰，电力牵引，牵引质量 4 000 t，到发线有效长度 850 m，自动站间闭塞。

二、可研批复

2015 年 9 月 11 日，中国铁路总公司、浙江省人民政府联合批复了《关于新建金华至台州铁路可行性研究报告的批复》(铁总计统函〔2015〕1005 号)。批准的建设规模与主要技术标准如下：

(一)建设规模

金华至台州铁路自金华至温州铁路扩能改造项目永康南站引出，向东经金华、丽水、台州，引入甬台温铁路台州站，正线长 149 km；枫山至永康南联络线长 11.1 km；台州至台州南货车联络线长 15.9 km，另修建永康南疏解线 6.0 km。头门港铁路支线自金台铁路临海东站引出，经台州市椒江区、临海市至头门港，线路长度 42.5 km。项目投资估算总额 161.45 亿元。

(二)主要技术标准

永康南至台州：Ⅰ级，单线、预留双线条件，设计行车速度 160 km/h，最小曲线半径一般地段 2 000 m、困难地段 1 600 m，限制坡度 8‰，电力牵引，牵引质量 4 000 t，到发线有效长度 850 m，半自动闭塞。头门港铁路支线：Ⅰ级，单线，最小曲线半径一般地段 2 000 m、困难地段 1 600 m，限制坡度 8‰，电力牵引，牵引质量 4 000 t，到发线有效长度 850 m，半自动闭塞。

三、初步设计批复

2016 年 3 月 11 日，中国铁路总公司和浙江省人民政府联合批复了《关于新建铁路金华至台州线初步设计的批复》(铁总鉴函〔2016〕183 号)。初步设计概算总额按 160.649 5 亿元控制。

(一)建设规模

永康南站至台州站，线路长 148.49 km；台州至台州南货运线 15.94 km。头门港铁路支线临海东至头门新区站，线路长 42.42 km。

(二)主要技术标准

永康南至台州：Ⅰ级，单线、预留双线条件，设计行车速度 160 km/h，最小曲线半径一般地段 2 000 m、困难地段 1 600 m，限制坡度 8‰，电力牵引，牵引质量 4 000 t，到发线有效长度 850 m，半自动闭塞。头门港铁路支线：Ⅰ级，单线，设计行车速度 120 km/h，最小曲线半径一般地段 2 000 m、困难地段 1 600 m，限制坡度 8%，电力牵引，牵引质量 4 000 t，到发线有效长度 850 m，半自动闭塞。

永康南至台州段设武义东、永康南、永康东、白沙川、壶镇、磐安、仁川、横溪、白塔、田市、仙居、下各、括苍、临海南、临海东、台州、台州南等 17 个车站。头门港支线设章安、杜桥、头门新区、头门港等 4 个车站，其中章安站近期缓设。

第三节 合同管理

工程建设项目合同是订立合同的当事人在建筑工程项目实施建设过程当中的最高行为准则，是规范双方的经济活动、协调双方工作关系、解决合同纠纷的法律依据。

建设工程合同管理，是市场经济和工程建设管理中一项十分重要的内容。在工程项目的建设过程中，其主体的行为必定会形成各个方面的社会关系，项目建设单位、设计单位、施工单位、监理单位、材料设备供应商等各方面社会关系却是通过“合同”这一契约关系来完成。工程建设活动的质量、投资和进度都在合同管理的调整、保护和制约下进行。

一、合同的编制

（一）合同编制前提

为加强金台铁路工程建设项目合同管理工作，规范金台铁路有限责任公司的合同管理行为，维护合同当事人的合法权益，根据《中华人民共和国合同法》《铁路合同管理办法》等法律法规及相关规定，结合公司实际，制定《金台铁路有限责任公司合同管理办法》。

（二）合同遵循原则

（1）依法签订合同，保证合同的合法、时效性；

（2）依约履行合同，提高合同的履约率；

（3）依法处理合同纠纷，维护企业的合法权益；

（4）归口管理，分级负责，保障合同管理效能。

（三）合同界面分工

（1）计划合同部（以下称计合部）为金台铁路有限责任公司合同的归口管理部门，分管融资、审计等财务类合同；

（2）综合管理部（党委办公室，以下称综合部）为金台铁路有限责任公司合同业务承办部门，分管劳动、人事、资产采办和其他生产中形成的合同；

（3）工程管理部（以下称工程部）为金台铁路有限责任公司合同业务承办部门，分管施工、设计、工程咨询及前期征迁等工程类合同；

（4）安全质量管理部（以下称安质部）为金台铁路有限责任公司合同业务承办部门，分管监理、第三方检测等合同；

（5）物资设备管理部（以下称物设部）为金台铁路有限责任公司合同业务承办部门，分管物资、设备采购供应合同；

（6）纪检监察室为金台铁路有限责任公司合同业务监督部门，负责对金台铁路有限责任公司所有合同管理进行监督。

二、合同的签订与审核

（一）合同签订流程

（1）合同的签订应当由当事人各方的法定代表人或其授权代理人签字，并加盖当事各方单位的合同专用章（或法人公章），同时需提供法定代表人身份证明书，若采用授权代理人签字的，还应提供法人授权委托书。授权委托书应当注明授权委托事项、权限、期限和是否可以转委托以及转委托的条件等，并加盖金台铁路有限责任公司公章并由金台铁路有限责任公司法定代表人签字。

（2）金台铁路有限责任公司建立健全合同签订审查制度，主要负责人和计合部、相关业务部门按照职责分工承担合同审查职责。

（3）若聘有法律顾问，合同须经法律顾问论证并出具书面审查意见方可对外签订。

（4）采用招投标方式签订合同的，招标文件中合同条款必须按合同审查办法进行审查。

（5）合同承办部门在合同签订前应验证合同对方当事人有效的营业执照、资质证书、资信状况，验明合同对方当事人是否具有签订合同的主体资格，审查合同对方的主办（经办）人是否具有代理权及其权限内容，查验上述资料的真实性、合法性，并保存有关资料。

（6）合同技术条款等有关内容，由金台铁路有限责任公司相关业务部门按照职责分工，负责该部分内容的谈判、起草工作。合同技术条款等有关内容必须经合同管理领导小组审核。

（7）合同审查实行签订前的联签审查责任制度。在合同正式签订前，合同承办人应当将拟签的合同文本送相关业务部门负责人、计合部负责人和金台铁路有限责任公司领导审查联签。按照合同管理员→综合部（律师）→计合部→财务部→工程部→物设部（安质部）→分管副总经理→总经理→董事长流程会签，最后根据综合办公室要求盖章、签订合同。合同承办部门应保证最终签订的合同与通过联签审查的合同一致，并根据有关规定，办理合同签订的报批、备案、登记、鉴证或公证等手续。

（8）参与审查的部门对合同提出异议或修改意见的，应当补办联签手续，协商一致后，金台铁路有限责任公司法定代表人或代理人方可正式对外签订合同。

（9）合同审查由合同承办部门组织实施，内容包括：合同是否符合法律、法规、技术规范；合同双方权利、义务是否明确、清楚；各项费用计算与支付方式是否正确、清楚；合同内容与谈判或招投标不一致的问题是否解决；金台铁路有限责任公司与签约方的组织和技术接口是否建立并保持；签约方的要求是否双方都已明确并形成文件；满足合同要求的技术能力和按期交付能力等是否已得到金台铁路有限责任公司有关方面的确认。合同审查可采用会议审查或会签审查的方式进行。不论采取何种方式审查，均应做出审查记录，并妥善保存。

（10）在合同签订之前需要进行合同谈判的，合同经合同承办部门、计划财务部和法律顾问审查后，由计合部汇总合同审查纪要，在此基础上形成具体的合同谈判计划，用以指导合同谈判工作。合同谈判由金台铁路有限责任公司负责人或其代理人和计合部的负责人共同参加，合同具体承办部门有关人员根据需要参加谈判并提供有关的技术资料。合同谈判要依据合同谈判计划进行。

（11）正式签署的合同按照合同分类进行编码，并与合同审查记录及合同文本、电子文件以及附件等一起归档保存。合同签订后合同正本由计合部留存，副本的分发或复制合同须事先征得计合部同意并进行登记。

（12）合同分类、登记编号和经办单位规定如下：

① 金台建-拆迁-〔20**〕合—，工程部；

② 金台建-施工-〔20**〕合—，工程部；

③ 金台建-监理-〔20**〕合—，安质部；

④ 金台建-物资-〔20**〕合—，物资部；

⑤ 金台建-借款-〔20**〕合—，计合部；
⑥ 金台建-服务-〔20**〕合—，计合部、综合部；
⑦ 金台建-其他-〔20**〕合—，综合部。

（二）合同专用章管理

（1）合同专用章仅用于对外签订合同，并严格在授权范围内使用；

（2）合同专用章做到专人专管，严格印章使用，所有用章均需由经办人员签字登记并建立使用台账；禁止未经批准携带合同专用章外出签订合同；

（3）加盖合同专用章之前必须经金台铁路有限责任公司负责人审查签字，未经签字的任何合同都不得加盖合同专用章；

（4）非合同的其他文稿不允许盖合同专用章，空白纸张不得盖合同专用章。

三、合同的履行与解除

（一）合同的履行

（1）依法成立的合同应全面履行，不得随意变更或解除。如合同不能履行应当及时采取补救措施减少损失。因不可抗力因素影响合同履行的应当及时通知对方当事人，同时采取积极措施减少损失，并注意保存有关证据。

（2）合同承办部门应当建立合同承办专人负责制度，承办人发生变化时，必须做好资料的完整移交。承办人对合同谈判、履行过程中双方往来的电报、传真、会议纪要、文件、图表、电子邮件等文件资料，应当收集和妥善保管。

（3）合同承办人应当随时掌握合同履行的动态，对于对方当事人提出的有关合同履行问题，应当咨询计合部后及时起草书面说明回复对方，不得拖延，避免造成经济损失；发现对方不履行或者不完全履行合同时，合同承办人应积极与对方当事人协商，催促其履行合同约定义务，同时应将其不履行或不完全履行合同的情况及时书面报告单位负责人和计合部，并协助在索赔期限内收集和保存证据，及时索赔；将合同履行情况及时反馈给计划财务部。

（4）合同承办部门应严格按照合同约定检查和督促合同的履行，并将合同履行情况及时反馈给计划财务部。

（5）计合部对所签订的合同执行情况进行跟踪，定期了解对方当事人的资信和履约能力变动情况，发现问题及时向主管领导汇报，并采取积极稳妥、切实可行的措施；对合同履行中出现的问题给予解释、解决。

（6）合同结算必须通过计合部进行。计合部应当依照已生效合同的约定，及时办理收付结算。对未经审批、签章的合同，不得办理收付结算。

（二）合同的变更和解除

（1）合同变更是指合同标的、数量、质量、价款或者报酬、履行期限、履行地点和方式、违约责任和解决争议方法等的改变。

（2）合同生效后任何一方当事人不得单方面变更或者解除合同。确需变更或解除的，应当经各方当事人协商一致并签订书面协议。当事人协商一致的变更或者解除合同的协议，视同新合同，应当按照合同审查程序履行联签审查手续。当事人签订的变更或者解除合同的协议、文书、电报等资料应当一并与原合同装订入卷，不得分散存放。

（3）合同变更的原则：合同变更的批准必须按规定的程序进行；合同的变更均应签署补充协议，并根据合同约定的费用计算原则确定变更费用。

（4）对方当事人要求变更或解除合同的，合同承办部门应当及时通知计合部，报告合同管理领导小组，审查对方当事人的理由是否正当。对于符合合同变更或解除条件，同意变更或解除的，按照审查联签程序与对方当事人签订变更或解除协议。因对方当事人变更或解除合同造成经济损失的，应当在变更协议中明确赔偿数额和方式，并及时向对方当事人提出索赔。

（5）合同的解除必须按照《中华人民共和国合同法》及本办法的规定办理。对于特殊情况下合同履行过程中的终止，必须及时办理终止手续，收集终止合同给项目管理机构带来的经济损失的证据和资料，为纠纷的处理做好准备。需要向人民法院或者仲裁机构请求变更或者撤销合同的，应当在法律规定的期限内提出。

（6）合同终止时，承办部门做好终止记录，收集履行合同过程中所有与合同有关的文件，做好经济往来和结算工作，办理解除合同的手续，并将资料交计合部保存。

（7）合同纠纷的主要处理方式包括和解或调解，仲裁或诉讼。合同的纠纷处理优先采用和解或调解方式处理，和解或调解不成的，可选择仲裁或诉讼。选择仲裁作为解决合同纠纷方式的，应当在合同中约定仲裁条款或者单独签订仲裁协议，明确约定仲裁事项和仲裁机构。选择诉讼方式解决合同纠纷的，尽量约定具有管辖权的铁路运输法院或具有管辖权的公司所在地法院。

（8）发生合同纠纷后合同承办部门或承办人员应及时报告单位负责人，并通知计合部，在其指导下妥善处理纠纷。必要时，相关业务部门和法律顾问应给予协助。

（9）如在合同执行过程中发生纠纷，与合同履行有关的部门应及时分析查明原因，提出解决指导意见并通知计合部，及时与对方协商解决；若是铁路企业（单位）之间发生合同纠纷的，应当按照铁路内部经济纠纷调解规则进行调解。调解不成的，申请仲裁或提起诉讼。需要经过诉讼、仲裁解决的合同纠纷，由计合部为主，法律顾问和相关部门协助处理。

（10）发生合同纠纷需要通过诉讼或者仲裁解决的，统一由计合部登记、审查，由金台铁路有限责任公司的负责人或其委托代理人代理诉讼或仲裁。必要时，也可外聘律师代理诉讼或仲裁。诉讼或仲裁方案应当与有关业务部门协商一致并经合同管理领导小组同意。

（11）合同纠纷解决后代理诉讼或仲裁的有关人员，应当在结束之日起 10 个工作日内向金台铁路有限责任公司提交书面报告，并将案件有关材料装订送计合部存档。

第四节　验工计价管理

验工计价又称为工程计量与计价，是指对施工建设过程中已完合格工程数量或工作进行验收、计量核对验收、计量的工程数量或工作进行计价活动的总称。

验工计价工作是控制工程造价的核心环节，是进行质量控制的主要手段，是进度控制的基础，也是保证业主和承包人合法权益的重要途径，验工计价是办理结算价款的依据。

一、管理办法的制定

为加强和规范铁路建设项目投资管理，规范验工计价行为，合理确定和控制工程造价，维护各参建方的合法权益，根据中国铁路总公司《铁路建设项目验工计价办法》（铁总建设〔2014〕298 号）及《中国铁路总公司关于进一步规范铁路建设项目征地拆迁验工计价工作的补充通知》（铁总建设〔2015〕257 号）和浙江省交通投资集团有限公司《关于印发〈轨道交通建设项目变更设计实施细则〉的通知》（浙交投〔2017〕166 号），结合金台铁路工程建设项目实际，先后制定了《金台铁路有限责任公司验工计价管理办法》《金台铁路有限责任公司验工计价管理办法（修订稿）》。

二、计价方式及流程

验工计价分“季度验工计价”和“末次验工计价”两阶段办理。

（一）季度验工计价

季度验工计价在每季度第 3 个月 25 日前，对当季实际完成的质量合格的工程数量，根据合同约定的综合单价或计费标准，编制验工计价表及相关资料。原则上按照季度进行验工计价，特殊情况下可根据现场实际情况，在季度之间增加计价频次，工作流程同季度验工计价。

（二）季度验工计价流程

1. 建筑安装工程

施工单位于每季度第 3 个月 25 日前按照要求编制验工计价单，交监理单位审核。

监理单位在 3 日内完成对已完合格工程数量表、验工计价表核准签认后交由公司工程管理部审核签认。

工程管理部组织安全质量部、物资设备部等相关部门在 3 日内审核完毕并提交计划合同部验工计价。

计划合同部在收到经工程管理部及相关部门签认的已完工程数量表和验工计价表后，在 5 日内审核完毕，并报主要领导审批，并在 2 日内审批完毕。

2. 征地及拆迁费用

监理单位接到征地拆迁实施单位上报的该季度征地拆迁工程数量表（需有地方政府有关部门、被征地拆迁人签认明细表）后 5 日内依据征地拆迁工程协议和有关规定，与金台铁路有限责任公司工程管理部和征地拆迁工程实施单位共同进行现场计量，并经设计单位确认、核实后，审核签认该季征地拆迁工程完成数量。

工程管理部征地拆迁工作人员负责审核、汇总经监理单位、地方政府有关部门或产权所有人、设计单位签认的全线征地拆迁工程协议及该季度征地拆迁工程完成数量表和验工计价表，3 日内完成审核，由工程管理部负责人签字确认后，移交计划合同部。

计划合同部根据工程管理部提交该季度征地拆迁工程完成数量表（需有金台铁路有限责任公司工程管理部、地方政府有关部门、被征地拆迁人、设计单位、监理单位五方签认明细表），5 日内完成审核、汇总资料进行验工计价标汇总，报主管领导批准，并在 2 日内审批完毕。

施工单位自行完成的拆迁建安工程量，其验工计价工作流程与正式工程验工计价相同。

委托施工单位代办的征地及补偿费等工作，由施工单位分类别编制“代办费用清单”（按概算章节划分），凭审批单、协议、付款凭证向金台铁路有限责任公司报账结算。发生代办手续费的，按《铁路建设工程施工合同》约定计价。

3. 物资、设备验工计价

物资设备由金台铁路有限责任公司组织监理和施工单位核实数量和相关证明文件后，根据承包方式不同，分别由公司和施工单位办理验工计价。

自购物资随实体工程进度一并由施工承包单位办理验工计价；甲供物资按照已完合格工程对应章节消耗数量和采购单价，物资设备部组织监理和施工承包单位核实数量后办理验工计价。

甲供物资及需安装的设备和非安装设备由物资设备部按规定程序编制甲供物资、设备计价表及验工计价审批表，经金台铁路有限责任公司领导和相关部门签认后报计划合同部。

需安装联调的设备，应联调运转正常后，由施工单位与监理单位在现场逐项核实计量，物资设备部凭采购发票办理验工计价；不需要安装的设备，凭发票及交货验收记录办理验工计价。

4. 其他费用的计价

勘察设计、监理、工程咨询等其他费用的计价周期和计价方式按合同约定办理，与相应季度的工程验工计价同步办理。在每个计价周期内最后 1 个月 25 日前由各单位填写其他费用验工计价表、验工计价审批表和完成工作数量或进度的证明文件，送金台铁路有限责任公司有关部门审核签认后，报计划合同部审核，经主管领导审批，与相应季度的验工计价同步办理。

建设单位管理费、建设期投资贷款利息等费用在批准的预算内，按照有效支付凭证进行归类统计，财务管理部依据合同、有效支付凭证经主管领导批准后进行汇总。

5. 末次验工计价

在建设工程竣工验收后 30 日内，根据合同总包价及相关合同条款，编制末次验工计价表及相关资料。

建设项目初验合格颁发接收证书后，金台铁路有限责任公司组织施工、监理、设计单位，按照合同、补充合同或协议、索赔、变更设计等费用，编制概算清理文件，若超出批复概算，报浙江省发改委或集团公司批复后进行末次验工计价。

三、验工计价的调整

金台铁路采用总价承包的施工总承包合同，除按合同约定可调整的数量和费用外，在合同执行过程中，不因工程数量的变化而调整合同价格。

总承包风险费采用据实验工、分期按比例控制、总额包干的计价方式。按季度投资完成比例确定当季度计价限额。每季度完成的由总承包风险费解决的工程或费用，如果低于当季度计价限额，按当季度实际计算费用计价，余额结转到下季度限额；如果高于当季度计价限额，则按当季度计价限额计价；末次计价总额包干。

目前金台铁路调整合同外计价主要是合同外变更设计部分，包括金台铁路已批复的Ⅰ类及Ⅱa 类变更设计、地方出资的相关工程、材料价差调整等，暂未涉及新冠肺炎疫情影响等不可抗力费用及其他索赔。

四、经验总结与问题探讨

通过修订验工计价管理办法，较好地反映了投资完成情况，及时确定和控制了金台铁路的总体造价情况。但随着金台铁路开通运营，仍有需要完善修改之处。

（一）适用范围

金台铁路有限责任公司将陆续开展其他铁路项目的代建工作，可以将后期更新改造和公司代建地方项目纳入管理范围。

（二）投资确认

各建设项目完成的所有静态投资均应进行验工计价。金台铁路建筑安装工程、设备工器具、征地及拆迁、其他工程、勘察设计费、工程咨询费、监理费及其他投资费用均应通过验工计价来确认已完工作的数量和计价；建设单位管理费、建设管理其他费、代建管理费和建设期投资贷款利息等费用也可以通过计价形式进行确认。通过引入合理的验工计价软件，完善验工计价台账，完成每月每季投资的快速确认。

（三）数量审核

首先通过计价软件锁定合同数量，保证不超合同额；其次在数量表中加入完成百分比，便于快速审核工程进度。

（四）完善表格

在验工计价封皮中列明增值税金额，便于财务部门快速核准确认。

（五）费用审核

由金台铁路有限责任公司安全质量部修订完善激励约束考核费管理办法，保证激励约束考核费过程考核按规定计价。

与金台铁路有限责任公司安全质量部加大沟通力度，将安全生产费的投入纳入履约检查范围，确保费用投入严格执行国家相关规定。计价周期和计价方式原则上按时间节点或建安工程进度计价，与相应季度的工程验工计价同步办理，可采用据实验工、分期按比例控制、总额包干的计价方式计价。对合同中明确施工单位安装的安全设施，应据实验工计价。

甲供物资设备的计价应由金台铁路有限责任公司物资设备部编制，财务管理部、计划合同部共同审核，通过引入合理的软件消除误差，确保验工计价的准确性。

应将验工计价的审核纳入第三方审价范围，通过层层把控，确保验工计价表的严谨性。

第五节　财务管理

金台铁路建设财务管理的主要内容是：贯彻执行国家有关法律、法规和基本建设财务管理的各项规章制度，依法筹集、使用、核算、管理基本建设资金，保证金台铁路项目建设的顺利进行；做好基本建设资金的预算管理工作，做好会计核算、报表编制和财务分析工作；加强财务管理，按基本建设程序严格审查基本建设项目预决算，严格控制建设成本，努力提高资金使用效益；及时编报竣工财务决算和办理资产交付，确保资产价值真实、完整、准确。

金台铁路有限责任公司建设期财务管理主要内容包括：预算管理、资金管理、建设成本管理、工程价款结算管理、竣工决算及资产交付管理等。基建财务会计和企业财务会计两种制度并存。

一、建立资金管理制度

建设资金依法筹集和使用是确保金台铁路建设项目有序可控建设的关键，也是金台铁路有限责任公司财务管理的集中表现。建设资金管理作为金台铁路有限责任公司财务管理的中心，必须常抓不懈，同时资金管理的好坏也是衡量一个公司财务管理水平的重要标志。

1. 根据《基本建设财务管理规定》《铁路基本建设资金管理办法》《铁路单位账户管理暂行办法》《铁路工程验工计价管理办法》，金台铁路有限责任公司制定了《建设资金管理办法》《验工计价管理办法》《征地拆迁资金管理办法》，从制度上为资金使用和管理的规范提供了保证，明确大额资金实行联签制度。对预付款、工程结算款等大额资金的拨付，以浙江省交通投资集团有限公司下达的年度投资计划及金台铁路有限责任公司编制的分月投资计划、相关施工合同及补充协议为依据，实行董事长、总经理、分管财务副总经理、分管业务副总经理、财务部门及经办务部门负责人联签制度。资金使用过程中，各部门严格把关，层层制约，确保资金使用的真实性和合法性，并定期对参建施工单位资金流向进行检查，保证了资金用于工程建设，杜绝了截留、挪用、串换、调剂等违规现象。

2. 在建设资金筹集方面，金台铁路有限责任公司建立建设资金筹集机制，根据建设项目总体要求，编制建设期滚动计划，预测各年度资金需求量；根据年度投资计划，编制年度资金预算方案。根据出资协议、银团贷款合同、建设项目投资计划、年度（月份）资金使用预算、合同及工程建设实际需要，向集团公司报送分月资金筹集预算。根据与地方政府签订的出资协议，及时发出催缴函，要求依据建设项目投资计划拨付建设资金。

3. 在资金拨付上，金台铁路有限责任公司严格按照批准的项目概算、年度支出预算、合同、经审核签认的验工计价（有效发票）结合工程进度拨付建设资金。严禁无依据拨付建设资金，严禁挪用、调剂、串换使用建设资金。凡是没有概算、没有签订合同或不具备施工条件的工程，金台铁路有限责任公司不预付工程款，不以预付款为名转移建设资金。工程预付款、工程进度款和竣工结算款的支付数额、方式和时限应严格按照《金台铁路工程价款结算办法》和合同规定执行。

4. 加强施工企业资金监管，确保项目建设资金不被挪用、截留。在施工单位建设资金监管方面主要是通过银企合作，签署三方资金监管协议。在施工单位进场后，金台铁路有限责任公司组织施工单位开户行及施工单位签署了《三方资金监管协议》，在协议中明确规定建设项目资金实行专户管理和实时管控，确保建设资金转款专用，有效防止建设资金挪用，发挥资金使用效益。在农民工专用账户监管方面，金台铁路有限责任公司积极配合当地劳动监察部门，组织施工单位在当地劳动监察部门指定银行开立农民工专用账户，协同劳动监察部门定期对施工单位农民工工资发放情况进行实地监察，同时要求施工单位按规定办理农民工工资保函，确保农民工工资的发放。

5. 建立定期检查制度。金台铁路有限责任公司每年不少于两次对参建施工单位资金流向进行检查，保证资金用于工程建设，防止截留、挪用、调剂等违规现象的出现。

6. 存款利息收入的处置。建设资金在项目初验前产生的存款利息一律冲减建设成本。

二、投资成本管理与控制

金台铁路有限责任公司按项目建账和明细核算，并通过设置工程成本辅助账，详细记录和真实反映项目章节的建设成本。同一个建设项目，不同性质的建设资金，在同一会计账套内管理和核算。

根据金台铁路基建支出的性质，分别按建筑安装工程投资支出、设备投资支出、待摊投资支出和其他投资支出，对建设成本进行明细分类核算。依据合同、验工计价和发票等凭据计列投资支出，并按批准的设计概算、年度基本建设预算、年度投资计划等实施总额控制。禁止超概算、超计划列支建设成本，禁止挤列建设成本。

建设项目筹备组发生的前期工作经费，经集团公司组织审计后计入建设成本。对铁路总公司转入的前期经金台铁路有限责任公司审批后计入项目前期经费，在项目概算清理阶段由计划合同部负责纳入清理概算建议。

项目建设期间的借款利息收入和利息支出相抵后计入建设成本，项目开通后，依据审计意见财务准则规定按照开通时间对已交付资产项目对应借款本金的利息按照规定停止资本化。

拨付施工单位的预付工程款和支付供货厂商的预付设备款，在“预付工程款”科目核算，严禁“以拨代支”，直接列入建设成本。财务凭合规票据和验工计价计列建设成本。

金台铁路有限责任公司从筹建之日起至办理竣工财务决算之日止发生的管理性质的开支计列建设单位管理费，建设单位管理费按集团批准的年度全面预算执行，超出批复概算部分纳入清理概算。预算执行中如有重大调整事项，及时上报调整预算。金台铁路有限责任公司建设期营业账簿、资金、合同印花税不在建设单位管理费中列支。

所有工资性支出、劳务费等，通过“应付工资”核算，纳入工资计划管理。除特殊原因外，所有工资性支出均通过银行工资卡支付。金台铁路有限责任公司根据集团公司相关对顶制定工资、奖金具体奖励办法，并按集团批准的工资预算执行。金台铁路有限责任公司福利费、工会经费、教育经费按规定使用和明细核算，在规定标准内据实列支，并制定相关实施办法。

三、收入的管理

金台铁路有限责任公司收入主要包括从事建设管理活动中形成的代建费收入和房产土地出租收入，均严格执行国家会计制度冲减建设成本。一切收入及时纳入财务进行管理，严禁私分、转移、隐匿、截留收入，不得搞账外账或者私设“小金库”，严禁代收、代付与本项目建设无关的款项。金台铁路有限责任公司财务部门认真监督建设过程中有关的收费项目和收费标准，严格执行国家物价部门的有关规定。

四、财务报告和档案管理

严格按照国家和浙江省交通投资集团有限公司等有关规定要求进行编报财务报告，做到数字准确，内容完整，手续齐全。报告编制完毕，及时报送出资者代表。同时对各种会计资料进行分期收集、审查核对，按照归档要求负责整理立卷或装订成册，妥善保管。

五、资产交付和竣工财务决算编制

建设项目竣工初验合格后，按金台铁路有限责任公司确定的时间组织施工单位填写《初验记录表》和《技术履历簿》与运营单位办理资产移交。待清概完成后，金台铁路有限责任公司委托第三方单位编审竣工财务决算报告。在编制过程中要求设计、施工、监理等单位积极做好配合工作。编制过程中认真执行有关财务核算办法，严肃财经纪律，做到实事求是、编报及时、数字准确、内容完整。

第六节 变更设计管理

一、管理办法制定

为加强金台铁路建设项目造价控制，规范变更设计管理工作，保证工程质量、施工安全，更好履行合资铁路省方产权代表职责，根据原铁道部《关于印发〈铁路建设项目变更设计管理办法〉的通知》（铁建设〔2012〕253 号）、浙江省交通投资集团有限公司公司《关于印发〈浙江省交通投资集团有限公司轨道交通建设项目Ⅰ类变更设计管理办法〉的通知》（浙交投〔2016〕422 号）及《关于印发〈轨道交通建设项目变更设计实施细则〉的通知》（浙交投〔2017〕166 号），结合金台铁路工程建设项目实际，制定了《金台铁路建设项目变更设计管理办法》（金台铁工发〔2018〕66 号）。

二、工作开展流程

（一）Ⅰ类变更设计

1. Ⅰ类变更设计程序

Ⅰ类变更设计程序分为提出变更设计建议、会审变更设计方案、编制变更设计文件、初审并上报变更设计文件、批准变更设计文件、审核下发变更施工图、签订补充协议等。

2. 具体流程

（1）提出变更设计建议。施工图审核合格并交付后，提议单位就设计文件中符合Ⅰ类变更设计条件的内容向金台铁路有限责任公司提出变更设计建议，填写《变更设计建议书》。

（2）会审变更设计方案。金台铁路有限责任公司收到《变更设计建议书》后，应在 10 个工作日内就Ⅰ类变更设计建议组织勘察设计、施工、监理等单位进行现场勘察、研究会审，详细分析变更设计原因，研究提出变更设计类别及变更设计方案，确定责任单位及费用处理意见，形成由参审人员签字的《变更设计会审纪要》。对有争议的变更设计原因和责任界定，金台铁路有限责任公司初审后，连同初审意见报集团公司审查,经审查同意后由金台铁路有限责任公司按程序报原初步设计批准部门审批；Ⅰ类变更设计以初步设计批复单位审批意见为准。必要时，还需报请股东方决议。

（3）编制变更设计文件。勘察设计单位按照变更设计相关规定编制变更设计文件，重点是变更设计原因、变更设计方案及工程数量和概（预）算，原设计方案及工程数量和概算，有关原设计文件和变更设计图纸，经济技术比较资料和分析说明；Ⅰ类变更设计的设计深度为初步设计深度，其中工点按初步设计阶段的重点桥渡、重点隧道等设计要求进行设计。设计单位完成变更设计文件编制后，填写《变更设计送审单》，一同报送金台铁路有限责任公司预审。

（4）初审并上报变更设计文件。金台铁路有限责任公司应组织对Ⅰ类变更设计文件进行预审，根据变更设计内容和性质，及时组织相关专业人员完成变更设计审查，并提出审查意见，必要时可到现场核查。预审完成后将预审意见、变更设计文件以及《变更设计上报文件合规性检查表》报集团公司审查，经集团公司审核后报初步设计批复单位审批。变更设计预审意见应对变更设计的主要内容进行回应，并说明项目预备费和降造费使用情况。

（5）批准变更设计文件。及时跟踪上级审查部门对Ⅰ类变更设计的核查、批复工作，需要补充资料的，及时按照要求补充资料。

（6）审核下发变更施工图。金台铁路有限责任公司根据Ⅰ类变更设计批复组织勘察设计单位完成施工图并组织对施工图进行审核，将审核合格的施工图随同《变更设计通知单》下发施工及监理单位。

（7）签订补充协议。根据批复的施工图预算，由设计单位出具分劈预算联系单，根据合同约定降造、降税后由金台铁路有限责任公司与相关参建单位签订补充协议。

（二）Ⅱ类变更设计

1. Ⅱ类变更设计程序

Ⅱ类变更设计程序分为提出变更设计建议、进行现场核实、确定变更设计方案、根据投资额报批、审核下发变更施工图、签订补充协议等。

2. 具体流程

（1）提出变更设计建议。施工图审核合格并交付使用后需进行Ⅱ类变更设计的，金台铁路有限责任公司、施工、监理、勘察设计单位等均可提出变更设计建议。审核后形成正式书面意见。变更设计建议应在变更内容实施前提出，填写《变更设计建议书》，并详细说明Ⅱ类变更设计理由。

（2）进行现场核实。金台铁路有限责任公司收到《变更设计建议书》后，应在5个工作日内就Ⅱ类变更设计建议组织现场核实确认，对现场现状进行照相摄影，对照变更设计建议客观提出核实确认意见，填写《变更设计现场情况核实确认会签单》，确认人在会签单上签名。签名后的会签单和影像资料纳入变更设计档案保管。

（3）确定变更设计方案。金台铁路有限责任公司应组织勘察设计、施工、监理等单位对变更设计建议及现场确认结果进行会审，详细分析变更设计原因，研究确定变更设计方案并确认变更设计分类，确定责任单位及费用处理意见，提出审批方式建议，形成由参审人员签字的《变更设计会审纪要》。金台铁路有限责任公司应履行内部程序，对《变更设计会审纪要》的内容进行确认。

（4）根据投资额报批。属金台铁路有限责任公司审批的Ⅱb类变更设计，由公司分管领导签署后实施。属集团公司审批的Ⅱa类变更设计（项目专用合同条款约定风险包干范畴以外及增减工程费用在300万元及以上），由金台铁路有限责任公司初审后报集团公司审批。变更设计费用在300～1 000万元（含）的，由分管领导组织审查；变更设计费用在1 000万元以上的，由主管领导组织审查。金台铁路有限责任公司组织设计单位根据会审纪要编制变更设计文件，且原则上应安排第三方专业机构进行审价。Ⅱ类变更设计应按工点编制变更设计文件，包括变更设计原因、变更设计方案及工程数量和概（预）算，原设计方案及工程数量和概算，有关原设计文件和变更设计图纸，经济技术比较资料和分析说明。Ⅱ类变更设计文件应达到施工图深度。金台铁路有限责任公司对Ⅱ类变更设计文件进行预审后，将预审意见、变更设计文件以及《变更设计上报文件合规性检查表》一并上报集团公司，预审意见应对变更设计的主要内容进行回应，并说明项目预备费、降造费使用情况。金台铁路有限责任公司应积极配合集团公司组织的Ⅱ类变更设计专家审查会，需要补充资料的，及时按照要求补充资料。

（5）审核下发变更施工图。金台铁路有限责任公司组织勘察设计单位按确定的变更设计方案编制施工图。勘察设计单位一般应在Ⅱ类变更设计批复后10个工作日内完成施工图的修改工作。金台铁路有限责任公司组织对施工图进行审核，并将审核合格后的施工图文件随同《变更设计通知单》下发施工及监理单位。

（6）签订补充协议。根据批复的变更设计预算，由设计单位出具分劈预算联系单，根据合同约定降造、降税后就非施工单位责任的部分由金台铁路有限责任公司与施工单位签订施工补充协议。

三、责任划分

（1）因责任原因引起的变更设计，属于施工单位责任的，施工单位按规定承担变更设计造成的损失；属于勘察设计单位责任的，由勘察设计单位无偿承担变更设计的勘察设计工作并按规定承担变更设计造成的损失；属于金台铁路有限责任公司责任的，由公司承担变更设计造成的损失。

（2）非责任原因的变更设计，属于不可抗力的，按合同约定由工程保险处理；属于风险包干范围的，按风险包干相关规定处理；其他变更设计增减工程费用，按相关规定处理，相关事宜在合同中明确。

（3）非责任原因引起的Ⅰ类变更设计，设计费按变更设计批复支付，勘察费不再计取；责任原因引起的Ⅰ类变更设计，勘察设计费由责任单位承担。Ⅱ类变更设计不另计取勘察设计费（地方出资部分除外）。

四、经验总结与问题探讨

截至2021年一季度末，金台铁路已批复变更设计总计33项，金额314 842万元，其中已批复Ⅰ类变更设计10项，总金额为286 151万元（地方出资230 658万元，金台铁路有限责任公司出资55 493万元）；已批复Ⅱ类变更设计23项，总金额为28 691万元（地方出资12 133万元，金台铁路有限责任公司出资16 558万元）。金台铁路预计6月开通，目前仍有拟上报、待批复的Ⅱa类变更设计至少15项，共34 160万元（涉及地方出资项目6项，共11 959万元，金台铁路有限责任公司出资项目9项。共22 200万元）。

（一）存在问题

（1）设计深度不足。项目由中国铁路总公司、浙江省人民政府联合批复，于2014年10月完成项目建议书批复，2015年9月完成可研报告批复，2016年3月完成初步设计批复，但设计深度仍然不足，造成后期变更设计较多，预计占批复总投资的17.47%。

（2）地方“搭便车”项目较多。金台铁路建设过程中，地方政府及其他相关方根据实际需求提出较多变更，导致变更设计较多，同时加大了清理概算、竣工结算的难度。该部分投资达242 617万元，预计占批复总投资的12.14%。

（3）新增工程审批通道不明朗。目前新增工程的定义尚存在分歧，审批权限尚不明确，给工程进展带来了困惑。

（4）审批流程期限较长。根据集团公司要求，300 万元以上变更设计需报集团公司审批，按照公司变更设计流程，一个变更设计从启动到批复往往达半年以上，过程中原因较为复杂，一是设计单位文本质量差，变更依据不够充分，原因不明确、方案缺少经济对比、数量与预算不匹配，造成多次返工；二是公司相关人员缺少责任感，没有对变更设计予以足够重视，没有真正开展内部审核，仅靠第三方施工图审核咨询、审价单位把关，造成错误较多、资料不全、逻辑不符；三是根据集团公司审批权限，大额的变更设计需要向集团公司领导汇报，造成审批期限的滞后。

（二）问题探讨

（1）加大项目前期介入力度。从项目开始，由专业工程师跟踪，把控设计深度，同时邀请铁路行业内权威专家把关，确保费用有理有据做足做全，避免后期费用项目缺失过多，不断产生变更设计甚至导致预备费严重不足的现象。

（2）地方出资项目争取不纳入项目概算。争取由金台铁路有限责任公司招标确认的第三方审价单位审核确认总费用，与地方出资方签订包干协议，提前将费用足额拨付，避免后期费用不足的现象。

（3）根据路局等相关文件，在合同中定义新增工程的概念。制定新的变更设计管理办法，将新增工程的批复权限进一步明确，为后续工程打开局面。

（4）优化审批权限，加大内审力度。

第十二章　征地拆迁

第一节　管理方式

一、相关批复文件

（1）原铁道部《关于印发<铁路建设项目竣工建设用地验收交接办法>的通知》（铁运〔2008〕158 号）；

（2）中国铁路总公司、浙江省人民政府《关于新建金华至台州铁路可行性研究报告的批复》（铁总计统函〔2015〕1005 号）；

（3）中国铁路总公司、浙江省人民政府《关于新建金华至台州铁路项目建议书的批复》（铁总计统函〔2014〕1517 号）；

（4）中国铁路总公司、浙江省人民政府《关于新建金华至台州铁路初步设计的批复》（铁路总鉴函〔2016〕183 号）；

（5）国土资源部《关于新建金华至台州铁路建设用地预审意见的复函》（国土资预审字〔2015〕187 号）；

（6）国土资源部办公厅《关于金华至台州铁路控制性工程先行用地的复函》（国土资厅函〔2016〕1866 号）；

（7）《使用林地审核同意书》（林资许准〔2016〕495 号）；

（8）自然资源部《关于新建金华至台州铁路（丽水段）工程建设用地的批复》（自然资函〔2018〕170 号）；

（9）自然资源部《关于新建金华至台州铁路（台州段）工程建设用地的批复》（自然资函〔2019〕804 号）；

（10）自然资源部《关于新建金华至台州铁路（金华段）工程建设用地的批复》（自然资函〔2020〕348 号）。

二、征迁概况

金台铁路是以省为主建设的第一条电气化铁路，被列入浙江省铁路“八八计划”，线路合计全长 231.968 km，沿线经过武义、永康、缙云、磐安、仙居、临海、椒江、黄岩、路桥 9 个县（市、区）。金台铁路项目注册资本金 80.725 亿元人民币，由浙江省人民政府、中国铁路公司、台州市、金华市、丽水市人民政府分别出资 43.69%、15%、29.37%、10.55%、1.39%共同组建成立。金台铁路征迁工作以《省发改委关于印发〈金台铁路征地拆迁工作实施意见〉的通知》（浙发改基综〔2015〕810 号）为指导性政策文件，沿线各县（市、区）政府及相关部门、金台铁路有限责任公司、施工单位等根据各自的工作职责范围开展工作。征迁费用采用据实结算的方式，对超出初步设计批复概算部分的费用采用调概的方式予以解决。金台铁路项目新征已批复建设用地 9 082.74 亩，其中丽水段征地 455.88 亩，台州段征地 5 945.73 亩，金华段征地 2 681.13 亩，金台铁路项目“四电”及补征用地 264 亩。金台铁路项目合计拆除房屋 748 367 m^2。

其中，征地面积 9 082.74 亩，较初步设计概算 8 299 亩，增加 783.74 亩，房屋拆迁数量为 748 367 m^2，较初步设计概算 716 900.31 m^2，增加 31 466.69 m^2。金台铁路征迁费用初步设计批复 236 056.46 万元，浙江省发改委调概批复后费用为 440 843.54 万元，最终征迁费用待完成清概后予以明确。

三、主要工作内容

征迁工作主要包括三方面工作：征地、拆迁、报批类相关工作，主要围绕金台铁路总体施工进度计划开展征迁工作。金台铁路有限责任公司根据浙江省自然资源征收中心（以下简称“省统征办”）出具的征迁勘测定界资料，督促配合省统征办、地方政府相关部门、乡镇（街道）做好政策处理工作，并对征地拆迁相关资料的合规性进行审核。报批类工作主要包括前期配合地方办理建设用地、林地、环水保等相关手续的报批，以及后期建设用地的竣工验收及不动产证办理。

征地工作由金台铁路有限责任公司委托省统征办督促沿线各地铁指（铁办）具体实施，拆迁工作由金台铁路有限责任公司督促沿线各地铁指（铁办）具体实施。征地补偿费用根据沿线各地征地交地进度，金台铁路有限责任公司拨付征地款给省统征办，由省统征办对相关费用进行核算拨付给沿线各地铁指(铁办);拆迁补偿费用由金台铁路有限责任公司根据沿线各地拆迁工作进度和提交的拆迁资料，经第三方审价单位对相关拆迁费用审核后，拨付给沿线各地铁指（铁办)。

征地拆迁工作的实施主体为地方政府，包括内业、外业工作涉及的各类政策处理问题的协调解决。原则上项目公司要尊重地方铁指（铁办）的办事方法和流程，须重点督促控制性工程的交地工作进度，对于重难点问题要组织相关单位进行研讨，提出可操作性方案，确保顺利完成交地任务。

第二节　用地报批

一、工作职责及报批流程

金台铁路用地分金华、丽水、台州三段进行报批，主要由沿线各地自然资源与规划部门负责落实上报上级主管部门，并取得国家自然资源部关于项目用地的批复，是土地报批工作的责任主体。沿线各地铁指（铁办）负责具体土地报批涉及集体土地征地协议签订、国有土地收回协议、安置用地落实、占用永久基本农田论证、占用生态红线论证、临时用地复垦、表土剥离等相关工作的落实，确保“一书四方案”（建设项目呈报说明书、农转用方案、征用土地方案、补充耕地方案、供地方案）按浙江省自然资源厅要求的时间节点提交上报。金台铁路有限责任公司负责配合沿线各地铁指（铁办）完成土地报批涉及相关政策处理工作，并跟踪落实土地报批中涉及的相关问题整改。

金台铁路用地具体报批程序见图 12-1。

二、报批过程说明

国土资源部办公厅《国土资源部办公厅关于金华至台州铁路控制性工程先行用地的复函》(国土资厅函〔2016〕1866 号)，同意先行用地 476.81 亩。在先行用地批复后，丽水段于 2018 年 6 月 10 日取得用地批复（455.88 亩）[《自然资源部关于新建金华至台州铁路（丽水段）工程建设用地的批复》(自然资函〔2018〕170 号）]。

为确保按期建成通车，金台铁路决定在土地上报审批后同步开始进场施工。在审批过程中，原国土资源部门认定金台铁路建设提前使用了未批复的土地，违反了《中华人民共和国土地管理法》，构成了未批先建、非法占地，要求对上述问题妥善处置后再行上报审批。

根据沿线各地自然资源和规划部门行政处罚决定书要求，先后于 2019 年 8 月 9 日、12 月 4 日完成台州段和金华段罚金缴纳共计 4 825.499 5 万元。2019 年 12 月 31 日，金台铁路台州段完成用地批复（5 945.73 亩）[《自然资源部关于新建金华至台州铁路台州段工程建设用地的批复》(自然资函

〔2019〕804 号）]；2020 年 3 月 28 日，金华段完成用地批复（2 681.13 亩）[《自然资源部关于新建金华至台州铁路（金华段）工程建设用地的批复》（自然资函〔2020〕348 号）]。通过沟通对接，台州段股东方以建设补助的形式补充建设资金 2 700 万元。

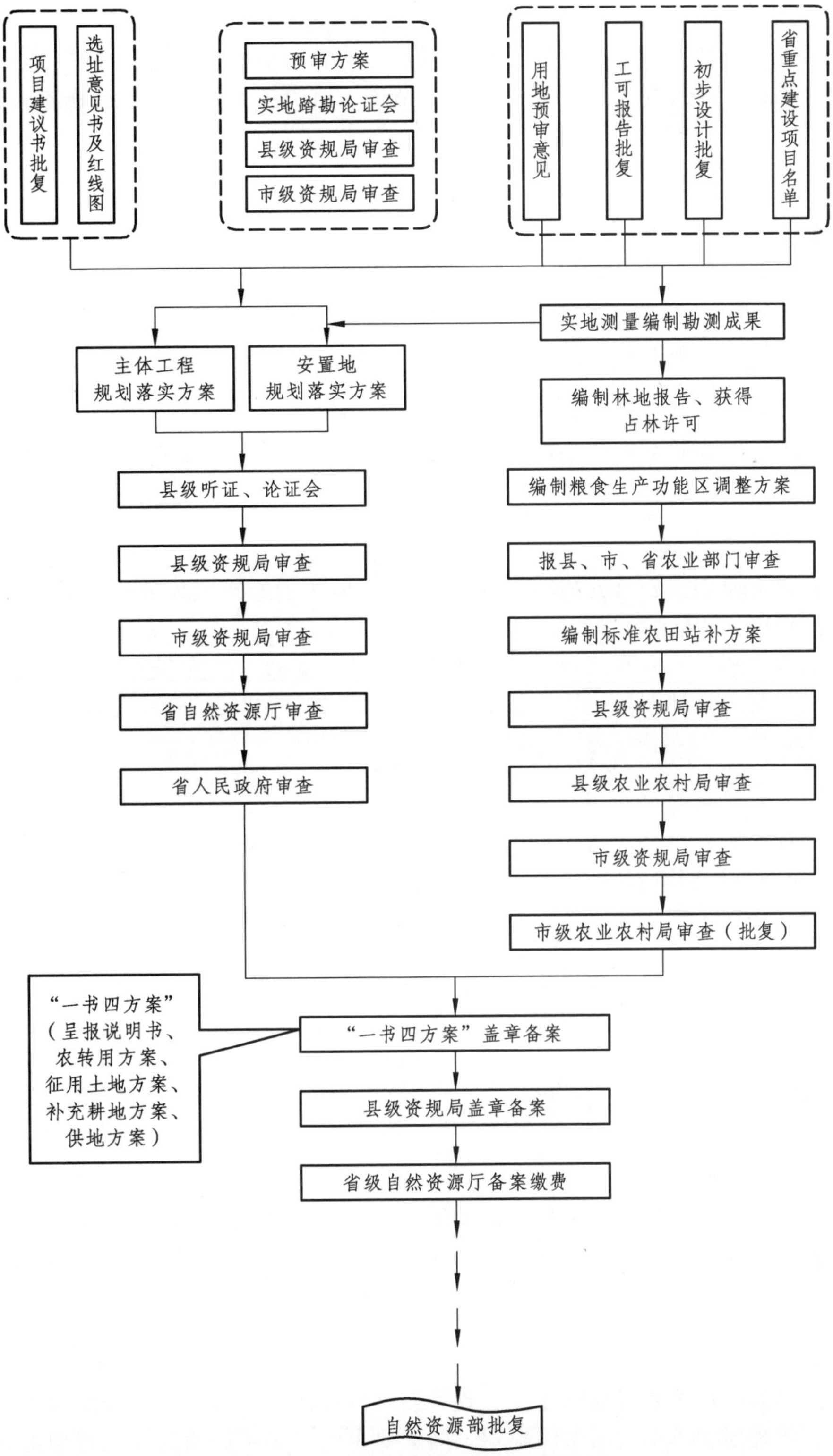

图 12-1　金台铁路用地具体报批程序

第三节　征地拆迁实施

一、征地工作方面

金台铁路项目征地总协议由金台铁路有限责任公司与省统征办签订，省统征办分别于沿线各地铁指（铁办）签订土地征收结算协议，具体由乡镇（街道）负责实施。沿线各地铁指（铁办）根据省统征办出具的征迁勘测定界资料，及时组织地方政府、施工、监理单位进行实地勘测放样。交地以征地协议签订和施工单位具备进场施工条件为标准。涉及征地相关补偿操作方式主要如下：

1. 集体土地补偿

与被征地农民签订征地补偿协议，按照当地征地政策补偿（征地区片综合价+被征地农民基本生活保障+青苗地面附着物+规税费），特种养殖物补偿需地方铁指（铁办）委托有资质的评估公司进行调查评估，征迁数量经联合调查组审核后共同确认。

2. 国有土地补偿

红线内国有土地一般委托有资质的评估公司进行评估补偿后办理注销手续，后期再划拨用地予金台铁路有限责任公司。

3. 边角地、夹心地补偿

夹心地按只补不征原则，2 万元/亩予以补偿；边角地按当地征地政策补偿（征地区片综合价+被征地农民基本生活保障+青苗地面附着物）。金台铁路沿线各地由于涉及边角地、夹心地较多，对于采取现场六方确认的方式还是采取直接包干补偿方式，经省统征办、金台铁路有限责任公司与沿线各地相关部门综合考量，对边角地和夹心地按各地征地总面积 2%～3%包干补偿征地费用，是最切合实际的操作方式。

4. “小三改”用地补偿

征地按只补不征原则，费用包含土地区片综合价+失地农民社会养老保障费（以现金形式补偿，不纳入地方社保）+青苗地面附着物。

5. 征（占）用林地、水利的补偿

占用林地由项目公司向沿线各地林业部门申请，审批后方可使用，补偿标准按国家、浙江省及沿线各地政府政策规定执行，国有林场按当地征收集体林地补偿标准执行；占用水利设施的补偿由项目公司向沿线各地水利部门申请，审批后方可使用，占水补水，无法补建按占用水利设施的补偿标准按国家、浙江省及沿线各地政府政策规定执行。

二、拆迁工作方面

拆迁实施协议由项目公司与沿线各县（市、区）政府或者政府指定的征地负责部门签订，拆迁款根据地方提交的拆迁资料和交地进度进行拨付。实施主体为地方政府及相关部门。涉及拆迁相关补偿操作方式主要如下：

1. 民房拆迁

（1）红线内民房拆迁：按照当地拆迁补偿政策签订拆迁协议，需落实拆迁安置用地，由沿线各地政府根据“城乡总体规划和土地利用总体规划”两规要求的，必须提前完成安置用地的规划选址和交地工作，安置用地指标待用地批复后落实；拆迁补偿按照货币化或者市场化解决的，根据当地拆迁政策标准补偿。

（2）环评线内民房拆迁：根据被拆迁户意愿（原则上在不影响安全评估的前提条件下，不愿意拆迁的农户可签订放弃拆迁承诺不予拆除）按照当地拆迁补偿政策签订拆迁协议，安置用地按被拆迁户占地面积 1∶1 予以落实，超出部分由地方自行解决。存在安全隐患的土木房屋建议拆迁。

（3）环评线外民房拆迁：环评线外的民房原则上不予拆迁，涉及的骑线房（房屋压在环评线内），以主带附的原则落实拆迁；跨线内外连体房的拆迁范围确定，应根据实地房屋结构，由联合调查组共同调查确认，拆迁安置用地须由地方自行解决。

民房拆迁流程：明确拆迁范围→现场房籍调查→第三方评估公司评估确认→六方确认数量→签订拆迁协议补偿。

2. 厂房拆迁（红线外不考虑）

拆迁面积超过企业工厂建筑总面积 50%或直接影响了企业主要生产功能，并无法实施功能置换和调整生产布局时，原则上按整体拆迁处理；厂房拆迁一般采取货币补偿的方式。对于涉及拆迁的厂房需委托有资质的评估公司进行评估（特别是对影响主生产功能的或者设备整体化的流水线作业，需参考该厂房结构、设备安装施工图纸），数量费用经六方确认审核后共同签认。

拆迁工作流程：现场核查（土地性质、是否违建、拆迁范围、生产进行状况）→初步拆迁方案（拆迁范围、货币补偿或异地安置）→项目公司审核→委托有资质的评估公司对土地、建筑物资产进行评估→第三方审价审核确认→项目公司、地方铁指（铁办）、企业主商定补偿→签订拆迁协议。

3. 坟墓搬迁

（1）按照地方坟墓搬迁政策进行补偿。

（2）地方提出散坟建公墓情况：按地方民政局要求的公墓建安标准，数量经六方确认，补偿费用经第三方审价审核后补偿，公墓用地由地方自行解决。

4. 压覆矿补偿

压覆范围界定：在铁路线路两侧路堤坡脚、路堑坡顶、铁路桥梁外侧起各 1 000 m 范围内，及在铁路隧道上方中心线两侧各 1 000 m 范围内。

基本流程：项目公司委托地质大队编制矿产相关资料、第三方评估公司收集相关资料→评估公司核查评估→地方铁指（铁办）组织矿产主、项目公司、评估公司、第三方审价协调确认→地方国土部门审核→出具正式评估报告→签订协议（签订后支付 80%，待探矿权证注销后再支付 20%）。

5. 其他拆迁（采砂场、露天加工厂）

须进行合法性核查（包括土地性质、行政许可），不合法建筑物按照“三改一拆”要求拆除，合法建筑物委托有资质的评估公司进行核查评估，补偿费用、数量经六方确认审核后补偿。

三、其他相关工作

1. 临时用地

施工单位临时用地需向当地自然资源与规划部门申请，制定复垦方案和签订临时用地协议，经审批后方可使用，涉及临时占用林地的，另向当地林业部门申请，依法办理临时占用林地审批手续。土地复垦方案由施工单位委托有资质的单位进行编制，地方自然资源与规划部门审核后完成实施。

2. 表土剥离

包括土壤调查评价（土壤调查工作、土壤评价工作）和土壤剥离利用方案（区域选择、土方量计算、运输线路选择），方案编制完成需根据地方自然资源与规划部门要求编制评审；表土剥离实施主体为施工单位，按照地方要求将剥离表土运输至指定地点。

3. “小三改”工程

按“原标准、原规模”还建的原则，在确保铁路运营安全的前提下进行合理的优化，尽量在原址和红线内改建、修复，如确需在红线外占地改建时，要尽量少占用用地，征地按照只补不征的方式补偿。

4. 验工计价

项目公司须配合地方铁指（铁办）组织设计、施工、监理、被征迁户、第三方审价六方共同签认征地拆迁数量。应遵循“合法、诚信、实事求是”的原则，一般按季度对地方铁指（铁办）提供的征地拆迁费用进行审核，以确认的征地拆迁完成工作量和支出的费用进行计价。

验工计价主要依据包括：

（1）铁总批复的征地拆迁概算（调整概算）；

（2）项目公司与省统征办签订的征地框架协议或与沿线各地铁指（铁办）签订的拆迁实施协议；

（3）六方确认的征地拆迁数量；

（4）征地拆迁补偿协议、评估报告等资料。

5. 建设用地静态验收

金台铁路建设用地静态验收包括内业和外业的检查。内业主要对征地手续资料的合法性、规范性、完整性进行检查，并对应的批准、设计数量与勘测定界实际用地数量等情况进行核对确认；外业采用抽查的方法对重点地段进行检查，主要检查地界标桩埋设和征拆范围内房屋建筑物清理等情况，并对存在的问题限期完成整改。

6. 征迁工作相关荣誉

金台铁路征迁工作相关荣誉见图 12-2。

荣誉证书

江丹洋：

你参加勘察的 新建金华至台州铁路项目土地勘测定界荣获2018年度浙江省建设工程钱江杯奖（优秀勘察设计）三等奖。

特发此证，以资鼓励。

主要设计人：

夏 浩 贺 军 吴文正 陶 鹰 高卫贞

杨鸿燕 卢晓波 熊 薇 江丹洋 王俊杰

浙江省住房和城乡建设厅

浙江省勘察设计行业协会

二〇一八年七月

图 12-2 金台铁路征迁工作相关荣誉

第四节 “三电”迁改

为规范金台铁路“三电”迁改管理，确保工程建设顺利进行，依据国家、中国铁路总公司和浙江省有关规定，结合金台铁路实际制定《金台铁路建设工程“三电”迁改管理实施办法》。

一、金台铁路 35 kV 及以下电力迁改

金台铁路涉及 35 kV 及以下电力迁改，根据与站前施工单位签订的施工合同由站前施工单位负责实施（总承包方），具体实施过程中，施工单位再根据地方供电、规划等相关部门的要求委托有施工资质的单位完成迁改工作，政策处理费用根据地方电力迁改的政策文件标准完成补偿。

（1）各单位进场前由建设单位牵头进行现场调查，分电力、通信专业编制《三电迁改工程数量统计调查表》，并建设单位、设计单位、监理单位、咨询单位、施工单位五方确认。

（2）各单位根据《金台铁路建设工程“三电”迁改管理实施办法》及指导性施工组织安排，提前安排实施迁改，确保主体工程进度不受影响。

（3）加强过程控制，及时竣工验收，过程中做好签认，根据管理办法做好迁改前后报批、迁改方案、竣工确认、迁改前后现场照片、纪要及相关资料编制收集，签认盖章。

（4）概算清理前，委托审价单位组织设计、施工、监理、建设单位进行五方核查。

二、金台铁路 110 kV 及以上输电线路迁改

（一）承包模式

金台铁路 110 kV 及以上输电线路迁改工程位于浙江金华及台州地区，涵盖永康市、仙居县、临海市、黄岩区、路桥区。迁改工程实行设计、采购、施工等电力工程总承包模式（即 EPC 模式）。

金华地区由金华送变电工程有限公司为施工总承包方，台州地区由浙江省送变电工程有限公司为施工总承包方；其中，设计部分分别由金华电力设计院有限公司、台州宏远电力设计院有限公司负责完成；物资采购及施工部分分别由金华送变电工程有限公司、浙江省送变电工程公司、台州宏达电力建设有限公司负责完成；监理部分分别由金华八达建设监理有限公司、四川铁科建设监理有限公司负责。35 kV 以上由金台铁路有限责任公司与浙江省送变电工程有限公司（总承包方）、金华送变电工程有限公司签订框架协议，由浙江省送变电公司负责包干施工，政策处理费用报送金台铁路有限责任公司，经第三方审价审核后纳入征迁费用。承包模式见表 12-1。

表 12-1 承包模式对比

地区	建设单位	产权单位	施工总承包	设计部分	监理部分	合同特点	异同	协商
金华地区	金台铁路有限责任公司	金华供电公司	金华送变电工程有限公司	金华电力设计院有限公司	金华八达建设监理有限公司	建设与施工、建设与设计、建设与监理分别签署双方合同	施工总包不含设计、监理	建设、产权单位谈判性协议
台州地区	金台铁路有限责任公司	台州供电公司	浙江省送变电工程有限公司	台州宏远电力设计院有限公司	四川铁科建设监理有限公司	建设、产权、施工三方合同	施工总包含设计，不含监理	建设、产权单位谈判性框架协议

（二）政策处理

金华地区公司委托永康铁办实施；台州地区由工程总承包单位实施，实行建设、施工、监理、地方政府、审价五方确认方式。

（三）实施过程及经验总结

1. 流程控制

依法合规流程控制见图 12-3。

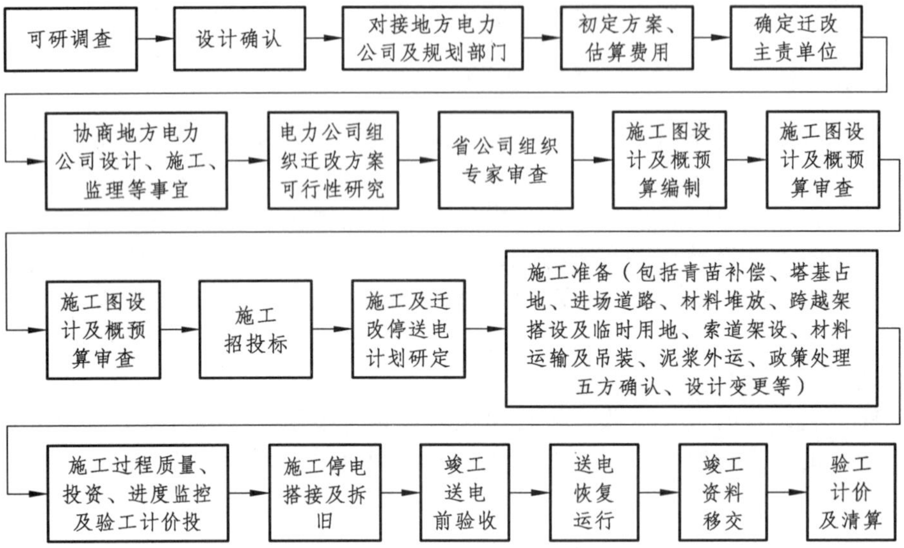

图 12-3　依法合规流程控制

2. 着重协调

（1）协商产权单位即电力公司及其下属单位，明确迁改范围及期限、方案设计及预算。

（2）协商地方规划部门，确定迁改路径方案。

（3）协商地方政府（含乡镇），支持政策处理及林业砍伐等事宜。

3. 重点盯控

（1）盯进度：定期召开周、月度进度推进会议，及时掌握施工进度及存在问题。

（2）盯现场：不定期现场检查盯控，建立每日进度汇报制度（施工、监理报表制），切实控制掌握泥土外运、临时用地、青苗补偿等不可控项目发生数量及真实性。

（3）盯政策处理：依据政策处理现有文件及政策，及时进行政策处理五方确认；无依据的，比照同类项目处理或开会协商。

（4）盯重大变更：因地质问题或政策处理引起迁改设计方案重大变更，改路径、架空改缆排管或顶管敷设等情况，严格控制变更流程，依法合规，集思广益，共商共担，不私做决定。

4. 钉钉子精神

（1）加强非专业知识学习，增强自身本领，突破固有思维，开拓工作思路；

（2）取人之长，补己之短，他山之石可以攻玉，调查、比选、择优；

（3）深思熟虑，集思广益，不草率做决定，多交流，多请教，依法合规办事；

（4）讲效率、重实效、讲办法。

三、金台铁路设计施工总承包（EPC）优缺点

（一）优点

（1）有利于电力迁改进度控制，能充分调动总包单位力量，确保铁路施工工期进度不受影响；如

电力公司行业性支持，电网方案审查，停送电计划申报、安排，施工质量、进度督促、盯控，竣工验收，送电开通等。

（2）有利于管理跨越公路及既有铁路，加快跨越申请、审批流程；如跨越高铁，总包单位专人负责方案编制、路局审查、配合协议签订、方案安全评估、计划申报等。

（二）缺点

（1）专业知识不足；如对电力系统行业规范、规定、文件及概预算等不能熟练掌握。

（2）对政府协调机制不完善，工作开展不力；如施工总包单位协调铁办、乡镇，存在与铁路建设脱节现象，业主未能及时掌握情况。

（3）政策处理总包给 EPC 施工单位，费用不可控，过程控制力不足，未走地方铁办、政府规定流程，机制不完善，产生超出政策性文件费用，处理不彻底，妥协性要求增加，存在争议性问题。

四、现行迁改模式分析

（1）目前主流迁改模式全部由地方政府负责实施，且包含政策处理，减少了建设单位压力；

（2）政府协调力度大，政策掌握及费用卡控更有利，投资、进度可控；

（3）设计方案、规划路径、各相关单位协同均在政府可控范围内，有利于铁路建设推进。

第五节 土地证领取

土地证领取主要包括征地拆迁政策处理执行报告和办理不动产权证书两项工作，期间须完成土地专项验收。

（1）编制金台铁路征地拆迁政策处理执行报告。相关资料收集整理包括：用地批准文件及用地范围线（建设用地竣工复测成果）、国有建设用地使用手续等土地权属资料资料，征地拆迁政策处理依据和标准、征地补偿、拆迁安置费用兑付、三线迁改、临时用地复垦、耕地占补平衡、规税费缴纳等执行情况资料。

（2）办理金台铁路不动产权证书。相关资料收集整理包括：不动产权属来源证明材料与不动产登记有关的证明文件以及不动产界址、面积等材料。

第六节 经验体会与问题探讨

1. 关于铁路建设项目征迁工作模式

按照中国铁路总公司（铁总计统〔2014〕97 号）文件的指导意见，国家对新开工铁路项目，推荐按征地拆迁费用合理包干组织实施的方式。因此，在国家推荐征迁工作大包干的大环境下，地方政府作为征地拆迁实施主体，建设单位要以初步设计批复征地拆迁费用为基础，与地方政府签订征地拆迁包干实施协议。在前期铁路可研阶段要对全线征迁实际情况做好调查摸底工作，包括对征地拆迁计列的项目要根据前期设计院提供的用地资料，委托第三方审价单位对相关征迁数据进行审核，确保征迁概预算足额，保证地方征迁工作顺利实施。

2. 关于项目建设用地合法问题

关于确保项目用地依法合规，主要有两种操作方式：

（1）参照以往铁路建设模式，先行用地批复后 1 年内土地组卷上报视为项目合规。考虑到自然资源部门对铁路红线用地的卫片执法，存在着未批先建违法用地的风险，建议土地报批工作涉及地方政府和相关职能部门责任明确，土地报批工作明确职责，减少项目公司违法用地风险。

（2）完成项目用地批复后，进场施工，确保项目依法合规。应该说，第二种操作方式是最理想的项目建设状态，能够避免铁路建设过程中很多不必要的干扰，但相应建设工期会延长。

3. 关于减少补征地问题

项目建设初期委托的设计院，必须与省级相关部门、地方政府以及相关部门做好沟通协调，对于有交叉施工的工程必须提前与相关建设单位明确各自用地范围，涉及项目用地尽量纳入用地批复红线范围。涉河涉堤用地在完成水利批复后应纳入主线用地范围一并报批；基站以及站场、路基、隧道用地必须要求设计院对现场进行实地查勘，明确用地范围后再出施工图；对于占用永久基本农田、占用生态红线的情况，原则上尽量予以避免，无法完成调整的必须督促地方政府按规定进行规划调整并上报论证，完成有关报批程序的审批。

4. 关于征迁资料收集问题

征迁资料的收集是确保征迁费用清理工作顺利开展的前提，贯穿整个征迁过程中，需协同省统征办督促各地铁指（铁办）与第三方审价单位对接核实，尽快明确各地拆迁范围内的数量及费用。主要包括征用土地、拆迁安置、补偿批准文件，征地拆迁协议书、评估资料、红线图、勘察原始记录和权属证明、补偿领用手续等证明性文件。

5. 关于建立省级协调机制

积极寻求集团公司的帮助，建立与浙江省发改委、浙江省自然资源厅、浙江省水利厅、浙江省林业厅、浙江省环保厅、浙江省海洋与渔业局等省级有关单位的汇报协调机制，特别是确保重难点问题与省级有关部门的沟通渠道畅通，确保问题得到及时有效解决。

第十三章 环境保护

自 2016 年 6 月工程开工建设，金台铁路有限责任公司一直坚持以习近平新时代中国特色社会主义思想为指导，在相关政府部门和集团公司的支持下，响应“打好污染防治攻坚战”的号召，践行“绿水青山就是金山银山”的科学论断，以“生态优先，建设两美浙江”为理念，认真抓好工程建设期间的环境保护和水土保持工作，严格按照建设项目“三同时”要求，组织开展环境保护和水土保持竣工验收工作，并于 2021 年 5 月通过环水保自主验收，为工程的顺利通车奠定了基础。现就金台铁路工程在方案批复阶段、施工阶段以及验收阶段的环水保工作情况进行概括总结。

第一节 环评水保批复

一、环评批复

2015 年 8 月，浙江省环境保护厅以《关于新建金华至台州线铁路环境影响报告书的审查意见》(浙环建〔2015〕22 号）对项目环境影响报告书进行了批复，主要审批意见如下：

1. 加强沿线生态保护

线路以隧道和桥梁形式穿越了仙居木口湖省级森林公园、临海桃渚省级风景名胜区及临海国家地质公园等重要生态敏感区，隧道施工不设斜井等辅助设施，项目开工前需取得主管部门的许可。根据森林公园、地质公园、风景名胜区等的相关保护、管理要求，落实工程涉及路段的各项生态保护措施和生态补偿措施。严格控制施工范围，强化施工期管理，禁止在森林公园、风景名胜区等生态敏感区内设置施工营地、弃渣场等临时工程，优化穿越敏感区的施工工艺，减缓对周边环境的扰动。施工发现的地址遗迹，应妥善处理。做好工程在森林公园、风景名胜区等路段的景观设计和古树名木的优化绕避，确保工程与周边环境相协调。工程临近森林公园等路段预留光屏障设置条件，结合营运期对鸟类影响观测结果及时采取保护措施，减缓列车运行对鸟类的影响。做好沿线水土保持工作，施工结束后，及时对临时占地进行覆土和生态恢复。

执行情况：工程共涉及临海桃渚省级风景名胜区、临海国家地质公园和仙居木口湖省级森林公园 3 处生态环境敏感保护目标。隧道设计在生态敏感区内未设置斜井等辅助设施，未在保护区内设置弃渣场、施工营地等；工程穿越生态敏感区的隧道及桥梁设计，已考虑与周边景观的协调性，在主体工程的隧道洞口及桥下区域采用植物绿化措施，临时工程考虑已考虑植被恢复工程和投资。森林公园内七里山大桥（DK080+951.150 ~ DK081+442.770）、白岩村特大桥（DK082+275.300 ~ DK082+970.435）、南溪口大桥（DK083+379.300 ~ DK083+683.405）3 座桥梁预留设置光屏障条件。

2. 加强沿线地表水环境保护措施

沿线水体主要保护目标有永康江、灵江、南溪、好溪、永安溪、杨溪水库等，铁路设计时务必强化桥面径流水收集系统和桥侧事故应急池的优化设计，合理设计桥梁防护栏和水体路段防护栏的防撞等级，防止事故废水直接排入水体，确保饮用水源安全。加强施工期和营运期环境管理，严格执行沿线饮用水水源保护区相关保护、管理规定，落实水污染防治措施。优化跨河桥梁设计及施工工艺，减少涉水桥墩的数量。

执行情况：桥梁设计考虑桥面径流水收集系统及桥侧事故应急池等措施。运营期内，运煤列车应采取喷淋抑尘剂措施。

3. 落实噪声和振动污染防治措施

结合噪声影响预测结果和工程拆迁实施安置实施方案，对线路两侧噪声预测超标的敏感建筑物，针对不同情况，采取搬迁、功能置换、设置声屏障、安装通风隔声窗等措施，对振动预测超标敏感点采取搬迁等措施，确保敏感点噪声满足相应环境功能区标准要求。积极配合地方人民政府落实搬迁安置工作，项目试运行前须完成沿线距铁路外轨道中心线 30 m 以内以及夹角地带的居民和学校等敏感目标搬迁安置或功能置换工作，做好征地补偿，防止发生次生环境问题。

执行情况：根据批复要求，未改线段噪声、振动治理措施严格依照环评要求执行，改线段依照环评措施设置原则采取声屏障、隔声窗的措施。铁路外轨道中心线 30 m 内及夹角地带房屋拆迁数量和投资已纳入工程拆迁。

4. 加强地下水环境保护

强化水文地质勘察和环境保护设计工作，隧道施工应循序"以堵为主，限量排放"的原则，优选施工工艺，强化施工过程中的环境保护措施，避免过量疏干地下水。加强对沿线隧道周围居民取水井等的地下水环境敏感目标的水位和水质监测，如出现异常，及时采取补偿措施，确保居民用水安全。

执行情况：隧道专业在施工中加强水文地质勘察和地下水位监测，减缓对沿线隧道周围居民用水安全。

5. 落实大气污染防治措施

运煤列车均须采取喷淋抑尘剂措施，有效减少对沿线环境空气质量的影响。各站煤场设置必要的防护距离，配合有关部门合理控制周边的大气敏感点。

执行情况：运营单位将按照铁路总公司煤炭铁路运输实施抑尘处理的要求，对运煤列车采取喷淋抑尘剂措施。

6. 落实固体废物处置

施工场地和营地产生的生活垃圾应由专人收集后，送至环卫部门集中处理，建筑垃圾运至指定场所妥善处理。运营期新增固体废物主要为生活垃圾，采用定点投放，统一收集后交由地方环卫部门统一处置。牵引变电所废弃蓄电池由厂家定期回收处置。

执行情况：督促施工单位妥善处理施工期产生的生活垃圾及建筑垃圾。运营期，牵引变电所废弃蓄电池委托有资质厂家定期回收。

7. 减缓电磁环境影响

牵引变电所和基站远离居民区、学校等敏感目标，排放符合相关标准要求。营运期应加强监测，采取相应措施，妥善解决列车运行电磁干扰影响沿线无线电视接收用户收看电视的问题。

执行情况：按照环评意见执行，电磁补偿费计列 420 户。

二、水保批复

2015 年 7 月，浙江省水利厅以《关于新建金华至台州线铁路水土保持方案的批复》（浙水许〔2015〕23 号）对项目水土保持方案报告书进行了批复，基本同意水土保持方案中对主体工程水土保持的分析和评价、同意水土流失防治责任范围、水土流失预测结果、水土流失防治标准、防治分区和措施体系、水土保持监测时段、内容和方法、水土保持投资估算等内容。并且要求建设单位在工程建设过程中要做好以下工作：

（1）水土保持方案的设计深度为可行性研究阶段深度，下阶段要据此做好水土保持设施后续设计。主体工程初步设计应包括各项水土保持设施设计。施工图设计中应包括各项水土保持设施的施工图。

执行情况：水土保持方案批复后，工程各项水土保持后续设计由主体设计单位中铁第五勘察设计院集团有限公司承担。主体设计单位根据批复的水土保持方案落实批复方案中的各项水土保持措施，同时在设计文件中以水土保持专章形式呈现。初步设计以此阶段的工程勘测资料和调查资料为基础，落实已经批复的水土保持方案所提出的水土保持措施，核实相关设计方案和工程量，并针对各水土流失防治分区开展详细设计。与批复的水土保持方案相比，初步设计与水土保持方案中的防治措施体系和标准基本一致。

施工图阶段，主体设计单位已对每个弃渣场和取料场开展了施工图设计（含弃渣场变更设计图纸），由施工单位按照施工图设计进行措施落实。

（2）水土保持后续设计应报金华市、武义县、永康市、磐安县，丽水市、缙云县，台州市、仙居县、临海市、椒江区、黄岩区和路桥区水利局，作为监督检查的依据；水土保持方案如有重大变更应报我厅批准。

执行情况：水土保持后续设计情况已按要求报送，施工过程中积极迎接省、市、县各级水行政主管部门的监督检查工作，对提出的监督检查意见认真整改落实，督促施工单位完成施工后，形成闭合文件，并将整改的内容和情况上报和反馈给水行政主管部门。

参照《水利部生产建设项目水土保持方案变更管理规定（试行）》（办水保〔2016〕65 号），并根据《浙江省生产建设项目水土保持管理办法（试行）》（浙水保〔2014〕97 号）、《浙江省水利厅关于印发浙江省生产建设项目水土保持管理办法的通知》（浙水保〔2019〕3 号）的规定，对工程所涉及的项目地点、规模、水土保持措施体系、弃渣场等实际情况进行了复核，水土保持方案涉及的重大变更主要是弃渣场位置的变化，向沿线县级水行政主管部门报备或审批。

批复的水土保持方案中，经过水土保持方案优化后，工程设置的弃渣场数量为 24 处；实际建设过程中弃渣场设置 22 处，相比批复的水土保持方案，工程有 7 处弃渣场与批复方案一致，15 处为新设弃渣场。按照《浙江省生产建设项目水土保持管理办法（试行）》（浙水保〔2014〕97 号）已向县级水行政主管部门报备，并取得报备证明（于 2019 年 9 月“浙水保〔2019〕3 号”出台之前）。本工程实际新设 15 处弃渣场，且施工过程中的堆渣量均小于 5 万 m^3，已按照《浙江省生产建设项目水土保持管理办法（试行）》（浙水保〔2014〕97 号）的要求于 2019 年 9 月“浙水保〔2019〕3 号”出台之前完成，且 2019 年 11 月 1 日（“浙水保〔2019〕3 号”实施之日）之后，15 处新设的弃渣场均已完成清运，经与沿线县级水行政主管部门沟通后，不再办理审批手续。

工程实际设置的 22 处弃渣场中，仅 3 处为永久性弃渣场（形成较大堆积体），其他 19 处已完成清运及复垦；3 处永久性弃渣场中，将军岭 1#斜井弃渣场为原方案批复位置，堆渣量减少，仙岩雨隧道进口弃渣场和杨桥头隧道出口弃渣场位置发生变更，已取得永康市水务局和缙云县水利局的报备证明。

工程主要涉及的弃渣场变更审批和报备材料主要涉及磐安县、永康市、缙云县、仙居县、临海市、椒江区、黄岩区。

（3）在主体工程招标文件中，将水土保持工程建设内容纳入正式条款，在施工合同中明确承包商的水土流失防治责任，以确保水土保持设施于主体工程同时施工、同时投入使用。

执行情况：水土保持工程的建设内容已纳入施工合同，明确了承包商的水土流失防治责任，工程在建设过程中，由施工单位具体执行施工过程中的水土流失防治措施的实施，包括防洪排导工程、斜坡防护工程、土地整治工程、植被建设工程、拦挡工程、临时防护工程等。在工程通车前，工程所涉及的水土保持工程已全面完成验收和投入使用，为工程项目开通奠定了基础。

（4）将水土保持设施建设监理纳入主体工程监理中，并加对水土保持设施建设合同、质量、进度、资金的管理。

执行情况：已将水土保持设施建设监理纳入主体工程建设监理中，主体工程监理单位按照主体工程的建设内容，对建设期的合同、质量、进度和资金进行管理，其中包括了水土保持工程。

另外，根据《水利部关于进一步深化“放管服”改革全面加强水土保持监管的意见》（水保〔2019〕160号）和《浙江省生产建设项目水土保持管理办法》（浙水保〔2014〕97号）的相关规定“凡主体工程开展监理工作的项目，应当按照水土保持监理标准和规范开展水土保持工程施工监理。其中，征占地面积在20公顷（1公顷=10 000 m^2 以上或者挖填土石方总量在20万 m^3 以上的项目，应当配备具有水土保持专业监理资格的工程师；征占地面积在200公顷以上或者挖填土石方总量在200万 m^3 以上的项目，应当由具有水土保持工程施工监理专业资质的单位承担监理任务。”项目属于征占地面积在200公顷以上、挖填土石方总量在200万 m^3 以上的项目，需要开展水土保持专项监理工作。为确保水土保持专项验收能顺利通过，金台铁路有限责任公司委托开了水土保持的专项监理工作，主要是以建设期的水土保持监理为依托，全面梳理水土保持工程的合同、质量和投资情况，补充完成水土保持工程的项目划分和质量评定材料，并完成《水土保持监理总结报告》，为水土保持专项验收提供主要技术依据。

（5）依法开展水土保持监测，并按季度向当地市、县（区）水行政主管部门提交监测报告表。水土保持设施验收时，提交水土保持监测总结报告。

执行情况：2017年10月，金台铁路有限责任公司委托中国电建集团华东勘测设计研究院有限公司开展水土保持监测工作。监测单位接受委托后，成立了新建金华至台州铁路水土保持监测项目组，对工程现场进行了调查、踏勘，编制并提交了监测实施方案。施工期，监测单位按照相关规程规范要求开展日常水土保持现场监测，提交监测成果，并定期向沿线水行政主管部门沟通汇报，报送监测季度报告，做好技术服务支撑和衔接工作。2021年1月，监测单位提交水土保持监测总结报告。监测单位在日常监测过程中做好监测记录，共完成水土保持监测实施方案1份、水土保持监测季报13期，水土保持监测年报4期，水土保持现场存在问题工作联系单9期，水土保持监测季报和年报均按时间要求上报浙江省监督管理平台，纸质版寄送至沿线各级水行政主管部门。

（6）工程开工前，及时到我厅办理水土保持补偿费缴纳手续。工程竣工验收前，向我厅申请水土保持设施验收，由我厅组织完成水土保持设施专项验收。

执行情况：2018年4月，根据浙江省水土保持补偿费的收费标准及管理规定，金台铁路有限责任公司向浙江省水利厅依法缴纳了工程水土保持补偿费816.096万元。工程通车前，金台铁路有限责任公司按照水利部《关于加强事中事后监管规范生产建设项目水土保持设施自主验收的通知》（水保〔2017〕365号）和《浙江省水利厅关于印发浙江省生产建设项目水土保持管理办法的通知》（浙水保〔2019〕3号）的规定，自行组织自查初验，并于2021年1月8日—10日，金台铁路有限责任公司在台州市主持召开了新建金华至台州铁路水土保持设施验收会。参加会议的有水土保持技术服务单位（监理、监测及验收），水土保持方案编制单位，主体设计单位、施工单位、工程监理单位、地方水利部门代表及3名特邀专家等。验收会后，根据与会代表和专家意见，完成现场的部分整改和资料完善工作，于2021年2月4日—2021年3月8日在水保验收公示网网站公开了相关验收材料。于2021年3月10日，向浙江省水利厅报备了验收材料。经核查询问，浙江省水利厅于2021年3月30日出具了《新建金华至台州铁路水土保持设施自主验收报备回执》（验收回执〔2021〕8号）。

第二节 环保水保实施

一、环保实施

工程施工过程中主要的环境保护工作有以下几个方面：

1. 环境保护专项管理制度及金台铁路有限责任公司领导主抓工作

结合铁路建设实际，有效推进环境保护工作，促进环保意识和理念的深入人心，促成相关工作的常态化、制度化，金台铁路有限责任公司制订了专项环保管理制度，将环保工作作为重点工作之一，明确由金台铁路有限责任公司工程部承担施工中各项环保措施落实情况的监督职责，工程部内明确具体分工落实人。同时，金台铁路有限责任公司领导高度重视环境保护工作，在历次金台铁路有限责任公司会议、工程建设例会及专项环水保工作会议中，强调必须紧跟时代、充分认识环境保护工作的重要性，强调责任和担当，并多次亲抓落实各项环保工作的落实，大力提高了金台铁路有限责任公司全员的环保意识及各施工单位（承包方）对环保工作的重视程度。

2. 第三方专业机构的引入和工作开展

为严格落实工程环评及环评批复的相关要求，按照金台铁路有限责任公司统一部署，于2018年5月完成环境监理及环保验收技术服务的招标工作。在工程建设初期引入施工期“环境保护监理监测”专业技术服务机构，协助开展工程建设全程环水保工作的落实，并开展施工过程环境监测工作。金台铁路有限责任公司加强对第三方机构的管理，要求严格按合同约定、相关法律法规、环境影响评价文件及批复开展各项技术工作，对工作中发现的环水保问题即时提出并要求施工单位整改，并向金台铁路有限责任公司汇报各项工作开展情况。在专业机构必要支持下，金台铁路有限责任公司加强了对施工现场、施工过程环境保护措施落实情况、具体成效等的监管和把控，为环境保护工作开展情况及成效提供了量化数据支持。

3. 加强施工过程环境保护工作的监管

严格要求各施工单位/承包方结合实际完善各自施工中的环保措施，严格执行各自制定的环保专项管理制度，且要求至少由项目副总主抓环保工作、明确具体负责和执行人员（设立环水保专员），对在施工中发现/存在的环保问题即时进行整改，并确保整改措施的有效性、长期性，细化对各施工单位（承包方）的环保考核指标、明确考核标准等。同时，定期与第三方“环境监理”机构组织联合检查，确保工程全线各施工区域、施工点位、大临设施（拌和站、施工营地、预制场、加工场地等）、弃土（渣）场等按照环评及批复落实相关污染防治措施，对施工现场存在的环保问题给出批评和限期整改要求，并要求上报整改计划，对相关施工单位进行通报等，所有发现的环保问题均实现跟踪、回顾检查。

4. 加大宣教力度，组织开展学习

金台铁路有限责任公司定期组织召开环水保工作专项会议，由金台铁路有限责任公司领导主持并宣教、学习新形势下环保工作的重要性、理念转变和工作落实的紧迫性，提高金台铁路有限责任公司上下环保意识和对环保工作的重视度，强化相互配合协调。

同时，金台铁路有限责任公司加强对各施工单位（承包方）的宣教工作，加强宣传党和国家新的环保方针、政策，对主要人员开展教育培训，并在专业第三方的协助下，开展细化的环保法规、相关环保标准和规范、相关环保知识和要求等的宣传，提高施工单位/承包方的环保意识和法制理念。并要求各施工单位（承包方）在主要施工场地、大临设施等处悬挂或张贴环保宣传标语，加强监督的同时加强对施工队伍、人员的环保宣教。

5. 加强公众监督

为方便周边群众对施工过程环保措施落实情况及成效的监督，在工程施工现场出入口设置告示牌，公示工程名称、建设单位、施工单位及当地环保部门的热线电话和施工现场环水保负责人的联系方式，便于周边群众对施工扰民及环境破坏情况的举报，以此倒逼各施工单位有效落实各项环保措施、倒逼金台铁路有限责任公司自身不断加强相关监管。此举措大幅提高了施工单位积极主动落实环保措施、积极主动与周边居民沟通协商的意愿，成为提高环保工作成效的有效手段。

6. 施工期生态保护控制措施

在桥梁、路基、隧道、站场等工程施工过程中，采取了行之有效的环保措施，使施工污染降到最低。

（1）在施工过程中，严格按照主体设计及水土保持方案要求，未在木口湖省级森林公园、临海桃渚省级风景名胜区、临海国家地质公园等生态敏感区内设置取土场、弃土（渣）场、制梁场、铺轨基地以及混凝土拌和站等大型临时工程，避免对临时用地对生态敏感区内的土地和景观资源的破坏。

（2）桥梁钻孔桩施工时，泥浆池、沉淀池分开设置，形状规整，容积满足需要，做好泥浆池防渗处理，围挡四周培土 30 ~ 50 cm，防止泥浆四处溢流污染附近农田；泥浆经沉淀、净化后用于造浆循环利用；在使用过程中废弃泥浆和钻渣及时清运，避免泥浆漫溢和地表水倒灌。配浆用的膨润土垫高存放并覆盖，防止洒落污染水土。

（3）主体工程严格按照占用林地的范围施工，减少工程对植被的破坏。严格控制施工界限，严禁运输车辆随意下道行驶。施工过程采用预裂爆破等控爆新工艺，严格控制超欠挖，减少爆破对周边围岩的扰动。

（4）定期组织人员进行环境保护管理和教育，避免出现野蛮施工，严禁偷伐树木、偷采药用植物及名贵花草等情况发生，避免生态敏感区内的资源受到破坏。

（5）对施工过程中剥离表土临时堆放点设置临时拦挡措施并苫盖密目网，四周设置临时排水沟。

7. 施工期饮用水源保护区环境保护措施

（1）跨河桥梁的基础施工尽量选择在枯水期，对线路跨越的水源保护区路段，要设立饮用水源保护区标示牌及拦挡设施；禁止在水源保护区范围内设置施工营地、机械维修场地等可能产生水污染源的大临设施。

（2）在施工过程中，加强对散体建筑材料的保管，必要时覆盖防水油布，避免因降雨径流冲刷、车辆漏洒、扬尘等环节造成建筑材料颗粒物进入水体；路基填筑和开挖严格按照水土保持要求落实各项措施，及时稳定边坡、减缓施工期水土流失；合理安排工期，避开雨季和台风季，降低雨水冲刷产生的水土流失量。

（3）严格按照有关保护规定安排施工作业。合理进行施工组织和场地布置，大型施工机械布设位置远离保护区。施工运输车辆加盖棚布，防止运输材料洒落，产生扬尘，影响保护区内环境。

（4）在临时工场设置泥浆沉淀池、干化堆积场，使护壁泥浆与出渣分离，析出的护壁泥浆循环使用，沉淀池出渣在干化堆积场脱水。桥梁基坑弃土、钻孔桩弃渣应选择外运集中堆放处置，桥墩钻孔灌注桩采用下沉无底双壁钢围堰施工，尽量减小桩基础钻孔施工对河床的扰动。

（5）落实施工期环境监理监控，重点监控桥梁施工钻孔、路基施工、隧道施工废水排放对保护区的影响；定期对跨南溪桥梁下游 500 m 处水质进行监测。

8. 施工废水排放控制措施

（1）隧道施工废水：隧道施工的防排水遵循“防、排、截、堵结合，因地制宜综合治理”的原则，在地下水较发育地段采用“以堵为主，限量排放”的原则。隧道洞内排水采用双侧沟导排的形式，衬砌背后积水通过环向和纵向排水盲管汇集后引入侧沟，侧沟主要用于汇集和排除施工废水，同时起沉淀作用，最终排至隧道口的三级沉淀池，施工废水经沉淀后回用或达标排放。

（2）拌和站废水：拌和站废水主要为搅拌机设备冲洗废水及混凝土罐车清洗废水。拌和站各废水产生区域设置有集排水沟，产生的废水经排水沟导排至场地内的三级沉淀池。

（3）生活废水：在距城区、乡镇较近的施工点，施工人员以租借当地居民闲置房屋为主，生活污水收集后排至化粪池，最终排入既有的排水系统。

离居民区较远、自建施工营地的施工点，将生活污水导排至场地内既有的化粪池后，定期交由附近村民用作农家肥或委托清运。

9. 施工期噪声控制

（1）在工程施工进场时及时与地方镇府沟通，尽可能合理安排施工场地，将高噪声施工机械远离敏感区布置。同时，尽可能夜间不进行施工或安排低噪声施工作业。若因特殊需要连续施工的，事先得到了有关部门的批准，并同时做好民众的沟通工作。城镇区段及时与路政主管部门协调施工车辆通行的时间，避免交通堵塞，夜间运输采取减速缓行、禁止鸣笛等措施；其他区段运输道路尽量避免穿越乡镇及村庄，将施工噪声的影响降低到最低限度；

（2）机械设备选型配套时优先选用低噪声设备，尽可能采取液压设备和摩擦设备代替振动式设备，并采取消声、隔声、安装防震底座等措施。加强机械设备的维修保养，保证机械设备的完好率，确保施工噪声达到环境保护标准要求。夜间对噪声较强的路基机械作业、桥梁钻孔桩施工等作业进行限制，合理安排作业时间，防止扰民。同时为了做好对周边居民的公告、宣传和沟通工作，施工沿线树立了标志牌、宣传牌、标语牌。

10. 施工期扬尘控制

（1）在城市区段施工时，施工单位对施工场地进行了封闭围挡，围挡高度不低于 2.5 m，底部用直角扣牢。

（2）施工过程中，施工道路定时洒水，抑制扬尘；运输垃圾、渣土、砂石的车辆实行密闭式运输，防止遗撒和散落；车辆驶离施工现场时进行冲洗，不得带泥上路。

（3）土方开挖时产生的弃土（渣），采取临时笘盖措施，防止扬尘。

（4）施工场地四周采区围护措施，砂石料场采取封闭料仓，喷雾抑尘。

11. 施工期振动控制措施

（1）合理布置施工场地：施工车辆特别是重型运输车辆的运行通路，尽量避开振动敏感区域；施工场地内强振动的机械布设在远离敏感区一侧；当靠近居民住宅等敏感区段施工时，禁止使用强振动机械。

（2）科学管理和文明施工：在保证施工进度的前提下，合理安排施工作业时间，科学管理；强振动施工机械作业时间尽量选择在 7 : 00 ~ 12 : 00 和 14 : 00 ~ 22 : 00 的时段内进行，限制夜间进行有强振动污染的施工作业，做到文明施工。

12. 地下水污染防治控制

（1）在秀山隧道、南庄岭隧道、岩下隧道施工期间，通过加强地下水的超前预报工作，及时采取防渗、堵漏等措施。

（2）隧道施工期间，组织监测单位对可能受工程建设影响的溪塘村、南庄岭村、白沙村、佘庆寺等敏感点的地下水水位、水质开展监测，未发现异常。

（3）工程施工期间，溪塘村、南庄岭村、白沙村、佘庆寺等敏感目标均已铺设自来水管网，未出现因工程建设导致用水困难的情况。

13. 施工期固废污染控制

生活垃圾统一收集，集中放置，及时定期由市政部门清运至指定地点处理；施工中产生的废弃机具、配件、包装物及各类固态浸油废物等，集中收集、封装，运至垃圾场进行处理或回收利用。施工营地设置了生活垃圾箱或者垃圾收集池，固体废物集中由市政部门清运处理。

桩基施工废弃泥浆得到妥善处理处置。为防止钻孔结束后产生的大量的废弃泥浆污染环境，施工单位规范设置泥浆池防止泥浆外溢，做到泥浆循环使用，严格控制了泥浆外排污染水体和农田。干化后的废弃泥浆运至指定的弃碴场或及时回填，环境保护效果良好。

14. 运营期废水污染防治

（1）在南溪饮用水水源保护区、杨溪水库饮用水水源保护区、好溪缙云饮用水水源保护区边界设立了明确的地理界标和明显的警示标志。

（2）施工图设计时强化桥面径流水收集系统和桥侧事故应急池的优化设计，合理设计桥梁防护栏和水体路段防护栏的防撞等级；在跨南溪、好溪、永安溪、灵江的桥梁两侧，设置有 150 ~ 200 m^3 的事故应急池。

（3）全线涉及污水处理工程的车站共计 19 处。永康南站及台州南站生活污水经化粪池预处理后，经一体化污水处理设备处理至《污水综合排放标准》（GB 8978—1996）一级后排入附近农灌沟渠；永康东站生活污水经化粪池、一体化生物接触氧化池处理满足《农田灌溉水质标准》（GB 5084—2005）"旱作"标准后排入附近农灌沟渠；临海东站生活污水经化粪池、生物接触氧化池处理至《污水综合排放标准》（GB 8978—1996）一级标准后排入灵江；申亭站生活污水经化粪池收集、厌氧处理后，定期清运至永康市污水处理厂；壶镇、磐安南、仙居南、临海南站生活污水经化粪池处理至《污水综合排放标准》（GB 8978—1996）三级标准后排入市政污水管网；仁川站、横溪站、白塔镇站、田市站、下各站、括苍站及杜桥站生活污水经化粪池、一体化污水处理设备处理后，满足《农田灌溉水质标准》（GB 5084—2005）中"旱作"标准要求排入附近农灌沟渠；台州站生活污水经化粪池预处理，生产废水经隔油池处理，集便污水经化粪池、厌氧池处理，满足《污水综合排放标准》（GB 8978—1996）三级标准后，统一排入市政污水管网。头门港站采用生活污水经化粪池处理、生产废水经隔油池处理后，排入市政管网，最终进入城市污水处理厂。

15. 噪声污染防治

（1）对于距离线路外轨中心线 30 m 以内的声环境敏感建筑，根据环审〔2009〕582 号文和浙江省有关规定，主要结合工程征地拆迁进行搬迁。

（2）根据环发〔2010〕7 号《关于发布〈地面交通噪声污染防治技术政策〉的通知》要求，优先考虑对噪声源和传声途径采取工程技术措施，实施噪声主动控制；对不宜对交通噪声实施主动控制的，对噪声敏感建筑物采取有效的噪声防护措施，保证室内合理的声环境质量。

（3）根据敏感点情况及降噪要求，对符合"距线路外轨中心线 80 m、线路纵向长度 100 m 区域内，居民户数大于 10 户"的超标敏感点，采取声屏障治理措施。声屏障设置长度包括敏感点沿铁路分布长度和附加长度，附加长度按 50 m 考虑。对超标的零星敏感点采取隔声窗的治理措施。

16. 声屏障、隔声窗等措施实施情况

（1）根据项目环评报告，本工程沿线需安装声屏障的敏感点共计 42 处，其中 2.5 m 高路基声屏障 8 390 m，计 20 975 m^2；2.0 m 高桥梁声屏障 5 780 m，计 11 569 m^2。根据敏感点变化情况，铁路沿线实际安装声屏障的敏感点共计 52 处，其中 3.0 m 高路基声屏障 6 880.8 m，计 20 642.4 m^2；2.11 m 高桥梁声屏障 16 201.08 m，计 34 186 m^2。

（2）根据项目环评报告，工程沿线需安装隔声窗的敏感点共计 40 处，合 7 460 m^2；根据敏感点变化情况，实际安装隔声窗的敏感点共计 30 处，合计 19 426.16 m^2。

17. 环保拆迁实施情况

环评阶段未单独列出环保拆迁内容，根据项目环评批复要求：项目试运行前须完成沿线距铁路外轨道中心线 30 m 以内及夹角地带的居民和学校等敏感目标搬迁安置或功能置换工作，做好征地补偿、防止发生次生环境问题。

18. 振动污染防治

（1）工程采用长钢轨，高强度接头螺栓与螺母，高强度垫圈，同时采用新Ⅱ型钢筋混凝土轨枕，钢筋混凝土轨枕采用Ⅰ型条扣件，橡胶垫片，尽可能减少铁路运行过程中的振动源强，减轻铁路振动对周围环境的影响。

（2）环评阶段振动超标敏感点 11 处，共 34 户。由于线路摆动，下洋金、溪头村 2 处共计 10 户在超标距离外，其余 9 处 24 户均已落实拆迁安置或功能置换工作。

19. 电磁环境污染防治

（1）根据工程环评要求，建议工程实施前对敏感点中可能受影响电视用户补偿有线电视入网补偿经费或卫星天线购置费。补偿经费每户 500 元，预计受影响用户规模约为 150 户，建议预留补偿经费 7.5 万元。

根据现场调查，沿线所处长江流域地区经济发展迅速，距离城镇较近的村庄居民已采用安装有线电视的方式，较远的居民由地方政府统一规划实施农村广播电视“户户通”工程，采用“卫星天线”的方式收看电视，可以满足沿线居民收看电视的要求，具有很好的抗电磁干扰能力，收看电视不受影响，不需进行有线电视建网费补偿。

（2）工程新建磐安、仙居、临海南、杜桥四座牵引变电所，周边 30 m 范围内无敏感目标。沿线共布设站场基站 19 处，区间基站 22 处，基站周围控制区范围内均无敏感建筑物，因此金台线 GSM-R 基站不会对敏感点造成环境影响。

20. 固体废物污染防治

金台铁路项目工程各新建车站的生活垃圾、旅客候车垃圾集中收集后委托台州市路桥区官保清洁有限公司统一清运，委托清运协议详见附件。

牵引变电所废弃蓄电池由浙江南都电源动力股份有限公司进行置换处置。

21. 环境风险防治

（1）加固护栏及警示措施。在工程桥梁两侧设置高等级防撞护栏，并建设符合规范的撞护栏；在饮用水水源保护区的边界应设立明确的地理界标和明显的警示标志，提示列车安全平稳运行。

（2）金台铁路项目工程在跨河大桥河流上方段设护轮轨，防止列车倾覆。

（3）在跨河桥梁时设置桥面径流水收集系统及桥侧事故应急池等措施。

（4）金台铁路项目工程已按国家和行业部门颁布的危险化学品运输相关法规对工程进行管理，同时已编制工程突发环境事件应急预案，并已完成沿线各县级主管部门的备案。

二、水保实施

工程施工过程中主要的水土保持工作有以下几个方面：

1. 水土保持专项管理制度

为加强金台铁路建设项目的水土保持管理，防止水土流失，保护和合理利用水土资源，依据《中华人民共和国水土保持法》《中华人民共和国水土保持法实施条例》《铁路建设项目水土保持工作规定》等国家有关水土保持的法律、法规和有关规定，制定了《金台铁路工程建设水土保持管理办法》。办法制定的工作的范围为建设项目的影响范围，主要包括主体工程、临时工程的施工场地、施工营地、施工便道、取弃土场、砂石料场及储存场、施工机械营地、轨排基地和制梁场及其临近受影响的范围。办法规定水土保持管理工作应贯穿铁路建设项目的全过程，坚持“预防为主，全面规划，综合防治，因地制宜，加强管理，注重效益”的水土保持方针。建设项目水土保持设施实行“三同时”制度。

2. 成立水土保持工作领导机构

根据《中华人民共和国水土保持法》中的“谁造成水土流失，谁负责治理”的原则，金台铁路有限责任公司负责项目前期工作、项目管理、项目交工与竣工验收等全过程管理，负责实施工程相关水土保持工作。

工程建设过程中，金台铁路有限责任公司成立水土保持管理领导小组，由金台铁路有限责任公司总经理任组长，分管副总经理任副组长，具体管理日常水土保持事务，金台铁路有限责任公司各部门负责人、各标段设计、施工、监理单位负责人为水土保持领导小组成员，领导小组下设办公室，办公室设在工程管理部（以下简称工程部），办公室主任由工程部经理兼任。明确了水土保持工作领导机构主要职责：①组织编制《水土保持方案报告书》并及时向国家水保行政主管部门办理报批手续；②负责水土保持工作的协调管理；③对于施工中发生的重大水土保持事件，负责组织咨询、设计、监理和施工等单位，根据具体情况会同当地水保主管部门，及时研究解决处理方案。

3. 建立水土保持工作考核制度

金台铁路有限责任公司及各参建单位各级管理人员应认真贯彻国家、浙江省和中国铁路总公司基本建设方针、政策、规章制度和技术标准。认真执行上级相关文件规定和金台铁路有限责任公司制定的制度、标准和工作细则，履行自己的职责。加强技术监管和考核力度，对管理不到位、责任不落实，造成水土保持工作管理混乱、质量出现较大问题或问题整改不及时等现象，追究责任者和部门领导的责任，进行相应经济处罚，严重失职者按相关规定处理。对工作不尽责、不认真，影响正常工作秩序或给其他单位造成不良影响者进行批评、警告，严重者追究相关责任。对工作认真负责，发挥良好功效，防止质量隐患、事故等有突出贡献的相关人员给予表扬和鼓励。

4. 第三方专业机构的引入和工作开展

为严格落实工程水土保持方案及其批复的相关要求，按照金台铁路有限责任公司统一部署，于2017 年 9 月完成水土保持监测和验收专业技术服务的招标工作。金台铁路有限责任公司加强对第三方机构的管理，要求严格按合同约定、相关法律法规、水土保持方案报告书及批复开展各项技术工作，对工作中发现的水土保持现场及程序问题即时提出并要求施工单位整改，并向金台铁路有限责任公司汇报各项工作开展情况。在专业机构必要支持下，金台铁路有限责任公司加强了对施工现场、施工过程水土保持措施落实情况、具体成效等的监管和把控，为水土保持工作开展情况及成效提供了量化数据支持。

5. 高度重视施工过程中水土保持工作的管理

严格要求各施工单位/承包方结合实际完善各自施工中的水土保持措施，严格执行各自制定的水土保持专项管理制度，且要求至少由项目副总或总工主抓水土保持工作、明确具体负责和执行人员（设立环水保专员），对在施工中发现/存在的水土保持问题即时进行整改，并确保整改措施的有效性、长期性，细化对各施工单位/承包方的水土保持考核指标、明确考核标准等，确保工程全线各施工区域、施工点位、大临设施（拌和站、施工营地、预制场、加工场地等）、弃土（渣）场、取土场等按照水土保持及批复落实相关防治措施，对施工现场存在的水土保持问题给出督导和限期整改要求，并要求上报整改计划，对相关施工单位进行通报等，所有发现的水土保持问题均实现跟踪、回顾检查。

由金台铁路有限责任公司牵头组织的水土保持专门协调会十余次，共计印发专门的水土保持工作会议纪要 5 份，金台铁路有限责任公司关于加强水土保持工作及现场问题督促整改的专门正式文件共计 11 份。调度通知，会议通知等十余次。

6. 加大宣教力度，组织开展学习

第三方咨询机构进场前，组织召开技术交底会议，并进行水土保持法律法规的宣贯，使各参建单位树立水土保持意识。

施工过程中，金台铁路有限责任公司定期组织召开环水保工作专项会议，由金台铁路有限责任公司领导主持并宣教、学习新形势下水土保持工作的重要性、理念转变和工作落实的紧迫性，提高金台铁路有限责任公司上下水土保持意识和对水土保持工作的重视度，强化相互配合协调。

同时，金台铁路有限责任公司加强对各施工单位（承包方）的宣教工作，加强宣传党和国家新的水土保持方针、政策，对主要人员开展教育培训，并在专业第三方的协助下，开展细化的水土保持法规、相关水土保持标准和规范、相关水土保持知识和要求等的宣传，提高施工单位（承包方）的水土保持意识和法制理念。并要求各施工单位（承包方）在主要施工场地、大临设施等处悬挂或张贴水土保持宣传标语，加强监督的同时加强对施工队伍、人员的水土保持宣教。

7. 积极迎接各级水行政主管部门的监督检查

根据水利部“放管服”改革的要求，汛期各级水行政主管部门均开展现场监督检查工作，工程沿线涉及 9 个县（区），3 个地级市，监督检查工作数量较多，金台铁路有限责任公司及技术服务单位均会积极应对，陪同现场检查，对检查提出来的问题和整改建议积极落实，并按规定书面回复各级水行政主管部门。建设期，共收到各级水行政主管部门的书面红头检查文件 10 份，金台铁路有限责任公司均积极整改落实并书面回复。2019 年，金台铁路有限责任公司总经理带队，专程前往浙江省水利厅汇报金台铁路的水土保持工作。也得到了水利厅和各级水行政主管部门的帮助和指导。

8. 积极推进临时用地复垦和复绿工作

临时用地复垦和复绿工作是水土保持设施验收的关键，也是难点之一，因涉及地方因素，复垦和复绿工作难度较大。金台铁路有限责任公司临时用地复垦和复绿启动工作较早，要求施工完成的临时用地及时实施恢复和移交地方政府，并落实好相关恢复责任和手续。全线 7 个土建标段，因施工进度不一，施工条件不同，地形地貌差异。临时用地复垦进度不一。另外，因地方政府政策因素影响，部分临时用地复垦进度滞后，甚至存在困难。金台铁路有限责任公司积极对接地方铁路指挥部、乡镇和国土部门对接，协调处理大临用地复垦事宜。为后续的尽快完成复垦和复绿工作打下良好的基础。

9. 施工期水土流失控制措施

在桥梁、路基、隧道、站场等工程施工过程中，采取了行之有效的水土保持防治措施，使施工的过程中的水土流失降到最低。

（1）在施工过程中，严格按照主体设计及水土保持方案的要求，在路基、站场、隧道、桥梁等红线范围内设置工程、植物、临时相结合的防护措施。边坡防护采用工程和植物护坡的方式，工程骨架采用 M7.5 浆砌片石和 C30 混凝土空心砖，部分高挖方和高路堑路段采用配套锚杆框架加固措施，骨架开槽深度为主骨架 0.6 m，拱骨架 0.4 m，上下镶边 0.4 m。路堤边坡 $H<3$ m 时，边坡采用空心砖内培土撒草籽、种植灌木防护；路堤边坡 $H\geqslant3$ m 时，一般采用拱形截水骨架内撒草籽、种植适宜当地生长的、易于成活的灌木防护。路堑边坡 $H<3$ m 时，边坡采用喷播植草、种植灌木防护，采用适宜当地生长的、易于成活的树种；路堑边坡 $H\geqslant3$ m 时，采用混凝土拱形截水骨架内喷播植草、种植灌木防护；当路堑边坡 $H>6$ m 时，在 6 m 处设边坡平台，平台内侧设截水沟，采用混凝土拱形截水骨架内喷播植草、种植灌木结合自钻式锚杆防护加固。弱风化软质岩路堑边坡，一般采用喷混植生、混凝土截水骨架内和混凝土空心砖内喷播植草、种植灌木防护；挖方较大、工程地质条件较差的路堑工点，必要时边坡采用喷播植草（客土植草）或中（厚）层基材植生。部分路段边坡坡脚种植槽及攀缘植物。路基两侧绿色通道：绿色通道采用内灌外乔的的绿化形式，靠近线路地带应栽种草、灌植物，远离线路地带宜栽种灌木、乔木，形成立体复层绿化带。边（天）沟至铁路地界栽种乔木和灌木，乔木株距 4 ~ 5 m，纵距 3 ~ 4 m，灌木株距 2 ~ 3 m，纵距 2 m，布置形式采用梅花形布置，乔木选用胸径 1.5 cm 以上的苗木；

（2）主体工程严格控制红线的扰动和施工范围，坚决不能超红线扰动，占用林草植被的范围施工，减少工程对植被的破坏。严禁运输车辆随意下道行驶。施工过程采用预裂爆破等控爆新工艺，严格控制超欠挖，减少爆破对周边围岩的扰动；

（3）桥梁钻孔桩施工时，泥浆池、沉淀池分开设置，形状规整，容积满足需要，做好泥浆池防渗处理，围挡四周培土 30 ~ 50 cm，防止泥浆四处溢流污染附近农田；泥浆经沉淀、净化后用于造浆循环利用；在使用过程中废弃泥浆和钻渣及时清运，避免泥浆漫溢和地表水倒灌。配浆用的膨润土垫高存放并覆盖，防止撒落造成水土流失现象；

（4）强化表土剥离、保护和利用的工作，施工前对路基、桥梁、站场、隧道等红线范围占用耕地、园地等地块剥离表层土，其中耕地剥离厚度约 30 cm，园地剥离厚度 20 ~ 30 cm，剥离的表层土堆置在路基一侧或集中运至地方指定的表土堆存场地。为便于后期绿化用土调配。施工后期用于复耕和绿化覆土。路基两侧进行绿化，绿化前利用施工前剥离的表层土或购买表土的方式，覆土厚度约 50 cm。表土在堆存期间设置标识牌、坡脚装土袋进行拦挡，并采用密目网进行苫盖，场地条件允许的情况下四周设置临时排水沟；

10. 取料场、弃渣场、施工场站等大临用地的水土保持防护措施

（1）取料场区范围的排水措施是根据国土审查的复垦方案实施，较批复的水土保持方案防护措施种类的形式更加齐全，排水种类包括 M7.5 浆砌石排水沟和 C20 混凝土排水沟，排水沟尺寸一般底宽 0.3 ~ 1.0 m，深 0.3 ~ 0.6 m，雨水管根据现场实际设置，直径一般 0.3 ~ 1.0 m；取料场平整覆土后，根据取料场的立地条件，采取恢复林地措施，回覆表土后栽植乔灌木并撒播草籽恢复植，另外现场还实施了台阶生态袋防护，边坡实施了喷播植草绿化措施。

（2）弃渣场水土保持工作及防护措施主要有设计变更手续、现场防护等。设计变更手续：由于弃渣量减少，且受地方征迁、施工组织、国土拍卖（转让）及综合利用等影响，原批复方案及设计的弃渣场大部分没有启用。施工过程中产生的临时堆渣和永久弃渣等，均按照规定办理的变更报批和报备手续，并且做好现场的施工防护工作，主要防护措施包括挡渣墙、护坡、截排水、土地整治等。

① 挡渣墙。

弃渣场坡脚设置挡渣墙，挡渣墙采用 C25 混凝土挡墙，高度不大于 6 m，挡墙基础埋深不小于 1.2 m，基底承载力小于 200 kPa 时采用 1 m 厚碎石换填处理。挡渣墙墙身每隔 2 m 交错设置泄水孔，为防止泄水孔堵塞，在泄水孔进口处填石设置反滤层。渣场底纵向每隔 20 m 铺 PVC 透水盲管，横向每隔 15 m 铺 PVC 透水盲管，排水盲沟应与挡渣墙的底部泄水孔连通，以利排除弃渣场底部积水。挡渣墙脚地表采用 M10 浆砌片石铺砌，厚 30 cm，铺砌挡墙外 2.0 m 范围。

② 护坡措施。

为防止堆渣坡面渣土随雨水流入河道，对弃渣场坡面设置干砌石护坡及浆砌石骨架护坡进行防护。

③ 排水沉沙措施。

弃渣场顶面及周边设置截排水沟，截（排）水沟采用浆砌石或混凝土衬砌，衬砌厚度 30 cm，疏导外来水至周围排水系统，以免雨季降雨形成径流冲刷堆渣体成水土流失。截水沟尺寸为 0.6 m × 0.6 m，C25 混凝土或浆砌石衬砌，沟底铺设厚度 20 cm 砂砾石垫层。

为拦挡弃渣场汇水范围由于降水冲刷产生的泥沙，在截水沟末端设置永久沉沙池，避免其进入下游区域。沉沙池采用 M7.5 浆砌石砌筑，衬砌厚 30 cm，表面采用水泥砂浆抹面 2 cm。沉沙池定期清理，池体周边设置护栏或安全警示牌等。

④ 土地整治。

对弃渣场占用有耕地、有林地、园地等，施工前进行表土剥离，剥离的表土堆置在弃渣场拦挡措施下方一角空地内，用于后期覆土。弃渣结束后，对原地貌为林地和园地的弃渣场堆渣平台及边坡进行场地平整，便于后期植被恢复；对原地貌为耕地的弃渣场堆渣平台进行复耕。弃渣堆毕后，对弃渣场堆渣平台及边坡进行场地平整，然后覆土，覆土来源于该区域剥离表土。

⑤ 植物防护。

弃渣场平整覆土后，根据弃渣场的立地条件，顶面和坡面采用撒播植草、铺植草皮并栽植乔灌木的方式进行绿化，部分区域栽植杨梅恢复园地。

⑥ 临时防护。

在堆渣前，对占用耕地或林地的弃渣场进行剥离表土堆放在弃渣角落，部分临时堆置的表层土在施工期间采取了表面撒播草籽或密目网苫盖等措施。表土堆存场四周设置排水沟，并在排水沟末端布设沉沙池，进行泥沙沉淀，雨水经临时沉沙池沉淀后顺接至自然沟渠。

（3）临时场站的中转堆场、施工生产生活区、施工便道及电力线路区等场地结合现场实际地形实施表土剥离和土地整治，在场地使用结束后进行场地平整，为迹地恢复创造条件，回填覆土，对原用地类型为耕地或农用地的进行场地复耕；施工便道、施工生产生活区及中转料场平整覆土后，根据立地条件，营造水土保持灌木林，采取栽植灌木和撒播草籽的方式恢复实际施工过程中，中转堆场周边设置浆砌石临时排水沟、土质临时排水沟；中转料坡脚设置填土草袋或干砌石挡墙进行拦挡；表土堆置期间，采用撒播草籽或密目网进行苫盖。施工生产生活区四周设置临时排水沟、沉沙池，排水沟采用土质或砖砌结构，沉沙池出水口与周边天然排水沟或低洼地顺接。施工场地前期剥离的表层土，在堆置期间实施填土草袋进行拦挡，表面实施撒播草籽、乔灌草绿化或铺植草皮等临时绿化措施。在施工便道一侧设置临时土质排水沟，便道边坡采用密目网进行临时苫盖。

第三节　环保水保验收

一、环境保护与水土保持静动态验收

2020 年 3 月在主体工程基本建设完成后，由中国铁路上海局集团有限公司牵头，组织成立环水保专业验收组，由上海铁路局计统部任组长，金温铁道公司、金台铁路有限责任公司任副组长，负责金台铁路环境保护与水土保持工程静动态验收工作。

静动态验收期间，金台铁路有限责任公司将施工现场存在的各类环境保护问题进行汇总，制定了“金台铁路环水保验收问题库”，每月组织召开验收工作推进会，同时，每星期向上海铁路局计划统计部提交“项目环水保验收推进周报”，确保工程静动态验收工作的顺利推进。

2020 年 9 月—10 月，在金台铁路有限责任公司统一部署下，金台铁路有限责任公司和金温铁道公司组织相关专业技术人员对工程建设情况进行自查，包括工程环水保实际建设内容与方案设计变更情况；环境敏感目标基本情况及变更情况；环境影响评价、水土保持制度及其他相关规章制度执行情况环境保护设计文件、环境影响评价及批复提出的环保措施落实情况；水土保持设计文件、水土保持批复文件中提出的水保措施落实情况；公众反映强烈的环境问题等，最后形成书面自查报告，提交至上海铁路局。

2020 年 12 月，金台铁路有限责任公司邀请上海铁路局、验收组专家、施工单位等相关人员，组织召开了“金台铁路环境保护与水土保持工程静态验收报告技术审查会”。在各单位的积极努力下，顺利通过环水保静态验收。

二、环境保护专项验收

2021 年 2 月，根据《建设项目环境保护管理条例》《建设项目竣工环境保护验收暂行办法》要求。在金台铁路有限责任公司领导的支持下，成立了竣工环境保护验收工作组，开展了工程资料收集和现场调查等工作，对工程环评报告及其批复中所提出的环境保护措施落实情况、受工程建设影响的环境敏感点的环境现状、工程建设的生态影响及其恢复状况、水土保持情况、工程的污染源分布及其防治

措施等方面进行了详细调查，开展了工程沿线群众对金台铁路工程环保问题的问卷调查。

2021 年 3 月，在工程动态检测期间，第三方验收监测单位对铁路噪声、振动、电磁辐射开展了监测，调查运营期噪声、振动等相关污染防治措施的实际运行效果，为工程竣工环境保护验收提供数据支撑。

2021 年 4 月，金台铁路有限责任公司组织召开了“新建金华至台州铁路竣工环境保护验收会”，并顺利通过验收。针对该工程已产生的实际环境问题及可能存在的潜在环境影响，专家提出切实可行的补救措施和应急措施，对已实施的尚不完善的措施提出改进意见。

2021 年 4 月 16 日—5 月 17 日，按照《建设项目竣工环境保护验收暂行办法》（国环规环评〔2017〕4 号）要求，金台铁路有限责任公司对新建金华至台州铁路竣工验收调查报告和验收意见进行了公示。公示结束后，在环保部验收信息平台上及时填报了项目建设情况及污染防治措施落实情况，完成本工程的竣工环境保护验收工作。

三、水土保持专项验收

2017 年 10 月—2020 年 12 月，中国电建集团华东勘测设计研究院有限公司受托在工程现场采取资料查阅、巡查调查、地面观测、无人机调查、遥感卫星调查等多种方式，对工程施工期水土流失及防治情况进行监测，于 2021 年 1 月提交了《新建金华至台州铁路水土保持监测总结报告》。

2020 年 4 月—2020 年 12 月，水土保持技术服务单位中国电建集团华东勘测设计研究院有限公司，在收集并查阅设计、施工、监理和监测等相关资料的基础上，完成现场调查、核查，会同建设单位完成了自查初验。2021 年 1 月，编制完成《新建金华至台州铁路水土保持设施验收报告》。

根据《水利部关于加强事中事后监管规范生产建设项目水土保持设施自主验收的通知》（水保〔2017〕365 号）和《浙江省水利厅关于印发浙江省生产建设项目水土保持管理办法的通知》（浙水保〔2019〕3 号）的要求，2021 年 1 月 8 日—10 日，金台铁路有限责任公司在台州市主持召开了新建金华至台州铁路水土保持设施验收会。参加会议的有水土保持技术服务单位（监理、监测及验收）中国电建集团华东勘测设计研究院有限公司、水土保持方案编制单位浙江中冶勘测设计有限公司、主体设计单位中铁第五勘察设计院集团有限公司、施工单位中铁二十四局集团有限公司、中铁十二局集团有限公司、中铁隧道局集团有限公司、中铁二局集团有限公司、中铁二十二局集团有限公司、中铁十局集团有限公司、中铁十一局集团有限公司、中铁一局集团有限公司、工程监理单位北京中铁城业建设监理有限公司、上海天佑工程咨询有限公司、四川铁科工程咨询有限公司，地方水利部门代表及 3 名特邀专家等。由各参会人员组成验收组。验收组成员先从金华出发，沿线对弃渣场、取料场、施工场站、主体工程面貌等进行了查勘，最后在椒江区集合，完成验收。

会后，金台铁路有限责任公司组织施工单位项目负责人就现场存在制约验收的问题进行了全面梳理，并签订了《新建金华至台州铁路水土保持设施自主验收会议后站前各标存在问题限期整改的责任承诺书》，承诺书要求现场所有的问题均须在 2021 年 2 月 10 日（春节前）前完成整改闭合。为后续现场存在问题的整改推进起了积极的作用。

自 2021 年 2 月 4 日—2021 年 3 月 8 日，金台铁路有限责任公司在水保验收公示网网站公开了相关验收材料的公示。

2021 年 3 月 1 日—3 月 5 日，金台铁路有限责任公司再次组织对现场进行了全面的核查，就存在的问题整改情况进行复核检查。

2021 年 3 月 10 日，金台铁路有限责任公司将最终的验收成果报送浙江省水利厅。同时，公司分管副总经理带队赴浙江省水利厅汇报自主验收的情况，对存在问题的整改和落实情况进行了沟通汇报。

2021 年 3 月 30 日，浙江省水利厅出具了《新建金华至台州铁路水土保持设施自主验收报备回执》（验收回执〔2021〕8 号）。

第十四章　工程监理

第一节　监理制度

监理工作制度的建立是规范监理工作行为的前提和保障。金台铁路有限责任公司和各监理机构制定了一系列完整的监理工作制度，并随着工程的不断进展，根据实际情况对监理制度进行不断补充完善。同时，在制度建设和执行方面下功夫，做到了监理人员职责明确、任务明确、有章可循。通过各项监理工作制度的建立及有效实施，做到了监理工作程序化、监理方法科学化、监理手段规范化。

为切实发挥内部管理制度的效力，监理项目部在每名人员进场时对其进行内部管理制度交底，并在平时工作中严格按要求对监理人员进行相关的评价及考核工作。针对各项监理制度，监理项目部还特制定了监理平行检验、见证、旁站及总监巡视台账等，监理项目部并配有专人对台账进行管理，每月定期对台账进行整理、汇总，根据现场台账数据判断监理人员的各项监理行为是否符合合同要求，以此作为考核监理组及现场监理人员的根据。

监理项目部组织制定了监理工作制度、各岗位责任制、监理项目部内部管理和考核办法、监理工作方法和程序等28项管理制度，并辅助以计算机管理，做到监理资料的规范化管理。主要管理制度如下：

（1）监理人员岗前培训、持证上岗、岗位职责制度；

（2）设计文件、图纸和复测资料复查制度；

（3）施工图（资料）核对优化制度；

（4）施工单位技术（作业）交底书复审制度；

（5）开（复）工报告审批制度；

（6）实施性施组设计审核制度；

（7）变更设计审核制度；

（8）监理工地试验室管理制度；

（9）原材料、半成品、构配件、设备及工程实体检查复验制度；

（10）施工测量复核制度；

（11）监理试验工作中抽样、见证和平行检验制度；

（12）隐蔽工程检查签证制度；

（13）施工旁站监理制度；

（14）监理日记、例会、文档等资料及信息管理制度；

（15）工程质量检查管理制度；

（16）检验批、分项、分部、单位工程质量验收制度；

（17）安全生产管理制度；

（18）环水保方案审批制度；

（19）对施工单位劳务用工审查制度执行情况；

（20）工程安全、质量事故报告和处理制度；

（21）施工进度、质量监督及报告制度；

（22）验工计价及投资监控制度；
（23）监理工作报告制度；
（24）工程竣工验收制度；
（25）监理工作考核及奖惩制度；
（26）监理工作廉政制度；
（27）安全质量风险分级管控实施办法；
（28）监理一日工作清单制度。

第二节　现场监理工作的实施

一、监理工作依据

（1）国家、住房和城乡建设部、中国铁路总公司颁发的有关工程建设监理的各项法律法规和规范；

（2）国家和中国铁路公司正式颁布的各项有关铁路工程建设的技术标准，设计及施工规范、规程、试验检测规则、验收标准和竣工验收办法等；

（3）《铁路建设工程监理规范》（TB 10402）等国家或中国铁路总公司颁布的有关工程建设监理的各项规定、规范、标准；

（4）国家、中国铁路总公司正式颁布的各项有关铁路工程建设的技术标准、设计及施工规范、规程、试验检测规则、环保水保要求、有关验收标准和竣工验收办法等；

（5）国家发改委、浙江省发改委和中国铁路总公司对本项目的批复文件；

（6）审核合格的施工图；

（7）金台铁路工程的招投标文件、委托监理合同以及与工程建设项目有关的其合同文件，如施工承包合同等；

（8）经批准的建设项目指导性施工组织设计、季度和年度建设计划、变更设计、环保等全部技术管理文件；

（9）建设单位有关建设项目的文件、规定，建设、监理、设计、施工单位共同参加的联席会议纪要等；

（10）与金台铁路工程其他有关的依据等。

二、监理机构的设置及其监理工作范围

工程建设中，按照国家及中国铁路总公司相关法律、法规及规定通过公开招标。全线分三个监理标段实施施工监理工作，各监理机构分别负责各自标段范围内轨道、路基、桥涵、隧道、声屏障工程等相关工程的施工监理工作，详见表 14-1。

表 14-1　监理标段划分及工作范围一览

监理标段	监理单位	正线长度/km	监理工作范围
JTJL-Ⅰ标	北京铁城建设工程监理有限责任公司	43.14	金台正线 43.14 km（K0+0.000～K43+920.442）；枫山货运线 12.16 km（K40+975.492～K54+483.717）；永康南疏解线 6.05 km（K54+483.717～K60+532.433）；新碧联络线 5.85 km（K60+532.433～K66+380.233）范围内全部工程（含站后）
JTJL-Ⅱ标	上海天佑工程咨询有限公司	66.4	金台正线 66.4 km（K43+920.442～K110+320.173）范围内全部工程（含站后）

续表

监理标段	监理单位	正线长度/km	监理工作范围
JTJL-Ⅲ标	四川铁科建设监理有限公司	38.95	金台正线 38.95 km：K110+320.173（=金温扩能施 DK48+300）~K149+270.57（=甬台温铁路 K466+373.52）范围内全部工程（含站后）；台州南货运线 15.93 km：LDGK0+000（=金正线 DK150+452.57）~LDGK15+934.67（=甬台温铁路 K482+270.123）范围内全部工程（含站后）；头门港支线 43.84 km：TDK0+364.855（=金台正线 DK142+215）~TDK44+315.889 范围内全部工程（含站后）

三、监理机构的组织结构与人员配置

根据新建金华至台州铁路工程建设工期长、标准高、地形复杂、工程类别繁多、工程难易程度变化大等特点，根据招、投标文件的要求及现场工作的需要，为保证监理工作的有效开展，确保实现各项监理目标，项目监理机构设置二级监理机构，采用直线职能制监理组织形式。项目监理机构实行总监理工程师负责制，总监理工程师接受监理单位法定代表人的授权委托，全权代表监理单位履行委托监理合同赋予的权力和义务，全面负责监理项目管理、协调工作，总监理工程师对项目监理工作的质量负总责。监理项目部划分与施工标段、重点工程位置等相结合，根据管辖范围适中、跨度合理、满足监理工作需要的原则设置，并考虑方便工作，交通便捷，且有利于监理管理和监理控制。

JTJL-Ⅰ标监理组织机构设置见图 14-1。监理项目部设置总监理工程师 1 人、副总监理工程师 3 人、质量负责人 1 人、安全负责人 1 人和监理组长 1 人。工程高峰期共上场监理人员 82 人，监理人员专业结构见表 14-2。

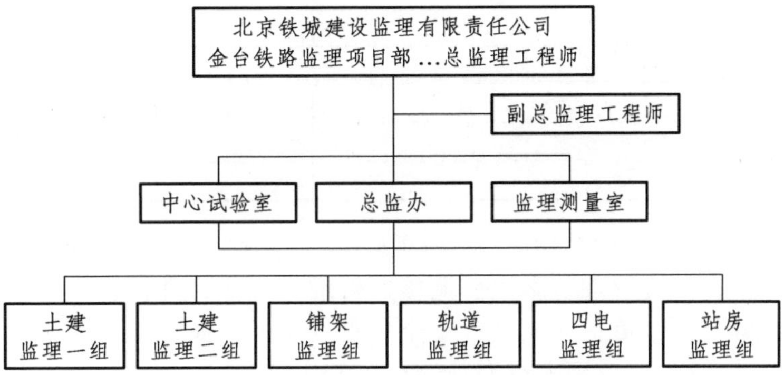

图 14-1 JWJL-Ⅰ标监理组织机构

表 14-2 JWJL-Ⅰ标监理人员专业结构统计

序号	专业名称	人员数量	备注
1	桥梁、隧道	24	
2	电力通信、供电	7	
3	装饰、暖通、给排水、设备安装	4	
4	测量	6	
5	安全、质量	7	
6	房建、路基	9	
7	信号	2	
8	试验	9	
9	轨道	4	
10	物资设备	3	

JTJL-Ⅱ标监理组织机构设置见图 14-2。监理Ⅱ标项目部设总监理工程师 1 名，全面负责项目的质量控制，工程进度、环保、投资管理、组织协调接口管理等工作，并设置副总监理工程师 3 名、中心

试验室负责人 1 人、测量监理室负责人 1 人、安全专业工程师 1 人、四电房建室负责人 1 人、综合室负责人 1 人和信息室负责人 1 人。工程高峰期共上场监理人员 74 人，监理人员专业结构见表 14-3。

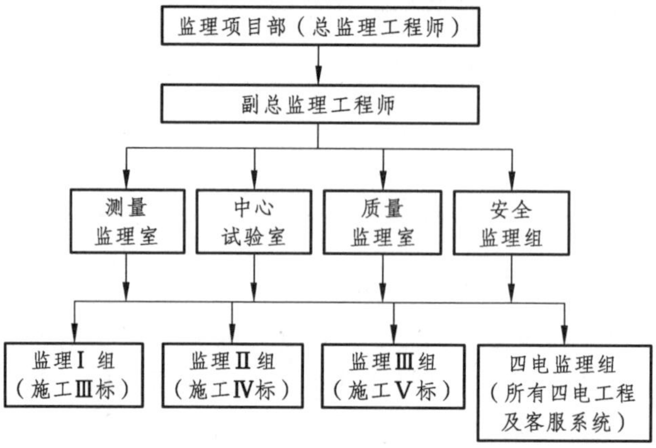

图 14-2 JWJL-Ⅱ标监理组织机构

表 14-3 JWJL-Ⅱ标监理人员专业结构统计

序号	专业名称	人员数量	备注
1	路基	6	
2	桥梁	11	
3	隧道	16	
4	四电（电力、通信、信号）、房建	7	
5	测量	6	
6	轨道	4	
7	安全、质量	5	
8	物资	3	
9	试验	6	

JTJL-Ⅲ标监理组织机构设置见图 14-3。监理Ⅲ标项目部设总监理工程师 1 名，全面负责项目的质量控制，工程进度、环保、投资管理，组织协调接口管理等工作，并设置副总监理工程师 3 名、中心试验室负责人 1 人、测量监理室负责人 1 人、安全负责人 1 人、质量负责人 1 人和监理组长 3 人。工程高峰期共上场监理人员 86 人，监理人员专业结构见表 14-4。

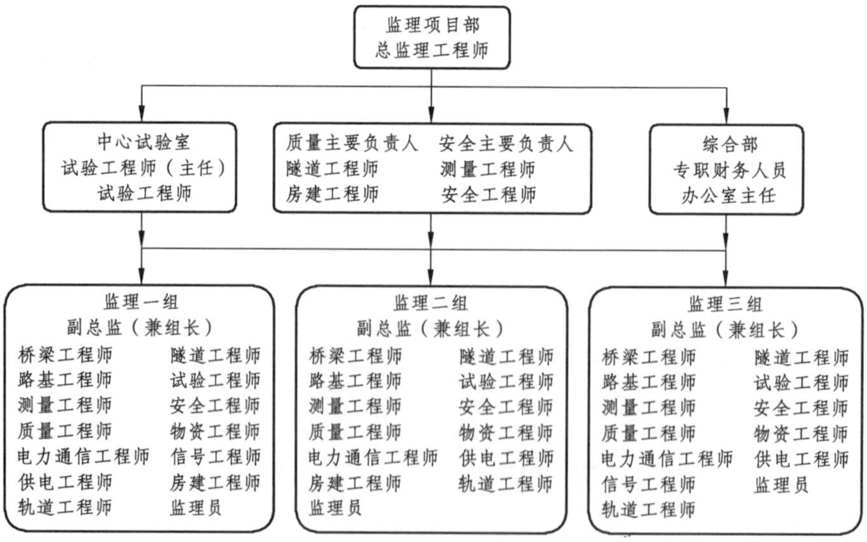

图 14-3 JWJL-Ⅲ标监理组织机构

表 14-4 JWJL-Ⅲ标监理人员专业结构统计

序号	专业名称	人员数量	备注
1	桥梁	12	
2	隧道	15	
3	四电（电力通信、信号、供电）	9	
4	房建	6	
5	测量	6	
6	安全、质量	10	
7	路基	8	
8	物资	3	
9	试验	7	
10	轨道	6	

四、监理工作的内容与目标

1. 监理工作的主要内容

监理工作的主要内容包括：对路基工程、桥梁工程、隧道工程、轨道工程、房建工程、“四电”工程、信息工程等进行质量控制、进度控制、投资控制、合同管理、信息管理、各方关系协调；确保文明、安全施工；环保、水保达标并符合国家、地方的有关规定及要求。

2. 监理工作的目标

（1）总体目标。

根据金台铁路项目的建设管理要求、主要技术标准和项目特点，依据国家、中国铁路总公司有关工程建设的法律法规和规范，按照《铁路工程监理规范》（TB 10402），遵循守法、诚信、公正、科学的准则，在与设计、施工及其他单位的交往中，始终支持和维护建设单位的合法利益，尽责、高效而又经济地履行监理服务，确保工程满足设计速度目标值的要求；运用先进技术和管理手段，实现项目质量、安全、工期、环水保和投资控制的建设目标。

（2）质量控制目标。

① 监理工程质量合格率 100%；

② 监理工程无重大安全监理责任事故；

③ 监理合同履约率达到 100%。

（3）职业健康安全监理目标。

① 杜绝一般及以上因工生产安全责任事故；

② 杜绝一般 B 类及以上铁路交通责任事故；

③ 杜绝一般及以上火灾责任事故；

④ 杜绝一般及以上特种设备责任事故；

⑤ 职业病发病率为零；

⑥ 为监理人员提供符合安全卫生标准的劳保用品；

⑦ 经常性开展文体活动，不断增强员工体质；

⑧ 实行员工年度体检制度。

（4）环境管理目标。

① 监理工作产生的污染物排放满足国家及地方的排放标准，危险废弃物的排放满足环保要求；

② 最大限度节约水、电、油等能源及办公消耗用品；

③ 杜绝工程环境污染监理责任事故；

④ 项目部办公区域环境整洁。

（5）投资控制目标。

严格在批准的初步设计概算内组织建设。坚持严格现场计量，核实已完工程数量，核定工程质量情况，审核验工计价表及月、季、年度计划报表。严格按程序审核变更设计等。

（6）工期控制目标。

确保已批准的总工期目标，主要阶段工期目标满足总工期的要求。确保控制性工程满足主要阶段性工期目标。通过建设单位编制的工程总进度计划和施工单位提供的进度计划进行对照审核，控制各阶段的工期，确保实际施工天数不超过施工合同工期。按照建设单位总体要求和部署对总工期目标进行适时调整。

（7）合同管理目标。

坚持“事前预控、及时纠偏、充分协商、公正处理”的原则，严格按合同有关规定和监理程序，公正、合理地处理工程暂停、复工、工程变更、工程延期及延误、合同争议调解、合同解除、索赔等工作，确保施工承包合同的顺利履行。

（8）信息化系统管理目标。

标准化建设按《关于深化铁路建设项目标准化管理的指导意见》（铁总建设〔2013〕193号）执行。根据建设单位信息化管理统一部署要求，配置信息化管理设备，建立信息化管理网络，纳入发包人统一接口，并接受发包人的统一管理；在拟投入工程人员构成表中设置专人负责信息化系统的管理和维护；监理项目部、监理组预留信息系统接入条件，监理规划中纳入信息系统相关内容，按照发包人标准化管理的要求承担运用主体责任，通过信息化管理系统提交监理管理过程中的相关资料，使之作为现场管理重要的基础技术管理手段和支撑。

（9）文明施工目标。

实现防治环境污染和生态破坏措施与铁路建设工程同时设计、同时施工、同时投产；施工扬尘、有毒有害气体及固体排放控制在国家排放标准以内；施工污水排放控制在沿线地方各市排放标准以内；环境敏感地区施工现场场界噪声达标排放；能源、原材料消耗控制在计划以内，环境事故责任为零；现场布局合理、环境整洁、物流有序、标识醒目，创建文明工地。

（10）技术创新目标。

以促进技术进步和服务工程建设为宗旨，攻克对工程建设安全、质量、工期、环境保护等影响重大的技术难题；获得最大的科技、管理、资源、环保和社会经济效益；争创省部级科技进步奖项。

（11）风险防范及控制目标。

审查施工单位的风险管理细则，参加建设单位组织的风险识别和评价会议，对风险监测方案、专项施工方案、施工作业指导书、作业标准和作业队伍培训教育的实施情况进行检查，实施全过程监理。

（12）标准化管理目标。

按照铁路建设标准化管理要求，建立铁路建设标准化管理体系，形成建设项目各项工作闭环管理、有序可控。以机械化、工厂化、专业化、信息化为支撑，实现管理制度标准化，全面落实人员配备、现场管理和过程控制标准化要求，建成标准化项目部、标准化作业队和标准化工地。

（13）监理服务标准化管理目标。

明确落实“标准化管理”“信用评价”等管理要求；按照中国铁路总公司和金台铁路有限责任公司的安排部署，建立与金台铁路有限责任公司标准化管理体系相匹配，涵盖项目工程质量、安全、工期、投资效益、环境保护等管理制度、人员配备、现场管理、过程控制标准化管理体系，在工程建设中全面实施标准化管理。接受金台铁路有限责任公司对其在标准化管理、信誉评价等方面的考评等规定，并给予积极配合。

五、监理工作要点

1. 编制监理细则

结合工程特点及实际情况，编制监理实施细则及质量安全卡控要点。根据已批准的监理规划，在总监理工程师的主持下组织技术人员编制隧道工程、桥梁工程、路基工程、房建工程、“四电”工程、轨道工程施工等监理实施细则，完成对危险源辨识、风险源评估工作，按照金台铁路有限责任公司建设项目质量安全风险管理“一图四表”法编制风险实施细则，组织风险调查、识别、分析和评价，进行动态监控、处置，并制定监理应急预案等。同时，对该管段监理的主要内容、监理措施、监理手段及质量标准等进行细化明确，并对关键工点及工序制定相应管控措施。

2. 配合建设单位组织对设计文件、图纸的审查及设计交底

监理项目部进场后，立即组织全体人员全面熟悉招投标文件、工程承包合同、监理服务协议书、设计图纸和说明，进行环境调查，掌握所要监理的工程对象，对文件、资料、图纸中存在的差错、遗漏、含糊不清等问题，报金台铁路有限责任公司相关管理部门，予以澄清或作出处理。

图纸到达现场后，监理项目部会同金台铁路有限责任公司组织施工单位对设计图纸进行审查，并将审查出的问题书面交付设计单位，由设计单位出具设计变更或书面说明，采用这种方法进行图纸交底使施工单位明确了图纸的技术要求、质量标准、施工方法，减少了图纸的差错。

3. 抓好开工前的技术准备，严格开工审批

审查施工单位《实施性施工组织设计（方案）》并提出意见，同时，现场核对是否具备开工条件，签认施工单位提交的《主要进场人员申报表》《施工组织设计报审表》《进场施工机械报验单》《进场材料报验单》和《施工测量放线报验单》。审核其图纸会审及施工技术交底资料，审查施工单位提报的合同标段和特大桥、跨道路桥梁等重、难点关键工程的开工报告，完成审查后签发开工报告，并报告建设单位。

（1）协助委托人和承包人协调征地、拆迁、交通疏解，完成四通一平，合理布置施工场地。

（2）参加金台铁路有限责任公司组织的设计交桩，并见证监督复测、控制测量工作。

按照要求组织进行平行测量。审核承包人的测量设计，组织测量控制点、中线桩的交桩工作，由设计方现场提交资料、核实桩点位置。督促承包人进行控制点复测和相邻标段控制点联测复核。测量专业监理工程师旁站复测和联测过程，审核测量记录和测量成果。当复测和联测精度满足相应等级导线点和水准点测量精度后，采用交桩资料。否则，会同设计、委托人、各方重测，由设计方修正。

对施工单位的复测资料进行检查，特别是两个相邻施工单位之间的测量资料、桩橛等是否交接清楚，手续是否完善，质量有无问题，并对贯通情况、中线及水准桩设置、固桩进行审查。对重点部位高程、中线进行复测，发现问题及时通知施工单位纠正，并做好监理记录。审查、签认施工单位提交的《贯通测量成果工程报验申请表》，对测量精度、平差结果等内容进行审查，合格后进行签认。施工过程中，结合工程实施进展情况，会同桥梁、路基、隧道、轨道等专业监理工程师对重点工程的中线测量放样、标高测量工作进行监督或平行测量。

（3）审核承包人授权的常驻现场人员的资质和现场的组织机构，审查分包合同和分包人的资质，对符合合同要求者，予以认可；否则，整改或调换。

（4）督促承包人建立质量保证体系和安全保证体系，审查现场的主要技术管理人员的资质，要求质检工程师必须具有相应施工经验和专业技术资质，能独立完成质量自检工作。在工程投标书中所报技术负责人，必须持资质证明，常驻现场进行质量控制。制订完善的质量控制程序和可行、可靠的技术及组织保证措施。安全保证体系认真落实由安全总监负责制，安全总监必须具有相应的工作经验和

资质。

（5）组织施工图纸的技术交底和资料的交接，使承包人全面掌握设计意图、设计文件要求和设计图纸，并澄清图纸的疑问、遗漏和差错，以便组织施工。

（6）督促承包人按图纸要求，合同约定和规范规定，编制和提交施工组织设计。其中至少包括：编制依据、施工平面总布置图、主体工程的施工方法、技术措施、工艺流程和附图、工程重点和难点的对策、施工监测计划、材料及设备投入计划、人员配备及劳力组织、质量检验手段和安全保证措施、进度及投资计划、进度横道图及网络图等。对于承包人上报的施组设计，监理要从内容的完整性、技术措施和保证条件的可靠性和可操作性、施工方法的科学性上，认真审核，同意或经整改后上报委托人审批后实施。

（7）检验进场设备和材料的合格证、出厂试验报告及外观，签认材料、设备进场报验单，允许合格者进场；否则，退回。

（8）检查、验收工地试验室，批准具备试验资质的人员负责试验室工作，并督促承包人按规范要求的频率和数量，对进场材料取样实验，合格者方准予使用。并提供实验资质证书或试验资质证书及试验报告资料。所有资料有序登记，长期保存。

（9）配合建设单位组织召开第一次监理工地会议，检查工程有关各方履行合同及开工前准备工作情况，进行监理程序和监理方法的交底；定期或不定期地组织施工单位召开月度或其他专题工地会议。

（10）审核承包人单位工程《开工报告》及《分项工程开工报告》。《开工报告》中应附有：测量复核、放样成果、图纸交底会议纪要、材料及设备进场报验单及检验报告、工点优化单、四通一平情况报告等。

当施工单位的主要施工准备工作已完成时，监理项目部认真审核施工方案，按照设计及规范要求检查进场材料的数量、规格、质量标准，符合要求后同意施工单位的开工要求，签署《工程开工报告》。

4. 施工材料、构件检验及复验

监督施工单位做好原材料、构配件、设备进场质量检验、验收，按规范频次数量进行材料质量检测；注重原材料质量把关，严格执行业主主材准入制度，见证工程使用的原材料、半成品的检测，检测合格后方准许投入使用。对目测和检测出的不合格材料及时要求施工单位清除出场，严防用于工程实体；在对进场材料的监理中，是以施工单位的自检和监理抽检见证试验相结合，核查进场原材料的型号、规格、出厂日期、质保证明等内容，拒绝不合格材料进入施工现场，一旦发现不合格原材立即清理出场，从源头上把好工程质量关。JTJL-Ⅰ标共进行原材料见证检测 12 000 组，平行检验 3 978 次，其中原材料 2 309 批次，路基填筑质量平检 1 031 批次，混凝土强度回弹检测 1 860 批次，清场不合格材料 30 批次。JTJL-Ⅱ标累计进行平行检验 5 743 批次，其中合格 5 692 批次，不合格 51 批次，其中粗骨料不合格 12 批次，细骨料不合格 30 批次，速凝剂不合格 4 批次，粉煤灰不合格 2 批次，钢筋不合格 3 批次，不合格原材料全部通知施工单位清退。累计见证检验 4 405 批次，其中合格 4 399 批次，不合格 6 批次，不合格原材料全部通知施工单位清退。通过对进场原材料的严格把关控制，从根本上保证了工程实体质量。

检查工程材料、成品、半成品、设备等出厂合格证，检查施工单位的各种试验和试验记录；如有疑义，监理人员将在项目管理机构指定的试验室，对原材料、各类试件等取样抽检复查。对不合格的材料和设备，禁止进入工地和投入使用，已进场的不合格材料要求施工单位限期清出现场；检查进场材料、设备、构配件的原始凭证、检测报告等质量证明文件及其质量情况；对进场材料、设备、构配件进行见证试验或平行检验，合格时予以签认。对不合格材料、设备、构配件拒绝进场和使用。严格控制不合格建筑材料、构配件项目部设备进场及使用，禁止先用后检、边检边用、未检使用的现象的发生。

工程施工前和施工过程中，监理项目部审阅各项进场材料的出厂证明、材料证明、试验报告。对钢材、水泥、砂石料、防水板、外加剂等材料，按照规范要求材料复验的数量和批量督促和见证施工单位及时取样，送达检测单位对有关材料进行复验。对于有疑问的主要材料会同甲方在现场进项目部复检，严禁使用不合格材料。

5. 变更设计的把关

监理项目部严格按《铁路基本建设变更设计管理办法》有关规定进行变更设计控制把关。因设计图错漏，或在施工中发现图纸有不合理情况时，会同施工各方一起研究优化设计方案，经设计单位同意后进行变更设计。按规定程序严格审查、复核申报的设计变更，参加设计单位组织的有关会议，并按批准的变更设计文件实施。确保数量准确、变更合理，并对其提出预审意见，坚持“先批准，后施工”的原则，无变更设计图纸，不得自行施工。未经相关单位或部门审查同意而实施的变更项目部设计和超变更设计范围的工程量不验工。

6. 隐蔽工程检查

监理项目部督促施工单位编制报送隐蔽工程施工进度计划。隐蔽工程在隐蔽前，要求施工单位按有关专业“验收标准”的规定，先行组织自检合格后，按规定填好各类隐蔽工程检查表，签认手续完备后，报监理项目部组织验收。按施工程序严把隐蔽工程质量关，严格按规范对每道工序、各个部位进行规定的质量抽检和现场监督，对重点工程、重点部位进行全面旁站监理。对不符合质量要求的工程，要求承包人返工或采取其他补救措施，以达到合同及设计文件规定的技术标准和质量要求，并适时实施质量评定，合格后方可签认。

对于检查不合格的工程或检验批所填内容与实际不符的，监理工程师在工程报验申请表上签署检查不合格及整改意见；严重的，签发监理工程师通知单，责令施工单位限期对不合格工程进行整改，自检合格后，向监理项目部重新报验，检验批、分项、分部工程质量经验收合格并经监理工程师签认相关资料后方可进入下道工序施工。未经签认的工序，不允许进行下道工序施工。

7. 工程质量监理和旁站监理

监理工程师对施工单位的施工质量有监督管理责任。在检查工作中发现工程质量缺陷时，及时向施工单位指明质量缺陷部位、问题及整改意见，要求纠正复验。对较严重的质量问题或已形成隐患的问题，监理工程师责令施工单位返工或暂停施工，严格要求施工方整改克服质量缺陷。

监理项目部对重点部位和关键工点开展了专项检查，如桥梁预制节段拼装梁及系杆拱、隧道光面爆破及衬砌、桥面系、无砟轨道道床施工质量等的不定期地开展专项检查，通过专项检查针对性地采取预防和纠偏措施，有效地控制工程施工质量。对在检查中发现的工程质量问题，及时向施工单位指明质量问题部位及整改意见，对较严重的质量问题或已形成隐患的问题，监理工程师以书面监理工程师通知单形式要求施工单位返工或暂停施工，要求施工单位纠正、整改问题，监理工程师进行复验至合格。JTJT-Ⅰ标累计签发监理工程师通知书500份；JTJL-Ⅱ标累计签发监理工程师通知书152份；JTJL-Ⅲ标累计签发监理工程师通知单878份。所有问题均按监理通知书要求整改回复并经现场专业监理工程师复核签认。

8. 工程质量检验

工程质量检验分为原材料及半成品检验、检验批检验、分项工程检验、隐蔽工程检验、分部工程检验、工程验收等。检验批、分部分项工程工程完工后，经施工方自检合格，填写各种工程检验单，经监理工程师现场查验后，监理工程师对检验批及分项、分部工程质量验收情况进行签认。

9. 施工进度监督

工程监理对施工进度的监督主要有几种做法，一是审查及督促落实施工单位编制的实施性施工方案及施工计划，突出重点，并使各单位、各工序进度密切衔接；二是在开工初期审核施工单位编制的工程进度网络计划，督促协助施工方安排好施工资源；三是在施工过程中积极协调监控各施工单位的进度，及时帮助施工单位解决一些技术上、资源调配上、过程组织上的问题。

10. 工程竣工验收

管段工程完工后，监理项目部依据经批准的设计文件、施工图纸及相应的技术说明书、招投标文件和合同文件、有关工程质量验收的标准、规程、规范等对已完工程进行验收，对施工单位提交的竣工资料进行检查，按照建设单位的要求组织施工单位完成工程自验和监理评定验收，为建设单位组织下一步工程验收工作打下良好的基础。

在工程竣工验收前，监理项目部督促施工单位及时整理、编制竣工文件及项目部验收所需资料，对已竣工的单位工程进行自检。自检通过后，向监理项目部提交监理验项目部评定书面申请及按规定编制的全部竣工文件，申请工程验收。

监理项目部对施工单位提交全部竣工文件进行审查，总监理工程师组织专业监理工程师会同施工项目部技术人员到现场对单位工程实物进行检查，对检查中发现的问题，监理项目部要求施工单位整改完毕后由总监组织复查，认可后签发验收意见报金台铁路有限责任公司。

六、监理过程控制方法及措施

监理项目部通过对施工单位的行为进行监控和督导，采取相施工监理措施，对施工活动进行全方位、全过程监项目部管理，规范工程建设行为。为了更好地确保施工质量和安全，监理项目部制定了试验、验收、巡视和旁站制度，对关键工序、关键环节进行全过程跟踪控制，针对不定期存在的质量安全隐患及时下达监理指令。同时，项目总监每月不少于 4 次对施工现场进行巡视，对检查中存在的问题，要求现场监理督促施工单位及时进行整改，真正项目部到对施工过程进行动态管理。

1. 监理方法

质量控制方法以工序控制为中心，重视事前控制，严格事中控制，严把事后控制关。

（1）事前质量控制。

① 审查施工队伍的资质、人员配备情况。督促施工单位建立健全质量保证体系；

② 对工程所需材料、半成品、构配件进行质量检查与控制。检查与复核测量、放线设施（标桩、定位线、水准点）可用性及有关数据的正确性；

③ 审查施工单位提交的实施性施工组织设计、施工方案、施工计划；

④ 参加设计交底和图纸会审，当发现工程设计不符合国家颁布的建设工程质量标准或设计合同约定的质量标准时，以书面报告业主，并要求设计人更正；

⑤ 对开工各项条件检查合格后，总监理工程师经业主同意后方可下达开工令。

（2）事中质量控制。

① 对施工材料进行抽检，质量符合设计图纸和施工技术规范要求的材料才允许用于施工；

② 严格工序间的交接检查。对主要工序及隐蔽作业，监理人员按规定时间检查、验收合格后方可进行下道工序；

③ 重要部位或专业工程检查有疑问时，监理工程师还需进行试验或测试复核；

④ 对已完成分部、分项、检验批工程按质量评定标准进行检查验收。

（3）事后质量控制。

参与质量事故分析和处理会议，责成有关责任单位及时整改。审核施工单位提交的质量检验报告及有关的技术性文件。督促施工单位对验收中提出的问题及时进行整改。

（4）质量问题处理。

① 监理工程师对施工中的质量问题除日常巡视、重点旁站、分项分部工程检验中解决外，对质量问题按严重程度分别处理；

② 对可以通过返修弥补的质量缺陷，责成施工单位分析原因提出处理方案，监理项目部审核后（必要时经建设单位和设计单位认可）批复施工单位处理，处理结果重新进行验收；

③ 对需要返工处理或加固补强的质量问题，除责成施工单位先写出质量问题调查报告，提出意见外，还需与建设单位和设计单位研究，经设计单位提出处理方案，批复施工单位处理，处理结果重新进行验收；

④ 监理工程师对质量问题和质量事故的处理结果进行复查。

2. 监理措施

（1）组织措施。

建立监理机构的质量保证体系，确定项目监理机构人员分工和岗位职责；建立健全监理组织，完善职责分工及有关制度，做到职责明确，全面落实质量控制的岗位责任；完善和加强监理组织内部监管机制，加强监理队伍的自身建设，在监理过程中，通过组织功能，不断提升监理水平，使监理组织处于良性、高效运转之中。

按照监理组织的职责分工，将目标按施工阶段和单位、分部、分项、检验批进行分解，使目标具体化，责任落实到每个监理人员上。

建立健全监理例会制度、巡视制度、旁站制度。

制定对监理工程师的考评及奖励办法，并严格执行。

总监理工程师积极做好目标控制的监督检查工作，发现问题及时采取补救措施。

（2）技术措施。

加强质量的事前控制措施，严格质量的事中、事后控制。

加强与设计单位的沟通，做好图纸会审和技术交底工作。

认真审查、审批施工单位编制的施工组织设计、方案和作业指导书。督促施工单位严格执行国家、中国国家铁路集团有限公司及浙江省颁发的工程建设标准、工程质量检验评定标准、工程承发包合同及有关技术标准、督促施工单位认真履行施工总承包合同约定的责任和义务。

监理期间，监理项目部先后编制监理规划 1 项、监理细则 40 项（包括旁站监理实施细则、安全监理实施细则、路基工程监理实施细则、隧道工程监理细则、桥梁桩基施工监理实施细则、桥梁承台、墩身施工监理实施细则，支架现浇梁监理实施细则、地基处理监理实施细则、路基填筑监理实施细则、轨道工程、通信信号、电力及牵引供电专业监理实施细则等）、管理制度 42 项，明确质量监理工作程序，明晰监理人员职责，指出监理控制要点、验收部位、检查频次与要求，并通过考核制度督促监理人员严格执行。

充分运用先进的科学仪器和试验手段，保证测量和试验数据准确可靠。加强对施工单位工地试验室的检查、指导工作，试验室有合格资质并达标，设备要定期经过有合格资质的计量单位检定校准，从而有效控制工程质量。

检查工程质量，按规定签认各种质量检查表，对施工单位各种自查记录、施工测量、放样等资料进行抽查，发现问题做出监理记录，并通知施工单位及时纠正；监督施工过程中的工程质量，对重点难点工程派人员驻点监理，对关键工序进行旁站监理；严格执行隐蔽工程签证制度，上道工序不合格，严格禁止进行下道工序的施工。

监理工程师在进行监督检查施工过程中，发现质量、安全、环保问题时，立即书面通知施工单位改正或返工处理。如不及时改进，在征得业主同意后，由总监理工程师签发停工令；对隐蔽工程中出现的各种问题，及时监督施工单位认真处理，必要时邀请建设单位和设计单位共同参加处理。

检查确认工程材料、成品、半成品和设备的质量，如果有疑问，监理将采取必要措施，对确认不符合要求的材料、成品、半成品和设备，禁止进入工地和投入使用，已进场的，责令施工单位清出现场。

督促施工单位严格按照施工规范、规程和设计图纸施工；对工程的主要部位、重要环节、关键工序的施工及设备的安装、调试，按国家、中国铁路总公司及浙江省有关质量检测规定进行检查签证；督促施工单位按规定进行各类试验，同时按规定数量进行平行抽检试验，并对施工单位的试验结果进行签认；按验收标准规定，对施工单位自评的检验批、分项、分部、单位工程质量进行复查签认。

根据工程任务范围、工程特点及监理工作需要设立监理项目部中心试验室，加强检测、试验手段，按规定做好见证及平行试验。

（3）经济措施。

督促施工单位编制资金使用计划，确定、分解投资控制目标。组织审核工程计量，复核工程付款账单，签发拨款证。及时组织进行计划费用目标值与实际开支费用的分析比较，发现偏差，分析产生偏差的原因，采取纠偏措施；监理人员对原设计或施工方案进一步优化，提出合理化建议。必要时提出控制、调整措施和方案。

（4）合同措施。

认真执行委托监理合同中监理人的权利和义务，严格质量检查和验收，对不符合合同规定及质量评定验收标准要求的工程不予验工计价；认真落实建设单位对施工单位考评及奖惩的有关实施办法。

第三节　监理结论

一、监理结论

新建金华至台州铁路工程相关路基、桥涵、隧道、轨道、声屏障工程以及站房、四电及生产生活房建等专业分项工程、分部工程、单位工程经验收评定，认为该工程达到了合同约定的工程质量要求，总体工程质量评定为合格。

据国标、部标工程质量评估相关规定，各单位工程质量满足国标、国铁集团颁发质量验收规范规定及设计文件、合同规定等质量要求，达到了合同约定的质量等级，实现了委托监理合同中对工程质量的控制目标，达到合格标准，可以交付使用。

二、监理工作取得的成绩、经验及教训

监理工作中，监理单位突出安全质量主线地位，细化源头管理、过程控制，及时总结反馈经验，安全质量可控。各监理项目部均被公司评为优秀项目部，多名监理人员评为金台铁路先进个人，尤其是北京铁城建设监理有限责任公司监理项目部多次被金台铁路有限责任公司评为年度优秀监理项目部。

1. 质量管理

（1）由于沿线隧道众多，隧道的施工质量作为监理工作的重点和难点。监理项目部将隧道工程施工质量管理细化标准，强化可追溯性，对衬砌厚度、仰拱深度，监理项目部制定管控措施，明确质量要求及检测方法，并对施工过程加强旁站、巡视检查和工序检查验收工作。

（2）隧道工程关键工序工艺标准，经常性的组织监理人员培训学习，针对铁路施工单位管理层次多的特点，交底要贯穿施工单位项目部、分部（工区）、作业人员，监理单位监理项目部、监理组、监理工程师、监理员，以达到明确技术标准、提高工作指令传到效率和强度等问题。

（3）隧道工程质量管理推行现场监理、监理项目部推行主要领导两级现场报验与衬砌许可制度，监理项目部主要领导报验与现场巡视、交底及纠偏相结合，通过报验，提高技术指导与整改纠偏力度。

（4）依法合规，深入研究工艺细节。针对多年来隧道施工工艺上存在的“通病”，本着建精品的原

则，落实工程实体标准化要求，强力推行工艺措施细节研究。监理项目部不定期组织工艺细节控制，专题研究活动，组织了衬砌脱空问题专项研究，对基面平整、防水板安装、振捣工艺、放料顺序、放料速度、反坡地段振捣、封顶压力等均取得了一些切合实际的经验。

（5）不断总结，持续改进提高，强化、细化接口、防排水、测量、沉降评估等专业管理。

2. 安全生产管理

（1）深化火工品管理，严控火工品存储、运输、装药过程管理的前提下，设置爆破监理安全管控，按照工序检查，并加强对爆破后的检查、盲炮处理、剩余炸药销毁的管理要求。

（2）对安全风险大的工点，采取业主代表、金台铁路有限责任公司分组包保制度。对施工安全风险较大或受控程度差的工点，查找管理上存在的问题，指导施工技术方案的编制与实施、应急处置措施的落实。

（3）落实安全步距管理，确保隧道施工安全。监理项目部利用日报、巡视检查等有效手段，作为一项管理制度，严格做到令行禁止，采取暂停掌子面开挖，指导施工单位优化防排水、衬砌工序组织等措施，卡控隧道安全步距不超标，较好的确保了施工安全。

（4）桥梁工程结合以往项目正反两面经验，拓展检验项目，深化安全重点环节的卡控制。对桥梁下部结构深基坑钢围堰、钢板桩维护、墩身脚手架等存在一定危险性的作业，要求施工单位编报专项方案，将安装、拆除作业纳入工序检验。对梁体施工的支架体系搭设、移动模架验收方案，要求施工单位严格按照省交管中心下发的关于危大分部分项工程管理办法执行。严格按照批准的方案，采取安全确认的办法，对支架体系、塔吊的地基处理、搭设情况、挂篮的验收、走行、拆除纳入工序管理。

（5）开展作业行为安全教育，从作业行为、作业人员安全意识入手，提高现场受控程度，逐步推行班前预想、班中巡查、班后总结制度，明确当日工作内容与安全注意事项，检查作业人员安全护具配备、安全技术要领掌握情况。

（6）对塔吊、龙门吊、汽车吊、泵车等大型特种设备，逐步推行进场、就位、作业、退场确认制度，重点检查支垫、钢丝绳、限位装置，检查交叉作业的协调统筹，确保施工安全。

（7）狠抓季节性安全应急预案落实，确保施工现场安全。针对浙江地区雨水丰沛的特点，各监理项目部狠抓季节性防洪等措施落实，督促施工单位在场地布置、排水设施、应急方案、队伍、物资储备上切实落实防汛要求。

3. 投资与进度投资控制

按照国铁集团、浙江省筹措资金情况，细化排定进度、投资计划，跟踪过程实施，避免无序复工，较好地确保了工程资金使用与停工工点的施工安全，未发生队伍不稳定与安全质量波动。

4. 廉政建设

监理项目部与建设单位、施工单位，落实廉政互控机制，加强源头控制，做好定期廉政教育，过程警示谈话等工作，未发生廉政问题。

第十五章　工程咨询

金台铁路项目施工图审核工作由中铁第四勘察设计院集团有限公司承担。审核内容包括工程设计范围内的现场核对、施工图文件、图纸及投资预算审核、变更设计审核等。自2016年2月开始审核第一批图纸至金台铁路开通，中铁第四勘察设计院集团有限公司全过程服务于项目工程咨询审核工作，完成施工图审核（工程设计范围内的现场核对、施工图图纸审核和施工图投资预算审核）、变更设计审核工作，先后高质量完成了站前工程、站后工程（不含站房、信息）、站房工程、信息工程施工图审核，并顺利通过中国铁路总公司工管中心的审查。

第一节　咨询方式

一、审核依据

（1）参照中国铁路总公司《铁路建设项目施工图审核管理办法》（铁总建设〔2014〕299号）；

（2）原铁道部工程管理中心《关于印发铁路建设项目施工图审核管理指南（试行）的通知》（工管审〔2010〕76号）；

（3）原铁道部工程管理中心《铁路建设项目施工图审核考核实施暂行办法》（铁工管〔2010〕179号）；

（4）国家有关法律、法规、技术政策，工程建设强制性标准；

（5）中国铁路总公司现行有关技术政策，设计规范、规程、标准；

（6）国家发改委的项目可行性研究报告批复意见；

（7）浙江省相关行业标准、规范、规程；

（8）中国铁路总公司、浙江省人民政府《关于新建金华至台州铁路初步设计的批复》（铁总鉴函〔2016〕183号）；

（9）浙江省发展改革委《关于新建金华至台州铁路5座站房等变更设计的批复》（浙发改设计〔2019〕66号）；

（10）施工图审核合同书（委托书）；

（11）各专业审核采用的主要规程、规范及技术标准。

二、施工图审核组织机构、职责及人员配置

（一）施工图审核组织机构

为确保金台铁路项目施工图审核工作的顺利开展，集团公司将从组织机构上给予充分的保证，根据金华至台州铁路项目特点，为高起点、高标准、高质量、高效率地实施金台线施工图审核工作，集团公司组织成立“新建金华至台州铁路施工图审核项目部”，实行项目经理责任制。

“新建金华至台州铁路施工图审核项目部”主要成员有项目主管总工程师、审核总体负责人（兼项目经理）、项目审核副总体及各专业负责人、现场分部部长、综合部部长等。

金台铁路项目施工图审核总体组与设计单位的设计总体组相互一一对应，由参加过类似工程设计、

审核经验的各专业技术骨干组成，包括经调、行车、线路、轨道、地质、路基、桥涵、隧道、站场、机务、车辆、机械、给水排水、通信、信号、信息、防灾、电气化、电力、房建、暖通、环保、工程经济等专业，同时按中国铁路总公司及招标文件的要求配足各专业审核人员，承担施工图审核及变更设计审核工作。新建金华至台州铁路施工图审核组织机构见图 15-1。

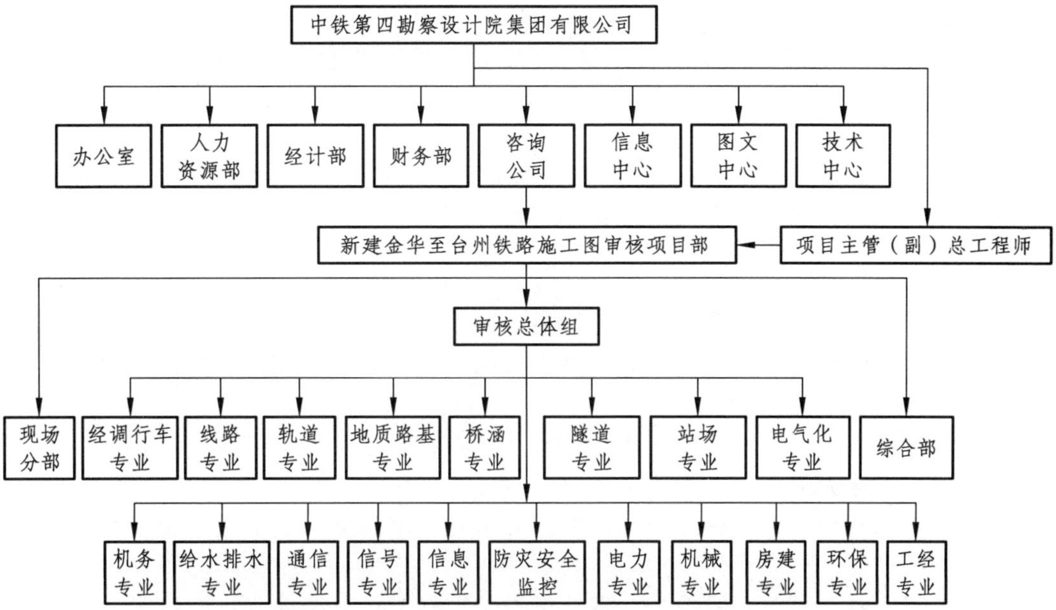

图 15-1 新建金华至台州铁路施工图审核组织机构

（二）部门分工与职责

集团公司各职能部门的分工与职责执行集团公司《质量环境职业健康安全管理体系文件》（QESM001）的各项规定。项目部的职责分工如下：

项目部全面负责金台铁路项目施工图审核工作，包括现场核对、施工图设计原则审核、施工图文件审核、施工图预算审核、变更设计施工图文件审核，含审核以及审核后直至项目竣工验收合格期间的其他配合工作。编制施工图审核月报、现场核对报告、审核阶段报告、审核总报告、重大问题报告及委托人要求提交的审核业务范围内的其他报告，上报建设单位。项目部下辖施工图审核总体组、现场分部、综合部的职责分工如下：

1. 施工图审核总体组

（1）施工图审核总体组按照中国铁路总公司相关文件和招标文件要求开展施工图审核（包括现场核对、施工图设计原则审核、施工图文件审核、施工图预算审核、变更设计施工图文件审核）及对工程施工图审核技术支持。

（2）同时针对项目特点，在审核过程中加强与建设单位、设计单位的沟通，各专业审核负责人之间协调配合开展施工图审核工作，确保按时提交施工图审核意见及审核报告。

2. 现场分部

（1）负责或参与现场踏勘、现场核对工作，并协助总体组编制现场核对报告；负责施工图审核过程中及审后的现场技术服务；负责将现场核对成果反馈给审核总体组，纳入施工图审核意见中。

（2）负责与建设单位、设计单位沟通，及时、准确地传达建设单位的指令。

（3）联络集团公司安排审核人员到项目所在地及设计院开展审核工作。

（4）协助编制施工图审核月报的相关工作。

3. 综合部

（1）协助项目总体负责人开展项目部标准化管理、信息化管理。

（2）按照项目合同书、建设单位要求负责项目信息平台建设，督办施工图审核过程中相关事情。

（3）按时向建设单位提交施工图审核意见、工作月报等各类报告，并及时与建设单位、设计单位沟通传递相关信息。

（4）负责接收及发送相关设计文件、图纸等资料，协助组织文件图纸归档，完成项目部交办的工作。

（三）岗位职责

项目主管总工程师、主管副总工程师、审核总体负责人（兼项目经理）、审核副总体、现场分部部长、专业技术负责人、综合部部长等岗位职责如下：

1. 项目主管总工程师、主管副总工程师岗位职责

项目主管总工程师是施工图审核项目全面履行合同中约定的技术、质量工作的总负责人，全面主持施工图审核的技术、质量管理工作，对施工图审核的技术、质量工作负总责，对项目部提出的施工图审核报告负总责。主要职责如下：

（1）指导项目部的技术及技术管理工作；

（2）审定施工图审核大纲；

（3）主持各类技术性会议、各种综合性会审，并审定会审意见，负责裁定施工图审核过程中的各类技术问题；

（4）审定施工图审核意见、专题报告、审核报告、审核工作总结等并相应签署；

（5）对各专业的施工图审核意见质量作出最终评定；

（6）项目主管副总工程师协助主管总工程师工作。

2. 施工图审核总体负责人（兼项目经理）岗位职责

施工图审核总体负责人（兼项目经理）是金台铁路项目全面履行施工图审核工作的全权负责人，负责专业性的协调和日常管理工作，对施工图审核质量的总体性和系统性负责。根据建设单位和有关施工图审核程序的要求，协助项目管理负责人组织及协调、处理内外关系，保证计划目标的圆满实现。其主要职责如下：

（1）在项目中代表公司与建设单位、设计单位及其他相关部门协调、沟通有关问题；

（2）确定项目部人员，并明确项目部各部门的分工，制定施工图审核工作方针和组织编制有关施工图审核工作制度；

（3）主持项目前期策划，并负责组织实施；

（4）主持建立项目部管理体系及其信息化系统、标准化管理；

（5）主持施工图审核工作，负责对项目部各部门的督导工作；

（6）主持施工图审核合同管理，处理合同争议和索赔；

（7）按时组织编制审核工作月报、审核报告和审核工作总结；

（8）负责组织编制施工图审核大纲；

（9）组织制定施工图审核工作计划、工作制度，落实生产组织工作；

（10）为确保施工图审核工作的有序进行，对接取设计各阶段文件及图纸的完整性负责；

（11）负责项目总体设计与专业接口的审核工作；

（12）对各专业的施工图审核意见进行审查，并汇编施工图审核意见、履行送审程序；

（13）负责对各专业施工图审核进度追踪并采取相应措施；

（14）协助施工图审核总体负责人对文件、资料的管理和归档工作。

3. 项目施工图审核副总体岗位职责

（1）协助施工图审核总体负责人按合同规定的工作范围、内容和约定的工期全面完成合同中审核人的义务；

（2）负责组织编制施工图审核大纲；

（3）及时与建设单位、设计单位沟通传递相关信息；

（4）组织制定施工图审核工作计划、工作制度，落实生产组织工作；

（5）协助总体负责人开展施工图审核工作，负责专业间的技术协调和图纸及施工图预算审核等技术管理工作；

（6）为确保施工图审核工作的有序进行，对接取设计各阶段文件及图纸的完整性负责；

（7）负责项目总体设计与专业接口的审核工作；

（8）重大技术问题及时向总体负责人进行请示汇报，参与技术问题的决策及记录；

（9）协助总体对各专业的施工图审核意见进行审查，并汇编施工图审核意见、履行送审程序；

（10）负责对各专业施工图审核进度追踪并采取相应措施；

（11）协助总体组织编制审核工作月报、审核报告和审核工作总结；

（12）负责文件、资料的管理和归档工作。

4. 现场分部部长岗位职责

（1）负责现场分部的管理、组织、策划工作；

（2）负责组织项目的现场核对全部工作，编制现场核对报告并向建设单位报送；

（3）协助委托人开展相关工程管理工作；

（4）负责与建设单位、设计单位沟通现场核对方面的问题，及时、准确地传达建设单位的指令；

（5）积极组织开展现场技术服务；

（6）完成项目总体交办的其他工作。

5. 专业负责人岗位职责

专业负责人是本专业的施工图审核工作负责人，直接从事本专业的施工图审核工作，并对本专业施工图审核工作负责。主要职责如下：

（1）专业负责人在施工图审核总体负责人指导下开展本专业的施工图审核工作，接受施工图审核总体负责人的督导和协调。

（2）制订本专业的施工图审核实施计划，协助施工图审核总体负责人完成工程项目施工图审核计划的编写与实施。

（3）负责组织本专业对设计文件的施工图审核。参加综合性的技术文件、设计方案的会审，就本专业的技术问题提出施工图审核意见。主持本专业的方案审查会，参加专业技术交流。审查与本专业有关的接口设计文件。

（4）负责组织本专业施工组织设计、施工工艺的审查。参加施工组织设计的会审，就本专业的技术问题提出审核意见。审查本专业采用新工艺、新材料、新技术、新设备等的实施方案、施工要求、质量检测手段。

（5）完成本专业的施工图审核工作总结。

（6）及时提供本专业的工作情况，为工程项目施工图审核报告提供素材。

6. 综合部部长岗位职责

（1）协助项目管理负责人开展项目部标准化管理、信息化管理；

（2）负责与建设单位、设计单位联系，沟通传递相关信息，督办审核过程中相关事情；

（3）负责组织接收相关设计文件图纸；

（4）协助项目管理负责人进行项目信息网络平台建设，组织各类文件收发、建档；
（5）完成项目部交办的工作。

（四）人员配置

根据金台铁路项目审核工作的要求，按已获取的信息，分析、研究金台铁路项目工作范围、工作内容、工程设计和项目特点进行人员配置。主要人员包括项目总体负责人、项目主管总工程师、专业审核负责人等。

1. 项目部主要人员

项目主管总工程师：	彭京平	集团公司副总工程师 教授级高级工程师
总体负责人：	谢智泓	咨询公司副总工程师 教授级高级工程师
副总体负责人：	赵春艳	高级工程师 一级注册结构工程师
综合部部长：	赵　亮	工程师

2. 施工图审核总体组主要负责人员

施工图审核总体组主要负责人员见表 15-1。

表 15-1　施工图审核总体组主要负责人员

项目岗位	姓名	技术职称
总体负责人	谢智泓	教授级高级工程师
线路专业负责人	邹艮民	高级工程师
轨道专业负责人	魏永恒	高级工程师
桥梁专业负责人	冯楚桥	教授级高级工程师
地路专业负责人	聂　犇	高级工程师
隧道专业负责人	吴治家	教授级高级工程师
站场专业负责人	王海明	高级工程师
电力专业负责人	江　松	高级工程师
电气化专业负责人	常永胜	高级工程师
机械专业负责人	陈　萍	教授级高级工程师
机务专业负责人	杨　辉	教授级高级工程师
通信专业负责人	王国雨	高级工程师
信息专业负责人	张从光	高级工程师
信号专业负责人	郑建利	教授级高级工程师
防灾专业负责人	郑建利	教授级高级工程师
房建专业负责人	赵春艳	一级注册结构工程师 高级工程师
暖通专业负责人	许安勇	高级工程师
环保专业负责人	徐　萍	高级工程师
给排水专业负责人	毕秀梅	高级工程师
工经专业负责人	余金海	教授级高级工程师

3. 现场分部主要人员

现场分部部长：	车　毅	工程师
现场分部技术人员：	黄　玲	工程师

现场分部人员可根据工程进展情况按需配备。

4. 综合部主要人员

综合部部长：　　　　　　赵　亮

综合部管理人员：　　　　严玮炜、张　雪

以上为拟投入金台铁路项目的施工图审核总体组各专业施工图审核主要人员及现场分部和综合部主要成员。另外根据项目的特点及工作需要，各专业均配备3～5人参加项目施工图审核工作。此外，金台铁路有限责任公司还可根据建设单位对施工图审核的要求和项目的进展情况，随时调配各专业技术人员配合建设单位开展工作，以满足工程建设的需要。

三、施工图审核主要工作方法和程序

（一）编制施工图审核大纲

根据现场踏勘情况编制施工图审核大纲，报送建设单位审查，批准后执行。

审核大纲的主要内容包括：主要技术标准、施工图审核范围、施工图审核依据、施工图审核组织机构、职责及人员配置、施工图审核重点及内容、施工图审核流程、施工图审核时限、审核单位的职责、工作要点及审核工作的关键环节、施工图审核成果等方面。

施工图审核工作按审核大纲的要求完成。

（二）设置现场工作部，开展现场踏勘和核对工作

审核单位在现场设置现场工作部。在建设单位的组织下，审核单位会同设计、监理、施工单位，对三电迁改（电力、通信、信号）和油、气管路、给水管路的迁改，以及大临工程进行了现场踏勘及核对；对全线桥涵、隧道、路基、车站等各工点位置、数量、规模、功能及周边环境与设计内容的一致性进行了现场踏勘及核对。

审核单位将所有现场核对成果编制成现场核对报告并报送建设单位，并将现场核对中发现的问题纳入了审核意见。

（三）现场技术服务情况

审核单位参加由建设单位主持召开的现场会议，对各项工程的设计方案、加强措施、设计变更等进行研究、处理并提出咨询意见；参加各专业的现场图纸会审，均提出了相应的审核意见。

（四）审核施工图设计原则

审核单位对设计单位编制的施工图设计原则进行了审核，并提出了相应的审核意见。

（五）审核线路平、纵断面设计

线路平、纵断面涉及现场核对及各专业审核，总体性强，审核单位对其进行了专项审核。

（六）审核各专业施工图图纸及设计文件

1. 施工图图纸、文件审核流程

按建设单位要求及设计单位的供图协议，分期分批提出审核意见，主送建设单位，同时抄送设计单位。设计单位按每批审核意见逐条进行答复，并以正式书面形式主送建设单位，同时抄送审核单位。审核单位收到设计单位的答复后进行回复主送建设单位，同时抄送设计单位。设计单位按确认的审核、审定意见及建设单位和中国铁路总公司工程管理中心的仲裁或批复意见及时修改施工图图纸、文件。

审核单位对修改后的施工图图纸及设计文件进行确认，经确认无误后，加盖施工图审核专用章。建设单位对设计单位修改和审核单位确认后的最终施工图图纸及设计文件加盖施工图审核专用章，交施工单位实施，作为工程验工计价、工程验交、工程审计的依据。

2. 对分歧意见的处理

审核单位不同意设计单位答复意见的解释与说明时，在回复中明确表示异议，对分歧意见报请建设单位组织协调仲裁确定，作为最终的审定意见。

3. 施工图投资检算（或预算）审核

根据设计单位提供的施工图工程数量及计算诸表、初步设计批复概算对施工图投资检算（或预算）文件（含站前、站后、站房、信息）进行审核，提出工程、设备数量及工程投资的增减数量和具体的审核意见，主送建设单位，抄送设计单位。设计单位根据审核意见修改施工图投资检算（或预算），并与初步设计批准概算按章节进行比较后，审核单位对审修投资检算（或预算）进行确认，提出确认意见，主送建设单位，抄送设计单位。

四、施工图审核工作过程

（1）2015 年 9 月 1 日，经公开招标选定中铁第四勘察设计院集团有限公司为施工图审核单位；

（2）2015 年 9 月，铁四院根据现场踏勘及设计资料编制完成了《新建铁路金华至台州线施工图审核大纲》，金台铁路筹备组组织专家对施工图审核大纲进行了审查；

（3）2015 年 12 月，中铁第四勘察设计院集团有限公司完成站前专业设计原则的审核、线路平纵断面的审核；

（4）2016 年 2 月，金台铁路筹备组组织设计和施工图审核单位共同对金台铁路进行了现场核对，中铁第四勘察设计院集团有限公司提出现场核对审核意见并编制完成了现场核对报告；

（5）2016 年 2 月，按照中国铁路总公司《关于新建铁路金华至台州铁路工程初步设计的批复》（铁总鉴函〔2016〕183 号）的批复意见，中铁第四勘察设计院集团有限公司对初步设计批复意见的执行情况进行了落实；

（6）2016 年 2 月至今，中铁第四勘察设计院集团有限公司开展金台线站前工程施工图及相应变更设计的审核；

（7）2017 年 5 月，由金台铁路有限责任公司牵头，铁四院及铁五院站后相关专业人员完成了新建铁路金华至台州线站后工程（不含站房、信息）施工图现场核对工作；

（8）2016 年 2 月至今，中铁第四勘察设计院集团有限公司开展新建铁路金华至台州线站后工程各专业说明书、系统集成实施技术方案、施工图及预算文件的审核、工程数量核对及相应变更设计的审核；

（9）2019 年 1 月至今，中铁第四勘察设计院集团有限公司开展金台铁路壶镇站等 7 座站房、雨棚及相关工程施工图、文件、预算、工程数量核对及相应变更设计的审核；

（10）2019 年 2 月，由金台铁路有限责任公司牵头，完成金台铁路站房工程施工图现场核对工作。

第二节　主要咨询成果

一、施工图审核情况

中铁第四勘察设计院集团有限公司对金台铁路施工图审核采用按照供图计划，分批次进行的方式。为尽量缩短审核周期，采取了以下具体措施：一是与设计单位建立了有效的沟通机制，分别建立了专业负责人、专业总工、项目总体三个层次沟通机制，对审核中分歧意见根据具体情况分层次沟通，使绝大部分分歧意见在沟通中得到解决，加快了审核和图纸修改进度；二是紧紧依靠建设单位的组织和领导。建设单位始终在设计和咨询单位之间积极开展工作，在审核过程中组织召开了多次协调会，及时解决供图、审核存在的问题，裁决分歧意见，为施工图审核工作的顺利开展创造了良好的条件。

站前工程共审核施工图纸、文件 365 册，提出审核意见 2 584 条，设计答复 2 584 条，采纳 2 014 条，采纳率 77.9%；站后工程（不含站房、信息）共审核施工图纸、文件 642 册，提出审核意见 38 104 条，设计答复 3 810 条，采纳 3 665 条，采纳率 96.2%；站房工程共审核施工图纸、文件 240 册，提出审核意见 3 159 条，设计答复 3 159 条，采纳 2 973 条，采纳率 94.1%；信息（含客服）工程共审核施工图纸、文件 27 册，提出审核意见 259 条，设计答复 259 条，采纳 253 条，采纳率 97.7%。中铁第四勘察设计院集团有限公司共审核金台铁路施工图纸、文件 1 274 册，提出审核意见 9 812 条，设计答复 9 812 条，采纳 8 905 条，采纳率 90.8%，具体各专业审核意见及答复情况见下表 15-2。

表 15-2　各专业审核意见及采纳情况汇总

专业	审核图纸、文件/册	审核意见/条	设计单位答复				分歧意见/条
			答复意见/条	同意并采纳/条	解释未予采纳/条	采纳率/%	
站前							
线路	34	153	153	111	42	72.5	0
轨道	10	7	7	5	2	71.4	0
路基	128	355	355	285	70	80.3	0
桥梁	90	866	866	642	224	74.1	0
隧道	75	827	827	651	176	79	0
站场	19	268	268	231	37	86	0
环保	4	37	37	29	8	78.4	0
工经	5	71	71	60	11	84.5	0
站前合计	365	2 584	2 584	2 014	570	77.9	0
站后（不含站房、信息）							
机务	1	1	1	1	0	100	0
车辆	2	40	40	40	0	100	0
机械	3	62	62	60	2	96.8	0
通信	15	60	60	53	7	88.3	0
信号	20	31	31	26	5	83.87	0
防灾	1	6	6	4	2	66.67	0
电气化	119	550	550	498	52	90.5	0
电力	109	1 514	1 514	1 499	15	99	0
给排水	27	151	151	148	3	98.01	0
房建	174	1 314	1 314	1 261	53	96	0
暖通	171	81	81	75	6	92.6	0
站后合计	642	3 810	3 810	3 665	145	96.2	0

续表

专业	审核图纸、文件/册	审核意见/条	设计单位答复				分歧意见/条
			答复意见/条	同意并采纳/条	解释未予采纳/条	采纳率/%	
站房							
建筑	24	414	414	392	22	94.7	0
幕墙、金属屋面	22	318	318	305	13	95.9	0
内装、静态标识	14	474	474	448	26	94.5	0
结构	28	726	726	668	58	92	0
暖通	14	239	239	227	12	94.98	0
电力	21	509	509	474	35	93.1	0
信息	10	120	120	114	6	95	0
机械	85	106	106	105	1	99.1	0
给排水	14	41	41	41	0	100	0
综合管线	7	124	124	118	6	95.2	0
工经	1	88	88	81	7	92.0	0
站房合计	240	3 159	3 159	2 973	186	94.1	0
信息（含客服）							
信息	17	139	139	136	3	97.8	0
客服设施	10	120	120	117	3	97.5	0
信息合计	27	259	259	253	6	97.7	0
合计							
合计	1 274	9 812	9 812	8 905	907	90.8	0

二、施工图审核主要意见

1. 轨道专业

（1）技术方案优化。

有砟轨道—无砟轨道过渡段分界处未设置挡砟墙。审核建议在有砟轨道—无砟轨道分界点处设置挡砟墙，确保分界点处有砟轨道一侧道床饱满密实不塌陷。

（2）工程措施优化。

台州站客车整备所库外整体道床设计图中过渡段道床底部采用 C20 素混凝土。审核建议过渡段道床底部采用 C20 混凝土，增加少量钢筋。

DK11+341.369 处、DK73+288 处锁定焊焊接接头位置位于线桥过渡段上。审核意见锁定焊接接头位置位于线桥过渡段上，不满足规范要求，需优化。

2. 路基专业

（1）工程措施优化。

金台线多处路堑段落侧沟沟底位于基床表层换填底面线以上。审核建议侧沟沟底位于基床表层换填底面线以下不小于 0.2 m。

DK110+610 ~ DK110+670 右侧等地段脚墙基础埋置在填土中。审核建议脚墙基础宜埋入原地面以下，否则应先夯实坡脚外填方再挖基砌筑脚墙。

DK121+527 ~ DK121+537.12 左侧天沟外设被动拦石网，长度约 10 m。审核建议建议向两端（尤其向隧道方向）延长至长度不小于 30 m，以起到拦石作用。

金台施咨路 1 ~ 10 号桩板墙工点挡土板长度 3.95 m，仅与桩身搭接 0.1 m。审核意见为确保挡土板于桩的搭接长度，挡板长度不应短于 4.15 m。

临海南车站旋喷桩处理范围为坡脚范围。旋喷桩宜超出路堤坡脚外 1 ~ 3 m，审核建议路堤坡脚外不少于 1 排旋喷桩。

（2）结构安全优化。

DK66+231.3 ~ DK66+275、DK66+306 ~ DK66+350 左侧等一级边坡孔窗式护坡坡脚（侧沟平台未铺砌）处无基础。为利于坡脚稳定，审核建议设置厚 0.4 m 条形基础。

TDK21+910 ~ TDK22+260 段淤泥质土层基本承载力仅 45 kPa，采用的水泥搅拌桩桩底呈悬浮状，并置于淤泥质土层。审核建议搅拌桩穿透淤泥质土层至下卧粉质黏土相对硬层。

3. 桥涵专业

（1）工程措施优化。

四乌坑 2 号特大桥，为增加桩头自由长而人为增加了缝隙。为增加桩头自由长而人为增加的缝隙，审核建议用黏土塞填。

（2）结构安全优化。

金寺堂特大桥，部分桥墩承台底有较厚的σ_0=40 kPa 软土，桩头配筋偏弱。部分桥墩承台底有较厚的σ_0=40 kPa 软土，审核建议加强桩头配筋。

头门港支线灵江特大桥，13、22、28 号墩桩长偏短，审核建议 13、22、28 号墩增加桩长。

田市跨永安溪、台金高速公路特大桥，1、2 号墩梁段底板横向钢筋偏弱，1、2 号墩梁段底板横向钢筋建议加强。

4. 隧道

秀山隧道洞身 DK15+465 ~ DK15+565 段位于泥岩地层，格栅间距 1.5 m/榀。审核建议格栅钢架间距优化为不大于 1.2 m/榀。

西井 2 号隧道台州端洞口单压式明洞与偏压式明洞衔接断面的自然边坡坡度较陡。审核建议在断面右侧回填土坡脚设置挡护措施，以保证回填土石稳定。

马头山隧道金华段洞口设计图：隧道洞口偏压，右侧含砾粉质黏土层较厚（约 8 m）。审核建议采取相应防护或加固措施，以策安全。

5. 站场

（1）技术方案优化。

田市车站站坪坡度较大。车站站坪坡度 5‰。由于该站地处台风地带，建议站坪不大于 1‰。建议在施工图文件中增加超限坡进行技术经济比选，补充启停检算，施工图文件应着重交代防溜措施并向运营单位说明。

（2）工程措施优化。

道岔设在过渡段上，审核提出 DK142+486 处 3 ~ 16 m 框架桥上设有道岔，需满足道岔上框架桥覆土厚度不小于路基基床表层厚度的要求，桥涵过渡段需加长加强处理。

仙居站站排洪涵出口无排水出路。多个排洪涵涵洞出口为果园和农田，无排水出路。审核提出应增加导流渠、铺面防护等与既有排水系统有机衔接完善排水出路的相关接口设计。

6. 环保专业

未说明路基声屏障雨水排水管位置及规格。审核意见提出标注预留的路基声屏障雨水排水管位置及规格，并强调说明雨水口与路基边坡排水的顺接，路基声屏障地梁应避免阻隔路基基床排水层。

7. 车辆专业

永康南疏解线台州方向红外轴温探测站设在弯道上。审核意见建议左移，避免设在弯道上。

8. 机械专业

闭门器力量难以保证防护门抵抗活塞风不被打开，应由门锁保证防护门常闭。

9. 通信

金温铁路调度所新设 FAS 分系统，建议取消金温铁路调度所的 FAS 分系统，直接通过 EⅠ远拉至上海客专调度所。

10. 信号

永康东站信号平面布置图，出站信号机 SⅠ在警冲标 241 内方，建议出站信号机 SⅠ移设至 SⅡ同坐标并排设置坐标 237。

磐安站 A2G 长度 1 400 m，位于岩潭隧道内（2 907 m），保证轨道电路正常工作，应对 A2G 进行分割。

11. 防灾

现场雨量监测设备位置示意图中工程数量表中接地线缆采用 25 mm^2，根据防灾系统施工图及验收标准，建议室内接地线采用 50 mm^2 的线缆。

12. 电气化

（1）技术方案优化。

头门新区站接触网平面布置图 h26 距车挡距离不足 10 m，与规范要求不符，应核改下锚锚柱方案。建议将 h25 与 h26 改为 h8 ~ h9 处相同下锚方式。

台州牵引变电所接触网供电线平面布置图 G4 与 G5 之间跨距仅为 16 m，G5 与 G6 之间约 12 m，相距较近。建议取消 G5，并将 G6 改为对锚设置（因跨越既有电气化线路）。

（2）工程措施优化。

磐安、仙居、临海、杜桥牵引变电所一次图中，建议通信室增加双鉴探头，补充了安全监控的范围，防止出现安全死角。

横溪至白塔区间接触网平面布置图第一座隧道的进口漏设避雷器。

永康南站接触网基础预留平面布置图 Y33 ~ Y34、Y7 ~ Y6、Y5 ~ Y4 硬横跨的跨度较大，横梁上悬挂支数较多，根据横梁跨度、水平及垂直荷载核实部通用图的硬横跨是否适用，否则应特殊设计硬横跨或立三柱连续硬横跨。

13. 电力

长及特长隧道内的 10 kV 贯通线应采用阻燃型或采取阻燃防护措施。

磐安、仙居、临海南 10 kV 配电所电力设计图，根据《铁路电力设计规范》（TB 10008—2015）中第 5.5.4 条的要求，完善说明及系统图中的保护配置，调压器柜应设置零序过流保护，电抗器柜应设置过电压、过负荷保护。

金台铁路金温货线迁建工程Ⅰ类变更：金温货线迁建工程永康东站电力设计图[金台施咨电（变）03]变电所、信号设备房屋内的所有线缆均应采用阻燃型，请核改。

14. 给排水

货场消防管网为枝状。消防管道全部采用 DN200 mm，为保证用水安全，建议货场处消防管网设成环状。室外消防管道管径偏大，应根据室外消防流量计算修改消防给水管管径。

15. 房建

基底土层承载力较高，可不用桩基，建议采用柱下墩代替桩基。

站房建筑侧立面设通长窗，结构在悬挑梁上设 3.1 m 高、160 mm 厚的悬挑通长斜墙。悬挑通长斜墙上方未设拉结构件，斜墙存在安全隐患。

16. 暖通

信号综合楼、牵引变电所等建筑屋面的冷水管采用电伴热保温，金台铁路项目工程地处夏热冬冷地区，根据沿线气象条件，屋面所设冷水管采用电伴热保温无必要，建议采用保温材料保温。

17. 信息

武义东站信号综合楼信息设备平面布置图：工程数量表公安管理信息系统部分，公安系统设有公安综合柜，但公安系统的二层交换机及 UPS 备注设置在办公综合柜内有误。

18. 客服

公安管理信息系统图中派出所至杭州公安处的带宽仅 10 Mbps，不满足《中国铁路总公司关于开展铁路公安信息网扩容工作的通知》(铁总公安函〔2016〕820 号）的要求，请核查。

19. 工经

站后施工图，房屋章节中新增信号房屋 17 863.72 m^2，投资增减原因分析中应对此做出相关说明，请补充；另，投资增减原因分析中，货运房屋共计增加 3 521.15 m^2、通信房屋面积减少 350.52 m^2、房屋面积共计减少 2 326.05 m^2，而综合预算对照表中，货运房屋增加 3 013.73 m^2、通信房屋面积减少 232.5 m^2、房屋面积共计减少 2 696.49 m^2，数据不一致。

信号、电力等过渡工程估列费用达不到该阶段设计深度要求，请根据过渡方案、工程数量套用定额编制费用；另，电气化工程人工价差 22.65 元/工日有误，应为 19.18 元/工日。

三、结构检算

中铁第四勘察设计院集团有限公司桥梁、轨道专业对金台铁路铁路项目重点桥渡进行了检算，检算工点及结论如下：

1. 金台线罗桥跨台金高速公路特大桥上部结构 1～156 m 拱桥

（1）二期恒载按照 97.745 kN/m 计算，主力工况最小强度安全系数为 3.7，最小抗裂安全系数为 1.50，主+附工况最小强度安全系数为 3.6，最小抗裂安全系数为 1.4，均满足规范要求。

（2）运营阶段拱肋最大压应力 143.6 MPa，拱肋内混凝土最大压应力 7.5 MPa，均满足规范要求；吊杆最小安全系数 4.2，满足规范要求。

（3）根据咨询计算结果，主梁静活载竖向位移为 49.3 mm，静活载挠度为 1/3 164，静活载梁端转角为 0.001 8 rad，均满足规范要求。

（4）运营荷载作用下，梁端转角较大，建议采取措施，避免道砟在梁的变位过程中粉化。

2.（92+3×152+92）m 连续梁拱

（1）根据检算成果，梁体强度、抗裂性、主应力、抗剪、梁体挠度、梁端转角等指标检算均满足规范要求；拱肋、吊杆各项指标检算均满足规范要求。

（2）主力、主+附组合下，计算主墩支座截面上缘正应力分别有 – 0.2 MPa、 – 1.9 MPa 拉应力。由于该截面附近混凝土同时受支座及拱座等结构共同作用，受力复杂，建议进行局部空间分析，加强构造处理。

（3）部分顶板直索在运营阶段预应力钢索最大应力比 0.615，略大于规范要求的最大应力比 0.6，建议适当调整张拉应力。

（4）桥梁结构跨度大，计算温度变化产生的位移较大（ ±22.9 mm），与其他条件叠加后会产生出现更大变位，建议在设计上采取应对措施，并提示运营管理部门关注。

3. 永康江特大桥（48+5×80+48）m 连续梁无缝线路复核检算

经检算，当桥上仅采用小阻力扣件时，桥上无缝线路强度检算不能满足要求。

当仅在（48+5 × 80+48）m 连续梁右梁端设置一组单向伸缩调节器时，（48+5 × 80+48）m 连续梁和（54+2 × 90+54）m 连续梁桥上无缝线路检算强度检算、断缝检算以及稳定性检算均满足要求，但（48+5 × 80+48）m 连续梁固定支座受力较大，需检算桥墩强度是否满足要求。

当在（48+5 × 80+48）m 连续梁上左右梁端均设置一组伸缩调节器，则（48+5 × 80+48）m 连续梁和（54+2 × 90+54）m 连续梁桥上无缝线路检算强度检算、断缝检算以及稳定性检算均满足要求，桥梁墩台受力也较小。

综上所示，为确保安全，建议采用在（48+5 × 80+48）m 连续梁上左右梁端均设置一组伸缩调节器的方案。

4. 灵江特大桥（92+3×152+92）m 连续梁无缝线路复核检算

经检算，当桥上仅采用小阻力扣件时，（92+3 × 152+92）m 连续梁拱桥上无缝线路强度检算不能满足要求。

如果在（92+3 × 152+92）m 连续梁拱左右梁端均设置一组伸缩调节器，则（92+3 × 152+92）m 连续梁拱桥上无缝线路检算强度检算、断缝检算以及稳定性检算均满足要求，桥梁墩台受力也较小。

故建议采用在（92+3 × 152+92）m 连续梁拱左右梁端均设置一组伸缩调节器方案。审核检算结论同设计检算结论。

第十六章 物资管理

第一节 物资采购供应

一、物资采购供应管理

（一）物资管理机构及职责

为规范金台铁路工程建设项目甲供物资采购供应管理，实行统一领导、分类管理、分级负责的管理体制。公司成立物资管理领导小组，董事长、总经理任组长，公司领导班子成员、副总工程师任副组长，物资设备部、工程管理部、安全质量部、计划财务部、综合管理部、纪检监察室负责人为成员。研究决定物资招标采购、管理等重要事项，审定物资管理办法，确定和调整甲供、自购物资设备的目录，监督、检查物资采购供应工作。

（二）物资采购权限

根据《铁路建设物资采购供应管理办法》（铁总物资〔2015〕116号）、《中国铁路总公司管理甲供物资采购供应实施细则》（铁总物资〔2015〕352号）、《铁路建设项目甲供物资目录》（铁总物资〔2015〕117号）、《浙江省重点建设项目管理办法》（浙江省人民政府令第270号），并结合实际，经公司研究，金台铁路物资管理分为甲供物资和自购物资两类，实行分类管理。甲供物资钢轨、道岔、扣配件、轨枕、桥梁支座等铁路专用器材（部管甲供）纳入国铁集团采购供应管理，在北京市建设工程发包承包交易中心挂网招标采购；防水板、止水带、防水涂料、防水卷材等大众物资由公司采购供应，在浙江省公共资源交易中心挂网招标采购；自购物资砂石料、钢材、水泥、粉煤灰等由各施工单位采购供应，在其上级主管部门或股份公司批准的招投标平台挂网招标采购。

（三）物资招标采购

1. 国铁集团管理甲供物资

（1）在国铁集团物资管理部组织下，按照相关文件规定与国铁集团批准的专业物资代理公司签订物资设备采购供应服务合同，并参与对专业物资代理公司采购和供应服务工作的考核。

（2）各施工单位按公司要求及时上报甲供物资清单、总需求计划、技术要求及说明，经单位负责人、监理单位总监签字并加盖公章后上报。

（3）物资设备部编制甲供物资招标计划（可分站前、站后两次上报），经国铁集团物资管理部批准后分批实施。

（4）公司审查后及时编制年度采购计划和批次采购计划，上报国铁集团物资管理部。

（5）国铁集团管理甲供物资设备的招标文件由物资代理公司统一汇总编制，经公司招投标领导小组审核批准后，交物资代理公司发布招标公告。

（6）国铁集团物资管理部组织公司在北京市建设工程发包承包交易中心进行招标采购。招标交易手续（包括招标公告、交易表格、评标结果公示等）统一委托物资代理公司办理。

（7）国铁集团物资管理部组织公司依法组建评标委员会，评标委员会负责评标工作，推荐中标候选人。

2. 建管物资设备

（1）按照浙江省规定，公司与通过招标确定的招标代理公司签订建管物资招标代理服务合同。招标代理公司协助公司招标。

（2）施工单位按施工组织安排及时上报建管物资清单、总需求计划和技术要求及说明，由单位负责人、监理单位总监签字并加盖公章后报公司物设部。

（3）物资设备部按照浙江省关于物资设备招投标的有关规定，根据施工组织安排，编制招标计划、招标文件，公司相关部门配合。建管物资招标计划和招标文件经公司招投标领导小组批准后实施。

（4）物资设备部牵头相关部门组织招标、评标及合同签订。招标交易手续（包括招标公告、交易表格、评标结果公示等）统一委托招标代理公司办理。

（5）公司依法组建评标委员会，评标委员会负责评标工作，推荐中标候选人。

（6）公示结束后，经公司招投标领导小组对评标报告核准后，发出中（未）标通知书，与中标人签订采购合同。

3. 自购物资

（1）按国家和国铁集团、浙江省关于招标的有关规定，自购物资由施工单位组织招标采购。凡是国家、行业实行行政许可或强制性产品认证的物资，以及列入国铁集团《铁路专用产品认证采信目录》的物资设备，资格设置中必须要求供应商通过相应的许可或认证。

（2）公司负责对自购物资招标程序，是否为合格供应商以及物资质量进行监督。自购物资招标前，施工单位按公司要求及时上报招标请示报告。公司审核招标文件中采购资格要求设定和技术要求等内容是否符合相关规定或要求，核准后施工单位组织招标采购。

（3）自购物资设备由施工单位与中标人签订采购合同，合同签订后 10 日内将评标报告、采购合同副本报送监理单位、公司物资设备部备案，否则按公司相关规定考核。

（四）物资组织供应

（1）施工单位根据施工组织安排及库存情况，编制年度、季度、月度物资需求计划。年度需求计划在上年度最后一个月的 15 日前上报，季度需求计划在上季度最后一个月的 15 日前上报，月度需求计划在上月 20 日前上报，月度需求计划可在季度需求计划内调整，但幅度控制在 10%以内，避免临时性紧急需求。上述需求计划按时间节点报公司物设部。

（2）施工单位根据现场实际施工情况，有需求计划变更时，可在物资发货前提出，已发货或在途物资不予调整变更，申请调整变更的物资发货准备期不小于 7 日。变更需求计划附物资需求变更说明，并经监理单位审查后报公司物设部组织实施。

（3）金台铁路工程建设物资管理实行“工完料清”制度。施工单位对所提报的需求计划的真实性、准确性、完整性、及时性负完全责任。对于不达标的需求计划，公司物设部拒绝接收，并按照有关规定和合同约定追究相关人员责任。

（4）公司物设部汇总各施工单位提交的甲供物资月度需求计划，经工程部审核后，向物资供应商下达甲供物资的供应需求计划（订单）。

（5）公司物设部及时跟踪供应需求计划（订单）的生产和发运落实情况，对可能出现的急需、短缺的物资设备，加大督发力度，在必要时派人驻厂催发。

（6）物代公司协助公司建立总公司管理甲供物资的合同执行情况台账，国铁集团物资管理部负责监督检查有关合同执行情况，公司如实提供与检查事项有关的文件、资料，并对有关检查事项涉及的问题作出解释和说明。

（7）由于施工单位保管不善，丢失、损坏、被盗、返工等原因造成甲供物资需求数量超出设计概算的，须以书面形式报金台铁路有限责任公司，经总经理办公会议同意后，由物设部实施采购，发生的费用由施工单位承担。

（8）甲供物资的调剂和应急采购供应：

① 各施工单位、供应商服从公司对物资设备的调剂供应。调剂供应以保障现场施工急需为原则，调剂的物资为待接受的物资设备和各参建方的库存物资设备。

② 甲供物资结算单价以公司招标采购价格为准。物资设备从调出到调入的运杂费由调入方承担。

③ 遇突发事件和应急采购，国铁集团管理甲供物资由公司物设部协调物代公司组织应急采购供应，建管物资由公司物设部组织应急采购，并在组织采购后十五天内，按规定补办相关手续并备案。

（五）物资验收存储

1. 物资验收

（1）监理单位和施工单位相关人员共同到现场对进场物资的品名、规格、型号、数量、检测报告、合格证书、认证或许可证书、质量保证承诺（包括产品质量保证期和产品缺陷召回、经济损失责任赔偿的承诺等）进行检查验收，并按规定进行检测。

（2）存在数量、质量差异或与所签合同不符等问题时（拍照留存），甲供物资由公司物设部组织物代公司与供应商协商解决。

（3）物资到达现场经初验合格后，施工单位不得拒卸拒收，凡施工单位拒卸拒收或迟卸迟收造成的滞纳金由施工单位承担。

2. 物资保管

（1）物资的存放、标识牌制作按照《金台铁路工程标准化工地建设实施细则》（金台铁安发〔2016〕7号）文件执行。

（2）验收合格后的物资由施工单位负责保管。

（3）施工单位根据现场物资设备的理化性能，搭建必要的仓储设施（库、棚、场等），建立健全仓储保管制度，严格按照物资保管规程，对仓储物资设备进行妥善保管，因保管不当造成的损失由施工单位负责承担。

（4）施工单位分别建立甲供物资收发台账，完备出入库手续，并做好交接使用记录，保证物资设备的去向和可追溯。

（5）已使用或安装完成的物资设备，施工单位要派专人守护，避免丢失和损坏。

（六）甲供物资供应情况

（1）国铁集团甲供物资 74 877 万元，其中：轨枕 492 695 根，金额 13 788 万元；岔枕 206 组，金额 1 285 万元；扣件 1 019 185 套，金额 4 059 万元；道岔 206 组，金额 4 888 万；钢轨 36 606 吨，金额 18 361 万元，轨道车辆 10 台，金额 3 934 万元；客货机车 9 台，金额 14 616 万元；动集列车 2 组，13 946 万元。

（2）建管甲供物资 19 616 万元，其中：防水板 2 916 288 m^2，金额 4 646 万元；止水带 690 340 m，金额 1 824 万元；聚氨酯防水涂料 960 815 kg，金额 974 万元；氯化聚乙烯防水卷材 394 357 m^2，金额 799 万元；高聚物改性沥青防水卷材 65 311 m^2，金额 194 万元；声屏障 49 998，金额 775 万元；桥梁支座 7 898 个，金额 6 238 万元；弹性支承块 87 370 块，金额 3 379 万元；桥梁检查车 13 台，金额 772 万元；胶粉 200 kg，金额 1 万元；增强剂 1 297 kg，金额 6 万；防水附加层卷材 5 874 m^2，金额 8 万元。

二、物资管理工作思考

（一）以省为主与以国铁集团为主建设铁路在管理上的差异

1. 以国铁集团为主建设铁路物资管理模式和程序

以国铁集团为主建设铁路物资设备管理模式和相关的物资招投标采购程序及配套文件（包括物资设备管理、物资分类、服务代理、招标计划、招标采购、计划供应、质量控制、监督检查、供应商信用评价等）较为完善，各管理程序之间衔接紧密，操作性较强，特别是建设期的物资采购为后期运营维管提供充分的保障。

2. 国铁集团对非控股铁路建设项目相关规定

国铁集团对非控股铁路建设项目物资设备招投标采购，特别是铁路专用物资（通用和特殊桥梁支座、轨道结构材料、四电材料、轨道车、钢轨）等材料，根据中国铁路总公司的铁总物资〔2015〕352号规定，国铁集团非控股建设项目履行项目法人单位内部决策程序后可参照该文件执行。

3. 国铁集团的优势

（1）利用铁总平台招标采购优点。可以合理制定采购实施方案，科学安排采购时间和划分包件，利用专业的专家库评标和集中采购、批次招标价格对比及时数据分析可对预算执行情况进行调整，有效降低投标报价和控制采购成本。保证“公平、公正、公开”阳光采购，全面开放市场、严格合同约束，实现信息公开。

（2）专业物资代理服务公司选择。铁路建设项目物资设备管理是保证铁路工程项目稳定及可持续发展的重要途径，项目物资设备的数量、质量、价格因素以及工程进度对工程项目的质量和成本等都有着至关重要的作用。物资代理公司始于2007年铁道部时期，在铁路物资管理活动中，因代理服务项目多、经验丰富、操作规范，在甲供物资招标采购、供应服务、质量监控、竣工结算等方面均有一套完整的工作流程，已经成了专业的服务顾问，并起到了良好的桥梁作用，大大提高了铁路项目物资设备的管理水平。

（3）物资供应商关系管理和信用评价。国铁集团有相关的供应商关系管理办法主要包括供应商信息管理、日常不良行为处理、年度信用评价和风险管理，其目的就是为了规范物资供应商关系管理，建立和完善物资供应商关系体系。供应商信用评价管理办法，是为完善铁路物资市场诚信体系，引导物资供应商诚信履约，防范物资采购风险。其中还包含铁路运营物资的采购。

（二）浙江省相关规定和实施过程中由此而产生的政策、程序方面的缺失，对工程建设的影响

以浙江省为主建设铁路物资设备招标采购程序主要依据《浙江省重点建设项目管理办法》(浙江省人民政府令第270号）执行，在浙江省公共资源交易中心进行招标采购，与之相对应的有招标文件范本、招标程序、评标专家库等，但也有不完善之处，主要体现在以下几个方面：

1. 评标专家库问题。铁路工程建设大众物资（防水板、止水带、防水涂料、防水卷材等）必须在浙江省平台招投标，但是铁路专用物资（钢轨、道岔、轨枕、扣配件等）招标评标专家相对较少，无法满足评标工作需求。特别是铁路四电物资设备评标专家严重缺失。

2. 招标服务代理公司问题。按照浙江省相关规定，通过公开招投标选择具有资质的招标服务代理公司，其服务内容完全是招投标工作，不涉及组织供应、质量监控，不能提供专业的现场物资管理服务工作。

3. 供应商的信用评价问题。浙江省重点工程招投标办法规定只是投标人被列入招标投标失信黑名单（以浙江省发改委公布的披露期内的失信黑名单为准)，主要是针对供应商招投标环节，但是在实际

供应中对出现以假充好、产品质量不合格等问题时，没有有效的办法和手段来制约供应商，无法进行有效控制。

4. 中标候选人数量问题。浙江省招投标法规定，按照评标办法，经评标专家审核后，只推荐一名中标候选人，如果因中标候选人放弃中标、不按照招标文件要求提交履约保证金，或者被查实存在影响中标结果的违法行为等情形，不符合中标条件的，需要进行重新招标，按照规定程序，要在 1 个月左右，会延误工程建设进度。

（三）以省为主的铁路建设的具体思路和建议

1. 政策方面的配套衔接。结合以省为主铁路建设实际，建议集团对接省发改委对后续铁路建设物资的采购供应可以进行试点和走一条创新模式：即利用集团公司招投标平台，参照国铁集团的招投标模式开展招标采购工作，其目的降低招投标成本和物资设备生产成本。并通过集中招标采购积累大数据，进一步分析和研判年度材料价格走势，为设计和投资提供可参考的依据。

2. 管理机制方面的创新。可以借鉴国铁集团物资代理服务，根据项目公司实际情况引入专业的物资代理服务公司提供计划管理、合同管理、供应和质量管理、内业管理四个方面的专业、优质服务，服务项目公司监管甲供物资招标、供应、管理。

第二节　物资质量控制

一、物资质量管理措施

按照国铁集团、上海铁路局、浙江省交通工程管理中心、浙江省交通投资集团有限公司的相关要求，金台铁路有限责任公司按照“源头把关，过程控制，精细管理”的原则，对物资实施全过程质量管理，在原材料进场验收和试验检测管理方面常抓不懈。

（一）进场质量控制

（1）物资到达现场后，要求施工单位根据招标采购合同、质量保证书（合格证）和发货凭证，按物资设备质量验收标准，对进场物资设备的数量和外观质量进行认真验收，并做好原始记录。对于存在数量、质量差异或与所签合同不符等问题，甲供物资设备由金台铁路有限责任公司物设部组织物资代理公司及供货厂商共同确认、协商解决，自购物资设备由施工单位与供货厂商协商解决。

（2）物资进场后，要求施工单位及时通知监理单位验收并填写检验/试验通知单，内容包括：产品名称、产地、品种、规格、型号、进货数量、进货日期、使用部位及堆放场地，并附产品质量证明单和产品合格证原件，试验室核对产品质量证明单或产品合格证内容，及时做出复试检测。

（3）要求施工单位按照设计规范要求和相关规定，对进场物资进行取样检验、检测，并将结果报监理单位批准后使用，严禁边检边用和使用未经检验的物资。

（4）要求监理单位按照设计规范要求和有关验收标准，对进场物资进行见证取样检测或平行检验，合格物资准予进场，不合格物资禁止进场。

（5）因物资设备质量产生争议时，由金台铁路有限责任公司委托或通过招投标确定的第三方质量检测机构对物资进行取样检验、检测，做出最终裁定。

（二）施工过程质量控制

（1）物资转接过程中必须做好交接记录，要求施工、监理单位对构成工程实体的物资按要求填制物资质量记录单。

（2）施工单位按照验标要求和频率对施工过程中物资质量严格自检；监理单位应加强巡视、旁站监督、检查工作。

（3）物资在工程使用过程中，经任何一方检验、检查机构发现存在质量问题时，施工单位应立即停止使用，不得进行下一道工序的施工，同时将相关情况报金台铁路有限责任公司。

（三）强化质量检查

在浙江省交通工程管理中心和浙江省交通投资集团有限公司的关心与指导下，金台铁路有限责任公司每月定期开展物资管理工作专项检查。除浙江省交通工程管理中心和浙江省交通投资集团有限公司的检查以外，根据《关于印发金台铁路物资设备管理办法的通知》（金台铁物发〔2018〕123 号）中物资管理检查考评标准及要求，金台铁路有限责任公司物资设备部结合《关于印发金台铁路工程试验检测管理办法的通知》（金台铁安发〔2018〕63 号）、《关于修订金台铁路物资管理检查考评标准的通知》（金台铁物发〔2019〕67 号），每月联合安质部试验检测工程师、监理单位对全线各个搅拌站、钢筋加工厂及中心实验室进行全面的检查。检查重点为原材料进场验收、仓储堆码、管理台账、自检和监理抽检频次、检测项目、检测报告、产品合格证及质保书等相关资料。针对检查出现的原材料基础资料不全、进场验收不严、仓储堆码标准化管理不到位、报验程序不规范、试验检测不标准等相关问题，金台铁路有限责任公司先后下发《关于进一步加强试验室、拌和站和工程物资质量管控工作的通知》（金台铁安发〔2017〕79 号）、《关于转发国家铁路局关于进一步加强铁路建设工程建筑材料构配件和设备产品质量进场验收工作的通知》（金台铁物发〔2017〕162 号）和《关于进一步加强试验检测管理的通知》（金台铁安发〔2019〕153 号），要求施工单位立即整改相关问题，并举一反三做好系统排查和进一步自查自纠，不断完善管理体系、增强质量管理意识。对个别存在不合格原材料在监理单位的监督和见证下进行清退，并对清退情况进行跟踪、保留相关影像资料。督促监理单位按照验标要求加强对原材料的抽检、平检和见证试验检测，针对检查所发现的问题，严格督促相关单位提出整改方案、落实整改措施、逐项整改销号、形成整改报告，并由监理单位确认后，定人、限期上报金台铁路有限责任公司，纳入金台铁路有限责任公司物设部问题库，形成闭环管理。金台铁路有限责任公司根据每季度检查情况下发检查情况通报，并按照物资管理考评标准进行考核评比，对前三名授予“物资管理先进单位”流动红旗进行鼓励，营造了物资管理竞赛的良好氛围，激发了各标段物资管理的积极性和主动性，确保了全线物资管理工作的不断改进。

（四）加强自购物资管理和加大原材料抽检频率

根据中国铁路上海局集团有限公司《关于印发中国铁路上海局集团有限公司铁路建设自购物资管理办法的通知》（上铁物〔2018〕107 号）和《关于印发金台铁路物资设备管理办法的通知》（金台铁物发〔2018〕123 号）文件精神和规定，虽然施工单位作为自购物资设备的责任主体，但公司对自购物资的管理也严抓严管，根据实际情况及时下发了《金台铁路有限责任公司关于转发国家铁路局关于进一步加强铁路建设工程建筑材料构配件和设备产品质量进场验收工作的通知》（金台铁物发〔2017〕72 号）、《关于转发开展治理违规海砂专项行动的通知》（金台铁物发〔2018〕107 号）和《关于加强金台铁路自购物资设备采购认证采信管理的通知》（金台铁物发〔2019〕14 号）文件，要求施工单位按规定对自购物资采购进行申请，并严格审核审批，督促各施工单位按照国家法规及铁路行业规定开展自购物资设备的采购活动，并加强对全线自购物资的管理力度。同时金台铁路有限责任公司根据《关于印发金台铁路工程第三方检测管理实施办法（暂行）的通知》（金台铁安发〔2016〕59 号）、《关于公布金台铁路工程建设原材料质量抽样检测管理办法的通知》（金台铁安发〔2017〕45 号），组织第三方检测机构对全线原材料进行抽检和委外检测，逐步加大原材料的抽检频率，每年在浙江省交通工程管理中心和浙江省交投集团有限公司各两次共 868 批次原材抽检的基础上，组织随机开展原材抽检，共抽检各类甲供和自购物资 1 114 批次。并督促施工单位对个别不合格原材及时进行了清退，组织施工、监理单位对不合格原因进行分析，会同监理单位督促落实问题整改，并举一反三全面排查、强化管理，避免类似问题再次发生，有效防止了不合格材料的进场，保障了原材料的质量。

（五）加强搅拌站、商品混凝土和施工、监理单位工地实验室的管理

金台铁路有限责任公司制定并下发了《关于进一步加强试验室、拌和站和工程物资质量管控工作的通知》（金台铁安发〔2017〕79 号）、《关于全线推广应用工地混凝土拌和站粉料吹灰监管系统的通知金台铁物》（金台铁物发〔2018〕129 号）和《关于印发金台铁路工程商品混凝土使用管理办法的通知》（金台铁安发〔2018〕144 号）文件，要求各施工单位在各个搅拌站必须设立待检仓（罐），对粉料采用吹灰系统，对粗细骨料采用闭仓，外加剂采用待检料入备用罐等管理措施进行监管，有效杜绝搅拌站进场原材料漏检、边检边用、未检先用情况发生。同时，要求各搅拌站、试验室对细骨料加大检测频率，连续进场的同料源、同品种、同规格的细骨料每 200 m^3（或 300 t）为一批，不足上述数量按一批记；连续使用的同料源、同品种、同规格的细骨料达三个月和新选料源均应进行全项检测，监理单位应 100%平行检测验证。对粗细骨料（碎石、砂）进场必须每车进行外观检验，原材料样品盒内留置有效合格样品作为对比，不同材料及外观不合格材料坚决杜绝进场。粉煤灰进场必须进行一车一检，取样时必须用取样器抽取样品，粉煤灰的细度检验合格后方可允许入罐。结合四电和房建作业特点，对商品混凝土的生产、试验检测、运输和使用等全过程各个环节加强监督和管理，保障建设工程实体的质量、进度。对施工和监理单位工地试验室实行标准化管理，从试验人员和仪器配置及管理、管理职责界定、试验过程控制、原材料检测管理、试验检测资料管理、信息化管理、管理考核等各个方面加大管理力度。同时，试验操作间全部安装视频监控，保存试验过程录像资料备查，有效管控了工地试验室的可靠、有序运转，为物资质量管理打下了坚实的基础。

（六）进一步完善质量追溯体系

要求施工单位、监理单位及时建立原材料进场、消耗和试验检测台账，明确材料的生产厂家、进场日期、数量、规格、批号及使用部位，并与送检日期、代表数量、检测单位、检测结果、报告日期等信息一致，确保原材料从进场、到检测、到消耗全过程均前后一致、信息真实、管理可控，做到有据可查。要求施工单位建立不合格材料台账，留存系统的不合格材料处置情况信息。建立质量追溯体系，按照谁主管谁负责，谁验收谁负责的原则，有关环节明确责任人员并签字确认，要求监理人员常驻拌和站，在进场验收、材料消耗、试验检测等过程参与监督并在必要环节签字确认。如出现质量问题，在第一时间追溯到相关责任单位和责任人，监理单位按同责处理。整个系统的措施，确保了原材料的可追溯性，完善了原材料质量管理体系。

（七）违约责任追究和信用评价考核

（1）工程监理实行违约责任追究。工程监理单位将不合格的物资设备按照合格签字，引起工程质量事故，扣除监理单位最高 10%的履约保证金，情节严重的直至终止监理合同。

（2）施工单位采购被浙江省发改委和国铁集团暂停合作且列入“黑名单”企业的物资设备；使用未进行检验、检测或不合格的物资设备；擅自采购应招标采购而未招标的物资设备。根据合同约定应承担违约金 20 ~ 50 万元。情节严重的，责令停工整顿，由此造成的损失，施工单位自行承担责任。

（3）物资设备供应商，在履约担保有效期及质量保证期内，出现违约及质量问题，将没收其履约保证金及质量保证金。造成损失的，应按合同约定赔偿相应损失。

（4）国铁集团管理甲供物资设备采购、供应过程中因物资代理公司原因出现质量问题的，公司将对其做出批评、责令整改等处理，直至终止合同。造成损失的，按合同约定赔偿相应损失。

（5）及时进行不良行为认定，加强施工、监理单位和供应商信用评价管理。参照中国铁路总公司《关于印发中国铁路总公司物资供应商信用评价办法的通知》（铁总物资〔2015〕118 号）文件规定，

公司对全线甲供物资设备供应商进行信用评价，对有不良行为的供应商及时进行约谈并进行不良行为认定并记录在案，必要时可以停止与其合作关系并将纳入黑名单。公司也先后发布了《关于印发金台铁路工程监理企业信用评价实施细则的通知》（金台铁安发〔2016〕52 号）、《关于重新公布金台铁路工程激励约束季度考核奖励管理办法的通知》（金台铁安发〔2017〕227 号）、《关于印发金台铁路建设工程安全质量违约责任追究管理办法的通知》（金台铁安发〔2017〕228 号）《关于印发金台铁路有限责任公司铁路工程建设项目施工企业信用评价实施细则的通知》（金台铁安发〔2018〕47 号），并将每季度的物资管理专项检查、省交管中心和省交通集团的原材抽检以及公司组织的原材抽检情况纳入施工的监理单位的信用评价考核和激励约束机制考核。

二、管理过程中发现的问题及经验总结

（一）发现的问题

（1）进场台账管理存在更新不及时，个别材料未登记具体存储仓号（罐号）信息、进场台账设置项目不全、台账登记与原始单据信息不一致，检测台账与检测报告、进场台账、进场原始票据信息不一致等问题。

（2）仓储管理方面存在合格与待检料混仓，标识牌更新不及时、信息登记错误，未按标准化工地要求分类分区、整齐堆码，部分露天存放、未下垫上盖等问题。

（3）进场材料验收方面存在验收记录登记不全、不实，粉料吹灰系统故障未及时进行修复，吹灰系统存储罐号信息与现场罐号不对应等问题。

（4）对原材出厂合格证和材质单把关不严，检测结果反馈流程缺失。

（二）相应的处理措施

（1）组织各施工、监理单位开展常规性的物资管理问题自查自纠工作，杜绝麻痹侥幸思想，要以检查促落实，以排查促整改。各监理单位要深入现场，指导、督促、检查各施工单位活动开展，确保自查自纠活动的各项要求落到实处，达到预期目的。

（2）物资进场验收入库后，物资部将入库物资的名称、规格型号、数量、厂家名称（产地）、批号、进场日期、检测日期、检测报告编号、检测状态、存放地点等内容规范填写入库验收台账，按标准要求及时进行检测委托，不得未检先用、边检边用。经检验不合格的原材料清除出场，清除过程应留存影像资料、记录台账，详细记录并落实责任人负责跟踪清除的材料到什么地方，应具有追溯性。

（3）各施工单位应结合现场实际，按照《金台铁路工程标准化工地建设实施细则》（金台铁安发〔2016〕7 号）文件，进场所有物资要合理堆放，设置标识牌，规范填写标识牌信息，明显区分合格和待检物资，不得混放，按照先进先出的原则发放使用。

（4）确保各工地试验室应严格按照图纸设计、试验规程、施工验标要求的检测频率及指标进行检验，加强试验检测管理，保障检测数据的真实性、准确性。及时跟踪、督促委外检测单位出具检测试验报告，及时登记委外检测台账，规范记录台账物资名称、规格型号、数量、批号、进场日期、检测日期、检测报告编号、检测状态等内容填写。及时将检测结果反馈物资部，并将形成的整套反馈资料交物资部备案，杜绝使用不合格原材料。

（5）组织各施工、监理单位要配足、配强现场管理人员，按质量终身负责制的要求，加大培训教育力度，提高管理人员的履职能力、业务水平、责任意识。同一单位各部门、搅拌站之间加强沟通交流，互帮互促、取长补短，共同提高管理水平。

（6）落实监理单位监管责任，加强建筑材料、建筑构配件和设备进场质量检测工作，严把进入施工现场质量关。要规范取样、送样、见证和平行检测工作，按照有关检测项目、频次和要求进行试验和检测，必要时抽样送交经认定的检验机构进行检测。验收不合格、抽样检测不合格的，要立即清退

出场，严禁在工程中使用，并将相关记录留存备查。

（三）经验总结

（1）设立物资设备管理检查情况问题库。将日常检查和专项检查所发现的问题，及时、完整地纳入问题库，总结和梳理检查情况，跟踪问题整改销号，形成一套完整的、合理的、有效的检查和闭合系统。

（2）指导各施工单位要切实提高物资管理工作，增强质量管控意识，建立科学的管理体制。要求设立分管物资领导，并负责牵头组织物资部、中心试验室、安质部负责人每月对单位搅拌站、试验室、各工点物资管理、进场验收、搅拌站和工地试验室检测及仓储管理全面检查一次；物资部长负责组织部门管理人员每半月检查一次，并留有检查记录，及时督查问题整改落实闭环，加大责任考核和追究，每月根据检查情况对工作绩效进行考核和考评，将考评的结果与经济利益挂钩，夯实质量管理体系。引导施工和监理单位建立物资质量管理体系，强化自管自控的能力。

（3）加强搅拌站原材料管理，每个搅拌站设立原材料待检仓（罐），确保待检和已检合格料分开存放，粗细骨料闭仓管理，待建仓处于闭仓状态，避免操作人员误用待检料。粉料推广应用粉料吹灰监控系统，通过信息化管理手段，实现对搅拌站粉料从进场、存储、生产使用全过程管控。可实现检测粉料的进料、剩料情况，实现粉料申请检验、使用情况监控等信息化管理，有效监管搅拌站生产过程中粉料的使用预防粉料未检先用。要求监理驻站监管，严把原材进场关，从源头控制物资质量，确保搅拌站原材质量可控。

（4）加大检查频率，做到检查常规化，以随机检查、联合检查、专项检查等多种方式做到物资管理工作月检查、季覆盖，全方位、无死角地做好甲供和自购物资质量管理工作。

（5）做好物资管理季度竞赛考评工作，助力现场生产。每季度对检查结果进行公平、细致、客观的考核和评比，对于前三名授予“物资管理先进单位”流动红旗进行鼓励，同时纳入“违约考核费用分级撤销管理”考核，形成物资管理竞赛的良好氛围，为现场生产进度和工程建设质量保驾护航。

（6）除浙江省交通工程管理中心和浙江省交通投资集团有限公司每半年的定期原材抽检外，组织并委托第三方检测单位按季度开展全线原材料抽检，时时刻刻严抓原材料质量，不留盲点和死角，切实形成有效的原材料质量盯控机制。

第十七章 队伍管理

第一节 专业队伍要求

队伍管理是规范管理的一个重要内容，搞好规范管理是队伍管理的首要条件。加强对专业队伍的要求、岗位培训及劳务使用等方面的管理，健全管理制度，建立标准化管理体制，形成了一支规范化、标准化、一流化水平的专业化队伍。

施工企业根据工程特点，建立能够满足施工需求的精干、高效的项目管理机构。项目经理部负责人和从事管理、技术人员必须立即到位，其他人员在具备施工条件后必须全部到位。

一、项目部机构设置

按三级管理的模式设置机构，第一级由集团公司组织成立局项目经理部，第二级由集团公司所属子公司组织成立项目分部（工区），第三级由集团公司所属子公司组建架子队。

项目经理部是项目施工承包企业在现场设置的项目管理机构，承担项目实施的管理任务和目标实现的全面责任，是施工项目的直接管理者和实施者。项目经理部按照施工合同的要求建立质量、安全管理、质量、安全控制、质量、安全保证等在内的质量、安全管理保证体系，包括：建立专职的质量安全管理机构，明确岗位职责；建立和完善质量安全管理制度和工作程序；建立现场试验机构；等等。为保证质量安全管理工作的规范化和制度化，制定详细的质量安全管理工作制度，包括：设计图纸、技术文件的审查、交底制度；施工组织设计、作业指导书的编制制度；原材料、构配件和工程设备的进场和日常检验制度；施工质量安全的“三检”制度；班前质量安全讲话制度；等等。

项目分部是实现施工任务和施工目标的直接指挥者，对项目分部管理范围内的质量安全、工期全面负责。项目分部在局经理部的指导下，根据局经理部的要求及管段内设计文件要求，细化并建立质量安全管理保证体系，并组织实施质量安全管理保证体系，包括：编制施工专项方案、组织施工生产、组织各施工工序质量报检、原材料进场验收、日常检查、员工培训、安全技术交底、劳务队伍及劳务工管理；等等。

架子队是施工生产的直接实施者，是实现施工任务和施工目标的最小单元，对施工内容的质量安全全面负责。

1. 项目部、项目分部设置原则和要求

（1）设置原则。

在中标通知书下达后，由局组建项目经理部，局属子公司根据项目经理部的要求组建项目分部。

项目部、项目分部设置地点应以方便工作为原则，应设在建设项目现场。一般应设在项目中间位置，确需设在一端的，项目部必须设置在现场适当位置。

（2）设置要求。

项目部一般设置“五部一室”，即综合部、工程部、安质部、计财合同部、物资部和中心试验室等部门。

项目分部职能部门原则上对应项目部设置，具体由项目分部根据实际需要提出意见，经项目部同意后确定。

项目分部要分别成立架子队管理领导小组，加强组织领导，强化过程控制，建立健全项目部架子队管理体系、管理制度，落实架子队管理责任。架子队管理领导小组由项目部、项目分部领导及相关部门负责人组成，负责金台铁路项目架子队管理的组织领导工作。

2. 架子队设置的原则和要求

（1）设置原则。

项目部按照架子队管理模式组织施工生产，积极开展架子队组织建设、队伍建设、管理建设工作，全面实现架子队用工管理。

架子队按照“管理有效，监控有力，运作高效”的原则组建。

（2）设置要求。

项目部按照投标承诺和合同约定设置符合规定设置及数量的架子队，并按照“1152”基本要求配足主要岗位人员，合理做好劳务用工计划等。主要岗位人员是单位正式职工，并不得随意更换。架子队的数量及规模由项目分部根据施工任务的需要确定，由局项目经理部批准。

施工现场所有施工作业人员均纳入架子队统一集中管理，由架子队按照施工组织安排统筹作业任务。班组劳务作业人员在领工员和工班长的带领下进行作业，每个工序和作业面有领工员、技术员、安全员和质量员跟班作业，确保工程项目施工的安全和质量。

二、项目经理部人员配备要求

项目经理部负责人、总工、部门负责人等主要工作人员，以及技术、质量、安全、财务、计价、材料等专业岗位人员必须是所在单位的正式职工。

投标承诺主要管理人员调整时需报业主批准，其他技术、质量、安全、财务、计价等相关人员根据工程实际需要合理调配并达到任职条件。

三、项目经理任职条件

项目经理必须是担任集团公司副总经理，具有一级建造师执业资格或取得一级建造师临时执业证书，具备高级工程师职称、15年以上铁路大中型或类似项目管理工作经验、5年以上项目经理工作经验、有良好的职业道德。

四、项目经理部人员的任职条件

项目经理部人员的任职条件见表17-1。

表17-1 资格预审主要管理和技术人员资格

人员	资格要求
项目副经理	具有一级建造师执业资格或一级建造师临时执业证书、中级及以上职称、10年以上铁路大中型或类似项目管理工作经验，安全培训考试合格且无重大安全事故记录，5年以上项目经理工作经验，良好的职业道德
项目总工程师	铁道工程或桥梁工程专业，高级工程师、10年以上铁路大中型或类似项目管理工作经验、5年以上项目总工程师工作经验
安全总监	具有注册安全工程师执业资格证书，中级及以上职称，省部级安全培训考试合格证且无重大安全事故记录，从事铁路大中型项目或类似工程安全管理工作至少6年
计划合同负责人	中级及以上经济（工程）职称、至少8年大中型项目计划合同管理工作经验，担任计划合同负责人5年以上
物资管理负责人	中级及以上经济（工程）职称、至少8年大中型或类似项目物资管理工作经验，担任物资管理负责人5年以上

续表

人员	资格要求
财务负责人	具有会计师执业资格，会计师，至少 8 年大中型项目或类似财务管理工作经验，负责财务工作 5 年以上
质量负责人	高级职称，从事大中项目或类似工作 8 年以上，担任项目质量负责人 5 年以上
安全负责人	具有注册安全工程师执业资格或相关资格，中级及以上职称，从事大中项目或类似工作 8 年以上，担任项目安全负责人 5 年以上
试验负责人	具有国家规定试验资格，中级及以上职称，从事大中项目相关工作 8 年以上，担任项目试验负责人 5 年以上
路基专业工程师	中级及以上职称，从事铁路大中型项目或类似工作 6 年以上
轨道专业工程师	中级及以上职称，从事铁路大中型项目或类似工作 6 年以上
桥梁工程师	中级及以上职称，从事大中型项目或类似项目桥梁工作 6 年以上。至少 50%以上人员从事过铁路客运专线或时速 200 km/h 及以上铁路工程技术或管理工作
隧道工程师	中级及以上职称，从事大中型项目或类似项目隧道工作 6 年以上
测量工程师	中级及以上职称，从事铁路大中型项目或类似测量工作 6 年以上
地质工程师	中级及以上职称，从事铁路大中型项目或类似地质工作 6 年以上
安全工程师	中级及以上职称，从事铁路大中型项目或类似安全管理工作 6 年以上，安全培训考试合格且无重大安全事故记录
专职质量工程师	中级及以上职称，从事大中型项目或类似质量检验工作 6 年以上
试验专业工程师	中级及以上职称，从事铁路大中型项目或类似工作 6 年以上
造价工程师	中级及以上职称，具有国家注册造价师资格，从事大中型项目或类似工作 8 年以上
环保工程师	中级及以上职称，从事铁路大中型项目或类似工作 5 年以上
三电迁改	中级及以上职称，有“三电”及管线迁改与防护施工业绩
物资管理工程师	中级及以上职称，从事铁路大中型项目或类似工作 4 年以上
电力工程师	中级及以上职称，从事铁路大中型项目或类似工作 6 年以上，有既有线施工经验
牵引供电工程师	中级及以上职称，从事铁路大中型项目或类似工作 6 年以上，有既有线施工经验
通信工程师	中级及以上职称，从事铁路大中型项目或类似工作 6 年以上，有既有线施工经验
信号工程师	中级及以上职称，从事铁路大中型项目或类似工作 6 年以上，有既有线施工经验

第二节　岗位培训

为了不断提高公司和各参建人员专业知识及管理水平，根据原铁道部《关于加强铁路建设参建单位人员培训工作指导意见》(建建〔2008〕37 号)的要求和上海铁路局的规定，公司制订了公司教育培训规划。各参建单位按照公司培训教育规划，结合工程进展和单位实际情况，制订单位的教育培训计划，有计划、有步骤的组织培训。

培训工作紧紧围绕“率先实现东部铁路现代化”战略目标，深入学习和实践科学发展观，以大规模、高标准铁路建设对参建队伍的能力素质要求为导向，以提高培训质量和效益为重点，组织具有针对性和实效性的培训工作，实施建设管理干部能力提升工程、专业技术人才知识更新工程、铁路建设紧缺人才培养工程。培训工作实施过程中，注重培训创新研究，探索针对性强、时间短、效果好的培训形式，优选师资、教材，克服了工学矛盾，增强了员工学习的自觉性。通过培训，全面提升了参建人员的整体素质及业务能力，推进了铁路建设标准化管理，落实了“六位一体”管理要求。

一、培训工作组织

培训工作是全面提升参建人员素质和业务能力的重要方法，是实现“精品工程、安全工程”的需要，有利于打造作风优良、技术过硬、管理有序的铁路建设队伍，有利于促进参建企业人力资源持续增值，增强企业凝聚力，提高工作效率和经济效益，实现企业自身的长远发展。

为保证培训工作落到实处，公司成立教育培训工作领导小组，负责培训工作的组织、检查和监督工作。公司总经理担任组长，总工程师担任副组长，组员为各部门主任。领导小组下设办公室，负责培训工作的日常协调、师资选聘、教材审定、人员组织、场地落实，以及培训工作的推进、检查、评比、考核等，办公室设在安质部。各施工、监理单位应成立相应的组织机构，负责单位的人员培训组织工作。

按照“全员、全面、全过程”的培训要求，实行分层分类分专业培训，做到专业全覆盖、人员全覆盖。公司以及各参建单位从决策层到管理层（执行层）直至作业层，全员参加，培训工作自现在至工程竣工全程进行，对法律法规及部、局各项管理文件的更新，及时组织培训学习。

二、重点培训内容

（一）建设单位

公司培训重点为《安全生产法》《建设工程质量管理条例》《建设工程安全生产管理条例》《铁路建设工程质量管理规定》《铁路建设工程安全生产管理办法》《铁路营业线施工安全管理办法》《标准化管理办法》等法律、法规和规范性文件，各种强制性标准、规范、验标，中国铁路总公司和铁路局下发的各类管理文件、规定，工程建设领域“四新”成果，公司各项管理制度等培训工作。

（二）施工单位

施工单位培训重点为《建设工程质量管理条例》《建设工程安全生产管理条例》《铁路建设工程质量管理规定》《铁路建设工程安全生产管理办法》《铁路营业线施工安全管理办法》等管理规定，各种强制性标准、规范、验标。

对营业线施工、电工、电焊工等必须持证上岗的人员，各单位必须主动与路局和当地劳动部门取得联系，由发证单位进行培训，取得规定的资格证书、特种作业操作证后才能上岗。

（三）监理单位

监理单位培训重点为《安全生产法》《建设工程质量管理条例》《建设工程安全生产管理条例》《铁路建设工程质量管理规定》《铁路建设工程安全生产管理办法》《铁路营业线施工安全管理办法》等法律、法规和规范性文件，各种强制性标准、规范、验标，中国铁路总公司和铁路局下发的各类管理文件、规定，工程建设领域“四新”成果，建设单位各种管理文件等。

三、培训教材及师资队伍

公司及各参建单位根据自身特点及工程实际，选择业务水平高、有一定教育经验的工程技术人员担任专兼职教师，选择有针对性的教材进行培训。培训中，注重公司和各参建单位教学资源共享，以提高培训质量，降低培训成本。

四、培训考核及效果评估

培训结束后，对员工学习效果进行考核。考核方式包括笔试、面试、实际操作等。培训考核结果记入员工培训档案，作为员工晋升、调薪和年终评比、人事考核的重要依据。

公司和各参建单位要定期对培训效果进行评估，听取各部门的意见，不断提高培训教育的实效。

第三节　劳务使用

一、劳务管理模式

项目施工提倡架子队管理模式，铁路既有线扩能改造（含铁路枢纽）、软土路基处理、重难点桥隧工程及其他重要结构物、铺轨架梁、四电工程以及应急工程等，原则上实行架子队管理模式施工。

架子队是铁路工程建设项目施工现场的基层施工作业队伍，是以施工企业管理、技术人员和生产骨干为施工作业管理与监控层，负责计划管理、技术控制、材料供应、验工计价、质量检验、安全生产等主要管理工作，以劳务企业的劳务人员和与施工企业签订劳动合同的其他社会劳动者（统称劳务作业人员）为主要作业人员的工程队。

二、架子队管理

为适应大规模铁路建设需要，确保铁路建设工程质量和施工安全，充分调动社会资源参与铁路建设，按照《关于积极倡导架子队管理模式的指导意见》（铁建设〔2008〕51 号），公司制定了金温铁路扩能改造工程架子队管理办法。办法明确了架子队的组建要求、管理要求、监督检查及用工管理标准等。

（一）架子队的组建

架子队组建坚持以专业化为方向，构建专项施工能力的架子队，架子队设专职队长、技术负责人各 1 人；技术、质量、安全、试验、物资专业技术人员、领工员及工班长（视施工规模各 1 ~ 2 人），劳务作业人员视该队施工规模、单位工程类别而定。

（二）架子队管理

担任架子队的施工企业主要组成人员应具有相应的作业技能，领工员、工班长还应具有相应的组织能力和丰富的施工实践经验，其人数应能满足施工现场生产管理、各施工环节和过程不间断监督的需要。架子队主要组成人员在施工过程中应保持稳定和完整，并根据施工组织安排及工程进度，适时调整作业班组用工数量。

施工现场所有劳务人员均纳入架子队统一集中管理，由架子队按照施工组织安排统筹劳务作业任务。班组作业人员应在领工员和工班长的带领下进行作业，确保每个工序和作业面有领工员、技术员、安全员跟班作业。

架子队建立和实行技术交底制度，技术负责人就工程作业工序和环节向领工员、工班长进行书面技术交底，书面技术交底资料要归类存档备查。领工员、工班长应在实施做业前对班组作业人员进行工作和安全交底。

（三）架子队监督检查

要求施工企业根据企业生产经营实际情况设置劳务管理机构，配备与劳务用工规模相适应的管理人员，优选劳务队伍，加强劳务用工管理。施工现场项目部，应配备专职劳务管理人员。

施工企业要建立健全劳务管理制度，对劳务作业人员登记造册，记录其身份证号、职业资格证书号、劳动合同编号以及业绩和信用等情况，基本情况报建设单位、监理单位备案。

公司和各监理单位建立对施工企业现场管理机构人员等的核查制度，检查施工企业是否按照投标承诺组建和管理架子队、设置劳务管理机构或人员、使用劳务作业人员等。对架子队工作情况进行检查，发现架子队、劳务企业使用不合格的劳务作业人员或包工队时，及时向施工企业发出正式书面通知（通知存档备查），要求施工企业限期整改，清退不合格劳务作业人员或包工队。

公司建立参建企业信用档案，将投标中人员与设备承诺兑现核查情况、使用包工队现象和不合格劳务作业人员情况，记入该企业信用档案，纳入相关信誉评价中，并将信用信息按有关规定报送上级主管部门。

（四）架子队劳务用工管理

选择劳务企业首先查阅并复印劳务企业资质证书等相关证件，与劳务企业签订劳务协议。选择劳务人员要查看并复印劳务人员与劳务企业签订的合同、专业资格证书、身份证和无犯罪证明及健康证明等文件资料。被录用的劳务人员进场时逐个核验规定的文件资料。要求施工企业将劳务人员劳动合同编号、身份证号、资格证书号等情况报建设单位、监理单位备案。

加强架子队所有人员特别是劳务人员的培训教育，纳入培训计划，通过培训教育，使他们掌握相关的基本知识和专业施工技能以及提高规范化施工的自觉性。

建立系统完整的技术交底程序。项目经理部技术负责人或专业工程师向架子队技术负责人进行技术交底；架子队技术负责人向领工员、工班长进行书面技术交底，领工员、工班长在施工作业前对班组作业人员进行工作和安全交底；特殊工序和特殊过程项目技术负责人向架子队相关管理、监控、服务人员进行书面技术交底，交底资料要及时归档备查。

工班长带领班组作业人员进行规范化施工，领工员、技术员和安全员要跟班作业，不间断的监督各工序、环节的施工，发现问题及时整改。项目经理部专职副经理、专业工程师、安质科每日对架子队的施工巡查不少于一次，对违章作业要坚决纠正，必要时停工整顿。

劳务人员中的特殊工种（如电焊工、起重工、锅炉工、车辆机械驾驶员等）必须持证上岗。劳务人员必须严格遵守国家、当地及企业的法律法规及各项规章制度，操作规程。违者加强教育，屡教不改者坚决辞退。

施工企业要把劳务人员作为企业的一员，按现行有关规定配备机械设备及工具。项目经理部要建立对架子队的考核评比奖惩制度，每月对架子队进行一次检查考核，奖惩兑现。每年对相关劳务企业进行一次信誉评价，评价结果报指挥部和相关劳务企业。公司、监理单位对架子队要进行检查，发现架子队使用不合格劳务人员时，立即正式书面通知施工企业清退不合格劳务人。公司把施工企业架子队管理纳入信誉评价，将信用信息按有关规定报送上级主管部门。

第十八章　文明施工

第一节　优化工作环境

施工现场设置临时围护设施，实行封闭式管理。因特殊情况不能进行围护的，设置安全警示标志，并在工程险要处采取隔离措施。

在施工驻地和施工标段主要道路进口设置标段工程施工企业标识铭牌，并在重点工程施工现场设置单位工程施工企业标识铭牌。在施工单位驻地和重点工程施工现场主要进出口的醒目位置处，设置工程概况及管理人员名单和监督电话施工标志牌、现场平面布置图和安全生产、消防保卫、环境保护、文明施工制度板。施工标志牌应当标明工程项目名称，建设单位、设计单位、施工单位、监理单位、质量监督机构名称，项目经理姓名、联系电话，开工和计划竣工日期等。施工现场的各种标识牌字体正确规范、工整美观，并保持整洁完好。

施工现场设置畅通的排水系统，做到场地平顺，不积水、不积泥浆，保持道路干燥坚实。施工道路必须满足施工车辆的行车速度、密度和载重量等要求，并保持行车道路畅通。施工现场的施工作业区域、办公区域和生活区域应有明确划分，设标志牌。办公区域和生活区域应根据实际条件适当进行绿化和美化，保持整洁有序。施工现场水泥库内外散落灰必须及时清理，搅拌站、搅拌机四周、搅拌处及现场内无废砂浆和混凝土。

生活区规划考虑安全、消防、卫生防疫、环境保护、防汛、防洪等要求，严禁存放易燃、易爆、剧毒、放射源等化学危险物品。宿舍内设置必要的生活设施，并保证必要的生活空间，设置可开启式窗户，保持整洁和通风。宿舍夏季采取防暑降温和灭蚊蝇措施，冬季有取暖和防煤气中毒措施。工地食堂建立食品卫生管理制度，严格执行食品卫生有关管理规定，具有必要的通风排风设施、清洗消毒设施和杜绝传染疾病的措施。供应卫生饮水应有固定的盛水容器和专人管理，并定期清洗消毒。垃圾存放在封闭式容器，定期灭蝇、及时清运；厕所经常清扫、定期消毒。

施工现场配备安全有效的防护用品和常用药品及急救器材。发生传染病和食物中毒、急性职业中毒时，立即报告，同时采取必要的措施，并积极配合卫生防疫部门调查处理。

第二节　施工现场环境保护

施工单位按照规定采取防治扬尘、噪声、固体废物和废水等污染环境的有效措施。

施工现场的施工垃圾、渣土应在指定地点堆放、及时清理。高空施工的垃圾及废弃物应采取密闭式专用垃圾道或者采用容器吊运，严禁随意抛撒。施工垃圾应当按照规定及时清运。

在城镇范围施工注意遵守当地有关夜间生产的规定，减少进行产生环境噪声污染的施工作业。因生产工艺上要求必须连续作业或者特殊需要，经批准后方可进行夜间施工。对施工机械的噪声与振动扰民的，采取相应措施予以控制。

施工中需要损坏道路，移动管线、电力、通信等公共设施，临时停水、停气、停电、封路中断交通和进行爆破作业而影响环境时，经有关部门批准、事先告示后方可施工。

第三节　安全防护

加强宣传警示教育，围绕“安全生产月”“《职业病防治法》宣传周”等活动营造良好宣传教育平台和舆论氛围，确实增强施工人员的劳动安全意识和自我保护意识。认真查摆各个单位、各个岗位的安全突出问题，积极组织讨论，群策群力，切实做好劳动安全等施工安全的整治方案和整改预防措施，切实增强安全管理的针对性和实效性。以防高空坠落、防物体打击、防触电伤害、防雷电伤害等安全检查为工作重点，重点整治惯性劳动安全违章问题，加强劳动安全检查监督。

高处作业、工程线等施工现场和塔吊、架桥机等机械设备易发事故等危险作业区域必须按规定做好设置网、架、栏、罩等安全防护设施，并设置醒目的“禁止”“警示”或“提示”类别标准规格的安全标志牌。

施工现场安装、使用临时用电线路和用电设施施工必须符合《施工现场临时用电安全技术规范》（JGJ 46—2005）和相关安全操作规程的要求，必须由持证电工负责管理，配电箱、开关箱等设施必须确定检修和维护责任人。配电箱必须规范达标，要有明显标识和警示标志，并严禁乱接乱拉，线路不得有裸露、破皮接地等情况。

施工单位建立和执行动火审批和防火管理制度，施工现场设置明显的防火宣传标志。施工现场必须配备符合要求的消防设施，消防设施应保持完好的备用状态并定期检查。

第十九章 建设协调

项目建设过程中、从征地拆迁、勘察设计与咨询、施工到验交投产等各个环节，涉及大量的建设协调工作，尤其是征地拆迁中建设协调任务艰巨。为保证工程顺利进行，公司加强与中国铁路总公司、地方政府、各参建单位及其他相关单位和沿线群众的沟通与联系，做了大量的协调工作，保证了工程的顺利实施。

一、征地拆迁协调

征地拆迁严格遵守国家的法律、法规，全面落实中国铁路总公司与浙江省人民政府签署的省部纪要及实施协议；紧紧依靠当地各级人民政府支持，依法保护铁路建设和沿线人民群众的合法权益，努力创造和谐的外部建设环境。

由于沿线与既有线路交叉较多，且穿越大量村庄，部分区段既有金温铁路建设历史遗留问题较多。为保证征地拆迁的顺利进行，公司积极向浙江省委、省政府及省发改委、省重点办、省国土厅、省统征办、省林业厅等有关部门汇报；组织参建单位与沿线各地政府主要领导、分管领导进行对接；多方合作、统筹安排，充分发挥参建单位的主力军作用。对征迁中的重（难）点问题，公司积极请求省发改委、重点办、省统征办的政策支持，多次组织各方参加建设协调会议，并结合征地拆迁实际进展及时调整施工方案，必要时采取变更设计解决矛盾分歧，为及时解决重（难）点问题，加快工程建设创造了有利条件。

二、工程设计、咨询中的沟通与协调

为加快工程设计与咨询，公司制定了建设前期工作管理办法，在公司副总经理的领导下，由公司工程部具体负责，协助相关单位解决勘测、设计及咨询中出现的问题。对分歧较大或难以解决的问题，公司及时组织召开设计、咨询、监理等相关单位参加的技术协调会议，必要时邀请专家参加，进行专题研究。通过上述措施，及时解决了设计与咨询中出现的问题，保证了出图进度。

变更设计管理中的沟通、协调也非常重要，尤其涉及与沿线道路、征地拆迁相关引起的变更设计，公司积极配合设计单位与地方政府、人民群众和相关管理部门协调，保证了变更设计的顺利进行。

三、施工中的沟通与协调

为加强施工管理，加强施工中的沟通与协调，公司制定了施工计划周例会和月例会制度。

每周一召开周例会，由公司分管生产或安全的领导对上周施工计划的实施情况进行分析，并由工程部、安质部负责督促施工单位整改落实施工安全、质量和进度问题。每月 5 日前，由公司分管生产或安全的领导主持召开月度计划例会，要求施工单位项目经理、工区主任（分项目部经理）、监理单位总监、设计现场配合等相关人员参加。会议注重对上月计划落实情况进行分析，并对下月施工计划进行布置，强调安全重点。通过例会沟通与协调，及时解决了施工中存在的问题，有效地保证了施工进度。

全线涉及多处既有线施工，既有线施工协调为施工协调的重点与难点。为保证既有线运营安全和施工进度，公司积极与地方铁路局进行协调，协助施工单位制定合理的施工方案，取得了良好效果。

第二十章 工程验收

第一节 验收方式

按照原铁道部《关于重新印发〈铁路建设项目竣工验收交接办法〉的通知》(铁建设〔2008〕23号)、中国铁路总公司《关于进一步规范铁路基建大中型项目竣工验收工作的通知》(铁总建设〔2014〕91号)、中国铁路上海局集团有限公司《新建金台铁路动态检测咨询服务方案》(上铁科信〔2021〕118号)及浙江金温铁道开发有限公司《新建金台铁路动态检测实施方案》(浙金温铁司〔2021〕72 号)等文件要求,竣工验收分为静态验收、动态验收、初步验收、安全评估、正式验收等5个阶段进行。

静态验收由上海铁路局组织,形成静态验收报告后,由上海铁路局出具咨询意见,由各专业专家组审查并形成审查意见。静态验收审查合格后,由上海铁路局组织动态验收。

动态验收合格后,由上海铁路局组织初步验收;初步验收合格后,上海铁路局组织安全评估;安全评估通过后开通初期运营,正式验收在初期运营一年后进行。

第二节 静态验收

2020年12月1日—2021年1月21日,上海铁路局组织完成了专业静态验收,金台铁路有限责任公司上报了静态验收报告。2020年12月15日—2021年1月22日,上海铁路局专业专家组对静态验收报告进行了评审,同意通过静态验收。

一、验收依据及标准

(1)国家有关法律、法规以及国家颁布的建设标准;

(2)国家和中国铁路总公司颁布的设计规范、工程施工质量验收标准;

(3)中国铁路总公司和浙江省人民政府《关于新建金华至台州铁路项目建议书的批复》(铁总计统函〔2014〕1517号);

(4)中国铁路总公司办公厅《关于新建金华至台州铁路节能评估报告书审查意见的函》(铁总办计统函〔2015〕171号);

(5)浙江省国土资源厅《关于新建铁路金华至台州线工程用地范围内无重要矿床压覆的证明》(浙土资储压字〔2015〕13号);

(6)浙江省住房和城乡建设厅《选址规划意见书》(浙规选字第〔2015〕039号);

(7)浙江省水利厅《关于新建金华至台州铁路水土保持方案的批复》(浙水许〔2015〕23号);

(8)浙江省环境保护厅《关于新建金华至台州铁路环境影响报告书的审查意见》(浙环建〔2015〕022号);

(9)国土资源部《关于新建金华至台州铁路建设用地预审意见的复函》(国土资预审字〔2015〕187号);

(10)中国铁路总公司和浙江省人民政府《关于新建铁路金华至台州线可行性研究报告的批复》(铁

总计统函〔2015〕1005号）；

（11）中国地震局《对新建金台至台州线工程场地地震安全性评价报告的批复》（中震安评〔2015〕141号）；

（12）中国铁路总公司和浙江省人民政府《新建金华至台州铁路将军岭隧道段站前工程初步设计的批复》（铁总鉴函〔2015〕1127号）；

（13）浙江省交通运输厅《关于印发金台铁路穿（跨）越浙江省干线公路（设计阶段）安全性评价报告审查会专家组意见的通知》（浙交办〔2015〕225号）；

（14）浙江省文物局《关于金台铁路工程文物调查的意见》（浙文物发〔2015〕396号）；

（15）中国铁路经济规划研究院《新建铁路金华至台州线初步设计咨询意见》（经规综函〔2016〕13号）；

（16）浙江省港航管理局《灵江特大桥准予行政许可决定书》（浙航政-00〔2016〕1）；

（17）中国铁路总公司和浙江省人民政府《关于新建铁路金华至台州线初步设计的批复》（铁总鉴函〔2016〕183号）；

（18）浙江省林业厅《关于同意新建金华至台州铁路先行开工段工程先行使用林地的函》（浙林办便〔2016〕206号）；

（19）国家林业局《林地审核同意书》（林资许准〔2016〕495号）；

（20）浙江省人民政府《关于金台铁路有限责任公司新建金华至台州铁路项目海域使用申请的批复》（浙政海审〔2017〕77号）；

（21）浙江省水利厅《关于新建金华至台州铁路工程涉河涉堤的批复》（浙水许〔2018〕11号）；

（22）中国铁路总公司发展和改革部《关于金台铁路变更运营模式问题的复函》（发改改革函〔2018〕82号）；

（23）自然资源部《关于新建金华至台州铁路（丽水段）建设用地的批复》（自然资函〔2018〕170号）；

（24）自然资源部《关于新建金华至台州铁路台州段工程建设用地的批复》（自然资函〔2019〕804号）；

（25）台州市公路管理局《永宁江特大桥准予行政许可决定书》（浙台交许〔2019〕11号）；

（26）自然资源部《关于新建金华至台州铁路（金华段）工程建设用地的批复》（自然资函〔2020〕348号）；

（27）浙江省发展和改革委员会《关于新建金华至台州铁路运营管理模式、台州客整所等2项变更设计的批复》（浙发改项字〔2020〕95号）；

（28）中国铁路上海局集团有限公司《关于开展新建金台铁路工程静态验收咨询工作的通知》（上铁建设函〔2020〕1001号）；

（29）《中国铁路上海局集团有限公司工务部关于回复金台铁路线路允许速度的函》（工线函〔2020〕426号）；

（30）《中国铁路上海局集团有限公司科信部关于印发新建金华至台州铁路相关线路命名及起讫里程协调会纪要的通知》（科信规章函〔2020〕69号）；

（31）审核合格的施工图（包括经批准的变更设计文件）；

（32）设备技术说明书（从国外引进新技术或成套设备的，还应包括外方提供的设计文件和新技术或成套设备的国家标准等）。

二、验收组织机构

上海铁路局成立静态验收咨询领导小组，全面负责静态验收咨询工作。静态验收咨询领导小组组长 1 人，由上海铁路局副总经理担任；副组长 3 人，分别由上海铁路局建设部主任、金温铁道公司总经理、金台铁路有限责任公司总经理担任；成员包括：中国铁路上海铁路局集团有限公司办公、安监室，科信、运输、客运、货运、机务、车辆、工务、电务、供电、建设、劳卫、计统、财务、土房、保卫部，调度所，上海铁路公安局，金温铁道公司、金台铁路有限责任公司以及相关设计、施工、监理单位负责人。

静态验收领导小组下设工务工程、通信信号工程、电力及电力牵引供电工程、房建工程、信息工程、机辆运输、客运、货运、环水保、建设用地、消防治安、综合验收等十二个静态验收咨询专业工作组，专业验收组人员由上海铁路局、金温铁道公司、金台铁路有限责任公司及监理、咨询、设计和施工单位等相关负责人组成，负责各专业工程静态验收咨询工作。

中国铁路总公司运输局和工程管理中心成立专业专家组对静态验收报告进行了评审，并形成了评审意见。

三、验收经过及结论

2020 年 12 月 1 日—2021 年 1 月 21 日，上海铁路局组织完成了专业静态验收，公司上报了静态验收报告。

验收经过：2020 年 12 月 1 日—2021 年 1 月 21 日，上海铁路局组织完成了工务工程、通信信号工程、电力及电力牵引供电工程、房建工程、信息工程、机辆运输、客运、货运、环水保、建设用地、消防治安等专业静态验收，并上报了静态验收报告。2020 年 12 月 15 日至 2021 年 1 月 22 日，国铁集团工务工程、通信信号工程、电力及电力牵引供电工程、房建工程、信息工程、环水保专业专家组对静态验收报告进行了评审，并形成了评审意见。

验收结论：金台铁路静态整体系统和各专业及其接口满足设计要求和验收标准，工程总体质量合格，同意通过静态验收，具备动态验收条件。

四、各专业验收经过及结论

（一）工务工程

1. 验收过程

2020 年 5 月金温铁道公司会同金台铁路有限责任公司及相关参建单位共同对新建金华至台州铁路开始提前介入检查。

根据金台铁路有限责任公司关于申请金台铁路静态验收的要求，金温铁道公司在 2020 年 12 月 18 日召开工务工程静态验收推进会，对工务剩余工程推进、静态验收等工作进行了部署。

2020 年 12 月 23 日—2021 年 1 月 4 日金温铁道公司会同金台铁路有限责任公司对新建金华至台州铁路工务工程进行静态验收平推，并组织召开了静态验收小结会，对于本次静态验收检查发现的问题克缺明确了时间节点，对剩余工程推进排定计划。

12 月 31 日起金温铁道公司、金台铁路有限责任公司组织相关施工单位对静态验收存在的问题逐项制定了整改方案及整改时间，安排专人负责盯控问题库的销号情况，并每日统计汇总上报。静态验收发现问题相关单位正在整改销号，同时将新发现的问题同步纳入新增问题库，并协调相关单位进行整改销号，明确整改销号时间及未完工程推进计划。

截至 2021 年 1 月 6 日静态验收工作基本完成。2021 年 1 月 8 日上海铁路局工务部出具了《新建金台铁路工务工程静态验收咨询报告》。根据上海铁路局工务部工务工程静态验收咨询报告，金温铁道公司、金台铁路有限责任公司组织召开了静态验收总结会，梳理了工务工程静态验收问题库，确定了剩余问题的整改销号推进计划。

（1）钢轨锁定焊接：按照金台铁路无缝线路锁定方案，金温铁道公司工电部门安排监控小组，对金台铁路的无缝线路拉伸锁定以及现场焊接、焊缝探伤进行了全过程盯控，督促施工单位按标准进行施工，对检查发现的问题及时进行了处理，同时对监控过程保存了原始资料，并建立了相关台账。

（2）轨道精调：轨道精调由金温铁道公司实施，作业前明确目标、健全组织；作业中优化流程、卡控细节；作业后总结完善、科学评价；自2020年10月15日至2020年12月15日，完成了金台铁路正线线路[除台州站正线Ⅺ（11）道外]、道岔精调，达到了验收标准要求。

（3）钢轨打磨：2020年12月15日至2020年12月31日，完成金台铁路钢轨打磨。

2. 验收方法

针对轨道、路基、桥涵、隧道、声屏障、安全防护设施等验收内容，验收小组采用内业资料抽查与外业现场检查相结合的方法，内业资料检查主要对内业资料的完整性、全面性进行检查，并对有关内业资料进行重点抽查；现场对观感质量、主要功能和实体质量等按静态验收技术规范进行检查验收。

3. 验收结论

本次验收范围内的轨道、路基、桥涵、隧道、声屏障、安全防护设施等工务工程及其专业接口满足设计要求和验收标准，工程总体质量合格，具备动态检测试验条件。

4. 专家组审查

2021年1月15日，浙江金温铁道开发有限公司在台州组织召开了新建铁路金华至台州线工务工程静态验收报告评审会。中国铁路上海局集团有限公司工务部、建设部，上海枢纽指挥部，宁波工务段的专家及浙江省交通集团，金台铁路有限责任公司设计、施工图咨询、施工、监理、第三方检测等单位的有关人员参加了会议。会议听取了工程建设项目情况报告、设计工作总结报告、施工图咨询工作总结报告、监理工作总结报告、第三方检测工作总结报告、施工总结报告、工务工程静态验收报告。

经专家组审查，同意浙江金温铁道开发有限公司、金台铁路有限责任公司关于《新建铁路金华至台州线工务工程静态验收报告》的验收结论，工务工程满足设计要求和验收标准，工务工程总体质量合格，具备动态检测试验条件，同意工务工程通过静态验收。

（二）电力及电力牵引供电工程

1. 验收结论

本次验收范围内电力及电力牵引供电工程及其接口满足设计要求和验收标准，工程总体质量合格，具备动态验收条件。

2. 专家组审查

2021年1月22日，浙江金温铁道开发有限公司会同金台铁路有限责任公司在上海组织召开了金台铁路电力及电力牵引供电工程静态验收报告专家评审会，专家组成员听取了金温铁道公司、金台铁路有限责任公司以及设计、咨询、监理、施工等单位关于新建金台铁路电力及电力牵引供电工程静态验收情况的专题报告。依据相关文件、标准、规范以及合同规定，对《新建金台铁路电力及电力牵引供电工程静态验收报告》进行了评审。形成评审意见如下：

金华至台州铁路工程静态验收范围为金台正线（新建线路长 165.791 km）、金温货线改建段（K40+975 ~ K72+709）、头门港线、永康南联络线，电力及电力牵引供电工程已完成。

同意金温铁道公司、金台铁路有限责任公司《新建金台铁路电力及电力牵引供电工程静态验收报告》的验收结论，工程总体质量合格，通过静态验收报告评审，具备动态验收条件。

（三）通信工程

1. 验收结论

本次验收范围内通信工程及其专业接口满足设计要求及验收标准，工程总体质量合格，具备动态验收条件。

2. 专家组审查

2021 年 1 月 14 日中国铁路上海局集团有限公司组织通信专家组对浙江金温铁道开发有限公司、金台铁路有限责任公司报送的《新建金华至台州铁路通信工程静态验收报告》进行了审查。专家组听取了浙江金温铁道开发有限公司、金台铁路有限责任公司及设计、施工、监理、专业检测等单位对通信工程静态验收工作的汇报，专家组认为验收资料齐全、记录完整，符合《铁路通信工程施工质量验收标准》（TB 10418—2018）的要求。审查意见如下：

浙江金温铁道开发有限公司组织的新建金台铁路工程通信专业静态验收工作，其程序及报告内容符合相关文件规定的要求，同意静态验收报告的结论意见，即新建金华至台州铁路通信工程及其专业接口满足设计要求和验收标准，工程总体质量合格，具备动态检测条件。

（四）信号工程

1. 验收结论

联锁系统按相关规定完成信号联锁试验，联锁关系正确，与相关系统的接口检查合格；TDCS 车站设备按照相关规定已完成与联锁信息核对试验，信息与联锁一致；轨道电路码序测试工作完成，载频、码序和信号显示正确；信号集中监测系统按照相关规定完成开关量、模拟量采集校核，与联锁、电源屏接口信息的核对正确，满足监测使用功能；防雷接地系统及专业接口检查合格。新建金华至台州铁路信号专业及其接口满足设计要求和验收标准，具备动态检测条件。

2. 专家组审查

2021 年 1 月 15 日上海局集团有限公司电务部组织信号专家组对浙江金温铁道开发有限公司、金台铁路有限责任公司报送的《新建金华至台州铁路信号工程静态验收报告》进行了评审。专家组听取了浙江金温铁道开发有限公司、金台铁路有限责任公司及设计、施工、监理等单位对信号工程静态验收工作的汇报，查阅了静态验收报告及相关资料。专家组认为验收资料齐全、记录完整，符合《铁路建设项目竣工验收交接办法》（铁建设〔2008〕23 号）文件要求。评审意见如下：

浙江金温铁道开发有限公司、金台铁路有限责任公司组织的新建金华至台州铁路信号工程静态验收工作，其程序及报告符合相关文件规定的要求，同意静态验收报告的结论意见：新建金华至台州铁路信号工程满足设计要求和验收标准，工程质量合格，具备动态监测条件。

（五）房建专业（站房、地道装修、综合维修工区等，不含丽水站房）

1. 验收结论

本次验收范围内房建工程及其接口满足设计要求及验收标准，满足使用功能和安全性能，工程总体质量合格，具备动态验收条件。

2. 专家组审查

2021 年 1 月 21 日，新建金华至台州铁路房建工程静态验收报告评审专家组在浙江省台州市对浙江金温铁道开发有限公司、金台铁路有限责任公司提交的《新建金华至台州铁路房建工程静态验收报告》进行了评审。专家组听取了金温铁道公司、金台铁路有限责任公司，以及设计、咨询、监理等单位关于静态验收情况的汇报，经过专家组讨论，形成评审意见如下：同意金温铁道公司、金台铁路有限责任公司静态验收结论：本次验收范围内房建工程及其接口满足设计要求及验收标准，满足使用功能和安全性能，工程总体质量合格，具备动态验收条件。

（六）信息专业

1. 验收结论

新建金华至台州铁路信息工程及各系统、接口满足设计要求和验收标准，工程总体质量合格，具备动态验收条件。

2. 专家组审查

专家组于 2021 年 1 月 15 日对金温铁道公司、金台铁路有限责任公司编制的《新建金华至台州铁路信息工程静态验收报告》进行了评审，会上听取了金温铁道公司、金台铁路有限责任公司及相关设计、施工、监理、咨询等单位关于新建金华至台州铁路信息工程静态验情况的汇报，通过视频、照片了解了现场实施情况，评审了静态验收报告，经过认真讨论，形成评审意见如下：

金温铁道公司、金台铁路有限责任公司根据《关于重新印发〈铁路建设项目竣工验收交接办法〉的通知》（铁建设〔2008〕23 号）等文件，认真组织了信息工程静态验收，形成了静态验收报告。

经专家组审议，同意金温铁道公司、金台铁路有限责任公司编制的静态验收报告，新建金华至台州铁路信息工程具备动态验收条件。

（七）客服设施专业

1. 验收结论

新建金台铁路客服设施相关工程及其接口满足设计要求和验收标准，工程总体质量合格，具备动态验收条件。

2. 专家组审查

专家组于 2021 年 1 月 15 日对金温铁道公司、金台铁路有限责任公司编制的《新建金华至台州铁路客服设施静态验收报告》进行了评审，专家组听取了新建金台铁路相关设计、咨询、施工、监理、建设等单位关于新建金台铁路客服设施工程静态验收情况的汇报，通过视频、图片等方式了解现场情况，评审了静态验收报告，经过认真讨论，形成评审意见如下：

金温铁道公司、金台铁路有限责任公司依据《关于重新印发〈铁路建设项目竣工验收交接办法〉的通知》（铁建设〔2008〕23 号）等文件，认真组织了金台铁路客服设施工程静态验收，形成了静态验收报告。经专家组审议，同意其静态验收意见，新建金台铁路客服设施工程具备动态验收条件。

（八）环水保静态验收

1. 验收经过

2020 年 11 月 30 日，金台铁路有限责任公司与浙江金温铁道开发有限公司成立环水保专业自查工作组对管内环水保专业静态验收相关工作完成情况开展自查，对发现的问题提出整改建议和要求。各施工单位及时对检查发现的问题进行整改。2020 年 12 月由金台铁路有限责任公司与金温铁道公司最终完成环水保静态验收报告。

2. 验收程序和方法

验收程序分集中开会布置、工作梳理、现场自查和总结，形成书面自查报告，问题整改，组织现场复查，针对环水保自查存在的问题逐个验收，形成静态验收报告等阶段进行。

现场检查验收采用内业检查、现场检查和重点抽查相结合的方式进行。

内业检查：对工程建设情况的检查，包括工程立项审批部门、时间、文号；工程可研、初步设计、施工图等设计文件及批复资料；工程环保和水保文件及其批复；施工单位、建设单位与各部门签订的协议；工程检查验收记录（包括影像资料），施工日志，环、水保监理报告、设计工作总结报告等资料进行检查验收。

现场检查：对验收范围内所有环境保护、水土保持设施进行全面的检查。

重点抽查：根据内业资料验收和现场验收情况，对重点工程或重要检查项点进行主要功能和质量抽查。

3. 验收结论

参考原铁道部《关于发布高速铁路竣工验收办法的通知》（铁建设〔2012〕107 号）、《高速铁路环境保护、水土保持设施竣工验收工作实施细则》（铁计〔2012〕264 号）要求，金台铁路项目工程环境影响报告书及环评批复意见、水土保持方案及批复意见和设计文件中涉及的环保水保措施基本得到落实。金台铁路项目工程建设执行了环境影响评价制度和环水保设施与主体工程同时设计、同时施工、同时建成投产使用的“三同时”制度，根据浙江省水保行政主管部门关于弃渣场变更要求完善相关程序后，可开展下一步工作。

4. 专家组审查

2020 年 12 月 15 日，中国铁路上海局集团有限公司计划统计部主持召开了《新建金华至台州铁路环境保护与水土保持工程静态验收报告》审查会，参加会议的有浙江金温铁道开发有限公司、金台铁路有限责任公司、中铁第五勘察设计院集团有限公司、浙江省环境科技有限公司、中国电建集团华东勘测设计研究院有限公司、北京铁城建设监理有限责任公司、上海天佑工程咨询有限公司、四川铁科建设监理有限公司等单位的代表。会议邀请铁四院、铁科院、中国铁路济南局集团有限公司的专家组成专家组，与会代表及专家听取了环水保专业静态验收报告汇报，经审查形成专家意见如下：

金台铁路有限责任公司编制的《新建金华至台州铁路环境保护与水土保持工程静态验收报告》基本上反映了金台铁路项目环水保工作的主要内容。原则同意报告的主要结论，同意通过静态验收，可以开展下一步工作。

第三节　动态验收

根据铁科院《新建金台铁路动态检测大纲（V3.0）》，上海铁路局《关于新建金华至台州铁路动态检测试验大纲专家评审意见》和《关于开展金台铁路动态检测咨询工作的通知》（上铁科信〔2021〕118 号），金温铁道公司《新建金台铁路动态检测实施方案》（浙金温铁司〔2021〕72 号），动态检测内容包括轨道几何状态、接触网系统、通信系统、信号系统、客运服务系统共 5 大项测试内容。

一、验收经过

（一）现场准备

为保证新建金华至台州铁路动态检测的顺利进行，金温铁道公司会同金台铁路有限责任公司成立动态验收领导小组，负责组织领导金台铁路动态检测的总体工作，协调解决现场试验过程中的重大问题。动态验收领导小组下设现场指挥部，具体负责动态检测的日常组织实施。为做好动态检测工作，铁科院集团公司专门成立了动态检测领导小组，负责领导、组织、协调动态检测工作，并对检测方案、检测标准等重要技术文件进行审核。领导小组下设工作组及专业测试组，负责有关动态检测的具体实施工作，包括测试人员安排、仪器设备准备和安装调试，计划编制，现场测试及报告编写等。

（二）检测列车检测

依据检测大纲，2021 年 3 月 18 日—25 日，采用检测列车对金台铁路轨道几何状态、接触网状态、通信系统、轨旁信号设备状态等进行测试。

3 月 18 日—22 日，采用检测列车在金台铁路正线开展了逐级提速测试，测试速度等级为 120 km/h、140 km/h、160 km/h；在金温货线武义（不含）至永康东金温场、台州南货运线、头门港铁路支线开展了逐级提速测试，测试速度等级为 100 km/h、120 km/h、132 km/h；在永康南联络线开展了提速测试，测试速度等级为 50 km/h；测试内容包括轨道几何状态、接触网状态、通信系统、轨旁信号设备状态等测试。

3 月 19 日—22 日，采用检测列车在永康东金温场（不含）至新碧（不含）K61+922 ~ K65+600 区段开展了轨道几何状态、轨旁信号设备测试，测试速度等级为 100 km/h。

（三）其他系统动态检测

2021 年 3 月 18 日—21 日，在磐安南、壶镇、仙居南、临海南、杜桥、永康南站和台州站金台场进行了客运服务系统测试；3 月 22 日—23 日、3 月 30 日对初测中出现的问题进行了复测。

2021 年 3 月 18 日—22 日，在视频接入节点台州站、磐安南、仙居南、头门港站进行了综合视频监控系统初测工作；3 月 25 日—26 日，对初测中出现的问题及不具备测试条件项目的进行复测、补测。

截至 2021 年 3 月 25 日，逐级提速测试阶段共开行检测列车 34 列，检测里程约 1 900 km。

（四）全线拉通

2021 年 3 月 24—25 日，采用检测列车进行了全线拉通测试，最高运行速度 160 km/h。

（五）动态验收报告编制与评审

2021 年 3 月 25 日完成动态检测工作，铁科院编制了动态检测报告。2021 年 4 月 6 日金台铁路有限责任公司向金温铁道公司报送了《新建金华至台州铁路工程动态验收报告》（金台铁工函〔2021〕24 号）。2021 年 4 月 9 日—4 月 13 日，上海铁路局工务、供电、通信、信号、信息、客服专家组对动态验收报告进行了评审，均顺利通过审查。

二、验收结论

新建金台铁路的主要功能和实体质量符合设计要求，满足列车运行时的安全性、平稳性相关标准要求，通过动态验收，具备初步验收条件。

三、动态检测

（一）轨道

本工程正线主要铺设有砟轨道，金台线永康南金温场至台州金台场、头门港线在长度大于 6 km 的隧道内铺设弹性支承块式无砟轨道，金台线台州金台场（不含）至台州南金台场、金温货线武义（不含）至永康东 K41+600 ~ K61+922 区段在长度大于 1 km 的隧道内铺设弹性支承块式无砟轨道。钢轨采用 100 m 定尺长、U75V 无螺栓孔 60 N 钢轨，在半径小于等于 1 200 m 的曲线地段采用热处理钢轨。正线一般地段铺设Ⅲa 型钢筋混凝土轨枕；设护轮轨地段，在护轮轨铺设范围内，采用新Ⅲ型桥枕；轨枕每公里铺设 1 667 根；道岔范围内铺设钢筋混凝土岔枕。扣件采用弹条Ⅱ型扣件。

正线道岔主要铺设 12 号有砟道岔；在金温货线永康江特大桥和头门港线灵江特大桥上各设置 2 组钢轨伸缩调节器，图号为研线 TF9912。

1. 轨道几何状态

2021 年 3 月 18 日—25 日，采用 WX999339 轨道检查车对金台线永康南金温场至台州金台场、金台线台州金台场（不含）至台州南金台场、头门港线、金温货线武义（不含）至永康东、金温货线永康东（不含）至新碧（不含）、永康南联络线进行了轨道几何状态测试。

（1）检测目的。

通过动态检测，对轨道几何状态进行评价，验证轨道几何状态是否满足相关标准的要求，为动态验收提供依据。

（2）检测内容。

轨道几何状态动态检测项目包括高低、轨向、轨距、水平、三角坑、轨距变化率、车体垂向加速度、车体横向加速度等。

（3）检测方法。

采用装备轨道检测系统且具备精确定位功能的轨道检查车和综合检测列车进行轨道几何状态检测。轨道检测系统信号处理流程见图 20-1。

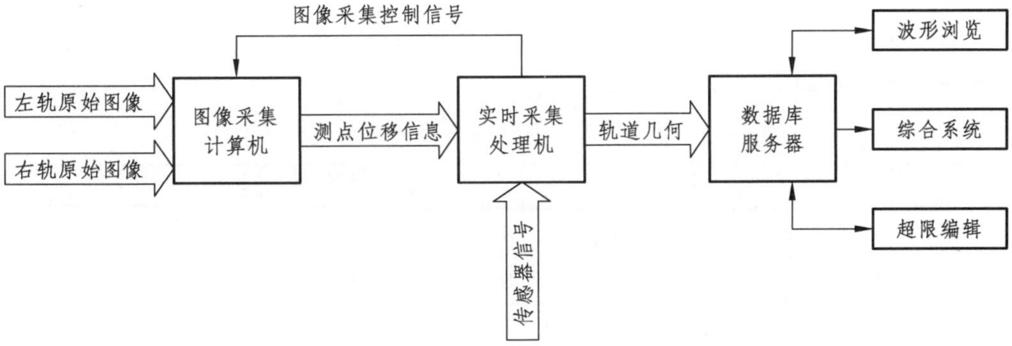

图 20-1　轨道检测系统信号处理流程

（4）评判标准。

轨道几何状态动态检测，采用《客货共线铁路工程动态验收技术规范》（TB 10461—2019）中规定的轨道几何状态验收评价标准。

轨道几何状态动态检测过程中逐级提速控制标准采用《普速铁路线路修理规则》（TG/GW 102—2019）中规定的轨道动态几何不平顺Ⅲ和Ⅳ级容许偏差管理值作为依据。

根据《中国铁路上海局集团有限公司工务部关于回复金台线线路允许速度的函》（工线函〔2020〕426 号），本工程具体区段采用的检测标准见表 20-1。

表 20-1　金台线各区段轨道几何状态检测标准

序号	区段	里程范围	动态检测标准（采用动态验收管理值）/（km/h）	控制逐级提速标准（采用动态运营管理值）/（km/h）
1	金台线	K0+000 ~ K149+167	120< V≤ 160	120< V≤ 160
2		K149+167 ~ K164+200	V≤ 120	80< V≤ 120
3		K164+200 ~ K164+300	V≤ 120	V≤ 80
4		K164+300 ~ K165+102	V≤ 120	80< V≤ 120
5	头门港线	K0+000 ~ K42+873	V≤ 120	80< V≤ 120

续表

序号	区段	里程范围	动态检测标准（采用动态验收管理值）/（km/h）	控制逐级提速标准（采用动态运营管理值）/（km/h）
6	金温货线武义（不含）至永康东	K41+600 ~ K61+922	$V\leq 120$	$80< V\leq 120$
7	金温货线永康东（不含）至新碧（不含）	K61+922 ~ K65+600	$V\leq 120$	$80< V\leq 120$
8	永康南联络线	K0+000 ~ K0+880	$V\leq 120$	$V\leq 80$

① 动态验收评价标准。

金台线永康南金温场至台州金台场、金台线台州金台场（不含）至台州南金台场、头门港线、金温货线武义（不含）至永康东、金温货线永康东（不含）至新碧（不含）、永康南联络线轨道几何状态动态检测，采用《客货共线铁路工程动态验收技术规范》（TB 10461—2019）中规定的轨道几何状态验收评价标准。

轨道几何状态检测项目应同时采用局部峰值和区段均值进行评价。

局部峰值评价允许偏差管理值见表 20-2。局部峰值按整公里线路为单位进行评价，每公里检测结果中无超过验收管理值的偏差，则验收合格。

表 20-2 轨道几何状态局部峰值动态验收管理值

线路设计速度等级/（km/h）		$V\leq 120$	$120< V\leq 160$
高低/mm	1.5m ~ 42m	8	6
轨向/mm	1.5m ~ 42m	8	5
轨距/mm		+8 −6	+6 −4
轨距变化率（基长 3 m）		2.0‰	1.5‰
水平/mm		8	6
三角坑（基长 3 m）/mm		8	5
车体垂向加速度/（m/s^2）		1.0	1.0
车体横向加速度/（m/s^2）		0.6	0.6

区段均值评价指标为轨道质量指数（TQI），每 200 m 为一个 TQI 计算单元，TQI 验收管理值见表 20-3。检测结果中无超过验收管理值的偏差，则验收合格。

表 20-3 轨道不平顺质量指数 TQI 允许偏差管理值

线路设计速度等级/（km/h）	TQI/mm
$V\leq 120$	15
$120< V\leq 160$	11

② 逐级提速控制标准。

轨道几何状态动态检测过程中逐级提速控制标准采用《普速铁路线路修理规则》（TG/GW 102—2019）中规定的轨道几何动态不平顺Ⅲ和Ⅳ级容许偏差管理值作为依据。

逐级提速过程中，为保证试验安全，应严格控制轨道不平顺出现大值，轨道几何状态检测结果出现Ⅳ级偏差时，则该区段后续试验应降速至低一速度等级试验；出现Ⅲ级偏差，则该区段应停止更高速度提速试验。出现Ⅲ、Ⅳ级偏差区段整修后，并经过相同速度级复测且未出现Ⅲ、Ⅳ级偏差时，该区段方可继续提速。逐级提速控制标准见表 20-4。

表 20-4　控制逐级提速轨道状态局部峰值评价允许偏差管理值

线路设计速度等级/（km/h）		$V\leqslant 80$		$80<V\leqslant 120$		$120<V\leqslant 160$	
偏差等级		Ⅲ级	Ⅳ级	Ⅲ级	Ⅳ级	Ⅲ级	Ⅳ级
高低/mm	1.5 m ~ 42 m	24	26	20	24	15	20
轨向/mm	1.5 m ~ 42 m	20	23	16	20	12	16
轨距/mm		+23 − 11	+25 − 12	+20 − 10	+23 − 11	+15 − 8	+20 − 10
水平/mm		22	25	18	22	14	18
三角坑（基长 3.0 m）/mm		16	18	14	16	12	14
车体垂向加速度/（m/s^2）		2.0	2.5	2.0	2.5	2.0	2.5
车体横向加速度/（m/s^2）		1.5	2.0	1.5	2.0	1.5	2.0

（5）数据分析。

依据 2020 年 3 月 25 日 WX999339 轨道检查车的检测结果，金台线永康南金温场至台州金台场（K0+000 ~ K150+205）最高检测速度为 160 km/h，金台线台州金台场（不含）至台州南金台场（K150+205 ~ K165+508）、头门港线（K0+000 ~ K42+206）、金温货线武义（不含）至永康东（K41+600 ~ K61+922）最高检测速度为 132 km/h，金温货线永康东（不含）至新碧（不含）（K61+922 ~ K65+600）最高检测速度为 80 km/h，永康南联络线（K0+000 ~ K0+880）最高检测速度为 40 km/h。按相关标准进行轨道几何状态验收评价，金台线永康南金温场至台州金台场、金台线台州金台场（不含）至台州南金台场、头门港线、金温货线武义（不含）至永康东、金温货线永康东（不含）至新碧（不含）、永康南联络线均无Ⅲ、Ⅳ级偏差，车体横向加速度已经对曲线地段未平衡加速度进行处理。

① 金台线永康南金温场至台州金台场（K0+000 ~ K150+205）检测数据按验收标准统计。统计结果见表 20-5。

表 20-5　金台线永康南金温场至台州金台场轨道几何局部峰值统计

行别	单线			
项目	验收偏差	个数		
		总计	个/km	百分比/%
高低	0	0	0.00	0.00
轨向	0	0	0.00	0.00
轨距	0	0	0.00	0.00
水平	0	0	0.00	0.00
三角坑	2	2	0.01	100
垂向加速度	0	0	0.00	0.00
横向加速度	0	0	0.00	0.00
轨距变化率	0	0	0.00	0.00
总和	2	2	0.01	100

a. 局部峰值评价：共检测 151 km，2 km 含有验收偏差，按照整公里为单位进行验收评价，149 km 满足局部峰值验收要求。统计结果见表 20-6。

表 20-6 验收偏差公里明细（按个数统计）

公里	高低/个	轨向/个	轨距/个	水平/个	三角坑/个	横加/个	垂加/个	轨变/个	总个数/个	是否符合
39	0	0	0	0	1	0	0	0	1	否
148	0	0	0	0	1	0	0	0	1	否

b. 区段均值评价：平均 TQI 值为 4.6 mm，最大 TQI 值为 10.8 mm，无超过验收管理值的偏差，满足区段均值验收要求。分布情况见图 20-2。

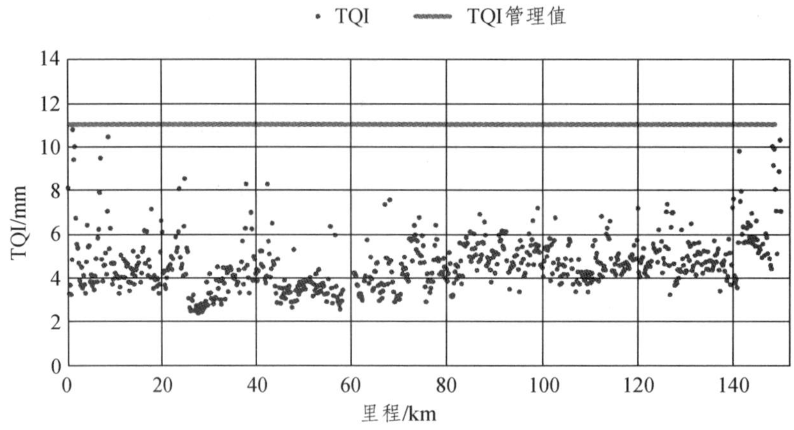

图 20-2 金台线（K0+000 ~ K150+205）TQI 里程分布

② 金台线台州金台场（不含）至台州南金台场（K150+205 ~ K165+508）。

a. 局部峰值评价：共检测 16 km，无验收偏差，按照整公里为单位进行验收评价，16 km 满足局部峰值验收要求。

b. 区段均值评价：平均 TQI 值为 5.0 mm，最大 TQI 值为 10.6 mm，无超过验收管理值的偏差，满足区段均值验收要求。分布情况见图 20-3。

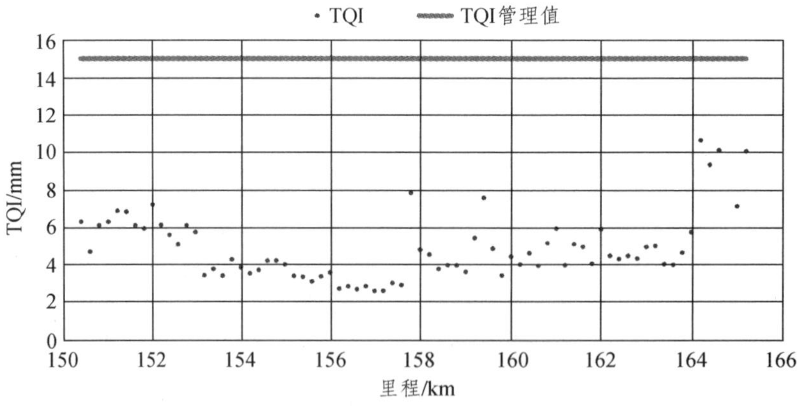

图 20-3 金台线台州金台场（不含）至台州南金台场（K150+205 ~ K165+508）TQI 里程分布

③ 头门港线（K0+000 ~ K42+206）。

a. 局部峰值评价：共检测 42 km，无验收偏差，按照整公里为单位进行验收评价，42 km 满足局部峰值验收要求。

b. 区段均值评价：平均 TQI 值为 5.5 mm，最大 TQI 值为 10.3 mm，无超过验收管理值的偏差，满足区段均值验收要求。分布情况见图 20-4。

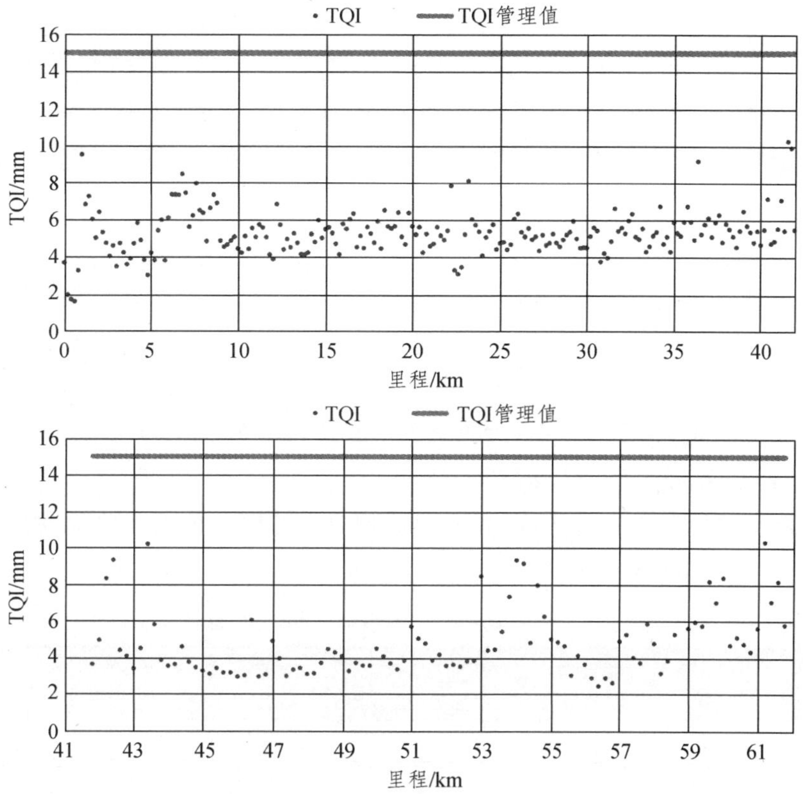

图 20-4　头门港线（K0+000 ~ K42+206）TQI 里程分布

④ 金温货线武义（不含）至永康东（K41+600 ~ K61+922）。

a. 局部峰值评价：共检测 21 km，无验收偏差，按照整公里为单位进行验收评价，21 km 满足局部峰值验收要求。

b. 区段均值评价：平均 TQI 值为 4.6 mm，最大 TQI 值为 10.3 mm，无超过验收管理值的偏差，满足区段均值验收要求。分布情况见图 20-5。

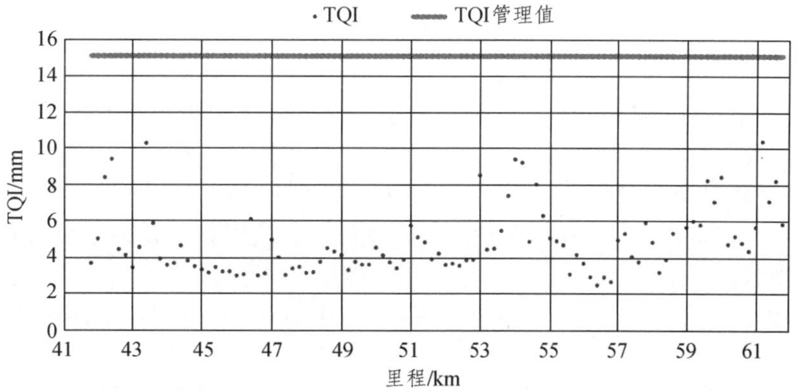

图 20-5　金温货线武义（不含）至永康东（K41+600 ~ K61+922）TQI 里程分布

⑤ 金温货线永康东（不含）至新碧（不含）（K61+922 ~ K65+600）。

a. 局部峰值评价：共检测 4 km，无验收偏差，按照整公里为单位进行验收评价，4 km 满足局部峰值验收要求。

b. 区段均值评价：平均 TQI 值为 4.8 mm，最大 TQI 值为 11.1 mm，无超过验收管理值的偏差，满足区段均值验收要求。分布情况见图 20-6。

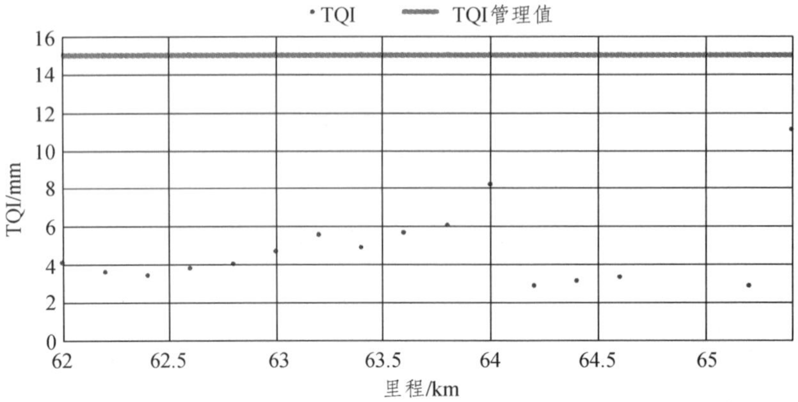

图 20-6　金温货线永康东（不含）至新碧（不含）（K61+922 ~ K65+600）TQI 里程分布

⑥ 永康南联络线（K0+000 ~ K0+880）。

a. 局部峰值评价：共检测 1 km，1 km 含有验收偏差，按照整公里为单位进行验收评价，0 km 满足局部峰值验收要求。统计结果见表 20-7。

表 20-7　验收偏差公里明细（按个数统计）

公里	高低/个	轨向/个	轨距/个	水平/个	三角坑/个	横加/个	垂加/个	轨变/个	总个数/个	是否符合
0	1	0	0	0	0	0	0	0	1	否

b. 区段均值评价：平均 TQI 值为 10.0 mm，最大 TQI 值为 11.7 mm，无超过验收管理值的偏差，满足区段均值验收要求。

（6）小结。

依据 2021 年 3 月 25 日 WX999339 轨道检查车 160 km/h 速度级的检测结果，对金台线永康南金温场至台州金台场（K0+000 ~ K150+205）的轨道几何状态进行评价；依据 2020 年 3 月 25 日 WX999339 轨道检查车 120 km/h 速度级的检测结果，对金台线台州金台场（不含）至台州南金台场（K150+205 ~ K165+508）、头门港线（K0+000 ~ K42+206）、金温货线武义（不含）至永康东（K41+600 ~ K61+922）、金温货线永康东（不含）至新碧（不含）（K61+922 ~ K65+600）、永康南联络线（K0+000 ~ K0+880）的轨道几何状态进行评价；金台线永康南金温场至台州金台场、金台线台州金台场（不含）至台州南金台场、头门港线、金温货线武义（不含）至永康东、金温货线永康东（不含）至新碧（不含）、永康南联络线均无Ⅲ、Ⅳ级偏差。

① 金台线永康南金温场至台州金台场（K0+000 ~ K150+205）。

a. 局部峰值验收：共检测 151 km，2 km 含有验收偏差，按照整公里为单位进行验收评价，149 km 满足局部峰值验收要求。

b. 区段均值验收：平均 TQI 值为 4.6 mm，最大 TQI 值为 10.8 mm，无超过验收管理值的偏差，满足区段均值验收要求。

② 金台线台州金台场（不含）至台州南金台场（K150+205 ~ K165+508）。

a. 局部峰值验收：共检测 16 km，无验收偏差，按照整公里为单位进行验收评价，16 km 满足局部峰值验收要求。

b. 区段均值验收：平均 TQI 值为 5.0 mm，最大 TQI 值为 10.6 mm，无超过验收管理值的偏差，满足区段均值验收要求。

③ 头门港线（K0+000 ~ K42+206）。

a. 局部峰值验收：共检测 42 km，无验收偏差，按照整公里为单位进行验收评价，42 km 满足局部峰值验收要求。

b. 区段均值验收：平均 TQI 值为 5.5 mm，最大 TQI 值为 10.3 mm，无超过验收管理值的偏差，满足区段均值验收要求。

④ 金温货线武义（不含）至永康东（K41+600 ~ K61+922）。

a. 局部峰值验收：共检测 21 km，无验收偏差，按照整公里为单位进行验收评价，21 km 满足局部峰值验收要求。

b. 区段均值验收：平均 TQI 值为 4.6 mm，最大 TQI 值为 10.3 mm，无超过验收管理值的偏差，满足区段均值验收标准要求。

⑤ 金温货线永康东（不含）至新碧（不含）（K61+922 ~ K65+600）。

a. 局部峰值验收：共检测 4 km，无验收偏差，按照整公里为单位进行验收评价，4 km 满足局部峰值验收要求。

b. 区段均值验收：平均 TQI 值为 4.8 mm，最大 TQI 值为 11.1 mm，无超过验收管理值的偏差，满足区段均值验收标准要求。

⑥ 永康南联络线（K0+000 ~ K0+880）。

a. 局部峰值验收：共检测 1 km，1 km 含有验收偏差，按照整公里为单位进行验收评价，0 km 满足局部峰值验收要求。

b. 区段均值验收：平均 TQI 值为 10.0 mm，最大 TQI 值为 11.7 mm，无超过验收管理值的偏差，满足区段均值验收标准要求。

轨道几何状态检测结果表明，金台线永康南金温场至台州金台场满足列车以 160 km/h 速度及以下运行时的安全性相关标准要求；金台线台州金台场（不含）至台州南金台场、头门港线、金温货线武义（不含）至永康东满足列车以 120 km/h 速度及以下运行时的安全性相关标准要求；金温货线永康东（不含）至新碧（不含）满足列车以 80 km/h 速度及以下运行时的安全性相关标准要求；永康南联络线满足列车以 40 km/h 速度及以下运行时的安全性相关标准要求。

2. 结论及建议

（1）结论。

依据 2021 年 3 月 25 日 WX999339 轨道检查车 160 km/h 速度级的检测结果，对金台线永康南金温场至台州金台场（K0+000 ~ K150+205）的轨道几何状态进行评价；依据 2020 年 3 月 25 日 WX999339 轨道检查车 120 km/h 速度级的检测结果，对金台线台州金台场（不含）至台州南金台场（K150+205 ~ K165+508）、头门港线（K0+000 ~ K42+206）、金温货线武义（不含）至永康东（K41+600 ~ K61+922）、金温货线永康东（不含）至新碧（不含）（K61+922 ~ K65+600）、永康南联络线（K0+000 ~ K0+880）的轨道几何状态进行评价；金台线永康南金温场至台州金台场、金台线台州金台场（不含）至台州南金台场、头门港线、金温货线武义（不含）至永康东、金温货线永康东（不含）至新碧（不含）、永康南联络线均无Ⅲ、Ⅳ级偏差。

① 金台线永康南金温场至台州金台场（K0+000 ~ K150+205）。

a. 局部峰值验收：共检测 151 km，2 km 含有验收偏差，按照整公里为单位进行验收评价，149 km 满足局部峰值验收要求。

b. 区段均值验收：平均 TQI 值为 4.6 mm，最大 TQI 值为 10.8 mm，无超过验收管理值的偏差，满足区段均值验收要求。

② 金台线台州金台场（不含）至台州南金台场（K150+205 ~ K165+508）。

a. 局部峰值验收：共检测 16 km，无验收偏差，按照整公里为单位进行验收评价，16 km 满足局部峰值验收要求。

b. 区段均值验收：平均 TQI 值为 5.0 mm，最大 TQI 值为 10.6 mm，无超过验收管理值的偏差，满足区段均值验收要求。

③ 头门港线（K0+000 ~ K42+206）。

a. 局部峰值验收：共检测 42 km，无验收偏差，按照整公里为单位进行验收评价，42 km 满足局部峰值验收要求。

b. 区段均值验收：平均 TQI 值为 5.5 mm，最大 TQI 值为 10.3 mm，无超过验收管理值的偏差，满足区段均值验收要求。

④ 金温货线武义（不含）至永康东（K41+600 ~ K61+922）。

a. 局部峰值验收：共检测 21 km，无验收偏差，按照整公里为单位进行验收评价，21 km 满足局部峰值验收要求。

b. 区段均值验收：平均 TQI 值为 4.6 mm，最大 TQI 值为 10.3 mm，无超过验收管理值的偏差，满足区段均值验收标准要求。

⑤ 金温货线永康东（不含）至新碧（不含）（K61+922 ~ K65+600）。

a. 局部峰值验收：共检测 4 km，无验收偏差，按照整公里为单位进行验收评价，4 km 满足局部峰值验收要求。

b. 区段均值验收：平均 TQI 值为 4.8 mm，最大 TQI 值为 11.1 mm，无超过验收管理值的偏差，满足区段均值验收标准要求。

⑥ 永康南联络线（K0+000 ~ K0+880）。

a. 局部峰值验收：共检测 1 km，1 km 含有验收偏差，按照整公里为单位进行验收评价，0 km 满足局部峰值验收要求。

b. 区段均值验收：平均 TQI 值为 10.0 mm，最大 TQI 值为 11.7 mm，无超过验收管理值的偏差，满足区段均值验收标准要求。

综上所述，金台线永康南金温场至台州金台场满足列车以 160 km/h 速度及以下运行时的安全性相关标准要求；金台线台州金台场（不含）至台州南金台场、头门港线、金温货线武义（不含）至永康东满足列车以 120 km/h 速度及以下运行时的安全性相关标准要求；金温货线永康东（不含）至新碧（不含）满足列车以 80 km/h 速度及以下运行时的安全性相关标准要求；永康南联络线满足列车以 40 km/h 速度及以下运行时的安全性相关标准要求。

（2）建议。

金台线永康南金温场至台州金台场区段 2 km 存在局部峰值验收偏差、永康南联络线 1 km 存在局部峰值验收偏差，请相关单位应对存在验收偏差的轨道区段进一步精调整治，运营后加强轨道几何检测。

（二）接触网系统

本工程牵引供电系统采用带回流线的直接供电方式，接触网采用全补偿简单直链形悬挂，正线导线组合采用 CTS-120+JTM-95（永康南至磐安南段为 CTS-120+JTM-120），额定工作张力 15 kN+15 kN，区间正线接触线悬挂点高度为 6 000 mm，接触线最低点高度不小于 5 700 mm，接触网结构高度一般为 1 400 mm。接触网支柱最大允许跨距值一般不大于 60 m，山口、谷口、高路堤和桥梁等风口范围内的跨距为 50 ~ 55 m。电分相为七跨绝缘锚段关节、非绝缘锚段关节均采用四跨关节。

1. 接触网状态

2021 年 3 月 18 日—24 日采用 WX999454 接触网检测车对金台线永康南金温场至台州金台场（K0+000 ~ K150+205）、金台线台州金台场（不含）至台州南金台场（K150+205 ~ K165+508）、头门港线（K0+000～K42+206）、金温货线武义（不含）至永康东（K41+600～K61+922）、永康南联络线（K0+000～K0+880）接触网状态进行检测。

（1）检测目的。

根据接触网几何参数、接触线平顺性等测试数据，指导接触网系统调试，为动态验收提供依据。

（2）检测内容。

接触线拉出值、接触线高度、一跨内接触线高差、弓网接触力、硬点。

（3）检测方法。

利用接触网检测车检测设备进行接触网状态检测。

通过接触网检测车上安装的测量传感器、信号处理及传输装置，在运行时检测接触线拉出值、接触线高度、一跨内接触线高差、弓网接触力和硬点。

通过车顶安装的摄像头，监视并记录弓网运行状态。

（4）评判标准。

检测结果应符合金台线永康南金温场至台州金台场、金台线台州金台场（不含）至台州南金台场、头门港线、金温货线、永康南联络线相关设计文件和《普速铁路接触网运行维修规则》（TG/GD 116—2017）的规定：

① 接触线拉出值 a：$a<500$ mm。

② 接触线高度 H：$H<6\,600$ mm；

$H>$ 该区段允许的最低值（mm）；

标准值 − 150≤H< 标准值+250 mm。

③ 硬点 A_v：$A_v<490$ m/s^2。

④ 一跨内高差 $2A$：$2A<200$ mm。

⑤ 弓网接触力 F：最大接触力 $F_{max}<250$ N；

最小接触力 $F_{min}\geqslant 20$ N。

（5）数据分析。

① 接触线拉出值。

a. 金台线永康南金温场至台州金台场（K0+000～K150+205）。

根据2021年3月24日接触网检测车检测结果显示，金台线永康南金温场至台州金台场（K0+000～K150+205）无接触线拉出值一级缺陷。

将金台线永康南金温场至台州金台场（K0+000～K150+205）测量接触线拉出值数据曲线图绘制见图20-7～图20-11。

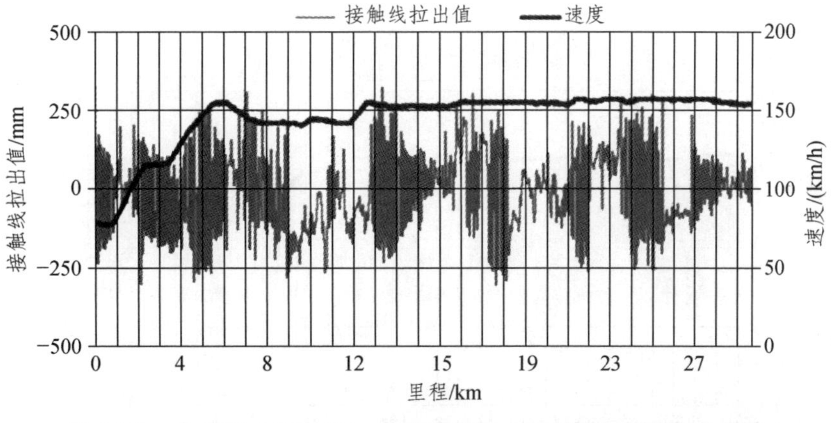

图20-7 金台线（K0+000～K30+000）区段接触线拉出值曲线

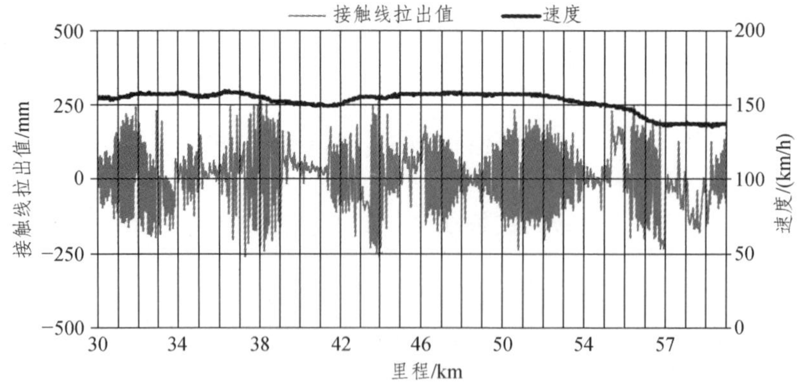

图 20-8　金台线（K30+000～K60+000）区段接触线拉出值曲线

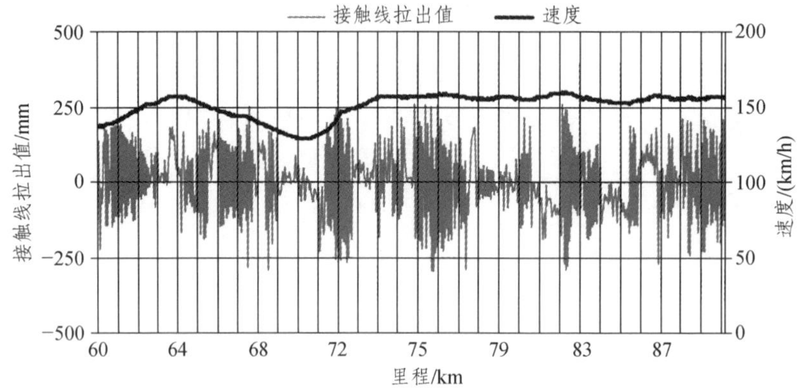

图 20-9　金台线（K60+000～K90+000）区段接触线拉出值曲线

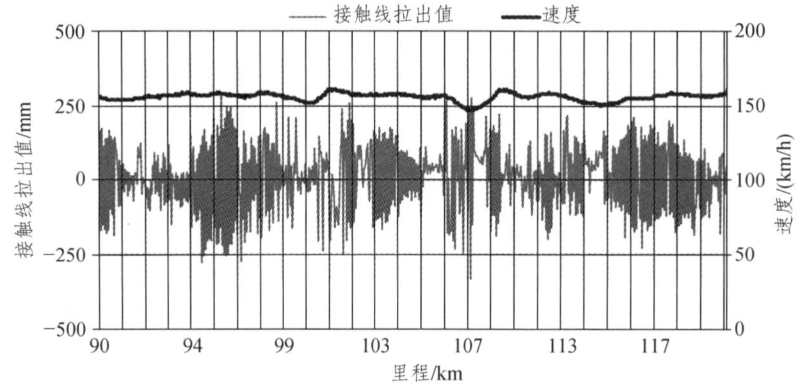

图 20-10　金台线（K90+000～K120+000）区段接触线拉出值曲线

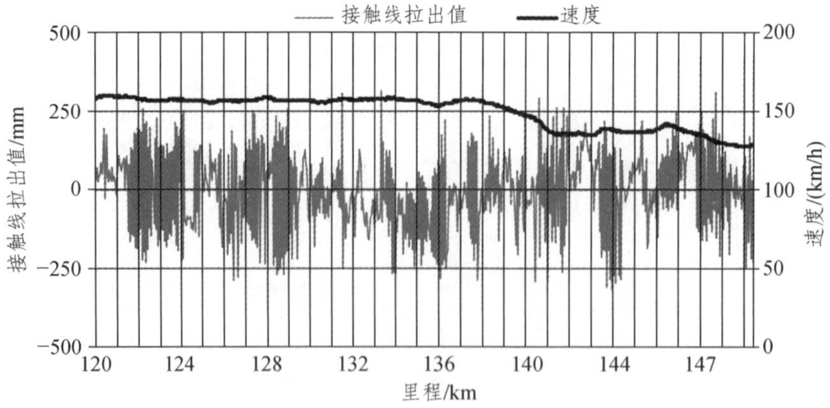

图 20-11　金台线（K120+000～K150+205）区段接触线拉出值曲线

b. 金台线台州金台场（不含）至台州南金台场（K150+205 ~ K165+508）。

根据 2021 年 3 月 24 日接触网检测车检测结果显示，金台线台州金台场（不含）至台州南金台场（K150+205 ~ K165+508）无接触线拉出值一级缺陷。

将金台线台州金台场（不含）至台州南金台场（K150+205 ~ K165+508）测量接触线拉出值数据曲线图绘制见图 20-12。

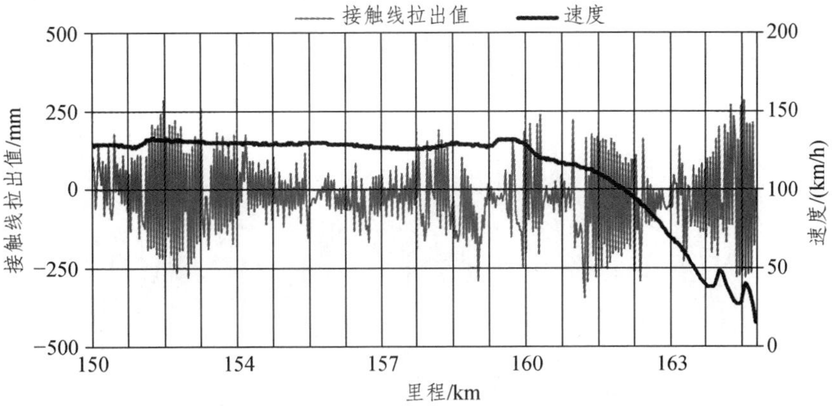

图 20-12　金台线台州金台场（不含）至台州南金台场（K150+205 ~ K165+508）区段接触线拉出值曲线

c. 头门港线（K0+000 ~ K42+206）。

根据 2021 年 3 月 21 日接触网检测车检测结果显示，头门港线（K0+000 ~ K42+206）无接触线拉出值一级缺陷。

将头门港线（K0+000 ~ K42+206）测量接触线拉出值数据曲线图绘制见图 20-13 和图 20-14。

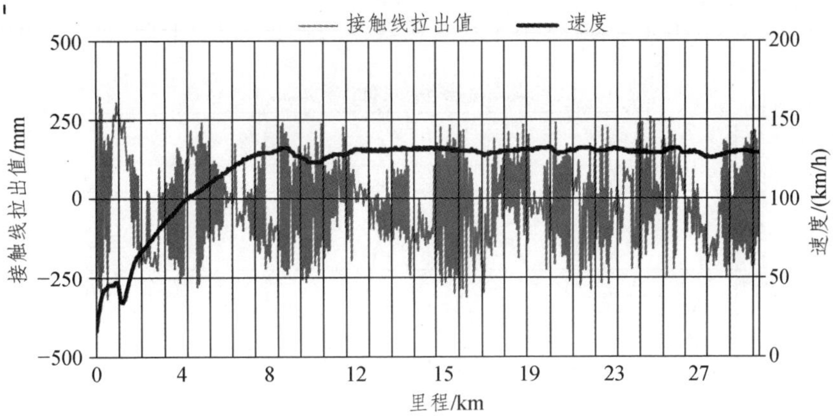

图 20-13　头门港线（K0+000 ~ K30+000）区段接触线拉出值曲线

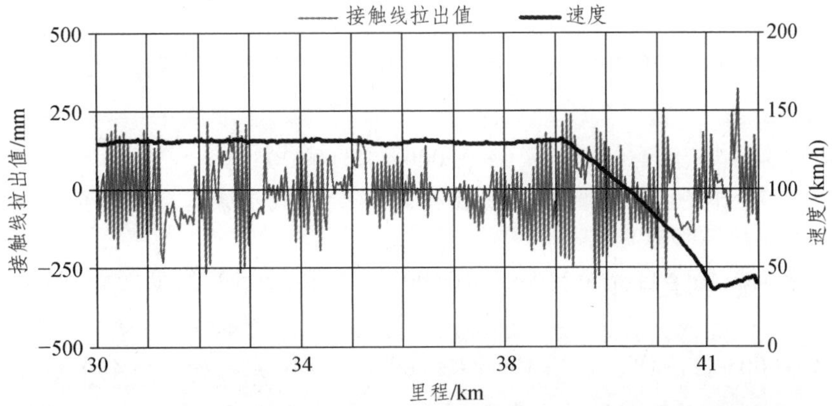

图 20-14　头门港线（K30+000 ~ K42+206）区段接触线拉出值曲线

d. 金温货线武义（不含）至永康东（K41+600 ~ K61+922）。

根据 2021 年 3 月 23 日接触网检测车检测结果显示，金温货线武义（不含）至永康东（K41+600 ~ K61+922）无接触线拉出值一级缺陷。

将金温货线武义（不含）至永康东（K41+600 ~ K61+922）测量接触线拉出值数据曲线图绘制见图 20-15。

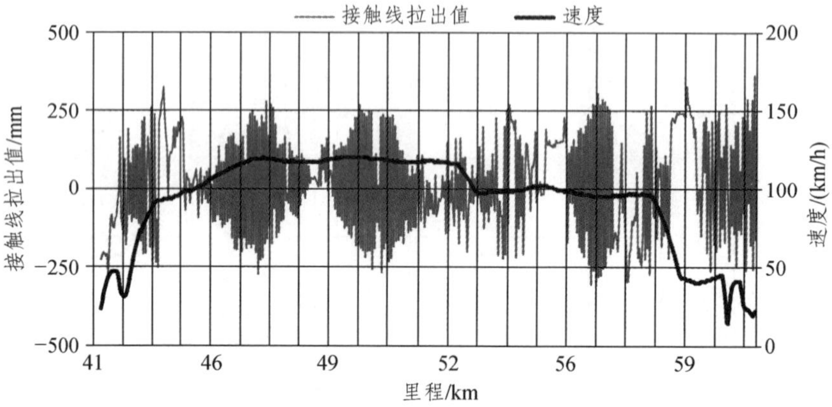

图 20-15　金温货线（K41+600 ~ K61+922）区段接触线拉出值曲线

e. 永康南联络线（K0+000 ~ K0+880）。

根据 2021 年 3 月 21 日接触网检测车检测结果显示，永康南联络线（K0+000 ~ K0+880）无接触线拉出值一级缺陷。

绘制永康南联络线（K0+000 ~ K0+880）测量接触线拉出值数据曲线图见图 20-16。

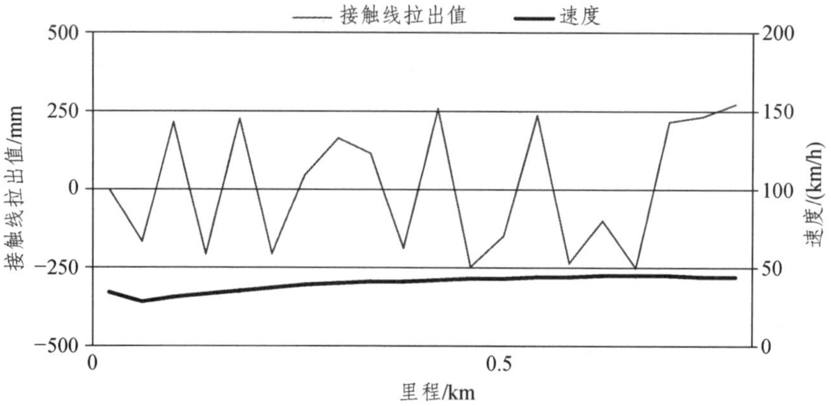

图 20-16　永康南联络线（K0+000 ~ K0+880）区段接触线拉出值曲线

② 接触线高度。

a. 金台线永康南金温场至台州金台场（K0+000 ~ K150+205）。

根据 2021 年 3 月 24 日接触网检测车检测结果显示，金台线永康南金温场至台州金台场(K0+000 ~ K150+205）无接触线高度一级缺陷。

将金台线永康南金温场至台州金台场（K0+000 ~ K150+205）测量接触线高度数据曲线图见图 20-17 ~ 图 20-21。

注：金台线 K0+000 ~ K1+185、K1+499 ~ K1+693 区段接触线高度 6 400 mm；K1+321 ~ K1+391 区段接触线高度 6 300 mm；K4+741 ~ K6+360、K9+366 ~ K11+167、K12+218 ~ K13+041、K16+813 ~

K19+668、K20+780～K21+914、K23+012～K23+840、K34+343～K34+438、K36+756～K37+227、K42+806～K43+870、K56+060～K37+306、K58+525～K58+786、K64+015～K65+509、K67+736～K68+606、K71+573～K72+524、K73+688～K77+808、K79+972～K80+300、K81+256～K81+638、K82+319～K82+384、K83+370～K83+599、K86+369～K88+512、K92+718～K94+407、K94+991～K95+046、K95+581～K96+625、K100+852～K102+103、K106+763～K113+203、K113+699～K114+532、K120+504～K120+700、K123+733～K123+864、K125+619～K129+181、K131+219～K133+665、K137+334～K137+497、K138+954～K139+272、K141+831～K144+301、K147+807～K150+205区段接触线高度6 000 mm；K6+668～K9+111、K24+071～K25+369、K37+495～K39+250、K97+660～K99+221、K140+431～K141+701区段接触线高度6 450 mm；K2+418～K4+583、K11+315～K12+007、K13+246～K16+594、K19+902～K20+614、K22+086～K22+795、K25+919～K34+143、K34+683～K36+598、K39+763～K42+663、K44+019～K55+851、K57+451～K58+350、K58+946～K63+848、K65+737～K67+455、K68+776～K71+314、K72+694～K73+517、K78+026～K79+769、K80+525～K81+058、K81+801～K82+193、K82+526～K83+166、K83+670～K86+217、K88+735～K92+473、K94+605～K94+896、K95+208～K95+486、K96+748～K97+386、K99+523～K100+592、K102+363～K106+500、K113+488～K113+548、K114+709～K120+349、K120+877～K123+541、K124+021～K125+367、K129+353～K131+067、K133+968～K137+159、K137+691～K138+764、K139+438～K140+101、K144+451～K147+567区段接触线高度5750 mm。

K1+185～K1+321为接触线高度6 400 mm至6 300 mm过渡区段；K1+391～K1+499为接触线高度6 300 mm至6 400 mm过渡区段；K1+693～K2+418为接触线高度6 400 mm至5 750 mm；K4+583～K4+741、K12+007～K12+218、K16+594～K16+813、K20+614～K20+780、K22+795～K23+012、K34+143～K34+343、K36+598～K36+756、K42+663～K42+806、K55+851～K56+060、K58+350～K58+525、K63+848～K64+015、K67+455～K67+736、K71+314～K71+573、K73+517～K73+688、K79+769～K79+972、K81+058～K81+256、K82+193～K82+384、K83+166～K83+370、K86+217～K86+369、K92+473～K92+718、K94+896～K95+208、K96+625～K96+748、K102+103～K102+363、K113+203～K113+488、K114+532～K114+709、K120+700～K120+877、K123+864～K124+021、K129+181～K129+353、K133+665～K133+968、K137+497～K137+691、K139+272～K139+438、K147+567～K147+807为接触线高度5 750 mm至6 000 mm过渡区段；K11+167～K11+315、K13+041～K13+246、K19+668～K19+902、K21+916～K22+086、K34+438～K34+683、K43+870～K44+019、K57+306～K57+451、K58+786～K58+946、K65+509～K65+737、K68+606～K68+776、K72+524～K72+694、K77+808～K78+026、K80+300～K80+525、K81+638～K81+801、K82+384～K82+526、K83+599～K83+760、K88+512～K88+735、K94+407～K94+605、K95+486～K95+581、K100+592～K100+852、K106+500～K106+763、K113+548～K113+699、K120+349～K120+504、K123+541～K123+733、K125+367～K125+619、K131+067～K131+219、K137+159～K137+334、K138+764～K138+954、K144+301～K144+451为接触线高度6 000 mm至5 750 mm过渡区段；K6+360～K6+668、K23+840～K24+071、K37+227～K37+495为接触线高度6 000 mm至6 450 mm过渡区段；K9+111～K9+366、K141+701～K141+831为接触线高度6 450 mm至6 000 mm过渡区段；K97+386～K97+660、K140+101～K140+431为接触线高度5 750 mm至6 450 mm过渡区段；K25+369～K25+919、K39+250～K39+763、K99+221～K99+523为接触线高度6 450 mm至5 750 mm过渡区段。

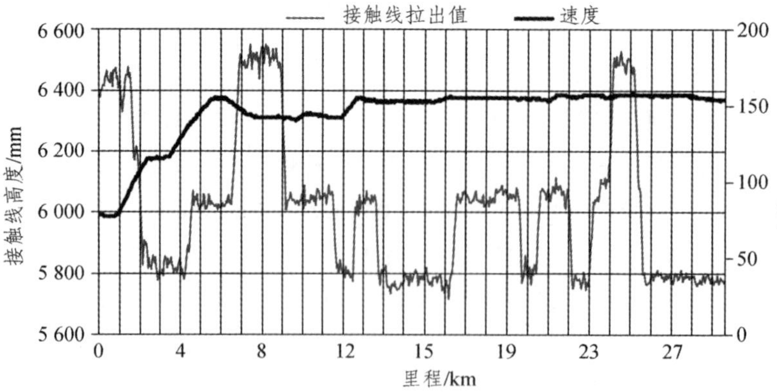

图 20-17　金台线（K0+000 ~ K30+000）区段接触线高度曲线

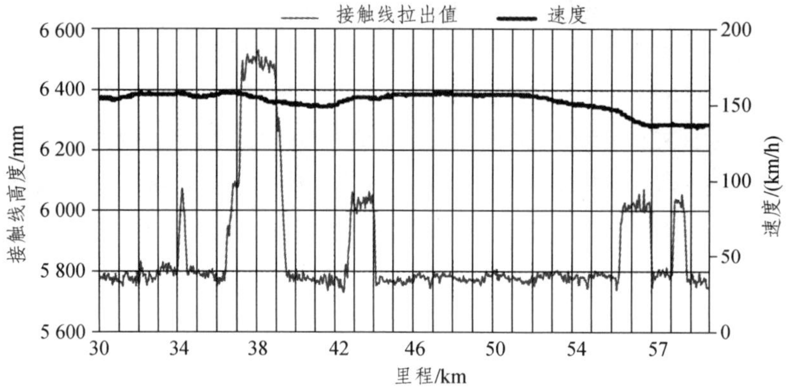

图 20-18　金台线（K30+000 ~ K60+000）区段接触线高度曲线

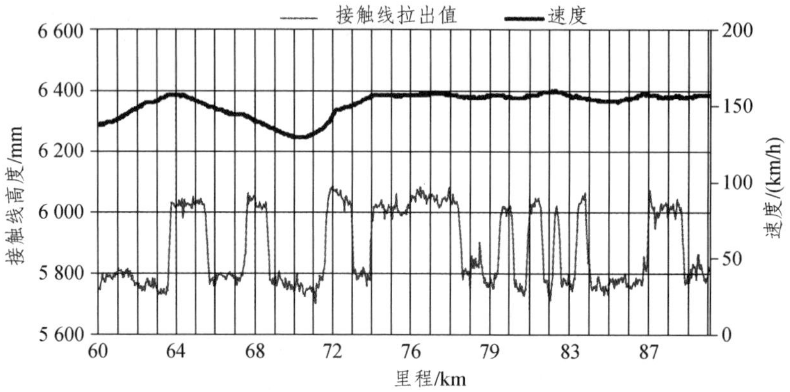

图 20-19　金台线（K60+000 ~ K90+000）区段接触线高度曲线

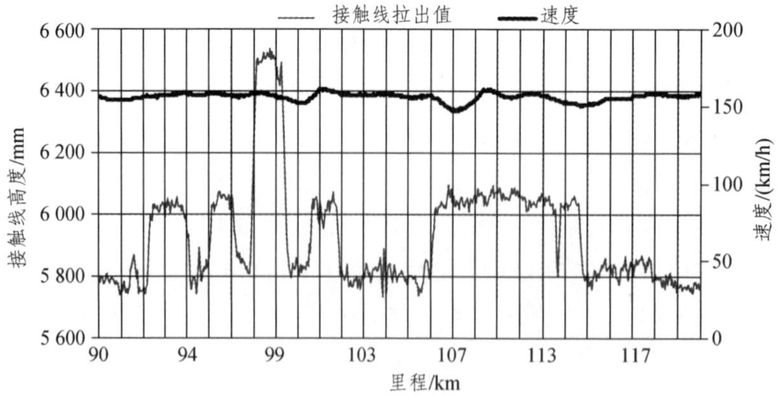

图 20-20　金台线（K90+000 ~ K120+000）区段接触线高度曲线

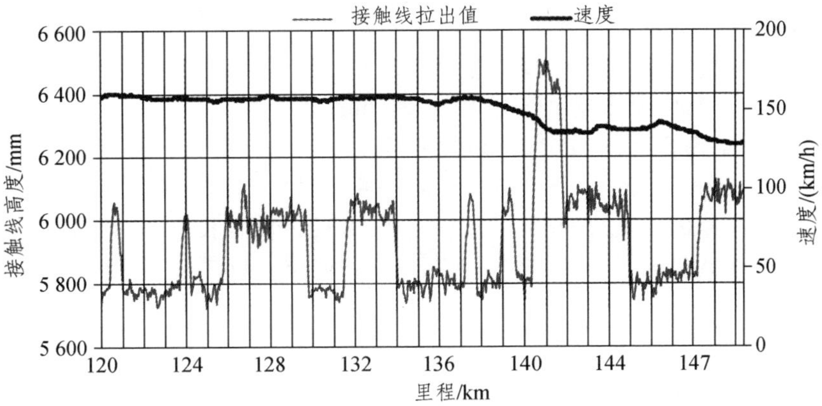

图 20-21 金台线（K120+000 ~ K150+205）区段接触线高度曲线

b. 金台线台州金台场（不含）至台州南金台场（K150+205 ~ K165+508）

根据 2021 年 3 月 24 日接触网检测车检测结果显示，金台线台州金台场（不含）至台州南金台场（K150+205 ~ K165+508）无接触线高度一级缺陷。

将金台线台州金台场（不含）至台州南金台场（K150+205 ~ K165+508）测量接触线高度数据曲线图绘制见图 20-22。

注：金台线台州金台场（不含）至台州南金台场 K150+205 ~ K152+853、K158+141 ~ K160+073、K160+978 ~ K163+878 区段接触线高度 6 000 mm；K153+010 ~ K157+934、K160+286 ~ K160+811 区段接触线高度 5 750 mm；K164+156 ~ K165+508 区段接触线高度 6 400 mm。

K152+853 ~ K153+010、K160+073 ~ K160+286 为接触线高度 6 000 mm 至 5 750 mm 过渡区段；K157+934 ~ K158+141、K160+811 ~ K160+978 为接触线高度 5 750 mm 至 6 000 mm 过渡区段；K163+878 ~ K164+156 为接触线高度 6 000 mm 至 6 400 mm。

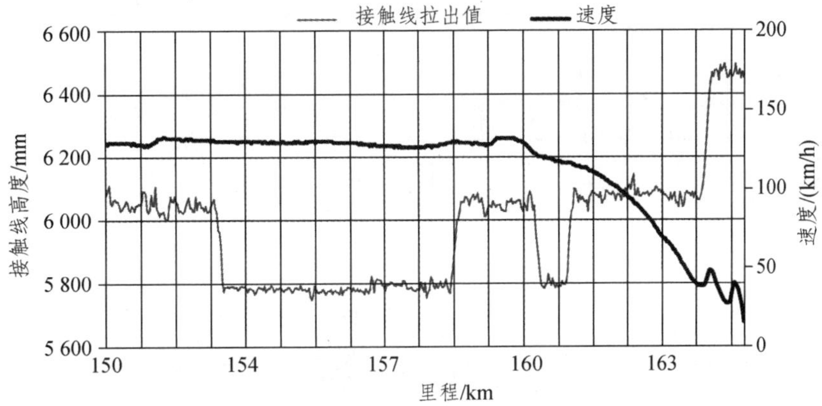

图 20-22 金台线台州金台场（不含）至台州南金台场（K150+205 ~ K165+508）区段接触线高度曲线

c. 头门港线（K0+000 ~ K42+206）。

根据 2021 年 3 月 21 日接触网检测车检测结果显示，头门港线（K0+000 ~ K42+206）无接触线高度一级缺陷。

将头门港线（K0+000 ~ K42+206）测量接触线高度数据曲线图绘制见图 20-23 ~ 图 20-24。

注：头门港线 K0+000 ~ K1+486、K41+830 ~ K42+206 区段接触线高度 6 450 mm；K1+616 ~ K8+797、K11+152 ~ K11+422、K15+536 ~ K17+218、K20+726 ~ K26+152、K27+105 ~ K27+302、K31+845 ~

K32+139、K32+994～K34+624、K37+935～K41+637 区段接触线高度 6 000 mm；K8+985～K10+902、K11+656～K15+286、K17+421～K20+535、K26+597～K26+935、K27+465～K31+680、K32+286～K32+817、K34+782～K37+766 区段接触线高度 5 750 mm。

K1+486～K1+616 为接触线高度 6 450 mm 至 6 000 mm 过渡区段；K41+637～K42+206 为接触线高度 6 000 mm 至 6 450 mm 过渡区段；K8+797～K8+985、K11+422～K11+656、K17+218～K17+421、K26+152～K26+597、K27+302～K27+465、K32+139～K32+286、K34+624～K34+782 为接触线高度 6 000 mm 至 5 750 mm 过渡区段；K10+902～K11+152、K15+286～K15+536、K20+535～K20+726、K26+935～K27+105、K31+680～K31+845、K32+817～K32+994、K37+766～K37+935 为接触线高度 5 750 mm 至 6 000 mm 过渡区段。

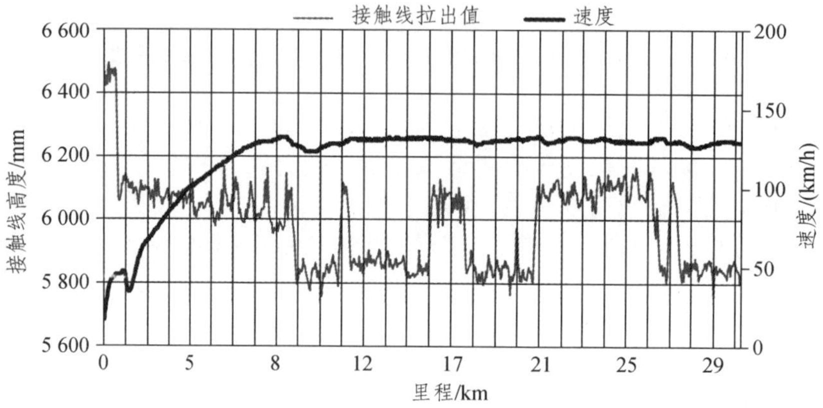

图 20-23　头门港线（K0+000～K30+000）区段接触线高度曲线

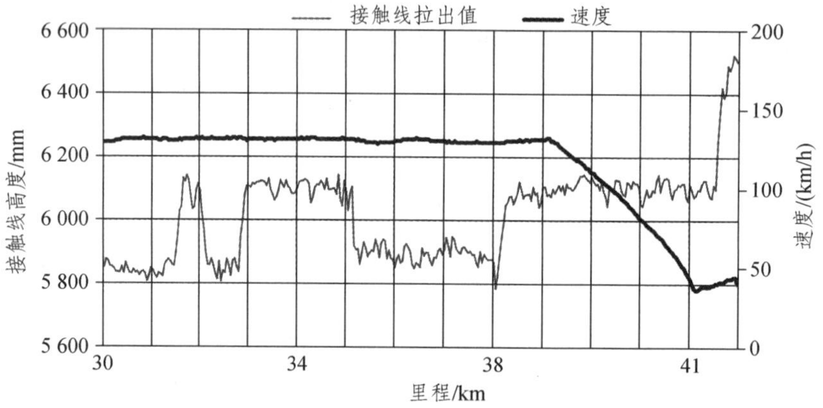

图 20-24　头门港线（K30+000～K42+206）区段接触线高度曲线

d. 金温货线武义（不含）至永康东（K41+600～K61+922）。

根据 2021 年 3 月 23 日接触网检测车检测结果显示，金温货线武义（不含）至永康东（K41+600～K61+922）无接触线高度一级缺陷。

将金温货线武义（不含）至永康东（K41+600～K61+922）测量接触线高度数据曲线图绘制见图 20-25。

注：金温货线 K41+600～K42+089、K55+128～K57+235 区段接触线高度 5 750 mm；K42+269～K54+841、K57+569～K57+955、K58+311～K59+245 区段接触线高度 6 000 mm；K57+271～K57+406、K58+086～K58+194 区段接触线高度 5 800 mm；K59+533～K61+922 区段接触线高度 6 450 mm。

K42+089 ~ K42+269、K57+235 ~ K57+569 为接触线高度 5 750 mm 至 6 000 mm 过渡区段；K54+841 ~ K55+128 为接触线高度 6 000 mm 至 5 750 mm 过渡区段；K57+235 ~ K57+271 为接触线高度 5 750 mm 至 5 800 mm 过渡区段；K57+406 ~ K57+569、K58+194 ~ K58+311 为接触线高度 5 800 mm 至 6 000 mm 过渡区段；K57+955 ~ K58+086 为接触线高度 6 000 mm 至 5 800 mm 过渡区段；K59+245 ~ K59+553 为接触线高度 6 000 mm 至 6 450 mm 过渡区段。

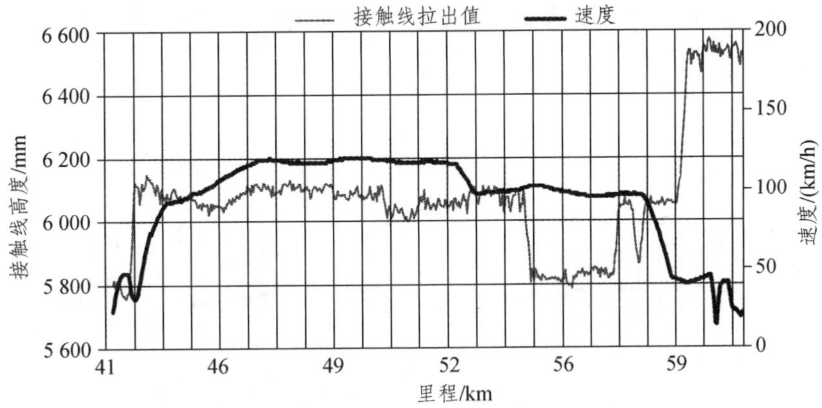

图 20-25　金温货线（K41+600 ~ K61+922）区段接触线高度曲线

e. 永康南联络线（K0+000 ~ K0+880）。

根据 2021 年 3 月 21 日接触网检测车检测结果显示，永康南联络线（K0+000 ~ K0+880）无接触线高度一级缺陷。

将永康南联络线（K0+000 ~ K0+880）测量接触线高度数据曲线图绘制见图 20-26。

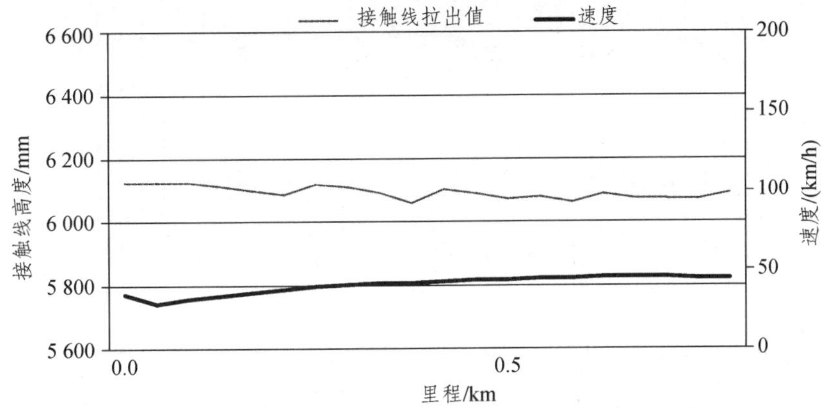

图 20-26　永康南联络线（K0+000 ~ K0+880）区段接触线高度曲线

③ 一跨内接触线高差。

a. 金台线永康南金温场至台州金台场（K0+000 ~ K150+205）。

根据 2021 年 3 月 24 日接触网检测车检测结果显示，金台线永康南金温场至台州金台场（K0+000 ~ K150+205）无一跨内接触线高差一级缺陷。

将金台线永康南金温场至台州金台场（K0+000 ~ K150+205）测量一跨内接触线高差数据曲线图绘制见图 20-27 ~ 图 20-31。

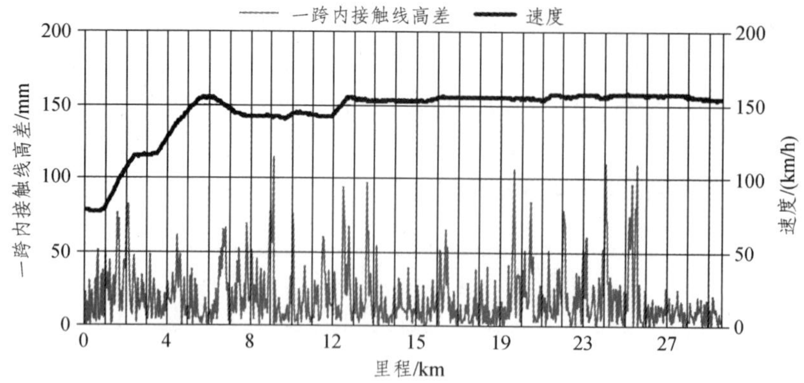

图 20-27 金台线（K0+000～K30+000）区段一跨内接触线高差曲线

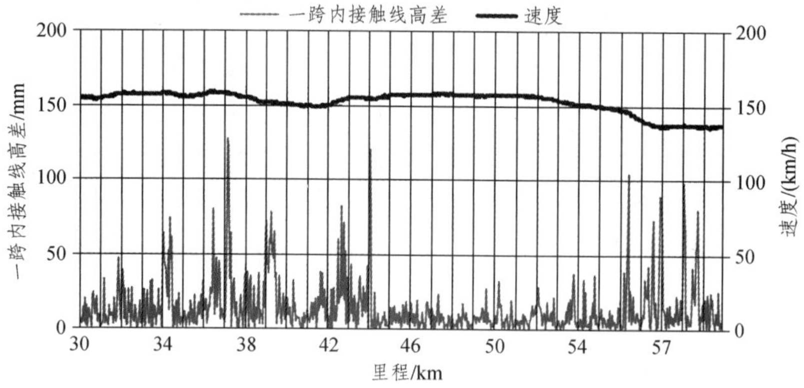

图 20-28 金台线（K30+000～K60+000）区段一跨内接触线高差曲线

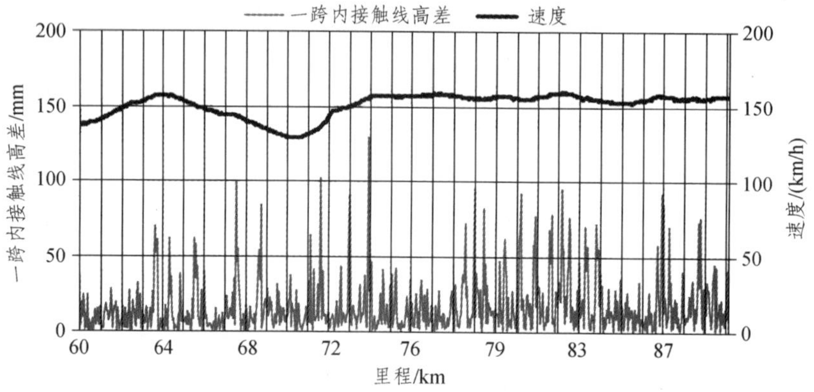

图 20-29 金台线（K60+000～K90+000）区段一跨内接触线高差曲线

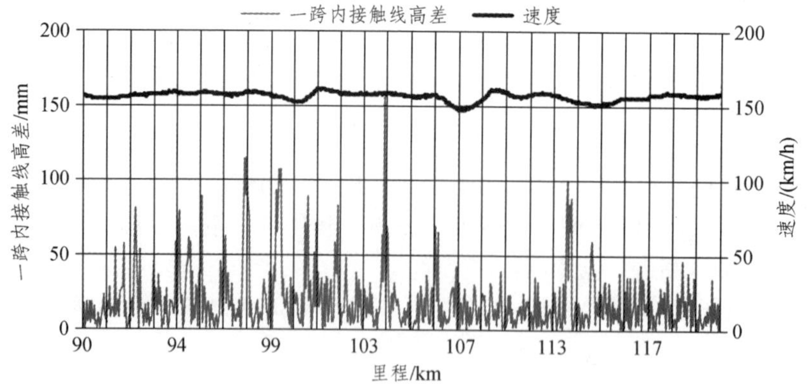

图 20-30 金台线（K90+000～K120+000）区段一跨内接触线高差曲线

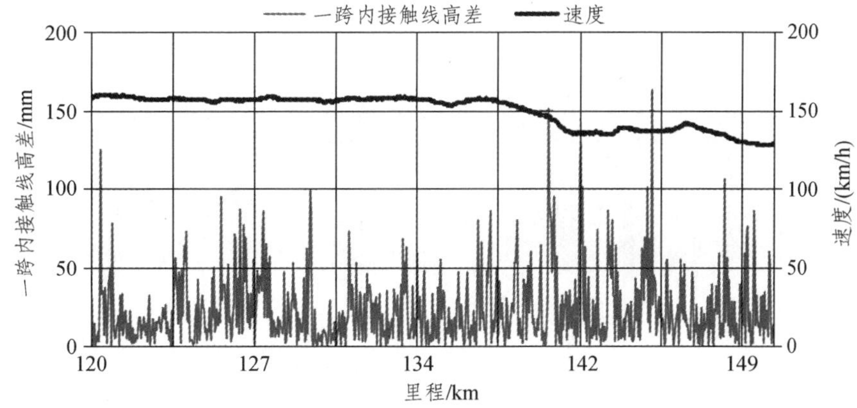

图 20-31　金台线（K120+000 ~ K150+205）区段一跨内接触线高差曲线

b. 金台线台州金台场（不含）至台州南金台场（K150+205 ~ K165+508）。

根据 2021 年 3 月 24 日接触网检测车检测结果显示，金台线台州金台场（不含）至台州南金台场（K150+205 ~ K165+508）无一跨内接触线高差一级缺陷。

将金台线台州金台场（不含）至台州南金台场（K150+205 ~ K165+508）测量一跨内接触线高差数据曲线图绘制见图 20-32。

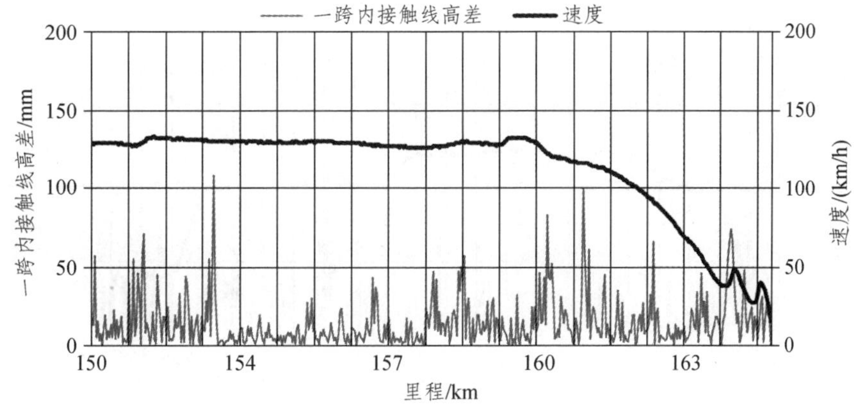

图 20-32　金台线台州金台场（不含）至台州南金台场（K150+205 ~ K165+508）区段一跨内接触线高差曲线

c. 头门港线（K0+000 ~ K42+206）。

根据 2021 年 3 月 21 日接触网检测车检测结果显示，头门港线（K0+000 ~ K42+206）无一跨内接触线高差一级缺陷。

将头门港线（K0+000 ~ K42+206）测量一跨内接触线高差数据曲线图绘制见图 20-33 ~ 图 20-34。

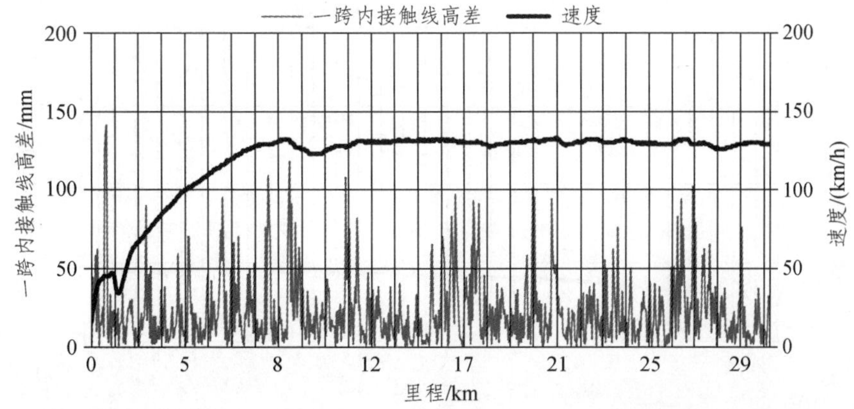

图 20-33　头门港线（K0+000 ~ K30+000）区段一跨内接触线高差曲线

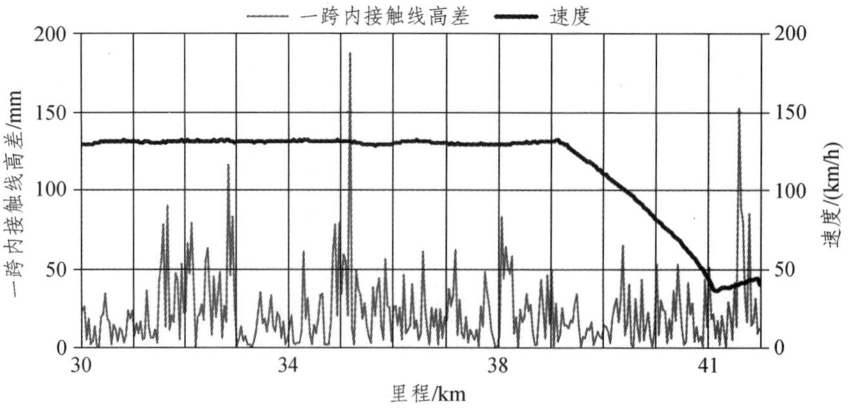

图 20-34　头门港线（K30+000 ~ K42+206）区段一跨内接触线高差曲线

d. 金温货线武义（不含）至永康东（K41+600 ~ K61+922）。

根据 2021 年 3 月 23 日接触网检测车检测结果显示，金温货线武义（不含）至永康东（K41+600 ~ K61+922）无一跨内接触线高差一级缺陷。

将金温货线武义（不含）至永康东（K41+600 ~ K61+922）测量一跨内接触线高差数据曲线图绘制见图 20-35。

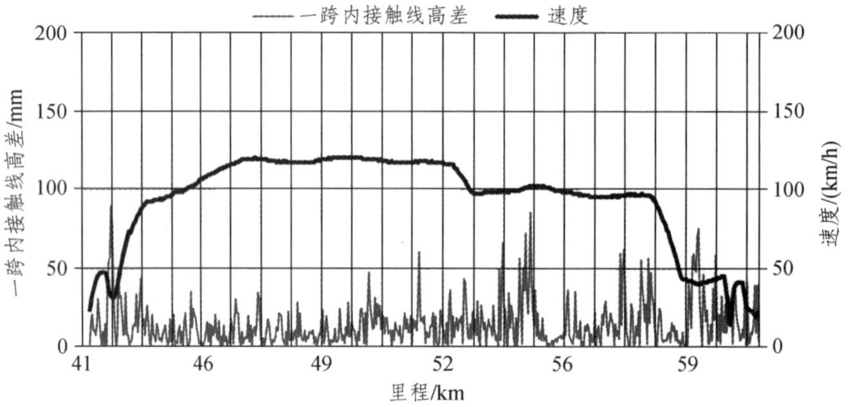

图 20-35　金温货线（K41+600 ~ K61+922）区段一跨内接触线高差曲线

e. 永康南联络线（K0+000 ~ K0+880）。

根据 2021 年 3 月 21 日接触网检测车检测结果显示，永康南联络线（K0+000 ~ K0+880）无一跨内接触线高差一级缺陷。

将永康南联络线（K0+000 ~ K0+880）测量一跨内接触线高差数据曲线图绘制见图 20-36。

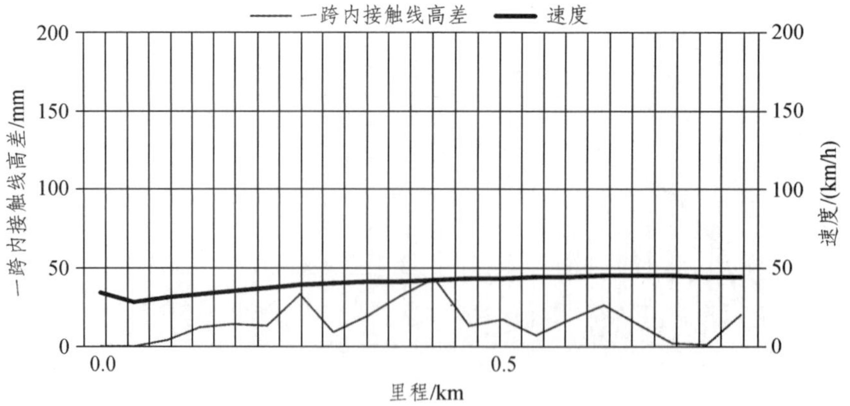

图 20-36　永康南联络线（K0+000 ~ K0+880）区段一跨内接触线高差曲线

④ 弓网接触力。

a. 金台线永康南金温场至台州金台场（K0+000～K150+205）。

根据2021年3月24日接触网检测车检测结果显示，金台线永康南金温场至台州金台场（K0+000～K150+205）无弓网接触力一级缺陷。

将金台线永康南金温场至台州金台场（K0+000～K150+205）测量弓网接触力数据曲线图绘制见图20-37～图20-41。

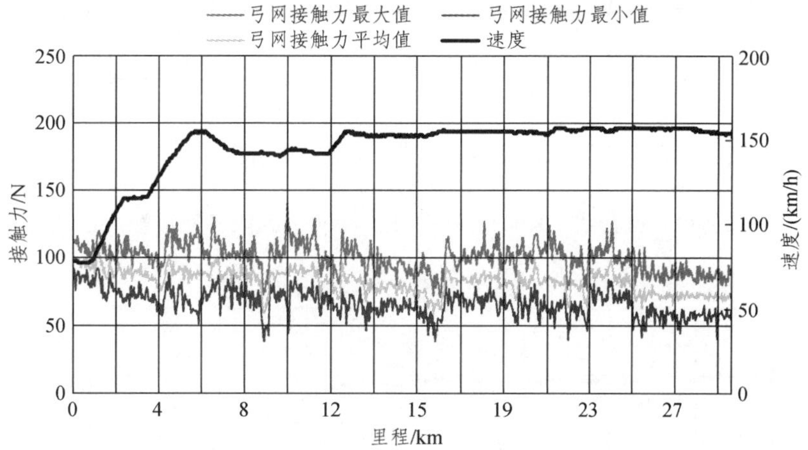

图20-37　金台线（K0+000～K30+000）区段弓网接触力曲线

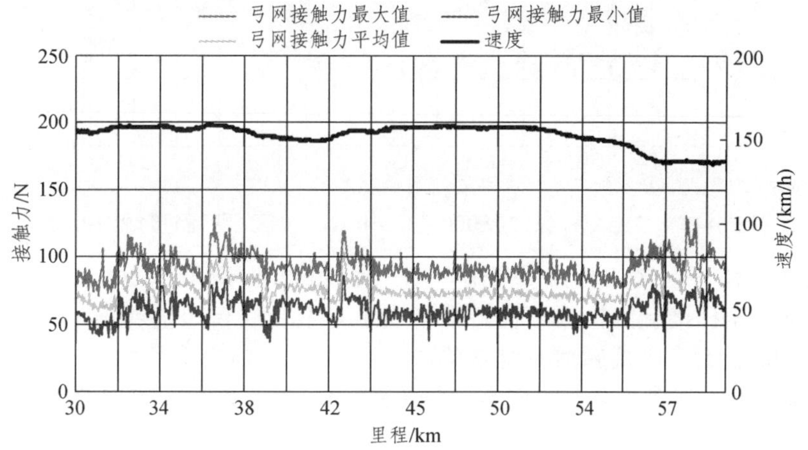

图20-38　金台线（K30+000～K60+000）区段弓网接触力曲线

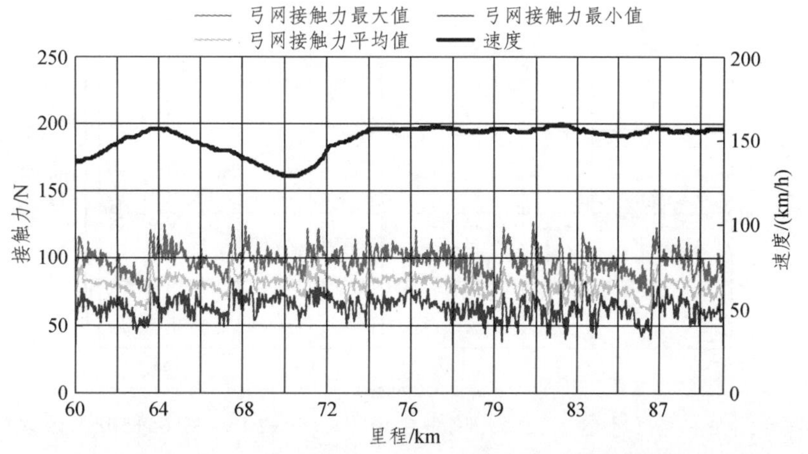

图20-39　金台线（K60+000～K90+000）区段弓网接触力曲线

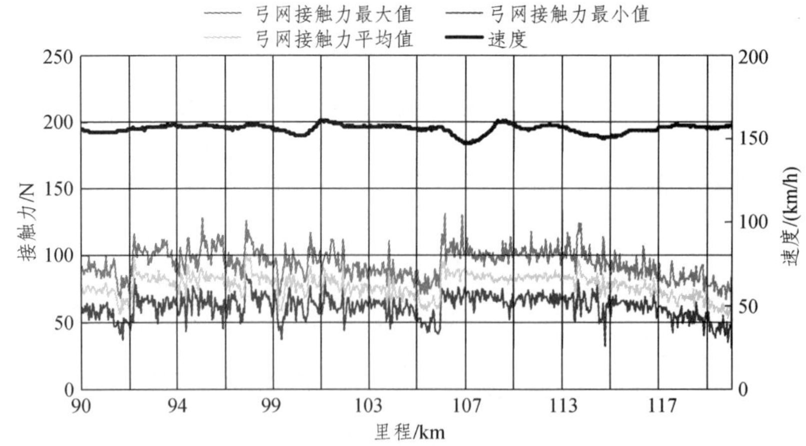

图 20-40　金台线（K90+000～K120+000）区段弓网接触力曲线

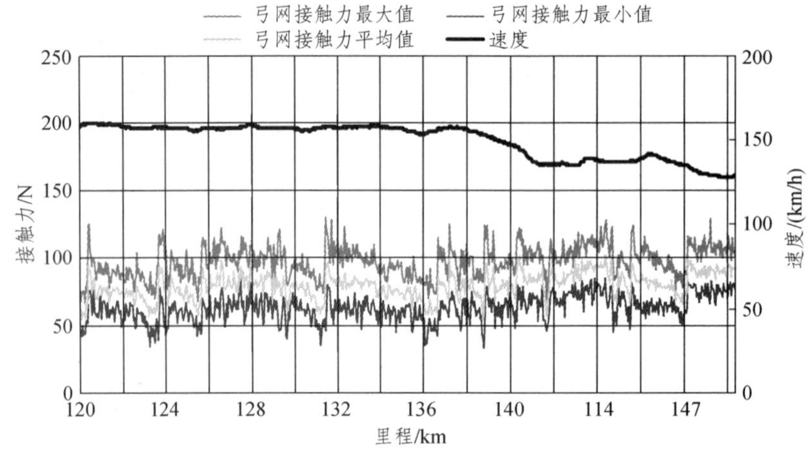

图 20-41　金台线（K120+000～K150+205）区段弓网接触力曲线

b. 金台线台州金台场（不含）至台州南金台场（K150+205～K165+508）。

根据 2021 年 3 月 24 日接触网检测车检测结果显示，金台线台州金台场（不含）至台州南金台场（K150+205～K165+508）无弓网接触力一级缺陷。

将金台线台州金台场（不含）至台州南金台场（K150+205～K165+508）测量弓网接触力数据曲线图绘制见图 20-42。

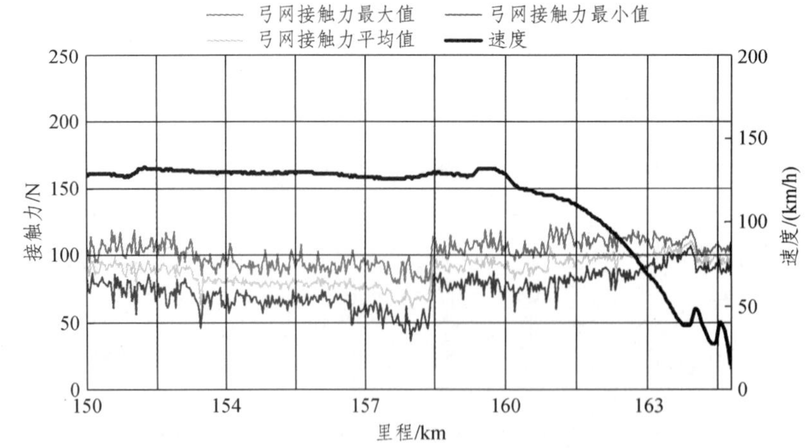

图 20-42　金台线台州金台场（不含）至台州南金台场（K150+205～K165+508）区段弓网接触力曲线

c. 头门港线（K0+000～K42+206）。

根据 2021 年 3 月 21 日接触网检测车检测结果显示，头门港线（K0+000 ~ K42+206）无弓网接触力一级缺陷。

将头门港线（K0+000 ~ K42+206）测量弓网接触力数据曲线图绘制见图 20-43 ~ 图 20-44。

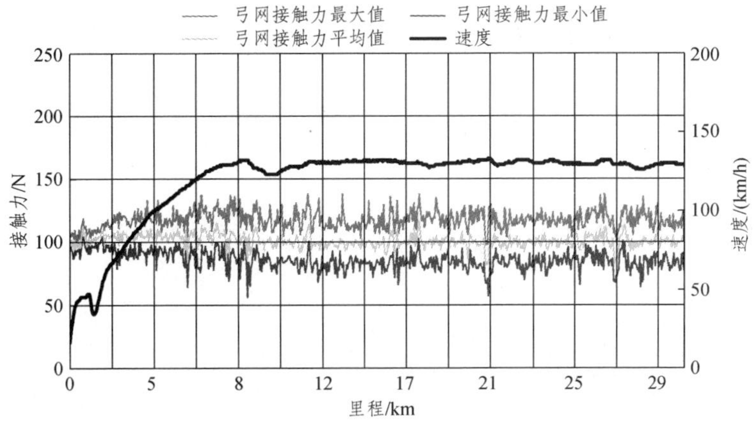

图 20-43　头门港线（K0+000 ~ K30+000）区段弓网接触力曲线

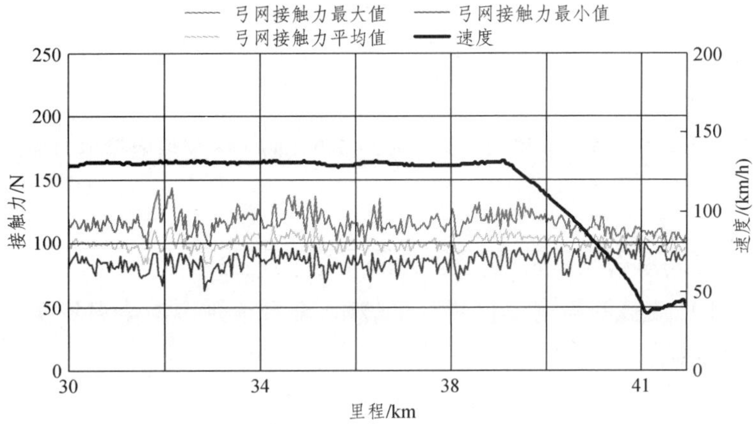

图 20-44　头门港线（K30+000 ~ K42+206）区段弓网接触力曲线

d. 金温货线武义（不含）至永康东（K41+600 ~ K61+922）。

根据 2021 年 3 月 23 日接触网检测车检测结果显示，金温货线武义（不含）至永康东（K41+600 ~ K61+922）无弓网接触力一级缺陷。

将金温货线武义（不含）至永康东（K41+600 ~ K61+922）测量弓网接触力数据曲线图绘制见图 20-45。

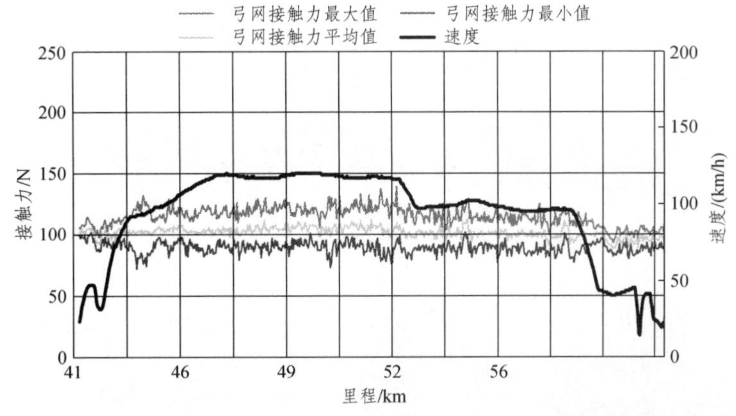

图 20-45　金温货线（K41+600 ~ K61+922）区段弓网接触力曲线

e. 永康南联络线（K0+000～K0+880）。

根据2021年3月21日接触网检测车检测结果显示，永康南联络线（K0+000～K0+880）无弓网接触力一级缺陷。

将永康南联络线（K0+000～K0+880）测量弓网接触力数据曲线图绘制见图20-46。

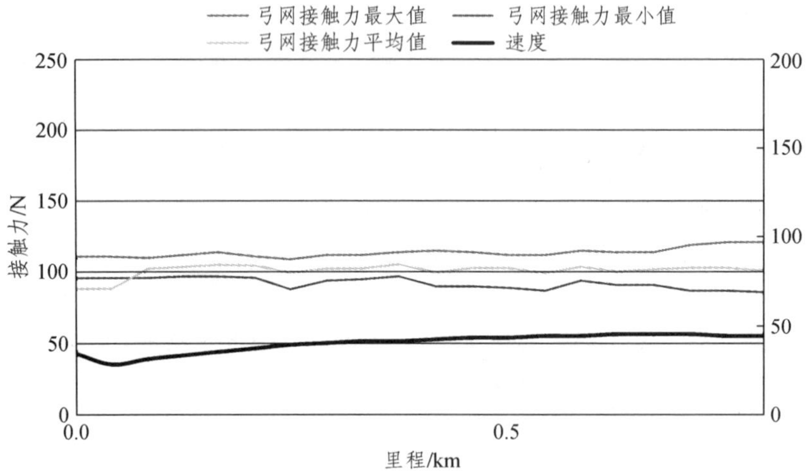

图20-46　永康南联络线（K0+000～K0+880）区段弓网接触力曲线

⑤ 硬点。

a. 金台线永康南金温场至台州金台场（K0+000～K150+205）。

根据2021年3月24日接触网检测车检测结果显示，金台线永康南金温场至台州金台场(K0+000～K150+205）无硬点一级缺陷。

将金台线永康南金温场至台州金台场（K0+000～K150+205）测量硬点数据曲线图绘制见图20-47～图20-51。

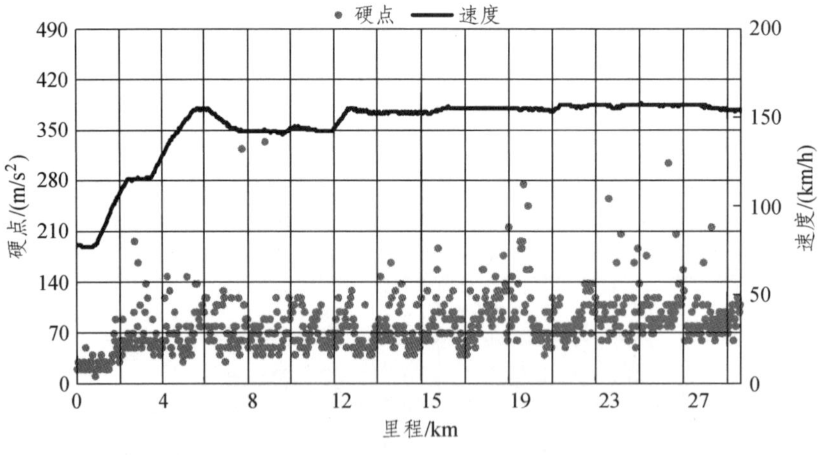

图20-47　金台线（K0+000～K30+000）区段硬点曲线

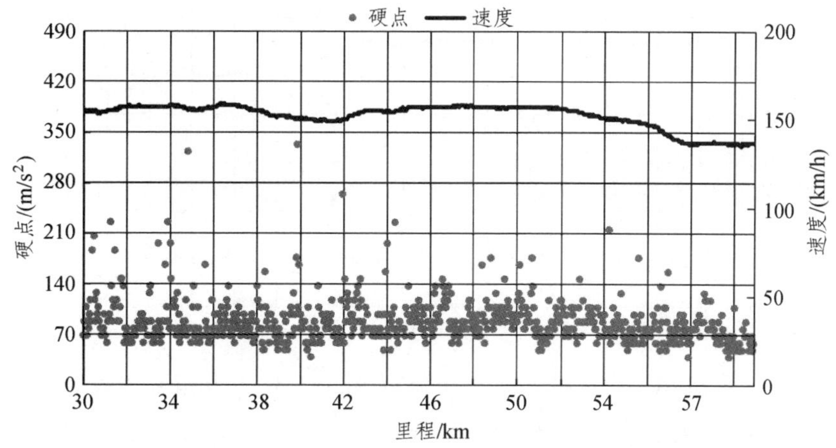

图 20-48 金台线（K30+000 ~ K60+000）区段硬点曲线

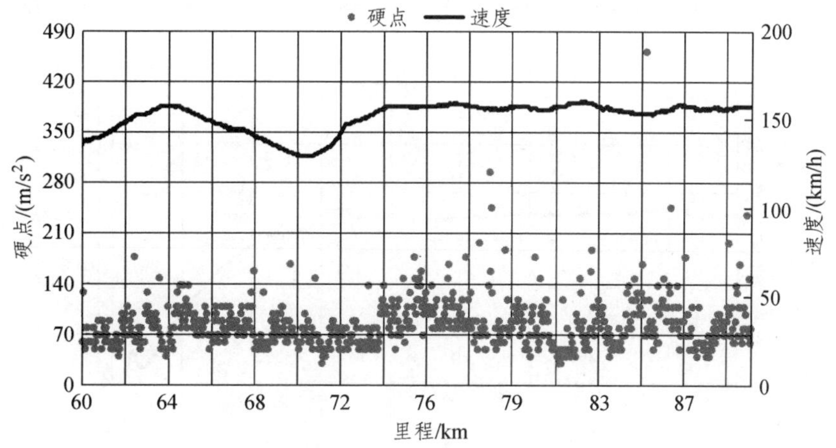

图 20-49 金台线（K60+000 ~ K90+000）区段硬点曲线

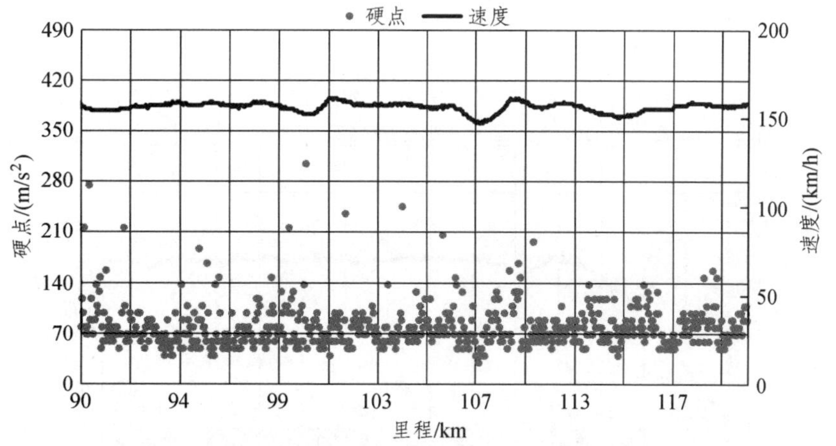

图 20-50 金台线（K90+000 ~ K120+000）区段硬点曲线

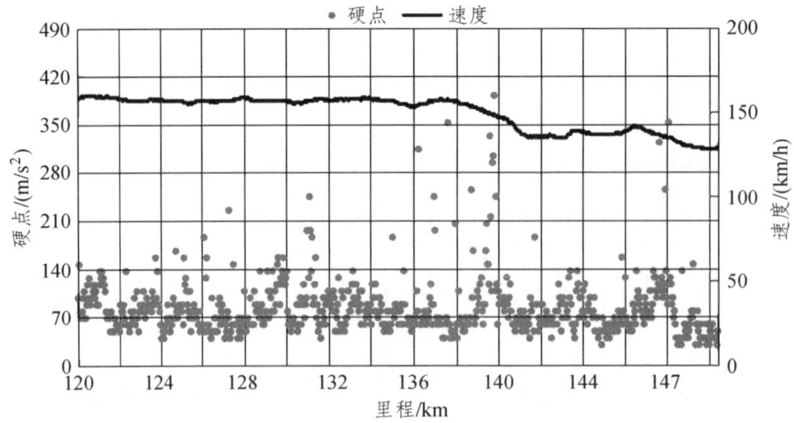

图 20-51　金台线（K120+000 ~ K150+205）区段硬点曲线

b. 金台线台州金台场（不含）至台州南金台场（K150+205 ~ K165+508）。

根据 2021 年 3 月 24 日接触网检测车检测结果显示，金台线台州金台场（不含）至台州南金台场（K150+205 ~ K165+508）无硬点一级缺陷。

将金台线台州金台场（不含）至台州南金台场（K150+205 ~ K165+508）测量硬点数据曲线图绘制见图 20-52。

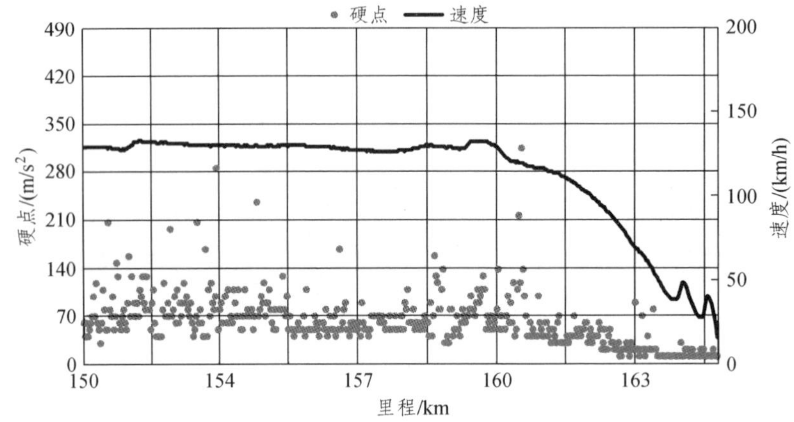

图 20-52　金台线台州金台场（不含）至台州南金台场（K150+205 ~ K165+508）区段硬点曲线

c. 头门港线（K0+000 ~ K42+206）。

根据 2021 年 3 月 21 日接触网检测车检测结果显示，头门港线（K0+000 ~ K42+206）无硬点一级缺陷。

将头门港线（K0+000 ~ K42+206）测量硬点数据曲线图绘制见图 20-53 ~ 图 20-54。

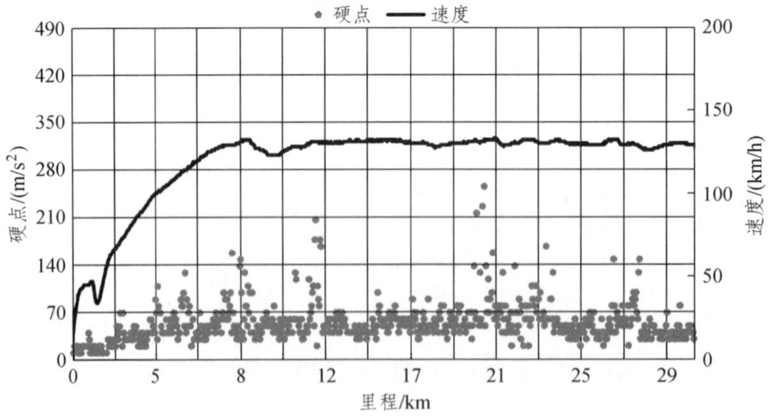

图 20-53　头门港线（K0+000 ~ K30+000）区段硬点曲线

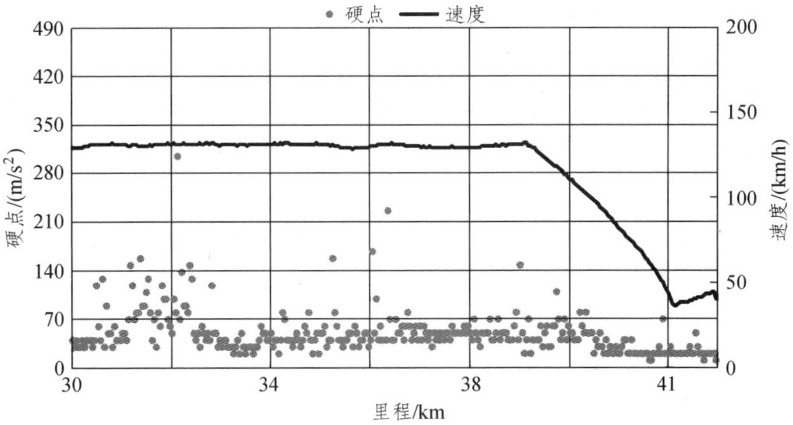

图 20-54　头门港线（K30+000 ~ K42+206）区段硬点曲线

d. 金温货线武义（不含）至永康东（K41+600 ~ K61+922）。

根据 2021 年 3 月 23 日接触网检测车检测结果显示，金温货线武义（不含）至永康东（K41+600 ~ K61+922）无硬点一级缺陷。

将金温货线武义（不含）至永康东（K41+600 ~ K61+922）测量硬点数据曲线图绘制见图 20-55。

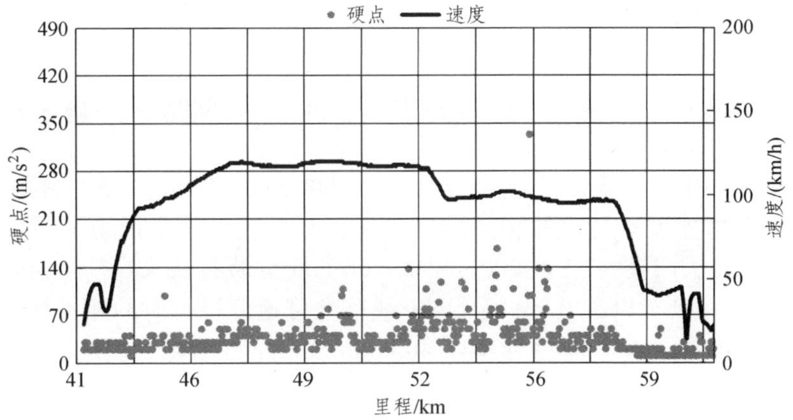

图 20-55　金温货线（K41+600 ~ K61+922）区段硬点曲线

e. 永康南联络线（K0+000 ~ K0+880）。

根据 2021 年 3 月 21 日接触网检测车检测结果显示，永康南联络线（K0+000 ~ K0+880）无硬点一级缺陷。

将永康南联络线（K0+000 ~ K0+880）测量硬点数据曲线图绘制见图 20-56。

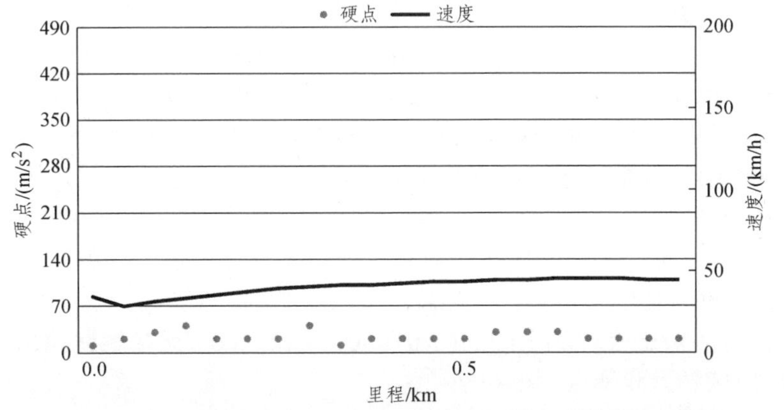

图 20-56　永康南联络线（K0+000 ~ K0+880）区段硬点曲线

（6）小结。

依据接触网检测车 WX999454 的检测结果，对金台线永康南金温场至台州金台场（K0+000～K150+205）、金台线台州金台场（不含）至台州南金台场（K150+205～K165+508）、头门港线（K0+000～K42+206）、金温货线武义（不含）至永康东（K41+600～K61+922）、永康南联络线（K0+000～K0+880）接触网状态进行评价，结果如下：

① 金台线永康南金温场至台州金台场（K0+000～K150+205）。

根据 3 月 24 日检测结果显示，金台线永康南金温场至台州金台场（K0+000～K150+205）无接触线拉出值、接触线高度、一跨内接触线高差、弓网接触力和硬点一级缺陷。

② 金台线台州金台场（不含）至台州南金台场（K150+205～K165+508）。

根据 3 月 24 日检测结果显示，金台线台州金台场（不含）至台州南金台场（K150+205～K165+508）无接触线拉出值、接触线高度、一跨内接触线高差、弓网接触力和硬点一级缺陷。

③ 头门港线（K0+000～K42+206）。

根据 3 月 21 日检测结果显示，头门港线（K0+000～K42+206）无接触线拉出值、接触线高度、一跨内接触线高差、弓网接触力和硬点一级缺陷。

④ 金温货线武义（不含）至永康东（K41+600～K61+922）。

根据 3 月 23 日检测结果显示，金温货线武义（不含）至永康东（K41+600～K61+922）无接触线拉出值、接触线高度、一跨内接触线高差、弓网接触力和硬点一级缺陷。

⑤ 永康南联络线（K0+000～K0+880）。

根据 3 月 21 日检测结果显示，永康南联络线（K0+000～K0+880）无接触线拉出值、接触线高度、一跨内接触线高差、弓网接触力和硬点一级缺陷。

综上所述，金台线永康南金温场至台州金台场（K0+000～K150+205）接触网满足单弓列车以 160 km/h 及以下线路允许速度运行时的相关标准要求；金台线台州金台场（不含）至台州南金台场（K150+205～K165+508）、头门港线（K0+000～K42+206）、金温货线武义（不含）至永康东（K41+600～K61+922）接触网满足单弓列车以 120 km/h 及以下线路允许速度运行时的相关标准要求；永康南联络线（K0+000～K0+880）接触网满足单弓列车以 40 km/h 及以下线路允许速度运行时的相关标准要求。

2. 结论及建议

（1）结论。

① 接触网状态。

依据接触网检测车 WX999454 的检测结果，对金台线永康南金温场至台州金台场（K0+000～K150+205）、金台线台州金台场（不含）至台州南金台场（K150+205～K165+508）、头门港线（K0+000～K42+206）、金温货线武义（不含）至永康东（K41+600～K61+922）、永康南联络线（K0+000～K0+880）接触网状态进行评价，结果如下：

a. 金台线永康南金温场至台州金台场（K0+000～K150+205）。

根据 3 月 24 日检测结果显示，金台线永康南金温场至台州金台场（K0+000～K150+205）无接触线拉出值、接触线高度、一跨内接触线高差、弓网接触力和硬点一级缺陷。

b. 金台线台州金台场（不含）至台州南金台场（K150+205～K165+508）。

根据 3 月 24 日检测结果显示，金台线台州金台场（不含）至台州南金台场（K150+205～K165+508）无接触线拉出值、接触线高度、一跨内接触线高差、弓网接触力和硬点一级缺陷。

c. 头门港线（K0+000～K42+206）。

根据 3 月 21 日检测结果显示，头门港线（K0+000～K42+206）无接触线拉出值、接触线高度、一跨内接触线高差、弓网接触力和硬点一级缺陷。

d. 金温货线武义（不含）至永康东（K41+600～K61+922）。

根据 3 月 23 日检测结果显示，金温货线武义（不含）至永康东（K41+600 ~ K61+922）无接触线拉出值、接触线高度、一跨内接触线高差、弓网接触力和硬点一级缺陷。

e. 永康南联络线（K0+000 ~ K0+880）。

根据 3 月 21 日检测结果显示，永康南联络线（K0+000 ~ K0+880）无接触线拉出值、接触线高度、一跨内接触线高差、弓网接触力和硬点一级缺陷。

综上所述，金台线永康南金温场至台州金台场（K0+000 ~ K150+205）接触网满足单弓列车以 160 km/h 及以下线路允许速度运行时的相关标准要求；金台线台州金台场（不含）至台州南金台场（K150+205 ~ K165+508）、头门港线（K0+000 ~ K42+206）、金温货线武义（不含）至永康东（K41+600 ~ K61+922）接触网满足单弓列车以 120 km/h 及以下线路允许速度运行时的相关标准要求；永康南联络线（K0+000 ~ K0+880）接触网满足单弓列车以 40 km/h 及以下线路允许速度运行时的相关标准要求。

（三）通信系统

本工程 GSM-R 系统利用上海铁路局既有核心网设备，满足本线无线子系统的接入需求；在台州站通信机械室新设基站控制器 BSC（含 PCU），沿线新设基站及直放站设备，基站设备（BTS）通过 2 Mb/s 通道接入台州新设基站控制器；本工程 GSM-R 系统基站子系统采用单网覆盖方案，全线基站设备根据场强覆盖要求和地形条件等需要按 4 ~ 6 km 进行设置，在隧道等弱场区段，一般采用直放站结合漏泄同轴电缆或者天线的方式解决，弱场区直放站设备间距按 1 ~ 2 km 设置。场强覆盖标准为按 95%的时间地点概率下，机车电台最小接收电平不小于 – 98 dBm 的覆盖设计。长度大于 5 km 的隧道设置漏缆监测系统，实现对漏缆的实时监测。

调度通信系统由调度所型调度交换机、车站型调度交换机、调度台、值班台、其他各类固定终端（电话分机）、网管终端及录音仪等设备组成。通过调度所调度交换机与 GSM-R 系统互联，实现有线和无线调度业务互通。本工程不新设调度所型调度交换机，利用其他工程在上海铁路局调度楼（通信段）设置的主、备用调度所型调度交换机。沿线车站、线路所设置站段型 FAS 设备。永康东（不含）至台州（不含）段、头门港线临海东（不含）至头门港（含）段组建 2M 数字环，与上海铁路局调度楼（通信段）主备用调度所型调度交换机相连。永康东（含）至永康南（普速场）至武义东（含）段组建 2 M 数字环，与上海局调度楼（通信段）主备用调度所型调度交换机相连，金温铁道公司（温州）调度所新设金温调度台通过 E1 通道与上海铁路局调度楼（通信段）主备用调度所型调度交换机相连。

本线铁路视频监控系统由视频节点（包括 I 类视频接入节点、Ⅱ类视频接入节点）、视频汇集点、视频采集点等组成。在台州站设 I 类视频接入节点，接入上海局视频区域节点；在武义东、永康南、永康东、申亭、仁川、横溪、白塔镇、田市、下各、括苍、临海东、台州南、壶镇、磐安南、仙居南、临海南、杜桥、头门站设Ⅱ类视频接入节点，接入台州站 I 类视频接入节点；在沿线通信基站、线路所、信号楼等处设置视频汇集点，负责采集点的就近接入，并按管辖范围就近接入视频接入节点。系统支持视频内容分析及客运服务系统视频接入。

通信系统测试范围为本工程新建 GSM-R 系统、调度通信系统和视频监控系统。在金台线永康南站至台州站 GSM-R 基站覆盖区进行 GSM-R 场强覆盖、GSM-R 网络服务质量、调度通信业务和 GSM-R 应用业务测试，在金温货线武义（不含）至新碧（不含）K41+600 ~ K65+600、金台线台州金台场（不含）至台州南金台场、头门港线、GSM-R 基站覆盖区进行 GSM-R 场强覆盖、GSM-R 网络服务质量和调度通信业务测试。视频监控系统功能和性能检测范围包括沿线视频接入节点及现场典型视频采集点。

1. GSM-R 性能测试

2021 年 3 月 18 日—23 日，采用上海局 WX999285 电务检测车对金台线永康南金温场至台州金台场段进行了 GSM-R 系统场强覆盖动态检测、GSM-R 系统服务质量动态检测；并对金台货线 K41+600 ~ K65+600、金台线台州金台场（不含）至台州南金台场、头门港线进行了 GSM-R 系统场强覆盖、GSM-R

系统服务质量测试。

（1）检测目的。

根据检测列车按规定速度运行条件下的 GSM-R 系统场强覆盖测试、GSM-R 系统服务质量结果，检验 GSM-R 系统场强覆盖是否满足验收标准要求并结合 GSM-R 电磁环境检测结果，提出调整和优化网络方案，检验 GSM-R 系统场强覆盖、GSM-R 系统服务质量语音业务和分组交换数据业务是否达到设计和相关标准要求，为动态验收提供技术依据。

（2）检测内容。

① GSM-R 系统场强覆盖测试。

GSM-R 系统场强覆盖测试在综合检车列车按规定速度运行条件下测试和统计 95%时间、地点概率条件下的接收电平，重点查找以下区段：

a. 接收电平低于设计指标的弱场区段；

b. 越区覆盖基站和区段；

c. 基站之间覆盖范围严重不均衡的区段等。

根据测试结果，可对 GSM-R 基站的发射功率、天线方向角、天线俯仰角等参数进行合理调整，对 GSM-R 系统场强覆盖进行优化处理。

② GSM-R 系统服务质量。

a. 语音业务服务质量：包括呼叫（MS-FT，FT-MS，MS-MS）建立时间、呼叫（MS-FT，FT-MS，MS-MS）建立失败概率、越区切换成功率、越区切换中断时间、紧急呼叫建立时间和建立失败概率、组呼建立时间和建立失败概率、网络注册时延。

b. 分组交换数据业务服务质量：包括 GPRS 数据传输时延、数据吞吐量。

（3）检测方法。

① GSM-R 系统场强覆盖动态测试。

GSM-R 系统场强覆盖测试系统安装在检测列车上，天线安装在检测列车顶部。测试时，检测列车按规定速度运行，测量接收机锁定沿线基站载频，采用脉冲触发、均方根值检波方式采集测量接收机接收电平数据，采样间隔 4 cm，测试系统按统计区间 100 m 统计 95%时间、地点概率的接收电平，查找基站之间覆盖范围不均衡和越区覆盖等区段。

金台线永康南金温场至台州金台场段、金台线台州金台场（不含）至台州南金台场、金台货线 K41+600 ~ K65+600、头门港线 GSM-R 基站子系统采用普通单网覆盖方案，GSM-R 系统场强覆盖动态测试应在全部基站打开下进行。

a. 检波方式：按照《铁路数字移动通信系统（GSM-R）工程检测规程》的要求，测量接收机设置为均方根值检波方式。

b. 取样间隔：按照《铁路数字移动通信系统（GSM-R）工程检测规程》的要求，取样间隔设为 4 cm。

c. 统计区间：按照《铁路数字移动通信系统（GSM-R）工程检测规程》的要求，统计区间取 100 m。

d. 数据统计：GSM-R 系统场强覆盖测试在应测网络状态下按 95%时间、地点概率统计沿线 GSM-R 系统场强覆盖。

② GSM-R 系统服务质量。

GSM-R 语音业务服务质量测试和分组交换数据业务服务质量测试需在全部基站打开情况下进行。采用 310 组呼进行组呼建立时间及失败概率性能测试，采用 399 铁路紧急呼叫进行紧急呼叫建立时间及失败概率性能测试。

本工程进行 GSM-R 服务质量测试时，与本线相邻的其他线路 GSM-R 系统应保持正常运行，各项检测指标具体测试方法如下：

a. 语音业务通信服务质量。

（a）MS-FT 运营呼叫建立时间和呼叫建立失败概率。

使用移动测试终端周期性拨打固定测试终端并通话，固定测试终端设置为立即自动接听。呼叫优先级 3，最大允许呼叫接入时间 15 s，通话保持时间 5 s，通话结束后测试主叫方主动释放呼叫，一次通话结束后，移动测试终端应在一定的时间后自动重新发起呼叫，两次呼叫间隔时间为 30 s，若呼叫未能成功建立，移动测试终端在一定的时间后自动重新发起呼叫，两次呼叫间隔时间为 30 s。

（b）FT-MS 运营呼叫建立时间和呼叫建立失败概率。

采用固定测试终端周期性拨打移动测试终端，移动测试终端设置为立即自动接听。呼叫优先级 3，最大允许呼叫接入时间 15 s，通话保持时间 5 s，通话结束后测试主叫方主动释放呼叫，一次通话结束后，固定测试终端应在一定的时间后自动重新发起呼叫，两次呼叫间隔时间为 30 s，若呼叫未能成功建立，固定测试终端在一定的时间后自动重新发起呼叫，两次呼叫间隔时间为 30 s。

（c）MS-MS 运营呼叫建立时间和呼叫建立失败概率。

采用移动测试终端周期性拨打另一个移动测试终端并通话，被叫移动测试终端设置为立即自动接听。呼叫优先级 3，最大允许呼叫接入时间 15 s，通话保持时间 5 s，通话结束后测试主叫方主动释放呼叫，一次通话结束后，移动测试终端应在一定的时间后自动重新发起呼叫，两次呼叫间隔时间为 30 s，若呼叫未能成功建立，移动测试终端在一定的时间后自动重新发起呼叫，两次呼叫间隔时间为 30 s。

（d）铁路紧急呼叫建立时间和呼叫建立失败概率。

采用移动测试终端周期性发起紧急呼叫，呼叫优先级 0，最大允许呼叫接入时间 5 s，通话保持时间 5 s，通话结束后测试主叫方主动释放呼叫，一次通话结束后，移动测试终端应在一定的时间后自动重新发起呼叫，两次呼叫间隔时间为 30 s，若呼叫未能成功建立，移动测试终端在一定的时间后自动重新发起呼叫，两次呼叫间隔时间为 30 s。

（e）同一区域内 MS 之间的组呼建立时间和呼叫建立失败概率。

由于金台线永康南金温场至台州金台场段、金台货线 K41+600 ~ K65+600、金台线台州金台场（不含）至台州南金台场、头门港线 GSM-R 系统编号方案中没有可在全线任何地点发起的普通组呼号码，只有能在车站基站发起的组呼，所以移动终端只能车站基站覆盖区内进行组呼性能测试。

测试时采用移动测试终端周期性发起组呼，呼叫优先级 3，最大允许呼叫接入时间 15 s，通话保持时间 5 s，通话结束后测试主叫方主动释放呼叫，一次通话结束后，移动测试终端应在一定的时间后自动重新发起呼叫，两次呼叫间隔时间为 30 s，若呼叫未能成功建立，移动测试终端在一定的时间后自动重新发起呼叫，两次呼叫间隔时间为 30 s。

（f）越区切换中断时间和切换成功率。

控制移动测试终端自动拨叫被叫固定测试终端的 ISDN 号发起运营呼叫，设置通话时长为无限长，固定测试终端设置为立即自动接听。若在测试中途掉话，移动测试终端应在一定的时间间隔内重新发起呼叫，时间间隔为 30 s；在检测列车移动过程中跟踪切换信令，完成越小区切换功能，根据切换信令计算切换中断时间和切换成功率。

b. 分组交换数据业务服务质量。

（a）数据传输延时。

测试手机连接到车顶天线，激活 GPRS PDP 上下文。

在测试手机和地面测试服务器之间 20 s 周期性传送 128 字节和 1 024 字节的数据包，根据发送和返回数据包的时间间隔计算传输延时。

（b）数据吞吐量。

地面测试服务器设置为 FTP 服务器，通过长时间下载、上传文件，统计峰值吞吐量和均值吞吐量。

（4）评判标准。

① GSM-R 系统场强覆盖测试。

金台线永康南金温场至台州金台场段 GSM-R 系统不承载 CTCS-3 级列控数据传输业务，参照《客货共线铁路工程动态验收技术规范》（TB 10461—2019）中第 9.0.2 条第 1 款和《铁路数字移动通信系统（GSM-R）设计规范》（TB 10088—2015）中第 4.1.2 条，GSM-R 系统的场强覆盖应符合表 20-8 的规定，95%时间、地点概率条件下最小可用接收电平 P_{rmin} 应高于 – 98 dBm。

表 20-8 GSM-R 数字移动通信系 BT 统场强覆盖标准

业务种类	接收天线位置	统计概率	最小可用接收电平 P_{rmin}/dBm
电路域话音及非列控类数据	动车组/机车顶部	95%	– 98

② GSM-R 系统服务质量。

参照《客货共线铁路工程动态验收技术规范》（TB 10461—2019）第 9.0.2 条第 2、3 款，《GSM-R 数字移动通信系统总体技术要求》（TB/T 3324—2013）中第 11.1、11.2、11.3 节，《铁路数字移动通信系统（GSM-R）通用分组无线业务（GPRS）子系统技术条件》（Q/CR 552—2016）第 10 章，金台线永康南金温场至台州金台场段、金台线台州金台场（不含）至台州南金台场、头门港线和金温货线武义（不含）至新碧（不含）GSM-R 网络服务质量应满足以下要求：

a. GSM-R 系统语音业务服务质量应符合表 20-9 的规定。

表 20-9 GSM-R 系统语音业务服务质量指标

服务质量项目	指标值
呼叫（连接）建立时间	铁路紧急呼叫<2 s（95%），<3 s（99%） 同一区域内司机之间 MS 组呼<5 s（95%），<7.5 s（99%）
	除上述外，MS-FT 的运营呼叫：<5 s（95%），<7.5 s（99%） 除上述外，FT-MS 的运营呼叫：<7 s（95%），<10.5 s（99%）
	除上述外，MS 之间的运营呼叫：<10 s（95%），<15 s（99%） 其他低优先级呼叫：<10 s（95%），<15 s（99%）
呼叫（连接）建立失败概率	<10-2
越区切换中断时间	<0.5 s（95%）
越区切换成功率	≥99.5%

b. GSM-R 系统分组交换数据业务服务质量应按表 20-10 ~ 表 20-12 的规定进行评价。

表 20-10 数据传输延迟等检测标准

延迟等级	数据包大小			
	128 字节		1 024 字节	
	平均延迟/s	95%数据包延迟/s	平均延迟/s	95%数据包延迟/s
1	<0.5	<1.5	<2	<7
2	<5	<25	<15	<75
3	<50	<250	<75	<375

注：表中“95%”指 95%的数据包延迟满足标准规定。

按照《铁路数字移动通信系统（GSM-R）通用分组无线业务（GPRS）子系统技术条件》（Q/CR 552—2016）的要求，无线网络空载时 GSM-R 分组域数据传输 95%数据包延迟需达到 1 级要求。

表 20-11　分钟交换数据业务峰值吞吐量类别

峰值吞吐量级别	字节/秒
1	1 000
2	2 000
3	4 000
4	8 000
5	16 000
6	32 000
7	64 000
8	128 000
9	256 000

表 20-12　分钟交换数据业务平均吞吐量类别

平均吞吐量级别	字节/小时	平均吞吐量级别	字节/小时
1	100	10	100 000
2	200	11	200 000
3	500	12	500 000
4	1 000	13	1 000 000
5	2 000	14	2 000 000
6	5 000	15	5 000 000
7	10 000	16	10 000 000
8	20 000	17	20 000 000
9	50 000	18	50 000 000

（5）数据分析。

① GSM-R 系统场强覆盖动态测试。

a. 金台线永康南金温场至台州金台场段、金台线台州金台场（不含）至台州南金台场和金温货线 K61+922 ~ K65+600。

金台线永康南金温场至台州金台场段、金台线台州金台场（不含）至台州南金台场和金温货线 K61+922 ~ K65+600 全基站 GSM-R 系统场强覆盖测试得到的 95%时间地点概率接收电平均大于 – 98 dBm，满足规范要求；GSM-R 系统最低场强值为 – 80 dBm，对应里程为 K91+200。

b. 金温货线武义（不含）至新碧（不含）K41+600 ~ K61+922。

全基站 GSM-R 系统场强覆盖测试得到的 95%时间地点概率接收电平均大于 – 98 dBm，满足规范要求；GSM-R 系统最低场强值为 – 75 dBm，对应里程为 K44+500。

c. 头门港线。

头门港线全基站 GSM-R 系统场强覆盖测试得到的 95%时间、地点概率接收电平均大于 – 98 dBm，满足规范要求；GSM-R 系统最低场强值为 – 71 dBm，对应里程为 K9+100。

② GSM-R 系统服务质量。

通过对 2021 年 3 月 18 日—23 日金台线永康南金温场至台州金台场段、金台货线武义（不含）至新碧（不含）K41+600 ~ K65+600、金台线台州金台场（不含）至台州南金台场、头门港线提速阶段的数据进行统计分析后，GSM-R 系统服务质量检测结果如下：

a. 金台线永康南金温场至台州金台场段、金台线台州金台场（不含）至台州南金台场和金温货线武义（不含）至新碧（不含）。

（a）MS-FT 呼叫建立时间和呼叫建立失败概率，见表 20-13。

表 20-13　MS-FT 呼叫建立时间和呼叫建立失败概率

基站状态	呼叫次数	失败概率		呼叫建立时间			
				<5 s		<7.5 s	
		标准值	测试值	标准值	测试值	标准值	测试值
全基站	163	<1%	0%	95%	99.38%	99%	100%

MS-FT 呼叫建立时间和呼叫建立失败概率满足《客货共线铁路工程动态验收技术规范》（TB 10461—2019）的要求。

（b）FT-MS 呼叫建立时间和呼叫建立失败概率，见表 20-14。

表 20-14　FT-MS 呼叫建立时间和呼叫建立失败概率

基站状态	呼叫次数	失败概率		呼叫建立时间			
				<7 s		<10.5 s	
		标准值	测试值	标准值	测试值	标准值	测试值
全基站	135	<1%	0%	95%	100%	99%	100%

FT-MS 呼叫建立时间和呼叫建立失败概率满足《客货共线铁路工程动态验收技术规范》（TB 10461—2019）的要求。

（c）MS-MS 呼叫建立时间和呼叫建立失败概率，见表 20-15。

表 20-15　MS-MS 呼叫建立时间和呼叫建立失败概率

基站状态	呼叫次数	失败概率		呼叫建立时间			
				<10 s		<15 s	
		标准值	测试值	标准值	测试值	标准值	测试值
全基站	148	<1%	0.67%	95%	100%	99%	100%

MS-MS 呼叫建立时间和呼叫建立失败概率满足《客货共线铁路工程动态验收技术规范》（TB 10461—2019）的要求。

（d）紧急呼叫建立时间和呼叫建立失败概率，见表 20-16。

表 20-16　紧急呼叫建立时间和呼叫建立失败概率

基站状态	呼叫次数	失败概率		呼叫建立时间			
				<2 s		<3 s	
		标准值	测试值	标准值	测试值	标准值	测试值
全基站	382	<1%	0.26%	95%	99.47%	99%	100%

紧急呼叫建立时间和紧急呼叫建立失败概率满足《客货共线铁路工程动态验收技术规范》（TB 10461—2019）的要求。

（e）组呼建立时间和呼叫建立失败概率，见表 20-17。

表 20-17 组呼建立时间和呼叫建立失败概率

基站状态	呼叫次数	失败概率		呼叫建立时间			
				<5 s		<7.5 s	
		标准值	测试值	标准值	测试值	标准值	测试值
沿线车站基站	91	<1%	0%	95%	100%	99%	100%

组呼建立时间和呼叫建立失败概率满足《客货共线铁路工程动态验收技术规范》（TB 10461—2019）的要求。

（f）越区切换成功率和切换中断时间，见表 20-18。

表 20-18 越区切换成功率和切换中断时间

基站状态	切换次数	越区切换成功率		越区切换中断时间	
		标准值	测试值	标准值	测试值
全基站	254	≥99.5%	100%	<500 ms（95%）	100%

越区切换成功率和切换中断时间满足《客货共线铁路工程动态验收技术规范》（TB 10461—2019）的要求。

（g）GPRS 数据传输延时，见表 20-19。

表 20-19 GPRS 数据传输延时

基站状态	128 字节			1024 字节		
	样本次数	平均延时/s	95%延时/s	样本次数	平均延时/s	95%延时/s
全基站	1 821	0.332	0.477	900	0.644	0.917

GPRS 数据传输延时等级符合 1 级要求，满足《铁路数字移动通信系统（GSM-R）通用分组无线业务（GPRS）子系统技术条件》（Q/CR 552-2016）的要求。

（h）GPRS 数据吞吐量，见表 20-20。

表 20-20 GPRS 数据吞吐量

基站状态	下行			上行		
	测试持续时间/h	峰值吞吐量/（KB/s）	均值吞吐量/（MB/h）	测试持续时间/h	峰值吞吐量/（KB/s）	均值吞吐量/（MB/h）
全基站	1.163	6.69	17.47	1.377	3.34	8.68

下行：峰值吞吐量满足 4 级要求，平均值吞吐量满足 17 级要求。

上行：峰值吞吐量满足 3 级要求，平均值吞吐量满足 16 级要求。

b. 金温货线武义（不含）至永康东。

（a）MS-FT 呼叫建立时间和呼叫建立失败概率，见表 20-21。

表 20-21 MS-FT 呼叫建立时间和呼叫建立失败概率

基站状态	呼叫次数	失败概率		呼叫建立时间			
				<5 s		<7.5 s	
		标准值	测试值	标准值	测试值	标准值	测试值
全基站	61	<1%	0%	95%	100%	99%	100%

MS-FT 呼叫建立时间和呼叫建立失败概率满足《客货共线铁路工程动态验收技术规范》（TB 10461—2019）的要求。

（b）FT-MS 呼叫建立时间和呼叫建立失败概率，见表 20-22。

表 20-22 FT-MS 呼叫建立时间和呼叫建立失败概率

基站状态	呼叫次数	失败概率		呼叫建立时间			
				<7 s		<10.5 s	
		标准值	测试值	标准值	测试值	标准值	测试值
全基站	28	<1%	0%	95%	100%	99%	100%

FT-MS 呼叫建立时间和呼叫建立失败概率满足《客货共线铁路工程动态验收技术规范》（TB 10461—2019）的要求。

（c）MS-MS 呼叫建立时间和呼叫建立失败概率，见表 20-23。

表 20-23 MS-MS 呼叫建立时间和呼叫建立失败概率

基站状态	呼叫次数	失败概率		呼叫建立时间			
				<10 s		<15 s	
		标准值	测试值	标准值	测试值	标准值	测试值
全基站	59	<1%	0%	95%	100%	99%	100%

MS-MS 呼叫建立时间和呼叫建立失败概率满足《客货共线铁路工程动态验收技术规范》（TB 10461—2019）的要求。

（d）紧急呼叫建立时间和呼叫建立失败概率，见表 20-24。

表 20-24 紧急呼叫建立时间和呼叫建立失败概率

基站状态	呼叫次数	失败概率		呼叫建立时间			
				<2 s		<3 s	
		标准值	测试值	标准值	测试值	标准值	测试值
全基站	123	<1%	0%	95%	100%	99%	100%

紧急呼叫建立时间和紧急呼叫建立失败概率满足《客货共线铁路工程动态验收技术规范》（TB 10461—2019）的要求。

（e）组呼建立时间和呼叫建立失败概率，见表 20-25。

表 20-25 组呼建立时间和呼叫建立失败概率

基站状态	呼叫次数	失败概率		呼叫建立时间			
				<5 s		<7.5 s	
		标准值	测试值	标准值	测试值	标准值	测试值
沿线车站基站	99	<1%	0%	95%	100%	99%	100%

组呼建立时间和呼叫建立失败概率满足《客货共线铁路工程动态验收技术规范》（TB 10461—2019）的要求。

（f）越区切换成功率和切换中断时间，见表 20-26。

表 20-26　越区切换成功率和切换中断时间

基站状态	切换次数	越区切换成功率		越区切换中断时间	
		标准值	测试值	标准值	测试值
全基站	26	≥99.5%	100%	<500 ms（95%）	100%

越区切换成功率和切换中断时间满足《客货共线铁路工程动态验收技术规范》（TB 10461—2019）的要求。

（g）GPRS 数据传输延时，见表 20-27。

表 20-27　GPRS 数据传输延时

基站状态	128 字节			1 024 字节		
	样本次数	平均延时/s	95%延时/s	样本次数	平均延时/s	95%延时/s
全基站	480	0.421	0.748	474	0.623	0.896

GPRS 数据传输延时等级符合 1 级要求，满足《铁路数字移动通信系统（GSM-R）通用分组无线业务（GPRS）子系统技术条件》（Q/CR 552—2016）的要求。

（h）GPRS 数据吞吐量，见表 20-28。

表 20-28　GPRS 数据吞吐量

基站状态	下行			上行		
	测试持续时间/h	峰值吞吐量/（KB/s）	均值吞吐量/（MB/h）	测试持续时间/h	峰值吞吐量/（KB/s）	均值吞吐量/（MB/h）
全基站	0.27	6.01	15.15	0.62	3.33	8.51

下行：峰值吞吐量满足 4 级要求，平均值吞吐量满足 17 级要求。

上行：峰值吞吐量满足 3 级要求，平均值吞吐量满足 16 级要求。

c. 头门港线

（a）MS-FT 呼叫建立时间和呼叫建立失败概率，见表 20-29。

表 20-29　MS-FT 呼叫建立时间和呼叫建立失败概率

基站状态	呼叫次数	失败概率		呼叫建立时间			
				<5s		<7.5s	
		标准值	测试值	标准值	测试值	标准值	测试值
全基站	120	<1%	0%	95%	100%	99%	100%

MS-FT 呼叫建立时间和呼叫建立失败概率满足《客货共线铁路工程动态验收技术规范》（TB 10461—2019）的要求。

（b）FT-MS 呼叫建立时间和呼叫建立失败概率，见表 20-30。

表 20-30　FT-MS 呼叫建立时间和呼叫建立失败概率

基站状态	呼叫次数	失败概率		呼叫建立时间			
				<7 s		<10.5 s	
		标准值	测试值	标准值	测试值	标准值	测试值
全基站	96	<1%	0%	95%	100%	99%	100%

FT-MS 呼叫建立时间和呼叫建立失败概率满足《客货共线铁路工程动态验收技术规范》（TB 10461—2019）的要求。

（c）MS-MS 呼叫建立时间和呼叫建立失败概率，见表 20-31。

表 20-31　MS-MS 呼叫建立时间和呼叫建立失败概率

基站状态	呼叫次数	失败概率		呼叫建立时间			
				<10 s		<15 s	
		标准值	测试值	标准值	测试值	标准值	测试值
全基站	116	<1%	0%	95%	100%	99%	100%

MS-MS 呼叫建立时间和呼叫建立失败概率满足《客货共线铁路工程动态验收技术规范》（TB 10461—2019）的要求。

（d）紧急呼叫建立时间和呼叫建立失败概率，见表 20-32。

表 20-32　紧急呼叫建立时间和呼叫建立失败概率

基站状态	呼叫次数	失败概率		呼叫建立时间			
				<2 s		<3 s	
		标准值	测试值	标准值	测试值	标准值	测试值
全基站	82	<1%	0.39%	95%	99.2%	99%	100%

紧急呼叫建立时间和紧急呼叫建立失败概率满足《客货共线铁路工程动态验收技术规范》（TB 10461—2019）的要求。

（e）组呼建立时间和呼叫建立失败概率，见表 20-33。

表 20-33　组呼建立时间和呼叫建立失败概率

基站状态	呼叫次数	失败概率		呼叫建立时间			
				<5 s		<7.5 s	
		标准值	测试值	标准值	测试值	标准值	测试值
沿线车站基站	70	<1%	0%	95%	100%	99%	100%

组呼建立时间和呼叫建立失败概率满足《客货共线铁路工程动态验收技术规范》（TB 10461—2019）的要求。

（f）越区切换成功率和切换中断时间，见表 20-34。

表 20-34　越区切换成功率和切换中断时间

基站状态	切换次数	越区切换成功率		越区切换中断时间	
		标准值	测试值	标准值	测试值
全基站	57	≥99.5%	100%	<500 ms（95%）	100%

越区切换成功率和切换中断时间满足《客货共线铁路工程动态验收技术规范》（TB 10461—2019）的要求。

（g）GPRS 数据传输延时，见表 20-35。

表 20-35 GPRS 数据传输延时

基站状态	128 字节			1024 字节		
	样本次数	平均延时/s	95%延时/s	样本次数	平均延时/s	95%延时/s
全基站	752	0.33	0.439	1 027	0.666	0.989

GPRS 数据传输延时等级符合 1 级要求，满足《铁路数字移动通信系统（GSM-R）通用分组无线业务（GPRS）子系统技术条件》（Q/CR 552—2016）的要求。

（h）GPRS 数据吞吐量，见表 20-36。

表 20-36 GPRS 数据吞吐量

基站状态	下行			上行		
	测试持续时间/h	峰值吞吐量/（KB/s）	均值吞吐量/（MB/h）	测试持续时间/h	峰值吞吐量/（KB/s）	均值吞吐量/（MB/h）
全基站	1.04	6.7	17.45	0.96	3.31	8.46

下行：峰值吞吐量满足 4 级要求，平均值吞吐量满足 17 级要求。

上行：峰值吞吐量满足 3 级要求，平均值吞吐量满足 16 级要求。

（6）小结。

① GSM-R 系统场强覆盖动态测试。

金台线永康南金温场至台州金台场段、金台线台州金台场（不含）至台州南金台场、金温货线武义（不含）至新碧（不含）K41+600 ~ K65+600 区段和头门港线 GSM-R 系统场强覆盖满足相关标准要求。

② GSM-R 系统服务质量。

金台线永康南金温场至台州金台场段、金台线台州金台场（不含）至台州南金台场、金温货线武义（不含）至新碧（不含）K41+600 ~ K65+600 区段和头门港线 GSM-R 系统服务质量相关指标检测结果均满足标准要求。

2. 通信系统应用业务功能

2021 年 3 月 19 日，采用上海铁路局 WX999285 电务检测车对金台线申亭至临海东（不含）段调度通信业务进行了验证。3 月 23 日—24 日金台线永康南金温场至台州金台场段、金台线台州金台场(不含）至台州南金台场和金温货线武义（不含）至新碧（不含）K41+600 ~ K65+600 区段天窗点内，采用上海铁路局 WX999285 电务检测车对金台线永康南至申亭（不含）段、金台线台州金台场（不含）至台州南金台场和金温货线武义（不含）至新碧（不含）K41+600 ~ K65+600 区段调度通信业务进行了验证。

（1）检测目的。

通过对通信系统应用业务的功能及性能进行测试，验证其是否满足设计和相关标准的要求，为动态验收提供依据。

（2）检测内容。

① 调度通信系统。

调度通信系统检测内容包括：位置寻址（列调位置区确认测试、车站位置区确认测试）、组呼（210 组呼）、299 紧急呼叫等功能测试。

② 调度命令信息传送业务测试。

调度命令信息传送业务测试内容包括：调度命令信息无线传送成功率。

③ 列车无线车次号校核信息传送业务测试。

列车无线车次号校核信息传送业务测试内容包括：列车无线车次号校核信息的传送成功率。

（3）检测方法。

① 调度通信系统。

在列车高速运行条件下，由测试人员或配合人员（调度员、车站值守人员、司机等）发起不同类型的呼叫，进行调度通信系统的位置寻址、组呼、紧急呼叫等功能动态测试。

按照编号方案在相应小区发起 1220 或 1240、1320 或 1340、210 组呼、299 紧急呼叫，验证通话对象是否正确。

② 调度命令信息无线传送业务。

地面测试服务器模拟 CTC 按固定的间隔周期自动向 CIR 发送调度命令，CIR 向测试服务器发送自动确认、手动签收信息，测试服务器根据接收到的自动确认和手动签收信息统计调度命令信息无线传送成功率。

③ 列车无线车次号校核信息传送业务。

应用功能测试系统控制器控制 CIR 向地面测试服务器发送模拟车次号校核信息，地面测试服务器将实际接收到的模拟车次号校核信息数量回发给应用功能测试系统控制器，应用功能测试系统控制器统计计算列车无线车次号校核信息传送成功率。

（4）评判标准。

① 调度通信业务测试。

依据《客货共线铁路工程动态验收技术规范》（TB 10461—2019）中第 9.0.2 条第 4 款，调度通信系统功能应符合本线 GSM-R 用户编号方案和《铁路数字移动通信系统（GSM-R）应用业务调度通信》（TB/T 3379—2016）中第 3.1.2 条及第 4、5 节的要求。

② 列车无线车次号校核信息传送业务测试。

依据《客货共线铁路工程动态验收技术规范》（TB 10461—2019）中第 9.0.2 条第 6 款，列车无线车次号校核信息传送成功率应不低于 99%。

③ 调度命令信息无线传送业务测试。

依据《客货共线铁路工程动态验收技术规范》（TB 10461—2019）中第 9.0.2 条第 7 款，调度命令信息无线传送成功率应不低于 99%。

（5）数据分析。

① 调度通信业务。

a. 列调位置区呼叫。

金台线永康南金温场至台州金台场段、金台线台州金台场（不含）至台州南金台场、金温货线武义（不含）至新碧（不含）K41+600 ~ K65+600 区段和头门港线 1220 列调位置区呼叫确认测试能够呼叫到与编号方案一致的调度台，通话质量良好，移动终端显示调度台的功能号和 ISDN 号与编号方案一致。

金温货线武义东 1240 列调位置区呼叫确认测试能够呼叫到与编号方案一致的调度台，通话质量良好，移动终端显示调度台的功能号和 ISDN 号与编号方案一致。

b. 车站位置区呼叫。

金台线永康南金温场至台州金台场段、金台线台州金台场（不含）至台州南金台场、金温货线武义（不含）至新碧（不含）K41+600 ~ K65+600 区段和头门港线 1320 车站位置区呼叫确认测试能够呼叫到与编号方案一致的车站值班 FAS 台，通话质量良好，移动终端显示沿线车站值班台的功能号和 ISDN 号与编号方案一致。

金温货线武义东 1340 车站位置区呼叫确认测试能够呼叫到与编号方案一致的车站值班 FAS 台，通话质量良好，移动终端显示沿线车站值班台的功能号和 ISDN 号与编号方案一致。

c. 210 组呼调度通信业务功能。

金台线永康南金温场至台州金台场段、金台线台州金台场（不含）至台州南金台场、金温货线武义（不含）至新碧（不含）K41+600 ~ K65+600 区段和头门港线车站基站及相邻基站覆盖下移动终端发起 210 组呼功能正常，呼叫成员响应与编号方案一致，且通话质量良好，移动终端释放 210 组呼功能正常。

金台线永康南金温场至台州金台场段、金台线台州金台场（不含）至台州南金台场、金温货线武义（不含）至新碧（不含）K41+600 ~ K65+600 区段和头门港线沿线车站 FAS 值班台发起 210 组呼功能正常，呼叫成员响应与编号方案一致，且通话质量良好，车站台释放 210 组呼功能正常。

d. 299 紧急呼叫调度通信业务功能。

金台线永康南金温场至台州金台场段、金台线台州金台场（不含）至台州南金台场、金温货线武义（不含）至新碧（不含）K41+600 ~ K65+600 区段和头门港线沿线移动终端发起的 299 紧急组呼，紧急呼叫成员响应符合本线编号方案，成员之间通话质量良好，移动终端释放 299 紧急呼叫功能正常。

金台列车调度台、杭长高铁列车调度台（上海）强拆 299 紧急呼叫功能正常。

② 调度命令信息无线传送业务。

调度命令信息无线传送成功率见表 20-37。

表 20-37　调度命令信息无线传送成功率统计

发送调度命令条数	成功接收调度命令条数	成功率	
		标准值	测试值
790	790	≥99%	100%

调度命令信息无线传送成功率满足标准要求。

③ 列车无线车次号校核信息传送业务。

列车无线车次号校核信息传送成功率见表 20-38。

表 20-38　列车无线车次号校核信息传送成功率统计

发送车次号校核信息条数	成功接收车次号校核信息条数	成功率	
		标准值	测试值
608	608	≥99%	100%

列车无线车次号校核信息传送成功率满足标准要求。

（6）小结。

金台线永康南金温场至台州金台场段、金台线台州金台场（不含）至台州南金台场、金温货线武义（不含）至新碧（不含）K41+600 ~ K65+600 区段和头门港线所测调度通信业务功能实现正常；列车无线车次号校核信息传送成功率、调度命令信息无线传送成功率满足相关标准要求。

3. 视频监控系统

金台线铁路视频监控系统由视频节点（包括 I 类视频接入节点、Ⅱ类视频接入节点）、视频汇集点、视频采集点等组成。在台州站设 I 类视频接入节点，接入上海铁路局视频区域节点；在武义东、永康南、永康东、申亭、仁川、横溪、白塔镇、田市、下各、括苍、临海东、台州南、壶镇、磐安南、仙居南、临海南、杜桥、头门港站设Ⅱ类视频接入节点，接入台州站 I 类视频接入节点；在沿线通信基站、线路所、信号楼等处设置视频汇集点，负责采集点的就近接入，并按管辖范围就近接入视频接入节点。系统支持视频内容分析及客运服务系统视频接入。

2021 年 3 月 18 日—22 日，在视频接入节点台州站、磐安南、仙居南、头门港站进行了视频监控系统联调联试的初测工作；3 月 25 日—26 日及 4 月 6 日，对初测中出现的问题及不具备测试条件的项目进行复测、补测。

（1）检测目的。

通过金台线视频监控系统视频接入节点、客服视频接入、视频内容分析功能、性能的动态检测，验证系统是否符合设计文件及相关技术文件的要求，为动态验收提供依据。

（2）检测内容。

① 视频接入节点功能和性能。

检测视频接入节点实时监视、录像回放，配置管理，故障管理，性能管理，日志管理，视频存储，时间同步，资源标识功能；系统承载能力，视频流传输带宽，图像质量，系统时延性能。

② 视频内容分析功能和性能。

检测模拟入侵告警功能，告警预录时间性能。

③ 客运服务系统视频接入功能。

检测客运服务系统视频接入功能。

（3）检测方法。

① 功能检测方法。

a. 视频接入节点。

在视频接入节点视频监控终端进行实时调用、云镜控制、录像回放、配置管理、时间同步等操作，并在现场采集点模拟设备断网等故障告警，验证视频接入节点功能是否符合设计文件及相关技术文件要求。

b. 视频内容分析。

在隧道口、救援通道等视频采集点，模拟防区入侵场景，在视频监控终端观察系统告警情况，验证视频内容分析功能是否符合设计文件及相关技术文件要求。

c. 客运服务系统视频接入功能。

在视频接入节点视频监控终端观察客运服务系统视频图像调用情况，验证客运服务系统视频接入功能是否符合设计文件及相关技术文件要求。

② 性能检测方法。

a. 视频接入节点。

利用时延检测工具、视频检测卡、网络分析工具，采用多画面同时调用方法，分别计算系统时延，分析图像质量、视频流传输带宽、系统承载能力等性能指标，验证视频接入节点性能是否符合设计文件及相关技术文件要求。

（4）评判标准。

参照《客货共线铁路工程动态验收技术规范》（TB 10461—2019）第 9.0.2 款第 8 条的要求，视频监控系统功能、性能应符合《铁路视频监控系统技术规范》（Q/CR 575—2017）及设计相关要求。主要性能指标，见表 20-39。

表 20-39　视频接入节点主要性能指标

序号	测试内容	评判标准	依据	条款
1	系统时延	实时调用时延不大于 3 s	《铁路视频监控系统技术规范》（Q/CR 575—2017）	6.1
		录像检索响应时延不大于 3 s		6.8
2	视频流传输带宽	在帧率为 25 f/s（PAL 制式）采用 H.264、MPEG-4 的压缩编码格式下，单路视频信息的流量应符合下列要求： 1）图像分辨率为 4CIF 或 D1 时，一路视频流图像的平均流量不大于 2 MbIt/s;		6.10

续表

序号	测试内容	评判标准	依据	条款
2	视频流传输带宽	2）图像分辨率为 720P 时，一路视频流图像的平均流量不大于 4 MbIt/s； 3）图像分辨率为 1080 P 时，一路视频流图像的平均流量不大于 6 MbIt/s。 用 H.265 编码，分辨率 1080 P 同等帧率条件下，平均流量不大于 4 MbIt/s	《铁路视频监控系统技术规范》（Q/CR 575—2017）	6.10
3	视频图像质量参数客观评测	数字视频信号应满足下列要求： 1）1080 P:（200 万像素）中心不低于 500 Lw/PH。 2）最大亮度鉴别等级能区分 TE 153A 或 TE 153D 灰阶测试图卡上从黑到白 10 级不同灰度		6.3.2 6.3.3

（5）数据分析。

① 视频接入节点功能及性能检测数据分析，见表 20-40 ~ 表 20-49。

表 20-40 设备配置管理功能数据

序号	测试项目	测试地点	测试时间	测试结果
1	用户/用户组信息管理	台州站	2021-03-18	符合要求
2	用户/用户组权限管理		2021-03-18	符合要求
3	用户活动时间管理		2021-03-26	符合要求
4	用户优先级管理		2021-03-18	符合要求
5	设备配置管理		2021-03-18	符合要求
6	用户/用户组信息管理	头门港站	2021-03-20	符合要求
7	用户/用户组权限管理		2021-03-20	符合要求
8	用户活动时间管理		2021-03-26	符合要求
9	用户优先级管理		2021-03-20	符合要求
10	设备配置管理		2021-03-20	符合要求
11	用户/用户组信息管理	仙居南站	2021-03-21	符合要求
12	用户/用户组权限管理		2021-03-21	符合要求
13	用户活动时间管理		2021-03-25	符合要求
14	用户优先级管理		2021-03-21	符合要求
15	设备配置管理		2021-03-21	符合要求
16	用户/用户组信息管理	磐安南站	2021-03-25	符合要求
17	用户/用户组权限管理		2021-03-25	符合要求
18	用户活动时间管理		2021-03-25	符合要求
19	用户优先级管理		2021-03-25	符合要求
20	设备配置管理		2021-03-25	符合要求

表 20-41　故障管理功能数据

序号	测试项目	测试地点	视频采集点	测试时间	测试结果
1	告警提示功能	台州站	台州通信机房	2021-03-26	符合要求
2	告警配置管理			2021-03-26	符合要求
3	告警提示功能		金台线 K142+580 基站 30 通信机房	2021-03-18	符合要求
4	告警配置管理			2021-03-18	符合要求
5	告警提示功能	头门港站	头门港通信机房	2021-03-26	符合要求
6	告警配置管理			2021-03-26	符合要求
7	告警提示功能		金台线 K31+842 基站 36 通信机房	2021-03-20	符合要求
8	告警配置管理			2021-03-20	符合要求
9	告警提示功能	仙居南站	仙居南通信机房	2021-03-25	符合要求
10	告警配置管理			2021-03-25	符合要求
11	告警提示功能		金台线 K83+715 基站 17 通信机房	2021-03-21	符合要求
12	告警配置管理			2021-03-21	符合要求
13	告警提示功能	磐安南站	磐安南通信机房	2021-03-25	符合要求
14	告警配置管理			2021-03-25	符合要求

表 20-42　性能管理功能数据

序号	测试项目	测试地点	测试时间	测试结果
1	设备运行状态信息、性能参数查询	台州站	2021-03-18	符合要求
2	性能查询结果导出		2021-03-26	符合要求
3	设备运行状态信息、性能参数查询	头门港站	2021-03-20	符合要求
4	性能查询结果导出		2021-03-26	符合要求
5	设备运行状态信息、性能参数查询	仙居南站	2021-03-21	符合要求
6	性能查询结果导出		2021-03-25	符合要求
7	设备运行状态信息、性能参数查询	磐安南站	2021-03-25	符合要求
8	性能查询结果导出		2021-03-25	符合要求

表 20-43　日志管理功能数据

序号	测试项目	测试地点	测试时间	测试结果
1	系统日志查询、导出	台州站	2021-03-18	符合要求
2	操作日志查询、导出		2021-03-18	符合要求
3	告警日志查询、导出		2021-03-26	符合要求
4	系统日志查询、导出	头门港站	2021-03-20	符合要求
5	操作日志查询、导出		2021-03-20	符合要求
6	告警日志查询、导出		2021-03-26	符合要求
7	系统日志查询、导出	仙居南站	2021-03-21	符合要求
8	操作日志查询、导出		2021-03-21	符合要求
9	告警日志查询、导出		2021-03-25	符合要求
10	系统日志查询、导出	磐安南站	2021-03-25	符合要求
11	操作日志查询、导出		2021-03-25	符合要求
12	告警日志查询、导出		2021-03-25	符合要求

表 20-44 资源标识功能数据

序号	测试项目	测试地点	测试时间	测试结果
1	用户和设备编码规范性验证	台州站	2021-03-26	符合要求
2	视频资源命名和视频规范性验证		2021-03-26	符合要求
3	用户和设备编码规范性验证	头门港站	2021-03-26	符合要求
4	视频资源命名和视频规范性验证		2021-03-26	符合要求
5	用户和设备编码规范性验证	仙居南站	2021-03-25	符合要求
6	视频资源命名和视频规范性验证		2021-03-25	符合要求
7	用户和设备编码规范性验证	磐安南站	2021-03-25	符合要求
8	视频资源命名和视频规范性验证		2021-03-25	符合要求

表 20-45 视频存储功能数据

序号	测试项目	测试地点	测试时间	测试结果
1	定时存储	台州站	2021-03-18	符合要求
2	告警存储		2021-03-18	符合要求
3	定时存储	头门港站	2021-03-20	符合要求
4	告警存储		2021-03-20	符合要求
5	定时存储	仙居南站	2021-03-21	符合要求
6	告警存储		2021-03-21	符合要求
7	定时存储	磐安南站	2021-03-25	符合要求
8	告警存储		2021-03-25	符合要求

表 20-46 时间同步功能数据

序号	测试项目	测试地点	测试时间	测试结果
1	与内部时间同步功能	台州站	2021-03-18	符合要求
2	与外部时间同步功能		2021-03-26	符合要求
3	与内部时间同步功能	头门港站	2021-03-20	符合要求
4	与外部时间同步功能		2021-03-20	符合要求
5	与内部时间同步功能	仙居南站	2021-03-21	符合要求
6	与外部时间同步功能		2021-03-21	符合要求
7	与内部时间同步功能	磐安南站	2021-03-25	符合要求
8	与外部时间同步功能		2021-03-25	符合要求

表 20-47 系统承载能力数据

序号	测试项目	测试地点	测试时间	测试结果
1	1080P 分辨率多路视频图像	台州站	2021-03-18	符合要求
2	1080P 分辨率多路视频图像	头门港站	2021-03-20	符合要求
3	1080P 分辨率多路视频图像	仙居南站	2021-03-21	符合要求
4	1080P 分辨率多路视频图像	磐安南站	2021-03-25	符合要求

表 20-48 图像质量性能数据

序号	测试项目	测试环境	视频采集点	测试时间	测试结果
1	图像清晰度参数	台州站	金台线 K153+224 林家岙隧道进口[定焦枪机]	2021-03-18	符合要求
2	图像灰度参数			2021-03-18	符合要求
3	图像清晰度参数		金台线 K145+170 上百岩隧道进口[定焦枪机]	2021-03-18	符合要求
4	图像灰度参数			2021-03-18	符合要求
5	图像清晰度参数	头门港站	金台线 K29+370 大岙隧道进口[定焦枪机]	2021-03-20	符合要求
6	图像灰度参数			2021-03-20	符合要求
7	图像清晰度参数		金台线 K34+189 金山隧道进口[定焦枪机]	2021-03-20	符合要求
8	图像灰度参数			2021-03-20	符合要求
9	图像清晰度参数	仙居南站	金台线 K78+022 七里隧道进口[定焦枪机]	2021-03-21	符合要求
10	图像灰度参数			2021-03-21	符合要求
11	图像清晰度参数		金台线 K81+797 西炉村隧道进口[定焦枪机]	2021-03-21	符合要求
12	图像灰度参数			2021-03-21	符合要求
13	图像清晰度参数	磐安南站	金台线 K31+994 牛和岭隧道出口[定焦枪机]	2021-03-25	符合要求
14	图像灰度参数			2021-03-25	符合要求
15	图像清晰度参数		金台线 K36+408 潘潭 2 号隧道出口[定焦枪机]	2021-03-25	符合要求
16	图像灰度参数			2021-03-25	符合要求

表 20-49 1080P 视频流传输带宽性能数据

序号	测试项目	测试地点	视频采集点	测试时间	测试结果
1	单路 1080P 视频流传输带宽	台州站	金台线 K158+177 林家岙隧道出口[定焦枪机]	2021-03-18	符合要求
2	单路 1080P 视频流传输带宽		金台线 K153+224 林家岙隧道进口[定焦枪机]	2021-03-18	符合要求
3	单路 1080P 视频流传输带宽		金台线 K45+570 上百岩隧道出口[定焦枪机]	2021-03-18	符合要求
4	单路 1080P 视频流传输带宽		金台线 K145+170 上百岩隧道进口[定焦枪机]	2021-03-18	符合要求
5	单路 1080P 视频流传输带宽		金台线 K145+023 施家岙隧道出口[定焦枪机]	2021-03-18	符合要求
6	单路 1080P 视频流传输带宽		金台线 K144+448 施家岙隧道进口[定焦枪机]	2021-03-18	符合要求
7	单路 1080P 视频流传输带宽	头门港站	金台线 K28+502 杜北村隧道进口[定焦枪机]	2021-03-20	符合要求
8	单路 1080P 视频流传输带宽		金台线 K29+370 大岙隧道进口[定焦枪机]	2021-03-20	符合要求
9	单路 1080P 视频流传输带宽		金台线 K33+591 大岙隧道出口[定焦枪机]	2021-03-20	符合要求
10	单路 1080P 视频流传输带宽		金台线 K34+189 金山隧道进口[定焦枪机]	2021-03-20	符合要求

续表

序号	测试项目	测试地点	视频采集点	测试时间	测试结果
11	单路 1080P 视频流传输带宽		金台线 K036+685 岩下隧道进口[定焦枪机]	2021-03-20	符合要求
12	单路 1080P 视频流传输带宽	仙居南站	金台线 K79+771 七里隧道出口[定焦枪机]	2021-03-21	符合要求
13	单路 1080P 视频流传输带宽	仙居南站	金台线 K81+060 白岩隧道出口[定焦枪机]	2021-03-21	符合要求
14	单路 1080P 视频流传输带宽	仙居南站	金台线 K82+195 西炉村隧道出口[定焦枪机]	2021-03-21	符合要求
15	单路 1080P 视频流传输带宽	仙居南站	金台线 K83+727 赵岙隧道进口[定焦枪机]	2021-03-21	符合要求
16	单路 1080P 视频流传输带宽	仙居南站	金台线 K88+314 南庄岭隧道进口[定焦枪机]	2021-03-21	符合要求
17	单路 1080P 视频流传输带宽	磐安南站	金台线 K32+434 双溪口隧道出口[定焦枪机]	2021-03-25	符合要求
18	单路 1080P 视频流传输带宽	磐安南站	金台线 K31+994 牛和岭隧道出口[定焦枪机]	2021-03-25	符合要求
19	单路 1080P 视频流传输带宽	磐安南站	金台线 K34+462 潘潭 1 号隧道进口[定焦枪机]	2021-03-25	符合要求
20	单路 1080P 视频流传输带宽	磐安南站	金台线 K36+408 潘潭 2 号隧道出口[定焦枪机]	2021-03-25	符合要求

如图 20-57，表 20-50 所示，抽取 20 个点位 100 次 1080P 视频流传输带宽检测数据进行统计，其平均带宽在 1.17 ~ 2.776 MbIt/s，符合评判标准不大于 6 MbIt/s 的要求。

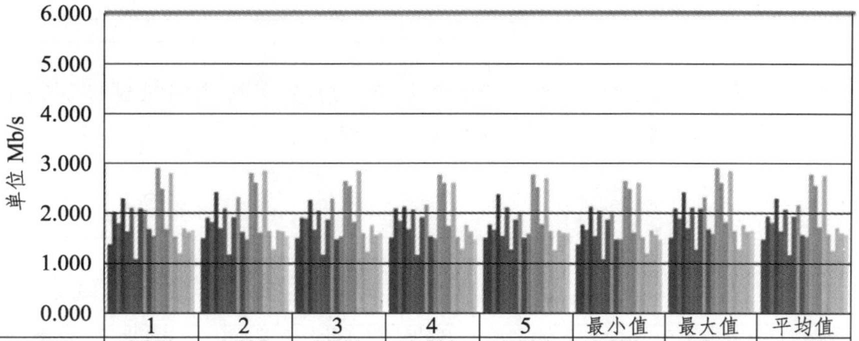

	1	2	3	4	5	最小值	最大值	平均值
金台铁路 K158+177 林家岩隧道出口 [定焦枪机]	1.373	1.497	1.501	1.511	1.506	1.373	1.511	1.478
金台铁路 K153+244 林家岩隧道进口 [定焦枪机]	2.026	1.904	1.903	2.091	1.772	1.772	2.091	1.939
金台铁路 K45+570 上百岩隧道出口 [定焦枪机]	1.806	1.826	1.895	1.849	1.670	1.670	1.895	1.809
金台铁路 K145+170 上百岩隧道进口 [定焦枪机]	2.292	2.421	2.262	2.130	2.370	2.130	2.421	2.295
金台铁路 K145+023 施家岩隧道出口 [定焦枪机]	1.640	1.697	1.667	1.684	1.540	1.540	1.697	1.646
金台铁路 K144+448 施家岩隧道进口 [定焦枪机]	2.110	2.091	2.047	2.072	2.116	2.047	2.116	2.087
金台铁路 K028+502 杜北村隧道进口 [定焦枪机]	1.089	1.173	1.174	1.170	1.274	1.089	1.274	1.176
金台铁路 K029+370 大岔隧道进口 [定焦枪机]	2.095	1.913	1.874	1.916	1.872	1.872	2.095	1.934
金台铁路 K033+591 大岔隧道出口 [定焦枪机]	2.059	2.318	2.301	2.170	2.032	2.032	2.318	2.176
金台铁路 K034+189 金山隧道进口 [定焦枪机]	1.679	1.628	1.479	1.533	1.516	1.479	1.679	1.567
金台铁路 K036+685 岩下岩隧道进口 [定焦枪机]	1.548	1.481	1.529	1.504	1.591	1.481	1.591	1.531
金台铁路 K31+994 牛和岭隧道出口 [定焦枪机]	2.901	2.805	2.646	2.768	2.762	2.646	2.901	2.776
金台铁路 K32+434 双溪口隧道出口 [定焦枪机]	2.486	2.607	2.547	2.604	2.523	2.486	2.607	2.553
金台铁路 K34+462 潘潭1号隧道进口 [定焦枪机]	1.675	1.611	1.824	1.748	1.776	1.611	1.824	1.727
金台铁路 K36+408 潘潭2号隧道出口 [定焦枪机]	2.798	2.847	2.850	2.612	2.695	2.612	2.850	2.760
金台铁路 K79+771 七里隧道出口 [定焦枪机]	1.532	1.648	1.600	1.525	1.648	1.525	1.648	1.591
金台铁路 K81+060 白岩隧道出口 [定焦枪机]	1.193	1.279	1.232	1.286	1.268	1.193	1.286	1.252
金台铁路 K82+195 西炉村隧道出口 [定焦枪机]	1.706	1.661	1.755	1.767	1.657	1.657	1.767	1.709
金台铁路 K83+727 赵岔隧道进口 [定焦枪机]	1.620	1.630	1.565	1.629	1.614	1.565	1.630	1.612
金台铁路 K88+314 南庄岭隧道进口 [定焦枪机]	1.659	1.545	1.601	1.478	1.599	1.478	1.659	1.576

测试次数

图 20-57　1080P 编码传输带宽测试数据

表 20-50　实时调用时延性能数据

序号	测试项目	测试地点	视频采集点	测试时间	测试结果
1	实时调用时延	台州站	金台线 K158+177 林家岙隧道出口[定焦枪机]	2021-03-18	符合要求
2			金台线 K153+224 林家岙隧道进口[定焦枪机]	2021-03-18	符合要求
3			金台线 K45+570 上百岩隧道出口[定焦枪机]	2021-03-18	符合要求
4			金台线 K145+170 上百岩隧道进口[定焦枪机]	2021-03-18	符合要求
5			金台线 K145+023 施家岙隧道出口[定焦枪机]	2021-03-18	符合要求
6			金台线 K144+448 施家岙隧道进口[定焦枪机]	2021-03-18	符合要求
7		头门港站	金台线 K028+502 杜北村隧道进口[定焦枪机]	2021-03-20	符合要求
8			金台线 K029+370 大岙隧道进口[定焦枪机]	2021-03-20	符合要求
9			金台线 K033+591 大岙隧道出口[定焦枪机]	2021-03-20	符合要求
10			金台线 K034+189 金山隧道进口[定焦枪机]	2021-03-20	符合要求
11			金台线 K036+685 岩下隧道进口[定焦枪机]	2021-03-20	符合要求
12		仙居南站	金台线 K79+771 七里隧道出口[定焦枪机]	2021-03-21	符合要求
13			金台线 K81+060 白岩隧道出口[定焦枪机]	2021-03-21	符合要求
14			金台线 K82+195 西炉村隧道出口[定焦枪机]	2021-03-21	符合要求
15			金台线 K83+727 赵岙隧道进口[定焦枪机]	2021-03-21	符合要求
16			金台线 K88+314 南庄岭隧道进口[定焦枪机]	2021-03-21	符合要求
17		磐安南站	金台线 K32+434 双溪口隧道出口[定焦枪机]	2021-03-25	符合要求
18			金台线 K31+994 牛和岭隧道出口[定焦枪机]	2021-03-25	符合要求
19			金台线 K34+462 潘潭 1 号隧道进口[定焦枪机]	2021-03-25	符合要求
20			金台线 K36+408 潘潭 2 号隧道出口[定焦枪机]	2021-03-25	符合要求

如图 20-58、表 20-51 所示，抽取 20 个点位 100 次实时调用时延检测数据进行统计，其平均时延在 0.431～0.905 s，符合评判标准不大于 3 s 的要求。

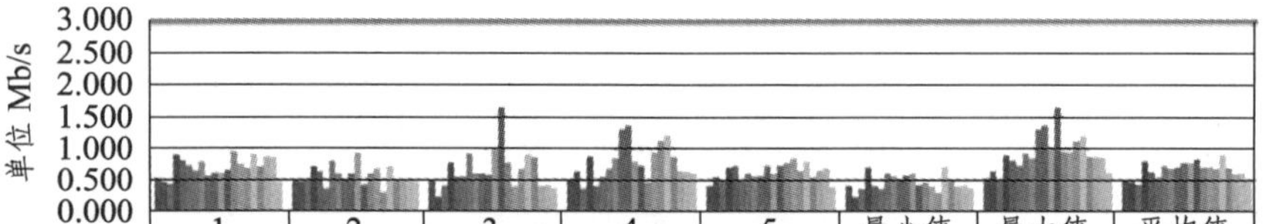

	1	2	3	4	5	最小值	最大值	平均值
金台铁路 K158+177 林家岩隧道出口 [定焦枪机]	0.528	0.481	0.481	0.490	0.408	0.408	0.528	0.478
金台铁路 K153+244 林家岩隧道进口 [定焦枪机]	0.453	0.467	0.232	0.636	0.552	0.232	0.636	0.468
金台铁路 K45+570 上百岩隧道出口 [定焦枪机]	0.424	0.487	0.405	0.356	0.483	0.356	0.487	0.431
金台铁路 K145+170 上百岩隧道进口 [定焦枪机]	0.891	0.719	0.771	0.874	0.703	0.703	0.891	0.792
金台铁路 K145+023 施家岩隧道出口 [定焦枪机]	0.809	0.637	0.545	0.402	0.732	0.402	0.809	0.625
金台铁路 K144+448 施家岩隧道进口 [定焦枪机]	0.731	0.356	0.553	0.543	0.482	0.356	0.731	0.533
金台铁路 K028+502 杜北村隧道进口 [定焦枪机]	0.641	0.797	0.921	0.683	0.596	0.596	0.921	0.728
金台铁路 K029+370 大岙隧道进口 [定焦枪机]	0.782	0.592	0.595	0.845	0.565	0.565	0.845	0.676
金台铁路 K033+591 大岙隧道出口 [定焦枪机]	0.561	0.512	0.591	1.294	0.563	0.512	1.294	0.705
金台铁路 K034+189 金山隧道进口 [定焦枪机]	0.609	0.598	0.574	1.360	0.723	0.574	1.360	0.773
金台铁路 K036+685 岩下岩隧道进口 [定焦枪机]	0.606	0.926	0.975	0.793	0.593	0.593	0.975	0.779
金台铁路 K31+994 牛和岭隧道出口 [定焦枪机]	0.655	0.412	1.640	0.727	0.722	0.412	1.640	0.831
金台铁路 K32+434 双溪口隧道出口 [定焦枪机]	0.953	0.596	0.770	0.450	0.770	0.450	0.953	0.708
金台铁路 K34+462 潘潭1号隧道进口 [定焦枪机]	0.748	0.674	0.395	0.940	0.844	0.395	0.940	0.720
金台铁路 K36+408 潘潭2号隧道出口 [定焦枪机]	0.687	0.298	0.673	1.113	0.642	0.298	1.113	0.683
金台铁路 K79+771 七里隧道出口 [定焦枪机]	0.908	0.717	0.906	1.197	0.796	0.717	1.197	0.905
金台铁路 K81+060 白岩隧道出口 [定焦枪机]	0.715	0.474	0.860	0.865	0.550	0.474	0.865	0.693
金台铁路 K82+195 西炉村隧道出口 [定焦枪机]	0.869	0.479	0.406	0.646	0.653	0.406	0.869	0.600
金台铁路 K83+727 赵岙隧道进口 [定焦枪机]	0.859	0.522	0.419	0.631	0.685	0.419	0.859	0.608
金台铁路 K88+314 南庄岭隧道进口 [定焦枪机]	0.468	0.469	0.376	0.610	0.395	0.376	0.610	0.481

测试次数

图 20-58　实时调用时延数据

表 20-51　录像检索响应时延性能数据

序号	测试项目	测试地点	视频采集点	测试时间	测试结果
1	录像检索响应时延	台州站	金台线 K158+177 林家岙隧道出口[定焦枪机]	2021-03-18	符合要求
2			金台线 K153+224 林家岙隧道进口[定焦枪机]	2021-03-18	符合要求
3			金台线 K45+570 上百岩隧道出口[定焦枪机]	2021-03-18	符合要求
4			金台线 K145+170 上百岩隧道进口[定焦枪机]	2021-03-18	符合要求
5			金台线 K145+023 施家岙隧道出口[定焦枪机]	2021-03-18	符合要求
6			金台线 K144+448 施家岙隧道进口[定焦枪机]	2021-03-18	符合要求
7		头门港站	金台线 K028+502 杜北村隧道进口[定焦枪机]	2021-03-20	符合要求
8			金台线 K029+370 大岙隧道进口[定焦枪机]	2021-03-20	符合要求
9			金台线 K033+591 大岙隧道出口[定焦枪机]	2021-03-20	符合要求
10			金台线 K034+189 金山隧道进口[定焦枪机]	2021-03-20	符合要求
11			金台线 K036+685 岩下隧道进口[定焦枪机]	2021-03-20	符合要求
12		仙居南站	金台线 K79+771 七里隧道出口[定焦枪机]	2021-03-21	符合要求
13			金台线 K81+060 白岩隧道出口[定焦枪机]	2021-03-21	符合要求
14			金台线 K82+195 西炉村隧道出口[定焦枪机]	2021-03-21	符合要求
15			金台线 K83+727 赵岙隧道进口[定焦枪机]	2021-03-21	符合要求
16			金台线 K88+314 南庄岭隧道进口[定焦枪机]	2021-03-21	符合要求
17		磐安南站	金台线 K32+434 双溪口隧道出口[定焦枪机]	2021-03-25	符合要求
18			金台线 K31+994 牛和岭隧道出口[定焦枪机]	2021-03-25	符合要求
19			金台线 K34+462 潘潭 1 号隧道进口[定焦枪机]	2021-03-25	符合要求
20			金台线 K36+408 潘潭 2 号隧道出口[定焦枪机]	2021-03-25	符合要求

如图 20-59 所示，抽取 20 个点位 100 次录像检索响应时延检测数据进行统计，其平均时延在 0.377 ~ 0.965 s，符合评判标准不大于 3 s 的要求。

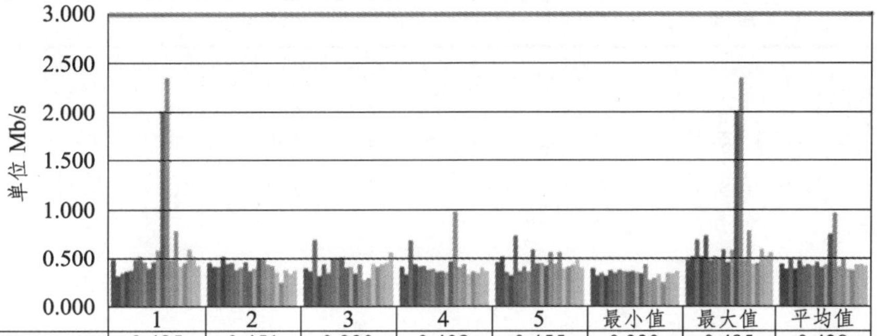

	1	2	3	4	5	最小值	最大值	平均值
金台铁路 K158+177 林家岩隧道出口 [定焦枪机]	0.485	0.451	0.390	0.408	0.455	0.390	0.485	0.438
金台铁路 K153+244 林家岩隧道进口 [定焦枪机]	0.315	0.407	0.360	0.326	0.516	0.315	0.516	0.385
金台铁路 K45+570 上百岩隧道出口 [定焦枪机]	0.346	0.406	0.689	0.487	0.356	0.346	0.689	0.497
金台铁路 K145+170 上百岩隧道进口 [定焦枪机]	0.360	0.517	0.311	0.436	0.316	0.346	0.517	0.388
金台铁路 K145+023 施家岩隧道出口 [定焦枪机]	0.373	0.439	0.437	0.408	0.733	0.311	0.733	0.478
金台铁路 K144+448 施家岩隧道进口 [定焦枪机]	0.482	0.453	0.344	0.418	0.359	0.373	0.482	0.411
金台铁路 K028+502 杜北村隧道进口 [定焦枪机]	0.514	0.377	0.492	0.374	0.408	0.374	0.514	0.433
金台铁路 K029+370 大岙隧道进口 [定焦枪机]	0.456	0.402	0.495	0.385	0.362	0.362	0.495	0.420
金台铁路 K033+591 大岙隧道出口 [定焦枪机]	0.390	0.457	0.509	0.354	0.590	0.354	0.590	0.460
金台铁路 K034+189 金山隧道进口 [定焦枪机]	0.454	0.365	0.395	0.360	0.440	0.360	0.454	0.403
金台铁路 K036+685 岩下岩隧道进口 [定焦枪机]	0.582	0.390	0.407	0.348	0.447	0.348	0.582	0.435
金台铁路 K31+994 牛和岭隧道出口 [定焦枪机]	2.020	0.503	0.341	0.467	0.420	0.341	2.020	0.750
金台铁路 K32+434 双溪口隧道出口 [定焦枪机]	0.359	0.491	0.434	0.377	0.563	0.434	2.359	0.565
金台铁路 K34+462 潘潭1号隧道进口 [定焦枪机]	0.480	0.435	0.269	0.406	0.439	0.269	0.480	0.406
金台铁路 K36+408 潘潭2号隧道出口 [定焦枪机]	0.785	0.419	0.291	0.435	0.562	0.291	0.785	0.498
金台铁路 K79+771 七里隧道出口 [定焦枪机]	0.420	0.357	0.441	0.332	0.393	0.332	0.441	0.389
金台铁路 K81+060 白岩隧道出口 [定焦枪机]	0.453	0.251	0.409	0.360	0.410	0.251	0.453	0.377
金台铁路 K82+195 西炉村隧道出口 [定焦枪机]	0.594	0.376	0.434	0.343	0.432	0.343	0.594	0.436
金台铁路 K83+727 赵岙隧道进口 [定焦枪机]	0.521	0.340	0.451	0.404	0.483	0.340	0.521	0.440
金台铁路 K88+314 南庄岭隧道进口 [定焦枪机]	0.423	0.371	0.564	0.367	0.404	0.367	0.564	0.426

测试次数

图 20-59　录像检索响应时延数据

② 视频内容分析功能及性能检测数据分析，见表 20-52。

表 20-52 视频内容分析功能数据

序号	测试项目	测试地点	视频采集点	测试时间	测试结果
1	入侵告警功能	台州站	金台线 K45+570 上百岩隧道出口[定焦枪机]	2021-04-06	符合要求
2	告警信息存储			2021-04-06	符合要求
3	告警预录时间			2021-04-06	符合要求
4	平均误报数/漏报率			2021-04-06	符合要求
5	入侵告警功能	头门港站	金台线 K34+189 金山隧道进口[定焦枪机]	2021-04-06	符合要求
6	告警信息存储			2021-04-06	符合要求
7	告警预录时间			2021-04-06	符合要求
8	平均误报数/漏报率			2021-04-06	符合要求

③ 客运服务系统视频接入功能检测数据分析，见表 20-53。

表 20-53 客服视频接入功能功能数据

序号	测试项目	测试地点	测试时间
1	客服视频接入功能	台州站	2021-03-18
2	客服视频接入功能	仙居南站	2021-03-21
3	客服视频接入功能	磐安南站	2021-03-25
客服视频图像可实时调看、云镜可控、录像可调用			

（6）小结。

金台线视频监控系统（铁路视频监控系统 V4.0）通过对测试数据进行分析，台州站、仙居南站、头门港站、磐安南站视频接入节点、视频内容分析、与外部系统接口功能、性能符合设计文件及相关技术文件要求。

4. 结论与建议

（1）结论。

① 金台线永康南金温场至台州金台场段、金台线台州金台场（不含）至台州南金台场、金温货线武义（不含）至新碧（不含）K41+600 ~ K65+600 区段和头门港线 GSM-R 系统场强覆盖满足相关标准要求。

金台线永康南金温场至台州金台场段、金台线台州金台场（不含）至台州南金台场、金温货线武义（不含）至新碧（不含）K41+600 ~ K65+600 区段和头门港线 GSM-R 系统服务质量相关指标检测结果均满足标准要求。

② 金台线永康南金温场至台州金台场段、金台线台州金台场（不含）至台州南金台场、金温货线武义（不含）至新碧（不含）K41+600 ~ K65+600 区段和头门港线调度通信系统功能、调度命令信息无线传送成功率、列车无线车次号校核信息传送成功率满足相关标准要求。

③ 金台线视频监控系统（铁路视频监控系统 V4.0）除视频内容分析功能不符合要求外，其他各项功能、性能符合设计文件及相关技术文件要求。

综上所述，金台线永康南金温场至台州金台场段、金台线台州金台场（不含）至台州南金台场、金温货线武义（不含）至新碧（不含）K41+600 ~ K65+600 区段和头门港线 GSM-R 系统场强覆盖、

GSM-R 系统服务质量、通信系统应用业务（含调度通信、调度命令信息无线传送、列车无线车次号校核信息传送）功能和性能满足相关标准和设计要求；金台线视频监控系统（铁路视频监控系统 V4.0）通过对测试数据进行分析，台州站、仙居南站、头门港站、磐安南站视频接入节点、视频内容分析、与外部系统接口功能、性能符合设计文件及相关技术文件要求。

（四）信号系统

本工程新建车站（场）新设硬件冗余型计算机联锁设备。其中永康南站金温车场联锁利用金温线在建的金温新双线工程配置的设备进行改造；台州南站甬温车场既有联锁设备利旧改造。

金台线、头门港线区间为单线半自动闭塞，线路各站（场）内及车站接近区段轨道电路采用 97 型 25 Hz 相敏轨道电路，采用接近连续式机车信号，站内采用 ZPW-2000 系列移频电码化设备，正线按预叠加发码方式，到发线及车站接近区段电码化按叠加发码方式设计。申亭与壶镇站区间、磐安南站与仁川站区间、白塔镇站与田市站区间轨道电路贯通检查区间空闲。

永康南金温场与永康东站区间为自动站间闭塞，区间采用 25 Hz 轨道电路叠加 ZPW-2000 移频电码化设计，轨道电路区间贯通检查；永康南站金温场与金台场间、台州南站甬温场与金台场间按场间联系设计。其他与本线衔接的线路均维持既有闭塞方式。

金台线、头门港线区间为单线半自动闭塞，线路各站（场）内及车站接近区段轨道电路采用 97 型 25 Hz 相敏轨道电路，采用接近连续式机车信号，站内采用 ZPW-2000 系列移频电码化设备，正线按预叠加发码方式，到发线及车站接近区段电码化按叠加发码方式设计。申亭与壶镇站区间、磐安南站与仁川站区间、白塔镇站与田市站区间轨道电路贯通检查区间空闲。

永康南金温场与永康东站区间为自动站间闭塞，区间采用 25 Hz 轨道电路叠加 ZPW-2000 移频电码化设计，轨道电路区间贯通检查；永康南金温场与金台场间、台州南甬温场与金台场间按场间联系设计。其他与本线衔接的线路均维持既有闭塞方式。

1. 轨旁信号设备状态

金台线信号系统轨旁信号设备状态动态检测试验从 2021 年 3 月 18 日开始，至 3 月 24 日结束。轨旁信号设备状态测试范围：金台线永康南金温场至台州金台场、金台线台州金台场（不含）至台州南金台场、头门港线、金温货线武义（不含）至新碧（不含）K41+600 ~ K65+600 区段、永康南联络线。

（1）检测目的。

通过对轨旁信号设备（ZPW-2000 制式轨道电路和补偿电容）工作状态的测试，检验轨旁信号设备工作状态，为动态验收提供依据。

（2）检测内容。

轨旁信号设备状态测试包括轨道电路检测、补偿电容检测。

① 轨道电路检测：轨道电路载频、低频、传输电压及本线的邻线邻区段干扰。

② 补偿电容检测：补偿电容工作状态。

（3）检测方法。

采用装备有信号检测系统的电务检测车，排列通过进路，通过车载检测设备对信号的解析，实现对检测列车所经过通过进路的轨旁信号设备工作状态的动态检测。

（4）评判标准。

①《客货共线铁路工程动态验收技术规范》（TB 10461—2019）。

依据第 10.0.2 条款之第 4 条，信号轨旁设备轨道电路状态：轨道电路载频、低频正确，频偏、轨道电路主信号、工频干扰信号、邻线、邻区段干扰信号幅值符合设计和相关技术标准要求；补偿电容的位置、步长、工作状态等检测合格率大于 99%，且每个轨道区段失效补偿电容数量不大于 1 个。

②《机车信号车载系统设备》（TB/T 3287—2013）。

依据第 4.8.3 条款，设备接收 ZPW-2000 系统信息的灵敏度应符合表 20-54 的规定。

表 20-54　ZPW-2000 系列钢轨最小短路电流及机车信号灵敏度

载频/Hz		1700	2000	2300	2600
钢轨最小短路电流/mA		500	500	500	450
机车信号灵敏度	钢轨短路电流值/mA	310±47	275±41	255±38	235±35
	主机电压值/mV	100±7.5	100±7.5	100±7.5	100±7.5

③《普速铁路信号维护规则》(TG/XH 101—2015)。

依据第 4.5.1 条款，ZPW-2000A 无绝缘轨道电路由主轨道和小轨道两部分组成。当长度超过 300 m 时，主轨道需要加装补偿电容进行补偿。

依据第 4.5.7 条款，补偿电容设置个数应根据轨道电路长度，按照 ZPW-2000 系列无绝缘轨道电路调整表进行确定，设置在主轨道内，并且等间距布置。

(5)数据分析。

在逐级提速阶段，对金台线的地面轨旁信号设备状态进行了 5 天的动态检测，累计发现轨道电路问题 4 处，其中重复问题 1 处；累计发现补偿电容失效问题 3 处，其中重复问题 1 处。

金台线永康南金温场至台州金台场轨旁信号设备动态检测情况汇总见表 20-55、金台线台州金台场(不含)至台州南金台场轨旁信号设备动态检测情况汇总见表 20-56、头门港线轨旁信号设备动态检测情况汇总见表 20-57、金温货线武义(不含)至新碧(不含)区段(K41+600 ~ K65+600)轨旁信号设备动态检测情况汇总见表 20-58、永康南联络线轨旁信号设备动态检测情况汇总见表 20-59。

表 20-55　金台线永康南金温场至台州金台场轨旁信号设备动态检测情况汇总

检测日期	检测车	里程/km	轨道电路区段数/个	轨道电路问题数量/个					补偿电容失效数量/个	最高试验速度/(km/h)
				总数	邻线干扰	邻区段干扰	临界	失格		
2021/3/18	电务检测车 WX999285	280	80	2	0	0	1	1	0	120
2021/3/19	电务检测车 WX999285	280	80	1	0	0	0	1	0	140
2021/3/21	电务检测车 WX999285	280	80	0	0	0	0	0	1	160
2021/3/22—23	电务检测车 WX999285	330	108	0	0	0	0	0	0	160
2021/3/24	电务检测车 WX999285	140	40	0	0	0	0	0	0	160
汇总		1 310	388	3	0	0	1	2	1	—

表 20-56　金台线台州金台场(不含)至台州南金台场轨旁信号设备动态检测情况汇总

检测日期	检测车	里程/km	轨道电路区段数/个	轨道电路问题数量/个					补偿电容失效数量/个	最高试验速度/(km/h)
				总数	邻线干扰	邻区段干扰	临界	失格		
2021/3/24	电务检测车 WX999285	45	9	0	0	0	0	0	0	132
汇总		45	9	0	0	0	0	0	0	—

表 20-57　头门港线轨旁信号设备动态检测情况汇总

检测日期	检测车	里程/km	轨道电路区段数/个	轨道电路问题数量/个					补偿电容失效数量/个	最高试验速度/（km/h）
				总数	邻线干扰	邻区段干扰	临界	失格		
2021/3/19	电务检测车WX999285	126	15	0	0	0	0	0	0	120
2021/3/21	电务检测车WX999285	84	10	0	0	0	0	0	0	132
汇总		210	35	0	0	0	0	0	0	—

表 20-58　金温货线武义（不含）至新碧（不含）区段（K41+600 ~ K65+600）
轨旁信号设备动态检测情况汇总

检测日期	检测车	里程/km	轨道电路区段数/个	轨道电路问题数量/个					补偿电容失效数量/个	最高试验速度/（km/h）
				总数	邻线干扰	邻区段干扰	临界	失格		
2021/3/18	电务检测车WX999285	16	8	0	0	0	0	0	0	100
2021/3/19	电务检测车WX999285	63	21	1	0	0	0	1	1	120
2021/3/21	电务检测车WX999285	87	29	0	0	0	0	0	1	132
2021/3/22—23	电务检测车WX999285	48	15	0	0	0	0	0	0	120
汇总		214	73	1	0	0	0	1	2	—

表 20-59　永康南联络线轨旁信号设备动态检测情况汇总

检测日期	检测车	里程/km	轨道电路区段数/个	轨道电路问题数量/个					补偿电容失效数量/个	最高试验速度/（km/h）
				总数	邻线干扰	邻区段干扰	临界	失格		
2021/3/19	电务检测车WX999285	1.76	4	0	0	0	0	0	0	50
2021/3/21	电务检测车WX999285	1.76	4	0	0	0	0	0	0	50
汇总		3.52	8	0	0	0	0	0	0	—

① 轨道电路问题。

逐级提速期间，共检测轨道电路区段 513 个，发现轨道电路问题 4 处，其中重复问题 1 处，具体如下：

a. 田市站 JTS 区段临界问题。

2021 年 3 月 18 日检测发现，金台线田市站 JTS 区段轨道电路感应电压临界，感应电压最低值约为 105 mV。

问题整改情况：金台铁路有限责任公司反馈，田市站 JTS 区段参数调整不当，重新调整后，3 月 19 日检测该区段未见异常。

b. 壶镇站 X 进站区段失格问题。

2021 年 3 月 18 日和 19 日检测均发现，金台线壶镇站 X 进站区段轨道电路感应电压为零，掉码、失格。

问题整改情况：金台铁路有限责任公司反馈，壶镇站 X 进站区段失格问题的原因是分线盘接线错误，把应该接到正线的发码电路错接到了侧线。改正配线后，3 月 21 日检测该区段未见异常。

③ 武义东站 S 进站区段失格问题。

2021 年 3 月 19 日检测发现，金温货线武义东站 S 进站区段轨道电路感应电压失格。

问题整改情况：金台铁路有限责任公司公司反馈，武义东站 S 进站区段失格问题是分路不良引起。打磨钢轨后，3 月 21 日检测该区段未见异常，轨道电路问题全部消除，后续检测中未发现轨道电路问题。

④ 补偿电容问题。

逐级提速期间，累计检测发现补偿电容失效问题 3 处，2021 年 3 月 23 日检测结束后，补偿电容问题全部消除。后续检测未再发现补偿电容问题。

（6）小结。

逐级提速检测期间，轨旁信号设备状态检测发现轨道电路问题 4 处，补偿电容问题 3 处。2021 年 3 月 21 日至 23 日以及 24 日采用电务检测车 WX999285 对金台线永康南金温场至台州金台场、金台线台州金台场（不含）至台州南金台场、头门港线、金温货线武义（不含）至新碧（不含）区段（K41+600 ~ K65+600）、永康南联络线进行拉通试验，未发现轨道电路、补偿电容问题。所测项目检测结果满足相关技术标准。

2. 结论及建议

依据 2021 年 3 月 21 日至 23 日以及 24 日电务检测车 WX999285 对金台线永康南金温场至台州金台场、金台线台州金台场（不含）至台州南金台场、头门港线、金温货线武义（不含）至新碧（不含）K41+600 ~ K65+600 区段、永康南联络线拉通试验的检测结果，未发现轨道电路、补偿电容问题。所测项目检测结果满足相关技术标准。

（五）客运服务系统

本工程客运服务系统工程包括磐安南、壶镇、仙居南、临海南、杜桥、头门港站客票系统和旅客服务信息系统新建工程，台州站金台场扩建客票系统和旅客服务信息系统，永康南站扩建旅客服务信息系统，上海铁路局、台州调度大楼相关接入工程，金温铁道公司相关扩容及接入工程。金台线客运服务系统现场测试时间为 2021 年 3 月 18 日—23 日、3 月 30 日、4 月 26 日、6 月 9 日—10 日。

1. 系统主要功能

（1）检测目的。

通过对金台线客运服务系统主要功能进行整体测试，验证系统是否满足设计要求。

（2）检测内容。

测试客票系统和旅客服务信息系统在正常情况下购票、实名制验证、候车、进出站检票、上车、出站、到站补票、接站等环节为旅客提供的服务功能，以及系统为管理及运维人员提供的业务功能，主要内容包括：窗口售票、自助售票、行程信息提示及报销凭证打印、检票、实名制验票、到站补票、客票管理、旅客服务信息系统集成管理平台、客运广播、引导显示、视频监控、时间同步、网络冗余。

① 窗口售票。

磐安南、壶镇、仙居南、临海南、杜桥、头门港站和台州站金台场测试售票窗口为旅客提供电子客票的售票、退票、改签票功能，电子客票报销凭证的作废功能。

② 自助售票。

临海南站、台州站金台场测试电子客票自助实名制售票功能。

③ 行程信息提示及报销凭证打印。

磐安南、壶镇、仙居南、临海南、杜桥、头门港站和台州站金台场测试人工和自助打印电子客票行程信息提示及报销凭证功能。

④ 人工实名制验票。

台州站金台场在进站口测试旅客的身份证明与实际持有车票的正确性及一致性。

⑤ 自助实名制核验。

磐安南、壶镇、仙居南、临海南、杜桥、头门港站通过铁路电子客票门式自动检票机（以下简称“门式检票机”）验证旅客的人脸图像、身份证与实际持有车票的正确性及一致性；台州站金台场通过自助实名制核验闸机验证旅客的人脸图像、身份证与实际持有车票的正确性及一致性。

⑥ 检票。

磐安南、壶镇、仙居南、临海南、杜桥、头门港站和台州站金台场测试门式自动检票机、柱式检票机和手持检票机对进出站电子客票的识别和处理功能。

⑦ 到站补票。

磐安南、壶镇、仙居南、临海南、杜桥、头门港站和台州站金台场测试对于无票乘车、越站乘车、儿童超高和行李超重等多种事由的到站补票。

⑧ 客票管理。

a. 测试磐安南、壶镇、仙居南、临海南、杜桥、头门港站和台州站金台场窗口售票的收入结账、财收统计功能。

b. 测试磐安南、壶镇、仙居南、临海南、杜桥、头门港站和台州站金台场自动售票的收入结账、票券管理功能。

c. 测试磐安南、壶镇、仙居南、临海南、杜桥、头门港站和台州站金台场自动检票的数据管理功能。

d. 测试磐安南、壶镇、仙居南、临海南、杜桥、头门港站和台州站金台场到站补票的收入结账、财收统计功能。

⑨ 旅客服务信息系统集成管理平台。

测试临海南站旅客服务信息系统集成管理平台到发计划生成，客运、广播及引导业务模板配置功能。

⑩ 客运广播。

测试临海南站旅客服务信息系统集成管理平台对磐安南、壶镇、仙居南、临海南、杜桥、头门港站到发列车、专题等广播业务的管理功能，并对不同分区的广播正确性和时效性进行验证；测试台州站旅客服务信息系统集成管理平台对本站金台场的到发列车、专题等广播业务的管理功能，并对不同分区的广播正确性和时效性进行验证；对永康南站新增站台广播业务的正确性和时效性进行验证。

⑪ 引导显示。

测试临海南站旅客服务信息系统集成管理平台对磐安南、壶镇、仙居南、临海南、杜桥、头门港站到发列车引导业务的管理功能，并对引导显示信息的正确性和时效性进行验证；测试台州站旅客服务信息系统集成管理平台对本站金台场的到发列车引导业务的管理功能，并对引导显示信息的正确性和时效性进行验证；对永康南站新增站台引导业务的正确性和时效性进行验证。

⑫ 视频监控。

通过磐安南、壶镇、仙居南、临海南、杜桥、头门港站综控台的车站视频监控系统用户监视终端，对站前广场、售票厅、候车室、进站集散厅、站台和出站集散厅和安检口（安检口的测试范围为覆盖安检区域范围的候车区视频图像）等区域进行视频监控功能测试，包括实时图像查看、云镜控制功能及图像质量评价。通过台州站金台场综控台的车站视频监控系统用户监视终端，对本站金台场的站前广场、售票厅、候车室、进站集散厅、站台和出站集散厅和安检口（安检口的测试范围为覆盖安检区域范围的候车区视频图像）等区域进行视频监控功能测试，包括实时图像查看、云镜控制功能及图像质量评价。

⑬ 时钟同步。

测试台州调度大楼旅客服务信息系统为磐安南、壶镇、仙居南、临海南、杜桥、头门港站旅客服务信息系统车站级集成管理平台操作终端、广播、引导、母钟等进行统一授时的功能，测试车站母钟为车站子钟的授时功能，验证自动检票子系统与综合显示系统、客运广播系统的时间一致性。

⑭ 网络冗余。

磐安南、壶镇、仙居南、临海南、杜桥、头门港站测试客票系统主备用网络通道切换功能。见表20-60。

表 20-60 客运服务系统主要测试内容

测试内容	涉及测试场景	相关系统
客运服务系统主要功能测试	窗口售票	窗口售票子系统
	自助售票	自动售票子系统
	检票	检票子系统
	到站补票	到站补票子系统
	实名制验票	人工实名制验证检票子系统、自助实名制核验子系统
	客票管理	窗口售票子系统、自动售票子系统、检票子系统、到站补票子系统
	旅客服务信息系统集成管理平台	集成管理平台
	客运广播	集成管理平台、广播子系统
	引导显示	集成管理平台、综合显示子系统
	视频监控	客服视频监控系统
	时间同步	旅客服务信息系统集成管理平台、自动检票子系统、母钟、子钟
	网络冗余	客票系统

（3）检测方法。

从旅客出行角度编制旅客购票、候车、检票进站、进站上车、下车出站、到站补票、接站等场景，搭建客票模拟服务器、售票终端等测试环境，按照系统业务功能编制列车到发广播、列车引导、窗口售票、自助售票、检票等业务测试案例，采用自动化测试和人工测试相结合的方法对业务功能进行测试。

① 采用场景测试方法对窗口售票、自助售票、检票、到站补票、客运广播、引导显示功能进行测试。

a. 采用旅客购票场景对窗口售票、自助售票、广播、引导功能进行测试；

b. 采用旅客候车场景对人工实名制验证检票、自助实名制核验、广播、引导功能进行测试；

c. 采用旅客检票进站场景对进站检票、广播、引导功能进行测试；

d. 采用旅客进站上车场景对广播、引导功能进行测；

e. 采用旅客下车出站场景对出站检票、广播、引导功能进行测试；

f. 采用旅客到站补票场景对到站补票进行测试；

g. 采用旅客接站场景对广播、引导功能进行测试。

② 通过旅客服务信息系统集成管理平台配置金台线广播业务模板、客运组织业务模板、引导显示规则，检测旅客服务信息系统集成管理平台能否正确生成金台线列车到发计划、广播、引导计划。

③ 通过主观评价方法对车站视频监控系统的图像质量进行测试。

④ 通过修改被授时系统时间，检测授时系统是否准确为被授时系统授时。

a. 修改各站旅客服务信息系统集成管理平台操作终端、客运广播终端、综合显示终端等设备的时间，检测旅客服务信息系统 NTP 母钟是否准确为各站旅客服务信息系统集成管理平台操作终端、客运广播终端、综合显示终端、母钟等设备授时；

b. 修改车站子钟时间，检测上级时钟源是否准确为各站子钟授时；

c. 检测自动检票子系统与综合显示子系统、广播子系统的时间是否一致。

（4）评判标准。

依据《客货共线铁路工程动态验收技术规范》（TB 10461—2019）及设计等相关技术文件。

① 客票系统的窗口售票、自助售票、实名制验证、检票、客票管理、到站补票功能应符合《客货共线铁路工程动态验收技术规范》（TB 10461—2019）第 11.0.3 条第 1 款要求。

② 行程信息提示及报销凭证打印、集成平台管理、视频监控、网络冗余功能应符合设计要求。

③ 旅客服务信息系统的客运广播、综合显示功能应符合《客货共线铁路工程动态验收技术规范》（TB 10461—2019）第 11.0.2 条第 1 款要求。

④ 旅客服务信息系统的时间同步功能应符合《客货共线铁路工程动态验收技术规范》（TB 10461—2019）第 11.0.2 条第 3 款要求。

（5）数据分析。

客运服务系统主要功能测试数据见表 20-61。

表 20-61 客运服务系统主要功能测试数据

客运服务系统主要功能测试				
序号	测试内容	测试结论	测试时间	备注
场景 1：旅客购票				
1	窗口售电子客票	通过	2021-3-17—2021-3-21、2021-6-9	
2	窗口退电子客票	通过	2021-3-17—2021-3-21、2021-6-9	
3	窗口改签电子客票	通过	2021-3-17—2021-3-21、2021-6-9	
4	窗口电子客票报销凭证打印	通过	2021-3-17—2021-3-21、2021-6-9	
5	窗口电子客票报销凭证作废	通过	2021-3-17—2021-3-21、2021-6-9	
6	窗口电子客票行程信息提示打印	通过	2021-3-17—2021-3-21、2021-6-9	
7	自助售电子客票	通过	2021-3-17—2021-3-21、2021-6-9	
8	自助售电子客票异常处理	通过	2021-3-17—2021-3-21、2021-6-9	
9	自助打印电子客票报销凭证	通过	2021-3-17—2021-3-21、2021-6-9	
10	自助打印电子客票报销凭证异常处理	通过	2021-3-17—2021-3-21、2021-6-9	
11	自助实名制核验	通过	2021-3-17—2021-3-21、2021-6-9	
12	检查余票屏余票信息	通过	2021-3-17—2021-3-21、2021-6-9—2021-6-10	

续表

客运服务系统主要功能测试				
序号	测试内容	测试结论	测试时间	备注
场景 2：旅客候车				
1	中心站管理指定车站站前广场广播业务	通过	2021-3-17—2021-3-21、2021-6-9	
2	中心站管理指定车站进站屏始发及途经列车引导业务	通过	2021-3-17—2021-3-21、2021-6-9	
3	中心站管理指定车站候车室 PDP 屏始发及途经列车引导业务	通过	2021-3-18—2021-3-21、2021-6-9	
场景 3：旅客检票进站				
1	电子客票在线进站检票	通过	2021-3-18—2021-3-23 2021-6-9	
2	检票计划变更后进站检票	通过	2021-3-18—2021-3-23 2021-6-9	
3	中心站管理指定车站检票屏始发及途经列车引导业务	通过	2021-3-18—2021-3-21、2021-6-9	
4	中心站管理指定车站始发及途经列车检票广播业务	通过	2021-3-18—2021-3-21、2021-6-9	
5	检查候车室检票广播与检票屏状态同步功能	通过	2021-3-18—2021-3-21、2021-6-9	
场景 4：旅客进站上车				
1	中心站管理指定车站进站通道屏始发及途经列车引导业务	通过	2021-3-18—2021-3-21、2021-6-9	
2	中心站管理指定车站进站通道始发及途经列车广播业务	通过	2021-3-18—2021-3-21、2021-6-9	
3	中心站管理指定车站站台屏始发及途经列车引导业务	通过	2021-3-18—2021-3-21、2021-6-9	
4	中心站管理指定车站站台始发及途经列车广播业务	通过	2021-3-18—2021-3-21、2021-6-9	
场景 5：旅客下车出站				
1	电子客票在线出站检票	通过	2021-3-18—2021-3-23 2021-6-9	
2	检票计划变更后出站检票	通过	2021-3-18—2021-3-23 2021-6-9	
3	中心站管理指定车站站台到达列车引导业务	通过	2021-3-18—2021-3-21、2021-6-9	
4	中心站管理指定车站站台到达列车广播业务	通过	2021-3-18—2021-3-21、2021-6-9	
场景 6：到站后补票出站				
1	补无票乘车旅客车票	通过	2021-3-18—2021-3-21、2021-6-9	
2	补持有车票与实际乘车情况不符车票	通过	2021-3-18—2021-3-21、2021-6-9	
3	补无力支付旅客车票	通过	2021-3-18—2021-3-21、2021-6-9	

续表

客运服务系统主要功能测试				
序号	测试内容	测试结论	测试时间	备注
场景 7：旅客接站				
1	中心站管理指定车站出站大屏到达列车引导业务	通过	2021-3-18—2021-3-21、2021-6-9—2021-6-10	
2	中心站管理指定车站出站口到达列车广播业务	通过	2021-3-18—2021-3-21、2021-6-9	
场景 8：客票管理				
1	窗口售票收入结账	通过	2021-3-18—2021-3-21、2021-6-9	
2	窗口未结账退出时后台结账	通过	2021-3-18—2021-3-21、2021-6-9	
3	窗口售票财收统计	通过	2021-3-18—2021-3-21、2021-6-9	
4	自动售票收入结账	通过	2021-3-18—2021-3-21、2021-6-9	
5	自动售票的票券管理	通过	2021-3-18—2021-3-21、2021-6-9	
6	自动检票数据管理	通过	2021-3-18—2021-3-23、2021-6-9	
7	自动检票存根查询	通过	2021-3-18—2021-3-23、2021-6-9	
8	到站补票收入结账	通过	2021-3-18—2021-3-21、2021-6-9	
9	到站补票财收统计	通过	2021-3-18—2021-3-21、2021-6-9	
场景 9：旅客服务信息系统集成管理平台主要功能				
1	列车到发管理业务	通过	2021-3-18—2021-3-21、2021-6-9	
2	广播业务	通过	2021-3-18—2021-3-21、2021-6-9	
3	导向业务	通过	2021-3-18—2021-3-21、2021-6-9	
4	设备管理业务	通过	2021-3-18—2021-3-21、2021-6-9	
场景 10：视频监控系统				
1	车站管控本站视频监控业务	通过	2021-3-18—2021-3-23、2021-3-30、2021-4-27、2021-6-9—2021-6-10	
场景 11：时钟系统				
1	旅客服务信息系统集成管理平台操作终端、广播、引导、母钟等设备与时钟系统的时钟同步	通过	2021-3-18—2021-3-21、2021-6-9	
2	子钟与上级时钟源时间同步	通过	2021-3-18—2021-3-23、2021-6-9	
3	自动检票子系统与综合显示子系统、广播子系统时间一致性	通过	2021-3-18—2021-3-21、2021-6-9	
场景 12：网络冗余				
1	客票系统主备用网络链路切换	通过	2021-3-18—2021-3-21、2021-6-9	

（6）小结。

金台线磐安南、壶镇、仙居南、临海南、杜桥、头门港站和台州站金台场站客票系统能够实现窗口售票、自助售票、实名制验票、检票、到站补票业务功能，窗口售票、自助售票、检票、到站补票的客票管理功能；旅客服务信息系统能够实现集成管理平台的到发、广播、引导等业务管理功能，通过临海站旅客服务信息系统集成管理平台能够管控磐安南、壶镇、仙居南、临海南、杜桥、头门港站的广播、引导业务，台州站旅客服务信息系统集成管理平台能够管控台州站金台场广播、引导业务，金华车务段旅客服务信息系统集成管理平台能够管控永康南站新增站台广播、引导业务；磐安南、壶镇、仙居南、临海南、杜桥、头门港站客服视频监控终端能够查看本站客服视频图像，永康南站客服视频监控终端能够查看本站新增站台客服视频图像，台州站金台场客服视频监控终端能够查看本站金台场客服视频图像，且图像质量合格；磐安南、壶镇、仙居南、临海南、杜桥、头门港站旅客服务信息系统集成管理平台操作终端、广播、引导等设备能够与台州调度大楼旅客服务信息系统 NTP 母钟时间同步，台州站金台场广播、引导等设备能够与上海铁路局旅客服务信息系统 NTP 母钟时间同步，子钟能够与上级时钟源时间同步，自动检票子系统与综合显示子系统、广播子系统的时间一致；磐安南、壶镇、仙居南、临海南、杜桥、头门港站客票系统能够实现主备用网络链路切换。

2. 系统应急功能

（1）检测目的。

通过对金台线客运服务系统在应急模式下的整体测试，验证客运服务系统在检票、引导和广播场景中提供的各种服务措施是否满足应急需要，提供的业务功能是否满足设计要求。

（2）检测内容。

按旅客应急检票、应急广播、应急引导 3 个场景测试测试应急检票系统、车站旅客服务信息系统的应急处理、数据备份与同步功能。

① 应急检票。

磐安南、壶镇、仙居南、临海南、杜桥、头门港站和台州站金台场测试自动检票应急模式下电子客票的进出站检票功能，验证检票存根数据的正确性。

② 应急广播。

按两种情况进行应急广播功能测试：

a. 采用磐安南、壶镇、仙居南、临海南、杜桥、头门港站和台州站金台场的应急广播设备进行人工广播功能测试。

b. 测试磐安南、壶镇、仙居南、临海南、杜桥、头门港站和台州站金台场车站级旅客服务信息系统集成管理平台对本站广播业务的管控功能，并对不同分区的广播正确性和时效性进行验证。

③ 应急引导场景。

测试磐安南、壶镇、仙居南、临海南、杜桥、头门港站和台州站金台场车站级旅客服务信息系统集成管理平台对本站引导业务的管控功能，并对引导显示信息的正确性和时效性进行验证，测试内容见表 20-62。

表 20-62　客运服务系统应急功能测试内容

测试内容	涉及测试场景	相关系统
客运服务系统应急功能测试	旅客应急检票业务	自动检票子系统
	应急旅客服务业务	集成管理平台、广播子系统、综合显示子系统

（3）检测方法。

按照系统应急功能编制应急检票、客运广播、引导显示业务测试案例，对系统应急功能进行测试。

① 应急检票。

中断磐安南、壶镇、仙居南、临海南、杜桥、头门港站和台州站金台场与模拟检票服务器之间的网络连接，启用车站自动检票应急功能，选择应急检票测试场景进行应急进出站检票，检测自动检票子系统应急处理功能是否正常，检票存根数据是否正确。

② 应急广播。

中断磐安南、壶镇、仙居南、临海南、杜桥、头门港站与台州调度大楼旅客服务信息系统的网络连接，启用本站旅客服务信息系统集成管理平台，选择应急广播测试场景及案例，检测应急情况下本站旅客服务信息系统集成管理平台对广播业务的接管功能是否正常，中断台州站金台场与上海铁路局旅客服务信息系统的网络连接，启用本站旅客服务信息系统集成管理平台，选择应急广播测试场景及案例，检测应急情况下台州站旅客服务信息系统集成管理平台对本站金台场广播业务的接管功能是否正常。

③ 应急引导。

中断磐安南、壶镇、仙居南、临海南、杜桥、头门港站与台州调度大楼旅客服务信息系统的网络连接，启用本站旅客服务信息系统集成管理平台，选择应急引导测试场景及案例，检测应急情况下本站旅客服务信息系统集成管理平台对引导业务的接管功能是否正常，中断台州站金台场与上海铁路局旅客服务信息系统的网络连接，启用本站旅客服务信息系统集成管理平台，选择应急引导测试场景及案例，检测应急情况下台州站旅客服务信息系统集成管理平台对本站金台场引导业务的接管功能是否正常。

（4）评判标准。

依据《客货共线铁路工程动态验收技术规范》（TB 10461—2019）及设计等相关技术文件。

① 客票系统的应急检票功能应符合《客货共线铁路工程动态验收技术规范》（TB 10461—2019）第 11.0.3 条第 2 款要求。

② 旅客服务信息系统的应急广播、应急引导功能应符合《客货共线铁路工程动态验收技术规范》（TB 10461—2019）第 11.0.2 条第 2 款要求。

（5）数据分析。

客运服务系统应急功能实测数据见表 20-63。

表 20-63　客运服务系统应急功能测试数据

客运服务系统应急功能测试				
序号	测试内容	测试结论	测试时间	备注
场景 1：应急情况下的旅客检票				
1	应急进站检票	通过	2021-3-18—2021-3-22、2021-6-9	
2	应急出站检票	通过	2021-3-18—2021-3-22、2021-6-9	
3	应急检票存根查询	通过	2021-3-18—2021-3-22、2021-6-9	
场景 2：应急广播业务				
1	本站旅客服务信息系统集成管理广播业务	通过	2021-3-18—2021-3-21、2021-6-9	
2	本站应急话筒广播	通过	2021-3-18—2021-3-23、2021-6-9	
场景 3：应急引导业务				
1	本站旅客服务信息系统集成管理平台引导业务	通过	2021-3-18—2021-3-21、2021-6-9—2021-6-10	

（6）小结。

金台线磐安南、壶镇、仙居南、临海南、杜桥、头门港站和台州站金台场可以正常开展应急情况下的自动检票业务，检票存根数据正常；磐安南、壶镇、仙居南、临海南、杜桥、头门港站车站级旅客服务信息系统集成管理平台能够接管本站广播、引导业务，台州站车站级旅客服务信息系统集成管理平台能够接管本站金台场广播、引导业务。

3. 接口关系

（1）检测目的。

通过金台线客运服务系统接口关系的测试，验证与 TDMS、客票系统数据交换是否准确。

（2）检测内容。

① 旅客服务信息系统与 TDMS。

测试台州调度大楼旅客服务信息系统能否与 TDMS 建立正常的接口关系，验证临海南站旅客服务信息系统集成管理平台能否及时准确接收 TDMS 提供的磐安南、壶镇、仙居南、临海南、杜桥、头门港站列车到发点及股道信息；测试上海铁路局旅客服务信息系统能否与 TDMS 建立正常的接口关系，验证台州站旅客服务信息系统集成管理平台能否及时准确接收 TDMS 提供的台州站金台场列车到发点及股道信息。

② 旅客服务信息系统与客票系统。

测试台州调度大楼旅客服务信息系统能否与客票系统建立正常的接口关系，验证临海南站旅客服务信息系统集成管理平台能否准确接收客票系统提供的磐安南、壶镇、仙居南、临海南、杜桥、头门港站车次信息、余票信息；测试上海铁路局旅客服务信息系统能否与客票系统建立正常的接口关系，验证台州站旅客服务信息系统集成管理平台能否准确接收客票系统提供的台州站金台场车次信息、余票信息，自动检票子系统能否准确接收列车开停检时间、检票口信息。测试内容见表 20-64。

表 20-64 接口关系测试内容

测试内容	涉及测试场景	相关系统
接口关系	旅客服务信息系统集成管理平台与 TDMS 联动	旅客服务信息系统、TDMS
	旅客服务信息系统集成管理平台能否正常接收车次、余票信息	旅客服务信息系统、客票系统

（3）检测方法。

① 旅客服务信息系统与 TDMS。

按规则从台州调度大楼 TDMS 向旅客服务信息系统发送接口数据，检测临海南站旅客服务信息系统集成管理平台接收的磐安南、壶镇、仙居南、临海南、杜桥、头门港站列车动态到发时间信息、股道信息等数据的正确性和时效性；按规则从上海铁路局 TDMS 向旅客服务信息系统发送接口数据，检测台州站旅客服务信息系统集成管理平台接收的台州站金台场列车动态到发时间信息、股道信息等数据的正确性和时效性。

② 旅客服务信息系统与客票系统。

上海铁路局客票系统向旅客服务信息系统发送接口数据，检测临海南站旅客服务信息系统集成管理平台是否准确获取到磐安南、壶镇、仙居南、临海南、杜桥、头门港站车次信息、余票信息，检测台州站旅客服务信息系统集成管理平台是否准确获取本站金台场车次信息、余票信息；在临海南站、台州站旅客服务信息系统集成管理平台上制定业务模版并按接口规则向自动检票子系统发送接口数据，检测自动检票子系统是否准确接收列车开停检时间、检票口信息。

（4）评判标准。

依据《客货共线铁路工程动态验收技术规范》（TB 10461—2019）及设计等相关技术文件。

① 旅客服务信息系统与 TDMS 接口功能应符合《客货共线铁路工程动态验收技术规范》(TB 10461—2019)第 11.0.2 条第 3 款要求。

② 旅客服务信息系统与客票系统接口功能应符合《客货共线铁路工程动态验收技术规范》(TB 10461—2019)第 11.0.2 条第 3 款要求。

(5)数据分析。

接口关系实测数据见表 20-65。

表 20-65 接口关系测试数据

客运服务系统接口关系测试				
序号	测试内容	测试结论	测试时间	备注
场景 1：旅客服务信息系统与 TDMS 联动				
1	旅客服务信息系统集成管理平台接收 TDMS 的列车动态到发及股道信息	通过	2021-3-18—2021-3-21、2021-6-9	
场景 2：客票系统与旅客服务信息系统接口				
1	旅客服务信息系统集成管理平台准确接收客票系统车次信息、余票信息	通过	2021-3-18—2021-3-21、2021-6-9	
2	自动检票子系统准确接收列车开停检时间、检票口信息	通过	2021-3-18—2021-3-21、2021-6-9	

(6)小结。

台州调度大楼旅客服务信息系统能够与 TDMS 建立正常接口关系，接收磐安南、壶镇、仙居南、临海南、杜桥、头门港站车次到发及股道信息；上海铁路局旅客服务信息系统能够与 TDMS 建立正确的接口关系，正常接收台州站金台场车次到发及股道信息；台州调度大楼旅客服务信息系统能够与上海铁路局客票系统建立正常接口关系，接收磐安南、壶镇、仙居南、临海南、杜桥、头门港站车次、余票信息，自动检票子系统能够从台州调度大楼旅客服务信息系统准确接收各站列车开停检时间、检票口信息；上海铁路局司旅客服务信息系统能够与上海铁路局客票系统建立正常接口关系，接收台州站金台场站车次信息、余票信息，自动检票子系统能够从上海铁路局旅客服务信息系统准确接收各站列车开停检时间、检票口信息。

4. 网络性能

(1)检测目的。

通过对金台线磐安南、壶镇、仙居南、临海南、杜桥、头门港站和台州站金台场局域网整体性能的测试，判断车站客票系统、旅客服务信息系统的网络性能是否满足设计要求，为各系统测试任务的开展提供稳定可靠的网络基础。

通过对金台线磐安南、壶镇、仙居南、临海南、杜桥、头门港站客票系统广域网性能的测试，验证其在吞吐量、丢包率、传输时延等方面的性能指标是否符合相关标准要求。

(2)检测内容。

① 局域网性能测试。

测试磐安南、壶镇、仙居南、临海南、杜桥、头门港站和台州站金台场新建客票系统、旅客服务信息系统信息点到相应信息机房和设备间之间回波损耗、插入损耗、近端串扰、远端串扰等网络性能指标。

② 客票广域网性能测试。

测试客票系统核心交换机与磐安南、壶镇、仙居南、临海南、杜桥、头门港站客票系统核心交换机之间的吞吐量、丢包率、时延性能指标，见表 20-66。

表 20-66 网络性能测试

测试内容	涉及测试场景	相关系统
网络性能测试	局域网	客票系统、旅客服务信息系统信息点
	广域网	客票系统广域网

（3）检测方法。

① 局域网性能测试。

将线缆分析仪套件一端的设备架设在磐安南、壶镇、仙居南、临海南、杜桥、头门港站和台州站金台场机房或设备间配线架上，将套件另一端的设备架设在网络信息点处，按设计文件要求的线缆类型测试回波损耗、插入损耗、近端串扰、远端串扰等参数，检测客票系统和旅客服务信息系统局域网的性能是否达到《综合布线系统工程验收规范》（GB 50312—2016）标准的要求。

② 广域网性能测试。

将网络测试仪套件一端的设备架设到客票系统汇聚点的核心交换机上，将套件另一端的设备架设到磐安南、壶镇、仙居南、临海南、杜桥、头门港站客票系统的核心交换机上，配置客票系统 IP 地址和测试脚本，按 64 字节、128 字节、256 字节、512 字节、1 024 字节、1 518 字节发送测试包，测试广域网的吞吐量、丢包率、时延等参数，检测客票网络的性能是否达到设计文件和《客货共线铁路工程动态验收技术规范》（TB 10461—2019）标准的要求。

（4）评判标准。

依据《客货共线铁路工程动态验收技术规范》（TB 10461—2019）、《综合布线系统工程验收规范》（GB 50312—2016）及设计等相关技术文件。

① 局域网性能应符合设计和《综合布线系统工程验收规范》（GB 50312—2016）第 10.0.2 条第 3、4 款及附录 B 要求。

② 客票系统广域网性能应符合设计及《客货共线铁路工程动态验收技术规范》（TB 10461—2019）第 11.0.3 条第 3 款要求。

（5）数据分析，见表 20-67 ~ 表 20-70。

表 20-67 客票系统局域网测试结果

站名	信息点数量	抽测点数量	通过点数量	通过率
磐安南	58	58	58	100%
壶镇	58	58	58	100%
仙居南	56	56	56	100%
临海南	86	86	86	100%
杜桥	56	56	56	100%
头门港	52	52	52	100%
台州站（金台场）	116	116	116	100%

表 20-68　旅客服务信息系统局域网测试结果

站名	信息点数量	抽测点数量	通过点数量	通过率
磐安南	54	12	12	100%
壶镇	48	12	12	100%
仙居南	54	12	12	100%
临海南	62	12	12	100%
杜桥	58	10	10	100%
头门港	42	12	12	100%
台州站（金台场）	83	12	12	100%

表 20-69　客票系统广域网主用链路测试结果

站名	实测带宽/设计带宽	实测时延/阈值	丢包率	结果
磐安南	10 M/10 M	6.4 ms/100 ms	0.0%	通过
壶镇	10 M/10 M	20.7 ms/100 ms	0.0%	通过
仙居南	10 M/10 M	25.6 ms/100 ms	0.0%	通过
临海南	10 M/10 M	10.5 ms/100 ms	0.0%	通过
杜桥	10 M/10 M	7.4 ms/100 ms	0.0%	通过
头门港	10 M/10 M	22.7 ms/100 ms	0.0%	通过

表 20-70　客票系统广域网备用链路测试结果

站名	实测带宽/设计带宽	实测时延/阈值	丢包率	结果
磐安南	10 M/10 M	5.6 ms/100 ms	0.0%	通过
壶镇	10 M/10 M	5.6 ms/100 ms	0.0%	通过
仙居南	10 M/10 M	4.8 ms/100 ms	0.0%	通过
临海南	10 M/10 M	64.0 ms/100 ms	0.0%	通过
杜桥	10 M/10 M	5.3 ms/100 ms	0.0%	通过
头门港	10 M/10 M	5.1 ms/100 ms	0.0%	通过

（6）小结。

金台线磐安南、壶镇、仙居南、临海南、杜桥、头门港站客票系统广域网主、备用链路的带宽、吞吐量、丢包率、时延等指标符合相关标准要求；磐安南、壶镇、仙居南、临海南、杜桥、头门港站和台州站金台场站局域网综合布线信息点性能指标符合设计及相关标准要求。

5. 客票安全系统保障功能

（1）检测目的。

验证安全集中配置管理系统、安全代理系统、网络管控器、安全通讯平台等设备的安全配置、安全策略及安全保障功能是否有效。

（2）检测内容。

① 安全配置核查。

检查安全集中配置管理系统、安全代理、网络管控器、安全通信平台的基本配置是否完成。

② 身份鉴别场景。

测试窗口售票终端安全代理系统的登录认证功能，安全通讯平台的身份鉴别功能。

③ 访问控制场景。

测试窗口售票终端通过安全代理实现访问控制功能。

④ 安全管理场景。

测试安全集中配置管理系统的节点管理、用户管理功能。

⑤ 集中监控场景。

测试安全集中配置管理系统对网络管控器、安全通讯平台、路由器、交换机和安全代理终端的监控功能。

⑥ 安全审计场景。

测试安全通讯平台日志管理功能，安全代理的日志管理、安全事件查询功能。

（3）检测方法。

通过对网络管控器、安全通讯平台、路由器、交换机和安全代理终端设备系统的配置文件核查，评估系统的安全策略是否合理并正确生效。

（4）评判标准。

依据《客货共线铁路工程动态验收技术规范》（TB 10461—2019）及设计等相关技术文件，客票安全系统保障功能应符合设计及《客货共线铁路工程动态验收技术规范》（TB 10461—2019）第 11.0.3 条第 4 款要求。

（5）数据分析。

在临海南站开展客票安全系统保障功能测试，主要功能实测数据见表 20-71。

表 20-71　客票安全系统保障功能测试数据

客票安全系统保障功能测试				
序号	测试内容	测试结论	测试时间	备注
场景 1：安全配置核查				
1	安全代理系统	通过	2021-3-19	
2	安全集中配置管理系统	通过		
3	网络管控器	通过		
场景 2 身份鉴别测试				
4	售票终端安全代理身份鉴别	通过	2021-3-19	
5	安全通讯平台身份鉴别	通过		
场景 3：访问控制测试				
6	售票终端通过安全代理实现访问控制	通过	2021-3-19	
场景 4：安全管理测试				
7	节点管理	通过	2021-3-19	
8	用户管理	通过		
场景 5：集中监控测试				
9	网络设备监控	通过	2021-3-19	
10	售票终端安全代理监控	通过		
11	网络管控器监控	通过		
场景 6：安全审计测试				
12	安全配置集中管理系统的日志功能	通过	2021-3-19	
13	安全配置集中管理系统的安全事件功能	通过		
14	安全代理系统的安全事件功能	通过		

（6）小结。

金台线客票安全系统策略配置、身份鉴别、访问控制、安全管理、集中监控和日志审计等各项安全保障功能正常。

6. 测试数据统计与分析

（1）测试数据统计。

针对金台线客运服务子系统功能，设计了见表 20-72 和表 20-73 的测点统计表及测点通过情况汇总表。

表 20-72 客运服务子系统功能测点统计

测试统计项	窗口售票	自动售票	检票	到站补票	客服视频监控	旅客服务信息系统	客票安全系统
测试功能项	9	6	10	5	1	26	6
测试用例数	35	18	31	13	3	55	112

表 20-73 客运服务子系统测点通过情况汇总

车站	窗口售票：（通过数/总数）	自动售票：（通过数/总数）	检票：（通过数/总数）	到站补票：（通过数/总数）	客服视频监控：（通过数/总数）	旅客服务信息系统：（通过数/总数）	客票安全系统：（通过数/总数）
永康南	—	—	—	—	3/3	16/16	—
磐安南	35/35	18/18	31/31	13/13	3/3	55/55	—
仙居南	35/35	18/18	31/31	13/13	3/3	55/55	—
壶镇	35/35	18/18	31/31	13/13	3/3	55/55	—
临海南	35/35	18/18	31/31	13/13	3/3	55/55	112/112
杜桥	35/35	18/18	31/31	13/13	3/3	55/55	—
头门港	35/35	18/18	31/31	13/13	3/3	55/55	—
台州站（金台场）	35/35	18/18	31/31	13/13	3/3	55/55	—

（2）测试数据分析。

金台线客运服务系统相关子系统按照所辖车站统计分析，金台线客运服务系统测试通过率对比图见图 20-60 ~ 图 20-70。

① 窗口售票系统测试通过率如下：

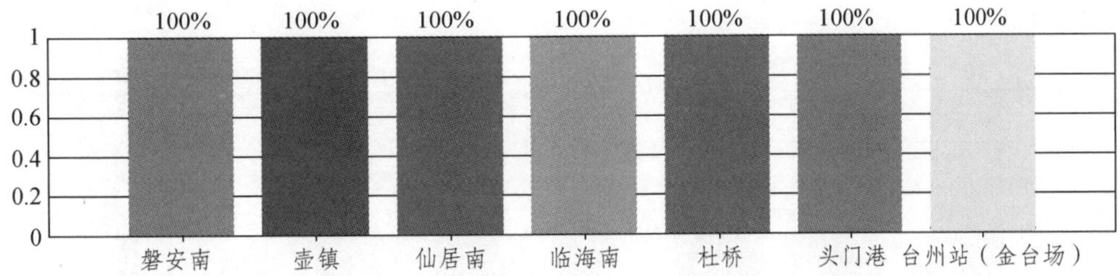

图 20-60 窗口售票子系统测试通过率

② 自动售票子系统测试通过率如下：

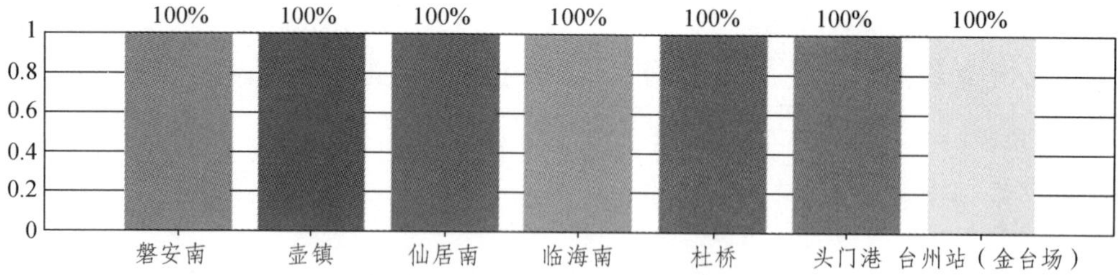

图 20-61 自动售票子系统测试通过率

③ 检票子系统测试通过率如下：

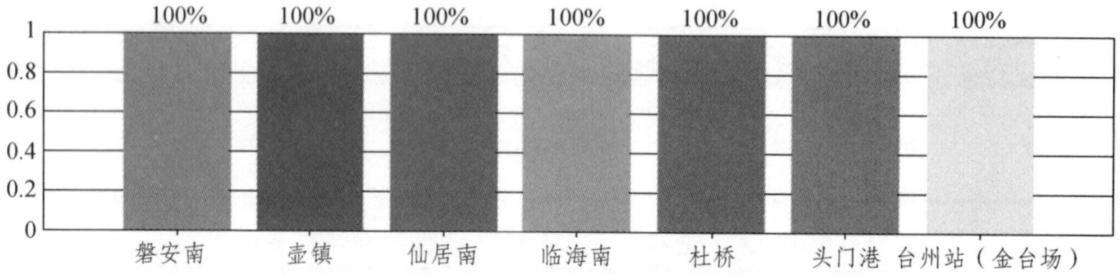

图 20-62 检票子系统测试通过率

④ 到站补票子系统测试通过率如下：

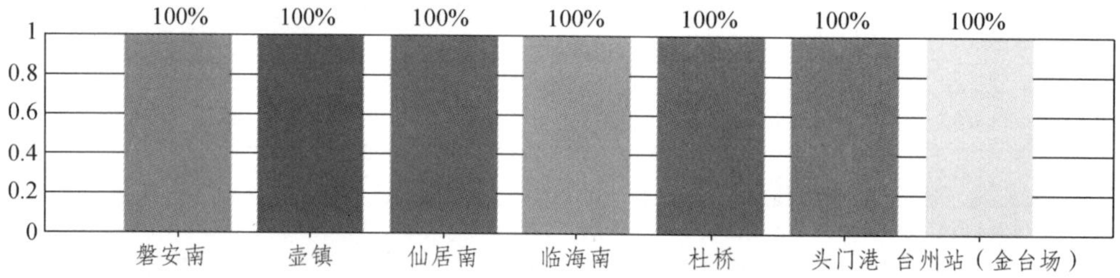

图 20-63 到站补票子系统测试通过率

⑤ 旅客服务信息系统测试通过率如下：

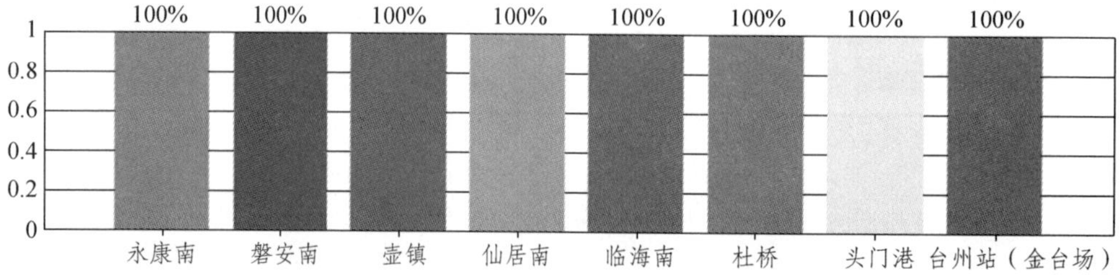

图 20-64 旅客服务信息系统测试通过率

⑥ 客服视频监控系统测试通过率如下：

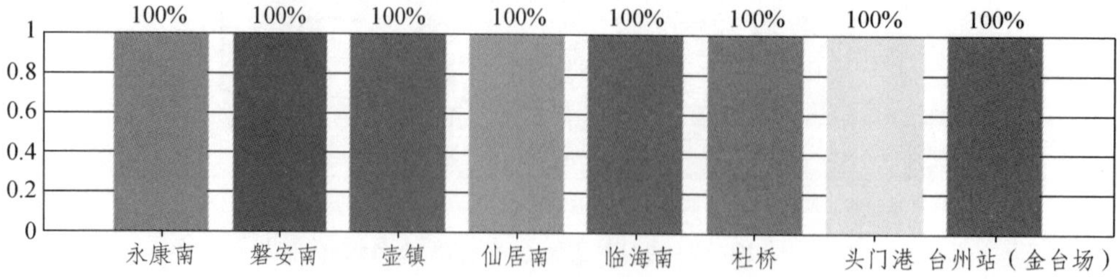

图 20-65 客服视频监控系统测试通过率

⑦ 网络性能。

客票系统局域网信息点进行测试数据如下：

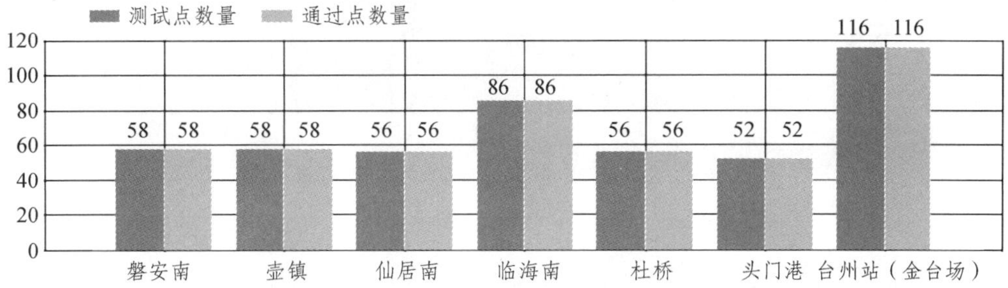

图 20-66　客票系统局域网测试数据

旅客服务信息系统局域网信息点进行抽测数据如下：

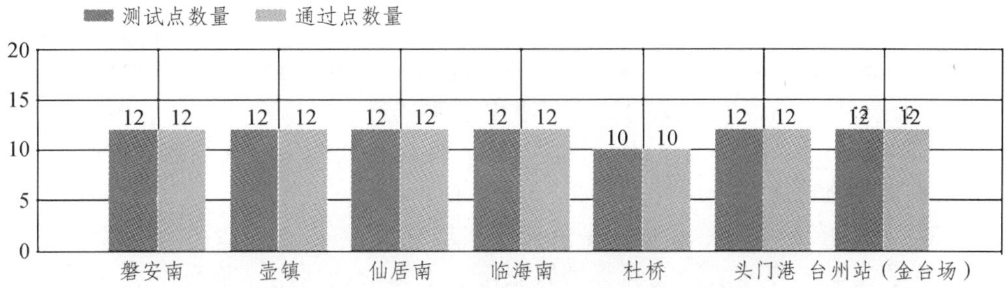

图 20-67　旅客服务信息系统局域网测试数据

客票系统广域网主用链路测试通过率如下：

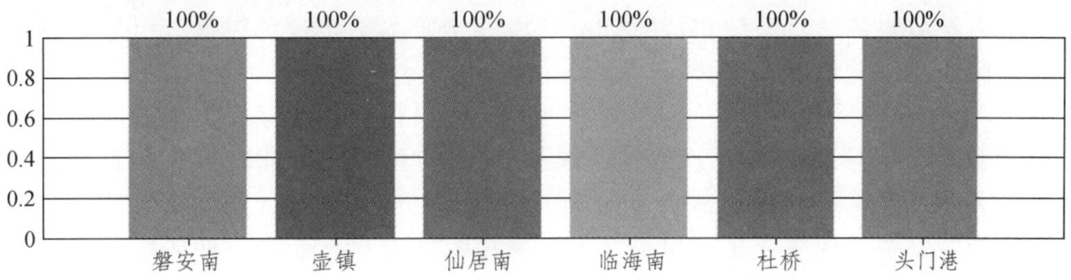

图 20-68　客票系统广域网主用链路测试通过率

客票系统广域网备用链路测试通过率如下：

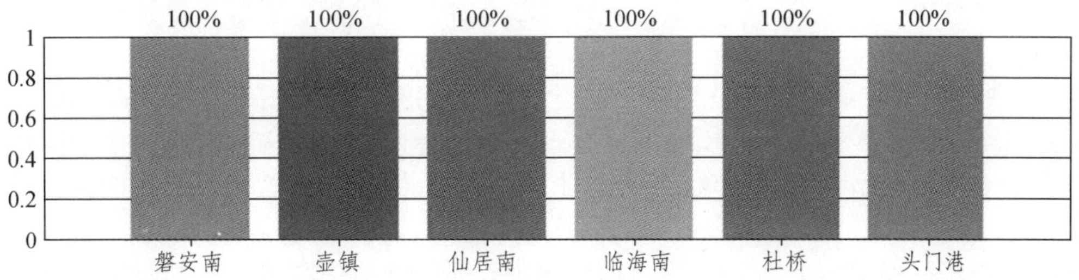

图 20-69　客票系统广域网备用链路测试通过率

⑧ 客票安全系统。

临海南站客票安全系统保障功能测试通过率如下：

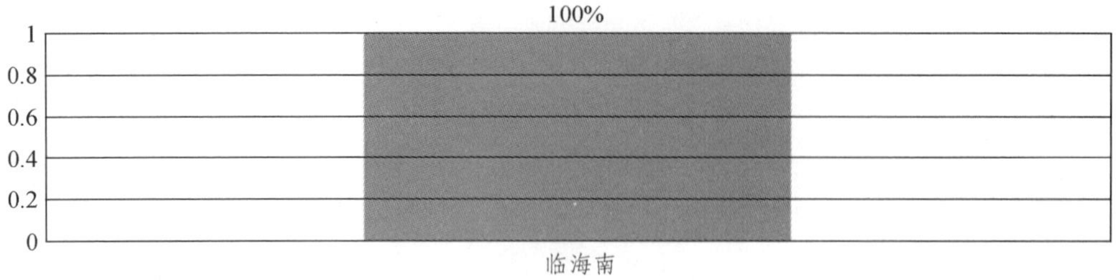

图 20-70 客票安全系统保障功能测试通过率

7. 结论及建议

依据试验大纲对磐安南、壶镇、仙居南、临海南、杜桥、头门港站客票系统和旅客服务信息系统新建工程，台州站金台场扩建客票系统和旅客服务信息系统，永康南站扩建旅客服务信息系统，上海铁路局、台州调度大楼相关接入工程，金温铁道公司相关扩容及接入工程进行了测试，得出如下主要结论：

① 金台线磐安南、壶镇、仙居南、临海南、杜桥、头门港站和台州站金台场客票系统能够实现电子客票的窗口售票、退票、改签功能，电子客票的自助购票功能，电子客票行程信息提示打印、报销凭证打印、报销凭证作废功能，正常及应急情况下电子客票进、出站检票功能，各种事由的补票功能，对旅客人脸图像、身份证件、购票信息的一致性、正确性核验功能，收入结账、财收统计、票券管理、数据管理功能。客票系统功能符合设计及相关标准要求。

② 金台线旅客服务信息系统集成管理平台能够实现到发管理、广播、引导等业务管理功能；临海南站旅客服务信息系统集成管理平台能够管控磐安南、壶镇、仙居南、临海南、杜桥、头门港站的广播、引导业务，台州站旅客服务信息系统集成管理平台能够管控台州站金台场广播、引导业务，金华车务段旅客服务信息系统集成管理平台能够管控永康南站新增站台广播、引导业务；磐安南、壶镇、仙居南、临海南、杜桥、头门港站车站级旅客服务信息系统集成管理平台能够接管本站广播、引导业务，台州站车站级旅客服务信息系统集成管理平台能够接管本站金台场广播、引导业务。旅客服务信息系统功能符合设计及相关标准要求。

③ 台州调度大楼旅客服务信息系统能够与 TDMS 接口建立正常接口关系，准确接收磐安南、壶镇、仙居南、临海南、杜桥、头门港站车次到发及股道信息；上海铁路局旅客服务信息系统能够与 TDMS 建立正常的接口关系，准确接收台州站金台场车次到发及股道信息；台州调度大楼旅客服务信息系统能够与上海铁路局客票系统建立正常接口关系，准确接收磐安南、壶镇、仙居南、临海南、杜桥、头门港站车次、余票信息，自动检票子系统能够从台州调度大楼旅客服务信息系统准确接收各站列车开停检时间、检票口信息；上海铁路局旅客服务信息系统能够与客票系统建立正常接口关系，接收台州站金台场车次信息、余票信息，自动检票子系统能够从上海铁路局旅客服务信息系统准确接收台州站金台场列车开停检时间、检票口信息。旅客服务信息系统与 TDMS、客票系统接口功能符合设计及相关标准要求。

④ 金台线磐安南、壶镇、仙居南、临海南、杜桥、头门港站客服视频监控终端能够查看本站客服视频图像，台州站金台场客服视频监控终端能够查看本站金台场客服视频图像，永康南站客服视频监控终端能够查看本站新增站台区域视频图像，且图像质量合格。视频监控系统功能符合设计及相关标准要求。

⑤ 金台线磐安南、壶镇、仙居南、临海南、杜桥、头门港站旅客服务信息系统集成管理平台操作终端、广播、引导、子钟等设备能够与台州调度大楼旅客服务信息系统 NTP 母钟时间同步，台州站金台场广播、引导等设备能够与上海铁路局旅客服务信息系统 NTP 母钟时间同步；自动检票子系统与综合显示系统、广播系统的时间一致。时钟系统功能符合设计及相关标准要求。

⑥ 金台线磐安南、壶镇、仙居南、临海南、杜桥、头门港站客票系统广域网主、备用链路的带宽、

吞吐量、丢包率、时延等指标符合相关标准要求；磐安南、壶镇、仙居南、临海南、杜桥、头门港站和台州站金台场局域网综合布线信息点性能指标符合设计及相关标准要求。

⑦ 金台线客票安全系统的策略配置、身份鉴别、访问控制、安全管理、集中监控和日志审计等各项安全保障功能正常。客票系统安全保障功能符合设计及相关标准要求。

第四节 初步验收

一、验收经过

2021 年 4 月 6 日，金台铁路有限责任公司上报了《关于申请金台铁路初步验收的函》（金台铁工函〔2021〕25 号），提出工程已具备初步验收条件，申请进行初步验收。

2021 年 4 月 29 日，上海铁路局成立初步验收咨询委员会，对金台铁路工程开展初步验收咨询工作。

2021 年 4 月 29 日，金温铁道公司、金台铁路有限责任公司、浙江省交通工程管理中心组成初步验收委员会，对金台铁路工程开展初步验收工作。

二、验收结论

根据金台铁路工程静态验收报告、静态问题整改报告，中国铁道科学研究院集团有限公司出具的动态检测报告，动态验收报告、动态问题整改报告，浙江省交通工程管理中心监督意见，结合上海铁路局初步验收咨询意见，初步验收委员会认为：

金台铁路工程在建设过程中执行了国家有关政策，铁路行业有关规定和强制性标准以及有关规定和批复意见。设计要求的安全设施已建成并通过验收；环保设施按环评报告和批复意见已实施完成，并完成了环保自主验收会议；水土保持设施按水土保持方案报告及批复要求建成并通过验收报备；消防工程由金台铁路有限责任公司委托第三方咨询并组织验收，且已取得地方住建部门的备案、抽查意见书；建设项目用地已获批；建设项目档案收集、整理及编制质量基本符合初步验收条件；公跨铁移交手续已完成；安全保护区设置完成。金台铁路工程符合设计文件和工程质量验收标准，工程质量合格，工程验收程序符合规定，同意通过初步验收。

第五节 安全评估

一、安全评估组织及经过

金台铁路完成工程初步验收及相关工作程序后，金台铁路有限责任公司于 2021 年 4 月 30 日分别行文《关于新建金华至台州铁路运营安全评估的请示》（金台铁安发〔2021〕47 号）、《关于新建金华至台州铁路运营安全评估的请示》（金台铁安发〔2021〕48 号），申请浙江省发改委、上海铁路局对金台铁路进行运营安全评估。

运营安全评估组成立由浙江省发改委副主任李军和上海铁路局分管副总经理池毓敢任组长，上海铁路局安全总监周解群、浙江省发改委基综办二级调研员章明春和上海局安监室副主任黄勇任副组长，上海铁路局安监室、科信、运输、客运、货运、机务、车辆、工务、电务、供电、劳卫、建设、职培、土房、保卫部，调度所，上海铁路公安局以及浙江省交通厅、建设厅、金华市、台州市、丽水市等部门专业人员参加组成的运营安全评估组，于 2021 年 5 月 7—9 日对金台铁路进行了运营安全评估。运营安全评估范围为：新建金台线（K0+000～K165+791）、金温货线（K40+975 改线起点～K72+709 改线终点）、头门港线（K0+000～K42+847）、永康南联络线（K0+000～K0+880）范围内的铁路工程。

运营安全评估按专业设安全管理（含规章制度）、车务、客运、货运、机务、车辆、工务（含房建）、电务（信号、通信）、供电、路外与安全环境、劳安与特种设备、治安消防、信息、综合 14 个评估小组，采取开行检查列车、听取单位汇报、现场实地检查、查阅管理资料和岗位抽查考试等方式，对金台铁路有限责任公司、金温铁道公司的安全管理、运输组织、规章制度建设、人员配备及培训、设备设施运用及养护维修、安全环境、治安防范、应急预案等运营准备工作进行了检查。

2021 年 5 月 6 日，运营安全评估组在台州香溢大酒店会议室召开新建金台铁路运营安全评估启动会议。会议听取金台铁路有限责任公司关于工程建设、验收情况的汇报，听取金温铁道公司关于开通运营准备工作情况的汇报，部署运营安全评估工作。5 月 7 日、8 日各评估小组采取现场检查、查阅资料和现场抽考等方式，对金温铁道公司、金台铁路有限责任公司和上海铁路局有关处室、站段以及上海铁路公安局等单位的运营准备工作进行了检查评估。期间，开行路用列车对金台铁路进行了添乘检查，现场依次检查了灵江特大桥、牛和岭隧道和壶镇站。5 月 9 日，运营安全评估组召开专题会议，与相关专业部门及金温铁道公司、金台铁路有限责任公司交换了运营安全评估意见。针对评估检查发现问题，明确责任，制定措施，落实整改，全力确保金台铁路开通运营安全。

二、开通运营准备工作情况

上海铁路局、金台铁路有限责任公司、金温铁道公司对金台铁路开通运营准备工作高度重视，做了大量工作，各项运营准备工作全部就绪。

（1）委托运输管理合同签订方面。根据《中国铁路总公司发展和改革部关于金台铁路变更运营管理模式问题的复函》（发改改革函〔2018〕82 号）“原则同意金台铁路运营管理模式变更为委托金温铁道公司运营管理的方案”批复意见，2020 年 10 月，金台铁路有限责任公司与金温铁道公司签订了《金台铁路委托运输管理合作框架协议书》，金台铁路有限责任公司采取委托运输管理的方式，将金台铁路运输管理相关业务委托给金温铁道公司管理，明确金温铁道公司负责金台铁路试运营后委托任务范围内的运输管理、设备维护等运维主体责任。

（2）运营管理方面。2021 年 2 月 9 日，金温铁道公司行文明确了金台铁路组织架构及岗位定员方案。金台铁路全线调度指挥由金温铁道公司调度指挥中心负责；车务、客运、货运专业由运输部负责管理；客运乘务专业由客运部负责管理，设乘务作业区 1 个；机务、车辆专业由机辆部负责管理，设金台机务、车辆综合作业区各 1 个；工务、通信、信号、供电、房建等专业由工电部负责管理，设线路作业区 1 个，路桥、信号、通信、供电、工务机械作业区各 1 个，安调室增设安全生产指挥中心。

（3）规章制度方面。金温铁道公司依照国铁集团有关技术规章管理要求，结合金台铁路设备特点、运输组织等实际情况，制定了《电气化铁路安全实施细则》等 41 个技术规章、修订了《营业线施工管理办法》等 26 个技术规章，新增及修订各类管理制度和办法 49 个，编制作业指导书 157 册，公布了 LKJ 基础数据、工电供设施、作业通道门等技术资料，制定了金台铁路各站《临时行车办法》，为金台铁路开通运营后的行车组织、设备维护等工作提供了依据，基本满足开通运营需要。

（4）职工教育培训方面。金温铁道公司以金台铁路电气化安全、劳动安全、行车组织、作业标准、设备设施等内容为重点，认真梳理培训对象，严格落实培训计划，组织开展针对性的业务技能培训工作。共组织“四新”适应性培训 670 人，其中行车 123 人、客运 40 人、客运乘务 16 人、货运 35 人、机务 37 人、车辆 28 人、工务（线路、路桥、机械）151 人、电务（电务、通信）109 人、供电 119 人、调度（工务、供电）8 人、房建 4 人。并组织相关人员提前介入参与静态验收、动态检测，采取既有线跟班作业、模拟控制台操作、非正常应急演练等多种形式，组织职工进行岗位实战演练，熟悉设备性能、熟知规章制度，切实提高实作能力。

（5）行车组织指挥方面。金温铁道公司结合实际统筹安排，金台铁路运营初期计划开行货物列车 2 对（永康东—临海东），永康南普速场—台州金台场开行速度 160 km/h 动力集中动车组 4 对。金温铁道公司新设金台调度台，将新建金台铁路除金温货线改线段线路的车流、计划、施工、军特运、客运、机车调度职能全部纳入其管辖范围，同时既有金温铁道公司货调、十八点统计及机车统计调度均相应延伸管辖。金温铁道公司与上海铁路局拟签订国铁共站区域有关施工管理规定、调度组织协议，将台州南金台场、台州金台场、永康南普速场施工维修天窗与金温线、杭深线同步设置。

（6）安全环境整治方面。上海铁路公安局严格执法履责，组织金温铁道公司、金台铁路有限责任公司对金台铁路线路安防设施开展重点检查，按照正式运营标准落实治安防护措施，发现各类安防设施问题 1 857 个，剩余的 3 个共性问题及 55 个个性问题正在推进整治中。金台铁路有限责任公司、金温铁道公司会同杭州铁路公安处按照浙江省和上海铁路局有关要求，积极推进普速线路外部安全环境综合治理，上报省专办的 93 个普速铁路外部安全隐患项目已完成整改销号。

（7）应急管理方面。根据金温铁道公司申请，上海铁路局将金温货线、金台铁路的事故救援纳入杭州机辆段金华救援列车救援范围。金温铁道公司结合金台铁路投入运营和技术设备更新、运营线路延伸的实际，在临海东、永康东增设车站救援队，配齐应急物资设备；根据上海铁路局动态检测咨询服务方案、动态检测试验大纲等要求，制定了金台铁路动态检测非正常行车处置办法，组织了培训和应急演练，强化动态检测期间应急保障；编制、修订了普速铁路接触网故障抢修、动车组故障应急处置、铁路交通事故应急处置等 10 个应急预案，进一步完善应急管理体系。

三、安全评估意见

根据各安全评估小组报告的评估意见，运营安全评估组一致认为：新建金台铁路安全管理、规章制度、作业标准、应急预案、安全保障措施、人员配备和培训、劳动安全、路外安全、治安消防和移动设备配备等已基本到位，满足运营要求。金台线永康南金温场至台州金台场具备列车以 160 km/h 及以下速度开通运营条件，台州金台场（不含）至台州南金台场、头门港线、金温货线武义（不含）至永康东具备列车以 120 km/h 及以下速度开通运营条件。

第二十一章　竣工决算

第一节　竣工决算

一、建设管理制度执行情况

金台铁路有限责任公司从项目开工伊始，按照《企业会计准则》《基本建设财务管理规则》(财政部令第 81 号)及补充规定、《国铁集团关于印发〈铁路基本建设项目竣工财务决算编制和资产交付办法〉的通知》(铁财〔2021〕122 号)、《中国铁路总公司固定资产管理办法》(铁总财〔2015〕45 号)、《中国铁路总公司铁路建设管理办法》(铁总建设〔2015〕78 号)、《中国铁路总公司关于进一步加强铁路基本建设项目征地拆迁工作和费用管理的指导意见》(铁总计统〔2017〕177 号)、《中国铁路总公司关于进一步规范铁路基建大中型项目竣工验收工作的通知》(铁总建设〔2014〕91 号)、《中国铁路总公司关于印发 2018 年铁路基建大中型项目开通安排的通知》(铁总建设函〔2018〕174 号)、《建设工程安全生产管理条例》(国务院令第 393 号)、《中国铁路总公司安全管理规定》(铁总安监〔2015〕10 号)、《铁路营业线施工安全管理办法》(铁运〔2012〕280 号)、《铁路营业线施工安全管理办法补充规定》(铁总运〔2014〕180 号)、《中国铁路总公司关于印发〈高速铁路联调联试及运行试验实施细则〉的通知》(铁总办〔2013〕107 号)等规定进行项目管理。

二、招投标情况

1. 施工招标情况

施工招标分为施工 1 标、施工 2 标、施工 3 标、施工 4 标、施工 5 标、施工 6 标、施工 7 标、施工 8 标、施工 9 标、施工 10 标、施工 11 标、施工 12 标。其中施工 1 标 ~ 施工 8 标为站前施工标，施工 9 标为四电标，施工 10 标、施工 11 标为站房标，施工 12 标为信息标。

新建金华至台州铁路作为浙江省重点建设项目，严格按照《招标投标法》和《铁路建设工程施工招标投标实施细则》(铁建设〔2012〕92 号)、浙江省招投标等有关规定执行招标工作。

2015 年 11 月 3 日，站前施工 3 标作为先行施工段招标，采用公开招标方式在浙江重大工程交易网发布招标公告。2015 年 11 月 26 日，招标人在浙江省公共资源交易中心组织开标。招标人采用综合评估法进行评标工作。2015 年 11 月 27 日，在浙江重大工程交易网公布中标人，为中铁隧道集团有限公司。

2016 年 3 月 31 日，站前施工 1、2、4、5、6、7、8 标采用公开招标方式在浙江重大工程交易网发布招标公告。2016 年 5 月 4 日—5 日，招标人在浙江省公共资源交易中心组织开标。招标人采用技术标通过制的综合评估法进行评标工作。2016 年 5 月 6 日，在浙江重大工程交易网公布中标人中铁二十四局集团有限公司(施工 1 标)，中铁十二局集团有限公司(施工 2 标)，中铁二局股份有限公司(施工 4 标)，中铁二十二局集团有限公司(施工 5 标)，中铁十局集团有限公司(施工 6 标)，中铁十一局集团有限公司(施工 7 标)，中铁一局集团有限公司(施工 8 标)。

2017 年 9 月 22 日，施工 9 标(四电标)采用公开招标方式在浙江省公共资源交易中心网发布招标公告。2017 年 11 月 13 日—14 日，招标人在浙江省公共资源交易中心组织开标会。招标人采用技术标打分制的综合评估法进行评标工作。2017 年 11 月 15 日，在浙江省公共资源交易中心公布中标人，为中铁电气化局集团有限公司、中国铁路通信信号股份有限公司联合体。

2019 年 9 月 9 日，施工 10 标（站房 1 标）、施工 11 标（站房 2 标）采用公开招标方式在浙江省公共资源交易中心网发布招标公告。2019 年 10 月 8 日，招标人在浙江省公共资源交易中心组织开标会。招标人采用综合评估法进行评标工作。2019 年 10 月 9 日，在浙江省公共资源交易中心公布中标人，分别为中铁北京工程局集团有限公司（站房 1 标）、中铁十二局集团有限公司（站房 2 标）。

2019 年 10 月 28 日，施工 12 标（信息标）采用公开招标方式在浙江省公共资源交易中心网发布招标公告。2019 年 12 月 2 日，招标人在浙江省公共资源交易中心组织开标会。招标人采用技术标打分制的综合评估法进行评标工作。2019 年 12 月 4 日，在浙江省公共资源交易中心公布中标人，为通号通信信息集团有限公司。

2. 监理招标情况

监理标分为监理Ⅰ标、监理Ⅱ标、监理Ⅲ标。根据 2016 年 3 月 11 日中国铁路总公司、浙江省人民政府《关于新建金华至台州铁路初步设计的批复》（铁总鉴函〔2016〕183 号）编制了招标文件划分了监理标段，2015 年 11 月 3 日监理Ⅱ标采用公开招标方式在浙江重大工程交易网发布招标公告。2015 年 11 月 25 日，招标人在浙江省公共资源交易中心组织开标会。招标人采用综合评估法进行评标工作。2015 年 11 月 26 日，在浙江重大工程交易网公布中标人，为上海天佑工程咨询有限公司（监理Ⅱ标）；2016 年 4 月 1 日，监理Ⅰ标、监理Ⅲ标采用公开招标方式在浙江重大工程交易网发布招标公告。2016 年 4 月 25 日，招标人在浙江省公共资源交易中心组织开标会。招标人采用综合评估法进行评标工作。2016 年 4 月 26 日，在浙江重大工程交易网公布中标人，为北京铁城建设监理有限责任公司（监理Ⅰ标），四川铁科建设监理有限公司（监理Ⅲ标）。

3. 甲供物资招标情况

根据《铁路建设物资采购供应管理办法》（铁总物资〔2015〕116 号）、《中国铁路总公司管理甲供物资采购供应实施细则》（铁总物资〔2015〕352 号）、《浙江省重点建设项目管理办法》（浙江省人民政府令第 270 号），结合实际，经公司研究，金台铁路物资管理分为甲供物资和自购物资两类，实行分类管理。道岔、扣配件、轨枕、桥梁支座等铁路专用器材（部管甲供）纳入中国铁路总公司采购供应管理，在北京市建设工程发包承包交易中心挂网招标采购；防水板、止水带、防水涂料、防水卷材等物资由公司采购供应，在浙江省公共资源交易中心挂网招标采购；自购物资砂石料、钢材、水泥、粉煤灰等由各施工单位采购供应，在其上级主管部门或股份公司批准的招投标平台挂网招标采购。

2016 年 5 月 27 日，防水板包件 FSB-1 采用公开招标方式在浙江省公用资源交易中心电子招投标交易平台发布招标公告。2016 年 6 月 20 日，在浙江省公共资源交易中心组织开标会。招标人采用经评审最低投标价法进行评标工作。2016 年 6 月 20 日，在浙江重大工程交易网公布中标人，为衡水正升工程橡塑有限公司。

2016 年 7 月 7 日，止水带包件 ZSD-1 采用公开招标方式在浙江省公用资源交易中心电子招投标交易平台发布招标公告。2016 年 7 月 29 日，在浙江省公共资源交易中心组织开标会。招标人采用经评审最低投标价法进行评标工作。2016 年 7 月 29 日，在浙江重大工程交易网公布中标人，为衡水华鑫橡塑有限公司。

2016 年 8 月 27 日，防水板物资包件号 FSB-2、FSB-3，止水带物资包件号 ZSD-2、ZSD-3，防水涂料物资包件号 FSTL-1、FSTL-2，氯化聚乙烯防水卷材物资包件号 FSJCL-1、FSJCL-2、FSJCL-3 采用公开招标方式在浙江省公共资源交易中心电子招投标交易平台发布招标公告。2016 年 9 月 22 日，招标人在浙江省公共资源交易中心组织对防水板物资进行开标。招标人采用经评审的最低投标价法进行评标工作。于 9 月 23 日在浙江重大工程交易网上公布防水板物资（包件 FSB-2、FSB-3）中标人分别为岳阳东方雨虹防水技术责任有限公司与浙江兰亭新材料有限公司。2016 年 9 月 27 日，招标人在浙江省公共资源交易中心组织对防水涂料与止水带物资进行开标。招标人采用经评审的最低投标价法进行评标工作。分别于9月27日与28日，在浙江重大工程交易网上公布防水涂料物资（包件FSTL-1、FSTL-2）中标人分别为徐州卧牛山新型防水材料有限公司与常熟佳发化学有限责任公司。止水带物资（包件ZSD-2、ZSD-3）中标人分别为衡水正升工程橡塑有限公司与河北润石橡塑有限公司。2016年9月29日招标人在浙江省公共资源交易中心组织对防水卷材物资包件号FSJCL-1、FSJCL-2、FSJCL-3进行开标。招标人采用经评审的最低投标价法进行评标工作。当日在浙江重大工程交易网上公布中标人，分别为科顺防水科技股份有限公司、江苏成松防水材料有限公司、徐州卧牛山新型防水材料有限公司。

2017年3月24日，桥梁支座C02、桥梁支座C08采用公开招标方式在北京工程建设交易信息网，中国采购与招标网发布招标公告。2017年4月25日，在北京市建设工程发包交易中心评标室进行公开开标。招标人采用经评审的最低投标价法进行评标工作。2017年4月27日，在北京工程建设交易信息网公布中标人，分别为衡水中铁建工程橡胶有限责任公司与衡水通途工程制品有限公司。

2017年5月24日，桥梁支座C06采用公开招标方式在北京工程建设交易信息网，中国采购与招标网发布招标公告。2017年6月27日，在北京市建设工程发包交易中心评标室进行公开开标。招标人采用经评审的最低投标价法进行评标工作。2017年6月29日，在北京工程建设交易信息网公布中标人，为武汉海润工程设备有限公司。

2017年12月20日，公路桥梁支座包件B1采用公开招标方式在中国采购与招标网和浙江省交通投资集团有限公司网站发布招标公告。2018年1月9日，在浙江省杭州市江干区钱江新城五星路199号明珠国际商务中心2号楼13楼高速物流会议室组织开标会，采用综合评估法进行评标工作。2018年1月10日，在中国采购与招标网和浙江省交通投资集团有限公司网站公布中标人，为丰泽工程橡胶科技开发股份有限公司。

2018年3月22日，高速道岔包件D03、普速道岔包件D05、混凝土轨枕包件EO3、钢轨扣配件包件F08采用公开招标方式在中国采购与招标网、北京市工程建设交易信息网发布招标公告。2018年4月24日，在北京市建设工程发包承包交易中心组织开标会。招标人采用经评审的最低投标价法进行评标工作。高速道岔包件D03、普速道岔包件D05、混凝土轨枕包件EO3三个包件于2018年6月12日在北京市建设工程信息网公布中标人，为中铁宝桥集团有限公司、中国铁建重工集团有限公司、光明铁道控股有限公司。钢轨扣配件包件F08于2018年5月17日在北京市建设工程信息网公布中标人，为台州大华铁路材料有限公司。

2018年10月18日，桥梁检查车（招标编号：E3300000001000268020001）采用公开招标方式在浙江省公用资源交易中心电子招投标交易平台发布招标公告。2018年11月8日，在浙江省公共资源交易中心组织开标会。招标人采用经评审最低投标价法进行评标工作。2018年11月9日，在浙江重大工程交易网公布中标人，为株洲时代新材料科技股份有限公司。

2018年11月15日，无砟轨道弹性支承块集成包件（招标编号：E3300000001000268021001）采用公开招标方式在浙江省公用资源交易中心电子招投标交易平台发布招标公告。2018年12月5日，在浙江省公共资源交易中心组织开标会。招标人采用经评审最低投标价法进行评标工作。2018年12月6日，在浙江重大工程交易网公布中标人，为光明铁道控股有限公司。

2019年1月8日，聚氨酯防水涂料（招标编号：E3300000001000268024001）采用公开招标方式在浙江省公用资源交易中心电子招投标交易平台发布招标公告。2019年5月6日，在浙江省公共资源交易中心组织开标会。招标人采用经评审最低投标价法进行评标工作。2019年5月7日，在浙江重大工程交易网公布中标人，为西安通瑞新材料有限公司。

2019年4月15日，氯化聚乙烯防水卷材（招标编号：E3300000001000268029001）采用公开招标方式在浙江省公用资源交易中心电子招投标交易平台发布招标公告。2019年5月6日，在浙江省公共资源交易中心组织开标会。招标人采用经评审最低投标价法进行评标工作。2019年5月7日，在浙江重大工程交易网公布中标人，为湖南耐渗塑胶工程材料有限公司。

2019 年 4 月 30 日，声屏障（招标编号：E3300000001000268030001）采用公开招标方式在浙江省公用资源交易中心电子招投标交易平台发布招标公告。2019 年 5 月 22 日，在浙江省公共资源交易中心组织开标会。招标人采用经评审最低投标价法进行评标工作。2019 年 5 月 23 日，在浙江重大工程交易网公布中标人，为安徽中源建设有限公司。

2020 年 3 月，聚氨酯防水涂料（招标编号：ZJCT4-JTTL-GO1C）采用公开招标方式在浙江省交通投资集团有限公司和中国招投标公共服务平台发布招标公告。2020 年 3 月 10 日，在浙江省交通集团招投标和集中采购中心组织开开会。招标人采用经评审最低投标价法进行评标工作。2020 年 3 月 10 日，在中国招标投标公共服务平台、浙江省交通投资集团有限公司网站公布中标人，为西安通瑞新材料有限公司。

2020 年 6 月 1 日，重型轨道车 YC10、接触网作业车 YC11、多平台接触网作业车 CY12 采用公开招标方式在北京交易中心网站；北京市公共资源交易服务平台发布招标公告。2020 年 7 月 14 日，在北京市建设工程发包交易中心评标室进行公开开标。招标人采用经评审的最低投标价法进行评标工作。2020 年 7 月 17 日，在北京工程建设交易信息网公布重型轨道车 YC10、接触网作业车 CY11 中标人为金鹰重型工程机械股份有限公司，多平台接触网作业车 CY12 中标人为宝鸡中车时代工程机械股份有限公司。

2020 年 7 月 16 日，交流传动六轴 7 200 kW 货运电力机车采购项目包件 6Z01、交流传动客运电力机车包件 6Z02 采用公开招标方式在中国招标投标公共服务平台、北京市工程建设交易信息网和国铁采购平台发布招标公告。2020 年 8 月 11 日，在北京市建设工程发包承包交易中心组织开标会，采用经评审的最低投标价法进行评标工作。2020 年 8 月 18 日，在国铁采购平台公布中标人，均为中车株洲电力机车有限公司。

2020 年 7 月 20 日，钢轨伸缩调节器 EJ01 采用公开招标方式在北京交易中心网站，北京市公共资源交易服务平台发布招标公告。2020 年 8 月 25 日，在北京市建设工程发包交易中心评标室进行公开开标。招标人采用经评审的最低投标价法进行评标工作。2020 年 8 月 27 日，在北京工程建设交易信息网公布钢轨伸缩调节器中标人为中铁山桥集团有限公司。

2020 年 9 月 1 日，金台铁路时速 160 公里动力集中动车组（鼓形）（招标编号：2020TDZC-JT-160JD）采用公开招标方式在国铁采购平台发布招标公告。2020 年 9 月 22 日—23 日，在北京市建设工程发包承包交易中心组织开标会，招标人采用经评审的最低投标价法进行评标工作，2020 年 9 月 28 日，在国铁采购平台公布中标人，为中车大同电力机车有限公司（牵头人）和中车长春轨道客车股份有限公司联合体。

4. 其他服务类招标情况

2015 年 8 月 10 日，施工图审核采用公开招标方式在浙江重大工程交易网发布招标公告。2015 年 8 月 31 日，招标人在浙江省公共资源交易中心组织开标会。招标人采用综合评估法进行评标工作。2015 年 9 月 1 日，在浙江重大工程交易网公布中标人，为中铁第四勘察设计院集团有限公司。

第三方检测服务共分Ⅰ、Ⅱ、Ⅲ、Ⅳ、Ⅴ标，2016 年 5 月 26 日第三方检测服务Ⅰ标段、Ⅱ标段采用公开招标方式在浙江省公共资源交易中心网发布招标公告。2016 年 6 月 22 日，招标人在浙江省公共资源交易中心组织开标会，2016 年 6 月 23 日，在浙江省公共资源交易中心公布中标人最终确认中标人甘肃交达工程检测科技有限公司（检测Ⅰ标），北京铁五院工程试验检测有限公司（检测Ⅱ标）；2018 年 3 月 13 日第三方检测服务Ⅲ标段、Ⅳ标段采用公开招标方式在浙江省公共资源交易中心网发布招标公告，2018 年 4 月 11 日招标人在浙江省公共资源交易中心组织开标会，2018 年 4 月 11 日，在浙江省公共资源交易中心公布中标人最终确认中标人分别为甘肃交达工程检测科技有限公司（检测Ⅲ标）、山东广信工程试验检测集团有限公司（检测Ⅳ标）；其 2019 年 6 月 10 日第三方检测服务Ⅴ标段采用公开招标方式在浙江省公共资源交易中心网发布招标公告。2019 年 7 月 3 日，浙江省公共资源交易中心组织开标会。招标人采用综合评估法进行评标工作。2019 年 7 月 4 日，在浙江省公共资源交易中心公布中标人，为兰州交通大学工程检测有限公司。

消防工程第三方检测、通信系统第三方检测、通信系统及铁塔第三方检测、防雷第三方检测采用竞争性谈判方式发布招标公告。最终确认中标人分别为浙江联盛安全科技有限公司、上海中铁通信信号测试有限公司、上海中铁通信信号测试有限公司、上浙江中弘检测技术有限公司。

第三方审价服务，其中征地拆迁等前期工程审价服务于 2016 年 1 月 29 日用公开招标方式在浙江省公共资源交易中心网发布招标公告，2016 年 2 月 22 日，在浙江省公共资源交易中心组织开标会，招标人采用综合评估法进行评标工作。2016 年 2 月 22 日，在浙江省公共资源交易中心公布中标人，为江苏华盛兴伟房地产评估造价咨询有限公司。

其中工程审价（核）服务于 2016 年 7 月 14 日用公开招标方式在浙江省公共资源交易中心网发布招标公告，2016 年 8 月 9 日，在浙江省公共资源交易中心组织开标会，招标人采用综合评估法进行评标工作。2016 年 8 月 10 日，在浙江省公共资源交易中心公布中标人，为中铁第四勘察设计院集团有限公司。

三、合同履行情况

该工程实行合同管理制，项目法人分别与设计、监理、施工等单位签订合同，依法履行行业及浙江省管理规定。中标人按照招投标文件及中标通知书要求签订合同，无违法分包、转包情况。在各项合同执行过程中，各参建单位基本能按工程合同约定完成任务，未发生经济纠纷。

自项目立项至 2021 年 12 月 31 日，共计签署勘察设计、征地拆迁、建设管理、材料及设备购置、建安等经济合同 852 份。累计合同金额约人民币约 192.40 亿元。其中施工合同 269 份，合同金额 1 301 459 万元；地方委托代建协议 21 份，合同金额 184 170.64 万元；甲供物资合同 116 份，合同金额 91 293.63 万元；征地拆迁合同 42 份，合同金额 259 000 万元；开办费类合同 1 份，合同金额 559.34 万元；咨询类合同 208 份，合同金额 50 109 万元；备品备件合同 2 份，合同金额 9 214 万元；机车车辆购置合同 3 份，合同金额 28 194.12 万元。

第二节　委托运营管理

根据金台铁路可行性研究，金台铁路由上海铁路局运营。后根据浙江省发改委相关意见，金台铁路运营管理模式由委托上海铁路局运营管理调整为委托金温铁道公司运营管理。金台铁路开通运营前，金台铁路公司与金温铁道公司就运营管理签订了委托运输管理协议，明确金台铁路运输管理由金温铁道公司负责。同时，台州西站、永康南站等与国铁线路共站客运站的客运服务以及工务、电务专业等交叉资产仍由上海铁路局负责运营管理。

第三节　需要说明的其他事项

概算清理由金台铁路公司委托铁五院负责。审价单位共两家，铁四院负责工程费用、其他费的审价；江苏华盛兴伟负责铁路概算第一章内容审价。审价完成后，由铁五院组卷上报。批复单位和初步设计原批复单位保持一致，由中国国家铁路集团有限公司与浙江省人民政府联合批复。截至 2022 年 3 月底，征地拆迁、电力管线、材料价差、小三改、新增工程等文本已经编制完成并提交审价单位审价。

第二十二章　建设管理经验总结与问题探讨

第一节　质量与安全

一、建立一套与行政监管相融合的制度体系

（一）完善法律体系，制定专项制度

面对地方铁路法律体制不全、监管制度缺项的问题，金台铁路有限责任公司主动寻求解决方案，在地方政府行政监督管理之下，借鉴国家铁路局，浙江省交通运输厅，浙江省交通工程管理中心先进的做法，在不断探索与实践过程中，逐步形成“立足地方铁路建设、对接国家铁路管理、兼容交通监督理念”的建设管理理念，地方铁路质量和安全管理制度体系建设逐步完善，制定各类质量和安全管理制度 102 个，逐步形成一套适合金台铁路建设的质量和安全管理机制。

（二）明确工作基调，提升红线意识

随着行政监管的监督实施，为配合做好日常管理工作，突出省建省管特色，公司确立了 “质量捍卫安全”的工作主基调，并相继出台了《铁路建设项目质量安全红线管理实施细则》《金台铁路安全质量风险分级管控实施办法》《进一步落实全员安全生产责任制实施方案》等办法，不断补齐管理短板，狠抓施工过程管理，进一步强化质量安全红线意识，全力打造质量安全工作样板。

（三）实施约谈考评，完备管理要素

通过重点监管、提示告知、警示通报、约谈等方式针对质量安全管理混乱、工程质量较差、问题隐患严重的单位采取差别化管理，对问题较多的单位发函至参建单位后方公司，要求推进质量安全保证体系有效运行。对存在突出质量安全问题的单位进行约谈，同时会同监理单位加大对其日常检查频率，督促相关单位认真履行法定的质量安全责任；同时制定并严格执行《金台铁路有限责任公司铁路工程建设项目施工企业信用评价实施细则》《质量安全红黑榜实施细则》，细化监管权限，突出考评职能，完善考评体系，加强监理单位对施工单位非安全行为的管控能力。

二、完善一批与行政监管相适应的工作措施

（一）严格检查与考核，加强项目内部监管

按照《建设工程质量管理条例》要求，金台铁路有限责任公司适时编制了《金台铁路有限责任公司安全质量检查清单》《金台铁路建设工程安全质量违约责任追究管理办法》《金台铁路工程激励约束季度考核奖励管理办法》等一系列适用于地方铁路管理特点的检查及考核办法，明确检查频次、检查内容、考核依据、检查重难点和要求，进一步强化了现场监督管理能力，与政府行政监管形成有力的上下两张管理网，使公司质量安全管理方法与地方铁路质检模式相适应，共同发挥更大的监管作用。

（二）运用多种检查方式，保证检查效果

每年初结合行政监督工作，公司及时制定年度检查工作计划，每个月再根据年度计划制定月度重

点工作及月度检查计划，开展综合检查、专项检查、日常巡查。同时，公司每半年根据综合行政监督检查情况提前开展一次全面自查，每季度开展一次综合大检查，每月对重点隐患、重点工作开展一次专项检查，每周不定期开展质量安全巡查，确保检查面、检查内容全覆盖。检查前编制详细的检查计划，有针对性地对重要材料和部位、关键工序、薄弱环节进行抽检，客观反映工程原材料、产品构配件、实体的质量，为省交通工程管理中心监督检查提供参考数据和相关依据。通过监理查、公司查、行政监督查的三级检查体系，在工作中形成有层次、有侧重、有内容的监管合力。

（三）加强重点领域管控，杜绝项目重大隐患

1. 加强风险管理

充分利用作业条件危险性分析法（LEC）和失效模式效果分析法（FMEA），集中识别分析施工全过程质量安全风险，实行差别化管理，每月通过下发高风险工点管控清单，将质量安全重点工作逐一分解落地。

2. 强化重点突出问题整治

开展安全施工专项方案整治和隧道二衬脱空等通病治理活动，切实加强对支架安全、隧道质量安全、特种设备等问题的管理；三是严格试验检测管理。监督全线试验室、拌和站严格按要求进行试验检测、见证检验及平行试验，监督第三方检测单位严格对工程实体进行检测，并对重点分部分项工程实行加密抽检，确保实体质量达标，为金台铁路的质量安全建设保驾护航。

三、融合一套与行政监管相匹配的管理手段

（一）建立人员培训机制，加强队伍能力提升

1. 积极“走出去”

按计划、分批次地开展系统性的业务培训，公司多次组织技术人员到省内外铁路项目进行观摩、交流，积极参加浙江省地方铁路协会组织的业务培训，多次参加浙江省交通工程管理中心、浙江省交通投资集团有限公司组织的专业培训，进一步提升业务管理能力。

2. 不断“请进来”

公司组织向全国铁路专家学习，弥补地方铁路管理力量不足，邀请国家铁路局、宁波工务段等专家授课补专业短板，邀请浙江省交通工程管理中心专家多次到金台铁路参与方案审查、活动指导等，提升业务管理水平。

（二）推行标准化管理，强化项目质安

1. 加强标准化建设

培育“标化工地”，推行标准化管理，全力实施机械化、专业化、工厂化、信息化，以标准化管理提升工程质量，充分运用智能化、大型化施工设备和定（成）型式、装配式的安全防护设施促进质量安全管理。

2. 抓好示范点创建

在全线开展“质安文化进工地”“品质工程”和“平安工地”示范点创建活动，把质量安全知识融入施工企业文化，形成极具特色的质安文化。树立全寿命设计理念，严格全员、全过程、全方位现场管理，全力创建“品质工程”示范点。深入开展班组“6S 管理”，把质量安全宣传植入班组一线工人心里，真正内化于心，外化于行，将“平安工地”创建落到实处，实现各种创建载体的互融互通。

（三）推行科学智能管理，强化科技监管手段

1. 开发质量安全检查应用程序

联合专业公司研发质量安全检查应用程序，根据实际需求定制检查模块，对各类专项检查或日常巡检时所发现的问题进行及时下发、层级流转、环环把控、逐项整改闭合，定人定责定时进行问题整改，极大地发挥了科技手段的及时性、快捷性。

2. 强化视频监控管理

对接浙江省交通工程管理中心，完成金台铁路 8 个视频监控点接入浙江省交通作战指挥平台，结合既有现场视频监控和车载移动监控设备，对现场施工情况进行实时盯控，发挥远程监控的优势，实现“人眼+天眼”全方位、全覆盖。

3. 引入粉料吹灰管理系统

在全线各拌和站引入粉料吹灰管理系统，实现对水泥、粉煤灰、矿粉等材料进料和使用的全过程监控，防止错仓和未检先用的情况。

4. 运用无人机开展检查

将无人机引入日常检查中，作为科技创新辅助手段协助执行高空巡视、工地航拍检查等任务，有效解决高墩、视野不开阔等区域的检查困难，消除安全管理死角，为推动安全检查提供了高效率、高精度的保障。

第二节　投资控制

一、建立资金管理制度

建设资金筹集和依法使用是确保金台铁路建设项目有序可控建设的关键，也是公司财务管理的集中表现。建设资金管理作为公司财务管理的中心，必须常抓不懈，同时资金管理的好坏也是衡量一个公司财务管理水平的重要标志。

（一）指定制度，保证规范

根据《基本建设财务管理规定》《铁路基本建设资金管理办法》《铁路单位账户管理暂行办法》及《铁路工程验工计价管理办法》，公司制定了《建设资金管理办法》《验工计价管理办法》《征地拆迁资金管理办法》，从制度上为资金使用和管理的规范提供了保证，明确大额资金实行联签制度。对预付款、工程结算款等大额资金的拨付，以省交通集团下达的年度投资计划及公司编制的分月投资计划、相关施工合同及补充协议为依据，实行董事长、总经理、分管财务副总经理、分管业务副总经理、财务部门及经办部门负责人联签制度。资金使用过程中，各部门严格把关，层层制约，确保资金使用的真实性和合法性，并定期对参建施工单位资金流向进行检查，保证了资金用于工程建设，杜绝了截留、挪用、串换、调剂等违规现象。

（二）加强施工企业资金监管，确保项目建设资金不被挪用、截留

主要是通过银企合作，签署三方资金监管协议。在施工单位进场后，公司组织施工单位开户行及施工单位签署了《三方资金监管协议》，在协议中明确规定建设项目资金实行专户管理和实时管控，确保建设资金转款专用，发挥资金使用效益，有效防止建设资金挪用。同时要求施工单位按规定开设农

民工工资专户，确保农民工工资的发放。

（三）建立定期检查制度

公司每年不少于两次对参建施工单位资金流向进行检查，保证资金用于工程建设，防止截留、挪用、调剂等违规现象的出现。

二、建设资金筹集

金台铁路建设资金主要来源于以下三方面：

（一）权益性资金

股东方拨付的资本金。主要来源于中国铁路总公司的铁路专项资金，以及地方自筹资金、地方使用国开行或农发行专项资金。资本金主要用于建设单位管理费、工程及征地拆迁款项支付。

（二）债务性资金

国内银行提供的长期贷款。公司与国家开发银行浙江省分行、中国工商银行金华分行磐安支行、中国农业银行台州分行开发区支行、中国建设银行台州分行签订了长期贷款协议，贷款金额 80 亿元，年限为 30 年。长期贷款属于固定资产投资贷款，不得用于建设单位管理费、运营成本支出，仅限于批复概算内项目支出（不含管理费用支出）。

（三）其他资金

主要包括交通部港口集疏运车购税补助、地方政府防疫补助、地方政府新增涵洞及站房扩面资金、留抵税返还等。

第三节　征地拆迁

一、铁路征迁

（一）铁路建设项目征迁工作模式

按照中国铁路总公司铁总计统〔2014〕97 号文件的指导意见，国家对新开工铁路项目，推荐按征地拆迁费用合理包干组织实施的方式。因此，在国家推荐征迁工作大包干的大环境下，地方政府作为征地拆迁实施主体，建设单位要以初步设计批复征地拆迁费用为基础，与地方政府签订征地拆迁包干实施协议。在前期铁路可研阶段对全线征迁实际情况做好调查摸底工作，包括对征地拆迁计列的项目要根据前期设计院提供的用地资料，委托第三方审价单位对相关征迁数据进行审核，确保征迁概预算足额，保证地方征迁工作顺利实施。

（二）项目建设用地合法问题

关于确保项目用地依法合规，主要有两种操作方式：

（1）参照以往铁路建设模式，先行用地批复后 1 年内土地组卷上报视为项目合规。

考虑到自然资源部门对铁路红线用地的卫星图片执法，存在着未批先建违法用地的风险，建议土地报批工作涉及地方政府和相关职能部门责任明确，土地报批工作明确职责，减少项目公司违法用地风险。

（2）完成项目用地批复后，进场施工，确保项目依法合规。

这种操作方式是最理想的项目建设状态，能够避免铁路建设过程中很多不必要的干扰，但建设工期相应地会延长。

（三）减少补征地问题

项目建设初期委托的设计院，必须与省级相关部门、地方政府以及相关部门做好沟通协调，对于有交叉施工的工程必须提前与相关建设单位明确各自用地范围，涉及项目用地尽量纳入用地批复红线范围。涉河、涉堤用地在完成水利批复后应纳入主线用地范围一并报批；基站以及站场、路基、隧道用地必须要求设计院对现场进行实地查勘，明确用地范围后再出施工图；对于占用永久基本农田、占用生态红线的情况，原则上尽量予以避免，无法完成调整的必须督促地方政府按规定进行规划调整并上报论证，完成有关报批程序的审批。

（四）征迁资料收集问题

征迁资料的收集是确保征迁费用清理工作顺利开展的前提，贯穿整个征迁过程中，需协同浙江省统征办督促各地铁指（铁办）与第三方审价单位对接核实，尽快明确各地拆迁范围内的数量及费用。主要包括征用土地、拆迁安置、补偿批准文件，征地拆迁协议书、评估资料、红线图、勘察原始记录和权属证明、补偿领用手续等证明性文件。

（五）建立省级协调机制

积极寻求集团公司的帮助，建立与浙江省发改委、浙江省自然资源厅、浙江省水利厅、浙江省林业厅、浙江省环保厅、浙江省海洋与渔业局等省级有关单位的汇报协调机制，特别是确保重难点问题与省级有关部门的沟通渠道畅通，确保问题得到及时有效解决。

第三篇
勘察设计

第二十三章　地质勘察

第一节　概　况

一、工程地质勘察内容、方法及原则

（一）勘察内容

详细查明金台铁路沿线工程地质和水文地质条件，编制工程地质勘察报告，为各类工程设计提供工程地质资料。对大型集中的路基填料取土场、铁路碎石道砟场，重要的混凝土骨料产地及工程用石料产地，进行工程地质勘测；对天然建筑材料场地进行调查勘探。工作重点为：

（1）采用综合勘探方法查明沿线地形地貌、地层岩性、地质构造、水文地质特征等工程地质条件；

（2）详细查明各类不良地质和特殊岩土的成因、类型、性质、范围、发生发展及分布规律、对线路的危害程度，提出线路通过的方式和部位；

（3）详细查明沿线桥梁工程、涵洞、隧道、路基工程的工程地质特征，为各类工程初步设计提供地质资料；

（4）配合相关专业对沿线大型或重点建筑材料场地进行材料质量及储量的工程地质勘察工作，并做出工程地质评价；

（5）对由于工程修建可能出现的地质病害，预测其发生和发展趋势及对线路方案的影响；

（6）确定沿线的岩土施工工程分级；

（7）查明天然建筑材料场地的地质条件和开采条件，采用勘探方法详细查明天然建筑材料的储量与质量，对场地的适应性做出评价，提出推荐意见。

（二）工作方法

（1）广泛搜集有关区域地质资料及既有铁路、公路以及工民建等工程地质勘察成果，详细分析、研究区域地质条件对线路的影响等，明确勘察过程中需要注意的主要问题及工作重点，并在勘察过程中逐一解决。

（2）进一步分析研究沿线的地质构造、地层岩性、工程及水文地质特征，不良地质形态、规模，

特殊岩土分布范围等自然特征，并与工程地质调绘相结合。

（3）认真做好野外地质调查测绘工作，在勘察过程中，始终将地质调查工作作为重点和先导。结合工程设置采用远观近察、由面到点、点面结合的方法进行对重要的、代表性的地质观测点进行素描或拍照，作好沿线工程地质调查记录，为有针对性地开展勘探、测试工作做准备。

（4）在详细地质调绘的基础上，结合不同段落的地层特点和工程需要，采用物探、钻探、静力触探及原位测试相结合的综合勘察手段，并采取土样进行室内常规土工试验和三轴、固结、无侧限抗压强度、有机质含量等特殊试验。对地下水、地表水均取水样进行水质分析，必要时要分层取水进行分析，部分地段必要时应结合工程设置进行水文地质试验。

① 物探主要用于隧道址区，用来查明隧道址区覆盖层厚度、有无断层（位置，空间分布范围，破碎带及影响带宽度）以及综合测井和水文测井。

② 钻探可适用于任何地层，用来采取原状土和扰动土样、进行孔内原位测试。

③ 静力触探适用于黏性土、粉土、砂类土、软土，可提供锥尖阻力、侧壁阻力、摩阻比等参数，用于对地基土进行力学分层，估算土的强度、压缩性等力学参数，确定地基土的承载力，选择桩基持力层。

④ 重型动力触探用于碎石类土，根据试验指标和地区经验，可进行力学分层，评定土的均匀性和物理性质（状态和密实度）、强度、变形参数等。

⑤ 标准贯入试验在黏性土、粉土、砂类土中进行，可用于评价黏性土及砂类土的承载力，确定砂类土的密实度，采取扰动样，鉴别和描述土的类别，判别松软土地基。

⑥ 剪切波速测试用于确定各层土的剪切波速，划分场地土类型和场地类别。

（5）对软土地基，采用综合勘察方法，针对不同工程特点分别开展相应的特殊试验和测试，并采用综合分析方法确定岩土参数，评价场地的稳定性和适宜性，为各类工程的设计提供依据。

（6）针对特长隧道越岭方案，认真分析了加深地质工作成果，安排了专门小组进行工程地质调绘与勘察。

（三）各类工程勘探原则

1. 桥涵工程

对于山区跨越大的河谷的桥梁，桥两端地形起伏较大，河谷内较平坦，地形起伏较大段落逐墩布置勘探点，对地形较平坦，地层较简单的河谷内隔墩布置勘探点，大跨连续梁逐墩布置钻孔。河谷、丘陵区一般墩台桩基础的钻孔深度以穿透覆盖层，进入弱风化基岩 3 m 为准，一般孔深约 20 ~ 25 m。对于滨海平原区的桥梁，由于地层主要为第四系松散堆积层，厚度大，考虑一般桥跨孔深 50 ~ 60 m。山区桥梁遇大跨、高墩、结构复杂的墩台时，钻孔逐墩布置，孔深一般 40 m，地质条件复杂时可一墩多孔；滨海平原区桥梁遇大跨、高墩、结构复杂的墩台时，钻孔逐墩布置，孔深一般 60 ~ 100 m。小桥及涵洞的勘探点布置应结合路基工程综合考虑，做到一孔多用，原则上每座桥、涵应有 1 个勘探点，地层情况复杂时适当加密。

2. 隧道工程

金台铁路项目沿线穿越低山丘陵区，隧道众多，地质条件复杂，隧道工程勘察应在综合分析区域地质资料和既有地质工程地质资料的基础上，以地质测绘、地质物探先行，然后有针对性的布置钻探、原位测试、水文地质实验等工作，用综合勘察技术手段对隧道工程进行勘察。

隧道应按不同地貌单元及地层岩性布置勘探孔查明地质条件；隧道洞口、浅埋地段应布置钻探；主要的地质界线和断层，重要的不良地质、特殊岩土等地段，可能产生突泥突水危害地段等处应有钻孔控制，重要的物探异常点应有钻探验证。洞身地段的钻孔位置宜布置在中线外 8 ~ 10 m；钻探完毕，应回填封孔。埋深小于 100 m 的较浅隧道或洞身段沟谷较发育的隧道，勘探点间距不宜大于 500 m。

钻孔深度：一般应钻入轨面以下 3 ~ 5 m。

长大隧道、地质复杂隧道宜采用综合勘探方法。根据需要分别采用物探、钻探（深孔和浅孔相结合）、槽探、测井以及各项测试工作，相互补充，相互验证，综合利用。并布置代表性深孔，确定地层岩性、地质构造、含水层的层位及厚度；所有的勘探深孔均应进行水文地质试验、地应力、地温、声波等综合测井工作。

3. 路基工程

一般路基段落主要分布于低山丘陵区或河谷阶地区，地层多以黏性土和碎石土为主，勘探布置结合小桥涵布置，勘探点间距为 100 ~ 200 m，孔深应至硬底以下 5 ~ 10 m，或至基岩层中 3 ~ 5 m。软土层较厚时，加深钻孔应不小于地基计算压缩层的厚度。

高路堤、陡坡路堤工程、深路堑、地质复杂的路堑工程每个工点不应少于 1 个代表性地质横断面。每个代表性地质横断面上的勘探点不应少于 2 个，深度应至路基面以下 3 ~ 5 m，存在软弱结构面时应穿过软弱结构面并进入稳定地层 3 ~ 5 m。勘探点间距 50 ~ 100 m，地质横断面的间距不应大于 100 m，地质条件复杂时候适当加密。

软土、浸水、水塘路基：采用静力触探与钻探相结合的勘探方式，勘探点间距 50 ~ 100 m，地质横断面的间距不应大于 100 m，地质条件复杂时适当加密。每个代表性地质横断面上的勘探点不应少于 2 个，勘探深度至软土的硬底或主要持力层以下 5 ~ 10 m 或基岩中 3 ~ 5 m。当软土很厚时，孔深满足设计沉降计算要求。

4. 站场及房屋建筑工程

站场建筑场地包括货场、站坪以及各段、所建筑场地，应根据场地地质情况布置勘探点。简单场地孔间距 50 ~ 70 m，中等复杂场地孔间距 20 ~ 50 m，复杂场地孔间距小于 20 m。

钻孔深度应能控制地基地层结构，土层地基一般应大于压缩层下限；对一般非岩质地基，无软弱下卧层时，勘探深度自基础底面算起，对条形基础应为基础宽度的 3 ~ 4 倍，对单独柱基应为柱基宽度（直径）的 1.3 ~ 1.5 倍（最小深度不小于 5 m），其他基础应达到持力层下 1 ~ 3 m，对需要进行变形验算的地基，部分钻孔应达到地基压缩层计算深度，即一般地层压缩层下限为附加应力的 1/5 自重应力处，软土为 1/10 自重应力处；特殊岩土场地的勘探深度不仅应满足地基强度的要求，还应满足特殊岩土场地评价的要求。

同时，根据车站及供变电等专业需要，合理布置物探工作查明大地导电率和土壤电阻率等。

5. 水文地质勘探及供水工程

在地质调查基础上，会同给排水专业一起合理选择好水源地，对于无地表水源或自来水水源的则需要合理布置物探和钻探工作，先根据调查分析需水地段的含水地层或构造，选择合适地段布置物探工作查明富水带，再根据物探资料分析，布置适当深度钻孔并进行抽提水试验，核实并查明富水带埋深及水量；同时做好各水源点的水质分析工作，以满足用水要求。

供水工程勘探点的布置应根据供水建筑物的具体位置、基础类型确定，地质条件复杂时应用地质剖面控制。采用管道供水时，应沿管线布孔，间距视地质条件而定。勘探深度视场地地层情况而定，一般应至管底埋深以下 1 ~ 2 m，特殊岩土地段应适当加深。

6. 天然建筑材料场地

在分析初测建筑材料场地和现场调查基础上，结合开采范围详细查明填料取土场和石场的岩土层结构及岩性、夹层性质及空间分布、地下水位、剥离层和剔除层厚度，分别计算建筑材料储量、评定建筑材料质量。勘探点及勘探断面间距 50 ~ 200 m，当地层单一或丘陵区有天然断面可做观测点时（观测点应有坐标控制），勘探孔间距可适当放宽，勘探孔应穿透目的层或深度大于预计开采深度。

7. 大临工程

制梁、存梁场地、场内运梁轨道应进行地质横断面勘探，沿梁摆放方向设置纵向、横向勘探断面。当地层层序有规律或深厚层第四系地层分布区，纵向勘探断面钻孔间距 64 m，横向勘探断面钻孔间距 30 ~ 40 m；基岩埋深较浅、地层复杂时，纵向勘探断面钻孔间距 32 m，横向勘探断面钻孔间距 30 ~ 40 m。勘探孔以钻孔为主、静探为辅。生活办公场地，根据其实际布置情况采用网格状勘探，勘探点纵、横向间距不宜大于 100 m。勘探点深度应穿透软土钻至硬层、主要持力层或下伏基岩内一定深度，并满足稳定性分析和变形计算要求。

混凝土、改良土等拌和站每个单独场地布置 1 ~ 2 个勘探点，孔深满足检算要求，暂按 20 m 考虑。

便道、栈桥原则利用线路勘察资料，栈桥距离铁路线位较远时（≥50 m）适当布置勘探孔验证。

金台铁路项目隧道、路堑比例较高，对于大型弃土（渣）场应加强地质调查，查明不良地质、特殊岩土情况，必要时需进行横断面勘察，为弃土（渣）场位置的选择提出合理建议。

8. 不良地质

滑坡和错落勘探、测试宜采用物探、挖探、槽探、钻探相结合的综合勘探手段，勘探点根据滑坡和错落规模、滑床形态并结合整治工程布置，一般沿主轴布置并进行必要的横断面勘探，每个勘探剖面上的勘探点不少于 3 个；勘探点间距和深度应满足工程整治设计的需要，勘探深度一般应达到滑动面（带）、错落体以下 3 ~ 5 m。危岩、落石和崩塌勘探点的布置应结合挡护和整治工程的需要布置，勘探深度应达到稳定坡面、基岩弱风化层或基底持力层以下 3 ~ 5 m。泥石流地区勘探应采用综合物探、钻探、挖探等手段相结合的综合勘探，查明泥石流堆积物的组成、厚度和泥石流流体性质。泥石流勘探的位置和数量应满足铁路工程和泥石流防止工程设计的需求，并根据工程设计需要确定测试项目。泥石流堆积物的勘探深度应至基床下稳定岩土层内不少于 3 m，且大于最大块石直径的 1.5 倍。人为坑洞勘探点的布置应根据线路纵横断面方向，并结合工程建筑物、坑洞的埋藏深度、延伸方向进行布置，数量和深度应满足各类建筑物与防护加固、治理工程设计的要求（勘探点深度一般应探至最底层洞底地层以下不小于 2.0 m）。

二、主要参考资料

（1）中华人民共和国区域地质调查报告及地质图、水文地质图（1∶50 000 的朱溪幅、汛桥幅、永康幅、田市幅、临海幅、椒江幅、黄岩幅、东塍幅、大皿幅、白水洋幅、仙居幅、磐安县幅）。

（2）国家标准《中国地震动参数区划图》（GB 18306—2001）。

（3）既有金温铁路、改建铁路金华至温州铁路扩能改造工程部分地质资料。

（4）新建铁路金台铁路项目可行性研究报告。

（5）沿线各县（市）气象资料。

（6）台州市、丽水市、金华市等地质灾害调查报告。

（7）台州市、丽水市、金华市等地区矿产资源资料。

三、勘察方法

（1）广泛搜集有关区域地质资料及既有铁路、公路以及工民建等工程地质勘察成果，详细分析、研究区域地质条件对线路的影响等，明确勘察过程中需要注意的主要问题及工作重点，并在勘察过程中逐一解决。

（2）进一步分析研究沿线的地质构造、地层岩性、工程及水文地质特征，不良地质形态、规模，特殊岩土分布范围等自然特征，并与工程地质调绘相结合。

（3）认真做好野外地质调查测绘工作，在勘察过程中，始终将地质调查工作作为重点和先导。结合工程设置采用远观近察、由面到点、点面结合的方法进行对重要的、代表性的地质观测点进行素描或拍照，作好沿线工程地质调查记录，为有针对性地开展勘探、测试工作做准备。

（4）在详细地质调绘的基础上，结合不同段落的地层特点和工程需要，采用物探、钻探、静力触探及原位测试相结合的综合勘察手段，并采取土样进行室内常规土工试验和三轴、固结、无侧限抗压强度、有机质含量等特殊试验。对地下水、地表水均取水样进行水质分析，必要时要分层取水进行分析，部分地段必要时应结合工程设置进行水文地质试验。

① 物探主要用于隧道址区，用来查明隧道址区覆盖层厚度、有无断层（位置，空间分布范围，破碎带及影响带宽度）以及综合测井和水文测井。

② 钻探可适用于任何地层，用来采取原状土和扰动土样、进行孔内原位测试。

③ 静力触探适用于黏性土、粉土、砂类土、软土，可提供锥尖阻力、侧壁阻力、摩阻比等参数，用于对地基土进行力学分层，估算土的强度、压缩性等力学参数，确定地基土的承载力，选择桩基持力层。

④ 重型动力触探用于碎石类土，根据试验指标和地区经验，可进行力学分层，评定土的均匀性和物理性质（状态和密实度）、强度、变形参数等。

⑤ 标准贯入试验在黏性土、粉土、砂类土中进行，可用于评价黏性土及砂类土的承载力，确定砂类土的密实度，采取扰动样，鉴别和描述土的类别，判别松软土地基。

⑥ 剪切波速测试用于确定各层土的剪切波速，划分场地土类型和场地类别。

（5）对软土地基，采用综合勘察方法，针对不同工程特点分别开展相应的特殊试验和测试，并采用综合分析方法确定岩土参数，评价场地的稳定性和适宜性，为各类工程的设计提供依据。

（6）针对特长隧道越岭方案，认真分析了加深地质工作成果，安排了专门小组进行工程地质调绘与勘察。

第二节　地质条件

一、地形地貌

线路位于浙江省中东部，东西连接金华、台州两市，横穿浙东南大盘山山脉和括苍山山脉。由北西至南东行径，地势中部高，东西两侧低，线路区的山系受华夏构造控制，山脉大多呈东北—西南走向，同时受东北—西南和东西向断裂带的切割，延伸出来的众多支脉纵横交织，山形破碎、峰岭交错。经过的地貌单元主要有河谷平原区、垅岗状低丘区、低山丘陵区、中山区和滨海平原区。

（1）线路区经过的永康、壶镇境内（DK0+000 ~ DK25+000）主要为永康江、南溪河冲积河谷平原、阶地及部分剥蚀垅岗状低丘区，地势起伏不大，地面标高为 70 ~ 350 m，相对高差约为 50 ~ 200 m，山坡自然坡度为 10° ~ 25°，局部山坡陡峻，基岩裸露。

（2）磐安、仙居境内（DK25+000 ~ DK126+600）整体地貌呈马鞍形，除永安溪两侧冲积河谷平原外，其余地段均为中、低山区和局部丘陵区；区内山高谷深，河流发育，火山、盆地、峡谷等地貌均有出现。地面标高为 150 ~ 1 200 m，相对高差约为 200 ~ 1 000 m，山坡自然坡度为 25° ~ 45°，基岩裸露区可达 50° ~ 60°。沿线河流与山脉的延伸方向受构造线的控制，并与构造线的走向基本一致；河谷形态多为 V 形，阶地不发育。

（3）临海、台州境内（DK126+600 ~ DK150+452）灵江河口平原和台州滨海平原区地形平坦、地势开阔，局部出露山坡陡峻，基岩裸露，地面标高一般都在 10 m 以下，大部分辟为农田、房屋和厂房。

二、地层岩性

沿线地层较复杂，新生界、中生界地层均有出露。以侏罗统上统火山岩系最为发育，次为白垩系陆相碎屑沉积岩和第四系松散沉积层。

永康—壶镇段主要出露白垩系的紫红色砂岩、砂砾岩夹棕红色薄层砂质泥岩。其中法莲—白沙川、岭脚一带则以白垩系、侏罗系上统凝灰岩、含砾凝灰岩为主。

磐安—台州附近低中山、丘陵主要为侏罗系晶屑玻屑熔结凝灰岩、凝灰质砂岩，其中在仙居盆地出露白垩系砂砾岩、泥岩，局部出露有燕山晚期侵入岩。近台州之丘陵则出露白垩系的砂岩、砂砾岩夹火山岩，有流纹岩、霏细岩及花岗斑岩脉状产出。

第四系地层主要分布于永康江、南溪、好溪、永安溪、灵江各河流沿岸及台州滨海平原区。在山间谷地及平缓山坡有面积不大，厚度较薄的松散堆积物分布。台州滨海平原则主要沉积深厚层海积相淤泥，淤泥质粉质黏土等。岩性由新到老详述如下：

（一）第四系地层（Q）

第四系地层主要分布在河流两岸及平原、谷地及丘陵、丘前斜坡、低山等地。地层主要成因有冲积层（Q^{al}）、冲海积层（Q^{al+m}）、冲洪积层（Q^{al+pl}）、坡洪积层（Q^{dl+pl}）、残坡积层（Q^{el+dl}）、崩积层（Q^{col}）。

（1）第四系全新统冲海积层（$Q_4{}^{al+m}$）主要分布于台州海积平原区及山间坳谷，台州海积平原区表层为黄褐色粉质黏土、黏土，软塑，厚 2 ~ 4 m，其下为灰色、青灰色淤泥质黏土、淤泥，流塑状，间夹薄层粉砂、细砂，厚大于 30 m。坳谷主要岩性为粉质黏土、青灰色淤泥质黏土、淤泥，软—硬塑—流塑状，与粉砂、细砂互层，厚 15 ~ 20 m，底部为卵石或砂砾石与淤泥质黏土互层，厚 2 ~ 20 m 不等。

（2）第四系全新统冲洪积层（$Q_4{}^{al+pl}$）主要分布于永康江、好溪、永安溪的河床河漫滩及一级阶地，主要岩性为砂、卵石层，上部粉质黏土，褐黄色—褐灰色，软—硬塑，厚 2 ~ 8 m 不等，局部厚大于 20.0 m。河床、河漫滩主要由卵石、砾石夹大量漂石构成，厚度 1 ~ 20 m。

（3）第四系全新统坡洪积层（$Q_4{}^{dl+pl}$）主要岩性为粉质黏土，褐黄色—褐灰色，软—硬塑，局部流塑，厚 1 ~ 10 m 不等，局部厚大于 20.0 m。主要分布于丘间谷地及山间河流阶地上。

（4）第四系残坡积层（Q^{el+dl}）主要为粉质黏土，夹碎石及角砾，硬塑—坚硬，厚 0 ~ 5.0 m。主要分布在低山、丘陵及丘前斜坡。

（5）第四系崩积层（Q^{col}）主要岩性为褐黄色粉质黏土夹大量碎石、块石或碎石土、块石土，厚 5 ~ 25.0 m，局部厚大于 30.0 m。主要分布于陡坡坡脚处，形成岩堆。

（6）第四系上更新统冲积层（Q_3^{al}），为褐色含砾粉质黏土，下部棕黄色砂砾石层，分布于永康江两岸冲积高阶地上，灵江两岸高阶地也有分布。

（7）第四系上更新统湖积层（Q_3^{l}），为灰褐色、灰褐色粉质黏土，分布于台州南站、头门港新区站附近。

（二）白垩系地层（K）

（1）白垩系上统塘上组（K_2t）岩性为酸性火山岩为主，间夹紫红色砂岩、砂砾岩岩性组合为暗紫色中—厚层、中—薄层含钙质粉砂岩、细粉砂岩夹黄绿色中—薄层含泥质粉砂岩、含砾砂岩、细砂岩。主要分布于铁路壶镇周边和仙居县西部，地貌多表现为侵蚀剥蚀垄岗台地。

（2）白垩系上统赖家组（K_2l）岩性主要为紫红色碎屑沉积岩，夹少量酸性火山碎屑岩，线路西部主要集中分布在壶镇周边的赤溪村、凤凰山村、东山村、芦西村、里隆村、新兴村、上（下）宅村、和睦村；中部主要集中分布在仙居县城的周边；东部主要集中分布在括苍镇的周边。

（3）白垩系上统赤城山组（K_2c）岩性组合以紫红色沉积岩为主，局部夹火山碎屑岩薄层。岩性下部为紫红色钙质泥质粉砂岩、细砂岩和泥岩，局部夹薄层流纹质玻屑凝灰岩；上部是紫红色砂砾岩、凝灰质砂岩。分布于金田—谷岩一带。

（4）白垩系下统馆头组（K_1g）上部为灰绿、黄绿、灰红砂、泥岩，局部夹流纹质含砾凝灰岩，下部为暗紫色砾岩夹砂岩等，分布于永康南、石柱镇一带。

（5）白垩系下统方岩组（K_1f）岩性主要为灰紫、紫红色厚层块状砂砾岩、砾岩，主要分布在线路西部的前仓镇一带。

（6）白垩系下统朝川组（K_1c）岩性组合以紫红色沉积岩为主，局部夹火山碎屑岩薄层。岩性下部为紫红色钙质泥质粉砂岩、细砂岩和泥岩，夹 3～4 层厚约 10 m 的流纹质玻屑凝灰岩，局部夹薄层状安山质凝灰岩；上部是紫红色砂砾岩、凝灰质砂岩。分布于线路的西部，永康盆地周边。

（三）侏罗系地层（J_3）

磐安至台州沿线侏罗系上统地层广泛出露。

（1）侏罗系上统高坞组（J_3g），是晚侏罗世第一旋回第一亚旋回火山喷发的产物，火山活动较强烈，以爆发作用为主，形成一套碎屑流相的火山喷发堆积物。主要为青灰、灰紫色块状流纹质晶屑熔结凝灰岩，夹英安质晶屑熔结凝灰岩，流纹质晶屑凝灰岩。

（2）侏罗系上统西山头组（J_3x），是该区域火山喷发第一旋回第二亚旋回所产生的一套陆相火山－沉积岩系地层，以空落相和涌流相为主，岩石组合复杂，主要为酸性—中酸性火山碎屑岩和火山碎屑沉积岩。主要为浅紫色、浅灰色流纹质角砾凝灰岩、熔结凝灰岩、玻屑凝灰岩夹安山岩、流纹岩等。该组地层广泛分布在磐安—台州段。

（3）侏罗系上统茶湾组（J_3c），是第三亚旋回第一阶段火山喷发—沉积相的产物。底部（原始盆地边缘）为一层流纹质玻屑凝灰岩或流纹质沉凝灰岩；中部岩性较杂，以浅灰色、灰紫色凝灰质砂岩、粉砂质泥岩、含砾泥岩为主；中上部为一套较稳定的紫红色凝灰质粉砂岩，局部夹流纹质玻屑凝灰岩；上部为一层流纹质玻屑凝灰岩。该组地层主要分布在磐安。

（4）侏罗系上统九里坪组（J_3j），是第三亚旋回第二阶段火山喷溢所形成的一套喷溢相酸性熔岩及崩落相集块角砾熔岩。以紫红色流纹岩为主，夹球泡流纹岩，流纹斑岩及凝灰岩、砂岩等。该组地层主要分布在永康石柱镇附近，缙云壶镇牛和岭隧道一带。

（四）侵入岩

（1）$\zeta\mu J_3$ 次火山岩时代侏罗纪上统英安玢岩、英安岩，主要分布于里弄、杨庵、前金村一带。

（2）$\lambda\pi J_3$ 次火山岩时代侏罗纪上统流纹斑岩、霏细斑岩，呈脉状产出，在缙云壶镇牛和岭一带有分布。

（3）$\lambda\pi K_1$ 次火山岩时代白垩系下统流纹斑岩、霏细斑岩，呈脉状产出，在临海附近有分布。λK_1 次火山岩时代早白垩世流纹岩、霏细岩，呈岩株状产出，在临海紫砂岙附近有分布。

（4）$\gamma^{53(1)}$c 燕山晚期花岗岩，为多次侵入的复式岩体，主要出露在线路的中东部，龙潭岙以北，面积较小。岩性为红色细、中粒，钾长花岗岩。

（5）$\gamma\pi$（$\gamma\pi_5^{2(3)}$、$\gamma\pi J$）燕山晚期花岗斑岩，呈脉状产出，主要分布于工作区的中西部，为多期次花岗斑岩，斑状结构，风化现象较为严重。

（6）υ（$\upsilon\pi$、$\upsilon o\pi$）霏细岩（霏细斑岩、石英霏细斑岩）主要分布在将军岭隧道一带，呈北东—南西向展布，风化现象较为严重，风化壳较厚。

（7）$\eta\gamma$ 二长花岗岩，主要集中分布在工作区东北部临海箱版纸厂、周岙、里坑一带。

（8）$\zeta\gamma$ 斜长花岗岩，仅出露在山枝柱外，为细—微细粒钾长花岗岩，从遥感影像上看坚硬致密，形成陡峭的山体。

（9）$\beta\mu$ 玄武（玢）岩，主要分布在杨峰山、张山头一带，呈块状结构。

（10）$\alpha\mu$ 安山玢岩，燕山早期安山玢岩分布在 DK129 峙前村附近，燕山晚期的安山玢岩集中分布在上徐村、西施村，出露面积均较小。

另外线路区局部零星出露石英矿脉、萤石矿脉。

三、地质构造

线路区在大地构造上属华南褶皱系，为加里东期褶皱回旋之年轻地台，中生代岩浆活动强烈。由于基底固结程度高，在陆缘活动阶段，自印支期及燕山早期，断裂活动十分发育，其承袭基底的北东向断裂，至燕山晚期断裂偏转后，北北东向等断裂也得到发育。线路经过其次级构造单元浙东南褶皱带，其构造差异又以丽水—余姚深断裂为界，其西为丽水—余姚隆起，东为临海—台州坳陷。两者在性质和断裂构造分布上又有明显差异。沿线另有北东向鹤溪—奉化大断裂、台州—镇海大断裂，北西向淳安—台州大断裂，东西向衢州—天台大断裂及分布于临海—台州拗陷的大型 X 形共轭剪切断裂组等，它们控制着该区地貌、水系、脉状及岩株状火山岩形态、不良地质体的基本格局。见图 23-1。

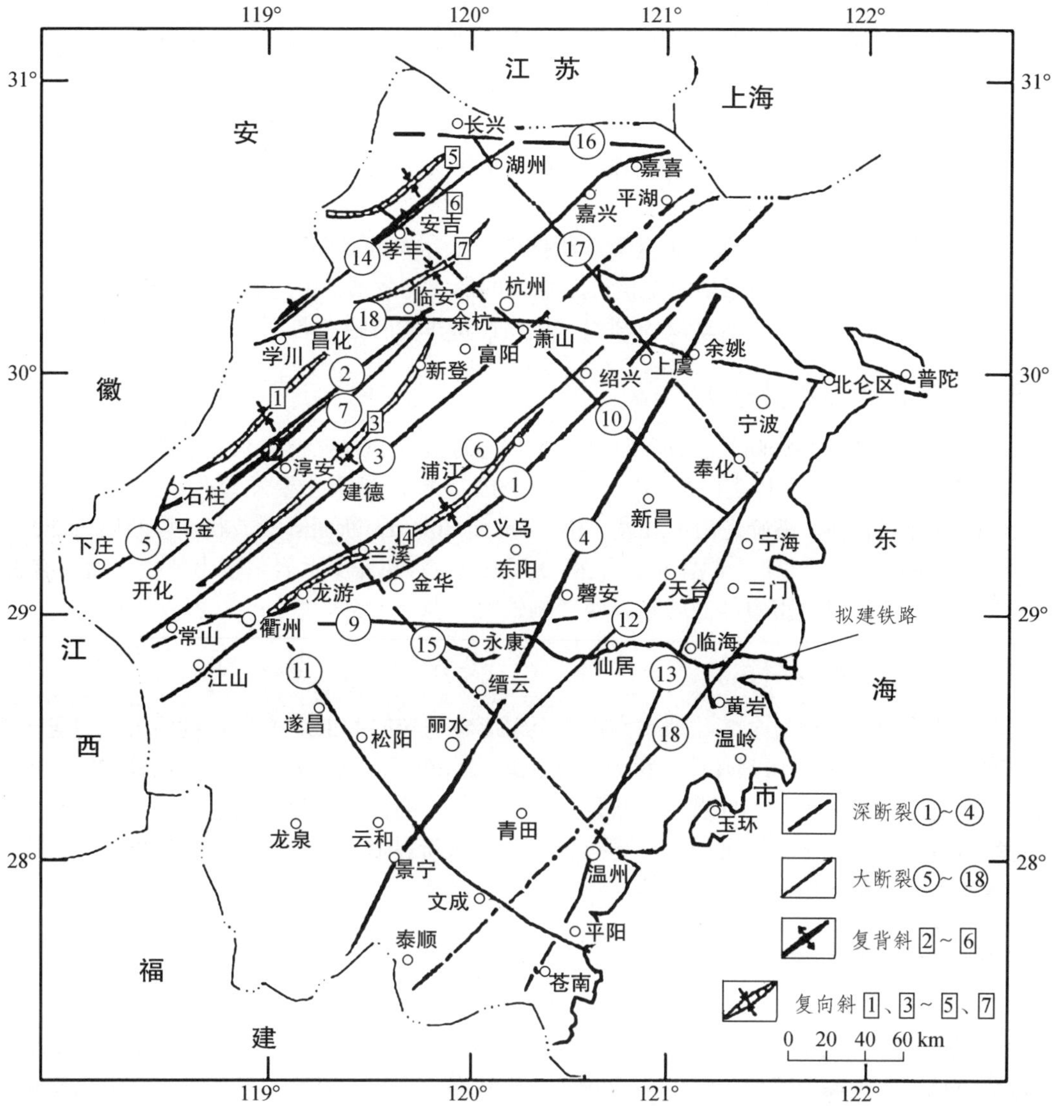

①江山—绍兴深断裂　②马金—乌镇深断裂　③球川—萧山深断裂　④丽水—余姚深断裂

⑤下庄—石柱大断裂　⑥常山—漓渚大断裂　⑦开化—淳安大断裂　⑧昌化—普陀大断裂

⑨衢州—天台大断裂　⑩孝丰—三门湾大断裂　⑪松阳—平阳大断　⑫鹤溪—奉化大断裂

⑬温州—镇海大断裂　⑭学川—湖州大断裂　⑮淳安—州大断裂　⑯湖州—嘉善大断裂

⑰长兴—奉化大断裂　⑱泰顺—黄岩大断裂　1 鲁村—麻车埠复向斜　2 龙源村—印渚埠复背斜

3 华埠—新登复向斜　4 江山—诸暨复向斜　5 四杭域—长兴复向斜　6 学川—白水湾复背斜

图 23-1　金台铁路构造略图

线路通过地区构造复杂，由于凝灰岩及侵入岩质地坚硬，故在受到区域性挤压应力作用后，常常产生断裂，而不易产生明显的褶皱构造。故该区的构造以断裂为主，辅以平缓的褶曲及盆地型构造。主要存在四个方向的构造体系，即北东向华夏系构造体系（走向一般 N40°—60°E）、北北东向新华夏系构造体系（走向呈 NE18°—25°或稍大）、东西向构造体系及北西向构造体系。与线路有关的主要构造有 1 条深断裂和 5 条大断裂，即线路区西北部的丽水—余姚深断裂、鹤溪—奉化大断裂，线路区北部的衢州—天台大断裂，线路区西南的淳安—温州大断裂以及线路区东南的温州—镇海大断裂和泰顺—黄岩大断裂。

（一）丽水—余姚深断裂（F_4）

丽水—余姚深断裂是浙东南最醒目的断裂构造，南延福建，北经嵊州市过余姚，潜入杭州湾水域，总体走向为 N30°E，浙江省内长达 350 km。地表为一系列 NE、NNE 向大致平行或斜列的仰冲断裂组成，断裂带宽达 15 ~ 40 km。丽水盆地南部至石塘村以南岩石遭受动力变质作用，出现强烈的片理化及千枚岩化，宽达 3 ~ 4 m。沿断裂带有燕山晚期酸性岩体侵入。在东阳尖山镇至新昌、嵊州市一带，有大量的晚第三纪玄武岩喷出。

在壶镇、丽水一带，基性、超基性岩筒呈串珠状排列产出。大量资料表明该断裂与晚侏罗世的火山喷发活动没有亲缘关系，但它却直接控制了早白垩世许多盆地的形成与发展。由此看来，它不是基底断裂的复活，而是燕山期才开始形成，在白垩世末活动最为剧烈。线路在将军岭隧道一带通过该断裂，对工程影响较大。

（二）鹤溪—奉化大断裂（F_{12}）

该大断裂南段与丽水—余姚深断裂合并，往北经仙居盆地北缘，并继续向东北方向延伸，直抵宁波盆地南缘与温州—镇海大断裂会合，主体走向呈 NE 向，全长约 215 km。断裂主要发育在侏罗系和白垩系地层中，并多次切割燕山晚期花岗岩体。破碎带南窄北宽，由 20 m 至 300 m，断面舒缓波状。该断层可能是基底断裂的复活，故推测断裂形成于加里东期，鹤溪群的沉积受其控制，对晚侏罗世岩浆喷出与侵入活动有直接影响，燕山晚期活动又相当强烈。对线路中部仙居县以西影响较大。

（三）衢州—天台大断裂（F_9）

该大断裂西起常山之北，通过金衢盆地中南部，至永康象珠转向 NEE，而后再度沿 EW 延伸至天台，长约 250 km，总体为 EW 向。断层切割晚侏罗世及白垩纪地层。断层形迹清晰，挤压透镜体和密集的劈理带发育。东段的朝川组直立倒转，挠曲十分强烈。断裂形成于燕山早期，燕山晚期仍有强烈活动，与 NE 向构造联合控制金衢盆地方岩组和金华组的沉积。喜马拉雅期，沿该断裂带发育了一系列超基性岩筒，东端尚有玄武岩喷溢。控制着整个线路区东西向断裂。

（四）淳安—温州大断裂（F_{15}）

该大断裂斜贯浙江中部，呈 310° ~ 320°方向延伸，西北起自淳安洪家附近，南经兰溪、金华至温州，全长约 300 km。建德市白沙一带和金衢盆地见一组 NW 向断裂断续分布，断面常见其追踪现象，断裂中有石英脉、花岗斑岩脉充填。该大断裂形成于燕山期，断裂性质曾多次转化。对线路起点永康市境内影响较大。

（五）温州—镇海大断裂（F_{13}）

该大断裂总体走向为 N25°E，起自黄岩长潭水库，北经林海、宁海、镇海而潜没于灰鳖洋水域之下，这一地段地表断裂十分醒目。南段地表显示较差，长潭水库以南经温州、矾山并伸入福建境内，全长约 320 km，它由一系列 NE、NNE 向断裂组成宽 5 ~ 10 km 的断裂带，断面多向 NW 倾，倾角陡立。该断裂可能形成于燕山中晚期。历史上温州、临海、镇海曾多次发生地震，南溪附近的温泉及深圳一带的陡崖深谷，都表明该断裂近时期尚在活动。对线路中部临海市境内影响较大。

（六）泰顺—黄岩大断裂（F_{18}）

该断裂位于浙江东南沿海，呈 NE 向展布，由泰顺往 NE 经永嘉、黄岩直抵三门湾，浙江省内长约 260 km。

地表为断续出露的 NE 向断裂，一般长达 20 ~ 30 km。断裂多发育在上侏罗统和白垩系中，燕山晚期的岩体常被其切割。对头门港支线及台州南货车联络线影响较大。

上述深大断裂的性质多为压性，基本发育特征见表 23-1，线路区详细断层发育特征见表 23-2。

表 23-1 沿线深大断裂发育特征一览

编号	断裂名称	总体走向	断裂宽度/km	断裂性质
F_4	丽水—余姚深断裂	N30°E	15 ~ 40	压性
F_{12}	鹤溪—奉化大断裂	总体 NE	0.02 ~ 0.3	压性
F_9	衢州—天台大断裂	总体 EW	20	压性
F_{15}	淳安—温州大断裂	总体 NW	2 ~ 10	先压后张
F_{13}	温州—镇海大断裂	N25°E	5 ~ 10	压性
F_{18}	泰顺—黄岩大断裂	总体 NE	1 ~ 2	压性

表 23-2 沿线详细断层发育特征一览

序号	断层编号	线路交叉里程	断层性质	断层产状
1	F_{BF1}	DK1+575.88	逆断层	230°∠80°
2	F_{BF2}	DK1+901	逆断层	126°∠80°
3	F_{BF3}	DK3+025.53	逆断层	230°∠80°
4	F_{BF4}	DK3+561.67	逆断层	315°∠65°
5	F_{BF5}	DK3+744.03	逆断层	315°∠65°
6	F_{LQ1}	DK11+637	推测断层	—
7	F_{LQ2}	DK11+865.48	逆断层	230°∠80°
8	F_{TJ1}	DK12+254.34	逆断层	200°∠80°
9	F_{XS1}	DK12+663.43	逆断层	200°∠80°
10	F_{XS2}	—	物探推测	—
11	F_{XS3}	—	物探推测	—
12	F_{XS4}	DK14+136.03	正断层	200°∠80°
13	F_{XS5}	—	物探推测	—
14	F_{XS6}	—	物探推测	—
15	F_{BS1}	DK15+937.49	逆断层	200°∠80°
16	F_{SQ1}	DK190+720	物探推测	—
17	F_{NH1}	DK25+883	逆断层	198°∠56°
18	F_{NH1-1}	DK26+010	逆断层	67°∠46°
19	F_{NH2}	DK26+761	逆断层	93°∠84°
20	F_{NH3}	DK27+001	逆断层	93°∠85°
21	F_{NH4}	DK28+95	逆断层	64°∠88°
22	F_{NH5}	DK29+022	物探推测	270°∠63°
23	F_{NH6}	DK29+241	正断层	270°∠45°

续表

序号	断层编号	线路交叉里程	断层性质	断层产状
24	F_{NH7}	DK29+820	正断层	260°∠80°
25	F_{NH8}	DK29+902	物探推测	229°∠48°
26	F_{SQK1}	DK31+813.9	正断层	34°∠69°
27	F_{YQT1}	DK32+630	正断层	107°/81°
28	F_{PT1}	DK34+336.58	正断层	60°/75°
29	F_{PT2}	DK34+645.4	正断层	18°∠85°
30	F_{PT3}	DK35+051	正断层	97°∠74°
31	F_{YT1}	DK41+676	物探推测	—
32	F_{YT2}	DK41+988	物探推测	—
33	F_{YT3}	DK42+436	物探推测	—
34	F_{YT4}	DK43+520	正断层	56°∠89°
35	F_{JJL1}	DK45+300	正断层	332°∠72°
36	F_{JJL2}	DK45+890	正断层	319°∠82°
37	F_{JJL3}	DK46+075	正断层	140°∠89°
38	F_{JJL4}	DK46+240	逆断层	325°∠85°
39	F_{JJL5}	DK46+899	逆断层	353°∠50°
40	F_{JJL6}	DK47+451	正断层	324°∠80°
41	F_{JJL7}	DK48+622	物探推测	205°∠78°
42	F_{JJL8}	DK49+115	正断层	122°∠67°
43	F_{JJL9}	DK49+547	物探推测	1°∠65°
44	F_{JJL10}	DK51+132	物探推测	338°∠77°
45	F_{JJL11}	DK51+437	逆断层	288°∠86°
46	F_{JJL12}	DK52+181	物探推测	294°∠86°
47	F_{JJL13}	DK53+846	物探推测	178°∠89°
48	F_{JJL14}	DK53+961	物探推测	302°∠72°
49	F_{JJL15}	DK54+608	物探推测	275°∠89°
50	F_{JJL16}	DK55+318	物探推测	278°∠75°
51	F_{JJL17}	DK55+609	正断层	308°∠75°
52	F_{JJL18}	DK56+700	物探推测	98°∠80°
53	F_{JJL19}	DK57+372	正断层	309°∠75°
54	F_{J1}	DK58+970	物探推测	—
55	F_{J2}	DK59+378	物探推测	—
56	F_{H1}	DK60+770.3	物探推测	—
57	F_{ZY1}	DK61+901.5	物探推测正断层	262°∠71°
58	F_{ZY2}	DK62+393.5	物探推测正断层	262°∠71°

续表

序号	断层编号	线路交叉里程	断层性质	断层产状
59	F_{ZY3}	DK62+622.7	物探推测正断层	262°∠51°
60	F_{ZY4}	DK62+816.5	物探推测正断层	82°∠57°
61	F_{ZY5}	DK63+465.7	物探推测正断层	82°∠82°
62	F_{ZY6}	DK63+729.7	物探推测正断层	262°∠75°
63	F_{2-9}	DK64+704.5	逆断层	106°∠53°
64	F_{ll1}	DK65+148.5	正断层	147°∠80°
65	F_{ll2}	DK65+803.4	正断层	300°∠65°
66	F_{da1}	DK67+151.6	正断层	289°∠63°
67	F_{da2}	DK67+357	正断层	109°∠86°
68	F_{da3}	DK68+279	正断层	3°∠89°
69	F_{daq1}	DK69+400	正断层	63°∠80°
70	F_{DL1}	DK70+813.4	物探推测	—
71	F_{DL3}	DK71+619.8	物探推测	—
72	F_{2X1}	DK74+480	物探推测	—
73	F_{QL1}	DK79+636.3	物探推测	—
74	F_{QL2}	DK80+130	物探推测	—
75	F_{XL1}	DK83+120	物探推测	—
76	F_{NX1}	DK87+180	物探推测	—
77	F_{za1}	DK85+310	逆断层	130°∠60°
78	F_{za2}	DK85+900	逆断层	110°∠70°
79	F_{za3}	DK86+820	物探推测逆断层	220°∠75°
80	F_{nz1}	DK89+652	逆断层	25°∠70°
81	F_{nz2}	DK89+840	正断层	40°∠70°
82	F_{nz3}	DK90+670	逆断层	5°∠75°
83	F_{nz4}	DK91+060	逆断层	50°∠705°
84	F_{nz5}	DK91+490	正断层	225°∠85°
85	F_{nz6}	DK91+836	逆断层	39°∠80°
86	F_{nz7}	DK92+794	正断层	30°∠75°
87	F_{nz8}	DK93+360	正断层	260°∠65°
88	F_{ct1}	DK98+381	推测正断层	10°∠75°
89	F_{xj1}	DK100+980	逆断层	110°∠75°
90	F_{xj2}	DK101+300	正断层	225°∠65°
91	F_{cj1}	DK103+870	正断层	146°∠80°
92	F_{cj2}	DK104+030	正断层	260°∠75°
93	F_{cj3}	DK104+663	推测正断层	315°∠85°

续表

序号	断层编号	线路交叉里程	断层性质	断层产状
94	F_{cj4}	DK105+360	推测正断层	325°∠80°
95	F_{cj5}	DK106+700	逆断层	120°∠75°
96	F_{cj6}	DK107+240	正断层	135°∠80°
97	F_{cj7}	DK107+320	正断层	35°∠80°
98	F_{jj1}	DK116+280	推测正断层	315°∠70°
99	F_{jj2}	DK117+485	逆断层	25°∠75°
100	F_{jj3}	DK119+001	正断层	300°∠75°
101	F_{jj4}	DK120+350	推测正断层	130°∠80°
102	F_{jj5}	DK121+257	正断层	20°∠85°
103	F_{zs1}	DK122+774	推测逆断层	227°∠87°
104	F_{zs2}	DK123+034	推测逆断层	227°∠87°
105	F_{zs3}	DK123+994	推测正断层	181°∠76°
106	F_{sa1}	DK125+304.8	物探推测	产状不明
107	F_{sa2}	DK125+379	物探推测	产状不明
108	F_{sa3}	DK125+529	物探推测	产状不明
109	F_{sa4}	DK125+822	正断层	100°∠80°
110	F_{sa5}	DK125+960	物探推测	产状不明
111	F_{sa6}	DK126+327	正断层	25°∠70°
112	F_{gy1}	DK130+643	正断层	132°∠80°
113	F_{gy2}	DK130+760	正断层	71°∠84°
114	F_{DS1}	DK135+200	逆断层	262°∠77°
115	F_{DS2}	DK135+369	逆断层	346°∠84°
116	F_{DS3}	DK135+793.06	逆断层	289°∠75°
117	F_{DS4}	DK135+918.2	逆断层	350°∠79°
118	F_{DS5}	DK136+173.28	逆断层	318°∠75°
119	F_{DS6}	DK136+510	逆断层	28°∠75°
120	F_{DS7}	DK137+320	逆断层	87°∠82°
121	F_{DS8}	DK137+618.16	逆断层	351°∠84°
122	F_{3Q1}	DK139+360	逆断层	250°∠86°
123	F_{3Q2}	DK139+595.65	逆断层	110°∠52°
124	F_{3Q3}	DK139+908.813	逆断层	287°∠42°
125	F_{MT1}	DK140+621.17	逆断层	267°∠85°
126	F_{MT2}	DK140+740	逆断层	305°∠63°
127	F_{MT3}	DK141+060	逆断层	295°∠75°
128	F_{S1}	DK145+783.77	逆断层	305°∠76°

续表

序号	断层编号	线路交叉里程	断层性质	断层产状
129	F_{S2}	DK146+125.06	逆断层	249°∠88°
130	F_{S1}	DK147+380	逆断层	125°∠73°
131	F_{S2}	DK147+925.38	逆断层	292°∠82°
132	F_{LJ1}	LDK4+020	逆断层	310°∠84°
133	F_{LJ2}	LDK4+499.36	逆断层	322°∠64°
134	F_{LJ3}	LDK5+500	逆断层	122°∠66°
135	F_{LJ4}	LDK6+021.65	物探推测	—
136	F_{LJ5}	LDK6+310	逆断层	170°∠81°
137	F_{LJ6}	LDK6+660	逆断层	204°∠79°
138	F_{LJ7}	LDK7+500.4	逆断层	230°∠87°
139	F_{LJ8}	LDK7+758.33	逆断层	174°∠65°
140	F_{LJ9}	LDK8+338.33	逆断层	220°∠70°
141	F_{W1}	LDK11+200.49	逆断层	162°∠74°
142	F_{HSA1}	TDK8+634.4	物探推测	—
143	F_{HSA2}	TDK9+730	逆断层	166°∠84°
144	F_{WAS1}	TDK12+180	逆断层	111°∠80°
145	F_{WAS2}	TDK12+426.26	逆断层	142°∠80°
146	F_{WAS3}	TDK13+750	逆断层	224°∠80°
147	F_{WAS4}	TDK13+980	逆断层	124°∠76°
148	F_{WAS5}	TDK14+600	逆断层	292°∠88°
149	F_{XA1}	TDK17+160	逆断层	137°∠81°
150	F_{XA2}	TDK17+520	逆断层	149°∠82°
151	F_{XA3}	TDK18+520	逆断层	93°∠81°
152	F_{XA4}	TDK18+960.4	逆断层	126°∠83°
153	F_{DA1}	TDK29+020	逆断层	285°∠76°
154	F_{DA2}	TDK29+460	逆断层	285°∠86°
155	F_{DA3}	TDK29+760	逆断层	131°∠80°
156	F_{DA4}	TDK30+530	逆断层	128°∠80°
157	F_{DA5}	TDK31+150	逆断层	272°∠74°
158	F_{DA6}	TDK32+453.12	逆断层	98°∠74°
159	F_{Y1}	TDK37+020.72	逆断层	175°∠77°
160	F_{Y2}	TDK37+869.24	逆断层	132°∠58°
161	F_{Y3}	TDK38+580	逆断层	348°∠83°
162	F_{Y4}	TDK39+000	逆断层	334°∠82°

四、地震动参数区划

根据国家标准《中国地震动参数区划图》(GB 18306—2001)(1/4 000 000),结合沿线地质条件分析,全线地震动峰值加速度 $<0.05g$,地震动反应谱特征周期分区为1区。

五、水文地质特征

(一)地下水分布及特征

线路区地形、地质条件复杂,岩性变化大,山高坡陡谷深,气候的平面分区和垂直分带明显,各处水文地质条件差异较大。区内构造规模大,岩浆作用普遍,岩体节理、裂隙发育,为地下水的运移提供了有利条件。线路区的地下水类型主要有以下三种:松散岩类孔隙潜水及孔隙承压水、红色碎屑岩类孔隙裂隙水和基岩裂隙水,均受大气降水补给。

(1)松散岩类孔隙潜水及孔隙承压水:滨海平原区第四系孔隙潜水及承压水主要分布于台州地区的平原,赋存于冲海积淤泥质土、砂类土和冲洪积碎石类土层中,主要接受大气降水及潮汐补给,水量和水位受降水及潮汐影响大,另外也有山区高水位地层的侧向补给;主要通过向低水位地层渗透及蒸发的方式排泄。受地形影响和季节性降水影响,地下水埋深变化幅度和升降幅度较大,一般大于 5 m,属径流性潜水,对工程影响不大。河谷区第四系孔隙潜水主要呈狭长的条带状赋存于线路区河谷平原两岸漫滩和阶地及冲沟、丘间坳谷及宽缓槽谷等第四系松散堆积层的孔隙中。河谷平原含水层为砂类土、卵砾石层。富水性极丰富 - 丰富,埋藏浅,水质好;阶地及冲沟、丘间坳谷及宽缓槽谷地段,含水层为含砾粉质黏土、砂砾石含黏土层,富水性中等 - 贫乏,埋藏较浅,水质好。水量和水位较稳定,各条沟谷中水位埋深差异较大。一般在 1 ~ 30 m。对工程有一定影响。

(2)红色碎屑岩类孔隙裂隙水:分布于垅岗状低丘区,含水岩组为白垩系粉砂岩、粉砂质泥岩、泥岩、砾岩等,地下水主要赋存于风化裂隙和构造裂隙中,由于风化层薄,且裂隙不甚发育,富水性中等 - 极贫乏,水质较好,主要接受大气降水的补给,以泉的形式排泄。对隧道工程影响较大。

(3)基岩裂隙水:沿线基岩裂隙水有构造裂隙水和风化裂隙水。分布于低山丘陵区、中山区,主要赋存于基岩的构造裂隙和风化裂隙中,含水岩组为侏罗系地层,水量受节理、裂隙发育程度影响较大,富水性极不均一,浅部风化裂隙发育富水性稍强;在张性、张扭性断裂带或断裂交叉部位,水量较丰富,常形成赋水不均匀的脉状水,除此之外,沿线富水性贫乏—极贫乏。水质一般较好,主要接受大气降水的补给,以泉的形式排泄。对工程有一定影响。

(二)沿线水质对混凝土的侵蚀性评价

针对沿线不同地貌单元地下水、地表水取代表性样品进行了水质化学分析,沿线地表水及地下水对混凝土结构具侵蚀性段落的分布见表 23-3 和表 23-4。

表 23-3 地表水对混凝土结构侵蚀性分布段落

序号	起讫里程	侵蚀性	环境作用等级	备注
1	DK12+012 处河流	二氧化碳侵蚀	H1	正线
2	DK16+177 处河流	二氧化碳侵蚀	H1	
3	DK19+820 处水沟	二氧化碳侵蚀	H1	
4	DK23+030 处水塘	二氧化碳侵蚀、酸性侵蚀	H1	
5	DK89+321 处河流	二氧化碳侵蚀、酸性侵蚀	H1	
6	DK89+321 处河流	酸性侵蚀	H1	

续表

序号	起讫里程	侵蚀性	环境作用等级	备注
7	DK94+665 处河流	二氧化碳侵蚀	H1	正线
8	DK97+463 处地表水	二氧化碳侵蚀、酸性侵蚀	H1	
9	DK142+200 处水塘	氯盐侵蚀	L1	
10	TDK4+337 处河流	二氧化碳侵蚀	H1	头门港支线
11	TDK6+470 灵江	氯盐侵蚀、硫酸盐侵蚀、镁盐侵蚀	L3、H2	
12	TDK7+462 处河流	二氧化碳侵蚀	H1	
13	TDK15+720 处河流	二氧化碳侵蚀	H1	

表 23-4 地下水对混凝土结构侵蚀性分布段落

序号	起讫里程	侵蚀性	环境作用等级	备注
1	SDK0+000 ~ SDK4+000	酸性侵蚀	H1	永康南疏解线
2	SDK4+000 ~ SDK4+511	二氧化碳侵蚀	H1	
3	DK0+000 ~ DK4+000	酸性侵蚀	H1	正线
4	DK5+300 ~ DK5+830	二氧化碳侵蚀	H1	
5	DK6+300 ~ DK6+480	二氧化碳侵蚀	H1	
6	DK11+849 ~ DK12+100	二氧化碳侵蚀	H2	
7	DK12+300 ~ DK12+400	二氧化碳侵蚀	H2	
8	DK14+600 ~ DK17+240	二氧化碳侵蚀	H1	
9	DK17+240 ~ DK17+340	二氧化碳侵蚀	H1	
10	DK17+340 ~ DK17+500	二氧化碳侵蚀、酸性侵蚀	H2、H1	
11	DK17+500 ~ DK17+785	二氧化碳侵蚀	H1	
12	DK18+940 ~ DK19+560	二氧化碳侵蚀	H1	
13	DK20+000 ~ DK22+800	二氧化碳侵蚀	H1	
14	DK23+400 ~ DK24+900	二氧化碳侵蚀	H1	
15	DK92+600 ~ DK93+655	二氧化碳侵蚀、酸性侵蚀	H1	
16	DK93+655 ~ DK95+520	二氧化碳侵蚀	H1	
17	DK100+790 ~ DK101+760	二氧化碳侵蚀	H1	
18	DK107+300 ~ DK109+300	二氧化碳侵蚀、酸性侵蚀	H1	
19	DK109+300 ~ DK114+900	酸性侵蚀	H1	
20	DK126+550 ~ DK130+515	二氧化碳侵蚀、酸性侵蚀	H1	
21	DK132+240 ~ DK135+151	二氧化碳侵蚀、酸性侵蚀	H1	
22	DK138+310 ~ DK138+738	酸性侵蚀	H1	
23	DK138+738 ~ DK139+940	二氧化碳侵蚀、酸性侵蚀	H1	
24	DK139+940 ~ DK140+564	酸性侵蚀	H1	
25	DK140+564 ~ DK141+277	二氧化碳侵蚀、酸性侵蚀	H1	

续表

序号	起讫里程	侵蚀性	环境作用等级	备注
26	DK141+277 ~ DK142+930	二氧化碳侵蚀、酸性侵蚀	H2、H1	正线
27	DK148+730 ~ DK150+452.57	氯盐侵蚀、二氧化碳侵蚀	L2、H1	
28	LDK0+000 ~ LDK003+720	氯盐侵蚀、二氧化碳侵蚀	L2、H1	台州南货运线
29	LDK010+312 ~ LDK15+936.57	氯盐侵蚀	L1	
30	TDK3+566 ~ TDK4+167	氯盐侵蚀	L1	头门港支线
31	TDK4+167 ~ TDK8+468	氯盐侵蚀、二氧化碳侵蚀、酸性侵蚀	L1、H1	
32	TDK14+840 ~ TDK16+960	酸性侵蚀	H1	
33	TDK20+107 ~ TDK24+693	氯盐侵蚀	L1	
34	TDK34+222 ~ TDK35+905	氯盐侵蚀	L2	
35	TDK36+125 ~ TDK39+130	酸性侵蚀	H1	
36	TDK39+154 ~ TDK45+000	氯盐侵蚀、硫酸盐侵蚀、镁盐侵蚀	L3、H2、H1	

六、工程地质特征

（一）不良地质的评价及工程措施意见

沿线不良地质类型有滑坡、溜塌、错落和不稳定斜坡，危岩、落石和崩塌，泥石流，人为坑洞和岩溶等。

1. 滑坡和错落

滑坡和错落主要分布在沿线低中山前缘的丘陵斜地边框断裂段，这些地段一般顺地区性山间河流两岸发育。山势连绵起伏，峰峦叠嶂，自然坡度 25° ~ 35°，局部可达 40° ~ 60°。沟谷一般为 V 形，地势较陡峭，受节理裂隙、岩体结构面及施工开挖影响，存在不稳定斜坡。受构造影响，在山脚与盆地边缘斜地边框断裂段易形成较厚的松散堆积物。外部应力或工程建设则易破坏其原有稳定平衡状态，形成滑坡、溜塌或错落等不良地质。已绕避大型滑坡体；对通过技术经济比较不能绕避的小型浅层滑坡，一般采取措施以保障工程安全，详见表 23-5。

表 23-5　滑坡和错落分布段落

序号	起讫里程	不良地质类型	备注
1	DK59+500 ~ DK59+850	不稳定斜坡	自然坡度较陡，斜坡表面分布残坡积碎石类土、角砾土等，自然状态下坡体处于稳定状态，工程施工后，斜坡前缘开挖会影响其稳定性
2	DK140+527 ~ DK140+564.92	不稳定斜坡	产状为 276°∠36°，岩层倾向线路小里程谷地侧，若桥台施工开挖形成临空面，则可能影响工程滑坡，设计及施工时需充分考虑其影响，建议加强防护

2. 危岩、落石和崩塌

金台铁路项目穿越大盘山、括苍山地区，危岩、落石和崩塌多分布于覆盖层较薄、岩体裸露，构造、风化裂隙较为发育的陡峭山体上；区内构造强烈，岩体节理发育，陡崖发育，崖上岩体破碎；金台铁路项目所处地区为副热带、亚热带海洋季风性气候，年平均降雨量大于 2 000 mm，这些外部因素都为崩塌落石创造了条件。此段山体坡面陡崖、孤石、石堆发育，坡脚堆积物较厚，坡面石块易受自然引力作用向下滚落。对工程建设、安全行车形成威胁，已尽量绕避；金台铁路项目主要以隧道通过这些地段，绕避了严重危岩落石地段，但在局部段落仍存在危岩落石，危害程度较大，对隧道洞口和路基工程有一定影响。应采取清除加防护措施。见表 23-6。

表 23-6 危岩、落石和崩塌分布段落

序号	起讫里程	不良地质类型	备注
1	D1K21+300 ~ D1K21+550	危岩、落石和崩塌	
2	DK80+648 ~ DK80+993	危岩、落石和崩塌	
3	DK82+142 ~ DK82+249	危岩、落石和崩塌	
4	DK82+923 ~ DK82+958	危岩、落石和崩塌	
5	DK83+313 ~ DK83+422	危岩、落石和崩塌	
6	DK84+294 ~ DK84+393	危岩、落石和崩塌	
7	DK86+676 ~ DK86+985	危岩、落石和崩塌	
8	DK88+327 ~ DK88+406	危岩、落石和崩塌	
9	DK90+812 ~ DK91+104	危岩、落石和崩塌	
10	DK192+449	危岩、落石和崩塌	
11	DK100+732	危岩、落石和崩塌	
12	DK137+850	危岩、落石和崩塌	
13	DK137+930	危岩、落石和崩塌	
14	DK139+080	危岩、落石和崩塌	
15	DK141+000 ~ DK141+260	危岩、落石和崩塌	
16	DK145+620	危岩、落石和崩塌	
17	金寺堂桥头及段落内采石场	危岩、落石和崩塌	线路右侧
18	TDK8+580	危岩、落石和崩塌	
19	TDK10+105	危岩、落石和崩塌	
20	TDK36+110	危岩、落石和崩塌	

3. 泥石流

金台铁路项目穿越括苍山地区，山体坡面多分布块石、碎石及风化残积土体，集中降水季节易引发泥石流。经调查，金台铁路项目多以桥梁形式避过了泥石流沟谷，泥石流对工程影响不大。

4. 人为坑洞

永康境内萤石矿较发育，呈矿脉条带状产出，沿线调查有人工掏挖矿洞。沿线未见大型矿区。设计阶段对分布于线路附近的人为坑洞与矿区进行了专项调查，对影响线路的人为坑洞与矿区采取了绕避措施。

5. 岩溶

岩溶主要分布在 DK138+766 ~ DK138+784、DK138+806.6 ~ DK138+835 段第四系土层之下，地层岩性为侏罗系方解石碳酸岩。据钻孔揭示，溶洞埋深由小里程至大里程逐渐变深，顶板高程 − 8.41 ~ − 17.3 m，底板埋深 − 13.6 ~ − 40.75 m，溶洞大小 2.3 ~ 29.8 m，以全充填为主，少量为无充填，充填物主要为流塑状黏土。根据勘探及搜集资料，该地区岩溶以弱发育为主，局部中等发育。岩溶对路基、桥涵工程稳定有影响，桥梁桩基施工时易发生地面塌陷、表水枯竭等环境地质问题。涵洞和路基设计时应根据岩溶发育程度、特点、溶洞充填情况，采用开挖回填、注浆等方式处理，桥基础应置于稳定地层中，确保基础稳定。

（二）特殊岩土的评价及工程措施意见

沿线特殊岩土类型有软土和填土。

1. 软土

沿线谷地相软土零星分布在沿线低山丘陵区封闭、半封闭的丘间谷地、河流阶地及水塘中，属冲洪积成因，分布的宽度范围在数十米至数百米不等，软土层厚度、埋深变化不大，厚 1 ~ 4 m。其岩性以淤泥质粉质黏土为主，一般为灰色、褐灰色，流塑—软塑状，承载力较低，压缩性高，工程性质较差。深厚层海积、冲海积相软土分布在台州冲海积平原区，岩性以淤泥、淤泥质黏性土为主，深灰色，流塑—软塑，软土具有含水率大、孔隙比大、压缩性高、强度低、灵敏度高、触变性、流变性的特点。

淤泥有机质含量约占 5%，其主要物理力学指标如下：天然含水率 $w = 42.6\% \sim 72.1\%$；天然孔隙比 $e=1.237 \sim 2.304$；压缩模量 $E_{s0.1\sim0.2}=1.82 \sim 1.97$ MPa；压缩系数 $\alpha_{0.1\sim0.2} = 1.298 \sim 1.503\ \mathrm{MPa^{-1}}$；内摩擦角 $\varphi_q = 2.9 \sim 3.2°$，黏聚力 $c_q = 1.4 \sim 2.1$ kPa；双桥静探锥头阻力 $q_c=0.25$ MPa；基本承载力 $\sigma_0=40 \sim 55$ kPa。

淤泥质粉质黏土物理力学指标如下：天然含水率 $w = 32.2\% \sim 58.7\%$；天然孔隙比 $e=0.88 \sim 1.635$；压缩模量 $E_{s0.1\sim0.2}=2.3 \sim 3.03$ MPa，压缩系数 $\alpha_{0.1\sim0.2} = 0.708 \sim 1\ \mathrm{MPa^{-1}}$，黏聚力 $c_q=4.8 \sim 8$ kPa，内摩擦角 $\varphi=3.8° \sim 7.8°$，双桥静探锥头阻力 $q_c=0.38 \sim 0.63$ MPa，基本承载力 $\sigma_0=80$ kPa。

头门港支线、正线 DK126+600—终点段，软土大面积分布，根据地质、经济、环境、施工场地限制等，为确保路基稳定并有效控制工后沉降，并类比甬台温铁路工程措施，可采用换填、碎石桩、粉喷桩、CFG 桩、预应力混凝土管桩、塑料排水板等措施或地方成熟的处理方法综合处理；桥涵等建筑物基础则建议选用桩基础。对于某些埋深和厚度较大、处理困难，经路基检算后仍难以控制工后沉降的地段，则需考虑以桥通过。

台州南货车联络线邻近既有甬台温铁路，为确保既有路基稳定并有效控制工后沉降，设计时应加强临时防护措施。注意软土区加固时对既有线影响，采取降水压、隔震等措施，铁路施工和运营过程中，对线路所经地面沉降路段，并应进行沉降和变形监测。软土分布段落见表 23-7。

表 23-7 软土分布段落

序号	起讫里程	特殊岩土名称	厚度/m
1	DK126+611.35 ~ DK128+893.55	淤泥	1.3 ~ 12.0
2	DK128+931.00 ~ DK130+945.00	淤泥	7.3 ~ 13.2
3	DK132+296.30 ~ DK134+819.00	淤泥	1.4 ~ 14.9
4	DK138+431.00 ~ DK138+735.70	淤泥质粉质黏土	1.8 ~ 5.5
5	DK140+040.00 ~ DK140+532.00	淤泥	3.6 ~ 30.5
6	DK141+243.05 ~ DK142+700.00	淤泥	4.0 ~ 12.0
7	DK141+243.05 ~ DK142+700.00	淤泥质粉质黏土	2.9 ~ 27.9
8	DK142+768.00 ~ DK142+854.15	淤泥	1.0 ~ 12.6
9	DK142+968.50 ~ DK143+066.00	淤泥	2.7 ~ 7.2
10	DK143+677.20 ~ DK145+459.58	淤泥	1.0 ~ 23.8
11	TDK001+828.40 ~ TDK003+530.5	淤泥	0.5 ~ 40.2
12	TDK4+212 ~ TDK5+808	淤泥质粉质黏土	0 ~ 34.4
13	TDK5+869 ~ TDK7+143	淤泥质粉质黏土	0 ~ 44.1
14	TDK7+518 ~ TDK7+620	淤泥质粉质黏土	0 ~ 9.0
15	TDK7+720 ~ TDK8+207	淤泥质粉质黏土	0 ~ 8.7

续表

序号	起讫里程	特殊岩土名称	厚度/m
16	TDK14+890 ~ TDK16+901	淤泥质粉质黏土	0 ~ 23.6
17	TDK039+180 ~ TDK044+925	淤泥质粉质黏土	7.4 ~ 42.2
18	TDK034+350 ~ TDK035+820	淤泥质粉质黏土	5 ~ 22.4
19	TDK028+660 ~ TDK028+756	淤泥质粉质黏土	7.1 ~ 10.2
20	TDK022+375 ~ TDK024+102	淤泥质粉质黏土	2.7 ~ 25.1
21	TDK020+455 ~ TDK022+155	淤泥质粉质黏土	2.7 ~ 8.6
22	DK148+890 ~ DK149+150	淤泥	4 ~ 7.8
23	DK149+268 ~ DK150+376	淤泥	10.4 ~ 15.3
24	DK149+565 ~ DK150+376	淤泥质粉质黏土	3 ~ 17.5
25	LDK0+000 ~ LDK1+200	淤泥	13.6 ~ 15.9
26	LDK0+000 ~ LDK1+200	淤泥质粉质黏土	19.1 ~ 24
27	LDK1+200 ~ LDK3+660	淤泥	28.5 ~ 48.3
28	LDK8+900 ~ LDK9+355	淤泥	7.1 ~ 10.6
29	LDK9+190 ~ LDK9+750	淤泥质粉质黏土	2.4 ~ 16
30	LDK9+287 ~ LDK10+286	淤泥	3.5 ~ 30.2
31	LDK10+637 ~ LDK11+940	淤泥质粉质黏土	1 ~ 8.8
32	LDK12+100 ~ LDK12+705	淤泥	0.6 ~ 17.5
33	LDK12+740 ~ LDK15+936.6	淤泥	2 ~ 19.4
34	LDK12+030 ~ LDK13+887	淤泥质粉质黏土	2.8 ~ 14.1
35	LDK14+400 ~ LDK15+936.6	淤泥	1.5 ~ 4.6
36	LDK14+400 ~ LDK15+936.6	淤泥质粉质黏土	6.6 ~ 15.35

2. 填土

既有车站枫山站和永康南站，区间个别段落既有高速公路等分布人工填土。既有车站枫山站和永康南站填土主要为既有线路基填筑土，区间其他段落分布散落的人工填土等，厚度 1 ~ 5 m 不等。对工程影响不大。

头门港新区站由于围海造田，局部段落分布吹填土，主要成分为淤泥质粉质黏土、粉质黏土等，厚度 1 ~ 3 m 不等，对工程影响较大。

七、线路方案工程地质条件的总体评价

金台铁路沿线经过冲积河谷平原区、丘陵区，中、低山区及灵江河口平原和台州滨海平原区。冲积河谷平原区、丘陵区，地势起伏不大，表层为第四系全新统冲洪积层（Q_4^{al+pl}），主要为粉质黏土、细圆砾土、粗圆砾土及卵石土和漂石土，厚度 2 ~ 10 m，下伏白垩系、侏罗系基岩；中、低山区地形起伏，山高谷深，河流发育，地表零星覆盖系四系残坡积层（Q_4^{el+dl}），出露白垩系、侏罗系基岩；灵江河口平原和台州滨海平原区，地形平坦、地势开阔，局部出露山坡陡峻，基岩裸露，第四系地层分布范围广、厚度大，对金台铁路项目工程影响较大，其中表层为第四系全新统冲海积层（Q_4^{al+m}），表层为黄褐色粉质黏土、黏土，软塑，厚 2 ~ 4 m，其下为灰色、青灰色淤泥质黏土、淤泥，流塑状，间

夹薄层粉砂、细砂，厚大于 30 m，底部为卵石或砂砾石与淤泥质黏土互层，厚 2 ~ 20 m 不等。

枫山联络线、永康南疏解线、正线 DK0+000 ~ DK126+600 段地表覆盖层较薄，以岩石地层为主；正线 DK126+600 ~ DK150+452.57、头门港支线以第四系覆盖层地层为主，属软土地层。从地层变化总体趋势而言，自西向东是第四系覆盖层厚度逐渐变厚、变软，到台州附近覆盖层厚度可达 150 m，且表层主要以淤泥质粉质黏土为主。

铁路沿线经过河谷平原区、垅岗状低丘区、低山丘陵区、中山区和滨海平原区。地形地貌条件复杂多样：DK0+000 ~ DK25+000 主要为永康江、南溪河冲积河谷平原、阶地及部分剥蚀垅岗状低丘区，地势起伏不大，地面标高为 70 ~ 350 m，相对高差约为 50 ~ 200 m，山坡自然坡度为 10° ~ 25°，局部山坡陡峻，基岩裸露；DK25+000 ~ DK126+600 整体地貌呈马鞍形，除永安溪两侧冲积河谷平原外，其余地段均为中、低山区和局部丘陵区；区内山高谷深，河流发育，火山、盆地、峡谷等地貌均有出现。地面标高为 150 ~ 1 200 m，相对高差约为 200 ~ 1 000 m，山坡自然坡度为 25° ~ 45°，基岩裸露区可达 50° ~ 60°。沿线河流与山脉的延伸方向受构造线的控制，并与构造线的走向基本一致；河谷形态多为 V 形，阶地不发育。DK126+600 ~ DK150+452 灵江河口平原和台州滨海平原区地形平坦、地势开阔，局部出露山坡陡峻，基岩裸露，地面标高一般都在 10 m 以下，大部分辟为农田、房屋和厂房。

枫山联络线、正线 DK0+000 ~ DK126+600 段及永康南疏解线表层局部覆盖第四系全新统冲洪积粉质黏土、细圆砾土、粗圆砾土、卵石土及漂石土，第四系上更新统粉质黏土、含砾粉质黏土、细圆砾土、粗圆砾土等，厚度 0 ~ 12 m，下伏基岩为白垩系—侏罗系泥岩、粉砂岩、凝灰岩、凝灰质砂岩及侵入岩体霏细岩、安山玄武岩。英安玢岩、熔岩等；头门港支线、台州南货车联络线及正线 DK126+600 ~ 终点段第四系地层分布范围广、厚度巨大，最大揭示厚度大于 100 m，对金台铁路项目工程影响最大。主要地层为第四系全新统冲积层稍密状粉砂；第四系全新统残坡积层硬塑状粉质黏土，稍密状粗圆砾土、碎石土；第四系全新统海积层流塑状淤泥质粉质黏土，中密状粉砂；第四系全新统冲海积软塑状粉质黏土；第四系上更新统冲湖积硬塑状粉质黏土，中密状粉土；第四系上更新统冲洪积硬塑状粉质黏土，稍密—中密状粗圆砾土、细圆砾土；基岩为侏罗系上统凝灰岩，在剥蚀残丘处有出露。沿线主要不良地质有滑坡、溜塌、错落和不稳定斜坡，危岩、落石和崩塌，泥石流，人为坑洞和岩溶；主要特殊岩土有软土和填土。

（一）滑坡和错落体

沿线滑坡和错落体主要分布在仙居县下各镇沿线及低中山前缘的丘陵斜地边框断裂段，山势连绵起伏，峰峦叠嶂，自然坡度 25° ~ 35°，局部可达 40° ~ 60°，沟谷一般为 V 形，地势较陡峭，受节理裂隙、岩体结构面及施工开挖控制，存在不稳定斜坡。受构造影响，在山脚与盆地边缘斜地边框断裂段易形成较厚的松散堆积物。外部营力或工程建设则易破坏其原有稳定平衡状态，形成滑坡、溜塌或错落等不良地质。对大型滑坡体一般绕避；对通过技术经济比较不能绕避的小型浅层滑坡，一般延长明洞、加强边坡支挡防护以保障工程安全。

（二）危岩、落石和崩塌

沿线危岩、落石和崩塌多分布于覆盖层较薄、岩体裸露，构造、风化裂隙较为发育的陡峭山体上；区内构造强烈，岩体节理发育，陡崖发育，崖上岩体破碎；金台铁路所处地区为副热带、亚热带海洋季风性气候，年平均降雨量大于 2 000 mm，这些外部因素都为崩塌落石创造了条件。此段山体坡面陡崖、孤石、石堆发育，坡脚堆积物较厚，坡面石块易受自然引力作用向下滚落。对工程建设、安全行车形成威胁，应尽量绕避；金台铁路项目主要以隧道通过这些地段，严重危岩落石地区均对线路无影响，但在局部段等段落仍存在危岩落石，危害程度较大，对隧道洞口和路基工程有一定影响。危石可采取清除加防护措施。

（三）人为坑洞

沿线人为坑洞主要为人工掏挖萤石矿矿洞，沿线未见大型开采矿区，对影响线路的人为坑洞与矿区已采取绕避措施。

（四）岩溶

岩溶主要分布在 DK138+766 ~ DK138+784、DK138+806.6 ~ DK138+835 段第四系土层之下，地层岩性为侏罗系方解石碳酸岩。据钻孔揭示，溶洞埋深由小里程至大里程逐渐变深，顶板高程 – 8.41 ~ – 17.3 m，底板埋深 – 13.6 ~ – 40.75 m，溶洞大小 2.3 ~ 29.8 m，以全充填为主，少量为无充填，充填物主要为流塑状黏土，以弱发育为主，局部中等发育。岩溶对路基、桥涵工程稳定有影响，桥梁桩基施工时易发生地面塌陷、表水枯竭等环境地质问题。涵洞和路基设计时应根据岩溶发育程度、特点、溶洞充填情况，采用开挖回填、注浆等方式处理，桥涵基础应置于稳定地层中，确保基础稳定。为确保铁路工程建成后运营安全，线路两侧对运营安全有影响的范围内应禁止抽取地下水，禁止实施会引起地下水位波动的建设工程施工（如钻孔桩、井点降水工程等），运营部门应加强监督；若线路两侧如需抽取地下水，应进行相关安全评估，不得引起铁路沉降、影响铁路的稳定。

（五）软土

头门港支线、台州南货车联络线、正线 DK126+600 ~ 终点段软土大面积分布，主要为淤泥和淤泥质粉质黏土，流塑—软塑状，厚度 0 ~ 44m，具有含水率大、孔隙比大、压缩性高、强度低、灵敏度高、触变性、流变性的特点，力学性质很差。路基工程地基加固深度较大，工后沉降控制难度大。

（六）构造

线路通过地区构造复杂，主要存在四个方向的构造体系，即北东向华夏系构造体系（走向一般 N40° ~ 60°E）、北北东向新华夏系构造体系（走向呈 NE18 ~ 25°或稍大）、东西向构造体系及北西向构造体系，与线路有关的主要构造有 1 条深断裂和 5 条大断裂。受其影响，线路通过区域内断层、破碎带及节理密集带发育，建议线路通过时采取必要的加固措施。

总体来看，金台铁路项目地形地貌、地层岩性、地质构造复杂，部分地段不良地质和特殊岩土发育，应注意危岩落石、岩溶、深厚软土等问题，工程地质条差，其余地段工程地质条件一般。工程地质条件总体较适宜铁路建设。

八、气象

线路通过地区属亚热带季风气候区，具有温暖潮湿，雨量充沛，四季分明的气候特征。沿线按照铁路工程气候分区均为温暖地区。多年平均气温 16.4 °C ~ 18.3 °C；极端最高气温为 40.2 °C ~ 42.0 °C，极端最低气温为 – 6.9 °C ~ – 13.1 °C；年平均降水量 1 450.9 ~ 1 804.1 mm，年平均蒸发量 671.5 ~ 1 504.9 mm。冬季寒冷而干燥；夏季炎热而多雨，常有台风袭击，年平均风速 1.3 ~ 1.6 m/s。最大积雪厚度 10 ~ 52 cm。沿线气象台（站）主要气象资料见表 23-8。

表 23-8　金台铁路沿线气象台（站）主要气象资料汇总

气象要素气象台（站）	永康市	缙云县	仙居县	磐安县	临海市	台州市
历年年平均气温/°C	17.9	17.2	18.2	16.4	18.1	18.3
历年极端最高气温/°C	41.7	41.7	42	41.8	41.3	40.1
历年极端最低气温/°C	– 11.8	– 13.1	– 7.9	– 8.2	– 6.9	– 4.5
历年最冷月平均气温/°C	5.7	5.3	6	3.5	6.3	6.8

续表

气象要素气象台（站）	永康市	缙云县	仙居县	磐安县	临海市	台州市
历年年平均降水量/mm	1 450.9	1 482.2	1 486.4	1 546.6	1 804.1	1 689.6
历年年平均蒸发量/mm	1 437.3	1 504.9	1 478.4	1 296.5	842.7	1 121.2
历年年平均风速/（m/s）	1.3	1.3	1.4	1.4	1.3	1.6
历年最大风速/（m/s）	30	16.5	11	11	20	18.5
主导风向	NE	NNE	E	E	ENE	NW
历年平均相对湿度/%	74	78	70	70	73	74
最大积雪深度/cm	52	20	10	10	27	10
平均雾天日数/天	32.5	35.4	11.6	14.4	14.5	12.4
平均雷天日数/天	43.4	49.1	43.5	36.7	40.2	35.5

九、水文

沿线河流分属钱塘江水系、瓯江水系和椒江水系。主要接受大气降水补给，水位及水量随季节变化。

金台铁路项目在永康市内跨越永康江，在永康南跨越南溪。南溪与北溪在永康市区交汇后称永康江。永康江发源于武义县项店乡千丈岩，折向西蜿蜒流至武义县城壶山镇东北，纳入熟溪后称武义溪，后汇入金华江，而后流入钱塘江，属钱塘江水系。永康江干流长 11 km，河床宽度为 120 ~ 300 m，流域面积 871.01 km^2，平均流量为 30.15 m^3/s。

金台铁路项目在磐安县境多次跨越好溪。好溪又名丽水，发源于磐安县双峰乡，经仁川镇，在冷水镇出境流入缙云县。境内主流长 33.5 km，流域面积 231.8 km^2。流向自北向南汇入大溪，属瓯江水系。瓯江为山溪型河流，河长 379.93 km，流域面积 18 168.75 km^2。

金台铁路项目在仙居县境跨越永安溪。永安溪为灵江的干流，长 141.30 km，流域面积为 2 704 km^2。源头自仙居县西南端安岭乡，迂回东北，流经缙云县境，在大园附近折回称曹溪。在曹店附近与发源于陈岭水壶岗的曹店港汇合后称永安溪。主要支流有曹店港、九都坑、十三都坑、十八都坑、北岙坑、朱溪、双港溪和方溪。至临海城西三江村与始丰溪汇合为灵江，属椒江水系。

头门港支线在台州市境跨越灵江。灵江干流长 190 km，流域面积 7 000 km^2，是浙江第三大水系。灵江主要支流始丰溪发源于大盘山主峰，长度 134.2 km，流域面积 1 609.4 km^2。灵江流域的径流主要由降水形成，其年内分配与降水量基本相应。受梅雨和台风的影响，径流量的年内分配极不均匀，主要集中于梅汛期（3—6 月）和台风期（7—9 月），占全年总量的 81%。枯季（10 月—翌年 2 月）径流量仅占全年的 19%。桥址处河段受径流与潮汐共同作用，潮汐特征以海门水文站（位于桥址下游 13 km 处）为代表，最大潮差为 6.87 m，平均潮差为 4.02 m。桥址断面处大潮测点最大涨潮流速为 2.32 m/s，最大落潮流速为 2.15 m/s。中潮最大涨潮流速为 1.91 m/s，最大落潮流速为 1.83 m/s。小潮最大涨潮流速为 1.66 m/s，最大落潮流速为 1.62 m/s。大、中潮期间，涨潮实测最大垂线平均流速为 1.78 m/s，落潮最大垂线平均流速为 1.54 m/s。桥址处河段涨落潮水流基本上为往复流，最大涨、落潮流的流向多与水下等深线走向一致，主轴大致为 S—N 方向。

金台铁路项目在台州市黄岩区境内跨越永宁江。永宁江发源于黄岩区西部大寺尖，自西向东贯穿黄岩区中西部和北部，至三江口与灵江汇合后为椒江，全长 80 km，流域面积 889.80 km^2。

椒江是浙江第三大河。全长 197.3 km，沿途有灵江、永宁江和永安溪、始丰溪等 80 多条江溪汇入，流域面积 6 613 km^2，占全市陆域面积 2/3 左右。上游永安溪、始丰溪，在临海市城西三江村汇合灵江；中游灵江，长 44 km，宽 300 ~ 800 m，均为感潮河段，向东折南至黄岩区三江口，汇合永宁江为椒江；下游河口段，自三江口至牛头颈，长 12 km，河面宽 950 ~ 2 000 m，航道顺直，为纳潮河段。

十、土地利用现状

金台铁路位于浙江省中东部的金华、丽水、台州地区。线路自金华地区在建金温扩能项目的永康南站引出，向东经丽水市缙云县壶镇、金华市磐安、台州市仙居、临海和台州市区，最后客货线分别接入甬台温铁路台州站和台州南站。并新建永康南站至既有金温铁路枫山站货运线、永康南疏解线、永康东至新碧联络线、台州至台州南货运线及头门港支线。

经由的地类除铁路用地外，主要有灌溉水田、水浇地、林地、园地、工业用地、宅基地、殡葬用地、道路用地、河流、坑塘水面及草地。全线用地总数、平均每公里用地数及占用地类情况详见表 23-9。

表 23-9　全线用地数量一览

工程	金台正线		枫山货运线		永康南疏解线		新碧联络线		台州南货运线		头门港支线		总计	
用地性质	征收土地/亩	临时用地/亩	征收土地/亩	临时用地/亩	征收土地/亩	临时用地/亩	征收土地/亩	临时用地/亩	征收土地/亩	临时用地/亩	征收土地/亩	临时用地/亩	征收土地/亩	临时用地/亩
灌溉水田	1 116.8	92.7	50.6	0.0	23.1	0.0	0.0	0.0	219.8	0.0	141.8	0.0	1 552	93
水浇地	673.8	420.0	34.7	15.5	0.0	5.0	27.5	7.0	25.7	0.0	252.0	56.0	1 014	503
林地	2 940.1	2 601.4	32.9	0.0	35.7	25.0	19.7	18.0	17.4	193.3	113.7	269.2	3 160	3 107
园地	1 258.6	202.1	12.2	0.0	2.5	0.0	28.3	7.0	72.7	0.0	289.3	7.9	1 664	217
工业用地	14.7	0.0	19.2	0.0	0.0	0.0	0.0	0.0	22.2	0.0	28.2	0.0	84	0
宅基地	474.7	3.8	20.0	0.0	0.0	0.0.	19.4	0.0	156.4	3.0	37.7	0.0	708	7
殡葬用地	24.2	0.0	0.0	0.0	0.0	0.0	0.0	0.0	8.7	0.0	10.8	0.0	44	0
铁路用地	49.8	2.3	4.9	0.0	18.8	2.0.	2.1	0.0	56.0	0.0	0.0	0.0	132	4
道路用地	162.8	64.5	16.9	27	2.1	0.0	5.2	0.0	21.8	7.0	66.6	18.9	275	117
河流	44.4	15.1	6.2	13.5	2.1	3.0	0.0	0.0	12.5	0.0	29.1	31.5	94	63
坑塘水面	55.3	0.0	6.8	0.0	4.2	0.0	0.0	0.0	2.7	0.0	481.2	0.0	550	0
草地	58.4	48.5	0.0	4.5	6.3	14.5	0.0	0.0	11.4	0.0	6.9	11.1	83	79
合计/亩	6 874	3 450	204	61	95	50	102	32	627	203	1 457	395	9 360	4 190
线路长度/km	148.48		11.12		6.05		5.85		15.94		42.49		229.93	
每 km 用地/亩	46.3	23.2	18.4	5.4	15.7	8.2	17.5	5.5	39.4	12.8	34.3	9.3	40.7	18.2

十一、水土流失及水土保持

金台铁路项目所在区域以水力侵蚀为主，部分山丘区存在着滑坡、崩塌、泥石流等重力侵蚀。据《国家级水土流失重点防治区》和《浙江省人民政府关于公布省级水土流失重点防治区的通知》，金华市属于水土流失重点预防保护区，台州市属于水土流失重点监督区。

第二十四章　线路设计

第一节　线路走向与重大方案比选

一、线路走向方案比选

（一）工程概述

金台铁路项目位于浙江省中东部的金华、丽水、台州地区。线路自金华地区在建金温铁路永康南站引出，向东经丽水市缙云县、金华市所辖的武义、永康、磐安、台州市所辖的仙居、临海和台州市区，最后分别接入甬台温铁路台州站和台州南站。金台铁路项目西端通过金温扩能改造工程、既有沪昆铁路向北连接杭州枢纽，沟通上海、江苏以及我国华北、东北，往西通往江西并向中南、西南、西北地区辐射；东端通过沿海铁路连接宁波、福建、粤东及华南地区。金台铁路项目永康南至台州段长度 148.49 km，枫山货运线长度 13.51 km，台州南货运线长 15.94 km，永康南疏解线长度 6.05 km，头门港支线一期线路长 42.13 km（头门新区 TDK44+315.89 ~ 头门港 TDK53+600 段 9.28 km，待填海完成后实施）。

（二）线路走向方案比选

1. 越岭段线路走向方案研究

磐安至仙居段为越岭段，穿越大盘山脉，地势西高东低。根据区域地形特征，越岭隧道进、出洞口位置的选择，并结合仙居站站位，主要研究了 4 个方案，即 15.9 km 越岭隧道仙居南方案、28.97 km 越岭隧道仙居南方案、18.645 km 越岭隧道仙居南方案、31.51 km 越岭隧道仙居北方案，详见越岭段线路走向方案示意图（图 24-1）。

（1）15.9 km 越岭隧道仙居南方案。

线路从磐安站引出，出站后折向南穿 15.9 km 将军岭隧道，隧道内设无人看守站将军岭站，出隧道后设横溪会让站，后折向东至仙居南设仙居站，出站后沿台缙高速公路南，至临海城区南设临海南站。比较段落内新建正线长度 88.3 km。

主要工程有：特大桥 9 座 10.89 km，大桥 10 座 3.83 km，隧道 21 座 45.295 km，其中单洞双线隧道 1.4 km（隧道内设站引起）。桥隧比 67.97%，投资估算 528 208 万元。

（2）28.97 km 越岭隧道仙居南方案。

线路从磐安站引出，出站后穿 28.97 km 荷花岭隧道，隧道内设无人看守站荷花岭站，出隧道后至仙居南设仙居站，出站后沿台缙高速公路南，至临海城区南设临海南站。比较段落内新建正线长度 84.068 km。

主要工程有：单线特大桥 7 座 9.62m，单线大桥 6 座 2.18 km，单线隧道 19 座 51.665 km，其中单洞双线隧道 1.4 km（隧道内设站引起）。桥隧比 75.49%，投资估算 556 208 万元。

（3）18.645 km 越岭隧道仙居南方案。

线路从磐安站引出，出站后穿 18.645 km 将军岭隧道，隧道内设无人看守站将军岭站，出隧道后设里林会让站，再穿洪朱山隧道，跨永安溪，至仙居南设仙居站，出站后沿台缙高速公路南，至临海城区南设临海南站。比较段落内新建正线长度 85.786 km。

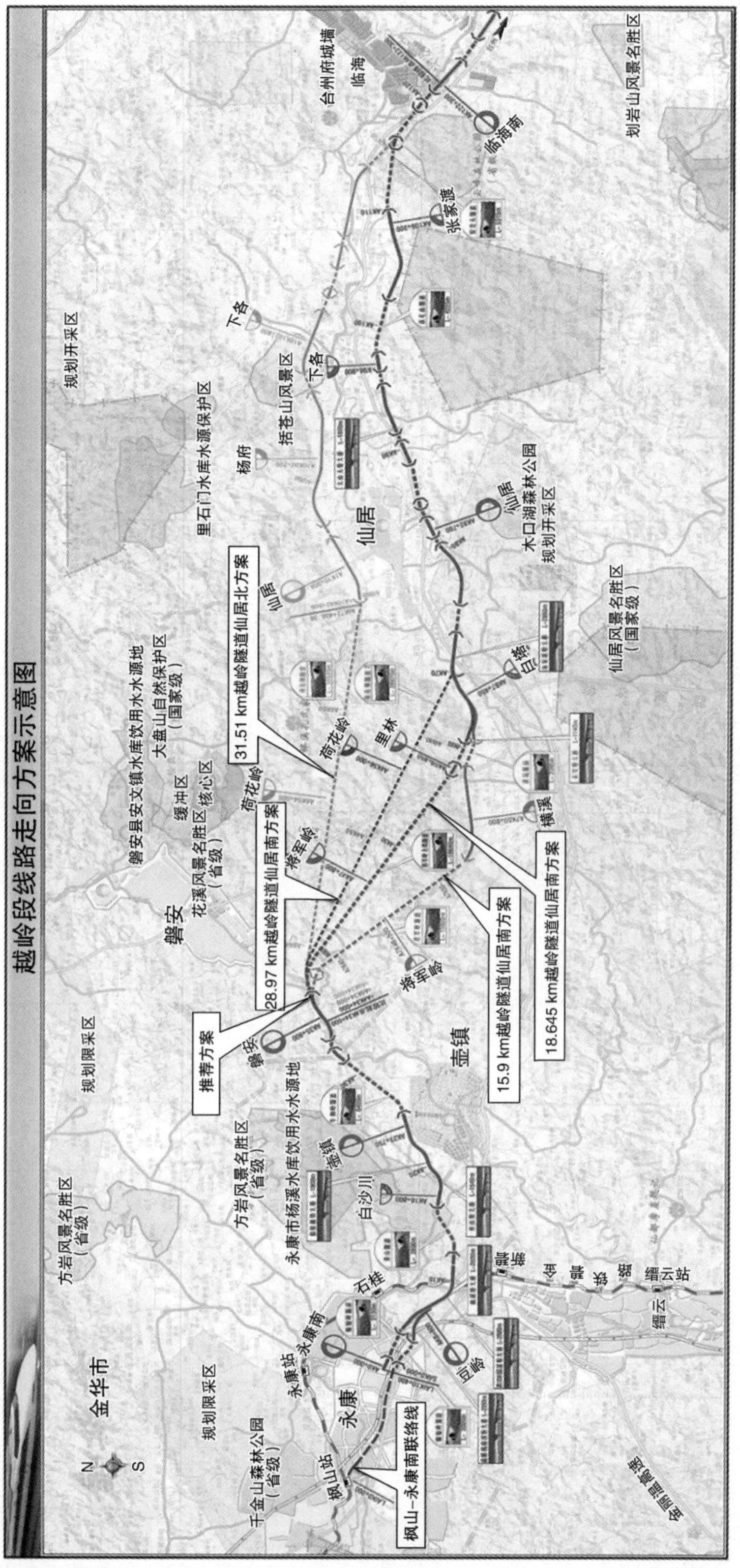

图 24-1 越岭段线路走向方案

主要工程有：单线特大桥 7 座 7.63 km，单线大桥 7 座 2.43 km，单线隧道 19 座 49.22 km，其中单洞双线隧道 1.935 km（隧道内设站引起）。桥隧比 69.1%，投资估算 508 503 万元。

（4）31.51 km 越岭隧道仙居北方案。

线路从磐安站引出，穿 31.51 km 荷花岭隧道，隧道内设无人看守站荷花岭站，出隧道后至仙居北设仙居站，出站后沿永安溪北侧至杨府，折向北再折向南至下各，沿永安溪北侧至上郭，跨永安溪，穿虎头山隧道，跨台缙高速公路，至临海城区南设临海南站。比较段落内新建正线长度 78.832 km。

主要工程有：单线特大桥 3 座 5.35 km，单线大桥 7 座 2.6 km，单线隧道 15 座 48.46 km，其中单洞双线隧道 1.4 km（隧道内设站引起）。桥隧比 71.55%，投资估算 514 408 万元。

（5）优缺点分析。

主要技术指标对照见表 24-1，方案优缺点对照见表 24-2。

表 24-1　主要技术指标对照表

方案	线路长度/km	越岭隧道长度/km	桥隧比/%	投资/万元
15.9 km 越岭隧道仙居南方案	88.3	15.9（隧道中间设站，近、远期单线）	67.97	528 208
28.97 km 越岭隧道仙居南方案	84.068	28.97（隧道中间设站，近期单线，远期增二线）	75.49	556 208
18.645 km 越岭隧道仙居南方案	85.786	18.645（隧道中间设站，近、远期单线）	69.1	508 503
31.51 km 越岭隧道仙居北方案	78.832	31.51（隧道中间设站，近期单线，远期增二线）	71.55	514 408

表 24-2　方案优缺点对照

方案	优点	缺点
15.9 km 越岭隧道仙居南方案	1. 越岭隧道长 15.9 km，长度最短； 2. 越岭隧道进、出口地质条件好，场地开阔，交通便利； 3. 桥隧比相对较低，投资较为节省； 4. 该方案在仙居南设站，符合地方政府意见； 5. 磐安至横溪站间距为 23.2 km，越岭隧道中间设无人看守站，近、远期该区间通过能力满足要求，可推迟复线时机，提高投资效益	线形较差，线路长度较其他方案展长，增加运营费
28.97 km 越岭隧道仙居南方案	1. 线路较顺直； 2. 越岭隧道进口地质条件好，场地开阔，交通便利； 3. 该方案在仙居南设站，符合地方政府意见	1. 越岭隧道长 28.97 km，消防、通风、救援难度大，工程实施困难； 2. 在越岭隧道中间设无人看守站可解决近期磐安至仙居区间通过能力不足问题，但远期通过能力不足，需双线，单线适应期短，投资效益差
18.645 km 越岭隧道仙居南方案	1. 越岭隧道长 18.645 km，长度较短； 2. 线路较顺直，投资最节省； 3. 越岭隧道进口地质条件好，场地开阔，交通便利。 4. 该方案在仙居南设站，符合地方政府意见； 5. 磐安至里林站间距为 24.05 km，越岭隧道中间设无人看守站，近、远期该区间通过能力满足要求，可推迟复线时机，提高投资效益	
31.51 km 越岭隧道仙居北方案	1. 线路顺直，运营费较节省； 2. 越岭隧道进、出口地质条件好，场地开阔，交通便利	1. 越岭隧道长 31.51 km，长度最长，消防、通风、救援难度大，工程实施困难； 2. 在越岭隧道中间设无人看守站可解决近期磐安至仙居区间通过能力不足问题，但远期通过能力不足，需双线，单线适应期短，投资效益差； 3. 该方案在仙居北设站，不符合城市规划，且不利于旅客换乘和货物交流

（6）综合分析及推荐意见。

综合分析比较，18.645 km 越岭隧道方案越岭隧道长度适中，工程实施难度小，工程投资最省，近、远期区间通过能力满足要求，可推迟复线时机，提高投资效益，且在仙居南设站，符合地方政府意见，因此此次研究暂推荐 18.645 km 越岭隧道方案。

2. 越岭段线路局部方案

磐安站至里林站段为越岭段，越岭隧道长 18.645 km，站间距为 24.05 km，经检算，该区间近、远期通过能力不足，为此，重点研究了越岭隧道中间设站方案（无人看守站）和磐安至里林区间一次双线方案。

（1）越岭隧道中间设站方案（简称中间加站方案）。

线路从磐安站引出，出站后穿 18.645 km 将军岭越岭隧道，隧道内设无人看守站将军岭站，出隧道后设里林站；比较段落内新建正线长度 24.050 km。

主要工程有：单线大桥 3 座 0.76 km，三线大桥 1 座 0.24 km，单线隧道 3 座 21.64 km，其中将军岭隧道中间 1 200 m 双线为车站，出口 325 m 为三线隧道。投资估算 153 578.34 万元。

（2）磐安至里林区间一次双线方案（简称一次双线方案）。

线路从磐安站引出，出站后经 18.645 km 越岭双线隧道设里林站；比较段落内新建正线长度 24.050 km。

主要工程有：单线大桥 4 座 0.96 km，双线大桥 2 座 0.52 km，单洞双线隧道 2 座 2.945 km，双洞双线隧道 1 座 18.63 km。投资估算 263 416.15 万元。

（3）优缺点分析。

两方案技术经济比较情况见表 24-3。

从工期上分析：中间加站方案较一次双线方案工期可缩短 7 个月。

从工程投资上分析：中间加站方案较一次双线方案工程投资省 109 837.8 万元，占该比较段落投资的 71.5%，节省明显。

从通过能力上分析：一次双线方案可提高区间通过能力，但两方案均可满足近、远期预测运量的通过能力，且均有所富余。

表 24-3 技术经济比较

项目		中间加站方案	一次双线方案
线路长度/km		24.05	24.05
越岭隧道长度/km	左线	18.645	18.645
	右线	0	18.63
工期/月		27	34
区间通过能力/（对/日）		42.1	54.0
比较段落静态投资/万元		153 578.34	263 416.15
全线静态投资/万元		941 373.09	1 051 210.89
财务内部收益率/%		3.05	2.48
财务净现值/万元		6 435	−76 878
投资回收期/年		23.4	24.5

从效益上分析：由于一次双线方案投资增加较多，对金台铁路项目的财务评价影响较大，按客运采用运价率 0.2 元/（人·公里），货运采用运价率 0.2 元/（t·km），财务内部收益率税后仅为 2.48%，

低于行业基准收益率 3%。

（4）综合分析及推荐意见。

综合分析比较，越岭隧道方案中间加站方案，区间通过能力可以适应近远期运量需求，可推迟复线时机，且工期较短，工程投资节省，财务效益好，因此此次研究暂推荐越岭隧道方案中间加站方案（无人看守站）。

3. 越岭段方案鉴修

磐安至仙居段为金台铁路项目越岭段，线路需穿越大盘山脉，地势西高东低，地形复杂，地质构造发育，越岭方案的选择直接影响线路方案的稳定和工程的可实施性。为了减少工程、节约投资、减小站间距离、提高单线通过能力，根据可研评审初步意见“建议单线车站分布的能力要做到位，原则按照站间距 12 ~ 14 km”，此次在北方案（18.42 km 越岭隧道方案）基础上，研究了南方案（12.315 km 越岭隧道方案）。见图 24-2。

（1）南方案（12.315 km 越岭隧道方案）。

线路自比较起点（CK38+500）向东南走行，穿 12.315 km 将军岭隧道，于横溪镇北侧折向东，跨诸永高速，于官路镇南侧跨省道 S322、永安溪和台金高速后至比较终点。比较段落新建正线长度 41.100 km。

线路主要以长隧道形式穿越大盘山山脉，属构造侵蚀中低山的崇山峻岭区。此地段地势陡险，沟谷纵横，地表侵蚀切割强烈，最大切割深度可达 1 000 m。线路区因其特定的大地构造环境，特殊的区域地球动力学条件和强烈的现代地壳运动，导致地质构造复杂多变，线状构造形迹相互穿插、交切、复合、叠加或相扭，深大断裂带密集发育，高地应力区与高地温区分布广泛，岩体破碎，泥石流、滑坡、崩塌、危崖落石等不良地质发育。地区内地层繁多，岩性复杂。既包括不同年代的火山碎屑岩、红色碎屑岩等沉积岩，也包括不同时期的花岗岩、流纹岩、玢岩以及玄武岩等岩浆岩。包括不同年代的火山碎屑岩也包括不同时期的花岗岩、流纹岩、玢岩以及玄武岩等岩浆岩。路基、桥梁段位于低山丘陵区，行走于低中山前缘的丘陵斜地边框断裂段，岩性主要为红色碎屑岩等沉积岩。

越岭隧道起讫里程 CK43+940 ~ CK56+255，全长 12 315 m。为客货共线单线电气化铁路隧道，设计时速为 160 km/h，洞内铺设无砟轨道。隧道进口 CK43+940 ~ CK44+600 段为三线车站隧道，CK55+400 ~ CK56+255 段为双线车站隧道。该方案隧道洞身线位基本与断层大角度相交。隧道采用 3 座斜井方案，斜井总长 3 850 m，隧道工期约 29.14 个月。隧道可结合斜井设计避难所。

主要工程有：特大桥 5 座 5.000 km，大中桥 12 座 3.390 km，隧道 10 座 27.345 km，桥隧比 87%。投资估算 234 064 万元。

（2）北方案（18.420 km 越岭隧道方案）。

线路自比较起点（CK38+500）向东南走行，穿 18.420 km 将军岭隧道（磐安至里林区间采用一次双线），出隧道后折向东，跨诸永高速，于官路镇南侧跨省道 S322、永安溪和台金高速后至比较终点。比较段落新建正线长度 38.158 km。

北方案受区间能力控制，磐安至里林区间采用一次双线，此次研究将军岭隧道采用单洞双线，施工工期 38 个月元。若将军岭隧道采用双洞单线，施工工期 39.8 个月，工程投资需增加 42 794.1 万元。

北方案线路主要也以隧道形式穿越大盘山山脉，亦穿越构造侵蚀中低山的崇山峻岭区，地质构造复杂多变，线状构造形迹相互穿插、交切、复合、叠加或相扭，深大断裂带密集发育，岩体破碎，崩塌、危崖落石等不良地质较发育。隧道区以侏罗系上统熔结凝灰岩为主，仅局部地段有岩脉倾入。

隧道起讫里程 C11K41+980 ~ C11K60+400，全长 18.420 km，为双线隧道。隧道均位于直线段，隧道纵坡为 – 7‰、– 5‰的单面下坡。该方案隧道洞身线位基本与断层大角度相交，隧道地质条件相对较好。隧道采用 2 座无轨斜井+出口平导方案，斜井总长 1 995 m，出口端设置局部平导，长 8 370 m，隧道工期约 38 个月。隧道可在明线处设一处救援站。

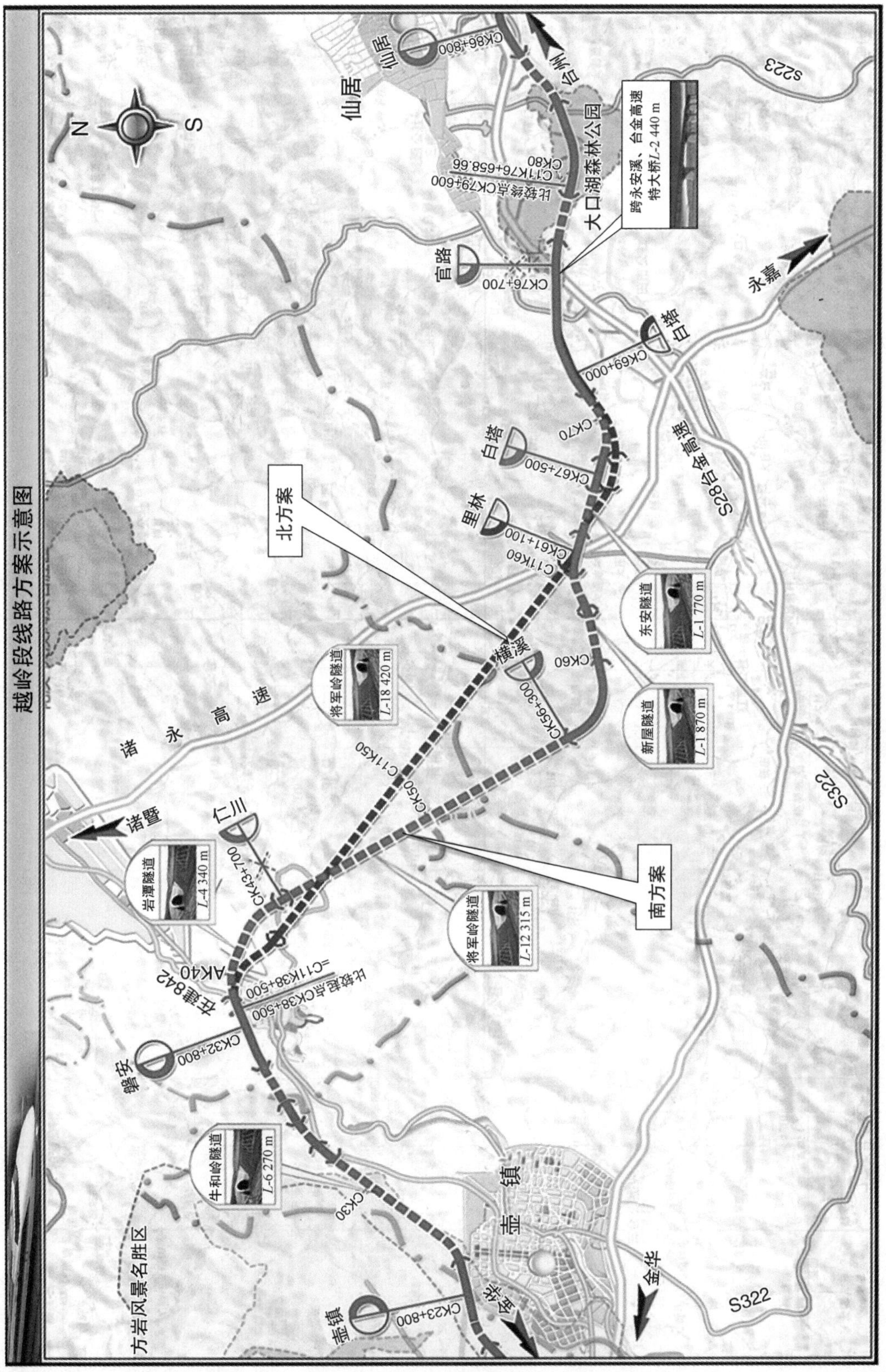
越岭段线路方案示意图
N
S
北方案
南方案
诸永高速
诸暨
仁三
CK43+700
岩潭隧道
L-4 340 m
在建842
AK40
比较起点CK38+500
=C11K38+500
磐安
CK32+800
牛和岭隧道
L-6 270 m
CK30
方岩风景名胜区
壶镇
CK23+800
金华
S322
将军岭隧道
L-12 315 m
将军岭隧道
L-18 420 m
CK50
C11K50
CK56+300
横溪
CK60
新屋隧道
L-1 870 m
东安隧道
L-1 770 m
C11K60
CK61+100
里林
CK67+500
白塔
CK70
CK69+000
S28台金高速
永嘉
官路
CK76+700
跨永安溪、台金高速
特大桥L-2 440 m
大口湖森林公园
比较终点CK79+600
C11K76+658.66
CK80
仙居
CK86+800
台州
S223

图 24-2 越岭线路方案

对工程开挖影响最大的地质单元为紫岩村—东安—毛地钳—沙坑水库东西向断裂（$F_{3\text{-}5}$），该断裂长约 4 km，两端出露情况不明，东安村附近被林坑口—半溪—里林水库—东安北西向断裂切错。断层面产状 171°∠80°、170°∠62°、160∠74°等，破碎带宽度 100 ~ 200 m，由一系列的裂隙构成，并见断层错动面，面上见断层面擦痕，常见石英脉充填。同时，该断裂作为地层分界线，其北部为西山头组紫灰色晶屑玻屑熔结凝灰岩，南部为白垩系紫红色粉砂质泥岩。另外有仁川镇火山洼地（J_3c）、林坑口—半溪—里林水库—东安北西向断裂（$F_{4\text{-}4}$）、大路岸—后坑节理密集发育区、谷岩—后坑—染潭北东向断裂（$F_{1\text{-}10}$）等。这些沉积地层、断裂、节理密集发育区富水性相对较好，岩石较破碎，工程地质条件较差。

金台铁路线路方案穿过两条比较重要的水系。一条是位于潘田村附近的好溪，常年有地表水活动，同时还发育潘田—下村—洋庄北北东向断裂（$F_{2\text{-}2}$），仁川镇—下村北东向断裂（$F_{1\text{-}2}$），与设计线路大角度相交。另外一个是位于泊公坑村上游的水库，海拔位置较高，同时存在泊公坑村水库近东西向断裂（$F_{3\text{-}2}$）与设计铁路线小角度相交。水系和断裂破碎带的重叠可能沟通地表水和地下水，造成地表水沿破碎带下渗，对隧道开挖存在非常不利的影响。

主要工程有：特大桥 3 座 3.92 km，大中桥 6 座 1.615 km，隧道 8 座 28.335 km，桥隧比 88.8%。投资估算 294 384 万元。

（3）方案优缺点对照。

方案优缺点对照见表 24-4。

表 24-4　越岭段方案优缺点对照表

方案	南方案（12.315 km 越岭隧道方案）	北方案（18.420 km 越岭隧道方案）
站位条件	较差	较好
水文地质	中等富水区	弱富水区
比较段落隧道围岩比例	Ⅱ级 34.28%，Ⅲ级 41.88%，Ⅳ级 13.32%、Ⅴ级围岩约占 10.52%	Ⅱ级 41%，Ⅲ级 33.72%，Ⅳ级 14.71%、Ⅴ级围岩约占 10.56%
越岭隧道地层岩性	侏罗系上统熔结凝灰岩为主。围岩级别Ⅱ级、Ⅲ级为主，占隧道长度的 84%，Ⅳ级、Ⅴ级围岩约占 16%	侏罗系上统熔结凝灰岩为主，隧道区局部发育侵入岩脉，以英安玢岩为主，占隧道长度 1%。围岩级别Ⅱ级、Ⅲ级为主，占隧道长度的 72.2%，Ⅳ、Ⅴ级占 27.8%
越岭隧道地质构造	隧道区发育 12 条断层，平均每千米 1 条，多大角度相交于线路	隧道区发育 10 条断层，平均每千米 0.5 条，均大角度相交于线路，断层影响带占隧道长度的 30.9%
辅助坑道设置条件	采用 3 座斜井施工，共 3 850 m	进口段辅助坑道条件较好，出口段隧道埋深较大，斜井选择困难，因此辅助坑道采用 2 座斜井+出口平导方案，斜井共 1 995 m，平导 8 370 m
工期	工期约 29.14 个月	工期约 38 个月
防灾救援	可结合斜井设避难所	明线位置设救援站
优点	1. 越岭隧道长度短，工程实施难度较小，工期短，初期静态工程投资少； 2. 越岭隧道地质条件较好； 3. 工期较短； 4. 无平导，辅助坑道工程小； 5. 仁川至横溪期间小于 13 km，满足单线区间能力要求，越岭段无需一次修建双线区间，二线工程可根据未来运输需求适时实施	1. 线路长度短，线型顺直，运营距离短； 2. 车站分布均匀，车站少两座； 3. 越岭隧道出口引线高程与地形适应较好； 4. 比较范围内地质条件较好，无较大地质问题； 5. 由于磐安至里林段一次双线，比较范围内增建二线工程投资 10.3 亿元，近远期工程投资少 3.2 亿元

续表

方案	南方案（12.315 km 越岭隧道方案）	北方案（18.420 km 越岭隧道方案）
缺点	1. 线路较长，为缩短越岭隧道长度，线型较差，且运营距离长； 2. 受隧道出口处百年洪水位控制（235 m），越岭后引线设计高程与地形适应较差； 3. 越岭隧道进出口设置车站处地形条件较差，且量隧道大部分都位于桥隧范围； 4. 越岭段为满足单线区间要求，车站分布不均，车站数量多两座，且车站位置地形条件较差； 5. 增建二线时工程需投资 23.4 亿元，近远期工程总投资多 3.2 亿元； 6. 大部分桥位于纵横坡陡峭地段，墩身施工困难，刷方防护工程较多	1. 越岭隧道较长，工程实施难度大，工期长； 2. 受区间能力影响，磐安至里林段需一次双线，初期静态工程投资多亿元； 3. 工期较长； 4. 辅助坑道工程大

（4）推荐意见。

综合分析比较，南方案越岭隧道长度短，施工难度小，工期短，工程投资少，且越岭段单线即可满足近期运输需求，无需一次修建双线区间，因此此次研究推荐南方案（12.315 km 越岭隧道方案）。

4. 壶镇至仙居段线路走向方案

线路在壶镇至仙居段，如经过磐安境内，线位则偏离基本走向，使得线形较曲折、磐安站位高程高、线路适应地形能力差、工程集中且规模较大，基于以上因素，在壶镇至仙居段研究了经磐安方案和（不经磐安）取直方案（图 24-3）。

（1）经磐安方案。

线路自比较起点（CK25+050）向东北走行，穿 6.2 km 牛和岭隧道，并在隧道内下穿在建省道 S42，跨好溪至磐安县冷水镇西南侧设磐安站，出站后折向东南，跨好溪，设 18.37 km 将军岭隧道，跨诸永高速后折向东，于官路镇西南跨省道 S322、台金高速和永安溪至南岸，于仙居县城南侧设仙居站，后于永安溪南岸沿台金高速南侧向东走行至比较终点。比较段落新建正线长度 63.650 km。

主要工程有：特大桥 8 座 10.304 km，大中桥 10 座 3.102 km，隧道 14 座 42.045 km，桥隧比 87.1%。静态投资为 383 715 万元。

（2）取直方案

线路自比较起点（CK25+050）向东南走行，隧道下穿在建省道 S42，于雁岭乡南侧跨省道 S219，设 16.03 km 百丈岩隧道，于横溪镇北侧折向东，于官路镇北侧折向东南，上跨省道 S322、台金高速和永安溪至南岸，于仙居县城南侧设仙居站，后于永安溪南岸沿台金高速南侧向东走行至比较终点。比较段落新建正线长度 59.554 km。

主要工程有：特大桥 7 座 12.27 km，大中桥 6 座 1.81 km，隧道 15 座 30.545 km，桥隧比 74.9%。静态投资为 344 045 万元。

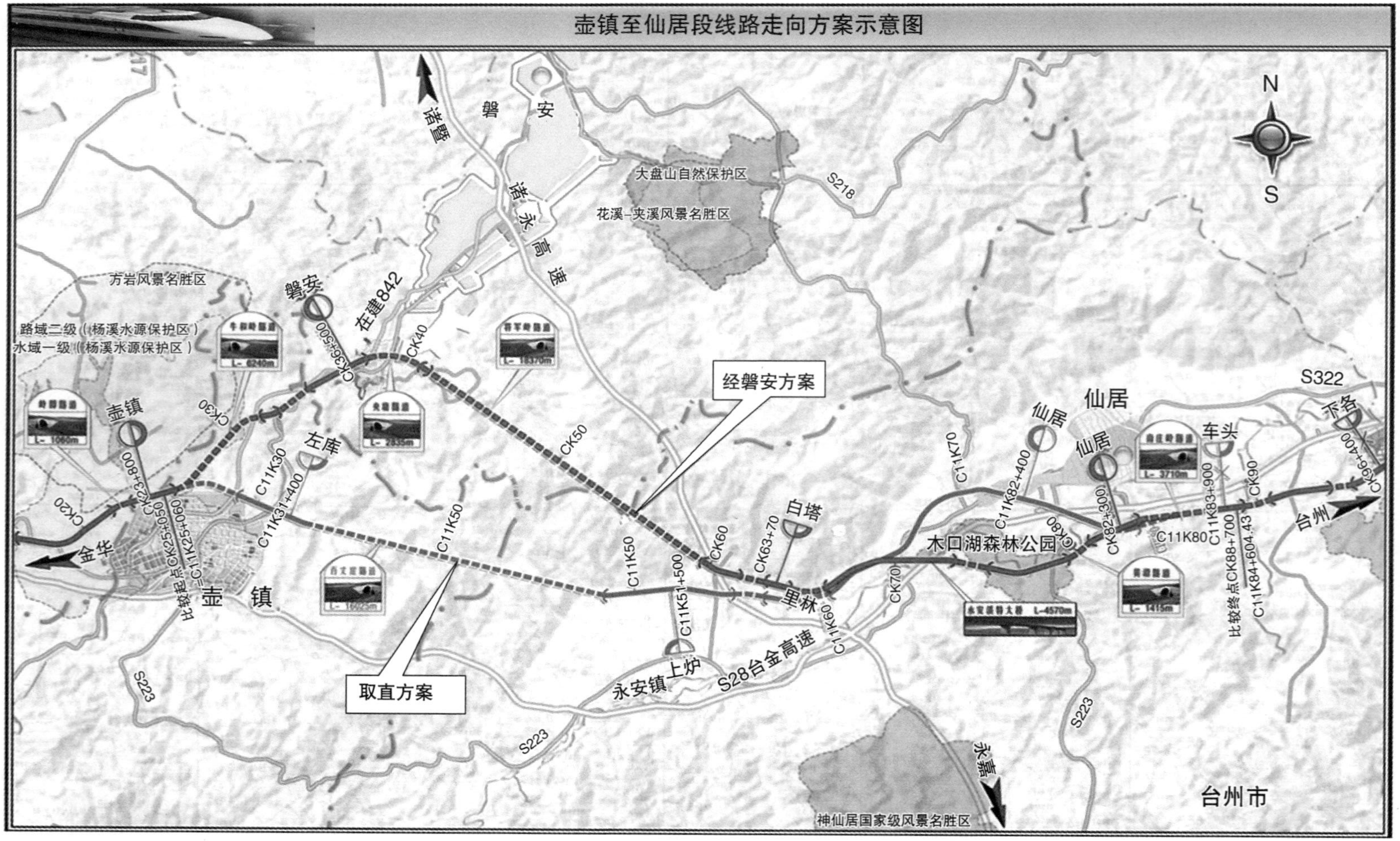

图 24-3　壶镇至仙居段线路走向方案

二、重大方案比选

(一)壶镇站位方案

壶镇站位于丽缙五金科技产业园区规划北部，壶镇站位的选择，受丽缙五金科技产业园区的严格控制，根据壶镇产业园规划、村庄、水库、地形等情况，并与开发区管理部门多次沟通后，研究了北山村南站位方案、北山村北站位 1 方案和北山村北站位 2 方案，见图 24-4。

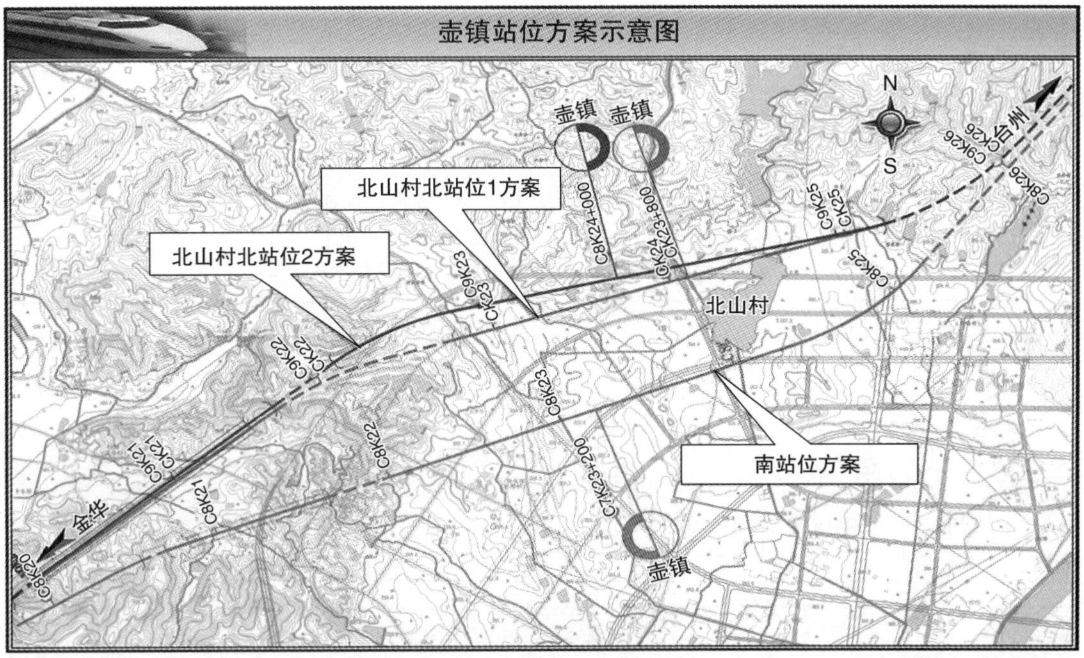

图 24-4 壶镇站位方案

1. 北山村北站位 1 方案

线路自比较起点（CK17+600）向东北，经梨塘水库南侧至仙岩前村，穿岭脚隧道后折向东，于北山村北侧设壶镇站，出站后于美里村南侧折向东北，穿牛和岭隧道后至比较终点。比较段落新建正线长度 13.865 km。

主要工程有：特大桥 2 座 2.497 km，大中桥 1 座 0.505 km，隧道 3 座 7.505 km，桥隧比 75.9%。投资估算 83 380 万元。

2. 北山村北站位 2 方案

该方案与北山村北站位 1 方案基本相同，仅壶镇站位按地方要求向北偏移约 100 m。比较段落新建正线长度 13.900 km。

主要工程有：特大桥 2 座 2.425 km，大中桥 2 座 0.49 km，隧道 5 座 7.225 km，桥隧比 72.9%。投资估算 88 758 万元。

3. 北山村南站位方案

线路自比较起点（CK17+600）向东北走行，穿小岭脚隧道后于北山村西南侧设壶镇站，出站后穿行北山村与和睦村间空地，穿牛和岭隧道后至比较终点。比较段落新建正线长度 13.860 km。

主要工程有：特大桥 2 座 1.805 km，大中桥 1 座 0.175 km，隧道 4 座 6.96 km，桥隧比 64.5%。投资估算 75 737 万元。

4. 方案技术经济比较及优缺点对照

方案优缺点对照见表 24-5。

表 24-5　壶镇方案优缺点对照

方案	优点	缺点
北山村南站位方案	1. 地形平坦，填挖适中； 2. 工程投资最小	该方案从丽缙五金科技产业园区中心区通过，对规划影响较大
北山村北站位 1 方案	站位处于规划区边缘，对规划干扰相对较小	1. 受地形影响，设计高程与之适应较差，挖方量较大，挖方区排水困难。 2. 与城市规划有冲突，需协调解决。 3. 工程投资较大
北山村北站位 2 方案	1. 站位对山河路和杭塘路间已开发地块影响较小； 2. 基本满足开发区规划	1. 受地形影响，壶镇站 1.5 km 处于挖方内，排水困难； 2. 工程投资最大； 3. 与城市规划稍有冲突

5. 推荐意见

通过研究推荐与城镇规划冲突较小的北山村北站位 2 方案。

（二）磐安站位方案

结合线路走向、好溪南北岸地形条件以及在建省道 S42 走向，就磐安站位，此次研究了好溪南站位方案和好溪北站位方案，见图 24-5。

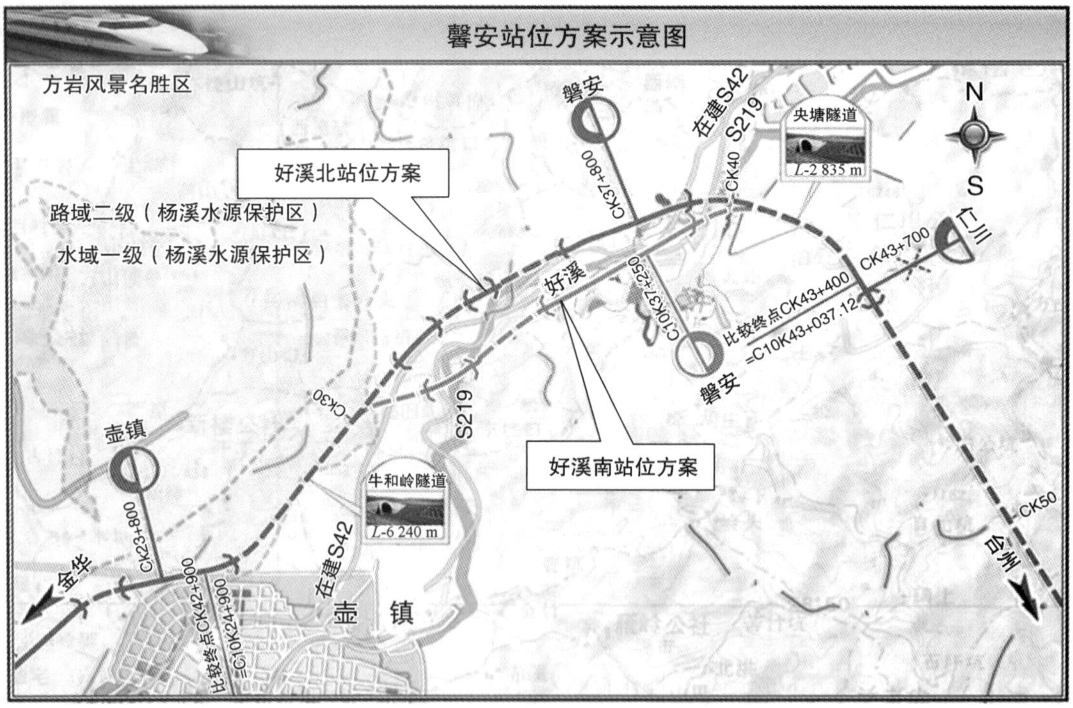

图 24-5　磐安站位方案

1. 好溪南站位方案

线路自起点（CK24+900）向东北，穿 6.24 km 牛和岭隧道，并在隧道内下穿在建省道 S42，于双溪村南侧跨好溪，沿好溪南岸行至庄头村南侧设磐安站，出站后二跨好溪，穿央塘隧道，折向东南至比较终点。比较段落新建正线长度 18.137 km。

主要工程有：特大桥 1 座 0.51 km，大中桥 4 座 1.133 km，隧道 3 座 13.74 km，桥隧比 84.8%。投资估算 119 485 万元。

2. 好溪北站位方案

线路自起点（CK24+900）向东北，穿牛和岭隧道，后沿好溪北岸向东走行。于庄头村东北侧设磐安站，出站后折向东南，穿月塘隧道至比较终点。比较段落新建正线长度 18.500 km。

主要工程有：大中桥 9 座 1.585 km，隧道 5 座 13.63 km，桥隧比 82.2%。投资估算 136 520 万元。

3. 方案优缺点对照

方案优缺点对照见表 24-6。

表 24-6 方案优缺点对照

方案	优点	缺点
好溪南站位方案	线路短 0.875 km，投资小	与省道 S42 有冲突，省道 S42 需改线 5 km
好溪北站位方案	1. 与省道 S42 无冲突； 2. 线位穿越断裂构造带较少； 3. 符合地方规划，利于带动磐安县城发展	线路较长，投资大

4. 推荐意见

虽然当地省道 S42 尚未施工，但是其已完成施工图，调整线位难度较大；而且好溪北站位方案距磐安城区较近，利于发货铁路对地方的带动作用，此次研究推荐好溪北站位方案。

（三）局部改善方案

1. 枫山站接轨方案

根据在建金温扩能改造工程功能定位，金台铁路项目永康至金华段采取客货分流，货流需通过货运线接入既有金温铁路。可行性研究阶段已研究确定货运线接入既有金温铁路枫山站，定测期间与武义县相关部门进行了多次沟通，并经上级部门多次协调，为充分预留武义县桐琴镇向北发展空间，结合其规划，此次研究就枫山站接轨方案进行了接既有枫山站。

方案与新建武义东站方案的比选，详见图 24-6。

（1）接既有枫山站方案。

枫山站是既有金温铁路的会让站，车站位于武义县桐琴镇境内。现有到发线 2 条（含正线 1 条），到发线有效长 650 m。线路自既有金温铁路枫山站向东引出，出站后以 R=600 m 曲线折向东南，沿金温扩能改造工程并行至终点（FDK1+650），线路长度为 1.65 km，主要工程投资 5 340 万。

（2）新建武义东站方案。

线路自既有金温铁路 K41+300 处道岔引出，折向东北，上跨银坑水库，于既有金温铁路枫山站北侧 300 m 新设武义东站，车站设到发线 2 条（含正线 1 条），到发线有效长 850 m，出站后折向东南，上跨老金温铁路，沿金温扩能改造工程并行至终点（FD1K1+650），线路长度 3.92 km，主要工程投资 18 590 万元（不包含相关水库补偿费用）。

（3）方案优缺点分析。

方案优缺点分析对照见表 24-7。

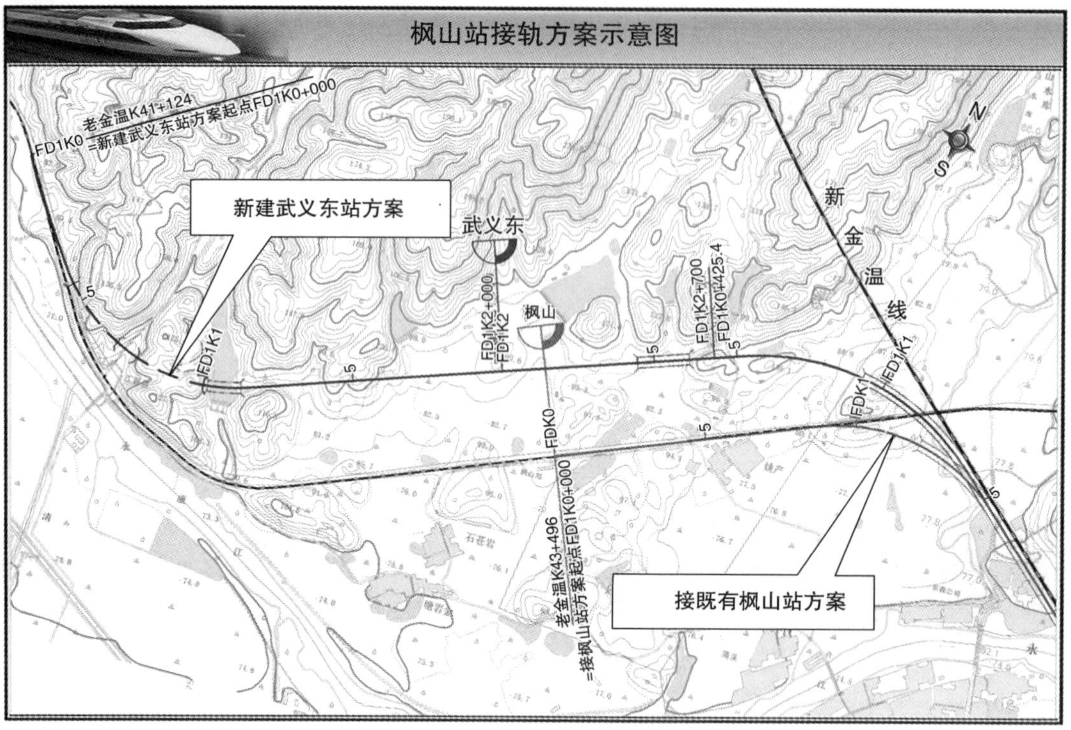

图 24-6　枫山站接轨方案

表 24-7　枫山站接轨方案优缺点对照

方案	优点	缺点
接既有枫山站方案	1. 新建线路长度短 2.274 km，工程投资少 13 250 万元； 2. 工程规模小，工程简单； 3. 对水库无干扰； 4. 施工对既有线影响小； 5. 可充分利用铁路用地，新征土地少 165 亩	1. 对既有平交道进行改造时需下挖设涵，排水不利； 2. 不利于桐琴镇向北发展
新建武义东站方案	可满足桐琴镇向北发展的需求	1. 线路长，投资大； 2. 银坑水库隧道邻近既有线，施工时对既有线运营安全有一定影响。 3. 以桥梁形式跨越银坑水库，施工不便，对蓄水有一定影响； 4. 新征土地多，与国家保护耕地政策不符；且新征用地大部分为经济林，经济价值较高； 5. 如永康市铁路外迁工程枫山至新碧段不与金台铁路项目同步，则会形成两站并设的局面

（4）推荐意见。

综合以上分析，接既有枫山站方案线路长度短，工程简单，投资节省，新征土地少，故此次研究按接既有枫山站方案贯通。

2. 仁川站位方案

仁川站位于磐安县仁川镇，是金台铁路项目越岭段的会让站，设到发线 3 条（含正线 1 条）。可行性研究阶段车站 600 m 位于将军岭隧道内，设站条件较差，定测阶段站位西移约 190 m，全明线设置于泊公村、潘田村边缘，但是站位对潘田村造成部分拆迁，根据此情况，就仁川站位进行了穿潘田村方案及绕潘田村方案的比选，详见图 24-7。

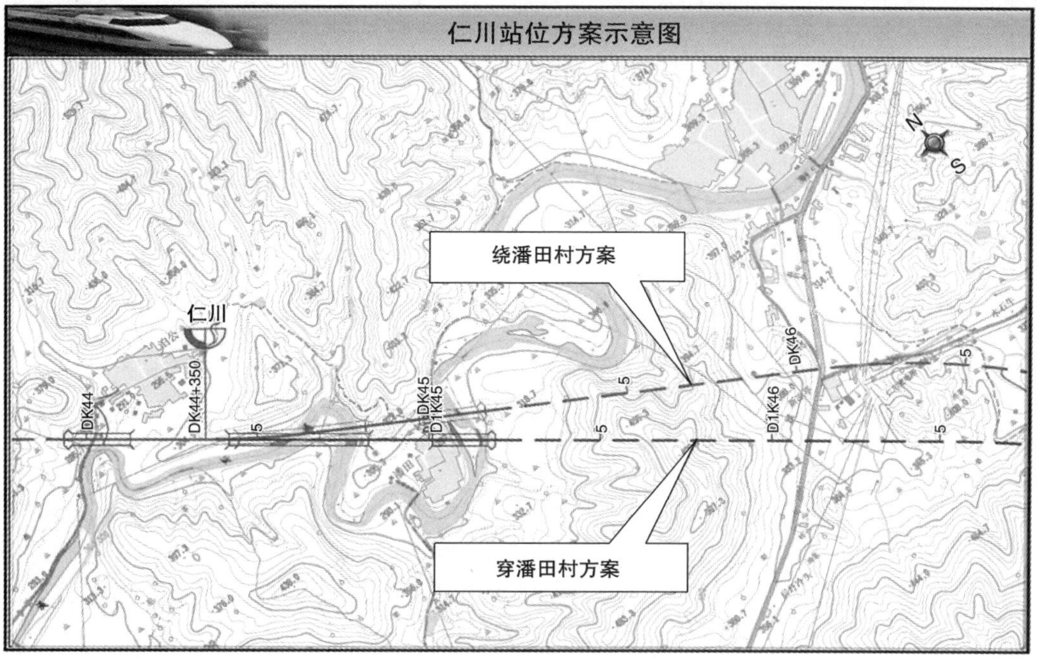

图 24-7 仁川站位方案

（1）穿潘田村方案。

线路自比较起点（DK43+950）起，于泊公村南，潘田村东侧设仁川站，出站后跨好溪，经将军岭隧道至比较终点（DK58+100）。线路全长 14.15 km，大桥 3 座 0.768 km，隧道 1 座 11.855 km，主要工程投资 80 928 万元。

（2）绕潘田村方案。

线路自比较起点（DK43+950）起，于泊公村南，潘田村东侧设仁川站，为减少潘田村拆迁量，仁川站设置为曲线站，出站后跨好溪，经将军岭隧道至比较终点（DK58+100）。

线路全长 14.237 km，大桥 3 座 0.756 km，隧道 1 座 11.85 km，主要工程投资 80 058 万元。

（3）方案优缺点分析。

方案优缺点分析对照见表 24-8。

表 24-8 仁川站位方案优缺点对照

方案	优点	缺点
穿潘田村方案	仁川站设置于直线上，线路长度短 0.087 km	1. 拆迁量大，对潘田村干扰大，实施难度较大； 2. 投资多 870 万元
绕潘田村方案	1. 拆迁量少 8 379 m^2，对潘田村干扰较小，实施难度较小； 2. 投资少 870 万	仁川站设置于曲线上，线路长度长 0.087 km

（4）推荐意见。

综合以上分析，绕潘田村方案拆迁量较小，节省投资，对潘田村庄干扰小，实施难度相对较小，故推荐绕潘田村方案。

3. 仙居站位方案

仙居站为金台铁路项目上的中间站，办理仙居县的客运作业，设到发线 3 条（含正线 1 条），远期预留 1 条，根据地形条件，就仙居站位研究了曲线站方案及直线站方案，详见图 24-8。

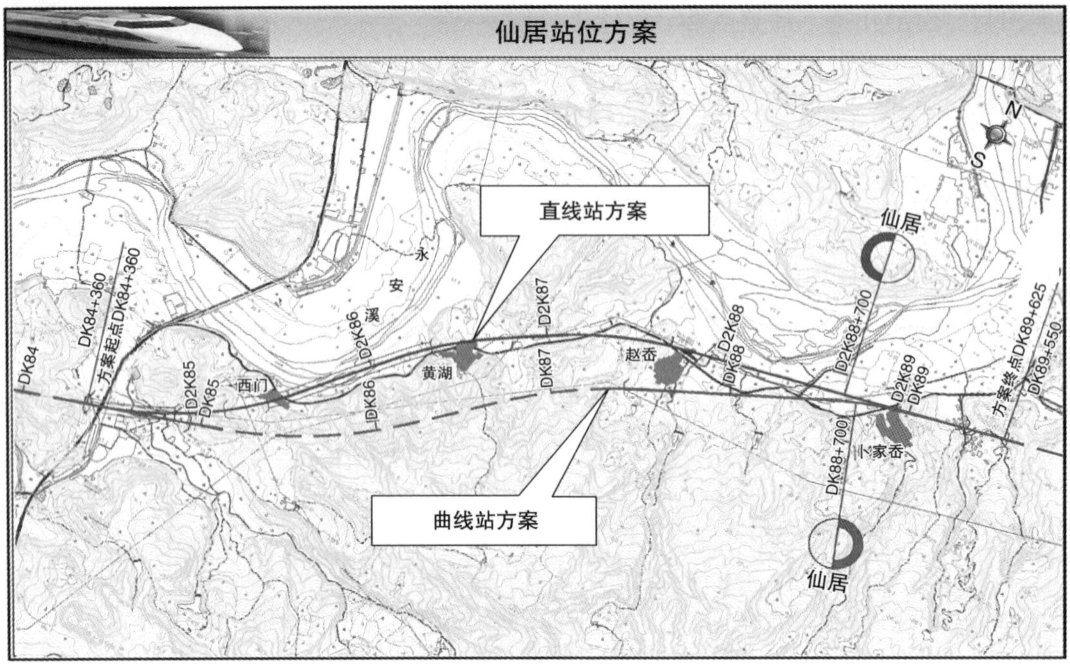

图 24-8 仙居站位方案

（1）曲线站方案。

线路自比较起点（DK84+360）引出，上跨省道 S223，经赵岙隧道，于卜家岙北侧设仙居站，车站为曲线站，出站后至比较终点（DK89+550）。

线路全长 5.19 km，大桥 1 座 4.471 km，隧道 1 座 2.465 m，主要工程投资 25 981 万元。

（2）直线站方案。

线路自比较起点（DK84+360）引出，上跨省道 S223，穿上余村西门组，并行管步线于永安溪主河道边缘向东北走行，穿黄湖村北侧房屋，穿赵桥村北侧房屋，于卜家岙北侧设仙居站，车站为直线站，出站后至比较终点（D2K89+625.39=DK89+550）。

线路全长 5.265 km，特大桥 1 座 0.985 km，大桥 1 座 0.471 km，隧道 1 座 0.2 km，主要工程投资 28 778 万元。

（3）方案优缺点分析。

方案优缺点分析对照见表 24-9。

表 24-9 仙居站位方案优缺点对照

方案	优点	缺点
曲线站方案	1. 线路长度短 0.075 km，主要工程投资少 2 796 万元； 2. 拆迁量少 11 611 m^2，对上余村、黄湖村、赵桥村无干扰，便于实施； 3. 占用土地少 140 亩； 4. 线位基本远离永安溪主河道，对其旅游景观区无影响	仙居站设置于曲线上，运营期间的车站作业存在一定不便
直线站方案	仙居站设置于直线上，便于运营期间车站作业	1. 线路长度长，主要工程投资大； 2. 拆迁量大，对上余村、黄湖村、赵桥村干扰较大，实施有一定难度； 3. 占用土地多； 4. 线位有 600 m 离永安溪主河道较近，此段为永安溪漂流景观区主要段落，对旅游景观区有一定影响

（4）推荐意见。

综合以上分析，曲线站方案虽然在运营期车站作业存在一定不便，但其拆迁量较小，占用土地较少，投资节省，对三个村庄干扰小，实施难度相对较小，故研究后推荐采用曲线站方案。

4. 头门港支线杜桥段方案

头门港支线在杜桥镇境内，根据规划线路走行于西湖村、上王村、洋平村、溪口村等附近，根据各村现状及规划，研究了南、北线方案，详见图 24-9。

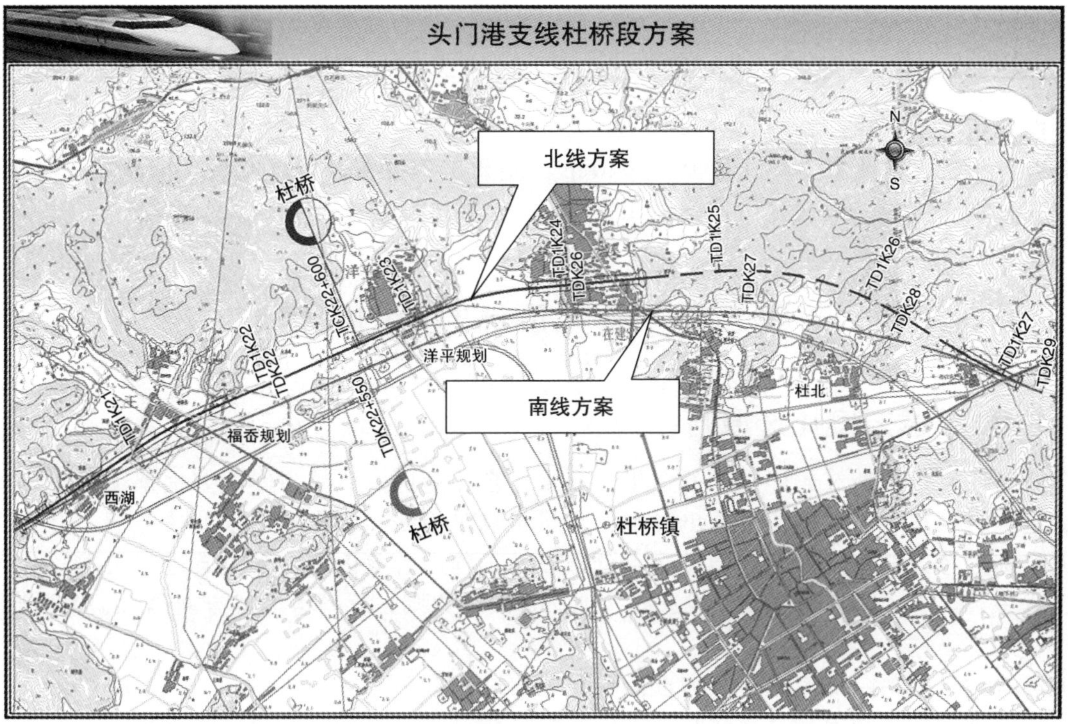

图 24-9　头门港支线杜桥段方案

（1）南线方案。

线路自比较起点 TDK16+850 起，经西岙隧道进入杜桥镇境内，隧道内上跨西湖自来水厂输水隧洞（铁路设计高程在输水隧洞上约 10 m），后上跨省道 S327，穿西湖村北侧边缘，于上王村南 30 m 向东走行，穿越规划福岙村，于洋平村南 180 m 处设杜桥站，出站后沿在建省道 S327 北继续向东走行，穿越溪头村南侧边缘，于杜北村北 170 m 处折向东南，跨盈杜线，经大岙隧道出杜桥镇，后至比较终点（TDK33+650）。线路长度 14.9 km，特大桥 2 座 2.101 km，大桥 3 座 1.159 km，隧道 3 座 7.860 km，占地 365 亩，拆迁面积 43 535 m^2，主要工程投资 63 516 万元。

（2）北线方案。

线路自比较起点 TDK16+850 起，经西岙隧道内进入杜桥镇境内，隧道内上跨西湖自来水厂输水隧洞（铁路设计高程在输水隧洞上约 10 m），后上跨省道 S327，穿西湖村北侧边缘，穿上王村中部，于规划福岙村北侧通过，于洋平村南预留通道设杜桥站，出站后继续向东走行，穿溪头村中部，经杜北村隧道折向东南，跨盈杜线，经大岙隧道出杜桥镇，后至比较终点（TD2K31+938=TDK33+650）。线路长度 15.07 km，特大桥 2 座 1.965 km，大桥 3 座 1.121 km，隧道 3 座 9.495 km，占地 248 亩，拆迁面积 80 476 m^2，主要工程投资 11 454 万元。

（3）方案优缺点分析方案优缺点分析对照见表 24-10。

表 24-10　头门港支线杜桥段方案优缺点对照表

方案	优点	缺点
南线方案	1. 线路长度短 0.17 km，工程投资少 1.15 亿元； 2. 拆迁面积少 36 940 m^2； 3. 与在建省道 S327 间距较小，减少土地分割； 4. 对上王村干扰较小	1. 对福岙村、洋平村、杜北村的规划影响较大； 2. 占地多 117 亩
北线方案	1. 对福岙村、洋平村、杜北村的规划影响较小； 2. 占地少 117 亩	1. 线路长，主要工程投资多； 2. 拆迁面积大； 3. 与在建省道 S327 间距较大，分割土地； 4. 对溪头村、上王村分割严重

（4）推荐意见。

综合以上分析，南线方案拆迁量少 36 940 m^2，主要工程投资少 1.15 亿元，对村庄现状干扰较小，且各村规划基本未实施，故研究后推荐南线方案。

第二节　重大设计原则的确定

一、主要技术方案比选原则

金台铁路项目位于浙江省中东部的金华、丽水、台州地区。线路方案主要根据项目建议书批复意见，以满足金台铁路项目功能定位为出发点，在尽量满足沿线经济发展需求的前提下，充分征求地方政府意见，综合考虑城市规划、环境敏感点分布以及工程内容等因素，多方案进行技术经济比较。方案研究过程中，本着“以人为本、环保选线、地质选线”原则，统筹考虑各方面因素，提出比选意见。主要选线原则如下：

（1）本着近、远结合的原则，合理选择线路走向和位置。

（2）根据预测运量和流向及接轨站的条件，结合线路走向，合理选择接轨方案。

（3）车站分布在满足远期输送能力的前提下，结合沿线城市规划进行布点。

（4）线路方案尽量绕避城市及村庄，尽量减少拆迁量。

（5）该地区人口稠密、用地紧张，线路尽量靠山布置，在工程量增加不大的情况下不占或少占良田。

（6）在不过多增加工程的前提下，线路尽量顺直或采用较大的曲线半径，使金台铁路项目具有较高的平面标准，满足铁路快捷的运输要求，以提高运输质量，增强铁路的竞争力。

（7）根据工程地质情况，线路设计尽量绕避不良地质区域，减少工程投资。

（8）充分听取当地政府及有关部门的意见，综合考虑城市整体规划，合理确定线路走向及车站位置。

二、平面技术标准

（一）设计原则

线路平、纵断面设计标准按《铁路线路设计规范》（GB 50090—2006）设计（以下简称《线规》）。

1. 平面曲线半径

曲线半径的选择：线路平面的圆曲线半径应结合工程条件、路段设计速度以及减少维修等因素，因地制宜，合理选用。选用遵循由大到小的原则。金台铁路项目最小曲线：永康南至台州段、头门港支线一般地段 2 000 m，困难地段 1 600 m；枫山货运线、永康南疏解线、台州南货运线一般地段 1 200 m，困难地段 800 m。曲线半径分布情况见表 24-11、表 24-12。

（1）正线。

表 24-11 金台正线曲线半径分布情况

曲线半径/m	个数	长度/km	占曲线百分比	占全线长度百分比	附注
$R \leqslant 2\ 000$	21	25.676	50.4%	17.3%	4 个曲线 $R=1\ 600$ m
$2\ 000<R \leqslant 5\ 000$	31	25.291	49.6%	17.0%	
总计	52	50.967	—	34.3%	

（2）其他线路。

表 24-12 其他线路曲线半径分布情况

曲线半径/m	个数	长度/km	占曲线百分比	占全线长度百分比	附注
$R \leqslant 2\ 000$	21	25.676	50.4%	17.3%	4 个曲线 $R=1\ 600$ m
$2\ 000<R \leqslant 5\ 000$	31	25.291	49.6%	17.0%	
总计	52	50.967		34.3%	

2. 缓和曲线

直线与圆曲线间采用三次抛物线型缓和曲线连接，缓和曲线长度根据曲线半径按《线规》合理选用。

3. 夹直线和圆曲线长度

圆曲线和夹直线长度：永康南至台州段、头门港支线一般不小于 130 m，特殊困难为 80 m；枫山货运线、永康南疏解线、台州南货运线一般不小于 80 m，特殊困难为 50 m；有条件时尽量采用较长的夹直线长度。

（二）线路平面控制点情况

（1）FDGK1+500 ~ FDGK9+400 段，并行在建金温扩能改造工程，以安全施工间距约 30 m 控制线位；
（2）DK8+500 ~ DK10+500 段，预留永康市前仓镇向北发展空间；
（3）DK13+470 ~ DK22+220 段，绕避杨溪水源保护区一级保护区；
（4）DK22+100 ~ DK25+000 段，绕避缙云县五金科技产业园规划；
（5）DK31+000 ~ DK41+000 段，绕避缙云县潜明水库及在建 S42 省道；
（6）DK88+000 ~ DK89+500 段，绕避仙居李氏合葬墓省级文物保护单位；
（7）DK145+600 ~ DK147+000 段，跨越临海市石油管线；
（8）LDGK0+900 ~ LDGK3+300 段，并行既有甬台温铁路、跨永宁江桥位，绕避在建永裕河；
（9）TDK4+000 ~ TDK6+300 段，跨灵江特大桥，受航道、既有台金高速公路灵江特大桥间距控制；
（10）TDK2+000 ~ TDK3+500 段，绕避长甸村；
（11）TDK11+100 ~ TDK17+000 段，绕避了规划九子岙度假区及一座建筑石料矿；
（12）TDK21+500 ~ TDK24+000 段，绕避规划福岙村和洋平村；
（13）TDK36+100 ~ TDK40+000 段，绕避临海国家地质公园核心区；
（14）TDK40+000 ~ 终点，绕避北洋企业、头门新区规划。

（三）二线工程预留设置

根据客货运量及车站周边地形条件，考虑到远期二线引入时对施工间距最小要求，在车站两端及引入困难地段，对线下进行了局部工程预留。设桥梁、隧道工点 7 处，工程预留长度为 1 721.2 km，详见表 24-13。

表 24-13　部分区间及站内外预留工程情况

序号	工点位置	预留工程段落	桥梁/m	隧道/m		长度/m	备注
				单线	双线		
1	壶镇	DK23+024.45～DK23+116.65	91.2			91.2	壶镇站西端，设双线桥
		DK25+163～DK25+390		227		227	壶镇站东端
2	磐安	DK36+967～DK37+193	226			226	站内，设三线桥
		DK040+554～DK40+748	194			194	磐安出站端，设双线桥
3	仙居	DK89+573～DK89+970		194	203	397	仙居站东端
4	下各	DK100+883～DK101+040		207		207	下各站东端
5	临海东	DK140+890～DK141+269		379		379	临海东站西端
合计			511.2	1 007	203	1 721.2	

三、纵断面技术标准

（一）设计原则

（1）限制坡度：限制坡度为 8‰。

（2）坡段长度：纵断面宜设计为较长的坡段，旅客列车设计行车速度为 160 km/h 的路段，最小坡段长度不应小于 400 m，且最小坡段长度不宜连续使用两个以上；旅客列车设计行车速度小于 160 km/h 的路段，最小坡段长度不宜小于 350 m。

（3）相邻坡段的坡度差：相邻坡段的连接宜设计为较小的坡度差。相邻坡段的坡度差一般地段不大于 10‰，困难地段不大于 12‰。

（4）竖曲线的设置：路段设计速度为 160 km/h 的地段，相邻坡段的坡度差大于 1‰时，应以圆曲线形竖曲线连接，竖曲线半径采用 15 000 m；当路段设计速度小于 160 km/h，相邻坡段的坡度差大于 3‰时，应以圆曲线形竖曲线连接，竖曲线半径采用 10 000 m。

当路段设计速度大于 120 km/h 时，竖曲线不得与缓和曲线重叠设置，也不得设在明桥面桥上和正线道岔范围内。

旅客列车设计行车速度为 160 km/h 的地段，竖曲线与平面圆曲线不宜重叠设置，困难条件下竖曲线可与半径不小于 2 500 m 的圆曲线重叠设置；特殊困难条件下，经技术经济比选，竖曲线可与半径不小于 1 600 m 的圆曲线重叠设置。

（5）坡度折减：最大坡度按《铁路线路设计规范》（GB 50090—2006）规定进行坡度折减。

（6）站坪坡度：站坪宜设在平道上。困难条件下，可设在不大于 1‰的坡道上。特殊困难条件下，有充分技术经济依据时，会让站可设在不大于 6‰的坡道上，但不应连续设置。

（7）隧道坡度：隧道内的坡段可设置为单面坡或人字坡，地下水发育的长隧道宜采用人字坡。其坡度值不宜小于 3‰。

（8）跨越正线的建筑物的净空不应小于 7.5 m，对于上跨建筑物不满足上述要求的需接触网专业计算确定净空，并根据计算结果确定解决方案。

（二）纵断面设计情况

金台铁路项目线路平、纵断面主要特征，见表 24-14。

表 24-14 平、纵断面主要技术特征

项目			单位	数量	
				永康至台州段	头门港支线
线路平纵断面主要技术特征	线路长度		km	148.49	42.13
	展线系数			1.198	10.47
	直线段总长		km	97.301	27.336
	曲线长度	总长	km	51.189	14.794
		$R \leqslant 2\,000$	个/ km	22/26.222	9/7.213
		$2\,000 < R \leqslant 5\,000$	个/ km	31/24.524	12/7.581
	拔起高度	下行/上行	m	277.61/385.21	77.327/81.128
	紧坡地段长度	下行长度	km	18.0	3.3
		上行长度	km	16.17	2.32

（三）线路高程控制说明

（1）金台铁路项目按全封闭、全立交设计，与其他交通通道的交叉均设计为立交。铁路跨越公道路的立交净空原则如下：高速公路净空不小于 5.5 m，一、二级公路净空不小于 5 m，二级以下公路净空按 3 ~ 4.5 m 设计。

（2）道路或铁路上跨铁路时，铁路的建筑限界按《标准轨距铁路机车车辆限界》（GB 146.1）和《标准轨距铁路建筑限界》（GB 146.2）有关电力牵引铁路限界的规定执行。

（3）对有通航要求的河流，按通航等级要求净高标准办理。

（4）金台铁路项目跨越灵江时，按照 300 年洪水位控制。

（5）控制金台铁路项目纵断面高程的主要铁路、高速公路、国省道、市政道路和航道等。

① 铁路：既有金温铁路、金温扩能改造工程、甬台温铁路。

② 高速公路：金丽温高速、台金高速、东永高速、诸永高速；甬台温高速、在建沿海高速。

③ 国省道：省道 S312、国道 G330、新国道 G330、省道 S322、省道 S219、省道 S223、国道 G104、省道 S325、省道 S327。

④ 市政道路：七一路、汇丰南路、永裕河 1 号市政路、永裕河 2 号市政路、路院一级路、滨海第一大道、滨海第二大道、头门新区在建 D3-R3 路、在建北洋大道。

⑤ 航道：灵江、永宁江。

四、改移道路

（一）道路立交概况

金台铁路项目按全立交设计。跨公路、道路立交净空，根据《公路工程技术标准》（JTG B01—2014）采用不同的标准，一般高速公路净高为 5.5 m，一、二级公路净高为 5.0 m，三、四级公路净高 4.5 m，其他立交道的设计均参照既有立交标准进行设置。金台铁路项目采用《标准轨距铁路建筑限界》（GB 146.2）建限-1 规定，跨越的建筑物净高应满足电化 7.5 m 要求。

全线共设立交道 423 处，其中下穿 415 处，上跨 8 处。其中与铁路交叉 4 次，分别为永康南疏解线下穿金温扩能改造工程、枫山货运线上跨既有金温线、正线上跨既有金温线和正线下穿甬台温铁路。

（二）改移道路

公路、道路改移方案结合立交设置条件综合考虑。对不满足立交条件的道路及占压道路的，视具体情况进行道路改移。

道路改移要结合地方交通规划，原则上按既有路线标准进行改移，参照《公路工程技术标准》（JTG B01—2014）和《公路路线设计规范》（JTG D20—2006）及相关公路规范的有关规定执行。

其中国道 G104 建设单位尚未与相关部门签订协议，暂按国道 G104 上跨铁路设计。待建设单位与有关交通部门达成一致，再按照结果进行相应修改。

全线需改移等级公路 8 处，改移长度 6.34 km，改移的乡村道路共 52 处，改移长度为 12.46 km。等级公路一览表见表 24-15。

表 24-15　等级公路改移一览

序号	里程	公路名称	公路等级	路面材料	改移长度/m
1	DK36+400 ~ DK36+950	磐缙线	四级	水泥	560
2	DK87+800 ~ DK89+200	管步线	三级	水泥	1 430
3	DK127+720	下双线	三级	水泥	860
4	DK142+500 ~ DK142+900	马上线	三级	水泥	400
5	DK149+563	马杜线	四级	水泥	230
6	DK141+294	G104	一级	沥青	940
7	LDGK0+451	S325 复线	一级	水泥	500
8	TDK42+978	北洋大道	Ⅰ级城市干道	沥青	1 420.78

五、拆迁工程

金台铁路所处地区村落分布相对比较密集，房屋建筑大多依河、沿路、聚集山间平地而建。在研究过程中，线路方案尽量按地方规划走行，绕避规模较大的工矿企业（包括规划和在建）和城镇村落，同时尽量避免与高压电网（包括规划和在建）发生干扰。根据现场调查，拆迁工程主要是房屋拆迁和电力电信线路拆迁，金台铁路项目区间拆迁房屋 430 127.5 m^2；拆迁围墙 2 591 m；拆迁水泥坪 19 207.7 m^2；拆迁坟墓 987 座，砍伐各类树木 410 289 棵，挖树根 183 276 棵。

六、铁路线路安全设施

（一）安全保护区

根据《铁路运输安全保护条例》（国务院令第 639 号），铁路线路两侧均设立铁路线路安全保护区，安全保护区边界处按要求埋设安全保护区标桩。

1. 设计原则

铁路线路安全保护区的范围，从铁路线路路堤坡脚、路堑坡顶或者铁路桥梁（含铁路、道路两用桥，下同）外侧起向外的距离分别为：

（1）城市市区高速铁路为 10 m，其他铁路为 8 m；
（2）城市郊区居民居住区高速铁路为 12 m，其他铁路为 10 m；
（3）村镇居民居住区高速铁路为 15 m，其他铁路为 12 m；
（4）其他地区高速铁路为 20 m，其他铁路为 15 m。

2. 设计情况

安全保护区标桩采用 A、B 两种类型，其中 A 型标桩为基本型，采用钢筋混凝土板制作，直接埋入土层中；B 型标桩为辅助型，采用钢筋混凝土立柱及标牌制作，埋设于混凝土基础中。

（1）基本型（A 型）。

① 沿线路保护区范围每 200 m 左右设置一个，特殊地段可增加和减少设置数量。人烟稀少的地方可不设。

② 在线路两侧规定的距离设置时，与另一侧的标桩相错埋设。

（2）辅助型（B 型）。

主要设在人员活动频繁的道口、桥隧两端、公路立交桥及居民区附近等醒目地点。

（二）防护栅栏

在设计行车速度大于或等于 120 km/h 的路段，按要求须在铁路线路两侧设置防护栅栏。防护栅栏的设置原则、类型选用原则应符合铁路设计规范、铁路工程建设通用参考图《铁路线路防护栅栏》（通线〔2012〕8001）的规定。

1. 防护栅栏设计原则

防护栅栏原则上设置在用地界以内 0.5 m 处，且应尽可能将铁路构筑物、通信、信号设备包围其中，遇下列情况酌情调整：为解决村民通道问题，在鱼塘、水田等地形地段，栅栏走向在不影响公务、电务、供电、车辆等部门作业的前提下可视具体情况做适当调整，防护栅栏下不得有光、电缆。

2. 防护栅栏形式

金台全线采用 1.8 m 高度钢筋混凝土防护栅栏。钢筋混凝土构件使用年限按 30 年设计。根据工务、电务等设备检查和维修施工作业的需要，设置栅栏门。立柱预制时设置“禁止入内”的警示标志。门上应设锁，并应防水。

3. 工程数量

全线除车站外防护栅栏设置共 95.99 km，后续变更新增 21.42 km 各式栅栏，合计 117.41 km。

第二十五章　大型临时设施设计

第一节　一般规定

一、设计依据

金台铁路项目大型临时设施设计依据《铁路大型临时工程和过渡工程设计暂行规定》(铁建设〔2008〕189号)以及金台铁路工程的具体情况设置。金台铁路项目需设置的大型临时工程主要有T梁制存梁场、铺轨基地、混凝土集中拌和站、汽车运输便道。

二、设计原则

(一)全线考虑，统筹兼顾的原则

重点大型临时工程的分布、位置及规模应全线统筹考虑，以满足全线工程需要和工期要求。由于金台铁路项目隧道较多，线下施工工期较长。为了满足总工期的要求，在枫山站设置铺轨基地和制存梁场各一处，另外在下各、临海东车站各设置制存梁场一处。

(二)永临结合，少占用地的原则

重点大型临时工程应尽量与永久工程相结合，以减小投资，少占用地。

(三)设场条件较好，经济合理的原则

重点大型临时工程设场条件应较好，场地平坦宽阔，土石方数量和拆迁工程较少，材料运输通路顺畅便捷，水电供应充足，因地制宜，就地取材，技术可行，经济合理。

第二节　大型临时设施设计

一、汽车运输便道方案设计

(一)设计标准

贯通主干道、取弃土场、重点土石方地段：双车道，泥结碎石路面，路面宽5.5 m，路基宽6.5 m。其他重点工程引入线：单车道，泥结碎石路面，路面宽3.5 m，路基宽4.5 m。

(二)设置原则

(1)利用地形做到走向合理，运距短捷，线路平顺，工程简单，造价低廉。
(2)尽可能靠近线路及施工用料地点，并接近铁路标高，照顾重点工程减少便线长度。
(3)尽量不要与铁路线交叉，避免施工对行车的干扰。
(4)重点土石方工程考虑贯通便道，贯通便道沿路基两侧征地范围内设置，以减少租地。

（5）对能够利用但路基宽度达不到运输要求的乡村道路进行改扩建，不再另行新修便道。

（6）对能够利用但路面宽度达不到运输要求或者路面低洼不平、严重影响行车速度和安全的乡村道路进行路面整治，不再进行改扩建。

（7）对能够利用但路面结构比较脆弱（土或土石路面）乡村道路，给产权村镇一定补偿，不再另行路面整治。

根据以上原则，金台铁路项目设置汽车运输便道 158.7 km。

二、铺轨基地

（一）铺轨基地设置原则

（1）基地选址应根据其供应范围、作业量、地形地质、交通运输条件以及材料供应等因素，充分考虑永临结合，有效利用预留工程、铁路货场、站坪、维修基地等。不能永临结合的新设铺轨基地选址避开易积水和严重不良地质地点，并远离生态环境敏感区。

（2）基地供应半径根据沿线铁路引入条件、工期要求等因素，综合考虑不大于 200 km。

（3）基地位置一般考虑设在线路起点、终点或中间邻近铁路既有车站的线路附近，衔接运营线便捷，对运营线干扰小、邻近技术站的开阔地带。

（4）铺轨基地的选点结合拆迁工程量、土建工程量、供料情况、运输条件、地形条件等因素，并按宜大不宜小，宜少不宜多的原则，经技术经济比选后合理确定配置方案。

（二）铺轨方案的确定

根据以上设置原则确定在枫山站附近（东南处）设置 1 处铺轨基地，设置情况见表 25-1。

表 25-1　铺轨基地设置情况表

序号	工作内容	单位	工程总量	备注
1	临时占地	m^2	0	与制存梁场合并设置
2	场地填筑	m^3	109 200	与制存梁场合并设置
3	场地硬化面	m^2	9 338	
4	走行轨	单延米	1 040	共 1 组，每组 2*520 单延米
5	场内岔线	铺轨公里	3.284	
6	场内道路	m	500	双车道

三、制存梁场

（一）梁场设置原则

（1）梁场规模和位置的选择应根据总工期、施工组织设计、制梁能力、存梁时间、简支梁工程量和桥梁分布等因素，结合工程条件进行技术经济比选确定。

（2）梁场的选点结合拆迁工程量、土建工程量、供料情况、运输条件、地形条件等因素，并按宜大不宜小，宜少不宜多的原则，经技术经济比选后合理确定配置方案。

（3）场址宜有较好的交通条件。

（4）场地附近宜水源充足、电源可靠、通信良好，并靠近当地料源。

（二）梁场设置情况

根据以上原则，金台铁路工程共设置 3 处制（存）梁场：

1. 武义东制（存）梁场

武义东制（存）梁场（与铺轨基地合并设置）约 165 亩，场内主要分为制梁区、存梁区、模板存放和钢筋加工区、砂石料堆放区、混凝土搅拌区和其他配套设施区等，制梁台座 24 个，每天可生产 3 孔梁，考虑双层存梁，最大存梁能力 155 孔。在存梁区设桥梁静载试验台一个，用于预制梁的静载试验，考虑冬季施工，在生产区内设 4 t 锅炉 1 座。

武义东制（存）梁场供应里程为 FDK0+000 ~ DK58+095（隧道进口，含永康南疏解线），共计 602 孔梁，设置情况见表 25-2。

表 25-2　武义东制（存）梁场大临工程数量

序号	工作内容	单位	工程总量	备注
1	临时占地	m^2	110 055	
2	场地填筑	m^3	288 000	
3	场地硬化面	m^2	22 220	
4	制梁台座	个	24	
5	移存梁台座	单延米	1 000	
6	搅拌站基础	座	1	
7	龙门吊基础	单延米	2.18	
8	场内道路	m	755	双车道
9	临时电力线	km	1	

2. 下各制（存）梁场

下各制（存）梁场占地面积约 125 亩。场内主要分为制梁区、存梁区、模板存放和钢筋加工区、砂石料堆放区、混凝土搅拌区和其他配套设施区等，制梁台座 24 个，每天可生产 3 孔梁，考虑部分双层存梁，最大存梁能力 155 孔。在存梁区设桥梁静载试验台一个，用于预制梁的静载试验，考虑冬季施工，在生产区内设 4t 锅炉 1 座。该梁场采用轮胎式运梁车通过路基运梁，公铁两用架桥机架梁。

下各制（存）梁场供应里程为 DK58+095 ~ DK122+103，共计 350 孔梁。设置情况见表 25-3。

表 25-3　下各制（存）梁场大临工程数量

序号	工作内容	单位	工程总量	备注
1	临时占地	m^2	83 375	
2	场地填筑	m^3	124 062	
3	场地硬化面	m^2	22 220	
4	制梁台座	个	24	
5	移存梁台座	单延米	1 000	
6	搅拌站基础	座	1	
7	龙门吊基础	单延米	2.246	
8	场内道路	m	720	双车道
9	临时电力线	km	1	

3. 临海东制（存）梁场

临海东制（存）梁场利用临海东货场位置。除利用既有站坪外需新增用地面积约为 20 亩，场内主要分为制梁区、存梁区、模板存放和钢筋加工区、砂石料堆放区、混凝土搅拌区和其他配套设施区等，制梁台座 24 个，每天可生产 3 孔梁，考虑部分双层存梁，最大存梁能力 180 孔。在存梁区设桥梁静载试验台一个，用于预制梁的静载试验，考虑冬季施工，在生产区内设 4 t 锅炉 1 座。

临海东制（存）梁场供应里程为 DK122+103 ~ TDK44+316 及 LDK0+000 ~ LDK15+935，共计 701 孔梁，设置情况见表 25-4。

表 25-4 临海东制（存）梁场大临工程数量

序号	工作内容	单位	工程总量	备注
1	临时占地	m^2	83 375	部分利用货场位置
2	场地填筑	m^3	149 856	
3	场地硬化面	m^2	16 800	
4	制梁台座	个	24	
5	移存梁台座	单延米	1 600	
6	搅拌站基础	座	1	
7	龙门吊基础	单延米	1.901	
8	场内道路	m	1 010	双车道
9	临时电力线	km	1	

四、混凝土拌和站

（一）设置原则

（1）根据工期要求，混凝土搅拌站供应半径按不大于 10 km 考虑，特殊情况混凝土搅拌站供应半径按不大于 15 km 考虑。

（2）混凝土搅拌站宜设置在地势较平坦，具有良好施工水源的地带。

（3）混凝土搅拌站的选点结合拆迁工程量、土建工程量、供料情况、运输条件、供应强度、拌和物使用的时间要求等，经技术经济比选后合理确定配置方案。

（4）搅拌站的设计生产能力应根据混凝土最大月施工任务量和高峰强度确定，并考虑备用。

（二）设置情况

根据以上原则，金台铁路项目共设置混凝土搅拌站 31 处。

五、其他大临工程

（一）临时岔线

金台铁路工程不设铁路施工便线，在铺轨基地修建临时岔线。

（二）给水管路

线路通过地区气候湿润，雨量充沛，河流、水渠纵横交错，湖泊星罗棋布，地表水丰富。主要水系为钱塘江水系、瓯江水系和椒江水系。经检测合格可作为生产和生活用水。沿线地下水丰富，主要为松散岩类孔隙潜水、红色碎屑岩类孔隙裂隙水和基岩裂隙水，一般无色无味，无侵蚀性，可作为一般生活、生产用水源。施工用水可就近取水或打井取水，进入城区范围内施工用水可利用城市自来水。对于隧道和隧道群施工区段，需设置供水管路以满足工程用水要求，全线共设给水管路 8 km。

（三）供电线路

线路所经地区用电网较为发达，电力资源丰富，沿线路附近 10 kV 及 35 kV 电力线分布较为广泛，施工时可以从附近的 10 kV、35 kV 电力线“T”接引用地方电源。全线共修建临时供电线路 73.5 km。

六、重点大临工程现场实施与设计变化

（一）设计情况

铺轨基地及制（存）梁场的设置综合考虑经济、用地、总工期等因素，在武义东设置铺轨基地及 T 梁制（存）梁场各一处，在下各、临海东车站各设置一处 T 梁制（存）梁场。

（1）武义东制（存）梁场供应里程为 FDK0+000 ~ DK58+059（隧道进口，含永康南疏解线），共计 602 孔梁。

（2）武义东铺轨基地与武义东制（存）梁场合并设置，供应一个铺架工作面，负责全线的铺轨工程。

（3）下各制（存）梁场供应里程为 DK58+095 ~ DK122+103，共计 350 孔梁。

（4）临海东制（存）梁场供应里程为 DK122+103 ~ TDK44+316 及 LDK0+000 ~ LDK15+935，共计 701 孔梁。

（二）现场实施情况

（1）在距离壶镇站 8 km 的丽缙产业园内建设缙云制（存）梁场，梁场供应里程为 FDK0+000 ~ DK75+200，共计 849 孔梁。预制梁在缙云制（存）梁场装汽车后，运输 8 km 到金台铁路沿线，使用倒装龙门吊将 T 梁倒装到工程列车，然后运输至施工现场。同时修建由苍岭路尽头→宅塘村→上倪村→金台铁路的运梁便道，便道长度 1.62 km。

（2）取消下各制（存）梁场，其功能调整至缙云制（存）梁场和临海东制（存）梁场。

（3）在丽缙产业园内缙云制（存）梁场附近建设存梁能力为 24 孔的 T 梁存储场。

（4）临海东制（存）梁场供应里程为 DK75+200 ~ TDK44+316 及 LDK0+000 ~ LDK15+935，共计 923 孔梁。

（5）武义东铺轨基地承担全线长钢轨换铺施工，共计铺轨 234 km（含新碧联络线）。

（6）临海东轨排基地担南庄岭隧道出口至台州南货运线、头门港支线 130.432 km 工具轨铺设施工。

（7）壶镇轨排基地负责 FD2K0+375.492 至田市站 103.568 km 工具轨铺设施工。

（三）变化原因说明

根据《关于同意金台铁路调整指导性施工组织设计的批复》（浙交投〔2019〕4 号），受邻近既有线（营业线）施工、拆迁、取土场、电力迁改、站房审批以及火工品等多方面影响，调整指导性施工组织设计，变化情况如下：

（1）石锦隧道为武义东制（存）梁场架梁通道的咽喉，隧道邻近既有金温高铁，受邻近营业线爆破振速影响，施工功效降低，工期滞后，无法满足武义东制（存）梁场架梁通道的要求，将原武义东制（存）梁场调整至壶镇镇。

（2）下各制（存）梁场设置在下各车站，因下各站征地拆迁和取土场协调工作滞后，下各站站场高填方路基工程无法按时完工，无法满足梁场设置要求，取消下各制（存）梁场，将其制存梁功能调整至壶镇制（存）梁场和临海东制（存）梁场。

（3）因取消下各制（存）梁场，临海东制（存）梁场制梁管段增加，T 梁运输距离增加。工程列车适合远距离运输 T 梁，运输速度快，运输数量大，因此距离临海东制（存）梁场较近的桥梁，采用公铁两用架桥机架设，距离较远的，采用铁路架桥机架设。临海东制（存）梁场由两台公路架桥机调整为一台铁路架桥机和一台公铁两用架桥机；同时增加壶镇及临海东 2 处轨排基地。

第二十六章 路基设计

第一节 路基工程概况与特点

一、设计的路基工程概况

新建金华至台州铁路线路全长 231.97 km（含疏解线、头门港铁路支线及新碧联络线工程），全线路基长度 61.34 km，占线路全长的 26.44%，其中区间路基长度 35.10 km，占线路长度的 15.18%。

金台铁路项目路基工程类型主要有路基边坡加固防护、高路堤、陡坡路基、深路堑、软土路基、危岩落石路基、地下水发育路堑、浸水路基、并行既有线路基等。

二、主要工程数量及公里指标

永康南（含）至台州（含）正线区间路基土石方总量为 $386.65\times10^4\ m^3$，平均每公里土石方 $17.01\times10^4\ m^3$，其中填方总量为 $211.04\times10^4 m^3$，挖方总量为 $175.61\times10^4\ m^3$（其中挖土 $55.54\times10^4\ m^3$，挖石 $120.07\times10^4\ m^3$）；路基加固与防护及附属工程圬工总量为 $57.90\times10^4\ m^3$，平均每正线路基防护公里 $1.44\times10^4\ m^3$；锚索长 $5.37\times10^4\ m$，锚杆长 $16.54\times10^4\ m$，基材植生 $12.08\times10^4\ m^2$（含永康东站具有物流功能的综合性货场圬工 $6.05\times10^4\ m^3$，锚杆 $8.16\times10^4\ m$，基材植生 $5.01\times10^4\ m^2$）；地基处理工程：预应力管桩 $76.92\times10^4\ m$，双向水泥搅拌桩 $118.94\times10^4\ m$，旋喷桩 $7.13\times10^4 m$，碎石桩 $13.75\times10^4 m$，钻孔灌注桩 $2.62\times10^4\ m$，塑料排水板 $433.28\times10^4\ m$，真空预压 $5.20\times10^4\ m^2$，堆载预压土方 $2.93\times10^4\ m^3$，沉降土方 $13.85\times10^4\ m^3$。

枫山联络线区间路基土石方总量为 $5.05\times10^4\ m^3$，平均每路基公里土石方 $8.15\times10^4\ m^3$，其中填方总量为 $1.72\times10^4\ m^3$，挖方总量为 $3.33\times10^4\ m^3$（其中挖土 $2.62\times10^4\ m^3$，挖石 $0.71\times10^4\ m^3$）；路基加固与防护及附属工程圬工总量为 $0.34\times10^4\ m^3$，平均每正线路基防护公里 $0.12\times10^4\ m^3$。

永康南疏解线区间路基土石方总量为 $5.91\times10^4\ m^3$，平均每路基公里土石方 $6.64\times10^4\ m^3$，其中填方总量为 $1.05\times10^4\ m^3$，挖方总量为 $4.86\times10^4\ m^3$（其中挖土 $4.12\times10^4\ m^3$，挖石 $0.74\times10^4\ m^3$）；路基加固与防护及附属工程圬工总量为 $0.36\times10^4\ m^3$，平均每正线路基防护公里 $0.20\times10^4\ m^3$。

新碧联络线区间路基土石方总量为 $11.20\times10^4\ m^3$，平均每路基公里土石方 $13.33\times10^4\ m^3$，其中填方总量为 $5.97\times10^4\ m^3$，挖方总量为 $5.23\times10^4\ m^3$（其中挖土 $2.72\times10^4\ m^3$，挖石 $2.51\times10^4\ m^3$）；路基加固与防护及附属工程圬工总量为 $0.77\times10^4\ m^3$，平均每正线路基防护公里 $0.39\times10^4\ m^3$。

台州至台州南货运线区间路基土石方总量为 $20.59\times10^4\ m^3$，平均每路基公里土石方 $9.23\times10^4\ m^3$，其中填方总量为 $10.45\times10^4\ m^3$，挖方总量为 $10.141\ 18\times10^4\ m^3$（其中挖土 $2.68\times10^4\ m^3$，挖石 $7.46\times10^4\ m^3$）；路基加固与防护及附属工程圬工总量为 $3.81\times10^4\ m^3$，平均每正线路基防护公里 $1.04\times10^4\ m^3$；锚索长 $2.95\times10^4\ m$，锚杆长 $0.06\times10^4\ m$；地基处理工程：预应力管桩 $7.92\times10^4\ m$，钻孔灌注桩 $0.52\times10^4 m$，泡沫轻质土 $4.69\times10^4\ m^3$，双向水泥搅拌桩 $39.69\times10^4\ m$，塑料排水板 $503.71\times10^4\ m$，堆载预压土方 $30.42\times10^4\ m^3$，沉降土方 $14.54\times10^4\ m^3$，（其中双向水泥搅拌桩、塑料排水板+堆载预压为台州南站具有物流功能的综合性货场所增工程数量）。

头门港支线区间路基土石方总量为 $130.50\times10^4\ m^3$，平均每路基公里土石方 $20.30\times10^4\ m^3$，其中填方总量为 $64.43\times10^4\ m^3$，挖方总量为 $66.07\times10^4\ m^3$（其中挖土 $14.84\times10^4\ m^3$，挖石 $51.23\times10^4\ m^3$）；

路基加固与防护及附属工程圬工总量为 $11.42\times10^4\ m^3$，平均每正线路基防护公里 $0.96\times10^4\ m^3$；锚杆长 $0.45\times10^4\ m$；地基处理工程：预应力管桩 $18.55\times10^4\ m$，水泥搅拌桩 $146.38\times10^4\ m$，塑料排水板 $469.85\times10^4\ m$，堆载预压土方 $32.09\times10^4\ m^3$，沉降土方 $24.83\times10^4\ m^3$。

三、路基工点类型及分布情况

线路位于浙江省中东部，横穿浙东南大盘山山脉和括苍山山脉，由北西至南东行径，地势中部高，东西两侧低。经过的地貌单元主要有河谷平原区、垅岗状低丘区、低山丘陵区、中山区和滨海平原区。受地形、地质条件等因素的影响，金台铁路项目路基工程特点主要体现在以下方面：

（一）高填、深挖路基

永康、壶镇境内主要为永康江、南溪冲积河谷平原、阶地及部分剥蚀垅岗状低丘区，地势起伏不大。局部山坡陡峻，基岩裸露。路基多以高填方、深挖方形式出现，支挡加固与边坡防护工程较为普遍。

（二）陡坡、危岩落石路基

磐安、仙居境内整体地貌呈马鞍形，除永安溪两侧冲积河谷平原外，其余地段均为中、低山区和局部丘陵区，区内山高谷深，河流发育。金台铁路项目穿越大盘山、括苍山地区，危岩、落石和崩塌多分布于覆盖层较薄、岩体裸露，构造、风化裂隙较为发育的陡峭山体上，区内构造强烈，岩体节理发育，陡崖发育，崖上岩体破碎，对工程建设、安全行车形成威胁。金台铁路项目设计时已尽量绕避，主要以隧道通过这些地段，绕避了严重危岩落石地段，但在局部路基段落仍存在危岩落石，路基工程有一定影响。路基工程多为陡坡路基、危岩落石路基，支挡加固与边坡防护工程普遍。

（三）软土路基

临海、台州境内灵江河口平原和台州滨海平原区地形平坦、地势开阔，局部出露山坡陡峻，基岩裸露，地面标高一般都在 10 m 以下，大部分辟为农田、房屋和厂房。

沿线谷地相软土零星分布在沿线低山丘陵区封闭、半封闭的丘间谷地、河流阶地及水塘中，属冲洪积成因，分布的宽度范围在数十米至数百米不等，软土层厚度、埋深变化不大，厚 1 ~ 4 m。临海、台州滨海平原区软土分布广泛且深度变化大，厚约 30 ~ 50 m，以沉积深厚层海积相淤泥、淤泥质黏性土为主，深灰色，流塑—软塑，软土具有含水率大、孔隙比大、压缩性高、强度低、灵敏度高、触变性、流变性的特点。

金台铁路项目范围内软土路基分布广泛，合理经济地确定软基处理措施以及控制软土路堤工后沉降与差异沉降，尤其是既有铁路附近有效降低对既有线的影响，直接影响到全线工程投资和线路运营后的经济效益与社会效益。

（四）邻近既有线路基

枫山货运线起点及新碧联络线终点均接轨于既有金温货线；金台铁路正线起自金温铁路永康南站；金台铁路终点及台州南货运线并行接轨于杭深铁路甬台温段台州站至台州南站区段。以上线路中邻近既有线路基工点普遍存在。

邻近既有线路基设计时充分考虑了新建铁路路基对既有线路基稳定、沉降变形、排水、边坡等影响，选用对既有线影响较小的地基加固处理措施，采取先支护后拆除、控制爆破开挖石方、加强路基变形监测等措施，保证既有线运营安全。

第二节 设计原则与采用的主要技术标准

一、主要设计原则

（一）路基面宽度和形状

金台铁路区间直线地段路基面宽度按表 26-1 设计。

表 26-1 新建线路区间直线地段路基面宽度表

宽度/m	单线	局部双线（160 km/h）		道床厚度/m
	路基面宽/m	路基面宽/m	线间距/m	
路堤	7.8	12.2	4.2	0.5
土质路堑	7.7	11.9	4.2	0.5
石质路堑	7.7	11.9	4.2	0.35

1. 路肩宽度

路堤宽度不小于 0.8 m，路堑宽度不小于 0.6 m。

路基面形状为三角形，由路基面中心线向两侧设 4%的人字横向排水坡。曲线加宽时，路基面仍保持三角形。

2. 路基面加宽

（1）曲线加宽：曲线地段路基面宽度应在曲线外侧加宽，其加宽值应满足《铁路路基设计规范》（TB 10001—2016）（以下简称《路规》）中表 4.2.4 相关条款的规定，加宽值在缓和曲线范围内线性递减。

（2）路堤沉落加宽：边坡高度≤15 m 时，不考虑沉落加宽；大于 15 m 时应根据填料、边坡高度等按《路规》第 7.3.3 条款的相应规定进行加宽。

（3）软土地基沉降加宽：软土路堤建成后，在运营期间基底下沉而造成轨面高程降低，为使运营期间加厚道床抬高轨面后，仍能维持规定的路肩宽度，须对路堤顶面两侧预留加宽ΔW，软土地基采用复合地基处理时，可不考虑沉降加宽，采用排水固结处理时ΔW应根据计算确定，且每侧加宽值不小于 0.3 m。

（二）路基基床

路基基床由表层和底层组成。表层厚度为 0.6 m，底层厚 1.9 m，总厚度 2.5 m。基床表层采用 A 组填料填筑，基床底层采用 A、B 组填料填筑。

（三）基床以下路堤

基床以下路堤部位填料采用 A、B、C 组填料。路堤浸水部位的填料，采用渗水土填筑。路基填筑时分层摊铺、分层压实。

（四）路基稳定及沉降控制标准

路堤稳定安全系数不考虑轨道及列车荷载时应不小于 1.20，考虑轨道及列车荷载时应不小于 1.15。正线路基工后沉降量应不大于 20 cm，路桥过渡段应不大于 10 cm，沉降速率应不大于 5 cm/a；车站内站线、货场、站坪等工后沉降量应不大于 30 cm，其中咽喉区范围内的工后沉降不应大于 20 cm，否则应进行地基加固处理。

（五）过渡段

对地质条件突变或不同构筑物相接的桥路、隧路、涵路、堤堑连接处设置过渡段，一般采用倒梯形，过渡段范围内基床表层填料与压实标准与相邻基床表层相同，基床表层以下部位采用 A 组填料分层填筑，压实标准同基床底层。

（六）土石方调配

土石方调配尽量做到移挖作填，减少借方以节约用地，并与隧道、站场专业互调余缺，合理利用土石方。取弃土尽量集中，减少取弃土用地。无法避免的弃土堆或取土坑采取集中取弃，坡脚采取浆砌片石挡墙进行加固，且在弃土堆和取土坑坡面上复垦绿化。

（七）路基排水

路基排水应有良好、完善的排水系统，排水设备应布置合理，与桥涵、隧道、站场等排水设施衔接配合，有足够的过水能力，并与水田保持及农田水利的综合利用相结合。设计流量按 1/50 频率计算，纵坡不小于 2‰。排水设施过水截面尺寸根据流量计算。

（八）路桥隧不同过程类型设置原则

1. 路桥分界原则

丘陵地区及低山区：地基条件良好地段且附近有优质填料来源时，一般地段为 12 m，城镇附近为 5～6 m。局部桥台位于较陡的山坡或地面横坡较大时，分界高度应降低。软土分布地区：路桥分界高度一般为 4～5 m。

2. 路隧分界原则

土质及风化破碎软质岩地质路堑边坡高度（非中心挖高）一般不应超过 15 m，硬质岩地段一般不应超过 30 m。

二、主要技术标准

路基设计主要采用《铁路路基设计规范》（TB 10001—2016）、《铁路特殊路基设计规范》（TB 10035）、《铁路工程地基处理技术规程》（TB 10106—2010）、《铁路路基支挡结构设计规范》（TB 10025）、《铁路路基工程施工质量验收标准》（TB 10414）中新建铁路等级Ⅰ级、重型无缝线路轨道、电气化铁路相关技术标准。

第三节　地基处理设计

一、软土路基地基处理

沿线低山丘陵洼地有零星软弱土地层分布，滨海区基底为海积深厚软土。应根据软土的性质、厚度、成因类型以及路基高度等因素进行稳定性检算、工后沉降估算及地基承载力验算分析，综合确定加固处理措施。一般采用挖除换填、冲击碾压、排水固结法、水泥搅拌桩、旋喷桩、管桩、钻孔灌注桩等加固处理。

二、人工杂填土地基

对人工填土、弃土等土质较为均匀地基，厚度小于 3.0 m 时，挖除换填并按路基相应部位要求分层填筑压实。对厚度较大，挖除困难时，一般采用强夯、旋喷桩等加固，并进行沉降分析。

第四节 路基基床设计

一、基床结构、厚度及填料

路基基床由表层和底层组成，表层厚度为 0.6 m，底层厚 1.9 m，总厚度 2.5 m。

基床底层的顶部和基床以下填料的顶部应设 4%的人字排水坡。

基床表层填料粒径不大于 150 mm，底层填料粒径不大于 200 mm 或摊铺厚度的 2/3。

二、路堑基床

一般情况下，当路堑基床范围内地基无 $P_s < 1.5$ MPa 或 $\sigma_0 < 180$ kPa 的土层或松软土层时，基床表底层按要求进行换填处理，并在基床表层底部填筑厚 0.1 m 中粗砂夹铺一层复合土工膜，否则应进行地基处理。

对堤堑基床结构突变或路堑基床底层换填厚度不一致地段，设纵向长度不小于 10 m 的厚度渐变过渡段，过渡梯度 1 m/10 m。

三、低矮路堤

路堤填高小于基床厚度的低矮路基，当基床范围内地基有 $P_s < 1.5$ MPa 或 $\sigma_0 < 180$ kPa 的土层或松软土层时，需进行加固处理。

第五节 一般路基设计

一、路堤边坡形式及边坡坡率

路堤采用梯形断面，一般情况下自路肩以下 0～8 m 为 1∶1.5，8～15 m 为 1∶1.75 且于 8 m 处设 2 m 宽平台路堤浸水部位边坡坡率相应放缓一级。

路堤地段路肩均采用干砌片石护肩，护肩顶宽 0.5 m，厚 0.6 m，斜边坡率 1∶1.5。护肩顶面采用 M10 水泥砂浆抹面，侧面采用 M10 水泥砂浆勾缝。

路堤坡脚设不小于 2 m 的天然护道，或设高 1.5 m、顶宽 0.5 m 的 M7.5 浆砌片石脚墙。

二、路堤地基技术要求

当路堤基底以下压缩层范围内地基土不符合下表地基技术条件要求时，须作路基工后沉降分析，见表 26-2。

表 26-2 路基基底技术条件

地层	地基条件	附注
基岩	无	全风化层根据性质，参照砂类土、黏性土判定。
碎、卵、砾石类	无	
砂类土	$P_s \geq 5$ MPa 或 $N \geq 10$，且无地震液化可能	
黏性土	$P_s \geq 1.2$ MPa 或〔σ〕≥150 kPa	

三、路堤基底处理

（1）对岗地、山地及丘坡区地面横坡缓于 1∶10 地段，路堤可直接在天然地面上。

（2）对岗地、山地及丘坡区地面横坡为 1∶5～1∶10 地段，应清除草皮后再填筑路堤。

（3）地面横坡为 1∶5～1∶2.5 稳定斜坡地段，原地面挖台阶，台阶高度不大于 0.6 m，宽度不小于 2 m，台阶底设 2%～4%向外倾斜的坡度。当基岩面上的覆盖层较薄时，宜先清除覆盖层再挖台阶，且用硬块石填筑。当覆盖层较厚且稳定时，可予保留，即在原地面挖台阶后填筑路堤。

（4）地面横坡陡于 1∶2.5 地段的陡坡路堤，必须检算路堤整体沿基底及基底下软弱层滑动的稳定性，抗滑稳定安全系数不得小于 1.25。否则采取改善基底条件或设置支挡结构物等防滑措施。陡坡路堤靠山侧设排水设备，并采取防渗加固措施。

（5）对于雨季滞水或地下水位高（距地表≤0.5 m）的低洼谷地等路堤地段，应清除表层种植土（一般厚 0.5 m 左右），换填渗水性好的 A、B 组填料。

（6）对水塘地段路堤应采取排水疏干或围堰抽水，清除塘底淤泥后再填筑路堤，塘埂顶面以下填筑渗水性好的 A、B 组填料。

（7）地基表层为人工填土等松散土层，当松土厚度不大于 0.3 m，采用重型机械振动碾压密实；当松土厚度大于 0.3 m，将松土翻挖，分层回填压实或采取其他地基加固措施。

第六节　特殊路基设计

一、软土及松软土路基

沿线低山丘陵洼地有零星软弱土地层分布，滨海区基底为海相沉积深厚软土。应根据软土、松软土的性质、厚度、成因类型以及路基高度等因素进行稳定性检算、工后沉降估算及地基承载力验算分析，综合确定加固处理措施。一般处理措施如下：

（1）对浅层软土，软土地基深度小于 3 m 时，一般采用挖除换填水稳性好的 A、B 组填料处理，并采用重型机械振动冲击碾压密实。

（2）对处理深度介于 3～12 m 的软土地基，一般采用深层搅拌桩复合地基加固处理，当地基夹有硬层等搅拌桩难以施工时，采用旋喷桩复合地基加固处理。

（3）对处理深度大于 12 m 的软土路基，采用旋喷桩、CFG 桩复合地基或管桩、钻孔灌注桩加固处理。

（4）对于车站货场、段、所及大面积场坪，一般优先采用排水固结法处理。当稳定和工后沉降仍难以满足要求时，则应采用长板加短桩（即塑料排水板结合搅拌桩、旋喷桩）等综合加固处理措施。

（5）采用复合地基加固处理时桩顶置厚度 0.6 m 的碎石垫层，垫层内夹铺一层双向土工格栅，拉伸强度不应小于 120 kN/m。

（6）对深厚层软土地基加固处理后仍不能满足沉降要求者，应研究改桥方案。

特殊路基类型主要有高路堤、陡坡路基、危岩落石路基、水塘路堤、滨河（湖、水库）及浸水路堤、并行既有线路基。

二、高路堤

路堤边坡高度（路肩至坡脚垂直高度）超过 15 m 时，应按高路堤设计。

（1）边坡坡率：路肩以下 0～8 m，坡率 1∶1.5；8～15 m，坡率 1∶1.75；大于 15 m 时，坡率 1∶2.0，边坡分级高度不超过 8 m，并在变坡处设 2～5 m 宽平台。

（2）路基基床以下应采用 A、B、C 组填料，其压实标准同基床底层的要求，且路基面按不同边坡高度预留沉落加宽值，每侧路基面加宽：15 m≤H< 20 m，加宽 0.4 m；20 m≤H< 30 m，加宽 0.6 m。

（3）坡面采用 M7.5 浆砌片石带截水槽拱形骨架，骨架内（客土）植草并种植灌木防护。坡面内每隔 0.6 m 分层铺设宽度 3 ~ 5 m 的双向土工格栅加固，必要时边坡中下部坡内每隔 2 ~ 3 层通铺一层高强度的土工格栅加筋补强。

三、陡坡路基

地面坡率陡于 1∶2.5 的陡坡路堤，应按最不利荷载检算路堤整体沿基底及基底下软弱层滑动的稳定性，抗滑稳定安全系数不得小于 1.25。当路堤稳定性不够时，采取挖台阶、挡土墙、桩板墙、锚索桩板墙等支挡建筑物加固。

当路堤边坡侵占道路、河道或建筑物，而改移或搬迁困难时，可采用路堤（肩）挡墙、桩板墙、桩基承台挡墙等收坡。

四、危岩落石路基

危岩落石地段以及对于长大一面坡路堑地段，当存在危岩、落石的可能时，可采用清除、支撑加固、拦石墙、设置主动网、被动防护网等措施。具体针对工点条件分别采用：

当危石分布集中、数量有限、易查清时，可采用爆破清除或支撑加固。

当路堑边坡较高，崩塌落石区坡面顺坡长度小于 15 m 或顺坡长度小于 30 m 且落石动能大于 500 kJ 或山坡有松散块石土、含碎块石黏土分布时，可采用主动拦石网防护。

当危石分布零散难以清理或长大路堑地段，可采用被动防护网防护。

五、水塘路堤

线路跨越水塘地段的路堤，若工程修建后仍保留蓄水（坡脚距塘埂宽大于 30 m，长度大于 50 m）时，一般采用围堰后抽水疏干清淤，然后填筑路堤，塘埂标高以下填筑渗水土，压实标准同路基相应部分。塘埂标高以下采用干砌片石防护，边坡放缓一级，坡脚设脚墙基础，并在平塘埂标高处设 2.0 m 宽边坡平台。当水塘较小时，抽水疏干清淤后，采用合格土填平。路堤边坡采用干砌片石防护，并设 1.0 m 宽边坡平台，坡脚设墁石基础。

六、滨河（湖、水库）及浸水路堤

设防标高：百年水位 + 波浪侵袭高 + 壅水高 + 0.5 m。在防护标高处留 2.0 m 宽平台，防护标高以下填料长期浸水部分填碎石土，季节性浸水部分，采用水稳性较好的填料，重型碾压机械加强碾压，且边坡坡率较一般路堤放缓一级。

防护措施：边滩流速 V_p< 1.8 m/s，边坡采用骨架护坡或空心砖防护；边滩流速 V_p = 1.8 ~ 3.0 m/s，干砌片石护坡，厚 0.30 m，碎石垫层厚 0.15 m；边滩流速 V_p = 3.0 ~ 5.0 m/s，浆砌片石护坡，厚 0.30 m。

冲刷深度小于 1.0 m 时设墁石基础，冲刷深度大于 1.0 m 设 M10 浆砌片石矮脚墙基础。

跨越河流的桥头两侧的桥头路基，采用浆砌片石护坡，厚 0.3 m。防护长：中桥 30 m，大桥、特大桥 50 m。

坡脚压河时，坡脚于常水位标高+0.5 m 以下设片石垛，外坡坡率 1∶1.5，内坡坡率 1∶0.75，垛顶宽 2.0 m，垛顶至防护标高之间边坡采用单层干砌片石护坡，厚 0.3 m，并于防护标高处留 2.0 m 宽的边坡平台。

软土地段的浸水路基先进行软土路基加固处理，再按以上原则设计。

七、并行既有线路基

并行段路基设计时需充分考虑对既有线排水、边坡等的影响，采用先设桩后拆墙、控制爆破开挖石方等措施，保证既有线安全。

（1）帮宽既有线地段，原则上设置线间排水沟，不具备设置线间排水沟的困难地段，由既有路基基床排水底面向外侧设 4%排水坡，排水面以上路基填筑 A 组填料。拆除既有线路肩时应采取扣轨、设钢轨桩、设临时挡板等措施，保证既有线安全。

（2）帮填既有线路基时沿既有线路堤坡面挖台阶，台阶宽度不小于 1 m，分层加筋，分层碾压，及时开挖，及时填筑。

（3）并行既有线路基位于挖方地段时，需根据挖方高度、岩体破碎程度、既有挡护情况等综合确定防护加固措施。既有边坡高度较高且岩体破碎时，采用先设桩后拆除挡墙再开挖桩前岩土体的措施，岩体完整时可设挡墙收坡。

（4）并行既有线路基位于软土与松软土地段时，新建或增建线基底的软基处理工程要借鉴和吸收既有线的地基加固措施，充分考虑对既有线运营安全的影响，采用轻质土帮填与基底置换、旋喷桩、管桩、钻孔灌注桩等加固措施。

（5）既有线扩堑石方控制爆破。既有线帮宽开挖路堑石方，在距既有线边坡外缘 50 m 范围以内中间无自然屏障的石方爆破，均属于控制爆破范围。在既有铁路旁进行石方爆破施工，为确保行车安全，需采取覆盖和排架相结合的全封闭防护。

第七节　路堑设计

一、路堑边坡坡率

路堑边坡采用分级设平台台阶边坡形式。路堑边坡坡度、形式及支挡建筑物设计指标主要视岩性风化程度、软弱结构面、边坡高度等因素按《路规》中有关规定进行设计或参照既有稳定边坡坡度确定。边坡防护采用绿色防护与工程防护相结合的原则。

二、深路堑

土质及岩石全风化地层、软质岩、硬质岩强风化层堑坡高度大于 12 m，硬质岩弱风化层堑坡高度大于 15 m，以及有不利结构面的岩质边坡按深路堑设计；路堑边坡高度超过 25 ~ 30 m 时，原则上宜以隧道（明洞）通过。

为降低堑坡高度和增强边坡稳定性，视地形、地质情况及边坡高度一般设置路堑挡土墙、预加固桩、桩板墙、锚索桩板墙等支挡工程。墙顶或桩顶以上边坡根据地层情况、岩层破碎程度、边坡高度等设置框架锚杆、骨架护坡、护墙、中厚层基材植生等；当堑坡地质条件较差，或有不利结构面时，可以采取预应力锚索等措施加固。

三、地下水路堑

路堑边坡较正常边坡放缓一级，岩质边坡采用浆砌片石孔窗式护坡，土质路堑边坡采用拱形骨架护坡+边坡支撑渗沟加固。边坡较高时路堑两侧设高 2 ~ 6 m 的重力式路堑挡墙，墙背设卵砾石反滤层。

基床土质及强度应满足相应技术条件，否则应换填处理；基床范围内地下水发育时，采用路堤式路堑结构形式，基床底层换填 A、B 组渗水填料，两侧侧沟底部设纵向盲沟以加强防排水措施。

四、水塘水库路堑

线路跨越水塘（水库）地段的路堑，原则上应废弃。若难以废弃时，应在堑顶以外安全距离设挡水捻（一般为堑顶外≥8 m），挡水捻顶面标高为塘（水库）埂+0.5 m，挡水捻边坡采用 M10 浆砌片石防护。当塘底渗水时须在挡水埝迎水面一侧塘底设不小于 2.0 m 的 M10 浆砌片石防渗层，厚 0.3 m。

第八节　填料设计

一、路基填料及压实标准

1. 路基基床填料及压实标准

路基基床表层采用 A 组填料，基床底层采用 A、B 组填料，其材料规格及压实标准符合《铁路路基设计规范》（TB 10001—2016）第 6.2 节及表 6.2.1、表 6.2.2 的要求。

2. 路堤基床以下部位填料及压实标准

路堤基床以下部位填料采用 A、B、C 组填料。路堤浸水部位的填料，采用渗水土填筑。路堤填料的压实标准应符合《铁路路基设计规范》（TB 10001—2016）第 7.3 节及表 7.3.1 的要求的规定。

路堤边坡高度大于 15 m 时，应根据填料、边坡高度等加宽路基面，基床以下填料的压实标准采用基床底层的压实标准。

二、沿线填料分布情况

沿线主要地层岩性及填料分布情况详见表 26-3。

表 26-3　沿线主要地层岩性及填料分布情况

序号	分段里程	填料来源	填料名称	填料组别
1	永康地区（DK0～DK25、永康南疏解线）	路堑挖方和隧道弃方	白垩系砂砾岩、砂岩等及其全风化层	C 组
			流纹岩、含角砾凝灰岩、晶屑玻屑熔结凝灰岩等（隧道弃渣）	可生产 A、B 组
2	永康地区—台州（DK25～DK120）	路堑挖方和隧道弃方	含砾砂岩、砂砾岩、凝灰质砂岩、钙质粉砂岩等（主要为隧道弃渣）	B、C 组
			晶屑玻屑熔结凝灰岩类、凝灰岩类、霏细斑岩、流纹（斑）岩类、花岗岩类（隧道弃渣）	可生产 A 组
3	台州地区（DK120～DK145、台州南货运、头门港支线）	路堑挖方和隧道弃方	白垩系含砾砂岩、凝灰岩、流纹（斑）岩类（隧道弃渣）	可生产 B 组
			霏细斑岩、流纹岩类（隧道弃渣）	可生产 A 组

三、填料设计

沿线低中山、低山丘陵区沟谷内多分布卵砾石，局部坡面分布角砾和碎石，为 A、B 组填料。侏罗系晶屑玻屑凝灰岩、熔结凝灰岩、流纹岩及花岗岩、花岗斑岩等岩性的线路区段，隧道弃渣属硬块石，可生产 A、B 组填料。白垩系砂砾岩、砂岩、砂质泥岩、凝灰质砂岩、沉凝灰岩等岩性的区段，填料属易风化的软块石，为 C 组填料。

（1）永康地区（枫山货运线地段）主要出露白垩系泥质砂砾岩类，属易风化的软块石，为 C 组填料。填料利用设计要求如下：

① 软质岩及其风化物填料，为 C 组填料，原则上用于路基基床以下部位的填筑。根据原岩性质适当控制路基填筑高度，且不用于浸水地段、桥路等不同工程类型之间过渡段的填筑。

② 蝙蝠岭、秀山等隧道的弃渣，级配良好时可生产 A 组填料，一般用于基床表层及以下部位。级配不良时可生产 B 组填料，一般用于基床底层及以下部位。

（2）永康—台州根据沿线填料分布、岩土质特征以及线路对填料质量的要求，正线填料利用设计要求如下：

① 易风化软岩，一般不用于正线路基填筑。

② 隧道硬质岩弃渣岩块，强风化硬质岩及呈碎块石土状的填料，级配良好时可生产 A 组填料；级配不良时可生产 B 组填料，一般通过加强施工控制用于基床以下路堤填筑。

（3）台州地区及头门港支线地段填料利用设计要求如下：

① 白垩系含砾砂岩、凝灰岩、流纹（斑）岩等隧道弃渣属软质岩，可生产 B 组填料，原则上用于路基基床底层及以下部位的填筑，不用于浸水地段、桥路等不同工程类型之间过渡段的填筑。

② 霏细斑岩、流纹岩类等隧道弃渣，可生产 A 组填料，可用于基床表层及以下部位填筑。

四、区间路基土石方调配设计

土石方调配在查清填料性质的基础上，做到移挖作填，减少施工方以节约用地，尽量利用优质隧道弃渣，并与站场专业互调余缺，合理利用土石方。

金台铁路项目填挖分布极不平衡。永康、磐安、仙居范围路基挖方大于填方，路堑挖方移挖用作路堤填料仍剩余大量弃方，可根据土（石）质不同用作建筑材料、施工便道、临时场地填筑等，或用于地方工程建设，剩余少量弃方可就近弃入隧道弃渣场或路基集中弃土场；临海、台州范围路基填方大于挖方，路堤填料应优先选用所在标段挖方，其次尽量利用优质隧道弃渣或站场挖方，仍不能满足填方需要时，则在适当位置集中设置路基取土场。

第九节　过渡段设计

一、桥台与路基过渡段

（一）当桥台位于路堤中时

在填方路堤与桥台（含小桥）连接处设置过渡段，详见图 26-1。

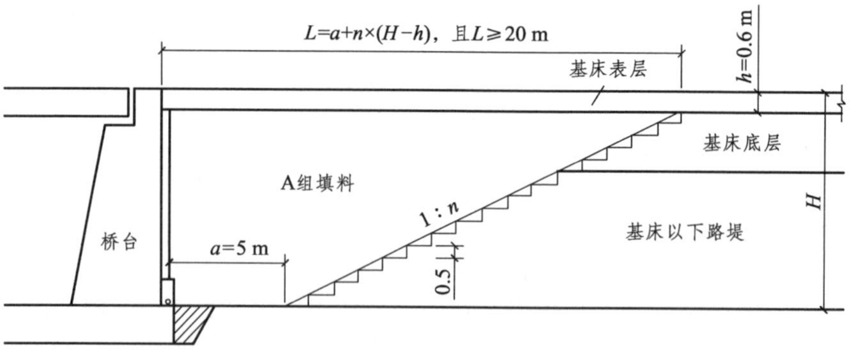

图 26-1　填方桥台与路堤过渡段设置

（二）当桥台位于路堑中时

台尾为土质、全风化岩时，过渡段路堑与桥台连接 20 m 范围内基床表层及以下基底宽 2.0 m 倒梯形及路堑侧基床底层底宽换填 5.0 m 倒梯形范围内采用 A 组填料，并分层填筑、分层碾压，详见图 26-2。

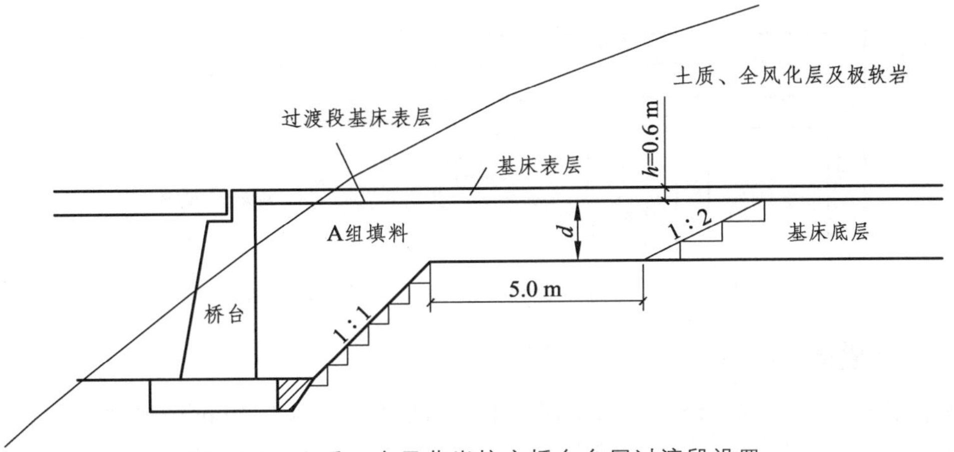

图 26-2 土质、全风化岩挖方桥台台尾过渡段设置

台尾为软质岩、强风化硬质岩时，倒梯形范围内回填 A 组填料至基床表层底部，基床表层不短于 20 m 范围分层填筑、分层碾压填筑 A 组填料，详见图 26-3。

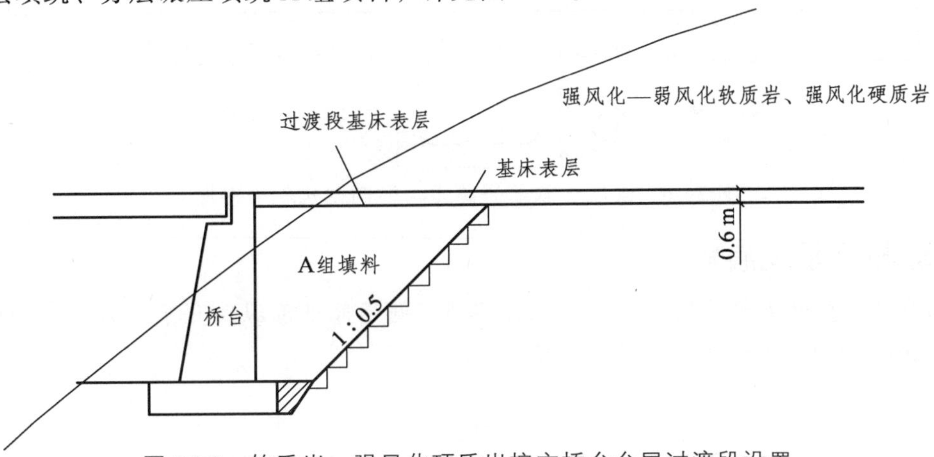

图 26-3 软质岩、强风化硬质岩挖方桥台台尾过渡段设置

二、路基与横向构筑物过渡段

路堤与横向结构物连接处应设置过渡段，但当横向结构物顶面距离地面高度小于 1.0 m，且不足路堤高度 1/2 时，可不设过渡段。对需特殊设置的过渡段单独研究确定。过渡段采用倒梯形过渡，见图 26-4、图 26-5。

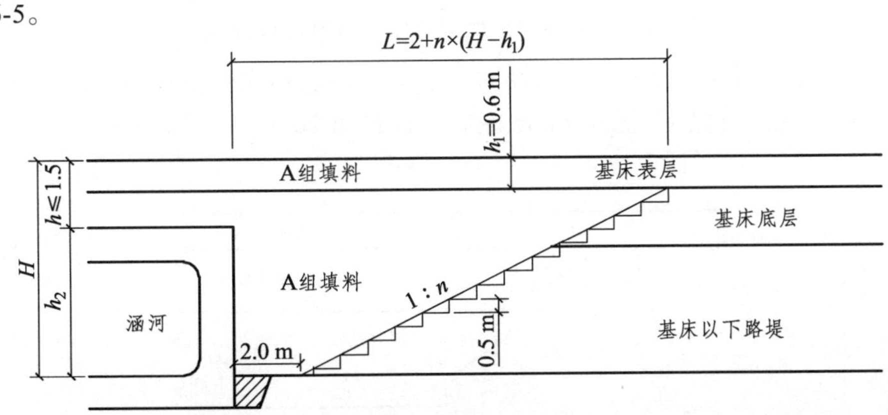

图 26-4 路堤与横向结构物连接图（h≤1.5 m）

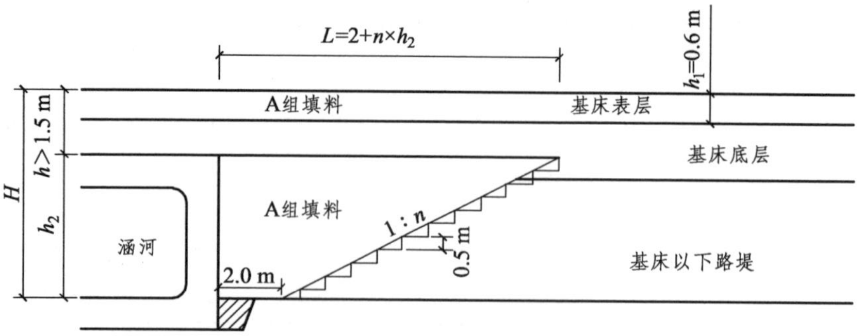

图 26-5　路堤与横向结构物连接图（h>1.5 m）

三、路堑与横向结构物连接处过渡段

当横向构筑物位于土质和软质岩路堑中时，构筑物两侧各不少于 20 m 范围内基床表层及以下基坑范围采用 A 组填料填筑，并分层填筑、碾压密实。详见图 26-6。

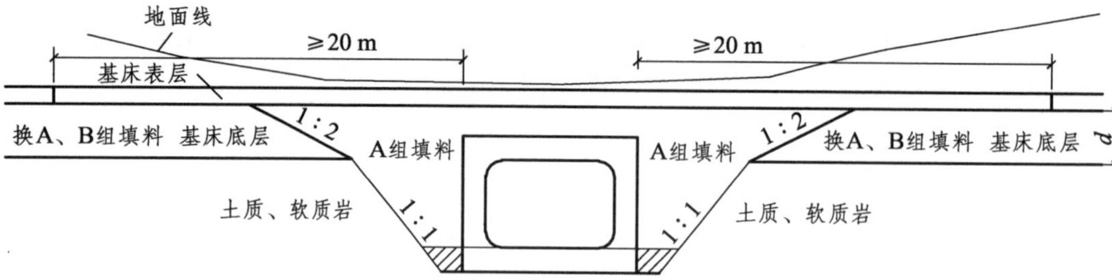

图 26-6　土质、软质岩路堑与横向结构物连接图

四、路堤与路堑过渡段

当路堤与路堑连接处为硬质岩石路堑时，在路堑一侧沿原地面纵向开挖台阶，台阶高度为 0.6 m 左右。并应在路堤一侧设置过渡段，详见图 26-7。

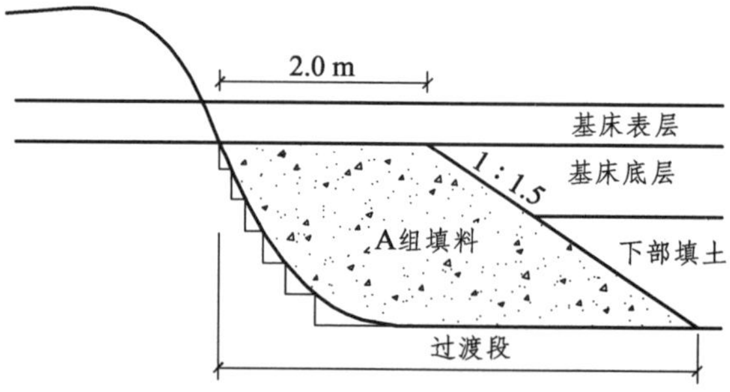

图 26-7　路堤与硬质岩石路堑过渡段设计图

当路堤与路堑连接处为软质岩石或土质路堑时，应先沿原地面纵向挖成 1∶1.5 的坡面后，再在 1∶1.5 的坡面上设置台阶，台阶高度为 0.6 m 左右，详见图 26-8。

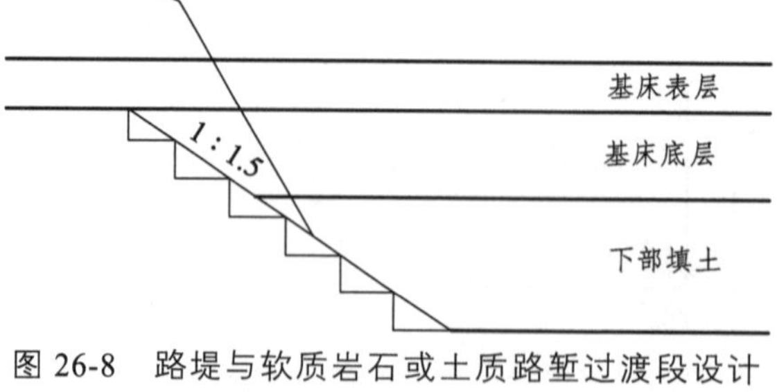

图 26-8　路堤与软质岩石或土质路堑过渡段设计

半填半挖路基及不同岩土组合路基地段应设置过渡段，挖方侧中线外 2.0 m 范围内应挖除至少 1.0 m 深，底部设置 4%向外排水坡。当半填半挖挖方侧为软质岩、强风化硬质岩及土质时，采用挖台阶后填筑符合相应基床底层条件的填料及压实标准。当半填半挖挖方侧为硬质岩时，采用挖台阶后表层以下填筑 A 组填料，并满足基床底层的压实标准。

五、过渡段填料设计

路堤与桥台、路堤与横向结构物连接处、路堤与硬质岩石路堑以及半填半挖（挖方侧为硬质岩石）过渡段基床表层采用 A 组填料分层填筑，压实标准同临近基床表层；表层以下采用 A 组填料分层填筑，其压实标准同基床底层的要求。当过渡段浸水时，浸水部分的填料尚应满足渗水土的要求。

第十节 路基防排水设计

一、地表排水

路基排水应有良好、完善的排水系统、排水设备应布置合理，与桥涵、隧道、站场等排水设施衔接配合，有足够的过水能力，并与水田保持及农田水利的综合利用相结合。

（1）对危害路基的地表水应设置排水沟、侧沟、天沟及边坡平台截水沟，将水拦截引至路基外，防止水流冲刷路基或软化路基。

（2）路基排水纵坡一般情况下不小于 2‰，地面平坦地带或反坡排水地段，仅在困难情况下，方可减少至 1‰。侧沟、天沟、排水沟或截水沟应按 1/50 频率设计，沟顶应高出设计水位 0.2 m。排水设施过水截面尺寸应满足流量要求。

（3）天沟、排水沟在地面横坡明显地段，一般在上方一侧设置。地面横坡不明显地段，一般在路基两侧设置。水沟截面最小尺寸采用底宽 0.4 m，高 0.6 m 的梯形截面，沟壁的边坡坡率为 1∶1，一般地段采用厚 0.3 m 的 M7.5 浆砌片石砌筑。不易风化硬质岩地段，采用 M10 水泥砂浆抹面，厚 0.05 m，局部采用 C15 混凝土嵌补。边坡平台截水沟为底宽 0.4 m、深 0.4 m 的半梯形截面，采用 M7.5 浆砌片石砌筑，厚 0.3 m，并与边坡平台浆砌片石一体砌筑。

（4）不易风化硬质岩地段，侧沟采用底宽 0.4 m，高 0.6 m 的梯形截面，沟壁边坡坡率为 1∶1，采用 M10 水泥砂浆抹面，厚 0.05 m，局部采用 C15 混凝土嵌补。其余地段侧沟一般采用宽 0.6 m，深 0.8 m 的矩形沟，且深度应不小于基床换填厚度以下 0.2 m，采用 M7.5 浆砌片石砌筑，厚 0.3 m。

（5）长深大路堑和反坡排水以及谷地路堑地段须根据流量确定水沟尺寸，侧沟沟深原则上不超过 1.5 m。当沟深超过 1.5 m 时，宜增设涵洞或专用排水沟，将侧沟水引至路基外。

（6）路堑侧沟的水流不得进入隧道。

（7）侧沟、排水沟、天沟、边坡平台截水沟等应互相连通，纳入路基排水系统。

二、地下水防排水

（一）渗水盲沟

低路堤及地下水发育路堑，当地下最高水位高于基床换填底面时，应设置纵向盲沟排水，并引排入涵洞或灌溉沟渠中，困难时可增设横向排水盲沟。并在基床换填底部设置 PVC 防排水板，将地下水引排至纵向盲沟里。

（二）边坡支撑渗沟

存在含水层路堑或地下水发育路堑边坡应设置边坡支撑渗沟，间距一般 10 ~ 15 m。

三、深（浅）层排水斜孔

当滑坡、岩堆体或路堑边坡地下水发育较深，或构造破碎带、储水层等集中发育地下水时，应设置排水斜孔排出地下水，增强岩土边坡的稳定性。

第十一节　路基防护工程设计

一、路堤坡面防护

全线路堤边坡均需防护，路堤边坡应优先考虑采用绿色防护。

路堤边坡高 $H<4$ m 时，一般采用（客土）撒播草籽，并种植适宜当地生长的、易于成活的灌木（如紫穗槐）防护。

路堤边坡高 $H\geqslant 4$ m 时：坡面采用 M7.5 浆砌片石带截水槽拱形骨架护坡，骨架内（客土）撒播草籽并种植灌木，截水槽的水应引入排水沟或两端涵洞水沟中；其中坡高 6 m 以上路堤，基床表层以下边坡每隔 0.6 m 分层铺设一层宽度不小于 3.0 m 的双向土工格栅，坡脚设脚墙作为骨架基础。

二、路堑坡面防护

（1）一般土质、全风化岩层路堑边坡高度 $H<4$ m 时，一般采用草灌结合（撒草籽+种灌木），边坡高 $H\geqslant 4$ m 时，坡面采用 M7.5 浆砌片石带截水槽拱形骨架，骨架内撒播草籽并种植灌木防护。

（2）碎石类土、砂类土、软质岩层或强风化的硬质岩层路堑，当边坡高度 $H<6$ m 时，采用客土喷播植草+种灌木防护；当边坡高度 $H\geqslant 6$ m 时，一般采用 M7.5 浆砌片石孔窗内客土喷播植草+种灌木、中厚层基材植生、框架锚杆等防护。

（3）硬质岩路堑当边坡高度 $H<10$ m 且岩体节理裂隙不发育时，坡面采用光面爆破或预裂爆破结合浆砌片石嵌补。其他边坡结合沿线地质情况、气候条件采用中厚层基材植生、M7.5 浆砌片石孔窗内客土植草护坡，边坡较高时可采用框架锚杆（索）框架内客土植草或基材植生等防护。当边坡岩体节理裂隙发育、岩体破碎、存在严重不利结构面等情况以及地形陡峻地段可采用挡土墙收坡，必要时采用预加固桩防护。

三、路基坡面绿色防护设计

路基绿色防护设计优先选用绿色植物防护与工程防护相结合的措施，符合草灌结合、内灌外乔的原则。路基坡面种植灌木，纵、横（水平）间距 0.6 m，每穴种植 2 ~ 3 株；侧沟平台处应设置绿化槽栽植灌木，间距 2.0 m。在不影响行车和设备安全条件下，路堤坡脚及路堑堑顶外宜种植灌木或乔木。

第十二节　路基沉降控制设计

一、地基条件及工后变形控制标准

软土及松软土地基上的路基应进行工后沉降分析，正线路基工后沉降量应不大于 20 cm，路桥过渡段应不大于 10 cm，沉降速率应不大于 5 cm/a；车站内站线、货场、站坪等工后沉降量应不大于 30 cm，其中咽喉区范围内的工后沉降不应大于 20 cm，否则应进行地基加固处理。

二、路堤变形监测设计

（1）正线软土及松软土路堤地段，沿线路纵向每隔 20 ~ 40 m 在坡脚 2 m、10 m 设水平位移观测桩（边桩），以控制软土、松软土地段的填土速率。

（2）正线软土及松软土地段及填高大于 15 m 的高路堤，沿线路纵向每隔 100 ~ 150 m 左右设一个沉降变形观测断面，每个工点应不少于 2 个观测断面，过渡段应适当加密，且过渡段至少有一个观测断面。路堤沉降变形观测主要为基底沉降变形观测、路基面沉降观测。

基底沉降监测：路堤填筑前，于每个观测断面线路中心的路堤基底地面预埋 1 个沉降板进行路堤基底沉降观测，每 50 ~ 100 m 设一个监测断面。桥路过渡段必须设置且应加密，至少在距桥台 1.0 m 处设置 1 个监测断面。

路基面沉降观测：路堤地段每 50 ~ 100 m 设一个监测断面，共 3 个监测点。分别于路基中心、两侧路肩各设一个监测桩（包桩），路基成形后设置。桥路过渡段必须设置。

（3）既有线监测：对并行既有线地段相邻的既有线路肩和轨顶设观测桩，间距 30 ~ 50 m。

（4）观测桩采用直径不小于 0.1 m，长不小于 1.0 m 的不易开裂圆木制作，桩顶露出地面 0.1 m。埋置方法采用洛阳铲打入设计深度，将边桩放入孔内，周围以 C15 混凝土现浇固定，确保边桩埋置稳定。

（5）沉降板安装前应先将地面整平（可铺设 0.1 m 厚中粗砂），注意保持底板的水平及垂直度。沉降板由钢板底座（宽 50 cm，厚 1 cm 的正方形钢板）、测杆（φ=30 mm 钢管）及保护套管组成（φ=100 mm PVC 塑料管）。随着填土的增高，测杆与套管亦相应加高，每节长度不超过 100 cm，接高后的套管口应高出填土面不少于 0.5 m，测杆顶面应略高于套管上口，在填土施工中应采取措施保护测沉设施。

（6）观测控制标准：变形观测的控制标准为边桩水平位移小于 5 mm/d，竖向位移小于 10 mm/d，路基中心沉降板沉降量小于 10 mm/d。填筑过程中观测沉降量超出以上控制值时，应停止填土施工，待沉降稳定、恢复到限值以内后再继续填土，必要时采用卸载措施。

（7）测量的精度及频度：位移观测采用经纬仪或全站仪测量，精度应达到二级水准测量标准（特别是在路堤基床底层填筑完成后）；在路堤填筑期间，应每天观测一次；在沉降速率较大或突变的情况下，应每天观测 2 ~ 3 次。当两次填筑间隔时间较长时，每 3 天至少观测一次；各种原因暂时停工期间，前 2 天每天观测一次，以后每 3 天测试一次。施工完成后，前 15 天内每 3 天观测一次，第 15 ~ 30 天每星期观测一次，第 30 ~ 90 天每 15 天观测一次，以后每个月观测一次。

（8）每天的观测数据都要及时整理、分析、汇总，并绘制“填土高-时间-沉降量”关系曲线图，分析土体的侧向位移值及其发展趋势，判断地基的稳定性，并将沉降观测数据及时提供给相关单位作为工后沉降评估的依据。竣工验收时，沉降观测实施和观测资料应同时移交给工程接收单位。

第十三节 设计优化与变更

一、设计优化

（一）邻近既有线路基工程措施优化调整

1. 台州站地基加固处理措施调整

新建台州站内正线 DK150+085.68 ~ DK150+880.64 段路基并行杭深铁路通过，新建最内侧股道（7

道）距既有最外侧股道（5道）中心间距 9.0 m ~ 21.4m。既有线路基基底采用筒桩、管桩加固处理。

施工图设计 DK150+085.68 ~ DK150+272.73、DK150+399.97 ~ DK150+880.64 段靠近既有线侧采用钻孔灌注桩+托梁+承载板结构处理，DK150+272.73 ~ DK150+363.38、DK150+372.88 ~ DK150+399.97 段行包地道及其出入口段与既有线路基坡脚间采用钻孔灌注桩+承载板结构处理；灌注桩外侧 DK150+085.68 ~ DK150+880.64 段采用管桩+C45 现浇混凝土筏板处理。

因客专营业线平顺运营的要求高，而邻近营业线地基处理管桩施工挤土效应势必会对既有铁路路基稳定及沉降产生一定影响，考虑到原施工图桩板结构采用的 2 排钻孔桩外侧管桩距离既有路基仍较近，管桩施工挤土效应仍会对既有线路基稳定变形有一定影响，为进一步确保邻近既有线行车运营与施工安全，结合台州站管桩设计与施工方案审查会专家意见及车站站台雨棚柱、地道出入口的平面布置调整情况，DK150+085.68 ~ DK150+880.64 段地基处理措施进行了以下优化调整。

（1）适当加大既有路基坡脚处桩板结构的加固宽度，原施工图桩板结构采用的横向 2 排钻孔桩调整为横向 3 排钻孔桩；

（2）根据台州站站台雨棚、地道及接长天桥等站后工程平面布置调整情况，站台范围内地基处理的桩板结构的灌注桩桩位、承载板平面布置及其上预留对应雨棚柱桩基的孔洞局部进行调整；

（3）根据平面布置调整情况进行了桩板结构的优化设计，采用钻孔灌注桩+承载板结构，取消托梁，同时对钻孔桩平面布置、桩径、桩长、配筋等进行了优化调整。

2. 台州南地基加固处理措施调整

新建金台铁路台州南站及其进站端并行杭深铁路通过，距既有台州南站最外侧股道或区间正线约 14 ~ 22 m，路基填高 3.4 ~ 4.5 m，原施工图新建帮宽路基基底采用高压旋喷桩加固，桩径 0.5 m，桩间距 1.4 m，正方形布置，桩长 19 ~ 22 m。

经现场旋喷桩工艺性试桩试验，发现部分桩头附近存在地表隆起现象，这样正常施工时可能引起邻近营业线路基附加沉降变形。考虑台州南站段临近杭深铁路营业线距离较近，旋喷桩施工的喷浆压力较大对临近营业线路基的稳定与沉降存在一定隐患，势必有可能影响营业线行车运营安全。结合台州南站段高压旋喷桩施工方案专家审查意见，地基处理措施进行了优化调整，路基基底采用低净空接杆式水泥搅拌桩复合地基加固处理，桩径 0.5 m，桩间距 1.2 m，正方形布置，桩长 18.5 ~ 22 m。

2018 年 4 月 18 日，上海局集团有限公司地方铁路工作办公室组织召开了金台铁路台州南站低净空接杆式水泥搅拌桩邻近营业线专项施工方案审查会议，参加审查的有金台铁路有限责任公司、铁路运营管理单位、设计、监理、施工、检测等单位代表。经审查，各参会人员认为原设计的高压旋喷桩施工工艺经试桩验证，施工期间对既有台州南站路基稳定有较大影响，一致同意将原设计方案中的高压旋喷桩变更为对既有线变形影响更小的低净空接杆式水泥搅拌桩。

3. 邻近营业线区间路基露天爆破开挖调整为机械开挖

为避免对既有杭深铁路及周围建筑物的影响，原施工图设计深路堑边坡一般采取挡土墙、桩板墙支挡收坡，路堑及其挡土墙、桩板墙桩身石方开挖均采用控制爆破施工。2017 年 6 月 13 日、8 月 15 日就邻近营业线的路基工程施工方案报送杭州地方铁路开发有限公司进行了预审与终审，审查意见要求“原则上邻近营业线区间路基露天石方爆破开挖均调整为机械开挖”，据此邻近营业线深路堑石方爆破调整为机械开挖。

金台铁路 LDGK10+482.7 ~ LDGK10+994 段线路并行临近运营的杭深铁路金岭头隧道左侧以路基形式通过，线间距约 49 ~ 63 m，且线路左侧约 36 ~ 72 m 外为密集的地方工业厂房及村民民宅，其中 LDGK10+482.7 ~ LDGK10+546.7、LDGK10+957.1 ~ LDGK10+994 两段为深路堑，自然边坡较陡峻，出露地层主要为强—弱风化凝灰岩（岩石饱和单轴抗压强度 43.42MPa）的硬质岩石，原施工图设计深路堑边坡采取桩板墙支挡收坡，路堑及其桩板墙桩身石方开挖均采用控制爆破施工。现

LDGK10+482.7 ~ LDGK10+994 段深路堑支挡加固防护措施建议结合现场地形在尽可能不新增用地情况下调整为路堑挡土墙+框架锚索（锚杆）支护，同时石方爆破调整为机械开挖。

（二）头门新区站工程预处理优化场地条件

头门新区站地处滨海平原区，均是填海造陆形成的，地势低洼，地表常年集水、水系发育，地下水位高基本平地表，基底分布深厚层的软土。加之地方政府按照“金台铁路头门新区站与地方相关事宜对接会议纪要”精神于 2017 年初完成场地的新近吹填，吹填成分主要为淤泥和淤泥质黏土，呈流塑状，含水量和孔隙率高、强度低，为欠固结土，新近吹填在自重应力下未完成固结，因此场地地表极其松软，未形成具一定强度的硬壳层。施工单位在进行头门新区站工程的地基处理前先期进行便道填筑时发现机械设备进入困难，填筑的便道快速下沉且向两侧挤压，为此难以保证地基处理（水泥搅拌桩、管桩等）重型施工机械设备进场、正常行走与施工作业，更重要的是可能直接影响到地基处理的施工安全与质量。

为确保施工设备顺利进场与正常施工，地基处理施工前应采取必要的施工辅助措施，以改善施工场地条件。为此，设计编制了《金台铁路头门新区站施工作业平台预加固试验指导书》，建议现场抽排水疏干地表后，选取 TDK44 附近位置，采用三七灰土、山皮土、高炉渣+粉煤灰、海砂等结合土工格栅、土工格室进行现场施工作业平台预加固，并于 2017 年 9 月—2018 年 5 月间配合进行了现场试验。根据现场试验情况并结合建设工期要求，头门新区站路基地基处理施工前采用铺填 1.5 ~ 2 m 海砂并结合土工格栅、土工格室进行场地预处理，以确保人机进场及施工安全。

二、变更

金台铁路路基专业牵头完成的变更设计共计 27 处，其中Ⅰ类变更设计 0 处，Ⅱa 类变更设计 5 处，Ⅱb 类变更设计 22 处。

路基配合总体或其他专业完成的变更设计共计 146 处，其中Ⅰ类变更设计 6 处，Ⅱa 类变更设计 9 处，Ⅱb 类变更设计 131 处。

变更设计主要类型如下：

（一）降低对邻近既有铁路、公路的影响，工程措施优化调整

台州站 DK149+803 ~ DK150+055 咽喉区地基处理变更设计、台州站 DK150+903.57 ~ DK151+167.57 咽喉区地基处理变更设计、台州站 DK150+085.68 ~ DK150+880.64 软土路基、并行既有线路基变更设计、台州南范围地基处理变更设计、新碧 XDgK12+576.59 ~ XDgK12+697.80 并行既有路基边坡防护变更设计、TDK3+573.96 ~ TDK4+174.1 路堑非爆施工变更设计、LDGK10+326.915 ~ LDGK10+994 路堑非爆施工及边坡防护变更设计等因工点邻近既有铁路或公路，施工方案报相关运营管理部门审批时，提出优化调整工程措施，以降低新建工程对既有铁路或公路运营安全的影响。

（二）高压线等工程迁改困难

TDK21+500.51 ~ TDK21+600 软土路基变更设计、TDK22+315 ~ TDK21+375 软土路基变更设计、TDK23+580 ~ TDK23+640 软土路基变更设计等皆因工点位置线路上空横穿需迁改的 110 kV 的高压线路。经与地方电力公司多次沟通协商，高压线路一时迁改困难、周期较长，致使工点内路基工程地基处理管桩、水泥搅拌桩等施工受高压线安全净高不满足《施工现场临时用电安全技术规范》（JGJ 46—2016）规定的“110 kV 高压线路安全距离为 8 m”限制，存在安全风险。考虑到现场施工进度、工期要求和施工安全，以及两端地基处理管桩已施工完成，为便于路堤填土一并施工且保证填土压实质量，路基地基加固处理方案进行变更调整。

(三) 补勘后地质条件发生变化

TDK21+600 ~ TDK21+960 段因勘察时期受到强烈阻工，导致未能实施勘探。待征拆结束后及时进行了地质补勘，发现 TDK21+600 ~ TDK21+960 段基底上部淤泥质土层厚度较施工图设计有明显增厚，从而引起工程措施调整。

(四) 地方要求路改桥或桥梁延长、增设或扩孔涵洞等

金台铁路项目建设过程中由于地方要求而进行路改桥或桥梁延长等变更设计有十余处，增设或扩孔涵洞工程有百余处，桥梁和涵洞的变化，引起路基工程相应调整。

(五) 地方站前广场工程引起地形地貌发生变化

磐安南站、仙居南站等部分路基段落因地方政府工程建设致使紧临车站路基范围的地形地貌发生变化，铁路路基工程措施需进行变更调整。

第二十七章 桥涵设计

第一节 桥涵工程概况与特点

一、桥涵工程概况

金台铁路项目合计线路总长 231.97 km（含疏解线、头门港铁路支线及新碧联络线工程），全线共设特大、大、中桥 79 座，桥梁总长 63.172 km，占线路长度的 27.23%（其中特大桥 29 座/49 686 延米，大桥 40 座/12 706 延米，中桥 10 座/783 延米）。框架中小桥共计 46 座，顶面积总计 23 357.1 m^2；新建及改建接长涵洞 252 座，涵长总计 6 863.5 m，新建改移道路公路涵 16 座，涵长总计 269 m；旅客地道 8 座，顶面积总计 3 760.8 m^2；公跨铁立交桥共计 3 座，总长 838.1 m，顶面积总计 18 267.6 m^2。

第二节 设计原则与采用的主要技术标准

一、设计原则

金台铁路项目自金温线永康站引出后，经过地区主要为丘陵山地区、河谷平原区和滨海平原区，沿线河流属于瓯江水系和椒江水系，线路跨越的主要河流为永康江、南溪、好溪、永安溪、灵江、永宁江等；上跨新金温铁路、老金温铁路、下穿甬台温铁路；线路多次跨越台金高速、东永高速、甬台温高速、国道 G330、国道 G104 等重要公路。沿线所经区域是我国经济发达地区之一，地方水陆交通比较发达，同时地形、地质条件复杂，尤其是滨海平原区软土分布较广，软弱土层较厚，环境水多具侵蚀性，对桥梁墩台工后沉降的控制及桥涵结构耐久性设计要求均较高。

结合桥址地形、地质、水文情况，确定跨径适宜、结构受力合理、适应环境、投资经济的桥梁结构形式、减少施工干扰，确保高速公路、铁路的运营安全是金台铁路项目桥梁工程的重、难点。

对于跨越高速公路、铁路、航道的桥梁，提前与地方主管部门沟通，收集相关资料，征求地方主管部门意见，结合具体工点条件及道路或通航河流的规划要求，对简支梁、连续梁、连续刚构、钢桁梁、槽型梁等多种桥式方案进行技术、经济比较，选取较优方案。

跨越既有铁路桥跨设计时考虑采用转体法、顶推法、施工时间短，对既有铁路影响少的方案；跨越重要公路采用大跨连续梁、连续刚构、钢桁梁、槽型梁等桥式方案，梁部施工采用悬臂挂篮现浇、钢桁梁悬拼、槽型梁支架现浇等施工方法，并设防护棚架，尽量减少对道路运营的影响。

软土地区桥涵以简支中小跨度为主。桥台与路基的连接处设置过渡段进行特殊处理，避免桥台与路基过渡时刚度差异过大，影响行车平稳性。同时锥体基底亦与路基作相同处理，并采取反压护道、水泥搅拌桩、管桩等相应措施防护桥台滑动。软土地区桥梁基础采用桩基，桩底置于合适土层，除满足承载力要求外，尽量控制或减少基础沉降。

对环境水具有侵蚀性的区段，桥梁的承台、钻孔桩、地面附近的墩身、框架桥、涵洞等建筑材料按照《铁路混凝土结构耐久性设计规范》（TB 10005—2010）中的相关规定办理。正线滨海地区、货车联络线侵蚀性主要以地下水氯盐侵蚀 H1，地下水氯盐侵蚀 L1 为主，头门港支线侵蚀性主要以地下水氯盐侵蚀 L2、L3 为主，采取提供混凝土等级，增加保护层厚度等措施，确保桥梁的耐久性满足 100 年使用要求。

1. 枫山联络线永康江特大桥

桥址位于永康市境内，全桥长 8.33 km，为全线最长桥梁，枫山联络线永康江特大桥范围捏立交、河流控制性工点繁多，采用多种特殊结构跨越，以跨度为 56 m 简支钢桁梁跨越老金温铁路，采用（32+48+32）m 混凝土连续梁跨越规划县道、（48+5 × 80+48）m 混凝土连续梁跨越永康江及堤坝、（54+90+90+54）m 混凝土连续梁跨越 S312 省道、（44+72+44）m 混凝土连续梁跨越高速永康收费站匝道、（32+48+32）m 混凝土连续梁跨越永缙公路，其他采用 32 m 为主的简支 T 梁结构，是金台铁路铺架施工重难点工程之一。

2. 跨南溪、东永高速公路特大桥

桥址位于永康市境内，全桥长 2.03 km，采用（40+56+40）m 混凝土连续梁跨越南溪河。（48+80+48）m 混凝土连续梁跨越东永高速公路；永康南疏解线采用（40+2 × 64+40）m 混凝土连续梁下穿新金温铁路并跨越南溪，采用（48+80+48）m 混凝土连续梁跨越东永高速公路，其他采用 32m 为主的简支 T 梁结构。

3. 前仓跨金温铁路特大桥

桥址位于永康市境内，全桥长 2.25 km，采用 88m 钢桁梁跨越台金高速公路，采用顶推施工，不中断高速行车、（32+48+32）m 混凝土连续梁跨越国道 G330、（60+100+60）m 混凝土连续梁跨越规划国道 G330 和金温铁路，其他采用 32m 为主的简支 T 梁结构。

4. 罗桥跨台金高速公路特大桥

桥址位于永康市境内，罗桥跨台金高速公路特大桥（图 27-1）全长 0.76 km，位于永康市法莲村境内，金台铁路以小角度斜交跨越既有台金高速公路且桥下净空受限，采用 156 m 简支系杆拱跨越台金高速公路，矢跨比 1/5，拱肋采用钢管混凝土哑铃形结构，为目前国内单线铁路同类型桥梁最大跨度。其他采用 32m 为主的简支 T 梁结构，是金台铁路项目重难点控制工程。

图 27-1　罗桥跨台金高速公路特大桥

5. 里林跨诸永高速公路特大桥

桥址位于台州市仙居县境内，里林跨诸永高速公路特大桥全长 1.13 km，采用（60+100+60）m 预应力混凝土连续梁跨越诸永高速公路、其他采用 32 m 为主的简支 T 梁结构。

6. 临海跨台金高速公路匝道特大桥

桥址位于台州临海市境内，桥全长 1.50 km，采用（40+56+40）m 混凝土连续梁跨越汇丰南街、（64 m

钢桁梁+40 m 简支槽型梁+64 m 钢桁梁）跨越台金高速公路临海互通匝道，其他采用 32 m 为主的简支 T 梁结构。

7. 田市跨永安溪、台金高速公路特大桥

桥址位于台州市仙居县田市镇境内，桥全长 2.67 km，采用 56 m、48 m 节段预制胶结拼装简支箱梁跨越省道 S322、永安溪、（60+100+60）m 预应力混凝土连续梁跨越台金高速公路，其他采用 32 m 为主的简支 T 梁结构。田市跨永安溪、台金高速公路特大桥（图 27-2）是浙江省首例应用节段预制胶接拼装箱梁的铁路桥梁，由于桥梁墩身高，并位于曲线上，桥梁跨度大，桥梁施工架设面临着巨大安全风险与技术难题的双重考验，是金台铁路建设的重点、控制性工程。

图 27-2 田市跨永安溪、台金高速公路特大桥

8. 头门港支线灵江特大桥

头门港支线灵江特大桥（图 27-3）位于台州临海市境内，桥长 4.29 km，采用（92+3 × 152+92）m 混凝土连续梁-拱跨越灵江，是目前国内单线铁路中跨度较大的连续梁-钢管拱桥，采用（32+48+32）m 混凝土连续梁跨越马上线、（40+3 × 64+40）m 混凝土连续梁穿越台金高速公路沿江收费站匝道，采用（44+72+44）m 混凝土连续梁、（44+2 × 72+44）m 混凝土连续梁跨越江堤和堤外滩地，特殊结构较多，施工环境异常复杂。

灵江特大桥作为金台铁路关键性重难点控制工程，在施工中不但要保证灵江及相邻公路的正常通航通行、还面临着深水基础施工、大跨度连续梁施工线形监控等一系列施工难题，安全风险大，技术要求高。建设过程中先后攻克了“深水基础冬季施工技术”“钢围堰设计、加工、拼装、下沉、纠偏施工技术”和“大体积混凝土冬季施工技术”等科技攻关课题，采用“新型 C-O 型锁扣钢管桩围堰”“桩头和墩身施工环切工艺”“深水长大桩基气举反循环施工工艺”等多项新技术、新工艺，大大加快了施工进度，减小了安全风险，为安全优质按期完成大桥施工任务创造了有利条件。

图 27-3 头门港支线灵江特大桥

二、工程技术标准

（1）设计活载：ZKH 标准荷载。

（2）洪水频率：桥梁 1/100，涵洞 1/100。其中灵江特大桥并按 1/300 洪水频率检算。

（3）建筑限界：

① 桥梁限界采用“桥限-2A”及“桥限-2B”，跨线建筑物建筑限界按“建限-1”电化限界办理。

② 跨越城市道路及公路时，按《城市道路设计规范》（CJJ 37—2012）、《公路工程技术标准》（JTG B01—2014）规定，或与地方主管部门签订的协议办理。

③ 通航限界。

临海东—港区段：灵江Ⅳ级航道。临海东～港区段：前四线Ⅶ级航道。台州—台州南段：永宁江Ⅵ级航道。台州—台州南段：黄路金线限制性Ⅶ级航道。台州—台州南段：路院线Ⅶ级航道。

（4）通航要求：

① 临海东—港区段：灵江，现为Ⅳ级航道、远期规划Ⅲ级航道。头门港支线灵江特大桥，三通航孔均按净宽 100.4 m，净高 23.5 m 设计。

② 临海东—港区段：前四线，Ⅶ级航道。岩下跨沿海高速公路特大桥，通航孔净宽 20 m，净高 3.5 m。

③ 台州—台州南段：永宁江，Ⅵ级航道。永宁江特大桥，通航孔净宽 25 m，净高 4.5 m。

④ 台州—台州南段：黄路金线，限制性Ⅶ级航道。金寺堂特大桥，通航孔净宽 18 m，净高 3.5 m。

⑤ 台州—台州南段：路院线，Ⅶ级航道。螺洋特大桥，通航孔净宽 40 m，净高 4.5 m。

第三节　桥跨布置及梁型选择

一、桥跨布置

（1）原则上尽量选用简支梁结构。跨度选择 32 m、24 m 和 16 m 简支 T 梁，采用部颁“通桥〔2017〕2101”系列标准梁。当标准孔径简支 T 梁无法跨越时，采用预应力混凝土连续梁或其他桥跨结构。同一座桥的孔跨式样力求简化，除特殊结构外尽量采用等跨。优先采用 32m 跨，其次是 24m 跨。受地形、地质、水文或其他条件控制不能采用等跨者，一般不超过两种跨度布置。设置声屏障地段的桥梁采用部颁“通桥〔2012〕2109”系列标准梁。

（2）跨越城市道路、高速公路、国省道或地形条件控制、防洪要求等桥跨，当采用 32 m 简支梁不能满足要求时，采用（32+48+32）m 连续梁、（40+56+40）m 连续梁、（40+64+40）m 连续梁、（44+72+44）m 连续梁、（48+80+48）m 连续梁、（60+100+60）m 连续梁、（72+120+72）m 连续梁、（56 m、64 m、72 m、88 m）简支钢桁梁、156 m 简支钢桁梁，（92+3×152+92）m 连续梁-拱，48 m、56 m 简支箱梁等。

（3）正线、永康南疏解线、枫山联络线、货车联络线、头门港支线均为有砟轨道、全线按一次铺设跨区间无缝线路设计；位于车站内无缝道岔区内的桥梁，道岔位于桥上时，桥梁设置按《铁路无缝线路设计规范》（TB 10015—2012）要求执行，正线道岔区桥梁梁部应采用连续结构；正线道岔不应跨越梁缝，且道岔始端和终端距离梁缝不小于 18 m。

（4）跨越航道的桥孔，对主干航道通航孔的布置应满足双线通航的要求，尽量使桥墩位置、桥梁跨径与船舶、船队的习惯航迹线和要求的水域宽度相适应。主桥主跨及边跨的跨越能力均需满足以上要求并考虑适当留有余地，并根据河道各区域的河床地形、水文、通航条件，拟定桥式方案的桥跨布置。

（5）山区地形复杂，地面纵横坡陡峻，桥梁布设应注意桥基和山体的稳定性，墩台位置结合平面图确定，防止基础悬空。

（6）跨谷桥当山体较陡时，宜将桥台置于挖方内，并采用挖方台或矮桥台，应尽量避免设置高桥台、大锥体。当桥梁伸入隧道内或位于洞门口附近时应与隧道专业统一协调设计。

（7）桥路分界里程为台尾里程。

二、梁部及支座

（1）标准简支梁桥上部结构采用“通桥〔2012〕2101”后张法预应力混凝土简支 T 梁。设置声屏障地段的桥梁采用部颁“通桥〔2012〕2109”系列标准梁。

（2）梁曲线布置。

① 简支梁梁部（含简支钢桁梁、混凝土箱梁）、按平分中矢布置，连续梁、连续梁-拱、T 构按曲梁曲做设计。

② 当曲线半径小于 1 200 m 时，应加宽桥面，具体加宽值按表 27-1 执行。曲线布置、墩顶支撑垫石位置、尺寸应相应调整。

表 27-1　不同跨度梁在不同半径曲线上的加宽值（Δ*d*/ cm）

项目		曲线半径 *R*/m				
		800	900	1 000	1 100	≥1 200
跨度/m	32	6.8	4.8	3.4	2.2	0
	24	0	0	0	0	0

注：当线路为单线时，加宽值取表中数值；当线路为双线时，只加宽边中梁湿接缝，每道缝加宽值取表中数值的 1/2（中梁湿接缝宽度由线间距确定，不得随曲线半径调整）。

位于半径小于 1 200 m 曲线上的简支梁孔跨，梁部统一按该圆曲线半径所对应的加宽值加宽，同一座桥梁统一桥宽设置。

3. 支座

标准跨度的预应力混凝土简支 T 梁采用符合“通桥〔2007〕8160”安装要求的 SQMZ 钢支座。预应力混凝土连续梁、T 构、连续梁-拱组合结构、简支箱梁采用球型钢支座。其中，吨位 45 000 kN 及以下的混凝土简支梁、连续梁、T 构、连续梁-拱组合结构采用 TJQZ 球形钢支座，安装图“通桥〔2009〕8361”；吨位 45 000 kN 以上时采用 ZXQZ-TL 球形钢支座设计（含同一联连续结构的≤45 000 kN 支座），钢桁梁采用 ZXQZ-HL 球形钢支座设计。

第四节　桥梁墩台及基础设计

一、墩台设计

（1）金台铁路项目桥台采用 T 台形式。根据地形、地质条件、水文等情况，山区地段起桥高度为 10 m左右，一般丘陵区地质条件较好时起桥高度为 7 ~ 8 m，城镇和沿线居民集中区起桥高度为 6 ~ 7 m，软土地区结合软土厚度分界高度 5 ~ 6 m，山区挖方内桥台高度根据埋深设置，最小台高可按 T 台顶帽接承台设置。

（2）金台铁路项目桥墩优先采用圆端形桥墩。较大河流当桥梁的法线与河流水流斜交角度>15°时，采用圆形桥墩。各桥桥墩尽量采用同一类型。当墩高 H≤30 m 时，采用实体桥墩；当墩高 H>30 m 时，采用空心桥墩。特殊跨度的桥墩根据受力和构造要求设计。

（3）空心墩墩身空心部分在离地面 5 m（设计水位 1 m）以上的墩身周围交错设置通风孔（每隔 3.0 m 正对设两个），通风孔直径 0.2 m，洞口设钢筋网罩。

（4）桥墩设计中注意纵、横向预偏心的设定，简支梁桥墩预偏心按相应通用图办理，对于不满足参考图中桥墩设计条件（曲线半径，行车速度等）的桥墩，需单独检算。

（5）位于陡坡上的桥墩不应承受偏压。

（6）连续梁桥墩原则上不采用直坡墩身，应设顶帽及托盘，特别要注意美观并与相邻简支梁桥墩相协调，纵横向坡率与简支梁墩宜统一。

（7）连续梁桥的下部结构，在设计过程中将墩台刚度提供给轨道专业，检算轨道结构的强度和稳定性，并根据其提供的长钢轨纵向力检算下部结构。

（8）位于公路（国省道、高速公路）、城市道路或铁路边的桥墩，如果既有道路未设坚固的防撞设施，则设计应设置坚固的防护缓冲设施，设置波形钢护栏。

（9）位于一般地段的桥梁，采取梁上直接排水方式；跨铁路、公路（国省道、高速公路）、河流的桥梁及位于城市区（包括规划区）的桥梁，梁部采取梁端集中排水方式，引致墩台底。

二、基础设计

桥梁基础类型一般采用桩基础，桩径选择：ϕ1.0 m、ϕ1.25 m、ϕ1.5 m、ϕ1.8 m。当地质条件较好，基础埋深≤6 m 时或持力层岩石埋深较浅且承载力高时可采用明挖及明挖满灌基础。处于天然河道上的特大、大排洪桥不宜采用明挖基础。斜交跨越道路桥墩及河堤边桥墩基础可根据情况扭转设置，以减少桥墩基础对道路、河堤的破坏。

第五节　框架桥设计

（1）当其他道路下穿铁路，对受线路高度控制、施工有条件中断既有道路的中小跨度立交工点设置框架桥。跨度 7.0 m ~ 20.0 m。

（2）框架桥原则上顺道路及河流设置，车站等位置正交有难度时斜交设置，但斜交角度不大于 30°。

（3）框架桥横向宽度按与路基或站场断面同宽设计。桥面防水层、保护层、挡砟墙、人行道等桥面系设计同梁式桥。

（4）框架桥地基处理采用相邻路基地基的地基加固措施且应进行相应检算。

（5）框架中小桥梁顶至轨底最小厚度不小于 0.65 m，两侧设置过渡段。

第六节　涵洞设计

金台铁路项目地形起伏较大，从山区变化到沿海平原，涵洞选用普通及高填土钢筋混凝土盖板涵、钢筋混凝土框架涵；填土较高的工点采用高填土钢筋混凝土肋板涵。涵洞一般采用孔径为 1.5 m、2.0 m、3.0 m、4.0 m、5.0 m、6.0 m。

第七节　跨线建筑物设计

（1）跨线建筑物净空：一般净高按 7.5 m 控制，并与接触网专业结合满足净高要求。

（2）设计公跨铁，一般应避免高桥台，可视地形条件适当增加桥孔，一般应设 3 孔以上。在较平坦处设公跨铁立交时，路桥分界高度一般≤6 m。位于城镇附近时路桥分界高度一般≤4 m。

第八节 特殊地区桥涵设计

沿线河谷平原区、滨海平原区广泛分布软土。岩性以淤泥、淤泥质黏土为主，深灰色，软塑—流塑，软土成因主要为海积。软土具有含水率大、孔隙比大、压缩性高、强度低、灵敏度高、触变性、流变性的特点。头门港支线、台州南货车联络线、正线 DK125+388 ~ DK144+366 段均有分布。软土段落全线大面积分布，具有含水率大、孔隙比大、压缩性高、强度低的特点。

软土地区桥涵设计主要考虑以下工程措施：

（1）桥梁均采用桩基础，基础除满足承载力、刚度要求外，还应满足工后沉降的要求。一般采取加大桩距或桩数来加大基础刚度。

（2）建于软土上的桥台，除计算桥台的附加竖向压力外，还应考虑附加水平力影响，除台后路基进行地基加固，锥体及台前一定范围一般也应采取相同的加固措施，做相应的加固处理。

（3）基础除满足承载力、刚度要求外，还应满足工后沉降的要求。一般采取加大桩距或桩数来加大基础刚度，选择砾石土、中粗砂或岩石等较好地基作为持力层。

（4）软土地区涵洞采用框架结构。

第九节 结构耐久性设计

金台铁路项目桥涵建筑材料选用及材料各项耐久性指标均按《铁路混凝土结构耐久性设计规范》（TB 10005—2010）相关要求执行。金台铁路项目大部分地表水及地下水具有氯盐和硫酸盐侵蚀性。正线侵蚀性环境作用等级为 H1、H2、L1、L2；枫山联络线侵蚀性环境作用等级为 H1；永康南疏解线侵蚀性环境作用等级为 H1；货车联络线侵蚀性环境作用等级为 H1、L1、L2；头门港支线侵蚀性环境作用等级为 H1、H2、L1、L2、L3。详见表 27-2。

表 27-2 建筑材料选用表

类型	环境作用等级	C30	C35	C40	C45	C50
桥梁	支撑垫石			T2		
	墩台顶帽、道砟槽		T2			
	托盘、实体墩身、空心墩身、台身		T2			
	承台、桩基础	T1	H1	L1、H2	L2	L3
	明挖、挖井基础	T1	H1、L1、L2			
涵洞及框架桥	框架桥涵身、盖板涵盖板、圆涵		T2、H1	L1、H2	L2	
	帽石	T2				
	翼边墙	T2、L1、L2	H1			
	基础（素混凝土）	T1、L1、L2	H1			
	基础（钢筋混凝土）	T1	H1	L1、H2	L2	L3
防护工程		M10 浆砌片石				

近海地区及受潮汐影响的桥涵防腐设计，参考沿海铁路桥梁防腐耐久性措施，见表 27-3。

表 27-3　环境类别及作用等级

环境类别	环境条件	判断条件	作用等级	说明
氯盐引起钢筋侵蚀环境	近海或海水	距离最高潮水位岸线 100 ~ 300 m 范围内的陆地区、海水中	L1	桥梁处于近海或海水环境中，分为大气区、浪溅区、水位变化区和水下区
		距离最高潮水位岸线 100 m 内的陆地区和海上区、海上大气区	L2	
		浪溅区、水位变化区	L3	

金台铁路项目 DK140+000 ~ DK145+500、TDK0+000 ~ TDK8+500、TDK39+000 ~ TDK44+315、LDK1+800 ~ LDK3+700 段落内桥涵位于近海或海水环境，所有钢构件及预埋件的外露部分进行相应防腐处理。其余地区按部颁图纸要求处理。

（1）声屏障（人行道栏杆）基础预埋 U 形螺栓、吊篮预埋 U 形螺栓、接触网支柱预埋螺栓基础面以下 150 mm 及外露部分防腐处理采用多元合金共渗+锌铬涂层+封闭层处理；声屏障（人行道栏杆）基础预埋钢板、防落梁预埋钢板、螺栓及套筒，支座预埋钢板、螺栓及套筒，接触网支柱预埋钢板采用多元合金共渗+钝化处理；防落梁钢挡块采用渗锌处理。其中渗层厚度≥50 μm，锌铬涂层加封闭层总厚度 15 ~ 20 μm。

（2）人行道预埋 T 型钢及栓钉采用多元合金共渗+锌铬涂层+封闭层处理，其中渗层厚度≥50 μm，锌铬涂层加封闭层总厚度 15 ~ 20 μm。

（3）人行道、避车台、围栏、吊篮、检查梯、电缆槽等部位角钢、扶手钢筋均采用渗锌处理。角钢支架之间的连接螺栓采用多元合金共渗+锌铬涂层+封闭层处理；其中渗层厚度≥50 μm，锌铬涂层加封闭层总厚度 15 ~ 20 μm。

（4）以上段落范围桥梁支座钢材外漏表面均采用《铁路钢桥保护涂装及涂料供货技术条件》（TB/T 1527—2011）第七体系涂装。

防腐处理的工艺及各项技术指标应满足《铁路混凝土梁配件多元合金共渗防腐技术条件》（TB/T 3274—2011）、《锌铬涂层技术条件》（GB/T 18684—2002）和《磁性金属基本体上磁性覆盖层厚度测量磁性法》（GB/T 4956—2003）的要求。

第十节　创新及亮点

一、特殊结构桥梁占比大

由于金台铁路项目位于浙江省中东部，连接金华、台州两市，横穿浙东南大盘山山脉和括苍山山脉，经过的地貌单元主要有河谷平原、垅岗状地山丘、低山丘陵区、中山区、滨海平原区。沿线水网、路网及航道发达地区，需跨越的立交、通航及防洪控制点较多，采用的特殊结构有大跨度预应力混凝土连续梁、连续槽型梁、简支槽形梁、连续道岔梁、节段预制胶结拼装简支箱梁、156 m 系杆拱、（92+3×152+92）m 连续-拱等跨越，全线特殊结构孔跨桥梁长度 10.87 km，占桥梁长度的 17.2%。

二、软土地区桥涵设计

沿线滨海平原广泛分布软土，岩性为淤泥、淤泥质粉质黏土、淤泥质黏土，深灰色，软塑至流塑，软土成因主要为海积。松软土、软土具有含水率大、孔隙比大、压缩性高、强度低的特点。头门港支线、台州南货运线、正线 DK126+600～终点段均有分布，在设计时从结构受力、沉降控制、征地拆迁、地方发展、环保、经济等多方面进行综合对比分析，合理选择桥路分界高度；合理确定软土地基加固措施；确保桥台及台后路基的稳定性；控制涵洞框架桥沉降。

三、大尺寸承台设计

金台铁路项目软土分布广、厚度大、工程性质差，如按通常满足铁路规范“刚性角”习惯设计，则承台厚、尺寸大，从而增加桩基设计荷载；特殊结构桥梁参考《公路钢筋混凝土及预应力混凝土桥涵设计规范》（JTG D62—2004）中“撑杆-系杆体系”设计，通过配筋减少了承台厚度，进而减少了基坑开挖防护数量，最大程度优化桩基础设计，节省了投资。

四、道岔梁设计

金台铁路项目在磐安站、仁川站、白塔站、田市站出岔区均设置有桥梁工点，均采用连续道岔梁结构形式，道岔区岔心及岔尖距梁缝的距离要求、接触网立柱及转辙机等的设置要求为结构设计控制重点。

第二十八章 隧道工程

第一节 隧道工程概况与特点

一、隧道工程概况

金台铁路位于浙江省中东部的金华地区和台州地区，地势中部高，东西两侧低，地形地貌多样，经过的地貌单元主要有河谷平原区、垅岗状低丘区、低山丘陵区和中山区，隧道穿越的地形复杂、地质条件较差。全线线路总长 231.97 km，隧道 105.246 km/60 座，约占线路长度的 45.37%。全线最长隧道为将军岭隧道，长 12.808 km。

永康至台州正线长 148.49 km，新建隧道共 78.99 km/47 座，占线路总长的 53.20%；头门港支线线路长 41.46 km，新建隧道 16.78 km/7 座，占线路长度的 40.47%；枫山联络线长 13.51 km，新建隧道 0.488 km/2 座，占线路长度的 3.55%；台州南货运线长 15.94 km，新建隧道 5.465 km/2 座，占线路长度的 34.28%；永康南疏解线线路长 6.05 km，新建隧道 2.076 km/1 座，占线路长度的 34.8%。新碧联络线长 5.85 km，新建隧道 1.453 km/1 座，占线路长度的 24.84%。

二、隧道工程特点

金台铁路隧道的特点及难点为浅埋段多、地表水系发育、地下水发育、岩爆、部分隧道洞口危岩落石发育、断层破碎带以及邻近既有隧道等，设计采取了合理有效应对措施降低工程风险，为隧道施工及运营安全提供了有力保证。另外隧道配合施工过程中遇到塌方、突水和初支侵限大变形等问题。

第二节 设计原则与采用的主要技术标准

一、路段设计行车速度

永康南至台州正线和头门港支线段设计速度目标值 V=160 km/h，为电力牵引。台州至台州南货运线、枫山联络线、永康南疏解线设计速度目标值 V=120 km/h。

二、建筑限界及内轮廓

1. 速度 160 km/h 单线隧道衬砌内轮廓

金台线永康南至台州段和水洋至临海头门港段，单线隧道建筑限界满足“隧限-2A”，隧道衬砌内轮廓轨面以上有效净空面积为 42.06 m^2，满足《铁路隧道设计规范》对于单线隧道不应小于 42 m^2 的要求。速度 160 km/h 单线隧道建筑限界及衬砌内轮廓如图 28-1。

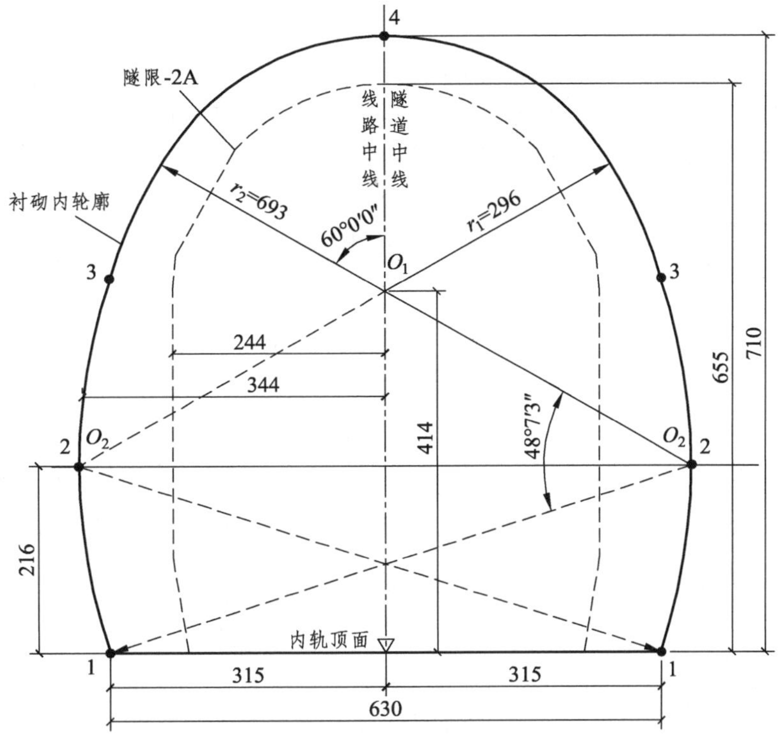

图 28-1　速度 160 km/h 单线隧道建筑限界及衬砌内轮廓（单位：cm）

2. 速度 160 km/h 车双线隧道条件下隧道衬砌内轮廓

车站隧道或车站附近需预留二线工程，为双线隧道，衬砌加宽 W=0 时，轨面以上有效净空面积为 76.63 m²，满足《铁路隧道设计规范》对于双线隧道不应小于 76 m² 的要求。位于车站范围的隧道建筑限界及内轮廓根据线间距、设备安装及作业等要求合理拟定。速度 160 km/h 双线隧道建筑限界及衬砌内轮廓图如图 28-2。

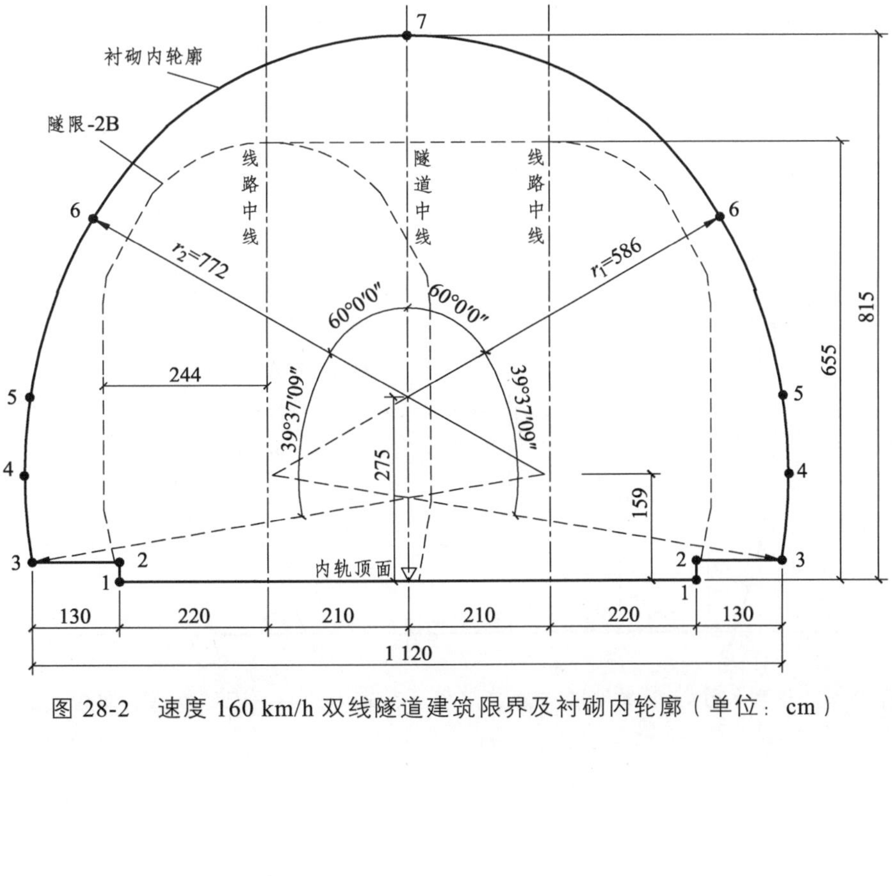

图 28-2　速度 160 km/h 双线隧道建筑限界及衬砌内轮廓（单位：cm）

3. 速度 120 km/h 单线隧道衬砌内轮廓

台州至台州南货车联络线型、永康南疏解线，设计速度目标值 V=120 km/h，为电力牵引，隧道建筑限界满足“隧限-2A”，并满足大型机械养护作业要求，隧道衬砌内轮廓轨面以上有效净空面积 37.6 m^2。速度 120 km/h 单线隧道建筑限界及衬砌内轮廓如图 28-3、图 28-4。

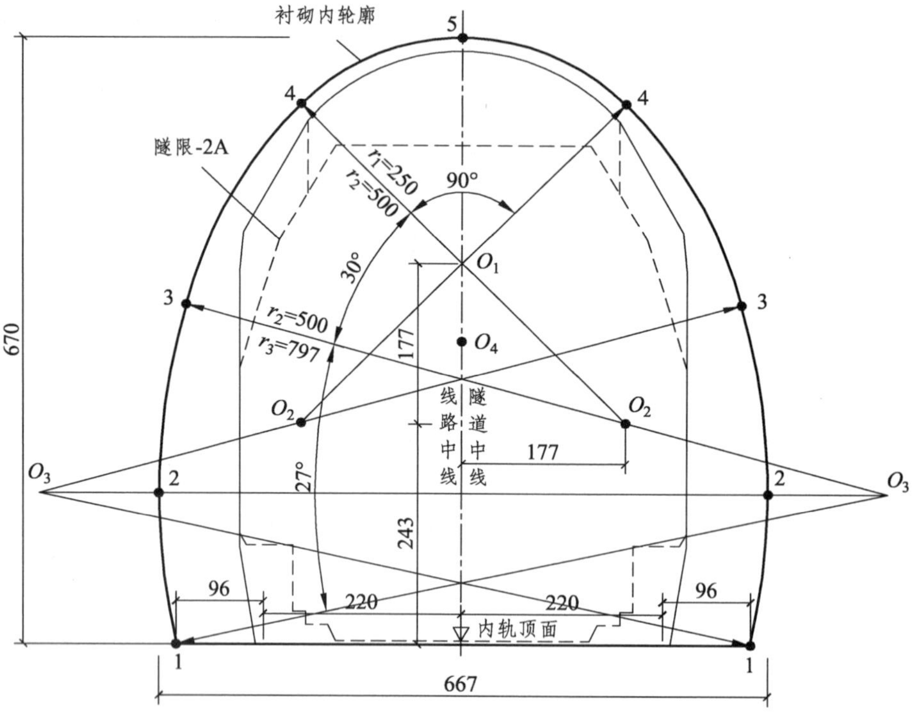

图 28-3 速度 120 km/h 单线隧道建筑限界及衬砌内轮廓（有砟轨道，单位：cm）

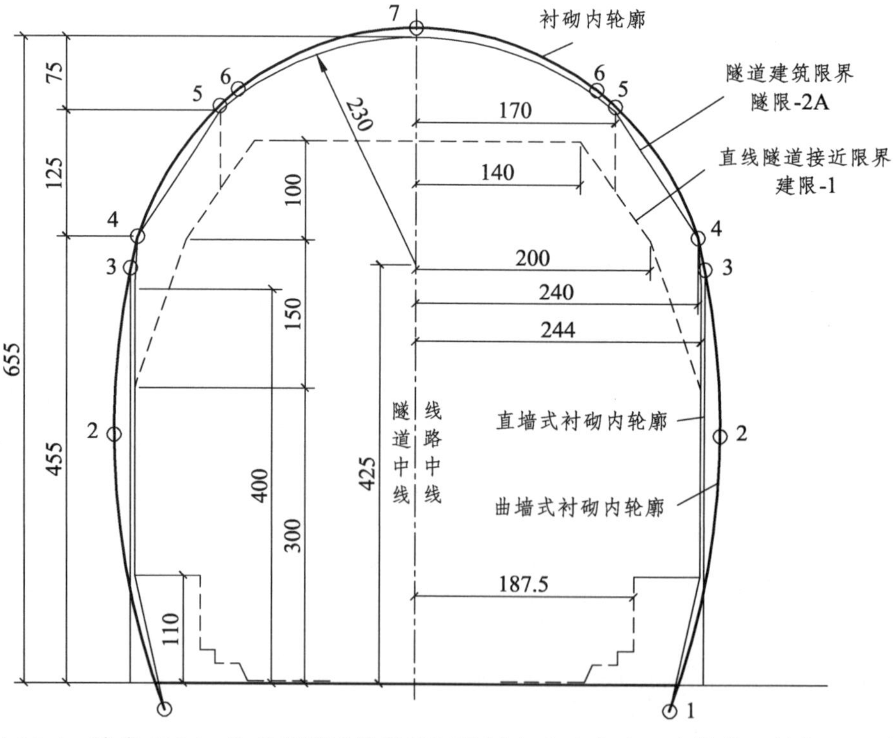

图 28-4 速度 120 km/h 单线隧道建筑限界及衬砌内轮廓（无砟轨道，单位：cm）

4. 衬砌支护类型

隧道暗洞采用复合式衬砌，Ⅱ级围岩和Ⅲ级围岩硬质岩地段（结合隧道埋深及地质条件）采用曲墙带钢筋混凝土底板结构，厚 30 cm；其他地段采用曲墙带仰拱的封闭结构。

5. 洞内轨道结构形式

金台铁路正线、头门港铁路支线、台州至台州南货运线、永康南疏解线、枫山至永康南货运线和新碧至永康东联络线均采用重型轨道标准，一次铺设跨区间无缝线路。

一般地段铺设有砟轨道；金台正线和头门港铁路支线在长度大于 6 km 的隧道内铺设弹性支承块式无砟轨道，台州至台州南货运线、永康南疏解线、枫山至永康南货运线在长度大于 1 km 的隧道内铺设弹性支承块式无砟轨道。

6. 隧道防灾救援系统设计

隧道防灾贯彻“以人为本、自救为主、安全疏散、方便自救”的原则，按《铁路工程设计防灾救援疏散工程设计规范》（TB 10020—2017）要求进行防灾救援疏散工程设计。紧急出入口或避难所处采取机械加压送风防烟措施。

7. 运营通风设计

金台线无长度大于 15 km 隧道，不考虑考虑设置机械通风进行换气。

8. 环保及土地利用

弃渣应尽量用作车站、路基、涵洞和施工场地的填方，其余弃渣应依据《中华人民共和国水土保持法》及有利于环保的原则，选择合理的弃渣场地。尽可能减少对既有植被及生态环境的影响，并做好挡渣工程和排水沟建设，防洪排水措施要达到设计的防洪标准，弃渣结束后要进行砟场整理，并采取措施恢复植被。

第三节　一般隧道设计

一、一般段衬砌结构设计

隧道主体结构耐久性按满足 100 年正常使用的要求设计。明洞采用整体式衬砌结构。暗洞均采用复合式衬砌，Ⅱ～Ⅴ级围岩隧道衬砌均采用曲墙带仰拱的结构形式。主要初期支护形式有：喷锚网支护、钢架喷射混凝土支护等；隧道拱部优先采用组合中空锚杆，边墙部位采用普通砂浆锚杆。

二、特殊段落衬砌结构设计

（一）新蝙蝠岭隧道

隧道进口 DK1+606～DK1+625 段下穿公路（县道），洞顶覆土约 3.26 m，采用加强衬砌，二衬采用 50 cm 厚 C35 钢筋混凝土结构，初支采用 Ⅰ20a 型钢钢架，间距 0.6 m/榀。衬砌断面如图 28-5。

（二）小间距隧道衬砌

牛和岭、南庄岭、西郊、马头山等隧道预留二线工程，线间距 10～30 m，采用小间距衬砌，小间距衬砌段中间岩柱采用ϕ25 mm 低预应力锚杆加强支护，间距 1.2 m×1.0 m（环×纵），并对中间岩柱进行注浆加固处理。小间距隧道衬砌断面如图 28-6。

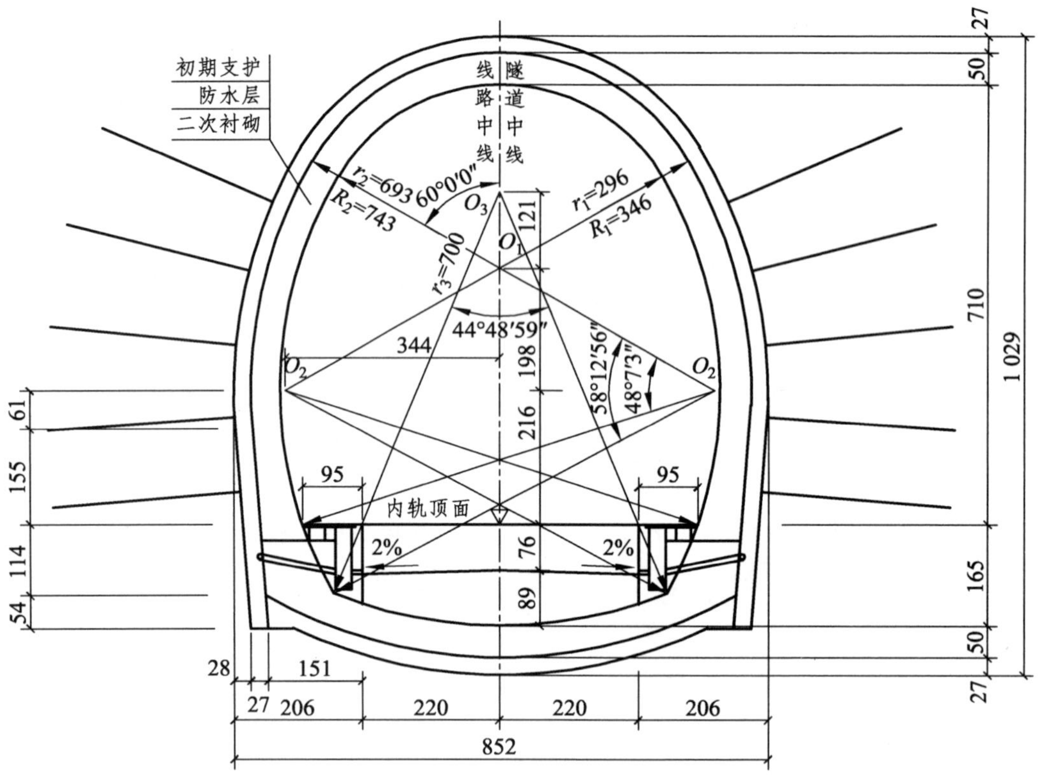

图 28-5　DK1+606 ~ DK1+625 段衬砌断面（单位：cm）

第四节　长大、难重点隧道设计

一、将军岭隧道

（一）概况

将军岭隧道位于磐安县仁川镇至仙居县皤滩乡西北，进出口有道路通过，洞身仅有几处乡村道路通过，交通条件一般。将军岭隧道穿行于低中山区，地形起伏大，海拔高程 230 ~ 1 314 m，相对高差 50 ~ 500 m，山坡坡角 15° ~ 50°，沟谷深切，多呈 V 形，山体一般为薄层第四系土层覆盖，植被茂盛。

隧道起讫里程 DK45+195 ~ DK58+003，全长 12 808 m，隧道最大埋深约 860 m。隧道 DK46+017.28 ~ DK47+138.58 位于 R=2 000 m 的曲线上，DK56+081.11 ~ DK56+669.5 位于 R=3 500 m 的曲线上，其他段落均位于直线上，采用 0‰、5.5‰、3‰的单面下坡。

（二）施工地质概况

1. 工程地质特征

（1）地层岩性。

依据此次定测将军岭隧道地质资料，结合室内土工试验，隧址区地层岩性主要为：第四系全新统残坡积粉质黏土，冲洪积粉质黏土，侏罗系上统茶湾组砾岩、凝灰岩，西山头组凝灰岩，侏罗系上统石英霏细岩、英安玢岩和熔岩等。

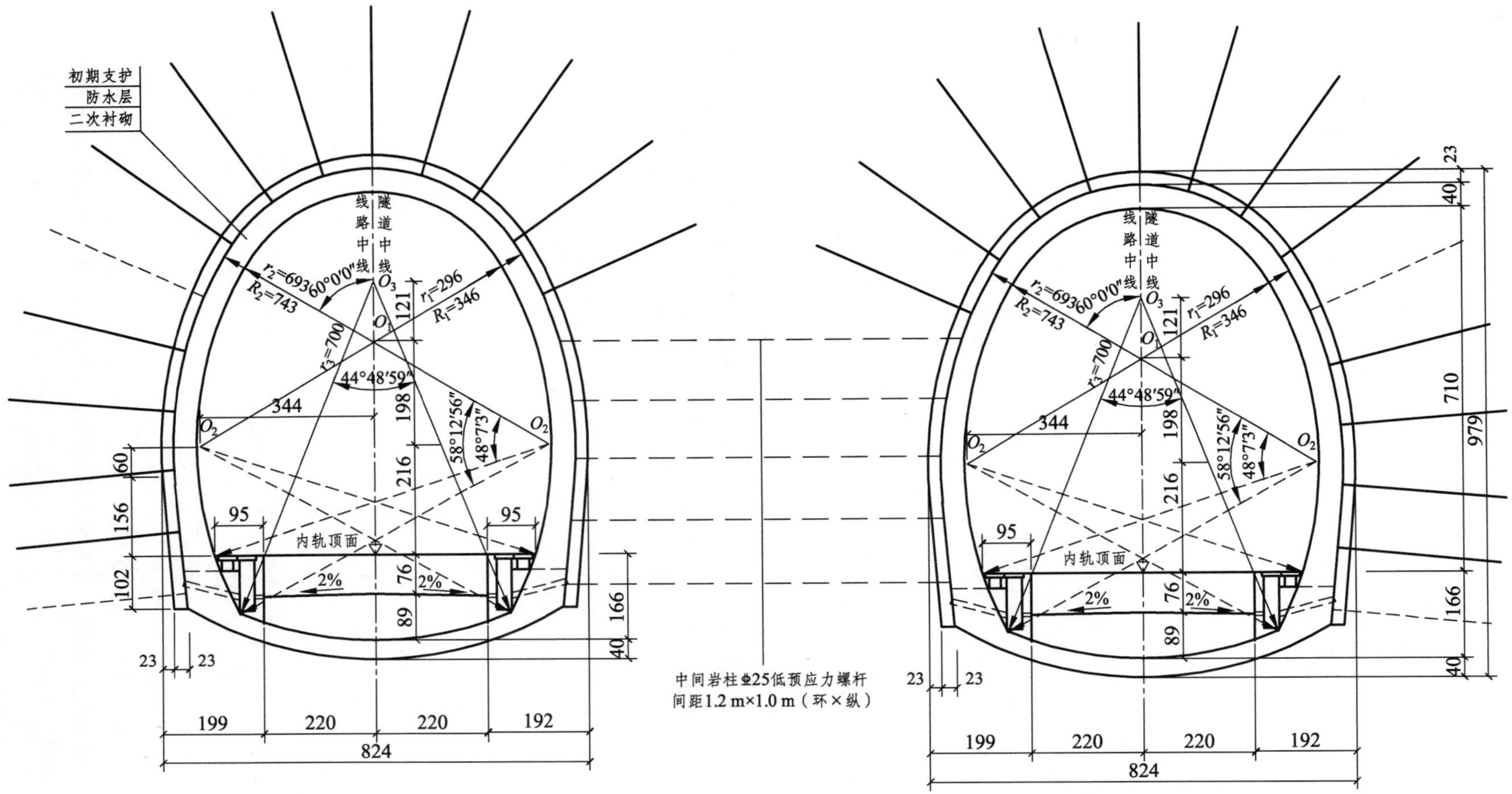

图 28-6　小间距隧道衬砌断面

（2）地质构造。

隧道区构造单元隶属于华南褶皱系浙东南褶皱带，横跨鹤溪-奉化大断裂，分属两个三级构造单元，北西段为丽水-宁波隆起，南东部为温州-临海坳陷带。中生代火山岩大面积覆盖，褶皱基底少见。印支运动后，该区进入大陆边缘活动发展阶段，以剧烈的断块和大规模的钙碱性岩浆活动为特征，褶皱不发育，断裂构造极为发育。北北东向的丽水-余姚深断裂紧贴工区西侧穿过、并有北东向鹤溪-奉化深断裂斜贯该区，两者在长期的地壳运动中发挥主导作用，与北东向、北西向、东西向、南北向断裂组成区内的构造格架，对该区的火山活动、岩浆侵入、沉积盆地的发生和发展等具有控制作用。

区内地层主要为侏罗系上统陆相火山岩系，次为白垩系火山-沉积岩系。该区的山麓、沟谷、山间盆地形成的陆相第四系松散沉积亦为该区地层的组成部分。

2. 水文地质特征

（1）地下水特征。

地下水主要为第四系孔隙潜水、基岩裂隙水、构造裂隙水。

① 第四系孔隙潜水。

第四系孔隙潜水主要赋存于第四系冲洪积粉质黏土、残坡积碎石土中，呈条带状分布于沟谷底部，水位埋深受地形影响较大，水量一般较小，受区域季节性降雨的补给。

② 基岩裂隙水。

工点范围内地下水主要为基岩裂隙水，赋存于砾岩、凝灰岩、石英霏细岩等地层的节理、风化裂隙及构造破碎带中内，由于赋水空间连通性差，分布不均匀，且该区位于地下水补给区，而大气降水多以地表径流排向区外，地下水补给来源相对贫乏，基岩裂隙水总体水量较小，在断层带、节理密集带，侵入接触带等段落水量较大。

③ 构造裂隙水。

隧道区构造活动强烈，断层节理等构造裂隙发育，在断层破碎带、侵入岩接触带、裂隙密集带及揉皱强烈发育带等储水构造中，构造裂隙水发育。水质大多较丰富，一般具备承压性。特别是：线路穿越的深大断裂带及伴生的众多次级断层，使得铁路沿线具有众多的储水构造，其裂隙水水量丰富。

（2）环境水对混凝土等建筑材料的侵蚀性。

根据《铁路混凝土结构耐久性设计规范》（TB 10005—2010）环境水、土对混凝土的侵蚀性判定标准，判定工点内地表水、地下水对混凝土结构均无侵蚀性。

（3）预测隧道涌水量。

采用降水入渗法计算。推荐隧道正常涌水量按 $Q_{正常}$=6 890 m^3/d，可能最大涌水量 $Q_{最大}$=20 265 m^3/d，1#斜井正常涌水量和可能最大涌水量分别为 777 m^3/d 和 1 024 m^3/d，2#斜井正常涌水量和可能最大涌水量分别为 803 m^3/d 和 1 058 m^3/d，3#斜井正常涌水量和可能最大涌水量分别为 1 636 m^3/d 和 2 156 m^3/d。

（三）施工图设计概况

（1）隧道进口 DK45+200～DK45+220 段埋深较浅，约 5～6 m，且洞顶有一水塘，施工时易塌方，该段采用ϕ108 超前大管棚注浆加固地层，环向间距 40 cm，同时施工前应排干水塘，保证施工安全。出口 DK57+959～DK57+989 段采用ϕ108 超前大管棚注浆加固地层，环向间距 40 cm。采用Ⅴ级围岩加强复合式衬砌，初支采用 Ⅰ18 型钢钢架，间距 0.8 m/榀。

（2）洞身 DK46+055～DK46+265 段下穿县道、乡村水泥路、房屋等，埋深 16～18 m，如图 28-7。地质条件较差，强—全风化层较厚，且有断层破碎带，该段落采用Ⅴ级围岩加强复合式衬砌，初支采用 Ⅰ18 型钢钢架，间距 0.6 m/榀。

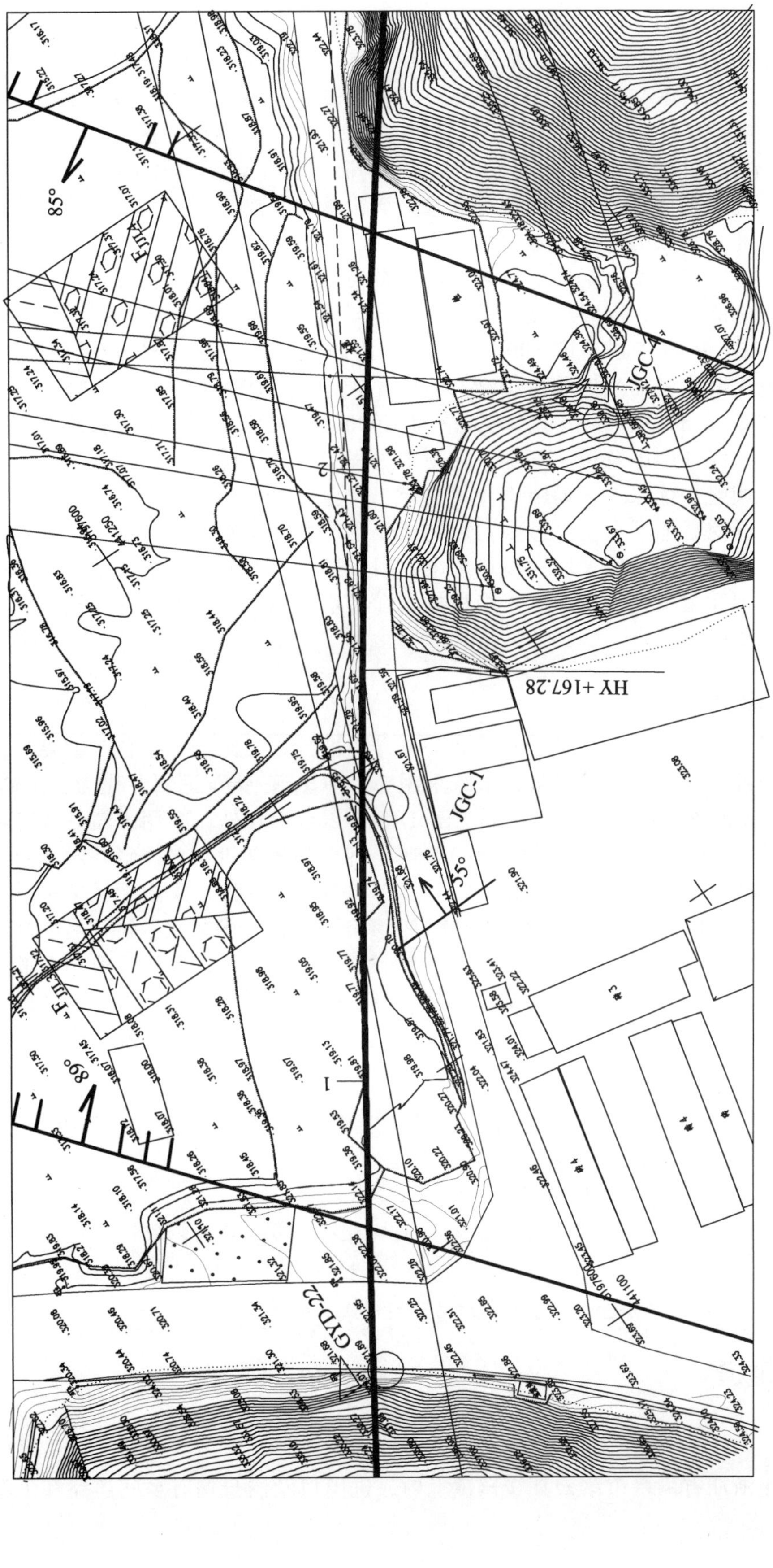

图 28-7 D1K46+055～D1K46+265 段平面图

（3）隧道 DK57+910 ~ DK57+940 段埋深浅，偏压严重，最浅处覆土仅 0.9 m，衬砌采用Ⅴ级围岩加强复合式衬砌，初支采用 Ⅰ20a 型钢钢架，间距 0.6 m/榀。DK57+890 ~ DK57+910 和 DK57+940 ~ DK57+969 采用Ⅴ级围岩复合式衬砌，初支采用 Ⅰ18 型钢钢架，间距 0.8 m/榀。

（4）隧道 DK48+218 ~ DK48+588、DK48+888 ~ DK49+620、DK50+023 ~ DK52+400、DK53+339 ~ DK54+900 段埋深为 400 m ~ 700 m，该段 R_c/σ_{max} 在 4 ~ 7 之间，为高应力区；DK52+400 ~ DK53+339 段 R_c/σ_{max} 小于 4，为极高应力区，隧身地层岩性主要为凝灰岩（属硬质岩），开挖过程中可能出现岩爆，产生岩块弹射、洞壁岩体有剥离和掉块等现象，该段落内开挖过程中进行地应力检测，结合现场实际情况，该段落内Ⅱ、Ⅲ级围岩采用岩爆段衬砌，局部设置预应力锚杆。

隧道在施工过程中，多次发生岩爆，虽未造成人员伤亡，但部分施工机械受损，结合现场实际情况，加强对现场地应力的观测，同时对支护措施进行合理采用。

（5）DK46+545 ~ DK46+775 段右侧 300 m 为水库，为防止突水突泥，采用超前周边注浆加固地层。其余洞身Ⅴ级围岩及Ⅳ级围岩加强地段采用ϕ42 超前小导管注浆加固地层。

（6）隧道共穿越 20 条断层破碎带，影响段落约 1 900 m，设计采用了加强衬砌结构，富水断层段采用了注浆堵水措施，保证施工及运营安全。在施工过程中，加强超前地质预报工作，对断层破碎带段落进行及时地优化调整，确保了现场施工质量及施工安全。

（7）为防止隧道开挖后地下水流失过多，影响地表生产生活用水，对隧道位于富水区的断层破碎带以及邻近水库及下穿有水冲沟段采取“以堵为主，限量排放”的原则，对上述段落进行径向注浆堵水预设计，设计已计列注浆工程数量，施工中根据实际揭示的涌水量情况经各方同意后实施，必要时可调整注浆部位和注浆段落。

（四）辅助坑道方案

结合穿越的地形、地质条件，对隧道的辅助坑道方案进行方案比选，结合工期要求，同时考虑辅助坑道长度、地质条件、防灾救援等因素，最终采用 3 个单车道+错车道斜井作为施工辅助坑道：

1 号斜井位于线路前进方向左侧，与正洞交于 DK47+200 里程处，采用无轨单车道运输方式，与台州端方向平面交角为 41°34′35″，最大纵坡为 10.5%，综合坡度为 8.41%，斜井水平投影长 610 m；

2 号斜井位于线路前进方向左侧，与正洞交于 DK50+300 里程处，采用无轨单车道运输方式，与金华端方向 平面交角为 47°2′39″，最大纵坡为 11.7%，综合坡度为 10.72%，斜井水平投影长 1 331 m；

3 号斜井位于线路前进方向右侧，与正洞交于 DK54+700 里程处，采用无轨单车道运输方式，与台州端方向平面交角为 43°8′46″，最大纵坡为 12.0%，综合坡度为 10.39%，斜井水平投影长 1 604 m。

隧道贯通工期 32.0 个月（不含道床施工时间，含施工准备），最大独头施工长度为 3 号斜井工区 3 853 m。将军岭隧道平面示意如图 28-8。

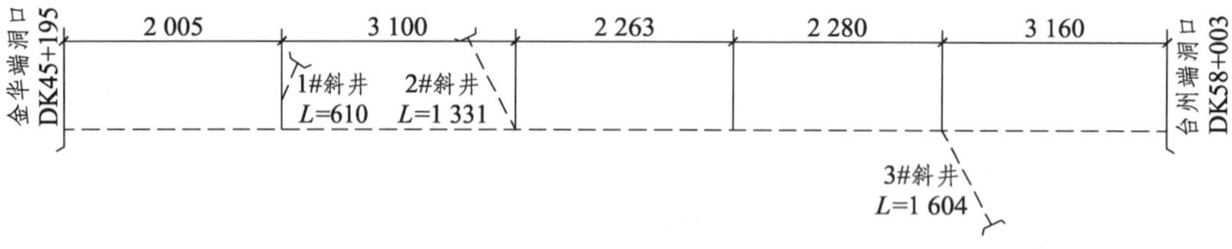

图 28-8　将军岭隧道平面示意（单位：m）

二、牛和岭隧道

（一）概况

牛和岭隧道位于浙江省丽水市缙云县壶镇镇境内，进出口及洞身均有乡间道路和土路通过，交通条件一般。隧道穿行于低山区，地形起伏较大V字形冲沟发育。海拔高程235～522.4 m，相对高差10～287.4 m，自然坡度25°～60°，山体局部有第四系土层覆盖，植被较茂盛。隧道区地表发育冲沟，冲沟主要分布DK25+900～DK26+040段、DK26+840～DK26+900段以及DK29+520～DK29+820段内，冲沟内常年有水，水量较大，主要大气降水和地表径流补给，水位和水量受季节影响较大。

隧道起讫里程为DK25+161～DK31+435，全长6 274 m，为单线电气化铁路隧道，隧道最大埋深约276 m。隧道进口DK25+163～DK26+425.619段位于R=2 000 m的左转曲线上，其余段落均位于直线上，采用3‰、6.8‰的单面上坡。

牛和岭隧道为客货共线单线隧道，设计时速为160 km/h，预留二线条件。由于进口DK25+163～DK25+390段正线与预留二线线间距为15.14～34.52 m，间距较小，且局部地段下穿水库库位，为保证施工安全以及后期二线施工过程中正线的运营安全，金台铁路工程在此段同时修建二线，为单线隧道。

（二）施工地质概况

1. 工程地质特征

（1）地层岩性。

依据工程地质调绘及地质钻探，隧址区地层岩性主要为：第四系全新统冲洪积粉质黏土、碎石土，基岩为白垩系上统塘上组粉砂岩、凝灰岩，侏罗系上统西山头组凝灰岩、凝灰质砂岩、石英霏细岩、流纹岩。

（2）地质构造。

隧道区构造单元隶属于华南褶皱系浙东南褶皱带，横跨鹤溪-奉化大断裂，分属两个三级构造单元，北西段为丽水-宁波隆起，南东部为温州-临海坳陷带。中生代火山岩大面积覆盖，褶皱基底少见。印支运动后，该区进入大陆边缘活动发展阶段，以剧烈的断块和大规模的钙碱性岩浆活动为特征，褶皱不发育，断裂构造极为发育。北北东向的丽水-余姚深断裂紧贴隧址区西侧穿过、并有北东向鹤溪-奉化大断裂斜贯该区，两者在长期的地壳运动中发挥主导作用，与北东向、北西向、东西向、南北向断裂组成区内的构造格架，对该区的火山活动、岩浆侵入、沉积盆地的发生和发展等具有控制作用。

区内地层主要为侏罗系上统陆相火山岩系，次为侏罗系侵入岩系。该区的山麓、沟谷、山间盆地形成的陆相第四系松散沉积亦为该区地层的组成部分。

2. 水文地质特征

（1）地下水特征。

隧址区穿越沟谷及山麓堆积斜地组成的第四纪松散堆积层分布区和由侏罗系火山岩断块中低山、丘陵，白垩系沉积碎屑岩丘陵、盆地组成的基岩山区，地下水蕴含能力较强，地下水的形成受地形地貌、地层岩性、地质构造、降水等多种因素的影响，区内地下水主要为第四系孔隙潜水、基岩裂隙水、构造裂隙水，通过孔隙、节理裂隙及构造带由上向下联通，形成补给和排泄关系。

地表发育有水库和小河沟。水库主要分布于DK25+165～DK25+400段线路两侧，DK25+900～DK26+040段、DK26+840～DK26+900段及DK28+060～DK28+140段线路右侧；主要的小河沟分布于DK25+900～DK26+040段、DK26+840～DK26+900段及DK29+520～DK29+820段。水库及小河沟内常年有水，主要大气降水和地表径流补给，水位和水量受季节影响较大。

（2）环境水对混凝土等建筑材料的侵蚀性。

根据《铁路混凝土结构耐久性设计规范》（TB 10005—2010）环境水、土对混凝土的侵蚀性判定标准，判定工点内地表水及地下水对混凝土结构无侵蚀性。

（3）预测隧道涌水量。

采用降水入渗法、地下水径流模数法以及地下水动力法进行隧道涌水量预测。其中，地下水径流模数法以及地下水动力法偏小，推荐使用降水入渗法，推荐隧道正常涌水量按 $Q_{正常}$=6 410.88 m^3/d，可能最大涌水量 $Q_{最大}$=9 955.19 m^3/d。

（三）施工图设计概况

（1）正线隧道进口 DK25+161 ~ DK25+169 段采用Ⅴ级围岩路堑偏压式明洞衬砌，出口 DK31+428 ~ DK31+435 段采用Ⅳ级围岩半路堑单压式明洞衬砌。

（2）隧道正线进口 DK25+169 ~ DK25+215 为Ⅴ级围岩浅埋段，与二线同步实施，线间距为 15.64 ~ 19.58 m，为小净距隧道，采用Ⅴ级围岩小间距段衬砌，初支采用 I 18 型钢钢架，间距 0.6 m/榀。两隧道临近侧采用低预应力对拉锚杆，间距 1.0 × 1.0 m。相应二线暗挖段落（DyK25+170 ~ DyK25+217）采用相同处理措施。

（3）隧道正线 DK25+215 ~ DK25+265 为Ⅳ级围岩浅埋段，与二线同步实施，线间距为 19.58 ~ 23.87 m，为小净距隧道，采用Ⅳ级围岩小间距段衬砌，初支采用 I 16 型钢钢架，间距 1.0 m/榀。相应二线段落（DyK25+217 ~ DyK25+268）采用相同处理措施。

（4）进口穿越水库库尾浅埋段。

隧道正线 DK25+265 ~ DK25+390 Ⅴ级围岩段，埋深较浅，距洞顶 2 ~ 14 m，且隧道下穿水库库尾，地下水丰富。洞内采用Ⅴ级围岩加强复合式衬砌，初支采用 I 18 型钢钢架，间距 0.6 m/榀。其中，DK25+305 ~ DK25+324 段覆土约 1.88 ~ 3.22 m，对该段拟采用明拱暗墙法施工通过。DK25+324 ~ DK25+360 段埋深约 4.41 ~ 5.83 m，采用地表注浆加固处理，加固范围为隧道中线左右各 8 m，注浆管 ϕ50 钢花管，间距 1.2 m × 1.2 m，梅花形布置，注 1∶1 水泥浆，加固深度至 W_3 地层下 1 m，钢花管不要侵入开挖线。除采用明拱暗墙法施工段外，其余段落超前支护采用 ϕ89 管棚注浆加固地层。

二线 DyK25+268 ~ DyK25+350 段Ⅴ级围岩埋深浅，采用Ⅴ级围岩加强复合式衬砌，初支采用 I18 型钢钢架，间距 0.6 m/榀，其中 DyK25+285 ~ DyK25+332 段覆土仅约 0 ~ 2 m，且下穿水库库尾，地下水丰富，对该段拟采用明拱暗墙法施工。

沟心结合地表回填情况设置渡槽确保沟内排水可通过渡槽引排。地表采用 30 cm 厚 C30 混凝土进行铺砌，并设置 ϕ10@25 × 25 钢筋网。邻近水库侧，洞身外 5 m 设置隔水带，采用 ϕ75 的 PVC 花管注浆加固，隔水带宽 4.8 m，注浆深度至隧道基底。

地表回填面周边设置截水天沟，长约 200 m，截排两侧地表水。截水天沟内侧与渡槽连接，将水引排至水库。见图 28-9。

图 28-9 牛和岭隧道 DyK25+285 ~ DyK25+332 浅埋段现场情况

（5）隧道洞身段 DK29+710 ~ DK29+860 为Ⅳ级围岩浅埋段，洞顶距地面约 8 ~ 16 m，岩体破碎，

DK29+740 处地表为水沟，常年流水，雨季水量较大，且洞顶为一条水泥路，该段采用Ⅴ级围岩复合式衬砌，初支工 16 型钢钢架，间距 1.0 m/榀。该段落位于强富水区，洞内采用径向注浆堵水措施。DK29+730～DK29+760 段超前支护采用ϕ89 管棚注浆加固地层，其余采用ϕ42 小导管注浆加固地层。

（6）隧道进口 DK25+169～DK25+199 设 30 m 长的ϕ108 大管棚注浆加固地层，大管棚环向间距 40 cm。出口 DK31+415～DK31+428Ⅳ级围岩进洞段，埋深较浅，进洞施工时易塌方，设ϕ89 管棚注浆加固地层。

（四）辅助坑道方案

斜井位于线路前进方向右侧，与正洞交于 DK26+250 里程处，采用无轨单车道运输方式，与台州端方向平面交角为 50°，最大纵坡为 9.4%，综合坡度为 8.67%，斜井水平投影长 264 m。平面示意如图 28-10。

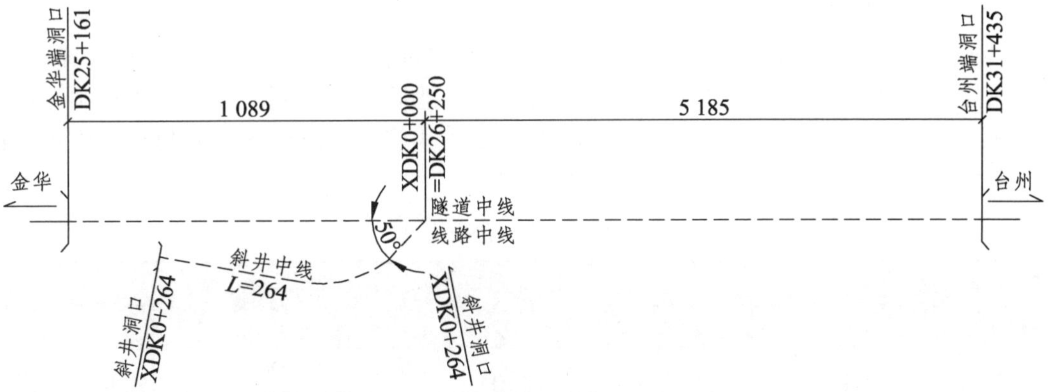

图 28-10　牛和岭隧道平面示意图（单位：m）

第五节　特殊不良地质隧道设计

一、隧道邻近水库

金台线隧道多处邻近水库，勘察设计阶段进行了水库对隧道影响的评估工作，经抽水试验及水文地质计算部分水库水体侵入到隧道地下水的降落漏斗影响半径范围内，易引发水库水位下降、水资源漏失等问题，施工过程中加强超前地质预报工作，合理制定注浆堵水措施，并做好施工过程中的应急预案，防止地下水大规模涌入，威胁施工安全。穿越或邻近水库隧道统计见表 28-1。

表 28-1　穿越或邻近水库隧道统计

序号	隧道名称	穿越里程	影响范围/m	水库名称	水库性质相对线位位置			
					库容/万 m^3	作用	埋深/m	位置
1	秀山隧道	DK14+500	100	溪塘四清	10	灌溉	60	左侧 300 m
2	牛和岭隧道	DK25+165	150	小型水库	2.5	灌溉	等高	左侧 30 m
		DK25+300	100	小型水库	2.5	灌溉	3	库尾
3	岩潭隧道	DK41+400	300	在建水库	21	—	等高	左侧 200 m
4	将军岭隧道	DK45+300	100	东坑水库	24	饮用水源	55	下游 300 m
5	七里隧道	DK79+300	150	垟岙水库	3	灌溉	等高	右侧 100 m

续表

序号	隧道名称	穿越里程	影响范围/m	水库名称	水库性质相对线位位置			
					库容/万方	作用	埋深/m	位置
6	南庄岭隧道	DK92+500	60	小型水库	1.8	灌溉	13	右侧 100 m
7	紫沙岙隧道	DK122+830	200	白岙水库	5	灌溉	55	库尾
8	东山隧道	DK135+900	150	车坑里水库	16	灌溉	60	右侧 100 m
		DK137+400	200	龙喷水水库	25	灌溉、发电	60	右侧 100 m
9	林家岙隧道	LDK4+650	50	白龙岙水库	21	饮用水源	40 m	右侧 200 m
		LDK7+460	60	小型水库	7.2	灌溉	40 m	右侧 60 m

二、隧道邻近既有隧道

金台线多座隧道邻近既有铁路、公路、输水隧道，施工过程中应对各个风险点做好风险评估工作，施工过程中加强对既有隧道的监控量测工作，距离较近或地质条件较差的段落采用控制爆破。施工时应制定专项施工方案并进行评审，以确定合理的施工方案和监控量测措施，并与相关管理部门加强沟通，优化、细化施工方案。邻近既有隧道统计见表 28-2。

表 28-2 邻近既有隧道统计

序号	隧道名称	隧道洞口里程		长度/m	相关隧道	相对位置	
		进口	出口			相对关系	间距/m
1	蝙蝠岭隧道	DK1+579	DK3+790	2 211	既有新金温蝙蝠岭隧道、在建国道 G330 隧道	进口平行	最近处 26 m
2	石锦隧道	SDK1+579	SDK3+655	2 076	既有新金温蝙蝠岭隧道	进口平行	最近处 25 m
3	官道	DK130+515	DK132+240	1 725	台金高速长石隧道	平行	间距 30～45 m
4	上白岩隧道	DK146+340	DK148+740	2 400	既有甬台温馒头山隧道	出口临近	45 m
5	林家岙隧道	LDK3+750	LDK8+635	4 885	既有甬台温黄毛山隧道	平行	线间距 45～50
6	五峰山隧道	LDK11+000	LDK11+532	532	既有甬台温金岭头隧道	出口临近	35 m
7	西岙隧道	TDK16+960	TDK20+070	3 110	西湖水厂引水隧道	约 60°上跨	垂直净距 15 m

三、下穿高速公路

上岙隧道下穿台金高速公路，DK125+690～DK125+840 段隧道下穿台金高速，与高速公路交角约 18°，埋深约 10 m，该段采用加强衬砌，二衬厚度 50 cm，初期支护采用 I 20a 工字钢，间距 0.6 m/榀，超前支护采用ϕ108 超前管棚注浆加固地层，环向间距 30 cm。下穿段采用控制爆破开挖，爆破振速不大于 2.5 cm/s。洞内施工全过程对洞内及地表进行沉降变形监测，严格控制地表变形，保证台金高速公路的运营安全。

四、南庄岭隧道大跨断面

南庄岭隧道 DK89+767～DK89+806 段为Ⅲ级围岩，线间距 7.68～9.28 m，原设计采用Ⅲ级围岩双连拱复合式衬砌，初支全环采用 I 18 型钢钢架，间距 1.0 m/榀。隧道拱部采用ϕ42 超前小导管支护。连拱衬砌断面如图 28-11。

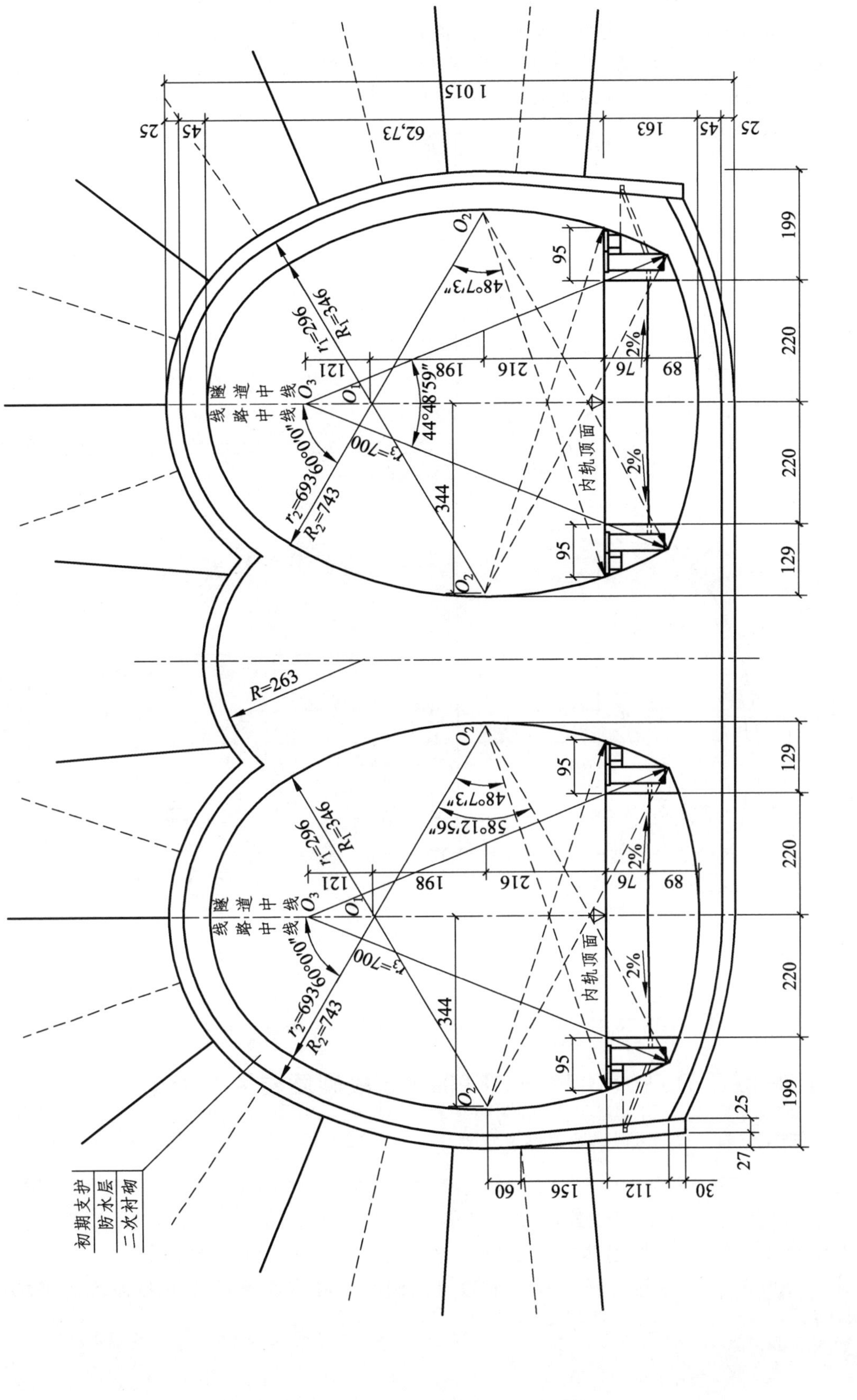

图 28-11 南庄岭隧道连拱衬砌断面（单位：m）

施工过程中掌子面围岩揭露为弱风化凝灰岩，块状构造，节理裂隙较发育，岩体呈块状镶嵌结构，围岩条件较好。DK89+767 ~ DK89+806 段原设计采用中导洞法施工，该施工工艺相对复杂，中隔墙处防水结构运营期易渗漏，结合现场地质条件，具备大跨施工条件。DK89+767 ~ DK89+806 段衬砌类型变更为双线大跨 D 型复合式衬砌，最大开挖跨度 18.38 m，初期支护采用 29 cm 厚 C25 喷射混凝土，内嵌 Ⅰ22a 钢架 0.8 m/榀；二次衬砌采用 65 cm 厚 C35 钢筋混凝土结构。大跨衬砌断面如图 28-12。

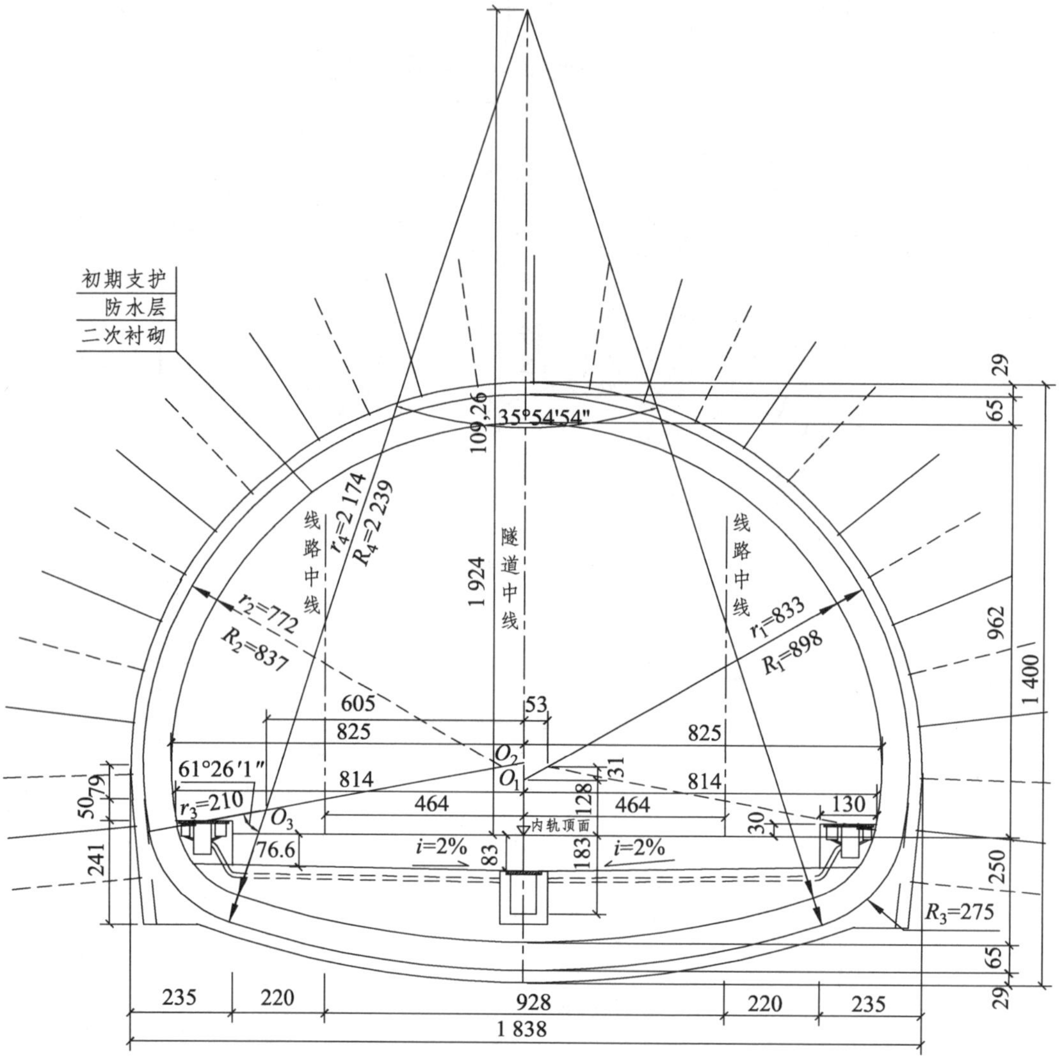

图 28-12　南庄岭隧道大跨衬砌断面（单位：m）

五、南庄岭隧道 DK90+107.6 ~ DK90+206 段硬质岩塌方处理

（一）塌方情况

2018 年 8 月 7 日晚 10 时 30 分左右，南庄岭隧道 DK90+153 ~ DK90+175 段拱部发生塌方，塌方体规模为：拱顶以上开挖轮廓线外高度约 5 m，环向长度约 10 m，纵向可视范围约 23 m（可探测范围至 DK90+175 附近），坍塌体堆积至拱顶以下 3.0 ~ 5.0 m，坍塌体呈碎块状、大块状凝灰岩，塌方体积约 1 000 m^3。并伴随有基岩裂隙水渗出，同时不断有小型的塌方和掉块。现场情况如图 28-13、28-14。

图 28-13 塌方现场

图 28-14 地表

（二）塌方原因分析

开挖揭示该段围岩以凝灰岩为主，节理裂隙发育，呈块状、碎块状镶嵌结构。从其塌方情况与体积分析，该段受大区域构造影响，在拱顶上方 3 ~ 5 m 范围内存在隐伏不利节理面（常规探测手段无法探明该种不利节理面、且施工较难揭示该类型节理面），节理面充填软弱夹层，形成不利组合结构面，开挖形成临空面，受前方掌子面爆破的连续不间断影响，该软弱结构面的层间结合力逐步变差，块状岩体沿软弱结构面失稳，导致该段拱部围岩发生坍塌。

2018 年 7 月—8 月连续三次台风带来强降雨，地表水下渗，不断补给地下水，地下水不断浸润软弱结构面，降低了其黏聚力，从而降低黏结强度，进一步降低了围岩自稳能力，恶化了围岩条件，增大了围岩荷载。

塌方后降雨频繁，雨水下渗，导致围岩节理面进一步弱化，加之受前方塌方段的影响，导致 DK90+107.6 ~ DK90+153 段初支变形进一步发展。

（三）处理措施

1. 应急处理措施

（1）完善并落实洞内防灾报警等应急施工措施，包括视频监控、应急通信、逃生救援设施等，24 小时派专职人员监测洞内支护及围岩、坍塌物、地表等的变化情况，如发现异常，及时采用相应的应急处理措施，并报相关单位。

（2）立即在坍塌段后方安全区域设置警戒线，派专职安全员和监控量测人员 24 小时不间断监控坍塌段及后方的安全，随时指挥现场施工人员撤离或进入工作区域，不得擅自进入坍塌段及后方一定范围内，以确保施工作业安全。

（3）在坍塌段落地表设置安全警戒线，并加强观察，确定地表是否存在陷坑。

（4）加强 DK90+107.6 ~ DK90+153 段的监控量测工作，及时对监控量测结果进行分析，了解坍塌段后方支护结构稳定性情况。

（5）DK90+107.6 ~ DK90+131.4 局部开裂剥落的初支部位，为保证周边岩体的稳定，采用长 5 m 的ϕ25 自进式中空注浆锚杆加固，间距 1 m × 1 m，加固范围为拱墙开挖轮廓线外 5 m。

（6）根据监控量测情况，DK90+107.6 ~ DK90+131.4 段必要时拱墙设置工 18 型钢钢架进行临时加固，间距 1.0 m/榀，钢架之间采用ϕ22 钢筋进行连接，环向间距 1 m，每榀钢架两侧基脚采用 4 根长 5 m 的ϕ50 mm（壁厚 5 mm）锁脚钢管锁脚，基底架设临时横撑，使得钢架封闭成环，必要时临时钢架间可挂网喷混凝土补强。

2. DK90+107.6 ~ DK90+131.4 段处理措施

DK90+107.6 ~ DK90+131.4 段仰拱已施做，加强该段落的监控量测工作，在变形稳定、确保二衬厚度的情况下，及时施做该段二衬。受塌方变形段影响，加强该段二衬，该段拱墙二衬采用 35 cm 厚 C35 钢筋混凝土结构。

3. DK90+131.4 ~ DK90+153 初支变形段处理措施

（1）在 DK90+128.4 ~ DK90+131.4 设置 3 m 厚沙袋挡墙，沙袋顶部距拱顶 3 m，对该段落采用 C10 混凝土回填至拱顶以下 3 m，由外向塌方段逐步进行反压回填。

（2）根据监控量测情况，拱顶至回填面范围采用 20 cm 厚 C25 喷混凝土套拱加强，内嵌 I 18 钢架、1 m/榀，钢架间采用ϕ22 钢筋进行连接、环向间距 1 m。

（3）拱部范围采用自进式锚杆+径向注浆联合加固措施，ϕ25 自进式中空注浆锚杆长 5 m，间距 1.2 m × 1.2 m。径向注浆加固范围为 5 m。

（4）DK90+131.4 ~ DK90+143 段采用加强Ⅰ型复合式衬砌，初期支护采用 29 cm 厚 C30 网喷混凝土（内嵌 I22a 钢架、0.6 m/榀），ϕ8 钢筋网间距 20 × 20 cm，二次衬砌采用 35 cm 厚 C35 钢筋混凝土。DK90+143 ~ DK90+153 段采用加强Ⅱ型复合式衬砌，初期支护采用 29 cm 厚 C30 网喷混凝土（内嵌 I 22a 钢架、0.6 m/榀），ϕ8 钢筋网间距 20 cm × 20 cm，二次衬砌采用 50 cm 厚 C35 钢筋混凝土。

4. DK90+153 ~ DK90+190 塌方段处理措施

（1）隧道开挖至 DK90+153 处时，DK90+152 ~ DK90+153 段施做 1.0 m 厚封堵墙兼管棚导向墙。对导向墙前方进行回填处理，拱顶以下采用低标号混混凝土回填，对拱顶以上采用 C30 混凝土进行回填，回填高度至拱顶上 2 m。

（2）超前支护：塌方段拱部 150°范围设置ϕ108 mm（壁厚 6 mm）洞身长管棚超前支护，环向间距 40 cm，纵向长度 40 m。

（3）支护结构：DK90+153 ~ DK90+190 段采用加强型复合式衬砌，初期支护采用 29 cm 厚 C30 喷射混凝土，内嵌 I 22a 架、0.6 m/榀，ϕ8 钢筋网 20 cm × 20 cm，二次衬砌采用 50 cm 厚 C35 钢筋混凝土结构。

（4）二次回填：在初支喷混前，应对空洞地段预埋输送泵管道，待 DK90+153 ~ DK90+190 段二次衬砌施做完毕并达强度的 100%后，通过埋输送泵管道对拱顶以上塌腔采用 C20 混凝土回填密实，每次回填 1 m 高左右暂缓浇筑，待混凝土到达一定强度再次浇筑，直至浇筑饱满为止。

5. DK90+190 ~ DK90+201 变形段处理措施

（1）DK90+190 ~ DK90+201 段已回填完毕，受前方塌方影响，导致原初支发生较大变形，对

DK90+190 ~ DK90+201 拱部施做ϕ89 mm（壁厚 5 mm）洞身管棚，单根长 12 m，环向间距 40 cm，纵向 7 m/环，管棚间辅以ϕ42 mm（壁厚 3.5 mm）小导管注浆加固，长 4.5 m，间距 40 cm，纵向 3 m/环。

（2）DK90+190 ~ DK90+201 段采用加强型复合式衬砌，初期支护采用 29 cm 厚 C30 网喷混凝土（内嵌 I22a 钢架、0.6 m/榀），ϕ8 钢筋网间距 20 cm × 20 cm，二次衬砌采用 50 cm 厚 C35 钢筋混凝土。

6. DK90+201 ~ DK90+206 段处理措施

（1）受塌方处理影响，掌子面停工时间较长，为确保施工安全，对南庄岭隧道 DK90+201 ~ DK90+206 段支护措施进行加强，初期支护采用 29 cm 厚 C30 网喷混凝土（内嵌 I22a 钢架、0.6 m/榀），ϕ8 钢筋网间距 20 cm × 20 cm，二次衬砌用 50 cm 厚 C35 钢筋混凝土。

（2）超前支护拱部施做ϕ89 mm（壁厚 5 mm）洞身管棚，单根长 12 m，环向间距 40 cm，纵向 7 m/环，管棚间辅以ϕ42 mm（壁厚 3.5 mm）小导管注浆加固，长 4.5 m，间距 40 cm，纵向 3 m/环。

六、马头山隧道进口段滑坡治理

（一）现场情况

铁路正线马头山隧道金华端洞口段，位于临海市沿江镇马头山西北方向泰丰铝氧化厂内，2016 年 6 月施工单位进场时发现 DK140+500 ~ DK140+600 段红线内外山体土方被盗采，造成实际地形地貌与勘察设计阶段发生较大变化。线路左侧 7 ~ 20 m 位置形成 3 ~ 5 m 高陡坎，山体沿线路右侧 20 ~ 31 m 出现多处裂隙，裂隙宽度约 5 ~ 26 cm，深度约 0.5 ~ 1.6 m。

DK140+500 ~ DK140+600 段山体表层残坡积层为粉质黏土夹块石，线路左侧坡脚处形成陡坎，受雨水长期浸泡影响，致使地层软化，强度降低，山体发生牵引式蠕动变形。边坡的宏观变形迹象明显，产生了明显的下挫和拉裂；坡体后缘拉裂缝及边坡中下部剪切裂缝不断扩展，前缘土体有被推出滑落的现象，边仰坡在多雨季节连续降雨的饱水状态下，变形会逐渐增大且进一步发展，存在潜在滑动趋势。

受以上原因影响，导致路基、隧道等单位工程已无法按照原设计施工。勘察阶段马头山隧道进口段如图 28-15，进场后马头山隧道进口段如图 28-16。

图 28-15 勘察阶段马头山隧道进口段现场

图 28-16 进场后马头山隧道进口段现场

（二）处理措施

1. 洞口位置的确定及洞门形式的选择

金华端定洞口于 DK140+605 处，采用Ⅴ级围岩偏压式明洞门，路隧分界里程 DK140+599，明暗分界里程 DK140+613。

2. 衬砌支护设计

结合现场的地形及地质条件，采用以下支护措施：

（1）隧道进口 DK140+605～DK140+613 段采用Ⅴ级围岩偏压式明洞衬砌，明洞段采用明挖法施工；

（2）DK140+613～DK140+630 暗挖进洞段，埋深较浅，进洞施工时易塌方，采用Ⅴ级围岩加强衬砌，初支全环采用 Ⅰ18 型钢钢架，间距 0.6 m/榀；

（3）原设计 DK140+630～DK140+660 段Ⅳ级围岩变更为Ⅴ级围岩，按Ⅴ级围岩加强衬砌，初支全环采用 Ⅰ18 型钢钢架，间距 0.6 m/榀；

（4）原设计 DK140+660～DK140+710 段Ⅲ级围岩变更为Ⅳ级围岩，按Ⅳ级围岩加强衬砌，初支拱墙采用格栅钢架，间距 1.2 m/榀；

（5）隧道 DK140+613～DK140+643 段采用ϕ108 超前大管棚注浆加固地层，管棚单根长 33 m，环向间距 40 cm，共 28 根。DK140+643～DK140+660 段采用ϕ42 超前小导管注浆加固地层，小导管单根长 4.0 m，纵向间距 2.4 m，每环 33 根，小导管环向间距 30 cm。DK140+660～DK140+710 段Ⅳ级围岩采用ϕ42 超前小导管注浆加固地层，小导管单根长 5.0 m，纵向间距 3.6 m，每环 20 根，小导管环向间距 50 cm。围岩对比见表 28-3。

表 28-3 围岩对比

序号	分段里程		长度/m	围岩级别	
	起始里程	终止里程		原设计	变更设计
1	DK140+582	DK140+605	23	Ⅴ级	路基
2	DK140+605	DK140+630	25	Ⅴ级	Ⅴ级
3	DK140+630	DK140+660	30	Ⅳ级	Ⅴ级
4	DK140+660	DK140+710	50	Ⅲ级	Ⅳ级

3. 边坡治理方案

（1）结合地层情况，为保证边坡及洞身安全，于 DK140+600、DK140+604、DK140+610、DK140+615、DK140+620 处设置抗滑桩，抗滑桩截面尺寸为 2.0 m×2.5 m，桩长 18 m。

（2）隧道洞顶 DK140+620～DK140+660 段，表层为含砾粉质黏土地层，受地形破坏的影响，地表有变形开裂，对该段中线两侧 15 m 范围的地表采用ϕ50 钢花管进行地表注浆加固，嵌入 W_3 地层 2.0 m，间距 1.2 m×1.2 m，梅花形布置。

（3）隧道洞口施工时应加强地表监控量测，按《铁路隧道监控量测技术规程》（Q/CR 9218—2015）要求，对 DK140+605～DK140+665 段地表间隔 5 m 布设一个监测断面，测点横向间距 2～5 m，隧道中线附近适当加密，横向监测范围为中线两侧各 30 m。对 DK140+605～DK140+700 段地表沿隧道中线每间隔 10 m 布设一个测点，坎上、坎下应单独布设测点，加强地表观测，发现异常及时上报，以便采取有效的应对措施。

（4）洞口开挖临空面均采用锚喷（网）临时防护，喷 8 cm 厚 C25 混凝土，ϕ8 钢筋网，间距 25 cm×25 cm，砂浆锚杆长 3.5 m，间距 1.2 m×1.2 m，梅花形布置。洞口永久边仰坡采用锚杆框架梁护坡。

（5）隧道洞口后方边坡应做好防排水系统，对清表后裸露的地表采用锚喷防护，并做好截水沟，于洞顶 DK140+640、DK140+660 位置设置两道截水沟，并在纵向设置排水沟，系统疏导地表水，防止地表水下渗，引起边坡开裂、滑塌。

（6）对地表已发现的裂缝采用水泥土进行回填封闭，防止雨水下渗，导致裂缝继续发展。

（7）隧道洞顶 DK140+660 附近存在一陡坎，为防止陡坎进一步垮塌，对陡坎设置混凝土护脚挡墙；挡墙上打设ϕ32 预应力锚杆，锚杆长 10 m，间距 1.5×1.5 m，梅花形布置；挡墙基础前方设置 3 排ϕ89 钢管桩，长 10 m，间距 0.75 m×0.75 m，梅花形布置；沿墙角设置截水沟。

（8）挡墙外左侧山体表层土体出现局部垮塌，对垮塌土体进行清理，并对挡墙基底采用 C25 混凝土进行加固，确保挡墙基础稳定。

（9）地形地貌变化后导致部分山体基岩裸露，且滑塌后缘陡坎处存在危石，隧道开挖前清除孤石，采用被动拦石网进行防护，被动拦石网高 5 m，型号：RX-050（能级 500kJ）。边坡防护措施如图 28-17，边坡防护措施对比见表 28-4。

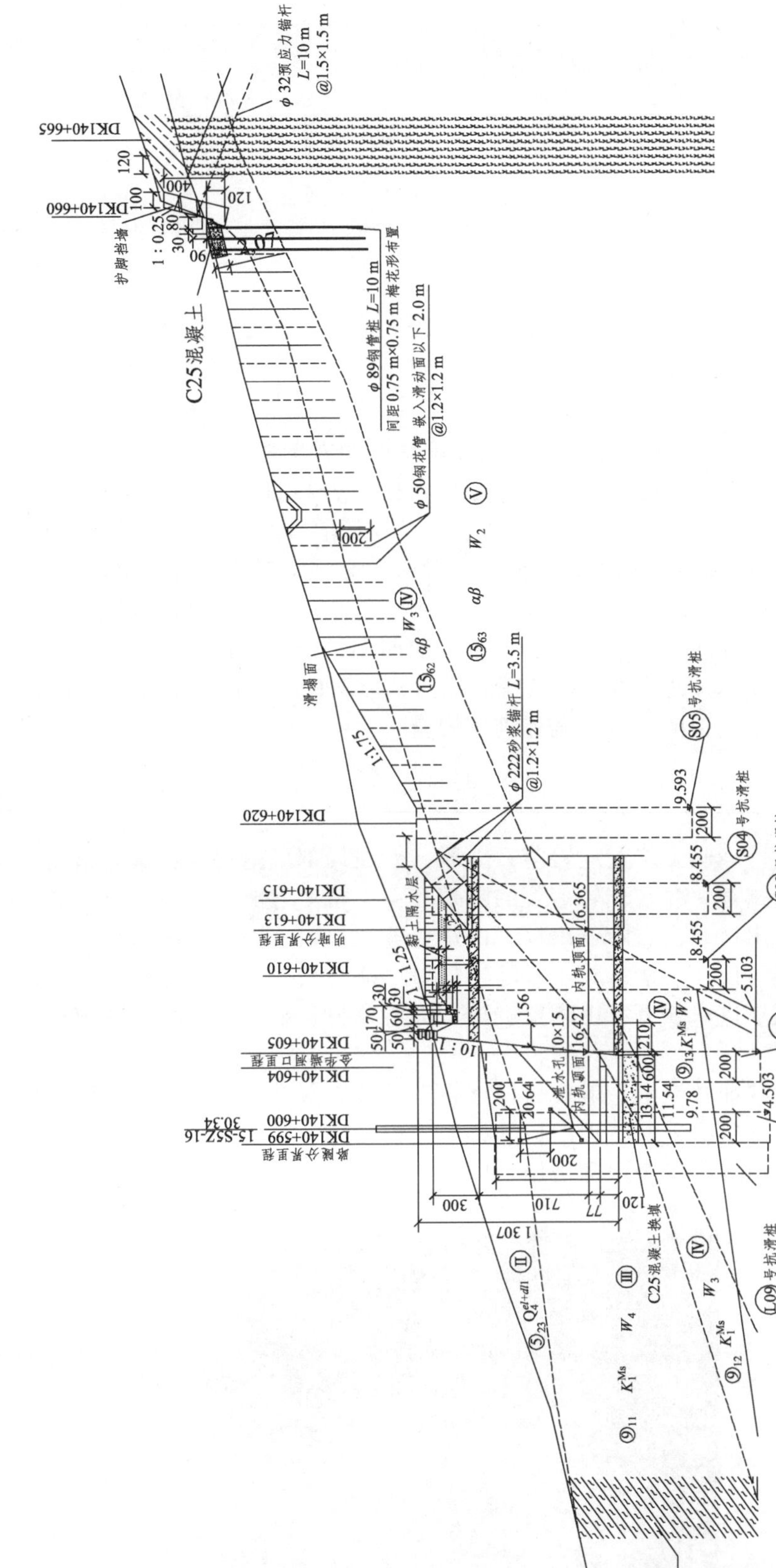

图 28-17 边坡防护措施示意

表 28-4　边坡防护措施对比表

防护类型	原设计	变更设计
临时防护	洞口边仰坡临时防护采用锚喷网防护	洞口边仰坡临时防护采用锚喷网防护
永久防护	拱形骨架护坡	1. 锚杆框架梁防护。 2. 边坡设置抗滑桩。 3. 洞顶错台设置护脚挡墙。并打设预应力锚杆，墙角前方设置三排 ϕ89 钢管桩、DK140+620 ~ DK140+660 段，中线两侧 15 m 范围的地表采用 ϕ50 钢花管进行地表加固。 4. 设置被动防护网。 5. 加强排水系统，设置有组织的排水系统

七、岩爆

根据《工程岩体分级标准》（GB 50218—94），对隧址区的岩爆强度进行预测，隧道岩石存在极高应力区及高应力区。隧道地层岩性主要为凝灰岩（属硬质岩），开挖过程中可能出现岩爆。隧道施工中可能发生岩爆时，应遵循以防为主，防治结合的原则，对开挖面前方的围岩特性，水文地质情况等进行预测、预报，当发现有较强烈岩爆存在的可能性时，应及时研究施工对策措施，做好施工前的必要准备。

现场可根据情况采取以下措施：对围岩临空面采用喷射高压水，降低围岩脆性；采取光面爆破、短进尺，或分部开挖，释放地应力，避免应力集中；初期支护挂网、锚杆等支护措施，局部设置预应力锚杆；根据实际情况施做超前钻孔爆破释放围岩压力，必要时设置超前导坑；应预先准备防护设施，以备发生岩爆时保护人员及设备的安全，确保施工安全。

八、危岩落石

金台线隧道通过地段，绕避了严重危岩落石地段，但在局部段落仍存在危岩落石，通过定测及开工后对全线危岩落石进行排查，存在危岩落石的隧道有：上桥 1 号隧道出口、上桥 2 号隧道出口、仙岩雨隧道进口、七里隧道出口、白岩隧道出口、西炉村隧道出口、南溪口隧道出口、官园隧道出口、紫砂岙隧道进口、东山隧道出口、清潭头 1 号隧道进口、清潭头 3 号隧道进口、马头山隧道出口、施家岙隧道进口、黄石岙隧道进口、万岙山隧道进口、大岙隧道、杜北村及岩下隧道进口等，以上段落对铁路工程有一定影响。

根据危岩落石的发育特征及地形、地质、植被特点，危岩落石的主要治理方法主要有清、拦和防护三种方式。对零星散落的危石采取清理的措施，对面积较大，无法完全清除的采用防护、锚固、设置主、被动防护网、挡石墙等的综合治理措施。结合地形情况，有条件的尽量接长明洞。危石治理情况如图 28-18 ~ 图 28-20。

图 28-18　东山隧道出口设置被动网

图 28-19 仙岩雨隧道进口主动网

图 28-20 马头山隧道进口挡石墙

第六节 洞口设计

一、洞口位置

隧道洞口位置的确定本着“早进晚出”的原则，结合地形、地质和环境条件合理确定洞口位置。洞门形式的选择应综合考虑地形、地貌、洞口地质条件、周边环境等因素，按照“确保安全、因地制宜、保护环境、简约实用”的原则确定。

（1）严格控制边仰坡高度，尽量减少对洞口边仰坡的破坏。

（2）根据地形和地质情况，合理选择洞门形式，线路与地形正交，坡面稳定者可采用挡、翼墙式洞门。

① 金台线隧道多处洞口与桥台相连，隧道洞口结合桥台位置合理确定。

② 洞门检查梯一般根据地形和洞门形式配套设置。

③ 洞口至隧路分界断面范围内路基面采用 C25 混凝土铺砌 30 cm 厚。

二、洞门类型

（一）双侧挡墙式洞门

如图 28-21 和图 28-22。

图 28-21 石锦隧道出口

图 28-22 紫岩隧道出口

（二）偏压式洞门

如图 28-23 和图 28-24。

图 28-23　秀山隧道进口

图 28-24　清潭头 3 号隧道出口

（三）单压式洞门

如图 28-25 和图 28-26。

图 28-25　朝川隧道进口

图 28-26　清潭头进口

（四）特殊洞门

1. 框架式洞门

如图 28-27。

图 28-27　七里隧道出口

2. 斜交洞门

如图 28-28。

3. 柱式洞门

如图 28-29。

图 28-28 马头山隧道出口

图 28-29 清潭头 2 号隧道进口

第七节 洞内设施设计

一、隧道内避车洞

洞内两侧交错设置大、小避车洞，无砟轨道隧道内大避车洞单侧间距 420 m，小避车洞单侧间距 84 m。有砟轨道隧道内大避车洞单侧间距 300 m，小避车洞单侧间距 100 m。

二、通信、信号、电力、接触网

（1）通信、信号与电力电缆槽应分设，160 km/h 单线隧道尺寸为 25 cm × 25 cm（宽 × 深），120 km/h 单线隧道尺寸为 25 cm × 30 cm（宽 × 深）。

支线及联络线单线、正线括苍站前单线隧道面向大里程方向左侧设电力电缆槽，右侧通信信号电缆槽；括苍站后单线隧道面向大里程方向右侧设电力电缆槽，左侧设通信信号电缆槽。

（2）余长电缆腔：长度为 500 ~ 1 000 m 的隧道可在隧道中部每侧设一处，隧道长度 1 km ≤ L ≤ 6 km 的隧道，采用有砟轨道，可利用大避车洞每侧间隔 300 m 设一处，隧道长度大于 6 km 的隧道及石锦隧道、林家岙隧道采用无砟轨道，余长电缆腔利用大避车洞每侧间隔 420 m 设一处。

（3）通信光纤直放站结合大避车洞位置设置，当距离避车洞较远时可单独设置，直放站洞室尺寸：2 m × 2.2 m × 1.8 m（宽 × 高 × 深），并按相关专业要求设置过轨、接地及预埋。

（4）根据接触网布置设置下锚段、开关洞，下锚段、开关洞应避开断层、软岩，并尽量设置在单一岩层段。

三、洞内附属工程设计

洞内设有信号机、转辙机等设施处根据相关专业要求预埋过轨钢管或预留避车洞。

第八节　运营通风机防灾救援设计

一、运营通风

金台线无大于 15 km 隧道，全线隧道不考虑设置机械通风进行换气。

二、防灾救援设计

隧道防灾贯彻"以人为本、自救为主、安全疏散、方便自救"的原则。金台线无大于 15 km 隧道，全线隧道不考虑设置机械通风进行换气。长度大于 5 km 隧道按《铁路工程设计防灾救援疏散工程设计规范》（TB 10020—2017）要求进行防灾救援疏散工程设计，紧急出入口或避难所处采取机械加压送风防烟措施。

金台线长度大于 5 km 的 3 座隧道结合辅助坑道情况设置紧急出口或避难所，避难所结合斜井与正洞相交的缓平段设置，其面积按 0.5 m^2/人考虑。紧急出口和避难所设置应急照明、应急通信等措施，并设置防灾通风。紧急出口洞外救援道路及停车场地按永临结合考虑，结合施工便道及临时场地硬化后利用，停车场面积约 1 500 m^2。金台线紧急出口和避难所设置情况见表 28-5。

表 28-5　金台线紧急出口和避难所设置情况一览

序号	隧道名称	洞口里程		长度/m	斜井与正洞相交位置	备注
		金华端洞口	台州端洞口			
1	牛和岭隧道	DK25+161	DK31+435	6 274	K26+250，L=264 m	紧急出口
2	将军岭隧道	DK45+195	DK58+003	12 808	1 号斜井，DK47+200，L_1=610 m	避难所
					3 号斜井，DK54+700，L_3=1 604 m	避难所
3	金家村隧道	DK115+875	DK121+521	5646	DK116+900，L=300 m	紧急出口

第九节　防排水设计

一、防排水设计原则

（1）隧道防排水贯彻"防、堵、截、排，因地制宜，综合治理"的原则，根据隧道长度、气象条件、地下水的性质及发育程度，采取有针对性的防排水措施，达到防水可靠，经济合理的目的。

（2）对于隧道施工及运营排水可能影响周围环境的地段，采取"以堵为主，限量排放"的原则，以防水土流失、避免围岩失稳及造成农田灌溉和生活用水困难等后患。

二、洞内防排水

（一）主要设计原则

（1）全线隧道均设置双侧水沟。将军岭隧道出口、南庄岭隧道进口双线隧道段设置双侧水沟+中心水沟，并做好单双线水沟的过渡。

（2）衬砌拱墙背后设 EVA 防水板（厚 1.5 mm），背衬无纺布（400 g/m^2）；拱墙环向、墙脚纵向设盲沟，环、纵向盲沟均直接与隧道侧沟连通（结合衬砌模板台车长度，间距暂按 10 m），以便必要时维护。环向盲沟集中出水处应加密设置。环向盲沟采用ϕ50 mm 单壁打孔波纹管，纵向盲沟采用ϕ80 mm

双壁打孔波纹管。

（3）二次衬砌环向施工缝采用外贴式塑料止水带+中埋式橡胶止水带（将军岭隧道、牛和岭隧道和林家岙隧道环向施工缝背衬毛细排水板）；纵向施工缝设中埋式钢边橡胶止水带+制品型遇水膨胀橡胶止水条；变形缝设外贴式塑料止水带+中埋式钢边橡胶止水带防水，并塞填嵌缝材料。

（4）重视混凝土衬砌结构自防水能力，一般地段衬砌混凝土抗渗等级不低于 P8，地下水发育且有侵蚀性地下水地段衬砌混凝土抗渗等级不小于 P10，同时加强地下水监测，逐段取样试验。

（5）部分隧道上方地表有水体，且埋深较浅，洞内采用注浆堵水、超前周边注浆、全包防水等措施。

（二）应用实例

1. 南庄岭隧道洞内注浆堵水

（1）DK90+131.4 ~ DK90+153 段。

隧道洞身 DK90+131.4 ~ DK90+153 段开挖揭示该段围岩以凝灰岩为主，节理裂隙发育，呈块状、碎块状镶嵌结构。该段受大区域构造影响，节理裂隙十分发育，节理面充填软弱夹层，造成裂隙与地表连通性较好，降雨后洞内周边岩体水量较大，持续时间较长，隧道内积水严重，经现场测算最大抽水量达到 125 m^3/h。周边岩体不稳定，局部出现较大变形。

根据掌子面实际情况和超前地质预报结果，为确保施工安全及质量，经四方现场核实、综合分析需要对 DK90+131.4 ~ DK90+153 段采用 5 m 径向注浆加固岩体并进行堵水。现场情况如图 28-30 ~ 图 28-33。

图 28-30 隧道渗水情况

图 28-31 施工排水

图 28-32 隧道注浆 1

图 28-33 隧道注浆 2

（2）DK90+213 ~ DK90+305 段

南庄岭隧道洞身 DK90+213 ~ DK90+305 段掌子面围岩揭示，凝灰岩，块状构造；节理裂隙发育，岩体呈块状、碎块状镶嵌结构，裂隙水丰富，隧道开挖 DK90+213 ~ DK90+280 段时水量逐渐变大，于隧道局部拱脚及墙身呈喷射状涌出，隧道内墙身渗水严重渗水量随降雨变化较大，且水量较大。经现场测算最大漏水量达到 1 500 m^3/h。现场情况如图 28-34。

图 28-34　隧道内渗水情况

根据掌子面实际情况和超前地质预报结果，为确保施工安全及质量，经四方现场核实、综合分析需要对 DK90+213 ~ DK90+305 段采用 5 m 径向注浆堵水措施。处理措施如下：

对 DK90+213 ~ DK90+305 段采用径向注浆堵水措施，注浆比例采用 1∶1 水泥浆，注浆填充率暂时按照 10%计列；现场结合注浆后效果适当调整注浆参数。5 m 径向注浆设计详如图 28-35。

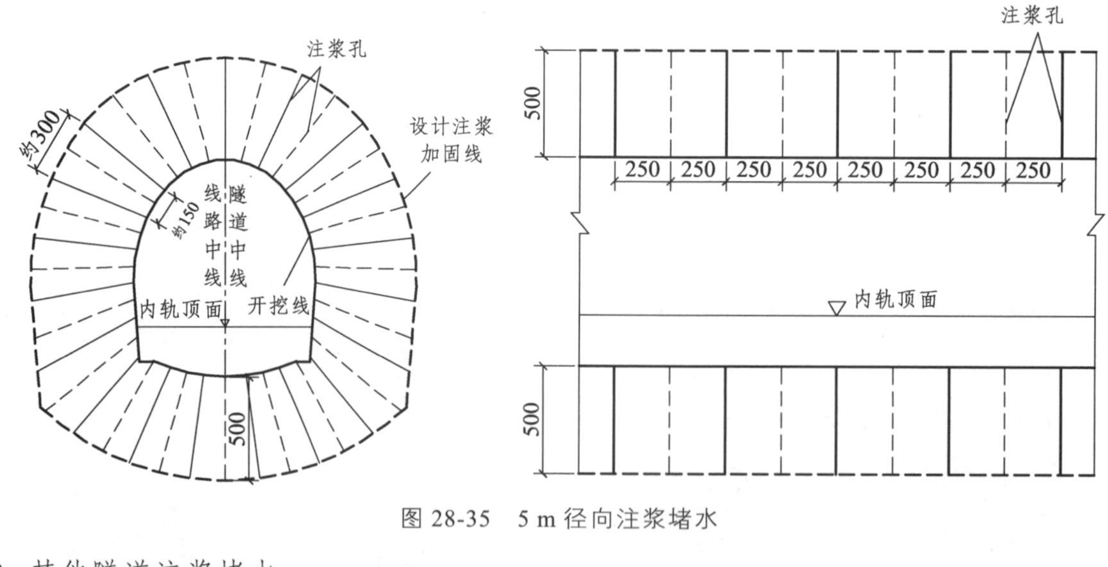

图 28-35　5 m 径向注浆堵水

2. 其他隧道注浆堵水

为确保施工及运营安全，对施工过程中隧道渗漏水的段落，根据掌子面实际情况和超前地质预报结果，采用径向注浆堵水措施，注浆比例采用 1∶1 水泥浆。3 m 径向注浆设计详如图 28-36。

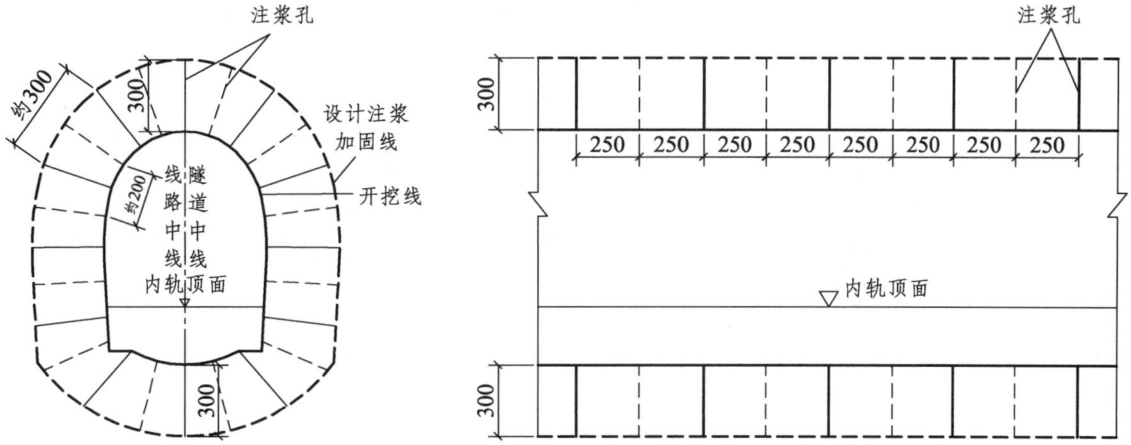

图 28-36　3 m 径向注浆堵水

三、洞外防排水

（1）洞口刷坡线 5 ~ 10 m 以外设截水沟一道，汇入路基侧沟或天然沟床。

（2）隧道地表的沟谷、坑洼积水对隧道有影响时，采取疏导、铺砌或填平等措施，必要时可考虑在洞内采取注浆堵水措施，防止地表水下渗。

（3）路堑水流不得通过隧道引排。高洞口端洞外侧沟设不小于 2‰的反坡排水，并在距洞口 2 m 处设横向盲沟一道，以拦截路面积水。

（4）侧沟的洞内外连接按要求与路基侧沟连接。

第十节　辅助坑道设计

一、辅助坑道设置一般原则

（1）鉴于金台线的地形难度和辅助坑道使用情况，尽量在洞身埋置不深且地质条件较好地段选择斜井方案，并优先选择无轨运输斜井，充分发挥机械配套施工优势，加快施工进度。

（2）无轨运输斜井的综合坡度不大于 10%，最大坡度不大于 12%，长度控制在 2 000 m 以内，斜井设井底车场，井底车场纵坡为 3%，单车道斜井每 250 m 设错车道一处。

二、辅助坑道净空设计

无轨运输单车道的内净空根据运输要求，结合地质条件、支护类型、机械设备、各种管线设置、人行道、安全间隙等因素，同时兼顾考虑通过大型挖装机、混凝土搅拌车等要求而拟定：

单车道斜井宽=3.5 m，车道宽+0.75 m，人行道宽+0.25 m × 2，侧向宽度+0.25 m，风、水、电管线管为 5.0 m。车辆高度取 3.85 m，1 根风管直径取 1.8 m，风管与车辆间的安全间距为 0.25 m，单车道斜井内轮廓净高 = 6.0 m。斜井内净空有效面积 29.49 m^2。单车道无轨运输斜井净空断面如图 28-37。

无轨运输双（错）车道的内净空根据运输要求，结合地质条件、支护类型、机械设备、各种管线设置、人行道、安全间隙等因素，同时兼顾考虑通过大型挖装机、混凝土搅拌车等要求而拟定。隧道宽=6.0 m，车道宽+0.75 m，人行道+0.25 m，侧向宽度+0.25 m，车道间余宽+0.25 m，风、水、电管线管为 7.5 m；隧道高=车辆高度取 3.85 m，2 根风管直径取 1.8 m，风管与车辆间的安全间距为 0.25 m，为 6.2 m。双（错）车道曲墙式内净空有效面积为 43.12 m^2。双车道无轨运输斜井净空断面如图 28-38。

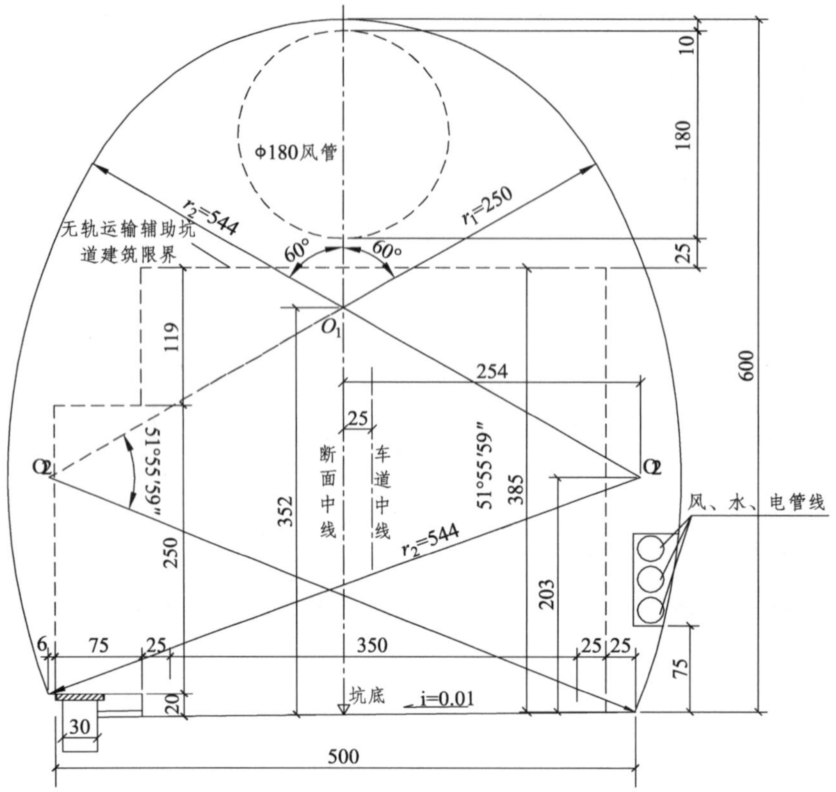

图 28-37 单车道无轨运输斜井净空断面图

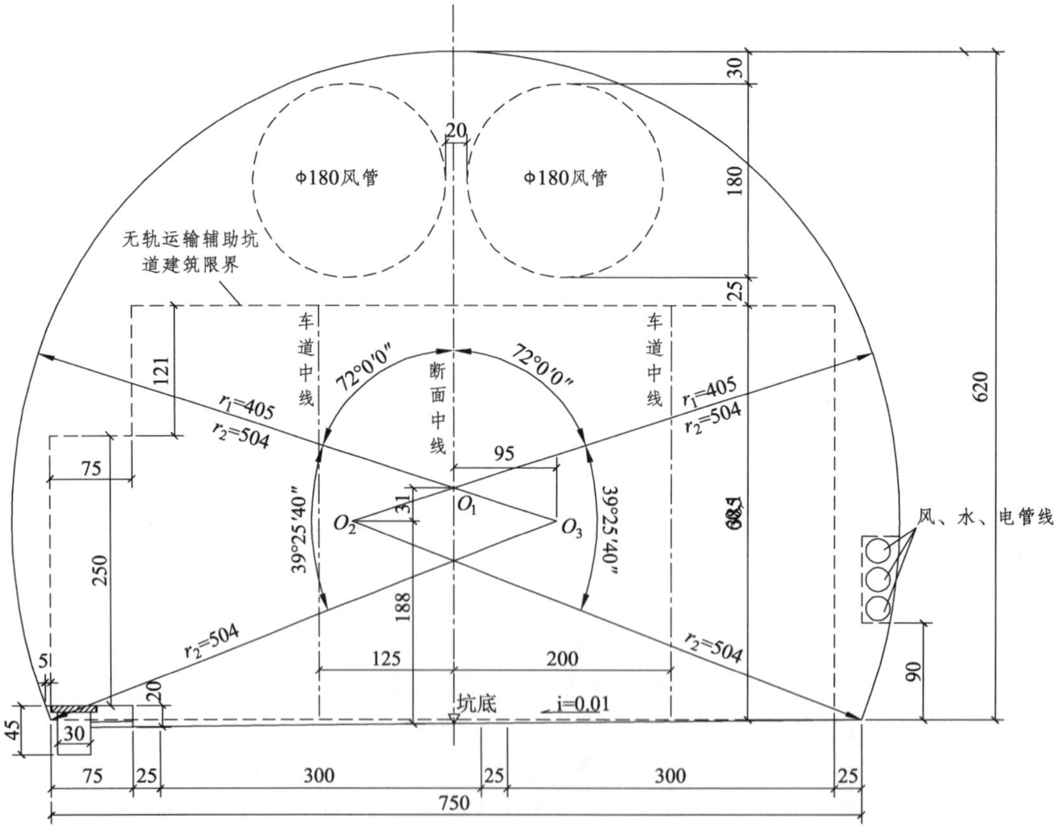

图 28-38 双车道无轨运输斜井净空断面图

三、辅助坑道设置

辅助坑道一般情况按临时工程设计，辅助坑道与正洞连接处、洞口段、断层破碎带、V级围岩地段、悬挂风机段设置模筑衬砌，其余采用锚喷支护。当作为紧急出口或避难所利用时按永久工程设计，避难所采用模筑衬砌。设计支护参数见表 28-6 和表 28-7。

表 28-6　单车道无轨运输斜井支护参数表

衬砌类型	围岩级别	锚喷支护									模筑衬砌厚度/cm	
		喷射混凝土		锚杆			钢筋网（$\phi 8$）		钢架			
		位置	厚度/cm	位置	长度/m	纵×环间距/m	位置	间距/cm	位置	间距/m	拱墙	底板/仰拱
锚喷衬砌	Ⅱ	拱墙	5	局部	2.0	—	—	—	—	—	—	20
	Ⅲ	拱墙	10	拱部	2.0	1.5×1.5	局部	25×25	—	—	—	20
	Ⅳ	拱墙	20	拱墙	2.5	1.2×1.2	拱部	25×25	$\phi 20$@140 格栅/拱墙	1.2	—	30
	Ⅴ	拱墙	23	拱墙	3.0	1.0×1.0	拱墙	20×20	工 16/拱墙	1.0	—	35
模筑衬砌	Ⅱ	拱墙	5	局部	2.0	—	—	—	—	—	25	20
	Ⅲ	拱墙	8	拱部	2.0	1.5×1.5	局部	25×25	—	—	25	25
	Ⅳ	拱墙	16	拱墙	2.5	1.2×1.2	拱部	25×25	$\phi 20$，h=100 三支格栅/拱墙	1.2	30	30
	Ⅴ底板	拱墙	20	拱墙	3.0	1.0×1.0	拱墙	20×20	$\phi 20$，h=140 格栅/拱墙	1.0	35	35
	Ⅴ仰拱	拱墙	23	拱墙	3.0	1.0×1.0	拱墙	20×20	工 16/拱墙	1.0	35	35

表 28-7　双车道无轨运输斜井支护参数表

衬砌类型	围岩级别	锚喷支护									模筑衬砌厚度/cm	
		喷射混凝土		锚			钢筋网（$\phi 8$）		钢架			
		位置	厚度/cm	位置	长度/m	纵×环间距/m	位置	间距/cm	位置	间距/m	拱墙	底板/仰拱
锚喷衬砌	Ⅱ	拱墙	10	局部	2.5	1.5×1.2	局部	25×25	—	—	—	20
	Ⅲ	拱墙	15	拱部	2.5	1.5×1.2	拱部	25×25	必要时 $\phi 20$ 三肢格栅（h=100 mm）/拱墙	—	—	25
	Ⅳ	拱墙	23	拱墙	3.0	1.2×1.2	拱墙	25×25	工 16/拱墙	1.2	—	35
		拱墙	25	拱墙	3.0	1.0×1.0	拱墙	20×20	工 18/拱墙	1.0	—	40
模筑衬砌	Ⅱ	拱墙	5	局部	2.5	1.5×1.2	局部	25×25	—	—	25	25
	Ⅲ	拱墙	10	拱部	2.5	1.5×1.2	拱部	25×25	—	—	30	30
	Ⅳ	拱墙	20	拱墙	3.0	1.2×1.2	拱墙	25×25	$\phi 22$ 格栅/拱墙	1.2	35	35
	Ⅴ无仰拱	拱墙	23	拱墙	3.0	1.0×1.0	拱墙	20×20	工 16/拱墙	1.0	40	40
	Ⅴ有仰拱	拱墙	23	拱墙	3.0	1.0×1.0	拱墙	20×20	工 16/拱墙	1.0	40	/40

四、辅助坑道后处理方式

隧道施工完毕后，处理好斜井内排水系统，在斜井底部平坡段设沉淀池，斜井内地下水经沉淀池过滤后引入隧道侧沟，确保水流通畅。当作为紧急出口或避难所利用时，斜井与正洞连接处设置 1.5 m × 2.0 m（宽 × 高）防火门，其余部分采用 50 cm 厚钢筋混凝土封堵；斜井口处设置不锈钢格栅门。

五、金台线辅助坑道设计情况

辅助坑道设置见表 28-8。

表 28-8　金台线辅助坑道设置情况一览

序号	隧道名称	洞口里程		长度/m	斜井与正洞相交位置	备注
		金华端洞口	台州端洞口			
1	牛和岭隧道	DK25+161	DK31+435	6 274	K26+250，L=264 m	紧急出口
2	将军岭隧道	DK45+195	DK58+003	12 808	1 号斜井，DK47+200，L_1=610 m	避难所
					2 号斜井，DK50+300，L_2=1331 m	临时工程
					3 号斜井，DK54+700，L_3=1604 m	避难所
3	金家村隧道	DK115+875	DK121+521	5 646	DK116+900，L=300 m	紧急出口

第十一节　沉降变形设计

对隧道洞口设置明洞衬砌的隧道，明暗分界处设置变形缝。隧道洞身地质条件突然变化、断层破碎带、软硬不均等段落，结合现场实际情况设置变形缝。

第十二节　设计阶段的安全风险评估及技术措施

一、风险评估原则

（1）风险评估目标是从勘察设计源头查清风险因素，合理确定风险等级，放弃或修改残留风险高的工程方案，提出风险处理和监控措施，进行系统的风险管理，提高参建各方的风险管理水平，保障安全、保护环境、保证工期、控制投资、提高效益。

（2）风险评估和管理在实施中应动态调整，以保证风险评估得以顺利进行。

（3）依据《铁路隧道风险评估与管理暂行规定》（铁建设〔2007〕200 号文）进行风险评估工作。

二、风险评估方法

由于风险评估在国内缺乏成熟经验，设计阶段的风险评估采用定性、定量相结合的方法进行，风险识别以核对表法、头脑风暴法为主。风险评估分为风险识别和风险评价两部分。

评估对象为隧道施工设计图可能出现的安全、环境、工期、投资及第三方等各方面风险。拟通过风险评估，确定风险等级，并针对各项风险因素（事件）拟定处理方案，将各类风险降到可接受的水平。

三、主要风险事件及处理措施

金台线隧道施工中主要存在涌（突）水（泥）、塌方、大变形、岩爆、洞口失稳等风险事件；因此对隧道主要存在的涌（突）水（泥）、塌方、大变形、岩爆、洞口失稳风险以及环境风险、下穿高速公路第三方风险等因素进行识别，评估其风险等级，并采取风险对策措施。主要风险事件及处理措施见表 28-9。

表 28-9 主要风险事件及处理措施

序号	风险事件	风险产生的原因	处理措施
1	塌方	地形、围岩级别、岩性、断层破碎带、地下水、施工方法	加强监控量测、超前地质预报，加强超前支护措施，合理确定施工方案等
2	涌（突）水、泥	地质构造、邻近水库、地下水	加强超前地质预报、注浆堵水
3	大变形	岩性及风化程度、构造、地下水、挤压性地层等	加强监控量测、超前地质预报，加强超前支护措施
4	岩爆	岩性及风化程度、构造	加强初期支护、应力释放、洒水
5	环境	长时间排放地下水、弃渣不合理	以堵为主，限量排放，合理选择弃渣场位置
6	危岩落石	洞口及洞身不均匀风化	接长明洞、落实清理、设置防护网
7	地下水侵蚀	H_1、L_1	提高混凝土强度等级
8	第三方风险	邻近既有隧道、下穿台金高速	加强监控量测、超前地质预报，加强超前支护措施、衬砌结构，做好应急预案

四、风险评估结论及建议

根据初步设计阶段风险评估结论及初步设计批复意见，并综合考虑各方面因素，将军岭、牛和岭、南庄岭、上岙、林家岙、新蝙蝠岭、石锦等 7 座隧道按Ⅱ级风险隧道进行设计和建设管理。隧道风险评估及对策表见各工点设计说明。

第十三节 设计优化与变更

一、设计优化

（一）牛河岭隧道斜井位置优化调整

原设计斜井施工便道需经过下游的潜明村，潜明村内道路较窄，大型机械设备无法进入，由于地形条件限制及征拆困难的影响，道路拓宽无法实施，经研究决定，对牛和岭隧道斜井位置进行优化调整，以保证工程顺利实施。

原设计斜井位于线路前进方向右侧，与正洞交于 DK29+300 里程处，采用无轨单车道运输方式，与台州端方向平面交角为 50°，最大纵坡为 11.0%，综合坡度为 7.094%，斜井水平投影长 326 m。隧道贯通工期 26.33 个月（不含道床施工时间，含施工准备）。

优化后斜井位于线路前进方向右侧，与正洞交于 DK26+250 里程处，采用无轨单车道运输方式，与台州端方向平面交角为 50°，最大纵坡为 9.4%，综合坡度为 8.67%，斜井水平投影长 264 m。

经过斜井位置的调整，保证了施工的顺利推进，为牛和岭隧道的顺利贯通提供了有利条件。

（二）新蝙蝠岭隧道、石锦隧道邻近既有线施工工法优化调整

新蝙蝠岭隧道进口 DK1+579～DK1+809 段，共 230 m 与既有线间距小于 50 m。石锦隧道进口 SDK1+579～SDK2+030 段，共 451 m 与既有线间距小于 50 m。

原设计对邻近既有隧道段，施工过程中采用非爆破或控制爆破开挖，爆破施工严格按照《爆破安全规程》（GB 6722—2011）执行，选用低爆速炸药，邻近建筑物处爆破振动安全允许振速小于 10 cm/s。

根据施工单位及爆破评估单位编制的报告，上海铁路局对石锦隧道、新蝙蝠岭隧道施工方案预审意见，隧道邻近金温铁路 50 m 范围内爆破施工采用控制爆破，爆破振速控制在 3 cm/s 以内，利用天窗点进行，并同时加强爆破震动对既有线构筑物设备的检查监测；隧道邻近金温铁路营业线 50 m 以外范围爆破施工采用控制爆破，爆破、振速控制在 1 cm/s 以内，起爆时间利用列车行车间隙进行。受此影响，隧道施工进度不能满足施组要求。

结合金台线隧道邻近既有线隧道的地质情况，两座隧道进口段均为砂砾岩地层，节理裂隙发育，岩石抗压强度较低，经过对单臂掘进机的适用性，此地段隧道较适宜采用单臂掘进机进行施工。

单臂掘进机施工工序相对复杂，施工进度受地质条件影响较大，施工中有许多不确定因素，因此施工进度应合理确定。单臂掘进机在中、低硬度的地层中，施工进度较快，在围岩强度较高、完整性较好的地层中施工进度较慢。结合新蝙蝠岭隧道、石锦隧道的地质资料及邻近白云公路隧道的实际现场资料，隧道岩石最大约 40～60 MPa，对单臂掘进机法施工较为有利。根据已有的相关工程资料、结合正在进行的施工项目，经过合理分析，新蝙蝠岭隧道、石锦隧道的施工进度指标建议：Ⅳ级围岩 70 m/月，Ⅴ级围岩 50 m/月。见图 28-39。

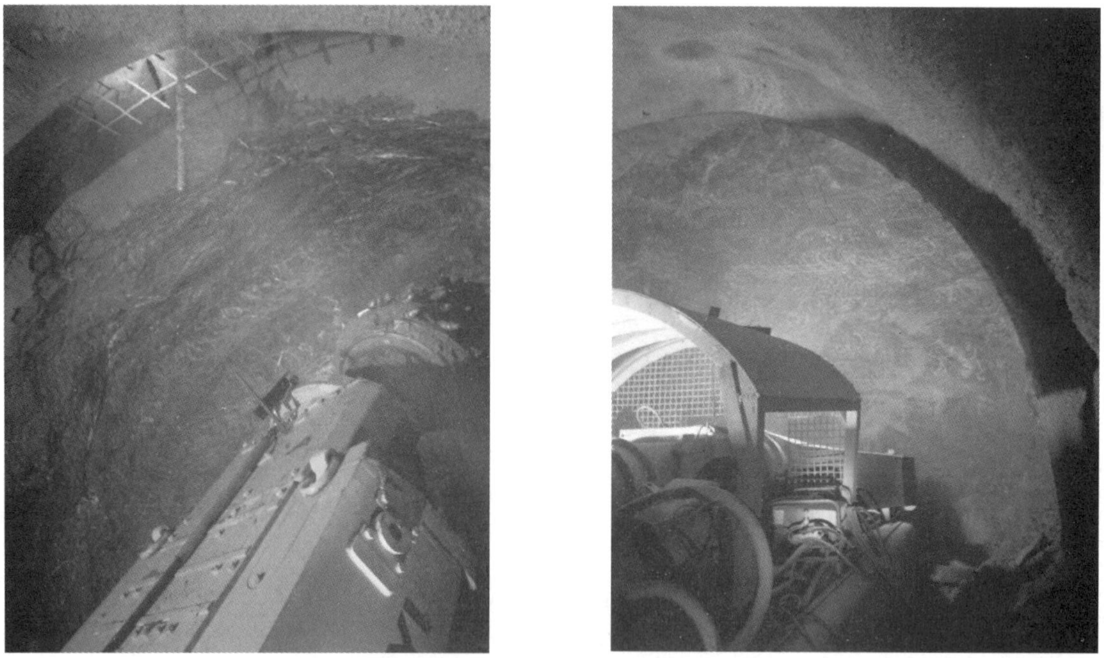

图 28-39　掘进机施工现场

采用单臂掘进机进行施工，可以不受天窗点的影响，最大限度地保证了施工作业时间，同时，铣挖法在邻近既有线铁路的成功应用，从施工方案、施工进度、施工安全和施工成本等方面积累了成功经验，为工程的顺利推进提供了保证，也为其他类似工程提供借鉴。

二、变更设计

全线隧道变更（围岩变更、支护措施调整、洞口调整等）Ⅱb 类变革共计 1096 项，Ⅱa 类变更 3

项，Ⅱa 类变更统计如下：

表 28-10 隧道Ⅱa 类变更统计表

序号	标段	名称
1	六标	马头山隧道进口相关工程变更设计
2	二标	牛和岭隧道 DK25+530-DK25+720 段变更设计
3	四标	东安隧道 DK67+416～DK67+975 段变更设计

配合施工过程中，积极主动深入现场，及时对隧道地质条件变化进行现场核实，对支护措施进行调整，保证施工质量及安全。对隧道洞口开挖后，由于施工便道及施工场地影响，造成现场情况与原设计不符的洞口，对洞门形式及时进行变更设计，确保洞口安全。

第二十九章 轨道设计

第一节 轨道工程概况与特点

一、设计范围

（1）金台线（金台铁路正线、台州南货运线）K47+652.13（永康南站 9 号道岔岔心）~ LDGK15+361.734（台州南站Ⅱ-1#道岔岔后 100 m），线路长度 164.496 km。

（2）金温货线（枫山货运线、永康南疏解线和新碧联络线）FD2K0+375.492 ~ XDgK12+697.800，线路长度 25.405 km。

（3）头门港线（头门港支线）DK141+275.02（临海东站挡 4）~ TDK44+192.28（头门港站 2#道岔岔心），线路长度 42.943 km。

二、轨道结构形式、轨道类型分布情况

金台铁路全线（金台铁路正线、头门港支线、台州南货运线、永康南疏解线、枫山货运线和新碧联络线）采用重型轨道标准，一般地段铺设有砟轨道，在将军岭隧道、牛和岭隧道、林家岙隧道、石锦隧道和溪坦隧道内铺设弹性支承块式无砟轨道；一次铺设跨区间无缝线路。桥梁、线路和轨道之间进行系统设计，尽量减少钢轨伸缩调节器的设置，钢轨伸缩调节器均设置在直线、平坡且无竖曲线地段。

三、主要工程内容

新建线路铺轨 229.291 km，其中有砟轨道铺轨 203.155 km，无砟轨道铺轨 26.136 km；有砟道床铺面砟 480 828 m^3（一级道砟），底砟 49 417 m^3；铺设钢筋混凝土无砟道床 26.136 km。共设置钢轨伸缩调节器 4 组。

四、轨道工程特点

金台铁路为普速客货共线单线铁路，一般地段铺设有砟轨道，长大隧道内铺设单元式弹性支承块式无砟轨道。有砟轨道地段满足大型养路机械作业要求。全线尽量避免设置钢轨伸缩调节器，严禁在曲线上设置，桥上无缝线路按《铁路无缝线路设计规范》（TB 10015—2012）要求进行设计。

第二节 设计原则与采用的主要技术标准

一、主要设计原则

（1）轨道选型时根据设计线路在铁路网中的作用、性质、速度、客货运量及临近线路轨道标准合理确定轨道类型。既有线改建轨道标准不低于既有线，尽量一致。

（2）轨道结构设计考虑与其他专业的接口，在几何尺寸上满足相关轨旁设备安装的要求，在功能

上满足相关专业的功能不受影响。在设计中充分考虑不同线下结构对轨道的影响。

（3）金台铁路为普速客货共线铁路，轨道主要设计标准执行《铁路轨道设计规范》TB 10082—2017）中的有关规定。

（4）全线（金台铁路正线、头门港支线、台州南货运线、永康南疏解线、枫山货运线和新碧联络线）均采用重型轨道标准，一次铺设跨区间无缝线路。一般地段铺设有砟轨道；金台铁路正线和头门港支线在长度大于 6 km 的隧道内铺设弹性支承块式无砟轨道，台州南货运线、永康南疏解线、枫山货运线和新碧联络线在长度大于 1 km 的隧道内铺设弹性支承块式无砟轨道；在将军岭隧道内横溪车站小里程咽喉区最外侧道岔岔前一定范围及车站范围采用有砟轨道，其他地段采用无砟轨道。

二、采用的主要技术规范

（一）有砟轨道

钢轨采用 60 kg/m、100 m 定尺长、U75V 无螺栓孔新钢轨，轨枕采用Ⅲ型枕，1 667 根/ km，配弹条Ⅱ型扣件，铺设小阻力扣件地段采用石龙桥小阻力扣件。

道床面砟采用一级碎石道砟，一般地段采用双层道床，硬质岩石路堑、桥梁和隧道地段采用双层道床；单线道床顶面宽度 3.4 m，道床砟肩堆高 0.15 m，边坡 1∶1.75。

（二）无砟轨道

钢轨采用 60 kg/m、100 m 定尺长、U75V 无螺栓孔新钢轨；轨枕采用弹性支承块结构，1 667 对/km，配弹条Ⅶ型扣件，根据通用图《客货共线铁路隧道内弹性支承块式无砟轨道用部件》（图号：研线 1602）进行设计，技术条件满足《客货共线铁路隧道内弹性支承块式无砟轨道用部件暂行技术条件》（TJ/GW 152—2016）的相关要求。道床采用 C40 钢筋混凝土结构，分块浇筑，宽 2.8 m，厚 337 mm。

第三节　有砟轨道结构设计

一、正线

（一）钢轨

采用 60 kg/m、100 m 定尺长、U75V 无螺栓孔新钢轨（TB/T 2344—2012）。半径小于等于 1 200 m 的曲线地段采用全长 U75V 热处理钢轨。钢轨质量满足《43 kg/m ~ 75 kg/m 钢轨订货技术条件》（TB/T 2344—2012）和《钢轨使用规范》（Q/CR 583—2017）的相关要求。

（二）轨枕及扣件

一般地段采用Ⅲa 型钢筋混凝土轨枕（专线 3393），每公里铺设 1667 根。设护轮轨地段，在护轮轨铺设范围内，采用新Ⅲ型钢筋混凝土桥枕（通线〔2013〕3448），每公里铺设 1667 根。道岔范围内铺设钢筋混凝土岔枕；在补偿电容安装区段，按信号专业要求铺设Ⅲ型电容枕（研线 0308）。

采用弹条Ⅱ型扣件（专线 3351），大跨度桥上无缝线路在经检算需要铺设小阻力扣件地段采用石龙桥小阻力扣件（研线 9204）。

（三）道床

道床面砟采用一级碎石道砟，材料符合《铁路碎石道砟》（TB/T 2140—2008）中的规定；底砟材料符合《铁路碎石道床底碴》（TB/T 2897—1998）中的规定。

土质路基地段采用双层道床，面砟厚 30 cm，底砟厚 20 cm。隧道和硬质岩石路堑地段采用单层道床，厚度 35 cm。桥梁地段采用单层道床，道砟厚度不小于 30 cm，结合梁型铺设。

单线道床顶面宽度 3.4 m；半径小于 800 m 的曲线地段，曲线外侧道床顶面宽度增加 0.1 m。道床砟肩堆高 0.15 m，边坡 1∶1.75。双线并行地段道床顶面宽度分别按单线设计。

二、联络线及还建线

（一）钢轨

新建及改建车站到发线、其他站线及次要站线均采用 50 kg/m、25 m 标准轨。不同类型的钢轨连接采用异型轨。异型轨的长度分别为 6.25 m 和 12.5 m，有条件时尽量采用 12.5 m。相邻道岔间插入的钢轨长度按《站规》的有关规定办理。既有车站未改建的轨道维持既有。

（二）轨枕及扣件

到发线采用 1 680 根/ km 新Ⅱ型混凝土枕；其他站线轨道轨枕按 1 600 根/km 布置，安全线轨枕按 1 520 根/km 布置，半径小于 300 m 的曲线采用小半径曲线混凝土枕，另外，永康南站新增 6 道轨枕按 1 760 根/km 布置，安 1 线、安 2 线轨枕按 1 600 根/km 布置；永康东站 6、7 道调车线、H10 线（装卸线兼到发线）轨枕按 1 680 根/km 布置；台州客车整备所车底停留线辆 6、辆 7 股道采用新Ⅱ混凝土枕，按 1 600 根/km 布置。

混凝土枕均采用弹条Ⅰ型扣件。

（三）道床

均采用碎石道砟道床；到发线岩石、渗水土路基采用单层道床，非渗水土路基采用双层道床。到发线采用单层道床时厚度为 0.25 m，采用双层道床时厚度为 0.4 m，面层、底层厚度分别为 0.20 m、0.20 m，其他站线及次要站线采用单层道床，厚度分别为 0.25 m 和 0.20 m；道床顶宽采用 2.9 m，边坡采用 1∶1.5。站线轨道标准、轨道结构高度详见表 29-1。

表 29-1　站线轨道标准

<table>
<tr><th colspan="3">项　　目</th><th>到发线</th><th>其他站线</th><th>次要站线</th></tr>
<tr><td rowspan="2">钢轨</td><td colspan="2">类型/（kg/m）</td><td>50</td><td>50</td><td>50</td></tr>
<tr><td colspan="2">米/根</td><td>25</td><td>25</td><td>25</td></tr>
<tr><td rowspan="2">轨枕</td><td colspan="2">混凝土枕</td><td>新Ⅱ型</td><td>新Ⅱ型</td><td>新Ⅱ型</td></tr>
<tr><td colspan="2">根/千米</td><td>1 680</td><td>1 440</td><td>1 440</td></tr>
<tr><td rowspan="8">道床厚度</td><td rowspan="4">土质路基</td><td>材料</td><td>碎石</td><td>碎石</td><td>碎石</td></tr>
<tr><td>顶面宽/m</td><td>2.9</td><td>2.9</td><td>2.9</td></tr>
<tr><td>边坡</td><td>1∶1.5</td><td>1∶1.5</td><td>1∶1.5</td></tr>
<tr><td>站线道床厚度（面/底）</td><td>0.2/0.2</td><td>0.25</td><td>0.20</td></tr>
<tr><td rowspan="4">石质路基</td><td>材料</td><td>碎石</td><td>碎石</td><td>碎石</td></tr>
<tr><td>顶面宽/m</td><td>2.9</td><td>2.9</td><td>2.9</td></tr>
<tr><td>边坡</td><td>1∶1.5</td><td>1∶1.5</td><td>1∶1.5</td></tr>
<tr><td>站线道床厚度</td><td>0.25</td><td>0.20</td><td>0.20</td></tr>
</table>

三、轨道结构高度

正线有砟轨道结构高度见表 29-2。

表 29-2 有砟轨道结构高度

轨道类型	正线数目	基础类型			钢轨高度/mm	轨下胶垫厚度/mm	轨枕高度/mm	内轨枕下最薄处道床厚度/mm	轨下路拱高度/mm	轨道结构高度/mm
重型	单线	路基	路堤		176	10	230	500	126	1042
			路堑	土质	176	10	230	500	124	1040
				硬质岩石	176	10	230	350	124	890
		桥梁（2101 梁）			176	10	210	400	30	826
		隧道（含无砟-有砟过渡段）			176	10	230	350		766

注：轨道结构高度为：

（1）路基：内轨顶面至路肩；铺设新Ⅲ型桥枕路基地段轨道结构高度与铺设普通轨枕的路基地段相同；

（2）桥梁：内轨顶面至梁顶挡砟墙内侧（其中道床厚度含桥面防水层厚度）；

（3）隧道：内轨顶面至轨下道砟底。

（4）一次实施双线桥梁和隧道地段的轨道结构高度同单线地段。

对于路堤、路堑，路、桥，路、隧等不同轨道结构高度衔接处，其高差在路基上过渡完成，不同基础地段的道床厚度在 30 m 范围内顺坡。

第四节 无砟轨道结构设计

正线隧道内弹性支承块式无砟轨道由钢轨、扣件、弹性支承块、道床板等组成。无砟轨道结构典型横断面如图 29-1 和图 29-2 所示，现场无砟轨道状况见图 29-3。

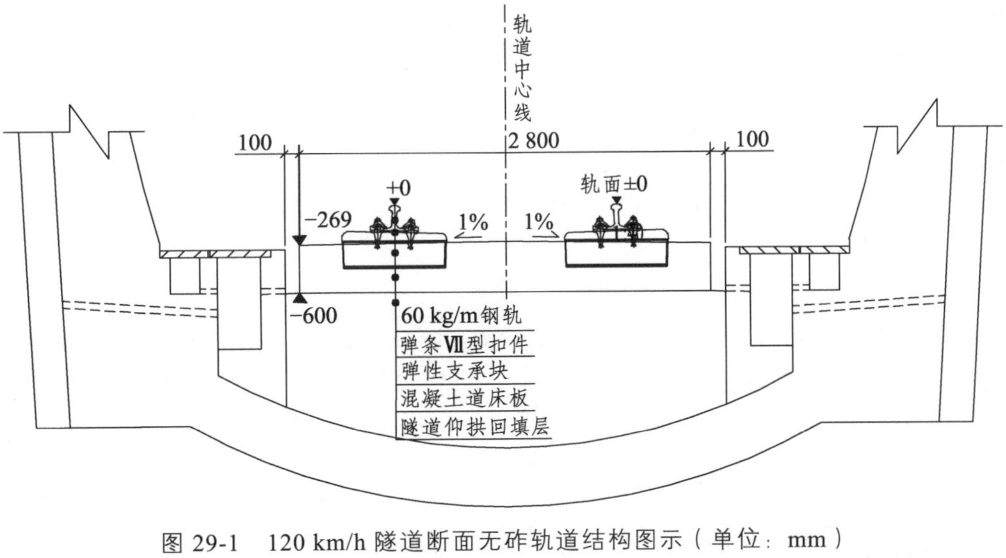

图 29-1 120 km/h 隧道断面无砟轨道结构图示（单位：mm）

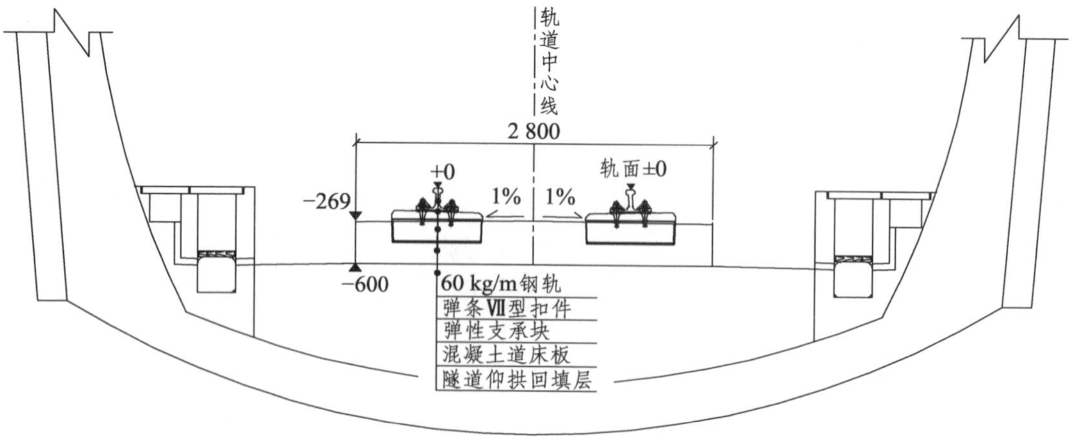

图 29-2　160 km/h 隧道断面无砟轨道结构图示（单位：mm）

图 29-3　现场无砟轨道

一、钢轨

采用 60 kg/m、100 m 定尺长、U75V 无螺栓孔新钢轨（TB/T 2344—2012）。半径小于等于 1 200 m 的曲线地段采用全长 U75V 热处理钢轨。钢轨质量满足《43 kg/m ~ 75 kg/m 钢轨订货技术条件》（TB/T 2344—2012）和《钢轨使用规范》（Q/CR 583—2017）的相关要求。

二、扣件

扣件采用弹条Ⅶ型扣件（图号：研线 1201），其技术要求应符合《30 t 轴重重载铁路弹条Ⅶ型扣件》（Q/CR 481—2015）的规定，其中轨下垫板的静刚度为 100 ~ 120 kN/mm。

三、弹性支承块

弹性支承块由钢筋混凝土支承块、橡胶套靴和块下垫板组成，根据通用图《客货共线铁路隧道内弹性支承块式无砟轨道用部件》（图号：研线 1602）进行设计，技术条件应满足《客货共线铁路隧道内弹性支承块式无砟轨道用部件暂行技术条件》（TJ/G W152—2016）的相关要求。

四、道床板

（一）形式尺寸

隧道内道床板现场分块浇筑，构筑在隧道仰拱回填层或钢筋混凝土底板上，道床板宽 2 800 mm，直线地段厚 337 mm。道床板在隧道内距洞口小于等于 200 m 范围内采用 5.98 m 板长；在距洞口大于 200 m 范围内采用 11.98 m 板长。

（二）伸缩缝设置

相邻两块道床板间设置伸缩缝，缝宽 20 mm，采用闭孔聚乙烯泡沫塑料板填充，上部 30 mm 用聚氨酯胶密封，侧面用聚氨酯胶抹面。在隧道变形缝处对应设置道床板伸缩缝。道床板伸缩缝应位于两支承块中间，且伸缩缝应垂直于轨道中心线。

（三）绝缘设计

道床板采用 C40 钢筋混凝土在轨排精调完成后现场浇筑，受力钢筋采用 HRB400，所有钢筋（纵横向钢筋、架立钢筋）节点均进行绝缘处理。现浇道床板无砟轨道钢筋网电阻实测值应大于 2 MΩ，且通过电务性能检测，其绝缘性能应满足设计要求。无砟轨道道床电阻率应满足信号专业要求。钢筋搭接应满足规范要求，钢筋网不得形成闭合环路。

（四）道床板与板下结构连接

道床板宽度范围内仰拱回填层或钢筋混凝土底板表面需进行拉毛、凿毛处理，确保道床板与仰拱回填层或钢筋混凝土底板的连接质量。当采用拉毛处理时，拉毛深度为 1.8 ~ 2.2 mm，拉毛纹路应均匀、清晰、整齐；采用凿毛处理时，凿毛范围见新面不应小于 90%，并均匀分布，浮砟、碎片等应清除干净。人工凿毛时，混凝土强度不低于 2.5 MPa，机械凿毛时，混凝土强度应达到设计强度的 70%。无砟轨道地段均采用植筋以加强道床板和基础之间的连接。

隧道内无砟道床板施工前，应检查隧道底面道床板宽度范围内的粗糙度，不满足要求应进行凿毛，凿毛后用高压水枪和钢丝刷将混凝土碎片、浮砟、泥土等冲洗干净，为避免后期运营时道床板混凝土发生翘曲剥离，浇筑道床板混凝土前必须保证隧道底板的湿润（无积水）与清洁。

（五）混凝土耐久性

1. 隧道内无砟轨道混凝土结构所处环境类别为碳化环境，作用等级为 T2。对材料的选定、施工工艺及耐久性措施按照《铁路混凝土结构耐久性设计规范》（TB 10005—2010）执行。

2. 混凝土应采取措施预防碱-骨料反应，并符合《铁路混凝土》（TB 3275—2018）的规定。

3. 混凝土施工前，应进行混凝土的原材料及配合比试验，合格后方可施工。

4. 混凝土材料应满足《铁路混凝土结构耐久性设计规范》（TB 10005—2010）、《铁路混凝土工程施工质量验收标准》（TB 10424—2018）、《铁路混凝土》（TB 3275—2018）的相关技术要求。

五、有砟无砟过渡段

隧道内无砟轨道与有砟轨道过渡段长 25 m 左右，为普通有砟轨道，均位于隧道洞口内，在同一下部基础上过渡，采用直接过渡方式。当过渡段位于缓和曲线或竖曲线地段时，铺设无砟轨道地段向隧道内调整，直至过渡段位于直线或圆曲线且无竖曲线地段。

六、无砟轨道铺设范围

铺设无砟轨道地段详见表 29-3。

表 29-3　铺设无砟轨道地段

序号	线别	隧道名称	隧道起点	隧道终点	隧道长/m	无砟轨道起点	无砟轨道终点	无砟轨道铺设长度/m
1	金台正线	牛和岭隧道	DK25+161	DK31+435	6 274	DK25+189	DK31+405	6 216
2	金台正线	将军岭隧道	DK45+195	DK58+003	12 808	DK45+220	DK57+010	11 790
3	台州南货运线	林家岙隧道	LDK3+721	LDK8+654	4 933	LDK3+745	LDK8+563	4 818
4	永康南疏解线	石锦隧道	SDK1+579	SDK3+655	2 076	SDK1+672	SDK3+574	1 902
5	新碧联络线	溪坦隧道	XDgK10+450	XDgK11+908	1 458	XDgK10+475	XDgK11+885	1 410

注：以上无砟轨道铺设长度不包含两侧无砟-有砟轨道过渡段。

七、轨道结构高度

隧道内无砟轨道地段轨道结构高度见表 29-4。

表 29-4　无砟轨道结构高度

线别	基础类型	钢轨高度/mm	扣件/mm	承轨面至道床板面高差/mm	道床板/mm	轨道结构高度/mm
单线	隧道	176	10	77	337	600

八、轨道静态铺设精度

无砟轨道静态平顺度按《铁路轨道设计规范》（TB 10082—2017）执行，符合表 29-5 的规定。

表 29-5　无砟轨道平顺度铺设精度（静态）

项目	高低/mm	轨向/mm	水平/mm	轨距/mm	扭曲（基线长 6.25 m）/mm
设计速度 120 km/h	4	4	4	+3，－2	4
设计速度 160 km/h	2	2	2	±2	4
测量弦长	10 m		—		

九、超高设计

隧道内弹性支承块式无砟轨道曲线超高在道床板上实现，采用外轨抬高方式。超高设置值按《铁路轨道设计规范》（TB 10082—2017）和《铁路技术管理规程》（普速铁路部分）（TG/01—2014）进行设置，最大超高未超过 125 mm；实设超高取 5 mm 的整数倍，超高在缓和曲线全长范围内递减顺接。

第五节　跨区间无缝线路设计

一、类型及铺设范围

金台铁路全线（金台铁路正线、头门港支线、台州南货运线、永康南疏解线、枫山货运线和新碧联络线）按一次铺设跨区间无缝线路设计。

二、单元轨布置

跨区间无缝线路由若干单元轨节及道岔焊接而成，单元轨节的长度根据线路条件、工点情况、定尺轨长度、长钢轨基地焊接、运输、铺设、工地焊接、无缝线路锁定工艺以及养护维修等情况综合考虑。伸缩调节器、单组或相邻多组一次锁定的无缝道岔（含其间线路）及前后一定范围的线路按一个单元轨节设计。区间单元轨节长度为 1 000 ~ 2 000 m，最短不小于 200 m。

结合金台线具体情况，厂焊长轨节按 500 m 设计，即 100 m 定尺长无螺栓孔新钢轨在焊轨厂或焊轨基地焊接成 500 m 长的长轨条，运抵现场后再进行单元焊和锁定焊。道岔内、道岔两端（含侧股）与区间线路以及伸缩调节器与区间线路连接的钢轨焊接采用铝热焊，其他的工厂焊、单元焊及锁定焊均采用闪光焊。焊接接头质量应符合《钢轨焊接》（TB/T 1632）的相关规定。单元轨节始、终端左右股钢轨接头相错量不得超过 100 mm。所有焊接接头必须进行轨底打磨处理。

工地焊接接头不应设置在不同轨道结构过渡段以及不同线下基础过渡段范围内，并距离桥台边墙和桥墩不应小于 2 m。对于温度跨度大于等于 156 m 的大跨桥梁端 50 m 范围内严禁设置工地焊接接头。

钢轨绝缘接头采用胶接绝缘接头，根据信号专业要求进行铺设，满足《钢轨胶接绝缘接头》（TB/T 2975—2018）的规定。

三、设计锁定轨温

设计锁定轨温根据气象资料、无缝线路的强度和稳定性计算确定，并满足桥上无缝线路的断缝检算要求、钢轨的强度要求、稳定性要求，桥上无缝线路要满足梁轨相对位移的要求。全线一般地段无缝线路单元轨节均采用相同的设计锁定轨温 32 ± 5 °C，道岔、钢轨伸缩调节器和小半径曲线地段设计锁定轨温采用 32 ± 3 °C。

四、桥上无缝线路

桥梁、线路和轨道之间进行系统设计，减少钢轨伸缩调节器的设置。

经过对大跨度桥上无缝线路进行检算分析，并优化线路和桥梁方案，在枫山货运线永康江特大桥（48+5 × 80+48）m 连续梁主跨两端各设 1 组钢轨伸缩调节器，如图 29-4 所示；头门港支线灵江特大桥（92+3 × 152+92）m 连续梁-拱主跨两端各设 1 组钢轨伸缩调节器，如图 29-5 所示。伸缩调节器采用的图号为：研线 TF9912（19），铺设图号：研线 TF9912（19）JTps，其技术条件应符合《客货共线钢轨伸缩调节器》（TB/T 3518—2018）的相关要求。

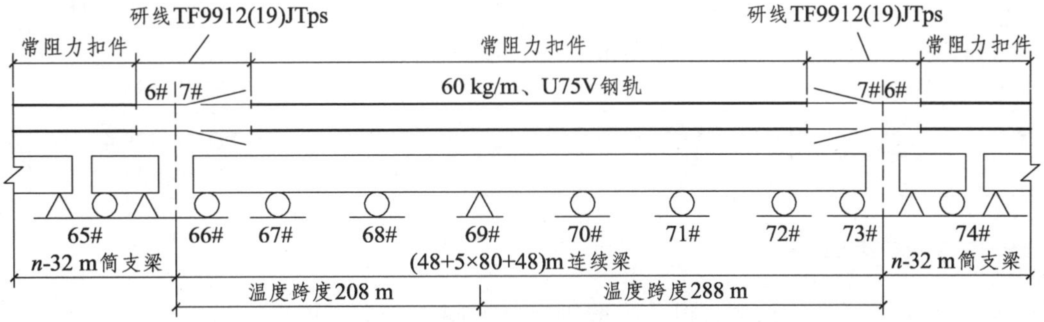

图 29-4 永康江特大桥伸缩调节器设置方案

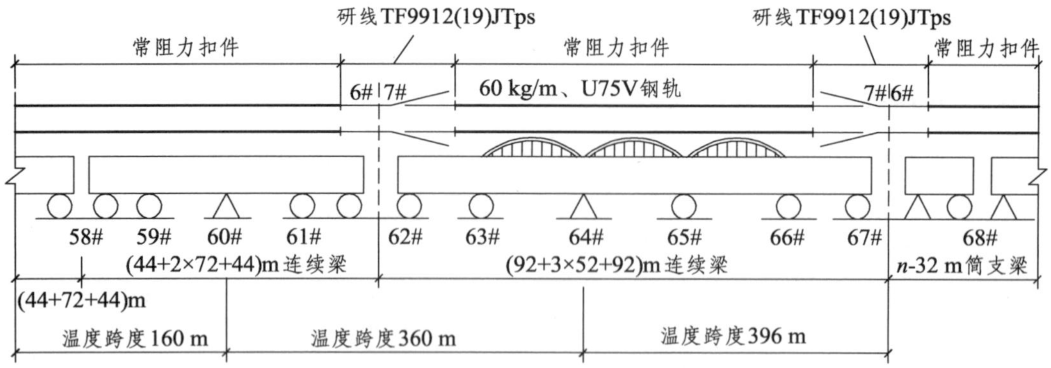

图 29-5　灵江特大桥钢轨伸缩调节器设置方案

全线设置小阻力扣件地段见表 29-6。

表 29-6　金台铁路小阻力扣件设置地段

序号	所在线路	桥名	主跨布置	主跨线型	温度跨度/m	小阻力扣件范围	长度/m
1	正线	跨南溪、东永高速公路特大桥	（48+80+48）m 连续梁	半径 2 000 m 曲线，梁端缓和曲线	128	DK5+724.510～DK5+838.710	114.2
2		前仓跨台金高速公路、金温铁路特大桥	（60+100+60）m 连续梁	半径 1 600 m 曲线，梁端缓和曲线	160	DgK9+576.270～DgK9+702.580	126.31
3		里林跨诸永高速公路特大桥	（60+100+60）m 连续梁	直线	192	DK65+717.95～DK65+844.20	126.25
4		田市跨永安溪、台金高速公路特大桥	（60+100+60）m 连续梁	直线	160	DK77+269.750～DK77+389.000	119.25
5		罗桥跨台金高速公路特大桥	1-156 m 简支系杆拱	直线	156	DK11+786.480～DK11+911.880	125.4
6	台州南货运线	永宁江特大桥	（60+100+60）m 连续梁	直线	192	LDGK2+803.090～LDGK2+931.890	128.8
7		金堂寺特大桥	（48+80+48）m 连续梁	半径 1 600 m 曲线	128	LDGK10+156.18～LDGK10+270.425	114.245
8	新碧联络线	跨台金高速公路、金温铁路特大桥	（60+100+60）m 连续梁	半径 1 600 m 曲线，梁端缓和曲线	192	XDgK9+600.367～XDgK9+726.617	126.25
9	永康南疏解线	跨南溪、东永高速公路特大桥	（48+80+48）m 连续梁	半径 800 m 曲线，梁端缓和曲线	128	SDK5+823.730～SDK5+937.905	114.175
10	头门港支线	灵江特大桥	（40+3×64+40）m 连续梁	直线	168	TDK5+378.480～TDK5+484.580	106.11

五、岔区无缝线路

无缝道岔采用道岔区全焊形式，道岔直股钢轨与区间线路全部焊接；侧线和渡线需锁定（钢轨接头焊接或冻结，紧固扣件），锁定长度一般为 75 m，困难条件下不短于 50 m。若侧线在近距离内（不到 50 m）有邻线道岔，则岔后侧股钢轨焊接或冻结至邻线道岔并加强该道岔的锁定。

桥上铺设无缝道岔时，正线道岔区桥梁梁部采用连续结构；正线道岔不应跨越梁缝，且道岔始端和终端距离梁缝不小于 18 m。

六、隧道地段无缝线路

考虑到金台铁路全线位于浙江省，年平均轨温较高，且温差不大，在长度小于等于 1.5 km 隧道内无缝线路设计锁定轨温与相邻单元轨节的设计锁定轨温一致；对于在长度大于 1.5 km 且小于等于 2 km 隧道内尽量保证隧道内部能单独做成一个单元轨节，锁定轨温降低 4 °C。

对于长度大于 2 km 的隧道，当洞口内外无缝线路设计锁定轨温范围不同时，应保证自隧道口向隧道内延伸 200 m 范围内的无缝线路设计锁定轨温与洞外相邻区间无缝线路设计锁定轨温一致，距洞口大于 200 m 范围的无缝线路的锁定轨温适当降低；当长大隧道（长度大于 3 km）洞口内外无缝线路的锁定轨温不同时，隧道内距洞口大于 200 m 范围的无缝线路的锁定轨温应按"相邻单元轨节间的施工锁定轨温差不大于 5 °C"的原则递减至隧道内的实际温度，且洞口轨温过渡段（不短于 200 m）需加强锁定；长大隧道内单元轨节锁定轨温与同一区间隧道外单元轨节的锁定轨温差应控制在 10 °C 以内。

七、位移观测桩

（1）在无缝线路锁定前埋置位移观测桩，位移观测桩应埋设牢固可靠，或设置在线路两侧的固定构筑物上，并在单元轨节两端就位后即进行标记。

（2）以单元轨节为单位成对布置观测桩，每对观测桩标记中心连线应与线路中线垂直。

（3）跨区间无缝线路按单元轨节等距离成对设置位移观测桩，桩间距离不大于 500 m。单元轨节长不足 500 m 整倍数时，可适当调整桩间距离。

（4）无缝线路长轨条的起点、终点以及距离长轨条起终点 100 m 的位置各设 1 对位移观测桩。长大桥梁两端、长大隧道的洞口 50 m 范围内若没有位移观测桩，则增设一对。

（5）跨区间无缝线路道岔应在道岔始端和终端、尖轨跟端（或限位器处）分别设置一对位移观测桩，18 号及以上的道岔在心轨处加设一对位移观测桩。多组焊联道岔位移观测桩位置与单组道岔基本相同。

（6）钢轨伸缩调节器基本轨一侧距离基本轨接头 100 m 处设置一对位移观测桩。

无缝线路位移观测桩设置示意图见图 29-6 ~ 图 29-8。

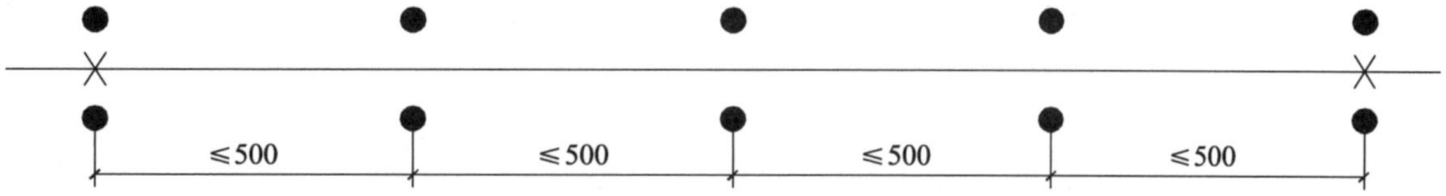

注：图中"●"表示位移观测桩，"×"表示单元轨节始端或终端，下同。

图 29-6 跨区间无缝线路单元轨节位移观测桩设置（单位：m）

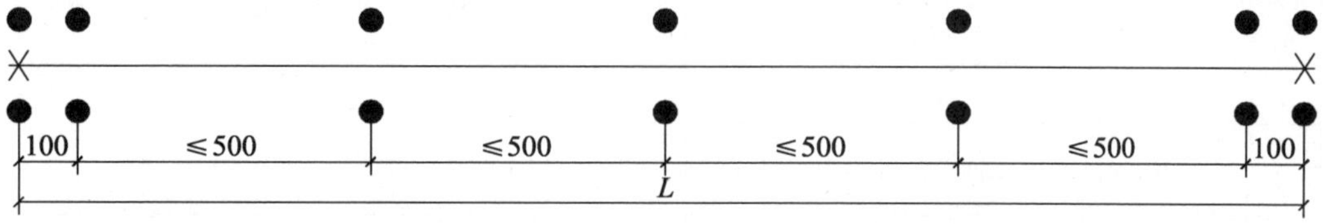

图 29-7 跨区间无缝线路单元轨节位移观测桩设置（单位：m）

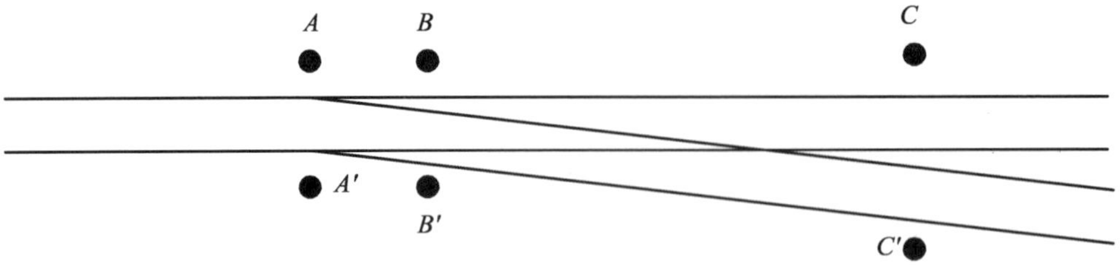

注：图中 A、B、C 分别表示道岔始端、尖轨跟端和道岔终端。

图 29-8　无缝线路起终点位移观测桩设置（单位：m）

第六节　道岔设计

金台正线段新建车站正线道岔采用 60 kg/m 的 12 号混凝土岔枕道岔（专线 4249）；接发旅客列车到发线上的道岔采用 50 kg/m 的 12 号混凝土岔枕道岔（专线 4257）；其他站线上的道岔采用 50 kg/m 的 9 号混凝土岔枕道岔（CZ2209）；在枫山货运线、永康南疏解线、台州至台州南货运线、头门港支线正线上新建车站道岔采用 60 kg/m 的 12 号混凝土岔枕道岔（SC330）；到发线及其他站线上的道岔采用 50 kg/m 的 12 号混凝土岔枕道岔（专线 4257）和 50 kg/m 的 9 号混凝土岔枕道岔（CZ2209）。

1. 永康东站：永康南疏解线侧向通过连接金台正线的道岔采用 60 kg/m 的 18 号混凝土岔枕[GLC（07）02]；临海东站：头门港支线侧向通过连接金台正线的道岔采用 60 kg/m 的 18 号混凝土岔枕[GLC（07）02]。

2. 永康南站：改建金温新双线永康南站金温场正线道岔采用 60 kg/m 的 18 号客专线（07）004，金温场到发线及其他站线上的道岔采用 60 kg/m 的 18 号混凝土岔枕道岔[GLC（07）02]（安 2 及金台上行停站客车径路采用 60 kg/m 的 12 号混凝土岔枕道岔 SC330）和 50 kg/m 的 9 号混凝土岔枕道岔 CZ2209，永康南疏解线侧向通过连接金温新双线正线的道岔采用 60 kg/m 的 18 号混凝土岔枕客专线[GLC（07）02]。

相关道岔参数见表 29-7，其他特殊型号道岔根据相关规范选用。

表 29-7　道岔型号及参数表

轨型	辙叉号	辙岔角	图　号	允许通过速度/（km/h）		适用轨下基础类型	a/m	b/m	L/m	L'/m	$L'_{尖}$/m	导曲线半径 R/m
				直向	侧向							
60 kg/m	18 号单开	3°10′47.39″	GLC（07）02	200	80	有砟	31.729	37.271	69	9.9	4.5	1 100
		3°10′47.39″	客专（07）004	250	80	有砟	31.729	37.271	69	直 8.7，侧 9.9	3.9	1 100
	12 号单开	4°45′49.11″	GLC（08）01	200	50	有砟	16.592	26.608	43.2	5.1	1.5	350
			专线 4249	160	50	有砟	16.592	21.208	37.8	11.1	7.5	350
			SC330	120	50	有砟	16.853	21.054	37.907	11.1	6.3	350
	9 号单开	6°20′24.69″	CZ577	120	35	有砟	13.839	15.73	29.569	7.5	5.1	180
50 kg/m	12 号单开	4°45′49.11″	专线 4257	120	50	有砟	16.853	21.054	37.907	10.5	8.1	350
	9 号单开	6°20′24.69″	CZ2209A	100	35	有砟	13.839	15.009	28.848	8.1	5.7	180

第七节 设计优化与变更

一、设计优化

轨道专业主要的优化设计有 1 项，为弹性支承块式无砟轨道部件优化设计，主要内容是将隧道内弹性支承块式无砟轨道部件的类型调整为按通用图《客货共线铁路隧道内弹性支承块式无砟轨道用部件》(图号：研线 1602）进行设计，技术条件满足《客货共线铁路隧道内弹性支承块式无砟轨道用部件暂行技术条件》(TJ/G W152—2016）的相关要求。

二、设计变更

无轨道专业引起的Ⅰ类变更设计，轨道专业主导的Ⅱ类变更设计有 1 项，为增设钢轨断轨监测设备变更设计，主要内容为在全线无轨道电路区段增设钢轨断轨监测设备，以提高线路运营安全性；钢轨断轨监测设备为超声波型设备，技术条件满足《钢轨断轨监测设备暂行技术条件》(TJ/G W165—2020）的要求，安装间距原则上为每公里 1 套，特殊情况最大不超过 1.5 km。

第三十章 站场及运营设备设计

第一节 站场工程概况与特点

一、全线车站概况

（一）接轨站现状概况

金台线铁路涉及既有车站 3 个，其中客运站 1 个（台州站），中间站 2 个（台州南站、永康南站）。详见表 30-1。

表 30-1 金台线既有车站概况表

序号	站名	车站性质	中心里程	车站平面	站房左右侧	股道数量/条					客运设备		客货作业情况	备注
						到发线（含正线）	货物线	牵出线	安全线	段管线	基本站台	中间站台		
1	永康南	客运站	新金温 K48+300	直线	左	4（2）			1	3	500×9×1.25	500×10.5×1.25	客运	既有站
2	台州	中间站	甬台温 K496+374	直线	右	5（2）					550×18.5×1.25	550×11.5×1.25（2座）	客运	既有站
3	台州南	中间站	甬台温 K482+270	直线	右	6（2）	3	1	1	8			货运	既有站

（二）金台线设计车站概况

1. 永康南～台州段车站概况

金台线永康南～台州段近期共设车站 15 个。其中改建既有站 2 个（永康南、台州站），新建车站 13 个；远期关闭车站 3 个（申亭、横溪、田市站）。全线平均站间距为 10.606 km，最大站间距为 14.60 km（下各站～括苍站），最小站间距为 4.55 km（磐安站～仁川站）。

车站均采用横列式布置，车站数目、性质及规模情况详见表 30-2。

表 30-2 金台铁路车站概况（永康南～台州）

序号	站名	车站中心里程	站间距离/km	车站性质	车站平面	股道数量/条					站台		客货运作业
						到发线[预留]	货物线	牵出线	安全线	段管线	基本站台	侧式/岛式站台	
1	永康南	DK0+000		接轨站	直线	9+[1]			2	3	500×9×1.25	500×14.5×1.25 500×11.5×1.25	客运
			6.75										
2	永康东	DK6+850		中间站	直线	8+[2]	10（1 条兼到发线）	1	3	6	50×6×0.3		货运
			10.021										

续表

序号	站名	车站中心里程	站间距离/km	车站性质	车站平面	股道数量/条					站台		客货运作业
						到发线[预留]	货物线	牵出线	安全线	段管线	基本站台	侧式/岛式站台	
3	申亭	DK16+750		会让站	曲线	2					50×6×0.3		
4	壶镇	DK23+845	7.031	中间站	直线	4+[1]	1+[1]	1		4	550×8×1.25	550×8×1.25	客、货运
5	磐南安	DK37+800	13.935	中间站	直线	4+[1]	1	1	2		550×8×1.25		客、货运
6	仁川	DK44+350	4.55	会让站	直线	3					50×6×0.3		
7	横溪	DK57+500	13.237	会让站	直线	2					50×6×0.3		已完成设计
8	白塔镇	DK69+200	11.70	会让站	曲线	3			2		50×6×0.3		
9	田市	DK75+270	6.07	会让站	曲线	2			1		50×6×0.3		
10	仙居南	DK88+700	13.114	中间站	曲线	4			1	2	550×8×1.25	550×8×1.25	客运
11	下各	DK99+850	11.466	中间站	直线	4+[1]	1+[1]	1	1		50×6×0.3		货运
12	括苍	DK114+300	14.45	会让站	直线	2+[2]					50×6×0.3		
13	临海南	DK128+200	13.91	中间站	直线	4			1	4	550×8×1.25	550×8×1.25	客运
14	临海东	DK141+215	14.02	中间站	直线	5+[1]	2	1	1		50×6×0.3		货运
15	台州	DK150+452.567	7.832	中间站	直线	6		1	1	9+[3]	550×11.5×1.25	550×11.5×1.25	客运

注：到发线数量中含正线数量；[ ] 内数字为预留。

2. 头门港支线车站概况

头门港支线近期共设有车站 3 个（临海东、杜桥、头门新区站）。其中临海东为接轨站，远期增设车站 1 个（章安站）。全线平均站间距为 20.81 km，最大站间距为 22.09 km（临海东站～杜桥站），最小站间距为 19.53 km（杜桥站～头门新区站）。车站均采用横列式布置，车站数目、性质及规模情况详见表 30-3。

表 30-3 金台铁路头门港支线车站概况

序号	站名	车站中心里程	站间距离/km	车站性质	车站平面	站房左右侧	股道数量/条					站台		客货运作业
							到发线[预留]	货物线	牵出线	安全线	段管线	基本站台	侧式站台	
1	临海东	TDK0+000=DK142+215		中间站	直线	左	5+[1]	2	1	1		50×6×0.3		货运
2	杜桥	TDK22+450	22.085	中间站	直线	右	3		1	2	2	550×8×1.25		客运
3	头门港站	TDK43+650	19.376	中间站	直线	右	3+[4]	2	1			550×8×1.25		客、货运

注：到发线数量中含正线数量；[ ] 内数字为预留。

3. 货运线车站概况

金温货线武义东至永康南段新建车站 1 个，既有站改建 1 个。金温货线接轨于金温线永康南站和金温货线枫山站外区间，拆除金温货线武义至新碧段，新设武义东站，设到发线 3 条，新建安全线 1 条；永康南站相应改扩建，高速场增加 2 条到发线，新设普速场，到发线设 3 条，改建安全线 1 条，新建安全线 1 条。

金台线台州至台州南段设车站台州、台州南站，均为既有车站改造。台州站高速车场对侧新建金台普速场，设到发线 6 条；台州南沿海客专车场保留，设到发线 6 条（含正线），新建普速车场，设到发线 3 条（含正线），预留车站既有货场进行改扩建条件。

二、站场工程技术特征

站场工程具有以下技术特征：

1. 工程集中，工程量大

由于站场工程涉及车场、站房等生产生活房屋及段所工区等多项附属设施，所有工程都集中在站场 1 ~ 3 km 完成，因此征拆、土方、三改及附属工程量一般数倍于相同长度的区间。

2. 专业结合面大，工程接口及施工组织复杂

车站的施工项目多，不但涉及路基、轨道、桥涵等站前工程，而且还涉及站房、四电、给排水、综合维修等多项站后工程，需要相当严密的施工计划及组织才能顺利完成，否则容易因前后施工次序颠倒而产生废弃工程。

3. 与城市规划及配套设施结合紧密

车站是城市的窗口，更是引导城市发展的动力，故城市对车站及周边的规划非常重视，与此同时车站的通站道路、给水排水等建设也应与城市规划紧密配合。当一个车站建成并投入运营后，城市的交通、给排水、供电等配套设施也须相应完成，否则将会给车站的运营及旅客的出行造成极大不便。

4. 综合管线复杂

由于车站是衔接站后站房、四电、给排水等工程的平台，因此各个专业的管线在车站内分布密集、相互交叉及重叠。这些工程需要各方紧密配合，甚至不断创新才能顺利完成。

第二节　设计原则与采用的主要技术标准

一、站场平面设计原则

（1）线间距。

① 新建车站正线与到发线间、到发线与到发线间、到发线与其他线间距除通行超限货物列车到发线外一般采用 5 m，曲线地段按有关规定加宽。其余参照《铁路车站与枢纽设计规范》3.1.3 执行。

② 正线与联络线、疏解线并行地段的线间距，根据相邻线路的行车速度、技术要求以及路基高程关系，考虑站后设备、路基排水设备、声屏障、桥涵等建筑物以及保障技术作业人员安全的作业通道等有关技术条件综合研究确定，最小不小于 5.0 m。确定正线与永康南疏解线、头门港支线、台州站大里程方向最外侧到发线间距分别为 5.5 m、5.3 m、29.0 m。

③ 车站正线、到发线与货场、综合维修工区客整所的距离，根据两线路基宽度、高差，线间围墙、水沟、接触网柱等计算确定。

（2）车站布置形式及规模：全线新建车站均按横列式布置，既有车站维持既有站型。

（3）到发线有效长：850 m。

（4）到发线进路：站内正线和到发线均按双进路设计。

（5）通行超限货物列车车站：沿线车站除正线保证通行超限货物列车外，永康东、仁川、下各、临海东站各有 1 条到发线可通行超限货物列车。

二、站场纵断面设计原则

（1）站坪宜设在平道上，困难条件下可设在不大于 1.0‰的坡道上。特殊困难条件下，有充分技术经济依据时，会让站可设在不大于 6‰的坡道上，但不应连续设置。

（2）改建车站改建工程较大时，经技术经济比较，中间站可保留既有坡度，但采取防溜安全措施。

（3）车站到发线在有效长度范围内宜设计为一个坡段，不宜小于 350 m，通行列车的站线，其坡段长不应小于 200 m。不通行列车的站线和段管线，可采用不小于 50 m 的坡段长度。

（4）车站正线上的道岔不应布置在竖曲线范围内和变坡点上，正线相邻坡段的坡度差大于 1‰时设置竖曲线，竖曲线半径为 15 000 m，竖曲线起、终点不得侵入正线道岔两端；到发线和通行列车的站线，相邻坡段的坡度差大于 4‰时，可采用 5 000 m 半径的竖曲线，困难条件下，其竖曲线半径不应小于 3 000 m，不通行列车的站线，相邻坡段的坡度差大于 5‰时，可采用 3 000 m 半径的竖曲线。

三、车站出站信号机

全线各新建站正线出站信号机采用高柱，位于桥及隧道内正线出站信号机采用矮柱，到发线出站信号机采用矮型。只有一个发车方向的单线车站到发线出站信号机采用矮型单机构不带表示器色灯信号机；有两个发车方向的车站到发线出站信号机采用矮型双机构带表示器色灯信号机（永康东站台州、新碧方面，临海东站台州、头门港方向）。

永康南站金台铁路工程新增 6G 采用矮型双机构带表示器色灯信号机，其余股道维持既有信号机设置类型不变。

对于预留双线条件的车站，出站信号机在远期采用矮型双机构带表示器信号机。

四、跨线设备

跨线设备：新建车站站内均不设置平交道，货场、段、所。根据需要，在适当地点设置平过道；接长既有台州站地道、天桥；壶镇、仙居站新设地道。

五、客运设备

（1）全线办理客运的车站有：壶镇、磐安南、仙居南、临海南、台州、杜桥、头门港站。磐安南、临海南站、杜桥、头门港站设 550 m×8 m×1.25 m 基本站台一座。壶镇、仙居南站设 550 m×8 m×1.25 m 基本站台和侧式站台各 1 座，台州站设 550 m×11.5 m×1.25 m 中间站台 2 座。

（2）不办理客运作业的车站，原则上只设置基本站台一座。基本站台尺寸 50 m×6 m×0.3 m。

（3）旅客站台雨棚长度与站台长度一致。

（4）车站站房场坪尺寸按下列原则设计：

① 会让站：50 m×30 m，位于桥隧地段站坪结合地形条件确定；

② 县城所在地中间站：120 m×60 m。

六、货运设备

全线设货场车站有永康东、壶镇、磐安南、下各、临海东、头门港、台州南站。规模按初步设计批复意见设置，并预留进一步发展条件。台州南站货场预留改扩建条件。

七、站线电气化范围

电力机车进入的到发线、机走线、机待线、安全线、电力机务段段管线和有电力机车运行的其他线路，利用本务机调车的货物线、牵出线均应架设接触网，当有起吊或其他设备干扰时，可在干扰范围以外的线路上架设接触网。

八、安全及隔开设备

（1）新线、岔线、段管线与站内正线、到发线接轨时，均应设置安全线；新线、岔线、段管线与站内到发线接轨，当站内有平行进路及隔开设备并有联锁装置时，可不设置安全线。

（2）当进站信号机外制动距离内进站方向为超过 6‰的下坡道，在车站接车线末端设置安全线。

（3）安全线、货物线、段管线、牵出线等尽头线末端设置车挡的地方均装设固定式车挡和滑移式挡车器。

（4）安全线的有效长不应小于 50 m，纵坡为平坡或面向车挡的上坡道，安全线不应设在桥梁上和隧道内。

（5）临靠正线的安全线均应设置双侧护轮轨和止轮土基，有条件时，临靠正线的安全线应采用曲线形布置。

（6）平行运行图列车对数在 18 至 24 对及以上的单线铁路上，应分别每隔 3 至 4 个及 2 至 3 个区间，选定 1 个车站设置同时接入或接发客、货列车的隔开设备，选定永康东、磐安、白塔、下各、临海东站、杜桥设置隔开设备。

（7）车站两侧设防护栅栏，并与区间防护栅栏相衔接。防护栅栏设于用地界内 0.5 m 处。与铁路交叉的道路，根据实际情况考虑道路设置立交、改移或封闭。

九、通站（段所）道路

新建通站道路，就近接引至既有道路，通站道路均采用水泥混凝土路面。道路设计执行《铁路站场道路和排水设计规范》相关技术标准。

（1）路面宽度：双车道路面 7.0 m，路基宽 8.0 m；单车道路面 3.5 m，路基宽 4.5 m。车站、货场及段（所）等通向站外的道路，路面宽 4.0 m，路基宽 5.0 m。

（2）路面标准：C25 混凝土面层 25 cm，石灰土基层 15 cm，碎石垫层 15 cm。

（3）申亭、白塔镇、田市、括苍、仁川站通站道路设防撞护栏。

十、位于或邻近曲线地段站台限界加宽

根据《铁路技术管理规程》附图 1“建筑限界”及《高速铁路设计规范》（TB 10621—2009）附录 A“曲线地段建筑限界加宽”方法，为统一作法，简化设计流程，当站台位于或邻近曲线地段的建筑限界加宽采用如下：

曲线上建筑限界的加宽范围，包括全部圆曲线、缓和曲线和部分直线（曲直加宽过渡段）。加宽方法可采用下图所示阶梯形方式，或采用曲线圆顺方式。曲线设有外轨超高时，位于曲线内侧的站台高度须降低 0.6 h。

（1）站台邻靠线路曲线设置缓和曲线时，见图 30-1。

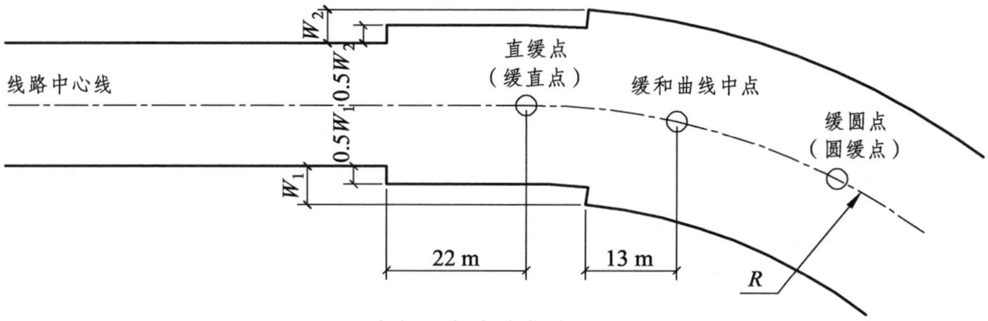

图 30-1　站台邻靠线路曲线设置缓和曲线

曲线内侧加宽（mm）：

$$W_1 = \frac{40\ 500}{R} + \frac{H}{1\ 500}h \tag{30-1}$$

曲线外侧加宽（mm）：

$$W_2 = \frac{44\ 000}{R} \tag{30-2}$$

曲线内外侧加宽共计（mm）：

$$W = W_1 + W_2 = \frac{84\ 500}{R} + \frac{H}{1\ 500}h \tag{30-3}$$

式中　R——曲线半径（m）；

H——计算点自轨面算起的高度（mm）；

h——外轨超高（mm）。

其中，$\frac{H}{1\ 500}h$的值也可以用内侧轨顶为轴，将有关限界旋转θ角（$\theta = \cot\frac{h}{1\ 500}$）求得。

（2）站台邻靠线路曲线不设置缓和曲线时，见图 30-2。

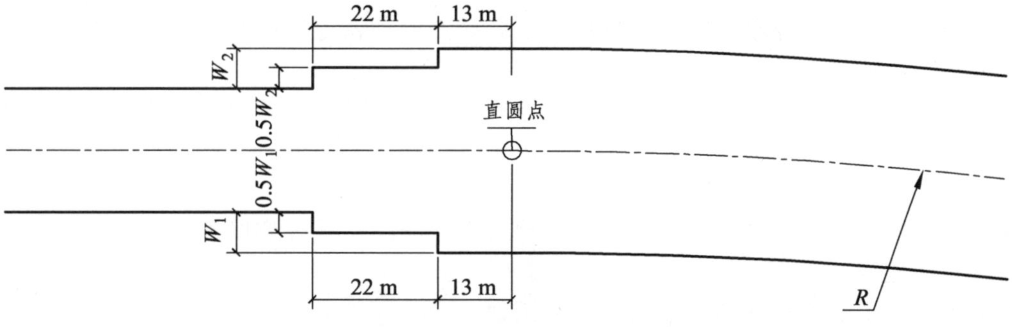

图 30-2　站台邻靠线路曲线不设置缓和曲线

曲线内侧加宽（mm）：

$$W_1 = \frac{40\ 500}{R} + \frac{H}{1\ 500}h \tag{30-4}$$

曲线外侧加宽（mm）：

$$W_2 = \frac{44\ 000}{R} \tag{30-5}$$

曲线内外侧加宽共计（mm）：

$$W = W_1 + W_2 = \frac{84\ 500}{R} + \frac{H}{1\ 500}h \tag{30-6}$$

式中 R——曲线半径（m）；

H——计算点自轨面算起的高度（mm）；

h——外轨超高（mm）。

其中，$\frac{H}{1\ 500}h$的值也可以用内侧轨顶为轴，将有关限界旋转θ角（$\theta = \cot\frac{h}{1\ 500}$）求得。

金台线车站永康南、申亭、仁川、白塔镇、田市、仙居南、台州站曲线地段站台限界均须加宽，站台高度也须降低。

十一、站区排水

（1）对路基有危害的地表水，应采取措施拦截引排至路基范围以外，设置地面排水设施时，应考虑与农田水利设施的配合及综合利用。

（2）天沟、排水沟在地面横坡明显地段，一般在上方一侧设置。地面横坡不明显地段，一般在路基两侧设置。水沟截面最小尺寸采用底宽 0.4 m，高 0.6 m 的梯形截面，沟壁的边坡坡率采用 1∶1，一般地段采用厚0.3 m的M7.5浆砌片石砌筑。不易风化硬质岩地段，采用M10水泥砂浆抹面，厚0.05 m，局部采用 C15 混凝土嵌补。边坡平台截水沟为底宽 0.4 m、深 0.4 m 的半梯形截面，采用 M7.5 浆砌片石砌筑，厚 0.3 m，并与边坡平台浆砌片石一体砌筑。

（3）路堑均设侧沟，不易风化硬质岩地段，侧沟采用底宽 0.4 m，高 0.6 m 的梯形截面，沟壁边坡率为 1∶1，采用 M10 水泥砂浆抹面，厚 0.05 m，局部采用 C15 混凝土嵌补。其余地段侧沟一般采用宽 0.6 m，深 0.8 m 的矩形沟，且深度应不小于基床换填厚度以下 0.2 m，采用 M7.5 浆砌片石砌筑，厚 0.3 m。

（4）纵向排水设备的坡度不应小于 2‰，困难条件下不应小于 1‰。穿越线路的横向排水设备的坡度不宜小于 5‰。

十二、站场用地

金台铁路设计贯彻“十分珍惜、合理利用土地和切实保护耕地”的基本国策，遵循经济合理、节约用地、少占良田原则。

（1）设计中尽可能节约用地，少占农田，充分利用荒地、劣地，结合环保要求一并考虑。

（2）路堤地段，排水沟、护道或坡脚矮档墙边缘外 3 m。路堑地段，天沟外 2 m。无天沟时，距路堑堑顶边缘外 5 m。

（3）占用既有用地计算原则为：占用既有用地自新建线路与最外侧既有线路中心投影线至既有用地界为占用既有用地。

（4）取（弃）土用地单独计列，不列入永久用地。

（5）取、弃土场原则上结合全线路基取弃土情况综合集中设置，严禁乱挖乱弃。取、弃土场应整平，根据自然条件可种草、种树，或复垦为农田。

（6）用地类型按牧草地、旱地、宅基地、林地、铁路回收用地等分类。

十三、站场路基

（一）路基面宽度

（1）正线路基宽度：单线土质路堤路基面宽 7.8 m、路堑路基面宽 7.7 m；单线石质路基路基面宽

7.7 m；双线土质路堤路基面宽 12.0 m、路堑路基面宽 11.7 m，双线石质路基面宽 11.7 m。疏解线、联络线路基面宽度参照上述标准执行。路堤的路肩宽度不小于 0.8 m，路堑的路肩宽度不小于 0.6 m。

（2）站线中心线至路基面边缘的距离按《站规》要求办理：车场最外侧线路不小于 3.0 m；有列检作业的车场最外侧线路不小于 4.0 m；梯线外侧不小于 3.5 m，牵出线有调车人员上、下车作业的一侧不小于 3.5 m。

（二）路基加宽

（1）正线曲线地段加宽值按下表设计，其加宽值在缓和曲线范围内递减。详见曲线地段路基外侧加宽表 30-4。

表 30-4 曲线地段路基外侧加宽表

曲线半径/m	路基外侧加宽值/m
$R \geqslant 10\ 000$	0.1
$10\ 000>R \geqslant 3\ 000$	0.2
$3\ 000>R>2\ 000$	0.3
$2\ 000 \geqslant R \geqslant 1\ 600$	0.4

（2）站内由于路基面横坡及轨面顺坡、到发线曲线外轨超高等引起外侧线路的道床超过标准厚度时，路基按满足最小路肩宽度的要求加宽。

（3）道岔导曲线地段的路基加宽值，12 号及 9 号道岔采用 0.4 m，18 号道岔采用 0.2 m，道岔两端依次递减。

（三）路基面形状

（1）站线与正线共路基时，当站线与相邻正线间无纵向排水槽或旅客站台等设施时，站线路基采用与正线相同标准，横坡采用 3%；一个坡面最多设 2～3 股道。

（2）段、所线路路基横坡采用 2%；场坪范围内及工区内采用 1%。

（四）路基基床

（1）站内正线或进出站线路路基基床标准应与区间正线相同：基床表层厚度为 0.6 m，采用 A 组土（砂类土除外）；基床底层厚度为 1.9 m，采用 A、B 组填料或改良土填筑，并在其表面设向外 3%的排水横坡。

（2）站线与正线共路基时，当站线与相邻正线间无纵向排水槽或旅客站台等设施时，站线路基基床采用与正线相同标准；当站线与相邻正线间设有纵向排水槽或旅客站台等设施时，路基基床表层厚度为 0.3 m，采用 A 组土（砂类土除外），基床底层厚度为 0.9 m，采用 A、B 组填料或改良土填筑，基床总厚度为 1.2 m。车站货物线路基填料基床表层、基床底层可采用 A、B 组填料。

（五）横断面形式及边坡坡率

（1）边坡形式及坡率。

路堤边坡高度为 0～8 m 时，坡率采用 1：1.5，边坡高度为 8～15 m 时，边坡形式采用阶梯型，上部 8 m 范围坡率为 1：1.5，下部坡率采用 1：1.75，并于变坡点处设 2 m 宽边坡平台。路堑边坡坡率采用 1：1 边坡每 8 m 一级，边坡平台宽为 2 m。

（2）护道：路堤坡脚外设宽 2 m 的护道，并做向外 4%排水横坡。

（3）既有站改建不低于既有标准。

十四、拆迁

（1）车站及段所尽量避开密集建筑物。严格控制边角地、夹心地及特殊敏感建筑物拆迁数量。

（2）因金台铁路工程新建车站（场、段）和改建车站（场、段）引起的路内、外设施均列入拆迁、拆除和改移的范围。房屋拆迁范围按最外侧股道中心线外 30 m 执行。

第三节　车站工程设计

一、全线车站概况

金台铁路近期共设车站 19 个。其中改建金温铁路车站 1 个（永康南站），改建杭深铁路车站 2 个（台州、台州南站），新建车站 16 个（武义东、永康东、申亭、壶镇、磐安南、仁川、横溪、白塔镇、田市、仙居南、下各、括苍、临海南、临海东、杜桥、头门港站）。远期预留车站 1 个（章安站）。

二、分站说明

（一）武义东站

武义东站为会让站，新设到发线 3 条（含正线 1 条），有效长满足 850 m，设基本站台 1 座，尺寸为 50 m × 6 m × 0.3 m，于车站金华端设置安全线 1 条。见图 30-3。

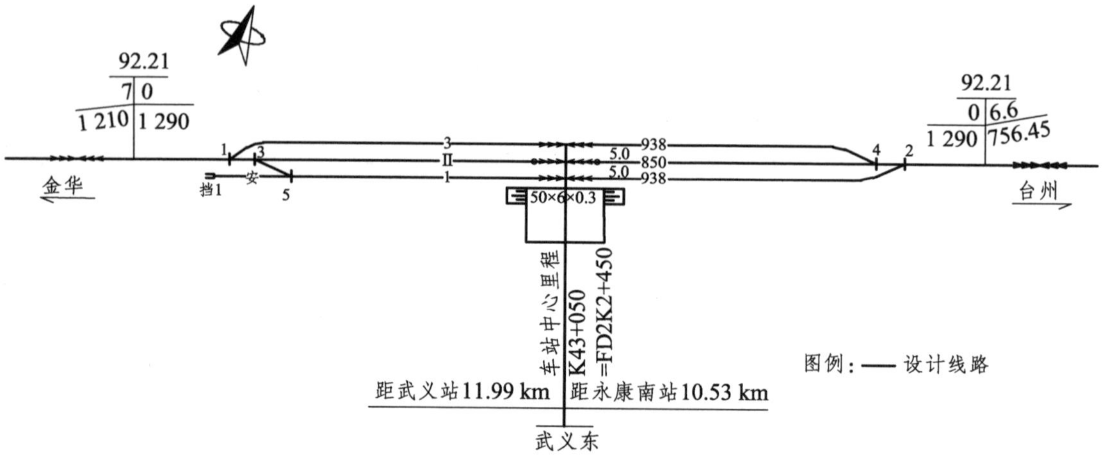

图 30-3　武义东站线路示意图

（二）永康南站

1. 既有车站概况

永康南站为既有金温新双线上的中间站，站中心里程为金温 K48+300，站房位于线路左侧，位于永康市江南街道西周村和大塘沿村，距离永康市中心 3 km。车站设到发线 4 条（含正线 2 条），设 550 m × 9 m × 1.25 m 基本站台和 550 m × 10.5 m × 1.25 m 中间站台各 1 座，设 1 ~ 8 m 地道 1 处。站同左设综合维修工区 1 处。车站温州端咽喉已预留金台铁路及金温货线接入条件。

2. 车站设计说明

金台铁路及金温货线从车站温州端引入，既有永康南站金温场增加 2 条到发线。根据金温双线预留位置，在既有（I）道和（3）道之间增加 1 条到发线与金台正线贯通，在既有中间站台外侧增加 1

条到发线，既有中间站台尺寸由 550 m×10.5 m×1.25 m 调整为 550 m×14.5 m×1.25 m，车站金华端、温州端咽喉区相应改建，新设安全线 1 条，有效长 50 m。

金温货线在车站南侧新设 2 条到发线，设 550 m×11 m×1.25 m 中间站台 1 座。金台铁路按单方向（下行）客车径路设计，金温货线按双方向（上行客货、下行货车）设计。见图 30-4。

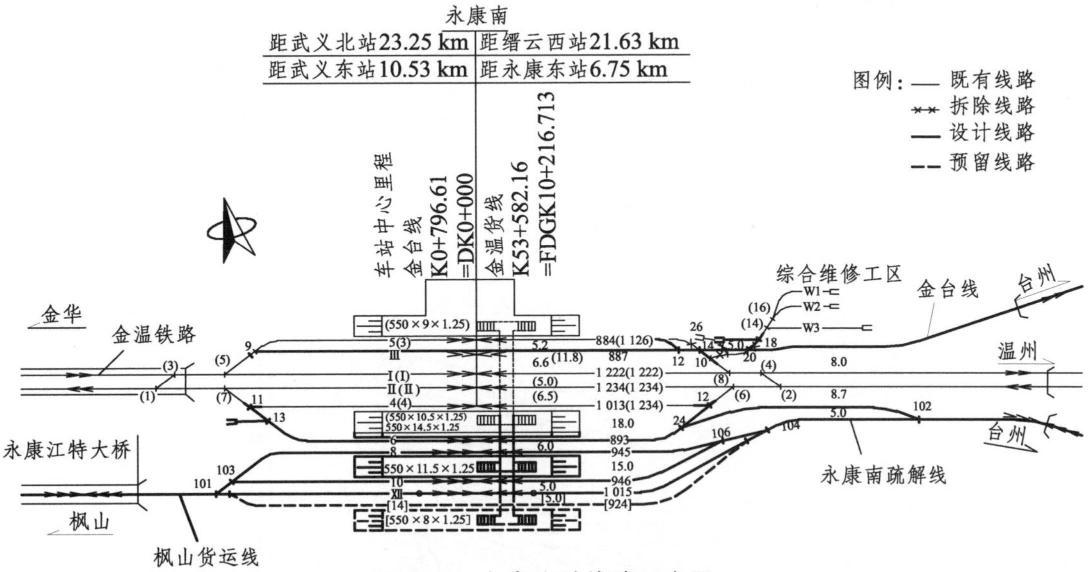

图 30-4 永康南站线路示意图

（三）永康东站

金温货线并行金台铁路右侧接入永康东站金华端，出站后金台线往台州方向延伸，金温货线止于永康东站。新碧联络线自台州端引入永康东站并与金温货线贯通。车站设到发线 7 条，预留到发线 2 条，有效长满足 850 m，站对右侧台州端设牵出线 700 m，站房设于线路右侧，同时新建机务折返所 1 处，内设新建机务折返段设机车出入段线 1 条，内燃机车整备待班线 1 条，电力机车整备待班线 1 条，机车折返线 1 条，机车走行线 1 条，车站金华端设安全线 2 条，温州端设安全线 1 条，机待线 1 条。

根据上海铁路局、金台铁路有限责任公司、永康市等相关单位意见，将金温货线永康站货运设施还建于永康东站，并将其打造为公铁联运的综合物流货场，综合性物流货场布置有铁路作业区、社会物流区，社会物流区设计工程包括仓储配送、加工包装作业区，综合服务区。综合服务区设办公生活服务区与物流中心的东部，永康东站只实施车场及铁路作业区，社会物流区暂缓实施。

铁路作业区设置 5 个作业区，长大笨重货物作业区、集装箱作业区、特货作业区、包装成件货物作业区、散堆装货物作业区。永康东站具有物流功能的综合性货场规模为：

（1）设尽端式小汽车装卸线 1 条（装卸有效长 700 m），并兼办到发作业，设 15 m×8.8 m×1.2 m 端部站台 1 座，满足小汽车装卸需求。

（2）设尽端式站台及仓库装卸线 2 条（装卸有效长 350 m），预留整列条件。采用电瓶叉车装卸，设 350 m×38 m×1.1 m 货物站台 2 座，满足五金制品、粮食等其他货物的装卸要求。

（3）设尽头式集装箱货物整列装卸线 2 条（装卸有效长 700 m），并预留两条，采用轨道式龙门吊装卸。

（4）设长大笨重货物贯通式和尽头式装卸线各 1 条，装卸有效长分别为 700 m、266 m，采用轨道式龙门吊装卸。

（5）设散堆装货物装卸线 1 条，装卸线西侧设置 280 m×30 m 平货位，采用铲车装卸，满足矿建性材料等其他货物的装卸要求。在装卸线尽端设置军用联合站台 1 座（25 m×8.8 m×1.2 m 尽端式和 110 m×25 m×1.1 m 侧面站台）。见图 30-5。

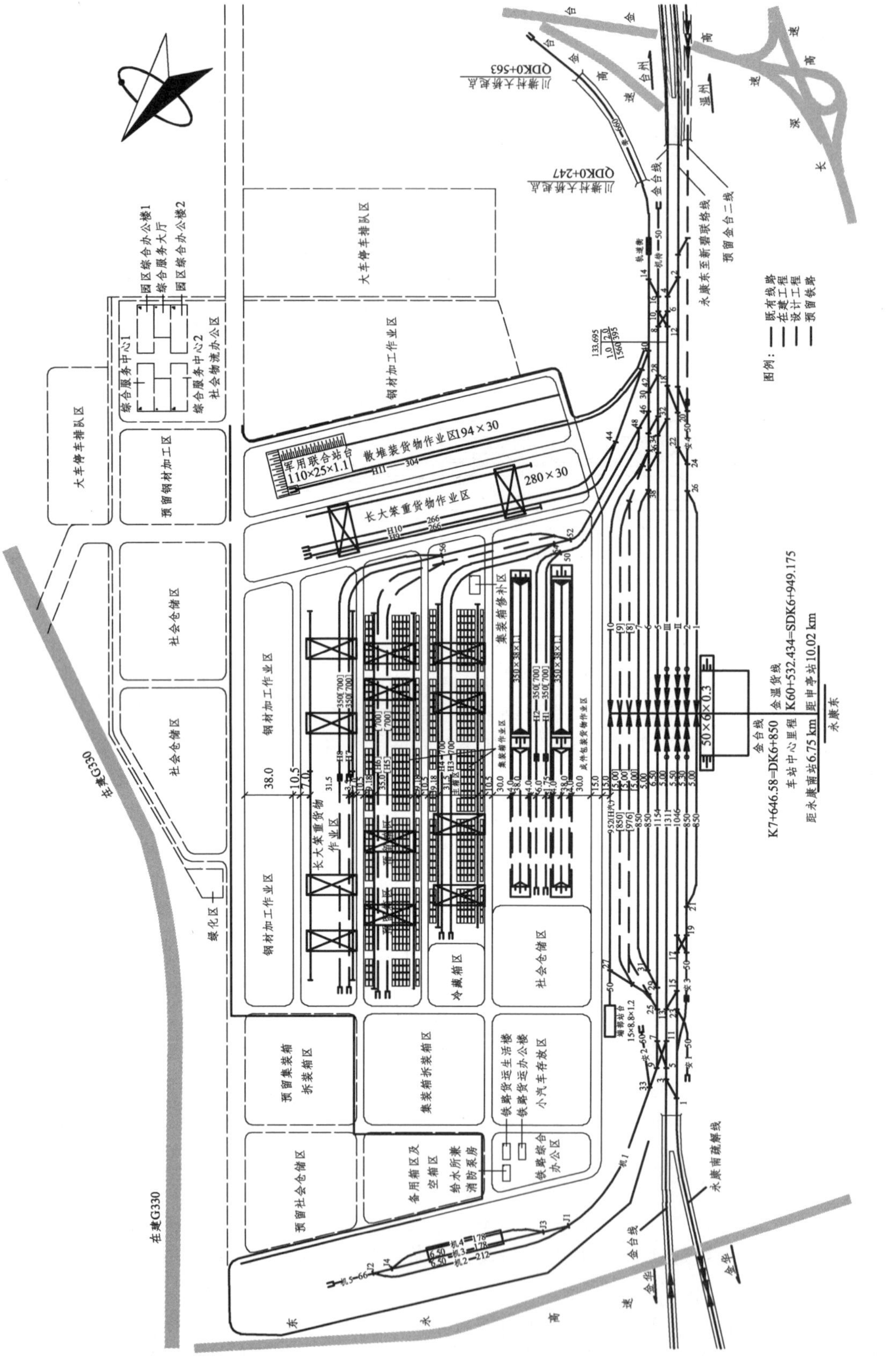

图 30-5 永康东站线路示意图

（四）申亭站

申亭站为会让站，新设到发线 2 条（含正线 1 条），有效长满足 850 m。设基本站台 1 座，尺寸为 80 m × 6 m × 0.3 m。见图 30-6。

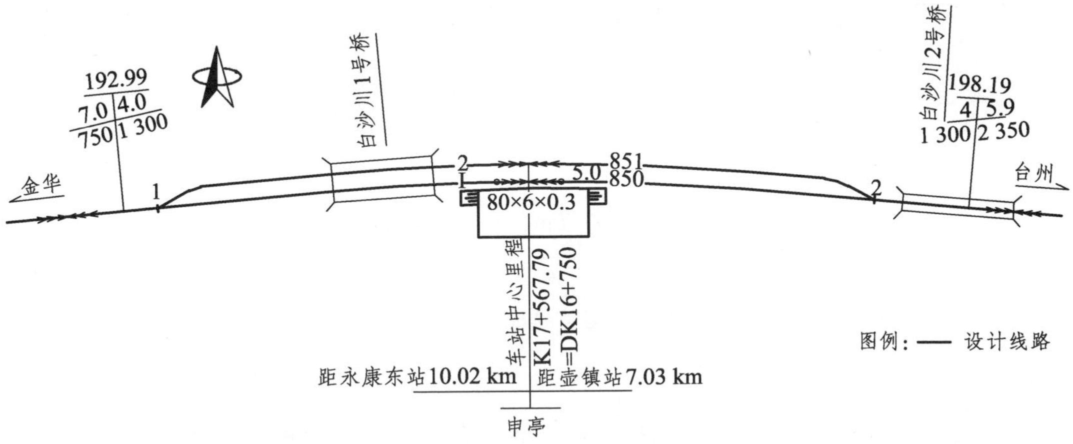

图 30-6　申亭站线路示意图

（五）壶镇站

壶镇站设到发线 4 条（含正线 1 条），远期预留 1 条，设 550 m × 8 m × 1.25 m 基本站台和 550 m × 8 m × 1.25 m 侧式站台各 1 座（两站台之间设 1 座 1 ~ 8 m 旅客地道），站对右设综合维修车间 1 处，站对侧设尽头式货场 1 处，内设货物线 1 条，有效长为 140 m。设牵出线 1 条，有效长 200 m。见图 30-7。

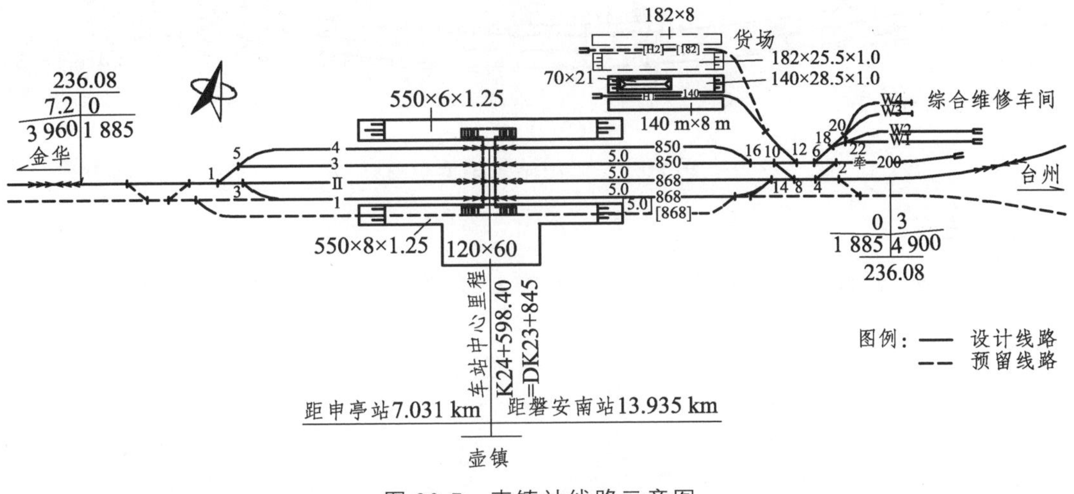

图 30-7　壶镇站线路示意图

（六）磐安南站

磐安南站为金台线上的中间站，办理客货运作业。站中心里程 DK37+800。车站站房设于线路右侧，设 550 m × 8 m × 1.25 m 基本站台 1 座，远期预留 550 m × 8 m × 1.25 m 侧式站台 1 座，设到发线 4 条（含正线 1 条），远期预留 1 条。货场设于站对左，内设装卸线 1 条，有效长为 140 m。设牵出线 1 条，有效长为 200 m。见图 30-8。

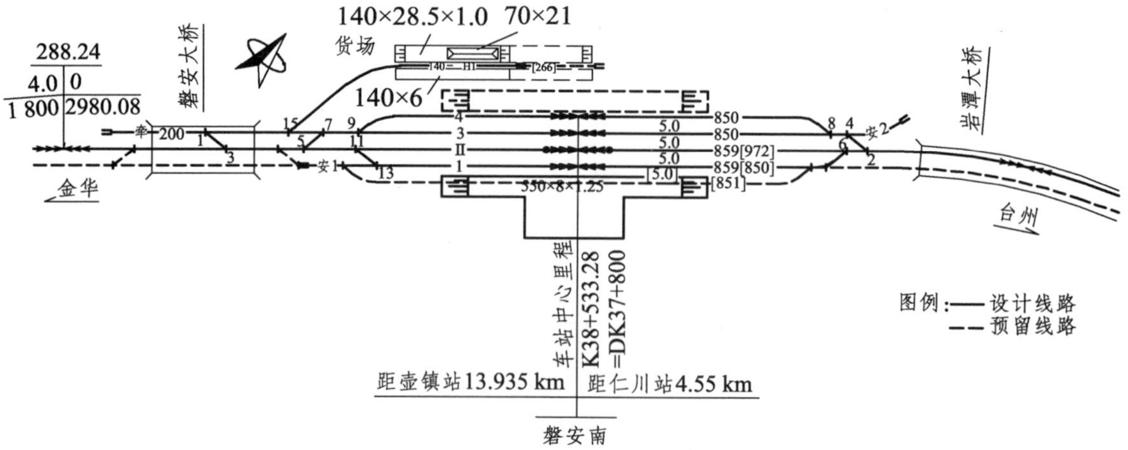

图 30-8 磐安南站线路示意图

（七）仁川站

仁川站为会让站，新设到发线 3 条（含正线 1 条），有效长满足 850 m。设基本站台 1 座，尺寸为 50 m×6 m×0.3 m。见图 30-9。

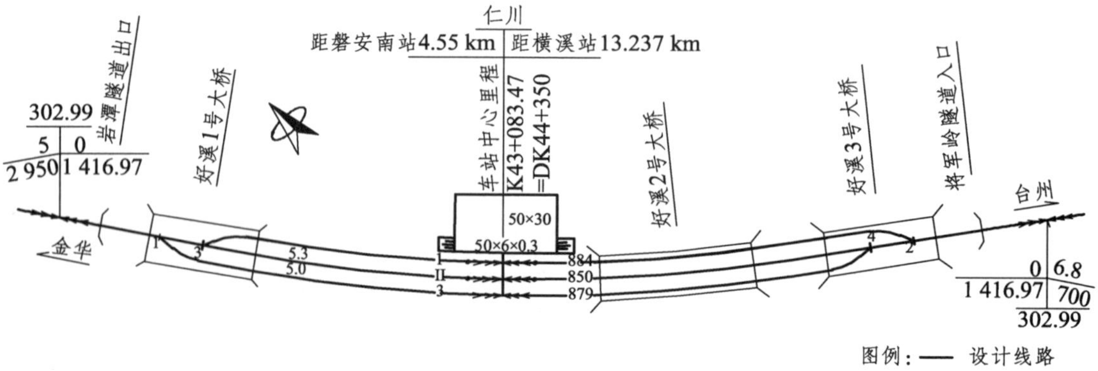

图 30-9 仁川站线路示意图

（八）横溪站

横溪站为会让站，新设到发线 2 条（含正线 1 条），有效长满足 850 m。见图 30-10。

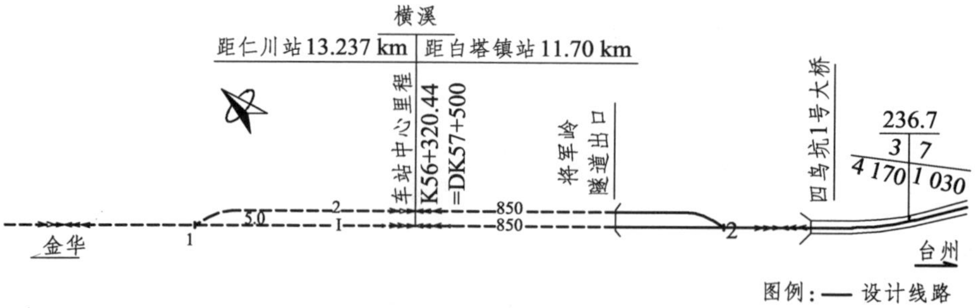

图 30-10 横溪站线路示意图

（九）白塔镇站

白塔镇站为会让站，新设到发线 3 条（含正线 1 条），有效长满足 850 m。设基本站台 1 座，尺寸为 50 m×6 m×0.3 m，于车站两端各设安全线 1 条。见图 30-11。

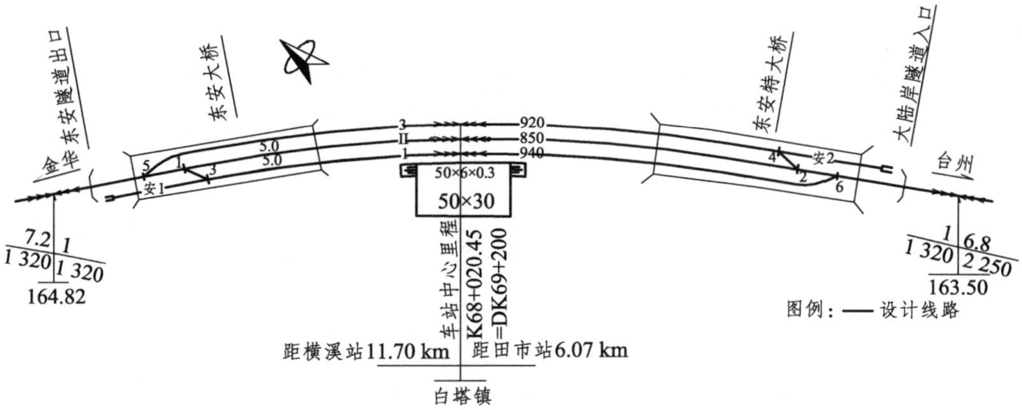

图 30-11 白塔镇站线路示意图

（十）田市站

田市站为会让站，新设到发线 2 条（含正线 1 条），有效长满足 850 m。设基本站台 1 座，尺寸为 50 m × 6 m × 0.3 m，于车站台州端设安全线 1 条。见图 30-12。

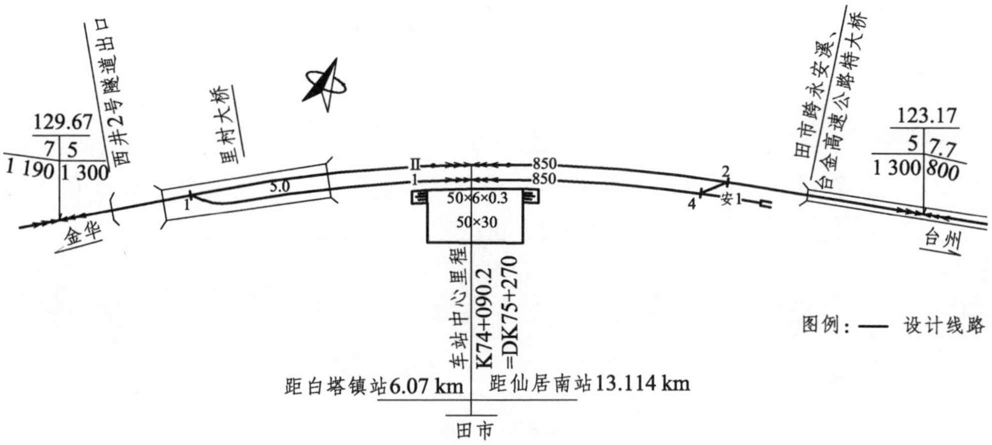

图 30-12 田市站线路示意图

（十一）仙居南站

仙居南站新设到发线 4 条（含正线 1 条），有效长满足 850 m。设基本站台和中间站台各 1 座，尺寸为 550 m × 8 m × 1.25 m，车站站同右侧设维修工区 1 座，内设工区线 2 条，维修工区走行线处设安全线 1 条。见图 30-13。

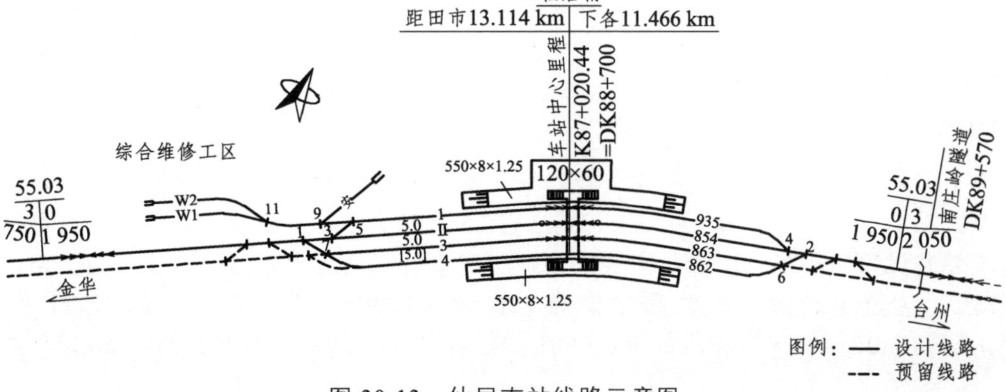

图 30-13 仙居南站线路示意图

（十二）下各站

下各站设到发线 4 条。站房设于线路左侧，受地形限制，货场设于站对侧台州端。货场内设尽头式货物线 1 条，有效长为 140 m，设牵出线 1 条，有效长 200 m。站对侧预留金台二线引入条件。见图 30-14。

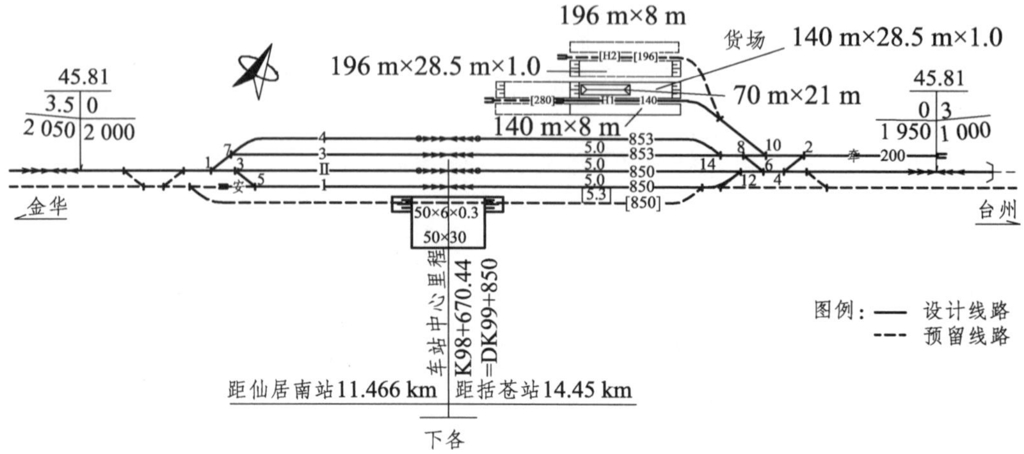

图 30-14 下各站线路示意图

（十三）括苍站

括苍站为会让站，新设到发线 2 条（含正线 1 条），预留到发线 2 条（含正线 1 条），有效长满足 850 m。设基本站台 1 座，尺寸为 50 m × 6 m × 0.3 m。见图 30-15。

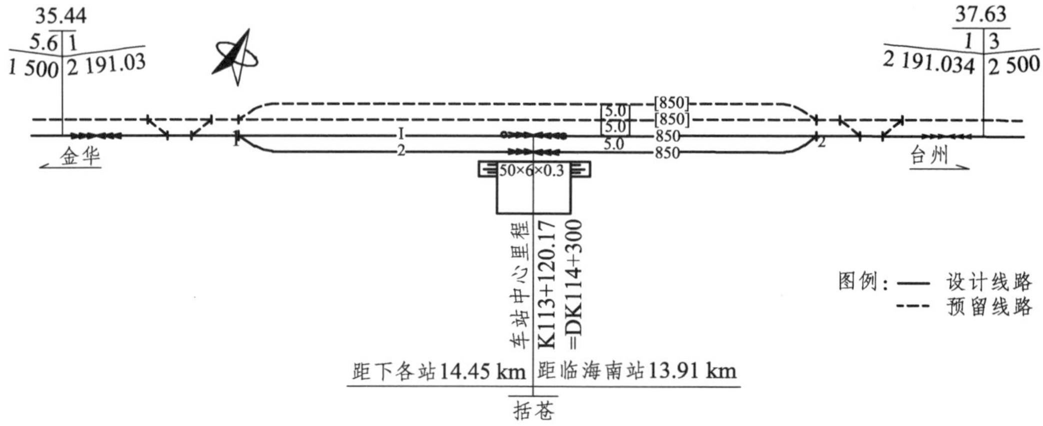

图 30-15 括苍站线路示意图

（十四）临海南站

1. 市域铁路设计方案

市域铁路于车站站房侧引入并行在建金台线临海南站设市域铁路站，车场与金台场横列布置，市域铁路按 2 侧式站台 2 线设计，设 140 m × 8.5 m × 1.25 m 站台 2 座，线间距为 4 m，市域铁路站台与金台线站台紧靠并设置防护隔离围墙，市域铁路站房与金台线临海南站站房合建。由于市域铁路尚未进入实施阶段，为避免后续市域铁路建设对金台线的运营干扰，减少后续废弃工程，将金台 DK127+901.10 ~ DK128+498.8 段相应的市域铁路（S3AK1+621.866 ~ S3AK2+219.566 段）线下工程同步实施。

2. 金台线临海南站设计方案

临海南站设到发线 4 条，设基本站台 1 座，尺寸为 550 m × 11.5 m × 1.25 m，考虑市域铁路引入后临海南站客流量增加，旅客换乘频次增多，故新建 550 m × 8 m × 1.25 m 侧式站台一座，并设 2 座 1～8 m 地道，设维修车间 1 座，内设为维修线 4 条，接轨处设到发线 1 条。见图 30-16。

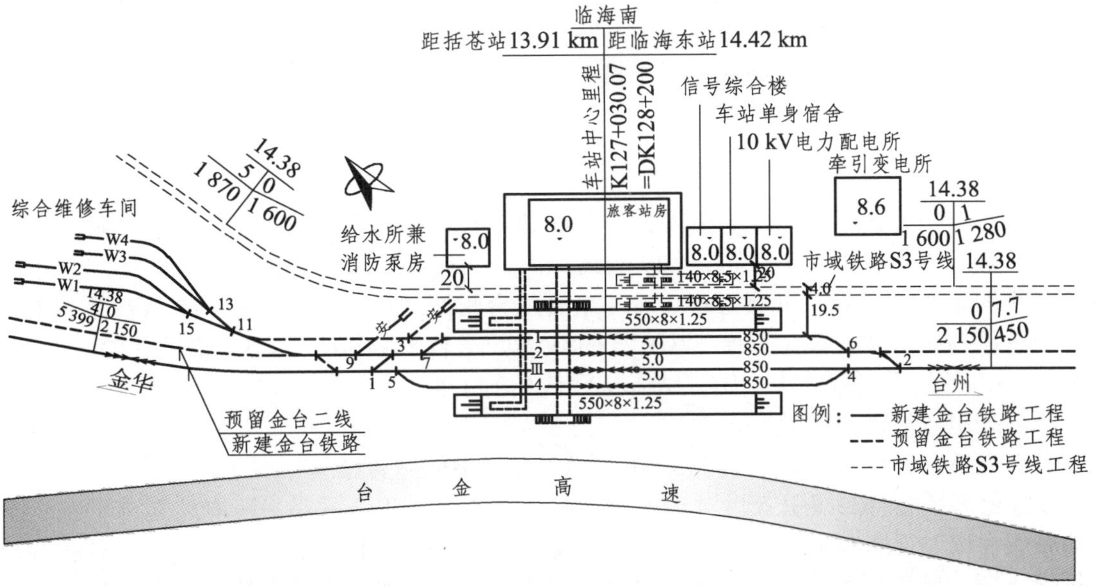

图 30-16　临海南站线路示意图

（十五）临海东站

车站站房设于线路左侧，设到发线 5 条（含正线 1 条），预留 1 条，头门港线自车站台州端线路左侧引入；远期形成金台二线自站房对侧引入，头门港线中穿金台双线格局。车站对侧设货场 1 处，内设集装箱装卸线 1 条，有效长为 154 m，站台及散堆装货物线设 1 条，有效长为 140 m，设牵出线 1 条，有效长为 200 m。车站设安全线 1 条，有效长为 50 m。见图 30-17。

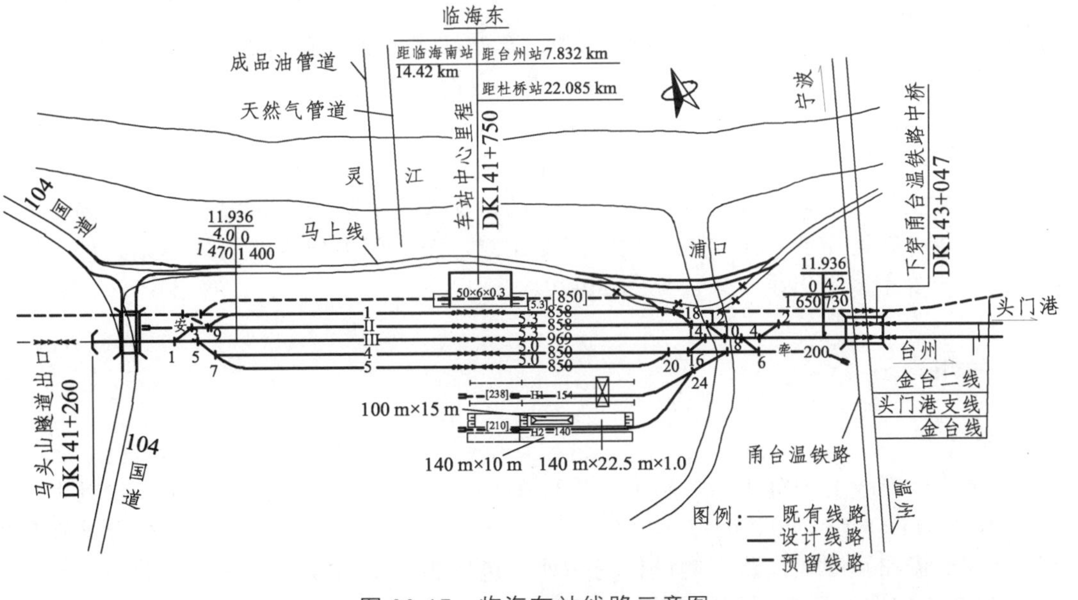

图 30-17　临海东站线路示意图

（十六）台州站

1. 既有车站概况

台州站为甬台温线上的客运站，位于台州市黄岩区北城街道王林村附近，距黄岩中心区 5 km，距离椒江中心城区 15 km，距路桥中心城区 15 km。站中心里程 K150+451.47=LDK0+000，站房位于线路右侧，设到发线 7 条（含正线 2 条），设 500 m × 18.5 m × 1.25 m 基本站台 1 座和 500 m × 11.5 m × 1.25 m 中间客运站台 2 座，旅客地道 1 处，天桥 1 座。

2. 车站设计说明

（1）市域铁路设计方案。

市域铁路于金台普速车场站房侧引入，并行在建金台线横列布置市域铁路站，市域铁路车场按 2 线夹 1 台形式设计，设 140 m × 12 m × 1.25 m 岛式站台 1 座，于温州段咽喉设渡线 1 组，市域铁路车场范围内正线间距为 15.5 m，市域铁路站房与金台线台州站站房合建。考虑到市域铁路尚未进入实施阶段，市域铁路与金台并行段（市域 S2DK21+985.977=金台 DK150 +924.5 ~ 市域 S2DK22+797.62=金台 DK150+113）的线下工程同步实施，纳入金台线站前工程。

（2）金台线引入后台州站设计方案。

金台线引入后新设金台场，规模为 2 台 6 线，新增中间站台 2 座，站台尺寸为 550 m × 11.5 m × 1.25 m。为避免远期金台二线引入后对车站两端咽喉的改建工程，减小对既有线运营干扰，车站咽喉区按远期布置，调整近期实施工程。于车站金华端新设客整所 1 座，设整备线 4 条、车底停留线 2 条，临修镟轮线 1 条，预留车底停留线 3 条，并设牵出线 1 条。台州站平面布置示意图详见图 30-18。

（十七）杜桥站

杜桥站新设到发线 3 条，设基本站台 1 座，尺寸为 550 m × 8 m × 1.25 m，车站站对左侧设维修工区 1 座，内设工区线 2 条，设牵出线 1 条。车站两端各设安全线 1 条。见图 30-19。

（十八）头门港站

头门港站为中间站，站中心里程 TDK43+650，车站站房设于线路右侧，车站近期设到发线 3 条，设 550 m × 8 m × 1.25 m 基本站台 1 座，设货场 1 座，内设货物线 2 条，有效长分别为 308 m、140 m，设牵出线 1 条，有效长为 200 m。由于区域内填海工程正在实施，周边基础设计配套较薄弱，根据港区规划及货运量预测，远期头门港站为港区技术作业站，主要办理头门港内各支线、头门港站货场与金台线金华方向货物列车的通过和解编作业，以及港口支线、货场与甬台温线宁波、温州方向货物列车的解编作业，兼办客运作业，预留大石化方向专用线、至头门港段铁路引入车站条件，车站预留到发线 4 条，调车线 6 条，牵出线 1 条。见图 30-20。

（十九）台州南站

1. 既有车站概况

台州南站为甬台温线上的货运站，站中心里程 J165+217，站房位于线路右侧，设到发线 6 条（含正线 2 条），设 95 m × 8.5 m × 0.3 m 基本站台 1 座。车站温州端咽喉线路右侧设综合维修车间一处，包括 6 条维修线。温州端咽喉线路左侧设货场一处，包括 3 条货物线，有效长分别为 210 m，210 m，266 m。大麦屿专用线在车站温州端咽喉接轨。

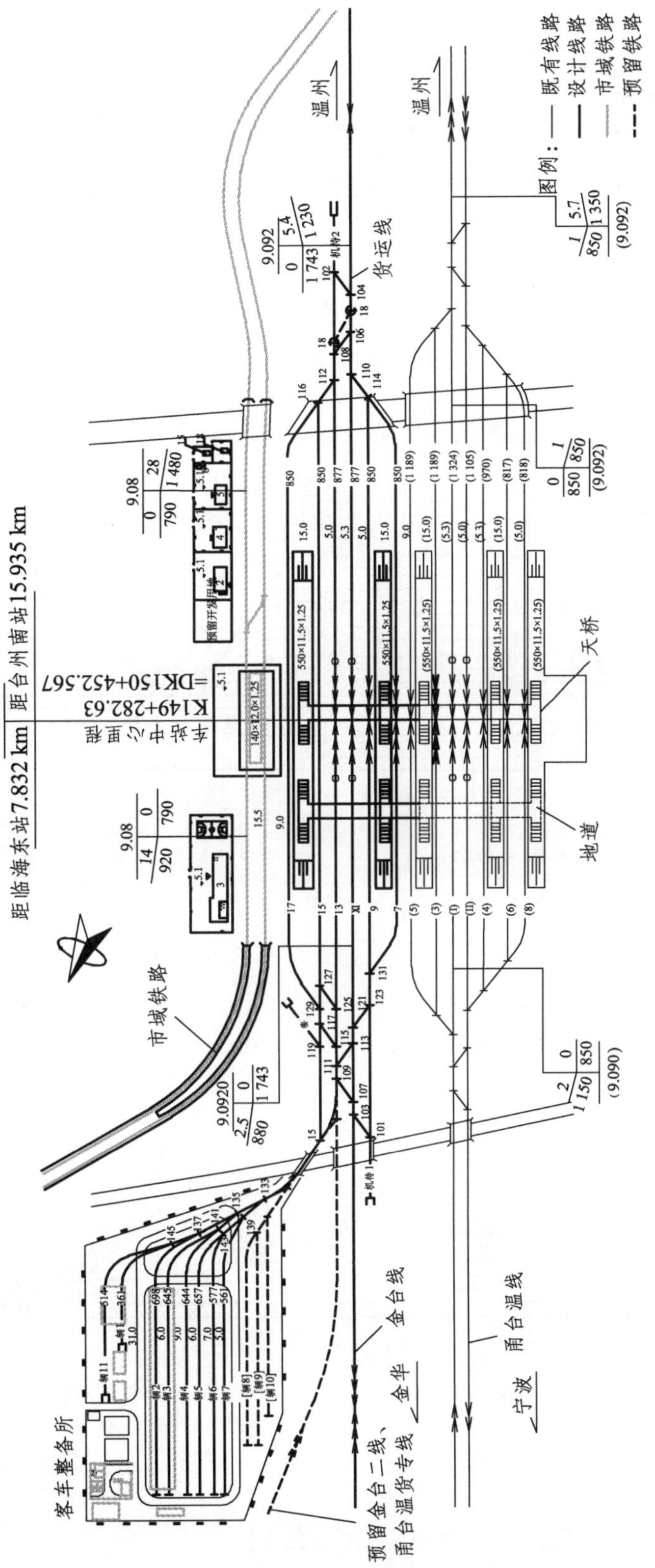

图 30-18 台州站线路示意图

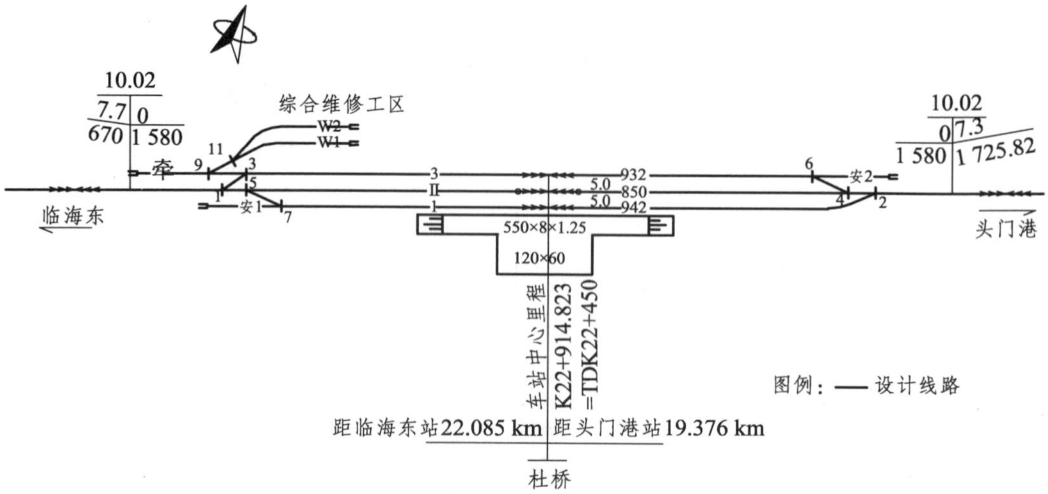

图 30-19　杜桥站线路示意图

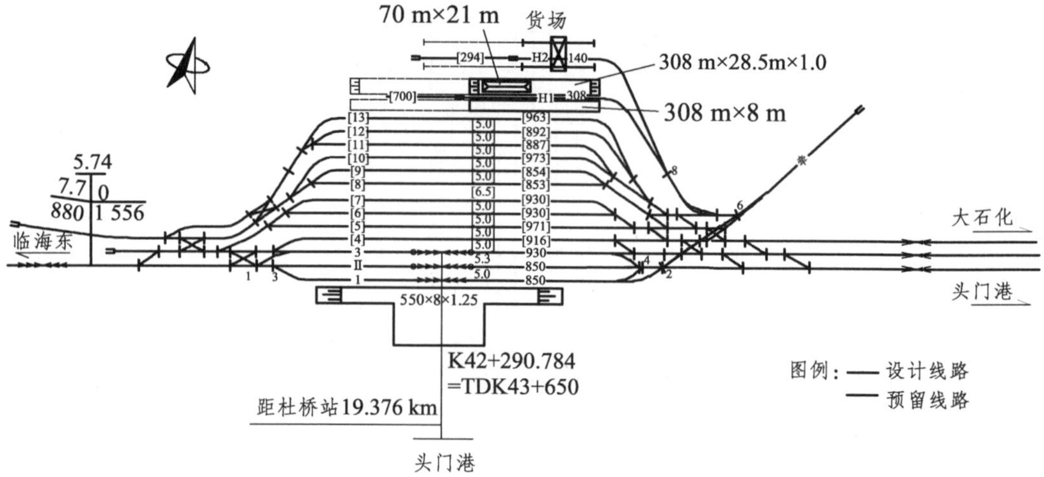

图 30-20　头门港站线路示意图

2. 车站设计说明

金台线引入车站后，在甬台温车场东侧并站新建金台场，设 3 条到发线，有效长均满足 850 m，于车场温州端设机待线 1 条。在车站外侧预留综合性货场 1 处。见图 30-21。

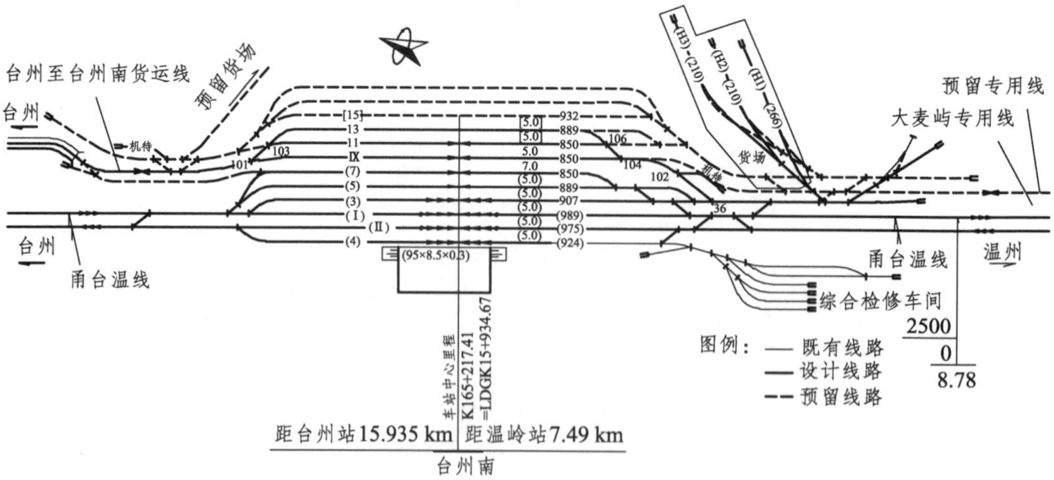

图 30-21　台州南站线路示意图

第四节 引入枢纽工程设计

新建金华至台州铁路位于浙江省中东部的金华、丽水、台州地区。线路自金温新双线永康南站温州端向东南疏解引出，向东经丽水市缙云县所辖的壶镇、金华市所辖的磐安、台州市所辖的仙居、临海和台州城区，接入甬台温铁路台州站。同时修建台州站至台州南站段货运线、头门港支线，修建永康南站至既有金温线枫山段货运线并新建武义东站。金台铁路涉及的地区主要有金华（永康）地区和台州铁路地区。

一、金华（永康）地区

永康地区目前有金温货线和金温铁路。金温货线自地区南部向北穿过永康市后折向东，新金温新线在永康市西侧自东北至西南而过。

金温货线：是我国第一条由地方、原铁道部和香港三方合资建设的铁路，金温货线为单线、内燃牵引、半自动闭塞铁路，线路允许速度仅为 60 km/h，货物列车采用 DF4 型内燃机车牵引，牵引质量为 2 800 t。金温货线在永康市境内自南向北设新碧、石柱、永康、枫山站 4 个车站，除永康站为办理客货运作业的中间站外，其余 3 个车站均为会让站。

金温铁路：为设计时速 200 km/h 的国铁 I 级双线电气化铁路，最小曲线半径为 3 500 m，牵引质量 4 000 t。金温铁路在永康地区设永康南和武义北站，均办理客运作业，全线货运作业暂不办理。

金台铁路引入永康地区设永康东站后，分方向疏解（设金台正线及永康南疏解线）引入永康南站并接轨于永康南站，永康南站设普速货车场，引枫山货运线至枫山站北侧设武义东站后与金温货线接轨，将永康市境内金温货线新碧至枫山站段线路废弃，修建新碧至永康东站联络线与永康南疏解线及枫山货运线连通，形成金温货线新的通路与金温货线连通。

金温货线外迁后，将既有永康站货运设施还建于金台线永康东站，永康东站为地区唯一货运技术作业站，既有永康站客运设施还建与永康南站普速场，永康南站办理永康市客运作业。

金台铁路及金温货线从永康南站温州端引入，既有永康南站金温场增加 2 条到发线。根据金温双线预留位置，在既有（I）道和（3）道之间增加 1 条到发线与金台正线贯通，在既有中间站台外侧增加 1 条到发线，既有中间站台尺寸由 550 m × 10.5 m × 1.25 m 调整为 550 m × 14.5 m × 1.25 m，车站金华端、温州端咽喉区相应改建，新设安全线 1 条，有效长 50 m。

金温货线在车站南侧新设 2 条到发线，设 550 m × 11 m × 1.25 m 中间站台 1 座。金台铁路按单方向（下行）客车径路设计，金温货线按双方向（上行客货、下行货车）设计。

永康东站设到发线 7 条，预留到发线 2 条，有效长满足 850 m，站对右侧台州端设牵出线 700 m，站房设于线路右侧，同时新建机务折返所 1 处，内设新建机务折返段设机车出入段线 1 条，内燃机车整备待班线 1 条，电力机车整备待班线 1 条，机车折返线 1 条，机车走行线 1 条，车站金华端设安全线 2 条，温州端设安全线 1 条，机待线 1 条。

金华（永康）地区总布置详见图 30-22。

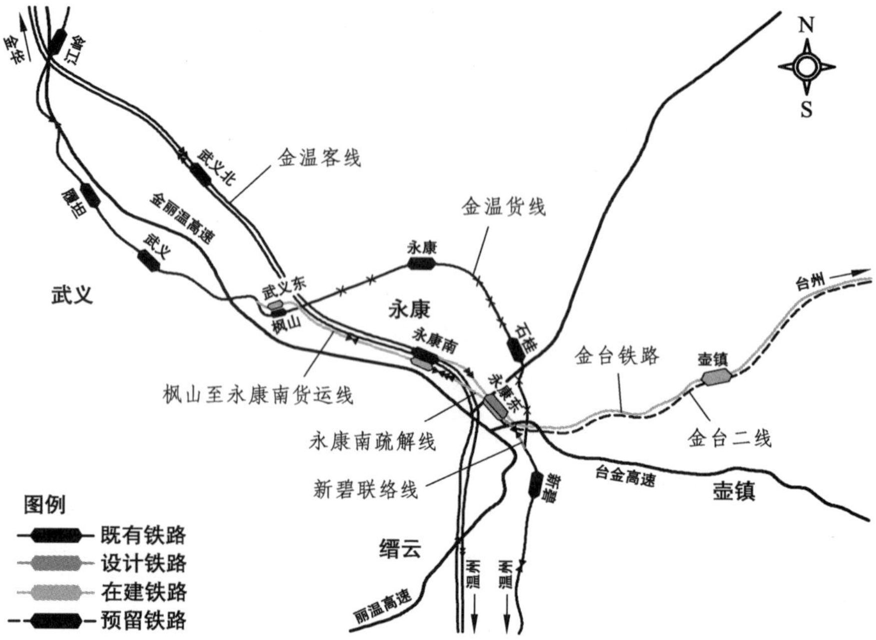

图 30-22 金华（永康）地区总布置示意图

二、台州地区

台州地区既有甬台温铁路，从东北向西南依次设有三门、临海、台州、台州南、温岭 5 个车站。其中台州站为地区主要客站，台州南站为办理货运作业的中间站，宁海、三门、临海为办理客货运作业的中间站，温岭为客运办理站。

随着地区内规划铁路的逐次建设运营，台州地区衔接 5 条干线铁路（甬台温铁路、杭绍台铁路、甬台温高铁、金台城际、金台线），4 个方向（杭州、宁波、温州、金华）；4 条支线铁路（头门港支线、大麦屿支线、大石化支线、健跳支线）；规划市域轨道交通网由 2 条线组成（S1、S2）。各干线、支线铁路与市域铁路共同构成了台州铁路枢纽。

线网系统：线网系统由高速铁路、快速客货共线铁路、普速铁路和市域铁路构成。

高速铁路：杭绍台铁路、甬台温高铁。

快速客货共线铁路：甬台温铁路。

普速铁路：金台线及地区内的支线、专用线。

市域铁路：由南北向的 S1 线和南北 ~ 东西 ~ 南北走向 S2 线构成。市域铁路系统相对独立。

客运系统：研究年度地区内办理客运作业的中间站主要有临海站、台州站、台州中心站、温岭站。其中台州中心站是城市的主客站，该站与 S1、S2 等市域铁路、相关的城市道路系统共同构建了台州综合交通枢纽。

金台铁路引入台州地区台州站，于车站东侧新设普速场，后延伸接入杭深铁路台州南站。台州站新设金台场（普速场），规模为 2 台 6 线，新增中间站台 2 座，站台尺寸为 550 m × 11.5 m × 1.25 m。为避免远期金台二线引入后对车站两端咽喉的改建工程，减小对既有线运营干扰，车站咽喉区按远期布置，调整近期实施工程。于车站金华端新设客整所 1 座，设整备线 4 条、车底停留线 2 条，临修镟轮线 1 条，预留车底停留线 3 条，并设牵出线 1 条；金台线引入台州南站后，在甬台温车场东侧并站新建金台场，设 3 条到发线，有效长均满足 850 m，于车场温州端设机待线 1 条。在车站外侧预留综合性货场 1 处。

台州铁路地区总布置详见图 30-23。

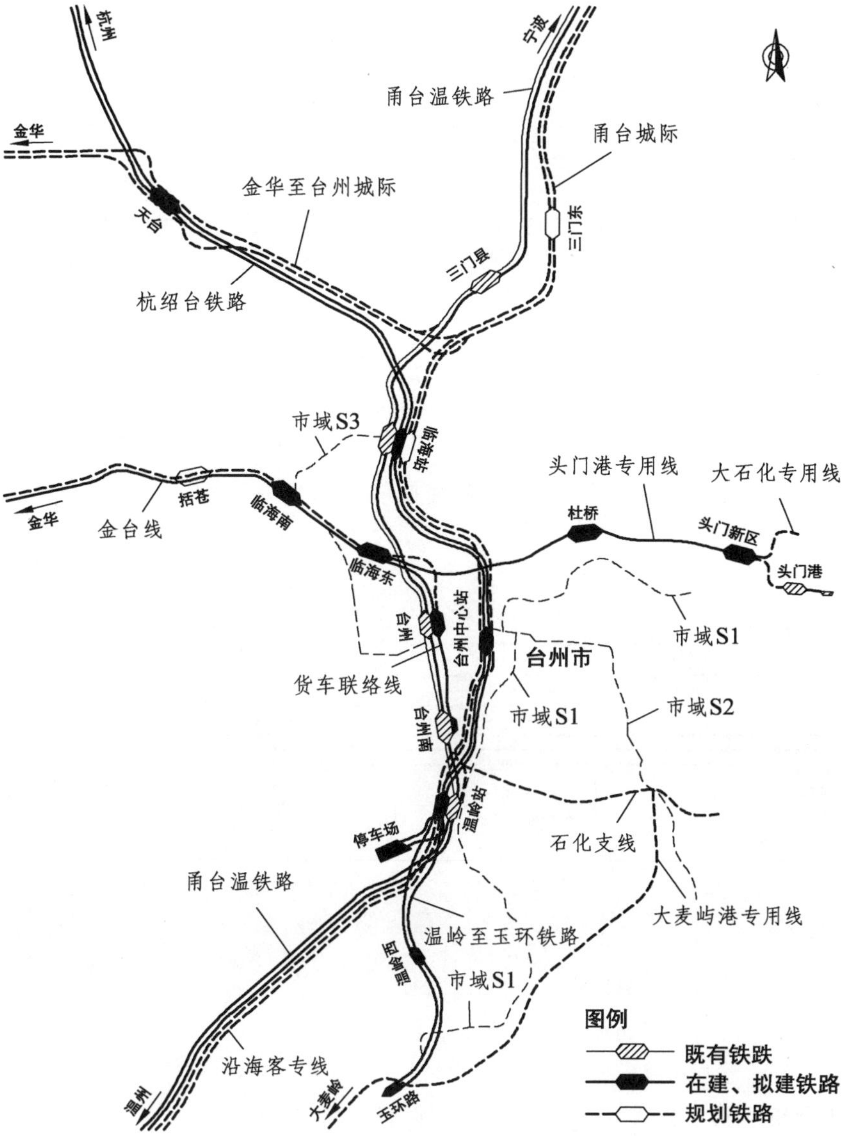

图 30-23 台州铁路地区总布置示意图

第五节 接轨站施工过渡设计

一、台州南站施工过渡说明

金台线引入车站后，在甬台温车场东侧并站新建金台场，设 3 条到发线，有效长均满足 850 m，于车场温州端设机待线 1 条。在车站外侧预留综合性货场 1 处。台州南施工过渡说明如下：

第一步：

（邻近营业线）按设计位置完成预铺台州南货运线正线，原位铺设 9 道、11 道、13 道、机待 1 线；101#道岔、103#道岔、106#道岔、104#道岔、102#道岔，同步在岔位外侧预拼 36#道岔。

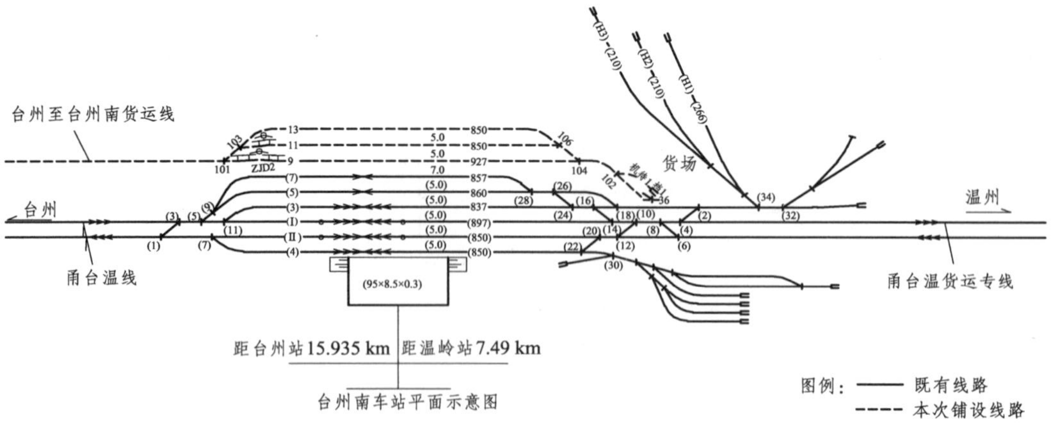

图 30-24

第二步：封锁台州南站，切割绝缘，电务联锁换装，启用新站型。

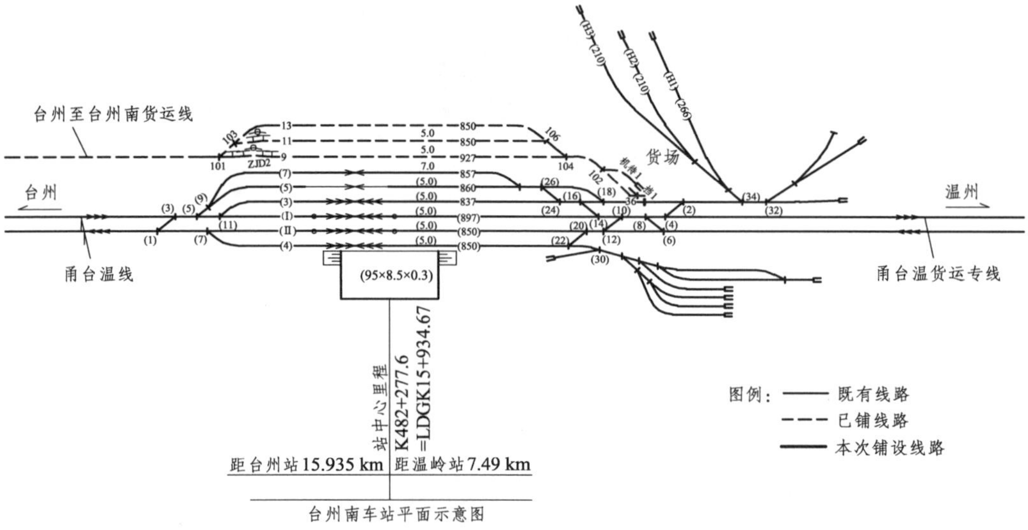

图 30-25

第三步：封锁台州南站，插入 36#道岔，岔后直股连接 102#道岔岔后直股，开通线路。

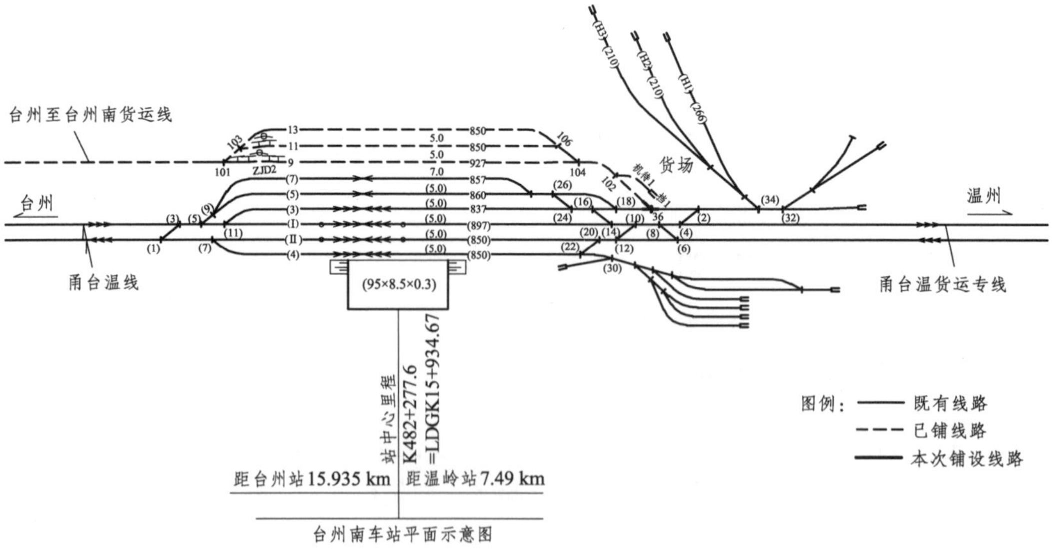

图 30-26

二、永康南站施工过渡说明

金台铁路及金温货线从车站温州端引入，既有永康南站金温场增加 2 条到发线。根据金温双线预留位置，在既有（Ⅰ）道和（3）道之间增加 1 条到发线与金台正线贯通，在既有中间站台外侧增加 1 条到发线，既有中间站台尺寸由 550 m × 10.5 m × 1.25 m 调整为 550 m × 14.5 m × 1.25 m，车站金华端、温州端咽喉区相应改建，新设安全线 1 条，有效长 50 m。

金温货线在车站南侧新设 2 条到发线，设 550 m × 11 m × 1.25 m 中间站台 1 座。金台铁路按单方向（下行）客车径路设计，金温货线按双方向（上行客货、下行货车）设计。永康南站施工过渡说明如下：

第一步：预铺 6、8、10、Ⅻ道、金台正线、安 2 线、24# ~ 102#之间渡线；原位铺设 101#、103#、13#、102#、104#、106#、24#道岔（邻近营业线）。

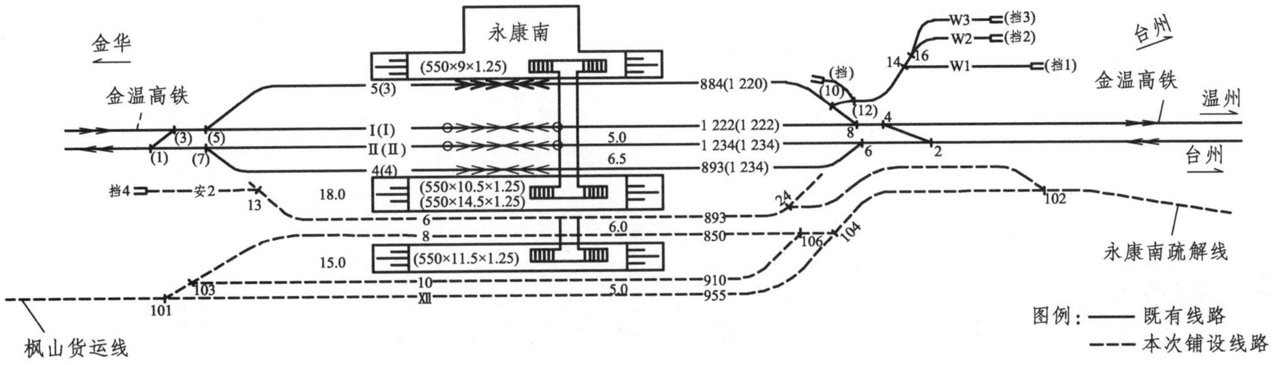

图 30-27

第二步：

① 邻近营业线，在隔离栅栏外人工铺轨至 K50+400 处；

② 邻近营业线，在隔离栅栏外预拼新Ⅲ道轨排、22#道岔；

③ 封锁永康南站，改造既有（3）道外临时隔离栅栏（K49+910 ~ K50+100），新Ⅲ道预铺道砟，横移轨排及 22#道岔至新Ⅲ道，再纵移到位；

④ 封锁永康南站，改移安全线处既有隔离；

⑤ 邻近营业线，在隔离栅栏外安 1 线处预拼 20#道岔，预拼 18#道岔，20# ~ 10#之间轨排。

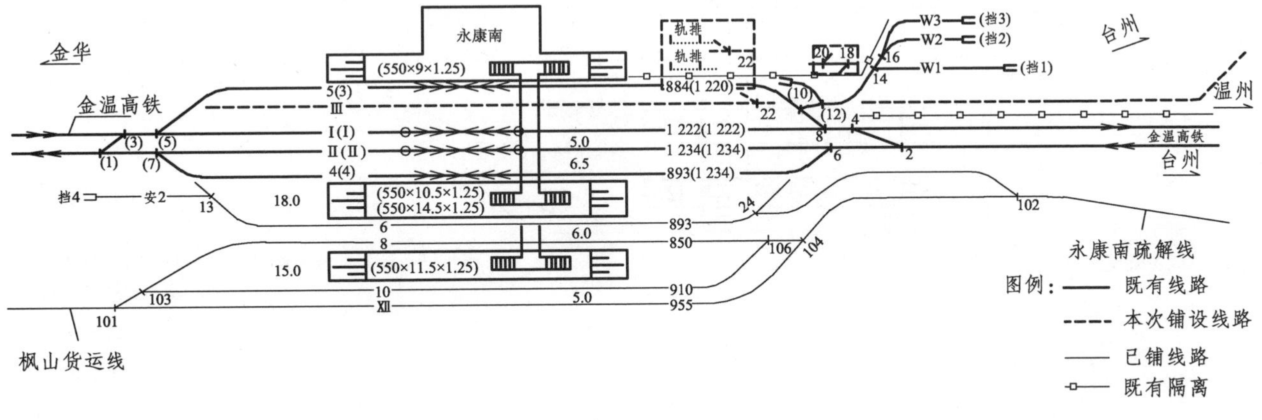

图 30-28

第三步：

① 封锁永康南站，进行永康南站切割绝缘施工，跳线临时连通轨道电路；

② 邻近营业线，在既有 3 道隔离栅栏外预拼 10#道岔；

③ 封锁永康南站，拆除 22#岔位对应既有（3）道外隔离，横移 10#道岔至Ⅲ道；

④ 邻近营业线，在维修工区外侧已铺金台正线上预拼 20#岔后轨排；

⑤ 封锁永康南站，在既有（Ⅰ）道与Ⅲ道之间搭设硬隔离。

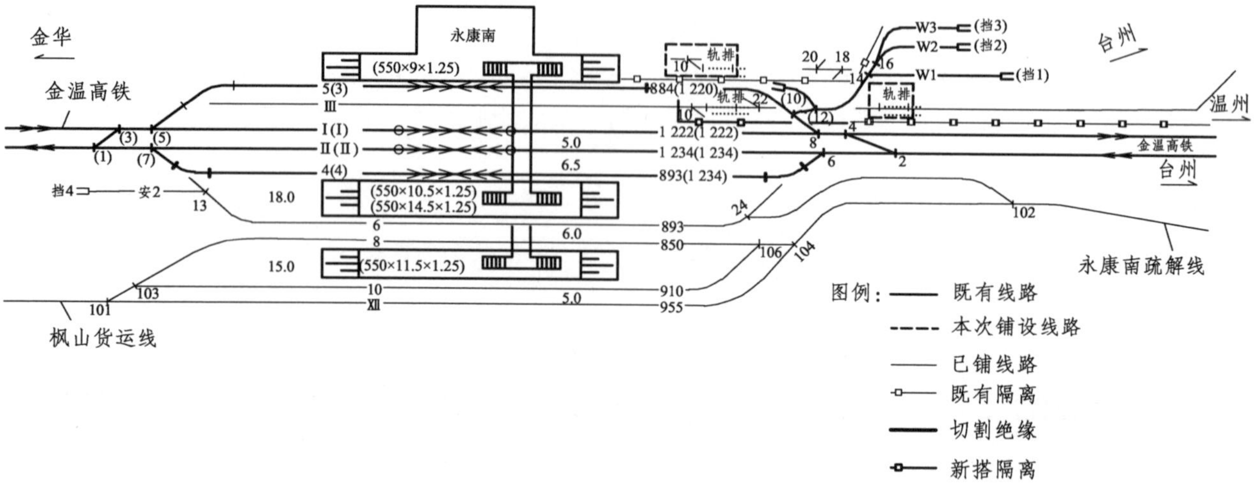

图 30-29

第四步：

① 封锁永康南站，停用既有 12#道岔、既有安全线及综合维修工区，搭设Ⅰ～Ⅲ道之间施工隔离；

② 同步拆除既有 12#道岔、既有安全线及 12#岔至维修工区线路；

③ 同步横移 20#、18#岔就位；

④ 同步横移、纵移 20#岔前岔后轨排就位；

⑤ 同步拨移既有线路至 18#岔；

⑥ 同步铺设新安全线；

⑦ 连通相关线路，人工上砟整道；

⑧ 回收、堆码旧料。

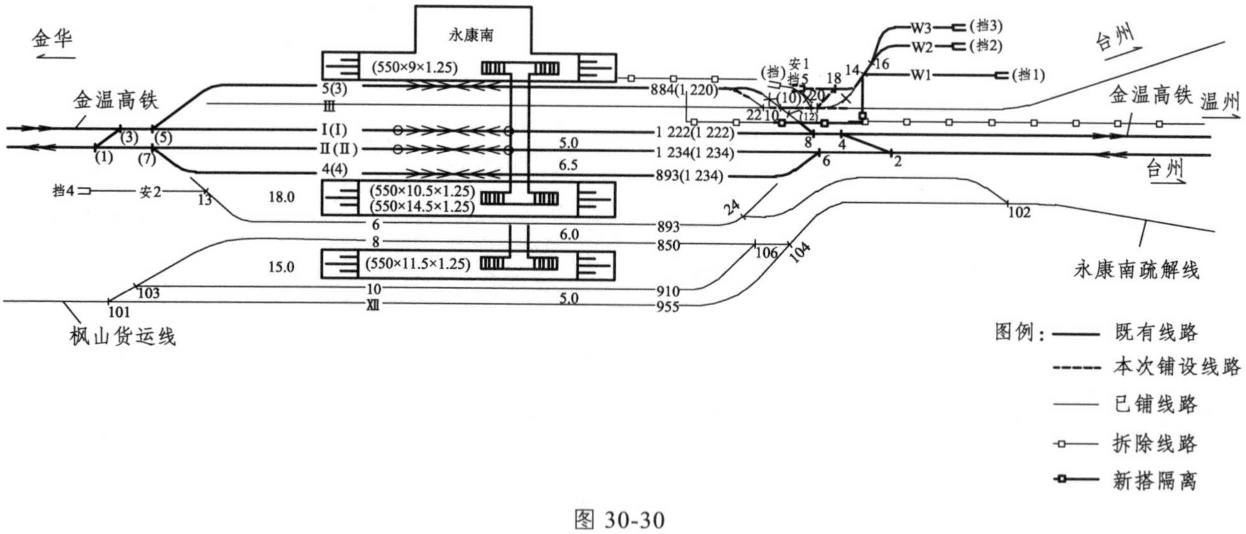

图 30-30

第五步：

① 封锁永康南站，停用既有（12#）道岔、既有（3）道、既有安全线及维修工区；

② 同步搭设Ⅰ～Ⅲ道之间剩余部分施工隔离；

③ 同步拨移22#岔后既有（3）道线路，人工初步整道；

④ 同步拆除既有（10#）；

⑤ 纵移10#道岔就位，同步横移纵移10#道岔与20#道岔之间轨排就位，10#与既有（8#）暂不连通；

⑥ 连通线路后，人工初步整道，K车补砟，大机捣固、钢轨焊接；

⑦ 大封锁前，道岔捣固车、K车在新蝙蝠岭隧道进口处待命，待线路连通后进入站内补砟，补砟结束后返回金台正线；

⑧ 回收、堆码旧料。

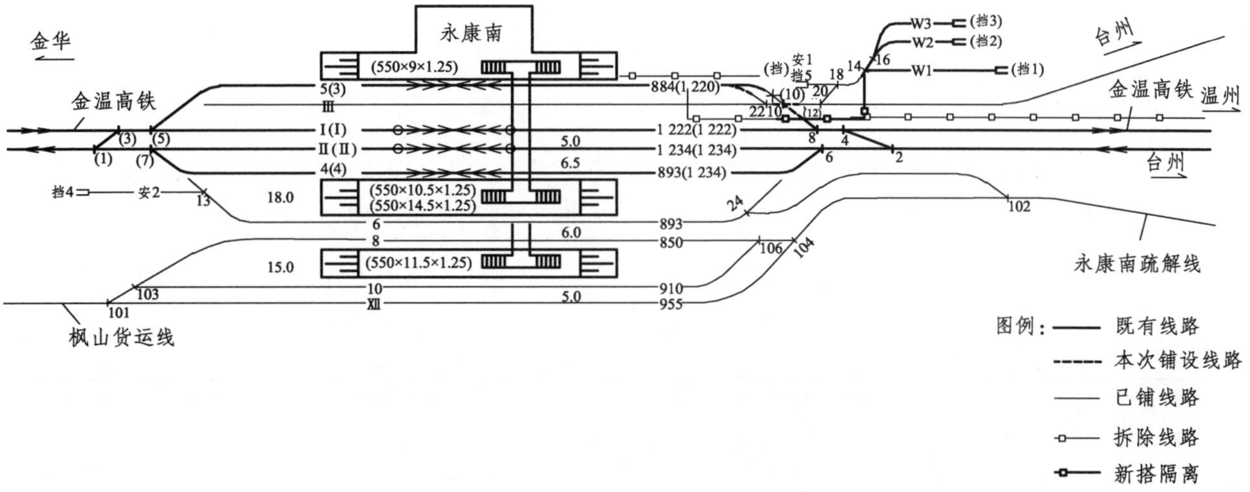

图 30-31

第六步：

① 道岔捣固车进行22#岔后侧股线路捣固；

② 连通新10#-既有（8）#渡线进行铝热焊接、大机捣固，施工结束后道岔捣固车返回工程线；

③ 同步拆除Ⅰ、Ⅲ道之间物理隔离。

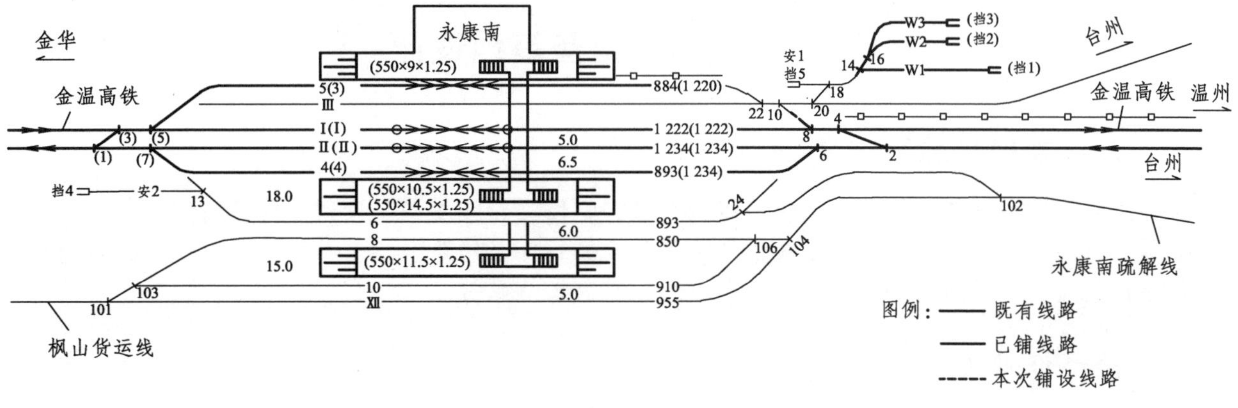

图 30-32

第七步：

① 封锁永康南站，Ⅲ道上砟整道，无缝线路施工；

② 邻近营业线，在（5）道隔离外侧预拼9#道岔；

③ 封锁永康南站，拆除（5）道外侧隔离，先横移9#道岔至Ⅲ道，再纵移至岔位附近。

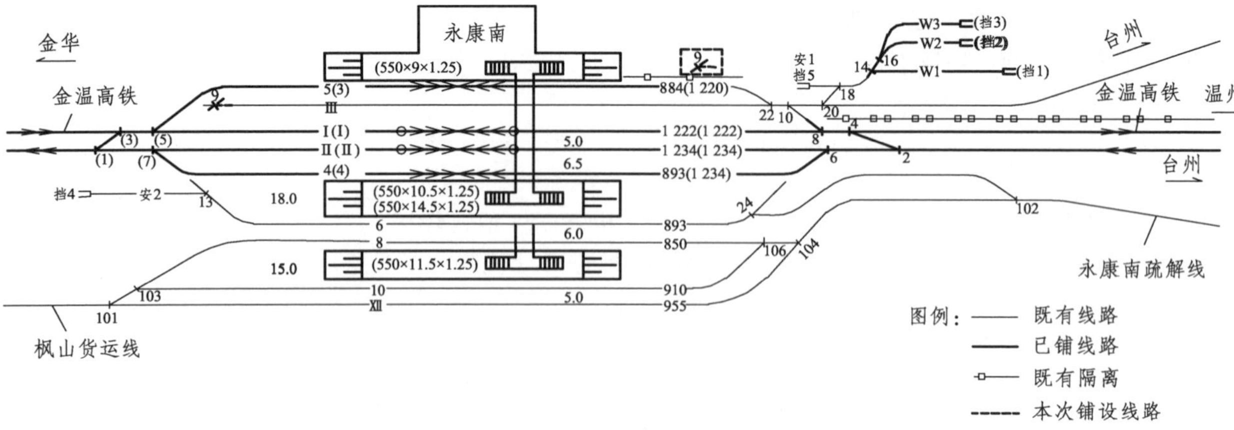

图 30-33

第八步：

① 在岔位外侧预拼 11#、12#道岔。在金台铁路开通前，插入 11#、12#道岔，连通 6 道；

② 封锁永康南站，插铺 9#道岔连通Ⅲ道。点毕，同步开通Ⅲ道、6 道、金台正线。

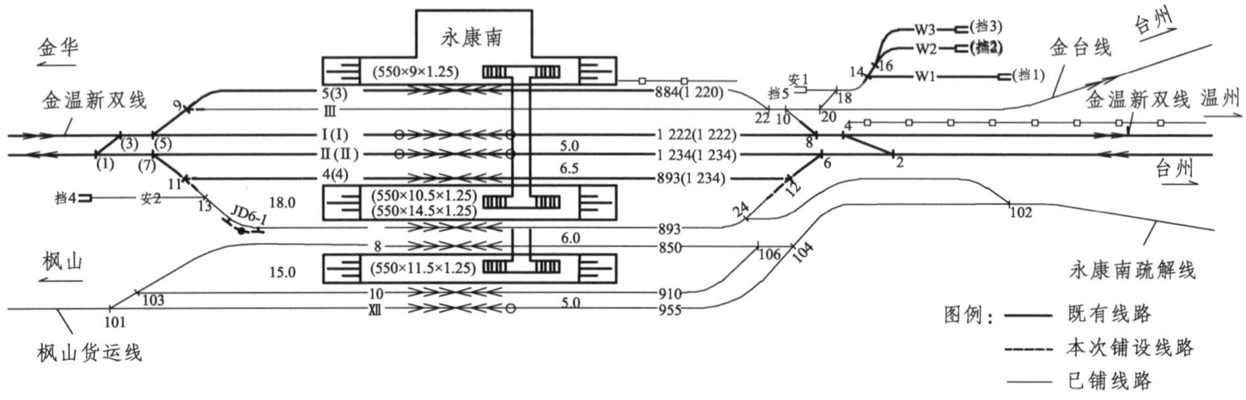

图 30-34

第六节　动车整备基地设计

一、设计规模及总图布置

台州客整所设有整备线 4 条，车底停留线 2 条，临修镟轮线 1 条。预留车底停留线 3 条。生产生活房屋集中布置在整备线一侧，设 2 线整备棚、临修镟轮库及边跨、综合办公楼、空压机间及储气罐棚、电焊充电间、生活附属房屋、易燃品存放间、车号探测站等。

二、整备作业场

客整所设整备线 4 条，其中两股道上设整备棚，轴线尺寸为长 540 m × 宽 15 m。整备棚内设三处局部的三层作业平台，整备棚内设置接触网和安全联锁装置。所有整备线均设有半架空混凝土轨道桥及检查地沟（深度为 1.4 m），并配备整列车用地面地源、电动脱轨器、微控试风设备；每两股道间设置压缩空气管路、给水管路、电源和电焊用配电箱等整备设施。

新建 2 条车底停留线间设置上水设施。客整所内每股道均配备电动脱轨器。

三、临修镟轮库

客整所设临修镟轮库及边跨 1 座，轴线尺寸为长 84.0 m × 宽（12.0 m+6.0 m），库内线路设置临修台位、不落轮镟台位和落轮台位。临修台位配套设有检查地沟、电动架车机和顶层作业平台；不落轮镟台位单轴不落轮镟床 1 台，配备公铁两用车、铁屑运输车等；落轮台位配备落轮机。库内设 Q=10/3.2 t，L_k=10.5 m 电动双梁桥式起重机、移动式地面电源、单车试验器、运输车等临修必须的设备。边跨内设空调存放间、工具间、钳工间、综合检测间、材料库、机务设备间及配件间，配套相应的临修设备。

四、其余辅助生产房屋

新建综合办公楼轴线尺寸为 39.6 m × 12.6 m × 3 层，办公楼内设主任室、技术室、调度室、乘务员指导、间休室、更衣室、TCDS 检测设备间、资料室、微机室、验收室、会议室、职工培训和文化活动中心等房屋以及机务、车辆、信号、电务和客运等部门合署办公的生产房屋。配备 KMIS 系统、客整所 TCDS、微机试风控制系统、手动固定脱轨器显示系统和 CPS 管理计算机等设备。

客整所内设空压机间及储气罐棚 1 幢，轴线尺寸为（12.0+8.0）m × 6.0 m；内设 10 m^3/min 空压机 2 台，冷冻式干燥机 1 台，C-6 储气罐 2 台。

设有电焊间 1 处，内设交流电焊机和可控硅整流器，以满足整备线电焊作业的需求；设有危险品存放间 1 处，内设油漆存放间、氧气瓶存放间和乙炔瓶存放间。

第七节 机务设施设计

一、施工图设计

（一）头门新区站

头门新区站设电力机车待班线 1 条，并预留机务折返段 1 处。预留机务折返段规模同初步设计鉴修方案，设机车出入段线 2 条，机车走行线 1 条，内燃机车整备待班线 1 条，电力机车整备待班线 3 条，越行线 1 条，卸油线 1 条。

（二）台州站

台州站设乘务员公寓 1 处，与车站单身宿舍合建，设于车站同侧左端，紧邻站房。内设乘务员公寓 20 间，出退勤派班室兼值班室 1 间，配置乘务员出退勤管理系统、自动叫班系统，配套相应的公寓食堂、活动场所等辅助房屋。

台州站设电力机车待班线 2 条。

二、运营管理模式 I 类变更设计

增设永康东机务折返所：设机车出入段线 1 条，机车走行线 1 条，内燃机车整备待班线 1 条，其上设 27 m × 1.1 m × 1.4 m 检查坑 2 座，电力机车整备待班线 1 条，其上设 27 m × 1.1 m × 1.4 m 检查坑 2 座。配套新增机务运转办公楼、整备棚、食堂宿舍等生产房屋，配套与之规模相适应的运转整备设备。

三、台州折返所变更设计

折返所考虑承担动力集中型动车组动力车的运转、整备工作。配备增设动力车运转、整备设备。

第八节　主要客、货运设备配置

一、全线客运设备配置

金台铁路办理客运作业车站有永康南、壶镇、磐安南、仙居南、临海南、台州、杜桥及头门港站。全线新建旅客站台12座，接长站台1座，新建地道4处，接长既有天桥1处，接长既有地道2处。具体如下：

（一）永康南站

利用既有站房，既有侧式站台加宽4 m并改建为岛式站台，规模为550 m×14.5 m×1.25 m，新建岛式中间站台1座，规模均为550 m×11.5 m×1.25 m，既有地道（8 m宽）均接长设计。

（二）壶镇站

新建壶镇站站房，设侧式站台2座，规模均为550 m×8 m×1.25 m。设进出站地道1处（8 m宽）。站对右侧设综合维修车间1处。

（三）磐安南站

新建磐安南站站房，设侧式基本站台1座，规模为550 m×8 m×1.25 m。

（四）仙居南站

新建仙居南站站房，设侧式站台2座，规模均为550 m×8 m×1.25 m，设进出站地道1处（8 m宽）。站同右侧设综合维修工区1处。

（五）临海南站

新建临海南站站房，设侧式站台2座，规模均为550 m×8 m×1.25 m，设进出站地道1处（8 m宽）。站同右侧设综合维修车间1处。

（六）台州站

新建台州站东侧站房，设侧式站台2座，规模均为550 m×8 m×1.25 m，既有地道、天桥接长。站同右侧设客车整备所1处。

（七）杜桥站

新建杜桥站站房，设侧式站台1座，规模为550 m×8 m×1.25 m。站对右侧设综合维修工区1处。

（八）头门港站

新建头门港站站房，设侧式站台1座，规模为550 m×8 m×1.25 m。

二、全线货运设备配置

金台铁路办理货运作业车站有永康东、壶镇、磐安南、下各、临海东、头门港及台州南站。具体如下：

（一）永康东站

（1）设尽端式小汽车装卸线1条（装卸有效长700 m），并兼办到发作业，设15 m×8.8 m×1.2 m

端部站台 1 座，满足小汽车装卸需求。

（2）设尽端式站台及仓库装卸线 2 条（装卸有效长 350 m），预留整列条件。采用电瓶叉车装卸，设 350 m × 38 m × 1.1 m 货物站台 2 座，满足五金制品、粮食等其他货物的装卸要求。

（3）设尽头式集装箱货物整列装卸线 2 条（装卸有效长 700 m），并预留两条，采用轨道式龙门吊装卸。

（4）设长大笨重货物贯通式和尽头式装卸线各 1 条，装卸有效长分别为 700 m、266 m，采用轨道式龙门吊装卸。

（5）设散堆装货物装卸线 1 条，装卸线西侧设置 280 m × 30 m 平货位，采用铲车装卸，满足矿建性材料等其他货物的装卸要求。在装卸线尽端设置军用联合站台 1 座（25 m × 8.8 m × 1.2 m 尽端式和 110 m × 25 m × 1.1 m 侧面站台）。

（6）设牵出线 1 条，有效长 660 m。

（二）壶镇站

新建壶镇站货场，内设货物线 1 条，有效长为 140 m，设 140 m × 28.5 m × 1.0 m 站台 1 座，设 70 m × 21 m 仓库 1 座，设 140 m × 8 m 平货位 1 处，设牵出线 1 条，有效长 200 m。

（三）磐安南站

新建磐安南站货场，内设货物线 1 条，有效长为 140 m，设 140 m × 28.5 m × 1.0 m 站台 1 座，设 70 m × 21 m 仓库 1 座，设 140 m × 8 m 平货位 1 处，设牵出线 1 条，有效长 200 m。

（四）下各站

新建下各站货场，内设货物线 1 条，有效长为 140 m，设 140 m × 28.5 m × 1.0 m 站台 1 座，设 70 m × 21 m 仓库 1 座，设 140 m × 8 m 平货位 1 处，设牵出线 1 条，有效长 200 m。

（五）临海东站

新建临海东站货场，内设集装箱装卸线 1 条，有效长为 154 m，站台及散堆装货物线设 1 条，有效长为 140 m，设 140 m × 22.5 m × 1.0 m 站台 1 座，设 100 m × 15 m 仓库 1 座，设 140 m × 8 m 平货位 1 处。

（六）头门港站

新建头门港站货场，内设货物线 2 条，分别为集装箱装卸线和站台及散堆装货物线，有效长为 140 m、308 m，设 308 m × 28.5 m × 1.0 m 站台 1 座，设 308 m × 8 m 平货位 1 处，设牵出线 1 条，有效长为 200 m。

（七）台州南

金台铁路引入台州南站未新建货运设备，车站利用既有货场办理货运作业。

三、车辆设备

（一）新建永康东装卸检修作业场

永康东站设装卸检修作业场 1 处，新建生产房屋在车站中心位置，轴线面积为 19.2 m × 12.6 m，具备列检作业的到发线上设手动固定脱轨器及列检小道，配备台钻、除尘式砂轮机、手提灯充电设备、尾压系统、客货两用车、材料架等必要的列检设备，试风采用该务机试风方式。

（二）红外线轴温探测系统（THDS）

（1）正线在永康东上下行、区间 DK33+850 处、区间 DK65+160 处、仙居上下行、括苍上下行、临海东上下行、台州南下行设红外轴温探测站，新建探测机房共计 11 处。

还建永康南站温州端新金温线上的红外轴温探测站机房 1 幢，由于新金温线未安装红外轴温探测系统，无设备搬迁工程。

在头门新区支线临海东站上行、杜桥站上下行和头门新区站下行设红外轴温探测站，新建探测机房 3 处。所有探测站均设综合防雷。

（2）在台州站新建调度大楼内设 5T 监测站，包含主机房、服务器机房、值班室、维修室、仪器仪表间和办公室等房屋，新增定员 8 人。配置红外中央主机 2 台（一主一备），金温铁道公司新增调度台设红外行调终端 1 台；台州站 5T 监测站和永康东装卸检修作业场设复示设备各 1 台。

上海局调度楼二层车辆运行安全监测站新增 THDS 监测主机 2 套（一主一备），刀片服务器两把。

金温铁道公司金华南 5T 监测站新增 THDS 系统服务器 1 台，配套中心 UPS 电源（kVA、2h）1 台。

（3）金华至台州铁路（含头门港支线）全线新增红外轴温探测系统（THDS）16 套，将原石柱站 2 套红外轴温探测设备迁建至永康东站，并更新为统型机。所有轴温探测信息均传输至台州站调度大楼内车辆运行安全监测站，汇聚后统一经由金温铁路公司金华南车辆运营安全监测站服务器转发数据，利用既有武义（金温货线）通道接入上海局调度楼车辆运行安全监测站，数据转发至沪昆线红外调度终端，再传输至沪昆行调复示终端。需保证金温铁路有限责任公司和上海铁路局集团公司互联互通。

（4）在永康东站新设红外线维修工区 1 处，生产房屋与装卸检修作业场房屋合设，配备红外维修车 1 辆，红外维修工具 1 套。

（三）客车运行安全监控系统（TCDS）

台州客整所内设置 TCDS 无线数据下载站和检测站，无线数据下载站配备 WLAN 覆盖设备、WLAN 网桥、网络管理设备箱、数据下载服务器等设备；检测站配备双集群集服务器、终端操作计算机等设备。综合楼内配套相应的设备用房及网络设施。

（四）车号自动识别系统（ATIS）

在台州客整所出入所咽喉区、永康东台州端分别设车号探测站 1 处，新增车号 AEI 设备和 CPS 计算机各 2 台。车号 CPS 集中设置在台州调度大楼 5T 监测站服务器机房，车号探测信息由铁路办公网承载，传输至 CPS 后再上传至金温铁道公司 ATIS 网络，同时复示至永康东站、台州站行车室复示终端；经金温货线调度所（工电部）信息机房接入中国铁路上海局 ATIS 系统，保证车号信息在金温铁路有限责任公司和上海局互传互通。

四、综合检测及维修

（一）维修机构设置

在壶镇、临海南站设综合维修车间 1 处，共 2 处，设计在仙居、头门新区站设综合维修工区 1 处，共 2 处，设计在台州、临海东、括苍、下各、田市、白塔、仁川、磐安、永康东、杜桥站设维修保养点。

（二）维修机构职能

负责管内铁路固定设备日常静态检测，保养、临时调整，配合各专业维修抢修作业；每日天窗时间后线路的状况确认等。

（三）维修机构管辖范围、班组设置和定员

维修工区及保养点主要由线路班组、桥隧班组、接触网班组、通号班组等组成。

线路班组主要负责线路轨道的静态检测、钢轨局部探伤以及轨道部件检查零星调整，日常巡视及每日天窗时间后线路的状况确认等。并配合抢修工作。

桥隧班组负责管内桥梁、隧道的结构物检查、保养、巡视及监测；

接触网班组负责牵引供电设备的日常维护、检修、巡视；

通信信号班组负责专业设备的日常维护、检修。

维修工区及保养点定员设置按铁路总公司"铁劳卫〔2005〕63号文"印发的《铁路新线定员核定试行办法》中基础设备维修部门定员标准配置。见表30-5。

表30-5 综合维修定员汇总

站点分布		综合维修车间分界		管辖长度/km	定员/人	附注
名称	站中心里程	起始里程	讫止里程			
壶镇综合维修车间	DK23+850	DK10+000	DK55+000	45.0	65	
仙居综合维修工区	DK88+700	DK55+000	DK100+000	45.0	40	
临海南综合维修车间	DK128+200	DK100+000	DK145+000	45.0	65	
头门新区综合维修工区	TDK43+300	TDK0+000	TDK43+300	43.3	40	
综合保养点	10处				100	

（四）维修机构总平面布置

维修车间、维修工区内考虑设置综合办公楼、轨道车库及边跨、储油间、食堂、单身宿舍等相应的生产、生活房屋；各专业有共性或可综合利用的房屋、定员等均考虑统一设置。

维修车间及工区内设置轨道车停放线、接触网作业车停放线、大机停放线等。

（五）维修设备配置

维修工区及保养点是主要基层生产单位，设备配备以满足固定设施检测、检修为主，各专业在天窗时间内作业。出行主要以轨道车、汽车为运输工具。线、隧、接触网等沿线检修上道和材料运输以铁路为主，公路为辅。

沿线工区和保养点以线路、桥梁、隧道、供电接触网检查的检测和保养为主，配备轨道状态参数检测设备、现场小型手持机具，以及接触网牵引供电接触网作业车、接触网参数测量设备等。

维修车间配置轨道运输车组、生产抢修指挥车、工程车、接触网作业车等大型车辆和设备，配备接触网、电力专业必要的维护、检测、抢修工器具及抢修备品备料，负责线路、接触网等设施的抢修工作。

通信、信号、房建、给排水等专业均配备相应的专用检修工具。

五、货场设施设备

（一）壶镇货场

壶镇货场配置有：轨道衡1台、汽车衡1台、汽车吊1台、叉车2台、扒料机1台、装载机1台。并设置有汽车衡控制室1处，建筑面积为50 m^2；轨道衡控制室1处，建筑面积50 m^2；设置有维修及司机操作人员间休室1处，建筑面积为80 m^2；维修间内配置机械设备维修机具1套，便于货场机械日常维修保养。货场内设置有油品库，建筑面积30 m^2。

（二）磐安货场

磐安货场配置有：轨道衡 1 台、汽车衡 1 台、汽车吊 2 台、叉车 1 台、扒料机 1 台、装载机 1 台。并设置有汽车衡控制室 1 处，建筑面积为 50 m^2；轨道衡控制室 1 处，建筑面积 50 m^2；设置有维修及司机操作人员间休室 1 处，建筑面积为 80 m^2；维修间内配置机械设备维修机具 1 套，便于货场机械日常维修保养。货场内设置有油品库，建筑面积 30 m^2。

（三）下各货场

下各货场配置有：轨道衡 1 台、汽车衡 1 台、汽车吊 1 台、叉车 3 台，并设置有汽车衡控制室 1 处，建筑面积为 50 m^2；轨道衡控制室 1 处，建筑面积 50 m^2；设置有维修及司机操作人员间休室 1 处，建筑面积为 80 m^2；维修间内配置机械设备维修机具 1 套，便于货场机械日常维修保养。货场内设置有油品库，建筑面积 30 m^2。

（四）临海东货场

临海东货场配置有：轨道衡 1 台、汽车衡 1 台、集装箱门吊 1 台、汽车吊 1 台、叉车 2 台、扒料机 1 台、装载机 1 台。并设置有汽车衡控制室 1 处，建筑面积为 50 m^2；轨道衡控制室 1 处，建筑面积 50 m^2；设置有维修及司机操作人员间休室 1 处，建筑面积为 80 m^2；维修间内配置机械设备维修机具 1 套，便于货场机械日常维修保养。货场内设置有油品库，建筑面积 30 m^2。

（五）头门新区货场

头门新区货场配置有：轨道衡 1 台、汽车衡 1 台、集装箱门吊 1 台，汽车吊 1 台、叉车 7 台、扒料机 1 台、装载机 1 台，并设置有汽车衡控制室 1 处，建筑面积为 50 m^2；轨道衡控制室 1 处，建筑面积 50 m^2；设置有维修及司机操作人员间休室 1 处，建筑面积为 80 m^2；维修间内配置机械设备维修机具 1 套，便于货场机械日常维修保养。货场内设置有油品库，建筑面积 30 m^2。

（六）永康东物流中心

永康东设置有小汽车货物线 1 条，装卸有效长 700 m，设尽头式集装箱货物线 1 束 2 条，并预留 1 束 2 条，有效长均为 700 m；设站台及仓库货物线 2 条，有效长 350 m，设一束两线的长大笨重货物尽头式货物线各 1 束，有效长分别为 350 m、266 m，设散堆装货物线 1 条，有效长 304 m。

结合运量及站场批复的货物线规模，永康东物流中心配置有：轨道衡（具备超偏载功能）1 台、汽车衡 1 台、集装箱门吊 3 台，普通门吊 5 台、集装箱叉车 1 台、叉车 16 台、扒料机 1 台、装载机 1 台。并设置有汽车衡兼门卫控制室 1 处，建筑面积为 80 m^2；轨道衡控制室 1 处，建筑面积 50 m^2；设置有普通装卸机械维修棚及司机操作人员间休室 1 处，建筑面积为 200 m^2；维修间内配置机械设备维修机具 1 套，设置有集装箱维修棚及操作人员间休室 1 处，建筑面积为 200 m^2，满足集装箱坏箱存放及维修；便于货场机械日常维修保养。货场内设置有油品库，建筑面积 60 m^2。

（七）台州南货场

台州南货场机械设备补强：设备补强汽车吊 2 台、叉车 2 台。

（八）货运安全检测设备

永康东站、永康南站各增设 1 套货车超偏载检测装置及 1 套货车装载状态视频监控系统，永康东、磐安南、壶镇、下各、临海东、头门港货运站咽喉口各增设视频监控系统 1 套。

第九节　设计优化与变更

一、设计优化

1. 站线轨道标准及道岔型号优化

金台线站施工图设计新建及改建车站到发线、其他站线均采用 50 kg/m、25 m 标准轨，到发线采用 1 680 根/km 新Ⅱ型混凝土枕，其他站线及次要站线均采用 1 440 根/km 新Ⅱ型混凝土枕，混凝土枕均采用弹条Ⅰ型扣件。为满足大机养护的需求，进一步加强轨道结构的稳定性，根据运营及设备管理单位要求，将其他站线轨道轨枕按 1 600 根/km 布置，安全线轨枕按 1 520 根/km 布置。

金台铁路正线（永康南至台州段）施工图设计采用 12 号可动心 GLC（08）01 道岔，后征求上海铁路局意见，便于运营期间养护维修，提出由 12 号可动心 GLC（08）01 道岔变更为 12 号固定辙叉专线 4 249 道岔，投资节省了 1 377.52 万元。

2. 新增劳保道砟变更

施工图设计车站到发线采用单层道床时厚度为 0.25 m，采用双层道床时厚度为 0.4 m，面层、底层厚度分别为 0.20 m、0.20 m，其他站线及次要站线采用单层道床，厚度分别为 0.25 m 和 0.20 m，均为碎石道床，考虑到车站调车作业时，调车作业人员走行不便，为保障车站调车工作人员作业安全，对车站部分地段新增劳保道砟（细粒道砟）。

二、变更

金台铁路站场专业牵头完成的变更设计共计 18 项，其中Ⅰ类变更设计 0 项，Ⅱa 类变更设计 7 项，Ⅱb 类变更设计 11 项，参与完成Ⅰ类变更设计 7 项。具体详见表 30-6 统计表。

表 30-6　站场变更设计统计表

序号	变更类型	变更名称
1	Ⅰ类	金温货线外迁变更设计
2		市域铁路引入台州站变更设计
3		市域铁路引入临海南站变更设计
4		道岔型号调整变更设计
5		临海东站变更设计
6		台州客整所变更设计
7		运管模式调整变更设计
8	Ⅱa 类	壶镇站站房西移变更设计
9		磐安南站由于地方政府规划引起的路基工程变更设计
10		劳保道砟变更设计
11		永康南站非爆施工变更设计
12		仙居站非爆施工变更设计
13		磐安南站生产生活房屋变更设计
14		头门港站变更设计

续表

序号	变更类型	变更名称
15	Ⅱb 类	壶镇站货场通站道路变更设计
16		仙居南站由于地方政府规划引起的路基工程变更设计
17		申亭站通站道路变更设计
18		壶镇站生产生活房屋变更设计
19		仙居南站生产生活房屋变更设计
20		下各站生产生活房屋变更设计
21		杜桥站生产生活房屋变更设计
22		临海南站生产生活房屋变更设计
23		台州站生产生活房屋变更设计
24		头门港站生产生活房屋变更设计
25		站线轨道标准调整变更设计

具体变更类型如下：

（1）地方政府规划或者实施引起的变更设计。

在金台铁路项目建设过程中，随着地方政府的相关规划的调整以及实际需要，有临海东站、金温货线外迁、市域铁路分别引入台州站和临海南站、壶镇站站房西移、磐安南站和仙居南站周边规划调整，申亭和壶镇站通站路道路调整、头门港站因地方规划填土不足等变更设计，此类为外部条件变化引起。

（2）运营单位相关实际需求引起的变更设计。

金台铁路项目在前期研究及设计阶段时，暂定有中国铁路上海铁路局代为管理运营，在项目建设过程中，运营主体调整为金温铁道开发有限公司，相关的标准及实际运营需求发生变化，开展了运管模式调整、客整所相关内容、站线轨道标准调整、新增劳保道砗、壶镇等 8 个车站生产生活房屋调整变更设计。

（3）工程措施优化调整引起的变更设计。

永康南站、仙居南站路堑非爆施工变更设计等皆因工点邻近既有铁路或公路，施工方案报相关运营管理部门审批时，提出优化调整工程措施，以降低工程建设对既有工程的影响。

（4）工点性质调整引起的变更设计。

金台线建设过程中由于地方要求而进行路改桥或桥梁延长等变更设计，增设或扩孔涵洞工程有百余处，桥梁和涵洞的变化，引起站场路基工程相应调整。

第三十一章 房屋建筑

第一节 站房设计概况与特点

一、房建工程规模

新建金华至台州铁路工程全线新建房屋 252 栋，总建筑面积 172 681.07 m^2（不含市域铁路部分 14 018.75 m^2）。其中旅客站房建筑面积 38 448.72 m^2（不含市域铁路部分 14 018.75 m^2），生产生活房屋建筑面积 134 232.35 m^2。站场建筑及房建附属主要内容含旅客站台 13 座长 7 150 m（含永康南接建站台），站台面 61 050.64 m^2；接车站台 11 座长 470 m，站台面 2 800 m^2；货运站台 11 座长 1 823 m，站台面 24 679 m^2；天桥 1 座面积为 1 226.02 m^2；站台雨棚 13 座（含永康南接建雨棚）共 59 980.83 m^2；道路及硬化面 81.32 m^2、围墙 4.61 万 m 等工程。

沿线共设武义东、永康南（既有）永康东、申亭、壶镇、磐安南、仁川、横溪、白塔镇、田市、仙居南、下各、括苍、临海南、临海东、台州、台州南（既有）杜桥、头门港等 19 座车站。其中客运车站为永康南（既有）壶镇、磐安南、仙居南、临海南、台州、杜桥、头门港等 8 个，其中台州站、临海南站与市域铁路合设站房；货运站为永康东、壶镇、磐安南、下各、临海东、头门港、台州南（既有）等。

二、房建工程地质特点

金台铁路房建的特点及难点为沿线谷地相松软土、软土零星分布在沿线低山丘陵区封闭、半封闭的丘间谷地和河流阶地中，属冲洪积成因。分布的宽度范围在数十米至数百米不等，软土层厚度、埋深变化不大，厚 1 ~ 4 m。其岩性以淤泥质粉质黏土、粉质黏土为主，一般为灰色、褐灰色。软塑，承载力较低，压缩性高，工程性质较差等，设计采取了合理有效应对措施降低工程风险，为房屋基础施工及运营安全提供了有力保证。

第二节 设计原则与采用的主要技术标准

一、建筑标准

新建房屋在满足工艺、功能要求的前提下，尽可能合并以综合楼形式修建，以节约用地。根据工艺要求进行内装修，建筑标准要具有一定的前瞻性。

（一）旅客装车站主要建筑设计标准

（1）设计使用年限为地下 50 年，地上 50 年。

（2）建筑耐火等级地面以上为二级，地下为一级，站台雨棚为二级。

（3）防水等级：站房屋面防水等级为 I 级，站台雨棚防水等级为 I 级，地下室防水等级为 I 级。

（二）平面功能布局

（1）旅客活动平台宜按中间 12 ~ 15 m，两侧 10 ~ 12 m 控制。

（2）车站入口应设置门斗，候车厅面积应占总建筑面积 40%以上。

（3）客运值班、公安值班、安检员室、检票室应布置在候车厅周边。

（4）售票厅的宽度根据窗口个数确定，各站均考虑一个无障碍窗口，售票窗口中心间距采用 1.6 m 间距。

（5）卫生间应避免出现视线问题，满足私密性要求。候车室内最远地点距厕所距离不宜大于 50 m。饮水间单独开门，并与盥洗间分开设置。出站厅卫生间男、女大便器不宜少于 2 个。旅客卫生间厕位相对布置时走道净宽不宜小于 2 m，卫生间厕位与小便斗相对布置时，隔断至对面墙宽度不宜小于 2.5 m。

（6）候车区人数计算统一标准：根据候车厅面积除以 1.2 m^2/人确定候车区容纳人数，用以计算卫生间蹲位数、消防疏散宽度等。

（7）卫生间坑为数按照按每百人 2.5 个考虑，男女蹲位数按 1：2 考虑。

（三）屋面系统

站房屋面防水等级为Ⅰ级，设防要求为二道。

（1）混凝土屋面（Ⅰ级防水），采用有组织重力排水系统。

（2）屋面排水：

排水：设计暴雨重现期为 50 年，屋面采用重力溢流系统，溢流重现期为 50 年；屋面雨水排水工程与溢流设施的总排水能力不得小于 100 年重现期的雨水量。

有组织排重力排水：根据汇水面积及雨水管径流能力布置雨水管数量。

（四）无障碍设计

1. 设计依据

《无障碍设计规范》（GB50763-2012）

2. 设计范围及内容

设计范围：站房平台、站房内功能区、站台、地道等部分。

设计内容：旅客到站、进站、售票、候车、上车、下车、出站及旅客服务等重要环节的无障碍流线设计及无障碍设施的设置。

3. 总平面无障碍设计

站房平台与广场地面高差处应设置坡度不应大于 1/12 的无障碍坡道，采用混凝土坡道，水洗火烧面花岗岩铺面。位置应接近站房进站口、出站口、售票厅、行包托取厅以及与旅客有关的设施和建筑入口。

4. 室内无障碍设计

（1）站房公共区域不宜设高差，当不可避免出现高差时，应设坡道。

（2）售票厅最左侧设一个残疾人专用售票窗口，窗口宽度 1.6 ~ 2 m，高度 760 mm。

（3）旅客进站口、出站口应设无障碍通道，通道净宽不应小于 1.0 m，站房内供行动不便旅客使用的通道、走廊宽度不应小于 1.5 m。

（4）每个考虑无障碍进出站通道。

（5）候车厅公共区域设计无障碍卫生间，设置标准按第三卫生间标准设计。

二、旅客车站装修标准

1. 外墙装修

正立面根据造型要求采用花岗石+玻璃幕墙或铝板+玻璃幕墙，背立面及侧立面可采用花岗石+玻璃幕墙、铝板+玻璃幕墙或真石漆、氟碳漆+玻璃幕墙。

2. 内装修

（1）公共区。

装修设计要注意建筑及空间的整体美。材料的选用要因地制宜，同一立面、空间不宜超过三种颜色，应尽量少用黑色。

① 内墙面及柱面：

候车厅、VIP 候车室、售票厅和出站厅均采用干挂花岗石内墙面，旅客卫生间采用玻化砖内墙面，规格 600 mm × 300 mm。

② 楼（地）面：

候车、售票、出站、VIP 候车等公共区域采用花岗石楼（地）面，旅客卫生间采用玻化砖楼（地）面，规格 600 mm × 600 mm。地面铺装要求分格统一均匀且与墙面、顶棚对缝。

③ 顶棚：

候车厅、售票厅和出站厅均采用铝板吊顶、VIP 候车室采用轻钢龙骨装饰石膏板吊顶，风格要简洁、大气、平整，叠级不宜过多，旅客卫生间采用铝单板吊顶。室内吊顶高度应结合内、外立面装修分隔进行系统设计，避免吊顶直接撞到玻璃上。

（2）办公区。

① 内墙面及柱面：

办公房间采用乳胶漆内墙面，内门成品木门；

辅助生产房间一般采用水泥砂浆墙面表面涂水性耐擦洗涂料；

清洁度要求高的房间如通信机械室、信息机房等房间采用耐擦洗无机涂料墙面；

高湿度房间如浴室、厨房、厕所、盥洗间等房间采用面砖墙面；

有腐蚀性作业的房间如蓄电池间、充电间等房间采用白色耐酸（碱）墙面。

② 楼（地）面：

一般办公房间为玻化砖楼（地）面；

有工艺要求的房间如售票室、微机房、配线间等弱电用房采用防静电活动地板；

有工艺设备要求的房间采用耐酸碱楼（地）面；

设备用房如电缆间、清扫间等房间采用混凝土楼（地）面；

厕所、盥洗间、浴室等较潮湿的房间室内地面设置防水层；

卫生间、盥洗室等有积水房间楼、地面应低于相邻房间、走道楼、地面 20 mm，房间内应做防水层，并设地漏，地漏周围 1 m 范围内做 1% ~ 2%坡度坡向地漏。

（3）其他。

① 盥洗台装修面采用耐污性良好的石英石或人造石台面。卫生间小便斗统一采用挂式小便斗，隔断采用 2 m 高蜂窝铝板隔断，隔板基座下边框采用 100 mm 宽亚光不锈钢包边。

② 售票窗台面及售票槽采用麻灰色石材，售票窗口玻璃小型站采用 12 mm 厚钢化玻璃，中型及以上采用 6 mm+0.76 mm PVB+6 mm 钢化夹层玻璃，玻璃分格宜对应窗口数，玻璃上应留话筒穿线孔，扩音设备预埋在窗口台板上。

3. 室外工程

旅客活动平台、台阶、坡道均采用水洗花岗石铺面。

4. 地下室工程

地下室防水等级为Ⅰ级。

5. 站场设施

（1）站台。

① 雨篷立柱设置原则。

10 m 及以上站台：垂直股道方向设置双柱（圆柱）向两侧悬挑至站台外边沿，柱外皮距离站台边缘距离按《铁路旅客车站建筑设计规范》（GB50226-2018）执行。

10 m 以下站台：垂直股道方向居中设置单柱（圆柱）向两侧悬挑至站台外边沿。

② 站台雨棚基础考虑雨棚排水沟（或管）、站台电缆沟与基础关系，站台雨水沟检查井、消能井的井盖不应设置在盲道范围内。

③ 楼扶梯防风雨罩。

在站台一侧布置的上下行楼扶梯设置应防采取挡雨雪措施，外挂楼梯及行包坡道应采用封闭措施。

④ 站台铺装。

站台外侧 1 m 为天山红色机刨花岗石 600 mm × 1 000 mm，长向垂直于轨道方向。其次为 0.10 m 宽的安全线，采用白色玻化砖，内侧为 0.6 m 宽黄色盲道，盲道之间为浅灰色水洗花岗岩 600 mm × 600 mm。

（2）站台雨棚。

站台采用钢筋混凝土雨棚。雨棚排水管应结合立柱统一设计，雨水管外露设置。雨水悬吊管及立管均采用钢制雨水管，外露部分喷白色氟碳漆。雨棚管线设置在雨棚屋面板下方电缆槽内，设 2 条对称布置，电缆槽采用钢制，外露部分喷白色氟碳漆。

6. 楼、扶、电梯

（1）设置原则。

进出站合用地道：每个站台设 1 部扶梯、一部楼梯，考虑无障碍设计。

（2）楼梯：单独设置时踏步高度及宽度应严格按照规范设计，公共区楼梯采用花岗石铺面，办公区采用防滑地砖铺面。进出站楼梯采用凿毛花岗石铺面。

（3）栏杆：公共区及进、出站采用亚光不锈钢管扶手、玻璃栏板，1.1 m 高（二层及以上公共区临空玻璃栏板高度采用 1.3 m）。楼梯扶手与扶梯扶手应闭合、扶手转角处及收口均为圆弧处理，更为人性化。

（4）扶梯：一般采用 27.3°，楼扶梯之间的间距在满足规范安全要求下，装修应统一考虑。楼扶梯不宜跨缝设置。

（5）电梯：电梯的速度原则采用 1 m/s，井道尺寸采用 2 400 mm × 2 800 mm，室外电梯需设置排水设施，电梯具备无障碍功能。

三、静态标识设计原则

（一）设计原则

1. 标识本体的醒目性

标识在站内的设置要显而易见，避免遮挡，方便旅客从其所处的环境中快速辨识。

2. 标识信息的易辨性

标识信息内容要主次分明，清晰明了，符合视觉要求及阅读习惯。

3. 标识布局的合理性

标识位置、形式、数量、设置方式要根据旅客流线传递的信息和建筑空间效果要求合理选择。

4. 标识系统的整体性

标识系统要整体规划，与建筑结构、装修和服务设备设施有机融合，发挥综合效应。标识材质、形式、规格、色彩要总体一致并与建筑空间效果相协调。

5. 传递信息的连续性

站内标识的设置要充分考虑旅客流线、主次要求，合理布局，通过标识间的前后呼应，信息的关联匹配或连续设置等方式，实现信息持续传递。

（二）设计依据

（1）《标志用公共信息图形符号　第 1 部分：通用符号》（GB/T 10001.1—2012）；
（2）《标志用公共信息图形符号　第 2 部分：旅游休闲符号》（GB/T 10001.2—2006）；
（3）《标志用公共信息图形符号　第 3 部分：客运与货运》（GB/T 10001.3—2011）；
（4）《标志用公共信息图形符号　第 9 部分：无障碍设施符号》（GB/T 10001.9—2008）；
（5）《标志用公共信息图形符号　第 10 部分：铁路客运符号》（GB/T 10001.10—2007）；
（6）《公共信息导向系统设置原则与要求　第 1 部分：总则》（GB/T 15566.1—2007）；
（7）《公共信息导向系统设置原则与要求　第 3 部分：铁路旅客车站》（GB/T 15566.3—2007）；
（8）《公共信息导向系统要素的设计原则与要求　第 1 部分：图形标志及相关要素》（GB/T 20501.1—2013）；
（9）《公共信息导向系统要素的设计原则与要求　第 2 部分：文字标志及相关要素》（GB/T 20501.2—2013）；
（10）《公共信息导向系统要素的设计原则与要求　第 3 部分：平面示意图和信息板》（GB/T 20501.3—2006）；
（11）《图形符号安全色和安全标志　第 1 部分：安全标志和安全标记的设计原则》（GB/T 2893.1—2013）；
（12）《安全标志及其使用导则》（GB/T 2894.1—2008）；
（13）《钢筋混凝土结构预埋件》（GB/200404G362）标准图集；
（14）《钢结构设计规范》（GB 50017—2003）；
（15）《钢结构焊接规范》（GB 50661—2011）；
（16）《一般工业用铝及铝合金板、带材　第 1 部分：一般要求》（GB/T 3880.1—2012）；
（17）《机械设备安装工程施工及验收通用规范》（GB 50231—2009）；
（18）《漆膜附着力测定法》（GB 1720—1979）；
（19）《铁路客运车站标识系统暂行技术条件》（铁总运〔2017〕7 号）；
（20）《铁路旅客车站导向标志系统设计指南》；
（21）《铁路车站旅客引导显示系统设置标准》（TB/T 3303—2000）；
（22）《关于加强高铁车站站台站名标识的通知》（运营客管函〔2013〕456 号）；
（23）《关于重新确定动车组车厢地面标识的通知》（运营客管电〔2014〕1034 号）；
（24）《关于在高站台增设警示标志的通知》（运营客管函〔2014〕2477 号）；

（25）地方规划局提供的相关规划文件；
（26）设计院提供的相关建筑图纸。

（三）设计规范

1. 字体规范

（1）中文字体采用汉仪中黑简体；
（2）英文和数字字体采用 Arial；
（3）站房站名字体采用隶书。

2. 色彩规范

（1）进站流线导向标识版面基准色采用藏蓝色，信息（含图形及方向符号）采用白色；
（2）出站流线导向标识版面基准色采用青绿色，信息（含图形及方向符号）采用白色；
（3）一般服务标识版面基准色采用钛灰色，信息（含图形及方向符号）采用白色；
（4）站房站名采用红色字体。

3. 箭头方向规范

当不同指向的多个导向标识设置在一起时，各导向标识间应以如下方式布置，且同向的导向标识应上下相邻布置。

4. 图标规范

图形符号使用中华人民共和国国家标准：GB/T 10001《标志用公信息图形符号》。

四、结构设计原则及标准

（一）总则

（1）结构设计满足施工工艺、环境保护、防水、防腐蚀等要求；符合强度、刚度、稳定性和合理裂缝宽度的要求；符合技术先进、经济合理、安全适用与耐久可靠的要求。

（2）结构的净空尺寸满足建筑限界和其他使用及施工工艺的要求，并考虑施工误差、测量误差、结构变形及后期沉降的影响。

（3）结构防水设计遵循“以防为主，刚柔结合，因地制宜，综合治理”的原则，以结构自防水为根本，变形缝、施工缝为重点，辅以附加防水层加强防水。

（4）结构设计应进行必要的结构分析计算，结构分析模型应根据结构实际情况确定。所选取的分析模型应能准确地反映结构中各构件的实际受力状况，对建筑体型及结构布置复杂的站房采用两个不同力学模型的结构分析软件进行整体计算。

（5）混凝土结构及钢结构均应根据设计使用年限和环境类别进行耐久性设计。

（6）混凝土结构框架长超过 55 m 要设后浇带。

（二）设计依据

（1）设计所采用的主要标准、规范；
（2）《建筑结构可靠度设计统一标准》（GB 50068—2001）；
（3）《工程结构可靠性设计统一标准》（GB 50153—2008）；
（4）《建筑工程抗震设防分类标准》（GB 50223—2008）；
（5）《建筑结构荷载规范》（GB 50009—2012）；

（6）《建筑抗震设计规范》（GB 50011—2010）（2016 年版）；
（7）《混凝土结构设计规范》（GB 50010—2010）（2015 年版）；
（8）《砌体结构设计规范》（GB 50003—2011）；
（9）《建筑地基基础设计规范》（GB 50007—2011）；
（10）《钢结构设计标准》（GB 50017—2017）；
（11）《建筑地基处理技术规程》（JGJ 79—2012）；
（12）《建筑桩基技术规范》（JGJ 94—2008）；
（13）《空间网格技术规程》（JGJ 7—2010）；
（14）《混凝土结构耐久性设计规范》（GB/T 50476—2008）；
（15）《工业建筑防腐蚀设计规范》（GB 50046—2008）；
（16）《钢结构焊接规范》（GB 50661—2011）；
（17）《铁路混凝土结构耐久性设计规范》（TB 10005—2010）；
（18）《地下工程防水技术规范》（GB 50108—2008）；
（19）《钢网架螺栓球节点》（JG/T 10—2009）；
（20）《钢网架焊结空心球节点》（JG/T 11—2009）；
（21）《建筑工程设计文件编制深度规定》（2008 年版）（建质〔2008〕216 号）；
（22）主体结构设计使用年限：50 年（市域铁路部分 100 年）；
（23）《工程地质勘察报告》；
（24）《铁道部关于加强中小型客站雨棚设计工作的通知》（铁鉴函〔2012〕1032 号）。

（三）主要设计原则

1. 自然条件

（1）基本风压：地面粗糙度类别：B 类。

按照《建筑结构荷载规范》（GB5 0009—2012）取值。

基本雪压：按照 《建筑结构荷载规范》（GB 50009—2012）取值。

抗震设防烈度：

主体结构抗震设防烈度根据地震区划图选取。抗震设防类别定为重点设防类（即乙类），按高于金台铁路所处地区抗震设防烈度一度的要求加强抗震措施（抗震等级、抗震构造措施）；抗震设防类别定为标准设防类（即丙类），按金台铁路所处地区抗震设防烈度的要求采取抗震措施。

注意：跨度大于 18 m 的候车大厅抗震设防等级提高一级。

2. 地基与基础

（1）地基基础设计等级：乙类

（2）地基基础形式如表 31-1。

表 31-1 站房及风雨棚基础类型

站 名	子 项	基础类型
台州站	站 房	管 桩
	风雨棚	管 桩
临海南站	站 房	钻孔灌注桩
	风雨棚	钻孔灌注桩
壶镇站	站 房	钻孔灌注桩
	风雨棚	钻孔灌注桩

续表

站　名	子　项	基础类型
磐安站	站　房	独　基
	风雨棚	独　基
仙居站	站　房	钻孔灌注桩
	风雨棚	钻孔灌注桩
杜桥站	站　房	钻孔灌注桩
	风雨棚	钻孔灌注桩
头门新区站	站　房	钻孔灌注桩
	风雨棚	钻孔灌注桩

（四）主要技术标准

1. 设计采用的荷载

（1）楼、屋面恒载标准值：

按照建筑楼、屋面的做法具体计算。

（2）楼面活荷载：

① 办公室活荷载取：2.0 kN/m^2；

② 厕所、盥洗间：2.5 kN/m^2；

③ 二层候车厅、办公用房楼梯：3.5 kN/m^2；

④ 设备房间根据各专业生产工艺要求取用；

⑤ 按相关专业所提荷载为准；

⑥ 空调机房、水箱间按照暖通专业提供的荷载为准；

⑦ 其余按《建筑结构荷载规范》（GB 50009—2012）取值。

（3）屋面活荷载：

① 不上人屋面：0.5 kN/m^2（金属屋面 0.3 kN/m^2）。屋面排水天沟应考虑充满水荷载；

② 一般上人钢筋混凝土屋面 2.0 kN/m^2；

③ 屋面吊顶应按实际情况取用。

（4）风荷载：

站房金属屋面基本风压按照《建筑结构荷载规范》（GB 50009—2012）50 年一遇的基本风压采用，并第 8.3.3 条、第 8.6.1 条考虑振风系数与体形系数计算标准风压。

站台雨棚基本风压值按照《建筑结构荷载规范》（GB 50009—2012）100 年一遇的基本风压采用，并按规范要求计算标准风压。

（5）雪荷载:

站房部分基本雪压值按照《建筑结构荷载规范》（GB 50009—2012）50 年一遇的基本雪压采用，站房候车厅钢结构屋面及站台风雨棚按照《建筑结构荷载规范》（GB 50009—2012）50 年一遇的基本雪压采用。

（6）墙体荷载：

根据不同结构形式建筑选用不同的墙体材料，具体根据各站房中的墙身材料，按《建筑结构荷载规范》（GB 50009—2012）选用相应的容重。一般装修墙体容重 12 kN/m^3。

（7）施工荷载：

考虑设备运输及安装荷载，施工机具荷载，地面堆载，材料堆载等。

（8）检修荷载：

屋面板、檩条、钢筋混凝土挑檐、雨篷施工或检修中应取 1.0 kN，并作用在最不利位置进行验算。

（9）设备荷载：

除设备运行自重外，应考虑设备是否有运行产生动力荷载。

（10）地震作用：

按《建筑结构荷载规范》（GB 50009—2012）进行地震作用和结构抗震验算。

2. 结构形式

（1）站房采用混凝土框架结构，屋面网架结构。

（2）雨棚采用钢筋混凝土框架结构。50 m 内设变形缝，变形缝通过梁对挑实现。

3. 采用的主要结构材料

（1）钢结构：采用 Q235B 或 Q345B 钢材，焊条采用 E43XX 或 E50XX，M10.9 高强度摩擦螺栓，安装螺栓采用普通螺栓。

要求钢材的屈服强度实测值与抗拉强度实测值的比值不应大于 0.85。钢材应有明显的屈服台阶，且伸长率不应小于 20%；钢材应有良好的焊接性和合格的冲击韧性。

（2）混凝土：基础及地下室侧墙 C35（根据基础的环境类别调整），地下部分采用抗渗混凝土，抗渗等级不小于 P8。根据各站地下水位考虑抗浮设计。框架梁、柱采用 C35 及以上混凝土。板采用 C35 混凝土。圈梁构造柱 C25 混凝土。混凝土垫层：C15。

（3）钢筋：梁、柱主筋采用 HRB400E 级钢筋，箍筋及楼板钢筋采用 HRB400E 级。

要求钢筋的强度标准值应具有不小于 95%的保证率。钢筋的抗拉强度实测值与屈服强度实测值的比值不应小于 1.25；钢筋的屈服强度实测值与屈服强度标准值的比值不应大于 1.3，且钢筋在最大拉力下的总伸长率实测值不应小于 9%。

（4）网架支座：成品抗震支座。

（5）±0.000 以下湿区（如地下室水泵房周边墙）、与水土直接接触处及建筑特别要求处采用 M10 水泥砂浆砌 240 mm 厚 MU15 蒸压粉煤灰实心砖。±0.000 以上墙体外墙采用 Mb5.0 砌筑砂浆砌不低于 MU5.0 的 250 mm 厚轻集料混凝土空心砌块，内墙采用 Mb5.0 砌筑砂浆砌不低于 MU3.5 的 200 mm 厚轻集料混凝土空心砌块，墙体材料干密度≤1 200 kg/m^3。

蒸压粉煤灰实心砖强度等级为 MU15，容重≤16.0 kN/m^3，M7.5 水泥砂浆砌筑。

4. 计算统一要求

（1）结构计算主要控制标准详见表 31-2。

表 31-2 结构主要控制标准

控制内容	控制对象	控制指标
位移角	风荷载及水平地震作用下，楼层弹性层间位移角	$\Delta u/h \le 1/550$
挠度	钢网架屋盖在永久和可变荷载作用下	$f/L \le 1/250$
裂缝宽度	钢筋混凝土梁（当构件处于一类环境时）	$\omega \le 0.3$ mm
	钢筋混凝土梁（当构件处于二 a 类环境时）	$\omega \le 0.2$ mm
楼盖舒适度	竖向震动频率	不低于 3 Hz
位移	最大位移/平均位移	不宜>1.2，不应>1.5
位移	最大层间位移/平均层间位移	不宜>1.2，不应>1.5

周期：第一扭转周期比第一平动周期不大于 0.9。主振形应为平动。

（2）柱配筋按单偏压计算，双偏压必须验算。

（3）特殊梁柱应定义：必须定义角柱。

（4）混凝土容重必须考虑装修荷载。

（5）一般情况下，在建筑结构的两个主轴方向分别计算水平地震作用并进行抗震验算，各方向的水平地震作用应由该方向抗侧力构件承担。

（6）裂缝：均≤0.2 mm。

5. 施工要求

（1）站房应在平整场地后进行施工。雨棚及站台挡墙应在站台填土完成后进行。

（2）线侧下式站房，路基挡墙应结合路基断面及场地条件进行设计，并结合地质情况采用合理的基础形式。

（3）基础施工时应做好排水工作，严禁基槽浸水。施工过程中应将地下水位降至基底下 500 mm，在降低地下水位时应采取措施，避免因降低水位而影响邻近建筑物及轨道的正常使用及安全。

五、暖通设计原则及标准

1. 采暖

金台线地处夏热冬冷地区，全线各站低于 5 °C 日数小于 90 天，不设集中供暖。

2. 空调设计

为满足工艺要求的室内温度、湿度及人员舒适度要求，在通信站、信号楼、行车继电器室、10KV 配电所等房屋内的重要房间：

通信机械室通信站（传输、程控交换及电源室）；

信号继电器室、控制室、电源室；

牵引变电所主控室、10 kV 配电所控制室；

信号楼微机室；

设置不同规格的机房专用空调器。

乘务员公寓、生产办公楼、综合办公楼等生活、生产房屋设置舒适性分体空调器。

其他按工艺要求设置。

3. 通风设计

（1）变配电室、设置气体灭火房间设机械通风，换气次数 6 次/h；

（2）储油间设置防爆风机全面通风，换气次数 12 次/h；

（3）厨房设轴流风机满足室内通风换气要求，排风量按 35 次/h 计，其中 65%由灶具局部排气罩排出，其余 35%由厨房全面通风换气口排出；

（4）浴室、卫生间设天花板换气扇满足室内通风换气要求，换气次数 10 次/h；

（5）其他按工艺要求设置。

4. 室内给排水设计

（1）技术标准。

在室外给排水管网范围内的房屋均设置室内给排水卫生设备：

公共卫生间蹲便器设脚踏式冲洗阀，宿舍卫生间蹲便器设低位水箱冲洗阀，小便器采用感应式冲洗阀，公共卫生间洗手盆采用延时自闭水龙头。

开水供应采用电开水器，数量以房建专业配置为准。

水表设置原则：$DN \leqslant 50$，室外设置旋翼式水表；$DN > 50$ 室外设置螺翼式水表。

热水供应：淋浴间采用太阳能热水器（电辅热）。

（2）设备及管材选型

生活给水干、立管采用钢塑复合管，支管采用 PP-R 管，排水采用 UPVC 管。

5. 消防设计

根据《建筑灭火器配置设计规范》（GB 50140—2005），生产生活房屋设磷酸铵盐干粉灭火器。

根据《建筑设计防火规范》（GB 50016—2014）、《消防给水及消火栓系统技术规范》（GB 50974—2014）、《铁路工程设计防火规范》（TB 10063—2007）（2012 年版）在站房等达到设计标准的建筑物内设置消火栓灭火系统，系统最高处设屋顶消防水箱间。

生产房屋的电力、通信、信号电缆穿过房间隔墙、楼板时，电缆采用防火包带包扎，孔洞采用防火堵料防堵，做法参见《建筑防火封堵应用技术规程》（CECS 154：2003）。

消防给水管采用内外壁热浸镀锌钢管，管径≤DN50，螺纹连接，管径＞DN50，沟槽连接。

6. 主要技术标准

（1）《铁路给水排水设计规范》（TB 10010—2008）；

（2）《铁路工程设计防火规范》（TB 10063—2007）；

（3）《铁路工程节能设计规范》（TB 10016—2006）；

（4）《铁路房屋建筑设计标准》（TB 10011—2012）；

（5）《铁路房屋暖通空调设计标准》（TB 10058—98）；

（6）《建筑给水排水设计规范》（GB 50015—2003）；

（7）《建筑设计防火规范》（GB 50016—2014）；

（8）《建筑灭火器配置设计规范》（GB 50140—2005）；

（9）《民用建筑供暖通风与空气调节设计规范》（GB 50736—2012）；

（10）《公共建筑节能设计标准》（GB 50189—2015）；

（11）《建筑给水聚丙烯管道工程技术规范》（GB/T 50349—2005）；

（12）《建筑给水排水及采暖工程施工质量验收规范》（GB 50242—2002）；

（13）《通风与空调工程施工质量验收规范》（GB 50243—2002）；

（14）《消防给水及消火栓系统技术规范》（GB 50974—2014）；

（15）《气体灭火系统设计规范》（GB 50370—2005）；

（16）《建筑设计防火规范》（GB 50016—2006）；

（17）《民用建筑节水设计标准》（GB 50555—2010）；

（18）《建筑机电工程抗震设计规范》（GB 50981—2014）；

（19）《生活饮用水卫生标准》（GB 5749—2006）；

（20）《建筑工程施工质量验收统一标准》（GB 50300—2001）；

（21）《气体灭火系统施工及验收规范》（GB 50263—2007）；

（22）《建筑灭火器配置验收及检查规范》（GB 50444—2008）；

（23）《浙江省公共建筑节能设计标准》（DB 33/1036—2007）；

（24）《绿色建筑评价标准》（GB/T 50378—2006）。

第三节 旅客站房设计

一、旅客车站说明

设计年度近期：2030 年，远期：2040 年，详见表 31-3。

表 31-3 车站旅客发送量、最高聚集人数

车站	旅客发送量/万人		最高聚集人数/人
	近期	远期	
台州站	900	1 200	新增 2 400
临海南站	120	220	1 300
仙居南站	70	160	600
磐安南站	35	80	600
壶镇站	50	80	600
头门新区	40	70	600
杜桥	30	50	300

金台沿线共设客运车站为永康南（既有）、壶镇、磐安南、仙居南、临海南、台州、杜桥、头门港等 8 个，其中台州站、临海南站与市域铁路合设站房，各站设计情况如表 31-4 ~ 表 31-6。

表 31-4 车站站房设计情况

序号	站名	站中心里程	最高聚集人数/人	大线批复面积/m^2	施工图建筑面积/m^2	站场规模	车站形式
1	台州站	DK150+452	2 400	8 000	22 574.08	2 台 6 线	线侧式旅客站房
2	杜桥站	TDK22+450	300	1 500	3 960.6	1 台 3 线	线侧下式旅客站房
3	头门新区站	TDK43+650	600	3 000	5 975.73	1 台 3 线	线侧平式旅客站房
4	临海南站	DK128+200	1 300	6 000	9 984.2	2 台 4 线	线侧下式旅客站房
5	仙居站	DK88+700	600	3 000	2 999.01	2 台 4 线	线侧下式旅客站房
6	磐安站	DK37+800	600	3 000	2 997.17	1 台 4 线	线侧平式旅客站房
7	壶镇站	DK23+845	600	3 000	3 975.99	2 台 4 线	线侧下式旅客站房

表 31-5 建筑类别及防火等级

	台州站	杜桥站	头门新区站	临海南站	仙居南站	磐安南站	壶镇站
建筑类别	多层 地下一层 地上两层	多层 地下一层 地上两层	多层 地下一层 地上两层	多层 地上两层	多层 地下一层 地上两层	多层 地下一层 地上两层	多层 地下一层 地上两层
防火等级	地上二级 地下一级	地上二级 地下一级	地上二级 地下一级	地上二级	地上二级 地下一级	地上二级 地下一级	地上二级 地下一级

表 31-6 站房结构形式

	台州站	杜桥站	头门新区站	临海南站	仙居南站	磐安南站	壶镇站
结构形式	框架结构（局部屋面网架结构）	框架结构（局部屋面网架结构）	框架结构（局部屋面网架结构）	框架结构（局部屋面网架结构）	框架结构	框架结构	框架结构（局部屋面网架结构）

二、站房设计说明

（一）台州站（区域性枢纽站房设计分析）

1. 工程建设规模

台州站车场规模为 2 座站台 6 条线（2 条正线），到发线临靠站台。站房建筑规模 22 574.08 m^2，占地面积（包括站房平台）10 595.66 m^2，其中台州火车站建筑面积为 11 356.43 m^2，市域铁路车站建筑面积为 11 217.65 m^2。

台州站与市政配套工程的分工界面

站房与其他设计范围分界以站房平台边缘线为分界线，站房正立面外墙向外 12 m，两侧外墙向外 15 m，站房与基台州站台边缘距离 8.75 m。

2. 总平面设计

（1）场地概述：

位于台州市黄岩区，车站范围内地势平坦，无较大高差，站房周边暂无详细规划。

（2）高程关系：

站房中心里程为：DK150+452.567，站房内 ± 0.00 绝对标高为 11.830 m，站前落客平台边沿绝对标高为 11.780 m，站房平台由站房处向四周找坡；地道地面标高-9.300 m，相对于绝对标高 2.530 m。

（3）站房总平面设计：

台州站站房开间 156.00 m（轴线距离），进深 43.35 m（轴线距离）。

站房两侧平台宽 15.00 m，站房前落客平台宽 12.00 m。

3. 无障碍设计

执行无障碍设计规范。公共站厅内凡是有垂直交通处均设置无障碍电梯或坡道，设置专用卫生间、售检票口等专用旅服设施，设置引导系统，无障碍车位。

4. 建筑层数、层高和总高度

（1）建筑层数：站房地上二层（局部有夹层），地下一层（局部二层）。

（2）标高及层高系统详见表 31-7。

表 31-7 建筑标高及层高系统

	相对标高	绝对高程
地下一层	− 9.300	2.530
首层	0.000	11.830
二层	6.670	18.500

（3）总高度：站房屋面左右对称，站房东侧为落客平台，为一层平面。屋面最高点相对落客平台高度为 20.85 m。

5. 功能分区与平面布局

（1）地下一层：标高-9.300 m，主要功能为市域铁路的进站厅及辅助设备用房、预留商业用房；国铁站房的出站通道及消防水泵房，详见图 31-1。

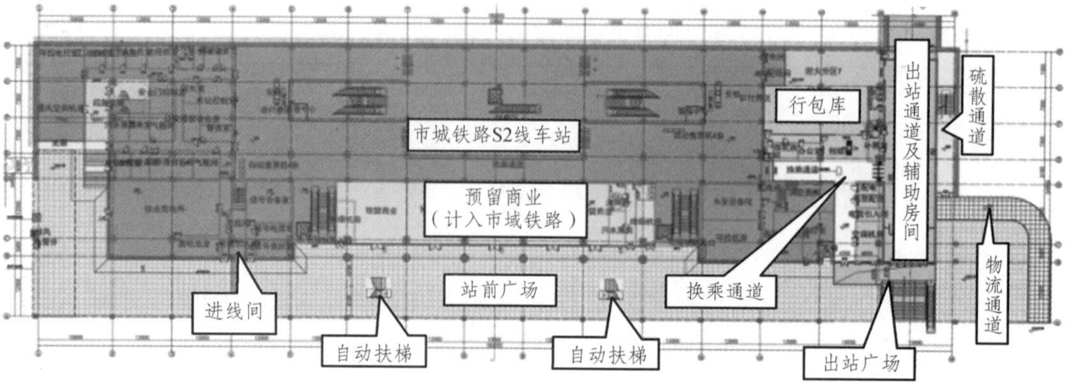

图 31-1　台州站地下一层平面图

（2）首层：主要功能空间有国铁进站广厅、售票厅及辅助设备用房；市域铁路的站台、卫生间及设备用房。

（3）站前平台：站房前设置 12 m 宽站前平台，详见图 31-2。

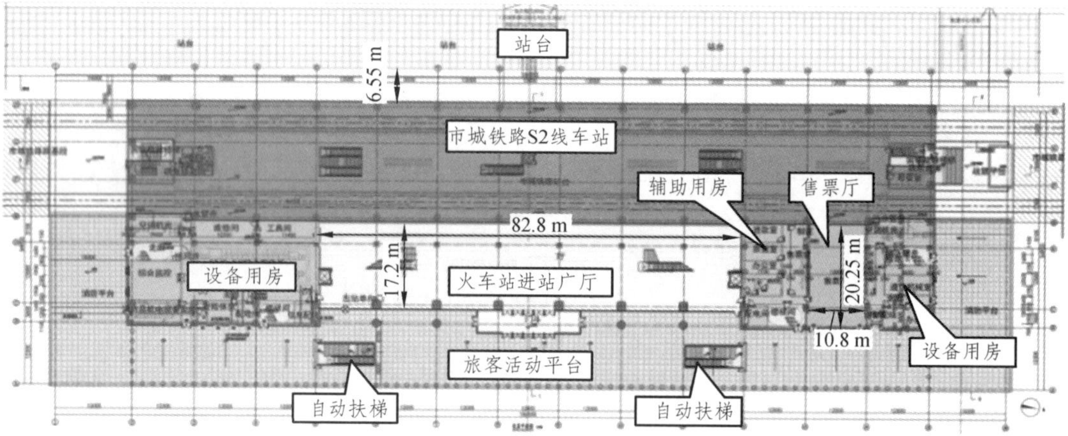

图 31-2　台州站首层平面图

（4）二层：主要功能空间有候车厅、四电用房及办公用房等。候车厅公共服务区设有两处卫生间，无障碍卫生间、母婴室、饮水间等，详见图 31-3。

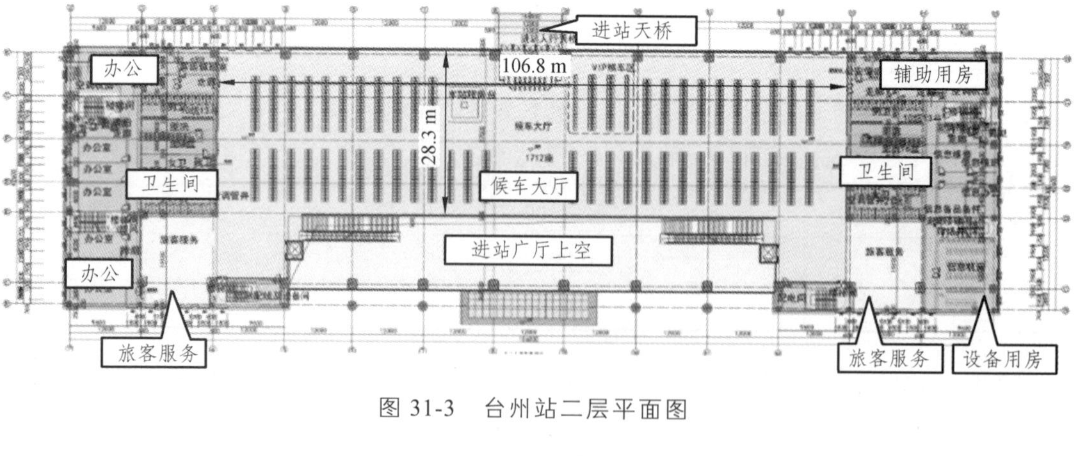

图 31-3　台州站二层平面图

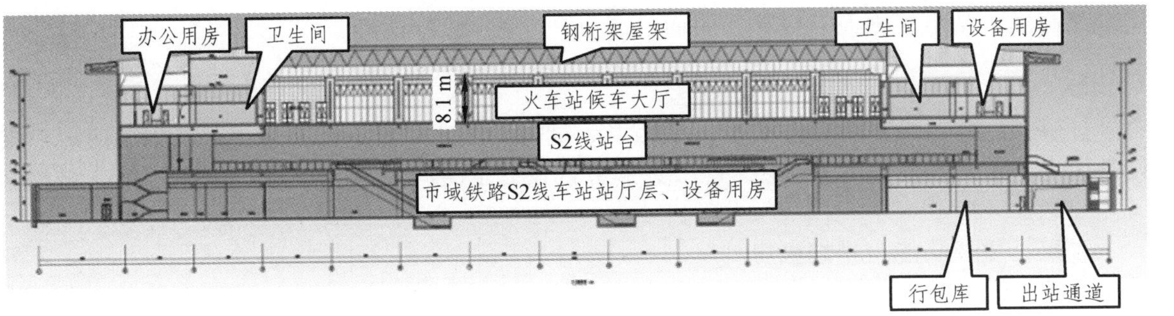

图 31-4　台州站剖面图

6. 设计标准

（1）建筑分类及耐火等级：站房地上部分为二级，地下部分为一级，其中四电用房为一级。

（2）防水等级：站房主体屋面防水等级为一级，地下室防水等级为一级。

（二）杜桥站

1. 工程建设规模

杜桥站车场规模为 1 座站台 3 条线（2 条正线），到发线临靠站台。站房综合楼总建筑面积 3 960.6 m^2，其中：地下一层建筑面积：140.6 m^2，地上首层建筑面积 3 760 m^2，二层建筑面积 60 m^2。

2. 杜桥站国铁与市政配套工程的分工界面

杜桥站站房设计院与地方设计范围分界：以站房平台边缘线为分界线，站房内管网综合，含站房正立面外围护结构向外 12 m，两侧外围护结构向外 10 m。

3. 总平面设计

（1）场地概述：

位于浙江省临海市杜桥镇，车站范围内地势平坦，无较大高差，站房周边暂无详细规划。

（2）高程关系：

站房中心里程为：TDK22+450，站房内正负零绝对标高为 4.820 m（85 高程系统），市政广场建议绝对标高为 4.62 m（85 高程），站房平台由站房处向四周找坡。

4. 站房总平面设计

杜桥站站房开间 106 m（轴线距离），进深 33.6 m（轴线距离）。

站房平台距正立面外墙 12 m，距两侧外墙 10 m。

5. 无障碍设计

执行无障碍设计规范。公共站厅内凡是有垂直交通处均设置无障碍电梯或坡道，设置专用卫生间、售检票口等专用旅服设施，设置引导系统，无障碍车位。

6. 建筑层数、层高和总高度

（1）建筑层数：桥下站房为一层，局部有二层。

（2）标高及层高系统详见表 31-8。

表 31-8　建筑标高及层高系统

	相对标高/m	绝对高程/m
地下一层	−4.500	0.320
首层	0.000	4.820
二层	5.700	10.520

（3）总高度：站房屋面左右对称，屋面最高点高度为 15.2 m。

7. 功能分区与平面布局

（1）首层：主要功能空间有候车厅、售票厅 、进站厅、出站厅、出站通道及其附属房屋、旅客服务、设备用房、车站办公房屋等。候车厅公共服务区设有卫生间（含一处无障碍卫生间）、母婴室、饮水间等。

（2）二层：主要功能为排烟机房。

（3）地下一层：功能为消防水泵房。

（4）站前平台：站房前设置 12 mm 宽站前平台。

8. 设计标准

（1）建筑分类及耐火等级：站房地上部分为二级，地下部分为一级，其中四电用房为一级。

（2）防水等级：站房主体屋面防水等级为一级，地下室防水等级为一级，平面布置图详见图 31-5。

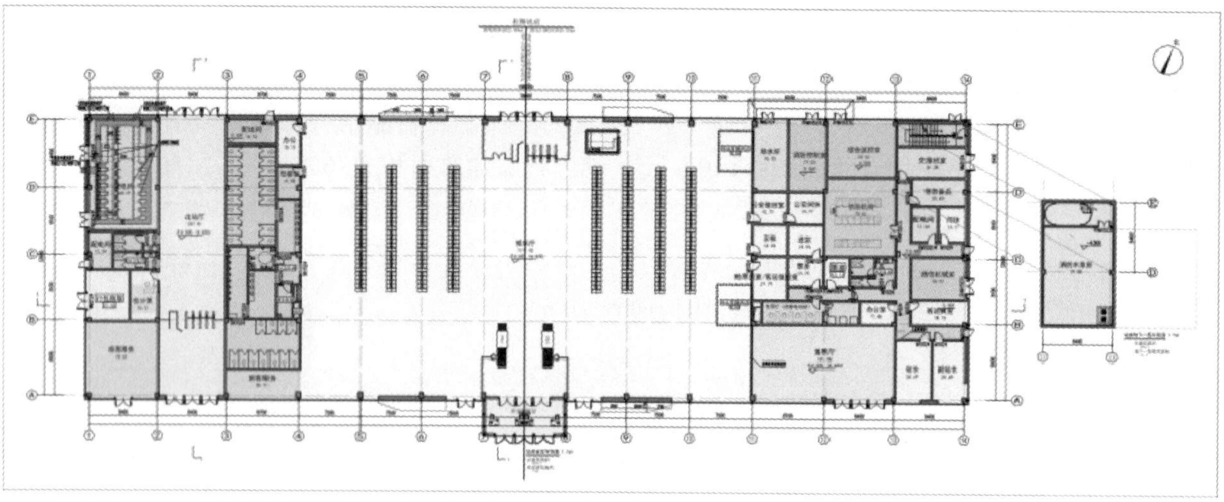

图 31-5　首层平面图

（三）头门新区站

1. 工程建设规模

头门新区站车场规模为 1 座站台 3 条线（2 条正线），到发线临靠站台。站房综合楼总建筑面积 5 975.73 m^2，其中：地下建筑面积：243.66 m^2，地上建筑面积 5 732.07 m^2，

2. 头门新区站国铁与市政配套工程的分工界面

头门新区站以站房设计院与地方设计范围分界：以站房平台边缘线为分界线，站房内管网综合，含站房正立面外围护结构向外 12 m，两侧外围护结构向外 10 m。

3. 总平面设计

（1）场地概述：

位于浙江省临海市头门新区，车站范围内地势平坦，无较大高差，站房周边暂无详细规划。

（2）高程关系：

站房中心里程为：TDK43+650，站房位置不受洪水位及内涝水位控制（总体院及地方规划部分提供），站房内正负零绝对标高为 7.100 m（85 高程系统），站房平台由站房处向四周找坡。

4. 站房总平面设计

头门新区站站房开间 123 m（轴线距离），进深 36 m（轴线距离）。

站房平台距正立面外墙 12 m，距两侧外墙 10 m。

5. 无障碍设计

执行无障碍设计规范。公共站厅内凡设置专用卫生间、售检票口等专用旅服设施，设置引导系统，无障碍车位。

6. 建筑层数、层高和总高度

（1）建筑层数：站房为两侧为两层，中间候车大厅为通高一层；局部地下一层。

（2）标高及层高系统详见表 31-9。

表 31-9 建筑标高及层高系统

	相对标高/m	绝对高程/m
地下一层	4.50	2.60
首层	0.00	7.10
二层	6.00	13.10

（3）总高度：站房屋面左右对称，两侧低中间高，屋面中间檐口最高点为 20.00 m。

7. 功能分区与平面布局

（1）地下一层：标高 – 4.5 m，主要功能为消防泵房、给水所等设备房屋。

（2）首层：主要功能空间有候车厅、售票厅、进站厅、出站厅及其附属房屋等。候车厅公共服务区设有卫生间（含一处无障碍卫生间）、母婴室、饮水间等，详见附图 31-6。

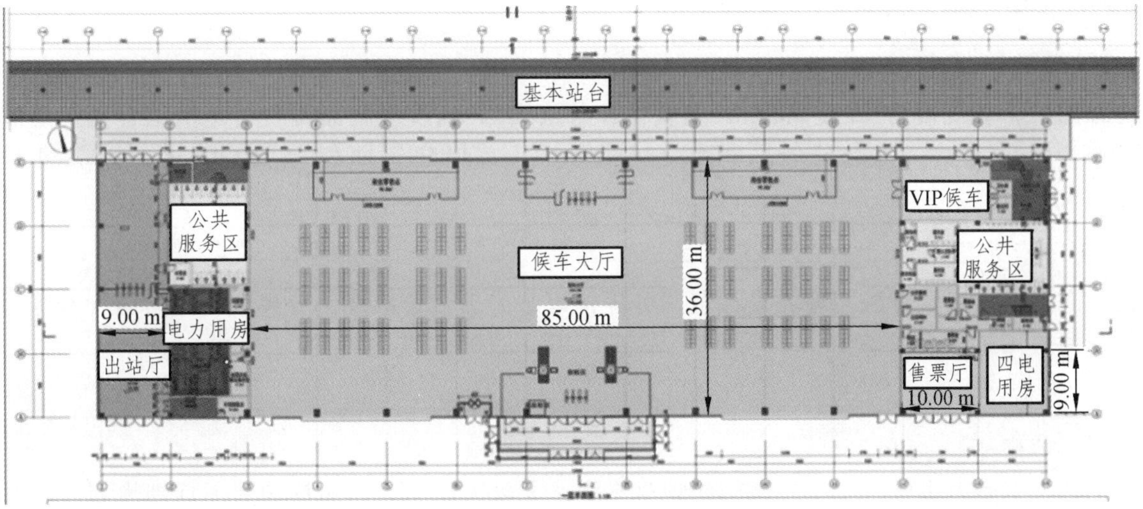

图 31-6 首层平面图

（3）二层：主要功能为车站办公房屋、四电等设备用房，详见图 31-7。

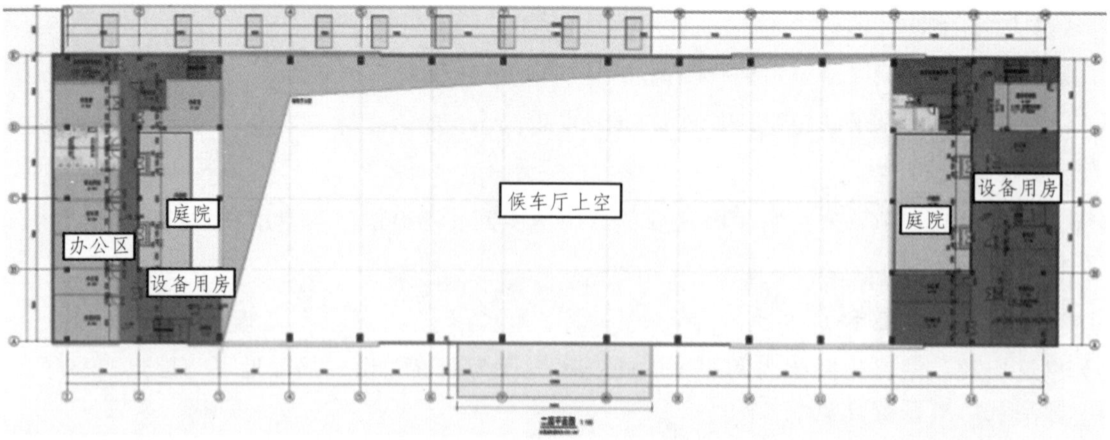

图 31-7　二层平面图

8. 设计标准

（1）建筑分类及耐火等级：站房地上部分为二级，地下部分为一级，其中四电用房为一级。

（2）防水等级：站房主体屋面防水等级为一级，地下室防水等级为一级。

9. 效果图及经济技术指标详见表 31-10。

表 31-10　头门新区站站房及附属构筑物面积

项目		数量/m²	备注
车站总建筑面积		5 975.73	1+2+3
1	地下一层	243.66	
2	一层	4 529.65	
3	二层	1 202.42	

（四）临海南站

1. 程建设规模

临海南站车场规模为 2 座站台 4 条线（2 条正线），到发线临靠站台。站房综合楼总建筑面积 9 984.2 m^2，（市域铁路部分建筑面积：2 801.1 m^2），首层建筑面积 7 962.04 m^2，二层建筑面积 2 022.16 m^2。

2. 临海南站国铁与市政配套工程的分工界面

临海南站以站房设计院与地方设计范围分界：以站房平台边缘线为分界线，站房内管网综合，含站房正立面外围护结构向外 15 m，两侧外围护结构向外 10 m。

3. 总平面设计

（1）场地概述：

位于浙江省临海市南部，车站范围内地势平坦，无较大高差，站房周边暂无详细规划。

（2）高程关系：

站房中心里程为：DK128+200，站房内正负零绝对标高为 8.30 m（85 高程系统），市政广场建议绝对标高为 8.1 m（85 高程），站房平台由站房处向四周找坡。

4. 站房总平面设计

临海南站站房开间 193.8 m（轴线距离），进深 38.3 m（轴线距离）。

站房平台距正立面外墙 15.0 m，距两侧外墙 10 m。

5. 无障碍设计

执行无障碍设计规范。旅客从候车厅进入基本站台和中间站台乘车，均设置无障碍电梯，候车厅内设置专用卫生间、售检票口等设置专用旅服设施，设置引导系统，无障碍车位。

6. 建筑层数、层高和总高度

（1）建筑层数：临海南站房为中段为一层，东西两侧为二层。

（2）标高及层高系统详见表 31-11。

表 31-11　标高及层高系统

	相对标高/m	绝对高程/m
首层	6.00	14.3
二层	11.00	19.3

（3）总高度：站房屋面中间金属屋面最高点 19.8 m，两侧混凝土结构屋面女儿墙最高点 12.6 m。局部装饰性结构最高点 23.7 m。

7. 功能分区与平面布局

（1）首层：主要功能空间有进出站综合厅、候车厅、售票厅、VIP 候车室、旅客服务及其附属房屋等。候车厅公共服务区设有卫生间（含一处无障碍卫生间）、母婴室、饮水间等，详见图 31-8。

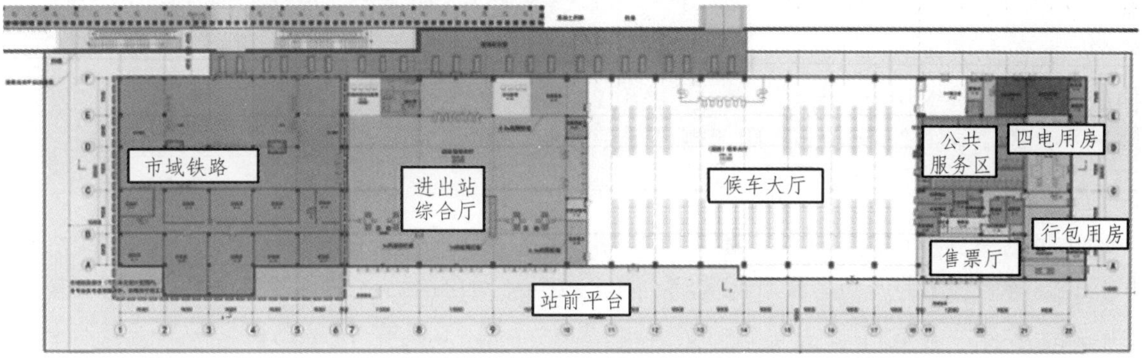

图 31-8　临海南站首层平面图

（2）二层：主要功能为车站办公房屋、设备用房等，详见图 31-9。

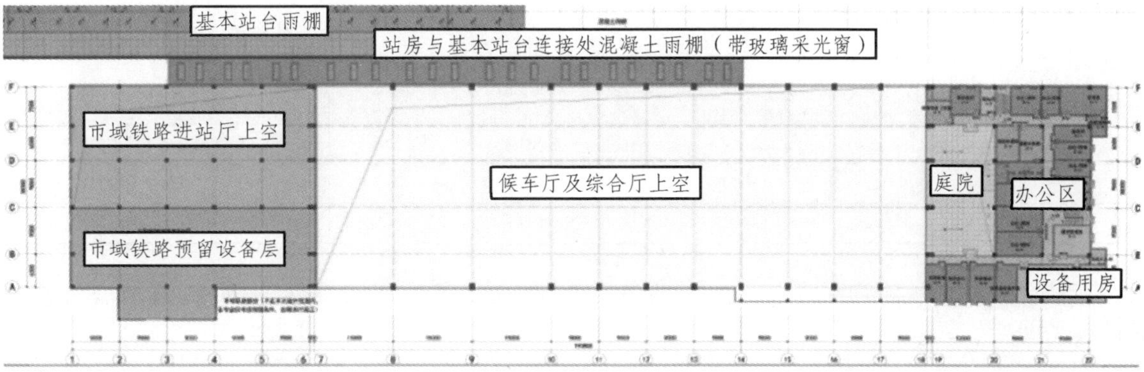

图 31-9　临海南站二层平面图

（3）站前平台：站房前设置 15 m 宽站前平台。

8. 设计标准

（1）建筑分类及耐火等级：站房地上部分为二级，地下部分为一级，其中四电用房为一级。

（2）防水等级：站房主体屋面防水等级为一级，地下室防水等级为一级。

（五）仙居南站

1. 工程建设规模

仙居站车场规模为 2 座站台 4 条线（2 条正线），到发线临靠站台。站房总建筑面积：2 999.01 m^2，其中：地下一层建筑面积：163.42 m^2，地上建筑面积为 2 835.59 m^2（其中首层建筑面积 2 222.03 m^2，二层建筑面积 613.56 m^2）。

2. 仙居站国铁与市政配套工程的分工界面

含站房正立面外围护结构向外 10 m，站台边至站房外围护结构 12 m，两侧外围护结构向外 10 m，站房范围内与基本站台相接部分地面做法同站房平台做法。

3. 总平面设计

（1）场地概述：

仙居站位于浙江省浙江省台州市仙居县。站房周边暂无详细规划。

（2）高程关系：

站房中心里程为：DK88+700，站房内 ± 0.000 相当于绝对标高为 49.240 m，站前平台边沿绝对标高为 49.140 m，站房平台由站房处向四周找坡；地道地面标高 ± 0.000 相对于绝对标高 49.240 m。

4. 站房总平面设计

仙居站站房开间 89.1 m（轴线距离），进深 23.4 m（轴线距离）。

站房平台距正立面外墙 10 m，距两侧外墙 10 m。

5. 总平面无障碍设计

自城市道路至站前广场、站房主要公共空间、站台、地道、站台等候区设置 0.3 m 至 0.6 m 的宽度提示盲道。站房两侧停车位各设计无障碍停车位一个。站房与站前交通枢纽连接处考虑无障碍连接。

6. 建筑层数、层高和总高度

（1）建筑层数：中段为一层，南北两侧为两层。进站口位于车站正中，售票厅入口和出站口分别位于进站口两侧。

（2）标高及层高系统详见表 31-12。

表 31-12　标高及层高系统

	相对标高/m	绝对高程/m
地下一层	− 4.500	44.740
一层	± 0.000	49.240
二层	5.700	54.940

（3）总高度：站房屋面左右对称，车站最高点 16 m（不含装饰构件），车站两侧檐口设计相对 ± 0.000 标高为 11.9 m。

7. 功能分区与平面布局

（1）地下层：标高 – 4.500 m，主要功能为消防水泵房、给水所等设备房屋。

（2）一层：主要功能空间有候车厅、售票厅、进站厅、出站厅及其附属房屋等。候车厅公共服务区设有卫生间（含一处无障碍卫生间）、饮水间等，详见图 31-10。

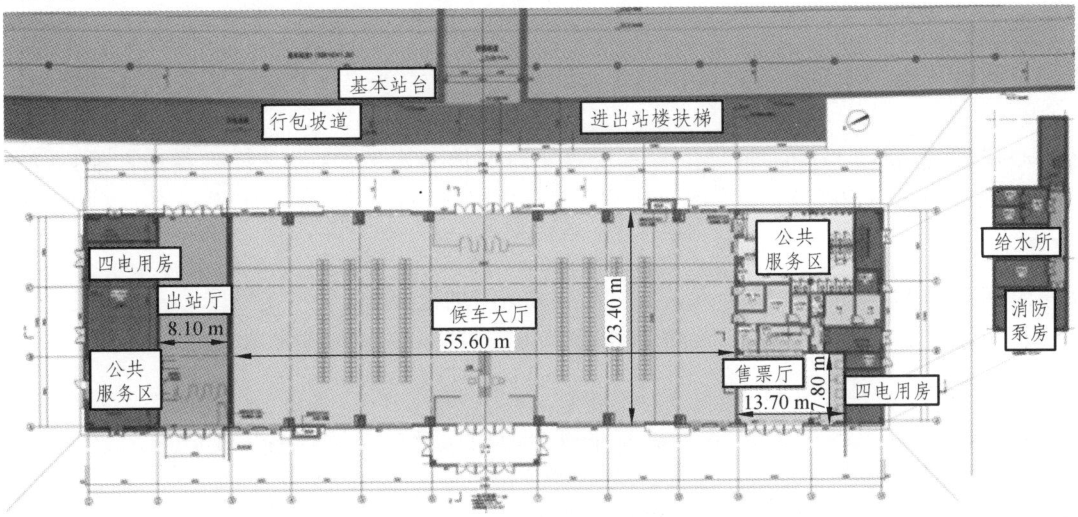

图 31-10　仙居南站一层平面图

（3）二层：主要功能为车站办公、四电用房、设备用房，详见图 31-11。

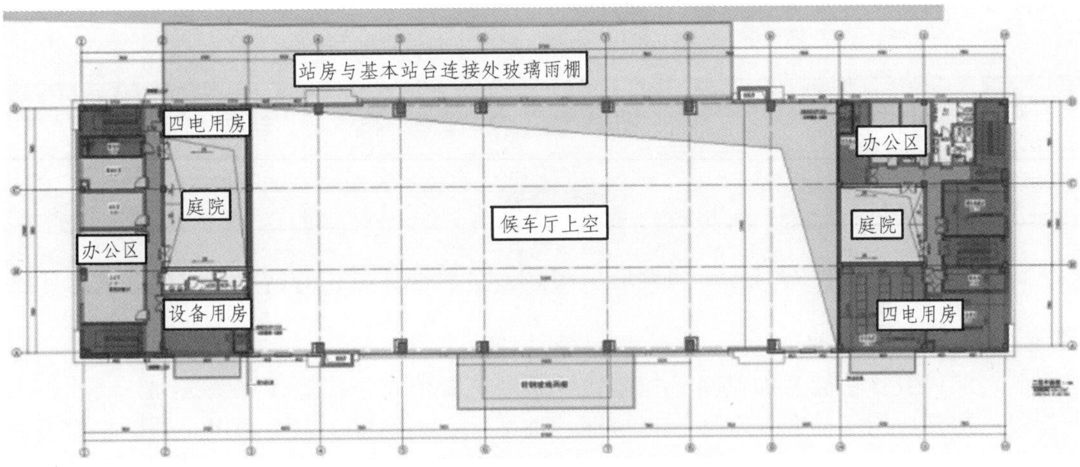

图 31-11　仙居南站二层平面图

（4）站前平台：站房前设置 15 m 宽站前平台。

8. 设计标准

（1）建筑分类及耐火等级：站房地上部分为二级，地下部分为一级，其中四电用房为一级。

（2）防水等级：站房主体屋面防水等级为一级，地下室防水等级为一级。

（六）磐安南站

1. 工程建设规模

磐安站车场规模为 1 座站台 4 条线（2 条正线）。站房综合楼总建筑面积 2 997.17 m^2，其中：地下一层建筑面积：168.55 m^2，一层建筑面积 2 139.95 m^2，二层建筑面积：688.65 m^2。

2. 磐安站国铁与市政配套工程的分工界面

磐安站以站房设计院与地方设计范围分界：以站房平台边缘线为分界线，站房内管网综合，含站房正立面外围护结构向外 12.0 m，两侧外围护结构向外 10.0 m。

3. 总平面设计

（1）场地概述：

位于浙江省金华市磐安县，车站范围内地势平坦，无较大高差，站房周边暂无详细规划。

（2）高程关系：

站房中心里程为：DK37+800，站房位置不受洪水位及内涝水位控制（总体院及地方规划部分提供），站房内正负零绝对标高为 289.64 m（85 高程系统），站房平台由站房处向四周找坡。

4. 站房总平面设计

磐安站站房开间 88.4 m（轴线距离），进深 24.6 m（轴线距离）。

站房平台距正立面外墙 12.0 m，距两侧外墙 10.0 m。

5. 无障碍设计

执行无障碍设计规范。公共站厅内凡是有垂直交通处均设置无障碍电梯或坡道，设置专用卫生间、售检票口等专用旅服设施，设置引导系统，无障碍车位。

6. 建筑层数、层高和总高度

（1）建筑层数：站房为两侧为两层，中间候车大厅为通高一层；局部地下一层。

（2）标高及层高系统详见表 31-13。

表 31-13　标高及层高系统

	相对标高/m	绝对高程/m
地下一层	−4.50	285.14
首层	0.00	289.64
二层	5.70	295.34

（3）总高度：站房屋面左右对称，两侧低中间高，屋面最高点相对站房架空层高度为 14.6 m。

7. 功能分区与平面布局

（1）地下一层：主要功能为加氯间、控制室、给水所及消防泵房等详见图 31-12。

（2）首层：主要功能空间有候车厅、售票厅、进站厅、出站厅、电力用房、消防控室等。候车厅公共服务区设有卫生间（含一处无障碍卫生间）、饮水间等详见图 31-12。

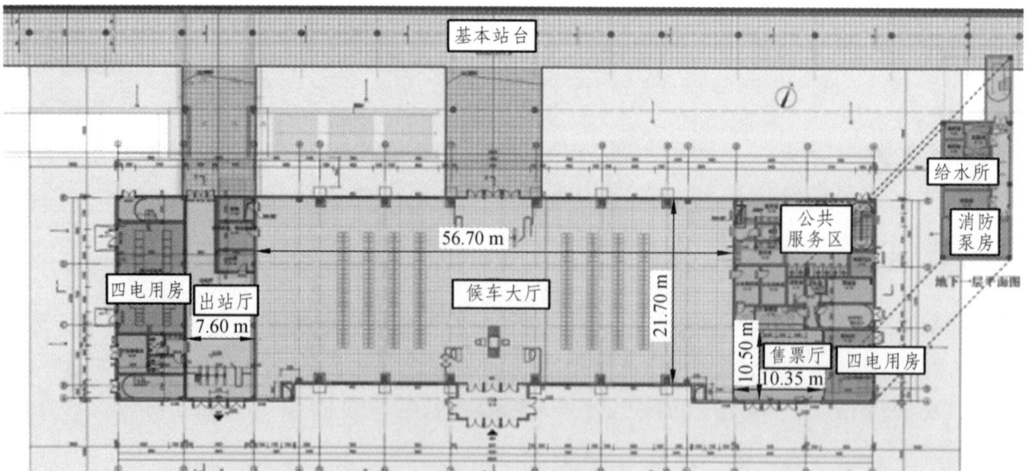

图 31-12　首层平面图

（3）二层：主要功能为车站办公用房、通信信息用房等，详见图 31-13。

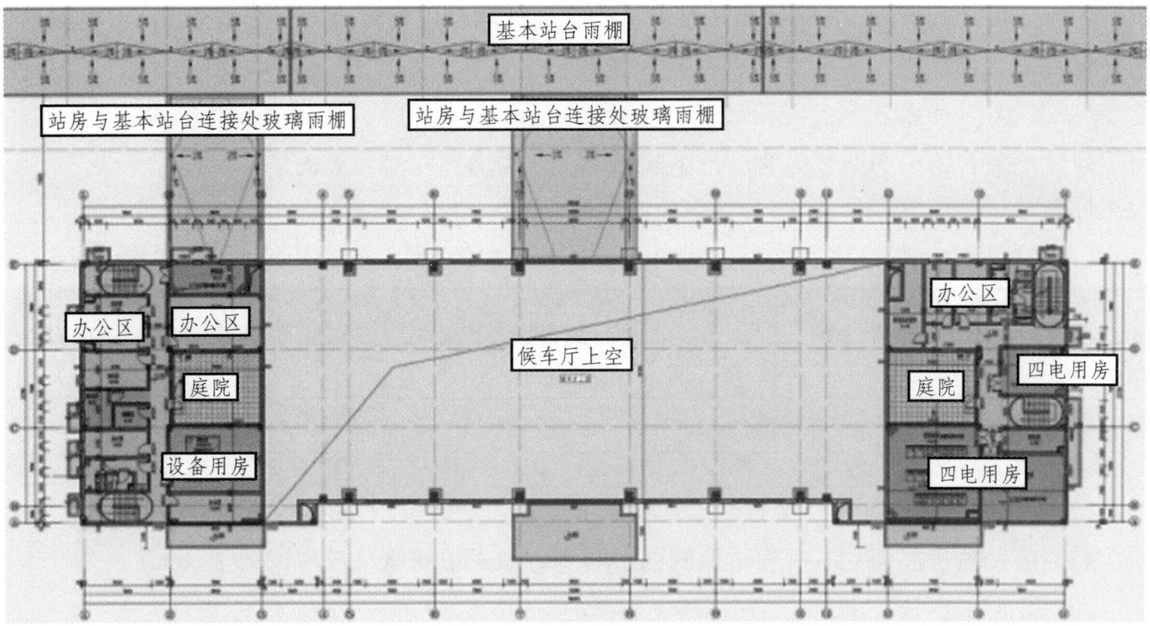

图 31-13 二层平面图

（4）站前平台：站房前设置 12 m 宽站前平台。

8. 设计标准：

（1）建筑分类及耐火等级：站房地上部分为二级，地下部分为一级，其中四电用房为一级。
（2）防水等级：站房主体屋面防水等级为一级，地下室防水等级为一级。

（七）壶镇站

1. 工程建设规模

壶镇站车场规模为 2 座站台 4 条线（1 条正线），到发线临靠站台。站房综合楼总建筑面积 3 975.99 m^2，其中：地下层建筑面积：199.42 m^2，地上建筑面积为 3 776.57 m^2。

2. 壶镇站国铁与市政配套工程的分工界面

壶镇站站房设计与地方设计范围分界：以站房平台边缘线为分界线，站房内管网综合，含站房正立面外围护结构向外 12 m，两侧外围护结构向外 10 m。

3. 总平面设计

（1）场地概述：
位于浙江省丽水市缙云县壶镇镇，车站范围内地势平坦，无较大高差，站房周边暂无详细规划。
（2）高程关系：
站房中心里程为：DK23+845，站房位置百年洪水位为 230.3 m，站房内正负零绝对标高为 231.1 m（85 高程系统），站房平台由站房处向四周找坡。

4. 站房总平面设计

壶镇站站房开间 94.00 m（轴线距离），进深 30.60 m（轴线距离）。
站房平台距正立面外墙 12.0 m，距两侧外墙 10 m。

5. 无障碍设计

执行无障碍设计规范。公共站厅内凡是有垂直交通处均设置无障碍电梯或坡道，设置专用卫生间、售检票口等专用旅服设施，设置引导系统，无障碍车位。

6. 建筑层数、层高和总高度

（1）建筑层数：站房为两侧为两层，中间候车大厅为通高一层；局部地下一层。

（2）标高及层高系统详见表 31-14。

表 31-14　标高及层高系统

	相对标高/m	绝对高程/m
地下一层	−4.5	226.6
首层	0	231.8
二层	5.7	236.8

（3）总高度：站房屋面左右对称，两侧低中间高，屋面中间檐口最高点为 18.0 m。

7. 功能分区与平面布局

（1）地下一层：标高 −4.5 m，主要功能为消防泵房、给水所等设备房屋。

（2）首层：主要功能空间有候车厅、售票厅 、进站厅、出站厅及其附属房屋等。候车厅公共服务区设有卫生间（含一处无障碍卫生间）、母婴室、饮水间等，详见图 31-14。

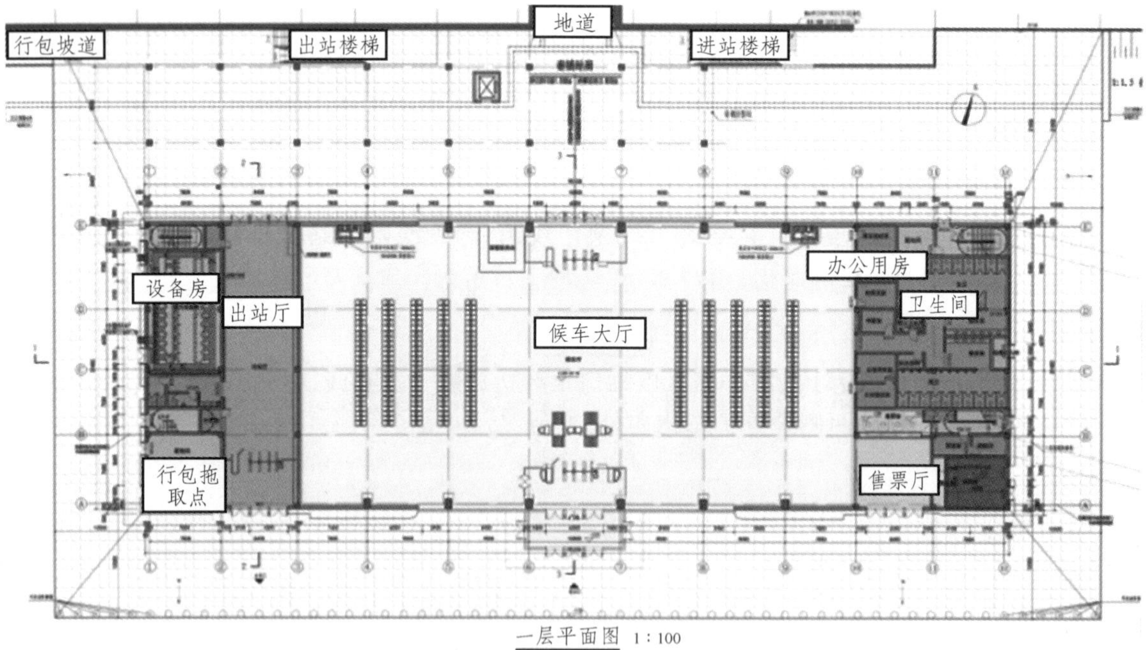

图 31-14　一层平面图

（3）二层：主要功能为车站办公房屋、四电等设备用房详见图 31-15。

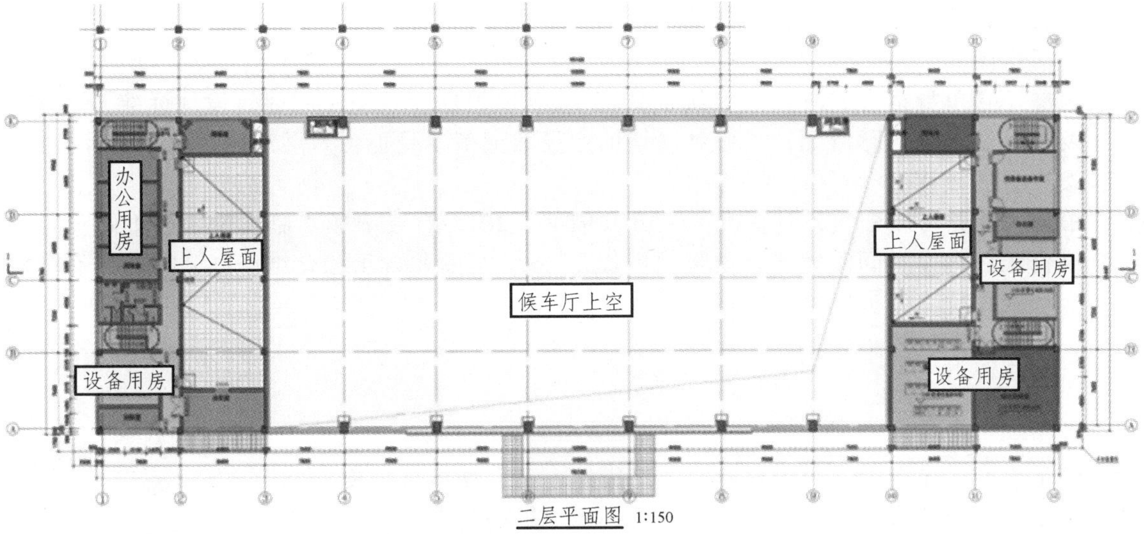

图 31-15 二层平面图

（4）站前平台：站房前设置 12 m 宽站前平台。

8. 设计标准

（1）建筑分类及耐火等级：站房地上部分为二级，地下部分为一级，其中四电用房为一级。

（2）防水等级：站房屋面防水等级为一级；地下室防水等级为一级。

第四节 生产生活房屋设计

一、设计原则与采用的主要技术标准

（一）配备原则

1. 机构设置和定员

（1）各专业生产机构设置根据各专业提供资料确定。

（2）生产定员根据各专业所提供的资料及现行有关规定进行汇总，不配备生活定员。

（3）公安定员：每派出所按 8 人设置，每公安值班室按 3 人设置。

（4）安检员：每台安检仪配备 4 人。

2. 房屋建筑

（1）生产及办公房屋。

① 根据各专业要求及《铁路房屋建筑设计标准》（Q/CR 9146—2017）有关指标结合生产、运输的需要确定房屋设计规模，同类房屋尽量合并修建。

② 车站办公、通信、信号、电力等房屋集中修建为信号综合楼。

（2）公安房屋。

① 在磐安站、仙居站、头门港站设置公安派出所，磐安站、仙居站建筑面积按 700 m^2，头门港站 500 m^2。

② 在永康南站设置刑警队 200 m^2，台州站设置乘警队 300 m^2。

③ 每新建站设置公安值班室，建筑面积按 50 m^2 设计，设有旅客站房的车站，则与之合建，公安

值班室面积含在站房内，不再单独计列。

（3）生活房屋。

生活房屋（含单身宿舍、淋浴间、伙食团），其规模根据《铁路房屋建筑设计标准》（Q/CR 9146—2017）要求及金台线实际情况，按各站新增的定员数配备单身宿舍、淋浴间、伙食团等必要设施。单身宿舍按三人间设计。

（4）根据《铁路房屋建筑设计标准》（Q/CR 9146—2017），在壶镇、临海南综合维修车间、仙居、杜桥综合维修工区内设一间保健室，建筑面积各 20 m^2。其面积含于综合维修办公楼内，不单独计列。

（5）金台线无桥隧守护房屋、军运房屋及人防工程。

（二）设计标准

1. 房屋总平面布置

（1）满足生产运输要求，布置紧凑，节约用地，符合城镇规划要求。

（2）满足安全疏散、消防、卫生、防洪及环境保护的要求。

（3）结合地形、水文、气象等自然条件布置，避让不良地质，并应符合竖向及绿化设计要求。

（4）分区明确，联系便捷，方便使用。

2. 建筑消防设计原则

（1）建筑的耐火等级为二级。各用房防火要求按照规范执行。

（2）房屋均按照防火规范要求，合理划分防火分区，满足安全疏散相关要求。

（3）房屋周边均按规范要求设置消防通道。

（4）房屋均按各专业工艺要求设置防火墙以及防火门窗等。

（5）建筑墙体、柱、梁、楼板、屋顶承重构件、吊顶按二级耐火等级要求选用。

3. 建筑节能设计原则

（1）建筑物朝向一般采用南北向或接近南北向，主要房间避开西向太阳直射，房屋体型力求简单。

（2）房屋尽量集中布置，在满足通风和采光的情况下，合理确定门窗面积。

（3）墙体采用能耗低的多孔黏土砖或轻质混凝土砌块并外贴保温层；外窗统一采用节能型、气密性良好的中空玻璃断桥铝合金窗。

（4）房屋的围护结构的传热系数执行《公共建筑节能设计标准》（GB 50189—2015），满足节能要求。

4. 建筑标准

新建房屋在满足工艺、功能要求的前提下，尽可能合并以综合楼形式修建，以节约用地。根据工艺要求进行内装修，建筑标准要具有一定的前瞻性。

5. 装修标准

（1）外墙：采用外墙涂料。

（2）楼地面：生产用房根据工艺要求采用与之相适应的材质；一般办公房屋采用地板砖；信号楼、综合办公楼等房屋采用地板砖、防静电地板楼地面等。各房屋卫生间、盥洗间、厨房等采用防滑地砖楼地面。

（3）内墙：一般房屋采用乳胶漆墙面，有湿度要求的房间采用瓷砖墙面。有特殊要求的房屋根据房间用途，其标准可适当提高。

（4）顶棚：一般房屋刷乳胶漆，有特殊要求的按具体要求设吊顶。

（5）踢脚：采用与地面材料相适应的材质。

6. 结构类型

全线新增房屋按抗震设防烈度 6 度、7 度设防。建筑结构设计使用年限为 50 年，房屋安全等级为二级。车站综合楼、信号楼、牵引变电所等行车调度、运转、通信、信号、供电、供水建筑抗震设防类别为重点设防类，其余房屋为标准设防类，满足耐久性要求。结构主体及屋面采用钢筋混凝土结构。

7. 特殊地基处理

（1）软土、松软土：厚度小于 3 m 时用砂石土换填，厚度大于 3 m 时采用桩基或采取复合地基处理措施。

（2）人工填土：根据回填土质量，采取加强上部结构刚度、采用复合地基处理措施或采用桩基础等。

（3）侵蚀性地下水：根据侵蚀程度，应采取控制水灰比、最小水泥用量、铝酸三钙含量或添加外加剂等措施，减小地下水对基础的侵蚀性，并满足《混凝土结构耐久性设计规范》的相关要求。

二、一般房屋设计

（1）建筑物耐火等级为二级，有特殊工艺要求的房屋耐火等级按要求设计。

（2）屋顶：采用坡屋顶，屋面设隔热层，改性沥青卷材防水，防水等级为Ⅰ、Ⅱ级。

（3）楼板、屋面板均采用钢筋混凝土现浇板。

（4）墙身：砌体结构房屋墙体采用烧结多孔砖砌筑，厚度 240 mm；框架结构房屋的围护墙体采用加气混凝土砌块，厚度 200 mm；有特殊要求的房屋根据需要选择适宜的墙体材料。宿舍及人员密集房屋外墙面做砂浆保温层，无人值守房屋外墙面做挤塑聚苯板保温。

（5）门：一般采用成品木门，有特殊要求的房间采用防盗门或防火门。

（6）窗：无人值守的生产房屋采用塑钢单层玻璃平开窗，其他房屋采用断桥铝合金中空玻璃平开窗并按需设置纱扇，有特殊要求的采用防火窗，所有一层窗设置防盗栅。

（7）车站综合楼、信号楼、牵引变电所、电力配电所、给水所等采用框架结构。

（8）门卫、待检室、车号探测站等小型生产办公用房采用砌体结构。

（9）客车整备所整备棚、货运仓库及轨道车保养间等跨度较大的房屋采用钢筋混凝土结构。

（10）一般单层砌体房屋，均采用钢筋混凝土条形基础；框架结构一般采用钢筋混凝土独立基础；对于特殊不良地质地段，可根据实际情况及有关规范规定采用其他类型的基础。

第五节　暖通与空调设计

一、采暖设计

金台线地处夏热冬冷地区，全线各站低于 5 °C 日数小于 90 天，不设集中供暖。

二、空调设计

（一）生产生活房屋

夏季空气调节室外计算干球温度：30.3 °C，夏季通风室外计算温度：28.9 °C，夏季室外平均风速：5.2 m/s。

冬季空气调节室外计算温度：0.1 °C，冬季通风室外计算温度：2.1 °C，冬季室外平均风速：5.3 m/s。

金台铁路工程办公室、会议室、待班室、宿舍等房屋设置舒适性空调，采用普通分体式空调。

通信机械室、信号电源及继电器室、信号计算机房等根据通信、信号专业要求采用24小时不间断机房专用空调。

空调需满足节能等级，额定制冷量≤4 500 w，COP（能效比）≥3.6，4 500 w＜额定制冷量≤7 100 w，COP（能效比）≥3.5。制冷剂需为环保型制冷剂。

空调连接管件及阀门应选用防腐性能好、防渗透、防漏的管件。

（二）站房工程

1. 设计依据

（1）《建筑设计防火规范》（GB 50016—2014）（2018版）

（2）《公共建筑节能设计标准》（GB 50189—2015）

（3）《通风与空调工程施工质量验收规范》（GB 50243—2016）

（4）《建筑给水排水及采暖工程施工质量验收规范》（GB 50242—2002）

（5）《民用建筑供暖通风与空气调节设计规范》（GB 50736—2012）

（6）《铁路旅客车站设计规范》（TB 10100—2018）

（7）《铁路工程设计防火规范》（TB 10063—2016）

（8）《铁路工程节能设计规范》（TB 10016—2016）

（9）《铁路房屋建筑设计标准》（Q/CR 9146—2017）

（10）《多联机空调系统工程技术规程》（JGJ 174—2010）

（11）《建筑机电工程抗震设计规范》（GB 50981—2014）

（12）《建筑防烟排烟系统技术标准》（GB 51251—2017）

（13）《铁路房屋暖通空调设计标准》（TB 10056—1998）

其他现行国家有关规范及地方法规

2. 室外计算参数

室外计算参数见表31-15。

表31-15　室外计算参数

序号	项目	指标	项目	指标
1	夏季空调室外计算干球温度	30.3 °C	冬季通风室外计算温度	7.2 °C
2	夏季空调室外计算湿球温度	27.3 °C	冬季空气调节室外计算温度	0.1 °C
3	夏季通风室外计算温度	28.9 °C	室外采暖计算温度	2.1 °C
4	夏季空调日平均温度	28.4 °C	冬季空气调节室外计算相对湿度	72%
5	夏季通风室外计算相对湿度	80%	冬季室外平均风速	5.3 m/s
6	夏季室外平均风速	5.2 m/s	冬季室外大气压力	1 012.9hPa
7	夏季室外大气压力	997.3hPa		

3. 室内计算参数

室内计算参数见表31-16。

表 31-16 室外计算参数

序号	房间名称	温度/°C		相对湿度/%		新风量
		夏季	冬季	夏季	冬季	m^3/h
1	候车大厅	27	18	≤65	≥40	19
2	旅客服务	27	18	≤65	≥40	19
3	售票厅	27	18	≤65	≥40	19
4	办公室、值班室	26	18	≤65	≥40	30
5	信息配线间	18～28		35～75		—
6	信息机房	18～28		40～55		—

4. 空调系统冷源

（1）候车厅采用中央空调机组，室外机设于屋面。

（2）办公室、值班室、检补票室、会议室、票据、进款、售票室等采用变频多联机。

（3）综合监控室、消防控制室设计舒适性空调。

（4）通信机械室、信息机房、信息配线间等设置机房专用空调。

5. 空调系统形式

（1）候车厅等采用可变新风比一次回风全空气系统，候车大厅末端采用下送风，集中下回风；一二层候车大厅连通部分，采用全空气空调方式，采用喷口侧送风，集中下回风，空调送风口设置在一层候车厅吊顶内，回风口设置在中下部区域，保证下部人员活动区域的空调效果。过渡季节采用全新风。

（2）消防控制室、综合监控室、采用分体空调机组。检票员室、安检值班室、客运值班室、公安值班室等采用多联式空调机组，新风由自带冷源的新风机组提供。

（3）信息机房、通信机械室、信息配线间、等采用模块化机房专用空调，采用侧送侧回机组，明装。

三、通风设计

1. 通风换气次数

通风换气次数见表 31-17。

表 31-17 通风换气次数

序号	名称	换气次数（次/小时）	备注
1	给水所	4	自然通风
2	水泵房	4	自然补风
3	储药间	12	自然补风
4	信息机房	5	灾后通风
5	卫生间	15	自然补风

2. 通风系统

（1）水泵房、电力用房等设备用房均设机械通风以排除余热余湿，自然补风；公共卫生间设置排风竖井，集中排至屋面，设屋顶排风机。

（2）非空调季节通风设计：候车大厅、售票厅过渡季节采用全新风空调系统，空调机组运行满足人员新风需求，其中空调机组的冷媒系统不运行。设置新风系统的场所过渡季节利用空调新风设备通风。

（2）信息机房设置机械排风系统，作为发生火灾气体灭火后的排风用。排风机为消防供电，排风机在室内外便于操作的地点设置电气开关。

（4）候车厅、售票厅采用电动控制的高侧窗进行自然排风，下部门窗进风，以达到良好的自然通风效果。开窗面积满足分层空调区域上部排风散热和过渡季节全新风的要求。

（5）办公室、售票室等无外窗办公房屋采用新风机组送新风。

（6）公共卫生间、开水间等通过竖向风道收集后集中排至屋面，屋顶风井处设轴流式屋顶通风机。

3. 排烟设计

（1）候车厅设置电动控制可开启的高侧窗进行自然排烟，消防补风利用下部门窗自然补风。电动排烟窗与火灾自动报警系统联动开启，并应采用顺气流方向的窗扇，排烟窗设置高度不应低于楼层高度的 1/2，排烟补风利用下部门窗自然补风。自然排烟窗应设置手动开启装置，距地高度 1.5 m。

（2）房间、走道优先采用自然排烟，不满足自然排烟部分按 4.4.1 ~ 4.4.3 条设置机械排烟系统。

（3）空调、通风的风管穿越机房及防火分区隔墙的风管、垂直主风管与每层支风管上均设防火阀；通风管道为 70 °C 防火阀。空调机及风机在其所接风管上的防火阀熔断关闭后均能够联锁停止其运行。一旦发生火灾，消防中心应能立即停止所有运行中的与消防无关的设备，

四、室内给排水设计

（一）生产生活房屋

1. 室内给水设计

（1）生活冷热水干、立管采用钢塑复合管，螺纹连接；冷水支管采用 S5 级 PP-R 管，热水支管为 S3.2 级 PP-R 管，均为热熔连接。钢塑复合管与 PP-R 管采用专用件丝扣连接。管道耐压 0.6 MPa。金台铁路工程除立管和吊顶内给水支、干管外，其他给水支管暗装。

（2）器具、阀门与水表选用：管径 DN>50 mm 采用铜芯闸阀，DN≤50 mm 采用铜质截止阀，阀门公称压力为 1.0 MPa。小便器采用感应式冲洗阀，公共卫生间洗手盆采用感应式水龙头，独立卫生间洗手盆、拖布池采用普通水龙头，蹲便器采用脚踏冲洗阀；室外设水表井，见室外给排水专业设计图。

（3）全部给水配件、洁具均采用节水型产品，不得采用淘汰产品。卫生洁具给水及排水五金配件应采用与卫生洁具配套的节水型产品，选用的卫生洁具符合《节水型生活用水器具》（CJ/T164—2014）、《节水型产品技术条件与管理通则》（GB/T 18870）。

（4）管道试压：冷水系统试验压力为 0.90 MPa，热水系统试验压力为 1.20 MPa，稳压 1h 压力降不超过 0.05 MPa，然后在 0.45 MPa 下稳压 2h，压力降不得超过 0.03 MPa，同时检验各连接处不渗不漏为合格。

（5）管道冲洗：管道在系统运行前必须用水冲洗，要求以不小于 2 m/s 的流速冲洗，并用含量不低于 20 mg/L 的氯离子浓度清洁水浸泡 24h。并符合《建筑给水排水及采暖工程施工质量验收规范》（GB 50242—2002）及《建筑给水聚丙烯管道工程技术规范》（GB/T 50349—2005）的规定。

（6）热水供应：淋浴间采用太阳能热水器（电辅热）。

2. 室内排水设计

（1）金台铁路工程的污废水为一般性污废水。

（2）排水立管采用普通 UPVC 管，粘接，未注明排水管支管的排水坡度为 0.026。严禁采用机械密封代替水封，地漏均为防涸型地漏，地漏的水封深度 h≥50 mm，地漏做法见国标图集 04S301；无存水弯的卫生器具与生活污水管道连接时必须在排水口以下设水封深度不小于 50 mm 存水弯。

（3）排水系统进行灌水试验灌水高度不得低于一层地面高度，确认液面不下降及管道无渗漏现象后，再做通球及通水试验，以水流畅通为合格。

（4）食堂排水需经地上式隔油器处理后排放；厨房、公共浴室淋浴间地漏采用网框式地漏。

（5）管道连接：

① 污水横管与横管的连接，不得采用正三通和正四通。

② 污水立管与排水横管及排出管连接时采用两个 45%d 弯头，且立管底部弯管处应设支撑。

（6）排水管道穿楼板应预留孔洞，管道安装将孔洞严密捣实，立管周围应设高出楼板面设计标高 20 mm 阻水圈。

（7）金台铁路工程屋面雨水排放采用外排水详见建筑图纸。雨水综合利用满足规范要求详见室外给排水专业及建筑图纸。

3. 室内消防设计

（1）技术标准。

根据《建筑灭火器配置设计规范》（GB 50140—2005），生产生活房屋设磷酸铵盐干粉灭火器。

根据《建筑设计防火规范》（GB 50016—2014）、《消防给水及消火栓系统技术规范》（GB 50974—2014）、《铁路工程设计防火规范》（TB 10063—2007）（2012 年版）在达到设计标准的建筑物内设置消火栓灭火系统，系统最高处设屋顶消防水箱间。

金台铁路工程采用带灭火器箱组合式消防柜丙型，每个消火栓箱内设有消防报警按扭。消火栓箱采用钢铝合金，尺寸 1 800 mm × 700 mm × 240 mm；消火栓水枪的充实水柱为 10 m，栓口动压不小于 0.25 MPa，消火栓栓口直径 65 mm，水枪喷嘴ϕ19 mm，衬胶水龙带 25 m，消防软管卷盘应配置内径不小于ϕ19 的消防软管，卷盘长度 30 m，栓口距地 1.10 m。

磐安站 10 kV 电力配电所、磐安站牵引变电所、永康南站还建 AT 所、仙居站 10 kV 电力配电所、仙居站牵引变电所、临海南站牵引变电所、临海南站 10 kV 电力配电所、杜桥站牵引变电所、头门新区站 10 kV 电力配电所的主控室设气体灭火装置。每个防护区设置排风及泄压装置。

生产房屋的电力、通信、信号电缆穿过房间隔墙、楼板时，电缆采用防火包带包扎，孔洞采用防火堵料防堵，做法参见《建筑防火封堵应用技术规程》（CECS 154：2003）。

（2）设备及管材选型

消火栓管道采用内外壁热浸镀锌钢管。DN≤50 mm，采用螺纹和卡压连接；DN > 50 mm，采用沟槽连接件连接、法兰连接，当安装空间较小时应采用沟槽连接件连接。消火栓系统阀门采用双向蝶阀，工作压力为 1.0 MPa。所有阀门应处于常开状态并有明显的启闭标志。

（二）站房工程

1. 设计依据

（1）《建筑给水排水设计规范》（GBJ 50015—2003）（2009 年版）；

（2）《铁路给水排水施工技术规程》（Q/CR 9221—2015）；

（3）《建筑设计防火规范》（GB 50016—2014）（2018 年版）；

（4）《消防给水及消火栓系统技术规范》（GB 50974—2014）；

（5）《自动喷水灭火系统设计规范》（GB 50084—2017）；

（6）《建筑灭火器配置设计规范》（GB 50140—2005）；

（7）《气体灭火系统设计规范》（GB 50370—2005）；

（8）《固定消防炮灭火系统设计规范》（GB 50338—2003）；
（9）《公共建筑节能设计标准》（GB 50189—2015）；
（10）《建筑给水排水及采暖工程施工质量验收规范》（GB 50242—2002）；
（11）《建筑给水塑料管道工程技术规程》（CJJ/T 98—2014）；
（12）《建筑排水塑料管道工程技术规程》（CJJ/T 29—2010）；
（13）《自动喷水灭火系统施工及验收规范》（GB 50261—2017）；
（14）《铁路房屋建筑设计标准》（Q/CR 9146—2017）；
（15）《铁路旅客车站设计规范》（TB 10100—2018）；
（16）《铁路工程节能设计规范》（TB 10016—2016）；
（17）《铁路给水排水设计规范》（TB 10010—2016）；
（18）《铁路工程设计防火规范》（TB 10063—2016）；
（19）《民用建筑节水设计标准》（GB 50555—2010）；
（20）《给水排水管道工程施工及验收规范》（GB 50268—2008）；
（21）《建筑机电工程抗震设计规范》（GB 50981—2014）；
（22）建筑及相关专业提供的条件图和设计资料。

2. 给水系统设计

（1）水源：金台铁路工程的生活给水水源来自站区给水管网，水量、水压、水质满足生活用水要求。

（2）饮水供应：在候车区分散设置有饮水点，饮水点内设全自动净化电开水器。

（3）热水供应：淋浴热水由太阳能（电辅热）热水器提供。开母婴室设置热宝供应热水。

（4）候车公共区域卫生间采用脚踏式蹲式大便器、感应式小便器、感应式洗手盆。办公室区域卫生间采用脚踏式蹲式大便器、自动冲洗阀小便器、普通龙头台式洗手盆；拖布池采用普通龙头。大便器、小便器、洗脸盆采用节水型卫生器具。

3. 排水系统设计

（1）排水系统设计：室内生活污废水采用合流制，排水经化粪池处理后，排入站区污水排水系统。

（2）卫生间生活污水采用伸顶通气系统。卫生器具较多的排水支管采用环形通气管系统。

（3）旅客服务预留 De160 的排水管，排水经室内小型隔油设备处理后排入污水管网。

（4）排水方式：室内地面层（±0.000 m）以上的生活污、废水重力流排出；地面层（±0.000 m）以下的污、废水采用管道汇集至集水坑内，用潜水排污泵提升后、排入室外排水系统。地下消防泵房排水排至集水坑，经潜水泵提升后排至室外雨水管网。

4. 雨水系统设计

站房屋面雨水采用重力雨水排水系统。采用内排水，出站房后排入室外雨水排水系统；雨水排水系统按 10 年重现期计，降雨历时取 5 min。屋面天沟设溢流孔，溢流孔面积按重现期 50 年计算。

地下通道采用压力排水系统，经潜污泵提升至室外雨水系统。

5. 消防系统设计

车站消防系统包括消火栓系统、自喷系统、固定消防炮灭火系统、气体灭火系统和灭火器系统。在地下设有消防泵房，室外设置消防水池，消防水池储存一次火灾室内外消防用水量。消防泵房内设有室内消火栓泵两台、喷淋泵两台、自动消防炮加压泵两台，室外消火栓泵两台；在台州站公寓及单身宿舍屋顶设有有效容积为 18 m^3 的消防水箱，设两套增压稳压设备，一套用以提供消火栓系统及自动喷淋系统在准工作状态时的静水压力，另一套用以提供水炮系统在准工作状态时的静水压力。

（1）消火栓系统设计：

消火栓按同层任何部位均有两股水枪充实水柱可同时到达的原则布置。候车大厅等高于 8 m 的高大场所栓口动压不小于 0.35 MPa，水枪充实水柱不小于 13 m；其余消火栓口动压不小于 0.25 MPa，水枪充实水柱不小于 10 m，每股水柱流量不小于 5L/s。消火栓栓口直径 65 mm，水枪喷嘴 ϕ19 mm，衬胶水龙带 25 m，栓口距地 1.10 m。消火栓箱采用带软管卷盘的钢－铝合金

组合式带灭火器消防柜，消防柜尺寸详见设备表，消火栓箱底距地 100 mm 安装。室外设 SQS-100A 型消防水泵接合器 2 套。

（2）自动喷水灭火系统：

在建筑高度不大于 12 m 的部位全面设有自动喷水灭火系统。按中危险 Ⅰ 级要求设计，系统设计流量为 40 L/s，火灾延续时间均为 1 h；在消防泵房设一套湿式报警阀组，报警阀负担喷头数不超过 800 个；每层每个防火分区均设水流指示器，并在最不利喷头处设末端试水装置；室外设 SQS-150A 型消防水泵接合器 3 套。

喷头：卫生间、会议室等办公用房为封闭型吊顶，采用下喷头。售票厅、旅客服务为通透型吊顶，采用上下喷头。喷头均采用公称动作温度 68 °C 的玻璃球喷头。

报警阀组：在消防泵房内设一套湿式报警阀组，每个报警阀负担喷头数均不超过 800 个。水力警铃设于报警阀处经常有人通过的通道墙上

（3）自动消防炮灭火系：

在高度大于 12 m 的候车大厅采用自动消防炮灭火系统，设计最多同时启动的自动消防炮为 2 套，设计流量 40 L/s，火灾延续时间为 1h；自动消防炮系统标准工作压力 0.8 MPa，每个水炮射程大于等于 50 m，候车大厅共 2 个水炮，每个流量为 20L/s。在每组水炮处均设单独控制的电磁阀；室外设 SQS-150A 型消防水泵接合器 3 套。

（4）气体灭火系统设计：

金台铁路工程采用柜式七氟丙烷灭火系统，每个防护区在净高 2/3 以上设有泄压口；防护区维护结构承受内压的容许压强不低于 1 200 Pa；气体灭火系统控制方式：设自动、手动两种启动控制方式。

（5）灭火器配置：

金台铁路工程全面配置灭火器。信息机房、信息配线间、电气设备机房按 E 类火灾中危险级配置；候车大厅按 A 类火灾严重危险级配置；其余普通办公用房、售票厅、旅客服务厅按 A 类火灾中危险级配置。

中危险 A 类火灾采用手提式灭火器 MF/ABC4，每具灭火级别 2A，最大保护面积 75 m^2/A，最大保护半径 20 m；中危险级 E 类火灾采 MT/7，单级灭火级别 55B，最大保护半径 12 m；严重危险 A 类采用手提式灭火器 MF/ABC5，最大保护面积 50 m^2/A，每具灭火级别 3A，最大保护半径 15 m。

6. 管材

（1）给水：管材及设备选用符合国家节能规定的节能产品。生活给水系统以及空调补水系统的干管、立管采用内衬 PE 塑钢管，DN≤100，丝扣连接；支管采用 PP-R 管，热熔连接。给水管道耐压 0.6 MPa。埋地给水管采用钢丝网骨架复合 PE 管。公共卫生间内管道均暗装。

（2）室内重力排水管道采用 UPVC 塑料管，热熔连接；压力排水管采用热镀锌钢管，DN≤100 mm，螺纹连接，DN>100 mm，卡箍连接。

（3）站房内雨水管采用内外热镀锌钢管，机械式沟槽连接。

（4）消防水箱采用内外壁热镀锌钢板；消防水箱溢、泄水管采用内外壁热镀锌钢管，DN≤50 mm，螺纹连接，DN>50 mm，沟槽式连接。室外管道需做保温。

（5）消火栓、自喷及消防炮系统埋地部分管道采用钢丝网骨架复合 PE 管，其余部分采用内外壁热镀锌钢管。其中消防炮系统管道采用热浸镀锌加厚钢管，DN≤50 mm，螺纹连接，DN>50 mm，沟槽式连接。

第六节　给排水工程设计

一、设计标准的选择及建议

（一）供水水质

饮用水供水水质满足《生活饮用水卫生标准》（GB 5749—2006）要求。

（二）水量标准

（1）车站工作人员生活用水量标准按 240 L/cap/d 计。

（2）旅客列车上水及生产用水标准按《铁路给水排水设计规范》（TB 10010—2008）计列。

（3）车站室外消防用水量按《铁路工程设计防火规范》（TB 10063—2007）和《建筑设计防火规范》（GB 50016—2006）有关规定执行。

（三）污水处理原则

既有车站新增粪便污水经化粪池、含油废水经隔油池处理后，汇合其余污水就近排入车站既有排水系统。无法纳入既有系统的，优先就近纳入市政污水管网，或经一体化生物接触氧化设备处理，达到《污水综合排放标准》（GB 8978—1996）一级标准后，排入附近沟渠。

台州站存车场卸污高浓度粪便污水经厌氧池处理，生活粪便污水经化粪池处理后，汇合其余污水提升至附近市政污水管网。

新建站中粪便污水经化粪池、含油废水经隔油池处理后，优先考虑就近纳入市政污水管网；无条件的经预处理后，再经一体化生物接触氧化设备或人工湿地处理，达到《污水综合排放标准》（GB 8978—1996）一级标准后，排入附近沟渠。

二、给水水源、水处理、消毒方式设计

（一）水源

（1）永康南和台州南站现状采用市政自来水，新增用水利用市政水源。

（2）永康东、武义东、壶镇、磐安、仙居、下各、括苍、临海南、临海东、杜桥和头门新区 11 站用水接用城镇自来水。

（3）白沙川、仁川、横溪、白塔和田市 5 站采用地下水源，各建大口井 1 座（直径 D=3 m，深 H=9 m）（横溪站水源与将军岭隧道出口消防合用水源）。

（4）磐安牵引变电所用水由附近村庄自来水直供。

（5）将军岭、金家村和牛和岭隧道进、出口消防用水采用地下水源，自建大口井 1 座（直径 D=3 m，深 H=9 m），其中，将军岭隧道出口水源与横溪站共用。

（二）水处理及消毒方式

（1）永康南和台州南站利用车站既有二氧化氯消毒设备，下各和磐安牵引变电所利用城镇自来水直供，无新增水处理设备。

（2）壶镇、磐安、仙居、临海东、临海南和头门新区 6 站采用二氧化氯设备消毒。

（3）永康东、武义东、杜桥和括苍 4 站给水所各设紫外线消毒设备 1 套，（永康东、武义东 Q=20 m^3/h；括苍 Q=25 m^3/h；）。

（4）白沙川、仁川、横溪、白塔和田市 5 站给水所内各设石英砂过滤罐 1 个（白沙川、仁川、白

塔、田市 Q=7.5～11 m^3/h；横溪 Q=5～7.5 m^3/h），设紫外线消毒设备 1 台（白沙川、仁川、横溪、田市 Q=10 m^3/h；白塔 Q=25 m^3/h）。

三、车站、隧道消防设计

（1）永康南站：新增房屋室外消防利用既有系统就近接管供水，按规范要求敷设相应消防管道、设消火栓，并配置相应消防器材。

（2）台州南站：现状室外采用低压消防，金台铁路工程新增用水利用车站既有系统就近接管供水，按规范要求敷设相应消防管道、设消火栓，并配置相应消防器材。

（3）磐安、仙居、临海南、杜桥和头门新区 5 站室外采用临时高压消防，站房内各设消防泵房 1 座，设消防泵 2 台（1 备 1 用），消防稳压设备 1 套，站房外设消防水池。

临海南综合维修车间设消防泵房 1 座，设 Q=25 L/s，H=50 m，N=22 kW 消防泵 2 台（1 备 1 用）和消防稳压设备 1 套，泵房外设 300 m^3 消防水池 1 座。

头门新区站货场内设消防泵房 1 座，内配消防泵 2 台 Q=60 m^3/h，H=60 m，N=75 kW（1 用 1 备），喷淋泵 2 台 Q=60 m^3/h，H=60 m，N=75 kW（1 用 1 备），消防稳压设备 1 套 ZW（L）-Ⅱ-X-C，泵房外设 V=500 m^3 消防水池 2 座。

（4）下各、临海东站和壶镇 3 站室外采用临时高压消防，各建消防泵房 1 处，各设（Q=60 L/s，H=60 m，N=75 kW）消防泵 2 台（1 备 1 用），消防稳压设备 1 套，泵房外建 V=300 m^3 消防水池 2 座。

（5）武义东、永康东、白沙川、仁川、白塔、田市和括苍 7 站设置消防点，各站分别在综合楼附近建 V=150 m^3 消防水池 1 座，配手抬消防泵 2 台（Q=54 m^3/h，H=30 m）和消防器材箱 2 套，于综合楼和站台两端设置消火栓。

（6）横溪站消防利用将军岭隧道出口山上消防水池配水，于综合楼区域设置消火栓。

（7）磐安牵引变电所消防采用临时高压消防，建消防泵站 1 座，内设 Q=25 L/s、H=30 m 消防离心泵 2 台、消防稳压设备 1 套，室外设 V=300 m^3 消防水池 1 座。

（8）将军岭、牛和岭隧道进、出口和金家村隧道进口消防采用常高压消防，各隧道口分别设 300 m^3 高位消防水池 1 座；金家村隧道出口采用临时高压消防，建 300 m^3 消防水池 1 座，设（Q=20 L/s，H=42 m，N=15 kW）加压泵 2 台（1 用 1 备，电机干式安装）。距隧道口约 50 m 处各设消火栓 2 座，配消防器材箱 2 套及消防防护 10 套。

四、立交排水泵站设计

金台线分别在 DK149+563.5 和 LDK000+451 各设雨水泵站 1 处，共计 2 处。

（1）暴雨强度公式选用浙江省台州市暴雨强度公式：

$$q=2132.423（1+5.777\lg P）/（t+11.208）0.571$$

（2）设计重现期 P=10a，降雨历时 t=5.0 min，径流系数 Ψ=0.9。

（3）泵站各设泵井、出水池等设施，配潜污主泵 3 台，潜污辅泵 1 台，机械格栅除污机 1 套。潜污泵的启停由泵站内水位自动控制。

（4）上述立交雨水经提升分别就近纳入附近沟渠。

五、给水所、消防泵房及机械、设备

（1）壶镇、磐安、仙居和临海南和头门新区 5 站，站房内设给水所 1 处，配变频供水设备 1 套，站房外设生活水池 1 座，自来水经存储、消毒、加压供车站用水。

（2）临海东站建给水所兼消防泵房 1 座，配变频供水设备 1 套（Q=36 m^3/h，H=41 m，N=4 kW），

50 g/h 二氧化氯消毒设备 2 套（1 用 1 备），泵房外建 V=50 m^3 生活水池 1 座，自来水经存储、消毒、加压供车站用水。

（3）临海南站给水所兼消防泵房内设 Q=20 L/s，H=60 m，N=30 kW 室内消火栓泵 2 台（1 用 1 备）、Q=40 L/s，H=40 m，N=30 kW 室外消火栓泵 2 台（1 用 1 备）、Q=40 L/s，H=70 m，N=75 kW 喷淋泵 2 台（1 用 1 备）、Q=40 L/s，H=120 m，N=90kW 消防水泡泵 2 台（1 用 1 备），泵房外设 V=400 m^3 消防水池 2 座，负责站房区域消防。综合维修工区建消防泵房 1 座，内配 Q=25 L/s，H=35 m，N=15kW 消防泵 2 台（1 用 1 备），消防稳压设备 1 套，泵房外设 V=300 m^3 水池 1 座。

（4）永康东货场建给水所兼消防泵房 1 座，配 Q=70 L/s，H=85 m，N=110 kW 消火栓泵 2 台（1 用 1 备），Q=60 L/s，H=95 m，N=110kW 喷淋泵 2 台（1 用 1 备），设 V=600 m^3 矩形钢筋混凝土消防水池 2 座。

（5）武义东、括苍和杜桥 3 站采用叠压方式供水，信号楼内设给水所 1 处。各站设箱式无负压设备 1 套。

（6）白沙川、仁川、横溪、白塔和田市 5 站，采用地下水源，水源井各配深井泵 2 台 1 用 1 备（白沙川 Q=7 m^3/h，H=41 m；仁川 Q=7 m^3/h，H=35 m；横溪站与将军岭隧道出口消防水源井合用；白塔 Q=10 m^3/h，H=67 m；田市 Q=7 m^3/h，H=90 m）。各站信号楼内设给水间 1 处，内设不锈钢水箱 1 个（V=4 m^3），变频供水设备 1 套（白沙川、仁川、横溪、田市 Q=0～10 m^3/h，H=32 m，N=2.2 kW；白塔 Q=0～22 m^3/h，H=32 m，N=4 kW），地下水经处理、存储、消毒、加压供车站用水。

（7）将军岭、牛和岭和金家村隧道进、出口消防，采用自建地下水源，各水源井设深井潜水泵 2 台 1 用 1 备（将军岭隧道进、出口分别为 Q=7 m^3/h，H=93 m，Q=7 m^3/h，H=87 m；牛和岭隧道进、出口分别为 Q=7 m^3/h，H=60 m，Q=7 m^3/h，H=72 m；金家村隧道进、出口分别为 Q=7 m^3/h，H=71 m，Q=7 m^3/h，H=8 m）。

六、客车上水设备、旅客列车卸污设计

折车、始发终到客车上水，既有到发线 5 道和新建到发线 7 道之间增设全自动脱落式客车上水栓 1 排（20 座）；客整所整备棚内客 2 至客 3、整备棚外客 4 至客 5、客 6 至客 7 之间各建普通客车上水栓 1 排（每排 19 座）。

新建客整所内办理卸污作业，采用移动卸污方式，配 4 m^3 移动卸污车 2 辆。

七、给排水管路迁改

金台线给排水管线迁改主要由路基、涵洞、桥墩压占引起。给排水管线迁改属隐蔽工程，其实际工程量由建设单位、产权单位、施工、监理、设计 5 方现场核实后，签字确认。

迁改方案：

（1）与铁路交叉的给排水管道原则上采用改移的方式，由就近的铁路涵洞或桥墩之间穿越，没有条件的设防护涵管穿越铁路路基；平行外移的给排水管道及附属构筑物迁改，应满足相关规范的要求。

（2）对已影响铁路安全的既有管道拆迁时，特别是重要的地方供水干管及排污干管需改移时，建设方应主动加强同产权单位的联系，共同做好施工组织计划，在改建管道施工前，对既有管道采取必需的防护，必要时应有临时的供水措施，确保既有供水及排污安全可靠。

（3）管道迁改应避开不良地质区，当条件受限时，应选择合适的位置并采取妥善的防护措施，尽量使管道垂直通过线路，缩小距离。

（4）迁改后的给排水管道与铁路的距离需满足相关规范和检修维护的要求。

给排水专业初步调查了沿线给排水地下管线位置和数量，但由于地下管线属于隐蔽工程，且随着地方管网规划的实施会存在新增管线，迁改工程数量以施工期现场核实确认为准。

八、生活污水、生产污水处理

（1）永康南站新增房屋生活污水经化粪池预处理后就近排入新增 SBR（5 m^3/h）污水处理设备处理后，排入附近沟渠。

（2）台州南站，金台铁路工程新增排水量 3.8 m^3/d 为生活污水，新增房屋生活污水经化粪池预处理后就近排入新增 SBR（5 m^3/h）污水处理设备处理后，排入附近沟渠。

（3）壶镇、磐安、仙居、临海南和头门新区 5 站生活污水经化粪池，含油生产废水经隔油池预处理，汇合其他污水经提升排入市政污水管道。

（4）白沙川站排水经化粪池处理后，汇合其他污水经人工湿地（4 m^3/d）处理排入回用水池（V=50 m^3），定期清掏外运至市政污水处理厂。

（5）磐安牵引变电所位于区间，距离磐安站较远，不宜利用磐安站处理设施，新增排水经化粪池处理并存储，定期清掏。

（6）武义东、永康东、仁川、横溪、白塔、田市、下各、括苍和杜桥 9 站生活污水经化粪池处理，汇合其他污水经人工湿地处理达标后，排入附近水体。武义东、仁川、白塔和括苍 4 站各建 4 m^3/d 人工湿地 1 座；横溪和田市 2 站各建 3 m^3/d 人工湿地 1 座；永康东和下各 2 站各建 10 m^3/d 人工湿地 1 座；杜桥站建 30 m^3/d 人工湿地 1 座。

（7）临海东站生活污水经化粪池预处理，含油废水经隔油池处理，汇合其他污水经（Q=3 m^3/h）一体化接触氧化污水处理设备处理达标后排放。

九、新技术、新工艺、新材料的应用

（一）新材料

工程排水管道大量采用聚乙烯双壁波纹管，较传统混凝土管道施工周期短，安装简单等优点。

（二）新工艺、技术

金台铁路工程污水处理采用一体化人工湿地设备，较传统人工湿地工艺有着施工工期短，设备出水保障率高，安装简单等优点适合在以后的项目中推广。

十、施工注意事项及安全施工的措施

（一）施工注意事项

（1）给水排水施工应密切与站场、房建、建筑给排水等有关专业配合，各站接既有管道时，对接管点位置、管径、标高等核实无误后再行施工。涉及地方的有关问题，如水源、污水排出口、管道穿越公路等应与地方接洽妥当后再行施工。

（2）金台铁路工程范围内地形复杂。工程施工中，应根据相应的湿陷性等级，采用相关的处理措施。主要基础处理措施如下：

① 构筑物及管道基础采用三七灰土换填，分层夯实。

② 房屋给排水进出水管，设检漏管沟及检漏井进行处理。

（3）新建水源井应先行施工合格后，再施工管道、给水所房屋等工程。

（4）给水机械等设备到货并核对安装尺寸后，再进行基础施工。

（5）水池基坑开挖后，须核实承载力与设计无误时再行施工。

（6）给水管路通水前应进行清洗、消毒，确保水质。

（7）施工中如与设计不符合，请及时通知设计单位。

（8）给排水构筑物在施工时，除满足各设计图纸的要求外，均须严格执行《铁路给水排水施工规范》的规定。施工中的其他注意事项，详见各构筑物、设备的设计图纸及说明。

（9）施工使用的主要材料、设备及制品，应符合国家和各部委颁布施行的现行技术质量鉴定文件或产品合格证。

（二）运营注意事项

（1）各站给排水设备说明书、操作手册及设计要求要认真执行，并严格按操作程序控制设备运行。

（2）给排水管道应定期进行疏通、维修。过涵给水管路需要排泥或排空时，打开过涵给水管路放空阀，由潜水电泵将放空排水抽出。

（3）各站消防设施应定期进行巡检，对发生故障的消防设施应及时修复或更换，确保消防安全。

（4）水池清理排空应采用移动式作业面潜水泵，将池水排入附近排水管网或沟渠。

（5）排水管道以及排水构筑物需要检修时，维护人员不得贸然进入其中，检修时应充分通风，必要时要强制通风，经检测确认安全之后方可进入维修。

（6）污水储存塘四周设置钢丝网围栏，运营期间应加强巡视，避免闲杂人员进入，发生危险。在储存塘水位较低时，需维护值班人员进行塘底淤泥清挖，防止长期淤积造成下渗不畅。冬季积水结冰后，禁止在内溜冰嬉戏。

（三）安全施工的措施

（1）金台铁路工程中，给排水工程主要包括水源工程、基坑（管沟）开挖土石方工程、混凝土工程、钢筋及模板工程、砌体工程、管道安装工程及机电设备安装工程等内容。

（2）管道施工前应根据设计图纸调查与相邻工程的位置关系，布管处的地质地形等，准确放线，按照土的种类确定边坡坡度，必要时应对管道基础做夯、垫、换土等处理。过铁路、公路时，应保证管顶距轨顶或路面的最小距离符合规范要求。排水管道标高应准确，其接口严格按照程序进行；给水管道施工所进行的清洗、消毒和压力试验应认真、全面完成，确保供水安全。

（3）给水管道沿铁路铺设时距路堤坡脚不宜小于 5 m，距路堑不宜小于 10 m。管道穿越股道应按照设计要求设置套管或防护涵管。排水管道穿越股道及车行道下需采用铸铁管或钢筋混凝土管，给水阀门井、检查井井盖在车行道下应采用重型铸铁井盖。

（4）给排水管道施工时，一般情况下，管沟开挖应从上到下分层分段依次进行，随时保持一定的坡度，以利泄水，要有防止地面水流入沟槽的措施。沟槽开挖时，根据土质和开挖深度的情况做好合理的支护，防止塌方。弃土堆坡脚至挖方上缘应有一定距离，以保持边坡的稳定。

（5）管道吊运及下沟时，应采用可靠的吊具，应平稳下沟，不得与沟壁或沟底相碰撞，应保证槽壁不坍塌。

（6）在开挖地下水位以下的土方前，应先修建排水井。采用井点降低地下水位时，其动水位应保持在槽底以下不小于 0.5 m。

（7）回填土时，槽底至管顶以上 50 cm 范围内，不得含有机物、冻土以及大于 50 mm 的砖、石等硬块；冬季回填时管顶以上 50 cm 范围以外可均匀掺入冻土，其数量不得超过填土总体积的 15%，且冻土尺寸不得超过 100 mm。

（8）给排水设备施工时，运输和装配应在工程实施前编制设备运输和装配计划，保证大件材料、机具、设备等必须存放在规划区域内，减少对沿线道路和场地的侵占以及对施工人员人身安全的影响，设备安装时，如在现场要进行电焊、气焊时，应了解四周是否有易燃、易爆物品，设防护措施，按操作规程进行，确保人身安全。

（9）各站水池排溢水管及污水出路，应严格按照图示内容实施有组织排水，不得擅自改变。各站污水处理构筑物应确保严密不漏，防止二次污染。

（10）给排水构筑物的基坑开挖后，均应复验地基承载力。隐蔽工程项目经施工监理检查合格后，方可开始下道工序施工。

（11）施工中遇既有管道、电缆或其他构筑物时，应妥加保护，并及时与有关部门联系会同处理。

（12）为确保铁路运输安全，穿、跨既有铁路的工程应严格按照《铁路营业线施工及安全管理办法》（铁办〔2007〕186号）施工。

十一、配合施工与变更设计

给排水专业牵头的变更共1个，为《台州站立交排水泵站变更设计》根据2018年12月29日，金台铁路有限责任公司专题会议纪要《金台铁路上跨82省道和马杜线处新建排水系统实施问题协调会会议纪要》〔2018〕101号及《关于金台铁路上跨82省道和马杜线处新建排水系统相关问题协调会议纪要》浙黄开发〔2020〕12号的要求“为了便于后期管理，在82省道、马杜线立交泵站处增设一处值班室，排水系统由地方电源供电”开展相关变更设计。

第三十二章　通信设计

第一节　通信工程设计概况与特点

一、通信工程设计概况

金台铁路通信系统主要由传输系统、电话交换及接入网、数据通信系统、专用移动通信系统、调度通信系统、应急通信、隧道应急救援系统、时钟及时间同步系统、视频监控系统、通信综合网管、通信电源、防雷及接地、电源及环境监控系统、通信线路、车站、段（所）综合布线系统等系统构成。

二、通信工程设计特点

（一）交叉并行地区 GSM-R 移动通信系统方案

金台铁路与既有金温线、金温货线在永康南地区交叉并行；金台铁路在武义地区金温货线改线段与金温线交叉或并行，新碧联络线在 XDgK9+500 至 XDgK12+700 区段与金温货线既有段交叉并行；金台线引入台州站，在临海东至台州站至台州南站区段与既有甬台温线并行；头门港支线与杭绍台线交叉；金台正线在 DK77+870 与杭温铁路 DK226+800 处相交。通信专业就如何统筹规划好金台铁路与既有、在建高铁的无线覆盖方案进行了专题研究。

1. 在永康地区金台线、金温货线与金温线交叉或并行

在永康地区，金台线、金温货线与既有金温线并行或交叉。线路位置示意如图 32-1 所示。

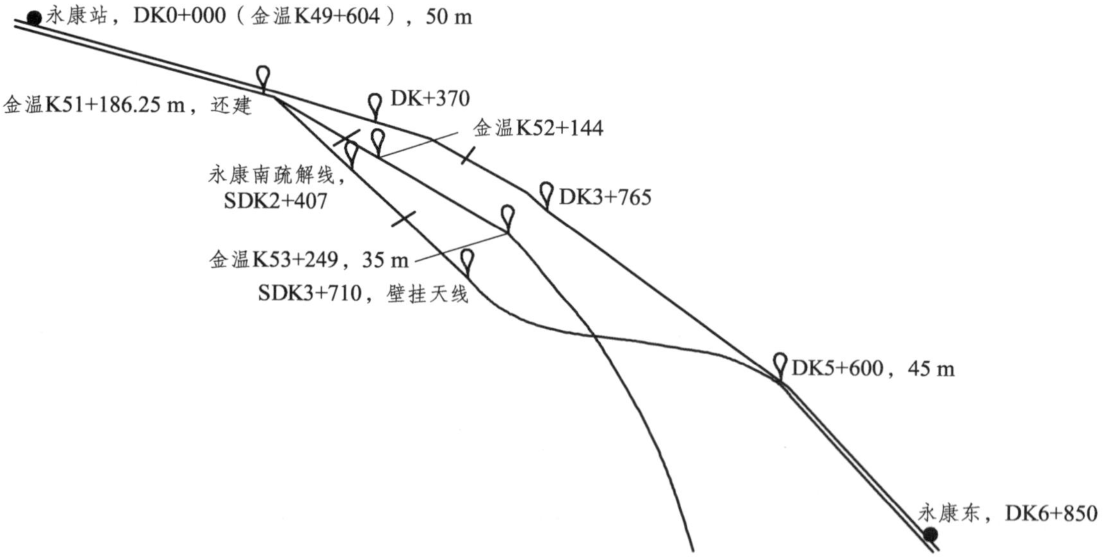

图 32-1　永康地区各铁路线位置关系示意

金温线设计时速为 200 km/h，基站采用普通单网组网方案，在 K49+604（永康南）、K53+249、K57+664 处设置基站；在蝙蝠岭隧道口 K51+186、隧道内 K52+144 处设置直放站，满足金温线无线信

号覆盖。

金台线设计时速为 160 km/h，基站采用普通单网组网方案，在 DK6+850（永康东）处设置基站；在金台线 DK2+370、DK3+765、DK5+600 处设置直放站，满足金台线无线信号覆盖。

金温货线改线后（永康南疏解线）在 SDK2+407、SDK3+710 设置直放站，满足金温货线无线信号覆盖。

金台线基站 DK6+850（永康东）与金温 K53+249、K57+664 基站不做邻区关系。

金台线的基站切换顺序为 DK0+000（永康南）基站→DK6+850（永康东）基站。金台线 DK2+370 直放站连接至永康南 DK0+000 既有基站，DK3+765、DK5+600 直放站连接至 DK6+850（永康东）基站，永康南 DK0+000 与 DK6+850（永康东）基站切换区为 DK2+370 直放站与 DK3+765 直放站之间（隧道内）。

金温线的基站切换顺序为：K49+604（永康南）基站→K53+249 基站→K57+664 基站。金温线原方案 K51+186、K52+144 直放站远端机与基站 K53+249 近端机连接，K49+604（永康南）基站与 K53+249 基站切换区在 K51+186 至永康南站之间（隧道外）。由于 K51+186 直放站受永康南疏解线工程影响，需拆除还建。为保证信号覆盖并减少干扰，金台铁路工程将金温线 K51+186 直放站连接至 K49+604（永康南）基站，K49+604（永康南）基站与 K53+249 基站切换区调整至金温 K51+186 直放站与金温 K52+144 直放站之间（隧道内）。

金温货线的基站切换顺序为：DK0+000（永康南）基站→DK6+850（永康东）基站。SDK2+407 直放站连接至 DK0+000（永康南）基站，SDK3+710 直放站连接至 DK6+850（永康东）基站，DK0+000（永康南）基站与 DK6+850（永康东）基站切换区为 SDK2+407 直放站与 SDK3+710 直放站之间（隧道内）。

2. 在武义地区金温货线改线段与金温线交叉或并行

金台线、枫山联络线、永康南疏解线、新碧联络线与金温货线位置关系示意如图 32-2 所示。

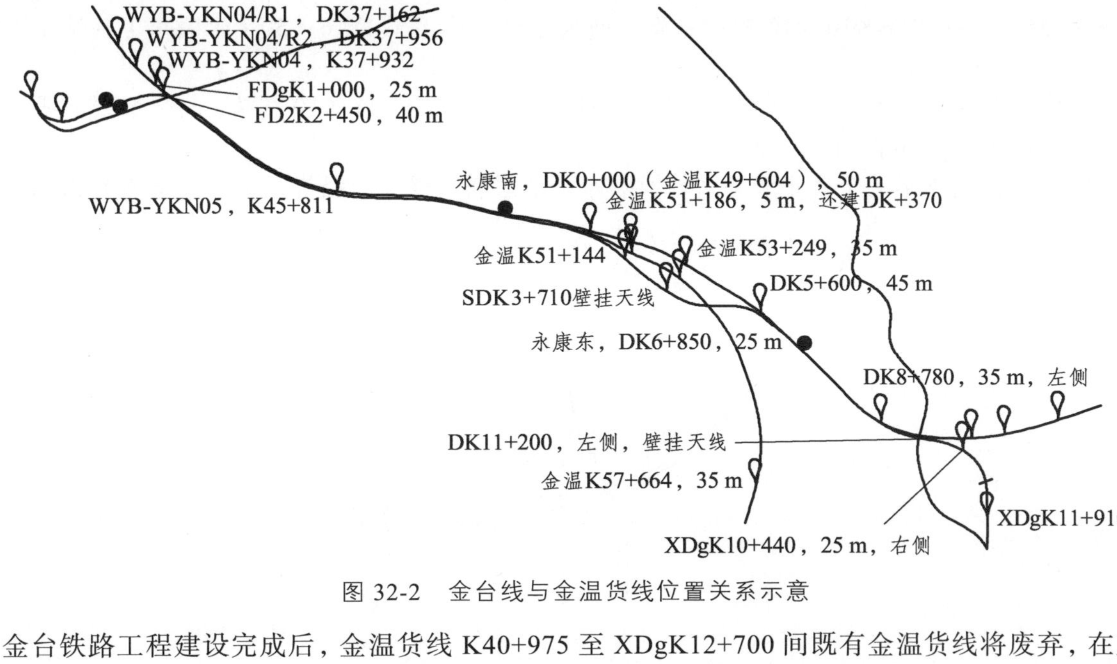

图 32-2 金台线与金温货线位置关系示意

金台铁路工程建设完成后，金温货线 K40+975 至 XDgK12+700 间既有金温货线将废弃，在永康东站新设机务折返段，并利用枫山联络线、永康南疏解线、新碧联络线实现通车枫山联络线与金温线并行区段铁路线位置关系如图 32-3 所示。

金温货线时速为 120 km/h，采用无线列调 450 MHz B 制式，与枫山联络线 GSM-R 系统切换点为金温线 K40+975 处。

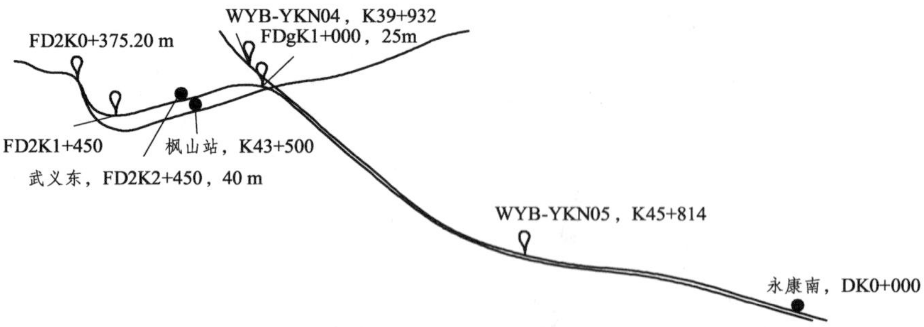

图 32-3 枫山联络线与金温线并行区段铁路线位置关系示意

金温线设计时速为 200 km/h，基站采用普通单网组网方案，在 K39+932、K45+814、K49+604（永康南）处设置基站。

金温货线改线后（枫山联络线）自武义东站引出，在 FD2K1+000 ~ FDgK11+119.476 区段与既有金温线并行，具体线路示意如图 32-3 所示。设计时速为 120 km/h，基站采用普通单网组网方案，在 FD2K2+450（武义东）处设置基站；在 FD2K0+375、FD2K1+450、FDgK1+000 处设置直放站。基站切换顺序为 FD2K2+450（武义东）基站→金温 K39+932 基站。FD2K0+375、FD2K1+450 处直放站连接至 FD2K2+450（武义东）基站，FDgK1+000 直放站连接至金温 K39+932 基站，FD2K2+450（武义东）基站与金温 K39+932 基站切换区为 FD2K2+450（武义东）与 FDgK1+000 之间。

金温线的基站切换顺序为金温 K39+932 基站→金温 K45+814 基站→金温 K49+604（永康南）。

3. 新碧联络线与金温货线既有段交叉并行

新碧联络线在 XDgK9+500 至 XDgK12+700 区段与金温货线既有段交叉并行，线路位置关系示意如图 32-4 所示。

新碧联络线设计时速为 120 km/h，基站采用普通单网组网方案，在 XDgK11+970 处设置基站，其铁塔高度为 35 m；在 XDgK10+440 处设置直放站远端机，连接至 DK6+850（永康东）基站，铁塔高度为 25 m。

新碧联络线基站切换顺序为 DK6+850 基站（永康东）→XDgK11+910 基站，与金温线无线列调系统切换点为 XDgK12+700 附近。

新碧联络线工程不影响金台正线基站切换顺序。新碧联络线与金温货线位置关系如图 32-4 所示。

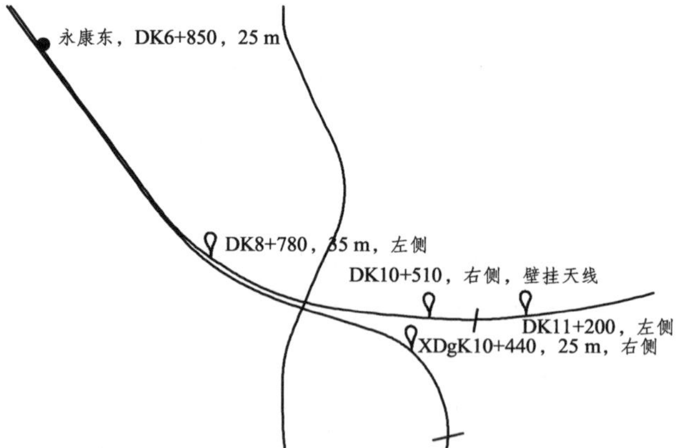

图 32-4 新碧联络线与金温货线位置关系示意

4. 与甬台温线并行区段

金台线引入台州站，在临海东至台州站至台州南站区段与既有甬台温线并行，线路位置关系示意如图 32-5 所示。

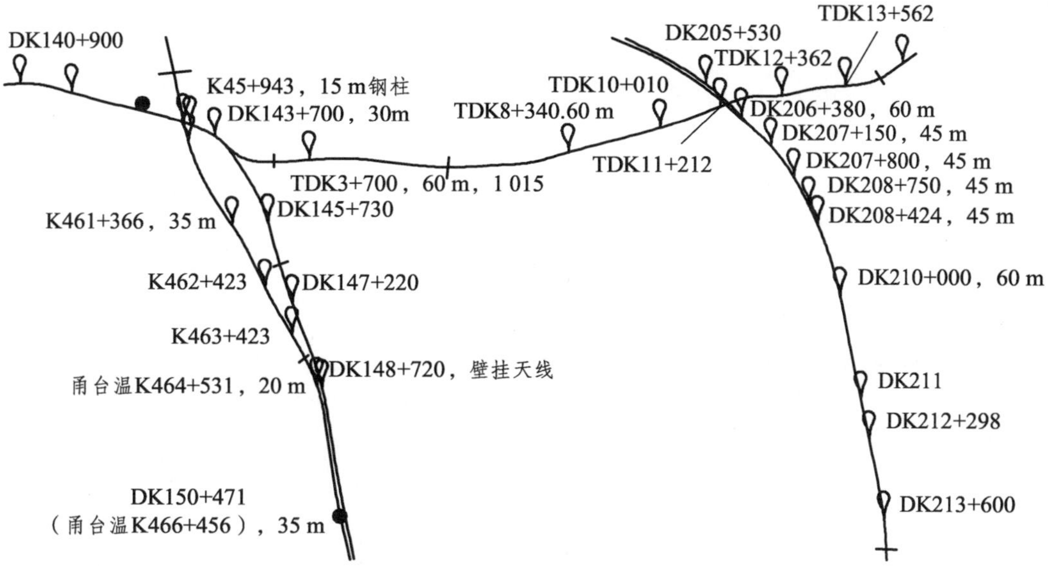

图 32-5　金台线与甬台温线、杭绍台线位置关系示意

甬台温线设计时速为 250 km/h，基站采用普通单网组网方案，在甬台温线 K461+366、K466+456（台州站）、K470+052、K475+037、K477+963、K482+350（台州南站）处设置基站。其中，K461+366 基站处的近端机连接的直放站远端机有 K458+943、K459+213、K462+423、K463+423 共 4 处；K466+456（台州站）基站处近端机连接的直放站远端机有 K464+531 共 1 处；K470+052 基站处近端机连接的直放站远端机有 K471+213、K472+213 共 2 处；K475+037 基站处的近端机连接的直放站远端机有 K473+213、K474+213 共 2 处；K477+963 基站处近端机连接的直放站远端机有 K476+763 共 1 处。

金台线设计时速均为 160 km/h，基站采用普通单网组网方案。在 DK139+898、DK140+900、DK143+145、DK143+700、DK145+730 处设置直放站远端机，连接至 DK142+215（临海东）基站；在 DK147+220、DK148+720 处新设直放站远端机，连接至 DK150+451（台州站）甬台温线既有基站处新设的近端机；在 LDK4+013、LDK5+441 设置直放站远端机，连接至甬台温线 K469+973 既有基站处新设的近端机；在 LDK7+037、LDK8+549 设置直放站远端机，连接至 K474+963 既有甬台温基站处新设的近端机；在 LDK10+320、LDK11+000 设置直放站远端机，连接至 K477+913 既有甬台温基站处新设的近端机。

既有甬台温线的基站切换顺序维持既有不变。

金台正线的基站切换顺序为 DK142+215（临海东）基站→K466+613（台州）基站→K469+973 基站→K474+963 基站→K477+913 基站→K482+273（台州南）基站。

5. 与杭绍台线交叉区段

头门港支线与杭绍台线交叉，两线路在交叉区段均为隧道，故 GSM-R 系统方案互不影响。

6. 与杭温铁路交叉区段

金台正线在 DK77+870 与杭温铁路 DK226+800 处相交。

杭温铁路设计时速为 350 km/h，基站采用单网交织组网方案，在 DK224+600、DK228+600 处分别设置基站，铁塔高度均为 50 m。

金台线设计时速为 160 km/h，基站采用普通单网组网方案，在 DK75+270、DK78+950 处分别设置基站，铁塔高度均为 45 m。

交叉区段金台线、杭温线各自覆盖金台线，互相不设置切换关系。金台线与杭温线位置关系如图 32-6 所示。

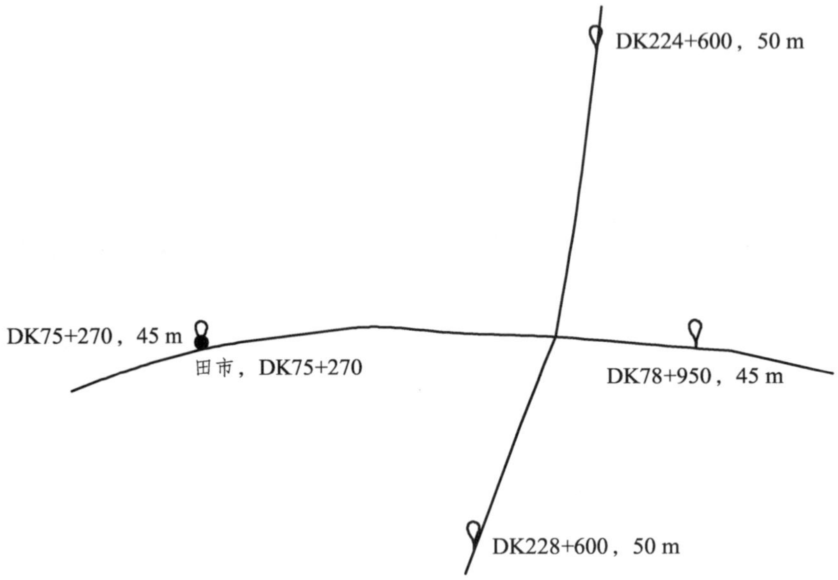

图 32-6　金台线与杭温线位置关系示意

（二）金台铁路在台州新建调度中心

金台铁路运营模式发生变化后，由初步设计批复委托上海局运营管理变更为委托金温铁道公司运营管理。调度中心布局方案如下：调度前台设置在金温铁道公司现有调度指挥中心，后台设置在台州新建的调度指挥中心机房布局方案。

台州调度所新设数据网核心节点，预留与上海局互联互通条件；新设主备用调度所型调度交换机通过上海局汇聚主系统分别与甬台温主系统、沪宁城际主系统互联互通，金温铁道公司调度所新设金台列车调度台、货车调度台、牵引供电调度台；新设应急通信系统、隧道应急、漏缆监测、会议电视系统中心设备；新设综合网管系统和时钟及时间同步系统等。

第二节　主要技术标准及原则

（1）《铁路技术管理规程（普速铁路部分）》（TG/01—2014）；
（2）《铁路通信设计规范》（TB 10006—2016）；
（3）《铁路通信线路、传输及接入网设计规范》（铁总建设〔2014〕62 号文）；
（4）《铁路通信用户接入网设计规范》（TB 10073—2000）；
（5）《铁路数据通信网设计规范》（TB 10087—2010）；
（6）《铁路数字调度通信系统及专用无线通信系统设计规范》（TB 10086—2009）；
（7）《铁路图像通信设计规范》（TB 10085—2009）；
（8）《铁路综合视频监控系统技术规范》（Q/CR 575—2017）；
（9）《铁路数字移动通信系统（GSM-R）设计规范》（TB 10088—2015）；
（10）《综合布线系统工程设计规范》（GB/T 50311—2007）；

（11）《铁路工程设计防火规范》（TB 10063—2016）；
（12）《铁路防雷及接地工程技术规范》（TB 10180—2016）；
（13）《铁路应急通信接入技术条件》（TB/T 3204—2008）；
（14）《铁路通信电源设计规范》（TB 10072—2000）；
其他未详尽标准或规范均按国家相关现行标准执行。

第三节　主要工程内容

一、传输及接入系统

（一）传输系统

1. 汇聚层

金台铁路工程新设基于 SDH 10 Gb/s ADM 汇聚层传输设备，利用敷设于铁路一侧的 48 芯光缆中的 4 芯光纤，构成链型 1+1 MSP 传输系统。

金台铁路工程在武义站、永康南（金台场）、永康东、壶镇、磐安、仙居、下各、临海南、临海东、台州（金台场）、台州调度所、台州南、杜桥、头门新区和金华南站（金温货线）、新碧站（金温货线）设 SDH 10 Gb/s 汇聚层传输节点。

2. 接入层

金台铁路工程车站接入层设基于 SDH 2.5Gb/s ADM 传输设备，利用敷设于铁路一侧的 48 芯光缆中的 4 芯光纤，构成车站间链型 1+1MSP 传输系统。

金台铁路工程在沿线各车站、台州调度所、金华南站（金温货线）、武义站（金温货线）、新碧站（金温货线）、温州西通信站设 SDH 2.5 Gb/s ADM 接入层传输设备。

车站接入层 SDH2.5 Gb/s 的 ADM 设备与汇聚层 SDH 10 Gb/s ADM 设备通过 2 个 2.5 Gb/s 光接口相连，对 SDH 2.5 Gb/s ADM 系统的重要通道形成保护，提高整个传输系统的可靠性。

区间接入层设基于 SDH 622 Mb/s ADM 传输设备，相邻车站之间利用敷设于铁路一侧的 48 芯光缆中的 2 芯光纤组建 1 个 MSTP 622 Mb/s 通道环保护，环内节点为区间 GSM-R 基站。

为实现站内业务接入点（牵引变电所、10kV 配电所、综合维修车间/工区、公安派出所/乘警大队/刑警大队、车号/红外轴温探测站、汽车衡/轨道衡等处的 2 Mb/s、10 m/100 m 通道需求，在以上节点设置 SDH 622 Mb/s ADM 或 155 Mb/s ADMONU 一体化设备，分别与相应各车站传输设备构成站内通道环保护。

3. 传输系统网管

金台铁路工程台州调度所设置传输网网管，对金台线的传输网元进行管理，壶镇、临海南综合维修车间、金温铁道开发有限公司（以下简称“金温铁道公司”）温州西通信站设置传输系统网管复示终端各 1 套。

（二）接入网

金台铁路工程金华南站、壶镇和台州站分别新设 LT 设备一套，分别接金华西通信站、丽水通信站、台州站既有程控电话交换机，以便与既有用户统一号码段。在沿线各车站、综合维修车间、牵引变电所、电力配电所、信号楼接入点设置 NU 设备，根据管辖范围分别接入相应的 LT 设备，构成金台线的接入网系统。

二、数据通信

金台铁路工程数据通信系统属于铁路数据通信网的区域网络，由核心节层、汇聚层、接入层组成。

1. 核心层

金台铁路工程利用台州调度所新设核心节点设备 2 台，构成金台线数据网核心节点，实现区域网络与骨干网络间数据的快速转发。新设的核心节点预留与上海局区域节点互联互通条件。

2. 汇聚层

金台铁路工程在永康南、台州站新设汇聚层节点，汇聚层节点设置汇聚层路由器 2 台，提供金台线各站数据流量高速汇聚与转发平台。

3. 接入层

各车站设置接入路由器，其中永康南、磐安南、仙居南和台州站每个车站配置 2 套接入路由器高端设备，汇聚车站内部的数据业务并提供转发服务。其余车站配置 2 套接入层路由器低端设备。

三、电话交换

金台铁路工程不新设程控交换机，沿线新增自动电话按管辖范围分别纳入金华西、丽水通信站、台州（甬台温）站既有程控交换机，并对金华西通信站、丽水通信站、台州（甬台温）站分别扩容 V5.2 接口板 1 块。

四、移动通信系统

金台铁路工程新设 GSM-R 移动通信系统，利用上海局既有核心网节点设备，并由对其进行扩容。

上海铁路局 GSM-R 交换中心升级改造既有 GRIS 设备，满足金台铁路工程新设基站设备的接入需求。在台州新设编译码和速率适配单元（TRAU），基站控制器 BSC（含 PCU）；沿线新设基站及直放站设备，车站基站按 3 载频配置，区间基站按 2 载频配置。基站覆盖采用普通单网覆盖方案，在隧道等弱场区段，采用直放站结合漏泄同轴电缆或者天线的方式解决。

五、会议电视、电话

金台铁路工程在台州调度所新设会议电视系统中心设备，永康东机务折返所、台州调度所会议室新设会议电视系统现场设备。

六、应急通信系统

金台铁路工程在台州调度所新设应急中心设备。壶镇、临海南综合维修车间设置现场应急接入设备各 1 套，纳入应急通信系统中心系统；台州调度所新设隧道应急中心设备，牛和岭隧道、金家村隧道、将军岭隧道的大避车洞内设置隧道事故报警电话系统。

七、视频监控系统

金台铁路工程视频区域节点利用上海局既有区域节点设备，并根据金台铁路工程需要对其进行扩容；沿线各车站设置视频Ⅱ类接入节点，沿线各区间基站等处设置视频汇聚点；将沿线隧道进出口等处设置的视频采集点及信息专业设置的客运信息系统相关视频采集点接入车站视频监控平台；沿线车站行车室设置视频监控终端。

八、通信电源及电源环境监控系统

金台铁路工程新设电源及设备房屋环境监控系统，在台州调度所设置电源及环境监控系统中心设备，在新建通信、信号机房设置电源及环境监控分站设备，在临海南、壶镇综合维修车间、温州西通信站设置通信电源及环境监控终端及复示终端。

九、综合布线系统

金台铁路工程在综合维修车间/工区综合楼、单身宿舍和乘务员公寓等生产生活房屋内新设综合布线系统。

十、通信线路类型及容量选择

1. 长途通信线路

金台铁路工程通信线路敷设原则上敷设在预留增二线的对侧。

金台铁路工程正线（武义至括苍段面向大里程右侧；括苍至台州南段面向大里程左侧）、头门港支线（面向大里程右侧）沿线路一侧敷设 GYTZA5348B 单模直埋光缆 1 条。

2. 地区及站场通信线路

站场通信线路采用 ZR-HYAT23 型市话电缆；站场内各接入点间敷设 GYTZA5324B 单模光缆，构成站场内环型光网络。

第四节　设计方案

一、传输

1. 汇聚层

金台铁路工程新设基于 SDH 10Gb/s ADM 汇聚层传输设备，利用敷设于铁路一侧的 48 芯光缆中的 4 芯光纤，构成链型 1+1MSP 传输系统。

金台铁路工程在武义站、永康南（金台场）、永康东、壶镇、磐安、仙居、下各、临海南、临海东、台州（金台场）、台州调度所、台州南、杜桥、头门新区和金华南站（金温货线）、新碧站（金温货线）设 SDH 10 Gb/s 汇聚层传输节点。

2. 接入层

金台铁路工程车站接入层设基于 SDH 2.5 Gb/s ADM 传输设备，利用敷设于铁路一侧的 48 芯光缆中的 4 芯光纤，构成车站间链型 1+1MSP 传输系统。

金台铁路工程在沿线各车站、台州调度所、金华南站（金温货线）、武义站（金温货线）、新碧站（金温货线）、温州西通信站设 SDH 2.5 Gb/s ADM 接入层传输设备。

车站接入层 SDH 2.5Gb/s ADM 设备与汇聚层 SDH 10Gb/s ADM 设备通过 2 个 2.5 Gb/s 光接口相连，对 SDH 2.5 Gb/s ADM 系统的重要通道形成保护，提高整个传输系统的可靠性。

区间接入层设基于 SDH 622 Mb/s ADM 传输设备，相邻车站之间利用敷设于铁路一侧的 48 芯光缆中的 2 芯光纤组建 1 个 MSTP 622 Mb/s 通道环保护，环内节点为区间 GSM-R 基站。

为实现站内业务接入点（牵引变电所、10kV 配电所、综合维修车间/工区、公安派出所/乘警大队/刑警大队、车号/红外轴温探测站、汽车衡/轨道衡等处）的 2 Mb/s、10 m/100 m 通道需求，在以上节点设置 SDH 622 Mb/s ADM 或 155 Mb/s ADMONU 一体化设备，分别与相应各车站传输设备构成站内通道环保护。

3. 传输系统网管

金台铁路工程台州调度所设置传输网网管，对金台线的传输网元进行管理，壶镇、临海南综合维修车间、金温铁道开发有限公司（以下简称“金温铁道公司”）温州西通信站设置传输系统网管复示终端各 1 套。

二、接入网

金台工程金华南站、壶镇和台州站分别新设 LT 设备一套，分别接金华西通信站、丽水通信站、台州站既有程控电话交换机，以便与既有用户统一号码段。在沿线各车站、综合维修车间、牵引变电所、电力配电所、信号楼接入点设置 NU 设备，根据管辖范围分别接入相应的 LT 设备，构成金台线的接入网系统。

三、电话交换

金台铁路工程不新设程控交换机，沿线新增自动电话按管辖范围分别纳入金华西、丽水通信站、台州（甬台温）站既有程控交换机，并对金华西通信站、丽水通信站、台州（甬台温）站分别扩容 V5.2 接口板 1 块。

四、数据通信网

金台铁路工程数据通信系统属于铁路数据通信网的区域网络，由核心节层、汇聚层、接入层组成。

1. 核心层

金台铁路工程利用台州调度所新设核心节点设备 2 台，构成金台线数据网核心节点，实现区域网络与骨干网络间数据的快速转发。新设的核心节点预留与上海局区域节点互联互通条件。

2. 汇聚层

金台铁路工程在永康南、台州站新设汇聚层节点，汇聚层节点设置汇聚层路由器 2 台，提供金台线各站数据流量高速汇聚与转发平台。

3. 接入层

各车站设置接入路由器，其中永康南、磐安南、仙居南和台州站每个车站配置 2 套接入路由器高端设备，汇聚车站内部的数据业务并提供转发服务。其余车站配置 2 套接入层路由器低端设备。

五、有线调度通信

在台州调度所新设主、备调度所型调度交换机和调度交换机网管，武义东经台州（金台场）至台州南（金台场）、头门港支线临海东（不含）至头门港（含）段组建 2M 数字环，与台州调度所主备用调度所型调度交换机互联互通；台州调度所主备用调度所型调度交换机通过上海局汇聚主系统分别与甬台温主系统、沪宁城际主系统互联互通，金温铁道公司调度所新设金台列车调度台、货车调度台、牵引供电调度台。

六、移动通信

金台铁路工程新设 GSM-R 移动通信系统，利用上海局既有核心网节点设备，并由对其进行扩容。

上海铁路局 GSM-R 交换中心升级改造既有 GRIS 设备，满足金台铁路工程新设基站设备的接入需求。在台州新设编译码和速率适配单元（TRAU），基站控制器 BSC（含 PCU）；沿线新设基站及直放站设备，车站基站按 3 载频配置，区间基站按 2 载频配置。基站覆盖采用普通单网覆盖方案，在隧道等弱场区段，采用直放站结合漏泄同轴电缆或者天线的方式解决。

七、会议电视

金台铁路工程在台州调度所新设会议电视系统中心设备，永康东机务折返所、台州调度所会议室新设会议电视系统现场设备。

八、视频监控

金台铁路工程在台州站设置 I 类视频接入节点[包含视频管理服务器、分发/转发服务器、存储服务器（含磁盘阵列）、三层交换机等]，预留上传上海局通道条件；其余车站设置Ⅱ类视频接入节点[包含分发/转发服务器、存储服务器（含磁盘阵列）、三层交换机等]，实现对辖区内视频信息进行接入、分发、转发、视频内容分析和与其他系统的互联等，并对其接入的所有视频信息进行存储。

九、专用应急通信

金台铁路工程在台州调度所新设应急中心设备。壶镇、临海南综合维修车间设置现场应急接入设备各 1 套，纳入应急通信系统中心系统；台州调度所新设隧道应急中心设备，牛和岭隧道、金家村隧道、将军岭隧道的大避车洞内设置隧道事故报警电话系统。

十、漏缆监测系统

金台铁路工程在台州调度所新设漏缆监测系统网管服务器，牛和岭隧道、金家村隧道、将军岭隧道设置漏缆监测系统。

十一、时钟同步

金台铁路工程采用主从同步方式，主用时钟同步信号取自台州调度大楼新设 BITS 时钟设备，备用时钟同步信号取自温州西通信站既有时钟设备。

十二、时间同步

金台铁路工程利用台州调度大楼新设时间同步设备，作为对金台线新设备业务系统时间同步信号。

十三、电源设备

1. 外供交流电源及供电方式

车站及区间通信设备均采用 I 级负荷供电，由电力专业提供 2 路可靠外供交流电源。

2. 交流电源设备

金台铁路工程沿线各车站新建通信机械室内设置 5 kV AUPS 1 套（含蓄电池组，后备时间 1 小时），各区间基站内设置 3 kV AUPS 1 套（含蓄电池组，后备时间 3 h）为视频监控系统提供交流电源。区间光纤直放站内设置 2 kV AUPS 1 套（含蓄电池组，后备时间 6 h）为光纤直放站设备提供电源。

3. 直流电源设备

金台铁路工程各车站新建通信机械室内新设－48V/150A（50A×3+50A）高频开关电源及 200Ah 阀控式密封铅酸蓄电池组 2 组。

金台铁路工程区间基站新设－48V/90A（30A×3+30A）高频开关电源及 200Ah 阀控式密封铅酸蓄电池组 2 组；在综合维修车间、综合维修工区、公安派出所、10kVA 配电所、牵引变电所等节点新设传输及接入设备的通信机械室内设置－48V/90A（30A×3+30A）高频开关电源柜及 100Ah 阀控式密封铅酸蓄电池组 2 组；红外探测站、轨道衡、汽车衡、综合保养点、给水所/消防泵房等处利用一体化传输设备自带－48V/30A（10A×3+10A）高频开关电源及 100Ah 阀控式密封铅酸蓄电池组 2 组。

十四、电源及设备房屋环境监控

金台铁路工程新设电源及设备房屋环境监控系统，在台州调度所设置电源及环境监控系统中心设备，在新建通信、信号机房设置电源及环境监控分站设备，在临海南、壶镇综合维修车间、温州西通信站设置通信电源及环境监控终端及复示终端。

十五、综合网络管理

金台铁路工程台州调度所新设综合网管系统，更新网元信息。新设的子系统网管（有传输系统、电话交换及接入网、数据通信系统、专用移动通信系统、电源及环境监控系统、录音仪系统；调度通信系统、应急通信、隧道应急救援系统、视频监控系统）接入台州调度所新设网元管理系统。

十六、综合布线系统

金台铁路工程在综合维修车间/工区综合楼、单身宿舍和乘务员公寓等生产生活房屋内新设综合布线系统。

十七、其他通信系统

金台铁路工程在永康东站机务折返所及金华南机务折返所新设无线出入库库检系统。

十八、通信线路

通信线路包括干线光缆、地区及站场内电缆以及短段光缆等。

1. 干线通信线路

金台铁路工程通信线路敷设原则上敷设在预留增二线的对侧。

金台铁路工程正线（武义至括苍段面向大里程右侧；括苍至台州南段面向大里程左侧）、头门港支线（面向大里程右侧）沿线路一侧敷设 GYTZA5348B 单模直埋光缆 1 条。

2. 站场通信线路

站场通信线路采用 ZR-HYAT23 型市话电缆；站场内各接入点间敷设 GYTZA5324B 单模光缆，构成站场内环型光网络。

3. 区间短段光、电缆

（1）超过 5 km 的隧道（牛和岭隧道、将军岭隧道、金家村隧道）新设隧道应急通话系统。在隧道综合洞室内（单侧洞室间距 500 m）设置应急通话终端，应急通话终端采用四线共线安装方式，在隧道内一侧敷设阻燃型 ZR-HEYFLT234×4×0.9 低频对称电缆接入临近的车站通信机械室或区间基站通信机房。

（2）隔离开关至其归属的车站、牵引变电所采用 GYTZA53 型单模光缆。车站或区间基站至隧道进、出口摄像机、光纤直放站、电力区间箱变所需光缆芯数按照合缆统筹考虑，根据需要敷设不同容量的 GYTZA53 型单模光缆，敷设摄像机电缆采用 VV22 型铠装电力电缆。

第五节　新技术、新工艺、新材料、新设备等应用情况

一、新技术的使用

无。

二、新工艺、新材料的使用

金台线通信系统设计在选用通信设备时，采用集成度较高、小型化的产品，减少通信机房面积并降低了设备的耗电量；通信电源设备选用整流效率高的整流器，线缆路径选择最佳方案，使电源配线最短，提高电源利用率；通信蓄电池均为免维护密封阀控式铅酸蓄电池，无酸液、酸雾排出，对环境无污染；移动通信系统符合国家环保局批准的《电磁辐射防护规定》，天线合理布局，降低功率，减少电磁辐射对周围环境的影响；所有通信设备均符合电磁兼容国家标准，避免对环境和其他系统设备造成电磁污染；通信线路优先采用光缆，站内采用小容量通信电缆线路，降低金属实回线对数，节约有色金属。

第六节　设计优化与变更

一、设计优化

无。

二、设计变更

1. 金台铁路接入上海局通信系统变更设计

金华南站（金温货线）通信机械室新设 MSTP 10 Gb/s、MSTP 622 Mb/s 设备各 1 套，台州站调度所、温州西通信站（金温货线）通信机械室分别新设的 MSTP 2.5 Gb/s、MSTP 622 Mb/s 传输设备各 1 套；金台 CTC 中心与上海局 GRIS 系统直连，对上海局 GRIS 系统升级改造；并相应扩容 Gb 接口监测设备；增加上海局 GSM-R 系统核心网扩容设备板卡；增加接入金温线、杭深线既有基站无线网络调整测试、网络优化、直放站网管数据编制内容。

2. 金台铁路与国铁交叉并线部分增设 DMR 数字综合无线通信系统变更设计

在金台线永康南站至永康东站、枫山货运线、永康南疏解线、新碧联络线增设 DMR 数字综合无线通信系统，系统构成与金温货线新碧至温州段一致，配置 DMR 无线行车通信系统、区间防护通信系统、数字货列尾信号覆盖系统模块，作为当 GSM-R 网络无法提供正常服务时的应急通信方式。

3. 金台铁路接入金温铁道公司通信系统变更设计

既有温州西通信站通信机械室新设 MSTP 622 Mb/s 传输设备 1 套，金华南站（金温货线）通信机

械室新设-48 V/300A（50A × 6+50A）高频开关电源 1 套、－48 V/500 Ah 的蓄电池 2 组，既有温州西通信站通信机械室新设 10 kVA UPS（含蓄电池组 1 组）1 套，备用 1h。

4. 金台铁路视频监控系统补强变更设计

在各站行车室、站台接发车岗点、车站线路两端咽喉道岔区域等处新设视频采集点，实现对重点区域的实时监控。根据需要对既有视频存储进行扩容；金温铁道公司运输部新设视频监控复示终端。

5. 金台铁路会议电视系统变更设计

在沿线各客货站、维修车间会议室等需增设会议电视系统终端设备，并接入台州调度大楼会议电视中心系统（MCU）。

第三十三章 信号设计

第一节 工程概况

一、工程范围

1. 金温货线

新建金温货线改线段（含枫山货运线、永康南疏解线、新碧联络线）命名为金温货线，与既有金温货线顺接。金台铁路线路起自金温货线 K40+975.492（武义—枫山站间），至既有金温货线 K72+709.16 接轨（石柱—新碧区间），纳入既有金温货线里程。线路长度 25.78 km。

2. 金台线

金台正线、台州南货运线命名为金台线。线路起自永康南站金华端 5#道岔尖轨尖，金温下行线 K48+808=金台线起点 K0+000；金台线终点为台州南站 36#道岔尖轨尖，里程按起点里程顺延编制，金台线终点 K165+790.906=杭深铁路下行线 K494+028.075。线路长度 165.79 km。

3. 永康南联络线

永康南金温场 24#道岔至永康南普速场 102#道岔间线路命名为永康南联络线。线路起自永康南金温场 24#道岔尖轨尖（K0+000），终点为永康南普速场 102#道岔尖轨尖，里程按起点里程顺延编制，终点里程为 K0+879.677。线路长度 0.88 km。

4. 头门港线

临海东站至头门港站（即设计头门港支线）命名为头门港线。临海东站至头门港站为下行方向，反之为上行方向。线路起自临海东站 3#道岔尖轨尖（K0+000），终点为头门港站 2#道岔尖轨尖，里程按起点里程顺延编制，终点里程为 K42+847.247。线路长度 42.847 km。

以上线路总合计总长为 235.297 km。

二、主要工程内容

金台铁路位于浙江省中东部的金华、丽水、台州地区。线路自金华地区在建金温扩能工程永康南站引出，向东经丽水市缙云县、金华市所辖的武义、永康、磐安，台州市所辖的仙居、临海和台州市区，最后分别接入甬台温铁路台州站和台州南站。并新建永康南站至既有金温铁路 K40+975.492 接轨的枫山货运线、头门港支线及台州至台州南货运线。

线路走向示意图如图 33-1 所示：

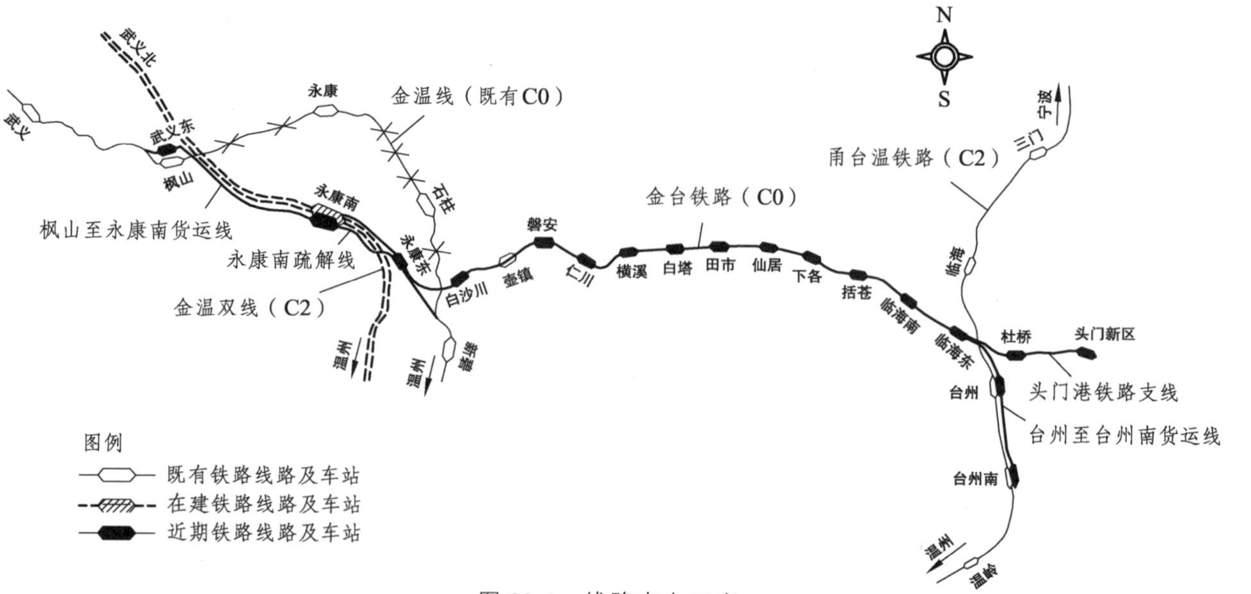

图 33-1　线路走向示意

第二节　信号主要设计原则及工程内容

一、主要设计原则

金台铁路工程新建永康南普速场、永康东、申亭、壶镇、磐安南、仁川、横溪、白塔镇、田市、仙居南、下各、括苍、临海南、临海东、台州金台场、台州南金台场、杜桥、头门港、武义东站，共19 个车站（场），信号系统主要由列车调度指挥（TDCS）、列车运行控制及区间闭塞、车站联锁、信号集中监测、车站综合防雷及电源等子系统构成。金台铁路信号设备总布置示意图如下图 33-2 所示：

二、主要工程内容

（一）行车调度指挥

金台铁路结合运营模式变更为委托金温铁道公司运营管理后，全线调度指挥内容如下：

1. 调度区的划分

（1）金台线正线永康东（不含）至台州南金台场（含）段、头门港支线临海东至头门港（含）段各站均采用列车调度指挥系统（TDCS），纳入新建金台铁路调度指挥中心管辖控制；

（2）永康东（含）至永康南普速场至武义东（含）段各站采用 TDCS，纳入金台行车调度台统一管辖；

（3）永康南金温场、台州南杭深场维持既有行车调度台办理行车调度。台州杭深场～台州南杭深场由上海局既有沿海铁路浙江台管辖，维持原设计方案不变。

2. CTC 中心系统

在金台铁路调度中心设备机房（设于台州站）新设列车调度指挥系统/调度集中（TDCS/CTC）系统总机设备，并与上海铁路局调度所信息互联。在金温铁道公司调度所设置 1 套调度台 TDCS/CTC 设备，相应配置调度员、助理调度员、综合维修工作站。新设调度台与台州调度中心机房设备间通过广域网实现信息传输。

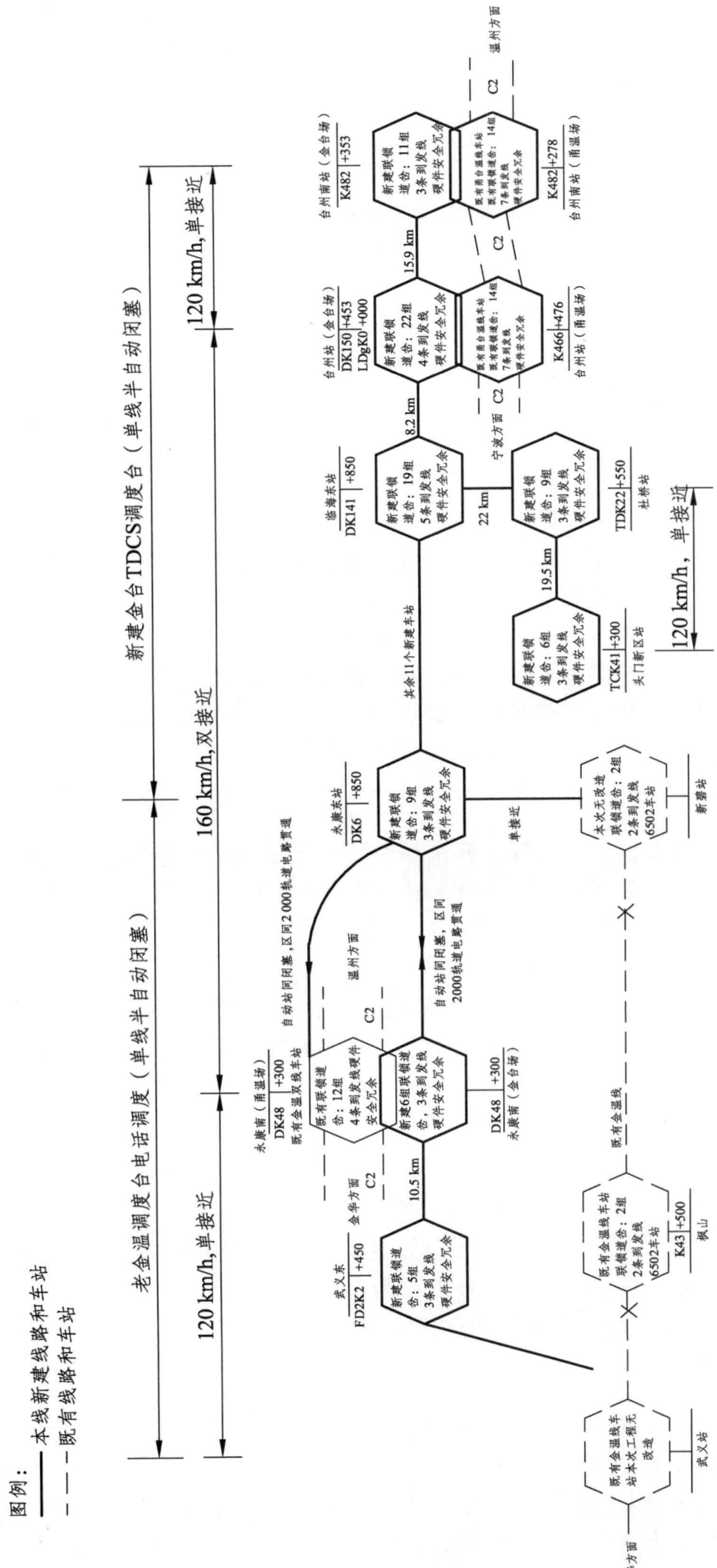

图 33-2 金台铁路信号设备总布置示意图

在金台铁路调度中心设备机房配套设置 1 套信号综合智能电源屏设备，30 分钟不间断电源 UPS 设备由电力专业提供；1 套时钟校核设备（冗余配置）和 1 套通信通道质量监督设备；1 套信息安全设备，配置安全管理、存储管理服务器设备以及对应接入网络、安全边界设备，部署安全计算环境软件。

3. 车站子系统

新建车站新设 TDCS 系统分机，全线设置一套 TDCS 车站服务器。

4. 网络子系统

TDCS 系统独立组网，设计为双网，通道为双环结构，每个通道为 2Mbps 数字通道。台州金台中心至上海局调度所普速中心及客专中心各需设 2Mbps 数字通道，至金温铁道公司调度台采用 20 mbps 光纤通道。

（二）列控及区间闭塞系统

1. 列控系统

永康南站（不含）与台州南站（不含）区间列车运行采用 CTCS-0 级列控系统，永康南金温场、台州南杭深维持既有 CTCS-2 级列控系统。

永康南站金温场以及台州南杭深场列控中心、临时限速服务器等列控设备结合站场变化情况利旧改造，根据行车专业的动车组交路资料，不考虑动车组下线至金台线，永康南与永康东站及台州至台州南站区间不设置 CTCS-0/2 的等级转换点。如有动车组经由永康南站或台州南站跨线运行，则需要在永康南站或台州南站停车后手动转换至 CTCS-0/2 级对应的控车模式。

2. 区间闭塞

金台正线、头门港支线及枫山货运线区间为单线半自动闭塞；永康南金温场至永康东区间为自动站间闭塞，由于站间距较短，采用 97 型 25 周轨道电路进行区间占用与空闲检查；永康南普速场与金温场之间、台州南金台场与杭深场之间均采用场间联系方式办理作业；其他与金台线衔接的线路均维持既有闭塞方式。

半自动闭塞信息传输采用光口数字通道，在信号机械室设光电转换设备，光电转换设备双机热备。永康东至台州站金台场车站接近区段按 2 个接近区段设计，其余支线及联络线按 1 个接近区段设计。

（三）车站联锁

1. 联锁方案

金台铁路 19 个新建车站（场）新建硬件安全冗余型计算机联锁设备，新设的货场或维修工区等相关线路、道岔纳入所属车站（场）联锁设备集中控制；

永康南金温场及台州南杭深场联锁利旧改造。

2. 站内轨道电路

新建各站站内轨道电路采用 97 型 25 Hz 相敏轨道电路，轨道接收器采双套微电子相敏轨道电路接收器，永康东、壶镇、磐安南、仙居南、下各、临海南、临海东、台州金台场及台州南金台车场内维修工区、货场等局部岔线区段采用符合技术条件要求的高压不对称脉冲轨道电路，以解决轨道电路分路不良；正线间渡线道岔采用钢轨喷涂处理措施。

既有永康南金温场、台州南杭深场采用与区间同制式 ZPW-2000 系列机械绝缘移频轨道电路，发送器采用 1+1 冗余方式，接收器采用双机并用方式。

3. 道岔转辙设备

专线 4249 及提速道岔采用 S700K 转辙机，其余普通道岔采用 ZD6/D 或 ZD6/EJ 型转辙机。全线车站道岔设计道岔缺口监测。

4. 信号机及其他

金台线新建车站（场）采用透镜式色灯信号机，信号机构均采用铝合金机构，列车信号机采用双灯泡信号机、智能点灯单元，调车信号机采用单灯双丝灯泡及点灯单元。

5. 延续进路的设置

金台线分别按运行速度 120 km/h、140 km/h、160 km/h 下紧急制动距离（分别为 800 m、1 100 m、1 400 m）计算换算坡度，只要进站信号机外方在上述任何一个速度值的紧急制动距离内有超过 6 ‰的下坡道（换算坡度），就必须设置延续进路。

（四）信号集中监测系统

金台线工程各新建站新设信号集中监测分机设备和道岔转辙机缺口检查设备，监测信息暂按接入此次在台州新设的信号集中监测中心。

结合运营模式变更，金台线在台州调度大楼新建信号集中监测中心系统。

（五）电源系统

新建车站采用综合智能电源屏，电源屏具备自诊断及监测报警功能，并与信号集中监测系统交换信息。

此次台州中心采用集中式供电，设置一套综合智能电源屏为监测中心、调度中心机房和终端等设备集中供电，UPS 由电力专业统一配置并设置 UPS 在线监测系统，UPS 的不间断供电时间为 0.5 小时。

（六）信号电缆及防护

信号电缆满足《关于规范铁路数字信号电缆运用的通知》（运电信号函〔2012〕10 号）的要求，干线电缆采用铝护套型，支线电缆采用综合护套。电码化区段轨道电路电缆采用数字电缆。

信号电缆敷设在站前单位预留的电缆槽内。

（七）信号设备的防护措施

信号机械室、电源室、计算机房都设计综合防雷，并在室内预留了相关接地端子，室内信号设备按照相关施工规范与预留的接地端子相连。信号机房安装防静电地板。要求房屋的环形地网接入综合接地系统。

信号线缆设置浪涌保护器防护，室外信号设备采用防雷接地措施保证设备安全。

（八）工器具及备品备件

根据维修车间、工区设置情况，配置检修机具设备、测试仪器仪表等。

参照《高速铁路轨道及站后“四电”工程备品备件配置指导意见》（铁建设〔2012〕158 号），配置金台线所需的备品备件。

第三节 设计优化与变更

一、接近信号机

金台铁路线运行速度为 160 km/h，进站信号机外方设置两个接近区段并采用提速半自动闭塞区段接近信号机，解决了现行半自动预告信号机不能较好地预告进站信号机显示内容，信号显示方案与机车信号更加匹配，有利于列车安全平稳运行。

二、CTC 调度中心

金台铁路线在台州调度大楼新建 CTC 调度中心，属于全国为数不多的地方铁路单独建设调度中心，解决了行车指挥自动化的问题，使行车指挥脱离了传统的人工模式，实现了运行阶段计划的自动生成和辅助自动调整，单独建设调度中心实现了运营单位行车指挥的独立自主性。

第三十四章 信息设计

第一节 总体构成

一、主要设计原则

1. 运输调度管理系统

金台铁路工程新设运输调度管理系统。

2. 行包信息系统

金台铁路工程在沿线各新建客运站新设行包信息系统。

3. 货运管理信息系统

金台铁路工程在沿线各新建货运综合楼新设货运管理信息系统。

4. 办公信息系统

金台铁路工程在沿线各新建站房、车站综合楼、信号楼、综合维修车间/工区/保养点、客整所、台州调度大楼新设办公信息系统。

5. 公安管理信息系统

金台铁路工程在沿线各新建公安派出所、刑警大队、乘警大队、公安值班室新设公安管理信息系统。

6. 门禁系统

金台铁路工程在沿线各新建客运站信息机房、信息配线及设备间、票据室、进款室、售票室、补票室、综合监控室新设门禁系统。

7. 电源及设备房屋环境监控系统

金台铁路工程在沿线各信息机房、主要信息配线及设备间新设电源及设备房屋环境监控系统，动环中心系统设置在临海南站。

8. 综合布线系统

金台铁路工程在沿线各新建客运站房新设综合布线系统。

9. 其他信息系统

（1）集装箱管理信息系统。

金台铁路工程在沿线各集装箱办理站新设集装箱管理信息系统。

（2）智能大门系统。

金台铁路工程在各货运站新设智能大门系统。

（3）货场视频监控系统。

金台铁路工程在货场新设货场视频监控系统。

10. 电源、防雷及接地

金台铁路工程在沿线各信息机房、信息配线及设备间设置 UPS 设备（交流稳压电源）满足信息设备用电需求。本工程防雷、接地满足《铁路防雷及接地工程技术规范》（TB 10180—2016）中技术要求。

二、信息系统建设采用的主要技术标准

（1）《铁路客运服务信息系统设计规范》（QCR 9140—2018）;
（2）《高速铁路客运服务信息系统工程细部设计和工艺质量标准》（Q/CR 9524—2018）;
（3）《铁路自助实名制核验设备暂行技术条件》（TJ/K H024—2018）;
（4）《铁路房屋建筑设计标准》（Q/CR 9146—2017）;
（5）《铁路客运车站标识系统暂行技术条件》（铁总运〔2017〕7 号）;
（6）《铁路信息机房通用技术规范》（Q/CR 571—2017）;
（7）《铁路信息机房及环境集中监控系统技术条件》（Q/CR 578—2017）;
（8）《铁路旅客车站服务台设置规范》（铁总客〔2017〕297 号文）;
（9）《数据中心设计规范》（GB 50174—2017）;
（10）《综合布线系统工程设计规范》（GB 50311—2016）;
（11）《铁路客运服务信息系统设计规范》（TB 10074—2016）;
（12）《综合布线系统工程验收规范》（GB/T 50312—2016）;
（13）《铁路防雷及接地工程技术规范》（TB 10180—2016）;
（14）《铁路旅客服务信息系统集成管理平台配置技术条件》（Q/CR 542—2016）;
（15）《中国铁路总公司关于印发高速铁路反恐怖和治安防范标准（试行）的通知》（铁总办〔2016〕174 号）;
（16）《中国铁路总公司关于明确铁路旅客车站有柱雨棚站台监控摄像机设置要求的通知》（铁总运〔2015〕7 号文）;
（17）《铁路客票安全系统密码子系统升级改造技术方案》（运信网安函〔2015〕384 号）;
（18）《铁路局综合计算机网与数据通信网融合技术方案》（铁总运〔2015〕341 号）;
（19）《铁路技术管理规程》（铁总科技〔2015〕172 号）;
（20）《铁路客票系统技术条件（铁路局及车站部分）》（铁总运〔2015〕265 号）;
（21）《铁路自动取票机技术条件》（TJ/K H014—2014）;
（22）《中国铁路总公司铁路专用产品认证管理办法》（铁总科技〔2014〕135 号）;
（23）《铁路旅客车站实名制验证设施主要技术要求的通知》（铁总运〔2014〕277 号）;
（24）《中国铁路总公司关于明确铁路自动售检票设备管理有关事项的通知》（铁总运〔2014〕85 号）;
（25）《中国铁路总公司关于发布铁路车站旅客服务信息系统及客票系统工程备品备件配置指导意见的通知》（铁总建设〔2014〕95 号文）;
（26）《铁道部关于进一步加强铁路旅客服务系统建设管理的通知》（铁信息〔2013〕52 号）;
（27）《货运安全监测监控与管理系统总体技术规范》（铁运〔2013〕56 号）;
（28）《关于铁路货运场站功能和设施设备配置的指导意见》（铁运〔2013〕57 号）;
（29）《铁路建设项目物资设备管理办法》（铁建设〔2012〕216 号）;
（30）《铁路旅客车站客运服务信息系统工程施工质量验收标准》（铁建设〔2012〕216 号）;
（31）《关于做好实名制实施准备工作的通知》（铁运电〔2011〕57 号）;
（32）《关于全路开通动车组列车互联网售票有关技术要求的通知》（铁运电〔2011〕127 号）;
（33）《关于加强铁路客站安检区域视频视频监控系统建设的通知》（计改函〔2011〕59 号）;

（34）《关于印发《客运站安检区域视频监控系统建设指导意见》的通知》（铁公安〔2011〕115号）；

（35）《铁路磁介质纸质热敏车票 第一部分 制票机》（TB/T 3277.1—2011）；

（36）《关于规范铁路专用设备产品准入管理的若干规定》（铁政法〔2011〕202号）；

（37）《铁路磁介质纸质热敏车票 第二部分 自动售票机》（TB/T 3277.2—2011）；

（38）《铁路磁介质纸质热敏车票 第三部分 自动检票机》（TB/T 3277.3—2011）；

（39）《关于公布学生优惠卡系统与客票系统联网推进计划的通知》（运营客营电〔2009〕590号）；

（40）《关于公布学生优惠卡系统与客票系统联网推进计划的通知》（运营客营电〔2009〕590号）；

（41）《关于印发《铁路客运专线客运服务系统总体技术方案(暂行)》的通知》（铁集成〔2008〕41号）；

（42）《铁路工程设计防火规范》（TB 10063—2016）；

其他未详尽标准或规范均按中华人民共和国相关现行最新标准执行。

第二节　主要设计说明

一、运输调度管理系统

1. 网络设计

台州调度大楼至金温铁道公司调度大楼主备用 10 Mbit/s 通道由通信传输系统提供。主备通道先汇聚至温州调度大楼信息机房，再利用金温铁道公司既办公网通道上联至上海铁路局杭州电算站，备用通道扩容至 100 Mbit/s（运营商专线）。

2. 设备配置

台州调度大楼新设金台铁路运输调度管理系统，实现对金台铁路的运输调度管理。杭州电算站的路由器、防火墙利旧（乐清湾铁路工程已设置）。

台州调度大楼信息机房新设数据库服务器、磁盘阵列、SAN 交换机、路由器、核心交换机各 2 套，应用服务器 5 台，新设备份数据库服务器、TD 结合 MQ 服务器、TDMS 接口服务器、旅服平台、SCADA 等接口服务器、电子运统应用服务器、局站一体化应用服务器、机务运安应用服务器、数据库软件、中间件软件、MQ 消息队列软件及配套软件各 1 套，新设接入交换机 9 套；在信息网管室新设维护管理终端、打印机，在调度大楼办公室新设 TDMS 系统终端（双屏）4 套、A4 打印机 2 套。

金温铁道公司调度大楼新设路由器、防火墙、接入交换机各 2 套，在金温铁道公司调度大厅新设 TDMS 终端（双屏）9 套、彩色 A3 打印机 2 套、A4 打印机 4 套。

二、行包信息系统

1. 系统总体架构

行包管理信息系统采用中心级、车站级两级架构。

2. 系统功能

行包信息系统包括行包管理信息系统和行包服务信息系统。

行包管理信息系统实现旅客行包承运制票、行包运输管理、到达交付等功能。

行包服务信息系统为行包作业人员提供作业信息，为旅客提供运程、运价、公告、行包通告等功能。

3. 上级系统设计

中心级行包信息系统利用既有。

4. 网络设计

（1）广域网。

车站行包管理信息系统利用办公网 VPN 网络通道接入行包中心系统。

（2）局域网。

车站行包管理信息系统设置接入层交换机，满足本站使用需求。

5. 设备配置

（1）行包管理信息系统：主要包括行包管理服务器、终端、票据打印机、货签打印机及网络设备。

（2）行包服务信息系统：

行包服务信息系统设置行包显示、行包广播、行包视频监控及行包安全检查设施等子系统。

行包显示子系统设置终端、控制器、行包显示屏等设备。

行包广播、视频监控子系统纳入车站客运广播、视频监控系统中，并在临海南、台州行包库中设置行包广播分控终端。临海南、台州行包托取厅设置安检称重一体化设备。

三、货运管理信息系统

1. 系统总体架构

货运管理信息系统采用中心—车站二级架构。

2. 系统功能

货运管理信息系统为铁路运输调度部门提供掌握货车、机车、列车、集装箱和所运输货物的位置及状态变化的实时信息，也为计划、统计、财务等部门进行宏观决策和科学管理提供可靠的依据，同时将货物运输的动态信息提供给货主作为企业组织生产和适应市场变化的重要依据。

3. 上级系统设计

金温铁道公司调度大楼信息机房内新设数据处理服务器、应用处理服务器、防火墙、核心交换机、路由器、磁盘阵列各 2 套，新设数据备份设备 1 套。

货运系统相关服务器集群按虚拟化方式实施。

4. 网络设计

（1）广域网。

金台铁路各站办公及货运管理信息系统主用通道利用传输网接入金温铁道公司汇聚，备用通道经金台本线传输网汇聚至台州调度大楼汇聚后，再上联至金温铁道公司。金温铁道公司至杭州电算站办公网主用通道利用既有（100 Mbit/s），备用通道由 10 Mbit/s 扩容至 100 Mbit/s。

各大型货运站上联通道不小于 20 Mbit/s，客运站上联通道不小于 10 Mbit/s，其他会让站上联通道不小于 4 Mbit/s，台州调度大楼汇聚点至金温铁道公司区域中心不小于 50 Mbit/s（租用运营商专线）。

（2）局域网。

货运管理信息系统局域网按照接入层构建，系统终端连接接入层交换机。

5. 安全设计

各局域网与数据通信网之间通过部署防火墙等安全措施进行逻辑隔离，实现对局域网的安全防护。

6. 货运管理信息系统设备配置

货运管理信息系统由路由器、交换机、打印机、防火墙及配套软件等组成。壶镇站、磐安南站、头门港站货运管理信息系统与办公信息系统共用路由器。

各站货运管理信息系统按总公司文件要求实行货运票据电子化，主要包括货票系统、电商系统、货运站系统、集装箱系统、现车系统（TMIS）、确报系统、十八点系统、保价系统、集成平台、货运电子票据综合系统、清算运统 1、货统报 11、中铁集装箱系统。

7. 货场视频系统及智能大门系统

货场视频监控系统对装卸线、箱区、仓库等主要作业场所进行动态作业监督和巡查，对货场各进出通道的车辆进行监视，对营业大厅和综合办公楼等处、财务部门等重点安全防范场所进行安全监控；对重点设防场所人员进出情况实行实时监控并记录。各货运站视频存储时间不小于 30 天。

8. 智能大门系统

永康东智能大门具备车号及集装箱识别功能，其他各货场大门具备车牌识别功能。

四、办公信息系统

1. 系统总体架构

办公信息系统采用路局中心-车站二级架构。

2. 系统功能

办公信息系统实现对公文流转的自动处理；提供事务管理、财务管理；提供信息发布平台、电子邮箱和公共咨询服务，系统集成了各种办公应用功能，为用户提供个性化、专业化服务。

3. 网络设计

（1）广域网。

金台铁路各站办公及货运管理信息系统主用通道利用传输网接入金温铁道公司汇聚，备用通道经金台本线传输网汇聚至台州调度大楼汇聚后，再上联至金温铁道公司。金温铁道公司至杭州电算站办公网主用通道利用既有（100 Mbit/s），备用通道由 10 Mbit/s 扩容至 100 Mbit/s。

各大型货运站上联通道不小于 20 Mbit/s，客运站上联通道不小于 10 Mbit/s，其他会让站上联通道不小于 4 Mbit/s，台州调度大楼汇聚点至金温铁道公司区域中心不小于 50 Mbit/s（租用运营商专线）。

（2）局域网。

办公信息系统局域网按照接入层构建，系统终端连接接入层交换机。

4. 安全设计

各局域网与数据通信网之间通过部署防火墙等安全措施进行逻辑隔离，实现对局域网的安全防护。

5. 设备配置

本工程在各信号综合楼、站房综合楼设置路由器、交换机、办公终端等办公网设备，在沿线车间、工区、综合保养点等设置交换机、办公终端等办公网设备。站房内办公网核心交换机及防火墙与旅客服务信息系统不共用。

五、公安管理信息系统

1. 系统总体架构

公安管理信息系统采用公安局-公安处-公安派出所/刑警大队/乘警大队-公安值班室四级网络架

构。沿线公安派出所、刑警大队、乘警大队新设公安管理信息系统接入杭州公安处。沿线公安值班室按管辖范围接入公安派出所/刑警大队/乘警大队。

2. 系统功能

公安管理信息系统检索公安数据库，查阅警务资料及档案；本地情报管理、刑事案件管理；提供个人办公及考勤管理等。

3. 上级系统设计

上海铁路局公安局利用既有公安管理信息系统，公安处利用杭州东既有公安管理信息系统，并对杭州公安处既有公安管理信息系统网络设备进行扩容。

4. 网络设计

（1）广域网。

公安管理信息系统广域网采用核心层、汇聚层、接入层三层架构的专用网络。汇聚层至核心层网络利用既有通道，接入层至汇聚层采用运营商专线提供的 100 Mbit/s 通道点对点互联。

（2）局域网。

公安管理信息系统按照接入层构建，各公安值班室设置接入层交换机，系统终端连接接入层交换机。

5. 安全设计

杭州公安处公安管理信息系统防火墙利旧。

6. 设备配置

各站公安管理信息系统包括路由器、交换机、终端、打印机、公安制证等设备。各公安派出所、刑警大队、乘警大队新设路由器、交换机、终端、打印机等设备，各公安派出所新设视频监控大屏 1 套，各派出所现场办案场所新设视频及声音采集设备 1 套。沿线公安值班室新设交换机、终端、打印机等设备，按管辖范围接入公安派出所公安管理信息系统。沿线站房在公安制证窗口设置公安制证设备各 1 套。

六、门禁系统

1. 系统功能简述

门禁系统实现对站房信息机房、信息设备及配线间、售票室、票据室、进款室、补票室等站房重点房屋进出人员权限设置，并对进出人员状况进行记录。

2. 系统构成及设备配置方案

门禁系统设计包括控制设备及现场设备、控制设备包括工作站、授权读卡器及打印机等，现场设备包括本地控制器、读卡器、密码键盘、电子锁、门磁、紧急开门控制按钮及门禁卡等。本工程在沿线客运站综合监控室设置工作站、授权读卡器及打印机 1 套，在票据室、进款室、售票室、补票室、信息机房、信息配线及设备间、综控室等处设置现场设备各 1 套。

七、综合布线系统

1. 系统功能简述

综合布线系统通过将语音、数据、控制设备等信号经过统一的规划和设计，采用统一的传输缆线、信息插座、交换设备等，把站房内不同信号综合到综合布线系统中进行传送。

2. 系统构成及设备配置方案

在新建站房内设置综合布线系统，支持语音、数据接入。综合布线系统参照国标 GB 50311—2016 设计。

（1）水平子系统。

水平子系统由工作区的信息插座、信息插座至楼层配线设备的配线电缆、楼层配线设备和跳线等组成。本工程采用阻燃六类非屏蔽双绞线、模块、配线架等对整个建筑进行布线。

（2）干线子系统。

干线子系统将楼层配线架与建筑物主配线架用星型结构连接起来。干线子系统数据部分根据距离要求采用 8 芯或 24 芯单模阻燃光缆、阻燃六类非屏蔽双绞线，语音部分采用 WDZ-HPVV 型电缆。

（3）信息配线及设备间子系统。

本工程信息配线及设备间是设置信息设备和计算机网络设备，以及建筑物配线设备，进行网络管理的场所。对于综合布线，则主要安装建筑物配线设备。

（4）管理子系统。

管理子系统位于信息机房及弱电间，管理各区域的信息点。

管理子系统对设备间、工作区的配线设备、线缆、信息插座等设施按一定的模式进行标识和记录，便于系统检测和维护。

（5）工作区子系统。

工作区子系统由配线（水平）布线系统的信息插座延伸至各系统终端设备处的连接电缆及适配器。

八、线缆布放及防护

根据《铁路工程设计防火规范》（含修订条文）要求，站房和其他人员密集的建筑，通信、信息、信号设备房屋等场所内的电线、电缆、光缆及其防护材料均应采用阻燃型。其中，站房和其他人员密集的建筑、地下室的光、电缆，还应具有低烟无卤性能。信息设备房间的电缆槽应采用防火型盖板。整体耐火性能应符合国家有关标准的要求。

信息系统与火灾自动报警系统的消防联动控制线及广播线缆采用耐火型。

本工程弱电、广播、电源主干径路均采用钢槽（外涂防火涂料）防护，主干钢槽厚度要求不小于 2.5 mm。分支电源线、分支广播线、票务系统与消防联动的线缆全程采用钢管防护（外涂防火涂料）。钢槽、钢管的整体耐火性能应符合国家有关标准的要求。

沟槽管洞在施工完毕后应进行防火、防鼠、防水封堵。钢槽在穿过预留管道井、楼板孔洞及墙壁处，应采用防火堵料作好密封隔离措施，防止火灾沿线路延燃。钢槽及其支架、吊架应良好接地，在有振动的场所应装置弹簧垫圈，软连接处应采用编织铜线连接。

九、系统运行环境

1. 房屋设置及环境要求

房屋设置及机房环境工艺要求应当符合《铁路信息机房通用技术规范》（Q/CR 571—2017）的要求。

2. 设备布置

信息机房内设备间距要求应符合《数据中心设计规范》（GB 50174—2017）等有关技术标准的规定。

3. 电源

本工程站房内所需交流电源由电力专业提供两路可靠 380 V 三相电源供电。各新建站房信息机房新设 60 kVA UPS（备用 1 h）各 1 套及交流稳压电源各 1 套。

站房内信息机房设置 UPS（备用 1 h）、交流稳压电源对信息设备集中供电。其中自动检票机、LED 显示屏、到发通告屏、视频监控前端、信息查询终端由交流稳压电源供电，安检仪由电力专业供电，其余信息设备由 UPS 集中供电。

各公安值班室新设 2 kVA UPS（备用 1 h）设备，各公安派出所新设 5 kVA UPS（备用 1 h），仙居南、磐安南、壶镇、头门港、杜桥站行包托取点新设 5 kVA UPS（备用 1 h）设备各 1 套，台州、临海南行包机房内新设 8 kVA（备用 1 h）设备各 1 套。

磐安南、壶镇、下各货运综合楼各新设 10 kVA UPS（备用 1 h）、10 kW 稳压电源各 1 套，永康东、头门港、临海东货运综合楼信息机房各新设 40 kVA UPS（备用 1 h）、30 kW 稳压电源各 1 套。

本工程在站房综合楼、信号综合楼、车间、工区、综合保养点、货运综合楼、公安派出所、客整所等建筑的通信机械室、信息机房、公安值班室电源采用两路可靠外供交流电源供电，用电负荷等级均为 I 级。

4. 防雷及接地

本工程各车站信息系统机房、信息设备间的接地均纳入房屋接地系统，接地电阻值不大于 1 Ω。

信息系统 UPS 电源设备进行防雷保护。信息系统的雷电电磁安全防护应符合行业标准《计算机信息系统雷电电磁脉冲安全防护规范》（GA 267）的规定，各车站信息机房、信息设备间设置法拉第笼，采取机房屏蔽、合理布线、规范接地、装设防雷保安器等设备，并按照《铁路防雷及接地工程技术规范》（TB 10180—2016）要求，设置机房雷电综合防护系统。

安装于室外、站台、雨棚、天桥等处的各信息系统终端设备的电源、数据、控制线缆回路在引入信息机房侧安装浪涌保护器，标称通流容量不小于 5 kA。室外、站台、雨棚、天桥的广播回路进入信息机房侧的防雷保护单元由广播主控设备自带。室内配线长度在 50 ~ 100 m 时，在机房设备接口处设置浪涌保护器，大于 100 m 时，在两端设备接口处设浪涌保护器。

机房、电源室、配线间防雷、接地的具体做法应满足《电子信息系统机房设计规范》《建筑物防雷设计规范》《建筑物电子信息系统防雷技术规范》《铁路防雷及接地工程技术规范》等相关国家、行业设计规范、施工技术指南、工程质量验收标准。

同时，本工程机房内防静电地板、金属设备外壳、站房内所有镀锌钢槽、镀锌钢管、同轴线缆及屏蔽线缆的屏蔽层均要求接地，接地线布放时要求尽量短直，多余的线缆应截断，严禁盘绕。所有信息防护钢槽、钢管、防静电地板支架、设备金属外壳、机柜外壳等均要求就近接入建筑等电位接地体。

引入信息机房的线缆应采用钢管进行屏蔽，线缆引入室内时金属外护套、屏蔽层、金属加强芯应做接地处理。各类进出机房缆线的防雷措施，应参照《建筑物电子信息系统防雷技术规范》（GB 50343—2012）、《铁路防雷及接地工程技术规范》（TB 10180—2016）执行。

5. 电源及设备房屋环境监控系统

各站信息机房及信息配线及设备间新设电源及设备房屋环境监控系统终端设备，临海南站新设电源及设备房屋环境监控系统中心设备及网管设备各 1 套，沿线前端设备接入临海南动环中心设备。台州站新建站房电源及设备房屋环境监控系统前端设备接入宁波车务段动环中心设备。

第三十五章 电力设计

第一节 电力工程设计范围

金台铁路四电集成范围为除站房及附属设施工程以外，所有的站后工程，故电力专业四电工程设计范围包含以下各部分工程内容：

（1）新建永康东 10 kV 配电所、磐安南 10 kV 配电所、仙居南 10 kV 配电所、临海南 10 kV 配电所、头门新区 20/10 kV 配电所及各所 10 kV 电源线工程、台州西站 10 kV 开闭所及电源线工程；各新建车站接引地方的 10 kV 电源线工程。

（2）全线（含头门港支线、枫山联络线、台州南货车联络线、新碧联络线）新建综合负荷 10 kV 电力贯通线工程，贯通线由武义东站引至台州南站。

（3）沿线各车站综合和通信信号 10/0.4 kV 室内变电所。

（4）各站场及区间高、低压电力线路。

（5）沿线各区间接入 10 kV 综合负荷电力贯通线的各类 10/0.4kV 箱式变电站及其供电负荷。

（6）区间及车站除站房外所有房屋（包含四电及非四电房屋）的动力、照明、FAS 的电气配套工程。

（7）隧道照明、防灾通风配电及机电设备监控系统。

（8）站房及附属设施工程：站房及附属设施（天桥、地道、雨棚）的低压配电、动力、照明、FAS、BAS 以及为站房配套的给水加压站、污水处理场动力、照明及低压供电工程等。

第二节 主要设计原则

一、用电负荷分布

用电负荷主要有沿线各车站、段（所）通信设备、信号设备、维修设备、信息系统、各电气化所用电、网工区、机械设备、给排水设备、空调通风、房屋照明及区间通信、隧道照明等负荷。

二、负荷等级

电力负荷根据对供电可靠性的要求及中断供电所造成损失或影响的程度分为一、二、三级，其中：

一级负荷包括：与行车密切相关的通信、信号、信息；电力及电气化各所操作电源；重要建筑物火灾自动报警系统设备等。

二级负荷主要包括：为通信、信号主要设备配置的专用空调；接触网远动开关操作电源；机械检修设备；综合检测、工务机械、综合维修、给排水设施等设备；除一级负荷外的其他信息等负荷。

其余用电设备的负荷等级按现行《铁路电力设计规范》及其他相关规程规范确定。

三、供电设计原则

（1）全线采用技术先进、经济合理、安全可靠的供电方案，保证对沿线各站及区间负荷的可靠供电。

（2）铁路电力系统应确保调度指挥、信号、通信等系统重要负荷安全、可靠、不间断运行的基础设施。铁路电力系统必须满足金台线铁路安全、可靠供电的要求，10 kV 及以上变配电所无人值守的原则要求。

（3）充分利用既有铁路电源和电力设施，充分利用铁路既有变配电所、电源线路和 10 kV 馈出线路。

（4）铁路电力系统的主要设备标准为模数化、标准化、免维护、少维修。

（5）铁路电力系统与铁路行车和运输安全密切相关，所有金台铁路线各个等级负荷的电源均自铁路电力系统接引。

（6）各级负荷按下列原则供电：

一级负荷：由两路独立电源供电；

二级负荷：有条件时提供两路电源供电，当两路电源供电确有困难时可为一路电源供电；

三级负荷：一般采用单回路供电，当供电系统为非正常运行方式时，允许将其切除。

（7）在近期工程中，新建电力设施和供电线路等，尽量结合远期工程的要求，适当预留规模，避免二次拆迁或改造造成的浪费。

（8）铁路电力系统遵循国家强制性标准，认真贯彻执行国家能源政策，因地制宜，保护环境，节约土地，积极采取节能措施，降低电能消耗。

第三节　电力供电系统实施技术方案

一、外部电源系统

新建配电所从地方变电站至少接取一路专盘专线高压电源，磐安、仙居、临海南、永康东、台州配电所电源进线电压等级为 10 kV，头门新区配电所电源进线电压等级为 20 kV。外部电源情况详见下表 35-1。

表 35-1　新建 10 kV 变配电所规模及电源情况表

<table>
<tr><th>序号</th><th>名称</th><th>供电臂长度/km</th><th>规模</th><th>电源情况</th><th>备注</th></tr>
<tr><td rowspan="2">1</td><td rowspan="2">磐安</td><td>37.8</td><td rowspan="2">2 进 6 出</td><td rowspan="2">冷水 110 kV 变电站接引一回 10 kV 专盘专线；T 接一路 10 kV 地方电源</td><td rowspan="2"></td></tr>
<tr><td rowspan="2">50.9</td></tr>
<tr><td rowspan="2">2</td><td rowspan="2">仙居</td><td rowspan="2">2 进 6 出</td><td rowspan="2">船山、孟溪 110 kV 变电站各引一回 10 kV 专盘专线</td><td rowspan="2"></td></tr>
<tr><td rowspan="2">39.5</td></tr>
<tr><td rowspan="2">3</td><td rowspan="2">临海南</td><td rowspan="2">2 进 6 出</td><td rowspan="2">聚景 110 kV 变电站接引一回 10 kV 专盘专线；T 接一路 10 kV 地方电源</td><td rowspan="2"></td></tr>
<tr><td rowspan="2">56.9</td></tr>
<tr><td rowspan="2">4</td><td rowspan="2">头门新区</td><td rowspan="2">2 进 6 出</td><td rowspan="2">北洋 110 kV 变电站接引一回 20 kV 专盘专线；T 接一路 20 kV 地方电源</td><td rowspan="2"></td></tr>
<tr><td></td></tr>
<tr><td rowspan="2">5</td><td rowspan="2">永康东</td><td></td><td rowspan="2">2 进 6 出</td><td>专线电源（110 kV 石柱变 10 kV 金铁 K42A 线出线间隔）</td><td rowspan="2">还建配电所</td></tr>
<tr><td></td><td>T 接电源（10 kV 荆州 417 线 79#杆）</td></tr>
<tr><td rowspan="2">6</td><td rowspan="2">台州</td><td></td><td rowspan="2">2 进 6 出</td><td>T 接电源：10 kV 洋顾 H875 线 32#杆</td><td rowspan="2">箱式开闭所</td></tr>
<tr><td></td><td>专线电源：10 kV 嘉乐 H790</td></tr>
</table>

二、电力供电系统

（一）全线（含头门港支线、枫山联络线）供电

全线（含头门港支线、枫山联络线）新建一回 10 kV 综合负荷贯通线，贯通线由永康东站引至头

门新区站，采用单芯全电缆敷设方式，在各车站设置集中无功补偿装置。临海东至台州南区间（货车联络线）新建一回 10 kV 综合负荷贯通线。

（二）车站、场、段供电

1. 新建车站供电

沿线设有站房和信号综合楼的车站，新建两座室内变电所。与站房合建的室内变电所，内设两台综合变压器，为站房内负荷供电，有配电所车站由电力配电所不同母线的站馈回路分别接引 10 kV 电源，无配电所车站由地方电网及综合负荷贯通线分别接引 10 kV 电源；与信号综合楼合建的室内变电所，内设一台综合变压器和一台通信、信号专用变压器，有配电所车站由电力配电所站馈线及综合负荷贯通线分别接引 10 kV 电源，无配电所车站由地方电网及综合负荷贯通线分别接引 10 kV 电源。

沿线有信号综合楼无站房的车站，新建室内变电所与信号楼合建，内设一台综合变压器和一台通信、信号专用变压器，有配电所车站由电力配电所站馈线及综合负荷贯通线分别接引 10 kV 电源，无配电所车站由地方电网及综合负荷贯通线分别接引 10 kV 电源。

壶镇、仙居、临海南、杜桥站工区设双变压器箱变各一座，其中壶镇、杜桥变压器双电源分别由地方电网及综合负荷贯通线接引；仙居、临海南变压器双电源分别由电力配电所站馈线及综合负荷贯通线分别接引。壶镇、磐安、下各、临海东、头门新区货场设双变压器箱变各一座，其中壶镇、下各、临海东变压器双电源分别由地方电网及综合负荷贯通线接引；磐安、头门新区变压器双电源分别由电力配电所站馈线及综合负荷贯通线分别接引。台州站客整所设双变压器箱变一座，双电源分别由新建 10 kV 开闭所站馈线接引。台州调度大楼新建一座 10/0.4 kV 室内变电所，其电源引自 10 kV 开闭所站馈线。10 kV 变电所如表 35-2 所示。

表 35-2　10 kV 变电所一览表

序号	车站及机构	站房室内变	信号楼室内变	综合工区箱变	维修车间箱变	其他	货场箱变	贯通调压器
1	武义东站		250+100					
2	永康南		250+100					
3	永康东		250+100					630*2
4	白沙川		250+100					
5	壶镇	630+630	250+100		315+80		315+80	
6	磐安	500+500	160+315			50+50 箱变	315+80	630
7	仁川		250+100					
8	横溪		250+100					
9	白塔		250+100					
10	田市		250+100					
11	仙居	500+500	250+100	315+80				630
12	下各		250+100				315+80	
13	括苍		250+100					
14	临海南	1000+1000	250+100		315+80			1000
15	临海东		250+100				315+80	
16	台州	1250+1250	500+100			1250+1250 室内（调度楼）	800+800	
17	台州南		250+100					
18	杜桥	630+630	250+100		315+80			
19	头门新区	800+800	250+100				315+80	1000

2. 区间负荷供电

（1）沿线红外轴温探测站、无线通信设备用电

红外轴温探测站采用杆架式变台供电，光纤直放站采用箱式变电站供电，电源一路由新建 10 kV 综合负荷电力贯通线接引，另一路由各专业自带 UPS 供电。

（2）电气化牵引各所（亭）的所用电

由 10 kV 综合负荷贯通线提供一路电源，另一路电源由牵引供电系统供给。沿线接触网远动开关操作电源从就近车站变压器、铁路区间供电箱变、牵引所、AT 所或分区所接引，无接引条件的在 10 kV 综合负荷贯通线上接引一台变压器（单电源箱变）供电。

3. 隧道用电

全长 1 000 m 及以上的直线隧道和全长 500 m 及以上的曲线隧道设置固定照明，5 000 m 及以上或有紧急出口的隧道设置应急照明和疏散照明；救援通道设置应急疏散标识。

在隧道口及箱变洞室新建箱式变电站为隧道动力照明供电，电源由新建 10 kV 综合负荷电力贯通线接引。隧道内防灾通风设备设双变压器箱变，采用两路电源供电，一路由新建 10 kV 综合负荷电力贯通线接引，另一路由地方电力线路接引。

4. 区间铁跨公立交桥排水用电

设置机械排水泵站时接取地方 10 kV 电源，设单电源箱变供电。

三、电力远动系统

全线设电力远动系统、供电远动主机系统，纳入温州工电部既有调度所，并设置电力调度台（与牵引供电调度合设，调度后台设置在台州新建调度大楼）。设备监控信息终端对象主要包括电力配电所微机综合自动化保护系统、室内变电所低压供电回路、箱式变电站低压供电回路、10 kV 电力贯通线分段开关、区间光纤直放站低压供电回路等。

由通信专业提供电力调度中心至各远动终端远动通道及配电所视频终端视频通道，控制端由通信专业负责，配电所视频柜内设 1 个通信接口。

四、火灾自动报警系统

在站房、信号机房、通信机房、防灾机房、牵引变电所主控室、10 kV 配电所主控室等场所设置气体灭火、火灾自动报警及联动系统，完成监测场所内的火灾报警、消防联动、设备工作及故障的监测报警、数据记录等功能。

五、室内动力、照明系统

生产生活房屋及站房室内照明一般采用节能型 LED 灯，净空较高的设备房屋采用显色性好、寿命长的高压气体放电光源，室内照明控制采用就地控制方式，无人值班的机房当有视频监控需求时，采取门禁或远程照明控制方式。

房屋的一级负荷设备供电一般采用双电源供电，根据设备专业的需求设置双电源配电箱或双电源切换箱，配电箱均设置浪涌保护器。

六、站场照明及控制系统

车站站场、货场作业区及道岔咽喉区采用投光灯塔照明，道路采用可倾式灯柱照明，照明光源采用透雾性强的气体放电灯。站场照明采用集中控制、现场手动控制相结合的方式。

七、防雷、接地系统

设计遵循的规范及相关文件规定：《建筑物防雷设计规范》（GB 50057—2010），《铁道信号设备雷电电磁脉冲防护技术条件》（TB/T 3074），铁运〔2006〕26 号《铁路信号设备雷电及电磁兼容综合防护实施指导意见》，《铁路防雷及接地工程技术规范》（TB 10180—2016）等。

各建筑物均应按照规范要求设置避雷设施。根据建筑物防雷分类采取防雷接地措施，一般按共用接地设计，防雷接地装置尽可能利用建筑物结构的金属导体，当自然接地电阻不满足要求时，增设人工接地，高土壤电阻率地区采取特殊降阻措施。

低压供电一般采用 TN-S 或 TN-C-S 系统，其中室外照明灯柱、投光灯塔采用 TT 接地形式，并设置漏电保护。

10 kV 单芯贯通线电缆终端头的金属护层（金属屏蔽层和金属外铠）均应采取沿正常供电方向的单端直接接地方式，其中电缆的金属屏蔽层和金属外铠（不锈钢或铜铠带等）均应直接接地。

第四节 电气设备选型及主要技术标准

一、10 kV 高压开关柜（KYN28）

10 kV 高压开关柜采用金属铠装中置式封闭开关柜。采用永磁操作机构，操作机构的操作电压为 AC/DC220V。高压开关柜技术参数如表 35-3 所示。

表 35-3 高压开关柜技术参数

序号	设备及技术性能	参数
1	额定电压	12 kV
2	额定电流	1 250 A
3	额定短时耐受电流	31.5 KA
4	额定峰值耐受电流	80 KA
5	额定短路开断电流	31.5 KA
6	额定短路关合电流	80 KA
7	分闸时间	≤30 ms
8	合闸时间	≤70 ms
9	额定短路电流开断次数	≥30 次
10	额定短路开断电流的直流分量百分数	≥50%
11	工频耐压水平	相对地、断口间 42 kV/min
12	雷电冲击耐压	相对地、断口间 48 kV
13	额定操作程序	O-0.3s-CO-180s-CO
14	断路器机械寿命	100 000 次
15	外壳防护等级	IP4X

二、调压器及变压器

（1）10 kV 调压器采用环氧树脂浇注有载调压干式电力变压器，包括干式真空有载分接开关、有载分接开关控制器等，主要技术标准见表 35-4。

表 35-4　400 ~ 630 kVA 双绕组环氧浇注干式有载调压变压器

额定容量/kV·A	电压组合			联结组标号	空载损耗/W	负载损耗/WF（120 °C）	空载电流/%	阻抗电压/%
	高压/kV	高压分接范围/%	低压/kV					
400	10	±4×2.5%+2×2.5%−6	10	Dyn11	1350	4990	2.2	4.0
500					1600	6060	2.0	
630					1840	7220	2.0	

（2）电力变压器设置于 10/0.4 kV 变电所、箱式变电站，采用 10 kV 级系列环氧浇注线绕干式电力变压器，主要技术标准见表 35-5。

表 35-5　30 ~ 1 250 kVA 双绕组环氧浇注干式变压器

额定容量/kV·A	电压组合			联结组标号	空载损耗/W	负载损耗/WF（120 °C）	空载电流/%	阻抗电压/%
	高压/kV	高压分接范围/%	低压/kV					
30	10	±5%±2×2.5%	0.4	Dyn11	220	750	2.4	4
50					310	1 060	2.4	
63					380	1 250	2	
80					420	1 460	1.8	
100					450	1 670	1.8	
125					530	1 960	1.6	
160					610	2 250	1.4	
200					700	2 680	1.4	
250					810	2 920	1.2	
315					990	3 670	1.2	
400					1 100	4 220	1.2	
500					1 310	5 170	1	
630					1 510	6 220	1	
630					1 460	6 310	1	6
800					1 710	7 360	1	
1 000					1 990	8 610	1	
1 250					2 350	10 260	1	

三、直流电源

直流电源设备采用智能高频开关铅酸免维护电池直流电源柜，主要技术参数如表 35-6。

表 35-6　直流电源设备主要技术参数

项目	单位	数据
交流输入电压	V	三相 380±20% 单相 220±20%
额定频率	Hz	50±5%
直流额定输出	V	DC 220（198～286 V 连续可调） DC 110（98～143 V 连续可调）
电压纹波系数	%	≤0.1
稳压精度	%	≤0.5
稳流精度	%	≤0.5
综合效率	%	≥92
模块均流不平衡度	%	≤5
噪声	dB	≤50（距柜前 1 m 处）
绝缘电阻	MΩ	≥10（500 V 兆欧表）

四、小电阻接地装置

小电阻接地系统成套装置主要由隔离开关、接地电阻、电流互感器组成，主要技术参数如表 35-7。

表 35-7　小电阻接地设备主要技术参数

项目	单位	数据
额定电压	kV	10
额定频率	Hz	50±5%
额定电阻	Ω	10
额定发热电流	A	600
额定时间	s	10
最小公称爬电比距	mm/kV	25
设备最高工作电压	kV	12

五、磁控电抗器

磁控电抗器设置于 10 kV 配电所内，对 10 kV 贯通线长电缆线路进行集中动态电抗补偿。主要技术参数如表 35-8。

表 35-8　磁控电抗器主要技术参数

序号	额定容量 /kV·A	额定电压 /kV	工作电流（相）/A	额定电抗（相）/Ω	空载损耗 /kW	满载损耗 /kW	噪声水平 /dB	绕组工频耐压 /（kV/min）	全波冲击耐压（峰值）/kV
1	100	10.5	3.17	3 307.5	0.2	1.1	小于 65	35	75
2	200		6.35	1 653.8	0.4	2.4	小于 65		
3	300		9.52	1 102.5	0.6	3.6	小于 65		
4	400		12.7	826.9	0.75	5	小于 65		
5	500		15.9	661.5	0.9	7.5	小于 65		

六、综合自动化设备

微机综合自动化装置以集中组屏方式安装在控制室。系统由微机继电保护装置、通信管理机、监控后台及系统软件等组成。

微机控制保护装置：采用一个单元对应一台断路器，各功能的保护单元应模块化、标准化。保护模块有高速网络通信接口，能在单元上观察、修改各种参数、完成分、合闸操作，亦能通过通信接口或通信管理及向后台或调度段传递相关数据信息。

通信管理机：提供多种通信方式接口，具备多种规约转换功能，把相关数据信息上传远动系统，能通过接收天线完成系统 GPS 对时功能。

监控后台及系统软件：具备断路器控制操作功能、交流、状态报警、故障等数据进行采集和处理功能、人机对话功能、显示打印功能、历史记录功能等。

七、10 kV 高压环网柜

10 kV 高压环网柜用于 10/0.4 kV 变电所、箱式变电站，环网开关采用三工位 SF6 负荷开关或负荷开关+接地开关（负荷开关和接地开关之间有可靠的机械联锁），安装在充 SF6 的气室内，并带灭弧器，实现 10 kV 电压系统的全封闭、全绝缘。环网柜应具有各种防止误操作的功能。负荷开关采用电动操作机构，可远程操控。环网柜技术参数如表 35-9。

表 35-9　高压环网柜主要技术参数

开关柜形式	SF6 气体绝缘金属全封闭式	
相数	三相	
母线接线方式	三组单母线分段	
系统标称电压	10 kV	
最高工作电压	12 kV	
额定频率	50 Hz	
额定电流（环境温度 40 °C）	630 A	
防护等级	密封气室：IP67 机械操作及低压部分箱体：IP3X	
额定热稳定电流（有效值）、持续时间	25 kA，1s	
额定动稳定电流（峰值）	63 kA	
额定短时耐受电流（3 s）	25 kA	
额定峰值耐受电流（峰值）	63 kA	
二次回路及辅助回路工频耐压（有效值）	2 kV	
CT 二次电流	1 A	
1 分钟工频耐压（有效值）	相对地、负荷开关断口间、相间绝缘	42 kV
	隔离断口间的绝缘	49 kV
雷电冲击耐压全波 1.2/50（S（峰值）	相对地、负荷开关断口间、相间绝缘	75 kV
	隔离断口间的绝缘	85 kV
SF6 绝缘气体年泄漏率	≤0.1%	

八、低压开关柜

0.4 kV 低压开关柜一般包括进线柜、馈线柜、电容器柜，进线回路断路器的额定短路分断能力不小于 50 kA（有效值），其余不小于 30 kA。

低压开关柜根据施工图主接线回路远动需求配置电动操作机构，配合电力远动监控终端采集设备完成对电压、电流、有功、无功、视在功率、功率因数、有功、无功电能等参数的采集，通过通信系统接入电力远动主站，实现"三遥"功能。

低压开关柜采用金属封闭型固定分隔式柜体，开关柜采用插拔式的空气断路器。主构架装配形式为全组装式，装置的各功能室相互隔离，其隔离室分为功能单元室、母线和电缆室。

九、远动箱式变电站

远动箱式变电站采用欧式箱变结构，设置在车站或区间，为通信、信号等重要设备供电。

箱式变电站 10 kV 侧进、出线回路设高压负荷开关，环网接线，高压柜采用共箱式气体绝缘环网柜，SF6 负荷开关，其操作电源取自工业级纯在线式 UPS 电源，UPS 输入电源由台变压器两路低压出线自投切换后提供，UPS 的电池容量应满足箱式变电站事故停电 2 小时内的放电容量以及其他冲击负荷电流的放电容量要求；变压器回路采用带熔断器负荷开关保护干式变压器。

10 kV 高压环网柜采用 SF6 气体绝缘开关，并具有防止误拉、合开关设备，带负荷拉、合刀闸，带地线合闸和工作人员误入带电间隔的五防措施。负荷开关和熔断器之间也应有可靠的联锁。负荷开关带电动操作机构，纳入电力远动控制，RTU 需采集贯通线电流、电压信号、烟感、门警等，并上传至调度中心，以便贯通线故障时，及时分断故障区段。

低压开关采用固定间隔式设计，各回路装设多功能智能仪表。箱变内信号、通信低压馈出回路的断路器应具备电动操作功能，纳入电力远动控制。

远动箱式变电站内设有 2 台变压器时，当 1 台变压器供电单元故障时，不得影响另一台变压器供电。

十、电力远动监控终端设备（RTU）

电力远动监控终端设备（RTU）安装于沿线 10/0.4 kV 变电所、箱式变电站，监控终端与铁路通信网、调度中心组成电力调度系统，电力远动规约需要主站相统一。

主要技术标准如下：

RTU 负责高压环网柜、变压器、信号电源、低压回路开关以及箱变内部环境的监视和控制，主要完成环网柜高压开关监控、10 kV 线路故障检测及线路自动化、信号电源监控（具备故障记录、报警和故障录波功能）、低压出线开关监控、开关站环境监控、数据转发等功能；

RTU 要求采用模块化结构，能够根据监控对象的多少方便地通过扩充或减少模块数量来满足不同监控容量的需求；

通信接入模块：接入设备的传输接口标准为双 FE 光（电）口模式，成帧工作方式，业务接口提供以太网接口（TCP/IP）与远动主站通信，提供维护接口以便技术人员对装置在线维护和配置，提供数据转发接口转发其他自动化装置的数据，具备自愈功能、掉电直通功能。

第五节 环境保护及节约能源措施

一、环保设备

（1）在无油化方面，电气设备均尽量采用无油化产品；

（2）全线新增三相电力变压器一般选用节能型变压器；大面积的照明场所采用高压钠灯、金属卤化物灯、LED 灯等电光源；选择合理的电缆径路及截面；

（3）变电所内变压器选用 D，yn11 接线组别，低压电容补偿柜选用带电抗型，有效减少谐波电流产生的电压畸变；

（4）站场投光灯灯具投射方向与角度尽可能不产生光污染；

（5）配电所内采用干式调压器，变电所、箱式变电站内采用干式变压器，避免采用油浸式调压器、变压器可能产生的污染。

二、环境保护措施

（1）电磁环境卫生：高压架空供电线路尽可能远离居民区，否则采用电缆方式，使人员密集场所工频电、磁场满足规范要求；

（2）在生活污水方面，10/0.4 kV 室内变电所按无人值班设计，减少生活污水的排放量；

（3）在对环境影响方面，10 kV 电源线路穿越树林时采用绝缘架空线，以减少砍树，减少对环境的影响；

（4）车站站房内变配电所不设于候车厅上、下方或毗邻，减少噪音干扰。

三、合理用电原则

（1）根据用电负荷分布以及不同电压等级的供电能力，使车站 10/0.4 kV 室内变电所、变电台、箱变位置尽量靠近负荷中心；

（2）合理分配、平衡用电负荷，使变压器达到经济运行水平；

（3）对功率因数较低的负荷合理设置电容补偿装置；

（4）大容量电动机采用软启动或变频装置；

（5）根据负荷类型的不同分别设置计量装置，达到合理用电、自觉节电的目的；

（6）全线针对区间、车站、工区、车间等用电负荷点设置用电管理系统，为今后合理的规划用电提供条件，规范化运营用电管理系统。

四、节能设备选型

配电所采用 KYN28A 型中置式高压开关柜，在各配电所设置动态无功补偿装置。配电所采用数字继电器及微机综合自动化装置，实现全所电气设备的控制、保护、测量、中央信号等功能，并提供电力远动接口；主接线采用单母线分段接线；变电所、箱式变电站内采用干式变压器，高、低压电力电缆全部采用铜芯电缆。

第六节　设计优化与变更

电力专业牵头变更设计为金台铁路 20/10 kV 配电所外部电源Ⅱ类变更设计

金台铁路外部电源接引点较多，工程范围较大，原设计中与各区县供电局签署的供电意向书时间为 2014 ~ 2015 年，实际 10 kV 外部电源工程实施时间为 2017 年，时间跨度较大，地方电网变化较大，电力部门无法按照原答复接引点提供外部电源，故部分电源接引点变化，导致外部电源路径发生变化；外部电源实施过程中结合各县市及乡镇近两年地方规划项目，引起外部电源线路原敷设方式及敷设路径发生变化；外部电源依据地方电网相关要求，实施标准发生变化。

第三十六章 电气化设计

第一节 电气化工程概况

一、电气化工程设计概况

新建金台铁路为单线电气化普速铁路，永康南至台州设计行车速度 160 km/h，头门港铁路支线设计行车速度 120 km/h。

采用带回流线的直接供电方式。接触网采用全补偿简单直链型悬挂。

二、电气化工程设计特点

1. 牵引供电系统

（1）金台线采用单相工频 25 kV 交流供电，牵引网采用带回流线的直接供电方式；

（2）牵引变电所均引入两路 110 kV 电源，主变采用三相平衡变压器，固定备用，采用油浸自冷方式，预留风冷条件；

（3）110 kV 配电装置采用户外中型布置，27.5 kV 配电装置采用户内网栅间隔方式布置。

2. 牵引变电所、分区所、AT 所、开闭所及调度所

金台铁路设计新建牵引变电所 4 座，分别为：磐安南牵引变电所、仙居南牵引变电所、临海南牵引变电所、杜桥牵引变电所；新建 27.5 kV 台州开闭所 1 座。还建永康南 AT 所 1 座。

全线电力及牵引供电设施纳入远动系统，接入金温铁道公司工电部，与既有金温线供电调度台合并。

3. 接触网

新建金台铁路为单线电气化铁路，永康南至台州设计行车速度 160 km/h，头门港铁路支线设计行车速度 120 km/h。同时金台铁路分别和金温铁路（200 km/h）、甬台温铁路（200 km/h）均有设计接口，设计速度等级多，设计标准复杂。

第二节 设计原则与采用的主要技术标准

一、牵引供电设计原则

新建牵引变电所

（1）牵引变电所引入两回独立 110 kV 电源，正常时，由一路电源供电，另一路电源备用。两回电源中间设带隔离开关分段的跨条，在进线隔离开关内侧母联跨条处设置一组保护、测量、计费用电压互感器。设置两台牵引变压器，采用一主一备运行方式，并设置备用电源自投装置。计费采用高压侧计费方式。其中，仙居牵引变电所采用电缆进线方式。

（2）27.5 kV 侧母线采用单母线分段接线方式，馈线断路器按 100%备用配置，远期复线后 50%备用。母线上设置电压互感器，用于保护和测量。

（3）对改变运行方式的隔离开关、与断路器实现联动操作的隔离开关均采用电动操作，为检修而设置的隔离开关采用手动操作。

（4）所内设两台所用电变压器，一台所用变电源引自 27.5 kV 母线，另一台所用变电源引自 10 kV 电源。

二、接触网设计原则

1. 安全系数

接触线工作张力不得大于最小拉断力的 65%，并考虑允许磨耗等因素引起的折减。承力索安全系数不小于 2.0。架空供电线、回流线和架空地线安全系数按不小于 2.5 进行设计。瓷质悬式绝缘子（受机电联合荷载时抗拉）2.0、瓷棒式绝缘子（抗弯）2.5 进行设计。耐张的零件强度安全系数不应小于 3.0。

2. 定位装置设计

定位器正线采用铝合金限位定位器，站线采用非限位定位器。道岔、关节、小曲线处根据曲线半径选用非限位定位器。采用限位定位器时，按照不小于 1.5 倍最大抬升量进行安全校验；采用非限位定位器时，按照不小于 2.0 倍的最大抬升量进行安全校验。转换柱、道岔柱采用双腕臂装配形式。

第三节　设计方案

一、牵引供电

（一）牵引变电所、AT 所所址位置

根据牵引供电方案分布及定测现场调查，全线新建 4 座牵引变电所及还建永康南 AT 所位置如表 36-1 所示。

表 36-1　牵引变电所、永康南 AT 所位置

序号	牵引变电所名称	牵引变电所、分区所、AT 所所址
1	磐安牵引变电所	DK35+900 面向大里程线路右侧 130 米
2	仙居牵引变电所	站房同侧，DK88+200 面向大里程左侧 30 米
3	临海南牵引变电所	站房同侧，DK128+650 面向大里程左侧 30 米
4	杜桥牵引变电所	站房对侧，TDK22+210 面向大里程左侧 25 米
5	永康南 AT 所（还建）	FDgK8+800（新金温 K46+880），面向大里程右侧 15 米

（二）主接线

1. 新建牵引变电所

牵引变电所引入两回独立 110 kV 电源，正常时，由一路电源供电，另一路电源热备用。两回电源中间设带隔离开关分段的跨条，在进线隔离开关内侧母联跨条处设置一组保护、测量、计费用电压互感器。设置两台牵引变压器，采用一主一备运行方式，并设置备用电源自投装置。计费采用高压侧计费方式。其中，仙居牵引变电所采用电缆进线方式。

27.5 kV 侧母线采用单母线分段接线方式，馈线断路器按 100%备用配置，远期复线后 50%备用。

母线上设置电压互感器，用于保护和测量。

对改变运行方式的隔离开关、与断路器实现联动操作的隔离开关均采用电动操作，为检修而设置的隔离开关采用手动操作。

所内设两台所用电变压器，一台所用变电源引自 27.5 kV 母线，另一台所用变电源引自 10 kV 电源。

2. 永康南 AT 所还建

AT 所上、下行进线分别通过断路器接至同一母线，可实现并联供电。所内设自耦变压器两台，一主一备，均通过断路器与母线相连，当正在运行的自耦变压器故障时，通过断路器倒闸，使故障自耦变压器退出运行，另一台自耦变压器投入运行。

27.5 kV 电压互感器设置于每条进线的首端。AT 所设置两台自用变压器，一台为 10/0.4 kV 自用电变压器，接于 10 kV 铁路电力线路上；另一台为 27.5/0.23 kV 自用电变压器，接于 27.5 kV 母线上。

（三）总平面布置及生产房屋布置

1. 新建牵引变电所

磐安、临海南、杜桥牵引变电所 110 kV 进线采用架空导线进线方式，进线架构采用 H 型架构；仙居牵引变电所 110 kV 进线采用电缆进线方式，进线架构采用门型架构。主变压器采用户外低式布置，其他 110 kV 配电装置均安装于支柱上。27.5 kV 侧配电装置除电动隔离开关、避雷器采用户外布置，其余均为户内网栅布置。

所内设有道路，宽度不小于 4 m，便于大型设备的运输和消防车辆的出入。变电所四周砌 2.7 m 高实体围墙+0.7 米高的铁蒺藜，并设置红外对射装置防止非法闯入。场地内电气设备区内采用场地硬化措施，预留滤波装置的安装条件。

牵引变电所生产及辅助生产房屋按一层房屋设计，设有高压室、控制室、检修室、通信室及必要辅助房屋。

2. 永康南 AT 所还建

AT 所自耦变压器采用户外低式布置，2 × 27.5 kV 及 27.5 kV 侧设备均采用户外中型布置方式。所内设有道路，宽度不小于 4 米，便于大型设备的运输和消防车辆的出入。场地内电气设备区内采用场地硬化措施。

AT 所房屋为一层平房，设有控制室、通信室及必要辅助房屋。

（四）各所架构、设备支架类型、受力及夹角要求

（1）架构采用ϕ400 钢筋混凝土环形等径杆和钢横梁；

（2）设备支架采用ϕ300 钢筋混凝土环形等径杆；

（3）110 kV 进线架构每相导线最大拉力为 4 000 N，每根避雷线最大拉力为 2 500 N，导线最大偏角为 15°，各所 27.5 kV 馈出线最大拉力为 3 000 N；

（4）架构设计考虑靠近档距中间引下线处的人荷载。

（五）保护配置及综合自动化系统

1. 保护配置

牵引变电所继电保护采用集中组屏的综合自动化系统。

（1）牵引变电所。

牵引变电所进线设失压保护；牵引变压器设置重瓦斯、纵差、低电压启动过电流保护、失压保护；

设轻瓦斯、过负荷、过热警告；电源及主变压器设置备用电源自动投切装置。

馈线设两段距离、过流速断、高阻保护，具有一次自动重合闸以及故障测距。

（2）永康南 AT 所。

馈线设置距离保护、电流速断保护、失压保护、过电流保护；

自耦变压器设置重瓦斯保护、差动保护、过流保护、本体保护；

故障测距组网方式维持原组网方案不变。

2. 综合自动化系统

牵引变电所、AT 所设置综合自动化系统，综合自动化系统由监控主机、保护测控单元、通信管理单元及通信网络组成，实现各所的控制保护及数据采集功能，负责执行牵引供电调度所的各种控制操作命令并传输各种数据至牵引供电调度所，以实现无人值班的现代化管理要求。同时在所内设置视频监控系统，监视各高低压设备的运行情况，为远动控制及供电抢修提供图像支持。

牵引变电所按无人值班有人值守设计，AT 所按无人值班无人值守设计。

（六）自用电方案

1. 交流自用电

各新建牵引变电所内均设置两台所用电变压器，容量均为 80 kV · A；永康南 AT 所内设置两台所用变压器，容量均为 50 kV · A。一台所用变电源引自 27.5 kV 母线，另一台所用变电源引自 10 kV 电源。正常时，一路交流电源供电，另一路热备用，当任何一路电源失压后，备用电源自动投入，交流系统信息纳入综合自动化系统。

2. 直流自用电

各所采用智能型铅酸免维护蓄电池的直流自用电系统，直流操作电压为 110 V，正常时由整流电流供给直流负荷，整流电源对蓄电池进行浮充电和均衡充电，当交流失压后，由蓄电池供给直流负荷。牵引变电所采用 2 × 100 A · h 蓄电池，AT 所采用 2 × 50 A · h 蓄电池。

交、直流自用电系统的监控均纳入综合自动化系统，以满足远方遥控、遥测、遥信等在线监测和远方诊断及维护的要求。

（七）主要设备选择

设备主要技术参数见表 36-2，按 GB/T 11022—2011 确定设备外绝缘额定耐受电压。

表 36-2　设备主要技术参数见下表

序号	项　目		110 kV 设备	27.5 kV 设备
1	额定电压/kV		110	27.5
2	最高工作电压/kV		126	31.5
3	1 min 工频耐压有效值/kV	相对地	185	85
		相间	230	140
		断口间	230	110
4	雷电冲击耐压峰值/kV	相对地	450	185
		断口间	550	215
5	控制回路、辅助回路 1 min 工频耐压/V		2 000	2 000
6	电流互感器和电压互感器的次边绕组工频 1 min 耐压/V		3 000	3 000

户外电气设备泄漏距离为：110 kV 设备≮3 906 mm，27.5 kV 设备≮1 400 mm。

1. 主要设备选择

（1）牵引变电所主变压器采用阻抗匹配平衡变压器，油浸自冷方式，预留风冷条件；

（2）110 kV 电流互感器和电压互感器均采用油浸式；

（3）110 kV 断路器采用 SF6 断路器，配弹簧操作机构；27.5 kV 侧断路器采用真空断路器，配弹簧操作机构；

（4）改变运行方式的隔离开关采用电动隔离开关；

（5）27.5 kV、10 kV 所用电变压器采用油浸变压器；

（6）27.5 kV 电压互感器采用干式设备；

（7）避雷器采用氧化锌避雷器；

（8）二次设备采用集中控制、保护、监测和远动于一体的微机综合自动化设备。直流电源采用智能型直流系统，配铅酸免维护电池；

（9）永康南还建 AT 所设备类型与既有设备选择一致。

二、接触网

（一）接触网新建及改建范围

（1）新建铁路永康南站（不含）至台州站（不含），包括永康南站至既有金温铁路枫山站货运线、头门港支线及台州至台州南货运线；

（2）金温扩能改造项目永康南站改建工程；

（3）甬台温铁路台州站、台州南站改建工程。

（二）接触网悬挂类型

接触网采用全补偿简单直链型悬挂。

（三）接触线高度及坡度

全线按带电允许装载高度 5 300 mm 考虑，不同场所的接触导线高度及允许车辆装载高度见表 36-3。

表 36-3　导线高度及允许车辆装载高度表

安装地点		接触线悬挂点距轨面高度/mm	接触线最低点距轨面高度/mm	允许车辆装载高度/mm
区间		6 000	5 700	5 300
车站	无调车	6 000	5 700	5 300
	有调车	6 450	6 200	5 300
隧道		5 750	5 700	5 300

注：有调车的为永康东、壶镇、磐安、下各、临海东、台州南、头门新区，其中台州南站导线高度与既有保持一致。

接触线工作支悬挂点高度发生变化时，其坡度变化按照不大于 2‰设计，站线按照不大于 3‰考虑，有困难时不大于 4‰。在变坡区段的始末，接触线坡度变化不应大于变坡区段最大坡度之半。

（四）结构高度

接触网的结构高度一般为 1 400 mm。当接触网通过跨线建筑物等受净空限制时结构高度可酌情减小，但最小吊弦长度不得小于 500 mm，隧道内最短吊弦长度不宜小于 400 mm。

（五）跨距、拉出值

跨距根据悬挂类型、曲线半径、受电弓摆动量、风偏、受流质量等因素确定。锚段关节的转换跨距根据线路的实际情况经校验风偏及导线的抬高量确定。

拉出值根据定位器始终受拉考虑来选取，直线中间柱一般选取 300 mm，曲线及转换柱根据实际情况计算确定，保证区间及站场的跨距按接触线距受电弓中心最大水平偏移值不大于 450 mm 控制。

（1）接触网支柱最大允许跨距值，一般不大于 60 m；

（2）山口、谷口、高路堤和桥梁等风口范围内的跨距应按设计标准选用值缩小 5 ~ 10 m；

（3）相邻两跨距之比，一般不大于 1.25∶1，桥梁、站场咽喉等困难地段，不宜大于 1.5∶1；

（4）非绝缘锚段关节曲线及直线（$R<400$ 除外）转换跨距缩小值一般不小于 5 m，绝缘锚段关节曲线及直线（$R<400$ 除外）转换跨距缩小值一般不小于 10 m，但必须满足导线抬升要求。

（六）锚段长度、补偿方式、中心锚结

1. 锚段长度

（1）正线锚段长度一般不大于 2×750 m，困难情况不宜大于 2×800 m，单边补偿的锚段长度为上述值之半。隧道内最长不超过 2×750 m。

（2）站线锚段长度一般不大于 2×800 m，困难时不大于 2×850 m，单边补偿的锚段长度为上述值之半。

（3）正线间的渡线一般单独设置为一个锚段，困难情况下渡线可和站线设为一个锚段。

（4）正线道岔处两支接触悬挂的补偿方向一致。其余道岔处两支接触悬挂补偿方向尽量一致。

（5）根据以上锚段长度，验算承力索、接触线的张力差，均不大于额定张力的 ±10%。

（6）附加导线锚段长度一般不大于 2 000 m。

2. 补偿方式

接触网下锚一般采用铝合金大滑轮组补偿装置，坠砣采用复合坠砣，并设置坠坨限制架。承力索补偿装置变比采用 1∶3，接触线补偿装置变比采用 1∶3，传动效率≥97%。

桥上下锚一般采用棘轮补偿装置，隧道内采用滑轮组补偿装置，同一锚段两侧补偿装置一致。

3. 中心锚结

一般采用两跨式防窜防断中心锚结，软横跨内中锚均采用防窜不防断形式。

（七）侧面限界

（1）正线支柱侧面限界一般不小于 3.1 m；

（2）小曲线半径绝缘转换柱、站线延长下锚的转换柱根据需要加大侧面限界；

（3）车站腕臂柱硬横跨的侧面限界一般按不小于 3.1 m 设计；软横跨支柱的侧面限界一般按不小于 3.3 m（对非电化股道按不小于 3.1 m）；

（4）牵出线支柱侧面限界一般不小于 3.5 m，困难情况下不小于 3.1 m。

（八）绝缘子

综合考虑金台线污秽等级、地质条件等因数，此次设计接触网腕臂绝缘子采用瓷绝缘子，隧道内腕臂绝缘子采用复合绝缘子。软横跨、锚段关节下锚、中心锚结下锚处、供电线下锚及分段绝缘器处绝缘子均采用复合绝缘子。25 kV 绝缘子的爬距一般按不小于 1 400 mm 考虑。

（九）锚段关节

绝缘、非绝缘关节采用四跨形式。在车站来电侧设置四跨绝缘锚段关节，设电动隔离开关，并纳

入运动。当一端设有分相关节时，其站区分段改为四跨非绝缘关节。

（十）道岔区接触网交叉设计形式

（1）道岔定位应在道岔起点 WA 至道岔导曲线两外轨间距 0 ~ 400 mm，优先设置在两外轨间距 300 ~ 350 mm。规定定位在两外轨间距 350 mm 处为标准定位。

（2）在道岔线间距 1 050 mm 内，正线、侧线的导线必须在受电弓的同一侧；在岔尖侧，两支悬挂也应在线路中心线的同一侧，延长一跨拉出值 500 ~ 800 mm、抬高 300 ~ 500 mm 后下锚。

（3）道岔开口方向上第一个悬挂点设在道岔开口大于等于 1.22 m 处，并应保证两支接触悬挂分别与相邻线路中心的距离不小于 1.22 m。

（4）道岔的两组悬挂的线岔交点距两线路中心线的距离一般不得大于 350 mm，特殊情况下，交点距侧线线路中心线的距离最大不得超过 400 mm。

（5）道岔及锚段关节处受电弓始触区范围为距离受电弓中心 600 ~ 1 050 mm 及抬升 150 mm 构成的空间区域，此区域内不得安装除吊弦线夹以外的其他线夹活设备零件。

（6）正线与渡线的两条接触线，必须架设在受电弓的集电部分，在任何行驶方向上，两支接触悬挂的接触线必须在受电弓半宽的同一侧。即从道岔开口线间距 1 050 mm 开始至线岔交点范围内，两支接触悬挂的接触线应设在受电弓半宽的同一侧上方。

（十一）分段绝缘器

采用无弯矩非接触式分段绝缘器，分段绝缘器主绝缘本体采用与受电弓滑板非接触式，具备耐弧能力和滑道自洁性能，具有引弧功能，受电弓滑动接触通过时，不允许存在断电间隙。

分段绝缘器设于上、下行正线间渡线接触网，以及站场分场、分束供电处的接触网。正线接触网隔 300 ~ 500 m 设置一处横向电连接。

（十二）电连接

关节、线岔、开关、避雷器设电连接，车站两端咽喉区附近设股道电连接。

（十三）电分相

采用七跨关节式电分相装置。电分相的位置、无电区或中性段的长度应满足运输需要。电分相设置位置根据供电、信号、线路、行车、车辆专业资料确定。

电分相的正、反相断标距离按照《铁路技术管理规程》（TG/01—2014）进行设置。在地面设置磁感应装置，磁感应装置的技术要求及设置位置按照《列车过分相系统车载控制自动过分相装置》（TB/T 3197—2018）执行。

第四节　设计优化与变更

一、设计优化

对全线各专业电缆沟进行由直角更改为圆弧状角电缆沟；取消在避雷针上安装投光灯的方式，在所内场区新增固定灯柱式独立投光灯，采用 LED 灯具等措施。

为方便供电线运营维护，经研究提出对临海南牵引变电所采用供电线与接触网合架方案，优化调整供电线路径。

二、设计变更

无。

第三十七章　防雷接地系统设计

第一节　通　信

一、系统构成

为确保通信设备和人员安全以及通信设备的正常工作，防止通过电源、天馈系统以及通信线路等引入雷害，金台铁路工程通信系统必须设置防雷设施。

无线 GSM-R 铁塔及天馈线系统防雷：铁塔顶部安装避雷针，利用防雷引下线引下至接地体，防雷引下线需作防锈防盗处理，避雷针高度应保证天线及铁塔在避雷针的保护范围以内。室外射频电缆、漏缆同轴电缆等同轴电缆进入室内接设备前加装避雷器，防止感应雷通过电缆传播损坏设备，避雷器接地线接入室外防雷地。

电源系统防雷：根据分级防护原理，交流电源加装过电压保护装置（电力专业负责），对通信设备外供电源进行保护。

视频监控系统防雷：在室外布设的六类线和电源线两端应安装防雷保护装置。

二、系统方案

（一）防雷系统

1. 无线 GSM-R 铁塔及天馈线系统防雷

铁塔顶部安装避雷器，利用扁钢引下至接地，扁钢需作防锈防盗处理；避雷针高度应保证天线及铁塔在避雷范围以内。

GSM-R 天线馈线为同轴电缆，加装保护装置馈线感应雷保护器，防止感应雷通过馈线传播损坏设备。

2. 电源系统防雷

电源系统防雷采用多级防护。电力专业引入 2 路独立的外供电源至各通信机房内，通信专业在沿线各通信机房设置 B 级电源防雷箱。

电源防雷箱具有故障声光报警、雷电计数和状态显示（三相电源每一相线均应有状态显示），具备遥信接口，应提供断路装置动作，浪涌保护器故障等报警信息，并将信息纳入电源及环境监控系统进行统一管理。

开关电源：开关电源交流输入端及直流输出端均应提供可靠的雷击浪涌保护装置，能承受模拟雷击电压波形为 10/700 μs，幅值为 5 kV 的冲击 5 次，雷击电流波形为 8/20 μs，幅值为 20 kA 的冲击 5 次，冲击间隔时间不小于 1 min。

UPS 电源：设备具有防雷装置，能承受模拟雷击电压波形 10/700 μs，幅值为 5 kV 的冲击 5 次，模拟雷击电流波形 8/20 μs，幅值为 20 kA 的冲击 5 次，每次冲击间隔为 1 min，设备仍能正常工作。

3. 视频监控系统防雷

沿线视频控制系统六类线和电源线进入通信机房时，接入其他设备前分别采用浪涌保护器进行防护。室外摄像机采用浪涌保护器对设备进行感应雷防护。

4. 室内、室外线缆防雷

（1）室内数据传输线长度在 50 m 以内时可不设置防雷器，50~100 m 时，可在通信机房设备接口处设置浪涌保护器；大于 100 m 时，应在两端设备接口处设置浪涌保护器。

（2）根据通信机房实际雷害状况可选择在下列处所安装 SPD：

① 室外引入的 2 Mbps 信号线和信号电缆、网络线、控制线，应在 DDF 架的相应端口安装 SPD；

② 不经过 DDF 架传输的综合通信楼内的网管系统，应对室外引入的网络线、控制线，两端加装 SPD 保护；

③ 环境监控和视频监控系统中，当室外的监控点不在联合地网范围内或摄像机远离监控中心时，可分别在信号（控制、视频）线路及电源线路两端安装 SPD。

（3）其他。

通信系统的防雷接地应执行《建筑物防雷规范》（GB 50057—2010）、《建筑物电子信息系统防雷规范》（GB 50343—2004）、《通信局（站）防雷与接地工程设计规范》（GB 50689—2011）及《铁路雷电及接地工程技术规范》（TB 10180—2016）中的相关要求。

第二节 信 号

一、接地设计原则

结合金台线远期自闭及无砟轨道二次开挖困难等因素，全线长度大于 6 km 的无砟轨道隧道按照《铁路综合接地系统》通用参考图（通号〔2016〕9301）进行预留综合接地条件。

金台铁路工程永康南普速场、台州南金台场设置综合接地系统，并与永康南金温场、台州南甬台温场既有的接地系统相连接，保证车站内的用电设施等电位连接。

金台正线的其他车站均不设置综合接地系统，为了保证站内信号设备的等电位连接，自车站上、下行进站信号机范围内设置一根铜截面 35 mm^2 的信号专用贯通地线。

二、综合防雷设计原则

根据《铁路信号设备雷电及电磁兼容综合防护实施指导意见》（铁运〔2006〕26 号）、《铁路防雷及接地工程技术规范》（TB 10180—2016）、《关于对铁路信号设备雷电及电磁兼容综合防护进行补充规定的通知》（运基信号〔2008〕362 号）及《关于发布高速铁路设计规范等 14 项铁路工程建设标准局部修订条文的通知》（铁建设〔2012〕29 号）的有关原则和意见，金台铁路设计了新建信号设备房屋设置综合防雷系统，并接入信号专用贯通地线。具体设计参考《铁路车站信号设备防雷、电磁兼容及接地》（通号〔2008〕9201）。

（1）信号设备用房（含电源室、机械室、计算机房）应采用电磁屏蔽和防静电措施；

（2）信号设备房屋均需采用共用接地系统，设避雷网（带）、引下线接地，环形接地网等，按铁运〔2006〕26 号的要求实施，接地电阻值不大于 1 欧姆，且信号房屋防静电地板支撑龙骨应相互连接并与室内等电位端子排相连；

（3）信号设备应对雷电感应过电压进行防护，不考虑直接雷击设备的防护；

（4）防雷元器件的选择应能将雷电感应过电压限制到被防护设备的冲击耐压水平以下。防雷元器件不应影响被防护设备的正常工作，并应保证信号设备受雷电干扰时，不得造成进路错误解锁、道岔错误转换、信号错误开放等危险侧的动作；

（5）采用多级防护时，各级防护元件要合理配置；

（6）被防护设备与防护元件之间的连接线长度应较短，防护电路的配线与其他配线应分开，不允许其他设备借用防雷设备元件；

（7）交流电源的引入、电子设备、轨道检查装置等与外线连接的信号设备，必须设雷电防护装置。

三、室外信号设备接地

（1）信号设备的金属外缘距接触网带电部分的距离不小于 2 m，距离接触网带电部分 5 m 范围内的信号设备，其金属外壳应采用截面积 25 mm^2 铜质接地线与信号专用贯通地线连接。

（2）室外信号设备接地线均采用并联连接方式，设备集中处宜设置分支接地引接线。接地引接线与贯通地线连接，有预留端子时采用拴接方式连接，与分支接地引接线连接可采用 T 型压接方式连接。

第三节　信　息

金台铁路工程各车站信息系统机房、信息设备间的接地均纳入房屋接地系统，接地电阻值不大于 1 Ω。

信息系统 UPS 电源设备进行防雷保护。信息系统的雷电电磁安全防护应符合行业标准《计算机信息系统雷电电磁脉冲安全防护规范》（GA267）的规定，各车站信息机房、信息设备间设置法拉第笼，采取机房屏蔽、合理布线、规范接地、装设防雷保安器等设备，并按照《铁路防雷及接地工程技术规范》（TB 10180—2016）要求，设置机房雷电综合防护系统。

安装于室外、站台、雨棚、天桥等处的各信息系统终端设备的电源、数据、控制线缆回路在引入信息机房侧安装浪涌保护器，标称通流容量不小于 5 kA。室外、站台、雨棚、天桥的广播回路进入信息机房侧的防雷保护单元由广播主控设备自带。室内配线长度在 50 ~ 100 m 时，在机房设备接口处设置浪涌保护器，大于 100 m 时，在两端设备接口处设浪涌保护器。

机房、电源室、配线间防雷、接地的具体做法应满足《电子信息系统机房设计规范》《建筑物防雷设计规范》《建筑物电子信息系统防雷技术规范》《铁路防雷及接地工程技术规范》（TB 10180—2016）等相关国家、行业设计规范、施工技术指南、工程质量验收标准。

同时，金台铁路工程机房内防静电地板、金属设备外壳、站房内所有镀锌钢槽、镀锌钢管、同轴线缆及屏蔽线缆的屏蔽层均要求接地，接地线布放时要求尽量短直，多余的线缆应截断，严禁盘绕。所有信息防护钢槽、钢管、防静电地板支架、设备金属外壳、机柜外壳等均要求就近接入建筑等电位接地体。

引入信息机房的线缆应使用钢管进行屏蔽，线缆引入室内时金属外护套、屏蔽层、金属加强芯应做接地处理。各类进出机房线缆的防雷措施，应参照《建筑物电子信息系统防雷技术规范》（GB 50343—2012）、《铁路防雷及接地工程技术规范》（TB 10180—2016）执行。

第四节　电　力

设计遵循的规范及相关文件规定：《建筑物防雷设计规范》（GB 50057—2010），《铁道信号设备雷电电磁脉冲防护技术条件》（TB/T 3074），铁运〔2006〕26 号《铁路信号设备雷电及电磁兼容综合防护实施指导意见》，《铁路防雷及接地工程技术规范》（TB 10180—2016）等。

各建筑物均应按照规范要求设置避雷设施。根据建筑物防雷分类采取防雷接地措施，一般按共用接地设计，防雷接地装置尽可能利用建筑物结构的金属导体，当自然接地电阻不满足要求时，增设人工接地，高土壤电阻率地区采取特殊降阻措施。

低压供电一般采用 TN-S 或 TN-C-S 系统，其中室外照明灯柱、投光灯塔采用 TT 接地形式，并设置漏电保护。

10 kV 单芯贯通线电缆终端头的金属护层（金属屏蔽层和金属外铠）均应采取沿正常供电方向的单端直接接地方式，其中电缆的金属屏蔽层和金属外铠（不锈钢或铜铠带等）均应直接接地。

10 kV 箱式变电站、开闭所接地电阻值按照不高于 4 Ω设计。

第五节　牵引供电

一、防雷

（1）牵引变电所、AT 所设独立避雷针以防止直击雷对全所设备、架构及建筑物的袭击；

（2）牵引变电所、AT 所各母线、进线、馈线均设置氧化锌避雷器，用于过电压保护；

（3）牵引变电所、AT 所二次系统的雷电防护应遵循从加强设备自身抗雷电电磁干扰能力入手，以加装 SPD 防雷器件为补充的原则。二次系统设备选型时抗雷电电磁干扰能力应满足相关国家及电力行业现行有关标准和规范的规定。

二、接地

1. 接地体

牵引变电所、AT 所各所均设置以水平接地体为主的网格式接地装置。接地网由埋深为 0.8 m 的水平接地体为主，相隔适当距离加垂直接地体（长 2.5 m）为辅的复合接地网组成，均压带平均间距为 5 m 至 10 m。在变电所的进、出口处，埋设帽檐形辅助均压带。

根据系统短路电流进行校核，牵引变电所接地网的接地电阻不宜大于表 3-15-1 中计算接地电阻值。当各所的接地电阻实测值达不到要求时，可采用引外接地、利用挖方和填方将土壤换为所要求的土壤等方法起到降低该所接地电阻值。在土壤电阻率高的工点经过校验接触电势和跨步电势满足规范要求的前提下，可适当提高接地电阻值。

在接地材料的选择上，采用铜绞线作水平接地网，用纯铜棒作垂直接地极。接地体之间的连接采用放热焊接。

新建牵引变电所按集中接地方式设计，设置集中接地箱。

所有设备外壳均应可靠接地。

各新建牵引变电所计算接地电阻值、处理前和处理后的土壤电阻如表 37-1 所示。

表 37-1　接地电阻值

序号	牵引变电所名称	计算接地电阻值	处理前土壤电阻	处理后土壤电阻
1	磐安南	0.45	219	0.43
2	仙居南	0.45	244	0.44
3	临海南	0.30	14	0.15
4	杜　桥	0.28	13	0.13

施工单位在接地网埋好后，应实测其接地电阻值，若达不到要求时，需采用引外接地网、深井等

措施。施工完毕后应实测跨步电势和接触电势曲线，应满足相关规范要求。

2. 独立避雷针接地

避雷针单独做一接地装置，测试后接地电阻不应大于 10 Ω。当受场地等条件限制不能单独接地时，避雷针的接地装置与主接地网连接时与主接地网的地下连接点至设备与主接地网的地下连接点沿接地体的长度不小于 15 m。

3. 二次系统共用接地

二次系统的所有屏柜内应设置专用的接地铜排，所有屏柜内设备的金属外壳应可靠接地，屏（柜）的门等活动部分应与屏（柜）体良好连接。变电所的二次线缆应采用屏蔽电缆，屏蔽层应在两端接地。

第六节 接触网

一、防雷

为了加强金台线接触网防雷电侵害能力，金台铁路设计采取如下防雷措施：

（1）供电线上网处设置避雷器；

（2）隧道外绝缘锚段关节、分相设置避雷器；

（3）隧道两端设置避雷器。

二、接地

支柱悬挂回流线时采用双重绝缘，不悬挂回流线时采用单绝缘。既有接触网接地方式原则上不变。接触网支柱及接触网带电体邻近的金属结构，采用下列接地措施：

1. 工作接地

（1）接触网支柱利用回流线或架空地线作保护闪络地线的集中接地方式；

（2）当支柱不悬挂回流线或架空地线时，单独设接地极接地（有信号轨道回路地段）。

2. 安全接地

（1）距接触网带电体 5 m 以内的金属结构（桥栏杆、信号机等）单独设接地极；

（2）开关、避雷器等设备的底座单独设双接地极；

（3）台上或人员活动频繁处钢柱通过架空地线或单独设接地极接地；

（4）隧道内架设架空地线并经接地装置进行保护接地。长大隧道内设置了复合固态接地极以降低电阻值。隧道内接地由隧道施工时预埋。

第三十八章 防灾安全监控设计

第一节 设计采用的主要技术标准

（1）《铁路技术管理规程》（普速铁路部分）（TG/01—2014）；
（2）《铁路自然灾害及异物侵限监测系统工程技术规范》（QCR 9152—2018）；
（3）《高速铁路自然灾害及异物侵限监测系统技术条件 雨量监测设备（试行）》（TJ/G W090—2013）；
（4）《高速铁路自然灾害及异物侵限监测系统总体技术方案（暂行）》（铁科技〔2013〕35 号）；
（5）《铁路工程设计防火规范》（TB 10063—2016）；
（6）《铁路防雷及接地工程技术规范》（TB 10180—2016）。

第二节 设计方案

一、总体架构

根据《铁路自然灾害及异物侵限监测系统工程设计暂行规定》（铁总建设〔2013〕86 号）中"设计速度 200 km/h 及以上铁路应设置灾害监测系统，设计速度 200 km/h 以下铁路应设置雨量监测系统"，金台线设计速度为 160 km/h，仅设置雨量进行监测。

雨量监测系统由雨量监测现场采集设备、雨量监测中心系统、监测终端组成。金台铁路工程在沿线路基地段设现场采集设备，在金温铁道公司工电部、壶镇和临海南综合维修车间设雨量监测终端，沿线监测点接入金温铁道公司雨量监测中心系统。金台铁路工程按接入既有的雨量监测中心系统考虑。

二、监控数据处理设备

金台铁路工程沿线防灾监测点接入既有金温铁道公司雨量监测中心系统，对软件进行修改，仅考虑接入费用。

三、现场监测设备

1. 设备组成

雨量监测终端由计算机（含显示器）、黑白激光打印机、告警箱、UPS 电源、计算机桌椅等组成。

2. 设备功能

雨量监测终端以图形、文本并音响报警等方式，提供雨量及设备故障等报警、预警信息和相应的工作预案，并具备信息查询和报表输出功能，其中设备故障报警必须对维护有指导作用并提供必要的检修预案。

3. 雨量监测终端的设置

金台铁路工程雨量监测系统属于杭州工务段维护管理，监测点接入杭州工务段新设的雨量监测终端，另在上海工务处、壶镇和临海南综合维修车间设雨量监测终端。

四、传输网络

金台铁路工程现场监测设备采集的雨量信息通过公众移动通信网络传输至金温铁道公司既有雨量监测中心系统。

五、电源

金台铁路工程在壶镇站、临海南站综合维修车间、杜桥维修工区通信机械室内分别新设 1 套 UPS 2 kV · A 电源设备（含蓄电池组，备用 1.5 h），其他站综合保养点的信息配线及设备间利用信息专业设置的 UPS 设备。

六、防雷及接地

室外的现场雨量监测设备新设防雷及接地装置，接地电阻值不大于 10 Ω。

第三节　新技术、新工艺、新材料、新设备等应用情况

金台铁路线灾害监测系统设计在选用设备时，采用集成度较高、小型化的产品，通过与通信专业共用机房，减少机房面积并降低了设备的耗电量；电源设备选用整流效率高的整流器，线缆路径选择最佳方案，使电源配线最短，提高电源利用率；蓄电池均为免维护密封阀控式铅酸蓄电池，无酸液、酸雾排出，对环境无污染。

第三十九章　客运服务系统设计

第一节　客运服务系统设计概况

金台线共设有永康南、磐安南、仙居南、壶镇、临海南、台州西、杜桥、头门港 8 个客运站，客运服务信息系统包括客票系统、旅客服务信息系统（包含集成管理平台、综合显示系统、客运广播系统、视频监视系统、旅客携带物品安全检查设备、入侵报警子系统、时钟系统）等。

第二节　客运服务系统特点及设计难点

客运服务系统是直接面向旅客的系统，对旅客的出行体验有着直接的影响。系统以计算机网络为主，连接不同的前端设备。前端设备种类多样、组网方式也不同，导致多重网络交叉。前端设备的安装需要与装修、结构等结合，在安全的前提下保证美观。

如何美观、安全的安装扬声器、显示屏、摄像机是客运服务系统的设计难点。

第三节　设计内容、设计原则

一、客票系统

1. 总体架构

客票系统采用中心-区域-车站三级架构。

2. 系统功能

客票系统面向旅客提供制售票、检票、补票、退票、取票、改签、换票、窗口订票、旅客身份信息核验、互联网账户处理等功能，接收并处理来自窗口、互联网等各类终端的交易请求，完成客票发售、预订及相关交易业务。

为营运人员提供车站级的客票管理功能，提供方便、灵活的各种报表统计，包括售票情况统计、客运统计、收入情况统计、客户关系管理、旅程规划、车站 18 点速报，数据备份与清理、设备布局及运行情况统计等，使各级工作人员对于客票系统的业务情况、运营情况有较为全面的了解。

3. 上级系统设计

中心级客票系统利用上海铁路局既有中心级客票系统，并对金温铁道公司区域级客票系统设备进行更新扩容。

由于金温调度大楼区域级客票系统小型机、应用服务器、核心路由器、主干交换机等已过设备使用年限（2013 年投入使用），无法满足金台线客票系统接入需求，本工程对金温铁道公司区域级客票系统设备进行更新改造，并新设自动检子系统及客票安全设备。

本工程对金温铁道公司区域级客票系统设备采用虚拟化方式进行更新改造。金温铁道公司调度大楼信息机房设置数据处理服务器、应用服务器各 2 套、核心交换机 2 台、接入交换机 2 台、路由器 2 台、负载均衡器 2 台、客票安全设备 1 套、配套软件 1 套（含 VSphere、VSAN、VCenter 管理软件、防病毒与补丁升级系统户端、客票软件）。

客票设备及客票安全设备配置应满足《铁路客票系统技术条件（铁路局及车站部分）》（铁总运〔2014〕265 号）及《铁路客票安全系统密码子系统升级改造技术方案》（运信网安函〔2015〕384 号）相关要求。

4. 网络设计

（1）广域网。

客票系统广域网采用核心层、汇聚层、接入层三层架构的专用网络，核心层网络利用上海局客票中心既有，汇聚层为金温铁道公司区域级客票系统。磐安南、仙居南、壶镇、临海南、头门港、杜桥站客票系统通过传输系统提供 1×10 Mbit/s(FE(o))通道接入金温调度大楼区域级客票系统，主用通道由各站汇聚到金温铁道公司区域级客票中心，备用通道由各站在台州调度大楼汇聚后通过传输系统提供的 2×2 Mbit/s(FE(e))接入金温铁道公司区域客票中心。金温铁道公司区域级客票中心与上海铁路局客票中心传输通道利用既有。台州站、永康南站通道利用既有。

（2）局域网。

车站级客票系统局域网采用核心层及接入层双层网络结构的专用网络。核心层采用 2 台千兆交换机，接入层采用百兆交换机，接入层交换机通过双星型链路与核心层网络交换机互联。

5. 接口设计

（1）与旅客服务信息系统接口。

本工程车站级客票系统与旅客服务信息系统无接口，通过上海铁路局中心级客票系统接口服务器与中心级旅客服务信息系统互联。

（2）与 FAS 系统接口。

本工程各站进、出站检票机通过干节点与火灾自动报警系统接口，实现火灾报警情况下，及时开放进出站检票机，以便疏导旅客安全疏散。

6. 安全设计

本工程各站客票安全系统通过安全交换机对客票系统内部数据交换进行管理。客票安全设备配置应满足《铁路客票系统技术条件（铁路局及车站部分）》（铁总运〔2014〕265 号）及《铁路客票安全系统密码子系统升级改造技术方案》（运信网安函〔2015〕384 号）相关要求。

7. 设备配置

车站级客票系统主要由自动售检票应急服务器、路由器、交换机、客票安全系统、自动售票机、窗口售票机、自动检票机及打印机等设备组成。各站实行电子客票。其中，客票安全设备配置应满足《铁路客票系统技术条件（铁路局及车站部分）》（铁总运〔2014〕265 号）及《铁路客票安全系统密码子系统升级改造技术方案》（运信网安函〔2015〕384 号）相关要求。票制采用纸质磁介质热敏车票，客票软件采用铁路总公司统一的 TRS 软件。

为满足车站互联网、实名制售票需求，在各自动售票机、自动取票机处增设安装二合一（身份证和银行卡）的读卡设备，在各窗口售票机设置身份证读卡器。在自动售票、窗口售票机处设置学生证读卡器。

二、旅客服务信息系统

1. 总体架构

本线新建客运站旅客服务信息系统采用中心站管理模式，临海南站作为中心管理站管理磐安南、仙居南、壶镇、杜桥、头门港站。新建台州站站房与既有台州站旅客服务信息系统互联，纳入既有台州站统一管理。新建永康南站台旅客服务信息系统前端设备接入既有永康南站旅客服务信息系统，纳入既有永康南站统一管理。

2. 系统功能

旅客服务系统以信息的自动采集为基础，以为旅客提供全方位信息服务为目标，实现客运车站广播、显示、监控等功能，运用多样化的服务手段为旅客提供优质的服务，实现旅客服务的信息化。

旅客服务信息系统各子系统设备设置根据《铁路客运服务信息系统设计规范》，结合站房建筑平立剖及功能，按照以人为本的设计理念进行设置，满足车站内旅客、生产及管理人员的信息需求。

3. 上级系统设计

在台州调度大楼设置旅服区域中心设备，数据库服务器、应用服务器、TRS/AFC 接口服务器采用虚拟化方式实施。台州调度大楼信息机房设置数据处理服务器、应用处理服务器、TRS/AFC 接口服务器（含操作系统、虚拟化软件、虚拟化管理平台）各 1 台，TDMS 接口服务器 2 台、网闸 2 套，NTP 母钟、SAN 交换机、防火墙、核心交换机、接入交换机各 2 台，磁盘阵列（双控光纤）1 台以及维护终端 2 套。

4. 网络设计

（1）广域网。

各车站级旅客服务信息系统通过通信专业设置的主备用 10 Mbit/s 数据网通道与台州调度大楼旅客服务信息中心系统连接。

（2）局域网。

旅客服务信息系统车站局域网采用核心层和接入层双网结构，核心网络带宽不低于 1 000 Mbit/s，接入层网络带宽不低于 100 Mbit/s。

在信息机房设置 2 台核心交换机，在各配线及设备间根据终端数量配置相应的接入层交换机。接入层交换机通过双星型链路与核心层网络交换机互联。

5. 接口设计

（1）与 TDMS 系统接口方案。

本线客运站旅客服务信息系统平台与 TDMS 系统做接口设置在台州调度大楼信息机房，车站级旅客服务信息系统通过中心级旅客服务信息系统与 TDMS 接口系统获取列车运行计划信息及列车开行状态的实时到发信息。

（2）与客票系统接口方案。

本工程旅服旅客服务信息系统与客票系统在车站无接口，集成管理平台通过防火墙从路局客票中心获取票额、余票、检票计划、检票变更、检票机工作状态等信息，并向客票系统提供列车到发信息。

台州调度大楼信息机房至上海局旅服中心设置主备 2 Mbit/s[FE(e)]传输网通道，用于旅服与客票系统接口数据互联。

（3）与 FAS 系统接口方案。

本工程各客运站广播系统通过 FAS 系统提供的干节点信号，实现火灾报警情况下的应急广播，以便疏导旅客安全疏散。

6. 安全设计

在车站旅客服务系统内部网络边界设置 2 台防火墙，实现与集成管理平台的安全隔离。

7. 设备配置

中心级旅客服务信息系统设置在台州调度大楼，在各客运车站设车站级旅客服务信息系统，采用点对点方式，接入台州调度大楼旅客服务信息中心系统。

在台州调度大楼设置旅服区域中心设备，数据库服务器、应用服务器、TRS/AFC 接口服务器采用虚拟化方式实施。车站级旅客服务信息系统包括集成管理平台、综合显示、客运广播、视频监控、入侵报警、旅客行包安检设备、时钟等子系统，连接火灾自动报警系统。所有的网络中断情况下启动集成管理平台，执行站控模式。

（1）集成管理平台。

集成管理平台主要包括应用服务器、身份认证服务器、磁盘阵列、数据库服务器、数据处理服务器、接口服务器、防火墙、核心交换机、接入交换机、业务操作终端等。服务器、防火墙设置在各车站信息机房，终端设置在综合监控室。

（2）客运广播系统。

本工程各客运站采用数字广播系统，主要由广播控制设备（包括主机、信源设备、控制及传输设备）、功率放大器、扬声器、应急广播设备、噪声探测器、小区广播等组成。其中，广播主机冗余设置。

广播系统覆盖售票厅、进站大厅、车站出口、候车区域、检票区域、地道、天桥、站台、办公区域、行包库、行包坡道、公共区域等。

根据旅客乘降、候车、消防防火分区等因素，对广播区划分为进、出站大厅、售票厅、各候车区（含各软席、母婴候车室）、贵宾、各站台、站前广场等。结合建筑格局、装修条件及声场布置等因素，在具备吊顶区域选用 3W-5W 吸顶扬声器；空旷区域如候车区，选用 15W 挂式扬声器；站台选用 20W 扬声器，站前广场选用 30W 扬声器。

信息机房设置无线接收控制器，接入音频输入单元，站房外设置广播放大器，放大器与无线接收控制器采用 50Ω馈线连接。

本工程各客运站广播系统兼作消防应急广播，在消防控制室设置消防应急广播设备，在火灾发生时，火灾自动报警系统通过干节点信号控制广播功放设备，并通过音频电缆进行应急广播。

（3）综合显示系统。

车站综合显示系统设备由控制器和综合显示终端部分组成。控制器由同步控制器和异步控制器组成，终端由 LED 屏、LCD 屏、到发通告终端设备组成。

在沿线各客运站信息机房设置 LED 显示屏同步控制器及异步控制器。各站候车引导屏、进站大屏、票额屏、出站大屏、进站检票屏、综合服务台各设置 1 台同步控制器，其他显示屏共用 2 台异步控制器考虑。每台 LCD 显示屏配置 1 台 LCD 控制器。

显示屏按旅客流向分别设置于售票厅、进站集散厅、候车厅、检票口、进站通道、站台、出站通道、出站口等处。

在售票室、公安值班室、检票员及客运值班室、检补票室、VIP 候车厅设置 55 寸综合显示屏各 1 块；在综合服务台、综合监控室、客运值班室、站长室等处设置综合显示终端各 1 套。

在站台、进站候车检票及出站大厅等处需统一安装静态标识与动态显示屏。该工作建议静态标识屏供货商配合，由动态显示屏供货商完成主要工作量，确保安装结构牢固可靠，互不遮挡，同时力求视觉效果美观协调。

（4）视频监控系统。

车站视频监控系统主要由前端音视频采集设备（摄像机、拾音器）、视频交换机、视频显示设备等组成。

本工程前端视频采集设备、配套光电缆、前端交换机及站房内视频监控终端由信息专业负责设计，视频服务器、存储设备、系统管理站等设备由通信专业负责设计（纳入通信视频监控系统，由通信专业统一考虑），通信视频监控存储设备扩容工程纳入信息工程，由通信施工单位实施。

摄像机覆盖进出站口、售票厅、候车区域、检票区域、站台区域、站前广场、行包区域、信息设备机房、财务部门、通道区域（防火通道、紧急疏散、自动扶梯、垂直电梯）等。售票室、补票室、进出站口、综合服务台、行包服务台处设拾音器。

车站售票室、票据室、进款室、补票室等售票区共同设置独立视频监控系统。包括硬盘录像机、摄像前端等设备。

车站安检区设置独立视频监视系统。包括硬盘录像机、摄像前端等设备。

（5）旅客携带物品安全检查设备。

车站旅客携带物品安全检查设备主要由安检仪、安全门、手持金属探测仪、防爆罐、防爆毯等设备组成。

旅客携带物品安全检查设备设置于进站口、售票厅，其数量根据旅客高峰小时发送量及主要旅客入口客流比例等综合因素配置。

（6）入侵报警系统。

车站入侵报警系统主要由探测器、紧急报警装置、报警主机、现场控制设备、报警终端、声光报警器等设备组成。

各客运站信息机房设置报警控制主机，票据室、进款室设置撤布防键盘、探测器、紧急报警按钮各1个，售票室、补票室每工位设置紧急报警按钮各1个，公安值班室和行车综合监控室设置声光报警器。

（7）时钟系统。

车站时钟系统主要由三级母钟及子钟组成，在临海南站设置三级母钟。

在各站房站台设置子钟，由临海南三级母钟提供时间源。台州站新建站台的子钟接入既有台州站母钟。

8. 安装设计及工艺要求

站房、站台旅客服务系统终端设备形式、颜色、安装方式与站房、站台整体装修风格协调一致；同一区域的各类旅客服务系统终端设备统筹布局，设备及安装件形式及颜色协调统一。

站台子钟与动态显示屏结合安装时，子钟颜色、规格、形式与动态显示屏相协调；子钟独立吊挂安装时，下底边安装高度与动态显示屏下底边齐平。

安检仪配置动力延长板和接物架，安检门与安检仪、控制台之间的所有设备配线隐蔽敷设。

车站服务台安装施工预留旅服、客票、办公等相关设备安装及线缆隐蔽敷设条件。

第四节 新技术、新工艺、新材料、新设备等应用情况

（1）采用显示屏显示时间的方式减少指针式子钟，既实用，又美观。

金台铁路工程站台以外显示时间均采用显示屏显示方式，减少指针式子钟的使用，节约投资，美观大方。

（2）密切结合装修及静态标识进行设计，既满足功能需求，又美观。

信息综合显示系统主要供乘客使用，能直接向旅客通告列车到发去向、到发时刻、候车地点、列车停靠站台、晚点变更等信息，引导旅客候车、乘车，系统需满足功能需求，又要与房屋结构建筑相匹配，和谐美观。金台铁路工程信息综合显示系统的设计充分与房屋结构沟通，与建筑结构融为一体。

（3）采用数字广播方式，组网灵活、便于扩容。

数字广播采用相对集中方式组网，功放集中于配线间与信息机房。采用光纤交换机组网方式，功放相对分散，管理时可集中在信息机房操作，配线时可分散配线。减少走线压力，组网灵活，交换机扩容也十分方便。

第四十章　工程接口设计

第一节　专业间工程接口设计概述

一、路基

路基工程主要与桥梁、隧道、站场、通信、信号、电力等专业工程设计存在接口设计等问题，设计时按照专业间分工进行联动设计或协调设计，以确保设计内容完整，质量良好。

相关专业与路基工程的接口工程以及设置于路基的附属工程（电缆槽、过轨钢管、声屏障、综合接地、接触网立柱基础等），要求与路基工程同步施工，施工应根据设计的要求安排施工工序，不得遗漏或倒序进行。不得因各种设施的施工而损坏和危及路基工程的稳固和安全。

二、桥梁

与桥梁专业接口的专业有路基、站场、环保、房建、轨道、接触网、通信、信号、供变电、信息及给排水等专业，接口专业众多。

三、隧道

金台铁路线隧道两侧预留通信、信号与电力电缆槽，同时结合相关专业要求，并结合隧道内避车洞位置，设置电力洞室、光纤直放站、梯车洞等专用洞室。隧道内结合站后专业要求做好接地体、过轨钢管等设施。

四、轨道

轨道设计时考虑与线路、桥梁、隧道、信号等相关工程的接口技术要求，统筹规范，系统设计，主要涉及钢轨伸缩调节器、超高、护轮轨、无砟轨道、轨道电路、钢轨打孔等相关内容。

五、站场

站场设计时考虑与地质、线路、轨道、桥梁、隧道、房建、信号、给排水等相关工程的接口技术要求，统筹规范，系统设计，主要涉及防护栅栏、铺轨、分界、平面、排水等相关内容。

六、机务

1. 永康东机务折返所

永康东机务折返所主要承担金台铁路开行货物列车和普速列车机车的运转、整备任务，涉及的专业包括站场、轨道、房建、暖通、给排水、电力、通信、信号、接触网、轨道等专业。

2. 台州站乘务员公寓

台州站乘务员公寓承担金台线台州站乘务员休息及出退勤管理，涉及的专业包括房建、暖通、电力、通信（信息）等专业。

七、车辆

1. 台州客整所

台州客整所主要承担金台铁路开行城际短编动车组(动力集中型 CR200J)和长途普速列车的存放、整备及检修任务，涉及的专业包括站场、轨道、房建、暖通、给排水、电力、通信、信号、接触网、供变电等专业。

2. 铁路车辆运行安全监控系统

金华至台州铁路全线设有红外轴温探测系统及车号自动识别系统，涉及的专业包括房建、暖通、电力、通信（信息）等专业。

3. 永康东装卸检修作业场

永康东装卸检修作业场为货物列车技术检查与交接场所，设计专业包括站场、房建、暖通、电力、通信（信息）等专业。

八、机械

1. 工务设施

金华至台州铁路在壶镇、临海南站设综合维修车间 1 处，共 2 处，设计在仙居、头门新区站设综合维修工区 1 处，共 2 处，设计在台州、临海东、括苍、下各、田市、白塔、仁川、磐安、永康东、杜桥站设维修保养点。涉及的专业包括站场、房建、暖通、给排水、电力、通信、接触网等专业。

2. 货场设施

金华至台州铁路在壶镇、磐安、下各、临海东、头门新区及永康东设货场 1 处，共 6 处，涉及的专业包括站场、房建、暖通、给排水、电力、通信、接触网等专业。

九、通信

通信专业为信号、电力、供变电等专业提供语音、数据、图像等通信业务，同时相关专业也为通信专业提供电缆槽、通信机房、设备用电等，涉及的专业包括桥涵、隧道、路基、站场、房建、暖通、信息、信号、电力、供变电、车辆、机械、给排水。

十、信号

信号与站前路基、桥梁、隧道等及站后通信、房建、暖通、电力、接触网等专业均存在接口设计。贯通地线、电缆槽井、过轨管、接触网槽道及基础的修建和埋设宜与站前土建同步施工，并不得因其设置而损坏和危及站前工程的稳固和安全。相关的施工工序应严格按照《铁路路基电缆槽》(通路〔2010〕8401 号)及其他相关规范的要求实施。

十一、信息

信息与通信、电力、房建等专业存在接口设计，主要涉及通道、电源以及站房配套等相关内容。

十二、电力

电力与路基、桥梁、隧道等站前专业存在电缆槽、过轨、管井等接口设计，并为站后各专业提供电源。

十三、房建

房建工程主要与路基、桥梁、隧道、站场、通信、信号、供变电、电力等专业工程设计存在接口设计等问题，设计时按照专业间分工进行联动设计或协调设计，以确保设计内容完整，质量良好。

十四、牵引供电

金台铁路工程设计接口主要包括三方面内容：外部接口、路内与各专业接口、与相邻线路接口。

十五、接触网

接触网与线路、路基、桥梁、隧道、站场、信号、供变电等专业均存在接口设计。

十六、暖通

1. 与房建专业

各种预留洞尺寸、标高及平面位置、设备基础。

2. 与电力专业

各种用电设备位置、数量、电量、电压及控制方式。

3. 与给排水专业

给排水管道标高、平面位置、水量及水压。

十七、给排水

给排水专业与房建、电力、暖通、通信、桥梁、路基、站场等专业间存在接口设计。

第二节　接口设计原则与要点

一、路基

1. 与桥梁专业接口设计

路堤与桥台、路堤与涵洞连接处应设置过渡段，过渡段的基床表层以下应选用 A 组填料（砂类土除外），压实标准应符合基床底层的压实要求。

2. 与隧道专业接口设计

路堑侧沟的水流原则上不能通过隧道排出，困难地段应采取反坡排水等措施排除侧沟水。

隧道翼墙与路基边坡防护工程应注意顺接，平顺过渡，避免出现错台。

3. 与站场专业的设计接口

站场范围内路基土石方及排水设计内容由站场专业设计，工程数量计入站场专业；路基加固防护工程设计由路基专业设计，工程数量计入路基专业加固防护工程数量。

4. 与通信、信号、电力专业接口设计

在软石（Ⅳ）、次坚石（Ⅴ）、坚石（Ⅴ）路堑地段于侧沟平台上预留电缆槽沟，槽内夯填黏土。

电力电缆槽沟净尺寸为 0.2×0.3 m；通信、信号电缆槽沟按合槽设计，净尺寸为 0.35×0.3 m。

对于横穿铁路路基的电力、通信、信号线，在路基下预埋保护钢管。

二、桥梁

1. 路基

桥路分界里程为台尾里程。为确保桥路过渡平顺，桥台台后基坑采用 C15 混凝土或砂砾石回填至原地面。路桥过渡段由路基专业设计。锥体夯填 A 组料。框架桥、涵洞及桥台锥体地基处理形式与路基专业一致。两侧基坑、出入口侧的基坑回填 A 组料，过渡段由路基专业处理。台后路基侧沟引入桥下附近水沟或附近涵洞，以免对台身及基础或桥下坡面的冲刷。排水系统由路基专业设计。施工前应对照路基、桥涵设计图核实。跨越规划道路边坡挡墙由路基专业设计，图纸汇入相应桥梁工点并计列工程量。

2. 站场

金台铁路近期共设有车站 17 个。磐安站、仁川站、白塔站、田市站均设计有道岔连续梁。东安特大桥为三柱式门式墩，位于白塔站内。

3. 环保

声屏障设置形式、范围、标准由环保专业确定，桥梁专业仅计列设声屏障的桥梁孔数，包括声屏障基础数量，不含声屏障数量。

4. 接触网

接触网的设置形式、位置、标准由接触网专业确定，桥梁专业仅计列相关接触网基座及拉线基础预埋件数量。

5. 电缆槽及电缆过桥

桥梁设置通信、信号及电力电缆槽。上下桥电缆槽数量由站后专业计列。在有需要电缆过轨的桥梁地段，电缆过轨所需的 PVC 管数量由桥梁专业计列，站后专业负责设计。

6. 轨道

轨道相关预埋件设计图详见轨道专业设计图纸，桥梁施工前注意核实轨道预埋件要求，避免遗漏，轨道预埋件与梁体预应力钢束干扰时，需调整轨道预埋件位置。

7. 房建

与房建专业接口主要为地道及天桥，确定地道及天桥的孔跨及位置，明确里程，确定合理施工方案。

8. 给排水专业

根据给排水专业要求预留相关桥涵工程，确保经济性和合理性。

三、隧道

（1）通信、信号与电力电缆槽应分设，160 km/h 单线隧道尺寸为 25 cm×25 cm（宽×深），120 km/h 单线隧道尺寸为 25 cm×30 cm（宽×深）。

支线及联络线单线、正线括苍站前单线隧道面向大里程方向左侧设电力电缆槽，右侧通信信号电缆槽；括苍站后单线隧道面向大里程方向右侧设电力电缆槽，左侧设通信信号电缆槽。

（2）余长电缆腔：长度为 500～1 000 m 的隧道可在隧道中部每侧设一处，隧道长度 1 km≤L≤6 km

的隧道，采用有砟轨道，可利用大避车洞每侧间隔 300 m 设一处，隧道长度大于 6 km 的隧道及石锦隧道、林家岙隧道采用无砟轨道，余长电缆腔利用大避车洞每侧间隔 420 m 设一处。

（3）按通信、电力专业要求设置余长电缆腔，并按相关专业要求设置接地及预埋。

（4）通信光纤直放站结合大避车洞位置设置，当距离避车洞较远时可单独设置，直放站洞室尺寸：2 m × 2.2 m × 1.8 m（宽 × 高 × 深），并按相关专业要求设置过轨、接地及预埋。

（5）梯车洞结合大避车洞位置，无砟轨道地段每处间距 420 m，有砟轨道地段每处间距 600 m。梯车洞尺寸（不含大避车洞深）：4 m × 2.8 m × 6 m（宽 × 高 × 深）。

（6）长度大于 1 000 米的直线隧道和长度大于 500 米的曲线隧道设照明设备。长度 5 km 以上或有紧急出口的隧道内设置应急照明。

（7）根据接触网布置设置下锚段、开关洞，下锚段、开关洞应避开断层、软岩，并尽量设置在单一岩层段。

（8）洞内设有信号机、转辙机等设施处根据相关专业要求预埋过轨钢管或预留避车洞。

（9）接地、过轨：

① 根据电力专业要求隧道进出口处及隧道内每隔 300 m 避车洞处在轨道 1 m 以下分别预埋热镀锌过轨钢管 ϕ150 管 6 根（电力变压器洞室处均预埋 ϕ150 热镀锌过轨钢管 8 根），连通隧道两侧电缆槽。通信设备洞室处设 2 根 ϕ150 镀锌过轨钢管。

② 隧道内两侧设余长电缆腔的大避车洞预埋 ϕ150 镀锌过轨钢管 4 根，钢管埋深不小于轨顶以下 1.0 米。

③ 隧道内电力变压器洞室，预埋 ϕ150 镀锌过轨钢管 8 根，钢管埋深不小于轨顶以下 1.0 米。

④ 隧道内通信光纤直放站洞室，电力专业预埋 ϕ150 镀锌过轨钢管 2 根，通信专业预埋 ϕ100 镀锌过轨钢管 2 根，钢管埋深不小于轨顶以下 1.0 米。

⑤ 牛和岭隧道、石锦隧道、新蝙蝠岭隧道、秀山隧道、仙岩雨隧道、潘潭 2 号隧道、岩潭隧道、东安隧道、西井 2 号隧道、赵岙隧道、金家村隧道、长甸岭隧道内需预埋信号过轨钢管。

⑥ 根据相关专业要求预埋接地体。

（10）工程数量与其他专业接口说明：隧道内照明设施、应急通信等工程数量由电力、通信等专业考虑相关数量。隧道内根据相关专业要求设置的锚段关节、各类洞室以及过轨、接地等数量均统一纳入隧道工程数量中。

四、轨道

（一）与线路专业

（1）对于温度跨度大于 200 m 的混凝土桥和温度跨度大于 100 m 的钢桥，大跨端梁缝前后各 30 米范围内，线路需为直线且无竖曲线，且尽量为平坡，为设置钢轨伸缩调节器预留条件。

（2）曲线半径的选择尤其是车站两端曲线半径的选择必须遵照满足通过（高速）列车舒适性的同时，兼顾低速（停站）列车舒适性的原则选用，满足欠、过超高以及超高顺坡率的检算要求，具体要求应当满足《铁路轨道设计规范》（TB 10082-2017）的相关规定。

（二）与桥梁专业

（1）对于温度跨度大于 200 m 的混凝土桥和温度跨度大于 100 m 的钢桥，大跨端梁缝前后各 30 米范围内，线路需为直线且无竖曲线，且尽量为平坡，为设置钢轨伸缩调节器预留条件。

（2）桥上铺设无缝道岔时，正线道岔区桥梁梁部采用连续结构；正线道岔不应跨越梁缝，且道岔始端和终端距离梁缝不小于 18 m。

（3）桥梁专业设计桥上护轨，轨道专业根据桥上护轨的范围设置新Ⅲ型桥枕。

（4）桥梁墩台设计应满足桥上无缝线路附加力的要求。

（三）与隧道专业

（1）轨道专业根据隧道长度和里程确定无砟轨道铺设范围。

（2）无砟轨道道床板宽度范围内仰拱回填层或钢筋混凝土底板表面需拉毛、凿毛或铣刨；道床板与仰拱回填层或钢筋混凝土底板之间设置剪力钢筋。

（3）隧道专业提供隧道变形缝的里程。道床板在隧道变形缝处需断开，设置 20 mm 宽伸缩缝。

（4）隧道内无砟轨道结构高度 600 mm，有砟轨道（含有砟无砟过渡段）结构高度 766 mm。

（四）与信号专业

（1）轨道根据信号专业轨道电路的要求设置轨道电路专用枕和胶接绝缘接头。

（2）信号专业明确道岔、区间钢轨钻孔位置及数量。道岔钢轨应在道岔生产厂内钻孔，区间钢轨在无缝线路放散锁定后钻孔时，钻孔应按规定倒棱。

五、站场

（1）站场范围的柱、网及综合管线布局应系统设计、综合考虑，并与站场布置相协调。

（2）站内路基与区间路基接口处设计宽度应相互衔接，车站与区间路基防护及绿化标准应协调统一。

（3）站内与区间、路基地段与桥梁或涵洞地段电缆槽，应根据电缆槽铺设的技术要求合理衔接。

（4）电缆沟槽、管线过轨、检查井等站后设施应与站场路基同步设计、同步施工。

（5）站内路基宽度应满足电缆沟槽和声屏障等设施的设置要求。

（6）站场排水接口设计应符合下列规定：

① 站场排水应与区间排水设施衔接。

② 站场排水系统应结合桥涵设置、铁路排水管网、城市排水系统综合设计。

③ 站场排水引入桥涵时，入口高程应高于桥涵处的排水出口高程。

（7）接触网及雨棚等支柱设置在站内有排水槽（沟）的线间时，支柱基础与排水槽（沟）应统一设计。

（8）道岔配列应符合有砟与无砟轨道、有缝与无缝线路设置过渡段的要求。道岔不应设置在路堤与桥台连接处，正线道岔不宜设在路桥（涵）、路隧、堤堑等过渡段上。

（9）旅客进出站通道应与站内路基同步设计、同步施工，通道的位置及高程应满足设置站内排水槽、电缆槽等管线铺设的技术要求。

六、机务

（一）永康东机务折返所

1. 与站场专业的接口

站场专业根据机务专业要求设计折返所围墙范围内所有股道的敷设，同时考虑股道间排水设计。城市道路引入折返所入口处，方便汽车通行，与铁路相交的平交道口设置橡胶道板，整个折返所股道为平坡。

2. 与房建专业的接口

房建专业根据机务专业要求折返所办公楼、整备棚等房屋的单体设计、定位，并根据机务专业提供的总平面布置及尺寸要求设计折返所道路、围墙等。

3. 与暖通专业的接口

暖通专业根据机务专业要求设计折返所内生产生活房屋的通风、空调、给排水设计，满足相关的技术指标。

4. 与给排水专业的接口

给排水专业根据机务专业要求设计所内生产用水需求，并且考虑一定余量。设置所内消防设施，污水集中处理排放设施等。

5. 与电力专业的接口

电力专业根据机务专业要求在折返所设置照明设施，满足夜间作业及司乘人员下车出行的需要。生产房屋设置设备需要的电源设施和必要的单相插座等，机车整备台位电源和电焊用配电箱等。

6. 与通信专业的接口

通信专业根据机务专业要求为折返所生产房屋设置电话及网络。

7. 与信号专业的接口

信号专业根据机务专业要求设置折返所内信号测试设备。

8. 与接触网专业的接口

接触网专业负责折返所内股道的电化挂网设计，以及电力机车整备台位隔离开关设计。

9. 与轨道专业的接口

轨道专业根据机务专业要求负责折返所内股道的整体道床设计。

（二）台州站乘务员公寓

1. 与房建专业的接口

房建专业根据机务专业要求负责乘务员公寓单体设计、定位。

2. 与暖通专业的接口

暖通专业根据机务专业要求负责乘务员公寓通风、空调、给排水设计。

3. 与电力专业的接口

电力专业根据机务专业要求配套乘务员公寓生产用电设计。

4. 与通信信息专业的接口

通信信息专业根据机务专业要求负责电话、网络设计。

七、车辆

（一）台州客整所

1. 与站场专业的接口

站场根据车辆专业要求设计客整所围墙范围内所有股道的敷设，并在辆 6 和存 7 间设 1 米宽的步行板，并与横向道路接通，方便人员出行，同时考虑股道间设置排水沟。城市道路引入客整所入口处，方便汽车通行，与铁路相交的平交道口设置橡胶道板，整个车场股道为平坡。

2. 与房建专业的接口

房建专业根据车辆专业要求完成临修库、整备棚、车号探测站、危险品存放间、综合办公楼、空压机间及储气罐棚、生活附属房屋等建筑及室外构筑物的单体设计、定位，并根据车辆专业提供的总平面布置及尺寸要求设计客整所道路、围墙等。

3. 与暖通专业的接口

暖通专业根据车辆专业要求设计客整所内生产生活房屋的通风、空调设备，满足相关的技术指标；暖通专业根据车辆专业要求设计所有库内的排水设施。

4. 与给排水专业的接口

给排水专业根据车辆专业要求设计所内整备线、车底停留线股道客车上水、卸污设施。负责客整所内生产用水需求，并且考虑一定余量。设置客整所内消防设施，污水集中处理排放设施等。

5. 与电力专业的接口

电力专业根据车辆专业要求在客整所设置照明设施，满足夜间作业及司乘人员下车出行的需要。生产房屋设置设备需要的电源设施和必要的单相插座等。设计整备线、车底停留线股道间的电源和电焊用配电箱等。

6. 与通信专业的接口

通信专业根据车辆专业要求为客整所设置存车安全监视装置，生产房屋设置电话及网络。

7. 与信号专业的接口

客整所内所有道岔纳入联锁，股道间设置的信号机位置避免设备布置在道路上，同时道路设置需要满足各种类型车辆停车后不得压占道路的情况发生。

8. 与接触网专业的接口

接触网专业负责客整所内股道的电化挂网设计，以及整备线、临修库等库前隔离开关设计。

9. 与供变电专业的接口

供变电专业为客整所提供独立的供电单元。

10. 与轨道专业的接口

轨道专业根据车辆专业要求负责客整所内股道的整体道床设计。

（二）铁路车辆运行安全监控系统

1. 与房建专业的接口

房建专业根据车辆专业要求设计 5T 检测站房屋、台州南站探测站位置及房屋设计，并根据车辆专业要求满足其功能需求。探测设备安装完毕后进行电缆入口处的封堵等。

2. 与暖通专业的接口

暖通专业根据车辆专业要求在调度楼 5T 监测房屋内设空调设备，满足相关的技术指标。

3. 与电力专业的接口

电力专业根据车辆专业要求在调度楼 5T 监测站、台州南站红外探测站、永康东红外及车号探测站内提供设备用电，并满足探测设备两路供电需求，同时设计探测站综合防雷中的土建工程。

4. 与通信信息专业的接口

通信信息专业根据车辆专业要求为调度楼 5T 监测站提供全线设备传输的网络综合接入设备，保证传输通道畅通，同时提供监测站、探测站的电话。

（三）永康东装卸检修作业场

1. 与站场专业的接口

站场根据车辆专业要求设计列检作业线间设 1 米宽的步行板，并与横向道路接通，方便人员出行，同时考虑股道间设置排水沟。与铁路相交的平交道口设置橡胶道板，整个车场股道为平坡。

2. 与房建专业的接口

房建专业根据车辆专业要求完成车辆生产、生活附属房屋等建筑单体的定位及设计，并根据车辆专业提供的总平面布置及尺寸要求设计道路等。

3. 与暖通专业的接口

暖通专业根据车辆专业要求设计生产生活房屋的通风、空调设备，满足相关的技术指标；
暖通专业根据车辆专业要求设计生产房屋内的排水设施。

4. 与给排水专业的接口

给排水专业负责装卸检修作业场满足用水量的要求设计，同时并负责相关排水设施设计。

5. 与电力专业的接口

电力专业根据车辆专业要求设置照明设施，满足夜间作业需要。生产房屋设置设备需要的电源设施和必要的单相插座等。

6. 与通信专业的接口

通信专业根据车辆专业要求为生产房屋设置电话及网络。

八、机械

（一）工务设施

1. 与站场专业接口

站场应保证综合维修车间、综合工区内轨道均为平坡，且咽喉区满足停车调车等规范要求，另外整个场坪标高应满足房屋施工要求。

2. 与房建、暖通专业接口

房建应严格保证机械专业房屋定位、设备使用面积满足相关工艺要求，办公房屋、特殊房屋均应严格根据机械所提要求进行设计。

房建专业负责综合维修车间、综合工区内的道路、围墙、场坪及卸料站台等附属设施的相关设计，并满足机械所提要求。

暖通专业根据机械所提要求为相关房屋设置空调及防火装置等。

3. 与电力专业的接口

电力专业负责满足机械专业的用电量及用电要求以及相关设施防雷、接地要求等。

4. 给排水

给排水专业负责对综合维修车间及综合工区内满足用水量的要求设计，同时并负责相关排水设施设计。

5. 与通信专业的接口

通信专业根据机械专业要求为综合维修车间及综合工区生产房屋设置电话及网络。

6. 与接触网专业的接口

接触网专业负责综合维修车间及综合工区内股道的电化挂网设计，以及库前隔离开关设计。

7. 与轨道专业的接口

轨道专业根据机械专业要求负责综合维修车间及综合工区内股道的整体道床设计。

（二）货车设施

1. 与站场专业接口

站场应保证货场内轨道均为平坡，且满足门吊走行轨安装要求，另外整个场坪标高应满足房屋施工要求。

2. 与房建、暖通专业接口

房建应严格保证机械专业房屋定位、设备使用面积满足相关工艺要求，办公房屋、特殊房屋均应严格根据机械所提要求进行设计。

房建专业负责货场内的道路、围墙、场坪及卸料站台等附属设施的相关设计，并满足机械所提要求。

暖通专业根据机械所提要求为相关房屋设置空调及防火装置等。

3. 与电力专业的接口

电力专业负责满足机械专业的用电量及用电要求以及相关设施防雷、接地要求等。

4. 给排水

给排水专业负责对综货场内满足用水量的要求设计，同时并负责相关排水设施设计。

5. 与通信专业的接口

通信专业根据机械专业要求为货场内生产房屋设置电话及网络。

九、通信

（一）与桥涵专业的接口

桥梁为该系统在桥在桥一侧提供通信电缆槽。桥上电缆槽需分支引下到区间基站通信机械室时，采用预留可开启式电缆槽沿桥墩引下，净空尺寸不小于 150 mm × 200 mm（宽 × 深），引下槽道内置电缆固定爬架，爬架设置为 0.5 m/处。

箱梁锯齿型槽口预留：

箱梁锯齿型槽口预留目的是满足光电缆上、下桥的需要。

（1）预留原则：

① 桥梁梁端一侧设置锯齿形槽口、箱梁及桥墩预留装设电缆爬架的条件，以便在桥梁相应位置通

信光缆、电力电缆引下至桥下设置的区间通信机械室、电力供电箱变。

② 需设置上述设施的桥梁墩台里程，通信、电力设置锯齿形槽口及引下应分别设置在桥梁墩台二头梁端。

（2）箱梁锯齿型槽口及梁体底部电缆爬架预埋槽道的预留方法详见箱梁标准图，桥墩电缆爬架槽道预埋方法详见“电缆上下桥预埋槽道设计通用图”。

（二）与隧道专业的接口

隧道为该系统在隧道内一侧（与接触网异侧）提供通信电缆槽，并在长大隧道间隔一定距离在综合洞室底部设置余长电缆腔；在隧道出入口、隧道综合洞室、光纤直放站洞室、配电箱洞室里程处，双线与单线隧道交叉处，垂直于线路方向，预埋 2 根 ϕ100 涂塑钢管（钢管请按八字 120 铺设）；隧道与路基衔接段，在隧道口的路肩处埋设直径 ϕ80 过渡钢管（3 根/处），钢管一端伸至隧道内通信电缆槽内，另一端以超过 120 度角延伸至路基面 80 cm 以下深度。

（三）与路基专业的接口

路基为该系统在线路一侧预留通信电缆槽条件，并预埋过轨钢管及手孔。

（四）与站场专业的接口

车站范围内为该系统站台和自站台端头至出站信号机在站场两侧设置站场通信电缆槽，并与区间及站台电缆槽相连。在特定位置设置光电缆手孔，在手孔处预留穿越站场的防护钢管及引出分支钢管，以便通信光缆过轨及分支引出。

（五）与房建、暖通专业的接口

沿线在车站、区间接入点等处设置通信机房；区间基站应满足五十年不遇洪水水位或内涝水位要求，通信机房的环境、装修应满足相关的技术指标。各通信机房按通信专业的要求预留接地端子。

为避免光、电缆布线及通信设备安装对建筑物结构造成破坏，房建专业应为通信系统预留沟槽管洞；在车站内提供满足通信系统建设要求的光缆进线、配线室。

各新建站站台由房建专业设置通信管道人孔以及提供站台电缆槽道并引至通信机械室引入口处。

通信 GSM-R 铁塔基础由房建专业负责设计。

满足《铁路防雷及接地工程技术规范》（TB 10180-2016）要求。

暖通专业按通信专业要求配置室内空调。

（六）与信息专业的接口

为信息专业提供的 2M 或 FE（e）通道，以信息设备（不含）为界。

（七）与信号专业的接口

为信号专业提供 TDCS、集中监测、区间闭塞系统提供 FE(o)/FE(e)/2M 通道，其接口界面位于信号机房的 ODF/DDF 子架（信号专业设）外线侧和信号车间/工区设备的 FE(e)接口处。

（八）与电力专业的接口

（1）为电力专业提供电力远动、电力维护、电力视频和隧道防灾机电监控 FE(o)/FE(e)通道，以电力相关设备（不含）为界，至电力远动、电力维护、电力视频和隧道防灾机电监控设备配线属本设计。

（2）由电力专业提供二路电源至通信机械室（供变电房屋除外），并设置电力配电箱，电力配电箱至通信防雷设备、通信防雷设备到高频开关电源的两路电力电缆由电力专业设计。

（九）与供变电专业的接口

（1）为供变电专业提供电牵远动 FE(e)通道，以供变电相关设备（不含）为界，至供变电相关设备配线属本设计。

（2）由供变电专业提供二路电源至通信机械室（供变电房屋），并设置配电箱，配电箱至通信防雷设备、防雷设备至高开的两路电力电缆由供变电专业设计。

（十）与车辆、机械专业的接口

（1）为车辆、机械专业提供的 FE(e)通道，以车辆、机械设备（不含）为界，至车辆、机械设备配线属本设计。

（2）红外轴温探测站、汽车衡、轨道衡利用车辆、机械专业提供室内、室外接地汇集线，以接地汇集线（不含）为界。

（十一）与给排水专业的接口

（1）为给排水专业提供的 FE(e)通道，以给排水设备（不含）为界，至给排水设备配线属本设计。

（2）给排水房屋（给水所兼消防泵房、牵引变电所消防泵房）利用给排水专业提供的室外接地汇集线及电源防雷接地汇集线，以接地汇集线（不含）为界。

十、信号

（一）与站前专业的接口

1. 与轨道专业的接口

轨道专业需根据信号的要求设置胶接绝缘、补偿电容及电气绝缘的特制混凝土枕。

2. 与站场专业的接口

站场专业需要为信号系统自进站信号机至站台端头在靠近信号楼（室）一侧设置信号电缆槽，信号电缆槽应靠近轨道侧。同时需要在侧线股道设置补偿电容专用枕。站场范围内的信号电缆过轨处设置过轨管线，并在过轨管处设置手孔井。

3. 与桥梁专业的接口

桥梁专业需要为信号系统在桥面向大里程方向右侧提供通信信号电缆槽，并与隧、路基、站场地段的电缆槽平顺对接。高架车站在信号楼附近桥墩处应预留锯齿孔及电缆爬架。

4. 与隧道专业的接口

隧道专业需要为信号系统在隧道面向大里程方向右侧提供通信信号电缆槽，并与桥、路基、站场地段的电缆槽平滑对接。

敷设无砟轨道的隧道应按综合接地设计。

5. 与房建、暖通专业的接口

信号机械室、信号机房综合防雷与建筑物相关的部分纳入房屋工程，信号工程考虑信号设备本身的防雷器材和安装。

房建专业负责在靠近信号楼（室）一侧站台为信号专业设置电缆槽。

暖通专业根据车站的等级及相关要求为信号房屋设置防火装置等，按相关标准配置空调设备。

6. 与行车专业的接口

行车专业为信号专业提供金台线的调度区划、运营组织方式和专用调车机车的配属数量、位置。

（二）四电集成内部接口

1. 与通信专业接口

（1）通信为信号 TDCS 提供双环路 2M 专用数字通道。

（2）通信为信号提供 2 个 2M 通道的闭塞通道。

（3）为信号集中监测系统提供 10 m 专用数字通道。

（4）为信号机械室、维修管理机构提供自动电话。

2. 与电力专业接口

（1）电力为信号系统提供 2 路独立、可靠的三相 380V 电源。

（2）电力专业按照要求设计屋顶避雷带、引下线及综合地网，并将地网与综合接地系统相连接。

3. 与牵引供电、接触网专业接口

信号根据车站、区间轨道电路布置，为牵引供电提供 CPW 接钢轨的地点。信号机布置考虑避开接触网分相区无电区。

十一、信息

1. 与通信专业的接口

旅客服务信息系统在客运站房设置视频监控摄像头，统一纳入通信专业视频监控平台中，客运站视频监控系统与通信专业的接口在视频交换机处。

信息专业与通信专业配线接口位于站房通信机械室数字配线架和音频配线架外侧，信息专业所需要的广域网通道由通信专业提供。

2. 与电力专业的接口

信息专业与电力专业设备供电接口位于信息机房电力配电箱，外线侧电力线缆引入及防雷设施由电力专业设计；

与消防广播系统的接口在信息专业的广播负载切换控制设备上，信息专业负责设消防接口控制模块；

自动检票机与 FAS 的接口在消防控制室输出模块接线端子上，自检票机至消防控制室的控制信号线缆由信息专业布放。

3. 与土建专业的接口

（1）房建专业在信息机房与信息设备及配线间应设置防静电地板，净高不小于 300 mm。

（2）向建筑、结构专业提出管线布置要求等资料。管线布置要求资料包括线缆走向、动静态显示屏、监视探头、广播喇叭、预留孔洞等布置位置等；信息专业线缆槽、桥架、广播喇叭、动静态显示屏、监视探头等原则上应顺着并尽量靠近结构梁（板）铺设并固定于结构梁（板）上，不得临空架设。

（3）信息专业提供显示屏安装位置及荷载要求，建筑、结构专业需考虑安装位置及荷载要求，并对信息专业提供的显示屏二次附挂结构设计图纸资料进行检算。

（4）各站信息机房的设计满足铁建设〔2012〕51 号《关于发布铁路房屋建筑设计标准的通知》和《电子计算机场地通用规范》（GB 2887—2000）的相关规定。结合《铁路防雷及接地工程技术规范》

（TB 10180—2016）的要求，房建专业在信息机房、信息设备及配线间设置法拉第笼屏蔽网，在进出站检票机、实名制验票、自动售票机、信息机房、信息设备及配线间、人工售票窗口、公安值班室、行包微机室、安检仪等处设置接地汇集线。

4. 与暖通专业的接口

暖通专业负责信息机房、信息设备及配线间内的机房专用空调的设置。并为信息机房设置气体灭火器等消防设施。

5. 与静态标识专业的接口

在站台、进站检票口及出站大厅等位置需统一安装静态标识屏与动态显示屏。当动静屏结合时，由动态显示屏供货商完成主要工作量[包括但不限于：动静态结合方案协商以及效果模板制作、统一外框制作及设备安装（含吊杆、支架、连接件等）]，静态标识屏供货商配合动态显示屏供货商或施工方完成，确保安装结构牢固可靠，同时力求视觉效果美观协调。

十二、电力

（一）桥梁

1. 电缆槽（含电缆余长腔）预留

全线区间桥梁左侧预置电力电缆槽，电力电缆槽道净空尺寸不小于 300 mm（宽）× 300 mm（深），采用盖板式电缆槽结构型式。长大桥梁每隔 500 m 设余长电缆腔。

要求设余长腔的箱梁避开接触网支柱基础及其他基础，通信、信号余长腔与电力余长腔应错开预留。高架车站范围内两侧的电缆槽适当加宽。

2. 通信、信号、电力的光、电缆及供电电缆上下桥槽道、锯齿孔的预留

全线桥梁须在梁端一侧设置锯齿形槽口（具体墩号根据区间通信光纤直放站、电力供电箱变等的分布确定），相应箱梁及桥梁墩台设置电缆槽道，以便在桥梁相应位置供光、电缆及供电电缆上、下桥梁。要求设置的通信信号、电力用锯齿形槽口及引下应分别设置在桥梁墩台两头梁端。

电缆下桥后设置电缆槽，将下桥电缆引入相应的设备房屋内或通过房屋的电缆井引入设备房屋内。

（二）路基、站场

（1）路基区段，在牵引变电所、亭处以及通信光纤直放站等处设置 G150 过轨钢管 4 根，钢管两侧分别与电力电缆槽连通，过轨处在线路两侧设置电力电缆井，电缆井内净尺寸为 1 000 mm × 800 mm × 300 mm（长 × 宽 × 高）。

（2）路基与长度大于 500 米的桥连接时，应在桥端垂直于线路方向预埋 4 根 G150 过轨钢管，钢管两侧分别与电力电缆槽连通，过轨处在线路两侧设置电力电缆手孔井，电缆井内净尺寸为 1 000 mm × 800 mm × 300 mm（长 × 宽 × 高）。

（3）干线电缆槽应设置分支电缆槽引入各区间房屋、站房相关设备室等。

（4）站场内（不含高架车站）设电缆过道防护管，管道直径 100 mm 或 150 mm。在设有电缆过道管道处设维修手孔或电缆井。大型车站可结合其他专业管线集中设置管线涵。

（三）隧道

1. 电缆槽

正线：正线永康南至括苍站段单线隧道面向大里程方向左侧设电力电缆槽（附盖板），正线括苍站至台州站单线隧道面向大里程方向右侧设电力电缆槽（附盖板），净尺寸为：350 mm 宽 × 300 mm 深；电缆槽槽道内应有减震措施（底部铺 100 mm 厚细沙）和排水措施。盖板应与避车洞底面平齐，当与水沟同侧时应与水沟盖板平齐。支线及联络线：单线隧道面向大里程方向左侧设电力电缆槽（附盖板），净尺寸为：350 mm（宽）× 300 mm（深）；电缆槽槽道内应有减震措施（底部铺 100 mm 厚细沙）和排水措施。

2. 箱变洞室

林家岙隧道 LDK6+187 里程处、万岙山隧道 TDK13+012 里程处、西岙隧道 TDK18+520 里程处、大岙隧道 TDK30+932 里程处、秀山隧道 DK14+135 里程处、牛和岭隧道 DK27+265 和 DK29+365 里程处、将军岭隧道 DK47+754、DK50+313、DK52+872 和 DK55+431 里程处、紫岩隧道 DK63+290 里程处、南庄岭隧道 DK91+615 里程处、蔡家田隧道 DK105+565 里程处、金家村隧道 DK118+690 里程处隧道与电力电缆槽同侧设电力箱变洞室，净尺寸为：4 000 mm（长）× 5 000 mm（深）× 3 300 mm（高），设防火门。

3. 电缆余长腔

电力电缆槽同侧设每隔 500 米电缆余长腔，净尺寸为：4 000 mm（长）× 2 500 mm（宽）× 200 mm（深），地面设 250 mm × 300 mm 水泥盖板，底部铺 100 mm 厚细沙。

4. 过轨钢管

隧道进出口处及隧道内每隔 250 m 避车洞处在轨道 1 m 以下分别预埋热镀锌过轨钢管 Φ150 管 6 根（电力变压器洞室处均预埋 ϕ150 热镀锌过轨钢管 8 根），连通隧道两侧电缆槽。通信设备洞室处设 2 根 ϕ150 镀锌过轨钢管。所有过轨管道预埋时，管内应预留两根铁丝（≥4 mm）在两端预留一定的余量并两封堵，以便电缆敷设。

（四）站房

（1）站房设计单位负责站房部分防雷接地与站台、雨棚等防雷接地的连接预留。

（2）电力专业向站房设计单位提供电力设备用房设置要求及设置消防的房间。

（3）站房设计单位负责设计范围内的所有四电专业所需房屋（含电缆竖井、电缆沟及各种沟槽管洞的预留预埋等）的设计，“四电”专业负责向站房设计单位提供相应技术要求，站房设计单位负责按要求进行设计。

（4）站房内 10/0.4 kV 变电所与站房设计单位的分界界面为：以 10/0.4 kV 低压开关柜出线端子分界，其以上部分属“四电”设计范围，其以下部分属站房设计单位设计范围。

（5）站房设计单位应在其负责设计的“站房机电设备监控系统（BAS）”内，预留 10/0.4 kV 变电所电力监控子系统的接入条件和相应接口。

（6）站房设计单位向电力专业提供所需用电要求资料[包括用电回路（含回路编号）、用电容量、计算电流、功率因数、需要系数、负荷等级、接引线缆的规格型号等]。

（7）站房设计单位负责按“四电”专业工艺要求，提供四电设备机房供电电源。机房内预留防雷、接地总端子板。机房内动力照明由站房设计单位负责设计。电力专业接口表如表 40-1 所示。

表 40-1 电力专业接口

一	电力供电系统	通信系统	接口界面
1	通信机房设备供电	通信电源设备	电力配电箱出线端
2	区间箱式机房供电	箱式机房通信电源设备	箱变总配电箱进线端子，配电箱及管线由箱式机房自带
3	防雷接地	通信设备接地	等电位连接端子箱
二	电力供电系统	信号系统	接口界面
1	信号楼、室机房设备供电	信号电源设备	电力配电箱出线端
2	防雷接地（不含站房）等电位连接端子箱（含）	信号设备接地	等电位连接端子箱
三	电力供电系统	牵引供电系统	接口界面
1	10 kV 综合负荷贯通线	牵引变电所（亭）	牵引变电所（亭）所用变环网柜高压侧进口下桩头（电缆插拔头由牵引供电计列）
2	接触网开关供电电源	接触网远动开关电源	牵引变电所（亭）交流屏出线端子
四	电力供电系统	接触网	接口界面
1	接触网开关供电	接触网远动开关电源	接触网开关配电箱进线端子
五	电力供电系统	箱式机房	接口界面
1	区间各光纤直放站的箱变接地端子以上	区间各光纤直放站的箱变接地端子以内	箱变接地端子

十三、房建

（一）房建工程与桥梁专业接口

房建专业与桥梁专业之间的接口主要为办理客运车站的旅客地道工程、天桥工程。

（1）旅客地道主体结构由桥梁专业设计，地道出入口及行包坡道由房建专业设计，接口位置设置伸缩缝，主体结构工程在接口位置处预埋止水带。

（2）旅客地道是为旅客进出站服务的，主体结构需与站房进、出口对齐。目前桥梁专业设计的地道施工图的位置是根据站房概念设计而定，站房因地方要求扩大面积或方案调整，有可能产生此图与站房进、出口不对应的情况，应根据站房的最终方案（施工图）进行调整地道主体的中心里程，使之对应。

（3）旅客天桥主梁结构由桥梁专业设计，桥墩以及出入口由房建专业设计，接口为支座设计、主体与出入口交接处伸缩缝的处理。

（二）房建工程与站场专业接口

（1）房建工程与站场工程的接口主要有征地工程、场地的移交。

（2）房建工程车站范围内的建设用地由站场专业一并征用，房建专业向站场提供用地需求。站场专业所移交的建设用地需满足场地使用的沉降要求，并考虑通站道路引入。

（三）房建工程与路基专业接口

房建工程与站场工程的接口主要有征地工程、场地的移交，以及基础、地基处理工程。

（1）车站范围外的红外轴温探测站、车号探测站位于路肩上，建设用地由路基专业一并征用，房建专业提供用地需求。此部分的场坪、护坡、土方由路基专业设计，场地移交房建专业，需满足场地使用的沉降要求。

（2）房屋及构筑物位于路基设计地基处理的场坪，其接口为房建基础或地基处理与路基处理措施有无冲突，能否实施。

（3）区间房建场坪土石方接口，部分取土和弃土利用路基的取弃土场。

（四）房建工程与隧道专业接口

（1）区间房建场坪土石方接口，部分取土取自隧道专业的弃渣。

（2）隧道内的洞室防护门隔墙预埋钢筋接口，房建专业设计隧道防护门隔墙，隧道专业在隧道主体预埋防护门隔墙钢筋。

（五）房建与通信、信号之间的接口

（1）房建工程与通信、信号工程之间的工程接口主要有设备功能用房的布设、信息工程线缆通道的预留。

（2）房建专业按照专业提供的通信、信号房屋面积表及布置要求，设置通信机械室、信号机房、电缆引入间等，各处通信机械室、信号继电器室、信号机房等均要求按规范标准进行装修并考虑电磁屏蔽、防尘防震及保温措施。

（3）通信专业提供车站、通信基站的铁塔要求，房建专业按通信专业要求设计铁塔基础。

（4）房建专业考虑通信专业所提站台及站房内广播、监控、动态显示、静态标识等设备要求的吊挂件预埋，并在设计时考虑相关设备的荷载、预留孔洞等。

（5）房建专业根据通信专业要求，进行隧道内防护门及隔墙的设计。

（6）通信、信号设备防雷接地由通信、信号专业负责。

（六）房建与供变电的接口

（1）房建工程与供变电专业接口，主要为牵引变电所的设置，房建按供变电专业所提要求，完成牵引变电所内房屋布置 、设备基础、所内道路、围墙、电缆沟槽、集油坑、排油管等设计工作。

（2）房建专业根据供变电专业要求，进行隧道内防护门及隔墙的设计。

（3）供变电设备防雷接地由供变电专业负责。

（七）房建工程与电力专业接口

（1）房建工程与电力专业接口，主要为电力配电所、各站配电室等的设置，房建按电力专业所提要求，完成配电所内房屋布置、设备基础、所内道路、围墙、电缆沟槽等设计工作。

（2）房建专业根据电力专业要求，进行隧道内防护门及隔墙的设计。

（3）房屋、站台雨棚、整备棚的防雷接地引下线由房建专业预留，天网、地网由电力专业负责设计。

（4）电力设备防雷接地由电力专业负责。

（八）房建与地方配套工程接口

（1）车站生产生活房屋、站房总平面应根据地方政府提供的铁路周边道路规划布置，总平面应与城镇建设规划相协调。

（2）铁路工程与地方配套工程的设计界面一般以用地红线为界，站房工程与广场工程的设计界面一般为旅客活动平台边线。

（3）地方配套的广场应根据站房的进出站流线、高程、位置等资料进行设计，完善广场的车流人流设计。

（4）地方配套工程应提供市政给水接水点、污水排水点、雨水排水点、消防接水点、暖气接水点、燃气接气点等；若无法提供，尚需根据站房设计预留的接水、排水、接气点等进行设计。

十四、牵引供电

（一）外部接口

1. 与电力公司及电力设计院接口

向电力公司提供牵引变电所所址位置、电源进线架构受力要求、电源进线流互变比。外部电源继电保护设置、上下级保护配合、二次盘面（计量、保护、通信、电源）数量等方面需与电力部门协商确定。牵引变电所与电力公司分界在所内进线杆塔的拉环上，电源进线至拉环（包括绝缘子）由电力公司设置。

根据铁道部文件要求，以上与电力公司的接口是由铁路建设方牵头，铁路设计院牵引变电、通信专业和电气化、通信施工单位配合，与电力公司协商确定。

2. 与土地规划部门接口

由变电专业提供所址初步位置给线路、站场、地质、桥梁及房建等专业，各专业确认后，由站场、路基、线路、房建专业出征地图，最后由业主征地部门负责征地，设计院及施工单位配合。

（二）路内与各专业接口

1. 与土建专业接口

由变电专业提供所址初步位置给土建专业（房建、线路、站场、路基等）设计后，土建专业出征地图，并负责场坪设计，包括标高、土石方统计、排水坡度、进所道路（水泥混凝土或沥青路面）等。

2. 与房建专业接口

由变电专业提供房屋平面及受力、孔洞预埋件要求、设备基础受力要求，房建负责电缆沟及排水管、排油管、所内场坪及道路硬化、围墙、变电设备基础、事故油池、避雷针基础等设施的设计及施工。

3. 与给排水专业接口

由变电专业提供牵引变电所用水和排水要求。给排水专业负责水源引入及排水等。

4. 与暖通专业接口

由变电专业提供牵引所温度、通风等要求。暖通专业返提空调、风机、消防设备的用电要求。暖通专业设计房屋空调、通风、消防等设施，由电力专业设计消防控制系统，并引出控制信号至七氟丙烷控制柜。

5. 与接触网专业接口

供电线、回流线以围墙为界，围墙外侧线材及设备由接触网专业负责设计。馈线排列顺序由接触网专业提供资料，与变电专业协商确定。接触网开关位置由接触网专业提供，变电专业负责网开关的远动控制系统设计。

6. 与电力专业接口

牵引变电所、还建 AT 所电力专业提供一路 10 kV 所用电源，电力专业与牵引变电专业接口在所内 10 kV 所用变（电缆头由电力专业设计）。车站内接触网隔离开关远动控制室由电力专业提供两路独立 220 V、2 kVA 交流电源，并设置双电源切换箱。各所的房屋建筑接地、消防报警由电力专业设计。

7. 与通信专业接口

通信专业提供各种远动通道，分界点在本专业远动设备进线侧；负责各接触网开关的光缆通道设计。

8. 与信号专业接口

信号专业在各所附近设置大容量扼流变，变电专业负责将扼流变中性点引接至所内集中接地箱。

（三）与相邻线路接口

与甬台温铁路的接口：台州站和台州南站附近新增接触网隔离开关分别纳入台州牵引所和台州南网隔开控制室内既有网隔开控制屏，并对其进行扩容。

十五、接触网

1. 与线路专业接口

线路专业向接触网专业提供上跨建筑物位置；接触网专业向线路专业提供跨线桥净空要求。

2. 与站场专业接口

接触网专业向站场专业提出接触网立柱要求，站场专业统筹考虑设置相应的线间距、排水沟位置等。

3. 与路基专业接口

接触网横腹杆式预应力钢筋混凝土支柱采用带横卧板的直埋基础，路基专业应统筹考虑接触网支柱类型及排水沟设置。

4. 与桥梁专业接口

接触网专业向桥梁专业提供桥上接触网基础的位置、荷载等要求，桥梁专业计列基础投资，桥上接触网基础由站前单位实施。

5. 与隧道专业接口

接触网专业向隧道专业提供下锚及接地极预留要求，隧道专业预留接触网下锚洞及接地极预埋。

6. 与房建专业接口

接触网专业向房建专业提出接触网合架要求，由房建专业预留相应的支柱接口。

7. 与供变电专业接口

（1）供电专业提供牵引供电方案给接触网专业，包括供电方式、所亭位置、接触网导线的截面选型、附加导线的截面选型等。

（2）变电专业需提供馈线顺序，接触网专业核实是否有供电线交叉，有意见反馈牵引变电专业。接触网专业提供牵引变电专业所有纳入远动系统的隔离开关位置，由牵引变电专业完成控制设计。

（3）供电专业提供区间及站内吸上线设置原则给接触网专业。

8. 与信号专业接口

信号专业提供信号机位置，接触网专业核对接触网支柱位置，相互避免发生干扰。与信号专业共同确定吸上线位置。

十六、暖通

（一）与房建专业的接口

暖通专业提供设备用房面积及布置要求；提出工艺要求及防火防烟要求；提供大型通风空调设备安装运输通道要求；提供通风空调预埋件、预留孔洞的位置及尺寸；大型设备结构基础尺寸、荷载要求。

（二）与电力专业的接口

1. 负荷分类

（1）一类负荷设备：通风空调与采暖系统一类负荷设备为与火灾和事故通风有关的设备，主要包括：排烟风机、事故风机、机房空调等。

（2）二类负荷设备：通风空调与采暖系统的二类负荷为除一类负荷外的其他风机、空调器、与风机空调机组联动的电动风阀、与火灾和事故通风无关的电动风阀等。

（3）三类负荷设备：为除一、二类负荷外的其他通风空调系统设备，包括：多联机、电动蝶阀、电动二通阀、与风机盘管配套的温控器等。

（4）与环境与设备监控系统（BAS）的接口

2. 车站级监控（消防控制室）

对建筑内的排烟风机、电动风阀等进行监控。

3. 就地监控（通风空调电控室）

（1）对建筑内的排烟风机、电动风阀等进行监控。

（2）对建筑内的通风空调空调器、新风机、排烟风机、电动风阀、变制冷剂流量多联空调机组等进行监控。

（三）与给排水专业的接口

（1）各单体给水用水量、用水压力、入户管道管径、标高及定位。

（2）各单体排水点流量、管径、高程、定位。

（3）各单体消防系统用水量、火灾延续时间、入口压力、管径、标高及定位。

十七、给排水

（一）房建

（1）消防泵房的位置尽量靠近用水建筑，采用半地下式建筑。

（2）消防泵房内预留设备安装位置及安全通道位置，提供设备基础、排水地沟及集水井具体尺寸。

（3）消防泵房内设备考虑吊装设备。

（二）电力

（1）各给水设备、消防设备及排水设备的用电需求。

（2）各给水设备、消防设备及排水设备的用电负荷。

（3）消防设备用电与立交排水泵站用电应保障用电可靠性并考虑两路电源。

（4）消防设备联动设计、满足消防相关要求。

（三）暖通

（1）站房及四电房屋室内给排水与室外管网接口，暖通提供具体位置、管径及压力要求。

（2）室内外消火栓系统设计情况，若合用一套消防泵对接稳压设备设置情况及高位水箱设置位。

（3）原则上消防泵房与站房合建的消防泵房由暖通专业设计，站房外单独设置的消防泵房由给排水专业负责设计。

（4）与站房合建的泵房，由暖通专业提供消防用水量，给排水专业相应配置消防水池。

（5）与站房合建的给水所，给水所内设备设计由给排水专业负责。

（四）通信

（1）给水所、消防泵房的通信网络需求，保障设备人员通讯能力。

（2）消防泵房内设置外网报警电话，供消防专用。

（五）桥梁、路基、站场

（1）区间及站场过轨框架涵、管井等的预留，路基段及站场范围内，结合给排水管道布置情况预留过轨框架涵，框架涵可采用圆管涵洞或矩形框架涵尺寸不小于 1.2 m。

（2）立交排水泵站：

① 立交排水泵站尽量靠近框架涵布置，保证框架涵内雨水顺利流入泵站集水井。

② 桥梁、路基、站场提供汇水面积，相邻两个框架涵，汇水应均有设计，避免单个框架涵汇水面积过大。

第四十一章 高性能混凝土及耐久性设计

一、耐久性设计

金台铁路线桥涵建筑材料选用及材料各项耐久性指标均按《铁路混凝土结构耐久性设计规范》（TB 10005-2010）相关要求执行。金台铁路线大部分地表水及地下水具有氯盐和硫酸盐侵蚀性。正线侵蚀性环境作用等级为 H1、H2、L1、L2；枫山联络线侵蚀性环境作用等级为 H1；永康南疏解线侵蚀性环境作用等级为 H1；货车联络线侵蚀性环境作用等级为 H1、L1、L2；头门港支线侵蚀性环境作用等级为 H1、H2、L1、L2、L3。详见表 41-1。

表 41-1 建筑材料选用

混凝土等级		C30	C35	C40	C45	C50
	环境作用等级					
桥梁	支撑垫石			T2		
	墩台顶帽、道砟槽		T2			
	托盘、实体墩身、空心墩身、台身		T2			
	承台、桩基础	T1	H1	L1、H2	L2	L3
	明挖、挖井基础	T1	H1、L1、L2			
涵洞及框架桥	框架桥涵身、盖板涵盖板、圆涵		T2、H1	L1、H2	L2	
	帽石	T2				
	翼边墙	T2、L1、L2	H1			
	基础（素混凝土）	T1、L1、L2	H1			
	基础（钢筋混凝土）	T1	H1	L1、H2	L2	L3
防护工程		M10 浆砌片石				

近海地区及受潮汐影响的桥涵防腐设计，参考沿海铁路桥梁防腐耐久性措施，见表 41-2。

表 41-2 环境类别及作用等级

环境类别	环境条件	判断条件	作用等级	说明
氯盐引起钢筋侵蚀环境	近海或海水	距离最高潮水位岸线 100 ~ 300 m 范围内的陆地区、海水中	L1	桥梁处于近海或海水环境中，分为大气区、浪溅区、水位变化区和水下区
		距离最高潮水位岸线 100 m 内的陆地区和海上区、海上大气区	L2	
		浪溅区、水位变化区	L3	

二、钢构件防腐

金台铁路线 DK140+000 ~ DK145+500、TDK0+000 ~ TDK8+500、TDK39+000 ~ TDK44+315、LDK1+800 ~ LDK3+700 段落内桥涵位于近海或海水环境，所有钢构件及预埋件的外露部分进行相应防

腐处理。其余地区按部颁图纸要求处理。

（1）声屏障（或人行道栏杆）基础预埋 U 形螺栓、吊篮预埋 U 形螺栓、接触网支柱预埋螺栓基础面以下 150 mm 及外露部分防腐处理采用多元合金共渗+锌铬涂层+封闭层处理；声屏障（或人行道栏杆）基础预埋钢板、防落梁预埋钢板、螺栓及套筒，支座预埋钢板、螺栓及套筒，接触网支柱预埋钢板采用多元合金共渗+钝化处理；防落梁钢挡块采用渗锌处理。其中渗层厚度≥50 μm，锌铬涂层加封闭层总厚度 15～20 μm。

（2）人行道预埋 T 形钢及栓钉采用多元合金共渗+锌铬涂层+封闭层处理，其中渗层厚度≥50 μm，锌铬涂层加封闭层总厚度 15～20 μm。

（3）人行道、避车台、围栏、吊篮、检查梯、电缆槽等部位角钢、扶手钢筋均采用渗锌处理。角钢支架之间的连接螺栓采用多元合金共渗+锌铬涂层+封闭层处理；其中渗层厚度≥50 μm，锌铬涂层加封闭层总厚度 15～20 μm。

（4）以上段落范围桥梁支座钢材外漏表面均采用《铁路钢桥保护涂装及涂料供货技术条件》（TB/T 1527—2011）第七体系涂装。

（5）防腐处理的工艺及各项技术指标应满足《铁路混凝土梁配件多元合金共渗防腐技术条件》（TB/T 3274—2011）、《锌铬涂层技术条件》（GB/T 18684—2002）和《磁性金属基本体上磁性覆盖层厚度测量磁性法》（GB/T 4956—2003）的要求。

第四十二章 勘察设计经验体会与问题探讨

第一节 线路设计

一、经验体会

（1）勘察设计过程中应多留存影像资料，对沿线地形地物、油气管线、高压电线有充足的迁改方案，减少后期此类变更设计。

（2）重视和相关专业的接口设计，各专业之间加强沟通交流。比如与通站道路、通所道路相接的道路发生了变更，需及时沟通并调整改移方案。

（3）关于安防物防相关内容，各地方路局要求不尽相同，不能仅靠通用图作为唯一设计参考。此部分内容应在初设及以前阶段进行对接，根据路局相关文件进行设计。

（4）全线通所道路、防护栅栏门的设计位置在运营单位（如工务段）介入后，变更极多。如果前期设计无法与相关单位沟通，应考虑部分后期变更产生的费用。

（5）选线时应尽量减少长大隧道，避免隧道施工过程中发生中线偏移的情况。

二、问题探讨

1. 软基段防护栅栏地基处理

（1）问题介绍：现场调查发现，沿海段软基厚度超过 20 m，即便进行扩大基础、换填碎石料，钢筋混凝土栅栏立柱仍然有沉降、歪斜，水沟、个别栏片发生开裂。

（2）原因分析：软基层较厚，路基主体地基处理（桩基）范围不包括防护栅栏所在范围，同时钢筋混凝土防护栅栏自身较重，一般换填基础的效果很差。

（3）处理措施：利用路基主体电缆槽旁的空隙，如图 42-1 所示干砌片石护道位置安装防护栅栏，将栅栏挪到水沟内侧，安装在桩基处理范围内。

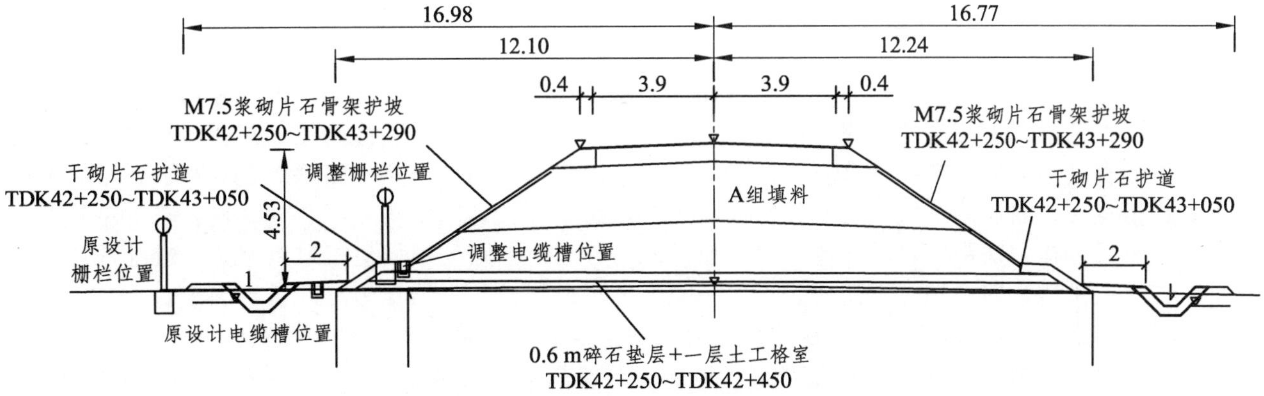

图 42-1 软基段防护栅栏设置图（单位：m）

（4）经验总结：软基处理一般不包含路基主体以外范围，范围外的水沟自重较轻，软基影响不大，但钢筋混凝土防护栅栏自重大，单根立柱超过 200 kg，不做地基处理很难稳固。建议将防护栅栏并入路基主体软基处理范围，或调整防护栅栏位置到软基处理范围内。

2. 陡坡防护栅栏的设计

（1）问题介绍：根据现场排查情况，隧道洞口、部分路堑安装防护栅栏的坡度达到 75°左右，通图提供的钢筋混凝土防护栅栏基本无法安装，现场典型情况照片如图 42-2 所示。

图 42-2 防护栅栏坡度 75°现场图片

（2）原因分析：《铁路线路防护栅栏图集通用参考图〔2012〕8001》中对适用 0°～36°坡度的防护栅栏有详细的设计标准，但对超过 36°的地形仅说应特殊设计。目前陡坡段的铁路线路防护栅栏没有统一的建设标准，只能根据各地方路局铁路物防的要求，结合近年施工的铁路范例参考进行特殊设计。

（3）处理措施：结合《铁路线路防护栅栏图集通用参考图〔2012〕8001》，减少栅栏栏片长度，加密立柱提高钢筋混凝土防护栅栏的坡度适用范围；参考杭黄高铁采用的轻质槽钢栅栏，在部分混凝土栅栏难以安装地段采用槽钢结构栅栏。

（4）经验教训：现已结合连盐、金台、安九等近年铁路建设项目，对陡坡防护栅栏进行了课题研究，针对各地方路局、公安部门物防要求进行了总结修改。

3. 铁路与高速公路立交处高速公路同步拓宽

（1）问题介绍：金台线全线有 3 处上跨高速公路工程，因各高速公路公司无明确拓宽规划，结合鉴定中心审查意见，上跨高速公路处桥梁跨度按拓宽至 8 车道设计，不做高速公路同步拓宽。铁路建设过程中，省交通厅提出须在铁路安全保护区范围内同步拓宽高速公路（路基）至 8 车道，避免远期高速公路拓宽对铁路运营造成干扰。经协商后金台铁路变更设计同步拓宽了 3 处高速公路（路基）。

（2）原因分析：铁路项目设计过程中，设计院与各高速公路公司均对接过方案并达成统一意见，但浙江省交通部门远期规划全省高速公路要拓宽至 8 车道规模，具体实施时间暂不确定。

（3）处理措施：《罗桥跨台金高速处高速公路交叉段高速公路拓宽工程Ⅱ类变更设计》《清潭头跨甬台温特大桥与甬台温高速处高速公路交叉段高速公路拓宽工程Ⅱ类变更设计》《永安溪跨台金高速公路特大桥与台金高速处高速公路交叉段高速公路拓宽工程Ⅱ类变更设计》。

（4）经验教训：设计院应在设计过程中与地方交通部门深入对接，取得正式意见后进一步完善方案，将重大立交同步实施工程纳入初步设计批复内容，避免后期造成较大变更。

第二节 路基设计

一、经验体会

（1）金台铁路台州段属于滨海平原区，地面平坦，采用沿线就地开槽的方式造成部分排水沟积水、排水不畅的问题，可采用桥梁承台的弃土或清表土适当抬高地表标高，消除排水不畅的隐患。

（2）车站站台及场坪地基处理措施应与房建专业充分沟通，加强专业间设计联动与协作，地基加固可一并考虑路基填土及雨棚的荷载，现场施工同期进行，合理安排施工工序，减少二次地基加固的难度。

（3）由于金台线特殊性，施工单位进场时间与定测时间间隔较长，地方政策调整，定测阶段签订取弃土场无法利用，施工单位应配合设计单位重新选定经济合理的土源。

（4）铁路建设过程中，地方提出多处路改桥诉求并最终付诸实施。设计中在进行路桥方案比选时，在注重建设投资比较的同时，应充分考虑当地经济生产状况、土地使用及后期升值情况、自然环境、居民生活便利性以及社会其他因素等，综合确定路桥方案。

二、问题探讨

1. 邻近既有线地基加固处理

（1）问题介绍。

新建金台铁路台州站、台州南站均并行并肩增建于既有杭深铁路，地处平原区、丘间谷地，基底分布深厚层软基，工程性质差，既有杭深铁路路基采用高压旋喷桩、CFG桩结合布袋注浆桩以及管桩等地基加固措施。针对邻近既有线新建台州站、台州南站的地基处理方案，重点从保证既有线行车运营安全出发，一方面根据《上海铁路局工务安全管理办法》要求及调研国内邻近既有线的软基处理变形控制技术与施工经验，另一方面加强新建工程对邻近既有线的稳定与沉降变形检算分析，同时考虑地基处理措施的施工设备不影响邻近既有线正常运营与施工安全，为此结合金台铁路项目并行既有线帮宽新建股道、地质条件及其既有线地基处理措施等因素综合分析，研究确定针对新建台州站帮宽路基按距既有铁路外侧股道间距 20 m 以内采用桩板结构（钻孔灌注桩+承载板），超过 20 m 以外采用桩筏结构（管桩+筏板）方案，针对新建台州南站帮宽增建股道以减轻帮宽填土荷载的泡沫轻质土补偿路基结合高压旋喷桩复合地基加固方案。虽然新建台州站、台州南站的地基处理方案在邻近既有线的同类工程中均取得了成功，在阶段审查时也得到相关单位、部门的认可，仍然难免在施工过程中会对既有铁路路基稳定及变形产生一定影响。

（2）原因分析。

现场施工环境复杂，地质条件较差，管桩等挤土桩施工虽提前施做应力释放孔，但产生的孔隙水压力仍难快速消散，且现场施工沉桩速率较难控制。现场旋喷桩工艺性试桩试验发现部分桩头附近存在地表隆起现象，会对临近营业线路基附加沉降及位移变形产生一定影响。

（3）处理措施。

为减小对既有线路基稳定变形的影响，确保邻近既有线行车运营与施工安全，地基处理措施进行了优化调整：台州站适当加大既有路基坡脚处桩板结构的加固宽度，原设计桩板结构采用的横向 2 排钻孔桩调整为横向 3 排钻孔桩，同时严格控制外部管桩施工顺序及沉桩速率；台州南站原设计高压旋喷桩调整为接杆式水泥搅拌桩复合地基加固处理。

在吸取邻近既有线的同类工程的施工经验的基础上，结合金台铁路项目具体情况施工前应详细编制其施工组织设计，重点加强施工方案、施工管理及其过程控制，进一步细化软土地基处理技术方案、施工组织及方案、变形监测方案、安全施工管理等技术措施，最大限度地降低新建路基工程对邻近既有路基稳定与变形的影响，确保既有线正常运营与施工安全。

（4）经验总结。

设计施工方案应尽早与邻近铁路运营管理部门沟通并征求意见。

施工前应编制专项施工组织方案及施工安全应急预案，并报路局批准后组织施工；施工前进行必要的现场施工试验，系统分析其施工工艺流程、主要施工参数以及安全质量保障措施等，总结选择最优的施工技术措施，确保既有线的运营安全。

必要时应组织具有相关资质的独立第三方专业机构进行软基处理施工方案对邻近既有线路基影响的分析评估，同时选取一段路基开展现场工艺性试验施工，结合现场施工及其沉降变形观测成果，综合分析与总结地基处理施工方案对邻近既有路基稳定及变形的影响程度，提出安全合理有效的施工方案及施工组织等，以指导邻近既有线大面积的地基处理施工。

2. 块石类路堤填料的压实标准

（1）问题介绍。

现行《铁路路基设计规范》（TB 10001-2016）第 7.3.1 和 7.3.2 条及《铁路路基工程施工质量验收标准》（TB 10414-2018）第 6.1.6 条中规定块石类填料应采用压实系数和地基系数作为控制指标。

① 现行《铁路工程土工试验规程》（TB 10102-2010）密度试验“灌水法适用于现场测定最大粒径小于 200 mm 的土的密度”，而块石类填料的粒径范围为 200 mm≤d＜300 mm，超出试验适用粒径范围。在金台铁路项目工程实践中，现场采用灌水法获得密度试验，在块石类填料中较难测得且误差较大。

② 地基系数 K30 通过地基系数试验（俗称平板载荷试验）获得，承载板有直径 300 mm、400 mm、600 mm 共 3 种，对应地基系数分别以 K30、K40、K60 表示。然而根据《铁路工程土工试验规程》（TB 10102-2010）的规定，“地基系数试验适用于各类土和土石混合填料，其最大粒径不宜大于承载板直径的 1/4，测试有效深度约为承载板直径的 1.5 倍”，则 3 种承载板对应其下填料允许最大粒径分别为 75 mm、100 mm、150 mm，均小于块石类填料粒径范围。这就意味着，对于粒径大于 150 mm 的块石类填料（粒径范围为 200 mm≤d＜300 mm），采用地基系数试验获得的地基系数 K30 本身存在较大偏差。借此来判定填料的压实程度，势必存在较大的偶然性和不确定性。本项目工程实践中更是真实的反映了这一点，对于块石类填料填筑的路基本体，现场实测地基系数普遍偏高，这正是由于承载板坐落在整块大石块或几块石块上的缘故。即便块石间并不密实或存在较大缝隙，也往往能得到较高的地基系数。

（2）总结及探讨。

对于铁路路基工程中粒径较大的块石类路堤填料的压实标准问题，目前已有的控制标准及土工试验方法等仍有较大的使用局限性，有待进一步研究及完善，以提高其使用的可操作性及简便性。

目前铁路工程建设中，建议尽量避免使用大粒径块石类填料进行直接路堤填筑。必须选用块石时，可对其破碎解小或级配改良等措施后再进行路堤填筑，以确保路基填筑密实。

第三节　桥梁设计

一、经验体会

1. 外业勘测与调查

外业勘测与调查是设计的第一手资料，勘测资料的质量高低决定了设计的质量高低。需加强对测量中桩的核对，注意位于水中、水塘中地面线需核实测量是否为真实数据；应加强对地下管线的调查，结合地方规划资料及现场的标志进行调查，并及时提醒线路、给排水、暖通等相关专业，加强专业间沟通对接，确认管道位置、走向及埋深，做好各专业间的资料互提；加强与地方交通、水利部门的沟通，对于规划的道路、河流均需地方提供批复文件，在勘测阶段签订协议，避免设计院的责任。

2. 防洪、通航、立交三项专题评估工作

防洪、通航、立交三项专题评估的批复是桥梁孔跨稳定的基础。此项工作一定要在初步设计批复前完成，避免后期施工办理行政许可时引起孔跨调整。对于三项评估的批文要仔细理解，对批文的执行情况形成正式文本提交业主，由业主发函将回复意见反馈至地方主管部门，避免批复执行不到位，遗漏文中的一些要求。

3. 桥涵工点的设置

由于沿线地区水网、路网密集，排水沟、灌溉沟、道路等相邻并行或交错，原设计时将部分道路及沟渠进行改移后合并设置，减少了涵洞设置密度；由于社会经济的发展，现场实施时，地方要求涵洞功能各自满足要求，导致涵洞孔径加大，涵洞个数增加。

建议后续项目勘测时，深入群众、了解沟渠及道路的使用功能，适当考虑地方发展空间，合理设置桥涵工点，预留一定的富余量。

4. 专业间接口

桥梁专业要重视与其他相关专业在各个阶段的协调配合，做好专业接口衔接设计。

建议后续项目中，桥涵专业加强与相关专业的协调配合，尤其与线路、路基、房建、给排水、接触网等专业的沟通配合，给各个专业提供安全、准确的水文、孔跨布置、四电及环保相关接口等资料，供其设计采用。在桥路结合段、涵洞出入口与路基边坡排水沟的顺接等问题易发生地段为路基专业提供准确的桥涵缺口里程、涵洞出入口排水形式等设计资料，以避免出现专业衔接问题。

二、问题探讨

1. 白沙村大桥Ⅱ类变更设计

（1）问题介绍：线路位于白沙川站进站段，白沙村南侧，施工图设计为路基结构，立交、排水设置框架桥、涵洞工点。铁路实施过程中地方政府不同意路基形式通过，并于 2016 年 8 月 16 日致函金台铁路有限责任公司要求 DK16+075 ~ DK16+250 段设计变更为桥梁。

（2）原因分析：金台铁路为普速铁路，设计时速 160 km/h，变更范围内线路填土高度为 4 ~ 7 m，位于白沙川站进站段，由单线变为双线，施工图设计时考虑路基结构造价较低，并且桥梁结构为满足轨道相关要求需设置 4-32 m 道岔连续梁结构，不满足立交协议 4.5 m 净高要求，故施工图设计按路基段落考虑，相关立交、排洪位置设置框架桥、框架涵工点满足功能需求。

（3）处理措施：DK16+051.04 ~ DK16+257.95 段路基改为桥梁，长度为 207.91 m，桥梁孔跨布置为：1-32 m 简支 T 梁（单线）+4 × 32 m 道岔连续梁+1-32 m 简支 T 梁（双线）；DK16+168 处村道立交净高由 4.5 m 调整为 4.0 m，同时取消变更设计范围内 1 个框架桥、3 个涵洞工点及线路左侧改移既有水渠工程措施。

（4）经验总结：线路临近村庄地段充分对比路桥方案，不能单从投资情况考虑，需综合考虑地方风土人情、远期规划等情况，如立交净空、预留线位影响等因素控制，施工图设计前应与地方相关部门充分沟通，防止配施期间发生变更情况。

2. 临海东跨油气管道中桥Ⅱ类变更设计

（1）问题介绍：金台铁路于 DK141+949.5、DK141+964.3 处与甬台温输油气管道分别交叉，交叉处位于金台线临海东站。施工图设计时根据鉴定中心意见，需改迁甬台温输油气管道，采用路基形式通过。

2016 年 4 月 18 日浙江省发展改革委、能源局在杭州组织召开了《甬台温天然气和成品油与在建金台铁路临海东站货运站工程相交段安全咨询评估报告》评审会，会议明确铁路范围内油气管道保护方案由铁路设计单位设计，油气管道企业配合；油气管道自身防护由管道企业负责。涉及铁路变更设计，由金台铁路有限责任公司按规定程序报批。

（2）原因分析：金台铁路批复时油气管道已基本实施完毕，改迁油气管道投资巨大，油气管道产权单位委托相关单位开展油气管道与铁路相交段落的安全咨询评估，并组合专家评审，经浙江省发改委、能源局组织协调并出具纪要《关于甬台温输油气管道与金台铁路工程相遇相交问题协调会议纪要》（〔2016〕1 号），明确不迁改油气管道，由铁路设计单位开展相关变更。

（3）处理措施：金台铁路 DK141+932.65 ~ DK141+980.45 范围内防护油气管道，对应站内 6 股道设 6 座平行的单线 1-32 m 简支 T 梁桥跨越管道，每座单线桥长 47.8 m；站内货场公路 DL2K0+401.78 ~ DL2K0+432.82 范围内设置单线 1-25 m 预应力混凝土空心板梁跨越管道，桥长 31.04 m。

（4）经验总结：在施工图设计前应尽量与地方部门充分沟通，明确相关争议地段跨越方案，提前开展相关安评评估，组织专家审查，为方案的稳定提供有力保障，防止后续工作的反复。

3. DK124+747.6 新增 2-16 m 立交框架桥及相关工程Ⅱ类变更设计

（1）问题介绍：金台线 DK124+729.6 ~ DK124+765.5 为区间路基，DK124+760 设置 1-4.0 m 框架涵，用途为排洪，为满足临海市总体规划和综合交通运输发展的要求，临海市规划设计 G104 国道与金台铁路 DK124+747.6 处相交，2019 年 5 月 8 日致函（临政函〔2019〕46 号）金台铁路有限责任公司，要求预留规划通道，此时段落范围内路基主体工程、框架涵已实施完毕。

（2）原因分析：地方政府道路规划落后于金台铁路批复时间，地方政府为减少后期工程费用要求同步实施预留工程。

（3）处理措施：在金台铁路安全影响范围同步实施规划 G104 国道工程，拆除 1-4.0 m 既有框架涵，与铁路相交处增设 2-16 m 框架桥，为不影响金台线施工进度，框架桥处设置临时便梁措施，变更引起的新增工程费用由地方政府承担。

（4）经验总结：铁路施工过程中也应加强与地方交通、水利等部门的沟通，尽量在工程未实施前完成规划预留工程，节省工程投资。

第四节　隧道设计

一、经验体会

（1）隧道勘察阶段应加强对洞口的周边环境的调查，特别是对危岩落石等不良地质、重要建构筑物等的排查，减少施工阶段由于前期勘察不到位造成变更设计。

（2）隧道地表水体发育的段落，应做好洞内的防排水措施，防止后期运营期渗漏水问题。

（3）隧道施工过程中，加强超前地质预报工作，现场配施人员应充分分析地质预报成果，并结合现场情况对隧道地质情况进行判断，及时调整支护措施。

（4）临近营业线施工的隧道，设计阶段应充分考虑临近营业线施工对施工进度的影响。

二、问题探讨

1. 隧道洞口危岩落石防护

（1）问题介绍：隧道危岩落石的处理，在设计阶段深度不够，一般仅给出清理数量和主（被）防护网数量，施工期间存在处理较困难的危岩落石，需要对防护方案进行调整，对施工进度影响较大。

（2）原因分析：危岩落石治理是一项十分复杂的工作，隧道洞口地形较陡，植被茂密，勘测阶段不具备搜山排查的条件，因此很难发现隐蔽的危石，因而在施工阶段需要进一步排查。

（3）处理措施：在施工阶段经过现场详细调查，逐块调查洞口影响范围内的危岩落石治理方案，并计列相关数量。小块、零散的危石可直接清除，对于大规模的危岩落石应对现场进行详细勘察，对危石产生的原因、现场的状态进行评估，推测可能发生的坠石的形态，同时对落石轨迹、弹跳高度、运动能量、产生的冲击力等进行系统的研究，从而决定危岩落石的治理方案。

（4）经验总结：通过金台铁路的工程经验，建议危石治理工作应尽早开展，与土建工程同步时或提前施工。

2. 隧道洞口

（1）问题介绍：隧道洞口施工过程中，多处隧道洞门形式发生变化，个别隧道长度进行调整。

（2）原因分析：隧道洞口施工过程中，由于受到地形条件的影响，施工便道破坏了原始地貌，或者由于测量误差，造成实际地形与原设计不符，由于以上原因造成洞门形式、洞口边坡防护形式与原设计不符。

（3）经验总结：

① 对于特别复杂的地形，应对施工便道进行单独设计，或给出施工建议，洞口设计应考虑便道修筑对地形的影响，合理选择洞门形式。

② 施工期应对施工便道和施工场地进行合理组织，保证与设计方案一致。

3. 对于硬质岩隧道的塌方特点分析及处理方案的总结

（1）问题介绍：金台铁路南庄岭隧道 DK90+107.6 ~ DK90+201 段发生了变形、塌方，塌方体约 1 000 方。

（2）原因分析：隧道洞身为白垩系下统朝川组（K1C）凝灰岩地层，DK90+107.6 ~ DK90+175 段原设计为Ⅲ级围岩，DK90+175 ~ DK90+201 段原设计为Ⅴ级围岩，地层属于硬质岩地层。从其塌方成分与体积分析，该段受大区域构造影响，在拱顶上方 3 ~ 5 m 范围内存在隐伏不利节理面（常规探测手段无法探明该种不利节理面、且施工较难揭示该类型节理面），节理面充填软弱夹层，形成不利组合结构面，开挖形成临空面，受前方掌子面爆破的影响，加之恰逢雨季，雨水下渗，该软弱结构面的层间结合力逐步变差，块状岩体沿软弱结构面突然失稳，导致该段拱部围岩发生坍塌。

（3）处理措施：根据塌腔形态、规模、与隧道空间关系，结合坍塌物堆积高度情况，采用“回填加固、超前支护、加强结构、三台阶法”的原则进行处理。采取应急措施，保证施工安全，采用低标号混凝土进行回填处理，回填完成后，采取超前管棚预支护，加强初支及二衬参数，初期支护采用 29 cm 厚 C30 喷射混凝土，内嵌工 22a 钢架、0.6 m/榀，二次衬砌采用 50 cm 厚 C35 钢筋混凝土结构，并采用三台阶临时仰拱法施工，对周边岩体采用径向注浆加固。

（4）经验总结：

① 硬质岩隧道的塌方具有突然性，事前或无征兆，因此，一般对于此种地层一般采用“回填加固、超前支护、加强结构、三台阶法”的原则进行处理。

② 隧道裂隙发育、存在软弱结构面，且裂隙与地表联通性较好的围岩，应加强监控量测，发现异常及时采取针对性措施。

4. 邻近既有线隧道施工方案

（1）问题介绍：金台线新蝙蝠岭隧道、石锦隧道邻近既有铁路隧道施工，最小净距约 16 m，施工组织需要与运营单位进行配合，并要求在天窗点爆破施工，同时对爆破振速要求较高，对施工进度影响较大。

（2）原因分析：根据路局审查意见及爆破安全评估结论，要求邻近既有线小于 50 m 的段落需要在天窗点进行施工，爆破振速小于 3 cm/s，受此影响，隧道工期无法满足全线铺架工期要求，需对施工方案进行变更调整。

（3）处理措施：经过专题研究，确定采用铣挖法进行施工，减小对既有线的影响，保证隧道施工及既有线运营的安全。

（4）经验总结：隧道设计时，应充分考虑邻近既有线施工的影响，在保证工期及施工安全的条件下，结合隧道间净距、地质条件合理选择施工方案。

第五节 轨道设计

一、经验体会

（1）勘察设计过程中应严格执行国家和铁路总公司强制性标准、规定和规范、集团公司质量安全管理体系、质量考核、过程控制、文件签署等相关规定，初步设计批复意见，正确的咨询意见，设计内容完整、准确、不漏项。

（2）施工过程中规范更新致使设计不满足要求时，应及时向总体组、业主反馈，妥善处理。

（3）重视和相关专业的接口设计，各专业之间加强沟通交流。上续专业的设计内容应及时提供给接口专业，当上续专业发生设计变更时，应及时反馈给下续专业，避免施工时设计内容不一致。

（4）站线整体道床涉及站场、车辆、机械、机务、房建、轨道、信号等专业，涉及专业多、内容杂，在钢轨、扣件选型，整体道床范围及选型，地基处理，设计、施工界面划分等过程中各设计、施工单位应加强沟通交流、统一认识。

（5）在无缝设计锁定轨温、线路信号标志设计，无砟轨道、钢轨焊接施工过程中，加强与工务部门的沟通，提高设计、施工的准确性和效率。

（6）应加强与行车、线路专业沟通，初测、定测时基于行车 VS 曲线和线路方案尽早进行超高设置及允许速度检算，以便确定线路方案；在超高设计时，应加强与国铁工电部、上海局、金温铁道公司的沟通，尤其是进出站端曲线超高及允许速度的检算，避免因设计原因产生限速点。

（7）选线时线路、桥梁、轨道专业要密切配合，尽量不设或少设钢轨伸缩调节器。伸缩调节器正式铺设前必须经过设计对产品型号和铺设位置确认后才能施工，现场施工时应请厂家进行现场指导。

二、问题探讨

1. 混凝土支承块破损

（1）问题介绍：现场调查发现，弹性支承块式无砟轨道地段过车后（工程车、运梁车），出现混凝土支承块台帽边缘受力开裂破损掉块的现象，现场典型照片如下图 42-3 所示。

图 42-3 混凝土支承块破损情况

（2）原因分析：施工单位浇筑道床板混凝土时，未严格保证设计文件、图纸和技术交底中“道床板表面低于橡胶套靴帽檐底部 2 mm”的要求，致使混凝土面高于橡胶套靴帽上沿，道床混凝土直接与帽檐下部混凝土接触，列车经过时，弹性支承块变形后引起混凝土支承块帽檐、橡胶套靴帽檐和道床板顶面相互作用，导致混凝土支承块帽檐处应力集中，支承块混凝土受剪而发生裂缝甚至剥离断裂。

（3）处理措施：

① 破损的混凝土支承块应更换为新的混凝土支承块；

② 对已施工道床板顶面接触到橡胶套靴帽檐地段，可采取对套靴四周道床板顶面进行打磨等处理措施（处理过程中避免损伤钢轨、套靴），保证道床板表面低于橡胶套靴帽檐底部 2 mm，防止混凝土支承块继续发生损坏；

③ 后续无砟轨道施工中严格保证道床板表面低于橡胶套靴帽檐底部 2 mm。

（4）经验总结：设计单位在设计文件、图纸和技术交底中以及施工单位在施工工程中应严格保证弹性支承块式无砟轨道道床板表面低于橡胶套靴帽檐底部 2 mm。

2. 无砟轨道地段伸缩缝未居中

（1）问题介绍：根据现场排查情况，弹性支承块式无砟轨道部分道床板伸缩缝不居中、偏斜，支承块距离道床板板端距离与伸缩缝居中时支承块距离道床板板端距离存在偏差。部分地段施工缝紧贴支承块，严重影响轨道的安全使用功能，现场典型情况照片如图 42-4 所示。

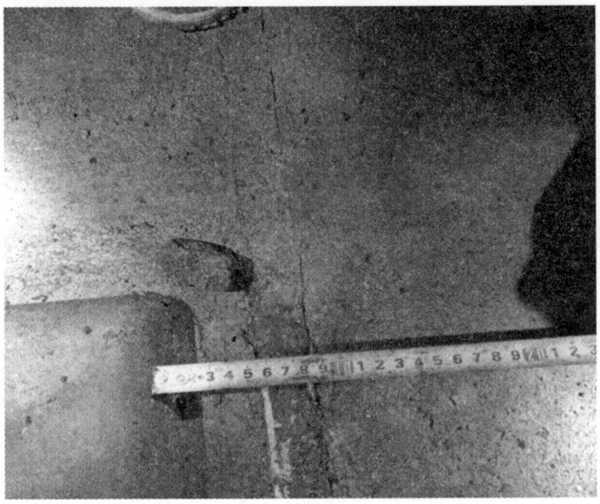

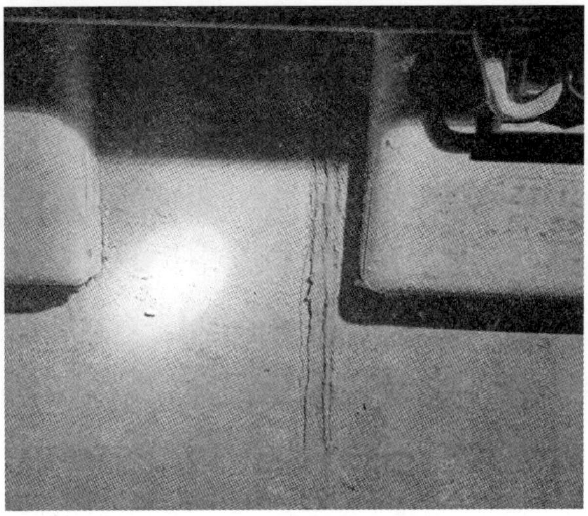

图 42-4 道床板伸缩缝不居中

（2）原因分析：伸缩缝位置因在浇筑道床板混凝土时预先装入的伸缩缝嵌缝板易受有流动性的混凝土挤压发生偏位，伸缩缝位置误差超出《铁路轨道工程施工质量验收标准》（TB 10413-2018）要求。

（3）处理措施：

① 当道床板板端距离支承块边缘 $\geqslant$ 71 mm 时，根据要求和相关工程经验可不做处理，需要长期观测，一旦发生病害应立即整治；

② 当道床板板端距离支承块边缘 $<$ 71 mm 时，伸缩缝距支承块距离较近，需将伸缩缝左右一定范围内无砟道床结构拆除或凿除，重新设置伸缩缝或将道床板纵连。

（4）经验教训：设计单位在设计文件、图纸和技术交底中以及施工单位在施工工程中应严格保证弹性支承块式无砟轨道伸缩缝居中，伸缩缝施工工艺应在首件施工过程中予以解决。

3. 预留二线桥梁地段铺设道砟问题

（1）问题介绍：金台铁路部分预留二线地段线下工程已和金台铁路同步实施，对于和金台铁路正线并行已实施桥梁地段，轨道和桥梁设计文件和图纸中均未明确预留二线已施工桥梁地段是否应该铺道砟。施工过程中，桥梁专业发现根据《时速 160 公里客货共线铁路预制后张法简支 T 梁（钢横梁人行道方案）》(通桥（2017）2101-Ⅰ、Ⅱ)，预制简支 T 梁的设计荷载中包括二期恒载（包括轨道结构），如架设后二期恒载长时间无法实施，线路开通运营后桥梁横桥向处于不对称受力状态，桥梁成桥线形和结构受力也与桥梁设计成桥状态不符。

（2）处理措施：要求预留二线梁体铺设道砟（不铺钢轨、扣件、轨枕，但道砟比实际稍多）来抵消预应力引起的梁体上拱度以及消除横向偏载的影响。

（3）经验教训：在铁路设计过程中，若有预留二线，对于已实施桥梁地段，应和桥梁专业共同探讨预留二线是否应该铺道砟。

第六节　站场设计

一、经验体会

（1）站场专业结合面大，工程接口及施工组织复杂。车站的施工项目多，不但涉及路基、轨道、桥涵等站前工程，而且还涉及站房、四电、给排水等多项站后工程。专业技术人员不仅应熟知项目背景、设计意图、工作方法和程序、设计原则和要点，而且要对其他专业设计内容有一定了解。

（2）各专业应做好技术交底工作，让有关各方了解工程详细情况，工程特点及施工注意事项。深入总结以往项目的宝贵经验，对易忽视的问题进行重点说明，切实做好特别是重点工程的技术交底工作。

（3）配合施工过程中，配合施工指挥部要与参建各方建立良好的关系，保持顺畅的沟通渠道。配合施工人员要做好现场办公工作，积极参加设计回访及现场巡检，及时解决现场发生的问题，完善和优化施工图设计。

二、问题探讨

由于车站是衔接站后站房、四电、给排水等工程的平台，因此各个专业的管线在车站内分布密集、相互交叉及重叠。综合管线需要各方紧密配合，甚至不断创新才能顺利完成。如何优化管线布局仍需各相关专业进行深入研究。

第七节　机务设计

金台线运营管理模式变更为金温铁道公司代管后，原变更设计在永康东设机务运用段 1 处，承担金台线内燃、电力机车运转整备及和谐电力机车临修、C1 ~ C3 修任务。由于金华货车外绕线工程在金华地区考虑了本线电力机车检修设施，最终确定为在永康东站增设机务折返所 1 处，承担内燃、电力机车运转整备任务，造成金台线运营初始年度，和谐电力机车的检修不便。

关于永康东机务设施的建设规模，从金台线运营初始年度需求角度考虑，宜设置部分和谐电力机车的检修设施。从金台线、金温货线长远运营角度考虑，金华地区检修设施生产力布局更加合理，同时也造成金台线运营初始年度和谐电力机车检修不便。

第八节　车辆设计

一、经验体会

金华至台州铁路车辆专业主要设计内容为全线客、货车车辆设备以及车辆运行安全监控系统，客车车辆设备为台州客车技术整备所，货车车辆设备为永康东装卸检修作业场，车辆运行安全监控系统为全线红外轴温探测系统及车号识别系统。铁路车辆设备涉及专业多、接口复杂，系统性、综合度要求较高，车辆专业作为牵头专业，需对全线车辆设备设计进行整体把控，主要经验体会如下：

（1）努力提高站位，铁路工程为系统工程，目光不能仅局限在车辆专业的设计范围内，一定要对整个工程有全面、系统的认识，确保车辆设备整体设计方案的合理可行性；

（2）及时转变思维，在全线运营管理模式变更后，设计过程中应主动同运营单位进行沟通，在规范和批复允许的范围内尽可能满足使用单位要求，符合运营部门的使用习惯，可以避免在施工过程中造成很多的变更；

（3）要具有超前意识，设计过程中在满足规范和批复前提下，优先采用新技术、新工艺、新设备；

（4）注重对细节的把握，将自己所能想到的细节问题和相关专业进行探讨，确保设计经济合理、方便适用、美观大方；

（5）提相关专业要求时尽可能全面和细化，最好能将自己的设计意图同相关专业商讨，达成共识；

（6）车辆专业作为牵头专业，在设计时要尽可能和设备厂家进行沟通交流，掌握设备的使用条件，确保设备满足要求，并培养自己的空间感，避免与其他专业设施设备的交叉干扰。

二、问题探讨

（1）问题介绍：台州客整所临修镟轮库落轮机设备安装完毕后运营单位提出落轮机需承担 HXD 机车落轮任务，坑道宽度落轮时余量不足。

（2）原因分析：台州客整所落轮机按满足客车落轮要求设计，未考虑 HXD 机车入所整备、检修任务。

（3）处理措施：将落轮机设备走行部基坑（*B*—*B*、*C*—*C* 剖面）自轨顶面至 – 1.30 m（以轨顶面为 ± 0.00 m 计）部分轮廓沿轨道方向净宽尺寸拓宽至 2 400 mm（两侧各加宽 100 mm）；自 – 1.30 m（以轨顶面为 ± 0.00 m 计）至基坑底宽度为 2 200 mm 不变。

（4）经验总结：在设计诸如不落轮镟设备、落轮机等大型有设备基础设备时，前期阶段需和使用部门充分对接确认，设备基础在满足相关规范、标准要求前提下适当考虑一定余量，在施工前要反复现场确认方可施工，以免造成返工和废弃工程。

第九节　机械设计

一、经验体会

金华至台州铁路机械专业主要设计内容为全线综合检测及维修和货运系统。全线综合检测及维修的设置设计主要有：在壶镇、临海南站分别设综合维修车间 1 处，在仙居、头门新区站分别设综合维修工区 1 处，在台州、临海东、括苍、下各、田市、白塔、仁川、磐安、永康东、杜桥站分别设维修保养点。货运系统的设计主要有壶镇、磐安、下各、临海东、头门新区货场以及永康东物流中心配置的货运装卸机械、各类储运设备，及轨道衡、汽车衡、超偏载仪等计量设备等。机械专业涉及设备纷繁复杂，且设备接口专业多，协调难度大，作为牵头专业，机械专业主要经验体会及存在问题如下：

（1）机械专业作为综合检测及维修机构和货场的设计牵头专业，一定要对总图的布置和工艺有全面和系统的认识，目光不能仅仅局限在机械专业的设计范围内，确保设计方案的经济、合理、可行；

（2）注重对细节的把握，将自己所能想到的细节问题和相关专业进行探讨，确保设计合理且美观；

（3）提相关专业要求时尽可能全面和细化，最好能将自己的设计意图同相关专业商讨，达成共识；

（4）在设计门吊、轨道衡等特种设备时，要尽可能和相关专业进行沟通交流，培养自己的空间感，尽可能减少与其他专业设备的交叉干扰。

二、问题探讨

（1）问题介绍：运营单位要求轨道衡增加超偏载功能。

（2）原因分析：由于全线运营管理模式变更，在设计未阶段未能及时与运营单位沟通落实设备使用需求。

（3）处理措施：对全线各货场轨道衡进行升级改造，具备超偏载功能。

（4）经验总结：机械专业设备涉及工务系统、货运系统，设备接口复杂，设计过程中需主动同使用单位进行沟通，掌握使用部门的使用习惯和需求，配套的设备在规范和批复允许的范围内尽可能满足使用单位需要求，以避免在施工过程中造成很多的变更。

第十节　通信设计

金台铁路作为浙江省自主建设与运营的铁路，在永康地区与金温线交叉或并行、在武义地区与新金温线并行，移动通信系统采用 GSM-R 制式，由于国铁（金温线）天窗点需检修、通信基站周期性维护等非正常情况下 GSM-R 网络无法提供正常服务问题，造成金温货线 GSM-R 停用，影响金温货线列车的运行以及施工作业安全。为此综合考虑金温货线既有无线通信设备，以及机车安装设备的空间限制，共用基站的永康区段采用金温货线 DMR 数字综合无线通信系统，永康南站至永康东站、枫山货运线、永康南疏解线、新碧联络线增设同型号的 DMR 数字综合无线通信设备。系统构成与金温货线新碧至温州段一致，配置 DMR 无线行车通信系统、区间防护通信系统、数字货列尾信号覆盖系统模块，作为当 GSM-R 网络无法提供正常服务时的应急通信方式。很好地解决了国铁（金温线）天窗点检修造成金温货线停用、通信基站周期性维护等非正常情况下 GSM-R 网络无法提供正常服务问题，降低了共用基站区段对金温货线列车的运行以及施工作业安全的影响，为其他地方自主运营的铁路移动通信采用GSM-R网络与国铁交叉并线部分的应急通信方式提供了工程参照依据。

第十一节　信号设计

一、经验体会

金台线施工地段地处石质地带，路基下面石头较多，直埋挖沟困难，费时费力，应在项目前期多考察现场地质条件，对应直埋困难地段采取电缆槽等更加合理、高效的敷设方式

二、问题探讨

（1）问题介绍：金台线分别与既有的金温铁路永康南站金温场、甬台温铁路的台州南站甬台温场接轨，既有的金温铁路与甬台温铁路线路均为时速 200 公里的客货共线铁路，列车运行采用 CTCS-2 级列控系统。金台线铁路接入后，永康南及台州南既有场涉及站场变化，信号沟槽管线改造情况较为复杂。

原设计考虑金台普速场引入后，与既有场同属一个电务工区维护，新增电缆及过轨尽量考虑利旧既有电缆槽及既有过轨钢轨。由于金台线运营模式变更后，永康南及台州南金台场与既有场分别隶属于金温铁道公司与上海局各自维护，信号电缆合槽设置对于后期电务维修维护十分不利。

（2）处理措施：通过与上海局、金台铁路有限责任公司、施工单位等一同现场调查既有情况，优化永康南及台州南沟槽管线设计方案，尽量设置统一过轨，既有高速场电缆与金台普速场电缆分别各自设置电缆槽及过轨。

（3）经验教训：对于既有线站改的沟槽管线，特别是同站分场且两场各自归属不同设备维管单位管理时，为考虑后期电务维修维护的便利性，应按两场电缆径路各自单独设置考虑。

（4）电缆敷设：金台线施工地段地处石质地带，路基下面石头较多，直埋挖沟困难，费时费力，应在项目前期多考察现场地质条件，对应直埋困难地段采取电缆槽等更加合理、高效的敷设方式。

第十二节 信息设计

一、经验体会

（1）重视和相关专业的接口设计，各专业之间加强沟通交流。比如与通信生产生活房屋综合布线接口、与站房电梯摄像机接口等。

（2）应做好技术交底工作，让各方充分了解项目的特殊性及困难点，做好施工工序交底，并对重点工程着重交底。

（3）重视自管模式运营单位意见，金台自管后，运营单位对信息系统要求特殊，设计前期应与运营单位做好充分对接。

二、问题探讨

（1）问题介绍：各生产生活房屋办公房屋综合布线网口网线终端在通信机械室，办公网交换机设置在信息机房，运营单位介入后提出网络维护不便利，要求办公网络终端调整至信息机房。

（2）处理措施：信息施工单位补充信息机房至通信机械室网络跳线。

（3）经验教训：前期应充分与运营单位沟通交底，自管铁路运维方面与国铁相比有一定特殊性，设计时，部分工程需特殊考虑。

第十三节 电力设计

一、经验体会

配电所电源线因受规划要求影响调整设计方案：施工图设计阶段仙居南、磐安南和临海南 10 kV 配电所以及头门新区 20/10 kV 配电所两条外部电源根据地方供电公司的答复通知书要求，明确接引变电站。并对 20/10 kV 配电所路径进行现场勘察、测量，施工图中市区及城镇区域采用电缆敷设，其余大片农田地区采用架空线路的方式。

配合施工阶段地方供电公司《供电答复书》对 20/10 kV 电源线调整接引点位置，同时规划部门对路径选址做出具体要求，引起 20/10 kV 配电所电源线路径调整。

处理措施：按照地方供电公司、规划局要求及金台铁路有限责任公司会议纪要进行设计变更。

二、问题探讨

（1）对区间 10 kV 贯通线敷设问题的探讨：初步设计审查阶段由于金台铁路桥隧比较高，初设批复区间贯通线取消架空形式改为电缆敷设，由于区间路基征地界问题无法在路肩预留电缆槽，区间 10 kV 贯通线电缆采用自制混凝土电缆槽直埋敷设，敷设位置为坡脚，在施工图设计阶段发现部分地段百米内存在较多的水涵、路涵，区间 10 kV 贯通线电缆不具备沿坡脚敷设的条件，而路肩已无路径，在工程实施时，部分 10 kV 贯通线电缆埋于道砟下，不利于维护和检修。

（2）处理措施：百米内存在较多的水涵、路涵的地段，电缆沿坡脚敷设时可采用顶管作业的方式。

（3）其他经验教训及建议：

① 在施工配合过程中，各设备专业由于设备招标或建设、运营单位要求等原因，负荷容量、电压等级、用电点位置均不同程度有所变化。

② 建议完善解决此类问题的方案，首先，上序专业前期设计时应充分与厂家协商，对电力专业进行提资时，提供的用电负荷尽量准确，避免后期负荷变化较大电力专业需整体调整变配电系统。

第十四节　供变电设计

一、经验体会

（1）结合铁路总公司下发的细部设计和工艺质量标准文件，将契合标准的相关问题进行梳理，并在现场进行落实，实现工艺质量的有效提升。

（2）认真进行设计交底，加强与施工单位、业主单位的沟通，可以在问题暴露前将其消灭在萌芽状态，避免返工，节约工期及投资。

（3）对于确实存在的问题，一经反馈立即处理，制定处理方案和完成时间，形成强有力的反馈机制，一切为现场服务。

二、问题探讨

1. 所内投光灯问题

（1）问题介绍：原设计变电所内避雷针上设有投光灯。

（2）原因分析：由于避雷针是所内接引雷电、保护所内设备安全的重要设施，为提高设备和检修人员的安全，建议取消国标避雷针上的投光灯。

（3）处理措施：取消在避雷针上安装投光灯的方式，在所内场区新增固定灯柱式独立投光灯，采用 LED 灯具。

（4）经验总结：设计过程中细节问题考虑不够，今后要从实际运营角度考虑设备及检修人员的安全性，不断完善改进细部设计。

2. 变压器油池内增加网栅

（1）问题介绍：原设计牵引变压器均设置油池，油池内放置鹅卵石，检修人员不便于在上面行走。

（2）原因分析：仅在油池内放置鹅卵石，当变压器放油或有故障需要检修时，检修人员在鹅卵石上行走困难，不利于检修工作的开展。

（3）处理措施：为维修便利，在池内鹅卵石上层设置防护网栅，方便检修人员行走，提高检修人员的人身安全。

（4）经验总结：此问题是通过现场验收时提出，有些问题只有现场多方人员共同验收时从不同角度考虑才能发现，今后应重视现场验收，小的改进、技术创新、实施方案都是通过现场多方人员共同参与解决的。

第十五节　接触网设计

一、隧道接地预埋

根据施工现场反馈的将军岭隧道全隧均为凝灰岩，开挖困难等问题，经研究提出改进方案。将军岭隧道接地原施工图设计采用复合固态接地体，并将其埋设安装在内轨顶面下方约 2.5 m 处；现将接触网接地调整为复合高导接地体，并将其埋设安装在内轨顶面下方约 1 m 处。

二、变电所供电线

原设计方案临海南牵引变电所供电线跨越台金高速公路、地方河道。施工现场反馈地方河道由 60 m 加宽到 120 m，为方便供电线运营维护，经研究提出对临海南牵引变电所采用供电线与接触网合架方案。

三、桥上接触网坠坨与声屏障结构冲突

桥上接触网坠坨与声屏障立柱冲突部位，拆除冲突部位声屏障立柱、取消 2 m 范围内混凝土声屏障防护，采用外包钢板措施防护。

四、设计阶段专业间接口对接

建议充分做好设计阶段专业间接口对接，完善上下序互提；深化、细化、优化本专业设计图纸，适应匹配工程项目实际情况；加强现场配施力量，迅速、有效地解决现场问题。

第十六节　房建设计

一、工程分标问题

有些工程，分在站前标和站后标均不影响施工，但还有一些工程，由于施工顺序的原因，分在站前标段比起分在站后标段施工时较为容易。

比如临海南站站房与站台之间的挡墙，正常施工顺序为，先施工挡墙，再填路基。由于各种原因，此挡墙分在了站房标段，站房标段进场时，路基已填筑成型，且此段路基将要铺轨，施工挡墙必须挖开路基重新回填，也影响铺轨时间，若挡墙分在站前标段，则不会存在这种工序影响。

影响工程分标的原因有很多，招标时的漏项、站房修改初设批复较晚未能与站前同步实施等，解决此类问题的方法就是加快站房审批，提早进行站房方案招标设计，或是站前站后同时招标。

二、路基段房屋站场坪问题

站后标施工过程中发现，站前标段未预留共路基段的房屋站场坪。经核查，此问题系房建与路基的接口，房建专业在站前施工图阶段给路基专业互提了房屋场坪位置和大小，路基专业仅在设计说明中描述了场坪位置和大小，站前施工时不能仔细核对图纸，导致未预留场坪。房建专业在后期项目中，需叮嘱路基专业向场坪施工单位进行技术交底，并注重房屋共路基段的场坪设计断面图，以防后续站前标遗漏。

三、设备未招标先施工设备基础问题

客整所整备棚及临修璇修库内涉及设备过多，原设计的设备型号、尺寸技术参数等与招标后存在差异，会直接影响设备的基坑。因工期紧张，先对设备基坑进行施工，待设备招完标后，发现基坑不满足使用要求，需重新破除基坑按招标完成后的设备参数进行施工，造成经济及时间的损失，在后期项目中应先对设备进行招标，待设备相关参数无问题后再进行设计及施工。

四、房屋地基处理问题

原设计位于高填方时部分房屋采用高压旋喷桩、水泥土搅拌桩及 CFG 桩等地基处理，而实际工程中填方的填料粒径与设计不完全相同，且未能在站后施工图前对各车站场坪进行一一核查，所采用的高压旋喷桩、水泥土搅拌桩及 CFG 桩等无法成桩，若不及时处理，轻则造成经济损失，重则严重影响工期。后续针对现场情况对各站场坪进行核查后，采用清除较大粒径石块、换填、改筏形基础、改用人工挖孔桩、改用冲击钻成孔、引孔等方式，及时优化了设计方案，使现场工期得以保证。

五、配合施工过程中的变更问题

（1）对于各参建单位提出的变更，应提请参建单位提供相应的有效书面材料，权衡利弊，在满足相应规范的前提下给出合理的答复。

（2）对于每个变更设计，应督促并参与编制变更设计手续，杜绝先施工后变更的情况。

（3）对于技术问题无论是书面或电话答复，应做好相应的笔录，以便问题的追溯。

第十七节　给排水设计

一、全线水源方案经验体会

全线的水源方案在设计阶段进行了大量的调整与优化。

各工区原则上都取用地下水或市政接管，部分工区因地质条件限制，采用拉水方案。供水方案的调整与变更，在配合施工过程中增加了设计、施工单位的大量工作，也对前期招标中工程量的确定产生影响。

二、隧道消防经验体会

金台铁路长度超过 5 km 的隧道有 3 处，将军岭隧道、牛和岭隧道、和金家村隧道。由于隧道所处的位置，一般位于半山地带，取水条件非常艰苦，而拉水方案其保证率不可靠。因此，对于缺水地区的铁路项目，其隧道消防问题，建议作为一个课题进行研究，提出既能够保证安全，又经济可行的方案。

三、问题探讨

沿线各地地下水储量低，缺水现象严重。由于设计与建设期间隔时间较久，部分地区出现城镇自来水厂能力饱和的现象，对金台铁路工程项目用水造成一定程度影响。

对于后期类似的工程，其水源方案的确定，有如下的经验和体会。建议尽早确定当地的水文工作队伍，其开展后期的工程施工，对当地的地质条件比较了解，能够提出切合实际的供水方案。同时，与建设单位专业工程师交流，最终确定供水方案。

第十八节　工程经验

一、经验体会

（1）在铁路建设前期，应加强与建设单位沟通，充分保证变更设计或新增工程能够考虑多方需求。

（2）提前了解变更设计或新增工程的投资、融资方式，从而保证后续变更设计或新增工程的投资准确性。

（3）超前筹划地方涉铁变更设计或新增工程预算编制原则，应对地方涉铁工程以及运营单位提出的新增工程。

二、问题探讨

1. 地方涉铁工程变更设计预算编制

（1）问题介绍：在金台铁路建设中，存在地方政府或其授权单位委托开展金台铁路工程建设相关的道路交通、车站、桥涵等增扩建工程，以金台铁路变更设计或代建工程的方式纳入金台铁路统一建设管理。

（2）原因分析：此类变更设计或代建工程不在原施工图预算合同范围中，在编制此类变更设计或代建工程预算时应与金台铁路有限责任公司出资变更设计的原则进行区分。

（3）处理措施：

① 金台铁路有限责任公司出资变更设计按初步设计批复原则以及《铁路建设项目变更设计管理办法》（铁建设〔2012〕253 号）文的相关规定编制预算。

② 地方涉铁工程变更设计按初步设计批复原则以及《铁路建设项目变更设计管理办法》（铁建设〔2012〕253 号）编制概算，同时根据金台铁路有限责任公司关于印发《金台铁路有限责任公司地方涉铁工程建设管理办法》的通知（金台铁计发〔2018〕215 号）规定：十一章费用应包含建设单位管理费、监理费、设计费、施工图审核费、咨询费以及检测费等；根据初步设计批复原则按 5% 计取基本预备费；材料价格（不含地材）参考中国铁路经济规划研究院发布的最新一期《铁路工程建设主要材料价格》，地材参考工程所在地的信息价（正刊）进行编制，该部分费用放入其他费中单独计列。

（4）经验总结：地方涉铁工程变更设计的处理措施提高了投资的准确度，内容考虑全面，在建设过程中避免了地方政府或其授权单位委托公司多次出资的问题，同时也充分地保证了金台铁路有限责任公司能够更好地提供项目建设管理服务。

2. 地方涉铁工程变更设计造成的废弃工程

（1）问题介绍：因地方涉铁工程变更设计造成的金台铁路废弃工程。

（2）原因分析：在开展地方涉铁工程变更设计前，金台铁路工程已实施，部分工程需拆除或废弃。

（3）处理措施：废弃工程所产生的费用应由委托方承担，该部分单独编制预算，其中废弃工程根据各方签认的工程数量，按照合同清单价计算费用，同时考虑材料调差费用。

（4）经验总结：该项处理措施即保证了地方涉铁工程变更设计的顺利进行，也同时避免了金台铁路资产的流失，能够充分发挥路地双方优势，达到促进地方经济发展的目的。

金台铁路工程总结

（下册）

周霖　叶翰松　邱琼海　主编

西南交通大学出版社
·成　都·

图书在版编目（CIP）数据

金台铁路工程总结. 下 / 周霖，叶翰松，邱琼海主编. —成都：西南交通大学出版社，2022.9
ISBN 978-7-5643-8786-0

Ⅰ. ①金… Ⅱ. ①周… ②叶… ③邱… Ⅲ. ①铁路工程－总结－浙江 Ⅳ. ①U21

中国版本图书馆 CIP 数据核字（2022）第 132659 号

本册目录

第四篇　工程施工

第五篇 科研与技术创新

第六篇 金台铁路管理经验体会与问题探讨

第四篇

工程施工

第四十三章　大型临时设施施工

金台铁路的重点大型临时工程主要有 T 梁制（存）梁场、铺轨基地、混凝土集中拌和站、汽车运输便道。重点大型临时工程的分布、位置及规模应全线统筹考虑，以满足全线工程需要和工期要求。由于金台铁路项目桥梁隧道较多，线下施工工期较长，为了满足总工期的要求，设置缙云制（存）梁场和临海东制（存）梁场两处，负责全线桥梁的预制任务；设置壶镇铺架基地和临海东铺架基地两处，负责全线的铺轨架梁施工；武义东铺轨基地则承担全线长钢轨换铺施工。

本章主要以部分代表性大型临时设施为例总结大型临时设施的建设方案和施工方法。

一、制（存）梁场

金台铁路共设置缙云制（存）梁场和临海东制（存）梁场两处，预制 T 梁共计 1 764 孔：32 m 梁 1 580 孔，24 m 梁 174 孔，16 m 梁 10 孔。

缙云制（存）梁场，梁场供应里程为 FDK0+000 ~ DK75+200，共计 839 孔梁。临海东制（存）梁场供应里程为 DK75+200 ~ TDK44+316 及 LDK0+000 ~ LDK15+935，共计 925 孔梁。

（一）缙云制梁场

缙云制（存）梁场位于壶镇经济开发区，负责预制标段起点 FDK0+000 至田市站（含永康南疏解线）范围内 839 孔 T 梁的预制任务。

缙云制梁场设制梁区、存梁一区、存梁二区（装梁区）、生活办公区和生产保障区。

制梁区设置 17 个制梁台座，配备 5 台 10T 龙门吊，其中 30 m-10 T 龙门吊 4 台、24 m-10 T 龙门吊 1 台，负责梁体模板的拆立、钢筋的调运与转移、混凝土的浇筑等；与制梁区并排的为存梁一区及存梁二区，200 T 提梁机（轮胎式）负责制梁台位与存梁一区及二区之间的 T 梁转移；配备 2 台 40 m-100 T 提梁机进行存梁二区提梁作业，并在存梁二区端头设置装梁通道，使用 100 T 提梁机或 200T 提梁机装梁，满足桥梁出场条件。

制梁区主要实现预应力混凝土梁的预制、前期养生和初张拉等，主要包括钢筋绑扎台座、制梁台座（32 m15 个，24 m2 个）、模板、移梁通道等结构物。

存梁区主要实现预应力混凝土梁的后期养生、终张拉、封锚、桥面保护层施工等，一般由存梁台位、静载试验台座、移梁通道、桥面防水区施工等组成。

办公生活区主要实现为场区工作人员提供生活、办公场所功能。

生产保障区实现预制梁各种材料、物资、电力、水等的保障和供给功能，主要由混凝土拌和站、砂石料场、钢筋存放加工区、钢绞线存放下料区、工程试验室、变压器房、物资仓库、供水设施等组成。

根据缙云制梁场的生产任务和工期安排，配备 2 台 HZS90 搅拌站满足制梁及湿接缝施工生产需要。搅拌机全部为电脑控制，自动计量，精度满足要求。搅拌站各配备 100T 水泥罐 3 个、100T 粉煤灰罐 2 个。

（二）临海东制梁场

临海东制（存）梁场位于金台铁路线路 DK142+000 处，负责预制田市站至台州南，头门港支线范围内共计 925 孔 T 梁预制。

根据桥梁施工特点及场地和设备选用情况，采用横列式布置方案，制梁场划分五个区域：生活办公区、辅助生产区、生产区、存梁区、桥梁装运区。

制梁区布置 24 个制梁台座，其中 32 m 台座 20 个，24 m 台座 4 个，在梁场存梁区设置 T 梁静载试验台 1 个，用于 T 梁的静载试验。生产区配备起吊重量 40 m-40 T 跨龙门吊 4 台，用于拆、立模型，泵车搬运、布料机搬运、卸车等作业。提梁采用 1 台 200 T 搬运机进行 T 梁搬运作业，存梁区移运梁采用 2 台 100 m-40 T 跨龙门吊进行吊移梁作业。

根据 T 梁施工进度的需要，梁场内设置 1 个钢材堆放和加工制作区，用于钢筋、堆放、下料、弯曲、摆放等作业。梁场建 2 座混凝土搅拌站，全部为全电脑控制的单机 120 型搅拌机，每个站配置 5 个灰罐。

办公生活区主要分为两部分：职工办公及生活区和协议工生活区。本着以人为本的原则，梁场职工办公及生活区和协议工生活区用房均采用彩钢板活动房，以满足梁场办公和生产需要。

为保障临海东梁场的基础设施正常使用，及时发现并处理在使用过程中出现的不均匀沉降，确保基础的正常使用和制梁场生产过程中及桥梁存放时的安全性和可靠性，特制订相应的沉降观测措施，梁场沉降观测按沉降变形等级三等的要求（国家二等水准测量）施测。

搅拌站设置方案：梁场建 2 座混凝土搅拌站，全部为全电脑控制的单机 120 型搅拌机，每个站配置 5 个灰罐，搅拌站占地 15.8 亩。

二、铺架基地

金台铁路共设置壶镇铺架基地和临海东铺架基地两处，负责全线的铺轨架梁施工。

（一）壶镇铺架基地

壶镇铺架基地设在新建壶镇车站，壶镇铺架基地共分为 3 个功能区，分别为轨排钉联区、轨料存放区、编组及设备存放区。基地存放能力：存短轨 15 km，存轨枕 16 800 根（约 10 km 线路轨枕），存轨排 4.8 km。

轨排钉联区利用壶镇站内 1～4 道进行设置，4 道为材料装卸线，在 1-4 道上跨 4 台 17 m-10 T 移动式龙门吊作为吊装设备，铺设龙门吊走行线供设备走行。

（二）临海东铺架基地

临海东铺架基地设在新建临海东站，基地共分为 3 个功能区，分别为轨排钉联区、桥梁备砟区、编组及设备存放区。基地存储能力：存轨枕 11 088 根（约 6.65 km），存轨排 6 km，存短轨 18 km。

轨排钉联区利用临海东站内 2-5 道进行设置，5 道为材料装卸线，在 2-5 道上跨 5 台 17 m-10 T 移动式龙门吊作为吊装设备，铺设龙门吊走行线供设备走行。

三、长轨基地

金台铁路全线共设置武义东长轨基地一处，负责全线的长轨存储。

武义东长轨基地设置在 FD2K2+000 处，位于浙江省金华市武义县桐琴镇石苍岩村武义东站与枫山站之间，占地约 94.7 亩。长轨基地在既有金温货线枫山站外金华端插入道岔，铺设施工便线与长轨基地连接。长轨基地设置长轨存放区，长轨条吊装区采用 33 台固定式龙门吊装卸。基地铺设 4 股临时股道，即临 1 线、临 2 线、长轨装卸线、安全线，同时铺设武义东站 3 道 L2 至大里程段线路及道岔，保证长轨列车的牵出距离。长轨存轨台位采用轨排形式，共设置 100 组轨排，设计存储能力为 75 km。

四、大型道砟存储场

全线共在壶镇、下各、临海南、杜桥站点综合维修工区或货场设置 4 处大型道砟存储场，提前进行道砟储备，辅助铺架施工组织。

五、施工便道

（一）壶镇铺架基地运梁便道

以节约成本、运输安全风险小、对周边居民干扰少为原则，运梁通道自缙云梁场苍岭路与山雁路交叉口引出，经苍岭路约 3 km 后，新建施工便道 1.2 km，接入上倪村村道，再由上倪村村道进入正线路基，经正线路基 1.3 km 后进入壶镇铺架基地临时存梁场，运输距离约为 5.8 km。

苍岭路属于丽缙科技产业园区道路，路面结构为沥青混凝土结构，路面宽 35 m，中间设置宽度为 10 m 的绿化隔离带，路况良好。新修施工便道用地属丽缙科技产业园区工业用地，便道采用单车道标准设置，路面宽 3.5 m，每 200 m 设一会车道，会车道路面宽度为 7.0 m，长度不小于 40 m，便道路面弯道最小转弯半径 40 m，线路纵坡不大于 8%，路面设 2%的人字坡，路面结构为泥结碎石路面，与苍岭路及上倪村道接入口采用 C25 混凝土硬化，硬化厚度 25 cm。上倪村道路面结构为混凝土路面，正线路基部分铺设 10 cm 厚的级配碎石碾压成型。

壶镇铺架基地所需的钢轨、轨枕、扣配件等其他路料及铺架大型设备均通过上述便道运输至铺架基地。

（二）临海东铺架基地进场便道

临海东铺架基地地处临海市沿江镇马头山村，铺架基地大里程毗邻 G104 国道，沿线路放向与县道马上线并列，根据现有道路情况，铺架基地设两处进场便道，一处从铺架基地小里程咽喉区处的马上线引出，新修施工便道引入正线路基，另一处从铺架基地小里程马上线道路改移起点处引出，新修施工便道引入正线路基，两处施工便道长度均为 100 m，道路纵坡约为 5%，路基宽 4.5 m，路面宽 3.5 m，采用泥结碎石路面，临海东铺架基地所需的钢轨、轨枕、扣配件等其他路料及铺架大型设备均通过上述便道运输至铺架基地。

（三）线路运砟便道

线路汽车上砟便道利用线下单位已经修通便道进出，提前做好施工调查，并与各线下单位沟通，并在路基处预留上砟的路口。

六、混凝土拌和站

根据金台铁路施工工期要求，混凝土搅拌站供应半径按不大于 10 km 考虑，特殊情况混凝土搅拌站供应半径按不大于 15 km 考虑，且混凝土搅拌站的选点结合拆迁工程量、土建工程量、供料情况、运输条件、供应强度、拌和物使用的时间要求等，经技术经济比选后合理确定配置方案，根据以上原则，金台铁路项目共设置混凝土搅拌站 31 处，此处以 JTSG-7 标段为例，介绍混凝土集中拌和站设置情况。

根据 JTSG-7 标段地形特点、桥梁分布情况，结合所需混凝土工程量的大小，计划设置混凝土拌和站集中拌和以混凝土搅拌输送车运到现场的方式进行混凝土施工作业。混凝土拌和站平面布置及设置位置和供应范围见图 43-1。

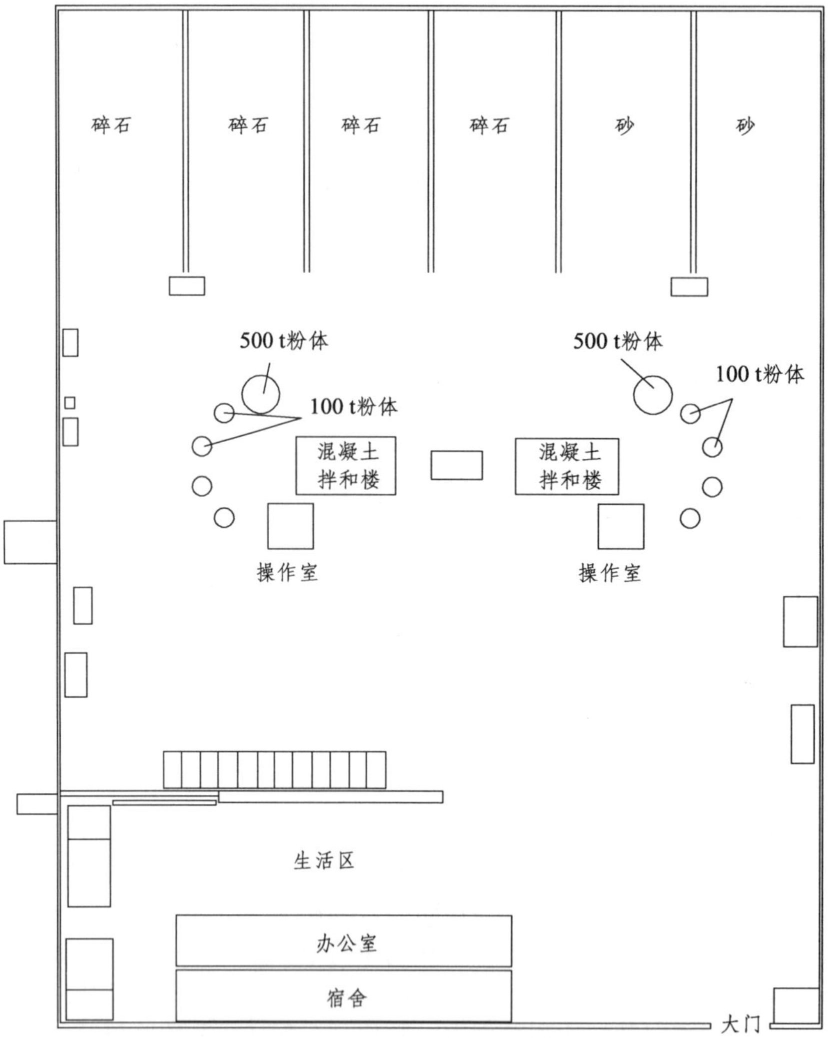

图 43-1 混凝土集中拌和站平面布置

根据该标段工作面多的特点，结合所需混凝土工程量的大小，现场交通条件及工程分步情况共设混凝土拌和站 4 处，混凝土搅拌输送车运到现场的方式进行混凝土施工作业。混凝土拌和站设置见表 43-1。

表 43-1　混凝土拌和站设置一览

序号	拌和站名称	位置	规模型号	占地面积/亩	供应范围	最大运距/km
1	1#拌和站	灵江桥 67#墩左侧约 500 m 处	双机 HZS180	25	标段起点至万岙隧道进口，混凝土约 23 万 m^3	约 7
2	2#拌和站	西湖村特大桥右侧 S327 省道旁	双机 HZS120	20	万岙隧道出口至大岙隧道进口，混凝土约 18 万 m^3	约 8.5
3	3#拌和站	岩下隧道进口右侧 300 m	双机 HZS90	15	大岙隧道出口至岩下隧道进口，混凝土约 12 万 m^3	约 6
4	4#拌和站	跨滨海大道 S224 省道旁	双机 HZS90	15	岩下隧道出口至标段终点，混凝土约 8 万 m^3	约 9

混凝土拌和站严格按照功能分区做好布置，每个拌和站划分为原材料区、骨料清洗区、混凝土拌和区、机械停靠区和生活区等；清洗后的骨料堆放地点要设置防雨棚，各类骨料间用砖砌挡墙隔开，并做好标识牌。

水泥罐根据生产进度和生产量配置，且设置标识牌，供电、供水、供风的管线布置满足规定要求。四周应设置排水系统和污水处理系统；相应位置挂设配合比牌、司机岗位职责和岗位安全操作规程牌，拌和楼下挂“施工重地，注意安全”警示牌。

拌和站设立棚盖及热源，拌和棚温度不低于 15 °C。采用高功率的电热管对拌和站蓄水池中的拌和用水进行加热，将 5 ~ 10 只大功率电热管沿水池四周布置进行加热，可根据每次浇筑混土的方量计算出拌和用水量，并提前 12 ~ 24 h 对水进行加热。蓄水池的水量满足加热一次供浇筑一个混凝土作业面施工，并在拌和时持续对水进行加热。

混凝土拌和必须采用计算机自动计量拌和管理，严格控制施工配合比，每天由工地试验室检测骨料含水率以控制好成料的含水量。拌和站门前设置高压冲洗机，对进入车辆进行清洗，以保持拌和站内洁净。

第四十四章 路基工程

金台铁路全线路基长度为 61.34 km，占线路全长的 26.52%，其中区间路基长度为 35.10 km，占线路长度的 15.18%。金台铁路全线路基工程工点类型主要有高路堤、陡坡路基、深路堑、软土路基、危岩落石路基、地下水发育路堑、浸水路基、并行既有线路基等。

路基施工中合理组织，加强机械设备和人员配备。地基处理前，加强地质核查，同时先进行工艺试验经试验确认满足设计要求后再开始全面施工。施工中加强沉降观测、分析、预测，确保地基处理的工程质量。路基施工前先进行基底处理，特殊地基采用高压旋喷桩、水泥搅拌桩、预应力管桩、塑料排水板、板桩墙、挖除换填加固处理。路基施工根据工程特点和工期目标，合理确定作业面数量，采用大型机械化配套设备并辅以小型配套机具，分段平行流水组织施工，具体路基工点的施工安排根据架梁和铺轨施工时间综合考虑。

路涵隧相间地段，合理组织工期，减小工期压力。加强对路基组织管理，尽早开工，确保不影响紧后工序实施。路基工程开工后，优先安排桥台、涵洞基础和地基加固工程施工，为路基本体填筑创造条件；地基处理分区作业，全面展开，挡墙紧跟；路基填筑时，组织配套的机械设备，按“三阶段、四区段、八流程”施工工程序组织流水作业；加强沉降变形监测和评估。

过渡段是路基工程与其他工程的衔接过渡部位，作为与过渡段衔接的结构物均提前安排施工。当桥台施工及路堤地基处理完成后，立即进行过渡段的填筑，以便加长过渡段静置自稳的时间，进一步减小完工后沉降量。为了保证过渡段填筑质量，过渡段与相邻路堤按水平分层一体同时填筑，但确有困难不能同时施工的，为保证路基施工进度，可采取在桥台后预留一定长度的路堤填筑段并做出台阶，待后期过渡段施工条件成熟后与过渡段一起施工。

路基相关工程及检查设备与路基同步施工，但不能损坏和危及路基工程的稳固和安全。施工时遵循以下三个原则：一是要保证结构物周围填土压实标准；二是不能扰动原路基结构；三是要满足其本身功能性要求。

第一节 工艺试验

在正式施工之前进行工艺试验，以优化施工工艺流程和施工机具配置，根据《金台铁路建设工程工艺试验管理办法》，通过选择具有代表性的地段进行相关工序的工艺试验，确定最佳的施工工艺及方法和相关技术参数，为后续各工序大面积施工提供依据和指导，确保工程施工质量。

本节主要介绍 JTSG-4 标段路基填筑工艺试验和 JTSG-6 标段台州南站路基帮宽采用泡沫轻质土工艺试验。TSG-4 标段路基有 31 段，共 11 245.86 m，其工点位于丘陵区，地形起伏较大、地势陡峻，线路多以半填半挖高陡路基通过，属高路堤与陡坡路堤工程；JTSG-6 标段台州南站路基全长 1.3 km，设计本体填筑采用泡沫轻质土施工，路基采用单侧帮宽形式，帮宽宽度 5.3 m，高度 3 ~ 5 m；紧邻既有高铁杭深线，速度 200 km/h，该段路基地质情况为沿海地区典型的淤泥质软土，土体的含水量大、多为流塑状。

一、路基填筑工艺试验

（一）路基填筑工艺试验段的选取

1. 一般调查

对设计图纸中工程地质、水文地质和环境条件进行现场核实，并结合以往的施工经验，调查施工场地条件和施工存在的困难，收集施工范围内地下管线走向、大型机械进出通道、对既有线运营影响等情况。根据地质条件及工程施工环境，选取具有代表性的地段，能够指导工程大面积施工的地段作为试验段，报监理工程师同意后开始试验。

2. 工艺试验地点及规模确定

根据不同分项工程确定试验段规模，地基处理开工前进行成桩试验，确定施工技术参数；路基填筑试验段路堤填筑工艺试验段应选择有代表性的地段进行，试验段长度不宜小于 100 m，过渡段填筑试验段宜选择能与相邻路堤同时施工的区段，应选在填方工程数量集中、施工具在连续性或需要尽早开工填筑完成的地段。当沿线填筑的土质变化较大时，试验段应选在土质较好而且对今后施工有广泛指导作用的地段。

为全面展开路基填筑施工做铺垫，经过综合比较，选择在 JTSG-4 标段的 DK97+711.37 ~ DK97+919 段路基进行填筑试验。

（二）路基填筑工艺试验目的

确定经济合理的填料，选定满足施工要求的压实机具、所用填料及压实条件下合理的松铺厚度、压实遍数和施工最佳控制含水量等工艺参数，选定经济、合理、准确的检测手段。为以后大面积路基填方施工积累施工经验和现场检测数据。

（三）路基填筑试验段施工工艺及要求

试验段路基填筑采用挖掘机开挖天然 B 组料，然后采用自卸汽车运输填料，分层布料，推土机初平，平地机精平，振动压路机振动碾压。

用全站仪准确测设路基每 15 m 的中桩、边桩位置；为保证路基边缘压实度，路基两侧各加宽填筑 50 cm。用水准仪测出该层填铺厚度控制桩的标高。

路堤填筑施工按“三阶段、四区段、八流程”的施工工艺组织施工。即：

三阶段：准备阶段、施工阶段、验收阶段；

四区段：填筑区段、平整区段、碾压区段、检验区段；

八流程：施工准备及测量放线→基底处理→分层填筑→摊铺整平→洒水或晾晒→碾压夯实→检验签证→路基整形，见图 44-1。

1. 施工准备

（1）技术准备。

① 试验室标准试验成果准备（包括填料的重型击实，含水率，颗粒分析等）；

② 测量相关资料准备（采用导线点测量记录、导线点、水准点复测资料）。

（2）现场准备。

① 试验段相应人员组织安排均已到位、试验段的协调工作已完成；

② 试验段施工机械配备已到位；

③ 已修通通往试验段的施工便道，人员及机械设备可直接进场作业；

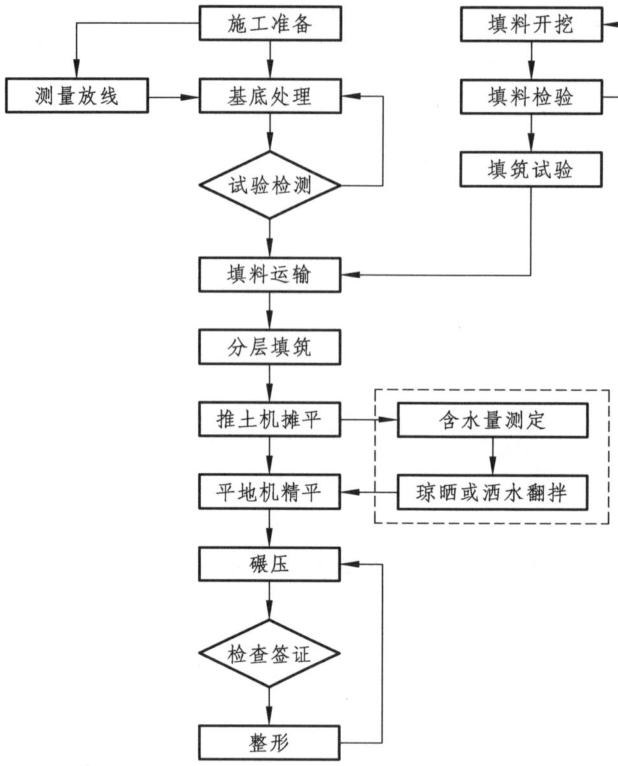

图 44-1 路堤填筑施工工艺试验工艺

④ 从已复测后并被批准可使用的导线点和水准点上，利用全站仪在路基上放出平面位置和边桩，并画出中桩、边桩位置、高程控制刻度线；

⑤ 做好复测和放样记录，并整理好这些资料报监理工程师审核认可；

⑥ 路段排水沟挖在路基左、右侧，并保证排水畅通。

2. 材料实验

路基试验段所用填料，试验室与试验监理联合对其进行取样，按《铁路工程土工试验规程》规定的方法进行颗粒密度、颗粒分析、孔隙比、饱和度、干密度等试验。

3. 施工放样及清表

测量队根据设计横断面图计算路堤填筑的坡脚线，放出路堤填料的填筑区域线。用全站仪准确测设路基每 15 m 的中桩、边桩位置；为保证路基边缘压实度，路基两侧各加宽填筑 50 cm。用水准仪测出该层填铺厚度控制桩的标高。

首先用全站仪对试验段进行放样，以确立坡脚线，根据区域线及相应高程测出试验段和取土场横断面面积，对工程量进行复核；然后对试验段和取土场进行清表。根据地形特点，清表采用推土机配合挖掘机及人工结合的方式进行，并在外侧设置纵向水沟，沟深 50 cm，将路堤填筑范围内的水引入纵向排水沟，排到路堤外。用推土机清除表土，并集中堆放于指定的地点，用于路基工程竣工后边坡种植草皮。最后将表面按填筑要求进行基底处理。

4. 基底处理

路堤填筑施工前，按设计做好纵向和横向排水，并清除表面腐殖土、种植土、结构物施工时产生的垃圾等，所有清表杂土外运至弃土场。对基底进行平整，使基底自路基中线向左、右两侧形成 4% 的横向排水坡。对于挖填过渡位置，采取挖台阶形式连接，台阶宽度不小于 2 m，高度不大于 0.5 m。

基底处理完成后，对基底进行检测，在满足路堤原地表的一般要求及设计要求后，才进行上部填料填筑试验。

基底检测采用动力触探试验，设计要求承载力不小于 150 kPa。

地基承载力报告见图 44-2。

新建金华至台州铁路

动力触探试验报告

表号：铁建试报69

标准代号：Q/CR 9205-2015

150001211304

委托单位	中铁二局金台铁路JTSG4标项目经理部	报告编号	JTSG4-0-G4-DC1704003
工程名称	DK97+822～DK97+900段路基 基床底层	委托编号	JTSG4-0-G4-DC1704003
触孔地点	基础	试验日期	2017年4月14日
触孔编号	1#、2#、3#、4#	记录编号	JTSG4-0-G4-DC1704003
设计承载力	≥150kPa	报告日期	2017年4月14日

触孔编号	入土深度H(m)	贯入度(cm)	校正后击数 N_{10}(击/30cm)	地层名称	承载力σ_0（kPa）
1#	0.3	30	30	碎石类土	220
2#	0.3	30	30	碎石类土	220
3#	0.3	30	32	碎石类土	236
4#	0.3	30	32	碎石类土	236
/	/	/	/	/	/
/	/	/	/	/	/
/	/	/	/	/	/
/	/	/	/	/	/
/	/	/	/	/	/
/	/	/	/	/	/
/	/	/	/	/	/
/	/	/	/	/	/

触孔信息：

.1#　.3#

.2#　.4#

检测评定依据：

《铁路工程地质原位测试规程》(TB10018-2003)

试验结论：

经检测，该涵洞地基承载力满足设计＞150kPa的要求。

试验　　复核　　批准　　单位(章)

(a) 报告①

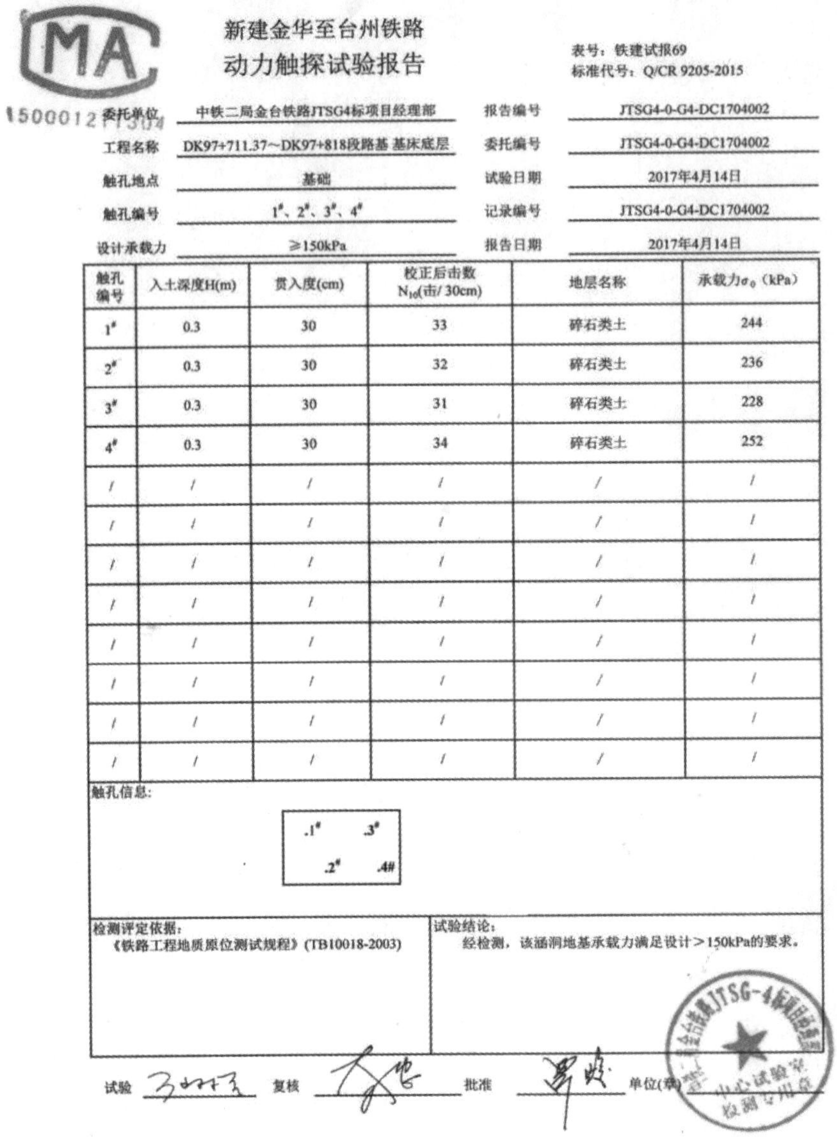

新建金华至台州铁路
动力触探试验报告

表号：铁建试报69
标准代号：Q/CR 9205-2015

150001211304

委托单位	中铁二局金台铁路JTSG4标项目经理部	报告编号	JTSG4-0-G4-DC1704002
工程名称	DK97+711.37~DK97+818段路基 基床底层	委托编号	JTSG4-0-G4-DC1704002
触孔地点	基础	试验日期	2017年4月14日
触孔编号	1#、2#、3#、4#	记录编号	JTSG4-0-G4-DC1704002
设计承载力	≥150kPa	报告日期	2017年4月14日

触孔编号	入土深度H(m)	贯入度(cm)	校正后击数 N_{10}(击/30cm)	地层名称	承载力σ_0（kPa）
1#	0.3	30	33	碎石类土	244
2#	0.3	30	32	碎石类土	236
3#	0.3	30	31	碎石类土	228
4#	0.3	30	34	碎石类土	252
/	/	/	/	/	/
/	/	/	/	/	/
/	/	/	/	/	/
/	/	/	/	/	/
/	/	/	/	/	/
/	/	/	/	/	/
/	/	/	/	/	/
/	/	/	/	/	/

触孔信息：

.1# .3#
.2# .4#

检测评定依据：
《铁路工程地质原位测试规程》（TB10018-2003）

试验结论：
经检测，该涵洞地基承载力满足设计＞150kPa的要求。

试验 复核 批准 单位(章)

（b）报告②

图 44-2 地基承载力报告

5. 填料运输

采用 4 台自卸汽车配合 1 台挖掘机直接利用备料场筛选合格的填料进行搬运填筑。

6. 路堤试验段填筑施工

（1）虚铺厚度的控制。

采用方格网法与挂线法相结合的方式。方格网法：上土前事先在下承层上打好 5 m×10 m 的方格网，按车斗容量和预定摊铺厚度计算出每个方格网倒土车数，上土过程中设专人现场指挥倒土。挂线法：在路基中线及两侧路肩处分别打入钢钎，钢钎上以油漆标出预定摊铺高度，相邻两钢钎用颜色醒目的细线连接，推土机及平地机司机据此进行摊铺平整。因采用此法所得到的并非是真正的虚铺厚度，而是半压实的摊铺厚度，故采用挂线法设置的“虚铺”厚度比预定的小。因此，将这两种方法结合起来使用，以达到最佳效果。详见图 44-3。

图 44-3　填筑试验段现场照片

（2）摊铺平整。

填筑区段完成一层卸土后，先用推土机将成堆的卸土大致摊铺整平，平整时用推土机对路肩进行初步压实，避免压路机碾压压到路肩时发生滑坡现象，在摊平过程中要不断检查施工高程，且每层填筑时均须形成 4%的人字形横坡。推土机初平后，由平地机进一步整平到规定的虚铺层厚，做到摊铺面纵向和横向平顺均匀，以保证压路机压轮表面能基本均匀接触地面进行碾压，达到理想的压实效果。

在摊铺及整平过程中，容易出现骨料集窝现象，可采取如下措施处理：

① 在摊铺过程中，安排小型挖机对局部级配较差的填料反复翻转，进行现场拌和，以达到改良级配的目的。

② 在整平过程中配合人工处理，对骨料局部集窝部分，由人工进行现场翻转拌和，以达到改良级配的目的。

路堤填筑沿横断面全宽、纵向分层填筑。原地面高低不平时，先从最低处分层填筑，两边向中部填筑。路基边坡两侧超填宽度为 50 cm。

（3）碾压。

路基基床底层压实标准见表 44-1。

表 44-1　路基基床底层压实标准

项　目	压实标准			
	砂类土（粉砂除外）	砾石类	碎石类	块石类
地基系数 K_{30}/（MPa/m）	≥100	≥120	≥130	≥150
孔隙率 n/%	—	<31	<31	—
压实系数 K	—	—	—	—

检验数量：相关施工单位沿线路纵向每 100 m 每压实层抽样检验孔隙率 n（砂类土和碎石类土）6 点，其中：左、右距路肩边线 1 m 处各 2 点，路基中部 2 点，有反压护道地段每 100 m 增加 1 个检测点；每 100 m 每填高约 90 cm 抽样检验地基系数 4 点，其中：距路基边线 2 m 处左、右各 1 点，路基中部 2 点。监理单位按施工单位抽样数量的 10%平行检验压实系数或孔隙率；见证全部地基系数 K_{30} 检测。

本次试验填料为级配不好的细角砾，压实标准按砾石类检测。

碾压前松铺厚度、平整度进行检查，符合要求后进行碾压。

试验段路基采用两台压路机进行碾压施工。碾压时遵循先轻后重、先静后振、先低后高、先慢后快、轮迹重叠的原则，采取从两侧向中心的顺序，纵向进退式碾压。各区段交接处应相互重叠压实，纵向搭接长度不小于 2.0 m，纵向行与行之间轮迹重叠不小于 0.4 m，上下两层填筑接头错开不小于 3.0 m，以保证无漏压，确保碾压的均匀性。

碾压均匀采用振动压路机静压 1 遍，然后开始振动碾压，第 3 遍碾压后（施工时暂定碾压 4 遍），开始用检查孔隙率，平板载荷检测仪检测地基系数，其后逐遍检测。当检测数值达到设计及规范要求后，静压 1 遍，消除轮迹，并做好相关的记录。

碾压组合 1：机械碾压采用 22 t 压路机碾压 3 遍，碾压组合方式：静压 1 遍 + 弱振 1 遍 + 强振 0 遍 + 静压 1 遍。

碾压组合 2：机械碾压采用 22 t 压路机碾压 4 遍，碾压组合方式：静压 1 遍 + 弱振 1 遍 + 强振 1 遍 + 静压 1 遍。

碾压组合 3：机械碾压采用 22 t 压路机碾压 5 遍，碾压组合方式：静压 1 遍 + 弱振 1 遍 + 强振 2 遍 + 静压 1 遍。

碾压组合 4：机械碾压采用 22 t 压路机碾压 6 遍，碾压组合方式：静压 1 遍 + 弱振 1 遍 + 强振 3 遍 + 静压 1 遍。

（四）检验成果

1. 检验标准

路堤分层碾压完成后，试验人员检测地基系数 K_{30}、孔隙率 n，根据金台施路-通（路基工程参考图集），铁路路基工程施工质量验收标准地基系数大于等于 120 MPa/m，孔隙率小于 31%。合格后报请监理工程师批准，进行下层路堤的填筑。

2. 实测数据分析

（1）第一层填料（松铺厚度 28 cm）。

严格按照路基试验段工艺方案进行填料压实施工，每层碾压第 3 遍后，每碾压一遍检测一次压实度，经检测第 5 遍碾压后，部分检测点压实度不能满足设计要求，第 6 遍碾压过后，经检测压实系数、地基系数均满足设计要求。压实 6 遍后，地基系数 K_{30}、孔隙率 n，符合设计要求。

松铺厚度 28 cm 的第 3 遍至第 6 遍的压实系数、地基系数检测数据见表 44-2 ~ 表 44-4：

表 44-2　灌砂法测定第一层填料压实密度 1

桩号或里程		DK97+711.37 ~ DK97+818 段路基基床底层							
层数		第 1 层		第 1 层		第 1 层		第 1 层	
碾压组合		组合 1		组合 2		组合 3		组合 4	
压路机行驶速度		2 km/h		2 km/h		2 km/h		2 km/h	
标准试验	颗粒密度	2.63		2.63		2.63		2.63	
	最大干密度	—		—		—		—	
	最佳含水量	—		—		—		—	
	量砂密度	1.50		1.50		1.50		1.50	
孔隙率 n（%）/压实系数实测值 K_h	规定值	≤31		≤31		≤31		≤31	
	1	DK97+738 左	45	DK97+741 左	40	DK97+745 左	34	DK97+749 左	24
	2	DK97+738 中	42	DK97+741 中	40	DK97+745 中	33	DK97+749 中	22
	3	DK97+738 右	40	DK97+741 右	34	DK97+745 右	27	DK97+749 右	27
	4	DK97+782 左	42	DK97+778 左	38	DK97+783 左	28	DK97+793 左	26
	5	DK97+782 中	43	DK97+778 中	34	DK97+783 中	29	DK97+793 中	27
	6	DK97+782 右	45	DK97+778 右	40	DK97+783 右	35	DK97+793 右	29

表 44-3　灌砂法测定第一层填料压实密度 2

桩号或里程		DK97+818 ~ DK97+900 段路基基床底层							
层数		第 1 层		第 1 层		第 1 层		第 1 层	
碾压组合		组合 1		组合 2		组合 3		组合 4	
压路机行驶速度		3 km/h		3 km/h		3 km/h		3 km/h	
标准试验	颗粒密度	2.63		2.63		2.63		2.63	
	最大干密度	—		—		—		—	
	最佳含水量	—		—		—		—	
	量砂密度	1.50		1.50		1.50		1.50	
孔隙率 n（%）/压实系数实测值 K_h	规定值	≤31		≤31		≤31		≤31	
	1	DK97+852 左	46	DK97+847 左	33	DK97+850 左	28	DK97+852 左	23
	2	DK97+852 中	43	DK97+847 中	31	DK97+850 中	30	DK97+852 中	25
	3	DK97+852 右	40	DK97+847 右	33	DK97+850 右	28	DK97+852 右	22
	4	DK97+878 左	43	DK97+883 左	31	DK97+882 左	25	DK97+880 左	25
	5	DK97+878 中	43	DK97+883 中	34	DK97+882 中	24	DK97+880 中	18
	6	DK97+878 右	44	DK97+883 右	32	DK97+882 右	24	DK97+880 右	22

表 44-4　松铺厚度 28 cm 压实厚度

里程		DK97+711.37 ~ DK97+818			DK97+822 ~ DK97+900		
碾压组合	压实遍数	松铺厚度/cm	压实厚度/cm	松散系数	松铺厚度/cm	压实厚度/cm	松散系数
组合 4	第 6 遍	28	25	1.12	28	25	1.12

（2）第二层填料（松铺厚度 30 cm）。

严格按照路基试验段工艺方案进行填料压实施工，每层碾压到第 3 遍后，每碾压一遍检测一次压实度，经检测第 6 遍碾压后，部分检测点压实度不能满足设计要求，第 6 遍碾压过后，经检测压实系数、地基系数均满足设计要求。压实 6 遍后，地基系数 K_{30}、孔隙率 n，符合设计要求。

松铺厚度 30 cm 的第 6 遍的压实系数、地基系数检测数据见表 44-5 和表 44-6。

44-5　灌砂法测定第二层填料压实密度

桩号或里程		DK97+711.37 ~ DK97+818 段路基基床底层		DK97+818 ~ DK97+904 段路基基床底层	
层数		第 2 层		第 2 层	
碾压组合		组合 4		组合 4	
压路机行驶速度		2 km/h		3 km/h	
标准试验	颗粒密度	2.63		2.63	
	最大干密度	—		—	
	最佳含水量	—		—	
	量砂密度	1.50		1.50	
孔隙率 n（%）/压实系数实测值 K_h	规定值	≤31		≤31	
	1	DK97+725 左	24	DK97+838 左	23
	2	DK97+725 中	24	DK97+838 中	23
	3	DK97+725 右	25	DK97+838 右	26
	4	DK97+776 左	26	DK97+881 左	25
	5	DK97+776 中	24	DK97+881 中	24
	6	DK97+776 右	24	DK97+881 右	27

表 44-6　松铺厚度 30 cm 压实厚度

里程		DK97+711.37 ~ DK97+818			DK97+822 ~ DK97+900		
碾压组合	压实遍数	松铺厚度/cm	压实厚度/cm	松散系数	松铺厚度/cm	压实厚度/cm	松散系数
组合 4	第 6 遍	30	27	1.11	30	27	1.11

（3）第三层填料（松铺厚度 29 cm）。

严格按照路基试验段工艺方案进行填料压实施工，每层碾压到第 3 遍后，每碾压一遍检测一次压实度，经检测第 6 遍碾压后，部分检测点压实度不能满足设计要求，第 6 遍碾压过后，经检测压实系数、地基系数均满足设计要求。压实 6 遍后，地基系数 K_{30}、孔隙率 n，符合设计要求。

松铺厚度 29 cm 的第 3 ~ 6 遍的压实系数、地基系数检测数据见表 44-7 ~ 表 44-10。

表 44-7　灌砂法测定第三层填料压实密度 1

桩号或里程		DK97+711.37 ~ DK97+818 段路基基床底层							
层数		第 3 层		第 3 层		第 3 层		第 3 层	
碾压组合		组合 1		组合 2		组合 3		组合 4	
压路机行驶速度		2 km/h		2 km/h		2 km/h		2 km/h	
标准试验	颗粒密度	2.63		2.63		2.63		2.63	
	最大干密度	—		—		—		—	
	最佳含水量	—		—		—		—	
	量砂密度	1.50		1.50		1.50		1.50	
孔隙率 n（%）/压实系数实测值 K_h	规定值	≤31		≤31		≤31		≤31	
	1	DK97+733 左	46	DK97+735 左	41	DK97+743 左	34	DK97+719 左	23
	2	DK97+733 中	42	DK97+735 中	40	DK97+743 中	34	DK97+719 中	22
	3	DK97+733 右	38	DK97+735 右	34	DK97+743 右	29	DK97+719 右	26
	4	DK97+771 左	43	DK97+778 左	40	DK97+785 左	28	DK97+793 左	26
	5	DK97+771 中	41	DK97+778 中	33	DK97+785 中	28	DK97+793 中	25
	6	DK97+771 右	44	DK97+778 右	40	DK97+785 右	33	DK97+793 右	27

表 44-8　灌砂法测定第三层填料压实密度 2

桩号或里程		DK97+818 ~ DK97+900 段路基基床底层							
层数		第 3 层		第 3 层		第 3 层		第 3 层	
碾压组合		组合 1		组合 2		组合 3		组合 4	
压路机行驶速度		3 km/h		3 km/h		3 km/h		3 km/h	
标准试验	颗粒密度	2.63		2.63		2.63		2.63	
	最大干密度	—		—		—		—	
	最佳含水量	—		—		—		—	
	量砂密度	1.50		1.50		1.50		1.50	
孔隙率 n（%）/压实系数实测值 K_h	规定值	≤31		≤31		≤31		≤31	
	1	DK97+837 左	46	DK97+852 左	34	DK97+853 左	27	DK97+855 左	22
	2	DK97+837 中	43	DK97+852 中	31	DK97+853 中	30	DK97+855 中	25
	3	DK97+837 右	40	DK97+852 右	34	DK97+853 右	27	DK97+855 右	22
	4	DK97+886 左	44	DK97+883 左	30	DK97+875 左	25	DK97+889 左	25
	5	DK97+886 中	42	DK97+883 中	33	DK97+875 中	33	DK97+889 中	19
	6	DK97+886 右	43	DK97+883 右	32	DK97+875 右	25	DK97+889 右	21

表 44-9　第三层填料 K_{30} 平板载荷试验

施工里程			DK97+711.37 ~ DK97+818 段路基基床底层				DK97+818 ~ DK97+900 段路基基床底层			
位置			—	—	—	—	—	—	—	—
层数			第 3 层				第 3 层			
碾压组合			组合 1	组合 2	组合 3	组合 4	组合 1	组合 2	组合 3	组合 4
压路机行驶速度			2 km/h	2 km/h	2 km/h	2 km/h	3 km/h	3 km/h	3 km/h	3 km/h
标高			—	—	—	—	—	—	—	—
地基系数 K_{30} 值	规定值		≥120	≥120	≥120	≥120	≥120	≥120	≥120	≥120
	实测值	1	93	105	110	151	94	103	118	150
		2	95	109	117	152	94	106	111	144
		3	94	105	115	158	94	105	117	148
		4	96	121	111	145	91	104	115	155
沉降 1.25 mm 对应荷载 /MPa		1	0.116	0.131	0.138	0.189	0.118	0.129	0.147	0.188
		2	0.119	0.136	0.146	0.190	0.118	0.132	0.139	0.180
		3	0.118	0.131	0.144	0.197	0.118	0.131	0.146	0.185
		4	0.120	0.151	0.139	0.181	0.114	0.13	0.144	0.185

表 44-10　松铺厚度 29 cm 压实厚度

里程		DK97+711.37 ~ DK97+818			DK97+822 ~ DK97+900		
碾压组合	压实遍数	松铺厚度/cm	压实厚度/cm	松散系数	松铺厚度/cm	压实厚度/cm	松散系数
组合 4	第 6 遍	29	26	1.115	29	26	1.115

（六）试验段控制要点、存在的问题及整改措施

（1）对于细角砾为防止压实后路基暴晒开裂，在压实检测各项指标满足设计要求后应及时填筑下一层。

（2）在施工中，每层填筑应把纵横坡推出，防止雨后积水，雨后路基填筑前应先用整平，进行碾压，达到规范要求的压实度后报驻地监理工程师检测合格后才能进行下道工序的施工。

（3）在雨后严禁一切车辆在路基填筑范围内行驶。

（4）存在问题及整改措施

问题①：填筑分层超厚；

整改①：路基填筑分层挂线，设置填筑分层桩；

问题②：小部分填料粒径超设计要求；

整改②：对填料料源进行筛选和破碎，保证填料全部合格；

问题③：测量边桩及填筑分层桩被损坏；

整改③：加强现场施工人员管理，严格按技术交底执行，保护好现场各种桩位，一旦桩位被破坏，及时由测量人员恢复。

问题④：人工摊铺平整时，有凹凸不平的现象，部分填料有集窝现象；

整改④：加强对施工人员的技术交底；安排 2 ~ 3 人负责对填料集窝现象进行处理；在施工过程中通过挂线控制平整度，对不合格区域进行清理，补填合格填料。

（七）路基填筑试验总结结论

为全面展开路基填筑施工，在 DK97+711.37 ~ DK97+919 段路基进行了填筑试验。其中松铺厚度以 28 ~ 30 cm 进行控制。在试验段施工方案指导下，项目部已成功完成了该试验段的填筑施工，并获

得了试验数据，为大面积的路基填筑施工提供了依据。

（1）确定该区段内路基填筑使用采石场的碎石土为填料，粒径控制在规范和设计要求以内，最大粒径不大于层厚的2/3，且不大于15 cm；

（2）确定路基填筑碾压机械为22t以上重型压路机；

（3）确定摊铺厚度及碾压组合。摊铺厚度28～30 cm，碾压组合为：静压1遍+弱振1遍+强振3遍+静压1遍；

（4）确定填料颗粒密度为2.63g/ cm^3。

（5）确定压路机行进速度为2～3 km/h。

路基填筑试验段填筑施工参数见表44-11。

表44-11 路基填筑试验段填筑施工参数

填筑试验项目	路基填筑试验段		
机械配置情况	挖掘机2台、压路机2台、平地机1台、推土机2台、自卸车4辆、洒水车1辆		
人员配置情况	施工队长1人、技术主管1人、技术员1人、试验人员3人、测量人员3人、各种机械司机12人、辅助人员8人		
层数	第一层	第二层	第三层
填料种类	B组料	B组料	B组料
颗粒密度	2.64 g/cm	2.64 g/cm	2.64 g/cm
松铺厚度	28 cm	30 cm	29 cm
压实厚度	25 cm	27 cm	26 cm
满足压实质量要求的碾压组合及行车速度	碾压组合：静—弱—强—强—强—静，共6遍；行车速度：≤3 km/h		

通过试验段得出的技术参数，可以指导后序大面积的施工，但也要根据实际情况灵活运用，不能死搬硬套。在施工中应多总结和积累经验，为今后的施工做好技术储备。

二、泡沫轻质土工艺试验

JTSG-6标段在台州南站路基帮宽中采用泡沫轻质土施工，泡沫轻质土在目前国内铁路建设中应用较少，通过对泡沫轻质土在营业线路基帮宽中的应用研究，可总结出一套可行的施工技术，方便指导后续施工。

（一）关键技术

（1）根据不同的材料组成用量和不同的气泡率，从节约成本的角度考虑，通过试验选择满足工程设计要求的密度和强度，确定最佳施工配合比。

（2）选择试验段进行工艺试验，确定泡沫轻质土施工的分段、分区、分层参数、浇筑工艺和养护措施。

（3）通过对既有线路基监测数据进行收集，分析泡沫轻质土路基帮宽对既有线路基稳定性的影响。

（二）消泡试验

轻质土路基施工前，对所采取的原材料进行消泡试验，原材料适应性试验测定的湿容重增加值应小于0.6 kN/m^3。

（1）试验器具包括：

① 容量筒：金属制成，内径 108 mm，净高 109 mm，筒壁厚 2 mm，容积为 1L。

② 圆筒：金属或硬质塑料制成，内径 80 mm，净高 80 mm，筒壁厚 2 mm。

③ 电子秤：量程 3 000g，精度 0.1g。

④ 平板：塑料板或光面瓷砖，厚度 1 cm，边长 30 cm。

⑤ 游标卡尺：量程不小于 300 mm，精度 0.1 mm。

⑥ 试验用搅拌机：容量不低于 30 L，转速不小于 30 r/min；具有搅拌定时功能。

⑦ 塑料桶：容量 25 L。

⑧ 发泡装置：可控制并调节泡沫密度。

（2）室内泡沫轻质土制备：

① 试验室拌制泡沫轻质土时，拌和用的材料应提前运至室内，拌和时试验室的温度要求为 20 °C ~ 25 °C。

② 试验用水泥、粉煤灰、矿粉、发泡剂等原材料必须和施工现场使用的材料一致。试验室拌制泡沫轻质土前，应先将适量的发泡剂按稀释倍率稀释好并置于发泡装置内，并事先根据标准泡沫密度调整好发泡剂水溶液的发泡倍率，以备随时发泡。

③ 泡沫的用量应采用容量筒计量，其他材料应称重计量，计量精度应满足：水泥 ± 0.5%，粉煤灰 ± 1%，矿粉 ± 1%，泡沫体积 ± 0.5%。

④ 试验室制备泡沫轻质土，应采用搅拌机拌和，且应先将水泥、粉煤灰和水按配合比拌和，拌和时间不少于 2 min，然后立即制备泡沫加入其中再次拌和，再次拌和时间为 2 min；拌和料总量应不少于搅拌机容量的 20%。

（3）湿容重按以下步骤测定：

① 准备好电子秤，并将其水平放置；

② 将量杯 1 平放于电子秤上，测得量杯 1 质量 m_0，精确至 1g；

③ 用量杯 2 接取试样，并将试样慢慢地倒入量杯 1 中；

④ 当试样装满量杯 1 时，用平口刀轻敲量杯 1 外壁，使试样充满整个量杯 1；

⑤ 用平口刀慢慢地沿量杯 1 端口平面刮平试样；

⑥将装满试样的量杯 1 平放于电子秤上，测得试样加量杯 1 的质量 m_1，精确至 1g；

⑦ 湿容重（kN/m^3）按下式计算：

$$\gamma = \frac{10\times(m_1 - m_0)}{v_0} \tag{4-1}$$

式中 γ——湿容重（kN/m^3），精确至 0.1 kN/m^3；

m_1 ——量杯加试样质量（kg）；

m_0 ——量杯质量（kg）；

v_0 ——量杯体积（m^3）。

⑧ 重复试验① ~ ⑦步骤，取 3 次试验结果的算术平均值为新拌气泡混合轻质土湿容重（kN/m^3），精确至 0.1 kN/m^3；

⑨ 湿容重试验应在每次试样后 5 min 内完成。

（4）消泡试验。

试验室制备好轻质土拌和物后，即可展开消泡试验：

① 对搅拌筒内的泡沫轻质土测试其初始湿密度；

② 设定搅拌机搅拌时间为 1 min；

③ 开启搅拌机搅拌泡沫轻质土至搅拌时间结束；

④ 测试本次搅拌后的泡沫轻质土湿密度；
⑤ 重复第 3 步第 4 步，直至搅拌次数达到 10 次；
⑥ 以纵轴为湿密度、横轴为累积搅拌时间绘制消泡试验曲线；
⑦ 记录前 10 次的最大湿密度，计算湿密度增加率。
容重等级按湿容重大小划分，采用符号 *W* 与湿容重标准值表示，见表 44-12。

表 44-12　容重等级

容重等级	湿容重γ/（kN/m^3）	
	标准值	允许变化范围
W3	3.0	$2.5<\gamma\leq 3.5$
W4	4.0	$3.5<\gamma\leq 4.5$
W5	5.0	$4.5<\gamma\leq 5.5$
W6	6.0	$5.5<\gamma\leq 6.5$
W7	7.0	$6.5<\gamma\leq 7.5$
W8	8.0	$7.5<\gamma\leq 8.5$
W9	9.0	$8.5<\gamma\leq 9.5$
W10	10.0	$9.5<\gamma\leq 10.5$
W11	11.0	$10.5<\gamma\leq 11.5$
W12	12.0	$11.5<\gamma\leq 12.5$
W13	13.0	$12.5<\gamma\leq 13.5$
W14	14.0	$13.5<\gamma\leq 14.5$
W15	15.0	$14.5<\gamma\leq 15.5$

强度等级按抗压强度大小划分，采用符号 CF 与抗压强度标准值表示，抗压强度的单组平均值和单块最小值应大于表 44-13 规定值。

表 44-13　强度等级

强度等级	抗压强度 q_u/MPa	
	每组平均值	单块最小值
CF0.3	0.30	0.26
CF0.4	0.40	0.34
CF0.5	0.50	0.42
CF0.6	0.60	0.51
CF0.7	0.70	0.59
CF0.8	0.80	0.68
CF0.9	0.90	0.76
CF1.0	1.00	0.85
CF1.2	1.20	1.02
CF1.5	1.50	1.27
CF2.5	2.50	2.12
CF5.0	5.00	4.25
CF7.5	7.50	6.37
CF10	10.00	8.50

（三）配合比试配与选择

（1）泡沫轻质土性能指标见表 44-14。

表 44-14 泡沫轻质土性能指标

轻质土距顶部距离/m	施工湿密度 R_{fw}/（kg/m³）	7 d 抗压强度/MPa	28d 抗压强度/MPa
0 ~ 1.0	$650 \leqslant R_{fw} \leqslant 700$	≥0.8	≥1.5
>1.0	$550 \leqslant R_{fw} \leqslant 600$	≥0.5	≥1.0

（2）配合比设计应采用工程实际使用的原材料。试配前，应对原材料进行适应性检验。

（3）配合比设计指标包括湿容重、流动度及抗压强度，并应符合下列规定：

① 湿容重偏差应符合本规程容重等级的规定。

② 流动度应为 180 mm ± 20 mm。

③ 试配抗压强度应大于设计抗压强度的 1.05 倍。

（4）泡沫轻质土的配合比根据设计强度、湿密度、流动性等要求进行选择，依据《现浇泡沫轻质土路基设计施工技术规程》及施工现场所用材料试验的基础上确定施工配合比。施工配合比试验按如下步骤进行：

① 根据设计要求确定轻质土施工湿密度。

② 确定水泥浆配合比。

③ 确定泡沫轻质土配合比。

④ 对原材料进行规范规定的试验，在原材料检验合格的基础上进行消泡试验。

（5）经消泡试验确定的湿密度增加率和标准沉陷距满足设计要求后，取泡沫轻质土拌和物制备配合比强度试件。

（6）施工配合比强度试验试块采用 10 cm × 10 cm × 10 cm 立方体试块。抗压强度试验方法同普通混凝土强度试验方法，要求压力机采用小量程砂浆压力机进行抗压试验，且强度结果不做尺寸折减。

（7）施工配合比强度试验以 6 块试块为一组，共做 4 组配合比，分别测定底层往上 0 ~ 1 m 泡沫轻质土位置强度等级 1.0 MPa 和 1 m 以上泡沫轻质土位置强度等级 1.5 MPa 部位 7 天和 28 天龄期强度。当 7 天龄期抗压强度及 28 天龄期抗压强度大于设计强度时，该配合比可作为施工配合比采用。

（8）根据所利用自来水和发泡剂进行的室内试验结果，施工时拟采用表 44-15 给出的参考配合比。

表 44-15 参考配合比

序号	强度等级/MPa	设计强度/MPa	每立方单位用量					湿容重/（kN/m³）	流动度/mm
			水泥	水	粉煤灰	矿粉	气泡群/L		
配合比 1	1.0	1.0	138	224	103	103	643	6.0	187
配合比 2	1.0	1.0	331	215			678	5.8	187
配合比 3	1.5	1.5	162	267	121	121	577	7.0	185
配合比 4	1.5	1.5	391	258			616	6.8	185

（9）通过 4 种配合比在现场进行试验段施工，使用含粉煤灰和矿粉配合比 1 和 3 时，泡沫轻质土浇筑完成后，出现大面积塌陷和裂缝；因此轻质土距顶部 0 ~ 1 m 范围选用配合比 4；轻质土距顶部 1 m 以下范围选用配合比 2。

（四）场地平整及排水

正式进场施工前，进行管线调查后，清除施工场地内的障碍物，不能清除的做好保护措施，然后整平、夯实。合理布置施工机械、输送管路和电力线路位置，确保施工场地的“三通一平”，并排除场地内积水。

（五）定位放线

根据设计院提供主轴线控制点及具体尺寸，运用导线控制法，进行准确放样，用全站仪、钢尺定出泡沫轻质土施工边线，测量人员填写放样记录，经复核无误后施工。

（六）垫层施工

泡沫轻质土施工前在搅拌桩顶部浇筑一层 0.1 m 厚的 C20 素混凝土垫层，见图 44-4。

图 44-4　垫层施工

（七）模板安装

轻质土外侧采用竹胶板进行支挡，横向设置 2 道方木背肋，并采用钢筋桩加方木斜撑进行加固，斜撑间距 1 m。模板的拼接缝应严密，不漏浆，施工时，应特别注意对模板的支护，以避免轻质土压力及其他外力影响其位置或引起倾倒。模板安装见图 44-5。

图 44-5　模板安装

（八）泡沫轻质土生产

（1）采用压缩空气与发泡剂溶液混合的方式生成泡沫；

（2）现场建立具有原材料自动化计量功能的水泥浆拌和站，集中拌置；

（3）拌和制作成型过程中，应能调节水泥浆或泡沫流量以及搅拌时间，确保各组分混合均匀，常温下搅拌不少于 120 s；水泥浆或泡沫轻质土在出料装置中的停止时间不宜超过 2 h。

（4）泡沫轻质土生产工艺流程见图 44-6 和图 44-7。

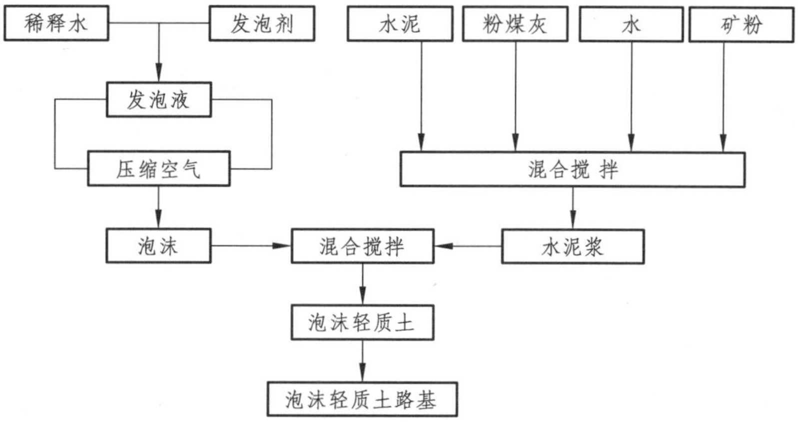

图 44-6　泡沫轻质土生产工艺流程图

图 44-7　泡沫轻质土现场生产

（九）泡沫轻质土浇筑

（1）泡沫轻质土单次浇筑长度控制在 10 m，单层浇筑厚度控制在 0.5 ~ 1.0 m，本次试验段单层浇筑厚度为 0.8 m，单层浇筑时间在 2 ~ 2.5 h，可以保证单层浇注的正常施工时间在水泥浆初凝前完成；

（2）泡沫混凝土浇筑施工采用配管泵送方式。浇注时，浇注管出料口应与浇注面保持水平；

（3）沿浇筑区长轴方向自一端向另一端浇筑；如采用一条以上浇筑管浇筑时，则可并排地从一端开始浇注，或采用对角的浇筑方式；

（4）每一浇注层应一次性浇注完毕，上层浇筑层应在相邻的下层浇筑层终凝后方能浇筑。

泡沫轻质土浇筑见图 44-8。

图 44-8　泡沫轻质土浇筑

（十）变形缝设置

泡沫轻质土的长度超过 10 m 时，每隔 10 m 分节设置一道沉降缝，缝宽 2 cm，缝内填筑聚苯乙烯板，贯穿整个泡沫轻质土路基。

（十一）铺设铁丝网

（1）泡沫轻质土层之间铺设一层 ϕ3.2 mm@5 cm 镀锌铁丝网；
（2）金属铺设前，应检查其外观，不能采用有明显锈迹的金属网；
（3）铺设时，应展开铺平，避免出现卷起现象；
（4）相邻幅的金属网平面位置应重叠搭接，搭接宽度不少于 5 cm；
（5）在变形缝位置，金属网应断开铺设。
镀锌金属网的铺设见图 44-9。

图 44-9 镀锌金属网的铺设

（十二）铺设 HDPE 防渗土工膜

按照设计要求在泡沫混凝土浇筑时，泡沫轻质土填筑体最顶部铺设 0.2 m 厚中粗沙内加一层 HDPE 防渗土工膜，相邻幅的土工膜，重叠搭接宽度不宜小于 5 cm。

（十三）养护与维护

泡沫混凝土施工完毕后及时覆盖塑料薄膜或土工布进行洒水养护，养护时间不少于 7 天。养护期内尽量避免人员在其上面行走及禁止堆积物品，以免破坏其中的气泡结构，影响质量。泡沫轻质土养护见图 44-10。

图 44-10 泡沫轻质土养护

（十四）泡沫轻质土工艺试验成果

（1）针对高速铁路路基帮宽工程沉降变形控制难，又要保证既有线正常运营的问题，提出了浇筑泡沫轻质土的解决方案。

（2）使用含矿粉和粉煤灰的配合比生产的泡沫轻质土，浇筑完成后，轻质土出现大面积塌陷和裂缝；使用纯水泥的配合比效果更佳。

（3）泡沫轻质土施工过程中对既有线路基变形的影响较小，满足施工要求。

（4）路基帮宽施工是线路施工中的一项重点内容，而邻近既有线路施工，更是对施工安全具有非常高的要求。从上述工程的质量验收结果来看，此工程路基帮宽施工各工序的技术参数都在允许偏差范围以内，施工质量全部达标，并且整个施工过程未出现人身伤亡事故，说明本节提出的关于路基帮宽施工技术及安全防护技术措施着实有效，并且切实可行。

第二节 地基处理

金台铁路线路路基地基加固主要措施有：短搅拌桩、双向搅拌桩、旋喷桩、预应力管桩、垫层及土工格栅、袋装砂井排水固结联合真空预压、换填现浇泡沫轻质土、碎石注浆桩等。

在路基地基加固措施施工前，针对不同情况，采取不同地基处理方式。首先要清除表层种植土，在路堤底部填筑渗水性填料，重型机械振动碾压技术压实至路堤本体压实标准；对于旱地或山地，清除地表杂草，地表松土（不含种植土、淤泥等不良地基土）不>0.3 m时，原地采用重型机械振动压实或冲击压实技术进行填前压实；松土厚>0.3 m时，采用翻挖、分层回填压实。

对水田、雨季滞水或地下水位高的低洼沟谷路堤地段，应清除表层种植土，换填渗水性好填料，换填高度应高出地面0.5 m。当基底土密实且地面横坡缓于1：10时清除草皮杂物，地面横坡为1：10～1：5时，将原地表土翻挖压实符合设计要求，地面横坡陡于1：5时，自上而下挖台阶，台阶顶面做成4%的内倾斜坡，根据现场实际情况，采用推土机等大型机械辅以人工进行施工。

JTSG-5标段有18段路基，共计13.141 km，其主要工点类型有浸水路堤、陡坡路基等，采取的地基处理主要措施为：挖除换填、预应力混凝土管桩、旋喷桩、水泥土搅拌桩及塑料排水板、塑料排水板施工等，本节主要以JTSG-5标段的钢筋混凝土（预应力）管桩施工为例，介绍地基处理技术要点。

一、施工工艺

钢筋混凝土（预应力）管桩施工工艺流程图如图44-11所示。

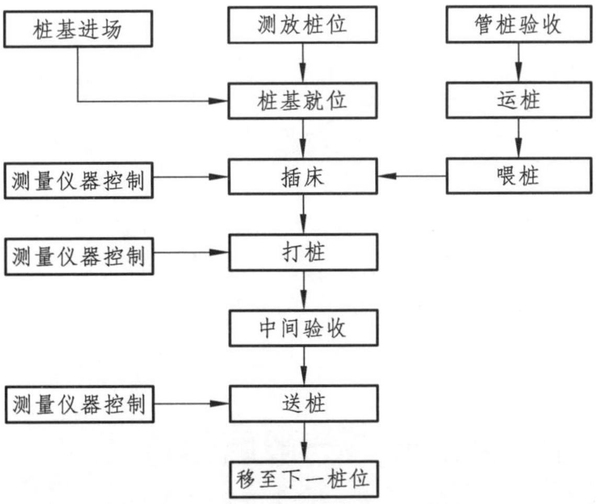

图44-11 钢筋混凝土（预应力）管桩施工工艺流程图

二、施工方法

（1）试桩：管桩正式大量施工前按照要求进行 2 根工艺性试桩，确定各项施工工艺参数和检验桩的承载力，取得完整的试桩资料并报监理单位确认后，方可进行施工。

（2）清理场地，排除积水，用推土机平整施工场地，挖好排水侧沟。

（3）测量放线定位：用全站仪放出横、纵向轴线，定出桩位，桩位误差不得大于 2 cm，桩中心插上竹签，周围撒上白灰线圈作标志，便于打桩时桩位的查找。

（4）桩机就位：将桩机移至桩位中心，观察水平仪和挂在打桩架上的垂球，调平机身，四周垫稳，以导桩器中心为准，用重锤对准桩尖中心，找准桩位。

（5）吊桩、插桩：在桩端 0.3 倍桩长处单点起吊，待管桩基本垂直后提升桩锤，将桩顶喂入桩帽。将桩尖焊接后垂直对准桩位中心，缓缓放下插入土中，扣好桩帽后，微微起动打桩机，用桩锤轻压，将管桩压入土中 0.5 m，此时用经纬仪双向调整桩身垂直度。

（6）打桩：开始打桩时，油门控制宜小，随着桩入土深度的增加，阻力增加，可逐渐加大油门，锤击时做到重锤低击。打桩时桩身应垂直，垂直度偏差不得超过 1%，在距桩机不受影响范围内，成 90°方向各设置一台经纬仪进行校准。

（7）送桩：采用送桩器送桩，送桩器断面应平整，器身垂直。管桩对接时，采用法兰盘链接或钢端板焊接连接。送桩时应预先算好送桩深度，在送桩杆上做出明显标志，用水准仪严格控制，以保证桩顶标高准确，桩顶标高允许偏差符合设计规定。

（8）转出送桩器，填盖桩孔，移机进行下一根桩施工：施工中应认真记录每下沉 1 m 的锤击数和最后 1 m 每下沉 10 cm 的锤击数，作为最终贯入度取值的依据。

三、质量控制

1. 预制桩模板及支架、钢筋、混凝土和预应力混凝土的施工

预制桩模板及支架、钢筋、混凝土和预应力混凝土的施工应符合原铁道部现行《铁路混凝土工程施工质量验收补充标准》的有关规定，并符合下列规定：

（1）混凝土应连续灌注，不得中断；

（2）桩的混凝土应达到吊运要求的强度，且不得低于设计强度的 70%后，方可吊运，达到设计强度方可使用；

（3）钢筋混凝土桩及预应力混凝土桩桩节章的连接部件，应符合设计强度和耐久性要求。接桩铁件应做防腐处理。

2. 混凝土桩的验收、起吊、运输和堆放

（1）桩内外表面无露筋、空洞、蜂窝、混凝土脱落与断筋、脱头的现象，不得出现环向和纵向裂缝。

（2）堆放场地必须平整、坚实，堆放层数不宜超过四层。当两点支承时，垫木位置须在距桩端 0.21 倍桩长位置处；当三点支承时，垫木位置应设在距桩端 0.15 倍桩长及中点处。每层垫木必须保持在同一平面上，各层间垫木应在同一垂直线上。

（3）起吊时桩的吊点位置和混凝土强度应符合设计要求。应平稳提升，使各吊点同时受力。一个吊点吊桩时，吊点应设在距桩上端 0.3 倍桩长处，在起吊中，应用钢丝绳捆绑并控制桩的下端。

（4）桩起吊、搬运和堆码时，必须保持平稳，避免剧烈振动和冲撞而产生附加弯矩。

第三节 一般路基施工

金台铁路一般路基施工的工艺流程为：施工准备→清表和基底处理→基床下路基和基床底层填筑

→基床表层级配碎石填筑→路基相关工程（声屏障基础、接触网立柱基础、电缆槽）施工→有砟轨道施工→整理验收。路基基床由表层和底层组成，路基的表层厚度为 0.6 m，采用 A 组填料；底层厚度为 1.9 m，采用 A、B 组填料，基床总厚度为 2.5 m。

一、基床以下路堤填筑施工

（一）填料

基床以下路堤填料应采用 A、B、C 组填料。路堤浸水部位的填料，采用渗水土填筑。

当路堤填筑硬质岩及不易风化的软质岩的碎块石时，选用级配较好的填料分层填筑压实。填料的粒径不大于 15 cm。

（二）施工工艺

路基本体全面开工前，试验段先行。通过试验段的施工，检验施工工艺的适用性，验证室内试验成果。确定试验填筑路堤的最佳含水量和最大干密度的标准值；确定压路机具的选择和组合、碾压方式、遍数及碾压速度；确定路堤填筑的松铺系数。

路基本体填筑，按试验室及试验段对土工试验结果确定的施工参数指标分层碾压填筑。分层填筑厚度 30 cm。用装载机装车，自卸汽车运输，使用推土机初平，平地机精平，重型振动压路机和冲击式压路机碾压密实。为了保证边坡压实质量，一般填筑时路基两侧各加宽 50 cm。采用平板荷载仪测定地基系数（K_{30}）值，灌砂法、核子密度仪检测压实系数 K、空隙率 n，静态变形模量测试仪测定变形模量 E_{v2}，动态变形模量测试仪测定 E_{vd}。

路堤填筑按“三阶段、四区段、八流程”施工，具体填筑工艺流程详见图 44-12。

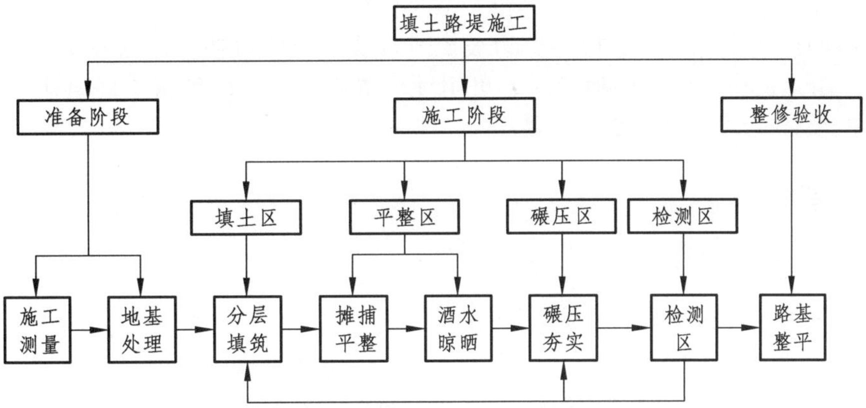

图 44-12　一般路堤填筑施工工艺流程

1. 施工顺序

下层面处理→卸填料土→推土机摊铺整平→轻型压路机初压→重型压路机复压→平地机精平→中型压路机终压。

2. 填土、摊铺、平整

不同土质的填料应分层填筑，且应尽量减少层数，每种填料层总厚度不得大于 300 mm。土方路堤填筑至路床顶面最后一层的压实层厚度不应小于 100 mm 填土区段按照网格化布料，用推土机或平地机摊铺平整，使填层在纵向和横向平顺均匀，以保证压路机碾压轮表面能基本均匀接触层面进行压实，达到最佳碾压效果。

推土机摊铺平整的同时，应对路肩进行初步压实，保证压路机进行压实时，压到路肩而不致滑坡。初压工序之后用平地机精平，局部凹坑采用人工修整。

3. 碾压

黏土类填料用静压路机静压；砂石类填料用振动压路机、振动突块压路机等振压。

碾压时由路基两侧开始向中心纵向碾压，按照初压、复压、终压三步骤进行。初压宜低速，复压宜中速、终压应快速。

压路机按 S 形走行，相邻两行碾压轮迹至少重叠 30 cm，保证不漏压。

施工过程中用环刀法和核子密度仪联合跟踪检测路堤实际压实度。压实度检测合格后，可转入下道工序，不合格的应进行补压后再做检查，一直达到合格为止。

含水量适宜的填料应及时碾压，防止松散填料在空气中暴露时间过长，导致含水量损失难以压实。含水量不适宜的填料应进行调整处理后方可碾压。

4. 断面控制

填方断面边坡线按每侧超填宽度 30 ~ 50 cm 进行控制，为保证断面几何尺寸准确无误，直线段边桩设置间距 20 m，曲线段边桩设置间距 10 m。

5. 路基整形与边坡压实

路基整修应在路基工程陆续完毕、所有排水构造物已经完成并在回填之后进行。整形前应恢复各项标桩，并按设计图纸要求检查路基的中线位置、宽度、纵横坡、边坡及相应的标高。

带线控制边坡坡度，直线段每隔 20 m 设置一道坡度标志线，曲线段每隔 10 m 设置一道坡度标志线，并用坡度尺实时检测实际坡度。

两侧超填的宽度应予切除，采用挖掘机和人工联合整形。

边坡受雨水冲刷形成小冲沟时，应将原边坡挖成台阶，分层填补，仔细夯实。如填补的厚度很小（100 ~ 200 mm），而又是非边坡加固地段时，可用种草整修的方法以种植土来填补。

边坡用液压振动夯或牵引式机械振动碾压实。

二、基床底层填筑施工

（一）填筑

路基基床底层采用 A、B 组填料，松铺厚度控制在 30 cm 以内，采用不同的压实机具、遍数及速度，最终确定各项工艺参数。按试验室对 A、B 组填料试验结果确定的施工参数指标分层碾压填筑。用挖掘机装车，自卸汽车运输，填料摊铺使用推土机初平，平地机终平，重型振动压路机。压实标准符合设计要求，详见表 44-17 和表 44-18。

表 44-17　基床底层压实标准

层位	压实指标	砂类土（粉砂除外）	砾石类	碎石类	块石类
基床底层	压实系数 K	—	—	—	—
	地基系数 K_{30}/（MPa/m）	100	120	130	150
	相对密度 D_r	0.75	—	—	—
	孔隙率 n/%	—	31	31	—

表 44-18 基床以下部位填料的压实标准

填筑部位	压实指标	细粒土、粉砂	砂类土（粉砂除外）	砾石类	碎石类	块石类
不浸水部分	压实系数 K	0.90	—	—	—	—
	地基系数 K_{30}/（MPa/m）	80	80	110	120	130
	相对密度 D_r	—	0.7	—	—	—
	孔隙率 n/%	—	—	32	32	—
浸水部分及桥涵两端	压实系数 K	—	—	—	—	—
	地基系数 K_{30}/（MPa/m）	—	80	110	120	130
	相对密度 D_r	—	0.7	—	—	—
	孔隙率 n/%	—	—	32	32	—

（二）施工安全及环境保护

1. 施工安全措施

施工区域设警示标志，禁止非工作人员进入；施工中对机械设备进行定期检查、养护、维修；为保证施工安全，现场有专人统一指挥，并设一名专职安全员负责现场的安全工作，坚持班前进行安全教育；施工中，现场设专人指挥、调度，确定合适的机械车辆走行路线，并设立明显标志，防止相互干扰碰撞，机械作业要留有安全距离；制订作业程序和运行路线，确保协调施工，安全生产。

2. 环境保护措施

建立环境保护体系、落实环境保护的各种责任制；规范施工现场的场容，保护作业环境的整洁卫生；制定水土保持措施及生态环境保护措施，消除或减少施工污染；在距居民生活区较近的施工现场，须建立必要的噪声控制设施，如隔声屏障。减少对周围居民环境的影响。

五、基床表层填筑施工

（一）填筑

基床表层填筑按“四区段、六流程”施工工艺组织施工，采用 A 组填料填筑。

A 组填料由隧道、路堑开挖弃碴或取土场取土进行级配加工，自卸汽车运输。A 组料摊铺采用摊铺机或平地机进行，顶层用摊铺机摊铺。每层的摊铺厚度按工艺试验确定的参数严格控制。用平地机摊铺时，在路基上采用方格网控制填料量，方格网纵向桩距不大于 10 m，横向分别在路基两侧及路基中心设方格网桩。用摊铺机摊铺时，根据摊铺机的摊铺能力配置运输车，减少停机待料时间。在摊铺机或平地机后面由人工及时消除粗细集料离析现象。

A 组料的含水量控制在施工允许含水量范围内。碾压遵循先轻后重，先慢后快的原则。前两遍行驶速度为 1.5 ~ 1.7 km/h，以后行驶速度为 2.0 ~ 2.5 km/h，路面的两侧多压 2 ~ 3 遍。

（二）施工工艺

1. 验收路基本体

路基本体测试结果符合设计、规范要求后，对路基本体表面进行整修，测定平整度、横坡、中线、边线，检查几何尺寸，核对压实标准；洒灰打桩，标出里程。不符合标准的基床底层进行修整，使其达到基床底层标准要求。

2. 试验段施工

选取 200 m 段路基为试验工点，确定压实工艺的遍数及机械组合，经济压实厚度及松铺厚度系数，施工含水量界限值，用以指导路堤施工。

3. 运输与填料

做好 A 组填料各性能指标的检测，A 组填料检测合格后，由自卸汽车运至路基填筑段，根据松铺厚度，在路基上采用方格网控制填料量，严格按网格倒料。

4. 摊铺碾压

用平地机和推土机根据试验段确定的最佳含水量的松铺厚度进行分层摊铺碾压。碾压遍数为先静压 1 遍，再弱振 1 遍、强振 2 ~ 3 遍、弱振 1 遍，最后再静压 2 遍对表面平整收光。

碾压遵循先轻后重、先慢后快的原则。直线段先边后中，由两侧路肩向路基中心碾压；曲线段由内侧路肩向外侧路肩进行碾压。碾压时沿纵向重叠 40 cm，横缝衔接处搭接长度不少于 2 m。碾压中如表面水分散失过多，及时洒水碾压，对不平处及时人工补平。

基床表层铺筑两侧各超宽 30 cm，碾压成型后再挖掉。全部基床施工完成后，按设计施工护肩。

第四节　特殊路基施工

金台铁路正线特殊路基类型主要有软土路基、高路堤、陡坡路基、危岩落石路基、水塘路堤、滨河（湖、水库）及浸水路堤、并行既有线路基。

台州站处于浙江省台州市黄岩区软土地基区域内，沿线低山丘陵洼地有零星软弱土地层分布，滨海区基底为海相沉积深厚软土，应根据软土、松软土的性质、厚度、成因类型以及路基高度等因素进行稳定性检算、工后沉降计算及地基承载力验算分析，确定加固处理措施。经综合比选确定台州站软土加固措施为双向水泥搅拌桩、高压旋喷桩及预应力管桩，并严格按桩基标准作业要求组织机械化施工，控制填筑速度，加强沉降观测，建立量测制度，按信息反馈组织施工，确保填筑路堤工后沉降和路堤稳定性。本节以台州站——浙江省台州市黄岩区软土地基区域路基工程施工为例总结软土路基施工，并重点介绍双向水泥搅拌桩施工（浆喷）技术。

一、工艺试验

搅拌桩施工前选择具有代表性地段进行成桩工艺试验，确定钻进速度、终钻条件、提升速度、喷浆压力、单位时间喷入量及喷搅次数等工艺参数，检验水泥固化效果和成桩效果。

二、工艺流程

水泥搅拌桩施工工艺流程见图 44-13，施工程序见图 44-14。

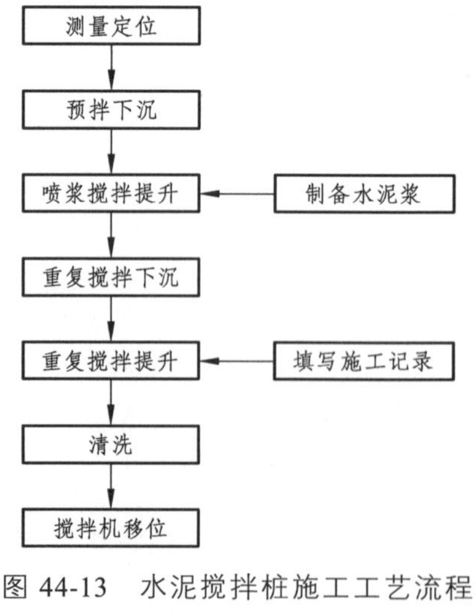

图 44-13　水泥搅拌桩施工工艺流程

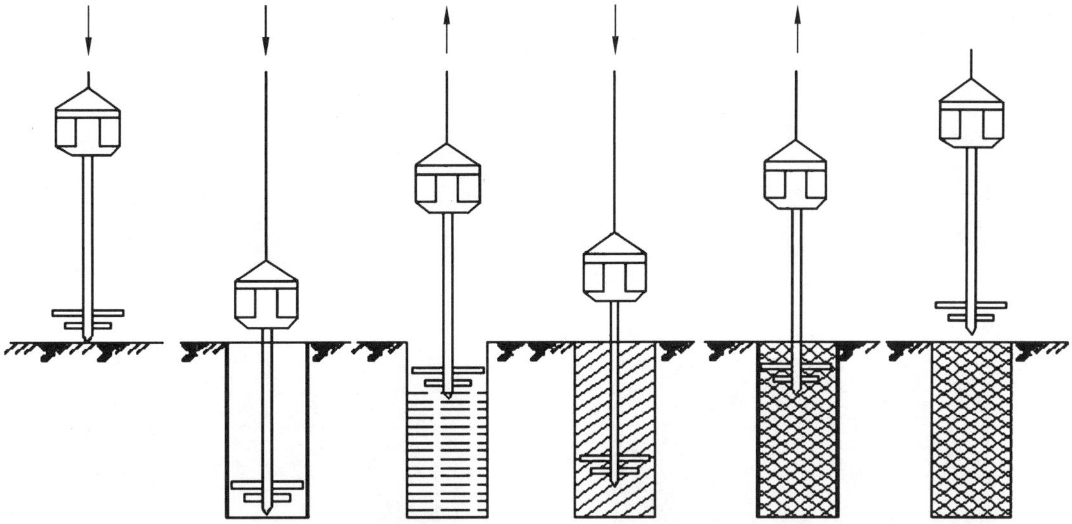

（a）定位下沉；（b）深入到设计深度；（c）喷浆搅拌提升；（d）原位重复搅拌下沉；
（e）重复搅拌提升；（f）搅拌完成形成加固体

图 44-14 水泥搅拌桩施工程序

三、施工工艺

1. 测量放线

（1）根据施工图要求，利用 CAD 绘制桩位平面布置图，并按行列顺序进行编号。

（2）采用全站仪放出桩区域的控制桩，然后使用钢卷尺根据桩距传递放出桩位位置，用小竹签做好标记，并撒白灰标识。

2. 预搅下沉

用输浆管将贮料罐砂浆泵同深层搅拌机接通，待搅拌机的冷却水循环正常后，启动搅拌机电机，使搅拌机借设备自重沿导向架搅拌切土下沉，下沉的速度可由电机的电流监测表控制，一般为 0.38 ~ 0.75 m/min。如果下沉速度太慢，可从输浆系统补给清水以利钻进。

3. 制备水泥浆

水泥采用 42.5 级普通硅酸盐水泥。待搅拌机下沉到一定深度后，即开始按设计确定的配合比和掺灰量拌制水泥浆，待压浆前将水泥浆倒入集料斗中。每根桩所需水泥浆量一次备够。

4. 喷浆搅拌提升

搅拌机下沉到达设计深度后，开启灰浆泵将水泥浆从搅拌机中心管不断压入地基中，边喷浆边搅拌边匀速提升，直至提出地面完成一次搅拌过程。施工时严格按照设计确定的提升速度提升搅拌机，保证搅拌机提升至设计加固深度的顶面标高时，集料斗中的水泥浆正好排空。

5. 重复上下搅拌

为使软土和水泥浆搅拌均匀，再次将搅拌机边旋转边沉入土中，至设计加固深度后，再将搅拌机边旋转边提升出地面。

6. 清洗

向集料斗中注入适量清水，开启灰浆泵，清洗全部管路中的残存的水泥浆直至基本干净。并将粘附在搅拌头的软土清洗干净。

7. 移位

重复上述步骤，进行下一根桩的施工。

8. 桩基检测

（1）桩头开挖。

成桩 7 天后浅部开挖桩头，目测检查桩体的完整性，量测成桩直径。桩头开挖见图 44-15，桩径检测见图 44-16。

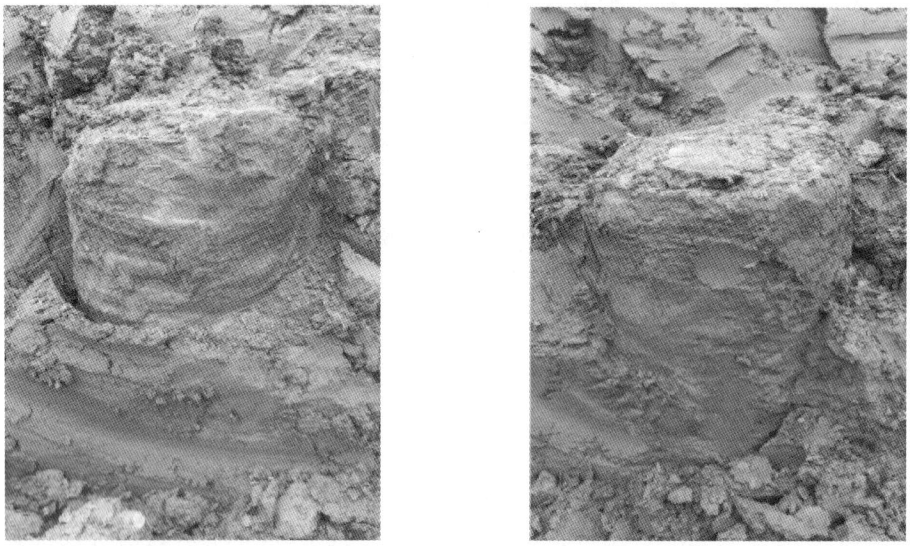

图 44-15　桩头开挖

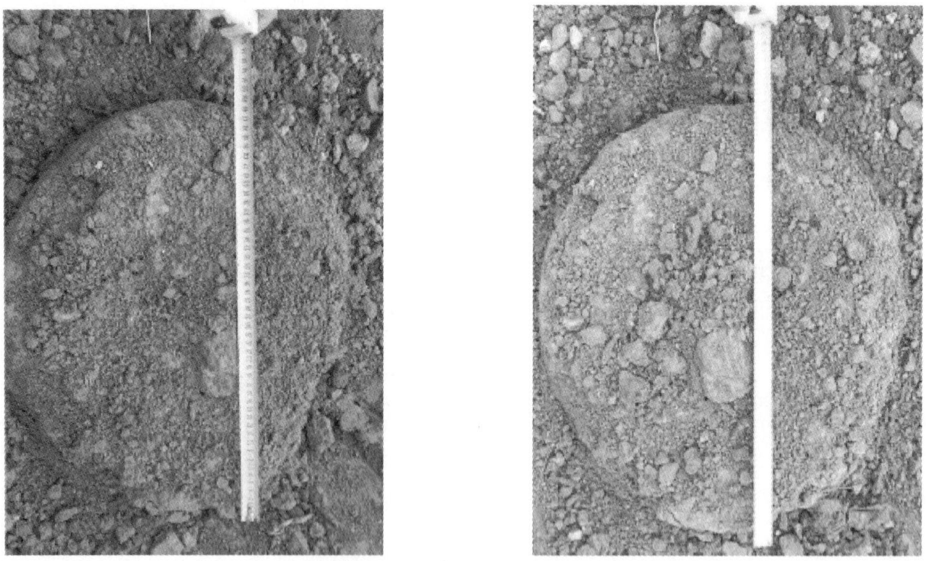

图 44-16　桩径检测

（2）取芯检测。

成桩 28 天后，采用双管单动取样器在桩径方向 1/4 处、桩长范围内垂直钻孔取芯，观察桩体的完整性、均匀性，作无侧限抗压强度试验。取芯检测见图 44-17。

图 44-17　取芯检测

（3）桩身强度检测：对桩基芯样进行无侧限抗压强度检测。

（4）静载检测。

成桩 28 天后进行单桩静载试验检测单桩竖向承载力。试验加载装置使用一台油压千斤顶加载，静载的反力装置根据现场条件选取压重平台反力装置模式。压重在检测前一次性加载完，并均匀稳固地放置在平台上。最大有效加载量不应小于设计要求的单桩承载力特征值 Ra 的 2.0 倍。静载试验见图 44-18。

图 44-18　静载试验

四、质量控制要点

（1）水泥搅拌桩成桩过程中应严格控制钻进和提升速度、喷浆高程及数量，确保成桩质量。

（2）施工时应定时检查机械的成桩直径及搅拌均匀程度，对使用的钻头应定期复核检查，其直径磨耗量不得大于 10 mm，还应经常检查输浆管，输浆管不得出现漏浆或堵塞现象。

（3）成桩过程中因遇故障而停止喷浆，停机超过 3 h，需拆卸管道冲洗，第二次喷浆接桩时，其重叠长度不得小于 0.5 m，接桩间隔时间不得大于 24 h，否则应重打该桩。

（4）严格按规范和设计要求进行施工，确保轴线位置、设计深度、桩径、垂直度、钻杆倾斜度、单桩喷粉量的允许偏差。要求桩轴线偏移（纵横方向）不大于 50 mm，钻杆倾斜度不超过 1%。

（5）施工前组装架立桩机，检查主机各部的连接，液压系统、电气系统、喷浆系统各部分安装调试情况及管路的密封连接情况是否正常，做好必要的调整和紧固工作，排除异常情况后，方可进行操作。

（6）重复上、下搅拌，为使软土和水泥浆搅拌均匀，第二次再次将搅拌机旋转下沉，再次搅拌，当搅拌头端接近桩顶位置时，持续搅拌 3 min 后才拔出搅拌头，复搅长度为设计桩长的 1/3。

（7）搅拌桩机应具备自动计量装置，能够准确记录每一根搅拌桩的施工桩长，每米水泥用量及单桩水泥总用量等，确保成桩质量。

第五节　路堑施工

金台铁路路堑类型主要为深路堑、地下水路堑及水塘水库路堑等，其中深路堑数量多、且地质条件差，两侧边坡为全风化、强风化砂岩，易产生溜塌、风化剥落掉块等危害，施工组织与协调难度大。为降低堑坡高度和增强边坡稳定性，视地形、地质情况及边坡高度一般设置路堑挡土墙、预加固桩、桩板墙、锚索桩板墙等支挡工程。墙顶或桩顶以上边坡根据地层情况、岩层破碎程度、边坡高度等设置框架锚杆、骨架护坡、护墙、中厚层基材植生等；当堑坡地质条件较差，或有不利结构面时，可以采取预应力锚索等措施加固。

一、施工准备

在路堑工前，对线路控制桩、高程及水准点进行全面复测，适量加密并绘制横断面，将开挖断面及土石方调配图提交监理工程师检查认可；对地下管线及其他构造物做出明显标志，在开挖时加以保护；施工前修建好临时、永久性排水沟，保证水流畅通。

二、土质路堑开挖施工

（一）施工方法

土方开挖前，将用于种植草皮和其他用途的表土储存于指定地点。

土方开挖采用竖向分层、纵向分段、两端同步、阶梯掘进的方式有序进行。

经常检查边坡开挖坡度，纠正偏差，避免超挖、欠挖。用挖掘机将坡面整理平顺，无明显的局部高低差。

需设防护的边坡，按设计要求及时支护，不得长期暴露，造成坡面坍塌。在挖方时先预留一定厚度的保护层，支护时才刷坡，边刷坡边支护。

（二）施工工艺标准及要求

（1）施工准备：施工前调查自然状态下山体稳定情况，分析施工期间的边坡稳定性，发现问题及时进行加固处理。做好地下设备的调查和勘察工作，按图恢复中线，复测横断面，测设出开挖边线，做出堑顶截水沟及路基防护设施，为土石方施工做好准备。

（2）地表排水：施工前切实做好地表排水工程，排出的水不得危及既有线及附近建筑物、道路和农田。

（3）土方开挖：加强测量控制，边坡随开挖成型，保持边坡平顺，早做边坡防护。开挖面应随时保持不少于 4%的排水坡，严禁积水。土方开挖采用机械施工为主，施工时分段进行，每段自上而下分层开挖，并及时用人工配合挖掘机整刷边坡。

（4）高边坡边开挖边防护，当有困难时，坡面应暂留厚度不少于 0.5 m 的保护层路堑基床施工，开挖接近堑底时，鉴别核对土质，然后按基床设计断面测量放样，开挖修整；或按设计采取压实、换填等措施。

（5）当边坡高度大于 20 m 时，其边坡最小安全系数为 1.15 ~ 1.25。

（6）土质路堑应在侧沟外侧设置平台，其宽度应视边坡高度和土的性质决定，长度为 2 m。

（7）较深土质路堑宜在边坡中部或不同地层分界处设置平台，并在平台上设置上截水沟或挡水墙，平台宽度不宜小于 2 m。在年降水量小于 400 mm 的地区，边坡平台上可不设截水沟，但应设向坡脚方向不小于 4%的排水横坡。

（三）施工工艺流程

土质路堑施工工艺流程图见图 44-19。

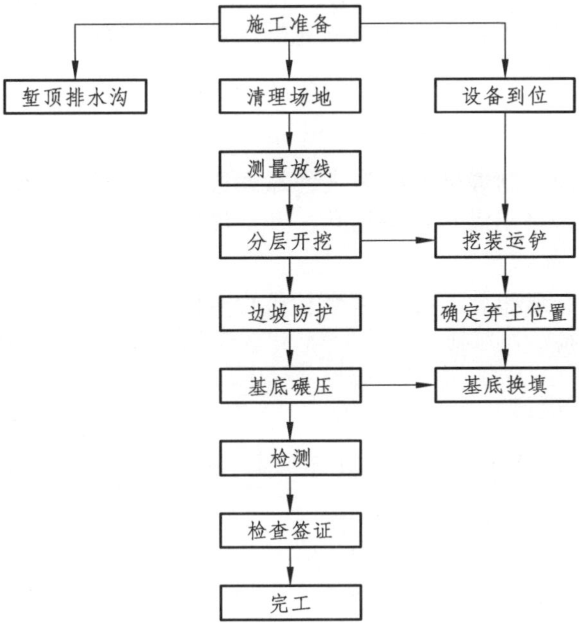

图 44-19 土质路堑施工工艺流程

三、石质路堑开挖施工

浅路堑开挖采用浅孔爆破；深路堑竖向分层、纵向分段，采用松动爆破拉槽，靠近边坡部分采用光面爆破。

（一）施工工艺

路堑开挖前，首先进行排水设施施工，按照“永临结合”的原则对临时排水设施进行周密规划，避免积水冲刷边坡、浸泡边坡坡脚，并于路堑开挖施工前完成所有临时截、排水设施的施工，保证边坡的稳定。

地形平缓的浅路堑采取全断面纵向开挖方法；当路堑长度较短，挖深较大时，采取横向分台阶开挖方法；路堑较长且深度较大时，采取纵向分层分台阶开挖方法；当地形起伏，且路堑长度大、开挖深，采取纵横向分台阶结合的开挖方法。

路堑开挖尽量避开雨季，如需要在雨季施工时则必须有完善的排水系统和配备足够数量的抽水设施。

1. 土质与强风化路堑

土质与强风化路堑开挖采用挖掘机自上而下、分层进行，纵向开挖坡度不小于 4%，在每一开挖层路基两侧设临时排水沟，以便及时将路堑开挖中的渗水和雨水排出开挖面，保持路基面不被水浸泡；开挖过程中经常检查边坡位置，防止边坡部位超挖和欠挖；边坡部位预留厚度不小于 20 cm 土层，采用人工配合机械进行边坡修整，并紧跟开挖进行；施工中及时测量，开挖至边坡平台时，预留不小于 20 cm 保护土层，待人工施做平台及其上截水沟时开挖，表面做成向外侧 4%的排水坡。边坡防护、边坡平台及其上截水沟的施工与开挖紧密衔接，开挖一段，防护一段。当开挖接近路堑换填底面设计标高时，在设计换填标高顶面预留 30 cm，选用 N10 轻型动力触探、N63.5 重型动力触探、标准贯入、静力触探四种原位测试方法结合室内土工试验，进行基床范围内地基条件的检验，验证设计采用的地质资料。若地基地质条件与设计采用的地质资料一致或好于设计采用的地质资料，继续开挖至设计换填底面标高后，按设计换填厚度填筑基床表层级配碎石和中粗砂。若地基地质条件低于设计采用的地质资料，根据地下水发育情况，进行详细地质补充勘探后重新进行分析，确定采取地基加固处理措施或加深换填厚度。

2. 硬质岩路堑

硬质岩路堑采用梯段松动控制爆破方法施工，靠近边坡和路基面预留光爆层，实施光面爆破。

开挖深度大于 6.0 m 时，采用潜孔钻机钻孔；开挖深度小于 6.0 m 时，采用凿岩钻机钻孔，实施梯段松动控制爆破。

采用大孔距、小排距梅花形布孔，导爆管毫秒雷管实施逐排微差挤压爆破，提高破碎效果，降低大块率，并降低爆破震动效应。

（二）浅眼小台阶控制爆破

为了加快施工进度，多开工作面，每个工作面应沿线路纵向开辟 3 ~ 4 个台阶，每个台阶的长度以能布置两排炮孔为宜，即 2.5 ~ 3.0 m。

1. 炮孔布置

浅眼小台阶控制爆破炮孔布置见图 44-20。

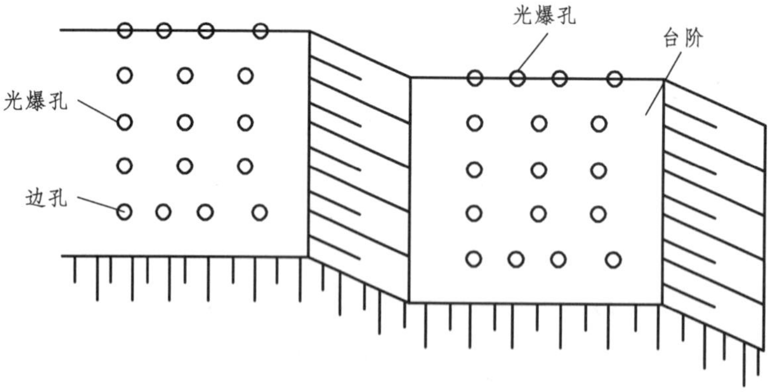

图 44-20　浅眼小台阶控制爆破炮孔布置

2. 爆破参数

炮眼直径 D：采用 38 ~ 42 mm。

炮眼深度 H：爆破进入正常情况后，炮眼深 H 即为台阶高度。但在刚开始作业时，由于山体地形的不规则，炮眼深根据坡面坡度而定，第一次爆破眼深要做到爆后底部平整。

最小抵抗线 W：每个台阶的前排炮眼具有多面临空的特性，故要保证其最小抵抗线 W，方向指向线路纵向方向。为便于清渣且不使爆体飞散，W 的取值应在普通松动爆破与光面爆破之间，即 W=16 ~ 20D，岩石较硬时取小值，较软时取大值（D 为炮眼直径）。

炮眼间距 a 及排距 b：由于开挖路堑较窄，受路堑宽度限制，炮眼往往采用矩形布置，其间距与排距之关系为：$a=b$；而排距 b 则为 $b \leqslant H/2$。

单孔装药量 Q：其计算公式为 $Q=qaWH$（第一排炮眼）$Q=qabH$（第二排及后排炮眼）。式中 q 为单位岩石耗药量，其取值与岩石性质、炮眼临空面数目、炮眼位置等多种因素有关。在本工程爆破中 q 值的取值要以确保线路安全为前提，故对于有 2 个或 2 个以上临空面的炮眼取 q=0.8q，而中间具有一个临空面的炮眼则直接为 q，Ⅳ级岩石 q 取 0.32，Ⅲ级岩石 q 取 0.42，Ⅴ级岩石 q 取 0.51。

装药结构和堵塞长度 L：主爆孔采用集中装药结构。为了保证爆破效果和有效控制飞石，应选取合适的堵塞长度，一般为 $L=W$。

起爆网路：采用塑料导爆管非电起爆系统，孔内微差的方法，确保起爆后岩石移动方向为顺线路方向。具体为“V”形或“梯形”起爆方式。

3. 爆破起爆网路

浅眼小台阶控制爆破起爆网路见图 44-21。

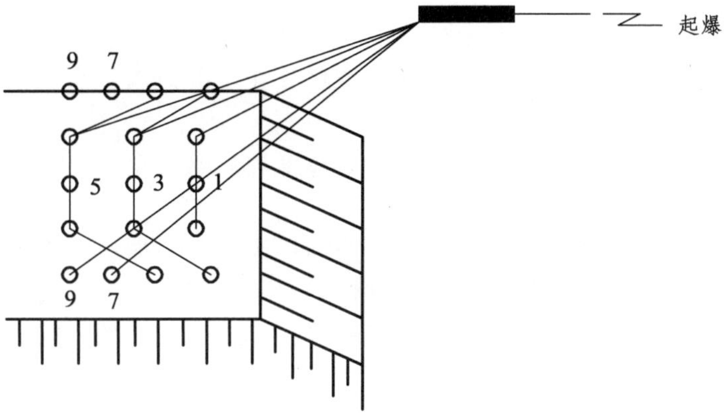

图 44-21 浅眼小台阶控制爆破起爆网络图

4. 边坡光面爆破

为了减少爆破对边坡岩石的扰动，增加边坡的稳定、平顺，边坡进行光面爆破。光爆眼沿路堑设计的坡度打斜眼，其炮眼间距为主炮眼间距的 1/2。为了保证光爆效果，光爆眼炮眼间距 a 应小于光爆眼的最小抵抗线 W，即 $W>a$，在施工中 a/W 为 0.8 左右为宜。

光爆眼眼深 $L_g=H/\sin\alpha$，式中 α 为设计边坡的坡角，H 每次爆破台阶高度。

光爆眼的单孔装药量为其他炮眼单孔装药量的 0.5 ~ 0.6 倍。采用间隔装药形式，两个药包用导爆索串接。

刷坡：根据测定的边桩位置，当机械开挖至靠近边坡 0.1 ~ 0.2 m 时，改为人工刷坡。需设圬工防护工程的边坡，在防护工程开工前留置保护层，待防护工程开工时刷坡。不设圬工防护的边坡，每 10 m 长边坡段按设计坡度要求，插杆挂线，人工清整。

边坡高度大于 20 m 的软弱松散路堑，当岩层风化破碎、节理发育时，应根据边坡工程地质条件，结合机械施工的工艺特点，宜采用分层开挖、分层稳定和坡脚预加固的方法。

（三）静态爆破石方路堑开挖

部分路基地段属于高路堑顺层地层，路堑顶部及线路右侧存在大量危石，由于危石距离民房过近，不宜采用光面爆破。通过勘察现场，经多方研究决定实施静态爆破，采用静态破碎+机械破碎锤的组合方式进行路堑开挖。

1. 施工工艺

静态破碎+机械破碎锤的组合方式开挖石方路堑工艺流程如下：施工前准备→设计布孔→测量定位→钻孔→装药→药剂反应→破碎机开挖→清渣（循环至开挖完）。

（1）测量放样。

根据图纸尺寸要求用全站仪放出边坡线，开挖线，采用纵向分段，横向分层的方式。

（2）布眼。

布眼前要明确临空面，钻孔方向应尽可能做到与临空面平行。切割岩石时同一排钻孔应尽可能保持在一个平面上。孔距与排距的大小根据岩石的硬度程度调整，硬度越大，孔距与排距越小，反之则大。

为加快工期，计划孔距取 20 cm，排距取 30 cm。

（3）钻孔。

采用ϕ42 mm 钻孔。钻孔直径与破碎效果有直接关系，钻孔过小，不利于药剂充分发挥效力；钻孔太大，易冲孔。

（4）钻孔深度和装药深度。

经现场勘查，发现施工区域为大体积山体，但线路右侧存在大量危石，因此钻孔深度及装药深度不要过大，以免振动过大，导致危石滑动。钻孔深度控制在 1 m 以内，装药深度为孔深的 100%。

（5）装药。

先将药剂加 30%的水（重量比）拌成流质状（充分搅拌后略有余水）后，迅速倒入孔内并用略小于钻孔的捅杆捣实捅紧，特别长的钻孔，可多分几段，逐段捅实。

岩石发现裂缝后，立即向裂缝中加水，以支持药剂持续反应，加水后效果明显，裂缝加大。

采用分三小组同时灌装的方式，每小组由主副两名灌装手组成。取药搅拌时，主灌装手负责灌装进孔，副灌装手负责捅紧捣实。各小组采用“同步操作，少拌勤装”的方式。即：每组施工工人在每次操作循环过程中负责装孔的孔数不能过多。每次拌药量不能超过实际能够完成的工作量。工人们在取药、加水、拌和、灌装过程中应基本保持同步。这样，可以让每个钻孔内的最大膨胀压能够基本保持同期出现，有利于岩石的破碎。

每次装填药剂，都要观察确定岩石孔壁、药剂、拌和水、搅拌桶的温度是否符合要求。灌装过程中，已经发烫和开始冒气的药剂不允许装入孔内。从药剂加入拌和水到灌装结束，这个过程的时间不应该超过 5 min；操作时应注意观察装填孔，发现有气体冒出有“嘶嘶”声时，喷孔可能立刻就要发生，要立即停止装药。

位于地表水较丰富的区域的钻孔装药需先将套筒插入钻孔内，然后往套筒内装药，从而使药剂发挥最大的效力。静态爆破剂布孔设计参数见表 44-19。

表 44-19　静态爆破剂布孔设计参数

破碎目标	孔深 L/m	相邻孔距 a/cm	排距 b/cm	孔径 d/mm	使用量/（kg/m^3）
中硬度岩石	1	30～40	（0.6～0.9）a	38～50	12～22
坚硬花岗岩石	1	25～40	30～80	38～50	18～25

（6）药剂反应时间的控制。

药剂反应的快慢与温度有直接的关系，温度越高，反应时间越快，反之则慢。气温较低，药剂反应时间会延长，反应时间太长会给施工带来不便。一般解决办法是加入保温剂和提高拌和水温度。保温剂加入过多，也会降低药剂膨胀力。拌和水温可根据实际适当提高，但最高不可超过 40 °C，否则可能冲孔。反应时间一般控制在 30 ~ 60 min 为较好，条件较好的施工现场可根据实际缩短反应时间，以利于施工。药剂反应时间过快易发生冲孔伤人事故，可使用延缓反应时间的抑制剂。

2. 质量控制措施

（1）静态爆破剂的质量控制。

对进场材料必须进行检验，确保其符合《无声破碎机》强制性行业标准，不合格产品不得使用。

（2）钻孔质量控制。

根据调查情况，编写实施性施工方案，按方案中的设计孔位布置图测量放线，严格控制孔深、角度等技术参数。钻孔直径为 42 mm。孔距与排距的大小与岩石的硬度直接相关。硬度越大，孔距与排距越小，反之则大。根据此原则结合现场试验进行孔距与排距的调整。

（3）装药的质量控制。

因衢州 7、8 月份气温在 23 °C ~ 32 °C，故选用静态破碎剂型号 SCA-I。禁止边打孔边装药，打孔要一次完成，装药要一次完成。禁止打完孔后立即装药，应用高压风将孔清洗完成后，待孔壁温度降到常温后方可装药。灌装过程中，已经开始发生化学反应的药剂不允许装入孔内。

（4）药剂反应时间的控制。

药剂反应时间一般控制在 30 ~ 60 min，控制参数可根据现场的施工条件测定相关的施工参数。

四、邻近既有高速公路等特殊地段路堑施工

金台铁路沿线多处路基邻近既有线、房屋、高速公路等，周边环境复杂。下面以 JTSG-7 标段邻近台金高速路堑施工为例，总结特殊地段路堑施工方法。

TDK3+573.96 ~ TDK4+174.1 路堑位于台州临海市沿江镇下湾镇下湾村，紧邻台金高速，多为双壁路堑，长度为 600.1 m，路基土石方开挖工程量共计约 31.92 万 m^3，其中土方开挖 6.92 万 m^3，石方开挖 25 万 m^3。最大挖深有 18 m 高。路堑开挖时对 TDK3+620 ~ TDK3+840 及 TDK3+920 ~ TDK4+080 段近 380 m 长的既有台金高速北侧边坡进行部分削坡，在开挖过程中，既存在地表机械开挖时产生的滚石，也存在临近边坡爆破时产生的滚石对台金高速产生威胁。

（一）施工工艺流程

施工工艺流程见图 44-22。

（二）施工方法

1. 土方开挖

（1）测量定位。

在施工现场设置测量控制网，采用全站仪进行测量施工控制，根据设计坡比精确放样出路基边坡开挖轮廓，用白石灰画出轮廓线。边坡控制放样精度不大于 ± 1 cm，以利于施工过程中辨识提高工作效率。在开挖过程中，测量人员及时进行线位、边坡及标高的测量，保证路基开口宽度满足设计要求。

（2）清表。

清除地表杂物、草皮和树根，同时两侧施工坡顶截水沟，完善排水系统。清表土方为可弃方，表层土应清理干净，采用挖掘机配合自卸汽车将表层土运到指定的弃土场堆放。

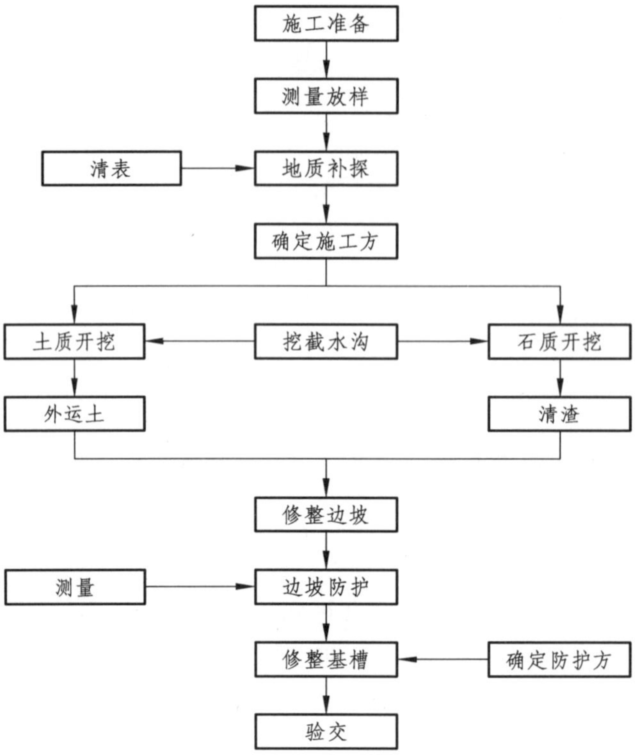

图 44-22　运输组织流程

（3）开挖。

路基开挖与边沟、边坡开挖相结合的方式同时进行，并一次成型。应做到开挖一层防护一层，路堑土方按横断面自上而下开挖，逐层进行。挖掘机配合自卸汽车，挖出的土方直接装车运至弃土场。

2. 石方开挖

石方开挖分为两部分，松软岩石、覆盖层及浮土采用自上而下分层挖掘机挖装，自卸汽车运输，边坡采用挖掘机辅以人工清刷；较硬岩层采用液压岩石破碎锤分层破碎，挖掘机配合清除岩块。

施工中根据实际地形修出第一级施工平台，以方便破碎锤及挖机摆放。破碎岩石采用红油漆进行画圈布点，布点间距为 30 cm，破碎锤根据布置好的红油漆点进行钻孔破碎，液压岩石破碎锤破碎施工时，将液压岩石破碎锤的钎杆压在岩石上，并保持一定压力后开动破碎锤，利用破碎锤的冲击力，将岩石破碎。

破碎锤破碎岩体时必须严格按照坡比进行破碎，不允许出现亏坡或坡比过大的情况出现，第一级施工平台上的岩层破到位并采用挖机将坡面修正平整后，然后进行下一施工平台岩体的破碎施工。

破碎锤破碎时挖机配合，清除破碎岩体，并将已破碎的岩体装车，运输车辆采用自卸车，运至指定地点，直至该段路基坡面成型并且路基标高达到设计要求，挖机进行修坡。

3. 边坡防护

土石方开挖的同时进行边坡开挖支护，开挖一层防护一层，确保边坡的稳定性。

（1）施工顺序。

上级边坡开挖→上级边坡支护（支护措施强度达到 75%）→下级边坡开挖支护。

（2）边坡开挖。

① 挖方边坡按照自上而下的顺序逐级开挖，待上级边坡加固过程全部实施并产生支护效应后进行下一级堑坡的土石方开挖作业，即逐级开挖，逐级支护，直至全部防护工程结束，确保坡体稳定和结

构安全。

② 边坡分级开挖，分段施工的长度取 10 ~ 20 m，具体长度根据现场岩土性质并结合施工队伍技术水平综合确定。

（3）防护形式。

防护形式分为两种：客土植草+种植灌木和 M7.5 浆砌片石孔窗式护坡。

两种防护形式在路堑每 8 m 设置一、二级边坡。每级边坡设置 3 m 宽、0.3 m 厚平台，平台内侧处设底宽 0.3 m、高 0.4 m 的 M7.5 浆砌片石平台截水沟。

（三）施工要求

路堑右侧（南面）为台金高速公路，部分段落需要拆除高速公路既有边坡，施工前应对既有边坡进行临时防护，施工时尽量减少对既有边坡的扰动。挖方段标准线路底部净空：铁路中心线左右侧宽各约 4 m（根据线路拐弯情况，左右侧宽度可能不同），主路外左右各设宽 1 m 水沟，水沟外再各设宽 2 m 绿化带，路堑根据两侧实际的边坡高度和地质情况，在一侧或两侧的底部设置 C30 片石混凝土挡墙或没有，然后，再从底部按 8 m 台阶高度往上放坡。平台宽度 2 m 或 3 m，坡率由地质结构决定为 1：1.5、1：1.25 或 1：1。

边坡开挖须自上而下施工（设桩板墙地段，应先施工好预加固桩后再开挖边坡），上一级边坡开挖好后，应及时将边坡防护措施做好，做好上一级边坡的防护工程后方可开挖下一级边坡。深路堑施工要做好土石方开挖与支挡加固工程的有机结合和进度协调，坚持“分级开挖、分级支护”的原则，自上而下开挖一级，加固防护一级，严禁一挖到底再进行支挡防护。

（四）施工安全保障措施

1. 技术保障措施

（1）开挖工艺控制滚石措施。

① 首先，对能机械挖掘的，在削坡段临高速公路边坡处，预留 2 ~ 2.5 m 宽 1 m 高以上的岩土坎，作路堑内侧机械开挖的防滚石保护坝，待路堑内侧下降 3 ~ 4 m，再根据机械开挖预留坝的安全状况来决定下一步开挖计划；

② 如果削坡段的高速边坡比较平缓的，可在安全员的监督下机械进行预留坝的削坡，削至比内侧路堑高半米左右时停止，进入下一个“预留坝、先内侧路堑、后削预留坝”的机械开挖循环；

③ 如果削坡段的高速边坡坡率不大，可在临边堆上 1 m 宽 0.8 m 高的泥土防护坝，优先考虑临边堆坝来防机械开挖产生的滚石，堆坝后，可在安全员的监督下机械进行预留坝的削坡，削至比内侧路堑高 0.5 m 左右停止，进入下一个“预留坝、先内侧路堑、后削预留坝”的机械开挖循环；

④ 其次，对机械削坡不具备防滚石条件及不能机械削坡的区域，必须考虑先在高速公路挡墙绿环带上搭设防护排架及设置防滚石缓冲坝后，才能考虑开挖。

（2）滚石防护排架。

滚石防护排架，主要针对路堑邻近高速边坡开挖部位，为确保开挖滚石安全，在台金高速北侧边坡挡墙上的绿化带上沿高速北侧搭设。搭设要求：双层钢管排架，排架采用 50 × 5 的无缝钢管，间距为 0.8 m，钢管底端通过 ϕ25 锚杆与挡墙岩石固定，顶部用 16 钢丝绳将排架拉到既有高速公路北侧边坡上部的地锚上，防护架后方需设置钢管斜撑。水平方向每隔 1 m 布设 50 × 5 长度为 6 m 横杆钢管，立杆跟横杆之间用套管连接，在排架两端及中间每隔 24 m 布设剪刀撑，剪刀撑采用 50 × 5 长为 4 m ~ 6 m 钢管，每根剪刀撑连接 3 根斜杆，斜杆与地面的夹角为 45° ~ 65°，两层横向钢管间堆码宽约 1.0 m、高 0.8 m 的沙土坝做滚石缓冲（若场地宽度允许，可改在防护排架后面，靠近山体侧，用沙土包堆砌防滚石墙），以阻挡底部滚石滚入高速路面，防护架前后面各安装一层毛竹脚手片。排架搭设高度不低于 6 m、两端加长需大于防护区域各 10 m。见图 44-23。设计的钢管排架要密实、坚固，要做到滚石、滑块冲不出、冲不倒，才能起到防护的作用。

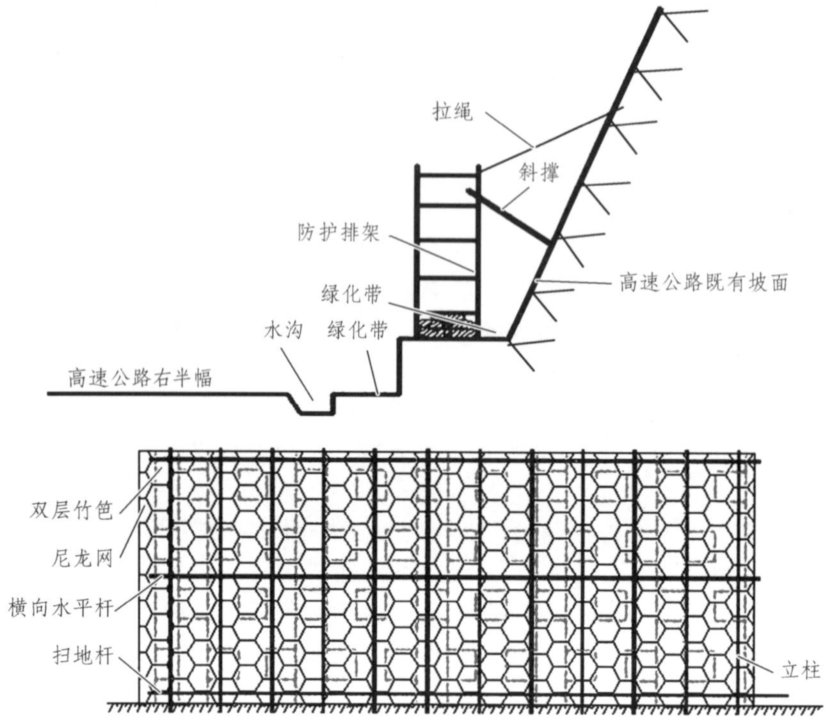

图 44-23 防护排架立面结构

（3）其他防滚石措施。

① 滚落沟设置：由于台金高速北侧场地有限，在不更改公路北侧断面结构的情况下，已无设置的可能，但在设立防护排架后，仍然可以利用高速公路挡墙下的绿化带及水沟来进一步预防滚石。

② 按高速要求，在既有台金高速北侧离施工地段一定距离处，设置施工防滚石警示牌，并限速，最大限度确保既有台金高速行车安全。如能同台金高速协商，对铁路下湾山路堑施工地段对应的北侧半幅高速公路进行封道，南侧半幅高速公路改为双向车道并限速通行，虽对高速公路产生短暂影响较大，但可加快铁路路堑施工，从而可缩短对高速公路的影响总时间。

2. 监测监控措施

高边坡路堑施工要加强高边稳定监测。检测数据应及时整理，对数据做到周期分析与相关分析，并根据分析结果及时预测坡体变形发展动态，及时上报上级单位进行处理。根据本路段路堑边坡的特点，对所有高边坡采用地表变形监测。

（1）监测工作内容及方法。

地表变形监测的主要内容有：边坡地表变形，观测裂缝发展情况。地表变形监测的工作方法为：采用全站仪监测各位移监测点的坐标、高程，利用直尺或游标卡尺等量测裂缝宽度变化情况。通过对比各次测量数据监测边坡变形情况。

（2） 监测点布设原则。

监测断面一般选择在地质条件差，变形大，并有断层、裂隙、危岩体等可能潜在破坏的部位，或者边坡坡度陡、稳定性差的部位，或者在结构上有代表性的部位。布置断面时以监控边坡的整体稳定性为主，兼顾局部稳定性。根据坡高、坡长及岩土体情况，一个边坡可布置 1 ~ 5 个观测断面，每个断面布置多个测点，重点边坡则增加观测断面和测点数。

在高边坡路堑边坡范围内，从挖方边坡最高处开始设监测断面，并沿路线方向每隔 30 ~ 50 m 间距向两侧均匀布置地表变形监测断面，于断面边坡坡口线外 2 m 处埋设位移监测桩。开挖过程中，在对应边坡平台位置埋设位移监测桩，直至边坡坡脚。

地表变形监测点可根据边坡地层结构、变形现状及稳定状态，遵循"全面监测、突出重点"的原则在现场调整布设。位移的观测基点宜设置在相对稳定区域，施工过程中应注意保护位移监测桩，避免被施工机具破坏，影响观测结果。

（3）监测频率。

地表变形的监测频率应与施工情况和降雨相联系，雨季和边坡开挖期间应加密监测。

地表变形监测测点埋设后即开始监测，一般监测过程持续至边坡加固完成六个月或经历一到两个雨季后三个月无明显位移即可结束。在此期间的监测频率建议见表 44-20。

表 44-20 边坡监测频率

阶段	时间	次数	备注
仪器安装后		2 ~ 3	如遇坡体发生破坏、监测数据发生异常等特殊情况，适当加密监测次数
边坡开挖期及雨季	一 周	1	
旱季和少雨季节	一 月	2	
暴雨期或雨后数天内	一 天	1	

每个监测项目的监测周期宜与施工和降雨量相适应，雨季、边坡开挖或已出现变形破坏时应加密观测。边坡每开挖一级时，至少应观测一次。连续 3d 降雨量大于 50 mm/d 时，应连续观测 2 ~ 3 次，间隔时间不大于 2d。

监测数据应及时整理，监测结果用于指导施工。

（4）预警标准。

① 位移控制：边坡开挖后位移不收敛，持续增长；

② 坡面裂缝控制，裂缝是边坡变形结果，坡面裂缝张开或下错严重。

在实际监测的过程中如果出现有上述一点或几点现象时，都应引起注意，结合地质资料综合分析，进一步论证边坡的稳定性，以便及早发现安全隐患，进行预测预警，采取相应的补救措施。

（5）资料整理要求。

监测资料应及时分析，当天测试数据当天分析，及时发现问题及时补救，监测成果将以周报、月报、年报、总结报告提交，紧急情况下提交监测警报。整编成果应考证清楚、项目齐全、数据可靠、方法合适、图表完整、说明完备。报告主要内容包括：① 监测工作概述；② 地表位移（含裂缝）观测图表；③ 监测分析与结论；④ 措施建议。

（6）监测措施预案。

与咨询单位一起开展应急预案，提出应急对策方案，协助各单位完成应急抢险工作，最大限度降低损失。

第六节 过渡段施工

金台铁路全线过渡段类型有：桥台与路基过渡段、路基与横向构筑物过渡段、路堑与横向结构物连接处过渡段、路堤与路堑过渡段。对地质条件突变或不同构筑物相接的桥路、隧路、涵路、堤堑连接处设置过渡段，一般采用倒梯形。路堤与桥台、路堤与横向结构物连接处、路堤与硬质岩石路堑以及半填半挖（挖方侧为硬质岩石）过渡段基床表层采用 A 组填料分层填筑，压实标准同邻近基床表层；表层以下采用 A 组填料分层填筑，其压实标准同基床底层的要求。当过渡段浸水时，浸水部分的填料尚应满足渗水土的要求。

由于不同结构的刚度差别和不同结构基础的形式不一致而产生的不均匀沉降，在连接处极易产生变形差，造成列车通过时轨道出现变位差，使列车与轨道结构产生较大的相互冲击，从而降低列车运行的平稳性、舒适性，危及列车的安全。因此，确保过渡段的施工质量在施工过程中非常重要。过渡段施工根据施工图纸制定施工工艺和过程控制措施，做出详细的作业指导书和相应的质量检查、监督管理制度，并通过现场碾压试验确定完善的施工工艺及处理措施。

一、施工准备

过渡段基底处理与桥台、相邻路基及横向结构物的地基同时进行，填筑前按路基基底质量验收规定进行复查确认。根据工地实际情况做好防排水措施。

二、施工顺序

过渡段与桥台锥坡同步填筑；与相邻路基及横向结构物划分为相同施工区段同步施工；对相邻路基填筑段较长，不能把全段与过渡段安排在同一时间施工的地段，要为该部位保留足够的施工空间（长度不小于 20 m）；过渡段包边土与填料同步填筑。

三、过渡段施工

金台铁路按设计要求桥路（路堤）过渡段采用 A 组填料，选用材料、填筑程序、碾压标准按基床底层填筑执行。桥台后和横向结构物后 2 m 范围内不能用大型压路机施工的部位及横向结构物顶部填土厚度小于 1 m 时，采用小型压路机配合冲击夯碾压夯实，填料虚铺厚度不超过 20 cm，碾压夯实遍数 3 ~ 5 遍。在填筑压实过程中，保证桥台、横向结构物稳定、无损伤。

四、施工注意事项

（1）过渡段级配碎石和与其连接段的 A、B 组填料填层与相邻的路堤及锥体同时施工，并将过渡段与连接路堤的碾压面按大致相同的水平分层高度同步填筑并均匀压实。在填筑过程中，保证桥台无损伤。

（2）加水泥的级配碎石混合料在 2h 内使用完毕。

（3）A、B 组填料中碎石最大粒径不得大于 10 cm。

（4）桥台、涵背两端大型压路机能碾压到的部位用大型压路机碾压。大型压路机碾压不到的部位用小型振动压实设备进行压实。靠近横向结构物的部位，平行于横向结构物背壁面进行横向碾压。

（5）横向结构物两侧的过渡段填筑必须对称进行，并与相邻路堤同步施工。

五、路基与桥台过渡段

JTSG-5 标段过渡段类型有：路桥过渡段、路涵过渡段，以该标段为例，介绍路基与桥台过渡段施工工艺。过渡段是路基工程与其他工程的衔接过渡部位，作为与过渡段衔接的桥台、涵洞等结构物均提前安排施工。当桥台、涵洞施工及路堤地基处理完成后，立即进行过渡段的填筑，以便加长过渡段静置自稳的时间，进一步减小完工后沉降量。

为了保证过渡段填筑质量，过渡段与相邻路堤按水平分层一体同时填筑，但确有困难不能同时施工的，为保证路基施工进度，可采取在桥台后预留一定长度的路堤填筑段并做出台阶，待后期过渡段施工条件成熟后与过渡段一起施工。

施工时先在台背面用墨线划出每层填筑水平线，每层高度根据试验参数确定，但不超过 30 cm，且最小压实厚度不小于 15 cm。压实层路拱坡面符合设计要求，无积水现象。过渡段路堤同与其连接的路堤体同时施工，按大致相同的高度进行填筑。紧靠台背处大型机械碾压不到位时，用小型振动压实设备进行碾压。过渡段的包边土和锥坡体同步填筑，台后边角和锥坡体要用轻型压路机和冲击夯联合碾压。

过渡段包括桥梁与路基相接桥路过渡段及半填半挖过渡段，其施工方法参照《新建金华至台州铁路站前工程路基设计与施工参考图集》及铁路施工有关规范执行。

（1）在填方路堤与桥台（含小桥）连接处设置过渡段。过渡段长度 $L=n\times(h-0.6)+a$（其中 L 为过渡段长度；n 为常数，取 2～5（根据路堤填高选择）；h 为台后路堤高度；a 为常数 5 m），且过渡段长度不应小于 20 m，填方桥台与路堤过渡段设置方式见图 44-24。

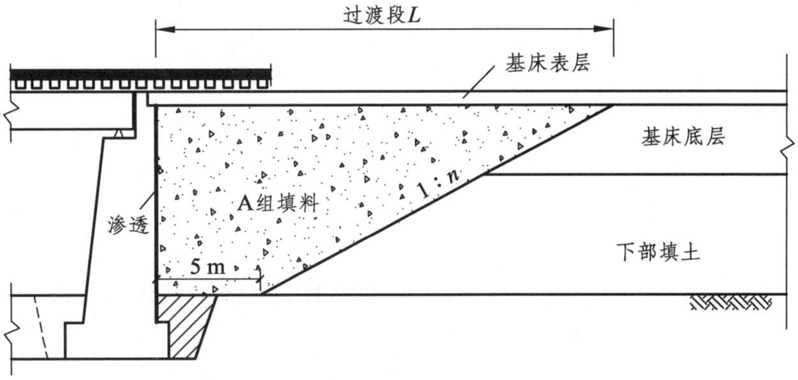

图 44-24 填方桥台与路堤过渡段设置方式

（2）当桥台位于路堑中时：

① 台尾为土质、全风化岩时，过渡段路堑与桥台连接 20 m 范围内基床表层及以下基底宽 2.0 m 倒梯形及路堑侧基床底层底宽换填 5.0 m 倒梯形范围的采用 A 组填料，并分层填筑、分层碾压；路堑端基床底层换填厚度 d 应满足相应底层换填厚度要求，见图 44-25。

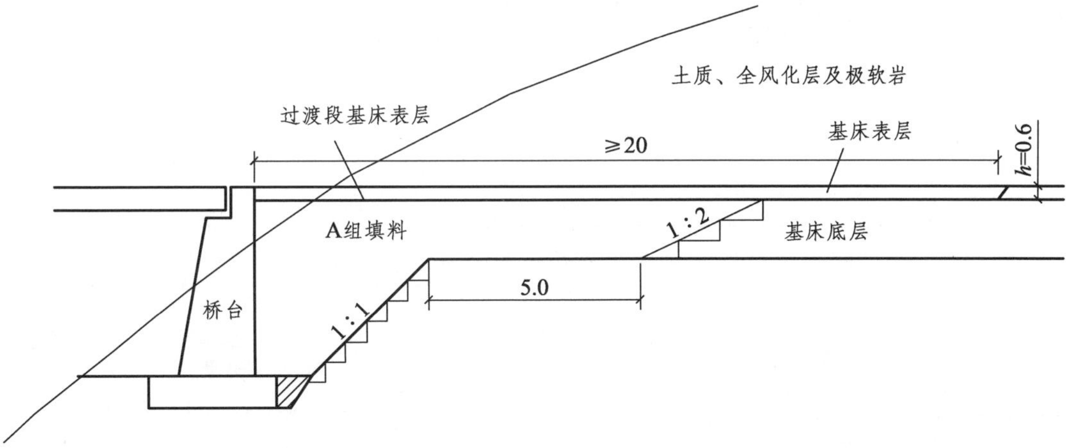

图 44-25 土质、全风化岩挖方桥台台尾过渡段设置方式

② 台尾为软质岩、强风化硬质岩时，倒梯形范围内回填 A 组填料至基床表层底部，基床表层不少于 20 m 范围分层填筑、分层碾压填筑 A 组填料，见图 44-26。

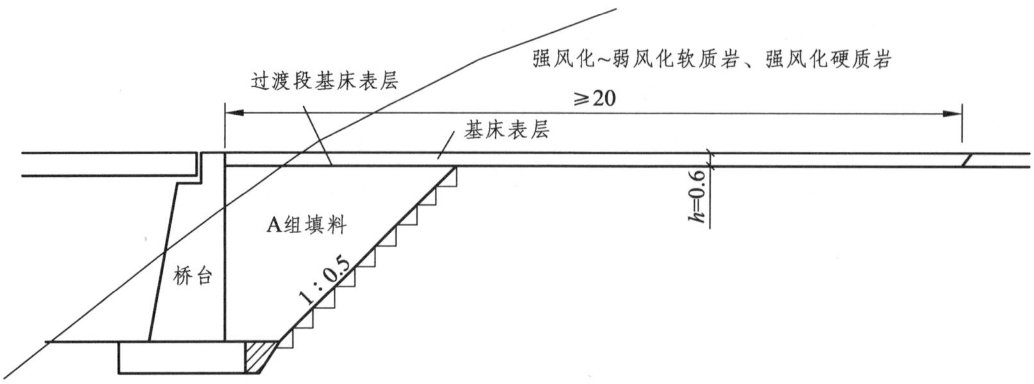

图 44-26 软质岩、强风化硬质岩挖方桥台台尾过渡段设置方式

六、路基与横向结构物

1. 路堤与横向结构物

路堤与横向结构物连接处应设置过渡段，但当横向结构物顶面距离地面高度小于 1.0 m，且不足路堤高度 1/2 时，可不设过渡段。对需特殊设置的过渡段单独研究确定。

过渡段长度：涵顶距路肩高度 $h \leqslant 1.5$ m 时，$L=2+n\times(H-h_1)$ [n 为常数，取 2 ~ 5（根据路堤填高选择），H 为填高，h_1 为基床表层厚度]；涵顶距路肩高度 $h>1.5$ m 时，$L=2+n\times h_2$[n 为常数，取 2 ~ 5（根据路堤填高选择），h_2 为涵顶距地面高度]。过渡段采用倒梯形过渡，见图 44-27 和图 44-28。

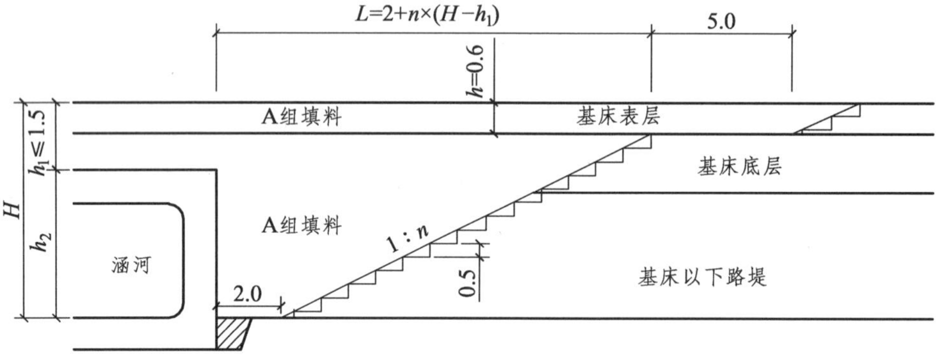

图 44-27 路堤与横向结构物连接（$h \leqslant 1.5$ m）

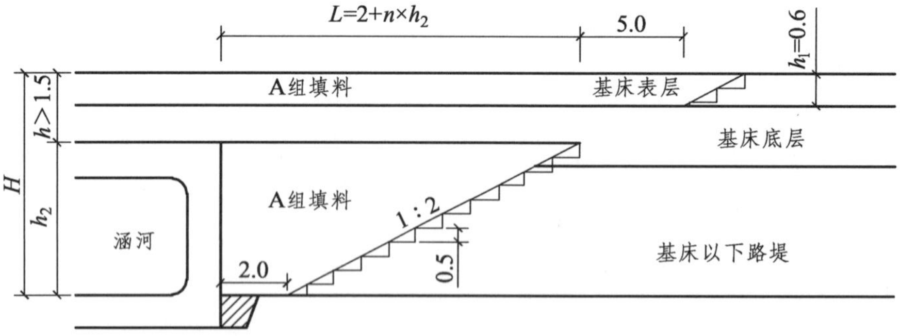

图 44-28 路堤与横向结构物连接（$h>1.5$ m）

2. 路堑与横向结构物

当横向构筑物位于土质和软质岩路堑中时，构筑物两侧各不少于 20 m 范围内基床表层及以下基坑范围采用 A 组填料填筑，并分层填筑、碾压密实，见图 44-29。

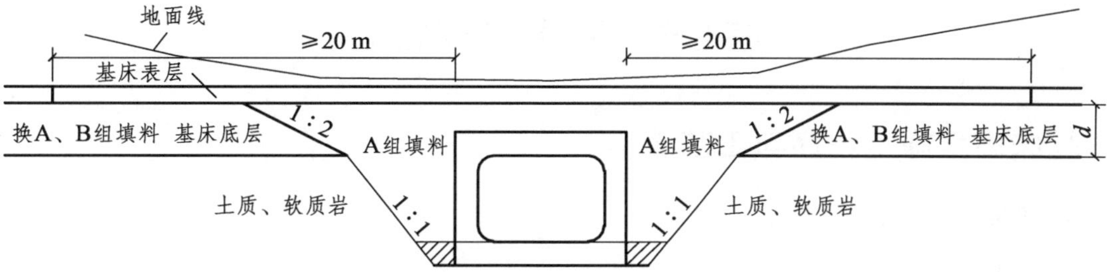

图 44-29　土质、软质岩路堑与横向结构物连接图

当横向结构物轴线与线路斜交时，首先将斜交部分采用 A 组填料填筑转正，而后再设置过渡段，以减小路基与涵洞横向刚度的差异。

七、路堤与路堑连接的过渡段

当路堤与路堑连接处为硬质岩石路堑时，在路堑一侧沿原地面纵向开挖台阶，台阶高度为 0.6 m 左右，并应在路堤一侧设置过渡段，见图 44-30。

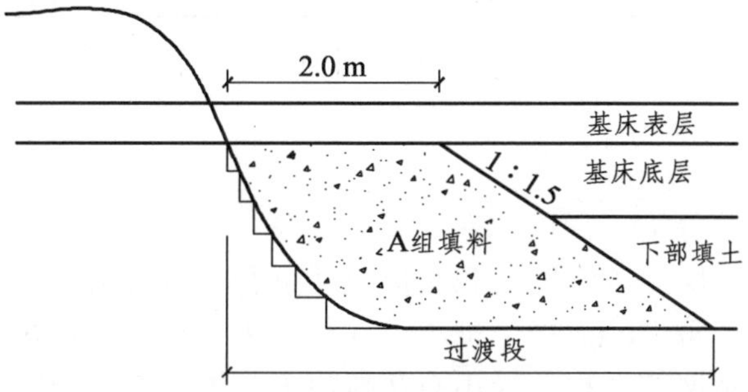

图 44-30　堤堑过渡方式

当路堤与路堑连接处为软质岩石或土质路堑时，应先沿原地面纵向挖成 1∶1.5 的坡面后，再在 1∶1.5 的坡面上设置台阶，台阶高度为 0.6 m 左右。

半填半挖路基及不同岩土组合路基地段应设置过渡段，挖方侧中线外 2.0 m 范围内应挖除至少 1.0 m 深，底部设置 4%向外排水坡。当半填半挖挖方侧为软质岩、强风化硬质岩及土质时，采用挖台阶后填筑符合相应基床底层条件的填料及压实标准。当半填半挖挖方侧为硬质岩时，采用挖台阶后表层以下填筑 A 组填料，并满足基床底层的压实标准。

八、隧路过渡段

土质、全风化岩路堑与隧道连接处设置隧路过渡段。在隧道洞门开挖基坑深度内，在路堑基床范围内设置长度不小于 20 m 的倒梯形过渡段，采用渐变厚度的 A 组填料填筑，压实标准同基床表层，见图 44-31。

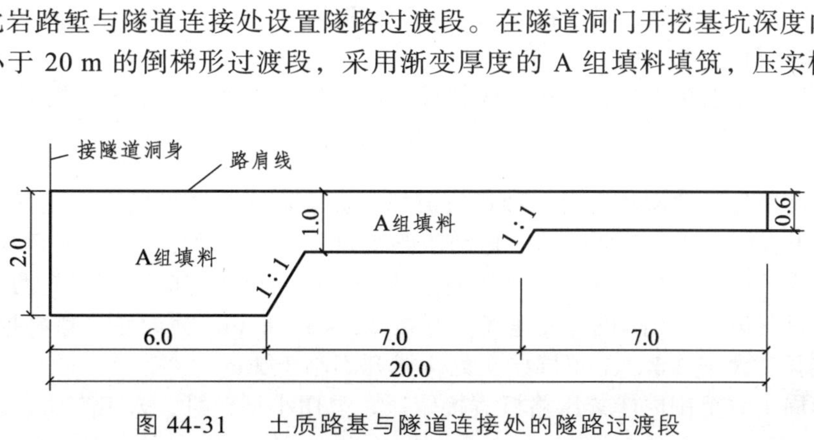

图 44-31　土质路基与隧道连接处的隧路过渡段

第七节　路基基床施工

一、基床表层施工程序与工艺流程

（一）施工程序

（1）基床底层填筑并检测合格。
（2）基床表层填筑。

（二）工艺流程

基床表层A组填料填筑施工工艺流程见图44-32。

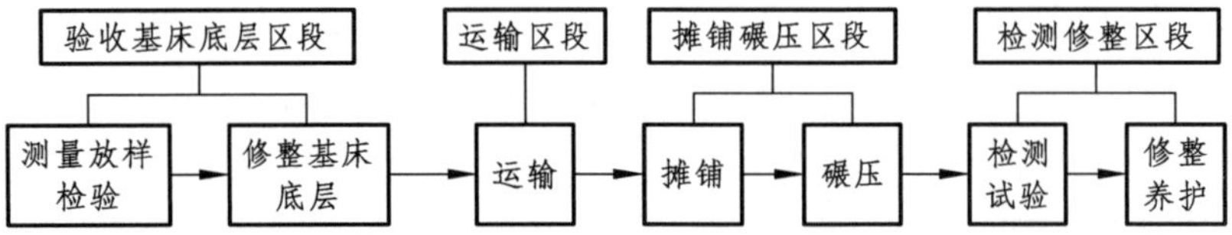

图44-32　基床表层A组填料填筑施工工艺流程

（三）施工要求

1. 施工准备

基床表层填筑前对基床表层的压实质量和几何尺寸进行复查确认。依照设计资料精确测放路基边线及线路中心线，打桩标示；每20 m一个桩，并在桩上做出松铺厚度的标记。根据设定的松铺厚度和运输车辆的运量，计算方格网的面积，采用石灰撒出方格网，并严格按照方格网进行卸料。

2. 运输

采用自卸汽车运料，为防止在有风或运距较长而引起水分散失，应控制其含水率，便于压实。现场卸料时必须有专人指挥，按要求卸料，合理控制卸料距离。

3. 摊铺

每个区段的长度根据使用机械的能力、台数确定，各区段或流程内只进行该段和流程的作业，避免几种作业交叉进行。

基床表层填筑采用推土机初平，平地机精平，精平后及时碾压。现场技术人员要及时检查松铺的平整度、宽度、横坡度、平面曲线、纵坡和高程等。

在填筑时，应进行严格控制，对于粗集料“窝”和粗集料“带”，应添加细集料并拌和均匀；对于细集料“窝”，应添加粗集料，并拌和均匀。

在下层顶面设松铺厚度标志桩，并在桩间挂线标示出松铺厚度，基床表层松铺厚度不超过35 cm。

4. 碾压

整形后，当表面尚处于湿润状态时立即进行碾压。如表面水分蒸发较多，明显干燥失水，应在表面喷洒适量水分，再进行碾压。不小于20 t振动压路机碾压，碾压时先用压路机静压1遍，弱振1遍，再强振4遍，强振完后用压路机静压1遍消除轮迹收光。压路机压实顺序遵循先两侧后中间，先静压后强振的操作程序进行碾压，压路机行驶速度控制在2.5～3.5 km/h。横向轮迹重叠控制在40 cm以上，各区段交接处搭接长度大于2 m，上下层接头处应错开不小于3 m。

沉降观测桩四周1 m范围内严禁压路机直接碾压，采用小型夯机，人工夯实，平整，夯实后必须达到设计要求。

每一填层碾压完成后，试验室按验标规定检测频率和点位点数及时检测孔隙率 n、地基系数 K_{30}，在采用灌砂法检测孔隙率的同时，使用平板载荷仪检测地基系数 K_{30} 进行平行对比试验以核准检测数据，直至两项指标全部满足要求，每次详细记录检测数据。

5. 施工含水量控制

A 组填料的出场含水量应根据不同的气象条件来调整，遭雨后含水量难以掌握和控制，含水量过高会浸软下层，影响路基质量。

6. 表面修整养护

基床表层填筑完成后，应进行断面复核测量。恢复中线，每 20 m 测量一个断面，测量高程，计算复核路基宽度，并检查横向排水坡是否符合要求。

依据测量边线桩，用人工配合机械按设计坡率挂线刷去超填部分，进行整修拍实。整修后的边坡应达到转折处棱线明显、直线处平直、变化处圆顺的要求。边坡刷去超填部分后，作为一个流程进行整修夯实，做到坡面平顺没有凹凸，压实密度合格。

二、基床底层施工程序与工艺流程

（一）施工程序

（1）基床以下路堤填筑完成并检测合格。

（2）基床底层填筑。

每一个施工单元为一个完整的作业区，包含四个区段：填土区、平整区、碾压区、检测区。施工程序为：施工准备→验收下承层→测量放线→分层填土→摊铺平整→洒水晾晒→碾压→检验验收→路基整修。

（二）工艺流程

基床底层填筑施工工艺流程见图 44-33。

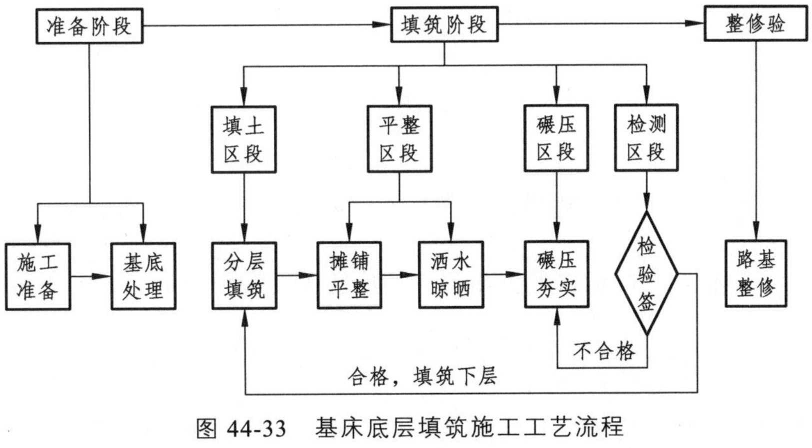

图 44-33　基床底层填筑施工工艺流程

（三）施工工艺

1. 验收下承层

测量复核基床以下路堤顶层标高，几何尺寸，压实质量。不合格的基底应进行压实处理，处理检测达到验收标准。

2. 测量放线

在施工现场附近引临时水准点。测出下承层顶面标高，依照设计资料精确测放路基边线及线路中心线，打桩标示；每 20 m 一个桩，并在桩上作出松铺厚度的标记。

3. 分层填筑

（1）路堤填筑采取横断面全宽、纵向分层、两边向中心填筑的方法。根据测设放出的边桩，每边加宽 30 ~ 50 cm，撒线标出填土范围，再根据松铺厚度和每车土体积，计算出每车土所占的面积，规定卸土间距。

（2）严格控制分层填筑的厚度，分层最大压实厚度不大于 35 cm。

（3）每个区段的长度应根据使用机械的能力、台数确定，各区段或流程内只能进行该段和流程的作业，避免几种作业交叉进行。

4. 摊铺平整

（1）在下层顶面设松铺厚度标志桩，并在桩间挂线标示出松铺厚度，基床底层松铺厚度不超过 40 cm。

（2）当每层土卸载达到一定距离，能够用推土机推平时，开始用推土机初平，初平的厚度略高出松铺线 3 cm 左右，当一层填土初平完成后，随机检查场内的松铺厚度和含水率，发现有低洼或超高现象时，要及时进行填补和刮平处理。

（3）在最佳含水率允许偏差范围内时，先用压路机快速碾压 1 遍，把潜在的凹凸不平路段暴露出来，再用平地机精平，平地机平整时自两边往中间平整，第一层填土要找出路拱，其横坡控制在 4% 左右，平地机精平时往返多次，反复平整。

（4）每层填土精平完后，恢复线路中线和边线，检查松铺厚度和填料的含水率，当含水率接近最佳含水率时，方可碾压夯实。

5. 洒水或晾晒

（1）填料含水量较低时，及时采取洒水措施。当填料湿度过大时必须晾晒后再碾压。

（2）填料含水量过大时，一般采用在取土场内开挖沟槽降低水位和用推土机松土器拉松晾晒相结合的办法，也可将填料运至路堤摊铺晾晒。

6. 碾压

（1）采用不小于 20 t 振动压路机碾压，压实工艺为静压 1 遍 +弱振 1 遍+强振 4 遍+静压 1 遍。

（2）压路机压实顺序遵循先两侧后中间，先静压后弱振、再强振的操作程序进行碾压，压路机行驶速度控制在 2.5 ~ 3.5 km/h。横向轮迹重叠控制在 40 cm 以上，各区段交接处搭接长度大于 2 m，上下层接头处要错开 3 m。

（3）压实完毕后，根据恢复的桩位检查该层土的压实厚度和填筑高程，检查填土边线，人工清理边上多出的松土。

7. 路基整修

（1）基床底层填筑完成后，应进行断面复核测量。恢复中线，每 20 m 测量一个断面，测量高程，计算复核路基宽度，并检查横向排水坡是否符合要求。

（2）依据测量边线桩，用人工配合机械的方式按设计坡率挂线刷去超填部分，进行整修拍实。整修后的边坡应达到转折处棱线明显、直线处平直、变化处圆顺的要求。边坡刷去超填部分后，进行整修夯实，做到坡面平顺没有凹凸，压实密度合格。

8. 铺设边坡土工格栅

（1）在检验合格的路基面上靠两侧边坡顺线路方向铺设双向土工格栅。土工格栅自修整成型的边坡向内 0.8 m 开始铺设，铺设宽度为 3 m。

（2）铺设时应绷紧、铺平，不得褶皱、扭曲或损坏。土工格栅沿线路方向铺设，搭接长度不小于 30 cm。上、下填筑层铺设接缝位置应交替错开，错开距离不小于 0.5 m。

（3）土工格栅铺设后，严禁运输、碾压机械直接在其上行走、碾压，应及时填土覆盖，只有当其上覆土填层厚度达到 0.6 m 后，方能用重型压实机械压实。

（4）铺好土工格栅后，及时铺设上层填料，及时完成碾压，避免长期暴晒。机械摊铺、碾压从两边向中间推进，其压实度达到规范要求。

第八节　路基防排水施工

金台铁路路基防排水设施主要包括地表排水、地下排水等。地面排水设施包括路堤坡脚外的排水沟、侧沟、平台截水沟、天沟及排水沟、坡面排水槽等，地下排水包括渗水盲沟、边坡支撑渗沟、排水斜孔等。

一、地面排水设施施工

路基排水应有良好、完善的排水系统、排水设备应布置合理，与桥涵、隧道、站场等排水设施衔接配合，有足够的过水能力，并与水土保持及农田水利的综合利用相结合。

（1）对危害路基的地面水应设置排水沟、侧沟、天沟及边坡平台截水沟，将水拦截引至路基外，防止水流冲刷路基或软化路基。

（2）地面排水沟在施工时要选好排水沟的排水方向；路堤坡脚外的排水沟、侧沟在路基完成后施工；平台截水沟与护坡同时施工，施工应注意在急流槽位置与吊沟连接。坡面排水槽与坡面防护同时施工，排水槽每隔 15 m 设置一道。

排水沟的线形平直、圆顺，排水沟的位置、坡度、长度符合设计要求。如因纵坡过大致使水流速大于沟底、沟壁的容许冲刷流速时，对边沟采取加固措施。

施工工艺流程为：施工准备→沟槽开挖→垫层施工→沟底浇筑混凝土→模板安装→浇筑沟帮混凝土→竣工。

天沟的位置、尺寸要求符合设计要求，出水口牢固，以防被雨水冲塌，并且与其他排水设施平顺衔接。

（3）砂浆采用拌和机拌和，做到砌体砂浆饱满，石料尺寸选配合理，强度满足要求，石料颜色一致，勾缝采用凹缝，墙面平整、美观。挖方段的天沟，以及路基填筑的临时排水工程，尽量在雨季到来之前完成。

二、地下排水设施施工

1. 渗水盲沟

低路堤及地下水发育路堑，当地下最高水位高于基床换填底面时，应设置纵向盲沟排水，并引排入涵洞或灌溉沟渠中，困难时可增设横向排水盲沟，并在基床换填底部设置 PVC 防排水板，将地下水引排至纵向盲沟里。

2. 边坡支撑渗沟

存在含水层路堑或地下水发育路堑边坡应设置边坡支撑渗沟，间距一般 10 ~ 15 m。

3. 排水斜孔

当滑坡、岩堆体或路堑边坡地下水发育较深，或构造破碎带、储水层等集中发育地下水时，应设置排水斜孔排出地下水，增强岩土边坡的稳定性。

第九节 路基防护工程施工

金台铁路路基防护工程主要有路基边坡防护、路基支挡结构两大类。路堤边坡防护主要有边坡绿色防护、空心砖防护、截水骨架护坡、浆砌片石护坡等，路堑边坡防护主要有基材（客土）植生、预应力锚索等；路堤支挡防护主要有桩板墙、桩基挡墙，路堑支挡防护主要为重力式挡墙。

一、边坡绿色防护

（一）工艺流程

清理坡面→开挖平台截水沟及砌筑→换填种植土→铺设三维网→U 型钉固三维网→材料(复合肥、保水剂、黏结剂、低纤维、水等）与植物种子混拌→液压喷播→盖无纺布→前、中、后期养护。

（二）主要工序及技术要点

（1）处理坡面：施工前应对路基边坡进行全面检查，并进行平整清理，尽可能清除不利草籽生长的石块和建筑垃圾等杂物，对较坚硬的土质边坡还要适当将表层刨松（即刻槽深度 5 cm 左右)，为喷播作业做好准备。

（2）在坡面上铺设三维网（高强度塑固土网垫)，注意网与网之间搭接部位不少于 15 cm，然后用 U 型钢钉将三维网固定于坡面上,并使用网紧贴在坡面上之间不能有空隙(植草养护形式不用此步骤)。

（3）在固定好的三维网上灌泥浆或撒疏松有机质土，厚度分别不低于 3 ~ 5 cm（植草养护型式不用此步骤)。

（4）种子配置：按事先确定的配种方案和一次施工面积将所需草籽，根据不同种子习性和施工的需要分别采用冷水浸种、层积催芽、升温催芽、化学药浸泡等处理，促使种子提早发芽，提高发芽率。

（5）喷播前要做好机械、人员、材料准备；材料准备除种子外应将土壤稳定剂、土壤固着剂（防止侵蚀剂)、纸浆、胶粉（保湿剂)、复合肥、无纺布等材料准备齐全。

（6）喷播：将经过处理的种子和土壤改良剂、纸浆纤维、复合肥料、保湿剂混入一定比例的清水，溶于喷播机内经过机械充分搅拌，形成均匀的混合液，然后利用水流原理，通过高压泵的作用，将混合液高速均匀地喷播到已处理好的坡面上，形成均匀的覆盖物保护下的草种层，多余的水渗入土中，纤维、胶体形成半透明的保湿表层。

（7）覆盖无纺布：草种播完后立即覆盖无纺布。无纺布搭接处（不少于 15 cm）及每片无纺布的头尾均用铁丝钉或竹签加以固定，并撒上少量的细砂或细土压边。无纺布的主要作用是减少坡面水分蒸发，改善种子发芽生长环境，防止鸟禽啄食种子，同时还可以减轻强降水（大雨）对种子的冲刷。大约过 15 天左右，当草苗长至 3 ~ 5 cm 时应趁阴天或下午 3 点以后，及时掀去无纺布，经一夜露水提苗，使幼苗能尽快适应大自然的气候环境。无纺布不能过早掀开，因草苗幼嫩经不起阳光暴晒和恶劣气候影响，但过晚掀开会造成草苗生长畸形。

（8）前期养护：出苗 15 天后，为了促进草坪生长，应施氮肥（5 g/m^2）一次，再过 10 天施复合肥（15 g/m^2）一次，并根据气候情况适当浇水，就可以达到绿化边坡的效果。

二、截水骨架护坡施工方案

（1）金台铁路设计的截水骨架护坡类型为拱形。

（2）截水骨架、镶边、基础、边坡平台、踏步均采用 M7.5 浆砌片石就地砌筑，挡土板采用 C25 混凝土预制，截水骨架的肋断面形式为槽型，用以分流排除地表水。

（3）拱形骨架由主骨架和支骨架组成，主骨架与边坡水平线垂直，间距 2.5 m；支骨架呈弧形，垂直线路方向的间距为 2.5 ~ 4.0 m。

（4）骨架护坡起、终点侧边及顶部 0.5 m 宽，底部基础 0.8 m 宽设镶边，镶边、基础及骨架均采用 M7.5 浆砌片石砌筑。为便利养护，应于适当位置设置阶梯形踏步。

（5）截水骨架内根据地层岩性、风化程度、边坡高度选用（客土）植草+栽种灌木、空心砖内（客土）植草+栽种灌木、基材植生防护等。

（6）砌筑骨架前应按设计要求在每条骨架的起讫点挂线放样，然后开挖骨架沟槽，沟槽尺寸根据骨架尺寸而定。

三、浆砌片石护坡施工方案

（1）圬工均为 M7.5 浆砌片石，护坡厚度一般为 0.3 ~ 0.5 m；当采用浆砌片石护坡内设截水植草窗时，厚度为 0.4 m。

（2）结合景观要求，浆砌片石护坡内设截水植草窗（拱形），拱形截水植生窗横向净间距 1.0 m、2.0 m 相间设置，底部距侧沟平台以上 1.0 m，窗口上部及左右周边设置预制混凝土立板作为拦水埂，厚 10 cm，嵌入护坡 20 cm，外露 10 cm。植草窗内要求铺培适宜植物生长的黏性土，并进行（客土）植草+栽种灌木、空心砖内（客土）植草+栽种灌木、基材植生等防护。

（3）护坡每隔 2 ~ 3 m，上、下、左、右交错设置泄水孔，泄水孔采用 RCP 管，孔径 0.1 m，孔后 0.5 m × 0.5 m 范围内设卵砾石窝状反滤层，厚 0.3 m。沿线路方向每隔 10 ~ 20 m 设伸缩缝一道，缝宽 0.02 m，缝内填塞沥青麻筋。坡面适当位置设置台阶形踏步，宽 0.6 m，单级高 0.2 m。

四、路肩或路堤挡土墙施工方案

（1）一般采用重力式路堤或路肩挡墙，挡墙墙身均采用 C30 混凝土浇筑，墙高一般控制在 8 m 以内；一般路堤脚墙采用 M7.5 浆砌片石。

（2）墙身沿线路方向每隔 10 ~ 20 m 结合墙高或地质情况设置伸缩缝或沉降缝一道，缝宽 0.02 m，缝内沿墙顶、内、外三边填塞沥青麻筋，深 0.2 m。

（3）当墙后填料为不易风化的硬质岩磕、碎石类土及中砂以上的粗粒土时，可不设反滤层；当墙后为其他填料时，墙后通长全高设无砂混凝土块反滤层，厚度不小于 20 cm。且最底排的泄水孔下部和墙顶 0.5 m 高的范围内设置夯填黏土防渗层。

（4）墙身地面以上部分与墙背反滤层范围相应位置每隔 2 m 设置泄水孔，墙身于地面处一定要设置泄水孔。

（5）挡墙墙趾埋置应满足支挡规范中的埋入深度和距地面水平距离的要求，且满足防冲刷要求：斜基底不得改缓或改陡；圬工不应有水平通缝。为保证挡土墙在施工过程中的自身稳定，必须及时填土。

五、预应力锚索

（一）施工工艺

预应力锚索施工工艺流程见图 44-34。

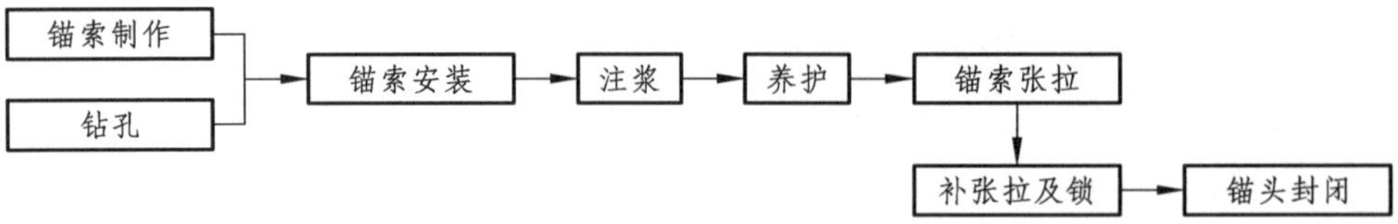

图 44-34　预应力锚索施工工艺

（二）施工方法

1. 测量定位

边坡分层光面爆破后，按照设计图纸布置的孔位精确定位，垂直方向与水平方向的距离误差应小于 0.05 m。

2. 钻孔

根据孔位情况，在坡面上立好脚手架，脚手架的搭设必须稳定，对紧固件的紧固必须有人复核，在脚手架上按设计孔口坐标安装专用钢管，将钻机放在专用钢管上，然后用方向架放出锚索方位角，测角仪调整倾角。按锚索设计长度将钻孔所需钻杆摆放整齐，钻杆用完，孔深也恰好到位。由于钻杆长度有 ± 5 mm 的误差，要求钻孔深度超出锚索设计长度 0.5 m 左右，钻孔结束后，逐根拔出钻杆和钻具，将冲击器清洗好备用，用一根聚乙烯管复核孔深，并以高压风吹孔，待孔内粉尘吹干净，且孔深不少于锚索设计长度时，拔出聚乙烯管，并用水泥袋纸塞好孔口备用。

塌孔、卡钻的处理，当钻孔穿越强风化岩层或岩体破碎带时，往往发生塌孔卡钻现象，此时要立即停止钻进，拔出钻具，进行固壁注浆，注浆压力采用 0.4 MPa，浆液为水泥砂浆和水玻璃的混合液，24h 后重新钻孔。

3. 锚索制作及安装

锚索在钻孔同时于现场进行编制，内锚固段采用波纹形状，张拉段采用直线形状，锚索长度（钢绞线下料长度）应为锚索设计长度、锚头高度、千斤顶长度、工具锚和工作锚的厚度以及张拉操作余量的总和。将截好的钢绞线平顺放在作业台上，量出内锚固段和锚索设计长度，分别作出标记；在内锚固段的范围内穿对中隔离支架，间距 60 ~ 100 cm，两对中支架之间扎紧固环标记；张拉段每米边扎一道紧固环，并用金属波纹管穿套，内涂黄油防锈，最后在锚索端头上套上导向帽。

安装前核对锚索编号是否与孔号一致，确认无误后，再以高压风清孔一次，即可着手安装锚索。安装时要注意以下几点：检查定位止浆环和限浆环的位置，损坏的按技术要求更换；检查排气管的位置和畅通情况；锚索送入孔内，当定位止浆环到达孔口时，停止推送，安装注浆管和单向阀门；锚索到位后，再检查一遍是否畅通，若不畅通，拔出锚索，排除故障后重新送索。

4. 注浆

采用排气注浆，砂浆由孔口注入，空气压向孔底，由孔底进入排气管排出孔外。在注浆过程中，当排气管不排气，且有稀水泥浆从排气管压出时，说明注浆已满。

5. 安装十字板及锚具

为便于实施高边坡的绿化防护工程，十字板安装前，应按其准确位置在边坡上开挖深 0.5 m 的十字槽，使十字板嵌入坡面，然后按设计要求安放钢垫板和锚具。

6. 张拉

张拉锚索前需对张拉设备进行标定，绘出千斤顶出力和压力表指示的压强曲线，标定时千斤顶最大出力方多于锚索张拉时的值，作为锚索张拉时的依据。锚索张拉应逐级进行，分两次完成，第一次张拉达锁定吨位的 60% ~ 70%，两次张拉时间间隔不少于 5 天，张拉中应对锚索伸长及受力作记录，核实伸长与受力是否相符。每级补偿张拉稳定时间为 5 min，最后一级补偿张拉稳定时间为 10 min。

7. 封孔注浆及外部保护

补偿张拉后，立即进行封孔注浆，孔中的空气经由设在定位止浆环处的排气管排出。封孔注浆后，从锚具量起留 50 mm 钢绞线，其余的部分截去，锚头部分应涂防腐剂，在外用包覆厚度不少于 50 mm 的混凝土封闭。

第十节 路基沉降控制与评估

铁路路基作为变形控制十分严格的土工构筑物，通过变形监测数据的综合分析与评估，验证或调整设计措施使路基地基处理达到规定的变形控制要求，分析推算地基的最终沉降量和工后沉降，确定轨道铺设时间，同时观测数据还可作为竣工验交时控制工后沉降量的依据。金台铁路路基工程施工应按设计要求埋设观测桩并进行沉降及位移观测。设计速度 160 km/h 的路段路基工后沉降量：一般地段不应大于 20 cm，路桥过渡段不应大于 10 cm，沉降速率均不应大于 5 cm/a，否则应进行地基加固处理；货场、工区、场坪工后沉降不应大于 30 cm。路堤施工过程中应根据具体情况确定预留沉降量。路堤稳定安全系数不考虑轨道及列车荷载时应不小于 1.20，考虑轨道及列车荷载时应不小于 1.15。

一、路基沉降观测与评估阶段划分

路基沉降观测与评估分四个阶段进行。

第一阶段：路基填筑施工期间的监测，主要监测路基填土施工期间地基沉降以及路堤坡脚边桩位移；

第二阶段：路基填土施工完成后，沉降期及放置期的变形监测，该阶段对路基面沉降、路基填筑部分沉降以及路基基底沉降进行系统的监测，直到工后沉降评估满足有砟轨道铺设要求；

第三阶段：铺设有砟轨道施工期的监测；

第四阶段：铺设轨道后的监测。

二、沉降变形测量等级及精度要求

沉降变形测量等级及精度要求见表 44-21。

表 44-21 沉降变形测量等级及精度要求

沉降变形测量等级	垂直位移观测		水平位移观测
	沉降变形点的高程中误差/mm	相邻沉降变形点的高程中误差/mm	沉降变形点点位中误差/mm
三等	±1.0	±0.5	±6.0

三、沉降变形监测网主要技术要求及建网方式

沉降变形监测网主要技术要求见表 44-22。

表 44-22 垂直位移监测网主要技术要求

等级	相邻基准点高差中误差/mm	每站高差中误差/mm	往返较差、附合或环线闭合差/mm	检测已测高差较差/mm	使用仪器、观测方法及要求
三等	1.0	0.3	0.6	0.8	DS05 或 DS1 型仪器，按《客运专线铁路无砟轨道测量技术暂行规定》二等水准测量的技术要求施测

垂直位移监测一般按沉降变形等级三等的要求（国家二等水准测量）施测，根据对沉降变形测量精度要求高的特点，以及标志的作用和埋设要求不同，垂直位移监测网布设方法分基准点、工作基点、沉降变形点三级构建。

基准点要求建立在沉降变形区以外的稳定地区，同大地测量点的比较，要求具有更高的稳定性，其平面控制点一般应设有强制归心装置。基准点使用全线二等精密高程控制测量布设的基岩点、深埋水准点。

沉降观测控制网水准基点埋设时采用打桩机打入直径 20 cm 的钢管桩，穿透淤泥层，深入基本承载力为 100 kPa 的粉质黏土层，钢管内灌注混凝土。上口按照 CPI 埋石标准进行埋设，测量标志焊接在钢管内壁。按照 2 cm 埋设一个深埋水准点，400 ~ 500 m 埋设一个沉降观测工作基点的原则布置。

要做好观测标及工作基点的保护工作：

（1）测量负责人负责所有的观测标和工作基点的保护工作。

（2）观测标和工作基点应埋设在稳定、可靠、不易破坏的地方并注意在施工过程中维护。

（3）工作基点处设置坚固、不易变形的保护盖，选用混凝土预制板并在盖上用红油漆标示清晰、齐全以便于识别和使用维护。观测标周围设有 1 m × 1 m × 1 m 的钢筋笼，沉降管管壁上贴有红白相间的反光条，防止沉降管被破坏。

（4）保管人员定期派专人巡查所属管段内的观测标和控制点，如有损坏及时采取措施进行维护并通报上级主管部门，以保证变形观测的准确性。

（5）工作基点埋设后，在其周围设置警示标志，并通知现场施工管理人员进行保护。

（6）实行破坏处罚制度，由现场管理人员告知操作工人并监督现场机械、设备及其操作人员，防止观测标和工作基点被破坏。

监测网由于自然条件的变化，人为破坏等原因，不可避免地有个别点位会发生变化。为了验证监测网点的稳定性，应对其进行定期检测。本段路基监测网的观测分为首次观测和施工过程中的定期复测，定期复测按每半年进行一次，并结合精测网复测进行。

四、观测断面及观测点的设置原则

路基工程沉降变形观测以路基面沉降观测和地基沉降观测为主，要根据不同的结构部位、填方高度、地基条件、堆载预压等具体情况来设置沉降变形观测断面。同时要根据施工过程中掌握的地形、地质变化情况调整或增设观测断面。

1. 观测断面设置原则：

（1）沿线路方向的间距一般不大于 50 m；对地势平坦且地基条件均匀良好的路堑、填方高度小于 5 m 且地基条件均匀良好的路堤可放宽到 100 m。

（2）对地形、地质条件变化较大地段应加密断面，一般间距不大于 25 m，在变化点附近应设观测断面，以确保能够反映真实差异沉降。

（3）一个沉降观测单元（连续路基沉降观测区段为一单元）要不少于 2 个观测断面。

（4）对地形横向坡度大于 1 : 5 或地层横向厚度变化的地段应布设不少于 1 个横向观测断面。

2. 观测点设置原则

（1）有利于测点看护，集中观测，统一观测频率，各观测项目数据的综合分析，各部位观测点须设在同一横断面上。

（2）一般路堤地段观测断面包括沉降观测桩和沉降板，沉降观测桩每断面设置 3 个，布置于双线路基中心及左右线中心两侧各 3.2 m 处；沉降板每断面设置 1 个，布置于双线路基中心。

（3）软土、松软土路堤地段观测断面一般包括沉降观测桩、沉降板和位移观测桩。沉降观测桩每断面设置 3 个，布置于双线路基中心及两侧各 3.2 m 处，沉降板位于双线路基中心，位移观测边桩分别位于两侧坡角外 2 m、10 m 处，并与沉降观测桩及沉降板位于同一断面上。

3. 沉降板设置原则

（1）对路堤填高小于 3 m 且压缩层厚度小于 5 m 地段，设置断面间距为 200 m。

（2）对压缩层厚度大于 20 m 地段，设置断面间距为 50 m。

（3）其余情况根据具体情况，设置断面间距为 50 ~ 100 m。

（4）地面横坡或压缩层底横坡大于 1∶5 时，横断面布置两处沉降板，一处位于路基中心，另外一处根据具体地形地质情况布置。

（5）预压地段，预压期因基床表层尚未施工，路基顶面沉降观测应在预压土方底部（基床底层顶面）布置沉降元件进行，即在基床底层顶面临时布置沉降板，位移观测以及基底沉降观测布置与无预压段完全一致，预压土方卸除时临时沉降板随之拆除，基床表层施工后，于路基面上设置正式沉降观测桩。

（6）路堑地段观测断面分别于路基中心，左右中心线以外 2 m 的路基面处各设 1 根沉降观测桩，观测路基面的沉降。

（7）深厚层地基分层沉降监测：深厚层第四系土层地段、软土地段的桥路过渡段及不同地层结构附近设置。采用机动钻孔（ϕ108 mm）引孔埋设 PVC 管（ϕ49 mm）和沉降磁环，利用电磁式深层沉降仪进行观测。分层设置，厚度大于 3 m 时，每 3 m 增设一组，地层界面和加固底面设置磁环。具体布置断面和布置位置按设计文件要求执行。

（8）路堤基底设置剖面沉降管、单点沉降仪或沉降磁环进行全断面沉降观测时，严格按设计文件要求执行。

4. 观测路线

路基水准路线观测按二等水准测量精度要求形成附合水准路线，沉降观测点位布设及水准路线观测示意图见图 44-35。

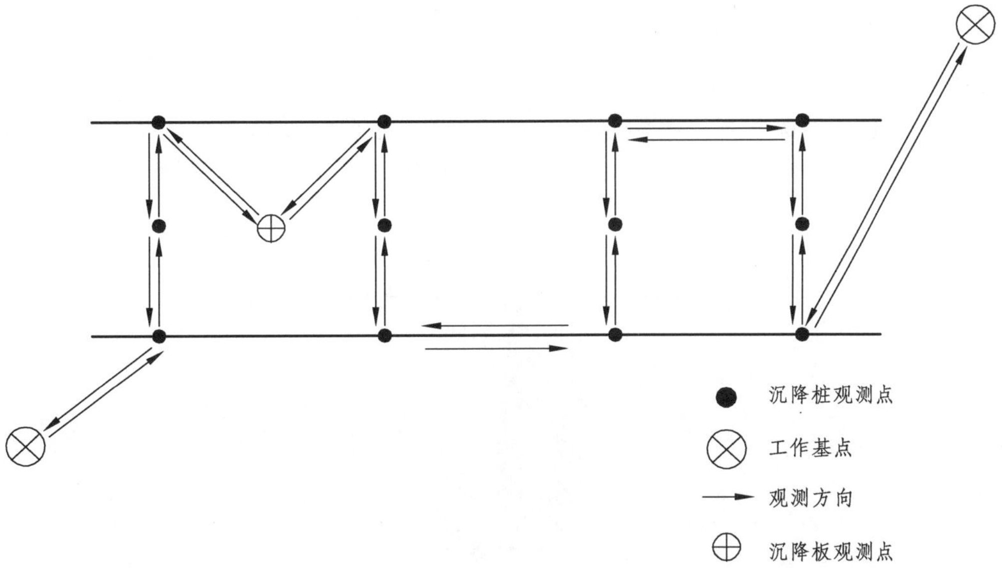

图 44-35 沉降观测点位布设及水准路线观测示意图

五、观测元件与埋设技术要求

1. 沉降板

沉降板由底板、金属测杆（ϕ40 镀锌铁管）及保护套管（ϕ75 PVC 管）组成。钢筋混凝土底板尺寸为 50 cm × 50 cm，厚 3 cm 或钢底板尺寸为 30 × 30 cm，厚 0.8 cm，沉降板见图 44-36。

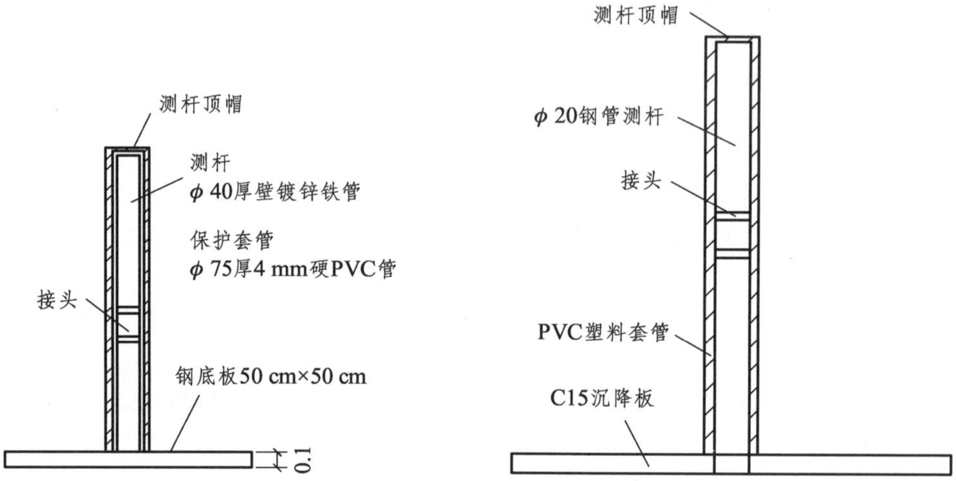

图 44-36　路基沉降板结构图

沉降板埋设位置处可垫 10 cm 砂垫层找平，埋设时确保底板的水平与垂直度，确保测杆与地面垂直。放好沉降板后，回填一定厚度的垫层，再套上保护套管，保护套管略低于沉降板测杆，上口加盖封住管口，并在其周围填筑相应填料稳定套管，完成沉降板的埋设工作。

测量埋设就位的沉降板测杆杆顶标高读数作为初始读数，随着路基填筑施工逐渐接高沉降板测杆和保护套管，每次接长高度以 0.5 m 为宜，接长前后测量杆顶标高变化量确定接高量。金属测杆用内接头连接，保护套管用 PVC 管外接头连接。

接长套管时应确保垂直，避免机械施工等因素导致套管倾斜。

2. 沉降观测桩

选择ϕ20 mm 钢筋，顶部磨圆，底部焊接弯钩，待基床表层级配碎石施工完成后，在观测断面通过测量，埋置在设计位置并且埋置深度不小于 0.3 m，桩周 0.15 m 用 C15 混凝土浇筑固定，完成埋设后测量桩顶标高作为初始读数，沉降观测桩见图 44-37。

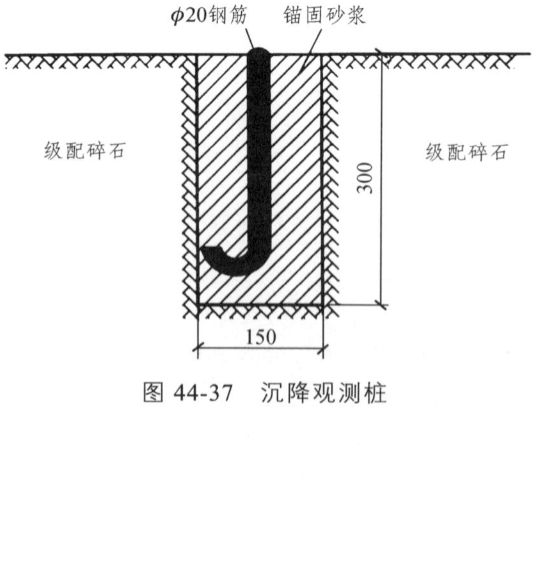

图 44-37　沉降观测桩

3. 位移边桩

采用 C15 钢筋混凝土预制，断面采用 15 cm×15 cm 正方形，长度不小于 1.5 m。并在桩顶预埋 ϕ20 mm 钢筋，顶部磨圆并刻画十字线。

边桩埋置深度在地表以下不小于 1.0 m，桩顶露出地面不应大于 10 cm。

埋置方法采用洛阳铲或开挖埋设，桩周以 C15 混凝土浇筑固定，确保边桩埋置稳定。完成埋设后采用全站仪测量边桩标高及距基桩的距离作为初始读数。

4. 剖面沉降管

采用专用塑料硬管，其抗弯刚度应适应被测土体的竖向位移要求，导管内十字导槽应顺直，管端接口密合。剖面沉降测量是将剖面沉降仪探头预埋在剖面沉降管十字导槽内，从一端按一定间距依次读数。路基剖面沉降管埋设布置图见图 44-38。

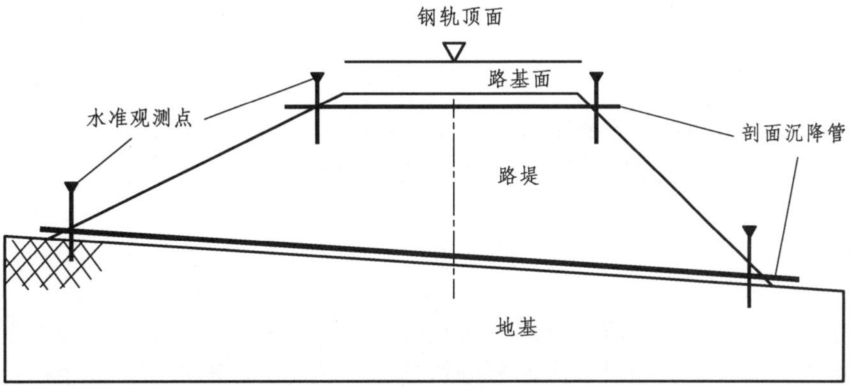

图 44-38 路基剖面沉降管埋设布置图

路基基底剖面沉降管在地基加固施工完毕后，填土至 0.6 m 高度碾压密实后开槽埋设，开槽宽度 20～30 cm，开槽深度至地基加固表层顶面，槽底回填 0.2 m 厚的中粗砂，在槽内敷设沉降管（沉降管内穿入用于拉动测头的镀锌钢丝绳），其上夯填中粗砂至与碾压面平齐。沉降管埋设位置挡土墙处应预留孔洞。沉降管敷设完成后，两头应砌筑观测坑，并加设盖板，以方便观测及对孔口进行长期保护，并做好坑内及其周围的排水。并于一侧管口处设置观测桩，观测桩采用 C15 素混凝土灌注，断面采用 0.5 m×0.5 m×1.0 m。待上部一层填料压实稳定后，连续观测数日，取稳定读数作为初始读数。

采用横剖仪和水准仪进行横剖面沉降观测。每次观测时，首先用水准仪测出横剖面管一侧的观测桩顶高程，再把横剖仪放置于观测桩顶测量初值，然后用横剖仪测量各测点。区间每 2.0 m 测量一点，车站内测点间距可为 3.0 m。

5. 单点沉降计

单点沉降计是一种埋入式电感调频类智能型位移传感器，由电测位移传感器、测杆、锚头、锚板、金属软管和塑料波纹管等组成。

采用钻孔引孔埋设，钻孔孔径为 ϕ108 或 ϕ127，钻孔垂直，孔深应达到硬质稳定层（最好为基岩），并与沉降仪总长一致。孔口应平整密实。安装前先在孔底灌浆，以便固定底端锚板，安装时锚杆朝下，法兰沉降板朝上，注意要用拉绳保护以防止元件自行掉落，采用合适方法将底端锚板压至设计深度。每个测试断面埋设完成后，位移计引出导线用钢丝波纹管进行保护，并挖槽集中从一侧引出路基，引入坡脚观测箱内。一般埋设完成后 3～5 天待缩孔完成后测试零点。观测路堑换填基底沉降或隆起变形埋设在换填基底面，表面应平整密实；观测路基本体变形按设计断面图埋设。

六、沉降变形观测技术要求

（1）路堤地段从路基填土开始进行沉降观测。路堑地段从级配碎石顶面施工完成开始观测。路基填筑完成或施加预压荷载后应有不少于6个月的观测和调整期。观测数据不足以评估或工后沉降评估不能满足设计要求时，应延长观测时间或采取必要的加速或控制沉降的措施。

（2）沉降观测设备的埋设是在施工过程中进行的，填筑施工要与设备的埋设做好协调，做到互不干扰、影响。观测设施的埋设及沉降观测工作应按要求进行，不能影响路基填筑质量。

（3）路基填筑过程中应及时整理路堤中心沉降观测点的沉降与边桩的位移量，当中心地基处沉降观测点沉降量大于10 mm/d或边桩水平位移大于5 mm/d、竖向位移大于10 mm/d时，应及时通知项目部，并要求停止填筑施工，待沉降稳定后再恢复填土，必要时采用卸载措施。

（4）观测精度要求：路基沉降观测水准测量的精度为±1.0 mm，读数取位至 0.01 mm；剖面沉降观测的精度应不低于4 mm/30 m；位移观测测距误差±3 mm。

七、沉降的评估方法

实测沉降推算：利用实测数据推算最终沉降量方法很多，常用的有双曲线法、三点法（对数曲线法）、沉降速率法、星野法及修正双曲线法等。根据现有的研究成果，推算方法得到的结果与实际沉降对比。

误差较小的推算方法有：复合地基为沉降速率法、双曲线法、等载（或超载）排水固结为三点法、双曲线法。

沉降的反演分析推算：利用先前实测沉降曲线进行反演分析，修正地基土设计参数，并重新进行沉降计算，再由实测沉降验证，经过多次循环分析计算，预测工后沉降量。要说明的是该法进行计算时所用到的土层参数是利用先前实测曲线进行反演推算出来的，且经过实测沉降验证，因此也更符合实际情况。

八、沉降的评估措施

路基施工至设计标高后，先持续监测不少于6个月的时间，根据这6个月的监测数据，绘制“时间-填土高-沉降量”曲线，按实测沉降推算法或沉降的反演分析法，分析并推算总沉降量，工后沉降值以及后期沉降速率，并初步分析推测最终沉降完成时间，确定铺轨时间。根据分析结果，结合工期要求，验证、调整设计措施使地基处理达到预定的变形控制要求。当评估结果表明沉降还不能满足设计要求时，则研究确定是延长路基摆放时间继续监测，还是采取（或调整）地基加固措施（如调整预压土高度，确定预压土卸荷时间，调整或增加地基加固措施等），即进行“监测-评估-调整”循环，直至工期要求的时间为止，并满足设计路基沉降要求。

九、施工过程中的控制措施

路堤及浅挖路基、基底处理、路堤本体、过渡段、软土或松软土地基路堤、桩网结构等施工通过专职沉降分析工程师确认后方能进行下一步施工。

路基施工要严格按设计规定的施工期，科学地组织施工，严禁不顾要求的盲目赶工填筑，每层填土厚度，填土间隔时间由测量小组负责施工记录。卸土后要立即推平，碾压，在填高3 m以上禁止停放大型机具，堆放土、石。在软土路堤两侧各10 m范围内严禁挖沟，挖水塘。施工中施工机械不得破坏沉降观测装置。

路基施工完毕，顶面进行整平、压实并埋设中线水泥桩，并作好高程测量，整理中线、水平成果，供下一步施工使用。

观测频次要求：路基沉降观测的频次不低于表 44-23 的规定。

表 44-23 路基沉降观测频次表、

观测阶段	观测频次	
填筑或堆载	一般	1 次/天
	每天填筑量超过 3 层时	1 次/每填筑 3 层
	沉降量突变	2～3 次/天
	两次填筑间隔时间较长	1 次/3 天
堆载预压或路基施工完毕	第 1 个月	1 次/周
	1 个月以后	1 次/2 周
架桥机（或运梁车）通过	全程	前 2 次通过时的前后各 1 次；其后每天 1 次，连续 2 次；其后每 3 天 1 次，连续 3 次；其后 1 次/周
有砟轨道铺设后	第 1 个月	1 次/2 周
	第 2～3 个月	1 次/月
	3 个月以后	1 次/3 月

实际工作进行时，观测时间的间隔还要看地基的沉降值和沉降速率。当两次连续观测的沉降差值大于 4 mm 时应加密观测频次；当出现沉降突变、地下水变化及降雨等外部环境变化时应增加观测频次。路基施工各节点时间（包括路基堆载预压土前后、卸载预压土前后、运梁车架桥机通过前后、基床表层施工、轨道精调以及铺轨时间等）应具有沉降观测数据。施工单位要持续观测，直到工程项目交付运营管理单位。

沉降变形测量按沉降三等执行，观测时，对于有变换奇偶站功能的电子水准仪，按以下顺序进行：

奇数站：后—前—前—后。

偶数站：前—后—后—前。

第四十五章 桥涵工程

金台铁路全线共设特大、大、中桥 79 座，桥梁总长 64.173 km，占线路长度的 27.31%。框架中小桥共计 56 座，顶面积总计 24 440.8 m^2；新建及改建接长涵洞 245 座，涵长总计 6 598.07 m；旅客地道 8 座，顶面积总计 3 760.79 m^2；公跨铁立交桥共计 4 座，顶面积总计 19 655 m^2。

全线桥梁工程基础以钻孔桩为主，水深 3 m 以内的水中墩采用草袋围堰、筑岛施工，水深 3 m ~ 6 m 的水中墩采用钢板桩围堰施工。连续梁支架预压根据工点所处的位置采用土袋预压、砂袋预压的方法。桥梁以预制 T 梁为主，为保证制、运、架梁工作的连续性和不间断性，对全段的 T 梁按集中设场预制、架桥机架设考虑，便于控制工程质量，提高经济效益。

桥梁工程的主要施工方案及控制要点为：

（1）简支 T 梁均采用预制梁，架桥机架设连续梁、T 梁根据现场情况采用悬灌法或膺架法现浇施工；连续槽型梁采用门式支架现浇施工、简支钢桁梁采用门式支架现浇或现浇落梁法施工；连续道岔梁采用满堂支架现浇施工；56 m、48 m 简支箱梁采用预制节段造桥机胶拼施工；连续梁-拱采用先梁后拱顺序施工，主梁悬灌施工，拱肋于主梁合龙后在桥上支架施工。

（2）一般墩台及基础和新建框架桥采用常规方法施工，靠近既有铁路、公路处桥墩基础采用钢板桩围堰防护施工，跨灵江、永宁江、永康江水中墩采用水上钢管桩施工平台和栈桥辅助施工措施，永宁江、永康江水中承台采用单壁钢围堰、钢板桩围堰施工，灵江水中承台采用钢吊箱围堰施工。

（3）涵洞、框架桥一般采用现场灌注施工，圆涵涵节集中预制，现场拼装。既有线接长涵洞、框架施工时需对既有线进行加固，采用钢板桩、施工便梁等对既有线进行防护。

第一节 基础工程

金台铁路全线桥梁工程基础以钻孔桩为主，靠近既有铁路、公路处桥墩基础采用钢板桩围堰防护施工。

桥梁基础施工应根据地质情况和设计要求选择合适的施工机具，并组织好机具的调用，避免重复进场。

JTSG-4 标段的田市跨永安溪、台金高速公路特大桥位于浙江省台州市仙居县田市镇境内，孔跨布置：（7-56 m+2-48 m+15-56 m）简支箱梁+（60+100+60）m 连续梁+（30-32 m+3-24 m）简支 T 梁，全桥长 2 675.015 m。该桥桥墩为钻孔桩承台、两桥台明挖基础；1 ~ 24 跨采用 56 m、48 m 节段预制胶接拼装简支箱梁跨越省道 S322 立交桥、永安溪河道，25 ~ 27 跨采用（60+100+60）m 连续梁跨越台金高速，连续梁处墩身高度变化为，39.46 ~ 42.88 m。该桥的特点是钻孔桩密集，大跨节段预制胶接拼装简支箱梁数量多，且有大跨度挂篮悬臂浇筑连续梁。本节以田市跨永安溪、台金高速公路特大桥为例，主要总结明挖基础、钻孔桩、桩基承台的施工技术。

一、明挖基础施工

当线路地质条件较好，基础埋深≤6 m 时或持力层岩石埋深较浅且承载力高时采用明挖及明挖满灌基础施工。

（一）施工工艺

明挖基础施工工艺流程见图 45-1。

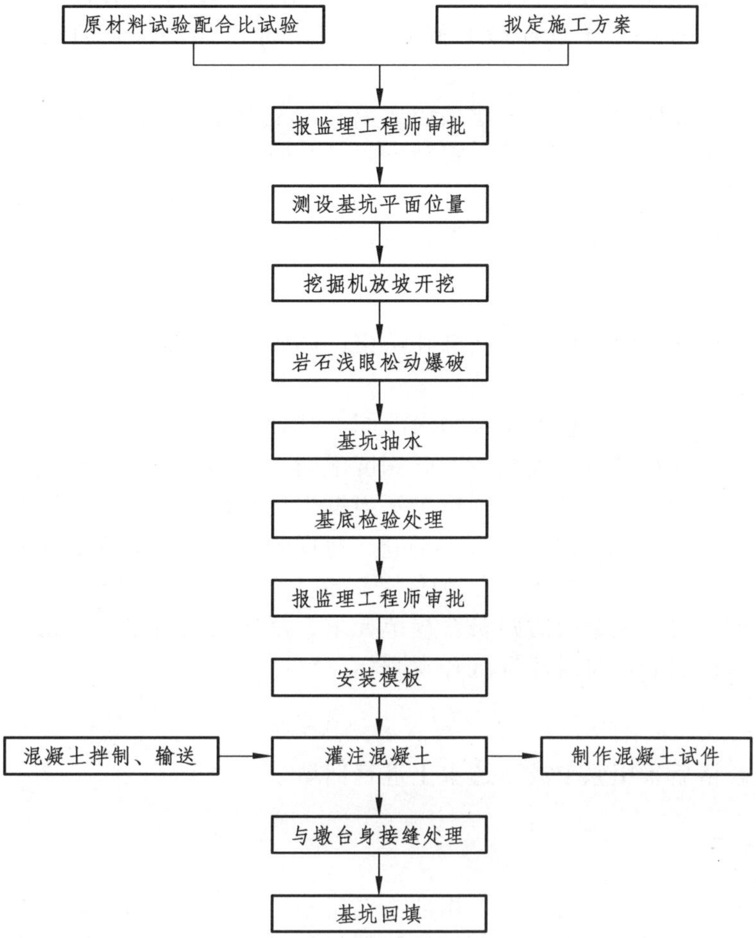

图 45-1　明挖基础施工工艺

（二）施工方法

1. 施工准备

（1）技术准备。

施工前组织作业队技术人员进行施工方案交底，根据扩大基础施工特点及内容熟悉图纸，学习相关规范规程。根据地质条件、施工及安全环保要求，结合现场情况确定防、排水等措施。根据施工及有关规范要求，对高程控制点与平面控制点进行复测。

（2）现场准备。

施工放样定出开挖边线准确位置，并设置护桩；规划布置挖方弃渣运输道路；合理堆放材料和机具，使其不增加基坑压力、影响施工。

2. 基坑开挖

基底有水时，四周挖排水沟，并留集水坑，用水泵集中排水。

采用推土机进行表土剥离，剥离的表层土体由 15 t 自卸汽车运至指定弃碴场。在距基坑开挖边线外 200 cm 设置截水埂，防止外来水流入基坑内部，井口四周挖排水沟，做好排水系统，及时排除地表水。

基坑开挖以机械施工为主，人工辅助成形。基础底面以上 20 ~ 30 cm 部分采用人工开挖完成。

当遇坚硬岩层时采用松动爆破，机械出渣人工配合清渣。基坑有水时，在基底设集水坑，集中将水排出坑外，保证工作面处于干燥环境下施工。井内排水采用潜水泵抽水，井外排水通过临时水沟排水。

开挖至基底预留 20 cm 保护层，保护层采用风镐开挖至设计高程，基底出碴结束后找设计地质工程师现场确认。基础现场确认后，找监理工程师验收，验收合格资料完善后，立即浇筑一层 10 cm 厚的 C15 混凝土垫层，避免基底外露时间过长而降低地基承载力。开挖时应连续下挖，减少中途停顿的时间。下挖过程中应掌握土层情况，做好下挖记录，选用最有利的下挖方法。

3. 基础混凝土浇筑

在接地钢筋、基础钢筋、墩身预埋钢筋绑扎结束，经监理工程师验收合格后方可进行基础混凝土浇筑。

混凝土浇筑前应将基础垫层清理干净并洒水湿润，基础混凝土在混凝土拌和站集中拌制，混凝土搅拌车运输至施工作业面进行浇筑，根据各基础深度不同，基础采取分层连续浇筑到设计高程。

混凝土采用溜槽入仓，为避免混凝土因施工不当发生离析现象，浇筑时混凝土自由落差必须小于 2 m（超过 2 m 需采用串筒下料）。混凝土人工平仓，每层铺注厚度控制在 30 cm 左右，振捣器作业时其移动间距不允许超过其作用半径的 1.5 倍，为保证混凝土的浇筑质量，振捣棒应插入下层混凝土 5 cm 左右同时避免碰撞钢筋，混凝土振捣时间符合规范要求，浇筑结束后采用无纺布覆盖并洒水养护。

混凝土浇筑至承台顶面后，及时埋设沉降观测标。

4. 基坑回填

基础经监理验收合格后采用原土或不透水土进行回填。

二、钻孔桩施工

田市跨永安溪、台金高速公路特大桥采用冲击钻机施工，草袋围堰和钢板桩围堰辅助施工，该方法适用于卵石、坚硬漂石、层岩及各种复杂地质的桥梁桩基施工。

（一）草袋围堰

位于河流及水塘浅水区域的钻孔桩基础采用编织袋装土围堰筑岛。施工完成后拆除围堰，恢复河道。

1. 施工方法

用编织袋盛装松散黏性土，装填量为袋容量的 1/2 ~ 1/3，袋口用细麻线或铁丝缝合。用黏性土填心时，也可用砂性土装袋。施工时要求土袋平放，上下左右互相错缝堆码整齐。流速较大处，外围草袋可改用小卵石或粗砂，以免流失污染环境，也可抛片石防护或用竹篓或柳条筐装盛砂石在堰外防护。以围堰顶部平台作为施工平台施工钻孔桩。

2. 施工工艺流程

围堰基底清理→围堰水中分层填筑→水中夹心分层填黏土→水面以上围堰填筑。

3. 质量保证措施

（1）围堰的位置准确，保证满足桥梁下部工程施工场地要求。围堰采用全站仪进行定位校核，从而保证了围堰的位置准确。

（2）施工时要求土袋平放，上下左右互相错缝堆码整齐。

（3）围堰抗水流冲刷能力好。根据河水流速，计算水流冲刷侵蚀破坏力，选用优质编织袋并扎口牢固。

（4）流速较大处，外围草袋可改用小卵石或粗砂，以免流失，以免流失污染环境。必要时也可抛片石防护或用竹篓或柳条筐装盛砂石在堰外防护。

（5）围堰周围设置防撞标志，做好围堰的保护工作。

（6）河床以上的围堰最后拆除完全，不留隐患。

（7）围堰施工要做好环境保护，不污染地表水质。

（二）钢板桩围堰

1. 施工工艺

钢板桩围堰施工工艺流程见图45-2。

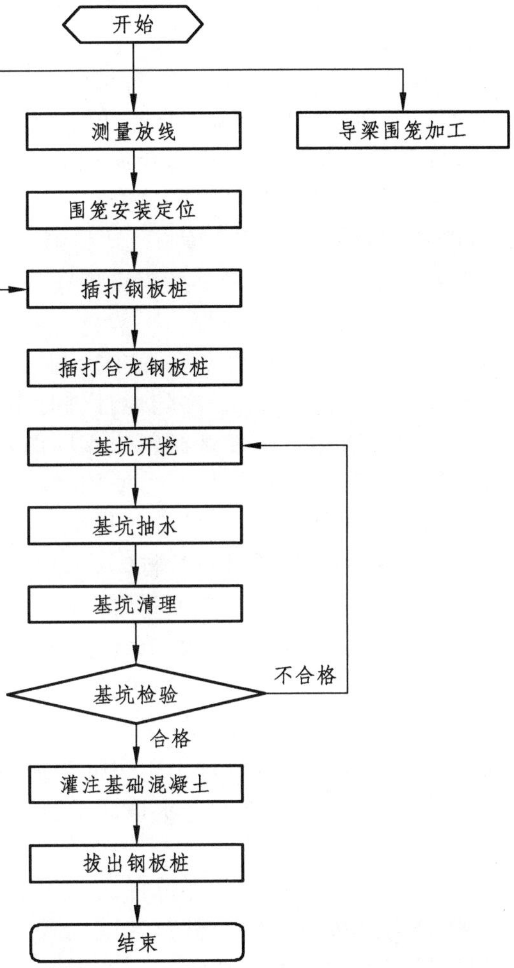

图45-2　钢板桩围堰施工工艺及质量控制流程

2. 施工方法

（1）围笼安装。

① 当水深较大时，常用围笼（以钢或钢木构成的框架）作为钢板桩的定位和支撑，即先在岸上或驳船上拼装围笼，运至墩位定位后，在围圈内插打定位桩。把围笼固定在定位桩上，然后在围笼四周

的导框内插打钢板桩。

② 安装围笼时，应进行测量定位，用一层导框做成的围笼，一般是先打定位桩，再在定位桩上挂装导框，导框可在岸边组成，浮运到位以缆索锚碇，在开始插打板桩后，逐步将导框转挂在已打好的板桩上。用有脚手桩的转盘式或旋转式桩架时，导框可挂装在外侧的脚手桩上；用浮式转盘式或旋转式桩架时，一般用转动的桩架；先打好定位桩再安装导框架时，一般用转动的桩架先打好定位桩再安装导框。

（2）插打与合龙钢板桩。

钢板桩插打方法分为三种：

① 逐块（组）插打；

② 先插合龙后再打；

③ 开始的一部分逐块插打，后一部分则先插合龙后再打。

①法可用较矮的吊桩设备，桩架移动线路较短，速度较快，但合龙误差大；②法用较高吊桩设备，桩架移动线路长，进度较慢，但合龙误差小，③法进度较快且合龙误差小，一般采用③法。

（3）插打钢板桩注意事项：

① 插打前，在锁口内应涂抹防水混合料，组拼桩时应用油灰和棉絮捻塞拼接缝。

② 插打钢板桩的次序，对圆形围堰，应自上游开始，经两侧至下游合龙；对矩形围堰，从上游一角开始，至下游合龙。这样不仅可以使围堰内避免淤积泥沙，而且还可以利用水流冲走一部分泥沙，以减少开挖工作量，更重要的是保证围堰施工的安全。

③ 插打钢板桩时应严格控制好桩的垂直度，尤其是第一根桩要从两个垂直方向同时控制，确保垂直不偏，在垂直导向设备导向下，一般先将全部钢板桩逐根或逐组插打到稳定深度，然后依次打入直至设计深度。插打的顺序按施工组织设计进行，一般自上游分两头插打向下游合龙，插打前在锁口内涂以黄油、锯末等拌和物，组拼桩时，用油灰和棉花捻缝，以防漏水。钢板桩顶达到设计高程的平面位置偏差，在水上二打桩时不得大于 20 cm，在陆地打桩时不得大于 10 cm，在插打过程中，应随时检查其平面位置是否正确，桩身是否垂直，发现倾斜应立即纠正或拔起重插。为了加快进度。可另用一台吊机或吊船担负吊桩工作，桩架只作打桩用，可使用插桩夹板进行导向。

④ 钢板桩可用锤击、振动或再辅以射水等方法下沉，但在黏土地基中不宜使用射水，锤击时宜使用桩帽，以分布冲击力和保护桩头，在插打钢板桩时，如起重设备高度不够，允许改变吊点位置，但吊点位置不得低于桩顶以下 1/3 桩的长度，围堰将合龙时，宜经常观测四周的冲淤状况，必要时应采取措施，预防上游冲空、涌水或者下游淤积，影响施工进程。

⑤ 钢板桩围堰在合龙处往往形成上窄下宽的状态，这使得最后一组板桩很难插下，常用的办法是将邻近一段钢板桩墙的上端向外推开，以使上下宽度接近；必要时，可根据实测宽度，做一块上窄下宽的异形钢板桩，合龙时，先将异形钢板桩插下，再插最后一块标准钢板桩。

⑥ 施打钢板桩，应对钢板桩认真检查，要求板面平直，接口预拼严密。

⑦ 采用定型钢板桩时，接口类型应该一致。

⑧ 水中钢板桩施工应该从上游开始，至下游合龙。

⑨ 插打钢板桩时，应该对正接口，借助桩锤自重缓慢沉入，必要时可低锤慢击。

⑩ 应随时检查偏位和倾斜，发现偏位和倾斜，可用撬棍滑车纠正。

（4）拔钢板桩时注意事项：

① 拔桩起点和顺序：对封闭式钢板桩墙，拔桩起点应离开角桩 5 根以上。可根据沉桩时的情况确定拔桩起点，必要时也可用跳拔的方法。拔桩的顺序最好与打桩时相反。

② 振打与振拔：拔桩时，可先用振动锤将板桩锁口振活以减小土的黏附，然后边振边拔。对较难拔除的板桩可先用柴油锤将桩振下 100 ~ 300 mm，再与振动锤交替振打、振拔。有时，为及时回填拔桩后的土孔，当把板桩拔至比基础底板略高时暂停引拔，用振动锤振动几分钟，尽量让土孔填实一部分。

③ 起重机应随振动锤的启动而逐渐加荷，起吊力一般略小于减振器弹簧的压缩极限。

④ 供振动锤使用的电源为振动锤本身额定功率的 1.2 ~ 2.0 倍。

⑤ 对引拔阻力较大的钢板桩，采用间歇振动的方法，每次振动 15 min，振动锤连续不超过 1.5h。

（三）钻孔桩

1. 施工工艺

工程桩基采用冲击钻施工工艺，钻孔桩施工工艺流程见图 45-3。

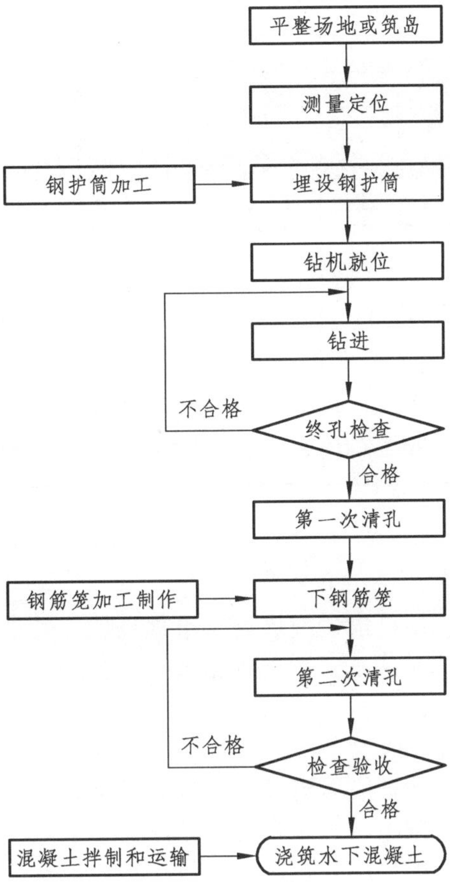

图 45-3　钻孔灌注桩施工工艺

2. 施工准备

钻孔场地进行杂物清除、换除软土、平整压实。场地位于浅水、陡坡、淤泥中时，可采用筑岛围堰搭设工作平台。

测量定位：由专职测量人员采用 GPS 对桩位进行实地放样并设置护桩。

3. 钢护筒制作及埋设

护筒内径比桩径大 20 cm，采用厚度为 10 mm 的 A3 钢板卷制，为加强钢护筒的整体刚度，在焊接接缝处设 12 mm 厚、15 cm 宽的钢带，护筒底加设 14 mm 厚、50 cm 宽的钢带作为刃脚。焊接采用坡口双面焊，所有接缝处均满焊联结，保证不漏水。

护筒顶面宜高出施工水位或地下水位 1.5 m，还须满足孔内泥浆面的高度要求，在旱地或筑岛时应高出施工地面 25 ~ 35 cm。

护筒埋置深度符合下列规定：黏质土中不小于 1.0 ~ 1.5 m，对于砂类土将护筒周围 0.5 ~ 1.0 m 范围内的土挖除，夯实黏质土至护筒底 0.5 m 以下。上述埋设护筒，要保证钻孔时孔内泥浆液面高于地下、地表水位 1 m 以上。

护筒顶面中心与设计桩位偏差不大于 5 cm，倾斜度不大于 1%。

4. 开挖泥浆池

在靠近线路右侧施工红线路挖一 7 m 长，5 m 宽，2 m 深的泥浆池，选择和备足良好的造浆黏土或膨润土，造浆量为 2 倍桩的混凝土体积，泥浆比重根据钻进不同地层及时进行调整。泥浆性能指标见表 45-1。

表 45-1 冲击钻泥浆性能指标表

钻孔方法	地层情况	泥浆性能指标要求						
		相对密度	黏度/Pa · s	静切力/MPa	含砂率/%	胶体率/%	失水率/（mL/30 min）	酸碱度/pH
冲击钻孔	黏性土	1.05 ~ 1.20	16 ~ 22	1 ~ 2.5	<4	>95	<25	8 ~ 12
	砂土	1.2 ~ 1.45	19 ~ 38	3 ~ 5	<4	>95	<25	8 ~ 10
	碎石土							
	卵石							
	漂石							
测定方法		泥浆相对密度仪	漏斗黏度计	静切力计	含砂率计	量杯法率	失水量仪	pH 试纸

5. 钻机就位及钻孔

（1）安装钻机。

钻机的钻杆中心对准桩中心。钻机定位准确后，由现场施工人员自检，现场技术人员复测，最后报请现场监理检查合格后方可开钻。钻机对中允许偏差为 ± 5 cm。钻机就位后要保持平稳和牢固，保证在钻进过程中不产生位移和沉陷。

（2） 钻进。

开始钻进时，进尺适当控制，在护筒刃脚处，短冲程钻进，使刃脚处有坚固的泥皮护壁。待钻进深度超过钻头全高加正常冲程后可按土质以正常速度钻进。钻进过程中，勤松绳和适量松绳，不得打空锤；勤抽渣，使钻头经常冲击新鲜地层。每次松绳量按地质情况、钻头形式、钻头重量决定。如护筒外侧土质松软发现漏浆时，可提起钻锥，向孔中倒入黏土，再放下钻锥冲击，使胶泥挤入孔壁堵住漏浆孔隙，稳住泥浆继续钻进。

在砂类土或软土层钻进时，易坍孔。宜选用平底钻锥、控制进尺、低冲程、稠泥浆钻进。

泥浆补充与净化：开始前调制足够数量的泥浆，钻进过程中，如泥浆有损耗、漏失，予以补充。并按泥浆检查规定，按时检查泥浆指标，遇土层变化增加检查次数，并适当调整泥浆指标。

每钻进 2 m 或地层变化处，在泥浆槽中捞取钻渣样品，查明土类并记录，及时排除钻渣并置换泥浆，使钻锥经常钻进新鲜地层。同时注意土层的变化，在岩、土层变化处均须捞取碴样，判明土层并记入记录表中以便与地质剖面图核对。

（3）检孔：钻孔完成后，用检孔器检测孔径、垂直度，用测绳检测孔深，检查合格后，再移走钻机，否则重新进行扫孔。

（4）清孔：采用换浆方法清孔。终孔时，将钻头提出，先将输浆管送入孔底，置换泥浆，确保沉渣厚度在规范要求以内。钢筋笼吊装、导管拼装完成后，再次测定沉渣厚度，如沉渣厚度和泥浆指标不符要求，则用泥浆泵经导管泵入新鲜泥浆进行清孔，直到沉渣厚度符合要求为止。

（5）成孔质量标准见表 45-2。

表 45-2　孔桩成孔质量标准

项　目	允许偏差
孔的中心位置	裙桩：100 mm；单排桩：50 mm
孔径/mm	不小于设计孔径
倾斜度	钻孔：<1%；挖孔：<0.5%
孔深	摩擦桩：不小于设计规定 支承桩：比设计深度超深不小于 50 mm
沉淀厚度	摩擦桩：符合设计要求，当设计无要求时，对于直径≤1.5 m 的桩，≤300 mm；对于>1.5 m 或桩长>40 m 或土质较差的桩，≤500 mm 支承桩：不大于设计规定
清孔泥浆指标	相对密度：1.03～1.10；黏度 17～20 Pa·s；含砂率≤2；胶体率：≥98%

（6）钢筋笼骨架的制作安装：

① 钢筋笼制作。

本标段桥桩基钢筋笼在集中加工场采用钢筋笼滚焊机分节制作，分节吊装，孔口连接。

制作时，首先按设计钢筋笼直径，选择固定旋转盘型号，根据设计钢筋笼主筋根据、间距调节固定旋转转盘上钢筋穿孔位置，然后安装固定旋转盘。

钢筋笼的主筋通过人工穿过固定旋转盘相应模板圆孔至移动旋转盘的相应孔中进行固定，把盘筋（螺旋筋）端头先焊接在一根主筋上，然后通过固定旋转盘及移动旋转盘转动把绕筋缠绕在主筋上（移动盘是一边旋转一边后移），同时进行焊接，从而形成产品钢筋笼。

滚焊机最长加工长度在 12 m 左右。施工时要根据桩的钢筋笼设计长度，结合滚焊机的加工和现场吊装的难易程度，合理确定每节长度的划分。

钢筋笼现场连接为方面和人为因素的影响，采用滚压直螺纹套筒连接最为可靠。也可采用对焊和棒条焊进行，可根据业主、监理要求选择一种或多种进行。

钢筋笼主筋接头，每一截面上接头数量不超过 50%，加强箍筋与主筋连接全部焊接；螺旋筋与主筋全部采用电焊。钢筋笼的材料、加工、接头和安装，符合要求。

② 钢筋骨架保护层的设置方法。

钢筋骨架的保护层厚度采用转动圆形混凝土垫块或钢筋耳环，设置密度按竖向每隔 2 m 设一道，每一道沿圆周布置 4 个。

③ 骨架的起吊和就位。

钢筋笼制作完成后，骨架安装采用汽车吊，为了保证骨架起吊时不变形，对于长骨架，起吊前在加强筋内焊接十字架支撑，以加强其刚度。采用两点吊装时，第一吊点设在骨架的下部，第二点设在骨架长度的中点到上三分之一点之间。对于长骨架，起吊前在骨架内部临时绑扎两根杉木杆以加强其刚度。起吊时，先提第一点，使骨架稍提起，再与第二吊同时起吊。待骨架离开地面后，第一吊点停吊，继续提升第二吊点。随着第二吊点不断上升，慢慢放松第一吊点，直到骨架同地面垂直，停止起吊。解除第一吊点，检查骨架是否顺直，如有弯曲进行整直。当骨架进入孔口后，将其扶正徐徐下降，严禁摆动碰撞孔壁。然后，由下而上地逐个解去绑扎杉木杆的绑扎点及钢筋十字支撑。当骨架下降到第二吊点附近的加强箍接近孔口，可用钢管或型钢（视骨架轻重而定）等穿过加强箍筋的下方，将骨架临时支承于孔口，孔口临时支撑满足强度要求。将吊钩移到骨架上端起吊，取出临时支承，将骨架徐徐下降，骨架降至设计标高为止。

为避免钢筋笼在混凝土灌注过程中浮笼，在钢筋笼顶端采用 3～4 根与主筋同型号的钢筋与主筋焊接，并焊接固定护筒孔口牢上。

钢筋笼未完全下完护筒顶时，必须根据已测定的孔口标高来计算定位筋的长度，并反复核对无误后再焊接定位。在钢筋笼上拉上十字线，找出钢筋笼中心，根据护桩交叉点使钢筋笼对中。起吊设备缓慢下至设计标高位置，并焊接固定钢筋。

④ 钢筋笼制作和吊装的允许偏差。

钢筋骨架的制作和吊装的允许偏差为：主筋间距 ± 10 mm；箍筋间距 ± 20 mm；骨架外径 ± 10 mm；骨架倾斜度 ± 0.5%；骨架保护层厚度 ± 20 mm；骨架中心平面位置 ± 20 mm；骨架顶端高程 ± 20 mm；骨架底面高程 ± 50 mm。

（7）导管安装。

导管内径为 30 cm，标准节加工成固定统一长度，一般 2 m 一节，底节可长至 4 m，配 1 ~ 2 节 1 ~ 1.5 m 的短管作为调节。导管内壁光滑、圆顺，内径一致，接口严密。使用前进行试拼和水密、承压和接头抗拉试验，按自下而上顺序编号和标示尺度。导管组装后轴线偏差，不超过钻孔深的 0.5%并不大于 10 cm。导管长度按孔深和工作平台高度决定。导管接头法兰盘加锥形活套或套管丝扣连接，底节钢导管下端不得有法兰盘。导管安装后，其底部距孔底有 250 ~ 400 mm 的空间。

（8）水下混凝土灌注。

桩身混凝土由拌和站拌和，混凝土坍落度控制在 18 ~ 22 cm 之间，并采用混凝土罐车运送至各桩位灌注。

灌注水下混凝土前检查沉渣厚度，沉渣厚度满足设计要求（特殊结构桥梁桥墩摩擦桩基础、所有柱桩基础不大于 5 cm，一般简支梁桥墩摩擦桩基础不大于 10 cm），如沉渣厚度超出设计要求，则利用导管进行二次清孔。

计算和控制首批封底混凝土数量，下落时有一定的冲击能量，能把泥浆从导管中排出，并能把导管下口埋入混凝土不小于 1 m 深。足够的冲击能量能够把桩底沉渣尽可能地冲开，是控制桩底沉渣，减少工后沉降的重要环节。

（9）泥浆清理。

钻孔桩施工中，产生大量废弃的泥浆，为了保护当地的环境，废弃的泥浆运往指定的废弃泥浆的堆放场地，并做妥善处理。

（10）桩基检测。

施工承台之前需逐桩进行基桩无破损检测，采用低应变反射波法及超声波法检测桩身完整性。

三、一般承台施工

1. 施工工艺

承台施工工艺见图 45-4。

2. 施工方法

（1）测量放样。

根据承台位置处的地面标高和承台底的标高，设计绘制基坑开挖平面图，根据开挖平面图，现场测设。开挖时及时对坑底标高测量放线，确保基坑不致超挖；基坑垫层施工完后，用墨线标定出墩身十字线，供承台模板、钢筋及墩身钢筋安装定位时使用；当承台混凝土浇筑完成后，用墨线标定出墩身十字线，供墩身模板安装时使用。

（2）基坑开挖。

灌注桩施工完成后，在通过桩基检测并经监理工程师签认的桩基上展开承台的施工。根据墩台的中心位置放出承台边线、基坑的边线（每边较承台宽出 1 m）、基坑顶边线，采用机械配合人工开挖的方式开挖基坑。先用机械开挖至基底以上 10 ~ 20 cm 后，再用人工开挖至设计基底，严禁超挖回填。如遇岩石层采用小型松动爆破法开挖，控制药量，保证基岩的完整性不被破坏，开挖时，注意保证桩基不被扰动和损坏（靠近桩基 1.0 m 范围内用人工挖除、清理）。

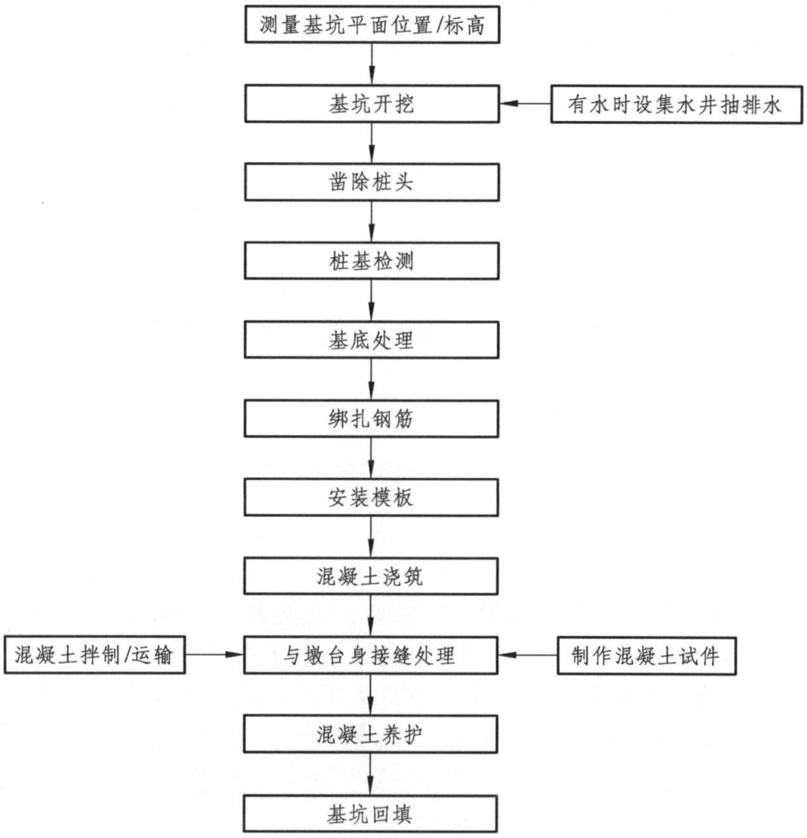

图 45-4　承台施工工艺

基坑不得被水浸泡，基坑渗水时，在基坑内设集水井，采用抽水机排出坑外，保持基坑处于无水状态。在基坑内设置集水坑与集水沟排水时，应设在基础范围以外。

（3）基槽验收及桩头处理。

在基槽验收合格后，开始破除桩头，破除桩头时应采用空压机结合人工凿除，上部采用空压机凿除，下部留有 10 ~ 20 cm 由人工进行凿除，凿除过程中保证不扰动设计桩顶以下的桩身混凝土。桩头凿除完毕后，将伸入承台的桩身钢筋清理整修成设计形状，复测桩顶高程。在凿桩头过程中应妥善保护好声测管，防止声测管被破坏。

（4）垫层施工。

承台基坑开挖平整后，浇注 10 cm 厚的 C20 混凝土垫层。垫层铺筑均匀，整平拍实。混凝土浇注前，基底表面必须保持干净、无淤泥及杂物。桩头处理时必须找到好的混凝土面，及时做桩基检测，经检验合格后再进行测量放线及承台钢筋的施工。

（5）承台钢筋绑扎及模板安装。

承台钢筋采用统一加工成型，钢筋加工前对钢筋进行清理，保证钢筋表面无锈蚀、油脂等杂物。

钢筋绑扎：采用钢筋棚集中下料，现场就地绑扎的方法进行施工，严格按照施工规范及技术规范施工，安装符合设计要求并按规定预埋墩身构造钢筋。

承台模板采用大块组合钢模板，在浇注混凝土之前应在模板表面涂刷脱模剂，模板拼缝需严密，拼缝之间夹海绵条，防止漏浆。外层钢筋与模板间绑扎垫块以保证保护层厚度。

模板安装完毕后，对其平面位置、顶部标高、节点联系以及纵横向稳定性进行检查，报监理验收合格后方可浇注混凝土。

（6）混凝土浇筑。

承台混凝土由罐车运输，罐配合溜槽入模，插入式振动器振捣；混凝土分层连续浇筑，一次成型，严禁中途无故中断，造成施工缝。混凝土配比通过试验确定。骨料采用经试验合格的砂石料，保证级配良好。

（7）拆模及养护。

混凝土浇筑完成后及时采用覆盖洒水的方法进行养护，强度达到设计及规范要求后方可拆模。拆模后继续养护，养护时间不得少于 28 天。

（8）基坑回填。

在基坑内结构物完成拆模后并征得监理工程师的许可后进行回填，回填材料材质需符合设计和规范的要求；回填时采用蛙式打夯机配合人工分层进行填筑。基坑回填要高出原地面，以防止基础被雨水侵蚀。

第二节　墩台施工

金台铁路桥墩优先采用圆端形桥墩，较大河流当桥梁的法线与河流水流斜交角度>15°时，采用圆形桥墩。一般高度小于 30 m 以下采用圆端形实体桥墩，高度大于 30 m 及以上采用圆端形空心桥墩，圆端形实体采用大块钢模板整体浇筑成型，根据高度一次或多次浇筑成型。混凝土通过泵送入模，墩身模板和钢筋采用汽车式起重机垂直吊装作业。墩身浇筑完成后先带模浇水养生，拆模后覆盖塑料膜养生。本节主要总结桥台、实心墩、空心墩的施工技术。

一、实体墩施工

金台铁路枫山货运线于 FDgK0+966.888 ~ FDgK9+397.173 设枫山货运线永康江特大桥，该桥台采用单线 T 形桥台，简支梁桥墩采用圆端形实体墩，本节以枫山货运线永康江特大桥为例说明实体墩施工方法。

枫山货运线永康江特大桥实体墩采用整体组合钢模板一次或分次立模，一次或分次浇筑成型；墩台身模板采用厂制定型大块钢模。墩台模板运输至墩位附近现场拼装成整体，安装桁架支撑，整体吊装就位。钢筋集中下料、现场绑扎、焊接；混凝土在拌和站集中拌制，混凝土输送车运送，泵车或输送泵连续灌筑，插入式震动器振捣。托盘顶帽采用整体定型钢模；支承垫石在支座安装前浇注完成。

1. 实体墩施工工艺流程

实体墩施工工艺流程见图 45-5。

2. 模板制作、安装及支架搭设

（1）模板制作及安装。

墩身采用整体钢模，由具有专业资质的模板生产厂家制作，严格控制模板的表面光洁度及拼缝的平整、严密度。模板采用汽车运输至墩位附近，现场拼装成整体。

模板整体拼装时要求错台<1 mm，拼缝<1 mm。安装时，用缆风绳将钢模板固定，利用全站仪校正钢模板纵、横向方向的偏差。模板安装容许偏差见表 45-3。

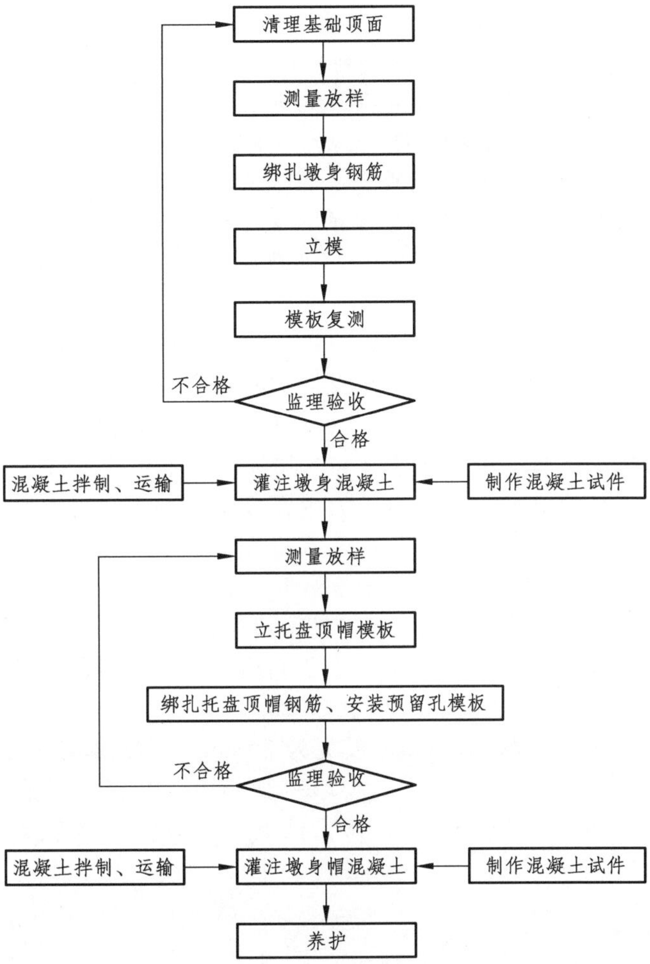

图 45-5 实心墩施工工艺流程

表 45-3 钢模板安装容许偏差

项目		容许偏差/mm
模板标高	基础	±15
	柱、墙和梁	±10
	墩台	±10
模板内部尺寸	上部构造的所有构件	+5，0
	基础	±30
	墩台	±20
轴线偏位	基础	15
	柱或墙	8
	梁	10
	墩台	10
装配式构件支撑面的标高		+2～5
模板相邻两板表面高低差		2
模板表面平整		5
预埋件中心线位置		3
预留孔洞中心线位置		10
预留孔洞截面内部尺寸		+10～0

（2）支架搭设。

支架地基必满足承载力和沉降的要求。钢管材质应符合 Q235A 级标准，不得使用有明显变形、裂纹、严重锈蚀的材料。扣件与管径相配合，并符合国家现行标准。

支架采用扣件式钢管支架，立杆纵向间距（纵距）1.2 m、横向间距（横距）0.9 m，层距 1.2 m。转角位置可用 0.9 m，0.6 m，0.3 m 横杆进行调节，首层立杆设置时，相邻立杆选择不同长度，保证立杆接长时接头错开，从一端开始，按照间距安装底层立杆和横杆，调整立杆垂直度和位置后并将连接销扣紧。内排立杆距桥梁墩台身模板不小于 20 cm，以互不影响安装、使用为宜。立杆垂直偏差不得超过 5 cm。

支架必须设置纵、横向扫地杆。纵向扫地杆要采用直角扣件固定在距底座上皮不大于 20 cm 处的立杆上。横向扫地杆应采用直角扣件固定在紧靠纵向扫地杆下方的立杆上。

高度在 24 m 以下的支架，均必须在外侧立面的两端各设置一道剪刀撑，并由底至顶连续设置。剪刀撑斜杆的接长宜采用搭接，搭接长度不小于 1 m，扣件个数不少于 3 个。剪刀撑斜杆应用旋转扣件固定在与之相交的纵向水平杆或立杆上。每道剪刀撑宽度不应小于 4 跨，跨越立杆的根数为 5 ~ 7 根，斜杆与地面的倾角为 45° ~ 60°。剪刀撑随支架同步搭设和拆除。

人行道兼作材料运输的斜道，当高度不大于 6 m 时，宜采用一字型斜道；当高度大于 6 m 时，宜采用之字形斜道。运料斜道宽度不宜小于 1.5 m，坡度宜采用 1 : 6；人行斜道宽度不宜小于 1 m，坡度宜采用 1 : 3。拐弯处应设置平台，其宽度不应小于斜道宽度。斜道两侧及平台外围均应设置栏杆及挡脚板。栏杆高度应为 1.2 m，挡脚板高度不小于 18 cm。

作业层脚手板应铺满、铺稳，板厚 5 cm，板宽为 20 cm。不能满铺处必须采取有效的防护措施。脚手板须用铁丝双股并联绑扎，不少于 4 点，要求绑扎牢固，交接处平整，铺设时要选用完好无损的脚手板，发现有破损的要及时更换。作业层脚手板下方设防护层，作业层外侧设置防护栏杆和挡脚板。

3. 钢筋制作及安装

钢筋在加工场按设计图纸集中下料、分型号、规格堆码、编号，平板车运到现场，在桥墩钢筋骨架上定位绑扎。结构主筋接头采用闪光对焊连接，竖筋与水平筋之间采用绑扎丝进行绑扎或部分点焊。绑扎或焊接的钢筋网和钢筋骨架不得有变形、松脱现象。混凝土垫块采用同标号混凝土。

4. 混凝土浇筑

混凝土采用集中拌和，混凝土输送车运输，泵车泵送入模，分层浇筑，连续进行，插入式振捣器捣固。

混凝土浇筑前，将承台与墩身接头处混凝土进行凿毛，清除浮浆及松动部分，冲洗干净，并整修连接钢筋。

浇筑时在墩身整个平截面内对称水平分层进行，浇筑层厚度控制在 30 cm 以内，同时注意纠正预埋铁件的偏差，保证混凝土密实和表面光滑整齐，无垫块痕迹。

混凝土浇筑期间设专人看护模板，观察支架、模板、钢筋和预埋件等的稳固情况，发现松动、变形、移位时及时处理。

墩台混凝土达到拆模强度后拆除模板，拆模时要轻敲轻打，以免损伤主体混凝土的棱角或在混凝土表面造成伤痕。

5. 混凝土养护

墩身混凝土在浇筑后顶部采用草袋或土工布覆盖、人工洒水养护。养护期间混凝土强度未达到规定强度之前，不得承受外荷载。当混凝土强度满足拆模要求，且芯部混凝土与表层混凝土之间的温差、表层混凝土与环境之间的温差均≯15 °C 时，方可拆模。拆模后，采用塑料布包裹，墩顶放置滴水桶浇水养护。气温较低时采取塑料布外用草袋包裹等措施进行保温养护。

二、空心墩施工

田市跨永安溪、台金高速公路特大桥位于浙江省台州市仙居县田市镇境内，孔跨布置：（7-56 m+2-48 m+15-56 m）简支箱梁+（60+100+60）m 连续梁+（30-32 m+3-24 m）简支 T 梁，全桥长 2675.015 m。1#～48#墩为超过 30 m 的空心墩，最高墩高 52.38 m，该桥的特点是钻孔桩密集，高空心墩、大跨节段预制胶接拼装简支箱梁数量多，且有大跨度挂篮悬臂浇筑连续梁，以该桥为例说明空心桥墩施工方法。

1. 空心墩施工工艺流程

空心墩施工工艺流程见图 45-6。

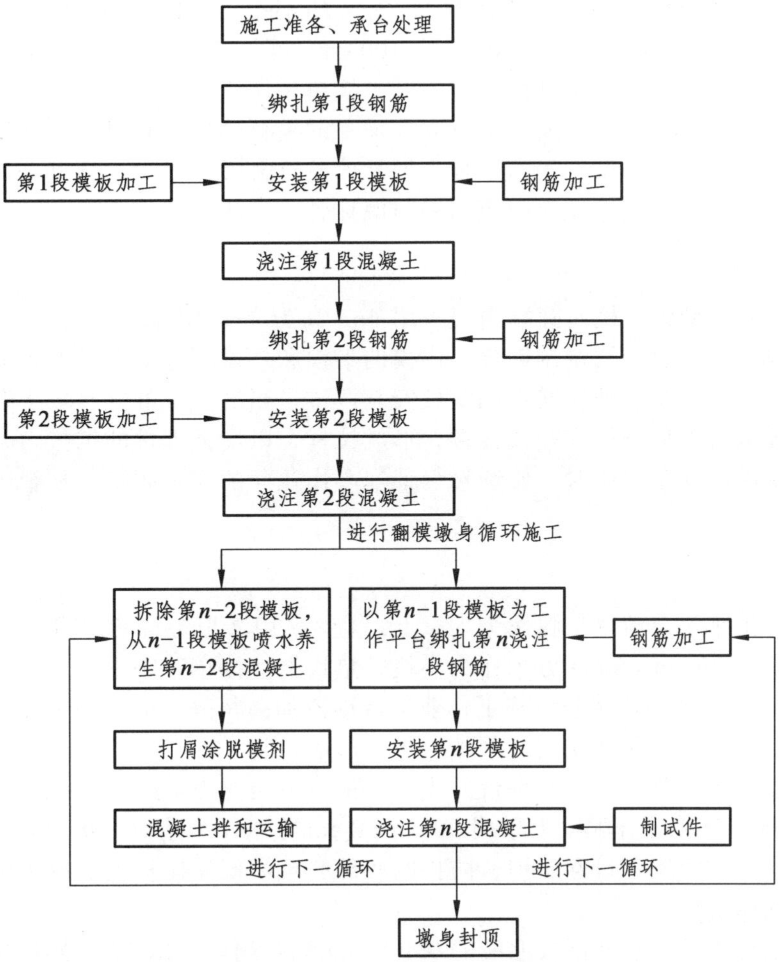

图 45-6　空心墩施工工艺流程

2. 施工准备

在墩身外侧设置塔式起重机，起重机选用外墙附着式自升塔机，塔机的主要技术参数如工作幅度、起升高度、起重量和起重力矩均能满足施工覆盖面、供应面等供应能力的需要。同时满足提升高度、水平运输和构件装配条件的需要，具有足够的安全保障措施。在模板安装前应将塔式起重机安装调试好，保持正常的工作状态，另选用一台 25 t 汽车式起重机进行机动吊装。

3. 测量放样

在墩身首节浇注段钢筋绑扎完成后，于立模部分抹上一层砂浆并用水准仪找平，于其上测量放样墩身几何尺寸关键点，并报验测量监理工程师，在监理工程师检验合格后使用墨线弹出立模线，最后安装首节浇注段模板。

从第二次支模开始，采用全站仪在模板顶打出计算点进行控制，具体为：按墩身外轮廓线计，先计算出轮廓线外 0.05 m 处十字线方向各点坐标，用全站仪在模板顶放出各点，挂出十字线，用小钢尺沿十字线方向量出点与模板内侧距离，根据量出的距离进行模板调节。

4. 墩身外模施工

外模板均采用厂制定型钢，模板采用 6 mm 厚钢板制作，侧面采用 1/2 整体平模板，横向圆端面采用半径的 1/2 圆弧，模板节高 2.0 m，另外根据不同高度墩身尺寸，采用 0.5 m 每节作为调节模板，每 6 m 作为一套翻模。面板用［10 槽钢作纵横肋，［16 槽钢作为面板的加强肋和施工平台受力点。采用 M20 对拉螺杆进行加固，布置间距为 100 cm × 100 cm，螺杆表面套 ϕ25PVC 管，方便拔出拉杆，拉杆两端都进行车丝处理，安装双螺帽进行调节加固。接缝采用双面胶带粘贴，以防止漏浆，模板严格控制结构物的外形尺寸及模板的竖直度要求支立。加工的模板确保具有足够的强度、刚度和稳定性及拆装方便，严格控制加工质量，做到表面平整、尺寸偏差符合设计要求，接缝采用企口缝，保证严密不漏浆。在模板安装过程中必须保证使面板曲率与墩柱各节段曲率相符。

5. 墩身内模施工

内模板均采用厂制定型钢，横向圆端内模采用 6 m 高为一个单元，2 m 为一阶段，通过刹肩板进行调整，每施工完 6 m，取出一块定制钢模。内模的平模和外模同等配套。面板的纵横肋与加强肋和外模相同。空心墩模板的内模与外模同步同节段安装调试，当混凝土的壁厚较小时，为防止安装埋件的拉脱，可将内外模板的埋件进行焊接或栓接，形成拉杆，以增强埋件的抗拔力，从根本上保证模板的稳定。同时空心墩内模施工作业时，要绝对保证空心作业面的安全防护，杜绝施工作业面凌空面的不防护状态。

6. 施工作业平台

空心墩墩身内部作业平台预埋牛腿作为支撑点，主梁采用 2 根 I36a 工字钢，分配梁采用 4 根 I28a 工字钢。分配梁上采用 20 cm × 8 cm 方木作为垫块，垫块上搭接钢管脚手架，脚手架上搭设施工作业平台，按≤20 m 高度为一个节段搭设。施工作业平台逐段加高每隔 5 m 与墩内壁附着一次，作业平台外挂双层密目网防护，防护网底部兜至最低端模板上形成封闭。

空心墩墩顶作业平台按照墩身作业平台方式搭设预埋牛腿作为支撑点，主梁采用 4 根 I28a 工字钢，分配梁采用 7 根 I36a 工字钢，分配梁上采用 20 cm × 8 cm 方木作为垫块，垫块上搭设钢管脚手架，脚手架上安装钢模板。外挂双层密目网防护，防护网底部兜至最低端模板上形成封闭。空心墩内部作业平台搭设从中间往两侧搭设。

墩身外部作业平台依靠每节外模板上端的双［16 槽钢背楞作为支撑点，操作平台定制加工成“外挂可移动式”，平台宽度为 70 cm，防护栏立柱高度为 1 m。平台内铺 10 cm 厚木板作为行走通道，铺设的模板要平整，模板不能有上翘弯曲和探头现象。外挂双层密目网防护，防护网底部兜至最低端模板上形成封闭。

7. 人行步梯及泵管固定

墩身施工时，人员上下的安全通道采用定制爬梯，为了保持爬梯的稳定，每 5 m 高与墩身加固一次。

泵管位置固定在桥墩外侧壁，每个墩设置 1 套泵管，在前期浇筑的混凝土中预埋钢件固定泵管位置。如采用天泵可不考虑外侧泵管的设置。

8. 钢筋加工及绑扎

钢筋在钢筋加工场集中下料、加工、制作过程中要保证制作钢筋的精度。为验证钢筋制作的精度，可在弯制少量钢筋后，先在地面平地上进行绑扎试验，并根据实验结果调整弯制方法与尺寸。形状与尺寸已确定的钢筋采取经常拉尺检查的办法对精度进行有效地控制。加工好的钢筋分类存放，挂牌标识，标识内容包括规格、型号、安装位置等，对检验不符合要求的材料做好标识，防止误用。钢筋制作完毕后用平板车运送至现场焊接绑扎，钢筋临时存放的场地必须保证平整、干燥。与地面接触处垫上方木，以免受潮或沾上泥土。加工好的钢筋要排好次序，挂上标志牌，便于使用时按顺序装车运出及安装。墩身钢筋接头应错开布置，接头采用电弧搭接焊，焊缝长度应满足规范要求。

钢筋采用现场绑扎法。钢筋安装前首先清理承台预埋钢筋上的污物和铁锈，按规范要求的接头相错量和钢筋焊接方式连接钢筋，并绑扎成钢筋笼，绑扎过程中保持钢筋顺直，设置好保护层。承台与墩台基础锚固筋按规范和设计要求连接牢固，形成一体，基底预埋钢筋位置准确满足钢筋保护层的要求，墩身钢筋与预埋钢筋按25%接头错开配置，钢筋接头不能设置在承台与墩身交界以上3 m范围内。接头采用双面电弧搭接焊，焊缝长度应满足规范要求。钢筋的焊接接头应做焊接工艺试验。当钢筋竖直长度超过6 m时，应将其临时支撑固定在脚手架上，以防钢筋倾斜不垂直。墩身钢筋规格多、数量大，为确保施工精度和绑扎质量，钢筋绑扎作业在固定胎架上绑扎，采用定型塑料垫块，保证钢筋的保护层厚度。竖向钢筋采用单面搭接焊结合帮条焊的形式链接，单面焊接的长度不小于10d。钢筋的允许偏差见表45-4和表45-5。

表 45-4　墩身钢筋加工偏差

检查项目	规定值或允许偏差	检查方法
弯起钢筋各部分尺寸	±20 mm	抽查30%
箍筋、螺栓筋各部分尺寸	±5 mm	检查5～10个间距

表 45-5　钢筋位置允许偏差

检查项目		允许偏差/mm
受力钢筋间距	两排以上	±5
	同排	±10
箍筋、横向水平筋		0～20
钢筋骨架尺寸	长	±10
宽、高或直径		±5
保护层厚度		±10

9. 混凝土浇筑

混凝土采用拌和站集中拌制，混凝土罐车运输，混凝土均采用汽车输送泵或地泵泵送入模。墩身混凝土采用高性能可泵送混凝土，水泥必须采用保水性、泌水性能较好的品种。细骨料采用中砂，骨料级配采用连续级配，泵送高度在50 m以下时，粗骨料的最大粒径与输送管内径之比不大于1∶3。泵送混凝土的配比指标，坍落度控制在18～22 cm之间，水灰比为0.38～0.50，砂率为0.38～0.45水泥用量，含掺合料，不小于300 kg/m^3。混凝土的运输能力应适应混凝土凝结速度和浇筑速度的需要，使浇筑工作不间断并使混凝土运送到使用地点时仍然保持均匀性。承台与墩台身接缝混凝土表面必须凿毛清洗。

空心墩墩身混凝土浇筑分节段进行，第一节段为 6 m，后每 4 m 为一浇筑循环，空心段浇筑完后在浇筑墩顶部实体段。浇筑前对模板、钢筋和预埋件进行检查，模板内的杂物、积水和钢筋上的污垢清理干净，模板缝隙填塞严密，模板内面涂刷脱模剂，检查混凝土的均匀性和坍落度，混凝土分层浇筑厚度控制在 30 cm 左右，混凝土的坍落度控制在 18 ~ 22 cm 为宜，采用人工振动棒振动捣实。为保证混凝土的振捣质量，振捣时要满足下列要求。

（1）混凝土分层浇筑，层厚控制在 30 cm 左右。混凝土垂直运输采用输送泵或地泵进行。

（2）振捣前振捣棒应垂直或略有倾斜地插入混凝土中，倾斜适度，否则会减小插入深度而影响振捣效果。

（3）插入振捣棒时稍快，提出时略慢，并边提边振，以免在混凝土中留下空洞。

（4）振捣棒的移动距离不超过振捣器作用半径的 1.5 倍，并与模板保持 5 ~ 10 cm 的距离。振捣棒插入下层混凝土 5 ~ 10 cm，以保证上下层混凝土之间的结合质量。

（5）混凝土浇筑后随即进行振捣，振捣时间一般控制在 30 s 以上，有下列情况之一时即表明混凝土已振捣密实：

① 混凝土表面停止沉落或沉落不明显；

② 振捣时不再出现显著气泡或振动器周围无气泡冒出；

③ 混凝土表面平坦、无气体排出；

④ 混凝土已将模板边角部位填满充实。

混凝土浇筑连续进行，如因故必须间断时，其间断时间小于前层混凝土的初凝时间，允许间断时间经试验确定，若超过允许间断时间，则需按二次灌注的要求，对施工缝进行如下处理，凿除接缝处混凝土表面的水泥砂浆和松弱层，凿除时混凝土强度要达到 1.2 MPa 以上。在浇注新混凝土前用水将旧混凝土表面冲洗干净并充分湿润，但不能留有积水。对于工作缝，周边应预埋直径不小于 16 mm 的钢筋或其他铁件，埋入与露出长度不应小于钢筋直径的 30 倍，间距不应大于直径的 20 倍。

在混凝土浇筑过程中，随时观察所设置的预埋螺栓、预留孔的位置是否移动，若发现移位时及时校正，预留孔的成型设备及时抽拔或松动，在灌注过程中注意模板、支架等支撑情况设专人检查，如有变形，移位或沉陷立即校正并加固，处理后方可继续浇筑。结构混凝土浇筑完成后，及时用塑料薄膜包裹洒水养护。

首次浇筑混凝土前，应凿毛承台混凝土至露出新鲜骨料为止，将承台顶面清理干净，并按设计标高整平，为模板安装创造条件。同时浇筑混凝土高度应低于模板 2 cm，以便于翻模安装。每段混凝土浇筑完成达到终凝，并具一定的强度后，按规定对混凝土进行凿毛处理，以利于混凝土的接缝良好密实。

10. 拆模及养护

根据施工对象、环境、水泥品种、外加剂以及混凝土性能的不同提出具体的养护方案，各类混凝土结构的养护措施及养护时间遵守有关施工指南及相关技术要求的规定。混凝土终凝后，对混凝土加以覆盖并保湿养护，浇水养护时，养护时间不少于 7d，浇水次数应以保持混凝土处于湿润状态为宜。拆模后的混凝土立即使用保温保湿的土工布覆盖，外贴隔水塑料薄膜使用自动喷水系统和喷雾器，不间断养护，避免形成干湿循环，养护时间不少于 7d 后，拆除养生毯，再用塑料薄膜紧密覆盖，保湿养护 14d 以上。养护期间混凝土强度未达到规定强度之前，不拆除模板。混凝土强度满足拆模要求，且芯部混凝土与表层混凝土之间的温差、表层混凝土与环境之间的温差均不大于 15 °C 时拆模。

三、邻近既有线桥台施工

墩台施工时，应采取相应措施，保证既有设施安全，减少对既有线运营的影响。

（一）主要施工工序及技术要点

1. 钢筋安装

钢筋安装前需搭设固定钢筋内脚手架，搭设完成后安装墩身钢筋。主筋连接采用搭接电弧焊，钢筋绑扎过程中随时与内脚手架固定，以免钢筋弯曲侵限或碰到接触网线。高空作业人员系安全带，严禁无防护作业。

2. 外脚手架搭设

在承台上搭设双排外脚手架，排脚手架间距为 0.9 m，立杆间距 1.5 m，横杆步距 1.5 m，扫地杆离承台顶距离 0.2 m，并设角度不大于 60°剪刀撑；外排脚手架高出墩身 1.2 m，高出部分作为墩顶操作平台护栏；脚手架临近营业线侧安装双层密目网，其余三面安装单层密目网；

在脚手架一侧安装 Z 形上下通道，通道采用 5 cm 厚木板，木板上安装防滑木条。脚手架安装完成，安质部对脚手架验收，验收合格后方可进入下一步施工。

3. 模板安装

采用人工配合汽车吊安装模型。模板安装完毕后，领工员、质检员检查模板安装是否牢固、模板拼缝是否紧密、模板平整度是否满足要求。并在顶口四个边角处设置 4 根缆风绳，固定模板不发生倾覆。缆风绳一端连接在预先设置的地锚上。

地锚采用 0.5 m × 1.0 m × 1.0 m 现浇 C20 混凝土浇筑而成，地锚内设置ϕ10 钢筋网片。吊环采用ϕ20 圆钢制作成几字形，浇筑地锚混凝土时预埋，预埋深度不小于 0.7 m。缆风绳采用 6 × 37 型，直径不小于 17.5 mm 的钢丝绳，一端系于地锚，一端系桥台模板上。

施工地锚前，先进行管线位置确认，防止施工地锚基础挖断、挖伤管线。

4. 混凝土浇筑

混凝土采用地泵泵送入模，模板浇筑速度不大于模板设计浇筑速度，防止模板爆模；地泵浇注则需设专职领工员指挥，并有专职防护员现场监护。

5. 模板拆除

模板拆除自上而下进行，采用吊车拆除，拆除时，系缆风绳，防止模板摆向营业线；拆除后的模板堆放整齐牢固。

（二）营业线路基监控措施

1. 观测桩的设置

桥梁承台中心位置、框架桥、涵洞两侧对应的营业线路肩上、接触网立柱基础上设置沉降位移观测桩。观测桩埋深 1 m，形成固定观测点。沉降、水平位移观测桩采用ϕ28 mm 长 1.2 m 的钢杆，桩周上部 0.2 m 用混凝土浇筑固定。

与沉降观测桩对应的营业线外侧轨腰上设置沉降标识点，施工期间直接观测钢轨的沉降。受影响的接触网立柱等构筑物观测点可直接用油漆标示在构筑物上。

2. 观测频次要求

观测桩埋设后，必须测试初始读数，在施工前，必须对所有的桩位进行复测，作为正式起始读数。施工期间一般情况下 2 h 观测一次，当发现变形速度较快持续变形时，观测频次提高到 1 h 一次；结构物施工完毕后观测频次一般情况下一天不少于两次，路基填筑完成后持续观测 1 个月。

3. 观测方法

水平观测桩标高采用水准仪观测，水平测量应达到二等水准测量标准，测量精度应达到 ± 1 mm，读数取为至 0.1 mm。

位移观测采用全站仪利用一直稳固的基线边，采集坐标的形式进行位移监控。

4. 观测桩保护要求

设立专门小组，进行观测桩的埋设、测量和保护工作，小组人员分工明确，责任到人。所使用的仪器，固定观测人员，采用相同的观测路线和观测方法，在基本的环境和观测条件下工作。

5. 沉降、水平位移观测的控制标准

所有测试数据必须真实准确，记录清晰，不得涂改；记录数据签字齐全。所测数据必须当天及时输入电脑，核对无误后在计算机内保存。

路基水平变化和垂直位移量出现以下几种情况时，必须停止施工，与监理和设备管理单位共同分析原因，制定补强措施后方可继续施工。

根据《上海铁路局营业线施工工务安全监督管理办法》（上铁工发〔2010〕117 号）文第 19 条规定：① 邻近既有线一侧单日位移达到 2 ~ 3 mm/d 且不收敛或累计位移到 10 mm 时；② 当其他三面基坑位移达到 4 ~ 5 mm/d 且不收敛或累计位移到 30 mm 时，需进行基坑回填、拉锚或加固等措施。

（三）大型设备安全管理措施

（1）挖掘机、吊车、混凝土汽车泵等大型机械设备进场作业时，必须实行“一机一人”盯岗作业。特殊工种必须持证上岗。

（2）大型机械作业水平投影距离距接触网立柱外缘必须大于 2 m。

（3）吊车、混凝土泵车不得站在墩台与营业线铁路之间，对影响营业线行车安全的机械设备拉设缆风绳，缆风绳拉设角度大于 60°。

（4）当列车通过时，必须停止吊装、回转等作业，并由防护员检查现场状况，确保无施工机具、材料侵入限界。

（5）施工之前检查吊车各部技术状况处于完好状态，重点检查操纵装置，液压装置，安全装置和钢丝绳等，符合安全达到标准，方准使用。严禁吊车带病作业。吊车起步前应观察车辆四周情况，确认安全后（气压式制动的车辆待气压表读数达到规定的数值）鸣笛起步。司机在操纵作业中必须与起重工密切配合，听从指挥人员的信号指挥。工作中，司机对任何人发出的紧急停车信号必须立即停车。

（6）起吊作业，如必须作业时，须将车身垫平。

（7）吊车吊装钢筋笼时，应先将重物吊离地面 10 cm 左右，检查吊车的稳定性和制动器等是否灵活有效，在确认正常安全情况下，方可继续工作。

（8）吊车在进行满负荷和接近满负荷起吊时，禁止同时进行两个或两个以上操作动作，起重臂的左右旋转角度不准超过 45°。

（9）吊车作业时必须严格执行起重性能技术规定。不得在有载荷的情况下调整起升，变幅机构的制动器。吊装易滑脱物件时，吊钩、吊索应采取防滑措施。

第三节　T 形简支梁的制运架

混凝土 T 型简支梁桥制作简单，但其截面形状不稳定，运输和架设施工难度大、技术复杂。金台铁路 JTSG-8 标段设置壶镇和临海东铺架基地、武义东长轨存放基地、缙云制梁场及临海东制梁场；

FDK0+000～DK75+101.03 段铺架由壶镇铺架基地负责，配备一套 TJ165 型架桥机进行 T 梁架设和工具轨铺设，其中 T 梁采用汽运方式将 T 梁从缙云梁场运至壶镇铺架基地临时存梁场地进行存放，再倒装至 DL 型专用平板车为架桥机供梁；DK75+101.03 里村大桥至台州南、头门港支线段铺架由临海东铺架基地负责，配备 TJ165 型架桥机及 JQL185 架桥机进行 T 梁架设和 TJ165 架桥机进行工具轨铺设，TJ165 架桥机所架设的 T 梁由 DL 型专用平板车在临海东制梁场予以装梁整备，JQL185 架桥机所架设的 T 梁从临海东制梁场由轮胎式运梁车通过已完成路基表面或已经架设的梁面运梁，运至架桥机腹内。以 JTSG-8 标段制梁场为例总结金台铁路钢筋混凝土 T 型简支梁的制作、运输、架设技术。

一、T 梁预制施工方案

（一）总体施工方案

按照工期要求，T 梁预制施工总体方案按照两个阶段进行：第一阶段进行临时工程设计与场地的建设；第二阶段进行桥梁批量生产。第一阶段完成梁场建设、试生产、认证。第二阶段桥梁预制，T 梁生产以铺架工期安排的桥梁数量为准，保证满足铺架前期的存梁数量。供梁任务开始后，边铺架边生产，直到全部完成生产任务。

（二）T 梁预制施工方案

（1）施工前的准备，材料进场检验、技术准备。

（2）钢配件的加工与安装：

① 钢配件：指支座板、联结铁、支承垫板。

② 钢配件应严格按设计的材质、尺寸及工艺要求加工，经检验合格后，方准予以使用。

③ 钢配件在搬运中，严禁抛掷、摔砸、倾倒，以免变形，影响安装使用。

④ 钢配件应安装牢固、位置准确、与模板密贴，保证灌注混凝土时配件周围不漏浆。

⑤ 支座板的加工应符合桥梁设计图及相应支座图的要求，预埋钢筋与支座板焊接时，应采用胎卡具预留反拱法施焊，以尽量减少焊接翘曲变形。

（3）钢筋的制作与安装包括：钢筋加工、钢筋的冷拉调直、钢筋下料、钢筋成型、钢筋绑扎。

① 钢筋加工：钢筋焊接：热轧光面钢筋和螺纹钢筋采用闪光对焊。闪光对焊接头以 200 个作为一批（不足 200 个，也按一批计），从中切取 6 个试件，3 个做冷弯试验，3 个做抗拉强度的检验。

② 钢筋的冷拉调直：钢筋冷拉的伸长率应控制在如下范围：Ⅰ级钢筋不得超过 2%，Ⅱ级钢不超 1%。钢筋调直后不得有死弯。

③ 钢筋下料：钢筋下料时应先切掉钢材外观有缺陷的地方，钢筋下料长度误差应在规定范围内。

④ 钢筋成型：钢筋的弯制成型必须严格遵照图纸进行。钢筋在弯制的过程中，如发现钢材脆断、太硬、回弹等现象，应及时反馈到技术部门，找出原因正确处理。

⑤ 钢筋绑扎：钢筋骨架在绑扎就位前，应先检查底模板。涂刷隔离剂，安装好支座钢板，在确认底模板与支座板尺寸位置符合要求后，方可画线绑扎。为了加快桥梁生产速度，设计钢筋绑扎胎卡具，可预先在胎卡具上把梁体及桥面钢筋绑扎好，再利用龙门吊吊装钢筋骨架到生产台座上，调整、安装到钢筋骨架验收标准。

钢筋骨架制作必须严格遵照图纸规定尺寸和钢筋编号，在底模板或胎卡具标明位置，再布筋绑扎。

钢筋骨架绑扎好后，用撬棍从下缘箍筋处横向将钢筋骨架逐段细心抬起，在下缘箍筋、蹬筋和纵向拉筋交叉处，垫以水泥砂浆垫块，其位置须相互错开、分散布置，间距以 80 cm 为宜，距跨中截面至少 0.5 m；并在腹板蹬筋上卡入砂浆短撑块并绑扎，以保证腹板厚度及蹬筋位置的准确。

（4）梁体纵向孔道的预留，采用ϕ80 的橡胶管进行成型，横向孔道的预留采用抽拔棒进行成型。在施工中要采取控制措施使两片梁横向预留孔正确，以便后续穿筋张拉。为使两片梁的预留孔道对孔准确，内肋孔径可以大于外肋。穿、绑橡胶管前应先检查、管子是否有破损，并剔除其破损的橡胶管。破损管严禁穿入，以免造成堵孔现象。

梁体钢筋骨架与定位网片绑扎好后，即可从骨架两端向跨中将橡胶管穿入定位网片的设计坐标孔。

管子穿好后，对管道的方向、位置必须反复检查和调整，确保管道定位准确，使管子顺直，无死弯。对于跨中截面的接头处应用胶带进行缠绕，缠绕至少三层确保不漏浆。缠绕覆盖接头长度至少 30 cm。

（5）桥面钢筋绑扎应在侧模、端模安装完成后进行，绑扎桥面钢筋之前须将各种类型的钢筋按设计位置标画在桥面模型板上或按照胎卡具上刻痕进行绑扎，然后将弯制成型的桥面钢筋摆放进行绑扎。

钢筋应具备原制造厂的质量证明书；运到工地后抽样检查。其技术要求应符合有关规定。在同一片梁内，梁体主筋必须采用同钢号钢筋。

钢筋接头应分散布置，并避免设置在钢筋承受应力最大之处。配置在“同一截面”内的受力钢筋，其接头的截面面积占受力钢筋总截面面积的百分率应符合下列规定：闪光接触对焊的接头，在受拉区不得超过 50%，在受压区不受限制。电弧焊接的接头应错开；钢筋接头应避开钢筋弯曲处，距弯曲点不应小于直径的 10 倍，也不宜位于最大弯矩处；两钢筋接头相距在 30 倍直径以内或两焊接接头相距在 50 cm 以内，均视为处于同一截面；焊接闪光接触对焊接头时，首先应按实际条件，试焊合格后方可成批焊接；并应对每个焊接接头进行外观检查，逐批取试件进行接头抗拉强度、冷弯试验。

梁体钢筋骨架质量检查表见表 45-6。

表 45-6　梁体钢筋骨架的质量标准

序号	检查项目	标准	检查方法
1	腹板钢筋间距允许误差	±15 mm	尺量检查
2	腹板钢筋不垂直度（偏离位置）	≤15 mm	吊线测量
3	下缘箍筋间距允许误差	±15 mm	尺量检查
4	橡胶管道位置中心位置偏差	≤6 mm	尺量检查
5	桥面主筋间距允许误差	±15 mm	尺量检查
6	其他钢筋偏离设计允许误差	≤20 mm	尺量检查
7	钢筋骨架搭接长度	>30 倍钢筋直径	尺量检查
8	保护层与设计尺寸偏差	±5 mm	尺量检查
9	砂浆垫块散布间距	≤1000 mm	尺量检查
10	钢筋绑扎必须牢固	符合要求	
11	钢筋材质必须经试验合格	符合要求	

（6）钢模型制作与拆装。

预制梁采用整体焊接的钢模型。钢模型由侧模、底模和端模三大部分组成。侧模通过焊接拼装成整体式，保证桥梁外形尺寸符合要求。

靠滑梁轨道安装和拆卸。底模每节设计为 4 m 制作成连续的整体台座。

钢模板在设计加工制造时，应有足够的强度、刚度及稳定性，确保梁体各部结构尺寸的正确，且能经多次反复使用不致产生影响梁体结构性能的变形。

考虑到预加应力后混凝土的压缩和梁体上拱，侧模下部和底模在设计制造时应预留长度及反拱度，其具体数值因梁而异，由技术部门提供。根据施工实际决定采用 32 m 桥梁采用 50 mm 的预留压缩量，预设 50 mm 的反拱值，24 m 桥梁采用 30 mm 的预留压缩量，预设 30 mm 的反拱度值，其他跨度采用 20 mm 预留压缩量，20 mm 的反拱度值。

各部件下料，应严格按设计尺寸放线，经检查确认无误后，方可进行气割或裁剪。各部件在实施拼焊时，应在固定的胎具上进行，以减少或避免焊接变形。施焊时必须遵照焊接工艺规定办理，焊缝高度和长度均应符合设计要求，不得有气孔和夹渣。

① 钢模安装。

钢模安装顺序为：先安装端模，再安装侧模，最后安装桥面边墙模板、PVC 泄水管固定装置等小块模板。

端模安装：起吊端模距安装位置适当距离时，先将橡胶管逐根插入端模各自的孔内，在端模就位的过程中，同时配合，一边理直管子一边将外露橡胶管向外抽拔，切实保证端部管道顺直无死弯。端模就位后，检查调整螺旋形弹簧圈，使之处于设计位置。

侧模安装：当端模安装就位后，开始安装侧模。先使侧模沿滑移轨道安装到位，对准与底模板的相对位置，升起吊车小车丝杆使侧模升起，再横向位移至设计位置，上好上拉杆，打好底脚楔子，用竖拉杆调整好垂直度，并与端模联结完好。

侧模立完绑好桥面钢筋后，安装 PVC 泄水管固定装置和挡碴墙、内边墙、端边墙内模，并用螺栓联结稳固，上好全部上拉杆。

调整检查各部分的连接装置并紧固。

检查整体模型的长、宽、高、等各部结构尺寸并调整在允许误差内，做好记录，不符合规定者，应及时调整。钢模安装检查标准见表 45-7。

表 45-7 钢模安装检查标准

序号	检查项目		允许误差/mm	检测方法
1	梁体全长		±8	尺量
2	桥梁跨度		±5	尺量
3	桥梁高度		+10-5	尺量
4	翼缘宽度		+5～0	尺量 L/2，L/4
5	腹板厚度		+5～10	专尺检查 L/2，L/4
6	桥面总宽度		+10～0	尺量
7	侧模垂直度		≤2	吊线测量
8	相邻模扇高差		≤3	尺量
9	底模、侧模纵向弯曲		+5～0	拉纵向中心线尺量
10	挡碴墙厚度		+5～0	尺量
11	梁体平面纵向对角线		≤15	尺量
12	支座板	两端相对高差	≤3	水平仪抄平
		每块边缘高差	≤1	用 600 mm 水平尺检查
13	底板	横截面内两边高差	≤3	用 600 mm 水平尺检查
		沿梁长任意点与设计高差	≤3	用 600 mm 水平尺检查
14	U 型螺栓	间距	≤10	尺量
		肢距	≤0.5	
		距梁端缘及挡碴墙顶	≤5	
15	模扇接缝密切，板面涂刷隔离剂		符合要求	

② 钢模拆除。

当混凝土全部灌注完毕 4～6 h 后，即可拆除支承垫板，隔墙联结角钢等预埋件的固定螺栓，拆除隔墙盖板。8 h 后，即可拆除两端的端模板。当梁体混凝土强度达到设计强度的 50%，亦不低于 25 MPa，混凝土表面温度与环境温度不大于 15 °C 之条件同时具备后，方允许拆除侧模。

拆模按立模顺序逆向进行，不得损伤混凝土。当模板与混凝土完全脱离后，方可吊离模板。

拆卸模顺序：先卸所有紧固件和联结螺栓，再拆两端端模，拆底脚楔子、上拉杆等，然后拆挡碴墙、内边墙、端边墙内模，最后拆除梁体内外侧模扇。

拆除端模：拆卸与端模板相连的模板和连接螺栓，用千斤顶分别顶端模相应部位使其与梁体分离，吊开端模并清理模板、清点配件。

拆除梁内外侧模扇：拆卸所有与侧模相连的模板和连接螺栓，模型顶部的千斤顶和下部底楔块脱离位置后，上顶下拉同步进行。使侧模拆离梁体下落 200 mm 左右，同时向外侧横向移动 300 mm，移到相应的位置上。

拆模时，严禁使用大锤重击或撬棍硬撬，避免造成模板局部变形或损失混凝土棱角。

钢模板拆完后，应及时清除模板表面和接缝处的残余灰浆并均匀涂刷隔离剂，与此同时还应清点和维修、保养、保管好模型零星部件，如缺损者及时补齐，以备下次使用。容易变形的小模型如内边墙、端边墙、内模宜作双套备品，以便作到轮换使用和维修两不误，并根据消耗情况酌情配备足够的储存量。

（7）混凝土的拌制灌注。

① 混凝土的配料。

混凝土在拌和时，应按试验室提供的施工配合比中每盘混凝土各种材料的实际用量，投料拌和。

减水剂采用的粉料应在施工前 14 ~ 18 h 预先配制成所需浓度的溶液。粉剂在溶液中要求全部溶解均匀，不得有沉淀或结块。为充分发挥减水剂的作用，在拌和时其溶液宜用后添法。

在正常情况下，拌和机不得带负荷起动或超量搅拌。

② 混凝土拌制。

在配制混凝土拌和物时，水泥、水、外加剂、掺合料的称量偏差不大于 ± 1%，粗、细骨料的称量偏差不应大于 ± 2%（均以质量为准）。

拌和混凝土的下料顺序为先下砂、水泥及碎石，干拌 20s，再加 70% ~ 80%的水搅拌 30s 后加减水剂，并根据陷度情况添加剩余水。搅拌时间自加水后应为 2.5 ~ 2 min，以混凝土质地均匀为准。混凝土的配合比，除满足强度要求外，还应满足连续作业所要求的和易性。

纤维混凝土：将石子、砂子、水泥、减水剂倒入搅拌机中预拌，然后加水混合均匀，再将纤维加入搅拌机与混好的砂浆混合约 3 min，至纤维均匀分散时停止搅拌。

冬季拌和混凝土，水应先预热，其温度不得低于 30 °C 也不得高于 80 °C，为了防冻，搅拌站应通暖气或生火炉，屋内温度应保持在 10 °C 以上。

混凝土拌制速度应和灌注速度密切配合，拌制服从灌注，以免灌注工作因故停顿而使机内储存混凝土。混凝土施工中还应考虑到泵送性能、初凝时间、工作程度等因素。

③ 混凝土的运输。

混凝土施工连续进行，当因故间歇，宜每隔 5 min 将混凝土泵转动 2 ~ 3 圈，常温下，间歇时间不宜大于 30 ~ 40 min。应随拌随用，自加水算起超过 45 min 拌和的混凝土不得灌入梁内。

混凝土操作应严格按说明书和有关规定执行。混凝土的所有设备必须挂牌，标明型号、使用说明、操作要点、保管人、运行情况等。操作人员需经过专门培训合格后，才能上岗独立操作。

混凝土拌和物滞留或浇筑间断时间应根据水泥性能、环境温度、水灰比和外加剂类型、运输距离、初凝时间、终凝时间等具体情况通过试验确定。混凝土拌和物滞留时间一般不超过 1h，浇筑间断时间一般不超过 2 h。

④ 混凝土的灌注。

混凝土浇筑时，模板温度宜在 5 ~ 25 °C。当模板温度低于 0 °C 或高于 40 °C 时，应对模板采取升、降温措施。

混凝土拌和物入模温度宜在 10 ~ 30 °C，含气量应控制在 3% ~ 4%。每次浇筑前应按 GB/T 50080—2002 的规定对混凝土拌和物的温度和含气量进行现场测试，浇筑过程中应进行抽查。

灌梁体腹板部分混凝土，采用斜向分段，水平分层从一端向另一端灌注。其工艺斜度以 30° ~ 45° 为宜，水平分层厚度不得大于 30 cm，便于振动棒插入各允许部分，先后两层混凝土的间隔时间，在常温下不得超过 1 h。

梁体腹板混凝土的振捣主要靠侧振。振动棒只能是配合振捣。在混凝土灌注点的前 4 m 和后 4 m 必须上、下、前、后同时对开启振动器振动时间以保证混凝土密度不离析为宜。

灌注梁体腹板混凝土时，混凝土不得直接冲击胶皮管，要特别指定专人注意下翼缘混凝土是否充满密实，其检查方法：主要是用铁锤敲击下翼模板，听其声音判断混凝土的饱满及密实程度，如有怀疑则采取有效措施及时处理。

在灌注混凝土梁体时，应安排专人负责监视模板上振动器的运转使用情况，如振动器螺栓松动则应及时拧紧，如振动器有故障则迅速组织拆换，以避免因震动不及时而导致混凝土出现空洞或蜂窝麻面。另外还应有专人负责监视模型，如联结螺栓松动、模板走形或漏浆应及时采取措施预以处理。

振动棒只能用于没有胶管部分混凝土的振捣，如腹板上部、道碴槽板、隔板、挡碴墙、边端墙部分，严禁将振动棒插入胶管部位震动，也不得将振动棒支倚在钢筋上振动，以免钢筋、预埋件移位或变形。

梁体腹板灌注完毕后，即可重新从原开始的一端向另一端灌注桥面，人工用铁锹先给端边墙装入适量的混凝土，依次是挡碴墙、内边墙。再用振动棒插振各个部位。桥面混凝土各部位的灌注、振捣、压抹相互穿插配合，彼此照应，以达到平整、密实、为原则。当桥面作到另一端结束后，即可对桥面进行第二次压抹平，以确保桥面坡度的正确。

灌注桥面混凝土时要保证伸缩缝板、U 型螺栓、泄水管不倾斜，不错位，必须在灌注的同时及时矫正上述预埋件。

梁体混凝土必须一次连续灌完，不得无故中途停顿。如遇意想不到的故障，而且一时难以排除时，则必须使用备用设备继续进行施工，以免造成梁体出现重大质量缺陷。

当昼夜平均气温连续 3 天低于 5 °C 或最低气温低于 – 3 °C 时，应按冬期施工处理，采取保温措施。当环境温度在 0 °C 以上时，混凝土入模温度不应低于 5 °C；当环境温度为负温度时，混凝土入模温度不宜低于 10 °C。对混凝土材料宜采取加热拌和，每浇筑 4 m 段后及时覆盖篷布保温，浇筑完毕后停养护应保持棚内温度不低于 5 °C。

灌注梁体混凝土时，应随时检测，控制混凝土坍落度，并从灌注初、中、后期随机抽取混凝土试样制作试件，每孔梁的试件组数 2 组，1 组试件作标准养护，评定梁体拆模和初张强度，另 1 组试件随梁养护作为预施应力、移梁的依据。弹性模量试件每 1 孔做一次。混凝土灌筑完毕应及时填写混凝土施工浇注记录。

（8）梁体混凝土养护。

当梁体混凝土桥面做完，即用盖布覆盖梁体，此时混凝土进入养护阶段：养护为自然喷淋养护。

梁体自然喷淋养护，养护天数，当环境相对湿度小于 60%洒水养护 14d，相对湿度大于 90%可不洒水。

当环境温度低于 5 °C 时，不得对混凝土洒水，但应采取保温措施，炎热天气宜覆盖和洒水养护。

（9）抽拔橡胶管。

当梁体混凝土灌注完后，其强度达到 4 ~ 8 MPa 时，即可抽拔橡胶管，若按时间计，梁体混凝土灌注完后，夏季不宜少于 8 h，冬季不宜少于 10 h。且不能过早，以免造成坍孔或导致混凝土沿管道裂缝。

（10）钢绞线制作、穿束。

① 钢绞线的制作。

施工班组领取钢绞线时，必须会同物资人员，根据中心试验室出具的复验单上合格的盘号进行核对，以免错发错领。

钢绞线下料：先从钢绞线盘内圈抽出钢绞线头，通过角钢导向槽引出，拉向标定地点，按下料长度量好后用砂轮锯锯断。然后将钢绞线平放在地面上，用铅丝将其端部绑扎牢固，防止钢绞线散头。同时检查外观有无不符合要求的钢绞线。

每束钢绞线先预扎在一起，用 18 号铅丝每隔 2.5 ~ 2 m 捆扎，捆扎成束的钢束应保持顺直，不得扭曲，两端基本平齐。

钢绞线表面必须无杂物，严禁沾有油污、泥土等有害物质。

② 穿束。

先清除管道口处的灰浆，清除注浆孔内的填塞物，并检查管道是否畅通，清除管内杂物。

穿钢绞线可采用人工，也可用卷扬机引拉。用卷扬机引拉，则先将钢丝绳用单根导向钢丝，从管道一端引拉到另一端，然后用特制联结装置把钢丝绳和钢绞线联结一起，开动卷扬机后钢绞线可顺利穿入混凝土管道。

如遇钢绞线通不过管道，应查明原因，若确认是属管道死弯则须开刀修孔，取顺管道，然后穿入钢绞线，再用混凝土或环氧树脂砂胶填补复原，用混凝土或环氧树脂砂胶填补时须用弧形薄铁皮将钢绞线隔裹住，以免填补物再次堵塞管道孔。

（11）张拉。

纵向张拉采用千斤顶，抗拉强度等级为 1860 MPa 的Ⅱ级松弛标准型钢绞线，锚具及其配套的支承垫板体系。梁的张拉分早期张拉和终张拉。当梁体混凝土强度等级大于等于 C40 时，即可进行早期初张拉，张拉后，将梁体移出台位。在梁体混凝土强度及弹性模量达到设计值的 100%、且龄期不少于 14d，方能进行终张拉，终张拉前必须由技术部门开具张拉通知单。

张拉操作顺序为：零→初始应力（测油顶伸长值）→设计安装应力（静停 5 min 测伸长值）→油压回零。

张拉操作工艺：先按每束根数与相应的锚具配套好，带好夹片，安装工具垫环，用少先吊吊起千斤顶，将钢绞线从千斤顶中心穿过，在工具垫环、千斤顶与锚具对中后，安装工具锚环用以检查钢绞线有无滑丝情况。带好夹片，将钢绞线及夹片，以上工作完成后即可开启油泵，给千斤顶充油，当达到初始应力 $0.2\sigma_k$ 时，停止供油，此时钢绞线拉直。检查夹片情况完好后，测初始油缸伸长量，作为测量钢绞线伸长值的起点，并测量此时工具锚夹片外露量。在工具夹片端部处的钢绞线上划线标记，作测量钢绞线伸长值的起点。上述工作完成后，即向千斤顶油缸充油对钢绞线进行张拉，张拉值的大小用油压表的读数控制。

当油压达到安装吨位后封闭主油缸油路，并保持 5 min 静停时间，此时测量钢绞线伸长值加以校核。如果总伸长值与理论伸长值相差在 6%以内，则张拉判为合格。静停 5 min 时，油压稍有下降，须补油到设计安装吨位。静停后，千斤顶再回油，夹片自动锁定则该束张拉结束。千斤顶回油，夹片锁定后，须测量此时油缸伸长量，用以计算钢绞线的回缩，另外还应测量工作锚夹片外露量，同束夹片外露差，并在工作锚夹片端部处的钢绞线上划线标记，用以检查锚固后钢绞线的滑丝情况。及时做好记录，卸下千斤顶。

（12）管道压浆。

压浆采用真空灌浆工艺。管道压浆必须在钢绞线束整体终止张拉完，两天之内组织压浆。压浆前，须检查钢绞线有无滑动、脱锚及其他异常情况，确认无问题后，才允许压浆。否则须处理后再压浆。在压浆前采用压缩空气清除管道内杂物及积水，将锚具与夹片间的空隙用水泥浆填实，防止压浆时“冒浆”。

（13）封锚。

封锚前应将锚垫板表面的黏浆铲除干净，必须对锚头进行防水处理。检查确认无漏压的管道。新旧混凝土接缝处表面应采用耐低温防水涂料进行封闭。

为加强封锚混凝土与梁端的连接，梁端锚穴处的混凝土表面应凿毛处理。

用防水涂料对锚具进行涂抹作防锈处理。为保证封锚混凝土与梁体的联结，在锚垫板外侧焊以短钢筋，将封锚钢筋与短钢筋绑扎在一起。

将拌好的混凝土分层装入模型内，每层混凝土均在人工捣固密实后装入下层混凝土，浇筑完毕后，将上口模型封闭好。

封端混凝土采用覆盖、洒水自然养护，养护天数不小于 14d。当环境温度低于 5 °C 时，应采取保温措施，直到混凝土强度等级达到设计值的 75%时，才可撤除保温设备。

拆除模型后在锚穴圆周的新、老混凝土结合处涂以 881- Ⅰ 型聚氨酯防水涂料。

封端混凝土，制作两组试件。一组标准养护，一组随梁养护。

（14）桥梁移运。

首先做好搬运梁的准备工作，清理搬运梁区域的障碍物，工作监控人员到位。

将搬运机置于 T 梁位置，技术人员及监理现场检验，签认场内搬运梁通知单。

当梁体吊移至存梁台座上方时，待梁体稳定后，缓慢落梁至存梁台座上方约 100 mm 位置，调整梁体位置，将梁位各支点纵横向标线与存梁桩“十字”标线对中后，方可平缓落梁。

在移、存梁期间，定期观测存梁台座的变形，发现变形时，及时采取有效措施进行控制。

（15）双层存梁。

第二层桥梁存放前，应在第一层桥梁两端的桥面对应于存梁台座支撑面位置铺设 2 根枕木，并使其处于水平状态（桥面横向排水坡采用杂木板垫平），以保证第二层桥梁与下层桥梁的中心线重合且梁端悬出长度相同。同时在每片 T 梁两侧每隔 5 m 采用方木支撑防止倾覆。

必须待下层桥梁桥面砂浆层强度达到设计强度 100%后方可实施双层存梁。

桥梁存放完毕后，应在上层最外侧的两片桥梁端头悬挂铅垂线，设专人看护，观察其变化情况。

（16）桥梁装车出场。

桥梁装车出场及运输应按《铁路超限货物运输规则》和《铁路货物装载加固规定》的要求加固良好，以保证途中安全。

装车前应将车辆进行编组，并安装好缓冲器。装车发运的桥梁必须为成品梁。同一孔梁的两片梁，制成日期（指预应力终张拉时间）之差不得大于 5 d，并注意装车时的方向性。

装车前对梁体必须再做一次全面的检查，检查内容为：梁号的喷涂、桥牌的安装，桥梁类别与计划出场的桥梁合格证是否一致。

外露铁件涂油、包扎是否有遗漏，支座板的锚栓、螺母、垫片是否齐全。

（17）桥面防水层、保护层的施工。

桥面防水层、保护层的施工在梁体进行终张拉后进行。

（18）横向联结施工。

桥梁架设到桥位后即可进行横向预应力张拉，进行横向联结。采用吊篮法施工方案进行施工。

二、简支梁运架施工

金台铁路全线采用 2 台 TJ165 架桥机和 1 台 JQL185 架桥机进行简支 T 梁的架设，TJ165 架桥机配套采用铁路运输桥梁，JQL185 架桥机配套采用公路运输桥梁。下面以 TJ165 架桥机为例，介绍金台铁路线架桥机施工工艺流程及方法。

（一）TJ165 架桥机施工方法

TJ165 架桥机在解体状态下通过汽车运输至铺架基地，在铺架基地内完成组装调试，并经当地质量技术监督局鉴定合格后，架桥机自行至桥头，缙云制梁场的梁片在梁场利用 100T 龙门吊装梁后通过轮胎式运梁车公路运输至壶镇铺架基地临时存梁场进行倒装，完成桥梁整备，由机车推送桥梁运输车进入施工现场，临海东制梁场的梁片在临海东铺架基地利用 100T 龙门吊装梁，完成桥梁整备，由机车推送桥梁运输车进入施工现场，用倒装龙门吊将桥梁倒装至二号车上，二号车驮运桥梁至桥头一号车后，对位、喂梁、退车。由一号车完成出梁、落梁、桥梁对位等工序，最终完成整个架梁任务。

（二）TJ165 架桥机工艺流程

TJ165 架桥机架梁工艺流程见图 45-7。

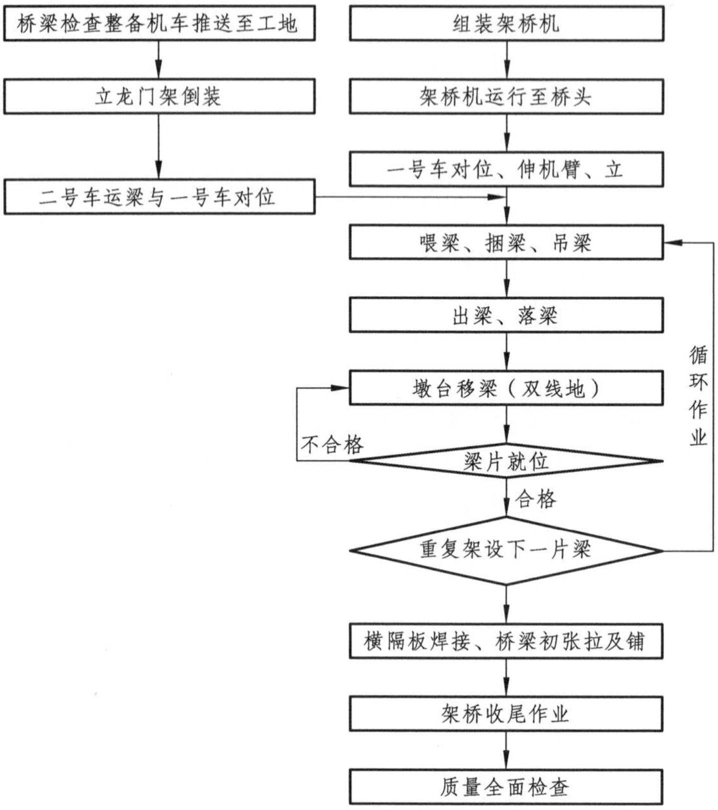

图 45-7　施工工艺流程

TJ165 整体安装顺序见图 45-8。

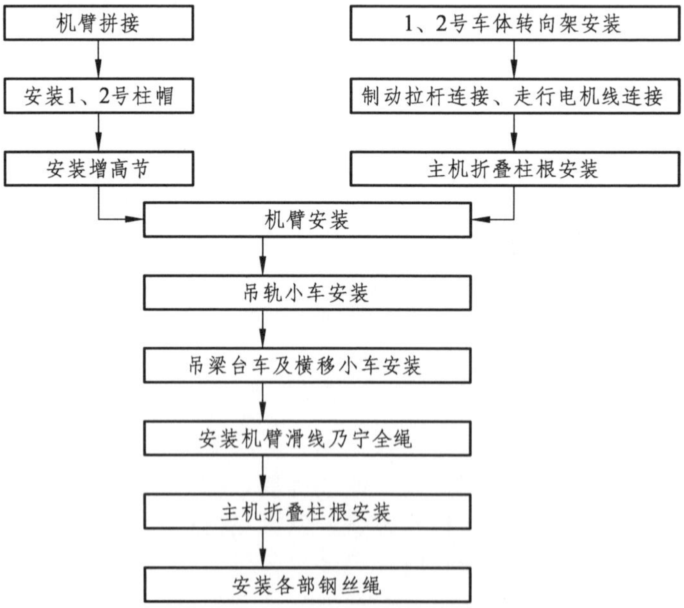

图 45-8　TJ165 架桥机组装流程

TJ165 安装作业程序：

车体安装→机臂拼接→柱帽安装→机臂安装→吊轨小车安装→吊梁台车安装→完成其他部件及钢丝绳安装。

第四节 简支、连续梁的桥位现浇

桥位现浇施工方法是简支、连续梁桥主要的施工方法。以下以金台铁路 JTSG-4 标段田市跨永安溪、台金高速特大桥杭温铁路 36 ~ 37 号墩为例，介绍简支箱梁、悬灌连续梁、道岔梁及节段预制拼装箱梁现浇施工总结。

一、简支箱梁

（一）总体施工方案

杭温铁路下穿金台铁路田市跨永安溪、台金高速公路特大桥 36 ~ 37 号墩间，桥梁跨度为 32.6 m，该简支箱梁按设计要求采用一次浇筑，待强度达到设计值，张拉预应力束，拆除支架后张拉后期预应力束，成桥。

施工时注意预埋件的埋设；下部结构施工完成后，首先安装永久支座、搭设落地临时支架，并对支架进行预压；采用支架法浇筑、张拉完成后，拆除全部临时设施，清理桥面，进行桥面系施工，并等待徐变上供延时完成后，进行桥上轨道铺设。

为提高梁的整体性，混凝土应前后左右对称，水平分层浇筑，一次整体成型。混凝土由 3#拌和站集中拌和、混凝土输送车运至施工现场后，由混凝土输送泵泵送入模，用插入式振捣棒振捣密实。混凝土的拌和能力和输送能力，以满足最早灌注的混凝土初凝前灌注完成梁段混凝土为控制标准，混凝土按高性能混凝土的技术要求进行配合比设计。

在梁体混凝土达到设计强度的 95%、弹性模量达到设计值的 100%后进行预应力张拉，张拉按照“双控”原则，采用两端对称、两侧对等的方法。张拉后尽快采用真空辅助压浆法对每一根管道一次性完成压浆。

由于墩柱高度高，故材料、设备和施工机具的上下桥采用原墩身施工塔吊。施工人员上下桥均采用定制安全爬梯。

（二）支架搭设方案

1. 支架整体搭设方案

根据现场实际及简支箱梁设计情况，支架方案采用钢立柱与贝雷梁结合方式搭设，根据计算确定支撑柱距和排距后，落于承台和临时混凝土扩大基础上，支架体系结构，由下至上分别为ϕ529×8 mm 的钢管柱作为支撑，钢管柱与承台采用锚栓连接，钢管柱之间采用双拼[12.6 的槽钢加 10 mm 厚的坠板进行连接；钢管柱上顺桥向平铺 2I50b 工字钢作为垫梁，然后在工字钢上搭设顺桥向多排单层普通型贝雷梁，贝雷梁上顺桥向设预拱度调整方木，纵梁上按 0.75 m 的间距设置横向 10#工字钢为分配梁，其上搭设 10 cm×10 cm 的方木为纵桥向分配梁，间距按腹板下 15 cm，底板下 30 cm 间距布置，方木上铺设 1.5 cm 的竹胶板作为底模。

钢管立柱定位：现场技术员和作业班组根据施工图纸在预埋钢板上放出等钢管立柱直径的圆，定出准确位置后用油漆做记号。

结合施工场地及交通情况，搭设方法采用 20 t 汽车吊、塔吊和人工配合。钢管立柱安装顺序从田埂侧向便道施做，两根立柱每节逐步进行安装，每安装一循环焊接一次横斜系杆，同时焊接附着杆件，防止立柱安装过程中倾斜。底节钢管与基础预埋钢板采用三角缀板焊接牢固，钢管与钢管之间采用法兰盘连接。此墩身较高，立柱安装必须吊垂球和测量组校合垂直度，柱顶偏位不得大于 5 cm。横斜系杆与结点板焊接焊缝必须饱满，不能出现有假缝，水平系杆要求两端高差控制在 5 mm 以内。详见钢管立柱布置图。

2. 支架基础处理

36#～37#墩根据前期施工地质资料判断，地面下 3.5 m 左右均属于 161 卵石土层，III级硬土，σ_0=400 kPa，根据验算资料可满足承载力要求，故 36#～37#墩跨中支架基底采用 C25 钢筋混凝土扩大基础，基础为 5×7×2（长×宽×高）。混凝土集中拌和站生产，混凝土灌注车运输，泵送入模，混凝土采用 RN50 振动捣鼓棒振捣密实，基础顶面标高控制在设计标高的±2 mm 左右。基础混凝土浇筑完后及时在顶面预埋加工成品的三块 900 mm×900 mm×14 mm 厚的钢板，中心间距为 2.95 mm。

（三）预压方案

预压目的是为了消除支架系统的非弹性变形及观测临时桩的沉降量，并通过变形观测计算出弹性变形值，为下个阶段施工提供真实可靠的底模预抬值。同时模拟实际受力工况以便检查支架的稳定性。通过对预压数据的采集分析得出支架体系的弹性变形及非弹性变形。

支架预压按支架所承受混凝土梁体自重与模板重量之和的 20%、60%、100%、110%四级进行。加载过程中如发生异常情况时立即停止加载，查明原因并采取措施保证支架安全后方可继续加载。

支架加载和卸载按照对称、分层、分级的原则进行，严禁集中加载和卸载。加载重量误差应控制在±3%以内。

（四）钢筋混凝土施工

1. 模板安装施工

内、外模面板采用 1.5 cm 厚的大块竹胶板，背楞采用[12 槽钢对口焊接而成。模板采用拉杆加固，腹板外模与内模拉杆及两外膜之间通常拉杆均采用ϕ25 精轧螺纹钢，拉杆间距为 0.8 m×1.0 m。

模板安装顺序：先安装底模、侧模，绑扎底板、腹板钢筋并安装底板纵向预应力管道、腹板竖向预应力管道及纵向预应力管道，然后安装内箱模板，绑扎顶板钢筋、安装顶板预应力管道及各种预埋件。

2. 钢筋施工

钢筋进场时必须对其质量进行全面检查并按此次抽取试件做屈服强度、抗拉强度、伸长率和冷弯试验，储存过程中应防止锈蚀、污染和变形，并按品种、规格和检验状态分别标识存放；加工时，同一类型的钢筋按先长后短的原则下料。钢筋用弯筋机弯制后与大样图核对，并根据各钢筋所在部位的具体情况对细部尺寸和形状做适当的微量调整，钢筋焊接接头位置设置符合规范和设计要求，避免在最大拉应力处设置接头，尽可能接头交错排列，其接头间距互相错开距离大于 50 cm。钢筋焊接时易采用双面焊焊接长度不小于主筋直径的 5 倍，单面焊时搭接长度不小于主筋直径的 10 倍；搭接焊时焊缝宽度不应小于主筋直径的 0.8 倍，焊缝厚度不应小于主筋直径的 0.3 倍。端横梁、中横梁先绑扎成形，用汽车吊吊装到位，再绑扎底板及腹板钢筋，然后安装箱室芯模，绑扎顶板钢筋的同时要将其他钢筋固定牢固，以确保钢筋保护层厚度。护栏、挡渣墙、避车台、接触网等预埋钢筋同时安装，并进行严格检查。

3. 预应力管道施工

预应力波纹管在钢筋绑扎时安装固定。纵、横向波纹管管道定位钢筋网片的间距在直线段不大于 1 m、在曲线段不大于 0.5 m；所有定位钢筋均采用焊接成形，以保证定位可靠。如预应力管道与普通钢筋的空间位置发生冲突，适当调整普通钢筋的位置和型式，以保证预应力管道位置准确。

4. 混凝土施工

根据设计要求箱梁采用一次浇筑，待混凝土强度达到设计值张拉预应力束，拆除该梁段支架。

根据设计箱梁混凝土约为147.8 m^3，根据验标内混凝土浇筑应在初凝前完成的要求，按照1台75 m汽车泵，10 h浇筑完成进行物资调配；混凝土由3#拌和站供应，拌和站距桥址2 km左右，有道路及施工便道交通便利。所以混凝土水平运输采用混凝土罐车运输，罐车容量 8～9 m^3，根据运输距离及混凝土施工时间计划配备5～8台罐车，确保混凝土浇筑连续，不能间断，现场采用3台混凝土输送泵泵送入模，插入式振捣器振捣，呈梅花形布置，捣固用插入式振捣器大小搭配使用，钢筋密集处用小振动棒，钢筋稀疏处用大振捣棒。振动棒移动距离不超过振动棒作用半径的1.5倍；对捣固人员划分施工区域，明确责任，以防漏捣，振动棒应快速插入，振捣到混凝土不再下沉，表面泛浆并不再有气泡溢出时将振捣棒缓慢抽出，防止混凝土内留有空隙。全桥一次浇筑完成，浇筑前模板内的杂物、积水和钢筋上的污垢清除干净，并检查混凝土的均匀性和坍落度，在混凝土的浇筑过程中设有专人值班，观察支架、模板、脚手架及作业平台的工作状态，发现异常情况应立即采取应对措施。

混凝土浇筑采用汽车泵输送，混凝土入模导管安装间距为1.5 m左右，导管底面与混凝土灌注面保持在1 m以内。在钢筋密集处断开个别钢筋预留作导管入口，待混凝土灌注到断开部位时，将钢筋焊接恢复。在钢筋密集处增加导管数量。

（五）预应力施工

预应力工程作为现浇箱梁的重中之重，从预留孔道的布设、锚垫板的安装、锚下混凝土的振捣操作均不容忽视。一旦某一环节出现问题，就会造成质量问题。预应力工程分为：一次成型、下料编束、穿束、张拉和压浆五个步骤。

（六）支座安装

现浇箱梁采用TJQZ-通桥8360-3000-ZX/GD-e100-0.1g系列球形支座，支座与支承垫石组合高度为51 cm。支座类型采用固定（GD）、纵向活动（ZX）。

（七）重难点工程及技术措施

1. 梁体线型控制

临时支架搭设完成后，对其进行预压，以消除支架的非弹性变形、量测弹性变形，从而确定立模标高。临时支架预压只考虑墩顶悬臂部分，加载系统质量=1.2×（混凝土质量+模板质量+施工荷载）。支架预压前，做好测点标记，加载、卸载时按照质量的百分比分级进行加载、观测，分级加载间隔时间为12 h，以备观察。同时梁体柔度大，在施工中受到日照引起的温差、风力、机械振动及施工偏载的影响，墩身的轴线可能发生弯曲和摆动，使墩身处于一种动态之中，主要控制措施是要严格按预压方案施工。

2. 环境温差

高温季节，在阳光的照射下，梁体的朝阳面和背阳面温差较大，梁体会因此产生不均匀膨胀使其向背阳面弯曲，对梁体施工精度有影响，且随着温差的增大而增大、随着太阳方位的改变而改变。在施工中采用喷水降温法进行控制，通过安装在内外模板结构上的环形喷水养生管，间断地向梁体喷水，在养护的同时起到降低阴阳面温差的作用，从而使日照温差引起的梁体轴线偏位减少到最小。选择在日出前后测量梁体的高度和平面位置，以避免日照造成的梁体平面位置偏移和梁体高度的不均匀变化，造成测量定位的困难。

3. 风力、机械振动和施工偏载

风力、机械振动和施工偏载对梁体轴线的影响是随机的、无序的。针对此特点，采取刚度大的模板，以提高模板整体的抗弯、抗扭强度。在梁体混凝土浇筑时，混凝土应从两侧均衡下料，以防止混凝土出现偏压。

二、悬灌连续梁

（一）0#块施工工艺

1. Ⅱ、Ⅲ型钢牛腿预埋和托架焊接

在墩身上预埋Ⅱ、Ⅲ型钢牛腿，2I40a 工字钢与墩身预埋的Ⅲ型钢牛腿连接为整体，工字钢上下焊接 16 mm 加劲板。待墩身浇筑完成后采用 2[32a 槽钢斜撑连接Ⅱ型钢牛腿与水平 2I40a 工字钢，相邻斜撑 2[32a 槽钢之间采用[10 进行有效连接。顺桥向每侧布置托架 4 个，两两一组；横桥向每侧布置托架 1 个。

2. 托架安装流程

安装钢牛腿→焊接 2I40a 工字钢和焊接 2[32a 槽钢→架立贝雷梁→铺设 I18 工字钢→碗口脚手架→铺设纵、横向方木→安装底模。

3. 支架系统荷载试验

支架系统安装完毕后，进行荷载试验，以确保支架系统在投入使用后能正常工作和安全使用。

4. 安装支座

在主墩顶上安装临时支座和正式支座。支座按设计形式采购，经测量精确定位后安装；在墩顶永久支座外侧设置钢筋混凝土临时支座；正式支座锚固采用环氧树脂砂浆锚固，临时支座顶铺设防水板隔离梁底，避免影响梁底的美观。

5. 模板

箱梁施工模板制作应符合设计图纸及规范要求。0#块底模采用钢模板或胶合板，侧模及翼缘板利用挂篮外模，特殊部分专门加工钢模；内模采用胶合板。

6. 钢筋加工及安装

钢筋加工前应进行配料计算，下料要有配料单，钢筋焊接或绑扎接头同一截面内不得多于 50%，并按规范要求错开布置。

7. 预应力筋（束）的加工及安装

钢绞线的下料按事先拟定的下料长度采用砂轮锯切割下料，同一束钢绞线的每一股长度要相等。在切口 30 ~ 50 mm 处用铁丝绑扎，并用胶带缠绕牢靠。穿束前应用压力水冲洗孔道内杂物，观测孔道有无串孔现象。

8. 浇筑混凝土

混凝土采用罐车运送到墩位，泵送入模，泵管沿墩身及托架布设。浇筑一次性完成，自两端向墩中心线方向不间断浇筑。

9. 混凝土养生及模板拆除

混凝土浇筑完成后，应及时进行养护；待混凝土强度达到设计强度的 70%后，方可拆除内模及侧模。

10. 预应力张拉

预应力筋在使用前应进行管道摩阻，喇叭口摩阻等预应力损失测试，对设计单位提供的钢筋张拉控制预应力进行适当调整，调整值应经设计确认，以保证预应力准确，张拉顺序应该按先纵向、再竖向、后横向进行预应力张拉。

（二）悬臂浇筑段施工工艺

1. 连续梁节段施工流程

连续梁悬臂端施工工艺流程图见图 45-9：

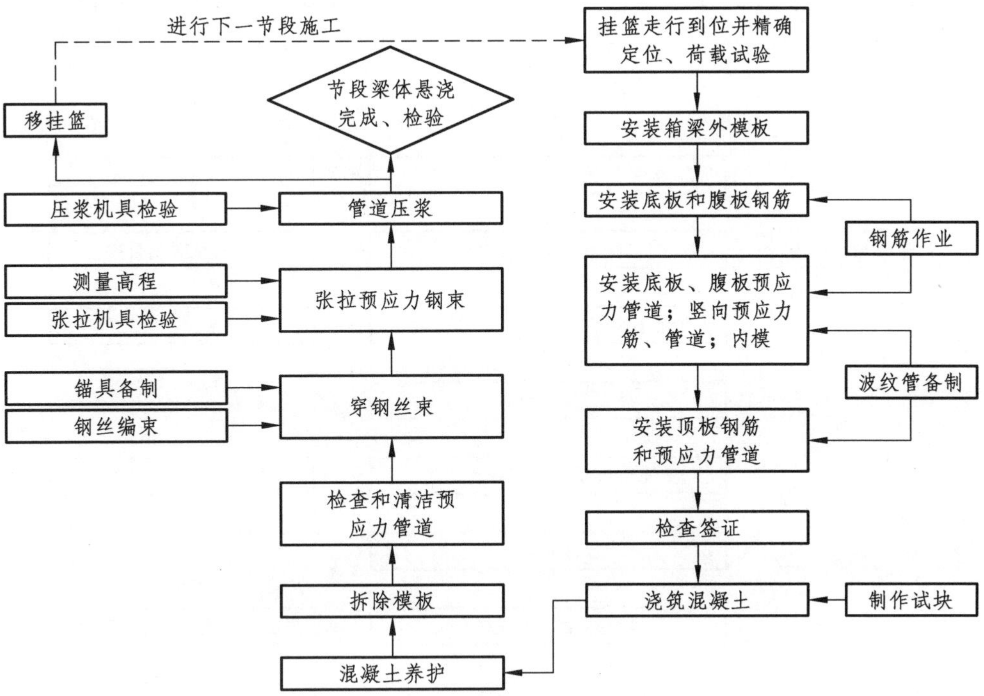

图 45-9 连续梁悬臂施工工艺流程

2. 挂篮拼装

挂篮试拼：挂篮在工厂加工完成后，先在工程内进行试拼。

挂篮拼装顺序：滑道→滑道锚固→支座→纵梁→后锚固→立柱→菱形架→吊挂系统→底模平台→外滑梁→腹板、翼缘板→内滑梁→内模系统→附属设施。

3. 挂篮行走

前移滑道，挂篮行走时，在其走行滑道上划出刻度，由油压千斤顶对称均匀、平稳地向前移动。

4. 钢筋、模板安装

挂篮走行到位后，在挂篮上测量放线，进行钢筋、模板安装。具体施工方法同 0#块施工。

5. 混凝土浇筑

混凝土采用混凝土罐车运送到墩位，泵送入模，每块混凝土一次浇筑完成。

6. 预应力筋张拉、压浆

预应力张拉、压浆施工工艺同 0#块。

（三）边跨现浇段施工工艺

边跨箱梁为直线段，采用托架法一次整体浇筑。

托架的施工方法同 0#块顺桥向（根据检算，如果墩身无法抵抗边跨现浇段形成的不平衡弯矩，在墩身另一侧同样的方法形成托架随钢筋绑扎和混凝土浇筑加载平衡边跨现浇段施工）。在托架上立贝雷梁，在贝雷梁上立钢管脚手架支撑梁体模板，钢管脚手架底部采用 I18 工字钢做底托。托架主梁顺桥向布置 2 个，横桥向单侧布置 1 个。钢管脚手架上方设置纵、横分配方木，再上铺设底模、安装腹板和翼缘板。

由于边跨现浇段托架是主要承受结构重量和由于张拉合龙段钢束或温度变化所引起的水平摩阻力的重要结构，同时作为灌注边跨现浇段的施工平台，因此托架拼装完毕同样要做荷载试验。

施工工艺流程见图 45-10。

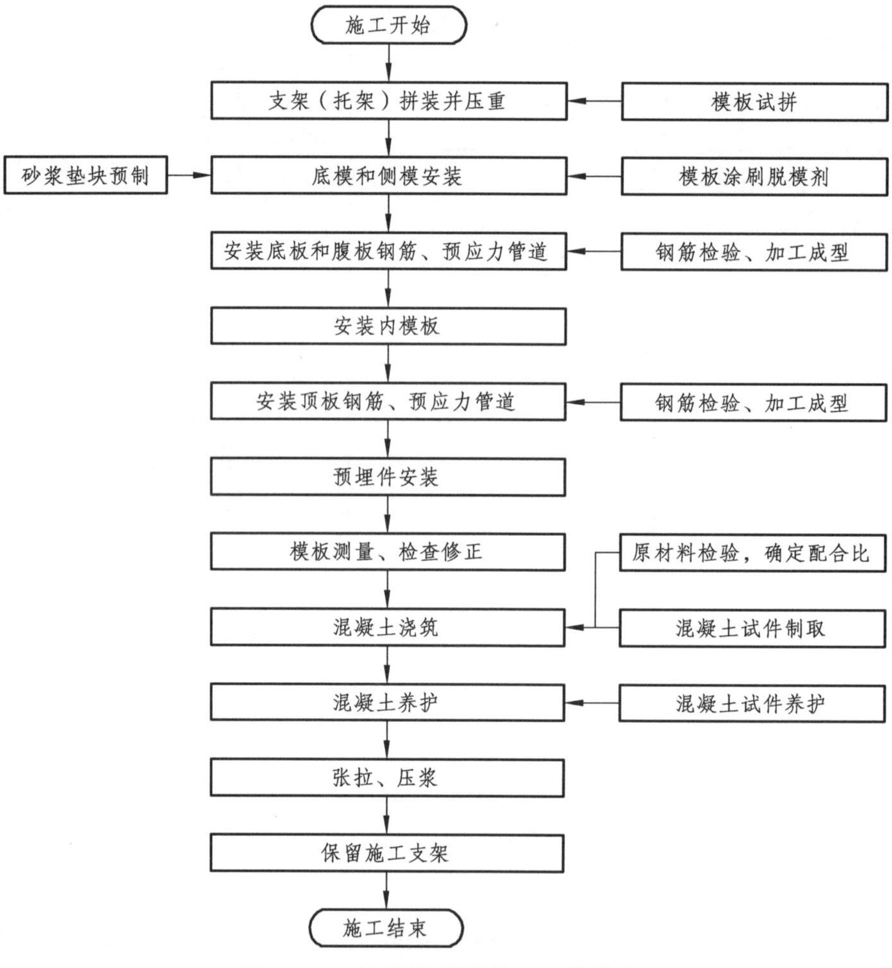

图 45-10　边跨现浇段施工工艺流程

（四）合龙段施工工艺

合龙段利用挂篮模板吊架施工。合龙前悬臂端按设计要求设置水箱压重或其他荷载，在气温较低且稳定的夜间至日出之前将两端的合龙口临时进行体外锁定和临时预应力束张拉，进行合龙段混凝土浇筑（绑扎钢筋、预应力安装可提前进行）。

施工中采取悬臂端采取混凝土灌筑前后 3 d 浇水降温，克服悬臂端因温度变化大引起的上翘和下挠对结构的影响。

合龙后，预应力张拉、压浆施工工艺同0#块。

（五）连续梁线形控制

施工前综合考虑挂篮变形、梁段自重、钢束张拉、温度变化、混凝土收缩徐变及活载作用等各种因素的影响，计算出每一悬臂梁块端点的各种挠度值，根据挠度值控制确定各截面的预留拱度。在施工过程中，每灌筑一个节段，应随时观测梁段发生的实际挠度，并对照理论计算值，在下一节段灌筑施工中予以调整。

立模高程的确定：根据监测提供数据，确定箱梁悬臂浇筑节段立模高程。

（六）连续梁施工验收标准

1. 模板及支架施工验收标准

模板安装必须稳固牢靠，接缝严密，不得漏浆。模板与混凝土的接触面必须清理干净并涂刷隔离剂。浇筑混凝土前，模型内的积水和杂物应清理干净。

拆除承重模板和支架时的混凝土强度应符合设计要求。当设计无要求时，除相关专业验收标准有特殊规定外，混凝土强度应达到100%。

拆除非承重模板时，混凝土强度应保证其表面及棱角不受损伤。

模板及支架施工验收标准具体见表45-8。

表45-8　预应力混凝土连续梁梁段模板尺寸允许偏差和检验方法

序号	项　目	允许偏差/mm	检验方法
1	梁段长	±10	尺量、尺量检查不少于5处
2	梁高	+10～0	
3	顶板厚	+10～0	
4	底板厚	+10～0	
5	腹板厚	+10～0	
6	横隔板厚	+10～0	
7	腹板间距	±10	
8	腹板中心偏离设计位置	10	
9	梁体宽	+10～0	
10	平整度	3	1 m靠尺测量不少于5处
10	垂直度	每米不大于3	吊线尺量不少于5处
12	孔道位置	1	尺量
13	梁段纵向旁弯	10	拉线测量不少于5处
14	梁段纵向中线最大偏差	10	测量检查
15	梁段高度变化段位置	±10	
16	底模拱度偏差	3	测量检查
17	底模同一端两角高差	2	

2. 钢筋施工验收标准

钢筋应平直、无损伤，表面无裂纹、油污、颗粒状或片状老锈。

钢筋施工验收标准具体见表 45-9 和表 45-10。

表 45-9　钢筋加工允许偏差和检验检验方法

序号	项目	允许偏差（mm）	检验方法
1	受力钢筋全长	±10	尺量
2	弯起钢筋的弯折位置	20	
3	箍筋内净尺寸	±3	

表 45-10　钢筋安装允许偏差和检验方法

序号	项目	允许偏差（mm）	检验方法
1	桥面主筋间距及位置偏差（拼装后检查）	15	尺量检查不少于 5 处
2	底板钢筋间距及位置偏差	8	
3	箍筋间距及位置偏差	15	
4	腹板托筋的垂直度（偏离垂直位置）	15	
5	钢筋保护层厚度与设计偏差	+5～0	
6	其他钢筋偏移量	20	

3. 混凝土施工验收标准

连续梁悬臂浇筑梁段的允许偏差和检验方法见表 45-11 和表 5-12。

表 45-11　连续梁悬臂浇筑梁段的允许偏差和检验方法

序号	项　目	允许偏差/mm	检验方法
1	悬臂梁段高程	+15～－5	测量检查
2	合龙前两悬臂端相对高差	合龙段长的 1/100，且不大于 15	
3	梁段轴线偏差	15	
4	梁段顶面高程差	±10	
5	竖向高强精轧螺纹筋垂直度	每米高不大于 1	吊线尺量检查不少于 5 处
6	竖向高强精轧螺纹筋间距	±10	尺量检查不少于 5 处

表 45-12　连续梁梁体外形尺寸允许偏差和检验方法

序号	项目	允许偏差/mm	检验方法
1	梁全长	±30	尺量检查中心及两侧
2	边孔梁长	±20	
3	各变高梁段长度及位置	±10	
4	边孔跨度	±20	尺量检查支座中心对中心
5	梁底宽度	+10～0	尺量检查每孔 1/4、跨中和 3/4 截面
6	桥面中心位置	10	由梁体中心拉线检查 1/4、跨中和 3/4 截面及最大偏差处
7	梁高	+15～－5	尺量检查梁端、跨中及梁体变截面处
8	挡碴墙厚度	+10～－5	尺量检查不少于 5 处

续表

序号	项目	允许偏差/mm	检验方法
9	表面垂直度	每米不大于 3	吊线尺量检查梁两端
10	梁上拱度与设计值偏差	±10	测量检查
11	底板厚度	+10～0	
12	腹板厚度	+10～0	测量检查
13	顶板厚度	+10～－5	
14	桥面高程	±20	
15	桥面宽度	±10	
16	平整度	3	
17	构造钢筋保护层	+5～－2	
18	腹板间距	±10	
19	支座板 四角高度差	1	水平尺靠量检查四角
	支座板 螺栓中心位置	2	尺量检查（包括对角线）
	支座板 平整度	2	尺量

三、道岔梁

（一）支架整体搭设方案

根据现场实际及道岔梁设计情况，支架方案采用钢立柱与贝雷梁结合方式搭设，根据计算确定支撑柱距和排距后，落于承台和临时混凝土扩大基础上，支架体系结构，由下至上分别为ϕ630×12 mm的钢管柱作为支撑，钢管柱与承台采用锚栓连接，钢管柱之间采用[12.6 的槽钢加 10 mm 厚的坠板进行连接；钢管柱上顺桥向平铺 2I50b 工字钢作为垫梁，然后在工字钢上搭设顺桥向多排单层贝雷梁，贝雷梁上顺桥向设预拱度调整方木，纵梁上按 0.9 m 的间距设置横向 10#工字钢为分配梁，其上搭设10 cm×10 cm 的方木为纵桥向分配梁，间距按腹板下 15 cm，底板下 30 cm 间距布置，方木上铺设 2 cm的竹胶板作为底模。

（二）支架基础处理

根据前期施工地质资料判断地质情况，再根据现场实际开挖后承载力检测结果选择合适的基础形式。

（三）预压方案

临时支架搭设完成后，对其进行预压，以消除支架的非弹性变形、量测弹性变形，从而确定立模标高。临时支架预压只考虑墩顶悬臂部分；加载系统质量=1.2×（混凝土质量+模板质量+施工荷载）。支架预压前，做好测点标记，加载、卸载时按照质量的百分比分级进行加载、观测，分级加载间隔时间为 12h，以备观察；

支架变形量处理：若测得弹性变形值为$\Delta 1$，塑性变形值为$\Delta 2$，则预压的墩岸侧模板预留变形量为$\Delta 1$，其他未压重支架模板预留变形量为$\Delta 1+\Delta 2$。

（四）钢筋混凝土施工

钢筋混凝土施工阶段包含：模板安装施工、钢筋施工、预应力管道施工、混凝土施工、预应力管道施工、混凝土施工、预应力施工、端头锚具封端及预埋件工程。

（五）重难点工程及技术措施

1. 梁体线型控制

临时支架搭设完成后，对其进行预压，以消除支架的非弹性变形、量测弹性变形，从而确定立模标高。临时支架预压只考虑墩顶悬臂部分；加载系统质量=1.2×（混凝土质量+模板质量+施工荷载）。支架预压前，做好测点标记，加载、卸载时按照质量的百分比分级进行加载、观测，分级加载间隔时间为 12 h，以备观察。同时梁体柔度大，在施工中受到日照引起的温差、风力、机械振动及施工偏载的影响，墩身的轴线可能发生弯曲和摆动，使墩身处于一种动态之中。主要控制措施是要严格按预压方案施工。

2. 环境温差

高温季节，在阳光的照射下，梁体的朝阳面和背阳面温差较大，梁体会因此产生不均匀膨胀使其向背阳面弯曲，对梁体施工精度有影响，且随着温差的增大而增大、随着太阳方位的改变而改变。在施工中采用喷水降温法进行控制，通过安装在内外模板结构上的环形喷水养生管，间断地向梁体喷水，在养护的同时起到降低阴阳面温差的作用，从而使日照温差引起的梁体轴线偏位减少到最小。选择在日出前后测量梁体的高度和平面位置，以避免日照造成的梁体平面位置偏移和梁体高度的不均匀变化，造成测量定位的困难。

3. 风力、机械振动和施工偏载

风力、机械振动和施工偏载对梁体轴线的影响是随机的、无序的。针对此特点，采取刚度大的模板，以提高模板整体的抗弯、抗扭强度。在梁体混凝土浇筑时，混凝土应从两侧均衡下料，以防止混凝土出现偏压。

四、节段预制拼装箱梁

（一）架桥机架梁施工

根据架桥机工作在此次架梁中的需要，分为架梁、过孔共两个工况。

（二）节段梁的检验、运输

1. 出梁前的检验

所有梁段出梁前均需由专人检查，并经监理工程师确认合格后才能运输到拼装现场。主要检查内容包括预应力孔道位置及畅通情况，六点坐标预埋点的设置，吊装孔、顶、底板临时张拉孔的大小及位置，如果有问题，及时进行处理，防止架梁时无法进行安装。同时，检查箱室内垃圾、箱梁外表面污染清理情况，特别是节段梁的端面是否洁净，当有泥污或灰尘时，必须在出梁前进行清理和清洗，保证接触面干净、干燥、无油污、无灰皮浮浆。

2. 运梁

（1）在进行节段块吊装时，要检查吊具安装是否正确，检查支腿油缸是否可靠连接。

（2）梁块是否正确，防止编号错误。

（3）从后端喂梁，要求运梁车缓慢接近架桥机尾部，必须有防撞架桥机机构，防止运梁车与架桥机发生碰撞，造成严重后果。

（三）支座安装

该桥 56 m、48 m 节段拼装简支梁支座共有 2 种，型号分别为 TJQZ-通桥 8361-6000-ZX-e100-0.1g、TJQZ-通桥 8361-6000-GD-0.1g，按照图纸要求固定支座安装靠台州方向一侧，48 m 节段拼装简支箱梁支座布置示意图分别见图 45-11 和图 45-12。

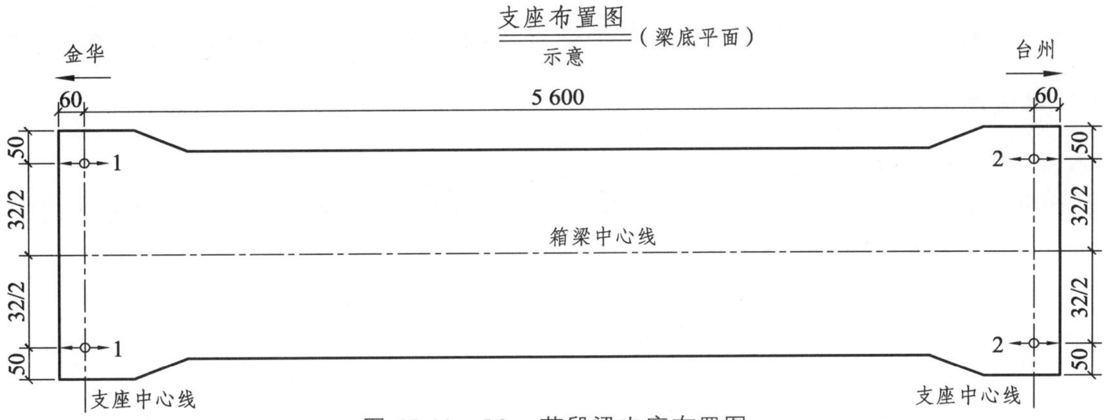

图 45-11　56 m 节段梁支座布置图

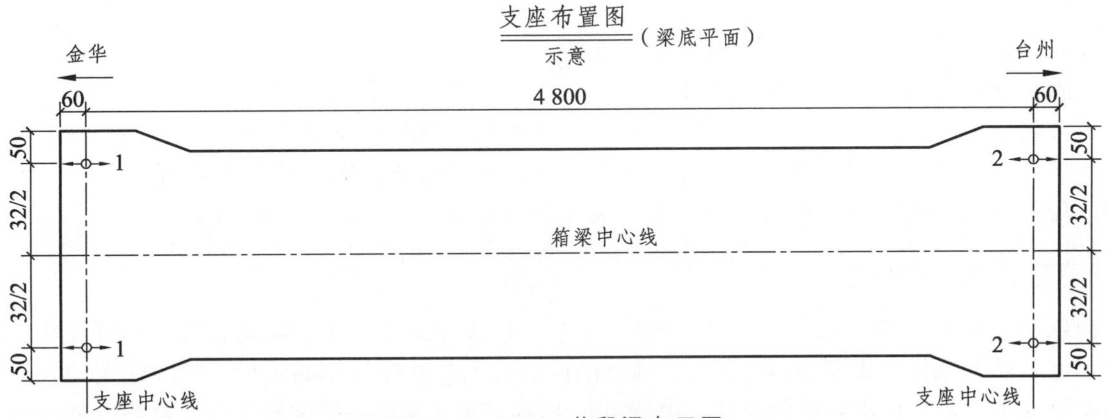

图 45-12　48 m 节段梁布置图

（四）节段吊装

采用梁场 150 t 龙门吊机吊取梁段到轮胎式运梁车上，运梁至造桥机尾部，通过天车把梁段从运梁车上吊离旋转提升到该梁段的相应位置。

（五）梁段组拼顺序

梁段组拼顺序是根据节段梁本身的构造情况和施工的快捷方便而制定的，11（13）个梁段由 0#墩向 24#墩，梁段组拼时先将 1 和 11（13）号段偏位安装后，再将其他梁段按照顺序全部摆放到造桥机上，留出 30～40 cm 涂胶间隙，所有梁段全部摆放到造桥机上后再将 1#段摆放到设计位置后进行涂胶，与 2#段进行胶接，施加临时预应力，依次类推直至最后一个梁段完成，再进行整孔钢绞线穿束、张拉。

（六）梁段的就位

梁段初步就位是指将梁段按顺序编号布置在造桥机腹内，悬挂在扁担梁上。

梁段调位是一个反复调整，逐渐趋近的过程，故在施工中按先纵向调整→横向调整→竖向调整→纵向调整→横向调整→竖向调整的次序反复循环调整，直至达到设计要求。

（七）首节段定位与锚固

喂梁前，根据垫石十字线将支座粗略就位，端头段落梁后将支座锚固在梁底上，利用天车横移千斤顶精确调梁。

梁底高程符合设计要求，支座中心线与垫石十字线重合，检查无误后将支座灌浆锚固。

（八）架设线形控制

箱梁架设线形控制工艺始终贯穿施工的整个过程，因此，配套测量小组需全程跟踪测量架梁工程。

（九）梁段涂胶作业

1. 胶拼的材料选择和工艺

根据工程的施工特点和要求，预制节段之间的黏结材料选用无溶剂型环氧树脂胶结剂，即采用“胶结”的方法将相邻的两块预制节段粘结成一个整体。

2. 涂胶施工顺序

（1）准备工作。
（2）涂胶。

3. 拼装胶接验收

（1）胶接材料种类、性能、质量符合设计要求。
（2）胶接材料配合比例、稠度、固化时间。
（3）密封垫圈（闭孔发泡聚乙烯）安装紧密，无翘边、变形、缝隙现象。
（4）接缝面清理，确保无污物、油迹、浮浆，并对接缝面进行喷砂或打磨处理。
（5）环氧树脂胶涂刷是否均匀，厚度是否满足设计要求（不小于 1.5 mm）。

（十）临时预应力张拉

金台铁路预制节段拼装采用胶接缝，故每一个节段按顺序拼接涂抹环氧树脂后，当梁段涂胶完成后，使用天车将组拼好梁体靠拢至 3 cm 左右，靠拢的同时拧紧精扎螺纹钢的螺母，缝隙较大的一侧先拧，使两侧梁缝基本一致，再次对梁段标高、中线进行调整，通过天车调整梁段中线及标高，使中线、标高完全吻合。临时张拉作业以四组人员及设备同时作业，螺纹钢施加预应力作业时确保以箱梁断面对称同时进行。先张拉临时锚块上的 4 根精扎螺纹钢后再张拉另外 4 根，8 根精扎螺纹钢张拉到设计值。

临时张拉完成后，立即组织人员清理接缝挤出的胶，并用通孔器清理预应力孔道，排除可能被挤入预应力孔道的胶体。

（十一）支座灌浆

在 11#（13#）段胶接完成后，梁端用螺旋支撑在墩帽上，高程和中线均符合要求，支座注浆宜在张拉作业以前进行。

支座与梁底和垫石连接安装之后，在支座底板边缘外围 5 cm 处立模。灌浆用模板采用角钢，支座灌浆材料采用自流平砂浆，拌制时按使用说明掺水拌制。注浆应从支座一侧向另一侧进行，直至注浆材料全部灌满，灌浆高度覆盖下支座板下缘 10 ~ 20 mm 为止。

（十二）梁体验收

（1）梁体表面平整，色泽均匀。阴阳角线条清晰顺直。无接缝错台、蜂窝、麻面掉角等缺陷。
（2）外露螺栓垂直梁体，丝口完整，带帽带垫并清洁涂油。
（3）支座板无飞边毛刺，并清洁涂油。
（4）混凝土强度满足设计要求。
（5）泄水孔位置安装准确，安装牢固，顶面不高于桥面，排水畅通。
（6）梁体结构尺寸满足设计要求。
（7）拼装预应力混凝土预制梁允许偏差和检验方法应符合表 45-13 的规定。

表 45-13　拼装预应力混凝土预制梁允许偏差和检验方法

序号	项目	允许偏差/mm	检验方法
1	高程	+25.0	测量
2	中线	15	
3	相邻两墩悬臂端相对高差	20	
4	拼接处相邻梁段高差	3	
5	相邻段中线偏差	3	

（十三）预应力钢绞线施工

（1）材料要求：钢绞线运到现场后，须验看合格证且认真检查外观质量。每批钢绞线须按规范要求抽样进行物理性能试验，不合格者拒绝验收。

（2）预应力钢绞线束制作：钢绞线下料→钢绞线编束→钢绞线穿束。

（3）预应力张拉施工工艺：永久预应力张拉顺序以及相应各钢束的张拉吨位进行张拉，张拉时采用双控。张拉顺序为：张拉初始应力做标记→逐级加载至设计张拉吨位→测伸长量→持荷 5 min→回油至零→锚固。施工前应进行管道磨阻及锚口磨阻等试验，以便在实际钢束伸长量与设计不符时及时进行修正计算，以指导和控制施工。

（4）预应力钢绞线张拉：所有预应力束采用两端分批张拉，张拉时应严格按照设计图纸规定的张拉顺序进行张拉。

（5）钢绞线理论伸长量计算。

（十四）预应力孔道的压浆封端

（1）浆体拌制：压浆前管道内应清除杂物及积水。严格按给定的配合比施工。

（2）孔道压浆：张拉完毕后，经监理工程师检查签认同意后立即进行孔道压浆，并应在张拉完毕后 48 h 内完成压浆。压浆采用智能压浆工艺。

（十五）架桥机过孔

（1）首孔架设完成过孔。

（2）末孔梁架设桥机过孔：末孔梁桥机过孔程序按照正常过孔步骤工步 1 ~ 工步 6 进行，按照连续梁施工完成考虑，前支腿及中支腿需改造。末孔梁架设桥机与连续梁关系见图 45-13。

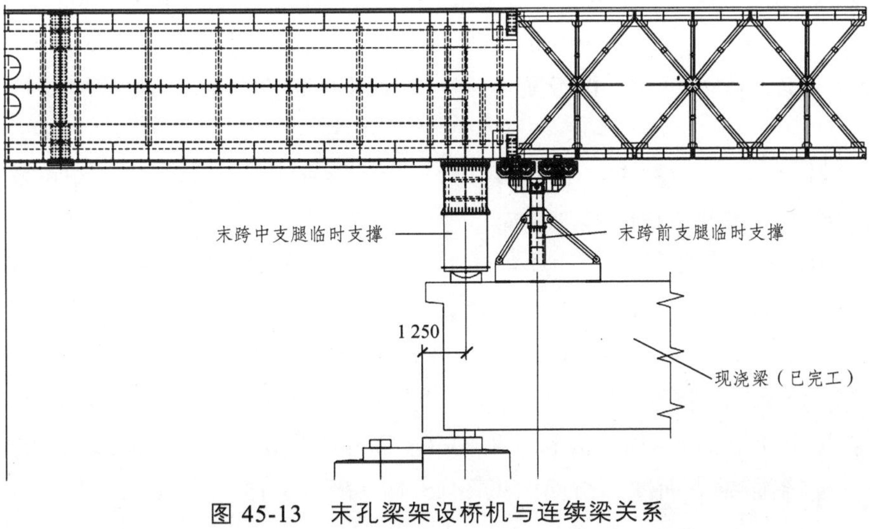

图 45-13　末孔梁架设桥机与连续梁关系

第五节　大跨度桥梁施工

大跨度桥梁是指主跨单跨跨度大于 100 m 的桥梁或者一联多于 3 跨的连续梁桥，金台铁路全线共设特大、大、中桥 74 座，桥梁总长 62.45 km，占线路长度的 27.2%；其中新建正线共设特大、大、中桥 55 座，包括单线桥 44 座，双线桥 4 座，三线桥 6 座，六线桥 1 座。重点桥梁工程为枫山联络线永康江特大桥、永康南疏解线下穿新金温铁路、上跨东永高速公路特大桥、前仓跨台金高速公路、金温铁路特大桥、罗桥跨台金高速公路特大桥、东安特大桥、里林跨诸永高速公路特大桥、田市跨永安溪、台金高速公路特大桥、临海跨台金高速公路匝道特大桥、头门港支线灵江特大桥等。下面介绍灵江特大桥、罗桥特大桥、田市跨永安溪特大桥桥梁施工情况。

一、灵江特大桥

（一）工程概况

1. 工程概况

全桥 109 个墩台，998 根桩基，混凝土总量约 15.4 万 m^3，钢管拱结构总重 1 712.8 t。项目总投资 3.22 亿元。开工日期：2016 年 8 月 1 日，完工日期：2020 年 11 月 15 日。

2. 设计概况

头门港支线灵江特大桥起讫里程 TDK4+174.12 ~ TDK8+472.935，全长 4298.815 m。灵江特大桥为单线桥，铁路等级：Ⅰ级，设计行车速度：160 km/h。桥址位于浙江省台州市沿江镇和涌泉镇范围内，依次跨越马上线公路、台金高速公路互通匝道、灵江、省道 S327。孔跨布置为：

8 × 32 m 简支 T 梁+（32+48+32）m 连续梁+18-32 m 简支 T 梁+（40+3×64+40）m 连续梁+21-32 m 简支 T 梁+（44+72+44）m 连续梁+（44+2×72+44）m 连续梁+（92+3×152+92）m 连续梁-拱+（5-32 m+1-24 m+10-32 m+1-24 m+24-32 m）简支 T 梁。

灵江特大桥在 TDK6+622.75 ~ TDK7+321.45 跨越灵江，水中主墩为 63# ~ 66#，线路与水流方向右前角为 82°，常水位标高为 3.4 m，桥址断面处大潮测点：最大涨潮流速为 2.32 m/s，最大落潮流速为 2.15 m/s。灵江目前通航 1000t 海轮，Ⅳ级航道；远期规划为Ⅲ级航道，通航净空高度 23.5 m，单向通航净宽为 118 m。

主跨为（92+3×152+92）m 连续梁-拱，灵江水面宽度 650 m，主梁采用单箱单室、变高度、变截面结构，腹板为直腹板，拱肋采用哑铃型截面。

三跨拱肋均采用钢管混凝土结构，计算跨度 152 m，设计矢高 27.64 m，矢跨比 f/L=1/5.5。

拱肋中心间距 8.5 m，高 3.1 m，由上、下两直径为 1.1 m 的钢管和腹腔组成，钢管和腹板壁厚为 20 mm 和 24 mm 两种，拱肋钢管及腹腔内灌注 C50 自密实补偿收缩混凝土。两拱肋中心距 8.5 m，每个工拱肋之间设置 1 道米字形横撑和 6 道 K 形横撑，横撑由 2 根 ϕ600×14 mm 主钢管和 5 根 ϕ360×12 mm 连接钢管组成，斜撑由 4 根 ϕ500×14 mm 和 9 根 ϕ360×12 mm 连接钢组成，横撑和斜撑均为空钢管，内部不填充混凝土。连续梁-拱立面图、断面图见图 45-14 和图 45-15。

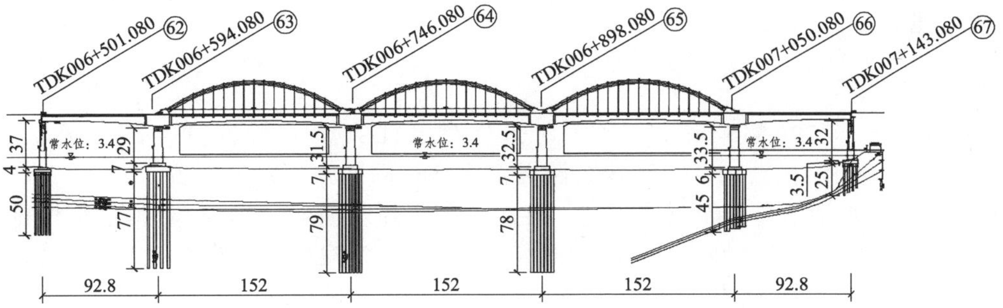

图 45-14　（92+3×152+92）m 连续梁-拱立面图

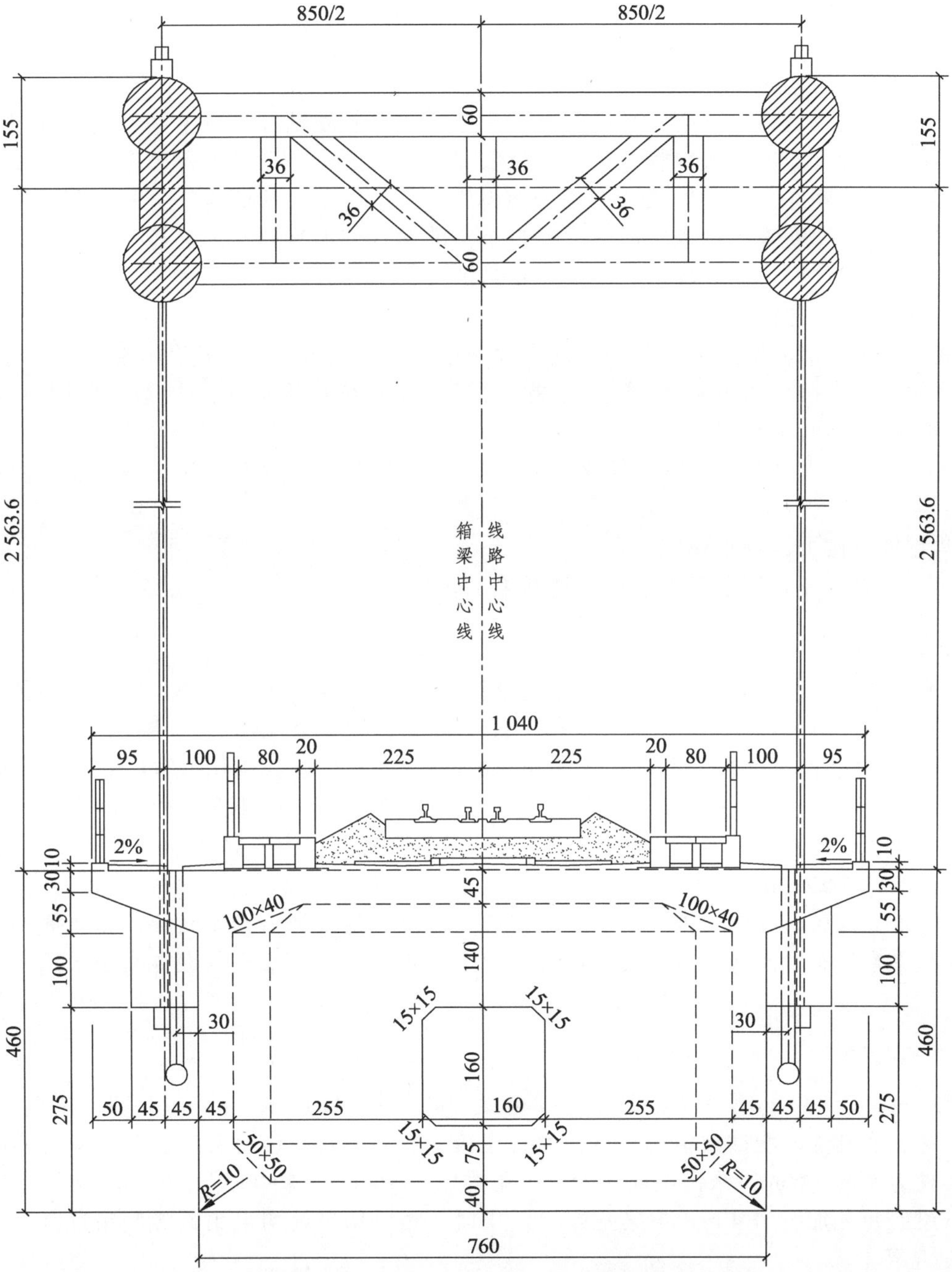

图 45-15（92+3×152+92）m 连续梁-拱断面图

（二）技术难点

1. 栈桥和钻孔平台

灵江特大桥全长 4 298.815 m，与台金高速公路灵江大桥并行设置，跨越灵江结构形式为（92+3×152+92）m 连续梁-拱结构，与高速公路灵江大桥相同孔跨，对孔布置。

为便于 61#～67#水中墩施工及材料运输，在灵江特大桥下游约 22.6 m 处搭设钢栈桥，并在墩位处搭设钻孔平台。钢栈桥全长 628.4 m，沿江侧长 496.2 m，涌泉侧长 132.2 m，桥面与江堤平齐，两侧桥面宽度均为 8 m。设计承载力 110 t，梁柱式结构，采用ϕ800×10 mm 钢管桩，上部架设 321 型贝雷梁，跨度为 12 m。

2. 深水长大桩基气举反循环

（1）气举反循环工艺概述。

气举反循环钻进，是将压缩空气通过气水龙头、经双壁主动钻杆、双壁钻杆的内管与外管之间的环状间隙送到气水混合器后进入内管，这时压气膨胀，液气混合，形成一种密度小于液体密度的液气混合物。由于气体不断进入，产生气举作用，使得管内产生压差，从而将气、液、固三相流以较高的速度带出孔外，流经振动筛，排入沉淀池。经过沉淀的钻孔液再流回孔内，经孔底进入钻杆内，补充钻孔液消耗的空间，这样不断循环形成了连续钻进的过程。

（2）气举反循环工艺优点。

① 清渣速度快，清渣能力强，沉渣厚度大大减小，提高孔壁质量，优化孔壁结构。

② 成孔周期短，相对消耗少，经济收益高。采用气举反循环法施工，能提高劳动生产率，加快设备周转，缩短施工工期。

③ 钻孔保直好，尤其气举循环牙轮钻进工艺中，“孔底加压，悬垂钻进”的特点，使钻孔的垂直度较高。

④ 泥浆排放量减少，减小环境污染。

⑤ 适用于超粒径卵石层地质深水长大桩基施工。

3. C-O 型锁扣钢管桩围堰

钢管桩围堰施工工艺成熟，材料周转回收利用率高，具有对航道影响小、安全风险低、施工工期短等优点。灵江特大桥主墩承台尺寸为 19.1 m×26.2 m，采用锁扣钢管桩围堰，侧板钢管桩采用ϕ820×12 mm 螺旋钢管，围堰平面尺寸 22.6 m×30.4 m。钢管桩锁扣采用 C-O 型，C 形阴锁扣采用ϕ152×8 mm 钢管，开口宽度 60 mm，O 形阳锁扣采用ϕ133×4.5 mm 钢管。钢管桩围堰设计水位按 20 年一遇水位加 1.0 m 计算，围堰顶面高程取+5.51 m，围堰底高程为－36.49 m，钢管长 42 m。承台封底 4 m 厚，方量约 2 290 m^3。

钢管桩施工完成后，在围堰内采用长臂挖机和吸泥机开挖淤泥，挖至封底混凝土底标高。搭设封底混凝土浇筑平台，布置封底混凝土导管，准备水下浇筑封底，混凝土封底混凝土采用水下封底，导管浇筑。

4. 大垮连续梁

（1）（92+3×152+92）m 预应力混凝土连续箱梁，梁全长 641.6 m，支座中心线至梁端 0.8 m。主梁采用单箱单室、变高度、变截面结构，腹板为直腹板。端支座处及边跨直线段和跨中处梁高为 4.6 m，中支点处梁高为 9 m，梁底下缘按圆曲线变化；箱梁顶宽 10.4 m。箱梁底宽 7.6 m，为满足支座安装要求，中支点梁底每侧加宽 1.4 m。主梁两侧腹板与顶、底板相交处均采用圆弧倒角过渡。连续箱梁梁体采用 C55 混凝土。

（2）顶板厚 45 cm～60 cm，按折线变化；底板厚 40 cm～120 cm，按圆曲线变化至中支点根部，顶板及底板均在隔墙位置加厚；腹板厚度为 45 cm 至 80 cm 至 110 cm，按折线变化；全梁（除吊杆处）共设 9 道横隔梁，分别设于中支点、端支点、次中跨跨中和中跨跨中。主梁在每个中支点处设置 1 道厚 400 cm 的横隔板；梁端支座处设置厚 160 cm 的端横隔板。各横隔板均设置进入洞以便施工和养护维修。梁端底板及跨中底板处均设有进入洞，供检查人员通过。梁体在每个吊点处设置一道横隔梁，除跨中吊杆位置隔墙厚度 80 cm，采用全隔墙外，其余吊杆位置均采用厚 50 cm 高 185 cm 的半隔墙。

（3）主梁全长 641.6 m，共 159 个梁段，其中 0#梁段长 18 m（共 4 个），合龙梁段长 2 m（共 5 个），边跨直线梁段长 7.8 m（共 2 个），3 m 长梁段（共 48 个），4 m 长梁段（共 100 个）。A0、C0 和边跨直线段在支架上现浇，其余梁段均采用挂篮悬臂浇筑。

（4）主桥连续梁采用三向预应力体系。纵向预应力：采用 19-ϕs15.2 和 5-ϕs15.2 钢绞线，主梁沿纵向设顶板索、底板索及腹板索。横向预应力：箱梁顶板横向采用 5-ϕs15.2 钢绞线。竖向预应力设计：箱梁腹板内设直径ϕ32 mm 的竖向预应力精轧螺纹钢筋。钢绞线应符合 GB/T5224—2003 标准，标准强度 f_{pk}=1860 MPa，公称直径 15.2 mm，公称截面积 140 mm²，Ep=1.95×10^6 MPa，采用夹片锚锚固体系，制孔纵、横向均采用金属波纹管。精轧螺纹钢筋应满足 GB/T 20065—2006 标准，标准强度 f_{pk}=830 MPa，锚固张拉控制应力 705 MPa，采用ϕ51 mm 铁皮管制孔，施工中应采用一次张拉工艺，锚固时锚具回缩量不得大于 1 mm。

（5）连续梁预应力施工采用大循环智能张拉压浆设备，该设备能够实现对张拉施工质量的分析、预警、评估。在预应力钢绞线张拉施工过程中，能够实时跟踪张拉状态，并且及时补救张拉过程中出现的施工偏差，可以提高施工效率。在此基础之上又能够实现无线传输功能，大大方便了现场施工，避免了由于人为原因导致的施工问题，节省了现场施工时间。此外千斤顶安装了位移传感器，替代传统人工测量预应力筋伸长值的方式，在省时省力的同时，提高测量精度。

5. 钢管拱浮吊法大节段吊装

采用在陆地及梁面搭建钢管柱及型钢临时支架，用汽车吊在陆地上将钢管拱拱肋逐个小节段吊装到陆地支架上进行焊接拼装成大节段，横撑、斜撑及爬梯等附属构件均在对应位置装配焊接完成，再利用 400 t 浮吊将大节段整体吊至梁面支架进行拼装，先吊装紧挨拱脚大节段，后安装中间大节段、全桥焊接合龙。

陆地拱肋分段按照制作方案分为 15 节，拱肋最大吊装重量小于 25 t，横撑最大吊装重量小于 6 t，每段拱肋、横撑需焊吊耳，安装后割掉并打磨平整。每跨（除去拱脚）拱肋在陆地上安装成 3 个大节段，最大节段重量为 196.6 t，再利用 1 台 400 t 浮吊分别将大节段吊装至梁面进行梁面大节段安装。

6. 拱肋混凝土顶升

（1）顶升混凝土共 2 106 m³，单片拱肋泵送混凝土量 351 m³，其中上、下拱管各 138 m³，腹腔 75 m³。上、下拱管采用一级顶升，腹腔采用三级顶升，顶升顺序先上管、后下管、再腹腔。拱肋钢管混凝土顶升按以下流程施工：先中拱肋，后临海东侧拱肋，最后头门新区侧拱肋；先顶升上拱管混凝土，待上拱管混凝土强度达到设计强度的 90%后进行顶升下拱管混凝土，待下拱管混凝土达到设计强度的 90%后进行腹腔混凝土顶升，混凝土泵送连续，中间不停顿，防止拱管堵管或胀裂，单次拱肋混凝土顶升 4 h 完成。

（2）根据对称与均衡加载原则，以拱顶为对称中线组织钢管混凝土的顶升施工。为保证拱肋混凝土的密实性，采用在拱肋两端拱脚位置向拱顶位置顶升泵送混凝土，泵送设备采用三一 90 型双电机地泵，地泵设置在桥面拱脚处，泵管顺 0#块和桥面钢管桩延伸至拱肋。顶升前先压 5 m³ 的砂浆作先导进行润管，然后由地泵将混凝土连续不断地自下而上压入钢管拱内，混凝土入泵时的坍落度控制在 18 ~ 22 cm，且不需振捣，直至管顶排浆孔冒出和易性良好的混凝土为止，溢出的混凝土采用布袋子将其引入桥面收集箱中。

7. 吊杆安装、张拉

（1）吊杆顺桥向间距 8.0 m，每跨拱肋设置 15 组单吊杆，吊杆采用 PES（FD）7-73 型低应力平行钢丝束，外套复合不锈钢套管，配套使用冷铸墩头锚。

（2）吊杆上端穿过拱肋，锚于拱肋上缘张拉底座，下端锚于吊点翼缘于腹板相交处固定底座。吊杆采用箱外牛腿锚固形式。每根吊杆张拉端均设置一个光纤光栅压力传感器。

（3）吊杆产品必须符合国家对该类产品的相关规定，采用有资质厂家提供的成套产品。成品吊杆在出厂前进行吊杆的抗拉强度、弹性模量试验、静载和动载试验。

（4）待钢管拱内混凝土达到设计强度后开始吊杆张拉作业。吊杆的安装及施工过程中的索力调整，严格按设计要求进行。吊杆的张拉必须每一片拱肋对称的吊杆同时张拉。

（5）吊杆的安装及施工过程中的索力调整，按施工步骤进行施工，并结合施工监控情况按监控指令进行调整。

（6）吊杆在运输及安装过程中应保持顺直、无扭弯；保护好外层 PE 套管、保护好冷铸镦头锚的螺纹及螺帽不受损伤，以免在张拉调索时带来麻烦。吊杆的张拉顺序及张拉力严格按设计和监控要求进行。

（7）索力调整顺序如下：拱肋、吊杆安装完毕后，拱肋混凝土强度达到设计强度时，将吊杆调直，进行调索初张拉；索力最后张拉调整在桥面安装等引起的沉降后进行。施工中通过对吊杆和拱肋的监测，控制拱肋的应力与变形均在设计允许的范围内。

（8）吊杆进行张拉施加应力时，按照设计顺序有序进行。两片拱肋的吊杆在施加预应力过程中应对称地进行。张拉严格按设计给出的张拉步骤分次进行，根据加载情况（桥面二期恒载）按设计吨位分步张拉，每次张拉过程中除初张拉和终张拉外，均按 20%分级加载。另外，每次张拉注意拱脚支座位移情况。吊杆张拉结束后，锚头处须安装锚头防护罩，防护罩内部灌填防腐油脂，防止锚头锈蚀。

吊杆运输时应当将吊杆放在垫木上，并用麻绳将吊杆固定在运输台车上，锚头应用麻布进行包裹。将吊杆下穿时应缓慢下穿，不得让锚头与拱肋发生碰撞。下穿有困难时，不得进行硬拉硬顶，应检查原因，排除障碍后再进行。

（9）吊杆的张拉必须上下游、桥跨两侧同时对称进行，张拉控制应力应按照设计值，不同吊杆的张拉力值不能弄混；张拉完毕检验确认张拉力及其他无误后，旋转螺帽，完成调整索力。

（10）吊杆张拉是成桥最关键的工序，吊杆张拉严格按设计规定的张拉力和规定顺序，用两台千斤顶（配工具拉杆及撑脚）张拉一片拱肋吊杆对应钢束。

（11）吊杆安装完毕后安装减震装置，并按设计要求安装防护结构。

（12）吊杆与锚头的防护，由于设计为可换索式吊杆，吊杆预留孔道及保护罩内用注油泵灌注防腐油脂。

（三）施工工艺流程

1. 栈桥和钻孔平台

第一步：施工栈桥桥台。栈桥桥台采用钢筋混凝土结构。

第二步：测量放线，钢管桩定位，履带吊机吊打近堤栈桥墩。

第三步：安装钢管桩横向联结系及桩顶分配梁，履带吊机吊装贝雷梁。

第四步：向前悬拼贝雷梁，并在贝雷梁上设置打桩导向框，施工栈桥桥面系，履带吊上栈桥继续向前吊打钢管桩。

第五步：重复步骤二、三，完成栈桥。

2. 深水长大桩基气举反循环

（1）钻孔平台。

第一步：利用支栈桥焊接定位导向架，打设施工钻孔平台两侧钢管桩，焊接钢管桩间连接系，铺设两侧分配梁，利用两侧分配梁，在上架设临时贝雷片作为中间钢管桩定位导向架，打设中间位置钢管桩。

第二步：铺设中间位置钢管桩上分配梁，分配梁铺设完成后架设贝雷片，铺设桥面。

第三步：在桥面上测量出钢护筒位置，将钢护筒处的钢板及工字钢割除，留出打设钢护筒位置。

第四步：安装钢护筒打设定位导向架，打设钢护筒。

（2）气举反循环施工。

冲击钻流程同传统工艺，重点介绍气举反循环钻机施工流程。

第一步：钻机就位，安装钻头钻进，逐节安装钻杆钻孔。

第二步：成孔后，利用气举反循环钻机进行一次清孔。一次清孔各项指标检测合格后下放钢筋笼和声测管。

第三步：二次清孔，导管内增加一根小导管，长度与导管长度一致，将小导管与反循环钻机的空压机相连接，利用空压机二次进行清孔。

第四步：黏度，含砂率，比重检测，合格后灌注桩基混凝土。

3. C-O 型锁扣钢管桩围堰

钢管桩施工完成后，在围堰内采用长臂挖机和吸泥机开挖淤泥，挖至封底混凝土底标高。搭设封底混凝土浇筑平台，布置封底混凝土导管， 准备水下浇筑封底，混凝土封底混凝土采用水下封底，导管浇筑。

第一步：现场安装导向架，依次打入钢管桩。

第二步：依次放入第三层围檩、支撑，第二层围檩、支撑，首层围檩支撑。

第三步：清淤，采用抓斗，长臂挖机，伸缩臂挖机进行大面积清淤，机械清理不到的部位，潜水员和吸泥机配合进行清理作业。

第四步：清淤完成后，铺设片石垫层。碎石垫层铺设完成后，搭设封底平台，进行水下封底作业。

第五步：封底混凝土强度达到后，开始抽水，过程中对围堰漏水处止水。

第六步：破桩头，清淤，浇筑找平层，进行下步承台施工。

4. 大跨度连续梁

第一步：箱梁 0#块施工。

第二步：挂篮安装。

第三步：挂篮预压。

第四步：挂篮行走。

第五步：悬浇段施工。

第六步：预应力施工。

第七步：施工监控。

第八步：预应力连续梁合龙段施工。

第九步：挂篮拆卸。

第十步：冬养施工。

5. 钢管拱浮吊法大节段吊装

第一步：陆地拼装场地硬化处理。

第二步：安装陆地及梁面拱肋支架及支架连接系。

第三步：拱肋支架检查验收合格后，进行陆地拱肋小节段拼装焊接成大节段。

第四步：浮吊吊装上浮吊并运至桥位处，浮吊吊起拱肋进行梁面安装。

第五步：大小里程两端拱肋安装。
第六步：安装中间合龙段。
第七步：整体焊接。
第八步：安装接头爬梯等附属构件。
第九步：涂装施工。

二、罗桥特大桥

（一）工程概况

1. 工程概况

金台铁路是浙江省第一条自主建设的电气化铁路，对加快台州沿海港口开发，壮大台州临港产业，促进温台沿海产业带、浙中城市群经济快速发展，增强泛长三角地区间互动与融合发展，完善浙东南地区的路网布局具有十分重要的意义。金台铁路是浙江省铁路网中“两纵、五横、两放射”格局中的五横之一，它的建成将彻底结束仙居无铁路的历史，助力仙居旅游业发展。新建的头门港支线直接连通头门港，为浙中和浙西南地区发展提供便捷的出海通道。

2. 设计概况

新建金台铁路 DK11+370.505 ~ DK12+137.33 设罗桥跨台金高速公路特大桥，桥梁全长 766.825 m，中心里程为 DK11+753.918，孔跨布置为（2-24 m+8-32 m）简支 T 梁+1-156 m 系杆拱+（8-32 m+2-24 m）简支 T 梁。该桥位于永康市罗桥村附近，对应高速公路运营桩号为 K154+000。

罗桥特大桥在 DK11+687 ~ DK11+846 处跨越台金高速公路，即上跨墩号为 10# ~ 11#墩，跨度为 156 m，与台金高速交叉角度为 25°，现状路面宽 25 m，规划路面宽 42 m，立交净空要求为净高 5.5 m，罗桥跨越既有高速公路的位置有 1-6 m 框架涵，高速坡脚两侧均有军用光缆，需改移。框架涵既有路面标高为 141.81 m，台金高速公路路面标高 149.59 m，系杆拱梁底标高为 157.997 m。

该跨线桥上部结构采用系杆拱；下部结构桥墩采用圆端型实体墩，纵向截面宽 4.5 ~ 4.7 m；10#墩和 11#墩采用钻孔灌注桩基础，四排 14 个直径 1.5 m 钻孔桩接承台（孔距 2.3 m），承台采用八边形实体承台，六面配筋。

如图 45-15 所示，罗桥跨台金高速公路特大桥的 10#、11#墩分别位于现状台金高速东西两侧，其中台金高速公路路基边缘与西侧 10#墩身外缘水平净距约为 15.36 m（与承台外缘水平净距约为 12.48 m），与东侧 11#墩身外缘水平净距约为 14.83 m（与承台外缘水平净距约为 13.68 m）；高速公路用地外缘与西侧 10#墩身外缘水平净距约为 5.27 m（与承台外缘水平净距约为 2.40 m），与东侧 11#墩身外缘水平净距约为 4.83 m（与承台外缘水平净距约为 3.68 m）。经计算，桥下最不利位置台金高速公路净空高度为 8.555 m。上跨公路参数见表 45-14。

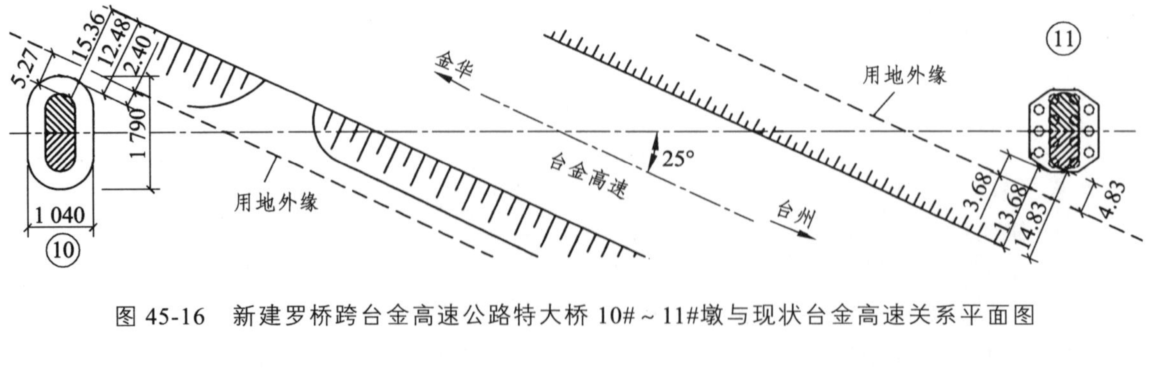

图 45-16　新建罗桥跨台金高速公路特大桥 10# ~ 11#墩与现状台金高速关系平面图

表 45-14 上跨公路参数统计表

项目		参数
公路参数	公路名称	S28（台金）高速
	公路结构形式	路基段
	公路运营桩号	K154+000
	路基宽度	25.0 m
铁路参数	上跨位置铁路桥梁名称	罗桥跨台金高速公路特大桥
	上跨位置桥孔编号	10#～11#
	上部结构	156 m 系杆拱
	下部结构	圆端形实体墩、10#墩挖井基础、11#墩钻孔灌注桩接承台
相对位置关系	交叉角度	25°
	桥下净高	8.555 m
	10#、11#桥墩墩身与路基边缘净距	15.36 m、14.83 m
	10#、11#桥墩承台与路基边缘净距	12.48 m、13.68 m
	10#、11#桥墩墩身与用地外缘净距	5.27 m、4.83 m
	10#、11#桥墩承台与用地外缘净距	2.40 m、3.68 m
	10#、11#桥墩墩身与排水边沟外缘净距	6.27 m、5.83 m

（二）技术难点

罗桥跨台金高速公路特大桥 1-156 m 系杆拱地处丘陵地带开阔位置，单跨跨度大、吊装高度大、吊装数量多，与台金高速交叉角度小、交叉范围广，且施工面窄小，吊装难度大，安全风险高。

施工过程中的难点主要包括：

（1）由于桥面空间狭小，无法在保证每一节段都有立柱支撑的情况下，又有足够的视野监控线型。

（2）由于拱肋离梁面横桥向端太近，没有足够的空间为拱肋拼装提供稳定的三根、四根立柱（以拱肋截面重心为中心，截面为三角形或四边形）作为拱肋支架。

（3）考虑到工期、经济、质量、安全等因素，对系杆拱拱肋进行二次拼装来减少履带吊转场时间。

（4）存在大体积混凝土散热、高空焊渣掉落到高速、泵送顶升混凝土密实度控制难、泵送出浆污染高速、高空喷漆污染农田等施工难题。

（三）施工工艺流程

1. 系梁支架

桥址处地层主要为第四系全新人工堆积层，第四系全新统冲洪积粉质黏土，下伏基岩为白垩系下统砂岩、砾岩及侏罗系上统凝灰岩。

第一步：梁端实体段地基处理。

第二步：一般梁段地基处理。

第三步：跨既有涵洞地基处理。

第四步：跨台金高速地基处理。

2. 窄桥面土字形支架

在拱肋节段拼接点下部搭设安装支架，精确放出支架平面位置，同时不能影响吊杆施工，支架高度和高程按拱肋的下翼缘坐标准确放样，并按设计要求预设预拱度，支架搭设完毕后，在支架顶上放出拱肋中心线，同时在系梁顶面标记拱肋中心线，以便检查拱肋安装质量。

第一步：安装预埋件。

第二步：单组钢立柱加工、吊装。

第三步：钢立柱横向连接。

3. 拱肋拼装

在每节拱肋端头设置固定的测量控制点，控制点设在拱肋中线位置。施工放样及检查都采用全站仪进行，每架设一节段拱肋，对全部控制点都要进行观测。此外，对拱座的偏位进行观测。钢管拱对温度，特别是日照影响非常敏感。为了减少温度和日照对线形控制的影响，标高的测量包括合龙时间都安排在凌晨。

拱肋在工厂加工完成预拼后，每个分段的拱肋做好标记，分段运输到工地。吊车就位，其他准备工作完备后，按设计顺序进行吊装，拱肋就位后，先临时固定，待全部拱肋就位后，再次检查并调整拱轴线高程、平面位置。待检查完毕，确认无误后，再进行永久焊接。吊装焊接横撑，所有拱肋空钢管安装完成。拱肋及横撑构件全部焊接完毕，拱肋支架脱离开拱肋。

第一步：设置胎架。钢管拱肋运至现场后，需要进行二次拼装，拼装场地进行换填平整，并检测地基承载力，符合要求后进行设置胎架。胎架采用 H 型钢作为横向底梁，上面焊接纵向槽钢作为定位线。胎架 H 型钢设置过程中，测量顶面标高并进行调整，保证各点标高一致。

第二步：拱肋节段二拼。先吊装一段拱肋于胎架上，测量其平整度并进行调整，然后在连接弧口位置焊接码板作为相邻节段吊装安装槽口。两段拱肋节段对口后，根据在 CAD 上的二拼后的拱肋各点距离纵向槽钢的理论距离，进行各点的调整。然后在节段连接处测量各环口的错台、不圆度，用千斤顶进行调整。

第三步：拱肋吊装。先采用 CAD 模拟吊装过程，选取合适的钢丝绳长度和吊装角度。吊装前，派人在吊装点前后 100 m 处（高速公路上）进行防护，设置前方施工和减速标。吊装时先将拱肋放到前段环口的搭接板上，保证上环口紧贴，然后调整后方马凳的标高，缓慢下放拱肋，与下环口贴合紧密，最后固定马凳，待焊接强度达到设计要求时进行脱钩。

第四步：拱肋合龙。合龙段长度根据现场实测，拱肋合龙在早上 5 点进行。

4. 泵送顶升拱管混凝土

罗桥大桥两片拱肋共四根弦管需要顶灌 C55 微膨胀混凝土。泵送钢管拱肋混凝土由拌和站集中拌和，2 台混凝土泵车浇筑，1 台备用泵车，泵送钢管拱肋混凝土工作分两次进行，泵送顺序为先上管、后下管、最后为腹腔。泵送前在上管（下管）四个拱脚处焊压浆管道及控制阀门，泵送时控制二台泵车泵送速度保持对称，待拱顶出气孔排出合格混凝土后，关闭阀门完成此次泵送工作，待上管混凝土强度达到 90%以上时，以同样过程完成泵送下管混凝土工作，泵送混凝土工作时严格控制上料，各材料均要过称，保证各材料重量准确，保证混凝土质量。

具体施工工艺为：安设压注头和闸阀→压注管内混凝土→从拱顶增压管处混凝土流出→关闭压注口处闸阀→拆除闸阀完成压注。

第一步：支架搭设。

第二步：安装泵管。

第三步：泵送顶升混凝土。

第四步：封口。

5. 吊杆安装及张拉

具体施工工艺流程：备料→安装上端螺母→牵引穿索→安装下端螺母→张拉上锚头→拧紧螺母定

位→安装防水罩→锚头防护。按顺序在拱肋顶部对称单端张拉各吊杆，两片拱肋对称均衡张拉至表中所要求的吨位，每片拱肋对称的吊杆应同时均衡对称张拉，张拉完成，封闭吊杆锚箱。

三、田市跨永安溪特大桥

（一）工程概况

田市跨永安溪、台金高速公路特大桥位于仙居县田市镇，中心里程为 DK77+273.408，桥梁全长为 2675.115 m。孔跨布置形式为（7-56 m+2-48 m+15-56 m）简支箱梁+（60+100+60）m 连续梁+（30-32 m+3-24 m）简支 T 梁，其中 7-56 m+2-48 m+15-56 m 为预应力混凝土简支箱梁，采用节段预制胶接拼装法施工。施工里程为金华台 DK075+941.8 至 24#墩 DK077+328.150，长度为 1386.35 m。该桥两次跨越 S322 省道，均采用 1-56 m 简支箱梁。

箱梁采用单箱单室等高度预应力混凝土简支箱梁，采用 C60 混凝土。48 m 预应力混凝土简支箱梁全长 50.2 m，计算跨度为 48 m，每跨 11 个节段，10 个胶接缝，预制节段长度分为 4.8 m 和 3.5 m 两种，梁高 4.5 m，梁顶宽 7 m，梁底宽 3.6 m，梁顶横向设 2%的排水坡。56 m 预应力混凝土简支箱梁全长 58.2 m，计算跨度为 56 m，每跨 13 个节段，12 个胶接缝，预制节段长度分为 4.8 m、4.5 m 和 3 m 三种，梁高 4.6 m，梁顶宽 7 m，梁底宽 3.6 m，梁顶横向设 2%的排水坡。全桥 24 孔节段箱梁共有 308 个节段，梁段最大重量约 110 t，全部采用 TP120 节段拼装架桥机进行架设。

（二）技术难点

技术难点胶接缝对梁体线型要求比较高，施工中难以控制，施工技术难点及对策措施见表 45-15。

表 45-15 施工技术难点及对策措施

序号	施工技术难点	对策措施
1	剪力键、预埋件等定位精度控制	在模板相对于预埋件及剪力键开孔，使用定位螺栓进行定位控制
2	节段梁节段预制拼装梁预制施工线型控制，测量控制	① 采用定型钢模板，施工时加强测量控制；② 通过梁体顶板加设控制点，控制梁体中线及角高差为架梁提供精确数据；③ 短线法与长线法相结合，长线台座预设拱度提高梁体成孔后的线型及整体性
3	胶接缝对梁体线型要求比较高，施工中难以控制	

（三）施工工艺流程

第一步：调整短线台座底模板到设计位置，在短线台座上立模、绑扎钢筋、浇筑端头节段 1#、11#（13#）节段，见图 45-17（说明：48 m 梁端头节段为 1#、11#段，56 m 梁端头节段为 1#、13#节段）。

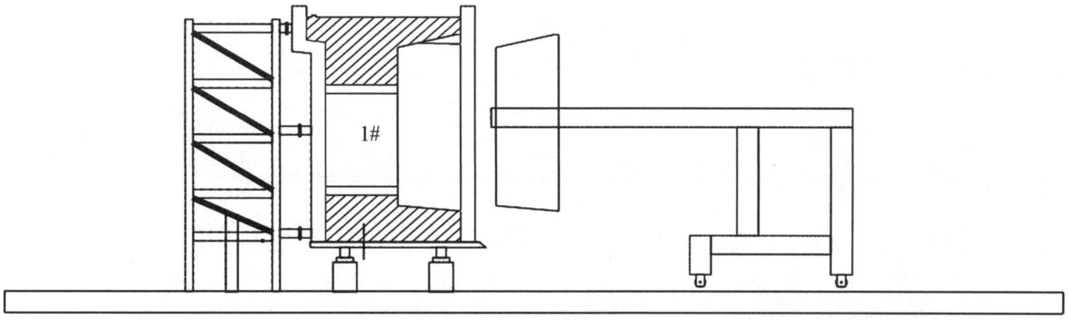

图 45-17 第一步示意图

第二步：调整长线台座底模板到设计位置，将端头节段分别移至长线台座两端，用三维调节小车精确调整并定位，见图 45-18。

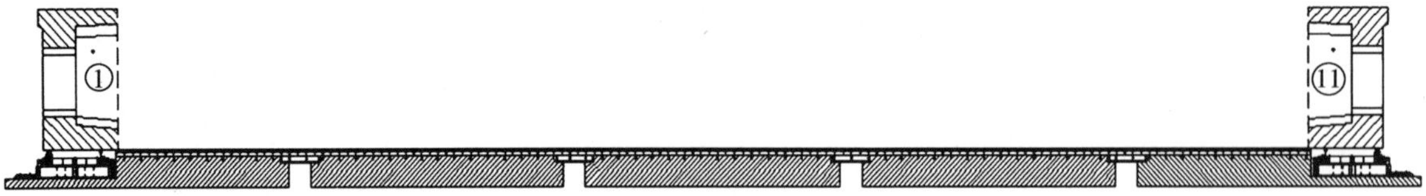

图 45-18 第二步示意图

第三步：将 2#、10#（12）节段与 1#、11#（13）节段进行匹配，安装调整 2#、10#（12#）节段的模板系统及钢筋骨架，浇筑 2#、10#（12#）节段混凝土，见图 45-19。

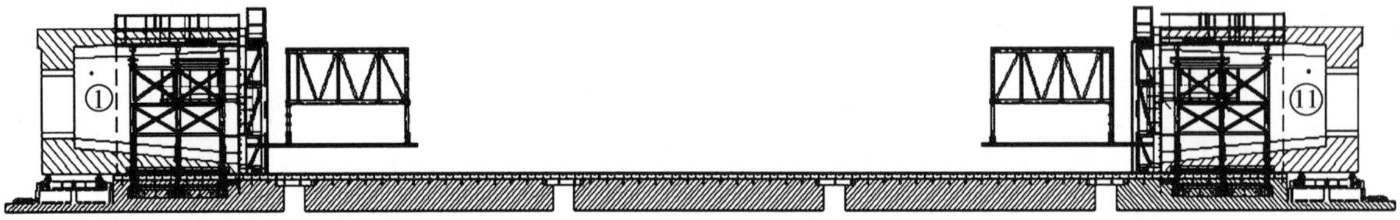

图 45-19 第三步示意图

第四步：按以上步骤依次预制 3#、9#、4#、8#、5#、7#节段，最后预制 6#段（48 m 梁），预制 3#、11#、4#、10#、5#、9#、6#、8#节段，最后预制 7#段（56 m 梁），见图 45-20。

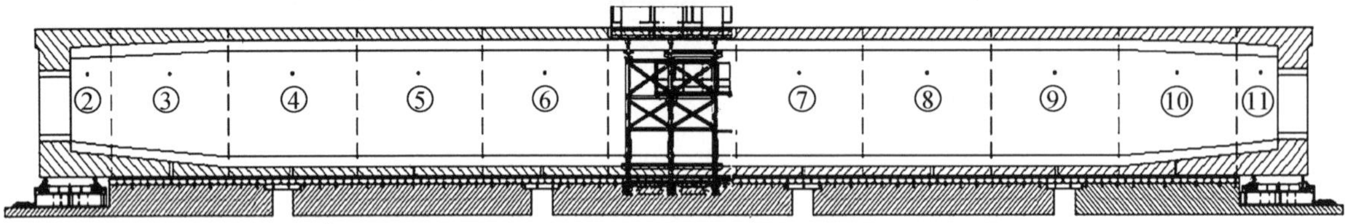

图 45-20 第四步示意图

第六节 特殊结构桥梁施工

金台铁路线的特殊结构桥梁主要为钢桁架，以 JTSG-6 标段永宁江特大桥为例进行钢桁架施工说明。其钢桁梁主桁形式为 3-64 m 无竖杆的三角形桁式，两片主桁横向中心距为 7.5 m，节点间距 12.8 m，桁高 11.6 m。

一、钢桁梁结构设计

（一）主桁桁式

钢桁梁主桁形式为 3-64 m 无竖杆的三角形桁式，两片主桁横向中心距为 7.5 m，节点间距 12.8 m，桁高 11.6 m，具体布置见图 45-21。

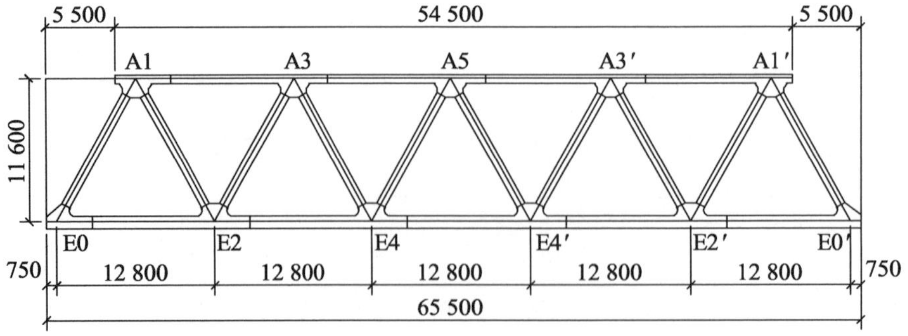

图 45-21 主桁立面图

（二）桥面结构

桥面构造图见图 45-22。两片主桁横向中心距离为 7.5 m，挡砟墙内宽 4.5 m，人行道位于主桁内侧。

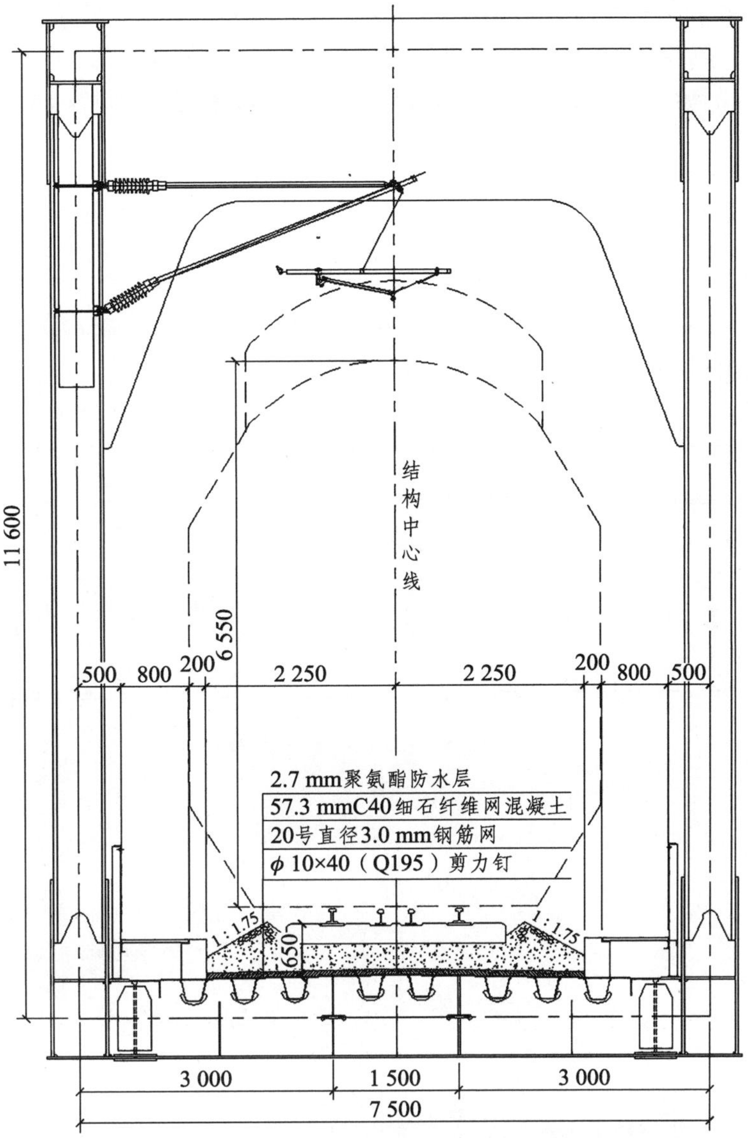

图 45-22 桥面构造（单位：mm）

根据现场反馈金台线钢桁梁桥面保护层采用环氧沥青混凝土实施困难，研究决定可采用 2.7 mm 厚聚氨酯防水层+57.3 mm 厚的 C40 细石纤维网混凝土材料替换，并在钢桥面上焊接 $\phi 10\times 40$ mm（Q195）规格的剪力钉，间距按照 400 mm × 400 mm 考虑，在纤维网混凝土中间位置布置一层 20 号直径 3.0 mm 的钢筋网。

二、施工工艺及流程

（一）工程特点及难点

（1）钢桁梁施工的安全压力大，由于新建桥与甬台温铁路并行，线间距 30 m，在施工过程中必须采取切实可行的防护和应急处理措施以确保 64 m 钢桁梁施工及营业线运营的安全。

（2）3-64 m 钢桁梁施工技术复杂，尤其是钢构件的焊接、钢梁涂层等施工，施工工艺复杂。钢桁梁的高空组拼加大了施工难度，钢桁梁杆件多，单根杆件含拼接板最大重量约 13.5 t，施工拼装场地位于水中栈桥上，因此如何克服杆件的运输、吊装和组拼施工是该工程的主要难点。

（3）上跨航道施工风险高，第 2 孔梁由于通航要求，因此跨中两次上下游分别预留出 18 m 的通航水道。在施工过程中需做好高空防护工作，同时在航道两侧做好安全通行标志及安全设施。

（二）钢梁制造方案

1. 桥面系单元件总体制造工艺

（1）桥面板分段。

桥面板横向分段：64 m 桥面板宽 6 200 mm，共分 3 块板单元制造，分别由板宽 2 200 mm+1 800 mm+2 200 mm 组成，见图 45-23。

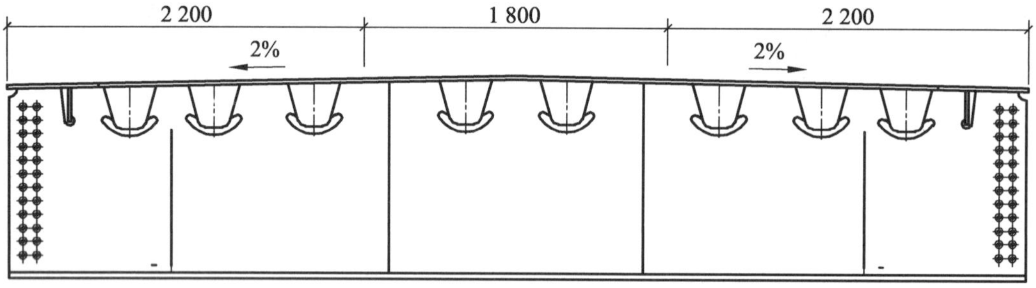

图 45-23　64 m 桥面横向分段

（2）板单元分段。

板单元分段见图 45-24。

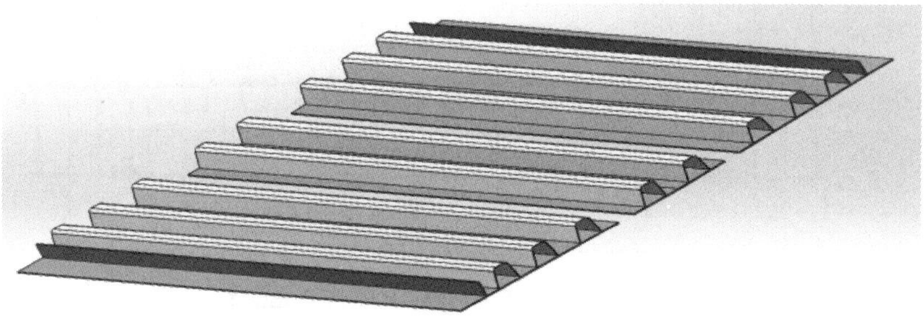

图 45-24　桥面板单元件立体示意

钢梁桥面板制造实现板单元化。所有板单元可按类型在专用胎架上形成流水作业制造，实现生产规范化，产品标准化，质量稳定化。

（3）单元件制造流程。

全桥预留两个端面的 U 形肋、板肋不钻孔，其余端面的 U 形肋、板肋孔采用先孔，横梁、纵梁预制成板单元之后钻孔。

主要杆件制造工艺流程图见图 45-25：

上弦杆件：采用后孔法

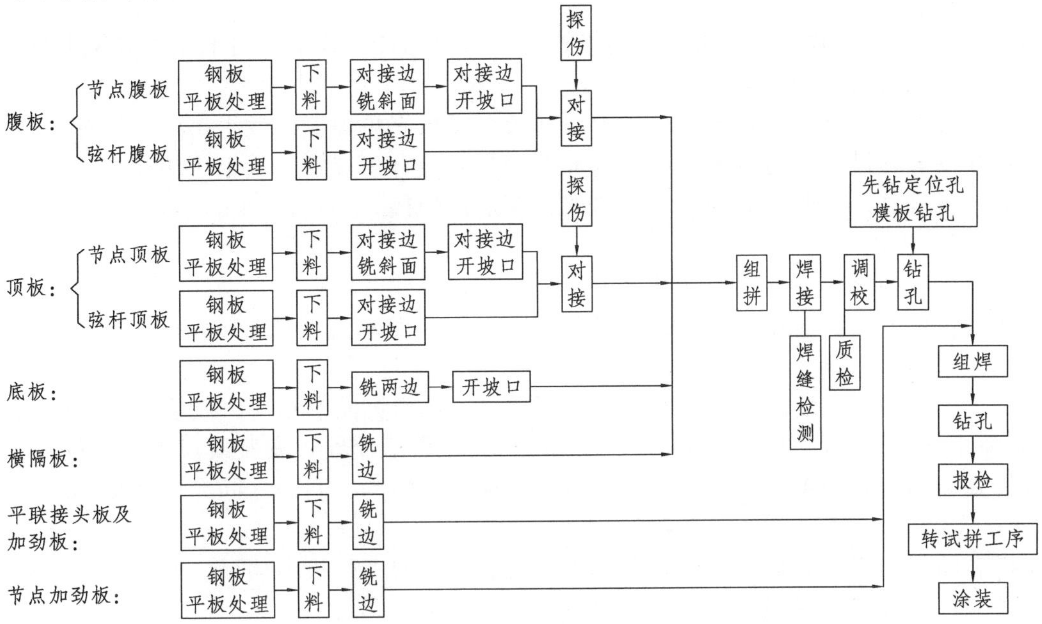

说明：
1. 对于零、部件在各工序加工中产生的变形，应在该工序完成后立即进行修整和矫正。
2. 每道工序完成后，施工人员均应进行自检，厂部质检人员原则上每道工序完工后都必须进行检验，对于质量较稳定且全效检验工作量很大的下料、铣边工序可按规定的检验比例采取首检和抽检相结合的方式，安质部检验人员对各工序的所有首件产品及成品进行检验，其余按规定的检验比例进行抽检。

下弦杆件：采用后孔法

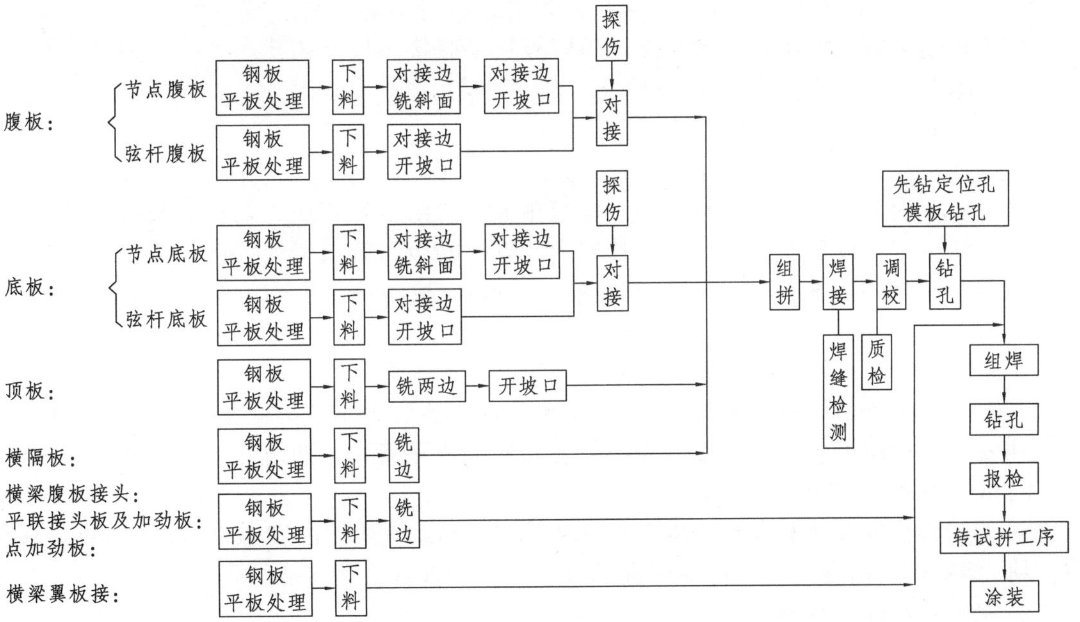

说明：
1. 对于零、部件在各工序加工中产生的变形，应在该工序完成后立即进行修整和矫正。
2. 每道工序完成后，施工人员均应进行自检，厂部质检人员原则上每道工序完工后都必须进行检验，对于质量较稳定且全效检验工作量很大的下料、铣边工序可按规定的检验比例采取首检和抽检相结合的方式，安质部检验人员对各工序的所有首件产品及成品进行检验，其余按规定的检验比例进行抽检。

图 45-25　主要杆件制造工艺流程图

2. 杆件组拼焊接工艺流程

组焊完毕的板单元必须检验合格方能转组拼工序，对超过允许偏差的单元件必须进行调校。

（1）组拼顺序分析：

① 上弦杆按焊缝设计图的要求，箱体内部顶板与隔板有角焊缝，故组拼顺序选择为倒拼。

② 下弦杆按焊缝设计图的要求，箱体内部底板与隔板有角焊缝，故组拼顺序选择为正拼。

③ 其他工形杆件，按照工形杆件组焊胎架，船形位焊接。

（2）上弦杆组焊工艺流程：

① 在组拼胎架内以大节点端为基准铺设顶板单元，焊线区域打磨，划横隔板拼装线。

② 按线组装横隔板，横隔板间隔偏差允差 ±1 mm，检测垂直度<1 mm，组拼间隙<0.5 mm，定位焊。

③ 在拼装胎架内按系统线对齐安装外侧腹板单元，外侧腹板单元与顶板单元、横隔板贴紧，两两之间允许间隙小于 0.5 mm，两两垂直度小于 1 mm。检查各系统线、安装线尺寸，定位焊。

④ 按线安装内侧腹板单元，腹板与顶板单元、横隔板贴紧，两两之间允许间隙 0.5 mm，两两垂直度小于 1 mm，检查各系统线、安装线尺寸。

⑤ 在拼装胎架内安装底板，底板为嵌入式，安装时先检查腹板内档尺。

⑥ 组拼完毕对杆件进行编号。

⑦ 按焊接工艺顺序及参数进行焊接。

⑧ 平台上检测、矫正、重划系统线，矫正杆件偏差符合规定，记录检测结果。

⑨ 焊缝打磨，焊缝探伤检测，记录检测结果。

⑩ 几何尺寸检测报检合格后方可进行钻孔工序，钻孔在专用钻孔胎架内进行。

⑪ 以大节点端为基准，横向以杆件内档系统线定位，纵向以杆件节点板系统线定位，拼装平联接头板，按焊接工艺施焊平联接头板与内侧腹板的焊缝，进行焊缝检测。

⑫ 拼焊平联接头加劲板及节点加劲板，用模板钻平联接头板上的孔。

⑬ 杆件整体报检。

⑭ 转涂装场地，喷砂除锈、杆件端部密封，涂装。

（3）下弦杆组焊工艺流程：

① 在组拼胎架内以大节点端为基准铺设底板单元，焊线区域打磨，划横隔板拼装线。按 0.2‰ ~ 0.4‰ × ΔL（以整体节点板系统线交汇点为基准）计算横隔板间需预留的焊接收缩量。

② 按线组装横隔板，横隔板间隔偏差允差 ±1 mm，检测垂直度<1 mm，组拼间隙<0.5 mm，定位焊。

③ 在拼装胎架内按系统线对齐安装外侧腹板单元，外侧腹板单元与底板单元、横隔板贴紧，两两之间允许间隙小于 0.5 mm，两两垂直度小于 1 mm。检查各系统线、安装线尺寸，定位焊。

④ 按线安装内侧腹板单元，腹板与底板单元、横隔板贴紧，两两之间允许间隙 0.5 mm，两两垂直度小于 1 mm。检查各系统线、安装线尺寸。

⑤ 在拼装胎架内安装顶板。检查对角线偏差<0.5 mm，整体扭曲度<2.0 mm。检查各系统线、安装线、杆件内档宽度、高度尺寸，特别检查端口尺寸。检查合格后定位焊。

⑥ 组拼完毕对杆件进行编号。

⑦ 按焊接工艺顺序及参数进行焊接。

⑧ 平台上检测、矫正、重划系统线，矫正杆件偏差符合规定，记录检测结果。

⑨ 焊缝打磨，焊缝探伤检测，记录检测结果。

⑩ 几何尺寸检测报检合格后方可进行钻孔工序。

⑪ 以大节点端为基准，横向以杆件内档系统线定位，纵向以杆件节点板系统线定位，拼装横梁接

头板，按焊接工艺施焊横梁接头板与内侧腹板的焊缝，进行焊缝检测。

⑫ 用模板钻横梁接头板上的孔。

⑬ 杆件整体报检。

⑭ 转涂装场地，喷砂除锈、杆件端部密封，涂装。

（4）腹杆组焊工艺流程：

腹杆包括工型腹杆和箱型腹杆，均为较长杆件，钻孔采用后孔法，待杆件焊接成型调校合格后再在钻孔胎架内钻孔。杆件端部面板、腹板手孔和切角均在杆件钻孔完毕后仿形切割。

（5）横梁组焊工艺流程：

① 杆件单板下料暂按总长 $L\times0.6‰$预留焊接收缩量。与下弦杆对拼，控制杆件高度公差在+1～0 mm，故腹板铣边，铣边后宽度公差在+1～0 mm。

② 翼板，腹板组拼在专用工字形组拼胎架内组拼，组拼间隙<0.5 mm，垂直度<0.5 mm，检测尺寸，合格后点固焊。

③ 在翻转胎架内船形位焊接，焊后打磨，报检。合格后转入钻孔工序。钻孔采用后孔法，杆件成型后在钻孔胎架内整体覆盖式模板钻孔。

④ 杆件钻孔后，拼焊加劲板。

⑤ 杆件整体报检。

⑥ 有试拼要求的杆件转试拼工序。

⑦ 转涂装场地，喷砂除锈、有孔部位密封，涂装。

（6）上平纵梁组焊工艺流程：

① 杆件单板下料暂按总长 L×0.6‰预留焊接收缩量。与主桁杆件对拼，控制杆件高度公差在+1～0 mm，故腹板铣边，铣边后宽度公差在+1～0 mm；

② 翼板，腹板组拼在专用工字形组拼胎架内组拼，组拼间隙<0.5 mm，垂直度<0.5 mm，检测尺寸，合格后点固焊。

③ 在翻转胎架内船形位焊接，焊后打磨，报检。合格后转入钻孔工序。钻孔采用后孔法，杆件成型后在钻孔胎架内布置小模板钻孔。

④ 杆件整体报检。

⑤ 有试拼要求的杆件转试拼工序。

⑥ 转涂装场地，喷砂除锈、有孔部位密封，涂装。

（三）焊接

（1）焊工须经相应的考试，取得资格证书方可上岗。焊工必须持证上岗，并按规定进行与其等级相应的焊接工作，严禁无证上岗。

（2）焊接作业宜在室内进行，保证环境温度 5 °C 以上，相对湿度 80%以下，主要杆件在组装后 24 h 内焊接。如超时应根据不同情况在焊接部位进行清理或去湿处理后方可焊接。

（3）焊接材料由专用仓库储存，按规定烘干、登记领用。烘干后的焊条应放在专用保温桶备用；焊剂中的脏物，焊丝上的油锈等必须清除干净；CO_2 气体纯度应大于 99.5%，使用前须经倒置防水处理。

（4）焊接人员须严格执行焊接工艺规程，不得随意变更焊接规范参数。主要焊缝焊后按规定进行焊接记录。

（5）焊接设备应处于完好状态，电流表和电压表应通过计量检定。

（四）杆件矫正

（1）冷矫时应缓慢加力，室温不宜低于 5 °C，冷矫总变形量不得大于 2%。

（2）热矫的加热温度控制在600～800 °C，不宜在同一部位多次重复加热。

（3）对于H形截面构件，由于角焊缝对翼缘变形影响较大，故焊接完成焊缝冷却后应进行翼缘矫正，矫正使用专用H型钢翼缘矫正机进行。

（五）厂内试拼装

（1）检验合格的杆件涂装前进行预拼装，以检验钢桁梁的制造质量，确保工地一次安装合格。

（2）主桁、平联、横联、桥门架等分别进行试拼装，控制钢桁梁的几何尺寸及栓孔重合率等。

（3）试装在测平的台凳上进行，杆件处于自由状态。台凳支点处有基础构造，避免局部沉降影响试装。

（4）钢桁梁杆件摆放拼装后用水平仪对钢桁梁拼装平面进行测平，并用顶镐对超差点进行微调。

（5）试装时各孔群所用冲钉数量不少于栓孔总数的10%，螺栓不少于栓孔总数的20%，螺栓拧紧后使板层密贴。

（6）主桁的螺栓孔应100%自由通过较设计孔径小0.75 mm的试孔器，桥面系和连接系的螺栓孔应100%自由通过较设计孔径小1.0 mm的试孔器。

（7）钢桁梁拼装完并调整好后，逐一检查钢桁梁拱度、几何尺寸、全长直线度、栓孔重合率等规定项点，并做好试装纪录。

（8）钢桁梁试装主要尺寸应符合规范要求。

（六）涂装

1. 表面处理及二次除锈

成品杆件表面进行喷砂抛丸处理，且必须将表面油污、氧化皮和浮锈以及其他杂物清除干净，除锈后的钢表面清净度等级应达到《涂装前钢材表面锈蚀等级和除锈等级》（GB8923.1—2011）标准的规定。

2. 表面涂装

（1）表面抛丸处理后，钢桁梁在厂内进行表面涂装。

（2）高强度螺栓栓合面抛丸除锈后喷涂防滑涂料，出厂时的抗滑移系数保证不小于0.55，现场安装时不低于0.45。为避免运输过程中划伤，出厂前对栓合面进行包装防护。

3. 涂装要求与检测

（1）涂装采用无气喷涂技术，确保涂层质量。栓孔处涂层采取防护措施，保证栓接面不受污染。

（2）涂装应在杆件检验合格，并且表面处理达到规定要求后方可进行。

（3）涂装作业严格按涂装施工工艺和涂料说明书的要求进行。

（4）底漆、中间漆要求平整均匀，漆膜无气泡、皱纹等，无严重流挂、脱落、针孔、裂纹、漏涂等缺陷，面漆颜色与比色卡一致。

（5）用电子涂层测厚仪和磁性测厚仪、横杆式测厚仪等测量漆膜厚度。

（6）钢桁梁制造完成后，对高强度螺栓栓合面进行包装，避免受潮划伤。并按设计图编号，结合工厂施工图进行杆号喷涂标识，标识位置放在钢桁梁腹板非连接部位且醒目位置。

4. 编号、堆码、标识

（1）完成涂装的构件应根据拼装时的位置进行编号，编号时构件序号应与图纸完全一致，且每根杆件的编号均是唯一的。编号应采用白色油漆，喷在构件近端部1 000 mm处，字样为仿宋体，字高120 mm。

（2）编号完的杆件应根据其在钢桁梁上所处位置堆码，并建立标识牌，以方便以后的运输和安装。

（七）钢梁运输方案

1. 杆件存放要求

此存放要求适用于工厂和现场存放。

（1）存放场地应坚实平整、通风且具有排水设备。支承处应有足够的承载力，不允许在节段存放期间出现不均匀沉降。

（2）所有构件节段宜单层堆放，节段吊运应4点平衡起吊。

（3）所有构件节段在运输和堆放前，应采取措施将加劲肋端部封严，防止雨水侵入肋内。

（4）所有构件节段在存放场地存贮时，应按工地架设顺序编号，并按吊运顺序安排位置。将先吊装的节段放在外面，后吊装的节段放在里面。

2. 运输方案

运输车辆根据运输构件尺寸及重量要求，拟采用 30 t、40 t 平板载重车若干辆陆运至桥位，可根据进度要求，适时增加车辆。

3. 运输路线

九江加工厂至台州永宁江大桥址公路运输需经过杭瑞高速、台金高速，全程约 602 km，公路运输需约 7 h 26 min。

4. 装载方案及加固方案

装载方法是保障构件运输安全的重要设施，而加固捆扎是保证构件安全的重要环节，制定一个完善的装载及加固方案，能使项目的全部构件安全、完整地运输至施工现场。

（八）临时工程

1. 施工便道

施工便道利用原有施工便道。

2. 施工用水

生活和施工生产用水以接引工程所在地的自来水为主，经检测合格的永宁江江水为辅。

3. 施工用电

施工场地内电缆线路采用埋地敷设，埋地敷设深度 60 cm，在电缆上下均匀铺设 6 cm 细砂，然后覆盖砖作硬质保护层。施工场地外采用架空线路，架空时沿电杆设置，并用绝缘子固定。

4. 钢梁拼装场

为保证钢桁梁的施工，本着既经济节约又方便施工生产的原则，根据现场地形条件因地制宜地在 25#墩～26#墩旁设置约 25 m×35 m 的钢梁拼装场（存放和预拼），存梁场满足存放 2 个节间钢桁梁杆件。

5. 施工总平面布置

结合金台铁路项目工程特点，本着“因地制宜、方便施工、安全快捷”的原则进行安排。主要布置的临时设施有：钢梁拼装场、施工便道、钢梁存放场等。

（九）钢桁梁安装

钢桁梁拼装前需一些准备工作，包括设立存梁场地，施工便道，搭设拼装支架，施工永久支座，施工设备进场等等。然后利用 90 t 履带吊吊装钢桁梁上临时支架，安装顺序由 E_0 向 E_0' 方向拼装。单孔桁梁安装顺序：先预拼杆件，后安装下弦杆、桥面系（横梁、纵梁及桥面板），再拼腹杆、上弦杆、桥门架及上平联。待钢梁拼装完三孔之后，安装进行桥梁附属结构施工及伸缩缝。整体施工流程见图 45-26。

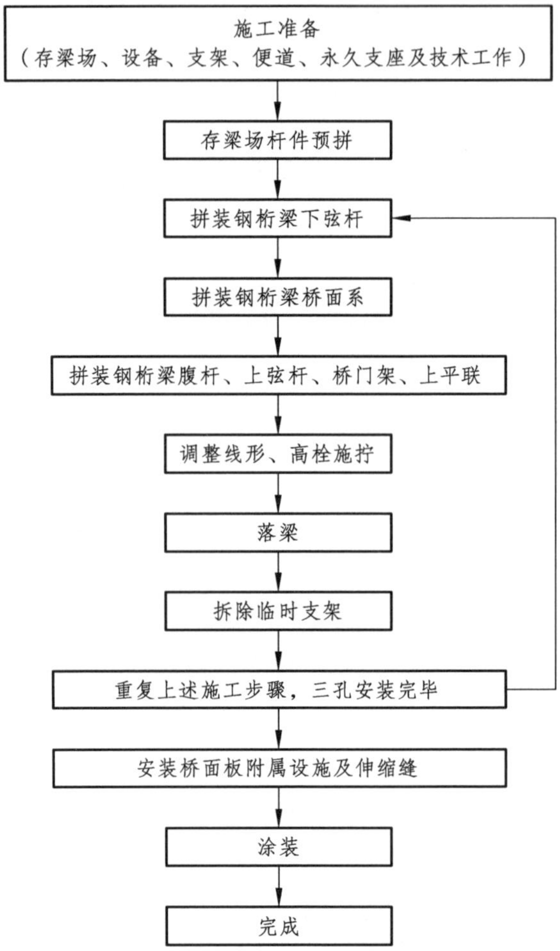

图 45-26 施工流程

（十）顶落梁

1. 单墩落梁装置工作流程

钢梁安装就位→落梁装置布置→落梁工作。

2. 落梁注意事项

（1）使用的油压油顶，须带顶部球形支承垫保险箍，共同作用的多台油顶选用同一型号，用油管并联。油压油顶、油泵、压力表、油管长度力求一致。为准确掌握支点反力，应对油顶、油泵、压力表一并配套校正。

（2）顶落梁中，上支承面及各垫层间应放置石棉板防滑材料；为适应支点水平位移，油顶底部应设置不少于 2 层 MGE 板垫座，垫座中心应与油顶中心轴重合。

（3）施工应按设计文件办理，油顶中心轴应与支承结构中心线重合，对顶落高程、支点反力、支点位移，跨中挠度等变化，应进行观测和记录。

（4）顶落梁时必须设置保险支座，同一墩的左侧、右侧，除调整高程时分别起顶外，均同步进行。在顶落梁过程中搁置在临时抄垫板上时，应测量两侧支点高差，当高差大于 3 mm 时，调整两支点高程。顶落梁前必须栓合的部位应在施工细则中制定。

（5）顶落梁支撑抄垫时，若支撑高度大于 800 mm，必须增加侧向支撑。

（6）油顶安放在墩顶及梁底的位置均应严格按设计规定安放，并不得随意更改。

（7）在顶落梁及纵横移时，应由值班工程师负责，并做好记录，使用多台油顶顶落梁时，应统一指挥，由专人负责。

（8）油顶使用时不得超过规定人数操作，任何人不得站在安全栓的前面。2 台油顶顶梁时，需做到同步顶升，确保各油顶的顶升速度及受力基本一致。

（9）落梁过程千斤顶卸载需同步，平稳，缓慢可控，尽量做到小行程卸载。

（10）落梁装置必须有足够的强度及稳定性。

（11）使用油顶必须遵守相关规定。

（十一）支座安装

墩台顶面的准备工作：为使支座与墩顶密贴接触，可将支承垫石顶面凿平至低于设计高程 20 ~ 30 mm，以便铺设砂浆调整高低，同时应复测墩顶上预留的锚栓孔位置，修凿整理后完全符合设计要求。

支座安装时，应根据设计要求温度进行解除约束，若施工温度不能满足设计温度要求时，需对支座与偏量进行调整后，再进行安装。

（十二）附属工程施工

附属工程包括人行道、检查设施、排水、电缆槽、伸缩缝、桥面防水体系、挡砟墙、防落梁措施等。

桥面防水层、保护层的铺设应在挡砟墙完成后进行。为保证桥面排水畅通，在保护层施工时，应注意桥面排水坡的设置，同时在泄水孔附近设置一定的汇水坡。

（十三）工地涂装

（1）钢梁油漆质量应满足《客货共线铁路桥涵工程施工技术规程》（Q/CR 9652—2017）和《铁路钢桥保护涂装及涂料供货技术条件》（TB/T 1527—2011）的要求。

（2）工地使用的钢梁面漆与工厂油漆应配套。设计中采用环氧富锌底漆、氟碳面漆相结合的防护体系，设计防腐周期 20 年以上。

（3）涂装所用涂料应有产品合格证和出厂日期，进场后按规定进行取样，对黏度、干燥时间、耐水性和柔韧性进行物理性能检验，合格后方进行使用。

（4）工厂制造的钢梁杆件运抵工地后，及时检查涂装质量和了解涂装日期。钢梁杆件油漆前，用棉纱或布清理杆件表面的污尘、积水、霜、雨露及油脂物等。

（5）钢梁杆件在运输过程中，发现工厂油漆被破坏、风化变质或有锈斑情况，彻底清除表面风化层，打磨清理灰粉，将生锈部位清理至显出金属光泽再补涂底漆。若锈蚀严重或发现其他严重缺陷时，返回工厂处理。

（6）钢梁涂装时不允许在恶劣条件下施工，选择在天气晴朗、无三级以上大风和温暖季节进行。

（7）对杆件摩擦部分的喷铝面，要严加保护，不得脚踩磕碰，染上污泥、油垢、油漆等，以免降低磨擦面的摩擦系数。若发现有脱皮、开裂、碰损、锈蚀等，处理合格后方能拼装。

（8）涂料在涂装前一、二天应将涂料桶严密封盖倒置，以减轻沉淀和结块，云铁涂料使用前及涂装过程中，应经常充分搅拌，有条件时应使用机械搅拌。每组份的涂料，应现配现用，以免胶化变质。

中间漆、面漆必须熟化 30 min 后方可使用。

（9）在钢梁涂装过程中，对可能积水的缝隙应按施工规范要求进行填封后方可继续涂装。

（10）在存梁场涂刷的面漆，没有干透前不能吊运、翻身和组拼。

（11）每道油漆涂装过程中，用滚轮式或梳式湿膜测厚仪测量湿膜厚度，以控制干膜厚度。

（12）涂漆间隔时间：底漆与中间漆涂装时间间隔为 1 ~ 7 天，不允许超过 7 天。

（13）按《色漆和清漆膜厚度测定》（GB 13452.2—2008）的规定用磁性测厚仪法或杠杆千分尺法测量涂料涂层厚度。钢梁主要杆件抽检 20%，次要杆件抽检 5%，每件构件测三处，每一处取 10 cm × 10 cm 测五点。

（14）钢梁涂装完成后，做到表面光泽，颜色均匀，不允许有露底、漏涂、涂层脱落、涂膜破裂、起泡、划伤及咬底等缺陷，手工涂刷的不显有刷痕。

（15）钢桥涂装的层数和涂膜厚度，按设计文件规定执行

（16）钢梁保护涂装磨损部位应进行修补，可视面最后一道面漆应在钢梁架设完成后涂装。

（十四）临时支架拆除

临时支架采用由上到下、由主到次的原则进行拆除；先使用人工火焰切除墩顶支撑哑板，割除方向为中间向两边；使用人工火焰切除上部分配梁与钢管桩和下部连接系连接，使用 90t 履带吊吊装至运输车转运离场。

（十五）钢桁梁架设监控和测量

1. 梁段的线形测量

施工过程中对于钢梁的平面位置和高程控制是确保钢梁施工质量和最终成桥线形的关键影响因素。为保证钢梁轴线顺直，里程和拱度符合设计要求，应及时进行钢梁安装过程中的测量和纠偏工作，发现问题及时矫正。

2. 钢梁架设中应力测定

为保证钢梁架设过程中钢梁和支架的安全及稳定性，测定工作应选在早晨日出前或太阳刚出、阴天、无风或微风状况下进行。测定后需与计算值比较，以便及时进行分析，防止超应力。

第七节　桥面系工程施工

桥面系应按照相关规范及各有关专业设计要求和规定分阶段组织施工。桥梁预制前，由设计单位组织技术交底工作，具体明确电化立柱基础、中继站电缆上桥位置等专业接口，遮板、栏杆（声屏障）、电缆槽盖板应集中预制，桥面系按架梁区段分单元施工。桥面系原则上在一个方向运架完成后展开施工，也可在不影响架梁进度的前提下，结合各运架梁设备的尺寸情况，利用运架梁间隙，进行遮板安装，电缆槽、护栏及其外侧防水层、保护层、电化立柱基础的施工。挡墙内侧防水层、混凝土保护层待运架区段内一个方向的桥梁架完后提前展开施工，伸缩缝在保护层施工后铺设道前进行安装。栏杆（声屏障）应结合铺架情况，选择合理时间进行安装，电缆槽盖板在敷设电缆后进行安装。

一、施工准备

（一）材料准备

人行道钢横梁支架、防护栏杆、伸缩缝等进场材料的品种和规格均符合设计规定，并有出厂合格

证及试验报告。

材料进场后分型号水平堆放，并用方木支垫，方木间距不大于 1 m，防止变形，离地距离不小于 0.2 m，存放在防雨棚内或采用塑料布覆盖防雨，并标识清楚。

（二）技术参数

（1）工程部制定并下发施工技术交底。

（2）试验室对施工使用的材料检验合格，其品种、规格、质量，符合设计要求和现行国家有关技术标准规定。

（3）每道工序在施工前由技术员认真检查上道工序是否合格，合格后并请现场监理进行检查。经现场监理检查合格后方可进行施工，切实保证施工质量。

（4）人行道支架采用钢横梁的型式，支架利用预埋于梁体挡碴墙中的 T 钢与梁体连接；

（5）预埋 T 钢、人行道步行板支架角钢均采用 Q235 钢料；

（6）栏杆立柱角钢和栏杆扶手角钢采用∠75×75×8，钢横梁支架采用 10 mm 厚钢板，扶手角钢间拼接采用∠75×75×6。

（7）栏杆采用直径 20 mm 的圆钢，采用直螺纹套筒连接。

（8）钢横梁支架在加工厂加工完成后，由技术人员组织验收，运到现场。

（9）T 钢与钢横梁间的连接采用螺栓 M20×1.5×65-8.8 级（GB/T 5785）、螺母 M20×1.5（GB/T 6171），扶手角钢采用螺栓 M16×40-4.8 级（GB/T 5781）、螺母 M16-10（GB/T 56）。

（10）桥上电缆槽采用 U 形槽，有 U1、U1-1、U2、U3、U3-1、U4 共 6 种。

（11）桥面伸缩缝安装材料分别为挡砟钢板、C40 细石混凝土、钢压板、橡胶止水带、不等边角钢，防腐处理工艺及各项技术指标应满足《铁路混凝土梁配件多元合金共渗防腐技术条件》（TB/T3274—2011）的要求。

（12）声屏障安装材料分别为 H 型钢立柱、非金属复合吸声板、橡胶条及高强螺栓等。

二、施工方法及工艺流程

（一）材料要求

（1）人行道支架采用钢横梁的形式，钢横梁与梁上预埋 T 钢连接；

（2）竖向立柱角钢采用∠75×75×8 角钢，栏杆扶手角钢采用∠75×75×6 角钢；

（3）栏杆采用直径 20 mm 的圆钢；

（4）支架由专业厂家加工，运到现场安装；

（5）U 形电缆槽采用预制加工生产，运至现场进行安装。

（6）钢构件防腐要求：人行道栏杆立柱、扶手、栏杆圆钢及连接套筒采用多元合金共渗+钝化处理，其中渗层厚度≥50 μm，防腐处理的工艺及各项技术指标应满足《铁路混凝土梁配件多元合金共渗防腐技术条件》（TB/T 3274—2011）的要求；人行道钢横梁防腐采用复合渗层技术（钢板多元素粉末共渗+焊缝部位电弧喷涂锌铝+用不含重金属元素钝化剂钝化处理）。

（二）施工要求

（1）材料转运、散布：对桥面系所采用的材料均由吊运设备统一运输到底墩位置，集中采用吊车吊运到桥面上，采用轨道运输小车集中运输分配相应位置，安装均由小型龙门架吊运安装。

（2）钢横梁支架矫正：钢横梁支架安装完成之后，进行支架矫正，要求与梁体横向、竖向均垂直，无喇叭口现象存在。

（3）栏杆扶手安装：扶手采用∠75×75×6 角钢，栏杆采用直径 20 mm 圆钢，扶手与竖向角钢的连接：连接螺栓采用 M16 螺栓；同步进行栏杆圆钢安装，圆钢穿完成后，断开处利用直螺纹套筒连接，梁端处圆钢做成直钩。

（4）栏杆扶手调整：水平成一线，平直，扶手在 10 m 长度范围内，矢度不大于 10 mm 栏杆平直，无弯曲现象，连接处要平顺。

（5）构件涂装：人行道钢构防腐涂装，涂装要均匀。

三、人行道钢横梁支架安装

（一）安装设备选择

钢横梁支架安装根据现场场地实际情况采用简易吊安装，见图 45-27。

图 45-27　现场钢横梁支架安装图

简易吊主体由 ϕ150 mm，壁厚 10 mm 无缝钢管组成，底座焊接在∠120×120×10 骨架上，骨架焊接在平板车底盘上，采用滑轮式人工驱动；吊杆尾部安装一台 2t 中卷扬机，简易吊跨度为 3 m，净高为 5 m，在行走机组钢轨两侧焊制挡板，以防行走机组脱落伤人。单个钢横梁支架重 63.92 kg、U 形槽中最重的为 U4，单个重量为 408 kg，挡砟钢板最大重量为 300 kg，行走机组（起重 2 t）均满足起重要求。

（二）安装前准备

（1）对照工程数量表采用人工配合轨道运输小车，将材料转运到施工地点，并均匀散布于梁体对应位置。

（2）在钢横梁支架安装前，首先对梁边预埋 T 钢进行清理，凿平螺栓跟部凸出混凝土等。

（三）钢横梁安装

（1）安装顺序：钢横梁安装在预埋 T 型钢的跨中侧，即安装时，首先定位出每孔梁跨中的 T 型钢位置并将钢横梁安装就位，然后以跨中钢横梁为参考，依次从梁端向靠近跨中钢横梁的方向进行安装。

（2）钢横梁支架安装：小型龙门架起吊钢横梁进行安装，起吊安装时，安排专人进行指挥作业，钢横梁起吊点位置，安排 2 人配合安装，安装时作业人员将钢横梁扶持稳定，缓慢下放，到达预埋 T 型钢位置时，调整钢横梁位置，将螺栓孔对齐，然后一人扶稳钢横梁，一人使用电动螺栓紧固器将螺栓及时拧紧，保证安装上的支架不左右晃动，安装完成后将龙门架移至下一个安装位置进行安装。

（四）钢横梁支架矫正

钢横梁支架安装完成之后，进行支架矫正，要求与梁体横向、竖向均垂直，无喇叭口现象存在，钢横梁支架净空要符合相应各种型号的U形槽尺寸要求。

四、人行道防护栏杆安装

（一）人行道护栏组成

人行道护栏由立柱角钢、扶手角钢和护栏圆钢组成，立柱角钢采用∠75×75×8 角钢，扶手采用∠75×75×6 角钢，栏杆采用直径 20 mm 圆钢。

（二）立柱角钢安装

立柱角钢通过 2 个 M16×40 螺栓与钢横梁支架上的立柱基础角钢进行连接，安装过程中使用水平尺进行立柱角钢安装垂直度的调整，确保其垂直度。

（三）扶手角钢安装

扶手角钢通过 1 个 M16×40 螺栓与立柱角钢进行连接；纵向扶手角钢之间拼接采用∠75×75×6（长度 24 cm）角钢和 4 个 M16×40 螺栓于扶手角钢外侧连接。

（四）护栏圆钢安装

栏杆圆钢穿心完成后，断开处利用直螺纹套筒进行连接，梁端处圆钢做成直钩。

（五）栏杆立柱角钢和扶手矫正

立柱角钢安装完成后，使用水平尺进行垂直度矫正，对于垂直度不满足设计和规范要求的立柱角钢进行调整，直至垂直度满足要求（倾斜度不超过 0.5%）。

栏杆安装完成后，进行带线矫正，保证水平成一线，平直，扶手在 10 m 长度范围内，矢度不大于 10 mm，栏杆平直，无弯曲现象，连接处要平顺。

五、U 形槽、RPC 人行道盖板预制和安装

（一）U 形槽、RPC 人行道盖板预制

U 形槽在预制场统一预制加工，U 形槽预制完成后，上报监理工程师检验，经检验合格后，采用汽车运输至施工现场进行安装，运输过程中注意对 U 形槽的防护，防止碰伤、缺角掉块，安装前对 U 形槽进行检查，缺角掉块的步行板及 U 型槽不得进行安装。

RPC 人行道盖板进行集中采购，RPC 人行道盖板采用强度等级为 R130 的活性粉末混凝土，其性能指标应满足《铁路电缆槽盖板和人行道步板第一部分：活性粉末混凝土型》（Q/CR2.1—2014）要求。RPC 人行道盖板进场后，应进行验收，其检测项目、方法和质量标准满足现行标准，同时符合表 45-16 的规定。

表 45-16 验收标准

序号	检验项目		检验方法	质量标准/mm
1	RPC 人行道盖板	边长	钢直尺	±2
		厚度	钢直尺	+2～0
		对角线长	钢直尺	±3

（二）U 形槽、RPC 人行道盖板安装

人行道 U 形槽安装设备与方法与钢横梁安装工艺一样，龙门架加人工配合施工，安排专职人员进行统一指挥吊运，2 人配合安装，安装时作业人员将 U 形槽扶持稳定，缓慢下放，到达钢横梁顶面位置时，调整 U 形槽位置，将 U 形槽下方 $\phi45$ 定位孔与钢横梁顶面圆柱头焊钉对齐，下放安装，安装完成后将卷扬机移至下一个安装位置进行安装。

RPC 人行道盖板在设置检查梯侧安装 H4、H5、H6 型盖板，盖板厚度为 40 mm，无检查梯侧采用 H1、H2、H3 型盖板，盖板厚度为 25 mm。RPC 人行道盖板采用集中吊运至梁面，轨道小车运输至安装现场，人工搬运进行安装。人行道 U 形槽安装完成后应平顺稳固，防止发生“三条腿”现象，RPC 人行道盖板安装后应平整稳固，如出现脱空应在人行道 U 形槽竖墙顶部采用 M10 砂浆找平。

六、桥面伸缩缝安装

（一）施工准备

（1）伸缩缝材料的进场与运输存放情况：

① 按照设计图纸提出的橡胶止水带、钢压板、M16 螺栓、挡砟钢板伸缩装置均由专门的生产厂家制作供应。

② 伸缩缝材料运输采用集中吊运分批运输，由吊运机械吊运至桥面运输小车，运输小车分别运往施工现场。

（2）运输过程中，避免阳光直接曝晒、雨淋，并保持清洁，轻吊轻放，防止碰撞或受力变形。

（3）伸缩缝材料应存放于干燥通风、清洁防雨、离热源 1 m 以上的地方，其地点应尽量接近安装位置；堆放应离地 0.3 m 以上码放整齐，防水橡胶条严禁与酸、碱、油类有机溶剂相接触。

（二）伸缩缝安装

（1）施工前，清理梁端预埋伸缩缝不等边角钢上的混凝土灰渣，加工好锚固钢筋，并把不同型号的橡胶止水带、钢压板、M16 螺栓、挡砟钢板等材料以及机械设备运往安装位置以待安装。

（2）橡胶止水带安装采用钢压板固定，M16 螺栓穿入钢压板与梁端预埋的角钢进行有效连接。

（3）挡砟钢板安装时，应先在挡砟钢板上加固好定位 Φ10 钢筋，沿梁横向每隔 600 mm 焊接两根，间距为 4 cm。在曲线段时，曲线内侧挡砟墙梁缝处采用挡砟钢板 A，外侧采用挡砟钢板 C。挡砟钢板 B、D 可分为两个人字形钢板制作。

（4）钢压板制作时应做成与梁端坡度一致的人字形，伸缩缝处所采用的材料挡砟钢、螺栓、钢压板均应采用多元合金共渗+钝化处理，其中渗层厚度≥50 μm，防腐处理的工艺及各项技术指标应满足《铁路混凝土梁配件多元合金共渗防腐技术条件》（TB/T 3274—2011）的要求。

七、声屏障安装

（一）预埋螺栓的检查

声屏障安装前，认真检查预埋螺栓间距是否符合要求，螺栓是否弯曲等问题，在安装前整改完成。螺栓间距检查可根据设计图纸中螺栓间距，采用 5 mm 厚的钢板制作一个卡具。卡具孔位严格按照图纸制作，孔径尺寸略大于预埋螺栓 2 mm，如卡具能正常放入预埋件中，说明预埋螺栓位置正确。如无法放入，需将影响的螺栓做好标识，进行调整。如螺栓尺寸偏差在 3 mm 以内，调整采用略大于螺栓直径 2 ~ 4 mm 的长钢管，插入预埋螺栓后，慢慢施力将螺栓调整至合适位置；如螺栓偏差超出 3 mm，需将原螺栓凿除后，重新植入锚固螺栓处理。

注意：螺栓原施工中涂刷的黄油在安装前采用钢丝刷清理干净。螺栓高程也需认真检查，偏差超出 3 mm 的也采用重新锚固螺栓的处理方案处理。

（二）薄螺母安装调平

经检查螺栓的外露长度、垂直度等均满足要求后，进行薄螺母的安装调平工作。薄螺母安装采用水平仪测量后在螺栓处划上标示，调整至标识位置后，采用水平尺进行检查，保证螺栓水平。然后在薄螺母上部安装三元乙丙橡胶弹性垫圈。

（三）H 型钢立柱安装

H 型钢立柱采用汽车吊垂直运输至桥面，统一放于防撞墙外侧，水平运输采用简易轨道车进行运输。

立柱安装时采用制作的简易吊杆吊在立柱的上端吊装孔上，采用滑轮将立柱缓慢吊起，人工扶立柱的中下部将立柱下钢板的孔位与预埋螺栓位置对正后放下。立柱放下后，将四个角的 4 根预埋螺栓螺母安装上，并施拧至紧固即可。

采用线垂及钢尺测量立柱的垂直度、轴线、高程等是否满足设计要求。如满足设计要求，进行重力砂浆灌注施工。如不满足要求，则需要重新调整到位。

注意：单个立柱安装调整完成后，要将至少约一孔梁范围长度的立柱进行轴线调整，保证轴线顺直。

（四）砂浆找平

立柱标高、轴线等均调整到位后，灌注重力式砂浆找平。灌注前首先洒水湿润柱槽，保证槽内清洁湿润，且不得积水。沿柱槽外侧采用竹胶板及胶带封堵，避免漏浆。采用重力式自流由一侧灌入，灌注，高差宜 1～2 cm，采用漏斗接塑料管灌入。直至另一侧有砂浆溢出为止，待砂浆接近初凝时将表面多余的砂浆刮掉，抹平、压光。

重力砂浆灌注完成后，采用棉被覆盖养护 1～3 天。重力砂浆在灌注完成后 1 天强度达到约 30 MPa，其初凝时间约 45 min，终凝时间约 90 min。在施工时注意控制施工拌和用量，在初凝之前完成灌注工作。

重力砂浆灌注完成 1 天后，将螺栓上的临时螺母施拧下来，然后在下部安装防松动垫圈，防松动垫圈由两片组成一套，相对安装。

防松动垫圈安装完成后，进行高强螺母的施拧，高强螺母施拧需制作专用套筒，保证套筒有足够长度进行施拧。

注意：施工时不得漏拧、欠拧或超拧。第 1 个螺栓施拧到位后，再进行第 2 个螺栓的施拧。桥梁声屏障 6 个螺栓中中间的两个螺栓不需要施加预紧力，只要拧紧即可。

（五）安装解耦装置

立柱安装完成后，在两个立柱间铺设一根三元乙丙橡胶解耦装置，铺设平整，中心对准轴线，避免在单元板安装后产生外露现象。

（六）声屏障立柱柱脚加固

解耦装置安装完成后，在声屏障立柱柱脚外包混凝土，混凝土灌注前首先洒水湿润基层，保证基层内清洁湿润，且不得积水。

（七）安装单元板

单元板采取自上而下逐块插入的方式插入 H 型钢立柱之间，插入时注意避免破坏单元板与 H 型钢分割的单管橡胶垫。插入时自上而下两侧同时水平插入，避免倾斜插入时损坏单元板。局部地段如单元板与立柱间缝隙较小，无法插入，可采用橡皮锤轻敲缓慢插入。

（八）安装接地

单元板安装完成后，安装接地设施。桥梁接地采用 50 × 4 mm 镀锌扁钢与梅根立柱的 1 个地脚螺栓相连后接入每孔梁的接地系统。

（九）声屏障外侧处理

声屏障外侧（南侧）挂钢丝网用 M5 水泥砂浆抹平，采用 20 × 1.2 mm 扁钢，间距 1 m 横向焊接于 H 型钢立柱上，将钢丝焊接其上，钢丝网规格：丝径 2.5 mm，网孔 10 × 10 cm，水泥砂浆厚度 30 mm。扁钢、钢丝网的焊接应符合规范要求。M5 水泥砂浆抹灰应符合相关规范要求，平整度和感观质量必须符合相关要求。

八、防落梁制作安装

防落梁采用材料为：角钢、工字钢；钢板及螺栓。角钢、工字钢：采用 Q235C 或 Q345 材质的钢，应分别满足 GB/T 9787—1988、GB/T 700—1988、及 GB/T 1591—1994 的规定。钢板：采用 Q235 钢板，应满足 GB/T 709—1988、GB/T 700—1988 的规定。螺栓：采用标准件，应满足 GB 5780—2000 的规定。

所有钢材外露部分按《铁路钢桥保护涂装》（GB/T 1527—2004）第Ⅴ体系要求做防锈蚀处理。即环氧富锌底漆+环氧云铁中间漆+灰铝粉石墨醇酸面漆。

防落梁支挡采用梁场集中加工，通过运输车运送至相对应的桥位，在桥梁架设完成后，对桥梁进行防落梁支挡的安装。

防落梁措施选用：纵向连接横向支挡设计进行安装。纵向连接横向支挡设计：纵向连接横向支挡设计（在预应力混凝土 T 梁端隔板后连接，再在下翼缘外侧设工字钢）。该方案适用于跨度较大、顶帽纵向尺寸较小的情况。

九、检查梯制作安装

检查梯在生产厂家统一加工制作，并进行多元合金共渗+钝化处理，防腐处理的工艺及各项技术指标应满足《铁路混凝土梁配件多元合金共渗防腐技术条件》（TB/T3274—2011）的要求，检查梯通过预埋于桥墩中的角钢与桥墩连接，桥墩顶帽施工时应在顶帽上相应位置预留 15 cm × 15 cm 的方孔，以埋设检查梯固定角钢。固定角钢应先与检查梯连接，然后再用强度等级 M10 干硬性水泥砂浆固结，检查梯按梁底至墩顶距离 600 mm 设计，如梁底至墩顶距离与该设计不符时，可调整固定角钢长度及埋设深度，顺桥向，检查梯设在简支梁固定支座侧梁端。

第八节　涵洞工程施工

金台铁路项目地形起伏较大，从山区变化到沿海平原，涵洞选用普通及高填土钢筋混凝土盖板涵、钢筋混凝土框架涵；填土较高的工点采用高填土钢筋混凝土肋板涵。涵洞一般采用孔径为 1.5 m、2.0 m、3.0 m、4.0 m、5.0 m、6.0 m。涵洞工程施工一般采用现场灌注施工，圆涵涵节集中预制，现场拼装。既有线接长涵洞、框架施工时，需对既有线进行加固，采用钢板桩、施工便梁等对既有线进行防护。JTSG-5 标段正线里程数量 34.93 km，涵洞 1331 m/55 座，本节以 JTSG-5 标段涵洞工程施工为例，进行框架涵（桥）、盖板涵、圆管涵施工工艺介绍。

一、框架涵（桥）施工

涵洞工程务必快速施工，以满足路基施工及架梁的进度要求。施工配足挖掘机、汽车吊机等主要机械设备，基坑采用挖掘机开挖，开挖至离基底标高 30 cm 时改用人工开挖。涵洞基础与涵身圬工采用模筑法施工，机械振捣，洒水养护。框架涵顶板采用支架现浇方法施工。

（一）施工工艺

框架涵（桥）施工工艺流程见图 45-28。

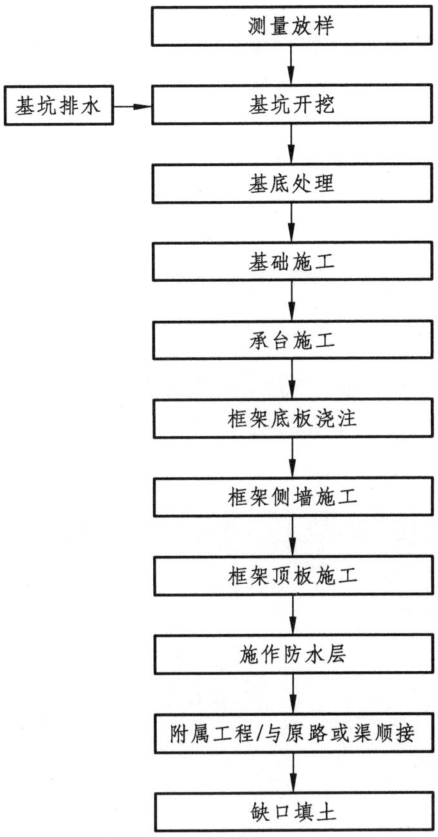

图 45-28 框架涵（桥）施工工艺流程图

（二）施工方法

1. 基坑开挖与排水

基坑开挖时采用抽水泵排水，且在基坑四周设集水沟、集水坑，并通过井点降水法将地下水位降至底板底以下至少 1 m。

基坑较基础四周每边放宽 0.5 m 作为操作面，机械或人工开挖。采用抽水泵排水。

2. 基础施工

根据设计图纸，进行基础加固及基础施工。

3. 承台施工

按照设计要求在承台底部铺碎石垫层或混凝土垫层。模板采用组合钢模，采用对拉螺栓固定，模板表面清理干净并涂脱模剂，钢筋在车间下料并加工成型，用汽车运至现场后绑扎。混凝土浇筑按常规施工。基础强度达 30%设计强度后，即可拆模进行回填。回填前必须清除基坑积水、淤泥，回填土应分层夯实，为现浇框架涵身支架施工做好准备。

4. 框架底板施工

框架底板在已浇筑好的承台上进行钢筋绑扎、立模、浇筑混凝土。钢筋按设计图纸要求组织进场，检查验收，加工成型，就地绑扎，在绑扎底板钢筋时，架立好框架侧板钢筋。在灌注前应充分做好浇注混凝土的准备工作，浇筑混凝土过程中要采取分段（长度方向 3 ~ 4 段）、分层（台阶梯度）的浇筑顺序。混凝土浇筑完毕后加强养护工作。

5. 框架侧墙施工

处理好侧墙与底板接触缝，侧墙预埋钢筋要准确，接触面凿毛清理。绑扎侧墙钢筋，模板采用组合钢模板，钢管支架支承。混凝土与底板相同。

6. 框架顶板施工

板内顶模采用竹胶面板加钢管支架支承，其支架排列形式及支架处理方法均与大、中桥工程中支架相同，钢筋绑扎和浇筑混凝土同底板、侧板混凝土相同。

7. 防水层施工

按照设计和规范要求铺设防水层，要求圬工表面清洁干燥，保证防水层和圬工之间粘接良好。防水层施工避开下雨、大风、寒冷等不良天气。防水层要铺设平顺不皱折破损，与混凝土密贴。

8. 缺口回填

当主体混凝土强度达到设计强度 70%以上，沉降缝、防水层施工完成后，经检查合格后回填相邻的路基缺口土方。

二、盖板涵施工

（一）施工工艺

盖板涵施工工艺流程见图 45-29。

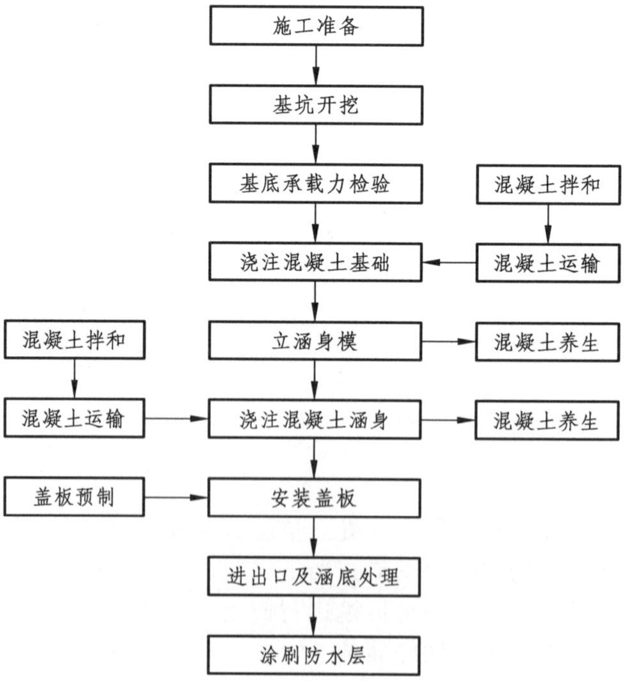

图 45-29 盖板涵施工工艺流程

（二）施工方法

1. 施工放样

施工前组织测量放样，复测中线、高程，准确放出基础位置，并在施工中及时复核。对设计确定的涵洞的位置、方向、长度、孔径、出入口高程以及排灌系统的连接等与实际地形地貌有出入的，及时与设计、监理联系，必要时进行变更设计。

2. 基础开挖

严格控制平面尺寸和高程，严禁扰动基底。基坑开挖放坡 1∶0.5，采用挖掘机械开挖，人工配合。开挖过程中做好基坑排水工作。当基坑开挖至设计高程时，对基底进行检测，如实际基底与设计不符，及时与设计、监理联系，采取适当措施处理后方可施工基础。

3. 主体施工

（1）钢筋工程：在加工棚下料和制作，运至现场绑扎成型，钢筋的保护层厚度不足时，在钢筋骨架外侧设置混凝土垫块。钢筋施工时，注意各预埋件位置。

（2）模板工程：使用组合模板拼装。固定模板的支架采用ϕ48 mm 钢管制作。支架的立面或平面安装牢固，钢管的搭接处用卡子上紧，防止振动、偶然撞击造成支架变形。使用后的模板按规定及时修整保存，以备下次使用。

（3）混凝土工程：混凝土采用自动计量拌和站集中拌和，采用混凝土输送车运输。浇筑时一次浇筑成型，采用水平斜向分层浇筑，循序渐进一次灌注完成；混凝土分层厚度不超过 30 cm，且在下层混凝土初凝前浇筑完成上层混凝土。采用插入式振捣器振捣。混凝土浇筑完毕，裸露面及时进行修整、抹平养生时用塑料薄膜覆盖浇水养护，并根据气温控制洒水养护时间，并且拆模后洒水养护时间不少于 14 天。

（4）沉降缝：按图纸要求设置沉降缝的道数、缝宽和位置。施工前，将相邻涵节缝隙清扫干净，去掉涵节缝隙中间灰尘等杂物，并使其干燥。按图纸规定填塞嵌缝料；采用加氟化钠等防腐掺料的沥青浸过的麻絮或纤维板紧密填塞，用有纤维掺料的沥青嵌缝膏或其他材料封缝。填塞后，检查涵节缝隙的密封程度。在缝处加铺抗拉强度较高的卷材，如沥青玻璃纤维布或油毡，并按图纸要求的层数及宽度加铺，具体的施工方法经监理工程师批准后实施。

4. 盖板的预制和安装施工

（1）盖板采取集中预制的方法。盖板预制流程：施工台座→安装底模→绑扎钢筋→立模→浇筑混凝土→养护→拆模→移板、存放。

（2）钢筋加工与绑扎：在相应的台座上进行钢筋骨架绑扎。钢筋按设计要求下料，弯制准确。在钢筋绑扎之前，先在台座上准确地进行定位放线，确保钢筋的位置间距尺寸正确。在台座顶标出主筋、箍筋、模板位置。在钢筋外侧绑扎水泥砂浆垫块，保证保护层厚度满足设计要求。

（3）模板立模顺序：安装底模→涂脱模剂→贴接缝止浆海绵条→安装侧模→上拉杆→安装端模。

（4）混凝土浇筑：混凝土拌和采用自动计量拌和站拌和。用混凝土输送车将混凝土从拌和站运至浇筑涵洞盖板附近。浇筑时一次浇筑成型，采用插入式振捣器振捣。

（5）养护、拆模：混凝土养护采用常规洒水养护，养护时间不少于 14 天。

（6）安装预制混凝土盖板注意事项：盖板安装前，检查成品及涵台尺寸、台帽平整度。台帽强度达到设计强度的 70%以上方能进行盖板安装。盖板采用汽车吊吊装，安装后，盖板上的吊装装置应用砂浆填满，相邻板块之间采用高等级（1∶2）水泥砂浆填塞密实。

三、圆管涵施工

（一）施工工艺

圆涵施工工艺流程见图 45-30。

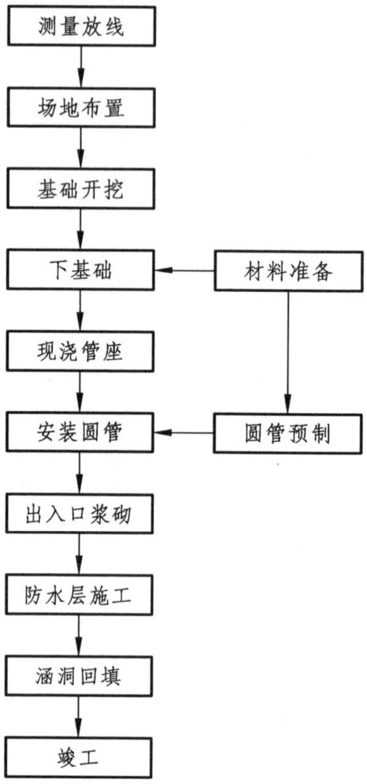

图 45-30　圆涵施工工艺流程

（二）施工方法

1. 测量放样

采用全站仪坐标进行放样，准确标明基础的位置、尺寸及基础的轴线位置，并在圆涵四周线路纵横向放出十字桩，以便常规检查复核用。

2. 基坑开挖报验

基坑开挖完成上报监理，进行现场验收。验收合格方可进行下道工序施工。钢尺对基础平面尺寸进行准确的细部放样，并用水准仪按涵洞分节抄平，逐节钉设水平桩，控制基底和基顶标高。

3. 混凝土管座

混凝土由拌和站集中拌和，混凝土所用砂石料、水泥均应符合规范要求，严格按实验室给定的施工配合比拌制混凝土，拌和均匀。按施工图纸和技术规范的要求浇筑管座基础。管基分两次浇筑，先浇筑底下部分，注意预留管基厚度及安放管节坐浆混凝土 2 ~ 3 cm，待安放管节后再浇筑管底以上部分。

4. 钢筋混凝土圆管的预制

管节在预制厂集中制作。管节所用钢筋材质和结构与设计一致并满足规范要求。管节所用混凝土及原材料满足规范与设计要求。钢筋混凝土圆管成品应符合下列要求：

管节端面应平整并与其轴线垂直，斜交管涵进出水口管节的外端面应按斜交角进行处理，内外管壁应平直圆滑；如有蜂窝，蜂窝处应修补完善后方可使用。

5. 钢筋混凝土圆管的安装及浇筑

剩余基础混凝土安装管节采用人工配合吊机安装，安装时从下游开始，使接头面向上游，每节涵管应紧贴于基座上，使管节受力均匀；所有管节应按正确的轴线和图纸所示坡度敷设。敷设时应保证内壁齐平，管内清洁无赃物，无多余的砂浆及其他杂物。安装管节完成后，浇筑剩余基础混凝土。

6. 沉降缝施工

沉降缝必须贯穿整个断面（包括基础）。沉降缝的施工，要求做到使缝两边的构造能自由沉降，又能严密防止水分渗漏。

沉降缝端面应整齐、方正，基础和涵身上下不得交错，应贯通，嵌塞物紧密填实。

7. 涵洞进出水口

端墙和翼墙应整体砌筑，形成一体。洞口浇注、砌筑完成后，要进行顺沟，使水道通畅。

8. 台背回填及涵洞填土

圆管涵安装及接缝符合要求并且其砌体砂浆强度或混凝土强度达到设计强度时，及时进行回填。

第九节　沉降变形控制与评估

一、降观测装置埋设

在桥台上预埋 1 根长 20 cm 顶部为半圆形的 ϕ18 mm 不锈钢棍，作为桥台结构物的沉降观测桩；在桥墩墩身距地面 0.5 m 处或距河流洪水位以上 0.5 m 处预埋 1 根长 25 cm 的 ϕ18 mm 的 L 形不锈钢棍，弯曲部分竖直向上，顶部为半圆形，作为桥墩结构物的沉降观测桩。

二、沉降观测方法

桥梁墩、台的沉降观测在墩、台支承垫石完成后即测好初始数据，做好记录。桥梁墩、台的沉降测量在桥梁施工期间每 3 天观测一次，桥梁施工结束后每 7 天观测一次，一直观测到全线通车。桥梁墩台沉降观测的观测方法、观测精度与路基沉降观测的观测方法、观测精度相同。

三、沉降动态观测数据整理、分析和工后沉降量推算

由专职工程师将逐日沉降观测结果整理汇编成表格，并绘制荷载-时间-沉降量关系图。在轨道铺设完成和荷载-时间-沉降量关系图呈现沉降趋势稳定后，由观测数据验证设计计算的沉降量，采用双曲线法对沉降数据进行分析和推算最终沉降量和相邻墩台沉降差，桥梁墩台和涵洞沉降分析和推算从桥墩台支承垫石或涵洞帽石完成后开始计算，推算最终沉降量。

经过动态观测和沉降值分析，向发包人、咨询单位和设计单位、监理单位上报沉降分析报告。

第十节　新工艺、新工法、新装备、新材料的应用及效果

一、节段预制拼装箱梁

1. 成功经验及存在问题分析

节段梁预制采用长短线匹配预制，是在通过分析长线法和短线法匹配预制工艺各自的优缺点的基

础上，结合两种方法的优点，克服单独采用长线法施工时节段预制时模板调整困难、预制速度较慢和场地占地面积大，模板一次性投入大等缺点和单独采用短线法施工时预制精度要求高，需用专用计算程序控制线形和误差等缺点的新工艺。

长短线结合法匹配预制的新工艺有流水化程度高、线形控制较为直观、测量易于控制，成桥后混凝土收缩徐变对桥梁线形及结构影响小等优点，并且节段预制形成流水线生产，施工速度快。

田市跨永安溪、台金高速公路特大桥节段预接拼装简支箱梁预制时，为了寻求科学、经济的施工技术工艺，对箱梁节段预制工艺进行了改进，试用长短线法匹配预制新工艺，取得了良好效果。

2. 安全管理水平及成效

（1）定期对现场人员履职情况进行考核，并结合项目日常安全检查重点考核管理人员执行力、各项制度落实情况、进度完成情况、问题整改情况及安全技术交底熟知情况；对考核达标者进行现金奖励，对不达标者进行经济处罚，考核情况进行通报公示；

（2）开展月度安全大检查及各类安全专项检查，对检查发现的各类问题建立问题库，制定具体整改落实人及验收责任人，定期召开安全质量问题通报会，对现场存在问题进行分析，制定相应措施，并将整改情况及惯性问题屡禁不止等情况纳入考核；

（3）开展月度安全大培训工作，每月由项目领导班子带队对现场管理人员及作业人员展开拉网式培训，培训内容结合近期施工特点及相关事故安全视频，进一步提升现场管理人员及作业人员安全素养及安全红线意识。

通过过程中这些管理措施，降低了安全风险，并且提高了项目部管理水平。

二、墩身自动喷淋养护设备工装

1. 适用范围

适用于墩高度大于 5 m 的墩身混凝土养护。

2. 工装组成

自动喷淋养护系统由水回流隔墙、可移动水箱、水泵管道系统、自动控制系统组成。

3. 工装使用

（1）水回流隔墙利用砖砌抹面，设置在承台顶墩身四周外 0.5 m 处。

（2）可移动水箱由钢板制作，容量不小于 0.8 m^3，统一设置在大里程墩身中心位置，水箱顶面与承台面齐平

（3）水泵扬程大于最高墩高 5 m 以上，与上水管相连，喷淋管用 7 cm 间距钻直径 2 mm 小孔喷水，喷淋管沿墩身布设 1 圈，处在墩帽外缘四周，喷头面向混凝土面。安装时，应调整其与混凝土面的距离，确保喷淋时水柱在混凝土面上能够散射开，并使相邻两喷水孔喷出的水花的散射范围能够相互重叠。两侧墩顶垫石及墩中心凹槽上各布置一道喷淋管，开孔向上。所有水管采用 ϕ2.5 cm 镀锌钢管制作，管道之间全部采用丝接。

（4）自动控制系统由时间继电器及电磁开关组成，设定时间继电器计时间隔后，继电器控制电磁开关接通或关闭高扬程水泵的电力供应。时间继电器及开关亦应符合高频率的开关状态下的稳定性，且在不同环境温度下均可调节，以确保高温时段的养护频率符合要求。时间继电器应由专人设置，若墩身外部不采用土工布等包裹，高温时段设置为 20 min 喷淋 1 次，常温时段为 30 min 喷淋 1 次，每次喷淋 5 min，喷淋时间的设置应考虑在第二次喷淋时能确保上次喷淋水分还未完全蒸发。若外部包裹土工布，可设置为每 3 h 喷淋 1 次，每次喷淋 10 min。

三、垫石锚栓孔定位胎具

1. 可解决问题

以往桥梁施工过程中，桥墩垫石易出现锚栓孔偏位、深度不足、内衬 PVC 管影响支座砂浆黏结效果等质量问题，造成返工较多。此工装可一次性解决这些问题，且能重复利用。

2. 工装组成

锚栓孔限位架由模板、扭力扳手连接、井字定位架（角钢加工与模板顶采用螺栓固定）、锥坡型成孔器（3 mm 厚钢管，下小上大，底部封死并预留小孔、上部预留钢筋孔便于后期拆除，采用角钢螺栓与定位盘连接）。

第四十六章　隧道工程

金台线位于浙江省中东部的金华地区和台州地区，地势中部高，东西两侧低，地形地貌多样，经过的地貌单元主要有河谷平原区、垅岗状低丘区、低山丘陵区和中山区，隧道穿越的地形复杂、地质条件较差。全线线路总长 231.3 km，隧道 105.246 km/60 座，约占线路长度的 45.5%。全线最长隧道为将军岭隧道，长 12.808 km。

隧道工程的主要施工方案概括如下：

（1）浅埋暗挖隧道或软弱围岩隧道施工以“短进尺、弱爆破、强支护、快封闭、勤量测”的原则进行施工。

（2）除明洞及洞口斜切洞门段施工采用明挖法，设置明洞衬砌外，其余采用暗挖法施工，设置复合式衬砌。暗挖采用锚喷构筑法施工，光面爆破及湿喷技术，二衬台车拱墙衬砌一次灌注，仰拱先期施做整体灌注。

（3）施工选用以多功能作业台架、挖掘机、装载机、喷浆设备、注浆设备、全断面液压模板台车、大型出砟运输机械为主要特征的大型机械设备配套，组成钻爆、装运、超前支护、喷锚支护、衬砌等机械化作业线的有机配合，严格机械设备管、用、养、修制度，科学管理，达到快速施工的目的。

（4）隧道穿越地表已建构筑物地段、水利设施及环境敏感地带、隧道埋深较浅地段等，采用控制爆破或非爆破开挖。对于隧道埋深浅，采用明挖法施工，要参照基坑围护设计图进行施工，确保施工安全。

（5）隧道防排水按照“防、堵、截、排结合，因地制宜，综合治理”的原则，对地表水和地下水进行妥善处理。对生态环境和工程环境可能产生不利影响的环境敏感地段，采取“以堵为主，限量排放”的原则，并加强超前地质预报，必要时采取全断面帷幕注浆、局部注浆等措施堵水。

（6）隧道进出口段明洞施工采用分段放坡开挖，控制爆破，降低扰动，及时施做临时边坡防护，避免边坡长时间暴露。在边坡较高地段，设置锚固桩，避免过大变形，引起堆积体滑动，对明暗交界段采用管棚等超前支护。

（7）出砟方案：隧道出砟采用无轨运输组织出碴，采用装载机装碴，自卸车运至指定弃碴场，结合隧道实际情况配置一台挖装机，组成“挖装运”一体的作业线。

（8）通风：隧道通风根据施工进度采用压入式通风。

第一节　一般隧道施工

一般隧道按新奥法原理组织施工。一般隧道施工的步骤为：边仰坡开挖及防护→洞口暗洞超前预支护→洞口段明洞→暗洞施工→出洞施工。暗洞施工顺序为超前支护→开挖→初喷封闭→支护（钢架、钢筋网、锚杆、喷混）→仰拱及填充层→布设防水材料（盲管、土工布防水板）→衬砌钢筋骨架施工→就位台车施工二衬混凝土→水沟及电缆槽施做。

JTSG-4 标段为正线中的一段，标段起点为先期开工段（3 标段）终点至括苍河大桥，起讫里程：DK58+095 ~ DK102+951.045，线路长 44.86 km。该标段内的隧道工程概况为：隧道长 22 435 m/20 座，其中，L>4 km 的隧道长 4083 m/1 座[南庄岭隧道、预留Ⅱ线（右线）全长 397.31 m，单线长 171.25 m]，3 km<L≤4 km 的隧道长 3493 m/1 座（紫岩隧道），2 km<L≤3 km 的隧道长 4499 m/2 座，1 km<L≤2 km

的隧道长 3473 m/2 座，$L\leq 1$ km 的隧道长 6887 m/14 座[其中西郊隧道（全长 942 m）预留Ⅱ线（右线）长 208.09 m]。以该标段隧道施工情况总结一般隧道施工工艺，施工前做好隧道的实地现场调查工作，核实地形、地物，必要时设置观察点。施工前做好洞口的边仰坡防护，做好洞口的截水天沟。对施工中可能发生地质灾害予以充分估计，制定相应的处理预案，实施动态设计和信息化施工，采用监控量测技术取得围岩状态参数，优化施工方案。

一、隧道施工准备

（一）施工供电

施工用电从就近电力局提供的电源接口引入，各施工口配备相应的箱式变压器，在施工前各洞口配备 1 台柴油发电机组，柴油发电机组及配备的自动切换装置同时作为接入系统断电后备用措施。

为了节约低压电缆（电线）和防止施工时地坪震动不会影响箱式变压器正常工作，箱式变压器位置选择在距施工口 30 m 左右干燥平整地坪上。箱式变压器接地装置用长 2 m 的∠50×50 的角钢，埋地深度 2.5 m，用 10×4 的扁钢将角钢以电焊牢固焊接，用 10×4 的扁钢从接地装置引出与变压器接地螺栓和配电屏金属框架电气连接。

为保证用电安全，隧道内电线用橡胶电缆，并挂设在隧道右侧边墙上。进洞电线采用四相五线制，采用封闭式配电箱，照明采用高压钠灯，每 10 m 设置一个，悬挂在轨面线以上 2.5 m 的位置。其中动力电源为 380 V 电压，照明电压、作业地段采用 36 V。

（二）施工用风、用水、隧道通风

洞内施工用风、用水管线，结合施工方法、进度安排、工序配合等条件安装。管路前端至工作面距离保持在 1～2 m，并用高压软管接分风器和分水器到工作面。

隧道施工所用高压风由两台 20 m³ 的空压机组提供，通过ϕ150 mm 钢管输送至各工作面使用，钢管设置在隧道一侧。

施工用水通过洞口修筑的 150 m³ 或 100 m³（对于短隧道采取洞口设置水箱，采用增压泵供水）蓄水池接进到隧道，通过ϕ100 mm 钢管输送到掌子面满足施工使用。

长度小于 500 m 隧道设置一台 2×37 kW 的多级变速轴流通风机，长度在 500～1 000 m 隧道设置一台 2×55 kW 的多级变速轴流通风机，通风管采用ϕ1 200 mm 的软式风管；1 000 m 以上隧道设置一台 2×110 kW 的多级变速轴流通风机，通风管采用ϕ1 500 mm 的软式风管。压入式通风。

洞内风、水管线设置在电缆线路的对面一侧，不得妨碍交通运输。管线敷设平顺，接头严密，不漏风、不漏水，洞内管线示意图见图 46-1。

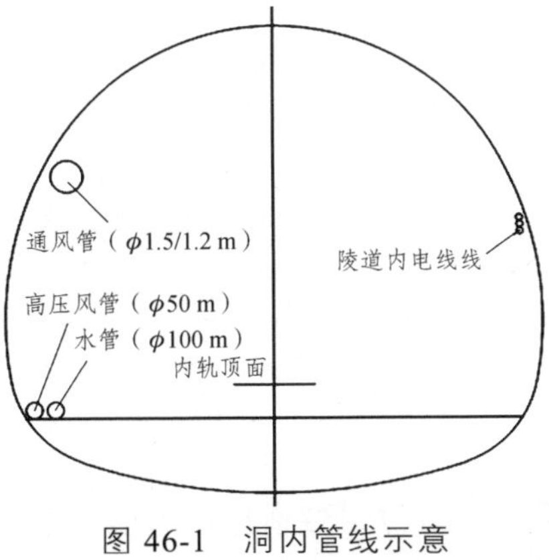

图 46-1 洞内管线示意

（三）隧道出碴

隧道采用无轨运输，即用装载机装碴，自卸车运至指定弃碴场，结合隧道实际情况配置一台挖装机，组成“挖装运”一体的作业线。并做好渣场四周排水系统，避免二次污染。

（四）洞内排水

采用固定泵站和移动泵站相结合的排水方案，反坡施工段利用移动泵站抽排隧道出水至固定泵站，然后利用固定泵站将隧道内出水抽排至洞口外，按分段可能最大涌水量的 1.5 倍配备设备，管路两套（一用一备）。

隧道上坡段尽量采用顺坡自然重力排水，利用洞内排水侧沟排出至洞外排水系统。

二、超前地质预报

受地形、地层、地下水及构造影响，主要的工程地质问题有涌水、突泥、塌方、掉块。隧道开挖必须进行超前地质预报。超前地质预报方法地质调查、物探法、超前钻探法等进行预测预报。

该管段内隧道共计 20 座，特别是南庄岭隧道线路长、地质情况变化频繁。在施工中建立超前地质预测预报系统，采用综合超前地质预报手段探明掌子面前方地质条件，以便采用有效的施工措施，避免施工突发灾害的发生。

结合各隧道不同的地质条件，超前地质工作按照长短结合、上下对照、定性与定量相结合的办法来保证预报的准确性。主要采用地质调查法进行长距离预报，采用地质雷达法、红外探测仪进行中长距离预报，同时采用超前地质钻孔进行验证预报；采用地质素描、加深炮眼孔、红外探测、地质雷达和超前钻探等进行短距离预报。

（一）超前地质预报流程

超前地质预报流程见图 46-2。

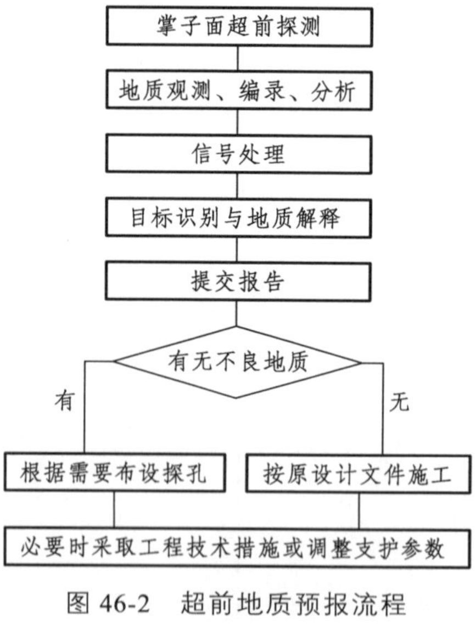

图 46-2 超前地质预报流程

（二）TSP203 超前地质预报

TSP203 超前地质预报系统，采用 TSP203 隧道地质超前预报系统，预测掌子面前方 100 ~ 200 m 范围不良地质，包括断层、特殊软岩、煤系地层中的煤层、富水砂岩层和煤系地层与其他地层的界线，TSP203 系统工作示意见图 46-3。

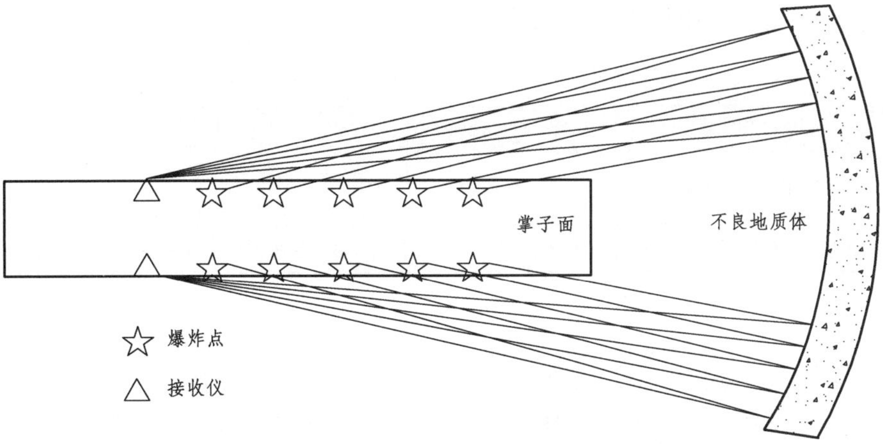

图 46-3 TSP 探测布置与原理平面示意

测量操作方法和要求：

在隧道边墙上布置爆破孔和接收器孔：在内轨顶面上 1 m 高的一侧边墙同一水平线上，按间距 1.5 m、孔深 1.5 ~ 2.0 m、孔径 35 ~ 38 mm，下倾 15 ~ 20°的参数钻 24 个炮孔，最后一个炮孔距掌子面 0.5 m 左右。在距第一个炮孔 15 ~ 20 m 处，按孔深 2.0 m、孔径 42 ~ 45 mm，上倾 5 ~ 10°的标准在边墙两侧对称钻两个接收孔。将传感器套管借助风钻安置在接收孔中。每开挖 100 m 预报一次，预报作业安排在交接班期间完成，每次预报时间不超过 2 h。

安装接收器，然后逐孔爆破，同时接收地震波信号。为保证预报准确，采集数据时隧道掌子面停止作业。传感器具有很高的灵敏度和宽频带的相应特征，能采集不同方向的地震波信号，以便判断发射界面的三维几何形态。传感器可同时记录横波信号。

根据地质条件的变化，对测量布置进行相应调整，增减传感器数量，增强或减弱激发信号等。

预报作业完成之后立即在施工现场对测量数据进行分析处理，迅速提供下一步隧道施工所需要的有关决策信息，初步的评价结果在预报完成后 8 h 之内给出。预报结果以图形和表格的方式直观显示隧道施工前方和四周一定范围内的重大不良地质和不连续界面的位置。

（三）地质雷达预报

地质雷达预报是用电磁波反射原理进行探测，通过测定与含水性有关的介电常数的变化来探测充水的地质体，含水的断层、岩性界面等。

采用地质雷达进行短距离（10 ~ 40 m）的精细岩性结构变化情况的预报。作为 TSP203 超前地质预报的补充，在高水压地段对 TSP203 预报的异常点，比如确定异常体的规模、性质、危害，有困难时采用地质雷达作为补充。同时地质雷达用于隧道底部、边墙、隧顶外或其他出水部位可能隐伏岩洞穴的探测，效果较好。地质雷达测线布置与原理见图 46-4。

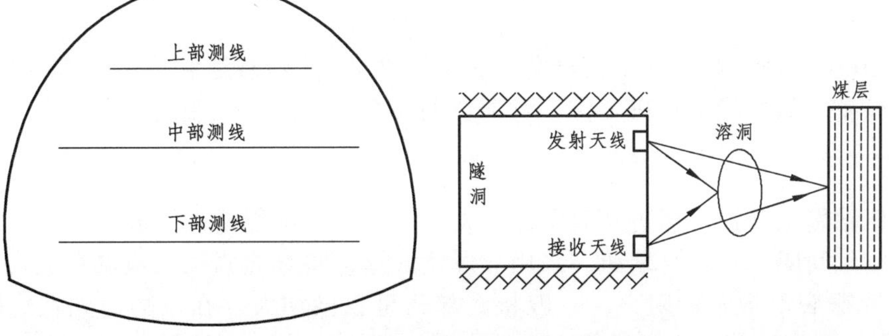

图 46-4 地质雷达测线布置与原理示意

地质雷达预报方法和预报成果表见表 46-1：

表 46-1 地质雷达预报方法和预报成果

预测方法	预报成果
探测充水的地质	确定断层、岩性、煤层和溶洞的界面，确定异常岩体的规模、性质、危害程度
隧道底部、边墙、隧顶外或其他出水部位	可能隐伏岩溶洞穴、采空区

（四）超前水平钻探

采用超前水平钻探法，对开挖面前方 30 ~ 60 m 范围的含水构造、水量及水压进行预测，在长期长距和其他长期短距预报基础上，用超前水平钻探法进一步对特别差的地质段取得可靠资料。根据 TSP 和地质雷达预测预报结果确定是否需要打超前探孔，钻 30 ~ 60 m 长 ϕ108 mm 超前地质钻探孔。

钻探孔时，根据钻进速度的变化，钻孔中出水的清浊及颜色，对开挖面前方含水构造进行判断。在开挖钻孔作业时，将部分眼孔加深 5 ~ 8 m，作为辅助超前探测，辅助超前探孔数量可根据实际地质情况酌情考虑。

（五）地质预报实施

施工时必须将超前地质预报纳入施工工序，做到先探测、后施工，不探测，不施工。

实施计划总的思路是：采用 TSP203 地质超前预报系统进行长距离全程宏观控制，每次探测 100 ~ 200 m；红外线探水仪进行短距离全程连续实施，每次探测 20 m；地质雷达全程进行短距离探测，进一步强化、补充和验证，每次探测 30 m；超前水平钻探，一般每 100 m 进行一次，每次钻探 30 m，地质较差地段加密钻探；同时加强常规地质综合分析。

（六）地质预报信息反馈

从现场施工过程中获取新的地质信息，更新地质信息系统，经处理后，再一次反馈给现场，如此往复。通过地质信息系统及时、准确的预报，相应地优化调整措施，确保施工及结构安全，确保工程顺利实施。

三、洞身开挖

隧道洞身开挖设计采用有全断面法、上下台阶法、短台阶法、环形开挖预留核心土法、三台阶七步法、三台阶临时仰拱法、中导洞法（连拱隧道）。由于按设计开挖工法较多，在施工中根据围岩及现场实际揭示的围岩情况，及时联系设计单位进行设计变更。当进出口两端掘进，最后共剩 40 m 时，两端施工应加强联系，统一指挥，从一端开挖贯通，另一端支护措施应完成封闭。

（一）钻爆设计

该标段隧道 20 座，总长 22.4 km，围岩类型Ⅱ ~ Ⅴ类，南庄岭隧道和紫岩隧道线路长均超过 3 km，岩层变化也较为频繁。做好隧道钻爆工作，对项目的安全、进度至关重要。

1. 钻爆作业

洞身采用水压钻爆法开挖，周边光面爆破，人工装药，非电起爆系统起爆。

周边眼采用空气间隔、不耦合装药，采用导爆索起爆，将导爆索插入空底药卷内，炸药均匀分布装入炮孔内。为克服底部炮眼的阻力，一般将底部药量稍微加大。在装药前先在炮眼孔底装入长约 20 cm 的 1 节水带，并在装药结束后再装入 2 节水袋，再进行堵塞。见图 46-5。

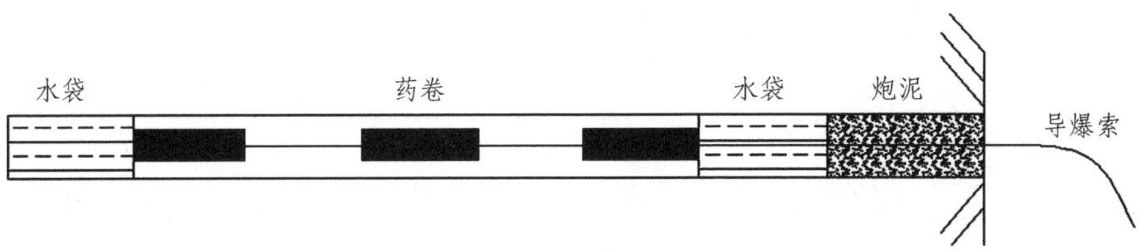

图 46-5　周边眼装药结构示意

掏槽眼、辅助眼、底边眼等采用连续耦合装药，雷管埋入孔底药卷，聚能穴朝孔口方向。在装药前先在炮眼孔底装入长约 20 cm 的 1 节水带，并在装药结束后再装入 2 节水袋，再进行堵塞。见图 46-6。

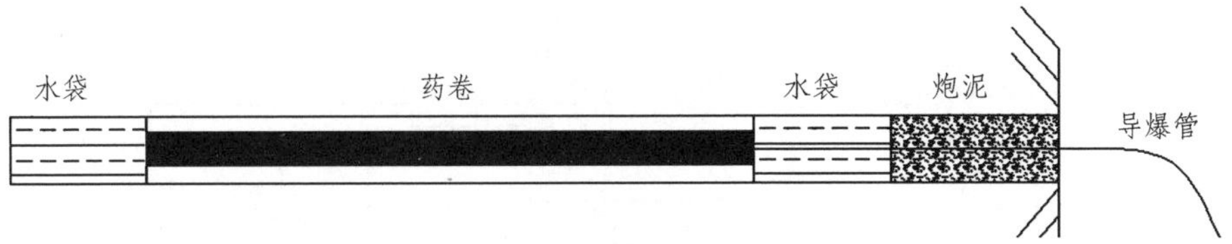

图 46-6　掏槽眼装药结构示意

采用手持风钻配合简易凿岩台架钻眼光面爆破施工，洞口浅埋段采用人工钻眼弱爆破或微振动爆破施工。

（1）爆破方法体现下述原则：

网路采用非电毫秒雷管爆破网路，为减轻爆破对围岩的扰动和对洞内结构物影响最小、最大限度地保护生态环境，网路采用多段位大时差非电毫秒雷管进行网路设计，最大限度地降低齐爆装药量。

经济合理布置炮孔，总体思想上体现出多眼、少药、多段、大时差原则，有利于全方位降低爆破振动。其中 DK90+812～DK91+104 及 DK92+450～DK92+520 段洞顶山体存在危岩落石，隧道内必须采用弱爆破；DK90+685～DK90+845 段埋深浅且洞顶有公路通过，采取控制爆破，同时加强地表监测，必要时在每次爆破前对公路进行交通管制。

为达到良好的周边光爆效果，除周边严格按光面爆破原则设计外，靠周边的内圈炮孔设计成缓冲层（第二光爆层），有利于提高光爆质量和进一步保护因爆破振动过大扰动周围围岩，以致达到抑制裂隙进一步发展的目的。

（2）钻爆作业要求：

① 钻爆作业必须按照钻爆设计进行，当围岩发生变化时，爆破技术做出相应变化。

② 钻炮眼前应绘出开挖面的中线、水平和断面轮廓线，并标出设计的炮孔位置，经过检查符合设计要求后方可钻眼。

③ 炮眼的深度、角度、间距应符合设计要求。

④ 装药前应将炮眼内泥浆、积水及石粉吹洗干净，炮眼必须全部堵塞，周边眼的堵塞长度不宜小于 200 mm。

⑤ 爆破通风排烟后派专人进行找顶。

⑥ 爆破作业全过程必须符合爆破安全操作规程。

2. 钻爆工艺流程

（1）爆破设计程序流程见图 46-7。

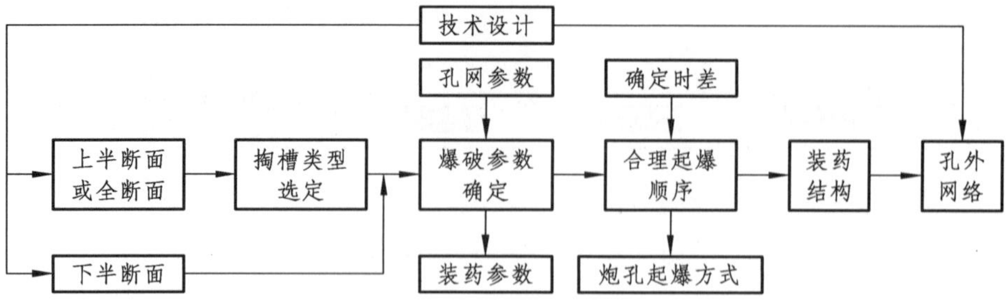

图 46-7　爆破设计流程

（2）钻爆法开挖工艺流程见图 46-8。

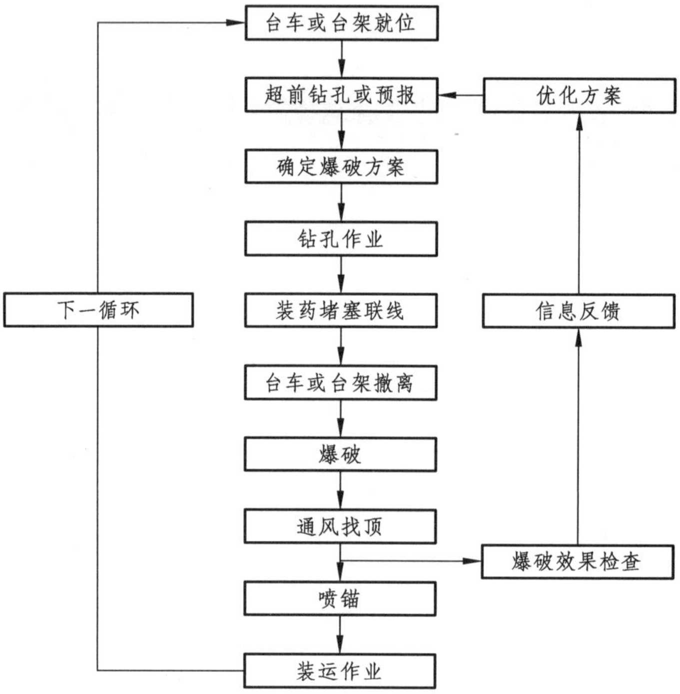

图 46-8　钻爆开挖工艺流程

（3）钻爆质量控制工艺框见图 46-9。

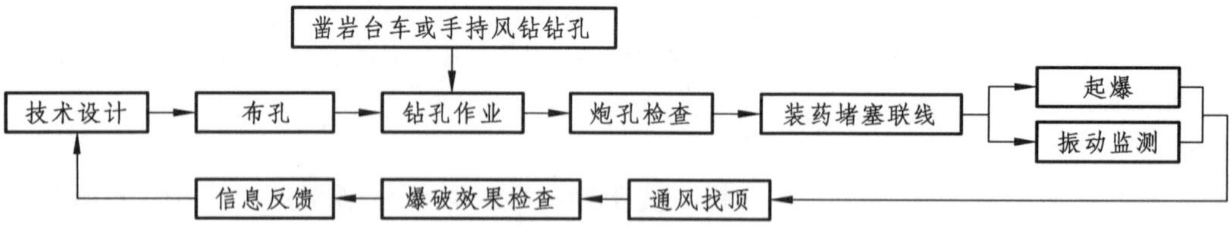

图 46-9　钻爆质量控制工艺框

3. 钻爆孔布置

下图示意钻爆孔布置断面图，现场实际可先装药少量，几次循环后寻找最佳布孔及装药参数，单位用药量控制在 0.42 左右（预装药量/预爆破方量）。炮孔布置见图 46-10，掏槽眼见图 46-11。

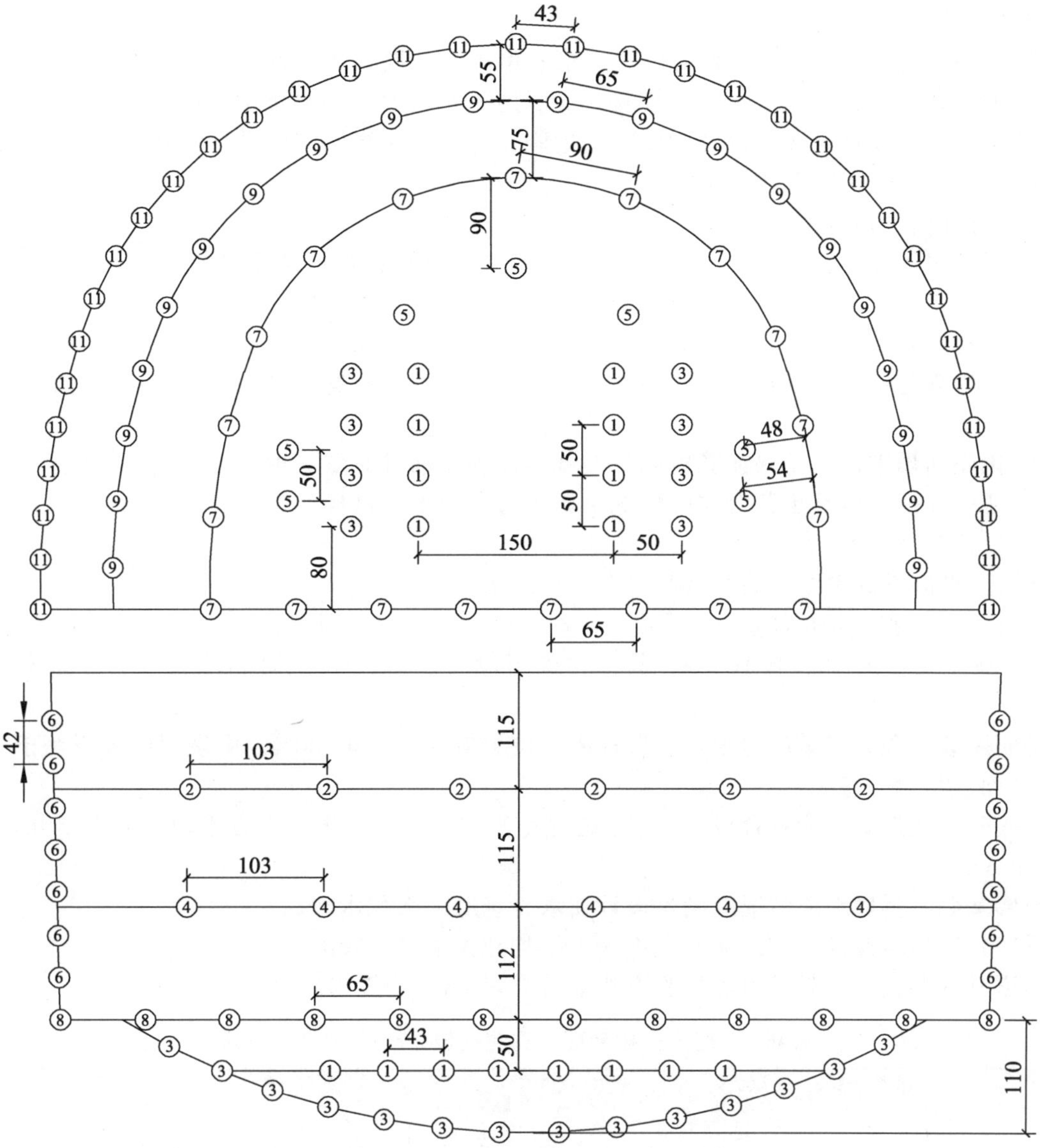

图 46-10 炮孔布置示意

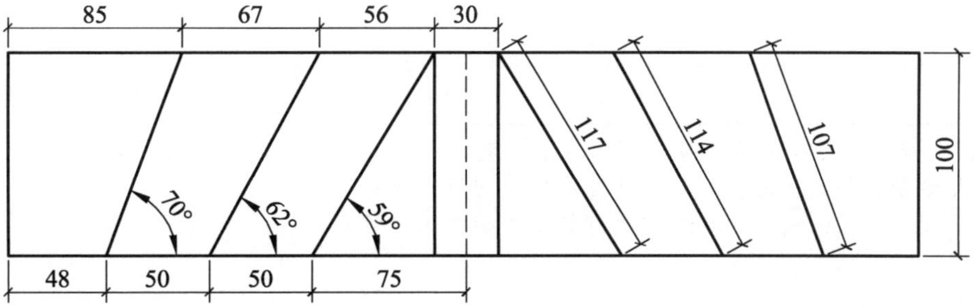

图 46-11 掏槽眼示意

4. 工艺控制要点

(1) 严格控制开挖轮廓线的划线精度。

每次爆破前，精确测定出开挖轮廓线，根据轮廓线画出各类炮眼位置。炮眼的布置根据各类围岩不同而相对应的炮眼间距不同，视围岩整体性和软硬程度而定。

（2）严格控制钻眼和清孔的质量。

根据隧道的开挖断面尺寸，开眼的位置要求不偏离设计炮眼位，周边眼不得偏离 5 cm，向外角度不大于 1°～3°，钻眼过程技术人员必须现场指导，对不符合要求的坚决不能使用，必须重新钻眼，以确保钻眼的位置和角度符合爆破设计的要求。炮眼钻好后，用高压气体进行清孔，将炮眼中的钻砟与小石砟清除干净，以确保装药顺利进行。

（3）严格控制装药质量。

合理选用引爆器材，装药时分片分组，由专人负责，严格按设计装药量装药和装雷管，自上而下，依次进行，注意雷管对号入座，周边眼用导爆索引爆，导爆索从拱部向两边依次并联在一起，在两底边各与一个毫秒雷管绑在一起。引爆起爆网络采用复式网络，保证起爆准确性与可靠性，联结导爆管时，注意不能出现打结和拉细现象，联结好后，技术人员负责检查，经检验合格后，尽快撤离人员和机械，最后引爆。

（4）优化光面爆破设计是保证隧道质量的基本前提。通过对隧道现场光面爆破的试验，不断调整爆破设计，使光面爆破设计更符合实际情况，施工过程中要严格操作规程。

（5）质量控制及检查标准：

① 隧道开挖断面的中线、高程必须符合设计要求。

② 隧道不应欠挖。当围岩完整、石质坚硬时，方允许岩石个别突出部分（每 1 m^2 不大于 0.1 m^2）侵入衬砌，整体式衬砌应小于 10 cm，其他衬砌不应大于 5 cm。拱脚和墙脚以上 1 m 内断面严禁欠挖。

③ 光面爆破或预裂爆破的炮眼痕迹保存率，硬岩应大于等于 80%，中硬岩应大于等于 60%，并在开挖轮廓面上均匀分布。

④ 隧底开挖底部高程应符合设计要求。隧底范围岩石局部突出每平方米内不应大于 0.1 m^2，侵入断面不大于 5 cm。

⑤ 边墙基础及隧底地质情况应满足设计要求，基底内无积水浮碴。

⑥ 隧底轮廓符合设计要求，隧底允许最大平均超挖值为 10 cm。

⑦ 隧道开挖断面允许超挖值和检验方法应符合表 46-2 的规定。

表 46-2　隧道开挖断面允许超挖值（cm）和检验方法

围岩级别 开挖部位	Ⅰ	Ⅱ～Ⅳ	Ⅴ、Ⅵ	检验数量	检验方法
拱　部	平均线性超挖 10	平均线性超挖 15	平均线性超挖 10	每一开挖循环检查一个断面	激光断面仪、全站仪测量周边轮廓线，绘断面图与设计断面核对
	最大超挖值 20	最大超挖值 25	最大超挖值 15		
边　墙	平均 10	平均 10	平均 10		

注：1. 平均线性超挖值=超挖横断面积/爆破设计开挖断面周长（不包括隧底）；
2. 最大超挖值：指最大超挖处至设计开挖轮廓切线距离；
3. 炮眼深度大于 3 m 时，允许超挖值可根据实际情况另行规定。

（二）开挖工法

1. 全断面法

Ⅱ、Ⅲ级围岩采用全断面法施工。开挖方法：采用凿岩台车配合手持风钻钻眼成孔，光面爆破。施工中钻爆作业与复喷混凝土作业拉开距离后安排平行作业。施工顺序：超前地质预报→全断面开挖→全断面支护。施工工艺见图 46-12。

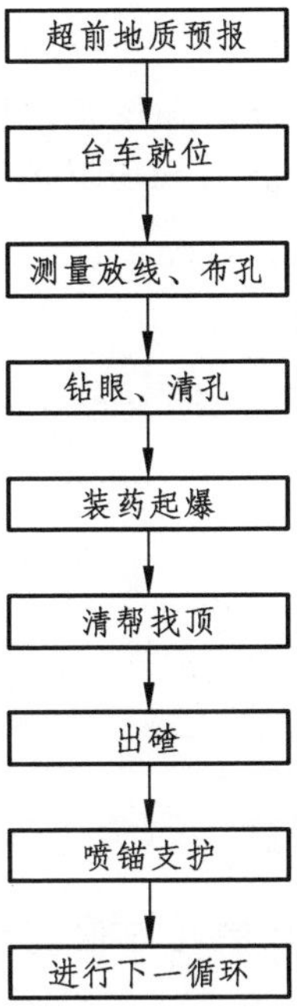

图 46-12 全断面法施工工艺

2. 上下台阶法

Ⅳ级围岩采用台阶法施工。

台阶法开挖施工，采用人工手持风钻钻孔，光面爆破或预裂爆破。施工顺序：地质超前预报→超前锚杆支护→上半断面开挖→上半断面支护→下半断面开挖→下半断面支护。

A ——（1）开挖上断面①部。（2）周边初喷 4 cm 混凝土。（3）钻设径向锚杆后复喷混凝土至设计厚度。

B ——（1）开挖下断面②部。（2）周边初喷 4 cm 混凝土。（3）钻设径向锚杆后复喷混凝土至设计厚度。

C ——开挖③部。隧底部分喷混凝土至设计厚度。

D ——灌筑边墙基础与仰拱及隧底填充（仰拱与隧底填充分次施做）。

E ——利用衬砌模板台车一次性灌筑衬砌（拱墙衬砌一次施做）。

上下台阶开挖见图 46-13。

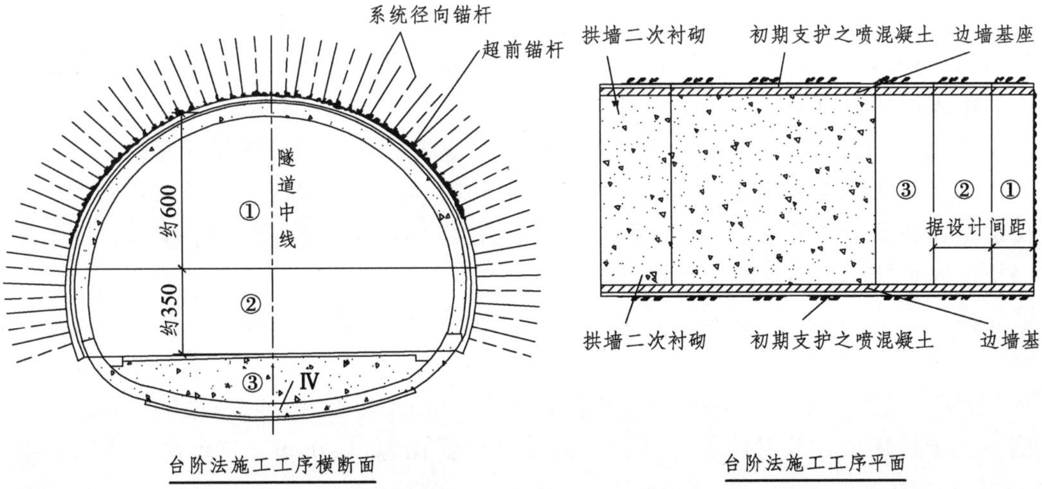

图 46-13 上下台阶开挖示意

3. 短台阶法

根据设计图纸Ⅴ级围岩且埋深较浅采用环形开挖预留核心土法施工外，埋设较深设计明确标示采用短台阶法。短台阶法同理于上下台阶法，但上下步距必须严控。短台阶开挖见图 46-14。

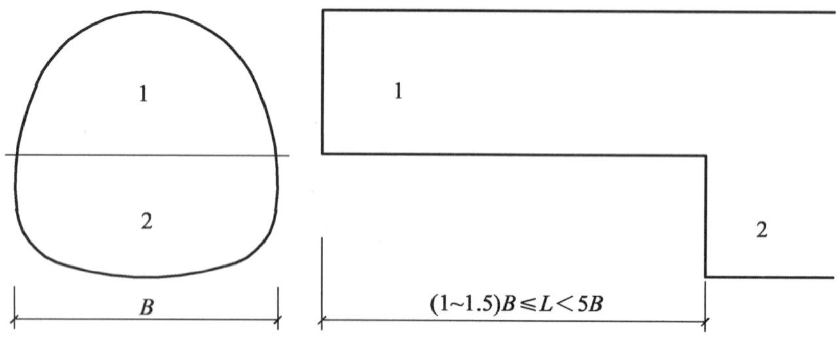

图 46-14 短台阶开挖示意

上部“1”与下部“2”的开挖步距须控制在 5 倍洞身宽度以内，其他施工方法同理于上下台阶法。

4. 三台阶七步法

根据设计图南庄岭隧道预留“Ⅱ”线（右线）DYK89+803 ~ DYK89+969 段属于Ⅲ、Ⅳ级围岩小间距段设计，采用三台阶法。

三台阶七步法施工顺序：地质超前预报→超前锚杆支护→上半部弧形导坑开挖、初期支护→左右错位开挖中台阶、初期支护→左右错位开挖下台阶、初期支护→施做混凝土仰拱，使初期支护封闭成环→监控量测反馈，施做防水层，灌注混凝土。

（1）先上部弧形导坑开挖：在拱部超前支护后进行，环向开挖上部弧形导坑，预留核心土，核心土长度宜为 3 ~ 5 m，宽度宜为隧道开挖宽度的 1/3 ~ 1/2。开挖循环进尺应据初期支护钢架间距确定，开挖后立即初喷 3 ~ 5 cm 混凝土。上台阶开挖矢跨比应大于 0.3，开挖后及时进行喷、锚、网系统支护，架设钢架，在钢架拱脚以上 30 cm 高度处，紧贴钢架两侧边沿按设计下倾角打设锁脚锚杆，锁脚锚杆与钢架牢固焊接，复喷混凝土至设计厚度。

（2）第 2、3 步进行左、右侧中台阶开挖：开挖进尺应根据初期支护钢架间距确定，开挖高度一般为 3 ~ 3.5 m，左、右侧台阶错开 2 ~ 3 m，开挖后立即初喷 3 ~ 5 cm 混凝土，及时进行喷、锚、网系统支护，接长钢架，在钢架墙角以上 30 cm 高度处，紧贴钢架两侧边沿按下倾角 30°打设锁脚锚杆，锁脚锚杆与钢架牢固焊接，复喷混凝土至设计厚度。

（3）第 4、5 步进行左、右侧下台阶开挖：开挖进尺应根据初期支护钢架间距确定，开挖高度一般为 3 ~ 3.5 m，左、右侧台阶错开 2 ~ 3 m，开挖后立即初喷 3 ~ 5 cm 混凝土，及时进行喷、锚、网系统支护，接长钢架，在钢架墙角以上 30 cm 高度处，紧贴钢架两侧边沿按设计下倾角打设锁脚锚杆，锁脚锚杆与钢架牢固焊接，复喷混凝土至设计厚度。

（4）第 6 步上、中、下台阶预留核心土：各台阶分别开挖预留的核心土，开挖进尺与各台阶循环进尺相一致。

（5）第 7 步进行隧底开挖：每循环开挖长度宜为 2 ~ 3 m，开挖后及时施做仰拱初期支护，完成两个隧底开挖、支护循环后，及时施做仰拱，仰拱分段长度宜为 4 ~ 6 m。三台阶七步法开挖工序见图 46-15。

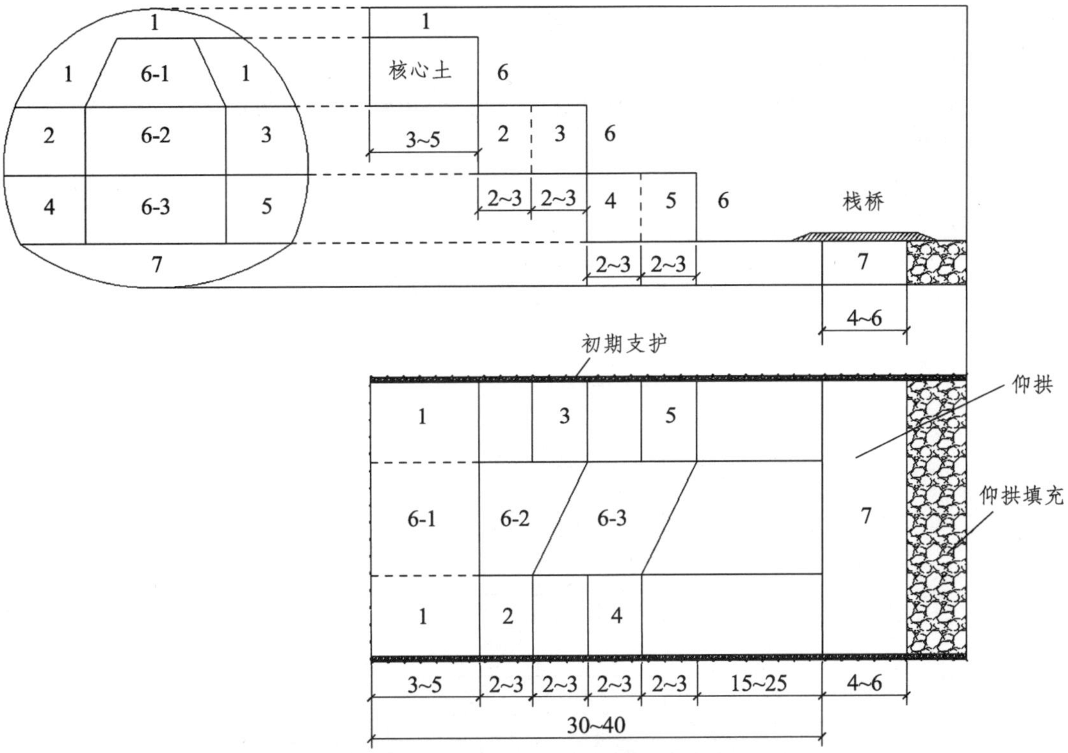

图 46-15　三台阶七步法开挖工序图

5. 环形开挖预留核心土

(1) 施工方法。

环形开挖留核心土法适用于Ⅴ级围岩开挖，开挖采用自制凿岩台架配合手持风钻钻孔，爆破采用光面爆破。

先开挖上部导坑成环形，并进行初期支护，再分部开挖剩余部分的施工方法。见图 46-16。

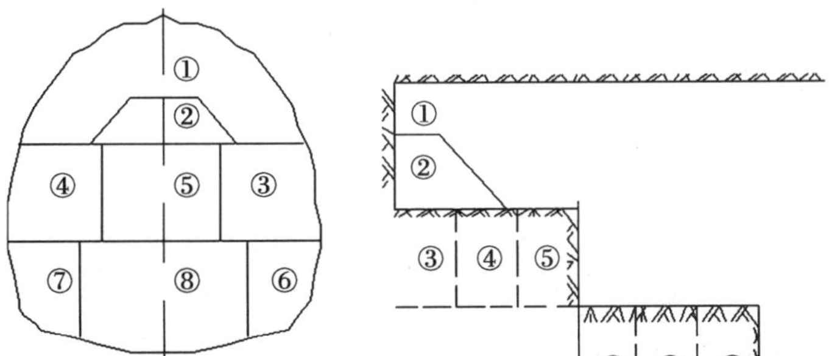

说明：

第 1、2 步：拱顶在超前支护的“保护”下，进行留核心土弧形开挖，开挖结束后架设工字钢架喷混凝土，形成较稳定的承载拱。

第 3、4 步：在拱顶承载拱的支护下，分段扩大拱脚，以一定的时间差先后按同样方法进行支护，使同一断面处暴露开挖面仅限于一侧。

第 5 步：拱部支护完成后中部拉槽。

第 6、7 步：在已完成拱部支护后，分段左右开挖马口，以一定的时间差作边支护。

第 8 步：下台阶开挖支护及仰拱混凝土，二次衬砌紧跟。

图 46-16　三台阶环形开挖预留核心土开挖示意

采用预留核心土三级台阶开挖，上、中导断面相距 5 m ~ 7 m，中下导断面相距 10 m。

上导开挖：开挖前采用小导管超前支护，开挖时以人工风镐或挖掘机开挖为主，需要时辅以弱爆破，先由人工预留核心土开挖弧心槽，然后由挖机配合进行开挖，每一循环进尺 1.0 m，开挖达到设计断面后，立即进行初期支护施工，核心土的开挖必须在初期支护封闭成环后再开挖，开挖时采用控制爆破措施以免损坏初期支护。

中、下导开挖：中导及下导的开挖，采用左右错开，分边施工，若边墙围岩较好时，可将中、下导合并为一个导坑施工。

（2）施工工艺流程。

三台阶开挖流程见图 46-17。

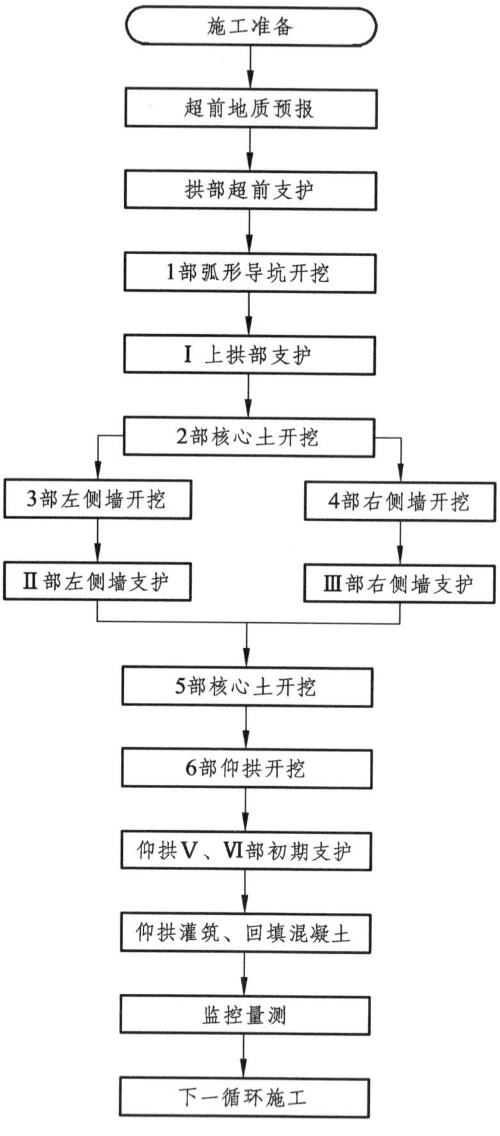

图 46-17　三台阶开挖流程

6. 三台阶临时仰拱法

适用于南庄岭隧道双线车站Ⅴ级围岩浅埋及偏压地段。

（1）开挖方法。

利用上一循环架立的钢架施做隧道超前支护，打设超前小导管，然后进行上台阶“1”部位开挖→上部初期支护及上台阶临时仰拱。

上部开挖支护完毕后，并超前 5～8 m→进行中台阶“2”部位开挖→中部两侧初期支护及中台阶临时仰拱。

中部临时仰拱施工完毕下后，并超前 5 ~ 8 m→最后进行下台阶开挖→开挖完立即施工下部两侧及仰拱初期支护。

（2）施工注意事项。

上部和中部的 I18 临时仰拱每两榀钢架施做一榀；上部与中部、中部与下部开挖带其开挖支护完成 5 ~ 8 m 后再进行下面部位开挖；中台阶及下台阶左右侧台阶错开 2 ~ 3 m；分台阶处，墙脚处应设锁脚钢管并注浆，确保钢架基础稳定，岩层平缓，施工过程中可适当调整锚管打入方向，尽量与岩层面大角度相交；纵向连接钢架及时焊接牢固；仰拱开挖前必须完成钢架锁脚，同时每循环开挖进尺不得大于 3 m。三台阶临时仰拱施工立面见图 46-18。

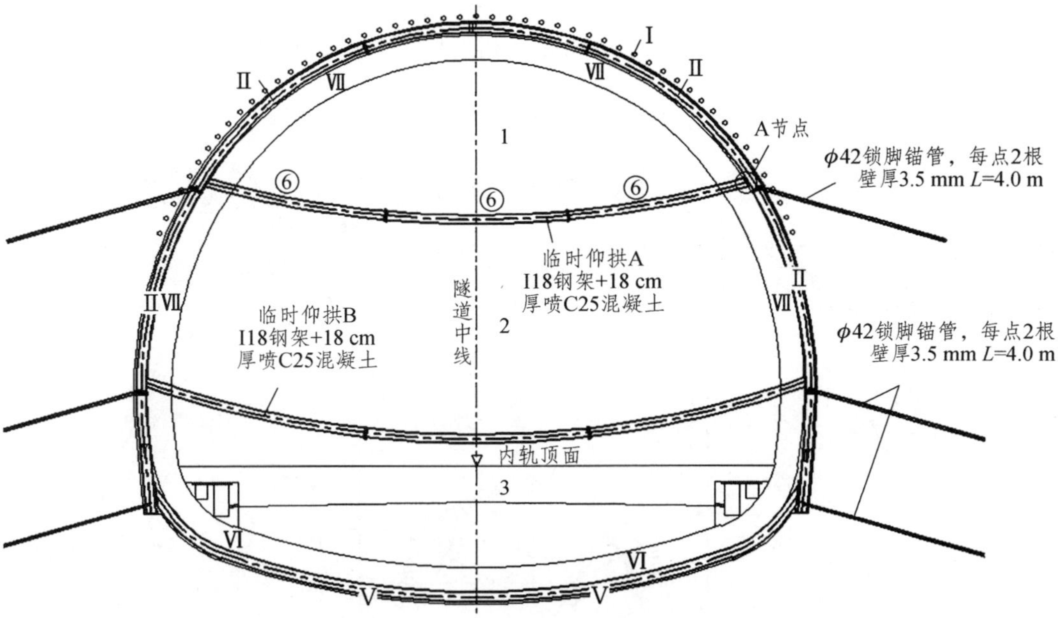

图 46-18　三台阶临时仰拱施工立面图

四、支护

（一）超前管棚

1. 施工准备

本项目管棚有 ϕ108 mm、ϕ89 mm 两种热扎无缝钢管加工而成，顶部切削成尖靴状，尾部焊接垫圈，壁厚 6 mm、5 mm。无缝钢管上钻注浆孔，孔径 10 ~ 16 mm，孔间距 15 cm，梅花形布置。接头采用丝扣连接；注浆浆液采用水泥浆液，水灰比 1∶1（重量比），注浆压力 0.5 ~ 2.0 MPa，注浆结束后以 M7.5 水泥砂浆充填钢管。

管棚设置混凝土导向墙，截面尺寸为 1 m × 1 m，内设 2 榀工字钢架，钢架外缘设置导向钢管，钢管与钢架焊接。

2. 施工方法

（1）导向墙：长管棚靠近掌子面间距 50 cm 安装 2 榀型钢钢架，在隧道开挖轮廓线以外立模浇筑钢筋混凝土 1 m 作长管棚导向墙，浇筑混凝土时按管棚设计位置预埋管棚孔口管；导向管设 1° ~ 3°仰角，与钢筋焊接成整体。

（2）管棚工作室：洞身管棚采用挖掘机、风镐进行管棚工作室的开挖，工作室挖至隧道开挖线以外 0.8 ~ 1.0 m，管棚工作室长 5.0 m。

（3）钻孔：采用管棚钻机按设计位置钻孔，先打钢花管（奇数编号），注浆后打无孔钢管（偶数编号，可作为检查管，检查注浆质量）。为确保同一横断面内接头数量不超过 50%，编号为奇数的第一节管采用 4 m 钢管，编号为偶数的第一节钢管采用 6 m 钢管。

（4）注浆：每施做完一个孔的管棚，对孔口进行封闭处理。管棚与孔口管之间的空隙采用麻丝或棉纱填塞，管口用水泥水玻璃胶泥封闭。封孔后采用注浆泵以分段注浆形式注浆。注浆前先进行注浆现场试验，注浆参数通过现场试验按实际情况确定。

（二）超前小导管

超前小导管注浆加固地层，是通过沿开挖轮廓线外纵向向前倾斜钻孔安设注浆管，并注入浆液，达到超前加固围岩和止水的目的，同时小导管还起到超前管棚预支护作用。拱部小导管注浆断面见图 46-19。

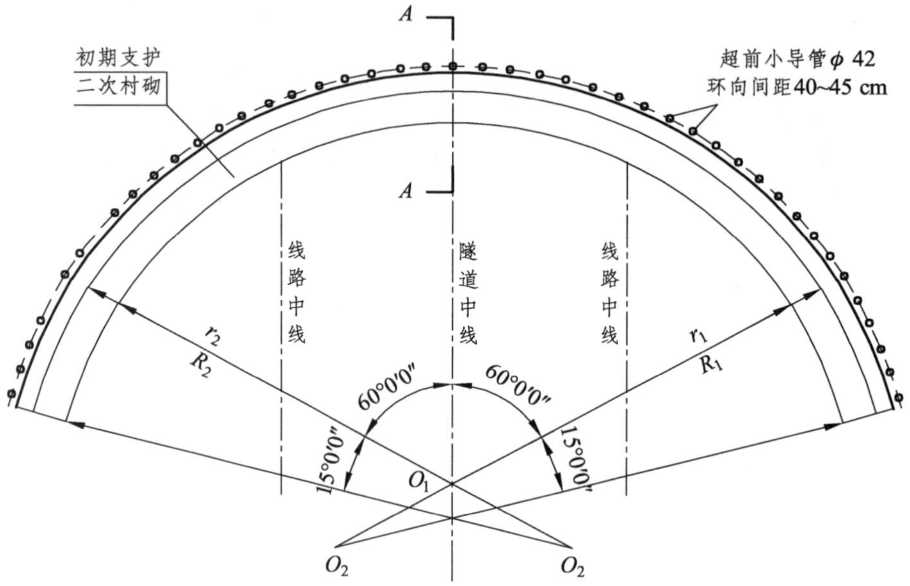

图 46-19　拱部小导管注浆断面示意

（1）小导管加工及布置：采用ϕ42 mm 热轧钢管，注浆管一端做成尖形，另一端焊上铁箍。在距离铁箍 0.5 ~ 1.0 m 处开始钻孔，钻孔间隔及布设按设计图纸严格布设。小导管单根长度据设计要求，外插角 10° ~ 15°，纵向搭接长度不小于 100 cm。

（2）注浆工艺参数：水泥浆浓度为 1∶1.25 ~ 1∶0.8；注浆压力一般为 0.5 ~ 1.0 MPa。

（3）注浆施工流程：

打孔布管：采用钻孔打入法。打设小导管前，按照设计要求放出小导管的位置。采用钻眼台车或锚杆钻机钻孔，钻孔直径比钢管直径大 3 ~ 5 mm，将小导管穿过钢架，用锤击或钻机顶入，同时用高压风将钢管内的砂石吹出。

封面及注浆：塑胶泥封堵孔口及周围裂隙，喷 5 ~ 10 cm 厚混凝土封闭工作面，以防止工作面坍塌。用注浆机进行注浆，采用注浆量和注浆压力双控原则进行注浆时间的控制。

（4）质量控制及检查要点：

① 钻孔位置在开挖轮廓线上按设计位置与角度钻眼。孔位误差小于 5 cm，外插角偏差小于 5°（角度用地质罗盘仪检查）。超过允许误差时，在距离偏大的孔间补管注浆。

② 检查钻孔、打管质量时画出草图，对照孔位编号，逐孔、逐根检查并填写记录。

③ 导管尾端置于钢架腹部或焊于锚杆尾部，以增强共同支护能力。

④ 注浆结束标准：定压注浆，终压达到设计压力，稳定 10 ~ 15 min 以上可停止注浆。

⑤ 注浆过程中，要逐管填写记录，标明注浆压力、注浆量、发生情况及处理过程。

⑥ 固结效果检查：查阅注浆记录，检查注浆量、注浆压力是否达到预定要求；在注浆过程中用肉眼观查开挖面的窜浆情况。

（三）系统锚杆

1. 组合中空锚杆

（1）施工方法。

组合中空锚杆主要用于拱部，锚杆大小及间距见具体施工部位设计，一般采用潜孔钻车作为钻进设备成孔→清理孔道→安装锚杆→注浆，对洞顶围岩进行加固。

组合中空锚杆是由中空锚杆体、钢筋、连接套、垫板、螺母、止浆塞、锚头、排气管等组成的锚杆，结构示意见图 46-20。

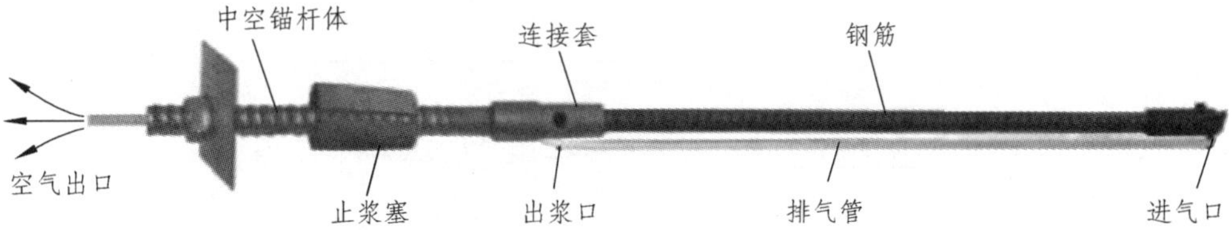

图 46-20　中空锚杆结构示意图

使用高压风吹净钻孔，将锚头与锚杆端头组合，戴上垫片与螺母；把组装好的锚杆打入钻孔，锚杆要尽量打在钻孔的中央位置，将止浆塞穿入锚杆末端与孔口齐平并与杆体固紧，锚杆末端戴上垫板，然后拧紧螺母，再注水泥砂浆。

（2）施工质量控制及相关注意事项：

① 钻孔方向宜尽量与岩层结构面垂直，钻孔后用高压水将孔眼冲洗干净。

② 水泥砂浆一般水泥：细骨料：水按 1∶1.34∶0.43，其中细骨料使用 2.36 方孔筛的中砂，砂浆稠度 100 ~ 120 mm，注浆压力 0.5 ~ 1.0 MPa。

③ 组合中空锚杆应沿杆体全长设置内径≥ϕ6 mm 的排气管，锚杆砂浆必须自下而上充盈。注浆时应堵塞孔口，排气管应插至距孔底 5 ~ 10 cm 处。

④ 杆体到位后，用止浆塞在孔口卡住，防止杆体滑出，注浆体积略大于需要的用浆量，注浆完成后按注浆量初步检验。

⑤ 锚杆未达到设计强度 70%时，不得碰撞，一般三天内不得在外露部位悬挂重物。

2. 砂浆锚杆

（1）施工方法。

砂浆锚杆主要用于边墙，采用ϕ22 砂浆锚杆，按设计间距采用人工钻眼（YT ~ 28 凿岩机）→钻孔后经吹孔检查合格→开始注浆（浆液采用 M20 水泥砂浆）→安装砂浆锚杆。

施工时先将灌浆管插入孔底，一边注浆一边徐徐将灌浆管向外拔，注浆后，将加工好的锚杆打入孔内达到设计深度，锚杆插入后 2 h 内不得敲击锚杆、悬挂重物。锚杆打入前要出去油污、铁锈和杂质，砂浆至少填充锚杆孔体积的 2/3 后方可停止注浆，及时将加工好锚杆打入孔内，锚杆体插入深度不小于设计 95%。

（2）施工工艺流程。

砂浆锚杆施工流程见图 46-21。

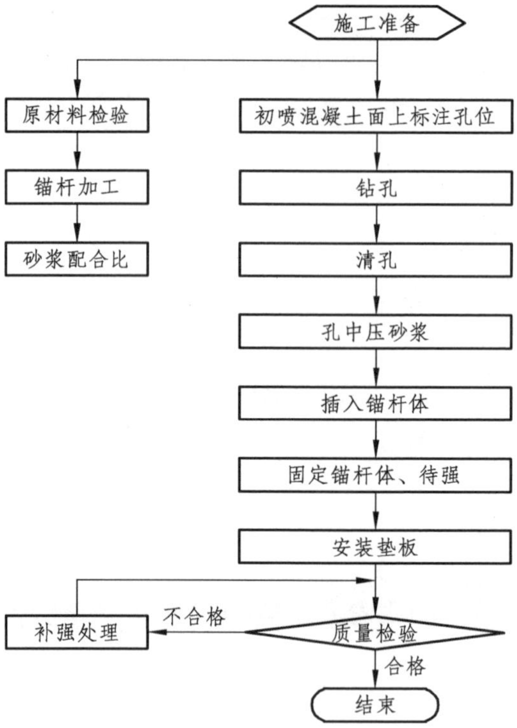

图 46-21　砂浆锚杆施工流程示意

3. 低预应力锚杆

主要针对南庄岭隧道“Ⅰ”线进口 DK89+850～DK89+920Ⅳ级围岩小间距段（对应“Ⅱ”线隧道里程 DYK89+848.9～DK89+919）；西郊隧道“Ⅰ”线进口 DK100+833～DK100+910Ⅴ级围岩小间距段（对应“Ⅱ”线隧道里程 DYK100+883.2～DK100+910.4）。

（1）施工原理。

预应力锚杆的工艺原理：锚杆从隧道左洞向右洞打眼，打穿隧道岩柱，一端与钢板焊接固定牢固，并用喷射混凝土封闭孔口；另一端为张拉端，从张拉端用注浆机沿杆体向孔内注浆，注浆后安装锚杆拉拔仪立即张拉至预应力，用扭矩扳手双螺母锁定。割除多余端，用喷射混凝土封闭孔口，形成锚固体系，主动控制岩体变形，调整岩体应力状态，有利于岩体的稳定性。

（2）施工方法及流程。

① 钻孔。

在钻机安放前，按照施工设计图采用全站仪进行测量放样确定孔位以及锚孔方位角，为防止钻机在钻进过程中钻到初期支护的工字钢，可将孔位进行适当的调整并做出标记。钻机就位后应保持平稳，导杆或立轴与钻杆在同一轴线上。

根据本隧道岩层主要以Ⅳ级围岩为主，选择采用潜孔钻成孔，从左洞向右洞打眼，钻头直径为 60 mm，钻进时要注意不断供水冲洗，始终保持孔口水位，并根据地质条件控制钻进速度，一般以 20～30 mm/min 为宜，每节钻杆钻进后在接长钻杆前，应反复冲洗，直至溢出清水。在钻进过程中随时注意速度、压力及钻进平直，直至钻穿隧道之间的岩柱。钻穿后用高压风或清水把孔内沉渣冲洗干净。

② 预应力锚杆制作。

预应力锚杆采用ϕ25 钢筋制作，锚杆制作前对钻孔清理的孔位实际深度进行测量，并按孔号对锚杆进行下料。

剪裁锚杆应使用砂轮机切割，不得采用氧割或电焊。自由端长度应考虑张拉端张拉时所需要的工作长度（≥50 cm）用套丝机进行套丝。锚杆制作完成后，进行外观检验，按锚杆长度、规格对应孔号进行编号。

锚杆制作完成后尽早使用，避免长期存放。锚杆应存放在干燥、清洁的地方，锚杆体裸露部分应涂刷水泥浆进行防锈处理，不得受到机械损坏。

③ 锚杆安装。

锚杆安装前对钻孔重新进行检查，对塌孔、掉块进行清理或处理。对锚杆体进行详细检查，对损坏的防护层、配件、螺纹进行修复。

推送锚杆时用力要均匀一致，防止在推送过程中损伤锚杆，并注意在推送过程中不得使锚杆体转动，应确保将锚杆体推送至预定的深度。

推送困难时将锚杆抽出，对抽出的锚杆仔细进行检查，并对锚杆的损坏程度、孔的清洁度进行观察，必要时对钻孔重新进行清理。

④ 注浆。

注浆之前将杆体和注浆管一同送入钻好的孔内，将带丝端置于左洞一侧，另一端置于右洞，用带孔的尺寸为 150 mm × 150 mm × 10 mm 钢板焊在右洞一侧的锚杆端部然后开始注浆，注浆采用活塞式注浆机，浆液水灰比为 0.40 的纯水泥浆，注浆压力一般为 0.4 MPa 左右。随着水泥浆的灌入，应逐步将注浆管向外拔出至孔口。在拔管过程中应保证管口始终埋在浆液里面。注浆时压力不宜过大，以免吹散浆液。当孔中存有积水时，一定要使积水全部排出，待溢出浆液的稠度与注入的浆液的稠度一样后再抽出注浆管。注浆管抽出之后及时使用土工布将管口堵塞，防止浆液流散。

⑤ 支垫钢板及千斤顶安装。

注浆工序完成以后，将自制的Π型钢垫板固定在围岩上。钢垫板安装时应注意放置的位置，确保垫板大面平整与锚杆体垂直且锚杆处于垫板中心位置。垫板固定之后将扭矩扳手穿过锚杆套在螺帽上，然后安放锚杆拉拔仪油顶，固定锚头垫板及螺帽。

⑥ 预应力张拉。

油顶固定完以后使用 xh/zy ~ 20t 锚杆拉拔仪预加应力至设计的 100 kN 后保持 10 min。然后进行锁定作业，即将锚头根部的钢板螺帽用扭矩扳手上紧，扭紧力矩≥120 N · m。拆卸锚头钢板、拉拔仪油顶，取出扭矩扳手，割除多余锚头，完成锚杆施工。

⑦ 封锚。

张拉、注浆后用砂轮切割机切掉张拉端多余的锚杆，锚杆在张拉端固定螺母的外露长度不小于 30 mm，多余的锚杆全部割除掉之后挂钢筋网片，喷早强混凝土至设计厚度。

（四）钢筋网

钢筋网采用盘圆 $\phi6$ 或 $\phi8$ 抽成直条，由钢架加工厂集中预焊好运输至现场铺设，钢筋网的喷混凝土保护层厚度不小于 3 cm。钢筋网与锚杆或其他固定装置连接牢固，铺设平顺。

（五）钢架（型钢、格栅）

钢架在加工厂里集中加工，加工完成后汽车运输至现场。在加工前必须设置 1 : 1 制作样台上加工制作，每环按照设计要求所示的单元采用冷弯分段制作，制作好后需进行试拼装，如拼装后存在连接不圆顺、无法对位等问题时，须重新冷弯校对，试拼装成功后再拆卸运至现场安装。对于 DK89+573 ~ DK767 为双线大跨断面，钢架在制作时根据现场实际各单元进行分段制作，后用螺栓连接。

其制作要求如下：

① 加工做到尺寸准确，弧形圆顺，接头处相邻两节圆心重合，连接孔位准确。

② 加工后先试拼装，检查有无扭曲现象，沿隧道周边轮廓误差小于 3 cm。

③ 制作好的钢架分单元堆码整齐。

钢架运至现场拼装，安设前进行断面尺寸检查，及时处理欠挖部分，首先测定隧道中线，确定高程，然后再测定其横向位置。保证钢架正确安设，钢架内侧有 2 cm、外侧有 4 cm 的喷射混凝土，安设拱脚或墙脚前清除垫板下的松砟，将钢架置于原状围岩上，在软弱地段，采用拱脚下垫钢板的方法。钢架与封闭混凝土之间紧贴，在安设过程中，当钢架与围岩间有较大间隙时安设垫块，两榀钢架间沿周边设ϕ22 纵向连接筋，形成纵向连接体系，拱脚高度不够时设置钢板调整。安设到位后在拱脚处设置锁脚锚杆对钢架进行固定，锚杆尾部与钢架焊接在一起。

对于仰拱钢架最后两单元连接处不闭合，必须采用型钢把两侧两个单元焊接起来，不得简单用几根钢筋进行点焊连接。

（六）喷射混凝土

该工程喷射混凝土厚及强度按设计要求严格控制，采用湿喷工艺，以减少回弹及粉尘，创造良好的隧道作业环境。工艺流程详见图 46-22。

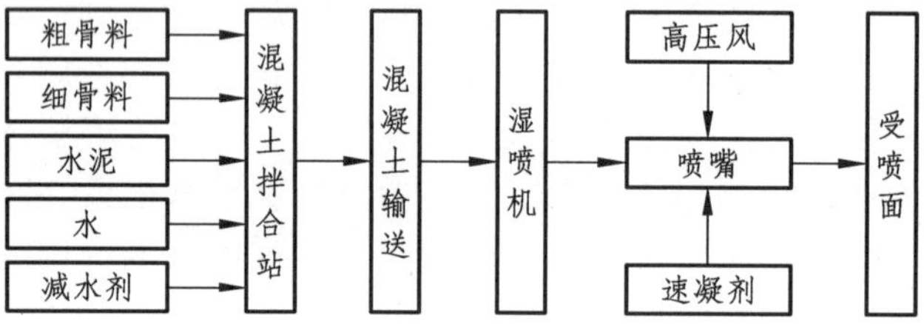

图 46-22　喷射混凝土施工工艺流程

（1）喷射机械安设调整好后，先注水、通风，清除管道杂物；同时用高压风吹洗坑壁（洞壁）面，清除坑壁面尘埃。

（2）上料保证连续性，校正好喷料的输入输出比。

（3）操作顺序：喷射时，先开风，再送料；停止时，先停料，再关风。

（4）喷射机工作风压严格控制在 0.3 ~ 0.7 MPa 范围内，从拱部到边墙脚，风压由高变低。（拱部的风压为 0.4 ~ 0.65 MPa，边墙的风压为 0.3 ~ 0.5 MPa。）

（5）严格控制好喷嘴与岩面的距离和高度。喷嘴与岩面呈下倾 10°左右，有钢筋时适当放大到 30°左右，喷嘴与岩面距离控制在 0.8 ~ 1.0 m 范围内。

（6）初期支护表面的渗漏水必须采取有效措施予以引排，即做到铺设防水板前喷射混凝土表面不得有漏、滴水点，否则必须凿槽加设排水盲管引排至排水系统。当有大面积出水时，应加铺排水盲板，将水引排归位至盲沟进入排水系统或直接引排至排水系统，其他加强措施如下：

① 改变配合比，增加水泥用量；先喷干混合物，待其与水融合后，逐渐加水喷射，喷射时由远而近，逐渐向涌水点逼近，然后在涌水点处安设导管，将股水引出，再在导管附近喷射。

② 当涌水地点不多时，采用开缝锚杆进行导水处理后再喷射混凝土；涌水严重时，可设置泄水孔，边排水边喷射。

③ 合理选择喷射混凝土配合比，适当减少最大骨料的数量，使砂石料具有一定的含水率，呈潮湿状。

④ 掌握好喷头处的用水量，提高喷射操作训练程度和技术水平。掺入粉尘抑制剂和采用特殊结构的喷头。

五、防排水施工

（一）初支背后注浆

初期支护超前 5 ~ 10 m 后，即可进行拱背后回填注浆，以固结拱背后松散地层及充填可能存在的空隙，并最大限度地减少地层松动和地表沉降。

背后回填注浆管每断面布置三根，分别设于拱顶和两侧拱肩部位，纵向间距 3 ~ 5 m。注浆管采用

$\phi42$ 小导管，长度 50 cm，将前端加工成尖锥状，尾部焊一圈$\phi6$ mm 加强筋。除尾部 20 cm 外，管壁四周钻$\phi8$ mm 的压浆孔，以便浆液压注。在喷射混凝土前预埋，并与格栅钢架焊接在一起，内端用牛皮纸包裹，外端露出支护表面 10 cm，用棉砂封堵加以保护。用 0.3 ~ 0.4 MPa 压力注射水泥浆（1 : 1）。

（二）二衬防水层施工

隧道二衬混凝土防水等级 P8，富水地段、地下水具有侵蚀性 P10，在初期支护与二衬混凝土间铺设背衬无纺布（400 g/m^2），EVA 防水板（厚 1.5 mm）；防水层采用防水板作业台车及垫片法无钉铺设，施工示意图见图 46-23。

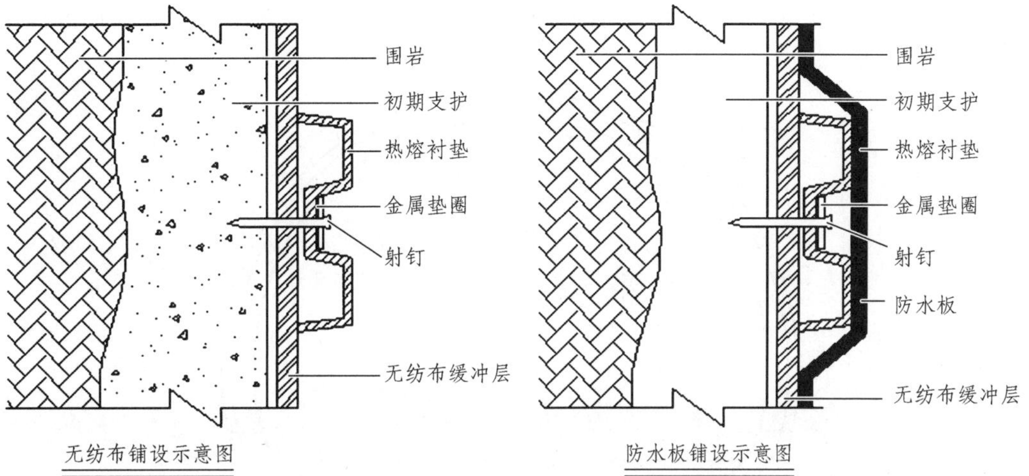

图 46-23 无纺土工布、防水板铺设示意

（三）隧道排水系统

1. 隧道内排水（初支与防水层间）

隧道设置双侧水沟。拱墙环向、墙脚纵向设置盲管，并与两侧水沟各自分段相通（分段可结合衬砌台车长度），环向盲管集中出水处应加密设置。环向盲管采用$\phi50$ mm 单壁打孔波纹管，纵向盲管采用$\phi80$ mm 双壁打孔波纹管。环向盲管一般布置于两道环向施工缝中间。打孔波纹管采用 HDPE 聚乙烯复合材料，开孔率不小于 40%，开孔为长条形，孔口大小 10 mm × 1.5 mm ~ 30 mm × 1.5 mm，在管的四周均匀分布。

纵向、环向盲管平面示意图见图 46-24。

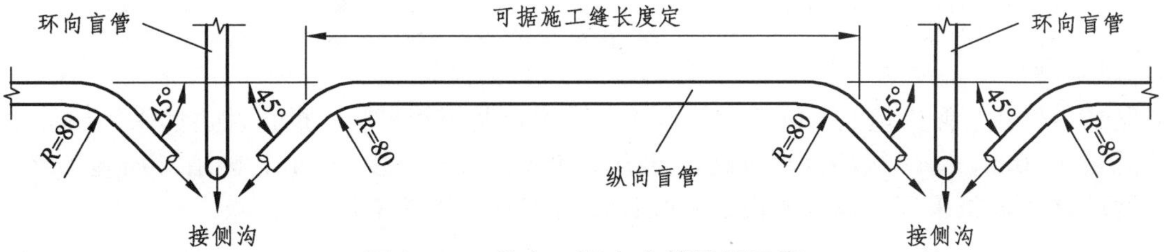

图 46-24 纵向、环向盲管平面示意

2. 明洞防排水

明洞衬砌防排水的防水层由 1.5 mm 厚水泥基防水涂料+内层 3 cm 厚水泥砂浆找平层+背衬无纺布+EVA 防水板+外侧 3 cm 厚水泥砂浆保护层组成。明洞衬砌混凝土背后同洞内一样设置环向、纵向盲管系统。

明洞顶设置天沟，最终汇入洞门外两侧水沟中。

六、二次衬砌

（一）二衬钢筋及混凝土施工

仰拱超前于二次衬砌施工，为保证掌子面继续开挖，仰拱、填充混凝土采用搭设移动式栈桥进行施工。二衬距离掌子面距离：Ⅱ级围岩不得大于 200 m，Ⅲ级围岩不得大于 120 m，Ⅳ级围岩不得大于 90 m，Ⅴ级围岩不得大于 70 m。

标准段仰拱混凝土采用定制小模板，拱顶及边墙采用 12.0 m 长的整体全液压模板台车，面板厚度为δ= 8 mm。二衬钢筋在钢筋加工厂制作，现场安装；混凝土采用现场拌和站集中拌和，混凝土运输罐车运输，混凝土输送泵泵送入模，插入式振捣棒与附着式振动器组合振捣，洒水保湿养护。衬砌示意图见图 46-25。

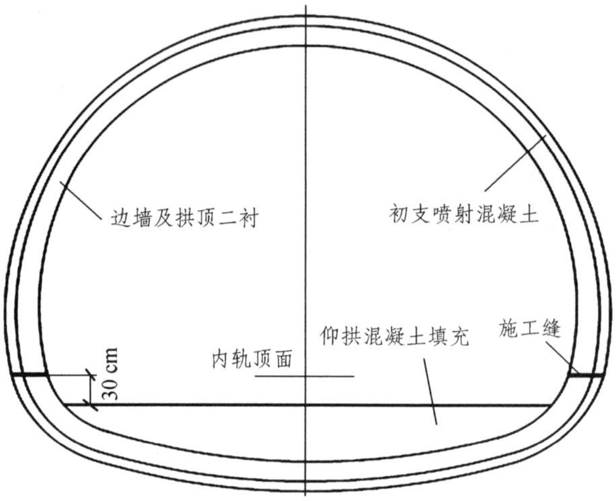

图 46-25 衬砌示意

1. 钢筋施工

（1）按照设计图纸，编制钢筋下料单，钢筋加工的形状、尺寸必须符合设计要求。

（2）钢筋弯曲成型采用钢筋弯曲机，钢筋的弯制和末端弯钩均严格按设计加工，设计未明确部分，根据相关施工规范执行。

（3）二衬钢筋加工采用加工厂电弧焊和现场焊接连接，连接时注意接头位置是否符合规范要求。钢筋采用搭接焊，水平钢筋每段长度不超过 12 m，以便于钢筋的绑扎。上下及两端二排钢筋交叉点每点扎牢，中间部分每隔一根梅花式扎牢。

（4）钢筋与模板间应设置足够数量与强度的垫块，确保钢筋的保护层达到设计要求。

2. 模板施工

标准段二衬仰拱、仰拱填充（包括中央水沟）采用定制小钢模板；拱顶及边墙采用整体钢模台车，台车设计总长 12.0 m，每一循环台车衬砌长度为 11.9 m，台车搭接 10 cm，隧道环向施工缝 11.9 m 一道。台车两端堵头模板采用木模，木模上钻孔穿设衬砌纵向连接钢筋。

3. 混凝土施工

（1）混凝土均采用自建集中拌和站供料，采用混凝土搅拌运输车运输，输送泵输送。施工时要严格控制配合比，保证混凝土质量均匀，振捣密实，养护及时。

（2）仰拱混凝土浇筑采用退浇方式进行。混凝土输送管从头部两层钢筋间伸入距底端约 2.0 m，输送管每 2.0 m 布置一根，距边墙 1.0 m。混凝土浇筑至泵入困难时，将管拔出 2.0 m 左右换管浇注。

（3）边墙和拱顶采用泵送混凝土按衬砌模板台车预留混凝土浇筑窗口，分层、对称浇筑。台车前后混凝土高差不能超过 0.6 m，左右混凝土高度不能超过 0.5 m，严禁单侧一次浇筑超过 1.0 m。

（4）两侧边墙采用插入式振捣器振捣，拱顶混凝土振捣采用附着式振捣器，振捣器梅花形布置，间距 1.0 m。

（5）拱部退浇时，不得强行浇筑，以防混凝土堵管。

4. 混凝土的养护

（1）仰拱及填充混凝土浇筑完毕后，在 12 h 以内加以覆盖，并洒水养护，养护期不少于 14d。

（2）仰拱填充混凝土强度达到 5 MPa 后允许行人通行，达到设计强度的 100%后允许车辆通行。

（3）侧墙和拱部混凝土灌注后，要待混凝土强度达到设计强度的 75%后才可拆模，并洒水养护，养护期不少于 14d。

（二）二次衬砌背后注浆

在施工完二衬外环定位钢筋后、外环钢筋安装前预埋二衬背后沿线路纵向通长的ϕ30 mm 的 PVC 管，沿线路纵向每隔 5 m 预留一处ϕ32 钢管注浆口。ϕ32 钢管一端用三通与ϕ30 mm 的 PVC 管连接，钢管靠洞内一端可事先用机床加工好内丝口。

施工方法如下：

（1）检查预留注浆孔：用短节钢筋往返插入预留的ϕ32 mm 的钢管内，若插入顺利不受阻挡，证明注浆管未堵塞，否则堵塞。将堵塞的注浆管做好标识，用短节钢筋向上捅或者用小型手持电钻，并把管内混凝土残渣清理干净，在清理堵塞管道过程中确保防水层不受损。

（2）管口试接：注浆机注浆管与拱顶预留ϕ32 mm 的注浆管有效进行连接，注浆前应与每根预留注浆管进行试接，确保拌制的浆液能够在规定的时间内使用完。使注浆能够连续进行。

（3）吸水试验：注浆前应先对注浆管路系统用 1.5 ~ 2.0 倍注浆终压进行吸水试验，检查管路系统能否耐压，有无漏水，机械设备是否正常，试运行 20 min 后，进行注浆现场试验，确定注浆参数。试验及压浆过程中，要求有值班施工技术人员在场，并根据现场注浆实际情况，准确判断及时对浆液稠度做出调整。

（4）浆液配制：浆液配制严格按照试验室配制的配合比配制。浆液要求能连续拌制，拌制过程中严格监控水泥用量，确保浆液的稠度。

（5）注浆：二次衬砌混凝土强度达到设计的 70%应进行注浆，注浆采用逐渐加压式注浆，注浆压力为 0.05 ~ 0.1 MPa，注浆速度一般为 30 ~ 60 L/min。

（6）二次补压：第一次注浆后间隔 2 h，将每个注浆孔按约 0.3 MPa 压力保持 10 min 注浆。当达到下述情况时即可结束注浆：当注浆压力已达到设计终压，且稳压 10 min 后可结束注浆。

七、隧道附属施工

（一）水沟、电缆槽

在模筑衬砌完成后，组织水沟、电缆槽施工，衬砌施工时即完成水沟沟底施工，注意沟底平顺。水沟电缆槽身采用移动模架现浇混凝土施工，注意预埋泄水孔并将底部接触面清洗凿毛，盖板在预制场集中预制，小型机具配合人工搬运安装，铺设平稳，无晃动或吊空，边缘整齐，两端与沟壁缝隙用砂浆填平。

（二）综合洞室（兼电缆余长腔）

隧道内设置综合洞室（兼电缆余长腔），按每隔 300 m 预留，综合洞室不设于衬砌断面变化处、沉降缝、工作缝或伸缩缝处，各洞室均设置通信、信号过轨钢管和通信、信号接地体。洞室沿隧道两侧交替布置，间距按设计布设，综合洞室的施工等该段正洞开挖超过 80 m 左右后进行施工，衬砌与正洞二次衬砌同步施做。

八、隧道施工监控量测

（一）监控量测的目的

通过施工现场的监控量测，判断围岩稳定性，支护、衬砌可靠性，二次衬砌合理施做时间以及修改施工方法、调整围岩级别、变更支护设计参数提供依据，指导日常施工管理，确保施工安全和质量。监控量测分为洞内和洞外两部分：洞内监测项目有初支拱顶下沉、净空收敛、钢筋应力、初支与围岩接触应力，其中初支拱顶下沉、净空收敛监测点布设要求：Ⅲ级围岩 30 m、Ⅳ级围岩 10 m、Ⅴ级围岩 5 m，并位于同一断面。浅埋地表沉降测点应在开挖前布设，布设要求见表 46-3。

表 46-3　监控量测点布置表

序号	隧道埋深与开挖深度	纵向测点间距/m
1	$2B<H_0<2\times(B+H)$	15～30
2	$B<H_0\leqslant 2B$	10～15
3	$H_0\leqslant 2B$	5～10

（二）量测方法及要求

测试前检查仪器是否完好，若发现故障及时进行修理或更换；确认测点是否松动或发生人为破坏，只有在测点状态良好时方可进行测试工作。测试中按各项测量操作规程安装好测试仪器，每测点一般读数三次，三次读数相差不大时取算术平均值作为观测值，否则进行判断，是由于人为破坏、测点松动或需要进行重测。

测试完毕后检查仪器、仪表，做好养护保管工作，及时进行资料整理。

测点布置见图 46-26。

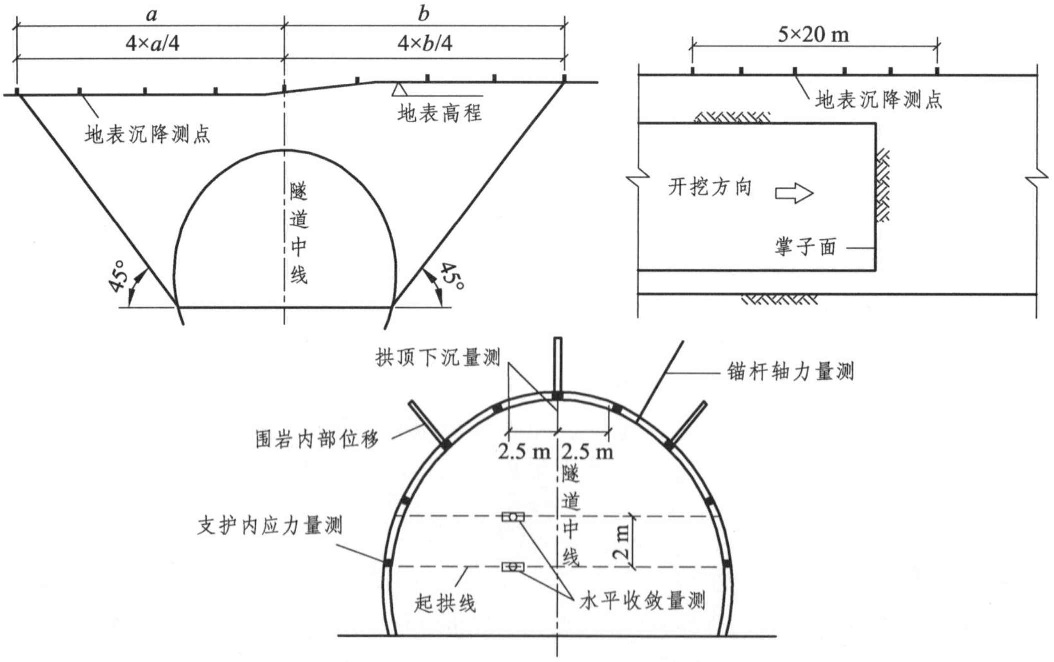

图 46-26　监控量测点布置示意

（三）监测注意事项

（1）对业主提供的基准点资料及时进行复测，对不同之处及时提出意见以便修正，从而确保基准点数据的准确性。

（2）监测仪器按规定时间进行核准，以确保测量数据的准确性，固定专人管理仪器，进行保养和维修。

（3）监测资料的存储、计算、管理均采用计算机进行。但要保留所有的原始资料，以供抽查。

（4）当天的监测成果当天报，及时送报主管工程师（并报送监理工程师）。

（5）将所有被保护对象的详细调查资料汇编成册，以备随时查阅。

（6）监测值出现异常时，迅速报告相关工程师并加密观测次数，必要时进行 24 h 不间断监测，直至稳定为止。

（7）测点埋设要求：位置准确、安全稳固，设计醒目的警戒标志加以保护。

（8）隧道净空变化、拱顶下沉量在每次开挖后 12 h 内取得初读数，最迟不得大于 24 h，且在下一循环开挖前完成；各项量测作业均持续到变形基本稳定后 2～3 周结束，对于软岩围岩地段，位移长期没有减缓趋势时，适当延长量测时间。

第二节　长大、重难点隧道施工

金台铁路 JTSG-1 标段重点控制隧道工程为石锦隧道；JTSG-2 标段重点控制隧道工程为牛和岭隧道、重难点工程为秀山隧道；JTSG-3 标段重点控制隧道工程为将军岭隧道；JTSG-4 标段工期控制工程为南庄岭隧道；JTSG-5 标段控制工程为金家村隧道，重难点工程为上呑隧道；JTSG-6 标段重点工程为林家呑隧道。

综合来看，金台铁路重点隧道概况为：牛和岭隧道，全长 6 268 m 单线，设置 1 座单车道无轨运输斜井，长度为 330 m；将军岭隧道，全长 12 808 m，单线（出口端为 940 m 双线隧道），设置 3 座单车道无轨运输斜井，长度分别为 610 m、1 331 m 和 1 604 m；金家村隧道，全长 5 653 m，单线，设置 1 座单车道无轨运输横洞，长度为 299 m；南庄岭隧道，全长 4 086 m；林家呑隧道，全长 4 933 m。

本节主要总结金家村隧道、牛和岭隧道、林家呑隧道、秀山隧道等重难点隧道的施工方法。

一、金家村隧道施工方案

（一）工程概况

金家村隧道全长 5 646 m，进出口里程分别为：DK115+875、DK121+521。围岩级别为：Ⅱ～Ⅴ，最大埋深 445 m。根据隧道洞身地质条件结合洞口施工场地条件，防火救援需要，于隧道 DK116+900 处设置一座横洞。隧道金华端采用Ⅴ级围岩双侧挡墙式洞门，设大管棚注浆加固地层；台州端采用Ⅴ级围岩台阶式洞门，设超前管棚注浆加固地层。

（二）施工方案

总体施工方案：本隧道按新奥法原理设计施工，全隧道均采用无轨运输方式；Ⅱ、Ⅲ级围岩采用全断面法施工；Ⅳ级围岩采用台阶法；Ⅴ级围岩一般地段采用短台阶法，Ⅴ级围岩土质和凝灰岩全风化地段采用环形开挖预留核心土法；岩爆地段采用台阶法施工。

采用双头开挖方案，共分两个工作面。

隧道正常工序方案见第一节，根据地质情况，本隧道将突水、涌泥、断层、岩爆、岩层失稳等作为重点方案。

1. 涌水、岩溶、破碎带等处理方案

（1）地下水处理及注浆方案选用原则。

注浆方式采用超前周边注浆、开挖后全断面径向注浆、局部注浆、补注浆四种方式相结合，基本注浆方案分为下列几种：

① 超前周边注浆：每一循环长度为 30 m，固结范围为开挖轮廓线外 5 m。

② 开挖后全断面径向注浆。

③ 局部注浆：分为超前局部注浆、开挖后局部注浆等，根据综合地质超前预报探明的局部岩溶实际分布及开挖后地下水渗流状态分别采用不同的注浆方式。

④ 地表帷幕注浆：综合地质超前预报探明的地下水发育程度，预先于地表钻孔注浆止水，阻断地下水与隧道开挖面的通道，固结范围为开挖轮廓线左侧 5 m。

（2）注浆孔布置。

① 超前周边注浆：浆液有效注入范围为开挖轮廓线外 5 m，每一循环长度 30 m，开挖 25 m，留 5 m 作为止浆岩盘；注浆孔底间距按 3 m 控制，设 4 环。

② 开挖后径向注浆：浆液有效注入范围为开挖轮廓线外 5 m，注浆孔口按 2.4 m 控制，纵向间距 2.4 m，梅花形布置。

③ 局部注浆：根据局部出水点的水量、水压、位置、岩体条件等具体情况确定。

④ 地表帷幕注浆：浆液有效注入范围为开挖轮廓线左侧 5 m，注浆孔孔口间距按 3 m 控制，纵向间距 3 m，交错布置共设两排，孔深应超过隧道仰拱部下 3 m。

⑤ 补注浆：补注浆为按上述注浆方式实施后，仍未达到设计要求时，根据实际情况选择上述注浆方式一种或多种进行补充注浆。

（3）注浆压力。

设计注浆压力（终压值）=水压力 $P_{水}$+2 MPa。

（4）注浆材料。

注浆材料根据要求选用具有结石强度高、可灌性好、抗渗透、抗腐蚀、无污染、耐久性好等特点。水泥基灌浆材料，一般采用纯水泥浆（必要时采用 TGRM 浆液或双液浆），水灰比 0.5：1～0.8：1。局部揭示岩溶管道，根据情况选用具有快凝、抗流失性能的水反应性浆材。

（5）注浆结束标准。

① 单孔结束标准：注浆压力逐步升高至设计终压，并继续注浆 10 min 以上；注浆结束时的进浆量小于 20 L/min；

② 全段结束标准：所有注浆孔均以符合单孔结束条件，无漏注现象；检查孔涌水量小于 0.2L/(m · min)；检查孔钻取岩芯，浆液充填饱满，其固结体物理性能指标需满足下列要求，且经评判开挖不会发生突水、突泥灾害。$C \geqslant 0.45$ MPa；$\phi \geqslant 35°$；$E \geqslant 3.65$ GPa；$\mu \leqslant 0.35$。

当地表水环境有严格要求时，注浆后实测涌水量小于 5 m^3/(m · d)；浆液有效范围大于或等于设计值。

（6）注浆施工流程。

① 在富水段采取综合地质超前预测预报等措施后，获得如围岩级别、综合渗透系数、岩溶发育特征、岩体的抗压强度、裂隙率、涌水量、水压等地质和水文的基础资料和指标。

② 注浆流程。

进行突水、突泥危害性评判。当全断面可能产生突水、突泥灾害时，进行超前周边注浆；当局部范围可能产生突水突泥灾害时，进行局部注浆。

实施超前周边或超前局部注浆。

注浆效果评判。若预测开挖后不会发生突水、突泥等施工灾害时，则进行开挖，否则进行超前补浆。

开挖后进行岩壁稳定性评判。若岩壁稳定，则注浆结束，否则进行开挖后径向补浆。

（7）注浆工艺要求。

注浆前，在类似地质条件下的岩层中进行注浆试验，初步掌握浆液充填率、注浆量、浆液配合比、凝胶时间、浆液扩散半径、注浆终压等指标。

孔口位置应准确定位，与设计位置允许偏差为+5 cm，偏角应符合设计要求，每钻进一段、检查一段，及时纠偏，孔底位置偏差应小于 30 cm。

注浆孔开孔直径不小于 108 mm，终孔直径不小于 90 mm。

钻孔和注浆顺序应由外向内，同一圈孔间隔施工。

岩层破碎容易造成坍孔时，应采用前进式注浆，否则采用后退式注浆。

孔口设 3 mϕ108 mm 注浆管，埋设牢固，并有良好的止浆设施。

一个孔段的注浆作业一般应连续进行到结束，不宜中断，应尽量避免因机械故障、停电、停水等问题造成的被迫中断。对于因实行间歇注浆，制止串浆冒浆等而有意中断，应先将钻孔清理至原深度以后再进行复注。

（8）涌水、岩溶、破碎带等处理措施。

隧道在穿越断层时，采取超前局部注浆对地下水进行封堵，超前局部注浆加固围岩或堵水，注浆范围为开挖轮廓线外 5 m，每一循环注浆长度为 30 m，开挖 25 m，保留 5 m 注浆岩盘，施工中注浆段落位置及长度根据地质超前预报所揭示的地质条件做适当调整；在通过富水段时，采用地表帷幕注浆，注浆深度深入隧道仰拱底 3 m，注浆扩散半径 2 m，注浆孔间距 3 m。

① 快速封堵方案。

当钻孔推进中遇涌水，但涌水量不大压力不高时，钻杆不拔出，随即在孔口插小直径注浆管，实施顶水压浆（采用凝胶时间短的水泥——水玻璃双液浆），将钻孔已施钻部分封住，不让水涌出。而后在其周围另行钻孔实行前进式注浆，即钻一段压注一段，逐步推进。

② 钻孔突泥处理方案。

在本合同段隧洞软弱富水段施工过程中，由于地质条件本身的复杂性和超前地质预报的有限性，开挖时可能出现涌泥现象。涌泥量较大时，大量的涌泥将掌子面附近隧洞封堵，此时可在掌子面附近用砂袋（紧急情况下可用袋装水泥）临时封堵涌泥，后用混凝土做止浆墙，注浆固结后开挖。

（9）涌水（泥）时人员设备的应急措施。

隧洞施工中，加强地质超前预报，根据预报结果及时采取预防措施，同时发出危险警报。对预测可能涌水洞段进行超前帷幕预注浆后，应检查注浆效果及涌（突）水的封堵情况。在经检查灌浆效果符合标准后进行隧洞开挖，同时将洞内重要设备调出洞外，洞内施工人员分批进洞作业，以确保人员及设备的安全，若涌（突）水发生后，应及时疏通横通道，布设抽水泵从另一隧洞将部分涌水抽出洞外，以减少单洞水流量。

2. 岩爆地段施工方案

（1）加强岩爆区段的支护与安全措施：

① 增设临时防护设施，给主要设备安装防护网和防护棚架，给施工人员配发钢盔、防弹背心等，必要时在掌子面加挂钢丝网。

② 根据设计及时锚网喷联合支护。

③ 岩爆非常剧烈时，为了安全，在安全距离进行躲避，直至岩爆平静。

④ 加强巡回清撬爆裂的危石，确保人员设备安全。

（2）调整围岩的应力状态及岩体特性：

采用特殊施工措施，调整围岩的应力状态及岩体特性，主动消除或减轻岩爆。

① 喷高压水：爆破后立即向工作面及附近洞壁岩体喷洒高压水，以降低岩体的强度，增强塑性，减弱岩体的脆性，降低岩爆的剧烈程度；同时可以起到降温除尘的作用。必要时利用炮孔和锚杆孔向岩体深处注水，以取得更加效果。

② 改善施工方法：深孔爆破改为浅孔爆破，减少一次装药量，拉大不同部位炮眼的雷管段位间隔，延长起爆时间，减轻爆破对围岩的影响，减小爆破动应力场的叠加，从而降低岩爆的频率和强度。改变洞室的开挖断面形状，把洞室直接或近似开挖成相应于岩爆后围岩稳定的洞室形状，从而减小岩爆的程度。在强烈岩爆区用台车打应力释放孔。

（三）通风方案

1. 施工通风方案及系统布置

金家村隧道采用双向掘进，通风采用长管路独头压入式通风方式为主，增加射流风机辅助，掌子面最远通风距离见表 46-4。

表 46-4　掌子面最远通风距离

序号	工区	正洞长/m	通风长度/m
1	出口小里程方向	2 909	2 909

2. 通风风量计算

金家村隧道出口小里程方向独头通风距离为 2 909 m，开挖工作面所需风量 Q 压计算结果见表 46-5。

表 46-5　金家村隧道开挖工作面所需风量表

序号	控制因素	计算公式	参数取值	工作面所需风量/（m^3/min）
1	按作业人数	$Q_{开}=4\times N$	N=50	200
2	按最小风速	$Q_{开}=V\times A\times 60$	v=0.25，A=100	1500
3	按爆破排烟	$Q_{开}=(5G_b-AL_0)/t$ $L_0=15+G/5$	G=132，b=40，A=100 L_0=61，t=40	1008
4	按稀释内燃机废气	$Q_{开}=3\sum N_iK$	N_i=579，K=0.8	1389

开挖面最多作业人数 n：50 人；每人所需新鲜空气量：4 m^3/min；洞内最小风速 v：0.25 m/s；开挖断面积 A：100 m^2；洞内通风风速大于 0.25 m/s；同时爆破炸药量 G：按全断面法，循环进尺 3 m，平均单位装药量 1.1 kg/m^3，取 G=132kg；炸药爆破时有害气体生成量 b：40；爆破通风时间 t：40 min；洞内内燃机械同时工作的总额定功率为 N_i = 579；内燃机械负荷系数和利用率系数 K：综合取 0.8；内燃机械单位马力所需新鲜空气量：3 m^3/(Hp · min)。

取按最小风速所需风量 1 500 m^3/min 作为工作面所需风量。

3. 风机、风管选型配置

（1）风机供风量。

风机供风量 Q 机应满足开挖面所需风量和全管路漏风损失的需要，即 $Q_{机}=P\times Q_{压}$。全管路系统漏风系数 P 选用公式 $P=1/(1-\beta)L/100$ 计算，公式中的管路百米平均漏风率 β 取 1.3%，L 为管路独头通风长度（m）。各工区压入风机供风量见表 46-6。

表 46-6　各工作面压入风机供风量

序号	隧道工区	正洞独头通风长度 L/m	管路漏风系数 P	风机应提供的风量 /（m^3/min）
1	出口小里程方向	2 909	1.40	4 072

（2）风管配置。

风管配置见表 46-7。

表 46-7　各工作面风管配置

序号	隧道工作面	风管直径/m	风管数	风管材质
1	出口小里程方向	1.5	1	软风管

（3）管路通风压力损失。

每根管路全程通风压力损失Δh按下式计算：$\Delta h=(6.5\alpha L/D_5)(Q_{开}+Q_{机})/2$；式中，$\alpha$为摩擦阻力系数，取 0.0018。各工区正洞压入式管路的通风压力损失计算结果见表 46-8。

表 46-8　各工作面正洞压入式管路通风压力损失

序号	隧道工作面	独头通风长度/m	D/D_5/（m/m^5）	$Q_{开}$/（m^3/s）	$Q_{机}$/（m^3/s）	h_f/Pa
1	出口小里程方向	2 909	1.5/7.9	25	33.1	124

（4）风机全压。

根据所选择的风管直径和管道阻力损失，风机设计全压计算见下式。

$$H = R_f Q_j Q_i / 3\,000 + h_r + h_{其他}$$

式中　R_f——管道阻力系数，平均取 1.30 ~ 1.60；

Q_j——通风机供风量，取设计风量，m^3/min；

Q_i——管道末端流出风量，m^3/min；

h_r——管道内阻力损失；

$h_{其他}$——其他阻力损失取 60。

风机全压计算结果见表 46-9。

表 46-9　风机全压计算结果

序号	隧道工作面	独头通风长度/m	风管直径/m	h_f/Pa	风机全压/Pa
1	出口小里程方向	2 909	1.5	124	2 146

（5）风机功率计算。

风机功率计算见下式。

$$W = QHK/(60\eta)$$

式中　Q——风机供风量；

H——风机工作风压；

η——风机工作效率，取 80%；

K——功率储备系数，取 1.05。

风机功率计算结果见表 46-10。

表 46-10　风机功率计算结果

隧道工作面	独头通风长度/m	风机供风量/（m^3/min）	风机工作风压/Pa	风机功率/kW
出口小里程方向	2 909	1 500	2 146	95

（6）风机选择。

根据风机供风量及风机功率计算结果，风机的选型配置见表 46-11 与表 46-12。

表 46-11　风机性能

风机型号	生产厂家	功率/kW	通风量/（m^3/min）	风压/Pa
sdf-12.5	咸阳风机厂	110	1 100～2 950	780～2 356

表 46-12　风机配置

隧道工作面	风机型号	台数	通风方式
出口小里程方向	sdf-12.5	1	一条管路

二、牛和岭隧道

牛和岭隧道位于浙江省丽水市缙云县壶镇境内，隧道起讫里程 DK25+163～DK31+435，全长 6 272 m，为单线电气化铁路隧道，隧道最大埋深 276 m。隧道进口 DK25+163～DK26+425.619 段位于 R=2 000 的左转曲线上，其余段落位于直线上，采用 3‰、6.8‰的单面上坡。

（一）施工方案

牛和岭隧道全长 6 272 m，地质条件复杂，局部地段分布。施工中应注意监控围岩变化，严格遵循“超前探、管超前、短进尺、弱（不）爆破、强支护、勤量测、紧衬砌”的原则。用地质探测和量测技术取得围岩状态参数，通过对信息、数据的综合分析和处理，判定地质变化，反馈于施工，实行动态管理信息化施工。隧道单口承担任务重，为开辟施工工作面，加快施工进度，满足施工过程的通风和分散弃渣的要求，以及运营期间防灾救援的需要，牛和岭隧道设置“进口+斜井+出口”。分成进口工区、斜井工区及出口工区，共三个工区组织施工，其中进口工区承担 1 857 m 正洞施工，斜井工区承担 2 280 m 正洞及 326 m 斜井施工，出口工区承担 2 135 m 正洞施工。出口工区、斜井工区反坡施工，施工期间加强排水措施。

（二）洞身开挖

正洞Ⅴ级围岩地段采用短台阶、环形开挖预留核心土，Ⅳ级地段采用台阶法、Ⅱ、Ⅲ级围岩地段采用全断面法施工。

正洞Ⅱ、Ⅲ级围岩采用光面爆破开挖；Ⅳ级围岩采用微震动控制爆破开挖；Ⅴ级围岩开挖采用风镐或挖掘机开挖，必要时辅以弱爆破。形成超前支护、开挖、初期支护、仰拱填充、二次衬砌、附属工程均衡生产、整体推进的施工格局，软弱围岩地段初期支护及时成环，根据围岩量测结果及时施做二次衬砌。

（三）超前支护

隧道洞口段采用大管棚超前支护，大管棚采用 ϕ108、ϕ89 热轧无缝钢管，进口 DK25+169～DK25+199 段设 30 mϕ108 大管棚注浆加固地层，大管棚环向间距 40 cm。出口 DK31+415～DK31+428Ⅳ

级围岩进洞段，埋深较浅，进洞施工时易塌方，设ϕ89 管管棚注浆加固地层。洞内部位Ⅴ级围岩段采用ϕ89 超前管棚超前支护；Ⅳ级、Ⅴ级围岩采用超前小导管，小导管采用ϕ42 热轧无缝钢管加工。

（四）初期支护及衬砌

隧道初期支护拱部采用ϕ22 中空注浆锚杆、边墙采用ϕ22 mm 砂浆锚杆、钢筋网、格栅钢架、型钢钢架、喷射混凝土，依据围岩类别设计综合使用。

（五）二次衬砌

隧道正洞采用复合式衬砌，二次衬砌仰拱采用 C30 混凝土、C35 钢筋混凝土，填充采用 C20 混凝土；辅助坑道施工期间Ⅳ、Ⅴ级围岩根据断面类型采用锚喷或模筑。

（六）监控量测

按照《铁路隧道喷锚构筑法技术规范》的要求，以量测资料为基础及时修正初期支护参数，确保二次衬砌施做时机，实施信息化施工。

1. 量测项目

洞内外观察、水平相对净空变化值的量测及拱下量测为必须进行的监控量测项目；浅埋地段地表下沉量测为必须进行的监控量测项目；隧道开挖后应及时进行地质素描及数码成像，必要时应进行物理力学试验；初期支护完成后应进行喷浆层表面裂缝及其发展、渗水、变形观察和记录；进口小间距段的地表下沉、拱顶下沉、周边收敛、爆破振动、锚杆内力及洞口围岩观测。

2. 量测断面间距

浅埋隧道地表沉降测点应在隧道开挖前布设；地表沉降测点和隧道内测点应布置在同一断面里程。一般条件下，地表沉降测点纵向间距布置要求见表 46-13。

表 46-13 地表沉降测点纵向间距

隧道埋深与开挖深度	纵向测点间距/m
$2B<H_0<2\times(B+H)$	15 ~ 30
$B<H_0\leqslant 2B$	10 ~ 15
$H_0\leqslant B$	5 ~ 10

注：H_0 为隧道埋深，H 为隧道开挖高度，B 为隧道开挖宽度。

拱顶下沉测点和水平相对净空变化测点应布置在同一断面上，监控量测断面布置：Ⅲ级围岩地段为 30 m、Ⅳ级围岩地段为 10 m、Ⅴ级围岩地段为 5 m。

对监控量测数据应用应严格按《铁路隧道监控量测技术规程》（Q/CR 9218—2015）进行分级，位移管理分级指导施工管理及支护等措施。

三、林家岙隧道

林家岙隧道位于台州—台州南站间，全长 4 933 m，隧道工点共穿越 9 条断层。隧道 LDGK4+590 ~ LDGK4+670 段为浅埋段，地表为常流水沟且上游约 195 m 处为白龙凹水库，其中 LDGK4+627 ~ LDGK4+638 段拱顶最小埋深约 1.5 m，存在塌方、突水突泥风险。隧道进出口段与既有甬台温铁路黄毛山隧道较近，最小线间距为 35 m，施工时应对振动速度、裂缝等进行控制。

（一）超前支护施工

根据林家岙隧道围岩地质情况在浅埋、洞口段，以及下穿断层破碎带，采用相对应的超前小导管、超前管棚等形式进行超前支护。

该隧道 LDGK3+721～LDGK3+736、LDGK8+639～LDGK8+654 采用ϕ108 大管棚超前支护及全环工 16 型钢钢架加强支护，以上段落施工中根据超前地质预报成果资料及开挖揭示地质条件，进一步确定注浆方案；LDGK3+736～LDGK3+755、LDGK4+005～LDGK4+045、LDGK4+466～LDGK4+670、LDGK6+310～LDGK6+350、LDGK6+675～LDGK6+725、LDGK7+430～LDGK7+353、LDGK7+755～LDGK7+805、LDGK8+315～LDGK8+365、LDGK8+610～LDGK8+639 采用ϕ42 小导管及全环工 16 型钢钢架加强支护，以上段落在施工过程中采用控制爆破；隧道穿越断层破碎带、性质不明断层，拱部采用管棚加强支护等措施，确保施工安全。

（二）开挖施工

本隧道开挖根据工程地质、水文地质条件和机械设备等因素确定开挖形式。石质地段开挖采用风钻，Ⅲ级围岩段采用全断面开挖，Ⅳ级围岩段采用台阶法，Ⅳ级围岩段及Ⅴ围岩浅埋偏压段采用三台阶或三台阶临时仰拱法施工。隧道开挖采用光面爆破，锚喷支护，严格控制超欠挖，初期支护喷射混凝土应采用湿喷工艺，并对围岩及支护稳定性的监测，隧道施工要求仰拱超前，拱墙衬砌一次性灌注。严格控制爆破强度，或采用非钻爆法施工。出碴采用装载机装碴、大吨位自卸汽车运碴。

（三）初期支护施工

初期支护采用喷锚网为主的支护方式，Ⅲ级级围岩可能发生岩爆，弱岩爆采用开挖面喷雾射水降低围岩脆性、分部开挖、短进尺光面爆破避免引力集中、初支采用网喷加设系统锚杆；Ⅳ级围岩地段主要拱墙设置型钢钢架、钢筋网片及拱部、超前小导管；Ⅴ级围岩地段设全环型钢钢架及拱部超前小导管、大管棚加强支护。施工中应加强监测，密切注意围岩变化，并及时调整支护参数。

（四）二次衬砌施工

本隧道二次衬砌按新奥法原理根据围岩收敛情况应及时施工，二次衬砌的施做符合《铁路隧道钻爆法施工工序及作业指南》及中国铁路总公司（原铁道部）有关的规范、规定和技术要求。

仰拱施作完成后，利用作业平台人工铺设防水板，绑扎钢筋后，采用拱墙一次性整体灌注施工，最后完成附属工程施工。混凝土在洞外采用拌和站集中拌和，混凝土搅拌运输车运至洞内，泵送混凝土浇筑，插入式捣固棒配合附着式振捣器捣固。

（五）防、排水施工方案

该隧道防排水采取“防、排、截、堵结合，因地制宜，综合治理”的原则。

隧道二次衬砌拱部、边墙及仰拱混凝土抗渗等级不低于 P10，其余段混凝土抗渗等级不低于 P8。全隧道初期支护与二次衬砌之间拱部及边墙部位铺设 EVA 防水板加无纺布防水。

环向施工缝采用中埋式橡胶止水带+外贴式橡胶止水带，纵向施工缝采用中埋式钢边橡胶止水带+中埋式橡胶止水带。变形缝采用中埋式钢边橡胶止水带+外贴式橡胶止水带，并采用聚乙烯泡沫塑料板及双组分聚硫密封胶嵌缝。

拱部二衬与防水层之间纵向贴置 PVC 管，埋设纵向预留管道，待二衬混凝土达到设计强度后，应进行拱部充填注浆。

隧道排水采用双侧沟加中心沟的方式。全隧二次衬砌背后设环向透水盲管，两侧边墙脚设纵向透水盲管，并每隔 5～10 m 设边墙泄水管将地下水引入洞内侧沟。

明洞段衬砌外缘直边墙顶设置纵向盲沟，边坡直边墙范围采用 C20 混凝土回填，顶面设置 50 cm 厚砂卵石反虑层，并每隔 5 ~ 10 m 采用ϕ50 竖向盲管引入衬砌侧沟。

（六）排水方案

本隧道施工排水以自然明沟排水为主，机械反坡排水配合，根据隧道施工面划分为进口、出口共两处汇水区，做到隧底无水漫流，工作面不积水。在因仰拱施工不能顺坡顺排的地段设临时水泵排水。仰拱施工时在施工前方最低处设置集水井，反坡排水根据排水量和排水扬程选择相应排水泵进行施工排水，顺坡排水地段施工期间在隧底填充后设临时排水明沟排水。

（七）通风方案

施工期间采用长管路独头压入式通风方式为主。风管选择风阻小、漏风少、送风量大、坚固耐用、易于安装。风机选择节能、大风量、高压风、能有效克服长风管风阻、保证工作面的送风量。进口工区最大通风长度为 2 629 m。

（八）机械配套方案

本隧道在Ⅱ级、Ⅲ级围岩段可能出现弱、强岩爆，设备配置根据具体情况选用以作业台架、湿喷机、注浆设备、挖装机、衬砌模板台车、出碴运输机械等设备，严格机械设备管、用、养、修制度，科学管理，达到快速施工的目的。

四、秀山隧道

（一）工程概况

秀山隧道全长 3 356 m，为单线电气化铁路隧道，隧道最大埋深 198 m。其中Ⅱ、Ⅲ级围岩占隧道总长的 70%，地质情况主要为朱罗系上统西山头组凝灰岩、凝灰质砂岩，凝灰岩，凝灰质结构，块状构造；凝灰质砂岩、凝灰质结构，层状构造，节理裂隙发育，岩体较完整，呈巨块、大块状结构；地下水类型主要为基岩裂隙水，水量较丰富。隧道高度 8.49 m，宽度 7.68 m，设计最小开挖半径为 3.39 m，断面方量为 56.25 m^3。

（二）聚能水压爆破技术

1. 聚能水压爆破原理

聚能管水压爆破就是炮孔中由聚能管装置替代了常规光面爆破炮孔中的药卷和传爆线。常规光面爆破炮孔中的炸药爆炸后，在岩石传播应力波时产生径向压应力和切向拉应力，由于光爆炮孔相邻互为“空孔”，所以在光爆炮孔连线两侧产生应力集中度很高的拉应力超过了岩石抗拉强度，于是使炮孔之间的岩体形成的初始裂缝要比其他方向厉害得多，除此之外，由于炸药爆炸生成的高压气体膨胀产生的静力作用促使初始裂缝进一步延伸扩大。而聚能管爆破除上述应力波作用外，聚能槽产生的高温高压射流切割岩石。聚能管光爆炮孔由于水沙袋填塞，有力控制炸药爆炸生成的膨胀气体于炮孔中，其膨胀气体静力作用要比常规光面爆破不填塞要强得多，更有利于已形成的裂缝再延伸扩展加大。

聚能管光面爆破技术通过聚能管的高温高压射流切割作用，保证光面爆破效果。同时由于在光爆炮孔中放置了水沙袋，在爆破过程中产生的水雾起到了降尘的效果，改善了作业环境，保护了施工人员的身体健康。

2. 聚能管装置装药技术

（1）聚能管参数。

聚能管采用一种抗静电阻燃的特种塑料管，形状为 D 形壁管，管长 1.0 m、1.5 m、2 m、2.5 m、3.0 m 不等。聚能管根据炮孔深度可长可短，是由一个 D 形壁管和一个盖条组成，管壁厚 2 mm，D 形壁管对称的两边有凹进去的槽，叫作“聚能槽”。聚能管截面尺寸：聚能槽顶角 70°，聚能槽顶部距离 17.27 mm，D 形壁管截面宽度 24.18 mm，D 形聚能管截面长度为 28.35 mm。聚能管装置中的炸药为乳化炸药。聚能管内部尺寸形成的截面就是炸药的截面，见图 46-27。

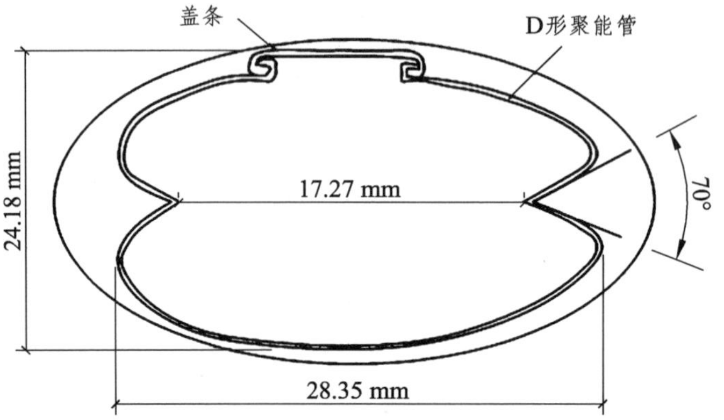

图 46-27　聚能管截面尺寸

（2）聚能管装置的组装方法。

聚能管装置中的传爆线和起爆雷管为施工现场通用的起爆器材，起爆雷管段别与常规光面爆破相同。往 D 形壁管注药需要气动胶枪、空压机和气包等设备。

往半壁管注药步骤：

第 1 步：把药卷一端和沿药卷纵向把包装皮切开，然后两药卷沿纵向切开面合并装入注药枪筒中，最后拧紧旋转盖；

第 2 步：给注药枪加压，其压力为 0.2 ~ 0.3 MPa；

第 3 步：手握住药枪沿半壁管从头至尾移动，炸药就从枪口连续不断流入 D 形壁管中，延米装药量为 0.4 ~ 0.45 kg；

第 4 步：在注好炸药的 D 形壁管中放置一根导爆索，然后将盖条扣上，两端分别套上定位块（方形和圆形）并绑扎固定，特别注意方形定位块距聚能管顶端 25 cm，圆形定位块距离聚能管底部 100 cm；

第 5 步：在聚能管底部装半只乳化炸药（ϕ32 mm）并用专用连接件固定在聚能管上，聚能管基本组装好。

要特别指出的是，为了安全，在聚能管装置组装房内不要安装起爆雷管，待运到掌子面装药时，将对应段别的雷管反向插入聚能管底部半只乳化炸药内。

3. 聚能管光面爆破技术要点

（1）周边孔参数的确定。

聚能管光面爆破技术布孔与常规光面爆破基本一样，凿岩工具和工艺均无变化。不同之处在于周边孔的间距，常规光面爆破 40 ~ 50 cm，聚能管光面爆破周边孔间距布置 80 ~ 100 cm，起拱线、围岩节理发育处可根据现场情况适当缩小孔间距，第一个周边眼距离底角眼为 50 cm（见图 46-28）。孔底最大外插超挖深度 10 ~ 15 cm，周边孔距离辅助眼≥50 cm，辅助眼与周边眼采用梅花布孔。

① 孔距 a = 80 ~ 100 cm；

② 排距 b≥50 cm；

③ 孔径 D = 42 cm；

④ 聚能管延米药量等于 0.4 ~ 0.45 kg；

⑤ 抵抗线 $W = 50$ cm。

聚能管光面爆破周边孔布孔示意图见图 46-28。

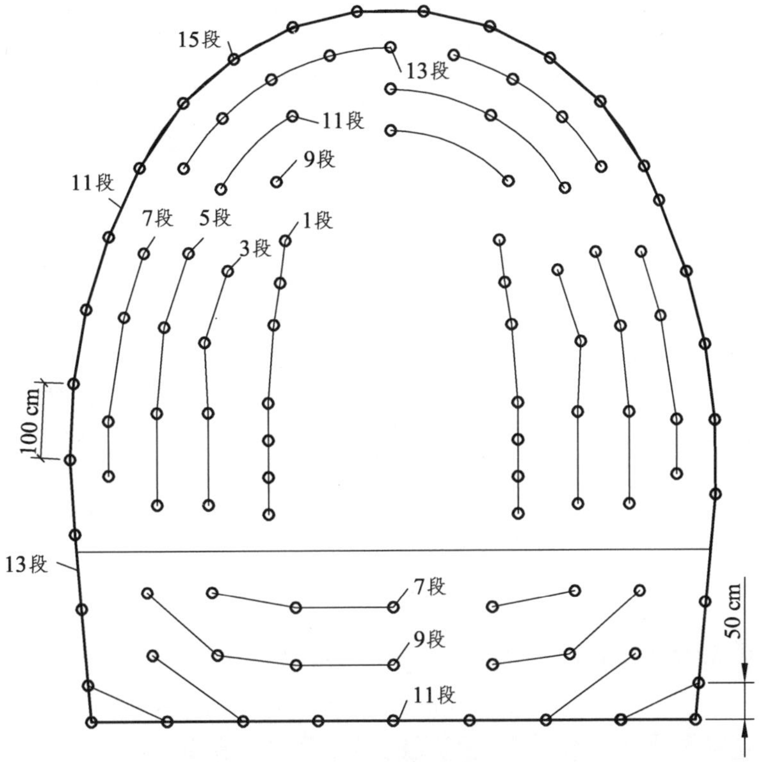

图 46-28　聚能管光面爆破周边孔布孔示意

（2）装填操作步骤。

装药之前，把加工后的聚能管按照公安要求运至施工掌子面，装填的步骤：

第 1 步　向炮孔最底部填装一只炸药；

第 2 步　将对应段别的雷管反向插入聚能管底部；

第 3 步　向炮孔内装填聚能管，在装到孔口定位块位置时，调整好聚能槽的方向，使聚能槽分别对准相邻周边孔中的聚能管槽，用炮杆将聚能管送入孔底；

第 4 步　装填水沙袋，距离孔口 30 cm，所有炮孔装好后，按照原方案中的爆破网路连线起爆。聚能管光面爆破装药结构见图 46-29。

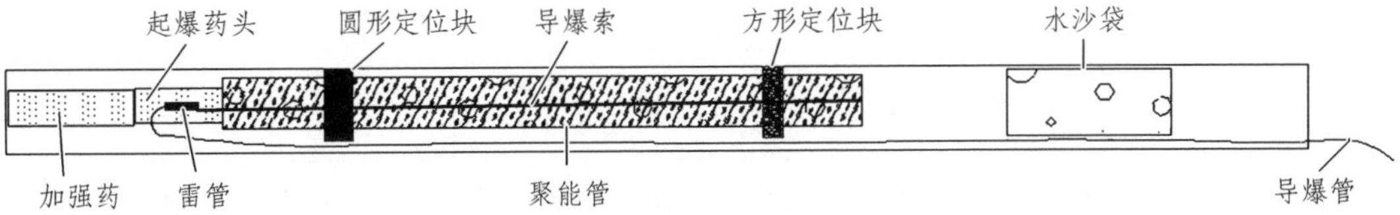

图 46-29　聚能管光面爆破装药结构

（三）单线隧道水压爆破

聚能管装填时要确保聚能管凹槽方向与相邻周边眼连线一致，即聚能管的定向聚能断裂方向为周边眼的切线方向。因此开挖断面为弦线的连接线，由于单线隧道半径小为 3.39 m，拱部采用 80 cm 周边眼间距会出现弦高小于半径的情况。计算如下：弦高为 b，半径为 r，圆心角为α，弧长为 c，则：

弦高 $b=\cos(c/2r)\times r=\cos(0.8/2/3.39)\times 3.39=3.366$（m）

侵限值 d=3.39 – 3.366=0.024（m）

由此可得按照原断面周边眼布孔最大侵限值为 2.4 cm。

因此，周边眼采用聚能管水压爆破，原设计半径为 3.39 m 时，周边眼采取爆破参数为：孔距 80 cm，半径加大 3 cm，示意图见图 45-30。

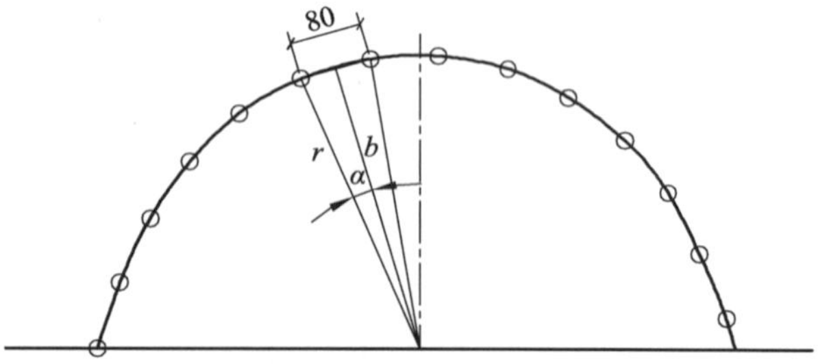

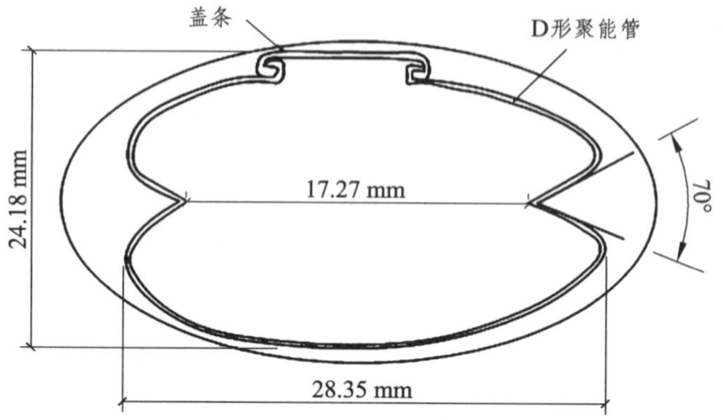

图 46-30　孔距与半径示意

（四）经济效果评价

1. 爆破作业消耗对比

爆破作业消耗对比见表 46-14。

表 46-14　光面爆破与聚能爆破对比

序号	耗材	单位	单价/元	普通光爆		聚能爆破		节省
				用量	小计	用量	小计	
1	乳化炸药	kg	13	136	1 768	136	1 768	0
2	雷管	发	7	146	1 022	118	826	196
3	导爆索	m	4.43	200	886	30	132.9	753.1
4	聚能管	m	9.4	—	0	48	451.2	− 451.2
5	定位块	个	0.35	—	0	32	11.2	− 11.2
6	孔底连接件	个	1	—	0	22	22	− 22
7	水袋	个	0.1	—	0	22	2.2	− 2.2
8	钻孔	m	13.25	500.50	6 631.63	402.50	5 333.13	1 298.50
合计	—	—	—	—	—	—	—	1 761.00

由上表可见聚能水压爆破在每循环消耗上比传统光面爆破节约 1 761 元，主要节约方面为起爆方式和钻孔消耗。

2. 出渣作业消耗对比

采用聚能水压爆破后，光面效果得到了明显的提升，大量减少了超挖现场，保护了围岩的稳定，减少了机械找顶时间，每循环出渣量减少 10 ~ 15 m^3，出渣费用每循环 12 元计，节约出渣成本 120 ~ 180 元。

3. 喷射混凝土效果对比

普通爆破的超挖部分全靠喷射混凝土填平，超挖较大部位还需挂上钢筋网片，并且喷射混凝土回弹率较大。采用聚能水压爆破后光爆得到明显提升，平整度由原来的凹凸不平提升到现在的基本上平整。据我部的材料统计情况，每循环减少喷射混凝土使用量约 8 m^3。喷射混凝土材料费、电费、机械费、人工费综合单价按 800 元/m^3 计，每循环节约施工成本 6 400 元。且喷射混凝土表面平整度也明显提升。

4. 防水板施工效果对比

随着光面爆破效果的提高，初支平整度较好，铺挂防水板、土工布的效率也得到提高，原来铺挂防水板需要 3 个工人施工，现在仅需 2 个铺挂防水板工人，节约人工工资 6 000 元/月。

5. 二次衬砌施工效果对比

随着光面爆破效果的提高，既保证了二衬混凝土的结构厚度，又减小了二衬混凝土的超耗系数，9 m 台车每次浇筑 8.9 m，设计方量 61 m^3，采用聚能爆破前每次浇筑平均方量为 105 m^3，目前每次浇筑方量平均值为 87 m^3。每模减少 18 m^3，每方二衬混凝土按 500 元计，节约成本 9 000 元。

6. 工序时间对比

工序时间对比见表 46-15。

表 46-15 循环时间统计

日期	钻孔/h	装药/h	出渣及排险/h	喷混凝土/h
2018.7.18	3.10	0.51	4.8	2.5
2018.7.20	3.00	0.53	4.6	2.2
2018.7.22	3.10	0.55	4.8	2.1
2018.7.25	3.15	0.52	5.2	2.5
2018.7.27	3.00	0.55	5.1	2.2
2018.7.30	3.10	0.52	4.7	2.3

经统计循环统计循环耗时 10.77 h/循环，由于钻孔量减少了 25 个/循环，钻孔时间比传统光面爆破时间缩短 25 min 左右，洞外装药比洞内装药时间缩短 10 min 钟左右，出渣及排险节约 20 min，喷锚量减少使喷射混凝土时间缩短 35 min 左右。每循环合计节约时间 1.5 h。

二衬施工时间节约主要是混凝土浇筑方量较原来减少了 18 m^3/模，浇筑时间由原来的 10 h 缩短到了 8 h。

7. 技术效果对比

主要从四方面体现了光爆的提升效果：① 炮眼残留率：由原来的 70%左右提高到 90%以上；② 聚能爆破加大了周边眼间的剪切力，从而消除了量炮眼间的鼓凸现象造成的欠挖；③ 聚能管装药为连续装药结构，从而消除了周边眼挂口现象；④ 光面爆破对周边眼要求是最高的，聚能水压爆破较传统光面爆破减少了 50%的周边眼，周边眼施做的质量也得到了提高，由原来的外插角的错台 20 cm 以上控制到现在的 15 cm 以内；⑤ 更好地保护了围岩的原有结构，减少了围岩裂隙对光面爆破的影响，极大地减少了局部超挖现象。光面爆破技术参数见表 46-16。

表 46-16 光面爆破技术参数

日期	里程	炮眼残留率/%	最大超挖值/cm	平均线性超挖值/cm	错台尺寸/cm
2018.7.18	DK13+123.4	92.1	16	8.6	12
2018.7.20	DK13+132	94.6	17.3	7.6	9
2018.7.22	DK13+138.6	92.6	15.6	7.3	8
2018.7.25	DK13+145.2	93.9	15	9.5	8.5
2018.7.27	DK13+165	94.6	18	8.9	11
2018.7.30	DK13+171.6	92.1	14	8	9

（五）结论

经过 15 个循环的光面爆破试验，在单线隧道推行聚能水压爆破是可行的，与传统光面爆破相比具有以下优势：

（1）技术效果有显著提升：聚能管光面爆破技术通过聚能管的高温高压射流切割作用，保证光面爆破效果。严格控制聚能槽的方向，使炸药的作用力集中在切线方向，减少了对围岩的扰动，平整度有显著提升，支护量相应减少。水袋爆破后具有降尘的作用，对于改善作业环境有显著效果。

（2）缩短工序时间：周边眼间距由原来的 40 ~ 50 cm，扩大到 80 cm，周边眼钻孔量减少一半，钻孔时间缩短 25 min 左右；简化了现场周边眼装药及连线工作强度，装药时间缩短 10 min 左右；出渣及排险时间节约 20 min，平整度提升，减少了初期支护喷射混凝土时间，节约 35 min 左右。总体每循环节约时间 1.5 h 左右。

（3）节约成本：每循环节约爆破成本 1 761 元；节约喷射混凝土 8 方左右，节约成本 6 400 元左右；节约出渣成本 120 ~ 180 元；二衬每浇筑段节约成本 9 000 元。

作为新型的光面爆破方法，在单线隧道的光面爆破掘进过程中具有效果好、省时、省力的优点，值得推广。

第三节 特殊不良地质条件隧道施工

金台铁路特殊不良地质隧道主要包括上岙隧道、将军岭隧道等，其中将军岭隧道为金台铁路全线最长隧道，长 12.808 km，且为单线隧道，同时也是金台铁路主要控制工程。本节以 JTSG-5 标段的上岙隧道及 JTSG-3 标段的将军岭隧道为例，总结金台铁路线特殊不良地质条件隧道施工技术。

一、上岙隧道施工方案

（一）工程概况

上岙隧道全长 1352 m，进出口里程分别为：DK125+188 ~ DK126+540，隧道分解里程分别为：DK125+182、DK125+546。围岩级别为：Ⅱ ~ Ⅴ，最大埋深 80 m。DK125+680 ~ DK125+840 段隧道下穿台金高速，与高速公路交角约 18°，埋深约 10 m。隧道金华端采用Ⅴ级围岩台阶式洞门，台州端采用Ⅴ级围岩路堑式明洞门。

（二）施工方案

总体施工方案：本隧道按新奥法原理设计施工，全隧道均采用无轨运输方式；Ⅱ、Ⅲ级围岩采用全断面法施工；IV级围岩采用台阶法；V级围岩段采用短台阶法；下穿高速公路段采用三台阶临时仰拱法施工。

隧道进、出口两个洞口施工，共分两个工作面。

隧道不良地质施工工序方案同本章第二节金家村隧道施工方案，突水、涌泥、断层、岩爆、岩层失稳施工方案已在控制工程金家村隧道详细介绍，在此就不再详细介绍。根据地质情况将该隧道下穿台金高速段作为重点方案。

（三）下穿台金高速段方案

1. 施工方法

DK125+680 ~ DK125+840 段隧道下穿台金高速，与高速公路交角约 18°，埋深约 10 m。隧道采用下穿高速公路段复合式衬砌，二衬采用 50 cm 厚钢筋混凝土，初支采用工 20a 型钢钢架，间距 0.6 m/榀，超前支护采用ϕ89 超前管棚注浆加固地层，环向间距加密至 30 cm，采用三台阶临时仰供法施工，二衬紧跟。施工中采取控制爆破并加强地质超前预报与监控量测工作，做好台金高速公路的交通疏导工作，必要时采取加固措施。若高速公路路面产生损坏，及时进行交通管制并对其进行修复。

2. 交通组织

（1）施工时应在靠近施工段两侧的高速公路上按要求设置标志、标识，在施工范围内设置围挡及标识，并派专人负责疏导公路交通。

（2）洞内外设置专职人员巡视，24 h 轮流值班，防止安全事故的发生。

（3）施工时与高速公路运管部门沟通协调，采用分幅封闭施工，隧道下穿台金高速施工期间对高速公路交叉段实行交通管制措施：

① 行经施工路段的机动车限速 40 km/h。

② 施工路段采用单幅车道通过：当隧道施工 DK125+680 ~ DK125+747 段 67 m 时，封闭高速公路右幅道路的硬路肩及行车道，机动车辆从左幅行车道通过；该段隧道二衬施工完成并达到设计强度后进行后续段落的施工。隧道施工 DK125+747 ~ DK125+840 段 93 m 时，封闭高速公路左幅道路的硬路肩及行车道，机动车辆从右幅行车道通过，该段隧道二衬施工完成并达到设计强度后方可恢复高速公路通车。

（4）隧道临近高速公路爆破施工时，与高速公路管理部门沟通协调，对高速公路采取交通管制措施，并编制专项施工方案。

二、将军岭隧道施工方案

将军岭隧道进口位于金华市磐安县潘田村附近，出口位于台州市仙居县东家俞村附近，隧道起讫里程为 DK45+195 ~ DK58+003，全长 12 808 m，隧道 DK57+050 ~ DK58+003 段车站范围为双线隧道，其余为单线电气化铁路隧道，隧道最大埋深约 860 m。隧道 DK46+017.28 ~ DK47+138.58 位于 R=2 000 的曲线上，DK56+081.11 ~ DK56+669.5 位于 R=3 500 的曲线上，其他段落均位于直线上，采用 0‰、5.5‰、3‰的单面下坡。

（一）浅埋偏压段加固

洞身 DK46+005 ~ DK46+265 段下穿县道、乡村水泥路、房屋等，埋深 16 ~ 18 m，地质条件差，且有断层破碎带，隧道洞顶左侧有流水，有坍塌、突涌水的风险；施工采取短开挖、强支护、径向注浆堵水措施通过，同时加强超前地质预报工作，防止坍塌、突涌水。DK46+545 ~ DK46+775 段落右侧

300 m 为水库，为防止突水突泥，采用超前周边注浆加固地层；DK46+900 ~ DK47+000 段下穿一冲沟，沟内有流水，该段洞内采用径向注浆堵水措施，施工中加强超前地质预测预报。

DK57+910 ~ DK57+930 段埋深浅，偏压严重，最浅处覆土仅 0.9 m。该段落采取于洞外施做挡墙，对地表采用 C20 混凝土回填，洞内采用ϕ89 管棚超前支护，施工中加强地表和洞内监控量测，加强超前地质预测预报。

隧道浅埋段以控制变形为重点，遵循“预支护、短开挖、少扰动、强支护、早封闭、实回填、严治水、勤量测”的原则，严格执行设计开挖工法和支护参数，采用管棚和超前小导管进行超前支护，3 m 超前周边注浆施工，浅埋段开挖采用短台阶法或环形预留核心土法施工，施工采用弱爆破作业或风镐开挖，短开挖、强支护。施工中注意做好地表水的疏导，防止地下水下渗，必要时设大管棚，防止塌方冒顶。加强浅埋段洞内及地表监控量测，加强超前地质预报，防止坍塌，适时紧跟二次衬砌，封闭成环。

1. 施工原则

洞口段施工：以“管超前、预注浆、短开挖、弱爆破、强支护、快封闭、勤量测、速反馈”的原则进行施工。

隧道浅埋段：以控制变形为重点，遵循“预支护、短开挖、少扰动、强支护、早封闭、实回填、严治水、勤量测”的原则。

2. 施工方法

注浆：根据超前地质预报所揭示地质围岩及地下水的水量情况，按设计采取超前注浆或超前周边注浆或开挖后径向注浆和大管棚、超前小导管注浆等注浆方式，确定注浆的范围。注浆结束后，对注浆效果进行检查，确定是否进行补注浆，是否可以开挖。

超前预注浆：超前预注浆主要针对超前地质预报探明因浅埋段可能发生一定规模的坍塌、突水突泥地段，此地段采用 30 m 长超前全断面预注浆，预注浆有效注入范围为隧道开挖面及开挖轮廓线外 3 m；每循环注浆段长度 30 m，开挖长度为 25 m，留 5 m 作为下一循环注浆的止水岩盘。由外圈向内圈，同一圈孔间隔施工，采用前进式分段注浆。

钻孔时遇涌水或因地层破碎卡钻时，停止钻进，进行注浆，然后扫孔再钻进，再注浆。除出水量很大的注浆孔外，一般注浆孔先进行压水试验，据此修正注浆参数。

开挖后径向注浆：开挖后径向注浆主要针对富水地段，隧道开挖初支完成后大面积淌水，采用径向 3 m 注浆，对周围破碎带、岩石裂隙及溶蚀裂隙进行封堵，降低围岩的渗透能力，以减小隧道的渗水量并加固围岩，为结构施工及结构防排水创造有利条件。

（二）断层破碎带部位施工

将军岭隧道存在 20 条断层、节理发育，针对破碎带地质特征及可能发生的地质灾害，施工中主要采取针对性技术措施。

1. 施工原则

断层段严格按“早预报、先治水、管超前、预注浆、短开挖、弱爆破、强支护、快封闭、勤量测，步步为营，稳步前进”的原则组织施工。

2. 超前地质预报

采用开挖面地质素描、地质雷达、红外探水和超前钻探及炮眼加深法进行综合超前地质预测预报。对围岩的破碎和富水程度进行预测和验证，及时反馈施工。超前探孔布置见图 46-31。

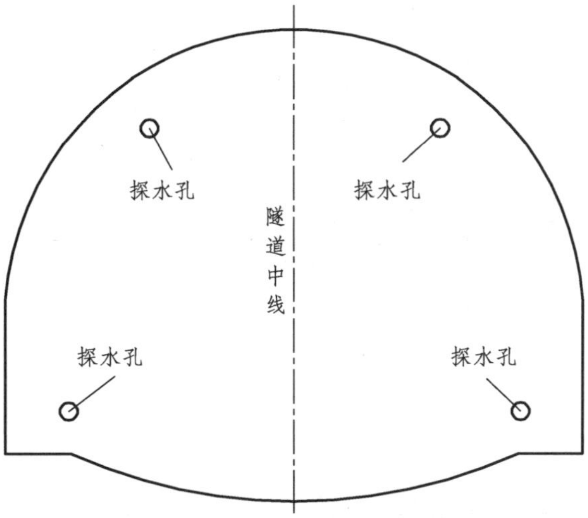

每个断面设四个超前探水孔，进行超前地质预报和探测，
现场施作时可根据围岩情况进行增减和调整位置。

图 46-31 超前探孔布置示意

3. 施工方法

注浆：根据超前地质预报所揭示地质断层及地下水的水量情况按设计采取超前全断面注浆或超前周边注浆或局部注浆或开挖后径向注浆和超前小导管注浆等注浆方式，确定注浆的范围。注浆结束后，对注浆效果进行检查，确定是否须进行补注浆，是否可以开挖。

超前预注浆：超前预注浆主要针对超前地质预报探明因断层破碎带可能发生一定规模的突水突泥地段，此地段采用 30 m 长超前全断面预注浆，预注浆有效注入范围为隧道开挖面及开挖轮廓线外 3 m；每循环注浆段长度 30 m，开挖长度为 25 m，留 5 m 作为下一循环注浆的止水岩盘。由外圈向内圈，同一圈孔间隔施工，采用前进式分段注浆。

钻孔时遇涌水或因地层破碎卡钻时，停止钻进，进行注浆，然后扫孔再钻进，再注浆。除出水量很大的注浆孔外，一般注浆孔先进行压水试验，据此修正注浆参数。

局部注浆：局部注浆主要针对开挖后局部岩石裂隙和溶蚀裂隙的股状渗水，其流量大于控制排水量，局部注浆加固圈综合渗透系数大于设计控制值时，不能确保结构防排水的等级需要，实施局部注浆以形成对局部位置的加固。局部注浆是当探水孔出水量大于 2 m^3/h，而小于 10 m^3/h 时，对探水孔采取的一种注浆措施。局部注浆还包括隧道开挖完成后局部出水量较大的情况，而仅对局部采取注浆措施。局部注浆采用水泥单液浆，如果注浆漏浆较为严重时可采用水泥-水玻璃双液浆，注浆采取定压注浆，注浆终压=水压+2 ~ 3 MPa。

开挖后径向注浆：开挖后径向注浆主要针对富水地段，隧道开挖初支完成后大面积淌水，采用径向 3 m 注浆，对周围破碎带、岩石裂隙及溶蚀裂隙进行封堵，降低围岩的渗透能力，以减小隧道的渗水量并加固围岩，为结构施工及结构防排水创造有利条件。

当隧道大面积渗水或涌水量超过设计要求标准时，也通过径向注浆堵水减排。径向注浆工艺见图 46-32。

超前小导管注浆：对岩层接触带、富水破碎带、软弱围岩段、隧道浅埋段，为确保开挖过程中隧道结构的稳定，开挖前须进行超前小导管注浆（ϕ42 mm，长 3.5 ~ 5 m）。

超前小导管一般选用ϕ42 mm，δ=3.5 mm 无缝钢管加工，钢管长 3.5 m ~ 5 m，前端焊接成封闭锥型，溢浆孔间隔 30 cm，梅花形布置，花管部分长 2.5 ~ 3.5 m。超前小导管沿隧道开挖轮廓线布置向外倾斜，外插角为 5° ~ 10°，环向间距 40 cm，纵向排距 2.0 m，一般在拱顶 120°范围布置，处理坍体或者破碎围岩时可适当加大布管范围。注浆一般采用水泥-水玻璃双液浆，注浆压力 0.5 ~ 1.5 MPa，注浆结束后即可进行开挖。

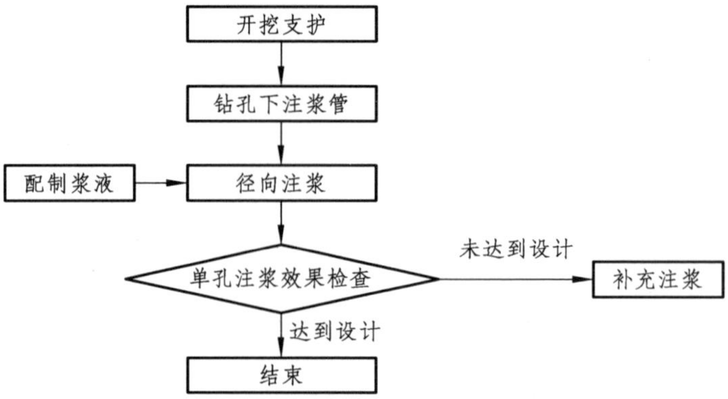

图 46-32　径向注浆施工工艺流程

开挖：根据设计资料和掌子面揭示围岩针对不同断层采取不同的开挖方法，在开挖过程中根据实际情况适时进行调整。

初期支护：采用喷、锚、网、喷支护紧跟、钢架支护，喷射混凝土厚度符合设计要求。加强监控量测工作，根据位移量测结果，评价支护的可靠性和围岩的稳定状态，及时调整支护参数，确保施工安全。

仰拱超前，衬砌适度紧跟：仰拱超前施工，衬砌适度紧跟，形成封闭结构，提高结构承载力。施工缝、沉降缝作特殊处理，一方面为了防水，另一方面避免基底不均匀沉降对衬砌结构的危害。

（三）突涌水段施工

1. 施工原则

隧道在穿越断层地段、浅埋沟谷段施工过程中，突然涌水的可能性较大。在富水地段施工，如应对不当，采取的方案和措施不到位，一旦发生突涌水，可能造成较大的事故和损失，施工风险较大。

加强对地下水的超前探测工作，包括 TSP 超前探测、超前探孔等技术措施，施工中在 TSP 超前探测分析的基础上，决定是否采用超前钻孔方式探水，当红外控测前方可能存在富水段时，采用地质钻机进行超前探孔探水，每循环探孔长度 30 m，每循环探孔搭接不少于 5 m，对前方水量进行评估，根据渗水情况采取相应的措施保证施工安全。

已探明的可能突涌水地段，根据水量、地质情况及各种注浆方法适用范围选择不同的注浆方案，各种注浆方法适用范围和选择原则如下：根据注浆目的的不同，注浆施工方案主要有全断面超前预注浆、周边帷幕预注浆、局部注浆、顶水注浆、径向注浆和超前小导管注浆等。

2. 施工方法

不同的注浆方案所要求的资源配置、注浆工艺和占用作业面的时间等不同，会产生不同注浆效果。施工过程中，影响注浆方案选择的因素主要有：隧道地质条件（地层岩性、地下水情况等）、注浆要求（堵水、加固、堵水及加固）、工程工期和工程造价等。选择原则大致可归纳为以下几点：

安全性原则：注浆方案必须保证施工和结构安全，当确认前方有发生涌水突泥等危险时，必须选用超前全断面帷幕注浆方案。

经济性原则：注浆材料、器材等在保证质量和使用功能的前提下，宜选用价格低的产品。

快速施工的原则：考虑工程工期和综合成本，注浆方案应保证快速通过不良地质段。

环保的原则：所有的注浆材料，应无毒、无污染、符合环保要求。方案应满足堵水的目标，减小对地表环境的影响。

根据实测水压及围岩地质情况，必要时二次衬砌采取加强措施。

加强洞内水量监测及地质测绘工作，根据洞内实际情况确定洞内抽水设备的配备，配备按设计最大渗水量考虑，同时考虑备用以保证抽水工作的正常进行。

（四）隧道防坍塌施工

塌方是隧道施工中的大害。尤其是在洞口、浅埋段、岩性接触带等不良地质条件下施工，防止塌方是确保隧道施工顺利进行及保证工程质量的关键，施工中需要采用以下一些防坍措施，以确保隧道安全、快速地施工。

坚持超前预报，探明前方地质，根据探测情况实施针对性方案。

制定和选用合理的施工方法。根据以往的施工经验，在不同地质条件下选用合理施工方法是防坍的重要手段，在制定和选择施工方法时注意：

贯彻“不坍就是进度”的思想。针对软弱围岩的施工方法稳妥可靠，在保证不坍的原则下再考虑加快施工进度。

选定初期支护参数要贯彻“宁强勿弱”的原则。由于对岩体工程性质的认识很难恰如其分，对于介于两级围岩之间的按偏低的围岩级别进行支护。

正确选用合理的施工方法。

1. 严格按照新奥法原理进行施工

必须做到以下几点：

（1）采用减震控制爆破，尽量减少对围岩的扰动。

（2）开挖成型后及时喷混凝土等初期支护或边开挖边支护，步步为营。

（3）开挖后自稳能力差的地段采用超前支护或超前加固前方围岩，即坚持先护顶后开挖的原则组织施工。

（4）尽快使初期支护封闭成环。

（5）施工过程中对围岩及支护结构进行位移量测，根据数据结合观察报告，正确分析支护的稳定性，并采取正确对策。

（6）对变形超限的初期支护要及时进行加固。

（7）初期支护变形稳定后立即进行二次衬砌，对自稳能力很差围岩，围岩变形测出异常且无收敛趋势时，按照设计提前做二次衬砌，二次衬砌中采取增设钢筋和提高混凝土强度等措施。

2. 对围岩破碎地段采用超前预注浆加固围岩

做到以下几点：

（1）注浆前先进行工艺性试验，以取得不同软弱围岩段的注浆参数，并在施工中严格遵守、执行。

（2）加强注浆工艺控制，不得私自变动。

（3）重视和加强预加固体效果的检测，达不到要求，不能开挖。

（4）成立专业化注浆作业班组，确保注浆质量。

3. 保证初期支护质量

做到以下几点：

（1）初期支护严格按设计和施工规范施工，确保支护质量。

（2）提高开挖质量是保证支护质量的关键，凡爆破成型不良地段考虑超前支护。

（3）喷射混凝土与围岩密贴，并保证喷混凝土强度，有钢架时钢架后不允许有空洞，喷混凝土将钢架完全包裹、覆盖。

（4）钢架间距符合设计，安装位置正确，保证接头处的等强连接，钢架置于原状土上。

（5）锚杆孔的长度，间距符合设计要求，在杆孔内的注浆饱满密实。

（6）严格施工纪律。防坍的施工方案已经讨论确定，操作人员严格执行，不得私自变动，否则，无论后果如何，都将受到严肃处理。

（7）围岩含水地段先治水。

（8）施工过程中配备专业工程师值班，确保各种措施、技术交底的落实，保证标准化作业。

4. 尽早进行二次衬砌，做到以下几点：

（1）在保证开挖爆破安全距离的情况下，尽早施工二次衬砌，利用二次衬砌的防水设施，对隧道渗水进行有效排放，并可以尽早观察渗水点以进行注浆压水。

（2）二次衬砌结构能与围岩，初期支护共同受力，避免坍塌施工风险。

（五）隧道穿越高地温段施工

施工方法：隧道穿越高地温地段采用加强超前地质预测预报和地温测试，在围岩完整、干燥处进行钻孔测温，加强通风换气、洒水等降温措施处理。

处理原则：隧道开挖到设计可能存在高地温里程段前，使用地质雷达和超前钻探相结合的地质预报手段，对前方围岩情况进行探测；安排专人使用地质钻机进行钻孔，并采用测温仪器进行地温测试，若温度超过规定，安排专人在施工前对作业区域进行洒水，并在作业区域增加 1 台射流风机，24 h 不间断加强通风，降低温度。待温度降低后方可进入下一循环施工。

（六）隧道穿越高地应力、极高应力区段施工

可能存在不同程度岩爆，采用加强超前地质预测预报，测试地应力，预测岩爆等级。具体措施如下：

微弱岩爆：开挖面喷雾射水降低围岩脆性，分部开挖、短进尺光面爆破，避免应力集中；岩爆发生后局部地段喷锚破坏或掉块后的补强措施：复喷混凝土（网喷ϕ6 钢筋网，间距 20 cm×20 cm），加设系统锚杆（C25 中空锚杆，L-3 m）。

中等岩爆：开挖面喷雾射水降低围岩脆性，掌子面打设ϕ91 mm ~ ϕ127 mm，超前孔 2 ~ 4 孔；注水降低围岩脆性，钻孔深度为每循环 10 m；如初支完成后岩爆现象仍然强烈，采用径向钻孔注水，钻孔采用ϕ100 mm，间距 3 m×3 m；分部开挖、短进尺光面爆破，避免应力集中；超前钻孔爆破释放围岩压力；岩爆发生后局部地段喷锚破坏或掉块后的补强措施：复喷混凝土（网喷ϕ6 钢筋网，间距 20 cm×20 cm），加设系统锚杆（C25 中空锚杆，L-3 m），掉块较大地段设置三肢格栅钢架（C20 主筋，高 100 mm 格栅），掉块后空洞采用 C25 混凝土回填。

强烈岩爆：开挖面喷雾射水降低围岩脆性，分部开挖、短进尺光面爆破，避免应力集中；超前钻孔爆破释放围岩压力，必要时设置超前导坑；岩爆发生后局部地段喷锚破坏或掉块后的补强措施：复喷混凝土（网喷ϕ6 钢筋网，间距 20 cm×20 cm），加设系统锚杆（C25 中空锚杆，L-3.5 m），掉块较大地段设置三肢格栅钢架（C20 主筋，高 100 mm 格栅），掉块后空洞采用 C25 混凝土回填。

处理原则：每天安排专人对隧道掌子面周围区域进行喷雾射水，配置地质钻机进行超前钻孔爆破释放围岩压力，严格执行“短进尺、强支护、快封闭”的原则，确保施工安全。

第四节　洞口工程施工

金台铁路全线隧道进出口洞门施工前先进行测量放线，洞口边仰坡施工要做好洞顶和边坡顶的截水天沟，以利截排水，同时宜避开雨季开挖。检查边仰坡以上的山坡稳定情况，清除悬石、处理危石，施工期间不间断监测和防护，坡面防护及时施做。土方采用挖掘机开挖，石方采用弱爆破，挖掘机装碴、自卸式汽车运输。按先上后下的顺序逐层开挖、逐层支护。埋深较浅的隧道，优先考虑明洞及洞门施工，斜切式洞门采用整体一次性浇注。

JTSG-1 标段含隧道共三座，全长 4.987 km，分别为新蝙蝠岭隧道（2 211 m）、石锦隧道（2 076 m，

其中 1.9 km 为无砟轨道）、朝川隧道（700 m），该标段全线洞门形式包括帽檐斜切式洞门、倒切式洞门、偏压端墙式洞门等结构形式。JTSG-3 标段的将军岭隧道进口采用路堑式明洞门，出口采用斜切式洞门，洞口段采用超前大管棚预加固后以短台阶开挖法或环形预留核心土法进洞施工。洞门及洞口段施工顺序为（有明洞）：测量放线→洞口开挖（截水天沟→洞口土石方开挖）→边仰坡刷坡与防护→套拱施工→超前大管棚施工→进洞施工→明洞衬砌→洞门施工及洞口附属→回填。

本节以 JTSG-1 标段及 JTSG-3 标段隧道为例，进行斜切式洞门及明洞的施工工艺总结。

一、洞口排水及坡面处理

洞门结构端部的覆土厚度应不小于 2 m，洞门结构必须突出仰坡坡面一定距离，以防地面汇水进入隧道。洞门内外水沟按出洞后为下坡的双侧水沟布置，若出洞后为上坡，洞外水沟采用 2‰的反坡排水，以防止洞外水流入洞内。边仰坡施工前先人工开挖并施做洞顶截水天沟，截水天沟距洞门边仰坡刷方线距离不小于 5 m，待进洞后及时施做洞门和两侧排水沟，与洞顶截水沟相连形成完整排水系统。端墙背后设置排水管网，管网采用外包土工布的打孔波纹管，横向采用 HDPE107 打孔波纹管，竖向采用 HDPE50 打孔波纹管，排水管在路基高度处采用ϕ100PVC 管排入侧沟；端墙后横向排水以不小于 3%的坡度倾向竖向排水。

二、洞口边仰坡开挖及防护

隧道洞口段为Ⅴ级围岩的，采用机械开挖至拱脚处，人工配合刷坡，并进行喷锚防护，然后在隧道开挖轮廓线施打超前注浆管棚，上半段面进洞，每循环开挖进尺 1 榀，开挖进尺 0.60 m，随后初喷混凝土、打锚杆、挂网、安装钢架、复喷混凝土至设计厚度，再进行下一循环。进洞约 8 ~ 10 m 后，开挖洞外拱脚以下土石方至隧底标高，下部进洞。核心土及下部开挖在拱部初期支护保护下进行。

为确保施工顺利进行，在进行暗洞开挖前对洞口衬砌外 1 ~ 3 m 范围内的边仰坡进行锚喷（网）加固，然后开挖进洞。

边仰坡开挖前，清除洞顶上方的危石或孤石，采用人工开挖并施做截水沟，结合当地气候特点及洞口地形特点，在洞口边仰坡上方约 5 m 外设洞顶截水沟，以拦截地表水，防止地表水冲刷边仰坡，截水沟采用 C25 混凝土现浇，做到圆顺流畅，不积水，不渗水，拦截、远引地表水，防止地表水影响洞口施工，达到稳定坡面的目的，按设计要求从上至下开挖边仰坡。

在洞口范围内放出边仰坡开挖轮廓线，清除开挖范围内植被，按照“分层、分段，自上而下，边开挖、边防护”的原则，采用挖掘机自上而下进行开挖，人工配合精确刷坡，并及时按设计要求进行永久防护施工及边仰坡播植草。

三、进洞施工

施工前应注意核对洞口地形、地貌及标高等，如发现与设计不符时及时提出，以便修改设计和施工方法。

洞口土石方开挖达到明暗洞交界处形成台阶，施作暗洞套拱和安装导向架，在台阶上施作超前大管棚支护。在超前大管棚施作完成后进行洞身开挖。

尽可能减少明挖土石方数量，以保持地表的原始状态，刷坡后及时以锚、网、喷对地表加固。

进洞段开挖应保持短进尺，用风镐配合挖掘机开挖，喷混凝土分两次进行，即开挖后初喷，架立钢架，安装系统锚杆、挂网后复喷，及时封闭，保证支护质量。以“管超前、严注浆、短进尺、弱爆破、强支护、勤量测”作为进洞施工的指导方针。

四、洞门施工

路堑式明洞式洞门：首先自上而下进行路堑开挖。明洞式洞门钢筋混凝土分成两部分施工，先施工明洞仰拱及填充、边墙基础钢筋混凝土及洞门基础，混凝土达到一定强度后，拆模并进行施工缝凿毛，明洞式洞门混凝土施工采用衬砌模板台车作内模，台车上精确定位钢筋，测量放出轮廓线，绑扎钢筋，组合钢模板做外模、和帽檐模板，一次性关模，两侧对称灌筑。

钢筋在洞外加工场下料成型、现场焊接，焊接之前应精确放线，并适当加大点的密度。混凝土现场搅拌，泵送入模，插入式捣固器振捣，帽檐洞门混凝土一次浇筑成型。测量人员应现场监控，防止模板变形影响结构质量。

（一）斜切式洞门结构施工

提前做好洞口永久边仰坡的拱形骨架护坡和框架锚杆防护，施工方案参见路基防护工程施工。斜切式洞门钢筋混凝土分成两部分施工，先施工明洞仰拱及填充、边墙基础钢筋混凝土及洞门基础，混凝土达到一定强度后，拆模并进行施工缝凿毛，直切式洞门混凝土施工采用衬砌模板台车作内模，台车上精确定位钢筋，测量放出轮廓线，绑扎钢筋，组合钢模板做外模和帽檐模板，一次性关模，两侧对称灌筑，随混凝土浇筑高度增高安装帽檐挡头模以便混凝土的捣固，外模支撑必须牢固、可靠。混凝土浇筑以后应及时美化，保证帽檐及直切面和斜切面的美观。

钢筋在洞外加工场下料成型、现场焊接，焊接之前应精确放线，并适当加大点的密度。混凝土现场搅拌，泵送入模，插入式捣固器振捣，帽檐洞门混凝土一次浇筑成型。测量人员应现场监控，防止模板变形影响结构质量。

（二）明洞施工

明洞施工顺序：明洞全部采用明挖法施工。具体施工顺序：测量放线→排截水沟施做→边仰坡开挖、支护（锚网喷支护及抗滑桩施工）→基底处理→仰拱、填充施工→拱墙衬砌→明洞防水层施工→洞顶回填。

施工方法：明洞土石方开挖采取横向分层纵向分段的方法进行施工，采用挖掘机开挖，必要时采取弱爆破和人工配合机械刷坡，装载机装砟自卸汽车出砟。按照设计施做边仰坡防护措施。开挖完成后进行基底处理，基底承载力达到要求后施做仰拱、填充混凝土，填充混凝土在仰拱混凝土终凝后进行浇筑。

明洞衬砌均采用模板台车作内模，外模采用组合钢模对拱墙衬砌混凝土一次性灌注，混凝土由自动拌和站生产，罐车运输，泵送入模，插入式振捣器振捣。洞口衬砌与隧道洞门整体灌筑后进行洞顶回填施工。

拱圈混凝土达到一定强度后，先将混凝土表面修凿平整，最后利用砂浆找平，施做防水层。为保证防水板接头质量，先在平地上将防水板逐幅连接起来，检查接头质量合格后再运到现场铺设。

洞门衬砌和防水层施工完毕后，进行拱背回填，从下至上，按设计对称分层进行，同时进行边仰坡防护施工。码砌及浆砌分层错缝进行、夯填密实，确保施工质量。明洞的施工的示意图见图 46-33。

图 46-33 明洞施工的示意

第五节 洞内设施工程施工

一、隧道洞内设施的设计情况

（1）通信、信号与电力电缆槽应分设，160 km/h 单线隧道尺寸为 25 cm×25 cm（宽×深），120 km/h 单线隧道隧道尺寸为 25 cm×30 cm（宽×深）。

支线及联络线单线、正线括苍站前单线隧道面向大里程方向左侧设电力电缆槽，右侧通信信号电缆槽；括苍站后单线隧道面向大里程方向右侧设电力电缆槽，左侧设通信信号电缆槽。

（2）余长电缆腔：长度为 500～1 000 m 的隧道可在隧道中部每侧设一处；隧道长度 1 km≤L≤6 km 的隧道，采用有砟轨道，可利用大避车洞每侧间隔 300 m 设一处；隧道长度大于 6 km 的隧道及石锦隧道、林家岙隧道采用无砟轨道，余长电缆腔利用大避车洞每侧间隔 420 m 设一处。

（3）通信光纤直放站结合大避车洞位置设置，当距离避车洞较远时可单独设置，直放站洞室尺寸：2 m×2.2 m×1.8 m（宽×高×深），并按相关专业要求设置过轨、接地及预埋。

（4）根据接触网布置设置下锚段、开关洞，下锚段、开关洞应避开断层、软岩，并尽量设置在单一岩层段。

二、电缆槽施工

电缆槽在路肩 A 组填料施工完成后开槽施工。电缆槽基础采用人工整平，小型冲击夯夯实，然后铺设透水卵石或碎石并压实后，再施工电缆槽。电缆槽与路基竖向接触面间的缝隙按设计采取防水材料处理，电缆槽不得影响路基的稳定和防排水功能。

三、电缆槽手孔及过轨管埋设

（一）电缆井

电缆井分为Ⅰ、Ⅱ、Ⅲ型共三种电缆井，现场采用钢筋混凝土浇筑。电缆井只在过轨处设置，电缆井间距根据过轨点位置确定。

电缆井两侧设置挂钩。当线缆经过电缆井时，设置余长或过轨的线缆应在电缆井井底敷设，其他线缆应悬挂于电缆井侧壁挂钩上，通信信号线缆悬挂于靠近线路侧挂钩上，电力线缆悬挂于远离线缆侧挂钩上。

线缆上下路基侧设上下路基电缆槽与电缆井侧壁预留槽连通以便线缆上下路基。

（二）过轨管

过轨管主要有四种：通信信号过轨管、电力过轨管、接触网过轨管、牵引变电过轨。

从路基中过轨的通信、信号电缆采用ϕ100 mm 镀锌钢管防护，连通线路两侧手孔，分支至坡脚外，在路堤填筑至基床底层顶面后埋设。电力电缆采用ϕ150 钢管，连通线路两侧电缆井（Ⅲ型），分支至坡脚外。

通信、信号手孔一般采用现浇 C25 钢筋混凝土，内净尺寸：长×宽×高一般为 1.5 m×1.5 m×0.55 m，壁厚 0.1 m，底板厚 0.15 m。

（三）消防管道

修筑于路基上的连通管道与路基同步施工，根据各连通管道设计的埋设高程，在基床表层（底层）填筑压实到高于钢管顶部高度后，用小型轮胎式挖掘机（小齿型）在基床内挖一条与钢管尺寸相当的横沟，将钢管铺设在沟内，用中粗砂回填管周，压实。

四、设备洞室施工

洞内设备洞室按设计位置布置，主要采用手持凿岩机钻眼，光面减震爆破，人工装碴至运输车运出洞外。

开口交叉处引起围岩应力重分布及应力集中，是结构的薄弱环节，要妥善解决辅助洞室开口时的受力转换，确保施工安全。

隧道施工至辅助洞室位置时，按辅助洞室开挖轮廓打超前小导管预注浆支护，正洞初期支护完成后，辅助洞室开口破除正洞初期支护前，贴焊预制的加强格栅钢架环框，满喷混凝土后在辅助洞室入口开挖面上方形成一个拱部钢筋混凝土加强环，以便开挖。正洞衬砌过后，采用小模板内支架，泵送浇注混凝土，施工时注意与正洞防水设施连通。

第六节　运营通风及防灾救援工程施工

金台线无大于 15 km 隧道，全线隧道不考虑设置机械通风进行换气。金台线长度大于 5 km 的 3 座隧道（牛和岭隧道、将军岭隧道、金家村隧道）结合辅助坑道情况设置紧急出口或避难所，避难所结合斜井与正洞相交的缓平段设置，其面积按 0.5 m^2/人考虑。紧急出口和避难所设置应急照明、应急通信等措施，并设置防灾通风。紧急出口洞外救援道路及停车场地按永临结合考虑，结合施工便道及临时场地硬化后利用，停车场面积约 1 500 m^2。本节以金台铁路 JTSG-3 标段的将军岭隧道为例，介绍隧道运营通风及防灾救援工程施工。将军岭隧道 1 号斜井和 3 号斜井作为防灾救援通道，井底设置避难所，为永久工程，井口设置不锈钢格栅门，井底设置便于开启的防护门。

一、系统构成

将军岭隧道的 1 号斜井长 610 m，为满足防灾需要，在斜井内设置 4 台射流风机，2 台 1 组，风机直径 710 mm，功率 30 kW。射流风机采用侧壁安装，第 1 组距离斜井出口 150 m，第 1 组与第 2 组的中心距离为 150 m。当人员通过紧急出口疏散时，为斜井内引入新风，为疏散防护门门口送风。斜井内设置标志、标识、指示紧急出口及救援疏散方向。

将军岭隧道的 3 号斜井长 1 604 m，为满足防灾需要，在斜井内设置 4 台射流风机，2 台 1 组，风机直径 710 mm，功率 30 kW。射流风机采用侧壁安装，第 1 组距离斜井出口 150 m，第 1 组与第 2 组的中心距离为 150 m。当人员通过紧急出口疏散时，为斜井内引入新风，在斜井内距离疏散防护门 94 m 的位置上设置 1 台送风机及止回阀。风机风量为 15 m/s，功率 11 kW，全压 500 Pa，为疏散防护门门口送风。斜井内设置标志、标识、指示紧急出口及救援疏散方向。

二、系统控制

通风设备主要用于隧道火灾事故工况，紧急出口或救援站疏散时，要求实现设备的就地级控制和就近车站控制室的远程控制即二级控制。就地控制用于通风设备的初调、检修时的就地操作。就近车站的控制室的二级控制用于控制和显示各风机、风阀的运行及状态，方便发生事故时的统一指挥操作。

第七节　防排水施工

金台铁路全线隧道防排水按照“防排结合、以防为主”的原则施工。隧道二次衬砌混凝土抗渗等级不小于 P8，初期支护与二次衬砌之间敷设防水板加土工布，两侧边墙墙脚外侧设置纵向 80 可维护塑纤排水滤管，每 10 m 一段，接头处直接接入隧道侧沟。拱墙环向施工缝设置“中埋式橡胶止水带+外贴式塑料止水带”,仰拱环向位置设置中埋式橡胶止水带;纵向施工缝处设置中埋式钢边橡胶止水带;变形缝处设置中埋式钢边橡胶止水带+外贴塑料止水带。

金台铁路 JTSG-5 标段有 6 座隧道，共计 18.253 km，其中金家村隧道作为该标段的控制性工程，上岙隧道为重难点工程。本节根据 JTSG-5 标段隧道防排水施工为例，总结隧道施工防排水施工工艺。

一、洞口防排水施工

洞口表层清理完成后，首先按照设计要求完成天沟、边沟等排水设施施工，并接入红线内自然排水沟，保证洞口范围内排水顺畅。

二、防水板施工

（一）施工工艺

防水板铺设采用无钉铺设，施工工艺见图 46-34。

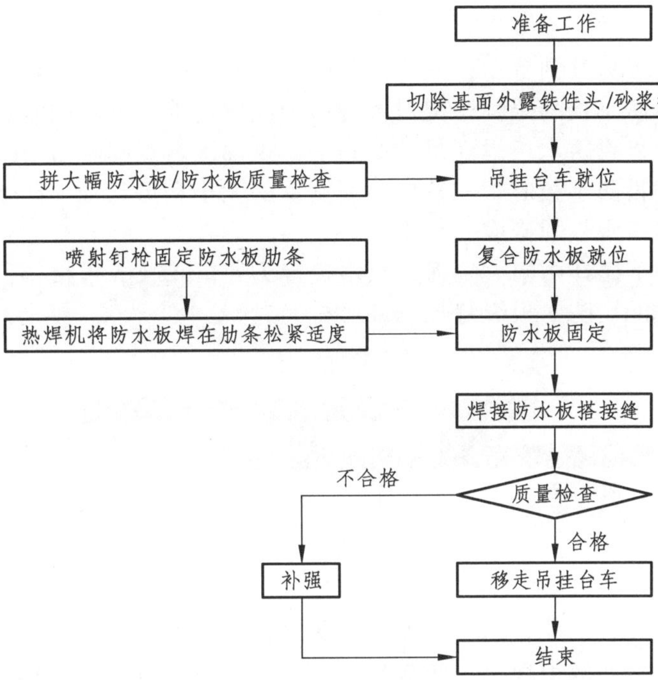

图 46-34 防水板施工工艺

（二）施工方法

隧道拱墙初期支护与二次衬砌之间铺设防水板（厚 1.5 mm）；并与无纺布结合使用，无纺布一般地段不少于 400 g/m^2。

1. 施工准备

防水板的洞外拼接。在洞外宽敞平整的场地上，将幅面较窄的防水卷材拼接成大幅面防水板。防水板搭接宽大于 15 cm，采用热焊黏结。拼接前须进行检查是否有变色、波纹（厚薄不均）、斑点、刀痕、撕裂、小孔等缺陷，如果存在质量疑虑，应进行张拉试验、防水试验和焊缝抗拉强度试验。

吊挂防水板的台车就位后，应用电焊或氧焊将初期支护外露的锚杆头、钢筋网头等铁件齐根切除，并抹砂浆遮盖，以防刺破防水板。对于开挖面严重凹凸不平的部位须进行修凿和找平。

2. 防水板铺设和锚固

隧道富水地段采用无纺布作滤层，在铺设过程中防水板与柔性垫层应密切结合。

用射钉枪将吊挂肋条锚固在喷锚支护上，无钉铺设见图 46-35。

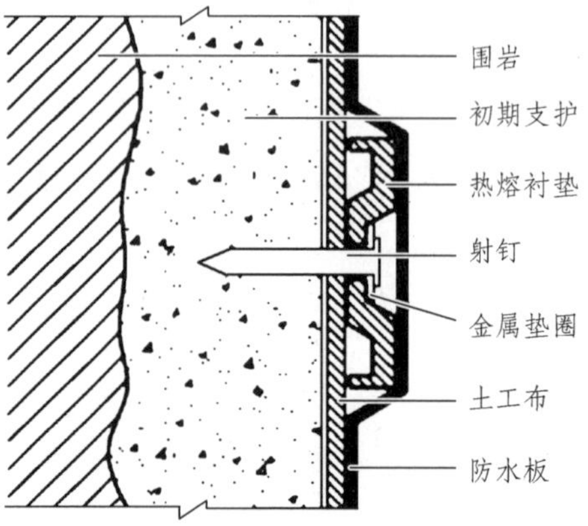

图 46-35 防水板无钉铺设示意

利用小型卷扬机将防水板提升到台车，防水板环向长度应留余量，全长约为喷混凝土面环向长度周长的 1.1 倍。吊挂时，以防水板的全幅中部对准隧道中线，自上而下将防水板托起贴着喷锚支护表面铺设，松紧适度并用热焊机将防水板焊在吊挂肋条上，拱部固定点间距 0.5 m 左右，边墙固定点间距 1 m 左右。附属洞室处铺设防水板时，先按照附属洞室的大小和形状加工防水板，将其焊在洞室内壁的喷锚支护上，并与边墙防水板焊接成一个整体。

焊接防水板搭接缝。上下循环两幅大幅面的防水板接头处留 15 cm 搭接幅面，用热焊机将搭接缝焊好，焊缝宽度不小于 1.5 cm。防水板焊缝见图 46-36。

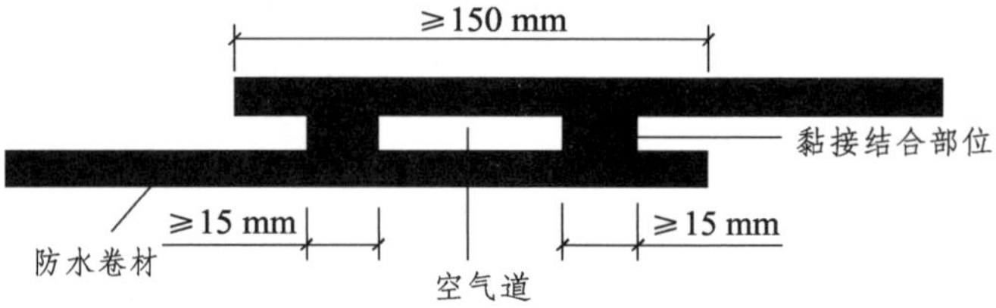

图 46-36 防水板焊缝示意

铺设防水板的基面应坚实、平整、圆顺，无漏水现象；阴阳角处应做成圆弧形；防水板的铺设应与基层固定牢固，不得有绷紧和破损现象；防水板的搭接宽度不应小于 15 cm，允许偏差 – 10 cm。

（三）施工缝及变形缝防水处理

1. 设计要求

二次衬砌施工缝设计为每 12 m 一道，施工缝采用中埋式止水带+1 mm 厚水泥基渗透结晶型防水涂料。

2. 施工缝施工

根据衬砌厚度及衬砌形式自制拼装式钢模或木模接挡头板，每块钢模宽度为衬砌厚度的一半，同时将钢模根据安装顺序编号，全断面液压钢模衬砌台车就位后，按照钢模挡头板编号安装钢模挡头板，同时将橡胶止水带沿隧道环向夹在挡头板中间，两块挡头板用 U 形卡固定。预留一半橡胶止水带浇筑在下一循环混凝土衬砌中。

3. 变形缝防水处理

变形缝是由于不同刚度结构受不同的力，容许产生一定的不均匀沉降而设置的结构缝隙，是结构外防水的关键环节，变形缝宽度为 20 ~ 30 mm。贫水地段变形缝构造为：中埋式止水带+背贴式止水带+填缝材料的复合防水措施；富水地段变形缝构造为：中埋式止水带+遇水膨胀止水条+背贴式止水带。变形缝处衬砌背后设置一道排水盲管，变形缝缝隙采用填缝材料填塞密实。

① 止水带安装与定位：先安设背贴式止水带并进行固定，然后将中埋式止水带准确居中安设，粘贴或焊接定位，用模板固定，先安装一端浇筑混凝土，另一端用箱形木板保护，待混凝土达到一定强度后拆除模板及箱形保护。

② 变形缝处的混凝土灌注与振捣：对竖直向的止水带两边的混凝土要加强振捣，保证混凝土两边的混凝土密实，同时将止水带与混凝土表面的气泡排出，要保证止水带与混凝土牢固结合，止水带处的混凝土不应有粗骨料集中或漏振现象。对水平向的止水带待止水带下充满混凝土并充分振捣密实后，放平止水带并压出少量的混凝土浆，然后再浇灌止水带上部混凝土，振捣上部混凝土时要防止止水带变形。

4. 检测标准

施工缝所用的止水条的质量符合要求，止水带与防水板的连接方式符合设计要求；施工缝防水效果好，无渗水；施工缝的表面质量应满足缝宽均匀、缝身竖直，竖向贯通，填塞密实，外表光洁。

变形缝所用各类材料均符合设计要求；变形缝细部构造做法符合设计要求，表面不得有渗水；用作沉降的变形缝其最大允许沉降差值不应大于 30 mm；变形缝的表面质量应缝宽均匀、缝身竖直，环向贯通，填塞密实，外表光洁；密封材料嵌填严密，黏结牢固，无开裂、鼓包、下塌现象。

三、软式透水管盲沟

（一）设计要求

拱墙环向设ϕ50 mm 软式透水管盲管，设置在喷混凝土面和防水板之间，每 5 ~ 10 m 一环，集中出水处视水量大小加密设置；边墙墙脚纵向设ϕ80 mm 软式透水管，并与环向盲沟连通，连通点逢泄水孔部位采用三通管和直管通侧沟内。

（二）施工方法

在铺设防水板前用防水板条（宽 30 ~ 50 cm）和塑料胀栓将ϕ50 mm 环向软式透水管固定在喷锚支护面上（环向每隔 40 cm 固定一处）。用快凝水泥砂浆将塑料胀栓包住。

（三）软式透水盲沟铺设要求

沿喷射混凝土表面布设，松紧度适中，以适应起伏不平的岩面。

纵向盲沟要控制好标高，与隧道的纵向坡度一致，上下不能有起伏现象，以保证排水的畅通。

纵向排水管最下一层设在衬砌边墙脚下，防水板向内上卷，将弹簧管托起。连接处采用直通、三通接头连接。

第八节 辅助坑道施工

金台铁路辅助坑道施工采用手持式风钻钻孔施工，光面爆破或减震控制爆破，挖装机装碴，重载运输车运碴，需要衬砌地段的二次衬砌采用组合钢模板衬砌，斜井排水尽可能采用一级排水，以降低机械故障率。洞口土质段采用短台阶法开挖，台阶长度 3 m 以内，人工手持风锦开挖，喷锚支护，必要时模注衬砌紧跟，用装载机直接装碴；其余洞身地段宜采用全断面施工，若围岩较差改用微台阶法施工。

本节以将军岭隧道斜井施工为例总结辅助坑道施工技术。

将军岭隧道辅助坑道有斜井 3 座，均采用无轨运输单车道+错车道衬砌断面，1 号斜井和 3 号斜井作为防灾救援通道，井底设置避难所，为永久工程，井口及避难所终点采用格栅栅栏门锁闭；2 号斜井为临时工程。斜井Ⅱ、Ⅲ级围岩段采用全断面法施工；Ⅳ、Ⅴ级围岩段采用台阶法施工。全断面法采用手持风钻钻孔开挖，光面爆破；台阶法采用手持风钻钻孔开挖，控制爆破。斜井洞口及浅埋段、设置避难所及断层破碎带、安装风机段采用模筑衬砌，斜井与正洞交叉口段采用模筑衬砌加强支护，其余地段采用锚喷衬砌。

斜井开挖后及时进行初期支护，喷混凝土采用湿喷工艺，风钻成孔，人工安装锚杆、钢筋网和拱架。

铺底适时紧跟，铺底采用分幅施工，钢木组合模板立模；斜井拱墙衬砌采用拱架背钢模泵送混凝土进行衬砌作业。自动计量拌和站生产混凝土、由混凝土运输车运送至衬砌工作面。

第九节　沉降变形控制与评估

为确保隧道施工安全，根据《铁路隧道工程施工安全技术规程》（TB 10304—2009）、《铁路隧道工程施工技术指南》（TZ 204—2008）《铁路隧道监控量测技术规程》（TB 10121—2007）、《九景衢铁路浙江有限公司隧道施工监控量测管理实施办法》，对隧道沉降变形进行监测与评估。通过监控量测，使工程技术人员能掌握已开挖地段地表沉降变形状况、围岩的变形趋势、隧道支护的稳定性及隧道轮廓参数，并根据监测结果，判断开挖方法、支护参数是否满足施工安全要求，进而采取相应对策，调整施工方法和支护参数，以达到规避风险，确保安全施工和安全运营的目的。沉降变形控制实现了监控量测数据采集、传输分析、预警发布与处理全过程信息化管理，采集软件、现场网络条件、专用电脑及客户端等软硬化系统均依照《铁路隧道监控量测数据接口暂行规定》（工管办函〔2014〕75 号）执行。

施工单位对全线所有隧道进行沉降变形观测；监理单位进行不少于 10%的平行观测。

一、隧道沉降变形监测项目及工作要点

隧道沉降变形控制监控项目包括必测项目和选测项目。

根据设计提供地勘资料，本线隧道进口为单压、浅埋较多，部分地段线路埋深较浅，隧址区域节理裂隙发育，部分隧道内有断层、岩溶，部分地段有突水、突泥隐患。因此，监控量测过程中把地表沉降观测、围岩收敛变形观测及衬砌轮廓参数观测作为重点，其他选测项目根据实际情况选测，以满足指导施工为准。

沉降变形测量一般按沉降变形等级三等的要求（国家二等水准测量）施测，根据沉降变形测量精度要求高的特点，以及标志的作用和要求不同，垂直位移监测网用分级布网等精度观测逐级控制的方法布设。主要采用全站仪、精密水准仪、收敛仪、隧道断面仪等进行量测。

（一）必测项目

必测项目包括：洞内外观察、净空水平收敛量测和拱顶下沉量测，隧道浅埋地段地表下沉量测列为必测项目，必要时增设隧底上鼓量测及地表沉降量测项目。必测项目测试方法及精度要求详见表

46-17；量测断面间距见表 46-18；监控量测的频率应根据位移速度或距开挖面距离来决定监控量测的频率，见表 46-19 和表 46-20，则上采用较高的频率值。当出现异常情况或不良地质时，增大监控量测频率。在塑性流变岩体中，位移长期（开挖后两个月以上）不能变化时，量测要继续到每月为 1 mm 为止。

表 46-17 监控量测必测项目

序号	监测项目	测试方法和仪表	测试精度	备注
1	洞内、外观察	现场观察、地质罗盘、数码相机		
2	衬砌前净空变化	隧道净空变化测定仪（全站仪）	±1.0 mm	一般进行水平收敛量测
3	拱顶下沉	全站仪	±1.0 mm	
4	地表下沉	全站仪	±1.0 mm	浅埋隧道必测（H_0<30 m）

表 46-18 必测项目量测断面间距

围岩级别	V ~ IV	IV	III
断面间距/m	≥5	≥10	30

表 46-19 按位移速度确定的量测频率一览表

位移速度/（mm/d）	量测频率
≥5	2 次/d
1 ~ 5	1 次/d
0.5 ~ 1	1 次/（2 ~ 3）d
0.2 ~ 0.5	1 次/3d
<0.2	1 次/7d

表 46-20 按距开挖面距离确定的监测频率

监控量测断面距开挖面距离/m	监控量测频率
0 ~ B	2 次/d
B ~ $2B$	1 次/d
$2B$ ~ $5B$	1 次/（2 ~ 3）d
>$5B$	1 次/7d

（二）洞内外观察

洞内外观察内容包括：开挖面地质描述包括围岩岩性、岩质、断层破碎带、节理裂隙发育程度和方向、有无松散坍塌、剥落掉块现象、有无渗漏水等。初期支护状态观察包括喷层是否产生裂缝、剥离和剪切破坏、格栅支架是否压屈等洞外观察一般包括地表地质分析、断层面分析及水文分析等项目。对以上情况进行详细描述、记录并予以评估，作为支护参数选择的参考与量测等级选择的依据。

1. 洞内观察

开挖工作面观察应在每次开挖后初喷混凝土之前进行。重点观察记录工作面的工程地质与水文地质情况，并做好地质素描，填写开挖工作面地质状态记录表。对地质条件复杂地段，应留存影像资料，作为地质变化的依据之一。观察中发现工程地质条件恶化时，应立即采取相应的处理措施。

隧道开挖后应及时进行地质素描及数码成像。开挖面地质素描、支护状态的描述每施工循环记录一次，特殊情况下增大描述频率。对初期支护及二次衬砌完成地段的观察，每天至少应进行一次，主要观察喷射混凝土、锚杆、钢架和二次衬砌等的变形状况，分析初期支护、二次衬砌的可靠性和围岩的稳定性，并记入施工（监理）日志。

2. 洞外监测

洞外监测的重点为洞口段和洞身浅埋段，山间洼地，岩堆，破碎带及偏压洞口的地表开裂，下沉和隧道洞口边、仰坡的稳定状态，地表渗、流水等情况，每次观察后应做好详细记录。

（1）隧道洞外控制测量。

洞口段施工前，首先对设计单位提供的导线和高程控制点进行复测。利用设计单位提供的控制点，利用 GPS，采用精密水准仪按二等水准布设高程控制网，并把隧道中线和横向轴线纳入控制网内以保证放样精度，见表 46-21。

表 46-21　隧道洞外控制测量方法及精度要求

测量部位	测量方法	测量等级	适用长度/km	洞口联系边方向中误差/″	边长相对中误差
洞外	GPS 测量	二	4～6	1.3	1/180 000

（2）洞口段地表下沉测量。

地表下沉采用精密水准仪观测。地表下沉的量测应超前于隧道开挖工作面进行（距离为隧道埋深与隧道开挖高度之和），直到衬砌结构封闭、下沉基本停止时为止。地表下沉量测断面应与隧道内的量测处于同一横断面，观测点布置执行技术规程要求，监控范围应延伸布置在隧道开挖影响范围以外。地表构筑物周围增设观测点。

洞口段、洞顶浅埋地段开挖前，在垂直隧道纵轴线横向埋设地表监控量测桩（混凝土桩）及水平基准点，第一个监测断面布置在明暗洞交界里程往洞内方向 2 m 处，其余断面间隔见表 46-22。观测断面布置尽量与洞内拱顶下沉，净空水平收敛断面布置一致（也可根据情况调整）。每个地表下沉量测断面测点横向间距为 2～5 m（横断面布点应结合地形），在隧道中线附近测点应适当加密，隧道中线两侧量测范围不小于 H_0+B，见图 46-37。

表 46-22　地表沉降观测横断面纵向间距表

埋深与开挖宽度/m	纵向测点间距/m
$30<H_0<45$	20
$15<H_0\leqslant 30$	10
$H_0\leqslant 15$	5

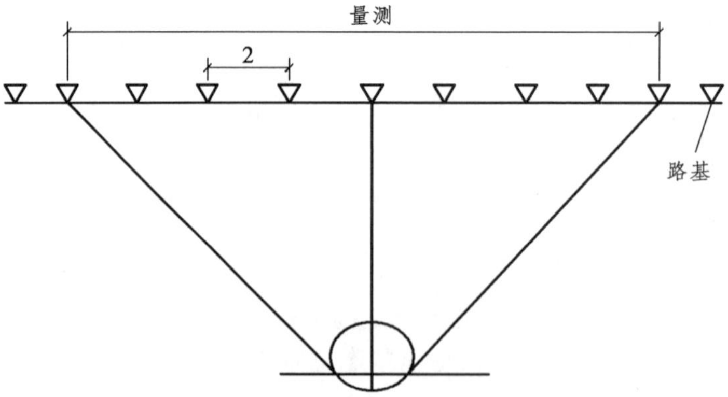

图 46-37　地表沉降横向测点布置示意

地表下沉量测测频率与拱顶下沉和净空变化的量测频率相同。

3. 净空水平收敛和拱顶下沉量测

拱顶下沉及净空水平收敛量测原则上应布置在同一断面，断面间距为Ⅲ级为 30 ~ 40 m，Ⅳ级、Ⅴ级（深埋）20 ~ 30 m，Ⅳ级、Ⅴ级（浅埋）5 ~ 10 m。净空水平收敛量测以量测初期支护上各点的绝对位移为目的，通过水平及斜向收敛量测，验证周边位移结果。

拱顶下沉量测测点布置在拱顶，如图 46-38 所示。

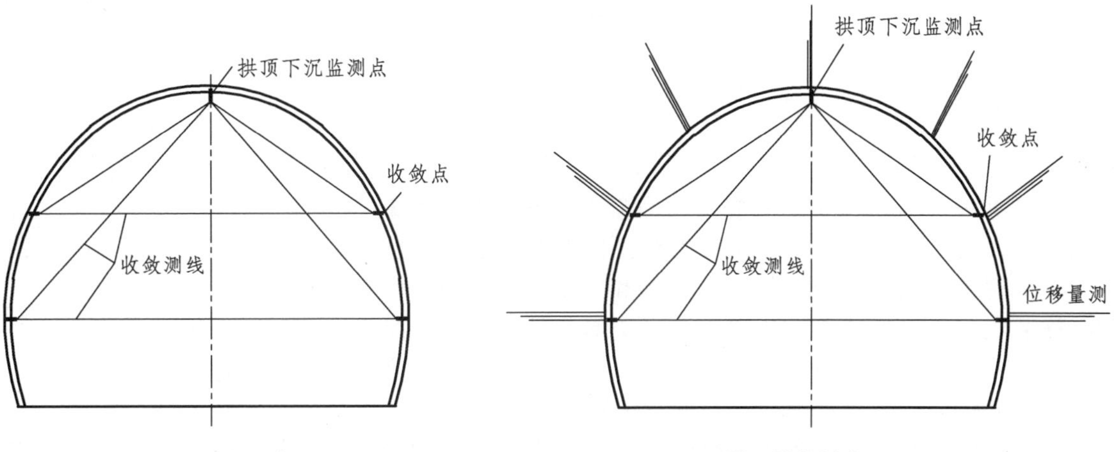

图 46-38 拱顶下沉及净空变化量测点布置示意

拱顶沉降观测桩采用ϕ16 螺纹钢制作，钢筋长度为 50 m，将钢筋植入岩层约 20 cm，顶上焊接三角钢筋头或钢板。顶部采用混凝土封包。确保钢筋埋设稳定、牢固后贴上反射片，反射片与全站仪激光束基本正交；贴上反射片后树立点位标示牌。

观测与隧道开挖同步进行，及时收集相关测量数据并整理。测量采用双复核制度，由隧道作业队自行测量并记录，项目部测量组定期进行复核、抽查。

当选测隧底上鼓项目时，隧底上鼓量测同拱顶下沉量测布置在同一断面。

4. 量测数据处理

及时对现场量测数据进行处理，绘制位移及位移速度随时间的变化曲线和位移及位移速度与开挖工作面距离的关系曲线。当位移-时间曲线趋于平缓时，进行数据处理或回归分析，以推算最终位移和掌握位移变化规律；当位移-时间曲线出现反弯点时，则表明围岩和支护已呈不稳定状态，此时需密切监视围岩动态，并加强支护，必要时暂停开挖。

观测资料纳入竣工文件，以备运营中查考或继续观测。

（三）选测项目

选测项目包括：围岩与支护结构的接触应力及支护结构的应力状态量测、围岩内部变形量测、围岩压力量测、支护及衬砌应力量测、锚杆内力量测和钢架内力及所承受的荷载量测等。选测项目根据施工时的具体情况以及设计单位和监理工程师的指示选定。

二、沉降变形控制

采用变形总量和变形速率对隧道安全进行等级管理。

位移管理等级及采取措施详见表 46-23 和表 46-24。

表 46-23　位移管理等级

单位：mm

安全等级		正常（绿色）	预警二级（黄色）	预警一级（红色）	备　注
围岩级别	Ⅲ	<40	40～80	>80	不包括高地应力软岩和膨胀岩隧道
	Ⅳ	<50	50～100	>100	
	Ⅴ、Ⅵ	<75	75～150	>150	

注："～"含义为包括上、下限值。

表 46-24　措施应对表

安全等级	处理措施
正常（绿色）	正常施工
预警二级（黄色）	加强监测，必要时采取网喷混凝土等措施进行补强
预警一级（红色）	暂停施工，增设横、竖支撑进行抢险，后续施工时，应加强支护，调整施工工法。

测点位移速率≥5 mm/d 时，由监理工程师组织施工现场分析原因并采取处理措施；当速率连续 2 天大于 10 mm/d 时，由监理单位组织施工单位进行原因分析和制定措施并上报建设单位批准；当速率大于 15 mm/d 时由建设单位组织设计、监理和施工单位进行原因分析和制定措施。

变形总量应控制在管理等级范围内，当变形总量未达到控制基准值时，采用变形速率的大小对稳定状态进行判断和控制。监控量测数据整理、分析与反馈应符合下列要求：每次监控量测后应及时通过网络将数据上传至服务器；通过专用软件分析处理数据，自动生成时态曲线图进行回归分析，预测可能出现的最大值，并与位移管理等级进行比较；出现红色预警时，由建设单位组织设计、监理、施工单位研究制定相应措施。

三、监控量测信息化系统工作流程

监控量测信息化系统工作流程见图 46-39。

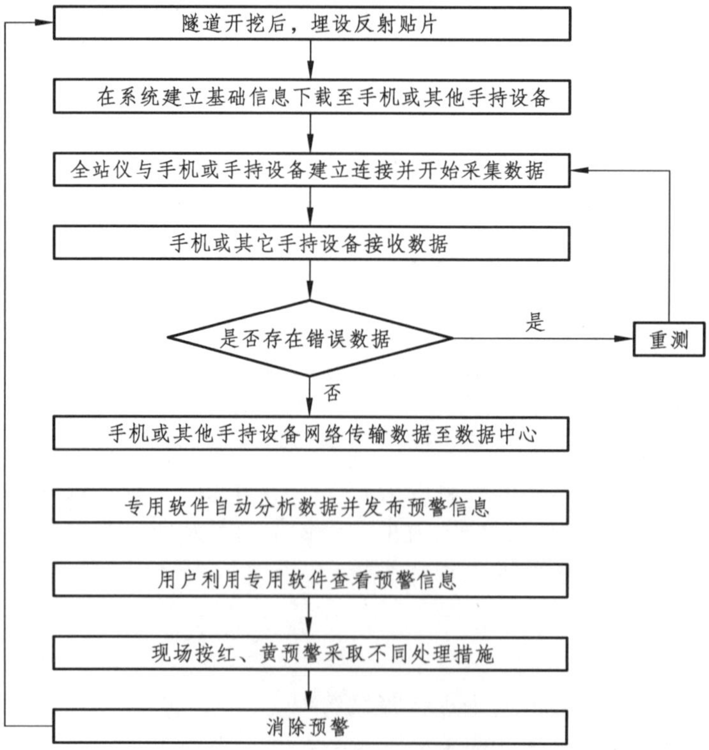

图 46-39　监控量测信息化系统工作流程

第四十七章　轨道工程

金台铁路新建线路铺轨 229.291 km，其中有砟轨道铺轨 203.155 km，无砟轨道铺轨 26.136 km；有砟道床铺面砟 480 828 m^3（一级道砟），底砟 49 417 m^3；铺设钢筋混凝土无砟道床 26.136 km。共设置钢轨伸缩调节器 4 组。

轨道结构形式：金台铁路正线、头门港铁路支线、台州至台州南货运线、永康南疏解线和枫山至永康南货运线均采用重型轨道标准，一次铺设跨区间无缝线路。一般地段铺设有砟轨道；金台正线和头门港铁路支线在长度大于 6 km 的隧道内铺设弹性支承块式无砟轨道，台州至台州南货运线、永康南疏解线和枫山至永康南货运线按在长度大于 1 km 的隧道内铺设弹性支承块式无砟轨道(全线在将军岭隧道、牛和岭隧道、林家岙隧道、石锦隧道和溪坦隧道内铺设弹性支承块式无砟轨道)。由于横溪车站大部分位于将军岭隧道大里程端洞口内部，在将军岭隧道内站场小里程咽喉区最外侧道岔岔前 48 m（含过渡段）及车站范围采用有砟轨道。有砟无砟过渡段避免设置在缓和曲线和竖曲线地段。

金台铁路轨道工程特点如下：

（1）桥隧、路桥、路隧交替频繁，铺架施工难度大；铺轨、架梁、铺砟工程量大。

铺轨过程间插 T 梁架设（含隧道口架梁）、长轨更换、长轨焊接及放散，使用设备多，施工工艺及方法不同，增大了施工组织难度。

（2）无砟轨道刚性要求高，施工工艺严格，在隧道基础的沉降满足要求后实施无砟道床施工。

（3）道砟供应是制约有砟轨道施工进度的关键因素。道砟的组织、运输是确保铺轨施工顺利进行的难点和重点。

第一节　有砟轨道道床施工

金台铁路正线道床面砟采用一级碎石道砟，材料应符合国家现行标准《铁路碎石道砟》（TB/T 2140—2008）中的规定；底碎材料应符合国家现行标准《铁路碎石道床底》（TB/T 2897—1998）中的规定。

土质路基地段采用双层道床，面砟厚 30 cm，底砟厚 20 cm。隧道和硬质岩石路堑地段采用单层道床，厚度 35 cm。桥梁地段采用单层道床，道床厚度不小于 30 cm，结合梁型铺设。

一、底砟摊铺

采用提前在路基基床表面摊铺底层道砟，并进行碾压，保证摊铺后底层道砟表面平整度用 3 m 靠尺测量偏差满足规范要求，密度符合相关规范标准。

（一）底砟摊铺施工工艺流程

底砟摊铺施工工艺流程见图 47-1。

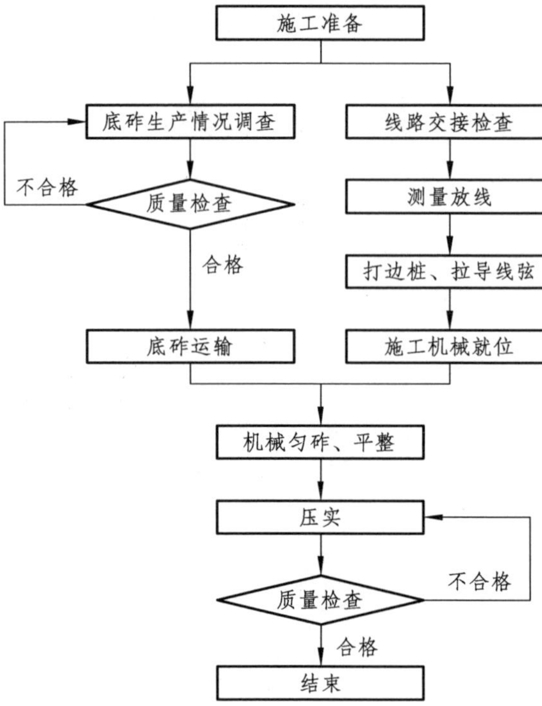

图 47-1　底砟摊铺施工工艺流程

（二）施工工艺操作要点

1. 施工准备

（1）线路交接检查：上砟前提前对路基按设计要求进行检查验收，符合要求后，方可进行铺砟作业。

（2）测量放线：对路基中线、水平进行复测，并进行铺砟前路基面检查。

铺砟前，应精确测量线路中线控制桩，测设标准为直线上每 50 m 一点，圆曲线上每 20 m 一点，缓和曲线上每 10 m 一点，并把中线点外移到线路外侧。

（3）底砟进场准备：对沿线底砟生产分布情况进行调查，并检查底砟质量，符合设计要求，签订供应合同，做好进场准备。

（4）按照要求配置运输车辆、碾压机械，各种检测设备，并组织调迁到位。

2. 机械匀砟、整平

由自卸汽车运送底砟至摊铺处进行卸车，采用人工配合机械完成底砟的摊铺平整。

3. 压实

采用人工配合压路机或压实机械跟在已铺设部位进行碾压。碾压密实度要求符合相关规定。

4. 质量检验

摊铺后的道砟面应及时进行几何尺寸整修和砟面平整，确保其平整度和压实度指标满足相关规范及设计要求。

（三）施工要求及保证措施

（1）铺底砟前，对线路表面平整度再次检查确认，对线路表面杂物彻底清除后方可开始铺砟。

（2）底砟入场时的粒径级配、颗粒形状及清洁度应符合铁路碎石道砟技术条件的规定。现场采用筛分、专用量规或特定检验。每 5 000 m^3 为一批，不足 5 000 m^3 时亦按一批计。每批抽检一次。

（3）底层道砟经机械碾压后，现场采用道床密度仪或灌水法检验，道床密度符合要求。

（4）底层道砟铺设后厚度和宽度应符合设计要求，且砟面应平整，其平整度为 10 mm/3 m，砟面中间不应凸起。

二、道床摊铺

（一）施工方法

提前在路基基床表面摊铺底层道砟，并进行碾压，保证摊铺后底层道砟表面平整度用 3 m 靠尺测量偏差满足规范要求，密度符合相关规范标准。

（二）道床摊铺施工工艺流程

道床摊铺施工工艺流程见图 47-2。

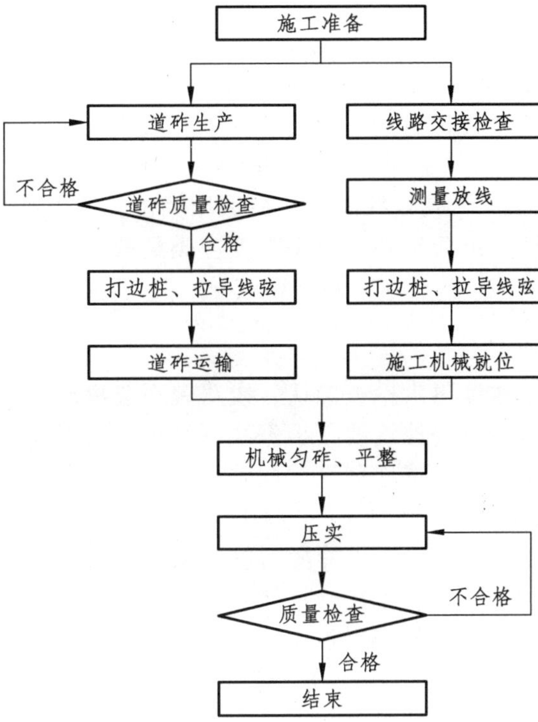

图 47-2 道床摊铺施工工艺流程

（三）施工工艺操作要点

1. 施工准备

（1）线路交接检查：铺砟前应取得线下施工单位线路测量资料、中桩、基桩和水准点，并进行铺砟前路基面检查，复测线路中桩、基桩及路基面高程，形成交接记录。

（2）测量放线：铺砟前，应精确测量线路中线控制桩，测设标准为直线上每 50 m 一点，圆曲线上每 20 m 一点，缓和曲线上每 10 m 一点，并把中线点外移到线路外侧。

完成平面测量后，测设预铺道砟面高程控制线，路基地段引测到两侧接触网杆基础或接触网杆上，桥梁地段引测到挡砟墙上，并用红油漆画水平线标识。

（3）道砟贮存及运输：对沿线砟厂分布情况进行调查，筛选离线路近、具备上道条件的砟厂提供道砟，签订道砟供应合同，确保道砟供应。

① 对沿线车站存砟条件进行调查，选择具备存砟条件的车站作为临时存砟场。

② 采用汽车运输道砟厂道砟至铺轨基地或沿线车站存砟场，做好道砟储存，为后续施工提供砟源。

③ 道砟运输采用汽车运输至摊铺地点。开始道砟摊铺时，道砟厂道砟直接运输至摊铺地点。

④ 运输至摊铺现场的道砟单线堆放。

⑤ 运输道砟的载重汽车应做到缓停缓行，以保证其在已经过压实的基床表层上行驶时，不会引起基床的沉降或出现压痕。

⑥ 调集道砟摊铺设备，落实道砟运输设备、碾压设备，确保道砟摊铺施工顺利进行。

2. 机械匀砟、整平

将堆放的道砟用铲车摊铺至线路中心范围中间，形成小砟堆，平地机将小砟堆摊铺平整，摊铺顺序与汽车运输堆放道砟顺序相同。平地机平砟时宜从线路中心往两侧进行，根据砟面高程控制线，将平地机刮平装置降至距离计划预铺道砟面控制线略高位置，以高出 20 mm 为宜，向前进行刮平作业。

每次刮平横向接头应重叠 0.6 ~ 0.8 m，前后相邻两区段纵向重叠 1.0 ~ 1.2 m。确保刮平时横向及纵向高度顺接。

（1）压实：虚铺道砟完成后，采用压强不小于 160 kPa 压路机进行机械碾压。压路机作业速度以 3 ~ 4 km/h 为宜，碾压时由两边向中央纵向进退式进行，往返一次为一遍，宜碾压 3 遍。采用 20 t 以上的压路机碾压时可不开启振动。碾压时，横向接头应重叠 0.4 ~ 0.5 m，前后相邻两区段间纵向重叠 0.8 ~ 1.0 m。做到压实均匀，没有死角，尤其是线路两边应碾压到位，避免两侧虚砟堆高。

（2）质量检验：预铺后的道砟面应平整，其平整度应满足铺轨需要，砟面中间不得凸起。摊铺压实后的道床密度满足设计要求。

3. 施工要求及保证措施

（1）铺砟前，对线路表面平整度再次检查确认，线路表面杂物彻底清除后方可开始铺砟。

（2）提前测放预铺道砟中线及高程控制线，根据线下结构物高程复测情况，结合道砟计划预铺道砟厚度准确计算道砟预铺方量，避免预铺砟面高程超限或者不足。尤其不得使预铺道砟高程超限，造成后期上砟整道时出现落道情况。

（3）施工中一定要采用合格的道砟，对道砟质量的验收一定要按照标准严格执行。

（4）施工过程中要加强道砟管理，避免污染道砟。线下、通信、信号、电力、牵引供电等工程施工单位应采取有效措施，避免在施工过程中对道床产生二次污染，对扰动道床的作业施工单位应与轨道单位共同制定切实可行的防护方案。

（5）摊铺的底层道砟必须由道砟生产单位提供道砟合格证。

（6）预铺后的道砟面应平整，厚度宜为 150 ~ 200 mm，其平整度应满足验标要求，砟面中间不得凸起。

（7）道砟摊铺压实后道床密度和正线道岔下道床密度符合要求。

三、人工铺砟整道

有砟道床铺轨过后人工进行拨荒道、找小坑作业，以保证列车运行安全。然后采用 K13 风动卸砟车卸砟，人工进行第一、二遍上砟整道，使线路基本达标。

（一）施工工艺流程

施工工艺流程详见图 47-3。

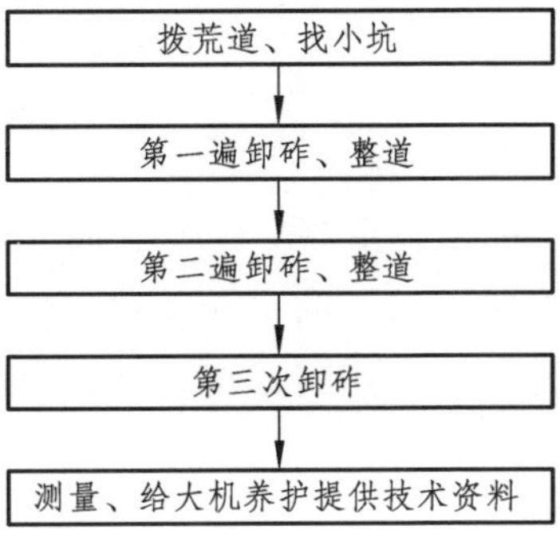

图 47-3　人工铺砟整道工艺流程

（二）施工工艺操作要点

1. 拨荒道、找小坑

铺轨通过后，尽快采用人工配合小型机具对已铺线路进行拨荒道，找平，确保通行列车的安全运行。

2. 第一遍卸砟、整道

（1）上砟：将道砟沿轨道均匀散布。

（2）起道：将每节轨道在几个点抬高并用道砟垫实。抬高后的轨面应大致平顺，没有显著的凹凸和反超高。抬高后应同时方正轨枕位置。

（3）串砟：全轨节抬起后立即向轨枕下面串砟，要求串满串实，没有空吊板。

（4）拨道：在上述工作完成一定长度后进行一次拨道，即将线路拨到中心线位置，达到直线顺直，曲线圆顺。拨道前应检查要拨的线路地段的轨缝是否合适，必要时应进行调整，以防发生胀轨。

（5）填盒：补填轨枕盒内道砟。

3. 第二遍卸道、整道

上砟：与第一遍上砟整道相同。

匀枕：作业时须同时拧松需方枕处螺旋道钉的螺帽，以便抬道后细方轨枕。

起道：将轨道抬高至比设计标高低 80 ~ 100 mm，线路中线基本吻合，留待大型机械整道。曲线外股钢轨按规定超高抬够。起道后的轨道前后高低、左右水平均应符合规范要求。

拨道：按照线路中线细拨轨道，中线误差控制在 30 mm 以内。拨道前可将轨枕端部的道砟扒开一部分，以减小拨道时的阻力。

细方轨枕：按轨腰上的标记整正轨枕。

串砟：钢轨两侧 40 ~ 50 cm 范围内串满道砟。

填盒：向轨枕盒内填补一部分道砟，供捣固用。

捣固：将钢轨两侧各 45 cm 范围内的道砟均匀捣实，使能随列车通过时的荷载，但轨枕中部 60 cm 范围严禁捣实。

4. 第三遍卸砟

卸砟、整道：包括小量的拨道、校正线路平面位置、整修道床、补足轨枕盒内道砟，拍实道床边坡及顶面并使之保持稳定。按照设计偏差要求对轨枕进行再次方枕，并抽换失效轨枕，补齐扣配件和连接配件等。

5. 测量、给大机养护提供技术资料

完成以上工作后，及时进行补充道砟，并进行标高、平面位置测量，为进行下一步线路开通或整道工作做好准备工作。

四、机械铺砟整道

铺轨后采用风动卸砟车卸砟；整形车进行拢砟、匀砟作业，人工配合回填道砟；捣固车进行起道、拨道、捣固作业；稳定车进行稳定作业。轨道几何尺寸检测，根据测得的数据对线路状况进行评估，如果不符合初级稳定状态验标要求，重复以上步骤，进入下一个循环。直到线路满足初级稳定状态验标要求。

（一）施工工艺流程

机械铺砟整道工艺流程详见图 47-4。

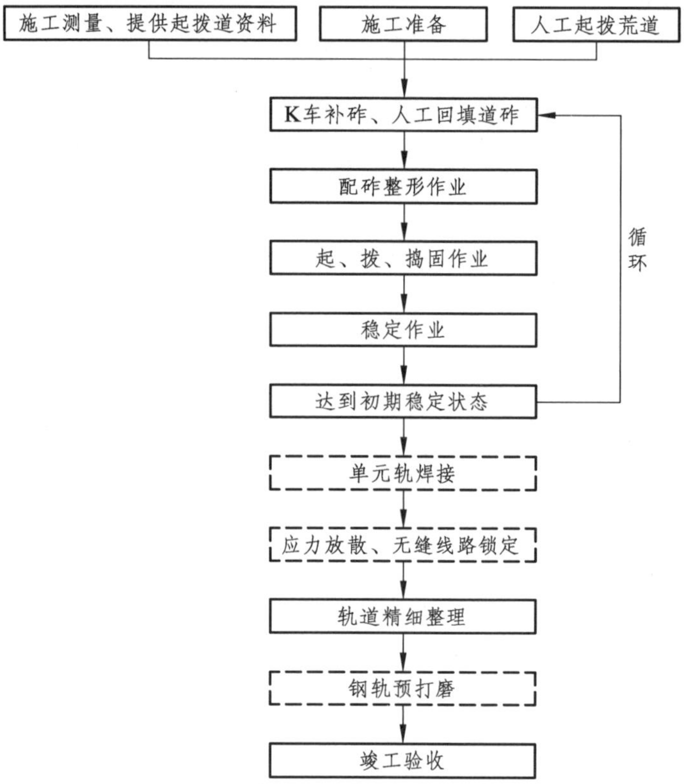

图 47-4 机械铺砟整道工艺流程

（二）施工工艺操作要点

1. 前期准备

（1）大型机械整道作业前，应做好下列施工测量工作：

① 根据线路控制桩、曲线五大桩等资料，采用全站仪测设线路的中线桩，测设标准为直线上每 10 m 一点、圆曲线上每 10 m 一点及缓和曲线上每 10 m 一点，并把中线点外移到线路的外侧。

② 完成平面测量后，应对测量结果详细记录，算出相应里程的拨道量。

③ 线路高低测量以水准点为基准点，采用水准仪进行测设，测设标准为直线地段 10 m 一测点，缓和曲线 10 m 一测点，圆曲线地段 10 m 一测点，线路纵断面变坡点和竖曲线起讫点，应增设测点。然后根据线路坡度和线路设计标高，计算出起道量。

（2）大型养路机械作业前轨道线路应做好以下准备：

① 铺轨后及时进行初步整道，拨顺轨道方向，消除曲线反超高和扭曲，保证行车安全。

② 根据道床断面及每次起道量估算补砟数量，补砟应均匀充足，尤其是轨枕盒内及砟肩处道砟应充足。

③ 拆除影响大机作业的铁路设施，并妥善堆码、固定。

④ 清理道床坡脚外 100 mm 范围内的其他障碍物。

⑤ 方正轨枕，更换失效轨枕。

⑥ 补齐、上紧扣件。

⑦ 道岔拨正就位，起至高程并作好顺坡。

（3）大型机械整道作业前应具备下列技术资料：

① 坡度表：需注明线路坡度、坡长及变坡点里程，其中变坡点位置要用白油漆标注在钢轨内侧。

② 起道量表：直线地段每 10 m、缓和曲线每 10 m、圆曲线每 10 m 提供一个起道量数据，所有变坡点及竖曲线起止点处必须要有起道量数据。

起道量数据按机养车作业方向标注于轨枕上。

③ 拨道量表：直线地段每 10 m 提供一个拨道量；变坡点处必须要有拨道量；曲线地段要求五大桩位置上必须要有拨道量；缓和曲线每 10 m、圆曲线每 10 m 提供一个拨道量。

拨道量数据按机养车作业方向标注于轨枕上。

④ 曲线表：包含曲线起止里程、曲线半径、缓和曲线长度、曲线超高、曲线方向。曲线五大桩位置应在线路轨枕面上用红油漆标注 ZH、HY、QZ、YH、HZ 字样。

⑤ 竖曲线表：标明起止点里程、竖曲线半径、长度，竖曲线起点和终点在道心轨枕上用油漆标注 SQ、SZ 字样。

⑥ 线路纵断面缩图。

⑦ 线间距表。

直线地段：每 100 m；

曲线地段：缓和曲线每 5 m、圆曲线每 10 m 必须要有线间距数据。

⑧ 车站平面图。

⑨ 长短链表。

⑩ 桥、隧表：标明桥隧起止里程、长度，桥梁表需注明梁型，隧道表需注明轨道是普枕、宽枕还是整体道床。

2. K 车补砟、回填道砟

（1）铺轨后应及时进行第一次上砟整道，确保线路稳定。

（2）风动卸砟车卸砟应有专人指挥，专人负责，卸砟过程中与机车司机保持联系，以防多卸或少卸。卸砟后应及时清道，保证行车安全。

（3）风动卸砟车卸砟后，应先利用整形车进行拢砟、匀砟，然后进行人工补充回填道砟，确保大机作业前轨枕盒内道砟饱满。

3. 配砟整形作业

（1）配砟整形车在收放工作装置时，应选择线路比较平直的地段进行。

（2）放下侧犁时应避免侧犁后翼犁板碰撞司机室，中犁放下后距轨枕面 10 ~ 15 mm，清扫装置放下后距轨枕面 10 ~ 15 mm。

（3）配砟整形车工作时，应注意线路上的固定装置及障碍物。遇有妨碍作业的物体时，应及时收拢侧犁。

（4）在提速或减速时应避免冲击，作业时应及时调整各作业装置，使道砟分布均匀，避免局部堆积。

4. 起、拨、捣固作业

起道、拨道、捣固作业轨温，应在长钢轨铺设轨温 – 20 °C ~ +15 °C 进行。

（1）起道作业应符合下列规定：

一次起道量不宜大于 50 mm。每次起道作业后轨枕外侧应有一定数量的道砟，以保证轨道的稳定性。

起道作业时，机械操作人员应准确输入标注在轨枕面上的起道量，并随时注意观察左右起道显示表及横向水平表的指针摆动状态，前后操作人员应保证对起道抄平数值的一致性。

（2）拨道作业应符合下列规定：

一次拨道量不宜大于 50 mm。

手动控制作业时，输入曲线拨道量值、曲线超高及曲线正矢值；作业时前后操作人员应加强联系，保证对拨道作业控制调整的一致性。

长大直线地段应采用激光准直系统进行拨道，曲线地段线路方向的整正应采用轨道几何状态自动校正装置自动拨道或查表输入修正值用手动拨道。

（3）捣固作业应符合下列规定：

枕下道砟厚度不足 150 mm 时，不得进行捣固作业。

捣固作业结束前，应在作业终点划上标记，并以此开始按不大于 2‰的坡度递减顺坡。不宜在圆曲线上顺坡，不得在缓和曲线上顺坡结束作业。

路基与桥梁、路基与隧道、无砟道床与有砟道床、新筑路基与营业线路基连接地段 30 m 范围内及路基换填地段应加强捣固。

5. 稳定作业

（1）每层道床起道、捣固作业后，进行动力稳定作业。

（2）从路基向桥上进行动力稳定时，在上桥前 30 m 范围内把竖向荷载逐渐降低 50%，并在下桥后 30 m 范围内再把竖向荷载逐渐提高到原来的数值。隧道中采用在桥上同样的方法处理。稳定车在桥上进行动力稳定应避开桥梁自振频率，作业走行速度不得低于 1 km/h。

（3）动力稳定车在桥上不得开始起振、也不宜结束动力稳定作业。

（4）作业方向确定后，应根据线路情况，调整好作业速度，调节预定下沉量和垂直预加荷载，进行稳定作业。

（5）在线路横向水平较差的情况下，应分别针对两侧钢轨，调整其预定下沉量及垂直预加荷载。

（6）曲线外轨超高较大时应分次起道达到设计值，并应在缓和曲线全长范围内均匀递减。

6. 初期稳定状态检查

线路经起道作业达到初期稳定状态，道床断面基本符合设计要求，轨枕盒内道砟饱满、枕底满铺。

第二节　无砟轨道施工

金台正线和头门港铁路支线在长度大于 6 km 的隧道内铺设弹性支承块式无砟轨道，台州至台州南货运线、永康南疏解线和枫山至永康南货运线在长度大于 1 km 的隧道内铺设弹性支承块式无砟轨道，全线隧道内共铺设无砟轨道 24.792 km（含先期开工段 11.790 km）。

一、设计概况

铺设无砟轨道地段详见表 47-1。

表 47-1 铺设无砟轨道地段

序号	名称	隧道起点	隧道终点	隧道长度/m	无砟轨道铺设起点	无砟轨道铺设终点	铺设长度/m	备注
1	牛和岭隧道	DK25+163	DK31+431	6268	DK25+188	DK31+406	6 218	正线
2	将军岭隧道	DK45+195	DK58+003	12808	DK45+220	DK57+010	11 790	正线
3	林家岙隧道	LDK3+722	LDK8+655	4933	LDK3+747	LDK8+630	4 883	台州至台州南货车联络线
4	石锦隧道	SDK1+579	SDK3+655	2076	SDK1+672	SDK3+573	1 901	永康南疏解线
合计							24 792	单线长度

注：以上无砟轨道铺设长度不包含两侧无砟-有砟轨道过渡段。

（一）隧道地段无砟轨道

1. 结构组成

隧道无砟轨道设计自上而下由 60 kg/m 钢轨、弹条Ⅶ型扣件、支承块、块下橡胶垫板、橡胶套靴、道床板组成，轨距 1 435 mm，轨道结构高度为 600 mm。

2. 技术要求

（1）道床板与隧道仰拱回填层（底板）表面应进行凿毛处理，凿毛范围见新面不应小于 90%，并均匀分布，浮砟、碎片等应清除干净。人工凿毛时，混凝土强度不低于 2.5 MPa，机械凿毛时，混凝土强度应达到设计强度的 70%。道床板与仰拱填充层通过剪力筋连接，剪力筋在后期采用钻孔植入的方式埋设，应在全面施工前做植筋锚固试验，拉拔力不小于 176.7 kN，合格后方可进行施工。

（2）无砟轨道与有砟轨道在隧道内完成过渡，过渡长度为 25 m，采取直接过渡方式。

（3）施工前需对沉降观测资料进行评估及线下工程验收，满足验收标准要求后，进行无砟轨道施工。本工程在曲线地段，采用外轨超高方式，隧道内在道床板上设置实现，超高在缓和曲线内渐变线性过渡。

（4）道床板混凝土强度等级为 C40，采用双层配筋结构，钢筋采用 HRB400 级螺纹钢筋。道床板宽度为 2.8 m，直线地段厚度为 337 mm，顶面设 1%的人字形排水坡。道床板采用单元结构，隧道内距离隧道洞口小于等于 200 m 范围，道床板长度为 5.98 m，距离隧道洞口大于 200 m 范围长度为 11.98 m，两相邻道床板间设置宽为 20 mm 伸缩缝，道床板在隧道变形缝、施工缝处需断开，板缝与变形缝中心对齐，板缝宽 20 mm，且伸缩缝应垂直于轨道中心线，伸缩缝采用闭孔聚乙烯泡沫塑料板填充，上部 30 mm 范围内采用聚氨酯密封，侧面用聚氨酯密封胶抹面。道床板混凝土浇筑前，回填层或底板顶面应洒水湿润，并至少保湿 2 小时，表面做到无积水，检查仰拱回填层和底板的粗糙度，不满足要求应再进行凿毛，且确保顶面无浮渣、泥土等杂物。

（5）金台铁路无砟道床采用弹条Ⅶ型扣件，由 T 型螺栓、平垫圈、螺母、弹条、轨距挡板、绝缘轨距块、轨下垫板和预埋铁座组成，其中预埋铁座已提前预埋入弹性支承块承轨面。无砟道床为标准轨距，轨距挡板外侧采用 7 号，内侧采用 11 号；绝缘轨距块外侧采用 14 号，内侧采用 10 号，安装绝缘轨距块时，不得猛烈敲击绝缘轨距块使其入位，绝缘轨距块不得压住轨下垫板。

（6）无砟轨道弹性支承块式轨枕由轨枕厂预制和运输，施工前运输至施工现场（并提供本批轨枕质量证明文件），施工过程中不得出现轨枕运输。装车时层与层之间采用 10 cm×10 cm 方木隔离，放置位置在轨枕中部。运输过程中，采用柔性吊带对轨枕进行捆绑。且经现场监理验收合格后方可使用。弹性支承块的放置方向，轨底坡方向指向钢轨内侧。支承块橡胶套靴与道床板钢筋之间的距离不小于 3 cm，同时道床板混凝土浇筑时，顶面应位于套靴顶帮下缘 2 mm 以下。

（7）轨排精调是道床板混凝土施工前的最后一道工序，也是道床板线性及高程控制的最关键的技术工作，因此，要充分予以重视。轨排精调的精调小车，通过全站仪与小车顶端的棱镜，将轨排高程、中线偏位等数据显示在小车顶部的电脑上，再用调整螺杆调节器的方法，反复测调，最终使轨排线形满足设计要求。

（8）为确保轨枕与新浇混凝土的结合良好，需在浇筑前在轨枕表面洒水。用防护罩覆盖轨枕、扣件。检查螺杆调节器螺杆是否出现悬空，隔离套是否装好。浇筑混凝土前，如果轨道放置时间过长（超过 6 h），或环境温度变化超过 12 °C（钢轨长度 12.5 m 时），或受到外部条件影响，必须重新检查或调整。

（9）严格控制道床板混凝土浇筑高度，道床板表面应低于橡胶套靴帽檐底部 2 mm，表层混凝土振捣完成后，及时修整、抹平混凝土裸露面，应分三次进行。混凝土入模后用木抹完成粗平，然后再用钢抹抹平，在混凝土初凝前进行第三次抹面、压光。为防止混凝土表面失水产生细小裂纹，抹面时严禁洒水润面，并防止过度操作影响表层混凝土的质量。抹面过程中要注意加强对托盘下方、轨枕四周等部位的施工。抹面完成后，及时清刷钢轨、轨枕和扣件，防止污染。

（10）混凝土浇筑后，在初凝前，根据天气及混凝土表面失水情况，及时进行喷雾养护，防止混凝土龟裂产生。混凝土浇筑后一定时间，螺杆放松 1/2 圈，螺杆调节器的放松始终沿逆时针。混凝土浇筑后一定时间，提松横向模板和施工缝模板，松开全部扣件，释放轨道在施工过程中由温度和徐变引起的变形。操作时不得扰动轨排。混凝土初凝后进行养护。在混凝土表面覆盖土工布，然后洒水养护，养护时间不少于 7 天。

（二）绝缘处理措施

金台铁路工程绝缘处理主要采用绝缘卡处理，纵向结构单元钢筋用绝缘卡进行绝缘搭接，绑扎时在纵、横向钢筋搭接处采用绝缘卡隔离，确保纵、横向钢筋节点绝缘。在纵向钢筋与横向钢筋的交叉处以及纵向钢筋和架立钢筋交叉处均设置绝缘卡做绝缘处理，若纵向钢筋有搭接，也进行绝缘处理，绝缘卡的卡力不得小于 25N。在道床板浇筑前应进行轨道电路传输距离的测试，实测值不小于 2 MΩ。

二、施工准备

以将军岭隧道内无砟轨道施工为例，总结无砟轨道施工方法。将军岭隧道最大埋深约 860 m。隧道设计为 0‰、5.5‰和 3‰的单面下坡，共设置 3 个斜井作为施工辅助坑道。隧道内无砟轨道里程为 DK45+220 ~ DK57+010，无砟轨道长 11 790 m。

1. 隧道缺陷整治

根据施工进展，及时对隧道衬砌及仰拱各项质量缺陷进行处理，使缺陷整治与隧道正常施工同步作业，确保在无砟轨道施工前完成缺陷整治工作，避免缺陷整治作业影响无砟轨道施工工期。

2. 隧道沉降变形观测与评估

隧道主体工程完工后，对隧道基础沉降做系统观测与评估，变形观测期一般不少于 3 个月，观测数据不足或工后沉降评估不能满足设计要求时，应适当延长观测期，确认其工后沉降符合设计要求。沉降观测断面布设间距：Ⅱ级围岩 500 m、Ⅲ级围岩 400 m、Ⅳ级围岩 300 m、Ⅴ级围岩 200 m，观测频率为每周一次。

3. 工料机配置

单个作业面，进度指标按 100 m/d 考虑，人员配置需满足 45 ~ 55 人/作业面；模板配置至少满足 300 m/作业面；轨道排架配置至少满足 300 m/作业面（根据单榀长度可折算成榀）。

4. 测量准备

（1）隧道贯通后开始组织 CPⅡ、CPⅢ控制网的布设。

（2）选择性能稳定、测量精度满足控制目标的测量设备及时完成 CPⅡ、CPⅠ控制网的测设工作，并按要求对 CPⅠ控制网测量成果评审。

（3）对无轨道施工精调人员进行专项培训。

5. 隧道底板结构处理

隧道施工中已对仰拱填充层预留 30 cm，隧道贯通后根据贯通测量结果，及时施做预留填充层混凝土，确保仰拱填充顶面不高出无砟道床底面标高，以保证道床混凝土厚度。

6. 混凝土配合比设计

按照耐久性混凝土和施工工况进行混凝土配合比设计。现场考虑采用门吊加料斗浇筑道床混凝土，按两种工况进行混凝土配合比的设计，混凝土坍落度控制在 14 ~ 18 cm。

7. 施工方案编制及试验段施工验收

熟悉掌握相关图纸规范，按照相关技术要求报批施工方案及施做试验段等相关技术准备工作。

三、施工工艺流程

（一）施工工艺流程图

弹性支承块式无砟道床施工工艺流程如图 47-5 所示。

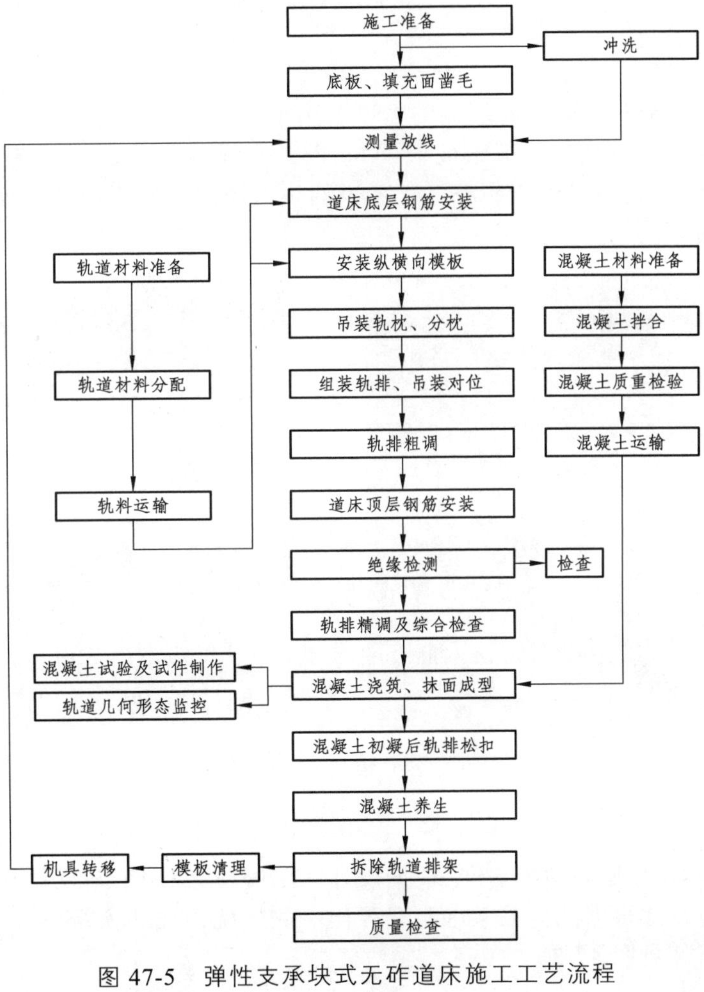

图 47-5 弹性支承块式无砟道床施工工艺流程

（二）隧道凿毛

道床板施工前，将隧道仰拱回填层或钢筋混凝土底板表面进行拉毛或凿毛处理。当采用拉毛处理时，拉毛深度为 1.8～2.2 mm，拉毛纹路应均匀、清晰、整齐；采用凿毛处理时，凿毛范围见新面不应小于 90%，并均匀分布，浮砟、碎片等应清除干净。人工凿毛时，混凝土强度不低于 2.5 MPa，机械凿毛时，混凝土强度应达到设计强度的 70%。隧底凿毛施工及效果照片见图 47-6。

图 47-6　隧底凿毛施工及效果

（三）植筋

隧道内无砟轨道起、终点道床与隧道仰拱填充层之间采用植筋进行连接，植筋采用ϕ25 mmHRB400螺纹钢筋，距洞口 200 m 范围内每块道床板下设 36 根，距洞口大于 200 m 范围内每块道床板下设 40 根。植筋长度为 380 mm，其中采用植筋胶植入隧道仰拱回填层或底板内的长度为 200 mm。隧底植筋施工及植筋后照片见图 47-7。

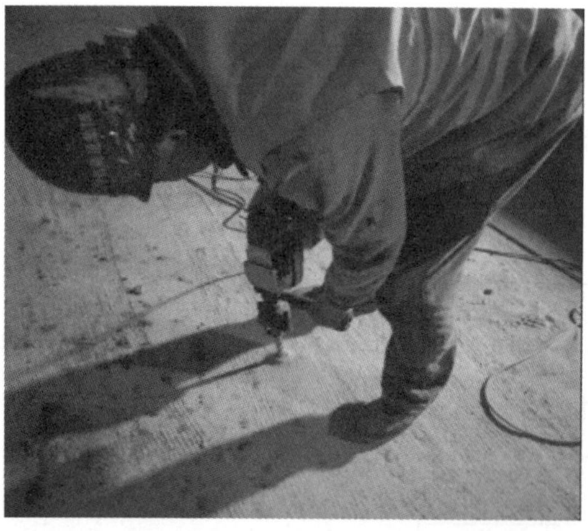

图 47-7　隧底植筋施工及植筋后

（四）测量放线

以全线测量设定的 CPⅢ控制网为基准，根据设计线路资料，采用全站仪每 5 m 放出线路投影中线，中线应用明显颜色标记，并根据几何关系用墨线弹出一侧轨枕边线和模板边线，同时用水准仪每 6 m 测出对应点的实际标高。见图 47-8。

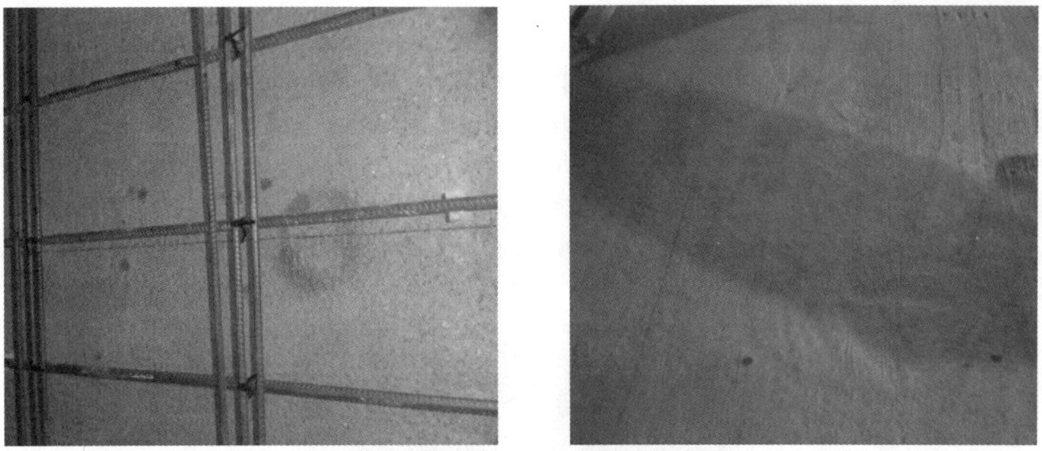

图 47-8 测量放样点及墨线

（五）底层钢筋绑扎

道床板钢筋在洞外钢筋加工棚内加工，在洞内绑扎组装。纵向结构单元钢筋用绝缘卡进行绝缘搭接，绑扎时在纵、横向钢筋搭接处采用绝缘卡隔离，确保纵、横向钢筋节点绝缘。纵向钢筋进行搭接，相邻钢筋的搭接接头应相互错开，搭接长度大于等于 40*d*，相邻搭接接头中心错开距离不小于 1 000 mm。同一截面上的钢筋搭接率不大于 25%。见图 47-9。

图 47-9 底层钢筋施工

道床板底层纵向钢筋距道床底面的净保护层厚度不小于 35 mm，禁止道床板内纵横向钢筋与橡胶套靴密贴，净距不小于 35 mm。用 C40 预制混凝土垫块进行支垫（每平方米不小于 4 个），确保道床板结构受力条件和钢筋的保护层厚度。

纵横向钢筋均匀散布，间距允许偏差 ± 20 mm，纵向钢筋搭接长度大于等于 40*d*，具体见表 47-2。

表 47-2 钢筋绑扎安装及保护层厚度允许偏差

序号	项目		允许偏差/mm
1	钢筋间距		± 20
2	钢筋保护层厚度 *c*	*c*≥30 mm	+10
		c<30 mm	+5

钢筋网电阻实测值应大于 2 MΩ。

（六）散布轨枕及扣件安装

轨枕在轨排组装平台上完成组装，人工配合机械通过台架定位座、对位钢板可以控制精确调整、固定轨排几何结构尺寸。轨枕在组装前，对其几何状态再进行一次检查，在确保轨枕的几何状态正确后，顺序摆放到设有等距隔板的组装平台上，每排架 11 根。龙门吊吊起空排架移动至组装平台上方，准确对位后落下，用快速扣件通过轨排上挂篮将轨枕同排架连接成 6.6 m 长轨排，在此之前应检查轨枕间距（若间距偏差超过 5 mm 应调整至合格）、轨道方正、轨距合格后，用扭力扳手将轨枕与轨排扣紧即形成供铺设的新轨排。如图 47-10 所示。

图 47-10　散枕拼装

（七）轨排组装定位、粗调

龙门吊吊运组装好的轨排至铺设位置后，按照轨排位置依次布设，根据测设的底板轨道中心点位、辅助弹线，使轨排架准确就位，轨排安装误差控制在高程 – 10 ~ – 5 ~ 0 mm、中线 ± 5 ~ 10 mm。

组装好的轨排用龙门吊按照轨排位置依次布设，并根据测量组在沟槽侧壁标注的高程弹线以及仪器测量控制。使用轨道排架横向、竖向调整机构完成轨排的粗调工作，按照先中线后水平的顺序循环进行。如图 47-11 所示。

图 47-11　轨排组装、粗调

根据测量组在沟槽壁的标注放样高程及支距，使用龙门吊配合人工把每榀轨排由龙门吊支至铺设地点，先粗调排架几何中心至线路中线，中线和轨顶标高在 5 mm 之内。方法如下：根据测量组在水沟侧壁标注每 6 m 测设的高程及支距误差控制，在水沟侧壁上用墨线画出一条轨面线，按照内轨顶面标高对轨排进行粗调定位，然后锁定内侧排架横向调节器。完成竖向和横向支撑螺杆的固定。其中轨距 1 435 mm 为定值不可调，高低、水平通过竖向螺杆调整，高低差可调+100 ~ －50 mm，轨向左右差可调 ± 45 mm。轨排架粗调后，拧紧排面与调节器螺栓。

（八）上层钢筋安装

轨道粗调完成后，进行道床板上层纵、横向架立钢筋安装，上、下层钢筋之间采用架立筋进行绑扎，架立筋与上下层纵向钢筋之间设置绝缘卡绑扎。绑扎过程中不得扰动粗调过的轨排。如图 47-12 所示。

道床板架设完成后，进行绝缘性能测试，确保符合要求。按设计要求对纵横向钢筋进行绝缘处理，并检查绝缘效果。检测采用电阻检测仪。绝缘电阻应不小于 2 MΩ。

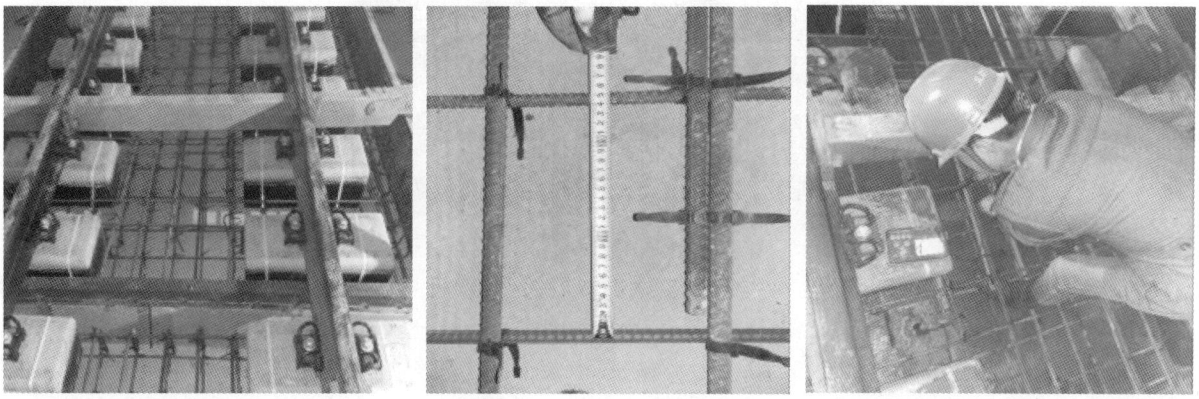

图 47-12　上层钢筋安装

（九）模板安装

在轨道粗调结束、钢筋网绝缘性能检测完成合格后，清除钢筋网的杂物，安装侧向模板和横向模板，并加固模板，模板内、外侧通过膨胀螺栓等方式支撑固定，并保证侧向模板与轨道间无任何连接。如图 47-13 所示。

图 47-13　模板安装

隧道内无砟轨道道床板在隧道变形缝处需断开，板缝与变形缝中心对齐，板缝宽 20 mm，采用硬质泡沫板填塞后用聚氨酯密封胶封面（密封胶厚 30 mm）。

混凝土模板内侧面平整，模板间接缝严密，模板和支撑有足够的强度、刚度和稳定性，模板与混凝土的接触面必须清理干净，并涂刷隔离剂。横向端头模板取在板缝部位。

（十）线路精调

轨排精调是道床板混凝土施工前的最后一道工序，也是道床板线性及高程控制的最关键的技术工作，因此，要充分予以重视。轨排精调的精调小车，通过全站仪与小车顶端的棱镜，将轨排高程、中线偏位等数据显示在小车顶部的电脑上，再用调整螺杆调节器的方法，反复测调，最终使轨排线形满足设计要求。轨道时间安排及调整长度：最终线形调整须在混凝土浇筑之前大约 2 ~ 4 h 完成。调整长度与当班计划浇筑段长度必须保持不少于 12 m 的距离。见图 47-14。

图 47-14　线路精调施工

（1）轨排检查：为保证精调效率，精调前由技术人员对已完成好钢筋、模板、轨排架以及绝缘检测再次进行检查验收，不合格的立即整改，确认全部合格后进入精调阶段。

（2）确定全站仪坐标：全站仪采用自由设站法定位，通过观测附近 8 个 CPⅢ点上的棱镜，自动平差、计算确定位置。改变测站位置，至少交叉观测后方利用过的 4 个控制点。

（3）测量轨道数据：精调小车停于螺杆调节器对应位置后，全站仪测量轨道精测小车顶端棱镜，小车自动测量轨距、超高。精调控制数据见表 47-3。

表 47-3　线路精调控制

控制项目	序号	检查项目	允许偏差	检验方法
主控项目	1	轨距	±1 mm	轨检小车
	2	水平	1 mm	
	3	轨向	1 mm/10 m	
	4	高低	1 mm/10 m	
	5	扭曲	2 mm/基长 6.25 m	
	5	轨面高程	±2.5 mm	
	6	轨道中线	2.5 mm	

（4）反馈信息：接收观测数据，通过配套软件，计算轨道平面位置、水平、超高、轨距等数据，将误差值迅速反馈到精测小车的电脑显示屏幕，指导轨道调整。

（5）调整中线：采用拉顶杆调整轨道中线。

（6）调整轨道高程：用普通六角螺帽扳手，旋转竖向螺杆，调整轨道水平、超高。

为提高轨道精度，施工过程中应该按照“零误差”进行控制，现场实际操作时，按照规范允许值的 1/2 控制。

（十一）混凝土浇筑

用防护罩覆盖轨枕、扣件及钢轨。施工时采用混凝土运输车运输到施工现场卸料至料斗，龙门吊运送至现场浇筑。利用混凝土运输车将混凝土运至施工现场后，应检测每车混凝土的坍落度、含气量及温度指标（混凝土入模温度不能低于 5 °C，不宜超过 30 °C），合格后方可卸料；由一端向另一端连续进行。

道床混凝土捣固采用插入式振捣器人工进行振捣，作业时分前后两区间隔 2 m 捣固，前区主要捣固轨枕底部和下部钢筋网，后区主要捣固轨枕四周与底部。表层混凝土振捣完成后，及时修整、抹平混凝土裸露面。严格控制道床板混凝土浇筑高度，道床板表面应低于橡胶套靴帽檐底部 4 mm，表层混凝土振捣完成后，及时修整、抹平混凝土裸露面，应分三次进行。混凝土入模后用木抹完成粗平，然后再用钢抹抹平，在混凝土初凝前进行第三次抹面、压光。为防止混凝土表面失水产生细小裂纹，抹面时严禁洒水润面，并防止过度操作影响表层混凝土的质量。抹面过程中要注意加强对托盘下方、轨枕四周等部位的施工。抹面完成后，及时清刷钢轨、轨枕和扣件，防止污染。见图 47-15。

图 47-15　混凝土浇筑、抹面、扣件清洗施工

（十二）轨排拆除

待道床混凝土终凝后（约 10 h）方可拆除支撑螺栓和扣件等固定装置。拆除步骤：松开轨道扣件，拆卸模板、螺杆精调装置、钢轨和轨排架，避免轨道受热、长度波动而产生的力影响新浇筑混凝土的结构性能，破坏轨枕和道床板混凝土的黏结性。根据试验段施工经验，轨道夹板螺栓放松时间为 7 ~ 8 h，轨排拆除时间 12 h。

拆除时，按顺序旋升螺栓支腿 1 ~ 25 mm，然后松开轨道扣件，拆除轨排，拆卸模板，最后确认扣件全部松开后，龙门吊吊起轨排架运至轨排组装区清理待用，进入下一循环施工。如图 47-16 所示。

图 47-16　扣件拆除施工

安排专人负责对拆卸的模板、轨排架、精调工具及配件等用毛刷进行清洁处理，配件集中储存在集装筐中，以备下次使用。

（十三）混凝土养护

混凝土初凝前后采用喷雾器雾化养护，拆除轨道排架后养护采用土工布覆盖喷水保湿方式，覆盖养护期不少于 7d。

养护期间，混凝土芯部温度最高不宜大于 55 °C，混凝土芯部温度与表面温度之差、表面温度与环境温度之差不宜大于 20 °C，养护用水与混凝土表面温度之差不得大于 15 °C。当环境温度低于 5 °C 时，禁止洒水养护，应采用喷洒养护剂方式进行养护。如图 47-17 所示。

图 47-17　道床混凝土养护

混凝土初凝后应立即解开夹板螺栓，松开扣件等固定装置，释放钢轨温度应力。

道床混凝土未达到设计强度75%之前，严禁在道床上行车和碰撞轨道部件。

如果道床板混凝土出现蜂窝、麻面裂纹等，应根据其严重程度结合相关规范予以处理整修。

四、质量控制要点

（1）道床施工前，必须确保隧道仰拱基底密实、道床底面平整干净无积水，确保道床混凝土与仰拱混凝土连接紧密。

（2）隧道沉降观测变形评估、CPⅡ、CPⅢ控制网的测设精度满足规范要求。

（3）轨道排架进场后必须对轨排的轨距、方正度、轨底挂篮的横坡进行检测，满足要求后方可投入现场施工。

（4）严格按规定顺序和扭矩要求组拼轨排，精调时必须严格控制精度误差，这两项工作质量的高低将会直接决定铺轨后的轨道精度。铺轨后精度过低需更换大量异型扣配件，不仅会增加施工成本还会造成工期滞后。

（5）浇筑道床混凝土时，应重点加强对支承块底部的捣固，避免支承块底部混凝土不密实而影响整体混凝土质量.

（6）道床混凝土浇筑完毕，在解除轨排系统锁定前，采集轨排各项几何参数，与浇筑前精调完毕锁定后采集的数据进行对比，分析轨排浇筑混凝土前后产生差异的原因，制定解决方案，控制浇筑成型道床混凝土精度。

（7）道床混凝土完成第一次木抹抹面后方可剪断支承块与橡胶套靴间绑扎带，过早剪断绑扎带有可能会造成支承块与套靴间脱空，通车后该处附近支承块在列车荷载作用下可能会发生断裂。

（8）道床混凝土顶面高度必须低于支承块翼缘橡胶套靴下不少于1 mm，否则该处支承块靠近线路内侧处边角地带易受剪而发生破坏。

（9）为防止道床侧面烂脚跟的发生，在底板凿毛时，纵向模板边线预留3 cm，防止边模底部不平而漏浆，对底部不平的地方，采用泡沫胶进行封堵。

（10）伸缩缝泡沫塑料板的固定，采用5 mm钢板与塑料板密贴，并在相邻轨枕间采用定制钢筋卡具固定，混凝土初凝之前拔出钢筋卡具（圆钢）和钢板，可防止塑料板变形。

第三节　跨区间无缝线路施工

金台铁路全线（金台铁路正线、头门港支线、台州南货运线、永康南疏解线、枫山货运线和新碧联络线）均按一次铺设跨区间无缝线路设计。

一、无缝线路长轨铺设

（一）长钢轨存储、装车及运输

1. 长钢轨拖卸施工工艺流程

长钢轨拖卸施工工艺流程见图47-18。

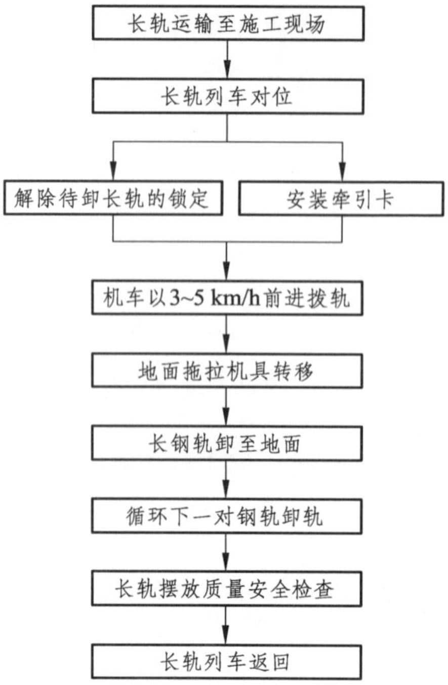

图 47-18 长钢轨拖卸施工工艺流程

2. 长钢轨拖卸施工工艺操作要点

（1）按照施工计划，由工程部提前进行施工调查，并制定出卸车计划。

（2）综合队应在每天卸车前对作业人员进行安全讲话和教育。

（3）根据施工需要，由施工作业队调查好长钢轨起点位置，正确计算卸轨起点和挂钢丝绳的位置，并根据牵引钢丝绳的长度，在线路上用油漆标注地面牵引卡固定位置，以确保卸下的钢轨位置准确。

（4）根据长钢轨起点位置，核实各段长轨的长度、卸轨对数、起止里程、卸轨方向和装车顺序。

（5）全面检查所有设备，包括卸轨用的专用工具、通讯联络设备是否齐全完好，待一切良好后，依照装车表对钢轨编号及排放位置进行核对。

（6）技术人员在线路上对长轨车对位点及单元轨节起点做出明显标记，确保卸后钢轨位置准确。

（7）长轨列车到达工地后，检查车上每根钢轨的卸轨连挂器安装位置是否正确及安装是否牢固；依照装车表对钢轨编号及排放位置进行核对。

（8）调查卸轨地段的线、桥状态，对卸轨地段内妨碍卸轨的设备及材料等，应提前清理、平整或采取保护措施，桥梁的桥面在施工未安装完毕前，不得在桥梁上卸长轨。

（9）预留好卸轨的位置。针对不同地段采取相应措施，每次卸轨前，在距钢轨外沿 0.8 m 处扒一条宽 0.3 m 的碴带，扒平或低于轨枕面 20 mm，以便平稳承轨，防止长轨侧翻。对道砟较少而无法存放钢轨的地方，应匀碴补足或埋入短枕木头，作为临时存放钢轨的支垫，务必保证承轨平稳。高温季节、需用道钉将钢轨与短枕木头钉联，严防胀轨。

（9）卸轨负责人在进入施工区间之前，应将卸轨的地点、卸轨任务，以及卸轨中安全注意事项，向运转车长、机车乘务员及全体参加作业的人员交代清楚。当进入施工区间后，全体工作人员进入各自的工作岗位，长轨列车按计划开始卸轨。

（10）长轨列车到达卸轨点后，一度停车，作业人员各自进入岗位。长轨列车作业分车上作业及车下作业两部分。车上作业主要负责车上拨轨、解除长轨锁定及安装牵引卡等。车下作业主要负责护轨、挂钢丝绳、回收连挂器，用对讲机指挥卸轨列车作业等。车下作业人员将牵引卡安设在线路的指定位置，将经由顺坡架放下的钢丝绳的一端挂上，另一端由车上作业人员连挂在第一根长轨端部的牵引卡上。一切准备妥当后，卸轨负责人向运转车长发出移动信号，并通过对讲机与司机直接通话联系。列车以每小时 3 ~ 5 km/h 的速度前进，两侧长钢轨由钢丝绳牵引而缓慢的通过分轨车及顺坡架卸到线路两侧砟肩上。

（11）当长钢轨落地够 75 m 时，地面作业人员随即将地面拉轨轨卡及钢丝绳撤除。此时即依靠落地后钢轨的自身重量产生的阻力将车上的长钢轨拖下车来。车上负责拨轨的人员，负责将钢轨拨向两侧，使长钢轨卸车时，在滚筒上行走顺利。为确保安全，固定器严禁一次性全部拆除，可根据卸轨的进度进行，不要过早地撤除。

（12）地面负责护轨的人员必须用撬棍护住钢轨，使其顺直地卸到线路两侧，必要时，用撬棍拨顺，并注意防止钢轨出现翻倒现象。卸轨时，列车行驶速度要均衡一致，列车速度忽快忽慢，或紧急制动，都容易发生钢轨鼓曲或翻转。施工负责人在钢轨拖卸过程中要随时注意是否有异状，必要时应及时采取停车措施，迅速处理故障。由负责回收连挂器的人员迅速撤除钢轨上的连挂器。

（13）卸长轨时应连卸，即在长轨车与分轨车交界处用钢丝绳和轨卡将正卸长钢轨终端和待卸长钢轨始端连接，轨卡安装在距轨端 2 ~ 3 m 处，卸轨负责人应检查轨卡是否夹紧，预卸长钢轨固定器是否拆除。将卸下的轨条拨顺、切记不得侵入限界。在最后一根长钢轨卸完后，由综合队安排专人严格检查卸下的钢轨是否安全，如有问题，立即加以改正。

3. 长钢轨推送

长钢轨推送工艺流程及施工工艺操作要点已在无砟轨道施工中阐述。

（二）长钢轨的铺设

金台铁路全线长钢轨采用人工换铺。

1. 施工工艺流程

施工工艺流程具体见图 47-19。

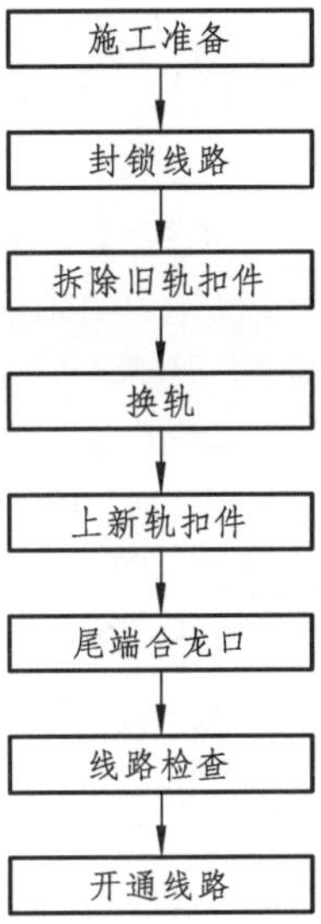

图 47-19　换铺长钢轨施工工艺流程图

2. 施工工艺操作要点

（1）封锁线路：作业队向前方站申请换轨地段线路封锁施工，得到前方站同意后，开始封锁线路施工。

（2）拆除旧轨扣件：扣件组拆除旧轨扣件，放置在钢轨两侧混凝土枕面上。卸掉旧钢轨接头鱼尾板上螺帽向外的 3 个螺栓。

（3）换轨：施工前对所有施工人员进行技术交底和安全培训。施工准备完成后下达线路封锁命令，两端防护员注意安全防护。换轨人员分为若干小组，长轨只能从一端向另一端换，严禁两端同时换。换至有应力集中时配合拉伸器或撞轨器疏散应力直至钢轨能够顺利入槽。换出的工具轨顺直摆放在线路两侧，摆放应平整、稳妥，无扭转。

（4）上新轨扣件：人工换轨地段，在新轨入槽后，扣件组立即上新轨扣件，补齐缺少扣件，纠正偏斜胶垫位置。螺栓应按规定涂专用长效油脂。

（5）尾端合龙口：

换铺长钢轨结束后，尾端新轨与旧轨间拢口使用旧轨合龙口，严禁切割新轨合龙口。

长轨换铺时，长钢轨与轨排间需连接但轨型不同时，应采用异型夹板连接，其连接口处理应根据其长度 L 的大小确定：

① 当 $L \leqslant 40$ mm 时，轨排侧可采用调整邻近轨排轨缝方法，将连接口宽度调整至构造轨缝范围内，

轨排侧安装不少于 2 根接头螺栓，长轨侧采用急救器紧固且至少连续 3 根轨枕扣件应安装齐全并保证扣件压力符合标准规定。

② 当 L>40 mm 且 L≤60 mm 时，可加入 40 mm 短轨头，轨排侧安装不少于 2 根接头螺栓，长轨侧采用急救器紧固且至少连续 3 根轨枕扣件应安装齐全并保证扣件压力符合标准规定。

③ 当 L>60 mm 且≤80 mm 时，可加入 60 mm 短轨头，轨排侧安装不少于 2 根接头螺栓，长轨侧采用急救器紧固且至少连续 3 根轨枕扣件应安装齐全并保证扣件压力符合标准规定。

④ 当 L>80 mm 且≤140 mm 时，可选择加入长度适宜的带孔短轨头并将其用螺栓与鱼尾夹板连接，轨排侧安装不少于 2 根接头螺栓，长轨侧采用急救器紧固且至少连续 3 根轨枕扣件应安装齐全并保证扣件压力符合标准规定（注：加入的轨头应落在轨枕间）。

二、现场单元归结焊接施工

（一）钢轨焊接工序

1. 拆扣件、安放滚筒

2. 钢轨焊前检查

（1）单元焊焊接作业。

① 焊机机组到达作业地点，作业人员将工机具从平板车倒运至焊接工位，焊接负责人确认设备及工机具是否齐全完好、运转正常。

② 撞轨人员在班长的带领下，对技术部门提出的钢轨需要串动量进行现场测量，按需要量进行串轨。

（2）单元锁定焊焊接作业。

① 焊机机组到达作业地点，现场技术员仔细检查待焊轨头有无损伤、塌面。如有损伤、塌面，则确定锯轨位置，锯轨人员锯轨。作业人员将工机具倒运到各自工位，施工负责人最后一次确认工机具是否齐全，并做好焊接施工准备。放散单元扣件全部拆开，其上一单元尾端拆开 10 m 扣件。

② 撞轨人员在班长的带领下，对技术部门提出钢轨需要串动的数量进行清点与确认，并进行钢轨串动量的测量。

③ 对需要串动的钢轨焊轨端安装钢轨拉伸器，长钢轨下每隔 12.5 m 放一个滚筒；把撞轨器架在钢轨上运至需要串动钢轨的尾端，卡上撞轨包，带上销子，撞轨人员拉动撞轨器向需要串动方向开始撞击，同时钢轨拉伸器配合串轨。

3. 轨端打磨

打磨两待焊轨轨端和焊机电极钳口的轨腰接触区，呈现光泽后方可施焊。焊头端面打磨端面斜度不应大于 0.8 mm。

4. 焊机对位

移动式闪光焊轨作业车对位，第一个轮对距焊接中心线为 3.15 m（事先做出第一轮对标记），对位完成后，安装作业车止轮器。

5. 焊接和推凸

焊机机组人员操作按扭，伸出焊机，将焊机降至待焊钢轨上方，进行焊机精确对位和预夹轨。操作人员根据焊接形式及检验确定的工艺参数进行焊接。在焊接过程中，机组人员与施工人员需密切关注焊机状态，确保焊接质量。

焊接完成后，焊机自动推瘤，松夹轨器，收焊机。机组人员填写焊接资料。

6. 正火

钢轨焊头温度降到 500 °C（轨头表面）以下时，对焊好的焊头进行正火处理。

正火采用氧气、乙炔混合气体，先将正火仪器调节好后架到焊缝处，然后连接气管、水管以及氧气乙炔的管路。

连接好后进行正火前管路检查，确保一切正常后点火。正火过程中，摆火要均匀，用光电测温仪测量钢轨轨底上表面温度，待温度加热至 900±50 °C 即可停火。

正火完毕后，必要时进行调直作业，操作人员认真填写正火记录。

7. 焊缝打磨

（1）粗磨。

首先用棒砂轮将轨底面和轨底三角区域进行打磨，打磨时要顺着纵向打磨，不允许打磨部位出现打磨灼伤和打亏现象。打磨时轨底角要求圆顺，用手摸上去不刺手。粗磨应保证焊接接头的表面粗糙度能满足探伤需要。

焊接接头非工作面的垂直、水平方向错边应进行打磨过渡。粗磨平直度在规范允许偏差上限基础上预留 0.4 mm，确保粗磨时不使钢轨发蓝。

（2）精磨。

用仿型打磨机对钢轨焊接接头的轨顶面及轨头侧面工作边进行外形精整，外形精整应保持轨头轮廓形状。外形精整的长度不应超过焊缝中心线两侧各 450 mm 限度。外形精整不应使焊接接头或钢轨产生任何机械损伤和热损伤。不应使用外形精整的方法纠正平直度偏差和超标的接头错边。

精磨后，焊头平直度应符合有关规定。

轨温在 50 °C 以上时不允许进行仿型打磨。

8. 焊缝探伤

焊头温度降到 40 °C 以下后，对焊头进行全断面探伤。探伤不合格，必须锯切重焊。

（二）施工要求及保证措施

（1）施工人员必须严格遵守有关安全规范、规则及细则等，严格按技术交底进行施工。

（2）各种特殊工种操作人员和其他施工人员必须经过岗前培训，考核合格后持证上岗，严禁无证上岗。

（3）机械操作人员必须按照机械操作规程进行操作。

（4）施工时要按照有关规定要求进行现场防护，配足防护人员和防护用品。

（5）作业人员穿戴防护用品，确保作业安全。

（6）施工环境温度低于 0 °C 不宜进行工地焊接，刮风、下雨天气焊接时，应采取防风、防雨措施。

（7）严禁氧气瓶、乙炔气瓶及油料同车运输。正火作业时氧气、乙炔瓶要摆放在加热器侧风或上风向，并且各相距 5 m 以上，乙炔瓶要远离加热器 10 m 以上。

（8）焊缝区域冷却到 400 °C 以下时，焊轨作业车方可通过钢轨焊头。

三、无缝线路放散与锁定施工

（一）施工工艺

无缝线路应力放散及锁定可采用拉伸器滚筒法或滚筒法两种方法。

当施工作业轨温低于设计锁定轨温时应采用拉伸器滚筒法，当施工作业时的轨温在设计锁定轨温范围内时采用滚筒法。

（二）放散、锁定施工工艺操作要点

1. 施工准备

（1）施工前应调查当地气温资料，掌握轨温变化规律，合理安排施工组织。
（2）设备、工机具状态良好，人员经过培训，并调迁到位。
（3）应力放散施工前，应按施工图设置位移观测桩。

2. 松开扣件、支垫滚筒

拆除本单元轨节和与之焊连的 25 ~ 75 m 范围内所有扣件。
用起道机抬起钢轨，每隔 5 ~ 10 m 在轨底垫一个滚筒。

3. 安装撞轨器及钢轨拉伸器

每隔 300 ~ 500 m 安装一处撞轨器。在单元轨终端安装钢轨拉伸器。

4. 撞轨

用撞轨器撞击钢轨，当钢轨发生反弹时，可视为钢轨达到零应力状态。

5. 测轨温

在单元轨两端各放置 3 块轨温计，轨温计应放置在轨腰背阴面，观测时间不得小于 10 min。
当单元轨达到零应力状态后，读取轨温，取平均值作为锁定作业轨温。
当锁定作业轨温低于设计锁定轨温时应采用拉伸器滚筒法放散锁定。
当锁定作业轨温在设计锁定轨温范围内时采用滚筒法放散锁定。

6. 计算拉伸量

根据计划锁定轨温与锁定作业轨温之差计算拉伸量。
长轨拉伸量按以下公式计算：

$$\Delta L = \alpha \times L \times (T_{SJ} - T_{sg})$$

式中 ΔL ——拉伸量（mm）；
α ——钢轨的线膨胀系数，$\alpha = 0.0118$ mm/（m · °C）；
L ——单元轨节长度（m）；
T_{SJ} ——设计锁定轨温（°C）；
T_{sg} ——施工时所测单元轨节的平均轨温（锁定作业轨温）（°C）。

7. 拉伸钢轨

设置临时位移观测点。利用撞轨器配合拉伸器拉伸钢轨，同时观测各临时观测点位移变化情况，当各观测点处位移量达到计算值时，则视为钢轨达到应力放散均匀状态，停止拉伸、撞轨，拉伸器保压，检查滚筒有无歪斜、脱落，钢轨有无落槽现象。在锁定作业完成之前，不得因拉伸器失压而使轨端出现移位。

8. 钢轨落槽、锁定线路

撤除撞轨器及滚筒，使长轨平稳地落入承轨槽内，同时检查橡胶垫板，有错位时应及时进行纠正。

作业人员均匀分布在应力放散长轨范围内，迅速将无缝线路终端 75 m 范围内的扣件全部紧完；其他部位先按照“隔 2 上 1”的方式进行紧扣件，完成后再补齐所有扣件。

9. 设置位移观测标记

在位移观测桩与轨头外侧相对应处，做出清晰的、规范的标记，对现场位移观测桩编号标记并记录。

10. 质量检查

（1）检查确认钢轨施工锁定轨温是否符合设计锁定轨温的要求。

（2）扣件安装正确。

（3）应力放散锁定线路与待放散锁定线路的钢轨连接应符合列车运行条件。

（4）检查位移观测桩设置是否符合相关要求。

（三）施工要求及保证措施

（1）有砟线路进行线路应力放散锁定前，道床力学参数应达到初期稳定状态的要求，轨道轨距、轨向、高低、水平等几何参数基本达到设计标准。

（2）锁定焊的焊头距离梁缝、桥台边墙及过渡段的距离应符合设计图纸要求，设计图纸无要求的，其距离应大于 2 m。

（3）无缝线路应力放散锁定应符合下列规定：

① 无缝线路实际锁定轨温应控制在设计锁定轨温范围以内。

无缝线路锁定时，应准确记录锁定轨温，相邻单元轨节锁定轨温之差不应大于 5 °C。当速度大于 160 km/h 时，左右股实际锁定轨温之差不大于 3 °C；当速度小于 160 km/h 时，不大于 5 °C。

② 同一区间内单元轨条的最低、最高锁定轨温相差不大于 10 °C。

③ 胶垫放正，无缺损，扣件安装齐全，扣压力符合设计要求。

（4）位移观测标记（桩）应按要求及时设置，并按规定频次进行观测和记录。出现问题立即整改。

（5）在施工过程中，严格按照有关规定作业，在放（撤）滚筒时手脚不得放在钢轨下，防止钢轨、机具伤人。

（6）应力放散施工作业时，不得影响相邻线路正常行车。存放物品不得侵限。施工人员未经施工负责人允许，禁止到非施工区域。

（7）施工结束后要认真清理现场，断开临时用电电源；工具、设备和材料码放在安全地带。

四、位移观测桩设置

（1）在无缝线路锁定前埋置位移观测桩，位移观测桩应埋设牢固可靠，或设置在线路两侧的固定构筑物上，并在单元轨节两端就位后即进行标记。

（2）以单元轨节为单位成对布置观测桩，每对观测桩标记中心连线应与线路中线垂直。

（3）跨区间无缝线路按单元轨节等距离成对设置位移观测桩，桩间距离不大于 500 m。单元轨节长不足 500 m 整倍数时，可适当调整桩间距离。

（4）无缝线路长轨条的起点、终点以及距离长轨条起终点 100 m 的位置各设 1 对位移观测桩。长大桥梁两端、长大隧道的洞口应设置一对位移观测桩。

（5）跨区间无缝线路道岔应在道岔始端和终端、尖轨跟端（或限位器处）分别设置一对位移观测桩，18 号及以上的道岔在心轨处加设一对位移观测桩。多组焊联道岔位移观测桩位置与单组道岔基本相同。

（6）钢轨伸缩调节器基本轨接头处和基本轨一侧距离基本轨接头 100 ~ 150 m 处应设置一对位移观测桩。

第四节　道岔施工

金台铁路新建车站正线道岔采用 60 kg/m 的 12 号混凝土岔枕道岔（专线 4249）；接发旅客列车到发线上的道岔采用 50 kg/m 的 12 号混凝土岔枕道岔（专线 4257），其他站线上的道岔采用 50 kg/m 的 9 号混凝土岔枕道岔（CZ2209A）。在金温货线、金台正线、头门港线正线上新建车站道岔采用 60 kg/m 的 12 号混凝土岔枕道岔（SC330），到发线及其他站线上的道岔采用 50 kg/m 的 12 号混凝土岔枕道岔（专线 4257）和 50 kg/m 的 9 号混凝土岔枕道岔（CZ2209A）。

一、施工方法

道岔施工按照道岔类型分为有缝道岔和无缝道岔施工，根据施工方法分为原位铺设法和现场预铺插入法，金台铁路全线新建车站道岔均采用原位铺设法，改建车站永康南站道岔均采用现场预铺插入法。

二、施工工艺流程

道岔原位铺设工艺流程见图 47-20。

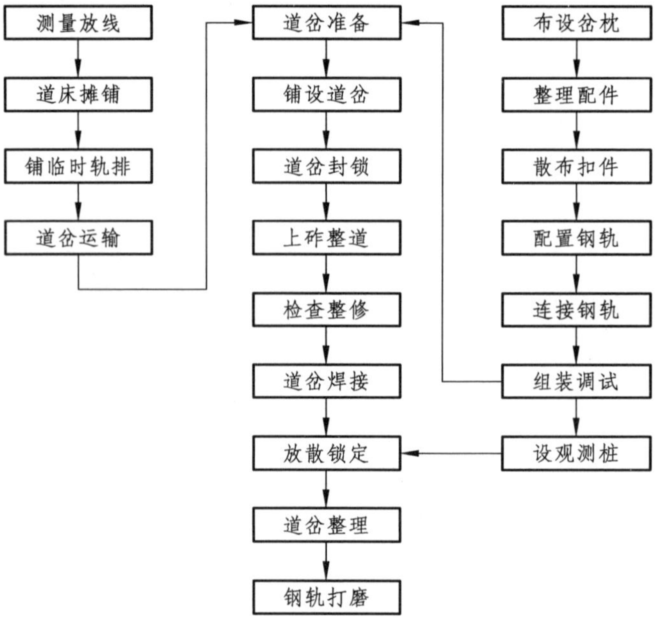

图 47-20　道岔原位铺设工艺流程

三、施工工艺要点

1. 精确定位

铺岔前应复核岔位桩、边桩。对于岔尾相连的两组正线道岔必须联测，精确定出岔位。

2. 摊铺道床

要求对设计 30 cm 的道床，在道岔全长范围内，分层铺设道砟，用震动压路机碾压，砟面平整度允许偏差为 30 mm/3 m。在剩余少量起道量的情况下，用专用道岔捣固机起道。岔前和岔后各 30 m 内应与区间和站内正站线摊铺的道砟顺坡。然后铺设临时轨排。

3. 排布岔枕

排布岔枕前要按图纸准确定位岔枕位置。用全站仪在直股岔枕头外 100 mm 处设置岔头、岔心、岔尾的外移边桩。外移边桩顶面高于道砟面 100 mm，桩钉误差±2 mm。用弦线或细钢丝由岔头至岔尾的外移边桩上拉挂通线，弦线上准确标注岔枕间距位置，所挂弦线要保持绷紧和准确，根据外移边桩精确定位岔头、岔心、岔尾岔枕。排布岔枕时，纵向以岔枕上的螺栓孔对齐，横向岔枕间距以固定的间距控制，并随时消除累积误差。岔枕装车时应注意其编号顺序，将长短岔枕分类，分别装载，以便卸车。以直股为基准股，岔枕编号牌端与基准股同侧，岔枕垂直于基准股，用龙门吊配合将岔枕一次准确排布到位，间距偏差≤10 mm。

4. 道岔钢轨装卸车与就位

道岔钢轨装车时应注意铺设方向，要装载在平板车上。吊配尖轨、基本轨组件，可动心轨组件等长钢轨及组件时必须使用吊轨架吊配，用两台龙门吊配合，统一指挥，同步作业，协调行动，平稳吊运、安装配轨。

5. 道岔补砟整道

待车站一端岔区道岔铺设完毕应立即组织岔区 K 车卸砟。卸砟后应及时清道。捣固车作业前要拆除临时转辙连杆，清除影响镐头作业的障碍物。组织劳动力人工上砟，轨枕盒内道砟要上满。整个道岔上的道砟要充足、均匀。捣固车对道岔进行作业时要兼顾道岔头尾与线路的顺坡，作业长度应伸出道岔头尾 50 m，顺坡坡度不大于 6‰。作业完成后要对道岔标高、方向进行检查，要求达到相应技术标准。

四、道岔焊接

1. 施工方法

无缝道岔均采用铝热焊焊接。其原理是利用铝粉与氧化铁发生氧化还原反应，产生钢水，浇铸在焊缝中完成钢轨焊接。

2. 施工工艺流程

铝热焊焊接施工工艺流程见图 47-21。

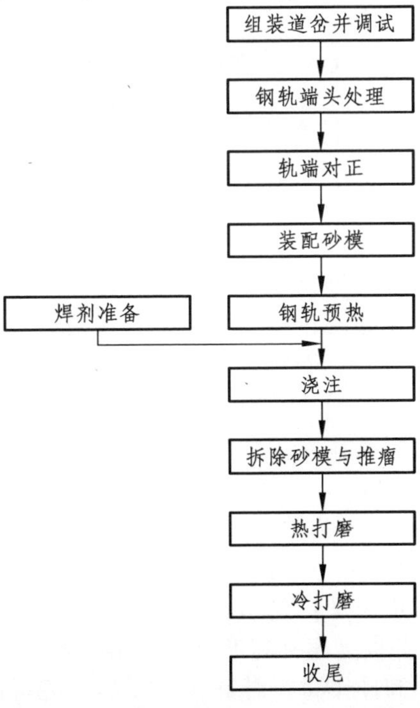

图 47-21　铝热焊焊接施工工艺流程图

3. 施工工艺操作要点

（1）组装道岔并调试：道岔按照设计资料进行组装，并进行调试，确保各项指标达到焊接工艺要求。

（2）焊接接头准备：仔细检查钢轨端头，并做好焊接前的清理工作，使其达到铝热焊接所应具备的条件。

（3）轨端对正：正确做好轨端间隙的设定，垂直对正和水平对正，并消除钢轨端头间的不等倾斜。

第五节　轨道及道岔精调

一、有砟轨道整理

1. 施工工艺流程

施工工艺流程具体见图 47-22。

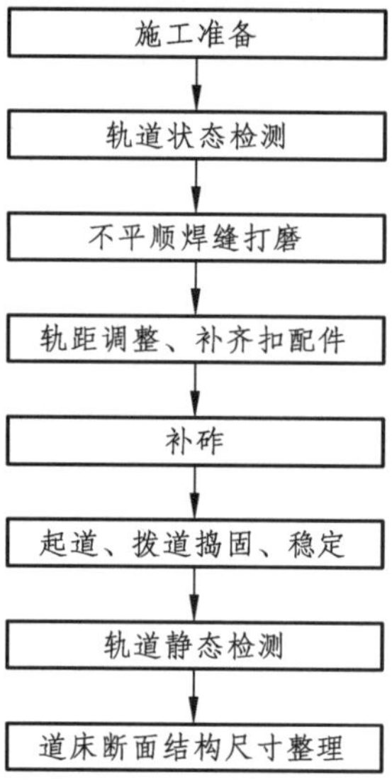

图 47-22　有砟轨道整理工艺流程图

2. 施工工艺操作要点

（1）轨道精调作业前，采用稳定车进行 1 ~ 2 遍稳定密实，减少精调后的线路变化。

（2）组织专业测量队伍对全线控制网进行复测，并对线路进行全面检查测量。检测内容包括：线路平纵断面、轨距、水平、高低、方向、钢轨有无硬弯、以及钢轨焊缝平直度等。汇总检测资料，编制精调计划。

（3）对全线轨距进行逐根轨枕测量，对超标处进行逐个调整。调整后轨距应达到以下标准：

轨距允许偏差：120 km/h 时为+6 mm、－2 mm；160 km/h 及以上时为+4 mm、－2 mm。

（4）对钢轨硬弯进行矫直作业，矫直后的钢轨用 1 m 的直钢尺丈量平面不平顺矢度不得大于 0.3 mm。

（5）对平直度超标的钢轨焊接接头进行整修处理，使焊头平直度符合相关技术规定。

（6）钢轨硬弯矫直、钢轨焊缝平直度超标打磨、轨距调整等均应在大型养路机械精细整道前完成。

（7）在精细整道前，利用风动卸砟车进行补砟作业。卸砟运行速度控制在 5 ~ 10 km/h；风动卸砟车卸砟、补砟应由专人引导。卸砟应均匀，曲线卸砟线路外侧风门比内侧风门先打开且稍大一些。

（8）线路通常分四遍进行大机精细整道。

第一、二遍采用精确法作业，第三、四遍采用顺平法作业，起道量控制在 15 mm 左右，宜采用双捣，夹持时间设置在 0.45 s 及以上，大机起终点重合地段采用搭接法作业。捣固作业后的稳定车按重稳的要求实施，稳定速度为 1 km/h，重稳频率宜按 40 ~ 45 Hz 设置，加载至 80%。

二、有砟道岔整理

1. 施工工艺流程

施工工艺流程具体见图 47-23。

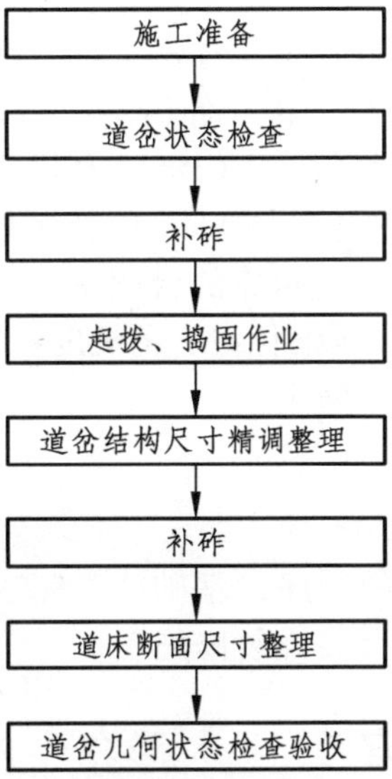

图 47-23　有砟轨道整理工艺流程图

2. 施工工艺操作要点

（1）道岔精细整理前，应对道岔区进行全面检查测量，主要检查轨距、水平、高低、中线、高程等，并及时汇总检测资料。

（2）道岔捣固车第一遍捣固作业前，应补充充足的道砟，补砟数量以高出轨枕顶面 100 mm 为宜。

（3）道岔捣固车捣固时应按每 5 m 提供起拨道量，捣固时，捣固镐应对中轨枕孔中间，避免捣固时引起岔枕移动，造成道岔几何尺寸变化。

（4）道岔精捣作业每次的起道量控制在 15 mm 以下，预留起道量分三次起道捣固，前两次捣固宜为双捣，第三次捣固宜为单捣。

（5）道岔区捣固应一次完成，同时应在岔区前后各 200 m 范围内进行顺坡，道岔捣固车与线路捣固车同样应该进行搭接法作业，保证线岔间的顺接。

（6）捣固车对道岔直股进行捣固作业时，应支护长岔枕曲股一端，并用小型捣固机配合捣固，不得伤损岔枕。

（7）道岔捣固车大机作业后应对道床状态进行同步全面的检查，对缺砟和道床未达到标准断面的地段及时补砟，并同步进行道床外观的整理。

（8）道岔捣固作业完毕后应再次全面检查道岔各部结构尺寸，对不合格项点应再次进行精调整理使其达到验标要求。

第四十八章　房屋建筑及给排水工程

第一节　一般站房施工

金台铁路全线共设武义东、永康南（既有）、永康东、申亭、壶镇、磐安南、仁川、横溪、白塔镇、田市、仙居南、下各、括苍、临海南、临海东、台州、台州南（既有）、杜桥、头门港等19个车站。其中客运车站为永康南（既有）、壶镇、磐安南、仙居南、临海南、台州、杜桥、头门港等8个；货运站为永康东、壶镇、磐安南、下各、临海东、头门港、台州南（既有）等7个。

JTSG-11标段承建金台铁路台州站（金台场）、头门新区站、磐安南站三个车站，站房总建筑面积31 526 m^2，站台总建筑面积21383 m^2。其中拟建的台州站与头门新区站都位于软土地基，不良地质土主要为海积淤泥、淤泥质粉质黏土，具有压缩性高，灵敏度高，承载力低等特征。以下主要以JTSG-11标段承建的三个车站为例，总结一般站房施工。

一、站房工程施工方法

按照先地下后地上，先主体后附属的顺序，基础施工完成后，进行框架结构梁、板、柱施工，然后进行墙体砌筑，最后进行屋面、门窗及装饰装修施工。

二、站房土建部分工程施工方法

（一）施工测量

根据线下单位提供三个控制桩，放出站房四个角点控制点作为基准。结合各站实际情况，做好控制桩，为使定位准确，根据站房长度，中间增加控制桩，使各控制桩在可视范围内，保证了站房定位的准确性，满足铁路限界要求。

（二）钻孔灌注桩

1. 施工技术要点

（1）施工准备。

施工前，首先要进行施工图纸审核，确保桩位、标高设计合理，尺寸无误。现场合理规划泥浆池、沉渣池，要满足施工需要和环保要求。

控制桩复测，完成各桩位的定位测量放样。平整场地，满足钻机就位和施工操作的需求。

（2）埋设护筒。

施工前设置坚固、不漏水的钢制护筒，护筒内径应大于钻头直径，使用冲击钻机钻孔比钻头大约40 cm。护筒顶面宜高出施工水位或地下水位2 m，还要高出施工地面0.5 m，护筒应埋到硬土以下至少1.0 m，孔位周围地质不能满足要求时，在埋设护筒位置挖除软土换填，护筒四周要夯填密实，护筒顶面中心与设计桩位偏差不得大于5 cm，倾斜度不得大于1%。

（3）泥浆制备。

泥浆选用新鲜黏土，辅以少量的膨润土制成，泥浆比重控制在1.1～1.3；在砂类土、碎、卵石土或夹有黏性土的土层中钻孔，采用膨润土泥浆护壁；在黏性土中钻孔，当塑性指数大于15，浮碴能力满足施工要求时，利用孔内原土造浆护壁。冲击钻机钻孔，将黏土加工后投入孔中，利用钻头冲击造浆。

（4）钻孔。

钻孔桩施工时采用跳桩法施工，在已灌筑成桩邻近桩位钻孔时，要等到已灌注钻孔桩混凝土强度达到 2.5 MPa 以上后方可施钻，避免扰动相邻已施工的钻孔桩。安装钻机前，底架垫平，不得产生位移和沉陷，钻机保持稳定，钻头或钻杆中心与桩位中心偏差不得大于 5 cm。钻孔桩钻孔允许偏差见表 48-1。

表 48-1 钻孔桩钻孔允许偏差

序号	项 目		允许偏差/mm
1	孔 径		不小于设计孔径
2	孔 深	摩擦桩	不小于设计孔深
		柱 桩	不小于设计孔深，并进入设计土层
3	孔位中心偏心	群 桩	≤50
4	倾 斜 度		≤1%孔深

（5）清孔。

当钻孔深度达到设计标高时，先用测绳（检测过）测量钻孔深度，并做好记录，再用检孔器对孔深、孔径、孔形进行检查，确认满足设计要求后，立即进行清孔，清孔采用气举抽渣法进行换浆清孔，在清孔的同时，将附着于护筒壁的泥浆清洗干净。

在清孔时，要及时向孔内加注清水或新鲜泥浆保持孔内水位。清孔应达到以下标准：孔内排出或抽出的泥浆 2～3 mm 颗粒，泥浆比重≤1.1，含砂率<2%，黏度 17～20 s；泥浆指标符合要求后，再用测绳测量钻孔深度，清孔前后的孔深差值（孔底沉渣厚度）≤10 cm，立即进行下道工序，严禁采用加深钻孔深度方法代替清孔。

钢筋笼和导管安放完毕后、浇筑水下混凝土前，再检测桩底沉渣厚度。若沉渣超标，要立即进行第二次清孔，第二次清孔利用导管安装风管，气举反循环法清孔。

清孔过程中必须始终保持孔内原有水头高度，因为孔较深，中途宜停顿片刻，待孔内悬浮钻渣均沉淀后，再送风清孔一次，当风管口设置很低，在清孔过程中不能保持孔口水头时，不可马上停止送风，应先将风管或导管提升一定的高度，才停止送风，以免稠浆渣将风管口堵塞。

二次清孔完成后，立即浇筑水下混凝土，避免泥碴再次沉淀。加快成孔与成桩速度，缩短从成孔到成桩的作业时间。

（6）钢筋笼骨架的制作与安装。

钢筋的性能必须符合现行国家技术标准，具有出厂质量证明书和试验报告单。钢筋加工时，保证钢筋表面洁净，使用前应先将表面的油渍、漆皮、锈斑等清除干净。钢筋笼在加工棚集中分节制作，钢筋焊接前，必须根据施工条件进行试焊，合格后方可正式施焊。

钢筋笼吊装时配备专用托架，平板车运至现场，在孔口利用汽车吊吊放。下放前检查钢筋笼垂直度，确保上、下节钢筋笼对接时中心线保持一致。钢筋笼安装就位后，在钢筋笼顶设 4 根钢筋吊环，并与钢护筒顶部焊接固定，防止混凝土浇筑过程中钢筋骨架上浮。

（7）导管安装。

导管采用钢导管，导管内壁光滑、圆顺，内径一致，导管接口严密、牢固。导管使用前进行试拼，导管接拼后，两端头安装配套的钢制法兰盘，管内注水，增加气压（试压压力为孔底静水压力的 1.5 倍），检测导管的水密性，要确保导管不漏水，连接螺栓的强度满足要求，导管测试合格后，按自上而下顺序编号和标示尺度。导管组装后轴线偏差不超过钻孔深度的 0.5%且不大于 10 cm，连接时连接螺栓的螺帽带上（便于拆卸）。导管长度按孔深和工作平台高度决定。下放过程中应保持导管位置居中，轴线顺直，逐步沉放，防止卡挂钢筋笼和碰撞孔壁。

（8）水下混凝土浇筑。

水下混凝土灌注前进行二次清孔，以灌注水下混凝土的导管作为吸管，高压风管设在导管内，高压风管沉入导管内的入水深度大于水面至出浆口高度的 1.5 倍，且不小于 15 m。清孔过程中必须保持孔内原有水头高度，停止清孔时，先关气后断水，以防水头损失造成塌孔。

浇筑水下混凝土必须做好充分的准备工作，配置足够的备用应急设备和材料，水下混凝土应连续浇筑，中途不得停顿。水下混凝土灌筑时的混凝土需用量由计算确定，必须满足首批混凝土入孔后，导管埋入混凝土的深度不小于 1 m 且不大于 3 m；同时当灌注的混凝土顶面距钢筋骨架底部 1 m 左右时，应降低混凝土的灌注速度。当混凝土拌和物上升到骨架底口 4 m 以上时，提升导管，使其底口高于骨架底部 2 m 以上，即可恢复正常灌注速度，完成首批封底混凝土后，将首批混凝土用大储料斗换成小型储料斗，采用混凝土输送车直接浇筑混凝土，以加快水下混凝土的浇筑速度。

当桩身较长时，导管埋入混凝土中的深度可适当加大。灌注过程中随时测量孔内混凝土顶面位置，要始终保持导管埋深在 1 ~ 3 m 范围，防止泥浆冲入管内。当混凝土浇筑面接近设计高程时，采用测绳或取样盒确定混凝土顶面位置，保证混凝土顶面浇筑到桩顶设计高程以上 1.0 m 左右，最后拔管时注意提拔及反插，保证桩芯混凝土密实度。具体见图 48-1。

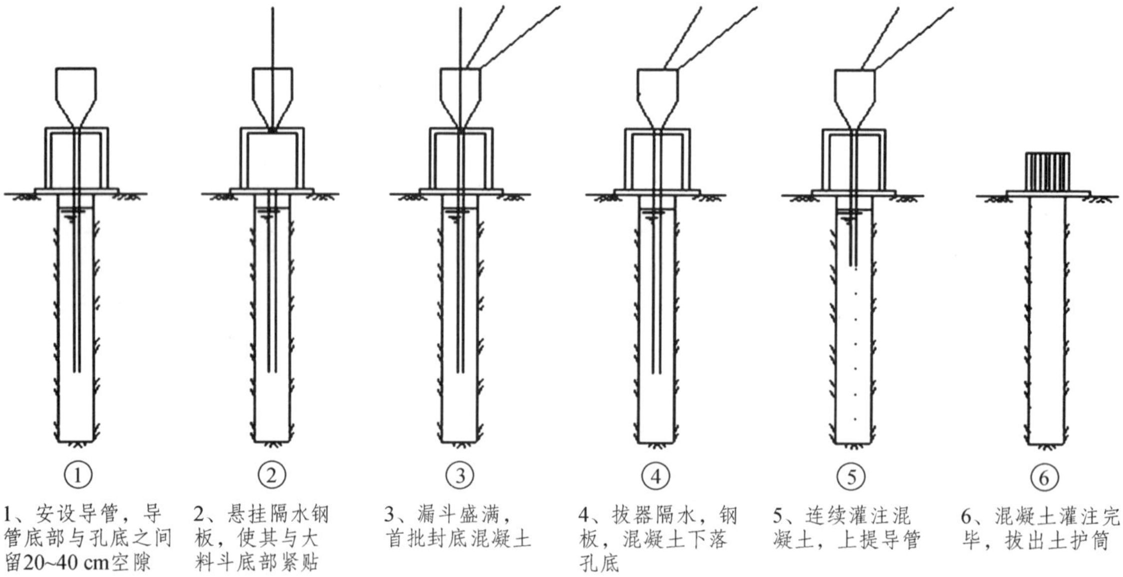

图 48-1 水下混凝土浇筑

（9）人工及主要机具。

在水下灌注混凝土的过程中，为保证混凝土灌注连续不断地进行，确保每根钻孔桩的混凝土施工质量，要求在每个环节上安排足够的劳动力和机具设备。

2. 防止塌孔措施

（1）护筒的埋设深度，应确保穿透淤泥质软土层，并做好护筒底部密封。

（2）现场钻孔操作人员，要仔细检测泥浆比重及黏度，尤其是含砂率的检测，不同地层必须按要求进行相应调整。

（3）控制钢筋笼安装垂直度，安放钢筋笼时，需对准钻孔中心垂直插入，严禁触及孔壁。

（4）紧密衔接各道工序，尽量缩短工序间隔。

（5）当天气变化无法施工时，需提起钻头，调整泥浆比重，孔内灌满泥浆或孔顶覆盖。

3. 钻孔桩质量保证

严格控制钻孔桩的垂直度。在钻机就位时将其调整平整、垂直，在钻进过程中做必要的检测，特别是钻进过程中碰到孤石、坚土时需及时复查。严格控制钻孔桩的孔径。做好地质观测，根据地质情况及时调整泥浆比重，孔内水位必须高出地下水位 1 m 以上，防止孔壁坍塌。施工过程中应加强对钻锥的磨损情况进行检查，并及时给予补焊。当地层中有遇水膨胀的软土、黏土泥岩时应使用失水率小的优质泥浆护壁。已发生缩孔时宜在该处用钻锥上下反复扫孔，以扩大孔径。

确保钻孔桩的地基承载力。成孔检查时从设计深度、钻速及浮渣取样的情况来综合判定地基承载力是否满足要求。

做好清孔工作，混凝土浇筑前还需对孔底沉渣厚度进行复查、二次清孔，确保沉渣厚度小于设计及规范要求。

混凝土原材料、配合比设计、施工和水下混凝土的检验必须符合设计与《混凝土工程施工质量验收补充标准》，混凝土强度等级必须符合设计要求，水下混凝土标准养护试件强度必须符合设计强度等级的 1.15 倍（混凝土浇筑时制作试件不得少于两组）。

4. 成桩质量检测

钻孔桩桩身全部进行无损检测。检测方法符合《铁路工程基桩无损检测规程》（TB 10218）的规定：

（1）所有钻孔桩身混凝土质量均采用超声波探测法检测；

（2）每根钻孔桩混凝土强度试件不少于五组；

（3）对质量有问题的桩，钻取桩芯混凝土鉴定检验；

（4）钻孔到达设计高程后，复核地质情况和桩孔位置，用检孔器检查桩孔孔深；

（5）桩径大于 1.5 m、桩长大于 50 m 时，埋设声测管。

（三）承台施工

1. 基坑开挖

采用挖掘机放坡开挖，坑底预留 30 cm 人工清底，并加强坑内的排水。如坑内有水，则用集水坑、盲沟、降水等措施进行导流或抽排，确保基坑开挖后坑内无明水。

2. 基坑排水

采用集水井排水，在基坑内承台范围外低处挖集水井，并在周围挖边沟，使其低于基坑底面 30～40 cm。

3. 凿桩头

破桩头前，应在桩体侧面用红油漆标注高程线，凿除桩顶多余的混凝土后，将主筋调直，按设计要求绑成喇叭口，凿桩头完成后，即进行桩基检测。合格后进行下道工序施工。

4. 基底处理及测量定位

在基底铺设 10 cm 厚的碎石垫层，然后浇筑 C15 混凝土作为垫层，完毕后，组织测量人员对基坑进行放样。

5. 绑扎钢筋、立模板

钢筋在钢筋棚加工，严格按照施工规范、图纸现场绑扎。在钢筋与模板之间设置混凝土垫块，垫块与钢筋扎紧，并相互错开。承台模板采用木模板。

6. 混凝土浇筑

混凝土在商品站集中拌和，混凝土搅拌运输车运输、泵送或滑槽入模。为确保施工质量，采用斜向水平推进法施工。混凝土自由下落高度不得超过 2 m，保持水平分层，且分层厚度不超过 30 cm。浇筑完成后及时覆盖塑料布、土工布，并浇水养生。

混凝土初凝前，进行混凝土面的提浆、压实、抹光工作，初凝后终凝之前进行二次压光，以提高混凝土抗拉强度，减少收缩量。

7. 承台与柱身接缝的处理

承台与柱身的接触部分沿柱身周边预埋直径不小于 16 mm 的钢筋，以加强其整体性，埋入与露出长度不少于钢筋直径的 30 倍，间距不大于钢筋直径的 20 倍。

8. 基坑回填

承台基础施工完毕后，及时回填封闭基坑。基础回填的填料：采用非膨胀性土回填，并分层夯实回填至设计标高。

（四）主体混凝土施工

1. 施工技术要点

本标段的站房主体结构均为钢筋混凝土结构，层高在 6 m 左右，其混凝土灌注采用梁板一次性浇筑成型工艺，汽车泵泵送。

（1）钢筋的制作和绑扎方法。

梁柱的钢筋在钢筋加工区制作后运至现场进行绑扎作业。钢筋加工前，首先将钢筋表面油渍、漆皮、鳞锈等清除干净，对弯折的钢筋进行调直，按钢筋型号堆码整齐，并按图纸钢筋编号对钢筋分类编号存放。采用 22#铅丝进行绑扎，绑好后铅丝头朝向构件内部，防止丝头外露出现锈点。竖向钢筋的连接采用滚压直螺纹工艺，水平向钢筋直径大于 18 的采用滚压直螺纹连接，小于或等于 18 的钢筋采用搭接。

（2）模板加工及安装方法。

采用 15 mm 厚多层木模板，盘扣架支撑体系。柱模板支设前要放出结构外轮廓线，并把基底找平，确保模板安装后垂直度符合规范要求，梁模板安装时按照规范进行 2/1 000 L 的起拱，顶板模板采用满堂脚手架，钢管采用 Q235 钢，规格为外径 48 mm，壁厚 3.5 mm 的焊接钢管，底座采用可锻铸铁铸成底板厚 10 mm，直径 150 mm，插芯直径 36 mm，高 150 mm；脚手板：5 cm 厚木脚手板，根据立杆及横杆的设计组合，按工艺流程从底部向顶部依次安装立杆、横杆。

根据梁底和板底高程变化精确调出顶托标高。然后用明显的标记标明顶托伸出量，以便校验。最后再用拉线内插方法，依次调出每个顶托的标高，顶托伸出量一般控制在 30 cm 以内为宜。

顶托标高调整完毕后，在其上安放 10 cm×10 cm 的方木主梁，在主梁上按设计间距（20 cm）安放 10 cm×5 cm 的方木次梁，次梁长度随梁宽度而定，比顶板一边各宽出至少 50 cm，以支撑外模支架及检查人员行走。安装方木时，应注意横向方木的接头位置与纵向方木的接头错开，且任何相邻两根横向方木接头不在同一平面上。

① 底模板安装。

底模板采用 1.5 cm 厚高强度木胶板，模板在安装之前进行全面的涂刷脱模剂。底板按设计图纸规定不设置坡度，横向宽度要大于梁底宽度，梁底两侧模板要各缩短梁底边线 18 mm，以利于在底模外侧立侧模，以便早日拆除梁侧模。模板之间连接部位采用海绵胶条以防漏浆，模板之间的错台不超过 1 mm。模板拼接缝要纵横成线，避免出现错缝现象。

底模板铺设完毕后，进行平面放样，全面测量底板纵、横向标高，纵、横向间隔 5 m 检测一点，根据测量结果将底模板调整到设计标高。底板标高调整完毕后，再次检测标高，若标高不符合要求进行二次调整。

② 侧模板。

侧模板采用 1.5 cm 厚木模板，根据测量放样定出梁底板边缘线，在底模板上弹上墨线，然后安装侧模板。侧模板与底模板接缝处粘贴海绵胶条防止漏浆。在侧模板外侧背设纵横方木背肋，用钢管及扣件与支架连接，用以支撑固定侧模板。

模板拼装完毕后检查拼缝，对拼缝过大的要用海绵条进行封堵。

（3）混凝土浇筑。

混凝土由混凝土拌和站集中拌和，混凝土振捣时严禁碰撞钢筋和模板。振动器的振动深度一般不超过棒长度的 2/3 ~ 3/4，振动时要快插慢拔，不断上下移动振动棒，以便捣实均匀，减少混凝土表面气泡。振动棒插入下层混凝土中 5 ~ 10 cm，移动间距不超过 40 cm，与侧模保持 5 ~ 10 cm 距离，对每一个振动部位，振动到该部位混凝土密实为止，即混凝土不再冒出气泡，表面出现平坦泛浆。

（4）拆模及养护。

梁侧模和柱模板在混凝土强度达到 2.5 MPa 以上，且其表面不因拆模而受损时，方可拆除。拆模时，应遵循先支后拆，后支先拆的顺序拆除模板。拆模时，混凝土表面温度与环境温度之差不得大于 15 °C。

混凝土浇筑完成后先带模浇水养生，拆模后覆盖塑料膜养生，并且在混凝土初凝后，予以洒水养护保证混凝土表面经常处于湿润状态。养护用水及材料不能使混凝土产生不良外观质量影响。《混凝土不同潮湿环境下养护的最低期限》规定养护用水温度与混凝土表面温度之差不得大于 15 °C，当环境温度低于 5 °C 时禁止洒水。

2. 质量控制

（1）模板的设计要有足够的刚度，面板统一采用优质木模板，选择具有相应丰富施工经验的协作队伍施作，确保面板拼缝严密平整，表面平整光滑。

（2）钢筋原材料、加工、连接和安装按铁道部现行《铁路混凝土工程施工质量验收补充标准》（铁建设〔2005〕160 号）的规定执行。

（3）配制成的混凝土应能满足设计强度等级、耐久性指标和施工工艺等要求。当使用的原材料、施工工艺发生变化时，重新进行配合比选定试验。

（4）选择合理的浇筑时间，了解当日的气象资料，将混凝土浇筑施工避开阴雨、大风等恶劣天气。在夏季选择一天气温较低的时间开始施工，降低混凝土的入模温度，在冬季应选择一天气温较高的时间开始施工，以提高混凝土的入模温度。

（5）柱身采取薄层浇灌，合理分层（200 cm 左右），全断面连续浇灌，控制混凝土的灌筑速度，尽量减小新老混凝土的温差，提高新混凝土的抗裂强度，防止老混凝土对新混凝土的约束过大而产生断面通缝。

（6）混凝土在浇筑过程中，对混凝土拌和物的坍落度进行测定，测定值应符合理论配合比的要求，偏差不宜大于±20 mm。每次混凝土灌注时在浇筑地点随机抽样制作混凝土试件 4 组进行混凝土强度试验。

（7）为降低柱身混凝土内外温差，严格控制混凝土拆模时间，并加强混凝土养护措施。具体拆模时间根据混凝土内外温度及天气而定，养护时间不少于 7 天。拆模后柱身混凝土养生采用塑料薄膜包裹，保证塑料薄膜无破损、不透气，顶板采用覆膜有水养护。

（五）砌体工程

1. 施工技术要点

（1）砌筑前将加气混凝土砌块湿润，采用三一砌砖法，三皮一吊、五层一靠，发现问题及时纠正，严禁事后砸墙修理，内外墙交接处留斜槎，当砌体高于 4 m 且墙顶无梁时，在墙中部与顶部各加一道圈梁与柱连接。

（2）后砌墙与主体结构连接处设拉结筋。外填充墙的拐角处，内填充墙的墙端、拐角、丁字交叉处、十字交叉处及门窗洞边，均设置构造柱，且一段直墙上构造柱间距不大于 4 m。

（3）当填充墙长度大于 5 m 时，墙顶与梁（板）应设拉接。构造柱主筋锚入上下梁或板内 35d，柱上下端 1000 范围内箍筋加密 100。

（4）门窗洞口上应结合门窗尺寸放置钢筋混凝土现浇过梁，过梁型号按《钢筋混凝土过梁》（03G322-3）选用，构件支撑长度不小于 250 mm。

（5）砖墙的水平灰缝厚度和竖缝宽度一般为 10 mm，但不小于 8 mm，也不大于 15 mm，水平灰缝砂浆的饱满度不低于 80%，砂浆饱满度用百格网检查，竖缝用挤浆或加浆方法使其饱满，不得用水冲灌缝。

2. 质量保证措施

（1）认真把好材料关，严格遵守原材料、半成品和成品合格证制度，不符合要求的材料拒之门外。

（2）加强计量管理，配齐计量设备，对计量器具的执行有专人管理。

（3）水泥砂浆和水泥混合砂浆应分别在 3 h 和 4 h 内使用完毕；当施工期间最高温度超过 30 °C 时，应分别在 2 h 和 3 h 内使用完毕。

（4）贯彻以自检为基础的自检、互检、交接检的“三检制”，并认真填写“三检制”的检查记录，对不符合质量要求的施工内容不予验收，不准进行下道工序的施工。

（六）楼地面工程

房心回填土采取分层夯实，各房间做灰饼、冲筋，两筋中间铺砂浆的方法，块料面层先铺若干条干线做基准，起标筋作用，由房间中部向两侧采取退步法铺设。施工完毕用靠尺检验地面平整面砖无空鼓，全部符合验收规范要求，由于过程工序质量控制严格，较以前施工有了很大的提高。

（七）门窗工程

铝合金窗采用现场制作，安装时，用木楔临时固定，测量框距墙内外尺寸，调整门窗的水平度、垂直度，窗框安好后，进行固定。木门窗制品采用干燥的木材，工厂制作现场安装的方法，制成后，立即刷一道底油，避免了受潮变形。施工完毕后经验收无一扭曲变形，全部符合设计要求。

（八）装饰工程

该标段装饰工程内装主要涉及干挂石材、铝条板离缝吊顶、石材地面；外装涉及石材幕墙、玻璃幕墙和铝板幕墙、真石漆涂料等。在施工过程中，形成了如下经验：

遵循铁路总公司铁路旅客车站“样板引路”思想，金台铁路有限责任公司针对设计理念及《铁路旅客车站细部设计》要求，对金台铁路 11 标站房装饰装修材料进行了选样确认，在材料选定的基础上，针对旅客车站的特点，现场确定了装修样板打样区域及位置。

具体方案及施工过程：确定打样区域后，金台铁路项目部迅速成立装修管理小组，指挥部总工任第一责任人。仔细研究设计图纸，将设计图纸与《铁路旅客车站细部设计》相关要求相比较，积极与中铁五院相关专业设计师及业主代表相沟通，在遵循原设计装修理念的基础上，优化了多处细部做法，通过与业主及设计院的充分沟通后，确定了最终装修方案。

（九）其他专业施工配合情况

给排水安装工程：管道安装采用“先立管，后支管”的原则，施工过程中，配合土建工程做好立、支管预留孔、消防支管的预埋及大管径立管、横管支托架的安装，保证了位置及标高的准确性，做到了横平竖直，水压试验及灌水试验一次试验合格，受到了业主和监理的好评。

电气安装工程：电气施工前，详细地了解了土建布局及建筑结构，熟悉了电气安装与其他工种间的配合情况，按图纸和规范的要求，确定盒（箱）的正确位置及管路的敷设位置，使盒（箱）排列整齐，线路铺设有序规范，经监理验收全部符合设计要求。

第二节 四电独立站房及附属工程施工

金台铁路沿线独立四电房屋工点较多、且分散，受征地拆迁影响及四电设备安装节点要求，四电房屋施工工期非常紧张。四电独立站房及附属工程顺序：根据业主及专业配套设备安装需求组织安排，房屋建筑工程先组织四电房屋等相关工程施工，再进行其他生活房屋工程的施工，其他运营生产设备及建筑物工程在房屋建筑施工过程中同步进行。

一、控制工程及重难点

控制工程：站前接口工程对站后工程建设有一定的制约因素，直接影响站后工程的工程施工质量和进度。进场后要做好与站前工程的场地移交及未完工程的衔接工作。

重难点工程：钻孔灌注桩施工、干挂石材施工、钢骨架轻型板屋面施工等，实际施工中按设计及相关规范要求编制专项施工方案，经审批后实施。

二、标高控制

1. 办理交接桩

进场后，由建设单位（或监理）组织进行桩点的交接。将站前单位钉桩放线成果资料与现场测设的建筑物角点、标高基准点逐一核对，确认现场桩位齐全和准确后，各方签认交接资料。

2. 场区平面控制网的布设

在复核完毕原始定位桩后，采用全站仪用极坐标或直角坐标定位放样的方法测设出建筑物主轴线的交点，经角度、距离校测符合点位限差要求后，将其引测至易架设仪器且易保护的地方，加以保护。纵横轴线不得少于两条，作为场区首级控制。轴线控制网的精度等级根据《工程测量规范》要求，控制网的技术指标须符合相关规定。

3. 高程控制网的建立

金台铁路工程高程控制点布置在场区永久建筑物上，不受工程施工的影响，又保证能够在场内通视。另外在场内周边做三个水准点，浇筑混凝土进行保护，定期与基准水准点闭会校核。

三、钢筋工程

该工程钢筋主要采用 HPB300、HRB400 钢筋，钢筋直径大于 20 mm 的横向钢筋宜采用机械连接，其余采用焊接或搭接连接，钢筋笼采用焊接连接。钢筋搭接、锚固、保护层厚度、构造要求根据图纸和规范要求。

1. 钢筋加工

（1）钢筋下料施工流程：钢筋放样→钢筋除锈→钢筋调直→钢筋切断。

（2）钢筋的加工制作：划线→箍筋制作→马凳加工。

（3）钢筋堆放：钢筋加工区砌筑 300 mm 高的防水砖台，砖台间距 3 m，用于放至钢筋原材，同时准备足够的塑料布，防止雨、雪天气造成钢筋锈蚀。

2. 钢筋绑扎

（1）梁的钢筋绑扎。

对于混凝土框架梁和次梁，施工方法如下：

① 根据测量放线，弹放在上一层上的梁位置线，支梁底模板，在梁底模板上画出箍筋间距，并标出钢筋加密区的钢筋位置线，然后摆放钢筋。

② 先穿主梁的下部纵向受力钢筋及弯起钢筋，将箍筋按已画好的间距逐个分开；穿次梁的下部纵向受力钢筋及弯起钢筋，并套好箍筋；放主次梁的架力筋；隔一定间距将架力筋与箍筋绑扎牢固，主次梁同时配合进行。

③ 箍筋在叠合处的弯钩，在梁中应交错绑扎，箍筋弯钩为 135°，平直部分长度为 $10d$。

④ 梁端第一个箍筋应设置在距离柱节点边缝 50 mm 处。梁端与柱交接处箍筋应加密，其加密区长度为梁高的 1.5 h（h 为梁截面的高度），以支座边 50 mm 顺延。

⑤ 梁筋的搭接：梁的受力筋直径>18 mm 时，采用直螺纹的钢筋机械连接方式，直径≤18 mm 时，可采用焊接连接。

⑥ 箍筋与主筋相交点均要绑扎牢固，其中上部纵向钢筋与箍筋用套扣法绑扎，绑扎丝头朝向混凝土内部。

（2）顶板钢筋的绑扎施工流程：

划钢筋位置线→拉通线绑扎底铁下层钢筋→拉通线绑扎底铁上层钢筋→支设马凳钢筋→拉通线绑扎上铁下层钢筋→拉通线绑扎上铁上层钢筋→隐蔽验收。

四、模板工程

为确保结构施工质量，减少工程中非实体部分的消耗，降低周转材料的租赁费用，结合现场施工条件，进行表 48-2 中模板设计方案。

表 48-2　模板设计方案

施工部位		模板设计	材料使用
基础	独立基础、基础梁	采用 18 mm 厚木胶合板组拼，采用方木、钢管、卡子固定	木胶合板、方木、钢管、卡子、U 托等
±0.000 以上工程		采用 18 mm 厚胶合板组拼，采用方木、14 mm 拉杆、钢管加固、钢管支撑	木胶合板、方木、钢管架等

施工工序流程为：

（1）承台、独立基础及基础梁模板施工：承台、独立基础及基础梁测量放线→根据承台及基础梁边线支设模板→控制模标高→模外侧加固→绑钢筋。

（2）柱、墙模板安装：审图、技术交底→集中配模→弹柱位置线→整体组拼安装→检查对角线及柱子、墙位置并纠正→安装柱箍及斜撑→全面检查安装质量→柱、墙模群体固定。

（3）梁模板安装：弹出梁轴线及水平控制线并复核→搭设梁模支架→加工模板→检查底模支撑的搭设→起拱→侧模安装→安装侧向支撑→检查梁口平直模板的尺寸→卡梁口卡→与相邻模板连固。

（4）板模板安装：搭设满堂支架→安装横纵木楞→调整楼板下皮标高及起拱→铺设模板块→检查模板上皮标高、平整度。

（5）模板拆除。

拆模时间：侧模以试块抗强度达到 1.2 N/mm²为准，冬施期间为 4 N/mm²且混凝土温度低于 5 °C；

跨度≥2 m 且≤8 m 的梁、板拆除时间：悬挑构件底模必须试块抗压强度达到设计强度的 75%；跨度>8 m 的梁、板及悬挑构件底模必须试块抗压强度达到设计强度的 100%方可拆除。

施工时由于模板须在混凝土强度达 4 N/mm^2 后方可拆侧模，此时混凝土与模板间的黏结力太大不好拆模，在混凝土强度达 1 N/mm^2 后即将模板松动，以便拆模。

模板拆除后的材料要及时运出，各种周转料要及时清理干净分类存放以备周转使用。

五、混凝土工程

1. 一般部位混凝土施工要求

（1）浇筑、振捣。

① 采用混凝土输送管输送混凝土时，应由远而近浇筑，在同一区域内的混凝土，应按先竖向结构后水平结构的顺序，连续浇筑。

② 浇筑竖向结构混凝土时，布料设备的出口离模板内侧面不应小于 50 mm，且不得向模板内侧面直冲布料，也不得直冲钢筋骨架。

③ 浇筑水平结构混凝土时，不得在同一处连续布料，应在 2 ~ 3 m 范围内水平移动布料，且垂直于模板布料。

④ 浇筑混凝土时应分层分段连续浇筑，浇筑高度应根据结构特点、混凝土疏密决定，一般为振捣作用长度的 1.25 倍，最大不超过 50 cm。

⑤ 使用插入式振捣器应快插慢拔，插点要均匀排列，逐点移动，顺序进行，不得遗漏，做到均匀密实。移动间距不大于振捣作用半径的 1.25 倍，一般为 50 cm 左右。振捣上一层时应插入下层 5 cm，以消除两层间的接缝。

⑥ 每一振点的延续时间，以表面呈现浮浆和不再沉落为标准，约为 15 ~ 30 s。

（2）混凝土养护。

① 覆盖浇水养护（主要用于梁、板水平构件）。

② 平均气温高于 5 °C 时，用适当的材料对混凝土表面加以覆盖并浇水，使混凝土在一定的时间内保持水泥水化作用所需要的适当温度和湿度条件。

③ 浇水养护在混凝土强度达到 1.2 MPa 后进行，一般为浇筑完毕后的 10 ~ 12 h，具体时间可根据大气温度调整。

④ 浇水次数应根据能保持混凝土处于湿润状态的要求来决定，对采用硅酸盐水泥、普通硅酸盐水泥或矿渣硅酸盐水泥拌制的混凝土，养护时间不得少于 7 d；对掺用缓凝型外加剂、矿物掺合料或有抗渗性要求的混凝土，养护时间不得少于 14 d。

⑤ 混凝土的养护用水与拌制水相同，采用饮用水。

⑥ 当日平均气温低于 5 °C 时，不得浇水。

（3）楼板混凝土浇筑。

板混凝土采用固定泵输送同时进行浇筑。

板混凝土浇筑时，应沿施工段的长方向，从一端平行推进至另一端。在浇筑过程中，由于梁上部钢筋较多，应注意梁下部混凝土密实性，必须加强振捣，并在混凝土初凝前采取二次振捣。

2. 施工缝施工

（1）施工缝留设。

混凝土结构施工时不能连续浇筑完成，根据施工技术、施工组织及设计要求留设施工缝，施工缝设在结构受剪力较小且便于施工的部位。

（2）施工缝施工方法及措施。

① 楼板厚小于 300 mm 的现浇板模板做法，在板的部位采用锯齿形多层板作挡板，遇钢筋穿过位置锯成齿口，并采用钢丝网密封，外侧用直径 12 mm 的钢筋、间距 300 mm 进行固定。

② 施工缝的处理

本工程所有水平方向的施工缝位置及尺寸系指剔凿成型后的施工缝，混凝土浇筑过程中所预留的施工缝应比成型后施工缝高 10 mm。所有竖向、水平方向的施工缝在合缝之前都应采用弹控制线、云石机切槽、人工剔凿的方式，在进行下道工序之前，施工缝位置要凿毛并清理干净，确保接缝位置混凝土密实、线口顺直平整，以使接茬部位混凝土接缝严密、顺直、美观。

混凝土浇筑时先用同配比的减石子砂浆接浆后浇筑混凝土，振捣时细致严禁，确保接槎密实。

③ 防水混凝土应连续浇注，宜少留施工缝。当留设施工缝时，不应留竖向施工缝，留设水平施工缝，且要在施工缝处放 5 mm 厚的镀锌止水钢板。

六、消防系统安装

1. 材料要求

消防系统室内架空管道采用内外热浸镀锌钢管，管径小于等于 DN80 采用螺纹连接，大于 DN80 采用卡箍连接，埋地管道采用内外热镀锌处理，管径小于等于 DN80 的采用螺纹连接，大于 DN80 的采用卡箍连接。

2. 施工工序

安装准备→干管安装→立管安装→支管安装→水泵、水箱、水泵接合器安装→管道试压→管道冲洗→系统综合试压及冲洗→配件安装→系统通水试调。

（1）安装准备。

按施工图测得管道各管段长度尺寸，记录在草图上，然后进行断管、上零件、调直。预制加工好的管道应按安装顺序和系统部位编号。

（2）干管安装。

安装时一般从消防泵房总管处开始操作，将预制好的管道运至安装部位按编号依次排开，然后按照钢管安装工艺采用法兰连接方法进行管道安装。

（3）立管安装。

立管安装：每层从上到下统一吊线安装管卡，将预制好的管道按编号分层排开，按顺序安装，安装完后用线坠吊直找正。

（4）管道试压。

每个控制阀均关上的情况下，为各系统独立进行测试，提升测试区内压力至运行时压力的 150%，并记录开始及维持静水测试两小时后的压力，在此时间内管道不渗不漏为合格。

（5）消防水泵安装：水泵配管安装在水泵定位找平、稳固后进行。水泵设备不得承受管道的重量。逆止阀、阀门依次与水泵紧牢，与水泵相接配管的一片法兰先与阀门法兰紧牢，用线坠找直找正，量出配管尺寸，配管先点焊在法兰上，再把法兰松开取下焊接，冷却后再与阀门连接，最后再焊与配管相接的另一法兰。配管法兰与水泵、阀门的法兰相符，阀门安装手轮方向便于操作，标高一致，配管排列整齐。

（6）消火栓及消防箱安装。

消火栓箱体及栓阀要符合设计要求，产品均有消防部门的制造许可证及合格证。消火栓支管以栓阀的坐标、标高定位甩口，核定后再稳固消火栓箱，箱体找正稳固后再把栓阀安装好，栓阀侧装在箱内时应在箱门开启的一侧，箱门开启灵活。

第三节　采暖与通风施工

金台铁路站台通风空调工程按照施工图纸，布置施工。通风空调施工程序：施工准备→风管及部件加工→风管及部件的中间验收→风管系统安装→风管系统严密性试验→空调设备及空调水系统安装→风管系统测试调整→空调系统调试→竣工验收，通风管道制作工艺流程：找方下料→倒角→咬口→组装成形→铆接法兰→堆放整齐。

一、通风空调系统施工安装工艺

1. 金属风管制作一般技术要求

（1）制作风管所用钢板的厚度，法兰所用角钢的规格及螺孔，铆钉孔的孔径，孔间距严格按照通风与空调工程施工质量验收规范 GB 50243—2002 的要求进行。

（2）矩形风管边长大于 630 mm，保温风管边长大于 800 mm，管段长度大于 1 250 mm 或低压风管单边平面积大于 1.2 m^2、中高压风管大于 1.0 m^2，圆形风管直径大于等于 800 mm，且其管段长度大于 1 250 mm 或总表面积大于 4 m^2 时，均应采取加固措施。对边长小于或等于 800 mm 的风管采用楞筋加固。对于中压系统的风管采用加固框加固。

（3）镀锌钢板风管采用按扣式咬接形式，风管与法兰连接时采用铆接。风管翻边应平整并紧贴法兰，翻边宽度为 6 ~ 9 mm，翻边处裂缝和孔洞应涂密封膏。

（4）2 mm 及以上的薄钢板风管采用焊接，法兰与风管连接时应满焊。焊接时应采取措施，防止风管变形。

（5）柔性短管长度一般为 150 ~ 250 mm，其接缝处应严密和牢固，安装时应注意松紧要适当，不得扭曲，并不得作为异径管使用。柔性短管应按不同系统采用不同的材质。

（6）风管法兰连接时，应垫合适的法兰垫料：一般普通风系统中风管与风管、风管与风机之间的密封垫片，应采用无石棉环保型垫片；排烟系统风管应选用耐温 280 °C，一小时的无石棉环保型垫片，厚度均为 3 ~ 5 mm。密封垫采用榫型接口拼接。

2. 金属风管制作质量检验要求

金属风管制作质量检验要求见表 48-3。

表 48-3　金属风管质量检验要求

项别	项目		质量标准	检验方法	检查数量
保证项目	1	风管规格	风管的规格尺寸必须符合设计要求	尺量和观察检查	按制作数量抽查 20%，但每个相对独立的功能系统不少于 5 个
	2	风管咬缝	必须紧密、宽度均匀，无孔洞、半咬口和胀裂等缺陷。直管纵向咬缝必须错开	观察检查	
	3	焊缝	严禁有烧穿、漏焊和裂纹等缺陷。纵向焊缝必须错开	观察检查	
	4	风管壁厚	壁厚符合附表 A 的要求	下料前后观察检查	全部检查
基本项目	1	风管外观	折角平直，圆弧均匀，两端平面平行，无翘角，表面凹凸不大于 5 mm；风管与法兰连接牢固，翻边平整，宽度不少于 6 mm，翻边不得有开裂与孔洞，紧贴法兰	接线、尺量和观察检查	按制作数量抽查 20%，但每个相对独立的功能系统不少于 5 个
	2	风管法兰	法兰孔距符合设计要求和规范的规定，焊接牢固，焊缝处不设置螺孔；螺孔大小均匀，具备互换性	尺量和观察检查	
	3	风管加固	最大加固间距符合附表 B 的要求	观察和手扳检查	

续表

项别	项目		质量标准	检验方法	检查数量
允许偏差项目	1	圆形风管外径	ϕ≤300 mm，允许偏差 0～－1 mm； ϕ>300 mm，允许偏差 0～－2 mm	用尺量互成 90o 的直径检查	
	2	矩形风管大边	≤300 mm，允许偏差 0～－1 mm； >300 mm，允许偏差 0～－2 mm	尺量检查	
	3	圆形法兰直径	内径允许偏差 0～+2 mm	用尺量互成 90o 的直径检查	
	4	矩形法兰边长	内径允许偏差 0～+2 mm	用尺量四边	
	5	矩形法兰两对角线之差	允许偏差±3 mm	尺量检查	
	6	法兰平整度	允许偏差±2 mm	法兰放在平台上，用塞尺检查	
	7	法兰焊接、搭接处的平整度	允许偏差±1 mm		

3. 风管及部件安装

（1）风管及部件安装基本要求。

① 在风管穿过需要封闭的防火、防爆的墙体或楼板时，应设预埋管或防护套管，其钢板厚度不应小于 1.6 mm，风管与防护套管之间，用不燃且对人体无危害的柔性材料封堵。

②风管及部件安装时如穿越墙、楼板、屋面时，应设预留孔洞。尺寸和位置应符合设计要求，且法兰不得设置在墙洞内。穿越时的套管应进行翻边，以保证套管的直线度。

③风管标高确定后，按照风管系统所在的空间位置，确定支、吊架等形式。风管支、吊架的制作严格按照国标 03K132 用料规格和做法制作。

④风管法兰的连接螺栓应均匀拧紧，防止因不平整引起漏风。连接法兰的螺丝、螺母应在同一侧（指整根风管）。风管立管法兰穿螺栓，要从上往下穿，螺杆方向朝下，以保护螺纹不被水泥砂浆等破坏。

（2）支、吊架的制作、设置及间距。

① 支、吊架的制作、设置及间距应符合设计要求；无要求时，水平安装，风管大面边长小于等于 400 mm 的，间距不超过 4 m；大于 400 mm 且小于 1000 mm 时，间距不超过 3 m；大于 1000 mm 时，间距小于 2 m。风管垂直安装，间距不应大于 4 m，单根立管固定件不少于 2 个。风管穿越楼板，应在楼板上层设固定支架；风管穿越墙洞应另设支架，不得搁置在墙洞上。吊架不得设置在风口、阀门及检视门处。支、吊架均应做好防腐措施，做到均匀无遗漏。悬吊的风管应在适当的位置设置防止摆动的固定支架。

② 风管安装的水平度、垂直度应满足：水平安装的风管每米偏差不应大于 3 mm，总偏差不应大于 20 mm，垂直风管安装后的不垂直度每米不应大于 2 mm，总偏差不应大于 20 mm。

（3）风阀安装。

单体风阀连接采用六角螺栓连接，单体风阀安装放置时注意单体风阀的位置与加工图中位置完全一致，单体风阀与底框的螺栓孔配套吻合，螺栓紧固时按照对角交叉进行，安装完成后注意检查风阀与底座的连接螺栓，确保连接可靠。

根据风阀和执行机构的安装位置，现场定制加工执行机构底座，经防腐处理后将底座和执行机构一并安装固定，连接传动连杆。

① 风阀安装前应逐个检查合格证及性能规格参数，各个参数应符合设计要求。阀门安装完成后，

在系统通电前必须进行单体通电模拟动作试验。

② 防火阀安装前应逐个检查合格证。阀门安装前应逐个进行性能实验。阀门安装完成后，在系统通电前必须进行单体通电模拟动作试验。

（4）消声器安装。

① 一般技术要求。

为了满足环控设备对内（物业商铺区及设备管理用房）的噪声控制标准和对外《城市区域环境噪声标准》（GB 3096—2008）的噪声标准，空调通风大、系统轴流风机均采用消声器进行消声处理。

根据站房工程应用特性，消声器可区分为消声器和消声弯头两种，前者多用于通风进出口两端，直接与风机前后渐扩管/渐缩管相连接；后者多用于进、排风土建风道内以降低轴流风机运转时发出的中频、低频噪声。

管式消声器和消声弯头安装：应单独设置支吊架，其重量不得由风管承受；安装前应对消声器质量进行抽验，抽检率10%，安装的位置、方向应正确，与风管的连接应严密，不得有损坏与受潮。

检查通过该消声器传递到相关区域的噪声声级。

② 安装技术要求。

a. 管式消声器安装应设置独立的支吊架，消声器重量不得由风管承受。消声器与风管的连接应严密、牢固，法兰垫料与风管系统一致。连接法兰不得强制组对。

b. 管式消声器和消声弯头安装：应单独设置支吊架，其重量不得由风管承受；安装前应对消声器质量进行抽验，抽检率10%，安装的位置、方向应正确，与风管的连接应严密，不得有损坏与受潮。

c. 消声器在现场安装的全过程中应注意保持现场的清洁，避免大量灰尘被消音棉吸附而降低消声效果。

③ 消声器安装质量检验要求见表48-4。

表48-4 消声器安装质量检验要求

项别	项目		质量标准	检验方法	检查数量
保证项目	1	消声器外壳	消声器的型号、尺寸必须符合设计要求，并标明“气流方向”	尺量和观察检查	全数检查
	2	消声器框架、隔板	消声器框架必须牢固，共振腔的隔板尺寸正确，隔板与壁板结合处紧贴，外壳严密不漏	尺量和观察检查	
	3	消声片	消声片单体安装，固定端必须牢固，片距均匀。按设计要求安装活动消声片	手扳和观察检查	
	4	消声器安装	安装方向必须正确，并单独设置支、吊架	观察检查	
	5	消声器性能测试	检查通过该消声器传递到相关区域的噪声声级	开启相关风机，采用声级计测试噪声声级并做测试记录	全数检查

（5）风口安装要求。

① 由于风口规格较多，安装区域多，在风口订货时，需要列明各风口所属系统，风口到货后，对照图纸核对风口规格尺寸。

② 安装风口前要仔细对风口进行检查，看风口有无损坏、表面有无划痕等缺陷。凡是有调节的风口要检查活动件是否灵活，叶片是否平直，与边框有无摩擦。对有过滤网的可开启式风口，要检查过滤网有无损坏，开启百叶是否能开关自如。风口安装后应对风口活动件再次进行检查。

③ 为增强整体装饰效果，风口及散流器的安装采用内固定法：从风口侧面用自攻螺钉将其固定在骨架上，对于安装在板下风道上的风口应加设角钢支框。

④ 风口咀子与主风管的连接应采用硅钛复合软接，外贴δ=25 mm环保玻璃棉。

⑤ 对于安装在风道上的风口应加设角钢支框，具体做法见下图。安装于轨顶的风道上的风口应加设角钢支架，采用插板风口的形式，具体做法见图 48-2。

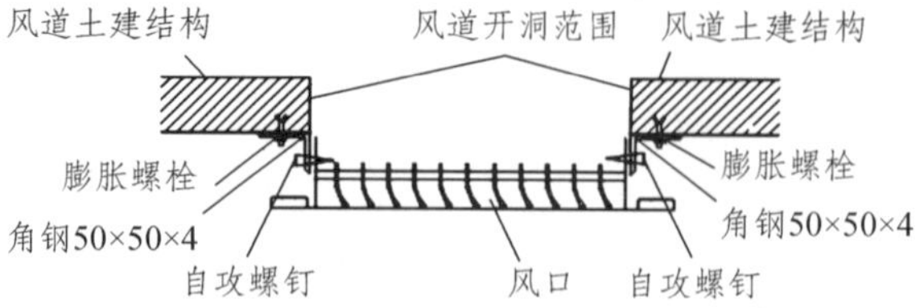

图 48-2 风口与土建风道连接方式示意图

⑥成排风口安装时要用水平尺、卷尺等保证其水平度及位置，并用拉线法保证同一排风口/散流器的直线度。

（6）风管及部件安装质量检验要求见表 48-5。

表 48-5 风管及部件安装质量检验要求

项别	项 目		质 量 标 准	检验方法	检查数量
保证项目	1	风管及部件安装	风管及部件安装前，应清除内外杂物及污物，并保持清洁。安装必须牢固，位置、标高和走向符合设计要求。部件方向正确，操作方便。风管连接后，必须严密不漏，法兰垫料及接头方法必须符合设计要求和施工规范 GB 50243—2002 的规定。防火阀检查孔的位置必须设在便于操作的部位。	观察检查	按不同材质、用途，每个相对独立的功能系统各抽查 20%。其中，水平、垂直风管的管段在 5 段以内，各抽查 1 段；5 段以上，各抽查 2 段
	2	支、吊、托架安装	支吊托架的型式、规格、位置、间距及固定必须符合设计要求和施工规范 GB 50243—2002 的规定，严禁设在风口、阀门及检视门处。采用碳素钢支、吊、托架时，必须进行防腐及隔热处理	观察、尺量和手扳检查	
	3	柔性软管	柔性软管与风管、设备的连接必须严密不漏。安装应松紧适度，不得扭曲	观察检查	
	4	风管整洁	风管、静压箱安装后，内壁必须清洁，无浮尘、油污、锈蚀、杂物等。风管表面平直，不得有凹凸穴及锈蚀、划痕等缺陷	观察、尺量和白绸布擦拭检查	
	5	风阀安装	风阀安装后，应按技术要求检查气流方向是否正确、手动开关是否灵活、不得卡涩现象，应检查接线是否正确，并进行通电试验，检查各通电操作功能是否正确	试车检查并检查试车记录	全数检查
基本项目	1	风管接缝	接缝表面平整、美观。空调系统底部接缝作密封处理。风管表面不得有十字交叉的拼接缝	尺量和观察检查	逐条检查
	2	风管法兰连接	对接平行、严密。螺栓紧固，且露出长度适宜一致，同一管段法兰螺母均在同一侧	扳手拧试和观察检查	同保证项目
	3	风口安装	外表面应平整不变形。位置正确，同一房间内相同风口标高一致，排列整齐，外露部分平整美观。边框与建筑装饰面贴实，调节应灵活	尺量和观察检查	按系统，各抽查 20%。但系统不少于 2 个房间
	4	柔性软管	松紧适度，长度符合设计要求和施工规范规定，无开裂和扭曲现象。	尺量和观察检查	逐个检查
允许偏差项目	1	风管	水平度：每米允许偏差小于 3 mm；总偏差小于 20 mm 垂直度：每米允许偏差小于 2 mm；总偏差小于 20 mm	拉线、吊线、液体连通器和尺量检查	同保证项目
	2	风口	水平度：允许偏差小于 3/1000 垂直度：允许偏差小于 2/1000	拉线、吊线、液体连通器和尺量检查	同基本项目第 3 条

4. 风管漏风检测

（1）漏光检测。

① 风管的漏风量是检验通风空调系统管线安装质量好坏的一个重要指标，将采取漏光检测结合漏风量检测的方法对风管的严密性进行检验、控制；

② 低压风管严密性检验采用漏光法检测，依据规范，每 10 m 风管接缝，漏光点不得超过 2 处，且 100 m 接缝平均不大于 16 处；

③ 中压风管每 10 m 接缝，漏光点不得超过 1 处，且 100 m 接缝平均不大于 8 处为合格，中压风管在漏光检测验收合格的基础上采取抽样验收的型式进行漏风量检测，按照中压系统的 20%抽检漏风量，采用 Q89 型漏风量测试仪进行检测。中压风管的漏风量应满足 Q≤0.0352P0.65；

④ 对漏光检测、漏风量检测查出的漏点，根据情况分别进行处理。如是法兰处，则用拧紧螺栓、更换密封垫方法；如是咬缝处，则用密封胶密封等方法。如果咬缝处漏光严重，则重新制作安装该段风管，并重新作漏光、漏风量测试。

（2）风管漏风量检测。

对中压风管系统进行漏风量检测，检测比例为 20%。抽检系统选定：根据现场情况，我们将选取具有代表性物业商铺区一端的排烟风管和设备管理用房的一个排烟系统作为待检测系统，并经现场监理认可后执行。

① 风管制作安装完成，并经检查符合施工规范质量要求；

② 风管的支吊架及固定防晃支架设置合理，风管的支撑固定措施满足测试要求；

③ 风管经漏光检测合格。

④ 风管系统中的开孔全部封闭，除了和检测仪器连接一端需预留接口之外，所有风口及末端采取封闭措施；

⑤ 用于风管漏风量检测的仪器与所测系统匹配，其检测状态完好，检测数据可靠。

5. 风管保温

（1）保温材料下料要准确，切割面要平齐，在裁料时要使水平垂直面搭接处以短面两头顶在大面上。保温棉敷设平整、密实，板材拼接处用铝箔自粘胶带粘接，粘胶带的宽度不得小于 50 mm。

（2）风管保温采用离心玻璃棉毡，玻璃棉密度为 48 kg/m^3。保温厚度为：空调区域风管为 40 mm，非空调区域为 50 mm。板材拼接处用铝箔自粘胶带粘接，粘胶带的宽度不小于 50 mm。

（3）风管支架处设置防腐木条，其厚度同风管保温材料的厚度。

（4）风管保温钉粘接应牢固，数量应满足：底面不少于 16 个/m^2，侧面不少于 10 个/m^2，顶面不少于 8 个/m^2，且分布应均匀。首行保温钉距风管边的距离应小于 120 mm。

（5）风管法兰部位的绝热层的厚度，与风管绝热层厚度相同。

（6）为保证风管法兰处的保温棉粘贴牢固，在法兰处要加设保温钉。

（7）保温材料铺覆应纵横错开，底部宜采用整块材料，小块材料应铺设在风管上部，尽量保证保温板材的连续完整性。

（8）风管保温完成后的成型见图 48-3。

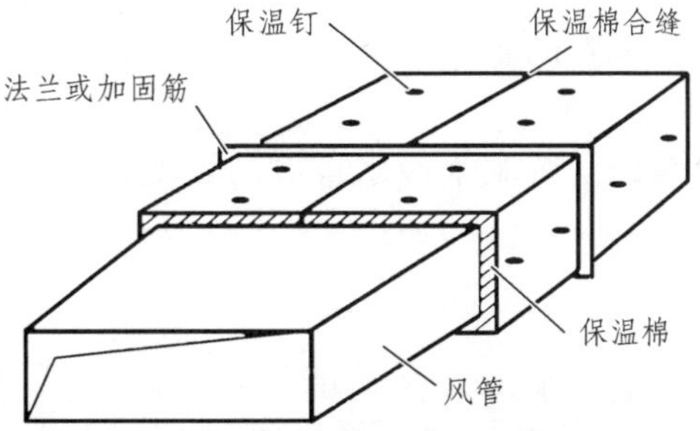

图 48-3　风管保温完成图

（9）风管穿墙部位保温、防火封堵安装应按图 48-4 执行。

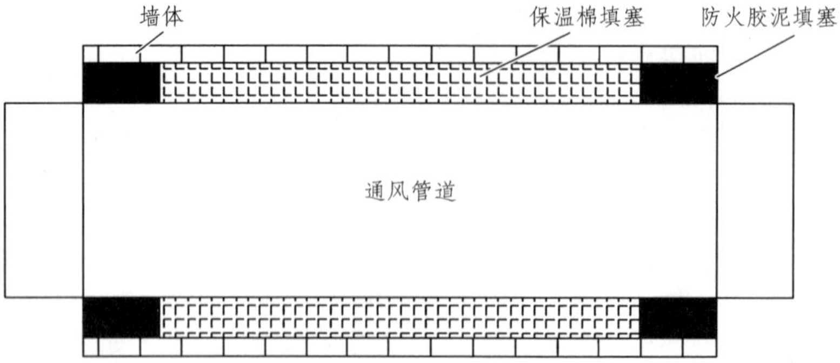

图 48-4　保温、防火封堵安装示意图

6. 风机安装

（1）风机安装前需先对设备进行检查、核对，确认风机参数及编号，确保设备安装位置与图纸设计完全一致，谨防同尺寸或相近规格的风机安装错误。

（2）对于落地安装的风机，要对混凝土基础进行现场复核，检查基础的尺寸、位置、标高以及外观平整度，满足要求后方可进行后续施工。

（3）风机减震器的设置数量及位置应符合设计要求，减震器安装后应采取防止位移及过载保护措施。减震器的压缩变形量应一致，避免减震器受力不均匀导致风机运转出现异常情况。

（4）风机进出口管上应设 300 mm 长的软接头，与风管间应采用法兰连接，软接管根据设计要求选用，区分系统功能，具有排烟功能的软接管采用硅钛合金耐高温软接，普通空调送、回、排风系统采用常温型硅钛合金软接。

（5）风机悬挂安装时，使用的隔振支吊架必须安装牢固。隔振支吊架的结构形式和外形尺寸应符合设计要求或设备技术文件的规定。隔振支吊架的焊接必须按国家现行标准《钢结构工程施工质量及验收规范》中的有关规定进行。焊接后必须矫正。

（6）风机安装时安装方向和叶轮旋转方向必须正确。安装的水平度、标高、联轴器同心度符合规范要求。

（7）风机安装完毕后，如暂时与风管未能连接，应用塑料薄膜暂时封闭进出口。

7. 新风处理机组安装

（1）空气处理机组的设备参数应符合设计要求。

（2）所有落地安装的空调箱应安装于混凝土基础上，基础标高应满足机组冷凝水排放要求，基础周围应设置冷凝水排水沟。

（3）各功能段之间连接严密，整体平整牢固，检查门启闭灵活、密封。拼装后进行漏风量测试。

（4）过滤网的抽出端应保证足够的检修空间，满足运营维修的需要。

（5）机组不得承受外接水管、风管的重量，机组水管、风管接口处采用橡胶软接头和硅箔复合布软管连接。

（6）吊装的空气处理机组要考虑设置利于冷水排放的坡度，机组与支架间要设置减震器，连接螺栓需加装放松垫圈。

8. 多联机安装工艺

（1）多联机组及分体机安装一般要求。

① 设备安装前作外观检查，做好开箱记录，并保管好产品说明书、合格证、质保书等资料。

② 设备安装前要对基础进行复查验收，机组的基础应与土建密切做好预埋，注意控制基础的标高

和中心线。

（2）管道预埋孔作业。

① 冷凝水管道应使管道具有向下坡度（斜度至少保持 5/1000）同时也必须考虑绝热管道的厚度。

② 冷媒水管的通孔直径应考虑绝热材料的厚度（最好气管和液管双列排列）。

（3）室内机安装。

① 操作步骤见图 48-5。

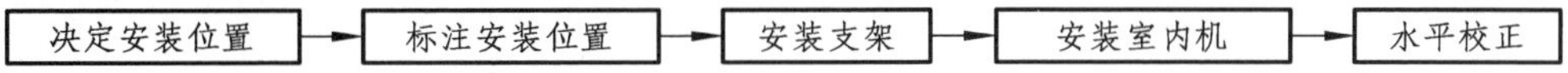

图 48-5　室内机安装操作步骤

② 操作要点。

a. 室内机安装位置应正确，与建筑格局相协调；

b. 室内机目测应呈水平，制冷剂管道必须严密无渗漏，冷凝水排放畅通；

c. 室内机组接水盘应严密不渗漏，与排水管接口应密封，无渗漏现象；

d. 室内机组一般不作基座，若因现场条件限制考虑冷凝水排放问题，则可根据现场情况设专用基座；

e. 悬吊支架必须足以承受室内机的重量；

f. 应留够足够的空间以供维修用；应留一预留孔，尺寸为 400 mm×400 mm。

（4）冷媒配管工程。

① 作业顺序见图 48-6。

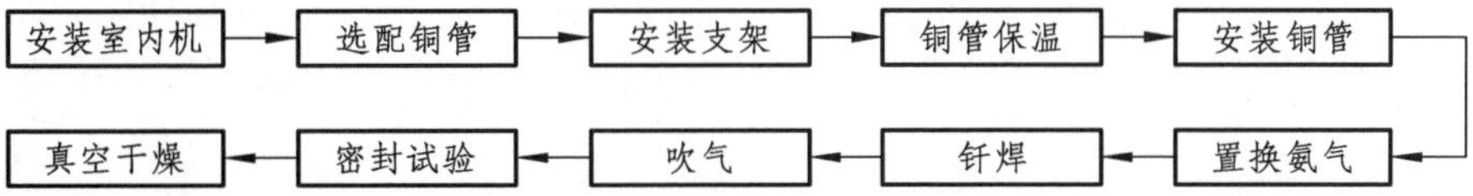

图 48-6　冷媒配管作业顺序

② 制冷剂管道安装要求。

a. 制冷剂管道应严密不渗漏，若渗漏会造成机组效率下降，功耗加大，甚至无法正常运行；

b. 冷媒管道应合理布置，尽量缩短距离，以减少外界影响；

c. 冷媒管道穿过墙体或楼板应设钢制套管，规格比保温规格大二档；

d. 冷媒管道穿越外墙后，应作密封措施，以防止雨水渗入；

e. 室外的冷媒管保温外壁涂装防紫外光保护漆，并采取加装装饰盖板的方法避免日照雨淋引起外皮老化或损坏。

③ 冷媒铜管的安装。

a. 必须确保连到接头分歧管的直线部分长度在 500 mm 以上，在此之间的现场配管请勿使它弯曲，用接头连接 120 mm 以上的现场配管（直管）能确保直线部分的长度在 500 mm 以上；

b. 应使用切割器进行切割配管，在配管时应确保分歧器处于水平位置；

c. 安装配管时应防止异物等进入管道内，例如水分和污物混入配管系统；

d. 冷媒配管的支撑必须单独安装：管外径为 6.32 ~ 9.52 mm 之间的管道，支撑间隔应小于 1.2 m；管外径为 12.70 mm 以上，管道支撑间隔应小于 1.5 m，并注意绝对不能使配管与固定金属件直接接触，固定金属件周围一定要隔热处理后才能与冷媒配管接触；

e. 铜管弯曲加工时，铜管的内侧不应起皱或变形；

f. 铜管钎焊后的检查：焊缝部位有没有气孔和孔洞，有没有明显的“钎料下垂”现象。焊接部分应用清漆涂刷。

（5）冷凝水管。

① 操作步骤见图 48-7。

安装室内机 → 连接冷凝水管 → 检查水泄露

图 48-7 冷凝水管操作步骤

② 冷凝水管安装要求。

a. 冷凝水管安装斜度至少 5/1000，冷凝水管尽可能短并应避免气封产生；

b. 水平管长度尽可能少，对于长的冷凝水管可以悬挂螺栓，支架间距为 1.5 m 确保 5/1000 斜度；

c. 冷凝水管支架用直径为 8 mm 的圆钢，并用直径为 8 mm 内膨胀固定；

d. 冷凝水管应绝热包扎避免结露；

e. 冷凝水管应排放畅通，一般以目测，必要时作灌水试验；

f. 冷凝水管穿墙或楼板需加设钢制套管，选用规格比水管大二档，穿墙后应作密封措施；

g. 冷凝水管采用机组接水盘软管与排水管相结合的连接形式。

③ 冷凝水排放原则：

a. 室内机组距外墙较近的，就近引出排放；室内机组距可排放点较远的，可采取 PVC 管暗敷于楼板内，沿地坪引出至室外排放地点，若现场条件限制，可根据本工程建筑格局，排放至屋面地漏排放；

b. 引至室外管：因机组运行产生的冷凝水量不大，可将冷凝水立管引至建筑物外墙泛水处；

c. 冷凝水管穿越外墙后，应作密封措施，防止雨水渗入。

（6）管道后保温处理。

① 接头的隔热，在接头上套上合适的隔热件，为确保隔热件接缝处没有间隙，应用胶带封住；

② 在变径管上套上隔热件，并用胶带密封住，隔热件和现场配管的隔热件的接缝处应用胶带密封住。

（7）室外机的安装。

① 室外机组设专用基座，采取挂墙式或落地式安装，视现场情况确定形式；

② 基础周围应设排水沟，以排出设备周围的积水；

③ 检查基础的强度和水平，避免产生震荡和噪声；

④ 用直径为 12 mm 的不锈钢外膨胀及 10 mm 厚的避震垫固定牢室外机；

⑤ 室外机组周边空气除应能满足冷动风循环要求外，还符合环境保护有关规定的要求，如排风和噪声等；

⑥ 室外机组安装标高原则按室内机位置确定，室外机与室内机的合理落差为：63⊥W 以下为 5 m，63⊥W 以上为 15 m，120⊥W 以上为 30 m；

⑦ 室外机组布置应以不影响建筑物整体美观为原则，合理布置，保持与建筑物协调统一。

（8）管道试验

完成后系统试压为 35 kgf/ cm^2，保压 24 h。真空度为 – 755 mmHg，保压 24 h。

9. 系统调试

系统调试是对工程质量进行检验的过程，也是使系统功能正常发挥的调整过程。主要包括：设备单机试运转；系统联动试运转；无生产负荷系统联合试运转的测定和调整。

系统调试是一项非常重要而又烦琐的工作，在具体实施时包括空调系统各环节以及电气线路检查、风机性能测定、系统风量测定和调整及室内空气参数的测定和调整等等一系列工作，目的是使各环节的风量、风压、温湿度、噪声、冷热量指标以及 BAS 系统的运行达到设计和使用要求。

（1）单机试运转。

在地铁项目中与普通民用建筑比较特有的设备是事故风机和排热风机，主要用于通风系统和排热系统。

风机试运转前的准备工作：

① 仔细检查风机叶片是否损坏，紧固叶片的螺栓是否松动；

② 检查风机的减震装置是否有效，查看软接头连接情况，看是否牢固，压条是否压紧；

③ 检查电机电源回路接线、控制回路接线是否正确；

④ 与风机联动的风阀启闭状态是否符合设计要求；

⑤ 清理风机、消声器、方接圆，确保风机内、消声器内、方接圆内无杂物；

⑥ 清扫机房，确保机房地面无杂物。

风机运行中检查：

① 观察风机的运转方向，根据送、排风来判断其正转和反转是否正确，如果不正确，调整电机接线相序；

② 试运转时，用电流表检测电机启动电流和运行电流是否符合要求；

③ 用测振仪检查风机运行是否平稳，有无异常声音；

④ 连续运行规范规定时间，随时观察检查有无异常情况，记录不同时间段的运行电流，运行电流应符合规范要求；

⑤ 用温度测量仪检查轴承温度是否符合规范和设备技术文件要求；

⑥ 用噪声测量仪测量风机的噪声是否符合规范和设计要求。

（2）系统无生产负荷联合试运转及调试。

联合试运转及调试前的准备工作：

① 风阀、风机单机试运转已经符合要求；

② 逐一检查风阀开关位置，确保其正确；

③ 与 FAS 系统的配合，点对点的测试合格，保证 FAS 系统对每一台设备及风阀控制和反馈信号都正常。

联合试运转及调试应符合下列规定：

① 通风空调系统的总风量与设计偏差不应大于 10%；

② 空调的温度、相对湿度及波动范围应符合设计要求；

③ 防排烟系统的风量及正压必须符合设计与消防的规定；

④ 通风系统的正常连续试运转不应少于 2 h。空调系统带冷源的联合试运转不应少于 8 h。

二、弱电工程各系统施工安装工艺

1. 系统设备安装条件

（1）室内装修和 BAS 表面安装的元件、设备的协调作业方案，已经得到确认；

（2）地面、墙面的预留孔洞、地槽和预埋件等应与合同一致，并经过业主方验收；

（3）施工区域内能保证施工用电；

（4）施工现场影响施工的各种障碍物已提前清除；

（5）与 BA 系统相关的各设备已安装完毕（或需要配合共同安装）；

（6）BA 系统设备安装完后有条件并能采取成品保护措施。

2. 系统设备的安装

（1）中央控制器及网络通信设备应在中央控制室的土建和装饰工程完工后安装；

（2）设备及设备各构件间应连接紧密、牢固，安装用的坚固件应有防锈层；

（3）设备在安装前应作检查，确定其外形完是否完整，内外表面漆层是否完好，设备内主板及接线端口的型号、规格是否符合设计规定；

（4）按系统设计图检查主机、网络控制设备、UPS、打印机、HUB 集选器等设备之间的连接电缆型号以及连接方式是否正确。尤其要检查其主机与 DDC 之间的通讯线；

（5）检查系统电源是否到位，电源是否符合设计要求。

3. 室内温、湿度传感器的安装

（1）温、湿度传感器的安装位置：不应安装在直射的位置，远离有较强振动、电磁干扰的区域，其位置不能破坏建筑物外观的美观与完整性，室外温、湿度传感器应有防风雨防护罩。应尽可能远离窗、门和出风口的位置，如无法避开则与之距离不应小于 2 m。

（2）并列安装的传感器，距地高度应一致，高度差不应大于 1 mm，同一区域内高度差不应大于 5 mm。

（3）温度传感器至 DDC 之间的连接应符合设计要求，应尽量减少因接线引起的误差，对于镍温度传感器的接线电阻应小于 3 Ω，1 kΩ铂温度传感器的接线总电阻应小于 1 Ω。

4. 控制器箱体及设备安装

（1）控制器箱体安装内容包括：箱体安装、模块安装、变压器和继电器安装及接线端子排安装。其具体注意事项如下：

① 控制器内设备与各构件连接应牢固，安装在轻质墙上应采取加固措施；

② 控制器安装时要横平竖直，垂直度和水平偏差度在误差范围内，且接地应牢固良好；

③ 对所有需进行二次安装的插件（模块），在插拔时要轻拿轻放，切忌生拉硬拔；

④ 变压器元件质量要良好，在辅控箱内要排列整齐，固定牢固，且通风良好；

⑤ 继电器元件质量要良好，在辅控箱内要排列整齐，固定牢固；

⑥ 接线端子排在箱体内应无损坏，绝缘良好，安装时固定牢固。

（2）系统设备安装条件。

DDC 系统设备安装具体注意事项如下：

① 室内装修和 BAS 表面安装的元件、设备的协调作业方案，已经得到确认；

② 地面、墙面的预留孔洞、地槽和预埋件等应与合同一致，并经过业主方验收；

③ 施工区域内能保证施工用电；

④ 施工现场影响施工的各种障碍物已提前清除；

⑤ 与 BA 系统相关的各设备已安装完毕（或需要配合共同安装）；

⑥ BA 系统设备安装完后有条件并能采取成品保护措施。

（3）系统设备的安装。

① 中央控制及网络通信设备应在中央控制室的土建和装饰工程完工后安装；

② 设备及设备各构件间应连接紧密、牢固，安装用的坚固件应有防锈层；

③ 设备在安装前应做检查，确定其外形完是否完整，内外表面漆层是否完好，设备内主板及接线端口的型号、规格是否符合设计规定；

④ 按系统设计图检查主机、网络控制设备、UPS、打印机、HUB 集选器等设备之间的连接电缆型号以及连接方式是否正确。尤其要检查其主机与 DDC 之间的通讯线；

⑤ 检查系统电源是否到位，电源是否符合设计要求。

5. 大型设备运输及吊装工艺

（1）设备运输。

根据招标文件的规定，在设备运输过程中，本投标人将采取以下措施，保证运输安全。

供货商供应的设备和材料，用汽车从供货商仓库运输至本投标人临时仓库或建设单位指定的地点。

本投标人对本工程设备材料以汽车运输为主。

根据材料设备的特点及运输距离选择运输方式，并选择合适的包装材料，保证材料设备的运输安全。严格按本投标人《搬运与贮存程序》的要求切实做好材料、设备的搬运工作。对重要和特殊的设备的搬运，在实施前制定出运输方案，保证人员充足、辅助工具及机械设备安全可靠。

材料设备在装卸和运输过程中轻拿轻放，严禁随意倾倒或倒置，有外包装的物品，严格按标示搬运，不损坏外包装。保护好材料设备的标识和有关检验、试验状态标记。搬运时对原包装进行检查、加固或修补。利用旧包装时，对旧包装进行清理并重新标识。

材料设备在运输过程中采取减震措施，运输电子设备时汽车选择路况好的线路行驶并缓行，设备运输通过市区时请建设单位与交管部门联系，提供必要的方便。

材料设备装车时合理布局，严防设备互相碰撞或晃动，用绳索绑牢，并用防雨布覆盖，防止零部件从车上掉落。

使用机械搬运设备时，按货物标识进行吊挂，货物装车时做到平稳、牢固、合理布局，严防设备互相碰撞或晃动，用绳索绑牢，并用防雨布覆盖。

笨重的物品卸货及机柜搬入室内时，安排足够的人员，保证设备进室内不损坏地面、门窗及其他设施，并保证设备不与墙体或设备之间发生碰撞。

（2）设备运输方案及路线规划。

站房机电安装工程中，设备材料种类繁多，风机等体积大、重量重，在运输过程中受到环境条件制约和场地操作空间的限制，吊装运输过程中相对存在着较大风险，且具有一定的难度。因此设备吊装运输必须要有一套行之有效的吊装运输方案、吊装工艺做依托，来保证大型设备运输、就位、安装等工作，确保人员、设备在运输、吊装过程中的安全，从根本上体现以人为本，做好方案的每一个细节，实现人员无伤害，设备有保障的吊装工作目标。

① 准备工作。

由于站房的特殊性，设备运输采用两种方式，以第一种为主：一、地面运输至车站地面吊装口，通过汽车吊，将设备吊入站房安装区域；二、由于无预留吊装口或因吊装口位置尺寸不合适等因素，无法从地面吊入站房区域，此时采用轨行区轨道运输的方法，将设备运输至车站，然后从倒运至安装地点。

设备吊装运输工序复杂，安全隐患极大，为了做到顺利、安全地完成设备吊装运输，必须做好以下准备工作：

a. 尽早向生产厂家索取本工程内含的所有设备的技术资料，了解设备的质量、重心高度，外形尺寸及注意事项，为方案编制和防护措施提供依据。

b. 考察地面情况：对运输通道及路面、吊装口周边环境、吊装口的尺寸、位置及附近的停车位置、吊车的摆放位置等情况进行实地考察，并详细记录。

c. 考察地下情况：在充分了解和掌握设备安装位置和站房、地道结构的前提下，结合现场实际情况对站内的设备运输通道作详细考察，提前制定运输路径、预留运输通道、预制倒运所必需的吊环等辅助措施。对于需要预留的通道提前通知有关单位和专业进行预留。

d. 对于必须要通过轨道运输的设备，必须提前掌握轨道的施工情况，选择从至设备安装地点的最切实可行的运输路径，并且对于需要预留的通道提前通知有关单位和专业进行预留。

e. 制定切实可行，又详尽的专项设备吊装运输方案，其中应充分考虑人员及设备的安全保护措施，方案报监理业主审核并通过后方可进行吊装运输。

② 总体运输方案。

对于大型设备运输，我们优先考虑采用垂直运输方式，通过风井或专用吊装口将设备吊入安装现场；如风井或吊装口不能满足大型设备的运输要求，则采用轨行车水平运输。

对于较小型的设备材料，我们计划采用垂直吊入和出入口人工搬运的方法进行运输。

小型材料设备的运输，根据现场实际情况，选取最合适的吊装口或风井处设置一台井架物料提升机。主要用于垂直运输安装及装修的小型机械设备、材料等。

③ 出入口人工搬运。

为了节约时间，现场施工用的小型机具、材料等，根据现场施工需要，可由工人从出入口搬入施工现场。

④ 汽车吊垂直运输。

当设备材料重量或体积超大时，我们采用汽车吊垂直运输的方法，将设备材料吊入站内。

注意事项：

装卸车、挂绳时应注意钢丝不能打折，所挂绳位置要牢靠、对称，抖绳四点位置应垫胶皮以防滑脱，在钢绳带劲受力均匀后操作人员离开设备，使设备四面不受外力影响。

当设备吊离车体、地面时，人员不得从下面通过，设备的对应角应绑绳进行控制，防止设备随意摆动。

指挥吊车装吊的人员应提前统一信号、手势、指挥人员应站在吊车司机能看到信号手势的明显位置，吊车指挥员设置两人一正一副，正指挥负责地面上到设备吊装口的指挥，副指挥负责设备落到物业商铺区的情况，信息反馈到正指挥，指挥接到副指挥信号后根据信号向吊车司机发出指令、确保吊装作业的顺利进行。各岗位操作人员必须严格按指挥人员的指令及岗位职责认真操作，如有特殊情况，立即向指挥员报告、确保吊装作业全过程的安全。

在吊装作业区悬挂、设置安全警示牌，对洞口周围进行安全围挡，安装安全网等设施进行检查、清除安全隐患。对设备进行试吊、检查调整索具，使提升索具受力一致，设备起吊后保持水平。

参加吊装作业的人员必须严格恪守各项安全法规和制度，认真执行吊装方案，掌握吊装工艺要领和安全技术措施。对重心偏高、偏重的设备在拖动转弯时，严禁转急弯，在设备吊起落地前，调整好设备到基础上的方向位置。避免设备落到基础后的位置转向。减少安全隐患，确保设备在拖动中的安全。具体见表 48-6。

表 48-6 设备运输车辆配备表

序号	名称	规格	数量	备注
1	汽车吊车	12T	2 辆	
1	货运卡车	5T	2 辆	东风汽车
2	货运卡车	3T	2 辆	东风汽车
3	客货两用	1.5T	2 辆	昌河汽车
4	手动液压货场叉车	CDr23—Ⅱ	12 台	2.5 t
5	对讲机	通话半径 7.5 km	6 部	
6	信号指挥旗		2 付	红绿
7	口哨		2 把	
8	工作照明灯	1 000 W	2 套	

⑤ 轨道车运输。

对于大型设备，如地面吊入不能满足条件时，则采用从轨道运输至站内的方法。若采用轨道车在轨行区运输时，要及时向业主及监理申报轨行区运输使用计划，以使业主统筹安排轨行车使用时间，设备运输到站内后，通过预埋吊点及用滚杠的方法，将设备从轨道车上滑入板。轨行区运输注意事项参看轨行区作业方案中注意事项。

在设备二次垂直运输时，要做好以下几点工作：

a. 调查设备运输路径，记录路径上的障碍物，路径上设备经过的孔洞，设备转弯所需的转弯半径、周边环境。

b. 对设备进出的洞口，进行实地的测量，为设备在安全垂直运输中作准备。

c. 在完成以上工作后对设备的吊装点进行摸底调查，了解吊点的承载能力和周边环境，对设备的垂直吊运有无影响，对操作人员安全防护、人身安全有无伤害因素存在。

d. 在现场对设备垂直运输上下的洞口顶部，没有设备吊装环，加装吊装吊点时，要考虑吊点顶板钢筋布置情况及混凝土强度和膨胀螺栓在混凝土中的埋深及胀栓在混凝土中的强度，要进行测试实验，并计算荷载对顶板局部带来的抗拉力，是否满足承重荷载的需要。

e. 在顶板吊点经计算不能满足荷载需求时可考虑采取钢直 L 吊架加支腿的方法对设备进行垂直上下运输。必须对钢制吊架的材料，吊耳的材质严格进行筛选，型钢进行焊接时必须保证焊接质量。

（3）安全事项。

① 使用吊装工具手拉葫芦提升设备时，在使用前检查传动机构及离合器片是否可靠，手拉链轮有无卡死、裂纹，转运是否灵活，承重链条、焊缝有无暗伤、裂纹、变形，链条是否打钮，资料是否齐全，使用检修有没有记录，手拉葫芦上部挂钩有无伤痕，承重钩上防脱绳装置是否完好。

② 使用牵引手搬葫芦，检查切换件是否灵活、齐全。操作中应 2 人操作，动作应一致，挂设牵引手搬葫芦的地锚应稳固可靠。挂设手搬葫芦与地锚连接的钢丝绳卡头应按规定设置，绳与卡头的配合间隙间距要符合规定。

③ 顶升设备使用前，检查齿条、棘爪、棘轮有无残缺，使用中防止泥沙杂物混入，增加阻力，造成磨损，降低使用寿命。

④ 撬杠在使用中注意：

a. 鸭嘴在打制中严禁淬火；

b. 撬杠支点下严禁使用易滑物件做支点，要使用方木做支点，并且不得满把手握撬杠，人站在撬杠的一边压撬杠。

⑤ 使用手拉葫芦提升重物，操作人员要站在有安全防护栏的吊物侧面操作。操作前清理脚下障碍物品，以保证操作有足够的空间。吊装物下严禁站人和从吊起重物下方同行。吊装作业区严禁非工作人员进入，吊装作业现场要保证有足够的照明，以保吊装工作的安全进行。

6. 旅客地道机电安装施工工艺

（1）施工内容。

旅客地道照明以吊顶内筒灯为主，吊顶灯槽内安装 LED 灯带，并根据疏散要求在地道的地面内安装地面疏散指示灯。地道内所有的灯具布置和选型以建筑装饰专业图为准。普通照明和应急照明分别由不同的回路供电，照明的导线采用 WDZ-BYJ-3×6 穿钢管（镀锌 JDG 管）敷设。旅客地道内的静态标识部分仅预埋线管，其他的由专业施工人员进行施工。

（2）施工安排。

① 主要项目施工程序。

装修阶段的电气工程施工顺序见图 48-8：

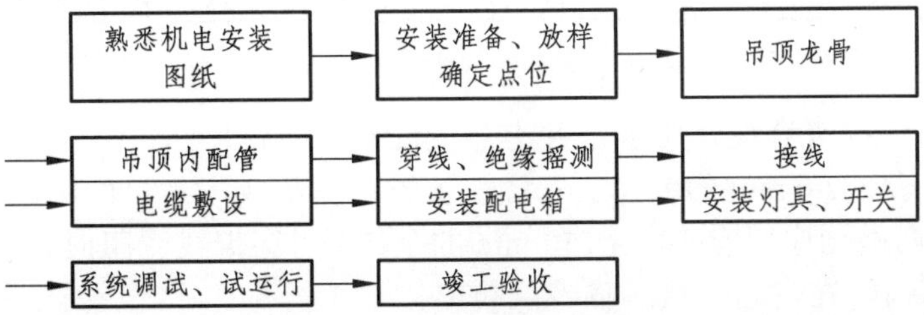

图 48-8 电气工程施工顺序

② 流水段的划分及施工进度计划：

施工时根据装饰工程进度及时调整和改变计划内容，以便于符合工艺及质量要求，调整计划应经工程指挥批准，并报甲方及监理公司。

（3）施工准备。

① 技术准备。

a. 电气技术人员首先要明确合同签订的施工项目及配合项目，然后进行细致的施工图纸会审，将本专业与其他各专业有交叉施工的部位作为重点进行审图。

b. 提前确定施工程序和施工方法，如发现重大问题做好记录，及时与建设单位和设计单位商量解决，并根据施工图和施工合同，编制更具有针对性和可操作性的施工方案和技术交底。关键部位和特殊做法要绘出大样图，在施工前对施工全过程做到心中有数。

② 设备及材料准备。

设计交底后及时做出施工预算，提出详尽的材料设备订货及进场计划。设备材料如管材、电线电缆、灯具等根据施工进度、现场库房容量情况分期分批进场。

（4）主要分项工程的施工方法及技术措施。

① 配管工程。

工艺流程见图 48-9。

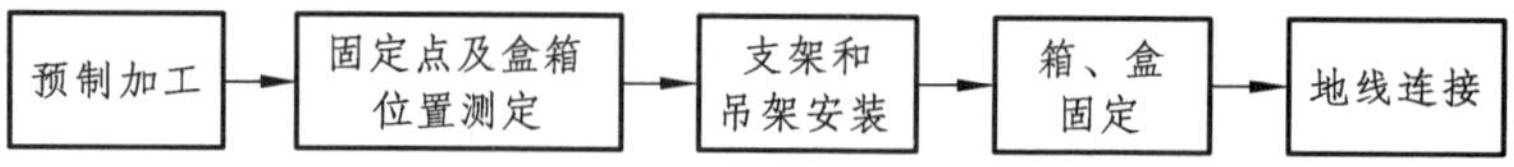

图 48-9 配管工程工艺流程

a. 本工程所用钢管为热镀锌 JDG 钢管，材料进场后通过目测、尺量进行检验。其材质要求壁厚均匀，管内无毛刺、劈裂、凹扁等现象，防腐完整，并有产品的出厂合格证和质量证明书。

b. 铁制开关盒、灯头盒、接线盒符合标准要求，规格与装置件配套，不使用的管孔敲落板应完整，镀锌完整、无脱落；紧固件镀锌完整、无脱落。

c. 进入配电箱电线管要排列整齐，管口进配电箱不大于 0.5 cm。

d. 线管弯曲处不许有折皱、凹陷和裂缝，弯扁程度不大于管外径的 10%。

e. 电线管的弯曲半径应符合下列规定：

线路暗配时：弯曲半径不小于管外径的 6 倍；埋设于地下隔墙内的电线管，其弯曲半径不小于管外径的 6 倍。

f. 遇下列情况之一时，电线管中间增设接线盒，接线盒位置要便于穿线：

管长度每超过 30 m，无弯曲；管长度每超过 20 m，有一个弯曲；管长度每超过 15 m，有两个弯曲；管长度每超过 8 m，有三个弯曲。

g. 配管使用的附件，如管接，盒接等均要求使用镀锌材质的制品。

② 管内穿线配线工程工艺流程见图 48-10。

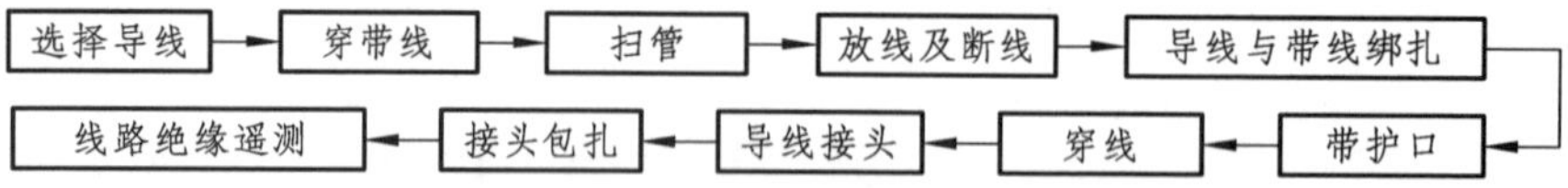

图 48-10 管内穿线配线工程工艺流程

a. 导线型号及规格必须符合设计要求，并有相应的 CCC 认证。

b. 带线一般采用ϕ1.2～2.0 mm 的铁丝。先将铁丝的一段弯成不封口的圆圈，再利用穿线器将带线穿入管路内，在管路的两端均应留有 100～150 mm 的余量。当穿带线受阻时，应用两根钢丝同时搅动，使两根钢丝的端头互相钩绞在一起，然后将带线拉出。

c. 导线与设备、器具的连接：当铜线截面为 10 mm^2 及以下的单股线时，可直接与设备端子连接。

铜线截面为 2.5 mm^2 及以下的多股线时，将铜线搪锡后，盘圈、拍扁，再与设备、器具的端子连接，并加弹簧垫圈，以防止松动。

d. 同一交流回路的导线必须穿于同一管内。不同回路、不同电压等级和交流与直流的导线，不得穿入同一管内。

e. 导线涮锡时焊剂使用松香酒精液，导线涮锡后焊缝应饱满，表面应光滑。

f. 电线管内导线不许有接头和扭结，剥线头绝缘层时应使用剥线钳和与导线匹配的剥削刀口，以保证不伤线芯。

g. 导线分色。颜色要统一，L_1 相为黄色、L_2 相为绿色、L_3 相为红色、N 线为淡蓝色、PE 线为黄绿双色。

h. 吊顶内由接线盒引向灯具的导线，使用金属软管保护，软管长度控制在 1 m 以内。

i. 导线绝缘电阻的摇测，应使用 500V 的绝缘摇表，在穿完线后及通电试运行前，各摇测一次，其绝缘电阻值不得小于 1 MΩ，摇测值填入技术资料 C6-31 表格中。

j. 漏电保护装置均作漏电模拟动作试验。

③ 电缆敷设。

工艺流程见图 48-11。

电缆沿支架桥架敷设 → 水平敷设 → 挂标志牌

图 48-11 电缆敷设工艺流程

a. 电缆敷设前要进行下列检查：

检查电缆出厂试验报告，耐压试验、规格型号是否符合设计要求。用千伏级绝缘摇表对电缆相间及相对地、相对零进行绝缘摇测，绝缘电阻达到 2 MΩ以上，方能使用。

b. 电缆外观完好无损，无机械损伤，无明显皱褶和扭曲现象。橡胶套及塑料电缆外皮、绝缘层无老化及裂纹。

c. 对电缆过管及保护管进行检查，确保管路畅通。

d. 对电缆的走向及路径应预先排列，哪根电缆敷设在哪根线槽内，穿哪根过管要预先进行排列，否则造成电缆交叉。

e. 低压电缆头制作安装：根据电缆头的型号尺寸，按照电缆头套长度和内径，用塑料带半叠法包缠电缆。塑料带包缠应紧密，形状呈枣核状。从芯线端头量出长度为线鼻子的深度，另加 5 mm，剥去电缆芯线绝缘，并在芯线上涂上电力复合脂；将芯线插入接线鼻子内，用压线钳子压紧接线鼻子，压接应在两道以上；根据不同的相位，使用黄、绿、红、淡蓝四色塑料带分别包缠电缆各芯线至接线鼻子的压接部位。

f. 电缆安装完毕，投入运行前应再次对电缆的相间、相对地，相对零进行绝缘电阻摇测，摇测值应记录在技术资料 C6-31 表中。

④ 盘箱柜安装施工工艺及要求。

a. 管进箱时要做到一管一孔，当箱体上敲落孔不够时，应用开孔器开孔，严禁用气焊开孔，连接完毕应按要求做好跨接地线。不能用箱体作为连接地线。箱体、管路连接固定好后，箱内清理干净，用盖板封闭。

b. 安装设备用的紧固件全部为镀锌制品。

c. 设备不带电的金属外壳应做可靠接地。

d. 配电箱、柜安装完后要将二次原理图贴在设备门内侧，以便于维修。

⑤ 灯具、开关及插座安装。

灯具安装工艺流程如下图 48-12：

检查灯具 → 组装灯具 → 安装灯具 → 通电试运行

图 48-12 灯具安装工艺流程

a. 灯具安装：

检查灯具是否符合安装场所的要求及灯内配线是否符合设计要求及有关规定。

灯具安装前，由电工工长、暖通工长、装修工长分别对整个房间的物料布局进行整体考虑，对照图纸进行布置。

吸顶灯安装：先确定灯具位置，紧贴顶板的表面，用膨胀螺栓直接安装。安装完毕后，作通电试验。

吊顶内嵌入式荧光灯安装：灯具专设吊杆或承重框架固定，灯头引线用金属软管保护，长度不超过 1 m，两端用软管专用接头分别与接线盒、灯箱连接牢固，并做好跨接地线。

⑥ 照明系统试运行。

a. 照明器具试运行前应对所有照明器具进行通电安全检查,并及时填写到技术资料表 C6-32 表中。

b. 照明灯具应以电源干线为系统进行通电试运行，系统内全部灯具都必须开启，同时投入运行。公共建筑运行时间为 24 h，民用建筑运行时间为 8 h。及时记录电压、电流，同时还要观察三相电流是否平衡，如偏差太大，要逐级查找原因，进行调整，做到基本平衡，并及时填写到技术资料 C6-34 表中。

第四节　给排水工程施工

一、泵类安装

1. 一般要求

（1）安装前应核对基础定位尺寸及标高，其允许偏差应符合规范要求。

（2）水泵型号应与设计相符，动力机械与水泵功率应匹配；产品合格证、产品说明书及随机配件应齐全。

（3）水泵安装前应对其外表及组装件进行一次外观质量检查；如发现有质量问题，不得安装。

（4）安装后，水泵泵体的底座应水平，且与基座接触严密，定位基准线应符合设计要求，设备的平面位置及允许偏差应符合相关规范的规定。

（5）水泵的管口与管道连接应严密，无渗漏水现象。

（6）电机的绝缘电阻应符合相关规范的规定。

（7）所有泵类设备，在泵进出口未与管道连接前，泵进出口均应用钢板封堵。

2. 潜污泵安装

（1）潜污泵安装前应将水池内所有建筑垃圾清理干净，以免造成水泵堵塞。

（2）潜污泵在池内潜入水中的深度应符合设备技术规定及设计要求。

（3）自动耦合装置中的两根导轨应垂直安装并保持互相平行。

（4）自动耦合装置中的螺栓、螺母等所有联接件安装时应紧固。

（5）水泵自动耦合装置就位前应检查基础的地脚螺栓（或膨胀螺栓）的大小、材质，其垂直度必须满足安装要求，螺丝应拧紧，扭力矩均匀，螺母、垫圈及底座间接触紧密。

（6）潜污泵吊装后导向挂件上的两只挂耳应以导管为中心均匀放置，防止偏向某一边而致使水泵倾斜或卡住而破坏密封性能。安装时可以反复提起再吊下，直到使水泵获得正确安装位置。

（7）固定湿式安装：采用自动耦合系统，水泵沿导轨下滑到底座，与其进水口自动耦合并密封可靠。

（8）吊装水泵时，必须切断电源，确保安全；在吊装过程中加强对电缆的保护，严禁划破、划伤电缆。

（9）试运转应符合下列要求

① 启动前必须确认叶轮的旋转方向；

② 合闸后，不能立即启动水泵，应通过控制系统对水泵进行自检，如发现有故障出现（电控柜上出现闪光报警或警报报警），应检查并排除故障，然后方可点动，若电机不转，应迅速果断地拉闸，检查并排除故障，以免损坏电机；

③ 水泵启动后，应注意观察电机及线路电压表和电流表，若有异常现象，应立即停机查明原因，排除障碍后方能重新合闸启动；

④ 几台水泵由同一台变压器供电时，不能同时启动，应由大到小逐台启动；停止时，应由小到大逐台停止；

⑤ 运行中电流监视：水泵的电流不得超过铭牌上的额定电流，三相电流不平衡度，空载时不超过10%，额定负载时不超过5%；

⑥ 运行中电压监视：电源电压与额定电压的偏差不超过±5%，三相电压不平衡度不超过1.5%。

3. 消防泵及稳压装置安装

（1）消防泵及稳压泵的安装应符合现行国家标准《机械设备安装工程施工及验收规范》的有关规定。

（2）消防泵及稳压泵的规格、型号应符合设计要求，并应有产品合格证和安装使用说明。

（3）消防泵的出水管上应安装静音止回阀（消声）和压力表，并安装试水用的放水阀门。消防水泵泵组的总出水管上还应安装压力表和泄压阀。安装压力表时，应加缓冲装置。压力表和缓冲装置之间应安装旋塞，压力表量程应为工作压力的2倍。

（4）吸水管及其附件的安装应符合下列要求。

① 吸水管上的阀门应在消防水泵固定于基础之后再进行安装，其直径不小于消防水泵吸水口直径，采用闸阀；

② 吸水管水平管段上不应有气囊和漏气现象。

（5）消防气压给水设备的气压罐，其容积气压、水位及工作压力应符合设计要求。

（6）消防气压给水设备上的安全阀、压力表、水流指示器等的安装应符合产品使用说明书的要求。

（7）消防气压给水设备的安装位置，进水管及出水管方向应符合设计要求，安装时其四周应有检修通道，其宽度不小于0.7 m，消防气压给水设备顶部至楼板或梁底的距离不宜小于1.0 m。

（8）气压罐的出水管上应安装远传压力表（参考型号：YT2-150），压力表的量程为工作压力的1.5～2倍。

（9）消防泵的稳压装置安装完毕后，应进行运行试验，试验压力及泵的启、停压力，应符合设计要求。

4. 消防器材安装

（1）安装前应核对设备型号与设计是否相符，产品合格证、产品说明书及随机配件是否齐全。

（2）箱体安装前应进行外观质量检查，如发现有质量问题不得使用。

（3）箱体在安装过程中应与装修紧密配合，不得损坏装修面，与装修面的接缝应整齐美观。

（4）消火栓箱安装应牢固、平直，安装后的箱体上下角的水平位移不得超过2 mm，消防水管进消火栓箱应“横平竖直”，不得斜进箱内。

（5）消火栓安装前应作耐压强度试验。试验应在每批（同牌号，同规格、同型号）数量中抽查 10%，且不少于一个，如有漏、裂等不合格现象应再抽查 20%、仍有不合格的则须逐个试验。强度和严密性试验压力应为消火栓出厂规定的压力。同时应有试验记录备查。

（6）消火栓安装时位置应正确，启闭灵活，关闭严密；室内消火栓栓口应垂直朝外，栓口中心距离装修完成面高度为 1.1 m 或满足设计要求。

（7）水泵接合器应保证与管道垂直安装，阀门的开启应灵活，各接头处应无漏水现象。

（8）手提灭火器应按设计要求的型号、数量及位置进行配置。

二、给水管道安装

1. 施工工艺流程

流程图见图 48-13。

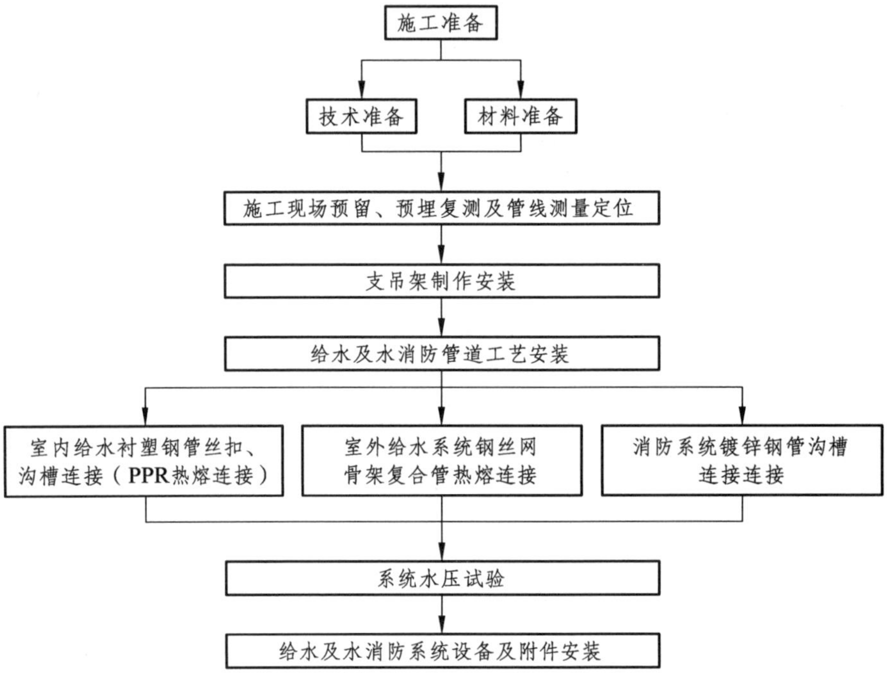

图 48-13　给水管道安装工艺流程

2. 管子搬运及储存

（1）注意事项。

管子及管件应采用吊带或专用工具起吊，装卸时应轻装轻放，在倒运、运输时应垫稳、垫牢，不得相互撞击，严格按照防护和紧固的要求进行操作，避免对管子、管件及防护层造成损坏。我们建议管子和管件的装卸和堆放应该由懂技术的人员进行监督。

（2）储存。

所选择存放管子的场地应当平整、坚实，所选用的垫木应结实，若储存的时间过长，建议用帆布或编织布覆盖，避免管内落入灰尘或脏物。堆放的形式有金字塔和四方形。

3. 管子的检查与准备

（1）常规检查。

管材及管件表面应光滑，管材及管件不得有妨碍使用的凹凸不平的缺陷；内外工作面应光滑、轮廓清晰，不得有影响接口密封性的缺陷；管材及管件尺寸应符合现行的国家标准和国际标准。

（2）校圆。

钢管管材在运输和搬运过程中，造成管子插口部分产生椭圆而影响安装。鉴于钢管具有良好的弹性性能和可塑性能，采用液压或机械的方法，顶起内部，向外压或从管子外表面使用压力向内压，可将有稍许椭圆的插口校圆。

4. 一般要求以及准备工作

（1）依据图纸进行现场放线，并进行地下管线以及地表障碍物的调查，防止盲目施工造成对原有设施的损坏。

（2）核对综合管线图，如有问题应及时协调，避免碰撞。

（3）给排水管道所用管材、管道附件以及其他材料，均应进行全面检查，不得有损坏和裂纹，管材必须符合设计标准及规范的要求，且应有合格证和出厂检验报告。

（4）管道安装前，参与施工的技术人员和操作工人必须认真识读设计图纸及其技术说明文件，明确设计意图，了解设计要求。

（5）管道技术专业工程师应参加由设计院、业主、监理单位联合组织的图纸会审，从施工操作的可行性、方便性、安全性提出意见和建议，并接受设计单位技术交底，监理单位工程监理交底，办理图纸会审手续，作为今后施工的重要依据。

（6）管道技术专业工程师根据设计图纸、工程量大小、工程复杂程度、工程施工和技术难点，以及业主对工程的要求，编制详细的管道专业工程施工方案和重点、难点、关键过程及特殊过程专项施工方案。

（7）施工前，管道专业工程师根据设计图纸、施工方案、施工验收规范，对参与管道工程施工的现场操作人员进行工程技术交底和质量安全交底，并办理管道施工技术交底手续。

（8）施工前，会同土建施工单位、建设单位，按设计图纸、管道施工规范验收土建预留孔洞、沟槽及预埋件，办理确认手续，为下一步管道的安装打下良好的基础。

5. 管沟及预埋件

（1）沟槽开挖标高应符合设计要求，不得超挖，如局部超挖则应用相同土质填补，整实至接近天然密实度，也可以用砂或者砂砾石填补整实。

（2）基坑、沟槽底标高的允许偏差应符合相关规范要求。

（3）填土中的管沟、沟底管基，应满足设计铺管要求。

（4）管道穿过基础、墙壁和楼板，应按设计要求预留孔洞。

（5）管道安装前，必须清除内部污垢和杂物，安装中断或完毕的敞口处，应临时封闭。

（6）管道铺设前，应对沟槽进行清理，不得有杂物，沟底应平整；并经监理检验签证后方可铺设。

6. 管道铺设要求

（1）管道坐标以及标高允许偏差应符合规范要求。

（2）明装钢管成排安装时，直线部分应互相平行。曲线部分，当管道水平或垂直平行时，应与直线部分保持等距，管道水平上下并行时，曲率半径应相等。

（3）钢管水平安装的支架间距，不得大于规范或设计图中的规定。

（4）给水立管管卡安装，层高小于或等于 5 m，每层须安装 1 个，层高大于 5 m，每层不得少于 2 个。管卡安装高度，距地面为 1.5 ~ 1.8 m，2 个以上管卡可匀称安装。

（5）水平管道纵横方向弯曲，立管垂直度，成排管段和成排阀门安装允许偏差应符合施工规范要求。

（6）各种管道接口应该符合设计要求，连接平整、严密牢固。

（7）管道铺设后，先回填管道两侧以及管顶 0.5 m 的土，管口部分不填，当水压试验合格后方可全部回填。回填土应该分层整实，密实度达到 85%以上。

（8）管道的坡度应符合设计及施工规范要求。

（9）管道的螺纹连接应保证螺纹无断丝；镀锌钢管和配件的镀锌层无破损，螺纹露出部分防腐蚀良好，接口处无外露油麻等缺陷。

7. 给水管道连接要求

（1）钢管丝扣连接安装要求：

① 管道螺纹连接采用电动套丝机进行加工，加工次数为 1 ~ 3 次不等，DN<32 mm 为 1 ~ 2 次；32 mm≤DN≤50 mm 为 2 ~ 3 次；DN>50 mm 应为 3 次。螺纹的加工做到端正、清晰、完整光滑，不得有毛刺、断丝，缺丝总长度不得超过螺纹长度的 10%。

② 螺纹连接时，填料采用白厚漆、麻丝或生料带一次拧紧，不得回拧，紧后留有螺纹 2 ~ 3 圈。

③ 管道连接后，把挤到螺纹外面的填料清理干净，填料不得挤入管腔，以免阻塞管路，同时对裸露的螺纹进行防腐处理。

④ 管道连接前应将丝口端部进行清洗，用清水将端部处机油、金属与塑料碎屑清除干净并擦干。

⑤ 钢塑管进行切割下料时，应采用电动锯切割，并且在切割的过程中随时用冷却液进行冷却，切割时要保证断口与管中心的垂直度。在钢塑管切割完毕后，用刮刀或绞刀修整内缘，去除内壁凸纹、毛刺及棱角。

⑥ 各种填料在螺纹里只能使用一次，若螺纹拆卸，重新安装时，应更换新填料。

⑦ 螺纹连接应选用合适的管子钳，不得在管子钳手柄上加套管增长手柄来拧紧管子。

⑧ 切口表面应平整，无裂纹、重皮、毛刺、凹凸、缩口、熔渣、氧化物铁屑等。

（2）管道沟槽连接要求。

① 沟槽式连接加工工艺流程见图 48-14。

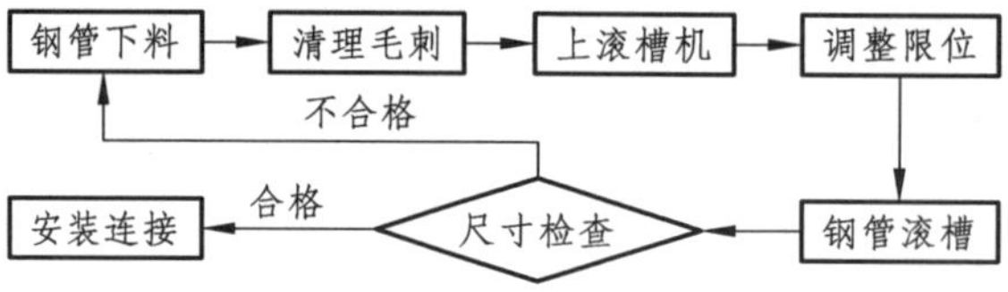

图 48-14　沟槽式连接加工工艺流程

② 管道沟槽式加工。

管道沟槽式加工采用专用管道滚槽机进行加工，压槽时根据管道直径大小调整相应的压槽模具，同时调整好管道滚动托架的高度，保持被加工管道的水平，并与电动滚槽机中心对直，保证管道加工时旋转平稳，确保沟槽加工质量。管道沟槽加工完成后，严格检查沟槽加工的深度与宽度是否符合要求，管端与沟槽外部无划痕、凸起或滚轮的印记等缺陷，保证管道的密封性能。

③ 管道开孔。

管道开孔在施工现场附近加工平台处进行。根据图纸尺寸及现场情况确定管段长度及三通的位置，划线定位开孔。

④ 管道及沟槽件安装。

管道及沟槽件安装主要指安装卡箍、弯头、三通等，并将管道用管卡固定在支架上。安装前检查管道末端至压槽的外部有无划痕、凸起或滚轮印记，保证衬垫的防漏密封性。并检查衬垫是否符合要求，同时在衬垫凸缘和衬垫的外侧涂一薄层硅润滑剂。安装时把衬垫放在管端上，保证衬垫凸缘不外伸管端，将卡箍安装于衬垫上，确保卡箍嵌入沟槽内，交替上紧卡箍紧固螺母直至外壳金属面紧密接触；机械三通安装：将一端螺母、螺栓拧下，另一端拧松螺母，取下橡胶衬垫。检查橡胶衬垫并在其表面涂一层薄的硅润滑脂。把橡胶衬垫放入原处，旋转下半卡箍 90°，把上半卡箍安装于已开好孔的管子外端，旋转下半部卡箍至两卡箍重合为止。检查环状突缘物是否位于开孔之内，插入螺栓，交替上紧螺母直至卡箍完全紧贴管子外表面。使机械三通与管道紧密、均匀地结合，保证机械三通接口部位的严密性、刚度与强度。卡箍接头连接图见图 48-15。

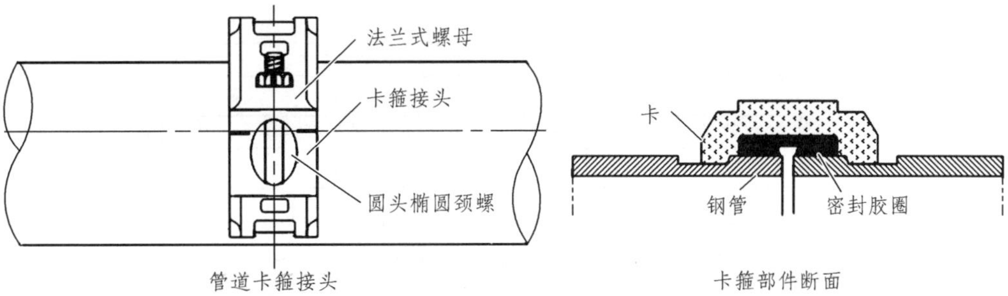

图 48-15 卡箍接头连接图

⑤ 加工沟槽的管道在外径、管道不圆整度、管外径等方面都有严格的要求，因此对需要进行沟槽加工的管道应进行严格的检验、检测，不符要求的管道不准使用。

⑥ 紧固螺栓安装方向要求：垂直安装的紧固螺栓其螺母在下方，水平安装的螺栓其螺母统一、美观、便于安装操作。

（3）PPR 管道连接：

① 同种材质的给水聚丙烯管及管配件之间，应采用热熔连接，安装应使用专用热熔工具。暗敷墙体，地坪面层内的管道不得采用丝扣或法兰连接。

② 给水聚丙烯管与金属管件国家连接，应采用带金属嵌件的聚丙烯管件为过渡，该管件与塑料管采用热熔连接，与金属管件或卫生洁具五金配件采用丝扣连接。

③ 热熔连接应按下列步骤进行：

热熔工具接通电源，到达工件温度指示灯亮后方能开始操作：

切割管材，必须使端面垂直于管轴线。管材切割一般使用管子剪刀或管道切割机，必要时，可使用锋利的钢锯，但切割后管材断面应去除毛刺。

管材与管件连接端面必须清洁、干燥、无油。

用卡尺和合适的笔在管端测量并绘出热熔深度，热熔深度应符合下列要求表 48-7：

表 48-7 热熔深度要求

公称外径/mm	热熔深度/mm	加热时间/s	加工时间/s	冷却时间/s
20	14	5	4	3
25	16	7	4	3
32	20	8	4	4
40	21	8	6	4
50	22.5	18	6	5

注：若环境温度小于 5 °C，加热时间应延长 50%。

三、排水管道安装

1. 排水系统施工工艺流程

流程见图 48-16。

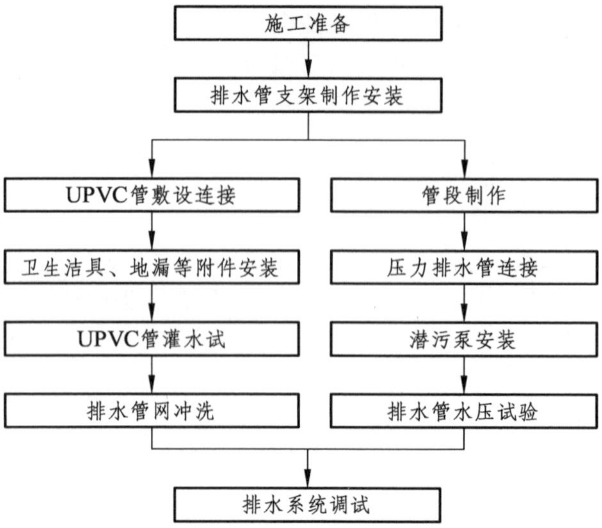

图 48-16　排水系统施工工艺流程

2. UPVC 排水管安装要求

（1）排水管敷设坡度 De50≥0.035；De75≥0.025；De110≥0.02。

（2）UPVC 管安装时，当层高小于或等于 4 m 时，立管每层设一伸缩节；层高大于 4 m 时应根据设计要求设置。横管直管段超过 2 m 时，应设伸缩节，伸缩节最大间距不得超过 4 m。

（3）排水管道的横管与立管，横管与立管连接，应采用顺水三通或斜三通，立管与排水管端部连接采用两个 45°弯。

（4）管道伸缩节应按规定设置，应顺水流方向安装，不得设固定。

（5）立管在底层和在楼层转弯时应设检查口，离地宜 1 m。连接 2 个以上大便器及三个以上卫生器具的污水横管应设清扫口。

（6）排水立管安装后，应做通球试验。

（7）敷设在埋地部分的排水管需做灌水试验，灌水高度不低于底层地面高度。

3. UPVC 排水塑料管施工

（1）UPVC 排水管道及配件具备出厂合格证，并符合国家现行标准。管道伸缩节、固定支回的设置符合设计和施工验收规范要求。

（2）管道安装前，先设置支架，支架位置正确、固定平整牢固。管卡与管道接触紧密，但不损伤管道表面。支（吊）架的设置符合设计和施工验收规范要求。

（3）塑料 UPVC 管承插黏结连接前，坡 15 ~ 30°的坡口，清除管接口、配件处污物，管道涂抹黏结剂时，先涂抹管件承口，后涂抹管端接口处，一次插入后旋转 90°，待管口处黏结剂稍凝固后，继续安装。同时按照设计与施工验收规范要求合理设置支（吊）架、伸缩节、防火套管与阻火套管，排水管道安装完毕后进行通球、通水与灌水实验。实验合格后及时办理验收签证资料。

（4）排水系统通水试验。

a. 排水管道系统安装完经复核无误后，做分段灌水试验，分段灌水高度符合规范要求。灌水试验见图 48-17。

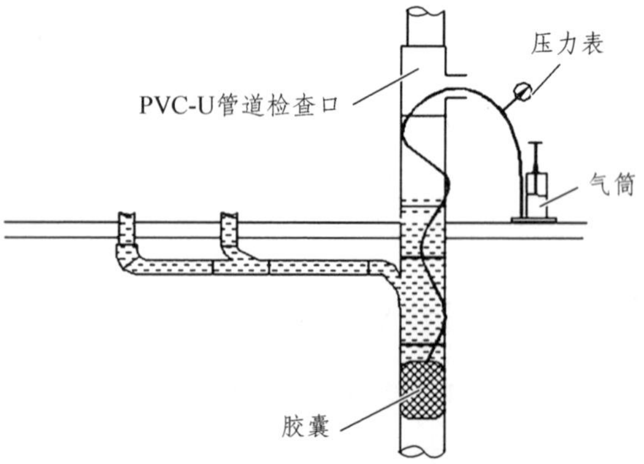

图 48-17　灌水试验

b. 试验介质采用自来水，灌水十五分钟后若水面下降，再灌满延续五分钟，以液面不下降，管道极配件接口无渗漏为合格。灌水试验由施工单位主持，邀请有关方面人员参加。试验合格后，办理隐蔽工程验收。试验后的水定点排放，保持现场清洁。

（5）污、废水泵设备安装。

a. 站房及地道内结构渗漏水、消防冲洗水、集水坑排水主要由潜污泵排出，其主要安装工艺流程见图 48-18。

开箱查看 → 水泵基础复核 → 埋设螺栓 → 泵组安装 → 浮球控制箱安装 → 单机试运转调试

图 48-18 污、废水泵设备安装

b. 会同业主、监理、供应商开箱检查水泵型号、规格是否符合设计要求，附件及产品资料是否齐全，质量是否合格。

c. 用临时泵抽干基坑积水，清除杂物，复核水泵基础位置及尺寸是否符合设计要求。根据设备尺寸对设备地脚螺栓进行精确测量定位，预埋水泵安装螺栓，待凝固后，再次复核螺栓位置是否符合要求，基础螺栓是否牢固。检查紧固耦合装置联接件螺栓，安装水泵耦合器、导轨。两根导轨垂直安装并保持互相平行。

d. 起吊水泵，安装导向挂件，注意挂件以导管为中心均匀放置，反复起吊水泵 2～3 次，使水泵获得正确的安装位置。

e. 安装水泵出水管、蝶阀、止回阀等附件。安装电气控制箱、浮球阀、接线。

f. 通电单机试运转。

四、室内水管安装

（1）地下管道铺设必须在房心土回填夯实或挖到管底标高，沿管线铺设位置清理干净，管道穿墙处已留管洞或安装套管，其洞口尺寸和套管规格符合要求，坐标、标高正确时进行。

（2）暗装管道应在地沟盖板前或吊顶封闭前进行安装。

（3）明装托、吊干管安装必须在安装层的结构顶板完成后进行。沿管线安装位置的模板及杂物清理干净，托吊卡件均已安装牢固，位置正确。

（4）立管安装宜在主体结构完成后进行。高层建筑在主体结构达到安装条件后，适当插入进行。每层均应有明确的标高线，暗装竖井管道，应把竖井内的模板及杂物清除干净，并有防坠落措施。

（5）支管安装应在墙体砌筑完毕墙面未装修前进行。

五、直饮水施工

车站用水接市政自来水，新建给水所兼消防泵房，泵房内设变频供水设备一套，配二氧化氯消毒设备 2 套（一备一用）。泵房外设 V=100 m³ 生活水池 1 座，车站给水设施，设备设集中控制及数据采集系统。给水所及泵房进出水管及水池内采用 PE 管（热熔焊接），管道承压≥1.0 MPa，最小覆土厚度 0.70 m。

区站车站给水水源取自工程所在站区室外给水管网，水量、水质满足生活用水要求。建集水井，一座车站设给水所一处与综合楼合建，原水经石英砂滤罐处理后进入 V=4 m³ 的不锈钢水箱，再经 Q=10 m³/h，H=34 m 变频供水设备消毒加压后供车站用水。生活冷水支管采用 S 级 PP-R 管，热水支管为 S 级 PP-R 管。

室内明装给水管道做结露保温，保温材料选用难燃 B1 级 PE 橡塑海绵，防结露保温厚度 10 mm。明装生活热水管道均做保温，保温厚度 30 mm，保温材料采用离心玻璃棉，保温应在完成试压合格后进行。

第四十九章　通信工程

第一节　工程概况

一、通信系统概况

（一）通信线路

金台铁路通信系统主要由传输系统、电话交换及接入网、数据通信系统、专用移动通信系统、调度通信系统、应急通信、隧道应急救援系统、时钟及时间同步系统、视频监控系统、通信综合网管、通信电源、防雷及接地、电源及环境监控系统、通信线路、车站、段（所）综合布线系统等系统构成。

金台铁路通信干线光缆采用 GYTZA5348 芯光缆。区间隔离开关至其归属的车站、牵引变电所，隧道进出口的摄像机、光纤直放站、区间箱变至最近区间通信基站所需光缆按合缆设计，根据需要敷设 8 芯、24 芯、48 芯单模光缆，摄像机电源按就近原则取自信号楼、基站、隧道口电力箱等；电缆型号采用 VV22 2×6、VV22 2×10 铠装电力电缆。在牛和岭隧道至壶镇站，将军岭隧道至仁川、横溪站、金家村隧道至括苍站分别新设 WDZ-HEYFLT234×4×0.9 电缆，用于解决隧道内事故报警电话通道。

（二）通信设备配置

该工程主要包括：传输系统、电话交换及接入网系统、数据网系统、移动通信系统、调度通信系统、视频监控系统、应急通信系统、综合网管、通信电源、电源及设备房屋环境监控系统设备。

1. 传输系统

传输系统采用基于 SDH 的多业务传输平台（MSTP）构建，按汇聚层、接入层两层网构建。汇聚层多业务传输平台（MSTP）采用基于 SDH 10Gb/s 传输系统；车站接入层多业务传输平台（MSTP）采用基于 SDH 2.5 Gb/s 传输系统；车站接入层多业务传输平台（MSTP）2.5Gb/s ADM 设备与干线层多业务传输平台（MSTP）10 Gb/s ADM 设备，通过 2 个 2.5 Gb/s 光口相连，对重要通道进行保护。

2. 电话交换及接入网系统

该工程不新设程控交换机，沿线新增自动电话按管辖范围分别纳入金华西通信站、丽水通信站、台州既有程控交换机，并对金华西通信站、台州（甬台温）站分别扩容 V5.2 接口板 1 块。在永康南站、壶镇站、台州调度楼设置 LT 设备。

在沿线各车站、综合维修车间、工区、公安派出所、牵引变电所、电力配电所、货运综合楼等节点设置 NU 设备。

3. 数据网系统

数据网按照核心层、汇聚层、接入层三层网进行建设，承载视频监控、电源及环境监控、录音仪网管、旅客服务信息、办公网等业务。

核心层在台州调度所新设核心路由器 2 台；汇聚层在永康南、台州信号楼新设汇聚节点设备，配置 2 台汇聚路由器；在永康南、磐安、仙居和台州设置 2 台高端接入路由器，其他各站分别设置 2 台低端接入路由器，满足各接入车站内的业务需求。

4. 移动通信系统

在台州调度楼设置基站控制器 BSC 及编译码和速率适配单元（TRAU），沿线设置基站设备 BTS，各车站基站配置为 3 载频，区间基站配置为 2 载频。基站覆盖采用普通单网覆盖。

5. 调度通信系统

调度通信系统由调度所型调度交换机、车站型调度交换机、调度台、值班台、其他各类固定终端（电话分机）、网管终端及录音仪等设备组成。通过调度所调度交换机与 GSM-R 系统互联，实现有线和无线调度业务互通（列车及相关作业人员配置移动终端）。

6. 视频监控系统

沿线各车站设置视频Ⅱ类接入节点，沿线各区间基站等处设置视频汇集点；将沿线隧道进出口、长度大于 5 km 的隧道内避难所、紧急出口等处设置的视频采集点及信息专业设置的客运信息系统相关视频采集点接入车站视频监控平台；沿线车站运转室、公安派出所、乘警大队、刑警大队、综合维修车间、工区设置视频监控终端。

7. 应急通信系统

应急通信系统分为现场应急设备和隧道应急设备。由应急中心接入设备、应急传输通道和应急通信现场设备组成。

壶镇、临海南综合维修车间设置应急通信现场设备，接入台州调度楼新设应急中心设备。

牛和岭隧道、将军岭隧道、金家村隧道设置有线隧道事故报警电话系统。牛和岭隧道、将军岭隧道右侧、金家村隧道左侧新敷设阻燃型 HEYFLT234 × 4 × 0.9 低频电缆 1 条，在隧道内综合洞室内均设置紧急电话终端。在壶镇、仁川、括苍和横溪站设置隧道控制主机，在车站值班室设置触摸屏式操作台。隧道主机通过传输系统提供的 2 Mb/s 通道接入台州调度楼新设的隧道应急中心设备。

8. 综合网管

在台州调度新设综合网管中心设备，在壶镇、临海南综合维修车间分别新设 1 套综合网管复示终端设备。各通信子系统网管接入综合网管中心设备。

9. 通信电源

各车站信号楼通信机械室内新设 – 48 V/150A 高频开关电源及 200 Ah 阀控式密封铅酸蓄电池组 2 组，其余站内新设传输及接入设备的通信机械。室内设置 – 48 V/90A 高频开关电源柜及 100 Ah 阀控式密封铅酸蓄电池组 2 组，各区间基站新设 – 48 V/90A 高频开关电源及 200 Ah 阀控式密封铅酸蓄电池组 2 组。

红外探测站、轨道衡、汽车衡、综合保养点、给水所、消防泵房等处利用一体化传输设备自带 – 48 V/30 A 高频开关电源及 100 Ah 阀控式密封铅酸蓄电池组 2 组。

各车站信号楼通信机械室内设置 5 kVA UPS 1 套，各区间基站内设置 3 kVA UPS 1 套。区间光纤直放站内设置 2 kVA UPS 1 套。

10. 电源及设备房屋环境监控系统

在台州调度楼设置电源及环境监控系统中心设备，沿线各站新建通信、信号机房设置电源及环境监控分站设备，在壶镇、临海南综合维修车间设置通信电源及环境监控复示终端。

二、主要工程数量

金台铁路全线通信工程主要数量见表 49-1。

表 49-1　通信工程主要数量表

序号	名称	单位	数量
一	有线通信	正线公里	225.96
1	通信线路	正线公里	225.96
（1）	长途干线光缆	正线公里	556.45
①	光缆沟	正线公里	87.788
②	敷设光缆	正线公里	556.45
③	光缆保护及防护	正线公里	556.45
④	埋式电缆	正线公里	29.4
⑤	电缆保护及防护	正线公里	29.4
⑥	备用光缆	正线公里	12
⑦	备用电缆	正线公里	0.5
（2）	地区及站场光、电缆	正线公里	74.54
①	光、电缆沟	正线公里	1 226.404
②	敷设地区及站场光、电缆	正线公里	74.54
③	光、电缆保护及防护	正线公里	74.54
二	通信设备	—	—
（1）	长途通信	站	111
①	中间站通信	站	111
②	区间点通信	站	25
③	有线系统联调	km	225.96
（2）	区段及站场通信	站	25
①	中间站（含编组站）	站	25
②	地区通信	站	2
③	电源设备	站	50
（3）	无线通信设备	站	44
①	集群移动通信天线铁塔	处	44
②	铁塔基础	处	44
③	其他通信设备	处	41
（4）	其他通信		
①	电源及环境监控系统	套	103
②	视频监控	处	122
③	应急通信	套	65
④	其他系统	套	42

第二节 工程施工

一、通信及信息工程施工进度安排

（一）永康南站还建 AT 所施工进度安排

永康南站还建 AT 所施工进度安排见表 49-2。

表 49-2 永康南站还建 AT 所关键节点工期

序号	施工项目	工期	开始时间	完成时间
1	施工调查	10 日历天	2018 年 1 月 20 日	2018 年 1 月 31 日
2	方案制定及施工协议签订	20 日历天	2018 年 1 月 31 日	2018 年 3 月 20 日
（1）	敷设光缆及接续	20 日历天	2018 年 5 月 1 日	2018 年 5 月 20 日
（2）	设备安装	30 日历天	2018 年 5 月 1 日	2018 年 5 月 30 日
（3）	工程验收及克缺	15 日历天	2018 年 6 月 1 日	2018 年 6 月 15 日
3	设备单机调试及数据移设	5 日历天	2018 年 6 月 15 日	2018 年 6 月 20 日
（1）	光缆割接及设备开通	10 日历天	2018 年 6 月 20 日	2018 年 6 月 30 日
（2）	既有设备撤除	1 日历天	2018 年 7 月 5 日	2018 年 7 月 5 日

（二）正线施工进度安排

正线施工进度安排见表 49-3。

表 49-3 正线施工关键节点工期

序号	施工项目	工期	开始时间	完成时间
1	施工准备及现场调查	121 日历天	2017 年 12 月 1 日	2018 年 3 月 31 日
2	通信线路施工	334 日历天	2018 年 7 月 1 日	2019 年 5 月 30 日
（1）	光电缆挖沟	305 日历天	2018 年 7 月 1 日	2019 年 5 月 1 日
（2）	光电缆敷设	295 日历天	2018 年 7 月 20 日	2019 年 5 月 10 日
（3）	光电缆接续及测试	311 日历天	2018 年 7 月 25 日	2019 年 5 月 30 日
3	漏泄同轴电缆施工	325 日历天	2018 年 7 月 10 日	2019 年 5 月 30 日
（1）	隧道打眼、卡子固定	266 日历天	2018 年 7 月 10 日	2019 年 4 月 1 日
（2）	漏泄同轴电缆敷设	260 日历天	2018 年 7 月 25 日	2019 年 4 月 10 日
（3）	漏泄同轴电缆接续及测试	304 日历天	2018 年 7 月 30 日	2019 年 5 月 30 日
4	铁塔及电杆施工	335 日历天	2018 年 6 月 1 日	2019 年 5 月 1 日
（1）	铁塔基础浇制及附属设施	304 日历天	2018 年 6 月 1 日	2019 年 4 月 1 日
（2）	塔杆运输	244 日历天	2018 年 7 月 1 日	2019 年 3 月 1 日
（3）	塔杆组立	296 日历天	2018 年 7 月 10 日	2019 年 5 月 1 日
5	天馈线及无线设备安装	286 日历天	2018 年 7 月 20 日	2019 年 5 月 1 日
6	通信系统设备安装及配线	242 日历天	2018 年 11 月 1 日	2019 年 6 月 30 日
7	通信系统单机调试及综合调试	76 日历天	2019 年 5 月 1 日	2019 年 7 月 15 日

二、施工队伍布置

通信工程项目分部设置在台州站附近，下设 3 个施工架子队：

通信工程架子一队：负责工程起点（DK0+000）至白塔站（DK69+200，不含）（含枫山货运线、永康南疏解线）范围内的通信工程施工及设备的安装、调试。驻地：永康东站附近。

通信工程架子二队：负责白塔站（DK69+200，含）至临海东站（DK141+750，不含）范围内的通信工程施工及设备的安装、调试。驻地：仙居站附近。

通信工程架子三队：负责临海东站（DK141+750，含）至本工程终点（含头门港铁路支线、台州南货运线）范围内的通信工程施工及设备的安装、调试。驻地：台州站附近。

三、通信工程重难点

（1）通信工程移动通信系统中铁塔基础工程量较大，施工工序复杂，铁塔组立周期长，施工难度大，是通信系统控制工程。

（2）传输系统要为信号、电力/电气化、防灾等专业提供通道，对整个工程开通影响很大，因此传输系统调试是通信系统重难点工程。

四、主要施工工序

（一）光电缆线路测量

1. 施工程序

施工顺序见图 49-1。

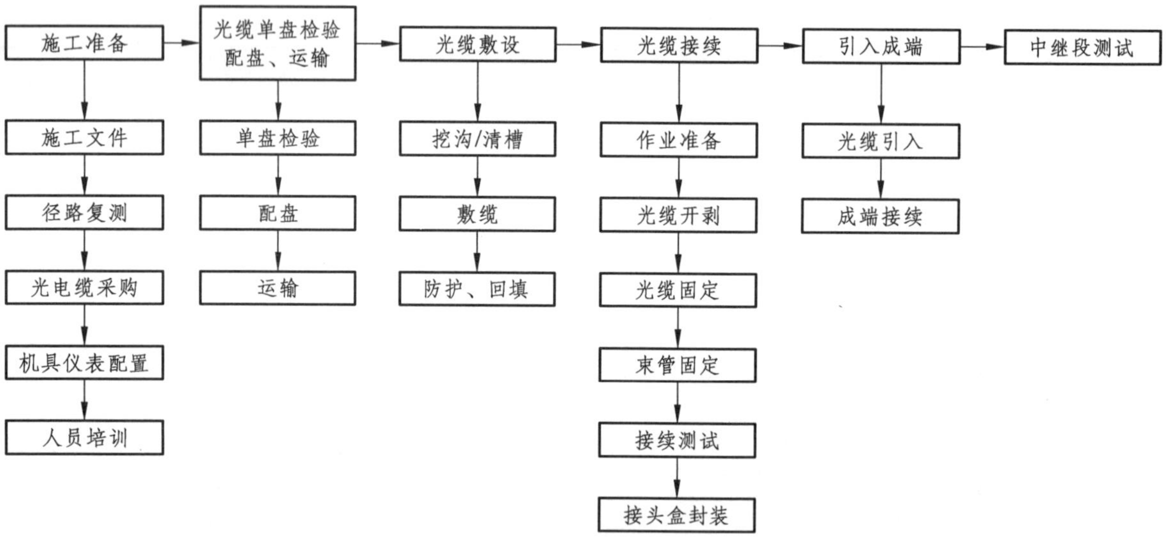

图 49-1　光电缆施工工序

2. 工艺流程

（1）测量准备。

① 应在开工前组织技术人员认真学习实施性施工组织设计，阅读、审核施工图纸，澄清有关技术问题，熟悉规范和技术标准。

② 制定施工安全保证措施，提出应急预案。

③ 对施工人员进行技术交底，对参加施工人员进行上岗前技术培训，考核合格后持证上岗。

④ 按照机械设备及工器具配置表、物资材料表配置物资料具。

⑤ 检查清点线路测量所用的仪器和工具是否齐全，仪器状态是否良好。

⑥ 参与施工测量的人员全部经过培训及技术交底。

⑦ 根据设计提供的线路图和实际情况，确定线路实际走向，应符合《铁路技术管理规程》，《铁路施工工艺标准》的规定。

（2）定线。

① 确定光（电）缆路由走向、敷设位置、预留位置。

② 核定光（电）缆穿越铁路、公路、河流及地下管线等障碍物的具体位置和防护措施。

③ 管道线路核定管道路由、敷设位置、管道接头位置或牵引光缆点位置、间距、管道长度、人（手）孔的建筑地点和建筑方式。

（3）测距、标识。

线路长度丈量：地面测距一般使用 100 m 绳尺。绳尺应每天用标准尺校正以免由于绳尺变化而造成测量误差。每隔 100 m 插计数小标旗，在转角点穿越障碍处应打定位桩。桩号应随时与绘图、记录者核对。在前后桩之间把绳尺拉直沿绳尺用白灰画线，沿途预留处应划出，预留长度应记入距离数之内。

线路与设施间距测量：一般使用皮尺或钢卷尺，记录光电缆径路与其他设施的间距、防护位置、数量等，并用木桩或红油漆标记。

（4）绘图。

核实复测的径路与设计施工图有无差异，径路变动部分应按施工图的比例绘出径路位置及径路左右 50 m 以内的地形和主要建筑物。标注各种障碍及防护的位置、类型、数量。标注光（电）缆运输、施工车辆进入通道（障碍分布及沿途交通情况等）。

架空光电缆线路核定并标记杆坑位置、杆距、拉线位置、转角方向及障碍物情况，并标定光电径路相关地形及土质情况。

（5）测量资料整理。

① 将线路测量采集的数据进行整理，建立详细的线路定测台账，作为指导施工、物资申请、工程预算的基础资料。

② 测量原始记录、资料、图表必须真实完整，并应由专人妥善保管，同时测量记录必须规范。

③ 测量结果计算前，必须对与施工测量相关的施工图纸进行全面复核，确认测量计算所采用的设计数据正确无误，当发现图纸数据与复核结果不符合时应及时与设计单位联系解决，以防止设计图纸中设计施工数据错误导致计算结果发生错误。严禁使用未经设计部门认可的非正式图纸中的数据作为测量成果计算的依据。

④ 测量结果交付使用前应进行必要的交接，将该测量资料使用中应注意的问题给资料使用部门（人）讲解清楚，测量桩点应现场逐个交接，交接清楚后应签署交接记录。

（6）光（电）缆配盘。

由工程技术人员根据测量结果进行光（电）缆物资申请并编制电缆配盘计划。

光（电）缆配盘计划中应明确：光（电）缆型号、光（电）缆长度、光（电）缆敷设地点及电缆相序等。

在下一步的光（电）缆敷设工作中，应严格按光（电）缆配盘计划进行相应的电缆敷设工作，以免造成增加光（电）缆接头制作等的额外工作。

3. 质量控制

（1）铁路工程光（电）缆径路应在铁路路界以内，坡脚地段电缆径路选择在坡脚外侧 1 ~ 2 m 处，最小距离不应小于 0.5 m。

（2）电缆径路尽量避开路肩地段，如地形限制，在电气化铁路区段考虑避开电气化基础。在站内，避开信号机、转辙机等。

（3）尽可能保持线路的直线性，便于引入及沿线分支引出。

（4）穿越铁路、公路、大车道时，交越角度一般为90°；地形限制时，应尽量不小于45°。穿越铁路时，距道岔不小于3 m，并应避开钢轨连接点。

（5）管道路由宜选择径路顺直、地势平坦、地质稳固、高差较小、土质较好、石方量较小、不易塌陷和冲刷的地段，避开地形起伏很大的山区。

（6）引入机械室光缆长度应根据实际长度另加5～10 m预留。

（7）在陡坡地段（大于30 m，大于30°）应按S弯丈量光电缆线路长度。

（8）光（电）缆自然预留比例按2‰考虑。

（9）复测时应依据经过批准的设计图径路，如遇特殊情况不能按设计径路时应及时与设计、监理、建设单位协商确定。

（10）市区光（电）缆埋设径路及在市郊规划线内穿越公路、铁路位置如发生变动时应报当地相关部门审批后确定。

（11）管道的路由应尽量沿靠各种交通线建设，以方便维护和气吹设备能够顺利到位。

（12）管道应铺设在路由较稳定的位置，避开地上、地下管线及障碍物较多、经常挖掘动土的地段。

（13）光（电）缆线路与其他建筑设施间的最小间距应符合规范要求。

（二）光电缆单盘测试

1. 施工程序

（1）光缆单盘测试。

施工准备→缆盘外观检查→光缆开剥→光缆A、B端判别→单盘测试→光缆密封→不合格品控制。

（2）电缆单盘测试。

施工准备→缆盘外观检查→电缆开剥→电缆A、B端判别→对号及环阻测试→绝缘电阻测试→电容耦合测试→电缆密封→不合格品控制。

2. 工艺流程

（1）光缆单盘测试。

① 施工准备。

a. 根据到货清单，核对光缆的盘号、型号、规格、盘长、端别、数量，应符合订货合同规定或设计要求；

b. 根据光缆出厂质量合格证和测试记录并对照实物检查光缆程式、光纤、绝缘介质、加强芯、色谱标识及其他机械物理特性是否符合相关技术标准的规定；

c. 对使用的工具、仪表要进行检查，确保性能指标正常；

d. 光时域反射仪（OTDR）、绝缘电阻测试仪经过检定并在检定有效期内，检查仪表所需使用的电源应安全可靠。

② 缆盘外观检查。

检查外观包装有无破损、缆线有无损坏、压扁等情况，并详细记录。对包装有受损、外护层有损伤的单盘，在测试时应重点检测。

③ 光缆开剥。

a. 对光缆头压扁、创伤、出厂的原封粘连等部分应切除后再进行端头的开剥；

b. 用环切刀在距光缆端头500 mm处环切外护套，轻折几次使环切处折断，往端头侧用力拉，外护套剥去露出内护套；

c. 在内护套上，距端头 400 mm 处，用单面刀片环切，轻轻地将内护套折断抽出，如果护套过紧，一次不容易抽出，可分 2 或 3 段处理；

d. 用剪刀剪去松解包层，在离端头 400 mm 处用切割刀将光纤外塑套管切除，露出裸光纤。依次用酒精棉擦净光纤。

④ 光缆 A、B 端判别。

a. 填充型光缆应检查填充是否饱满；

b. 面对光缆截面，由领示色光纤按顺时针方向排列时为 A 端，反之为 B 端；并将端别和新编盘号在盘架上作醒目标注；

c. 光缆纤芯色谱的排列与编号应以出厂的排列为准。

⑤ 单盘测试。

a. 用酒精（分析纯的乙醇）棉擦洗光纤；

b. 按照光纤切割刀使用说明书中切割刀使用方法，对光纤进行端面制作；

c. 将制作好端面的光纤放入光纤耦合器（V 型槽）对准，耦合器的另一端接 1 km 测试光纤，测试光纤的另一端接 OTDR 的光输出口；

d. 选择 OTDR 的测试范围、测试脉宽（越小则精确度越高），调整折射率，分 1 310nm 和 1 550nm 两个窗口进行测试；

e. 启动 OTDR 上的激光管对被测光纤进行扫描取样，一段时间后停止扫描，在 OTDR 显示器上移动 A 光标和 B 光标，使光标置于被测光纤的两端，读出被测光纤的长度，再将光标分别移动到光纤曲线的平滑处，读出光纤的每公里衰减。具体测试步骤按每台仪表的操作说明书进行操作；

f. 采用 G.655 单模光纤，其传输速率达到 10Gb/s 以上时，还应测试偏振模色散（PMD）；

g. 填写光缆单盘测试记录表，记录测试光纤的长度和衰减并填写测试仪表、测试温度、测试人员、测试日期、记录人等。

⑥ 光缆密封。

测试完所有光纤后，用断线钳切掉所有开剥部分，用热缩帽对光缆进行密封，光缆盘保护层应及时复原。

⑦ 不合格品控制。

对指标偏高达不到出厂指标或设计标准的光缆应及时通知厂家，分析原因，按不合格品控制程序处理。

（2）电缆单盘测试。

① 施工准备。

a. 根据到货清单，核对电缆的盘号、型号、规格、盘长、端别、数量，应符合订货合同规定或设计要求；

b. 根据电缆出厂质量合格证和测试记录对照实物检查电缆规格、金属缆芯、绝缘介质、屏蔽层、色谱标识及其他机械物理特性是否符合相关技术标准的规定；

c. 对使用的工具、仪表要进行检查，确保性能指标正常；

d. 万用表、直流电桥、绝缘电阻测试仪、电容耦合测试仪经过检定并在检定有效期内，检查仪表所需使用的电源应安全可靠。

② 缆盘外观检查。

检查外观包装有无破损、缆线有无损坏、压扁等情况，并详细记录。对包装有受损、外护层有损伤的单盘，在测试时应重点检测。

③ 电缆开剥。

对电缆头压扁、创伤、出厂的原封粘连等部分应切除后再进行端头的开剥。

用刀片将电缆开剥后，使电缆芯线露出 200 ~ 300 mm。

④ 电缆 A、B 端判别。

面对电缆截面，由领示色线组按顺时针方向排列时为 A 端，反之为 B 端；并将端别和新编盘号在盘架上作醒目标注。

⑤ 对号及环阻测试。

a. 不良线对检验：用万用表，将每根芯线与金属护套进行对号导通测试，判断芯线是否存在断线、混线、接地、错组等故障；

b. 环阻测试：将电缆线对终端环接，测试端与直流电桥相接，测出每一线对直流环阻。

换算公式：实测值/L。

指标要求：0.9 mm 线径环阻（20 °C）≤57 Ω/ km；0.7 mm 线径环阻（20 °C）≤96 Ω/km；0.6 mm 线径环阻（20 °C）≤132 Ω/ km。

⑥ 绝缘电阻测试。

将终端电缆芯线散开，用 1000V 兆欧表对电缆芯线间及芯线对地进行绝缘电阻测试。

换算公式：实测值×L。

指标要求：0.9 mm 线径绝缘电阻≥10 000 MΩ · km；0.7 mm 线径绝缘电阻≥5 000 MΩ · km；0.6 mm 线径绝缘电阻≥5 000 MΩ · km。

⑦ 电容耦合测试。

将终端电缆芯线散开，电缆金属护套与仪表接地端子相连，用电容耦合测试仪，对电缆线对的电容耦合系数 K_1 及交流对地电容不平衡 e_1、e_2 进行测试。

指标要求及换算公式：

K_1 平均值≤81 pF/ km；　　换算：实测值/$\sqrt{L}$

K_1 最大值≤330 pF/ km；　　换算：实测值/L

e_1、e_2 平均值≤330 pF/ km；　　换算：实测值/$\sqrt{L}$

e_1、e_2 最大值≤800 pF/ km；　　换算：实测值/L

⑧ 测试记录。

根据电缆单盘测试值，做好电缆单盘测试记录，并填写盘号、测试日期、气候、仪表型号、测试人员等信息。

⑨ 电缆密封。

电缆单盘测试完后，用钢锯锯掉所有开剥部分，用热缩帽对电缆进行密封，电缆盘保护层应及时复原。

⑩ 不合格品控制。

对指标达不到出厂指标或设计标准的电缆应及时通知厂家，分析原因，按不合格品控制程序处理。

3. 质量控制

（1）光缆质量控制。

① 光时域反射仪（OTDR）、绝缘电阻测试仪经过检定并在检定有效期内；

② 光缆的规格、型号应符合订货合同规定或设计要求；

③ 光缆的有效长度应不低于光缆出厂长度；

④ 光缆在不同波长下的光纤线路衰减测试值应符合要求。

（2）电缆质量控制。

① 单盘电缆测试完毕，在进行封头前，测试负责人应认真核对电缆端别是否与电缆盘标识及测试记录一致。检查有否漏测项目并补测和纠正；

② 作业人员应正确使用仪表，测试记录要真实，字迹清楚；

③ 测试前应认真校对各项仪表。仪表随环境变化要随时进行校正。

（三）通信线路施工

1. 施工程序

施工准备→确定工艺→现场定标→倒运光电缆→光电缆敷设→电气特性测试→恢复槽道盖板。

2. 工艺流程

（1）光缆敷设。

光缆敷设，可采用人工敷设和机械牵引敷设两种方法。

① 光缆人工敷设。

a. 认真核对光缆盘号，按配盘表编号，从区间端头开始敷设。

b. 光缆被放缆千斤顶支撑起腾空后将光缆头缓缓拉出，敷设劳力以每人 10～15 m 的距离间隔依次抬放，向区间另一方向前进，速度不宜过快，保持均匀，避免出现“背扣”和“浪涌”现象，在拐弯处弯曲弧度尽量大些，以保证光缆弯曲半径。当光缆被全部展放拉出后，将光缆捋直并放置于通信电缆槽内。一端的光缆被引入机房后，顺着一端沿着区间向另一端将光缆摆放到位。

c. 敷设前对槽道内垃圾杂物进行清理，双径路敷设，径路间距大于 2 m，引入机房保证双径路从不同引入口引进机房。

d. 与电力电缆间距平行不少于 2 m，垂直间距不少于 0.5 m，不得与电力同槽，交叉地段做硅芯管防护。

e. 光电缆在过桥、手孔、过轨处作 3～5 m 的余留，直线距离超过 500 m，无手孔地段在槽道中作 S 型余留，余留长度在 3～5 m。

f. 保证敷设过程中，用力均匀，前后进度一致，防止施工过程中因敷设距离过长造成光缆的松弛不一，在拐弯处光缆过紧，或因过松造成光缆被扣，致光缆受伤，敷设距离过长地段可以采用人工与机械（滑轮）组合的方式敷设。

g. 施工员做好余留点的记录，内容含余留长度，余留地点的公里标及本缆米标范围。

h. 敷设线缆完毕，专人从一个方向用手将光缆整理至槽道的一边，查看是否有光缆受伤、被扣及余留未留现象，手孔内的光缆做好盘留并绑扎好，做好标识。

② 光缆机械牵引敷设。

a. 敷缆前，准确测量区间引入口至机房位置的长度。

b. 光缆敷设、上架。

布放光缆前先将引入光缆拉出放置于轨道边；

放缆时，轨道车以每小时不大于 4 km 的速度缓缓起动前行。

缆盘两侧各站 2 人，负责控制缆盘在钢轴上的左右移动和帮助缆盘转动（行驶过程中因线路弯道、缆盘转动时会向一侧偏移，而发生卡盘）；

车上用 3 人负责拉动线缆沿平板车后沿施放。保持有一定余留，防止轨道车行驶时所受张力过大；

车下 2 人随车行，将车上施放于轨道中心的线缆捡于轨道线路电缆槽一侧；

待放到另一侧光缆引入口时，人工将光缆引入到位，回过头来将放于轨道边的光缆一一放进电缆槽；

光缆进槽后出现的少量累积富余量向前逐步送展至末端；

光缆引入、预留、标牌挂设（同人工敷设）；

施工作业完毕，清扫施工现场，并使整个作业时间控制在规定范围内。

（2）电缆敷设。

① 直埋电缆的敷设。

确定电缆端别，确定敷缆方向。

敷设电缆时速度要均匀，弯曲半径要大于规定的曲率半径即电缆护套外径的 15 倍，不得出现背扣死弯，电缆应先放沟边，然后从电缆一头顺序平放沟底，不得腾空和拱起，应有适量的蛇型弯。同沟敷设两条或两条以上电缆时，在沟底应平行排列，不得重叠交叉和扭绞。

按敷设电缆径路图画径路白线，开挖电缆沟。光电缆径路落差须缓，拐弯禁急。沟底应平整，无碎石、硬坎，地形复杂地段沟底要平缓，石质地段沟底铺细土。

电缆敷设完毕，应请建设单位、监理单位及施工单位的质量检查部门共同进行隐蔽工程验收。

电缆沟回填时先回填细土 15 cm 后再进行全面回填，严禁用石块砖头等砸、压电缆。路肩、站区的电缆沟要夯实填平，农田、大地缆沟，上方要回填成正梯形。

埋设标石：电缆标石应埋设在电缆径路的正上方。埋设在拐弯、接头、交叉、过涵桥、进出建筑物等地段应埋设标桩。直线段间隔 50 m 加设标桩。标桩露出地面以 40 cm 为宜。

② 电缆槽道内敷设电缆。

开启槽道盖板，盖板要平稳摆放在槽道的一侧，槽道内要清除干净。

电缆敷设在槽道内，要有一定的余量自然弯曲。多条电缆同槽敷设时，要平行摆放不得交叉扭绞。

槽道盖板要盖齐盖稳，不得压砸电缆。

电缆接续后余留 0.8 ~ 1.5 m。

通信站引入口外余留 3 ~ 5 m。

穿越 30 m 以上河流时两岸各余留 1 ~ 5 m。

200 m 及以上大桥两端和 250 ~ 500 m 的隧道两端各余留 1 ~ 3 m。通过 500 m 以上隧道应在大避车洞内适当余留。

槽道敷设电缆在其首端、末端、分支处应挂标志牌。多条电缆同沟敷设时，应间隔一段距离挂标识牌。

3. 质量控制

（1）敷设要求。

① 光（电）缆埋深及与其他建筑物的最小间距应达到规范要求。

② 直埋光（电）缆沟埋深，具体见表 49-4。

表 49-4　直埋光（电）缆沟埋深

序号	敷设地段		埋深（m）
1	普通土、硬土		≥1.2
2	半石质（砂砾土、风化石等）		≥1.0
3	全石质、流沙		≥0.8
4	穿越铁路（距路基面）、公路（距路面基底）		≥1.2
5	穿越沟、渠		≥1.2
6	市区人行道		≥1.0
7	铁路路肩	普通土、硬土、半石质	≥0.8
		全石质	≥0.5

③ 直埋通信电缆、光缆与其他建筑物的最小间隔距离，具体见表 49-5。

表 49-5 通信电缆、光缆与其他建筑物最小间隔距离

序号	相关设施名称		最小间距/m		附注
			平行	交叉	
1	电力电缆	电压<35 kV	0.5	0.5	当光（电）缆外有保护管时，最小交叉间距可降为 0.1 m
		电压≥35 kV	2.0	0.5	
2	市话管道边线		0.75	0.25	
3	给水管	管径<0.3 m	0.5	0.5	3～6 项电缆外有保护管时，最小交越距间可降为 0.15 m
		管径 0.3～0.5 m	1.0	0.5	
		管径>0.3 m	1.5	0.5	
4	煤气管	管压<300 kPa	1.0	0.5	—
		管压 300～800 kPa	2.0	0.5	
5	高压石油、天然气管		1.0	0.5	应考虑防蚀要求
6	热力管、排水管		1.0	0.5	靠近时应采取隔热措施
7	污水沟		1.5	0.5	防护措施后，间距不限
8	房屋建筑红线（或基础）		1.0	—	—
9	窨洞、水井、坟墓边缘、厕所等		3.0	—	采用防蚀损伤的措施后，其间距可降为 1.0～1.5 m
10	大树树干边	市内	0.75	—	树高≥10 m 的非防雷地带
		市外	2.0	—	
11	其他单位埋式电、光缆		0.5	0.5	—
12	铁路轨道中心		2.0	—	—

④ 光（电）缆敷设前将沟中的石块清除，沟底保持平顺；石沟沟底还应垫 100 mm 的细土和沙。

⑤ 在铁路路肩、公路、居民区敷设时应设专人防护，并及时恢复。

⑥ 人工敷设时，应按缆重以 5～10 m 间距隔开，当人数有限时，应采用 8 字形盘绕法。并注意地面，交通等因素的限制。

（2）防护要求。

① 穿越铁路的防护长度必须大于轨道两侧轨枕以外 0.3 m。钢管内径大于电缆外径之和的 1.5 倍。管口处用油麻缠绕并堵塞紧密。

② 用钢管防护时，按规定加上子管。

③ 在石质地段采用水泥槽防护。

④ 其他特殊地段防护应符合设计和规范要求。

⑤ 光缆在敷设时弯曲半径不小于外径的 20 倍，敷设完毕后弯曲半径不小于外径的 15 倍。

⑥ 电缆在敷设时弯曲半径铝护套电缆不小于外径的 15 倍，困难地段不小于 10 倍，铅护套电缆不小于电缆外径的 7.5 倍。

（四）光电缆接续及测试

1. 施工程序

施工准备→光缆端头制备→开剥并清洁→光纤接续→接续测试→光纤盘留→接头盒组装。

2. 质量控制

（1）光缆接续要求。

① 芯线按光纤色谱排列顺序对应接续；光纤接续部位应进行热缩加强管保护，加强管收缩均匀、无气泡。

② 光缆的金属外护套和加强芯紧固在接头盒内。同一侧的金属外护套与金属加强芯在电气上应连通。两侧的金属外护套、金属加强芯应绝缘。

③ 光缆盒体安装牢固、密封良好。

④ 光纤收容余长单盘引入引出不小于 0.8 m，两端引入引出不小于 1.2 m。

⑤ 光纤收容时的弯曲半径不小于 40 mm。

⑥ 光缆接头处的弯曲半径不小于护套外径的 20 倍。

⑦ 光缆接续后余留 2 ~ 3 m。

（2）光缆测试。

一个光中继段内，1 310 nm、1 550 nm 窗口每根单模光纤双向接续损耗平均值α不大于 0.08 dB。

（五）铁塔基础施工

1. 施工程序

施工准备→基础放线→开挖基坑→基础防雷接地→模板加工及安装→钢筋加工及安装→混凝土浇筑及养护→基础回填及塔靴包封。

2. 质量控制

（1）基坑开挖的深度控制。

铁塔基础坑深应以设计施工基面为基准。铁塔基坑深度允许偏差为 – 50 ~ +100 mm；同一基坑深度在允许偏差范围内按最深坑操平。

（2）支模质量控制。

一般采用钢模和木模配合。支模时，严禁轴线位移，保证模板的几何尺寸。模板的接缝要严密，模板的接搓不得超过规定标准，支模时一定要保证模板的刚度和稳定性。模板的隔离剂涂刷时不得过多或过少，保证混凝土在拆模时不粘模，保证混凝土表面光洁度。在混凝土浇筑时现场应有模板工配合，保证混凝土的截面尺寸。

浇筑前应检查和保养好设备，保证设备正常运转，搅拌机必须有专人操作，专人负责，由技术人员进行混凝土施工配合比的技术交底，严格按配合比施工，任何人不得私自更改。

混凝土浇筑前必须清理完钢筋和模板中的杂物，否则不予浇筑，混凝土振捣必须有专人，不得漏振，振捣的间距应按规定标准，间距不得过大。

混凝土浇筑时，木工、钢筋工应现场看管，保证模板的平整度、钢筋的间距离和保护层的厚度。

（3）混凝土浇筑的质量控制。

① 混凝土的灌注是基础施工中关键工序，要做到“内实外光”。搅拌好的合格混凝土应立即进行浇灌，浇灌应从一角或一处开始，逐渐进入四周。混凝土分层灌注时，每层混凝土厚度，不应超过振动棒长的 1.25 倍，平面振动时，混凝土厚度不大于 200 mm。振捣时要“直上直下，快插慢拔，插点均匀，上下插动”。在每一位置上的振捣时间，从混凝土表面呈现水泥浆和不再沉落为度，一般在 2 ~ 3 s 之间。振捣时，振动棒不得碰撞钢筋、预埋件和块石。

② 灌注时要随时注意地脚螺栓位置是否正确，模板及支撑是否牢固，有无漏浆，同时要注意使用钢筋与模板保持一定距离，以免露筋。所设置的预埋件、预留孔、预埋支座板的位置是否移动，若发现移位应及时校正。预留孔的成型设备应及时抽拔或松动。模板、支架等支撑情况及保护层，如有变

形、移位或沉陷，应立即校正并加固，处理后方可继续浇筑。

（4）混凝土强度的质量控制。

混凝土浇筑完成，终凝后洒水养护。拆模后及时用塑料膜封闭墩身，洒水养护。做好混凝土试块的检测，提供试块检测报告。

现场浇筑基础混凝土的最终强度应以同等条件养护的试块强度为依据。试块强度的验收评定应符合《建筑地基基础工程施工质量验收规范》（GB 50202—2002）及《铁路混凝土工程施工质量验收标准》（TB 10424—2010）的要求。

（5）其他质量控制要求。

① 施工前将模内杂物和钢筋上油物清理干净，模内不得有积水，模板缝隙空洞应堵塞不漏浆；

② 基础桩身混凝土浇筑时，模板不得与脚手架、人行通道联结；

③ 混凝土浇筑过程中应经常检查模板、钢筋及预埋件的位置、尺寸是否正确；

④ 使用模板时，要轻拿轻放。使用完毕后，要及时清理休整，涂油防锈、防腐。存放按要求按规格分类堆放，并做好防雨措施。

（六）铁塔组立施工

1. 施工程序

施工准备→对料→抱杆竖立→塔体安装→螺栓紧固→结束。

2. 质量控制

（1）塔身垂直度。用经纬仪测量检查，铁塔的高度及垂直度应符合设计要求和相关技术标准的规定。

（2）铁塔安装。铁塔塔靴与基础预埋螺栓连接紧固，全部螺栓应做放松处理。塔身各横截面应成相似多边形，同一横截面上对角线或边的长度偏差不应大于 5 mm。所有焊接部牢固，无虚焊、漏焊等缺陷。铁塔塔身与基础连接螺栓采取防盗措施。

（3）螺栓的安装与紧固。螺杆应与构件面垂直，螺栓头平面与构件间不应有空隙；螺母拧紧后，螺杆露出螺母的长度，对单螺母不应小于两个螺距，对双螺母可与螺母相平；必须加垫片时，每端不宜超过两个垫片。

螺栓的穿入水平方向由内向外；垂直方向由下向上。杆塔连接螺栓应按照扭紧力矩逐个紧固。

（4）对照设计文件观察、测量检查天线加挂支柱高度及方位、平台位置及尺寸、爬梯的设置方式。天线加挂支柱伸出平台时，支柱材料强度应满足支柱的承重和抗风要求。

（5）用接地电阻测试仪测试铁塔塔体有接地电阻应符合设计要求，塔体金属构件间应保证电气连通，避雷针安装牢固可靠。

（七）天馈线系统安装

1. 施工程序

施工准备→馈缆单盘测试→天线安装→馈缆安装→接地和防水处理→馈缆室内引入和连接→防护管管口密封→天馈线测试。

2. 质量控制

（1）馈线单盘测试。

馈线单盘电气性能要求见表 49-6：

表 49-6 馈线单盘电气性能要求

规 格	内导体最大直流电阻（20 °C）/（Ω/km）	外导体最大直流电阻（20 °C）/（Ω/km）	最小绝缘电阻/（MΩ·km）	最大电压驻波比
HCTAY-50-32 1 1/4″馈线	0.78	0.66	3 000	1.20
HCTAY-50-23 7/8″低损耗馈线	1.40	1.19	3 000	1.20
HCTAY-50-22 7/8″馈线	1.20	1.20	3 000	1.15
HCTAY-50-21 7/8″软馈线	2.97	1.31	3 000	1.20
HCAAY-50-12 1/2″馈线	1.62	2.08	3 000	1.20
HCAHY-50-9 1/2″超柔	2.97	3.54	3 000	1.20

（2）天线安装。

天线的安装高度、方向和安装方式应符合设计要求。

天线固定时应将天线馈电点朝下，天线安装在抱杆的中心位置，上下两边露出抱杆的距离相等。

所有室外跳线、馈缆接头处均应按规范正确防水密封处理。防水处理的具体要求：首先在底层缠一层窄胶带（缠绕时最外层的胶带要将原先的遮盖 1/2 到 2/3），接下来在胶带上缠上一层胶泥，胶泥缠的要均匀，在胶泥上缠 3～5 层宽胶带后再在最外面缠 4 层窄胶带。

板式天线的俯仰角和方位角的调整要求必须符合无线设计配置表的规定，方位角偏差不得大于±5°，俯仰角偏差不得大于±1°。

天线应在避雷针 45°的保护区域内，天线支架与铁塔连接应可靠牢固，天线与天线支架的连接也应可靠牢固。

（3）馈缆安装。

馈缆布放要求整齐，美观，不得有交叉、扭曲、裂损情况的发生，馈缆安装的最小弯曲半径要求见表 49-7。

表 49-7 馈缆安装最小弯曲半径

规 格	最小弯曲半径（单次弯曲）/mm	最小弯曲半径（多次弯曲）/mm
HCTAY-50-32 1 1/4″馈线	200	380
HCTAY-50-23 7/8″低损耗馈线	150	275
HCTAY-50-22 7/8″馈线	140	250
HCTAY-50-21 7/8″软馈线	90	130
HCAAY-20-12 1/2″馈线	80	125
HCAHY-50-9 1/2″超柔	17	55

7/8 英寸馈缆卡水平时响铃不大于 1.5 m，垂直时相邻卡间距不大于 0.9 m。

室内 7/8 英寸馈缆卡固定夹上的锁紧螺母紧密牢固安装，7/8 英寸馈缆卡上固定夹安装方向要求一致。

固定馈缆时要求爬梯从里往外依次是发送馈缆、接收馈缆，同时从塔顶和塔下面观看馈缆上下、左右在一条直线上。

直放站接头在距离缆头 50 mm 波峰的位置使用裁纸刀将馈缆的外护皮开剥 50 mm，剥下护皮后在距离外护皮 38 mm 的波峰处卡上防滑卡，使用钢锯平分锯开；在距离缆头 50 mm 波峰的位置使用裁纸刀将馈缆的外护皮剥下，在距离缆头外护皮 38 mm 波峰的位置使用 7/8 馈缆专用工具轻轻旋转 12 次左右可以将馈缆切好。

基站的接头在距离缆头 50 mm 波峰的位置使用裁纸刀将馈缆的外护皮开剥 50 mm，剥下护皮后在距离外护皮 21 mm 的波峰处卡上防滑卡，使用钢锯平分锯开；在距离缆头 50 mm 波峰的位置使用裁纸刀将馈缆的外护皮剥下，在距离缆头外护皮 21 mm 波峰的位置使用 7/8 馈缆专用工具轻轻旋转 12 次左右可以将馈缆切好。

（4）馈缆的接地。

馈缆金属外护套应在塔上、下和机房入口处三处接地，且机房入口处的接地必须引到室外地线排上，当馈缆及其他同轴电缆长度大于 40 m 时，在铁塔中部增加一个接地点，接地连接线应采用截面积不小于 10 mm^2 的多股铜线。

室内 7/8 英寸馈缆接地卡上紧固螺丝要紧固连接，并与接地卡的朝向要一致。接地卡引出的 16 mm^2 接地线所安装的接地锁紧螺母要紧密连接。

（5）馈缆的室内引入与连接。

室内馈缆的引入要求手孔中的灰管在两头分别引入 PC 管内 12 ~ 20 cm。

室内 1/2 跳线弯曲半径不小于 70 mm。

室内馈缆布放不得有交叉，室内、室外馈缆要求行、列整齐、平直、美观，弯曲度一致。馈缆无明显的折、拧现象，馈缆无裸露铜皮。

馈缆在室内和室外都要有标签。

馈缆、信号线与交流电源线间距宜在 3 cm 以上。

馈缆进入基站后与设备连接如果安装馈缆防雷器，其接地端子应引到室外地线排，且地线排上的螺丝必须拧紧。

（6）防护管管口密封。

密封时应注意馈缆在钢管的中心位置，务必做到美观、严实、牢固。

弯曲半径大于等于馈缆外径的 20 倍（软馈缆的弯曲半径大于等于馈缆外径的 10 倍）。

（7）天馈线系统电压测试。

天馈线系统电压驻波比（VSWR）验收合格标准：不大于 1.5，现场实施时要求控制在 1.3 以内。

（八）同轴漏泄电缆施工

1. 施工程序

单盘测试→安装隧道内漏缆卡具→隧道外吊挂件→漏缆敷设→漏缆连接→特性测试。

2. 质量控制

（1）漏泄电缆和馈缆单盘测试。

单盘漏缆测试：单盘漏缆主要测试环阻、绝缘电阻和耐压等特性，终端及调相软缆测试绝缘电阻和耐压直流特性。

漏泄同轴电缆单盘直流电气性能标准见表 49-8：

表 49-8 漏泄同轴电缆单盘直流电气性能标准

序号	项目		单位	漏泄同轴电缆规格代号		
				42 mm 1-5/8 英寸	32 mm 1-1/4 英寸	22 mm 7/8 英寸
1	内导体最大直流电阻（20 °C）	光滑铜管	Ω/km	—	0.69	1.09
		螺旋皱纹铜管		0.88	—	—
2	外导体最大直流电阻（20 °C）		Ω/km	0.42	0.57	1.20
3	绝缘介电强度（DC 1 min）		V	15 000	10 000	10 000
4	最小绝缘电阻		MΩ · km	5 000		

配盘：根据设计文件及漏缆设计长度，采用中继段内分级补偿的办法进行配盘。按照不同耦合损耗指标的漏缆采用定长配置，以减少剩余短段漏缆，避免新增接头。每段漏缆的最短使用长度 50 m。

馈缆单盘测试：单盘馈缆的主要测试项目有环阻、绝缘电阻和耐压等特性，射频电缆单盘电气性能标准见表 49-9。

表 49-9　射频电缆单盘电气性能标准

规　格	内导体最大直流电阻（20 °C）/（Ω · km）	外导体最大直流电阻（20 °C）/（Ω · km）	最小绝缘电阻 M/（Ω · km）	最大电压驻波比
1-5/8 英寸馈线	0.78	0.66	3 000	1.20
7/8 英寸馈线	1.20	1.20	3 000	1.15
1/2 英寸馈线	1.62	2.08	3 000	1.20

（2）隧道内漏缆敷设。

漏缆敷设高度要求距同侧轨面垂直距离 4 500 ~ 4 600 mm，满足设计要求。

坚固螺丝不能用力过猛避免破坏膨胀螺栓螺纹，膨胀螺栓坚固后露出螺纹不应小于 15 mm。

隧道内漏缆卡具要求安装牢固，避免出现松动、脱落现象。

布放漏缆要求 5 ~ 7 m 一人，漏缆不能拖地，不能打折。漏缆放于隧道壁下方，背筋要求正面向隧道壁。漏缆卡装要求背筋仍朝向隧道壁。

多人卡装时依次卡装，每人一次卡装两个卡具。卡入漏缆后合上卡座前盖。使用十字螺丝刀安装自供丝于固定孔内，拧紧。遇到防火卡具时按照卡具安装方法卡住螺丝拧紧。

隧道内画线采用 1 m 高的 T 型尺倒放轨面，装上红外墨线仪或水平尺调平后在洞壁确定 1 m 基准线并使用直尺划定 1 m 间隔线，墨线仪一次能够标定 5 ~ 10 m，然后依次前移划线，再用专用轨行梯车、定长线坠和标尺将吊夹打孔位置准确定位。然后进行打孔、装膨胀螺栓和夹具。

（3）漏泄电缆接口处安装。

安装漏泄电缆接头。按照设计的接头位置安装接头。漏缆一般在距隧道口 1 m 处安装 1 个 1-5/8N 型接头；射频电缆接头分不同情况安装 1-5/8 或 7/8 接头 1 个；隧道内接口处需安装 2 个 1-5/8N 型接头，相距 1 m。

安装直流阻断器。直流阻断器安装标准：在漏缆长度超过 500 m 时加装直流阻断器（DC）。直流阻断器安装位于漏缆接头和避雷器之间或者漏缆接头和跳线之间。

安装避雷器。避雷器按照设计要求，一般在隧道口处安装避雷器防雷，避雷器安装在漏缆接头和天线引下的 1/2 跳线之间。避雷器安装包含有避雷器和避雷器连接螺丝等。

接头防水处里。漏缆所有接头及外露的接入器件都需做防水处理，防水处里不仅要达到防水要求，而且要求外观美观和维护方便。

（4）隧道外漏缆敷设。

塑料吊带要求 1 m 1 个，金属吊带一般 10 m 1 处，洞内外弯区域应加密，一般 5 m 加装 1 个金属吊夹。主要作用有两个：一是防火，二是提高漏缆吊挂安全度。

漏缆在吊线上吊挂时，垂度应小于 15 m。

（5）漏泄电缆引下和引入

漏泄电缆在隧道壁引下时需通过 1/2 跳线连接 7/8 馈缆或 1-5/8 馈缆。馈线最小弯曲半径标准见表 49-10。

表 49-10　馈缆最小弯曲半径标准表

射频同轴电缆规格代号	最小弯曲半径（单次弯曲）/mm	最小弯曲半径（多次弯曲）/mm
7/8	140	250
1/2	80	125

布放馈缆。布放馈缆应事先丈量所需馈缆长度，按实际馈缆穿越路径计算，在馈缆总长的基础上增加 10 m 余留。根据设计要求选择布放馈缆类型。

馈缆布放路径根据设计从隧道壁漏缆接口处开始向下敷设，穿越电力沟槽和排水沟槽到达通信沟槽。馈缆在通信沟槽敷设分三种情况：

① 穿越轨道至接近直放站基站处；

② 从桥梁处顺着桥墩引下至接近直放站基站处；

③ 直接在通信沟槽延伸至接近直放站基站处。

馈缆在铁路边线路槽道预留孔处拐弯，拐弯后有的通过地面水泥槽道或直接通过事先布放的塑料管道至直放站基站预留孔处，在穿越较长塑料管道时可使用穿管器结合馈缆拉缆网绳辅助穿缆。

（6）馈缆固定和防护。

① 馈缆在引下时使用 7/8 馈缆卡子或 1-5/8 馈缆卡子固定，固定卡子使用ϕ10 mm 钻头打孔，ϕ8 mm 内爆膨胀螺栓固定。

② 7/8 馈缆引下时根据设计要求需加装ϕ60 mm 镀锌钢管 2.7 m 防护至电力沟槽内，镀锌钢管固定使用ϕ60 mm 钢管卡子ϕ6 mm 膨胀螺栓，开孔使用ϕ8 mm 钻头，同时钢管顶部需用ϕ60 mm 的热缩套管热缩防水。

③ 在通过电力沟槽和排水槽至通信沟槽时需加装ϕ40 mm 或ϕ60 mm 硅芯管，一头至镀锌钢管顶处高出约 4 cm 处，一头至通信沟槽内直至拐弯角大于 90°。

④ 通过预留手孔或拐弯时加装ϕ40 mm 或ϕ60 mm 硅芯管，硅芯管长度应通过预留孔处拐弯还有一定的富余长度。

⑤ 在馈缆从桥上引下时，为防止刮伤缆可先安装硅护管再穿馈缆。

漏泄电缆的室内引入。馈缆在通过直放站基站手孔时将穿过一条斜向上进入室内的塑料管道，管道的选择位置需保证所有进入室内线缆不交叉，进入室内沿设计线路走向固定至连接 3 m 跳线处，3 m 跳线连接至直放站远端机。具体进室内长度，根据远端机位置和走线长度实际测量。馈线应按照馈线排列原则入室，馈线入室不得交叉、重叠，入室行列应排列整齐、平直，弯曲度应合适并一致。

（7）漏泄电缆在综合洞室引入。

安装 1/2 馈缆在洞室内高度为 1.8 m，每隔约 90 ~ 100 cm 安装一个 1/2 馈缆卡子，拐弯处 1/2 馈缆卡子离拐角 20 cm 安装，最后用粉笔标记打孔的位置。

安装 1/2 接头时先用手拧紧 1/2 馈缆接头至 1-5/8 接头，再用扳手拧紧 1/2 馈缆接头，要求拧动时，1-5/8 接头不能跟着转动，否则接头将会不合格。1/2 馈缆固定使用 1/2 馈缆卡子，1/2 馈缆卡子固定使用ϕ10 mm 钻头ϕ8 mm 自曝螺栓固定，孔深约 5 cm 左右。

敷设 1/2 馈缆在洞口拐弯至洞内时，安装ϕ40 mm 软护管，软护管使用ϕ40 mm 卡子固定。

（8）安装 1/2 漏缆接头。

紧固后连接紧密，应无缝隙存在，经驻波比测试后合格便安装完成。

安装时注意线缆必须拉直，这样做出来的头不会弯曲。

接头安装时必须清理干净残渣泡沫，不与设备安装时使用胶带封住接头。

（9）综合接地箱安装。

因综合接地箱内固定地线铜鼻螺栓不易拧紧，必须使用小扳手卡住里面螺丝，拧外面螺母，螺丝必须与铜鼻接触良好，使用扳手固定紧密。

（10）安装 1-5/8N 型接头。

安装接头必须连接紧密无缝隙，经驻波比测试接头驻波比值在规定小于 1.5 的规定，否则应查明原因，进行处理。

（11）安装 7/8N 型接头。

安装接头必须连接紧密无缝隙，经驻波比测试接头驻波比值在规定小于 1.5 的规定范围内。

（九）室内设备安装

1. 施工程序

现场环境调查→设备开箱检查→走线架安装→设备安装→设备配线→设备单机调试→设备系统调试。

2. 质量控制

（1）走线架。

室内走线架采用不低于 30 mm×44 mm 铝合金型材拼装，走线架的横档间隔距离宜为 300 mm，拐弯处应适当加密，横档应在同一水平面上；

走线架闭合时，排间应采用绝缘堵头进行绝缘处理；

走线架各部位连接采用不锈钢固定件连接，走线架及各部分固定件安装连接应牢固可靠。

（2）机柜。

机柜（架）底座应采用减震底座安装，固定牢固，安装高度与防静电地板标高一致；

机柜（架）正面应平齐，垂直偏差应不大于高度的 1‰，相邻机柜（架）相互靠拢时其间隙不大于 3 mm；

壁挂式设备底部应齐平，距防静电地板高度宜为 1 400 mm。

（3）2 m 线布放。

在走线架上布放时，采用阻燃 ABS 固线器固定，型号符合线径要求，设置间距宜为 300 mm；

2 m 同轴电缆进入机柜后应使用尼龙扎带绑扎到端子板处后再剥去外护套露出芯线，绑扎间隔宜为 150 mm，扎带朝向、间距一致；

2 m 同轴电缆外护套开剥位置应采用热缩套管进行防护，热缩套管的长度一致；

2 m 同轴电缆芯线应先进行理线编绑做余留弯后进入数字配线子架，绑扎间隔宜为 20 mm，弯度一致，扎带朝向一致；

成端出线位置应与端子匹配，出线弧度一致，余留长度一致；

2 m 同轴电缆芯线成端焊接时，绝缘层距端子边缘露铜不宜大于 1 mm。

（4）网线布放。

在走线架上布放时，采用阻燃 ABS 固线器固定，型号符合线径要求，设置间距宜为 300 mm；

线缆进入机柜时应使用尼龙扎带绑扎，绑扎间隔宜为 100 mm，扎带朝向一致；

网线在引至网络配线架时应弯度一致；

网线在网络配线架成端时开剥位置应采用热缩套管进行防护， 热缩套管长度宜为 20 mm；

网线成端时 RJ45 接头应采用 T568A（或 T568B）线序，配线架侧与设备侧线序应一致，接头应压接牢固，接触良好。

（5）尾纤布放。

光纤跳纤上走线宜采用阻燃 ABS 塑料光纤走线槽布放，走线槽应栓接固定在上走线架侧方；

光纤跳纤下走线布放应加套 PE 波纹管防护，管口采用绝缘胶带缠绕封堵；

光纤跳纤弯曲半径不小于 50 mm；

光纤跳纤机柜内布放应用尼龙粘扣带绑扎或 PE 螺旋缠绕管固定；

绑扎应均匀，固定应顺平，松紧适度。

（6）电源线布放。

在走线架上布放时，采用阻燃 ABS 固线器固定，型号符合线径要求，设置间距宜为 300 mm；

交流电源线与直流电源线分开布放，间隔距离应不小于 100 mm；

不同极性电源线分层固定，间距应不小于 20 mm；

线缆布放应顺直、整齐，拐弯处弧度一致；

电源线布放弯曲半径应不小于线缆外径的 6 倍；

电源线在空气断路器侧成端采用铜冷压端子压接，在正极排成端采用铜接线端子压接，型号应符合线径要求，压接牢固；

铜接线端子压接后应采用热缩套管保护，热缩套管后端应平齐。

（7）地线布放。

在走线架上布放时，采用阻燃ABS固线器固定，型号符合线径要求，设置间距宜为300 mm；

地线布放应顺直、整齐，色带朝上，拐弯处弧度一致；

地线布放弯曲半径应不小于线缆外径的10倍；

地线成端时应采用铜接线端子压接，型号符合线径要求，压接牢固；

铜接线端子压接后应采用热缩套管保护，热缩套管后端应平齐；

地线与接地汇集线连接时应采用铜质螺栓栓接，双螺母朝上。

（十）综合布线

1. 施工程序

施工准备→管线预埋→桥架安装→线缆敷设→信息插座安装→线缆终接→线缆测试。

2. 质量控制

各种型材的材质、规格、型号应符合设计文件的规定，表面应光滑、平整，不得变形、断裂。预埋金属线槽、过线盒、接线盒及桥架表面涂覆或镀层均匀、完整，不得变形、损坏。

工程使用的对绞电缆和光缆型式、规格应符合设计的规定和合同要求。

综合布线系统工程采用光缆时，应检查光缆合格证及检验测试记录。

光缆开盘后应先检查光缆外表有无损伤，光缆端头封装是否良好。

配线模块和信息插座及其他接插件的部件应完整，检查塑料材质是否满足设计要求。

光、电缆交接设备的形式、规格应符合设计要求。光、电缆交接设备的编排及标志名称应与设计相符。

有关对绞电缆电气性能、机械特性、光缆传输性能及接插件的具体技术指标和要求，应符合设计要求。

机柜、机架安装位置应符合设计要求。机柜、机架的安装应牢固，如有抗震要求时，应按施工图的抗震设计进行加固。

各部件应完整，安装就位，标志齐全；安装螺丝必须拧紧，面板应保持在一个平面上。

信息插座面板可开启，具有防水、防尘、抗压功能。接线盒盖面应与地面或墙面齐平。

各种插座面板应有标识，以颜色、图形、文字表示所接终端设备类型。

（十一）接地及防雷施工

1. 施工程序

施工准备→接地装置安装及接地引入→地线盘（箱）、防雷器件安装→防雷、电磁兼容及接地检测。

2. 质量控制

（1）室外接地体与建筑物的散水距离不应小于 1.5 m，为了减少挖沟的工作量，应尽量在建筑物工程开挖时与土建配合施工。

（2）接地扁钢应采用搭接，焊接必须牢固，无虚焊，搭焊长度为扁钢宽度的2倍且为三面焊接。接地扁铁与接地极焊接应双面施焊，扁钢应四面焊接，并清除焊接处焊渣，引出线和镀锌扁钢焊接部分应刷防腐漆。

（3）电气设备应有明显的接地线与接地干线相连接，接地线要用镀锌螺栓连接。

（4）沿梁、柱的引下线可在扁钢上钻孔，用膨胀螺丝固定，沿构架的引下线要用抱箍固定。

（5）所用主材、耗材均应有合格证或检验记录，规格应符合图纸要求，镀锌层表面应符合标准，材料应无扭曲、断裂现象。

（6）特殊工种人员，如电工、焊工等必须持证上岗，并在项目部接受岗前培训。

（7）下料可用切割机或手工，加工处要做好防腐处理。

（8）接地极及接地带敷设完成后，应联系业主和监理单位到现场验收，并做好施工记录，及时填写检验评定表格，办理隐蔽工程签证。

（9）接地施工基本上均为现场见证点，回填前应联系监理检查。

（10）焊缝必须去除残留的焊渣，所有焊缝和镀锌层破坏处均应刷防腐漆，应在焊痕外 100 mm 内涂沥青处理。

（11）接地扁钢应采用冷弯的方法，弯曲半径应大于 2 倍扁钢厚度。

（12）设备接地及接地引下线在安装时，为了保证工艺美观，其外露部分最好用整根扁钢连接，如果不能满足要求则要尽可能减少接头数，并保证接地线横平竖直。

（13）引下线的固定间距要均匀。

第五十章 信息工程

信息系统主要由客运服务信息系统及其他信息系统组成，客运服务系统由票务系统和旅客服务信息系统组成。其中票务系统由窗口售票、自动售票、补票和自动检票系统组成；旅客服务系统由集成管理平台、综合显示系统、广播系统、视频监控系统、时钟系统、安检系统等组成。其他信息系统主要由办公管理信息系统、公安管理信息系统组成。

第一节 工程概况

一、工程范围

金台铁路办理客运车站有 8 个，分别是永康南（既有）、壶镇、磐安南、仙居南、临海南、台州（既有）、杜桥、头门港站；办理货运车站有 7 个，分别是永康东、壶镇、磐安南、下各、临海东、头门港、台州南（既有）站，永康东、临海东、头门港站办理集装箱作业；设壶镇、临海南综合维修车间；设仙居南、杜桥综合维修工区；设武义东、永康南、永康东、磐安南、仁川、白塔镇、下各、括苍、临海东、台州、台州南、头门港综合保养点；设磐安南、仙居南、头门港站公安派出所，全线各站设公安值班室。

信息工程内容为：沿线各客运站站房客票系统、旅客服务信息系统、行包信息系统、门禁系统、综合布线系统、办公信息系统、公安管理信息系统、电源及设备房屋环境监控系统及电源防雷接地系统；各公安派出所、公安值班室的公安管理信息系统；各车站信号综合楼、维修车间、维修工区、综合保养点等办公场所的办公信息系统；永康东、磐安南、壶镇、下各、临海东、头门港货场的货运管理信息系统，货场视频监控系统，智能大门系统；台州调度大楼设运输调度管理系统、旅服集成管理平台、办公信息系统等相关信息系统；金温铁道公司客票、办公、货运等信息系统改造工程（车站客票系统接入金温铁道公司区域级客票中心系统；车站办公信息系统、货运管理信息系统、集装箱管理信息系统接入金温铁道公司相关既有相关系统网络等）。

二、工程建设过程

2019 年 12 月 18 日，通号通信信息集团有限公司完成合同签订、主要管理人员入场、组织结构建立；

2020 年 03 月 30 日，通号通信信息集团有限公司组织施工人员进场施工；

2020 年 04 月 23 日，在温州召开了客服信息物资设备技术规格书审查会；

2020 年 07 月 03 日，在台州召开了客服信息设计联络会议；

2020 年 11 月 03 日，在磐安南站进行了客服信息首件评定；

2020 年 11 月 26 日，组织进行了金台铁路客服信息系统接入上海局既有系统施工方案审查会（初审）；

2020 年 12 月 11 日，组织进行了金台铁路客服信息系统接入上海局既有系统施工方案审查会（局审）；

2020 年 12 月 28 日至 12 月 30 日，组织进行了金台铁路信息工程及客服设施静态验收；

2021 年 1 月 15 日，在上海召开了金台铁路信息工程及客服设施静态验收专家评审会；
2021 年 3 月 18 日至 25 日，组织进行了金台铁路信息工程及客服设施动态验收；
2021 年 4 月 13 日，在上海召开了金台铁路信息工程及客服设施动态验收专家评审会；
2021 年 4 月 28 日至 29 日，完成初步验收工作；
2021 年 5 月 6 日至 5 月 9 日，完成安全评估工作；
2021 年 6 月 26 日，金台铁路开通运营。

第二节　工程施工

一、主要项目施工方法及技术措施

（一）整体施工流程

根据项目特点，实施过程分为五个阶段进行。

第一阶段：施工准备。

工程开工报审获批后，项目指挥部完成组织机构及管理制度的建立，施工人员、材料、机具陆续入场，工程技术人员施工前完成对图纸的复核及各类方案的编制工作，作业人员完成安全技术交底及岗前培训，现场管理人员与接口单位建立联系，项目进入准备阶段。

第二阶段：管槽、吊挂件的安装预埋。

该阶段主要工作是根据设计提供的沟槽管洞和综合布线图纸敷设钢槽及线管，在指定位置安装设备的吊挂件、壁挂件，工序集中在土建结构完工之后，预埋管槽在土建混凝土浇筑或找平前实施，吊顶内管槽敷设则在土建砌体完工后入场，吊顶封板前完成，整个过程与土建浇筑、砌体、找平、吊顶、抹面等相关工序交叉同步进行。

第三阶段：各系统终端设备的配线。

管槽安装完成后，根据设计图纸在既有管槽中敷设各系统强弱电线缆，为保证与土建专业的交叉施工顺利进行，缆线敷设阶段需在土建吊顶封板前完工。

第四阶段：终端设备的安装及缆线成端。

该阶段的实施在墙地面装修界面交付后，信息专业根据设计及厂家提供的安装图纸，在指定位置安装终端设备及配线接续成端。

第五阶段：终端设备加电及调试。

该阶段主要开展设备加电及调试工作，票务和旅服系统调试人员陆续入场，项目进入静态验收准备阶段，由专业工程师完成各子系统调试后项目进入联调联试，客服信息系统具备试运行条件。

（二）综合布线施工流程

综合布线施工流程按时间先后顺序主要包括：材料入场检验→路径复测→弹线定位→钻孔/支架安装/开槽→管槽铺装→线缆敷设→断路测试→接续成端→性能检验测试→提交验收。

（三）系统终端设备安装施工流程

1. 设备开箱与清点

在设备交付现场安装前，由项目物资部门负责与业主或监理共同对设备装箱清单、图纸、说明书等技术资料进行清点和检查，确保数量、型号、规格、质量符合设计和订货合同要求及相关技术标准规定；合格证、质量检验报告等质量证明文件齐全；设备及附件无变形、表面无损伤，镀层、漆饰完整无脱落，铭牌、标识完整清晰。

2. 设备定位

依据设备布置图和有关建筑物的轴线或边沿线和标高线，划定安装基准线，确保相同类型设备保持在同一水平线上，同时需考虑设备的边角线与装修材料的对边对缝，力求营造车站整体风格协调美观。

3. 安装界面的安全检查

设备安装前需对定位完的装修界面进行必要的安全检查，结构承重受力满足设备安装要求，综合显示大屏壁挂或吊挂前需由结构专业设计人员进行承重核算，确保设备安装牢固。

4. 设备安装

设备应安装牢靠、稳固，线缆管线接地方式和电阻值符合设计要求，电缆、电源线接续时应适当预留，接头处理应符合防火防水要求，嵌入式安装的设备应预留足够的散热和维护距离，闸机、自动售、安检仪等暴露在作业通道上的设备安装完后需进行成品保护。

5. 加电调试

设备安装完成后一般采用机房正式电进行加电调试，特殊情况下用临时电调试的，调试前需检测电压、电流是否稳定，与设备的额定值是否匹配，以免因电路异常对设备产生损毁。

设备安装施工流程图见图 50-1：

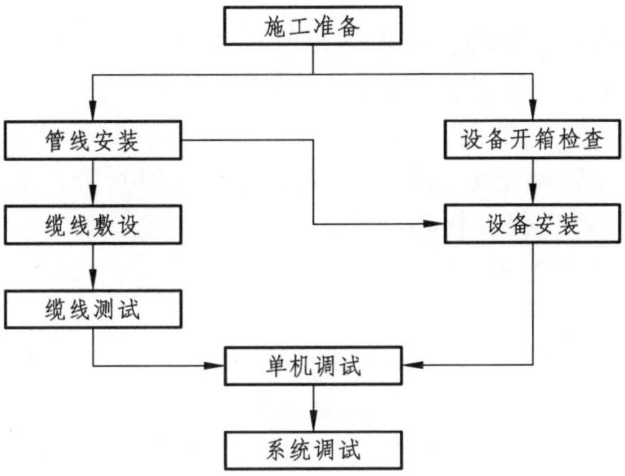

图 50-1　设备安装流程图

二、分项施工方案、工法

（一）电源、防雷与接地施工方法

1. UPS 电源系统

（1）开箱检验。

设备开箱检验由建设单位、监理工程师、施工单位和设备生产厂家共同进行，并做好检查记录；

按照设备清单、施工图纸及设备技术资料，核对设备及附件的规格型号是否符合设计要求；产品合格证、技术资料等是否齐全；

检查 UPS 的整流器、充电器、逆变器、静态开关，其规格性能必须符合设计要求；内部接线连接正确、标志正确清晰、紧固件可靠无松动、焊接牢固无脱落。

（2）基础制作、安装。

① 设备安装准备。

a. 将安装处的防静电地板及地板支架拆除，首先进行地面平整、清理；

b. 检查底座支架的平直度。

② 底座支架安装。

a. 根据设计图纸画线，确定底座支架安装位置，测量基准线以房屋的轴线为准，用水平尺或水准仪测量底座支架安装位置的平整度，一般测量三点，测量误差满足《电气化装置安装施工及验收规范》标准要求。

b. 安装底座支架固定膨胀螺栓，摆放支架，用经纬仪或长水平尺确定各底座支架整体水平，如不水平则采取增减垫铁方式使之水平，然后再复核一次。注意加垫铁不宜太多。

底座支架安装的允许偏差见表 50-1。

表 50-1 底座支架安装的允许偏差

项　　目	允 许 偏 差	
	mm/米	mm/全长
不直度	<1	<5
水平度	<1	<5
各支架接缝	—	< 2
位置误差及不平行度	—	< 5

③ 根据产品技术文件，确定设备的实际安装尺寸和固定螺栓安装孔距尺寸，测量出型钢的几何尺寸。基础型钢安装的偏差应符合成套配电柜、控制柜（屏、台）安装工艺。

④ 型钢先调直找正后，焊接成框架，再根据设备固定螺栓的间距，钻出固定孔。

⑤ 框架加工完毕，配合土建确定地面基准线后，进行框架安装，用水平尺、水准仪找平，再固定牢固，基础型钢应将地线焊接好，保证接地可靠。

⑥ 对焊接部位除锈并做防腐处理。

（3）设备安装。

根据施工图纸，用人力及滚杠将设备就位到基础型钢上，找平、找正后将设备固定牢固，其垂直度、水平度的允许偏差应符合成套配电柜、控制柜（屏、台）安装工艺；

分别敷设 UPS 主回路、控制回路的线缆，并与设备进行连接，具体工艺应符合电缆敷设工艺标准；

将 UPS 输出端的中性线（N 极）与由接地装置直接引来的接地干线相连接，作重复接地；

UPS 的可接近裸露导体应接地（PE）或接零（PEN），连接可靠且有标识。

（4）蓄电池组安装。

蓄电池组安装前应检查以下内容：

a. 蓄电池槽或蓄电池外壳应无裂纹、损伤、变形、漏液等现象，透明的槽盖板应密封良好；

b. 蓄电池的正、负端柱必须极性正确，并无变形；滤气帽或气孔塞的通气性能良好；

c. 连接板、螺栓及螺母应齐全，无锈蚀。

蓄电池组安装：

a. 蓄电池安装应平稳、间距均匀；同排的蓄电池应高度一致，排列整齐；

b. 根据厂家提供的说明书和技术资料，固定列间和层间蓄电池的连接板，操作人员必须戴胶布手套并使用厂家提供的专用扳手连线；

c. 并联的电池组各组到负载的电缆应等长，以利于电池充放电时各组电池的电流均衡；

d. 极板之间相互平齐、距离相等，每只电池的极板片数符合产品技术文件的规定；

e. UPS 与蓄电池之间应设手动开关，并应采用专用电缆连接，线端应加接线端子，并压接牢固可靠；

f. 有抗震要求时，其抗震措施应符合有关规定，并牢固可靠。

2. 防雷系统

（1）等电位施工工艺。

① 铜质等电位连接线不应在土壤中与钢接体连接；暗敷设的等电位线连接线及其连接处必须作隐蔽工程验收，验收合格后方能隐蔽，对于隐蔽部分的等电位的连接线及其连接处应在竣工图上注明实际走向和部位；

② 等电位连接线采用钢材焊接时，应采用搭接焊并满足如下要求：

a. 扁钢的搭接长度不应小于其宽度的二倍，三面施焊 （当扁钢宽度不同时，搭接长度以宽的为准）；

b. 圆钢的搭接长度不应小于其直径的六倍，双面施焊（当直径不同时，搭接长度以直径大的为准）；

c. 圆钢与扁钢连接时，其搭接长度不应小于圆钢直径的六倍，双面施焊；

d. 焊接头应有防腐处理（埋在混凝土内的接头除外）。

③ 室内局部等电位联结必须设局部等电位箱，局部等电位箱内必须有 PE 线，系列接线盒暗敷设，并加盖 86 系列面板；

④ 电位联结端子板应采用螺栓连接，以便于拆卸进行定期检测，当采用 BV-10 ~ 25 mm 导线时，必须用铜线端子压接后再与等电位端子板连接，BV-6 mm 及以下的导线可盘圈后与等电位端子板直接连接，并加平光垫，防松垫圈紧固；机房室内、运行室的等电位连接：室内所有设备金属外壳作等电位连接；同时沿室内四周设置闭合的接地母线（紫铜带），将此接地母线通过引下线连接到地网上，将室内设备的电气接地以最短的距离与网格相连。

（2）供电系统的防雷施工工艺。

① 在主配电箱，各终端分配电箱，各重要的子系统信号设备前端安装电源避雷器，在重要设备终端安装 D 级电源浪涌防雷器，选用电源防雷插座产品。

② 对于固定式电源防雷器 SPD，常规安装应遵循下述步骤：

a. 确定放电电流路径；

b. 在设备终端引起的额外电压降的导线，限制电压；

c. 为避免不必要的感应回路，应标记每一设备的 PE 导体；如果不可能进行单一接地则需要两个防雷器 SPD；

d. 设备与防雷器 SPD 之间建立等电位连接；

e. 要进行多级防雷器 SPD 的能量协调。

（3）信号系统的防雷施工工艺：

对机房内部信号线（与室外设备相连的部分）进行过电压的保护，并安装信号防雷器。

信号防雷器的安装：安装在信号线路与被保护设备相应端口之间，串联连接。注意不要将同一根信号线未被保护电缆与保护电缆并行敷设；接地导线尽可能短，并尽量避免与其他导线并行走线。主地线要求就近与建筑物的主钢筋相连。要求导线截面为 2.5 mm^2 以上。地线连于信号防雷箱中地线接线排处。

（二）办公管理信息系统

1. 办公管理信息系统、公安管理信息系统

（1）办公系统施工流程图（见图 50-2）。

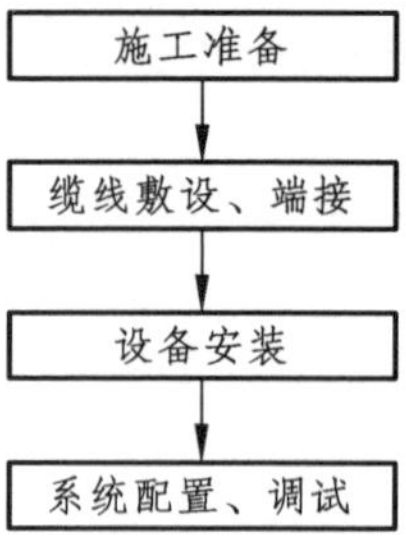

图 50-2　办公系统施工流程

2. 施工要点

（1）机架安装工艺。

① 机架垂直度误差为机架高度的 0.1%，可用吊线锤测量。

② 各机架之间缝隙前后偏差≤3 mm，几个机架排列在一起，面板应在同一平面、同一直线上。

③ 设备子架的安装：子架框安装时，将子架框先置于机架上，小心导入机架，到位后用螺钉、垫圈固定在机架上。后背需要安装插座时应对照图纸正确安装。

④ 机盘的安装：机盘有面板、拔板器、印制板组成。印制板装有插头应与架后背上插座相对应。面板上有板名、固定螺钉、接口、指示灯。安装时必须先带上防静电手环，再检查机盘有无机械性损伤，在插入光接口板时，要特别注意不损伤光纤接口，要一一对应插入：插入机盘时注意后插座与机盘的插头配套；不能强行插入，以免损伤插头和造成信号的不通。

⑤ 配线架安装的垂直度误差不大于 0.1%，底座水平误差每米不大于 2 mm。

⑥ 如果有垫高防静电地板，需安装支架垫高机柜使底部与地板平行，支架要有地脚螺丝卯定，打膨胀螺栓与水泥地固定；如果无垫高地板，则会有上走线导轨，机架可直接站立于水泥地上，机柜应与上走线导轨机械连接。

⑦ 机架、列架需按施工图抗震要求加固，一般为了使机柜站立牢固，上方应安装吊顶，即机柜上空加横梁或导轨与机柜进行机械连接。

⑧ 底座：底座上加绝缘垫片，膨胀螺栓加绝缘套，有两种类型防静电地板（330 mm 和 300 mm）。

⑨ 导轨：水平、连接、加固防震的作用。

⑩ 一般机架前至少留出 1 ~ 1.5 m 的距离，方便开门及维护；一排与另一排机架间距离不小于 1 m；机架侧面与墙距离不小于 0.8 m（符合安装工程设计平面图）。

⑪ 一排机柜正面与另一排机柜正面之间距离不少于 1.5 m；机柜侧面与墙壁不少于 0.8 m；机柜调测面与墙距不少于 1 m；机房应留有不少于 1.0 m 的通道。

⑫ 机架安装垂直度偏差应不大于 3 mm，用吊锤测量。

⑬ 大列主走道侧必须对齐成直线，误差不得大于 5 mm，相邻机架应紧密靠拢铆紧连成整体，整列机架正面应在同一平面上，无凹凸现象。

⑭ 各种螺栓拧紧，同类螺丝露出螺帽长度要一致，一般在 2-3 扣。

⑮ 机架上的各种零件不得脱落或碰坏，漆面如有脱落应予补漆；各种文字符号标志应正确、清晰、齐全、干净、整洁。

⑯ 机架保护地线应连接牢固、线径符合设计要求。

⑰ 警告显示单元安装位置标示清楚，位置合理。

⑱ 尾纤的弯曲半径不少于尾纤外径的 20 倍，暂时不使用的尾纤连接器应盖上塑料帽。

（2）终端安装工艺。

① 桌椅主要是放置网管终端、方便维护用，一般桌子高度在 80 cm 左右，椅高在 40 cm 左右；

② 机台位置安装正确，台列整齐，机台边缘应成一直线，相邻机台紧密靠拢，台面保持水平，衔

接处应无明显高低不平现象；

③ 终端设备配备完整，标志齐全正确。

（3）电源线安装。

① 首先直流电源线的安装路由、路数及布放位置应符合施工图的规定，线径规格、熔丝容量应符合设计要求；

② 电源线必须采用整段线料，中间无接头；

③ 直流电源线的成端接续连接牢固，接触良好，电压降指标及对地电位符合设计要求；

④ 机房的每路直流馈电线连同所接的列内电源线和机架引入线两端腾空时，用 500V 兆欧表测试正负线间和负线对地间的绝缘电阻均不得小于 1 MΩ；

⑤ 采用胶皮绝缘线作直流馈电线时，每对馈电线应保持平行，正负线两端应有统一红蓝标志；安装好的电源线末端必须有胶带等绝缘物封头，电缆剖头处必须用胶带和护套封扎；

⑥ 交流电源线必须有接地保护线。

第三节　信息工程联调联试

一、接口关系

（一）检测目的

通过金台铁路客运服务系统接口关系的测试，验证与 TDMS、客票系统数据交换是否准确。

（二）检查内容

1. 旅客服务信息系统与 TDMS

测试台州调度大楼旅客服务信息系统能否与 TDMS 建立正常的接口关系，验证临海南站旅客服务信息系统集成管理平台能否及时准确接收 TDMS 提供的磐安南、壶镇、仙居南、临海南、杜桥、头门港站列车到发点及股道信息；测试上海铁路局旅客服务信息系统能否与 TDMS 建立正常的接口关系，验证台州站旅客服务信息系统集成管理平台能否及时准确接收 TDMS 提供的台州站金台场列车到发点及股道信息。

2. 旅客服务信息系统与客票系统

测试台州调度大楼旅客服务信息系统能否与客票系统建立正常的接口关系，验证临海南站旅客服务信息系统集成管理平台能否准确接收客票系统提供的磐安南、壶镇、仙居南、临海南、杜桥、头门港站车次信息、余票信息；测试上海铁路局旅客服务信息系统能否与客票系统建立正常的接口关系，验证台州站旅客服务信息系统集成管理平台能否准确接收客票系统提供的台州站金台场车次信息、余票信息，自动检票子系统能否准确接收列车开停检时间、检票口信息（见表 50-2）。

表 50-2　接口关系测试内容

测试内容	涉及测试场景	相关系统
接口关系	旅客服务信息系统集成管理平台与 TDMS 联动	旅客服务信息系统、TDMS
	旅客服务信息系统集成管理平台能否正常接收车次、余票信息	旅客服务信息系统、客票系统

（三）检测方法

1. 旅客服务信息系统与 TDMS

按规则从台州调度大楼 TDMS 向旅客服务信息系统发送接口数据，检测临海南站旅客服务信息系统集成管理平台接收的磐安南、壶镇、仙居南、临海南、杜桥站列车动态到发时间信息、股道信息等数据的正确性和时效性；按规则从上海铁路局 TDMS 向旅客服务信息系统发送接口数据，检测台州站旅客服务信息系统集成管理平台接收的台州站金台场列车动态到发时间信息、股道信息等数据的正确性和时效性。

2. 旅客服务信息系统与客票系统

上海铁路局客票系统向旅客服务信息系统发送接口数据，检测临海南站旅客服务信息系统集成管理平台是否准确获取到磐安南、壶镇、仙居南、临海南、杜桥站车次信息、余票信息，检测台州站旅客服务信息系统集成管理平台是否准确获取本站金台场车次信息、余票信息；在临海南站、台州站旅客服务信息系统集成管理平台上制定业务模版并按接口规则向自动检票子系统发送接口数据，检测自动检票子系统是否准确接收列车开停检时间、检票口信息。

（四）评判标准

（1）金台铁路客运服务系统设计文件；
（2）金台铁路电子客票变更设计文件；
（3）《客货共线铁路工程动态验收技术规范》（TB 10461—2019）；
（4）《高速铁路联调联试及运行试验技术规范》（Q/CR 472—2015）；
（5）《客运专线客运服务系统总体技术方案》（铁集成〔2008〕41 号）；
（6）《铁路客票系统技术条件（铁路局及车站部分）》（铁总运〔2014〕265 号）；
（7）《铁路旅客服务信息系统集成管理平台配置技术条件》（Q/CR 542—2016）。

（五）数据分析

数据分析见表 50-3。

表 50-3　接口关系测试数据表

客运服务系统接口关系测试				
序号	测试内容	测试结论	测试时间	备注
场景 1：旅旅客服务信息系统与 TDMS 联动				
1	旅客服务信息系统集成管理平台接收 TDMS 的列车动态到发及股道信息	部分通过	2021-3-18 ~ 2021-3-21	
场景 2：客票系统与旅客服务信息系统接口				
1	旅客服务信息系统集成管理平台准确接收客票系统车次信息、余票信息	部分通过	2021-3-18 ~ 2021-3-21	
2	自动检票子系统准确接收列车开停检时间、检票口信息	部分通过	2021-3-18 ~ 2021-3-21	

二、网络性能

（一）检测目的

通过对金台铁路磐安南、壶镇、仙居南、临海南、杜桥站、头门港站和台州站金台场局域网整体性能的测试，判断车站客票系统、旅客服务信息系统的网络性能是否满足设计要求，为各系统测试任务的开展提供稳定可靠的网络基础。

通过对金台铁路磐安南、壶镇、仙居南、临海南、杜桥、头门港站客票系统广域网性能的测试，验证其在吞吐量、丢包率、传输时延等方面的性能指标是否符合相关标准要求。

（二）检查内容

1. 局域网性能测试

测试磐安南、壶镇、仙居南、临海南、杜桥、头门港站和台州站金台场新建客票系统、旅客服务信息系统信息点到相应信息机房和设备间之间回波损耗、插入损耗、近端串扰、远端串扰等网络性能指标。

2. 客票广域网性能测试

测试客票系统核心交换机与磐安南、壶镇、仙居南、临海南、杜桥、头门港站客票系统核心交换机之间的吞吐量、丢包率、时延性能指标。见表 50-4。

表 50-4　通信网络性能测试

测试内容	涉及测试场景	相关系统
网络性能测试	局域网	客票系统、旅客服务信息系统信息点
	广域网	客票系统广域网

（三）检测方法

1. 局域网性能测试

将线缆分析仪套件一端的设备架设在磐安南、壶镇、仙居南、临海南、杜桥、头门港站和台州站金台场机房或设备间配线架上，将套件另一端的设备架设在网络信息点处，按设计文件要求的线缆类型测试回波损耗、插入损耗、近端串扰、远端串扰等参数，检测客票系统和旅客服务信息系统局域网的性能是否达到 GB 50312—2016 标准的要求。

2. 广域网性能测试

将网络测试仪套件一端的设备架设到客票系统的核心交换机上，将套件另一端的设备架设到磐安南、壶镇、仙居南、临海南、杜桥、头门港站客票系统的核心交换机上，配置客票系统 IP 地址和测试脚本，按 64byte、128byte、256byte、512byte、1024byte、1518byte 发送测试包，测试广域网的吞吐量、丢包率、时延等参数，检测客票网络的性能是否达到设计文件和 TB 10461—2019 标准的要求。

（四）评判标准

（1）金台铁路客运服务系统设计文件；
（2）金台铁路电子客票变更设计文件；
（3）《客货共线铁路工程动态验收技术规范》（TB 10461—2019）；
（4）《高速铁路联调联试及运行试验技术规范》（Q/CR472—2015）；
（5）《综合布线系统工程验收规范》（GB/T 50312—2016）。

（五）数据分析

数据分析见表 50-5 至表 50-8。

表 50-5　客票系统局域网测试结果

站名	信息点数量	抽测点数量	通过点数量	通过率
磐安南	58	58	58	100%
壶镇	58	58	58	100%
仙居南	56	56	56	100%
临海南	86	86	86	100%
杜桥	56	56	56	100%
台州站（金台场）	116	116	116	100%
头门港	56	56	56	100%

表 50-6　旅客服务信息系统局域网测试结果

站名	信息点数量	抽测点数量	通过点数量	通过率
磐安南	54	12	12	100%
壶镇	48	12	12	100%
仙居南	54	12	12	100%
临海南	62	12	12	100%
杜桥	58	10	10	100%
台州站（金台场）	83	12	12	100%
头门港	55	55	55	100%

表 50-7　客票系统广域网主用链路测试结果

站名	实测带宽/设计带宽	实测时延/阈值	丢包率	结果
磐安南	10 M/10 M	6.4 ms/100 ms	0.0%	通过
壶镇	10 M/10 M	20.7 ms/100 ms	0.0%	通过
仙居南	10 M/10 M	25.6 ms/100 ms	0.0%	通过
临海南	10 M/10 M	10.5 ms/100 ms	0.0%	通过
杜桥	10 M/10 M	7.4 ms/100 ms	0.0%	通过
头门港	10 M/10 M	9.4 ms/100 ms	0.0%	通过

表 50-8　客票系统广域网备用链路测试结果

站名	实测带宽/设计带宽	实测时延/阈值	丢包率	结果
磐安南	10 M/10 M	5.6 ms/100 ms	0.0%	通过
壶镇	10 M/10 M	5.6 ms/100 ms	0.0%	通过
仙居南	10 M/10 M	4.8 ms/100 ms	0.0%	通过
临海南	10 M/10 M	64.0 ms/100 ms	0.0%	通过
杜桥	10 M/10 M	5.3 ms/100 ms	0.0%	通过
头门港	10 M/10 M	9.3 ms/100 ms	0.0%	通过

三、客票安全系统保障功能

（一）检测目的

验证安全集中配置管理系统、安全代理系统、网络管控器、安全通讯平台等设备的安全配置、安全策略及安全保障功能是否有效。

（二）检查内容

1. 安全配置核查

检查安全集中配置管理系统、安全代理、网络管控器、安全通信平台的基本配置是否完成。

2. 身份鉴别场景

测试窗口售票终端安全代理系统的登录认证功能，安全通讯平台的身份鉴别功能。

3. 访问控制场景

测试窗口售票终端通过安全代理实现访问控制功能。

4. 安全管理场景

测试安全集中配置管理系统的节点管理、用户管理功能。

5. 集中监控场景

测试安全集中配置管理系统对网络管控器、安全通讯平台、路由器、交换机和安全代理终端的监控功能。

6. 安全审计场景

测试安全通讯平台日志管理功能，安全代理的日志管理、安全事件查询功能。

（三）检测方法

通过对网络管控器、安全通讯平台、路由器、交换机和安全代理终端设备系统的配置文件核查，评估系统的安全策略是否合理并正确生效。

（四）评判标准

（1）金台铁路客运服务系统设计文件；
（2）《铁路客票系统技术条件（铁路局及车站部分）》（铁总运〔2014〕265 号）；
（3）《铁路客票安全系统密码子系统升级改造技术方案》（运信网安函〔2015〕384 号）。

（五）数据分析

数据分析见表 50-9。

表 50-9 客票安全系统保障功能测试数据表

客票安全系统保障功能测试				
序号	测试内容	测试结论	测试时间	备注
场景 1：安全配置核查				
1	安全代理系统	通过	2021-3-19	
2	安全集中配置管理系统	通过		
3	网络管控器	通过		

续表

客票安全系统保障功能测试				
场景 2：身份鉴别测试				
4	售票终端安全代理身份鉴别	通过	2021-3-19	
5	安全通讯平台身份鉴别	通过		
场景 3：访问控制测试				
6	售票终端通过安全代理实现访问控制	通过	2021-3-19	
场景 4：安全管理测试				
7	节点管理	通过	2021-3-19	
8	用户管理	通过		
场景 5：集中监控测试				
9	网络设备监控	通过	2021-3-19	
10	售票终端安全代理监控	通过		
11	网络管控器监控	通过		
场景 6：安全审计测试				
12	安全配置集中管理系统的日志功能	通过	2021-3-19	
13	安全配置集中管理系统的安全事件功能	通过		
14	安全代理系统的安全事件功能	通过		

第五十一章　信号工程

金台铁路工程新建永康南普速场、永康东、申亭、壶镇、磐安南、仁川、横溪、白塔镇、田市、仙居南、下各、括苍、临海南、临海东、台州金台场、台州南金台场、杜桥、头门港、武义东站，共19个车站（场），信号系统主要由列车调度指挥（TDCS）、列车运行控制及区间闭塞、车站联锁、信号集中监测、车站综合防雷及电源等子系统构成。

第一节　工程概况

一、信号系统概况

金台铁路项目建设标准为国铁Ⅰ级，客货共线，单线、预留双线条件，电气化铁路，正线自永康南站引出，向东经丽水市缙云县所辖的壶镇、金华市所辖的磐安、台州市所辖的仙居、临海和台州城区，接入台州南站；并新建头门港线（临海东站至头门港站）；永康南联络线（永康南金温场24#道岔至永康南普速场102#道岔）；线路全长235.297 km，其中金温货线25.78 km，正线165.79 km，永康南联络线0.88 km，头门港线42.847 km。金台铁路全线新建武义东、永康南（普速场）、永康东、申亭、壶镇、磐安南、仁川、横溪、白塔镇、田市、仙居南、下各、括苍、临海南、临海东、台州（金台场）、台州南（金台场）、杜桥、头门港19个车站（场）。全线敷设光电缆604.8条公里，信号机安装383架，道岔安装195组，轨旁设备安装414区段，各类箱盒安装及配线2509个，室内机柜安装及配线464架。

二、主要工程数量

信号工程主要工程数量见表51-1。

表51-1　主要工程数量表

序号	名称	单位	数量
（1）	敷设光电缆	km	594.719
（2）	挖电缆沟	km	44.91
（3）	敷设贯通地线	条公里	32.77
（4）	安装各类箱盒	个	2498
（5）	安装补偿电容	个	2595
（6）	安装电动转辙机	联锁道岔	175
（7）	安装轨道电路设备	区段	498
（8）	安装高柱信号机	架	105
（9）	安装矮型信号机	架	263
（10）	安装组合柜	架	96
（11）	安装、调试联锁机柜	套	19
（12）	安装、调试集中监测机柜	套	19
（13）	安装、调试TDCS机柜	套	16
（14）	安装电源设备	套	22

第二节 工程施工

一、施工程序

金台铁路信号工程施工要点及顺序：金台铁路桥、隧比例大，铺轨工期时间长，完工时间较晚，对光电缆及室外设备，安装有较大的影响。根据工程特点，采取分段施工，各段采取平行作业的方法进行施工。各段的施工选择已成熟的施工工法、施工工艺进行组织施工；采用新技术、新工艺、新设备部分的施工，参照新设备提供商提供的安装规范，制定相应的施工方法、施工工艺及作业指导书，满足工程的施工需要。各工序采取平行与流水相结合的办法进行施工，工序间采取合理的搭接。

总体施工方案：以光电缆隐蔽工程为先导，室内外设备安装工程平行作业的方法组织施工；紧跟站前各专业施工进度，做好房建沟、槽、管、线的预留和预埋工作，做好专业间工序衔接，合理安排光电缆敷设、轨旁设备及室内机柜的安装顺序。在信号改造施工中需要更换、移动或拆迁的设备，在更换、移动和拆迁时应有设备管理单位的配合；更换、移动和拆迁后，必须经电务段的联锁工程师试验良好后方可投入使用，并严格在《行车设备登记簿》上进行登、销记手续。当要在使用中的设备上进行焊线等施工时，应按规定进行要点登记，施工完毕后经电务人员试验良好后，销记开通设备。

施工顺序如下：电缆线路、轨旁设备位置复测→区间信号电缆敷设、接续、测试→室外箱盒安装、配线、导通→站内信号电缆敷设、接续、测试→车站轨旁设备安装、配线、导通→室外设备单项试验→室内设备安装、配线、导通→室内外设备接地连接、接地端子连接、测试→室内模拟试验→室内外设备送电调试、道岔工电调试→信号集中监测设备调试→TDCS 调度中心设备调试→各站信号子系统综合调试。

二、总体施工组织安排

2018 年 9 月 20 日，召开新建金华至台州铁路信号工程设计联络会；

2019 年 2 月 18 日，完成新建金华至台州铁路四电系统集成工程开工报告审批确认；

2019 年 10 月 31 日，召开新建金华至台州铁路信号施工图审查及设计技术交底会；

2020 年 5 月 22 日，完成首件工程验收；

2020 年 9 月 25 日，完成永康南站改施工；

2020 年 11 月 19 日，完成台州南站改施工；

2020 年 12 月 20 日至 2020 年 12 月 31 日，完成信号专业静态验收；

2020 年 1 月 15 日，通过信号专业静态验收报告审查；

2021 年 3 月 18 日至 2021 年 3 月 25 日，完成信号专业动态检测；

2021 年 5 月 7 日至 2021 年 5 月 9 日，完成安全评估。

三、工程重难点施工

1. 永康南站站改施工

既有永康南站位于既有金温双线武义北、缙云西站间，站中心里程为 K49+535，原有 4 股道（I、II、3、4），12 组道岔。站改施工涉及新增新 3 道、6 道，既有 2 组道岔拆除（10#、12#）并新铺设 9#、10#、11#、12#、13#、18#、20#、22#、24#道岔，过渡完成后形成永康南金温场 6 股道（Ⅰ、Ⅱ、Ⅲ、4、5、6）。永康南站站改施工需要同步对永康南站联锁、列控、CTC、监测软件，应答器报文，金华南、武义北、缙云西、丽水站 CTC 软件进行修改；同步停用永康南站全站信号、列控、CTC 设备，停用武义北站至永康南站至缙云西站间上、下行线自动闭塞；停用金华南站、武义北站、缙云西站、丽水站 CTC 设备；停用杭长高铁台及其管辖车站（金华南站至武义北站至永康南站至缙云西站至丽水站间）列控临时限速命令下达功能；停用杭长高铁台、沪杭高铁台、金温货线台、沿海台、沪昆三台

CTC/TDCS 功能，包括调度台调监功能、阶段计划下达、显示命令下达和显示功能，杭长高铁台、沪杭高铁台、沿海台、沪昆三台管辖车站转非常站控；停用卡斯柯与通号院杭长分界口信息互传功能，影响杭长高铁台与沪昆三台信息交互，包括邻台计划、邻台调度命令、站场信息、车次跟踪等；停用总公司中心 3.0 分界口，影响总公司查看上海局客专调度台信息；修改杭长高铁台、沪杭高铁台、金温货线台、沿海台、金温通信前置机、金温 TSRi、杭长 CTCi、TD 接口，修改总公司中心 3.0 分界口，金华南 TSRS 机房修改 TSRM 软件，在杭长高铁台进行临时限速试验；修改 TD 结合数据，影响集团公司所有调度台加载日班计划、基本图、接收 TMIS 调度命令、向 TDMS 系统传送实际图、旅服计划信息等所有 TD 结合功能。施工风险大，难度高，影响范围广，永康南站站改施工是否顺利，将直接影响金台铁路联调试验的进行，因此是金台铁路的重点工程，也是难点工程。

相关措施：

（1）选取经验丰富的施工队伍进行施工，管理人员及现场人员从各项目主管既有线施工的“尖兵”组成。

（2）优化施工方案，组织召开施工方案研讨会 10 余次，与建设单位、电务部、电务段、设计单位、监理单位、设备厂家共同对施工方案进行优化，将各个施工点内，施工内容、施工人员优化到人。

（3）按照每日一方案的模式，施工点前组织施工预备会，技术负责人对所有施工人员进行技术交底，派发施工作业单，并对风险点进行重点布置，安排具备相应技术能力的人负责实施；每日施工结束后，组织召开施工总结会，合理安排下一步施工。

（4）商合杭引入合肥枢纽施工共计要点 67 次，经过精心组织，确保每个天窗施工安全正点。

2. 新建金台铁路调度指挥系统接入上海铁路局调度所客专 CTC 中心

金台铁路引入既有铁路线路，涉及金丽温铁路、永康南金温场和沿海铁路台州南杭深场调度集中系统以及上海局调度所客专 CTC 调度中心总机、杭长高铁台和沿海台 CTC 系统改造。根据金台铁路新建金台调度中心总机、金台调度台与上海局调度所既有客专 CTC 系统总机、调度台以及金台铁路新建车站 TDCS 系统与既有金丽温铁路和沿海铁路接口车站 CTC 系统间信息互通的要求，金台调度中心单独设置与上海局客专 CTC 中心接口服务器设备，采用铁总标准的分界口通信协议进行接口通信，利用通信专业提供的 2 m 专业数字通信网络进行信息的传输；上海局客专 CTC 中心利用既有的外部链接路由器和网络安全设备，增设与金台铁路调度中心总机系统的接口服务器设备，增加与金台铁路调度中心总机系统间的 2 m 数字通信通道，同步修改相关服务器和杭长高铁台、沿海台软件。

金台铁路调度指挥系统接入上海铁路局调度所客专 CTC 中心须在金台联调联试之前完成，以满足金台铁路接入上海局客专 CTC 中心的需求，时间紧，任务重，施工条件特殊、限制条件较多，是一项难点工程。

相关措施：

（1）由于中心接入的特殊性，上海局客专 CTC 中心服务器需特型生产，施工单位积极协调供应商共同现场测量，根据实情提供对应解决方案，并与接管单位、设计单位沟通对接，根据实际情况，将现场布局与机柜样式结合设计，确认可行的布局方案，进而立即组织供货商投入生产，保证工期节点。

（2）金台铁路调度指挥系统接入上海铁路局调度所客专 CTC 中心施工，影响范围较大，施工单位与建设单位、电务部、电务段、设计单位、监理单位、设备厂家多次对接，对施工内容及影响范围逐条确认，确保万无一失，中心扩容得以顺利完成。

四、新材料、新设备、新工艺、新技术应用情况

1. 新材料应用情况

（1）室内机柜上走线采用立交栅格、下走线采用铝合金走线架，相对于老式的电缆钢槽连接，增

加了信号机械室的整体美观度、整齐度，显得更加整洁，质量更加牢固，同时有利于线缆的散热，有利于设备的检查巡视，对后续的设备改造便于连接，容易进行扩展。

（2）机柜间连接线采用带防护的配线电缆，由于信号机柜间连接线缆线径较细，容易出现短线故障，采用配线电缆增加了防护层，提高了抗磨损能力，同时由于采用电缆形式，抗拉强度提高显著。

（3）组合侧面竖槽采用封闭线槽定位出线、替代既有塑料线槽，使配线更加方便、美观。

2. 新设备应用情况

（1）采用多合一显示器支架。原独立设置的联锁、TDCS 系统终端统一合设。

（2）电源防雷箱由原两路一箱方式更改为一路一箱方式，由原外挂方式更改内嵌式安装。

（3）简支梁桥梁上采用骑跨式热镀锌基础。

3. 新工艺应用情况

（1）采用固线器方式固定线缆，代替用扎带绑扎，更加整齐、美观。

（2）增加电源屏端子分数隔断，改进电源屏端子布置便于分类维护。

（3）改进接地汇集线与机柜连接方式，采用铜排代替黄绿地线，由架空改为地面安装方式，避免接地铜排受外力破坏，并用不同颜色区分接地用途。

4. 新技术应用情况

（1）利用 BIM 技术进行空间上的合理布局，减少线缆、设备冲突，提升空间利用率。依据设计院提供的施工图纸，将二维的设备平面布置图，转换为三维布置图，利用 BIM 可视化的特点，提前排布室内设备，优化布置方案，通过对三维模型的碰撞检查，解决空间关系冲突，优化净空，精确防静电地板、下走线架、接地铜排等辅助设施安装位置，规划线缆布置先后顺序，减少线缆交叉，提高线缆整体美观程度。通过标注线缆规格、去向等属性信息，指导现场施工作业，提高作业效率。

（2）搭建二维码系统平台，利用二维码技术，实现云端数据对现场施工的实时指导，方便工人随时查看技术标准、施工图纸等信息，录入机柜信息，可实时查看沟通厂商，便于维护管理。

（3）设备基础采用粉末渗锌技术，替代热镀锌防腐，增加设备基础的使用寿命及观感质量。

（4）电缆生产过程中，采用激光打码技术，将车站、电缆型号、用途等标记在电缆外护套上。

第三节　信号系统技术方案

一、列车调度指挥系统

1. 系统方案

本线正线永康东（不含）至台州南金台场（含）段、头门港支线临海东至头门港（含）段各站均采用列车调度指挥系统（TDCS），纳入上海铁路局新设的列车调度台管辖控制，上海铁路局调度所新设接入设备（包括应用服务器、通信前置服务器、接口服务器、网络安全设备及列车调度台），数据库服务器软件相应修改。

永康南站金温车场、台州南站甬台温场既有调度集中（CTC）分机及其配套设备利旧改造。上海铁路局调度所既有高速铁路 CTC 系统总机硬件设备和软件相应修改。

2. TDCS 车站分机方案

按照《铁路列车调度指挥系统（3.0）技术条件》（铁总运〔2013〕141 号）、运基信号〔2009〕676 号《列车调度指挥系统（TDCS）、调度集中系统（CTC）组网方案和硬件配置标准》及铁总相关规定的要求，金台线及头门港支线新建车站（场）新设 TDCS 车站分机和信息安全设备，在临海南站设置一套 TDCS 车站服务器。为实现与相关线路调度指挥系统站间信息透明，在永康南站金台车场、永康东站新设 TDCS 分机和信息安全设备。

3. TDCS 系统组网方案

TDCS 系统独立组网，设计为双网，通道为双环结构，每个通道为 2 Mbps 数字通道。金台正线、头门港支线、永康南金台场与永康南金温场之间、永康东与申亭之间、永康东与永康南金温场之间均采用主、备 2 Mbps 数字传输通道组成双环型广域网，在申亭、仙居南、头门新区、台州南（金台场）抽头回上海局调度中心。信号工区（永康东、壶镇、仙居、台州、杜桥）至所在车站之间需设 2 Mbps 数字通道。

4. 调度中心系统配置

本次在上海局调度所新设金台行调台，中心机房新增应用服务器、通信前置服务器和接口服务器以及网络安全设备，调度所其余既有设备利旧。TDCS/CTC 中心设备新增和修改情况见表 51-2。

表 51-2 调度中心 TDCS/CTC 设备新增和修改情况

序号	设备名称	配置	备注
1	CTC 通信服务器	修改金丽温、甬台温通信服务器	软硬件修改
2	网络安全设备	新增 2 台中心安全区域边界 V2.0，新增 2 台中心安全计算环境 V2.0 服务器版	新增
3	调度台修改	修改金丽温、甬台温	软件修改
4	CTC-TSRS 接口服务器修改	修改金丽温、甬台温接口服务器	软件修改
5	数据库服务器	利旧	软件修改
6	TDCS 调度台	新设 1 个	新增（双机热备）
7	应用服务器	新设 1 套	新增（双机热备）
8	通信前置服务器	新设 1 套	新增（双机热备）
9	接口服务器	新设 1 套	与普速铁路中心接口服务器
10	TDCS 接入调度所总机系统	修改	修改调试

二、区间闭塞

金台线永康东站～台州南（金台场）区间采用 64D 单线半自动闭塞，半自动闭塞信息传输采用光接口数字通道。

三、车站联锁

全线各新建车站（场）均新建硬件安全冗余型计算机联锁设备，永康南站金温车场联锁利用在建的金温新双线工程配置的设备进行改造，台州南站甬温车场既有联锁设备利旧改造；本线新设的货场或维修工区等相关线路、道岔纳入所属车站（场）联锁设备集中控制。

四、信号集中监测

1. 系统方案

本线工程永康东（不含）至台州南站金台车场段、头门港支线新设信号集中监测分机设备和道岔转辙机缺口检查设备，监测信息暂接入既有杭州电务段监测中心，电务段信号集中监测中心设备进行利旧修改。由于既有金温线监测信息未组网，本次工程仅在永康南站金台车场、永康东站和武义东站新设信号集中监测分机设备和道岔转辙机缺口检查设备，暂不组网。

2. 系统数据通信网及通道需求

白沙川～台州南金台场、头门港支线临海东～头门港站之间、信号车间（仙居）所在车站信号机械室～信号车间值班室之间、信号工区（壶镇、仁川、仙居、临海南、台州、杜桥）所在车站信号机械室～信号工区值班室之间均采用 10 Mbps 数字通道连接，环状自愈。同时端头车站（白沙川、台州南金台场）、抽头车站（仙居、头门新区）与杭州电务段监测中心之间均设 10 Mbps 数字通道。既有车站维持既有通信通道不变。

五、其他信号

金台线新建车站（场）信号设备房屋新设综合防雷系统，并在车站进站信号机范围内敷设 1 条信号专用贯通地线（截面积为 35 mm^2）。

第五十二章 电力工程

金台铁路电力工程受地理环境及外部因素影响，外电源路径选择及施工难度较大；为满足通信、信号等相关专业设备调试要求，电力工程应超前实施，工期紧张，施工组织难度较大。故经综合考虑施工顺序为：首先进行电源线路引入，然后同步展开区间贯通线路及变、配电所、箱式变电站的设备安装工作，之后进行室外照明及室内动力配电工程的施工，待通信专业提供远动通道后，进行电力远动系统的调试。

第一节 工程概述

一、工程范围

金台铁路四电集成范围为除站房及附属设施工程以外，所有的站后工程，故电力专业四电工程范围包含以下各部分工程内容：

（1）新建永康东 10kV 配电所、磐安 10kV 配电所、仙居 10 kV 配电所、临海南 10 kV 配电所、头门新区 20/10kV 配电所及各所 10kV 电源线工程；各新建车站接引地方的 10 kV 电源线工程。

（2）全线（含头门港支线、枫山联络线、台州南货车联络线、新碧联络线）新建综合负荷 10kV 电力贯通线工程，贯通线由永康东站引至台州南站。

（3）沿线各车站综合和通信信号 10/0.4kV 室内变电所。

（4）各站场及区间高、低压电力线路。

（5）沿线各区间接入 10kV 综合负荷电力贯通线的各类 10/0.4kV 箱式变电站及其供电负荷。

（6）区间及车站除站房外所有房屋（包含四电及非四电房屋）的动力、照明、FAS 的电气配套工程。

（7）隧道照明、防灾通风配电及机电设备监控系统。

（8）站房及附属设施工程：站房及附属设施（天桥、地道、雨棚）的低压配电、动力、照明、FAS、BAS 以及为站房配套的给水加压站、污水处理场动力、照明及低压供电工程等。

二、主要工程数量

全线电力工程主要工程数量见表 52-1。

表 52-1 电力工程主要工程数量

序号	名称	单位	数量
一	供电线路	正线公里	225.95
（1）	高压干线电缆线路	km	232.58
（2）	高压站场电缆线路	km	16.7
（3）	低压电缆线路	km	219.72
二	电源线路	km	64.29

续表

序号	名称	单位	数量
（1）	电源架空线路	km	16.08
（2）	电源电缆线路	km	48.21
三	电源设备	正线公里	—
（1）	低压变电所、站	站	26
（2）	配电所	座	7
（3）	箱式变电站	座	117
四	其他电力	—	—
（1）	灯塔	座	57
（2）	灯柱	座	351
（3）	室内动力配电	个	1492
五	电力自动控制	—	—
（1）	电力远动	处	131

三、主要技术参数

1. 配电所配置

根据金台铁路负荷性质和特点，全线在永康东、磐安、仙居、临海南新设 10 kV 配电所四座，在头门新区新设 20/10 kV 变配电所一座，在台州南站新设 10 kV 开闭所一座。在台州南站金台场信号楼新建 10/0.4 kV 室内变电所，为新增车站负荷供电。10 kV 配电所采用断路器分段的单母线接线，10 kV 贯通线经调压器调压后设置贯通母线供电；10 kV 主母线采用中性点不接地系统，贯通线采用小电阻接地系统。

新建配电所为两路电源进行，从地方变电站至少接取一路专盘专线高压电源，永康东、磐安南、仙居南、临海南配电所电源进线电压等级为 10 kV，头门新区变配电所电源进线电压等级为 20 kV。电源进线按当地供电部门要求设置计量装置，各馈出线设置电能计量装置。

2. 电力线路

（1）变配电所、车站电源线路有条件时采用架空方式，城区、规划区和困难地段采用电缆敷设；站场高低压电力线路采用电缆方式，高压电缆采用交联聚乙烯绝缘电缆，低压电缆采用全塑型。站房内采用阻燃或耐火型电力电缆。

（2）全线设置 10 kV 综合负荷贯通线一回，电缆导线截面分别为 70 mm^2，全部采用 YJV62-8.7/15 kV 型交联聚乙烯绝缘非磁铠装的单芯铜芯电缆，分别沿铁路左侧预制电缆槽敷设。

（3）站内高低压线路均采用铜芯电力电缆。高压电缆型号采用 YJV22-8.7/15 kV 型，低压电缆采用 VV22-0.6/1 kV 型。电缆一般沿电缆沟（槽）敷设，局部可采用穿管或直埋敷设，并做好防火、防水封堵。

3. 新建车站供电

（1）沿线设有站房和信号综合楼的车站，新建两座室内变电所。与站房合建的室内变电所，内设两台综合变压器，为站房内负荷供电，有配电所车站由电力配电所不同母线的站馈回路分别接引 10 kV 电源，无配电所车站由地方电网及综合负荷贯通线分别接引 10 kV 电源；与信号综合楼合建的室内变电所，内设一台综合变压器和一台通信、信号专用变压器，有配电所车站由电力配电所站馈线及综合负荷贯通线分别接引 10 kV 电源，无配电所车站由地方电网及综合负荷贯通线分别接引 10 kV 电源。

（2）沿线有信号综合楼无站房的车站，新建室内变电所与信号楼合建，内设一台综合变压器和一台通信、信号专用变压器，有配电所车站由电力配电所站馈线及综合负荷贯通线分别接引 10 kV 电源，无配电所车站由地方电网及综合负荷贯通线分别接引 10 kV 电源。

4. 隧道用电

全长 1 000 m 及以上的直线隧道和全长 500 m 及以上的曲线隧道设置固定照明，5 000 m 及以上或有紧急出口的隧道设置应急照明和疏散照明；救援通道设置应急疏散标识。在隧道口及箱变洞室新建箱式变电站为隧道动力照明供电，电源由新建 10 kV 综合负荷电力贯通线接引。隧道内防灾通风设备设双变压器箱变，采用两路电源供电，一路由新建 10 kV 综合负荷电力贯通线接引，另一路由地方电力线路接引。

第二节 工程施工

一、主要施工节点

电力工程主要施工节点见表 52-2。

表 52-2 主要施工节点

序号	施工项目	工期	开始时间	完成时间
1	施工准备及现场定测	121 日历天	2017 年 12 月 1 日	2018 年 3 月 31 日
2	变、配电所工程	375 日历天	2018 年 7 月 1 日	2019 年 7 月 10 日
（1）	设备基础及电缆支架制作安装	335 日历天	2018 年 7 月 1 日	2019 年 5 月 31 日
（2）	设备运输及就位安装	309 日历天	2018 年 8 月 16 日	2019 年 6 月 20 日
（3）	电缆敷设、接线	294 日历天	2018 年 9 月 10 日	2019 年 6 月 30 日
（4）	设备单体及整组传动试验	101 日历天	2019 年 4 月 1 日	2019 年 7 月 10 日
3	贯通线路施工	426 日历天	2018 年 5 月 1 日	2019 年 6 月 30 日
（1）	电缆沟开挖、电缆径路测量及保护管敷设	274 日历天	2018 年 7 月 1 日	2019 年 3 月 31 日
（2）	箱变基础制作及设备安装	426 日历天	2018 年 5 月 1 日	2019 年 6 月 30 日
（3）	高低压电缆敷设、防护	208 日历天	2018 年 11 月 15 日	2019 年 6 月 10 日
（4）	高低压电缆头制作、试验、安装	93 日历天	2019 年 3 月 1 日	2019 年 6 月 1 日
4	配电所外电源工程	457 日历天	2018 年 3 月 1 日	2019 年 5 月 31 日
5	隧道照明工程	328 日历天	2018 年 9 月 1 日	2019 年 7 月 25 日
6	电力系统送电	83 日历天	2019 年 6 月 10 日	2019 年 8 月 31 日
7	远动 SCADA 系统调试及配合其他专业调试	63 日历天	2019 年 7 月 15 日	2019 年 9 月 15 日

二、施工队伍布置

电力工程项目分部设置在台州站附近，下设 3 个施工架子队：

电力工程架子一队：负责工程起点（DK0+000）至白塔站（DK69+200，不含）（含枫山货运线、永康南疏解线）范围内的电力工程、隧道照明施工及设备的安装、调试。驻地：永康东站附近。

电力工程架子二队：负责白塔站（DK69+200，含）至临海东站（DK141+750，不含）范围内的电力工程、隧道照明施工及设备的安装、调试。驻地：仙居站附近。

电力工程架子三队：负责临海东站（DK141+750，含）至本工程终点（含头门港铁路支线、台州南货运线）范围内的电力工程、隧道照明施工及设备的安装、调试。驻地：台州站附近。

三、工程重难点

（1）电力供电工程中铁区间及站场高低压电缆工程量较大，受区间电缆槽道、路基及站场综合管沟等因素影响，施工难度大，是电力供电工程控制工程。

（2）外部电源的电源点取自于地方变电站，外电源设计的具体实施方案需经地方供电部门批准接引点，地方城市规划、市政等批准规划路径和敷设方式后，才能进行正式的外电源线路设计。尽早开展电力配电所外部电源供电方案的报装工作和明确接入施工方案，与地方电力部门的对接是此项工作顺利展开的必要条件。外部电源施工是电力供电工程为重难点工程。

四、一般工程施工方法

（一）电力电缆线路施工

1. 电缆敷设

电缆敷设前，每个转弯处的半径应满足国标对电缆最小允许弯曲半径的要求，电缆支架的规格型号应与设计图纸相符。

对于 95 mm² 以上的低压电缆集成项目部将采用机械牵引敷设电缆方式，机械敷设为绞磨机牵引方式敷设。

其余低压电缆进行人机结合力方式敷设。

电缆敷设施工标准：电缆的品种型号规格、质量符合设计要求，敷设深度符合国家标准。电缆敷设前后应无绞拧、铠装压扁、护层断裂、表面严重划伤等缺陷；电缆敷设位置正确，排列整齐，固定牢固，标记位置准确，标记清楚。电缆的转弯外走向整齐清楚，电缆的标识清晰齐全。电缆在敷设过程中，敷设速度不可超过 15 m/min，牵引力均应符合规定值，电缆敷设的弯曲半径不小于其外径的 15～20 倍，电缆之间不得有交叉。电缆敷设后暂不安装时，应对电缆两端头进行密封包扎等处理，以防受潮。

2. 电缆终端接头的制作

冷缩式电缆终端头的制作较为复杂和严格，将由受过专门培训的人员进行，工艺流程见图 52-1。

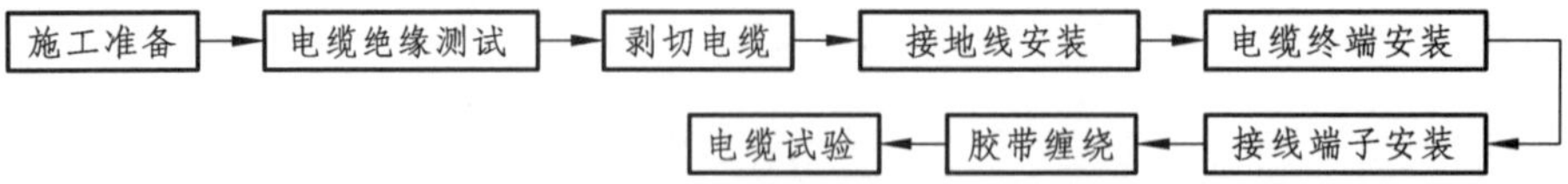

图 52-1　冷缩式电缆终端头工艺流程图

3. 三芯电缆终端头制作

按“电缆终端头剥切示意图”尺寸预处理电缆，剥去电缆外护套，护套口往上保留 30 mm 的铜屏蔽带，其余的全部切除，铜带口上往上再留 10 mm 的外半导电层，其余的剥去。注意：切勿划伤主绝缘！按尺寸切除顶部主绝缘。

4. 电缆中间接头的制作

计划采用冷缩式电缆中间接头，电缆中间接头的制作方式较为复杂和严格，应由受过专门培训的人员进行操作。

（二）10 kV 变配电所设备安装

1. 主要操作要点和注意事项

（1）盘柜安装。

① 施工准备：盘柜到达现场后拆除盘柜四周及顶部的包装。检查盘柜外表有无损伤及变形，油漆是否均匀完整，柜门开闭是否灵活可靠，柜内电气元件有无脱落、锈蚀、损伤、裂纹等。检查盘、柜配件、附件、专用工具是否齐全，收集各种技术资料和合格证。

② 基础槽钢调整：使用水平仪调整基础型钢高度偏差。基础槽钢保证水平度和直线度偏差不超过 1 mm/m，全长不超过 5 mm。各设备的基础槽钢直接焊接在结构层预埋件或采用膨胀螺栓直接固定在变配电所房建的结构层上。设备基础槽钢安装完毕后，土建单位进行装修层施工时仍需派人配合，防止外因使基础槽钢变形及移动。

③ 盘柜组立：按照设计文件规定，将盘、柜按顺序搬放到安装位置。首先把每面盘、柜大致调水平，然后从成列盘、柜一端的第一面开始调整，调整合格后按照设备的要求与基础槽钢进行螺栓固定。按照设计顺序组立盘柜，保证水平度和垂直度符合规范和验收标准；盘柜组立后即可安装附带的附件和电气设备。盘柜安装的允许偏差满足施工及验收规范要求。

④ 接地线连接：盘柜安装组立后，屏柜及设备接地端和底座接地端与接地母线可靠连接，按照设备厂家要求将盘、柜内接地铜排连接牢固。在成列设备的两端采用软铜编织线与变电所接地网可靠连接。

⑤ 盘柜清扫维护：安装工作结束后，将盘内外清扫干净，关闭配电盘柜的通道门，防止灰尘侵入。

图 52-2 盘柜安装

（2）电力变压器、电抗器、调压器的安装

① 施工准备：电力变压器、电抗器、调压器到达现场后先进行外观检查。检查设备外表有无损伤及变形，油漆是否均匀完整，柜门开闭是否灵活可靠，柜内电气元件有无脱落、锈蚀、损伤、裂纹等。检查配件、附件是否齐全，收集各种技术资料和合格证。

② 设备就位：按照设计文件规定，将设备搬放到安装位置。按规范及设计要求将设备调到合格位置后，将设备进行固定。

（3）电缆敷设。

① 电缆测试：对所需敷设的电缆绝缘进行测试，并检查电缆型号、规格、电压等级是否符合设计

要求。

② 路径选择：进行施工技术交底，准备好电缆清册，明确每条电缆的起始点、型号、规格及长度。

③ 布放电缆：将与拟敷设电缆对应的电缆牌拴在该电缆端头上，由引导员引导布放；在每层支架上并排敷设的电缆，其走向一致；在电缆沟分支处，按每层并排的电缆之间不得交叉的原则确定电缆敷设的顺序；每层支架最里侧敷设至最远处配电装置的电缆，由里向外逐渐缩短敷设长度，避免在同一层支架上出现敷设方向不同的电缆；由电缆主沟引向电缆支沟的电缆，原则上设在同一层支架上，当受电压等级或电缆数量限制时，则将需转弯的电缆敷设在支架上靠近朝支沟转向的一侧；在控制保护盘设备侧及端子箱处按规范预留足够长度的电缆。

④ 电缆整理绑扎固定：敷设工作全部完成后，将水平敷设的电缆，在电缆首尾两端、转弯和中间接头处两端，垂直敷设的电缆，在每一个支架上把电缆绑扎固定牢靠，同时还将在电缆竖井等处加挂的电缆标识牌分层整理，统一形式和所挂部位，以利查找或核对；对于需要跨沟转向进入另一侧电缆支沟的电缆，在其转向的悬空部分增加 2 ~ 3 道绑扎固定，以免该部位的电缆散乱。

⑤ 电缆沟清扫及恢复盖板：电缆敷设工作完成后，运出剩余电缆，消除火灾隐患；施工技术负责人整理并填写电缆安装记录；电缆敷设完毕，在电缆进入电缆沟、竖井、建筑物、盘（柜）及穿入管处，按施工规范要求进行封堵，最后恢复电缆沟盖板。

电力电缆和控制电缆不敷设在同一层支架上。高、低压电力电缆，强电、弱电控制电缆按顺序分层配置，一般情况由上而下配置。见图 52-3。

图 52-3 电缆

（4）二次接线。

① 施工准备：准备好施工工具及材料，如号码烫印机、胶木头、压接端子、烫印管、电缆绑扎线、电缆标牌等。

② 电缆芯线校核：用校线器对所要校核电缆进行校核；每根电缆所用芯线都确定后，再将所有芯线重新校对一遍。

③ 电缆束固定：按配线顺序把所有的电缆头排列整齐，在电缆头以下 100 mm 处用细绑线把所有的电缆绑扎成一束；按电缆束尺寸，制作电缆固定卡子，把电缆固定在盘、柜固定电缆的支架上；将铠装电缆接地线编成一束压接铜接线端子连接在接地铜排上。

④ 电缆芯线绑扎：将芯线理顺全部放入塑料线槽中；将线槽内的芯线每隔 400 mm 用塑料绑扎带进行一次绑扎固定。

⑤ 接线：采用线环方式，接线时线环按螺钉旋紧方向煨弯，线环根部距芯线绝缘层的外缘，留有不小于 2 mm 的间距，采用压接端子时，线芯伸出端子 10 mm 确保压接紧密。接线完毕后，所有芯线的标号牌齐全、清晰、正确，并将线号（回路编号）统一向外。

（三）设备基础浇制

主要操作要点及注意事项：

（1）施工准备：备齐基础形式配置表、基础施工图、基础施工手册等技术资料；向施工人员进行技术交底：基础形式、规格尺寸、施工方法、安全措施、质量要求。做好材料准备，水泥标号符合施工设计要求。

（2）模板支立：施工中采用钢模，以保证基础质量和外形工艺美观。组合模板包括平面模板、阴角模板、阳角模板和连接角模。

（3）基础浇注：混凝土搅拌采用机械搅拌，事先在试验室作好水泥、砂、石的化验并提供相应的配合比，施工时，控制混凝土的配合比，搅拌均匀后进行浇注。浇灌混凝土要求内实外美、尺寸正确。

（4）基础的养护：混凝土基础浇完 12 小时后，开始对其进行浇水和养护，养护时基础表面要加遮盖物。见图 52-4。

图 52-4　基础设备浇筑

（5）基础拆模：基础拆模时必须自上而下进行，以保证基础表面和棱角不损坏，并要求其强度不小于 2.5 MPa。

（四）箱式变电站及箱式电抗器安装

1. 施工流程

箱式变电站施工的工艺主要包括：施工准备及施工配合、基础测量及定位、基坑开挖及基础浇制、箱变就位、安装及试验。

2. 主要操作要点及注意事项

① 施工准备：对设备运输通道的检查，为吊车吊装就位利用现有的施工便道尽量创造条件。安装箱体前，检查基础面的平整度，保证箱体底座与基础接触密贴，以防箱体变形。

② 设备运输：依据前期施工调查情况，尽量采用汽车运输方法进行箱体的运输，利用汽车吊将箱体和设备吊装就位。设备进场通道上，车辆进出的路径范围内，道路畅通，地面平整并压实。拆除路径范围内相应的障碍物。基础周围的场地平整压实，无其他任何杂物。

③ 开箱检查：对运输到现场的设备进行设备外观检查和资料的交接验收。

④ 箱体就位：依据现场调查的运输路线，用汽车将箱体运抵安装现场。需将箱体由运输车辆上移至基础的安装位置。利用吊车将箱体吊起，安装在箱体基础上。起吊绳安装的位置严格按照箱体设计的要求，吊装点要在箱体标示的承重点，保证起吊过程中，箱体外型不因受力而变形。在箱体吊装时，

有专业人员对整个吊装过程统一指挥，严格遵守货物起吊管理程序及施工规范，保证人员、设备的安全。

⑤ 尾工处理：柜体安装完毕后，确认各部的安装位置及尺寸是否符合设计要求，并清除箱体内的所有的工机具和杂物，保持箱体内的清洁。

（4）桥梁上的电缆中间接头处也应设有明显的标识（建议在电缆沟盖板上标识）。隧道内电缆中间头位置的标识，要避免因隧道冲洗造成标记看不清。

五、重点工程施工

（一）电力电缆线路敷设及附件制作安装

工艺流程：电力电缆线路施工的工艺主要包括：施工准备及配合、电缆路径测量定位、电缆沟开挖及电缆槽道制作、电缆敷设、电缆中间接头制作、电缆槽道封盖、电缆终端头制作、电缆试验等。施工的工艺流程见图 52-5。

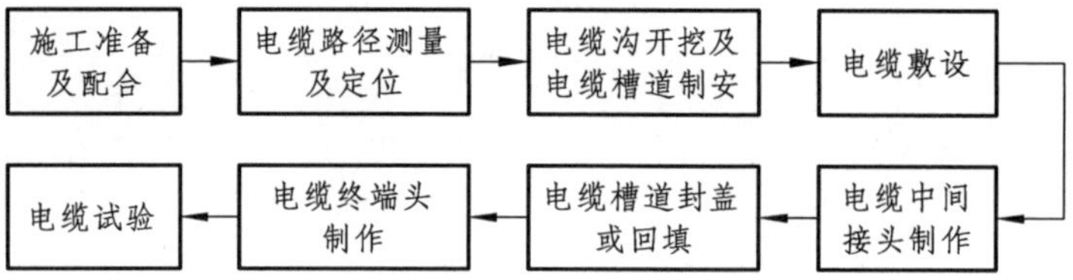

图 52-5　电力电缆线路施工工艺流程

（二）主要操作要点及注意事项

1. 施工准备及配合

准备电缆线路施工的工机具，测量工具如：皮尺、钢卷尺、测量绳、标桩、红油漆等；施工工具如：锹、镐、钢钎、大锤、电缆支架、电缆滑车；材料如：电缆标识桩、电缆保护钢管、管口封堵材料等。根据设计电缆线路的径路，查清电缆线路上是否有地下设施，从而确定具体的施工和防护方案。了解电缆沟土质情况，根据具体情况，从而确定正确的施工方法。

2. 施工测量及定位

根据线路径路图，找出设计定测时所确定的电缆路径的大致位置，并在径路上的重要地点（如长直线段的中点、上下坡处、过障碍处、过轨、过公路、进建筑物、上桥、拐弯处、中间接头处、需特殊预留电缆的地点等）做好标记。同时，用测量工具测量电缆径路长度。

3. 路基段电缆沟开挖

电缆沟开挖采用铁镐、铁锹，电缆沟开挖时，保护好施工可能危及的道床、路基，施工完毕后，按照原样进行恢复。直线部分开挖时保持其直线性，以免出现电缆径路偏移。电缆沟垂直开挖，挖出的泥土放置于距沟边 0.3 m 以外。电缆过轨、过公路必须加强埋设电缆保护管保护。电缆保护管按电缆外径的 1.5 ~ 1.7 倍选择镀锌钢管。电缆沟深度不能满足规范和标准要求时，采用保护管或水泥电缆槽的方式进行保护。电缆沟开挖完后，请监理工程师检查确认电缆沟开挖深度是否符合设计要求，达不到要求的立即返工。

4. 电缆敷设

敷设电缆前，先进行电缆配盘，选择适合的电缆盘，并根据电缆的电压等级对即将敷设的电缆进行测试，检查电缆型号、规格、电压等级是否符合设计要求，检查电缆是否存在铠装压扁，电缆绞拧、护层折断等未消除的机械损伤。电缆敷设若采用人力牵引的方式进行，敷设较长电缆前，在电缆行径的路线上每隔 20 m 放一个电缆滑车，在路面摩擦太大的地方每隔 10 m 放一个电缆滑车，在转弯处放万向转弯滑车，以防磨坏电缆的外绝缘层或受到机械性损伤。电缆敷设时，在电缆的两端按技术规范预留长度。

5. 电缆沟回填

在电缆上下部铺不小于 100 mm 厚的软土或细沙层作为电缆的保护层，并加盖保护板或砖块防护，然后进行回填，将回填土一直回填至高于原地面 0.3 m，并及时恢复被损坏的道床、路基和植被，按规定设置电缆标识桩。

6. 电力电缆终端头和中间头的制作

电力电缆终端头和中间头的制作根据设计图纸要求和相关标准进行制作。施工前准备电缆中间接头或终端头的材料，对电缆进行绝缘测试。根据所要制作的电缆头类型进行主要工机具准备。制作好的电缆头保证电气性能和机械强度可靠，并满足电气试验要求，制作过程中要保持清洁、干燥、不伤及电缆绝缘层和绝缘强度，制作前后必须用兆欧表进行电缆绝缘测试，要求绝缘电阻必须满足规范要求。电力电缆送电前，必须进行耐压及泄漏电流试验和相位试验，满足规范要求方可送电。电缆头的制作必须连续作业，一次性完成，防止受潮。

（三）外部电源施工方案

外部电源的电源点取自于地方变电站，外电源设计的具体实施方案需经地方供电部门批准了接引点，地方城市规划、市政等批准规划路径和敷设方式后，才能进行正式的外电源线路设计。

尽早开展电力配电所外部电源供电方案的报装工作和明确接入施工方案，与地方电力部门的对接是此项工作顺利展开的必要条件。因此，将委派具有经验丰富的外联人员与地方电力部门进行沟通。

第三节　工程接口管理

一、桥梁

1. T 梁

金台铁路工程在面向大里程左侧设置电力电缆槽。具体净空尺寸：300×150（宽×深，单位：mm）。

桥梁与路基衔接段，在桥头现浇一定长度的电缆槽顺接方式，电缆槽应以超过 120 度角延伸至路基面 80 cm 以下深度。

2. 桥墩

电力干线电缆槽需分支引下到区间通信机械室，包括沿线所有区间通信基站及直放站、区间电气化所亭、接触网隔离开关等负荷点处相邻两孔梁的梁端设置锯齿形槽口（每处共需留 2 个锯齿孔），作为电力电缆余留及电缆引下用，并在附近相邻的桥墩上设置电缆爬架，以便固定电力电缆保护槽。电缆爬架在每处桥墩的线路两侧均应设置，即一处桥墩需设两个爬架。铁爬架应镀锌，宽度至少应为 30 cm，爬架下方距地 2.5 m，爬架上方对应桥上电力电缆槽需预留出电缆引出口。

二、路基、站场

1. 区间路基

区间路堑及石质地段两侧预留电力电缆槽位置，路基专业考虑位置预留及石方开挖数量（电缆槽由通信、电力专业设置）。在路基两侧设电力过轨钢管，电力过轨钢管ϕ150 mm，需要 2 根。钢管内均预穿ϕ4.0 mm 铁线 2 根，其两端缠绕在管口上，且管口临时封堵，以免杂物掉入。

2. 站场

（1）各站基本站台侧设电力电缆沟（附盖板），净尺寸为：600 mm（宽）×400 mm（深），（底部铺 100 mm 厚细沙）。引至车站综合楼。

（2）车站两侧咽喉区附近预留过轨热镀锌钢管 SC150 一处（4 根）。所有过轨管道预埋时，管内应预留两根铁丝（≥4 mm）在两端预留一定的余量并两封堵，以便后续电缆敷设。

三、隧道

电缆槽

正线：正线永康南至括苍站段单线隧道面向大里程方向左侧设电力电缆槽（附盖板），正线括苍站至台州站单线隧道面向大里程方向右侧设电力电缆槽（附盖板），净尺寸为：250 mm 宽×250 mm 深；电缆槽槽道内应有减震措施（底部铺 100 mm 厚细沙）和排水措施。盖板应与避车洞底面平齐，当与水沟同侧时应与水沟盖板平齐。

支线及联络线：单线隧道面向大里程方向左侧设电力电缆槽（附盖板），净尺寸为：250 mm 宽×250 mm 深；电缆槽槽道内应有减震措施（底部铺 100 mm 厚细沙）和排水措施。

隧道与路基衔接段，在隧道进出口现浇一定长度的电缆槽顺接方式，电缆槽应以超过 120°角延伸至路基面 80 cm 以下深度。

第五十三章 电气化工程

金台铁路接触网工程工期紧张，施工工艺标准要求高。尤其对桥梁、路基相关预留接口条件核查工作量较大。受外电源供电时间影响，设备调试周期较短；受周边地理环境影响，大型变压器等设备运输难度较大。根据接触网工程的特点，接触网施工战线长，大量接触网支柱基础由站前单位施工，接口检查工作量大，接口检查也就成了一个重点项目。接触网是电力机车的第三条钢轨，接触线的架设和几何参数测量及精细化调整是接触网的重点工程。接触网工程施工顺序：首先进行接口检查验收、设计联络、物资采购及施工测量，验收合格后依次进行锚栓埋设、基坑开挖、支柱安装、横梁架设、软横跨安装、支柱装配、承力索（接触线）架设、附加线架设、供电线架设、接触悬挂调整、设备及接地安装，然后进行接触网检测及精调。

牵引变电工程施工顺序：在提供牵引变电所、分区所场坪后，变电工程与房建房屋施工同步进行，完成室外设备基础浇制和室外设备安装，在房屋提供后完成室内设备安装、电缆敷设、盘柜安装和调试等，然后根据接触网开关远控施工进度，完成接触网开关控制工程，最后进行 SCADA 调试。

第一节 工程概况

一、线路概况

新建金台铁路为单线电气化普速铁路，永康南至台州设计行车速度 160 km/h，头门港铁路支线设计行车速度 120 km/h。采用带回流线的直接供电方式。接触网采用全补偿简单直链型悬挂。

全线 10/0.4 kV 变电所 23 座，新建 10 kV 配电所 4 座，箱式变电站 140 座。新建牵引变电所 4 座，改建牵引变电所 2 座，新建金台铁路工程接触导线 337.19 条公里。

二、主要技术指标

1. 接触线高度、允许车辆装载高度

全线按带电允许装载高度 5 300 mm 考虑，不同场所的接触导线高度及允许车辆装载高度见表 53-1。

表 53-1 导线高度及允许车辆装载高度表

安装地点		接触线悬挂点距轨面高度/mm	接触线最低点距轨面高度/mm	允许车辆装载高度/mm
区间		6 000	5 700	5 300
车站	无调车	6 000	5 700	5 300
	有调车	6 450	6 200	5 300
隧道		5 750	5 700	5 300

注：有调车的为永康东、壶镇、磐安、下各、临海东、台州南、头门新区，其中台州南站导线高度与既有保持一致。接触线工作支悬挂点高度发生变化时，其最大坡度应符合《铁路电力牵引供电设计规范》（TB 10009—2016）表 5.1.6 的规定。在变坡区段的始末跨，接触线坡度变化不宜大于变坡区段最大坡度之半。

2. 结构高度

接触网的结构高度一般为 1 400 mm。当接触网通过跨线建筑物等受净空限制时结构高度可酌情减小，但最小吊弦长度不得小于 500 mm，隧道内最短吊弦长度不宜小于 400 mm。

3. 跨距、拉出值

（1）接触网支柱最大允许跨距值，一般不大于 60 m；

（2）山口、谷口、高路堤和桥梁等风口范围内的跨距应按设计标准选用值缩小 5 ~ 10 m；

（3）相邻两跨距之比，一般不大于 1.25 : 1，桥梁、站场咽喉等困难地段，不宜大于 1.5 : 1；

（4）非绝缘锚段关节曲线及直线（R<400 m 除外）转换跨距缩小值一般不小于 5 m，绝缘锚段关节曲线及直线（R<400 m 除外）转换跨距缩小值一般不小于 10 m，但必须满足导线抬升要求；

（5）拉出值结合跨距计算定位器受水平力确定，定位器水平力按 80 N ~ 2 000 N 设计，有条件情况下按大于 200 N 考虑；

（6）绝缘关节悬挂点绝缘间隙按照 500 mm 布置，非绝缘关节悬挂点间隙按 200 mm 布置。

4. 锚段长度

（1）正线锚段长度一般不大于 2×750 m，个别困难情况不宜大于 2×800 m，单边补偿的锚段长度为上述值之半。隧道内最长不超过 2×750 m。

（2）站线锚段长度一般不大于 2×800 m，困难时不大于 2×850 m，单边补偿的锚段长度为上述值之半。

（3）正线间的渡线一般单独设置为一个锚段，困难情况下渡线可和站线设为一个锚段。

（4）正线道岔处两支接触悬挂的补偿方向一致。其余道岔处两支接触悬挂补偿方向尽量一致。

（5）根据以上锚段长度，验算承力索、接触线的张力差，均不大于额定张力的±10%。

（6）附加导线锚段长度一般不大于 2 000 m。

5. 中心锚结

一般采用两跨式防窜防断中心锚结，软横跨内、车站内等下锚受条件限制时采用防窜不防断中心锚结。

6. 侧面限界

（1）正线支柱侧面限界一般不小于 3.1 m；

（2）小曲线半径绝缘转换柱、站线延长下锚的转换柱根据需要加大侧面限界；

（3）车站腕臂柱硬横跨的侧面限界一般按不小于 3.1 m 设计，确有困难时可按下表控制。软横跨支柱的侧面限界一般按不小于 3.3 m（对非电化股道按不小于 3.1 m 设计）；

（4）有雨棚的站接触网支柱结合雨棚柱考虑；

（5）线间立柱时保证对两侧线路的侧面限界满足基本限界要求，一般立于两线中心，并同时考虑信号机位置等因素；

（6）位于信号机前方同侧的支柱或吊柱为考虑不妨碍信号显示而适当加大安装限界或换边；

（7）牵出线支柱侧面限界一般不小于 3.5 m，困难情况下不小于 3.1 m。

7. 锚段关节

绝缘、非绝缘关节采用四跨形式。在车站设置四跨绝缘锚段关节，设电动隔离开关，并纳入远动。当一端设有分相关节时，其站区分段改为四跨非绝缘关节。

8. 电分相

电分相一般采用七跨两断口关节式电分相，设置地面过分相装置，电分相的位置、无电区或中性段的长度应满足运输需要。

电分相的正、反相断标距离按照《铁路技术管理规程（普速铁路部分）》（TG/01—2014）进行设置。在地面设置磁感应装置，磁感应装置的技术要求及设置位置分别按照《车载控制自动过分相条件》（TB/T 3197—2017）执行。

三、主要工程内容和数量

1. 牵引变电工程

牵引变电工程主要工程数量见表 53-2。

表 53-2 牵引变电工程主要工程数量

序号	名称	单位	数量
（1）	牵引变电所	处	4
（2）	自耦所	处	1
（3）	电力调度所	处	1
（4）	网上开关站	处	20
（5）	改建牵引变电所	处	2

2. 接触网工程

接触网主要工程数量见表 53-3。

表 53-3 接触网主要工程数量

序号	名称	单位	数量
一	接触导线	条公里	330.21
（1）	支柱下部	处	3 739
（2）	立支柱	根	3 739
（3）	支柱悬挂装配	处	3 678
（4）	隧道装配	处	2 636
（5）	硬横跨	组	154
（6）	软横跨	组	182
（7）	下锚装配	处	635
（8）	架线	条公里	330.21
①	正线链悬 JTM120+CTS120	条公里	43.19
②	正线、站线链悬 JTM95+CTS120	条公里	287.02
二	供电线	条公里	61.77
（1）	独立架设供电线路	条公里	18.52
（2）	高压电缆供电线路	条公里	4.325
三	回流线	条公里	316.52
（1）	合架设回流线	条公里	238.02
（2）	独立回流线（回流电缆）	条公里	7.85

续表

序号	名称	单位	数量
四	保护线（架空地线）	条公里	224.22
五	拆除	—	—
1	支柱及基础	处	100
（1）	支柱	根	50
（2）	基础	处	50
2	接触导线	条公里	3.98
六	其他	—	—
（1）	氧化性避雷器	台	155
（2）	分段绝缘器	台	11
（3）	隔开无线控制台	台	5
（4）	地面式自动过分相装置	套	10
（5）	隔离开关	台	54

第二节　工程施工

一、主要工程时间节点

（一）牵引变电工程施工进度安排

1. 永康南站还建 AT 所施工进度安排

永康南站还建 AT 所施工进度安排见表 53-4。

表 53-4　永康南站还建 AT 所施工主要时间节点

序号	施工项目	工期	开始时间	完成时间
1	进场日期	—	2018 年 3 月 10 日	—
2	基础浇筑	25 日历天	2018 年 3 月 10 日	2018 年 4 月 15 日
3	地网敷设	40 日历天	2018 年 3 月 20 日	2018 年 4 月 30 日
4	避雷针组立	2 日历天	2018 年 5 月 10 日	2018 年 5 月 12 日
5	主变/自耦变本体就位	5 日历天	2018 年 5 月 20 日	2018 年 5 月 25 日
6	主变/自耦变附件安装	4 日历天	2018 年 5 月 26 日	2018 年 5 月 30 日
7	单杆、架构组立	17 日历天	2018 年 4 月 16 日	2018 年 5 月 3 日
8	室外设备安装	21 日历天	2018 年 5 月 4 日	2018 年 5 月 25 日
9	所用变安装	2 日历天	2018 年 6 月 1 日	2018 年 6 月 3 日
10	软母线架设	9 日历天	2018 年 5 月 26 日	2018 年 6 月 5 日
11	室内盘柜安装	2 日历天	2018 年 5 月 20 日	2018 年 5 月 22 日
12	二次线缆敷设	9 日历天	2018 年 5 月 26 日	2018 年 6 月 5 日
13	二次电缆配线	16 日历天	2018 年 5 月 26 日	2018 年 6 月 12 日
14	单体实验	6 日历天	2018 年 6 月 9 日	2018 年 6 月 15 日
15	传动实验	6 日历天	2018 年 6 月 9 日	2018 年 6 月 15 日
16	远动调试	7 日历天	2018 年 6 月 16 日	2018 年 6 月 23 日
17	AT 所倒接送电	1 日历天	2018 年 6 月 30 日	2018 年 6 月 30 日

2. 正线施工进度安排

正线施工进度安排见表 53-5。

表 53-5 金台正线施工主要时间节点

序号	施工项目	工期	开始时间	完成时间
1	施工准备及现场定测	121 日历天	2017 年 12 月 1 日	2018 年 3 月 31 日
2	自耦所还建工程	150 日历天	2018 年 2 月 1 日	2018 年 6 月 30 日
	新建牵引变电所	—	2018 年 6 月 1 日	2019 年 6 月 30 日
(1)	基坑开挖及基础浇注	283 日历天	2018 年 6 月 1 日	2019 年 3 月 10 日
(2)	构支架组立	227 日历天	2018 年 9 月 1 日	2019 年 4 月 15 日
(3)	室外设备安装	222 日历天	2018 年 10 月 1 日	2019 年 5 月 10 日
(4)	室内设备安装	182 日历天	2018 年 12 月 1 日	2019 年 5 月 31 日
(5)	电缆敷设及二次配线	97 日历天	2019 年 3 月 1 日	2019 年 6 月 5 日
(6)	设备单体试验	71 日历天	2019 年 4 月 1 日	2019 年 6 月 10 日
(7)	全所整组传动试验	42 日历天	2019 年 5 月 20 日	2019 年 6 月 30 日
3	既有牵引变电所改造工程	334 日历天	2018 年 8 月 1 日	2019 年 6 月 30 日
(1)	27.5 kV 馈线侧改造	273 日历天	2018 年 8 月 1 日	2019 年 4 月 30 日
	设备安装	—	2018 年 8 月 20 日	2019 年 4 月 30 日
(2)	电缆敷设及二次配线	273 日历天	2018 年 9 月 1 日	2019 年 5 月 31 日
(3)	设备单体试验	20 日历天	2019 年 6 月 1 日	2019 年 6 月 20 日
(4)	传动试验	11 日历天	2019 年 6 月 20 日	2019 年 6 月 30 日
4	牵引变电系统送电及 SCADA 系统调试	31 日历天	2019 年 7 月 1 日	2019 年 7 月 31 日

（二）接触网工程施工进度安排

1. 永康南站还建 AT 所施工进度安排

永康南站还建 AT 所施工进度安排见表 53-6。

表 53-6 永康南站还建 AT 所施工主要时间节点

序号	施工项目	工期	开始时间	完成时间
1	施工调查	10 日历天	2018 年 1 月 20 日	2018 年 1 月 30 日
2	方案制定及施工协议签订	50 日历天	2018 年 1 月 30 日	2018 年 3 月 20 日
3	基础浇筑	30 日历天	2018 年 4 月 1 日	2018 年 4 月 30 日
4	支柱组立	10 日历天	2018 年 5 月 1 日	2018 年 5 月 10 日
5	供电线架设	10 日历天	2018 年 5 月 10 日	2018 年 5 月 20 日
6	电缆敷设	10 日历天	2018 年 5 月 10 日	2018 年 5 月 20 日
7	供电线倒接及设备开通	1 日历天	2018 年 6 月 30 日	2018 年 6 月 30 日
8	既有设备撤除	1 日历天	2018 年 7 月 5 日	2018 年 7 月 5 日

2. 正线施工进度安排

正线施工进度安排见表 53-7。

表 53-7 金台正线施工主要时间节点

序号	施工项目	工期	开始时间	完成时间
1	施工准备	121 日历天	2017 年 12 月 1 日	2018 年 3 月 31 日
2	施工测量及接口检查验收	549 日历天	2018 年 3 月 1 日	2019 年 8 月 31 日
3	基坑开挖、基础浇制及隧道打孔植栓	487 日历天	2018 年 4 月 1 日	2019 年 7 月 31 日
4	接触网接入过渡及配合站前工程施工	564 日历天	2018 年 3 月 1 日	2019 年 9 月 15 日
5	支柱、硬横梁及吊柱安装整正	345 日历天	2018 年 10 月 1 日	2019 年 6 月 31 日
6	支柱装配	252 日历天	2018 年 11 月 1 日	2019 年 7 月 10 日
7	附加线架设	201 日历天	2019 年 1 月 1 日	2019 年 7 月 20 日
8	承力索及接触线架设	212 日历天	2019 年 1 月 1 日	2019 年 7 月 31 日
9	接触悬挂调整	184 日历天	2019 年 3 月 1 日	2019 年 8 月 31 日
10	设备及接地、电连接、标志牌等安装	92 日历天	2019 年 6 月 1 日	2019 年 8 月 31 日
11	接触网检测及精调	41 日历天	2019 年 8 月 1 日	2019 年 9 月 10 日
12	静态验收及接触网冷滑试验	48 日历天	2019 年 8 月 15 日	2019 年 9 月 30 日
	送电开通	—	—	2019 年 10 月 1 日

二、施工队伍布置

（一）牵引变电工程项目分部及施工架子队布置

牵引变电工程项目分部设置在台州附近，下设 3 个施工架子队：

牵引变电工程架子一队：负责工程起点（DK0+000）至白塔站（DK69+200，不含）（含枫山货运线、永康南疏解线）范围内的牵引变电工程施工及设备的安装、调试。驻地：永康东站附近。

牵引变电工程架子二队：负责白塔站（DK69+200，含）至临海东站（DK141+750，不含）范围内的牵引变电工程施工及设备的安装、调试。驻地：仙居站附近。

牵引变电工程架子三队：负责临海东站（DK141+750，含）至本工程终点（含头门港铁路支线、台州南货运线）范围内的牵引变电工程施工及设备的安装、调试。驻地：台州站附近。

（二）接触网工程项目分部及施工架子队布置

接触网工程项目分部设置在台州站附近，下设 3 个施工架子队：

接触网工程架子一队：负责工程起点（DK0+000）至白塔站（DK69+200，不含）（含枫山货运线、永康南疏解线）范围内的接触网工程施工及设备的安装、调试。驻地：永康东站附近。

接触网工程架子二队：负责白塔站（DK69+200，含）至临海东站（DK141+750，不含）范围内的接触网工程施工及设备的安装、调试。驻地：仙居站附近。

接触网工程架子三队：负责临海东站（DK141+750，含）至本工程终点（含头门港铁路支线、台州南货运线）范围内的接触网工程施工及设备的安装、调试。驻地：台州站附近。

三、工程重难点

（一）牵引变电工程

（1）变电所亭的场坪提供决定变电工程开工的时间，而场坪的提供又受制于变电所亭的征地结果，因此将路基和站场的所亭征地作为控制工程；牵引变电所和分区所内部，与房建专业的交叉施工是控制变电专业进度的重点，也作为控制工程。

（2）牵引变电所外部电源引接施工不受铁路建设部门制约，外部电源能否按期完成，是影响铁路能否顺利开通的主要因素，因此将外部电源引接施工作为本工程的重点工程；因现场地形结构复杂，变电所亭大型设备如牵引变压器等运输进所困难，所亭接地电阻无法保证，因此将大型设备运输和接地电阻作为本工程的难点工程；南翔牵引变电所为既有所进行改造，利用预留间隔增加两回馈线为本线供电，既有变电所内施工安全风险大，因此也作为本工程的难点工程。

（二）接触网工程

（1）接触网前期施工受站前桥梁制约，后期受轨道铺架影响，交叉施工多、平行施工久，而且工期紧，是卡控工程进度的重难点；本线接触网施工与其他专业接口多。需要协调解决的问题主要有：桥区段和站场雨棚柱合架的预埋地脚螺栓检查，综合贯通地线接触网用分支端子检查，接触网用预埋管线检查；路基预埋过轨管线；跨线建筑物的净空等；接触线采用的高强度铜合金导线是新产品，采用的恒张力架线车架设是新技术，需要先进的施工工艺和施工方法，对施工要求标准、质量等级比较高。

（2）接触网工程的立杆、硬横梁安装、支柱装配、线索架设、接触悬挂调整等施工项目，必须紧随路基、桥梁、架梁、轨道等专业流水作业，施工过程直接受其施工进度和施工质量的影响和制约。

（3）根据接触网工程的特点，接触网施工战线长，大量接触网支柱基础由站前单位施工，接口检查工作量大，接口检查也就成了一个重点项目。接触网是电力机车的第三条钢轨，接触线的架设和几何参数测量及精细化调整是接触网的重点工程。

四、主要施工工艺及方法

（一）基坑开挖

1. 施工工序

测量定位→确认坑位并清理作业面→基坑开挖→检验→填写记录。

2. 工艺流程

（1）测量定位。

根据图纸上的里程、跨距以及支柱限界进行基坑的测量定位工作，确保满足设计要求和施工规范。

（2）确认坑位并清理作业面。

根据设计文件中支（钢）柱限界要求，确定坑位位置并清理坑位相关的地面附着物。

（3）基坑开挖。

挖掘中保证坑位方正和坑壁的竖直，保持坑的中心线垂直于线路中心线，基坑深满足深度要求。

（4）检验。

坑挖完后，应对基坑类型、中心线、坑深等进行检验，确保各项技术标准基础浇筑和支柱组立满足要求。

3. 质量控制

（1）测量要求符合《铁路电力牵引供电工程施工质量验收标准》（TB 10421—2018）的规定；

（2）距离测量允许误差为 1/2000；

（3）中间过程及最后结果精确到 mm。

（二）基础浇筑

1. 施工程序

安装模型版→安装基础螺→基础浇筑→试块制作→抹平基础面→养护→拆除模型。

2. 工艺流程

（1）安装模型板。

① 将安装模型板的地面清理干净、平整；

② 安装模型板；

③ 复核限界、标高、型号等是否符合设计要求。

（2）清理基坑：坑底、坑壁清理干净和平整，见图 53-1。

图 53-1　清理基坑

（3）安装基础螺栓框架。

① 根据基础型号选择基础框架类型；

② 将基础框架固定到模型板上口；

③ 按设计要求选择基础螺栓型号、数量等；

④ 将基础螺栓由框架孔中穿入，见图 53-2。

图 53-2　安装基础螺栓框架施工图

（4）浇制基础。

① 基础浇筑过程中每注入 300 mm 厚度混凝土时，用振动棒捣固一遍，逐层捣实，并注意边角处的捣固质量；并且同一基础应连续浇制不得有间歇；

② 拆除基础框架后，用抹子将基础面抹平，确保表面平整，不应有蜂窝、麻面、棱角损坏或露筋现象，混凝土保护层厚度不小于 50 mm，见图 53-3。

图 53-3 浇筑基础施工图

（5）制作试块。

① 用原基础配料制作试块；

② 试块上注明车站和灌注日期、基础号；

③ 养护应与基础在同等工况下进行，见图 53-4。

图 53-4 制作试块

（6）抹基础面。

根据支柱受力后的倾斜标准，基础顶面抹制一定的斜面，见图 53-5。

图 53-5 抹基础面

（7）养护。

混凝土浇筑完毕后的 10 ~ 12 h 以内，应即开始遮盖并浇水，在炎热和有风的天气中，应在灌注后 2 ~ 3 h 以内即行遮盖并浇水，见图 53-6。

图 53-6 混凝土养护

（8）拆除模型板。

混凝土强度达到 25 kg/cm^2 时，可进行拆模。

（9）填写记录。

3. 质量控制

（1）同一基础应连续浇制不得有间歇；

（2）混凝土自由落度不得超过 3 m，否则应设置斜槽；

（3）基础浇制前，应复核基坑位置、侧面限界、基础型号、外形尺寸、基坑深度、模型板位置等；

（4）模板应稳固、可靠且不得漏浆；

（5）模型板的限界、标高、尺寸等应与基础型号相符，且中心线应垂直于线路中心线，同一组硬横梁不得超过 2°；

（6）基础标高、螺栓布置及数量应符合设计要求；

（7）运达现场的水泥、砂、石料、钢筋等应按批次进行检验；

（8）水泥应通过检测。

（三）支柱组立

1. 施工程序

施工准备→吊立→对位安装→整正→浇制基础帽→填写施工记录。

2. 质量控制

（1）钢柱的角钢，不应有弯曲，扭转现象，主角钢弯曲不应大于 1/750；

（2）基础螺栓孔距误差不得超过±2 mm；

（3）钢柱受力后顺线路方向应直立，软横跨支柱允许施工偏差为±0.5%。硬横梁钢柱允许施工偏差±0.3%；

（4）钢柱型号、规格及安装位置应符合设计要求；

（5）钢柱端面应与线路平行，支柱扭面允许偏差为±2°；

（6）钢柱侧面限界应符合设计要求，在任何情况下，严禁侵入基本建筑限界。

（四）腕臂预配及安装

1. 施工程序

提料→下料→预配腕臂→定位装置→组装→施工准备→安装腕臂底准备→预留外腕臂底座安装→预留内腕臂底座安装→安装绝缘子、组装腕臂→安装腕臂（机械）→施工人员填写记录。

2. 质量控制

（1）支柱装配的预配应采用专用预配台具进行。

（2）定位管吊线固定钩，背向斜拉线安装，即正定位时朝向支柱，反定位时反向支柱，安装位置如下：

① 中间柱和未经提到的安装类型的定位管钩，正定位方式安装时在距导线定位线夹支柱侧400 mm，反定位方式安装时在距导线定位线夹线路侧 400 mm 处。

② 非绝缘关节时：可以调节吊线固定钩的位置，以保障腕臂偏移时，定位管吊线不与另一支承（导）线相磨。

③ 绝缘关节时：应较核斜拉线与另一支承（导）线的绝缘距离，必要时可调整定位管钩位置。

④ 道岔定位支柱装配按图纸要求。个别情况可视实际情况而定。

（3）防风拉线环距定位器头 600 mm。防风拉线环的 U 螺栓穿向补偿下锚方向（以中心锚结为界），与水平向上呈 45°状态。防风拉线与定位器连接处钩与双线处于同一平面内。采用钢制圆环套进长环回头。

（4）定位管吊线（7×19，$\phi6$ 不锈钢丝绳）两端均加装鸡心环，采用压接方法固定，线头上压接线鼻子，与载流吊弦预制相同。

（5）组合承力索座下悬挂定位管吊线的钩型线夹缺口，正定位朝远离支柱侧，反定位朝支柱侧。

（6）关节内（两线或三线并行段）支柱装配棒式绝缘子采用 12kN 型；关节外的支柱（含接触悬挂锚柱）采用 12kN 型。

（7）同一支柱有多根腕臂时，应腕臂上明确标明安装位置（如 123#有三根腕臂可用 123-北、123-中、123-南来区分）。

（8）对于侧面限界超标严重的支柱，需通过软件验证调整底座安装位置（预留孔位已预先考虑），保证定位环安装位置。为保证定位器的安装和受力符合要求，套管绞环偏离承力索座的距离最大可调整到 500 mm。

（9）预配的各项长度尺寸偏差不应大于 3 mm。预配完毕后，应进行复测，未达标应重新预配。

（10）各零件的紧固力矩值见附表，顶紧螺栓顶端为圆形杯口状，是确保安装稳定的重要部件，不得用其他零件替代，确保紧固力矩值 75 N·m。

（11）腕臂上底座安装高度应符合设计要求，下底座位置需要根据输入参数软件验证确定，施工允许偏差为±50 mm。

（12）底座应呈水平状，用水平尺测量。螺栓紧固力矩应符合产品使用说明书的要求。

（13）腕臂棒式绝缘子排水孔朝下。

（14）作业车平台的立柱距支柱 2.5 ~ 3.0 m（顺线路）。

（15）腕臂安装应采用上部安装作业车安装或者人工安装。

（五）补偿装置安装

1. 施工程序

施工准备→预配→安装→结束。

2. 质量控制

（1）安装前，应对安装作业人员进行技术交底和技术培训，使其掌握安装技能，清楚技术标准和安全注意事项，并应进行考核，合格方可上岗作业，各公司应组织样板示范安装，再全面进行安装；

（2）作业人员应经考核，合格后方可上岗作业；

（3）坠砣 b 值应符合设计要求，施工允许偏差为±100 mm；

（4）补偿装置符合设计要求，补偿绳应无磨支柱和拉线现象，坠砣完整无损。

（六）附加线架设

1. 施工程序

施工准备→装运线盘和放线支架→安装线盘和放线支架→展放附加线→起锚→落锚→固定附加线→结束。

2. 质量控制

（1）导线截面损伤，应按《施规》有关规定处理。

（2）导线在同一截面处操作，符合下列情况时可不做处理：铝线只有一股损伤，其损伤深度小于直径的 1/2；钢芯铝绞线损伤面积为导线部分截面的 5%及以下，且强度损伤小于 4%；有轻微松散，受力后能复原的变形。

（3）导线在展放过程中，防护人员应观察，注意不应发生摩擦、背扣、断股等现象。万一发生，应立即停止展放，做好标记，以便处理。

（4）导线驰度应符合设计张力曲线的要求。附加导线张力也可采用根据环境温度计算弛度，用弛度板检测跨中的方法，但应在起、下锚及锚段中部检测不少于三个跨的弛度，最终判定附加导线张力是否符合设计要求。

（5）采用拉力计紧线时，张力达到额定张力的 110%时，方可正式下锚。

（七）承力索架设

1. 施工程序

施工准备→起锚→放线→落锚→检查→填写记录。

2. 质量控制

（1）复线区段曲线处，上、下行两相对的支柱腕臂头可用双根ϕ4.0 mm 铁线相互拉紧，铁线不宜过紧，能承受紧线时腕臂偏移力即可。单线区段曲线内侧支柱腕臂可以安装临时固定角钢加固。

（2）钢柱基础养生期已够，强度达到技术标准。

（3）检查支柱装配、拉线有无错误，软横跨悬挂安装是否符合设计。

（4）地锚拉杆灌注强度达到技术标准。

（5）高低压电力线路，通信、广播等弱电线路应迁改完毕或临时改移不影响架线。

（6）所有支柱的限界、埋深、倾斜度均应符合技术标准，横卧板按设计要求安装。

（7）锚板拉线，补偿装配支持装置安装完毕，并符合技术标准。

（8）限界门已装，支柱号已刷或已临时书写。曲线区段的腕臂已作临时加固。

（八）接触线架设

1. 施工程序

施工准备→起锚→放线→落锚→检查→填写记录。

2. 质量控制

（1）复线区段曲线处，上、下行两相对的支柱腕臂头可用双根ϕ4.0 mm 铁线相互拉紧，铁线不宜过紧，能承受紧线时腕臂偏移力即可。单线区段曲线内侧支柱腕臂可以安装临时固定角钢加固；

（2）钢柱基础养生期已够，强度达到技术标准；

（3）检查支柱装配、拉线有无错误，软横跨悬挂安装是否符合设计；

（4）地锚拉杆灌注强度达到技术标准；

（5）高低压电力线路，通信、广播等弱电线路应迁改完毕或临时改移不影响架线；

（6）所有支柱的限界、埋深、倾斜度均应符合技术标准，横卧板按设计要求安装；

（7）锚板拉线，补偿装配支持装置安装完毕，并符合技术标准；

（8）限界门已装，支柱号已刷或已临时书写。曲线区段的腕臂已作临时加固。

（九）吊弦安装

1. 施工程序

施工准备→测量吊弦安装位置→安装吊弦→检查、测导高→填写记录。

2. 质量控制

（1）吊弦间距测量偏差小于 200 mm 时，应将误差均布在各间距内；大于 200 mm 时，应上报技术负责人，不得安装；

（2）吊弦应端正；

（3）吊弦顺线路安装位置应符合设计要求，施工允许偏差为±50 mm；

（4）吊弦线夹连接螺栓紧固力矩为 25 N · m，将止动垫片掰到位；

（5）在任何温度环境下均垂直安装，偏差不得大于 30 mm；

（6）吊弦间距按计算值布置，安装应从中心锚结向下锚侧进行；

（7）吊弦的导线环、接触线端朝向行车前进方向侧；

（8）吊弦间距测量的起测点与闭合点均以悬挂点为准；

（9）安装线夹位置的承力索、接触线及线夹与承力索、接触线的接触面均应把灰尘、氧化物等清除干净，并涂一层电力复合脂；

（10）每一悬挂点拉出值方向应在布置表中明确，并注明吊弦线夹螺栓穿向；

（11）一个锚段全部安装完毕后，应逐悬挂、吊弦点检测接触线下缘距轨面连线的高度。

（十）电连接安装

1. 施工程序

测量→预制→安装→结束。

2. 质量控制

（1）电连接线预制长度由技术人员根据实测（或吊弦计算资料）数据，通过计算提供给预配人员，预配人员依据其数据剪取电连接线所用长度，剪切处两边应绑扎牢固以防散股；

（2）电连接应在承力索、接触线初伸长被拉出后方可安装；

（3）电连接线夹、载流吊弦线夹安装时，导线与线夹接触面进行表面氧化膜清洗，导线清洗长度不应小于连接长度的 1.2 倍，清洗后导线接触面需涂电力复合脂；

（4）承力索、接触线电连接线夹应垂直安装，且上、下行基本对齐；

（5）承力索、接触线电连接线夹压接应严格执行作业指导书的工艺要求；

（6）不符合设计要求的材料严禁使用；
（7）测量时不要给承力索、接触线施加外力，以免影响测量精度；
（8）安装时严禁踩踏接触线或给接触线施加外力，以保证接触线的平直度；
（9）电连接线与加强线连接处应采用铜铝过渡线夹；
（10）电连接与线夹接触应良好，并涂电力复合脂。

（十一）分段绝缘器安装

1. 施工程序

安装承力索绝缘棒→断线、安装承力索绝缘子→安装分段绝缘器本体→调整。

2. 质量控制

（1）分段绝缘器本体在工厂已组装调平，本体上的螺栓、螺母（M10、M8、M5）现场安装时不能拧动，在工厂已上胶固定防松；检修时注意观察螺栓、螺母有无松动、变形现象，如有松动加以紧固。

（2）分段绝缘器严禁安装在机车（动车组）经常停车取流位置的上方，否则可能会因频繁启动取流而烧损分段绝缘器滑道。

（3）在机务段内，禁止内燃机车的烟囱对着分段绝缘器排烟或喷火星，否则可能造成分段绝缘器部件烧损或绝缘棒烧伤。

（4）务必使得分段绝缘器工作于受电弓中心部位。否则，当分段绝缘器偏离受电弓中心时，不均匀磨耗的受电弓滑板呈凹型，可能打击分段绝缘器的部件而造成弓网故障。

（5）安装分段绝缘器时，必须用直尺沿导线向分段绝缘器本体来回滑动检查，确保滑道底面在同一平面。否则可能引起局部的电弧灼伤，长期积累会造成本体烧损。

（6）不宜在曲线区段安装分段绝缘器。必须安装时，要特别注意调整，务必使分段绝缘器的滑道底面平行于铁路轨道平面，使得受电弓工作面与分段绝缘器底面完全平行。

（7）分段绝缘器安装时调整其负弛度，减少硬点，负弛度一般为 50 ~ 70 mm（最小不小于 20 mm），特别在过车速度较高的处所必须有足够的负驰度。实际运行中，设备管理单位可根据分段绝缘器过车时弓网关系的情况调整负驰度数值。

（8）分段绝缘器投运初期，应加强巡视检查，观察过车时的弓网状况、电弧情况，发现问题及时处理。投运后，按照有关规程进行巡视检查，主要观察各零部件工作状态是否良好、主绝缘是否表皮损坏等。

（9）分段绝缘器安装处，在分段绝缘器调节吊线的附近（2 m 之内）必需加装载流吊弦线以防分段绝缘器的调节吊线取流过大而烧损。

（十二）避雷器安装

1. 施工程序

安装避雷器托架→本体安装→安装绝缘子→安装脱离器固定角钢→安装脱离器→安装电连接→安装计数器→结束。

2. 质量控制

（1）连接螺栓紧固力矩，须符合设计及产品证明书的要求，并应用力矩扳手检测是否达标；
（2）避雷器电连接线，应预留因温度引起的位移长度，接触线电连接线夹处导高不应低于邻近吊弦处的导高，施工偏差为 0 ~ 5 mm；
（3）避雷器固定角钢应呈水平状态，施工误差为 0 ~ +100 mm。

（十三）隔离开关安装

1. 施工程序

安装托架→吊架安装→本体安装→附件安装、连接电连接线→调试、结束。

2. 质量控制

（1）开关在安装前，必须由电气试验部门对其进行耐压试验；

（2）开关瓷柱表面应光滑，没有裂纹和缺釉、斑点、烧痕、气泡及瓷釉烧坏现象，瓷釉剥落面积不得大于 300 mm^2；

（3）瓷柱浇注部分不得有松动和辐射性裂纹，铁件不得有锈蚀现象，应镀锌良好并且和瓷件结合紧密；

（4）搬运及运输过程中，注意保护好开关的瓷柱，要包扎好，以防止损伤开关瓷柱；

（5）连接螺栓紧固力矩应符合产品说明书的要求，并应用力矩扳手检测是否达标；

（6）隔离开关安装调试结束后，及时加锁，施工负责人做好施工安装记录；

（7）安装完毕，开关应锁定在“分”或“合”，不允许有中间状态，并挂锁锁定手柄；

（8）在横腹杆支柱上安装操作机构时，为保证操作机构的正常安装，计算操纵管长度时应避让开支柱的横腹杆。

第三节 工程接口管理

一、与桥梁专业接口

桥梁段主要检查内容为桥钢柱、硬横梁基础，桥钢柱基础分为简支 T 梁锚柱、非锚柱基础；连续梁段锚柱、非锚柱基础以及硬横梁基础，具体形式及标准如下：

简支 T 梁非锚柱基础螺栓型号为 M36，数量为 8 根，外露长度 140 mm；

简支 T 梁锚柱基础螺栓型号为 M36，数量为 16 根，外露长度 140 mm；

连续梁段非锚柱基础螺栓型号为 M36，数量为 4 根，外露长度 200 mm；

连续梁段锚柱基础螺栓型号为 M36，数量为 16 根，外露长度 140 mm；

连续梁段硬横梁基础螺栓型号为 M39，数量为 8 根，外露长度 140 mm。

预留基础卡控标准见表 53-8。

表 53-8 预留基础卡控标准

序号	项目	卡控标准
1	桥钢柱螺栓纵向轴向顺线路偏离桥台墩设计中心线	30 mm
2	桥钢柱螺栓埋深	±20 mm
3	桥钢柱螺栓间距	±2 mm
4	桥钢柱预留基础顶面高程	±50 mm
5	桥钢柱预埋螺栓顺线路方向中心线应与线路中心线平行，垂直线路方向中心线应与线路中心线垂直，两个方向的允许偏差均不大于 3°	<3°
6	预埋钢板应与基础面齐平或略高	+5 mm/－0 mm
7	预埋钢板中部预留孔中混凝土略高于预埋钢板顶面	+5 mm/－0 mm
8	预埋钢板应水平，高低偏差	<5 mm

二、与隧道专业接口

（1）预留锚段关节 L1、L3 范围内加高 0.5 m，加宽 0.7 m；L2 范围内加高 0.5 m。

（2）预留隔离开关洞室：靠近锚段关节中心且洞室边距离下锚洞室边 20 m，比一般区段加高 0.86 m，加宽 1 m，加宽范围为顺线路方向 4.0 m，见图 53-7。

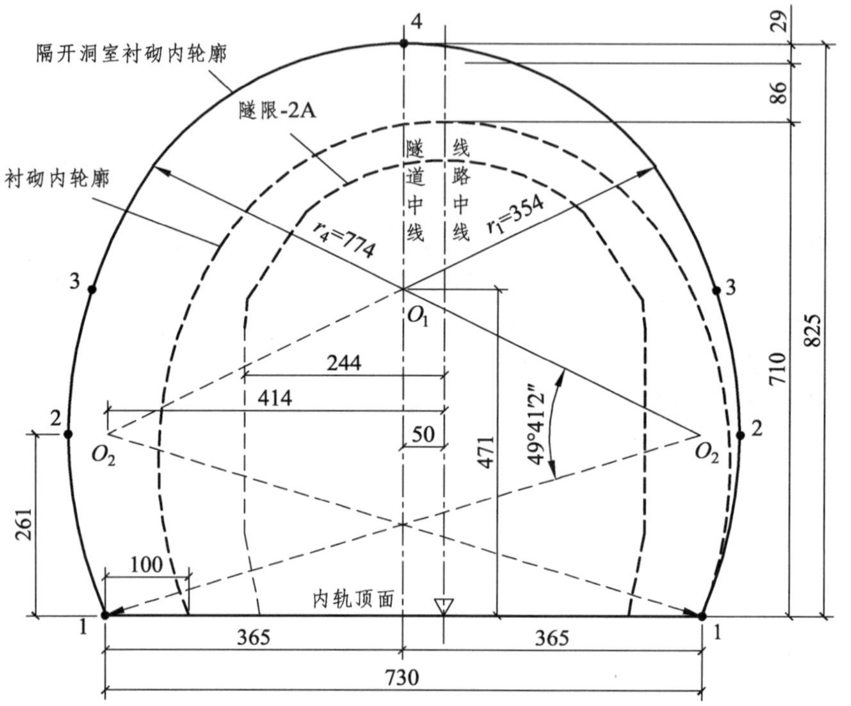

图 53-7　隧道内预留开关洞室示意图（单位：cm）

（3）隧内接地极：大于 500 m 的隧道，每隔 500 m 处预留接地极，每处均设置 4 处引下线（隧道单侧各 2 处），隧道专业预埋隧道壁内 ϕ16 mm 镀锌圆钢，外露 20 cm。

第五十四章　综合接地系统

一、工程技术及施工情况

（一）内业技术准备

（1）施工前，施工单位应对批准的施工图进行现场核对，确保无误后方可使用；
（2）铁路综合接地工程施工前应编制施工作业指导书，组织全员进行学习；
（3）施工单位应依据设计文件和设计技术交底文件进行逐级技术交底；
（4）施工技术交底应包括施工工艺、质量标准、安全技术要求等内容；
（5）施工单位应做好技术交底的记录和管理。

（二）外业施工准备

（1）施工单位在开始施工前应依据施工设计文件及相关资料进行施工调查及接口调查，并编制施工调查报告；
（2）施工前应依据施工设计文件及相关资料进行定测、复测，并对接地装置处的土壤电阻率、设备安装的具体位置、地线走向及防护方式等进行校核；
（3）施工定测和复测完毕应作书面记录，并在现场明显处做好相应标记；
（4）施工前应做好施工方案的选择及人、料、机等方面资源配置工作；
（5）资源的配置应符合工程规模、进度安排和技术等级等要求。

二、贯通地线敷设施工程序及工艺

（一）路基地段

1. 贯通地线及分支引接线

路基有纵向贯通接地电缆、分支电缆。在路基接触网基础、路基基床表层填筑至高于埋设深度 60 mm 后，预留出 60 mm 深、宽度略大于贯通地线直径的槽，在槽底铺设 4 cm 厚粒径不大于 5 mm 的土壤后敷设纵向贯通电缆，并在对应的接触网基础位置预留分支电缆；用同样土壤填平不小于 10 cm 厚度后再进行正常填筑和机械压实。每 500 m 设一处横向连接线。

2. 路桥过渡段接地

在临近过渡段的路基通信信号电缆槽侧壁处预留接地端子，预埋分支引接线将接地端子与贯通地线连接。桥梁地段贯通地线沿通信信号电缆槽敷设至路基段与路基段内的接地端子连接。

3. 路基地段接地极、接地端子设置

路基地段利用接触网支柱基础作为接地极使用，在施作接触网支柱基础时，在基础沿线路方向小里程侧面预制接地端子，接地端子的连接钢筋要求与基础内结构钢筋和至少两根接触网支柱基础螺栓可靠焊接，接地端子供轨旁设备接地，接地极通过不锈钢连接线与通信信号电缆槽内的接地端子连接。

每个接触网基础处的通信信号电缆槽内侧壁预制接地端子，供接触网支柱基础（接地极）及轨旁设备接地连接。

（二）桥梁地段

桥梁综合接地主要有桩基础桥墩接地、梁部接地、桥梁地段声屏障接地等，主要采用在混凝土中预埋接地钢筋并与预埋的接地端子连接的形式。

施工重点为接地钢筋的焊接质量和长度，单面搭接焊长度不小于 100 mm，双面搭接焊长度不小于 55 mm，焊缝厚度不小于 4 mm。接地端子外路面与混凝土面平齐。

1. 桩基础桥墩接地

每根桩选用一根通长接地钢筋，并在承台中形成环接。桥墩中选用 2 根接地钢筋，一端与承台环接钢筋相连，一端与墩帽出接地端子相连。接地钢筋应选用非预应力结构钢筋。

2. 梁部综合接地

利用梁体结构钢筋，在梁体两端各布置横向接地钢筋 1 根，与纵向接地钢筋采用“L”形焊接连通。纵向接地钢筋设于防护墙下部，在每跨梁起点侧防护墙、竖墙处设置接地端子。

3. 桥梁地段声屏障接地

采用插板式声屏障，与声屏障金属立柱锚栓柱焊接，在每片梁起点处的声屏障遮板预留接地端子与竖墙预埋接地端子相连。

（三）隧道地段

隧道工程综合接地严格按照设计施工，敷设地线的过程中地线拐弯应圆滑、平顺，切忌生成死弯、背口等现象，并采取ϕ80 mm 防护管防护，贯通地线每隔一定距离用三通管头向电缆槽引一接线头。接线头的引出采用塑料护套多股铜线，电缆槽内留出 250 mm，对需要进行接地处理的设备连接在贯通地线上。

为保证全线贯通地线的接地电阻符合设计要求，贯通地线需在适当地方安装接地极来进行降阻处理。每隔一定距离安装一处接地极对使贯通地线接地性能加强。采用铅包多股铜缆线与隧道两侧预留的接地螺母相联接，隧道两侧的接地螺母与预埋接地钢筋焊接成一条贯通的接地线，保证全线贯通地线的接地电阻符合设计的技术要求。

在钢筋绑扎、浇筑混凝土过程中注意保护预埋接地钢筋使其定位准确，尤其注意不得使其断开。同时施工过程中要采用仪器测每分项工程的接地电阻，使其符合设计要求。

（四）路基与桥梁、路基与隧道过渡段贯通地线连接

（1）路基地段利用接触网支柱基础作接地极；

（2）在通信信号槽内侧壁预制接地端子，设置位置应根据有接地需求的弱电设备及设施的位置确定，并与就近的接触网支柱基础同里程；

（3）跨线桥处的路基地段，在桥墩处预留分支引接线，在电力槽内预留路基型接地端子，分支引接线与接地端子尾端压接，以便于跨线桥接地装置就近接入综合接地系统。

（五）车站咽喉区路基地段贯通地线敷设

（1）贯通地线、分支引接线、横向连接线的埋设及施工工艺要求与区间路基地段相同；

（2）每个接触网支柱处的通信信号电缆槽内设置 2 个路基型接地端子，端子间隔 0.5 m；供轨旁通信、信号等弱电设备、设施接地；

（3）每个接触网支柱基础上预置 2 个桥隧型接地端子。供无砟轨道板及附近金属设施就近接地。

（六）贯通地线接续及与接地端子的连续

（1）贯通地线纵向连接，贯通地线与接触网立柱处分支引接线连接，分支引接线与路基型接地端子连接时均采用2个C形压接件，压接件间隔30～35 cm；

（2）在线路两侧临近过渡段的第一个接触网立柱基础网立柱基础处，路基通信信号电缆槽侧壁施做路基型接地端子，并将接地端子与相应处分支连接线连接；

（3）通信信号电缆槽侧壁上的接地端子端头与侧壁齐平，用水泥砂浆固定。

（七）贯通地线与接地端子的连接

采用25 mm^2的多股裸铜缆焊接或压接，焊接时焊接长度不小于100 mm，并利用热熔热缩带防护150 mm。

（八）接地电阻的测设

（1）采用接地电阻检测仪测量；

（2）接地电阻检测仪与辅助地线棒之间的检测连线应选用绝缘护套铜导线；

（3）雨后不宜立即测量。

（九）贯通地线敷设施工要求

（1）贯通地线与信号电缆同沟埋于地下，并应埋在信号电缆下方，与土壤直接接触；

（2）当信号电缆敷设在石质地带的电缆槽内时，贯通地线应在大地侧电缆槽底部敷设；

（3）当贯通地线敷设在大桥上时，贯通地线宜与桥墩上预留的基础接地体可靠连接；

（4）当贯通地线敷设在长大隧道时，宜与隧道内预留的接地体可靠连接；

（5）桥梁、隧道地段、车站范围及牵引变电所附近的区段应在铁路两侧敷设贯通地线。

（十）材料要求

（1）贯通地线应采用截面积不小于 35 m^2、耐腐蚀并符合环保要求的材料；外护套应为具有耐腐蚀性能的金属或合金材料；

（2）贯通地线的结构、导体和外护套等的性能和环保要求应符合国家及行业有关技术标准的规定。

第五十五章　防灾安全监控工程

第一节　工程概况

一、主要设计和施工特点

（一）防灾安全监控系统总体技术要求

（1）《铁路技术管理规程》（普速铁路部分）（TG/01—2014）；
（2）《铁路自然灾害及异物侵限监测系统工程技术规范》（QCR 9152—2018）；
（3）《高速铁路自然灾害及异物侵限监测系统技术条件 雨量监测设备（试行）》（TJ/G W090—2013）；
（4）《高速铁路自然灾害及异物侵限监测系统总体技术方案（暂行）》（铁科技〔2013〕35号）；
（5）《铁路工程设计防火规范》（TB 10063—2016）；
（6）《铁路防雷及接地工程技术规范》（TB 10180—2016）。

（二）施工特点

（1）防灾系统监测点定位标准要求较高；
（2）现场操作灵活性强，依据施工现场实际情况，落实最可靠的设备安装效果；
（3）施工顺序：首先进行室外电缆敷设，再进行室外设备安装；待基站、所亭具备室内施工条件后，进行室内管线安装、室内线缆敷设、室内设备安装以及监控单元的安装及调试，待通信专业提供防灾通信通道后，进行系统调试。

二、主要工程数量

金台铁路全线防灾安全监控工程主要数量见表55-1。

表55-1　信息防灾工程主要工程数量

序号	名称	单位	数量
1	雨量监测系统	套	13
（1）	挖填光、电缆沟	沟公里	1.5
（2）	钢管防护	m	450
（3）	安装电缆成端头	个	26
（4）	敷设信号电缆	m	1 760
（5）	敷设地线 25 mm^2	m	450
（6）	安装接地装置≤10 Ω	个	13
（7）	安装机械式雨量计（含现场控制箱、采集处理单元、GPRS数据传输终端、供电控制模块）	台	13
（8）	安装引上钢管	m	2 006

续表

序号	名称	单位	数量
（9）	混凝土基础（含金属护栏）	处	13
（10）	光（电）缆接头保护光（电）缆标桩	10 根	3
（11）	安装机柜	架	1
（12）	安装 UPS 设备 2 kVA（含蓄电池）	套	1
（13）	布放电源线塑料电线 500VWDZ-BV1×16 mm²	m	10
（14）	布放电源线塑料电线 500VWDZ-BVV4×16 mm²	m	10
（15）	安装雨量监测终端	台	4

第二节　工程施工

一、施工队伍布置

信息防灾工程项目分部设置在台州站附近，下设 3 个施工架子队：

信息防灾工程架子一队：负责工程起点（DK0+000）至白塔站（DK69+200，不含）（含枫山货运线、永康南疏解线）范围内的信息防灾工程施工及设备的安装、调试。驻地：永康东站附近。

信息防灾工程架子二队：负责白塔站（DK69+200，含）至临海东站（DK141+750，不含）范围内的信息防灾工程施工及设备的安装、调试。驻地：仙居站附近。

信息防灾工程架子三队：负责临海东站（DK141+750，含）至本工程终点（含头门港铁路支线、台州南货运线）范围内的信息防灾工程施工及设备的安装、调试。驻地：台州站附近。

二、主要施工工艺及方法

（一）电缆线路施工

1. 施工流程

防灾电缆线路施工的工艺主要包括：施工准备及施工配合、电缆路径测量及定位、挖填电缆沟、电缆敷设、电缆中间接头制作、电缆引入、电缆成端头制作、电缆试验等。

电缆线路施工的工艺流程图，见图 55-1：

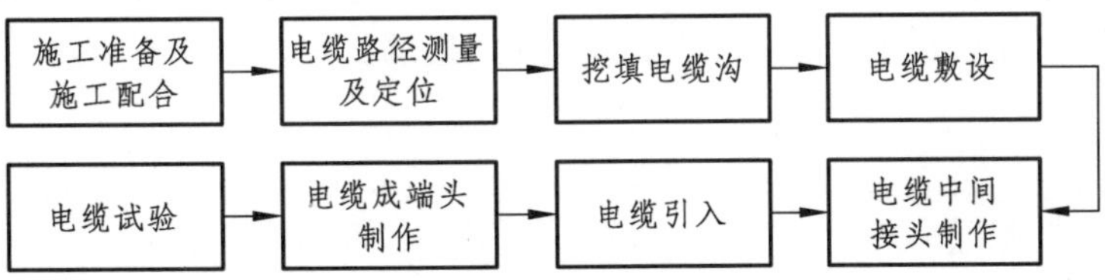

图 55-1　电缆线路施工工艺流程

2. 施工方法

（1）施工准备及施工配合：准备电缆线路施工的机具，测量工具如：皮尺、钢卷尺、测量绳、标桩、红油漆等；施工工具如：锹、镐、钢钎、大锤、电缆支架、电缆滑车，材料如：电缆标志桩、电缆保护钢管、管口封堵材料等。根据设计电缆线路的径路，查清电缆线路上是否有地下设施，从而确定具体的施工和防护方案。了解电缆沟土质情况，根据具体情况，从而确定正确的施工方法。

（2）施工测量及定位：根据线路径路图，找出设计定测时所确定的电缆路径的大致位置，并在径路上的重要地点（如长直线段的中点、上下坡处、过障碍处、过轨、过公路、进建筑物、上桥、拐弯处、中间接头处、需特殊预留电缆的地点等）做好标记。同时，用测量工具测量电缆径路长度。

沿路基、桥梁站前修建的电缆槽道敷设电缆时，应根据设计文件的要求选择电缆槽道。

（3）电缆沟开挖或电缆槽道清理：电缆沟开挖采用铁镐、铁锹，电缆沟开挖时，保护好施工可能危及的道床、路基，施工完毕后，按照原样进行恢复。直线部分开挖时保持其直线性，以免出现电缆径路偏移。电缆沟垂直开挖，挖出的泥土，放置于距沟边 0.3 m 以外。电缆过轨、过公路时必须加强埋设电缆保护管保护。电缆保护管按电缆外径的 1.5 ~ 1.7 倍选择镀锌钢管。电缆沟深度不能满足规范和标准要求时，采用保护管或水泥电缆槽的方式进行保护。电缆沟开挖完后，请监理工程师检查确认电缆沟开挖深度是否符合设计要求，达不到要求的立即返工。

沿路基、桥梁站前修建的电缆槽道敷设电缆时，应提前将敷设径路上对应的槽道盖板揭开，清理槽道内的杂物，检查槽道内无钉刺等锋利尖角的物体。在掀揭槽道盖板时，施工人员应轻揭轻放盖板，将盖板放于槽道旁稳定的位置并摆放整齐，应避免盖板抓握不牢导致盖板掉落槽道内损坏或砸坏砸伤其他专业的缆线，导致成品被破坏。

（4）电缆敷设：敷设电缆前，先进行电缆配盘，根据电缆沟长度选择适合的电缆盘，并根据电缆的电压等级对即将敷设的电缆进行测试，检查电缆型号、规格、电压等级是否符合设计要求，检查电缆是否存在铠装压扁，电缆绞拧、护层折断等未消除的机械损伤。电缆敷设若采用人力牵引的方式进行，敷设较长电缆前，在电缆行径的路线上每隔 20 m 放一个电缆滑车，在路面摩擦太大的地方每隔 10 m 放一个电缆滑车，在转弯处放万向转弯滑车，以防磨坏电缆的外绝缘层或受到机械性损伤。电缆敷设时，在电缆的两端按技术规范预留长度。

（5）电缆沟回填或槽道恢复：在电缆上下部铺不小于 100 mm 厚的软土或细沙层作为电缆的保护层，并加盖保护板或砖块防护，然后进行回填，将回填土一直回填至高于原地面 0.3 m，并及时恢复被损坏的道床、路基和植被，按规定设置电缆标桩。

电缆槽道在缆线敷设完毕后应及时进行恢复处理。槽道盖板回盖至原来位置应轻放盖板，并使盖板两端均等扣于槽道沿上，盖板回盖后应平整不晃动，相邻盖板之间无明细缝隙。槽道盖板恢复过程中施工人员应小心轻放，避免因人为操作不当导致盖板掉落于槽道内砸伤缆线。对于已断裂或严重损坏的盖板应更换成完整的，严禁将明显带有严重损坏的盖板再次恢复到槽道上，否则会造成受力后盖板掉落于槽道内砸伤缆线。

（6）防灾电缆终端头和中间头的制作根据设计图纸要求和相关标准进行制作。施工前准备电缆中间接头或终端头的材料，对电缆进行绝缘测试。根据所要制作的电缆头类型进行主要工机具准备。制作好的电缆头保证电气性能和机械强度可靠，并满足电气试验要求，制作过程中要保持清洁、干燥、不伤及电缆绝缘层和绝缘强度，制作前后必须用兆欧表进行电缆绝缘测试，要求绝缘电阻必须满足规范要求。电缆头制作必须连续作业，一次性完成，防止受潮。

（二）室外设备安装

1. 风、雨监测设备安装

风、雨监测设备设置地点和安装方式应符合施工图要求和相关技术标准的规定。

（1）风、雨监测设备应按下列要求进行安装：

风速风向仪或雨量计采用专用托架安装在接触网支柱上。安装固定高度和朝向应符合设计要求。

风速风向仪或雨量计固定托架与接触网支柱之间的接触固定处采用不小于 10 mm 的绝缘垫片使托架与接触网支柱绝缘隔离。

固定托架的螺母统一朝向线路外侧，螺栓不应与接触网支柱接触。

参照设备技术文件，利用指北针对风传感器指向角度进行调整，调整完毕后，将风传感器固定牢固。雨量计不需要做角度调整。

传感器引下至监测数据传输单元线缆采用钢管防护，采用钢管防护时，弯曲部分采用钢丝皮管进行过渡防护，钢管与钢丝皮管结合部位采用抱箍紧固并用橡胶密封防水，托架及监测数据传输单元穿线孔处加垫圈保护，防止传感器电缆被割伤。

监测数据传输单元箱体安装在接触网支柱上，安装高度依据设计文件并根据现场情况进行调整，确保箱体不侵入铁路建筑限界，箱体与地面保持垂直，倾斜角度不超过 ± 5°，箱体门开启朝向主线路外侧。

（2）监测设备配线包括传感器至监测数据传输单元和基站监控单元至监测数据传输单元的电缆配线。配线前应做好下列准备工作：

根据设计图纸，对每一根电缆导通、确认。

每根电缆应有标识牌，标明去向。

配线前应清除监测数据传输单元内杂物，保持内部清洁。

（3）监测设备应按下列要求配线：

传感器至数据传输单元间配线宜采用带护套的配线电缆，线把绑扎间距应均匀，芯线应有 2 ~ 3 次做头余量，芯线端头做成鸭头弯后与端子连接，备用芯线可盘成弹簧状放在电缆根部。

基站监控单元至监测数据传输单元的电缆自监测数据传输单元箱体底部保护管引入箱内并完成成端制作；配线时，芯线端头应有 2 ~ 3 次做头余量，并严禁盘圈，芯线端头做成鸭头弯后与端子连接，备用芯线可盘成弹簧状放在电缆根部。

监测数据传输单元内采用弹簧接线端子配线时，根据接线端子的规格，应使用专用配线工具，截面积小于 1 mm^2 的多股铜芯线应压接冷压接线帽，根据导线截面大小，选用适合的冷压接线帽，并使用与冷压接线帽对应的压接钳压接。

风雨传感器支架应采用设计要求截面积大小的地线与接触网钢柱本体做接地连接，如是混凝土杆体应引至杆根部的接地端子处。监测数据传输单元箱体应利用接触网杆基础预留接地端子做接地处理，所使用的地线截面大小符合设计要求。

（三）公跨铁桥异物侵限双电网传感器的安装

1. 准备工作

（1）专业安装工具的准备：

公跨铁路的道路桥梁异物侵限现场采集设备安装采用吊笼或其他安装工具进行作业。

（2）工具材料的准备：

主要包括：发电机、电锤（含钻头）、支架、平弹垫片、双螺母、螺丝防松动胶、套筒扳手、吹风机、水平承重网、竖直监测网、接线盒、U 形卡、扁铁、防护管及配件、50 mm^2 接地线、电缆、梯子及安全带、反光背心等必需的劳保用品。如果涉及既有通车公路施工，还需要安放路锥、警示牌、警示灯等安全设施。

（2）螺栓预埋情况。

检查上跨铁路的道路桥梁是预埋异物侵限现场采集设备安装螺栓，并测量预埋螺栓的范围、尺寸是否符合设计图纸的要求，预埋螺栓由桥梁专业按照施工图纸预先预埋。

（3）“T”型支架的安装。

① 在已经预埋螺栓的情况下，需先用 T 型支架底座模板纠正预埋螺栓孔间距以便于安装 T 型支架（每个 T 型支架的间距必须符合施工图要求，并保证在同一水平线上）。

T 型支架、竖直监测网全部安装完毕后，效果图见图 55-2。

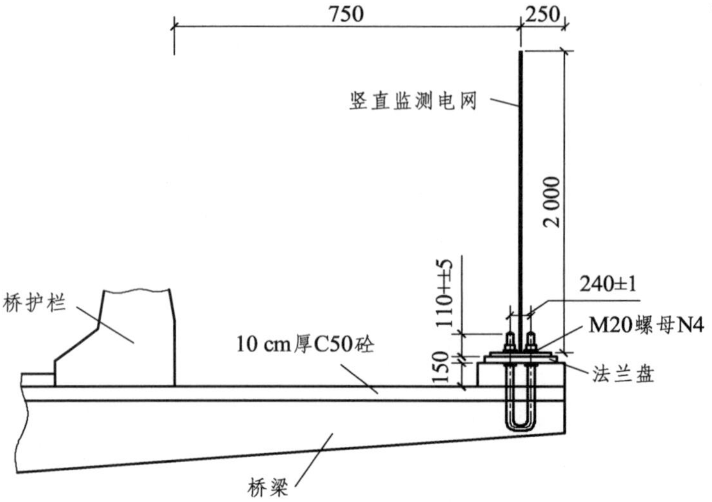

图 55-2 异物侵限监测装置外侧防撞护栏顶部安装（单位：   ）

② 竖直监测网的接线及导通测试。

单侧所有接线完成后，在竖直监测电网与电缆连接处用万用表分别测量电网 1、电网 2 的电阻值并记录，根据防护范围通过电阻值确认导通性（单侧 28 m 的监测电网单芯电阻值不大于 70Ω）；线间及对地绝缘电阻应大于 500 MΩ。

（4）接地线的连接、双电网与电缆的连接。

异物侵限现场控制设备的接地应按下列规定进行施工：

① 热镀锌扁钢连接后，在一端处采用截面积不小于 50 mm² 的多股铜线沿线缆引下钢管至上跨铁路的道路桥梁桥墩底部与就近贯通地线接地端子连接或采用 T 型压接方式与贯通地线连接。

② 现场控制器内部接地端子采用截面积不小于 50 mm² 的多股铜线与就近贯通地线接地端子连接或采用 T 型压接方式与贯通地线连接。

③ 接地配线不应有接续和缩径。

④ 防雷接地配线单独配置，走线不留余长。

⑤ 各接地线连接端子牢固可靠，地线连接处采取防腐、防护措施，露出地面时进行防护处理。

⑥ 异物侵限现场监测设备地线连接后，进行接地电阻检测，接地电阻符合设计规定。

（5）轨旁控制器的安装。

① 现场控制器在确保箱体不侵入铁路限界的前提下，安装于异物侵限监测点电缆引下桥墩附近，安装时，根据现场实际情况制作围桩，现场控制器采用 50 角钢固定，箱底距离围桩上表面 100～200 mm。

② 监测电网至现场控制器的电缆自现场控制器底部围台内保护管引入箱内并完成成端制作；配线时线把绑扎间距均匀，芯线余留 2～3 次做头余量，并严禁盘圈，芯线均套号管，端头做成鹅头弯后与端子连接，备用芯线可盘成弹簧状放在电缆根部。

③现场控制器内采用弹簧接线端子配线时，线缆连接一孔一线，根据接线端子的规格，使用专用配线工具，截面积小于 1 mm² 的多股铜线使用配套的压接钳压接冷压接线帽。

④ 电缆引入现场控制器时，标明径路。

（6）电气性能测试。

电缆及地线接入现场控制器后，应测量电网 1、电网 2 的导通性、绝缘性和地线的对地电阻。根据防护范围通过电阻值确认导通性（56 m 的电阻值应不大于 150 Ω）；线间及对地绝缘电阻应大于 500 MΩ。

（四）地震监测子系统现场监测设备

地震监测设备安装施工主要包含两个方面的施工，第一是地震监测井的修建施工，第二是强震仪的安装与接线以及调试。

1. 地震监测井施工

地震监测井的混凝土结构修建的好坏直接关系到后期安装在地震监测井内地震仪的安全。监测井须修建在原土层上和地震监测井的防水性能是两个重要技术指标和要求。地震监测井的修建施工主要有以下几个工序。

（1）地震监测井的选址。

地震监测井选址总体要求是：满足两监测井相距大于 40 m，能将监测井建造在原土层上，不是水流冲击区或积水区，不与变电所内的设施和设备有冲突和影响。

（2）地震监测井基坑开挖。

监测井基坑开挖要注意两个重要技术要求和一个安全要求。技术要求点一是基坑开挖的深度至少要达到原土层以下 60 cm，如开挖深度满足设计要求仍不能满足原土层以下 60 cm 的要求，应提报设计，进行变更。要点二：是基坑开挖后，基坑底部必须达到了持力土层，其地基承载力必须满足设计要求。安全要求是监测井基坑开挖作业属于深基坑作业，必须设置临边防护措施和基坑的支护或放坡安全技术处理，施工中应严格按照深基坑作业要求的管理办法执行。

（3）监测井修建。

监测井修建主要包含地基处理、修建外层钢筋混凝土防护壁、防水层处理、修建内层钢筋混凝土防护壁和养护。

2. 强震仪安装与接线

强震仪应安装在仪器墩上，强震仪采用膨胀螺栓固定在仪器墩上。强震仪安装完成后应做到整体水平，并与仪器墩紧密接触。强震仪的水平度通过强震仪自带水平测试装置来检查。

强震仪固定后进行线缆的接线配线。强震仪的接线端子的运用和芯线的运用应按照设计图纸和厂家指导意见进行接线。电缆进出电缆监测井应做好在入口处的防水处理。

强震仪的调试工作应按厂家指导进行。地震监测试验属于不可控试验，试验主要是将采集的地震监测信息与国家地震台监测数据进行必要的比对核实。在后期联调联试期间，可由厂家在监控单元处模拟相应状态参数进行联动试验。

室外设备安装注意事项：

（1）风速计、雨量计及雪深计安装用专用托架与接触网杆固定处采用钢板，钢板与接触网杆之间垫橡胶垫片，风速计、雨量计专用托板用平弹垫加双螺母紧固，表面涂抹螺丝固定剂，螺栓丝扣外露长度小于 5 mm，固定风速计、雨量计支架的螺母统一朝向线路外侧，螺栓与接触网杆不得接触。

（2）各设备厂商所带配线由厂商督导施工。

（3）施工完毕，所有预留管件都应进行防火防鼠孔洞封堵。电缆过电力电缆沟、水沟时，用钢管防护放在沟表面，钢管方向与沟垂直且用化学锚栓固定。

第三节　防灾安全监控系统联调联试

一、防灾系统调试

自然灾害及异物侵限监测（防灾监控）系统调试包括单项调试、单元调试和系统联合调试。

单项调试包括风监测、雨监测、雪监测、地震监测、异物侵限监测等，设备安装完成后，在监控单元处进行的调试试验。

单元调试包括监控单元及其所接入的室外设备在完成单项调试后，在监控数据处理设备处进行的调试试验。

系统联合调试包括监控单元及其所接入的室外设备在监控数据处理设备处完成单元调试后，在终端设备处进行的整体调试试验以及电源设备调试。

调试之前和调试过程中，应检查是否具备下列条件：

（1）正式电源稳定可靠。

（2）各设备接地良好。

（3）温度、湿度等机房环境应符合设备正常运行要求和相关技术标准的规定。

（4）通信通道稳定可靠。

调试过程中，将及时根据调试记录情况对不满足相关设计标准的项目进行修改、调整。调试结束后，做好成品保护工作。

二、防灾子系统单项调试

（一）风监测子系统单项调试

（1）具有风监测功能的自然灾害及异物侵限监测（防灾监控）单元能正确接收对应现场风监测点的风速、风向等气象数据。

（2）具有风监测功能的自然灾害及异物侵限监测（防灾监控）单元风监测子板或通信接口状态正常。

（3）断开其中一组板卡或通信接口，另一组板卡或通信接口正常工作，监控单元采集数据正常；恢复其连接，断开另一组板卡或通信接口，监控单元采集数据正常。

（4）断开一路电源，监控单元采集数据正常；恢复其供电，断开另外一路电源，监控单元采集数据正常。

（5）断开接线端子处的一路风监测设备信号线，监控单元采集数据正常；恢复其连接，断开接线端子处另外一路风监测设备信号线，监控单元采集数据正常。

（二）雨监测子系统单项调试

（1）具有雨监测功能的自然灾害及异物侵限监测（防灾监控）单元能正确接收对应现场雨监测点的雨量监测数据。

（2）具有雨监测功能的自然灾害及异物侵限监测（防灾监控）单元雨监测子板或通信接口状态正常。

（3）断开其中一组板卡或通信接口，另一组板卡或通信接口正常工作，监控单元采集数据正常；恢复其连接，断开另一组板卡或通信接口，监控单元采集数据正常。

（4）断开一路电源，监控单元采集数据正常；恢复其供电，断开另外一路电源，监控单元采集数据正常。

（三）异物侵限监测子系统单项调试

1. 调试准备

（1）检测设备电压是否稳定，符合设备额定电压；

（2）检测设备接地是否良好；

（3）检查信号系统的防灾异物继电器是否接好。

2. 参照设备技术文件，对监控单元接入的异物侵限监测设备下列主要性能和功能进行调试

（1）正常情况。信号系统的防灾异物侵限上行异物继电器（SYWJ）、下行异物继电器（XYWJ）吸起状态；

（2）单电网断线。在现场轨旁控制箱处触发电网1试验开关，监控单元在1s内采集到电网1故障报警；电网1试验开关复位，触发电网2试验开关，监控单元在1s内采集到电网2故障报警。信号系统的防灾异物侵限上行异物继电器（SYWJ）、下行异物继电器（XYWJ）呈吸起状态；

（3）双电网断线。在现场轨旁控制箱处同时触发2个电网试验开关，监控单元在1s内进入断线报警状态。信号系统的防灾异物侵限上行异物继电器（SYWJ）、下行异物继电器（XYWJ）落下，信号系统对应区段显示红光带；

（4）临时通车。

上行临时通车：在监控单元处模拟"上行临时通车"，信号系统的防灾异物上行异物继电器（SYWJ）由落下变为吸起状态；

下行临时通车：在监控单元处模拟"下行临时通车"，信号系统的防灾异物下行异物继电器（XYWJ）由落下变为吸起状态。

（5）恢复。

触发现场轨旁控制箱恢复开关，监控单元处模拟"调度恢复指令"，现场恢复成功。信号系统的防灾异物上行异物继电器（SYWJ）、下行异物继电器（XYWJ）吸起状态。

（6）用万用表测量异物侵限监测与信号系统接口分线盘端子处上、下行异物继电器（SYWJ、XYWJ）线圈驱动电压应符合相关技术标准的规定。

（四）地震监测子系统单项调试

（1）检查地震现场采集设备指示灯显示是否正常。

（2）利用信号发生器模拟地震监测点的1个地震加速度计，检验地震采集器能否正确采集到信号发生器输出的信息。

（3）报警评判，利用信号发生器同时模拟地震监测点的2个地震加速度计，地震采集器采集到信号发生器输出的信息达到报警阈值时，地震采集器应能正确判断并产生报警信息。

（4）在监控单元处模拟下分别发报警处置动作命令和取消命令，地震与信号及电力牵引供电接口继电器动作正常，监控单元回采地震接口继电器状态正确。

（5）地震监测与信号接口分线盘端子处继电器线圈驱动电压应符合有关技术标准的规定。

（6）分别检测设备下发报警处置动作命令和取消命令，地震与电力牵引供电接口继电器动作应正常。

（7）地震监测与牵引变电系统接口分线盘端子处继电器线圈驱动电压应符合有关技术标准的规定。

三、防灾各单元调试

单元调试前，应检查是否具备下列条件：正式电源稳定可靠；各设备接地良好；通信通道稳定可靠；温度、湿度等机房环境应符合设备正常运行要求和相关技术标准的规定。

（一）监控单元调试

（1）监控数据处理设备接入监控单元设备类型与现场监控单元设备类型一致，工作正常。

（2）在监控单元处断开其中1台监控单元主机以太网接口，监控数据处理设备正常接收采集数据

并显示对应通信传输通道断开；恢复其连接，断开另 1 台监控单元主机以太网接口，监控数据处理设备正常接收采集数据并显示对应通信传输通道断开。

（3）在监控单元处断开其中 1 台监控单元主机电源，监控数据处理设备正常接收采集数据并显示对应监控单元主机断开；恢复其连接，断开另 1 台监控单元主机电源，监控数据处理设备正常接收采集数据并显示对应监控单元主机断开。

（二）监控数据处理设备调试

（1）监控数据处理设备正确接收其管辖范围监控单元的实时数据。

（2）监控数据处理设备服务器、磁盘阵列以及交换机等设备状态正常。

（3）断开主应用服务器网线，备用应用服务器正常工作，切换时间不超过 1 s，恢复主应用服务器网线连接，断开备用应用服务器网线，主应用服务器正常工作，切换时间不超过 1 s。

（4）断开主应用服务器电源，备用应用服务器正常工作，切换时间不超过 1 s，恢复主应用服务器电源，待主应用服务器恢复正常工作后，断开备用应用服务器电源，主应用服务器正常工作，切换时间不超过 1 s。

（5）断开主数据库服务器网线，备用数据库服务器正常工作，切换时间不超过 3 min，恢复主数据库服务器网线连接，断开备用数据库服务器网线，主数据库服务器正常工作，切换时间不超过 3 min。

（6）断开主数据库服务器电源，备用数据库服务器正常工作，切换时间不超过 3 min，恢复主数据库服务器电源，待主数据库服务器恢复正常工作后，断开备用数据库服务器电源，主数据库服务器正常工作，切换时间不超过 3 min。

（7）在顺序完成 3，4，5，6 步调试工作后，通过 3，4 步和 5，6 步的交叉试验来调试服务器之间的热备冗余功能。交叉试验时应注意应用服务器和数据库服务器均至少满足各自有一个处于正常工作状态。

（8）断开主网络设备电源，系统正常工作，恢复主网络电源，待主网络设备恢复正常工作后，断开备用网络电源，系统正常工作，网络设备切换时间不超过 1s。

（三）防灾系统联合调试

根据防灾系统的功能特点，按下列要求进行联合调试：

（1）终端设备正确显示相关数据信息，操作界面符合相关技术标准的规定。

（2）在监控单元机柜接线端子处，模拟现场风、雨、异物传感器有效报警数据输入，终端设备能正常显示风、雨、异物监测子系统的报警信息。

（3）在监控单元机柜接线端子处，模拟现场风、雨传感器超量程数据输入，风、雨监测子系统的传感器异常报警功能正常。

（4）终端设备能正确查询相关历史数据。

第五十六章　客运服务系统

金台线共设有永康南、磐安南、仙居南、壶镇、临海南、台州西、杜桥、头门港 8 个客运站，客运服务信息系统包括客票系统、旅客服务信息系统（包含集成管理平台、综合显示系统、客运广播系统、视频监视系统、旅客携带物品安全检查设备、入侵报警子系统、时钟系统）等。

一、车站旅客服务系统集成平台

（一）施工工艺流程

1. 设备安装工艺

（1）桌椅主要是放置网管终端、方便维护用，一般桌子高度在 80 cm 左右，椅高在 40 cm 左右；

（2）机台位置安装正确，台列整齐，机台边缘应成一直线，相邻机台紧密靠拢，台面保持水平，衔接处应无明显高低不平现象；

（3）终端设备配备完整，标志齐全正确。

2. 电源线安装

（1）首先直流电源线的安装路由、路数及布放位置应符合施工图的规定，线径规格、熔丝容量应符合设计要求；

（2）电源线必须采用整段线料，中间无接头；

（3）直流电源线的成端接续连接牢固，接触良好，电压降指标及对地电位符合设计要求；

（4）交流电源线必须有接地保护线。

（二）系统验收

（1）系统检测完成，检测结论为合格。

（2）系统验收文件包括：设计说明文件和图纸；设备和软件清单；软件和设备使用手册和维护手册，可靠性维护说明书；硬件和软件进场检验记录；集成系统检测记录；集成系统试运行记录。

（3）在集成平台的竣工验收前已进行了系统管理和操作人员的培训，并留有培训记录，系统管理和操作人员能独立工作。

二、客运广播系统

（一）施工工艺流程

客运广播系统的施工工艺流程见图 56-1。

（二）施工方法

1. 施工准备

施工图纸到位，包括广播系统广播管线安装图纸、相关专业安装图纸资料；

对现场实际情况，核查各类预留孔洞、沟槽是否与设计图纸相符合，了解车站其他相关施工单位的进度；

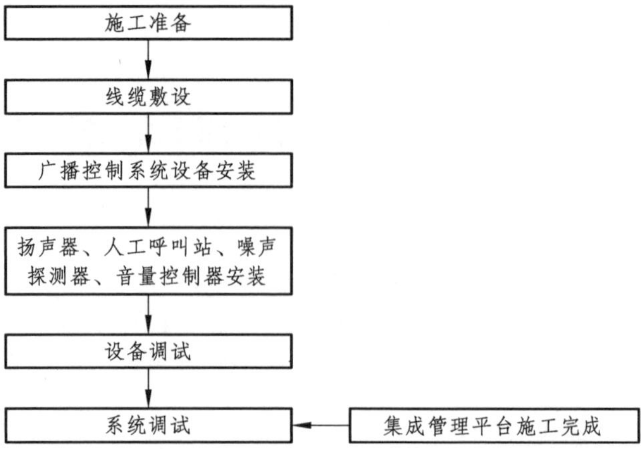

图 56-1 广播系统施工流程图

钢管及配件到货检验、点收、进场，线缆、扬声器等到货点收、检验测试、分类存放。相关工具、设备准备，自制专用工具加工。

2. 安装操作工艺

（1）钢管安装。

钢管安装牢固、平直美观，管子间隔均匀，钢管弯曲半径不得小于钢管外径的 6 倍，管口要平滑应有防护缆线措施，钢管固定严格按照《建筑电气安装工程质量检验评定标准》有关内容进行，注意在建筑物沉降、伸缩处采取软连接措施。钢管安装完成后每隔 25 m 应做相应的标记并在接头、箱盒连接处做电气连接，连接至地线箱。

（2）缆线穿放。

钢管安装完成后进行缆线穿放，首先检查管路是否清洁，穿入牵引钢丝带动缆线，放线时必须使用放线架以防止缆线扭绞、打结并检查管口是否有防护措施，牵引时匀速拉动。在接线盒内留有适当余量，缆线接续后要做好绝缘处理并盖好各类箱盒盖板。缆线在管内不得有接头。

缆线穿放完毕后还须对缆线的直流指标进行测试并做好记录，最后做好标签标明缆线规格、型号、去向等信息。

（3）扬声器、噪声探测器安装。

配合车站装修单位在车站顶棚开始封顶时进行扬声器的安装，扬声器安装必须牢固，整体效果美观，扬声器、噪声探测器安装位置上还需考虑距喷淋口、广告、导向牌等影响声音传播的物体有一定的距离。

扬声器安装完成后对扬声器网进行交流阻抗测试。

（4）设备安装。

设备安装包括设备机柜安装、设备配线、各类控制台（含话筒）安装及配线、设备间配线。

设备底座、机架安装严格按照《铁路通信工程质量检验评定标准》TB 10427-2011 中相应规定，控制设备安装的水平度、垂直度、设备间缝隙。参照安装手册安装各类设备内部模块，安装时必须戴好防静电护腕。

备配线绑扎美观、整齐，连接可靠，标记正确清楚。扬声器电缆在接入设备前须测试合格。电源线不能与控制线绑扎在一起。

各类控制台安装在便于操作维护的位置，接线保证正确性。

（三）验收系统

1. 验收标准

《民用建筑电气设计规范》（JGJ/T 16—2008）;《高层民用建筑防火规范》（GB 50045—1995）;《火

灾自动报警系统施工及验收规范》(GB 50166—2007);《30 mHz-1 GHz 声音和电视信号的电缆分配系统》(GB 6510—1996)中声音部分的测试方法和技术参数。

2. 系统的试运行

测试临海南站旅客服务信息系统集成管理平台对磐安南、壶镇、仙居南、临海南、杜桥、头门港站到发列车、专题等广播业务的管理功能，并对不同分区的广播正确性和时效性进行验证。

测试台州站旅客服务信息系统集成管理平台对本站金台场的到发列车、专题等广播业务的管理功能，并对不同分区的广播正确性和时效性进行验证；对永康南站新增站台广播业务的正确性和时效性进行验证。

三、综合显示系统

(一)施工准备

(1)安装前的环境检查。在现场设备安装前，设备机房、设备安装部位的土建、基本装修应基本完工，且不再进行大范围的装修工序。设备机房应具备照明、供电条件及防盗保安措施。在控制机及网络通信设备安装前，综合控制室的土建和机房装饰工程应已完工，现场满足无尘、防盗要求，并提供必要的照明、供电条件。显示屏设备安装前，设备应已完成其单体调试，并能现场手动正常运行。

(2)施工前的设备检验。设备外形完整，内外表面漆层完好。设备外形尺寸、设备内主板及接线端口的型号、规格符合设计规定。

(3)各种控制线路、供电线路已经按照设计要求布置到位。

(二)施工工艺流程

综合显示系统的施工工艺流程见图 56-2。

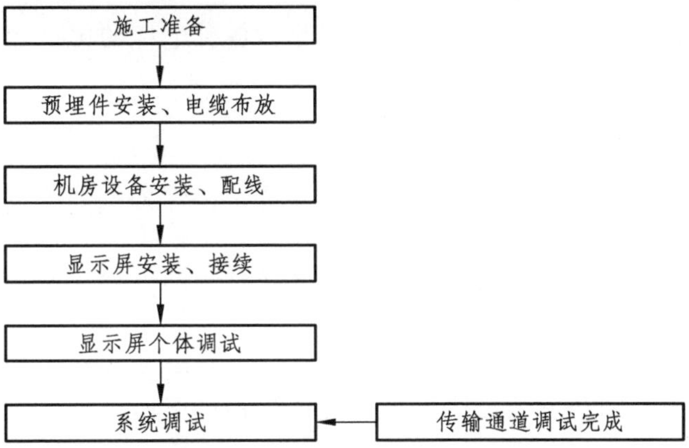

图 56-2 综合显示系统施工流程图

(三)系统验收

1. 外观指标

外观指标满足以下标准：盲点率小于 1/10 000；单元板拼缝精度小于 1 mm；整屏平整度小于 5 mm；可视距离为 200 m 内清晰；使用寿命大于 10 万 h。

2. 测试手段

软件测试：使用专用测试程序“Testled”扫描盲点；使用自主开发多媒体播放软件“Show”进行文字效果测试和视频效果测试；

硬件性能测试：使用专用工具测电压和功耗。

四、视频监控系统

（一）施工工艺流程

视频监控系统的施工工艺流程见图 56-3。

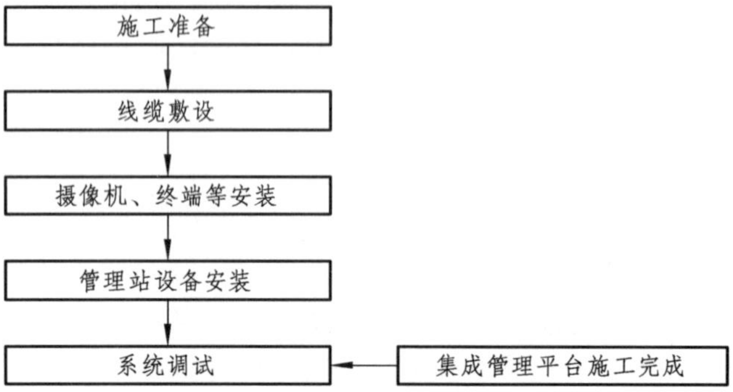

图 56-3　视频监控系统施工流程图

（二）施工方法

1. 系统设备安装前的检查

（1）熟悉施工图纸和相关规范。施工前应详细理解施工图和相关适用规范和文件；提前发现问题，及时与建筑装饰、水电承包商达成理解，协调一致。

（2）根据施工设计图纸对现场核查，发现不符处立即通知设计和监理工程师，并及时了解现场其他各专业的施工进度，以便工作安排。

（3）主要设备的开箱检验、库存、运输等准备工作，各种电缆的单盘测试工作，常用、专用工、机具的准备。

2. 设备的安装要求

（1）钢管安装，按照规范进行支撑物安装、钢管安装、特殊部位处理、标识、地线连接等工作，安装时注意平直、美观、牢固等工艺要求。

（2）电缆应均匀穿放，做好管口防护措施，做好各种箱盒的恢复工作，缆线标识清楚、正确，缆线敷设完成后须进行测试工作，缆线的绑扎要美观整齐。

（3）设备机柜应严格按照设备平面设计图进行安装，安装时充分利用水平尺、定位仪反复比较保证垂直度，水平度在设备安装规范范围内，机柜内维护监视器安装应考虑防滑和加固处理，以防造成位移。

（4）摄像机安装分专用支架安装和摄像机安装。专用支架一般安装高度在 2.5 ~ 3.5 m，应安装牢固平直，支架固定螺丝外露部位用金属圆头螺丝进行防护处理。站台摄像机安装要平衡，根据需要镜头向下倾斜 5 ~ 12°，以保证最佳图像效果。监视器安装时应轻拿轻放，安装完成后必须做好临时性保护措施和醒目标志。

3. 调试方法

通过磐安南、壶镇、仙居南、临海南、杜桥、头门港站的车站视频监控系统用户监视终端，对站前广场、售票厅、候车室、进站集散厅、站台和出站集散厅和安检口（安检口的测试范围为覆盖安检区域范围的候车区视频图像）等区域进行视频监控功能测试，包括实时图像查看、云镜控制功能及图像质量评价。

通过台州站金台场的车站视频监控系统用户监视终端，对本站金台场的站前广场、售票厅、候车室、进站集散厅、站台和出站集散厅和安检口（安检口的测试范围为覆盖安检区域范围的候车区视频图像）等区域进行视频监控功能测试，包括实时图像查看、云镜控制功能及图像质量评价；通过永康南站的车站视频监控系统用户监视终端，对本站新增站台区域进行视频监控功能测试，包括实时图像查看、云镜控制功能及图像质量评价。

（三）系统验收

1. 系统质量的评价

系统的质量客观测试应在摄像机的标准照度下进行，测试所用的仪器应有计量合格证书。系统清晰度、灰度等级可用综合测试卡进行抽测，抽查数不宜小于10%，其指标应符合有关规定。当对主观评价的分级有争议时，可用仪器对系统的随机信噪比及各种信号的干扰进行测试，其指标应符合有关规定。

2. 图纸及资料的移交

工程竣工验收前，施工单位必须向建设单位提交以下图纸资料：工程说明；综合系统图；线槽、管道布线图；设备配置图；设备连接系统图；设备概要说明书；设备器材一览表；主观评价表；客观测试表；施工质量验收记录；其他规定的有关文件或图纸。

第五十七章　工程接口

金台铁路工程接口施工内容按专业分为：桥梁综合接地及连接、桥墩综合预留（电缆上桥槽道等）、接触网支柱（下锚拉线）基础、梁体及桥面系预埋件、与轨道工程的预埋件、声屏障，梁体预留的电缆上下桥槽道及锯齿形槽口，桥面电缆槽设施；路基过轨孔、电缆沟槽；隧道电缆沟槽；无砟轨道绝缘处理、综合接地连接等。

工程接口的施工贯穿施工的全过程，接口项目繁多，施工工艺、施工质量及验收标准高。接口施工多属于隐蔽工程，施工质量好坏直接关系工程的成败和铁路能否正常运营。

第一节　专业间工程接口的施工

一、各专业工程接口管理原则

接口管理贯穿整个设计、施工、联调联试、试运行各个阶段。设计单位研究提出接口设计措施，注重各专业间接口界面的协调，保证站前、站后工程的系统集成优化，提出保证接口施工质量管理工作的指导意见，做好设计交底。施工单位应认真领会设计文件，细化接口工程施工界面和施工技术措施，研究采用保证接口质量的施工组织方案和施工技术措施，并认真组织施工。

二、站前工程与站后工程各专业间的接口内容

专业间的接口与配合关系见表 57-1。

表 57-1　业间的接口与配合关系表

项目	路基	桥梁	隧道	无缝线路	站场建筑
轨道	●	●	●	△	○
接触网立柱基础	●	●	△	△	○
综合接地预埋件	●	●	●	△	△
电缆槽	●	△	●	△	△
过轨管线	●	△	△	●	△
运梁通道	●	●	△	○	○
声屏障基础	●	△	○	○	○
设备安装基础	○	○	○	○	△
管线及设备入室	○	○	○	○	●
信号设备安装及联锁	●	○	○	●	●

注：●表示强相关，△表示弱相关，○表示不相关。

专业接口内容和施工安排见表 57-2。

表 57-2 专业接口内容和施工安排表

项目	接口内容	负责施工专业	施工图设计配合	质量交接验收方式	存在问题
电缆槽	贯通槽道使用	路、桥、隧、站场	设计院负责方案设计，反映在站前各专业图纸上	施工、监理	路基电缆槽的方式和路桥过渡段的方案
综合接地	路堤、路堑地段接头引出，隧道壁接头引出，桥梁墩台预留接头	路、桥、隧	设计院负责方案设计，反映在站前各专业图纸上	监理、信号专业（系统集成商）提前配合	桥梁墩台接地及量测和桥上贯通综合地线的任务分配
接触网支柱基础	接触网基础及锚栓基础的位置	桥梁、路基、隧道	设计院提文件，路、桥、隧等专业纳入施工图	监理、电气化专业施工配合	路基基础和隧道预埋工程的任务分配
过轨管线	管径、位置	线下专业	相关设计院负责对接	监理、信号专业（系统集成商）提前配合	路基密实及稳定
站场道岔	工电联合安装与调试	道岔制造、轨道、信号	前期工作轨道专业为主	联合施工，信号专业最终负责	工期配合
生产房屋接口	沟槽管线和室内装修	房建专业	专业互提资料时间安排	通信、信号、电力专业提前介入	监理和工期配合时间
综调与子系统	软、硬件标准	各子系统对应专业	系统集成方案确定	由综合调度主体施工单位协调	系统集成实施
声屏障	路基支柱基础、桥梁预留条件	线下各专业	设计院负责	监理、环保专业	形式和施工方案未定

三、四电系统专业主要接口

四电系统专业主要接口见表 57-3。

表 57-3 四电系统专业主要接口

项目	接口内容	负责施工专业	施工图设计配合	质量交接验收方式	存在问题
电缆槽	贯通槽道使用	路、桥、隧、站场	设计院负责方案设计，反映在站前各专业图纸上	施工、监理	路基电缆槽的方式和路桥过渡段的方案
综合接地	路堤、路堑地段接头引出，隧道壁接头引出，桥梁墩台预留接头	路、桥、隧	设计院负责方案设计，反映在站前各专业图纸上	监理、信号专业（系统集成商）提前配合	桥梁墩台接地及量测和桥上贯通综合地线的任务分配
接触网支柱基础	接触网基础及锚栓基础的位置	桥梁、路基、隧道	设计院提文件，路、桥、隧等专业纳入施工图	监理、电气化专业施工配合	路基基础和隧道预埋工程的任务分配
过轨管线	管径、位置	线下专业	相关设计院负责对接	监理、信号专业（系统集成商）提前配合	路基密实及稳定
站场道岔	工电联合安装与调试	道岔制造、轨道、信号	前期工作轨道专业为主	联合施工，信号专业最终负责	工期配合
生产房屋接口	沟槽管线和室内装修	房建专业	专业互提资料时间安排	通信、信号、电力专业提前介入	监理和工期配合时间
综调与子系统	软、硬件标准	各子系统对应专业	系统集成方案确定	由综合调度主体施工单位协调	系统集成实施
声屏障	路基支柱基础、桥梁预留条件	线下各专业	设计院负责	监理、环保专业	形式和施工方案未定

四、各专业间的接口的施工

1. 电缆槽与其他相关工程接口施工

电缆槽应在路基护坡、桥梁架设、隧道二衬前结束，同时应注意弯曲半径。路基两侧的电缆槽采取集中预制，然后运至现场进行安装；隧道地段及过渡段的电缆槽采用现场浇筑的方法。路、桥、隧地段，同一区间的电缆槽及衔接部分的过渡槽道同步贯通，盖板同步到位。

2. 综合接地与其他相关工程接口施工

接地端子与电缆槽应同步形成并作明显标识，电缆桥架及过轨管线按设计完成后需经站前站后的监理和施工单位共同签字验收。贯通地线的敷设采取先路基后桥梁、隧道的方式分步进行；对于路基地段，根据土建施工进度进行分段敷设，最后贯通整个线路。贯通地线的全线贯通接续敷设完成一段就和与之相邻已敷设完成的贯通地线进行连接，最后达到全线贯通。桥梁、隧道路段的施工可以和路基路段的引接线引入电缆槽内接地端子板交叉同步施工。

3. 声屏障基础与其他相关工程接口施工

为了保证接触网柱、声屏障基础周围填土压实和在施工过程中不扰动路基结构，接触网、声屏障基础采用钻孔灌注桩。路基填筑完成后螺旋钻机成孔，桩帽人工修凿成型，一次性灌注混凝土。

4. 线路防护栅栏与路基接口工程施工

本标段工程完工后，进行防护栅栏施工，防护栅栏由预制构件厂集中生产。首先按设计要求的位置、深度埋设防护栅栏支柱，支柱埋设稳固。然后采用防盗螺丝进行连接，栅栏按设计要求安装牢固，不松动。

5. 路基与轨道工程接口施工

路基填筑完成后，根据沉降变形观测工作的进展，及时组织评估单位对标段各段工程的沉降变形进行分析和工后沉降评估，及早发现问题，及时研究解决。路基沉降变形经评估满足要求后，方可进行轨道工程施工。

6. 桥梁与铺轨工程接口施工

结合架梁方向分区段全面施工。桥梁施工严格按照设计方案要求，及时做好观测元器件埋设和系统观测工作，规范观测资料管理。及时组织评估单位对沉降变形进行分析和工后沉降评估，及早发现问题，及时研究解决。桥梁沉降变形经评估满足要求后，方可进行轨道工程施工。

7. 车站与路基工程接口施工

本标段共临海东站、台州站、台州南站三个车站，车站位于路基工区，施工时先进行车站软基处理施工，同时安排好施工顺序，避免交叉。

8. 各专业接口项目技术条件及进场条件

各专业接口项目技术条件及进场条件详见表 57-4。

表 57-4 各专业接口项目技术条件及进场条件一览表

接口项目	专业工程	接口项目技术条件及进场条件要求	附注
征地拆迁	征地拆迁	影响工程施工的迁改及征地项目应一并完成，尽量减少二次征地	
室外电缆敷设（通信、信号、信息、电力、电力牵引供电）	路基	1. 桥、路基地段，同一区间的电缆槽及衔接部分的过渡槽道应同步贯通，盖板同步到位； 2. 室外桥、路基地段，经过手孔、水沟、边坡到设备房电缆井的电缆槽、管道应贯通，并在路基、护坡形成前完成； 3. 电线按规定规格、位置预埋，路基填挖、桥梁架设及水沟电缆槽施工结束； 4. 桥、路及区间和车站的接合部要考虑光缆过渡路径及光缆弯曲半径。	含站台电缆槽

续表

接口项目	专业工程	接口项目技术条件及进场条件要求	附注
室外电缆敷设（通信、信号、信息、电力、电力牵引供电）	桥梁	1. 桥墩上预留的电缆槽用爬架滑道齐全，易于查找； 2. 桥梁电缆上桥预留电缆桥架和过轨管线按设计要求施工完毕，经站后监理和施工单位确认。	
过轨管线 （通信、信号、电力）	路基/桥梁	1. 路基填挖施工结束，站后专业预埋过轨管线按站后专业需求施工完毕，并经站前站后的监理和施工单位共同签字验收； 2. 室外过轨管道及手孔（井）在路基形成前完成，并预留钢丝保持管道畅通； 3. 桥梁电缆上桥预留电缆桥架和过轨管线按设计要求施工完毕，预埋、留件经站后监理和施工单位确认。	
综合接地 （通信、信号、信息、电力、电力牵引供电、声屏障）	路基/桥梁	1. 接地端子与电缆槽同步形成； 2. 室外桥面、路基地段通信、信号设备用综合接地端子，预留在电缆槽壁上，并有明显标识； 3. 中继站基础、接地网综合接地端子，应预留在基础侧壁上； 4. 基站、直放站接地网综合接地端子； 5. 路基填挖施工结束，站后专业预埋过轨管线按站后专业需求施工完毕，并经站前站后的监理和施工单位共同签字验收； 6. 桥梁电缆上桥预留电缆桥架和过轨管线按设计要求施工完毕，预埋、留件经站后监理和施工单位确认；	
接触网支柱\通信漏缆辅助杆基础 （通信、电力牵引供电）	路基/桥梁	1. 接触网基础、通信辅助杆基础按设计位置、规格与路基施工同步完成，并按照设计要求全部验收完毕； 2. 应提供路基地段予埋沟槽管线的施工资料和交桩，并合理安排路基和接触网交叉施工； 3. 施工应制定占轨计划并报建设单位或运营部门协调后确认。	
预留锚栓、滑道 （通信、信号、电力牵引供电）	桥梁	1. 预留锚栓、滑道按设计位置、规格与路基施工同步完成，按照设计要求全部验收完毕； 2. 桥墩上，预留的电缆槽用爬架滑道齐全，易于查找。	
箱盒安装 （信号）	路基/桥梁	1. 路基地段箱盒安装条件：路基或桥面平面高度已确定； 2. 桥涵地段箱盒安装条件：桥梁防护墙电缆槽施工完毕； 3. 调谐区设备及标志牌测量安装条件：线路里程标已确定，接触网杆已安装； 4. 防护墙、电缆槽达到规定强度；	
轨旁设备安装 （信号）	轨道	1. 轨旁设备安装条件：线路铺设完毕，轨面标高达到标准，大机养护结束，钢轨已经锁定完成； 2. 应答器安装条件：轨枕板平整，钢轨铺设完毕，里程标、标高正确； 3. 机械绝缘（含侵限绝缘）安装完毕； 4. 绝缘扣件不得造成轨道电路短路； 5. 相关轨道线路联通； 6. 需要过渡的双动道岔、侵限等，必须有过渡设计； 7. 试验条件：电源稳定，设备到位。	

续表

接口项目	专业工程	接口项目技术条件及进场条件要求	附注
声屏障	路基/桥梁	1.桥梁遮板按照设计要求安装完毕，并经业主组织站前施工单位、站前监理和站后监理、施工单位确认； 2.路基填筑结束，支柱及框架已按设计要求完成，并经业主组织站前施工单位、站前监理和站后监理、施工单位确认。	
接触网施工（电力牵引供电）	路基/桥梁/隧道	1.接触网预留基础、拉线基础在站后进场施工前，应按照设计要求全部验收完毕，并确保正确，应提供路基地段予埋沟槽管线施工资料和交桩，并合理安排路基和接触网交叉施工； 2.成段铺轨工程完成，具备开行架线车占轨施工作业条件，接触网精调前应完成轨道精调；共柱雨棚完成施工； 3.在铺轨基地应预留接触网作业车停放轨道和杆塔停放场所；车站站线应随同正线同期铺轨，并满足施工车辆临时驻车要求； 4.整区间至少提供一条供接触网施工占用轨道。	

五、联调联试及运行试验

联调联试的主要任务是在各专业内部系统调试基本完成的基础上，对各专业间的功能协调性进行测试，对各个专业间接口功能进行试验和验证。

（1）验证列车控制系统在各种线路参数环境下的列车运行速度控制性能、追踪时分；

（2）验证各系统在列车运行条件下的安全性；

（3）验证旅客服务系统在列车运行情况下的各项功能；

联调联试应具备的条件是各专业内部系统调试完毕，通信通道满足各专业的需求，列车控制系统地面部分调试完成，牵引供电系统满足列车高速运行条件，综合调度各子系统调试完毕。

采用实际运营列车或检测列车，对各系统的状态、性能和系统间匹配进行综合测试、验证、调整、优化，确保整体系统达到设计要求。在运行试验中，对整体系统在正常条件或非正常条件下运行调度指挥、行车组织和应急救援等能力进行全面演练，认真验证是否具备开通运营条件。

第二节　工程接口质量控制

一、专业接口管理组

接口管理组进入施工现场后，将配置现场接口负责人。该负责人由一名项目副经理担任，且任接口管理组组长。专业技术负责人为副组长，专业技术人员及相关人员为成员的站后工程接口管理组。

其主要职责为：

（1）接口管理组直接向项目经理和总工程师报告，在接口的整体施工周期内，负责协调及管理站后工程内外的接口及相关事宜；

（2）在四电系统集成范围中规定的义务和限制框架内，根据技术要求和时间限制，尽量合理可行地促进整个四电和相关系统的整体功能，使其具备可用性和集成性；

（3）遵守业主接口管理相关规定，及时编制、更新和共同履行《系统接口管理计划》及《详细接口计划》；

（4）与业主就项目的执行策略进行清楚的沟通，以便区分指导性的和正式的接口解决方案；

（5）对业主和接口伙伴采取合作、积极主动和专业的态度，进行开放的沟通（如倾听，会议预约等），发掘整个项目优化的潜力，以达到双赢的结果，将接口相关风险减至最低；

（6）采取结构紧密的方法，来处理接口识别与澄清的流程，解决与这些接口相联系的问题；

（7）建立并维护接口文件（包含提供必要的更新、发送给受影响的伙伴、按需要将活动纳入相关的时间进度中，并报告文件状态等）；

（8）准备并执行接口测试程序，将其传阅以供审核，并与接口伙伴在安装，接口测试及调试阶段中达成协议。

二、接口管理程序

1. 外部接口管理程序

外部接口的基本管理程序为：

（1）识别项目必须联络的组织和单位。

（2）识别必须与系统相协调的技术、法务、财务、物理、功能以及时间进度等事项。

（3）召开接口单位的代表会议，共商所需的接口事宜。

（4）协调及管理所有与接口相关的事宜。

（5）根据已编制的计划监控每个接口处理的符合性与进度。

2. 内部接口管理程序

每一个内部接口必须通过技术识别、定义及解决的生命周期的流程；此流程的控制属于接口管理组的工作范围。

（1）认证和定义：接口识别的责任由有特定接口解决需求的一方来承担。这一方即成为接口初始伙伴。接口初始伙伴通过分别填写接口描述形式表识别和定义接口。接口初始伙伴描述接口、初步确定接口解决责任，包括一份关于解决接口的计划草案。接口描述形式表的初稿须直接作为给接口伙伴的通知书，并留存副本，以便查阅。

（2）责任分配：任何接口描述形式表将由接口伙伴与接口初始伙伴协调完成，需要在接口描述形式表中完成识别及定义部分。两个接口伙伴之间就接口描述形式表内容达成协议，并将通过双方在接口描述形式表上签名的方式得以正式化，已签署的接口描述形式表将以文件形式上报给业主。若已定义的接口符合合同执行要求，我方将其并纳入接口识别纪录并将确认结果通知接口伙伴。同时，签署过的接口描述形式表归档。

（3）设置（解决流程）：接口解决由两个接口伙伴依照接口描述形式表中确定的行动与责任直接完成。接口伙伴双方达成解决协议，并通过日期及签名正式化。接口描述形式表将在接口识别纪录和文件系统中登记，以此为日后参考提供基础。

（4）确认与测试：接口解决的最终确认，将酌情在“安装”和“测试和调试”阶段实施。接口管理组将通过测试报告，检查审核结果；当接口测试成功完成时，所有相关伙伴必须签署测试完成确认书。

三、接口管理措施

已经完成或正在进行的站前工程，其预留、预埋工作已在站后工程的施工前进行。施工前应对其他预留、埋件进行相应的确认。

根据设计文件给出相应的建议及修订，增加其他预埋要求的检查确认后要有记录。检查确认过程发现与设计要求不符，及时同业主、设计、监理单位等进行汇报，便于及时解决。

对施工中发生的变更和新增预留项目及时联络站前单位进行接口协调。任何接口问题修改时需经业主、设计、监理及站前单位进行确认，特别是引起设备材料变更的内容。

1. 重点对以下接口进行有效监控。

（1）站前施工单位提供路基地段予埋沟槽管线施工资料和交桩，并合理安排信号专业交叉施工。

（2）综合接地预埋件综合接地包括信号设备、贯通地线、室内信号机房预留接地铜排、隧道、桥梁地段预设的接地端子等的接地。

（3）信号机房房建专业预留的引入孔洞和房间之间的预留孔，以及防雷开关箱等位置。

（4）站前各单位隧道、桥梁地段提前预留的槽道，及隧道地段预埋的过轨管。

2. 电缆槽

路基、桥梁、隧道地段，同一区间的室外信号、通信、电力牵引供电电缆槽及衔接部分的过渡槽道应同步贯通，盖板同步到位；经过手孔、水沟、边坡到设备房电缆井的电缆槽、管道应贯通，并在路基、护坡形成前完成。

3. 过轨管线

（1）过轨管道及手孔在路基形成前完成，并预留钢丝保持管道畅通，路基填挖作业时，站后专业预埋过轨管线按站后专业需求施工。

（2）桥梁电缆上桥预留电缆桥架和过轨管线按设计要求施工完毕，预埋、预留件经站后监理和施工单位确认。

4. 信号设备安装及联锁

（1）线路铺设完毕，轨面标高达到标准，大机养护结束，钢轨已经锁定完成后，安装轨旁设备。

（2）应答器安装前，应确保钢轨铺设完毕，里程标、标高正确。

第五十八章　高性能混凝土及耐久性施工

高性能混凝土是一种新型高技术混凝土，是在大幅度提高普通混凝土性能的基础上采用现代混凝土技术制作的混凝土。高性能混凝土主要集中应用于桥梁、隧道及无砟轨道施工中。

高性能混凝土以耐久性作为设计的主要指标，针对不同用途要求，对下列性能重点予以保证：耐久性、工作性、适用性、强度、体积稳定性和经济性。为此，高性能混凝土在配置上的特点是采用低水胶比，选用优质原材料，且必须掺加足够数量的掺合料（矿物细掺料）和高效外加剂。具体施工以《高性能混凝土应用技术规程》（CECS 207：2006）及相关设计要求为准。

一、高性能混凝土背景

普通混凝土的抗渗性低，耐久性差，工作寿命短。在普通混凝土大量应用的基础上，发展了高强混凝土，它的渗透性低于普通混凝土，但高于相应强度等级的高性能混凝土，但并不一定具有高的耐久性。高性能混凝土是在高强混凝土的基础上发展起来的，它具有高抗渗性与高耐久性。自从 1994 年清华大学向国内介绍和发起高性能混凝土的应用以来，我国应用高性能混凝土已经 20 多年，在不断研究和应用中，国内外学者对高性能混凝土的内涵理解也在不断地完善，高性能混凝土国内土建工程中已经得到了较多的应用。

二、高性能混凝土特点

1. 具有高效的强度

混凝土的强度的提升可以帮助增加建筑物的强度，增加建筑物的质量，高效的混凝土就是通过增加水泥等原料的科技含量提高混凝土的整体强度，这样可以减少建筑物使用混凝土的用量，从而降低建筑物本身的重量，增加建筑物的空间，这样的结果最终就是减少建筑成本。

2. 工作性好

高性能混凝土的和易性很好，使它具有很好的工作性能，因为高效的混凝土可以保持各项原料调理的科学性，而且具有水分的不流失保持混凝土不出现我们常见的水泥与原料之间的离析，更主要的特点是这种高效混凝土适用于泵作业，它能很好地适用于泵送混凝土，从而大大加快施工速度，减少浪费，提高工作的效率。

3. 耐久性好

高性能混凝土可以说它的强度是目前所有的混凝土中最好的，它除了具有一般的混凝土的特点以外，还具有较好的耐久性，我们纵看现在的建筑物的事故中，主要就是建筑物的强度不够，它的寿命都是几十年，它的建筑材料就是普通的混凝土，但是高效的混凝土具有耐冻、抗渗等特点，它不易被外界的环境所影响，因此它的性能均优于普通混凝土。

三、高性能混凝土的具体技术措施

水泥、集料、掺合料的性能对混凝土耐久性影响很大，对其品种需加以认真选择。混凝土配合比设计时，尽量减少水泥用量和用水量，降低水化热，减少裂缝，提高密实度；合理使用减水剂和引气剂，改善混凝土内部结构；掺入足量的矿物掺合料，提高混凝土耐久性能。按照使用环境设计相应的混凝土保护层厚度，预防外界气体和液体介质渗入内部，腐蚀钢筋。混凝土工程拌制过程中应提高混凝土拌和物的和易性，并减少用水量；大体积混凝土的浇筑振捣应控制混凝土的温度裂缝、收缩裂缝、施工裂缝；混凝土浇筑后，应进行充分合理的振捣，提高混凝土密实度和抗渗性，加强养护，减少混凝土裂缝。结构在使用阶段还应注意检测、维护和修理，对处于露天和恶劣环境下的基础设施工程更应如此。提高混凝土耐久性需要从原材料选择、配合比设计和结构设计、施工和后期维护等环节加以重视。

四、高性能混凝土在桥梁工程中的应用

高性能混凝土达到了使结构强度高、刚度大、耐久性好的要求，同时能满足工业化预拌生产和机械化泵送施工，在我国是一项比较成熟的技术。桥梁工程中，大跨度桥梁的自重往往占总荷载中的大部分。采用高性能混凝土，可以减小自重，降低截面高度，增强结构耐久性；其早期强度高，可加快施工进度。

白沙村大桥、舟山特大桥，磐安大桥，好溪 1 号桥、好溪 2 号桥、好溪 3 号桥等均使用了高性能混凝土，得到了预期的效果。

第五十九章　工程施工经验体会与问题探讨

第一节　桥梁工程

一、田市跨永安溪、台金高速公路特大桥

（一）项目施工组织管理经验

1. 加强调度管理工作

项目部要严格按照《工程调度管理办法》进行每项调度工作，调度数据的真实性、及时性尤其重要，可以及时反映出进度方面出现的问题，项目部可以及时进行原因分析，制定纠偏措施，进度方能得到有效管控。

2. 加强进场材料质量管控

物资进场验收方面采取对现场材料员加强管理与加强考核的办法，要求对粉煤灰、减水剂等质量不稳定物资进行车检，合格后方可投入使用；进场砂石料必须对含水率、含泥量、粒径进行外观检测，合格后经材料员引导卸至对应待检仓内。

3. 加强安全管理工作

（1）定期对现场人员履职情况进行考核，并结合项目日常安全检查重点考核管理人员执行力、各项制度落实情况、进度完成情况、问题整改情况及安全技术交底熟知情况；对考核达标者进行现金奖励，对不达标者进行经济处罚，考核情况进行通报公示。

（2）开展月度安全大检查及各类安全专项检查，对检查发现的各类问题建立问题库，确定具体整改落实人及验收责任人，定期召开安全质量问题通报会，对现场存在问题进行分析，制定相应措施；并将整改情况及惯性问题屡禁不止等情况纳入考核。

（3）开展月度安全大培训工作，每月由项目领导班子及各部门负责人分组带队对现场管理人员及作业人员展开拉网式培训，培训内容结合近期施工特点及相关事故安全视频，进一步提升现场管理人员及作业人员安全素养及安全红线意识。

4. 加强质量管理工作

（1）为抓好现场质量管理工作，急需解决质量专业人员的问题，要提高相关人员的素质，通过制度和措施来规范他们的行为，全力促使项目质量目标的实施。

（2）项目全体管理人员必须从思想上改变过去的认识，尤其是质量管理方面，真正从思想上认识到质量管理在现场施工中的重要性，通过认真学习红线管理规定，领会红线规定的重要意义，汲取经验教训，转变思想观念，加强提升自身的质量意识，确保工程实体质量。

（3）项目全体管理人员必须改变工作作风，改善工作态度，将压力层层传递，加强执行力；提高自身工作主观能动性，出现问题首先查找自身原因，制定切实有效的解决方法，及时整改落实到位，脚踏实地地干好自己的本职工作。

（4）项目全体管理人员必须加强执行力，不得流于形式。严格执行公司相关规章制度，严把质量

关，强化质量标准、施工工艺工法及关键工序的卡控，加强施工过程管控；对出现的问题必须整改落实到位，不推卸责任，不欺上瞒下。

（5）作为现场的一名工程技术人员，必须对关键工序的施工进行全过程跟踪检查，确保每道工序合格，配合其他人员巡查并解决发现的各种问题，及时整改，确保每个环节的施工质量达标。同时白天要在现场跑来跑去盯控施工，晚上要对当天的资料进行整理，并对第二天的工作进行安排，尤其是在赶工期，更加辛苦，这就需要有吃苦耐劳的精神，及时完成当天的工作。

（6）明确各部门的质量工作职责与责任人，严格落实“一岗双责”要求，加大监督力度，保障体系有效运转。

（7）及时进行质量管理考核，对考核不合格的按制度管理办法实施。

（8）必须严格执行“先签合同后进场”原则，如果全公司上下严格执行劳务管理红线“六项规定”，项目质量管理将有根本性的改变。

5. 加强技术管理工作

严格按照技术交底管理制度执行，做到过程中排查、询问和总结，达到应知应会的目的指导班组、服务班组开展施工生产。

（二）项目施工技术水平及发展

1. 项目技术水平及发展

近年来，节段预制拼装箱梁已成为高速公路、铁路等工程项目的常规项目，节段预制箱梁的施工工艺广泛使用。预制节段逐跨拼装施工就是将桥梁上部结构划分为若干标准节段，在工厂内逐块预制完成后，现场逐跨进行拼装，并施加预应力使之成为整体结构的施工方法。

节段预制拼装的原理就是借助预应力束施加于混凝土上的压力，使节段间的接触面紧密粘贴，形成整体共同承担荷载。箱梁节段预制拼装技术摒弃了以往现浇箱梁的支架搭设方法，其优点在于梁体分段预制可以很好地控制梁体质量、箱梁节段美观大方、梁体几何线形容易控制、施工速度快、工期短、拼装施工占地小、对桥梁施工周围的环境影响小，是现代化的绿色施工方法。

金台铁路跨永安溪、台金高速公路特大桥桥跨结构由 24 孔节段拼装梁，24 孔节段拼装梁中的 22 孔为 56 m 跨度梁，2 孔 48 m 跨度梁，是浙江省乃至华东地区迄今最大跨度的铁路节段预制拼装箱梁。由于桥梁墩高，位于曲线上，桥梁跨度长，连续跨越 S322 省道、永安溪大桥、永安溪河流，桥梁施工架设面临着安全风险与技术难题的双重考验，是金台铁路建设的重点控制工程。技术水平和管理水平要求极高，因此培养了大量施工管理人员和技术人员的管理和技术水平。

2. 工期、工效情况

业主的节点工期：计划 2019 年 12 月 7 日架设完成。实际工程实施：2019 年 10 月 10 日架设完成，铺架时间 2020 年 5 月 28 日，顺利完成节段梁铺架工作。

3. 项目施工技术工作的主要管理措施

（1）以本工程施工方案，根据现场实际情况和业主的安排，进一步优化施工方案，落实关键技术项目的施工工序，科学、合理地调配各种生产资源。

（2）在施工过程中，及时详尽地组织技术交底，阐明设计意图和细化或示范工艺操作流程。现场广泛开展技术革新和科研工作，对重点技术项目邀请设计、科研单位联合攻关。

（3）建立从项目经理部到现场施工单位的生产调度指挥系统，实行微机动态网络管理。全面及时掌握并处理影响施工进度的关键问题，对工程交叉和施工干扰加强指挥与协调，对重大关键问题超前研究，制订措施，及时配置或调整人、财、物、机，保证工程的连续性和均衡性。

（4）根据时度网络图，编制分阶段和月度网络进度计划，及时找出和发现关键工序的转化，分析原因。确定阶段工作和重点，使项目始终处于受控状态。

4. 成功经验及存在问题分析

节段梁预制采用长短线匹配预制，是在分析长线法和短线法匹配预制工艺各自的优缺点的基础上，结合两种方法的优点，克服单独采用长线法施工时节段预制模板调整困难、预制速度较慢和场地占地面积大，模板一次性投入大等缺点和单独采用短线法施工时预制精度要求高，需用专用计算程序控制线形和误差等缺点的新工艺。

长短线结合法匹配预制的新工艺有流水化程度高、线形控制较为直观、测量易于控制，成桥后混凝土收缩徐变对桥梁线形及结构影响小等优点，并且节段预制形成流水线生产，施工速度快。

田市跨永安溪、台金高速公路特大桥节段预接拼装简支箱梁预制时，为了寻求科学、经济的施工技术工艺，对箱梁节段预制工艺进行了改进，使用长短线法匹配预制新工艺，取得了良好效果。

（三）安全管理水平及成效

（1）定期对现场人员履职情况进行考核，并结合项目日常安全检查重点考核管理人员执行力、各项制度落实情况、进度完成情况、问题整改情况及安全技术交底熟知情况；对考核达标者进行现金奖励，对不达标者进行经济处罚，考核情况进行通报公示。

（2）开展月度安全大检查及各类安全专项检查，对检查发现的各类问题建立问题库，明确具体整改落实人及验收责任人，定期召开安全质量问题通报会，对现场存在问题进行分析，制定相应措施；并将整改情况及惯性问题屡禁不止等情况纳入考核。

（3）开展月度安全大培训工作，每月由项目领导班子带队对现场管理人员及作业人员展开拉网式培训，培训内容结合近期施工特点及相关事故安全视频，进一步提升现场管理人员及作业人员安全素养及安全红线意识。

通过过程中这些管理措施，大大降低了安全风险，并且大大提高了项目部管理水平。

二、金台铁路罗桥跨台金高速公路特大桥

（一）系梁支架

（1）钢立柱顶部与底模之间的支撑块采用砂箱，便于后期拆除。

（2）支架搭设要先划线，搭设过程中做好安全防护。

（二）窄桥面土字形支架

（1）支架设计过程中要考虑后期拱肋测量的视野要求，否则不好控制拱肋线型。

（2）支架预埋件施工必须用全站仪测量水平度和位置，否则会对钢立柱安装产生不利影响。

（3）支架横向连接需要考虑吊机停放、走行、吊装等因素，并安排合理的施工顺序。

（三）拱肋拼装

（1）拱肋分段需要考虑运输因素，节段到场后进行节段二拼，能有效减少支架的数量和吊装设备的租期。

（2）现场设置胎架的基础必须进行处理，并测量地基承载力，满足要求方可进入下一步工序。

（3）拱肋吊装时，用 CAD 和手机角度软件，测量吊装钢丝绳长度、吊环位置和吊装角度，能有效提高吊装效率。

（4）合龙段吊装时，需要严格测量好两拱肋环口的间距，并在一天中最低温的时候进行。

（四）泵送顶升拱管混凝土

（1）混凝土必须供应及时，否则会堵管，拱肋混凝土会难以顶升。

（2）安排人员随时对拱肋浇筑位置进行敲击，提前知晓顶升位置，并将料斗安设在出浆口附近，防止浆液溢出污染高速公路。

（五）吊杆安装及张拉

吊杆张拉采用四顶对称张拉，施工期间吊杆拉力用振动法测量，但是后期上下锚口会注入泡沫，导致有效长度改变，无法用振动法直接测量吊杆拉力，建议每根吊杆都安装压力环。

三、金台铁路灵江特大桥

（一）栈桥和钻孔平台

（1）在有涨落潮的江中施工时，栈桥桥面标高设计不要以栈桥平面为标准进行设计，考虑最大水位时应按照贝雷梁的下部标高为准。因为每年大潮涨落潮时会将上下游水中的漂浮物冲过来，若贝雷梁处于水中，水中漂浮物容易将贝雷梁全部封堵住，导致水流没有办法流出，从而使栈桥整体倒塌。

（2）主栈桥结构可进行优化，参照相邻标段（杭绍台）设计，排桩布置 2 根钢管验算即可通过。面板下铺设一排工钢计算也能通过。建议以后遇到类似工程，可在验算通过的情况下进行优化。

（3）将制动墩变形缝处构件断开，防止不均匀沉降造成构件变形，影响整体构件的稳定性。

（4）桥面附属设计时应详细规划，可参照隧道洞内风水电布置，建议电缆槽采用刚性材料，悬挑出去，不占用主桥面宽度。桥上将车行道和人行道分开，设专用人行通道，人行道也不占用主桥面宽度，在需要施工的部位留通道。

（5）桥面附属栏杆需设置变形缝，变形缝位置与主栈桥一致，防止因为主栈桥的不均匀沉降使护栏变形。踢脚板刚度要大一点，建议使用槽钢。护栏的高度要保证履带吊能够正常旋转，建议高度不要高于 1.1 m。

（6）桥台设计要细化，尤其是桥台基础要根据地质条件进行专项设计，防止后期发生沉降导致桥台与钢栈桥之间发生错台，影响行车安全，且后期在进行二次处理时非常困难，尽量前期一次考虑周全。软基处在不具备施工混凝土桩的情况下建议施作部分钢管桩，加大地基承载力，确保桥台不发生沉降。

（7）施工时，钢管桩尽量在场地上一次成型后到现场打设，避免现场焊接接长；贝雷梁可以在场地上 3 片或 4 片一组拼装好进行整体吊装，减少水上作业风险；面板钢板纵向铺设，充分利用型钢宽度，同时可提前将面板和工钢焊接成型，安装时一次吊装成型，加快施工进度。

（二）深水长大桩基气举反循环

（1）钻孔平台设计时以钻机外观尺寸及混凝土罐车工作空间为依据，贝雷梁的设置要以桩位、振动锤的外观尺寸为依据，贝雷梁的位置要保证震动锤将钢护筒打设到位，防止造成钢护筒不必要的浪费。平台钢管桩设计时要与桩位保证足够的距离，防止发生钢管桩偏位侵入桩位的现象。

（2）钻孔平台面板开孔后的工字钢、钢板不要浪费，加工成盖板形式，等该桩位处的桩基施工完成后用切割下的盖板盖上，确保罐车通行。

（3）钢护筒加工完成后，为保证运输过程中不发生变形，钢护筒内要间隔 4 ~ 6 m 安装一道“米”字撑，不得使用“十”字撑。进场后，对钢护筒的刚度、尺寸、加工精度必须进行检查，防止由于这些指标的不合格造成钢护筒连接时不顺直，导致后期钻机施工过程中发生卡钻、偏孔的现象。

（4）钢护筒加工时最下口钢护筒必须包边，包边钢板厚度 20 mm 左右，长度不小于 3 m。同时标准段的钢护筒壁厚可以进行优化，根据经验值 12 mm 壁厚即可满足要求，河床下的标准段钢护筒间隔进行包边即可。钢护筒下侧包边后遇见河床里的坚硬物就不易发生变形，能够确保后期桩基正常顺利施工。

（5）钢护筒打设时应该以贯入度为准，不应该以设计标高为准，振动锤力最大不能超过 1 200 kN，切忌继续强震或换用大型号的振动锤进行振动，这样易导致钢护筒变形，后期处理非常困难。

（6）钢护筒尺寸应比设计桩径大 20 ~ 30 cm 为宜，打设时必须安装定位导向架，导向架的长度可以长一些，以 6 ~ 9 m 为宜。打设过程中必须严格控制垂直度，同时一节钢护筒打设完成接下一节钢护筒时，必须在下层钢护筒上焊接一些防脱落措施，防止钢护筒在焊接的过程中发生脱落。护筒焊接必须采用剖口焊，同时外侧要帮焊上 8 ~ 10 块 30 cm × 50 cm 钢板。钢护筒打设完成后，护筒与平台之间要进行连接，防止钢护筒在桩机钻进过程中下沉。

（7）现场施工经验表明，气举反循环钻机选用时一定要确定好地质条件，它适用于黏土层和砾土层（砾土层中的卵石含量少于 20%，粒径小于钻杆直径的 2/3）。在岩层中尽量不要使用，原因如下：① 钻孔功效低，成孔时间长，工期无法满足；② 钻头磨损率高，成孔成本高，经济指标无法满足；③ 遇见不均匀岩层时易偏孔、卡钻，处理难度大，时间长。因此在岩层中尽量以冲击钻施工为主。

（8）特殊情况下桩基处理。

在水中桩基的施工过程中，由于对地质条件的勘察不充分和施工经验的不足，现场桩基施工中遇见了一些问题，处理过程中困难较大，在此对这些问题进行归纳总结，希望在以后类似工程施工中不再发生类似问题。

① 钢护筒下口未进行包边，打设过程中遇见河床内坚硬物体导致钢护筒变形，后期钻机施工钻至变形部位护筒时钻机无法钻进。

对变形钢护筒有 3 种处理方式：第一种是将钢护筒拔出，将变形段护筒割除，重新打设；第二种是安排潜水员水下进行切割，将变形的护筒切除。第三种是回填强度高的弱风化岩石，使用冲击钻将变形处钢护筒撑开、撑大，保证钻机钻头能出护筒。第一种处理方式速度快，成本低，但拔出过程中拉力较大，若钢护筒连接处未焊接牢靠的话，钢护筒会从接头处断开，后续处理会更加困难。第二种处理方式相对速度要慢一些，成本较高，只要将变形处的护筒割除，其余部位不需要做处理，但潜水员水下作业，安全风险较高。第三种办法成本低，安全性好，但时间无法控制，根据类似施工经验，有的一根桩基处理半年或更长的时间。根据现场处理的效果来看，建议采用第二种方式进行处理。如果钢护筒变形部位较长，切割较多，为防止桩基施工过程中漏浆，护筒割除完毕后从上口再进行接长打入即可。潜水切割作业必须专业分包给资质的单位进行施工，确保安全。

② 钢筋笼，钻头落入孔内。

采用冲击钻冲击，将铁冲成小块，有一定进尺后用大吸铁石将小块铁吸出，不断重复上述过程，直至成孔。

③ 气举反循环钻孔过程中遇见软弱不均地质，发生偏孔。

换用冲击钻进行校孔处理，孔内回填大块弱风化岩石，回填至偏孔部位上 3 m 左右，重新进行钻进。冲击钻校孔时要小行程慢冲，等校孔完成后再恢复正常速度。若一次校孔未完成，就重复上述过程直至孔位纠偏完成。

④ 冲击钻在钻孔过程中发生落锤现象。

采用冲击钻冲孔时，由于桩基桩长较长，锤头与泥浆的黏结力较大，在冲击成孔的过程中容易发生锤头脱落的现象。处理方法有 2 种，一种是过程中多检查锤头处的钢丝绳，平均每半天需检查一次，钢丝绳发现松散或脱丝时及时处理；第二种是如果锤头掉落，加工专门的打捞钩进行打捞，打捞时确保打捞钩悬挂牢靠时再提钢丝绳，防止打捞钩未挂牢将锤头偏位，造成打捞困难。

（三）C-O 型锁扣钢管桩围堰

1. 钢管桩尽量不要在现场进行加工，应进行工厂化加工。在工厂里使用专用的台座加工，平整度、垂直度以及开口宽度严格控制。能有效预防锁扣管桩倾斜，卡管的现象发生。在现场加工，由于精度达不到要求，为保证管桩能够顺利打入，C 字开口的宽度必须由 6 cm 变为 10 cm 才能打入，但后期堵漏止水工程量较大。若工厂化生产，精度达到要求，现场打入在 O 型桩上在涂上足够的黄油，后期止水工程量会减少许多。

2. 第二层、第三层围檩加工时要比上口管桩侧壁小 20 cm 左右，防止围檩在下放的过程中卡住，无法到设计标高。

3. 管桩封口桩加工时必须按现场实际测量尺寸进行加工，同时要潜水员下到封口底的部位测量出下口宽度，若上下口宽度不一致，还需加工上小下大的异形桩，确保封口桩与两边的管桩相插入，防止出口封口未封住的现象。

4. 抽水后若管桩有部位大面积的漏水，必须将该处漏水及时处理，防止封底混凝土下部形成回路，产生管涌现象。

5. 锁扣间的漏水比较有效的止水方式有 2 种，一种是采用植筋胶将 C-O 之间的缝隙用植筋胶封堵，一种是用石粉，在涨落潮时分别在上下游抛撒石粉，利用江水的冲击力将石粉冲进 C-O 管桩的缝隙中，达到止水的效果。根据现场实际施工的经验来讲，这两种方法均比较有效。

6. 锁扣管桩在打设过程中如果发现管桩发生倾斜，要立即进行调整，若不调整，后期会倾斜越来越多，最终无法进行合龙。调整的方法有 2 种，如果打设管桩数量不多就全部拔出重新打；如果管桩打设数量较多，就加工一根异形桩，校直后继续打设剩余管桩。

7. 围堰封底前，必须撒布一层片石，片石直径 5 ~ 10 cm 为宜，厚度 20 cm。封底时，在保证安全的前提下，封底混凝土标高需预留 50 cm 左右。封底时 2 套导管即可，由两侧向中间，由一边均匀向另一边进行。

8. 由于封底混凝土方量大，而且全部是水下混凝土，采用导管灌注，对混凝土要求比较高。首先必须使用缓凝型减水剂，初凝时间必须保证 8 h 以上，确保新旧混凝土能够连接上。其次由于基坑内钢护筒数量较多，混凝土流动性要好，保证基底全部封住。

9. 封底前，必须让潜水员将钢护筒上与周边锁扣钢管桩上的淤泥清洗干净，确保封底混凝土与钢护筒和管桩上能够有效黏结，形成握裹力抗浮。

（四）线形控制

在拱肋架设过程中，每架设一节拱肋都会对前面架设的拱肋产生影响，因此每架设一节拱肋都应对前面架好的拱肋接口进行复测检查，如发现误差超限则应及时纠偏。

为了减少温度对拱肋的影响，拱肋控制的放样与验收测量时间一般尽可能安排在早上 7 ~ 9 点和下午 16 ~ 18 点时间段内进行，其他施工验收和施工观测随温度进行。

合龙段的施工是拱肋拼装的最后一个环节，是拱肋线形控制的重点。对于钢管拱的合龙段拱肋节段在加工时应预留一定的加工余量，在安装时切割。拱肋合龙段安装前应准确测量合龙口的长度以便精确合龙。合龙段距离的测量，以及切割和安装这三个过程都应选择相同的时间进行作业，以减少温度对拱肋的影响，便于顺利合龙。

根据重量加载，计算支架和梁体变形量，合理设置钢管拱预拱度。

（五）吊装定位

合理利用潮汐，浮吊在岸边起吊、桥位处抛锚以及吊装时，均要考虑潮水位情况。浮吊吃水深度1.5 ~ 2.0 m，利用高潮水位浮吊才能靠近岸边吊起拱肋。桥位处抛锚时，避免浮吊撞击到栈桥，只能在涨潮时（水流方向远离栈桥）进行抛锚作业。拱肋吊装时，利用平潮期，潮水相对稳定，水流速度平缓时进行起吊，减小水流对浮吊的冲击，以保证吊起时拱肋的稳定。

浮吊就位精度决定了起吊时吊臂的仰角和拱肋在支架上方的调整范围。如果浮吊就位精度与理论上的位置偏差较大时，通过调整锚索的长度来移动位置，达到允许范围拱肋才能完成初步定位。

拱肋的初步定位依靠浮吊的大臂旋转、双钩高度调整、浮吊移位等几个动作来完成。

第二节　隧道工程

一、长大、重难点隧道施工

隧道施工采用机械化配套模式，配备多功能台架开挖钻爆、出砟运输、支护衬砌机械化配套设备，形成快速、均衡、优质的生产能力。

洞口工程采用超前管棚支护、明挖法施工。

金台铁路线隧道围岩级别主要包括Ⅱ、Ⅲ、Ⅳ、Ⅴ级，隧道Ⅱ、Ⅲ级采用全断面法施工、Ⅳ级围岩采用台阶法施工，Ⅴ级围岩采用短台阶法和环形开挖预留核心土法施工。

仰拱及填充采用仰拱栈桥一次性浇筑成型。

衬砌采用液压模板台车，混凝土由自动计量拌和站集中生产，混凝土运输车运送，泵送入模，插入式振捣器结合附着式振捣器振捣密实。

防排水采用多功能台架人工铺设施工。

水沟电缆槽采用定制钢模或轨行式液压沟槽台车分段浇筑施工。

施工过程中严格控制施工步距符合规范和设计要求，将超前地质预报和监控量测纳入施工工序管理中，确保施工安全质量及进度。

二、特殊不良地质条件隧道施工

（一）浅埋偏压段加固

1. 施工原则

洞口段施工要以“管超前、预注浆、短开挖、弱爆破、强支护、快封闭、勤量测、速反馈”的原则进行施工。

隧道浅埋段：以控制变形为重点，遵循“预支护、短开挖、少扰动、强支护、早封闭、实回填、严治水、勤量测”的原则。

2. 施工方法

注浆：根据超前地质预报所揭示地质围岩及地下水的水量情况按设计采取超前注浆或超前周边注浆或开挖后径向注浆和大管棚、超前小导管注浆等注浆方式，确定注浆的范围。注浆结束后，对注浆效果进行检查，确定是否须进行补注浆，是否可以开挖。

超前预注浆：超前预注浆主要针对超前地质预报探明的因浅埋段可能发生一定规模的坍塌、突水突泥地段，此地段采用 30 m 长超前全断面预注浆，预注浆有效注入范围为隧道开挖面及开挖轮廓线外 3 m；每循环注浆段长度 30 m，开挖长度为 25 m，留 5 m 作为下一循环注浆的止水岩盘。由外圈向内圈，同一圈孔间隔施工，采用前进式分段注浆。

钻孔时遇涌水或因地层破碎卡钻时，停止钻进，进行注浆，然后扫孔再钻进，再注浆。除出水量很大的注浆孔外，一般注浆孔先进行压水试验，据此修正注浆参数。

开挖后径向注浆：开挖后径向注浆主要针对富水地段，隧道开挖初支完成后大面积淌水，采用径向 3 m 注浆，对周围破碎带、岩石裂隙及溶蚀裂隙进行封堵，降低围岩的渗透能力，以减小隧道的渗水量并加固围岩，为结构施工及结构防排水创造有利条件。

（二）断层破碎带部位施工

1. 施工原则

断层段严格按“早预报、先治水、管超前、预注浆、短开挖、弱爆破、强支护、快封闭、勤量测，步步为营，稳步前进”的原则组织施工。

2. 超前地质预报

采用开挖面地质素描、地质雷达、红外探水和超前钻探及炮眼加深法进行综合超前地质预测预报。对围岩的破碎和富水程度进行预测和验证。及时反馈施工。超前探孔布置见图 59-1。

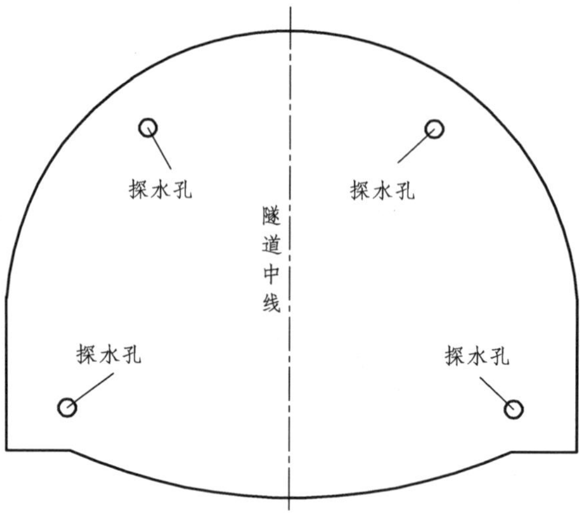

图 59-1　超前探孔布置示意图

3. 施工方法

注浆：根据超前地质预报所揭示地质断层及地下水的水量情况按设计采取超前全断面注浆或超前周边注浆或局部注浆或开挖后径向注浆和超前小导管注浆等注浆方式，确定注浆的范围。注浆结束后，对注浆效果进行检查，确定是否须进行补注浆，是否可以开挖。

超前预注浆：超前预注浆主要针对超前地质预报探明的因断层破碎带可能发生一定规模的突水突泥地段，此地段采用 30 m 长超前全断面预注浆，预注浆有效注入范围为隧道开挖面及开挖轮廓线外 3 m；每循环注浆段长度 30 m，开挖长度为 25 m，留 5 m 作为下一循环注浆的止水岩盘。由外圈向内圈，同一圈孔间隔施工，采用前进式分段注浆。

钻孔时遇涌水或因地层破碎卡钻时，停止钻进，进行注浆，然后扫孔再钻进，再注浆。除出水量很大的注浆孔外，一般注浆孔先进行压水试验，据此修正注浆参数。

局部注浆：局部注浆主要针对开挖后局部岩石裂隙和溶蚀裂隙的股状渗水，其流量大于控制排水量，局部注浆加固圈综合渗透系数大于设计控制值时，不能确保结构防排水的等级需要，实施局部注浆以形成对局部位置的加固。局部注浆是当探水孔出水量大于 2 m^3/h，而小于 10 m^3/h 时，对探水孔采取的一种注浆措施。局部注浆还包括隧道开挖完成后局部出水量较大的情况，而仅对局部采取注浆措施。局部注浆采用水泥单液浆，如果注浆漏浆较为严重时可采用水泥-水玻璃双液浆，注浆采取定压注浆，注浆终压=水压+2～3 MPa。注浆结束以有效封堵已有初支表面渗漏水为原则。

开挖后径向注浆：开挖后径向注浆主要针对富水地段，隧道开挖初支完成后大面积淌水，采用径向 3 m 注浆，对周围破碎带、岩石裂隙及溶蚀裂隙进行封堵，降低围岩的渗透能力，以减小隧道的渗水量并加固围岩，为结构施工及结构防排水创造有利条件。

当隧道大面积渗水，或涌水量超过设计要求标准时，也通过径向注浆堵水减排。

超前小导管注浆：对岩层接触带、富水破碎带、软弱围岩段、隧道浅埋段，为确保开挖过程中隧道结构的稳定，开挖前须进行超前小导管注浆（ϕ42 mm，长 3.5～5 m）。

超前小导管一般选用ϕ42 mm，δ=3.5 mm 无缝钢管加工，钢管长 3.5 m～5 m，前端焊接成封闭锥型，溢浆孔间隔 30 cm，梅花形布置，花管部分长 2.5～3.5 m。超前小导管沿隧道开挖轮廓线布置向外倾斜，外插角为 5°～10°，环向间距 40 cm，纵向排距 2.0 m，一般在拱顶 120°范围布置，处理坍体或者破碎围岩时可适当加大布管范围。注浆一般采用水泥-水玻璃双液浆，注浆压力 0.5～1.5 MPa，注浆结束后即可进行开挖。

开挖：根据设计资料和掌子面揭示围岩针对不同断层采取不同的开挖方法，在开挖过程中根据实际情况适时进行调整。

初期支护：采用喷、锚、网、喷支护紧跟、钢架支护，喷射混凝土厚度符合设计要求。加强监控量测工作，根据位移量测结果，评价支护的可靠性和围岩的稳定状态，及时调整支护参数，确保施工安全。

仰拱超前，衬砌适度紧跟：仰拱超前施工，衬砌适度紧跟，形成封闭结构，提高结构承载力。施工缝、沉降缝做特殊处理，一方面为了防水，另一方面避免基底不均匀沉降对衬砌结构的危害。

（三）突涌水段施工

1. 施工原则

隧道在穿越断层地段、浅埋沟谷段施工过程中，突然涌水的可能性较大。在富水地段施工，如应对不当，采取的方案和措施不到位，一旦发生突涌水，可能造成较大的事故和损失，施工风险较大。

加强对地下水的超前探测工作，包括 TSP 超前探测、超前探孔等技术措施，施工中在 TSP 超前探测分析的基础上，决定是否采用超前钻孔方式探水，当红外控测前方可能存在富水段时，采用地质钻机进行超前探孔探水，每循环探孔长度 30 m，每循环探孔搭接不少于 5 m，对前方水量进行评估，根据渗水情况采取相应的措施保证施工安全。

已探明的可能突涌水地段，根据水量及地质情况、和各种注浆方法适用范围，选择不同的注浆方案，各种注浆方法适用范围和选择原则如下：

根据注浆目的的不同，注浆施工方案主要有全断面超前预注浆、周边帷幕预注浆、局部注浆、顶水注浆、径向注浆和超前小导管注浆等。

2. 施工方法

不同的注浆方案所要求的资源配置、注浆工艺和占用作业面的时间等不同，会产生不同注浆效果。施工过程中，影响注浆方案选择的因素主要有：隧道地质条件（地层岩性、地下水情况等）、注浆要求（堵水、加固、堵水及加固）、工程工期和工程造价等。选择原则大致可归纳为以下几点：

安全性原则：注浆方案必须保证施工和结构安全，当确认前方有发生涌水突泥等危险时，必须选用超前全断面帷幕注浆方案。

经济性原则：注浆材料、器材等在保证质量和使用功能的前提下，宜选用价格低的产品。

快速施工的原则：考虑工程工期和综合成本，注浆方案应保证快速通过不良地质段。

环保的原则：所有的注浆材料，应无毒、无污染、符合环保要求。方案应满足堵水的目标，减小对地表环境的影响。

根据实测水压及围岩地质情况，必要时二次衬砌采取加强措施。

加强洞内水量监测及地质测绘工作，根据洞内实际情况确定洞内抽水设备的配备，配备按设计最大渗水量考虑，同时考虑备用情况，保证抽水工作的正常进行。

（四）隧道防坍塌施工

塌方是隧道施工中的大害。尤其是在洞口、浅埋段、岩性接触带等不良地质条件下施工，防止塌方是确保隧道施工顺利进行及保证工程质量的关键，施工中需要采用以下一些防坍措施，以确保隧道安全、快速的施工。

坚持超前预报，探明前方地质，根据探测情况实施针对性方案。

制定和选用合理的施工方法。根据以往的施工经验，在不同地质条件下选用合理施工方法是防塌的重要手段，在制定和选择施工方法时注意：

贯彻“不坍就是进度”的思想。针对软弱围岩的施工方法需稳妥可靠，在保证不坍的原则下再考虑加快施工进度。

选定初期支护参数要贯彻“宁强勿弱”的原则。由于对岩体工程性质的认识很难恰如其分，对于介于两级围岩之间的按偏低的围岩级别进行支护。

正确选用合理的施工方法。

1. 严格按照新奥法原理进行施工

采用减震控制爆破，尽量减少对围岩的扰动。

开挖成型后及时喷混凝土等初期支护或边开挖边支护，步步为营。

开挖后自稳能力差的地段需超前支护或超前加固前方围岩，即坚持先护顶后开挖的原则组织施工。

尽快使初期支护封闭成环。

施工过程中对围岩及支护结构进行位移量测，根据数据结合观察报告正确分析支护的稳定性，并采取正确对策。

对变形超限的初期支护要及时进行加固。

初期支护变形稳定后立即进行二次衬砌，对自稳能力很差围岩，围岩变形测出异常且无收敛趋势时，按照设计提前做二次衬砌，二次衬砌中采取增设钢筋和提高混凝土强度等措施。

2. 对围岩破碎地段采用超前预注浆加固围岩

注浆前先进行工艺性试验，以取得不同软弱围岩段的注浆参数，并在施工中严格遵守、执行。

加强注浆工艺控制，不得私自变动。

重视和加强预加固体效果的检测，达不到要求，不能开挖。

成立专业化注浆作业班组，确保注浆质量。

3. 保证初期支护质量

初期支护严格按设计和施工规范施工，确保支护质量。

提高开挖质量是保证支护质量的关键，凡爆破成型不良地段考虑超前支护。

喷射混凝土与围岩密贴，并保证喷混凝土强度，有钢架时钢架后不允许有空洞，喷混凝土将钢架完全包裹、覆盖。

钢架间距符合设计，安装位置正确，保证接头处的等强连接，钢架置于原状土上。

锚杆孔的长度，间距符合设计要求，在杆孔内的注浆饱满密实。

严格施工纪律。防坍的施工方案一经讨论确定，操作人员严格执行，不得私自变动，否则，无论后果如何，都受到严肃处理。

围岩含水地段先治水。

施工过程中配备专业工程师值班，确保各种措施、技术交底的落实，保证标准化作业。

4. 尽早进行二次衬砌

在保证开挖爆破安全距离的情况下，尽早施工二次衬砌，利用二次衬砌的防水设施，对隧道渗水进行有效排放，并可以尽早观察渗水点以进行注浆压水。

二次衬砌结构能与围岩，初期支护共同受力，避免坍塌。

（五）隧道穿越高地温段施工

1. 施工原则

隧道穿越高地温地段采用加强超前地质预测预报和地温测试，在围岩完整、干燥处进行钻孔测温，加强通风换气、洒水等降温处理措施。

2. 施工方法

隧道开挖到设计可能存在高地温里程段前，使用地质雷达和超前钻探相结合的地质预报手段，对前方围岩情况进行探测；安排专人使用地质钻机进行钻孔，并采用测温仪器进行地温测试，若温度超过规定，安排专人在施工前对作业区域进行洒水，并在作业区域增加 1 台射流风机，24 小时不间断加强通风，降低温度。待温度降低后方可进入下一循环施工。

（六）隧道穿越高地应力、极高应力区段施工

1. 施工原则

每天安排专人对隧道掌子面周围区域进行喷雾射水，配置地质钻机进行超前钻孔爆破释放围岩压力，严格执行“短进尺、强支护、快封闭”的原则，确保施工安全。

2. 施工方法

可能存在不同程度岩爆，采用加强超前地质预测预报，测试地应力，预测岩爆等级。具体措施如下：

微弱岩爆：开挖面喷雾射水降低围岩脆性，分部开挖、短进尺光面爆破，避免应力集中；岩爆发生后局部地段喷锚破坏或掉块后的补强措施：复喷混凝土（网喷ϕ6 钢筋网，间距 20 cm × 20 cm），加设系统锚杆（C25 中空锚杆，L-3 m）。

中等岩爆：开挖面喷雾射水降低围岩脆性，掌子面打设ϕ91 mm ~ ϕ127 mm 超前孔 2 ~ 4 孔；注水降低围岩脆性，钻孔深度为每循环 10 m；如初支完成后岩爆现象仍然强烈，采用径向钻孔注水，钻孔采用ϕ100 mm，间距 3 m × 3 m；分部开挖、短进尺光面爆破，避免应力集中；超前钻孔爆破释放围岩压力；岩爆发生后局部地段喷锚破坏或掉块后的补强措施：复喷混凝土（网喷ϕ6 钢筋网，间距 20 cm × 20 cm），加设系统锚杆（C25 中空锚杆，L-3 m），掉块较大地段设置三肢格栅钢架（C20 主筋，高 100 mm 格栅），掉块后空洞采用 C25 混凝土回填。

强烈岩爆：开挖面喷雾射水降低围岩脆性，分部开挖、短进尺光面爆破，避免应力集中；超前钻孔爆破释放围岩压力，必要时设置超前导坑；岩爆发生后局部地段喷锚破坏或掉块后的补强措施：复喷混凝土（网喷ϕ6 钢筋网，间距 20 cm × 20 cm），加设系统锚杆（C25 中空锚杆，L-3.5 m），掉块较

大地段设置三肢格栅钢架（C20 主筋，高 100 mm 格栅），掉块后空洞采用 C25 混凝土回填。

三、洞口工程施工

将军岭隧道进口采用路堑式明洞门，出口采用斜切式洞门。洞口段采用超前大管棚预加固后以短台阶开挖法或环形预留核心土法进洞施工。洞门及洞口段施工顺序为（有明洞）：测量放线→洞口开挖（截水天沟→洞口土石方开挖）→边仰坡刷坡与防护→套拱施工→超前大管棚施工→进洞施工→明洞衬砌→洞门施工及洞口附属→回填。

（一）洞口土石方开挖

洞口土方采用挖掘机分层开挖，自卸汽车运至弃渣场；石方采用浅孔控制爆破，挖掘机或装载机装砟，自卸汽车运至弃渣场。

隧道明洞、洞门开挖前，首先施工洞口边仰坡外的截、排水沟，以避免对边坡冲刷，导致边坡落石、失稳坍塌。明洞及洞门段开挖采用人工配合挖掘机由上而下进行。遇个别较大孤石或少量硬质岩，风钻钻孔、微药量解体，风镐修凿轮廓或非电控制光面爆破，不得扰动边坡，影响边坡稳定。装载机或挖掘机装砟，自卸汽车直接运输到规定地点卸砟。边坡开挖坡度按设计图放坡，当开挖到暗洞超前支护相应标高时，立即进行超前支护施工。结合边坡地形稳定程度，坡面用十字板锚索、锚杆框架梁、锚杆、钢筋网、喷混凝土作为临时防护，以确保施工安全。

边仰坡刷坡自上而下分层进行，每层高度 2 ~ 3 m，随开挖及时进行锚杆网喷支护。做好坡面喷混凝土防护层与原坡面衔接，防止坡面风化，引起水土流失、导致边仰坡防护受到损坏。

隧道明洞、洞门开挖，避免在雨天进行。

（二）进洞施工

施工前应注意核对洞口地形、地貌及标高等，如发现与设计不符时及时提出，以便修改设计和施工方法。

洞口土石方开挖到达明暗洞交界处形成台阶，施作暗洞套拱和安装导向架，在台阶上施做超前大管棚支护。在超前大管棚施做完成后进行洞身开挖。

尽可能减少明挖土石方数量，以保持地表的原始状态，刷坡后及时以锚、网、喷对地表加固。

进洞段开挖应保持短进尺，用风镐配合挖掘机开挖，喷混凝土分两次进行，即开挖后初喷，架立钢架，安装系统锚杆、挂网后复喷，及时封闭，保证支护质量。以“管超前、严注浆、短进尺、弱爆破、强支护、勤量测”作为进洞施工的指导方针。

（三）洞门施工

路堑式明洞式洞门：首先自上而下进行路堑开挖。明洞式洞门钢筋混凝土分成两部分施工，先施工明洞仰拱及填充、边墙基础钢筋混凝土及洞门基础，混凝土达到一定强度后，拆模并进行施工缝凿毛，明洞式洞门混凝土施工采用衬砌模板台车作内模，台车上精确定位钢筋，测量放出轮廓线，绑扎钢筋，组合钢模板做外模、和帽檐模板，一次性关模，两侧对称灌筑。

钢筋在洞外加工场下料成型、现场焊接，焊接之前应精确放线，并适当加大点的密度。混凝土现场搅拌，泵送入模，插入式捣固器振捣，帽檐洞门混凝土一次浇筑成型。测量人员应现场监控，防止模板变形影响结构质量。

1. 斜切式洞门结构施工

提前做好洞口永久边仰坡的拱形骨架护坡和框架锚杆防护，施工方案参见路基防护工程施工。斜切式洞门钢筋混凝土分成两部分施工，先施工明洞仰拱及填充、边墙基础钢筋混凝土及洞门基础，混凝土达到一定强度后，拆模并进行施工缝凿毛。直切式洞门混凝土施工采用衬砌模板台车作内模，台车上精确定位钢筋，测量放出轮廓线，绑扎钢筋，组合钢模板做外模、和帽檐模板，一次性关模，两侧对称灌筑，随混凝土浇筑高度增高安装帽檐挡头模以便混凝土的捣固，外模支撑必须牢固、可靠。混凝土浇筑以后应及时美化，保证帽檐及直切面和斜切面的美观。

钢筋在洞外加工场下料成型、现场焊接，焊接之前应精确放线，并适当加大点的密度。混凝土现场搅拌，泵送入模，插入式捣固器振捣，帽檐洞门混凝土一次浇筑成型。测量人员应现场监控，防止模板变形影响结构质量。

2. 明洞施工

明洞施工顺序：明洞全部采用明挖法施工。具体施工顺序：测量放线→排截水沟施做→边仰坡开挖、支护（锚网喷支护及抗滑桩施工）→基底处理→仰拱、填充施工→拱墙衬砌→明洞防水层施工→洞顶回填。

施工方法：明洞土石方开挖采取横向分层、纵向分段的方法进行施工，采用挖掘机开挖，必要时采取弱爆破和人工配合机械刷坡，装载机装砟自卸汽车出砟。按照设计施做边仰坡防护措施。开挖完成后进行基底处理，基底承载力达到要求后施做仰拱、填充混凝土，填充混凝土在仰拱混凝土终凝后进行浇筑。

明洞衬砌均采用模板台车作内模，外模采用组合钢模对拱墙衬砌混凝土一次性灌注，混凝土由自动拌和站生产，罐车运输，泵送入模，插入式振捣器振捣。洞口衬砌与隧道洞门整体灌筑后进行洞顶回填施工。

拱圈混凝土达到一定强度后，先将混凝土表面修凿平整，最后利用砂浆找平，施做防水层。为保证防水板接头质量，先在平地上将防水板逐幅连接起来，检查接头质量合格后再运到现场铺设。

洞门衬砌和防水层施工完毕后，进行拱背回填，从下至上，按设计对称分层进行，同时进行边仰坡防护施工。码砌及浆砌分层错缝进行、夯填密实，确保施工质量。

四、洞内设施工程施工

（一）二次衬砌施工

二次衬砌施工工艺流程见图 59-2。隧道二次衬砌采用防水混凝土，仰拱及隧底填充施工在隧道底部开挖支护完成后，及时全幅分段施工，为确保洞内交通不中断，采用仰拱栈桥方式。拱墙二次衬砌在围岩变形基本稳定后施工，单线隧道采用 15 m 长全断面液压衬砌台车进行施工、双线隧道采用 12 m 长全断面液压衬砌台车进行施工。

1. 仰拱和填充施工

仰拱施工前，先将隧底虚碴、杂物、积水等清除干净。施工前先复核仰拱断面尺寸，不允许出现欠挖，超挖部分采用同级混凝土回填。

仰拱分段施工，钢筋在洞外预制，浇筑采用仰拱大模板由中心向两侧对称施工，一次完成，采用插入式振捣器，加强振捣，保证混凝土施工质量。

仰拱施工与掘进工作平行进行，为解决仰拱施工和其他工序的干扰问题，自制仰拱栈桥度车，形成立体交叉平行作业体系，减少施工干扰。

仰拱混凝土初凝后，方可灌筑隧底填充混凝土。隧道仰拱上部填充混凝土施工前先清洗仰拱上虚碴及杂物，排除积水。填充混凝土表面要求平整，横坡、纵坡与设计一致。

仰拱施工缝与填充混凝土施工缝相互错开，要求施工缝顺直、平整，进行凿毛清洗，并安装止水带防水。仰拱及填充施工的同时施工综合接地及过轨管。

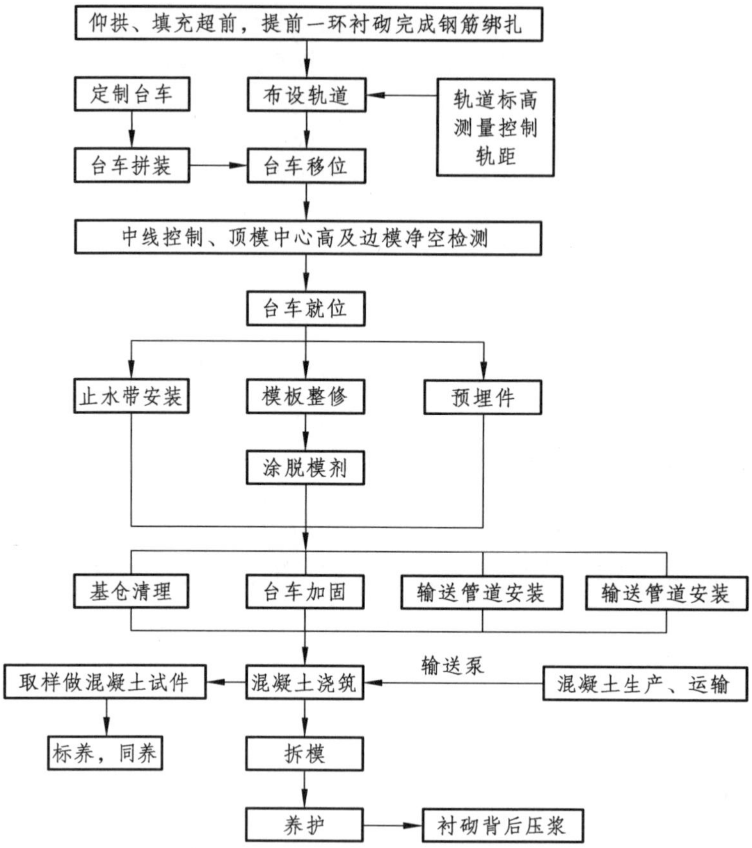

图 59-2　二次衬砌施工工艺流程图

2. 拱墙衬砌施工

（1）拱墙施工。

拱墙衬砌根据量测情况在围岩及初期支护变形基本稳定后进行，适度紧跟开挖面满足开挖与衬砌距离要求。拱墙采用模板台车衬砌，混凝土采用混凝土运输车运输至工作面，泵送入模。混凝土采取附着式振捣器为主插入式振捣器为辅的振捣方式。钢筋混凝土衬砌地段，钢筋在洞外下料加工成型，洞内利用多功能作业台架安装。

（2）拱顶混凝土密实度解决方案。

① 分层封窗浇筑。

泵送混凝土入仓自下而上，从已灌筑段接头处向未灌筑方向分层对称浇灌，转混凝土窗口时两侧交叉进混凝土，防止偏压使模板变形。在出料管前端加接 3～5 m 同径软管，并使管口向下，避免水平对岩面直泵。混凝土浇筑时的自由倾落高度不超过 2 m。施工时须注意，因浇筑高度过高，或不分层、或直接对岩面泵送，将使得混凝土经岩面-钢模之间多次反弹后，造成物料分离，粗骨料下沉，浆液上浮，从而使混凝土表面产生麻面、水泡，导致混凝土不密实。

② 采用封顶工艺。

封顶时混凝土泵送软管从模板台车的进料窗口（从最低一级窗口逐渐上移）处注入混凝土。当混凝土浇筑面已接近顶部（以高于模板台车顶部为界限），进入封顶阶段，为了保证空气能够顺利排除，在堵头的最上端预留两个圆孔，安装排气管。排气管采用轻质胶管或塑料管，以免沉入混凝土之中。将排气管一端伸入仓内，且尽量靠前，以免被泵管中流出来的混凝土压住堵死，另一端即露出端避免过长，以便于观察。随着浇筑继续进行，当发现有水（混凝土表层的离析水、稀浆）自排气管中流出时（以泵压≤0.5 MPa 为准），即说明仓内已完全充满了混凝土，立即停止浇筑混凝土，撤出排气管和泵送软管，并将挡板的圆孔堵死。

封顶混凝土按规范严格操作，尽量从内向端模方向灌筑，排除空气，保证拱顶灌筑厚度和密实。落实三级检查签认制度，并配备相应的无损检测仪器（地质雷达）进行检测。

3. 预埋件施工

预埋件施工与二次衬砌同时施工。预埋件预埋位置严格按设计要求进行施做，保证预埋件位置及质量符合设计和施工规范要求。

4. 沟槽施工

水沟、电缆沟施工时间在二次衬砌之后。水沟、电缆沟盖板集中进行预制，预制时严格控制盖板的几何尺寸，采用细粒径的混凝土，混凝土要求匀质、密实、和易性好，盖板表面平整、无凹凸现象，盖板四角棱角分明，无缺棱掉角。

水沟、电缆槽采用整体定型钢模板，一次成型，其施工要点是控制好模板的中线、水平，并要求模板支撑牢固，防止浇捣时模板位移和上浮。

（二）专业洞室、设施施工

1. 专业洞室

专业洞室在正洞开挖到相应位置时同步开挖，采用风钻钻孔，装载机装碴，自卸汽车出碴，开挖后及时施做锚、网、喷支护（施工工艺同正洞相应里程段），衬砌时按要求设置预埋件，洞室采用钢模与正洞衬砌一起施做。

2. 综合接地

综合接地按布置位置主要有底板接地、环向接地和过轨管等设施。底板接地在仰拱开挖后混凝土浇筑前施做。环向接地在铺设防水板前利用工作台架施做；过轨管在浇筑填充混凝土时施做。

五、运营通风机防灾救援工程施工

将军岭隧道1号斜井和3号斜井作为防灾救援通道，井底设置避难所，为永久工程，井口设置不锈钢格栅门，井底设置便于开启的防护门。

1. 系统构成

将军岭隧道的1号斜井长610 m，为满足防灾需要，在斜井内设置4台射流风机，2台1组，风机直径710 mm，功率30 kW。射流风机采用侧壁安装，第1组距离斜井出口150 m，第1组与第2组的中心距离为 150 m。当人员通过紧急出口疏散时，为斜井内引入新风，为疏散防护门门口送风。斜井内设置标志、标识、指示紧急出口及救援疏散方向。

将军岭隧道的3号斜井长1 604 m，为满足防灾需要，在斜井内设置4台射流风机，2台1组，风机直径710 mm，功率30 kW。射流风机采用侧壁安装，第1组距离斜井出口150 m，第1组与第2组的中心距离为150 m。当人员通过紧急出口疏散时，为斜井内引入新风，在斜井内距离疏散防护门94 m的位置上设置1台送风机及止回阀。风机风量为15 m/s，功率11 kW，全压500 Pa，为疏散防护门门口送风。斜井内设置标志、标识、指示紧急出口及救援疏散方向。

2. 系统控制

通风设备主要用于隧道火灾事故工况，紧急出口或救援站疏散时，要求实现设备的就地控制和就近车站控制室的远程控制，即二级控制。就地控制用于通风设备的初调、检修时的就地操作。就近车站控制室的二级控制用于控制和显示各风机、风阀的运行及状态，方便发生事故时统一指挥操作。

六、防排水施工

（一）盲管、泄水孔施工

隧道采取“防、排、截、堵相结合，因地制宜，综合治理”的原则；在地下水与地表水联系密切且对水环境有严格要求的地段，采取“以堵为主，限量排放”的原则，严格按照设计止水措施组织施工。

1. 环、纵向排水盲管施做方法

拱墙每 8 m 设 1 环环向排水板，根据地下水发育情况调整，地下水发育地段适当加密，环向排水板直接接入隧道侧沟；纵向排水盲管（HDPE80 波纹管）8 m 或 1 个衬砌台车长度为一段，纵向排水盲沟两端进行圆弯接入隧道侧沟。按规定划线，以使盲管位置准确合理，盲管安设的坡度与线路坡度一致。将膨胀螺栓打入定位孔或用锚固剂将钢筋头预埋在定位孔中，固定钉安装在盲管的两侧。用管卡卡住盲管，固定在膨胀螺栓或定位钢筋上。

2. 泄水孔施做方法

泄水孔是设于衬砌边墙下部的出水孔道，它将盲管流来的水通过埋设于隧道底板下方的横向 PVC 管排入隧道的中央排水沟。泄水孔的施做：在立边墙模板时，将泄水管插入盲管中，并包裹牢固，外端穿过模板。

（二）防水层施工

初期支护与二次衬砌间设防水板和土工布作为防水层，材质符合设计要求标准。防水层施工工艺流程见图 59-3。

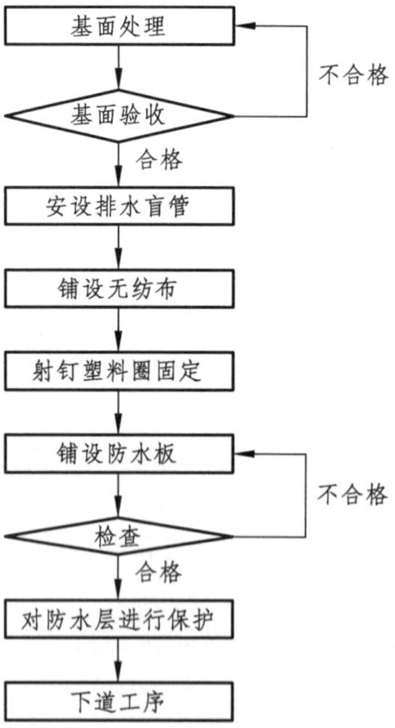

图 59-3 防水层施工工艺流程图

1. 基面处理

基面处理：铺设防水层前对初期支护大致找平，边墙及拱部补喷找平、底部砂浆找平。对外露的锚杆等切除，磨平或用水泥砂浆封堵找平等。

出水点处理：在铺设防水板前，初期支护喷层表面漏水及时处理，采用注浆堵水或埋设排水管直接排水到边沟，保持基面的干燥。

2. 铺设防水板

防水板采用无钉铺设方法，一次铺设长度根据混凝土循环灌注长度确定，铺设前先行试铺，再加以调整。防水板采用无钉孔铺设，即先将无纺布固定到预定位置，然后手动电热熔接器加热，使防水板焊接在固定无纺布专用热熔衬垫上。

3. 防水板焊接

防水板接缝采用热合机自动焊缝形成，将两层防水板的边缘搭接不小于 15 cm，焊缝为 2 条，单条焊缝宽度不小于 15 mm；当纵向接缝与环向接缝成十字交叉时（十字形接缝），事先对纵向接缝外的多余搭接部分齐根处削去，将台阶修理成斜面并整平。

4. 防水板质量检查和处理

外观检查：防水板铺设均匀连续，焊缝宽度和搭接宽度满足设计要求，接缝平顺、无褶皱、均匀连续，无假焊、漏焊、焊穿或夹层等现象。

接缝质量检查：防水板搭接用热合机进行焊接，接缝为双缝，中间留出空隙以便充气检查。检查数量采取随机抽样的原则，为保证质量，每天每台热合机焊接需制取一个试样，注明取样位置、焊接操作者及日期，供试验检查之用。

要保持防水层接头处的洁净、干燥，同时在下一阶段施工前不得将其弄破损。

二衬混凝土浇筑前加强对防水层的保护，注意钢筋的运输及绑扎过程中可能对防水板产生的损伤，发现层面有破损及时修补。

5. 铺设防水板的施工技术措施

防水板铺设前，先割除混凝土衬砌表面外露的锚杆头，钢筋尖头等硬物，凸凹不平处需先喷平，使混凝土表面平顺；局部漏水处需先进行处理。

防水板，特别是在凸凹较大的基面上，要预留足够的松散系数，使其留有余地，并在断面变化处增加悬挂点，保证缓冲面与混凝土表面密贴。同时做好防水板与泄水孔的密闭性连接。铺设防水板地段距开挖工作面不小于爆破安全距离。

衬砌混凝土灌注前检查防水板质量，灌筑衬砌混凝土时，不损坏防水板。

防水板和无纺布是易燃物品，一旦引燃，将造成火灾，因此工作区内禁止烟火，并设消防设施和高压水管备用。

（三）施工缝止水施工

中埋式止水带施工中采用钢筋卡对止水带进行定位，避免其在混凝土浇筑过程中发生移位。

纵向施工缝：采用中埋式橡胶止水带和中埋式橡胶止水条。

环向施工缝：拱墙环向施工缝采用中埋式橡胶止水带和外贴式橡胶止水带，仰拱采用中埋式橡胶止水带。

变形缝：拱墙环向施工缝采用中埋式橡胶止水带和外贴式橡胶止水带、沥青木丝板塞缝、聚硫密封胶及镀锌钢板接水盒等措施；仰拱部位采用中埋式橡胶止水带、沥青木丝板塞缝并环向设置双层抗剪钢筋等措施。

（四）抗渗混凝土施工

隧道衬砌采用抗渗混凝土，二衬混凝土抗渗等级不小于 P10，断层破碎带富水地段二衬混凝土抗渗等级不小于 P12。选用合格的原材料，严格控制外加剂的品质和掺量，严格控制搅拌时间和运输过程时间，使混凝土连续浇筑，振捣密实，混凝土保护层符合规定要求，确保混凝土抗渗性指标达到设计要求。

（五）衬砌背后回填压浆

二次衬砌每循环在拱顶预埋注浆孔，回填采用水泥浆，配合比满足设计要求，回填注浆压力：初压 0.1 ~ 0.15 MPa，终压 0.2 MPa。

七、辅助坑道施工

将军岭隧道辅助坑道有斜井 3 座，均采用无轨运输单车道+错车道衬砌断面，1 号斜井和 3 号斜井作为防灾救援通道，井底设置避难所，为永久工程，井口及避难所终点采用格栅栅栏门锁闭；2 号斜井为临时工程。斜井Ⅱ、Ⅲ级围岩段采用全断面法施工；Ⅳ、Ⅴ级围岩段采用台阶法施工。全断面法采用手持风钻钻孔开挖，光面爆破；台阶法采用手持风钻钻孔开挖，控制爆破。斜井洞口及浅埋段、设置避难所及断层破碎带、安装风机段采用模筑衬砌，斜井与正洞交叉口段采用模筑衬砌加强支护，其余地段采用锚喷衬砌。

斜井开挖后及时进行初期支护，喷混凝土采用湿喷工艺，风钻成孔，人工安装锚杆、钢筋网和拱架。

铺底适时紧跟，铺底采用分幅施工，钢木组合模板立模；斜井拱墙衬砌采用拱架背钢模泵送混凝土进行衬砌作业。自动计量拌和站生产混凝土、由混凝土运输车运送至衬砌工作面。

第三节　邻近营业线工程

一、工程概况

金台铁路正线自永康南站引出，向东经丽水市缙云县所辖的壶镇、金华市所辖的磐安、台州市所辖的仙居、临海和台州城区，接入台州南站；并新建头门港线（临海东站至头门港站）；永康南联络线（永康南金温场 24#道岔至永康南普速场 102#道岔）；线路全长 235.297 km，其中金温货线 25.78 km，正线 165.79 km，永康南联络线 0.88 km，头门港线 42.847 km。金台铁路全线新建武义东、永康南（普速场）、永康东、申亭、壶镇、磐安南、仁川、横溪、白塔镇、田市、仙居南、下各、括苍、临海南、临海东、台州（金台场）、台州南（金台场）、杜桥、头门港 19 个车站（场）。

营业线施工涉及永康南站改、台州南站改、新建金台铁路调度指挥系统接入上海局集团有限公司调度所客专 CTC 中心。

二、工程数量及特点

全线敷设光电缆 604.8 条/km，信号机安装 383 架，道岔安装 195 组，轨旁设备安装 414 区段，各类箱盒安装及配线 2509 个，室内机柜安装及配线 464 架。

主要技术特点：本工程信号系统是由列车调度指挥系统（TDCS）、列车运行控制及区间闭塞、车站联锁系统、信号集中监测系统、车站综合防雷及电源等子系统构成。

三、工程建设过程

2018 年 9 月 20 日召开新建金华至台州铁路信号工程设计联络会。
2019 年 2 月 18 日完成新建金华至台州铁路四电系统集成工程开工报告审批确认。
2019 年 10 月 31 日召开新建金华至台州铁路信号施工图审查及设计技术交底会。
2020 年 5 月 22 日完成首件工程验收。
2020 年 9 月 25 日完成永康南站改施工。
2020 年 11 月 19 日完成台州南站改施工。
2020 年 12 月 20 日至 2020 年 12 月 31 日完成信号专业静态验收。
2020 年 1 月 15 日通过信号专业静态验收报告审查。
2021 年 3 月 18 日至 2021 年 3 月 25 日完成信号专业动态检测。
2021 年 5 月 7 日至 2021 年 5 月 9 日完成安全评估。

四、科学组织施工保证工期

1. 全线施工

（1）按照建设单位的指示精神，针对整个工程的规模、特点，公司靠前指挥、重心下移，成立了信号施工项目部，项目部统一协调指挥工程抢建。针对工期紧、难度大的特点，项目部编制和完善以工期、投资、劳力、材料为主要技术经济指标的施工组织设计，编制以施工工序为单位的各项作业指导书，科学指导施工。

（2）项目部统一部署调集 5 个信号作业队的精兵强将进行攻坚，根据该工程技术、标准、安全责任等状况，号召全体参战人员齐心协力、团结一致，确保实现工程工期、质量、安全目标。

（3）项目部认真落实股份公司领导提出的各项工作指标，突出一个“早”字，抓住一个“精”字，落实一个“保”字。具体做法是：

一是积极与设计单位联系争取尽早拿到施工图纸，以便进行现场核对、设计交底、材料订购等工作。

二是与业主、电务段积极联系，做好工程信息的沟通与反馈，使问题早发现，早解决。

三是与设计、监理、电务段共同研究解决相关的技术疑难问题。

四是精心策划，精心组织，精心施工，制定完善的施工方案及应急预案。做到工完记录齐，活完场地清。

五是根据金台铁路的施工难度和工期要求，公司抽调精兵强将投入职工 40 余人，民工 200 余人，采取交叉、平行、流水等作业方法，确保工期。

（4）在施工中，强化激励约束机制，严格定额管理，实行目标考核，落实奖惩制度，最大限度地调动全体施工人员的积极性和创造性，确保工程按期完成。

（5）落实总工期倒计时表，抓住关键工序，均衡组织生产，协调施工，确保各区段、各工序在不同的条件下，实现工期目标。主要措施包括：

① 根据工程实际，及时调整施工方案，并根据新的施工方案要求，重新进行生产要素的配置，推行平行作业和交叉作业法。

② 运用网络图和横道图进行科学管理，严格控制工期。

（6）为确保物资供应不影响施工进度，我们采用专人负责物资计划、专人负责厂家供料、专人负责常规料的预定工作，在材料运输上打破老的运输模式，采用了快递、航空托运等多种做法，保证物资及时供到现场，解决施工急需。

2. 营业线施工

（1）永康南站站改施工。

既有永康南站位于既有金温双线武义北、缙云西站间，站中心里程为 K49+535，原有 4 股道（Ⅰ、Ⅱ、3、4），12 组道岔。站改施工涉及新增新 3 道、6 道，既有 2 组道岔拆除（10#、12#）并新铺设 9#、10#、11#、12#、13#、18#、20#、22#、24#道岔，过渡完成后形成永康南金温场 6 股道（Ⅰ、Ⅱ、Ⅲ、4、5、6）。永康南站站改施工需要同步对永康南站联锁、列控、CTC、监测软件，应答器报文，金华南、武义北、缙云西、丽水站 CTC 软件进行修改；同步停用永康南站全站信号、列控、CTC 设备，停用武义北站至永康南站至缙云西站间上、下行线自动闭塞；停用金华南站、武义北站、缙云西站、丽水站 CTC 设备；停用杭长高铁台及其管辖车站（金华南站至武义北站至永康南站至缙云西站至丽水站间）列控临时限速命令下达功能；停用杭长高铁台、沪杭高铁台、金温货线台、沿海台、沪昆三台 CTC/TDCS 功能，包括调度台调监功能、阶段计划下达、显示命令下达和显示功能，杭长高铁台、沪杭高铁台、沿海台、沪昆三台管辖车站转非常站控；停用卡斯柯与通号院杭长分界口信息互传功能，影响杭长高铁台与沪昆三台信息交互，包括邻台计划、邻台调度命令、站场信息、车次跟踪等；停用总公司中心 3.0 分界口，影响总公司查看上海局客专调度台信息；修改杭长高铁台、沪杭高铁台、金温货线台、沿海台、金温通信前置机、金温 TSRi、杭长 CTCi、TD 接口，修改总公司中心 3.0 分界口，金华南 TSRS 机房修改 TSRM 软件，在杭长高铁台进行临时限速试验；修改 TD 结合数据，影响集团公司所有调度台加载日班计划、基本图、接收 TMIS 调度命令、向 TDMS 系统传送实际图、旅服计划等信息等所有 TD 结合功能。施工风险大、难度高、影响范围广，永康南站站改施工是否顺利，将直接影响金台铁路联调试验的进行。

（2）台州南站站改施工。

既有台州南站位于既有杭深线台州、温岭站间，站中心里程为 K482+278，原有 6 股道（Ⅰ、Ⅱ、3、4、5、7），21 组道岔。台州南杭深场站改施工新增 36/102#道岔与台州南金台场场联互通，36/102#道岔台州南杭深场主控，拆除既有 D20 信号机 1 架、相关轨旁设备（变压器箱 2 个、扼流变压器 2 台）及扼流等阻线 2 套，新设 D20 信号机 1 架、相关轨旁设备（变压器箱 2 个、扼流变压器 2 台）及扼流等阻线 2 套，修改应答器报文 5 台，联锁、列控、CTC、信号集中监测软件作相应修改。既有杭深铁路为速度 200 km/h 的客货共线铁路，列车运行采用 CTCS-2 级列控系统；设置沿海调度台，区间闭塞分区分界处设置地面通过信号机。既有台州南站内采用与区间同制式 ZPW-2000 系列机械绝缘移频轨道电路，发送器采用 1+1 冗余方式，接收器采用双机并用方式。新建台州南金台场设置 3 股道，通过 36/102#道岔实现场联关系；台州南站金台场新设 1 套联锁设备。

（3）接入调度指挥调度系统。

新建金台铁路调度指挥系统接入上海铁路局调度所客专 CTC 中心金台铁路引入既有铁路线路，涉及金丽温铁路永康南金温场和沿海铁路台州南杭深场调度集中系统以及上海局调度所客专 CTC 调度中心总机、杭长高铁台和沿海台 CTC 系统改造。根据金台铁路新建金台调度中心总机、金台调度台与上海局调度所既有客专 CTC 系统总机、调度台以及金台铁路新建车站 TDCS 系统与既有金丽温铁路和沿海铁路接口车站 CTC 系统间信息互通的要求，金台调度中心单独设置与上海局客专 CTC 中心接口服务器设备，采用铁总标准的分界口通信协议进行接口通信，利用通信专业提供的 2 m 专业数字通信网络进行信息的传输；上海局客专 CTC 中心利用既有的外部链接路由器和网络安全设备，增设与金台铁路调度中心总机系统的接口服务器设备，增加与金台铁路调度中心总机系统间的 2 m 数字通信通道，同步修改相关服务器和杭长高铁台、沿海台软件。

金台铁路调度指挥系统接入上海铁路局调度所客专 CTC 中心须在金台联调联试之前完成，以满足金台铁路接入上海局客专 CTC 中心的需求，时间紧、任务重、施工条件特殊、限制条件较多，是一项难点工程。

相关措施：

① 选取经验丰富的施工队伍进行施工，管理人员及现场人员从各项目主管既有线施工的“尖兵”组成。

② 优化施工方案，组织召开施工方案研讨会 10 余次，与建设单位、电务部、电务段、设计单位、监理单位、设备厂家共同对施工方案进行优化，将各个施工点内，施工内容、施工人员优化到人。

③ 按照每日一方案的模式，施工点前组织施工预备会，技术负责人对所有施工人员进行技术交底，派发施工作业单，并对风险点进行重点布置，安排具备相应技术能力的人负责实施；每日施工结束后，组织召开施工总结会，合理安排下一步施工。

④ 每日天窗点前进行班前讲话、交底，对当日施工存在的风险因素、技术要求进行交底，确保施工安全。

⑤ 每日天窗点前编制人身防护方案、施工预案并进行交底，卡控施工中的重点工序及重点环节。

⑥ 由于中心接入的特殊性，上海局客专 CTC 中心服务器需特型生产，施工单位积极协调供应商共同现场测量，根据实情提供对应解决方案，并与接管单位、设计单位沟通对接，根据实际情况，将现场布局与机柜样式结合设计，确认可行的布局方案，进而立即组织供货商投入生产，保证工期节点。

⑦ 金台铁路调度指挥系统接入上海铁路局调度所客专 CTC 中心施工，影响范围较大，施工单位与建设单位、电务部、电务段、设计单位、监理单位、设备厂家多次对接，对施工内容及影响范围逐条确认，确保万无一失，中心扩容得以顺利完成。

五、强化过程控制保证工程质量

（1）工程开工前，公司明确创优目标：“工程一次验收合格率达到 100%，工程质量优良率 95%以上，争创部优工程”。项目部对创优工作提出总体要求，制定各种措施，主要内容包括：工程项目的创优目标及分解；创优的组织保证措施；创优的技术保证措施；项目的安全控制和保证措施；项目的质量控制和保证措施；项目的工期控制和保证措施；标准化工地建设保证措施；创优的经济保证措施等。

（2）制定“关键工序”的质量控制方法和手段，并加强实施过程的监督检查，确保施工过程处于良好的受控状态。

（3）加强施工质量的监督检查，落实质量责任制，实行卡控措施，专人盯控质量的关键和薄弱环节；将质量目标细化至每一工序，责任落实到班组和每一位员工。

（4）严格执行各项制度，加强技术管理。严格执行“设计文件核对”制度、“技术交底”制度、“首件定标”制度、“三检”制度、“设备、材料入库”制度和“挂牌施工、持证上岗”制度。

（5）按照 ISO9001 标准的要求编制针对性的质量计划和施工性的施工组织设计，细化施工方案，施工前统一工艺标准，经电务配合人员确认，再全面推广。

（6）作业队建立作业计划制度和作业卡制度，严格按照计划组织施工。

（7）实行工程质量自检、互检、专业检的质量检验把关制度。

（8）严格执行工程随工验收及隐蔽工程验收签认制度，及时填报质量检验，检查记录，确保竣工资料及时、准确、完整。

（9）安排技术好业务熟练的人员进行箱盒配线，配线完成后请电务段对该箱盒配线情况检查确认并提出综合建议，再进一步整改，使设备安装工艺满足维修方便、观感质量优良的标准。

六、加强安全管理保证施工安全

（1）严格执行《铁路营业线施工及安全管理办法》。

（2）由于站改施工涉及交叉施工，站前单位机械设备运行的次数频繁。对此，我们从思想上、组织上、制度上、措施上做好了安全防范工作，采取室内设置驻站联络员，室外设安全防护员，配备对讲机、喇叭。交叉施工时，在电务设备旁设置专职防护人员，防止站前机械将设备损坏，影响开通。

（3）项目部为保证工程施工畅通，成立应急救援组织，制定施工应急预案，以应对突发事件。

七、工程的启发和体会

我公司认真贯彻落实金台铁路有限责任公司关于金台铁路施工的重要指示精神，在建设单位的领导下，与设计、电务段、监理公司等密切合作、积极配合、协同作战，圆满地完成了各项施工任务，施工质量受到了用户好评。

中国通号在长期的生产经营过程中，形成了“基于轨道交通的安全及控制技术和服务”的核心竞争力。这种能力是中国通号独有的，是其他单位短期内不可能仿效、替代和超越的；这种能力凝聚了研究设计、器材制造、施工安装等业务链条，形成了“三位一体”的组织结构优势和综合配套能力，并在市场中树立了良好的形象，享有较高的信誉。因此，在该标段施工过程中，本着维护“三位一体”的组织格局、珍惜长期以来形成的中国通号这一无形资产、进一步提升核心竞争力的宗旨，我公司领导高度重视本工程项目，靠前指挥，协调好公司内、外部关系，对各种资源进行了合理的配置，对施工任务进行了有序的安排，认真落实各项安全、质量管理措施及管理责任，战胜了工程时间紧、任务重、难度大等诸多困难，按时、高效、优质地完成了工程的各项施工任务，创造出了“追求卓越、顾全大局、坚韧不拔、无坚不摧”的通号精神，以实际行动为铁路发展做出了新贡献，谱写了新的篇章。

八、工程维修保养注意事项

（1）严格执行铁路总公司营业线施工安全管理办法及路局营业线施工安全管理办法。

（2）分析将要进行的维修工作，可能存在的风险隐患，应采取相应的措施。

（3）设备维修前，设专人防护，防护人员不得从事操作或做与防护无关的事。

（4）设备维修前必须检查、分析、了解设备故障发生的原因及现状。

（5）工作中注意周围人员及自身的安全，防止挥动工具、工具脱落、工件飞溅造成伤害。两人以上工作要注意配合，工件放置整齐、平稳。

（6）使用电动工具时注意随时检查紧固件、旋转件的紧固情况，确保其完好后再进行使用。

（7）禁止在设备未停止的时候对设备进行维护保养。

（8）设备开动前，先检查防护装置、紧固螺钉是否完好，然后进行试验，运行合格后才能投入使用，操作时严格遵守设备的安全操作规程。

（9）工作完成后，及时清理场地卫生，保持干净整洁。

（10）维修人员完成巡检、维修作业后，应当及时认真填写巡检、维修记录，不得出现漏填、错填现象，记录留用备查。

（11）设备管理负责人认真审查审核维修人员填写的巡检、维修记录，确保记录真实有效。

第四节　通信、信息工程

一、接入路局安全、质量保证措施

1. 施工安全保障措施

施工负责人及驻站人员提前 1 小时到达，与施工调度及值班员进行施工签认。同时，监护好既有设备运行情况，及时通报现场施工人员，注意行车和设备安全。调度命令下达后，认真核对施工时间、影响范围是否与施工计划相符并且通报施工负责人，指挥现场施工。

为保证本次施工安全及进度，所有参加本次施工的技术人员及设备厂家配合人员全程不得更换。

所有参加施工的人员严格按照施工计划、施工预备会的要求，带齐施工所需的材料、工具、仪表、作业单和照明设备，提前1小时到达现场，按照任务划分，认真检查所负责的工作有无遗漏，准备是否到位。

2. 施工质量保障措施

施工严格执行施工规范，按图施工，程序化、标准化作业，加强过程控制。

技术交底履行书面交接，复核制度。作业人员严格执行作业标准和程序，不得简化和变异。严格把控施工作业流程、调试标准及联锁试验流程切实执行施工中的“三检制”（自检、互检、交接检），实行逐级负责制。

3. 机房安全保障措施

（1）进入传输机房前，应与上级网管联系，说明进入原因，经同意后方可进入机房，并在机房出入登记本上填写姓名、部门、到达离开时间、具体工作项目等内容。

（2）进入机房应更换防尘鞋或穿一次性鞋套。

（3）机房内严禁使用可能引起火灾的取暖设备。

（4）机房内严禁吸烟、饮食和使用明火。

（5）机房内严禁存放易燃易爆物品。

（6）不准使用汽油、丙酮等易燃物品清扫带电设备。

（7）机房门窗应保持密闭，严禁随意打开窗户，机房门口应放置挡鼠板，防止老鼠从门窗进入。

（8）天窗前不许饮酒，作业时要集中精力，严密注视设备运行情况和机房环境。

（9）机房内高处工作时不得乱放工具及其他物品，工作梯凳要坚固平稳，以保证人身和设备安全。

4. 交通安全保障措施

施工作业期间，必须执行公司制定的机动车安全管理规定，同时严格遵守如下安全规定：

（1）作业期间驾驶员必须凭车间派车单出车，禁止随意出车；

（2）驾驶员必须持双证（驾驶证、行驶证）上岗；

（3）严禁无证驾驶机动车辆，非车间专职司机不得随意挪用、驾驶车间工程车；

（4）司机班前充分休息，严禁酒后驾驶、超速驾驶、疲劳驾驶；

（5）司机要自觉加强交通安全学习，严格执行交通安全法规，做好文明驾驶；

（6）司机要按规定对机动车辆进行日常保养，不得带病出行；

（7）司机在出车前、行车途中、收车后必须认真做好“三检”工作，必须加强对车辆安全性能检查。

5. 既有设备安全保障措施

（1）严格按照批复配合方案实施，施工配合过程中严格执行安全防护制度。

（2）施工前必须与车间、工区联系，明确施工作业内容

（3）在既有线路施工时，需要通信工区人员现场配合防护，通信工区人员未到现场不得开工，施工单位做好既有光电缆的防护工作。

（4）施工人员及配合人员须遵守高速铁路施工管理规定，做好安全预想及防护措施，施工配合人员进入封闭区域必须按规定穿戴防护用品。

（5）施工过程中如遇不明缆线，及时联系通信现场防护配合人员确认，不得私自施工。

（6）在既有机房内施工作业时，必须严格遵守机房管理制度，作业服从通信配合人员指挥。

（7）网调工区加强网管监控，注意涉及网元的参数变化，及时告知（现场）作业负责人进行处置。

（8）根据规定召开作业预备会、点名会、总结会。

6. 建立风险控制体系

影响施工安全因素较多，施工中各种不可预见风险随时可能发生，为确保万无一失，项目部根据多年施工经验及施工现场情况，在项目实施前建立安全风险控制体系，做到“有作业就要有辨识、有风险就要有防范”。对于工程高风险项目，例如临时用电、停电作业、高处作业等，经评估确定列入安全风险项目，作为本工程弱电专业风险工程进行管理。同时加强施工安全风险管理，抓好安全风险过程控制。按风险等级建立责任制，实行安全风险挂牌督办、风险项目、工点责任包保和领导带班制度，形成施工安全风险管理分级、分类的工作机制。

7. 落实安全风险预防技术措施

对施工防护方案进行技术论证，最大限度利用铁路天窗时间进行以上工序的施工，从技术上规避安全风险。制定每个阶段、每个节点工期的施工程序及施工范围，对每道工序周密策划、周密部署、严密执行、严密落实、超前预想，利用好每一个封闭天窗时间，把安全风险降至最小。

8. 建立安全风险识别登记表

针对风险工点，通过风险管理识别、评估的方法，把每一个工点的风险事件、风险因素、风险成因、风险程度一一列出识别清单，形成安全风险识别分析登记表，为制定风险管理应对策略提供依据和支撑，以利及早确定风险控制对策，采取相应的风险管理措施，实现积极有效的预前控制。

9. 建立检查评估制度

对风险项目、工点安全管理及现场情况建立检查制度，及时整改风险评估、方案措施制定、过程控制等环节存在的问题，强化现场风险控制。对纳入安全敏感点的工点和工序，按分级管理的要求制定应急预案并实施演练。

二、应急预案

结合系统接入作业特点，为加强铁路（邻近）既有线施工安全的管理和监控，对所建设项目施工中潜在的安全隐患或突发紧急事件进行主动评价，为预防安全生产事故，进行相应的准备和响应安排。对突发事故组织展开紧急救援，减少事故造成的损失，提高应急反应速度，扼制事故及突发事件漫延扩大，最大限度地减少可能发生的人身伤害、事故损失。

1. 启动预案要求

（1）出现超出作业方案既定涉及业务范围的异常情况。

（2）发生影响业务正常运用、业务不能正常恢复等异常情况。

（3）作业中遇有异常情况，立即查找原因，如在要点时间结束前 1 小时未找到异常情况的原因。

（4）因对天气变化准备不充分，造成作业条件不具备或影响作业质量。

（5）其他未知因素，造成本次作业不具备实施条件。

2. 应急预案

（1）作业中发现影响业务正常运用的情况应按原样恢复，停止作业。

（2）作业中遇有其他异常情况或业务不能正常恢复时，由作业负责人组织相关人员，查找原因及时克服后方可继续实施。原因未查明前，严禁继续作业。

（3）车间当天值班员、网管中心值班员、施工人员通过系统备份启动回退程序。

第五篇

科研与技术创新

第六十章　科研项目

一、铁路桥曲线节段预制拼装箱梁胶结法施工技术研究

1. 立项情况

此课题为浙江省交通投资集团有限公司2019年科技项目。

课题第一承担单位金台铁路有限责任公司是由浙江省交通集团、台州市铁投、上海铁路局、金华市铁投、缙云县国有资产投资经营有限公司等六个股东共同出资组建的项目公司。合作单位为中铁第五勘察设计院集团有限公司，中铁二局集团第二有限公司。

2. 研究目的

在国外，胶接缝节段拼装预应力技术被许多国家大量应用，不断创新；但在国内还处于起步阶段，应用范围十分有限，从现有资料看，还非常缺乏对胶接缝节段拼装桥梁设计及施工工艺的系统研究，也没有系统的规范和标准，一些关键技术有待系统研究解决。

与湿接缝相比，胶接缝节段拼装预应力技术具有工期短、施工质量高、施工机械设备利用率高、更加环保的优越性。

目前我国常用的湿接缝节段预制拼装工艺，学习国外先进桥梁技术，采用胶接缝节段预制拼装工法，与国际接轨，加快铁路桥梁建设技术进步，缩短桥梁施工工期，是我国节段拼装桥梁的发展趋势。因此，有必要根据目前国内路外节段预制胶接拼装箱梁研究现状，结合铁路荷载重、振动大、桥梁动力特性及耐久性要求高等特点，对铁路节段预制拼装胶接箱梁成套技术开展研究，为我国铁路节段预制拼装胶接箱梁设计、施工提供技术支撑，以期推动节段预制拼装胶接缝结构在我国桥梁领域的应用。

采用胶拼法施工，可缩短工期、减少投资，社会效益、经济效益均明显。本次研究通过理论分析与计算，对设计、施工方法的合理性提出建设性意见，为顺利施工提供可靠技术支持。为铁路节段胶拼梁在国内广泛应用打下基础。

3. 主要研究内容

（1）长短线结合法匹配预制、拼装节段箱梁的线形控制。

台座的稳定性对梁体反拱值有着直接的影响，施工中台座的基础处理不当，造成台座的不均匀沉降，从而影响预制梁体的反拱值。因此梁场的建设过程必须保证制梁台座的基础稳定性，并建立制梁

台座沉降观测系统。

长短线结合法匹配预制节段箱梁是在分析长线法和短线法匹配预制工艺各自的优缺点的基础上，结合两种方法的优点，克服单独采用长线法施工时节段预制时模板调整困难、预制速度较慢、场地占地面积大以及模板一次性投入大等缺点和单独采用短线法施工时预制精度要求高，需用专用计算程序控制线形和误差等缺点的新工艺。长短线结合法匹配预制的新工艺有流水化程度高、线形控制较为直观、测量易于控制，成桥后混凝土收缩徐变对桥梁线形及结构影响小等优点，且节段预制形成流水线生产，施工速度快。

（2）大跨度小曲线半径架桥机安全过孔。

一般架桥机主梁长度都在一跨半或两跨长度，否则很难解决架桥机纵向倾覆的问题。架桥机长度与过曲线又是两个矛盾体，如果架桥机主梁过长，则过小曲线就是个难题。由于过孔时前支腿偏离前方桥墩较多，这就造成过孔后前支腿无法站位，完不成过孔架梁的现实问题。架桥机总长 126.6 m，前支腿、后支腿间距 60.82 m，在架设跨径 58.4 m，半径 2 500 m 的曲线桥时，按正常直线过孔前支腿就无法完成站立。

架桥机过小曲线桥时后支腿始终沿线路中心行走，中腿站立不动，通过托辊轮来支撑主梁，过孔动力靠后腿行走机构来提供。架桥机的中支腿及后支腿都具备中心回转的功能，由两个回转中心保证后支腿始终沿小曲线中心走行，这样就能在转弯中减小前支腿对前方墩顶的偏离。但即使这样，实际工况中，前支腿到达前方墩顶时也会偏离前方墩中心 740 mm，这是个很大的偏差。为了很好地解决该问题，在前支腿到达前方预定位置后，以后支腿上、下层转盘轴为转动中心，操作中支腿上的横移机构，使主梁沿支腿横梁横向摆动 320 mm（向曲线内侧摆动），前支腿就可以拉回到前方墩或临时支架中心，然后前支腿着力，中支腿收缩，自行至前方墩顶块上，中支腿伸出着力，前支腿脱空，架桥机继续纵移过孔，直到后支腿到达指定位置，完成过孔作业。

架桥机通过前支腿、中支腿及后支腿的巧妙配合，顺利解决了曲线过孔时的支腿偏离问题，根据架桥机在现场实际使用情况，动作很顺畅，此处需要注意的是中支腿横移处要增加滑板及转轴，减少摩擦。后支腿横梁设计为上下两层，可以绕中间转轴转动。另外，后支腿横梁下的连通器很好地解决了横坡问题，可以适时调整，使设备受力比较明确。

（3）节段预制对后期架设线形的影响。

节段预制预应力混凝土梁的线形控制是一个复杂且重要的过程，它是梁体预制过程中各种施工误差、偏差累计的最终反映，而反拱值是影响桥梁线形和桥面结构层厚度的重要因素。所以在施工过程中，除了保证混凝土的材料性能外，同时需要我们在施工的各个环节中，进行严格的控制以减小反拱值的误差。

（4）架桥机的弹性变形对节段梁线形的影响。

箱梁预应力钢绞线的预应力施加过程，也是梁体由移动支架承受梁体自重荷载到箱梁自身承受自重荷载的体系转换过程。由于箱梁自重作用下的下挠和预应力作业下的上拱会使箱梁产生一定的挠度变化，特别是跨中位置处。为了更好地对梁体线形进行控制，需对张拉过程中的预应力张拉力大小、张拉力损失、箱梁张拉过程中挠度变化等几个方面进行控制研究，以保证预应力施工过程中的梁体线形。

（5）下坡状态架桥机架梁安全稳定控制。

架桥机在大坡道上纵移时，主要问题是须预防架桥机发生溜坡及倾覆事故。目前国内外架桥机的行走机构大多采用轮轨体系，这种形式在大坡道上极易引发溜坡，所以需采用卷扬机牵引保护的方法来保证架桥机安全顺利纵移。

4. 项目研究、开发实施方案

此课题中的田市跨永安溪、台金高速公路特大桥节段预制拼装梁为胶粘预应力箱梁，外观质量与线形控制要求高，鉴于在类似项目施工尚无成熟经验，因此需要针对节段预制拼装箱梁胶结法施工进行现场监测、理论分析和技术开发研究，拟解决以下关键问题：

（1）节段预制施工技术研究，确定内模拆除的时间，验证底模反拱值设置是否合理以及节段梁线形控制措施是否合理；确定节段梁剪力键模板精确定位方法。

（2）根据施工现场对架桥机选型进行技术探讨，对架桥机结构进行优化；确定大跨度小曲线上架桥机过孔控制技术要点；确定下坡段架桥机稳定措施。

（3）节段梁胶结施工技术研究，确定胶结缝处涂胶厚度、遍数、时间控制等技术参数；对设计提供的临时张拉力值进行验证。

5. 主要研究成果

撰写形成《铁路桥梁空心高墩翻模施工工法》，金台铁路4标在田市跨永安溪、台金高速公路特大桥施工中采用翻模施工工法后，混凝土和结构尺寸质量优良，墩身垂直度符合施工规范要求，模板周转使用方便，形成流水化作业，为标段内其他桥梁空心墩施工提供参考，工艺可操作性强，经济合理，缩减施工工期，应用前景广泛，易于推广。

6. 成果对工程的指导作用及应用

项目研究成果直接用于金台铁路项目工程，解决重大技术难题和施工进度，确保项目施工安全和效益，为类似铁路工程节段预制拼装架设工程提供施工经验和技术依据。

二、泡沫混凝土施工关键技术研究

1. 立项情况

该课题来源于中铁十局集团有限公司科技开发课题。课题承担单位为中铁十局集团第五工程有限公司。

2. 研究目的

台州南站路基帮宽采用泡沫轻质土施工，泡沫轻质土在目前国内铁路建设中应用较少，通过该项目对泡沫轻质土在营业线路基帮宽中的应用，总结出一套可行的施工技术。并通过对该项目的一些重点难点施工研究，摸索、总结出一套适合施工的方案或技术方法，为以后在类似的站场施工方面提供技术依据是十分必要的，在其他铁路工程施工上也可提供一些值得借鉴的地方。

3. 主要研究内容

台州南站路基全长1.3 km，设计本体填筑采用泡沫轻质土施工，路基采用单侧帮宽形式，帮宽宽度5.3 m，高度3～5 m；紧邻既有高铁杭深线，速度200 km/h；金台铁路6标段路基地质情况为沿海地区典型的淤泥质软土，土体的含水量大、多为流塑状。

此次研究的主要内容为：在泡沫轻质土单侧路基帮宽施工中，通过对营业线高铁路基稳定性监测，判定泡沫轻质土帮宽施工对营业线高铁路基帮宽施工的作用。

4. 关键技术

（1）根据不同的材料组成用量和不同的气泡率，从节约成本的角度考虑，通过试验选择满足工程设计要求的密度和强度，确定最佳施工配合比。

（2）选择试验段进行工艺试验，确定泡沫轻质土施工的分段、分区、分层参数、浇筑工艺和养护措施。

（3）通过对既有线路基监测数据进行收集，分析泡沫轻质土路基帮宽对既有线路基稳定性的影响。

5. 主要研究成果

通过《泡沫轻质土在营业线路基施工中的应用》的研究，总结出了泡沫轻质土施工工艺，并成功应用于金台铁路项目经理部台州南站路基施工。泡沫混凝土施工关键技术，在台州南站工程地质条件极差、施工工艺和环境效应复杂和不均匀沉降控制困难等情况下，能够准确地预测地基承载能力和变形特征，揭示复合地基固结特性，解决泡沫混凝土施工难题，提高施工精度和施工速度，具有独特性和优越性。

与传统的施工工艺相比，此施工工艺操作简单、节约人工，降低了施工安全风险，节约了施工时间、施工成本，提高了顶管的施工精度，具有低成本高效益的特点。所节约的材料及人工效益非常可观，提高了一定的经济效益。

6. 成果对工程的指导作用及应用

采用泡沫混凝土施工方法，对既有铁路路基采用泡沫轻质土施工，路基采用单侧帮宽形式，使用改工法节约了施工工期，施工成本、质量得到有效控制，提高材料施工质量，减少路基的不均匀沉降。通过此项研究成果应用，本项目泡沫混凝土抗压强度合格率 100%，未发生任何质量事故，无形经济效益受益匪浅；同时，优化泡沫混凝土施工方法，缩短了工期、节省了成本、提高了施工效率。

该课题研究对泡沫轻质土施工技术进行总结与优化，可以有效地指导类似结构施工，使现场施工过程更加安全可靠，施工质量更加有保障。为以后同类型的泡沫混凝土施工提供了参考，为软土地区对既有铁路的抗压强度施工提供保证，以达到节约资源、保证质量、缩短工期、降低安全风险的目的。

第六十一章 技术创新

一、路基工程

（一）泡沫混凝土施工关键技术

台州南站路基全长 1.3 km，设计本体填筑采用泡沫轻质土施工，路基采用单侧帮宽形式，帮宽宽度 5.3 m，高度 3 ~ 5 m；紧邻既有高铁杭深线，速度 200 km/h；该段路基地质情况为沿海地区典型的淤泥质软土，土体的含水量大、多为流塑状。在泡沫轻质土单侧路基帮宽施工中，通过对营业线高铁路基稳定性监测，判定泡沫轻质土帮宽施工对营业线高铁路基帮宽施工的应用，总结出了泡沫轻质土施工工艺，在台州南站工程地质条件极差、施工工艺和环境效应复杂和不均匀沉降控制困难等情况下，能够准确地预测地基承载能力和变形特征，揭示复合地基固结特性，解决泡沫混凝土施工难题，提高施工精度和施工速度，具有独特性和优越性。

（二）JTSG-1 标段防护栅栏立柱基础浇筑装置

对于传统先安装好防护栅栏再浇筑立柱基础的施工工艺，往往存在混凝土超方且外露基础尺寸不规则，基础浇筑不牢出现倒塌等问题。为保证防护栅栏安装线形顺直，外露基础尺寸标准、且混凝土不超方，采用防护栅栏基础浇筑装置安装防护栅栏立柱，能较好解决这些问题，见图 61-1。

图 61-1　防护栅栏基础浇筑装置

1. 可解决的问题

本装置主要针对传统防护栅栏基础浇筑方法进行优化改进，提供一种既方便操作、又高效、高标准且有利控制成本的装置，该装置可解决传统防护栅栏安装过程中出现的防护栅栏固定操作困难，基础尺寸不规则，混凝土容易超方的难题，能较好地控制防护栅栏安装质量，方便了现场操作，使得施工工序更加流畅，节约成本。

2. 工艺流程与操作要点

第一步：利用挖机开挖基坑，基坑尺寸比基础尺寸略大，控制好标高；

第二步：人工清理浮土；
第三步：根据线型位置摆放基础模板；
第四步：安装立柱，并用模板固定装置固定立柱（见图 61-1）；
第五步：浇筑混凝土；
第六步：回填基坑并夯实。

3. 实施效果

① 结构简单，移动方便，循环使用，操作方便，成本低；
② 对基坑开挖尺寸要求更低；
③ 有效地控制混凝土因基坑不规则造成浪费，更有利成本控制。

二、桥梁工程

（一）罗桥跨台金高速公路特大桥

罗桥跨台金高速公路特大桥设计范围 DK11+370.505 ~ DK12+137.33，中心里程为 DK011+753.918，桥梁全长 766.825 m。桥跨布置为（2-24 m+8-32 m）简支 T 梁+1-156 m 简支系杆拱+（8-32 m+1-24 m）简支 T 梁。本桥主要为跨越台金高速公路特大桥而设，桥台采用单线 T 形桥台，简支梁桥墩采用圆端形实体墩。本桥 10#墩采用挖井基础，其余墩台采用钻孔灌注桩基础。桩基础按柱桩设计。桩基础采用 1.0 m、1.5 m 桩径，简支 T 梁采用 SQMZ 钢支座，系杆拱采用 TJQZ 球形钢支座。

罗桥跨台金高速公路特大桥 1-156 m 系杆拱地处丘陵地带开阔位置，单跨跨度大、吊装高度大、吊装数量多，与台金高速交叉角度小、交叉范围广，且施工面窄小，吊装难度大，安全风险高。施工过程中的难点主要包括：第一，由于桥面空间狭小，无法在保证每一节段都有立柱支撑的情况下，又有足够的视野监控线型。第二，由于拱肋离梁面横桥向端太近，没有足够的空间为拱肋拼装提供稳定的三根、四根立柱（以拱肋截面重心为中心，截面为三角形或四边形）作为拱肋支架。最后还存在大体积混凝土散热、高空焊渣掉落到高速、泵送顶升混凝土出浆污染高速、高空喷漆污染农田等问题。应用单线铁路上跨高速大跨度系杆拱施工工法，采用双拱双排纵横向连接凸字形支架，既考虑了梁面场地的限制，也考虑了支架的稳定性，达到了经济、安全的效果，缩短了工期、减少了对环境的污染、保障了高速通行的安全。

（二）灵江特大桥

头门港支线灵江特大桥在 TDK6+622.75 ~ TDK7+321.45 跨越灵江。主跨为（92+3×152+92）m 连续梁-拱，灵江水面宽度 650 m，主梁采用单箱单室、变高度、变截面结构，腹板为直腹板，拱肋采用哑铃型截面。灵江特大桥主跨采用钢管拱和悬臂现浇梁的组合结构。这种结构通过钢管与混凝土共同作用，增强了抗荷能力，减轻了上部构造的自身重量，减小了基础的应力，从而达到节省材料、增大跨度的作用，具有跨越能力大、施工成本低、施工便捷、造型美观的特点。根据灵江特大桥的结构特点和施工环境，存在以下施工技术难点：

1. 国内单线铁路较大跨度连续梁-钢管拱桥，工艺复杂，技术要求高。

灵江特大桥主跨为（92+3×152+92）m 连续梁-拱，跨度大，是目前国内单线铁路中跨度较大的连续梁-钢管拱桥。该桥上跨灵江航道、马上线公路、S327 省道、台金高速公路，施工难度大，技术要求高。为便于 61# ~ 67#水中墩施工及材料运输，在灵江特大桥下游约 22.6 m 处搭设钢栈桥，并在墩位处搭设钻孔平台。

2. 锁扣钢管桩围堰对接、下沉、止水难。

锁扣钢管桩围堰平面外尺寸为 22.6 m×30.4 m，高为 42 m。每天有 2 次潮汐，且处于台风地区，在潮汐影响下就位难度大；承台混凝土 2002.1 m³，大体积混凝土施工时间长，防温裂要求高。在水流较急、江水较深的情况下施工钢管桩围堰，钢管桩打入、围檩安拆、钢管桩锁扣对接、钢管桩锁扣封堵、止水等方面施工难度大，施工安全与质量控制要求高。灵江特大桥主墩承台尺寸为 19.1 m×26.2 m，采用锁扣钢管桩围堰，侧板钢管桩采用ϕ820×12 mm 螺旋钢管，围堰平面尺寸 22.6 m×30.4 m。钢管桩锁扣采用 C-O 型，C 型阴锁扣采用ϕ152×8 mm 钢管，开口宽度 60 mm，O 型阳锁扣采用ϕ133×4.5 mm 钢管。

3. 钢管拱制作加工、吊装难度大、安装质量要求高。

上部结构由混凝土连续梁和钢管拱两部分组成，钢管拱施工采用工厂制造、工地吊装拼接，精度要求高，吊装施工有较大难度，必须做好质量控制与安全组织措施。高空作业风险大，钢管拱拼装难度大、线形控制精度高、钢管拱焊接和混凝土灌注质量控制要求高。用在陆地及梁面搭建钢管柱及型钢临时支架，用汽车吊在陆地上将钢管拱拱肋逐个小节段吊装到陆地支架上进行焊接拼装成大节段，横撑、斜撑及爬梯等附属构件均在对应位置装配焊接完成，再利用 400t 浮吊将大节段整体吊至梁面支架进行拼装，先吊装紧挨拱脚大节段，后安装中间大节段、全桥焊接合龙。提高了施工效率，满足质量要求。

4. 拱矢高、施工风险大、拱肋重量大。

拱架总重 1 712.8 t，计算跨径 152 m，设计矢高 27.6 m，且为三跨连拱，跨度大，矢高高。运输、吊装困难，拼装施工工艺复杂、技术难度大、施工安全风险高。根据对称与均衡加载原则，以拱顶为对称中线组织钢管混凝土的顶升施工。为保证拱肋混凝土的密实性，采用在拱肋两端拱脚位置向拱顶位置顶升泵送混凝土，泵送设备采用三一 90 型双电机地泵，地泵设置在桥面拱脚处，泵管顺 0#块和桥面钢管桩延伸至拱肋。顶升前先压 5 m³ 的砂浆作先导进行润管，然后由地泵将混凝土连续不断地自下而上压入钢管拱内，混凝土入泵时的坍落度控制在 18 ~ 22 cm，且不需振捣，直至管顶排浆孔冒出和易性良好的混凝土为止，溢出的混凝土采用布袋子将其引入桥面收集箱中。降低了施工风险。

（三）田市跨永安溪、台金高速公路特大桥

田市跨永安溪、台金高速公路特大桥位于仙居县田市镇，中心里程为 DK77+273.408，桥梁全长为 2 675.115 m。孔跨布置形式为（7-56 m+2-48 m+15-56 m）简支箱梁+（60+100+60）m 连续梁+（30-32 m+3-24 m）简支 T 梁，其中 7-56 m+2-48 m+15-56 m 预应力混凝土简支箱梁，采用节段预制胶接拼装法施工。施工里程为金华台 DK075+941.8 至 24#墩 DK077+328.150，长度为 1386.35 m。该桥两次跨越省道 S322 省道，均采用 1-56 m 简支箱梁。

该桥施工重难点主要体现在以下方面：

（1）节段梁采用长线法整孔预制，施工工艺复杂。

（2）本桥一共 24 孔节段梁，其中第 1 至第 7 孔和第 10 孔至第 24 孔为 56 m 跨，第 8 孔至第 9 孔为 48 m 跨。中间变跨施工困难。

（3）胶接缝对梁体线型要求比较高，施工中难于控制。① 采用定型钢模板，施工时加强测量控制。② 通过梁体顶板加设控制点，控制梁体中线及角高差为架梁提供精确数据。③ 短线法与长线法相结合，长线台座预设拱度提高梁体成孔后的线型及整体性。

节段梁预制采用长短线匹配预制，是在分析长线法和短线法匹配预制工艺各自的优缺点的基础上，结合两种方法的优点，克服单独采用长线法施工时节段预制时模板调整困难、预制速度较慢和场地占地面积大，模板一次性投入大等缺点和单独采用短线法施工时预制精度要求高，需用专用计算程序控制线形和误差等缺点的新工艺。

长短线结合法匹配预制的新工艺有流水化程度高、线形控制较为直观、测量易于控制，成桥后混凝土收缩徐变对桥梁线形及结构影响小等优点，并且节段预制形成流水线生产，施工速度快。

田市跨永安溪、台金高速公路特大桥节段预接拼装简支箱梁预制时，为了寻求科学、经济的施工技术工艺，对箱梁节段预制工艺进行了改进，使用长短线法匹配预制新工艺，取得了良好效果。

三、隧道工程

（一）牛和岭隧道

牛和岭隧道起讫里程 DK25+163 ~ DK31+435，全长 6 272 m，为单线电气化铁路隧道，隧道最大埋深 276 m。隧道进口 DK25+163 ~ DK26+425.619 段位于 R=2000 的的左转曲线上，其余段落位于直线上，采用 3‰、6.8‰的单面上坡。该隧道为客货共线隧道，设计速度为 160 km/h，预留二线条件。由于进口 DK25+163 ~ DK25+390 段正线与预留二线线间距 15.14 ~ 34.52 m，间距较小，且局部地段下穿水库库位，为保证施工安全以及后期二线施工过程中正线的运营安全，本工程在此段同时修建二线隧道。

鉴于牛和岭隧道，地质条件复杂，局部地段分布。施工中时刻注意监控围岩变化，严格遵循“超前探、管超前、短进尺、弱（不）爆破、强支护、勤量测、紧衬砌”的原则。用地质探测和量测技术取得围岩状态参数，通过对信息、数据的综合分析和处理，判定地质变化，反馈于施工，实行动态管理信息化施工。隧道单口承担任务重，为开辟施工工作面，加快施工进度，满足施工过程的通风和分散弃渣的要求，以及运营期间防灾救援的需要，牛和岭隧道设置“进口+斜井+出口”。分成进口工区、斜井工区及出口工区，共三个工区组织施工，其中进口工区承担 1 857 m 正洞施工，斜井工区承担 2 280 m 正洞及 326 m 斜井施工，出口工区承担 2 135 m 正洞施工。出口工区、斜井工区反坡施工，施工期间加强排水措施。

（二）上百岩隧道

上百岩隧道进口段由金台铁路 6 标中铁十局一分部负责施工，里程段为 DK146+340 ~ DK147+540（对应既有营业线里程为 K462+301 ~ K463+501），长 1 200 m。

新建金台铁路上百岩隧道（进口段）与既有杭深铁路馒头山隧道并行，隧道沿南北走向，距杭深铁路外轮廓线最小距离在 DK147+540（对应既有营业线里程为 K462+501）处为 86 m，距杭深铁路外轮廓线最大距离在进口洞口 DK146+340（对应既有营业线里程为 K462+301）处为 258 m。上百岩隧道跨度大、埋深超浅，严格控制爆破振动速度是施工安全的必然需要。根据现状调查及排列图分析，项目爆破水平振速已达到 1.840 5 cm/s，不能满足要求；单孔爆破释放能量大和爆破振动波叠加占影响因素的 81.6%是主要问题，要重点控制。就降低营业线隧道爆破振速的原因，逐条确定末端因素。以下为实施对策：

（1）调整炮孔布置，单位面积炮孔数量（不含周边眼）由 1.26 个增加到 1.40 个；同时循环进尺由 3.5 m 调整到 3.0 m；掏槽眼内插角由 31°调整到 42°；炮孔布置调整后雷管段位数增加，受雷管段别限制，采用毫秒雷管结合秒雷管分两次起爆。

（2）根据爆破振动安全检算公式 $Q_m=K'R^3\,(Vkp/K)/\alpha$严格控制单段炸药用量，雷管段数大幅度增加。通过采取改进措施后爆破水平振速控制在 1.0 cm/s 之内，达到了预期目标。

（三）将军岭隧道

1. 隧道橡胶止水带热硫化焊接工艺

（1）止水带热硫化焊接工艺概述。

铁路隧道施工对防水要求不断提高，施工中应特别注意防水施工质量控制，尤其隧道施工缝位置。

止水带是隧道施工缝处防水的主要设施，而施工过程中止水带需要通过连接来满足施工长度，而止水带接头恰是防水的一个薄弱环节。采用隧道中埋式止水带，采用 S 型（300 × 8 mm）橡胶止水带，采用热硫化复合式焊接机加热特制橡胶帮条，使橡胶帮条在止水带间融化，通过足够的挤压力，实现两条止水带之间的紧密粘接，保证了止水带热硫化焊接防水的要求。

（2）施工工艺。

采用手提式热硫化焊机、电动手砂轮打磨机（木工锉刀）、钢锯、美工刀、刷子、30 cm 钢板尺等设备施工。

① 提前 30 分钟对热硫化焊机进行通电预热，预热温度达到 150 °C。

② 止水带接头切割整齐，利用电动手砂轮打磨机对止水带端头进行打磨，打磨宽度不小于 10 cm，接头表面清刷、打毛。

③ 利用 10 cm 宽生橡胶帮接条置于两止水带端部中间，将止水带打磨后的端部通过热熔生橡胶帮接条并挤压粘接达到止水带之间胶合连接。

④ 固定好止水带和生橡胶帮接条后，合上热熔焊机，升高千斤顶加压，接通电源 5 分钟后，再次升高千斤顶加压（拧不动即可），继续加热 5 分钟，关闭电源焊接结束。

⑤ 待热熔焊机冷却后，开启焊机取出止水带，进行焊接质量的外观检查，合格后方可进行安装作业。

（3）施工质量控制措施。

① 止水带连接前需对连接位置的两端止水带进行打磨处理，其表面清洁，宽度不小于 10 cm。

② 焊接前，止水带摆放时，止水带肋纹应与底板对应凹槽对齐。

③ 焊接时需控制好焊接温度，防止温度过高造成止水带起泡。

④ 焊接后止水带应平放，不得弯折扭曲或拉伸，冷却前不受外力。

⑤ 止水带搭接位置切割整齐，搭接平顺。

⑥ 橡胶帮条熔化后应有足够的力进行挤压，迫使粘接牢固。

⑦ 采用硫化热熔连接方法时，止水带的接头质量、接口清洁与硫化工具、模具、工艺及所使用的生胶材料等因素关系较大，直接影响到整个止水方案的完整性和合理性，尤其是生胶材料的纯度，不同纯度的生胶加热温度和控制时间是不同的。因此更换原材料时，必须重新调整工艺参数，不可生搬硬套。

（4）施工安全及环保措施。

① 安全措施。

止水带打磨操作人员应戴防护手套，止水带应放置在稳定的木板或平整地面上打磨，防止割伤；焊接时注意烫伤，不得直接接触热硫化焊机熨板；采用 220 V 电压的电路引接要符合安全用电规定。

② 环保措施。

止水带打磨产生的碎屑统一收集合理处置，不得随意弃置；焊接时做好通风排烟措施，保证空气流通。

2. 隧道二衬台车固定止水带钢端模

（1）钢端模构造。

整体构造由二衬台车+固定钢模+活动钢模+内侧木模及顶托、工字钢固定后座等组成。二衬台车钢端模构造见图 61-2。

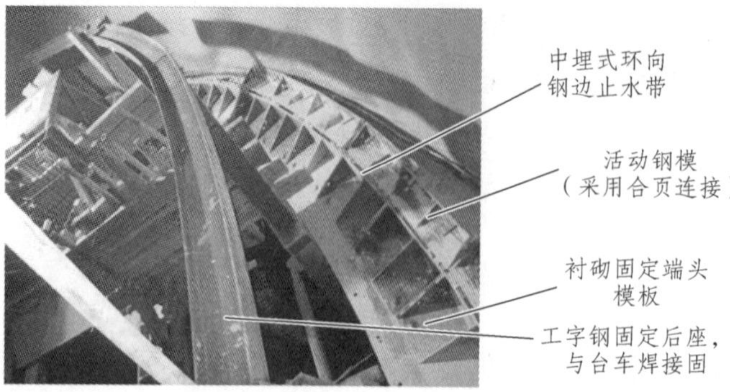

图 61-2　二衬台车钢端模构造

① 钢端模分块尺寸及联接情况。

钢端模由固定钢端模 D2 及活动钢端模 D1 组成。每块长度为 402 mm，质量分别为 14.2 kg、11.9 kg；每块钢端模设计为 L 形结构，高度均为 210 mm，宽度分别为 220 mm、150 mm（可根据设计止水带的位置进行适当调整）；具体大样见图 61-3。

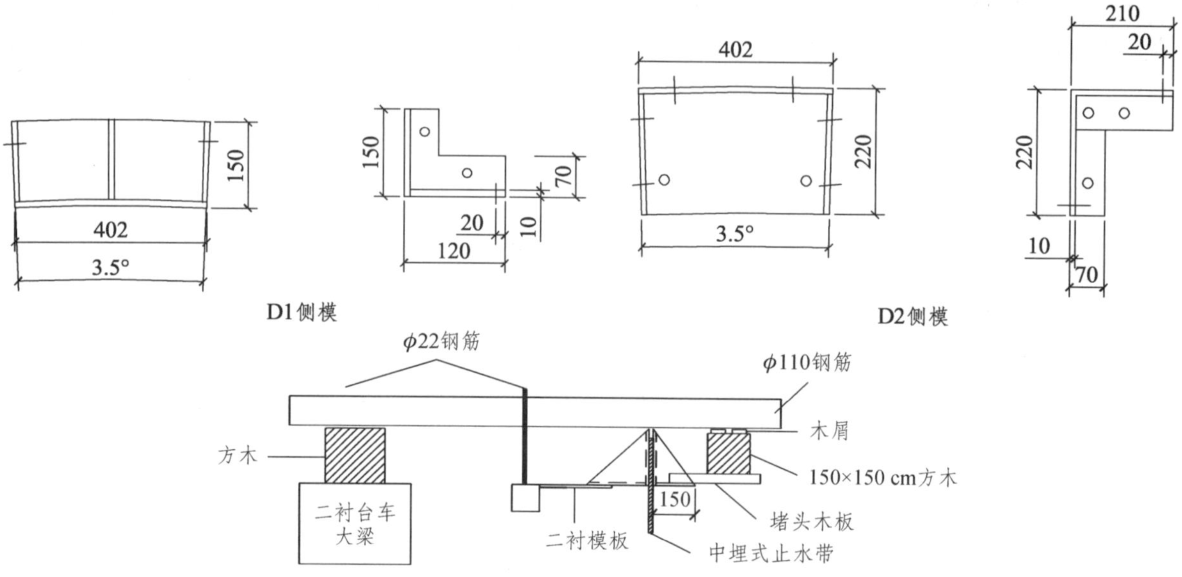

图 61-3　钢端模大样及安装图（单位：mm）

② 二衬台车钢端模构造连接原理。

a. 工字钢固定后座与二衬台车采用焊接连接，见图 61-4；

b. 固定端模与二衬台车模板采用螺栓进行连接，见图 61-5；

图 61-4　工字钢后座与台车焊接连接

图 61-5　钢端模连接钢端模与台车面板螺栓连接

c. 固定钢端模与活动钢端模采用合页进行连接，见图 61-6；
d. 活动钢端模与初支之间的外露面采用木模进行补充封堵，见图 61-7；
e. 活动钢端模及木模外侧采用带顶托的撑杆进行固定。

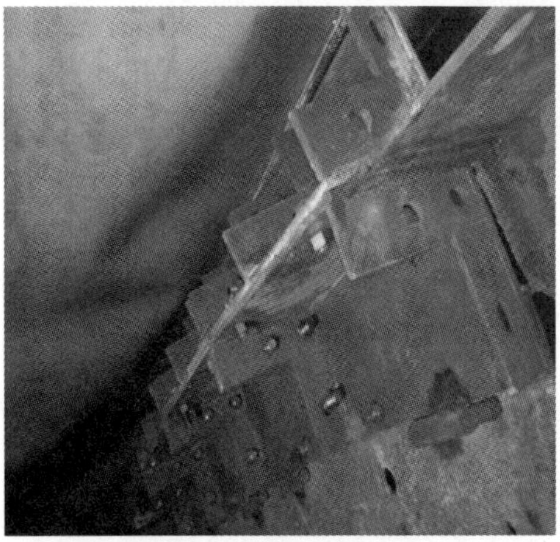

图 61-6 钢端模连接

图 61-7 钢模结合木模，角钢封边

（2）施工质量控制要点。

① 控制好衬砌台车端头与端头钢模板的设计，确保端头钢模板在施工中方便应用，端头为圆弧段，在设计加工钢端模考虑好活动端模板的开合，方便中埋式止水带的安装。

② 端头木模的安装不易控制，一侧搭在活动钢端模上，另一侧利用角钢进行封边并用顶托进行加固（台车端头采用型钢支座环向后座）。

③ 端模拆除后，采用 U 形筋固定止水带，避免下一循环二衬混凝土浇筑冲击力引起止水带的变形。

（3）应用效果。

隧道二衬台车钢端模技术成果的应用，解决了隧道二衬施工端部不平整及止水带褶皱变形等问题，确保了二衬端部混凝土的平整、不变形，固定了环向止水带的位置，并保护止水带不受损伤，确保了隧道施工质量，效果显著。环向钢边止水带定位施工图片见图 61-8。

图 61-8 环向钢边止水带定位准确

3. 矮边墙纵向止水带的固定工装

（1）工装构造。

矮边墙纵向止水带固定工装，解决了纵向止水带线型弯曲、定位困难的问题。该项工装主要由定位销、U形定位钢筋、加密U形卡具、纵向角钢、紧线器等部件组成。按矮边墙施工每工班施工长度，该工装纵向角钢长度设计为10~12 m、定位销及U形钢筋每150~200 cm设置一道。固定工装构造见图61-9和图61-10。

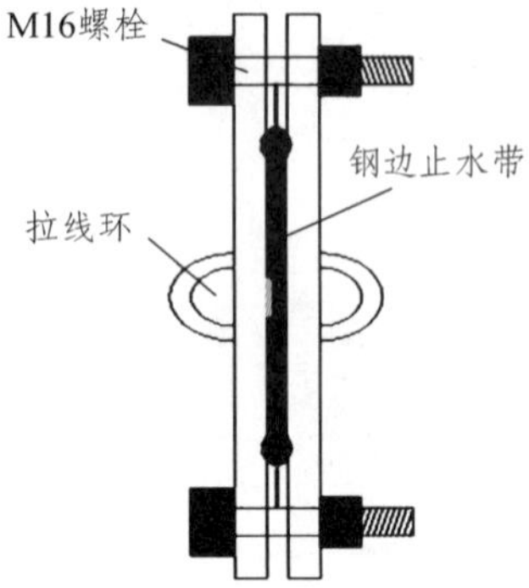

图61-9 钢板加工

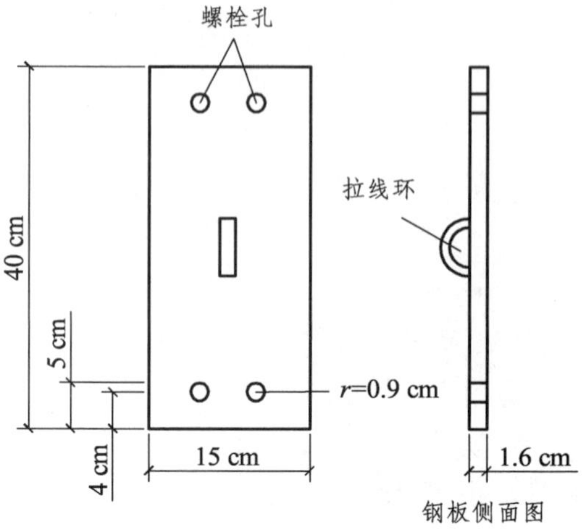

图61-10 钢板固定止水带

（2）施工工艺。

① 仰拱开挖及初支完成后，进行精确放样，对止水带埋设进行定位。

② 止水带安装前应提前按照设计要求截取需要的止水带长度，利用两边的角钢进行调制夹住，并用活动卡具每隔2 m进行固定，形成一个整体，安装卡具固定时一定要将止水带调直，埋设位置定好，方便直接安装。

③ 将固定好的纵向止水带人工按定位线安装就位，一端与既有止水带焊接，另一端通过紧线器将止水带拉直，U形钢筋一段插入仰拱台车上预留的钢管内，并对空隙用木楔进行加固，防止止水带在浇筑混凝土时发生左右扭曲变形。

④ 浇筑混凝土时要对称浇筑，以免止水带偏离中线且应充分振捣，施工后边墙止水带要做好保护，直至衬砌施工完成。

（3）施工质量控制要点。

工装安装时止水带的调直和安装位置要固定好；提前利用工装安装止水带，人工整体安装到矮边墙上；与既有止水带的焊接按照设计要求进行施工，采用热硫化焊接，确保焊接质量；另一端采用紧线器拉紧后，在插入定位钢筋、浇筑混凝土过程中要对称浇筑，尤其在止水带位置时，要两边均匀施工，切忌单边捣固。

4. 掘进机开挖工艺

石锦隧道、新蝙蝠隧道进口与既有金温线呈喇叭状并行，距离为17~50 m，进行传统的爆破开挖施工，爆破产生的冲击波会对既有设备造成影响，存在安全隐患。同时相关设备单位要求爆破振速不能超过限定值（天窗点外为1 cm/s控制，点内为3 cm/s），爆破施工控制难度大。且隧道洞身进尺0~450 m范围多处为断层破碎带浅埋段（最浅埋深仅为3 m），部分里程段下穿既有道路、邻近既有构筑物（南都禅寺）和下穿消防水池，综合安全评估要求及现场施工环境等因素，在新建隧道的施工过程中，为了解决安全隐患大、工期节点紧、施工要求高的难题，采用单臂掘进机进行开挖施工，完成了石锦隧道、新蝙蝠岭隧道进口的邻近营业线50 m范围内的开挖施工。

（1）工法特点。

① 本工法施工只需要在首次开挖轮廓和支护轮廓放样的基础上进行机械开挖，通过全站仪、尺量控制开挖轮廓及进尺，工序简洁却能很好地控制超欠挖。

② 本工法区别于传统的循环放样、钻孔、装药爆破开挖，直接采用机械对围岩进行截割，相对爆破产生冲击波对围岩的扰动，本工法对围岩扰动的更小、施工更安全。

③ 本工法将开挖施工的掘进、排险、出渣、运输结合在一起，多种工序同时进行，节约了时间成本。

④ 本工法摒弃了传统开挖施工中钻孔人员、火工品及配套设施、爆破公司等相关的投入，能更好地节约材料成本、人力资源。

⑤ 本工法相对传统爆破施工布孔、钻孔、清孔、火工品运输、装药、连线爆破、排炮排烟等烦琐的工序，只需要结合测量放样直接采用机械进行开挖，节约了时间成本，更利于工序衔接的优化。

（2）适应范围。

本工法适用于紧邻高铁、普铁小间距并行隧道洞口段及洞身开挖施工，同时对于软弱围岩隧道、围岩自稳要求较高的隧道、邻近既有构筑物、下穿公路隧道、浅埋隧道、对爆破振动速度要求在 1 cm/s 或 3 cm/s 范围内的Ⅳ、Ⅴ级围岩也同样适用。

（3）工法工艺。

施工工艺原理：以测量的开挖轮廓线为基准，采用单臂掘进机进行掘进开挖代替传统的爆破开挖，减少围岩扰动。即

第一步：测量放样，将设计开挖轮廓线测出，并做好参照标记。

第二步：通过掘进机截割部对开挖面围岩进行机械开挖。

第三步：开挖一定工作量后，通过铲板部将洞渣集中，并采用铲板部星轮和第一运输机结合将洞渣运至掘进机后方。

第四步：配套挖机同步将运至掘进机后方的洞渣装车出渣。

第五步：开挖完成后排险、断面修整并及时进行初期支护。

（4）施工工艺流程及操作要点。

① 施工工艺流程。

单臂掘进机施工工艺流程见图 61-11。

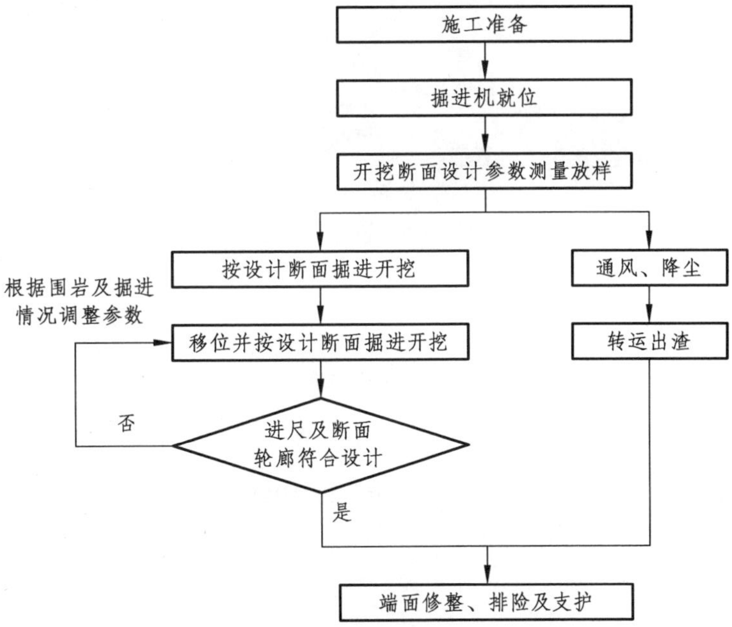

图 61-11　单臂掘进机施工工艺流程

② 施工准备。

a. 需经培训合格取得上岗证的专业操作人员进行单臂掘进机操作，同时配备具有隧道施工经验的

施工员指导现场施工，以保证施工的正常有序进行。

b. 施工前应根据隧道断面参数及周边环境进行掘进机的配套设备选型，确保施工工序零衔接。

c. 应设立专线供电系统，区分掘进机供电与洞内施工用电。

d. 对与掘进机开挖施工相关及配套的管理人员及普工进行技术交底与技术培训，进行技术、安全、文明施工教育工作。

③ 设备结构简介。

石锦隧道、新蝙蝠岭隧道进口采用 EBZ260H 型悬臂式掘进机施工，悬臂式掘进机设备主要由五大系统构成，分别为：机械系统、集中润滑系统、液压系统、水系统和电气系统。

五大系统精确配合、协调一致，轻松灵活地完成掘进作业。其中机械系统主要由截割部、铲板部、第一运输机、本体部、行走部、后支撑、护板部组成，示意图见图 61-12。

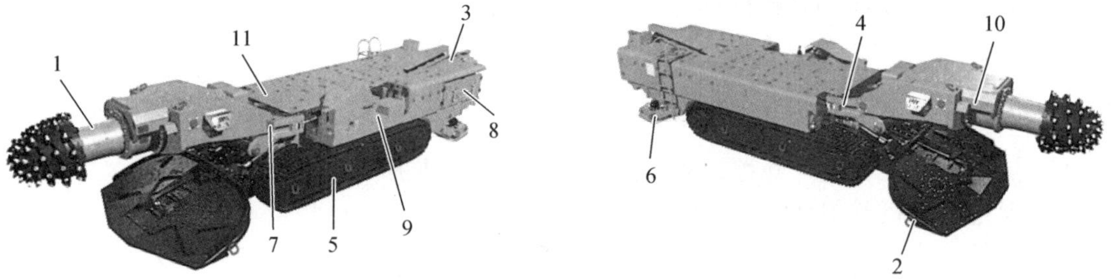

1—截割部；2—铲板部；3—第一运输机；4—本体部；5—行走部；6—后支撑；7—集中润滑系统；8—电气系统；9—液压系统；10—水系统；11—护板部。

图 61-12 机械系统

图 61-13 掘进机开挖，截割部是与岩层接触的重要部位，石锦隧道、新蝙蝠岭隧道进口所选用的掘进机截割部由截割头、截割臂、截割减速机、截割电机等组成。通过截割电机驱动截割头转动，由截齿截割岩层。此类截割电机为双速水冷电机，使截割头获得两种转速。

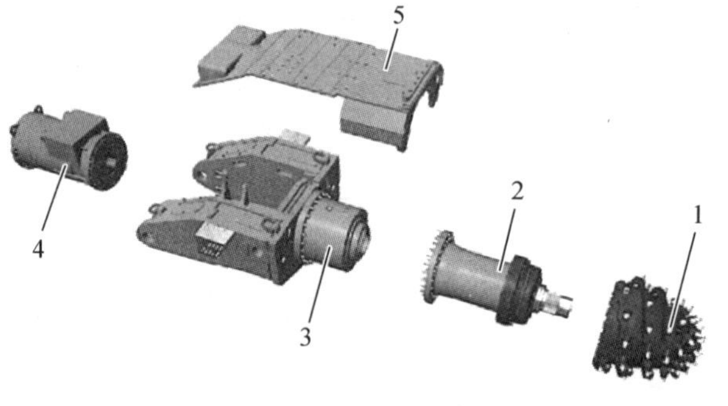

1—截割头；2—截割臂；3—截割减速机；4—截割电机；5—截割部盖板

图 61-13 截割部

截割头组件为圆锥台形，最大外径为 1186 mm，长 1068 mm，由截齿、截割头、喷嘴、挡圈等组成。其中内喷雾系统通过截割头上的 9 个喷嘴喷出冷却水，截割头周围分部 51 把镐形截齿，截齿通过挡圈与截齿座连接。

④ 尺寸参数简介。

应用工程选用的掘进机总重 91 t，总功率为 447 kW，总体长 × 宽 × 高为 11.88 m × 3.6 m × 1.72 m，本工程配置添加除尘、运输、防护等设备后现场尺寸长 × 宽 × 高为 15 m × 3.6 m × 3.5 m。机身示意见图 61-14。

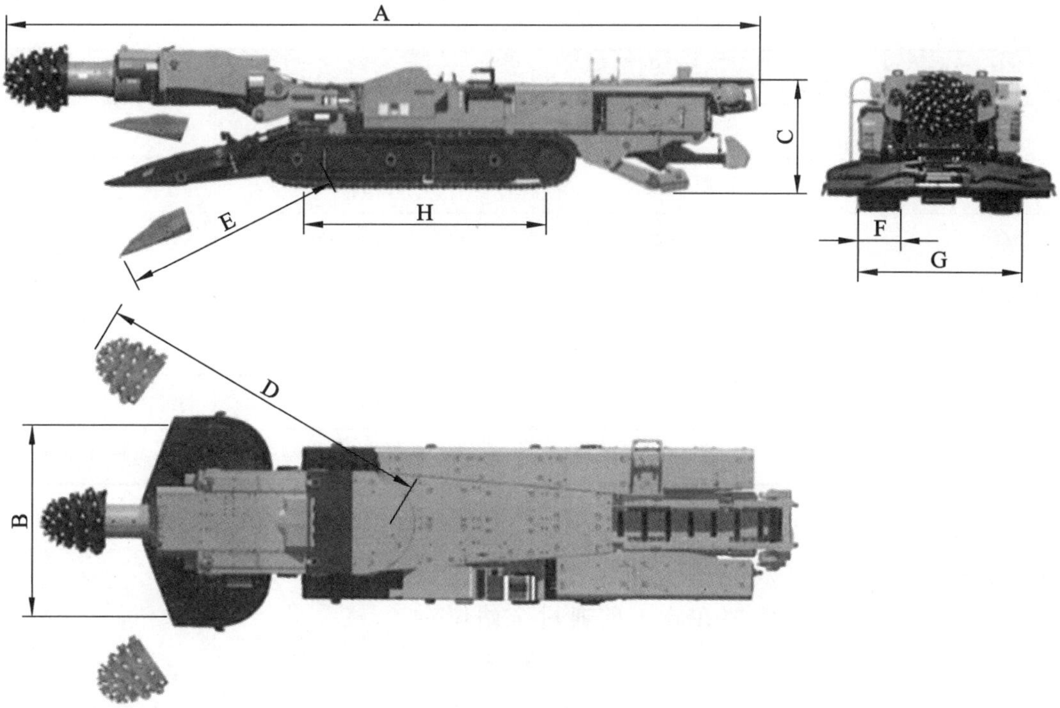

图 61-14 机身

表 61-1 整机尺寸

尺寸	名称	单位	参数
A	总体长度	mm	11 880
B	总体宽度	mm	3 600
C	机身高度	mm	1 720
D	截割回转半径	mm	5 280
E	铲板回转半径	mm	3 195
F	履带宽度	mm	650
G	行走宽度	mm	2 620
H	履带接地长度	mm	3 993

所选用的 EBZ260H 型悬臂式掘进机的作业范围最大高度为 5.4 m，机械固定机身时，最大作业宽度为 6.2 m，见图 61-15。

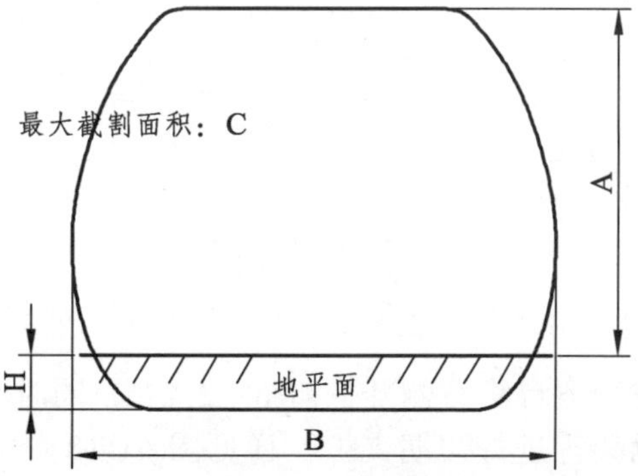

图 61-15 作业范围

表 61-2　尺寸参数

尺寸	名称	单位	参数
A	截割高度	mm	5100
B	截割宽度	mm	6150
C	截割面积	m^2	31
D	铲板抬起高度	mm	601
E	铲板卧底深度	mm	396
F	后支撑卧底深度	mm	367
H	截割卧底深度	mm	209

⑤ 工作步骤。

a. 测量放样。

单臂掘进机开挖施工，只需要在施工前通过全站仪对开挖面设计开挖轮廓线初步的定位放样，并做好参照标记。

开挖开挖断面见图 61-16。

如断面尺寸图所示，掘进机开挖顺序为，先开挖上台阶，在分部开挖下台阶左右两侧。

上台阶开挖：小挖机在上台阶与下台阶间修斜坡约 10 m，坡度≤18°，在上一循环超前支护下，掘进机开挖上台阶 0.8～1.2 m，小挖机配合小型自卸汽车出渣，施工过程中可考虑小挖机配合搬运钢架等工序同步进行下台阶初期支护。详见图 61-17。

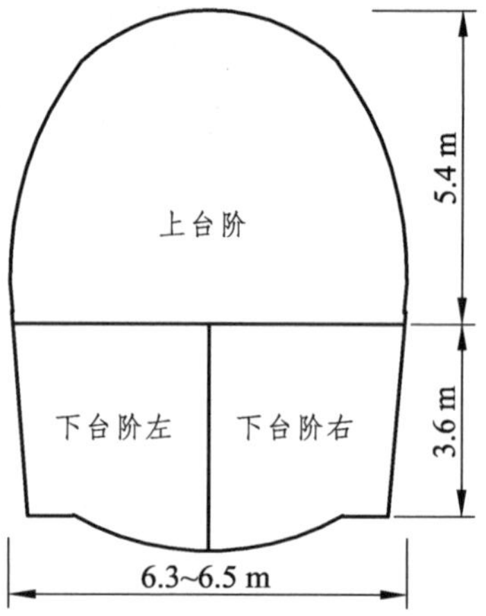

图 61-16　开挖断面尺寸示意图

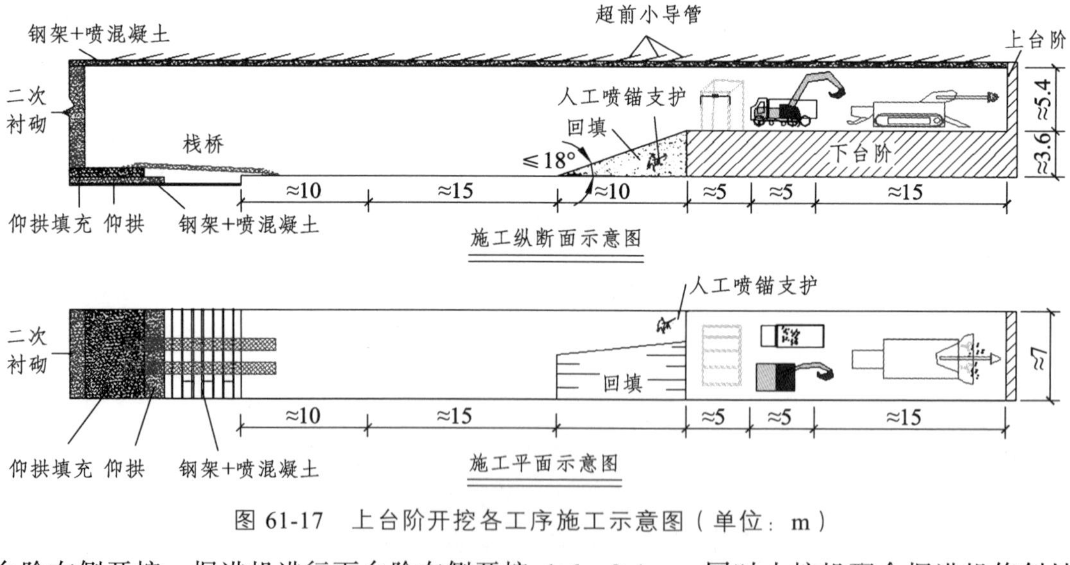

图 61-17　上台阶开挖各工序施工示意图（单位：m）

下台阶右侧开挖：掘进机进行下台阶右侧开挖 1.6～2.4 m，同时小挖机配合掘进机修斜坡、出渣及配合上台阶搬运开挖台架、钢架等进行初期支护。详见图 61-18。

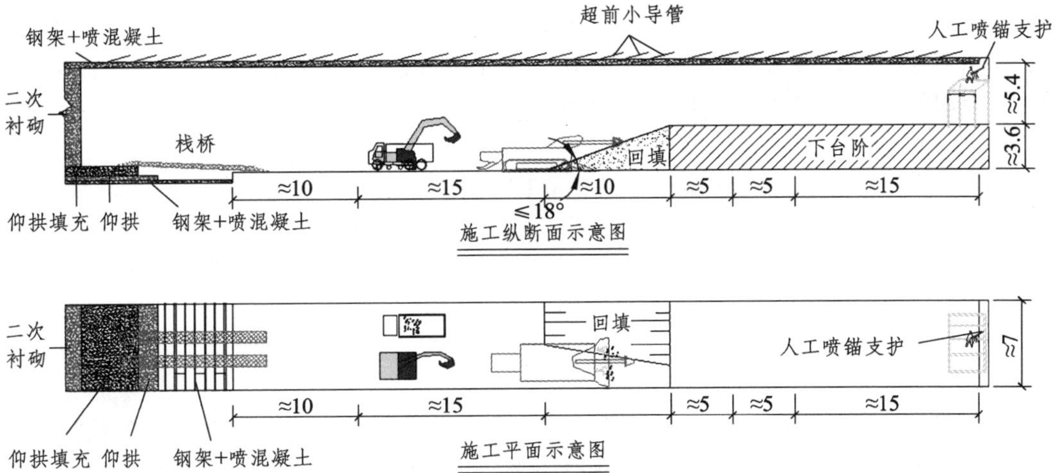

图 61-18 下台阶右侧开挖各工序施工示意图（单位：m）

下台阶左侧开挖：掘进机进行下台阶左侧开挖 1.6 ~ 2.4 m，同时小挖机配合掘进机修斜坡、出渣及配合上台阶搬运开挖台架、钢架等进行初期支护。详见图 61-19。

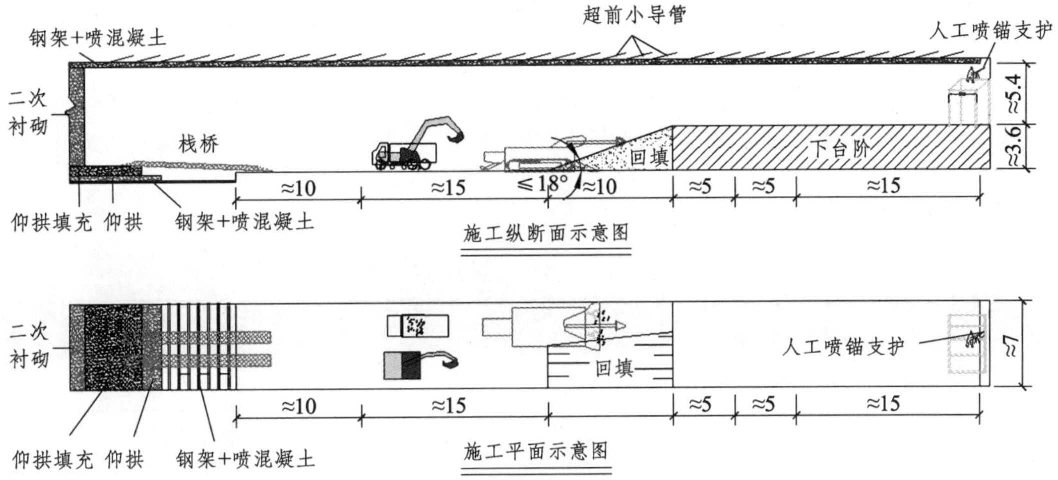

图 61-19 下台阶左侧开挖各工序施工示意图（单位：m）

重复 1 ~ 3 施工，同时仰拱采用炮头机开挖，及时进行支护、仰拱及填充作业。详见图 61-20。

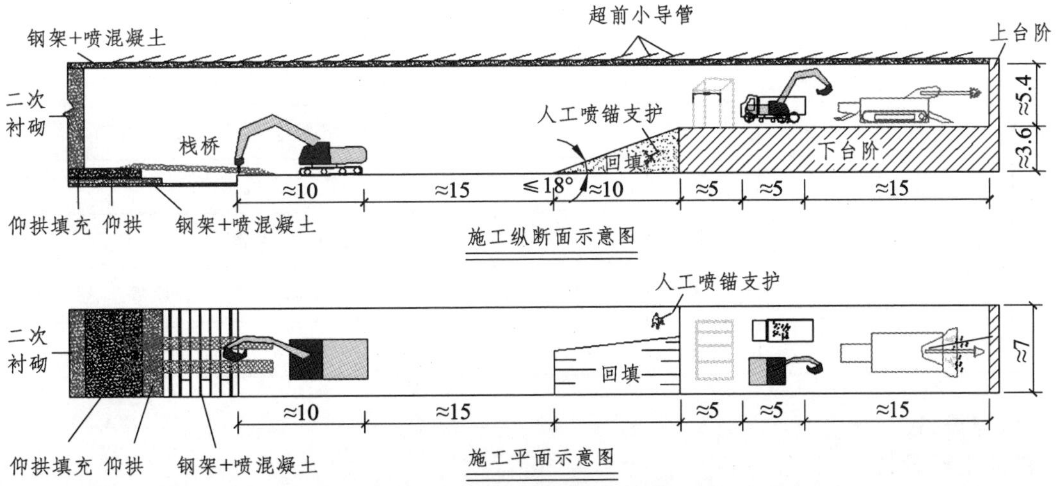

图 61-20 仰拱开挖各工序施工示意图（单位：m）

出渣：

区别于传统开挖施工，掘进机开挖产生的洞渣在开挖过程中就通过铲板部及第一运输机将洞渣运至掘进后方，采用配套小挖机将洞渣装车运至指定弃渣场。

初期支护：

在开挖完成后，进行排险、断面修整、测量放样，并及时进行拱架、钢筋网、锚杆、超前小导管、喷射混凝土等初期支护。

⑥ 操作要点。

a. 掘进机开挖需采用台阶法开挖，由于机械尺寸的原因，施工过程中台阶长度比正常台阶长，存在安全红线超标的安全隐患，应坚持“管超前、短进尺、强支护、早封闭、勤量测”的原则，事前控制，以确保施工安全。

b. 掘进机开挖最大高度为 5.4 m，基于隧道设计净空尺寸，施工过程中挖掘机等机械选择不合理，支护台车的高度设计不合理都容易导致洞内交通不畅、施工时长增加等问题，应合理选型配套设备。

c. 掘进机总重 91 t，配置相应设备可达 100 t，开挖过程中洞内排水系统不通畅，会出现掘进机陷入泥泞无法行走的问题，需及时调整优化洞内排水系统。

d. 围岩强度的提高，会导致掘进机振动大，截齿、电缆、油管等设备磨损严重，导致机械损坏、成本增加，同时电缆摩擦易发生火灾存在安全隐患，应做好机械保养，同时根据施工情况及时调整施工参数。

e. 掘进机的施工主要是通过截割部对围岩进行截割，过程中降温除尘及施工人员的个人防护是操作的一大要点，需注意通风降尘设备及劳保用品的配备。

⑦ 劳动力组织。

施工过程中的劳动力组织见表 61-3。

表 61-3 劳动力组织表

施工队	工班名称/所属部门	人数	担负主要施工任务
管理人员	金台Ⅰ标项目部	1	项目经理负责全面工作
管理人员	金台Ⅰ标项目部	1	总工负责技术指导工作
管理人员	金台Ⅰ标项目部	1	副经理负责试验段实施工作
管理人员	金台Ⅰ标项目部	2	技术员负责技术工作
管理人员	金台Ⅰ标项目部	2	测量员负责测量及监控量测工作
管理人员	金台Ⅰ标项目部	1	安全员负责安全工作
管理人员	金台Ⅰ标项目部	1	作业队长负责班组管理及具体实施工作
隧道架子一队	掘进班组	6	掘进机开挖、维护、保养
	出渣班组	4	出渣、运输等
	支护班组	13	立架、挂钢筋网、锚杆、锁脚、超前小导管、喷射混凝土等
合计		32	

（5）材料与设备。

① 材料及主要设备。

施工过程中的所需材料除甲供物质外，皆由项目部统一采购，主要设备见表 61-4。

表 61-4　主要施工材料设备表

序号	设备类型	机械名称	规格	数量/台	备注
1	开挖设备	开挖作业台架	自制	1	
2		掘进机	三一重工 EBZ260H	1	
3		炮头机	SY215C	1	
4	出砟装运设备	挖掘机	小松 P160	1	
5		自卸汽车	6 m³	3	
6	通风设备	轴流风机	110 kW	1	
7	支护设备	风枪	气腿式凿岩机	5	
8		空压机	25 m^3/h	2	
9		电焊机	自动调温	4	
11		湿喷机	10 ~ 30 m^3/h	2	
12		注浆机	单双液	5	
13	用电设备	变压器	1 500 V	1	
14	测量设备	全站仪	TS06	1	

（6）质量控制。

① 工程质量控制标准。

单臂掘进机开挖施工质量执行《铁路隧道工程施工质量验收标准》，断面允许超挖值按表 61-5 执行。

表 61-5　隧道开挖断面允许超挖值/cm

围岩级别 开挖部位	Ⅰ	Ⅱ-Ⅳ	Ⅴ、Ⅵ	检验数量	检验方法
拱部	平均线性超挖 10	平均线性超挖 15	平均线性超挖 10	每一开挖循环检查一个断面	激光断面仪、全站仪测量周边轮廓线，绘断面图与设计断面核对
	最大超挖值 20	最大超挖值 25	最大超挖值 15		
边墙	平均 10	平均 10	平均 10		

② 质量控制措施。

a. 保证测量精度：开工前，首先进行隧道的控制测量，布设单位工程测量专用控制网，采用双导线进洞方式保证测量的精确性。

b. 超前预报、科学施工：采用新技术以保证隧道施工质量，在隧道地质复杂地段采用综合超前地质预测预报，主要进行掌子面施工地质素描、超前水平钻孔、加深炮孔、地质雷达、TSP-203 系统超前地质预报，查明不良地质，采取科学可行的施工方法，做好防护加固措施。

c. 掘进机开挖、勤量测：严格控制超欠挖，欠挖部分应及时在断面修整阶段通过掘进机修齐，超挖部分需采用设计同等级混凝土初喷找平。及时进行围岩现场监控量测，根据量测数据及时判定围岩稳定状态，确定支护衬砌施工时间，指导施工。

d. 保证原材料质量：工程材料，特别是支护用料，必须经检验合格后方可使用。

（7）效益增值。

① 经济效益。

传统隧道爆破开挖施工通过测量布孔、利用高压风和高压水钻孔、清孔，通过火工品运输车将火工品运至现场再进行装药连线爆破，爆破完后进行排炮排烟，排烟完成才能进行出渣、初期支护等施工，工序多、耗时长，同时爆破产生的危害多，对围岩扰动大。本工法采用掘进机在测量放样后直接进行机械开挖，同步进行出渣，施工更安全、工序衔接更优化，节约了大量人力资源、时间和成本。

从无对比中可以看到，可以大量节约劳动力和时间，并大幅压缩了成本投入，本工程共节约成本54.7 万元（传统钻爆法施工约 1.6 万元/m，掘进机开挖施工约 1.5 万元/m）。由于方法安全实用且投入较小，易于推广实用。

② 社会效益。

该施工工法不会产生爆破冲击波，很好地解决了紧邻高铁小间距隧道爆破开挖存在影响既有设备的安全隐患问题，金台铁路 I 标项目石锦隧道、新蝙蝠岭隧道施工工期紧、施工任务重，其中石锦隧道位于疏解线运梁通道上，是金台铁路众多控制性工程之一，由于采用了此工法，使原先滞后于工期安排的局面逐渐改善步入正轨，工期满足业主要求，为金台铁路运梁通道的顺利开通打下了良好的基础，得到了监理、业主及铁路相关设备单位的好评，取得了很好的社会效益。

（8）工法应用分析。

①“一个紧邻高铁小间距并行隧道新的选择”应用分析。

a. 通过对“一个紧邻高铁小间距并行隧道新的选择”的验证使用得出，该选择对邻近营业线及软弱围岩的隧道施工，可实质性的解决爆破施工要求高、避免对营业线造成影响及减轻围岩扰动的问题。

b. 通过采用单臂掘进机进行隧道开挖对“一个紧邻高铁小间距并行隧道新的选择”的印证得出，“一个紧邻高铁小间距并行隧道新的选择”是可行的，能更好地节约时间成本。

② 紧邻高铁小间距并行隧道单臂掘进机开挖施工工法应用分析。

通过紧邻高铁小间距并行隧道单臂掘进机开挖施工工法的应用，为与高铁并行隧道的开挖提供了新的选择，使项目部的施工组织得到了保证，为石锦隧道打下了隧道顺利贯通的基础，为新蝙蝠岭隧道正常施工提供了保障，让金台铁路运梁通道顺利开通成为可能。

（四）秀山隧道聚能管装置装药技术

秀山隧道全长 3356 m，为单线电气化铁路隧道，隧道最大埋深 198 m。其中Ⅱ、Ⅲ级围岩占隧道总长的 70%，施工难度大，组织协调困难。采用聚能水压爆破技术进行爆破施工，聚能管光面爆破技术通过聚能管的高温高压射流切割作用，保证光面爆破效果。同时由于在光爆炮孔中放置了水沙袋，在爆破过程中产生的水雾起到了降尘的效果，改善了作业环境，保护了施工人员的身体健康。

四、四电工程

（一）铁路接触网单线隧道弓形腕臂预配平台

当前铁路四电施工中，接触网专业在附加线展放后，地面作业人员需要采用辅助绳和滑轮配合上部作业人员把附加线缓到鞍子当中，在缓到鞍子之前要在附加线上缠绕预绞式护线条，此时上部作业人员需要登到支柱顶端探出身体，缠绕预绞式护线条和把接触网附加线缓到鞍子中，采用此方法施工速度慢、上部作业人员在接触网支柱顶端作业不方便，需要的作业人员数量多等缺点。为了适应现场施工条件、提高施工效率、提高安全系数，需要设计和制造一种接触网馈线安装垂吊辅助工具。

针对以上不足，发明铁路接触网单线隧道弓形腕臂预配平台，采用紧线装置、可调装置、支撑结构、锁紧螺母、吊钩、滚动滑轮、细钢丝绳组成，操作人员在支柱顶操作使用机械手臂动作时，实现上部作业人员轻松把附加线缓到鞍子中。

经现场实际应用和实践可以达到预想效果，很大程度提升接触网附加线缓鞍子工作效率。造价成本较低，工作效率高具有很高的实用和生产推广价值。而且使用此工具轻松实现上部作业人员把附加线缓到鞍子中，减少作业人员数量。

（二）吊车脱钩远控装置

金台铁路四电施工中，接触网专业在高度在 35 m 以下且还未架梁的桥墩上组立接触网杆时，经常要使用吊车辅助立杆， 在立杆作业完成后作业人员需要登到支柱顶端手动拆除吊装带，采用此方法施工速度慢、在接触网支柱顶端作业，加之桥墩较高缺乏安全防护措施，施工危险系数较高，针对以上不足，采用移动电源、减速电机驱动的机械手、遥控集成控制器外壳及固定抱箍组成，操作人员在支柱底部操作遥控使机械手动作，辅助吊装带脱钩，实现作业人员无需上杆就可以摘除吊装带。

为了适应现场施工条件，提高施工效率，提高安全系数，设计和制造一种辅助吊装带脱钩装置。该装置已在金台铁路投入使用，提高对施工人员安全保障，保证了接触网专业施工进度。

（三）隧道吊柱、锚臂吊装工具

接触网专业传统方法施工时在隧道吊柱或锚臂安装位置搭设脚手架，在脚手架顶端作为支撑点设置两个增高滑轮吊点，利用脚手架上滑轮吊点，将吊柱或锚臂拉到安装位置进行施工，脚手架既庞大又笨重，移动极为不便，吊装时脚手架承重后摇晃摆动，给上部安装人员造成安全隐患。

为解决以上问题带来的难点，设计制造了隧道吊柱、锚臂吊装工具，解决了接触网专业隧道内吊柱、锚臂吊装时传统施工方法以脚手架为支撑点吊装效率低、存在安全隐患的问题。工具已在金台铁路投入使用，全线 1600 根吊柱及锚臂，采用隧道吊柱、锚臂吊装工具施工时，只需制作小型增高梯架，将安装人员送至安装位置，通过利用预埋好的螺栓将隧道吊柱、锚臂吊装工具固定安装位置最高的两根螺栓上，保证安装牢固，同时提高了施工效率。

（四）基于北斗准确定位电力外电源线路测量技术应用

金台铁路电力外电源共计 28 条，其中 10 条为架空线路需要专业人员进行现场实际放样。共计长度 194 km。因浙江省地形复杂且地区山势较多，地处亚热带中部，属季风性湿润气候。全年降雨量较多且密集，对现场测量造成极大不便，又因金台线施工单位较多，施工现场复杂，受区间电缆槽道、站场综合管沟等因素影响，施工难度大，是电力供电工程难点工程。

利用基于北斗准确定位技术实施动态放样，完成对杆塔放样、桩间距测量、定线测量等工作，在电力工程外电源架空线路工程中，自主研究开发了一套《基于北斗准确定位电力外电源线路测量技术应用研究》，该技术在电力外电源架空线路测量施工中发挥了重要作用，节省传统电力线路中测量的放样工序，提升电力外电源线路测量的整体工作效率。其主要创新性如下所示：

1. 工作效率高：在一般的地形地势下，高质量的 RTK 设站一次即可测完 5 km 半径的测区，大大减少了传统测量所需的控制点数量和测量仪器的设站次数，移动站一人操作即可，劳动强度低，作业速度快，提高了工作效率。

2. 定位精度高：只要满足 RTK 的基本工作条件，在一定的作业半径范围内（一般为 5 km）RTK 的平面精度和高程精度都能达到厘米级。

3. 全天候作业：RTK 测量不要求基准站、移动站间光学通视，只要求满足“电磁波通视”，因此和传统测量相比，RTK 测量受通视条件、能见度、气候、季节等因素的影响和限制较小，在传统测量看来难于开展作业的地区，只要满足 RTK 的基本工作条件，它也能进行快速的高精度定位，使测量工作变得更容易更轻松。

4. RTK 测量自动化、集成化程度高，数据处理能力强：RTK 可进行多种测量内、外业工作。移动站利用软件控制系统，无需人工干预便可自动实现多种测量功能，减少了辅助测量工作和人为误差，保证了作业精度。

5. 操作简单、易于使用：只要进行简单的点校正设置，就可方便地获得坐标。数据输入、存储、处理、转换和输出能力强，并能方便地与管理平台进行数据交换。

6. 轻便、易携带：传统全站仪基站+棱镜+三脚架的重量在 15 kg 左右，本系统外业测量设备总重量不超过 5 kg，所以物品均可收入定制背包中。

（五）吊弦线夹安装卡具

吊弦线夹安装卡具采用 3.5 mm 厚钢板加工制成，使用简单方便，一人在车梯上操作即可完成接触网整体吊弦线夹的安装。可以迅速地将吊弦线夹的螺栓头、载流环、线鼻子、线夹两侧锁片、U 型环固定在规定的位置上、达到了一人操作、一次安装到位的目的。彻底解决了吊弦线夹在安装中因紧固螺母带动吊弦线夹的各部件转动而不标准，需多次松动螺母调整再紧固螺母作业的问题。此工具另一段设计为 M16 开口扳手和平口螺丝刀，可以校正螺母和掰起制动锁片的功能。通过安装吊弦实践验证可提高工效 50%左右，安装后的吊弦接触线的高度和弛度可控制在 ± 1 mm 范围之内，是现场施工理想适用的工具。吊弦线夹安装卡具见图 61-21。

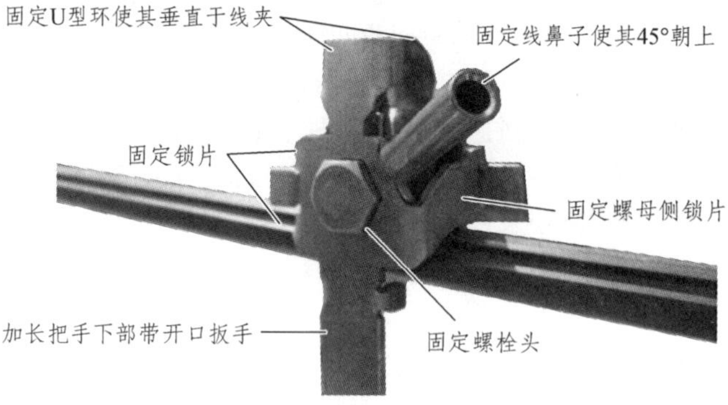

图 61-21　吊弦线夹安装卡具

（六）拉线绑扎缠绑器

拉线绑扎缠绑器采用 10 mm 厚绝缘板加工而成，外形符合多功能要求，把手圆滑穿入弹簧圈方便，操作时手感舒适，轻便。用绝缘板加工坚固耐用，对绑扎线无损伤。

Ⅰ型拉线绑扎缠绑器绑扎拉线紧密、轻巧如钳子，但不损伤绑扎线，刻度可测量绑扎长度。

Ⅱ型拉线绑扎缠绑器是Ⅰ型的改进版，增加了绑扎线绕环制作辅助作用。取代了绑扎线绕环制作时须直接用一手固定绑线，对操作者起到了保护作用。见图 61-22。

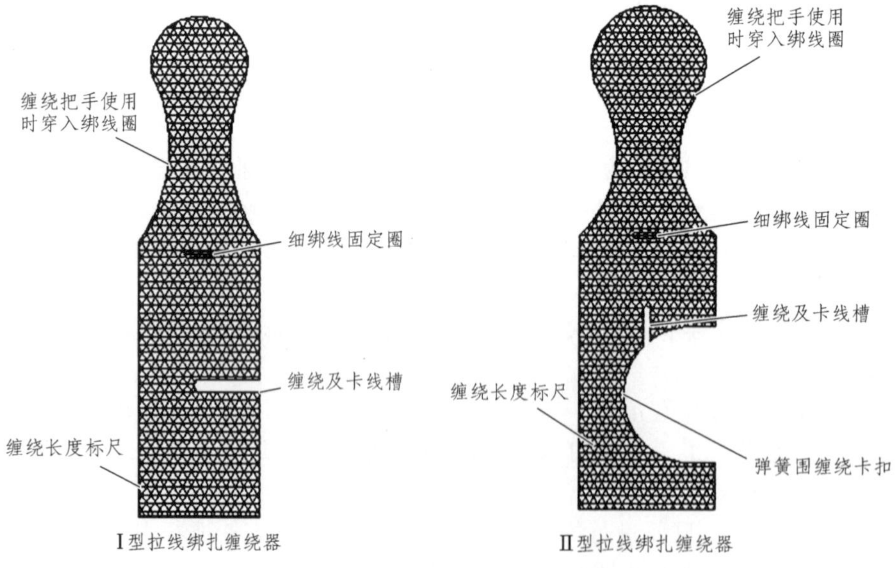

图 61-22　拉线绑扎缠绑器

（七）H 形支柱下部调整螺母精调模型板

H 形支柱下部调整螺母精调模型板采用 100 mm 厚绝缘板加工制作，此模型板重量轻，坚固耐用不易损坏，表面平直防水防火不易变形。外形设计合理能满足现场各种型号基础螺栓调整需求，使用时和水平尺配合，有顺线路水平调整和垂直线路坡度调整两种精细调整。在组立 H 形支柱前对预留基础螺栓调整螺母进行精确预调整，减少 H 形支柱组立后的调整量，大幅度减少了支柱整正作业时间，用此模型板对 H 形支柱基础下部调整，螺母精确调整后，一次安装合格率高。见图 61-23。

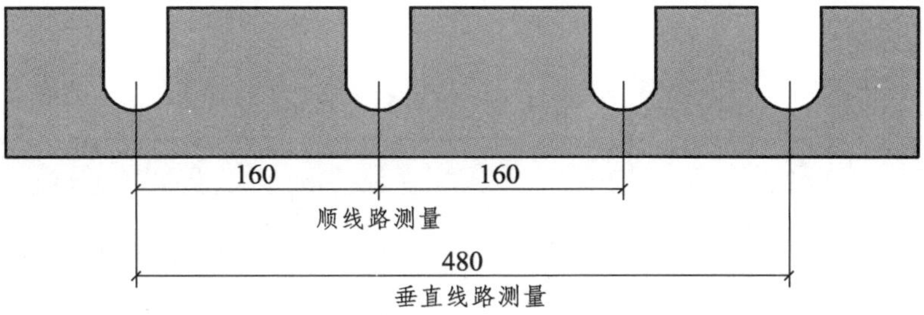

图 61-23　H 形支柱下部调整螺母精调模型板

（八）下锚紧线器摘除转杆装置

下锚紧线器摘除转杆装置是采用一个 U 形卡箍在一端加装一根长 150 mm ϕ12 的螺丝杆，螺丝杆一端通过 U 形卡箍和紧线器固定，另一端加装一个焊接环用于绑定小绳，当 AF、PW 线下好锚后，锚柱上用人摘下滑轮组一端，但滑轮组的另一端紧线器悬挂在空中，传统操作需要一个约 8 m 长大梯子靠在（挂在）线上，两人扶梯，一人上去摘紧线器。且梯子比较长，不便运输、搬运又费时费力。采用下锚紧线器摘除转动杆装置只需在紧线器上加装一个转动杆小装置和一根小绳连续拽几次（经实验 3 ~ 4 次就会脱落下来），紧线器脱落后通过小绳挂在空中，连带着滑轮组缓缓落下。此装置不会妨碍紧线器的任何功能，是简便实用的好工具。见图 61-24。

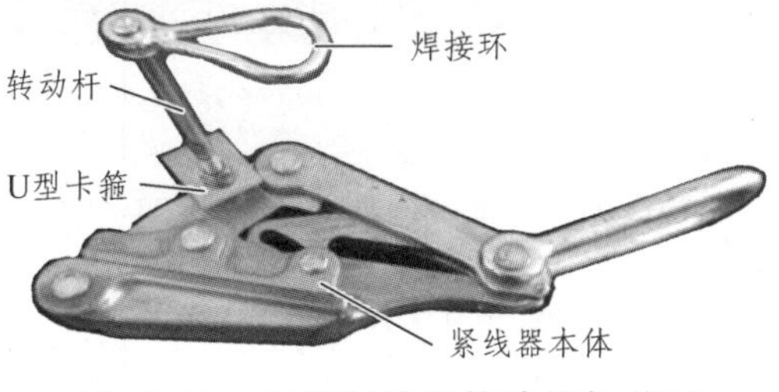

图 61-24　下锚紧线器摘除转杆装置

（九）终端线夹定值力矩扳手

终端线夹定值力矩扳手是根据客专线接触网下锚铜终端线夹外形尺寸特别定制加工而成，改变了原有接触网下锚铜终端线夹只用 450 开口式大扳手凭经验紧固，接触网下锚铜终端线夹虽然设计紧固力矩为 80 N · m。但是没有合适的力矩扳手进行校验，经过对接触网下锚铜终端线夹外形研究，加工制作了专用终端线夹定值力矩扳手，为接触网安全可靠运行提供了保证。见图 61-25。

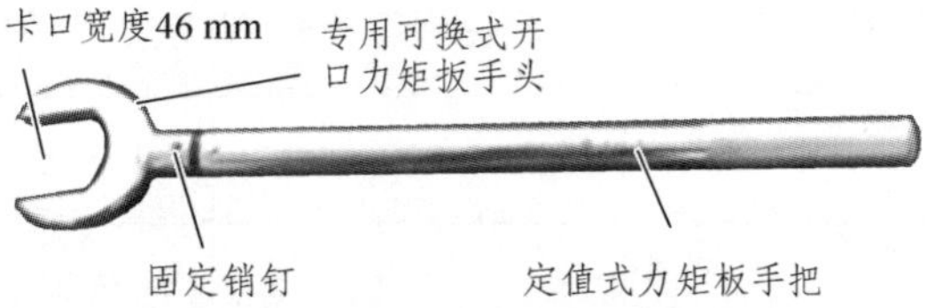

图 61-25　终端线夹定值力矩扳手

第六十二章　技术创新成果

（一）发明专利项目

发明专利项目见表 62-1。

表 62-1　发明专利项目

序号	专利名称	申请号	授权公告号	专利权人
1	一种连续梁-拱组合梁体的施工方法及连续梁-拱组合梁体	ZL 2018 1 1113117.5	CN 108978490 B	中铁十一局集团第二工程有限公司、中铁十一局集团有限公司
2	一种钢管桩围堰施工方法及为研制水方法	2018 1 1120864.1	受理中	中铁十一局集团第二工程有限公司，中铁十一局集团有限公司
3	一种封底混凝土的施工方法及封底混凝土	2018 1 1127865.9	受理中	中铁十一局集团第二工程有限公司，中铁十一局集团有限公司

（二）实用新型项目

实用新型专利项目见表 62-2。

表 62-2　实用新型专利项目

序号	专利名称	申请号	授权公告号	专利权人
1	铁路电力线路定测终端	ZL 2019 2 0074776.6	CN 209295984 U	中铁电气化局集团有限公司 中铁电气化局集团第一工程有限公司
2	一种辅助吊装带脱钩装置	ZL 2019 2 0459731.0	CN 209740513 U	中铁电气化局集团有限公司 中铁电气化局集团第一工程有限公司
3	一种接触线中锚绳调节器	ZL 2018 2 1370170.9	CN 208645190 U	中铁电气化局集团有限公司 中铁电气化局集团第一工程有限公司
4	48/56 m 节段简支梁长短线匹配法预制			中铁二局集团有限公司
5	自制支架卸载砂箱			中铁二局集团有限公司

（三）工程建设工法

工程建设工法见表 62-3。

表 62-3　工程建设工法

序号	名称	编号	级别	编写单位
1	金台铁路 48/56 m 简支梁长线法节段预制施工技术	GZSJGF02-10-23	公司级	中铁二局集团有限公司
2	单线铁路上跨高速大跨度系杆拱施工工法		省级	中铁二十四局集团浙江工程有限公司
3	铁路桥梁空心高墩翻模施工工法		公司级	

（四）工程建设专著

工程建设专著见表 62-4。

表 62-4　工程建设专著

序号	名称	ISBN 编号	级别	编写单位
1	地方铁路与城际轨道交通危大工程专项施工方案示例	9787114158797	省级	浙江省交通工程管理中心，金台铁路有限责任公司，浙江杭海城际有限公司，中铁十一局集团有限公司

第六篇

金台铁路管理经验体会与问题探讨

第六十三章　金台铁路建设管理模式

当前，我国正处于经济结构转型和发展方式转变的关键时期。随着国务院《关于改革铁路投融资体制加快推进铁路建设的意见》、铁路总公司《关于规范非控股合资铁路建设项目管理的指导意见》和浙江省发改委《关于浙江省地方控股铁路项目建设管理指导意见》等相关文件的陆续出台，铁路建设领域出现了投资、建设、运营等方面主体多元化的深刻变化。新形势下，地方控股铁路建设的政策藩篱正持续被打破，同时地方铁路建设也迎来了投资建设发展的宝贵机遇并逐步走上了规范化管理的轨道。特别是《浙江省地方控股铁路项目建设管理指导意见》的出台，对地方铁路建设管理模式、前期工作、公司组建、初步设计、招标投标、投资管理、征地拆迁、建设管理、质量安全监管、信用评价等多方面进行了原则性规定，为进一步规范我省地方控股铁路建设管理提供了重要依据，确保项目依法合规实施。但是，结合金台铁路建设的管理实践，在当前国家铁路建设现有管理体系下，由于地方控股铁路的建设管理作为新生事物仍在探索和发展阶段，加上建设环境比较复杂、制度体系不够完善、体制机制有待健全，地方铁路建设管理也面临全新的形势和挑战。因此，如何顺应地方铁路建设大势，理顺铁总、地方政府、项目公司以及各参建单位的主体关系和管理职能，最大限度提升建设管理效率，推动项目保质保量安全建设，是地方铁路建设管理各参与主体的共同责任，也是推进地方铁路建设、加快发展建成我省综合交通体系的最急迫问题。

第一节　地方铁路分类及建设管理模式

一、地方铁路管理模式

在我国铁路行业内，学者对地方铁路建设管理模式有不同的观点。

有学者认为，地方铁路是指以地方为主筹建，由地方独自或联合经营管理，承担社会运输的铁路，分为城际铁路、客货共线铁路、货运铁路、专用铁路、铁路专用线五种形式。目前，国内地方铁路建设管理方面主要存在以下三种方式：

（1）省、市发展和改革委员会下辖铁路办或职能处管理方式。北京、黑龙江、内蒙古自治区等 20 个省（市、自治区）采用该种管理方式。

（2）省交通运输厅或市城乡建设和交通委员会下辖铁路办、职能处或地方铁路局管理方式。吉林、辽宁、广东等 10 个省（市、自治区）采用该种管理模式。

（3）省直属正厅级单位管理模式。广西壮族自治区是唯一采用这种管理方式的省（市、自治区）。

在国内地方铁路建设的项目管理模式方面，地方铁路工程规模变动幅度较大，投资渠道多样，其项目管理模式有传统项目管理（DBB，设计-招标-建造模式）、工程总承包（EPC）、项目管理总承包（PMC）和铁路局代建四种模式。

另外，也有学者从建设管理主体维度，将铁路建设管理模式分为四类：

（1）铁路工程建设指挥管理模式。

（2）铁路局托管管理模式。

（3）铁路建设项目承包管理模式。

（4）铁路建设监理管理模式。

二、金台铁路建设管理模式

根据浙江省发改委、省住建厅《关于印发浙江省铁路网规划（2011—2030 年）的通知》文件，浙江省地方铁路从铁路区域布局层面划分，主要包括城际铁路客运网络、客货运输系统、地区性铁路枢纽和港口集疏运通道共四种类型。按照浙江铁路“区域一体化、客运快速化、货运便捷化、路网系统化”的战略构想，至 2020 年，规划新建铁路约 4 200 km，其中客运铁路约 2 900 km，普速铁路约 1 300 km，铁路网总里程约 6 000 km。浙江省全省基本形成层次分明、功能齐全、技术先进、干线成网、方便快捷的铁路运输系统，主要干线实现客货分线运输。至 2030 年建设与发展目标：2020 年至 2030 年期间，浙江省新建铁路约 1 500 km，其中客运铁路约 900 km，普通铁路约 600 km。至 2030 年，浙江省铁路网总里程达到约 7 500 km。区域客运网络和货运通道进一步完善，铁路网布局进一步完善。同时，《规划》明确，完善部省合资铁路建设与运营管理，确定铁路运输企业的市场主体地位，努力扩大合资公司的经营管理自主权。大力发展多元化经营，统筹运输业务、延伸业务、其他业务协调发展，增强企业发展活力和效益。根据项目在路网中的功能定位，采取不同的投融资政策。国家路网干线坚持部省合作，以部为主投资、建设和运营管理。城际铁路和地区性铁路坚持以省为主，部省市共建。都市区经济圈（市域）轨道交通原则上由地方负责投资、建设和运营管理。

根据浙江省发改委《浙江省地方控股铁路项目建设管理指导意见》，地方控股铁路项目（地方控股、铁路方参股的合资铁路建设项目）由政府出资人或其授权的出资人代表牵头成立项目公司，项目公司承担项目建设、投资、进度、质量、安全等主体责任，落实省方与铁路总公司的合作协议。《意见》将建设管理模式分为两种：一种是自主管理，即“地方控股建设的铁路项目，原则上由控股人及出资人代表组建的项目公司负责建设或管理。项目公司组建和人员配置执行国家和省相关规定。铁路行业技术管理等相关专业服务可委托铁路专业机构进行。”另一种是委托代建，是指“因设计标准较高或项目特殊原因，经路地双方协商明确，项目建设可以通过委托代建方式进行。委托代建的项目由项目公司与委托代建机构签订委托代建协议，建设管理执行国家、省和铁路总公司铁路建设管理相关规定”。此次研究对象金台铁路是地方控股铁路，主要采用的是上述自主管理模式，依据国家、铁总和省方的各项法律法规进行项目建设管理。

第二节　金台铁路的建设管理实践与回顾

一、项目概况

为加强对金台铁路的建设管理，按照《公司法》及路地双方合作协议，在项目可行性研究报告批复后，2015 年 12 月由浙江省省方牵头，各方出资人及其授权的出资人代表依法组建项目公司 ——金台铁路有限责任公司，主要承担金台铁路的建设、运营管理职能。

二、地方控股铁路在自主管理模式下的建设管理经验成效

自金台铁路开建以来，金台铁路有限责任公司充分履行金台铁路建设平台的职责，面对先行先试中诸多无先例可循的新情况、新问题，直击主要矛盾，借助各方之力打通破解难题的通道，积极推进项目建设。目前，以“以省为主、行业支持、企业运作、多方参与”为鲜明特色的自主管理模式初具雏形，为浙江省以后类似地方控股铁路项目建设提供了有益借鉴和参考样板。

（一）金台铁路组织领导架构体系完善

坚持以省为主，是金台铁路项目管理的最鲜明特点，从项目决策立项、项目建设管理以及项目运营管理等各环节，都在省方主导下积极推进和完成。在顶层设计层面，在 20 世纪 80 年代末，为适应和推进省区域内铁路建设需要，浙江省政府成立了铁路建设领导小组，负责研究、决策我省铁路建设的重大事项，制定相关政策，其中包括铁路规划、征地拆迁政策、各项目资本金省方出资比例、省方出资中省市出资比例、省级资本金的来源等问题。领导小组由分管铁路工作的副省长兼任组长，省发改委分管领导兼任副组长，省有关厅局和设区市政府为小组成员单位，下设办公室（简称省铁办）挂靠省发改委交通处负责处理日常工作。在实际操作过程中，对于类似中长期铁路规划修编意见、五年铁路建设规划编制、规划建设项目的前期工作、项目建设中的沟通协调等工作，基本上以省发改委（省铁办、省重点办）为主负责处理。省部（或铁路总公司）之间通过领导会谈以会议纪要形式研究和商定有关问题，省内通过省政府专题会议形式研究决策有关重大问题，类似省级铁路建设投融资总规模这样的重大问题报请省委财经领导小组研究批准。省铁办负责可研报告批复及之前的工作推进，省重点办负责初步设计批复及之后的工作推进，省交投集团（原省铁投集团）参与项目建设的全过程，负责催缴各市资本金、按计划向项目公司拨付省方资本金工作，掌握项目前期、建设、运营方面情况，参与重大问题的协调处理工作。比如金台铁路，在前期工作方面，2012 年 7 月，浙江省发改委、住建厅联合发文《浙江省铁路网规划（2011—2030 年）》，将金台铁路列入浙江省“十二五”重点建设规划项目；2014 年 10 月，中国铁路总公司、浙江省人民政府下达《关于新建金华至台州铁路项目建议书的批复》；2015 年 9 月，中国铁路总公司、浙江省人民政府下达《关于新建金华至台州铁路可行性研究报告的批复》；2016 年 3 月，中国铁路总公司、浙江省人民政府联合批复《关于新建台州至金华初步设计的批复》。同时，在具体实施过程中，省方重点承担征地拆迁及支付省方资本金两项主要工作。

（二）金台铁路项目推进重要条件

行业支持，中国铁路总公司、国家铁路局等单位的大力支持是项目推进的重要条件。

由于铁路建设的行业特殊性，省方控股铁路仍在初级发展阶段，对项目建设管理的标准、流程和规范都还不太完善，加上铁路建设技术水平要求高、政策环境复杂等因素影响，因此在地方控股铁路建设管理过程中，离不开行业主管单位的有力支持。2015 年，中国铁路总公司出台了《关于规范非控股合资铁路建设项目管理的指导意见》，该文件对非控股合资铁路（地方控股铁路）的总体要求、合资公司组建、项目前期工作、工程建设管理、投资计划管理、运输经营管理都作了明确安排和工作界面划分，“在城际铁路、市域（郊）铁路、资源开发性铁路和支线铁路等领域向地方政府和社会资本开放，鼓励地方政府和社会资本控股建设和管理。”在金台铁路的建设管理中，在项目立项、项目可研审批、初步设计审批等方面，中国铁路总公司都给予了积极支持，如调概、重大设计变更、邻近既有线施工等诸多环节，仍然需要获得国铁和路局审批和支持。浙江省发改委、交通厅等省级部门根据原铁道部或铁总有关指导意见，制定和完善地方控股铁路建设管理的相关制度办法。金台铁路有限责任公司（项

目公司）以及上级主管单位省交投集团参照铁总（上海铁路局）的管理制度规范，扎实推进制度体系建设，其中金台铁路有限责任公司共制定有 7 大类 160 项管理制度，形成了地方控股铁路的建设规范和工作流程。以变更设计审批为例：

（1）Ⅰ类变更设计程序分为提出变更设计建议、会审变更设计方案、编制变更设计文件、初审并上报变更设计文件、批准变更设计文件、审核下发变更施工图等，见图 63-1。

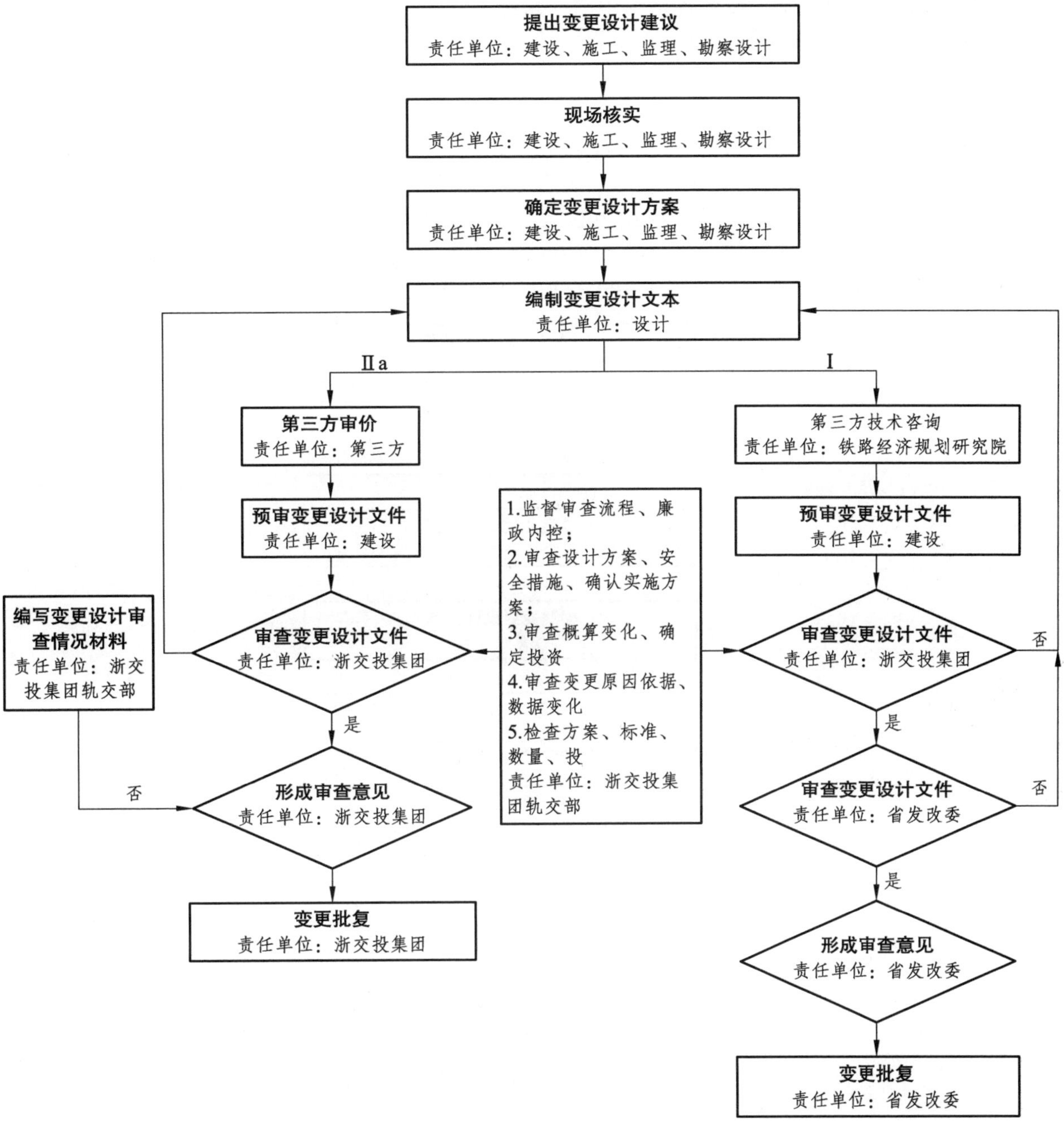

图 63-1 金台铁路有限责任公司Ⅰ、$Ⅱ_a$变更设计流程图

① 提出变更设计建议：施工图审核合格并交付后，提议单位就设计文件中符合I变更设计条件的内容向项目公司提出变更设计建议，I变更设计建议应在变更内容实施前提出，提议单位提出的变更理由和技术经理比较资料上报项目公司，并填写《变更设计建议书》。

② 现场核实、会审确定变更设计方案：项目公司收到《变更设计建议书》后，组织勘察设计、施

工、监理等单位进行现场勘察、研究会审，详细分析变更设计原因，研究提出变更设计类别及变更设计方案，确定责任单位及费用处理意见，形成由参审人员签字的《变更设计会审纪要》。

③ 编制变更设计文本：勘察设计单位应严格按照铁路总公司、浙江省及公司有关变更设计的相关规定、《变更设计会审纪要》以及确定的安全应急预案编制变更设计文件。设计单位完成变更设计文本编制后，填写《变更设计送审单》，一同报送项目公司预审。

④ 第三方技术咨询：第三技术咨询为中国铁路经济规划研究院，主要为设计方案技术、经济必选提供咨询服务。

⑤ 预审变更设计文件：项目公司根据第三方技术咨询意见，进一步审查变更设计文件。对审查合格的上报省交投集团。

⑥ 省交投集团对审查合格的I变更设计上报省发改委批复。

（2）Ⅱ类变更设计程序分为提出变更设计建议、进行现场核实、确定变更设计方案、审核下发变更施工图等。其中，Ⅱa 类变更设计费用在 300～1 000 万元（含）的由省交投集团分管领导组织审查，费用在预备费中之列。Ⅱa 类变更设计费用在 1 000 万元以上的由省交投集团主管领导组织审查，费用在预备费中之列。Ⅱb 类变更设计费用在 300 万元以内的由项目公司分管领导签署后实施，见图 63-2。

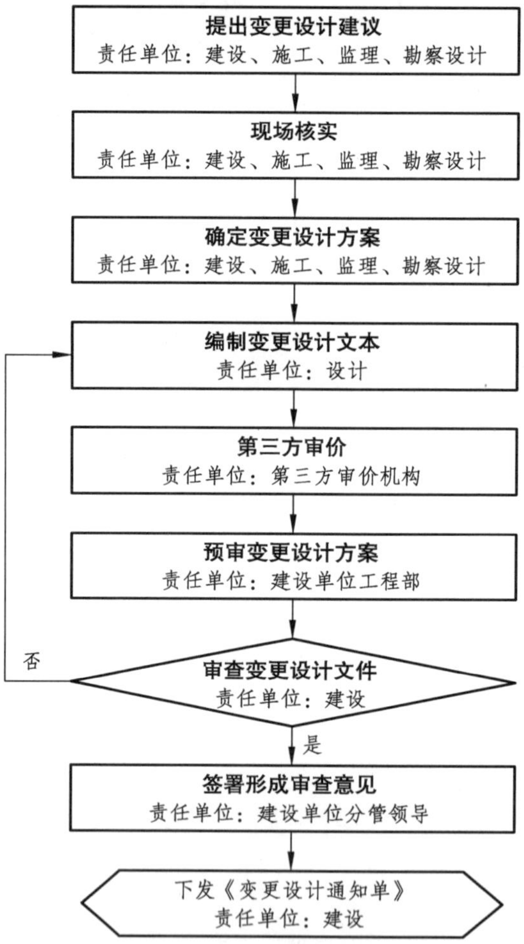

图 63-2　公司Ⅱb 变更设计流程图

（三）充分发挥项目公司主体功能

企业运作，充分发挥项目公司作为项目建设法人的主体功能。在项目出资方面，为适应部省合资建设铁路的需要，解决省方出资人代表与路方出资人代表对等关系，浙江省政府在 2006 年整合了省发展集团与金温铁道公司组建浙江省铁路建设投资集团，与上海铁路局分别代表浙江省和原铁道部共同组建项目公司，参与项目建设和开通运营后的资产管理工作（2016 年省铁投集团与省交投集团合并成为新的省交投集团）。比如金台铁路，本项目由浙江省政府、铁路总公司合资建设，项目资本金占总投资的 50%，其中浙江省出资 85%，自筹解决，铁路总公司出资 15%，使用铁路自有资金，其余资金申请银行贷款。其中，项目公司（金台铁路有限责任公司）注册资本金 80.725 亿元人民币，由浙江省人民政府、中国铁路总公司、台州市、金华市、丽水市人民政府分别委托省交投集团、上海铁路局、台州市铁投、金华市铁投、缙云国投等企业分别作为出资人，出资 43.69%、15%、29.37%、10.55%、1.39% 共同组建。金台铁路有限责任公司作为项目法人，对建设项目的策划、前期工作、资金筹集、建设管理、运输经营、还本付息、资产保值增值全过程负责。在具体工作层面，由金台铁路有限责任公司贯彻执行国家和省方有关方针政策，严格执行国家法律、法规、规章及工程建设强制性标准，严格执行国家规定的建设程序，全面实现质量、安全、工期、投资、环保和稳定等建设目标。

（四）多方参提供重要保障

多方参与为地方控股铁路建设提供重要保障。根据《中国铁路总公司铁路建设管理办法》相关规定，铁路建设实行项目法人责任制、招标投标制、工程监理制、合同管理制（铁总，2015）。浙江省地方控股铁路主要参照执行铁路总公司建设管理办法，由项目公司协调路方、设计、施工、监理、检测以及各级政府部门、金融企业等多家单位共同参与，分别履行各自权责，合力开展铁路项目建设管理工作。其中，铁路建设项目实行工程质量安全监督制度，建设单位必须在项目开工前，按规定申办质量监督手续，接受政府有关部门或其委托监督机构的监督检查。同时，根据《铁路建设工程质量监督管理规定》（交通运输部令 2015 年第 2 号）相关规定，要求建设单位在办理开工手续前，应按规定到铁路监管部门或工程质量监督机构办理铁路建设项目工程质量监督手续。通过省方与路方沟通协调，确定浙江省地方控股铁路项目由省方负责金台铁路工程的质量安全监督工作。2017 年 9 月，浙江省交通厅下属省交通工程监管局开始进驻金台铁路开展安全质量监督大检查，标志着金台铁路安全质量行政监管主体得以落实，金台铁路的安全质量行政监管主体正式明确和到位，由此金台铁路也成为了接受浙江省行政部门监管的首条铁路。

第三节 地方控股铁路建设管理存在问题

一、建设环境没有充分体现自主优势

长期以来，我国铁路建设都是由国家出资建设，即使部省合资建设也是以国铁出资为主，在铁路建成运营后，项目盈亏情况与地方政府无关，所以在铁路建设领域客观存在一种惯性思维，即铁路是国家的企业。地方铁路建设项目要落地，不可避免要涉及征地拆迁、调整城市规划、跨越和改建道路河流等问题，以及相关规税费的缴纳。在这种惯性思维的指导下，地方政府在尽力争取国家将铁路建设在自己辖区范围内的同时，在项目建设过程中尽量争取少损失多获利，在把握政策法规的尺度上尽量争取有利于地方的规定，存在着一定的利益博弈关系。在金台铁路项目建设过程中，上述问题或现象给项目投资控制和建设推进都带来较大困难，导致以省为主的优势在项目建设过程中尤其是征拆工作推进方面体现不够充分。

正如工作人员访谈所述，“金台铁路项目总用地 702.335 1 hm^2（涉及耕地 313.089 4 hm^2，其中水田 246.408 8 hm^2），其中主线工程用地 661.021 6 hm^2，安置用地 41.313 5 hm^2。项目先行用地已于 2016 年 11 月获批，根据相关文件要求本项目农转用报批需在 2017 年 10 月底报国土资源部审查。由于涉及耕地数量大，地方政府补充耕地困难，补充耕地指标费用标准是多少，这些都需要省发改委会商国土

资源厅解决，但至今尚未明确；地方政府对项目建设并没有给予特别的重视，铁办（铁指）人员配置不足，与量大面广的征迁工作不匹配；征地拆迁工作政策性强，各县（市、区）应根据（浙发改基综〔2015〕810号）文件制定相关配套政策，依法合规的开展各项工作，但有些县（市、区）相关配套政策迟迟未出台；根据国家对铁路建设的支持政策，在先行用地批复后全线用地批复基本需一年左右时间，有些地方在办理临时用地报批时，要求提供全线的用地批复文件，显然不能满足工程建设正常的进度需要；临时用地复耕保证金、土地使用费等相关费用大大高于批复概算标准，比如台州三区合计每亩约10万元，总计需占用施工单位4000万元左右资金，给施工单位流动资金带来较大的压力，不利于工程建设。”

二、地方控股铁路建设管理制度体系不够完善

由于铁路建设工程一般都是重大基础设施基建项目，国家层面对铁路的改革尚在推进过程中，相关政策配套衔接与实际需要相比存在“时间差”，加上铁路行业主管部门对地方控股铁路的建设管理规定比较笼统，同时地方政府也没有及时出台相应的建设管理规章制度，导致建管制度体系还不是很完善，部分政策或规范存在缺位问题。比如金台铁路，在建设管理过程中主要参照执行铁总的管理规范和流程，但是在具体问题方面仍然存在诸多模糊地带。如变更设计和调概审批问题，项目公司委托的第三方审价公司完成征迁调概报告后，按照有关规定需报初步设计单位获得批复，否则将无拆迁资金可用，影响征迁验工计价及投资任务。同时，变更设计问题不仅涉及较大的投资变化，而且涉及较高的技术含量，审查批复既要有相当的技术水平，又要承担相应的责任风险，无论是省交投集团还是省发改委都较难把握，作为项目公司更是难以自主决策。在Ⅰ类变更的审批方面，哪些事项需在省交投集团办理、如何报省发改委审批以及哪些事项需要取得铁总有关部门同意，省方和铁总之间有关部门在办理类似事项时如何衔接等等，目前省方控股铁路建管制度体系都没有明确规定，有待进一步梳理明确，从而规范工作程序和提高工作效率。

正如工作人员访谈所述，“工程技术类审查审批权限不明确。比如站后消防施工图审查问题，国铁控股项目在设计批复中明确了消防施工图报送铁路消防主管部门审核，按审核意见完善设计。因金台铁路以省为主，在初步设计批复中未说明消防审查事宜，经与上海铁路公安消防处请示沟通，他们认为审核地方为主铁路建设项目无上级相关文件依据，不予受理。若生产生活房屋建筑、隧道等消防设计图没有消防主管部门审查，无法开展下一步消防设计、施工工作。同时还有工程技术重大施工方案审查、指导性施工组织设计审查、车站建筑概念设计方案审查等问题。以上问题，按铁路总公司文件精神，由项目公司自主决策，但是都超出了项目公司职责范围和工作权限，浙江省也没有相关政策文件授权项目公司自主决策。”

三、铁路建设管理缺乏信用评价体系配套

建立针对施工、设计、物资供应等铁路项目建设参与单位的信用评价体系，将考核评比结果与招投标挂钩，对于保障项目建设的质量、安全、工期都具有重要意义。在国铁建设领域，原铁道部出台了《铁路建设工程施工企业信用评价暂行办法》（铁建设〔2015〕183 号），铁路总公司也出台了《铁路建设项目监理企业信用评价办法》（铁总建设〔2014〕86号），都将信用评价结果与招投标挂钩，对铁路建设项目施工、监理单位在合同履约方面都发挥了较强的约束作用。但是，地方铁路项目信用评价体系暂未能纳入铁路总公司信用评价体系，对施工、监理企业信用评价考核力度不够，因此地方控股铁路建设单位对各参建单位的制约手段相对薄弱，目前仅可采用人员清退、经济奖罚等手段进行安全质量管控。同时，对设计、咨询单位考核评价通道不畅。根据铁总相关文件要求，建设单位对施工图设计、咨询单位每半年为一个考核期，一般由项目管理考核评价后将结果上报路局建设处，由路局建设处审核后一并上报铁路总公司工管中心进行考核。然而，因金台铁路是以省方为主建设的项目，

经与路局建设处沟通，对于设计、咨询单位考核情况路局不予接受，因此也无法进一步上报至铁路总公司工管中心进行考核。另外，对物资供应商的信用评价有待完善。与国铁相比，为规范物资供应商关系管理，建立和完善物资供应商关系体系，铁总制定了供应商关系管理办法，主要包括供应商信息管理、日常不良行为处理、年度信用评价和风险管理等。但是，浙江省重点工程招投标办法规定只是投标人被列入招标投标失信黑名单（以省发改委公布的披露期内的失信黑名单为准），主要是针对供应商招投标环节，但是在实际供应中对出现以假充好、产品质量不合格等问题时，项目公司没有足够有效的办法或手段来制约供应商，进而实现对物资供应商有效控制。

第四节　金台铁路建设管理对策与建议

在新形势下，根据地方控股铁路建设现状，针对目前存在的主要问题，从制度、机制、政策、方法等方面入手，有针对性地制定和落实浙江省地方控股铁路建设发展的对策及措施。

一、完善地方控股铁路建设管理体系

加强省级层面顶层设计，进一步建立和完善适合地方控股铁路建设管理的制度体系。

目前，浙江省以金台铁路为代表的地方控股铁路参照国铁的制度体系，在建设管理制度体系建设方面进行了一些摸索和尝试，制定了《浙江省地方控股铁路项目建设管理指导意见》等相关文件，但是在省级政府层面仍然缺乏相关配套制度体系支撑。实践表明，由于省方铁路管理机构权限和建设环境差异，加上管理人员专业水平和能力素质有所欠缺，在地方控股铁路的建设管理过程中照搬照抄或完全套用执行国铁的制度办法，并不能满足建设管理的实际需要。鉴于在推进铁路投融资投资改革、铁路分类建设以后，国家鼓励地方控股铁路建设和发展，因此地方政府和相关主管部门在充分借鉴国铁管理制度经验的基础上，要结合实际、大胆创新，在省方各级层面做好制度方面的衔接与完善，比如浙江省地方控股铁路建设管理办法、工程质量安全监督和信用评价制度办法等等。特别是要研究制定《浙江省铁路建设管理办法》，对以省为主铁路建设项目的建设程序、建管机构责任分工、政府协调机制、项目补亏机制、支持政策等进行规定和明确，使以省为主建设铁路有法可依、有章可循。

二、建立责任落实和工作协调机制

协调各方参建主体，加快建立责任落实和工作协同机制。由于浙江省地方控股铁路建设正处于探索推进初期阶段，在积极争取铁总、交通部等行业主管部门大力支持的前提下，要充分发挥省铁路建设领导小组的作用，按照省铁路建设年度工作安排，制订铁路项目前期、实施中工作进度计划，明确工作内容和时间节点，并分解任务至省有关部门、单位和铁路建设沿线各级政府一把手，落实工作责任，定期组织监督考核，并将考核结果纳入省重点项目建设工作管理范围。同时，建立自上而下的协调督办机制，由省发改委牵头建立铁路建设联席会议制度，对铁路建设重大问题、重点工作进行综合研究、协调，对沿线地方政府落实铁路建设工作的情况进行综合考核。定期检查项目推进情况，及时协调处理项目建设中出现的困难和问题，对一些重大问题提出解决方案报省政府决策。沿线各县（市、区）政府、铁办也要明确成立相应机构和加强人员配置，具体负责有关铁路项目前期及建设期的协调管理等工作，尽量减少协调环节和沟通成本，提高办事效率。

三、加大政府扶持力度

加大有利于项目推进的政策扶持力度，统筹兼顾经济效益与社会效益。铁路是关系国计民生的重

大基础设施，其社会属性和经济特性决定了铁路项目的建设主要是依靠政府的主动作为和各参建主体单位的资源要素投入。一是建立补亏机制。虽然地方控股铁路项目运营后的预估经济效益不容乐观，但是建设一条铁路所带来经济效益主要体现在项目沿线但也不局限于本线，地方控股铁路项目在建成运营以后直接受益的仍是沿线地方经济，因此在政策扶持上更应给予铁路企业适当倾斜，充分发挥社会主义制度的优越性，在项目立项或可研阶段就明确补亏机制，其基本原则是确保项目运营期资金链不断裂，可以按照沿线各地资本金出资比例分摊，也可以按照可研阶段测算的各地客货运量考核，如达不到则由当地政府托底弥补运营收益，或者按照各市县境内设站的规模、功能测算分摊比例。同时，按照谁受益谁补亏的原则，运营期的补亏应主要由地方政府承担。二是降低工程造价。根据浙江省近十余年铁路建设实际投资情况，项目总投资逐年增长，其中增长最大的是征地拆迁费用，从原来占总投资 10%左右到现在达到占总投资的 25%左右，基本超出设计概算的一倍以上，后续项目将有可能达到占总投资的 30%。为有效控制征地拆迁费用，可由地方政府负责提交铁路建设用地，该部分费用不计入项目总投资，地方政府也不再承担项目资本金，从而大大降低了项目投融资压力并有效控制征地拆迁费用。同时，参照国铁为主项目，省有关部门对地方控股铁路项目在规税费减免上如矿产资源税、占补平衡费等方面应给予更大支持。三是完善沿线土地开发政策。为支持铁路建设，国家出台了支持铁路建设实施土地综合开发的系列文件。在铁路项目推进中，根据可研批复上报材料要求，沿线政府均出具了提供用于铁路综合开发土地的承诺书。以金台铁路为例，沿线政府合计承诺提供 7400 亩土地，但省政府和国土部门没有制定相应的实施条例，导致该项政策无法进一步落实。为使该项国家政策顺利实施，建议省政府研究出台推进铁路建设土地综合开发的实施条例。

四、提升地方控股铁路的建设管理水平

不断创新项目建设管理的方式方法，着力提升地方控股铁路的建设管理水平。

（一）完善工程质量安全监督和信用评价体系

强化对施工、设计、监理等铁路建设参建单位的有效管理，是控制工程质量、施工安全、建设工期的关键所在。目前参与建设的相关单位都是中铁系统的施工、设计单位，其综合实力非常强，也十分重视和积极参与金台铁路项目的投标工作，但中标以后对地方控股铁路项目建设的重视程度参差不齐。因此，尽快建立浙江省铁路建设信用评价体系，并发挥以省为主的优势，该评价结果不仅适用于铁路项目，也适用于其他类型基础设施建设项目，以强化对参建单位的有效管理。

（二）改善服务咨询类招标方式

按照浙江省重大工程招投标的有关规定，铁路建设相关工作的实施都需要通过招标确定服务单位。鉴于部分咨询服务类专业性较强，以及涉及迁改特殊垄断行业的设备、设施，市场发育不完善，没有足够的潜在投标人参与竞争（垄断行业），因此从有利于地方控股铁路项目建设的角度出发，建议由项目公司报请省交投集团批准后，经过授权对专业性、垄断性较强的咨询服务采用直接委托或竞争性谈判方式确定服务单位。

（三）创新物资采购管理模式

借鉴铁路总公司物资代理服务，根据项目公司实际情况，引入专业的物资代理服务公司，在项目公司建管甲供物资招标、供应、管理等方面提供优质专业的服务。同时，省交投集团出台地方控股铁路项目的物资设备供应商管理体系和信用评价体系的指导意见或管理办法，对供应商履约能力、质量保证等方面进行约束考核，激励供应商保证物资设备质量、信守合同和提高售后服务水平。

（四）加大人才储备和技术培训工作

加大地方控股铁路项目的人才储备和技术培训工作。在浙江省地方控股铁路建设领域，目前仍然存在从业人员数量不足、素质不够高等人才“短板”。为适应地方控股铁路、城际轨道交通建设及运营的发展需要，省方各级单位应在加大专业人才引进的同时，充分依托铁总及路局的人才和技术优势，加强合作、招才引智，加快培育地方控股铁路建设、运营的骨干中坚力量。

第五节 收获总结

综上所述，浙江省地方控股铁路建设未来良好的发展前景令人振奋，市场很大，但是铁路建设管理面临的问题和挑战也很多。在自主管理模式下，坚持和推进地方控股铁路建设，有利于以省为主铁路的长远发展，符合国家铁路的宏观政策和发展趋势。同时，在现有体制下加强地方控股铁路项目的建设管理，也是一项综合复杂的管理系统工程，需要铁路项目管理单位、各参建单位和地方政府各级部门的共同努力，尤其是要省方各级涉铁单位，既要秉承自力更生的精神、又要强化行业合作的意识，从政策制度与机制完善、社会资源的合理利用、融资体制的转变、人才队伍培育以及项目建管能力提升等各方面进行全方位努力，大胆创新、先行先试，不断推动浙江省地方控股铁路建设事业的健康可持续发展，力争早日开辟和融入我国铁路建设市场的广阔天地。

第六十四章　地方铁路质监模式下的质量安全管理

2016 年 6 月，金台铁路正式全面开工建设，这是以省为主建设的第一条电气化铁路，其质量安全管理工作倍受省级层面的重视和行业的关注。在国铁建设模式下，项目管理实行：国家铁路局质监总站、地区铁路监督管理局、项目建设指挥部的三级管理模式，而金台铁路作为地方铁路，除了上级集团（浙江省交通投资集团）的管理外，没有明确的行政监管机构。但为了强化质量安全监管、提升铁路建设项目管理水平，全力打造以省为主建设铁路的示范线、精品线和样板线，实现“三打造、一融合”的发展理念，推动金台铁路快速发展，向着“引领全省、示范全国”的目标稳步迈进，如何确定质监模式，并在其质监模式下做好质量安全管理工作尤为重要。

第一节　质监模式的形成

项目开工伊始，金台铁路有限责任公司就质量报监问题分别请示对接了国铁集团、中国铁路上海局集团、上海铁路监督管理局、省发展改革委等行业和政府管理部门，但由于项目属于浙江省内首条地方为主建设的电气化铁路，无行政质监先例，报监问题一直未能解决。

公司积极研究相关政策文件，并多方沟通咨询，根据《国务院关于发布政府核准的投资项目目录的通知》和《关于做好铁路工程项目质量行政监督工作的指导意见》（国铁工程监〔2014〕61 号）等文件精神，明确：“铁路工程项目质量安全监督管理权限包括三部分：……，省级政府负责由省级政府按照国家批准的规划核准的其余地方铁路项目”，由此金台铁路有限责任公司从单一的寻求地区铁路监督管理局监管，变成了向省政府相关部门和地区铁路监督管理局双向寻求突破的工作思路。

通过金台铁路有限责任公司不懈努力，在省委省政府的关心下，省编办于 2017 年 4 月出台《关于进一步明确交通运输领域省级部门相关职责的通知》（浙编办函〔2017〕57 号），明确由浙江省交通运输厅负责地方铁路和城际轨道交通建设质量安全监管。2017 年 9 月 12 日，省交通工程管理中心（原浙江省交通建设工程监督管理局）接受了金台铁路的质量报监手续，办理了金台铁路质量和安全监督书，彻底解决了金台铁路质量安全行政监管主体的问题。2018 年 1 月，省交通运输厅印发《关于明确我省轨道交通管理职责分工的通知》（浙交〔2018〕2 号）进一步明确由省交通工程管理中心具体承担地方铁路建设中质量和安全监督管理工作。

同时，通过多次与上海铁路监督管理局进行报监工作对接，上海铁路监督管理局也将金台铁路纳入到了监督抽检范围，于 2017 年 7 月 17 日对金台铁路进行了行业监管监督检查，并出具了监督意见，金台铁路有限责任公司也及时进行了回复。

至此，金台铁路正式迈入了以省级政府部门监督管理为主、同时也纳入上海铁路监督管理局监督抽检范围的双重质监模式，开启了地方铁路质监管理的全新时代。

第二节　项目质量安全管理的主要做法

一、建立一套与行政监管相融合的制度体系

（一）完善法律体系，制定专项制度

面对地方铁路法律体制不全、监管制度缺项的问题，金台铁路有限责任公司主动寻求解决方案，在地方政府行政监督管理之下，借鉴国家铁路局，省交通运输厅，省交通工程管理中心先进的做法，在不断探索与实践过程中，逐步形成“立足地方铁路建设、对接国家铁路管理、兼容交通监督理念”的建设管理理念，地方铁路质量和安全管理制度体系建设逐步完善，制定各类质量和安全管理制度 102 个，逐步形成一套适合金台铁路建设的质量和安全管理机制。

（二）明确工作基调，提升红线意识

随着行政监管的监督实施，为配合做好日常管理工作，突出省建省管特色，公司确立了“质量捍卫安全”的工作主基调，并相继出台了《铁路建设项目质量安全红线管理实施细则》《金台铁路安全质量风险分级管控实施办法》《进一步落实全员安全生产责任制实施方案》等办法，不断补齐管理短板，狠抓施工过程管理，进一步强化质量安全红线意识，全力打造质量安全工作样板。

（三）实施约谈考评，完备管理要素

通过重点监管、提示告知、警示通报、约谈等方式针对质量安全管理混乱、工程质量较差、问题隐患严重的单位采取差别化管理，对问题较多的单位发函至参建单位后方公司，要求推进质量安全保证体系有效运行。对存在突出质量安全问题的单位进行约谈，同时会同监理单位加大对其日常检查频率，督促相关单位认真履行法定的质量安全责任；同时制定并严格执行《金台铁路有限责任公司铁路工程建设项目施工企业信用评价实施细则》《质量安全红黑榜实施细则》，细化监管权限，突出考评职能，完善考评体系，加强监理单位对施工单位安全质量行为的管控能力。

二、完善一批与行政监管相适应的工作措施

（一）严格检查与考核，加强项目内部监管

按照《建设工程质量管理条例》要求，金台铁路有限责任公司适时编制了《金台铁路有限责任公司安全质量检查清单》《金台铁路建设工程安全质量违约责任追究管理办法》《金台铁路工程激励约束季度考核奖励管理办法》等一系列适用于地方铁路管理特点的检查及考核办法，明确检查频次、检查内容、考核依据、检查重难点和要求，进一步强化了现场监督管理能力，与政府行政监管形成有力的上下两张管理网，使公司质量安全管理方法与地方铁路质检模式相适应，共同发挥更大的监管作用。

（二）运用多种检查方式，保证检查效果

每年初结合行政监督工作，公司及时制定年度检查工作计划，每个月再根据年度计划制定月度重点工作及月度检查计划，开展综合检查、专项检查、日常巡查。同时，公司每半年根据综合行政监督检查情况提前开展一次全面自查，每季度开展一次综合大检查，每月对重点隐患、重点工作开展一次专项检查，每周不定期开展质量安全巡查，确保检查面、检查内容全覆盖。检查前编制详细的检查计划，有针对性地对重要材料和部位、关键工序、薄弱环节进行抽检，客观反映工程原材料、产品构配件、实体的质量，为省交通工程管理中心监督检查提供参考数据和相关依据。通过监理查、公司查、行政监督查的三级检查体系，在工作中形成有层次、有侧重、有内容的监管合力。

（三）加强重点领域管控，杜绝项目重大隐患

一是加强风险管理。充分利用作业条件危险性分析法（LEC）和失效模式效果分析法（FMEA），集中识别分析施工全过程质量安全风险，实行差别化管理，每月通过下发高风险工点管控清单，将质量安全重点工作逐一分解落地；二是强化重点突出问题整治。开展安全施工专项方案整治和隧道二衬脱空等通病治理活动，切实加强对支架安全、隧道质量安全、特种设备等问题的管理；三是严格试验检测管理。监督全线试验室、拌和站严格按要求进行试验检测、见证检验及平行试验，监督第三方检测单位严格对工程实体进行检测，并在铁路规定的监督抽检基础上，增加桥梁钢结构焊缝和桥梁、涵洞、隧道、房建等工程混凝土强度、钢筋保护层以及房建桩基等实体检测项目，实行对重点分部分项工程加密抽检，确保实体质量达标，为金台铁路的质量安全建设保驾护航。

三、融合一套与行政监管相匹配的管理手段

（一）建立人员培训机制，加强队伍能力提升

一是积极“走出去”。按计划、分批次地开展系统性的业务培训，公司多次组织技术人员到省内外铁路项目进行观摩、交流，积极参加浙江省地方铁路协会组织的业务培训，多次参加省交通工程管理中心、浙江省交通投资集团组织的专业培训，进一步提升业务管理能力。二是不断“请进来”。公司组织向全国铁路专家学习，弥补地方铁路管理力量不足，邀请国家铁路局、宁波工务段等专家授课补专业短板，邀请省交通工程管理中心专家多次到金台铁路参与方案审查、活动指导等，提升业务管理水平。

（二）推行标准化管理，强化项目质安

1. 加强标准化建设

培育“标化工地”，推行标准化管理，全力实施机械化、专业化、工厂化、信息化，以标准化管理提升工程质量，充分运用智能化、大型化施工设备和定（成）形式、装配式的安全防护设施促进质量安全管理。

2. 抓好示范点创建

在全线开展“质安文化进工地”“品质工程”和“平安工地”示范点创建活动，把质量安全知识融入施工企业文化，形成极具特色的质安文化。树立全寿命设计理念，严格全员、全过程、全方位现场管理，全力创建“品质工程”示范点。深入开展班组 6S 管理，把质量安全宣传植入班组一线工人心里，真正内化于心、外化于行，将“平安工地”创建落到实处，实现各种创建载体的互融互通。

3. 推行科学智能管理，强化科技监管手段

（1）开发质量安全检查应用程序。

联合专业公司研发质量安全检查应用程序，根据实际需求定制检查模块，对各类专项检查或日常巡检时所发现的问题进行及时下发、层级流转、环环把控、逐项整改闭合，定人定责定时进行问题整改，极大地发挥了科技手段的及时性、快捷性。

（2）强化视频监控管理。

对接省交通工程管理中心，完成金台铁路 8 个视频监控点接入省交通作战指挥平台，结合既有现场视频监控和车载移动监控设备，对现场施工情况进行实时盯控，发挥远程监控的优势，实现“人眼+天眼”全方位、全覆盖。

（3）引入粉料吹灰管理系统。

在全线各拌和站引入粉料吹灰管理系统，实现对水泥、粉煤灰、矿粉等材料进料和使用的全过程

监控，防止错仓和未检先用的情况；四是运用无人机开展检查。将无人机引入日常检查中，作为科技创新辅助手段协助执行高空巡视、工地航拍检查等任务，有效解决高墩、视野不开阔等区域的检查困难，消除安全管理死角，为推动安全检查提供了高效率、高精度的保障。

第三节 质量安全管理取得的主要成效

一、综合监督检查方面

自省交通工程管理中心主管金台铁路质量和安全监督管理工作以来，从每年 2 次质量和安全生产综合检查情况来看，问题总数同比减少、重复发生的问题有效减少、问题性质严重性持续降低。通过不断努力，公司获得省交通运输厅 2019 年上半年度、下半年度，2020 年上半年度（末次检查）交通建设工程项目质量和安全生产综合检查地方铁路第一名，质量和安全管理成效明显提升，地方铁路建设品质逐年提升。

二、质安文化建设方面

在原有铁路标准化建设的基础上，在公司范围内创新建立示范点建设主动包保领办制度，通过各包保组盯控及指导，全力督导各施工单位完成示范点创建，形成全员抓、全员控的氛围，实现全线“品质工程”和“质安文化进工地”示范点高效推进完成，其中中铁一局金台铁路 8 标（临海东制梁场）、中铁十一局金台铁路 7 标两家单位被省交通工程管理中心定为全省地方铁路和城际轨道项目“质安文化进工地”示范点，为全面提高标准化建设水平，圆满完成铁路建设任务提供了强有力的支撑保障。

三、平安工地创建方面

抓住省交通运输厅将地方铁路纳入省交通考评契机，根据《浙江省交通建设工程平安工地建设管理实施办法》申报创建平安工地，金台铁路施工 8 标中铁一局，施工 9 标中铁电气化局/通号公司联合体获得平安工地省级示范施工合同段，金台铁路监理 1 标北京铁城监理公司获得平安工地省级示范监理合同段。

四、标准化管理优良工地创建方面

为进一步落实企业安全生产主体责任，提高施工安全生产标准化管理水平和文明施工水平，根据《省建设厅关于做好 2021 年度浙江省建筑施工安全生产标准化管理优良工地申报工作的通知》文件内容，公司积极组织开展标准化管理优良工地创建工作，其中金台铁路施工 1 标中铁二十四局、施工 7 标中铁十一局、施工 8 标中铁一局、施工 9 标中铁电气化局获得“2021 年浙江省建筑施工安全生产标准化管理优良工地”称号。

第六十五章　金台铁路项目审批通道

就铁路建设而言，原铁道部、铁路总公司在多年铁路建设的实践中，建立了一整套完备的规章制度体系和组织管理体系，都有明确的工作流程和标准规范。国铁集团到路局各相关职能部门，分工明确、责任清晰。在项目建设过程中无论是哪个阶段哪个方面出现的问题，基本上都有章可循、有部门牵头负责处理。

但以省为主建设铁路的管理体制尚未理顺。纵观我省铁路建设管理组织架构和政策系统，主要还是为在配合国铁为主建设铁路的过程中，解决加快项目前期工作和保障征地拆迁顺利推进而设立。铁路建设实现分类建设管理以来，省里尚没有铁路建设工程管理方面的政策法规、规章制度，政府层面的行政管理监督机构也是在为金台铁路建设期而成立，正处于实施摸索阶段，向铁路行业逐步接轨。

2015 年 9 月铁路总公司出台了《关于规范非控股合资铁路建设项目管理的指导意见》(铁总计统〔2015〕224 号)，其中对于非国铁控股和代建铁路在初步设计、变更设计、征地拆迁等方面提出“依法自主决策”。2017 年 9 月 20 日，省级层面虽然出台《浙江省地方控股铁路项目建设管理指导意见》(浙发改基综〔2017〕801 号)，就金台铁路建设实践来看，涉及“依法自主决策”的问题缺乏明确的依据，往往采用一事一议，且需要往省级层面和铁路系统两头汇报对接。遇到诸如 I 类变更、概算调整、施工图审查、消防审查等重大问题，由哪个单位或部门来牵头、通过何种程序、怎样出具批复处理意见等都尚不明确。省级层面和行业主管部门间缺少相关协调机制，对铁路建设日常的工作有较大的影响。

第一节　变更设计审批

在施工前期勘探中，工程建设者都会发现实际情况与施工设计图不符的现象，这时，就需要启动设计变更、优化施工设计，从而达到更好的建设成效。根据《关于规范非控股合资铁路建设项目管理的指导意见》(铁总计统〔2015〕24 号)文：工程实施中发生的变更设计和征地拆迁、各项价差等投资调整，原则上由项目公司依法自主决策；按照发改交运〔2007〕807 号文件要求，涉及建设规模、主要技术标准或项目投资超出可研批复 10%以上等重大调整的，项目公司委托咨询单位进行咨询，依法履行内部决策程序，按程序报原可行性研究审批部门审批。金台铁路是由省方控股、铁路总公司参股的项目，可研报告由省发改委会同铁路总公司计统部一起审查，由浙江省政府和铁路总公司联合批复，但技术层面由铁路总公司鉴定中心把关。

金台铁路建设中发生的 I 类变更、征地拆迁超概算的审查，项目公司无法进行自主决策，初期都是项目公司内审后，提报集团公司审查。由于一些 I 类变更技术复杂，集团公司现有的技术力量不足并缺乏文件依据很难决策，且又涉及铁路总公司参股，在没有征得路方同意的情况下，即便集团公司出具审查意见也缺乏权威性。金台铁路开工初期，首个 I 类变更设计(临海东站上跨 G104 国道变更)，在设计单位编制完成设计文本，经项目公司组织参建各方审查后，不知下步上报哪个层级审批，就是前面所讲述的，在国铁和省方两头来回跑，各层级的专家审查会每召开一次，变更费用就会增加，增加费用越大，每个层级审批越有顾虑，项目公司通过专人驻京、积极跑省等措施，加强和浙江省发改委、上海铁路局等单位的协调对接，历经 13 个月，完成首个 I 类变更设计审批，同时也固化了审批流程，项目变更设计的审批流程得以明确。即：Ⅰ类变更设计方案经公司组织设计、施工、监理单位审核后，报送铁总经规院咨询，再由省发改委审批（站房扩大规模Ⅰ类变更设计在铁总经规院咨询前，需由各县市政府将站房规模报请省发改委同意，并报备铁总计统部）；Ⅱa 类变更设计方案则只需要经公司组织设计、施工、监理单位审核后，再报送集团审批即可。

有了铁路总公司经规院出具的咨询意见对于路方（尤其是路局层面）也具有一定的权威性，才有利于路地双方形成共识。

2019 年 7 月 1 日，国务院《政府投资条例》（国务院令 712 号）开始实行，其中第二十三条规定："政府投资项目建设投资原则上不得超过经核定的投资概算"。由于金台铁路项目算上前期的征地拆迁和永康外迁变更，总投资已超概算，导致 5 座站房规模扩大等 4 项变更设计迟迟未能获批，经集团与省发改委多轮对接均未能达成一致意见，直至 2019 年 9 月底，才最终商定征地拆迁及地方出资部分不纳入项目增加概算统计，并批复了变更设计。至此，站房工程的招标和工期延后了 6 个月，并影响到铁路的总工期。

第二节 指导性施工组织设计审查

根据总公司相关文件要求，铁路建设项目指导性施工组织设计采用动态调整，一般每年一次。

国铁项目一般由项目管理机构编制完成后上报路局建设处组织审查，审查完善后报工管中心审查。

地方铁路指导性施工组织由项目公司委托铁路总公司工管中心进行审查，并出具审查意见，项目公司根据审查意见自行组织开工建设。

第三节 消防审查

国铁控股项目在设计批复中明确了消防施工图报送铁路消防主管部门审核，按审核意见完善设计。因金台铁路以省为主，在初步设计批复中未明确消防审查事宜，2017 年 5 月，设计单位完成生产生活房屋及隧道等工程的消防设计图，公司前期积极对接地方消防队、省消防总队、铁路公安消防队等单位，均因管辖权问题未接收审查。若生产生活房屋建筑、隧道等消防设计图没有消防主管部门审查，铁总工管中心不予出具施工图审查意见，房建工程的招标、施工工作无法开展。后经省发改委牵头组织协调，确定由上海铁路公安局杭州公安处消防支队接收审查，并于 2017 年 9 月完成审查备案工作。

2019 年 4 月，随着新消防法的实行，建设工程消防审查和验收职能由公安部门转变为住建部门，公司多次对接沿线各县市住建局、省住建厅，均因技术力量不足等原因不接受审查、验收。公司后续完成了 7 座旅客站房、运营管理模式及客整所Ⅰ类变更设计等工程的消防设计又面临无人审查的困境。后经台州市政府协调，对前期铁路公安、铁四院、铁总工管中心的审查意见均予以认可，不另行组织消防审查，并据此开展消防备案验收工作。至此，金台铁路消防审查、验收通道才全部打通。

2021 年 3 月，省住建厅、交通厅、水利厅、电力公司联合发布的《浙江省建设工程消防设计审查验收管理暂行办法》（浙建〔2021〕3 号），其中文件第九条明确："交通工程的消防验收实行现场评定与行政审批相分离，现场评定由建设单位在工程竣工验收阶段组织或委托具备相应能力的技术服务机构实施。现场评定合格且消防验收申报材料齐全的，设区市、县（市、区）建设主管部门出具消防验收意见。"办理交通工程消防审查、验收工作相关流程得以进一步明确。

第四节　服务咨询类招标

按照有关规定，铁路建设相关工作的实施通过招标确定服务单位，鉴于部分专业性较强的咨询服务类及涉及电力迁改等特殊行业的设备、设施，市场发育不完善，没有足够的潜在投标人参与竞争（垄断行业）。若按现行的有关规定，选择的单位将无法提供有效服务，而且实施不下去。目前，国铁为主建设铁路项目在类似服务单位的选择方式上，都采用直接委托方式进行，上海铁路局管内其他省也类似操作。

金台铁路是以省为主控股建设合资铁路，如三电迁改、爆破监理、联调联试、动态监测、运行试验等施工，若按正常程序进行招标，周期较长，相比国铁控股项目协调难度更大。

第五节　行业指导沟通机制

金台铁路是以省为主控股的合资铁路，其中浙江省、铁总股权占比分别为 85%、15%，因未与上海铁路局形成行业指导有效机制，铁路总公司、上海铁路局指令性文件、函件以及铁路行业标准变化等政策性行业要求，项目公司无法及时获得，对工程建设中不能起到指导、帮助作用；对于金台铁路建设，涉及既有国铁的相关事宜，无法按国铁控股项目合资铁路操作流程办理，变成一事一议，大大降低工作效率。如邻近营业线施工方案审查等，上报后无相关部门受理或受理不够及时，导致部分重点控制工程无法如期开工建设。

以上问题按照铁路总公司文件精神由项目公司自主决策，而按照项目公司的职责范围和工作权限是没有能力也没有权力自主决策，省里也没有相关政策文件授权项目公司自主决策。金台铁路有限责任公司为使上述类似问题得以解决，只能动员一切可能的资源多方汇报、反复请示。问题虽已基本得到解决，但值得我们思考的地方比较多，省为主建设的铁路项目后续建设会面临更多的挑战。

国铁主导合资铁路，省方重点承担征地拆迁及支付省方资本金两项主要工作。省发改委会同省国土厅针对每个项目的情况印发了征地拆迁实施办法。但除了省发改委会同省国土厅印发的征地拆迁实施办法外，省级层面没有印发其他政策性文件，项目在建设过程中基本上执行铁道部或铁路总公司的文件规定。由于征地拆迁涉及面广、政策性强、工作难度大，即便省级层面有了政策性文件，仍然会遇到许多难点、重点问题需要协调解决。以国铁为主建设的合资铁路其合作层面是部省级层面，因此在遇到需要协调解决的难点、重点问题时，路方出资人代表上海铁路局分管领导或项目公司主要领导一般是找省发改委协商，甚至直接向省政府领导汇报，这种协调机制是自上而下的模式，协调结果具有权威性，对项目公司和地方政府均有约束力，有利于问题的解决。

金台铁路有限责任公司是省交通集团的下属控股公司，遇到问题都是从下至上逐级反映解决问题，若越级汇报解决问题，稍有不慎，就会造成层级矛盾，反而不利于工作开展，导致协调周期较长，从而间接影响正常施工进度和投资。尽管集团公司对金台铁路建设给予高度重视，但其协调力度远远低于上海铁路局，而大多数问题往往需要省发改委甚至省政府层面协调才能解决，诸如地方政府对项目建设并没有给予特别的重视，铁办（铁指）人员配置不足，与量大面广的征迁工作不匹配；征地拆迁工作政策性强，各县（市、区）应根据（浙发改基综〔2015〕810 号）文件制定相关配套政策，依法合规的开展各项工作，但有些县（市、区）相关配套政策迟迟未出台；根据国家对铁路建设的支持政策，在先行用地批复后全线用地批复基本需一年左右时间，有些地方在办理临时用地报批时，要求提供全线的用地批复文件，显然不能满足工程建设正常的进度需要；临时用地复耕保证金、土地使用费等相关费用大大高于批复概算标准，比如台州三区合计每亩约 10 万元，总计需占用施工单位 4000 万元左右资金，给施工单位流动资金带来较大的压力，不利于工程建设。又如灵江特大桥是金台铁路控制性工程，跨越灵江IV级航道，台州海事部门提出的灵江特大桥施工期间涉及相关水上安全监管费用需要 500 万，否则不予办理航道相关许可手续，但初步设计批复概算中并无此相关费用。公司多次与海事部门对接无果，最终在台州市政府协调下仍然支付了 398 万水上安全监管费用，协调过程历时数月，导致灵江特大桥工期建设滞后。

以省为主建设铁路的项目公司是企业，企业与政府合作始终处于弱势地位，沿线地方政府的利益诉求各有不同、互相攀比，靠企业去平衡地方政府的利益诉求难以达成。因此，加强协调力度、建立省级层面定期协调督查机制，对于解决以省为主建设铁路遇到的问题十分必要。

第六十六章 通信、信号、信息、车辆系统接入上海局中心经验总结

第一节 通信专业

一、传输系统接入

（一）系统概况

因运营管理模式变更，新设台州调度所，原设计在上海局调度中心的有关设备改在新设的调度指挥中心内；本工程传输系统采用汇聚层、接入层两层网络结构。

（1）汇聚层：设置基于 SDH 10Gb/s ADM 汇聚层传输设备，利用敷设于铁路一侧的 48 芯光缆中的 4 芯光纤，构成链型 1+1 MSP 传输系统。全线各车站设 SDH 10Gb/s 汇聚层传输节点。

（2）接入层：车站接入层设基于 SDH 2.5 Gb/s ADM 传输设备，利用敷设于铁路一侧的 48 芯光缆中的 4 芯光纤，构成车站间链型 1+1MSP 传输系统。在沿线各车站设 SDH 2.5 Gb/sADM 接入层传输设备。区间接入层设基于 SDH 622 Mb/s ADM 传输设备，相邻车站之间利用敷设于铁路一侧的 48 芯光缆中的 2 芯光纤组建 1 个 MSTP 622 Mb/s 通道环保护，环内节点为区间 GSM-R 基站。

（3）为实现站内业务接入点（牵引变电所、10 kV 配电所、综合维修车间/工区、公安派出所/乘警大队/刑警大队、车号/红外轴温探测站、汽车衡/轨道衡等处）的 2 Mb/s、10 m/100 m 通道需求，在以上节点设置 SDH 622 Mb/s ADM 或 155 Mb/s ADM ONU 一体化设备，分别与相应各车站传输设备构成站内通道环保护。并设计台州调度所设置传输网网管，对金台线的传输网元进行管理。

（二）系统接入流程

金台铁路通信传输系统接入上海局包括通信通道的租用、系统的接入、系统的互联互通。为保障金台铁路接入既有上海局传输系统网络的安全性和区分上海局通信段与金温铁道公司维护界面，传输链路通道发生故障后减少既有系统等的影响及快速定位、处理故障，金台铁路在金华南（金温货线）、台州调度所（金台线）、温州西通信站（金温货线）接入既有传输系统互联互通采用硬跳接方式（即为新建传输设备与既有传输设备之间不直接光口对接，传输通道链路需分别落地经综合配线柜跳接）。

通信通道资源的租用：

（1）前期根据相关专业提出接入上海铁路局相关系统的通道需求。

（2）公司组织设计单位相关专业人员主动对接上海路局相关车间业务主管人员了解路局既有设备通道资源、设备端口冗余、设备扩容条件等使用情况。

（3）根据实际掌握的资料编制实施方案，对接站段业务主管部门负责人审核方案的可实施性。

（4）公司主要领导带队协调对接路局业务处室主要负责人最终商定方案。

（5）公司请示上海铁路局资源使用计划，批复后与业务站段对接租用协议。

二、GSM-R 接入

（一）系统概况

GSM-R 移动通信系统，利用上海局既有核心网节点设备，并由对其进行扩容。上海铁路局 GSM-R 交换中心新设编译码和速率适配单元（TRAU），扩容既有 GRIS 设备，满足本工程新设基站设备的接入需求。在台州新设基站控制器 BSC（含 PCU），沿线新设基站及直放站设备，车站基站按 3 载频配置，区间基站按 2 载频配置。基站覆盖采用普通单网覆盖方案，在隧道等弱场区段，采用直放站结合漏泄同轴电缆或者天线的方式解决。

（二）系统接入流程

地方铁路开通 GSM-R 移动通信系统，必须先向国家铁路局提报铁路 GSM-R 通信系统无线电频率使用申请，获批 GSM-R 设备设台手续行政许可，由设计院编制 GSM-R 编号方案并通过北京铁路通信技术中心评审批复方可进行动态验收。

GSM-R 设备设台手续行政许可手续：

（1）项目建设单位向铁路局集团公司无线电管理办公室提交以下资料：

《铁路无线电台站设置和频率使用审查表》《国家铁路局行政许可申请书》《营业执照副本（验照）及复印件》《基站进网许可证复印件、直放站认定证书复印件》《操作人员的相关资料》《可研（立项批复文件）》《工程初步设计文件（复印件）及批复文件》《与既有无线通信需互联互通时，既有系统的通信频率运用情况》《机车运用交路》《电磁环境检测报告》（委托具备电磁环境检测资质的单位编制报告，并负责清频）、《系统组网方案，设台数量和固定台站的站址，台站主要技术规格》等资料。

（2）铁路局集团公司无线电管理办公室审核材料，建设单位根据审核意见修改完善直至确认。

（3）报送国家铁路局，并对审核意见修改完善直至确认。获得国家铁路局审批通过盖章的《国家铁路局行政许可申请书》。

（4）建设单位将铁路局集团公司无线电管理办公室确认无误的申请资料和填写的《行政许可申请书》《蜂窝无线电通信基站技术资料申报表》《直放站技术资料申报表》发送至地方无线电管理机构。并对地方无线电管理机构审核意见修改完善直至确认，获得《GSM-R 设备设台手续行政许可证书》。

（三）GSM-R 编号方案

地方铁路 GSM-R 系统动态验收前要完成 GSM-R 系统数据制作，建设单位负责提报申请，完成各项批复文件申报，委托铁路局咨询设计院编制 GSM-R 系统数据，上报通信中心审查。需提交资料如下：

（1）申请函正文。

（2）路局初步审查会议纪要。

（3）设计院提供的工程编号方案数据文件。

（4）相关通信网图。

（5）线路名称及里程体系文件。（根据工程实际情况，上报正式线路名称、车站名称、K 公里标并正式批复）。

（6）调度及铁路局管界划分批复文件。（详细到信号机位置的调度区管界，包含工程的各条线路及各个车站的调度归属均应有明确划分）。

（7）线路概况图。

（8）工程沿线基站位置图。

（9）无线网络场强分布示意图。

第二节　信号专业 CTC 系统互联

一、系统概况

金台铁路新建线正线永康东（不含）至台州金台场（含）段，头门港支线临海东至头门港（含）段，台州南货车联络线台州金台场至台州南金台场（含），枫山联络线武义东（含）至永康南普速场，永康南疏解线永康南普速场（含）至永康东（含）、永康南金温场（不含）至永康东，各新建站采用列车调度指挥系统（TDCS3.0），均纳入新建金台铁路调度中心管理，归属于新建的金台调度台。

金台铁路引入金丽温铁路永康南金温场和沿海铁路台州南杭深场，引起永康南金温场和台州南杭深场改造。永康南金温场和台州南杭深场维持上海局行车调度台管辖车站不变，即永康南金温场纳入杭长高铁台、台州南杭深场纳入沿海台。

金台铁路引入既有铁路线路，涉及金丽温铁路永康南金温场和沿海铁路台州南杭深场调度集中系统以及上海局调度所客专 CTC 调度中心总机、杭长高铁台和沿海台 CTC 系统改造。对应调度指挥系统情况见表 66-1：

表 66-1　对应调度指挥系统情况

序号	线路名称/调度台	行车调度指挥系统规格	设备厂家
1	金丽温铁路（正线，含）	FZk-CTC（V2.0）	卡斯柯
2	沿海铁路（正线）	FZk-CTC（V2.0）	卡斯柯
3	杭长高铁台	FZk-CTC（V2.0）	卡斯柯
4	沿海台	FZk-CTC（V2.0）	卡斯柯

二、系统接入流程

2019 年 5 月 29 日，公司以《关于明确金台铁路调度中心线网规模和选址的请示》（金台铁工法〔2019〕46 号）文明确了调度中心选址和线网规模。

2019 年 6 月 19 日，公司以《关于明确金台铁路运营管理模式变更相关意见的函》（金台铁工函〔2019〕74 号）给铁五院，对运营管理模式变更需要进一步明确的事项给予了函复。

2019 年 7 月 10 日，经规院对金台铁路运营管理模式 I 类变更设计进行了审查，并以《国铁集团工程设计鉴定中心关于金台铁路运营管理模式修改及台州客整所变更设计评审后书面下达补充材料要求的通知》（鉴便函〔2019〕17 号）要求补充：调度中心线网规模进行明确等资料。

2019 年 7 月 25 日，公司以《关于明确金台铁路运营管理模式变更相关意见的函》（金台铁工函〔2019〕86 号）给铁五院，对运营管理模式变更需要进一步明确的事项给予了函复。

2019 年 9 月 12 日，经规院以《中国铁路经济规划院研究有限公司关于发送新建金华至台州铁路运营管理模式、台州客整所等 2 项变更设计咨询意见的函》（经规线站函〔2019〕346 号），向公司提供了咨询意见。

2020 年 6 月 3 日，浙江省发展和改革委员会以《省发展和改革委关于新建金华至台州铁路运营管理模式、台州客整所等 2 项变更设计的批复》（浙发改项字〔2020〕95 号），批复新建金华至台州铁路运营管理模式变更设计。

2020 年 7 月 2 日，公司召开新建金华至台州铁路运营模式变更相关信号设备设计联络会。

2020 年 7 月 20 日，公司召开新建金华至台州铁路调度中心信号施工图审查及设计技术交底会。

2020 年 8 月，公司组织各相关参建单位与上海铁路局集团有限公司电务处、调度所、上海电务段、上海通信段、信息所、金温铁道开发有限公司等相关部门对接，介绍新建金台铁路调度指挥系统接入上海局集团有限公司调度所客专 CTC 中心设计方案，经过详细沟通，对接入条件、资源需求和实际情况，进一步进行明确。

2020 年 8 月，公司会同金温铁道开发有限公司组织各设计、施工、监理等相关单位对施工单位编制的《新建金台铁路调度指挥系统接入上海局集团有限公司调度所客专 CTC 中心施工方案》进行了初步审查。

2020 年 8 月，公司会同上海铁路局集团有限公司东华地铁公司组织电务处、调度所、上海电务段、上海通信段、信息所、金温铁道开发有限公司、设计、施工、监理等各参建单位对施工单位编制的《新建金台铁路调度指挥系统接入上海局集团有限公司调度所客专 CTC 中心施工方案》进行了审查。最终确定了新建金台铁路调度指挥系统接入上海局集团有限公司调度所客专 CTC 中心施工方案。

施工方案审查确认后，公司组织施工单位与上海铁路局集团有限公司各相关业务处室签订施工安全配合协议并提报施工计划，严格按照施工方案和施工计划施工，完成新建金台铁路调度指挥系统接入上海局集团有限公司调度所客专 CTC 中心。

三、系统接入总结

（一）系统接入

金台铁路新建金台调度中心总机、金台调度台与上海局调度所既有客专 CTC 系统总机、调度台以及金台铁路新建车站 TDCS 系统与既有金丽温铁路和沿海铁路接口车站 CTC 系统间信息互通。

（二）金台调度中心

单独设置与上海局客专 CTC 中心接口服务器设备，采用铁总标准的分界口通信协议进行接口通信，利用通信专业提供的 2 m 专业数字通信网络进行信息的传输，系统结构见图 66-1。

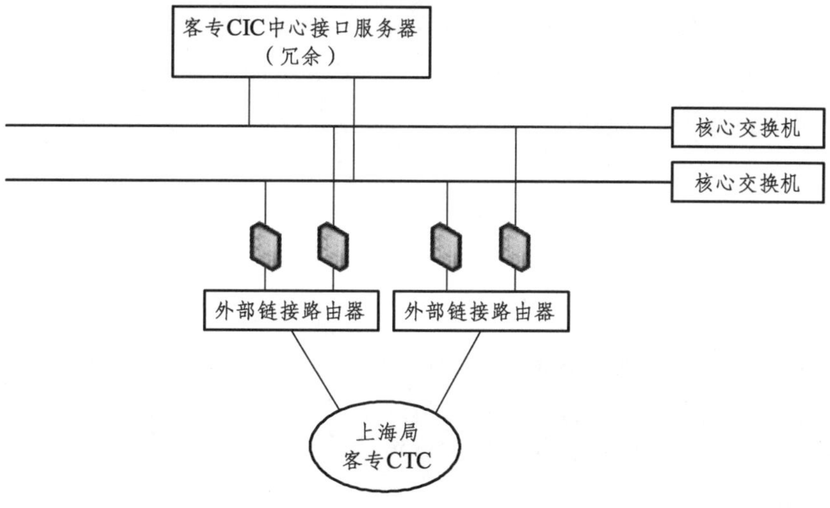

图 66-1　金台调度中心系统结构

（三）上海客专 CTC 中心

据上海局客专 CTC 中心设备设置现状情况，利用既有的外部链接路由器和网络安全设备，增设与金台铁路调度中心总机系统的接口服务器设备，增加与金台铁路调度中心总机系统间的 2 m 数字通信通道，同步修改相关服务器和杭长高铁台、沿海台软件，系统结构见图 66-2。

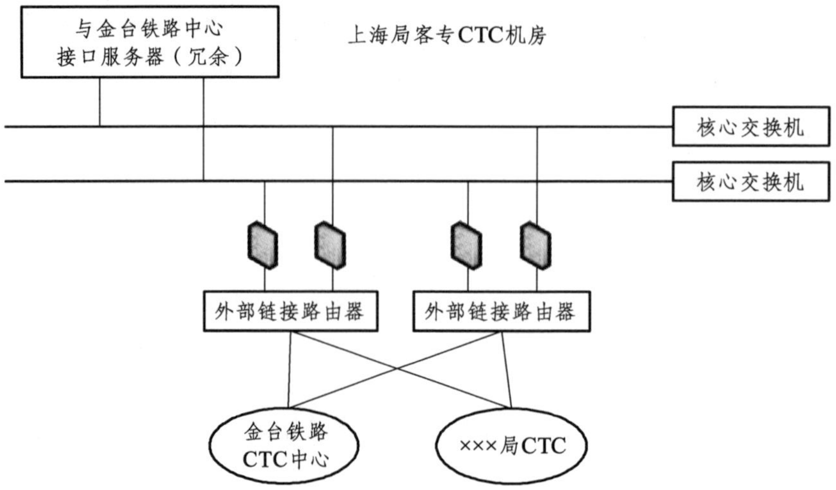

图 66-2　上海客专 CTC 中心系统结构

（四）接入步骤

按照金台铁路工程进展，接入上海局客专调度所 CTC 总机过程主要步骤为；

1. 接入永康南站

该步骤为金台铁路与金丽温铁路永康南金温场接口，引起永康南金温场 CTC 改造。目前永康南金温场站改已完成。未实施永康南金温场等站与永康南普速场等站信息互通。

2. 接入台州南站

该步骤为金台铁路铁路与沿海铁路的台州南站接口，引起台州南站改造。目前未实施台州南改造及站名修改为台州南杭深场，未实施台州南杭深场等站与台州南金台场等站信息互通。

3. 金台调度中心与上海局客专 CTC 中心互通

按照实施步骤，实现金台调度中心与上海局客专 CTC 总机间信息互通。该步骤实施前，需于上海局客专中心增加金台中心相关接口网络设备、分界口服务器设备及连接两地的通信通道，金台调度中心已调试完成。

（五）接入计划

1. 硬件实施安装方案

上海局客专中心增加 1 套与金台调度中心接口的分界口服务器、机柜及相关配件。设备安装在上海局客专附楼 2 楼机房第二排第三位。新设机柜安装位置见图 66-3。

上海局客专 CTC 中心利用放置于客专中心 4 楼机房的原分界口路由器上预留端口，与金台中心连接通信。目前上海局客专 CTC 中心 4 楼机房设备与附楼 2 楼机房设备为同一局域网，上述设备新增完成后，即可具备金台调度中心与上海局客专 CTC 中心互通软件实施条件。施工安排见表 66-2：

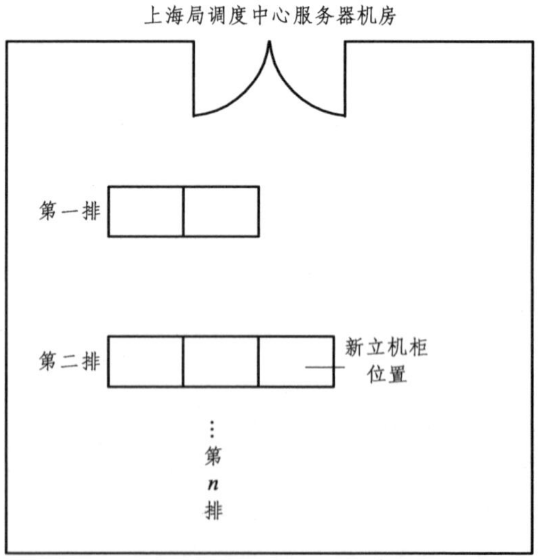

图 66-3　新设机柜安装位置

表 66-2 施工安排表

编号	要点时间	施工内容	施工内容	施工类别	施工点	配合单位
1	邻近营业线施工（具体时间按上海电务段配合时间）	新增设备安装、调试	机柜、服务器安装固定，设备布线。	C 类	4	上海电务段
2	邻近营业线施工（具体时间按上海电务段配合时间）	新增设备调试	设备单体上电调试。	C 类	1	上海电务段
3	营业线施工（具体时间按上海电务段配合时间，封锁时间 4 小时）	设备网络接入修改	新增服务器接入客专 CTC 中心列头交换机网络；分界口路由器上增加对金台调度中心端口配置。	Ⅲ级	1	上海电务段、杭州电务段
4	营业线施工（具体时间按上海电务段配合时间，封锁时间 4 小时）	通道调试试验	配合通信专业完成与金台调度中心间 2 m 通道连通测试确认。	Ⅲ级	1	上海电务段、上海通信段、杭州电务段

2. 软件实施方案

金丽温铁路接口 CTC 车站增加金台铁路相关车站站间透明信息显示，杭长高铁台具备与金台调度台邻台相关功能。沿海铁路接口 CTC 车站增加金台铁路相关车站站间透明信息显示，沿海台具备与金台调度台邻台相关功能。同步启用金台分界口服务器软件。

因施工内容较多，永康南金温场、台州南杭深场与金台铁路相邻车站互通分步实施。在第一步中即启用金台分界口服务器软件。网络安全策略同步配合施工进行修改调整。

3. 接入永康南金温场（接入杭长台）

① 实施内容。

永康南金温场 CTC 增加与永康南金台场 TDCS 间方向口数据连接，金丽温铁路相关车站增加金台铁路相关车站间透明信息显示，杭长高铁台增加与金台调度台邻台相关功能，见表 66-3。

表 66-3 实施内容

施工车站站名	施工内容
永康南金温场	① 修改 CTC 自律机配置数据：增加自律机中邻站永康南金台场、永康东、申亭 TDCS 接口数据；修改永康南金温场 CTC 数据。 ② 修改 CTC 车务终端（含维护机）配置数据：调整站场显示数据，增加永康南金台场、永康东、申亭 TDCS 站场透明显示画面；修改永康南金温场 CTC 数据。
武义北	① 修改车站 CTC 自律机配置数据：增加自律机中邻站永康南普速场、永康东 TDCS 接口数据；修改永康南金温场 CTC 数据。 ② 修改车站 CTC 车务终端（含维护机）配置数据：增加永康南普速场、永康东 TDCS 站场透明显示画面；修改永康南金温场 CTC 数据。
金华南、缙云西、丽水	① 修改车站 CTC 自律机配置数据：修改永康南金温场 CTC 数据。 ② 修改车站 CTC 车务终端（含维护机）配置数据：修改永康南金温场 CTC 数据。
中心修改内容	
杭长高铁台、杭长应用服务器、金温客专通信前置服务器、金丽温 CTC-TSR 接口服务器、TD 接口机、与铁总接口服务器、系统软件管理服务器、运维服务器、系统维护台、查询终端、通号各复视终端等	

② 实施安排。

施工点 1 个，封锁时间为 4 小时，施工计划在永康南金温场进行登消记。施工启用永康南金温场与永康南普速场间接口信息互通，启用与金台铁路调度中心接口服务器软件。

4. 接入台州南杭深场（接入沿海台）

① 实施内容。

台州南杭深场 CTC 增加与台州南金台场 TDCS 间方向口数据连接，沿海铁路相关车站增加金台铁路相关车站调监透明信息，沿海台增加与金台调度台邻台相关功能，见表 66-4。

表 66-4 实施内容

修改车站站名	修改内容
台州南杭深场	① 修改 CTC 自律机配置数据：增加自律机中邻站台州金台场、台州南金台场 TDCS 接口数据；修改台州南杭深场数据。 ② 修改 CTC 车务终端（含维护机）配置数据：调整站场显示数据，增加台州金台场、台州南金台场 TDCS 站场透明显示画面；修改台州南杭深场 CTC 数据。
温岭	① 修改 CTC 自律机配置数据：增加自律机中邻站台州南金台场 TDCS 接口数据；修改台州南杭深场 CTC 数据。 ② 修改 CTC 车务终端（含维护机）配置数据：增加台州南金台场 TDCS 站场透明显示画面；修改台州南杭深场 CTC 数据。
台州、临海、雁荡山	① 修改 CTC 自律机配置数据：修改台州南杭深场 CTC 数据。 ② 修改 CTC 车务终端（含维护机）配置数据：修改台州南杭深场 CTC 数据。
中心修改内容	
沿海高铁台、沿海应用服务器、沿海通信前置服务器、沿海 CTC-TSR 接口服务器、TD 接口机、与铁总接口服务器、系统软件管理服务器、运维服务器、系统维护台、查询终端、通号各复视终端等	

② 实施安排。

施工点 1 个，封锁时间为 4 小时，施工计划在台州南杭深场进行登消记。施工启用台州南杭深场与台州南金台场间接口信息互通，启用沿海台与金台铁路调度中心接口服务器软件。

第三节 信息专业

一、客票系统接入

（一）系统概况

客票系统广域网采用核心层、汇聚层、接入层三层架构的专用网络，核心层网络利用既有，汇聚层为金温铁道公司区域级客票系统中心，本工程更新金温铁道公司区域级客票系统网络设备。磐安南、仙居南、壶镇、临海南、头门新区、杜桥站客票系统通过传输系统提供 1×10 Mbit/s[FE(o)]通道接入金温调度大楼区域级客票系统，主用通道由各站汇聚到金温铁道公司区域级客票中心，备用通道在台州调度大楼汇聚后由传输系统提供 1×4 Mbit/s[FE(e)]接入金温铁道公司区域客票中心。金温铁道公司区域级客票中心与上海铁路局客票中心传输通道需扩容至主备各 1×50 Mbit/s；永康南、台州站维持原通道不变。

金温调度大楼客票系统改造，本工程对金温铁道公司区域级客票系统设备采用虚拟化方式进行更新改造。金温铁道公司调度大楼信息机房设置应用服务器、接口服务器、核心交换机、接入交换机、路由器、负载均衡器、客票安全设备、配套软件（含 VSphere、VSAN、VCenter 管理软件、防病毒与补丁升级系统户端、客票软件）等相关设备。

（二）系统接入流程

（1）前期先与科信部、客运部、宁波车务段、金华车务段等相关部门专业工程师对接，介绍客票系统接入设计方案，经过沟通系统接入对接入条件、资源情况，再与相关部门负责人汇报沟通设计方案，形成一个稳定的设计方案。

（2）联系上海铁路局科信部，由其牵头组织客运部、信息技术所、宁波车务段、金华车务段、金台铁路有限责任公司、金温铁道公司、施工单位、设计单位、监理单位，召开金台铁路有关信息系统接入上海铁路局协调对接会，中铁五院介绍前期对接确认过的金台铁路客票系统接入上海铁路局设计方案，经过各单位讨论后确定客票系统接入原则。

（3）公司先组织召开新建金台铁路信息系统接入上海铁路局施工方案初审会，并邀请上海局相关部门专家参加，对施工方案存在的问题和缺陷提出建议，会后安排施工单位根据相关建议修改完善施工方案；再联系上海局集团科信部，由其牵头组织客运部、信息技术所、宁波车务段、金华车务段、金台铁路有限责任公司、金温铁道公司、设计单位、施工单位、监理单位召开了新建金台铁路信息系统接入集团公司相关既有系统施工方案审查会。通过以上两次会议，最终确定了新建金台铁路客票系统接入上海局既有系统施工方案。

（4）施工方案审查确认后，由施工单位提报施工计划，严格按照施工方案和施工计划施工，完成金台铁路客票系统接入上海局客票系统。

（三）系统接入总结

1. 金台铁路客票系统接入方案

金台铁路磐安南站、壶镇站、仙居南站、临海南站、杜桥站、头门港站 6 个客运站网络上联金温铁道公司客票中心，6 个站人工客票业务、站补业务、人工应急售票功能等接入金温铁道公司客票中心，自动检票系统接入金温铁道公司客票中心自动检票系统，自动售票系统接入路局自动售票系统，台州站（金台场）、永康南站 2 个站客票设备接入既有车站客票系统。

为满足各站售票系统使用，磐安南站、壶镇站、仙居南站、临海南站、杜桥站、头门港站窗口业务接入金温铁道公司客票中心，将在金温铁道公司客票中心为各站做基础数据（窗口、操作员、班次等）定义及配置 DBCS 数据接口，在应用服务器中增加这 6 个站的 CTMS 应用接口，在路局中心增加这 6 个站的 DBCS 数据接口、CTMS 应用接口等，审批相关功能、设备，联调联试人工客票业务，确保设备正常运行。台州站（金台场）窗口业务接入既有台州站（杭深场）客票系统，在台州站（杭深场）客票管理终端做基础数据（窗口、操作员、班次等）定义。

2. 自动售票系统、检票系统网络接入技术方案

金台铁路磐安南站、壶镇站、仙居南站、临海南站、杜桥站、头门港站自动售票业务接入路局自动售票系统，自动检票业务接入金温铁道公司客票中心自动检票系统。台州站（金台场）、永康南站自动售票系统、自动检票系统接入既有车站自动售票系统、自动检票系统。

为满足各站自动售票业务需要，需在各站及路局自动售票系统内做金台铁路各站的窗口、操作员等相关基础定义，在应用服务器中增加的 smart 应用接口，审批相关设备，联调联试自动售票业务，确保自动售票设备正常运行。

为满足各站自动检票业务需要，需在金温铁道公司客票中心自动检票系统内做金台铁路各站的窗口、操作员等相关基础定义，在应用服务器中增加的 AFC 应用接口，审批相关设备，联调联试自动检票业务，确保自动检票设备正常运行。

3. 旅服系统接口网络接入技术方案

为满足各站余票显示等业务的需要，金台铁路各站接入路局旅服接口系统，将在路局旅服接口系

统内配置各站的数据接口、应用接口，联调联试余票业务，确保数据正常生成、旅服系统获取到数据。

4. 应急售票系统网络接入技术方案

为满足各站人工窗口应急售票功能的需要，需在金温铁道公司客票中心内增加各站的接口，审批应急窗口，联调联试人工应急售票功能，确保应急售票数据正常。

5. 站补系统网络接入技术方案

为满足各站站补业务的需要，需在金温铁道公司客票中心内增加各站的接口，审批相关功能、设备，联调联试站补业务，确保设备正常运行。

二、货运信息系统

（一）系统概况

金台铁路各站货运信息系统通过传输网（分别从武义、台州方向）先接入金温铁道公司区域中心汇聚后，再上联至杭州电算站。在金温铁道公司调度大楼信息机房内新设防火墙、核心交换机、路由器、磁盘阵列、数据备份设备等，货运系统相关服务器集群按虚拟化方式实施；货房综合楼设置路由器、防火墙、交换机、办公终端等办公网设备。

（二）系统接入流程

（1）前期先与设计一起对接科信部、货运部、信息技术所等相关部门专业工程师，介绍货运接入设计方案，在组织设计单位、施工单位、监理单位、金温铁道公司与上海局相关专家到现场查看，组织开会讨论方案和配置资源，经过沟通系统接入条件、资源需求实际情况。

（2）联系上海铁路局货运部，由其牵头多次组织科信部、信息技术所、金台铁路有限责任公司、金温铁道公司、施工单位、设计单位、监理单位，召开金台铁路货运信息系统接入上海铁路局协调对接会，中铁五院介绍金台铁路货运信息系统接入上海铁路局设计方案，通过会议讨论确定货运信息系统接入原则。

（3）公司组织施工单位根据设计方案和前期对接情况，编制货运信息系统接入上海局施工方案，先组织设计单位、监理单位、运营单位等对施工单位编写的施工方案进行初步审查；通过初步审查后，联系上海局集团货运部牵头组织科信部、信息技术所、金台铁路有限责任公司、运营单位、设计单位、施工单位、监理单位在召开新建金台铁路货运信息系统接入集团公司相关既有系统施工方案审查会。通过会议讨论，最终确定金台铁路货运信息系统接入上海局既有系统施工方案。

（4）施工方案审查后，联系货运部、信息技术所相关人员配合，依据审定的施工方案提报施工计划，组织人员施工，完成金台铁路货运系统接入上海局货运系统。

（三）系统接入总结

1. 货运信息系统网络技术方案

金台铁路在永康东、磐安南、壶镇、下各、临海东、头门港站设置6个站货运站，货运信息系统接入金温铁道公司即有系统，通过金温铁道公司货运中心接入上海铁路局货运中心。

2. 金台铁路货运信息系统建设接入方案（局端部分）

（1）货运制票系统接入方案。

① 对于经中国铁路总公司货运部批准开通车站制票点制票卡的集采。

② 集团公司货运部审核批准后，路局信息所货票课题组向中国铁路总公司货票课题组申请制票卡序

列号。

③ 路局信息所局端配置车站运单服务器地址、用户名、口令，开通货票提取运单信息服务器地址连接。

④ 指导直属货运中心货票维护人员配置车站操作员用户名、密码，安装货票客户端软件、配置、测试。

（2）货运票据电子化中国铁路总公司端配置。

① 向国铁集团票据电子化课题组申请，维护新开通车站及对应的货运站段、运输站段等基础字典配置。

② 路局信息所登录铁路货运电子票据综合应用管理系统，配置新开通车站的货运用户、车务用户。

③ 对于铁路货运电子票据综合应用管理系统日常使用中存在的问题给予技术支持。

（3）铁路货运电子商务系统（货运电商）接入方案。

① 货运电商系统需要在站名字典里新增 6 个车站相关信息（车站名称、代码、属性、办理限制等）、会同国铁集团维护组根据车站开通电报进行添加，路局端同步国铁集团字典至本地系统。

② 为每个新增车站配置车站管理员用户，并赋予车站管理员菜单权限功能。

③ 对于车站新增的企业注册用户，在路局管理部门进行审核时给予技术支持。

（4）货运站安全监控与管理系统（货运站系统）接入方案。

① 车站提供开通货运站系统的电报，路局信息所联系总公司货运站课题组，下发车站激活码。

② 根据电报码进行初始化车站，生成 super 用户。

③ 虚拟机应用软件安装部署，用户分配。

④ 激活开通。

（5）铁路集装箱运输管理信息系统（集装箱系统）接入方案。

① 车站提供申请开通集装箱运输管理系统的电报，路局信息所会同中国铁路总公司集装箱课题组，开通下发初始用户。

② 初始化用户，进行相关人员、股道等配置。

③ 根据现车所属地配置箱管系统现车链路以及反写现车，通知取车等配置。

（6）铁路确报管理信息系统接入方案。

① 局端站名字典维护。

② 确报系统转发配置。

③ 区域数据中心（电算站）MQ 队列增加配置。

（7）铁路保价运输管理系统（保价系统）接入方案。

① 保价运输管理系统需要在站名字典里新增 6 个车站相关信息（车站名称、代码、属性、传输配置）、此功能只能联系中国铁路总公司维护组根据车站开通电报进行添加，路局端同步中国铁路总公司字典至本地系统。

② 铁路保价运输管理系统需要确认每个新增车站应用保价系统客户端的 IP 地址，并报中国铁路总公司维护组，为每个车站申请 license。

③ 路局负责为每个新增车站配置车站管理员用户，并赋予车站管理员菜单权限功能。

（8）铁路货运计量安全监测监控系统接入方案。

① 车站系统建立数据共享用户。

② 共享数据表。

③ 数据权限分配。

④ 现车系统应用转发配置及调试。

⑤ 由金温铁道公司和铁科院课题组配合将现车确报、股道车等信息与计量设备信息匹配，由信息所负责车站系统数据后台配置及接口相关的工作。

第四节 车辆专业

一、系统概况

红外线轴温探测系统（THDS）：由探测站、监测站、复示站、查询中心及通信网络组成。探测车辆轴承温度，对热轴车辆进行跟踪报警，防范车辆热切轴等安全隐患。

车号自动识别系统（ATIS）：由电子标签、AEI 探测站、CPS、监测站、复示站、查询中心及通信网络组成。自动识别机车、货车、客车、动车组、大型养路机械等移动装备上安装的电子标签，实现移动装备的实时跟踪管理。

二、系统接入流程

红外线轴温探测系统（THDS）将轴温探测信息均传输至台州西站调度大楼内车辆运行安全监测站，汇聚后统一经由金温铁路公司金华南车辆运营安全监测站服务器转发数据，利用既有武义（金温货线）通道接入上海局调度楼车辆运行安全监测站，数据转发至沪昆线红外调度终端，再传输至沪昆行调复示终端。

车号自动识别系统（ATIS）将车号探测信息由铁路办公网承载，传输至 CPS 后再上传至运营单位 ATIS 网络，同时复示至永康东站、台州西站行车室复示终端；经金温货线调度所（工电部）信息机房接入中国铁路上海局 ATIS 系统，保证车号信息在运营单位和上海局互传互通。

第五节 经验体会与问题讨论

接入工作要紧紧依托上海铁路局，在上海局各业务处室和站段的支持下，完成相关各系统接入国铁及地方调度中心与国铁调度中心互联互通，好的协调环境和上海局的大力支持对本项目建设至关重要。

一、开创浙江省自主建设铁路先例

金台铁路是浙江省第一条自主建设、自主运营的地方电气化铁路，对于国铁来说是“三非铁路项目”，即：非国铁控股、非国铁建设、非国铁运营的铁路项目，存在着很多首次探索，寻求相关制度和依据支撑。金台铁路在各系统接入上海局时，遇到相关的管理制度空白，对接协调通道的不畅，设备、网络资源的限制、界面划分的复杂性等，很多方面处于“摸着石头过河”，不断与上海铁路局各处室、站段的领导、专家共同商讨、研究、探索，逐个破解难题，有序推进工程建设，为浙江省首条自主建设、自主运营的地方电气化铁路建设开创先例填补空白。

二、运营模式变化大、建设难度增大

金台铁路在建设期间，由原来国铁上海铁路局运营变更为由金温铁道公司运营，即金台铁路部分专业的系统由原来接入上海局调整为接入新设的地方铁路调度指挥中心，系统接入方式和接入地点上发生重大变化，由接入上海局改为接入金台自建调度指挥中心和金温铁道公司后，再接入上海局相关系统实现相关系统的接入和互联互通；接入施工难度大。在接入方式上，系统间的软接改变为硬跳接，在上海局、金温既有机房涉及光缆引入、线缆敷设、设备安装调试等工作，在接入地点上，因金台铁路在新建调度楼和金温铁道公司设置了中心系统设备，通信、信息、信号、客服、货运、车辆各专业

在系统组网上发生很大的变化，系统接入路局从子系统接入变化为中心系统间的互联，互联时由于资源短缺，在上海局和金温铁道公司相关机房做了大量的设备扩容，扩容、接入施工属于营业线施工，施工时间短，施工工作量大，影响范围大，只能在封锁点进行，且相关工作必须在封锁点内完成，施工完成后不能影响既有设备的正常运行和铁路局正常的运营工作；接入影响施工安全因素较多，施工中各种不可预见风险随时可能发生，最大限度利用铁路天窗时间进行以上工序的施工，必须从技术上规避安全风险。制定每个阶段、每个节点工期的施工程序及施工范围，对每道工序周密策划、周密部署、严密执行、严密落实，超前预想，利用好每一个封闭天窗时间，把安全风险降至最小。运营单位前期介入不深，对施工图审核不全面，并且是其运营的第一条电气化铁路，对于新设备、新系统熟练掌握程度不足，处于摸索阶段，导致实施方案审定后有推翻，实施方案前后变化大。地方铁路与国铁联系对接的协调平台不完善，面对这种困难局面，积极联系上海局相关业务部门，建立和完善全天候的铁路建设协调机构和网络，主动与业务处室相关部门负责人、业务主管积极交流，沟通有关情况，取得各相关部门的支持和理解。上到业务处室，下到车间站段，召开了近百次沟通协调会、设计方案审查会、施工方案审查会、施工计划协调会等，会议常常连续数日，直到问题解决为止。一是想千方百计，接入涉及人员多、专业多、部门多，每次开会前，先想方设法与各业务部门沟通，沟通会议内容，确定开会时间、地点，保障会议顺利召开；二是走千山万水，为了解决涉及相关系统接入和资源审批，常常晚上在赶路，白天在路局，接入期间经常奔波在去往北京、上海、杭州、温州等地的路上。三是吃千辛万苦，为了保证通信系统按时接入上海局，并为相关专业提供业务通道，专业工程师先紧盯建设部出具会议纪要，再紧盯施工单位提报施工计划，最后盯控施工计划审批下达和点内施工任务的完成，接入阶段一直在路局盯控一个多月，圆满完成接入工作；四是说千言万语；因系统接入上海局工作涉及多个部门，接入方案前期需与各业务部门详细沟通对接设计方案、施工方案，就各部门相关部分先形成一个大致稳定的方案。

三、克服各系统接入困难

因地方铁路自主运营带来各系统接入的困难，通信、信号、信息、客服、车辆、货运等系统接入国铁资源少；随着铁路建设的快速发展，国铁集团自身各系统接入资源紧张，且地方铁路接入国铁还未有明确的规定和依据，尤其在通信通道资源、G 网频段资源、地方铁路 CTC 接入方式及组网资源、IP 地址资源等等方面；通过组织相关单位专家研究技术方案、接入方式，及向铁路总公司、上海铁路局申请，才得以实现地方铁路各系统接入上海局及自建调度中心与上海局调度中心互联互通。

四、管界划分问题

金台铁路与国铁接轨站设备管界划分，因金台铁路在永康南、台站西、台州南与国铁接轨，在调度指挥、行车组织、工务、电务、通信、客运、信息、房建等设备都存在管界划分问题，由于涉及专业多，在协调委托上海局和金温铁道公司运营管理界面划分上存在一定难度，在设备划分和运输组织关系交叉点多、情况复杂，通过联系上海局相关部门，多次协调各相关单位召开专题会议，经过充分讨论和研究，会议达成一致的意见。

第六十七章　火工品供应审批难题突破

金台铁路是全国第一条非国铁控股，非国铁代建，非国铁运营的三非电气化铁路。铁路行业向来由国铁主导，国铁成套的管理模式、规章制度、建设思路等在以省为主建设铁路中，无法生搬硬套，也就意味着金台铁路在建设管理方面还是在探索期，很多机制、办法尚未建立。省内也无可借鉴的案例，所以有些建设管理流程办理只能采用“摸着石头过河”，有的问题甚至连石头也摸不着，费了不少精力、走了不少弯路，金台铁路是在一边干、一边摸索中建设完成的，期间我们也遇到了很多困难，经过参建者们攻坚克难、拨云见日、终得以破解。

众所周知，铁路建设中隧道、路堑爆破需要火工品，也就是我们所说的炸药，采矿许可证是审批炸药前提条件，炸药是隧道及路基挖方段施工的必备材料。开工初期，经过公安部门现场联合调查，现场设置永久炸药库条件很难满足相关规定要求，炸药基本都是采用“零供”方式供应，需要三个月审批一次，每次审批周期长，也经常因各种条件断供，由当地民爆公司垄断输送至施工现场，待爆破完成后即刻收回，严重影响了金台铁路的正常建设。

2016 年 8 月 19 日，浙江省国土资源厅关于工程建设项目采矿权管理有关问题的答复（浙土资厅函〔2016〕571 号），明确在我省境内各类工程建设项目如因施工等需要，无论何种形式开采，均应受《矿产资源法》及配套法规和《浙江省矿产资源管理条例》的调整，必须依法申请、经批准取得采矿权，办理采矿许可证，向地方国土部门缴纳矿产资源出让金。以金台铁路为例，金台铁路隧道工程开挖实方 669.4 万方，路基挖方 843.2 万方，合计 1 512.6 万方，经评估，仅金台铁路台州段（椒江、黄岩、路桥、临海、仙居）矿产资源出让金为 1 078.5 万元，全线矿产资源出让金总计约为 2 000 万元。

2016 年 9 月 21 日，经台州市政府协调，金台铁路台州段矿产资源出让金予以缓缴（会议纪要〔2016〕60 号）。2016 年 11 月 10 日，浙江省国土资源厅（浙土资厅函〔2016〕737 号）认为采矿权出让金为国家资源性收益，属于财政性收入，应严格按照有关规定做到应收尽收、应缴尽缴。

上述所征收费用，在中国铁路总公司、浙江省人民政府联合批准的初步设计（铁总鉴函〔2016〕183 号）中未计列，所以我公司无依据支出此项费用，且我省其他铁路均未缴纳此项费用。同时，《中华人民共和国矿产资源法》和《浙江省矿产资源管理条例》等有关法律、法规中也没有明确的针对地方铁路矿产资源出让金缴纳的相关规定。当时，了解到省内（沿海铁路、萧甬铁路、金丽温铁路、九景衢铁路等）也遇到过此问题，并向省政府进行了专题报告，并经当时袁家军省委副书记批示按照省内其他铁路办理。由于在政策方面问题，无法可依，无例可循，因未缴纳矿产资源出让金造成炸药无法正常供应，金台铁路隧道、路堑工程也是在干干停停，造成工期滞后。于是，金台铁路走上了一条长达一年多的来回协调之路。

2017 年 8 月，终于守得云开见月明。公司紧紧抓住浙江省人大调研台州的有利时机，金台铁路有限责任公司借势推动火工品实现简政供应。8 月 15 日，省人大法工委通过司法解释：“建设单位因铁路、公路等工程建设开挖隧道，在批准的用地红线范围内施工，并将采挖的砂石用于本体工程建设，不需要办理《采矿许可证》和缴纳资源补偿费”。

至此，金台铁路此前因无法缴纳矿产资源税导致火工品无法正常供应的问题得到了彻底解决，也进一步健全了以省为主建设铁路的管理机制。同时在全省交通工程建设项目领域开创先例，为全省交通项目节省了巨大成本，仅金台铁路项目预计节省了 2000 多万元。

第六十八章 金台铁路征地拆迁工作总结与经验

第一节 关于铁路建设项目征迁工作模式

按照铁路总公司（铁总计统〔2014〕97号）文件的指导意见，国家对新开工铁路项目，推荐按征地拆迁费用合理包干组织实施的方式。因此，在国家推荐征迁工作大包干的大环境下，地方政府作为征地拆迁实施主体，建设单位要以初步设计批复征地拆迁费用为基础，与地方政府签订征地拆迁包干实施协议。在前期铁路可研阶段要对全线征迁实际情况做好调查摸底工作，包括对征地拆迁计列的项目要根据前期设计院提供的用地资料，委托第三方审价单位对相关征迁数据进行审核，确保征迁概预算足额，保证地方征迁工作顺利实施。

第二节 关于项目建设用地合法问题

关于确保项目用地依法合规，主要有两种操作方式：

（1）参照以往铁路建设模式，先行用地批复后1年内土地组卷上报视为项目合规。

考虑到自然资源部门对铁路红线用地的卫片执法，存在着未批先建违法用地的风险，建议土地报批工作涉及地方政府和相关职能部门责任明确，土地报批工作明确职责，减少项目公司违法用地风险。

（2）完成项目用地批复后进场施工，确保项目依法合规。

应该说，第二种操作方式是最理想的项目建设状态，能够避免铁路建设过程中很多不必要的干扰，但相应建设工期会延长。

第三节 关于减少补征地问题

项目建设初期委托的设计院，必须与省级相关部门、地方政府以及相关部门做好沟通协调，对于有交叉施工的工程必须提前与相关建设单位明确各自用地范围，涉及项目用地尽量纳入用地批复红线范围。涉河涉堤用地在完成水利批复后应纳入主线用地范围一并报批；基站以及站场、路基、隧道用地必须要求设计院对现场进行实地查勘，明确用地范围后再出施工图；对于占用永久基本农田、占用生态红线的情况，原则上尽量予以避免，无法完成调整的必须督促地方政府按规定进行规划调整并上报论证，完成有关报批程序的审批。

第四节 关于征迁资料收集问题

征迁资料的收集是确保征迁费用清理工作顺利开展的前提，贯穿整个征迁过程中，需协同省统征办督促各地铁指（铁办）与第三方审价单位对接核实，尽快明确各地拆迁范围内的数量及费用。主要包括征用土地、拆迁安置、补偿批准文件，征地拆迁协议书、评估资料、红线图、勘查原始记录和权属证明、补偿领用手续等证明性文件。

第五节 关于建立省级协调机制

积极寻求集团公司的帮助，建立与省发改委、省自然资源厅、省水利厅、省林业厅、省环保厅、省海洋与渔业局等省级有关单位的汇报协调机制，特别是确保重难点问题与省级有关部门的沟通渠道畅通，确保问题得到及时有效解决。

第六十九章 成功取得国家部委资金补助

头门港铁路支线属于金华至台州铁路的一部分，属港前铁路支线，改项目总投资为 290 126.66 万元，技术经济指标 6 886.46 万元/正线公里。线路为东西走向，全长 42.13 km，自金台铁路临海东站引出，经台州市椒江区、临海市杜桥至头门港，设港前站—头门新区站。经济运量：近期（2030 年）940 万吨/年，远期（2040 年）2 032 万吨/年。发送货物主要为煤炭、油品、集装箱及其他，到达主要为集装箱和其他货物。头门港铁路支线于 2016 年 6 月 30 日与金台铁路正线同步开工建设。

该项目是发展壮大台州临港产业的重要基础设施，是促进“温台沿海产业带”发展，推动浙江经济发展的需要。本项目是完善台州港集疏运系统，加快台州沿海港口开发的需要。台州港是浙江省五大沿海港口之一，我国对外开放一类口岸。根据经浙江省交通运输厅批准同意的台州港临海港区头门作业区总体规划（浙交函〔2013〕119 号文件《关于台州港临海港区头门作业区总体规划的复函》），规划头门港作业区码头通过能力为 16 400 万吨/年，其中：北部码头区一港池码头通过能力 9 200 万吨，二港池码头通过能力 4 200 万吨，南部码头区码头通过能力 3 000 万吨。头门港铁路支线的建设将进一步推进港口集疏运系统建设，促进多式联运发展，完善综合交通运输体系。

按照《交通运输部办公厅关于支持港口集疏运铁路建设有关工作的通知》（交办规划函〔2017〕57 号）精神，为加快完善综合交通运输体系，推进港口集疏运铁路规划建设，交通部拟利用车辆购置税对《“十三五”港口集疏运系统建设方案》（交规划发〔2017〕7 号）中的铁路建设项目给予投资补助支持。

根据《交通运输部 国家铁路局 中国铁路总公司关于印发“十三五”港口集疏运系统建设方案的通知》（交规划发〔2017〕7 号）文件中有关规定，公司拟申请“十三五”期港口集疏运铁路投资补助资金 21 065 万元，用于全线主要工程建设，包括路基、桥梁、隧道、站场、轨道等。

公司领导高度重视这次港口集疏运补助资金申报工作，力求提高头门港铁路支线持续运营能力。为做好此项工作，公司主动收集和整理出头门港铁路支线相关资料，并积极联系相关单位，得到了省交通厅、财政厅、省港航局及台州市港航局、头门新区管委会、头门港公司的大力支持和帮助。

2017 年 6 月 8 日省交通厅在台州组织省发改委、上海铁路局、省财政厅、省港航局及交通部规划院的专家、领导对本项目进行了初审。通过初审，进一步修改完善了申报材料，夯实了申报基础工作。2017 年 7 月 13 日、25 日，国家铁路局科技与法制司组织专家评审组对金台铁路有限责任公司申报的《头门港铁路支线港口集疏运铁路项目资金申请报告》进行了评审和现场踏勘。参加评审的主要领导由科法司副司长齐向阳、科法司规划处副处长王晨、交通部规划司水运规划处尹振军等，通过报告评审和现场对临海东站、头门新区站及头门港区的现场踏勘，专家评审组一致认为，头门港铁路支线开工建设符合“十三五”港口集疏运系统建设要求，报告满足申报材料审核要点要求，同意本项目推荐上报交通运输部申请港口集疏运铁路项目资金申报。

在交通部组织的评审过程中，我公司编写的申报材料得到国家铁路局领导和参评专家好评，并被其他公司作为样板参照使用。2018 年交通运输部港口集疏运铁路项目资金补助 2.1 亿元顺利到位。

第七十章　动力集中型动车组采购

金台铁路作为地方铁路，在浙江省交投集团领导下，在中国国家铁路集团有限公司（国铁集团）、国铁上海铁路局集团有限公司（上海铁路局）帮助指导下，顺利完成两列动力集中动车组列车的采购，开创了中国地方铁路 160 km 动力集中动车组（鼓形）列车，首次自行采购、自行运营的先河。

第一节　概　况

金台铁路机车车辆，原初步设计按委托上海铁路局运营管理模式批复，概算 3.02 亿元，由上海铁路局统一采购使用。2018 年，中国铁路总公司发展和改革部下发《中国铁路总公司发展和改革部关于金台铁路变更运营管理模式问题的复函》（发改改革函〔2018〕82 号），回复浙江省发展和改革委，原则同意金台铁路运营管理模式变更为金温铁道公司运营管理的方案。由于运营模式的改变，引起机车交路等发生变化。2019 年 1 月 25 日，浙江省交通投资集团有限公司在杭州组织金温铁道公司、金台铁路有限责任公司、中铁五院相关负责人召开了金台铁路机车车辆采购方案专题会，会议确定在不突破初设概算的前提下，由金台铁路有限责任公司负责暂按速度 160 km/h 动力集中动车组（短编）2 列、速度 160 km 电力客运机车 3 台和六轴 7 200 kW 货运电力机车 6 台的方案采购。

第二节　计划审批

2020 年，公司根据中国铁路总公司关于印发《铁路装备项目及投资计划管理办法的通知》（铁发改〔2020〕31 号）文要求，组织编制《新建铁路金华至台州线机车、车辆购置方案》。

2020 年 4 月 21 日，由国铁上海铁路局车辆部牵头组织运输、客运、货运、机务、计统、企法部成立专家组，在上海召开了《新建铁路金华至台州线机车、车辆购置方案》论证会，并形成《金台铁路有限责任公司机车车辆购置方案论证会专家意见》。

2020 年 4 月 27 日，公司分别以《关于金台铁路 CR200J 动力集中型动车组购置的请示》（金台铁工发〔2020〕70 号）和《关于金台铁路电力机车购置的请示》（金台铁工发〔2020〕71 号）向浙江交投集团申请投资立项。5 月 6 日，浙江交投集团以《关于同意购置金台铁路 CR200J 动力集中型动车组的批复》（浙交投〔2020〕78 号）和《关于同意购置金台铁路电力机车的批复》（浙交投〔2020〕77 号）同意我公司投资立项。

根据浙江省交投集团的批复意见，2020 年 5 月 7 日，以《关于申请调整金台铁路 2020 年年度投资计划并上报国铁集团的报告》（金台铁计发〔2020〕80 号）文，向上海铁路局申请 2020 年投资调整计划。6 月 10 日国铁集团发展和改革部下发《国铁集团发展和改革部关于下达 2020 年集宁经大同至原平铁路等项目调整计划的通知》（发改投资函（2020）42 号）的函，下达并同意我公司 2020 年机车车辆投资计划。

第三节 采 购

一、资料准备（技术规格书编制与评审）

公司根据中国铁路总公司下达的2020年机车车辆调整投资计划,委托中铁第五勘察设计院集团有限公司（中铁五院）对新建金华至台州铁路速度160 km/h动力集中动车组（短编）进行技术规格书编制。

2020年7月16日，公司特邀上海铁路局车辆部、车辆段、杭州机务段、金温铁道公司等单位的专家组成评审专家组，对中铁五院编制的《新建金华至台州铁路CR200J（鼓形）短编技术规格书》进行了审查（因首批直车体动力集中动车组上线后，针对社会评价的舒适性问题，国铁集团公司牵头组织进行鼓形优化，并于2020年5月完成样车；考虑后续国铁集团公司采购的车辆均为鼓形车体，所以本次技术条件审查按照鼓形车体执行），专家组听取了新建金华至台州铁路动集（CR200J）技术规格书汇报，经质询和讨论，原则上同意上述技术规格书，并形成《金台铁路有限责任公司专题会议纪要》〔2020〕48号。

二、招标采购

2020年9月22日，公司委托国铁物资有限公司完成2列速度160 km/h动力集中动车组（鼓形）短编招标采购（招标编号：2020TDZC-JT-160JD）。共三家联合体参与竞标，分别为：中车大同公司与中车长客股份公司联合体、中车大连机车公司与中车唐车公司联合体、中车株机公司与中车浦镇公司联合体。

2020年10月10日，国铁物资公司公布中标结果并下发中标通知书，中标单位：中车大同电力机车有限公司（牵头方）和中车长春轨道客车股份有限公司（成员方）联合体。中标内容：2组速度160 km/h动力集中动车组（鼓形、短编）。中标总金额：13 946.48万元。

三、动车组制造、监造

根据中标结果，2列速度160 km/h动力集中动车组（鼓形）短编由中车大同电力机车有限公司（牵头方）和中车长春轨道客车股份有限公司（成员方）联合体制造生产。其中动力车（FXD1型）由中车大同电力机车有限公司制造，拖车及控制车由中车长春轨道客车股份有限公司制造。

2台FXD1型动力车分别于2020年11月16日、2021年6月1日由中车大同公司发往中车长客股份进行联调联试，第一组于2021年6月3日、第二组于2021年6月9日完成联调联试。

根据国铁集团相关文件及采购合同要求，两组动车组需由买方与卖方所在地路局集团公司签订动车组委托监造合同，委托其相关监造项目部对合同项下车辆进行监造，并由买方承担相应监造费用。公司分别于2020年11月17日和2020年11月9日，同太原局集团有限公司和沈阳局集团有限公司签订了委托监造合同。

第四节 车号申请

2020年9月24日，为规范进入国家铁路运营的非国铁动车组的管理，国铁集团下发了关于《进入国家铁路运营的非国铁动车组管理办法》（铁机辆〔2020〕163号）的通知，因本次CR200J（鼓形）短编招标采购工作在该文件发布之前，导致程序上有多个顶点与文件要求不符合；另外根据通知要求，因金温铁道公司暂时只具备电务车载设备Ⅰ级修（日常机车出入库）的检测能力，暂不具备Ⅱ级修、

Ⅲ级修（专业修）的检修能力，且台州客整所只具备动力集中动车组 D1、D2 修条件。

鉴于上述情况，2021 年 1 月 22 日，公司向上海铁路局发文《关于协调解决金台铁路 CR200J 动力集中动车组（鼓形）有关事宜的请示》（金台铁物发〔2021〕11 号）。上海铁路局根据公司请示，安排杭州机辆段专家组对金台铁路台州客整所动集运营各项配套设施设备进行现场指导，按照国铁集团运营要求，完成客整所整改验收（建议类似情况，地方性铁路公司应提前邀请国铁集团相关部门早介入、早发现、早整改）；2 月 26 日，上海铁路局机务部组织局相关电务、车辆、杭州机辆段、上铁机辆公司、金台铁路有限责任公司、金温铁道公司对 CR200J 动集检修、运营、过轨等相关工作进行商讨，确定由运营单位金温铁道公司向上海铁路局报送开行方案、车载三项设备检修承诺、动车组动力车控制车（机务设备）检修合同。

2021 年 5 月 14 日，上海铁路局根据金台铁路台州客整所整改情况及金温铁道公司上报材料最终明确金台铁路有限责任公司所购 CR200J 动车组（鼓型）符合国家和国铁集团技术标准及动车组检修运用规定，具备了 CR200J 动车组（鼓型）整备和 D1、D2 修能力，运行区域范围为台州金台场（杜桥）至永康南普速场间运营，运营范围在金台铁路线路范围内，未进入国家铁路线路，并正式向国铁集团机辆部发函《中国铁路上海局集团有限公司关于金台铁路运营 CR200J 动车组报批核准的函》（上铁机函〔2021〕334 号）。

2021 年 5 月 28 日，国铁集团机辆部根据 163 号文件精神，下达中车大同机车有限公司新造并销售给我公司的 2 台速度 160 km/h 动力集中动车组（鼓形）动力车车号为 FXD1-J8202、FXD1-J8203 号；另外，由于金台铁路运营区域和运营范围仅限于金台管内暂未进入国铁，根据 163 号文件精神暂未给予动车组车号及纳入国铁配属；目前，动车组车号及配属采取动力车国铁正式配属车号跟公司自编车号相结合方式运行（建议后续解决动车组进入国铁运行问题）。

第五节　动车组进场

2021 年 6 月 6 日下午 14 点，随着一阵欢呼声，一列印着“浙江交通集团·金台铁路”LOGO 的 CR200J 动车组驶入金台铁路，这标志着金台铁路专属的“绿巨人”——中国最新型（鼓型）速度 160 km/h 动力集中动车组复兴号列车霸气进场，为建党 100 周年、为浙江省打造新时代全面展示中国特色社会主义制度优越性的重要窗口、共同富裕示范区增添交通助力。

第七十一章　安全质量管理信息化应用

金台铁路有限责任公司在前期检查施工安全过程中，因发现问题及参建单位整改问题直至问题闭合，消耗较多时间及往返成本，为了减少整改及复核时间，公司在原金台铁路阳光工程动态管理系统基础上进行改革创新，通过信息化手段管理现场施工安全，达到降本增效的目的。

未开发该应用程序前，建设单位各专业工程师对施工现场进行检查后，对于现场发现的安全质量问题需在现场手写整改通知单，并要求监理、施工单位负责人现场签字确认；施工单位整改完毕后再派专人往返于业主、监理单位间进行审核，整改闭环流程过于烦琐。检查应用程序上线使用后，所有操作都能在手机客户端进行，是推行“无纸化”办公、降本提质增效的重要改革。

根据后续项目实际情况，安全质量应用程序在沿用巡检功能的基础上，通过新建立“人员管理”“设备管理”“班组管理”等应用模块，由各参建单位指定专人从应用程序客户端下载表单，按照规定周期填报表单，加盖公章并转换成 PDF 格式上传至系统，有效促进公司动态掌握各参建单位施工安全质量管理情况。

（1）对巡查中发现的问题，通过手机端应用程序立即通知施工单位以及相关安全/质量负责人。

（2）相关单位负责人收到“质量”或“安全”相关整改通知后，可及时落实处理，对提出的问题采取有力措施，缩短处理问题时间。

（3）在收到整改回复内容时，建设单位及监理单位可根据整改回复上传的照片进行复查，防止现场相关负责人员作假。

（4）不管是建设单位抑或是施工单位，此功能便于后期查询，整改单可打印成纸质版，进行存档保存。

各参建单位相关负责人及安全质量人员，可随时查看历史安全质量问题，有效减少安全质量问题，保障工程建设高质量施工。

该系统取得网络安全二级等级保护，每年按网络安全要求定期检查与维护。应用过程中界面操作方便、跳转顺畅、信息数据及时更新，运行已有 3 年，无报错、闪退情况。

在工程建设方面有效控制了安全质量问题，可应用至其他工程项目，建设过程中使用人数超 500 人，均为施工单位、建设单位、监理单位的相关管理人员及安全质量人员，应用过程中得到各参建单位的一致好评，为各参建单位节省了建设时间与成本。

第七十二章　金台铁路开行市郊列车模式

第一节　项目建设背景

近些年来，我国都市圈快速发展，市域（郊）铁路得到社会各界关注，也得到了国家部委的鼓励和支持。2017 年 6 月 20 日，国家发展改革委、住房城乡建设部、交通运输部、国家铁路局和中国铁路总公司等单位联合发布《关于促进市域（郊）铁路发展的指导意见》（发改基础〔2017〕1173 号），2020 年 12 月 7 日，国务院办公厅正式发布《转发国家发展改革委等单位关于推动都市圈市域（郊）铁路加快发展意见的通知》（国办函〔2020〕116 号），提出要着力推进交通供给侧结构性改革，推进既有铁路挖潜扩能改造，视需要有序规划新线，着力扩大市域（郊）铁路公交化运营服务的有效供给，鼓励发展多层次、多模式、多制式的轨道交通系统，完善城市综合交通运输体系，更好地适应都市圈和城市群发展新要求。

当前，在国铁集团与上海路局相关部门、省发改委、省交投集团的大力支持下，台州市正在大力推进市域（郊）铁路建设，包括 S1、S2、S3 线均已纳入规划或正在实施。其中，利用金台铁路主线开行市郊列车项目正逢其时，是利用既有铁路富余能力或对既有铁路适当改造后开行市域（郊）列车的创新实践，也是金台铁路有限责任公司作为省交投集团铁路建设专业平台的品牌展示，为省交通集团与台州市政府进一步提升政企战略合作提供了项目支撑。

第二节　项目概况

2020 年 1 月 7 日，临海市政府与金台铁路有限责任公司就利用金台铁路主线开行市郊列车项目正式签订《战略合作框架协议》，并委托铁五院开展工程项目可研及勘察设计工作。5 月 9 日，台州市政府常务会议审议通过金台铁路开行市郊列车项目，明确市铁路办为项目实施机构，市铁投公司为项目建设主体。6 月 2 日，省交通集团《关于利用金台铁路开行市郊铁路列车项目问题的复函》浙交投〔2020〕127 号，明确市郊列车项目由金台铁路有限责任公司代建，委托金温铁道公司运营。9 月 29 日，台州市铁投与金台铁路有限责任公司签订市郊列车工程代建框架协议。12 月 8 日，台州市发改委批复项目实施方案。12 月，台州市铁投与金台铁路有限责任公司签订委托代建协议。2021 年 1 月 22 日，利用金台铁路主线开行市郊列车项目完成施工、监理公开招标，其中施工单位中标单位为中铁电气化局集团有限公司、中国铁路通信信号股份有限公司、中铁十局集团有限公司联合体；监理单位中标单位为北京现代通号工程咨询有限公司。

根据台州市发改委实施方案的批复，金台铁路主线开行市郊列车一期项目，投资概算总额 32 029.68 万元，其中机车车辆购置费 14 866 万元。项目资金由台州市政府财政出资。

本项目为利用金台铁路台州段（金台正线 DK88+700 ~ DK150+451；头门港支线 TDK0+000 ~ TDK43+650）开行市郊列车，仙居南站至台州站运营长度 61.75 km，临海东站至头门港站运营长度 41.46 km。主要工程为改造车站 5 座和车辆基地 1 座，分别为：仙居南站、临海南站、台州站、杜桥站、头门港站及台州客整所。

第三节 项目建设意义

利用金台铁路主线开行市郊列车项目，将是“十四五”时期省交通集团（金台铁路有限责任公司）与台州市地方政府加强合作、实现共赢的典范项目。本项目的开工建设，将为双方带来较大的经济效益和社会效益。

一、从台州政府角度

从台州市政府角度说，对比台州市域铁路 S1 线一期工程（该项目目前在建设期，核定概算 228.18 亿元，总长 52.4 km，建设总工期 4 年，预计 2021 年底通车），利用金台铁路主线开行市郊列车一期项目，充分利用既有设施，根据初步测算每 km 可节省投资约 3 亿元，为地方政府节约投资约 200 亿元，工期为 6 个月，工期短、投资少、见效快。同时，该项目经过经济发达地区、旅游开发区，车站站位距离经济据点普遍较近在 5 km 之内，铁路走向与沿线城乡规划及带状组团完美匹配。

二、从省交通集团角度

从省交通集团角度说，利用金台铁路主线开行市郊列车一期项目，在建设期委托金台铁路建设，建成后委托金温铁道公司负责统一运营，有利于省交通集团及其子公司在地方市郊铁路的打响委托代建品牌，进一步发挥省交通基础设施建设主平台、主力军作用。根据初步测算，项目初期（2023 年）开行对数为 11 对，预计全日客流 1.39 万人次/日；近期（2030 年）10 对，预计全日客流 2.16 万人次/日；远期（2045 年）12 对，预计全日客流 3.15 万人次/日。通过最大限度释放金台铁路运能，为金台铁路有限责任公司带来 361 万元的代建管理费收入，每年为金台铁路有限责任公司带来约 2 500 万元的运营收入，为金温铁道公司带来约 4 000 万元的委托运营管理收入。

综上所述，推动和建成利用金台铁路主线开行市郊列车项目，将是省交通集团和地方政府在铁路建设方面的成功案例，也是省市各级层面合作共赢的有益尝试，将为下步市郊列车二期项目和头门上岛铁路支线、大麦屿支线、台州南物流基地、临海东货场等其他项目落地和实施积累重要经验。

第七十三章　金台铁路委托运营管理模式

金台铁路履行内部决策程序，决定委托浙江金温铁道开发有限公司负责金台铁路的运输管理。因金台铁路永康南站、台州西站和台州南站与国铁既有线共站，故将金台铁路与金温铁路、沿海铁路浙江段共用的永康南、台州南、台州西三个车站运输管理相关业务委托给中国铁路上海局集团有限公司管理。

一、委托中国铁路上海局集团有限公司管理部分

（一）委托内容

（1）运输组织管理。包括客运组织、行车组织、调度指挥、列车开行方案、运输计划、车流径路、施工计划等。

（2）运输设施管理。包括站场设施、轨道、桥涵、路基、通信信号、牵引供电、电力、声屏障、限高防护架、防护栅栏、救援疏散通道、线桥养护工机具以及相关安全设施设备的使用、维护、管理等工作。

（3）运输安全管理。包括铁路设施设备的安全保障、营业线施工安全管理、反恐怖防范、消防及综合治理（部分）、平安建设等工作。

（4）运输收入管理。包括运输收入专户的管理、运输收入进款管理、运输收入会计核算、运输收入票据管理、运输收入稽核等有关业务工作。

（5）统计管理。包括铁路客运、客车、行包、物流、劳动、劳动生产率、固定资产投资、设备、节能、环境等统计的原始和基础信息数据采集，统计报表的汇总、审核、分析、上报，运输业调查普查有关业务，统计相关信息系统的规范和统计监督检查等。

（6）卫生防疫管理。包括车站食品安全管理、食品运输污染控制、职业病危害因素检测评价和防护、集中式供水卫生监测、传染病防治、运营环境卫生监测、集便排污卸污、垃圾收集处。

（7）金台铁路永康南站、台州南站、台州西站委托范围内运输设施设备的技术改造计划管理、项目实施。

（8）资产经营开发工作。对涉及铁路运输安全和旅客基础性服务的客站商业、广告、停车场等业务和车站周边土地开发、涉及运输安全的土地开发等业务，一并委托中国铁路上海局集团有限公司经营开发，相关事宜另行协商并签订相关合同。

（9）地方涉铁工程的受理、设计审查、实施管理。

（10）铁路运输清算实施管理。包括铁路运输收入清算原始数据、基础数据收集、确认，清算结果信息的核对与确认。

（二）第三方实施项目

根据金台铁路有限责任公司与中国铁路上海局集团有限公司签订的运输委托合同约定，金台铁路有限责任公司自行负责需委托其他方实施的工作项目，包含但不限于电梯、消防等特种设备，消防控制室，车站客服、空调等机电类设备和信息设备等的养护维修。由金台铁路有限责任公司另行委托中国铁路上海局集团有限公司下属的申铁杰能公司负责并签订合同。

申铁杰能公司作为设备维护单位，负责电梯、消防等特种设备、车站客服、空调等机电类设备和

信息设备的维护、保养、巡检以及消防控制室的值守工作。

浙江金温铁道开发有限公司作为设备管理单位，承担设备管理的职责，审核设备维修单位提报的施工计划。

宁波车务段作为设备使用单位，负责日常设备故障的保修等工作。

二、委托浙江金温铁道开发有限公司管理部分

（一）委托内容

上海局委托管理范围之外的内容，金台铁路除与国铁共站的永康南站、台州西站、台州南站三个车站运输管理相关业务外的业务全部委托浙江金温铁道开发有限公司管理。包括但不限于：

（1）运输组织管理。包括客运组织、货运组织、行车组织、调度指挥、列车开行方案（含动车组）、运行图编制、运输计划、运输统计、车流径路、装卸管理、施工计划管理、专用线接轨管理等。甲方不设调度台，由乙方集中调度统一指挥。

（2）运输基础设施管理。包括但不限于站场设施、轨道、桥涵、隧道、路基、通信信号、牵引供电、电力、给水、房建及生产生活设施、机辆检修（救援）设备、车号识别设备、超偏载仪、轨道衡、声屏障、限高防护架、防护栅栏、救援疏散通道、线桥养护工机具、相关信息系统以及相关安全设施设备等技术设备的使用、维护、管理等工作。

（3）运输移动设备管理。包括机车、车辆、动车组、通信信号车载设备、自轮运转设备等采购、租用、使用、维护、修理、运用管理等。

（4）运输安全管理。包括铁路设施设备的安全保障、列车运营安全管理、铁路线路安全保护区管理、营业线施工安全管理等工作。

（5）运输收入管理。包括客货票据管理、收缴款管理、进款管理、收入审核管理、收入会计核算、收入稽查管理和信息数据管理，以及追纪追责等管理工作。

（6）铁路用地管理。包括受托范围内铁路用地的守护、巡视等日常管理工作；铁路用地界桩的补设和养护维修；涉及运输安全和运输生产的土地处置管理；制止、纠正违法违规用地行为，及时处置危及运输安全的用地活动等。

（7）统计管理。包括铁路客运、货运、客车、货车、机车、行包、物流、劳动、劳动生产率、固定资产投资、设备、节能、土地、环境、物资、工业等统计的原始和基础信息数据采集，统计报表的汇总、审核、分析、上报，运输业调查普查有关业务，统计相关信息系统的规范和统计监督检查等管理工作。

（8）金台铁路运输设施设备的技术改造计划管理、项目实施。

（9）资产经营开发工作。对涉及铁路运输安全和旅客基础性服务的客站商业、广告、停车场等业务和车站周边土地开发、涉及运输安全的土地开发等业务，一并委托浙江金温铁道开发有限公司经营开发，相关事宜另行协商并签订相关合同。

（二）第三方实施项目

因浙江金温铁道开发有限公司不具备技术手段或其他客观因素而无法实施的项目（如钢结构检测、金属屋面和网架结构检测、房屋接地电阻检测、消防设施检测和维养、电梯维养等），需委托第三方提供专业化维护维修服务的项目，由浙江金温铁道开发有限公司委托有资质的第三方实施，费用已包含在委托管理费中，不再另行支付。

第七十四章 “党建+联合攻坚模式”——汇集党员力量靶向攻坚

党建强，则企业强。作为承担省重点工程建设任务的一支铁军，金台铁路有限责任公司坚持党建引领项目建设，以党建品牌创建为载体，让党建成为工程建设的强大助力。

基于全线13支施工队伍均为中铁和中铁建等央企，拥有深厚的党建基础，公司党委以区域化大党建为理念，牢牢抓住基层党组织这个“神经末梢”，通过业主和施工单位成立“党建共同体”，有效互动、同向发力，不断深化“党建+联合攻坚”模式，促进基层党组织在“强服务、攻难题、提质量、保开通”中发挥“战斗堡垒”作用，做到重难点在哪里，党员就攻坚在哪里。

第一节 构建党建共同体大格局

变“单打独斗”为“联合作战”，全力构建“1+N+X”（即公司党委+项目部党组织+重难点任务或主要工作）党建共同体大格局。探索实践“1+N+X”党建联动工作机制，让党员力量深入到“最后一公里”。

以金台铁路有限责任公司党委为主导，联合13个标段项目部党委，协力解决各项目部的重难点问题，实现纵向上业主和施工单位联动，横向上党建和工程建设融合的多层次互动。

2018年，金台铁路有限责任公司共建九大党员攻坚联队，包括3标3D扫描仪技术在隧道中的应用研究联队、4标田市跨永安溪、台金高速特大桥节段预制拼装梁技术攻关和工期保障联队、7标头门港软基工艺攻克联队，并倒排时间节点，推进项目落地。

以问题为导向，以目标为导向，党员攻坚联队切实把党员力量渗透到“最后一公里”，真正形成了党建和项目建设深度融合的工作格局。各个党员攻坚联队队长下沉一线，派驻到各个项目上，不仅代表金台铁路有限责任公司行使现场建设管理的有关职能，全面履行建设单位管理职责，而且与施工项目部的施工人员同吃同住，以丰富的专业知识和施工组织协调能力帮助施工人员攻克重难点，完成作业。

第二节 打造“破晓攻坚队”特色党建品牌

打造“破晓攻坚队”特色党建品牌，作为浙江省主导建设的第一条电气化铁路，金台铁路先试先行的路上遇到了前所未有的难题。全长231.97 km的线路上，有长达44 km在邻近运营高铁线30 m以内施工。按照规定，铁路施工不能影响既有铁路的运行。但是每天在施工区域通行的高铁车次达137趟的情况下，为了不影响铁路运营，金台铁路只能在每天凌晨1点—5点的4小时内施工，这便是“天窗点”施工。

一、品牌内涵

“破晓”，一是指建设团队坚持夜间作战，在夜里坚持施工；二是寓意着浙江省铁路建设先行先试的创业创新精神，率先踏上浙江地方铁路高质量建设的征程。

二、实施步骤

（一）聚焦基础单元，组建攻坚联队

组织强则项目强。为了能圆满完成“天窗点”施工任务，靶向对准收官之年存在的堵点，面对金台铁路 231.97 km 建设战线上存在的 14 个重难点，公司党委把参建各方的 156 名高精尖党员集中在一起，按照技术特长、工作经验组建了 14 支党员攻坚联队，分别下沉到每个点上“一对一”精准攻坚，实现“哪里有困难，哪里就有党组织”，确保每项攻坚任务“一杆子插到底”。

（二）聚焦难点重点，创新攻坚机制

（1）建立定期专项分析，对症下药，疏通难点。

（2）实行专人盯控，攻坚队长作为业主代表扎驻现场“管、帮、带”，做好协调、服务，帮扶解决项目一线困难。

（3）专业支撑，定期针对当前重难点举办“技术党课”，探讨问题对策。“三专机制”正如有力的轮轴，带动参建各方党员冲锋在前。

（三）聚焦作用发挥，弘扬攻坚精神

攻坚队结合集团“亮、晒、比、拼”机制，组织广大工友投身立功竞赛。同时，邀请了铁路职工改革先锋巨晓林作为导师，创立了“巨晓林大师工作室”，作为技术创新和技术攻关的研究学习基地。通过 5 年来的摸索，总结出了铁路建设“三字经”（强管理、严执标、精组织；落措施、零衔接、促进度；重分析、控振速、保安质；多循环、少补炮、辅避洞）。简短的 36 个字涵盖了邻近既有线施工的标准化要点。金台铁路全线有 16 项科技课题和 51 项“五小”创新成果应用到项目建设中。

三、实际成效

（一）构建“小联动”，带动“大攻坚”

金台铁路有限责任公司党委始终坚持把党旗牢牢插在项目建设攻坚克难的主战场，依托现有的参建党员进行组织重构，把每一个重难点工程建设的党员团结在一起，形成了党员联动、组织响应、全面动员的大攻坚局面，让任务在攻坚中完成，党员干部在攻坚中锤炼，变组织优势为攻坚胜势。在先行先试的过程中，创造了获得交通运输部补助、明确行政监管模式、火工品供应简政审批、“三非”铁路的变更审批“绿色通道”等多个首次，进一步形成“以省为主、行业支持、企业运作、多方参与”为特色的自主管理模式，创新打造一套适合以省为主建设的可复制的铁路建设内外运行机制，为省建铁路提供了借鉴日样板。

（二）激活“小细胞”，强健“大肌体”

党员是党组织的基本细胞，是落实各项工作部署的“毛细血管”。公司党委通过项目党建抓基层、强一线，坚持“支部建在项目上、作用发挥到现场”，把党员力量下沉到一线和广大参建单位一起攻难点、抓重点，充分发挥攻坚联队在铁路项目建设攻坚克难中的战斗堡垒和党员的先锋模范作用，变被动为主动。截至目前，公司获集团公司及省级以上集体表彰 29 次，其中曾获“浙江省工人先锋号”、浙江省“十三五”轨道交通建设管理先进单位等称号；党建品牌“破晓攻坚队”获评“浙江省 2019 年度国企党建品牌创新奖”，党建品牌“钢轨上的联合党支部”获评浙江省 2020 年度“国企党建优秀创新案例”；获集团公司及省级以上个人表彰 54 人次，其中周霖、江浩两名同志曾获得“浙江省五一

劳动奖章”。

（三）靶准“小节点”，破解“大问题”

针对项目建设过程中存在的突出问题，给党员骨干下任务、压担子，把党员干部集结到最难的点上，灵活组建攻坚联队，实行一点一策精准攻坚，以每一个关键节点的突破确保大目标的实现，变党建“软实力”为项目“硬支撑”。全线上下 32 个党组织 356 名党员带动着 5 000 多名参建人员心往一处想、劲往一处使，历时 5 年，打通了 60 座隧道，架起了 134 座桥梁，攻克了 300 多个建设难题，确保顺利实现建成通车目标。金台铁路于 2021 年 6 月 25 日建成通车，结束了浙江仙居、磐安两地不通火车的历史。

四、经验启示

（一）组织强，项目才强

“破晓攻坚队”依托现有的参建党员进行组织重构，把参与某个重难点工程建设的党员团结在一起，更加有效凝聚党员力量，发挥组织战斗堡垒功能，变组织优势为攻坚胜势。

（二）发力准，推动才稳

找准问题制定“一点一策”，为每个点专门配备一支党员“破晓攻坚队”，指哪打哪，变逆境为顺境。

（三）驻一线，才能带好头

“破晓攻坚队”建在项目上，攻坚队员和广大参建工友有难一起扛、有苦一起担，齐心协力一起攻在难点上、抓在重点上、守在“天窗点”上，变被动为主动。

“破晓攻坚队”冲锋陷阵的战斗精神，已经成为了全公司党员的力量之源，引领全体参建员工在高质量建设地方铁路的征程上当好主力军、勇当排头兵。

第三节　建强“钢轨上的联合党支部”

打通项目党建“最后一公里”，建强“钢轨上的联合党支部”。

在重难点工程上建立临时联合党支部，是金台铁路有限责任公司党委根据省交通集团在今年“防疫复工战”中关于项目建设目标不变、任务不减、要求不降的要求，加快项目建设的一项举措，也是“党建+联合攻坚”往纵深推进的探索和尝试。随着金台铁路进入收尾冲刺阶段，站房、四电、信号、铺架等站后工程全面开展，交叉施工的矛盾随之而来，仅一个站房工程就涉及 10 多个专业、至少 7 家参建主体交叉作业。针对此类结合部多、协调难、工期紧的工点，在现场和施工单位共同成立临时联合党支部，发挥指挥、协调、服务的功能，从而打通党建在项目现场的“最后一公里”，开拓出项目建设的“快速路”。

一、品牌内涵

坚持贯彻落实习近平总书记“基层党组织是贯彻落实党中央决策部署的‘最后一公里’”讲话精神，把联合党支部设到最前沿，把党员集合到最关键、最急需、最艰苦的岗位，把党旗真正插到施工一线，把临时联合党支部打造成为项目攻坚克难最坚实的堡垒。

二、主要做法

（一）坚持一线鲜明导向 ——确保提升组织覆盖力

组织强则项目建设强。按照党领导创建人民军队过程中形成的“支部建在连上”的原则，靶向对准收官之年存在的难点、堵点，把参建各方基层党组织和党员组织起来聚集在一线，在台州站、永康南站改工程以及台州南站改工程等最难的工点上成立联合党支部，实现“哪里有难点，哪里就有党组织”，确保攻坚任务“一杆子插到底”。

比如，仅仅在台州站一个工点上，就涉及 10 多个专业、至少 7 家参建主体交叉作业，在仅 20 m 宽的路基段，多家单位要同时在限定的时间内完成各自施工任务。通过发挥临时联合党支部引领、指挥、协调、服务功能，及时突破项目建设中的“急、难、险、重”，全面完成项目建设目标任务。

（二）构建一个指导系统 ——确保提升组织凝聚力

搭建“三级联动”架构。一级由公司党委总抓；二级由临时联合党支部具体统筹攻坚任务，委员会由参建各方党员干部及骨干抽调组建；三级由党支部根据年度目标排出关键性工程的目标节点，并为各工程专配一支“破晓攻坚队”，负责推进落实攻坚任务。以金台铁路台州站联合党支部为例，由金台铁路有限责任公司和 5 家施工单位、1 家监理单位、1 家设计单位和公司的 56 名党员骨干组成，研究制定了支部章程和工作方案，下设站房工程、铺架工程、四电工程、线下工程和安全质量 5 支党员攻坚联队和 1 个现场综合协调小组。实施“三级协同”机制。临时联合党支部对于重大事项提报公司党委研究，一般事项协调各参建单位党组织共同推进，具体事项发挥党员攻坚联队（基层党小组）作用强力突破，深化“三专机制”。通过专项分析、专人盯控、专业支撑机制，对症下药，疏通难点。

（三）建立一套保障体系 ——确保提升组织战斗力

目标管理保障。公司党委研究制定工作章程和每一个联合党支部“作战图”，明确目标、压实责任、亮明身份。扎实落实党员分区包保制、任务领办制，开展“亮身份、亮任务、亮承诺”活动，提高党员身份意识、压实党员责任。示范引领保障。按照集团公司“亮、晒、比、拼”要求，组织开展“奋战四个月、打赢攻坚战”和“百日冲刺保建成”劳动立功竞赛，引导参建单位凝聚合力，真抓实干。建立奖惩机制，定期评选“党员之星”，充分调动工作积极性。人才培育保障。创建党员创新工作室——“巨晓林技能大师联建共创工作室”，带动广大产业工人转型升级，为省建铁路培养铁路专业人才。

三、主要成效

（一）让“两本账”合成“一本账”

公司党委把项目建设中的难点作为党建工作的重点，实现了对项目建设的有效领导，使党组织和党员成为攻坚克难的生力军，推动党建工作和中心工作深度融合。年初以来，金台铁路陆续实现了主线长轨贯通、永康南大封锁施工等重要节点。截至 10 月底，完成年度投资 26.28 亿元，占年度投资任务 30 亿元的 87.6%；开累完成投资 169 亿元，占项目总投资概算 199.8 亿元的 84.66%。

（二）让“小单元”发挥“大作用”

党支部是党组织开展工作的基本单元，通过联合党支部统一运作协调，有 59 项制约进度的问题在现场得到快速有效解决，从而实现了复工后达产率从 35%到 103%的提升。目前金台铁路全线有 14 支“破晓攻坚队”，共承担着 39 项攻坚任务。联合党支部的党员们以实际行动带领着全线 32 个党组织 600 多名党员和 5 000 多名参建者日夜奋战，45 名党员共领办完成 133 项急难险重任务。

（三）让“不可能”变成“可能”

“奋战四个月、打赢攻坚战”的过程，也是“破晓攻坚队”党员们一路攻坚克难的真实写照。台州南站和永康南站改工程由于直接在营运高铁线上“零距离”施工，每一次作业、每一道工序，都需要和铁路工务段、公安等各方协商和配合，作业时间只能选择凌晨 0～4 点铁路不运营的“天窗点”。王金宝作为永康南站改工程“破晓攻坚队”队长，日夜“扎根”在工地现场，20 天内完成永康南站改工程 70%既有线接触网施工任务，并顺利按节点完成了大封锁施工。

四、经验启示

（一）打破思维局限，以开放式党建优格局

项目建设参与主体多、任务繁重，问题交错，把开放、共享的理念植入到党建工作中，充分整合全线参建单位党建资源成立“联合党支部”，统一模式、明确目标、规范运作，才能让参建各方从“合同方”成为同舟共济的“一家人”，形成责任共担、优势互补、齐心协力的大格局，为党建做优做强开垦出一片沃土。

（二）打破组织局限，以组织重构强服务

组织强、项目才能强，这是工程建设党建的硬道理。项目建设是多方参与的系统性工程，过程中遇到的各项难点、痛点都需要参建各方协同作战，这就需要一个关键性实施组织。因此，依托现有组织力量根据实际情况实现组织重构，成立各方党员参与的“联合党支部”，是进一步发挥党组织服务功能，提升党建质量的有益尝试。

（三）打破机制局限，以榜样效应强引领

项目工程推进以来的实践表明，榜样的力量是无穷的，把榜样的力量组织起来是党建工作的核心优势。注重发挥党员攻坚联队在项目一线的“榜样效应”，打造党员攻坚联队的“金字招牌”从而形成典型示范作用，而这种取得核心优势的关键在于联动，党员与党员联动，党员与职工联动，联动起来就构成一个自我运行的良性工作体系。正因如此，在建项目党建实践推进应以联动为抓手，助推国企在建项目工程高质量推进。

后　记

以省为主铁路建设工作机制的研究和探索

加快铁路建设，构建以铁路运输为主要支撑的对内对外便捷大通道，是推进浙江省供给侧结构性改革、高水平全面建成小康社会的重要保障，对于扩大浙江省经济辐射范围，推动高水平“引进来”“走出去”等具有重要作用。“十一五”“十二五”期间，浙江省铁路局在省委、省政府的正确领导下，抢抓机遇，举力推进，铁路主干网络基本建成，运输能力大幅度提高，实现了前所未有的快速发展。省内铁路 2 h 交通圈的形成，极大地方便了人民群众的出行，进一步密切了省内各市之间及与周边省份的人员、经贸往来。铁路对经济社会发展的巨大推动作用正在不断地显现，人们的生活理念在改变，社会的发展状态在改善，全面建成小康社会的步伐在加快。

“十三五”时期是浙江省铁路建设快速发展阶段，到 2020 年，全省综合交通基础设施建设投资将超过 1 万亿元，其中铁路与城市轨道交通投资占 5 000 亿元，新建铁路项目中预计有半数以上将以省为主进行建设。金台铁路是浙江省以省为主建设的第一条电气化铁路，自 2015 年 12 月 24 日开工以来，遇到并解决了许多新情况、新问题。根据集团公司以金台铁路为基础打造以省为主铁路建设平台的要求，面对浙江省铁路建设发展新形势、新任务，研究和探索以省为主铁路建设工作机制，对浙江省当前铁路建设以及未来的顺利发展具有重要意义。

一、浙江省铁路发展现状和近期发展目标

（一）部省合资国铁主导推进铁路建设加快发展

自 2004 年以来，浙江省抓住铁道部提出铁路“跨越式”发展的机遇，与铁道部签订了若干个加快浙江省铁路建设的协议，采用部省合资模式建设铁路，即以铁道部为主负责项目建设，浙江省承担每个项目中 20%～50%不等的资本金并协助做好征地拆迁工作，项目建成后委托上海铁路局运输管理。浙江省内先后建成了温福、甬台温、沪杭、宁杭、杭甬、杭州枢纽、沪昆、金温扩能、九景衢等多条铁路，目前杭黄、衢宁、商合杭、穿山港支线等铁路正在建设中。

就铁路建设而言，原铁道部、现铁路总公司在多年铁路建设的实践中，已经建立了一整套完备的规章制度体系和组织管理体系，2008 年铁道部印发了《铁路建设项目管理程序指导意见》(建建〔2008〕50 号)文，2015 年，铁路总公司印发了《中国铁路总公司铁路建设管理办法》（铁总建设〔2015〕78 号）文。项目从规划、立项、可研、初设到施组方案、竣工验收，以及过程中的 I 类变更、概算调整、竣工决算等的审核、审批，都有明确的工作流程和标准规范。从铁道部（或铁总）计划司、建设司、鉴定中心、工管中心到路局各相关职能部门，分工明确、责任清晰。在项目建设过程中无论是哪个阶段哪个方面出现的问题，基本上都做到了有章可循、有部门牵头负责处理。

在部省合资、以国铁为主建设铁路的模式下，省级有关部门及市、县级政府都设立了相应的机构推进和配合铁路项目建设。省发改委（省铁办、重点办）对接铁道部（铁路总公司）相关部门，制定铁路建设规划、推进项目前期工作、协调处理建设期征地拆迁有关重大问题。省发改委会同省国土厅针对每个建设项目出台了征地拆迁实施办法，指导项目的征地拆迁工作。省铁投集团（现为省交通集团）作为省方出资人代表会同路方出资人代表上海铁路局共同协商组建项目公司，由项目公司负责工

程建设。沿线地方政府组建铁路建设指挥部，负责实施征地拆迁工作。项目建成后由项目公司委托上海铁路局运输管理，纳入国铁统一调度指挥、统一运输清算。

这种建设模式有利于调动中央和地方的积极性，充分体现了以国铁为主负责建设和运营管理专业性强的优点，同时也使省方规避了运输经营的风险。但这种模式其投资来源以国铁投资为主，所以投资重点是为了解决国家铁路主干网络的建设问题，对推进主要功能服务于地方经济发展的区域性铁路或港口支线铁路的建设效果不显著。

（二）铁路管理体制改革后出现的新情况

2013 年 3 月以来，根据国务院机构改革和职能转变方案要求，铁路行业实行政企分开以后改革不断深化。铁道部撤销以后，由国家铁路局承担拟定铁路发展规划和政策的行政职责，负责拟订铁路技术标准，监督管理铁路安全生产、运输服务质量和铁路工程质量等。原铁道部的企业职责划归铁路总公司承担，负责铁路运输统一调度指挥，经营铁路客货运输业务，负责铁路建设，承担铁路安全生产主体责任等。铁路总公司为企业性质，不再具有行政管理职能。随着铁路投融资体制改革，铁路建设实行了分类建设模式，根据铁路建设项目的服务功能和不同属性，由国家、铁路总公司和地方政府分别承担建设投资。对于跨区域路网干线，铁路总公司承担建设责任；对于服务地方经济发展的城际铁路、支线铁路建设，以地方政府为主投资建设，铁路总公司将不再控股，主要是从技术方案、互联互通等方面给予帮助指导。

2015 年 9 月铁路总公司出台了《关于规范非控股合资铁路建设项目管理的指导意见》（铁总计统〔2015〕224 号），其中对于非国铁控股和代建铁路在初步设计、变更设计、征地拆迁等方面提出了“依法自主决策”的意见。由于省级层面还没有以省为主建设铁路的类似制度，就金台铁路建设实践来看，涉及“依法自主决策”的问题缺乏明确的依据，如遇到诸如 I 类变更、概算调整、质量安全监管等重大问题，往往采用一事一议，且需要向省级层面和铁路系统两头汇报对接。

（三）“十三五”浙江省铁路建设的发展目标和任务

根据《浙江省综合交通运输发展“十三五”规划》，到 2020 年，浙江省将高水平打造综合交通基础设施网络，高水平构建综合交通运输服务体系，高水平提升综合交通行业治理能力，基本建成水陆空多元立体、互联互通、安全便捷、绿色智能的现代综合交通运输体系，率先基本实现交通强省。其中铁路方面发展目标和任务为：

1. 实施轨道交通“54321”工程

即加快推进省际省域干线铁路、都市区城际铁路和城市轨道交通建设，全省投入 5000 亿元，轨道交通营运总里程达 4000 公里以上，建成营运杭黄铁路、商合杭铁路等 30 多个重点项目，进一步支撑强化杭州、宁波 2 个全国性综合交通枢纽城市和沪昆、沿海 2 个国家级高铁主通道，构建多层次一体化轨道交通网络体系，努力打造杭州至各设区市 1 小时高铁交通圈。

2. 加快省际省域干线铁路建设

全面建成九景衢、杭黄、衢宁、商合杭、金台、湖苏沪、金甬等铁路，新增营运里程 1400 多公里。加快杭温铁路、杭绍台铁路、温州至武夷山铁路、建德至衢州铁路等项目前期工作进度，条件成熟项目力争在“十三五”期间开工建设。到 2020 年，建成营运里程 3900 多公里,基本形成主要交通走廊客货分线运输、功能明确、能力充分的铁路运输网络。

3. 加快都市区城际铁路建设

全面开工建设杭州都市区、宁波都市区、温台城市群和浙中城市群等城际铁路，建成营运杭州至富阳、杭州至临安、宁波至奉化、温州 S1 线、台州 S1 线等项目。到 2020 年，建成营运里程 300 多公里，逐步形成区域中心城市与周边重要城镇、组团城市之间轨道交通快速通达体系。

4. 加快发展城市轨道交通

全面建成杭州、宁波城市轨道交通一期、二期建设规划项目，启动杭州城市轨道交通三期规划和绍兴城市轨道交通近期规划建设，加快嘉兴、湖州轨道交通规划前期工作进度。新增营运里程 250 多公里，到 2020 年，总营运里程达 380 多公里，大幅提升城市轨道交通对城市公共交通出行分担率。

根据上述规划，浙江省铁路建设的任务还相当艰巨，以省为主建设铁路是按期实施规划的重点，理顺以省为主建设铁路的工作机制成为顺利推进规划落实的关键。

二、以省为主建设铁路项目的特点

（一）服务于地方经济发展的功能更加直接

根据铁路分类建设的原则，以省为主建设的铁路项目多为区域性铁路或港口支线铁路，除了具有完善路网布局的功能外，其最主要的功能是直接服务于沿线地方经济社会发展的需要。

浙江省是海洋大省，港口资源丰富，需要在港口后方建立大容量的集疏运体系，以促进海洋经济发展。且浙江省制造业发达经济总量大，市场经济完善、外贸经济活跃，全省有多处具有特色和影响力的市场，需要有便捷快速的人员物资输送通道。对于浙江省自然条件好、旅游资源丰富的欠发达地区，开发旅游资源把绿水青山变成金山银山，带动欠发达地区实现共同富裕，交通基础设施必须先行。目前正在建设的金台、乐清湾、杭绍台、杭温、甬金铁路，近期拟建的衢丽、金建、杭衢、温武铁路等，对沿线经济社会发展带动作用非常大，因此沿线地方政府和人民群众对铁路建设的热情非常高。

如果说以国铁为主建设的国家主干网络铁路其功能主要是服务于全国大局，铁路线路、站场枢纽之所以落地于浙江省内，是受益于浙江省优越的地理位置、高质量的经济社会发展水平。那么以省为主建设的区域性铁路、港口支线铁路，其建设的主要驱动力则是源自沿线地方经济社会发展的需要，是地方各级政府的主动作为，是各级政府在办自己的事。以省为主这一属地性的特点，要求省内各级政府及相关部门不仅要有迫切建设的需求、高涨的热情，更要在指导思想上要把以省为主建设的铁路项目落实到各级政府相关部门身上，要能体现以省为主建设的优势所在。

（二）做好与国铁的衔接是项目生存的必要条件

一是路网功能方面的衔接。在综合交通各种运输方式，铁路优势在于长距离、大容量、低成本、网络覆盖面广，网络效益是铁路经济的显著特点。浙江省区域面积不大，仅靠区域内的客货运量不能维持项目持续运营状态，也发挥不了铁路运输的优势。浙江省资源和产品销售地“两头在外”，经济辐射力遍及全国乃至全球，客观上要求铁路客运、货运必须能“走出去、请进来”，以省为主建设的项目虽为区域性铁路性质，但只要其运输组织方式与国铁路网有效衔接就能充分发挥铁路运输的优势。

二是管理规章制度方面的衔接。在铁路建设方面，原铁道部印发了《铁路建设项目管理程序指导意见》(建建〔2008〕50 号)，铁道部撤销后铁路总公司印发了《铁路建设管理办法》(铁总建设〔2015〕78 号）文，对铁路建设管理工作进行了规范。与国铁网络有效衔接不仅是在技术标准上按照国铁标准执行，在建设管理方面也要基本符合国铁相关规则制度的要求。应在管理规章制度上学习借鉴国铁成熟经验，在借助国铁人力技术资源的基础上，充分结合浙江省已出台的一些具有浙江省特色的管理条例、规章制度，这样才能顺利接轨国家路网，并有效推进以省为主的铁路建设和发展。

（三）明确补亏机制是项目持续发展的充分条件

铁路是经济社会发展的重要基础设施，具有公益性、大众化的社会属性，同时具有建设投资规模大、固定成本高、回收期长的经济特征，与公路、航空相比具有用地少、环保、节能、大容量、运输成本低等优势。随着城市化进程中区域经济相关度和全球经济一体化程度不断提高，人员、物质交往日趋频繁、数量剧增，传统的发展格局受到能源、环境、土地等要素的制约，完善铁路路网布局是社会进入和谐、健康、可持续发展阶段的必然要求。铁路项目特殊的社会属性和经济特征，决定了项目的外部效益大于内部收益，即社会效益大于项目本身的经济效益。

以省为主建设的铁路项目根据其功能定位大多建设规模偏小、技术标准偏低（单线或 160 km/以下等），线路沿途自然条件差造成桥隧比高、投资大，尤其是征地拆迁费用逐年攀升。以金台铁路为例，线路全长 226.12 公里，其中：桥梁 59.94 公里、隧道 103.8 公里、桥隧比例占全线 72.4%，初步统计征地拆迁实际费用要达到总投资的 26%以上。明确以省为主建设的铁路项目的补亏机制，对于项目决策的科学性和项目持续运营的可行性十分重要。

三、部省合资建设铁路工作机制概述

（一）国铁铁路建设的基本程序

铁路建设项目一般分为三个阶段：项目前期工作阶段、工程实施阶段、开通投产阶段。与之对应的项目管理工作分别为：

（1）计划管理工作。主要包括规划编制和报审、项目建议书评审、可行性研究报告评审等内容。

（2）建设管理工作。主要包括初步设计评审、施工图设计审查、开工建设、工程初验等内容。

（3）运营管理工作。主要包括工程移交、试运行、竣工验收、项目后评估等内容。

根据铁道部印发的《铁路建设项目管理程序指导意见》（建建〔2008〕50 号）、铁路总公司印发的《铁路建设管理办法》（铁总建设〔2015〕78 号）文，铁路建设项目管理程序共分为 21 项基本流程，分别为：前期工作、征地拆迁、环境保护、水土保持、施工组织设计、招投标、合同、开工报告审批（铁总计统〔2015〕252 号文已取消开工报告审批的相关事项）、勘察设计、监理、验工计价、变更设计、质量、安全、控制投资、技术、财务、甲供物资采购、甲控物资采购、客货共线竣工验收、客运专线竣工验收等。

按照上述文件规定，铁路总公司负责组织铁路建设，统一管理建设项目前期作，统一安排、推进铁路建设项目实施。铁路总公司相关部门和单位按照职责分工对建设项目实施管理。铁路建设项目的建设单位是建设项目的组织实施机构，是建设项目的法人，包括铁路总公司管理的合资铁路公司和铁路局。建设单位是铁路建设项目管理的实施主体，按照专业化、职业化、区域化管理要求，履行建设单位职责，对项目实施过程及结果负责。

铁路总公司相关部门、单位的职责分工和审批权限：计统部负责土地预审批复、环评批复、节能批复、项目资金计划落实、可研批复等；鉴定中心负责初步设计批复、鉴修概算审核、施工图投资检算审核、Ⅰ类变更审批等；工管中心负责项目管理机构、项目施工与监理招标、建设用地报批、项目施组大纲审核、设计图纸交付协议等；安监司、监督总站对安全、质量进行监管；监察局、审计中心监管资金使用；铁路局负责协调管内铁路建设与地方的关系，按照专业化、职业化要求，组建区域性和专业化的项目管理机构具体负责管内铁路建设项目管理工作。

（二）浙江省铁路建设管理的组织架构和工作程序

20 世纪 80 年代末为适应沪杭、浙赣、萧甬复线和钱江二桥、乔司编组站的铁路建设需要，省政府成立了铁路建设领导小组，负责研究、决策浙江省铁路建设的重大事项，制定相关政策，其中包括铁路规划、征地拆迁政策、各项目资本金省方出资比例、省方出资中省市出资比例、省级资本金的来源等问题。领导小组由分管铁路工作的副省长兼任组长，省发改委分管领导兼任副组长，省有关厅局和设区市政府为小组成员单位，下设办公室（简称省铁办）挂靠省发改委交通处负责处理日常工作。2006 年为适应部省合资建设铁路的需要，解决省方出资人代表与路方出资人代表对等关系，省政府整合了省发展集团与金温铁道公司组建浙江省铁路建设投资集团，与上海铁路局分别代表浙江省和铁道部共同组建项目公司，参与项目建设和开通运营后的资产管理工作，2016 年省铁投集团与省交通集团合并。

在实际操作过程中，对于类似中长期铁路规划修编意见、五年铁路建设规划编制、规划建设项目的前期工作、项目建设中的沟通协调等工作，基本上以省发改委（省铁办、省重点办）为主负责处理。省部（或铁路总公司）之间通过领导会谈以会议纪要形式研究和商定有关问题，省内通过省政府专题会议形式研究决策有关重大问题，类似省级铁路建设投融资总规模这样的重大问题还要报请省委财经领导小组研究批准。在日常工作中，省铁办负责可研报告批复及之前的工作推进，省重点办负责初步设计批复及之后的工作推进，省铁投集团参与项目建设的全过程，负责催缴各市资本金、按计划向项目公司拨付省方资本金工作，掌握项目前期、建设、运营方面情况，参与重大问题的协调处理工作。

在以国铁为主部省合资建设铁路具体实施过程中，省方重点承担征地拆迁及支付省方资本金两项主要工作。为做好征地拆迁工作，省发改委会同省国土厅针对每个项目的情况印发了征地拆迁实施办法。但除了省发改委会同省国土厅印发的征地拆迁实施办法外，省级层面没有印发其他政策性文件，项目在建设过程中基本上执行铁道部或铁路总公司的文件规定。由于征地拆迁涉及面广、政策性强、工作难度大，即便省级层面有了政策性文件，仍然会遇到许多需要协调解决的难点、重点问题。以国铁为主建设的合资铁路其合作层面是部省级层面，因此在遇到需要协调解决的难点、重点问题时，路方出资人代表上海铁路局分管领导或项目公司主要领导一般是找省发改委协商。

（三）金台铁路项目推进的实际情况

金台铁路项目省方承担 85%项目资本金，铁路总公司承担 15%项目资本金，是铁路投融资投资改革实行分类建设后浙江省第一条以省为主投资建设的铁路项目。为加快推进项目前期工作，根据省政府专题会议纪要（〔2012〕14 号），省发改委发文《关于成立金台铁路建设筹备组的通知》（浙发改交通〔2012〕695 号），由省发改委、财政厅、建设厅、国土资源厅、省铁投集团、台州、丽水、金华市政府联合组建了项目筹备组，具体工作由台州市政府为主操办。

金台铁路尽管由省方控股建设，但在前期工作推进中基本上按照部省合资铁路模式操作，其中：预可研、可研设计的审查由省发改委会（省铁办）会同铁路总公司计统部联合组织；规划选址、土地预审、环境影响评价等共计 14 项行政许可由省方筹备组办理；项目建议书、可研报告由省政府与铁路总公司联合批复，并采用铁路总公司文号；根据铁路总公司《关于规范非控股合资铁路建设项目管理的指导意见》（铁总计统〔2015〕224 号）文精神，由省政府出函委托铁路总公司审批初步设计，由省发改委（省重点办）会同铁路总公司鉴定中心联合组织审查，由省方筹备组委托铁路总公司经规院出具咨询意见后铁总鉴定中心出具批复意见；由铁路总公司工管中心组织对项目公司报送的实施性施工组织方案进行审查，并出具审查意见；根据实施性施工组织批复意见，由项目公司自行组织开工建设。

由省发改委牵头组建项目筹备组并由受益最大的市政府负责具体工作，有利于调动省与地方政府的积极性；由省发改委对接铁路总公司有关部门，按照铁路总公司项目管理的要求办理相关审批，有效地借助了铁路总公司的技术优势和行业管理优势。从金台铁路项目推进的情况看，以省为主建设铁路在项目前期工作推进方面，其工作机制是行之有效的。

鉴于金台铁路经济评价指标较差，未来存在较大的经营风险，铁路总公司在会签项建书和可研报告批复文件中明确提出由浙江省承担运营期补亏，而省方资本金中不仅有省级财政性资金（占省方资本金 51.4%），还有沿线各市县财政性资金。沿线各市县经济发展水平不同，铁路开通后受益程度不同，如何分担亏损在项目可研阶段省政府并没有明确，未来以省为主建设的项目应予以完善，以保障项目建成后可持续经营。

四、强化政府领导是以省为主建设铁路的关键

铁路是关系国计民生的重大基础设施，其社会属性和经济特性决定了铁路项目的建设主要是依靠政府的主动作为，建立适应以省为主建设铁路新形势下的工作机制，首先就要强化政府及有关部门对铁路建设工作的指导，建立健全有关政策法规，明确政策导向，明确工作流程和工作责任。

（一）完善省级层面规章制度的配套衔接

1. 尽快出台《浙江省铁路建设管理办法》

鉴于在推进铁路投融资投资改革、铁路分类建设以后，国家与省在政策层面衔接上有待完善，需要在省级层面给予创新，浙江省应参照铁路总公司《铁路建设管理办法》（铁总建设〔2015〕78 号）和《关于规范非控股合资铁路建设项目管理的指导意见》（铁总计统〔2015〕224 号）文，研究制定《浙江省铁路建设管理办法》，对以省为主铁路建设项目的建设程序、建管机构责任分工、政府协调机制、项目补亏机制、支持政策等进行规定，使以省为主建设铁路有法可依、有章可循。

该《办法》应包含：规定建设管理工程界面，建设领导小组、指挥部、建设主体的主要工作职责；规定浙江省以省为主建设铁路线网规划和发展规划，规划主要审批流程和项目立项流程；规定根据规划提前控制铁路用地，明确规划保护区和特别保护区范围；规定铁路与其他行业（如市政、交通、水利、规划、档案馆等）的接口和协调原则；规定勘察设计、施工、监理等单位应具备相应资质及招投标方式；规定勘察设计、施工、监理等单位的职责，明确质量监督单位；明确生产预警和应急协调机制；规定交竣工验收流程；规定项目投融资的基本原则和方式方法，沿线各市县筹集资金职责，财政、审计等部门的指导、监督和审计职责；明确项目补亏机制的基本原则。

2. 完善工程质量安全监督和信用评价体系

质量是工程管理的核心，目前浙江省关于以省为主铁路建设质量安全管理体系、规章制度尚未建立。面对国家铁路局和铁路总公司不受理省方为主建设铁路项目的工程质量安全监督工作的局面，浙江省应尽快建立相关机构，出台相关制度，加强质量安全管理，为创建优质工程提供保障。根据 2016 年 9 月 21 日袁家军副书记、高兴夫副省长的批示精神，由省交通厅尽快建立全省铁路（含城际轨道交通）质量安全监管站，全省轨道交通建设统一由该站监督管理。现金台铁路已全面开工，为确保金台铁路建设平稳推进和建成后顺利通过铁路总公司、浙江省验收，铁路质量安全监督站应尽快完成组建并开展相关工作。

强化对施工、设计、监理等铁路建设参与单位的有效管理，是控制工程质量、施工安全、建设工期的关键。目前参与建设的相关单位基本是中铁系统的施工、设计单位，其综合实力非常强，也十分重视和积极参与以省为主建设铁路项目的投标工作，但中标以后对项目建设的重视程度参差不齐。与这些中铁系统的大企业相比，省方控股的项目公司相对弱势，对一些在项目建设上重视程度不够的企业难以形成有效的管理。因此，尽快建立浙江省铁路建设信用评价体系十分重要，并发挥以省为主的优势，其评价结果不仅适用于铁路项目，也适用于浙江省其他重大基础设施建设项目，以强化对参建单位的有效管理。

（二）建立明确责任、落实考核、强化协调的机制

铁路建设涉及的问题众多，各市县的自然环境不同、社会情况不同，有现实问题、也有历史遗留问题，其中比较集中的是征地拆迁遇到的问题，很难以一个文件涵盖全部，因此建立明确的责任考核制度、加大协调力度，对于铁路建设顺利推进至关重要。

应以省政府出台的《浙江省铁路建设管理办法》为依据，按照省铁路建设年度工作安排，制订铁路项目前期、实施中工作进度计划，明确工作内容和时间节点，分解任务至省有关部门、单位和铁路

建设沿线各级政府一把手，明确工作责任，确保每个环节的工作都落实到具体责任单位和责任人。省级层面定期监督考核，并将考核成效纳入省重点项目建设工作管理范围。

要发挥省铁路建设领导小组的重要作用，建立自上而下的协调督办机制，每半年或一年定期召开会议，对铁路建设重大问题、重点工作进行综合研究、协调，对沿线地方政府落实铁路建设工作的情况进行考核。在省铁路建设领导小组组织架构内，由省发改委牵头建立铁路建设联席会议制度，定期或不定期召开会议，检查项目推进情况，及时协调处理项目建设中出现的困难和问题，对一些重大问题提出解决方案报省政府决策。沿线各县（市、区）政府、铁办也要明确相应机构和人员，具体负责有关铁路项目前期和建设期协调等工作，全力推进地方铁路建设。减少协调环节和时间，提高协调解决问题的效果。

（三）梳理政策、加大扶持力度

以省为主建设的铁路项目普遍存在国民经济评价高经济评价低的情况，说明铁路能有效地带动沿线经济社会发展，促进全省区域经济持续平衡发展，但铁路企业自身的经济效益不容乐观，因此政府在政策扶持上应给予铁路企业适当倾斜。结合浙江省实际情况，可采用以下方式：

1. 建立补亏机制

铁路经济是网络效益，建设一条铁路所带来经济效益主要体现在项目沿线但也不局限于本线，以省为主建设的铁路项目由省级投资为主建设是合理的。铁路建成运营以后直接受益的是沿线地方经济，各地政府也十分清楚铁路对经济社会发展的巨大促进作用，都积极争取铁路途经本区域，争取多设站点。按照谁受益谁补亏的原则，运营期的补亏应主要由地方政府承担。

因此在项目立项或可研阶段就明确补亏机制，其基本原则是确保项目运营期资金链不断裂。可以按照沿线各地资本金出资比例分摊；也可以按照可研阶段测算的各地客货运量考核，如达不到则由当地政府托底弥补运营收益；或者按照各市县境内设站的规模、功能测算分摊比例。具体采用哪一种方式，或者不同的项目采用不同的方式，可以进一步深化研究，比较合理的是按照各市县境内设站的规模、功能测算分摊比例。

2. 降低工程造价

根据浙江省近十余年铁路建设实际投资情况，项目总投资逐年增长，其中增长最大的是征地拆迁费用，从原来占总投资10%左右增长到现在达到占总投资的25%左右，基本超出设计概算的一倍以上，后续项目将有可能达到占总投资的30%。征迁费用的增加一方面说明国家加大了对被征迁群众利益的保护，另一方面也不排除沿线政府借铁路项目搭车扩大征迁范围、提高补偿标准，以及满足部分群众的不合理要求。

为有效控制征地拆迁费用，可由地方政府负责提交铁路建设用地，该部分费用不计入项目总投资，地方政府也不再承担项目资本金。这样就大大降低了项目投融资压力，另一方面也可以有效控制征地拆迁费用。

3. 减免相关规税费

在以国铁为主的铁路项目建设过程中，路方与省方对一些规税费收取上存在较大分歧（如矿产资源税、占补平衡费等），有些经过协商给予减免，有些久拖未交形成事实上的减免。对于以省为主建设的铁路项目省有关部门应给予更多更大的支持，至少在规税费减免上应给予与国铁项目同等待遇。鉴于各系统各部门都有一定的文件规定，如何把握政策尺度、掌握减免范围和程度，可以由省交通集团提出建议，经省级有关部门研究，通过省政府专题会议形式予以确认。

4. 落实沿线土地开发

为支持铁路建设，国家出台了《国务院关于改革铁路投融资体制加快推进铁路建设的意见》（国发〔2013〕33号）、《国务院办公厅关于支持铁路建设实施土地综合开发的意见》（国办发〔2014〕37号）文。在铁路项目推进中，根据可研批复上报材料要求，沿线政府均出具了提供用于铁路综合开发土地的承诺书。以金台铁路为例，沿线政府合计承诺提供7400亩土地，但省政府和国土部门没有相应的实施条例，致使该项政策无法进一步落实。为使该项国家政策顺利实施，省政府需研究出台推进铁路建设土地综合开发的实施条例。

五、搭好平台、创新思路，为项目建设提供保障

（一）强化集团公司对项目的支持力度

铁路项目是线性工程、点多线长，长大隧道、桥梁众多，沿线地质条件复杂、不可控因素多，建设期难免发生各类设计变更。铁路项目投资大、回报率低，按照现行的铁路工程概预算编制办法，设计概算中征地拆迁费用与实际发生费用相比明显偏低，因此就存在调整概算问题。铁路运输是网络经营，虽然以省为主建设的铁路多为区域性铁路，但运输组织要与国家铁路网络衔接，因此建设所涉及的范围往往超出区域性，这就存在与国铁协调对接的问题。上述问题涉及专业多、技术复杂，且调度指挥系统仍有国铁垄断，因此仅靠项目公司的技术力量和管理权限是难以解决的。国铁为主的项目对于类似问题一般在路局层面研究解决，涉及技术方案的由路局总师室牵头、涉及建设期的变更、调概类由建设处牵头，路局分管领导组织研究决策，最终由总公司鉴定中心批准。

浙江省以省为主建设的铁路除金台铁路之外还有许多项目规划建设，借鉴国铁的经验、结合浙江省的实际情况，应加强省交通集团铁路管理的力量，强化集团公司本部对项目公司的支撑力度，对项目公司反映的问题要能批、要敢批、及时批。要树立大交通理念，充分利用集团公司掌握铁路、公路等交通基础设施建设、管理的资源优势，加强与省有关部门单位、沿线地方政府、上海铁路局等的联系沟通，对局部发生的问题要统筹研究，在路地合作、省市合作的层面综合协调解决，变被动为主动。集团公司应建立内部协调机制，对于公路跨铁路、铁路跨公路、铁路与铁路之间的互通方案等，凡属集团公司内部企业之间的问题，应能在集团公司层面研究解决问题，也应在集团公司内部解决问题。

（二）理顺审批程序、顺利推进工程建设

根据《关于规范非控股合资铁路建设项目管理的指导意见》（铁总计统〔2015〕224号）文：工程实施中发生的变更设计和征地拆迁、各项价差等投资调整，原则上由项目公司依法自主决策；按照发改交运〔2007〕807号文件要求，涉及建设规模、主要技术标准或项目投资超出可研批复10%以上等重大调整的，项目公司委托咨询单位进行咨询，依法履行内部决策程序，按程序报原可行性研究审批部门审批。金台铁路是由省方控股铁路总公司参股的项目，可研报告由省发改委会同铁路总公司计统部一起审查，由浙江省政府和铁路总公司联合批复，但技术层面是由铁路总公司鉴定中心把关。

金台铁路建设中发生的Ⅰ类变更、征地拆迁超概算的审查，项目公司无法可依去进行自主决策，目前是报集团公司审查。由于一些Ⅰ类变更技术复杂，根据集团公司现有的技术力量以及缺乏文件依据很难胜任决策，由于涉及铁路总公司参股，在没有征得路方同意的情况下，即便集团公司出具审查意见也缺乏权威性。因此，结合铁总计统〔2015〕224号文精神，可考虑在集团公司对项目公司上报的文件进行初审后，由项目公司委托铁路总公司经规院进行咨询，再由省发改委对经规院出具的咨询报告进行审批。由于铁路总公司经规院与铁路总公司鉴定中心实际是一套人马两块牌子，铁路总公司经规院出具的咨询意见对于路方（尤其是路局层面）也具有一定的权威性，有利于路地双方形成共识。对于指导性施工组织设计审查问题，可考虑经集团公司审查同意后，由项目公司直接报送铁路总公司

工管中心审查即可。对于车站建筑概念设计方案审查问题技术要求不高，且扩面增加的投资由地方承担，项目又是省方为主建设，为尽可能满足地方政府的诉求，可考虑由集团公司直接审批，或集团公司审查后报省发改委审批，不必再报铁路总公司经规院审查。

（三）创新思路、探索有利于项目建设的工作方法

1. 改善服务咨询类招标方式

按照浙江省重大工程招投标的有关规定，铁路建设相关工作的实施需要通过招标确定服务单位，鉴于部分咨询服务类专业性较强，以及涉及迁改特殊垄断行业的设备、设施，市场发育不完善，没有足够的潜在投标人参与竞争（垄断行业）。若按现行的有关规定，选择的单位有可能无法提供有效服务，而且实施不下去。目前，国铁为主建设铁路项目在类似服务单位的选择方式上，都采用直接委托方式进行，上海铁路局管内其他省也类似操作。金台铁路是以省为主控股建设合资铁路，如三电迁改、爆破监理等施工，后期也会面临联调联试、动态监测、运行试验等施工。为有利于项目建设，集团公司应给予政策倾斜、开辟绿色通道以及参考国铁做法，由项目公司报请集团公司批准后，授权项目公司对类似专业性、垄断性较强的咨询服务单位，采用直接委托或竞争性谈判方式确定服务单位。

2. 创新物资采购管理模式

铁路建设所需的物资种类繁多，其中许多物资专业性强、市场发育不完善、垄断性强。国铁控股建设的铁路物资设备管理模式和相关的物资招投标采购程序及配套文件（包括物资设备管理、物资分类、服务代理、招标计划、招标采购、计划供应、质量控制、监督检查、供应商信用评价等）较为完善，各管理程序之间衔接紧密，操作性较强，特别是建设期的物资采购为后期运营维管提供充分的保障。根据铁路总公司（铁总物资〔2015〕352 号）规定，国铁对非控股铁路建设项目铁路专用物资（通用和特殊桥梁支座、轨道结构材料、四电材料、轨道车、钢轨）等，由建设项目履行项目法人单位内部决策程序后可参照该文件执行。以省为主建设铁路物资设备招标采购程序主要依据《浙江省重点建设项目管理办法》（浙江省人民政府令第 270 号）执行，在浙江省公共资源交易中心进行招标采购，但与之相对应的有招标文件范本、招标程序、评标专家库等存在一些不完善之处。如铁路专用物资（钢轨、道岔、轨枕、扣配件等）招标评标专家相对较少，无法满足评标工作需求，特别是铁路四电物资设备评标专家特别缺失。为保障铁路专用物资供应的可靠性，目前金台铁路对铁路专用物资采购是借用国铁平台进行招标。

浙江省以省为主建设的铁路项目还很多，集团公司可结合浙江省铁路建设实际，会商省发改委对后续铁路建设物资的采购供应进行试点、走一条创新模式：即利用集团公司招投标平台，参照铁路总公司的招投标模式开展招标采购工作，其目的降低招投标成本和物资设备生产成本。并通过集中招标采购积累大数据，进一步分析和研判年度材料价格走势，为设计和投资提供可参考的依据。

为创新管理机制，在集团公司层面出台物资设备供应商管理体系和信用评价体系的指导性管理办法，一是建立共享的供应商信息库，完善供应商不良行为认定标准，统一发布供应商不良行为的处理结果；二是建立供应商信用评价体系，统一发布集中采购供应商黑名单。从以上两个方面，对供应商履约能力和质量保证等方面进行约束考核，激励供应商保证物资设备质量、信守合同和提高售后服务水平。

借鉴铁路总公司物资代理服务，根据项目公司实际情况，引入专业的物资代理服务公司提供计划管理、合同管理、供应和质量管理、内业管理四个方面的专业、优质服务，服务项目公司建管甲供物资招标、供应、管理。

3. 做好铁路人才培训、储备工作

国铁在技术人才交流培训方面一般由路局开拓相关交流培训渠道，组织各项目管理机构按专业分

批进行，提高整体人员管理水平。在新项目开通前，国铁一般是由路局组织从所属站段抽调大量的管理人员和生产技术骨干，提前半年以上介入项目管理，做好开通运营准备。

为适应浙江省铁路大干快上的新形势，集团公司提出以金台铁路为浙江省以省为主建设铁路的建设管理平台，以金温铁路为以省为主建设铁路的运营管理平台，目前集团公司范围内工程技术人员无论是总体数量还是专业配置，都满足不了两个平台管理需求。要支撑起两个平台的作用，除了管理人员之外，还需要大量的在生产一线的技术骨干。集团公司宜尽早研究搭建铁路人员培训的平台，未雨绸缪、做好人员储备。

六、结束语

对铁路深化改革的新局面，结合浙江省的实际情况，加快以省为主的铁路建设，需要确立加强领导、完善制度、同心协力、共建共赢的指导思想。参与各方要寻求把以省为主建设的铁路项目建好、管好这个共同的最大利益，否则就背离了为什么要建这条铁路的初衷。在具体工作上要有敢于创新的精神，不等、不靠、不断探索有利于以省为主建设铁路的工作方式方法，在此基础上通过一定的程序形成规范，逐渐形成具有浙江省特色的以省为主建设铁路的完整工作机制。

（金台铁路公司 2017 年 9 月）

附录 1　大事记

20 世纪 90 年代

新建金华至台州铁路项目，前期策划工作从 20 世纪 90 年代初开始。1996 年规划义椒铁路（义乌-椒江）。1998 年为满足台州港需求，规划设计了台金铁路。

2004 年

2004 年 1 月，新建金华至台州铁路项目列入国家中长期铁路网建设项目。期间分别委托铁一院、铁四院、铁五院等多次开展预可研报告编制工作。

2012 年

2012 年 7 月，新建金华至台州铁路项目列入省发改委和省住建厅联合公布的《浙江省铁路网规划（2011—2030 年）》中的“十二五”重点建设规划项目（新开工项目）。

2014 年

2014 年 10 月 24 日，中国铁路总公司、浙江省人民政府，关于新建金华至台州铁路项目建议书的批复（铁总计统函〔2014〕1517 号）

2014 年 12 月 8 日 ~ 12 日，浙江省发改委、中国铁路总公司工程设计鉴定中心在台州组织召开《新建铁路金华至台州铁路可行性研究》报告评审会。

2015 年

2015 年 2 月 9 日，取得浙江省国土厅出具的地质灾害危险性评估成果备案登记表。编号：3300002014122210310З。

2015 年 3 月，中国铁路总公司工程设计鉴定中心出具关于《新建铁路金华至台州线可行性研究报告评审报告》。

2015 年 4 月 3 日，取得金台铁路穿越桃渚风景名胜区段项目规划选址专家论证意见。

2015 年 4 月 9 日，在杭州莲花宾馆组织金台规划选址专家论证会。

2015 年 4 月 10 日，取得了新建铁路金华至台州铁路水资源论证专家评审意见。

2015 年 4 月 10 日，取得了新建铁路金华至台州线（缙云段）社会稳定风险评估会议专家意见。

2015 年 4 月 15 日，浙江省林业厅，关于同意新建铁路金华至台州线工程通过木口湖森林公园的函（浙林办便〔2015〕131 号）。

2015 年 4 月 15 日，中国铁路总公司在北京铁道大厦组织节能评估报告审查会。

2015 年 5 月 7 日，取得金台铁路穿越临海国家地质公园地质遗迹影响评估报告专家论证意见。

2015 年 5 月 7 日，台州市人民政府办公室，关于新建铁路金华至台州线（台州段）社会稳定风险评估意见的函（台政办便函〔2015〕34 号）。

2015 年 5 月 20 日，中国铁路总公司办公厅，关于新建金华至台州铁路节能评估报告书审查意见的函（铁总办计统函〔2015〕171 号）。

2015 年 5 月 27 日，浙江省国土资源厅，关于新建铁路金华至台州线工程用地范围内无重要矿床

压覆的证明 （浙土资储压字〔2015〕13 号）。

2015 年 6 月 2 日，取得了新建铁路金华至台州线水土保持方案报告书评审专家审查意见。

2015 年 6 月 12 日，取得了新建铁路金华至台州线（金华段）社会稳定风险评估专家审查意见。

2015 年 6 月 16 日，磐安县人民政府，关于新建铁路金华至台州线（金华段）社会稳定风险评估报告的意见。

2015 年 6 月 17 日，永康市人民政府，关于新建铁路金华至台州线（金华段）社会稳定风险评估报告的意见。

2015 年 6 月 18 日，武义县人民政府，关于新建铁路金华至台州线（金华段）社会稳定风险评估报告的意见。

2015 年 6 月 25 日，金华市人民政府办公室，关于新建铁路金华至台州线（金华段）社会稳定风险评估报告的审查意见。

2015 年 6 月 26 日，取得了新建金华至台州铁路环境影响报告专家评审意见。

2015 年 6 月 29 日，取得了浙江省住房和城乡建设厅关于新建金华至台州铁路的选址意见书。

2015 年 7 月 20 日，浙江省水利厅，关于新建金华至台州铁路水土保持方案批复（浙水许〔2015〕23 号）。

2015 年 7 月 21 日，浙江省国土资源厅，关于新建金华至台州铁路建设用地预审的初审请示（浙土资〔2015〕54 号）。

2015 年 7 月 24 日，浙江省环境工程技术评估中心，新建金华至台州铁路环境影响报告书的技术咨询报告（浙环评估〔2015〕29 号）。

2015 年 7 月 28 日 ~ 30 日，中国铁路总公司在北京组织新建金华至台州铁路初步设计文件专家审查会。

2015 年 8 月 14 日，浙江省环境保护厅，关于新建金华至台州铁路环境和影响报告书的审查意见（浙环建〔2015〕22 号）。

2015 年 9 月 6 日，中华人民共和国国土资源部，关于新建金华至台州铁路建设用地预审意见的复函（国土资预审字〔2015〕187 号）。

2015 年 9 月 11 日，中国铁路总公司，关于新建金华至台州铁路可行性研究报告的批复（铁总计统函〔2015〕1005 号）。

2015 年 9 月 14 日，浙江省港航局在杭州组织灵江特大桥通航论证专家评审会。

2015 年 9 月 21 日 ~ 22 日，中国铁路总公司在北京组织新建金华至台州铁路初步设计鉴修稿专家审查会。

2015 年 9 月 29 日，台州市港行局组织永宁江等 4 座桥通航论证专家评审会。

2015 年 9 月 30 日，中国铁路总公司工管中心在北京组织新建金华至台州铁路将军岭隧道站前工程施工图审查会。

2015 年 10 月 10 日，中国铁路总公司关于新建金华至台州铁路将军岭隧道段站前工程初步设计的批复（铁总鉴函〔2015〕1127 号）。

2015 年 10 月 15 日，浙江省交通厅在杭州组织金台铁路跨（穿）越浙江省干线公路（设计阶段）安全性评价报告审查会。

2015 年 10 月 21 日，中国铁路总公司工管中心批复新建金华至台州铁路将军岭隧道站前工程施工图审核报告审查意见（工管施审函〔2015〕256 号）。

2015 年 10 月 27 日，中国铁路总公司工管中心工技部在北京组织新建金华至台州铁路指导性施工组织设计审查。

2015 年 11 月 6 日，中国铁路总公司工管中心批复新建金华至台州铁路指导性施工组织设计咨询意见（工管工技函〔2015〕303 号）。

2015 年 11 月 18 日，中国铁路总公司设计鉴定中心关于《新建金华至台州铁路先行开工段线路平面、纵断面设计有关问题的复函》。

2015 年 11 月 25—26 日，将军岭站前工程施工标开标，监理 2 标开标，中标单位监理是上海天佑，施工标是中铁隧道局。

2015 年 11 月 30 日，召开金台铁路有限责任公司一届一次股东会、董事会、监事会。

2015 年 12 月 3 日，金台铁路有限责任公司注册完成，公司挂牌。

2015 年 12 月 12 日，中铁隧道局、天佑、五院完成现场交桩。

2015 年 12 月 15 日，在仙居横溪中铁隧道局、天佑、五院技术交底。

2015 年 12 月 24 日，在仙居横溪先行开工段将军岭隧道 3#斜井小开工仪式。

2016 年

2016 年 1 月 4 日 10：00，在仙居横溪先行开工段将军岭隧道 3#斜井开工仪式。

2016 年 1 月 4 日 16：00，金台铁路有限责任公司一楼门厅金台铁路有限责任公司揭牌仪式。

2016 年 1 月 11 日，中国铁路经济规划研究院出具《关于发送新建台州至金华铁路初步设计咨询意见的函》（经规综函〔2016〕13 号）。

2016 年 1 月 26 日，金台铁路有限责任公司在北京主持召开新建台州至金华铁路工程地质勘察成果资料验收会，金台铁路有限责任公司、铁三院、铁四院、中铁咨询、中铁工程院、上海铁路局等单位专家参加会议。

2016 年 2 月 22，征地拆迁等前期工程审价服务开标，江苏华盛兴伟房地产评估造价咨询有限公司以 225 万中标。

2016 年 3 月 7～9 日，铁总工管中心组织金台铁路有限责任公司、铁五院、铁四院施工图审核金华至台州现场检查。

2016 年 3 月 11 日，中国铁路总公司、浙江省人民政府联合批复《关于新建台州至金华初步设计的批复》（铁总鉴函〔2016〕183 号）。

2016 年 3 月 24 日，集团公司领导帅总、陈总一行来公司调研指导工作。

2016 年 3 月 28 日，浙铁党委〔2016〕11 号发文《关于设立中共金台铁路有限公司委员会、中共金台铁路有限公司纪律检查委员会及周霖等同志任职的通知》，周霖同志任金台铁路有限公司党委书记，王树华、乔刚、王华荣、楼少俊同志任党委委员。设立中共金台铁路有限公司纪律检查委员会，乔刚同志任纪委书记。

2016 年 3 月 28 日，浙铁党委〔2016〕12 号发文《关于提名王华荣等同志任职的通知》，提名王华荣任金台铁路有限公司副总经理；提名楼少俊任金台铁路有限公司副总经理。

2016 年 3 月 31 日，金台铁路有限责任公司召开金华、台州市铁办和 9 个县市区铁指领导参加的征地拆迁交流座谈会，大体存在政策配套、方案调整、征地红线图交付、经费保障等几方面问题。

2016 年 4 月 1 日，金台铁路 2 个监理标和 7 施工标在浙江省重大工程交易网招标公告。

2016 年 4 月 6 日，中国铁路总公司工程管理中心批复《关于新建台州至金华铁路站前工程施工图审核检查意见的函》（工管施审函〔2016〕47 号）。

2016 年 4 月 6 日，中国铁路总公司工程管理中心批复《关于新建台州至金华铁路站前工程施工图审核报告审查意见的函》（工管施审函〔2016〕48 号）。

2016 年 4 月 7 日，在金台铁路有限责任公司三楼会议室，召开公司党委会会议。会议决定 1.吴东奇同志任纪检监察室主任，免去其综合部主任职务；2.陈兴功同志任综合部副主任，主持工作；3.燕超同志任工程部经理助理。

2016 年 4 月 13 日，周霖召开金台铁路有限责任公司全体会议传达省委、省政府关于浙江铁投集团和浙江交投集团重组的会议精神。

2016 年 4 月 15 日，集团公司党委副书记陈敏率相关部门赴金台铁路有限责任公司调研指导党风廉政建设工作。

2016 年 4 月 25 日，施工监理Ⅰ、Ⅲ在杭州开标，Ⅰ标由北京铁诚建设监理有限责任公司中标；Ⅲ标由四川铁科建设监理有限公司中标。

2016 年 5 月 3 日，勘测定界服务开标，浙江省统一征地事务办公室 1300 万中标（项目经理：高卫贞）。

2016 年 5 月 3 日，党委书记周霖传达 4 月 28 日集团公司“两学一做”专题党课暨学习教育和反腐倡廉建设部署会精神，并做“两学一做”专题党课及动员部署公司“两学一做”学习教育实施方案。

2016 年 5 月 5 日，站前工程施工总价承包中标候选人公示如下：

2016-006-03-01 标段（JTSG-5）由中铁二十二局集团有限公司（项目经理：汪益斌）100283.5760 中标；

2016-006-03-02 标段（JTSG-6）由中铁十局集团有限公司（项目经理：王谦）128002.0346 中标；

2016-006-03-03 标段（JTSG-7）由中铁十一局集团有限公司（项目经理：吕国栋）151736.8965 中标；

2016-006-02-01 标段（JTSG-1）由中铁二十四局集团有限公司（项目经理：唐宏华）66016.3986 中标；

2016-006-02-02 标段（JTSG-2）由中铁十二局集团有限公司（项目经理：付英俊）100465.8873 中标；

2016-006-02-03 标段（JTSG-4）由中铁二局股份有限公司（项目经理：王会）135966.5600 中标；

2016-006-02-04 标段（JTSG-8）由中铁一局集团有限公司（项目经理：侯小军）89340.3492 中标。

2016 年 5 月 18 日，集团公司党委书记、董事长余健尔率相关部门负责人蔡伟国、葛建娟、余激赴金台铁路有限责任公司调研指导工作。

2016 年 5 月 31 日，杭州花家山庄召开金华至台州铁路征迁工作动员大会，会议由省发改委主持，省发改委、浙铁投主办，金台铁路有限责任公司承办。

2016 年 6 月 2 日，在金台铁路有限责任公司二楼会议室召开第一次工地例会，设计单位、3 个监理单位、9 个施工单位参会。

2016 年 6 月 16 日，金台铁路有限责任公司在台州凤凰山庄举行施工、监理合同签订仪式，集团陈江副总经理参加。

2016 年 6 月 17 日，集团陈江副总经理带领项目部俞激等领导检查督导“两学一做”学习教育活动。

2016 年 6 月 30 日，金台铁路有限责任公司在杭州新新饭店静江厅召开第二次股东会、一届二次董事会、监事会，各股东代表、董事、监事与会，会议审议通过 9 个议案：1、关于聘任楼少俊为副总经理的议案；2、关于调整金台铁路有限责任公司董事会秘书及确定人选的议案；3、关于审议总经理工作报告的议案；4、关于审议金台铁路有限责任公司 2015 年基建计划完成情况及 2016 年基建计划安排的议案；5、关于审议金台铁路有限责任公司 2015 年度财务决算和 2016 年度财务预算的议案；6、关于审议金台铁路有限责任公司薪酬方案的议案；7、关于审议金台铁路新建永康东至新碧联络线及扩大永康东站规模、增加物流功能的议案；8、关于审议金台铁路台州南站及货场扩大规模的议案；9、关于审议金台铁路金温货线接轨段委托代建的议案。

2016 年 6 月底，金台铁路全线开工。其中：1. 6 月 22 日，仙居县召开金台铁路仙居段征迁工作动员大会，仙居县委书记单坚、县长林虹、人大常委会主任李建平、政协主席陈杨华四套班子领导参加，金台铁路有限责任公司董事长周霖、副总王华荣与会；2. 6 月 28 日，4 标开工仪式在缙云壶镇牛和岭隧道出口举行，缙云县县长李一波宣布开工，副总楼少俊参加；3. 6 月 29 日，总经理王树华参加 4 标项目部揭牌及仙居段开工仪式，仙居政协副主席李金明等领导参加。4. 7 月 1 日，1 标段开工典礼在永康石柱镇石锦隧道进口举行，永康市市长金政下达开工令，董事长周霖、副总乔刚参加。

2016年7月7日15时，金台铁路有限责任公司领导周霖董事长、王树华总经理率王副总、楼副总、计财部陈刚、综合部陈兴功、工程部燕超赴台州市改委汇报、对接金台铁路建设存在的问题，发改委主任张锐敏、铁办副主任马厉财和交通处、投资处同志给予了接待。

2016年7月13日，集团公司副总经理杨强民、省发改委交通处副处长耿勇智率相关部门赴金台铁路有限责任公司调研指导铁路建设工作。

2016年7月14日，纪检监察室吴东奇主任患病急诊，7月18日公司交班会决定，陈启明兼任纪检室干事，“两学一做”具体工作由郭胜杰负责。

2016年7月19日，金台铁路有限责任公司领导周董、王总、王副总、楼总及部门江浩、陈兴功在台州市政府8楼西会议室专题汇报《关于金台铁路建设进展情况报告》，市领导郭斯嘉副秘书长、台州铁办同志参加，7月22日送工业处金台铁发〔2016〕193号《关于金台铁路建设进展情况的报告》。

2016年7月25日9时，在金台铁路头门港支线岩下隧道出口召开金台铁路临海段开工仪式，台州市政协元茂荣、临海市委书记柯昕野、金台铁路有限责任公司董事长周霖等参加会议。

2016年7月25日，集团公司召开省交通集团和省铁路集团合并重组第一次总部员工大会，标志着两家集团总部整合宣告完成。董事长高兴夫做重要讲话。

2016年7月26日，在金台铁路有限责任公司召开2016年半年度工作会议暨经济分析会，全体干部职工参加。

2016年8月1日，金台铁路有限责任公司党委选举成立第一、第二党支部，第一支部书记：张均清，委员：邵丹、陈启明；第二支部书记：江浩，委员：罗鑫、褚皓晴。

2016年8月1日，集团人力资源部通知人事解冻。

2016年8月3日，金台铁路有限责任公司领导周董、王总、王副总、陈兴功在台州市政府8楼西会议室专题汇报《关于金台铁路建设进展情况报告》，市领导李跃程副市长、郭斯嘉秘书长及台州铁办徐亦镇参加，8月5日送工业处金台铁发〔2016〕214号《关于金台铁路建设进展情况的报告》。

2016年8月10日，金台铁路有限责任公司领导周董、陈兴功对接市委办公室副主任项先贵和市府副秘书长张国兵，专题汇报《关于金台铁路建设进展情况报告》。

2016年8月10日，台州政协周五来、张正煜副主席率第一组政协委员集中视察金台铁路永宁江特大桥工程，金台铁路有限责任公司王树华、王华荣陪同。

2016年8月18日，台州市委书记王昌荣率队视察金台铁路岩下隧道施工点，周董代表金台铁路有限责任公司进行了专题汇报。

2016年8月25日，在仙居东方大酒店华夏厅召开金华至台州铁路项目建设推进大会，会议安排14时参加金台铁路Ⅳ标田市镇3号拌和站现场调研；15时30分召开正式会议。参加会议领导有集团陈江副总、省重点办方建新、省统征办高卫贞、台州市李跃程副市长、政协周五来副主席等。

2016年9月23日，台州市〔2016〕60号《关于金台铁路工程建设有关问题协调会议纪要》正式发文，解决金台铁路建设行政审批、规费收取等相关问题。

2016年10月19日，集团发文王树华免金台铁路有限责任公司党委委员，解聘金台铁路有限责任公司总经理职务。

2016年10月21日，集团组织部徐伟萍、马海江来金台铁路有限责任公司民主推荐金台铁路有限责任公司总经理人选。

2016年10月28日，集团组织部戴本孟、邹宝利、海江到金台铁路有限责任公司考察和测评金台铁路有限责任公司总经理人选。

2016年12月10日，以通讯传签方式表决通过《关于调整公司董事的议案》的股东会决议，通过《关于聘任乔刚为总经理的议案》董事会决议。

2016 年 12 月 20 日，金台铁路项目使用林地获国家林业局批准。国家林业局经过审查后以“林资标准〔2016〕495 号”文批复同意金台铁路项目以 183.4021 公顷使用林地的申请。此次项目拟使用的林地获得批准，为金台铁路建设用地的及时到位奠定了基础，推动了整体项目工程的建设进展。

2016 年 12 月 29 日上午 10 时，在金台铁路有限责任公司二楼会议室召开金台铁路有限责任公司“阳光工程”动员大会，参加单位为各县市区指挥部、施工监理单位、公司全体人员总计 50 人，台州市发改委副主任徐亦镇参加动员大会。

2017 年

2017 年 1 月 10 日晚 19 时 20 分，金台铁路重点控制性工程大道地 2#隧道顺利贯通，这是金台铁路全线首座贯通的隧道。

2017 年 1 月 18 日，省交投集团董事长俞志宏、副总经理陈江率办公室、轨道交通建设部、安全监督管理部负责人莅临金台铁路有限责任公司调研，慰问公司本部员工，提出“三重三强”要求，并与全体职工共进午餐。

2017 年 2 月 16 日，根据省铁路投资集团推荐，金台铁路有限责任公司以通讯方式召开第一届董事会临时董事会议，审议通过《关于提名副总经理人选的报告》，提名邱琼海为金台铁路有限责任公司副总经理。

2017 年 3 月 2 日，在仙居召开 2016 年度全线征地拆迁立功竞赛大会，金台铁路有限责任公司领导、各县市区铁路指挥部参加。

2017 年 3 月 14 日，省发改委副主任李岩益一行莅临金台铁路灵江特大桥施工现场，对施工现场标准化管理、消防设施、施工用电安全等工作进行检查。

2017 年 3 月 17 日，台州市发改委牵头组织召开金台铁路（台州段）阳光征地及安置用地规划选址会，重点解决协调金台铁路（台州段）阳光征地及安置用地规划选址问题，部署下阶段工作重点，确保工程扎实有效推进。

2017 年 3 月 22 日，省交通厅轨道交通管理局筹建组工程监督监管组组长褚彬潜一行莅临金台铁路有限责任公司调研建设进展情况、基本建设及目前存在的问题。

2017 年 3 月 22 日，金台铁路有限责任公司董事长周霖、副总经理邱琼海带领金台铁路相关部门负责人赴京与中铁五院、铁路总公司工管中心对接设计、四电施工图审核等相关事宜。

2017 年 3 月 23 日，省重点办副主任方建新、省统征办、集团公司等领导在永康组织召开金台铁路永康段征迁工作推进会。

2017 年 4 月 13 日，金台铁路永康段完成坟墓迁移任务，为工程推进起到积极推动作用。

2017 年 4 月 27 日，集团公司二季度项目建设季度例会在仙居召开，并组织集团各公路、铁路建设管理单位计 80 余人对将军岭隧道出口段、田市跨永安溪特大桥、4 标拌和站进行现场观摩。

2017 年 5 月 3 日，集团公司董事长俞志宏、副总经理陈江带队赴台州对接综合交通项目建设事宜，对金台铁路目前建设过程中存在的问题进行对接梳理。金台铁路有限责任公司总经理乔刚陪同对接。

2017 年 5 月 3 日，台州市委常委、临海市委书记蔡永波莅临金台铁路岩下隧道施工现场检查金台铁路建设推进情况，金台铁路有限责任公司董事长周霖陪同检查。

2017 年 5 月 4 日，在上海铁路局完成新建金华至台州铁路“四电”及相关工程施工图审核工作。

2017 年 5 月 10 日，台州路桥区委书记潘建华一行在公司董事长周霖同志陪同下莅临金台铁路路桥段督查征拆工作。

2017 年 5 月 12 日，金台铁路邻近既有线施工事宜取得实质性进展。

2017 年 5 月 20 日，金台铁路椒江段率先完成征地任务。

2017 年 5 月 21 日，浙江省人大常委会副主任刘力伟一行调研金台铁路建设情况，听取周霖董事长有关金台铁路有限责任公司工作情况汇报。

2017 年 5 月 27 日，省交通投资集团总经理詹小张检查金台铁路永康江特大桥、新蝙蝠岭隧道、田市跨永安溪特大桥和 4 标拌和站，并听取金台铁路建设情况。

2017 年 6 月 2 日，台州市政府组织召开金台铁路建设推进大会，会议由市府办副秘书长应正南主持，市常务副市长董贵波具体安排。参加单位有市中级人民法院、市公安局、市国土资源局、市规划局、市发改委、市海洋渔业局、台州电业局、仙居、临海、黄岩、路桥、椒江县市区负责人参加，着重就目前建设中存在的火工品、安置用地、特殊地块征用、土地组卷报批等问题进行推进。

2017 年 6 月 16 日，金台铁路有限责任公司获得省级层面 2017 ~ 2018 年度“两美”浙江立功竞赛参赛单位。

2017 年 8 月 9 日，省国土资源厅在杭州组织召开金台铁路用地报批工作推进会。省国土资源厅夏晓鸿、省统征办主任李家银、金台铁路有限责任公司董事长周霖，以及沿线各县市（区）国土部门负责人参加。

2017 年 8 月 10 日，省交通投资集团公司党委副书记黄伟建、党委委员戴本孟、交通建设部王恒、人力资源部傅瑛等莅临金台铁路有限责任公司调研党建、组织人事、工程建设工作。

2017 年 8 月 11 日，金台铁路有限责任公司在台州黄岩召开公司第三次股东会暨一届三次董事会，会议讨论并通过 17 项议程。

2017 年 8 月 15 日，由省人大常委会法工委员会函复省发改委，从法律和制度层面彻底解决了制约工程建设过程中需缴纳矿产资源出让金问题。至此，通过金台铁路有限责任公司和有关部门的长达一年多时间努力和呼吁，需缴纳矿产资源出让金后方可办理采矿许可证，导致火工品供应不正常的问题彻底解决。

2017 年 8 月 23 日，省交通厅轨道局筹建组吴安宁、褚彬潜、李舒扬一行调研金台铁路有限责任公司建设管理情况。

2017 年 8 月 25 日，省总工会职工计协办副主任陈一平、集团公司工会副主席马宝根、台州市总工会党组成员汪永忠等莅临金台铁路灵江特大桥进行高温慰问。并对“两美”浙江立功竞赛进行调研指导。

2017 年 9 月 5 日，集团公司副总经理陈江到金台铁路有限责任公司给各支部党员上党课，并对台州段施工现场进行检查。

2017 年 9 月 8，金台铁路有限责任公司工程建设迈入冲刺年度目标关键期，金台铁路吹响“大干 120 天，冲刺年度总目标”的集结号，召开动员会。

2017 年 9 月 11 日，省交通工程监督管理局（以下简称“省交通工程监管局”）正式承担我省首条自主建设电气化铁路——金台铁路的质量安全监督工作，并赴金台铁路施工现场开展首次质量安全监督检查，标志着该局监督范畴由公路、水运项目扩大至地方铁路和城际轨道项目，将填补我省地方铁路建设质量安全监督的空白。

2017 年 9 月 14 日，上海铁路局地铁办组织的金台铁路邻近既有金温、杭深线隧道施工方案审查会在杭州召开。上海铁路局安监室、施工办、地铁办，杭州铁路公安处，金台铁路有限责任公司及各设备管理单位代表参加会议。金台铁路邻近既有金温、杭深线隧道施工方案顺利通过终审

2017 年 9 月 18 日，罗桥跨台金高速公路特大桥进行了跨台金高速公路一类临时封道施工。

2017 年 11 月 1 日，金寺堂特大桥 13#墩顺利浇筑完成，这是金台铁路邻近既有铁路营业线施工浇筑完成的第一根墩柱。

2017 年 11 月 1 日，台州市政府副秘书长应正南一行莅临金台铁路调研，市政府督查室主任陈学正、市铁办副主任徐龙强、临海市副市长徐明堂、黄岩区委常委管江志，金台铁路有限责任公司总经理乔刚、副总经理邱琼海以及沿线各铁办（铁指）、乡镇街道等主要领导陪同调研。

2017 年 11 月 2 日，金台铁路有限责任公司标准化建设现场观摩暨技术交流会在灵江特大桥隆重召开。金台铁路有限责任公司总经理乔刚、党委副书记茅家武、副总经理邱琼海、副总经理陆业传等主要领导出席，全线监理、施工单位领导、技术主管等 60 余人参加。

2017 年 11 月 2 日，省发改委基综办主任方建新等一行赴武义、缙云、台州等地，组织地方政府、相关部门以及金台铁路有限责任公司，就金台铁路工程推进中遇到的征迁难点进行逐一协调解决。台州市政府副秘书长应正南，黄岩区委常委管江志，临海市副市长徐明堂，武义县委常委、副县长张佳，缙云县委常委、常务副县长赵建铭，省交通集团轨道交通建设部副总经理言建标、王灵，以及金台铁路有限责任公司董事长周霖等主要领导参加。

2017 年 11 月 3 日，金台铁路洪朱山隧道顺利贯通。

2017 年 11 月 14 日凌晨 3 点，金台铁路灵江特大桥首个水中墩—64#墩承台顺利完成浇筑。

2017 年 11 月 16 日，金台铁路首次大型安全生产知识竞赛拉开帷幕。金台铁路各参建单位和监理单位的 12 支代表队、36 人参加了比赛。浙江省交通工程监管局副局长刘向东，省交通集团安全监管部总经理金朝阳、轨道交通建设管理部副总经理吴建永，金台铁路有限责任公司董事长周霖、总经理乔刚、党委副书记茅家武、副总经理陆业传等领导出席，全线 12 家参建单位代表队共 200 多人参加观摩。

2017 年 11 月 17 日，交通运输部发文将金台铁路头门港铁路支线工程纳入《“十三五”港口集疏运系统建设方案》，并安排 2.107 亿元补助资金用于项目建设，金台铁路头门港支线顺利搭上该项补助资金面向铁路项目的首班车。

2017 年 11 月 18 日，金台铁路邻近营业线施工应急救援演练在金台铁路 6 标台州站站场举行。金台铁路有限责任公司副总经理陆业传、副总工程师严伟明，杭州地铁公司安质部长陈根贤出席，四川铁科监理单位、北京铁城监理单位及金台铁路 6 标代表约 100 多人观看演练。

2017 年 11 月 19 日，金台铁路仙居段最大方量底板（DK100+376.52-18 m 双孔框架桥底板）完成浇筑。

2017 年 11 月 22 日，台州市人大常委会主任元茂荣、市人大常委会秘书长董服标，市人大常委会委员、城建环资工委副主任颜邦友，市发改委副主任、铁路办主任徐亦镇一行调研金台铁路，金台铁路有限责任公司董事长周霖、副总经理王华荣、副总经理邱琼海等陪同。

2017 年 11 月 22 日～23 日，集团公司副总经理陈江率轨道交通建设部副总经理言建标、王灵调研金台铁路。金台铁路有限责任公司董事长周霖、总经理乔刚、副总经理楼少俊等主要领导陪同调研。

2017 年 12 月 3 日，由金台铁路有限责任公司主办的“两美”浙江“金台铁路杯”首届篮球赛历时 15 天，14 支参赛队伍，沿线 260 km 4 赛区，经 19 场激烈比赛后圆满落幕。

2017 年 12 月 9 日晚 23 点 12 分，宁波工务段、杭州电务、供电（含维管）段、上海通信段，台州站、台州站派出所、杭州地方铁路开发有限公司、金台铁路有限责任公司等共计 80 余名现场施工作业人员、防护员、安全员等按既定线路进入台州站施工区域，金台铁路台州站五道开始封锁施工

2017 年 12 月 12 日，金台铁路台州南站七股道开始封锁施工。

2017 年 12 月 12 日，金台铁路田市车站封闭 S322 省道施工。

2017 年 12 月 14 日上午 9 点 38 分，金台铁路金山隧道在全体参建员工奋战 135 天后顺利贯通，这是金台铁路 7 标首座贯通的隧道。

2017 年 12 月 16 日，金台铁路“品质工程”建设方案通过专家评审。浙江省交通建设工程监督管理局副局长陈尚新、副局长刘向东出席，轨道监督组、温州交通工程质量监督局、台州交通质监站、海宁住建局等单位相关人员及特邀专家共 30 多人参加评审。

2017 年 12 月 16 日 1 时 20 分，金台铁路林家岙隧道进口首爆取得圆满成功。

2017 年 12 月 18 日，金台铁路仙居段 33 个临时用电工点全部通电，该段临电工程提前 1 个月全部完成。

2017 年 12 月 20 日凌晨 3 点 36 分，金台铁路将军岭隧道出口、3#斜井顺利贯通。

2017 年 12 月 20 日，金台铁路跨滨海大道特大桥槽型梁顺利竣工。

2017 年 12 月 21 日至 22 日，金台铁路有限责任公司总经理乔刚带领公司班子成员、全体专业技术人员及全线施工单位项目经理、总工、安全总监，监理单位总监、副总监共 50 多人前往杭绍台高速 3 标观摩学习。

2017 年 12 月 28 日，金台铁路有限责任公司党委组织全体党员、青年团员及入党积极分子赴嘉兴南湖，开展“不忘初心，牢记使命”主题活动，学习感悟“红船精神”。

2018 年

2018 年 1 月 1 日，金台铁路最高墩——四乌坑 2#特大桥 10#62 m 高墩成功封顶。

2018 年 1 月 4 日，金台铁路有限责任公司中层及以上管理人员召开反思交流会，深入查摆工作中存在的短板，研究确定整改措施和今后努力的方向。

2018 年 1 月 8 日，金台铁路有限责任公司组织召开 2018 年“两美”宣传工作会，公司党委副书记茅家武出席，全线参建单位党政领导、宣传骨干等 50 多人参加。

2018 年 1 月 8 日，集团“讲好十九大精神 讲响交投好故事”巡回宣讲团成员到金台铁路有限责任公司进行宣讲。金台铁路有限责任公司全体职工、各参建单位党政领导等 100 多人听取了宣讲。

2018 年 1 月 17 日，金台铁路缙云制梁场首片 32 m T 梁成功浇筑，标志金台铁路着缙云制梁场正式投产。

2018 年 1 月 28 日，金台铁路隧道横洞隧道光面爆破观摩会在金家村隧道举行，全线各参建单位主要负责人、部分施工技术人员、隧道开挖班组等 60 余人参加。

2018 年 2 月 5 日，金台铁路有限责任公司同高速业主、交警、路政单位对邻近高速公路 10 个施工点展开一次拉网式安全大检查，扎实做好春节期间安全生产工作，落实春节期间高速公路行车安全的各项保障工作。

2018 年 2 月 22 日，春节假期后的第一个工作日，台州市常务副市长董贵波到金台铁路有限责任公司开展慰问，并对项目建设情况进行调研指导。

2018 年 2 月 27 日，金台铁路“品质工程”实施方案内部评审会召开。省监管局轨道监督组专家陈熙贵，金台铁路有限责任公司副总经理邱琼海、陆业传出席，公司工程部、安质部及各参建单位相关人员参加。

2018 年 3 月 7 日，省发改委基综办主任方建新到金台铁路一线协调推进征迁工作。省交通集团轨道交通建设部总经理刘冠水，省统征办副主任高卫贞，台州市政府副秘书长应正南，黄岩区常委管江志，临海市副市长徐明堂，缙云县常务副县长赵建铭，金台铁路有限责任公司总经理乔刚、副总经理王华荣，及各地相关镇街、铁指等主要负责人陪同。

2018 年 3 月 26 日下午 2 点，金台铁路灵江特大桥 64#主墩 152 m 连续梁 0#块顺利完成浇筑。

2018 年 3 月 27 日，金台铁路光面爆破效果观摩会在蔡家田隧道进口举行。金台铁路有限责任公司总经理乔刚、副总经理楼少俊、副总经理陆业传出席，全线施工、监理单位经理、总工及开挖班主要负责人等 120 余人参加观摩学习。

2018 年 4 月 4 日，临海市政协主席张招金带领全体常委、市人大常委会、市人民政府有关领导，交通行业等有关负责人组成百人视察团视察金台铁路灵江特大桥，金台铁路有限责任公司副总经理王华荣、金台铁路 7 标主要领导陪同。

2018 年 4 月 9 日，金台铁路永康南站顺利完成全部的防护栅栏改移施工并通过验收，工程进入实质性施工阶段。

2018 年 4 月 10 日，集团公司党委委员、工会主席柴云妹，工会副主席马宝根等一行到金台铁路项目调研指导立功竞赛和工会工作，金台铁路党委书记、董事长周霖，党委副书记、工会主席茅家武等陪同调研。

2018 年 4 月 12 日，金台铁路有限责任公司总经理乔刚赶赴永康南站江南街道大塘沿村，与永康市市长朱志杰、常务副市长胡积合等就江南街道红线用地交付情况进行对接，存在的困难问题展开讨论。

2018 年 4 月 12 日，金台铁路有限责任公司董事长周霖、总经理乔刚、副总经理王华荣带队与缙云县县长李一波、常务副县长赵建铭等就金台铁路缙云段征拆工作做专题汇报，再次对接沟通。

2018 年 4 月 18 日上午，金台铁路有限责任公司召开 2018 年度党风廉政建设暨“清廉金台”建设大会，专题部署党风廉政建设工作，推进“清廉金台”建设。

2018 年 4 月 19 日上午 7 点 50 分，金台铁路西炉村隧道贯通。

2018 年 4 月 20 日，金台铁路“党建+铁路示范线”品牌入选集团十佳“党建+”典型案例。

2018 年 4 月 20 日中午 12 点 40 分，金台铁路东安特大桥 27 名参建员工投身到仙居县白塔镇东安村森林火灾，践行社会责任。

2018 年 4 月 23 日，金台铁路缙云制梁场通过中铁检验中心许可认证，获得铁路后张法预应力混凝土铁路桥 T 型简支梁生产资格。

2018 年 4 月 27 日凌晨 1 点 30 分，甬台温铁路台州站 5 道封锁栅栏成功拆除，历经 136 天日夜鏖战的金台铁路台州站旅客地道接长工程顺利完成，既有甬台温铁路台州站 5 道按时恢复通车。

2018 年 4 月 27 日，冷水镇 39 户房屋拆除工作的圆满结束，金台铁路磐安段征迁工作全部完成。

2018 年 4 月 28 日 8 点，鏖战 480 天的紫砂岙隧道顺利贯通。

2018 年 5 月 9 日至 11 日，由中国铁路上海局集团东华地铁公司举办的“当好排头兵，建设争先锋”隧道工程技术培训班在金台铁路 1 标圆满结业。东华公司总经理陈利民、副总经理王宏坤，金台铁路有限责任公司总经理乔刚、副总工程师严伟民出席开班典礼。来自安徽、南京和杭州 3 个地铁公司及上海工程项目部、金台铁路等单位的 60 多学员参加了本次培训。

2018 年 5 月 10 日，由金台铁路承办的浙江省地方铁路“隧道坍塌应急救援演练”在金台铁路紫砂岙隧道出口举行。国家铁路局工程质量监督中心主任盛智平，省交通厅副厅长王寅中，台州市副市长蒋冰风，省交通集团副总经理杨强民，中铁二十二局集团党委副书记王怀尧等领导出席活动。来自上海铁路监督管理局、省发改委、省应急办、临海市人民政府、全省各地交通局、交通质监站、省内轨道交通项目等单位的代表共计 300 多人参加演练观摩。这是浙江省省市、政企多方联合举办的首次地方铁路应急救援演练。

2018 年 5 月 14 日，金台铁路岩下跨沿海高速公路特大桥首座连续梁顺利合龙。

2018 年 5 月 15 日，金台铁路有限责任公司召开专题会议，传达学习省委书记车俊调研集团重要讲话精神和集团公司党委的相关要求。

2018 年 5 月 21 日 10 时 58 分，金台铁路清潭头 3#隧道顺利贯通。

2018 年 5 月 25 日，金台铁路有限责任公司拌和站粉料吹灰监管系统方案通过评审。铁路总公司工程管理中心雷涛、铁道科学研究院李化建、中铁十二局集团公司技术中心黄直久、九景衢铁路浙江有限公司郁前军等有关专家参加评审会。

2018 年 6 月 1 日 10 点，金台铁路首座长大隧道 ——西岙隧道全线顺利贯通。

2018 年 6 月 20 日，金台铁路台州段征迁工作协调推进会在台州市政府召开。市铁路办，金台铁路有限责任公司，黄岩区、路桥区、临海市政府及相关部门负责人参加。

2018 年 7 月 4 日上午，金台铁路“党建+铁路示范线”联建共创誓师大会在金台铁路 4 标田市车站制梁场隆重举行。省交通集团党委副书记黄伟建，党委委员、党委工作部主任、组织部部长戴本孟，中铁二局集团党委副书记方国建、党委组织部部长潘伟、华东公司党委书记罗晓波，金台铁路有限责任公司党委书记、董事长周霖，党委副书记、总经理乔刚，党委副书记、纪委书记、工会主席茅家武，党委委员、副总经理陆业传，以及中铁二局集团二公司党委书记、执行董事张诚，党委副书记、纪委书记韩俊，副总经理李东出席活动，金台铁路各施工标段的11支党员代表队230人参加誓师。

2018年7月5日，金台铁路将军岭隧道1#斜井、2#斜井正洞顺利贯通。

2018年7月6日，金台铁路有限责任公司2018股东会暨一届四次董事会、监事会在杭州召开，各股东代表、董事、监事与会，股东会审议通过《关于调整公司董事、监事的议案》《2017年度审计报告》《关于公司2017年度财务决算和2018年度财务预算的议案》《运营管理模式变更的议案》4个事项，董事会审议通过《总经理工作报告》《2017年度审计报告》《关于公司2017年度财务决算和2018年度财务预算的议案》《关于金台铁路有限责任公司2017年基建计划完成情况及2018年基建计划安排的议案》《关于确定公司融资方案的议案》《关于Ⅰ类变更设计项目的议案》《关于Ⅱ类变更设计项目的议案》《关于材料价差和技术规格调整的报告》《关于头门新区站用地费用的议案》《关于永康段迁建工程、永康东变更设计后施工实施主体的议案》《2017年招标工作情况的报告》《金台铁路邻近既有线（营业线）工程代建费用的报告》12个事项，监事会审议通过《关于选举公司监事会主席的议案》。

2018年7月8日，金台铁路西郊隧道Ⅰ线顺利贯通。

2018年7月9日，金台铁路有限责任公司组织全体职工，全线参建单位项目经理、总工、安全总监召开防御第8号超强台风“玛莉亚”专项部署会。

2018年7月9日，浙江省人民政府参事、轨道交通建设与管理协会会长赵彦年一行调研指导金台铁路项目。金台铁路有限责任公司董事长周霖等陪同调研。

2018年7月13日，金台铁路黄榆弄隧道贯通，金台铁路仙居段中长隧道步入施工高潮。

2018年7月17—18日，省交通集团轨道交通部副经理王灵、金台铁路有限责任公司副总经理王华荣、陆业传前往永康、缙云调研推动征迁工作。

2018年7月16日，金台铁路有限责任公司召开半年度经济形势分析会，公司中层以上管理人员参加。

2018年7月17日，金台铁路有限责任公司、缙云县安监局、缙云县铁办、缙云县铁路指挥部和壶镇镇政府组成联合检查组，对金台铁路缙云段进行首次安全生产大检查，公司副总经理楼少俊、缙云县安监局总工杨瑞革、缙云县铁路指挥部常务副指挥陆向荣等相关人员参加。

2018年7月19日，金台铁路有限责任公司全面部署防10号台风“安比”工作。

2018年7月19日，金台铁路有限责任公司组织开展“弘扬廉洁文化，建设清廉金台”主题党日活动。

2018年7月20日，金台铁路潘潭1#隧道顺利贯通。

2018年7月22日，金台铁路潘潭2#隧道顺利贯通。

2018年7月23日，金台铁路有限责任公司召开党委理论中心组（扩大）学习会，深入学习贯彻习近平总书记重要指示精神，并结合俞志宏董事长在集团公司国有资本投资公司试点改革工作推进会上讲话精神，开展充分讨论，畅谈学习体会。公司全体党员和发展对象共31人参加。

2018年7月24日，金台铁路运营管理首次对接会召开.

2018年7月27日，金台铁路跨盈度公路大桥首座连续梁合龙。

2018年8月1日，金温铁道公司相关人员赴公司召开四电专题会议。

2018年8月3日，金台铁路有限责任公司组织召开上半年安全生产会议。

2018年8月3日，金台铁路有限责任公司贯彻集团公司行动纲要。

2018年8月7日，省交通集团公司副总经理姜扬建到金台铁路大岗山隧道施工现场送清凉。金台铁路有限责任公司总经理乔刚，党委副书记、纪委书记、工会主席茅家武，副总经理陆业传陪同慰问。

2018年8月8日，金台铁路里林跨诸永高速公路特大桥连续梁22#墩0#块成功浇筑，全线最高连续梁进入主体施工阶段。

2018 年 8 月 9 日上午 11 点，集团公司总经理詹小张，副总经理陈敏、陈江率队赴台州市，与台州市政府对接金台铁路建设等工作。台州市委副书记、代市长张晓强，市政府副市长张加波，市政府秘书长林金荣，市政府副秘书长苏元蓬，金台铁路有限责任公司董事长周霖等参加工作交流。

2018 年 8 月 10 日，来自经济日报、新华社浙江分社、中新社浙江分社、中国交通报、浙江日报、浙江之声、钱江晚报和教育科技等主流媒体多名记者赴金台铁路田市车站梁场、田市跨永安溪台金高速公路特大桥施工现场采访。

2018 年 8 月 13 日，金台铁路有限责任公司组织开展风控体系建设培训。

2018 年 8 月 16 日，金台铁路四电系统首座集成工程电力变电所 ——磐安牵引变电所进场施工。

2018 年 8 月 17 日，浙江省委常委、常务副省长冯飞一行到金台铁路田市制梁场调研指导。金台铁路有限责任公司董事长周霖、副总经理陆业传等陪同。

2018 年 8 月 17 日，金台铁路首座 4 km 以上隧道 ——大岙隧道顺利贯通。

2018 年 8 月 20 日，金台铁路有限责任公司邀请省监管局相关人员围绕地方铁路工程建设安全质量管理对公司员工进行专题培训。

2018 年 8 月 20 日，台州机场改扩建办主任石再国一行到金台铁路有限责任公司对接空铁海港联运项目。金台铁路有限责任公司董事长周霖、总经理乔刚、副总经理王华荣等参加工作对接。

2018 年 8 月 22 日，金台铁路有限责任公司组织召开半年度工作会议。

2018 年 8 月 23 日，浙江高速物流副董事长王辉、普洛斯总监陶景慧一行到金台铁路有限责任公司对接台州南站货场资源铁路沿线整合等事项。金台铁路有限责任公司董事长周霖、总经理乔刚、副总经理邱琼海等参加工作对接。

2018 年 8 月 24 日，金台铁路蔡家田隧道贯通。

2018 年 8 月 26 日，金台铁路车塘隧道贯通。

2018 年 8 月 28 日，金台铁路有限责任公司邀请杭州电子科技大学郑秋华教授对公司全体职工、全线信息管理员进行网络安全培训。

2018 年 8 月 29 日，省交通集团党委副书记黄伟建一行到金台铁路有限责任公司调研指导工作。金台铁路有限责任公司董事长周霖、总经理乔刚等陪同。

2018 年 8 月 29 日，金台铁路接触网第一杆成功组立，金台铁路站后四电工程建设正式拉开序幕。

2018 年 8 月 31 日 ~ 9 月 1 日，铁总工管中心工程调度部部长赵健一行到金台铁路项目检查调研。金台铁路有限责任公司董事长周霖、总经理乔刚等陪同。

2018 年 9 月 2 日，金台铁路七里隧道贯通。

2018 年 9 月 5 日，集团公司董事长俞志宏、副总经理陈江等一行赴金台铁路永康东站场、缙云壶镇车站、仙居田市跨永安溪特大桥及田市节段梁场、灵江特大桥、上百岩隧道出口等建设现场实地调研，集团公司相关部门负责人及金台铁路有限责任公司主要领导陪同。

2018 年 9 月 6 日，金台铁路万岙山隧道贯通。

2018 年 9 月 9 日，金台铁路唯一一座还建 AT 所 ——永康南还建 AT 所正式施工，金台铁路永康江特大桥邻近既有线施工进入新阶段。

2018 年 9 月 12 日，金台铁路岩潭隧道贯通。

2018 年 9 月 12 日，金台铁路将军岭隧道最长区间 ——2#、3#斜井两区间顺利贯通。

2018 年 9 月 20 日 ~ 21 日，金台铁路有限责任公司组织召开四电系统集成信号设计联络会，就优化站后四电施工设计、明确四电设备要求、制定工作计划等方面做好协调对接。金台铁路有限责任公司、金温铁道公司、中国通号、设计院、供货厂家等相关负责人参加会议。

2018 年 10 月 9 日 ~ 10 日，杭州铁路公安处副处长陈献忠等一行到金台铁路对接安防设施建设工作，金台铁路有限责任公司董事长周霖、总经理乔刚等领导参与对接。

2018 年 10 月 11 日，集团公司金台铁路建设运营一体化推进会在台州召开。集团公司副总经理陈江出席会议，轨道交通建设管理部总经理刘冠水，省轨道运营集团总经理霍劲翔，金台铁路有限责任公司董事长周霖、总经理乔刚，金温铁道公司董事长房弢、总经理褚少明，中铁第五勘察设计院指挥长邢文宝等相关单位领导和相关人员参会。

2018 年 10 月 12 日，金台铁路有限责任公司在金台铁路林家岙隧道出口召开邻近既有线隧道施工现场观摩会。金台铁路有限责任公司董事长周霖，副总经理楼少俊、陆业传，副总工程师严伟民等领导出席，杭州地铁公司、金台铁路有限责任公司相关部门人员，全线监理及施工单位的 50 多名代表参加会议。

2018 年 10 月 28 日，金台铁路全线第二长隧道 ——金台铁路牛和岭隧道顺利贯通，标志着金台铁路又一个关键节点圆满完成。

2018 年 10 月 31 日，壶镇镇北山村塘下自然村金台铁路缙云段红线内最后一幢房屋顺利拆除。

2018 年 10 月 31 日上午，金台铁路有限责任公司在金台铁路 2 标项目秀山隧道进口召开聚能管水压爆破观摩会。公司副总经理陆业传，副总工程师严伟民及相关部门人员，全线监理及施工单位的 50 多名代表参加观摩会。

2018 年 11 月 2 日 15 时 18 分，金台铁路紫岩隧道顺利贯通。

2018 年 11 月 6 日下午，金台铁路有限责任公司在 7 标组织召开物防建设标准化现场会，邀请杭州铁路公安处治安支队施忠和检查指导项目路基防护栅栏预制及安装工作。

2018 年 11 月 13 日，集团公司党委副书记黄伟建到金台铁路有限责任公司调研指导党建与人才队伍建设工作。集团公司党委工作部副主任赵晓婧、人力资源部副总经理陈勇陪同调研。

2018 年 11 月 21 日，金台铁路有限责任公司召开 2018 年度维稳工作暨突发事件应急管理工作会议。各参建单位项目经理、书记，项目总监以及公司全体员工参加会议。

2018 年 11 月 22 日上午，金台铁路田市跨永安溪特大桥节段预制拼装箱梁首架成功。

2018 年 11 月 28 日，上海铁路集团宁安公司总经理金武一行到金台铁路田市跨永安溪、台金高速公路特大桥节段预制拼装箱梁工地调研。金台铁路有限责任公司董事长、党委书记周霖，副总经理陆业传，二公司副总经理李东陪同调研。

2018 年 12 月 5 日，金台铁路有限责任公司邀请杭州铁路公安处施忠和专家，在 9 标电气化局项目部召开了生产生活房屋围墙、电缆施工培训会。

2018 年 12 月 6 日，金台铁路全线第一座邻近既有线隧道 ——长甸岭隧道顺利贯通。

2018 年 12 月 5 日上午 10 时，金台铁路全线最长的隧道 ——全长 12.808 km 的将军岭隧道实现贯通。

2018 年 12 月 11 日上午，金台铁路工程首座封顶的牵引变电所 ——磐安牵引变电所房屋顺利封顶。

2018 年 12 月 13 日，金台铁路首届技能比武大赛暨标准化梁场现场观摩会在中铁一局金台铁路 8 标临海东梁场举办，这是浙江省地方铁路首次技能比武活动。浙江省总工会常委、副主席张卫华，浙江省交通投资集团有限公司党委委员、工会主席柴云妹，中铁一局集团有限公司党委副书记王新年，浙江省交通建设工程监督管理局副局长陈尚新，金台铁路有限责任公司党委书记、董事长周霖，党委副书记、总经理乔刚等领导出席活动并现场观摩指导。

2018 年 12 月 15 日，金台铁路白岩隧道贯通。

2018 年 12 月 15 日，金台铁路前仓跨台金高速公路、金温铁路特大桥 100 m 连续梁合龙成功。

2018 年 12 月 16 日，金台铁路田市跨永安溪特大桥节段预制拼装箱梁顺利完成桥机首次过孔。

2018 年 12 月 16 日，金台铁路北洋大道公跨铁立交工程主线桥第二联第一阶段现浇梁顺利完成浇筑。

2018 年 12 月 16 日，金台铁路罗桥跨台金高速公路特大桥 156 m 系杆拱系梁顺利合龙。

2018 年 12 月 17 日，金台铁路 7 标、8 标（临海东制梁场）被评为 2018 年全省地方铁路和城际轨道在建工程“质安文化进工地”示范点建设项目。全省共有三个项目通过验收评定，金台铁路占据两项。

2018 年 12 月 20 日，企业文化联建共创示范点启动仪式在金台铁路 9 标生产资源管理中心举行。金台铁路有限责任公司党委书记周霖、党委副书记茅家武，中铁电气化局集团党委副书记池洪军、中铁电气化局一公司党委书记安智勇等出席。

2018 年 12 月 29 日，由省交通集团投资建设的金台铁路朝川隧道顺利贯通。

2019 年

2019 年 1 月 4 日，金台铁路有限责任公司组织开展隧道二衬敲击检查培训，邀请原宁波工务段高级工程师杨连军担任讲师，各施工单位项目总工、工程部长、安质部长、隧道专工，监理单位总监、副总监共计 68 人参加培训。

2019 年 1 月 7 日凌晨 4 点，金台铁路上桥 3 号隧道顺利贯通。

2019 年 1 月 15 日，金台铁路有限责任公司联合浙江省交通建设工程监督管理局组织开展浙江省地方铁路安全质量培训。金台铁路有限责任公司及全线施工单位 80 余人参加会议。

2019 年 1 月 18 日，金台铁路 4 标西井 2 号隧道顺利贯通。

2019 年 1 月 19 日上午 10 时 18 分，金台铁路秀山隧道顺利贯通。

2019 年 1 月 22 日，金台铁路有限责任公司邀请温州大学老干部书画院和温州老干部摄影协会 20 余名成员到项目一线开展“送文化进工地”活动。金台铁路有限责任公司党委书记周霖、党委副书记茅家武出席活动。

2019 年 1 月 23 日上午，金台铁路有限责任公司组织召开 2018 年四季度安委会扩大会议暨年度安全生产工作会议。金台铁路有限责任公司全体班子成员出席，全体员工及施工、监理单位负责人共计 90 余人参加会议。

2019 年 1 月 31 日下午，金台铁路有限责任公司党委召开 2018 年度民主生活会。集团公司党委委员、副总经理杨强民，纪检监察部、审计部副部长沈安到会指导。金台铁路有限责任公司党委书记周霖主持会议。

2019 年 2 月 19 日上午，金台铁路有限责任公司召开 2019 年度工程建设推进大会，公司领导班子、助理及以上管理人员，各参建单位负责人和获奖代表参加会议。

2019 年 2 月 19 日下午，金台铁路有限责任公司召开 2019 年度工作会议。公司全体班子成员出席，全体员工参加会议。

2019 年 2 月 26 日，金台铁路有限责任公司在牛和岭隧道无砟道床施工现场组织弹性支承块安装培训。各施工单位总工、轨道工程师及班组技术人员，监理公司轨道专业工程师等 20 余人参加培训。

2019 年 3 月 1 日，金台铁路有限责任公司召开 2019 年度监理工作会议，公司总经理乔刚、副总经理楼少俊出席会议，公司有关部门负责人、各监理单位相关负责人参加了会议。

2019 年 3 月 5 日 23 点 40 分，金台铁路项目灵江特大桥 31 ~ 32#墩中跨合龙段连续梁顺利完成浇筑。

2019 年 3 月 12 日，金台铁路开展基层党组织“为党旗添彩”联合主题党日活动，金台铁路有限责任公司 36 名党员干部和入党积极分子，前往金台铁路 7 标灵江特大桥路基段，联合施工单位开展植树活动。

2019 年 3 月 12 日，金台铁路有限责任公司召开 2019 年度物资管理工作会议。公司党委书记、董事长周霖，副总工程师严伟民出席会议，公司各部门及监理、施工单位相关人员参加会议。

2019 年 3 月 15 日，金台铁路有限责任公司召开 2019 年党风廉政建设大会。公司全体员工，各施工单位项目经理、书记，以及各监理单位总监 70 余人参加会议。

2019 年 3 月 19 日，金台铁路有限责任公司邀请党的十九大代表、国家级技能大师、全国劳动模范巨晓林作先进事迹报告。金台铁路 500 余名职工及工人代表参加活动。

2019 年 3 月 27 日，金台铁路项目首座通信铁塔基础浇筑完成。

2019 年 3 月 28 日上午 11 时，金台铁路项目首座邻近高速公路隧道 ——上岙隧道顺利贯通。

2019 年 4 月 8 日上午 10 点 30 分，金台铁路金家村隧道顺利贯通。

2019 年 4 月 8 日上午，金台铁路站后四电集成系统物资中心正式成立。金台铁路有限责任公司党委书记、董事长周霖，通号工程局集团副总经理郜建民为物资中心揭牌，金台铁路有限责任公司总经理乔刚，副总经理陆业传、邱琼海，通号工程局集团天津分公司党委书记、总经理金广宏等领导出席。

2019 年 4 月 2 日至 13 日，金台铁路有限责任公司组织开展“两美”浙江系列活动之第二届“金台铁路杯”篮球赛。浙江省交通工程管理中心受邀参加友谊赛，金台铁路全线各参建单位的 11 支队伍参赛。浙江省交通工程管理中心副主任刘建瑞，金台铁路有限责任公司总经理乔刚、副总经理王华荣、副总工程师严伟民出席观赛，并为获奖队伍和个人颁奖。

2019 年 4 月 12 日，金台铁路牛和岭隧道启动无砟轨道施工。

2019 年 4 月 17 日，金台铁路赵岙隧道顺利贯通。

2019 年 4 月 21 日零点 18 分，金台铁路全线施工难度最大、安全风险最高的灵江特大桥最后一联连续梁顺利合龙。

2019 年 4 月 30 日，在省委省政府召开的庆祝“五一”国际劳动节暨表彰劳模先进大会上，金台铁路有限责任公司党委书记、董事长周霖荣获 2017—2018 年建设“两美”浙江立功竞赛先进浙江省五一劳动奖章，中铁二局金台铁路 4 标节段梁制架班组和中铁一局金台铁路 8 标临海东制梁场模型工班荣获 2017—2018 年建设“两美”浙江立功竞赛先进浙江省工人先锋号。

2019 年 4 月 30 日下午，金台铁路有限责任公司组织开展“唱响青春，筑梦金台”青年歌会，全线参建单位青年员工共同参与。

2019 年 5 月 10 日，金台铁路有限责任公司党委召开 2019 年度党建工作会议暨“党建质量提升年”活动动员会，公司党委班子成员出席，公司全体员工、全线参建单位党工委书记及全线党员代表等参加会议。

2019 年 5 月 12 日凌晨 4 时，金台铁路东安大桥道岔连续梁完成浇筑。

2019 年 5 月 14 日，金台铁路头门港支线下洋特大桥顺利完成铺架。

2019 年 5 月 14 日，金台铁路东山隧道顺利贯通。

2019 年 5 月 14 日，金台铁路 T 梁架设顺利突破百孔大关。

2019 年 5 月 16 日上午，金台铁路有限责任公司召开新员工入职座谈会暨“导师带徒”签约仪式。公司党委书记、董事长周霖，总经理乔刚，党委副书记、纪委书记茅家武，副总经理王华荣、邱琼海，副总工程师严伟民等公司领导出席会议。公司各部门负责人，16 名新入职员工，以及老员工代表共 40 人参加座谈会。座谈会由公司党委副书记、纪委书记茅家武主持。

2019 年 5 月 22 日上午 10 点，金台铁路灵江特大桥首跨钢管拱顺利拼接合龙。

2019 年 5 月 22 日下午，金台铁路罗桥跨台金高速公路特大桥系杆拱正式合龙。

2019 年 5 月 23 日凌晨 3 时，金台铁路田市跨永安溪、台金高速公路特大桥连续梁顺利合龙。

2019 年 5 月 23 日 19 时，金台铁路东安特大桥道岔连续梁顺利完成浇筑。

2019 年 5 月 24 日凌晨四十分许，金台铁路枫山货运线永康江特大桥 5 × 80 m 连续梁顺利合龙。

2019 年 5 月 25 日，金台铁路四乌坑 2 号特大桥金华台顺利完成浇筑。

2019 年 5 月 29 日凌晨 3 时 40 分，金台铁路武义长轨基地与金温铁路枫山站插铺道岔封锁施工顺利完成。

2019 年 5 月 27 日至 6 月 1 日，浙江省交通工程管理中心在中心副主任丁正祥的带领下，对金台铁路项目开展了 2019 年上半年质量安全综合检查。金台铁路有限责任公司党委书记、董事长周霖，总经理乔刚，副总经理楼少俊、邱琼海、陆业传等陪同检查。

2019 年 6 月 10 日，金台铁路全线难度最大的控制性工程 ——灵江特大桥主桥 3 × 152 m 连续梁-

拱桥钢管拱顺利实现合龙。

2019年6月13日凌晨1时，金台铁路里林跨诸永高速特大桥连续梁顺利合龙。

2019年6月14日上午，金台铁路有限责任公司党委召开“不忘初心、牢记使命”主题教育动员部署会。公司领导班子成员出席，全体党员和入党积极分子参加会议。

2019年6月17日，“安全生产宣传咨询日暨安全生产党建联盟”启动仪式在金台铁路永康江特大桥施工现场举行，标志着金台铁路有限责任公司、中铁二十四局等参建单位以及地方政府安全管理部门的三方安全生产党建联盟正式成立。来自金台铁路有限责任公司、永康应急管理局和中铁二十四局等参建单位100多名党员参加活动。

2019年6月17日，金台铁路有限责任公司组织监理、施工等参建单位相关人员开展安全生产知识考试。

2019年6月18日，金台铁路仙岩雨大桥、特大桥T梁顺利架设完成。

2019年6月19日，省发改委基综办调研员章明春、省交通集团公司轨道交通部副总经理王灵一行前往金台铁路永宁江特大桥、台州站、临海南站调研Ⅰ类变更设计情况，金台铁路有限责任公司总经理乔刚、台州市发改委等单位相关领导陪同。

2019年6月20日，金台铁路有限责任公司举办首届“忠实履职担当、建设清廉金台”主题演讲比赛。金台铁路有限责任公司党委书记、董事长周霖，党委副书记、纪委书记、工会主席茅家武，党委委员、副总经理王华荣等领导与全线100多名员工代表参加活动。

2019年6月21日，金台铁路有限责任公司党委理论学习中心组专题学习“不忘初心、牢记使命”主题教育相关内容，公司党委班子全体成员参加。

2019年6月28日上午，金台铁路有限责任公司召开二季度纪检监察工作例会暨岗位廉洁风险排查工作部署会。

2019年7月1日，金台铁路有限责任公司党委开展“铭记初心使命 激发奋进力量”现场党性教育活动。公司全体党员及全线党建联合体单位党员近70人参加活动。

2019年7月8日晚上，金台铁路有限责任公司党委举办“不忘初心、牢记使命”主题教育第二期专题读书会，深入学习贯彻习近平总书记新时代中国特色社会主义思想。本期读书会特邀台州市机关党工委有关专家作学习指导，公司30多名党员参加。

2019年7月12日凌晨，金台铁路将军岭隧道无砟道床施工全部完成。

2019年7月14日16时45分，金台铁路首批500 m长钢轨进入武义东站铺轨基地，标志着金台铁路长轨换铺准备工作进入了实质性阶段。

2019年7月16日，金台铁路项目横溪站室内作业队开始作业，标志着金台铁路信号专业工程正式开工。

2019年7月25日，集团公司党委委员、副总经理陈江到金台铁路施工现场开展高温“送清凉”，金台铁路有限责任公司党委副书记、总经理乔刚，党委副书记、纪委书记、工会主席茅家武陪同慰问。

2019年7月25日，集团公司党委委员、副总经理陈江到金台铁路有限责任公司调研，听取公司主要领导关于上半年工作开展情况和存在困难问题的专题汇报。调研结束后，陈江为金台铁路有限责任公司党员干部上了题为“不忘初心，牢记使命，做勇于担当的铁路人”的主题教育专题党课。金台铁路有限责任公司领导班子、中层领导干部以及党员职工约60人参加党课。

2019年7月28日15时，金台铁路里村大桥道岔连续梁顺利浇筑完成。

2019年7月29日，金台铁路有限责任公司党委书记、董事长周霖以“不忘初心担使命，用心做事争一流”为主题，为公司广大党员干部上专题党课。公司全体员工参加学习。

2019年7月31日上午，金台铁路灵江特大桥钢管拱混凝土顶升施工顺利完成。

2019年8月7日上午，金台铁路有限责任公司党委主题教育“真学真查真改”专题读书班在台州市委党校开班，公司党委书记、董事长周霖，总经理乔刚等班子领导出席，总师、中层党员干部、党支部班子和团支部班子参加读书班培训。

2019 年 8 月 6 日，金台铁路有限责任公司召开 2019 年半年度工作会议。会上，公司党委书记、董事长周霖作题为《增强政治定力，主动担当作为，以真抓实干扛起省建铁路发展的新使命》的讲话，总经理乔刚作题为《在攻坚破难中坚定信念，在奋楫笃行中再抓落实，全面完成 2019 年各项目标任务》的工作报告。公司全体员工参加会议。

2019 年 8 月 8 日，金台铁路有限责任公司组织党员职工走进了台州市头门港吉利“中国智造”汽车工厂，参观交流，对标学习吉利汽车工厂产品创新、生产智能、作业标准化、团队高效执行的管理模式。

2019 年 8 月 5 日晚 21 点 40 分，金台铁路牛和岭隧道无砟轨道最后一块道床顺利浇筑完成，历时 139 天，牛和岭隧道无砟轨道全部施工完成。

2019 年 8 月 5 日，金台铁路有限责任公司党委组织召开“不忘初心、牢记使命”主题教育调研成果交流会，公司党委班子成员围绕“省建铁路设计变更审批通道和机制建设”“铁路项目建设和产业开发融合”“施组计划全过程管控”“党建联合体模式创新创效”等 7 个调研课题和成果，先后作交流发言。

2019 年 8 月 7 日，金台铁路有限责任公司党委组织领导班子成员和总工程师召开“对照党章党规找差距”专题反思会。

2019 年 8 月 7 日，今年第 9 号超强台风“利奇马”正式生成，逐渐加强。金台铁路根据集团公司相关要求，相继启动了Ⅳ、Ⅲ级、Ⅱ级“三防”应急响应。

2019 年 8 月 8 日，金台铁路有限责任公司领导班子成员分 6 个包保组对全线各单位防台措施落实情况进行监督巡查。同时，公司取消周末休息，安排专人赴重要工点、关键处所落实检查（雨前、雨中、雨后）工作，提前组织人员撤离工作，同步启动 24 小时值班制度。

2019 年 8 月 9 日，金台铁路“三防”应急响应提升至Ⅰ级，联合全线召开台风紧急部署会议，统筹各方防台工作开展，包括人员转移、设备防风加固、临时设施防护和加固、应急物资设备储备、紧急避险安置处所落实、人员值班、信息小组建立等各项工作。金台铁路有限责任公司领导班子成员带领 7 支党员攻坚联队，分头对参建单位防台措施落实情况进行进一步现场排查。

2019 年 8 月 10 日，“利奇马”于凌晨 1 时 45 分登陆台州温岭，中心附近最大风力 16 级（52 m/s，超强台风级）。凌晨 5 点，公司班子成员带领党员骨干迅速赶赴一线详细了解现场受灾情况前往重点工点现场查看灾损。上午 8 点，金台铁路 4 标项目驻地洪水开始暴涨，全部 38 人被困其中，水深最高达 3 m。公司副总经理陆业传带领的党员攻坚联队组织各界力量，第一时间开展救援。下午 6 点，所有人员安全撤离。下午 3 时，公司成立灾后生产自救工作领导小组，下设应急分队、慰问分队、信息宣传分队、外联分队、物资保障分队和后勤分队。下午 4 时 30 分，党委书记、董事长周霖组织召开灾后生产自救工作领导小组会议，进一步细化和明确了公司班子成员防台抗台恢复生产责任分工，部署分工检查、信息报送、卫生防疫、应急处置、物资保障等重点任务，同时开展了灾后防疫检查、复工方案审查、主体工程受损大排查、原材料质量检查、复工安全评估、保险理赔等七项行动。

2019 年 8 月 11 日，金台铁路有限责任公司按照复工程序全面开展现场安全评估和灾后慰问活动，全力以赴开展生产自救工作，并迅速组织对接保险经纪公司和保险公司，明确现场查勘、定损、支付理赔预付款等环节。与此同时，党员干部进驻受灾严重标段，指导帮扶项目部在最短时间内恢复生产生活。

2019 年 8 月 11 日凌晨 1 点左右，金台铁路跨南溪、东永高速公路特大桥（48+80+48）m 连续梁顺利合龙。

2019 年 8 月 12 日，金台铁路有限责任公司联同中铁二十二局金台铁路 5 标项目部、中铁十局金台铁路 6 标项目部、中铁十一局金台铁路 7 标项目部和中铁一局金台铁路 8 标项目部组成“灾后重建党员义务劳动队”，到临海城区参与全城大扫除，路地同心打好灾后重建攻坚战。

2019 年 8 月 14 日，受集团公司董事长俞志宏委托，集团公司副总经理陈江携集团轨道交通管理部相关人员，到金台铁路进行灾后慰问和工作指导。金台铁路有限责任公司党委书记、董事长周霖陪同检查。

2019 年 8 月 15 日，首次警铁“共学共建”联合主题党日活动暨安防标准化现场观摩会在金台铁路 2 标潘潭 1 号隧道进口举行。杭州铁路公安处、浙江交通集团轨道交通管理部、金台铁路有限责任公司、中铁十二局等单位领导出席活动，磐安县、缙云县政府，杭州铁路公安处，金台铁路有限责任公司以及各参建单位近 200 名党员参加了活动。

2019 年 8 月 19 日，公司开展灾后“服务生产、服务生活、服务职工”的“三服务”行动，成立了“铁军服务队”，由公司主要领导总指挥，分管领导担任副总指挥，下设生产服务、生活服务、后方服务三支小分队，帮助帮扶各受灾项目部、参建员工和公司职工开展灾后自救、恢复生产生活。

2019 年 8 月 23 日，经保险公司初步核实，对金台铁路 4 标、5 标受灾较重的两个标段率先开通绿色理赔通道，启动预付赔款机制，首批预赔付 1 千万元。

2019 年 8 月 27 日上午，金台铁路有限责任公司党委召开“不忘初心、牢记使命”主题教育专题民主生活会。集团公司党委委员、副总经理陈江到会指导。金台铁路有限责任公司党委书记周霖主持会议。

2019 年 9 月 4 日上午，集团公司安监部总经理金朝阳对金台铁路全线灾后复工安全生产工作进行检查指导，重点检查受“利奇马”台风影响最大的 4 标、5 标的安全生产情况，金台铁路有限责任公司副总经理楼少俊陪同。

2019 年 9 月 19 日，金台铁路最大钢桁梁 ——前仓跨台金高速、金温铁路特大桥 1-88 m 简支钢桁梁顶推就位，成功跨越台金高速公路。

2019 年 9 月 20 日下午 3 时，金台铁路石锦隧道顺利贯通。

2019 年 9 月 30 日，今年第 18 号台风“米娜”于傍晚前后进入东海海域，逐渐转向偏北方向移动，10 月 1 日下午紧擦或登陆浙江中北部沿海北上，金台铁路沿线地区 10 月 1 日夜里到 10 月 2 日有暴雨到大暴雨，局部特大暴雨，台州段均处在 10 级风圈内。9 月 29 日下午，公司班子在党委书记、董事长周霖的带领下率党员攻坚联队奔赴建设现场，详细检查各工点防台措施、应急物资准备以及人员撤离值守情况。9 月 29 日 20 时，金台铁路有限责任公司启动“三防”Ⅲ级应急响应。9 月 30 日上午 9 点，公司召开内部防台防汛会议，要求按照陈奕君副省长在台州市防抗台视频会议上的讲话精神，做到“三个必须”，确保金台铁路国庆期间平安无事、安全稳定，于 10 时应急响应升级到Ⅱ级。9 月 30 日下午 14 点 30 分，公司召开全线防抗台视频会，对各参建单位进行具体工作部署，要求按照防抗“利奇马”的成功经验，落实好十个“要”：思想认识要到位、指挥协调要统一、风险识别要精准、人员转移要及时、设备维护要安全、信息渠道要畅通、党员包保要到位、自救复工要迅速、各类审批要靠前、人文关怀要配套。

2019 年 10 月 10 日上午 11 时，金台铁路田市跨永安溪、台金高速公路特大桥最后一孔节段梁架设完成，标志着大桥施工难度最大的节段梁工程全部完工。

2019 年 10 月 13 日，随着最后一孔 32 m T 梁的缓缓落下，金台铁路重点控制性工程灵江特大桥 T 梁架设任务顺利完成。

2019 年 10 月 14 日上午 10 时 38 分，金台铁路北洋大桥公跨铁立交工程最后一片现浇梁顺利完成架设，标志着北洋大桥公跨铁立交工程主体工程全部完工。

2019 年 10 月 14 日上午 11 点，金台铁路全线首台牵引变压器在磐安变电所顺利就位。

2019 年 10 月 17 日，台州市委副书记、市长张晓强一行实地调研金台铁路项目建设进度，现场指导破解难题。市委常委、常务副市长蔡永波，市政府秘书长林金荣，金台铁路有限责任公司党委书记、董事长周霖等领导陪同调研。

2019 年 10 月 27 日 11 时 35 分，金台铁路东安隧道贯通，这是全线已贯通的第 56 座隧道。

2019年11月3日，金台铁路有限责任公司全员参加省交通集团首届运动会。

2019年11月4日，金台铁路有限责任公司“破晓攻坚队”特色党建品牌入选国企党建品牌展播。今年9月，浙江共产党员杂志社启动2019年度“最具传播力的国企党建创新品牌”征集活动。来自全省范围内的国企、央企及各分支机构踊跃参与。

2019年11月18日下午3点，金台铁路有限责任公司开展了安全知识竞赛活动，公司党委副书记、纪委书记、工会书记茅家武，副总经理楼少俊出席活动。公司综合管理部、工程管理部、安全质量部、财务部、计划合同部、物资设备部、经营开发部、党委办公室和纪检监察室共9个部门组成的6支队伍参加了竞赛。

2019年11月11日，金台铁路下各车站，第四批次11组道岔进场。

2019年11月14日，金台铁路壶镇铺架基地，15 000套扣配件进场。

2019年11月18日，金台铁路临海东铺架基地，2 464根轨枕进场。

2019年11月20日，金台铁路武义东站铺轨基地，第三批次500 m长轨进场。

2019年11月20日，浙江省发改委基综办主任陈衡治一行到金台铁路项目调研指导。金华市综合交通建管中心副主任应少庭、永康市常务副市长周启标、金台铁路有限责任公司总经理乔刚等陪同。

2019年11月22日，台州市人大常委会主任元茂荣，台州市委常委、常务副市长蔡永波等领导一行到金台铁路项目调研指导。金台铁路有限责任公司总经理乔刚陪同。

2019年12月4日，在金台铁路章安中桥，紫砂岙大桥，前仓跨台金高速公路、金温铁路特大桥上，三台架桥机正在同时架设T梁，标志着金台铁路正式开启“三架”模式，进入架梁施工高潮。

2019年12月18日下午，在国企党建创新品牌研讨会暨2020年国企党建宣传工作会议上，金台铁路有限责任公司“破晓攻坚队”特色党建品牌在100多个国企党建品牌中脱颖而出，获得浙江省2019年度“国企党建品牌创新奖”，并作为其中4个典型品牌之一，在会上作交流发言。

2019年12月25日，中国铁路上海局集团有限公司（简称上海路局）组织召开金台铁路开通对接会。会议由上海路局副总工程师马伟叁主持，金台铁路有限责任公司党委书记、董事长周霖，总经理乔刚，浙江金温铁道开发有限公司总经理褚少明以及路局各业务处室人员等参加。

2020年

2020年1月1日清晨，金台铁路首条接触网承力索在壶镇至磐安区间成功架设。

2020年1月7日下午，临海市人民政府与金台铁路有限责任公司签订战略合作框架协议，利用金台铁路正线和头门港支线开行市域（郊）列车，标志着金台铁路有限责任公司和临海市政府正式拉开市域（郊）列车开行合作序幕。仪式上，临海市委书记梅式苗，金台铁路有限责任公司党委书记、董事长周霖致辞，临海市市长王丹与金台铁路有限责任公司总经理乔刚正式签订框架合作协议。临海市四套班子领导、相关部门、各镇（街）负责人及市交投集团全体班子成员，金台铁路有限责任公司领导班子、相关部门负责人出席见证签约仪式。

2020年1月14日上午，金台铁路田市站开启首站室内设备模拟实验并顺利完成，标志着金台铁路信号专业正式进入设备调试阶段，为后续室内外设备联挂试验打下了坚实基础。

2020年1月18日12时48分，金台铁路林家岙隧道贯通，彻底打通金台铁路台州南的铺架通道。

2020年1月21日，金台铁路有限责任公司发文《关于加强新型冠状病毒疫情防范的通知》文件，传达习近平总书记、李克强总理关于疫情防控的指示精神，以及全国包括浙江省的最新疫情，要求各参建单位和公司各部门要高度重视，全力做好各项防疫工作。

2020年1月23日，金台铁路有限责任公司领导班子召开防疫工作研究部署会，紧急动员、全面部署春节值守工点肺炎疫情防控工作，实行24小时防疫值班，与地方卫生所、医院等建立常态化联系机制。会后，公司领导第一时间分别带队赶赴施工现场，对春节期间安全生产以及疫情防控工作进行检查指导。

2020 年 1 月 24 日，金台铁路有限责任公司领导班子召开视频紧急会议，成立防疫工作应急领导小组，研究落实应急预案，全线上下全面进入应急防控状态。

2020 年 1 月 24 日，金台铁路有限责任公司成立公司新型冠状病毒疫情防控工作领导小组，并对做好登记工作、严格报告制度、严防疫情传播、防护物资储备、复工时间安排进行了明确部署，抓实抓细疫情防控工作。

2020 年 1 月 25 日，金台铁路有限责任公司制定并印发实施《金台铁路有限责任公司传染病疫情、群体性不明原因疾病事件专项应急预案（试行）》。《应急预案》明确了应急组织机构及职责、预防和预警、应急处置程序、现场恢复和处置措施等。

2020 年 1 月 25 日，金台铁路有限责任公司正式启动疫情排查日报机制，全面摸排和统计公司以及各参建单位人员的疫情，做到人盯人、全覆盖。

2020 年 1 月 27 日，金台铁路有限责任公司调整了新型冠状病毒疫情防控工作领导小组，由公司党委书记、董事长周霖同志担任组长，总统筹疫情防控工作。

2020 年 1 月 30 日，金台铁路有限责任公司成立疫情防控工作领导小组办公室专业工作组，包括综合协调组、物资后勤保障组、信息与宣传组，并明确了责任人及其工作职责。

2020 年 2 月 3 日，金台铁路有限责任公司经营班子和部门负责人召开复工准备工作研究会议。乔刚总经理主持，部署和安排复工和防疫相关工作预案。

2020 年 2 月 7 日，金台铁路有限责任公司召开 2020 年春节后疫情防控工作部署暨安全生产工作视频会，部署安排防疫和复工相关工作安排。公司领导、全体员工以及设计、监理、施工、第三方检测单位等各参建单位负责人共 120 余人参加会议。

2020 年 2 月 8 日，金台铁路有限责任公司经营班子召开公司本级员工返岗相关方案及后勤保障相关事宜，初步拟定公司第一批返岗人员名单。公司乔刚总经理主持会议。

2020 年 2 月 9 日，金台铁路有限责任公司向省交通公司、台州市地方政府上报防疫复工方案，正式启动复工复产报批程序，推动早日完成员工返岗和项目复工。

2020 年 2 月 10 日，金台铁路有限责任公司筹集的首批防疫物资包括 2 万多个口罩到位，将用于复工期间一线工人的防疫，为打好疫情防控战和项目攻坚提供保障。

2020 年 2 月 14 日，金台铁路项目临海东铺架基地及临海制梁场两个工点顺利通过复工验收，恢复施工生产，标志着金台铁路正式复工。

2020 年 2 月 17 日，林家岙隧道正式复工。

2020 年 2 月 17 日，丽水市副市长、缙云县常务副县长到金台铁路壶镇制梁厂检查调研防疫复工情况。

2020 年 2 月 20 日，金台铁路复工后首批甲供物资顺利进场，包括 7 000 m^2 EVA 防水板和 88 根混凝土轨枕。

2020 年 2 月 21 日，台州市委常委、常务副市长蔡永波到金台铁路项目临海东梁场调研项目防疫和复工情况。公司党委书记、董事长周霖陪同调研。

2020 年 2 月 21 日，金台铁路 5 标项目部 18 名工人乘坐大巴安全抵达项目部，标志着首批跨省返岗工人顺利返岗。

2020 年 3 月 1 日，金台铁路南庄岭隧道顺利贯通，标志着自复工复产以来浙江省迎来首个铁路项目的重要节点突破。

2020 年 3 月 2 日，浙江省交通工程管理中心主任邵宏带队到金台铁路有限责任公司临海东制梁场开展复工“三服务”活动。公司党委书记、董事长周霖陪同。

2020 年 3 月 8 日，金台铁路杜桥牵引变电所开始进行设备调试作业，标志着四电工程全面复工复产。

2020 年 3 月 10 日，金台铁路复工后首列 500 m 长钢轨顺利抵达武义东长轨基地。

2020 年 3 月 24 日，金台铁路仙居段括苍河大桥贯通。截至 3 月 24 日，金台铁路完成年度投资 4 亿元，较 2019 年同比增长 11.11%，全线参建人员达 5 000 人，工人到岗率达 163.63%。

2020 年 4 月 2 日，金台铁路马村特大桥贯通，铺架工程 T 梁架设成功突破 1 000 孔大关。

2020 年 4 月 8 日，金台铁路朱溪特大桥贯通。

2020 年 4 月 15 日，国铁集团工管中心副主任魏强、上海路局集团建设处处长武凤远等一行带队到金台铁路检查调研。集团公司党委委员、副总经理陈江，携公司党委书记、董事长周霖，总经理乔刚陪同调研。

2020 年 4 月 18 日，金台铁路最长桥梁永康江特大桥贯通。

2020 年 4 月 20 日，金台铁路首对 500 m 长钢轨在将军岭隧道进口处成功铺设。

2020 年 4 月 29 日，金台铁路有限责任公司召开“金台铁路项目建设推进再动员大会”，对剩余工程再督促、再部署、再推进，金台铁路有限责任公司领导班子出席，项目全线参建单位后方公司领导、各项目部、监理标、设计单位以及公司全体员工共 150 多人参加。

2020 年 5 月 2 日，金台铁路项目第一条接触网导线在仁川站成功架设，标志着由中铁电气化局承建的金台铁路四电工程正式进入挂网架线阶段。

2020 年 5 月 20 日，重难点工程新蝙蝠岭隧道提前 41 天贯通。至此，金台铁路主线 59 座隧道全面贯通，为下一步轨道工程形成大干创造无障碍条件。

2020 年 5 月 23 日金台铁路四鸟坑 2 号特大桥顺利贯通，向 8 月底主线桥梁贯通的目标又迈出了坚实的一步，为长轨换铺工程及全线各站房工程建设打通了通道。

2020 年 5 月 27 日上午，浙江省副省长刘小涛到金台铁路项目检查指导工作。浙江省政府办公厅副主任李耀武、省交通运输厅副厅长任忠、台州市副市长林先华、临海市委书记梅式苗、集团公司副总经理邵文年等陪同检查。

2020 年 5 月 27 日，浙江省交通集团公司副总经理邵文年到金台铁路项目调研指导。集团公司轨道部副总经理王灵，金台铁路有限责任公司总经理乔刚、副总经理王华荣以及浙江高速物流公司相关负责人陪同调研。

2020 年 5 月 30 日，金台铁路沿江护塘河大桥架设完成，标志着金台铁路头门港支线贯通。

2020 年 6 月 8 日晚，全长 2 675 m 的田市跨永安溪特大桥比原计划提前了 2 天顺利贯通。

2020 年 6 月 8 日凌晨 1：00，随着第一根接触网 H 型钢柱在永康南站成功安装，金台铁路站改四电工程正式启动。

2020 年 6 月 16 日凌晨，金台铁路全线轨道工程改造封锁施工正式启动。

2020 年 6 月 24 日上午 8：30，金台铁路磐安南站主体结构顺利封顶，标志着金台铁路首个客运站房主体工程完工，为后续设备安装和调试创造条件。

6 月 28 日下午 5 点 08 分，金台铁路项目全线正线短轨较原计划提前一周顺利实现贯通，正线短轨的贯通为项目后续长轨无缝线路施工奠定了坚实的基础。

2020 年 7 月 18 日，金台铁路台州站调度楼顺利封顶，为实现金台铁路与上海铁路局、金温货线调度所的互联互通，打通信息通道奠定基础。

2020 年 7 月 22 日上午 8 点 30 分，在金台铁路临海东制梁场，最后一孔 T 梁浇筑完成，标志着全线 1764 孔 T 梁（含新碧联络线）全部预制完成。

2020 年 7 月 28 日下午，省交通工程管理中心项柳福主任一行调研金台铁路长轨焊接工作。金台铁路有限责任公司总经理乔刚陪同调研。

2020 年 7 月 29 日，金台铁路电力、变电、接触网专业首件定标顺利通过。

2020 年 8 月 11 日，省交通集团党委委员、工会主席柴云妹一行到金台铁路申亭站建设现场和中铁一局金台铁路 8 标项目部开展高温慰问活动，金台铁路有限责任公司总经理乔刚，党委副书记、纪委书记、工会主席茅家武陪同。

2020 年 8 月 16 日凌晨，金台铁路全线最后一座连续梁——前仓特大桥连续梁顺利合龙，为金台铁路全线通轨、金台铁路与老金温铁路联络线顺利打通创造先决条件。

2020 年 8 月 26 日，金台铁路工务专业提前介入咨询工作，对接会在金台铁路有限责任公司召开，标志着中国铁路上海局对金台铁路验收提前介入咨询工作拉开序幕。上海路局工务部、宁波工务段、金温铁道公司、全体参建单位相关负责人以及金台铁路有限责任公司领导参加对接。

2020 年 8 月 31 日，金台铁路首座信号楼——壶镇站送电成功，为信号专业的备调试提供了稳定的电源保障。

2020 年 9 月 1 日凌晨，金台铁路台州南货运线顺利贯通，至此，金台铁路主线铺架全面贯通。

2020 年 9 月 4 日上午，省委常委、常务副省长冯飞，省政府副秘书长周日星，省发改委副主任谢晓波，省经信厅副厅长厉敏等一行到金台铁路永康东站调研指导工作。金华市委市政府、金台铁路有限责任公司和中铁二十四局主要领导陪同调研。

2020 年 9 月 10 日，金台铁路最后一座隧道——溪坦隧道顺利贯通，至此，金台铁路全线 60 座隧道全部贯通。

2020 年自 9 月 22 日晚 11 点开始至 9 月 25 日凌晨 5 点，历经三个夜晚持续作战，金台铁路永康南站改大封锁施工任务圆满完成，这是金台铁路全线唯一一次的最高等级的封锁施工，也是今年重点工程难度最大的一次施工，标志着金台铁路正式接入国铁运营线路，为金台铁路全线年底建成并具备开通条件迈出了关键性一步。

2020 年 9 月 25 日，集团公司党委委员、办公室主任戴本孟到金台铁路开展调研。金台铁路有限责任公司总经理乔刚、党委副书记、纪委书记、工会主席茅家武等陪同调研。

2020 年 9 月 29 日，随着最后一组 500 m 长钢轨在台州黄岩段铺设成功，金台铁路主线长轨顺利贯通。

2020 年 10 月 9 日 11 点 15 分，金台铁路台州站站房主体工程顺利封顶。

2020 年 10 月 10 日上午，金台铁路磐安 10 kV 配电所一次送电成功，成为全线首座送电的配电所。

2020 年 10 月 16 日下午，金台铁路永康南站（金台场）、申亭站、仁川站、横溪站、白塔站、下各站等 6 个车站首次联锁室内外设备挂联试验成功。

2020 年 11 月 17 日，金台铁路首座牵引变电所杜桥所一次受电成功。

2020 年 11 月 19 日凌晨 2 时 20 分，金台铁路台州南站站改封锁施工顺利完成，金台铁路成功接入杭深线。

2020 年 12 月 4 日，浙江省自管自营铁路行车调度中心即金台铁路台州调度中心完工，浙江省首个地方铁路行车指挥平台建立。

2020 年 12 月 9 日，台州市委常委、常务副市长蔡永波率台州市铁办、黄岩区政府、临海市政府、台州市铁投领导及沿线地方相关部门负责人到金台铁路调研工程建设情况，金台铁路有限责任公司董事长周霖等陪同。

2020 年 12 月 21 日，金台铁路有限责任公司召开静态验收动员大会，会议传达上海铁路局在 12 月 16 日下发的《关于开展新建金台铁路工程静态验收咨询工作的通知》文件。

2020 年 12 月 24 日，集团公司副总经理陈江等一行到金台铁路一线，对金台铁路静态验收工作进行调研指导。

2021 年

2021 年 1 月 24 日，金台铁路牵引供电及接触网全线电通，相关线路的接触网和相连部件均带有 27.5 kV 高压电。

2021 年 1 月 26 日上午，随着 4 个牵引变电所向全线接触网的送电成功，金台铁路具备电力机车热滑试验条件。

2021 年 1 月 27 日上午 9 点，金台铁路全线开始热滑试验开始，为期 2 天。

2021 年 3 月 18 日下午，金台铁路正式启动动态验收工作。

2021 年 3 月 24 日，金台铁路动态验收工作圆满结束，共为期 7 天，比原计划 11 天提前 4 天完成。

2021 年 4 月 14 日，国家铁路局党组成员、副局长安路生带队到金台铁路调研指导。

2021 年 4 月 29 日，金台铁路通过初步验收。

2021 年 5 月 9 日，金台铁路通过安全评估，全线基本具备开通运营条件。

2021 年 6 月 25 日，金台铁路正式通车。

附录 2　项目批复文件等重要文件目录

1. 2014 年 10 月 24 日，中国铁路总公司、浙江省人民政府《关于新建金华至台州铁路项目建议书的批复》（铁总计统函〔2014〕1517 号）。

2. 2015 年 2 月 9 日，新建金华至台州铁路项目取得《地质灾害危险性评估成果备案登记表》（编号：330000201412221031 01）。

3. 2015 年 4 月 16 日，浙江省林业厅《关于同意新建铁路金华至台州线工程通过木口湖森林公园的函》（浙林办便〔2015〕131 号）。

4. 2015 年 4 月 20 日，缙云县人民政府《关于新建铁路金华至台州线（缙云段）社会稳定风险评估报告的审查意见》。

5. 2015 年 5 月 7 日，台州市人民政府办公室《关于新建铁路金华至台州线（台州段）社会稳定风险评估报告的审查意见》（台政办便函〔2015〕34 号）。

6. 2015 年 5 月 20 日，中国铁路总公司办公厅《关于新建金华至台州铁路节能评估报告书审查意见的函》（铁总办计统函〔2015〕171 号）。

7. 2015 年 5 月 27 日，浙江省国土资源厅《关于新建铁路金华至台州线工程用地范围内无重要矿床压覆的证明》（浙土资储压字〔2015〕13 号）。

8. 2015 年 6 月 25 日，金华市人民政府办公室《关于新建铁路金华至台州线（金华段）社会稳定风险评估报告的审查意见》。

9. 2015 年 6 月 29 日，浙江省住房和城乡建设厅《关选址规划意见书》（浙规选字第〔2015〕039 号）。

10. 2015 年 7 月 17 日，浙江省水利厅《关于新建金华至台州铁路水土保持方案的批复》（浙水许〔2015〕23 号）。

11. 2015 年 8 月 14 日，浙江省环境保护厅《关于新建金华至台州铁路环境影响报告书的审查意见》（浙环建〔2015〕022 号）。

12. 2015 年 9 月 6 日，中华人民共和国国土资源部《关于新建金华至台州铁路建设用地预审意见的复函》（国土资预审字〔2015〕187 号）。

13. 2015 年 9 月 11 日，中国铁路总公司《关于新建金华至台州铁路可行性研究报告的批复》（铁总计统函〔2015〕1005 号）。

14. 2015 年 9 月 30 日，中国铁路总公司、浙江省人民政府《对新建金台至台州线工程场地地震安全性评价报告的批复》（中震安评〔2015〕141 号）。

15. 2015 年 10 月 10 日，中国铁路总公司《关于新建金华至台州铁路将军岭隧道段站前工程初步设计的批复》（铁总鉴函〔2015〕1127 号）。

16. 2015 年 10 月 21 日，中国铁路总公司《关于将军岭隧道段站前工程图纸审核的函》（工管施审函〔2015〕256 号）。

17. 2015 年 11 月 5 日，浙江省交通运输办公室《关于印发金台铁路穿（跨）越浙江省干线公路（设计阶段）安全性评价报告审查会专家组意见的通知》（浙交办〔2015〕225 号）。

18. 2015 年 12 月 7 日，浙江省文物局文件《关于金台铁路工程文物调查的意见》（浙文物发〔2015〕396 号）。

19. 2016 年 1 月 22 日，浙江省港航管理局《灵江特大桥准予行政许可决定书》（浙航政-00〔2016〕1 号）。

20. 2016 年 3 月 11 日，中国铁路总公司、浙江省人民政府《关于新建金华至台州铁路初步设计的批复》（铁总鉴函〔2016〕183 号）。

21. 2016 年 4 月 6 日，中国铁路总公司工程管理中心《关于新建金华至台州铁路站前工程施工图审核报告审查意见的函》（工管施审函〔2016〕47 号，48 号）。

22. 2016 年 5 月 16 日，浙江省林业厅《关于同意新建金华至台州铁路先行开工段工程先行使用林地的函》（浙林办便〔2016〕206 号）。

23. 2016 年 12 月 20 日，国家林业局《新建金华至台州铁路工程使用林地审核同意书》（林资许准〔2016〕495 号）。

24. 2017 年 9 月 13 日，中国铁路总公司工程管理中心《关于新建金台铁路站后工程（不含站房及配套工程）施工图审核报告审查意见的函》（工管施审函〔2017〕176 号）。

25. 2017 年 9 月 25 日，杭州铁路公安处消防监督支队《关于新建金台铁路工程隧道工程消防设计备案检查合格的意见》（杭铁公消防设查字〔2017〕第 074 号）。

26. 2017 年 9 月 25 日，杭州铁路公安处消防监督支队《关于新建金台铁路工程四电房屋工程消防设计备案检查合格的意见》（杭铁公消防设查字〔2017〕第 075 号）。

27. 2017 年 9 月 25 日，杭州铁路公安处消防监督支队《关于新建金台铁路工程生产生活用房消防设计备案检查合格的意见》（杭铁公消防设查字〔2017〕第 076 号）。

28. 2017 年 12 月 18 日，浙江省人民政府《关于金台铁路有限责任公司新建金华至台州铁路项目海域使用申请的批复》（浙政海审〔2017〕77 号）。

29. 2017 年 12 月 27 日，杭州铁路公安处消防监督支队《永康变更相关工程消防设计备案检查合格的意见》（杭铁公消设查字〔2017〕第 096 号）。

30. 2018 年 2 月 11 日，浙江省水利厅文件《关于新建金华至台州铁路工程涉河涉堤的批复》（浙水许〔2018〕11 号）。

31. 2018 年 3 月 26 日，国家林业局《金台铁路金温货线迁建工程使用林地审核同意书》（林资许准〔2018〕128 号）。

32. 2018 年 6 月 1 日，浙江省海洋与渔业局《关于新建金华至台州铁路项目填海工程环境影响报告表核准意见的函》（浙海渔审（台）〔2018〕8 号）。

33. 2018 年 6 月 10 日，中华人民共和国自然资源部《关于新建金华至台州铁路（丽水段）建设用地的批复》（自然资函〔2018〕170 号）。

34. 2018 年 10 月 20 日，永康发展和改革局《关于永康东站货场扩能及配套设施建设工程项目可行性研究报告的批复》（永发改〔2018〕73 号）。

35. 2018 年 10 月 22 日，永康发展和改革局《关于永康东站货场扩能及配套设施建设工程项目初步设计的批复》（永发改〔2018〕74 号）。

36. 2018 年 11 月 9 日，金华市水利局《关于永康东站货场扩能及配套设施建设工程水土保持方案的行政许可决定书》（金华水保许〔2018〕33 号）。

37.2018 年 11 月 13 日，永康市水务局《关于永康东站货场扩能及配套设施建设工程占用水域的批复》（永水务〔2018〕48 号）。

38. 2019 年 3 月 14 日，台州市公路管理局《永宁江特大桥准予行政许可决定书》（浙台交许〔2019〕11 号）。

39. 2019 年 7 月 31 日，国家林业局《关于新建金华至台州铁路项目使用林地的行政许可续展决定》（林资许续〔2019〕71 号）。

40. 2019 年 12 月 31 日，中华人民共和国自然资源部《关于新建金华至台州铁路台州段工程建设用地的批复（台州段）》（自然资函〔2019〕804 号）。

41. 2020 年 3 月 28 日，中华人民共和国自然资源部《关于新建金华至台州铁路（金华段）工程建设用地的批复》（自然资函〔2020〕348 号）。

42. 2020 年 6 月 2 日，浙江省发展和改革委员会《关于新建金华至台州铁路运营管理模式、台州客整所等 2 项变更设计的批复》（浙发改项字〔2020〕95 号）。

43. 2020 年 10 月 29 日，中国国家铁路集团有限公司货运部《关于永康东等站命名的通知》（铁货电〔2020〕149 号）。